NomosKommentar

Prof. Dr. Gernot Sydow, M.A. [Hrsg.]

Europäische Datenschutzgrundverordnung

Handkommentar

Prof. Dr. Daniel Ennöckl, LL.M., Universität Wien | **Dr. Holger Greve**, Oberregierungsrat, Bundesministerium des Innern, Berlin | **Prof. Dr. Marcus Helfrich**, Rechtsanwalt, FOM Hochschule München | **Prof. Dr. Ansgar Hense**, Universität Bonn | **Prof. Dr. Albert Ingold**, Johannes Gutenberg-Universität Mainz | **Dr. David Kampert**, Richter, VG Gelsenkirchen | **PD Dr. Bernhard Kreße**, LL.M., FernUniversität Hagen | **Dr. Reto Mantz**, Dipl.-Inf., RiLG, LG Frankfurt a.M. | **Dr. Enrico Peuker**, Akad. Rat a.Z., Humboldt-Universität zu Berlin | **Prof. Dr. Andreas Popp**, M.A., Universität Konstanz | **Prof. Dr. Nicolas Raschauer**, Universität Liechtenstein | **Bartholomäus Regenhardt**, LL.B., Wiss. Mitarbeiter, Westfälische Wilhelms-Universität Münster | **Prof. Dr. Philipp Reimer**, Rheinische Friedrich-Wilhelms-Universität Bonn | **Dr. Thomas Sassenberg**, LL.M., Fachanwalt für Medien- und Urheberrecht, Frankfurt a.M. | **Prof. Dr. Bettina Schöndorf-Haubold**, Universität Gießen | **Sabine Schwendemann**, Rechtsanwältin, Tübingen | **Prof. Dr. Louisa Specht**, Universität Passau | **Prof. Dr. Gernot Sydow**, M.A., Westfälische Wilhelms-Universität Münster | **Dr. Jens Tiedemann**, RiArbG, ArbG Köln | **Prof. Dr. Emanuel V. Towfigh**, EBS Universität für Wirtschaft und Recht, Wiesbaden | **Jacob Ulrich**, M.A., EBS Universität für Wirtschaft und Recht, Wiesbaden | **Dr. Wolfgang Ziebarth**, Beauftragter für Datenschutz und Informationsfreiheit, Stadt Mannheim

Die Deutsche Nationalbibliothek verzeichnet diese Publikation in
der Deutschen Nationalbibliografie; detaillierte bibliografische
Daten sind im Internet über http://dnb.d-nb.de abrufbar.

ISBN 978-3-8487-1782-8 (Nomos Verlagsgesellschaft, Baden-Baden)
ISBN 978-3-214-10393-4 (MANZ'sche Verlags- u. Universitätsbuchhandlung GmbH, Wien)
ISBN 978-3-03751-805-2 (Dike Verlag, Zürich)

1. Auflage 2017

Vorwort

Das Inkrafttreten der Datenschutz-Grundverordnung zum 25. Mai 2018 markiert einen grundlegenden Umbruch im Datenschutzrecht. Eine Kommentierung dieser europäischen Verordnung noch vor ihrem Inkrafttreten hat einen besonderen Reiz und stellt zugleich eine Herausforderung dar. Der vorliegende Handkommentar verfolgt das Ziel, nicht nur die materiellen Neuregelungen im Datenschutzrecht zu interpretieren und Lösungen für die zahlreichen Anwendungsfragen des materiellen Rechts zu erarbeiten. Der Kommentar zieht auch konzeptionell die Konsequenzen aus dem Rechtsformenwechsel von der Richtlinie zur Verordnung. Vor diesem Hintergrund werden die institutionellen und prozeduralen Neuregelungen der DSGVO mit demselben Gewicht wie das materielle Recht kommentiert.

Der Kreis der über 20 Autorinnen und Autoren dieses Kommentars umfasst Hochschullehrer, Richter, Ministerialbeamte, Verwaltungsjuristen und Fachanwälte, die an verantwortlichen Positionen in der datenschutzrechtlichen Praxis tätig sind.

Die Aufgaben des Herausgebers sind durch die Mitarbeiterinnen und Mitarbeiter des Instituts für Europäisches Verwaltungsrecht der Westfälischen Wilhelms-Universität Münster in vielfältiger Weise unterstützt worden. Dafür danke ich Felicitas Scholz in meinem Sekretariat, den wissenschaftlichen Mitarbeiterinnen und Mitarbeitern Andreas Braun, Hendrik Jooß, Marian Müller, Bartholomäus Regenhardt, Julia Suttorp und Maria Wilhelm sowie den Studierenden Leonard Kleinn, Lisa Martelock, Nicholas Otto, Sarah Shedid Attifa, Alban Spielkamp, Lara Voß, Andreas Werry, Robert Westhues und Elisabeth Willems.

Der Dank gilt auch dem Nomos-Verlag für die hervorragende verlegerische Begleitung von den ersten konzeptionellen Überlegungen im Jahr 2014 bis zur Fertigstellung des Kommentars.

Münster, im Mai 2017 Gernot Sydow

Inhaltsverzeichnis

Kapitel I
Allgemeine Bestimmungen

Kapitel II
Grundsätze

Kapitel III
Rechte der betroffenen Person

Abschnitt 1: Transparenz und Modalitäten

Abschnitt 2: Informationspflicht und Recht auf Auskunft zu personenbezogenen Daten

Abschnitt 3: Berichtigung und Löschung

Abschnitt 4: Widerspruchsrecht und automatisierte Entscheidungsfindung im Einzelfall

Abschnitt 5: Beschränkungen

Kapitel IV
Verantwortlicher und Auftragsverarbeiter

Abschnitt 1: Allgemeine Pflichten

Abschnitt 2: Sicherheit personenbezogener Daten

Abschnitt 3: Datenschutz-Folgenabschätzung und vorherige Konsultation

Kapitel VII
Zusammenarbeit und Kohärenz

Abschnitt 1: Zusammenarbeit

Abschnitt 2: Kohärenz

Abschnitt 3: Europäischer Datenschutzausschuss

Kapitel VIII
Rechtsbehelfe, Haftung und Sanktionen

Kapitel IX
Vorschriften für besondere Verarbeitungssituationen

Bearbeiterverzeichnis

Prof. Dr. Daniel Ennöckl, LL.M., Universität Wien	Art. 2, 3, 4 Nr. 6
Dr. Holger Greve, Oberregierungsrat, Bundesministerium des Innern, Berlin	Art. 12
Prof. Dr. Marcus Helfrich, Rechtsanwalt, FOM Hochschule München	Art. 4 Nr. 4, Art. 21, 22, 37-39
Prof. Dr. Ansgar Hense, Universität Bonn	Art. 87, 89, 91
Prof. Dr. Albert Ingold, Johannes Gutenberg-Universität Mainz	Art. 4 Nr. 8, 11, Art. 7, 13, 14, 26-30
Dr. David Kampert, Richter, VG Gelsenkirchen	Art. 4 Nr. 13-15, Nr. 25, Art. 8-11
PD Dr. Bernhard Kreße, LL.M., FernUniversität Hagen	Art. 79-82
Dr. Reto Mantz, Dipl.-Inf., RiLG, LG Frankfurt a.M.	Art. 4 Nr. 12, Art. 25, 32
Dr. Enrico Peuker, Akad. Rat a.Z., Humboldt-Universität zu Berlin	Art. 4 Nr. 24, Art. 16-19, 23, 56, 60-62
Prof. Dr. Andreas Popp, M.A., Universität Konstanz	Art. 83, 84
Prof. Dr. Nicolas Raschauer, Universität Liechtenstein	Art. 4 Nr. 7, Art. 24, 40-43
Bartholomäus Regenhardt, LL.B., Wiss. Mitarbeiter, Westfälische Wilhelms-Universität Münster	Art. 4 Nr. 9, Art. 73-76
Prof. Dr. Philipp Reimer, Rheinische Friedrich-Wilhelms-Universität Bonn	Art. 4 Nr. 2, Art. 5, 6, 36
Dr. Thomas Sassenberg, LL.M., Fachanwalt für Medien- und Urheberrecht, Frankfurt a.M.	Art. 33-35
Prof. Dr. Bettina Schöndorf-Haubold, Universität Gießen	Art. 63-72
Sabine Schwendemann, Rechtsanwältin, Tübingen	Art. 35

Prof. Dr. Louisa Specht, Universität Passau, Lehrstuhl für Internationales und Europäisches Informations- und Datenrecht	Art. 15, 85, 86
Prof. Dr. Gernot Sydow, M.A., Westfälische Wilhelms-Universität Münster	Einl., Art. 1, 20, 77, 78, 92-95, 97-99
Dr. Jens Tiedemann, RiArbG, ArbG Köln	Art. 88, 90
Prof. Dr. Emanuel V. Towfigh, EBS Universität für Wirtschaft und Recht, Wiesbaden, Research Affiliate am Max-Planck-Institut zur Erforschung von Gemeinschaftsgütern	Art. 4 Nr. 20, 26, Art. 44-50, 96
Jacob Ulrich, M.A., EBS Universität für Wirtschaft und Recht, Wiesbaden	Art. 4 Nr. 20, 26, Art. 44-50, 96
Dr. Wolfgang Ziebarth, Beauftragter für Datenschutz und Informationsfreiheit, Stadt Mannheim	Art. 4 A, B, Art. 4 Nr. 1, 3, 5, 10, 16-19, 21-23, Art. 31, 51-55, 57-59

Abkürzungsverzeichnis

A	Ansicht
aA	anderer Ansicht
ABDSG-E	Allgemeines Bundesdatenschutzgesetz (zurückgezogener Referentenentwurf vom August 2016)
ABl.	Amtsblatt der Europäischen Union
ABl. C	Amtsblatt der Europäischen Union – Teil C: Mitteilungen und Bekanntmachungen
ABl. L	Amtsblatt der Europäischen Union – Teil L: Rechtsvorschriften
Abs.	Absatz
Absch.	Abschnitt
ACM	Communications of the Association for Computing Machinery (Zeitschrift)
ADV	Automatisierte Datenverarbeitung
AE	Arbeitsrechtliche Entscheidungen (Zeitschrift)
AEUV	Vertrag über die Arbeitsweise der Europäischen Union
AfP	Archiv für Presserecht (Zeitschrift)
AG	Die Aktiengesellschaft (Zeitschrift)
AGB	Allgemeine Geschäftsbedingungen
AGG	Allgemeines Gleichbehandlungsgesetz
AktG	Aktiengesetz
Anm.	Anmerkung
AnwBl	Anwaltsblatt (Zeitschrift)
AO	Abgabenordnung
AöR	Archiv für öffentliches Recht (Zeitschrift)
APIS	Arbeitsdatei PIOS – Innere Sicherheit
ArbG	Arbeitsgericht
ArbGG	Arbeitsgerichtsgesetz
ArbR	Arbeitsrecht Aktuell (Zeitschrift)
ArbRB	Der Arbeits-Rechtsberater (Zeitschrift)
ArbSichG	Arbeitssicherstellungsgesetz
ArbZG	Arbeitszeitgesetz
ArchPF	Archiv für Post- u. Fernmeldewesen (Zeitschrift)
ARD	Arbeitsgemeinschaft der öffentlich-rechtlichen Rundfunkanstalten der Bundesrepublik Deutschland
Art.	Artikel
ArztR	Arztrecht (Zeitschrift)
ASiG	Arbeitssicherheitsgesetz
AsylVfG	Asylverfahrensgesetz
ATDG	Antiterrordateigesetz
AuA	Arbeit und Arbeitsrecht (Zeitschrift)
Aufl.	Auflage
AÜG	Arbeitnehmerüberlassungsgesetz
AuR	Arbeit und Recht (Zeitschrift)
AuslG	Ausländergesetz
AWV	Ausschuss für wirtschaftliche Verwaltung in Wirtschaft und öffentlicher Hand eV

AZO	Arbeitszeitordnung
AZRG	Ausländerzentralregistergesetz
BA	Bundesagentur für Arbeit
BaFin	Bundesanstalt für Finanzdienstleistungsaufsicht
BAföG	Bundesausbildungsförderungsgesetz
BAG	Bundesarbeitsgericht
BAGE	Entscheidungen des Bundesarbeitsgerichts: Amtliche Sammlung
BAnz	Bundesanzeiger (Zeitschrift)
BArchG	Bundesarchivgesetz
BAT	Bundes-Angestelltentarifvertrag
BayDatAufsB	Landesamt für Datenschutzaufsicht in der Regierung von Mittelfranken = Bayerische Datenaufsichtsbehörde für den nicht-öffentlichen Bereich, Regierung Mittelfranken
BayDSB	Bayerische Datenschutzbeauftragte
BayDSG	Bayerisches Datenschutzgesetz
BayVBl.	Bayerische Verwaltungsblätter (Zeitschrift)
BayVGH	Bayerischer Verwaltungsgerichtshof
BB	Der Betriebsberater (Zeitschrift)
BBankG	Gesetz über die deutsche Bundesbank
BBDI	Berliner Beauftragte für Datenschutz und Informationsfreiheit
BBesG	Bundesbesoldungsgesetz
BBG	Bundesbeamtengesetz
Bbg DSG	Gesetz zum Schutz personenbezogener Daten im Land Brandenburg (Brandenburgisches Datenschutzgesetz)
BBiG	Berufsbildungsgesetz
BCR	Binding Corporate Rules = Verhaltensregeln
BDIU	Bundesverband der Deutschen Inkasso-Unternehmen
BDSAuditG-E	Bundesdatenschutzauditgesetz (Entwurf)
bDSB	Betrieblicher oder behördlicher Datenschutzbeauftragter
BDSG	Bundesdatenschutzgesetz. Gesetz zur Fortentwicklung der Datenverarbeitung und des Datenschutzes vom 20.12.1990; Art. 1
BDSG 1977	Gesetz zum Schutz vor Missbrauch personenbezogener Daten bei der Datenverarbeitung (Bundesdatenschutzgesetz) vom 27.1.1977
BeamtStG	Beamtenstatusgesetz
Bek.	Bekanntmachung
BerHessL	Bericht der Landesregierung über die Tätigkeit der für den Datenschutz im nicht-öffentlichen Bereich in Hessen zuständigen Aufsichtbehörden
BetrR	Der Betriebsrat (Zeitschrift)
BetrVG	Betriebsverfassungsgesetz
BfD = BFDI	Bundesbeauftragter für den Datenschutz und die Informationsfreiheit
BFH	Bundesfinanzhof
BFH/NV	Sammlung amtlich nicht veröffentlichter Entscheidungen des BFH (Zeitschrift)

BfV	Bundesamt für Verfassungsschutz
BG	Die Berufsgenossenschaft (Zeitschrift)
BGB	Bürgerliches Gesetzbuch
BGBl.	Bundesgesetzblatt
BGH	Bundesgerichtshof
BGHSt	Sammlung der Entscheidungen des Bundesgerichtshofs in Strafsachen
BGHZ	Sammlung der Entscheidungen des Bundesgerichtshofs in Zivilsachen
BGleiG	Bundesgleichstellungsgesetz; Entscheidungssammlung zum BGleiG
BGSG	Bundesgrenzschutzgesetz
BHO	Bundeshaushaltsordnung
BImSchG	Bundesimmissionsschutzgesetz
BITKOM	Bundesverband Informationswirtschaft, Telekommunikation und neue Medien
BKR	Zeitschrift für Bank- und Kapitalmarktrecht
BlnDSB	s. BBDI
BlnDSG	Berliner Datenschutzgesetz
BMA	Bundesminister/ium für Arbeit
BMG	Bundesmeldegesetz
BMI	Bundesminister/ium des Inneren
BMinG	Bundesministergesetz
BMJ	Bundesminister/ium der Justiz
BND	Bundesnachrichtendienst
BNDG	Gesetz über den Bundesnachrichtendienst
BNotO	Bundesnotarordnung
BORA	Berufsordnung Rechtanwalt
BPersVG	Bundespersonalvertretungsgesetz
BPolG	Bundespolizeigesetz
BRAK-Mitt.	BRAK-Mitteilungen (Mitteilungen der Bundesrechtsanwaltskammer) (Zeitschrift)
BRAO	Bundesrechtsanwaltsordnung
BR-Drs.	Bundesrats-Drucksache
BrDSG	Bremisches Datenschutzgesetz
BrLfD	Landesbeauftragte für Datenschutz und Informationsfreiheit der Freien Hansestadt Bremen
BSG	Bundessozialgericht
BSI	Bundesamt für Sicherheit in der Informationstechnik
BSIG	Gesetz zur Einrichtung des Bundesamts für Sicherheit in der Informationstechnik
bspw.	beispielsweise
BStatG	Gesetz über die Statistik für Bundeszwecke (Bundesstatistikgesetz)
BStBl	Bundessteuerblatt
BtBG	Betreuungsbehördengesetz
BT-Drs.	Bundestags-Drucksache
BT-InnA	Bundestag-Innenausschuss
BvD	Berufsverband der Datenschutzbeauftragten Deutschland

BVerfG	Bundesverfassungsgericht
BVerfGE	Amtliche Sammlung der Entscheidungen des Bundesverfassungsgerichts
BVerfGG	Bundesverfassungsgerichtsgesetz
BVerfSchG	Bundesverfassungsschutzgesetz
BVerwG	Bundesverwaltungsgericht
BVerwGE	Sammlung der Entscheidungen des Bundesverwaltungsgerichts
BVwVfG	Bundesverwaltungsverfahrensgesetz
BVwVG	Bundesverwaltungsvollstreckungsgesetz
BW	Baden-Württemberg
BWG	Bundeswahlgesetz
BWO	Bundeswahlordnung
BZR	Bundeszentralregister
BZRG	Bundeszentralregistergesetz
CC	Common Criteria
CCZ	Corporate Compliance Zeitschrift
CD-ROM	compact disk – read only memory
CETS	Convention for the Protection of Individuals with regard to Automatic Processing of Personal Data
CF	Computer-Fachwissen, ab 2007 Computer und Arbeit (Zeitschrift)
CI	Computerrecht intern, ab 2001 Der IT-Rechts-Berater (Zeitschrift)
CJEU	Court of Justice of the European Union
CMLR	Common Market Law Review (Zeitschrift)
CNIL	Commission Nationale de l'Informatique et des Libertés
CoE	Council of Europe
CONV	Dokument des Europäischen Konvents
COPers	Computer und Personal – E-HR-Personalarbeit (Zeitschrift)
COPPA	Children's Online Privacy Protection Rule
CR	Computer und Recht (Zeitschrift)
CRi	Computer und Recht International, jetzt Computer Law Review International (Zeitschrift)
CuA	Computer und Arbeit, Fachzeitschrift für Betriebs- und Personalräte
CW	Computerwoche (Zeitschrift)
DAFTA	Datenschutzfachtagung (Jahr)/(Hrsg.) Gesellschaft für Datenschutz und Datensicherung. – Köln, Bonn
DANA	Datenschutz-Nachrichten (Zeitschrift)
DAngVers	Die Angestelltenversicherung (Zeitschrift)
DAR	Deutsches Autorecht (Zeitschrift)
Datenschutz-RL DSRL; DS-RL	Richtlinie 95/46/EG des Europäischen Parlaments und des Rates vom 24. Oktober.1995 zum Schutz natürlicher Personen bei der Verarbeitung personenbezogener Daten und zum freien Datenverkehr
DATEV	Datenverarbeitungsorganisation der steuerberatenden Berufe in der Bundesrepublik Deutschland e.G.

DB	Der Betrieb (Zeitschrift)
DBW	Die Betriebswirtschaft (Zeitschrift)
DDV	Deutscher Direktmarketing Verband eV
ders.	derselbe
DEVO	Datenerfassungs-Verordnung
DGRI	Deutsche Gesellschaft für Recht und Informatik eV
DGVZ	Deutsche Gerichtsvollzieher-Zeitung
dh	das heißt
digma	digma: Zeitschrift für Datenrecht und Informationssicherheit (Schweiz)
DIHT	Deutscher Industrie- und Handelstag
DJT	Deutscher Juristentag
DÖD	Der öffentliche Dienst (Zeitschrift)
Dok.	Dokument
DÖV	Die öffentliche Verwaltung (Zeitschrift)
DRiG	Deutsches Richtergesetz
DRiZ	Deutsche Richter-Zeitung
DRM	Digital Rights Management
DRV	Deutsche Rentenversicherung (Zeitschrift)
DSB	Datenschutz-Berater (Zeitschrift)
DSB	Datenschutzbeauftragter (Land; behördlicher/betrieblicher ...)
DSG LSA	Gesetz zum Schutz personenbezogener Daten der Bürger (Sachsen-Anhalt)
DSG MV	Gesetz zum Schutz des Bürgers bei der Verarbeitung seiner Daten (Landesdatenschutzgesetz von Mecklenburg-Vorpommern)
DSG NW	Gesetz zum Schutz personenbezogener Daten (Datenschutzgesetz Nordrhein-Westfalen)
DSGVO	Datenschutz-Grundverordnung
DSRITB	Deutsche Stiftung für Recht und Informatik: Tagungsband Herbstakademie 2015
DSWR	Datenverarbeitung in Steuer, Wirtschaft und Recht (Zeitschrift)
DtZ	Deutsch-Deutsche Rechts-Zeitschrift
DuD	Datenschutz und Datensicherung (Zeitschrift)
DuR	Demokratie und Recht (Zeitschrift)
DÜVO	Datenübermittlungsverordnung
DVBl.	Deutsches Verwaltungsblatt (Zeitschrift)
DVD	Deutsche Vereinigung für Datenschutz eV – Bonn; Digital Versatile Disk
DVP	Deutsche Verwaltungspraxis (Zeitschrift)
DVR	Datenverarbeitung im Recht (Zeitschrift)
DW	Die Wohnungswirtschaft (Zeitschrift)
DZWir	Deutsche Zeitschrift für Wirtschafts- und Insolvenzrecht (Zeitschrift)
eBAnz	elektronische Ausgabe des Bundesanzeiger (Zeitschrift)
EBLR	European Business Law Review (Zeitschrift)
ECHR	European Court of Human Rights

ECLI	European Case Law Identifier
EDPL	European Data Protection Law Review
EDPS	European Data Protection Supervisor = Europäischer Datenschutzbeauftragter
EDV	Elektronische Datenverarbeitung
EEG	Erneuerbare-Energien-Gesetz
EFG	Entscheidungen der Finanzgerichte (Zeitschrift)
EG	Europäische Gemeinschaft
EGBGB	Einführungsgesetz zum Bürgerlichen Gesetzbuche
EGGVG	Einführungsgesetz zum Gerichtsverfassungsgesetz
eGK	elektronische Gesundheitskarte
EGMR	Europäischer Gerichtshof für Menschenrechte
EGMR-E	Deutschsprachige Sammlung der Rechtsprechung des Europäischen Gerichtshofs für Menschenrechte
EGRiLi	Richtlinie 95/46/EG des Europäischen Parlaments und des Rates vom 24.10.1995 zum Schutz natürlicher Personen bei der Verarbeitung personenbezogener Daten und zum freien Datenverkehr (EG-Datenschutzrichtlinie)
EGV	Vertrag zur Gründung der Europäischen Gemeinschaft
EHUG	Gesetz über elektronische Handelsregister und Genossenschaftsregister sowie das Unternehmensregister
EJG	Eurojust-Gesetz
EKD	Evangelische Kirche in Deutschland
ELENA	Gesetz über die Einführung des elektronischen Entgeltnachweises (JobCard)
ELR	European Law Reporter; European Law Report (Zeitschrift)
ELSTER	Elektronische Steuererklärung
EMRK	Konvention zum Schutz der Menschenrechte und Grundfreiheiten
EN	Entwurf
endg.	endgültig
ENISA	European Network and Information Security Agency
EnWG	Gesetz über die Elektrizitäts- und Gasversorgung (Energiewirtschaftsgesetz)
EnzEuR	Enzyklopädie Europarecht
EPA	Europäisches Parlament
EPIC	Electronic Privacy Information Center
EStG	Einkommensteuergesetz
EU	Europäische Union
EU DSGVO	EU Datenschutz-Grundverordnung
EUDSRL	siehe Datenschutz-RL; DSRL; DS-RL
EuG	Europäisches Gericht erster Instanz
EuGH	Gerichtshof der Europäischen Union
EUGRCh	siehe GRCh
EuGRZ	Europäische Grundrechte (Zeitschrift)
EuGVVO	Verordnung (EG) Nr. 44/2001 des Rates vom 22. Dezember 2000 über die gerichtliche Zuständigkeit und die Aner-

	kennung und Vollstreckung von Entscheidungen in Zivil- und Handelssachen
EuR	Europarecht (Zeitschrift)
Eurodac	Europäisches daktyloskopisches Fingerabdrucksystem zur Identifizierung von Asylbewerbern
Eurodac	European Dactyloscopy
Europol	Europäisches Polizeiamt
EUV	Vertrag über die Europäische Union
EuZPR/EuIPR	Europäisches Zivilprozess- und Kollisionsrecht
EuZW	Europäische Zeitschrift für Wirtschaftsrecht
EWG	Europäische Wirtschaftsgemeinschaft
EWiR	Entscheidungen zum Wirtschaftsrecht (Zeitschrift)
EWR	Europäischer Wirtschaftsraum
EWS	Europäisches Wirtschafts- und Steuerrecht (Zeitschrift)
f.	folgende
FamRZ	Zeitschrift für das gesamte Familienrecht
ff.	fortfolgende
FGG	Gesetz über die Angelegenheiten der freiwilligen Gerichtsbarkeit
FGO	Finanzgerichtsordnung
FIfF	Forum InformatikerInnen für Frieden und gesellschaftliche Verantwortung -Kommunikation (Zeitschrift)
FLF	Finanzierung Leasing Factoring (Zeitschrift)
Fn.	Fußnote
FS	Festschrift, Festgabe
FuR	Film und Recht (Zeitschrift), s. ZUM
FVG	Finanzverwaltungsgesetz
G 10	Gesetz zur Beschränkung des Brief-, Post- und Fernmeldegeheimnisses (Gesetz zu Artikel 10 Grundgesetz)
GBA	Generalbundesanwalt
GBl.	Gesetzblatt
GBO	Grundbuchordnung
GDD	Gesellschaft für Datenschutz und Datensicherung eV
GDD-Dokumentation	Schriftenreihe der Gesellschaft für Datenschutz und Datensicherung
GDSG NW	Gesetz zum Schutz personenbezogener Daten im Gesundheitswesen
gem.	gemäß
GenDG	Gendiagnostikgesetz
GenG	Genossenschaftsgesetz
GenTG	Gentechnikgesetz
GeschOBReg	Geschäftsordnung der Bundesregierung
GesR	GesundheitsRecht (Zeitschrift)
GewArch	Gewerbe-Archiv, Zeitschrift für Gewerbe- und Wirtschaftsverwaltungsrecht (Zeitschrift)
GewMH	Gewerkschaftliche Monatshefte (Zeitschrift)
GewO	Gewerbeordnung
GewStG	Gewerbesteuergesetz

GEZ	Gebühreneinzugszentrale der öffentlich-rechtlichen Rundfunkanstalten
GG	Grundgesetz
ggf.	gegebenenfalls
GGO	Gemeinsame Geschäftsordnung der Bundesministerien
GlG/Land	Gleichstellungsgesetz plus Land
GmbHG	Gesetz betreffend die Gesellschaften mit beschränkter Haftung
GMBl.	Gemeinsames Ministerialblatt
GMD	Gesellschaft für Mathematik und Datenverarbeitung m.b.H.
GPS	Global Positioning System
grds.	grundsätzlich
GRG	Gesundheitsreformgesetz
GrS	Großer Senat
GRUR	Gewerblicher Rechtsschutz und Urheberrecht (Zeitschrift)
GRUR-RR	Gewerblicher Rechtsschutz und Urheberrecht Rechtsprechungs-Report
GSG	Gesundheitsstrukturgesetz
GVBl.	Gesetz- und Verordnungsblatt
GVG	Gerichtsverfassungsgesetz
GWR	Gesellschafts- und Wirtschaftsrecht (Zeitschrift)
HambKomm	Hamburger Kommentar
HdB	Handbuch
HDSB	Hessische Datenschutzbeauftragte
HDSG	Hessisches Datenschutzgesetz
HFR	Höchstrichterliche Finanzrechtsprechung
HGB	Handelsgesetzbuch
hM	herrschende Meinung
HmbBfDI	Hamburgische Beauftragte für Datenschutz und Informationsfreiheit
HPC	Health Professional Card
HPflG	Haftpflichtgesetz
HRRS	Höchstrichterliche Rechtsprechung Strafrecht
Hrsg.	Herausgeber
Hs.	Halbsatz
HStatG	Hochschulstatistikgesetz
HTML	Hypertext Markup Language
HTTPS	Hypertext Transfer Protocol Secure
HUDOC	EGMR, Entscheidungsnachweis (Datenbank)
HwO	Handwerksordnung
ICO	Information Comissioner's Office
idF	in der Fassung
IDPL	International Data Privacy Law (Zeitschrift)
idR	in der Regel
idS	in diesem Sinne
iE	im Ergebnis
ieS	im engeren Sinne
IFG	Informationsfreiheitsgesetz

IfSG	Infektionsschutzgesetz
IHKG	Gesetze über die Industrie- und Handelskammern
IKPO	Internationale kriminalpolizeiliche Organisation
ILO	International Labour Organization (Internationale Arbeitsorganisation)
insbes.	insbesondere
InTeR	Zeitschrift zum Innovations- und Technikrecht
IP-Adresse	Internet Protokoll Adresse
iRd	im Rahmen der/des
iSd	im Sinne des
iSv	im Sinne von
IT	Informationstechnik
ITBR	Der IT-Rechtsberater (Zeitschrift)
iÜ	Im Übrigen
J. Marshall J. Info. Tech. & Privacy L	The John Marshall Journal of Information Technology & Privacy Law
jew.	jeweilige
JI	Rat der EU für „Justiz und Inneres"
JIPLP	Journal of Intellectual Property Law and Practice
jM	Juris – Die Monatszeitschrift
JöR	Jahrbuch Öffentliches Recht
JP	Juristische Praxis (Zeitschrift)
JR	Juristische Rundschau (Zeitschrift)
jurisPR	Juris PraxisReport
JurPC	Internet-Zeitschrift für Rechtsinformation und Informationsrecht
JuS	Juristische Schulung (Zeitschrift)
JZ	Juristenzeitung
K&R	Kommunikation & Recht (Zeitschrift)
KDO	Anordnung über den kirchlichen Datenschutz
KDZ	Kommunale Datenverarbeitungszentrale
KG	Kammergericht
KJ	Kritische Justiz (Zeitschrift)
KOM	Dokument der EU-Kommission
Komm.	Kommentierung; Kommentar
KUG	Gesetz betreffend das Urheberrecht an Werken der bildenden Künste und der Photographie
KuR	Kirche & Recht (Zeitschrift)
KWG	Gesetz über das Kreditwesen; Kommunalwahlgesetz
LAG	Landesarbeitsgericht
LDSG	Landesdatenschutzgesetz/-gesetze
LDSG NRW	Landesdatenschutzgesetz Nordrhein-Westfalen
LDSG RP	Landesdatenschutzgesetz Rheinland-Pfalz
Lfg.	Lieferung
LG	Landgericht
LIBE-Entwurf	Entwurf des LIBE-Ausschusses zur Datenschutzgrundverordnung
lit.	Litera
LOG NRW	Landesorganisationsgesetz Nordrhein-Westfalen

MAD	Militärischer Abschirmdienst
MDR	Monatschrift für Deutsches Recht (Zeitschrift)
MedR	Medizinrecht (Zeitschrift)
MMR	MultiMedia und Recht (Zeitschrift)
MPEPIL	Max Planck Encyclopedia of Public International Law
mwN	mit weiteren Nachweisen
NJ	Neue Justiz (Zeitschrift)
NJW	Neue Juristische Wochenschrift (Zeitschrift)
NJW-CoR	Computerreport der NJW (Zeitschrift)
NJW-RR	NJW-Rechtsprechungs-Report, Zivilrecht (Zeitschrift)
NRW	Nordrhein-Westfalen
NVersZ	Neue Zeitschrift für Versicherung und Recht
NVwZ	Neue Zeitschrift für Verwaltungsrecht
NVwZ-RR	Neue Zeitschrift für Verwaltungsrecht, Rechtsprechungs-Report
NWB	Neue Wirtschafts-Briefe für Steuer- und Wirtschaftsrecht (Zeitschrift)
NWVBl.	Nordrhein-Westfälische Verwaltungsblätter
NZA	Neue Zeitschrift für Arbeitsrecht
NZA-RR	NZA-Rechtsprechungsreport (Zeitschrift)
NZS	Neue Zeitschrift für Sozialrecht
oä	oder ähnlich
öDSG	Datenschutzgesetz (Österreich)
OECD	Organisation für wirtschaftliche Zusammenarbeit und Entwicklung
OLG	Oberlandesgericht
ÖVD	Öffentliche Verwaltung und Datenverarbeitung (Zeitschrift)
OVG	Oberverwaltungsgericht
OWiG	Gesetz über Ordnungswidrigkeiten
PinG	Privacy in Germany (Zeitschrift)
PraxHdB	Praxis Handbuch
PVLR	Privacy and security law report (Zeitschrift)
Ratsdok.	Ratsdokument
RDG	Gesetz über außergerichtliche Rechtsdienstleistungen – Rechtsdienstleistungsgesetz
RDV	Recht der Datenverarbeitung (Zeitschrift)
ReNEUAL	Research Network on EU Administrative Law
RFID	Radio Frequency Identification (Technik und Funkchip)
RL	Richtlinie
RMD	Recht der Multimedia-Dienste (Loseblatt)
Rom-I-VO	Verordnung (EG) Nr. 593/2008 des europäischen Parlaments und des Rates vom 17. Juni 2008 über das auf vertragliche Schuldverhältnisse anzuwendende Recht (Rom I)
Rom-II-VO	Verordnung (EG) Nr. 864/2007 des europäischen Parlaments und des Rates vom 11. Juli 2007 über das auf außervertragliche Schuldverhältnisse anzuwendende Recht (Rom II)
Rs.	Rechtssache

SaarlDSB	Saarländische(r) Datenschutzbeauftragte(r)
SABAM	Belgische Vereinigung von Autoren, Komponisten und Verlegern
SächsDSG	Gesetz zum Schutz der informationellen Selbstbestimmung im Freistaat Sachsen (Sächsisches Datenschutzgesetz)
SCHUFA	Schutzgemeinschaft für allgemeine Kreditsicherung
SchuR	Schulrecht – Informationsdienst für Schulleitung und Schulaufsicht (Zeitschrift)
scil.	scilicet
SCRL	Sociétés coopératives à responsabilité limitée (Belgische Rechtsform für Genossenschaften)
SDSG	Saarländisches Datenschutzgesetz
SDÜ	Schengener Durchführungsübereinkommen
SG	Sozialgericht
SGB	Sozialgesetzbuch (I: Allgemeiner Teil; II: Grundsicherung für Arbeitssuchende; III: Arbeitsförderung; IV: Sozialversicherung; V: Krankenversicherung; VI: Rentenversicherung; VII: Unfallversicherung; VIII: Kinder- und Jugendhilfe; IX: Rehabilitation und Teilhabe behinderter Menschen; X: Sozialverwaltungsverfahren und Sozialdatenschutz; XI: Pflegeversicherung; XII: Sozialhilfe)
Slg	Sammlung der Entscheidungen des Europäischen Gerichtshofes
SMS	Short Message Service
st. Rspr.	Ständige Rechtsprechung
Stan. L. Rev.	Stanford Technology Law Review
StGB	Strafgesetzbuch
StPO	Strafprozessordnung
str.	streitig
StVollzG	Gesetz über den Vollzug der Freiheitsstrafe und der freiheitsentziehenden Maßregeln der Besserung und Sicherung (Strafvollzugsgesetz)
SWIFT	Society for Worldwide Interbank Financial Telecommunication
TB	Tätigkeitsbericht
TDDSG	Teledienstedatenschutzgesetz
TDG	Teledienstegesetz
TDR	Transnational Data Report (Zeitschrift)
TDSV	Telekommunikations-Datenschutzverordnung
Temex	Telemetric Exchange
TESTA	Trans-European Services for Telematics between Administrations
ThürDSG	Thüringer Datenschutzgesetz
ThürPAG	Thüringer Gesetz über die Aufgaben und Befugnisse der Polizei
TK	Telekommunikation
TKG	Telekommunikationsgesetz
TKMR	Telekommunikation & Medienrecht (Zeitschrift)
TKO	Telekommunikationsordnung

TMG	Telemediengesetz
TVG	Tarifvertragsgesetz
ua	und andere(s); unter anderem
uä	und ähnliches
UAbs.	Unterabsatz
UIG	Umweltinformationsgesetz
UKlaG	Gesetz über Unterlassungsklagen bei Verbraucherrechts- und anderen Verstößen
ULD	Unabhängiges Landeszentrum für Datenschutz Schleswig-Holstein
USB	Universal Serial Bus (Schnittstelle, Speichermedium)
uU	unter Umständen
Var.	Variante
VBlBW	Verwaltungsblätter für Baden-Württemberg
VDA	Verband der Automobilindustrie
VerwArch	Verwaltungsarchiv (Zeitschrift)
VG	Verwaltungsgericht
VGH	Verwaltungsgerichtshof
vgl.	vergleiche
VNC	Virtual Network Computing
VO	Verordnung
Vol.	Volume
Vorb.	Vorbemerkung/en
VR	Verwaltungsrundschau (Zeitschrift)
VSSR	Vierteljahresschrift für Sozialrecht (Zeitschrift)
VuR	Verbraucher und Recht (Zeitschrift)
VV	Verwaltungsvorschriften
VVDStRL	Veröffentlichungen der Vereinigung der Deutschen Staatsrechtslehrer
VVG	Gesetz über den Versicherungsvertrag
VwGO	Verwaltungsgerichtsordnung
VwVfG	Verwaltungsverfahrensgesetz
WHG	Wasserhaushaltsgesetz
WM	Wertpapier-Mitteilungen (Zeitschrift)
WP	Working Paper = Arbeitspapiere der Art. 29-Gruppe
WRV	Weimarer Reichsverfassung
WÜD	Wiener Übereinkommen vom 18. April 1961 über diplomatische Beziehungen
ZAfTDa	Zentralarchiv für Tätigkeitsberichte des Bundes- und der Landesdatenschutzbeauftragten und der Aufsichtsbehörden für den Datenschutz
ZaöRV	Zeitschrift für ausländisches öffentliches Recht und Völkerrecht
zB	zum Beispiel
ZD	Zeitschrift für Datenschutz
ZESAR	Zeitschrift für Europäisches Sozial- und Arbeitsrecht
ZEuP	Zeitschrift für Europäisches Privatrecht
ZEVIS	Zentrales Verkehrs-Informations-System
ZevKR	Zeitschrift für evangelisches Kirchenrecht

ZfA	Zeitschrift für Arbeitsrecht
ZfRV	Zeitschrift für Europarecht; Internationales Privatrecht und Rechtsvergleichung
Ziff.	Ziffer
ZPO	Zivilprozessordnung
ZRP	Zeitschrift für Rechtspolitik
zT	zum Teil
ZTR	Zeitschrift für Tarifrecht
ZUM	Zeitschrift für Urheber- und Medienrecht
ZUM-RD	Zeitschrift für Urheber- und Medienrecht-Rechtsprechungsdienst
ZZP	Zeitschrift für Zivilprozess

Literaturverzeichnis

Abel, Ralf/Djagani, Wida, Weitergabe von Kreditnehmerdaten bei Forderungskauf und Inkasso – Die Rechtslage nach BDSG und DS-GVO, ZD 2017, 114–120.

Albrecht, Jan Philipp, Das neue EU-Datenschutzrecht – von der Richtlinie zur Verordnung. Überblick und Hintergründe zum finalen Text für die Datenschutz-Grundverordnung der EU nach der Einigung im Trilog, CR 2016, 88–98.

Albrecht, Jan Philipp,, The EU's New Data Protection Law – How A Directive Evolved Into A Regulation, Computer Law Review International 17, 2 (2016), 33–43.

Albrecht, Jan Philipp/Jotzo, Florian, Das neue Datenschutzrecht der EU. Grundlagen. Gesetzgebungsverfahren. Synopse, Baden-Baden 2017.

Alleweldt, Ralf, Verbandsklage und gerichtliche Kontrolle von Verfahrensfehlern: Neue Entwicklungen im Umweltrecht, DÖV 2006, 621–631.

Arkenau, Judith/Wübbelmann, Judith, Eigentum und Rechte an Daten – Wem gehören die Daten?, Deutsche Stiftung für Recht und Informatik – Tagungsband, 1 (2015), 95–111.

Bapat, Anita, The new right to data portability, Privacy and Data Protection, 3 (2013), 3–4.

Becker, Maximilian, Ein Recht auf datenerhebungsfreie Produkte, JZ 2017, 170–181.

Benecke, Alexander/Wagner, Julian, Öffnungsklauseln in der Datenschutz-Grundverordnung und das deutsche BDSG – Grenzen und Gestaltungsspielräume für ein nationales Datenschutzrecht, DVBl 2016, 600–608.

Berg-Larsen, Espen, The Issue of Privacy in the European Union – Controversies of the General Data Protection Regulation, 2015, https://www.duo.uio.no/handle/10852/48534.

Bergström, Carl Fredrik/Ritleng, Dominique, Rulemaking by the European Commission – The New System for Delegation of Powers, New York 2016.

Bergt, Matthias, Verhaltensregeln als Mittel zur Beseitigung der Rechtsunsicherheit in der Datenschutz-Grundverordnung, CR 2016, 670–678.

Blume, Peter, Will It Be a Better World? The Proposed EU Data Protection Regulation, International Data Privacy Law 2 (2012), 130–136.

Blume, Peter/Svanberg, Christian Wiese, The Proposed Data Protection Regulation: The Illusion of Harmonisation, the Private/Public Sector Divide and the Bureaucratic Apparatus, Cambridge Yearbook of European Legal Studies 15, 1 (2013), 27–46.

Boehm, Franziska, Assessing the New Instruments in EU-US Data Protection Law for Law Enforcement and Surveillance Purposes, European Data Protection Law 2016, 178–190.

Boehme-Neßler, Volker, Das Recht auf Vergessenwerden – Ein neues Internet-Grundrecht im Europäischen Recht, NVwZ 2014, 825–830.

von Bogdandy, Armin(Hrsg.), Europäisches Verfassungsrecht: theoretische und dogmatische Grundzüge, 2. Aufl. Berlin 2009.

Borges, Georg, Cloud Computing und Datenschutz. Zertifizierung als Ausweg aus einem Dilemma, DuD 2014, 165–169.

Borges, Georg/Schwenk, Jörg (Hrsg.), Daten- und Identitätsschutz in Cloud Computing, E-Government und E-Commerce, 3. Aufl. Berlin 2013.

Born, Tobias, Die Datenschutzaufsicht und ihre Verwaltungstätigkeit im nicht-öffentlichen Bereich, Europäische Hochschulschriften Reihe 2, Bd. 5648, Frankfurt am Main 2014.

Brink, Stefan/Eckhardt, Jens, Wann ist ein Datum ein personenbezogenes Datum? Anwendungsbereich des Datenschutzrechts, ZD 2015, 205–212.

Buchholtz, Gabriele, Das „Recht auf Vergessen" im Internet. Vorschläge für ein neues Schutzkonzept, ZD 2015, 570–577.

Buchner, Benedikt, Grundsätze und Rechtmäßigkeit der Datenverarbeitung unter der DS-GVO, DuD 2016, 155–161.

Calliess, Christian/Ruffert, Matthias (Hrsg.), EUV/AEUV. Das Verfassungsrecht der Europäischen Union mit Europäischer Grundrechtecharta. Kommentar, 5. Aufl. München 2016.

Cebulla, Manuel, Umgang mit Kollateraldaten, ZD 2015, 507–512.

Chen, Jiahong, How the best-laid plans go awry: the (unsolved) issues of applicable law in the General Data Protection Regulation, International Data Privacy Law 6 (2016), 310-323.

Christiansen, Thomas/Dobbels, Mathias, Non-Legislative Rule Making after the Lisbon Treaty: Implementing the New System of Comitology and Delegated Acts, European Law Journal 19 (2013), 42–56.

Colonna, Liane, Article 4 of the EU Data Protection Directive and the Irrelevance of the EU–US Safe Harbor Program? International Data Privacy Law, 4 (2014), 203–221.

Craig, Paul, EU Administrative Law, Oxford 2012.

Craig, Paul/de Búrca, Gráinne (Hrsg.), The evolution of EU law, Oxford 1999.

Dammann, Ulrich, Erfolge und Defizite der EU-Datenschutzgrundverordnung, ZD 2016, 307–314.

Dammann, Ulrich/Simitis/Spiros, EG-Datenschutzrichtlinie. Kommentar, Baden-Baden 1997.

von Danwitz, Thomas, Die Eigenverantwortung der Mitgliedstaaten für die Durchführung von Gemeinschaftsrecht, DVBl 1998, 421–433.

Dehmel, Susanne/Hullen, Nils, Auf dem Weg zu einem zukunftsfähigen Datenschutz in Europa? – Konkrete Auswirkungen der DS-GVO auf Wirtschaft, Unternehmen und Verbraucher, ZD 2013, 147–153.

Dieterich, Thomas, Rechtsdurchsetzungsmöglichkeiten der DS-GVO, ZD 2016, 260–266.

Dohr, Walter/Pollirer, Hans/Weiss, Ernst, Datenschutzrecht. Kommentar, 2. Aufl. Wien 2017.

Dovas, Maria-Urania, Joint Controllership – Möglichkeiten oder Risiken der Datennutzung?, ZD 2016, 512–517.

Drewes, Stefan, Dialogmarketing nach der DSGVO ohne Einwilligung des Betroffenen, CR 2016, 172–179.

Duda, Daniela, Das Verfahrensverzeichnis und die DSGVO – Ohne geht es nicht!, PinG 2016, 248–252.

Düwell, Franz Josef/Brink, Stefan, Die EU-Datenschutz-Grundverordnung und der Beschäftigtendatenschutz, NZA 2016, 665–668.

Eckhardt, Jens/Kramer, Rudi/Mester, Britta Alexandra, Auswirkungen der geplanten EU-DS-GVO auf den deutschen Datenschutz, DuD 2013, 623–630.

Ehlers, Dirk/Becker, Ulrich (Hrsg.), Europäische Grundrechte und Grundfreiheiten, 4. Aufl. Berlin 2014.

Ehmann, Eugen, Der weite Weg zur Datenschutzgrundverordnung. Näher am Erfolg, als viele glauben?, ZD 2015, 6–12.

Ehrig, Lina/Glatzner, Florian, Kreditscoring nach der Datenschutz-Grundverordnung: Sollen – und können – die bisherigen Regelungen der BDSG erhalten bleiben?, PinG 2016, 211–214.

Eichenhofer, Johannes, Privatheit im Internet als Vertrauensschutz. Eine Neukonstruktion der Europäischen Grundrechte auf Privatleben und Datenschutz, Der Staat 2016, 41–67.

Eichler, Carolyn, Zulässigkeit der Tätigkeit von Auskunfteien nach der DS-GVO, RDV 2017, 10–12.

Ernst, Stefan, Die Einwilligung nach der Datenschutzgrundverordnung, ZD 2017, 110–114.

Faust, Sebastian/Spitka, Jan/Wybitul, Tim, Milliardenbußgelder nach der DS-GVO?, ZD 2016, 120–125.

Feiler, Lukas/Forgó, Nikolaus, EU-DSGVO: EU-Datenschutz-Grundverordnung, Wien 2017.

Fialova, Eva, Data Portability and Informational Self-Determination, Masaryk University Journal of Law and Technology 8 (2014), 45–56.

Franck, Johannes/Müller-Peltzer, Philipp, Wettbewerbs- und datenschutzrechtliche Grenzen des Location Based Marketing mittels Geofencing, K&R 2016, 718–724.

Frenz, Walter, Handbuch Europarecht. Band 4. Europäische Grundrechte, Berlin 2009.

Galetta, Antonella/de Hert, Paul, The Proceduralisation of Data Protection Remedies under EU Data Protection Law: Towards a More Effective and Data Subject-oriented Remedial System?, Review of European Administrative Law 8 (2015), 125–151.

Gierschmann, Sibylle, Was „bringt" deutschen Unternehmen die DS-GVO?, ZD 2016, 51–55.

Gola, Peter, Beschäftigtendatenschutz und EU-Datenschutz-Grundverordnung, *EuZW* 2012, 332–336.

Gola, Peter, Einige Aspekte der DS-GVO, des DS-AnpUG und des Beschäftigtendatenschutz, RDV 2017, 25–28.

Gola, Peter, Neues Recht, neue Fragen: Einige aktuelle Interpretationsfragen zur DSGVO, K&R 2017, 145–149.

Gola, Peter/Eichler, Carolyn: Gelbe Erläuterungsbücher: DS-GVO: Datenschutz-Grundverordnung VO (EU) 2016/679, München 2017.

Gola, Peter/Klug, Christoph, Die Entwicklung des Datenschutzrechts im zweiten Halbjahr 2016, NJW 2017, 604–607.

Gola, Peter/Pötters, Stephan/Thüsing, Gregor, Art. 82 DSGVO: Öffnungsklausel für nationale Regelungen zum Beschäftigtendatenschutz – Warum der deutsche Gesetzgeber jetzt handeln muss, RDV 2016, 57–61.

Gola, Peter/Schomerus, Rudolf (Hrsg.), BDSG. Kommentar, 12. Aufl. München 2015.*Gossen, Heiko/Schramm, Marc,* Das Verarbeitungsverzeichnis der DS-GVO, ZD 2017, 7–13.

Grabitz, Eberhard/Hilf, Meinhard/Nettesheim, Martin (Hrsg.), Das Recht der Europäischen Union, 58. EL, München 2016.

von Grafenstein, Maximilian, Das Zweckbindungsprinzip zwischen Innovationsfreiheit und Rechtssicherheit, DuD 2015, 789–795.

von der Groeben, Hans/Schwarze, Jürgen/Hatje, Armin (Hrsg.), Europäisches Unionsrecht: Vertrag über die Europäische Union – Vertrag über die Arbeitsweise der Europäischen Union – Charta der Grundrechte der Europäischen Union, 7. Aufl. Baden-Baden 2015.

Gstrein, Oskar, The Right to be Forgotten in the General Data Protection Regulation and the aftermath of the "Google Spain" judgement (C-131/12), PinG 2017, 9–17.

Halfmeier, Axel, Die neue Datenschutzverbandsklage, NJW 2016, 1126–1129.

Härting, Niko, Datenschutz-Grundverordnung. Anwendungsbereich, Verbotsprinzip, Einwilligung, IT-Rechts-Berater 2016, 36–40.

Härting, Niko, Profiling: Vorschläge für eine intelligente Regulierung, Was aus der Zweistufigkeit des Profiling für die Regelung des nicht-öffentlichen Datenschutzbereichs folgt, CR 2014, 528-536.

Härting, Niko, Starke Behörden, schwaches Recht – der neue EU-Datenschutzentwurf, BB 2012, 459–466.

Härting, Niko/Schneider, Jochen, Data Protection in Europe: An Alternative Draft for a General Data Protection Regulation: Alternatives to the European Commission's Proposal of 25 January 2012, Köln 2013.*Härting, Niko/Schneider, Jochen* , Das Dilemma der Netzpolitik, ZRP 2011, 233–236.

Hatje, Armin/Müller-Graff, Peter-Christian (Hrsg.), Europäisches Organisations- und Verfassungsrecht (Enzyklopädie Europarecht [EnzEuR] Bd. 1), Baden-Baden 2014.

Hempel, Leon/Krasmann, Susanne/Bröckling, Ulrich (Hrsg.), Sichtbarkeitsregime: Überwachung, Sicherheit und Privatheit im 21. Jahrhundert, Berlin 2010.

Herbst, Tobias, Was sind personenbezogene Daten?, NVwZ 2016, 902–906.

de Hert, Paul, The EU Data Protection Reform and the (forgotten) Use of Criminal Sanctions, International Data Privacy Law 4 (2014), 262–268.

de Hert, Paul/Czerniawski, Michal, Expanding the European data protection scope beyond territory: Article 3 of the General Data Protection Regulation in its wider context, International Data Privacy Law 6 (2016), 230–243.

Heselhaus, Sebastian/Nowak, Carsten (Hrsg.), Handbuch der Europäischen Grundrechte, 2. Aufl. München 2015.

Hoeren, Thomas, Big Data und Datenqualität – ein Blick auf die DS-GVO, ZD 2016, 459–463.

Hoffmann-Riem, Wolfgang/Schmidt-Aßmann, Eberhard/Voßkuhle, Andreas (Hrsg.), Grundlagen des Verwaltungsrechts, 2. Aufl. München 2012.

Hornung, Gerrit/Hartl, Korbinian, Datenschutz durch Marktanreize – auch in Europa? Stand der Diskussion zu Datenschutzzertifizierung und Datenschutzaudit, ZD 2014, 219–225.

Hornung, Gerrit/Sädtler, Stephan, Europas Wolken. Die Auswirkungen des Entwurfs für eine Datenschutz-Grundverordnung auf das Cloud Computing, CR 2012, 638–645.

Irion, Kristina/Luchetta, Giacomo, Online Personal Data Processing and EU Data Protection Reform, SSRN Scholarly Paper, Rochester, NY: Social Science Research Network, 8. April 2013, http://papers.ssrn.com/abstract=2275267.

Jarass, Hans D., Charta der Grundrechte der Europäischen Union unter Einbeziehung der vom EuGH entwickelten Grundrechte, der Grundrechtsregelungen der Verträge und der EMRK. Kommentar, 2. Aufl. München 2013.

Jaspers, Andreas/Reif, Yvette, Der Datenschutzbeauftragte nach der Datenschutz-Grundverordnung: Bestellpflicht, Rechtsstellung und Aufgaben, RDV 2016, 61–68.

Jotzo, Florian, Gilt deutsches Datenschutzrecht auch für Google, Facebook & Co. bei grenzüberschreitendem Datenverkehr?, MMR 2009, 232–37.

Kazemi, Robert, The General Data Protection Regulation in Legal Consultation Practice, 2016.

Keppeler, Lutz Martin, Was bleibt vom TMG-Datenschutz nach der DS-GVO? Lösung und Schaffung von Abgrenzungsproblemen im Multimedia-Datenschutz, MMR 2015, 779–783.

Kipker, Dennis-Kenji/Voskamp, Friederike, Datenschutz in sozialen Netzwerken nach der Datenschutzgrundverordnung, DuD 2012, 737–742.

Klar, Manuel, Räumliche Anwendbarkeit des (europäischen) Datenschutzrechts. Ein Vergleich am Beispiel von Satelliten-, Luft- und Panoramastraßenaufnahmen, ZD 2013, 109–115.

Klement, Jan Henrik, Öffentliches Interesse an Privatheit – Das europäische Datenschutzrecht zwischen Binnenmarkt, Freiheit und Gemeinwohl, JZ 2017, 161–170.

Kodde, Claudia, Die „Pflicht zu Vergessen", „Recht auf Vergessenwerden" und Löschung in BDSG und DS-GVO, ZD 2013, 115–118.

*Kornbeck, Jacob,*Transferring athletes' personal data from the EU to third countries for anti-doping purposes: applying Recital 112 GDPR in the post-Schrems era, International Data Privacy Law 6 (2016), 291-298.

Kort, Michael, Was ändert sich für Datenschutzbeauftragte, Aufsichtsbehörden und Betriebsrat mit der DS-GVO?, ZD 2017, 3–7.

Kotschy, Waltraut, The Proposal for a New General Data Protection Regulation – Problems Solved?, International Data Privacy Law 4 (2014), 274-281.

Kranig, Thomas/Peintinger, Stefan, Selbstregulierung im Datenschutzrecht, ZD 2014, 3–9.

Kraska, Sebastian, Auswirkungen der EU-Datenschutzgrundverordnung, ZD-Aktuell, 1 (2016), 04173.

Kring, Markus/Marosi, Johannes, Ein Elefant im Porzellanladen – Der EuGH zu Personenbezug und berechtigtem Interesse, K&R 2016, 773–776.

Krohm, Niclas, Anreize für Selbstregulierung nach der Datenschutz-Grundverordnung, PinG 2016, 205–210.

Krohm, Niclas/Müller-Peltzer, Philipp, (Fehlende) Privilegierung der Auftragsverarbeitung unter der Datenschutz-Grundverordnung?, RDV 2016, 307–311.

Krönke, Christoph, Datenpaternalismus. Staatliche Interventionen im Online-Datenverkehr zwischen Privaten, dargestellt am Beispiel der Datenschutz-Grundverordnung, Der Staat 2016, 353–371.

Kühling, Jürgen, Rückkehr des Rechts: Verpflichtung von „Google & Co." zu Datenschutz, EuZW 2014, 527–532.

Kühling, Jürgen/Buchner, Benedikt, Datenschutz-Grundverordnung, München 2017.

Kühling, Jürgen/Klar, Manuel, Unsicherheitsfaktor Datenschutzrecht – Das Beispiel des Personenbezugs und der Anonymität, NJW 2013, 3611–3617.

Kühling, Jürgen/Martini, Mario, Die Datenschutz-Grundverordnung: Revolution oder Evolution im europäischen und deutschen Datenschutzrecht, EuZW 2016, 448–454.

Kühling, Jürgen/Martini, Mario/Heberlein, Johanna/Kühl, Benjamin/Nink, David/Weinzierl, Quirin/Wenzel, Michael, Die Datenschutz-Grundverordnung und das nationale Recht, Regensburg/Speyer 2016.

Langenfeld, Christine, Zur Direktwirkung von EG-Richtlinien, DÖV 1992, 955–965.

Laue, Philip, Öffnungsklauseln in der DS-GVO – Öffnung wohin, ZD 2016, 463–467.

Laue, Philip/Nink, Judith/Kremer, Sascha, Das neue Datenschutzrecht in der betrieblichen Praxis, Baden-Baden 2016.

Lepperhof, Niels, Informationspflichten gegenüber Bewerbern nach der DS-GVO, RDV 2017, 21–24.

Leutheusser-Schnarrenberger, Sabine, Das Recht auf Vergessenwerden – ein Durchbruch oder ein digitales Unding?, ZD 2015, 149–150.

von Lewinski, Kai/Herrmann, Christoph, Cloud vs. Cloud – Datenschutz im Binnenmarkt, ZD 2016, 467–474.

Lindhorst, Matthias, Sanktionsdefizite im Datenschutzrecht, Frankfurt am Main/New York 2010.

Lynskey, Orla, The foundations of EU data protection law (Oxford studies in European law), Oxford 2015.

Maisch, Michael Marc, Informationelle Selbstbestimmung in Netzwerken: Rechtsrahmen, Gefährdungslagen und Schutzkonzepte am Beispiel von Cloud Computing und Facebook, Berlin 2015.

Mantelero, Alessandro, Right to Be Forgotten and Public Registers - A Request to the European Court of Justice for a Preliminary Ruling Reports: Italy, European Data Protection Law 2 (2016), 231–235.

Marnau, Ninja, Anonymisierung, Pseudonymisierung und Transparenz für Big Data Technische Herausforderungen und Regelungen in der Datenschutz-Grundverordnung, DuD 2016, 428–433.

Maxwell, Winston J., Data privacy: the European Commission pushes for total harmonization, *Computer and Telecommunications Law Review* 18 (2012), 175–176.

Meyer, Jürgen/Bernsdorff, Norbert (Hrsg.), Charta der Grundrechte der Europäischen Union, 4. Aufl. Baden-Baden 2014.

Molnár-Gábor, Fruzsina/Kaffenberger, Laura, EU-US-Privacy-Shield – ein Schutzschild mit Löchern, ZD 2017, 18–24.

Monreal, Manfred, Weiterverarbeitung nach einer Zweckänderung in der DS-GVO, ZD 2016, 507–512.

Mosing, Max, Änderungen in Österreich aufgrund der Datenschutz-Grundverordnung, Teil 2: Der Datenschutzbeauftragte kommt!, PinG 2016, 220–222.

Moulonguet, Matthieu, What drives the European Parliament? The Case of the General Data Protection Regulation, Bruges Political Research Papers 47/2015, https://www.coleurope.eu/study/european-political-and-administrative-studies/research-activities/bruges-political-research.

Nebel, Maxi, Schutz der Persönlichkeit – Privatheit oder Selbstbestimmung?, ZD 2015, 517–522.

Nebel, Maxi/Richter, Philipp, Datenschutz bei Internetdiensten nach der DS-GVO. Vergleich der deutschen Rechtslage mit dem Kommissionsentwurf, ZD 2012, 407–413.

Nguyen, Alexander M, Die zukünftige Datenschutzaufsicht in Europa, ZD 2015, 265–270.

Nolte, Norbert, Das Recht auf Vergessenwerden – mehr als nur ein Hype?, NJW 2014, 2238–2242.

Ohrtmann, Jan-Peter/Schwiering, Sebastian, Big Data und Datenschutz – Rechtliche Herausforderungen und Lösungsansätze, NJW 2014, 2984–2989.

Oostveen, Manon, Identifiability and the applicability of data protection to big data, International Data Privacy Law 6 (2016), 299-309.

Paal, Boris/Hennemann, Moritz, Online-Archive im Lichte der Datenschutz-Grundverordnung, K&R 2017, 18–23.

Paal, Boris P./Pauly, Daniel A., Datenschutz-Grundverordnung, München 2016.

Peifer, Markus, Die Datenschutz-Grundverordnung aus Sicht der öffentlichen Verwaltung, PinG 2016, 222–227.

Phan, Iris, Die Datenschutz-Folgenabschätzung nach der Datenschutz-Grundverordnung – Ein Überblick für die Praxis, PinG 2016, 243–247.

Piltz, Carlo, Die Datenschutz-Grundverordnung: Teil 1: Anwendungsbereich, Definitionen und Grundlagen der Datenverarbeitung, K&R 2016, 557–567.

Piltz, Carlo, Die Datenschutz-Grundverordnung: Teil 2: Rechte der Betroffenen und korrespondiere Pflichten des Verantwortlichen, K&R 2016, 629–636.

Piltz, Carlo, Die Datenschutz-Grundverordnung: Teil 3: Rechte und Pflichten des Verantwortlichen und Auftragsverarbeiters, K&R 2016, 709–717.

Piltz, Carlo, Die Datenschutz-Grundverordnung: Teil 4: Internationale Datentransfers und Aufsichtsbehörden, K&R 2016, 777–784.

Piltz, Carlo, Die Datenschutz-Grundverordnung: Teil 5: Internationale Zusammenarbeit, Rechtsbehelfe und Sanktionen, K&R 2017, 85–93.

Piltz, Carlo/Krohm, Niclas, Was bleibt vom Datenschutz übrig? Nebenwirkungen der Datenschutz-Grundverordnung, PinG 2013, 56–62.

Plath, Kai-Uwe/Becker, Thomas (Hrsg.), BDSG. Kommentar zum BDSG sowie den Datenschutzbestimmungen von TMG und TKG, Köln 2013.

Plath, Kai-Uwe/von Braunmühl, Patrick: BDSG/DSGVO: Kommentar zum BDSG und zur DSGVO sowie den Datenschutzbestimmungen des TMG und TKG, Köln 2016.

Raab, Johannes, Die Harmonisierung des einfachgesetzlichen Datenschutzes: von der umsetzungsdefizitären Datenschutzrichtlinie 95/46/EG zur Datenschutz-Grundverordnung, Berlin u.a. 2015.

Rauda, Christian, Gemeinsamkeiten von US Children Online Privacy Protection Act (COPPA) und DS-GVO, MMR 2017, 15–19.

Reding, Viviane, Sieben Grundbausteine der europäischen Datenschutzreform, ZD 2012, 195–198.

Reimer, Helmut/Wegener, Christoph, Pseudonym...anonym...privat?, DuD 2016, 468.

Rempe, Christoph, Marktmachtmissbrauch durch Datenschutzverstöße, K&R 2017, 149–153.

Richter, Frederick, Aus Sicht der Stiftung Datenschutz – Wir brauchen mehr Brücken!, PinG 2017, 3–4.

Richter, Philipp, Datenschutz durch Technik und die Grundverordnung der EU-Kommission, DuD 2012, 576–580.

Richter, Philipp, Datenschutz zwecklos? – Das Prinzip der Zweckbindung im Ratsentwurf der DSGVO, DuD 2015, 735–740.

Rogosch, Patricia, Die Einwilligung im Datenschutzrecht, Baden-Baden 2013.

Rose, Edgar, „Smart Cams" im öffentlichen Raum, ZD 2017, 64–69.

Rost, Maria Christina, Bußgeld im digitalen Zeitalter – Was bringt die DS-GVO, RDV 2017, 13–20.

Roßnagel, Alexander (Hrsg.), Europäische Datenschutz-Grundverordnung. Vorrang des Unionsrechts – Anwendbarkeit des nationalen Rechts, Baden-Baden 2017.

Roßnagel, Alexander, Handbuch Datenschutzrecht. Die neuen Grundlagen für Wirtschaft und Verwaltung, München 2003.

Roßnagel, Alexander, Vorratsdatenspeicherung vor dem Aus?, NJW 2017, 696–698.

Roßnagel, Alexander/Kroschwald, Steffen, Was wird aus der Datenschutzgrundverordnung? Die Entschließung des Europäischen Parlaments über ein Verhandlungsdokument, ZD 2014, 495–500.

Roßnagel, Alexander/Nebel, Maxi, Policy Paper. Die neue Datenschutz-Grundverordnung. Ist das Datenschutzrecht nun für heutige Herausforderungen gerüstet?, Forum Privatheit und selbstbestimmtes Leben in der digitalen Welt, 2016.

Roßnagel, Alexander/Richter, Philipp/Nebel, Maxi, Besserer Internetdaten-schutz für Europa, ZD 2013, 103–108.

Roßnagel, Alexander/Richter, Philipp/Nebel, Maxi, Was bleibt vom Europäischen Datenschutzrecht. Überlegungen zum Ratsentwurf der DS-GVO, ZD 2015, 455–460.

Rücker, Daniel/Kugler, Tobias, The European General Data Protection Regulation – Ensuring Compliant Corporate Practice. A Handbook, München/Oxford/Baden-Baden 2016.

Sander, Charlotte/Schumacher, Pascal/Kühne, Roland, Weitergabe von Arbeitnehmerdaten in Unternehmenstransaktionen, ZD 2017, 105–110.

Sartor, Giovanni, The Right to Be Forgotten in the Draft Data Protection Regulation, International Data Privacy Law 5 (2015), 64–72.

Sartor, Giovanni, The Right to Be Forgotten: Balancing Interests in the Flux of Time, International Journal of Law and Information Technology 24 (2016), 72–98.

Schaar, Peter, Datenschutznovelle: Kein großer Wurf, NJW aktuell 10/2017, 14–15.

Schantz, Peter, Die Datenschutz-Grundverordnung – Beginn einer neuen Zeitrechnung im Datenschutzrecht, NJW 2016, 1841–1847.

Schmidt, Gregor/Kahl, Thomas, Verarbeitung „sensibler" Daten durch Cloud-Anbieter in Drittstaaten, ZD 2017, 54–57.

Schmitz, Barbara/von Dall'armi, Jonas, Datenschutz-Folgenabschätzung – verstehen und anwenden, ZD 2017, 57–64.

Schneider, Jochen, Datenschutz nach der EU-Datenschutz-Grundverord-nung, München 2017.

Schneider, Jochen/Härting, Niko, Wird der Datenschutz nun endlich internettauglich? – Warum der Entwurf einer Datenschutz-Grundverordnung enttäuscht, ZD 2012, 199–203.

Schnider, Alexander, Änderungen in Österreich aufgrund der Datenschutz-Grundverordnung, Teil 3: Keine „per se Privilegien für „indirect perso-nenbezogene Daten", PinG 2017, 22–23.

Schuppert, Stefan, The EU Parliament Vote on the EU General Data Protection Regulation –The Death of Binding Corporate Rules for Processors?, CRI 2014, 40–44.

Schütze, Bernd/Spyra, Gerald, DS-GVO – Was ändert sich im Gesundheits-wesen, RDV 2016, 285–294.

Schwartmann, Rolf, Ausgelagert und ausverkauft – Rechtschutz nach der Datenschutz-Grundverordnung, RDV 2012, 55–60.

Schwarze, Jürgen/Becker, Ulrich/Hatje, Armin/Schoo, Johann (Hrsg.), EU-Kommentar, 3. Aufl. Baden-Baden/Wien 2012.

Selk, Robert, Projekt: Datenschutz-Grundverordnung – Projektideen aus praktischer Sicht und ein 4-Säulen-Modell, PinG 2017, 38–44.

Selk, Robert/Gierschmann, Sybille, EU-DSGVO (als) Projekt im Unternehmen, CR 2016, R129.

Simitis, Spiros/Dammann, Ulrich (Hrsg.), Bundesdatenschutzgesetz, 8. Aufl. Baden-Baden 2014.

Skouris, Vassilios, Leitlinien der Rechtsprechung des EuGH zum Datenschutz, NVwZ 2016, 1359–1364.

Solove, Daniel J., Understanding Privacy, Cambridge/London, 2009.

Spindler, Gerald, Die neue EU-Datenschutz-Grundverordnung, Der Betrieb 2016, 937–947.

Spindler, Gerald, Verbandsklagen und Datenschutz – das neue Verbandsklagerecht, ZD 2016, 114–119.

Stern, Klaus/Sachs, Michael (Hrsg.), Europäische Grundrechte-Charta. Kommentar, München 2016.

Streinz, Rudolf/Kruis, Tobias/Michl, Walter (Hrsg.), EUV/AEUV. Vertrag über die Europäische Union und Vertrag über die Arbeitsweise der Europäischen Union, 2. Aufl. München 2012.

Svantesson, Dan Jerker B., Article 4(1)(a) 'establishment of the controller' in EU data privacy law—time to rein in this expanding concept?, International Data Privacy Law 6 (2016), 210-221.

Svantesson, Dan Jerker B., Extraterritoriality and Targeting in EU Data Privacy Law: The Weak Spot Undermining the Regulation, International Data Privacy Law 5 (2015), 226–234.

Sydow, Gernot, Kohärenz des datenschutzrechtlichen Rechtsschutzes auf nationaler und europäischer Ebene. Zum Rechtsschutzregime der Datenschutz-Grundverordnung; ZG 2016, 237–252.

Sydow, Gernot/Kring, Markus, Die Datenschutzgrundverordnung zwischen Technikneutralität und Technikbezug – Konkurrierende Leitbilder für den europäischen Rechtsrahmen, ZD 2014, 271–276.

Taeger, Jürgen, Verbot des Profiling nach Art. 22 DS-GVO und die Regulierung des Scoring ab Mai 2018, RDV 2017, 3–9.

Taeger, Jürgen/Gabel, Detlev/Braun, Martin/Buchner, Benedikt (Hrsg.), Kommentar zum BDSG und zu den Datenschutzvorschriften des TKG und TMG, 2. Aufl. Frankfurt am Main 2013.

Tavanti, Pascal, Datenverarbeitung zu Werbezwecken nach der Datenschutzgrundverordnung (Teil 2), RDV 2016, 295–306.

Tene, Omer/Polonetsky, Jules, Big Data for All: Privacy and User Control in the Age of Analytics, Northwestern Journal of Technology and Intellectual Property 11 (2013), 239–273.

Thiele, Clemens, Von der DashCam zur CrashCam: „Yes, you may scan", K&R 2017, 71–72.

Thode, Jan-Christoph, Die neuen Compliance-Pflichten nach der Datenschutz-Grundverordnung, CR 2016, 714–721.

Traut, Johannes, Maßgeschneiderte Lösungen durch Kollektiv-Vereinbarungen? Möglichkeiten und Risiken des Art. 88 Abs. 1 DS-GVO, RDV 2016, 312–319.

Ulmer, Claus-Dieter/Rath, Michael, Die neue EU-Datenschutz-Grundverordnung, Corporate Compliance Zeitschrift 2016,142–144.

Veil, Winfried, DS-GVO: Risikobasierter Ansatz statt rigides Verbotsprinzip – Eine erste Bestandsaufnahme, ZD 2015, 347–359.

Victor, Jacob M., EU General Data Protection Regulation: Toward a Property Regime for Protecting Data Privacy, *The Yale Law Journal* 123 (2013-2014), 513–529.

de Waele, Henri, Implications of Replacing the Data Protection Directive by a Regulation. A Legal Perspective, Privacy and Data Protection 5 (2012), 3–5.

Wehmeyer, Stefan, Datenschutz-Grundverordnung und Unternehmenstransaktionen – Was gilt zukünftig für den Umgang mit Kundendaten?, PinG 2016, 215–219.

Wendehorst, Christiane/von Westfalen, Friedrich Graf, Das Verhältnis zwischen Datenschutz-Grundverordnung und AGB-Recht, NJW 2016, 3745–3750.

Whitman, James Q., The Two Western Cultures of Privacy: Dignity Versus Liberty, The Yale Law Journal 113 (2003-2004), 1151–1221.

Wiebe, Andreas, Data Protection and the Internet: Irreconcilable Opposites? The EU Data Protection Reform Package and CJEU Case Law, Journal of Intellectual Property Law & Practice 10 (2015), 64–68.

Wieczorek, Mirko, Der räumliche Anwendungsbereich der EU-Datenschutz-Grundverordnung. Ein Vergleich von § 1 Abs. 5 BDSG mit Art. 3 DS-GVO-E, DuD 2013, 644–649.

Wolff, Heinrich Amadeus/Brink, Stefan/Albers, Marion (Hrsg.), Datenschutzrecht in Bund und Ländern: Grundlagen. Bereichsspezifischer Datenschutz. BDSG. Kommentar, München 2013.

Wybitul, Tim, DS-GVO veröffentlicht – Was sind die neuen Anforderungen an die Unternehmen?, ZD 2016, 253–254.

Zanfir, Gabriela, The Right to Data Portability in the Context of the EU Data Protection Reform, International Data Privacy Law 2 (2012), 149–162.

Ziegenhorn, Gero/von Heckel, Katharina, Datenverarbeitung durch Private nach der europäischen Datenschutzreform, NVwZ 2016, 1585–1591.

Verordnungstext

Verordnung (EU) 2016/679 des Europäischen Parlaments und des Rates vom 27. April 2016 zum Schutz natürlicher Personen bei der Verarbeitung personenbezogener Daten, zum freien Datenverkehr und zur Aufhebung der Richtlinie 95/46/EG (Datenschutz-Grundverordnung)

(ABl. L 119 vom 4.5.2016, S. 1, ber. ABl. L 314 v. 22.11.2016 S. 72)

DAS EUROPÄISCHE PARLAMENT UND DER RAT DER EUROPÄISCHEN UNION –

gestützt auf den Vertrag über die Arbeitsweise der Europäischen Union, insbesondere auf Artikel 16,

auf Vorschlag der Europäischen Kommission,

nach Zuleitung des Entwurfs des Gesetzgebungsakts an die nationalen Parlamente,

nach Stellungnahme des Europäischen Wirtschafts- und Sozialausschusses[1],

nach Stellungnahme des Ausschusses der Regionen[2],

gemäß dem ordentlichen Gesetzgebungsverfahren[3],

in Erwägung nachstehender Gründe:

(1) Der Schutz natürlicher Personen bei der Verarbeitung personenbezogener Daten ist ein Grundrecht. Gemäß Artikel 8 Absatz 1 der Charta der Grundrechte der Europäischen Union (im Folgenden „Charta") sowie Artikel 16 Absatz 1 des Vertrags über die Arbeitsweise der Europäischen Union (AEUV) hat jede Person das Recht auf Schutz der sie betreffenden personenbezogenen Daten.

(2) Die Grundsätze und Vorschriften zum Schutz natürlicher Personen bei der Verarbeitung ihrer personenbezogenen Daten sollten gewährleisten, dass ihre Grundrechte und Grundfreiheiten und insbesondere ihr Recht auf Schutz personenbezogener Daten ungeachtet ihrer Staatsangehörigkeit oder ihres Aufenthaltsorts gewahrt bleiben. Diese Verordnung soll zur Vollendung eines Raums der Freiheit, der Sicherheit und des Rechts und einer Wirtschaftsunion, zum wirtschaftlichen und sozialen Fortschritt, zur Stärkung und zum Zusammenwachsen der Volkswirtschaften innerhalb des Binnenmarkts sowie zum Wohlergehen natürlicher Personen beitragen.

---

1 ABl. C 229 vom 31. 7. 2012, S. 90.
2 ABl. C 391 vom 18. 12. 2012, S. 127.
3 Standpunkt des Europäischen Parlaments vom 12. März 2014 (noch nicht im Amtsblatt veröffentlicht) und Standpunkt des Rates in erster Lesung vom 8. April 2016 (noch nicht im Amtsblatt veröffentlicht). Standpunkt des Europäischen Parlaments vom 14. April 2016.

(3) Zweck der Richtlinie 95/46/EG des Europäischen Parlaments und des Rates[4] ist die Harmonisierung der Vorschriften zum Schutz der Grundrechte und Grundfreiheiten natürlicher Personen bei der Datenverarbeitung sowie die Gewährleistung des freien Verkehrs personenbezogener Daten zwischen den Mitgliedstaaten.

(4) Die Verarbeitung personenbezogener Daten sollte im Dienste der Menschheit stehen. Das Recht auf Schutz der personenbezogenen Daten ist kein uneingeschränktes Recht; es muss im Hinblick auf seine gesellschaftliche Funktion gesehen und unter Wahrung des Verhältnismäßigkeitsprinzips gegen andere Grundrechte abgewogen werden. Diese Verordnung steht im Einklang mit allen Grundrechten und achtet alle Freiheiten und Grundsätze, die mit der Charta anerkannt wurden und in den Europäischen Verträgen verankert sind, insbesondere Achtung des Privat- und Familienlebens, der Wohnung und der Kommunikation, Schutz personenbezogener Daten, Gedanken-, Gewissens- und Religionsfreiheit, Freiheit der Meinungsäußerung und Informationsfreiheit, unternehmerische Freiheit, Recht auf einen wirksamen Rechtsbehelf und ein faires Verfahren und Vielfalt der Kulturen, Religionen und Sprachen.

(5) Die wirtschaftliche und soziale Integration als Folge eines funktionierenden Binnenmarkts hat zu einem deutlichen Anstieg des grenzüberschreitenden Verkehrs personenbezogener Daten geführt. Der unionsweite Austausch personenbezogener Daten zwischen öffentlichen und privaten Akteuren einschließlich natürlichen Personen, Vereinigungen und Unternehmen hat zugenommen. Das Unionsrecht verpflichtet die Verwaltungen der Mitgliedstaaten, zusammenzuarbeiten und personenbezogene Daten auszutauschen, damit sie ihren Pflichten nachkommen oder für eine Behörde eines anderen Mitgliedstaats Aufgaben durchführen können.

(6) Rasche technologische Entwicklungen und die Globalisierung haben den Datenschutz vor neue Herausforderungen gestellt. Das Ausmaß der Erhebung und des Austauschs personenbezogener Daten hat eindrucksvoll zugenommen. Die Technik macht es möglich, dass private Unternehmen und Behörden im Rahmen ihrer Tätigkeiten in einem noch nie dagewesenen Umfang auf personenbezogene Daten zurückgreifen. Zunehmend machen auch natürliche Personen Informationen öffentlich weltweit zugänglich. Die Technik hat das wirtschaftliche und gesellschaftliche Leben verändert und dürfte den Verkehr personenbezogener Daten innerhalb der Union sowie die Datenübermittlung an Drittländer und internationale Organisationen noch weiter erleichtern, wobei ein hohes Datenschutzniveau zu gewährleisten ist.

(7) Diese Entwicklungen erfordern einen soliden, kohärenteren und klar durchsetzbaren Rechtsrahmen im Bereich des Datenschutzes in der Union, da es von großer Wichtigkeit ist, eine Vertrauensbasis zu

---

4 Richtlinie 95/46/EG des Europäischen Parlaments und des Rates vom 24. Oktober 1995 zum Schutz natürlicher Personen bei der Verarbeitung personenbezogener Daten und zum freien Datenverkehr (ABl. L 281 vom 23. 11. 1995, S. 31).

schaffen, die die digitale Wirtschaft dringend benötigt, um im Binnenmarkt weiter wachsen zu können. Natürliche Personen sollten die Kontrolle über ihre eigenen Daten besitzen. Natürliche Personen, Wirtschaft und Staat sollten in rechtlicher und praktischer Hinsicht über mehr Sicherheit verfügen.

(8) Wenn in dieser Verordnung Präzisierungen oder Einschränkungen ihrer Vorschriften durch das Recht der Mitgliedstaaten vorgesehen sind, können die Mitgliedstaaten Teile dieser Verordnung in ihr nationales Recht aufnehmen, soweit dies erforderlich ist, um die Kohärenz zu wahren und die nationalen Rechtsvorschriften für die Personen, für die sie gelten, verständlicher zu machen.

(9) Die Ziele und Grundsätze der Richtlinie 95/46/EG besitzen nach wie vor Gültigkeit, doch hat die Richtlinie nicht verhindern können, dass der Datenschutz in der Union unterschiedlich gehandhabt wird, Rechtsunsicherheit besteht oder in der Öffentlichkeit die Meinung weit verbreitet ist, dass erhebliche Risiken für den Schutz natürlicher Personen bestehen, insbesondere im Zusammenhang mit der Benutzung des Internets. Unterschiede beim Schutzniveau für die Rechte und Freiheiten von natürlichen Personen im Zusammenhang mit der Verarbeitung personenbezogener Daten in den Mitgliedstaaten, vor allem beim Recht auf Schutz dieser Daten, können den unionsweiten freien Verkehr solcher Daten behindern. Diese Unterschiede im Schutzniveau können daher ein Hemmnis für die unionsweite Ausübung von Wirtschaftstätigkeiten darstellen, den Wettbewerb verzerren und die Behörden an der Erfüllung der ihnen nach dem Unionsrecht obliegenden Pflichten hindern. Sie erklären sich aus den Unterschieden bei der Umsetzung und Anwendung der Richtlinie 95/46/EG.

(10) Um ein gleichmäßiges und hohes Datenschutzniveau für natürliche Personen zu gewährleisten und die Hemmnisse für den Verkehr personenbezogener Daten in der Union zu beseitigen, sollte das Schutzniveau für die Rechte und Freiheiten von natürlichen Personen bei der Verarbeitung dieser Daten in allen Mitgliedstaaten gleichwertig sein. Die Vorschriften zum Schutz der Grundrechte und Grundfreiheiten von natürlichen Personen bei der Verarbeitung personenbezogener Daten sollten unionsweit gleichmäßig und einheitlich angewandt werden. Hinsichtlich der Verarbeitung personenbezogener Daten zur Erfüllung einer rechtlichen Verpflichtung oder zur Wahrnehmung einer Aufgabe, die im öffentlichen Interesse liegt oder in Ausübung öffentlicher Gewalt erfolgt, die dem Verantwortlichen übertragen wurde, sollten die Mitgliedstaaten die Möglichkeit haben, nationale Bestimmungen, mit denen die Anwendung der Vorschriften dieser Verordnung genauer festgelegt wird, beizubehalten oder einzuführen. In Verbindung mit den allgemeinen und horizontalen Rechtsvorschriften über den Datenschutz zur Umsetzung der Richtlinie 95/46/EG gibt es in den Mitgliedstaaten mehrere sektorspezifische Rechtsvorschriften in Bereichen, die spezifische Bestimmungen erfordern. Diese Verordnung bietet den Mitgliedstaaten zudem einen Spielraum für die Spezifizierung ihrer Vorschriften, auch für die Ver-

arbeitung besonderer Kategorien von personenbezogenen Daten (im Folgenden „sensible Daten"). Diesbezüglich schließt diese Verordnung nicht Rechtsvorschriften der Mitgliedstaaten aus, in denen die Umstände besonderer Verarbeitungssituationen festgelegt werden, einschließlich einer genaueren Bestimmung der Voraussetzungen, unter denen die Verarbeitung personenbezogener Daten rechtmäßig ist.

(11) Ein unionsweiter wirksamer Schutz personenbezogener Daten erfordert die Stärkung und präzise Festlegung der Rechte der betroffenen Personen sowie eine Verschärfung der Verpflichtungen für diejenigen, die personenbezogene Daten verarbeiten und darüber entscheiden, ebenso wie – in den Mitgliedstaaten – gleiche Befugnisse bei der Überwachung und Gewährleistung der Einhaltung der Vorschriften zum Schutz personenbezogener Daten sowie gleiche Sanktionen im Falle ihrer Verletzung.

(12) Artikel 16 Absatz 2 AEUV ermächtigt das Europäische Parlament und den Rat, Vorschriften über den Schutz natürlicher Personen bei der Verarbeitung personenbezogener Daten und zum freien Verkehr solcher Daten zu erlassen.

(13) Damit in der Union ein gleichmäßiges Datenschutzniveau für natürliche Personen gewährleistet ist und Unterschiede, die den freien Verkehr personenbezogener Daten im Binnenmarkt behindern könnten, beseitigt werden, ist eine Verordnung erforderlich, die für die Wirtschaftsteilnehmer einschließlich Kleinstunternehmen sowie kleiner und mittlerer Unternehmen Rechtssicherheit und Transparenz schafft, natürliche Personen in allen Mitgliedstaaten mit demselben Niveau an durchsetzbaren Rechten ausstattet, dieselben Pflichten und Zuständigkeiten für die Verantwortlichen und Auftragsverarbeiter vorsieht und eine gleichmäßige Kontrolle der Verarbeitung personenbezogener Daten und gleichwertige Sanktionen in allen Mitgliedstaaten sowie eine wirksame Zusammenarbeit zwischen den Aufsichtsbehörden der einzelnen Mitgliedstaaten gewährleistet. Das reibungslose Funktionieren des Binnenmarkts erfordert, dass der freie Verkehr personenbezogener Daten in der Union nicht aus Gründen des Schutzes natürlicher Personen bei der Verarbeitung personenbezogener Daten eingeschränkt oder verboten wird. Um der besonderen Situation der Kleinstunternehmen sowie der kleinen und mittleren Unternehmen Rechnung zu tragen, enthält diese Verordnung eine abweichende Regelung hinsichtlich des Führens eines Verzeichnisses für Einrichtungen, die weniger als 250 Mitarbeiter beschäftigen. Außerdem werden die Organe und Einrichtungen der Union sowie die Mitgliedstaaten und deren Aufsichtsbehörden dazu angehalten, bei der Anwendung dieser Verordnung die besonderen Bedürfnisse von Kleinstunternehmen sowie von kleinen und mittleren Unternehmen zu berücksichtigen. Für die Definition des Begriffs „Kleinstunternehmen sowie kleine und mittlere Unternehmen" sollte Artikel 2 des

Anhangs zur Empfehlung 2003/361/EG der Kommission[5] maßgebend sein.

(14) Der durch diese Verordnung gewährte Schutz sollte für die Verarbeitung der personenbezogenen Daten natürlicher Personen ungeachtet ihrer Staatsangehörigkeit oder ihres Aufenthaltsorts gelten. Diese Verordnung gilt nicht für die Verarbeitung personenbezogener Daten juristischer Personen und insbesondere als juristische Person gegründeter Unternehmen, einschließlich Name, Rechtsform oder Kontaktdaten der juristischen Person.

(15) Um ein ernsthaftes Risiko einer Umgehung der Vorschriften zu vermeiden, sollte der Schutz natürlicher Personen technologieneutral sein und nicht von den verwendeten Techniken abhängen. Der Schutz natürlicher Personen sollte für die automatisierte Verarbeitung personenbezogener Daten ebenso gelten wie für die manuelle Verarbeitung von personenbezogenen Daten, wenn die personenbezogenen Daten in einem Dateisystem gespeichert sind oder gespeichert werden sollen. Akten oder Aktensammlungen sowie ihre Deckblätter, die nicht nach bestimmten Kriterien geordnet sind, sollten nicht in den Anwendungsbereich dieser Verordnung fallen.

(16) Diese Verordnung gilt nicht für Fragen des Schutzes von Grundrechten und Grundfreiheiten und des freien Verkehrs personenbezogener Daten im Zusammenhang mit Tätigkeiten, die nicht in den Anwendungsbereich des Unionsrechts fallen, wie etwa die nationale Sicherheit betreffende Tätigkeiten. Diese Verordnung gilt nicht für die von den Mitgliedstaaten im Rahmen der Gemeinsamen Außen- und Sicherheitspolitik der Union durchgeführte Verarbeitung personenbezogener Daten.

(17) Die Verordnung (EG) Nr. 45/2001 des Europäischen Parlaments und des Rates[6] gilt für die Verarbeitung personenbezogener Daten durch die Organe, Einrichtungen, Ämter und Agenturen der Union. Die Verordnung (EG) Nr. 45/2001 und sonstige Rechtsakte der Union, die diese Verarbeitung personenbezogener Daten regeln, sollten an die Grundsätze und Vorschriften der vorliegenden Verordnung angepasst und im Lichte der vorliegenden Verordnung angewandt werden. Um einen soliden und kohärenten Rechtsrahmen im Bereich des Datenschutzes in der Union zu gewährleisten, sollten die erforderlichen Anpassungen der Verordnung (EG) Nr. 45/2001 im Anschluss an den Erlass der vorliegenden Verordnung vorgenommen werden, damit sie gleichzeitig mit der vorliegenden Verordnung angewandt werden können.

(18) Diese Verordnung gilt nicht für die Verarbeitung von personenbezogenen Daten, die von einer natürlichen Person zur Ausübung aus-

---

5 Empfehlung der Kommission vom 6. Mai 2003 betreffend die Definition der Kleinstunternehmen sowie der kleinen und mittleren Unternehmen (C (2003) 1422) (ABl. L 124 vom 20. 5. 2003, S. 36).
6 Verordnung (EG) Nr. 45/2001 des Europäischen Parlaments und des Rates vom 18. Dezember 2000 zum Schutz natürlicher Personen bei der Verarbeitung personenbezogener Daten durch die Organe und Einrichtungen der Gemeinschaft und zum freien Datenverkehr (ABl. L 8 vom 12. 1. 2001, S. 1).

schließlich persönlicher oder familiärer Tätigkeiten und somit ohne Bezug zu einer beruflichen oder wirtschaftlichen Tätigkeit vorgenommen wird. Als persönliche oder familiäre Tätigkeiten könnte auch das Führen eines Schriftverkehrs oder von Anschriftenverzeichnissen oder die Nutzung sozialer Netze und Online-Tätigkeiten im Rahmen solcher Tätigkeiten gelten. Diese Verordnung gilt jedoch für die Verantwortlichen oder Auftragsverarbeiter, die die Instrumente für die Verarbeitung personenbezogener Daten für solche persönlichen oder familiären Tätigkeiten bereitstellen.

(19) Der Schutz natürlicher Personen bei der Verarbeitung personenbezogener Daten durch die zuständigen Behörden zum Zwecke der Verhütung, Ermittlung, Aufdeckung oder Verfolgung von Straftaten oder der Strafvollstreckung, einschließlich des Schutzes vor und der Abwehr von Gefahren für die öffentliche Sicherheit, sowie der freie Verkehr dieser Daten sind in einem eigenen Unionsrechtsakt geregelt. Deshalb sollte diese Verordnung auf Verarbeitungtätigkeiten dieser Art keine Anwendung finden. Personenbezogene Daten, die von Behörden nach dieser Verordnung verarbeitet werden, sollten jedoch, wenn sie zu den vorstehenden Zwecken verwendet werden, einem spezifischeren Unionsrechtsakt, nämlich der Richtlinie (EU) 2016/680 des Europäischen Parlaments und des Rates[7] unterliegen. Die Mitgliedstaaten können die zuständigen Behörden im Sinne der Richtlinie (EU) 2016/680 mit Aufgaben betrauen, die nicht zwangsläufig für die Zwecke der Verhütung, Ermittlung, Aufdeckung oder Verfolgung von Straftaten oder der Strafvollstreckung, einschließlich des Schutzes vor und der Abwehr von Gefahren für die öffentliche Sicherheit, ausgeführt werden, so dass die Verarbeitung von personenbezogenen Daten für diese anderen Zwecke insoweit in den Anwendungsbereich dieser Verordnung fällt,
als sie in den Anwendungsbereich des Unionsrechts fällt. In Bezug auf die Verarbeitung personenbezogener Daten durch diese Behörden für Zwecke, die in den Anwendungsbereich dieser Verordnung fallen, sollten die Mitgliedstaaten spezifischere Bestimmungen beibehalten oder einführen können, um die Anwendung der Vorschriften dieser Verordnung anzupassen. In den betreffenden Bestimmungen können die Auflagen für die Verarbeitung personenbezogener Daten durch diese zuständigen Behörden für jene anderen Zwecke präziser festgelegt werden, wobei der verfassungsmäßigen, organisatorischen und administrativen Struktur des betreffenden Mitgliedstaats Rechnung zu tragen ist. Soweit diese Verordnung für die Verarbeitung personenbezogener Daten durch private Stellen gilt, sollte sie vorsehen, dass die Mitgliedstaaten einige Pflichten und Rechte unter bestimmten Voraussetzungen mittels Rechtsvorschriften beschränken können,

---

7 Richtlinie (EU) 2016/680 des Europäischen Parlaments und des Rates vom 27. April 2016 zum Schutz natürlicher Personen bei der Verarbeitung personenbezogener Daten durch die zuständigen Behörden zum Zwecke der Verhütung, Aufdeckung, Untersuchung oder Verfolgung von Straftaten oder der Strafvollstreckung sowie zum freien Datenverkehr und zur Aufhebung des Rahmenbeschlusses 2000/383/JI des Rates (siehe Seite 89 dieses Amtsblatts).

wenn diese Beschränkung in einer demokratischen Gesellschaft eine notwendige und verhältnismäßige Maßnahme zum Schutz bestimmter wichtiger Interessen darstellt, wozu auch die öffentliche Sicherheit und die Verhütung, Ermittlung, Aufdeckung und Verfolgung von Straftaten oder die Strafvollstreckung zählen, einschließlich des Schutzes vor und der Abwehr von Gefahren für die öffentliche Sicherheit. Dies ist beispielsweise im Rahmen der Bekämpfung der Geldwäsche oder der Arbeit kriminaltechnischer Labors von Bedeutung.

(20) Diese Verordnung gilt zwar unter anderem für die Tätigkeiten der Gerichte und anderer Justizbehörden, doch könnte im Unionsrecht oder im Recht der Mitgliedstaaten festgelegt werden, wie die Verarbeitungsvorgänge und Verarbeitungsverfahren bei der Verarbeitung personenbezogener Daten durch Gerichte und andere Justizbehörden im Einzelnen auszusehen haben. Damit die Unabhängigkeit der Justiz bei der Ausübung ihrer gerichtlichen Aufgaben einschließlich ihrer Beschlussfassung unangetastet bleibt, sollten die Aufsichtsbehörden nicht für die Verarbeitung personenbezogener Daten durch Gerichte im Rahmen ihrer justiziellen Tätigkeit zuständig sein. Mit der Aufsicht über diese Datenverarbeitungsvorgänge sollten besondere Stellen im Justizsystem des Mitgliedstaats betraut werden können, die insbesondere die Einhaltung der Vorschriften dieser Verordnung sicherstellen, Richter und Staatsanwälte besser für ihre Pflichten aus dieser Verordnung sensibilisieren und Beschwerden in Bezug auf derartige Datenverarbeitungsvorgänge bearbeiten sollten.

(21) Die vorliegende Verordnung berührt nicht die Anwendung der Richtlinie 2000/31/EG des Europäischen Parlaments und des Rates[8] und insbesondere der Vorschriften der Artikel 12 bis 15 jener Richtlinie zur Verantwortlichkeit von Anbietern reiner Vermittlungsdienste. Die genannte Richtlinie soll dazu beitragen, dass der Binnenmarkt einwandfrei funktioniert, indem sie den freien Verkehr von Diensten der Informationsgesellschaft zwischen den Mitgliedstaaten sicherstellt.

(22) Jede Verarbeitung personenbezogener Daten im Rahmen der Tätigkeiten einer Niederlassung eines Verantwortlichen oder eines Auftragsverarbeiters in der Union sollte gemäß dieser Verordnung erfolgen, gleich, ob die Verarbeitung in oder außerhalb der Union stattfindet. Eine Niederlassung setzt die effektive und tatsächliche Ausübung einer Tätigkeit durch eine feste Einrichtung voraus. Die Rechtsform einer solchen Einrichtung, gleich, ob es sich um eine Zweigstelle oder eine Tochtergesellschaft mit eigener Rechtspersönlichkeit handelt, ist dabei nicht ausschlaggebend.

(23) Damit einer natürlichen Person der gemäß dieser Verordnung gewährleistete Schutz nicht vorenthalten wird, sollte die Verarbeitung personenbezogener Daten von betroffenen Personen, die sich in der

---

8 Richtlinie 2000/31/EG des Europäischen Parlaments und des Rates vom 8. Juni 2000 über bestimmte rechtliche Aspekte der Dienste der Informationsgesellschaft, insbesondere des elektronischen Geschäftsverkehrs, im Binnenmarkt („Richtlinie über den elektronischen Geschäftsverkehr") (ABl. L 178 vom 17. 7. 2000, S. 1).

Union befinden, durch einen nicht in der Union niedergelassenen Verantwortlichen oder Auftragsverarbeiter dieser Verordnung unterliegen, wenn die Verarbeitung dazu dient, diesen betroffenen Personen gegen Entgelt oder unentgeltlich Waren oder Dienstleistungen anzubieten. Um festzustellen, ob dieser Verantwortliche oder Auftragsverarbeiter betroffenen Personen, die sich in der Union befinden, Waren oder Dienstleistungen anbietet, sollte festgestellt werden, ob der Verantwortliche oder Auftragsverarbeiter offensichtlich beabsichtigt, betroffenen Personen in einem oder mehreren Mitgliedstaaten der Union Dienstleistungen anzubieten. Während die bloße Zugänglichkeit der Website des Verantwortlichen, des Auftragsverarbeiters oder eines Vermittlers in der Union, einer E-Mail-Adresse oder anderer Kontaktdaten oder die Verwendung einer Sprache, die in dem Drittland, in dem der Verantwortliche niedergelassen ist, allgemein gebräuchlich ist, hierfür kein ausreichender Anhaltspunkt ist, können andere Faktoren wie die Verwendung einer Sprache oder Währung, die in einem oder mehreren Mitgliedstaaten gebräuchlich ist, in Verbindung mit der Möglichkeit, Waren und Dienstleistungen in dieser anderen Sprache zu bestellen, oder die Erwähnung von Kunden oder Nutzern, die sich in der Union befinden, darauf hindeuten, dass der Verantwortliche beabsichtigt, den Personen in der Union Waren oder Dienstleistungen anzubieten.

(24) Die Verarbeitung personenbezogener Daten von betroffenen Personen, die sich in der Union befinden, durch einen nicht in der Union niedergelassenen Verantwortlichen oder Auftragsverarbeiter sollte auch dann dieser Verordnung unterliegen, wenn sie dazu dient, das Verhalten dieser betroffenen Personen zu beobachten, soweit ihr Verhalten in der Union erfolgt. Ob eine Verarbeitungstätigkeit der Beobachtung des Verhaltens von betroffenen Personen gilt, sollte daran festgemacht werden, ob ihre Internetaktivitäten nachvollzogen werden, einschließlich der möglichen nachfolgenden Verwendung von Techniken zur Verarbeitung personenbezogener Daten, durch die von einer natürlichen Person ein Profil erstellt wird, das insbesondere die Grundlage für sie betreffende Entscheidungen bildet oder anhand dessen ihre persönlichen Vorlieben, Verhaltensweisen oder Gepflogenheiten analysiert oder vorausgesagt werden sollen.

(25) Ist nach Völkerrecht das Recht eines Mitgliedstaats anwendbar, z.B. in einer diplomatischen oder konsularischen Vertretung eines Mitgliedstaats, so sollte die Verordnung auch auf einen nicht in der Union niedergelassenen Verantwortlichen Anwendung finden.

(26) Die Grundsätze des Datenschutzes sollten für alle Informationen gelten, die sich auf eine identifizierte oder identifizierbare natürliche Person beziehen. Einer Pseudonymisierung unterzogene personenbezogene Daten, die durch Heranziehung zusätzlicher Informationen einer natürlichen Person zugeordnet werden könnten, sollten als Informationen über eine identifizierbare natürliche Person betrachtet werden. Um festzustellen, ob eine natürliche Person identifizierbar ist, sollten alle Mittel berücksichtigt werden, die von dem Verantwortlichen oder einer anderen Person nach allgemeinem Ermessen

wahrscheinlich genutzt werden, um die natürliche Person direkt oder indirekt zu identifizieren, wie beispielsweise das Aussondern. Bei der Feststellung, ob Mittel nach allgemeinem Ermessen wahrscheinlich zur Identifizierung der natürlichen Person genutzt werden, sollten alle objektiven Faktoren, wie die Kosten der Identifizierung und der dafür erforderliche Zeitaufwand, herangezogen werden, wobei die zum Zeitpunkt der Verarbeitung verfügbare Technologie und technologische Entwicklungen zu berücksichtigen sind. Die Grundsätze des Datenschutzes sollten daher nicht für anonyme Informationen gelten, d.h. für Informationen, die sich nicht auf eine identifizierte oder identifizierbare natürliche Person beziehen, oder personenbezogene Daten, die in einer Weise anonymisiert worden sind, dass die betroffene Person nicht oder nicht mehr identifiziert werden kann. Diese Verordnung betrifft somit nicht die Verarbeitung solcher anonymer Daten, auch für statistische oder für Forschungszwecke.

(27) Diese Verordnung gilt nicht für die personenbezogenen Daten Verstorbener. Die Mitgliedstaaten können Vorschriften für die Verarbeitung der personenbezogenen Daten Verstorbener vorsehen.

(28) Die Anwendung der Pseudonymisierung auf personenbezogene Daten kann die Risiken für die betroffenen Personen senken und die Verantwortlichen und die Auftragsverarbeiter bei der Einhaltung ihrer Datenschutzpflichten unterstützen. Durch die ausdrückliche Einführung der „Pseudonymisierung" in dieser Verordnung ist nicht beabsichtigt, andere Datenschutzmaßnahmen auszuschließen.

(29) Um Anreize für die Anwendung der Pseudonymisierung bei der Verarbeitung personenbezogener Daten zu schaffen, sollten Pseudonymisierungsmaßnahmen, die jedoch eine allgemeine Analyse zulassen, bei demselben Verantwortlichen möglich sein, wenn dieser die erforderlichen technischen und organisatorischen Maßnahmen getroffen hat, um – für die jeweilige Verarbeitung – die Umsetzung dieser Verordnung zu gewährleisten, wobei sicherzustellen ist, dass zusätzliche Informationen, mit denen die personenbezogenen Daten einer speziellen betroffenen Person zugeordnet werden können, gesondert aufbewahrt werden. Der für die Verarbeitung der personenbezogenen Daten Verantwortliche, sollte die befugten Personen bei diesem Verantwortlichen angeben.

(30) Natürlichen Personen werden unter Umständen Online-Kennungen wie IP-Adressen und Cookie-Kennungen, die sein Gerät oder Software-Anwendungen und -Tools oder Protokolle liefern, oder sonstige Kennungen wie Funkfrequenzkennzeichnungen zugeordnet. Dies kann Spuren hinterlassen, die insbesondere in Kombination mit eindeutigen Kennungen und anderen beim Server eingehenden Informationen dazu benutzt werden können, um Profile der natürlichen Personen zu erstellen und sie zu identifizieren.

(31) Behörden, gegenüber denen personenbezogene Daten aufgrund einer rechtlichen Verpflichtung für die Ausübung ihres offiziellen Auftrags offengelegt werden, wie Steuer- und Zollbehörden, Finanzermittlungsstellen, unabhängige Verwaltungsbehörden oder Finanzmarktbehörden, die für die Regulierung und Aufsicht von Wertpapier-

märkten zuständig sind, sollten nicht als Empfänger gelten, wenn sie personenbezogene Daten erhalten, die für die Durchführung – gemäß dem Unionsrecht oder dem Recht der Mitgliedstaaten – eines einzelnen Untersuchungsauftrags im Interesse der Allgemeinheit erforderlich sind. Anträge auf Offenlegung, die von Behörden ausgehen, sollten immer schriftlich erfolgen, mit Gründen versehen sein und gelegentlichen Charakter haben, und sie sollten nicht vollständige Dateisysteme betreffen oder zur Verknüpfung von Dateisystemen führen. Die Verarbeitung personenbezogener Daten durch die genannten Behörden sollte den für die Zwecke der Verarbeitung geltenden Datenschutzvorschriften entsprechen.

(32) Die Einwilligung sollte durch eine eindeutige bestätigende Handlung erfolgen, mit der freiwillig, für den konkreten Fall, in informierter Weise und unmissverständlich bekundet wird, dass die betroffene Person mit der Verarbeitung der sie betreffenden personenbezogenen Daten einverstanden ist, etwa in Form einer schriftlichen Erklärung, die auch elektronisch erfolgen kann, oder einer mündlichen Erklärung. Dies könnte etwa durch Anklicken eines Kästchens beim Besuch einer Internetseite, durch die Auswahl technischer Einstellungen für Dienste der Informationsgesellschaft oder durch eine andere Erklärung oder Verhaltensweise geschehen, mit der die betroffene Person in dem jeweiligen Kontext eindeutig ihr Einverständnis mit der beabsichtigten Verarbeitung ihrer personenbezogenen Daten signalisiert. Stillschweigen, bereits angekreuzte Kästchen oder Untätigkeit der betroffenen Person sollten daher keine Einwilligung darstellen. Die Einwilligung sollte sich auf alle zu demselben Zweck oder denselben Zwecken vorgenommenen Verarbeitungsvorgänge beziehen. Wenn die Verarbeitung mehreren Zwecken dient, sollte für alle diese Verarbeitungszwecke eine Einwilligung gegeben werden. Wird die betroffene Person auf elektronischem Weg zur Einwilligung aufgefordert, so muss die Aufforderung in klarer und knapper Form und ohne unnötige Unterbrechung des Dienstes, für den die Einwilligung gegeben wird, erfolgen.

(33) Oftmals kann der Zweck der Verarbeitung personenbezogener Daten für Zwecke der wissenschaftlichen Forschung zum Zeitpunkt der Erhebung der personenbezogenen Daten nicht vollständig angegeben werden. Daher sollte es betroffenen Personen erlaubt sein, ihre Einwilligung für bestimmte Bereiche wissenschaftlicher Forschung zu geben, wenn dies unter Einhaltung der anerkannten ethischen Standards der wissenschaftlichen Forschung geschieht. Die betroffenen Personen sollten Gelegenheit erhalten, ihre Einwilligung nur für bestimme Forschungsbereiche oder Teile von Forschungsprojekten in dem vom verfolgten Zweck zugelassenen Maße zu erteilen.

(34) Genetische Daten sollten als personenbezogene Daten über die ererbten oder erworbenen genetischen Eigenschaften einer natürlichen Person definiert werden, die aus der Analyse einer biologischen Probe der betreffenden natürlichen Person, insbesondere durch eine Chromosomen, Desoxyribonukleinsäure (DNS)- oder Ribonukleinsäure (RNS)-Analyse oder der Analyse eines anderen Elements, durch die

gleichwertige Informationen erlangt werden können, gewonnen werden.

(35) Zu den personenbezogenen Gesundheitsdaten sollten alle Daten zählen, die sich auf den Gesundheitszustand einer betroffenen Person beziehen und aus denen Informationen über den früheren, gegenwärtigen und künftigen körperlichen oder geistigen Gesundheitszustand der betroffenen Person hervorgehen. Dazu gehören auch Informationen über die natürliche Person, die im Zuge der Anmeldung für sowie der Erbringung von Gesundheitsdienstleistungen im Sinne der Richtlinie 2011/24/EU des Europäischen Parlaments und des Rates[9] für die natürliche Person erhoben werden, Nummern, Symbole oder Kennzeichen, die einer natürlichen Person zugeteilt wurden, um diese natürliche Person für gesundheitliche Zwecke eindeutig zu identifizieren, Informationen, die von der Prüfung oder Untersuchung eines Körperteils oder einer körpereigenen Substanz, auch aus genetischen Daten und biologischen Proben, abgeleitet wurden, und Informationen etwa über Krankheiten, Behinderungen, Krankheitsrisiken, Vorerkrankungen, klinische Behandlungen oder den physiologischen oder biomedizinischen Zustand der betroffenen Person unabhängig von der Herkunft der Daten, ob sie nun von einem Arzt oder sonstigem Angehörigen eines Gesundheitsberufes, einem Krankenhaus, einem Medizinprodukt oder einem In-Vitro-Diagnostikum stammen.

(36) Die Hauptniederlassung des Verantwortlichen in der Union sollte der Ort seiner Hauptverwaltung in der Union sein, es sei denn, dass Entscheidungen über die Zwecke und Mittel der Verarbeitung personenbezogener Daten in einer anderen Niederlassung des Verantwortlichen in der Union getroffen werden; in diesem Fall sollte die letztgenannte als Hauptniederlassung gelten. Zur Bestimmung der Hauptniederlassung eines Verantwortlichen in der Union sollten objektive Kriterien herangezogen werden; ein Kriterium sollte dabei die effektive und tatsächliche Ausübung von Managementtätigkeiten durch eine feste Einrichtung sein, in deren Rahmen die Grundsatzentscheidungen zur Festlegung der Zwecke und Mittel der Verarbeitung getroffen werden. Dabei sollte nicht ausschlaggebend sein, ob die Verarbeitung der personenbezogenen Daten tatsächlich an diesem Ort ausgeführt wird. Das Vorhandensein und die Verwendung technischer Mittel und Verfahren zur Verarbeitung personenbezogener Daten oder Verarbeitungstätigkeiten begründen an sich noch keine Hauptniederlassung und sind daher kein ausschlaggebender Faktor für das Bestehen einer Hauptniederlassung. Die Hauptniederlassung des Auftragsverarbeiters sollte der Ort sein, an dem der Auftragsverarbeiter seine Hauptverwaltung in der Union hat, oder – wenn er keine Hauptverwaltung in der Union hat – der Ort, an dem die wesentlichen Verarbeitungstätigkeiten in der Union stattfinden. Sind sowohl der Verantwortliche als auch der Auftragsverarbeiter betroffen,

---

9 Richtlinie 2011/24/EU des Europäischen Parlaments und des Rates vom 9. März 2011 über die Ausübung der Patientenrechte in der grenzüberschreitenden Gesundheitsversorgung (ABl. L 88 vom 4. 4. 2011, S. 45).

so sollte die Aufsichtsbehörde des Mitgliedstaats, in dem der Verantwortliche seine Hauptniederlassung hat, die zuständige federführende Aufsichtsbehörde bleiben, doch sollte die Aufsichtsbehörde des Auftragsverarbeiters als betroffene Aufsichtsbehörde betrachtet werden und diese Aufsichtsbehörde sollte sich an dem in dieser Verordnung vorgesehenen Verfahren der Zusammenarbeit beteiligen. Auf jeden Fall sollten die Aufsichtsbehörden des Mitgliedstaats oder der Mitgliedstaaten, in dem bzw. denen der Auftragsverarbeiter eine oder mehrere Niederlassungen hat, nicht als betroffene Aufsichtsbehörden betrachtet werden, wenn sich der Beschlussentwurf nur auf den Verantwortlichen bezieht. Wird die Verarbeitung durch eine Unternehmensgruppe vorgenommen, so sollte die Hauptniederlassung des herrschenden Unternehmens als Hauptniederlassung der Unternehmensgruppe gelten, es sei denn, die Zwecke und Mittel der Verarbeitung werden von einem anderen Unternehmen festgelegt.

(37) Eine Unternehmensgruppe sollte aus einem herrschenden Unternehmen und den von diesem abhängigen Unternehmen bestehen, wobei das herrschende Unternehmen dasjenige sein sollte, das zum Beispiel aufgrund der Eigentumsverhältnisse, der finanziellen Beteiligung oder der für das Unternehmen geltenden Vorschriften oder der Befugnis, Datenschutzvorschriften umsetzen zu lassen, einen beherrschenden Einfluss auf die übrigen Unternehmen ausüben kann. Ein Unternehmen, das die Verarbeitung personenbezogener Daten in ihm angeschlossenen Unternehmen kontrolliert, sollte zusammen mit diesen als eine „Unternehmensgruppe" betrachtet werden.

(38) Kinder verdienen bei ihren personenbezogenen Daten besonderen Schutz, da Kinder sich der betreffenden Risiken, Folgen und Garantien und ihrer Rechte bei der Verarbeitung personenbezogener Daten möglicherweise weniger bewusst sind. Ein solcher besonderer Schutz sollte insbesondere die Verwendung personenbezogener Daten von Kindern für Werbezwecke oder für die Erstellung von Persönlichkeits- oder Nutzerprofilen und die Erhebung von personenbezogenen Daten von Kindern bei der Nutzung von Diensten, die Kindern direkt angeboten werden, betreffen. Die Einwilligung des Trägers der elterlichen Verantwortung sollte im Zusammenhang mit Präventionsoder Beratungsdiensten, die unmittelbar einem Kind angeboten werden, nicht erforderlich sein.

(39) Jede Verarbeitung personenbezogener Daten sollte rechtmäßig und nach Treu und Glauben erfolgen. Für natürliche Personen sollte Transparenz dahingehend bestehen, dass sie betreffende personenbezogene Daten erhoben, verwendet, eingesehen oder anderweitig verarbeitet werden und in welchem Umfang die personenbezogenen Daten verarbeitet werden und künftig noch verarbeitet werden. Der Grundsatz der Transparenz setzt voraus, dass alle Informationen und Mitteilungen zur Verarbeitung dieser personenbezogenen Daten leicht zugänglich und verständlich und in klarer und einfacher Sprache abgefasst sind. Dieser Grundsatz betrifft insbesondere die Informationen über die Identität des Verantwortlichen und die Zwecke der Verarbeitung und sonstige Informationen, die eine faire und

transparente Verarbeitung im Hinblick auf die betroffenen natürlichen Personen gewährleisten, sowie deren Recht, eine Bestätigung und Auskunft darüber zu erhalten, welche sie betreffende personenbezogene Daten verarbeitet werden. Natürliche Personen sollten über die Risiken, Vorschriften, Garantien und Rechte im Zusammenhang mit der Verarbeitung personenbezogener Daten informiert und darüber aufgeklärt werden, wie sie ihre diesbezüglichen Rechte geltend machen können. Insbesondere sollten die bestimmten Zwecke, zu denen die personenbezogenen Daten verarbeitet werden, eindeutig und rechtmäßig sein und zum Zeitpunkt der Erhebung der personenbezogenen Daten feststehen. Die personenbezogenen Daten sollten für die Zwecke, zu denen sie verarbeitet werden, angemessen und erheblich sowie auf das für die Zwecke ihrer Verarbeitung notwendige Maß beschränkt sein. Dies erfordert insbesondere, dass die Speicherfrist für personenbezogene Daten auf das unbedingt erforderliche Mindestmaß beschränkt bleibt. Personenbezogene Daten sollten nur verarbeitet werden dürfen, wenn der Zweck der Verarbeitung nicht in zumutbarer Weise durch andere Mittel erreicht werden kann. Um sicherzustellen, dass die personenbezogenen Daten nicht länger als nötig gespeichert werden, sollte der Verantwortliche Fristen für ihre Löschung oder regelmäßige Überprüfung vorsehen. Es sollten alle vertretbaren Schritte unternommen werden, damit unrichtige personenbezogene Daten gelöscht oder berichtigt werden. Personenbezogene Daten sollten so verarbeitet werden, dass ihre Sicherheit und Vertraulichkeit hinreichend gewährleistet ist, wozu auch gehört, dass Unbefugte keinen Zugang zu den Daten haben und weder die Daten noch die Geräte, mit denen diese verarbeitet werden, benutzen können.

(40) Damit die Verarbeitung rechtmäßig ist, müssen personenbezogene Daten mit Einwilligung der betroffenen Person oder auf einer sonstigen zulässigen Rechtsgrundlage verarbeitet werden, die sich aus dieser Verordnung oder – wann immer in dieser Verordnung darauf Bezug genommen wird – aus dem sonstigen Unionsrecht oder dem Recht der Mitgliedstaaten ergibt, so unter anderem auf der Grundlage, dass sie zur Erfüllung der rechtlichen Verpflichtung, der der Verantwortliche unterliegt, oder zur Erfüllung eines Vertrags, dessen Vertragspartei die betroffene Person ist, oder für die Durchführung vorvertraglicher Maßnahmen, die auf Anfrage der betroffenen Person erfolgen, erforderlich ist.

(41) Wenn in dieser Verordnung auf eine Rechtsgrundlage oder eine Gesetzgebungsmaßnahme Bezug genommen wird, erfordert dies nicht notwendigerweise einen von einem Parlament angenommenen Gesetzgebungsakt; davon unberührt bleiben Anforderungen gemäß der Verfassungsordnung des betreffenden Mitgliedstaats. Die entsprechende Rechtsgrundlage oder Gesetzgebungsmaßnahme sollte jedoch klar und präzise sein und ihre Anwendung sollte für die Rechtsunterworfenen gemäß der Rechtsprechung des Gerichtshofs der Europäischen Union (im Folgenden „Gerichtshof") und des Europäischen Gerichtshofs für Menschenrechte vorhersehbar sein.

(42) Erfolgt die Verarbeitung mit Einwilligung der betroffenen Person, sollte der Verantwortliche nachweisen können, dass die betroffene Person ihre Einwilligung zu dem Verarbeitungsvorgang gegeben hat. Insbesondere bei Abgabe einer schriftlichen Erklärung in anderer Sache sollten Garantien sicherstellen, dass die betroffene Person weiß, dass und in welchem Umfang sie ihre Einwilligung erteilt. Gemäß der Richtlinie 93/13/EWG des Rates[10] sollte eine vom Verantwortlichen vorformulierte Einwilligungserklärung in verständlicher und leicht zugänglicher Form in einer klaren und einfachen Sprache zur Verfügung gestellt werden, und sie sollte keine missbräuchlichen Klauseln beinhalten. Damit sie in Kenntnis der Sachlage ihre Einwilligung geben kann, sollte die betroffene Person mindestens wissen, wer der Verantwortliche ist und für welche Zwecke ihre personenbezogenen Daten verarbeitet werden sollen. Es sollte nur dann davon ausgegangen werden, dass sie ihre Einwilligung freiwillig gegeben hat, wenn sie eine echte oder freie Wahl hat und somit in der Lage ist, die Einwilligung zu verweigern oder zurückzuziehen, ohne Nachteile zu erleiden.

(43) Um sicherzustellen, dass die Einwilligung freiwillig erfolgt ist, sollte diese in besonderen Fällen, wenn zwischen der betroffenen Person und dem Verantwortlichen ein klares Ungleichgewicht besteht, insbesondere wenn es sich bei dem Verantwortlichen um eine Behörde handelt, und es deshalb in Anbetracht aller Umstände in dem speziellen Fall unwahrscheinlich ist, dass die Einwilligung freiwillig gegeben wurde, keine gültige Rechtsgrundlage liefern. Die Einwilligung gilt nicht als freiwillig erteilt, wenn zu verschiedenen Verarbeitungsvorgängen von personenbezogenen Daten nicht gesondert eine Einwilligung erteilt werden kann, obwohl dies im Einzelfall angebracht ist, oder wenn die Erfüllung eines Vertrags, einschließlich der Erbringung einer Dienstleistung, von der Einwilligung abhängig ist, obwohl diese Einwilligung für die Erfüllung nicht erforderlich ist.

(44) Die Verarbeitung von Daten sollte als rechtmäßig gelten, wenn sie für die Erfüllung oder den geplanten Abschluss eines Vertrags erforderlich ist.

(45) Erfolgt die Verarbeitung durch den Verantwortlichen aufgrund einer ihm obliegenden rechtlichen Verpflichtung oder ist die Verarbeitung zur Wahrnehmung einer Aufgabe im öffentlichen Interesse oder in Ausübung öffentlicher Gewalt erforderlich, muss hierfür eine Grundlage im Unionsrecht oder im Recht eines Mitgliedstaats bestehen. Mit dieser Verordnung wird nicht für jede einzelne Verarbeitung ein spezifisches Gesetz verlangt. Ein Gesetz als Grundlage für mehrere Verarbeitungsvorgänge kann ausreichend sein, wenn die Verarbeitung aufgrund einer dem Verantwortlichen obliegenden rechtlichen Verpflichtung erfolgt oder wenn die Verarbeitung zur Wahrnehmung einer Aufgabe im öffentlichen Interesse oder in Ausübung öffentlicher Gewalt erforderlich ist. Desgleichen sollte im Unionsrecht oder

10 Richtlinie 93/13/EWG des Rates vom 5. April 1993 über missbräuchliche Klauseln in Verbraucherverträgen (ABl. L 95 vom 21. 4. 1993, S. 29).

im Recht der Mitgliedstaaten geregelt werden, für welche Zwecke die Daten verarbeitet werden dürfen. Ferner könnten in diesem Recht die allgemeinen Bedingungen dieser Verordnung zur Regelung der Rechtmäßigkeit der Verarbeitung personenbezogener Daten präzisiert und es könnte darin festgelegt werden, wie der Verantwortliche zu bestimmen ist, welche Art von personenbezogenen Daten verarbeitet werden, welche Personen betroffen sind, welchen Einrichtungen die personenbezogenen Daten offengelegt, für welche Zwecke und wie lange sie gespeichert werden dürfen und welche anderen Maßnahmen ergriffen werden, um zu gewährleisten, dass die Verarbeitung rechtmäßig und nach Treu und Glauben erfolgt. Desgleichen sollte im Unionsrecht oder im Recht der Mitgliedstaaten geregelt werden, ob es sich bei dem Verantwortlichen, der eine Aufgabe wahrnimmt, die im öffentlichen Interesse liegt oder in Ausübung öffentlicher Gewalt erfolgt, um eine Behörde oder um eine andere unter das öffentliche Recht fallende natürliche oder juristische Person oder, sofern dies durch das öffentliche Interesse einschließlich gesundheitlicher Zwecke, wie die öffentliche Gesundheit oder die soziale Sicherheit oder die Verwaltung von Leistungen der Gesundheitsfürsorge, gerechtfertigt ist, eine natürliche oder juristische Person des Privatrechts, wie beispielsweise eine Berufsvereinigung, handeln sollte.

(46) Die Verarbeitung personenbezogener Daten sollte ebenfalls als rechtmäßig angesehen werden, wenn sie erforderlich ist, um ein lebenswichtiges Interesse der betroffenen Person oder einer anderen natürlichen Person zu schützen. Personenbezogene Daten sollten grundsätzlich nur dann aufgrund eines lebenswichtigen Interesses einer anderen natürlichen Person verarbeitet werden, wenn die Verarbeitung offensichtlich nicht auf eine andere Rechtsgrundlage gestützt werden kann. Einige Arten der Verarbeitung können sowohl wichtigen Gründen des öffentlichen Interesses als auch lebenswichtigen Interessen der betroffenen Person dienen; so kann beispielsweise die Verarbeitung für humanitäre Zwecke einschließlich der Überwachung von Epidemien und deren Ausbreitung oder in humanitären Notfällen insbesondere bei Naturkatastrophen oder vom Menschen verursachten Katastrophen erforderlich sein.

(47) Die Rechtmäßigkeit der Verarbeitung kann durch die berechtigten Interessen eines Verantwortlichen, auch eines Verantwortlichen, dem die personenbezogenen Daten offengelegt werden dürfen, oder eines Dritten begründet sein, sofern die Interessen oder die Grundrechte und Grundfreiheiten der betroffenen Person nicht überwiegen; dabei sind die vernünftigen Erwartungen der betroffenen Person, die auf ihrer Beziehung zu dem Verantwortlichen beruhen, zu berücksichtigen. Ein berechtigtes Interesse könnte beispielsweise vorliegen, wenn eine maßgebliche und angemessene Beziehung zwischen der betroffenen Person und dem Verantwortlichen besteht, z.B. wenn die betroffene Person ein Kunde des Verantwortlichen ist oder in seinen Diensten steht. Auf jeden Fall wäre das Bestehen eines berechtigten Interesses besonders sorgfältig abzuwägen, wobei auch zu prüfen ist, ob eine betroffene Person zum Zeitpunkt der Erhebung der personenbe-

zogenen Daten und angesichts der Umstände, unter denen sie erfolgt, vernünftigerweise absehen kann, dass möglicherweise eine Verarbeitung für diesen Zweck erfolgen wird. Insbesondere dann, wenn personenbezogene Daten in Situationen verarbeitet werden, in denen eine betroffene Person vernünftigerweise nicht mit einer weiteren Verarbeitung rechnen muss, könnten die Interessen und Grundrechte der betroffenen Person das Interesse des Verantwortlichen überwiegen. Da es dem Gesetzgeber obliegt, per Rechtsvorschrift die Rechtsgrundlage für die Verarbeitung personenbezogener Daten durch die Behörden zu schaffen, sollte diese Rechtsgrundlage nicht für Verarbeitungen durch Behörden gelten, die diese in Erfüllung ihrer Aufgaben vornehmen. Die Verarbeitung personenbezogener Daten im für die Verhinderung von Betrug unbedingt erforderlichen Umfang stellt ebenfalls ein berechtigtes Interesse des jeweiligen Verantwortlichen dar. Die Verarbeitung personenbezogener Daten zum Zwecke der Direktwerbung kann als eine einem berechtigten Interesse dienende Verarbeitung betrachtet werden.

(48) Verantwortliche, die Teil einer Unternehmensgruppe oder einer Gruppe von Einrichtungen sind, die einer zentralen Stelle zugeordnet sind können ein berechtigtes Interesse haben, personenbezogene Daten innerhalb der Unternehmensgruppe für interne Verwaltungszwecke, einschließlich der Verarbeitung personenbezogener Daten von Kunden und Beschäftigten, zu übermitteln. Die Grundprinzipien für die Übermittlung personenbezogener Daten innerhalb von Unternehmensgruppen an ein Unternehmen in einem Drittland bleiben unberührt.

(49) Die Verarbeitung von personenbezogenen Daten durch Behörden, Computer-Notdienste (Computer Emergency Response Teams – CERT, beziehungsweise Computer Security Incident Response Teams – CSIRT), Betreiber von elektronischen Kommunikationsnetzen und -diensten sowie durch Anbieter von Sicherheitstechnologien und -diensten stellt in dem Maße ein berechtigtes Interesse des jeweiligen Verantwortlichen dar, wie dies für die Gewährleistung der Netz- und Informationssicherheit unbedingt notwendig und verhältnismäßig ist, d.h. soweit dadurch die Fähigkeit eines Netzes oder Informationssystems gewährleistet wird, mit einem vorgegebenen Grad der Zuverlässigkeit Störungen oder widerrechtliche oder mutwillige Eingriffe abzuwehren, die die Verfügbarkeit, Authentizität, Vollständigkeit und Vertraulichkeit von gespeicherten oder übermittelten personenbezogenen Daten sowie die Sicherheit damit zusammenhängender Dienste, die über diese Netze oder Informationssysteme angeboten werden bzw. zugänglich sind, beeinträchtigen. Ein solches berechtigtes Interesse könnte beispielsweise darin bestehen, den Zugang Unbefugter zu elektronischen Kommunikationsnetzen und die Verbreitung schädlicher Programmcodes zu verhindern sowie Angriffe in Form der gezielten Überlastung von Servern ("Denial of service"-Angriffe) und Schädigungen von Computer- und elektronischen Kommunikationssystemen abzuwehren.

(50) Die Verarbeitung personenbezogener Daten für andere Zwecke als die, für die die personenbezogenen Daten ursprünglich erhoben wurden, sollte nur zulässig sein, wenn die Verarbeitung mit den Zwecken, für die die personenbezogenen Daten ursprünglich erhoben wurden, vereinbar ist. In diesem Fall ist keine andere gesonderte Rechtsgrundlage erforderlich als diejenige für die Erhebung der personenbezogenen Daten. Ist die Verarbeitung für die Wahrnehmung einer Aufgabe erforderlich, die im öffentlichen Interesse liegt oder in Ausübung öffentlicher Gewalt erfolgt, die dem Verantwortlichen übertragen wurde, so können im Unionsrecht oder im Recht der Mitgliedstaaten die Aufgaben und Zwecke bestimmt und konkretisiert werden, für die eine Weiterverarbeitung als vereinbar und rechtmäßig erachtet wird. Die Weiterverarbeitung für im öffentlichen Interesse liegende Archivzwecke, für wissenschaftliche oder historische Forschungszwecke oder für statistische Zwecke sollte als vereinbarer und rechtmäßiger Verarbeitungsvorgang gelten. Die im Unionsrecht oder im Recht der Mitgliedstaaten vorgesehene Rechtsgrundlage für die Verarbeitung personenbezogener Daten kann auch als Rechtsgrundlage für eine Weiterverarbeitung dienen. Um festzustellen, ob ein Zweck der Weiterverarbeitung mit dem Zweck, für den die personenbezogenen Daten ursprünglich erhoben wurden, vereinbar ist, sollte der Verantwortliche nach Einhaltung aller Anforderungen für die Rechtmäßigkeit der ursprünglichen Verarbeitung unter anderem prüfen, ob ein Zusammenhang zwischen den Zwecken, für die die personenbezogenen Daten erhoben wurden, und den Zwecken der beabsichtigten Weiterverarbeitung besteht, in welchem Kontext die Daten erhoben wurden, insbesondere die vernünftigen Erwartungen der betroffenen Person, die auf ihrer Beziehung zu dem Verantwortlichen beruhen, in Bezug auf die weitere Verwendung dieser Daten, um welche Art von personenbezogenen Daten es sich handelt, welche Folgen die beabsichtigte Weiterverarbeitung für die betroffenen Personen hat und ob sowohl beim ursprünglichen als auch beim beabsichtigten Weiterverarbeitungsvorgang geeignete Garantien bestehen. Hat die betroffene Person ihre Einwilligung erteilt oder beruht die Verarbeitung auf Unionsrecht oder dem Recht der Mitgliedstaaten, was in einer demokratischen Gesellschaft eine notwendige und verhältnismäßige Maßnahme zum Schutz insbesondere wichtiger Ziele des allgemeinen öffentlichen Interesses darstellt, so sollte der Verantwortliche die personenbezogenen Daten ungeachtet der Vereinbarkeit der Zwecke weiterverarbeiten dürfen. In jedem Fall sollte gewährleistet sein, dass die in dieser Verordnung niedergelegten Grundsätze angewandt werden und insbesondere die betroffene Person über diese anderen Zwecke und über ihre Rechte einschließlich des Widerspruchsrechts unterrichtet wird. Der Hinweis des Verantwortlichen auf mögliche Straftaten oder Bedrohungen der öffentlichen Sicherheit und die Übermittlung der maßgeblichen personenbezogenen Daten in Einzelfällen oder in mehreren Fällen, die im Zusammenhang mit derselben Straftat oder derselben Bedrohung der öffentlichen Sicherheit stehen, an eine zuständige Behörde sollten als berechtigtes

Interesse des Verantwortlichen gelten. Eine derartige Übermittlung personenbezogener Daten im berechtigten Interesse des Verantwortlichen oder deren Weiterverarbeitung sollte jedoch unzulässig sein, wenn die Verarbeitung mit einer rechtlichen, beruflichen oder sonstigen verbindlichen Pflicht zur Geheimhaltung unvereinbar ist.

(51) Personenbezogene Daten, die ihrem Wesen nach hinsichtlich der Grundrechte und Grundfreiheiten besonders sensibel sind, verdienen einen besonderen Schutz, da im Zusammenhang mit ihrer Verarbeitung erhebliche Risiken für die Grundrechte und Grundfreiheiten auftreten können. Diese personenbezogenen Daten sollten personenbezogene Daten umfassen, aus denen die rassische oder ethnische Herkunft hervorgeht, wobei die Verwendung des Begriffs „rassische Herkunft" in dieser Verordnung nicht bedeutet, dass die Union Theorien, mit denen versucht wird, die Existenz verschiedener menschlicher Rassen zu belegen, gutheißt. Die Verarbeitung von Lichtbildern sollte nicht grundsätzlich als Verarbeitung besonderer Kategorien von personenbezogenen Daten angesehen werden, da Lichtbilder nur dann von der Definition des Begriffs „biometrische Daten" erfasst werden, wenn sie mit speziellen technischen Mitteln verarbeitet werden, die die eindeutige Identifizierung oder Authentifizierung einer natürlichen Person ermöglichen. Derartige personenbezogene Daten sollten nicht verarbeitet werden, es sei denn, die Verarbeitung ist in den in dieser Verordnung dargelegten besonderen Fällen zulässig, wobei zu berücksichtigen ist, dass im Recht der Mitgliedstaaten besondere Datenschutzbestimmungen festgelegt sein können, um die Anwendung der Bestimmungen dieser Verordnung anzupassen, damit die Einhaltung einer rechtlichen Verpflichtung oder die Wahrnehmung einer Aufgabe im öffentlichen Interesse oder die Ausübung öffentlicher Gewalt, die dem Verantwortlichen übertragen wurde, möglich ist. Zusätzlich zu den speziellen Anforderungen an eine derartige Verarbeitung sollten die allgemeinen Grundsätze und andere Bestimmungen dieser Verordnung, insbesondere hinsichtlich der Bedingungen für eine rechtmäßige Verarbeitung, gelten. Ausnahmen von dem allgemeinen Verbot der Verarbeitung dieser besonderen Kategorien personenbezogener Daten sollten ausdrücklich vorgesehen werden, unter anderem bei ausdrücklicher Einwilligung der betroffenen Person oder bei bestimmten Notwendigkeiten, insbesondere wenn die Verarbeitung im Rahmen rechtmäßiger Tätigkeiten bestimmter Vereinigungen oder Stiftungen vorgenommen wird, die sich für die Ausübung von Grundfreiheiten einsetzen.

(52) Ausnahmen vom Verbot der Verarbeitung besonderer Kategorien von personenbezogenen Daten sollten auch erlaubt sein, wenn sie im Unionsrecht oder dem Recht der Mitgliedstaaten vorgesehen sind, und – vorbehaltlich angemessener Garantien zum Schutz der personenbezogenen Daten und anderer Grundrechte – wenn dies durch das öffentliche Interesse gerechtfertigt ist, insbesondere für die Verarbeitung von personenbezogenen Daten auf dem Gebiet des Arbeitsrechts und des Rechts der sozialen Sicherheit einschließlich Renten und zwecks Sicherstellung und Überwachung der Gesundheit und

Gesundheitswarnungen, Prävention oder Kontrolle ansteckender Krankheiten und anderer schwerwiegender Gesundheitsgefahren. Eine solche Ausnahme kann zu gesundheitlichen Zwecken gemacht werden, wie der Gewährleistung der öffentlichen Gesundheit und der Verwaltung von Leistungen der Gesundheitsversorgung, insbesondere wenn dadurch die Qualität und Wirtschaftlichkeit der Verfahren zur Abrechnung von Leistungen in den sozialen Krankenversicherungssystemen sichergestellt werden soll, oder wenn die Verarbeitung im öffentlichen Interesse liegenden Archivzwecken, wissenschaftlichen oder historischen Forschungszwecken oder statistischen Zwecken dient. Die Verarbeitung solcher personenbezogener Daten sollte zudem ausnahmsweise erlaubt sein, wenn sie erforderlich ist, um rechtliche Ansprüche, sei es in einem Gerichtsverfahren oder in einem Verwaltungsverfahren oder einem außergerichtlichen Verfahren, geltend zu machen, auszuüben oder zu verteidigen.

(53) Besondere Kategorien personenbezogener Daten, die eines höheren Schutzes verdienen, sollten nur dann für gesundheitsbezogene Zwecke verarbeitet werden, wenn dies für das Erreichen dieser Zwecke im Interesse einzelner natürlicher Personen und der Gesellschaft insgesamt erforderlich ist, insbesondere im Zusammenhang mit der Verwaltung der Dienste und Systeme des Gesundheits- oder Sozialbereichs, einschließlich der Verarbeitung dieser Daten durch die Verwaltung und die zentralen nationalen Gesundheitsbehörden zwecks Qualitätskontrolle, Verwaltungsinformationen und der allgemeinen nationalen und lokalen Überwachung des Gesundheitssystems oder des Sozialsystems und zwecks Gewährleistung der Kontinuität der Gesundheits- und Sozialfürsorge und der grenzüberschreitenden Gesundheitsversorgung oder Sicherstellung und Überwachung der Gesundheit und Gesundheitswarnungen oder für im öffentlichen Interesse liegende Archivzwecke, zu wissenschaftlichen oder historischen Forschungszwecken oder statistischen Zwecken, die auf Rechtsvorschriften der Union oder der Mitgliedstaaten beruhen, die einem im öffentlichen Interesse liegenden Ziel dienen müssen, sowie für Studien, die im öffentlichen Interesse im Bereich der öffentlichen Gesundheit durchgeführt werden. Diese Verordnung sollte daher harmonisierte Bedingungen für die Verarbeitung besonderer Kategorien personenbezogener Gesundheitsdaten im Hinblick auf bestimmte Erfordernisse harmonisieren, insbesondere wenn die Verarbeitung dieser Daten für gesundheitsbezogene Zwecke von Personen durchgeführt wird, die gemäß einer rechtlichen Verpflichtung dem Berufsgeheimnis unterliegen. Im Recht der Union oder der Mitgliedstaaten sollten besondere und angemessene Maßnahmen zum Schutz der Grundrechte und der personenbezogenen Daten natürlicher Personen vorgesehen werden. Den Mitgliedstaaten sollte gestattet werden, weitere Bedingungen einschließlich Beschränkungen – in Bezug auf die Verarbeitung von genetischen Daten, biometrischen Daten oder Gesundheitsdaten beizubehalten oder einzuführen. Dies sollte jedoch den freien Verkehr personenbezogener Daten innerhalb der Union nicht

beeinträchtigen, falls die betreffenden Bedingungen für die grenzüberschreitende Verarbeitung solcher Daten gelten.

(54) Aus Gründen des öffentlichen Interesses in Bereichen der öffentlichen Gesundheit kann es notwendig sein, besondere Kategorien personenbezogener Daten auch ohne Einwilligung der betroffenen Person zu verarbeiten. Diese Verarbeitung sollte angemessenen und besonderen Maßnahmen zum Schutz der Rechte und Freiheiten natürlicher Personen unterliegen. In diesem Zusammenhang sollte der Begriff „öffentliche Gesundheit" im Sinne der Verordnung (EG) Nr. 1338/2008 des Europäischen Parlaments und des Rates[11] ausgelegt werden und alle Elemente im Zusammenhang mit der Gesundheit wie den Gesundheitszustand einschließlich Morbidität und Behinderung, die sich auf diesen Gesundheitszustand auswirkenden Determinanten, den Bedarf an Gesundheitsversorgung, die der Gesundheitsversorgung zugewiesenen Mittel, die Bereitstellung von Gesundheitsversorgungsleistungen und den allgemeinen Zugang zu diesen Leistungen sowie die entsprechenden Ausgaben und die Finanzierung und schließlich die Ursachen der Mortalität einschließen. Eine solche Verarbeitung von Gesundheitsdaten aus Gründen des öffentlichen Interesses darf nicht dazu führen, dass Dritte, unter anderem Arbeitgeber oder Versicherungs- und Finanzunternehmen, solche personenbezogene Daten zu anderen Zwecken verarbeiten.

(55) Auch die Verarbeitung personenbezogener Daten durch staatliche Stellen zu verfassungsrechtlich oder völkerrechtlich verankerten Zielen von staatlich anerkannten Religionsgemeinschaften erfolgt aus Gründen des öffentlichen Interesses.

(56) Wenn es in einem Mitgliedstaat das Funktionieren des demokratischen Systems erfordert, dass die politischen Parteien im Zusammenhang mit Wahlen personenbezogene Daten über die politische Einstellung von Personen sammeln, kann die Verarbeitung derartiger Daten aus Gründen des öffentlichen Interesses zugelassen werden, sofern geeignete Garantien vorgesehen werden.

(57) Kann der Verantwortliche anhand der von ihm verarbeiteten personenbezogenen Daten eine natürliche Person nicht identifizieren, so sollte er nicht verpflichtet sein, zur bloßen Einhaltung einer Vorschrift dieser Verordnung zusätzliche Daten einzuholen, um die betroffene Person zu identifizieren. Allerdings sollte er sich nicht weigern, zusätzliche Informationen entgegenzunehmen, die von der betroffenen Person beigebracht werden, um ihre Rechte geltend zu machen. Die Identifizierung sollte die digitale Identifizierung einer betroffenen Person beispielsweise durch Authentifizierungsverfahren etwa mit denselben Berechtigungsnachweisen, wie sie die betroffene Person verwendet, um sich bei dem von dem Verantwortlichen bereitgestellten Online-Dienst anzumelden – einschließen.

---

11 Verordnung (EG) Nr. 1338/2008 des Europäischen Parlaments und des Rates vom 16. Dezember 2008 zu Gemeinschaftsstatistiken über öffentliche Gesundheit und über Gesundheitsschutz und Sicherheit am Arbeitsplatz (ABl. L 354 vom 31. 12. 2008, S. 70).

(58) Der Grundsatz der Transparenz setzt voraus, dass eine für die Öffentlichkeit oder die betroffene Person bestimmte Information präzise, leicht zugänglich und verständlich sowie in klarer und einfacher Sprache abgefasst ist und gegebenenfalls zusätzlich visuelle Elemente verwendet werden. Diese Information könnte in elektronischer Form bereitgestellt werden, beispielsweise auf einer Website, wenn sie für die Öffentlichkeit bestimmt ist. Dies gilt insbesondere für Situationen, wo die große Zahl der Beteiligten und die Komplexität der dazu benötigten Technik es der betroffenen Person schwer machen, zu erkennen und nachzuvollziehen, ob, von wem und zu welchem Zweck sie betreffende personenbezogene Daten erfasst werden, wie etwa bei der Werbung im Internet. Wenn sich die Verarbeitung an Kinder richtet, sollten aufgrund der besonderen Schutzwürdigkeit von Kindern Informationen und Hinweise in einer dergestalt klaren und einfachen Sprache erfolgen, dass ein Kind sie verstehen kann.

(59) Es sollten Modalitäten festgelegt werden, die einer betroffenen Person die Ausübung der Rechte, die ihr nach dieser Verordnung zustehen, erleichtern, darunter auch Mechanismen, die dafür sorgen, dass sie unentgeltlich insbesondere Zugang zu personenbezogenen Daten und deren Berichtigung oder Löschung beantragen und gegebenenfalls erhalten oder von ihrem Widerspruchsrecht Gebrauch machen kann. So sollte der Verantwortliche auch dafür sorgen, dass Anträge elektronisch gestellt werden können, insbesondere wenn die personenbezogenen Daten elektronisch verarbeitet werden. Der Verantwortliche sollte verpflichtet werden, den Antrag der betroffenen Person unverzüglich, spätestens aber innerhalb eines Monats zu beantworten und gegebenenfalls zu begründen, warum er den Antrag ablehnt.

(60) Die Grundsätze einer fairen und transparenten Verarbeitung machen es erforderlich, dass die betroffene Person über die Existenz des Verarbeitungsvorgangs und seine Zwecke unterrichtet wird. Der Verantwortliche sollte der betroffenen Person alle weiteren Informationen zur Verfügung stellen, die unter Berücksichtigung der besonderen Umstände und Rahmenbedingungen, unter denen die personenbezogenen Daten verarbeitet werden, notwendig sind, um eine faire und transparente Verarbeitung zu gewährleisten. Darüber hinaus sollte er die betroffene Person darauf hinweisen, dass Profiling stattfindet und welche Folgen dies hat. Werden die personenbezogenen Daten bei der betroffenen Person erhoben, so sollte dieser darüber hinaus mitgeteilt werden, ob sie verpflichtet ist, die personenbezogenen Daten bereitzustellen, und welche Folgen eine Zurückhaltung der Daten nach sich ziehen würde. Die betreffenden Informationen können in Kombination mit standardisierten Bildsymbolen bereitgestellt werden, um in leicht wahrnehmbarer, verständlicher und klar nachvollziehbarer Form einen aussagekräftigen Überblick über die beabsichtigte Verarbeitung zu vermitteln. Werden die Bildsymbole in elektronischer Form dargestellt, so sollten sie maschinenlesbar sein.

(61) Dass sie betreffende personenbezogene Daten verarbeitet werden, sollte der betroffenen Person zum Zeitpunkt der Erhebung mitgeteilt

werden oder, falls die Daten nicht von ihr, sondern aus einer anderen Quelle erlangt werden, innerhalb einer angemessenen Frist, die sich nach dem konkreten Einzelfall richtet. Wenn die personenbezogenen Daten rechtmäßig einem anderen Empfänger offengelegt werden dürfen, sollte die betroffene Person bei der erstmaligen Offenlegung der personenbezogenen Daten für diesen Empfänger darüber aufgeklärt werden. Beabsichtigt der Verantwortliche, die personenbezogenen Daten für einen anderen Zweck zu verarbeiten als den, für den die Daten erhoben wurden, so sollte er der betroffenen Person vor dieser Weiterverarbeitung Informationen über diesen anderen Zweck und andere erforderliche Informationen zur Verfügung stellen. Konnte der betroffenen Person nicht mitgeteilt werden, woher die personenbezogenen Daten stammen, weil verschiedene Quellen benutzt wurden, so sollte die Unterrichtung allgemein gehalten werden.

(62) Die Pflicht, Informationen zur Verfügung zu stellen, erübrigt sich jedoch, wenn die betroffene Person die Information bereits hat, wenn die Speicherung oder Offenlegung der personenbezogenen Daten ausdrücklich durch Rechtsvorschriften geregelt ist oder wenn sich die Unterrichtung der betroffenen Person als unmöglich erweist oder mit unverhältnismäßig hohem Aufwand verbunden ist. Letzteres könnte insbesondere bei Verarbeitungen für im öffentlichen Interesse liegende Archivzwecke, zu wissenschaftlichen oder historischen Forschungszwecken oder zu statistischen Zwecken der Fall sein. Als Anhaltspunkte sollten dabei die Zahl der betroffenen Personen, das Alter der Daten oder etwaige geeignete Garantien in Betracht gezogen werden.

(63) Eine betroffene Person sollte ein Auskunftsrecht hinsichtlich der sie betreffenden personenbezogenen Daten, die erhoben worden sind, besitzen und dieses Recht problemlos und in angemessenen Abständen wahrnehmen können, um sich der Verarbeitung bewusst zu sein und deren Rechtmäßigkeit überprüfen zu können. Dies schließt das Recht betroffene Personen auf Auskunft über ihre eigenen gesundheitsbezogenen Daten ein, etwa Daten in ihren Patientenakten, die Informationen wie beispielsweise Diagnosen, Untersuchungsergebnisse, Befunde der behandelnden Ärzte und Angaben zu Behandlungen oder Eingriffen enthalten. Jede betroffene Person sollte daher ein Anrecht darauf haben zu wissen und zu erfahren, insbesondere zu welchen Zwecken die personenbezogenen Daten verarbeitet werden und, wenn möglich, wie lange sie gespeichert werden, wer die Empfänger der personenbezogenen Daten sind, nach welcher Logik die automatische Verarbeitung personenbezogener Daten erfolgt und welche Folgen eine solche Verarbeitung haben kann, zumindest in Fällen, in denen die Verarbeitung auf Profiling beruht. Nach Möglichkeit sollte der Verantwortliche den Fernzugang zu einem sicheren System bereitstellen können, der der betroffenen Person direkten Zugang zu ihren personenbezogenen Daten ermöglichen würde. Dieses Recht sollte die Rechte und Freiheiten anderer Personen, etwa Geschäftsgeheimnisse oder Rechte des geistigen Eigentums und insbesondere das Urheberrecht an Software, nicht beeinträchtigen. Dies

darf jedoch nicht dazu führen, dass der betroffenen Person jegliche Auskunft verweigert wird. Verarbeitet der Verantwortliche eine große Menge von Informationen über die betroffene Person, so sollte er verlangen können, dass die betroffene Person präzisiert, auf welche Information oder welche Verarbeitungsvorgänge sich ihr Auskunftsersuchen bezieht, bevor er ihr Auskunft erteilt.

(64) Der Verantwortliche sollte alle vertretbaren Mittel nutzen, um die Identität einer Auskunft suchenden betroffenen Person zu überprüfen, insbesondere im Rahmen von Online-Diensten und im Fall von Online-Kennungen. Ein Verantwortlicher sollte personenbezogene Daten nicht allein zu dem Zweck speichern, auf mögliche Auskunftsersuchen reagieren zu können.

(65) Eine betroffene Person sollte ein Recht auf Berichtigung der sie betreffenden personenbezogenen Daten besitzen sowie ein „Recht auf Vergessenwerden", wenn die Speicherung ihrer Daten gegen diese Verordnung oder gegen das Unionsrecht oder das Recht der Mitgliedstaaten, dem der Verantwortliche unterliegt, verstößt. Insbesondere sollten betroffene Personen Anspruch darauf haben, dass ihre personenbezogenen Daten gelöscht und nicht mehr verarbeitet werden, wenn die personenbezogenen Daten hinsichtlich der Zwecke, für die sie erhoben bzw. anderweitig verarbeitet wurden, nicht mehr benötigt werden, wenn die betroffenen Personen ihre Einwilligung in die Verarbeitung widerrufen oder Widerspruch gegen die Verarbeitung der sie betreffenden personenbezogenen Daten eingelegt haben oder wenn die Verarbeitung ihrer personenbezogenen Daten aus anderen Gründen gegen diese Verordnung verstößt. Dieses Recht ist insbesondere wichtig in Fällen, in denen die betroffene Person ihre Einwilligung noch im Kindesalter gegeben hat und insofern mit der Verarbeitung verbundenen Gefahren nicht in vollem Umfang absehen konnte und die personenbezogenen Daten – insbesondere die im Internet gespeicherten – später löschen möchte. Die betroffene Person sollte dieses Recht auch dann ausüben können, wenn sie kein Kind mehr ist. Die weitere Speicherung der personenbezogenen Daten sollte jedoch rechtmäßig sein, wenn dies für die Ausübung des Rechts auf freie Meinungsäußerung und Information, zur Erfüllung einer rechtlichen Verpflichtung, für die Wahrnehmung einer Aufgabe, die im öffentlichen Interesse liegt oder in Ausübung öffentlicher Gewalt erfolgt, die dem Verantwortlichen übertragen wurde, aus Gründen des öffentlichen Interesses im Bereich der öffentlichen Gesundheit, für im öffentlichen Interesse liegende Archivzwecke, zu wissenschaftlichen oder historischen Forschungszwecken oder zu statistischen Zwecken oder zur Geltendmachung, Ausübung oder Verteidigung von Rechtsansprüchen erforderlich ist.

(66) Um dem „Recht auf Vergessenwerden" im Netz mehr Geltung zu verschaffen, sollte das Recht auf Löschung ausgeweitet werden, indem ein Verantwortlicher, der die personenbezogenen Daten öffentlich gemacht hat, verpflichtet wird, den Verantwortlichen, die diese personenbezogenen Daten verarbeiten, mitzuteilen, alle Links zu diesen personenbezogenen Daten oder Kopien oder Replikationen der

personenbezogenen Daten zu löschen. Dabei sollte der Verantwortliche, unter Berücksichtigung der verfügbaren Technologien und der ihm zur Verfügung stehenden Mittel, angemessene Maßnahmen – auch technischer Art – treffen, um die Verantwortlichen, die diese personenbezogenen Daten verarbeiten, über den Antrag der betroffenen Person zu informieren.

(67) Methoden zur Beschränkung der Verarbeitung personenbezogener Daten könnten unter anderem darin bestehen, dass ausgewählte personenbezogenen Daten vorübergehend auf ein anderes Verarbeitungssystem übertragen werden, dass sie für Nutzer gesperrt werden oder dass veröffentliche Daten vorübergehend von einer Website entfernt werden. In automatisierten Dateisystemen sollte die Einschränkung der Verarbeitung grundsätzlich durch technische Mittel so erfolgen, dass die personenbezogenen Daten in keiner Weise weiterverarbeitet werden und nicht verändert werden können. Auf die Tatsache, dass die Verarbeitung der personenbezogenen Daten beschränkt wurde, sollte in dem System unmissverständlich hingewiesen werden.

(68) Um im Fall der Verarbeitung personenbezogener Daten mit automatischen Mitteln eine bessere Kontrolle über die eigenen Daten zu haben, sollte die betroffene Person außerdem berechtigt sein, die sie betreffenden personenbezogenen Daten, die sie einem Verantwortlichen bereitgestellt hat, in einem strukturierten, gängigen, maschinenlesbaren und interoperablen Format zu erhalten und sie einem anderen Verantwortlichen zu übermitteln. Die Verantwortlichen sollten dazu aufgefordert werden, interoperable Formate zu entwickeln, die die Datenübertragbarkeit ermöglichen. Dieses Recht sollte dann gelten, wenn die betroffene Person die personenbezogenen Daten mit ihrer Einwilligung zur Verfügung gestellt hat oder die Verarbeitung zur Erfüllung eines Vertrags erforderlich ist. Es sollte nicht gelten, wenn die Verarbeitung auf einer anderen Rechtsgrundlage als ihrer Einwilligung oder eines Vertrags erfolgt. Dieses Recht sollte naturgemäß nicht gegen Verantwortliche ausgeübt werden, die personenbezogenen Daten in Erfüllung ihrer öffentlichen Aufgaben verarbeiten. Es sollte daher nicht gelten, wenn die Verarbeitung der personenbezogenen Daten zur Erfüllung einer rechtlichen Verpflichtung, der der Verantwortliche unterliegt, oder für die Wahrnehmung einer ihm übertragenen Aufgabe, die im öffentlichen Interesse liegt oder in Ausübung einer ihm übertragenen öffentlichen Gewalt erfolgt, erforderlich ist. Das Recht der betroffenen Person, sie betreffende personenbezogene Daten zu übermitteln oder zu empfangen, sollte für den Verantwortlichen nicht die Pflicht begründen, technisch kompatible Datenverarbeitungssysteme zu übernehmen oder beizubehalten. Ist im Fall eines bestimmten Satzes personenbezogener Daten mehr als eine betroffene Person tangiert, so sollte das Recht auf Empfang der Daten die Grundrechte und Grundfreiheiten anderer betroffener Personen nach dieser Verordnung unberührt lassen. Dieses Recht sollte zudem das Recht der betroffenen Person auf Löschung ihrer personenbezogenen Daten und die Beschränkungen dieses Rechts gemäß dieser Verordnung nicht berühren und insbesondere nicht bedeuten,

dass die Daten, die sich auf die betroffene Person beziehen und von ihr zur Erfüllung eines Vertrags zur Verfügung gestellt worden sind, gelöscht werden, soweit und solange diese personenbezogenen Daten für die Erfüllung des Vertrags notwendig sind. Soweit technisch machbar, sollte die betroffene Person das Recht haben, zu erwirken, dass die personenbezogenen Daten direkt von einem Verantwortlichen einem anderen Verantwortlichen übermittelt werden.

(69) Dürfen die personenbezogenen Daten möglicherweise rechtmäßig verarbeitet werden, weil die Verarbeitung für die Wahrnehmung einer Aufgabe, die im öffentlichen Interesse liegt oder in Ausübung öffentlicher Gewalt – die dem Verantwortlichen übertragen wurde, – oder aufgrund des berechtigten Interesses des Verantwortlichen oder eines Dritten erforderlich ist, sollte jede betroffene Person trotzdem das Recht haben, Widerspruch gegen die Verarbeitung der sich aus ihrer besonderen Situation ergebenden personenbezogenen Daten einzulegen. Der für die Verarbeitung Verantwortliche sollte darlegen müssen, dass seine zwingenden berechtigten Interessen Vorrang vor den Interessen oder Grundrechten und Grundfreiheiten der betroffenen Person haben.

(70) Werden personenbezogene Daten verarbeitet, um Direktwerbung zu betreiben, so sollte die betroffene Person jederzeit unentgeltlich insoweit Widerspruch gegen eine solche – ursprüngliche oder spätere – Verarbeitung einschließlich des Profilings einlegen können, als sie mit dieser Direktwerbung zusammenhängt. Die betroffene Person sollte ausdrücklich auf dieses Recht hingewiesen werden; dieser Hinweis sollte in einer verständlichen und von anderen Informationen getrennten Form erfolgen.

(71) Die betroffene Person sollte das Recht haben, keiner Entscheidung – was eine Maßnahme einschließen kann – zur Bewertung von sie betreffenden persönlichen Aspekten unterworfen zu werden, die ausschließlich auf einer automatisierten Verarbeitung beruht und die rechtliche Wirkung für die betroffene Person entfaltet oder sie in ähnlicher Weise erheblich beeinträchtigt, wie die automatische Ablehnung eines Online-Kreditantrags oder Online-Einstellungsverfahren ohne jegliches menschliche Eingreifen. Zu einer derartigen Verarbeitung zählt auch das „Profiling", das in jeglicher Form automatisierter Verarbeitung personenbezogener Daten unter Bewertung der persönlichen Aspekte in Bezug auf eine natürliche Person besteht, insbesondere zur Analyse oder Prognose von Aspekten bezüglich Arbeitsleistung, wirtschaftliche Lage, Gesundheit, persönliche Vorlieben oder Interessen, Zuverlässigkeit oder Verhalten, Aufenthaltsort oder Ortswechsel der betroffenen Person, soweit dies rechtliche Wirkung für die betroffene Person entfaltet oder sie in ähnlicher Weise erheblich beeinträchtigt. Eine auf einer derartigen Verarbeitung, einschließlich des Profilings, beruhende Entscheidungsfindung sollte allerdings erlaubt sein, wenn dies nach dem Unionsrecht oder dem Recht der Mitgliedstaaten, dem der für die Verarbeitung Verantwortliche unterliegt, ausdrücklich zulässig ist, auch um im Einklang mit den Vorschriften, Standards und Empfehlungen der Institutionen der

Union oder der nationalen Aufsichtsgremien Betrug und Steuerhinterziehung zu überwachen und zu verhindern und die Sicherheit und Zuverlässigkeit eines von dem Verantwortlichen bereitgestellten Dienstes zu gewährleisten, oder wenn dies für den Abschluss oder die Erfüllung eines Vertrags zwischen der betroffenen Person und einem Verantwortlichen erforderlich ist oder wenn die betroffene Person ihre ausdrückliche Einwilligung hierzu erteilt hat. In jedem Fall sollte eine solche Verarbeitung mit angemessenen Garantien verbunden sein, einschließlich der spezifischen Unterrichtung der betroffenen Person und des Anspruchs auf direktes Eingreifen einer Person, auf Darlegung des eigenen Standpunkts, auf Erläuterung der nach einer entsprechenden Bewertung getroffenen Entscheidung sowie des Rechts auf Anfechtung der Entscheidung. Diese Maßnahme sollte kein Kind betreffen.

Um unter Berücksichtigung der besonderen Umstände und Rahmenbedingungen, unter denen die personenbezogenen Daten verarbeitet werden, der betroffenen Person gegenüber eine faire und transparente Verarbeitung zu gewährleisten, sollte der für die Verarbeitung Verantwortliche geeignete mathematische oder statistische Verfahren für das Profiling verwenden, technische und organisatorische Maßnahmen treffen, mit denen in geeigneter Weise insbesondere sichergestellt wird, dass Faktoren, die zu unrichtigen personenbezogenen Daten führen, korrigiert werden und das Risiko von Fehlern minimiert wird, und personenbezogene Daten in einer Weise sichern, dass den potenziellen Bedrohungen für die Interessen und Rechte der betroffenen Person Rechnung getragen wird und mit denen verhindert wird, dass es gegenüber natürlichen Personen aufgrund von Rasse, ethnischer Herkunft, politischer Meinung, Religion oder Weltanschauung, Gewerkschaftszugehörigkeit, genetischer Anlagen oder Gesundheitszustand sowie sexueller Orientierung zu diskriminierenden Wirkungen oder zu Maßnahmen kommt, die eine solche Wirkung haben. Automatisierte Entscheidungsfindung und Profiling auf der Grundlage besonderer Kategorien von personenbezogenen Daten sollten nur unter bestimmten Bedingungen erlaubt sein.

(72) Das Profiling unterliegt den Vorschriften dieser Verordnung für die Verarbeitung personenbezogener Daten, wie etwa die Rechtsgrundlage für die Verarbeitung oder die Datenschutzgrundsätze. Der durch diese Verordnung eingerichtete Europäische Datenschutzausschuss (im Folgenden „Ausschuss") sollte, diesbezüglich Leitlinien herausgeben können.

(73) Im Recht der Union oder der Mitgliedstaaten können Beschränkungen hinsichtlich bestimmter Grundsätze und hinsichtlich des Rechts auf Unterrichtung, Auskunft zu und Berichtigung oder Löschung personenbezogener Daten, des Rechts auf Datenübertragbarkeit und Widerspruch, Entscheidungen, die auf der Erstellung von Profilen beruhen, sowie Mitteilungen über eine Verletzung des Schutzes personenbezogener Daten an eine betroffene Person und bestimmten damit zusammenhängenden Pflichten der Verantwortlichen vorgesehen werden, soweit dies in einer demokratischen Gesellschaft notwendig

und verhältnismäßig ist, um die öffentliche Sicherheit aufrechtzuerhalten, wozu unter anderem der Schutz von Menschenleben insbesondere bei Naturkatastrophen oder vom Menschen verursachten Katastrophen, die Verhütung, Aufdeckung und Verfolgung von Straftaten oder die Strafvollstreckung – was auch den Schutz vor und die Abwehr von Gefahren für die öffentliche Sicherheit einschließt – oder die Verhütung, Aufdeckung und Verfolgung von Verstößen gegen Berufsstandsregeln bei reglementierten Berufen, das Führen öffentlicher Register aus Gründen des allgemeinen öffentlichen Interesses sowie die Weiterverarbeitung von archivierten personenbezogenen Daten zur Bereitstellung spezifischer Informationen im Zusammenhang mit dem politischen Verhalten unter ehemaligen totalitären Regimen gehört, und zum Schutz sonstiger wichtiger Ziele des allgemeinen öffentlichen Interesses der Union oder eines Mitgliedstaats, etwa wichtige wirtschaftliche oder finanzielle Interessen, oder die betroffene Person und die Rechte und Freiheiten anderer Personen, einschließlich in den Bereichen soziale Sicherheit, öffentliche Gesundheit und humanitäre Hilfe, zu schützen. Diese Beschränkungen sollten mit der Charta und mit der Europäischen Konvention zum Schutz der Menschenrechte und Grundfreiheiten im Einklang stehen.

(74) Die Verantwortung und Haftung des Verantwortlichen für jedwede Verarbeitung personenbezogener Daten, die durch ihn oder in seinem Namen erfolgt, sollte geregelt werden. Insbesondere sollte der Verantwortliche geeignete und wirksame Maßnahmen treffen müssen und nachweisen können, dass die Verarbeitungstätigkeiten im Einklang mit dieser Verordnung stehen und die Maßnahmen auch wirksam sind. Dabei sollte er die Art, den Umfang, die Umstände und die Zwecke der Verarbeitung und das Risiko für die Rechte und Freiheiten natürlicher Personen berücksichtigen.

(75) Die Risiken für die Rechte und Freiheiten natürlicher Personen – mit unterschiedlicher Eintrittswahrscheinlichkeit und Schwere – können aus einer Verarbeitung personenbezogener Daten hervorgehen, die zu einem physischen, materiellen oder immateriellen Schaden führen könnte, insbesondere wenn die Verarbeitung zu einer Diskriminierung, einem Identitätsdiebstahl oder -betrug, einem finanziellen Verlust, einer Rufschädigung, einem Verlust der Vertraulichkeit von dem Berufsgeheimnis unterliegenden personenbezogenen Daten, der unbefugten Aufhebung der Pseudonymisierung oder anderen erheblichen wirtschaftlichen oder gesellschaftlichen Nachteilen führen kann, wenn die betroffenen Personen um ihre Rechte und Freiheiten gebracht oder daran gehindert werden, die sie betreffenden personenbezogenen Daten zu kontrollieren, wenn personenbezogene Daten, aus denen die rassische oder ethnische Herkunft, politische Meinungen, religiöse oder weltanschauliche Überzeugungen oder die Zugehörigkeit zu einer Gewerkschaft hervorgehen, und genetische Daten, Gesundheitsdaten oder das Sexualleben oder strafrechtliche Verurteilungen und Straftaten oder damit zusammenhängende Sicherungsmaßregeln betreffende Daten verarbeitet werden, wenn persönliche Aspekte bewertet werden, insbesondere wenn Aspekte, die die Ar-

beitsleistung, wirtschaftliche Lage, Gesundheit, persönliche Vorlieben oder Interessen, die Zuverlässigkeit oder das Verhalten, den Aufenthaltsort oder Ortswechsel betreffen, analysiert oder prognostiziert werden, um persönliche Profile zu erstellen oder zu nutzen, wenn personenbezogene Daten schutzbedürftiger natürlicher Personen, insbesondere Daten von Kindern, verarbeitet werden oder wenn die Verarbeitung eine große Menge personenbezogener Daten und eine große Anzahl von betroffenen Personen betrifft.

(76) Eintrittswahrscheinlichkeit und Schwere des Risikos für die Rechte und Freiheiten der betroffenen Person sollten in Bezug auf die Art, den Umfang, die Umstände und die Zwecke der Verarbeitung bestimmt werden. Das Risiko sollte anhand einer objektiven Bewertung beurteilt werden, bei der festgestellt wird, ob die Datenverarbeitung ein Risiko oder ein hohes Risiko birgt.

(77) Anleitungen, wie der Verantwortliche oder Auftragsverarbeiter geeignete Maßnahmen durchzuführen hat und wie die Einhaltung der Anforderungen nachzuweisen ist, insbesondere was die Ermittlung des mit der Verarbeitung verbundenen Risikos, dessen Abschätzung in Bezug auf Ursache, Art, Eintrittswahrscheinlichkeit und Schwere und die Festlegung bewährter Verfahren für dessen Eindämmung betrifft, könnten insbesondere in Form von genehmigten Verhaltensregeln, genehmigten Zertifizierungsverfahren, Leitlinien des Ausschusses oder Hinweisen eines Datenschutzbeauftragten gegeben werden. Der Ausschuss kann ferner Leitlinien für Verarbeitungsvorgänge ausgeben, bei denen davon auszugehen ist, dass sie kein hohes Risiko für die Rechte und Freiheiten natürlicher Personen mit sich bringen, und angeben, welche Abhilfemaßnahmen in diesen Fällen ausreichend sein können.

(78) Zum Schutz der in Bezug auf die Verarbeitung personenbezogener Daten bestehenden Rechte und Freiheiten natürlicher Personen ist es erforderlich, dass geeignete technische und organisatorische Maßnahmen getroffen werden, damit die Anforderungen dieser Verordnung erfüllt werden. Um die Einhaltung dieser Verordnung nachweisen zu können, sollte der Verantwortliche interne Strategien festlegen und Maßnahmen ergreifen, die insbesondere den Grundsätzen des Datenschutzes durch Technik (data protection by design) und durch datenschutzfreundliche Voreinstellungen (data protection by default) Genüge tun. Solche Maßnahmen könnten unter anderem darin bestehen, dass die Verarbeitung personenbezogener Daten minimiert wird, personenbezogene Daten so schnell wie möglich pseudonymisiert werden, Transparenz in Bezug auf die Funktionen und die Verarbeitung personenbezogener Daten hergestellt wird, der betroffenen Person ermöglicht wird, die Verarbeitung personenbezogener Daten zu überwachen, und der Verantwortliche in die Lage versetzt wird, Sicherheitsfunktionen zu schaffen und zu verbessern. In Bezug auf Entwicklung, Gestaltung, Auswahl und Nutzung von Anwendungen, Diensten und Produkten, die entweder auf der Verarbeitung von personenbezogenen Daten beruhen oder zur Erfüllung ihrer Aufgaben personenbezogene Daten verarbeiten, sollten die Hersteller der Pro-

dukte, Dienste und Anwendungen ermutigt werden, das Recht auf Datenschutz bei der Entwicklung und Gestaltung der Produkte, Dienste und Anwendungen zu berücksichtigen und unter gebührender Berücksichtigung des Stands der Technik sicherzustellen, dass die Verantwortlichen und die Verarbeiter in der Lage sind, ihren Datenschutzpflichten nachzukommen. Den Grundsätzen des Datenschutzes durch Technik und durch datenschutzfreundliche Voreinstellungen sollte auch bei öffentlichen Ausschreibungen Rechnung getragen werden.

(79) Zum Schutz der Rechte und Freiheiten der betroffenen Personen sowie bezüglich der Verantwortung und Haftung der Verantwortlichen und der Auftragsverarbeiter bedarf es – auch mit Blick auf die Überwachungs- und sonstigen Maßnahmen von Aufsichtsbehörden – einer klaren Zuteilung der Verantwortlichkeiten durch diese Verordnung, einschließlich der Fälle, in denen ein Verantwortlicher die Verarbeitungszwecke und -mittel gemeinsam mit anderen Verantwortlichen festlegt oder ein Verarbeitungsvorgang im Auftrag eines Verantwortlichen durchgeführt wird.

(80) Jeder Verantwortliche oder Auftragsverarbeiter ohne Niederlassung in der Union, dessen Verarbeitungstätigkeiten sich auf betroffene Personen beziehen, die sich in der Union aufhalten, und dazu dienen, diesen Personen in der Union Waren oder Dienstleistungen anzubieten – unabhängig davon, ob von der betroffenen Person eine Zahlung verlangt wird – oder deren Verhalten, soweit dieses innerhalb der Union erfolgt, zu beobachten, sollte einen Vertreter benennen müssen, es sei denn, die Verarbeitung erfolgt gelegentlich, schließt nicht die umfangreiche Verarbeitung besonderer Kategorien personenbezogener Daten oder die Verarbeitung von personenbezogenen Daten über strafrechtliche Verurteilungen und Straftaten ein und bringt unter Berücksichtigung ihrer Art, ihrer Umstände, ihres Umfangs und ihrer Zwecke wahrscheinlich kein Risiko für die Rechte und Freiheiten natürlicher Personen mit sich oder bei dem Verantwortlichen handelt es sich um eine Behörde oder öffentliche Stelle. Der Vertreter sollte im Namen des Verantwortlichen oder des Auftragsverarbeiters tätig werden und den Aufsichtsbehörden als Anlaufstelle dienen. Der Verantwortliche oder der Auftragsverarbeiter sollte den Vertreter ausdrücklich bestellen und schriftlich beauftragen, in Bezug auf die ihm nach dieser Verordnung obliegenden Verpflichtungen an seiner Stelle zu handeln. Die Benennung eines solchen Vertreters berührt nicht die Verantwortung oder Haftung des Verantwortlichen oder des Auftragsverarbeiters nach Maßgabe dieser Verordnung. Ein solcher Vertreter sollte seine Aufgaben entsprechend dem Mandat des Verantwortlichen oder Auftragsverarbeiters ausführen und insbesondere mit den zuständigen Aufsichtsbehörden in Bezug auf Maßnahmen, die die Einhaltung dieser Verordnung sicherstellen sollen, zusammenarbeiten. Bei Verstößen des Verantwortlichen oder Auftragsverarbeiters sollte der bestellte Vertreter Durchsetzungsverfahren unterworfen werden.

(81) Damit die Anforderungen dieser Verordnung in Bezug auf die vom Auftragsverarbeiter im Namen des Verantwortlichen vorzunehmende Verarbeitung eingehalten werden, sollte ein Verantwortlicher, der einen Auftragsverarbeiter mit Verarbeitungstätigkeiten betrauen will, nur Auftragsverarbeiter heranziehen, die – insbesondere im Hinblick auf Fachwissen, Zuverlässigkeit und Ressourcen – hinreichende Garantien dafür bieten, dass technische und organisatorische Maßnahmen – auch für die Sicherheit der Verarbeitung – getroffen werden, die den Anforderungen dieser Verordnung genügen. Die Einhaltung genehmigter Verhaltensregeln oder eines genehmigten Zertifizierungsverfahrens durch einen Auftragsverarbeiter kann als Faktor herangezogen werden, um die Erfüllung der Pflichten des Verantwortlichen nachzuweisen. Die Durchführung einer Verarbeitung durch einen Auftragsverarbeiter sollte auf Grundlage eines Vertrags oder eines anderen Rechtsinstruments nach dem Recht der Union oder der Mitgliedstaaten erfolgen, der bzw. das den Auftragsverarbeiter an den Verantwortlichen bindet und in dem Gegenstand und Dauer der Verarbeitung, Art und Zwecke der Verarbeitung, die Art der personenbezogenen Daten und die Kategorien von betroffenen Personen festgelegt sind, wobei die besonderen Aufgaben und Pflichten des Auftragsverarbeiters bei der geplanten Verarbeitung und das Risiko für die Rechte und Freiheiten der betroffenen Person zu berücksichtigen sind. Der Verantwortliche und der Auftragsverarbeiter können entscheiden, ob sie einen individuellen Vertrag oder Standardvertragsklauseln verwenden, die entweder unmittelbar von der Kommission erlassen oder aber nach dem Kohärenzverfahren von einer Aufsichtsbehörde angenommen und dann von der Kommission erlassen wurden. Nach Beendigung der Verarbeitung im Namen des Verantwortlichen sollte der Auftragsverarbeiter die personenbezogenen Daten nach Wahl des Verantwortlichen entweder zurückgeben oder löschen, sofern nicht nach dem Recht der Union oder der Mitgliedstaaten, dem der Auftragsverarbeiter unterliegt, eine Verpflichtung zur Speicherung der personenbezogenen Daten besteht.

(82) Zum Nachweis der Einhaltung dieser Verordnung sollte der Verantwortliche oder der Auftragsverarbeiter ein Verzeichnis der Verarbeitungstätigkeiten, die seiner Zuständigkeit unterliegen, führen. Jeder Verantwortliche und jeder Auftragsverarbeiter sollte verpflichtet sein, mit der Aufsichtsbehörde zusammenzuarbeiten und dieser auf Anfrage das entsprechende Verzeichnis vorzulegen, damit die betreffenden Verarbeitungsvorgänge anhand dieser Verzeichnisse kontrolliert werden können.

(83) Zur Aufrechterhaltung der Sicherheit und zur Vorbeugung gegen eine gegen diese Verordnung verstoßende Verarbeitung sollte der Verantwortliche oder der Auftragsverarbeiter die mit der Verarbeitung verbundenen Risiken ermitteln und Maßnahmen zu ihrer Eindämmung, wie etwa eine Verschlüsselung, treffen. Diese Maßnahmen sollten unter Berücksichtigung des Stands der Technik und der Implementierungskosten ein Schutzniveau – auch hinsichtlich der Vertraulichkeit – gewährleisten, das den von der Verarbeitung ausgehenden Risiken

und der Art der zu schützenden personenbezogenen Daten angemessen ist. Bei der Bewertung der Datensicherheitsrisiken sollten die mit der Verarbeitung personenbezogener Daten verbundenen Risiken berücksichtigt werden, wie etwa – ob unbeabsichtigt oder unrechtmäßig – Vernichtung, Verlust, Veränderung oder unbefugte Offenlegung von oder unbefugter Zugang zu personenbezogenen Daten, die übermittelt, gespeichert oder auf sonstige Weise verarbeitet wurden, insbesondere wenn dies zu einem physischen, materiellen oder immateriellen Schaden führen könnte.

(84) Damit diese Verordnung in Fällen, in denen die Verarbeitungsvorgänge wahrscheinlich ein hohes Risiko für die Rechte und Freiheiten natürlicher Personen mit sich bringen, besser eingehalten wird, sollte der Verantwortliche für die Durchführung einer Datenschutz-Folgenabschätzung, mit der insbesondere die Ursache, Art, Besonderheit und Schwere dieses Risikos evaluiert werden, verantwortlich sein. Die Ergebnisse der Abschätzung sollten berücksichtigt werden, wenn darüber entschieden wird, welche geeigneten Maßnahmen ergriffen werden müssen, um nachzuweisen, dass die Verarbeitung der personenbezogenen Daten mit dieser Verordnung in Einklang steht. Geht aus einer Datenschutz-Folgenabschätzung hervor, dass Verarbeitungsvorgänge ein hohes Risiko bergen, das der Verantwortliche nicht durch geeignete Maßnahmen in Bezug auf verfügbare Technik und Implementierungskosten eindämmen kann, so sollte die Aufsichtsbehörde vor der Verarbeitung konsultiert werden.

(85) Eine Verletzung des Schutzes personenbezogener Daten kann – wenn nicht rechtzeitig und angemessen reagiert wird – einen physischen, materiellen oder immateriellen Schaden für natürliche Personen nach sich ziehen, wie etwa Verlust der Kontrolle über ihre personenbezogenen Daten oder Einschränkung ihrer Rechte, Diskriminierung, Identitätsdiebstahl oder -betrug, finanzielle Verluste, unbefugte Aufhebung der Pseudonymisierung, Rufschädigung, Verlust der Vertraulichkeit von dem Berufsgeheimnis unterliegenden Daten oder andere erhebliche wirtschaftliche oder gesellschaftliche Nachteile für die betroffene natürliche Person. Deshalb sollte der Verantwortliche, sobald ihm eine Verletzung des Schutzes personenbezogener Daten bekannt wird, die Aufsichtsbehörde von der Verletzung des Schutzes personenbezogener Daten unverzüglich und, falls möglich, binnen höchstens 72 Stunden, nachdem ihm die Verletzung bekannt wurde, unterrichten, es sei denn, der Verantwortliche kann im Einklang mit dem Grundsatz der Rechenschaftspflicht nachweisen, dass die Verletzung des Schutzes personenbezogener Daten voraussichtlich nicht zu einem Risiko für die persönlichen Rechte und Freiheiten natürlicher Personen führt. Falls diese Benachrichtigung nicht binnen 72 Stunden erfolgen kann, sollten in ihr die Gründe für die Verzögerung angegeben werden müssen, und die Informationen können schrittweise ohne unangemessene weitere Verzögerung bereitgestellt werden.

(86) Der für die Verarbeitung Verantwortliche sollte die betroffene Person unverzüglich von der Verletzung des Schutzes personenbezogener Daten benachrichtigen, wenn diese Verletzung des Schutzes perso-

nenbezogener Daten voraussichtlich zu einem hohen Risiko für die persönlichen Rechte und Freiheiten natürlicher Personen führt, damit diese die erforderlichen Vorkehrungen treffen können. Die Benachrichtigung sollte eine Beschreibung der Art der Verletzung des Schutzes personenbezogener Daten sowie an die betroffene natürliche Person gerichtete Empfehlungen zur Minderung etwaiger nachteiliger Auswirkungen dieser Verletzung enthalten. Solche Benachrichtigungen der betroffenen Person sollten stets so rasch wie nach allgemeinem Ermessen möglich, in enger Absprache mit der Aufsichtsbehörde und nach Maßgabe der von dieser oder von anderen zuständigen Behörden wie beispielsweise Strafverfolgungsbehörden erteilten Weisungen erfolgen. Um beispielsweise das Risiko eines unmittelbaren Schadens mindern zu können, müssten betroffene Personen sofort benachrichtigt werden, wohingegen eine längere Benachrichtigungsfrist gerechtfertigt sein kann, wenn es darum geht, geeignete Maßnahmen gegen fortlaufende oder vergleichbare Verletzungen des Schutzes personenbezogener Daten zu treffen.

(87) Es sollte festgestellt werden, ob alle geeigneten technischen Schutz- sowie organisatorischen Maßnahmen getroffen wurden, um sofort feststellen zu können, ob eine Verletzung des Schutzes personenbezogener Daten aufgetreten ist, und um die Aufsichtsbehörde und die betroffene Person umgehend unterrichten zu können. Bei der Feststellung, ob die Meldung unverzüglich erfolgt ist, sollten die Art und Schwere der Verletzung des Schutzes personenbezogener Daten sowie deren Folgen und nachteilige Auswirkungen für die betroffene Person berücksichtigt werden. Die entsprechende Meldung kann zu einem Tätigwerden der Aufsichtsbehörde im Einklang mit ihren in dieser Verordnung festgelegten Aufgaben und Befugnissen führen.

(88) Bei der detaillierten Regelung des Formats und der Verfahren für die Meldung von Verletzungen des Schutzes personenbezogener Daten sollten die Umstände der Verletzung hinreichend berücksichtigt werden, beispielsweise ob personenbezogene Daten durch geeignete technische Sicherheitsvorkehrungen geschützt waren, die die Wahrscheinlichkeit eines Identitätsbetrugs oder anderer Formen des Datenmissbrauchs wirksam verringern. Überdies sollten solche Regeln und Verfahren den berechtigten Interessen der Strafverfolgungsbehörden in Fällen Rechnung tragen, in denen die Untersuchung der Umstände einer Verletzung des Schutzes personenbezogener Daten durch eine frühzeitige Offenlegung in unnötiger Weise behindert würde.

(89) Gemäß der Richtlinie 95/46/EG waren Verarbeitungen personenbezogener Daten bei den Aufsichtsbehörden generell meldepflichtig. Diese Meldepflicht ist mit einem bürokratischen und finanziellen Aufwand verbunden und hat dennoch nicht in allen Fällen zu einem besseren Schutz personenbezogener Daten geführt. Diese unterschiedslosen allgemeinen Meldepflichten sollten daher abgeschafft und durch wirksame Verfahren und Mechanismen ersetzt werden, die sich stattdessen vorrangig mit denjenigen Arten von Verarbeitungsvorgängen befassen, die aufgrund ihrer Art, ihres Umfangs, ihrer Umstände und ihrer Zwecke wahrscheinlich ein hohes Risiko

für die Rechte und Freiheiten natürlicher Personen mit sich bringen. Zu solchen Arten von Verarbeitungsvorgängen gehören insbesondere solche, bei denen neue Technologien eingesetzt werden oder die neuartig sind und bei denen der Verantwortliche noch keine Datenschutz-Folgenabschätzung durchgeführt hat bzw. bei denen aufgrund der seit der ursprünglichen Verarbeitung vergangenen Zeit eine Datenschutz-Folgenabschätzung notwendig geworden ist.

(90) In derartigen Fällen sollte der Verantwortliche vor der Verarbeitung eine Datenschutz-Folgenabschätzung durchführen, mit der die spezifische Eintrittswahrscheinlichkeit und die Schwere dieses hohen Risikos unter Berücksichtigung der Art, des Umfangs, der Umstände und der Zwecke der Verarbeitung und der Ursachen des Risikos bewertet werden. Diese Folgenabschätzung sollte sich insbesondere mit den Maßnahmen, Garantien und Verfahren befassen, durch die dieses Risiko eingedämmt, der Schutz personenbezogener Daten sichergestellt und die Einhaltung der Bestimmungen dieser Verordnung nachgewiesen werden soll.

(91) Dies sollte insbesondere für umfangreiche Verarbeitungsvorgänge gelten, die dazu dienen, große Mengen personenbezogener Daten auf regionaler, nationaler oder supranationaler Ebene zu verarbeiten, eine große Zahl von Personen betreffen könnten und – beispielsweise aufgrund ihrer Sensibilität – wahrscheinlich ein hohes Risiko mit sich bringen und bei denen entsprechend dem jeweils aktuellen Stand der Technik in großem Umfang eine neue Technologie eingesetzt wird, sowie für andere Verarbeitungsvorgänge, die ein hohes Risiko für die Rechte und Freiheiten der betroffenen Personen mit sich bringen, insbesondere dann, wenn diese Verarbeitungsvorgänge den betroffenen Personen die Ausübung ihrer Rechte erschweren. Eine Datenschutz-Folgenabschätzung sollte auch durchgeführt werden, wenn die personenbezogenen Daten für das Treffen von Entscheidungen in Bezug auf bestimmte natürliche Personen im Anschluss an eine systematische und eingehende Bewertung persönlicher Aspekte natürlicher Personen auf der Grundlage eines Profilings dieser Daten oder im Anschluss an die Verarbeitung besonderer Kategorien von personenbezogenen Daten, biometrischen Daten oder von Daten über strafrechtliche Verurteilungen und Straftaten sowie damit zusammenhängende Sicherungsmaßregeln verarbeitet werden. Gleichermaßen erforderlich ist eine Datenschutz-Folgenabschätzung für die weiträumige Überwachung öffentlich zugänglicher Bereiche, insbesondere mittels optoelektronischer Vorrichtungen, oder für alle anderen Vorgänge, bei denen nach Auffassung der zuständigen Aufsichtsbehörde die Verarbeitung wahrscheinlich ein hohes Risiko für die Rechte und Freiheiten der betroffenen Personen mit sich bringt, insbesondere weil sie die betroffenen Personen an der Ausübung eines Rechts oder der Nutzung einer Dienstleistung bzw. Durchführung eines Vertrags hindern oder weil sie systematisch in großem Umfang erfolgen. Die Verarbeitung personenbezogener Daten sollte nicht als umfangreich gelten, wenn die Verarbeitung personenbezogene Daten von Patienten oder von Mandanten betrifft und durch einen einzelnen Arzt,

sonstigen Angehörigen eines Gesundheitsberufes oder Rechtsanwalt erfolgt. In diesen Fällen sollte eine Datenschutz-Folgenabschätzung nicht zwingend vorgeschrieben sein.

(92) Unter bestimmten Umständen kann es vernünftig und unter ökonomischen Gesichtspunkten zweckmäßig sein, eine Datenschutz-Folgenabschätzung nicht lediglich auf ein bestimmtes Projekt zu beziehen, sondern sie thematisch breiter anzulegen – beispielsweise wenn Behörden oder öffentliche Stellen eine gemeinsame Anwendung oder Verarbeitungsplattform schaffen möchten oder wenn mehrere Verantwortliche eine gemeinsame Anwendung oder Verarbeitungsumgebung für einen gesamten Wirtschaftssektor, für ein bestimmtes Marktsegment oder für eine weit verbreitete horizontale Tätigkeit einführen möchten.

(93) Anlässlich des Erlasses des Gesetzes des Mitgliedstaats, auf dessen Grundlage die Behörde oder öffentliche Stelle ihre Aufgaben wahrnimmt und das den fraglichen Verarbeitungsvorgang oder die fraglichen Arten von Verarbeitungsvorgängen regelt, können die Mitgliedstaaten es für erforderlich erachten, solche Folgeabschätzungen vor den Verarbeitungsvorgängen durchzuführen.

(94) Geht aus einer Datenschutz-Folgenabschätzung hervor, dass die Verarbeitung bei Fehlen von Garantien, Sicherheitsvorkehrungen und Mechanismen zur Minderung des Risikos ein hohes Risiko für die Rechte und Freiheiten natürlicher Personen mit sich bringen würde, und ist der Verantwortliche der Auffassung, dass das Risiko nicht durch in Bezug auf verfügbare Technologien und Implementierungskosten vertretbare Mittel eingedämmt werden kann, so sollte die Aufsichtsbehörde vor Beginn der Verarbeitungstätigkeiten konsultiert werden. Ein solches hohes Risiko ist wahrscheinlich mit bestimmten Arten der Verarbeitung und dem Umfang und der Häufigkeit der Verarbeitung verbunden, die für natürliche Personen auch eine Schädigung oder eine Beeinträchtigung der persönlichen Rechte und Freiheiten mit sich bringen können. Die Aufsichtsbehörde sollte das Beratungsersuchen innerhalb einer bestimmten Frist beantworten. Allerdings kann sie, auch wenn sie nicht innerhalb dieser Frist reagiert hat, entsprechend ihren in dieser Verordnung festgelegten Aufgaben und Befugnissen eingreifen, was die Befugnis einschließt, Verarbeitungsvorgänge zu untersagen. Im Rahmen dieses Konsultationsprozesses kann das Ergebnis einer im Hinblick auf die betreffende Verarbeitung personenbezogener Daten durchgeführten Datenschutz-Folgenabschätzung der Aufsichtsbehörde unterbreitet werden; dies gilt insbesondere für die zur Eindämmung des Risikos für die Rechte und Freiheiten natürlicher Personen geplanten Maßnahmen.

(95) Der Auftragsverarbeiter sollte erforderlichenfalls den Verantwortlichen auf Anfrage bei der Gewährleistung der Einhaltung der sich aus der Durchführung der Datenschutz-Folgenabschätzung und der vorherigen Konsultation der Aufsichtsbehörde ergebenden Auflagen unterstützen.

(96) Eine Konsultation der Aufsichtsbehörde sollte auch während der Ausarbeitung von Gesetzes- oder Regelungsvorschriften, in denen

eine Verarbeitung personenbezogener Daten vorgesehen ist, erfolgen, um die Vereinbarkeit der geplanten Verarbeitung mit dieser Verordnung sicherzustellen und insbesondere das mit ihr für die betroffene Person verbundene Risiko einzudämmen.

(97) In Fällen, in denen die Verarbeitung durch eine Behörde – mit Ausnahmen von Gerichten oder unabhängigen Justizbehörden, die im Rahmen ihrer justiziellen Tätigkeit handeln –, im privaten Sektor durch einen Verantwortlichen erfolgt, dessen Kerntätigkeit in Verarbeitungsvorgängen besteht, die eine regelmäßige und systematische Überwachung der betroffenen Personen in großem Umfang erfordern, oder wenn die Kerntätigkeit des Verantwortlichen oder des Auftragsverarbeiters in der umfangreichen Verarbeitung besonderer Kategorien von personenbezogenen Daten oder von Daten über strafrechtliche Verurteilungen und Straftaten besteht, sollte der Verantwortliche oder der Auftragsverarbeiter bei der Überwachung der internen Einhaltung der Bestimmungen dieser Verordnung von einer weiteren Person, die über Fachwissen auf dem Gebiet des Datenschutzrechts und der Datenschutzverfahren verfügt, unterstützt werden. Im privaten Sektor bezieht sich die Kerntätigkeit eines Verantwortlichen auf seine Haupttätigkeiten und nicht auf die Verarbeitung personenbezogener Daten als Nebentätigkeit. Das erforderliche Niveau des Fachwissens sollte sich insbesondere nach den durchgeführten Datenverarbeitungsvorgängen und dem erforderlichen Schutz für die von dem Verantwortlichen oder dem Auftragsverarbeiter verarbeiteten personenbezogenen Daten richten. Derartige Datenschutzbeauftragte sollten unabhängig davon, ob es sich bei ihnen um Beschäftigte des Verantwortlichen handelt oder nicht, ihre Pflichten und Aufgaben in vollständiger Unabhängigkeit ausüben können.

(98) Verbände oder andere Vereinigungen, die bestimmte Kategorien von Verantwortlichen oder Auftragsverarbeitern vertreten, sollten ermutigt werden, in den Grenzen dieser Verordnung Verhaltensregeln auszuarbeiten, um eine wirksame Anwendung dieser Verordnung zu erleichtern, wobei den Besonderheiten der in bestimmten Sektoren erfolgenden Verarbeitungen und den besonderen Bedürfnissen der Kleinstunternehmen sowie der kleinen und mittleren Unternehmen Rechnung zu tragen ist. Insbesondere könnten in diesen Verhaltensregeln – unter Berücksichtigung des mit der Verarbeitung wahrscheinlich einhergehenden Risikos für die Rechte und Freiheiten natürlicher Personen – die Pflichten der Verantwortlichen und der Auftragsverarbeiter bestimmt werden.

(99) Bei der Ausarbeitung oder bei der Änderung oder Erweiterung solcher Verhaltensregeln sollten Verbände und/oder andere Vereinigungen, die bestimmte Kategorien von Verantwortlichen oder Auftragsverarbeitern vertreten, die maßgeblichen Interessenträger, möglichst auch die betroffenen Personen, konsultieren und die Eingaben und Stellungnahmen, die sie dabei erhalten, berücksichtigen.

(100) Um die Transparenz zu erhöhen und die Einhaltung dieser Verordnung zu verbessern, sollte angeregt werden, dass Zertifizierungsverfahren sowie Datenschutzsiegel und -prüfzeichen eingeführt werden,

die den betroffenen Personen einen raschen Überblick über das Datenschutzniveau einschlägiger Produkte und Dienstleistungen ermöglichen.

(101) Der Fluss personenbezogener Daten aus Drittländern und internationalen Organisationen und in Drittländer und internationale Organisationen ist für die Ausweitung des internationalen Handels und der internationalen Zusammenarbeit notwendig. Durch die Zunahme dieser Datenströme sind neue Herausforderungen und Anforderungen in Bezug auf den Schutz personenbezogener Daten entstanden. Das durch diese Verordnung unionsweit gewährleistete Schutzniveau für natürliche Personen sollte jedoch bei der Übermittlung personenbezogener Daten aus der Union an Verantwortliche, Auftragsverarbeiter oder andere Empfänger in Drittländern oder an internationale Organisationen nicht untergraben werden, und zwar auch dann nicht, wenn aus einem Drittland oder von einer internationalen Organisation personenbezogene Daten an Verantwortliche oder Auftragsverarbeiter in demselben oder einem anderen Drittland oder an dieselbe oder eine andere internationale Organisation weiterübermittelt werden. In jedem Fall sind derartige Datenübermittlungen an Drittländer und internationale Organisationen nur unter strikter Einhaltung dieser Verordnung zulässig. Eine Datenübermittlung könnte nur stattfinden, wenn die in dieser Verordnung festgelegten Bedingungen zur Übermittlung personenbezogener Daten an Drittländer oder internationale Organisationen vorbehaltlich der übrigen Bestimmungen dieser Verordnung von dem Verantwortlichen oder dem Auftragsverarbeiter erfüllt werden.

(102) Internationale Abkommen zwischen der Union und Drittländern über die Übermittlung von personenbezogenen Daten einschließlich geeigneter Garantien für die betroffenen Personen werden von dieser Verordnung nicht berührt. Die Mitgliedstaaten können völkerrechtliche Übereinkünfte schließen, die die Übermittlung personenbezogener Daten an Drittländer oder internationale Organisationen beinhalten, sofern sich diese Übereinkünfte weder auf diese Verordnung noch auf andere Bestimmungen des Unionsrechts auswirken und ein angemessenes Schutzniveau für die Grundrechte der betroffenen Personen umfassen.

(103) Die Kommission darf mit Wirkung für die gesamte Union beschließen, dass ein bestimmtes Drittland, ein Gebiet oder ein bestimmter Sektor eines Drittlands oder eine internationale Organisation ein angemessenes Datenschutzniveau bietet, und auf diese Weise in Bezug auf das Drittland oder die internationale Organisation, das bzw. die für fähig gehalten wird, ein solches Schutzniveau zu bieten, in der gesamten Union Rechtssicherheit schaffen und eine einheitliche Rechtsanwendung sicherstellen. In derartigen Fällen dürfen personenbezogene Daten ohne weitere Genehmigung an dieses Land oder diese internationale Organisation übermittelt werden. Die Kommission kann, nach Abgabe einer ausführlichen Erklärung, in der dem Drittland oder der internationalen Organisation eine Begründung gegeben wird, auch entscheiden, eine solche Feststellung zu widerrufen.

(104) In Übereinstimmung mit den Grundwerten der Union, zu denen insbesondere der Schutz der Menschenrechte zählt, sollte die Kommission bei der Bewertung des Drittlands oder eines Gebiets oder eines bestimmten Sektors eines Drittlands berücksichtigen, inwieweit dort die Rechtsstaatlichkeit gewahrt ist, der Rechtsweg gewährleistet ist und die internationalen Menschenrechtsnormen und -Standards eingehalten werden und welche allgemeinen und sektorspezifischen Vorschriften, wozu auch die Vorschriften über die öffentliche Sicherheit, die Landesverteidigung und die nationale Sicherheit sowie die öffentliche Ordnung und das Strafrecht zählen, dort gelten. Die Annahme eines Angemessenheitsbeschlusses in Bezug auf ein Gebiet oder einen bestimmten Sektor eines Drittlands sollte unter Berücksichtigung eindeutiger und objektiver Kriterien wie bestimmter Verarbeitungsvorgänge und des Anwendungsbereichs anwendbarer Rechtsnormen und geltender Rechtsvorschriften in dem Drittland erfolgen. Das Drittland sollte Garantien für ein angemessenes Schutzniveau bieten, das dem innerhalb der Union gewährleisteten Schutzniveau der Sache nach gleichwertig ist, insbesondere in Fällen, in denen personenbezogene Daten in einem oder mehreren spezifischen Sektoren verarbeitet werden. Das Drittland sollte insbesondere eine wirksame unabhängige Überwachung des Datenschutzes gewährleisten und Mechanismen für eine Zusammenarbeit mit den Datenschutzbehörden der Mitgliedstaaten vorsehen, und den betroffenen Personen sollten wirksame und durchsetzbare Rechte sowie wirksame verwaltungsrechtliche und gerichtliche Rechtsbehelfe eingeräumt werden.

(105) Die Kommission sollte neben den internationalen Verpflichtungen, die das Drittland oder die internationale Organisation eingegangen ist, die Verpflichtungen, die sich aus der Teilnahme des Drittlands oder der internationalen Organisation an multilateralen oder regionalen Systemen insbesondere im Hinblick auf den Schutz personenbezogener Daten ergeben, sowie die Umsetzung dieser Verpflichtungen berücksichtigen. Insbesondere sollte der Beitritt des Drittlands zum Übereinkommen des Europarates vom 28. Januar 1981 zum Schutz des Menschen bei der automatischen Verarbeitung personenbezogener Daten und dem dazugehörigen Zusatzprotokoll berücksichtigt werden. Die Kommission sollte den Ausschuss konsultieren, wenn sie das Schutzniveau in Drittländern oder internationalen Organisationen bewertet.

(106) Die Kommission sollte die Wirkungsweise von Feststellungen zum Schutzniveau in einem Drittland, einem Gebiet oder einem bestimmten Sektor eines Drittlands oder einer internationalen Organisation überwachen; sie sollte auch die Wirkungsweise der Feststellungen, die auf der Grundlage des Artikels 25 Absatz 6 oder des Artikels 26 Absatz 4 der Richtlinie 95/46/EG erlassen werden, überwachen. In ihren Angemessenheitsbeschlüssen sollte die Kommission einen Mechanismus für die regelmäßige Überprüfung von deren Wirkungsweise vorsehen. Diese regelmäßige Überprüfung sollte in Konsultation mit dem betreffenden Drittland oder der betreffenden internationalen Organisation erfolgen und allen maßgeblichen Entwicklungen in

dem Drittland oder der internationalen Organisation Rechnung tragen. Für die Zwecke der Überwachung und der Durchführung der regelmäßigen Überprüfungen sollte die Kommission die Standpunkte und Feststellungen des Europäischen Parlaments und des Rates sowie der anderen einschlägigen Stellen und Quellen berücksichtigen. Die Kommission sollte innerhalb einer angemessenen Frist die Wirkungsweise der letztgenannten Beschlüsse bewerten und dem durch diese Verordnung eingesetzten Ausschuss im Sinne der Verordnung (EU) Nr. 182/2011 des Europäischen Parlaments und des Rates[12] sowie dem Europäischen Parlament und dem Rat über alle maßgeblichen Feststellungen Bericht erstatten.

(107) Die Kommission kann feststellen, dass ein Drittland, ein Gebiet oder ein bestimmter Sektor eines Drittlands oder eine internationale Organisation kein angemessenes Datenschutzniveau mehr bietet. Die Übermittlung personenbezogener Daten an dieses Drittland oder an diese internationale Organisation sollte daraufhin verboten werden, es sei denn, die Anforderungen dieser Verordnung in Bezug auf die Datenübermittlung vorbehaltlich geeigneter Garantien, einschließlich verbindlicher interner Datenschutzvorschriften und auf Ausnahmen für bestimmte Fälle werden erfüllt. In diesem Falle sollten Konsultationen zwischen der Kommission und den betreffenden Drittländern oder internationalen Organisationen vorgesehen werden. Die Kommission sollte dem Drittland oder der internationalen Organisation frühzeitig die Gründe mitteilen und Konsultationen aufnehmen, um Abhilfe für die Situation zu schaffen.

(108) Bei Fehlen eines Angemessenheitsbeschlusses sollte der Verantwortliche oder der Auftragsverarbeiter als Ausgleich für den in einem Drittland bestehenden Mangel an Datenschutz geeignete Garantien für den Schutz der betroffenen Person vorsehen. Diese geeigneten Garantien können darin bestehen, dass auf verbindliche interne Datenschutzvorschriften, von der Kommission oder von einer Aufsichtsbehörde angenommene Standarddatenschutzklauseln oder von einer Aufsichtsbehörde genehmigte Vertragsklauseln zurückgegriffen wird. Diese Garantien sollten sicherstellen, dass die Datenschutzvorschriften und die Rechte der betroffenen Personen auf eine der Verarbeitung innerhalb der Union angemessene Art und Weise beachtet werden; dies gilt auch hinsichtlich der Verfügbarkeit von durchsetzbaren Rechten der betroffenen Person und von wirksamen Rechtsbehelfen einschließlich des Rechts auf wirksame verwaltungsrechtliche oder gerichtliche Rechtsbehelfe sowie des Rechts auf Geltendmachung von Schadenersatzansprüchen in der Union oder in einem Drittland. Sie sollten sich insbesondere auf die Einhaltung der allgemeinen Grundsätze für die Verarbeitung personenbezogener Daten, die Grundsätze des Datenschutzes durch Technik und durch datenschutzfreundliche Voreinstellungen beziehen. Datenübermittlungen dürfen auch von

---

12 Verordnung (EU) Nr. 182/2011 des Europäischen Parlaments und des Rates vom 16. Februar 2011 zur Festlegung der allgemeinen Regeln und Grundsätze, nach denen die Mitgliedstaaten die Wahrnehmung der Durchführungsbefugnisse durch die Kommission kontrollieren (ABl. L 55 vom 28. 2. 2011, S. 13).

Behörden oder öffentlichen Stellen an Behörden oder öffentliche Stellen in Drittländern oder an internationale Organisationen mit entsprechenden Pflichten oder Aufgaben vorgenommen werden, auch auf der Grundlage von Bestimmungen, die in Verwaltungsvereinbarungen – wie beispielsweise einer gemeinsamen Absichtserklärung –, mit denen den betroffenen Personen durchsetzbare und wirksame Rechte eingeräumt werden, aufzunehmen sind. Die Genehmigung der zuständigen Aufsichtsbehörde sollte erlangt werden, wenn die Garantien in nicht rechtsverbindlichen Verwaltungsvereinbarungen vorgesehen sind.

(109) Die dem Verantwortlichen oder dem Auftragsverarbeiter offenstehende Möglichkeit, auf die von der Kommission oder einer Aufsichtsbehörde festgelegten Standard-Datenschutzklauseln zurückzugreifen, sollte den Verantwortlichen oder den Auftragsverarbeiter weder daran hindern, die Standard-Datenschutzklauseln auch in umfangreicheren Verträgen, wie zum Beispiel Verträgen zwischen dem Auftragsverarbeiter und einem anderen Auftragsverarbeiter, zu verwenden, noch ihn daran hindern, ihnen weitere Klauseln oder zusätzliche Garantien hinzuzufügen, solange diese weder mittelbar noch unmittelbar im Widerspruch zu den von der Kommission oder einer Aufsichtsbehörde erlassenen Standard-Datenschutzklauseln stehen oder die Grundrechte und Grundfreiheiten der betroffenen Personen beschneiden. Die Verantwortlichen und die Auftragsverarbeiter sollten ermutigt werden, mit vertraglichen Verpflichtungen, die die Standard-Schutzklauseln ergänzen, zusätzliche Garantien zu bieten.

(110) Jede Unternehmensgruppe oder jede Gruppe von Unternehmen, die eine gemeinsame Wirtschaftstätigkeit ausüben, sollte für ihre internationalen Datenübermittlungen aus der Union an Organisationen derselben Unternehmensgruppe oder derselben Gruppe von Unternehmen, die eine gemeinsame Wirtschaftstätigkeit ausüben, genehmigte verbindliche interne Datenschutzvorschriften anwenden dürfen, sofern diese sämtliche Grundprinzipien und durchsetzbaren Rechte enthalten, die geeignete Garantien für die Übermittlungen beziehungsweise Kategorien von Übermittlungen personenbezogener Daten bieten.

(111) Datenübermittlungen sollten unter bestimmten Voraussetzungen zulässig sein, nämlich wenn die betroffene Person ihre ausdrückliche Einwilligung erteilt hat, wenn die Übermittlung gelegentlich erfolgt und im Rahmen eines Vertrags oder zur Geltendmachung von Rechtsansprüchen, sei es vor Gericht oder auf dem Verwaltungswege oder in außergerichtlichen Verfahren, wozu auch Verfahren vor Regulierungsbehörden zählen, erforderlich ist. Die Übermittlung sollte zudem möglich sein, wenn sie zur Wahrung eines im Unionsrecht oder im Recht eines Mitgliedstaats festgelegten wichtigen öffentlichen Interesses erforderlich ist oder wenn sie aus einem durch Rechtsvorschriften vorgesehenen Register erfolgt, das von der Öffentlichkeit oder Personen mit berechtigtem Interesse eingesehen werden kann. In letzterem Fall sollte sich eine solche Übermittlung nicht auf die Gesamtheit oder ganze Kategorien der im Register enthalte-

nen personenbezogenen Daten erstrecken dürfen. Ist das betreffende Register zur Einsichtnahme durch Personen mit berechtigtem Interesse bestimmt, sollte die Übermittlung nur auf Anfrage dieser Personen oder nur dann erfolgen, wenn diese Personen die Adressaten der Übermittlung sind, wobei den Interessen und Grundrechten der betroffenen Person in vollem Umfang Rechnung zu tragen ist.

(112) Diese Ausnahmen sollten insbesondere für Datenübermittlungen gelten, die aus wichtigen Gründen des öffentlichen Interesses erforderlich sind, beispielsweise für den internationalen Datenaustausch zwischen Wettbewerbs-, Steuer- oder Zollbehörden, zwischen Finanzaufsichtsbehörden oder zwischen für Angelegenheiten der sozialen Sicherheit oder für die öffentliche Gesundheit zuständigen Diensten, beispielsweise im Falle der Umgebungsuntersuchung bei ansteckenden Krankheiten oder zur Verringerung und/oder Beseitigung des Dopings im Sport. Die Übermittlung personenbezogener Daten sollte ebenfalls als rechtmäßig angesehen werden, wenn sie erforderlich ist, um ein Interesse, das für die lebenswichtigen Interessen – einschließlich der körperlichen Unversehrtheit oder des Lebens – der betroffenen Person oder einer anderen Person wesentlich ist, zu schützen und die betroffene Person außerstande ist, ihre Einwilligung zu geben. Liegt kein Angemessenheitsbeschluss vor, so können im Unionsrecht oder im Recht der Mitgliedstaaten aus wichtigen Gründen des öffentlichen Interesses ausdrücklich Beschränkungen der Übermittlung bestimmter Kategorien von Daten an Drittländer oder internationale Organisationen vorgesehen werden. Die Mitgliedstaaten sollten solche Bestimmungen der Kommission mitteilen. Jede Übermittlung personenbezogener Daten einer betroffenen Person, die aus physischen oder rechtlichen Gründen außerstande ist, ihre Einwilligung zu erteilen, an eine internationale humanitäre Organisation, die erfolgt, um eine nach den Genfer Konventionen obliegende Aufgabe auszuführen oder um dem in bewaffneten Konflikten anwendbaren humanitären Völkerrecht nachzukommen, könnte als aus einem wichtigen Grund im öffentlichen Interesse notwendig oder als im lebenswichtigen Interesse der betroffenen Person liegend erachtet werden.

(113) Übermittlungen, die als nicht wiederholt erfolgend gelten können und nur eine begrenzte Zahl von betroffenen Personen betreffen, könnten auch zur Wahrung der zwingenden berechtigten Interessen des Verantwortlichen möglich sein, sofern die Interessen oder Rechte und Freiheiten der betroffenen Person nicht überwiegen und der Verantwortliche sämtliche Umstände der Datenübermittlung geprüft hat. Der Verantwortliche sollte insbesondere die Art der personenbezogenen Daten, den Zweck und die Dauer der vorgesehenen Verarbeitung, die Situation im Herkunftsland, in dem betreffenden Drittland und im Endbestimmungsland berücksichtigen und angemessene Garantien zum Schutz der Grundrechte und Grundfreiheiten natürlicher Personen in Bezug auf die Verarbeitung ihrer personenbezogener Daten vorsehen. Diese Übermittlungen sollten nur in den verbleibenden Fällen möglich sein, in denen keiner der anderen Gründe für die Übermittlung anwendbar ist. Bei wissenschaftlichen oder histori-

schen Forschungszwecken oder bei statistischen Zwecken sollten die legitimen gesellschaftlichen Erwartungen in Bezug auf einen Wissenszuwachs berücksichtigt werden. Der Verantwortliche sollte die Aufsichtsbehörde und die betroffene Person von der Übermittlung in Kenntnis setzen.

(114) In allen Fällen, in denen kein Kommissionsbeschluss zur Angemessenheit des in einem Drittland bestehenden Datenschutzniveaus vorliegt, sollte der Verantwortliche oder der Auftragsverarbeiter auf Lösungen zurückgreifen, mit denen den betroffenen Personen durchsetzbare und wirksame Rechte in Bezug auf die Verarbeitung ihrer personenbezogenen Daten in der Union nach der Übermittlung dieser Daten eingeräumt werden, damit sie weiterhin die Grundrechte und Garantien genießen können.

(115) Manche Drittländer erlassen Gesetze, Vorschriften und sonstige Rechtsakte, die vorgeben, die Verarbeitungstätigkeiten natürlicher und juristischer Personen, die der Rechtsprechung der Mitgliedstaaten unterliegen, unmittelbar zu regeln. Dies kann Urteile von Gerichten und Entscheidungen von Verwaltungsbehörden in Drittländern umfassen, mit denen von einem Verantwortlichen oder einem Auftragsverarbeiter die Übermittlung oder Offenlegung personenbezogener Daten verlangt wird und die nicht auf eine in Kraft befindliche internationale Übereinkunft wie etwa ein Rechtshilfeabkommen zwischen dem ersuchenden Drittland und der Union oder einem Mitgliedstaat gestützt sind. Die Anwendung dieser Gesetze, Verordnungen und sonstigen Rechtsakte außerhalb des Hoheitsgebiets der betreffenden Drittländer kann gegen internationales Recht verstoßen und dem durch diese Verordnung in der Union gewährleisteten Schutz natürlicher Personen zuwiderlaufen. Datenübermittlungen sollten daher nur zulässig sein, wenn die Bedingungen dieser Verordnung für Datenübermittlungen an Drittländer eingehalten werden. Dies kann unter anderem der Fall sein, wenn die Offenlegung aus einem wichtigen öffentlichen Interesse erforderlich ist, das im Unionsrecht oder im Recht des Mitgliedstaats, dem der Verantwortliche unterliegt, anerkannt ist.

(116) Wenn personenbezogene Daten in ein anderes Land außerhalb der Union übermittelt werden, besteht eine erhöhte Gefahr, dass natürliche Personen ihre Datenschutzrechte nicht wahrnehmen können und sich insbesondere gegen die unrechtmäßige Nutzung oder Offenlegung dieser Informationen zu schützen. Ebenso kann es vorkommen, dass Aufsichtsbehörden Beschwerden nicht nachgehen oder Untersuchungen nicht durchführen können, die einen Bezug zu Tätigkeiten außerhalb der Grenzen ihres Mitgliedstaats haben. Ihre Bemühungen um grenzüberschreitende Zusammenarbeit können auch durch unzureichende Präventiv- und Abhilfebefugnisse, widersprüchliche Rechtsordnungen und praktische Hindernisse wie Ressourcenknappheit behindert werden. Die Zusammenarbeit zwischen den Datenschutzaufsichtsbehörden muss daher gefördert werden, damit sie Informationen austauschen und mit den Aufsichtsbehörden in anderen Ländern Untersuchungen durchführen können. Um Mechanismen

der internationalen Zusammenarbeit zu entwickeln, die die internationale Amtshilfe bei der Durchsetzung von Rechtsvorschriften zum Schutz personenbezogener Daten erleichtern und sicherstellen, sollten die Kommission und die Aufsichtsbehörden Informationen austauschen und bei Tätigkeiten, die mit der Ausübung ihrer Befugnisse in Zusammenhang stehen, mit den zuständigen Behörden der Drittländer nach dem Grundsatz der Gegenseitigkeit und gemäß dieser Verordnung zusammenarbeiten.

(117) Die Errichtung von Aufsichtsbehörden in den Mitgliedstaaten, die befugt sind, ihre Aufgaben und Befugnisse völlig unabhängig wahrzunehmen, ist ein wesentlicher Bestandteil des Schutzes natürlicher Personen bei der Verarbeitung personenbezogener Daten. Die Mitgliedstaaten sollten mehr als eine Aufsichtsbehörde errichten können, wenn dies ihrer verfassungsmäßigen, organisatorischen und administrativen Struktur entspricht.

(118) Die Tatsache, dass die Aufsichtsbehörden unabhängig sind, sollte nicht bedeuten, dass sie hinsichtlich ihrer Ausgaben keinem Kontroll- oder Überwachungsmechanismus unterworfen werden bzw. sie keiner gerichtlichen Überprüfung unterzogen werden können.

(119) Errichtet ein Mitgliedstaat mehrere Aufsichtsbehörden, so sollte er mittels Rechtsvorschriften sicherstellen, dass diese Aufsichtsbehörden am Kohärenzverfahren wirksam beteiligt werden. Insbesondere sollte dieser Mitgliedstaat eine Aufsichtsbehörde bestimmen, die als zentrale Anlaufstelle für eine wirksame Beteiligung dieser Behörden an dem Verfahren fungiert und eine rasche und reibungslose Zusammenarbeit mit anderen Aufsichtsbehörden, dem Ausschuss und der Kommission gewährleistet.

(120) Jede Aufsichtsbehörde sollte mit Finanzmitteln, Personal, Räumlichkeiten und einer Infrastruktur ausgestattet werden, wie sie für die wirksame Wahrnehmung ihrer Aufgaben, einschließlich derer im Zusammenhang mit der Amtshilfe und Zusammenarbeit mit anderen Aufsichtsbehörden in der gesamten Union, notwendig sind. Jede Aufsichtsbehörde sollte über einen eigenen, öffentlichen, jährlichen Haushaltsplan verfügen, der Teil des gesamten Staatshaushalts oder nationalen Haushalts sein kann.

(121) Die allgemeinen Anforderungen an das Mitglied oder die Mitglieder der Aufsichtsbehörde sollten durch Rechtsvorschriften von jedem Mitgliedstaat geregelt werden und insbesondere vorsehen, dass diese Mitglieder im Wege eines transparenten Verfahrens entweder – auf Vorschlag der Regierung, eines Mitglieds der Regierung, des Parlaments oder einer Parlamentskammer – vom Parlament, der Regierung oder dem Staatsoberhaupt des Mitgliedstaats oder von einer unabhängigen Stelle ernannt werden, die nach dem Recht des Mitgliedstaats mit der Ernennung betraut wird. Um die Unabhängigkeit der Aufsichtsbehörde zu gewährleisten, sollten ihre Mitglieder ihr Amt integer ausüben, von allen mit den Aufgaben ihres Amts nicht zu vereinbarenden Handlungen absehen und während ihrer Amtszeit keine andere mit ihrem Amt nicht zu vereinbarende entgeltliche oder unentgeltliche Tätigkeit ausüben. Die Aufsichtsbehörde sollte über

eigenes Personal verfügen, das sie selbst oder eine nach dem Recht des Mitgliedstaats eingerichtete unabhängige Stelle auswählt und das ausschließlich der Leitung des Mitglieds oder der Mitglieder der Aufsichtsbehörde unterstehen sollte.

(122) Jede Aufsichtsbehörde sollte dafür zuständig sein, im Hoheitsgebiet ihres Mitgliedstaats die Befugnisse auszuüben und die Aufgaben zu erfüllen, die ihr mit dieser Verordnung übertragen wurden. Dies sollte insbesondere für Folgendes gelten: die Verarbeitung im Rahmen der Tätigkeiten einer Niederlassung des Verantwortlichen oder Auftragsverarbeiters im Hoheitsgebiet ihres Mitgliedstaats, die Verarbeitung personenbezogener Daten durch Behörden oder private Stellen, die im öffentlichen Interesse handeln, Verarbeitungstätigkeiten, die Auswirkungen auf betroffene Personen in ihrem Hoheitsgebiet haben, oder Verarbeitungstätigkeiten eines Verantwortlichen oder Auftragsverarbeiters ohne Niederlassung in der Union, sofern sie auf betroffene Personen mit Wohnsitz in ihrem Hoheitsgebiet ausgerichtet sind. Dies sollte auch die Bearbeitung von Beschwerden einer betroffenen Person, die Durchführung von Untersuchungen über die Anwendung dieser Verordnung sowie die Förderung der Information der Öffentlichkeit über Risiken, Vorschriften, Garantien und Rechte im Zusammenhang mit der Verarbeitung personenbezogener Daten einschließen.

(123) Die Aufsichtsbehörden sollten die Anwendung der Bestimmungen dieser Verordnung überwachen und zu ihrer einheitlichen Anwendung in der gesamten Union beitragen, um natürliche Personen im Hinblick auf die Verarbeitung ihrer Daten zu schützen und den freien Verkehr personenbezogener Daten im Binnenmarkt zu erleichtern. Zu diesem Zweck sollten die Aufsichtsbehörden untereinander und mit der Kommission zusammenarbeiten, ohne dass eine Vereinbarung zwischen den Mitgliedstaaten über die Leistung von Amtshilfe oder über eine derartige Zusammenarbeit erforderlich wäre.

(124) Findet die Verarbeitung personenbezogener Daten im Zusammenhang mit der Tätigkeit einer Niederlassung eines Verantwortlichen oder eines Auftragsverarbeiters in der Union statt und hat der Verantwortliche oder der Auftragsverarbeiter Niederlassungen in mehr als einem Mitgliedstaat oder hat die Verarbeitungstätigkeit im Zusammenhang mit der Tätigkeit einer einzigen Niederlassung eines Verantwortlichen oder Auftragsverarbeiters in der Union erhebliche Auswirkungen auf betroffene Personen in mehr als einem Mitgliedstaat bzw. wird sie voraussichtlich solche Auswirkungen haben, so sollte die Aufsichtsbehörde für die Hauptniederlassung des Verantwortlichen oder Auftragsverarbeiters oder für die einzige Niederlassung des Verantwortlichen oder Auftragsverarbeiters als federführende Behörde fungieren. Sie sollte mit den anderen Behörden zusammenarbeiten, die betroffen sind, weil der Verantwortliche oder Auftragsverarbeiter eine Niederlassung im Hoheitsgebiet ihres Mitgliedstaats hat, weil die Verarbeitung erhebliche Auswirkungen auf betroffene Personen mit Wohnsitz in ihrem Hoheitsgebiet hat oder weil bei ihnen eine Beschwerde eingelegt wurde. Auch wenn eine betroffe-

ne Person ohne Wohnsitz in dem betreffenden Mitgliedstaat eine Beschwerde eingelegt hat, sollte die Aufsichtsbehörde, bei der Beschwerde eingelegt wurde, auch eine betroffene Aufsichtsbehörde sein. Der Ausschuss sollte – im Rahmen seiner Aufgaben in Bezug auf die Herausgabe von Leitlinien zu allen Fragen im Zusammenhang mit der Anwendung dieser Verordnung – insbesondere Leitlinien zu den Kriterien ausgeben können, die bei der Feststellung zu berücksichtigen sind, ob die fragliche Verarbeitung erhebliche Auswirkungen auf betroffene Personen in mehr als einem Mitgliedstaat hat und was einen maßgeblichen und begründeten Einspruch darstellt.

(125) Die federführende Behörde sollte berechtigt sein, verbindliche Beschlüsse über Maßnahmen zu erlassen, mit denen die ihr gemäß dieser Verordnung übertragenen Befugnisse ausgeübt werden. In ihrer Eigenschaft als federführende Behörde sollte diese Aufsichtsbehörde für die enge Einbindung und Koordinierung der betroffenen Aufsichtsbehörden im Entscheidungsprozess sorgen. Wird beschlossen, die Beschwerde der betroffenen Person vollständig oder teilweise abzuweisen, so sollte dieser Beschluss von der Aufsichtsbehörde angenommen werden, bei der die Beschwerde eingelegt wurde.

(126) Der Beschluss sollte von der federführenden Aufsichtsbehörde und den betroffenen Aufsichtsbehörden gemeinsam vereinbart werden und an die Hauptniederlassung oder die einzige Niederlassung des Verantwortlichen oder Auftragsverarbeiters gerichtet sein und für den Verantwortlichen und den Auftragsverarbeiter verbindlich sein. Der Verantwortliche oder Auftragsverarbeiter sollte die erforderlichen Maßnahmen treffen, um die Einhaltung dieser Verordnung und die Umsetzung des Beschlusses zu gewährleisten, der der Hauptniederlassung des Verantwortlichen oder Auftragsverarbeiters im Hinblick auf die Verarbeitungstätigkeiten in der Union von der federführenden Aufsichtsbehörde mitgeteilt wurde.

(127) Jede Aufsichtsbehörde, die nicht als federführende Aufsichtsbehörde fungiert, sollte in örtlichen Fällen zuständig sein, wenn der Verantwortliche oder Auftragsverarbeiter Niederlassungen in mehr als einem Mitgliedstaat hat, der Gegenstand der spezifischen Verarbeitung aber nur die Verarbeitungstätigkeiten in einem einzigen Mitgliedstaat und nur betroffene Personen in diesem einen Mitgliedstaat betrifft, beispielsweise wenn es um die Verarbeitung von personenbezogenen Daten von Arbeitnehmern im spezifischen Beschäftigungskontext eines Mitgliedstaats geht. In solchen Fällen sollte die Aufsichtsbehörde unverzüglich die federführende Aufsichtsbehörde über diese Angelegenheit unterrichten. Nach ihrer Unterrichtung sollte die federführende Aufsichtsbehörde entscheiden, ob sie den Fall nach den Bestimmungen zur Zusammenarbeit zwischen der federführenden Aufsichtsbehörde und anderen betroffenen Aufsichtsbehörden gemäß der Vorschrift zur Zusammenarbeit zwischen der federführenden Aufsichtsbehörde und anderen betroffenen Aufsichtsbehörden (im Folgenden „Verfahren der Zusammenarbeit und Kohärenz") regelt oder ob die Aufsichtsbehörde, die sie unterrichtet hat, den Fall auf örtlicher Ebene regeln sollte. Dabei sollte die federführende Auf-

sichtsbehörde berücksichtigen, ob der Verantwortliche oder der Auftragsverarbeiter in dem Mitgliedstaat, dessen Aufsichtsbehörde sie unterrichtet hat, eine Niederlassung hat, damit Beschlüsse gegenüber dem Verantwortlichen oder dem Auftragsverarbeiter wirksam durchgesetzt werden. Entscheidet die federführende Aufsichtsbehörde, den Fall selbst zu regeln, sollte die Aufsichtsbehörde, die sie unterrichtet hat, die Möglichkeit haben, einen Beschlussentwurf vorzulegen, dem die federführende Aufsichtsbehörde bei der Ausarbeitung ihres Beschlussentwurfs im Rahmen dieses Verfahrens der Zusammenarbeit und Kohärenz weitestgehend Rechnung tragen sollte.

(128) Die Vorschriften über die federführende Behörde und das Verfahren der Zusammenarbeit und Kohärenz sollten keine Anwendung finden, wenn die Verarbeitung durch Behörden oder private Stellen im öffentlichen Interesse erfolgt. In diesen Fällen sollte die Aufsichtsbehörde des Mitgliedstaats, in dem die Behörde oder private Einrichtung ihren Sitz hat, die einzige Aufsichtsbehörde sein, die dafür zuständig ist, die Befugnisse auszuüben, die ihr mit dieser Verordnung übertragen wurden.

(129) Um die einheitliche Überwachung und Durchsetzung dieser Verordnung in der gesamten Union sicherzustellen, sollten die Aufsichtsbehörden in jedem Mitgliedstaat dieselben Aufgaben und wirksamen Befugnisse haben, darunter, insbesondere im Fall von Beschwerden natürlicher Personen, Untersuchungsbefugnisse, Abhilfebefugnisse und Sanktionsbefugnisse und Genehmigungsbefugnisse und beratende Befugnisse, sowie – unbeschadet der Befugnisse der Strafverfolgungsbehörden nach dem Recht der Mitgliedstaaten – die Befugnis, Verstöße gegen diese Verordnung den Justizbehörden zur Kenntnis zu bringen und Gerichtsverfahren anzustrengen. Dazu sollte auch die Befugnis zählen, eine vorübergehende oder endgültige Beschränkung der Verarbeitung, einschließlich eines Verbots, zu verhängen. Die Mitgliedstaaten können andere Aufgaben im Zusammenhang mit dem Schutz personenbezogener Daten im Rahmen dieser Verordnung festlegen. Die Befugnisse der Aufsichtsbehörden sollten in Übereinstimmung mit den geeigneten Verfahrensgarantien nach dem Unionsrecht und dem Recht der Mitgliedstaaten unparteiisch, gerecht und innerhalb einer angemessenen Frist ausgeübt werden. Insbesondere sollte jede Maßnahme im Hinblick auf die Gewährleistung der Einhaltung dieser Verordnung geeignet, erforderlich und verhältnismäßig sein, wobei die Umstände des jeweiligen Einzelfalls zu berücksichtigen sind, das Recht einer jeden Person, gehört zu werden, bevor eine individuelle Maßnahme getroffen wird, die nachteilige Auswirkungen auf diese Person hätte, zu achten ist und überflüssige Kosten und übermäßige Unannehmlichkeiten für die Betroffenen zu vermeiden sind. Untersuchungsbefugnisse im Hinblick auf den Zugang zu Räumlichkeiten sollten im Einklang mit besonderen Anforderungen im Verfahrensrecht der Mitgliedstaaten ausgeübt werden, wie etwa dem Erfordernis einer vorherigen richterlichen Genehmigung. Jede rechtsverbindliche Maßnahme der Aufsichtsbehörde sollte schriftlich erlassen werden und sie sollte klar und eindeutig sein; die Aufsichts-

behörde, die die Maßnahme erlassen hat, und das Datum, an dem die Maßnahme erlassen wurde, sollten angegeben werden und die Maßnahme sollte vom Leiter oder von einem von ihm bevollmächtigen Mitglied der Aufsichtsbehörde unterschrieben sein und eine Begründung für die Maßnahme sowie einen Hinweis auf das Recht auf einen wirksamen Rechtsbehelf enthalten. Dies sollte zusätzliche Anforderungen nach dem Verfahrensrecht der Mitgliedstaaten nicht ausschließen. Der Erlass eines rechtsverbindlichen Beschlusses setzt voraus, dass er in dem Mitgliedstaat der Aufsichtsbehörde, die den Beschluss erlassen hat, gerichtlich überprüft werden kann.

(130) Ist die Aufsichtsbehörde, bei der die Beschwerde eingereicht wurde, nicht die federführende Aufsichtsbehörde, so sollte die federführende Aufsichtsbehörde gemäß den Bestimmungen dieser Verordnung über Zusammenarbeit und Kohärenz eng mit der Aufsichtsbehörde zusammenarbeiten, bei der die Beschwerde eingereicht wurde. In solchen Fällen sollte die federführende Aufsichtsbehörde bei Maßnahmen, die rechtliche Wirkungen entfalten sollen, unter anderem bei der Verhängung von Geldbußen, den Standpunkt der Aufsichtsbehörde, bei der die Beschwerde eingereicht wurde und die weiterhin befugt sein sollte, in Abstimmung mit der zuständigen Aufsichtsbehörde Untersuchungen im Hoheitsgebiet ihres eigenen Mitgliedstaats durchzuführen, weitestgehend berücksichtigen.

(131) Wenn eine andere Aufsichtsbehörde als federführende Aufsichtsbehörde für die Verarbeitungstätigkeiten des Verantwortlichen oder des Auftragsverarbeiters fungieren sollte, der konkrete Gegenstand einer Beschwerde oder der mögliche Verstoß jedoch nur die Verarbeitungstätigkeiten des Verantwortlichen oder des Auftragsverarbeiters in dem Mitgliedstaat betrifft, in dem die Beschwerde eingereicht wurde oder der mögliche Verstoß aufgedeckt wurde, und die Angelegenheit keine erheblichen Auswirkungen auf betroffene Personen in anderen Mitgliedstaaten hat oder haben dürfte, sollte die Aufsichtsbehörde, bei der eine Beschwerde eingereicht wurde oder die Situationen, die mögliche Verstöße gegen diese Verordnung darstellen, aufgedeckt hat bzw. auf andere Weise darüber informiert wurde, versuchen, eine gütliche Einigung mit dem Verantwortlichen zu erzielen; falls sich dies als nicht erfolgreich erweist, sollte sie die gesamte Bandbreite ihrer Befugnisse wahrnehmen. Dies sollte auch Folgendes umfassen: die spezifische Verarbeitung im Hoheitsgebiet des Mitgliedstaats der Aufsichtsbehörde oder im Hinblick auf betroffene Personen im Hoheitsgebiet dieses Mitgliedstaats; die Verarbeitung im Rahmen eines Angebots von Waren oder Dienstleistungen, das speziell auf betroffene Personen im Hoheitsgebiet des Mitgliedstaats der Aufsichtsbehörde ausgerichtet ist; oder eine Verarbeitung, die unter Berücksichtigung der einschlägigen rechtlichen Verpflichtungen nach dem Recht der Mitgliedstaaten bewertet werden muss.

(132) Auf die Öffentlichkeit ausgerichtete Sensibilisierungsmaßnahmen der Aufsichtsbehörden sollten spezifische Maßnahmen einschließen, die sich an die Verantwortlichen und die Auftragsverarbeiter, einschließlich Kleinstunternehmen sowie kleiner und mittlerer Unternehmen,

und an natürliche Personen, insbesondere im Bildungsbereich, richten.

(133) Die Aufsichtsbehörden sollten sich gegenseitig bei der Erfüllung ihrer Aufgaben unterstützen und Amtshilfe leisten, damit eine einheitliche Anwendung und Durchsetzung dieser Verordnung im Binnenmarkt gewährleistet ist. Eine Aufsichtsbehörde, die um Amtshilfe ersucht hat, kann eine einstweilige Maßnahme erlassen, wenn sie nicht binnen eines Monats nach Eingang des Amtshilfeersuchens bei der ersuchten Aufsichtsbehörde eine Antwort von dieser erhalten hat.

(134) Jede Aufsichtsbehörde sollte gegebenenfalls an gemeinsamen Maßnahmen von anderen Aufsichtsbehörden teilnehmen. Die ersuchte Aufsichtsbehörde sollte auf das Ersuchen binnen einer bestimmten Frist antworten müssen.

(135) Um die einheitliche Anwendung dieser Verordnung in der gesamten Union sicherzustellen, sollte ein Verfahren zur Gewährleistung einer einheitlichen Rechtsanwendung (Kohärenzverfahren) für die Zusammenarbeit zwischen den Aufsichtsbehörden eingeführt werden. Dieses Verfahren sollte insbesondere dann angewendet werden, wenn eine Aufsichtsbehörde beabsichtigt, eine Maßnahme zu erlassen, die rechtliche Wirkungen in Bezug auf Verarbeitungsvorgänge entfalten soll, die für eine bedeutende Zahl betroffener Personen in mehreren Mitgliedstaaten erhebliche Auswirkungen haben. Ferner sollte es zur Anwendung kommen, wenn eine betroffene Aufsichtsbehörde oder die Kommission beantragt, dass die Angelegenheit im Rahmen des Kohärenzverfahrens behandelt wird. Dieses Verfahren sollte andere Maßnahmen, die die Kommission möglicherweise in Ausübung ihrer Befugnisse nach den Verträgen trifft, unberührt lassen.

(136) Bei Anwendung des Kohärenzverfahrens sollte der Ausschuss, falls von der Mehrheit seiner Mitglieder so entschieden wird oder falls eine andere betroffene Aufsichtsbehörde oder die Kommission darum ersuchen, binnen einer festgelegten Frist eine Stellungnahme abgeben. Dem Ausschuss sollte auch die Befugnis übertragen werden, bei Streitigkeiten zwischen Aufsichtsbehörden rechtsverbindliche Beschlüsse zu erlassen. Zu diesem Zweck sollte er in klar bestimmten Fällen, in denen die Aufsichtsbehörden insbesondere im Rahmen des Verfahrens der Zusammenarbeit zwischen der federführenden Aufsichtsbehörde und den betroffenen Aufsichtsbehörden widersprüchliche Standpunkte zu dem Sachverhalt, vor allem in der Frage, ob ein Verstoß gegen diese Verordnung vorliegt, vertreten, grundsätzlich mit einer Mehrheit von zwei Dritteln seiner Mitglieder rechtsverbindliche Beschlüsse erlassen.

(137) Es kann dringender Handlungsbedarf zum Schutz der Rechte und Freiheiten von betroffenen Personen bestehen, insbesondere wenn eine erhebliche Behinderung der Durchsetzung des Rechts einer betroffenen Person droht. Eine Aufsichtsbehörde sollte daher hinreichend begründete einstweilige Maßnahmen in ihrem Hoheitsgebiet mit einer festgelegten Geltungsdauer von höchstens drei Monaten erlassen können.

(138) Die Anwendung dieses Verfahrens sollte in den Fällen, in denen sie verbindlich vorgeschrieben ist, eine Bedingung für die Rechtmäßigkeit einer Maßnahme einer Aufsichtsbehörde sein, die rechtliche Wirkungen entfalten soll. In anderen Fällen von grenzüberschreitender Relevanz sollte das Verfahren der Zusammenarbeit zwischen der federführenden Aufsichtsbehörde und den betroffenen Aufsichtsbehörden zur Anwendung gelangen, und die betroffenen Aufsichtsbehörden können auf bilateraler oder multilateraler Ebene Amtshilfe leisten und gemeinsame Maßnahmen durchführen, ohne auf das Kohärenzverfahren zurückzugreifen.

(139) Zur Förderung der einheitlichen Anwendung dieser Verordnung sollte der Ausschuss als unabhängige Einrichtung der Union eingesetzt werden. Damit der Ausschuss seine Ziele erreichen kann, sollte er Rechtspersönlichkeit besitzen. Der Ausschuss sollte von seinem Vorsitz vertreten werden. Er sollte die mit der Richtlinie 95/46/EG eingesetzte Arbeitsgruppe für den Schutz der Rechte von Personen bei der Verarbeitung personenbezogener Daten ersetzen. Er sollte aus dem Leiter einer Aufsichtsbehörde jedes Mitgliedstaats und dem Europäischen Datenschutzbeauftragten oder deren jeweiligen Vertretern gebildet werden. An den Beratungen des Ausschusses sollte die Kommission ohne Stimmrecht teilnehmen und der Europäische Datenschutzbeauftragte sollte spezifische Stimmrechte haben. Der Ausschuss sollte zur einheitlichen Anwendung der Verordnung in der gesamten Union beitragen, die Kommission insbesondere im Hinblick auf das Schutzniveau in Drittländern oder internationalen Organisationen beraten und die Zusammenarbeit der Aufsichtsbehörden in der Union fördern. Der Ausschuss sollte bei der Erfüllung seiner Aufgaben unabhängig handeln.

(140) Der Ausschuss sollte von einem Sekretariat unterstützt werden, das von dem Europäischen Datenschutzbeauftragten bereitgestellt wird. Das Personal des Europäischen Datenschutzbeauftragten, das an der Wahrnehmung der dem Ausschuss gemäß dieser Verordnung übertragenen Aufgaben beteiligt ist, sollte diese Aufgaben ausschließlich gemäß den Anweisungen des Vorsitzes des Ausschusses durchführen und diesem Bericht erstatten.

(141) Jede betroffene Person sollte das Recht haben, bei einer einzigen Aufsichtsbehörde insbesondere in dem Mitgliedstaat ihres gewöhnlichen Aufenthalts eine Beschwerde einzureichen und gemäß Artikel 47 der Charta einen wirksamen gerichtlichen Rechtsbehelf einzulegen, wenn sie sich in ihren Rechten gemäß dieser Verordnung verletzt sieht oder wenn die Aufsichtsbehörde auf eine Beschwerde hin nicht tätig wird, eine Beschwerde teilweise oder ganz abweist oder ablehnt oder nicht tätig wird, obwohl dies zum Schutz der Rechte der betroffenen Person notwendig ist. Die auf eine Beschwerde folgende Untersuchung sollte vorbehaltlich gerichtlicher Überprüfung so weit gehen, wie dies im Einzelfall angemessen ist. Die Aufsichtsbehörde sollte die betroffene Person innerhalb eines angemessenen Zeitraums über den Fortgang und die Ergebnisse der Beschwerde unterrichten. Sollten weitere Untersuchungen oder die Abstimmung mit einer anderen Auf-

sichtsbehörde erforderlich sein, sollte die betroffene Person über den Zwischenstand informiert werden. Jede Aufsichtsbehörde sollte Maßnahmen zur Erleichterung der Einreichung von Beschwerden treffen, wie etwa die Bereitstellung eines Beschwerdeformulars, das auch elektronisch ausgefüllt werden kann, ohne dass andere Kommunikationsmittel ausgeschlossen werden.

(142) Betroffene Personen, die sich in ihren Rechten gemäß dieser Verordnung verletzt sehen, sollten das Recht haben, nach dem Recht eines Mitgliedstaats gegründete Einrichtungen, Organisationen oder Verbände ohne Gewinnerzielungsabsicht, deren satzungsmäßige Ziele im öffentlichem Interesse liegen und die im Bereich des Schutzes personenbezogener Daten tätig sind, zu beauftragen, in ihrem Namen Beschwerde bei einer Aufsichtsbehörde oder einen gerichtlichen Rechtsbehelf einzulegen oder das Recht auf Schadensersatz in Anspruch zu nehmen, sofern dieses im Recht der Mitgliedstaaten vorgesehen ist. Die Mitgliedstaaten können vorsehen, dass diese Einrichtungen, Organisationen oder Verbände das Recht haben, unabhängig vom Auftrag einer betroffenen Person in dem betreffenden Mitgliedstaat eine eigene Beschwerde einzulegen, und das Recht auf einen wirksamen gerichtlichen Rechtsbehelf haben sollten, wenn sie Grund zu der Annahme haben, dass die Rechte der betroffenen Person infolge einer nicht im Einklang mit dieser Verordnung stehenden Verarbeitung verletzt worden sind. Diesen Einrichtungen, Organisationen oder Verbänden kann unabhängig vom Auftrag einer betroffenen Person nicht gestattet werden, im Namen einer betroffenen Person Schadensersatz zu verlangen.

(143) Jede natürliche oder juristische Person hat das Recht, unter den in Artikel 263 AEUV genannten Voraussetzungen beim Gerichtshof eine Klage auf Nichtigerklärung eines Beschlusses des Ausschusses zu erheben. Als Adressaten solcher Beschlüsse müssen die betroffenen Aufsichtsbehörden, die diese Beschlüsse anfechten möchten, binnen zwei Monaten nach deren Übermittlung gemäß Artikel 263 AEUV Klage erheben. Sofern Beschlüsse des Ausschusses einen Verantwortlichen, einen Auftragsverarbeiter oder den Beschwerdeführer unmittelbar und individuell betreffen, so können diese Personen binnen zwei Monaten nach Veröffentlichung der betreffenden Beschlüsse auf der Website des Ausschusses im Einklang mit Artikel 263 AEUV eine Klage auf Nichtigerklärung erheben. Unbeschadet dieses Rechts nach Artikel 263 AEUV sollte jede natürliche oder juristische Person das Recht auf einen wirksamen gerichtlichen Rechtsbehelf bei dem zuständigen einzelstaatlichen Gericht gegen einen Beschluss einer Aufsichtsbehörde haben, der gegenüber dieser Person Rechtswirkungen entfaltet. Ein derartiger Beschluss betrifft insbesondere die Ausübung von Untersuchungs-, Abhilfe- und Genehmigungsbefugnissen durch die Aufsichtsbehörde oder die Ablehnung oder Abweisung von Beschwerden. Das Recht auf einen wirksamen gerichtlichen Rechtsbehelf umfasst jedoch nicht rechtlich nicht bindende Maßnahmen der Aufsichtsbehörden wie von ihr abgegebene Stellungnahmen oder Empfehlungen. Verfahren gegen eine Aufsichtsbehörde sollten bei

den Gerichten des Mitgliedstaats angestrengt werden, in dem die Aufsichtsbehörde ihren Sitz hat, und sollten im Einklang mit dem Verfahrensrecht dieses Mitgliedstaats durchgeführt werden. Diese Gerichte sollten eine uneingeschränkte Zuständigkeit besitzen, was die Zuständigkeit, sämtliche für den bei ihnen anhängigen Rechtsstreit maßgebliche Sach- und Rechtsfragen zu prüfen, einschließt. Wurde eine Beschwerde von einer Aufsichtsbehörde abgelehnt oder abgewiesen, kann der Beschwerdeführer Klage bei den Gerichten desselben Mitgliedstaats erheben.

Im Zusammenhang mit gerichtlichen Rechtsbehelfen in Bezug auf die Anwendung dieser Verordnung können einzelstaatliche Gerichte, die eine Entscheidung über diese Frage für erforderlich halten, um ihr Urteil erlassen zu können, bzw. müssen einzelstaatliche Gerichte in den Fällen nach Artikel 267 AEUV den Gerichtshof um eine Vorabentscheidung zur Auslegung des Unionsrechts – das auch diese Verordnung einschließt – ersuchen. Wird darüber hinaus der Beschluss einer Aufsichtsbehörde zur Umsetzung eines Beschlusses des Ausschusses vor einem einzelstaatlichen Gericht angefochten und wird die Gültigkeit des Beschlusses des Ausschusses in Frage gestellt, so hat dieses einzelstaatliche Gericht nicht die Befugnis, den Beschluss des Ausschusses für nichtig zu erklären, sondern es muss im Einklang mit Artikel 267 AEUV in der Auslegung des Gerichtshofs den Gerichtshof mit der Frage der Gültigkeit befassen, wenn es den Beschluss für nichtig hält. Allerdings darf ein einzelstaatliches Gericht den Gerichtshof nicht auf Anfrage einer natürlichen oder juristischen Person mit Fragen der Gültigkeit des Beschlusses des Ausschusses befassen, wenn diese Person Gelegenheit hatte, eine Klage auf Nichtigerklärung dieses Beschlusses zu erheben – insbesondere wenn sie unmittelbar und individuell von dem Beschluss betroffen war –, diese Gelegenheit jedoch nicht innerhalb der Frist gemäß Artikel 263 AEUV genutzt hat.

(144) Hat ein mit einem Verfahren gegen die Entscheidung einer Aufsichtsbehörde befasstes Gericht Anlass zu der Vermutung, dass ein dieselbe Verarbeitung betreffendes Verfahren – etwa zu demselben Gegenstand in Bezug auf die Verarbeitung durch denselben Verantwortlichen oder Auftragsverarbeiter oder wegen desselben Anspruchs – vor einem zuständigen Gericht in einem anderen Mitgliedstaat anhängig ist, so sollte es mit diesem Gericht Kontakt aufnehmen, um sich zu vergewissern, dass ein solches verwandtes Verfahren existiert. Sind verwandte Verfahren vor einem Gericht in einem anderen Mitgliedstaat anhängig, so kann jedes später angerufene Gericht das Verfahren aussetzen oder sich auf Anfrage einer Partei auch zugunsten des zuerst angerufenen Gerichts für unzuständig erklären, wenn dieses später angerufene Gericht für die betreffenden Verfahren zuständig ist und die Verbindung von solchen verwandten Verfahren nach seinem Recht zulässig ist. Verfahren gelten als miteinander verwandt, wenn zwischen ihnen eine so enge Beziehung gegeben ist, dass eine gemeinsame Verhandlung und Entscheidung geboten erscheint, um

zu vermeiden, dass in getrennten Verfahren einander widersprechende Entscheidungen ergehen.

(145) Bei Verfahren gegen Verantwortliche oder Auftragsverarbeiter sollte es dem Kläger überlassen bleiben, ob er die Gerichte des Mitgliedstaats anruft, in dem der Verantwortliche oder der Auftragsverarbeiter eine Niederlassung hat, oder des Mitgliedstaats, in dem die betroffene Person ihren Aufenthaltsort hat; dies gilt nicht, wenn es sich bei dem Verantwortlichen um eine Behörde eines Mitgliedstaats handelt, die in Ausübung ihrer hoheitlichen Befugnisse tätig geworden ist.

(146) Der Verantwortliche oder der Auftragsverarbeiter sollte Schäden, die einer Person aufgrund einer Verarbeitung entstehen, die mit dieser Verordnung nicht im Einklang steht, ersetzen. Der Verantwortliche oder der Auftragsverarbeiter sollte von seiner Haftung befreit werden, wenn er nachweist, dass er in keiner Weise für den Schaden verantwortlich ist. Der Begriff des Schadens sollte im Lichte der Rechtsprechung des Gerichtshofs weit auf eine Art und Weise ausgelegt werden, die den Zielen dieser Verordnung in vollem Umfang entspricht. Dies gilt unbeschadet von Schadenersatzforderungen aufgrund von Verstößen gegen andere Vorschriften des Unionsrechts oder des Rechts der Mitgliedstaaten. Zu einer Verarbeitung, die mit der vorliegenden Verordnung nicht im Einklang steht, zählt auch eine Verarbeitung, die nicht mit den nach Maßgabe der vorliegenden Verordnung erlassenen delegierten Rechtsakten und Durchführungsrechtsakten und Rechtsvorschriften der Mitgliedstaaten zur Präzisierung von Bestimmungen der vorliegenden Verordnung im Einklang steht. Die betroffenen Personen sollten einen vollständigen und wirksamen Schadenersatz für den erlittenen Schaden erhalten. Sind Verantwortliche oder Auftragsverarbeiter an derselben Verarbeitung beteiligt, so sollte jeder Verantwortliche oder Auftragsverarbeiter für den gesamten Schaden haftbar gemacht werden. Werden sie jedoch nach Maßgabe des Rechts der Mitgliedstaaten zu demselben Verfahren hinzugezogen, so können sie im Verhältnis zu der Verantwortung anteilmäßig haftbar gemacht werden, die jeder Verantwortliche oder Auftragsverarbeiter für den durch die Verarbeitung entstandenen Schaden zu tragen hat, sofern sichergestellt ist, dass die betroffene Person einen vollständigen und wirksamen Schadenersatz für den erlittenen Schaden erhält. Jeder Verantwortliche oder Auftragsverarbeiter, der den vollen Schadenersatz geleistet hat, kann anschließend ein Rückgriffsverfahren gegen andere an derselben Verarbeitung beteiligte Verantwortliche oder Auftragsverarbeiter anstrengen.

(147) Soweit in dieser Verordnung spezifische Vorschriften über die Gerichtsbarkeit – insbesondere in Bezug auf Verfahren im Hinblick auf einen gerichtlichen Rechtsbehelf einschließlich Schadenersatz gegen einen Verantwortlichen oder Auftragsverarbeiter – enthalten sind, sollten die allgemeinen Vorschriften über die Gerichtsbarkeit, wie sie etwa in der Verordnung (EU) Nr. 1215/2012 des Europäischen Par-

laments und des Rates[13] enthalten sind, der Anwendung dieser spezifischen Vorschriften nicht entgegenstehen.

(148) Im Interesse einer konsequenteren Durchsetzung der Vorschriften dieser Verordnung sollten bei Verstößen gegen diese Verordnung zusätzlich zu den geeigneten Maßnahmen, die die Aufsichtsbehörde gemäß dieser Verordnung verhängt, oder an Stelle solcher Maßnahmen Sanktionen einschließlich Geldbußen verhängt werden. Im Falle eines geringfügigeren Verstoßes oder falls voraussichtlich zu verhängende Geldbuße eine unverhältnismäßige Belastung für eine natürliche Person bewirken würde, kann anstelle einer Geldbuße eine Verwarnung erteilt werden. Folgendem sollte jedoch gebührend Rechnung getragen werden: der Art, Schwere und Dauer des Verstoßes, dem vorsätzlichen Charakter des Verstoßes, den Maßnahmen zur Minderung des entstandenen Schadens, dem Grad der Verantwortlichkeit oder jeglichem früheren Verstoß, der Art und Weise, wie der Verstoß der Aufsichtsbehörde bekannt wurde, der Einhaltung der gegen den Verantwortlichen oder Auftragsverarbeiter angeordneten Maßnahmen, der Einhaltung von Verhaltensregeln und jedem anderen erschwerenden oder mildernden Umstand. Für die Verhängung von Sanktionen einschließlich Geldbußen sollte es angemessene Verfahrensgarantien geben, die den allgemeinen Grundsätzen des Unionsrechts und der Charta, einschließlich des Rechts auf wirksamen Rechtsschutz und ein faires Verfahren, entsprechen.

(149) Die Mitgliedstaaten sollten die strafrechtlichen Sanktionen für Verstöße gegen diese Verordnung, auch für Verstöße gegen auf der Grundlage und in den Grenzen dieser Verordnung erlassene nationale Vorschriften, festlegen können. Diese strafrechtlichen Sanktionen können auch die Einziehung der durch die Verstöße gegen diese Verordnung erzielten Gewinne ermöglichen. Die Verhängung von strafrechtlichen Sanktionen für Verstöße gegen solche nationalen Vorschriften und von verwaltungsrechtlichen Sanktionen sollte jedoch nicht zu einer Verletzung des Grundsatzes „ne bis in idem", wie er vom Gerichtshof ausgelegt worden ist, führen.

(150) Um die verwaltungsrechtlichen Sanktionen bei Verstößen gegen diese Verordnung zu vereinheitlichen und ihnen mehr Wirkung zu verleihen, sollte jede Aufsichtsbehörde befugt sein, Geldbußen zu verhängen. In dieser Verordnung sollten die Verstöße sowie die Obergrenze der entsprechenden Geldbußen und die Kriterien für ihre Festsetzung genannt werden, wobei diese Geldbußen von der zuständigen Aufsichtsbehörde in jedem Einzelfall unter Berücksichtigung aller besonderen Umstände und insbesondere der Art, Schwere und Dauer des Verstoßes und seiner Folgen sowie der Maßnahmen, die ergriffen worden sind, um die Einhaltung der aus dieser Verordnung erwachsenden Verpflichtungen zu gewährleisten und die Folgen des Verstoßes abzuwenden oder abzumildern, festzusetzen sind. Werden Geld-

---

13 Verordnung (EU) Nr. 1215/2012 des Europäischen Parlaments und des Rates vom 12. Dezember 2012 über die gerichtliche Zuständigkeit und die Anerkennung und Vollstreckung von Entscheidungen in Zivil- und Handelssachen (ABl. L 351 vom 20. 12. 2012, S. 1).

bußen Unternehmen auferlegt, sollte zu diesem Zweck der Begriff „Unternehmen" im Sinne der Artikel 101 und 102 AEUV verstanden werden. Werden Geldbußen Personen auferlegt, bei denen es sich nicht um Unternehmen handelt, so sollte die Aufsichtsbehörde bei der Erwägung des angemessenen Betrags für die Geldbuße dem allgemeinen Einkommensniveau in dem betreffenden Mitgliedstaat und der wirtschaftlichen Lage der Personen Rechnung tragen. Das Kohärenzverfahren kann auch genutzt werden, um eine kohärente Anwendung von Geldbußen zu fördern. Die Mitgliedstaaten sollten bestimmen können, ob und inwieweit gegen Behörden Geldbußen verhängt werden können. Auch wenn die Aufsichtsbehörden bereits Geldbußen verhängt oder eine Verwarnung erteilt haben, können sie ihre anderen Befugnisse ausüben oder andere Sanktionen nach Maßgabe dieser Verordnung verhängen.

(151) Nach den Rechtsordnungen Dänemarks und Estlands sind die in dieser Verordnung vorgesehenen Geldbußen nicht zulässig. Die Vorschriften über die Geldbußen können so angewandt werden, dass die Geldbuße in Dänemark durch die zuständigen nationalen Gerichte als Strafe und in Estland durch die Aufsichtsbehörde im Rahmen eines Verfahrens bei Vergehen verhängt wird, sofern eine solche Anwendung der Vorschriften in diesen Mitgliedstaaten die gleiche Wirkung wie die von den Aufsichtsbehörden verhängten Geldbußen hat. Daher sollten die zuständigen nationalen Gerichte die Empfehlung der Aufsichtsbehörde, die die Geldbuße in die Wege geleitet hat, berücksichtigen. In jeden Fall sollten die verhängten Geldbußen wirksam, verhältnismäßig und abschreckend sein.

(152) Soweit diese Verordnung verwaltungsrechtliche Sanktionen nicht harmonisiert oder wenn es in anderen Fällen – beispielsweise bei schweren Verstößen gegen diese Verordnung – erforderlich ist, sollten die Mitgliedstaaten eine Regelung anwenden, die wirksame, verhältnismäßige und abschreckende Sanktionen vorsieht. Es sollte im Recht der Mitgliedstaaten geregelt werden, ob diese Sanktionen strafrechtlicher oder verwaltungsrechtlicher Art sind.

(153) Im Recht der Mitgliedstaaten sollten die Vorschriften über die freie Meinungsäußerung und Informationsfreiheit, auch von Journalisten, Wissenschaftlern, Künstlern und/oder Schriftstellern, mit dem Recht auf Schutz der personenbezogenen Daten gemäß dieser Verordnung in Einklang gebracht werden. Für die Verarbeitung personenbezogener Daten ausschließlich zu journalistischen Zwecken oder zu wissenschaftlichen, künstlerischen oder literarischen Zwecken sollten Abweichungen und Ausnahmen von bestimmten Vorschriften dieser Verordnung gelten, wenn dies erforderlich ist, um das Recht auf Schutz der personenbezogenen Daten mit dem Recht auf Freiheit der Meinungsäußerung und Informationsfreiheit, wie es in Artikel 11 der Charta garantiert ist, in Einklang zu bringen. Dies sollte insbesondere für die Verarbeitung personenbezogener Daten im audiovisuellen Bereich sowie in Nachrichten- und Pressearchiven gelten. Die Mitgliedstaaten sollten daher Gesetzgebungsmaßnahmen zur Regelung der Abweichungen und Ausnahmen erlassen, die zum Zwecke

der Abwägung zwischen diesen Grundrechten notwendig sind. Die Mitgliedstaaten sollten solche Abweichungen und Ausnahmen in Bezug auf die allgemeinen Grundsätze, die Rechte der betroffenen Person, den Verantwortlichen und den Auftragsverarbeiter, die Übermittlung von personenbezogenen Daten an Drittländer oder an internationale Organisationen, die unabhängigen Aufsichtsbehörden, die Zusammenarbeit und Kohärenz und besondere Datenverarbeitungssituationen erlassen. Sollten diese Abweichungen oder Ausnahmen von Mitgliedstaat zu Mitgliedstaat unterschiedlich sein, sollte das Recht des Mitgliedstaats angewendet werden, dem der Verantwortliche unterliegt. Um der Bedeutung des Rechts auf freie Meinungsäußerung in einer demokratischen Gesellschaft Rechnung zu tragen, müssen Begriffe wie Journalismus, die sich auf diese Freiheit beziehen, weit ausgelegt werden.

(154) Diese Verordnung ermöglicht es, dass bei ihrer Anwendung der Grundsatz des Zugangs der Öffentlichkeit zu amtlichen Dokumenten berücksichtigt wird. Der Zugang der Öffentlichkeit zu amtlichen Dokumenten kann als öffentliches Interesse betrachtet werden. Personenbezogene Daten in Dokumenten, die sich im Besitz einer Behörde oder einer öffentlichen Stelle befinden, sollten von dieser Behörde oder Stelle öffentlich offengelegt werden können, sofern dies im Unionsrecht oder im Recht der Mitgliedstaaten, denen sie unterliegt, vorgesehen ist. Diese Rechtsvorschriften sollten den Zugang der Öffentlichkeit zu amtlichen Dokumenten und die Weiterverwendung von Informationen des öffentlichen Sektors mit dem Recht auf Schutz personenbezogener Daten in Einklang bringen und können daher die notwendige Übereinstimmung mit dem Recht auf Schutz personenbezogener Daten gemäß dieser Verordnung regeln. Die Bezugnahme auf Behörden und öffentliche Stellen sollte in diesem Kontext sämtliche Behörden oder sonstigen Stellen beinhalten, die vom Recht des jeweiligen Mitgliedstaats über den Zugang der Öffentlichkeit zu Dokumenten erfasst werden. Die Richtlinie 2003/98/EG des Europäischen Parlaments und des Rates[14] lässt das Schutzniveau für natürliche Personen in Bezug auf die Verarbeitung personenbezogener Daten gemäß den Bestimmungen des Unionsrechts und des Rechts der Mitgliedstaaten unberührt und beeinträchtigt diesen in keiner Weise, und sie bewirkt insbesondere keine Änderung der in dieser Verordnung dargelegten Rechte und Pflichten. Insbesondere sollte die genannte Richtlinie nicht für Dokumente gelten, die nach den Zugangsregelungen der Mitgliedstaaten aus Gründen des Schutzes personenbezogener Daten nicht oder nur eingeschränkt zugänglich sind, oder für Teile von Dokumenten, die nach diesen Regelungen zugänglich sind, wenn sie personenbezogene Daten enthalten, bei denen Rechtsvorschriften vorsehen, dass ihre Weiterverwendung

---

14 Richtlinie 2003/98/EG des Europäischen Parlaments und des Rates vom 17. November 2003 über die Weiterverwendung von Informationen des öffentlichen Sektors (ABl. L 345 vom 31. 12. 2003, S. 90).

nicht mit dem Recht über den Schutz natürlicher Personen in Bezug auf die Verarbeitung personenbezogener Daten vereinbar ist.

(155) Im Recht der Mitgliedstaaten oder in Kollektivvereinbarungen (einschließlich „Betriebsvereinbarungen") können spezifische Vorschriften für die Verarbeitung personenbezogener Beschäftigtendaten im Beschäftigungskontext vorgesehen werden, und zwar insbesondere Vorschriften über die Bedingungen, unter denen personenbezogene Daten im Beschäftigungskontext auf der Grundlage der Einwilligung des Beschäftigten verarbeitet werden dürfen, über die Verarbeitung dieser Daten für Zwecke der Einstellung, der Erfüllung des Arbeitsvertrags einschließlich der Erfüllung von durch Rechtsvorschriften oder durch Kollektivvereinbarungen festgelegten Pflichten, des Managements, der Planung und der Organisation der Arbeit, der Gleichheit und Diversität am Arbeitsplatz, der Gesundheit und Sicherheit am Arbeitsplatz sowie für Zwecke der Inanspruchnahme der mit der Beschäftigung zusammenhängenden individuellen oder kollektiven Rechte und Leistungen und für Zwecke der Beendigung des Beschäftigungsverhältnisses.

(156) Die Verarbeitung personenbezogener Daten für im öffentlichen Interesse liegende Archivzwecke, zu wissenschaftlichen oder historischen Forschungszwecken oder zu statistischen Zwecken sollte geeigneten Garantien für die Rechte und Freiheiten der betroffenen Person gemäß dieser Verordnung unterliegen. Mit diesen Garantien sollte sichergestellt werden, dass technische und organisatorische Maßnahmen bestehen, mit denen insbesondere der Grundsatz der Datenminimierung gewährleistet wird. Die Weiterverarbeitung personenbezogener Daten zu im öffentlichen Interesse liegende Archivzwecken, zu wissenschaftlichen oder historischen Forschungszwecken oder zu statistischen Zwecken erfolgt erst dann, wenn der Verantwortliche geprüft hat, ob es möglich ist, diese Zwecke durch die Verarbeitung von personenbezogenen Daten, bei der die Identifizierung von betroffenen Personen nicht oder nicht mehr möglich ist, zu erfüllen, sofern geeignete Garantien bestehen (wie z.B. die Pseudonymisierung von personenbezogenen Daten). Die Mitgliedstaaten sollten geeignete Garantien in Bezug auf die Verarbeitung personenbezogener Daten für im öffentlichen Interesse liegende Archivzwecke, zu wissenschaftlichen oder historischen Forschungszwecken oder zu statistischen Zwecken vorsehen. Es sollte den Mitgliedstaaten erlaubt sein, unter bestimmten Bedingungen und vorbehaltlich geeigneter Garantien für die betroffenen Personen Präzisierungen und Ausnahmen in Bezug auf die Informationsanforderungen sowie der Rechte auf Berichtigung, Löschung, Vergessenwerden, zur Einschränkung der Verarbeitung, auf Datenübertragbarkeit sowie auf Widerspruch bei der Verarbeitung personenbezogener Daten zu im öffentlichen Interesse liegende Archivzwecken, zu wissenschaftlichen oder historischen Forschungszwecken oder zu statistischen Zwecken vorzusehen. Im Rahmen der betreffenden Bedingungen und Garantien können spezifische Verfahren für die Ausübung dieser Rechte durch die betroffenen Personen vorgesehen sein – sofern dies angesichts der mit der spezifi-

schen Verarbeitung verfolgten Zwecke angemessen ist – sowie technische und organisatorische Maßnahmen zur Minimierung der Verarbeitung personenbezogener Daten im Hinblick auf die Grundsätze
der Verhältnismäßigkeit und der Notwendigkeit. Die Verarbeitung
personenbezogener Daten zu wissenschaftlichen Zwecken sollte auch
anderen einschlägigen Rechtsvorschriften, beispielsweise für klinische
Prüfungen, genügen.

(157) Durch die Verknüpfung von Informationen aus Registern können
Forscher neue Erkenntnisse von großem Wert in Bezug auf weit verbreiteten Krankheiten wie Herz-Kreislauferkrankungen, Krebs und
Depression erhalten. Durch die Verwendung von Registern können
bessere Forschungsergebnisse erzielt werden, da sie auf einen größeren Bevölkerungsanteil gestützt sind. Im Bereich der Sozialwissen-
schaften ermöglicht die Forschung anhand von Registern es den For-
schern, entscheidende Erkenntnisse über den langfristigen Zusammenhang einer Reihe sozialer Umstände zu erlangen, wie Arbeitslo-
sigkeit und Bildung mit anderen Lebensumständen. Durch Register
erhaltene Forschungsergebnisse bieten solide, hochwertige Erkenntnisse, die die Basis für die Erarbeitung und Umsetzung wissensge-
stützter politischer Maßnahmen darstellen, die Lebensqualität zahlreicher Menschen verbessern und die Effizienz der Sozialdienste verbessern können. Zur Erleichterung der wissenschaftlichen Forschung
können daher personenbezogene Daten zu wissenschaftlichen Forschungszwecken verarbeitet werden, wobei sie angemessenen Bedingungen und Garantien unterliegen, die im Unionsrecht oder im
Recht der Mitgliedstaaten festgelegt sind.

(158) Diese Verordnung sollte auch für die Verarbeitung personenbezogener Daten zu Archivzwecken gelten, wobei darauf hinzuweisen ist,
dass die Verordnung nicht für verstorbene Personen gelten sollte. Behörden oder öffentliche oder private Stellen, die Aufzeichnungen von
öffentlichem Interesse führen, sollten gemäß dem Unionsrecht oder
dem Recht der Mitgliedstaaten rechtlich verpflichtet sein, Aufzeichnungen von bleibendem Wert für das allgemeine öffentliche Interesse
zu erwerben, zu erhalten, zu bewerten, aufzubereiten, zu beschreiben, mitzuteilen, zu fördern, zu verbreiten sowie Zugang dazu bereitzustellen. Es sollte den Mitgliedstaaten ferner erlaubt sein vorzusehen, dass personenbezogene Daten zu Archivzwecken weiterverarbeitet werden, beispielsweise im Hinblick auf die Bereitstellung spezifischer Informationen im Zusammenhang mit dem politischen Verhalten unter ehemaligen totalitären Regimen, Völkermord, Verbrechen
gegen die Menschlichkeit, insbesondere dem Holocaust, und Kriegsverbrechen.

(159) Diese Verordnung sollte auch für die Verarbeitung personenbezogener Daten zu wissenschaftlichen Forschungszwecken gelten. Die Verarbeitung personenbezogener Daten zu wissenschaftlichen Forschungszwecken im Sinne dieser Verordnung sollte weit ausgelegt
werden und die Verarbeitung für beispielsweise die technologische
Entwicklung und die Demonstration, die Grundlagenforschung, die
angewandte Forschung und die privat finanzierte Forschung ein-

schließen. Darüber hinaus sollte sie dem in Artikel 179 Absatz 1 AEUV festgeschriebenen Ziel, einen europäischen Raum der Forschung zu schaffen, Rechnung tragen. Die wissenschaftlichen Forschungszwecke sollten auch Studien umfassen, die im öffentlichen Interesse im Bereich der öffentlichen Gesundheit durchgeführt werden. Um den Besonderheiten der Verarbeitung personenbezogener Daten zu wissenschaftlichen Forschungszwecken zu genügen, sollten spezifische Bedingungen insbesondere hinsichtlich der Veröffentlichung oder sonstigen Offenlegung personenbezogener Daten im Kontext wissenschaftlicher Zwecke gelten. Geben die Ergebnisse wissenschaftlicher Forschung insbesondere im Gesundheitsbereich Anlass zu weiteren Maßnahmen im Interesse der betroffenen Person, sollten die allgemeinen Vorschriften dieser Verordnung für diese Maßnahmen gelten.

(160) Diese Verordnung sollte auch für die Verarbeitung personenbezogener Daten zu historischen Forschungszwecken gelten. Dazu sollte auch historische Forschung und Forschung im Bereich der Genealogie zählen, wobei darauf hinzuweisen ist, dass diese Verordnung nicht für verstorbene Personen gelten sollte.

(161) Für die Zwecke der Einwilligung in die Teilnahme an wissenschaftlichen Forschungstätigkeiten im Rahmen klinischer Prüfungen sollten die einschlägigen Bestimmungen der Verordnung (EU) Nr. 536/2014 des Europäischen Parlaments und des Rates[15] gelten.

(162) Diese Verordnung sollte auch für die Verarbeitung personenbezogener Daten zu statistischen Zwecken gelten. Das Unionsrecht oder das Recht der Mitgliedstaaten sollte in den Grenzen dieser Verordnung den statistischen Inhalt, die Zugangskontrolle, die Spezifikationen für die Verarbeitung personenbezogener Daten zu statistischen Zwecken und geeignete Maßnahmen zur Sicherung der Rechte und Freiheiten der betroffenen Personen und zur Sicherstellung der statistischen Geheimhaltung bestimmen. Unter dem Begriff „statistische Zwecke" ist jeder für die Durchführung statistischer Untersuchungen und die Erstellung statistischer Ergebnisse erforderliche Vorgang der Erhebung und Verarbeitung personenbezogener Daten zu verstehen. Diese statistischen Ergebnisse können für verschiedene Zwecke, so auch für wissenschaftliche Forschungszwecke, weiterverwendet werden. Im Zusammenhang mit den statistischen Zwecken wird vorausgesetzt, dass die Ergebnisse der Verarbeitung zu statistischen Zwecken keine personenbezogenen Daten, sondern aggregierte Daten sind und diese Ergebnisse oder personenbezogenen Daten nicht für Maßnahmen oder Entscheidungen gegenüber einzelnen natürlichen Personen verwendet werden.

(163) Die vertraulichen Informationen, die die statistischen Behörden der Union und der Mitgliedstaaten zur Erstellung der amtlichen europäischen und der amtlichen nationalen Statistiken erheben, sollten ge-

---

15 Verordnung (EU) Nr. 536/2014 des Europäischen Parlaments und des Rates vom 16. April 2014 über klinische Prüfungen mit Humanarzneimitteln und zur Aufhebung der Richtlinie 2001/20/EG Text von Bedeutung für den EWR (ABl. L 158 vom 27. 5. 2014, S. 1).

schützt werden. Die europäischen Statistiken sollten im Einklang mit den in Artikel 338 Absatz 2 AEUV dargelegten statistischen Grundsätzen entwickelt, erstellt und verbreitet werden, wobei die nationalen Statistiken auch mit dem Recht der Mitgliedstaaten übereinstimmen müssen. Die Verordnung (EG) Nr. 223/2009 des Europäischen Parlaments und des Rates[16] enthält genauere Bestimmungen zur Vertraulichkeit europäischer Statistiken.

(164) Hinsichtlich der Befugnisse der Aufsichtsbehörden, von dem Verantwortlichen oder vom Auftragsverarbeiter Zugang zu personenbezogenen Daten oder zu seinen Räumlichkeiten zu erlangen, können die Mitgliedstaaten in den Grenzen dieser Verordnung den Schutz des Berufsgeheimnisses oder anderer gleichwertiger Geheimhaltungspflichten durch Rechtsvorschriften regeln, soweit dies notwendig ist, um das Recht auf Schutz der personenbezogenen Daten mit einer Pflicht zur Wahrung des Berufsgeheimnisses in Einklang zu bringen. Dies berührt nicht die bestehenden Verpflichtungen der Mitgliedstaaten zum Erlass von Vorschriften über das Berufsgeheimnis, wenn dies aufgrund des Unionsrechts erforderlich ist.

(165) Im Einklang mit Artikel 17 AEUV achtet diese Verordnung den Status, den Kirchen und religiöse Vereinigungen oder Gemeinschaften in den Mitgliedstaaten nach deren bestehenden verfassungsrechtlichen Vorschriften genießen, und beeinträchtigt ihn nicht.

(166) Um die Zielvorgaben dieser Verordnung zu erfüllen, d.h. die Grundrechte und Grundfreiheiten natürlicher Personen und insbesondere ihr Recht auf Schutz ihrer personenbezogenen Daten zu schützen und den freien Verkehr personenbezogener Daten innerhalb der Union zu gewährleisten, sollte der Kommission die Befugnis übertragen werden, gemäß Artikel 290 AEUV Rechtsakte zu erlassen. Delegierte Rechtsakte sollten insbesondere in Bezug auf die für Zertifizierungsverfahren geltenden Kriterien und Anforderungen, die durch standardisierte Bildsymbole darzustellenden Informationen und die Verfahren für die Bereitstellung dieser Bildsymbole erlassen werden. Es ist von besonderer Bedeutung, dass die Kommission im Zuge ihrer Vorbereitungsarbeit angemessene Konsultationen, auch auf der Ebene von Sachverständigen, durchführt. Bei der Vorbereitung und Ausarbeitung delegierter Rechtsakte sollte die Kommission gewährleisten, dass die einschlägigen Dokumente dem Europäischen Parlament und dem Rat gleichzeitig, rechtzeitig und auf angemessene Weise übermittelt werden.

(167) Zur Gewährleistung einheitlicher Bedingungen für die Durchführung dieser Verordnung sollten der Kommission Durchführungsbefugnisse

---

16 Verordnung (EG) Nr. 223/2009 des Europäischen Parlaments und des Rates vom 11. März 2009 über europäische Statistiken und zur Aufhebung der Verordnung (EG, Euratom) Nr. 1101/2008 des Europäischen Parlaments und des Rates über die Übermittlung von unter die Geheimhaltungspflicht fallenden Informationen an das Statistische Amt der Europäischen Gemeinschaften, der Verordnung (EG) Nr. 322/97 des Rates über die Gemeinschaftsstatistiken und des Beschlusses 89/382/EWG, Euratom des Rates zur Einsetzung eines Ausschusses für das Statistische Programm der Europäischen Gemeinschaften (ABl. L 87 vom 31. 3. 2009, S. 164).

übertragen werden, wenn dies in dieser Verordnung vorgesehen ist. Diese Befugnisse sollten nach Maßgabe der Verordnung (EU) Nr. 182/2011 des Europäischen Parlaments und des Rates ausgeübt werden. In diesem Zusammenhang sollte die Kommission besondere Maßnahmen für Kleinstunternehmen sowie kleine und mittlere Unternehmen erwägen.

(168) Für den Erlass von Durchführungsrechtsakten bezüglich Standardvertragsklauseln für Verträge zwischen Verantwortlichen und Auftragsverarbeitern sowie zwischen Auftragsverarbeitern; Verhaltensregeln; technische Standards und Verfahren für die Zertifizierung; Anforderungen an die Angemessenheit des Datenschutzniveaus in einem Drittland, einem Gebiet oder bestimmten Sektor dieses Drittlands oder in einer internationalen Organisation; Standardschutzklauseln; Formate und Verfahren für den Informationsaustausch zwischen Verantwortlichen, Auftragsverarbeitern und Aufsichtsbehörden im Hinblick auf verbindliche interne Datenschutzvorschriften; Amtshilfe; sowie Vorkehrungen für den elektronischen Informationsaustausch zwischen Aufsichtsbehörden und zwischen Aufsichtsbehörden und dem Ausschuss sollte das Prüfverfahren angewandt werden.

(169) Die Kommission sollte sofort geltende Durchführungsrechtsakte erlassen, wenn anhand vorliegender Beweise festgestellt wird, dass ein Drittland, ein Gebiet oder ein bestimmter Sektor in diesem Drittland oder eine internationale Organisation kein angemessenes Schutzniveau gewährleistet, und dies aus Gründen äußerster Dringlichkeit erforderlich ist.

(170) Da das Ziel dieser Verordnung, nämlich die Gewährleistung eines gleichwertigen Datenschutzniveaus für natürliche Personen und des freien Verkehrs personenbezogener Daten in der Union, von den Mitgliedstaaten nicht ausreichend verwirklicht werden kann, sondern vielmehr wegen des Umfangs oder der Wirkungen der Maßnahme auf Unionsebene besser zu verwirklichen ist, kann die Union im Einklang mit dem in Artikel 5 des Vertrags über die Europäische Union (EUV) verankerten Subsidiaritätsprinzip tätig werden. Entsprechend dem in demselben Artikel genannten Grundsatz der Verhältnismäßigkeit geht diese Verordnung nicht über das für die Verwirklichung dieses Ziels erforderliche Maß hinaus.

(171) Die Richtlinie 95/46/EG sollte durch diese Verordnung aufgehoben werden. Verarbeitungen, die zum Zeitpunkt der Anwendung dieser Verordnung bereits begonnen haben, sollten innerhalb von zwei Jahren nach dem Inkrafttreten dieser Verordnung mit ihr in Einklang gebracht werden. Beruhen die Verarbeitungen auf einer Einwilligung gemäß der Richtlinie 95/46/EG, so ist es nicht erforderlich, dass die betroffene Person erneut ihre Einwilligung dazu erteilt, wenn die Art der bereits erteilten Einwilligung den Bedingungen dieser Verordnung entspricht, so dass der Verantwortliche die Verarbeitung nach dem Zeitpunkt der Anwendung der vorliegenden Verordnung fortsetzen kann. Auf der Richtlinie 95/46/EG beruhende Entscheidungen bzw. Beschlüsse der Kommission und Genehmigungen der Aufsichts-

behörden bleiben in Kraft, bis sie geändert, ersetzt oder aufgehoben werden.

(172) Der Europäische Datenschutzbeauftragte wurde gemäß Artikel 28 Absatz 2 der Verordnung (EG) Nr. 45/2001 konsultiert und hat am 7. März 2012[17] eine Stellungnahme abgegeben.

(173) Diese Verordnung sollte auf alle Fragen des Schutzes der Grundrechte und Grundfreiheiten bei der Verarbeitung personenbezogener Daten Anwendung finden, die nicht den in der Richtlinie 2002/58/EG des Europäischen Parlaments und des Rates[18] bestimmte Pflichten, die dasselbe Ziel verfolgen, unterliegen, einschließlich der Pflichten des Verantwortlichen und der Rechte natürlicher Personen. Um das Verhältnis zwischen der vorliegenden Verordnung und der Richtlinie 2002/58/EG klarzustellen, sollte die Richtlinie entsprechend geändert werden. Sobald diese Verordnung angenommen ist, sollte die Richtlinie 2002/58/EG einer Überprüfung unterzogen werden, um insbesondere die Kohärenz mit dieser Verordnung zu gewährleisten –

HABEN FOLGENDE VERORDNUNG ERLASSEN:

Kapitel I Allgemeine Bestimmungen

Artikel 1 Gegenstand und Ziele

(1) Diese Verordnung enthält Vorschriften zum Schutz natürlicher Personen bei der Verarbeitung personenbezogener Daten und zum freien Verkehr solcher Daten.

(2) Diese Verordnung schützt die Grundrechte und Grundfreiheiten natürlicher Personen und insbesondere deren Recht auf Schutz personenbezogener Daten.

(3) Der freie Verkehr personenbezogener Daten in der Union darf aus Gründen des Schutzes natürlicher Personen bei der Verarbeitung personenbezogener Daten weder eingeschränkt noch verboten werden.

Artikel 2 Sachlicher Anwendungsbereich

(1) Diese Verordnung gilt für die ganz oder teilweise automatisierte Verarbeitung personenbezogener Daten sowie für die nichtautomatisierte Verarbeitung personenbezogener Daten, die in einem Dateisystem gespeichert sind oder gespeichert werden sollen.

(2) Diese Verordnung findet keine Anwendung auf die Verarbeitung personenbezogener Daten

---

17 ABl. C 192 vom 30. 6. 2012, S. 7.

18 Richtlinie 2002/58/EG des Europäischen Parlaments und des Rates vom 12. Juli 2002 über die Verarbeitung personenbezogener Daten und den Schutz der Privatsphäre in der elektronischen Kommunikation (Datenschutzrichtlinie für elektronische Kommunikation) (ABl. L 201 vom 31. 7. 2002, S. 37).

a) im Rahmen einer Tätigkeit, die nicht in den Anwendungsbereich des Unionsrechts fällt,
b) durch die Mitgliedstaaten im Rahmen von Tätigkeiten, die in den Anwendungsbereich von Titel V Kapitel 2 EUV fallen,
c) durch natürliche Personen zur Ausübung ausschließlich persönlicher oder familiärer Tätigkeiten,
d) durch die zuständigen Behörden zum Zwecke der Verhütung, Ermittlung, Aufdeckung oder Verfolgung von Straftaten oder der Strafvollstreckung, einschließlich des Schutzes vor und der Abwehr von Gefahren für die öffentliche Sicherheit.

(3) ¹Für die Verarbeitung personenbezogener Daten durch die Organe, Einrichtungen, Ämter und Agenturen der Union gilt die Verordnung (EG) Nr. 45/2001. ²Die Verordnung (EG) Nr. 45/2001 und sonstige Rechtsakte der Union, die diese Verarbeitung personenbezogener Daten regeln, werden im Einklang mit Artikel 98 an die Grundsätze und Vorschriften der vorliegenden Verordnung angepasst.

(4) Die vorliegende Verordnung lässt die Anwendung der Richtlinie 2000/31/EG und speziell die Vorschriften der Artikel 12 bis 15 dieser Richtlinie zur Verantwortlichkeit der Vermittler unberührt.

Artikel 3 Räumlicher Anwendungsbereich

(1) Diese Verordnung findet Anwendung auf die Verarbeitung personenbezogener Daten, soweit diese im Rahmen der Tätigkeiten einer Niederlassung eines Verantwortlichen oder eines Auftragsverarbeiters in der Union erfolgt, unabhängig davon, ob die Verarbeitung in der Union stattfindet.

(2) Diese Verordnung findet Anwendung auf die Verarbeitung personenbezogener Daten von betroffenen Personen, die sich in der Union befinden, durch einen nicht in der Union niedergelassenen Verantwortlichen oder Auftragsverarbeiter, wenn die Datenverarbeitung im Zusammenhang damit steht

a) betroffenen Personen in der Union Waren oder Dienstleistungen anzubieten, unabhängig davon, ob von diesen betroffenen Personen eine Zahlung zu leisten ist;
b) das Verhalten betroffener Personen zu beobachten, soweit ihr Verhalten in der Union erfolgt.

(3) Diese Verordnung findet Anwendung auf die Verarbeitung personenbezogener Daten durch einen nicht in der Union niedergelassenen Verantwortlichen an einem Ort, der aufgrund Völkerrechts dem Recht eines Mitgliedstaats unterliegt.

Artikel 4 Begriffsbestimmungen

Im Sinne dieser Verordnung bezeichnet der Ausdruck:

1. „personenbezogene Daten" alle Informationen, die sich auf eine identifizierte oder identifizierbare natürliche Person (im Folgenden „betroffene Person") beziehen; als identifizierbar wird eine natürliche Person angesehen, die direkt oder indirekt, insbesondere mittels Zuord-

nung zu einer Kennung wie einem Namen, zu einer Kennnummer, zu Standortdaten, zu einer Online-Kennung oder zu einem oder mehreren besonderen Merkmalen, die Ausdruck der physischen, physiologischen, genetischen, psychischen, wirtschaftlichen, kulturellen oder sozialen Identität dieser natürlichen Person sind, identifiziert werden kann;

2. „Verarbeitung" jeden mit oder ohne Hilfe automatisierter Verfahren ausgeführten Vorgang oder jede solche Vorgangsreihe im Zusammenhang mit personenbezogenen Daten wie das Erheben, das Erfassen, die Organisation, das Ordnen, die Speicherung, die Anpassung oder Veränderung, das Auslesen, das Abfragen, die Verwendung, die Offenlegung durch Übermittlung, Verbreitung oder eine andere Form der Bereitstellung, den Abgleich oder die Verknüpfung, die Einschränkung, das Löschen oder die Vernichtung;

3. „Einschränkung der Verarbeitung" die Markierung gespeicherter personenbezogener Daten mit dem Ziel, ihre künftige Verarbeitung einzuschränken;

4. „Profiling" jede Art der automatisierten Verarbeitung personenbezogener Daten, die darin besteht, dass diese personenbezogenen Daten verwendet werden, um bestimmte persönliche Aspekte, die sich auf eine natürliche Person beziehen, zu bewerten, insbesondere um Aspekte bezüglich Arbeitsleistung, wirtschaftliche Lage, Gesundheit, persönliche Vorlieben, Interessen, Zuverlässigkeit, Verhalten, Aufenthaltsort oder Ortswechsel dieser natürlichen Person zu analysieren oder vorherzusagen;

5. „Pseudonymisierung" die Verarbeitung personenbezogener Daten in einer Weise, dass die personenbezogenen Daten ohne Hinzuziehung zusätzlicher Informationen nicht mehr einer spezifischen betroffenen Person zugeordnet werden können, sofern diese zusätzlichen Informationen gesondert aufbewahrt werden und technischen und organisatorischen Maßnahmen unterliegen, die gewährleisten, dass die personenbezogenen Daten nicht einer identifizierten oder identifizierbaren natürlichen Person zugewiesen werden;

6. „Dateisystem" jede strukturierte Sammlung personenbezogener Daten, die nach bestimmten Kriterien zugänglich sind, unabhängig davon, ob diese Sammlung zentral, dezentral oder nach funktionalen oder geografischen Gesichtspunkten geordnet geführt wird;

7. „Verantwortlicher" die natürliche oder juristische Person, Behörde, Einrichtung oder andere Stelle, die allein oder gemeinsam mit anderen über die Zwecke und Mittel der Verarbeitung von personenbezogenen Daten entscheidet; sind die Zwecke und Mittel dieser Verarbeitung durch das Unionsrecht oder das Recht der Mitgliedstaaten vorgegeben, so kann der Verantwortliche beziehungsweise können die bestimmten Kriterien seiner Benennung nach dem Unionsrecht oder dem Recht der Mitgliedstaaten vorgesehen werden;

8. „Auftragsverarbeiter" eine natürliche oder juristische Person, Behörde, Einrichtung oder andere Stelle, die personenbezogene Daten im Auftrag des Verantwortlichen verarbeitet;

9. „Empfänger" eine natürliche oder juristische Person, Behörde, Einrichtung oder andere Stelle, der personenbezogene Daten offengelegt werden, unabhängig davon, ob es sich bei ihr um einen Dritten handelt oder nicht. Behörden, die im Rahmen eines bestimmten Untersuchungsauftrags nach dem Unionsrecht oder dem Recht der Mitgliedstaaten möglicherweise personenbezogene Daten erhalten, gelten jedoch nicht als Empfänger; die Verarbeitung dieser Daten durch die genannten Behörden erfolgt im Einklang mit den geltenden Datenschutzvorschriften gemäß den Zwecken der Verarbeitung;

10. „Dritter" eine natürliche oder juristische Person, Behörde, Einrichtung oder andere Stelle, außer der betroffenen Person, dem Verantwortlichen, dem Auftragsverarbeiter und den Personen, die unter der unmittelbaren Verantwortung des Verantwortlichen oder des Auftragsverarbeiters befugt sind, die personenbezogenen Daten zu verarbeiten;

11. „Einwilligung" der betroffenen Person jede freiwillig für den bestimmten Fall, in informierter Weise und unmissverständlich abgegebene Willensbekundung in Form einer Erklärung oder einer sonstigen eindeutigen bestätigenden Handlung, mit der die betroffene Person zu verstehen gibt, dass sie mit der Verarbeitung der sie betreffenden personenbezogenen Daten einverstanden ist;

12. „Verletzung des Schutzes personenbezogener Daten" eine Verletzung der Sicherheit, die, ob unbeabsichtigt oder unrechtmäßig, zur Vernichtung, zum Verlust, zur Veränderung, oder zur unbefugten Offenlegung von beziehungsweise zum unbefugten Zugang zu personenbezogenen Daten führt, die übermittelt, gespeichert oder auf sonstige Weise verarbeitet wurden;

13. „genetische Daten" personenbezogene Daten zu den ererbten oder erworbenen genetischen Eigenschaften einer natürlichen Person, die eindeutige Informationen über die Physiologie oder die Gesundheit dieser natürlichen Person liefern und insbesondere aus der Analyse einer biologischen Probe der betreffenden natürlichen Person gewonnen wurden;

14. „biometrische Daten" mit speziellen technischen Verfahren gewonnene personenbezogene Daten zu den physischen, physiologischen oder verhaltenstypischen Merkmalen einer natürlichen Person, die die eindeutige Identifizierung dieser natürlichen Person ermöglichen oder bestätigen, wie Gesichtsbilder oder daktyloskopische Daten;

15. „Gesundheitsdaten" personenbezogene Daten, die sich auf die körperliche oder geistige Gesundheit einer natürlichen Person, einschließlich der Erbringung von Gesundheitsdienstleistungen, beziehen und aus denen Informationen über deren Gesundheitszustand hervorgehen;

16. „Hauptniederlassung"

a) im Falle eines Verantwortlichen mit Niederlassungen in mehr als einem Mitgliedstaat den Ort seiner Hauptverwaltung in der Union, es sei denn, die Entscheidungen hinsichtlich der Zwecke und Mittel der Verarbeitung personenbezogener Daten werden in einer anderen Niederlassung des Verantwortlichen in der Union getroffen und diese Niederlassung ist befugt, diese Entscheidungen umsetzen zu lassen; in diesem Fall gilt die Niederlassung, die derartige Entscheidungen trifft, als Hauptniederlassung;

b) im Falle eines Auftragsverarbeiters mit Niederlassungen in mehr als einem Mitgliedstaat den Ort seiner Hauptverwaltung in der Union oder, sofern der Auftragsverarbeiter keine Hauptverwaltung in der Union hat, die Niederlassung des Auftragsverarbeiters in der Union, in der die Verarbeitungstätigkeiten im Rahmen der Tätigkeiten einer Niederlassung eines Auftragsverarbeiters hauptsächlich stattfinden, soweit der Auftragsverarbeiter spezifischen Pflichten aus dieser Verordnung unterliegt;

17. „Vertreter" eine in der Union niedergelassene natürliche oder juristische Person, die von dem Verantwortlichen oder Auftragsverarbeiter schriftlich gemäß Artikel 27 bestellt wurde und den Verantwortlichen oder Auftragsverarbeiter in Bezug auf die ihnen jeweils nach dieser Verordnung obliegenden Pflichten vertritt;

18. „Unternehmen" eine natürliche und juristische Person, die eine wirtschaftliche Tätigkeit ausübt, unabhängig von ihrer Rechtsform, einschließlich Personengesellschaften oder Vereinigungen, die regelmäßig einer wirtschaftlichen Tätigkeit nachgehen;

19. „Unternehmensgruppe" eine Gruppe, die aus einem herrschenden Unternehmen und den von diesem abhängigen Unternehmen besteht;

20. „verbindliche interne Datenschutzvorschriften" Maßnahmen zum Schutz personenbezogener Daten, zu deren Einhaltung sich ein im Hoheitsgebiet eines Mitgliedstaats niedergelassener Verantwortlicher oder Auftragsverarbeiter verpflichtet im Hinblick auf Datenübermittlungen oder eine Kategorie von Datenübermittlungen personenbezogener Daten an einen Verantwortlichen oder Auftragsverarbeiter derselben Unternehmensgruppe oder derselben Gruppe von Unternehmen, die eine gemeinsame Wirtschaftstätigkeit ausüben, in einem oder mehreren Drittländern;

21. „Aufsichtsbehörde" eine von einem Mitgliedstaat gemäß Artikel 51 eingerichtete unabhängige staatliche Stelle;

22. „betroffene Aufsichtsbehörde" eine Aufsichtsbehörde, die von der Verarbeitung personenbezogener Daten betroffen ist, weil

a) der Verantwortliche oder der Auftragsverarbeiter im Hoheitsgebiet des Mitgliedstaats dieser Aufsichtsbehörde niedergelassen ist,

b) diese Verarbeitung erhebliche Auswirkungen auf betroffene Personen mit Wohnsitz im Mitgliedstaat dieser Aufsichtsbehörde hat oder haben kann oder

c) eine Beschwerde bei dieser Aufsichtsbehörde eingereicht wurde;

23. „grenzüberschreitende Verarbeitung" entweder

a) eine Verarbeitung personenbezogener Daten, die im Rahmen der Tätigkeiten von Niederlassungen eines Verantwortlichen oder eines Auftragsverarbeiters in der Union in mehr als einem Mitgliedstaat erfolgt, wenn der Verantwortliche oder Auftragsverarbeiter in mehr als einem Mitgliedstaat niedergelassen ist, oder

b) eine Verarbeitung personenbezogener Daten, die im Rahmen der Tätigkeiten einer einzelnen Niederlassung eines Verantwortlichen oder eines Auftragsverarbeiters in der Union erfolgt, die jedoch er-

     hebliche Auswirkungen auf betroffene Personen in mehr als einem
     Mitgliedstaat hat oder haben kann;

24. „maßgeblicher und begründeter Einspruch" einen Einspruch gegen
einen Beschlussentwurf im Hinblick darauf, ob ein Verstoß gegen diese Verordnung vorliegt oder ob beabsichtigte Maßnahmen gegen den
Verantwortlichen oder den Auftragsverarbeiter im Einklang mit dieser
Verordnung steht, wobei aus diesem Einspruch die Tragweite der Risiken klar hervorgeht, die von dem Beschlussentwurf in Bezug auf die
Grundrechte und Grundfreiheiten der betroffenen Personen und gegebenenfalls den freien Verkehr personenbezogener Daten in der Union
ausgehen;

25. „Dienst der Informationsgesellschaft" eine Dienstleistung im Sinne des
Artikels 1 Nummer 1 Buchstabe b der Richtlinie (EU) 2015/1535 des
Europäischen Parlaments und des Rates[1];

26. „internationale Organisation" eine völkerrechtliche Organisation und
ihre nachgeordneten Stellen oder jede sonstige Einrichtung, die durch
eine zwischen zwei oder mehr Ländern geschlossene Übereinkunft
oder auf der Grundlage einer solchen Übereinkunft geschaffen wurde.

Kapitel II Grundsätze

Artikel 5 Grundsätze für die Verarbeitung personenbezogener Daten

(1) Personenbezogene Daten müssen

a) auf rechtmäßige Weise, nach Treu und Glauben und in einer für die betroffene Person nachvollziehbaren Weise verarbeitet werden („Rechtmäßigkeit, Verarbeitung nach Treu und Glauben, Transparenz");

b) für festgelegte, eindeutige und legitime Zwecke erhoben werden und
dürfen nicht in einer mit diesen Zwecken nicht zu vereinbarenden Weise weiterverarbeitet werden; eine Weiterverarbeitung für im öffentlichen Interesse liegende Archivzwecke, für wissenschaftliche oder historische Forschungszwecke oder für statistische Zwecke gilt gemäß Artikel 89 Absatz 1 nicht als unvereinbar mit den ursprünglichen Zwecken
(„Zweckbindung");

c) dem Zweck angemessen und erheblich sowie auf das für die Zwecke
der Verarbeitung notwendige Maß beschränkt sein („Datenminimierung");

d) sachlich richtig und erforderlichenfalls auf dem neuesten Stand sein; es
sind alle angemessenen Maßnahmen zu treffen, damit personenbezogene Daten, die im Hinblick auf die Zwecke ihrer Verarbeitung unrichtig
sind, unverzüglich gelöscht oder berichtigt werden („Richtigkeit");

e) in einer Form gespeichert werden, die die Identifizierung der betroffenen Personen nur so lange ermöglicht, wie es für die Zwecke, für die
sie verarbeitet werden, erforderlich ist; personenbezogene Daten dürfen
länger gespeichert werden, soweit die personenbezogenen Daten vorbe-

---

1 Richtlinie (EU) 2015/1535 des Europäischen Parlaments und des Rates vom 9. September 2015 über ein Informationsverfahren auf dem Gebiet der technischen Vorschriften und der Vorschriften für die Dienste der Informationsgesellschaft (ABl. L
241 vom 17. 9. 2015, S. 1).

haltlich der Durchführung geeigneter technischer und organisatorischer Maßnahmen, die von dieser Verordnung zum Schutz der Rechte und Freiheiten der betroffenen Person gefordert werden, ausschließlich für im öffentlichen Interesse liegende Archivzwecke oder für wissenschaftliche und historische Forschungszwecke oder für statistische Zwecke gemäß Artikel 89 Absatz 1 verarbeitet werden („Speicherbegrenzung");

f) in einer Weise verarbeitet werden, die eine angemessene Sicherheit der personenbezogenen Daten gewährleistet, einschließlich Schutz vor unbefugter oder unrechtmäßiger Verarbeitung und vor unbeabsichtigtem Verlust, unbeabsichtigter Zerstörung oder unbeabsichtigter Schädigung durch geeignete technische und organisatorische Maßnahmen („Integrität und Vertraulichkeit");

(2) Der Verantwortliche ist für die Einhaltung des Absatzes 1 verantwortlich und muss dessen Einhaltung nachweisen können („Rechenschaftspflicht").

Artikel 6   Rechtmäßigkeit der Verarbeitung

(1) ¹Die Verarbeitung ist nur rechtmäßig, wenn mindestens eine der nachstehenden Bedingungen erfüllt ist:

a) Die betroffene Person hat ihre Einwilligung zu der Verarbeitung der sie betreffenden personenbezogenen Daten für einen oder mehrere bestimmte Zwecke gegeben;

b) die Verarbeitung ist für die Erfüllung eines Vertrags, dessen Vertragspartei die betroffene Person ist, oder zur Durchführung vorvertraglicher Maßnahmen erforderlich, die auf Anfrage der betroffenen Person erfolgen;

c) die Verarbeitung ist zur Erfüllung einer rechtlichen Verpflichtung erforderlich, der der Verantwortliche unterliegt;

d) die Verarbeitung ist erforderlich, um lebenswichtige Interessen der betroffenen Person oder einer anderen natürlichen Person zu schützen;

e) die Verarbeitung ist für die Wahrnehmung einer Aufgabe erforderlich, die im öffentlichen Interesse liegt oder in Ausübung öffentlicher Gewalt erfolgt, die dem Verantwortlichen übertragen wurde;

f) die Verarbeitung ist zur Wahrung der berechtigten Interessen des Verantwortlichen oder eines Dritten erforderlich, sofern nicht die Interessen oder Grundrechte und Grundfreiheiten der betroffenen Person, die den Schutz personenbezogener Daten erfordern, überwiegen, insbesondere dann, wenn es sich bei der betroffenen Person um ein Kind handelt.

²Unterabsatz 1 Buchstabe f gilt nicht für die von Behörden in Erfüllung ihrer Aufgaben vorgenommene Verarbeitung.

(2) Die Mitgliedstaaten können spezifischere Bestimmungen zur Anpassung der Anwendung der Vorschriften dieser Verordnung in Bezug auf die Verarbeitung zur Erfüllung von Absatz 1 Buchstaben c und e beibehalten oder einführen, indem sie spezifische Anforderungen für die Verarbeitung sowie sonstige Maßnahmen präziser bestimmen, um eine rechtmäßig und nach Treu und Glauben erfolgende Verarbeitung zu gewährleisten, ein-

schließlich für andere besondere Verarbeitungssituationen gemäß Kapitel IX.

(3) [1]Die Rechtsgrundlage für die Verarbeitungen gemäß Absatz 1 Buchstaben c und e wird festgelegt durch
a) Unionsrecht oder
b) das Recht der Mitgliedstaaten, dem der Verantwortliche unterliegt.
[2]Der Zweck der Verarbeitung muss in dieser Rechtsgrundlage festgelegt oder hinsichtlich der Verarbeitung gemäß Absatz 1 Buchstabe e für die Erfüllung einer Aufgabe erforderlich sein, die im öffentlichen Interesse liegt oder in Ausübung öffentlicher Gewalt erfolgt, die dem Verantwortlichen übertragen wurde. [3]Diese Rechtsgrundlage kann spezifische Bestimmungen zur Anpassung der Anwendung der Vorschriften dieser Verordnung enthalten, unter anderem Bestimmungen darüber, welche allgemeinen Bedingungen für die Regelung der Rechtmäßigkeit der Verarbeitung durch den Verantwortlichen gelten, welche Arten von Daten verarbeitet werden, welche Personen betroffen sind, an welche Einrichtungen und für welche Zwecke die personenbezogenen Daten offengelegt werden dürfen, welcher Zweckbindung sie unterliegen, wie lange sie gespeichert werden dürfen und welche Verarbeitungsvorgänge und -verfahren angewandt werden dürfen, einschließlich Maßnahmen zur Gewährleistung einer rechtmäßig und nach Treu und Glauben erfolgenden Verarbeitung, wie solche für sonstige besondere Verarbeitungssituationen gemäß Kapitel IX. [4]Das Unionsrecht oder das Recht der Mitgliedstaaten müssen ein im öffentlichen Interesse liegendes Ziel verfolgen und in einem angemessenen Verhältnis zu dem verfolgten legitimen Zweck stehen.

(4) Beruht die Verarbeitung zu einem anderen Zweck als zu demjenigen, zu dem die personenbezogenen Daten erhoben wurden, nicht auf der Einwilligung der betroffenen Person oder auf einer Rechtsvorschrift der Union oder der Mitgliedstaaten, die in einer demokratischen Gesellschaft eine notwendige und verhältnismäßige Maßnahme zum Schutz der in Artikel 23 Absatz 1 genannten Ziele darstellt, so berücksichtigt der Verantwortliche – um festzustellen, ob die Verarbeitung zu einem anderen Zweck mit demjenigen, zu dem die personenbezogenen Daten ursprünglich erhoben wurden, vereinbar ist – unter anderem

a) jede Verbindung zwischen den Zwecken, für die die personenbezogenen Daten erhoben wurden, und den Zwecken der beabsichtigten Weiterverarbeitung,
b) den Zusammenhang, in dem die personenbezogenen Daten erhoben wurden, insbesondere hinsichtlich des Verhältnisses zwischen den betroffenen Personen und dem Verantwortlichen,
c) die Art der personenbezogenen Daten, insbesondere ob besondere Kategorien personenbezogener Daten gemäß Artikel 9 verarbeitet werden oder ob personenbezogene Daten über strafrechtliche Verurteilungen und Straftaten gemäß Artikel 10 verarbeitet werden,
d) die möglichen Folgen der beabsichtigten Weiterverarbeitung für die betroffenen Personen,
e) das Vorhandensein geeigneter Garantien, wozu Verschlüsselung oder Pseudonymisierung gehören kann.

Artikel 7 Bedingungen für die Einwilligung

(1) Beruht die Verarbeitung auf einer Einwilligung, muss der Verantwortliche nachweisen können, dass die betroffene Person in die Verarbeitung ihrer personenbezogenen Daten eingewilligt hat.

(2) [1]Erfolgt die Einwilligung der betroffenen Person durch eine schriftliche Erklärung, die noch andere Sachverhalte betrifft, so muss das Ersuchen um Einwilligung in verständlicher und leicht zugänglicher Form in einer klaren und einfachen Sprache so erfolgen, dass es von den anderen Sachverhalten klar zu unterscheiden ist. [2]Teile der Erklärung sind dann nicht verbindlich, wenn sie einen Verstoß gegen diese Verordnung darstellen.

(3) [1]Die betroffene Person hat das Recht, ihre Einwilligung jederzeit zu widerrufen. [2]Durch den Widerruf der Einwilligung wird die Rechtmäßigkeit der aufgrund der Einwilligung bis zum Widerruf erfolgten Verarbeitung nicht berührt. [3]Die betroffene Person wird vor Abgabe der Einwilligung hiervon in Kenntnis gesetzt. [4]Der Widerruf der Einwilligung muss so einfach wie die Erteilung der Einwilligung sein.

(4) Bei der Beurteilung, ob die Einwilligung freiwillig erteilt wurde, muss dem Umstand in größtmöglichem Umfang Rechnung getragen werden, ob unter anderem die Erfüllung eines Vertrags, einschließlich der Erbringung einer Dienstleistung, von der Einwilligung zu einer Verarbeitung von personenbezogenen Daten abhängig ist, die für die Erfüllung des Vertrags nicht erforderlich sind.

Artikel 8 Bedingungen für die Einwilligung eines Kindes in Bezug auf Dienste der Informationsgesellschaft

(1) [1]Gilt Artikel 6 Absatz 1 Buchstabe a bei einem Angebot von Diensten der Informationsgesellschaft, das einem Kind direkt gemacht wird, so ist die Verarbeitung der personenbezogenen Daten des Kindes rechtmäßig, wenn das Kind das sechzehnte Lebensjahr vollendet hat. [2]Hat das Kind noch nicht das sechzehnte Lebensjahr vollendet, so ist diese Verarbeitung nur rechtmäßig, sofern und soweit diese Einwilligung durch den Träger der elterlichen Verantwortung für das Kind oder mit dessen Zustimmung erteilt wird.

Die Mitgliedstaaten können durch Rechtsvorschriften zu diesen Zwecken eine niedrigere Altersgrenze vorsehen, die jedoch nicht unter dem vollendeten dreizehnten Lebensjahr liegen darf.

(2) Der Verantwortliche unternimmt unter Berücksichtigung der verfügbaren Technik angemessene Anstrengungen, um sich in solchen Fällen zu vergewissern, dass die Einwilligung durch den Träger der elterlichen Verantwortung für das Kind oder mit dessen Zustimmung erteilt wurde.

(3) Absatz 1 lässt das allgemeine Vertragsrecht der Mitgliedstaaten, wie etwa die Vorschriften zur Gültigkeit, zum Zustandekommen oder zu den Rechtsfolgen eines Vertrags in Bezug auf ein Kind, unberührt.

Artikel 9   Verarbeitung besonderer Kategorien personenbezogener Daten

(1) Die Verarbeitung personenbezogener Daten, aus denen die rassische und ethnische Herkunft, politische Meinungen, religiöse oder weltanschauliche Überzeugungen oder die Gewerkschaftszugehörigkeit hervorgehen, sowie die Verarbeitung von genetischen Daten, biometrischen Daten zur eindeutigen Identifizierung einer natürlichen Person, Gesundheitsdaten oder Daten zum Sexualleben oder der sexuellen Orientierung einer natürlichen Person ist untersagt.

(2) Absatz 1 gilt nicht in folgenden Fällen:

a) Die betroffene Person hat in die Verarbeitung der genannten personenbezogenen Daten für einen oder mehrere festgelegte Zwecke ausdrücklich eingewilligt, es sei denn, nach Unionsrecht oder dem Recht der Mitgliedstaaten kann das Verbot nach Absatz 1 durch die Einwilligung der betroffenen Person nicht aufgehoben werden,

b) die Verarbeitung ist erforderlich, damit der Verantwortliche oder die betroffene Person die ihm bzw. ihr aus dem Arbeitsrecht und dem Recht der sozialen Sicherheit und des Sozialschutzes erwachsenden Rechte ausüben und seinen bzw. ihren diesbezüglichen Pflichten nachkommen kann, soweit dies nach Unionsrecht oder dem Recht der Mitgliedstaaten oder einer Kollektivvereinbarung nach dem Recht der Mitgliedstaaten, das geeignete Garantien für die Grundrechte und die Interessen der betroffenen Person vorsieht, zulässig ist,

c) die Verarbeitung ist zum Schutz lebenswichtiger Interessen der betroffenen Person oder einer anderen natürlichen Person erforderlich und die betroffene Person ist aus körperlichen oder rechtlichen Gründen außerstande, ihre Einwilligung zu geben,

d) die Verarbeitung erfolgt auf der Grundlage geeigneter Garantien durch eine politisch, weltanschaulich, religiös oder gewerkschaftlich ausgerichtete Stiftung, Vereinigung oder sonstige Organisation ohne Gewinnerzielungsabsicht im Rahmen ihrer rechtmäßigen Tätigkeiten und unter der Voraussetzung, dass sich die Verarbeitung ausschließlich auf die Mitglieder oder ehemalige Mitglieder der Organisation oder auf Personen, die im Zusammenhang mit deren Tätigkeitszweck regelmäßige Kontakte mit ihr unterhalten, bezieht und die personenbezogenen Daten nicht ohne Einwilligung der betroffenen Personen nach außen offengelegt werden,

e) die Verarbeitung bezieht sich auf personenbezogene Daten, die die betroffene Person offensichtlich öffentlich gemacht hat,

f) die Verarbeitung ist zur Geltendmachung, Ausübung oder Verteidigung von Rechtsansprüchen oder bei Handlungen der Gerichte im Rahmen ihrer justiziellen Tätigkeit erforderlich,

g) die Verarbeitung ist auf der Grundlage des Unionsrechts oder des Rechts eines Mitgliedstaats, das in angemessenem Verhältnis zu dem verfolgten Ziel steht, den Wesensgehalt des Rechts auf Datenschutz wahrt und angemessene und spezifische Maßnahmen zur Wahrung der Grundrechte und Interessen der betroffenen Person vorsieht, aus Gründen eines erheblichen öffentlichen Interesses erforderlich,

h) die Verarbeitung ist für Zwecke der Gesundheitsvorsorge oder der Arbeitsmedizin, für die Beurteilung der Arbeitsfähigkeit des Beschäftigten, für die medizinische Diagnostik, die Versorgung oder Behandlung im Gesundheits- oder Sozialbereich oder für die Verwaltung von Systemen und Diensten im Gesundheits- oder Sozialbereich auf der Grundlage des Unionsrechts oder des Rechts eines Mitgliedstaats oder aufgrund eines Vertrags mit einem Angehörigen eines Gesundheitsberufs und vorbehaltlich der in Absatz 3 genannten Bedingungen und Garantien erforderlich,

i) die Verarbeitung ist aus Gründen des öffentlichen Interesses im Bereich der öffentlichen Gesundheit, wie dem Schutz vor schwerwiegenden grenzüberschreitenden Gesundheitsgefahren oder zur Gewährleistung hoher Qualitäts- und Sicherheitsstandards bei der Gesundheitsversorgung und bei Arzneimitteln und Medizinprodukten, auf der Grundlage des Unionsrechts oder des Rechts eines Mitgliedstaats, das angemessene und spezifische Maßnahmen zur Wahrung der Rechte und Freiheiten der betroffenen Person, insbesondere des Berufsgeheimnisses, vorsieht, erforderlich, oder

j) die Verarbeitung ist auf der Grundlage des Unionsrechts oder des Rechts eines Mitgliedstaats, das in angemessenem Verhältnis zu dem verfolgten Ziel steht, den Wesensgehalt des Rechts auf Datenschutz wahrt und angemessene und spezifische Maßnahmen zur Wahrung der Grundrechte und Interessen der betroffenen Person vorsieht, für im öffentlichen Interesse liegende Archivzwecke, für wissenschaftliche oder historische Forschungszwecke oder für statistische Zwecke gemäß Artikel 89 Absatz 1 erforderlich.

(3) Die in Absatz 1 genannten personenbezogenen Daten dürfen zu den in Absatz 2 Buchstabe h genannten Zwecken verarbeitet werden, wenn diese Daten von Fachpersonal oder unter dessen Verantwortung verarbeitet werden und dieses Fachpersonal nach dem Unionsrecht oder dem Recht eines Mitgliedstaats oder den Vorschriften nationaler zuständiger Stellen dem Berufsgeheimnis unterliegt, oder wenn die Verarbeitung durch eine andere Person erfolgt, die ebenfalls nach dem Unionsrecht oder dem Recht eines Mitgliedstaats oder den Vorschriften nationaler zuständiger Stellen einer Geheimhaltungspflicht unterliegt.

(4) Die Mitgliedstaaten können zusätzliche Bedingungen, einschließlich Beschränkungen, einführen oder aufrechterhalten, soweit die Verarbeitung von genetischen, biometrischen oder Gesundheitsdaten betroffen ist.

Artikel 10   Verarbeitung von personenbezogenen Daten über strafrechtliche Verurteilungen und Straftaten

[1]Die Verarbeitung personenbezogener Daten über strafrechtliche Verurteilungen und Straftaten oder damit zusammenhängende Sicherungsmaßregeln aufgrund von Artikel 6 Absatz 1 darf nur unter behördlicher Aufsicht vorgenommen werden oder wenn dies nach dem Unionsrecht oder dem Recht der Mitgliedstaaten, das geeignete Garantien für die Rechte und Freiheiten der betroffenen Personen vorsieht, zulässig ist. [2]Ein umfassendes

Register der strafrechtlichen Verurteilungen darf nur unter behördlicher Aufsicht geführt werden.

Artikel 11 Verarbeitung, für die eine Identifizierung der betroffenen Person nicht erforderlich ist

(1) Ist für die Zwecke, für die ein Verantwortlicher personenbezogene Daten verarbeitet, die Identifizierung der betroffenen Person durch den Verantwortlichen nicht oder nicht mehr erforderlich, so ist dieser nicht verpflichtet, zur bloßen Einhaltung dieser Verordnung zusätzliche Informationen aufzubewahren, einzuholen oder zu verarbeiten, um die betroffene Person zu identifizieren.

(2) [1]Kann der Verantwortliche in Fällen gemäß Absatz 1 des vorliegenden Artikels nachweisen, dass er nicht in der Lage ist, die betroffene Person zu identifizieren, so unterrichtet er die betroffene Person hierüber, sofern möglich. [2]In diesen Fällen finden die Artikel 15 bis 20 keine Anwendung, es sei denn, die betroffene Person stellt zur Ausübung ihrer in diesen Artikeln niedergelegten Rechte zusätzliche Informationen bereit, die ihre Identifizierung ermöglichen.

Kapitel III Rechte der betroffenen Person

Abschnitt 1 Transparenz und Modalitäten

Artikel 12 Transparente Information, Kommunikation und Modalitäten für die Ausübung der Rechte der betroffenen Person

(1) [1]Der Verantwortliche trifft geeignete Maßnahmen, um der betroffenen Person alle Informationen gemäß den Artikeln 13 und 14 und alle Mitteilungen gemäß den Artikeln 15 bis 22 und Artikel 34, die sich auf die Verarbeitung beziehen, in präziser, transparenter, verständlicher und leicht zugänglicher Form in einer klaren und einfachen Sprache zu übermitteln; dies gilt insbesondere für Informationen, die sich speziell an Kinder richten. [2]Die Übermittlung der Informationen erfolgt schriftlich oder in anderer Form, gegebenenfalls auch elektronisch. [3]Falls von der betroffenen Person verlangt, kann die Information mündlich erteilt werden, sofern die Identität der betroffenen Person in anderer Form nachgewiesen wurde.

(2) [1]Der Verantwortliche erleichtert der betroffenen Person die Ausübung ihrer Rechte gemäß den Artikeln 15 bis 22. [2]In den in Artikel 11 Absatz 2 genannten Fällen darf sich der Verantwortliche nur dann weigern, aufgrund des Antrags der betroffenen Person auf Wahrnehmung ihrer Rechte gemäß den Artikeln 15 bis 22 tätig zu werden, wenn er glaubhaft macht, dass er nicht in der Lage ist, die betroffene Person zu identifizieren.

(3) [1]Der Verantwortliche stellt der betroffenen Person Informationen über die auf Antrag gemäß den Artikeln 15 bis 22 ergriffenen Maßnahmen unverzüglich, in jedem Fall aber innerhalb eines Monats nach Eingang des Antrags zur Verfügung. [2]Diese Frist kann um weitere zwei Monate verlängert werden, wenn dies unter Berücksichtigung der Komplexität und der Anzahl von Anträgen erforderlich ist. [3]Der Verantwortliche unterrichtet die

betroffene Person innerhalb eines Monats nach Eingang des Antrags über eine Fristverlängerung, zusammen mit den Gründen für die Verzögerung. [4]Stellt die betroffene Person den Antrag elektronisch, so ist sie nach Möglichkeit auf elektronischem Weg zu unterrichten, sofern sie nichts anderes angibt.

(4) Wird der Verantwortliche auf den Antrag der betroffenen Person hin nicht tätig, so unterrichtet er die betroffene Person ohne Verzögerung, spätestens aber innerhalb eines Monats nach Eingang des Antrags über die Gründe hierfür und über die Möglichkeit, bei einer Aufsichtsbehörde Beschwerde einzulegen oder einen gerichtlichen Rechtsbehelf einzulegen.

(5) [1]Informationen gemäß den Artikeln 13 und 14 sowie alle Mitteilungen und Maßnahmen gemäß den Artikeln 15 bis 22 und Artikel 34 werden unentgeltlich zur Verfügung gestellt. [2]Bei offenkundig unbegründeten oder – insbesondere im Fall von häufiger Wiederholung – excessiven Anträgen einer betroffenen Person kann der Verantwortliche entweder

a) ein angemessenes Entgelt verlangen, bei dem die Verwaltungskosten für die Unterrichtung oder die Mitteilung oder die Durchführung der beantragten Maßnahme berücksichtigt werden, oder

b) sich weigern, aufgrund des Antrags tätig zu werden.

[3]Der Verantwortliche hat den Nachweis für den offenkundig unbegründeten oder excessiven Charakter des Antrags zu erbringen.

(6) Hat der Verantwortliche begründete Zweifel an der Identität der natürlichen Person, die den Antrag gemäß den Artikeln 15 bis 21 stellt, so kann er unbeschadet des Artikels 11 zusätzliche Informationen anfordern, die zur Bestätigung der Identität der betroffenen Person erforderlich sind.

(7) [1]Die Informationen, die den betroffenen Personen gemäß den Artikeln 13 und 14 bereitzustellen sind, können in Kombination mit standardisierten Bildsymbolen bereitgestellt werden, um in leicht wahrnehmbarer, verständlicher und klar nachvollziehbarer Form einen aussagekräftigen Überblick über die beabsichtigte Verarbeitung zu vermitteln. [2]Werden die Bildsymbole in elektronischer Form dargestellt, müssen sie maschinenlesbar sein.

(8) Der Kommission wird die Befugnis übertragen, gemäß Artikel 92 delegierte Rechtsakte zur Bestimmung der Informationen, die durch Bildsymbole darzustellen sind, und der Verfahren für die Bereitstellung standardisierter Bildsymbole zu erlassen.

Abschnitt 2 Informationspflicht und Recht auf Auskunft zu personenbezogenen Daten

Artikel 13 Informationspflicht bei Erhebung von personenbezogenen Daten bei der betroffenen Person

(1) Werden personenbezogene Daten bei der betroffenen Person erhoben, so teilt der Verantwortliche der betroffenen Person zum Zeitpunkt der Erhebung dieser Daten Folgendes mit:

a) den Namen und die Kontaktdaten des Verantwortlichen sowie gegebenenfalls seines Vertreters;

b) gegebenenfalls die Kontaktdaten des Datenschutzbeauftragten;

c) die Zwecke, für die die personenbezogenen Daten verarbeitet werden sollen, sowie die Rechtsgrundlage für die Verarbeitung;

d) wenn die Verarbeitung auf Artikel 6 Absatz 1 Buchstabe f beruht, die berechtigten Interessen, die von dem Verantwortlichen oder einem Dritten verfolgt werden;

e) gegebenenfalls die Empfänger oder Kategorien von Empfängern der personenbezogenen Daten und

f) gegebenenfalls die Absicht des Verantwortlichen, die personenbezogenen Daten an ein Drittland oder eine internationale Organisation zu übermitteln, sowie das Vorhandensein oder das Fehlen eines Angemessenheitsbeschlusses der Kommission oder im Falle von Übermittlungen gemäß Artikel 46 oder Artikel 47 oder Artikel 49 Absatz 1 Unterabsatz 2 einen Verweis auf die geeigneten oder angemessenen Garantien und die Möglichkeit, wie eine Kopie von ihnen zu erhalten ist, oder wo sie verfügbar sind.

(2) Zusätzlich zu den Informationen gemäß Absatz 1 stellt der Verantwortliche der betroffenen Person zum Zeitpunkt der Erhebung dieser Daten folgende weitere Informationen zur Verfügung, die notwendig sind, um eine faire und transparente Verarbeitung zu gewährleisten:

a) die Dauer, für die die personenbezogenen Daten gespeichert werden oder, falls dies nicht möglich ist, die Kriterien für die Festlegung dieser Dauer;

b) das Bestehen eines Rechts auf Auskunft seitens des Verantwortlichen über die betreffenden personenbezogenen Daten sowie auf Berichtigung oder Löschung oder auf Einschränkung der Verarbeitung oder eines Widerspruchsrechts gegen die Verarbeitung sowie des Rechts auf Datenübertragbarkeit;

c) wenn die Verarbeitung auf Artikel 6 Absatz 1 Buchstabe a oder Artikel 9 Absatz 2 Buchstabe a beruht, das Bestehen eines Rechts, die Einwilligung jederzeit zu widerrufen, ohne dass die Rechtmäßigkeit der aufgrund der Einwilligung bis zum Widerruf erfolgten Verarbeitung berührt wird;

d) das Bestehen eines Beschwerderechts bei einer Aufsichtsbehörde;

e) ob die Bereitstellung der personenbezogenen Daten gesetzlich oder vertraglich vorgeschrieben oder für einen Vertragsabschluss erforderlich ist, ob die betroffene Person verpflichtet ist, die personenbezogenen Daten bereitzustellen, und welche mögliche Folgen die Nichtbereitstellung hätte und

f) das Bestehen einer automatisierten Entscheidungsfindung einschließlich Profiling gemäß Artikel 22 Absätze 1 und 4 und – zumindest in diesen Fällen – aussagekräftige Informationen über die involvierte Logik sowie die Tragweite und die angestrebten Auswirkungen einer derartigen Verarbeitung für die betroffene Person.

(3) Beabsichtigt der Verantwortliche, die personenbezogenen Daten für einen anderen Zweck weiterzuverarbeiten als den, für den die personenbe-

zogenen Daten erhoben wurden, so stellt er der betroffenen Person vor dieser Weiterverarbeitung Informationen über diesen anderen Zweck und alle anderen maßgeblichen Informationen gemäß Absatz 2 zur Verfügung.

(4) Die Absätze 1, 2 und 3 finden keine Anwendung, wenn und soweit die betroffene Person bereits über die Informationen verfügt.

Artikel 14   Informationspflicht, wenn die personenbezogenen Daten nicht bei der betroffenen Person erhoben wurden

(1) Werden personenbezogene Daten nicht bei der betroffenen Person erhoben, so teilt der Verantwortliche der betroffenen Person Folgendes mit:

a) den Namen und die Kontaktdaten des Verantwortlichen sowie gegebenenfalls seines Vertreters;

b) zusätzlich die Kontaktdaten des Datenschutzbeauftragten;

c) die Zwecke, für die die personenbezogenen Daten verarbeitet werden sollen, sowie die Rechtsgrundlage für die Verarbeitung;

d) die Kategorien personenbezogener Daten, die verarbeitet werden;

e) gegebenenfalls die Empfänger oder Kategorien von Empfängern der personenbezogenen Daten;

f) gegebenenfalls die Absicht des Verantwortlichen, die personenbezogenen Daten an einen Empfänger in einem Drittland oder einer internationalen Organisation zu übermitteln, sowie das Vorhandensein oder das Fehlen eines Angemessenheitsbeschlusses der Kommission oder im Falle von Übermittlungen gemäß Artikel 46 oder Artikel 47 oder Artikel 49 Absatz 1 Unterabsatz 2 einen Verweis auf die geeigneten oder angemessenen Garantien und die Möglichkeit, eine Kopie von ihnen zu erhalten, oder wo sie verfügbar sind.

(2) Zusätzlich zu den Informationen gemäß Absatz 1 stellt der Verantwortliche der betroffenen Person die folgenden Informationen zur Verfügung, die erforderlich sind, um der betroffenen Person gegenüber eine faire und transparente Verarbeitung zu gewährleisten:

a) die Dauer, für die die personenbezogenen Daten gespeichert werden oder, falls dies nicht möglich ist, die Kriterien für die Festlegung dieser Dauer;

b) wenn die Verarbeitung auf Artikel 6 Absatz 1 Buchstabe f beruht, die berechtigten Interessen, die von dem Verantwortlichen oder einem Dritten verfolgt werden;

c) das Bestehen eines Rechts auf Auskunft seitens des Verantwortlichen über die betreffenden personenbezogenen Daten sowie auf Berichtigung oder Löschung oder auf Einschränkung der Verarbeitung und eines Widerspruchsrechts gegen die Verarbeitung sowie des Rechts auf Datenübertragbarkeit;

d) wenn die Verarbeitung auf Artikel 6 Absatz 1 Buchstabe a oder Artikel 9 Absatz 2 Buchstabe a beruht, das Bestehen eines Rechts, die Einwilligung jederzeit zu widerrufen, ohne dass die Rechtmäßigkeit der aufgrund der Einwilligung bis zum Widerruf erfolgten Verarbeitung berührt wird;

e) das Bestehen eines Beschwerderechts bei einer Aufsichtsbehörde;

f) aus welcher Quelle die personenbezogenen Daten stammen und gege-
    benenfalls ob sie aus öffentlich zugänglichen Quellen stammen;

g) das Bestehen einer automatisierten Entscheidungsfindung einschließlich
    Profiling gemäß Artikel 22 Absätze 1 und 4 und – zumindest in diesen
    Fällen – aussagekräftige Informationen über die involvierte Logik sowie
    die Tragweite und die angestrebten Auswirkungen einer derartigen Ver-
    arbeitung für die betroffene Person.

(3) Der Verantwortliche erteilt die Informationen gemäß den Absätzen 1
und 2

a) unter Berücksichtigung der spezifischen Umstände der Verarbeitung
    der personenbezogenen Daten innerhalb einer angemessenen Frist nach
    Erlangung der personenbezogenen Daten, längstens jedoch innerhalb
    eines Monats,

b) falls die personenbezogenen Daten zur Kommunikation mit der betrof-
    fenen Person verwendet werden sollen, spätestens zum Zeitpunkt der
    ersten Mitteilung an sie, oder,

c) falls die Offenlegung an einen anderen Empfänger beabsichtigt ist, spä-
    testens zum Zeitpunkt der ersten Offenlegung.

(4) Beabsichtigt der Verantwortliche, die personenbezogenen Daten für
einen anderen Zweck weiterzuverarbeiten als den, für den die personenbezogenen Daten erlangt wurden, so stellt er der betroffenen Person vor dieser Weiterverarbeitung Informationen über diesen anderen Zweck und alle
anderen maßgeblichen Informationen gemäß Absatz 2 zur Verfügung.

(5) Die Absätze 1 bis 4 finden keine Anwendung, wenn und soweit

a) die betroffene Person bereits über die Informationen verfügt,

b) die Erteilung dieser Informationen sich als unmöglich erweist oder
    einen unverhältnismäßigen Aufwand erfordern würde; dies gilt insbe-
    sondere für die Verarbeitung für im öffentlichen Interesse liegende Ar-
    chivzwecke, für wissenschaftliche oder historische Forschungszwecke
    oder für statistische Zwecke vorbehaltlich der in Artikel 89 Absatz 1
    genannten Bedingungen und Garantien oder soweit die in Absatz 1 des
    vorliegenden Artikels genannte Pflicht voraussichtlich die Verwirk-
    lichung der Ziele dieser Verarbeitung unmöglich macht oder ernsthaft
    beeinträchtigt. In diesen Fällen ergreift der Verantwortliche geeignete
    Maßnahmen zum Schutz der Rechte und Freiheiten sowie der berech-
    tigten Interessen der betroffenen Person, einschließlich der Bereitstel-
    lung dieser Informationen für die Öffentlichkeit,

c) die Erlangung oder Offenlegung durch Rechtsvorschriften der Union
    oder der Mitgliedstaaten, denen der Verantwortliche unterliegt und die
    geeignete Maßnahmen zum Schutz der berechtigten Interessen der be-
    troffenen Person vorsehen, ausdrücklich geregelt ist oder

d) die personenbezogenen Daten gemäß dem Unionsrecht oder dem Recht
    der Mitgliedstaaten dem Berufsgeheimnis, einschließlich einer sat-
    zungsmäßigen Geheimhaltungspflicht, unterliegen und daher vertrau-
    lich behandelt werden müssen.

Artikel 15   Auskunftsrecht der betroffenen Person

(1) Die betroffene Person hat das Recht, von dem Verantwortlichen eine Bestätigung darüber zu verlangen, ob sie betreffende personenbezogene Daten verarbeitet werden; ist dies der Fall, so hat sie ein Recht auf Auskunft über diese personenbezogenen Daten und auf folgende Informationen:

a)   die Verarbeitungszwecke;

b)   die Kategorien personenbezogener Daten, die verarbeitet werden;

c)   die Empfänger oder Kategorien von Empfängern, gegenüber denen die personenbezogenen Daten offengelegt worden sind oder noch offengelegt werden, insbesondere bei Empfängern in Drittländern oder bei internationalen Organisationen;

d)   falls möglich die geplante Dauer, für die die personenbezogenen Daten gespeichert werden, oder, falls dies nicht möglich ist, die Kriterien für die Festlegung dieser Dauer;

e)   das Bestehen eines Rechts auf Berichtigung oder Löschung der sie betreffenden personenbezogenen Daten oder auf Einschränkung der Verarbeitung durch den Verantwortlichen oder eines Widerspruchsrechts gegen diese Verarbeitung;

f)   das Bestehen eines Beschwerderechts bei einer Aufsichtsbehörde;

g)   wenn die personenbezogenen Daten nicht bei der betroffenen Person erhoben werden, alle verfügbaren Informationen über die Herkunft der Daten;

h)   das Bestehen einer automatisierten Entscheidungsfindung einschließlich Profiling gemäß Artikel 22 Absätze 1 und 4 und – zumindest in diesen Fällen – aussagekräftige Informationen über die involvierte Logik sowie die Tragweite und die angestrebten Auswirkungen einer derartigen Verarbeitung für die betroffene Person.

(2) Werden personenbezogene Daten an ein Drittland oder an eine internationale Organisation übermittelt, so hat die betroffene Person das Recht, über die geeigneten Garantien gemäß Artikel 46 im Zusammenhang mit der Übermittlung unterrichtet zu werden.

(3) [1]Der Verantwortliche stellt eine Kopie der personenbezogenen Daten, die Gegenstand der Verarbeitung sind, zur Verfügung. [2]Für alle weiteren Kopien, die die betroffene Person beantragt, kann der Verantwortliche ein angemessenes Entgelt auf der Grundlage der Verwaltungskosten verlangen. [3]Stellt die betroffene Person den Antrag elektronisch, so sind die Informationen in einem gängigen elektronischen Format zur Verfügung zu stellen, sofern sie nichts anderes angibt.

(4) Das Recht auf Erhalt einer Kopie gemäß Absatz 1 b darf die Rechte und Freiheiten anderer Personen nicht beeinträchtigen.

Abschnitt 3 Berichtigung und Löschung

Artikel 16   Recht auf Berichtigung

[1]Die betroffene Person hat das Recht, von dem Verantwortlichen unverzüglich die Berichtigung sie betreffender unrichtiger personenbezogener Daten

zu verlangen. [2]Unter Berücksichtigung der Zwecke der Verarbeitung hat die betroffene Person das Recht, die Vervollständigung unvollständiger personenbezogener Daten – auch mittels einer ergänzenden Erklärung – zu verlangen.

Artikel 17   Recht auf Löschung („Recht auf Vergessenwerden")

(1) Die betroffene Person hat das Recht, von dem Verantwortlichen zu verlangen, dass sie betreffende personenbezogene Daten unverzüglich gelöscht werden, und der Verantwortliche ist verpflichtet, personenbezogene Daten unverzüglich zu löschen, sofern einer der folgenden Gründe zutrifft:

a) Die personenbezogenen Daten sind für die Zwecke, für die sie erhoben oder auf sonstige Weise verarbeitet wurden, nicht mehr notwendig.

b) Die betroffene Person widerruft ihre Einwilligung, auf die sich die Verarbeitung gemäß Artikel 6 Absatz 1 Buchstabe a oder Artikel 9 Absatz 2 Buchstabe a stützte, und es fehlt an einer anderweitigen Rechtsgrundlage für die Verarbeitung.

c) Die betroffene Person legt gemäß Artikel 21 Absatz 1 Widerspruch gegen die Verarbeitung ein und es liegen keine vorrangigen berechtigten Gründe für die Verarbeitung vor, oder die betroffene Person legt gemäß Artikel 21 Absatz 2 Widerspruch gegen die Verarbeitung ein.

d) Die personenbezogenen Daten wurden unrechtmäßig verarbeitet.

e) Die Löschung der personenbezogenen Daten ist zur Erfüllung einer rechtlichen Verpflichtung nach dem Unionsrecht oder dem Recht der Mitgliedstaaten erforderlich, dem der Verantwortliche unterliegt.

f) Die personenbezogenen Daten wurden in Bezug auf angebotene Dienste der Informationsgesellschaft gemäß Artikel 8 Absatz 1 erhoben.

(2) Hat der Verantwortliche die personenbezogenen Daten öffentlich gemacht und ist er gemäß Absatz 1 zu deren Löschung verpflichtet, so trifft er unter Berücksichtigung der verfügbaren Technologie und der Implementierungskosten angemessene Maßnahmen, auch technischer Art, um für die Datenverarbeitung Verantwortliche, die die personenbezogenen Daten verarbeiten, darüber zu informieren, dass eine betroffene Person von ihnen die Löschung aller Links zu diesen personenbezogenen Daten oder von Kopien oder Replikationen dieser personenbezogenen Daten verlangt hat.

(3) Die Absätze 1 und 2 gelten nicht, soweit die Verarbeitung erforderlich ist

a) zur Ausübung des Rechts auf freie Meinungsäußerung und Information;

b) zur Erfüllung einer rechtlichen Verpflichtung, die die Verarbeitung nach dem Recht der Union oder der Mitgliedstaaten, dem der Verantwortliche unterliegt, erfordert, oder zur Wahrnehmung einer Aufgabe, die im öffentlichen Interesse liegt oder in Ausübung öffentlicher Gewalt erfolgt, die dem Verantwortlichen übertragen wurde;

c) aus Gründen des öffentlichen Interesses im Bereich der öffentlichen Gesundheit gemäß Artikel 9 Absatz 2 Buchstaben h und i sowie Artikel 9 Absatz 3;

d) für im öffentlichen Interesse liegende Archivzwecke, wissenschaftliche oder historische Forschungszwecke oder für statistische Zwecke gemäß Artikel 89 Absatz 1, soweit das in Absatz 1 genannte Recht voraussichtlich die Verwirklichung der Ziele dieser Verarbeitung unmöglich macht oder ernsthaft beeinträchtigt, oder

e) zur Geltendmachung, Ausübung oder Verteidigung von Rechtsansprüchen.

Artikel 18   Recht auf Einschränkung der Verarbeitung

(1) Die betroffene Person hat das Recht, von dem Verantwortlichen die Einschränkung der Verarbeitung zu verlangen, wenn eine der folgenden Voraussetzungen gegeben ist:

a) die Richtigkeit der personenbezogenen Daten von der betroffenen Person bestritten wird, und zwar für eine Dauer, die es dem Verantwortlichen ermöglicht, die Richtigkeit der personenbezogenen Daten zu überprüfen,

b) die Verarbeitung unrechtmäßig ist und die betroffene Person die Löschung der personenbezogenen Daten ablehnt und stattdessen die Einschränkung der Nutzung der personenbezogenen Daten verlangt;

c) der Verantwortliche die personenbezogenen Daten für die Zwecke der Verarbeitung nicht länger benötigt, die betroffene Person sie jedoch zur Geltendmachung, Ausübung oder Verteidigung von Rechtsansprüchen benötigt, oder

d) die betroffene Person Widerspruch gegen die Verarbeitung gemäß Artikel 21 Absatz 1 eingelegt hat, solange noch nicht feststeht, ob die berechtigten Gründe des Verantwortlichen gegenüber denen der betroffenen Person überwiegen.

(2) Wurde die Verarbeitung gemäß Absatz 1 eingeschränkt, so dürfen diese personenbezogenen Daten – von ihrer Speicherung abgesehen – nur mit Einwilligung der betroffenen Person oder zur Geltendmachung, Ausübung oder Verteidigung von Rechtsansprüchen oder zum Schutz der Rechte einer anderen natürlichen oder juristischen Person oder aus Gründen eines wichtigen öffentlichen Interesses der Union oder eines Mitgliedstaats verarbeitet werden.

(3) Eine betroffene Person, die eine Einschränkung der Verarbeitung gemäß Absatz 1 erwirkt hat, wird von dem Verantwortlichen unterrichtet, bevor die Einschränkung aufgehoben wird.

Artikel 19   Mitteilungspflicht im Zusammenhang mit der Berichtigung oder Löschung personenbezogener Daten oder der Einschränkung der Verarbeitung

[1]Der Verantwortliche teilt allen Empfängern, denen personenbezogenen Daten offengelegt wurden, jede Berichtigung oder Löschung der personenbezogenen Daten oder eine Einschränkung der Verarbeitung nach Artikel 16, Artikel 17 Absatz 1 und Artikel 18 mit, es sei denn, dies erweist sich als unmöglich oder ist mit einem unverhältnismäßigen Aufwand verbun-

den. [2]Der Verantwortliche unterrichtet die betroffene Person über diese Empfänger, wenn die betroffene Person dies verlangt.

Artikel 20 Recht auf Datenübertragbarkeit

(1) Die betroffene Person hat das Recht, die sie betreffenden personenbezogenen Daten, die sie einem Verantwortlichen bereitgestellt hat, in einem strukturierten, gängigen und maschinenlesbaren Format zu erhalten, und sie hat das Recht, diese Daten einem anderen Verantwortlichen ohne Behinderung durch den Verantwortlichen, dem die personenbezogenen Daten bereitgestellt wurden, zu übermitteln, sofern

a) die Verarbeitung auf einer Einwilligung gemäß Artikel 6 Absatz 1 Buchstabe a oder Artikel 9 Absatz 2 Buchstabe a oder auf einem Vertrag gemäß Artikel 6 Absatz 1 Buchstabe b beruht und

b) die Verarbeitung mithilfe automatisierter Verfahren erfolgt.

(2) Bei der Ausübung ihres Rechts auf Datenübertragbarkeit gemäß Absatz 1 hat die betroffene Person das Recht, zu erwirken, dass die personenbezogenen Daten direkt von einem Verantwortlichen einem anderen Verantwortlichen übermittelt werden, soweit dies technisch machbar ist.

(3) [1]Die Ausübung des Rechts nach Absatz 1 des vorliegenden Artikels lässt Artikel 17 unberührt. [2]Dieses Recht gilt nicht für eine Verarbeitung, die für die Wahrnehmung einer Aufgabe erforderlich ist, die im öffentlichen Interesse liegt oder in Ausübung öffentlicher Gewalt erfolgt, die dem Verantwortlichen übertragen wurde.

(4) Das Recht gemäß Absatz 2 darf die Rechte und Freiheiten anderer Personen nicht beeinträchtigen.

Abschnitt 4 Widerspruchsrecht und automatisierte Entscheidungsfindung im Einzelfall

Artikel 21 Widerspruchsrecht

(1) [1]Die betroffene Person hat das Recht, aus Gründen, die sich aus ihrer besonderen Situation ergeben, jederzeit gegen die Verarbeitung sie betreffender personenbezogener Daten, die aufgrund von Artikel 6 Absatz 1 Buchstaben e oder f erfolgt, Widerspruch einzulegen; dies gilt auch für ein auf diese Bestimmungen gestütztes Profiling. [2]Der Verantwortliche verarbeitet die personenbezogenen Daten nicht mehr, es sei denn, er kann zwingende schutzwürdige Gründe für die Verarbeitung nachweisen, die die Interessen, Rechte und Freiheiten der betroffenen Person überwiegen, oder die Verarbeitung dient der Geltendmachung, Ausübung oder Verteidigung von Rechtsansprüchen.

(2) Werden personenbezogene Daten verarbeitet, um Direktwerbung zu betreiben, so hat die betroffene Person das Recht, jederzeit Widerspruch gegen die Verarbeitung sie betreffender personenbezogener Daten zum Zwecke derartiger Werbung einzulegen; dies gilt auch für das Profiling, soweit es mit solcher Direktwerbung in Verbindung steht.

(3) Widerspricht die betroffene Person der Verarbeitung für Zwecke der Direktwerbung, so werden die personenbezogenen Daten nicht mehr für diese Zwecke verarbeitet.

(4) Die betroffene Person muss spätestens zum Zeitpunkt der ersten Kommunikation mit ihr ausdrücklich auf das in den Absätzen 1 und 2 genannte Recht hingewiesen werden; dieser Hinweis hat in einer verständlichen und von anderen Informationen getrennten Form zu erfolgen.

(5) Im Zusammenhang mit der Nutzung von Diensten der Informationsgesellschaft kann die betroffene Person ungeachtet der Richtlinie 2002/58/EG ihr Widerspruchsrecht mittels automatisierter Verfahren ausüben, bei denen technische Spezifikationen verwendet werden.

(6) Die betroffene Person hat das Recht, aus Gründen, die sich aus ihrer besonderen Situation ergeben, gegen die sie betreffende Verarbeitung sie betreffender personenbezogener Daten, die zu wissenschaftlichen oder historischen Forschungszwecken oder zu statistischen Zwecken gemäß Artikel 89 Absatz 1 erfolgt, Widerspruch einzulegen, es sei denn, die Verarbeitung ist zur Erfüllung einer im öffentlichen Interesse liegenden Aufgabe erforderlich.

Artikel 22 Automatisierte Entscheidungen im Einzelfall einschließlich Profiling

(1) Die betroffene Person hat das Recht, nicht einer ausschließlich auf einer automatisierten Verarbeitung – einschließlich Profiling – beruhenden Entscheidung unterworfen zu werden, die ihr gegenüber rechtliche Wirkung entfaltet oder sie in ähnlicher Weise erheblich beeinträchtigt.

(2) Absatz 1 gilt nicht, wenn die Entscheidung

a) für den Abschluss oder die Erfüllung eines Vertrags zwischen der betroffenen Person und dem Verantwortlichen erforderlich ist,

b) aufgrund von Rechtsvorschriften der Union oder der Mitgliedstaaten, denen der Verantwortliche unterliegt, zulässig ist und diese Rechtsvorschriften angemessene Maßnahmen zur Wahrung der Rechte und Freiheiten sowie der berechtigten Interessen der betroffenen Person enthalten oder

c) mit ausdrücklicher Einwilligung der betroffenen Person erfolgt.

(3) In den in Absatz 2 Buchstaben a und c genannten Fällen trifft der Verantwortliche angemessene Maßnahmen, um die Rechte und Freiheiten sowie die berechtigten Interessen der betroffenen Person zu wahren, wozu mindestens das Recht auf Erwirkung des Eingreifens einer Person seitens des Verantwortlichen, auf Darlegung des eigenen Standpunkts und auf Anfechtung der Entscheidung gehört.

(4) Entscheidungen nach Absatz 2 dürfen nicht auf besonderen Kategorien personenbezogener Daten nach Artikel 9 Absatz 1 beruhen, sofern nicht Artikel 9 Absatz 2 Buchstabe a oder g gilt und angemessene Maßnahmen zum Schutz der Rechte und Freiheiten sowie der berechtigten Interessen der betroffenen Person getroffen wurden.

Abschnitt 5 Beschränkungen

Artikel 23 Beschränkungen

(1) Durch Rechtsvorschriften der Union oder der Mitgliedstaaten, denen der Verantwortliche oder der Auftragsverarbeiter unterliegt, können die Pflichten und Rechte gemäß den Artikeln 12 bis 22 und Artikel 34 sowie Artikel 5, insofern dessen Bestimmungen den in den Artikeln 12 bis 22 vorgesehenen Rechten und Pflichten entsprechen, im Wege von Gesetzgebungsmaßnahmen beschränkt werden, sofern eine solche Beschränkung den Wesensgehalt der Grundrechte und Grundfreiheiten achtet und in einer demokratischen Gesellschaft eine notwendige und verhältnismäßige Maßnahme darstellt, die Folgendes sicherstellt:

a) die nationale Sicherheit;

b) die Landesverteidigung;

c) die öffentliche Sicherheit;

d) die Verhütung, Ermittlung, Aufdeckung oder Verfolgung von Straftaten oder die Strafvollstreckung, einschließlich des Schutzes vor und der Abwehr von Gefahren für die öffentliche Sicherheit;

e) den Schutz sonstiger wichtiger Ziele des allgemeinen öffentlichen Interesses der Union oder eines Mitgliedstaats, insbesondere eines wichtigen wirtschaftlichen oder finanziellen Interesses der Union oder eines Mitgliedstaats, etwa im Währungs-, Haushalts- und Steuerbereich sowie im Bereich der öffentlichen Gesundheit und der sozialen Sicherheit;

f) den Schutz der Unabhängigkeit der Justiz und den Schutz von Gerichtsverfahren;

g) die Verhütung, Aufdeckung, Ermittlung und Verfolgung von Verstößen gegen die berufsständischen Regeln reglementierter Berufe;

h) Kontroll-, Überwachungs- und Ordnungsfunktionen, die dauernd oder zeitweise mit der Ausübung öffentlicher Gewalt für die unter den Buchstaben a bis e und g genannten Zwecke verbunden sind;

i) den Schutz der betroffenen Person oder der Rechte und Freiheiten anderer Personen;

j) die Durchsetzung zivilrechtlicher Ansprüche.

(2) Jede Gesetzgebungsmaßnahme im Sinne des Absatzes 1 muss insbesondere gegebenenfalls spezifische Vorschriften enthalten zumindest in Bezug auf

a) die Zwecke der Verarbeitung oder die Verarbeitungskategorien,

b) die Kategorien personenbezogener Daten,

c) den Umfang der vorgenommenen Beschränkungen,

d) die Garantien gegen Missbrauch oder unrechtmäßigen Zugang oder unrechtmäßige Übermittlung;

e) die Angaben zu dem Verantwortlichen oder den Kategorien von Verantwortlichen,

f) die jeweiligen Speicherfristen sowie die geltenden Garantien unter Berücksichtigung von Art, Umfang und Zwecken der Verarbeitung oder der Verarbeitungskategorien,

g) die Risiken für die Rechte und Freiheiten der betroffenen Personen und

h) das Recht der betroffenen Personen auf Unterrichtung über die Beschränkung, sofern dies nicht dem Zweck der Beschränkung abträglich ist.

Kapitel IV Verantwortlicher und Auftragsverarbeiter

Abschnitt 1 Allgemeine Pflichten

Artikel 24 Verantwortung des für die Verarbeitung Verantwortlichen

(1) [1]Der Verantwortliche setzt unter Berücksichtigung der Art, des Umfangs, der Umstände und der Zwecke der Verarbeitung sowie der unterschiedlichen Eintrittswahrscheinlichkeit und Schwere der Risiken für die Rechte und Freiheiten natürlicher Personen geeignete technische und organisatorische Maßnahmen um, um sicherzustellen und den Nachweis dafür erbringen zu können, dass die Verarbeitung gemäß dieser Verordnung erfolgt. [2]Diese Maßnahmen werden erforderlichenfalls überprüft und aktualisiert.

(2) Sofern dies in einem angemessenen Verhältnis zu den Verarbeitungstätigkeiten steht, müssen die Maßnahmen gemäß Absatz 1 die Anwendung geeigneter Datenschutzvorkehrungen durch den Verantwortlichen umfassen.

(3) Die Einhaltung der genehmigten Verhaltensregeln gemäß Artikel 40 oder eines genehmigten Zertifizierungsverfahrens gemäß Artikel 42 kann als Gesichtspunkt herangezogen werden, um die Erfüllung der Pflichten des Verantwortlichen nachzuweisen.

Artikel 25 Datenschutz durch Technikgestaltung und durch datenschutzfreundliche Voreinstellungen

(1) Unter Berücksichtigung des Stands der Technik, der Implementierungskosten und der Art, des Umfangs, der Umstände und der Zwecke der Verarbeitung sowie der unterschiedlichen Eintrittswahrscheinlichkeit und Schwere der mit der Verarbeitung verbundenen Risiken für die Rechte und Freiheiten natürlicher Personen trifft der Verantwortliche sowohl zum Zeitpunkt der Festlegung der Mittel für die Verarbeitung als auch zum Zeitpunkt der eigentlichen Verarbeitung geeignete technische und organisatorische Maßnahmen – wie z.B. Pseudonymisierung – trifft, die dafür ausgelegt sind, die Datenschutzgrundsätze wie etwa Datenminimierung wirksam umzusetzen und die notwendigen Garantien in die Verarbeitung aufzunehmen, um den Anforderungen dieser Verordnung zu genügen und die Rechte der betroffenen Personen zu schützen.

(2) [1]Der Verantwortliche trifft geeignete technische und organisatorische Maßnahmen, die sicherstellen, dass durch Voreinstellung grundsätzlich nur personenbezogene Daten, deren Verarbeitung für den jeweiligen bestimmten Verarbeitungszweck erforderlich ist, verarbeitet werden. [2]Diese Verpflichtung gilt für die Menge der erhobenen personenbezogenen Daten, den Umfang ihrer Verarbeitung, ihre Speicherfrist und ihre Zugänglichkeit. [3]Solche Maßnahmen müssen insbesondere sicherstellen, dass personenbe-

zogene Daten durch Voreinstellungen nicht ohne Eingreifen der Person einer unbestimmten Zahl von natürlichen Personen zugänglich gemacht werden.

(3) Ein genehmigtes Zertifizierungsverfahren gemäß Artikel 42 kann als Faktor herangezogen werden, um die Erfüllung der in den Absätzen 1 und 2 des vorliegenden Artikels genannten Anforderungen nachzuweisen.

Artikel 26   Gemeinsam für die Verarbeitung Verantwortliche

(1) [1]Legen zwei oder mehr Verantwortliche gemeinsam die Zwecke der und die Mittel zur Verarbeitung fest, so sind sie gemeinsam Verantwortliche. [2]Sie legen in einer Vereinbarung in transparenter Form fest, wer von ihnen welche Verpflichtung gemäß dieser Verordnung erfüllt, insbesondere was die Wahrnehmung der Rechte der betroffenen Person angeht, und wer welchen Informationspflichten gemäß den Artikeln 13 und 14 nachkommt, sofern und soweit die jeweiligen Aufgaben der Verantwortlichen nicht durch Rechtsvorschriften der Union oder der Mitgliedstaaten, denen die Verantwortlichen unterliegen, festgelegt sind. [3]In der Vereinbarung kann eine Anlaufstelle für die betroffenen Personen angegeben werden.

(2) [1]Die Vereinbarung gemäß Absatz 1 muss die jeweiligen tatsächlichen Funktionen und Beziehungen der gemeinsam Verantwortlichen gegenüber betroffenen Personen gebührend widerspiegeln. [2]Das wesentliche der Vereinbarung wird der betroffenen Person zur Verfügung gestellt.

(3) Ungeachtet der Einzelheiten der Vereinbarung gemäß Absatz 1 kann die betroffene Person ihre Rechte im Rahmen dieser Verordnung bei und gegenüber jedem einzelnen der Verantwortlichen geltend machen.

Artikel 27   Vertreter von nicht in der Union niedergelassenen Verantwortlichen oder Auftragsverarbeitern

(1) In den Fällen gemäß Artikel 3 Absatz 2 benennt der Verantwortliche oder der Auftragsverarbeiter schriftlich einen Vertreter in der Union.

(2) Die Pflicht gemäß Absatz 1 des vorliegenden Artikels gilt nicht für

a) eine Verarbeitung, die gelegentlich erfolgt, nicht die umfangreiche Verarbeitung besonderer Datenkategorien im Sinne des Artikels 9 Absatz 1 oder die umfangreiche Verarbeitung von personenbezogenen Daten über strafrechtliche Verurteilungen und Straftaten im Sinne des Artikels 10 einschließt und unter Berücksichtigung der Art, der Umstände, des Umfangs und der Zwecke der Verarbeitung voraussichtlich nicht zu einem Risiko für die Rechte und Freiheiten natürlicher Personen führt, oder

b) Behörden oder öffentliche Stellen.

(3) Der Vertreter muss in einem der Mitgliedstaaten niedergelassen sein, in denen die betroffenen Personen, deren personenbezogene Daten im Zusammenhang mit den ihnen angebotenen Waren oder Dienstleistungen verarbeitet werden oder deren Verhalten beobachtet wird, sich befinden.

(4) Der Vertreter wird durch den Verantwortlichen oder den Auftragsverarbeiter beauftragt, zusätzlich zu diesem oder an seiner Stelle insbesondere für Aufsichtsbehörden und betroffene Personen bei sämtlichen Fragen im Zusammenhang mit der Verarbeitung zur Gewährleistung der Einhaltung dieser Verordnung als Anlaufstelle zu dienen.

(5) Die Benennung eines Vertreters durch den Verantwortlichen oder den Auftragsverarbeiter erfolgt unbeschadet etwaiger rechtlicher Schritte gegen den Verantwortlichen oder den Auftragsverarbeiter selbst.

Artikel 28 Auftragsverarbeiter

(1) Erfolgt eine Verarbeitung im Auftrag eines Verantwortlichen, so arbeitet dieser nur mit Auftragsverarbeitern, die hinreichend Garantien dafür bieten, dass geeignete technische und organisatorische Maßnahmen so durchgeführt werden, dass die Verarbeitung im Einklang mit den Anforderungen dieser Verordnung erfolgt und den Schutz der Rechte der betroffenen Person gewährleistet.

(2) [1]Der Auftragsverarbeiter nimmt keinen weiteren Auftragsverarbeiter ohne vorherige gesonderte oder allgemeine schriftliche Genehmigung des Verantwortlichen in Anspruch. [2]Im Fall einer allgemeinen schriftlichen Genehmigung informiert der Auftragsverarbeiter den Verantwortlichen immer über jede beabsichtigte Änderung in Bezug auf die Hinzuziehung oder die Ersetzung anderer Auftragsverarbeiter, wodurch der Verantwortliche die Möglichkeit erhält, gegen derartige Änderungen Einspruch zu erheben.

(3) [1]Die Verarbeitung durch einen Auftragsverarbeiter erfolgt auf der Grundlage eines Vertrags oder eines anderen Rechtsinstruments nach dem Unionsrecht oder dem Recht der Mitgliedstaaten, der bzw. das den Auftragsverarbeiter in Bezug auf den Verantwortlichen bindet und in dem Gegenstand und Dauer der Verarbeitung, Art und Zweck der Verarbeitung, die Art der personenbezogenen Daten, die Kategorien betroffener Personen und die Pflichten und Rechte des Verantwortlichen festgelegt sind. [2]Dieser Vertrag bzw. dieses andere Rechtsinstrument sieht insbesondere vor, dass der Auftragsverarbeiter

a) die personenbezogenen Daten nur auf dokumentierte Weisung des Verantwortlichen – auch in Bezug auf die Übermittlung personenbezogener Daten an ein Drittland oder eine internationale Organisation – verarbeitet, sofern er nicht durch das Recht der Union oder der Mitgliedstaaten, dem der Auftragsverarbeiter unterliegt, hierzu verpflichtet ist; in einem solchen Fall teilt der Auftragsverarbeiter dem Verantwortlichen diese rechtlichen Anforderungen vor der Verarbeitung mit, sofern das betreffende Recht eine solche Mitteilung nicht wegen eines wichtigen öffentlichen Interesses verbietet;

b) gewährleistet, dass sich die zur Verarbeitung der personenbezogenen Daten befugten Personen zur Vertraulichkeit verpflichtet haben oder einer angemessenen gesetzlichen Verschwiegenheitspflicht unterliegen;

c) alle gemäß Artikel 32 erforderlichen Maßnahmen ergreift;

d) die in den Absätzen 2 und 4 genannten Bedingungen für die Inanspruchnahme der Dienste eines weiteren Auftragsverarbeiters einhält;

e) angesichts der Art der Verarbeitung den Verantwortlichen nach Möglichkeit mit geeigneten technischen und organisatorischen Maßnahmen dabei unterstützt, seiner Pflicht zur Beantwortung von Anträgen auf Wahrnehmung der in Kapitel III genannten Rechte der betroffenen Person nachzukommen;

f) unter Berücksichtigung der Art der Verarbeitung und der ihm zur Verfügung stehenden Informationen den Verantwortlichen bei der Einhaltung der in den Artikeln 32 bis 36 genannten Pflichten unterstützt;

g) nach Abschluss der Erbringung der Verarbeitungsleistungen alle personenbezogenen Daten nach Wahl des Verantwortlichen entweder löscht oder zurückgibt, sofern nicht nach dem Unionsrecht oder dem Recht der Mitgliedstaaten eine Verpflichtung zur Speicherung der personenbezogenen Daten besteht;

h) dem Verantwortlichen alle erforderlichen Informationen zum Nachweis der Einhaltung der in diesem Artikel niedergelegten Pflichten zur Verfügung stellt und Überprüfungen – einschließlich Inspektionen –, die vom Verantwortlichen oder einem anderen von diesem beauftragten Prüfer durchgeführt werden, ermöglicht und dazu beiträgt.

[3]Mit Blick auf Unterabsatz 1 Buchstabe h informiert der Auftragsverarbeiter den Verantwortlichen unverzüglich, falls er der Auffassung ist, dass eine Weisung gegen diese Verordnung oder gegen andere Datenschutzbestimmungen der Union oder der Mitgliedstaaten verstößt.

(4) [1]Nimmt der Auftragsverarbeiter die Dienste eines weiteren Auftragsverarbeiters in Anspruch, um bestimmte Verarbeitungstätigkeiten im Namen des Verantwortlichen auszuführen, so werden diesem weiteren Auftragsverarbeiter im Wege eines Vertrags oder eines anderen Rechtsinstruments nach dem Unionsrecht oder dem Recht des betreffenden Mitgliedstaats dieselben Datenschutzpflichten auferlegt, die in dem Vertrag oder anderen Rechtsinstrument zwischen dem Verantwortlichen und dem Auftragsverarbeiter gemäß Absatz 3 festgelegt sind, wobei insbesondere hinreichende Garantien dafür geboten werden muss, dass die geeigneten technischen und organisatorischen Maßnahmen so durchgeführt werden, dass die Verarbeitung entsprechend den Anforderungen dieser Verordnung erfolgt. [2]Kommt der weitere Auftragsverarbeiter seinen Datenschutzpflichten nicht nach, so haftet der erste Auftragsverarbeiter gegenüber dem Verantwortlichen für die Einhaltung der Pflichten jenes anderen Auftragsverarbeiters.

(5) Die Einhaltung genehmigter Verhaltensregeln gemäß Artikel 40 oder eines genehmigten Zertifizierungsverfahrens gemäß Artikel 42 durch einen Auftragsverarbeiter kann als Faktor herangezogen werden, um hinreichende Garantien im Sinne der Absätze 1 und 4 des vorliegenden Artikels nachzuweisen.

(6) Unbeschadet eines individuellen Vertrags zwischen dem Verantwortlichen und dem Auftragsverarbeiter kann der Vertrag oder das andere Rechtsinstrument im Sinne der Absätze 3 und 4 des vorliegenden Artikels ganz oder teilweise auf den in den Absätzen 7 und 8 des vorliegenden Artikels genannten Standardvertragsklauseln beruhen, auch wenn diese Bestandteil einer dem Verantwortlichen oder dem Auftragsverarbeiter gemäß den Artikeln 42 und 43 erteilten Zertifizierung sind.

(7) Die Kommission kann im Einklang mit dem Prüfverfahren gemäß Artikel 93 Absatz 2 Standardvertragsklauseln zur Regelung der in den Absätzen 3 und 4 des vorliegenden Artikels genannten Fragen festlegen.

(8) Eine Aufsichtsbehörde kann im Einklang mit dem Kohärenzverfahren gemäß Artikel 63 Standardvertragsklauseln zur Regelung der in den Absätzen 3 und 4 des vorliegenden Artikels genannten Fragen festlegen.

(9) Der Vertrag oder das andere Rechtsinstrument im Sinne der Absätze 3 und 4 ist schriftlich abzufassen, was auch in einem elektronischen Format erfolgen kann.

(10) Unbeschadet der Artikel 82, 83 und 84 gilt ein Auftragsverarbeiter, der unter Verstoß gegen diese Verordnung die Zwecke und Mittel der Verarbeitung bestimmt, in Bezug auf diese Verarbeitung als Verantwortlicher.

Artikel 29 Verarbeitung unter der Aufsicht des Verantwortlichen oder des Auftragsverarbeiters

Der Auftragsverarbeiter und jede dem Verantwortlichen oder dem Auftragsverarbeiter unterstellte Person, die Zugang zu personenbezogenen Daten hat, dürfen diese Daten ausschließlich auf Weisung des Verantwortlichen verarbeiten, es sei denn, dass sie nach dem Unionsrecht oder dem Recht der Mitgliedstaaten zur Verarbeitung verpflichtet sind.

Artikel 30 Verzeichnis von Verarbeitungstätigkeiten

(1) [1]Jeder Verantwortliche und gegebenenfalls sein Vertreter führen ein Verzeichnis aller Verarbeitungstätigkeiten, die ihrer Zuständigkeit unterliegen. [2]Dieses Verzeichnis enthält sämtliche folgenden Angaben:

a) den Namen und die Kontaktdaten des Verantwortlichen und gegebenenfalls des gemeinsam mit ihm Verantwortlichen, des Vertreters des Verantwortlichen sowie eines etwaigen Datenschutzbeauftragten;

b) die Zwecke der Verarbeitung;

c) eine Beschreibung der Kategorien betroffener Personen und der Kategorien personenbezogener Daten;

d) die Kategorien von Empfängern, gegenüber denen die personenbezogenen Daten offengelegt worden sind oder noch offengelegt werden, einschließlich Empfänger in Drittländern oder internationalen Organisationen;

e) gegebenenfalls Übermittlungen von personenbezogenen Daten an ein Drittland oder an eine internationale Organisation, einschließlich der Angabe des betreffenden Drittlands oder der betreffenden internationalen Organisation, sowie bei den in Artikel 49 Absatz 1 Unterabsatz 2 genannten Datenübermittlungen die Dokumentierung geeigneter Garantien;

f) wenn möglich, die vorgesehenen Fristen für die Löschung der verschiedenen Datenkategorien;

g) wenn möglich, eine allgemeine Beschreibung der technischen und organisatorischen Maßnahmen gemäß Artikel 32 Absatz 1.

(2) Jeder Auftragsverarbeiter und gegebenenfalls sein Vertreter führen ein Verzeichnis zu allen Kategorien von im Auftrag eines Verantwortlichen durchgeführten Tätigkeiten der Verarbeitung, die Folgendes enthält:

a) den Namen und die Kontaktdaten des Auftragsverarbeiters oder der Auftragsverarbeiter und jedes Verantwortlichen, in dessen Auftrag der Auftragsverarbeiter tätig ist, sowie gegebenenfalls des Vertreters des Verantwortlichen oder des Auftragsverarbeiters und eines etwaigen Datenschutzbeauftragten;

b) die Kategorien von Verarbeitungen, die im Auftrag jedes Verantwortlichen durchgeführt werden;

c) gegebenenfalls Übermittlungen von personenbezogenen Daten an ein Drittland oder an eine internationale Organisation, einschließlich der Angabe des betreffenden Drittlands oder der betreffenden internationalen Organisation, sowie bei den in Artikel 49 Absatz 1 Unterabsatz 2 genannten Datenübermittlungen die Dokumentierung geeigneter Garantien;

d) wenn möglich, eine allgemeine Beschreibung der technischen und organisatorischen Maßnahmen gemäß Artikel 32 Absatz 1.

(3) Das in den Absätzen 1 und 2 genannte Verzeichnis ist schriftlich zu führen, was auch in einem elektronischen Format erfolgen kann.

(4) Der Verantwortliche oder der Auftragsverarbeiter sowie gegebenenfalls der Vertreter des Verantwortlichen oder des Auftragsverarbeiters stellen der Aufsichtsbehörde das Verzeichnis auf Anfrage zur Verfügung.

(5) Die in den Absätzen 1 und 2 genannten Pflichten gelten nicht für Unternehmen oder Einrichtungen, die weniger als 250 Mitarbeiter beschäftigen, es sei denn, die von ihnen vorgenommene Verarbeitung birgt ein Risiko für die Rechte und Freiheiten der betroffenen Personen, die Verarbeitung erfolgt nicht nur gelegentlich oder es erfolgt eine Verarbeitung besonderer Datenkategorien gemäß Artikel 9 Absatz 1 bzw. die Verarbeitung von personenbezogenen Daten über strafrechtliche Verurteilungen und Straftaten im Sinne des Artikels 10.

Artikel 31 Zusammenarbeit mit der Aufsichtsbehörde

Der Verantwortliche und der Auftragsverarbeiter und gegebenenfalls deren Vertreter arbeiten auf Anfrage mit der Aufsichtsbehörde bei der Erfüllung ihrer Aufgaben zusammen.

Abschnitt 2 Sicherheit personenbezogener Daten

Artikel 32 Sicherheit der Verarbeitung

(1) Unter Berücksichtigung des Stands der Technik, der Implementierungskosten und der Art, des Umfangs, der Umstände und der Zwecke der Verarbeitung sowie der unterschiedlichen Eintrittswahrscheinlichkeit und Schwere des Risikos für die Rechte und Freiheiten natürlicher Personen treffen der Verantwortliche und der Auftragsverarbeiter geeignete technische und organisatorische Maßnahmen, um ein dem Risiko angemessenes

Schutzniveau zu gewährleisten; diese Maßnahmen schließen unter anderem Folgendes ein:

a) die Pseudonymisierung und Verschlüsselung personenbezogener Daten;
b) die Fähigkeit, die Vertraulichkeit, Integrität, Verfügbarkeit und Belastbarkeit der Systeme und Dienste im Zusammenhang mit der Verarbeitung auf Dauer sicherzustellen;
c) die Fähigkeit, die Verfügbarkeit der personenbezogenen Daten und den Zugang zu ihnen bei einem physischen oder technischen Zwischenfall rasch wiederherzustellen;
d) ein Verfahren zur regelmäßigen Überprüfung, Bewertung und Evaluierung der Wirksamkeit der technischen und organisatorischen Maßnahmen zur Gewährleistung der Sicherheit der Verarbeitung.

(2) Bei der Beurteilung des angemessenen Schutzniveaus sind insbesondere die Risiken zu berücksichtigen, die mit der Verarbeitung verbunden sind, insbesondere durch – ob unbeabsichtigt oder unrechtmäßig – Vernichtung, Verlust, Veränderung oder unbefugte Offenlegung von beziehungsweise unbefugten Zugang zu personenbezogenen Daten, die übermittelt, gespeichert oder auf andere Weise verarbeitet wurden.

(3) Die Einhaltung genehmigter Verhaltensregeln gemäß Artikel 40 oder eines genehmigten Zertifizierungsverfahrens gemäß Artikel 42 kann als Faktor herangezogen werden, um die Erfüllung der in Absatz 1 des vorliegenden Artikels genannten Anforderungen nachzuweisen.

(4) Der Verantwortliche und der Auftragsverarbeiter unternehmen Schritte, um sicherzustellen, dass ihnen unterstellte natürliche Personen, die Zugang zu personenbezogenen Daten haben, diese nur auf Anweisung des Verantwortlichen verarbeiten, es sei denn, sie sind nach dem Recht der Union oder der Mitgliedstaaten zur Verarbeitung verpflichtet.

Artikel 33 Meldung von Verletzungen des Schutzes personenbezogener Daten an die Aufsichtsbehörde

(1) [1]Im Falle einer Verletzung des Schutzes personenbezogener Daten meldet der Verantwortliche unverzüglich und möglichst binnen 72 Stunden, nachdem ihm die Verletzung bekannt wurde, diese der gemäß Artikel 55 zuständigen Aufsichtsbehörde, es sei denn, dass die Verletzung des Schutzes personenbezogener Daten voraussichtlich nicht zu einem Risiko für die Rechte und Freiheiten natürlicher Personen führt. [2]Erfolgt die Meldung an die Aufsichtsbehörde nicht binnen 72 Stunden, so ist ihr eine Begründung für die Verzögerung beizufügen.

(2) Wenn dem Auftragsverarbeiter eine Verletzung des Schutzes personenbezogener Daten bekannt wird, meldet er diese dem Verantwortlichen unverzüglich.

(3) Die Meldung gemäß Absatz 1 enthält zumindest folgende Informationen:

a) eine Beschreibung der Art der Verletzung des Schutzes personenbezogener Daten, soweit möglich mit Angabe der Kategorien und der ungefähren Zahl der betroffenen Personen, der betroffenen Kategorien und der ungefähren Zahl der betroffenen personenbezogenen Datensätze;

b) den Namen und die Kontaktdaten des Datenschutzbeauftragten oder einer sonstigen Anlaufstelle für weitere Informationen;

c) eine Beschreibung der wahrscheinlichen Folgen der Verletzung des Schutzes personenbezogener Daten;

d) eine Beschreibung der von dem Verantwortlichen ergriffenen oder vorgeschlagenen Maßnahmen zur Behebung der Verletzung des Schutzes personenbezogener Daten und gegebenenfalls Maßnahmen zur Abmilderung ihrer möglichen nachteiligen Auswirkungen.

(4) Wenn und soweit die Informationen nicht zur gleichen Zeit bereitgestellt werden können, kann der Verantwortliche diese Informationen ohne unangemessene weitere Verzögerung schrittweise zur Verfügung stellen.

(5) [1]Der Verantwortliche dokumentiert Verletzungen des Schutzes personenbezogener Daten einschließlich aller im Zusammenhang mit der Verletzung des Schutzes personenbezogener Daten stehenden Fakten, von deren Auswirkungen und der ergriffenen Abhilfemaßnahmen. [2]Diese Dokumentation muss der Aufsichtsbehörde die Überprüfung der Einhaltung der Bestimmungen dieses Artikels ermöglichen.

Artikel 34 Benachrichtigung der von einer Verletzung des Schutzes personenbezogener Daten betroffenen Person

(1) Hat die Verletzung des Schutzes personenbezogener Daten voraussichtlich ein hohes Risiko für die persönlichen Rechte und Freiheiten natürlicher Personen zur Folge, so benachrichtigt der Verantwortliche die betroffene Person unverzüglich von der Verletzung.

(2) Die in Absatz 1 genannte Benachrichtigung der betroffenen Person beschreibt in klarer und einfacher Sprache die Art der Verletzung des Schutzes personenbezogener Daten und enthält zumindest die in Artikel 33 Absatz 3 Buchstaben b, c und d genannten Informationen und Maßnahmen.

(3) Die Benachrichtigung der betroffenen Person gemäß Absatz 1 ist nicht erforderlich, wenn eine der folgenden Bedingungen erfüllt ist:

a) der Verantwortliche geeignete technische und organisatorische Sicherheitsvorkehrungen getroffen hat und diese Vorkehrungen auf die von der Verletzung betroffenen personenbezogenen Daten angewandt wurden, insbesondere solche, durch die die personenbezogenen Daten für alle Personen, die nicht zum Zugang zu den personenbezogenen Daten befugt sind, unzugänglich gemacht werden, etwa durch Verschlüsselung;

b) der Verantwortliche durch nachfolgende Maßnahmen sichergestellt hat, dass das hohe Risiko für die Rechte und Freiheiten der betroffenen Personen gemäß Absatz 1 aller Wahrscheinlichkeit nach nicht mehr besteht;

c) dies mit einem unverhältnismäßigen Aufwand verbunden wäre. In diesem Fall hat stattdessen eine öffentliche Bekanntmachung oder eine ähnliche Maßnahme zu erfolgen, durch die die betroffenen Personen vergleichbar wirksam informiert werden.

(4) Wenn der Verantwortliche die betroffene Person nicht bereits über die Verletzung des Schutzes personenbezogener Daten benachrichtigt hat, kann die Aufsichtsbehörde unter Berücksichtigung der Wahrscheinlichkeit, mit der die Verletzung des Schutzes personenbezogener Daten zu einem hohen Risiko führt, von dem Verantwortlichen verlangen, dies nachzuholen, oder sie kann mit einem Beschluss feststellen, dass bestimmte der in Absatz 3 genannten Voraussetzungen erfüllt sind.

Abschnitt 3 Datenschutz-Folgenabschätzung und vorherige Konsultation

Artikel 35 Datenschutz-Folgenabschätzung

(1) [1]Hat eine Form der Verarbeitung, insbesondere bei Verwendung neuer Technologien, aufgrund der Art, des Umfangs, der Umstände und der Zwecke der Verarbeitung voraussichtlich ein hohes Risiko für die Rechte und Freiheiten natürlicher Personen zur Folge, so führt der Verantwortliche vorab eine Abschätzung der Folgen der vorgesehenen Verarbeitungsvorgänge für den Schutz personenbezogener Daten durch. [2]Für die Untersuchung mehrerer ähnlicher Verarbeitungsvorgänge mit ähnlich hohen Risiken kann eine einzige Abschätzung vorgenommen werden.

(2) Der Verantwortliche holt bei der Durchführung einer Datenschutz-Folgenabschätzung den Rat des Datenschutzbeauftragten, sofern ein solcher benannt wurde, ein.

(3) Eine Datenschutz-Folgenabschätzung gemäß Absatz 1 ist insbesondere in folgenden Fällen erforderlich:

a) systematische und umfassende Bewertung persönlicher Aspekte natürlicher Personen, die sich auf automatisierte Verarbeitung einschließlich Profiling gründet und die ihrerseits als Grundlage für Entscheidungen dient, die Rechtswirkung gegenüber natürlichen Personen entfalten oder diese in ähnlich erheblicher Weise beeinträchtigen;

b) umfangreiche Verarbeitung besonderer Kategorien von personenbezogenen Daten gemäß Artikel 9 Absatz 1 oder von personenbezogenen Daten über strafrechtliche Verurteilungen und Straftaten gemäß Artikel 10 oder

c) systematische umfangreiche Überwachung öffentlich zugänglicher Bereiche.

(4) [1]Die Aufsichtsbehörde erstellt eine Liste der Verarbeitungsvorgänge, die gemäß Absatz 1 eine Datenschutz-Folgenabschätzung durchzuführen ist, und veröffentlicht diese. [2]Die Aufsichtsbehörde übermittelt diese Listen dem in Artikel 68 genannten Ausschuss.

(5) [1]Die Aufsichtsbehörde kann des Weiteren eine Liste der Arten von Verarbeitungsvorgängen erstellen und veröffentlichen, für die keine Datenschutz-Folgenabschätzung erforderlich ist. [2]Die Aufsichtsbehörde übermittelt diese Listen dem Ausschuss.

(6) Vor Festlegung der in den Absätzen 4 und 5 genannten Listen wendet die zuständige Aufsichtsbehörde das Kohärenzverfahren gemäß Artikel 63 an, wenn solche Listen Verarbeitungstätigkeiten umfassen, die mit dem An-

gebot von Waren oder Dienstleistungen für betroffene Personen oder der Beobachtung des Verhaltens dieser Personen in mehreren Mitgliedstaaten im Zusammenhang stehen oder die den freien Verkehr personenbezogener Daten innerhalb der Union erheblich beeinträchtigen könnten.

(7) Die Folgenabschätzung enthält zumindest Folgendes:

a) eine systematische Beschreibung der geplanten Verarbeitungsvorgänge und der Zwecke der Verarbeitung, gegebenenfalls einschließlich der von dem Verantwortlichen verfolgten berechtigten Interessen;

b) eine Bewertung der Notwendigkeit und Verhältnismäßigkeit der Verarbeitungsvorgänge in Bezug auf den Zweck;

c) eine Bewertung der Risiken für die Rechte und Freiheiten der betroffenen Personen gemäß Absatz 1 und

d) die zur Bewältigung der Risiken geplanten Abhilfemaßnahmen, einschließlich Garantien, Sicherheitsvorkehrungen und Verfahren, durch die der Schutz personenbezogener Daten sichergestellt und der Nachweis dafür erbracht wird, dass diese Verordnung eingehalten wird, wobei den Rechten und berechtigten Interessen der betroffenen Personen und sonstiger Betroffener Rechnung getragen wird.

(8) Die Einhaltung genehmigter Verhaltensregeln gemäß Artikel 40 durch die zuständigen Verantwortlichen oder die zuständigen Auftragsverarbeiter ist bei der Beurteilung der Auswirkungen der von diesen durchgeführten Verarbeitungsvorgänge, insbesondere für die Zwecke einer Datenschutz-Folgenabschätzung, gebührend zu berücksichtigen.

(9) Der Verantwortliche holt gegebenenfalls den Standpunkt der betroffenen Personen oder ihrer Vertreter zu der beabsichtigten Verarbeitung unbeschadet des Schutzes gewerblicher oder öffentlicher Interessen oder der Sicherheit der Verarbeitungsvorgänge ein.

(10) Falls die Verarbeitung gemäß Artikel 6 Absatz 1 Buchstabe c oder e auf einer Rechtsgrundlage im Unionsrecht oder im Recht des Mitgliedstaats, dem der Verantwortliche unterliegt, beruht und falls diese Rechtsvorschriften den konkreten Verarbeitungsvorgang oder die konkreten Verarbeitungsvorgänge regeln und bereits im Rahmen der allgemeinen Folgenabschätzung im Zusammenhang mit dem Erlass dieser Rechtsgrundlage eine Datenschutz-Folgenabschätzung erfolgte, gelten die Absätze 1 bis 7 nur, wenn es nach dem Ermessen der Mitgliedstaaten erforderlich ist, vor den betreffenden Verarbeitungstätigkeiten eine solche Folgenabschätzung durchzuführen.

(11) Erforderlichenfalls führt der Verantwortliche eine Überprüfung durch, um zu bewerten, ob die Verarbeitung gemäß der Datenschutz-Folgenabschätzung durchgeführt wird; dies gilt zumindest, wenn hinsichtlich des mit den Verarbeitungsvorgängen verbundenen Risikos Änderungen eingetreten sind.

Artikel 36   Vorherige Konsultation

(1) Der Verantwortliche konsultiert vor der Verarbeitung die Aufsichtsbehörde, wenn aus einer Datenschutz-Folgenabschätzung gemäß Artikel 35

hervorgeht, dass die Verarbeitung ein hohes Risiko zur Folge hätte, sofern der Verantwortliche keine Maßnahmen zur Eindämmung des Risikos trifft.

(2) [1]Falls die Aufsichtsbehörde der Auffassung ist, dass die geplante Verarbeitung gemäß Absatz 1 nicht im Einklang mit dieser Verordnung stünde, insbesondere weil der Verantwortliche das Risiko nicht ausreichend ermittelt oder nicht ausreichend eingedämmt hat, unterbreitet sie dem Verantwortlichen und gegebenenfalls dem Auftragsverarbeiter innerhalb eines Zeitraums von bis zu acht Wochen nach Erhalt des Ersuchens um Konsultation entsprechende schriftliche Empfehlungen und kann ihre in Artikel 58 genannten Befugnisse ausüben. [2]Diese Frist kann unter Berücksichtigung der Komplexität der geplanten Verarbeitung um sechs Wochen verlängert werden. [3]Die Aufsichtsbehörde unterrichtet den Verantwortlichen oder gegebenenfalls den Auftragsverarbeiter über eine solche Fristverlängerung innerhalb eines Monats nach Eingang des Antrags auf Konsultation zusammen mit den Gründen für die Verzögerung. [4]Diese Fristen können ausgesetzt werden, bis die Aufsichtsbehörde die für die Zwecke der Konsultation angeforderten Informationen erhalten hat.

(3) Der Verantwortliche stellt der Aufsichtsbehörde bei einer Konsultation gemäß Absatz 1 folgende Informationen zur Verfügung:

a) gegebenenfalls Angaben zu den jeweiligen Zuständigkeiten des Verantwortlichen, der gemeinsam Verantwortlichen und der an der Verarbeitung beteiligten Auftragsverarbeiter, insbesondere bei einer Verarbeitung innerhalb einer Gruppe von Unternehmen;

b) die Zwecke und die Mittel der beabsichtigten Verarbeitung;

c) die zum Schutz der Rechte und Freiheiten der betroffenen Personen gemäß dieser Verordnung vorgesehenen Maßnahmen und Garantien;

d) gegebenenfalls die Kontaktdaten des Datenschutzbeauftragten;

e) die Datenschutz-Folgenabschätzung gemäß Artikel 35 und

f) alle sonstigen von der Aufsichtsbehörde angeforderten Informationen.

(4) Die Mitgliedstaaten konsultieren die Aufsichtsbehörde bei der Ausarbeitung eines Vorschlags für von einem nationalen Parlament zu erlassende Gesetzgebungsmaßnahmen oder von auf solchen Gesetzgebungsmaßnahmen basierenden Regelungsmaßnahmen, die die Verarbeitung betreffen.

(5) Ungeachtet des Absatzes 1 können Verantwortliche durch das Recht der Mitgliedstaaten verpflichtet werden, bei der Verarbeitung zur Erfüllung einer im öffentlichen Interesse liegenden Aufgabe, einschließlich der Verarbeitung zu Zwecken der sozialen Sicherheit und der öffentlichen Gesundheit, die Aufsichtsbehörde zu konsultieren und deren vorherige Genehmigung einzuholen.

Abschnitt 4 Datenschutzbeauftragter

Artikel 37 Benennung eines Datenschutzbeauftragten

(1) Der Verantwortliche und der Auftragsverarbeiter benennen auf jeden Fall einen Datenschutzbeauftragten, wenn

a) die Verarbeitung von einer Behörde oder öffentlichen Stelle durchge-
    führt wird, mit Ausnahme von Gerichten, die im Rahmen ihrer justizi-
    ellen Tätigkeit handeln,
b) die Kerntätigkeit des Verantwortlichen oder des Auftragsverarbeiters in
    der Durchführung von Verarbeitungsvorgängen besteht, welche auf-
    grund ihrer Art, ihres Umfangs und/oder ihrer Zwecke eine umfangrei-
    che regelmäßige und systematische Überwachung von betroffenen Per-
    sonen erforderlich machen, oder
c) die Kerntätigkeit des Verantwortlichen oder des Auftragsverarbeiters in
    der umfangreichen Verarbeitung besonderer Kategorien von Daten ge-
    mäß Artikel 9 oder von personenbezogenen Daten über strafrechtliche
    Verurteilungen und Straftaten gemäß Artikel 10 besteht.

(2) Eine Unternehmensgruppe darf einen gemeinsamen Datenschutzbeauftragten ernennen, sofern von jeder Niederlassung aus der Datenschutzbeauftragte leicht erreicht werden kann.

(3) Falls es sich bei dem Verantwortlichen oder dem Auftragsverarbeiter
um eine Behörde oder öffentliche Stelle handelt, kann für mehrere solcher
Behörden oder Stellen unter Berücksichtigung ihrer Organisationsstruktur
und ihrer Größe ein gemeinsamer Datenschutzbeauftragter benannt werden.

(4) [1]In anderen als den in Absatz 1 genannten Fällen können der Verantwortliche oder der Auftragsverarbeiter oder Verbände und andere Vereinigungen, die Kategorien von Verantwortlichen oder Auftragsverarbeitern
vertreten, einen Datenschutzbeauftragten benennen; falls dies nach dem
Recht der Union oder der Mitgliedstaaten vorgeschrieben ist, müssen sie
einen solchen benennen. [2]Der Datenschutzbeauftragte kann für derartige
Verbände und andere Vereinigungen, die Verantwortliche oder Auftragsverarbeiter vertreten, handeln.

(5) Der Datenschutzbeauftragte wird auf der Grundlage seiner beruflichen
Qualifikation und insbesondere des Fachwissens benannt, das er auf dem
Gebiet des Datenschutzrechts und der Datenschutzpraxis besitzt, sowie auf
der Grundlage seiner Fähigkeit zur Erfüllung der in Artikel 39 genannten
Aufgaben.

(6) Der Datenschutzbeauftragte kann Beschäftigter des Verantwortlichen
oder des Auftragsverarbeiters sein oder seine Aufgaben auf der Grundlage
eines Dienstleistungsvertrags erfüllen.

(7) Der Verantwortliche oder der Auftragsverarbeiter veröffentlicht die
Kontaktdaten des Datenschutzbeauftragten und teilt diese Daten der Aufsichtsbehörde mit.

Artikel 38   Stellung des Datenschutzbeauftragten

(1) Der Verantwortliche und der Auftragsverarbeiter stellen sicher, dass der
Datenschutzbeauftragte ordnungsgemäß und frühzeitig in alle mit dem
Schutz personenbezogener Daten zusammenhängenden Fragen eingebun-
den wird.

(2) Der Verantwortliche und der Auftragsverarbeiter unterstützen den Datenschutzbeauftragten bei der Erfüllung seiner Aufgaben gemäß Artikel 39, indem sie die für die Erfüllung dieser Aufgaben erforderlichen Ressourcen und den Zugang zu personenbezogenen Daten und Verarbeitungsvorgängen sowie die zur Erhaltung seines Fachwissens erforderlichen Ressourcen zur Verfügung stellen.

(3) [1]Der Verantwortliche und der Auftragsverarbeiter stellen sicher, dass der Datenschutzbeauftragte bei der Erfüllung seiner Aufgaben keine Anweisungen bezüglich der Ausübung dieser Aufgaben erhält. [2]Der Datenschutzbeauftragte darf von dem Verantwortlichen oder dem Auftragsverarbeiter wegen der Erfüllung seiner Aufgaben nicht abberufen oder benachteiligt werden. [3]Der Datenschutzbeauftragte berichtet unmittelbar der höchsten Managementebene des Verantwortlichen oder des Auftragsverarbeiters.

(4) Betroffene Personen können den Datenschutzbeauftragten zu allen mit der Verarbeitung ihrer personenbezogenen Daten und mit der Wahrnehmung ihrer Rechte gemäß dieser Verordnung im Zusammenhang stehenden Fragen zu Rate ziehen.

(5) Der Datenschutzbeauftragte ist nach dem Recht der Union oder der Mitgliedstaaten bei der Erfüllung seiner Aufgaben an die Wahrung der Geheimhaltung oder der Vertraulichkeit gebunden.

(6) [1]Der Datenschutzbeauftragte kann andere Aufgaben und Pflichten wahrnehmen. [2]Der Verantwortliche oder der Auftragsverarbeiter stellt sicher, dass derartige Aufgaben und Pflichten nicht zu einem Interessenkonflikt führen.

Artikel 39 Aufgaben des Datenschutzbeauftragten

(1) Dem Datenschutzbeauftragten obliegen zumindest folgende Aufgaben:

a) Unterrichtung und Beratung des Verantwortlichen oder des Auftragsverarbeiters und der Beschäftigten, die Verarbeitungen durchführen, hinsichtlich ihrer Pflichten nach dieser Verordnung sowie nach sonstigen Datenschutzvorschriften der Union bzw. der Mitgliedstaaten;

b) Überwachung der Einhaltung dieser Verordnung, anderer Datenschutzvorschriften der Union bzw. der Mitgliedstaaten sowie der Strategien des Verantwortlichen oder des Auftragsverarbeiters für den Schutz personenbezogener Daten einschließlich der Zuweisung von Zuständigkeiten, der Sensibilisierung und Schulung der an den Verarbeitungsvorgängen beteiligten Mitarbeiter und der diesbezüglichen Überprüfungen;

c) Beratung – auf Anfrage – im Zusammenhang mit der Datenschutz-Folgenabschätzung und Überwachung ihrer Durchführung gemäß Artikel 35;

d) Zusammenarbeit mit der Aufsichtsbehörde;

e) Tätigkeit als Anlaufstelle für die Aufsichtsbehörde in mit der Verarbeitung zusammenhängenden Fragen, einschließlich der vorherigen Konsultation gemäß Artikel 36, und gegebenenfalls Beratung zu allen sonstigen Fragen.

(2) Der Datenschutzbeauftragte trägt bei der Erfüllung seiner Aufgaben dem mit den Verarbeitungsvorgängen verbundenen Risiko gebührend Rechnung, wobei er die Art, den Umfang, die Umstände und die Zwecke der Verarbeitung berücksichtigt.

Abschnitt 5 Verhaltensregeln und Zertifizierung

Artikel 40 Verhaltensregeln

(1) Die Mitgliedstaaten, die Aufsichtsbehörden, der Ausschuss und die Kommission fördern die Ausarbeitung von Verhaltensregeln, die nach Maßgabe der Besonderheiten der einzelnen Verarbeitungsbereiche und der besonderen Bedürfnisse von Kleinstunternehmen sowie kleinen und mittleren Unternehmen zur ordnungsgemäßen Anwendung dieser Verordnung beitragen sollen.

(2) Verbände und andere Vereinigungen, die Kategorien von Verantwortlichen oder Auftragsverarbeitern vertreten, können Verhaltensregeln ausarbeiten oder ändern oder erweitern, mit denen die Anwendung dieser Verordnung beispielsweise zu dem Folgenden präzisiert wird:

a) faire und transparente Verarbeitung;

b) die berechtigten Interessen des Verantwortlichen in bestimmten Zusammenhängen;

c) Erhebung personenbezogener Daten;

d) Pseudonymisierung personenbezogener Daten;

e) Unterrichtung der Öffentlichkeit und der betroffenen Personen;

f) Ausübung der Rechte betroffener Personen;

g) Unterrichtung und Schutz von Kindern und Art und Weise, in der die Einwilligung des Trägers der elterlichen Verantwortung für das Kind einzuholen ist;

h) die Maßnahmen und Verfahren gemäß den Artikeln 24 und 25 und die Maßnahmen für die Sicherheit der Verarbeitung gemäß Artikel 32;

i) die Meldung von Verletzungen des Schutzes personenbezogener Daten an Aufsichtsbehörden und die Benachrichtigung der betroffenen Person von solchen Verletzungen des Schutzes personenbezogener Daten;

j) die Übermittlung personenbezogener Daten an Drittländer oder an internationale Organisationen oder

k) außergerichtliche Verfahren und sonstige Streitbeilegungsverfahren zur Beilegung von Streitigkeiten zwischen Verantwortlichen und betroffenen Personen im Zusammenhang mit der Verarbeitung, unbeschadet der Rechte betroffener Personen gemäß den Artikeln 77 und 79.

(3) [1]Zusätzlich zur Einhaltung durch die unter diese Verordnung fallenden Verantwortlichen oder Auftragsverarbeiter können Verhaltensregeln, die gemäß Absatz 5 des vorliegenden Artikels genehmigt wurden und gemäß Absatz 9 des vorliegenden Artikels allgemeine Gültigkeit besitzen, können auch von Verantwortlichen oder Auftragsverarbeitern, die gemäß Artikel 3 nicht unter diese Verordnung fallen, eingehalten werden, um geeignete Garantien im Rahmen der Übermittlung personenbezogener Daten an Drittländer oder internationale Organisationen nach Maßgabe des Artikels 46 Absatz 2 Buchstabe e zu bieten. [2]Diese Verantwortlichen oder Auftragsver-

arbeiter gehen mittels vertraglicher oder sonstiger rechtlich bindender Instrumente die verbindliche und durchsetzbare Verpflichtung ein, die geeigneten Garantien anzuwenden, auch im Hinblick auf die Rechte der betroffenen Personen.

(4) Die Verhaltensregeln gemäß Absatz 2 des vorliegenden Artikels müssen Verfahren vorsehen, die es der in Artikel 41 Absatz 1 genannten Stelle ermöglichen, die obligatorische Überwachung der Einhaltung ihrer Bestimmungen durch die Verantwortlichen oder die Auftragsverarbeiter, die sich zur Anwendung der Verhaltensregeln verpflichten, vorzunehmen, unbeschadet der Aufgaben und Befugnisse der Aufsichtsbehörde, die nach Artikel 55 oder 56 zuständig ist.

(5) [1]Verbände und andere Vereinigungen gemäß Absatz 2 des vorliegenden Artikels, die beabsichtigen, Verhaltensregeln auszuarbeiten oder bestehende Verhaltensregeln zu ändern oder zu erweitern, legen den Entwurf der Verhaltensregeln bzw. den Entwurf zu deren Änderung oder Erweiterung der Aufsichtsbehörde vor, die nach Artikel 55 zuständig ist. [2]Die Aufsichtsbehörde gibt eine Stellungnahme darüber ab, ob der Entwurf der Verhaltensregeln bzw. der Entwurf zu deren Änderung oder Erweiterung mit dieser Verordnung vereinbar ist und genehmigt diesen Entwurf der Verhaltensregeln bzw. den Entwurf zu deren Änderung oder Erweiterung, wenn sie der Auffassung ist, dass er ausreichende geeignete Garantien bietet.

(6) Wird durch die Stellungnahme nach Absatz 5 der Entwurf der Verhaltensregeln bzw. der Entwurf zu deren Änderung oder Erweiterung genehmigt und beziehen sich die betreffenden Verhaltensregeln nicht auf Verarbeitungtätigkeiten in mehreren Mitgliedstaaten, so nimmt die Aufsichtsbehörde die Verhaltensregeln in ein Verzeichnis auf und veröffentlicht sie.

(7) Bezieht sich der Entwurf der Verhaltensregeln auf Verarbeitungstätigkeiten in mehreren Mitgliedstaaten, so legt die nach Artikel 55 zuständige Aufsichtsbehörde – bevor sie den Entwurf der Verhaltensregeln bzw. den Entwurf zu deren Änderung oder Erweiterung genehmigt – ihn nach dem Verfahren gemäß Artikel 63 dem Ausschuss vor, der zu der Frage Stellung nimmt, ob der Entwurf der Verhaltensregeln bzw. der Entwurf zu deren Änderung oder Erweiterung mit dieser Verordnung vereinbar ist oder – im Fall nach Absatz 3 dieses Artikels – geeignete Garantien vorsieht.

(8) Wird durch die Stellungnahme nach Absatz 7 bestätigt, dass der Entwurf der Verhaltensregeln bzw. der Entwurf zu deren Änderung oder Erweiterung mit dieser Verordnung vereinbar ist oder – im Fall nach Absatz 3 – geeignete Garantien vorsieht, so übermittelt der Ausschuss seine Stellungnahme der Kommission.

(9) [1]Die Kommission kann im Wege von Durchführungsrechtsakten beschließen, dass die ihr gemäß Absatz 8 übermittelten genehmigten Verhaltensregeln bzw. deren genehmigte Änderung oder Erweiterung allgemeine Gültigkeit in der Union besitzen. [2]Diese Durchführungsrechtsakte werden gemäß dem Prüfverfahren nach Artikel 93 Absatz 2 erlassen.

(10) Die Kommission trägt dafür Sorge, dass die genehmigten Verhaltensregeln, denen gemäß Absatz 9 allgemeine Gültigkeit zuerkannt wurde, in geeigneter Weise veröffentlicht werden.

(11) Der Ausschuss nimmt alle genehmigten Verhaltensregeln bzw. deren genehmigte Änderungen oder Erweiterungen in ein Register auf und veröffentlicht sie in geeigneter Weise.

Artikel 41 Überwachung der genehmigten Verhaltensregeln

(1) Unbeschadet der Aufgaben und Befugnisse der zuständigen Aufsichtsbehörde gemäß den Artikeln 57 und 58 kann die Überwachung der Einhaltung von Verhaltensregeln gemäß Artikel 40 von einer Stelle durchgeführt werden, die über das geeignete Fachwissen hinsichtlich des Gegenstands der Verhaltensregeln verfügt und die von der zuständigen Aufsichtsbehörde zu diesem Zweck akkreditiert wurde.

(2) Eine Stelle gemäß Absatz 1 kann zum Zwecke der Überwachung der Einhaltung von Verhaltensregeln akkreditiert werden, wenn sie

a) ihre Unabhängigkeit und ihr Fachwissen hinsichtlich des Gegenstands der Verhaltensregeln zur Zufriedenheit der zuständigen Aufsichtsbehörde nachgewiesen hat;

b) Verfahren festgelegt hat, die es ihr ermöglichen, zu bewerten, ob Verantwortliche und Auftragsverarbeiter die Verhaltensregeln anwenden können, die Einhaltung der Verhaltensregeln durch die Verantwortlichen und Auftragsverarbeiter zu überwachen und die Anwendung der Verhaltensregeln regelmäßig zu überprüfen;

c) Verfahren und Strukturen festgelegt hat, mit denen sie Beschwerden über Verletzungen der Verhaltensregeln oder über die Art und Weise, in der die Verhaltensregeln von dem Verantwortlichen oder dem Auftragsverarbeiter angewendet werden oder wurden, nachgeht und diese Verfahren und Strukturen für betroffene Personen und die Öffentlichkeit transparent macht, und

d) zur Zufriedenheit der zuständigen Aufsichtsbehörde nachgewiesen hat, dass ihre Aufgaben und Pflichten nicht zu einem Interessenkonflikt führen.

(3) Die zuständige Aufsichtsbehörde übermittelt den Entwurf der Kriterien für die Akkreditierung einer Stelle nach Absatz 1 gemäß dem Kohärenzverfahren nach Artikel 63 an den Ausschuss.

(4) [1]Unbeschadet der Aufgaben und Befugnisse der zuständigen Aufsichtsbehörde und der Bestimmungen des Kapitels VIII ergreift eine Stelle gemäß Absatz 1 vorbehaltlich geeigneter Garantien im Falle einer Verletzung der Verhaltensregeln durch einen Verantwortlichen oder einen Auftragsverarbeiter geeignete Maßnahmen, einschließlich eines vorläufigen oder endgültigen Ausschlusses des Verantwortlichen oder Auftragsverarbeiters von den Verhaltensregeln. [2]Sie unterrichtet die zuständige Aufsichtsbehörde über solche Maßnahmen und deren Begründung.

(5) Die zuständige Aufsichtsbehörde widerruft die Akkreditierung einer Stelle gemäß Absatz 1, wenn die Voraussetzungen für ihre Akkreditierung nicht oder nicht mehr erfüllt sind oder wenn die Stelle Maßnahmen ergreift, die nicht mit dieser Verordnung vereinbar sind.

(6) Dieser Artikel gilt nicht für die Verarbeitung durch Behörden oder öffentliche Stellen.

Artikel 42   Zertifizierung

(1) [1]Die Mitgliedstaaten, die Aufsichtsbehörden, der Ausschuss und die Kommission fördern insbesondere auf Unionsebene die Einführung von datenschutzspezifischen Zertifizierungsverfahren sowie von Datenschutzsiegeln und -prüfzeichen, die dazu dienen, nachzuweisen, dass diese Verordnung bei Verarbeitungsvorgängen von Verantwortlichen oder Auftragsverarbeitern eingehalten wird. [2]Den besonderen Bedürfnissen von Kleinstunternehmen sowie kleinen und mittleren Unternehmen wird Rechnung getragen.

(2) [1]Zusätzlich zur Einhaltung durch die unter diese Verordnung fallenden Verantwortlichen oder Auftragsverarbeiter können auch datenschutzspezifische Zertifizierungsverfahren, Siegel oder Prüfzeichen, die gemäß Absatz 5 des vorliegenden Artikels genehmigt worden sind, vorgesehen werden, um nachzuweisen, dass die Verantwortlichen oder Auftragsverarbeiter, die gemäß Artikel 3 nicht unter diese Verordnung fallen, im Rahmen der Übermittlung personenbezogener Daten an Drittländer oder internationale Organisationen nach Maßgabe von Artikel 46 Absatz 2 Buchstabe f geeignete Garantien bieten. [2]Diese Verantwortlichen oder Auftragsverarbeiter gehen mittels vertraglicher oder sonstiger rechtlich bindender Instrumente die verbindliche und durchsetzbare Verpflichtung ein, diese geeigneten Garantien anzuwenden, auch im Hinblick auf die Rechte der betroffenen Personen.

(3) Die Zertifizierung muss freiwillig und über ein transparentes Verfahren zugänglich sein.

(4) Eine Zertifizierung gemäß diesem Artikel mindert nicht die Verantwortung des Verantwortlichen oder des Auftragsverarbeiters für die Einhaltung dieser Verordnung und berührt nicht die Aufgaben und Befugnisse der Aufsichtsbehörden, die gemäß Artikel 55 oder 56 zuständig sind.

(5) [1]Eine Zertifizierung nach diesem Artikel wird durch die Zertifizierungsstellen nach Artikel 43 oder durch die zuständige Aufsichtsbehörde anhand der von dieser zuständigen Aufsichtsbehörde gemäß Artikel 58 Absatz 3 oder – gemäß Artikel 63 – durch den Ausschuss genehmigten Kriterien erteilt. [2]Werden die Kriterien vom Ausschuss genehmigt, kann dies zu einer gemeinsamen Zertifizierung, dem Europäischen Datenschutzsiegel, führen.

(6) Der Verantwortliche oder der Auftragsverarbeiter, der die von ihm durchgeführte Verarbeitung dem Zertifizierungsverfahren unterwirft, stellt der Zertifizierungsstelle nach Artikel 43 oder gegebenenfalls der zuständigen Aufsichtsbehörde alle für die Durchführung des Zertifizierungsverfahrens erforderlichen Informationen zur Verfügung und gewährt ihr den in diesem Zusammenhang erforderlichen Zugang zu seinen Verarbeitungstätigkeiten.

(7) [1]Die Zertifizierung wird einem Verantwortlichen oder einem Auftragsverarbeiter für eine Höchstdauer von drei Jahren erteilt und kann unter denselben Bedingungen verlängert werden, sofern die einschlägigen Vor-

aussetzungen weiterhin erfüllt werden. [2]Die Zertifizierung wird gegebenenfalls durch die Zertifizierungsstellen nach Artikel 43 oder durch die zuständige Aufsichtsbehörde widerrufen, wenn die Voraussetzungen für die Zertifizierung nicht oder nicht mehr erfüllt werden.

(8) Der Ausschuss nimmt alle Zertifizierungsverfahren und Datenschutzsiegel und -prüfzeichen in ein Register auf und veröffentlicht sie in geeigneter
Weise.

Artikel 43   Zertifizierungsstellen

(1) [1]Unbeschadet der Aufgaben und Befugnisse der zuständigen Aufsichtsbehörde gemäß den Artikeln 57 und 58 erteilen oder verlängern Zertifizierungsstellen, die über das geeignete Fachwissen hinsichtlich des Datenschutzes verfügen, nach Unterrichtung der Aufsichtsbehörde – damit diese
erforderlichenfalls von ihren Befugnissen gemäß Artikel 58 Absatz 2 Buchstabe h Gebrauch machen kann – die Zertifizierung. [2]Die Mitgliedstaaten
stellen sicher, dass diese Zertifizierungsstellen von einer oder beiden der
folgenden Stellen akkreditiert werden:
a) der gemäß Artikel 55 oder 56 zuständigen Aufsichtsbehörde;
b) der nationalen Akkreditierungsstelle, die gemäß der Verordnung (EG)
   Nr. 765/2008 des Europäischen Parlaments und des Rates[1] im Einklang mit EN-ISO/IEC 17065/2012 und mit den zusätzlichen von der
   gemäß Artikel 55 oder 56 zuständigen Aufsichtsbehörde festgelegten
   Anforderungen benannt wurde.

(2) Zertifizierungsstellen nach Absatz 1 dürfen nur dann gemäß dem genannten Absatz akkreditiert werden, wenn sie
a) ihre Unabhängigkeit und ihr Fachwissen hinsichtlich des Gegenstands
   der Zertifizierung zur Zufriedenheit der zuständigen Aufsichtsbehörde
   nachgewiesen haben;
b) sich verpflichtet haben, die Kriterien nach Artikel 42 Absatz 5, die von
   der gemäß Artikel 55 oder 56 zuständigen Aufsichtsbehörde oder – gemäß Artikel 63 – von dem Ausschuss genehmigt wurden, einzuhalten;
c) Verfahren für die Erteilung, die regelmäßige Überprüfung und den Widerruf der Datenschutzzertifizierung sowie der Datenschutzsiegel und
   -prüfzeichen festgelegt haben;
d) Verfahren und Strukturen festgelegt haben, mit denen sie Beschwerden
   über Verletzungen der Zertifizierung oder die Art und Weise, in der die
   Zertifizierung von dem Verantwortlichen oder dem Auftragsverarbeiter
   umgesetzt wird oder wurde, nachgehen und diese Verfahren und Strukturen für betroffene Personen und die Öffentlichkeit transparent machen, und
e) zur Zufriedenheit der zuständigen Aufsichtsbehörde nachgewiesen haben, dass ihre Aufgaben und Pflichten nicht zu einem Interessenkonflikt führen.

1 Verordnung (EG) Nr. 765/2008 des Europäischen Parlaments und des Rates vom
   9. Juli 2008 über die Vorschriften für die Akkreditierung und Marktüberwachung
   im Zusammenhang mit der Vermarktung von Produkten und zur Aufhebung der
   Verordnung (EWG) Nr. 339/93 des Rates (ABl. L 218 vom 13. 8. 2008, S. 30).

(3) [1]Die Akkreditierung von Zertifizierungsstellen nach den Absätzen 1 und 2 erfolgt anhand der Kriterien, die von der gemäß Artikel 55 oder 56 zuständigen Aufsichtsbehörde oder – gemäß Artikel 63 – von dem Ausschuss genehmigt wurden. [2]Im Fall einer Akkreditierung nach Absatz 1 Buchstabe b des vorliegenden Artikels ergänzen diese Anforderungen diejenigen, die in der Verordnung (EG) Nr. 765/2008 und in den technischen Vorschriften, in denen die Methoden und Verfahren der Zertifizierungsstellen beschrieben werden, vorgesehen sind.

(4) [1]Die Zertifizierungsstellen nach Absatz 1 sind unbeschadet der Verantwortung, die der Verantwortliche oder der Auftragsverarbeiter für die Einhaltung dieser Verordnung hat, für die angemessene Bewertung, die der Zertifizierung oder dem Widerruf einer Zertifizierung zugrunde liegt, verantwortlich. [2]Die Akkreditierung wird für eine Höchstdauer von fünf Jahren erteilt und kann unter denselben Bedingungen verlängert werden, sofern die Zertifizierungsstelle die Anforderungen dieses Artikels erfüllt.

(5) Die Zertifizierungsstellen nach Absatz 1 teilen den zuständigen Aufsichtsbehörden die Gründe für die Erteilung oder den Widerruf der beantragten Zertifizierung mit.

(6) [1]Die Anforderungen nach Absatz 3 des vorliegenden Artikels und die Kriterien nach Artikel 42 Absatz 5 werden von der Aufsichtsbehörde in leicht zugänglicher Form veröffentlicht. [2]Die Aufsichtsbehörden übermitteln diese Anforderungen und Kriterien auch dem Ausschuss. [3]Der Ausschuss nimmt alle Zertifizierungsverfahren und Datenschutzsiegel in ein Register auf und veröffentlicht sie in geeigneter Weise.

(7) Unbeschadet des Kapitels VIII widerruft die zuständige Aufsichtsbehörde oder die nationale Akkreditierungsstelle die Akkreditierung einer Zertifizierungsstelle nach Absatz 1, wenn die Voraussetzungen für die Akkreditierung nicht oder nicht mehr erfüllt sind oder wenn eine Zertifizierungsstelle Maßnahmen ergreift, die nicht mit dieser Verordnung vereinbar sind.

(8) Der Kommission wird die Befugnis übertragen, gemäß Artikel 92 delegierte Rechtsakte zu erlassen, um die Anforderungen festzulegen, die für die in Artikel 42 Absatz 1 genannten datenschutzspezifischen Zertifizierungsverfahren zu berücksichtigen sind.

(9) [1]Die Kommission kann Durchführungsrechtsakte erlassen, mit denen technische Standards für Zertifizierungsverfahren und Datenschutzsiegel und -prüfzeichen sowie Mechanismen zur Förderung und Anerkennung dieser Zertifizierungsverfahren und Datenschutzsiegel und -prüfzeichen festgelegt werden. [2]Diese Durchführungsrechtsakte werden gemäß dem in Artikel 93 Absatz 2 genannten Prüfverfahren erlassen.

Kapitel V Übermittlungen personenbezogener Daten an Drittländer oder an internationale Organisationen

Artikel 44 Allgemeine Grundsätze der Datenübermittlung

[1]Jedwede Übermittlung personenbezogener Daten, die bereits verarbeitet werden oder nach ihrer Übermittlung an ein Drittland oder eine internationale Organisation verarbeitet werden sollen, ist nur zulässig, wenn der Ver-

antwortliche und der Auftragsverarbeiter die in diesem Kapitel niedergelegten Bedingungen einhalten und auch die sonstigen Bestimmungen dieser Verordnung eingehalten werden; dies gilt auch für die etwaige Weiterübermittlung personenbezogener Daten durch das betreffende Drittland oder die betreffende internationale Organisation an ein anderes Drittland oder eine andere internationale Organisation. [2]Alle Bestimmungen dieses Kapitels sind anzuwenden, um sicherzustellen, dass das durch diese Verordnung gewährleistete Schutzniveau für natürliche Personen nicht untergraben wird.

Artikel 45 Datenübermittlung auf der Grundlage eines Angemessenheitsbeschlusses

(1) [1]Eine Übermittlung personenbezogener Daten an ein Drittland oder eine internationale Organisation darf vorgenommen werden, wenn die Kommission beschlossen hat, dass das betreffende Drittland, ein Gebiet oder ein oder mehrere spezifische Sektoren in diesem Drittland oder die betreffende internationale Organisation ein angemessenes Schutzniveau bietet. [2]Eine solche Datenübermittlung bedarf keiner besonderen Genehmigung.

(2) Bei der Prüfung der Angemessenheit des gebotenen Schutzniveaus berücksichtigt die Kommission insbesondere das Folgende:

a) die Rechtsstaatlichkeit, die Achtung der Menschenrechte und Grundfreiheiten, die in dem betreffenden Land bzw. bei der betreffenden internationalen Organisation geltenden einschlägigen Rechtsvorschriften sowohl allgemeiner als auch sektoraler Art – auch in Bezug auf öffentliche Sicherheit, Verteidigung, nationale Sicherheit und Strafrecht sowie Zugang der Behörden zu personenbezogenen Daten – sowie die Anwendung dieser Rechtsvorschriften, Datenschutzvorschriften, Berufsregeln und Sicherheitsvorschriften einschließlich der Vorschriften für die Weiterübermittlung personenbezogener Daten an ein anderes Drittland bzw. eine andere internationale Organisation, die Rechtsprechung sowie wirksame und durchsetzbare Rechte der betroffenen Person und wirksame verwaltungsrechtliche und gerichtliche Rechtsbehelfe für betroffene Personen, deren personenbezogene Daten übermittelt werden,

b) die Existenz und die wirksame Funktionsweise einer oder mehrerer unabhängiger Aufsichtsbehörden in dem betreffenden Drittland oder denen eine internationale Organisation untersteht und die für die Einhaltung und Durchsetzung der Datenschutzvorschriften, einschließlich angemessener Durchsetzungsbefugnisse, für die Unterstützung und Beratung der betroffenen Personen bei der Ausübung ihrer Rechte und für die Zusammenarbeit mit den Aufsichtsbehörden der Mitgliedstaaten zuständig sind, und

c) die von dem betreffenden Drittland bzw. der betreffenden internationalen Organisation eingegangenen internationalen Verpflichtungen oder andere Verpflichtungen, die sich aus rechtsverbindlichen Übereinkünften oder Instrumenten sowie aus der Teilnahme des Drittlands oder der internationalen Organisation an multilateralen oder regionalen Systemen insbesondere in Bezug auf den Schutz personenbezogener Daten ergeben.

(3) [1]Nach der Beurteilung der Angemessenheit des Schutzniveaus kann die Kommission im Wege eines Durchführungsrechtsaktes beschließen, dass ein Drittland, ein Gebiet oder ein oder mehrere spezifische Sektoren in einem Drittland oder eine internationale Organisation ein angemessenes Schutzniveau im Sinne des Absatzes 2 des vorliegenden Artikels bieten. [2]In dem Durchführungsrechtsakt ist ein Mechanismus für eine regelmäßige Überprüfung, die mindestens alle vier Jahre erfolgt, vorzusehen, bei der allen maßgeblichen Entwicklungen in dem Drittland oder bei der internationalen Organisation Rechnung getragen wird. [3]Im Durchführungsrechtsakt werden der territoriale und der sektorale Anwendungsbereich sowie gegebenenfalls die in Absatz 2 Buchstabe b des vorliegenden Artikels genannte Aufsichtsbehörde bzw. genannten Aufsichtsbehörden angegeben. [4]Der Durchführungsrechtsakt wird gemäß dem in Artikel 93 Absatz 2 genannten Prüfverfahren erlassen.

(4) Die Kommission überwacht fortlaufend die Entwicklungen in Drittländern und bei internationalen Organisationen, die die Wirkungsweise der nach Absatz 3 des vorliegenden Artikels erlassenen Beschlüsse und der nach Artikel 25 Absatz 6 der Richtlinie 95/46/EG erlassenen Feststellungen beeinträchtigen könnten.

(5) [1]Die Kommission widerruft, ändert oder setzt die in Absatz 3 des vorliegenden Artikels genannten Beschlüsse im Wege von Durchführungsrechtsakten aus, soweit dies nötig ist und ohne rückwirkende Kraft, soweit entsprechende Informationen – insbesondere im Anschluss an die in Absatz 3 des vorliegenden Artikels genannte Überprüfung – dahingehend vorliegen, dass ein Drittland, ein Gebiet oder ein oder mehrere spezifischer Sektor in einem Drittland oder eine internationale Organisation kein angemessenes Schutzniveau im Sinne des Absatzes 2 des vorliegenden Artikels mehr gewährleistet. [2]Diese Durchführungsrechtsakte werden gemäß dem Prüfverfahren nach Artikel 93 Absatz 2 erlassen.

In hinreichend begründeten Fällen äußerster Dringlichkeit erlässt die Kommission gemäß dem in Artikel 93 Absatz 3 genannten Verfahren sofort geltende Durchführungsrechtsakte.

(6) Die Kommission nimmt Beratungen mit dem betreffenden Drittland bzw. der betreffenden internationalen Organisation auf, um Abhilfe für die Situation zu schaffen, die zu dem gemäß Absatz 5 erlassenen Beschluss geführt hat.

(7) Übermittlungen personenbezogener Daten an das betreffende Drittland, das Gebiet oder einen oder mehrere spezifische Sektoren in diesem Drittland oder an die betreffende internationale Organisation gemäß den Artikeln 46 bis 49 werden durch einen Beschluss nach Absatz 5 des vorliegenden Artikels nicht berührt.

(8) Die Kommission veröffentlicht im *Amtsblatt der Europäischen Union* und auf ihrer Website eine Liste aller Drittländer beziehungsweise Gebiete und spezifischen Sektoren in einem Drittland und aller internationalen Or-

ganisationen, für die sie durch Beschluss festgestellt hat, dass sie ein angemessenes Schutzniveau gewährleisten bzw. nicht mehr gewährleisten.

(9) Von der Kommission auf der Grundlage von Artikel 25 Absatz 6 der Richtlinie 95/46/EG erlassene Feststellungen bleiben so lange in Kraft, bis sie durch einen nach dem Prüfverfahren gemäß den Absätzen 3 oder 5 des vorliegenden Artikels erlassenen Beschluss der Kommission geändert, ersetzt oder aufgehoben werden.

Artikel 46   Datenübermittlung vorbehaltlich geeigneter Garantien

(1) Falls kein Beschluss nach Artikel 45 Absatz 3 vorliegt, darf ein Verantwortlicher oder ein Auftragsverarbeiter personenbezogene Daten an ein Drittland oder eine internationale Organisation nur übermitteln, sofern der Verantwortliche oder der Auftragsverarbeiter geeignete Garantien vorgesehen hat und sofern den betroffenen Personen durchsetzbare Rechte und wirksame Rechtsbehelfe zur Verfügung stehen.

(2) Die in Absatz 1 genannten geeigneten Garantien können, ohne dass hierzu eine besondere Genehmigung einer Aufsichtsbehörde erforderlich wäre, bestehen in

a) einem rechtlich bindenden und durchsetzbaren Dokument zwischen den Behörden oder öffentlichen Stellen,

b) verbindlichen internen Datenschutzvorschriften gemäß Artikel 47,

c) Standarddatenschutzklauseln, die von der Kommission gemäß dem Prüfverfahren nach Artikel 93 Absatz 2 erlassen werden,

d) von einer Aufsichtsbehörde angenommenen Standarddatenschutzklauseln, die von der Kommission gemäß dem Prüfverfahren nach Artikel 93 Absatz 2 genehmigt wurden,

e) genehmigten Verhaltensregeln gemäß Artikel 40 zusammen mit rechtsverbindlichen und durchsetzbaren Verpflichtungen des Verantwortlichen oder des Auftragsverarbeiters in dem Drittland zur Anwendung der geeigneten Garantien, einschließlich in Bezug auf die Rechte der betroffenen Personen, oder

f) einem genehmigten Zertifizierungsmechanismus gemäß Artikel 42 zusammen mit rechtsverbindlichen und durchsetzbaren Verpflichtungen des Verantwortlichen oder des Auftragsverarbeiters in dem Drittland zur Anwendung der geeigneten Garantien, einschließlich in Bezug auf die Rechte der betroffenen Personen.

(3) Vorbehaltlich der Genehmigung durch die zuständige Aufsichtsbehörde können die geeigneten Garantien gemäß Absatz 1 auch insbesondere bestehen in

a) Vertragsklauseln, die zwischen dem Verantwortlichen oder dem Auftragsverarbeiter und dem Verantwortlichen, dem Auftragsverarbeiter oder dem Empfänger der personenbezogenen Daten im Drittland oder der internationalen Organisation vereinbart wurden, oder

b) Bestimmungen, die in Verwaltungsvereinbarungen zwischen den Behörden oder öffentlichen Stellen aufzunehmen sind und durchsetzbare und wirksame Rechte für die betroffenen Personen einschließen.

(4) Die Aufsichtsbehörde wendet das Kohärenzverfahren nach Artikel 63 an, wenn ein Fall gemäß Absatz 3 des vorliegenden Artikels vorliegt.

(5) [1]Von einem Mitgliedstaat oder einer Aufsichtsbehörde auf der Grundlage von Artikel 26 Absatz 2 der Richtlinie 95/46/EG erteilte Genehmigungen bleiben so lange gültig, bis sie erforderlichenfalls von dieser Aufsichtsbehörde geändert, ersetzt oder aufgehoben werden. [2]Von der Kommission auf der Grundlage von Artikel 26 Absatz 4 der Richtlinie 95/46/EG erlassene Feststellungen bleiben so lange in Kraft, bis sie erforderlichenfalls mit einem nach Absatz 2 des vorliegenden Artikels erlassenen Beschluss der Kommission geändert, ersetzt oder aufgehoben werden.

Artikel 47 Verbindliche interne Datenschutzvorschriften

(1) Die zuständige Aufsichtsbehörde genehmigt gemäß dem Kohärenzverfahren nach Artikel 63 verbindliche interne Datenschutzvorschriften, sofern diese

a) rechtlich bindend sind, für alle betreffenden Mitglieder der Unternehmensgruppe oder einer Gruppe von Unternehmen, die eine gemeinsame Wirtschaftstätigkeit ausüben, gelten und von diesen Mitgliedern durchgesetzt werden, und dies auch für ihre Beschäftigten gilt,

b) den betroffenen Personen ausdrücklich durchsetzbare Rechte in Bezug auf die Verarbeitung ihrer personenbezogenen Daten übertragen und

c) die in Absatz 2 festgelegten Anforderungen erfüllen.

(2) Die verbindlichen internen Datenschutzvorschriften nach Absatz 1 enthalten mindestens folgende Angaben:

a) Struktur und Kontaktdaten der Unternehmensgruppe oder Gruppe von Unternehmen, die eine gemeinsame Wirtschaftstätigkeit ausüben, und jedes ihrer Mitglieder;

b) die betreffenden Datenübermittlungen oder Reihen von Datenübermittlungen einschließlich der betreffenden Arten personenbezogener Daten, Art und Zweck der Datenverarbeitung, Art der betroffenen Personen und das betreffende Drittland beziehungsweise die betreffenden Drittländer;

c) interne und externe Rechtsverbindlichkeit der betreffenden internen Datenschutzvorschriften;

d) die Anwendung der allgemeinen Datenschutzgrundsätze, insbesondere Zweckbindung, Datenminimierung, begrenzte Speicherfristen, Datenqualität, Datenschutz durch Technikgestaltung und durch datenschutzfreundliche Voreinstellungen, Rechtsgrundlage für die Verarbeitung, Verarbeitung besonderer Kategorien von personenbezogenen Daten, Maßnahmen zur Sicherstellung der Datensicherheit und Anforderungen für die Weiterübermittlung an nicht an diese internen Datenschutzvorschriften gebundene Stellen;

e) die Rechte der betroffenen Personen in Bezug auf die Verarbeitung und die diesen offenstehenden Mittel zur Wahrnehmung dieser Rechte einschließlich des Rechts, nicht einer ausschließlich auf einer automatisierten Verarbeitung – einschließlich Profiling – beruhenden Entscheidung nach Artikel 22 unterworfen zu werden sowie des in Artikel 79 niedergelegten Rechts auf Beschwerde bei der zuständigen Aufsichtsbehörde beziehungsweise auf Einlegung eines Rechtsbehelfs bei den zuständigen Gerichten der Mitgliedstaaten und im Falle einer Verletzung der verbindlichen internen Datenschutzvorschriften Wiedergutmachung und gegebenenfalls Schadenersatz zu erhalten;

f) die von dem in einem Mitgliedstaat niedergelassenen Verantwortlichen oder Auftragsverarbeiter übernommene Haftung für etwaige Verstöße eines nicht in der Union niedergelassenen betreffenden Mitglieds der Unternehmensgruppe gegen die verbindlichen internen Datenschutzvorschriften; der Verantwortliche oder der Auftragsverarbeiter ist nur dann teilweise oder vollständig von dieser Haftung befreit, wenn er nachweist, dass der Umstand, durch den der Schaden eingetreten ist, dem betreffenden Mitglied nicht zur Last gelegt werden kann;

g) die Art und Weise, wie die betroffenen Personen über die Bestimmungen der Artikel 13 und 14 hinaus über die verbindlichen internen Datenschutzvorschriften und insbesondere über die unter den Buchstaben d, e und f dieses Absatzes genannten Aspekte informiert werden;

h) die Aufgaben jedes gemäß Artikel 37 benannten Datenschutzbeauftragten oder jeder anderen Person oder Einrichtung, die mit der Überwachung der Einhaltung der verbindlichen internen Datenschutzvorschriften in der Unternehmensgruppe oder Gruppe von Unternehmen, die eine gemeinsame Wirtschaftstätigkeit ausüben, sowie mit der Überwachung der Schulungsmaßnahmen und dem Umgang mit Beschwerden befasst ist;

i) die Beschwerdeverfahren;

j) die innerhalb der Unternehmensgruppe oder Gruppe von Unternehmen, die eine gemeinsame Wirtschaftstätigkeit ausüben, bestehenden Verfahren zur Überprüfung der Einhaltung der verbindlichen internen Datenschutzvorschriften. Derartige Verfahren beinhalten Datenschutzüberprüfungen und Verfahren zur Gewährleistung von Abhilfemaßnahmen zum Schutz der Rechte der betroffenen Person. Die Ergebnisse derartiger Überprüfungen sollten der in Buchstabe h genannten Person oder Einrichtung sowie dem Verwaltungsrat des herrschenden Unternehmens einer Unternehmensgruppe oder der Gruppe von Unternehmen, die eine gemeinsame Wirtschaftstätigkeit ausüben, mitgeteilt werden und sollten der zuständigen Aufsichtsbehörde auf Anfrage zur Verfügung gestellt werden;

k) die Verfahren für die Meldung und Erfassung von Änderungen der Vorschriften und ihre Meldung an die Aufsichtsbehörde;

l) die Verfahren für die Zusammenarbeit mit der Aufsichtsbehörde, die die Befolgung der Vorschriften durch sämtliche Mitglieder der Unternehmensgruppe oder Gruppe von Unternehmen, die eine gemeinsame Wirtschaftstätigkeit ausüben, gewährleisten, insbesondere durch Offenlegung der Ergebnisse von Überprüfungen der unter Buchstabe j genannten Maßnahmen gegenüber der Aufsichtsbehörde;

m) die Meldeverfahren zur Unterrichtung der zuständigen Aufsichtsbehörde über jegliche für ein Mitglied der Unternehmensgruppe oder Gruppe von Unternehmen, die eine gemeinsame Wirtschaftstätigkeit ausüben, in einem Drittland geltenden rechtlichen Bestimmungen, die sich nachteilig auf die Garantien auswirken könnten, die die verbindlichen internen Datenschutzvorschriften bieten, und

n) geeignete Datenschutzschulungen für Personal mit ständigem oder regelmäßigem Zugang zu personenbezogenen Daten.

(3) [1]Die Kommission kann das Format und die Verfahren für den Informationsaustausch über verbindliche interne Datenschutzvorschriften im Sinne des vorliegenden Artikels zwischen Verantwortlichen, Auftragsverarbeitern und Aufsichtsbehörden festlegen. [2]Diese Durchführungsrechtsakte werden gemäß dem Prüfverfahren nach Artikel 93 Absatz 2 erlassen.

Artikel 48   Nach dem Unionsrecht nicht zulässige Übermittlung oder Offenlegung

Jegliches Urteil eines Gerichts eines Drittlands und jegliche Entscheidung einer Verwaltungsbehörde eines Drittlands, mit denen von einem Verantwortlichen oder einem Auftragsverarbeiter die Übermittlung oder Offenlegung personenbezogener Daten verlangt wird, dürfen unbeschadet anderer Gründe für die Übermittlung gemäß diesem Kapitel jedenfalls nur dann anerkannt oder vollstreckbar werden, wenn sie auf eine in Kraft befindliche internationale Übereinkunft wie etwa ein Rechtshilfeabkommen zwischen dem ersuchenden Drittland und der Union oder einem Mitgliedstaat gestützt sind.

Artikel 49   Ausnahmen für bestimmte Fälle

(1) [1]Falls weder ein Angemessenheitsbeschluss nach Artikel 45 Absatz 3 vorliegt noch geeignete Garantien nach Artikel 46, einschließlich verbindlicher interner Datenschutzvorschriften, bestehen, ist eine Übermittlung oder eine Reihe von Übermittlungen personenbezogener Daten an ein Drittland oder an eine internationale Organisation nur unter einer der folgenden Bedingungen zulässig:

a) die betroffene Person hat in die vorgeschlagene Datenübermittlung ausdrücklich eingewilligt, nachdem sie über die für sie bestehenden möglichen Risiken derartiger Datenübermittlungen ohne Vorliegen eines Angemessenheitsbeschlusses und ohne geeignete Garantien unterrichtet wurde,

b) die Übermittlung ist für die Erfüllung eines Vertrags zwischen der betroffenen Person und dem Verantwortlichen oder zur Durchführung von vorvertraglichen Maßnahmen auf Antrag der betroffenen Person erforderlich,

c) die Übermittlung ist zum Abschluss oder zur Erfüllung eines im Interesse der betroffenen Person von dem Verantwortlichen mit einer anderen natürlichen oder juristischen Person geschlossenen Vertrags erforderlich,

d) die Übermittlung ist aus wichtigen Gründen des öffentlichen Interesses notwendig,

e) die Übermittlung ist zur Geltendmachung, Ausübung oder Verteidigung von Rechtsansprüchen erforderlich,

f) die Übermittlung ist zum Schutz lebenswichtiger Interessen der betroffenen Person oder anderer Personen erforderlich, sofern die betroffene Person aus physischen oder rechtlichen Gründen außerstande ist, ihre Einwilligung zu geben,

g) die Übermittlung erfolgt aus einem Register, das gemäß dem Recht der Union oder der Mitgliedstaaten zur Information der Öffentlichkeit bestimmt ist und entweder der gesamten Öffentlichkeit oder allen Personen, die ein berechtigtes Interesse nachweisen können, zur Einsichtnahme offensteht, aber nur soweit die im Recht der Union oder der Mitgliedstaaten festgelegten Voraussetzungen für die Einsichtnahme im Einzelfall gegeben sind.

[2]Falls die Übermittlung nicht auf eine Bestimmung der Artikel 45 oder 46 – einschließlich der verbindlichen internen Datenschutzvorschriften – gestützt werden könnte und keine der Ausnahmen für einen bestimmten Fall gemäß dem ersten Unterabsatz anwendbar ist, darf eine Übermittlung an ein Drittland oder eine internationale Organisation nur dann erfolgen, wenn die Übermittlung nicht wiederholt erfolgt, nur eine begrenzte Zahl von betroffenen Personen betrifft, für die Wahrung der zwingenden berechtigten Interessen des Verantwortlichen erforderlich ist, sofern die Interessen oder die Rechte und Freiheiten der betroffenen Person nicht überwiegen, und der Verantwortliche alle Umstände der Datenübermittlung beurteilt und auf der Grundlage dieser Beurteilung geeignete Garantien in Bezug auf den Schutz personenbezogener Daten vorgesehen hat. [3]Der Verantwortliche setzt die Aufsichtsbehörde von der Übermittlung in Kenntnis. [4]Der Verantwortliche unterrichtet die betroffene Person über die Übermittlung und seine zwingenden berechtigten Interessen; dies erfolgt zusätzlich zu den der betroffenen Person nach den Artikeln 13 und 14 mitgeteilten Informationen.

(2) [1]Datenübermittlungen gemäß Absatz 1 Unterabsatz 1 Buchstabe g dürfen nicht die Gesamtheit oder ganze Kategorien der im Register enthaltenen personenbezogenen Daten umfassen. [2]Wenn das Register der Einsichtnahme durch Personen mit berechtigtem Interesse dient, darf die Übermittlung nur auf Anfrage dieser Personen oder nur dann erfolgen, wenn diese Personen die Adressaten der Übermittlung sind.

(3) Absatz 1 Unterabsatz 1 Buchstaben a, b und c und sowie Absatz 1 Unterabsatz 2 gelten nicht für Tätigkeiten, die Behörden in Ausübung ihrer hoheitlichen Befugnisse durchführen.

(4) Das öffentliche Interesse im Sinne des Absatzes 1 Unterabsatz 1 Buchstabe d muss im Unionsrecht oder im Recht des Mitgliedstaats, dem der Verantwortliche unterliegt, anerkannt sein.

(5) [1]Liegt kein Angemessenheitsbeschluss vor, so können im Unionsrecht oder im Recht der Mitgliedstaaten aus wichtigen Gründen des öffentlichen Interesses ausdrücklich Beschränkungen der Übermittlung bestimmter Kategorien von personenbezogenen Daten an Drittländer oder internationale Organisationen vorgesehen werden. [2]Die Mitgliedstaaten teilen der Kommission derartige Bestimmungen mit.

(6) Der Verantwortliche oder der Auftragsverarbeiter erfasst die von ihm vorgenommene Beurteilung sowie die angemessenen Garantien im Sinne des Absatzes 1 Unterabsatz 2 des vorliegenden Artikels in der Dokumentation gemäß Artikel 30.

Artikel 50   Internationale Zusammenarbeit zum Schutz personenbezogener Daten

In Bezug auf Drittländer und internationale Organisationen treffen die Kommission und die Aufsichtsbehörden geeignete Maßnahmen zur

a) Entwicklung von Mechanismen der internationalen Zusammenarbeit, durch die die wirksame Durchsetzung von Rechtsvorschriften zum Schutz personenbezogener Daten erleichtert wird,

b) gegenseitigen Leistung internationaler Amtshilfe bei der Durchsetzung von Rechtsvorschriften zum Schutz personenbezogener Daten, unter anderem durch Meldungen, Beschwerdeverweisungen, Amtshilfe bei Untersuchungen und Informationsaustausch, sofern geeignete Garantien für den Schutz personenbezogener Daten und anderer Grundrechte und Grundfreiheiten bestehen,

c) Einbindung maßgeblicher Interessenträger in Diskussionen und Tätigkeiten, die zum Ausbau der internationalen Zusammenarbeit bei der Durchsetzung von Rechtsvorschriften zum Schutz personenbezogener Daten dienen,

d) Förderung des Austauschs und der Dokumentation von Rechtsvorschriften und Praktiken zum Schutz personenbezogener Daten einschließlich Zuständigkeitskonflikten mit Drittländern.

Kapitel VI   Unabhängige Aufsichtsbehörden
Abschnitt 1   Unabhängigkeit
Artikel 51   Aufsichtsbehörde

(1) Jeder Mitgliedstaat sieht vor, dass eine oder mehrere unabhängige Behörden für die Überwachung der Anwendung dieser Verordnung zuständig sind, damit die Grundrechte und Grundfreiheiten natürlicher Personen bei der Verarbeitung geschützt werden und der freie Verkehr personenbezogener Daten in der Union erleichtert wird (im Folgenden „Aufsichtsbehörde").

(2) [1]Jede Aufsichtsbehörde leistet einen Beitrag zur einheitlichen Anwendung dieser Verordnung in der gesamten Union. [2]Zu diesem Zweck arbeiten die Aufsichtsbehörden untereinander sowie mit der Kommission gemäß Kapitel VII zusammen.

(3) Gibt es in einem Mitgliedstaat mehr als eine Aufsichtsbehörde, so bestimmt dieser Mitgliedstaat die Aufsichtsbehörde, die diese Behörden im Ausschuss vertritt, und führt ein Verfahren ein, mit dem sichergestellt wird, dass die anderen Behörden die Regeln für das Kohärenzverfahren nach Artikel 63 einhalten.

(4) Jeder Mitgliedstaat teilt der Kommission bis spätestens 25. Mai 2018 die Rechtsvorschriften, die er aufgrund dieses Kapitels erlässt, sowie unverzüglich alle folgenden Änderungen dieser Vorschriften mit.

Artikel 52 Unabhängigkeit

(1) Jede Aufsichtsbehörde handelt bei der Erfüllung ihrer Aufgaben und bei der Ausübung ihrer Befugnisse gemäß dieser Verordnung völlig unabhängig.

(2) Das Mitglied oder die Mitglieder jeder Aufsichtsbehörde unterliegen bei der Erfüllung ihrer Aufgaben und der Ausübung ihrer Befugnisse gemäß dieser Verordnung weder direkter noch indirekter Beeinflussung von außen und ersuchen weder um Weisung noch nehmen sie Weisungen entgegen.

(3) Das Mitglied oder die Mitglieder der Aufsichtsbehörde sehen von allen mit den Aufgaben ihres Amtes nicht zu vereinbarenden Handlungen ab und üben während ihrer Amtszeit keine andere mit ihrem Amt nicht zu vereinbarende entgeltliche oder unentgeltliche Tätigkeit aus.

(4) Jeder Mitgliedstaat stellt sicher, dass jede Aufsichtsbehörde mit den personellen, technischen und finanziellen Ressourcen, Räumlichkeiten und Infrastrukturen ausgestattet wird, die sie benötigt, um ihre Aufgaben und Befugnisse auch im Rahmen der Amtshilfe, Zusammenarbeit und Mitwirkung im Ausschuss effektiv wahrnehmen zu können.

(5) Jeder Mitgliedstaat stellt sicher, dass jede Aufsichtsbehörde ihr eigenes Personal auswählt und hat, das ausschließlich der Leitung des Mitglieds oder der Mitglieder der betreffenden Aufsichtsbehörde untersteht.

(6) Jeder Mitgliedstaat stellt sicher, dass jede Aufsichtsbehörde einer Finanzkontrolle unterliegt, die ihre Unabhängigkeit nicht beeinträchtigt und dass sie über eigene, öffentliche, jährliche Haushaltspläne verfügt, die Teil des gesamten Staatshaushalts oder nationalen Haushalts sein können.

Artikel 53 Allgemeine Bedingungen für die Mitglieder der Aufsichtsbehörde

(1) Die Mitgliedstaaten sehen vor, dass jedes Mitglied ihrer Aufsichtsbehörden im Wege eines transparenten Verfahrens ernannt wird, und zwar

- vom Parlament,
- von der Regierung,
- vom Staatsoberhaupt oder
- von einer unabhängigen Stelle, die nach dem Recht des Mitgliedstaats mit der Ernennung betraut wird.

(2) Jedes Mitglied muss über die für die Erfüllung seiner Aufgaben und Ausübung seiner Befugnisse erforderliche Qualifikation, Erfahrung und Sachkunde insbesondere im Bereich des Schutzes personenbezogener Daten verfügen.

(3) Das Amt eines Mitglieds endet mit Ablauf der Amtszeit, mit seinem Rücktritt oder verpflichtender Versetzung in den Ruhestand gemäß dem Recht des betroffenen Mitgliedstaats.

(4) Ein Mitglied wird seines Amtes nur enthoben, wenn es eine schwere Verfehlung begangen hat oder die Voraussetzungen für die Wahrnehmung seiner Aufgaben nicht mehr erfüllt.

Artikel 54 Errichtung der Aufsichtsbehörde

(1) Jeder Mitgliedstaat sieht durch Rechtsvorschriften Folgendes vor:
a) die Errichtung jeder Aufsichtsbehörde;
b) die erforderlichen Qualifikationen und sonstigen Voraussetzungen für die Ernennung zum Mitglied jeder Aufsichtsbehörde;
c) die Vorschriften und Verfahren für die Ernennung des Mitglieds oder der Mitglieder jeder Aufsichtsbehörde;
d) die Amtszeit des Mitglieds oder der Mitglieder jeder Aufsichtsbehörde von mindestens vier Jahren; dies gilt nicht für die erste Amtszeit nach 24. Mai 2016, die für einen Teil der Mitglieder kürzer sein kann, wenn eine zeitlich versetzte Ernennung zur Wahrung der Unabhängigkeit der Aufsichtsbehörde notwendig ist;
e) die Frage, ob und – wenn ja – wie oft das Mitglied oder die Mitglieder jeder Aufsichtsbehörde wiederernannt werden können;
f) die Bedingungen im Hinblick auf die Pflichten des Mitglieds oder der Mitglieder und der Bediensteten jeder Aufsichtsbehörde, die Verbote von Handlungen, beruflichen Tätigkeiten und Vergütungen während und nach der Amtszeit, die mit diesen Pflichten unvereinbar sind, und die Regeln für die Beendigung des Beschäftigungsverhältnisses.

(2) [1]Das Mitglied oder die Mitglieder und die Bediensteten jeder Aufsichtsbehörde sind gemäß dem Unionsrecht oder dem Recht der Mitgliedstaaten sowohl während ihrer Amts- beziehungsweise Dienstzeit als auch nach deren Beendigung verpflichtet, über alle vertraulichen Informationen, die ihnen bei der Wahrnehmung ihrer Aufgaben oder der Ausübung ihrer Befugnisse bekannt geworden sind, Verschwiegenheit zu wahren. [2]Während dieser Amts- beziehungsweise Dienstzeit gilt diese Verschwiegenheitspflicht insbesondere für die von natürlichen Personen gemeldeten Verstößen gegen diese Verordnung.

Abschnitt 2 Zuständigkeit, Aufgaben und Befugnisse

Artikel 55 Zuständigkeit

(1) Jede Aufsichtsbehörde ist für die Erfüllung der Aufgaben und die Ausübung der Befugnisse, die ihr mit dieser Verordnung übertragen wurden, im Hoheitsgebiet ihres eigenen Mitgliedstaats zuständig.

(2) [1]Erfolgt die Verarbeitung durch Behörden oder private Stellen auf der Grundlage von Artikel 6 Absatz 1 Buchstabe c oder e, so ist die Aufsichtsbehörde des betroffenen Mitgliedstaats zuständig. [2]In diesem Fall findet Artikel 56 keine Anwendung.

(3) Die Aufsichtsbehörden sind nicht zuständig für die Aufsicht über die von Gerichten im Rahmen ihrer justiziellen Tätigkeit vorgenommenen Verarbeitungen.

Artikel 56 Zuständigkeit der federführenden Aufsichtsbehörde

(1) Unbeschadet des Artikels 55 ist die Aufsichtsbehörde der Hauptniederlassung oder der einzigen Niederlassung des Verantwortlichen oder des Auftragsverarbeiters gemäß dem Verfahren nach Artikel 60 die zuständige federführende Aufsichtsbehörde für die von diesem Verantwortlichen oder diesem Auftragsverarbeiter durchgeführte grenzüberschreitende Verarbeitung.

(2) Abweichend von Absatz 1 ist jede Aufsichtsbehörde dafür zuständig, sich mit einer bei ihr eingereichten Beschwerde oder einem etwaigen Verstoß gegen diese Verordnung zu befassen, wenn der Gegenstand nur mit einer Niederlassung in ihrem Mitgliedstaat zusammenhängt oder betroffene Personen nur ihres Mitgliedstaats erheblich beeinträchtigt.

(3) [1]In den in Absatz 2 des vorliegenden Artikels genannten Fällen unterrichtet die Aufsichtsbehörde unverzüglich die federführende Aufsichtsbehörde über diese Angelegenheit. [2]Innerhalb einer Frist von drei Wochen nach der Unterrichtung entscheidet die federführende Aufsichtsbehörde, ob sie sich mit dem Fall gemäß dem Verfahren nach Artikel 60 befasst oder nicht, wobei sie berücksichtigt, ob der Verantwortliche oder der Auftragsverarbeiter in dem Mitgliedstaat, dessen Aufsichtsbehörde sie unterrichtet hat, eine Niederlassung hat oder nicht.

(4) [1]Entscheidet die federführende Aufsichtsbehörde, sich mit dem Fall zu befassen, so findet das Verfahren nach Artikel 60 Anwendung. [2]Die Aufsichtsbehörde, die die federführende Aufsichtsbehörde unterrichtet hat, kann dieser einen Beschlussentwurf vorlegen. [3]Die federführende Aufsichtsbehörde trägt diesem Entwurf bei der Ausarbeitung des Beschlussentwurfs nach Artikel 60 Absatz 3 weitestgehend Rechnung.

(5) Entscheidet die federführende Aufsichtsbehörde, sich mit dem Fall nicht selbst zu befassen, so befasst die Aufsichtsbehörde, die die federführende Aufsichtsbehörde unterrichtet hat, sich mit dem Fall gemäß den Artikeln 61 und 62.

(6) Die federführende Aufsichtsbehörde ist der einzige Ansprechpartner der Verantwortlichen oder der Auftragsverarbeiter für Fragen der von diesem Verantwortlichen oder diesem Auftragsverarbeiter durchgeführten grenzüberschreitenden Verarbeitung.

Artikel 57 Aufgaben

(1) Unbeschadet anderer in dieser Verordnung dargelegter Aufgaben muss jede Aufsichtsbehörde in ihrem Hoheitsgebiet

a) die Anwendung dieser Verordnung überwachen und durchsetzen;
b) die Öffentlichkeit für die Risiken, Vorschriften, Garantien und Rechte im Zusammenhang mit der Verarbeitung sensibilisieren und sie darüber

aufklären. Besondere Beachtung finden dabei spezifische Maßnahmen für Kinder;

c) im Einklang mit dem Recht des Mitgliedsstaats das nationale Parlament, die Regierung und andere Einrichtungen und Gremien über legislative und administrative Maßnahmen zum Schutz der Rechte und Freiheiten natürlicher Personen in Bezug auf die Verarbeitung beraten;

d) die Verantwortlichen und die Auftragsverarbeiter für die ihnen aus dieser Verordnung entstehenden Pflichten sensibilisieren;

e) auf Anfrage jeder betroffenen Person Informationen über die Ausübung ihrer Rechte aufgrund dieser Verordnung zur Verfügung stellen und gegebenenfalls zu diesem Zweck mit den Aufsichtsbehörden in anderen Mitgliedstaaten zusammenarbeiten;

f) sich mit Beschwerden einer betroffenen Person oder Beschwerden einer Stelle, einer Organisation oder eines Verbandes gemäß Artikel 80 befassen, den Gegenstand der Beschwerde in angemessenem Umfang untersuchen und den Beschwerdeführer innerhalb einer angemessenen Frist über den Fortgang und das Ergebnis der Untersuchung unterrichten, insbesondere, wenn eine weitere Untersuchung oder Koordinierung mit einer anderen Aufsichtsbehörde notwendig ist;

g) mit anderen Aufsichtsbehörden zusammenarbeiten, auch durch Informationsaustausch, und ihnen Amtshilfe leisten, um die einheitliche Anwendung und Durchsetzung dieser Verordnung zu gewährleisten;

h) Untersuchungen über die Anwendung dieser Verordnung durchführen, auch auf der Grundlage von Informationen einer anderen Aufsichtsbehörde oder einer anderen Behörde;

i) maßgebliche Entwicklungen verfolgen, soweit sie sich auf den Schutz personenbezogener Daten auswirken, insbesondere die Entwicklung der Informations- und Kommunikationstechnologie und der Geschäftspraktiken;

j) Standardvertragsklauseln im Sinne des Artikels 28 Absatz 8 und des Artikels 46 Absatz 2 Buchstabe d festlegen;

k) eine Liste der Verarbeitungsarten erstellen und führen, für die gemäß Artikel 35 Absatz 4 eine Datenschutz-Folgenabschätzung durchzuführen ist;

l) Beratung in Bezug auf die in Artikel 36 Absatz 2 genannten Verarbeitungsvorgänge leisten;

m) die Ausarbeitung von Verhaltensregeln gemäß Artikel 40 Absatz 1 fördern und zu diesen Verhaltensregeln, die ausreichende Garantien im Sinne des Artikels 40 Absatz 5 bieten müssen, Stellungnahmen abgeben und sie billigen;

n) die Einführung von Datenschutzzertifizierungsmechanismen und von Datenschutzsiegeln und -prüfzeichen nach Artikel 42 Absatz 1 anregen und Zertifizierungskriterien nach Artikel 42 Absatz 5 billigen;

o) gegebenenfalls die nach Artikel 42 Absatz 7 erteilten Zertifizierungen regelmäßig überprüfen;

p) die Kriterien für die Akkreditierung einer Stelle für die Überwachung der Einhaltung der Verhaltensregeln gemäß Artikel 41 und einer Zertifizierungsstelle gemäß Artikel 43 abfassen und veröffentlichen;

q) die Akkreditierung einer Stelle für die Überwachung der Einhaltung der Verhaltensregeln gemäß Artikel 41 und einer Zertifizierungsstelle gemäß Artikel 43 vornehmen;
r) Vertragsklauseln und Bestimmungen im Sinne des Artikels 46 Absatz 3 genehmigen;
s) verbindliche interne Vorschriften gemäß Artikel 47 genehmigen;
t) Beiträge zur Tätigkeit des Ausschusses leisten;
u) interne Verzeichnisse über Verstöße gegen diese Verordnung und gemäß Artikel 58 Absatz 2 ergriffene Maßnahmen und
v) jede sonstige Aufgabe im Zusammenhang mit dem Schutz personenbezogener Daten erfüllen.

(2) Jede Aufsichtsbehörde erleichtert das Einreichen von in Absatz 1 Buchstabe f genannten Beschwerden durch Maßnahmen wie etwa die Bereitstellung eines Beschwerdeformulars, das auch elektronisch ausgefüllt werden kann, ohne dass andere Kommunikationsmittel ausgeschlossen werden.

(3) Die Erfüllung der Aufgaben jeder Aufsichtsbehörde ist für die betroffene Person und gegebenenfalls für den Datenschutzbeauftragten unentgeltlich.

(4) [1]Bei offenkundig unbegründeten oder – insbesondere im Fall von häufiger Wiederholung – exzessiven Anfragen kann die Aufsichtsbehörde eine angemessene Gebühr auf der Grundlage der Verwaltungskosten verlangen oder sich weigern, aufgrund der Anfrage tätig zu werden. [2]In diesem Fall trägt die Aufsichtsbehörde die Beweislast für den offenkundig unbegründeten oder exzessiven Charakter der Anfrage.

Artikel 58 Befugnisse

(1) Jede Aufsichtsbehörde verfügt über sämtliche folgenden Untersuchungsbefugnisse, die es ihr gestatten,
a) den Verantwortlichen, den Auftragsverarbeiter und gegebenenfalls den Vertreter des Verantwortlichen oder des Auftragsverarbeiters anzuweisen, alle Informationen bereitzustellen, die für die Erfüllung ihrer Aufgaben erforderlich sind,
b) Untersuchungen in Form von Datenschutzüberprüfungen durchzuführen,
c) eine Überprüfung der nach Artikel 42 Absatz 7 erteilten Zertifizierungen durchzuführen,
d) den Verantwortlichen oder den Auftragsverarbeiter auf einen vermeintlichen Verstoß gegen diese Verordnung hinzuweisen,
e) von dem Verantwortlichen und dem Auftragsverarbeiter Zugang zu allen personenbezogenen Daten und Informationen, die zur Erfüllung ihrer Aufgaben notwendig sind, zu erhalten,
f) gemäß dem Verfahrensrecht der Union oder dem Verfahrensrecht des Mitgliedstaats Zugang zu den Geschäftsräumen, einschließlich aller Datenverarbeitungsanlagen und -geräte, des Verantwortlichen und des Auftragsverarbeiters zu erhalten.

(2) Jede Aufsichtsbehörde verfügt über sämtliche folgenden Abhilfebefugnisse, die es ihr gestatten,

a) einen Verantwortlichen oder einen Auftragsverarbeiter zu warnen, dass beabsichtigte Verarbeitungsvorgänge voraussichtlich gegen diese Verordnung verstoßen,

b) einen Verantwortlichen oder einen Auftragsverarbeiter zu verwarnen, wenn er mit Verarbeitungsvorgängen gegen diese Verordnung verstoßen hat,

c) den Verantwortlichen oder den Auftragsverarbeiter anzuweisen, den Anträgen der betroffenen Person auf Ausübung der ihr nach dieser Verordnung zustehenden Rechte zu entsprechen,

d) den Verantwortlichen oder den Auftragsverarbeiter anzuweisen, Verarbeitungsvorgänge gegebenenfalls auf bestimmte Weise und innerhalb eines bestimmten Zeitraums in Einklang mit dieser Verordnung zu bringen,

e) den Verantwortlichen anzuweisen, die von einer Verletzung des Schutzes personenbezogener Daten betroffenen Person entsprechend zu benachrichtigen,

f) eine vorübergehende oder endgültige Beschränkung der Verarbeitung, einschließlich eines Verbots, zu verhängen,

g) die Berichtigung oder Löschung von personenbezogenen Daten oder die Einschränkung der Verarbeitung gemäß den Artikeln 16, 17 und 18 und die Unterrichtung der Empfänger, an die diese personenbezogenen Daten gemäß Artikel 17 Absatz 2 und Artikel 19 offengelegt wurden, über solche Maßnahmen anzuordnen,

h) eine Zertifizierung zu widerrufen oder die Zertifizierungsstelle anzuweisen, eine gemäß den Artikel 42 und 43 erteilte Zertifizierung zu widerrufen, oder die Zertifizierungsstelle anzuweisen, keine Zertifizierung zu erteilen, wenn die Voraussetzungen für die Zertifizierung nicht oder nicht mehr erfüllt werden,

i) eine Geldbuße gemäß Artikel 83 zu verhängen, zusätzlich zu oder anstelle von in diesem Absatz genannten Maßnahmen, je nach den Umständen des Einzelfalls,

j) die Aussetzung der Übermittlung von Daten an einen Empfänger in einem Drittland oder an eine internationale Organisation anzuordnen.

(3) Jede Aufsichtsbehörde verfügt über sämtliche folgenden Genehmigungsbefugnisse und beratenden Befugnisse, die es ihr gestatten,

a) gemäß dem Verfahren der vorherigen Konsultation nach Artikel 36 den Verantwortlichen zu beraten,

b) zu allen Fragen, die im Zusammenhang mit dem Schutz personenbezogener Daten stehen, von sich aus oder auf Anfrage Stellungnahmen an das nationale Parlament, die Regierung des Mitgliedstaats oder im Einklang mit dem Recht des Mitgliedstaats an sonstige Einrichtungen und Stellen sowie an die Öffentlichkeit zu richten,

c) die Verarbeitung gemäß Artikel 36 Absatz 5 zu genehmigen, falls im Recht des Mitgliedstaats eine derartige vorherige Genehmigung verlangt wird,

d) eine Stellungnahme abzugeben und Entwürfe von Verhaltensregeln gemäß Artikel 40 Absatz 5 zu billigen,

e) Zertifizierungsstellen gemäß Artikel 43 zu akkreditieren,

f) im Einklang mit Artikel 42 Absatz 5 Zertifizierungen zu erteilen und Kriterien für die Zertifizierung zu billigen,

g) Standarddatenschutzklauseln nach Artikel 28 Absatz 8 und Artikel 46 Absatz 2 Buchstabe d festzulegen,

h) Vertragsklauseln gemäß Artikel 46 Absatz 3 Buchstabe a zu genehmigen,

i) Verwaltungsvereinbarungen gemäß Artikel 46 Absatz 3 Buchstabe b zu genehmigen

j) verbindliche interne Vorschriften gemäß Artikel 47 zu genehmigen.

(4) Die Ausübung der der Aufsichtsbehörde gemäß diesem Artikel übertragenen Befugnisse erfolgt vorbehaltlich geeigneter Garantien einschließlich wirksamer gerichtlicher Rechtsbehelfe und ordnungsgemäßer Verfahren gemäß dem Unionsrecht und dem Recht des Mitgliedstaats im Einklang mit der Charta.

(5) Jeder Mitgliedstaat sieht durch Rechtsvorschriften vor, dass seine Aufsichtsbehörde befugt ist, Verstöße gegen diese Verordnung den Justizbehörden zur Kenntnis zu bringen und gegebenenfalls die Einleitung eines gerichtlichen Verfahrens zu betreiben oder sich sonst daran zu beteiligen, um die Bestimmungen dieser Verordnung durchzusetzen.

(6) [1]Jeder Mitgliedstaat kann durch Rechtsvorschriften vorsehen, dass seine Aufsichtsbehörde neben den in den Absätzen 1, 2 und 3 aufgeführten Befugnissen über zusätzliche Befugnisse verfügt. [2]Die Ausübung dieser Befugnisse darf nicht die effektive Durchführung des Kapitels VII beeinträchtigen.

Artikel 59 Tätigkeitsbericht

[1]Jede Aufsichtsbehörde erstellt einen Jahresbericht über ihre Tätigkeit, der eine Liste der Arten der gemeldeten Verstöße und der Arten der getroffenen Maßnahmen nach Artikel 58 Absatz 2 enthalten kann. [2]Diese Berichte werden dem nationalen Parlament, der Regierung und anderen nach dem Recht der Mitgliedstaaten bestimmten Behörden übermittelt. [3]Sie werden der Öffentlichkeit, der Kommission und dem Ausschuss zugänglich gemacht.

Kapitel VII Zusammenarbeit und Kohärenz
Abschnitt 1 Zusammenarbeit

Artikel 60 Zusammenarbeit zwischen der federführenden Aufsichtsbehörde und den anderen betroffenen Aufsichtsbehörden

(1) [1]Die federführende Aufsichtsbehörde arbeitet mit den anderen betroffenen Aufsichtsbehörden im Einklang mit diesem Artikel zusammen und bemüht sich dabei, einen Konsens zu erzielen. [2]Die federführende Aufsichts-

behörde und die betroffenen Aufsichtsbehörden tauschen untereinander alle zweckdienlichen Informationen aus.

(2) Die federführende Aufsichtsbehörde kann jederzeit andere betroffene Aufsichtsbehörden um Amtshilfe gemäß Artikel 61 ersuchen und gemeinsame Maßnahmen gemäß Artikel 62 durchführen, insbesondere zur Durchführung von Untersuchungen oder zur Überwachung der Umsetzung einer Maßnahme in Bezug auf einen Verantwortlichen oder einen Auftragsverarbeiter, der in einem anderen Mitgliedstaat niedergelassen ist.

(3) [1]Die federführende Aufsichtsbehörde übermittelt den anderen betroffenen Aufsichtsbehörden unverzüglich die zweckdienlichen Informationen zu der Angelegenheit. [2]Sie legt den anderen betroffenen Aufsichtsbehörden unverzüglich einen Beschlussentwurf zur Stellungnahme vor und trägt deren Standpunkten gebührend Rechnung.

(4) Legt eine der anderen betroffenen Aufsichtsbehörden innerhalb von vier Wochen, nachdem sie gemäß Absatz 3 des vorliegenden Artikels konsultiert wurde, gegen diesen Beschlussentwurf einen maßgeblichen und begründeten Einspruch ein und schließt sich die federführende Aufsichtsbehörde dem maßgeblichen und begründeten Einspruch nicht an oder ist der Ansicht, dass der Einspruch nicht maßgeblich oder nicht begründet ist, so leitet die federführende Aufsichtsbehörde das Kohärenzverfahren gemäß Artikel 63 für die Angelegenheit ein.

(5) [1]Beabsichtigt die federführende Aufsichtsbehörde, sich dem maßgeblichen und begründeten Einspruch anzuschließen, so legt sie den anderen betroffenen Aufsichtsbehörden einen überarbeiteten Beschlussentwurf zur Stellungnahme vor. [2]Der überarbeitete Beschlussentwurf wird innerhalb von zwei Wochen dem Verfahren nach Absatz 4 unterzogen.

(6) Legt keine der anderen betroffenen Aufsichtsbehörden Einspruch gegen den Beschlussentwurf ein, der von der federführenden Aufsichtsbehörde innerhalb der in den Absätzen 4 und 5 festgelegten Frist vorgelegt wurde, so gelten die federführende Aufsichtsbehörde und die betroffenen Aufsichtsbehörden als mit dem Beschlussentwurf einverstanden und sind an ihn gebunden.

(7) [1]Die federführende Aufsichtsbehörde erlässt den Beschluss und teilt ihn der Hauptniederlassung oder der einzigen Niederlassung des Verantwortlichen oder gegebenenfalls des Auftragsverarbeiters mit und setzt die anderen betroffenen Aufsichtsbehörden und den Ausschuss von dem betreffenden Beschluss einschließlich einer Zusammenfassung der maßgeblichen Fakten und Gründe in Kenntnis. [2]Die Aufsichtsbehörde, bei der eine Beschwerde eingereicht worden ist, unterrichtet den Beschwerdeführer über den Beschluss.

(8) Wird eine Beschwerde abgelehnt oder abgewiesen, so erlässt die Aufsichtsbehörde, bei der die Beschwerde eingereicht wurde, abweichend von Absatz 7 den Beschluss, teilt ihn dem Beschwerdeführer mit und setzt den Verantwortlichen in Kenntnis.

(9) [1]Sind sich die federführende Aufsichtsbehörde und die betreffenden Aufsichtsbehörden darüber einig, Teile der Beschwerde abzulehnen oder abzuweisen und bezüglich anderer Teile dieser Beschwerde tätig zu wer-

den, so wird in dieser Angelegenheit für jeden dieser Teile ein eigener Beschluss erlassen. [2]Die federführende Aufsichtsbehörde erlässt den Beschluss für den Teil, der das Tätigwerden in Bezug auf den Verantwortlichen betrifft, teilt ihn der Hauptniederlassung oder einzigen Niederlassung des Verantwortlichen oder des Auftragsverarbeiters im Hoheitsgebiet ihres Mitgliedstaats mit und setzt den Beschwerdeführer hiervon in Kenntnis, während die für den Beschwerdeführer zuständige Aufsichtsbehörde den Beschluss für den Teil erlässt, der die Ablehnung oder Abweisung dieser Beschwerde betrifft, und ihn diesem Beschwerdeführer mitteilt und den Verantwortlichen oder den Auftragsverarbeiter hiervon in Kenntnis setzt.

(10) [1]Nach der Unterrichtung über den Beschluss der federführenden Aufsichtsbehörde gemäß den Absätzen 7 und 9 ergreift der Verantwortliche oder der Auftragsverarbeiter die erforderlichen Maßnahmen, um mit die Verarbeitungstätigkeiten all seiner Niederlassungen in der Union mit dem Beschluss in Einklang zu bringen. [2]Der Verantwortliche oder der Auftragsverarbeiter teilt der federführenden Aufsichtsbehörde die Maßnahmen mit, die zur Einhaltung des Beschlusses ergriffen wurden; diese wiederum unterrichtet die anderen betroffenen Aufsichtsbehörden.

(11) Hat – in Ausnahmefällen – eine betroffene Aufsichtsbehörde Grund zu der Annahme, dass zum Schutz der Interessen betroffener Personen dringender Handlungsbedarf besteht, so kommt das Dringlichkeitsverfahren nach Artikel 66 zur Anwendung.

(12) Die federführende Aufsichtsbehörde und die anderen betroffenen Aufsichtsbehörden übermitteln einander die nach diesem Artikel geforderten Informationen auf elektronischem Wege unter Verwendung eines standardisierten Formats.

Artikel 61 Gegenseitige Amtshilfe

(1) [1]Die Aufsichtsbehörden übermitteln einander maßgebliche Informationen und gewähren einander Amtshilfe, um diese Verordnung einheitlich durchzuführen und anzuwenden, und treffen Vorkehrungen für eine wirksame Zusammenarbeit. [2]Die Amtshilfe bezieht sich insbesondere auf Auskunftsersuchen und aufsichtsbezogene Maßnahmen, beispielsweise Ersuchen um vorherige Genehmigungen und eine vorherige Konsultation, um Vornahme von Nachprüfungen und Untersuchungen.

(2) [1]Jede Aufsichtsbehörde ergreift alle geeigneten Maßnahmen, um einem Ersuchen einer anderen Aufsichtsbehörde unverzüglich und spätestens innerhalb eines Monats nach Eingang des Ersuchens nachzukommen. [2]Dazu kann insbesondere auch die Übermittlung maßgeblicher Informationen über die Durchführung einer Untersuchung gehören.

(3) [1]Amtshilfeersuchen enthalten alle erforderlichen Informationen, einschließlich Zweck und Begründung des Ersuchens. [2]Die übermittelten Informationen werden ausschließlich für den Zweck verwendet, für den sie angefordert wurden.

(4) Die ersuchte Aufsichtsbehörde lehnt das Ersuchen nur ab, wenn

a) sie für den Gegenstand des Ersuchens oder für die Maßnahmen, die sie durchführen soll, nicht zuständig ist oder

b) ein Eingehen auf das Ersuchen gegen diese Verordnung verstoßen würde oder gegen das Unionsrecht oder das Recht der Mitgliedstaaten, dem die Aufsichtsbehörde, bei der das Ersuchen eingeht, unterliegt.

(5) [1]Die ersuchte Aufsichtsbehörde informiert die ersuchende Aufsichtsbehörde über die Ergebnisse oder gegebenenfalls über den Fortgang der Maßnahmen, die getroffen wurden, um dem Ersuchen nachzukommen. [2]Die ersuchte Aufsichtsbehörde erläutert gemäß Absatz 4 die Gründe für die Ablehnung des Ersuchens.

(6) Die ersuchten Aufsichtsbehörden übermitteln die Informationen, um die von einer anderen Aufsichtsbehörde ersucht wurde, in der Regel auf elektronischem Wege unter Verwendung eines standardisierten Formats.

(7) [1]Ersuchte Aufsichtsbehörden verlangen für Maßnahmen, die sie aufgrund eines Amtshilfeersuchens getroffen haben, keine Gebühren. [2]Die Aufsichtsbehörden können untereinander Regeln vereinbaren, um einander in Ausnahmefällen besondere aufgrund der Amtshilfe entstandene Ausgaben zu erstatten.

(8) [1]Erteilt eine ersuchte Aufsichtsbehörde nicht binnen eines Monats nach Eingang des Ersuchens einer anderen Aufsichtsbehörde die Informationen gemäß Absatz 5, so kann die ersuchende Aufsichtsbehörde eine einstweilige Maßnahme im Hoheitsgebiet ihres Mitgliedstaats gemäß Artikel 55 Absatz 1 ergreifen. [2]In diesem Fall wird von einem dringenden Handlungsbedarf gemäß Artikel 66 Absatz 1 ausgegangen, der einen im Dringlichkeitsverfahren angenommenen verbindlichen Beschluss des Ausschuss gemäß Artikel 66 Absatz 2 erforderlich macht.

(9) [1]Die Kommission kann im Wege von Durchführungsrechtsakten Form und Verfahren der Amtshilfe nach diesem Artikel und die Ausgestaltung des elektronischen Informationsaustauschs zwischen den Aufsichtsbehörden sowie zwischen den Aufsichtsbehörden und dem Ausschuss, insbesondere das in Absatz 6 des vorliegenden Artikels genannte standardisierte Format, festlegen. [2]Diese Durchführungsrechtsakte werden gemäß dem in Artikel 93 Absatz 2 genannten Prüfverfahren erlassen.

Artikel 62   Gemeinsame Maßnahmen der Aufsichtsbehörden

(1) Die Aufsichtsbehörden führen gegebenenfalls gemeinsame Maßnahmen einschließlich gemeinsamer Untersuchungen und gemeinsamer Durchsetzungsmaßnahmen durch, an denen Mitglieder oder Bedienstete der Aufsichtsbehörden anderer Mitgliedstaaten teilnehmen.

(2) [1]Verfügt der Verantwortliche oder der Auftragsverarbeiter über Niederlassungen in mehreren Mitgliedstaaten oder werden die Verarbeitungsvorgänge voraussichtlich auf eine bedeutende Zahl betroffener Personen in mehr als einem Mitgliedstaat erhebliche Auswirkungen haben, ist die Aufsichtsbehörde jedes dieser Mitgliedstaaten berechtigt, an den gemeinsamen Maßnahmen teilzunehmen. [2]Die gemäß Artikel 56 Absatz 1 oder Absatz 4

zuständige Aufsichtsbehörde lädt die Aufsichtsbehörde jedes dieser Mitgliedstaaten zur Teilnahme an den gemeinsamen Maßnahmen ein und antwortet unverzüglich auf das Ersuchen einer Aufsichtsbehörde um Teilnahme.

(3) [1]Eine Aufsichtsbehörde kann gemäß dem Recht des Mitgliedstaats und mit Genehmigung der unterstützenden Aufsichtsbehörde den an den gemeinsamen Maßnahmen beteiligten Mitgliedern oder Bediensteten der unterstützenden Aufsichtsbehörde Befugnisse einschließlich Untersuchungsbefugnisse übertragen oder, soweit dies nach dem Recht des Mitgliedstaats der einladenden Aufsichtsbehörde zulässig ist, den Mitgliedern oder Bediensteten der unterstützenden Aufsichtsbehörde gestatten, ihre Untersuchungsbefugnisse nach dem Recht des Mitgliedstaats der unterstützenden Aufsichtsbehörde auszuüben. [2]Diese Untersuchungsbefugnisse können nur unter der Leitung und in Gegenwart der Mitglieder oder Bediensteten der einladenden Aufsichtsbehörde ausgeübt werden. [3]Die Mitglieder oder Bediensteten der unterstützenden Aufsichtsbehörde unterliegen dem Recht des Mitgliedstaats der einladenden Aufsichtsbehörde.

(4) Sind gemäß Absatz 1 Bedienstete einer unterstützenden Aufsichtsbehörde in einem anderen Mitgliedstaat im Einsatz, so übernimmt der Mitgliedstaat der einladenden Aufsichtsbehörde nach Maßgabe des Rechts des Mitgliedstaats, in dessen Hoheitsgebiet der Einsatz erfolgt, die Verantwortung für ihr Handeln, einschließlich der Haftung für alle von ihnen bei ihrem Einsatz verursachten Schäden.

(5) [1]Der Mitgliedstaat, in dessen Hoheitsgebiet der Schaden verursacht wurde, ersetzt diesen Schaden so, wie er ihn ersetzen müsste, wenn seine eigenen Bediensteten ihn verursacht hätten. [2]Der Mitgliedstaat der unterstützenden Aufsichtsbehörde, deren Bedienstete im Hoheitsgebiet eines anderen Mitgliedstaats einer Person Schaden zugefügt haben, erstattet diesem anderen Mitgliedstaat den Gesamtbetrag des Schadenersatzes, den dieser an die Berechtigten geleistet hat.

(6) Unbeschadet der Ausübung seiner Rechte gegenüber Dritten und mit Ausnahme des Absatzes 5 verzichtet jeder Mitgliedstaat in dem Fall des Absatzes 1 darauf, den in Absatz 4 genannten Betrag des erlittenen Schadens anderen Mitgliedstaaten gegenüber geltend zu machen.

(7) [1]Ist eine gemeinsame Maßnahme geplant und kommt eine Aufsichtsbehörde binnen eines Monats nicht der Verpflichtung nach Absatz 2 Satz 2 des vorliegenden Artikels nach, so können die anderen Aufsichtsbehörden eine einstweilige Maßnahme im Hoheitsgebiet ihres Mitgliedstaats gemäß Artikel 55 ergreifen. [2]In diesem Fall wird von einem dringenden Handlungsbedarf gemäß Artikel 66 Absatz 1 ausgegangen, der eine im Dringlichkeitsverfahren angenommene Stellungnahme oder einen im Dringlichkeitsverfahren angenommenen verbindlichen Beschluss des Ausschusses gemäß Artikel 66 Absatz 2 erforderlich macht.

Abschnitt 2 Kohärenz

Artikel 63 Kohärenzverfahren

Um zur einheitlichen Anwendung dieser Verordnung in der gesamten Union beizutragen, arbeiten die Aufsichtsbehörden im Rahmen des in diesem Abschnitt beschriebenen Kohärenzverfahrens untereinander und gegebenenfalls mit der Kommission zusammen.

Artikel 64 Stellungnahme Ausschusses

(1) [1]Der Ausschuss gibt eine Stellungnahme ab, wenn die zuständige Aufsichtsbehörde beabsichtigt, eine der nachstehenden Maßnahmen zu erlassen. [2]Zu diesem Zweck übermittelt die zuständige Aufsichtsbehörde dem Ausschuss den Entwurf des Beschlusses, wenn dieser

a) der Annahme einer Liste der Verarbeitungsvorgänge dient, die der Anforderung einer Datenschutz-Folgenabschätzung gemäß Artikel 35 Absatz 4 unterliegen,

b) eine Angelegenheit gemäß Artikel 40 Absatz 7 und damit die Frage betrifft, ob ein Entwurf von Verhaltensregeln oder eine Änderung oder Ergänzung von Verhaltensregeln mit dieser Verordnung in Einklang steht,

c) der Billigung der Kriterien für die Akkreditierung einer Stelle nach Artikel 41 Absatz 3 oder einer Zertifizierungsstelle nach Artikel 43 Absatz 3 dient,

d) der Festlegung von Standard-Datenschutzklauseln gemäß Artikel 46 Absatz 2 Buchstabe d und Artikel 28 Absatz 8 dient,

e) der Genehmigung von Vertragsklauseln gemäß Artikels 46 Absatz 3 Buchstabe a dient, oder

f) der Annahme verbindlicher interner Vorschriften im Sinne von Artikel 47 dient.

(2) Jede Aufsichtsbehörde, der Vorsitz des Ausschuss oder die Kommission können beantragen, dass eine Angelegenheit mit allgemeiner Geltung oder mit Auswirkungen in mehr als einem Mitgliedstaat vom Ausschuss geprüft wird, um eine Stellungnahme zu erhalten, insbesondere wenn eine zuständige Aufsichtsbehörde den Verpflichtungen zur Amtshilfe gemäß Artikel 61 oder zu gemeinsamen Maßnahmen gemäß Artikel 62 nicht nachkommt.

(3) [1]In den in den Absätzen 1 und 2 genannten Fällen gibt der Ausschuss eine Stellungnahme zu der Angelegenheit ab, die ihm vorgelegt wurde, sofern er nicht bereits eine Stellungnahme zu derselben Angelegenheit abgegeben hat. [2]Diese Stellungnahme wird binnen acht Wochen mit der einfachen Mehrheit der Mitglieder des Ausschusses angenommen. [3]Diese Frist kann unter Berücksichtigung der Komplexität der Angelegenheit um weitere sechs Wochen verlängert werden. [4]Was den in Absatz 1 genannten Beschlussentwurf angeht, der gemäß Absatz 5 den Mitgliedern des Ausschusses übermittelt wird, so wird angenommen, dass ein Mitglied, das innerhalb einer vom Vorsitz angegebenen angemessenen Frist keine Einwände erhoben hat, dem Beschlussentwurf zustimmt.

(4) Die Aufsichtsbehörden und die Kommission übermitteln unverzüglich dem Ausschuss auf elektronischem Wege unter Verwendung eines standardisierten Formats alle zweckdienlichen Informationen, einschließlich – je nach Fall – einer kurzen Darstellung des Sachverhalts, des Beschlussentwurfs, der Gründe, warum eine solche Maßnahme ergriffen werden muss, und der Standpunkte anderer betroffener Aufsichtsbehörden.

(5) Der Vorsitz des Ausschusses unterrichtet unverzüglich auf elektronischem Wege

a) unter Verwendung eines standardisierten Formats die Mitglieder des Ausschusses und die Kommission über alle zweckdienlichen Informationen, die ihm zugegangen sind. Soweit erforderlich stellt das Sekretariat des Ausschusses Übersetzungen der zweckdienlichen Informationen zur Verfügung und

b) je nach Fall die in den Absätzen 1 und 2 genannte Aufsichtsbehörde und die Kommission über die Stellungnahme und veröffentlicht sie.

(6) Die zuständige Aufsichtsbehörde nimmt den in Absatz 1 genannten Beschlussentwurf nicht vor Ablauf der in Absatz 3 genannten Frist an.

(7) Die in Absatz 1 genannte Aufsichtsbehörde trägt der Stellungnahme des Ausschusses weitestgehend Rechnung und teilt dessen Vorsitz binnen zwei Wochen nach Eingang der Stellungnahme auf elektronischem Wege unter Verwendung eines standardisierten Formats mit, ob sie den Beschlussentwurf beibehalten oder ändern wird; gegebenenfalls übermittelt sie den geänderten Beschlussentwurf.

(8) Teilt die betroffene Aufsichtsbehörde dem Vorsitz des Ausschusses innerhalb der Frist nach Absatz 7 des vorliegenden Artikels unter Angabe der maßgeblichen Gründe mit, dass sie beabsichtigt, der Stellungnahme des Ausschusses insgesamt oder teilweise nicht zu folgen, so gilt Artikel 65 Absatz 1.

Artikel 65 Streitbeilegung durch den Ausschuss

(1) Um die ordnungsgemäße und einheitliche Anwendung dieser Verordnung in Einzelfällen sicherzustellen, erlässt der Ausschuss in den folgenden Fällen einen verbindlichen Beschluss:

a) wenn eine betroffene Aufsichtsbehörde in einem Fall nach Artikel 60 Absatz 4 einen maßgeblichen und begründeten Einspruch gegen einen Beschlussentwurf der federführenden Behörde eingelegt hat oder die federführende Behörde einen solchen Einspruch als nicht maßgeblich oder nicht begründet abgelehnt hat. Der verbindliche Beschluss betrifft alle Angelegenheiten, die Gegenstand des maßgeblichen und begründeten Einspruchs sind, insbesondere die Frage, ob ein Verstoß gegen diese Verordnung vorliegt;

b) wenn es widersprüchliche Standpunkte dazu gibt, welche der betroffenen Aufsichtsbehörden für die Hauptniederlassung zuständig ist,

c) wenn eine zuständige Aufsichtsbehörde in den in Artikel 64 Absatz 1 genannten Fällen keine Stellungnahme des Ausschusses einholt oder der Stellungnahme des Ausschusses gemäß Artikel 64 nicht folgt. In diesem

Fall kann jede betroffene Aufsichtsbehörde oder die Kommission die Angelegenheit dem Ausschuss vorlegen.

(2) [1]Der in Absatz 1 genannte Beschluss wird innerhalb eines Monats nach der Befassung mit der Angelegenheit mit einer Mehrheit von zwei Dritteln der Mitglieder des Ausschusses angenommen. [2]Diese Frist kann wegen der Komplexität der Angelegenheit um einen weiteren Monat verlängert werden. [3]Der in Absatz 1 genannte Beschluss wird begründet und an die federführende Aufsichtsbehörde und alle betroffenen Aufsichtsbehörden übermittelt und ist für diese verbindlich.

(3) [1]War der Ausschuss nicht in der Lage, innerhalb der in Absatz 2 genannten Fristen einen Beschluss anzunehmen, so nimmt er seinen Beschluss innerhalb von zwei Wochen nach Ablauf des in Absatz 2 genannten zweiten Monats mit einfacher Mehrheit der Mitglieder des Ausschusses an. [2]Bei Stimmengleichheit zwischen den Mitgliedern des Ausschusses gibt die Stimme des Vorsitzes den Ausschlag.

(4) Die betroffenen Aufsichtsbehörden nehmen vor Ablauf der in den Absätzen 2 und 3 genannten Fristen keinen Beschluss über die dem Ausschuss vorgelegte Angelegenheit an.

(5) [1]Der Vorsitz des Ausschusses unterrichtet die betroffenen Aufsichtsbehörden unverzüglich über den in Absatz 1 genannten Beschluss. [2]Er setzt die Kommission hiervon in Kenntnis. [3]Der Beschluss wird unverzüglich auf der Website des Ausschusses veröffentlicht, nachdem die Aufsichtsbehörde den in Absatz 6 genannten endgültigen Beschluss mitgeteilt hat.

(6) [1]Die federführende Aufsichtsbehörde oder gegebenenfalls die Aufsichtsbehörde, bei der die Beschwerde eingereicht wurde, trifft den endgültigen Beschluss auf der Grundlage des in Absatz 1 des vorliegenden Artikels genannten Beschlusses unverzüglich und spätestens einen Monat, nachdem der Europäische Datenschutzausschuss seinen Beschluss mitgeteilt hat. [2]Die federführende Aufsichtsbehörde oder gegebenenfalls die Aufsichtsbehörde, bei der die Beschwerde eingereicht wurde, setzt den Ausschuss von dem Zeitpunkt, zu dem ihr endgültiger Beschluss dem Verantwortlichen oder dem Auftragsverarbeiter bzw. der betroffenen Person mitgeteilt wird, in Kenntnis. [3]Der endgültige Beschluss der betroffenen Aufsichtsbehörden wird gemäß Artikel 60 Absätze 7, 8 und 9 angenommen. [4]Im endgültigen Beschluss wird auf den in Absatz 1 genannten Beschluss verwiesen und festgelegt, dass der in Absatz 1 des vorliegenden Artikels genannte Beschluss gemäß Absatz 5 auf der Website des Ausschusses veröffentlicht wird. [5]Dem endgültigen Beschluss wird der in Absatz 1 des vorliegenden Artikels genannte Beschluss beigefügt.

Artikel 66 Dringlichkeitsverfahren

(1) [1]Unter außergewöhnlichen Umständen kann eine betroffene Aufsichtsbehörde abweichend vom Kohärenzverfahren nach Artikel 63, 64 und 65 oder dem Verfahren nach Artikel 60 sofort einstweilige Maßnahmen mit festgelegter Geltungsdauer von höchstens drei Monaten treffen, die in ihrem Hoheitsgebiet rechtliche Wirkung entfalten sollen, wenn sie zu der Auffassung gelangt, dass dringender Handlungsbedarf besteht, um Rechte

und Freiheiten von betroffenen Personen zu schützen. [2]Die Aufsichtsbehörde setzt die anderen betroffenen Aufsichtsbehörden, den Ausschuss und die Kommission unverzüglich von diesen Maßnahmen und den Gründen für deren Erlass in Kenntnis.

(2) Hat eine Aufsichtsbehörde eine Maßnahme nach Absatz 1 ergriffen und ist sie der Auffassung, dass dringend endgültige Maßnahmen erlassen werden müssen, kann sie unter Angabe von Gründen im Dringlichkeitsverfahren um eine Stellungnahme oder einen verbindlichen Beschluss des Ausschusses ersuchen.

(3) Jede Aufsichtsbehörde kann unter Angabe von Gründen, auch für den dringenden Handlungsbedarf, im Dringlichkeitsverfahren um eine Stellungnahme oder gegebenenfalls einen verbindlichen Beschluss des Ausschusses ersuchen, wenn eine zuständige Aufsichtsbehörde trotz dringenden Handlungsbedarfs keine geeignete Maßnahme getroffen hat, um die Rechte und Freiheiten von betroffenen Personen zu schützen.

(4) Abweichend von Artikel 64 Absatz 3 und Artikel 65 Absatz 2 wird eine Stellungnahme oder ein verbindlicher Beschluss im Dringlichkeitsverfahren nach den Absätzen 2 und 3 binnen zwei Wochen mit einfacher Mehrheit der Mitglieder des Ausschusses angenommen.

Artikel 67 Informationsaustausch

Die Kommission kann Durchführungsrechtsakte von allgemeiner Tragweite zur Festlegung der Ausgestaltung des elektronischen Informationsaustauschs zwischen den Aufsichtsbehörden sowie zwischen den Aufsichtsbehörden und dem Ausschuss, insbesondere des standardisierten Formats nach Artikel 64, erlassen.

Diese Durchführungsrechtsakte werden gemäß dem Prüfverfahren nach Artikel 93 Absatz 2 erlassen.

Abschnitt 3 Europäischer Datenschutzausschuss

Artikel 68 Europäischer Datenschutzausschuss

(1) Der Europäische Datenschutzausschuss (im Folgenden „Ausschuss") wird als Einrichtung der Union mit eigener Rechtspersönlichkeit eingerichtet.

(2) Der Ausschuss wird von seinem Vorsitz vertreten.

(3) Der Ausschuss besteht aus dem Leiter einer Aufsichtsbehörde jedes Mitgliedstaats und dem Europäischen Datenschutzbeauftragten oder ihren jeweiligen Vertretern.

(4) Ist in einem Mitgliedstaat mehr als eine Aufsichtsbehörde für die Überwachung der Anwendung der nach Maßgabe dieser Verordnung erlassenen Vorschriften zuständig, so wird im Einklang mit den Rechtsvorschriften dieses Mitgliedstaats ein gemeinsamer Vertreter benannt.

(5) [1]Die Kommission ist berechtigt, ohne Stimmrecht an den Tätigkeiten und Sitzungen des Ausschusses teilzunehmen. [2]Die Kommission benennt

einen Vertreter. [3]Der Vorsitz des Ausschusses unterrichtet die Kommission über die Tätigkeiten des Ausschusses.

(6) In den in Artikel 65 genannten Fällen ist der Europäische Datenschutzbeauftragte nur bei Beschlüssen stimmberechtigt, die Grundsätze und Vorschriften betreffen, die für die Organe, Einrichtungen, Ämter und Agenturen der Union gelten und inhaltlich den Grundsätzen und Vorschriften dieser Verordnung entsprechen.

Artikel 69 Unabhängigkeit

(1) Der Ausschuss handelt bei der Erfüllung seiner Aufgaben oder in Ausübung seiner Befugnisse gemäß den Artikeln 70 und 71 unabhängig.

(2) Unbeschadet der Ersuchen der Kommission gemäß Artikel 70 Absatz 1 Buchstabe b und Absatz 2 ersucht der Ausschuss bei der Erfüllung seiner Aufgaben oder in Ausübung seiner Befugnisse weder um Weisung noch nimmt er Weisungen entgegen.

Artikel 70 Aufgaben des Ausschusses

(1) [1]Der Ausschuss stellt die einheitliche Anwendung dieser Verordnung sicher. [2]Hierzu nimmt der Ausschuss von sich aus oder gegebenenfalls auf Ersuchen der Kommission insbesondere folgende Tätigkeiten wahr:

a) Überwachung und Sicherstellung der ordnungsgemäßen Anwendung dieser Verordnung in den in den Artikeln 64 und 65 genannten Fällen unbeschadet der Aufgaben der nationalen Aufsichtsbehörden;

b) Beratung der Kommission in allen Fragen, die im Zusammenhang mit dem Schutz personenbezogener Daten in der Union stehen, einschließlich etwaiger Vorschläge zur Änderung dieser Verordnung;

c) Beratung der Kommission über das Format und die Verfahren für den Austausch von Informationen zwischen den Verantwortlichen, den Auftragsverarbeitern und den Aufsichtsbehörden in Bezug auf verbindliche interne Datenschutzvorschriften;

d) Bereitstellung von Leitlinien, Empfehlungen und bewährten Verfahren zu Verfahren für die Löschung gemäß Artikel 17 Absatz 2 von Links zu personenbezogenen Daten oder Kopien oder Replikationen dieser Daten aus öffentlich zugänglichen Kommunikationsdiensten;

e) Prüfung – von sich aus, auf Antrag eines seiner Mitglieder oder auf Ersuchen der Kommission – von die Anwendung dieser Verordnung betreffenden Fragen und Bereitstellung von Leitlinien, Empfehlungen und bewährten Verfahren zwecks Sicherstellung einer einheitlichen Anwendung dieser Verordnung;

f) Bereitstellung von Leitlinien, Empfehlungen und bewährten Verfahren gemäß Buchstabe e des vorliegenden Absatzes zur näheren Bestimmung der Kriterien und Bedingungen für die auf Profiling beruhenden Entscheidungen gemäß Artikel 22 Absatz 2;

g) Bereitstellung von Leitlinien, Empfehlungen und bewährten Verfahren gemäß Buchstabe e des vorliegenden Absatzes für die Feststellung von Verletzungen des Schutzes personenbezogener Daten und die Festlegung der Unverzüglichkeit im Sinne des Artikels 33 Absätze 1 und 2, und zu den spezifischen Umständen, unter denen der Verantwortliche oder der Auftragsverarbeiter die Verletzung des Schutzes personenbezogener Daten zu melden hat;

h) Bereitstellung von Leitlinien, Empfehlungen und bewährten Verfahren gemäß Buchstabe e des vorliegenden Absatzes zu den Umständen, unter denen eine Verletzung des Schutzes personenbezogener Daten voraussichtlich ein hohes Risiko für die Rechte und Freiheiten natürlicher Personen im Sinne des Artikels 34 Absatz 1 zur Folge hat;

i) Bereitstellung von Leitlinien, Empfehlungen und bewährten Verfahren gemäß Buchstabe e des vorliegenden Absatzes zur näheren Bestimmung der in Artikel 47 aufgeführten Kriterien und Anforderungen für die Übermittlungen personenbezogener Daten, die auf verbindlichen internen Datenschutzvorschriften von Verantwortlichen oder Auftragsverarbeitern beruhen, und der dort aufgeführten weiteren erforderlichen Anforderungen zum Schutz personenbezogener Daten der betroffenen Personen;

j) Bereitstellung von Leitlinien, Empfehlungen und bewährten Verfahren gemäß Buchstabe e des vorliegenden Absatzes zur näheren Bestimmung der Kriterien und Bedingungen für die Übermittlungen personenbezogener Daten gemäß Artikel 49 Absatz 1;

k) Ausarbeitung von Leitlinien für die Aufsichtsbehörden in Bezug auf die Anwendung von Maßnahmen nach Artikel 58 Absätze 1, 2 und 3 und die Festsetzung von Geldbußen gemäß Artikel 83;

l) Überprüfung der praktischen Anwendung der unter den Buchstaben e und f genannten Leitlinien, Empfehlungen und bewährten Verfahren;

m) Bereitstellung von Leitlinien, Empfehlungen und bewährten Verfahren gemäß Buchstabe e des vorliegenden Absatzes zur Festlegung gemeinsamer Verfahren für die von natürlichen Personen vorgenommene Meldung von Verstößen gegen diese Verordnung gemäß Artikel 54 Absatz 2;

n) Förderung der Ausarbeitung von Verhaltensregeln und der Einrichtung von datenschutzspezifischen Zertifizierungsverfahren sowie Datenschutzsiegeln und -prüfzeichen gemäß den Artikeln 40 und 42;

o) Akkreditierung von Zertifizierungsstellen und deren regelmäßige Überprüfung gemäß Artikel 43 und Führung eines öffentlichen Registers der akkreditierten Einrichtungen gemäß Artikel 43 Absatz 6 und der in Drittländern niedergelassenen akkreditierten Verantwortlichen oder Auftragsverarbeiter gemäß Artikel 42 Absatz 7;

p) Präzisierung der in Artikel 43 Absatz 3 genannten Anforderungen im Hinblick auf die Akkreditierung von Zertifizierungsstellen gemäß Artikel 42;

q) Abgabe einer Stellungnahme für die Kommission zu den Zertifizierungsanforderungen gemäß Artikel 43 Absatz 8;

r) Abgabe einer Stellungnahme für die Kommission zu den Bildsymbolen gemäß Artikel 12 Absatz 7;

s) Abgabe einer Stellungnahme für die Kommission zur Beurteilung der Angemessenheit des in einem Drittland oder einer internationalen Organisation gebotenen Schutzniveaus einschließlich zur Beurteilung der Frage, ob das Drittland, das Gebiet, ein oder mehrere spezifische Sektoren in diesem Drittland oder eine internationale Organisation kein angemessenes Schutzniveau mehr gewährleistet. Zu diesem Zweck gibt die Kommission dem Ausschuss alle erforderlichen Unterlagen, darunter den Schriftwechsel mit der Regierung des Drittlands, dem Gebiet oder spezifischen Sektor oder der internationalen Organisation;

t) Abgabe von Stellungnahmen im Kohärenzverfahren gemäß Artikel 64 Absatz 1 zu Beschlussentwürfen von Aufsichtsbehörden, zu Angelegenheiten, die nach Artikel 64 Absatz 2 vorgelegt wurden und um Erlass verbindlicher Beschlüsse gemäß Artikel 65, einschließlich der in Artikel 66 genannten Fälle;

u) Förderung der Zusammenarbeit und eines wirksamen bilateralen und multilateralen Austauschs von Informationen und bewährten Verfahren zwischen den Aufsichtsbehörden;

v) Förderung von Schulungsprogrammen und Erleichterung des Personalaustausches zwischen Aufsichtsbehörden sowie gegebenenfalls mit Aufsichtsbehörden von Drittländern oder mit internationalen Organisationen;

w) Förderung des Austausches von Fachwissen und von Dokumentationen über Datenschutzvorschriften und -praxis mit Datenschutzaufsichtsbehörden in aller Welt;

x) Abgabe von Stellungnahmen zu den auf Unionsebene erarbeiteten Verhaltensregeln gemäß Artikel 40 Absatz 9 und

y) Führung eines öffentlich zugänglichen elektronischen Registers der Beschlüsse der Aufsichtsbehörden und Gerichte in Bezug auf Fragen, die im Rahmen des Kohärenzverfahrens behandelt wurden.

(2) Die Kommission kann, wenn sie den Ausschuss um Rat ersucht, unter Berücksichtigung der Dringlichkeit des Sachverhalts eine Frist angeben.

(3) Der Ausschuss leitet seine Stellungnahmen, Leitlinien, Empfehlungen und bewährten Verfahren an die Kommission und an den in Artikel 93 genannten Ausschuss weiter und veröffentlicht sie.

(4) [1]Der Ausschuss konsultiert gegebenenfalls interessierte Kreise und gibt ihnen Gelegenheit, innerhalb einer angemessenen Frist Stellung zu nehmen. [2]Unbeschadet des Artikels 76 macht der Ausschuss die Ergebnisse der Konsultation der Öffentlichkeit zugänglich.

Artikel 71 Berichterstattung

(1) [1]Der Ausschuss erstellt einen Jahresbericht über den Schutz natürlicher Personen bei der Verarbeitung in der Union und gegebenenfalls in Drittländern und internationalen Organisationen. [2]Der Bericht wird veröffentlicht und dem Europäischen Parlament, dem Rat und der Kommission übermittelt.

(2) Der Jahresbericht enthält eine Überprüfung der praktischen Anwendung der in Artikel 70 Absatz 1 Buchstabe 1 genannten Leitlinien, Empfehlungen und bewährten Verfahren sowie der in Artikel 65 genannten verbindlichen Beschlüsse.

Artikel 72 Verfahrensweise

(1) Sofern in dieser Verordnung nichts anderes bestimmt ist, fasst der Ausschuss seine Beschlüsse mit einfacher Mehrheit seiner Mitglieder.

(2) Der Ausschuss gibt sich mit einer Mehrheit von zwei Dritteln seiner Mitglieder eine Geschäftsordnung und legt seine Arbeitsweise fest.

Artikel 73 Vorsitz

(1) Der Ausschuss wählt aus dem Kreis seiner Mitglieder mit einfacher Mehrheit einen Vorsitzenden und zwei stellvertretende Vorsitzende.

(2) Die Amtszeit des Vorsitzenden und seiner beiden Stellvertreter beträgt fünf Jahre; ihre einmalige Wiederwahl ist zulässig.

Artikel 74 Aufgaben des Vorsitzes

(1) Der Vorsitz hat folgende Aufgaben:

a) Einberufung der Sitzungen des Ausschusses und Erstellung der Tagesordnungen,

b) Übermittlung der Beschlüsse des Ausschusses nach Artikel 65 an die federführende Aufsichtsbehörde und die betroffenen Aufsichtsbehörden,

c) Sicherstellung einer rechtzeitigen Ausführung der Aufgaben des Ausschusses, insbesondere der Aufgaben im Zusammenhang mit dem Kohärenzverfahren nach Artikel 63.

(2) Der Ausschuss legt die Aufteilung der Aufgaben zwischen dem Vorsitzenden und dessen Stellvertretern in seiner Geschäftsordnung fest.

Artikel 75 Sekretariat

(1) Der Ausschuss wird von einem Sekretariat unterstützt, das von dem Europäischen Datenschutzbeauftragten bereitgestellt wird.

(2) Das Sekretariat führt seine Aufgaben ausschließlich auf Anweisung des Vorsitzes des Ausschusses aus.

(3) Das Personal des Europäischen Datenschutzbeauftragten, das an der Wahrnehmung der dem Ausschuss gemäß dieser Verordnung übertragenen Aufgaben beteiligt ist, unterliegt anderen Berichtspflichten als das Personal, das an der Wahrnehmung der dem Europäischen Datenschutzbeauftragten übertragenen Aufgaben beteiligt ist.

(4) Soweit angebracht, erstellen und veröffentlichen der Ausschuss und der Europäische Datenschutzbeauftragte eine Vereinbarung zur Anwendung des vorliegenden Artikels, in der die Bedingungen ihrer Zusammenarbeit festgelegt sind und die für das Personal des Europäischen Datenschutzbeauftragten gilt, das an der Wahrnehmung der dem Ausschuss gemäß dieser Verordnung übertragenen Aufgaben beteiligt ist.

(5) Das Sekretariat leistet dem Ausschuss analytische, administrative und logistische Unterstützung.

(6) Das Sekretariat ist insbesondere verantwortlich für
a) das Tagesgeschäft des Ausschusses,
b) die Kommunikation zwischen den Mitgliedern des Ausschusses, seinem Vorsitz und der Kommission,
c) die Kommunikation mit anderen Organen und mit der Öffentlichkeit,
d) den Rückgriff auf elektronische Mittel für die interne und die externe Kommunikation,
e) die Übersetzung sachdienlicher Informationen,
f) die Vor- und Nachbereitung der Sitzungen des Ausschusses,
g) die Vorbereitung, Abfassung und Veröffentlichung von Stellungnahmen, von Beschlüssen über die Beilegung von Streitigkeiten zwischen Aufsichtsbehörden und von sonstigen vom Ausschuss angenommenen Dokumenten.

Artikel 76 Vertraulichkeit

(1) Die Beratungen des Ausschusses sind gemäß seiner Geschäftsordnung vertraulich, wenn der Ausschuss dies für erforderlich hält.

(2) Der Zugang zu Dokumenten, die Mitgliedern des Ausschusses, Sachverständigen und Vertretern von Dritten vorgelegt werden, wird durch die Verordnung (EG) Nr. 1049/2001 des Europäischen Parlaments und des Rates[1] geregelt.

Kapitel VIII Rechtsbehelfe, Haftung und Sanktionen

Artikel 77 Recht auf Beschwerde bei einer Aufsichtsbehörde

(1) Jede betroffene Person hat unbeschadet eines anderweitigen verwaltungsrechtlichen oder gerichtlichen Rechtsbehelfs das Recht auf Beschwerde bei einer Aufsichtsbehörde, insbesondere in dem Mitgliedstaat ihres Aufenthaltsorts, ihres Arbeitsplatzes oder des Orts des mutmaßlichen Verstoßes, wenn die betroffene Person der Ansicht ist, dass die Verarbeitung der sie betreffenden personenbezogenen Daten gegen diese Verordnung verstößt.

(2) Die Aufsichtsbehörde, bei der die Beschwerde eingereicht wurde, unterrichtet den Beschwerdeführer über den Stand und die Ergebnisse der Beschwerde einschließlich der Möglichkeit eines gerichtlichen Rechtsbehelfs nach Artikel 78.

Artikel 78 Recht auf wirksamen gerichtlichen Rechtsbehelf gegen eine Aufsichtsbehörde

(1) Jede natürliche oder juristische Person hat unbeschadet eines anderweitigen verwaltungsrechtlichen oder außergerichtlichen Rechtsbehelfs das

---

1 Verordnung (EG) Nr. 1049/2001 des Europäischen Parlaments und des Rates vom 30. Mai 2001 über den Zugang der Öffentlichkeit zu Dokumenten des Europäischen Parlaments, des Rates und der Kommission (ABl. L 145 vom 31. 5. 2001, S. 43).

Recht auf einen wirksamen gerichtlichen Rechtsbehelf gegen einen sie betreffenden rechtsverbindlichen Beschluss einer Aufsichtsbehörde.

(2) Jede betroffene Person hat unbeschadet eines anderweitigen verwaltungsrechtlichen oder außergerichtlichen Rechtbehelfs das Recht auf einen wirksamen gerichtlichen Rechtsbehelf, wenn die nach den Artikeln 55 und 56 zuständige Aufsichtsbehörde sich nicht mit einer Beschwerde befasst oder die betroffene Person nicht innerhalb von drei Monaten über den Stand oder das Ergebnis der gemäß Artikel 77 erhobenen Beschwerde in Kenntnis gesetzt hat.

(3) Für Verfahren gegen eine Aufsichtsbehörde sind die Gerichte des Mitgliedstaats zuständig, in dem die Aufsichtsbehörde ihren Sitz hat.

(4) Kommt es zu einem Verfahren gegen den Beschluss einer Aufsichtsbehörde, dem eine Stellungnahme oder ein Beschluss des Ausschusses im Rahmen des Kohärenzverfahrens vorangegangen ist, so leitet die Aufsichtsbehörde diese Stellungnahme oder diesen Beschluss dem Gericht zu.

Artikel 79   Recht auf wirksamen gerichtlichen Rechtsbehelf gegen Verantwortliche oder Auftragsverarbeiter

(1) Jede betroffene Person hat unbeschadet eines verfügbaren verwaltungsrechtlichen oder außergerichtlichen Rechtsbehelfs einschließlich des Rechts auf Beschwerde bei einer Aufsichtsbehörde gemäß Artikel 77 das Recht auf einen wirksamen gerichtlichen Rechtsbehelf, wenn sie der Ansicht ist, dass die ihr aufgrund dieser Verordnung zustehenden Rechte infolge einer nicht im Einklang mit dieser Verordnung stehenden Verarbeitung ihrer personenbezogenen Daten verletzt wurden.

(2) [1]Für Klagen gegen einen Verantwortlichen oder gegen einen Auftragsverarbeiter sind die Gerichte des Mitgliedstaats zuständig, in dem der Verantwortliche oder der Auftragsverarbeiter eine Niederlassung hat. [2]Wahlweise können solche Klagen auch bei den Gerichten des Mitgliedstaats erhoben werden, in dem die betroffene Person ihren Aufenthaltsort hat, es sei denn, es handelt sich bei dem Verantwortlichen oder dem Auftragsverarbeiter um eine Behörde eines Mitgliedstaats, die in Ausübung ihrer hoheitlichen Befugnisse tätig geworden ist.

Artikel 80   Vertretung von betroffenen Personen

(1) Die betroffene Person hat das Recht, eine Einrichtung, Organisationen oder Vereinigung ohne Gewinnerzielungsabsicht, die ordnungsgemäß nach dem Recht eines Mitgliedstaats gegründet ist, deren satzungsmäßige Ziele im öffentlichem Interesse liegen und die im Bereich des Schutzes der Rechte und Freiheiten von betroffenen Personen in Bezug auf den Schutz ihrer personenbezogenen Daten tätig ist, zu beauftragen, in ihrem Namen eine Beschwerde einzureichen, in ihrem Namen die in den Artikeln 77, 78 und 79 genannten Rechte wahrzunehmen und das Recht auf Schadensersatz gemäß Artikel 82 in Anspruch zu nehmen, sofern dieses im Recht der Mitgliedstaaten vorgesehen ist.

(2) Die Mitgliedstaaten können vorsehen, dass jede der in Absatz 1 des vorliegenden Artikels genannten Einrichtungen, Organisationen oder Vereinigungen unabhängig von einem Auftrag der betroffenen Person in diesem Mitgliedstaat das Recht hat, bei der gemäß Artikel 77 zuständigen Aufsichtsbehörde eine Beschwerde einzulegen und die in den Artikeln 78 und 79 aufgeführten Rechte in Anspruch zu nehmen, wenn ihres Erachtens die Rechte einer betroffenen Person gemäß dieser Verordnung infolge einer Verarbeitung verletzt worden sind.

Artikel 81　Aussetzung des Verfahrens

(1) Erhält ein zuständiges Gericht in einem Mitgliedstaat Kenntnis von einem Verfahren zu demselben Gegenstand in Bezug auf die Verarbeitung durch denselben Verantwortlichen oder Auftragsverarbeiter, das vor einem Gericht in einem anderen Mitgliedstaat anhängig ist, so nimmt es mit diesem Gericht Kontakt auf, um sich zu vergewissern, dass ein solches Verfahren existiert.

(2) Ist ein Verfahren zu demselben Gegenstand in Bezug auf die Verarbeitung durch denselben Verantwortlichen oder Auftragsverarbeiter vor einem Gericht in einem anderen Mitgliedstaat anhängig, so kann jedes später angerufene zuständige Gericht das bei ihm anhängige Verfahren aussetzen.

(3) Sind diese Verfahren in erster Instanz anhängig, so kann sich jedes später angerufene Gericht auf Antrag einer Partei auch für unzuständig erklären, wenn das zuerst angerufene Gericht für die betreffenden Klagen zuständig ist und die Verbindung der Klagen nach seinem Recht zulässig ist.

Artikel 82　Haftung und Recht auf Schadenersatz

(1) Jede Person, der wegen eines Verstoßes gegen diese Verordnung ein materieller oder immaterieller Schaden entstanden ist, hat Anspruch auf Schadenersatz gegen den Verantwortlichen oder gegen den Auftragsverarbeiter.

(2) [1]Jeder an einer Verarbeitung beteiligte Verantwortliche haftet für den Schaden, der durch eine nicht dieser Verordnung entsprechende Verarbeitung verursacht wurde. [2]Ein Auftragsverarbeiter haftet für den durch eine Verarbeitung verursachten Schaden nur dann, wenn er seinen speziell den Auftragsverarbeitern auferlegten Pflichten aus dieser Verordnung nicht nachgekommen ist oder unter Nichtbeachtung der rechtmäßig erteilten Anweisungen des für die Datenverarbeitung Verantwortlichen oder gegen diese Anweisungen gehandelt hat.

(3) Der Verantwortliche oder der Auftragsverarbeiter wird von der Haftung gemäß Absatz 2 befreit, wenn er nachweist, dass er in keinerlei Hinsicht für den Umstand, durch den der Schaden eingetreten ist, verantwortlich ist.

(4) Ist mehr als ein Verantwortlicher oder mehr als ein Auftragsverarbeiter bzw. sowohl ein Verantwortlicher als auch ein Auftragsverarbeiter an derselben Verarbeitung beteiligt und sind sie gemäß den Absätzen 2 und 3 für einen durch die Verarbeitung verursachten Schaden verantwortlich, so haftet jeder Verantwortliche oder jeder Auftragsverarbeiter für den gesamten

Schaden, damit ein wirksamer Schadensersatz für die betroffene Person sichergestellt ist.

(5) Hat ein Verantwortlicher oder Auftragsverarbeiter gemäß Absatz 4 vollständigen Schadenersatz für den erlittenen Schaden gezahlt, so ist dieser Verantwortliche oder Auftragsverarbeiter berechtigt, von den übrigen an derselben Verarbeitung beteiligten für die Datenverarbeitung Verantwortlichen oder Auftragsverarbeitern den Teil des Schadenersatzes zurückzufordern, der unter den in Absatz 2 festgelegten Bedingungen ihrem Anteil an der Verantwortung für den Schaden entspricht.

(6) Mit Gerichtsverfahren zur Inanspruchnahme des Rechts auf Schadenersatz sind die Gerichte zu befassen, die nach den in Artikel 79 Absatz 2 genannten Rechtsvorschriften des Mitgliedstaats zuständig sind.

Artikel 83 Allgemeine Bedingungen für die Verhängung von Geldbußen

(1) Jede Aufsichtsbehörde stellt sicher, dass die Verhängung von Geldbußen gemäß diesem Artikel für Verstöße gegen diese Verordnung gemäß den Absätzen 5 und 6 in jedem Einzelfall wirksam, verhältnismäßig und abschreckend ist.

(2) [1]Geldbußen werden je nach den Umständen des Einzelfalls zusätzlich zu oder anstelle von Maßnahmen nach Artikel 58 Absatz 2 Buchstaben a bis h und i verhängt. [2]Bei der Entscheidung über die Verhängung einer Geldbuße und über deren Betrag wird in jedem Einzelfall Folgendes gebührend berücksichtigt:

a) Art, Schwere und Dauer des Verstoßes unter Berücksichtigung der Art, des Umfangs oder des Zwecks der betreffenden Verarbeitung sowie der Zahl der von der Verarbeitung betroffenen Personen und des Ausmaßes des von ihnen erlittenen Schadens;

b) Vorsätzlichkeit oder Fahrlässigkeit des Verstoßes;

c) jegliche von dem Verantwortlichen oder dem Auftragsverarbeiter getroffenen Maßnahmen zur Minderung des den betroffenen Personen entstandenen Schadens;

d) Grad der Verantwortung des Verantwortlichen oder des Auftragsverarbeiters unter Berücksichtigung der von ihnen gemäß den Artikeln 25 und 32 getroffenen technischen und organisatorischen Maßnahmen;

e) etwaige einschlägige frühere Verstöße des Verantwortlichen oder des Auftragsverarbeiters;

f) Umfang der Zusammenarbeit mit der Aufsichtsbehörde, um dem Verstoß abzuhelfen und seine möglichen nachteiligen Auswirkungen zu mindern;

g) Kategorien personenbezogener Daten, die von dem Verstoß betroffen sind;

h) Art und Weise, wie der Verstoß der Aufsichtsbehörde bekannt wurde, insbesondere ob und gegebenenfalls in welchem Umfang der Verantwortliche oder der Auftragsverarbeiter den Verstoß mitgeteilt hat;

i) Einhaltung der nach Artikel 58 Absatz 2 früher gegen den für den betreffenden Verantwortlichen oder Auftragsverarbeiter in Bezug auf denselben Gegenstand angeordneten Maßnahmen, wenn solche Maßnahmen angeordnet wurden;

j) Einhaltung von genehmigten Verhaltensregeln nach Artikel 40 oder genehmigten Zertifizierungsverfahren nach Artikel 42 und

k) jegliche anderen erschwerenden oder mildernden Umstände im jeweiligen Fall, wie unmittelbar oder mittelbar durch den Verstoß erlangte finanzielle Vorteile oder vermiedene Verluste.

(3) Verstößt ein Verantwortlicher oder ein Auftragsverarbeiter bei gleichen oder miteinander verbundenen Verarbeitungsvorgängen vorsätzlich oder fahrlässig gegen mehrere Bestimmungen dieser Verordnung, so übersteigt der Gesamtbetrag der Geldbuße nicht den Betrag für den schwerwiegendsten Verstoß.

(4) Bei Verstößen gegen die folgenden Bestimmungen werden im Einklang mit Absatz 2 Geldbußen von bis zu 10 000 000 EUR oder im Fall eines Unternehmens von bis zu 2 % seines gesamten weltweit erzielten Jahresumsatzes des vorangegangenen Geschäftsjahrs verhängt, je nachdem, welcher der Beträge höher ist:

a) die Pflichten der Verantwortlichen und der Auftragsverarbeiter gemäß den Artikeln 8, 11, 25 bis 39, 42 und 43;

b) die Pflichten der Zertifizierungsstelle gemäß den Artikeln 42 und 43;

c) die Pflichten der Überwachungsstelle gemäß Artikel 41 Absatz 4.

(5) Bei Verstößen gegen die folgenden Bestimmungen werden im Einklang mit Absatz 2 Geldbußen von bis zu 20 000 000 EUR oder im Fall eines Unternehmens von bis zu 4 % seines gesamten weltweit erzielten Jahresumsatzes des vorangegangenen Geschäftsjahrs verhängt, je nachdem, welcher der Beträge höher ist:

a) die Grundsätze für die Verarbeitung, einschließlich der Bedingungen für die Einwilligung, gemäß den Artikeln 5, 6, 7 und 9;

b) die Rechte der betroffenen Person gemäß den Artikeln 12 bis 22;

c) die Übermittlung personenbezogener Daten an einen Empfänger in einem Drittland oder an eine internationale Organisation gemäß den Artikeln 44 bis 49;

d) alle Pflichten gemäß den Rechtsvorschriften der Mitgliedstaaten, die im Rahmen des Kapitels IX erlassen wurden;

e) Nichtbefolgung einer Anweisung oder einer vorübergehenden oder endgültigen Beschränkung oder Aussetzung der Datenübermittlung durch die Aufsichtsbehörde gemäß Artikel 58 Absatz 2 oder Nichtgewährung des Zugangs unter Verstoß gegen Artikel 58 Absatz 1.

(6) Bei Nichtbefolgung einer Anweisung der Aufsichtsbehörde gemäß Artikel 58 Absatz 2 werden im Einklang mit Absatz 2 des vorliegenden Artikels Geldbußen von bis zu 20 000 000 EUR oder im Fall eines Unternehmens von bis zu 4 % seines gesamten weltweit erzielten Jahresumsatzes des vorangegangenen Geschäftsjahrs verhängt, je nachdem, welcher der Beträge höher ist.

(7) Unbeschadet der Abhilfebefugnisse der Aufsichtsbehörden gemäß Artikel 58 Absatz 2 kann jeder Mitgliedstaat Vorschriften dafür festlegen, ob und in welchem Umfang gegen Behörden und öffentliche Stellen, die in

dem betreffenden Mitgliedstaat niedergelassen sind, Geldbußen verhängt werden können.

(8) Die Ausübung der eigenen Befugnisse durch eine Aufsichtsbehörde gemäß diesem Artikel muss angemessenen Verfahrensgarantien gemäß dem Unionsrecht und dem Recht der Mitgliedstaaten, einschließlich wirksamer gerichtlicher Rechtsbehelfe und ordnungsgemäßer Verfahren, unterliegen.

(9) [1]Sieht die Rechtsordnung eines Mitgliedstaats keine Geldbußen vor, kann dieser Artikel so angewandt werden, dass die Geldbuße von der zuständigen Aufsichtsbehörde in die Wege geleitet und von den zuständigen nationalen Gerichten verhängt wird, wobei sicherzustellen ist, dass diese Rechtsbehelfe wirksam sind und die gleiche Wirkung wie die von Aufsichtsbehörden verhängten Geldbußen haben. [2]In jeden Fall müssen die verhängten Geldbußen wirksam, verhältnismäßig und abschreckend sein. [3]Die betreffenden Mitgliedstaaten teilen der Kommission bis zum 25. Mai 2018 die Rechtsvorschriften mit, die sie aufgrund dieses Absatzes erlassen, sowie unverzüglich alle späteren Änderungsgesetze oder Änderungen dieser Vorschriften.

Artikel 84 Sanktionen

(1) [1]Die Mitgliedstaaten legen die Vorschriften über andere Sanktionen für Verstöße gegen diese Verordnung – insbesondere für Verstöße, die keiner Geldbuße gemäß Artikel 83 unterliegen – fest und treffen alle zu deren Anwendung erforderlichen Maßnahmen. [2]Diese Sanktionen müssen wirksam, verhältnismäßig und abschreckend sein.

(2) Jeder Mitgliedstaat teilt der Kommission bis zum 25. Mai 2018 die Rechtsvorschriften, die er aufgrund von Absatz 1 erlässt, sowie unverzüglich alle späteren Änderungen dieser Vorschriften mit.

Kapitel IX Vorschriften für besondere Verarbeitungssituationen

Artikel 85 Verarbeitung und Freiheit der Meinungsäußerung und Informationsfreiheit

(1) Die Mitgliedstaaten bringen durch Rechtsvorschriften das Recht auf den Schutz personenbezogener Daten gemäß dieser Verordnung mit dem Recht auf freie Meinungsäußerung und Informationsfreiheit, einschließlich der Verarbeitung zu journalistischen Zwecken und zu wissenschaftlichen, künstlerischen oder literarischen Zwecken, in Einklang.

(2) Für die Verarbeitung, die zu journalistischen Zwecken oder zu wissenschaftlichen, künstlerischen oder literarischen Zwecken erfolgt, sehen die Mitgliedstaaten Abweichungen oder Ausnahmen von Kapitel II (Grundsätze), Kapitel III (Rechte der betroffenen Person), Kapitel IV (Verantwortlicher und Auftragsverarbeiter), Kapitel V (Übermittlung personenbezogener Daten an Drittländer oder an internationale Organisationen), Kapitel VI (Unabhängige Aufsichtsbehörden), Kapitel VII (Zusammenarbeit und Kohärenz) und Kapitel IX (Vorschriften für besondere Verarbeitungssituationen) vor, wenn dies erforderlich ist, um das Recht auf Schutz der personen-

bezogenen Daten mit der Freiheit der Meinungsäußerung und der Informationsfreiheit in Einklang zu bringen.

(3) Jeder Mitgliedstaat teilt der Kommission die Rechtsvorschriften, die er aufgrund von Absatz 2 erlassen hat, sowie unverzüglich alle späteren Änderungsgesetze oder Änderungen dieser Vorschriften mit.

Artikel 86 Verarbeitung und Zugang der Öffentlichkeit zu amtlichen Dokumenten

Personenbezogene Daten in amtlichen Dokumenten, die sich im Besitz einer Behörde oder einer öffentlichen Einrichtung oder einer privaten Einrichtung zur Erfüllung einer im öffentlichen Interesse liegenden Aufgabe befinden, können von der Behörde oder der Einrichtung gemäß dem Unionsrecht oder dem Recht des Mitgliedstaats, dem die Behörde oder Einrichtung unterliegt, offengelegt werden, um den Zugang der Öffentlichkeit zu amtlichen Dokumenten mit dem Recht auf Schutz personenbezogener Daten gemäß dieser Verordnung in Einklang zu bringen.

Artikel 87 Verarbeitung der nationalen Kennziffer

[1]Die Mitgliedstaaten können näher bestimmen, unter welchen spezifischen Bedingungen eine nationale Kennziffer oder andere Kennzeichen von allgemeiner Bedeutung Gegenstand einer Verarbeitung sein dürfen. [2]In diesem Fall darf die nationale Kennziffer oder das andere Kennzeichen von allgemeiner Bedeutung nur unter Wahrung geeigneter Garantien für die Rechte und Freiheiten der betroffenen Person gemäß dieser Verordnung verwendet werden.

Artikel 88 Datenverarbeitung im Beschäftigungskontext

(1) Die Mitgliedstaaten können durch Rechtsvorschriften oder durch Kollektivvereinbarungen spezifischere Vorschriften zur Gewährleistung des Schutzes der Rechte und Freiheiten hinsichtlich der Verarbeitung personenbezogener Beschäftigtendaten im Beschäftigungskontext, insbesondere für Zwecke der Einstellung, der Erfüllung des Arbeitsvertrags einschließlich der Erfüllung von durch Rechtsvorschriften oder durch Kollektivvereinbarungen festgelegten Pflichten, des Managements, der Planung und der Organisation der Arbeit, der Gleichheit und Diversität am Arbeitsplatz, der Gesundheit und Sicherheit am Arbeitsplatz, des Schutzes des Eigentums der Arbeitgeber oder der Kunden sowie für Zwecke der Inanspruchnahme der mit der Beschäftigung zusammenhängenden individuellen oder kollektiven Rechte und Leistungen und für Zwecke der Beendigung des Beschäftigungsverhältnisses vorsehen.

(2) Diese Vorschriften umfassen angemessene und besondere Maßnahmen zur Wahrung der menschlichen Würde, der berechtigten Interessen und der Grundrechte der betroffenen Person, insbesondere im Hinblick auf die Transparenz der Verarbeitung, die Übermittlung personenbezogener Daten innerhalb einer Unternehmensgruppe oder einer Gruppe von Unterneh-

men, die eine gemeinsame Wirtschaftstätigkeit ausüben, und die Überwachungssysteme am Arbeitsplatz.

(3) Jeder Mitgliedstaat teilt der Kommission bis zum 25. Mai 2018 die Rechtsvorschriften, die er aufgrund von Absatz 1 erlässt, sowie unverzüglich alle späteren Änderungen dieser Vorschriften mit.

Artikel 89 Garantien und Ausnahmen in Bezug auf die Verarbeitung zu im öffentlichen Interesse liegenden Archivzwecken, zu wissenschaftlichen oder historischen Forschungszwecken und zu statistischen Zwecken

(1) ¹Die Verarbeitung zu im öffentlichen Interesse liegenden Archivzwecken, zu wissenschaftlichen oder historischen Forschungszwecken oder zu statistischen Zwecken unterliegt geeigneten Garantien für die Rechte und Freiheiten der betroffenen Person gemäß dieser Verordnung. ²Mit diesen Garantien wird sichergestellt, dass technische und organisatorische Maßnahmen bestehen, mit denen insbesondere die Achtung des Grundsatzes der Datenminimierung gewährleistet wird. ³Zu diesen Maßnahmen kann die Pseudonymisierung gehören, sofern es möglich ist, diese Zwecke auf diese Weise zu erfüllen. ⁴In allen Fällen, in denen diese Zwecke durch die Weiterverarbeitung, bei der die Identifizierung von betroffenen Personen nicht oder nicht mehr möglich ist, erfüllt werden können, werden diese Zwecke auf diese Weise erfüllt.

(2) Werden personenbezogene Daten zu wissenschaftlichen oder historischen Forschungszwecken oder zu statistischen Zwecken verarbeitet, können vorbehaltlich der Bedingungen und Garantien gemäß Absatz 1 des vorliegenden Artikels im Unionsrecht oder im Recht der Mitgliedstaaten insoweit Ausnahmen von den Rechten gemäß der Artikel 15, 16, 18 und 21 vorgesehen werden, als diese Rechte voraussichtlich die Verwirklichung der spezifischen Zwecke unmöglich machen oder ernsthaft beeinträchtigen und solche Ausnahmen für die Erfüllung dieser Zwecke notwendig sind.

(3) Werden personenbezogene Daten für im öffentlichen Interesse liegende Archivzwecke verarbeitet, können vorbehaltlich der Bedingungen und Garantien gemäß Absatz 1 des vorliegenden Artikels im Unionsrecht oder im Recht der Mitgliedstaaten insoweit Ausnahmen von den Rechten gemäß der Artikel 15, 16, 18, 19, 20 und 21 vorgesehen werden, als diese Rechte voraussichtlich die Verwirklichung der spezifischen Zwecke unmöglich machen oder ernsthaft beeinträchtigen und solche Ausnahmen für die Erfüllung dieser Zwecke notwendig sind.

(4) Dient die in den Absätzen 2 und 3 genannte Verarbeitung gleichzeitig einem anderen Zweck, gelten die Ausnahmen nur für die Verarbeitung zu den in diesen Absätzen genannten Zwecken.

Artikel 90 Geheimhaltungspflichten

(1) ¹Die Mitgliedstaaten können die Befugnisse der Aufsichtsbehörden im Sinne des Artikels 58 Absatz 1 Buchstaben e und f gegenüber den Verantwortlichen oder den Auftragsverarbeitern, die nach Unionsrecht oder dem

Recht der Mitgliedstaaten oder nach einer von den zuständigen nationalen Stellen erlassenen Verpflichtung dem Berufsgeheimnis oder einer gleichwertigen Geheimhaltungspflicht unterliegen, regeln, soweit dies notwendig und verhältnismäßig ist, um das Recht auf Schutz der personenbezogenen Daten mit der Pflicht zur Geheimhaltung in Einklang zu bringen. [2]Diese Vorschriften gelten nur in Bezug auf personenbezogene Daten, die der Verantwortliche oder der Auftragsverarbeiter bei einer Tätigkeit erlangt oder erhoben hat, die einer solchen Geheimhaltungspflicht unterliegt.

(2) Jeder Mitgliedstaat teilt der Kommission bis zum 25. Mai 2018 die Vorschriften mit, die er aufgrund von Absatz 1 erlässt, und setzt sie unverzüglich von allen weiteren Änderungen dieser Vorschriften in Kenntnis.

Artikel 91 Bestehende Datenschutzvorschriften von Kirchen und religiösen Vereinigungen oder Gemeinschaften

(1) Wendet eine Kirche oder eine religiöse Vereinigung oder Gemeinschaft in einem Mitgliedstaat zum Zeitpunkt des Inkrafttretens dieser Verordnung umfassende Regeln zum Schutz natürlicher Personen bei der Verarbeitung an, so dürfen diese Regeln weiter angewandt werden, sofern sie mit dieser Verordnung in Einklang gebracht werden.

(2) Kirchen und religiöse Vereinigungen oder Gemeinschaften, die gemäß Absatz 1 umfassende Datenschutzregeln anwenden, unterliegen der Aufsicht durch eine unabhängige Aufsichtsbehörde, die spezifischer Art sein kann, sofern sie die in Kapitel VI niedergelegten Bedingungen erfüllt.

Kapitel X Delegierte Rechtsakte und Durchführungsrechtsakte

Artikel 92 Ausübung der Befugnisübertragung

(1) Die Befugnis zum Erlass delegierter Rechtsakte wird der Kommission unter den in diesem Artikel festgelegten Bedingungen übertragen.

(2) Die Befugnis zum Erlass delegierter Rechtsakte gemäß Artikel 12 Absatz 8 und Artikel 43 Absatz 8 wird der Kommission auf unbestimmte Zeit ab dem 24. Mai 2016 übertragen.

(3) [1]Die Befugnisübertragung gemäß Artikel 12 Absatz 8 und Artikel 43 Absatz 8 kann vom Europäischen Parlament oder vom Rat jederzeit widerrufen werden. [2]Der Beschluss über den Widerruf beendet die Übertragung der in diesem Beschluss angegebenen Befugnis. [3]Er wird am Tag nach seiner Veröffentlichung im Amtsblatt der Europäischen Union oder zu einem im Beschluss über den Widerruf angegebenen späteren Zeitpunkt wirksam. [4]Die Gültigkeit von delegierten Rechtsakten, die bereits in Kraft sind, wird von dem Beschluss über den Widerruf nicht berührt.

(4) Sobald die Kommission einen delegierten Rechtsakt erlässt, übermittelt sie ihn gleichzeitig dem Europäischen Parlament und dem Rat.

(5) [1]Ein delegierter Rechtsakt, der gemäß Artikel 12 Absatz 8 und Artikel 43 Absatz 8 erlassen wurde, tritt nur in Kraft, wenn weder das Europäische Parlament noch der Rat innerhalb einer Frist von drei Monaten nach Übermittlung dieses Rechtsakts an das Europäische Parlament und den Rat

Einwände erhoben haben oder wenn vor Ablauf dieser Frist das Europäische Parlament und der Rat beide der Kommission mitgeteilt haben, dass sie keine Einwände erheben werden. [2]Auf Veranlassung des Europäischen Parlaments oder des Rates wird diese Frist um drei Monate verlängert.

Artikel 93 Ausschussverfahren

(1) [1]Die Kommission wird von einem Ausschuss unterstützt. [2]Dieser Ausschuss ist ein Ausschuss im Sinne der Verordnung (EU) Nr. 182/2011.

(2) Wird auf diesen Absatz Bezug genommen, so gilt Artikel 5 der Verordnung (EU) Nr. 182/2011.

(3) Wird auf diesen Absatz Bezug genommen, so gilt Artikel 8 der Verordnung (EU) Nr. 182/2011 in Verbindung mit deren Artikel 5.

Kapitel XI Schlussbestimmungen

Artikel 94 Aufhebung der Richtlinie 95/46/EG

(1) Die Richtlinie 95/46/EG wird mit Wirkung vom 25. Mai 2018 aufgehoben.

(2) [1]Verweise auf die aufgehobene Richtlinie gelten als Verweise auf die vorliegende Verordnung. [2]Verweise auf die durch Artikel 29 der Richtlinie 95/46/EG eingesetzte Gruppe für den Schutz von Personen bei der Verarbeitung personenbezogener Daten gelten als Verweise auf den kraft dieser Verordnung errichteten Europäischen Datenschutzausschuss.

Artikel 95 Verhältnis zur Richtlinie 2002/58/EG

Diese Verordnung erlegt natürlichen oder juristischen Personen in Bezug auf die Verarbeitung in Verbindung mit der Bereitstellung öffentlich zugänglicher elektronischer Kommunikationsdienste in öffentlichen Kommunikationsnetzen in der Union keine zusätzlichen Pflichten auf, soweit sie besonderen in der Richtlinie 2002/58/EG festgelegten Pflichten unterliegen, die dasselbe Ziel verfolgen.

Artikel 96 Verhältnis zu bereits geschlossenen Übereinkünften

Internationale Übereinkünfte, die die Übermittlung personenbezogener Daten an Drittländer oder internationale Organisationen mit sich bringen, die von den Mitgliedstaaten vor dem 24. Mai 2016 abgeschlossen wurden und die im Einklang mit dem vor diesem Tag geltenden Unionsrecht stehen, bleiben in Kraft, bis sie geändert, ersetzt oder gekündigt werden.

Artikel 97 Berichte der Kommission

(1) [1]Bis zum 25. Mai 2020 und danach alle vier Jahre legt die Kommission dem Europäischen Parlament und dem Rat einen Bericht über die Bewertung und Überprüfung dieser Verordnung vor. [2]Die Berichte werden öffentlich gemacht.

(2) Im Rahmen der Bewertungen und Überprüfungen nach Absatz 1 prüft die Kommission insbesondere die Anwendung und die Wirkungsweise

a) des Kapitels V über die Übermittlung personenbezogener Daten an Drittländer oder an internationale Organisationen insbesondere im Hinblick auf die gemäß Artikel 45 Absatz 3 der vorliegenden Verordnung erlassenen Beschlüsse sowie die gemäß Artikel 25 Absatz 6 der Richtlinie 95/46/EG erlassenen Feststellungen,

b) des Kapitels VII über Zusammenarbeit und Kohärenz.

(3) Für den in Absatz 1 genannten Zweck kann die Kommission Informationen von den Mitgliedstaaten und den Aufsichtsbehörden anfordern.

(4) Bei den in den Absätzen 1 und 2 genannten Bewertungen und Überprüfungen berücksichtigt die Kommission die Standpunkte und Feststellungen des Europäischen Parlaments, des Rates und anderer einschlägiger Stellen oder Quellen.

(5) Die Kommission legt erforderlichenfalls geeignete Vorschläge zur Änderung dieser Verordnung vor und berücksichtigt dabei insbesondere die Entwicklungen in der Informationstechnologie und die Fortschritte in der Informationsgesellschaft.

Artikel 98 Überprüfung anderer Rechtsakte der Union zum Datenschutz

[1]Die Kommission legt gegebenenfalls Gesetzgebungsvorschläge zur Änderung anderer Rechtsakte der Union zum Schutz personenbezogener Daten vor, damit ein einheitlicher und kohärenter Schutz natürlicher Personen bei der Verarbeitung sichergestellt wird. [2]Dies betrifft insbesondere die Vorschriften zum Schutz natürlicher Personen bei der Verarbeitung solcher Daten durch die Organe, Einrichtungen, Ämter und Agenturen der Union und zum freien Verkehr solcher Daten.

Artikel 99 Inkrafttreten und Anwendung

(1) Diese Verordnung tritt am zwanzigsten Tag nach ihrer Veröffentlichung im Amtsblatt der Europäischen Union in Kraft.

(2) Sie gilt ab dem 25. Mai 2018.

Diese Verordnung ist in allen ihren Teilen verbindlich und gilt unmittelbar in jedem Mitgliedstaat.

Geschehen zu Brüssel am 27. April 2016.

Im Namen des Europäischen Parlaments   *Im Namen des Rates*
Der Präsident   *Die Präsidentin*
M. SCHULZ   J.A. HENNIS-PLASSCHAERT

Einleitung

1 Die europäische **Datenschutz-Grundverordnung (DSGVO)**[1] gestaltet das Datenschutzrecht mit Wirkung ab **25. Mai 2018** grundlegend um, und zwar auf zahlreichen Ebenen: Die Kernregelungen der DSGVO zum materiellen Datenschutzrecht sind in den Kapiteln II und III der Verordnung niedergelegt; sie machen etwa ein Drittel der insgesamt 99 Artikel der DSGVO aus.[2] Einen vergleichbar breiten Raum nehmen institutionelle, kompetenzielle und verfahrensrechtliche Bestimmungen ein, nämlich zum Datenschutzbeauftragten,[3] zu den Aufsichtsbehörden[4] und zu Rechtsbehelfen, Haftung und Sanktionen.[5] Ihnen schließen sich noch einmal materielle Vorschriften für besondere Datenverarbeitungssituationen an.[6] Hinzu kommen einleitende Normen zu den Zielen, dem Anwendungsbereich und

---

1 VO (EU) Nr. 2016/697 vom 27. April 2016 zum Schutz natürlicher Personen bei der Verarbeitung personenbezogener Daten, zum freien Datenverkehr und zur Aufhebung der RL 95/46/EG, ABl. 2016 Nr. L 119/1; Inkrafttreten am 25.5.2016, Anwendung bzw. Geltung ab 25.5.2018 (Art. 99 Abs. 2 DSGVO; zur entsprechenden Terminologie der DSGVO → Art. 99 Rn. 2, 3).
2 Art. 5 bis 36 DSGVO.
3 Art. 37 bis 39 DSGVO.
4 Art. 37 bis 39 DSGVO.
5 Art. 77 bis 84 DSGVO.
6 Art. 85 bis 91 DSGVO.

den Begriffsbestimmungen der DSGVO[7] und Schlussbestimmungen über das Inkrafttreten und das Verhältnis zu anderen datenschutzrechtlichen Regelungen.[8] Die DSGVO normiert demzufolge nicht allein das **materielle Datenschutzrecht**, sondern regelt auch – in einem weit verstandenen Sinn – seine **Durchsetzung**. Das führt auch außerhalb des Datenschutzrechts zu Überlagerungen des nationalen Rechts durch die DSGVO, beispielsweise zu einem datenschutzrechtlichen Sonderprozessrecht durch den Anwendungsvorrang der prozessualen Normen der DSGVO gegenüber der ZPO bzw. der VwGO.

Die breite Diskussion über die DSGVO hat sich vor allem auf die materiell-rechtlichen Neuregelungen im Datenschutzrecht konzentriert. Der gesamte Regelungskomplex der Durchsetzung des materiellen Datenschutzrechts hat vergleichsweise wenig Aufmerksamkeit gefunden, obwohl die DSGVO gerade in diesen Bereichen eine erhebliche **Sprengkraft für etablierte Rechtsinstitute und Regelungsstrukturen des deutschen Rechts** hat. Vor diesem Hintergrund sollen in dieser Einführung die Regelungsmaterien der DSGVO umfassend in den Blick genommen werden, insbesondere im Hinblick auf übergreifende Fragen und Strukturen, die den Regelungsgehalt einzelner Artikel der DSGVO übersteigen. Dementsprechend geht es nachfolgend um   2

- Grundlagen der europäischen Datenschutzgesetzgebung (A.),
- Strukturfragen der DSGVO (B.),
- Anwendungsbereich und materielle Grundentscheidungen der DSGVO (C.),
- institutionelle, prozedurale sowie haftungs- und strafrechtliche Regelungen zur Durchsetzung des europäischen Datenschutzrechts (D.) und
- Betroffenenrechte und Individualrechtsschutz im Datenschutzbereich (E.).

A. Grundlagen der europäischen Datenschutzgesetzgebung

I. Kompetenzgrundlage der DSGVO

Die DSGVO beruht auf dem Vertrag über die Arbeitsweise der Europäischen Union, insbesondere auf **Art. 16 AEUV**.[9] Dessen Absatz 1 normiert in Entsprechung zu Art. 8 GRCh das Recht auf Schutz personenbezogener Daten (näher unten → Rn. 7 ff.). Art. 16 Abs. 2 AEUV überträgt der Europäischen Union die Kompetenz, im Wege des ordentlichen Gesetzgebungsverfahrens[10] Vorschriften über den Schutz natürlicher Personen bei der Verarbeitung personenbezogener Daten und über den freien Datenverkehr zu treffen. Art. 16 Abs. 2 AEUV bezieht sich dabei auf zwei Konstellationen: auf die Verarbeitung personenbezogener Daten durch die **Organe, Einrichtungen und sonstigen Stellen der Union** und auf Datenverarbeitun-   3

---

7 Art. 1 bis 4 DSGVO.
8 Art. 94 bis 99 DSGVO.
9 Einleitungssatz zur DSGVO vor den Erwägungsgründen.
10 D.h. durch übereinstimmende Mehrheitsentscheidungen im Europäischen Parlament und im Rat; im Einzelnen: Art. 294 AEUV.

gen durch die **Mitgliedstaaten** im Rahmen der Ausübung von Tätigkeiten, die in den **Anwendungsbereich des Unionsrechts** fallen.[11]

4 Vor Erlass der DSGVO war auch vertreten worden, die europäische Datenschutzgesetzgebung müsse je nach ihrer Zielrichtung (primär Datenschutz oder primär Abbau von Handelshemmnissen, die durch divergierendes nationales Datenschutzrecht bedingt sind)[12] auf Art. 16 AEUV (Datenschutz) oder auf Art. 114 AEUV (Rechtsangleichung im Binnenmarkt) gestützt werden.[13] Der europäische Gesetzgeber hat diese praktisch schwer durchführbare Differenzierung zu Recht nicht aufgenommen und sich allein auf Art. 16 AEUV gestützt, der die Datenschutzgesetzgebung bereits selbst auf das **Doppelziel aus Datenschutz und Ermöglichung des freien Datenverkehrs** festlegt.

5 Die Regelungen der DSGVO zur Durchsetzung des Datenschutzrechts (Bestimmungen über Institutionen, Rechtsbehelfe, Sanktionen und Haftung) beruhen wie die materiellen Bestimmungen der DSGVO auf Art. 16 Abs. 2 AEUV. Ihre Aufnahme in die DSGVO begründet ein **Spannungsverhältnis zur mitgliedstaatlichen Organisations- und Verfahrensautonomie**.[14] Die Autonomie der Mitgliedstaaten ist aber weder in institutioneller und verfahrensrechtlicher noch in verwaltungsprozessualer Hinsicht absolut: Die Autonomieformel bezeichnet nicht mehr als einen Grundsatz, der aus den Prinzipien der begrenzten Einzelermächtigung, der Verhältnismäßigkeit, des Subsidiaritätsgebots und des Effektivitätsgebots abgeleitet werden kann.[15] Im Rahmen dieser Primärrechtsbestimmungen kann das nationale Recht nicht nur materiell-rechtlich, sondern auch in Bezug auf Organisation und Verfahren des Verwaltungsvollzugs und des Rechtsschutzes europarechtlichen Vorgaben unterworfen werden. Dabei ist es unerheblich, ob entsprechende Vorgaben durch den EuGH aus allgemeinen Rechtsgrundsätzen entwickelt werden oder – wie im Falle der DSGVO – auf europäischer Gesetzgebung beruhen.

---

11 Zu dieser – letztlich für die Anwendbarkeit der DSGVO weitgehend bedeutungslosen – Klausel des Anwendungsbereichs des Unionsrechts unten → Rn. 53.

12 Vgl. Art. 1 Abs. 1 DSGVO.

13 *Brühann* in: von der Groeben AEUV Art. 16 Rn. 35 f.

14 Die Autonomieformel geht zurück auf EuGH 11.2.1971 – Rs. 39/70, ECLI:EU:C: 1971:16 S. 58– Norddeutsches Vieh- und Fleischkontor GmbH/Hauptzollamt Hamburg-St. Annen und EuGH 15.12.1971 – Rs. 51/71, ECLI:EU:C:1971:128 S. 1116 – International Fruit Company u.a./Produktschap voor Groenten en fruit; aus der jüngeren Rechtsprechung EuGH 24.4.2008 – C-55/06, ECLI:EU:C: 2008:244 Rn. 166, 170 – Arcor.

15 Aus der kritischen Diskussion der Autonomieformel *Kadelbach*, Allgemeines Verwaltungsrecht, S. 113; *Classen* Die Verwaltung 1998, 306; *Galetta*, Procedural Autonomy of EU Member States; *Frenz* VerwArch 2011, 134 (148); *Sydow* in: Hatje/ Müller-Graff, Europäisches Organisations- und Verfahrensrecht Bd. 1, § 12 Rn. 43 mwN; zu den entsprechenden Anforderungen an Sekundärrechtsakte auch EuGH 18.6.2015 – C-508/13, ECLI:EU:C:2015:403 – Estland/Parlament und Rat.

Art. 16 AEUV ist auch **Kompetenzgrundlage der RL (EU) 2016/680**[16] zur 6
Verarbeitung personenbezogener Daten zum Zwecke der Verhütung, Ermittlung, Aufdeckung oder Verfolgung von Straftaten oder der Strafvollstreckung. Besondere Kompetenzbestimmungen bestehen für den Datenschutz im Bereich der gemeinsamen Außen- und Sicherheitspolitik, nämlich
in Art. 39 EUV, der nur einen Ratsbeschluss statt des ordentlichen Gesetzgebungsverfahrens durch Rat und Parlament erfordert.

II. Materielle Vorgaben des Primärrechts für die europäische Datenschutzgesetzgebung

1. Datenschutzgrundrecht aus Art. 8 GRCh, 16 Abs. 1 AEUV

a) Verhältnis der grundrechtlichen Gewährleistungen zueinander

Art. 8 Abs. 1 GRCh und Art. 16 Abs. 1 AEUV gewährleisten beide den 7
Schutz personenbezogener Daten. Dieses **Datenschutzgrundrecht** bildet den
normativen Rahmen, in dem das datenschutzrechtliche Sekundärrecht der
Union zu entwickeln ist, und ist daher für Verständnis und Auslegung dieses Sekundärrechts von grundlegender Bedeutung.[17] Ferner zieht der
EuGH zur Beurteilung datenschutzgrundrechtlicher Sachverhalte teilweise
auch Art. 8 Abs. 1 EMRK und dessen Auslegung durch den EGMR heran,
auch wenn diese Norm kein explizites Datenschutzgrundrecht enthält, sondern allgemeiner das Privat- und Familienleben schützt.[18]

Art. 8 Abs. 1 GRCh und Art. 16 Abs. 1 AEUV sind in der Umschreibung 8
des grundrechtlichen Schutzbereichs wortlautidentisch. Anders als Art. 8
GRCh gewährleistet Art. 16 AEUV das Datenschutzgrundrecht jedoch
schrankenlos. Dies führt zur Frage, inwieweit das **Verhältnis beider Gewährleistungen** der Regel des Art. 52 Abs. 2 GRCh unterliegt,[19] nach der
sich die Ausübung eines Charta-Grundrechts nach den in den Verträgen
festgelegten Bedingungen richtet, sofern ein in der Charta niedergelegtes
Grundrecht auch dort normiert ist. Eine Anwendung des Art. 52 Abs. 2
GRCh hätte zur Folge, dass auch Art. 8 Abs. 1 GRCh schrankenlos gewährleistet wäre[20] mit der Folge, dass nur die allgemeinen Schranken des
Art. 52 Abs. 1 GRCh greifen würden.

---

16 RL (EU) 2016/680 des Europäischen Parlaments und des Rates vom 27.4.2016
    zum Schutz natürlicher Personen bei der Verarbeitung personenbezogener Daten
    durch die zuständigen Behörden zum Zwecke der Verhütung, Ermittlung, Aufde-
    ckung oder Verfolgung von Straftaten oder der Strafvollstreckung sowie zum freien
    Datenverkehr und zur Aufhebung des Rahmenbeschlusses 2008/977/JI des Rates.
17 Vgl. EuGH 20.5.2003 – C-465/00, ECLI:EU:C:2003:294 Rn. 68 – Österreichischer
    Rundfunk u.a.
18 EuGH 17.10.2013 – C-291/12, ECLI:EU:C:2013:670 Rn. 55 – Schwarz; EuGH
    8.4.2012 – C-293/12 und C-594/12, ECLI:EU:C:2014:238 Rn. 35, 47, 55 – Digital
    Rights Ireland und Seitlinger u.a.; zur umstrittenen Frage, ob für das Verhältnis
    von Art. 8 Abs. 1 EMRK zu Art. 8 GRCh der Mechanismus des Art. 52 Abs. 3
    GRCh greift: *Kingreen* in: Calliess/Ruffert GRCh Art. 8 Rn. 4, zudem → Art. 1
    Rn. 13 f.
19 Dagegen *Kingreen* in: Calliess/Ruffert GRCh Art. 8 Rn. 3; *Brühann* in: von der
    Groeben AEUV Art. 16 Rn. 31; dafür *Bernsdorff* in: Meyer GRCh Art. 8 Rn. 17;
    Frenz, Handbuch Europarecht Bd. 4, Rn. 1363, 1430.
20 *Streinz* in: Streinz GRCh Art. 8 Rn. 4.

9 Art. 52 Abs. 2 GRCh dürfte indes nach seiner systematischen Stellung innerhalb der GRCh ausschließlich mit dem Ziel konzipiert worden sein, spezifische Schrankenregelungen, die für einzelne grundrechtliche Gewährleistungen bereits bei Erlass der Charta in den bestehenden europäischen Verträgen normiert waren, auf die Gewährleistungen der GRCh zu übertragen. Art. 52 Abs. 2 GRCh kann demgegenüber nicht den Zweck haben, spezifischen Schrankenregelungen für Einzelgewährleistungen der GRCh jede Bedeutung zu nehmen, wenn eine Gewährleistung an anderer Stelle ohne derart differenzierte Bedingungen normiert ist. Die Schrankenregelung des Art. 8 GRCh wird daher durch Art. 16 AEUV nicht aufgehoben. Das **Datenschutzgrundrecht** ist demzufolge **schrankenbewehrt.**[21] Damit folgt im Ergebnis die Auslegung des Art. 16 Abs. 1 AEUV in grundrechtlicher Hinsicht derjenigen des Art. 8 GRCh.[22]

b) Schutzgehalt und Schutzniveau

10 Der auslegungsbedürftige **Begriff der personenbezogenen Daten** war bereits vor Erlass der DSGVO durch die Judikatur des EuGH[23] und durch Sekundärrecht konkretisiert, unter anderem durch Art. 2 lit. a RL 95/46/EG und Art. 2 lit. a VO (EG) Nr. 45/2001:[24] Personenbezogene Daten sind alle Informationen über eine bestimmte oder jedenfalls bestimmbare Person. Für die Eröffnung des Schutzbereichs ist unbeachtlich, ob eine solche Information als vertraulich einzustufen ist;[25] sie kann sogar öffentlich zugänglich sein.[26] Vielmehr unterfallen alle denkbaren Informationen dem Schutzbereich, sofern sie einen personalen Bezug aufweisen.[27] Dies entspricht der auch in Deutschland vollzogenen Abkehr vom starren Stufenmodell von drei Schutzsphären, anhand dessen ursprünglich die Schutzbedürftigkeit von Daten beurteilt worden war. Richtigerweise kommt es stets auf die **Wirkung und die Verwendung der Daten im Einzelfall** an.[28] Diesem Konzept trägt eine extensive Auslegung des Schutzbereichs des Art. 8 Abs. 1 GRCh Rechnung.

11 Im Unterschied zu den primärrechtlichen Regelungen verschiedener anderer Bereiche – insbesondere zur Rechtsangleichung in den Bereichen Ge-

---

21 *Frenz*, Handbuch Europarecht, Bd. 4, Rn. 1363; *Brühann* in: von der Groeben AEUV Art. 16 Rn. 31; *Hermann* in: Streinz AEUV Art. 16 Rn. 4; aA wohl *Jarass* GRCh Art. 8 Rn. 1.

22 In diese Richtung *Brühann* in: von der Groeben AEUV Art. 16 Rn. 31 und *Hermann* in: Streinz AEUV Art. 16 Rn. 4 f.

23 EuGH 9.11.2010 – C-92/09 und C-93/09, ECLI:EU:C:2010:662 Rn. 52 – Volker und Markus Schecke und Eifert.

24 Der Inhalt dieser Bestimmungen ist überdies leicht modifiziert in Art. 4 Nr. 1 DSGVO übernommen worden; zur Auslegung ferner *Frenz*, Handbuch Europarecht, Bd. 4, Rn. 1361, 1364, 1368.

25 EuGH 20.5.2003 – C-465/00, ECLI:EU:C:2003:294 Rn. 75 – Österreichischer Rundfunk u.a.

26 *Jarass* GRCh Art. 8 Rn. 6; *Frenz*, Handbuch Europarecht, Bd. 4, Rn. 1375.

27 *Jarass* GRCh Art. 8 Rn. 6; *Bernsdorff* in: Meyer GRCh Art. 8 Rn. 15; *Kingreen* in: Calliess/Ruffert GRCh Art. 8 Rn. 9; *Augsberg* in: von der Groeben GRCh Art. 8 Rn. 6.

28 Hierzu *Nebel* ZD 2015, 517 (519).

sundheit, Umwelt- und Verbraucherschutz[29] – verpflichtet Art. 16 AEUV nicht ausdrücklich auf ein hohes Schutzniveau im Bereich des Datenschutzes. Eine solche **Schutzniveauklausel** dürfte bei der Formulierung des Art. 16 AEUV für entbehrlich gehalten worden sein, weil Art. 16 AEUV der Kompetenznorm eine Grundrechtsgewährleistung voranstellt, die das Datenschutzgrundrecht aus Art. 8 GRCh aufnimmt. Die Datenschutzgesetzgebung nach Art. 16 DSGVO ist bereits durch dessen ersten Absatz grundrechtlich gebunden. Es besteht daher kein Bedarf, die Datenschutzgesetzgebung über eine (analoge) Heranziehung des Art. 114 Abs. 3 AEUV auf ein hohes Datenschutzniveau zu verpflichten.[30]

c) Grundrechtsberechtigte und -verpflichtete

Durch Art. 16 Abs. 1 AEUV, Art. 8 Abs. 1 GRCh wird „jede Person" berechtigt. Hierunter fallen zunächst alle natürlichen Personen. Uneinheitlich wird hingegen beantwortet, ob auch **juristische Personen** zu den Grundrechtsberechtigten zählen. Der EuGH vertritt als vermittelnden Standpunkt, dass der persönliche Schutzbereich des Art. 8 Abs. 1 GRCh nur dann eröffnet sei, wenn der „Name" der juristischen Person einen Rückschluss auf die Namen natürlicher Personen zulässt.[31] Insbesondere in der deutschen Literatur hält eine Mehrheit juristische Personen im Rahmen des Art. 8 Abs. 1 GRCh jedoch für unbeschränkt grundrechtsberechtigt.[32]   **12**

Hinsichtlich der Grundrechtsverpflichtung ergibt sich für das Datenschutzgrundrecht keine Abweichung von der allgemeinen Regel des Art. 51 Abs. 1 S. 1 GRCh: Grundrechtsverpflichtet sind alle **unionalen Stellen** und zudem die **Mitgliedstaaten**, sofern sie Unionsrecht durchführen.[33]   **13**

d) Schutzdimensionen

Art. 16 Abs. 1 AEUV, Art. 8 Abs. 1 GRCh ist als **Abwehrrecht** gegenüber hoheitlichem – unionalem oder mitgliedstaatlichem – Handeln konzipiert. Hierunter fallen alle denkbaren Eingriffshandlungen, insbesondere Datenerhebung und -verarbeitung sowie ihre Speicherung. Gleichwohl sind solche Eingriffe nicht prinzipiell ausgeschlossen: Eine Einwilligung des Betroffenen gemäß Art. 8 Abs. 2 S. 1 Alt. 1 GRCh kann bereits dem hoheitlichen Handeln die Eingriffsqualität nehmen.[34] Ferner ist ein Eingriff gerechtfertigt, der auf Grundlage eines Gesetzes erfolgt, das der üblichen Verhältnis-   **14**

---

29 Vgl. Art. 114 Abs. 3 AEUV, der ein hohes Schutzniveau für vier andere Bereiche festschreibt und dabei das Datenschutzrecht gerade nicht aufnimmt; zudem Art. 191 Abs. 2 AEUV.

30 So aber wohl das Konzept von *Brühann* in: von der Groeben AEUV Art. 16 Rn. 13, 34 ff.

31 EuGH – C-92/09 und C-93/09, ECLI:EU:C:2010:662 Rn. 53 – Volker und Markus Schecke und Eifert; zust. *Bernsdorff* in: Meyer GRCh Art. 8 Rn. 18.

32 *Brühann* in: von der Groeben AEUV Art. 16 Rn. 47; *Streinz* in: Streinz GRCh Art. 8 Rn. 6; ablehnend *Frenz*, Handbuch Europarecht, Bd. 4, Rn. 1374.

33 Weiterführend *Jarass* GRCh Art. 51 Rn. 26.

34 Zum Rechtscharakter der Einwilligung *Frenz*, Handbuch Europarecht, Bd. 4, Rn. 1417 und *Mehde* in: Heselhaus/Nowak, Handbuch der Europäischen Grundrechte, § 21 Rn. 38.

mäßigkeitsprüfung standhält, indem es insbesondere einen legitimen Zweck verfolgt.[35]

15 Weiterhin ist Art. 16 Abs. 1 AEUV, Art. 8 Abs. 1 GRCh als **Leistungsgrundrecht** konzipiert, das dem Betroffenen einen Anspruch auf staatlichen Schutz vermittelt.[36] Eine eigenständige Bedeutung erlangt dieser zusätzliche Gehalt vor allem im Verhältnis zu privaten Dritten, deren Umgang mit Daten unionaler bzw. staatlicher Regulierung bedarf, um der Schutzpflicht nachzukommen. Zwar werden Private hierdurch nicht zu Grundrechtsverpflichteten,[37] der Datenschutz wird jedoch so auf nicht-hoheitliche Datenverarbeitung erstreckt,[38] sodass jedenfalls von einer mittelbaren Drittwirkung des Grundrechts auf Private zu sprechen ist.[39] Schließlich können Art. 16 Abs. 1 AEUV, Art. 8 Abs. 1 GRCh **Auskunfts- und Berichtigungsansprüche** des Betroffenen entnommen werden.[40]

2. Unabhängigkeit der Aufsichtsbehörden, Art. 16 Abs. 2 S. 2 AEUV

16 Die Kompetenztitel des Europarechts dienen vielfach nicht nur der Begründung einer Verbandskompetenz der EU und der Bestimmung von Organkompetenzen und Handlungsformen für die Sekundärrechtsetzung, sondern auch der Normierung einzelner inhaltlicher Vorgaben für das Sekundärrecht. So bestimmt Art. 16 Abs. 2 S. 2 AEUV, dass die Einhaltung der Datenschutzbestimmungen von **unabhängigen Behörden** überwacht werden müsse.

17 Die DSGVO setzt diese Vorgabe, die bereits vor Erlass der DSGVO durch die Rechtsprechung des EuGH[41] nähere Konturen gewonnen hatte, durch Art. 52 DSGVO um. Die Norm enthält Bestimmungen zur Unabhängigkeit und Weisungsfreiheit der Mitglieder der Aufsichtsbehörde, Inkompatibilitätsregelungen und Bestimmungen über die personellen, technischen und finanziellen Ressourcen der nationalen Aufsichtsbehörden.

III. Schritte des Gesetzgebungsverfahrens zur DSGVO

18 Das Gesetzgebungsverfahren für die DSGVO hat sich über einen Zeitraum von weit über vier Jahren erstreckt, nachdem die **Kommission** ihren Vorschlag für eine europäische Datenschutz-Grundverordnung im Januar 2012 vorgelegt hatte.[42] Nach der ersten Lesung im EU-Parlament im März

---

35 Art. 8 Abs. 2 S. 1 Alt. 2 GRCh, hierzu *Kingreen* in: Calliess/Ruffert GRCh Art. 8 Rn. 14 ff.

36 *Frenz*, Handbuch Europarecht, Bd. 4 Rn. 1386; *Augsberg* in: von der Groeben GRCh Art. 8 Rn. 8; *Jarass* GRCh Art. 8 Rn. 10.

37 *Jarass* GRCh Art. 8 Rn. 3.

38 *Frenz*, Handbuch Europarecht Bd. 4, Rn. 1388.

39 *Augsberg* in: von der Groeben GRCh Art. 8 Rn. 10; *Streinz* in: Streinz GRCh Art. 8 Rn. 6; *Sobotta* in: Grabitz/Hilf/Nettesheim, Bearb. Sept. 2013, AEUV Art. 16 Rn. 11.

40 Hierzu *Frenz*, Handbuch Europarecht, Bd. 4, Rn. 1392 ff., 1401 ff.

41 EuGH 9.3.2010 – C-518/07, ECLI:EU:C:2010:125 – Kommission/Deutschland; EuGH 16.10.2012 – C-614/10, ECLI:EU:C:2012:631 – Kommission/Österreich; EuGH 8.4.2014 – C-293/12 und C-594/12, ECLI:EU:C:2014:238 – Digital Rights Ireland und Seitlinger u.a.; dazu auch *Brühann* in: von der Groeben AEUV Art. 16 Rn. 76 ff.; *von Lewinski* ZG 2015, 228 ff.

42 KOM(2012) 11 endg.

2014[43] hatte der Rat seine Position im Juni 2015 formuliert.[44] In den Verhandlungen zwischen Parlament, Rat und Kommission – im sog. **Trilog** mit zehn thematisch strukturierten Verhandlungsrunden in der zweiten Jahreshälfte 2015 – wurde im Dezember 2015 eine politische Einigung erzielt.[45] Nach redaktionellen Konsolidierungs- und Übersetzungsarbeiten ist die DSGVO im April 2016 verabschiedet worden. Sie gilt gemäß Art. 99 Abs. 2 DSGVO vom **25. Mai 2018** an.

Die Verabschiedung der DSGVO auf der Grundlage des Kommissionsvorschlags von 2012 war im Verlauf dieses Gesetzgebungsverfahrens mehrfach gefährdet. Soweit es nicht um konkrete materiell-rechtliche Einzelfragen ging, wurde vor allem um eine Strukturfrage gerungen, nämlich um die Frage, wer die notwendige Konkretisierung der rahmenartigen, teils hochabstrakten Entwurfsregelungen vornehmen sollte.[46] Dafür waren drei **Regelungsmodelle** in der Diskussion: **19**

- eine Konkretisierung der Entwurfsfassung durch das Parlament und den Rat im Rahmen des laufenden Gesetzgebungsverfahrens, was bedeutet hätte, zahlreiche materielle Einzel- und Detailregelungen unmittelbar in den Text der DSGVO aufzunehmen;
- eine spätere Konkretisierung durch die Kommission im Wege der delegierten Rechtsetzung auf der Grundlage von Delegationsermächtigungen in der DSGVO;
- eine Konkretisierung durch die Mitgliedstaaten auf der Grundlage von Öffnungsklauseln in der DSGVO.

Der Kommissionsentwurf hatte eine große Zahl an **Delegationsermächtigungen** zu Gunsten der Kommission vorgesehen, der verabschiedete Gesetzestext enthält stattdessen zahlreiche Öffnungsklauseln zu Gunsten mitgliedstaatlicher Rechtsetzung (näher unten → Rn. 33 f., 45). **20**

Kritik hat sich auch an dem lange Zeit schleppenden Gesetzgebungsverfahren entzündet, zudem an der zwischenzeitlich kaum noch überschaubaren Menge an Änderungsanträgen, schließlich daran, dass wesentliche Entscheidungen am Ende im **Trilog** getroffen wurden. Als zwar übliches, aber primärrechtlich nicht ausdrücklich vorgesehenes, **nicht-öffentliches Verfahren** taugt es zwar zur Kompromissfindung zwischen den beteiligten EU-In- **21**

---

43 Grundlage dafür: Bericht des Ausschusses für bürgerliche Freiheiten, Justiz und Inneres (LIBE), Berichterstatter Jan Philipp Albrecht, über den Vorschlag für eine allgemeine Datenschutzverordnung, vom 23.11.2013, A7-0402/201; vgl. dazu seinen eigenen Beitrag *Albrecht* Computer Law Review International 2016, 33; angenommener Text („Legislative Entschließung") des Europäischen Parlaments vom 12.3.2014, P7_TA(2014)0212.

44 Ratsdokument 9565/15 vom 11.6.2015; vorbereitendes Dokument des Vorsitzes: Ratsdokument 16140/14 vom 1.12.2014.

45 Ratsdokument 5455/16 vom 28.1.2016.

46 Aus den begleitenden Diskussionen ua *De Waele* Privacy & Data Protection 2012, 3; *Blume* International Data Privacy Law 2012, 130; *ders.*, Cambridge Yearbook of European Legal Studies 2013, 27; *Härting* Computer Law Review International 2013, 1; *Groom* E-Commerce Law & Policy 2015, 3; *Kotschy* International Data Privacy Law 2014, 274.

stitutionen, nicht aber zur Stärkung des Legitimationsniveaus europäischer Rechtsetzung.[47]

B. Strukturfragen der DSGVO

I. Heterogenität der Regelungsgehalte und Verbindlichkeitsgrade der DSGVO

22 Die Kompetenzgrundlage der DSGVO, Art. 16 Abs. 2 S. 1 AEUV, ermöglicht den Erlass nicht näher spezifizierter „Vorschriften", nimmt also keine Festlegung auf eine der Handlungsformen des Art. 288 AEUV vor. Art. 16 Abs. 2 AEUV entspricht in dieser Hinsicht der großen Mehrzahl der Kompetenztitel der Verträge, die nicht mehr – wie in der Anfangszeit der europäischen Integration – bereits primärrechtlich eine Festlegung auf den Erlass einer Verordnung oder einer Richtlinie treffen. Der europäische Gesetzgeber war daher grundsätzlich frei, die europäische Datenschutz-Richtlinie durch eine **Verordnung mit unmittelbar anwendbaren Regelungen** abzulösen. Dementsprechend behauptet der Schlusssatz der DSGVO in Übereinstimmung mit Art. 288 Abs. 2 AEUV, dass die DSGVO „in allen ihren Teilen verbindlich" sei und „unmittelbar in jedem Mitgliedstaat" gelte.[48] Für zahlreiche Bestimmungen der DSGVO ist aber genau dies nicht der Fall.

23 Die einzelnen Normen der DSGVO sind vielmehr in ihren Regelungsgehalten und Verbindlichkeitsgraden von ausgesprochener **Heterogenität:**

- Neben unmittelbar anwendbaren Normen finden sich zahlreiche explizite und implizite, an die Mitgliedstaaten gerichtete **Gesetzgebungs-, Umsetzungs- und Konkretisierungsaufträge** für die DSGVO.[49] Zahlreiche Normen des Kapitels VIII (Rechtsbehelfe, Haftung und Sanktionen) und des Kapitels IX (Vorschriften für besondere Datenverarbeitungssituationen) sind aus sich heraus nicht vollzugsfähig, sondern zwingend auf eine ausgestaltende Umsetzung durch nationales Recht angewiesen. Materiell haben die entsprechenden Normen der DSGVO Richtliniencharakter.

- Diese verpflichtenden Gesetzgebungs-, Umsetzungs- und Konkretisierungsaufträge werden ergänzt durch **optionale Öffnungs- oder Abweichungsklauseln** zugunsten staatlicher (und nicht-staatlicher) Gesetzgebung, und zwar sowohl im materiellen Datenschutzrecht wie auch in den akzessorischen Haftungs-, Sanktions- oder Rechtsschutzregelungen.

- Manche Artikel der DSGVO entbehren schließlich jedes normativen Gehalts: Sie formulieren nichts weiter als **politische Absichtserklärungen** zur späteren Änderung des bestehenden Sekundärrechts.[50]

---

47 Umfassende Analyse und Kritik des Trilogverfahrens durch *von Achenbach* Demokratische Gesetzgebung in der EU, 2014; *dies.* Der Staat 55 (2016), 1 ff.

48 Zu den Voraussetzungen unmittelbarer Wirkung von Unionsrecht: *Geismann* in: von der Groeben AEUV Art. 288 Rn. 11 f.

49 Umfassende Typologie der verschiedenen Öffnungsklauseln bei *Kühling/Martini,* Die DSGVO und das nationale Recht, S. 9 ff.

50 Art. 2 Abs. 3 S. 2, Art. 98 DSGVO.

Diese Heterogenität durchzieht die gesamte Verordnung: Bereits im grund-   24
legenden Kapitel II der DSGVO finden sich Ermächtigungen an die Mitgliedstaaten, für bestimmte Datenverarbeitungen „spezifischere Bestimmungen"[51] als die DSGVO zu erlassen oder „zusätzliche Bedingungen, einschließlich Beschränkungen"[52] einzuführen, aufrechtzuerhalten oder
schlicht von der DSGVO abzuweichen.[53] Verschiedene Artikel formulieren
explizite Gesetzgebungsaufträge an die Mitgliedstaaten, insbesondere Vorschriften über Sanktionen bei Verstößen gegen die DSGVO zu erlassen[54]
und durch Rechtsvorschriften den Datenschutz mit der Freiheit der Meinungsäußerung und der Informationsfreiheit in Einklang zu bringen.[55]
Weitere Normen der DSGVO ermöglichen den Mitgliedstaaten den Erlass
eigenständiger Regelungen, nämlich für die Datenverarbeitung im Beschäftigungskontext[56] oder für nationale Kennziffern.[57] Dabei besteht teilweise
die Möglichkeit, durch nationales Recht von den Normen der Kapitel II bis
VII der DSGVO abzuweichen oder Ausnahmen vorzusehen.[58]

Eine **Gemengelage von europäischem und nationalem Recht** findet sich   25
auch in einer so zentralen Frage wie den Befugnissen der Aufsichtsbehörden: Sie ergeben sich teils unmittelbar aus der DSGVO,[59] teilweise sind sie
durch nationales Recht vorzusehen,[60] teilweise können sie über die
DSGVO hinaus durch nationales Recht eingeräumt werden.[61] Zudem gewähren Art. 78 ff. DSGVO verschiedenste datenschutzrechtliche Rechtsbehelfe; die konkreten Gerichtsverfahren in einem Mitgliedstaat sollen aber
nach den Erwägungsgründen zur DSGVO „im Einklang mit dem Verfahrensrecht dieses Mitgliedstaats durchgeführt werden."[62] Die DSGVO setzt
also die Existenz nationaler Prozessordnungen voraus und knüpft für datenschutzrechtliche Rechtsbehelfe daran an, so dass man die bestehenden

---

51 Art. 6 Abs. 2, Abs. 3 DSGVO für Datenverarbeitungen in Ausübung öffentlicher
    Gewalt oder im öffentlichen Interesse (Art. 6 Abs. 2 lit. e, Abs. 3 DSGVO) sowie
    für verschiedenste weitere Konstellationen (Art. 6 Abs. 2 lit. c und lit. d DSGVO).
52 Art. 9 Abs. 4 DSGVO für die Verarbeitung von genetischen, biometrischen und Ge-
    sundheitsdaten.
53 Art. 8 Abs. 1 DSGVO: Festlegung der Altersgrenze für die Einwilligungsfähigkeit
    von Kindern in Abweichung von der 16-Jahre-Grenze der DSGVO; Art. 14 Abs. 5
    lit. c DSGVO: Informationspflichten über Datenerhebungen; Art. 35 Abs. 10 iVm
    Art. 6 Abs. 1 lit. c oder e DSGVO: Verzicht auf eine Datenschutz-Folgeabschätzung
    in bestimmten Fällen.
54 Art. 84 Abs. 1 DSGVO.
55 Art. 85 Abs. 1 DSGVO.
56 Art. 88 Abs. 1 DSGVO.
57 Art. 87 DSGVO.
58 Art. 85 Abs. 2 DSGVO für Datenverarbeitungen zu journalistischen, wissenschaft-
    lichen, künstlerischen oder literarischen Zwecken; Art. 89 Abs. 3 DSGVO für wis-
    senschaftliche, historische und statistische Zwecke; ähnlich Art. 83 Abs. 9 DSGVO
    für Geldbußen, wenn das Recht eines Mitgliedstaats keine administrativen, son-
    dern nur gerichtliche Geldbußen kennt.
59 Art. 58 Abs. 1 bis 3 DSGVO.
60 Art. 58 Abs. 5 DSGVO.
61 Art. 58 Abs. 6 DSGVO.
62 Erwägungsgrund 143 Satz 7, 2. Halbsatz DSGVO (an versteckter Stelle im Rah-
    men dieses zwei Absätze und insgesamt 12 Sätze langen Erwägungsgrundes, der
    drei eigenständige Rechtsschutzkomplexe betrifft: Nichtigkeitsklagen vor dem
    EuGH, mitgliedstaatlicher Rechtsschutz, Vorabentscheidungsverfahren).

nationalen Prozessordnungen für datenschutzrechtliche Klagen letztlich als Umsetzungsnormen für Art. 78 ff. DSGVO lesen muss.

26 Schließlich öffnet sich die DSGVO nicht nur gegenüber staatlichem, sondern auch gegenüber **nicht-staatlichem Datenschutzrecht**, indem es die weitere Anwendung von Datenschutzbestimmungen von **Kirchen und religiösen Vereinigungen** (an Stelle der DSGVO) ermöglicht, sofern diese Bestimmungen mit der DSGVO in Einklang gebracht werden.[63] Auch in diesem Fall ist die DSGVO nicht unmittelbar anwendbar, sondern entfaltet gegenüber nicht-staatlichem Recht eine richtlinienartige Wirkung.

27 Als Konsequenz aus diesen Öffnungsklauseln enthält die DSGVO eine Reihe von **Notifizierungspflichten**, nach denen die Mitgliedstaaten der Kommission ihre nationalen Umsetzungs- oder Abweichungsnormen zur DSGVO mitzuteilen haben, in der Regel bis zum 25. Mai 2018. Die umsetzungsbedürftigen Normen bestimmter Kapitel der DSGVO (Kapitel VIII und IX) sind dabei konsequent mit Notifizierungspflichten verbunden worden,[64] während dies in den anderen Kapiteln der DSGVO nicht der Fall ist[65] – ein kaum überzeugendes Differenzierungskriterium.

28 Der Frage nach der primärrechtlichen Zulässigkeit eines derart kreativen Umgangs mit Art. 288 AEUV soll hier nicht nachgegangen werden; letztlich wird sie zu bejahen sein.[66] Das Problem dieser heterogenen Normstruktur liegt eher darin, dass unterschiedlichste Mechanismen zur Konkretisierung der DSGVO nebeneinander bestehen (II.) und deshalb ein nur schwer überschaubares, in jeder Einzelfrage differenziertes Nebeneinander von europäischem und nationalem Recht entsteht (III.).

II. Instrumentenmix zur Konkretisierung der Bestimmungen der DSGVO

29 Das hohe Abstraktionsniveau vieler Regelungen der DSGVO erfordert eine Konkretisierung. Aus dieser Notwendigkeit heraus erklärt sich die **Bezeichnung als Grund-Verordnung** (englisch „general regulation", französisch „règlement général") statt als einfache Verordnung, ohne dass mit diesem Hinweise auf Konkretisierungsbedarf im Gesetzestitel weitergehende normative Konsequenzen verbunden wären. Um die Kompetenzen zu dieser Konkretisierung ist im Gesetzgebungsverfahren intensiv gerungen worden. Man kann dies auf EU-Ebene als institutionelle Auseinandersetzung zwischen Kommission, Parlament und Rat deuten oder auch als machtpolitische Auseinandersetzung zwischen Mitgliedstaaten und EU. Dahinter steht jeweils die Frage nach Regelungsmodellen für die Vermittlung zwischen abstrakten Datenschutzgrundsätzen und konkret handhabbaren Handlungsanweisungen.

---

63 Art. 91 Abs. 1 DSGVO.
64 Art. 83 Abs. 9 S. 3, Art. 84 Abs. 2, Art. 85 Abs. 3, Art. 88 Abs. 3, Art. 90 Abs. 2 DSGVO.
65 Bspw. Art. 6 Abs. 2, Abs. 3, Art. 8 Abs. 1, Art. 9 Abs. 4 DSGVO.
66 Vgl. *Geismann* in: von der Groeben AEUV Art. 288 Rn. 22 (kein numerus clausus – Zulässigkeit atypischer Handlungsformen); ebenso *Nettesheim* in: Grabitz/Hilf/Nettesheim AEUV Art. 288 Rn. 209 ff.; auch *Glaser*, Die Entwicklung des Europäischen Verwaltungsrechts aus der Perspektive der Handlungsformenlehre, 2013, S. 342, nach dessen Auffassung die Verordnung nur grundsätzlich keiner Umsetzung in nationales Recht bedarf.

Sydow

1. Delegiertes Datenschutzrecht

Der Kommissionsentwurf zur DSGVO[67] hatte umfangreiche **Ermächtigun-** 30
gen für delegiertes Datenschutzrecht der Kommission vorgesehen. Dieses
Regelungskonzept, eine Grundverordnung zu erlassen und sie durch delegiertes Recht zu konkretisieren, war durchaus stringent. Dieses Ursprungs-
konzept war indes politisch nicht durchsetzbar, letztlich wegen – häufig
unausgesprochener – Vorbehalte gegen die Kommission und deren Grund-
haltung in Datenschutzfragen, die teilweise als nicht hinreichend daten-
schutzaffin eingeschätzt wurde.

Dementsprechend ist die **Zahl der Delegationsermächtigungen** für die 31
Kommission im Laufe des Gesetzgebungsverfahrens von 26 auf zwei zusammengestrichen worden. Infolgedessen wird ein primärrechtlich vorgesehenes Rechtsetzungsinstrument im Datenschutzrecht praktisch bedeutungslos bleiben, obwohl gerade die delegierte Rechtsetzung in den dynamischen
Wirtschafts- und Technologiebereichen, auf die sich das Datenschutzrecht
bezieht, ein flexibles Instrument wäre, das eine rasche Überalterung der
rechtlichen Regelungen verhindern könnte.[68]

2. Durchführungsrecht zur DSGVO

Im Gegensatz zum weitestgehenden Verzicht auf delegiertes Recht enthält 32
die DSGVO eine ganze Reihe von Rechtsetzungskompetenzen der Kommission zum Erlass **datenschutzrechtlichen Durchführungsrechts**.[69] Diese
Normierungsmöglichkeiten der Kommission sind im Gesetzgebungsverfahren zur DSGVO von der restriktiven Haltung gegenüber datenschutzrechtlichem Tertiärrecht nicht erfasst worden, obwohl auch der Erlass von
Durchführungsrecht keinesfalls apolitisch ist und sich eventuelle Vorbehalte gegenüber der Kommission daher auch in diesem Bereich hätten Bahn
brechen müssen. Denn das Durchführungsrecht betrifft nicht allein technische Fragen, sondern beispielsweise die politisch höchst strittige Datenübermittlung in Drittstaaten.[70]

3. Öffnungs-, Abweichungs- und Konkretisierungsklauseln zu Gunsten der Mitgliedstaaten

Die Mitgliedstaaten haben im Rat durchgesetzt, dass ihnen in zahlreichen 33
Fragen Kompetenzen zu eigenständiger Normierung im Datenschutzrecht
verbleiben, sei es dadurch, dass die DSGVO sich jeder Regelung enthält
und eine Frage vollständig in die Regelungskompetenz der Mitgliedstaaten
verweist, sei es, dass die DSGVO den Mitgliedstaaten Abweichungs- oder
Konkretisierungsspielräume belässt. Diese **Öffnungs- und Abweichungs-**
klauseln waren am Ende Voraussetzung für eine breite Zustimmung zur

---

67 KOM (2012) 11 endg.
68 *Sydow/Kring* ZD 2014, 271.
69 Art. 43 Abs. 8 (Zertifizierungsstellen), Art. 45 Abs. 3 (Datenübermittlung auf der
    Grundlage eines Angemessenheitsbeschluss), Art. 45 Abs. 5 (Datenübermittlung
    auf der Grundlage eines Angemessenheitsbeschluss), Art. 47 Abs. 3 (verbindliche
    interne Datenschutzvorschriften), Art. 61 Abs. 9 (gegenseitige Amtshilfe), Art. 67
    DSGVO (Informationsaustausch); zur Unterscheidung von delegiertem Recht und
    Durchführungsrecht → Art. 92 Rn. 5 ff.
70 Art. 45 Abs. 3, Abs. 5 DSGVO.

DSGVO im Gesetzgebungsverfahren. Sie erklären auch, warum die Mitgliedstaaten kaum Vorbehalte gegen den Wechsel von der Rechtsform der Richtlinie auf die Rechtsform der Verordnung erhoben haben, obwohl ihnen dies an sich doch die mit der Richtlinienumsetzung verbundenen Gestaltungsmöglichkeiten nimmt.[71] Letztlich sind solche Gestaltungsmöglichkeiten über die Öffnungs- und Abweichungsklauseln in weitreichendem Maße auch im Rahmen dieser Grund-Verordnung geschaffen worden.

34 So entsteht zukünftig ein **normatives Mehrebenensystem**,[72] in dem nationales Datenschutzrecht neben der DSGVO unmittelbar anwendbar sein wird, in Deutschland wie bisher teils auf Bundes-, teils auf Landesebene. Im Ergebnis erschwert diese Entscheidung der DSGVO durch das Nebeneinander von europäischem und nationalem Datenschutzrecht in erheblichem Maße die Rechtsanwendung. Zudem konterkariert sie das ursprüngliche Gesetzgebungsziel, das Nebeneinander verschiedener nationaler Datenschutzgesetzgebungen innerhalb der Europäischen Union zu beenden. Die Komplexität, die eigentlich hätte reduziert werden sollen, erhöht sich durch die DSGVO weiter.

4. Folge: Multiple Formen der Konkretisierung und Fortentwicklung der DSGVO

35 Vor diesem Hintergrund werden etliche Institutionen – in unterschiedlichsten Verfahren und mit differenzierter Verbindlichkeit – Beiträge zur Konkretisierung und Fortentwicklung der Regelungen der DSGVO leisten, auf europäischer wie auf nationaler Ebene, im Modus der Gesetzgebung, der administrativen Gesetzesanwendung oder der Rechtsprechung:

- die **Kommission** im Rahmen ihrer Kompetenzen zum Erlass von Durchführungsrecht und (in sehr begrenztem Umfang) zum Erlass von delegiertem Recht;
- die **Mitgliedstaaten** im Wege der nationalen Datenschutzgesetzgebung auf Grund der Öffnungs- und Abweichungsklauseln der DSGVO;
- der **Europäische Datenschutzausschusses**, der zwar im Rahmen des Kohärenzverfahrens überwiegend beratend durch Stellungnahmen tätig wird, unter bestimmten Voraussetzungen aber auch verbindliche Beschlüsse treffen kann;[73]
- die nationalen **Datenschutzaufsichtsbehörden** im Rahmen ihrer Anwendungspraxis der DSGVO;
- **Verbände und Vereinigungen datenverarbeitender Unternehmen** durch die Ausarbeitung datenschutzrechtlicher Verhaltensregeln nach Art. 40 DSGVO, denen von der Kommission im Wege der Durchführungsgesetzgebung allgemeine Gültigkeit zugesprochen werden kann;[74]

---

71 Auch wenn die Richtlinienumsetzung bei rechter Betrachtung ohnehin nicht in erster Linie materielle Regelungsfreiräume zu Gunsten der Mitgliedstaaten schaffen, sondern ihnen nur die rechtssystematisch stimmige Einfügung der Normen in das bestehende nationale Normengefüge ermöglichen soll; dazu *Sydow* JZ 2009, 373.
72 So *Benecke/Wagner* DVBl. 2016, 600 (600).
73 Art. 64, 65 DSGVO, zudem etwa auch Art. 40 Abs. 7 DSGVO.
74 Art. 40 Abs. 9 DSGVO; zu diesem Konzept regulierter Selbstregulierung → Art. 40 Rn. 47.

■ die **Zertifizierungsstellen** im Rahmen von Zertifizierungsverfahren nach Art. 42 DSGVO;

■ die **Rechtsprechung** auf europäischer wie auf nationaler Ebene, die indes stets nur ex post und auf Klage hin mit punktuellen Rechtsfragen befasst wird, so dass etliche Jahre vergehen werden, bis zu wesentlichen Rechtsfragen der DSGVO eine gesicherte, höchstrichterliche Rechtsprechung vorliegt.

III. Verhältnis der DSGVO zum nationalen Datenschutzrecht

1. Unmittelbare Geltung und Anwendungsvorrang der DSGVO

Ziel der DSGVO ist es, Unterschiede im Datenschutz, die auf einer uneinheitlichen Umsetzung der RL 95/46/EG in den Mitgliedstaaten oder auf divergierenden Aufsichtspraktiken beruhen, zu beseitigen und so einen freien Datenverkehr im Binnenmarkt zu ermöglichen.[75] Dieses Ziel soll gerade durch einen Wechsel der Handlungsform erreicht werden.[76] Denn als Verordnung ist die DSGVO an sich gemäß Art. 288 Abs. 2 S. 2 AEUV in all ihren Teilen verbindlich und gilt unmittelbar in den Mitgliedstaaten. Soweit die DSGVO diese Regelung nicht im Einzelfall selbst durch an die Mitgliedstaaten gerichtete Regelungsaufträge und Öffnungsklauseln wieder durchbricht, bedarf es also für die DSGVO – anders als unter der RL 95/46/EG – grundsätzlich **keiner mitgliedstaatlichen Umsetzungsakte** mehr. Die Normen der DSGVO haben daneben **Anwendungsvorrang** vor nationalem Recht. Entgegenstehende Bestimmungen im nationalen Recht sind ab dem 25. Mai 2018 unanwendbar.[77]

36

2. Weitreichendes Aufhebungsgebot für bestehendes nationales Datenschutzrecht

Der EuGH geht über den Anwendungsvorrang europäischer Verordnungen hinaus: Er hat aus dem Prinzip der Rechtsklarheit ein rechtliches **Gebot zur förmlichen Aufhebung** entgegenstehender Bestimmungen des nationalen Rechts abgeleitet.[78] Normen des BDSG und der Landesdatenschutzgesetze, die inhaltlich im Widerspruch zu den Neuregelungen der DSGVO stehen, sind daher bis zum 25. Mai 2018 aufzuheben.

37

Nicht ganz so klar erscheinen die Verpflichtungen der mitgliedstaatlichen Gesetzgeber für nationale Normen, die europäisches Verordnungsrecht lediglich wiederholen. Eine solche **Normwiederholung** findet sich bei zahlreichen Bestimmungen des BDSG und der Landesdatenschutzgesetze im Verhältnis zur DSGVO; denn das bestehende nationale Datenschutzrecht stellt zum Großteil eine Umsetzung der RL 95/46/EG dar, deren Regelungen vielfach durch die DSGVO aufgegriffen worden sind. Dies führt dazu, dass etliche Regelungen im deutschen Datenschutzrecht bereits inhaltlich mit

38

---

75 Vgl. Erwägungsgrund 9; Erwägungsgrund 12 DSGVO benennt daher auch Art. 16 Abs. 2 AEUV als Kompetenzgrundlage.

76 Erwägungsgrund 13 S. 1 DSGVO: „... ist eine Verordnung erforderlich...".

77 Allgemein zum Anwendungsvorrang *Ruffert* in: Calliess/Ruffert AEUV Art. 1 Rn. 19 ff.

78 EuGH 26.4.1988 – 74/86, ECLI:EU:C:1988:198 Rn. 10 – Kommission / Deutschland.

der DSGVO im Einklang stehen.[79] Man könnte sich auf den Standpunkt stellen, dass hier kein Kollisionsfall zwischen nationalem und Unionsrecht besteht, die Regelungen also beibehalten und weiter angewandt werden könnten.

39 Schon früh hat der EuGH indes entschieden, dass alle Maßnahmen der Mitgliedstaaten, die im Anwendungsbereich von Verordnungen Unsicherheiten bezüglich der Rechtsnatur der anwendbaren Vorschriften und des Zeitpunkts ihres Inkrafttretens erzeugen, mit Art. 288 Abs. 2 S. 2 AEUV unvereinbar sind.[80] Des Weiteren ist es den Mitgliedstaaten untersagt, nationale Regelungen zu erlassen, die die Auslegungshoheit des EuGH über das Unionsrecht in Frage stellen könnten.[81] Aus diesem Grund sind auch verbindliche Auslegungsregeln unzulässig.[82] Nach Erlass einer Verordnung dürfen die Mitgliedstaaten deren Wortlaut daher grundsätzlich nicht im nationalen Recht wiederholen.[83] Denn auch durch eine reine Wiederholung im nationalen Recht ist für den Normadressaten nicht ersichtlich, ob die konkrete Regelung auf einer Verordnung oder auf rein nationalem Recht beruht. Dieses vom EuGH entwickelte **Normwiederholungsverbot** gilt jedoch nicht absolut. Der EuGH lässt eine punktuelle Wiederholung von Verordnungsvorschriften zu, soweit dies für die Verständlichkeit der Regelung erforderlich ist, so zum Beispiel, wenn sich die Rechtslage nur aus einer Zusammenschau unionsrechtlicher und nationaler Vorschriften ergibt.[84]Bei einer zukünftigen Neuregelung des nationalen Datenschutzrechts, kann der Gesetzgeber also Vorschriften der DSGVO in gewissem Umfang wiederholen.[85]

40 In Bezug auf das bereits bestehende nationale Datenschutzrecht stellt sich die Sachlage in zeitlicher Hinsicht gegenläufig dar, als dies in den Entscheidungen des EuGH der Fall war. Dort ging es um Wiederholungen, die nach Erlass der Verordnung erfolgten, während im Falle der DSGVO bereits ein umfassendes Datenschutzrecht in den Mitgliedstaaten besteht. Dennoch stellen sich gleichlautende Vorschriften im nationalen Recht, wenn man die zeitliche Komponente außer Acht lässt, als reine inhaltliche Wiederholungen der DSGVO dar. Auch hier besteht die Gefahr, dass die unmittelbare Geltung der Verordnung verschleiert wird. Das vom EuGH aufgestellte Normwiederholungsverbot wandelt sich somit in dieser Konstellation bei konsequenter Weiterführung der ihm zu Grunde liegenden Erwägungen in ein **Normaufhebungsgebot.**

41 Das Normaufhebungsgebot gilt jedenfalls für alle Vorschriften, die über den Anwendungsbereich der DSGVO hinaus keine eigenständige Bedeutung haben, also vor allem für Vorschriften des BDSG und der Landesda-

---

79 So ist zum Beispiel § 28 Abs. 6 Nr. 1 BDSG inhaltlich deckungsgleich mit Art. 9 Abs. 2 lit. c DSGVO.

80 EuGH 7.2.1973 – 39/72, ECLI:EU:C:1973:13 Rn. 17 – Kommission / Italien.

81 EuGH 10.10. 1973 – 34/73, ECLI:EU:C:1973:101 Rn. 11 – Fratelli Variola Spa / Amministrazione delle finanze dello Stato.

82 EuGH 31.1.1978 – 94/77, ECLI:EU:C:1978:17 Rn. 27 – Zerbone.

83 EuGH 7.2.1973 – 39/72, ECLI:EU:C:1973:13 Rn. 17 – Kommission / Italien.

84 EuGH 28.3.1985 – 272/83, ECLI:EU:C:1985:147 Rn. 26 f. – Kommission / Italien.

85 *Schaar* NJW-Aktuell 10/2017, 14 sieht in dem von der Bundesregierung geplanten neuen BDSG jedoch bereits einen Verstoß gegen das Normwiederholungsgebot.

tenschutzgesetze. Vorschriften wie die ZPO und die VwGO werden demgegenüber lediglich im Anwendungsbereich der entgegenstehender Bestimmungen der DSGVO unanwendbar; sie bleiben außerhalb des datenschutzrechtlichen Sonderprozessrechts der DSGVO selbstverständlich unmodifiziert erhalten und werden daher auch nicht durch das Normaufhebungsgebot erfasst.

Die nationalen Gesetzgeber sind daher verpflichtet, auch mit der DSGVO inhaltsgleiches Recht bis zum 25. Mai 2018 aufzuheben.[86]   42

Die frühzeitigen Arbeiten an einem Gesetzesentwurf zur Anpassung der deutschen Datenschutzbestimmungen an die DSGVO bereits im Laufe des Jahres 2016[87] lassen erwarten, dass dies jedenfalls auf Bundesebene rechtzeitig gelingen könnte. Nach einem Gesetzesentwurf der Bundesregierung soll nun das aktuelle BDSG zum 25. Mai 2018 außer Kraft treten und durch ein **vollständig überarbeitetes BDSG (BDSG-Entwurf)** ersetzt werden.[88] Ob auch alle Bundesländer ihre Landesdatenschutzgesetze bis dahin novelliert haben werden, dürfte fraglich sein.[89]

3. Verhältnis der DSGVO zum bereichsspezifischen Datenschutz im TMG und TKG

Nach der Grundkonzeption der DSGVO, die eine technikneutrale Regelung des Datenschutzes vorsieht,[90] bleibt kein Raum mehr für nationales Datenschutzrecht, welches spezifische Regelungen mit Rücksicht auf die verwendete Technik aufstellt.[91] Andererseits sollen nach Art. 95 DSGVO Anbietern öffentlich zugänglicher elektronischer Kommunikationsdienste keine zusätzlichen Pflichten auferlegt werden, soweit sie besonderen Pflichten aus der RL 2002/58/EG unterliegen, die dasselbe Ziel verfolgen. Nationale Umsetzungsvorschriften zur RL 2002/58/EG unterliegen also nicht dem Vorrang der DSGVO.[92] Das bedeutet für das deutsche Recht im Einzelnen: 43

■ Die Regelungen der §§ 11 ff. **TMG** haben ihre Grundlage nicht in RL 2002/58/EG, sondern in RL 95/46/EG, die durch die DSGVO aufgehoben und ersetzt wird.[93] Demzufolge werden die Datenschutzbe-

---

86 So im Ergebnis auch *Schantz* NJW 2016, 1841 (1841) und *Benecke/Wagner* DVBl. 2016, 600 (608).

87 Entwurf eines Gesetzes zur Anpassung des Datenschutzrechts an die Verordnung (EU) 2016/679 und zur Umsetzung der Richtlinie (EU) 2016/680 (Datenschutz-Anpassungs- und -Umsetzungsgesetz EU – DSAnpUG-EU) in der Fassung vom 5.8.2016 (1. Ressortabstimmung).

88 Entwurf eines Gesetzes zur Anpassung des Datenschutzrechts an die Verordnung (EU) 2016/679 und zur Umsetzung der Richtlinie (EU) 2016/680 (Datenschutz-Anpassungs- und -Umsetzungsgesetz EU – DSAnpUG-EU) in der Fassung vom 24.2.2017 (Gesetzesentwurf der Bundesregierung BT-Drs. 18/11325).

89 Kritisch zum aktuellen Gesetzesentwurf der Bundesregierung *Schaar* NJW-Aktuell 10/2017, 14.

90 Erwägungsgrund 15 S. 1 DSGVO; *Sydow/Kring* ZD 2014, 271 (271).

91 *Buchner* DuD 2016, 155 (161).

92 *Nebel/Richter* ZD 2012, 407 (408).

93 Art. 94 Abs. 1 DSGVO mit Wirkung zum 25. Mai 2018; die Ersetzung durch die DSGVO zeigt sich ua daran, dass Art. 94 Abs. 2 DSGVO Verweise auf die RL 95/46/EG auf die DSGVO umstellt.

stimmungen des TMG vollständig von der DSGVO verdrängt,[94] was nicht schlicht durch eine vorrangige Anwendung der DSGVO umzusetzen ist, sondern durch Aufhebung der §§ 11 ff. TMG.[95]

- Die Regelungen der §§ 91 ff. TKG bleiben hingegen anwendbar, soweit sie der Umsetzung der RL 2002/58/EG dienen.

44 Die bisher zum Teil schwierige Abgrenzung zwischen TMG und BDSG anhand der Unterscheidung zwischen Inhalts-, Nutzungs- und Bestandsdaten wird hierdurch obsolet. Jedoch gestaltet sich die **Abgrenzung der DSGVO zum TKG** wohl im Detail noch komplizierter als bisher.[96] Denn künftig kommt es im Einzelnen darauf an, welche Vorschriften der Umsetzung der RL 2002/58/EG dienen und welche Regelungen darüber hinausgehen. So betrifft die RL 2002/58/EG zum Beispiel nur Anbieter öffentlicher Kommunikationsnetze, während § 91 Abs. 1 S. 1 TKG den Anwendungsbereich auch für nicht öffentliche Netze eröffnet. Für rein betriebsinterne Netze ist somit zukünftig allein die DSGVO einschlägig. In Erwägungsgrund 17 eröffnet RL 2002/58/EG die Möglichkeit einer elektronischen Einwilligung. § 94 TKG stellt hierfür besondere Anforderungen auf, die sich aber nicht in der Richtlinie wiederfinden. Daher ist für die Einwilligung im Rahmen der elektronischen Kommunikation zukünftig ausschließlich Art. 7 DSGVO anwendbar.[97] Um diese Abgrenzungsschwierigkeiten zu vermeiden, soll nach dem Willen des europäischen Gesetzgebers die RL 2002/58/EG baldmöglichst einer **Revision** unterzogen werden.[98]

4. Zulässigkeit nationaler Regelungen auf Grund von Öffnungsklauseln in der DSGVO

45 Die Öffnungsklauseln der DSGVO ermöglichen den Mitgliedstaaten in zahlreichen Einzelfragen den Erlass bzw. die Beibehaltung nationaler Regelungen zum Datenschutz.[99] Das betrifft insbesondere folgende Fragen:

- Gemäß Art. 6 Abs. 2 DSGVO können die Mitgliedstaaten die Voraussetzungen der Datenverarbeitung zur Erfüllung einer rechtlichen Verpflichtung oder Wahrnehmung einer **Aufgabe**, die **im öffentlichen Interesse** liegt oder **in Ausübung öffentlicher Gewalt** erfolgt, spezifizieren. So können nicht nur neue nationale Regelungen geschaffen werden, sondern die bestehenden detaillierten Regelungen des deutschen Daten-

---

94 *Buchner* DuD 2016, 155 (161); *Keppeler* MMR 2015, 779 (781).
95 Zum Gebot der Aufhebung bestehender, mit der DSGVO übereinstimmender Regelungen oben Rn. 40 ff. In der bisher geplanten Anpassung des deutschen Datenschutzrechts.
96 *Keppeler* MMR 2015, 779 (781); auch läuft die unterschiedliche Umsetzung der RL 2002/58/EG in den einzelnen Mitgliedstaaten dem Ziel der DSGVO, den Datenschutz weiter zu vereinheitlichen, entgegen *Pauly* in: Paal/Pauly DSGVO Art. 95 Rn. 3.
97 So *Nebel/Richter* ZD 2012, 407 (408) mit weiteren Beispielen.
98 Art. 98 S. 1, Erwägungsgrund 173 S. 2 und 3 DSGVO.
99 Ausführliche Übersichten zu den in der DSGVO enthaltenen Öffnungsklauseln bei *Laue/Nink/Kremer*, § 1 Rn. 114; *Kühling/Martini*, Die DSGVO und das nationale Recht, S. 14 ff.

schutzrechts beibehalten werden.[100] Dies gilt zum Beispiel für § 13 Abs. 1 BDSG.[101]

- Art. 23 Abs. 1 DSGVO eröffnet die Möglichkeit, zu Gunsten der dort genannten öffentlichen Zwecke Ausnahmen von den **Betroffenenrechten** zu schaffen. Dieser weitreichende Spielraum unterliegt gem. Art. 21 Abs. 1, Abs. 2 DSGVO strengen Anforderungen. Diese Regelung entspricht Art. 13 RL 95/46/EG. Die Regelungen der §§ 12 ff. BDSG sind im Wesentlichen weiter anwendbar.[102] Über Art. 10 DSGVO gilt dies auch für das BZRG.

- Art. 8 Abs. 1 UAbs. 2 DSGVO ermöglicht den Mitgliedstaaten, abweichend von Art. 8 Abs. 1 DSGVO das Mindestalter für die **Einwilligungsfähigkeit** auf bis zu 13 Jahre herabzusetzen.

- Art. 9 Abs. 2 DSGVO sieht verschiedene Abweichungsmöglichkeiten in Bezug auf **besonders sensible Daten** vor. Die Mitgliedstaaten können gemäß Art. 9 Abs. 2 lit. a DSGVO die Möglichkeit einer Einwilligung ausschließen, nach Art. 9 Abs. 2 lit. b DSGVO im Bereich des Arbeits- und Sozialrechts die Verarbeitung dieser Daten zulassen oder gemäß Art. 9 Abs. 4 DSGVO eine Verschärfung für die Verarbeitung von genetischen, biometrischen oder Gesundheitsdaten vorsehen. So wird § 28 Abs. 6 Nr. 4 BDSG weiter anwendbar bleiben. Dies gilt wegen Art. 9 Abs. 2 lit. h, Abs. 3 DSGVO auch für § 28 Abs. 7 BDSG.

- Der **Informationsanspruch** nach Art. 14 Abs. 1 bis 4 DSGVO besteht nicht, wenn ein entsprechender Informationsanspruch im Recht der Mitgliedstaaten geregelt ist (Art. 14 Abs. 5 lit. c DSGVO) oder wenn die Daten nach nationalem Recht dem Berufsgeheimnis unterliegen (Art. 14 Abs. 5 lit. d DSGVO). Der nationale Gesetzgeber ist also frei, den Informationsanspruch bzgl. Daten, die selbst bei der betroffenen Person erhoben wurden, selbst zu regeln.

- Gemäß Art. 17 Abs. 3 lit. a (iVm Art. 85 Abs. 1) DSGVO können die Mitgliedstaaten Ausnahmen vom Recht auf **Löschung** und nach Art. 22 Abs. 2 lit. b DSGVO vom Verbot der **automatisierten Entscheidung im Einzelfall** normieren.

- Art. 28 Abs. 3 DSGVO ermöglicht es den nationalen Gesetzgebern, rechtliche Grundlagen für die **Auftragsdatenverarbeitung** zu schaffen. Über Art. 29 DSGVO kann das Recht der Mitgliedstaaten vorsehen, dass Daten durch den Auftragsverarbeiter oder Personen, die dem Verantwortlichen bzw. Auftragsverarbeiter unterstellt sind, unabhängig von Anweisung des Verantwortlichen verarbeitet werden müssen.

- Nach Art. 37 Abs. 4 S. 1 Hs. 2 DSGVO können die Mitgliedstaaten eine Pflicht zur Bestellung eines **Datenschutzbeauftragten** über Art. 37 Abs. 1 DSGVO hinaus vorsehen. Dies ist ohne weitere Voraussetzungen möglich, sodass die Regelung zur Bestellung nach § 4 f Abs. 1

---

100 Erwägungsgrund 10 DSGVO; *Schantz* NJW 2016, 1841 (1842); *Benecke/Wagner* DVBl. 2016, 600 (601).
101 *Kühling/Martini*, Die DSGVO und das nationale Recht, S. 373 f.
102 *Kühling/Martini* EuZW 2016, 448 (454).

BDSG beibehalten werden kann.[103] Die Aufgaben und Rechtsstellung des Datenschutzbeauftragten richten sich aber ausschließlich nach Art. 38 und 39 DSGVO.[104]

- Auch sind die Mitgliedstaaten befugt, Regelungen bzgl. der **Aufsichtsbehörden** zu treffen. Art. 51 Abs. 1 DSGVO verpflichtet sie, mindestens eine Aufsichtsbehörde zu schaffen. Nach Art. 53, 54 DSGVO kann jeder Mitgliedstaat in gewissem Maße frei über die Besetzung der Aufsichtsbehörden bestimmen. Art. 58 Abs. 5 DSGVO gibt ihnen auf, die Aufsichtsbehörden zu ermächtigen, Verstöße den Justizbehörden zu melden. Entsprechend Art. 58 Abs. 6 DSGVO können Aufsichtsbehörden weitere Befugnisse eingeräumt werden.

- Nach Art. 80 Abs. 2 DSGVO dürfen die Mitgliedstaaten ein originäres **Eingabe- und Klagerecht für Non-Profit-Organisationen** im Sinne des Art. 80 Abs. 1 DSGVO vorsehen. Das deutsche Institut der datenschutzrechtlichen Verbandsklage aus § 2 Abs. 2 S. 1 Nr. 11 UKlaG kann somit erhalten bleiben.[105]

- Auch im Bereich der **Sanktionen** haben die Mitgliedstaaten einen gewissen Spielraum. Sie können festlegen, ob und in welchem Umfang gegen Behörden und öffentliche Stellen Geldbußen verhängt werden können (Art. 83 Abs. 7 DSGVO), und weitere Sanktionen, die nicht Geldbußen sind, selbst regeln (Art. 84 DSGVO).

5. Regelungsspielräume der Mitgliedstaaten für besondere Verarbeitungssituationen

46 Für besondere Verarbeitungssituationen sieht Kapitel IX DSGVO weitreichende Spielräume der Mitgliedstaaten vor:

- Nach Art. 85 Abs. 1 DSGVO haben die Mitgliedstaaten den Auftrag, einen Ausgleich zwischen dem Datenschutzrecht, dem **Recht auf freie Meinungsäußerung** und der **Informationsfreiheit** zu schaffen. Nach Art. 85 Abs. 2 DSGVO können die Mitgliedstaaten hierzu für Verarbeitungen zu **journalistischen, wissenschaftlichen, künstlerischen oder literarischen Zwecken** Abweichungen und Ausnahmen in erheblichem Umfang vorsehen.[106] Diese Regelung entspricht im Wesentlichen Art. 9 RL 95/46/EG. § 41 BDSG wird wohl dennoch nicht mehr anwendbar bleiben. Er befreit Medien weitgehend von den Anforderungen an die Datenverarbeitung und ist bereits schon mit Art. 9 RL 95/46/EG[107] und daher auch mit Art. 85 Abs. 2 DSGVO nicht vereinbar.[108] Die erforderliche Neuregelung im deutschen Recht muss auf Grund der nun

---

103 *Spindler* DB 2016, 937 (942); so im Wesentlichen auch *Kühling/Martini*, Die DSGVO und das nationale Recht, S. 327, die empfehlen in § 4 f. Abs. 1 BDSG eine Ergänzung aufzunehmen: „soweit nicht bereits eine Pflicht zur Benennung eines Datenschutzbeauftragten nach Art. 37 Abs. 1 DSGVO besteht...".
104 *Jaspers/Reif* RDV 2016, 61 (62).
105 *Halfmeier* NJW 2016, 1126 (1129).
106 Siehe auch Erwägungsgrund 153 DSGVO; nach Art. 85 Abs. 3 DSGVO sind die Mitgliedstaaten verpflichtet, der Kommission Abweichungen unverzüglich anzuzeigen.
107 *Dix* in: Simitis BDSG § 41 Rn. 6.
108 *Benecke/Wagner* DVBl. 2016, 600 (603); *Buchner* DuD 2016, 155 (161).

bei den Ländern liegenden Kompetenz für das Presserecht durch Änderungen der Landespressegesetze erfolgen.

■ Art. 86 DSGVO ermöglicht es den Mitgliedstaaten, den **Zugang zu amtlichen Dokumenten** im Einklang mit dem Datenschutz zu regeln. § 5 IFG regelt diesen Ausgleich. Somit kann von einer Fortgeltung des IFG ausgegangen werden.[109]

■ Nach Art. 87 DSGVO können die Mitgliedstaaten spezifische Bedingungen für die Verarbeitung **nationaler Kennziffern** und anderen Kennzeichen von allgemeiner Bedeutung erlassen.

■ Die Regelungen der DSGVO gelten grundsätzlich auch für den **Beschäftigtendatenschutz.** Ein eigenes Konzept für den Arbeitnehmerdatenschutz enthält sie jedoch nicht.[110] So besteht nach Art. 88 Abs. 1 DSGVO für die Mitgliedstaaten die Möglichkeit, im Beschäftigungskontext spezifischere Regelungen durch Rechtsvorschriften und Kollektivvereinbarungen vorzusehen. Art. 88 Abs. 2 DSGVO stellt hierfür bereits verfassungsrechtlich gebotene Anforderungen auf, womit der deutsche Arbeitnehmerdatenschutz weiter anwendbar bleibt.[111] Der deutsche Gesetzgeber ist frei, zukünftig detailliertere Regelungen über § 32 BDSG hinaus zu treffen.[112]

■ Nach Art. 89 Abs. 2 und 3 DSGVO kann das Recht der Mitgliedstaaten Ausnahmen von Betroffenenrechten normieren, um eine Datenverarbeitung zu im öffentlichen Interesse liegenden **Archivzwecken,** wissenschaftlichen oder historischen **Forschungszwecken** oder statistischen Zwecken zu ermöglichen.[113]

■ Art. 90 DSGVO erlaubt es den Mitgliedstaaten, Befugnisse der Aufsichtsbehörden nach Art. 58 Abs. 1 lit. e und f DSGVO gegenüber **Berufsgeheimnisträgern** besonders zu regeln, um den Schutz personenbezogener Daten mit der Pflicht zur Geheimhaltung in Einklang zu bringen. Die Regelungen der §§ 24 Abs. 2 S. 1 Nr. 2, 38 Abs. 3 S. 2 und 3 BDSG dürften somit weiter anwendbar sein.

IV. Zum Umgang mit den verschiedenen Sprachfassungen der DSGVO

Die Länge des Gesetzgebungsverfahrens hat nicht zu einer besonderen redaktionellen Qualität der DSGVO geführt – im Gegenteil: Im Gesetzestext finden sich evidente **sprachlich-grammatikalische Fehler,** teils in einzelnen

47

---

109 So auch: *Kühling/Martini*, Die DSGVO und das nationale Recht, S. 297.
110 *Düwell/Brink* NZA 2016, 665 (665 f.); *Sörup/Marquardt* ArbRAktuell 2016, 103 (105).
111 *Düwell/Brink* NZA 2016, 665 (668); *Spindler* DB 2016, 937 (938).
112 Hierzu mit Hinweis auf eine erforderliche Meldung des § 32 BDSG gem. Art. 88 Abs. 3 DSGVO *Gola/Pötters/Thüsing* RDV 2016, 57; *Kühling/Martini*, Die DSGVO und das nationale Recht, S. 298.
113 Siehe auch Erwägungsgrund 159 DSGVO.

Sprachfassungen, teils durchgängig,[114] Interpunktionsfehler,[115] systematisch falsch platzierte Normen[116] ebenso wie Fehlverweise und offensichtliche Diskrepanzen zwischen den Sprachfassungen.[117] Beispielsweise werden in der deutschen Fassung „angemessen" und „geeignet" (in Bezug auf Maßnahmen und Garantien) vertauscht: Das englische „appropriate" wird fälschlich mit „geeignet", „suitable" dagegen mit „angemessen" übersetzt.[118] So unvermeidbar derlei Dinge angesichts von 23 Sprachfassungen sein mögen, erleichtern sie die Arbeit mit dem Gesetzestext nicht. Die europäischen Gesetzgebungsinstitutionen haben bereits begonnen diese Probleme durch ein **Korrigendum zur DSGVO** zu bereinigen.[119]

48 Auch wenn die DSGVO in allen Amtssprachen gleichermaßen verbindlich ist,[120] wird in Zweifelsfällen die **englische Fassung** ausschlaggebend sein. Denn die vorrangige Arbeitssprache war im Gesetzgebungsverfahren die englische Sprache, so dass Abweichungen zwischen deutscher und englischer Fassung in der Regel als Übersetzungsfehler oder Redaktionsversehen im Übersetzungsvorgang erklärt werden können. In der Tat ist die englische Sprachfassung zwar auch nicht frei von Fehlern und sprachlichen Merkwürdigkeiten, insgesamt aber doch auf einem deutlich verlässlicheren sprachlichen und redaktionellen Niveau.

---

114 Die Artikelüberschrift zu Art. 64 DSGVO ist in der deutschen Fassung durch den fehlenden Artikel grammatikalisch fehlerhaft („Stellungnahme Ausschusses"; englische Fassung demgegenüber „Opinion of the Board"); in Erwägungsgrund 7 S. 1 DSGVO steht im Komparativ „kohärenteren" bzw. „more coherent", wo es „kohärenten" bzw. „coherent" heißen müsste, da Erwägungsgrund 7 DSGVO an sich keinen Vergleich zur bisherigen Rechtslage formuliert, sondern schlicht Anforderungen an die Datenschutzgesetzgebung stellt.

115 Fehlende Kommasetzung nach Beendigung eines Nebensatzes, Art. 40 Abs. 5 S. 2 DSGVO (nach: „vereinbar ist").

116 Begriffsbestimmung von „Ausschuss" (definiert als Europäischer Datenschutzausschuss) in Art. 68 Abs. 1 DSGVO statt im Rahmen von Art. 4 DSGVO, obwohl bereits in etlichen voranstehenden Artikeln (etwa Art. 40, 64 DSGVO) diese Begriffsbestimmung vorausgesetzt wird, die nach Art. 68 Abs. 1 DSGVO angeblich erst „im Folgenden" Verwendung finden soll (was dann auch nicht mehr zutrifft, weil in Art. 93 Abs. 1 DSGVO mit „Ausschuss" gerade nicht der Europäische Datenschutzausschuss des Art. 68 DSGVO, sondern ein Komitologieausschuss gemeint ist); vgl. auch die systematisch verfehlte Stellung des Art. 20 Abs. 3 S. 2 DSGVO (dazu → Art. 20 Rn. 17).

117 In der deutschen Fassung Fehlverweis in Art. 20 Abs. 4 DSGVO auf Art. 20 Abs. 2 DSGVO („Das Recht gemäß Absatz 2 darf ...") statt richtigerweise auf Art. 20 Abs. 1 DSGVO (so die einzig sinnvolle systematische Interpretation der Vorschrift und die englische Fassung: „The right referred to in paragraph 1 shall ..."); vgl. die Kommentierung von Art. 20 Rn. 18.

118 Art. 25, 32, 40 DSGVO. Dass die englische Fassung den gesetzgeberischen Willen widergibt und jeweils Fehlübersetzungen ins Deutsche vorliegen, zeigen die weiteren Sprachfassungen, die den englischen entsprechen: englisch „appropriate measures", französisch „mesures appropriées", niederländisch „passende maatregelen", italienisch „misure adeguate".

119 So wurden in der deutschen Fassung bereits Fehlverweise in Art. 28 Abs. 7 und 33 Abs. 1 DSGVO und eine missverständliche Formulierungen in Art. 30 Abs. 5 DSGVO ausgebessert. Vgl. Berichtigung der Verordnung (EU) 2016/679 des Europäischen Parlaments und des Rates vom 27. April 2016 zum Schutz natürlicher Personen bei der Verarbeitung personenbezogener Daten, zum freien Datenverkehr und zur Aufhebung der Richtlinie 95/46/EG (ABl. 2016 L 314, 72).

120 Art. 342 AEUV iVm VO (EWG) Nr. 1 (15.4.1958); zum Sprachenregime der EU *Mayer* Der Staat 44 (2005), 367 ff.

Zu diesen übersetzungsbedingten Problemen treten manche unmotivierten 49
terminologischen Neuerungen hinzu, die alle Sprachfassungen betreffen:
Teilweise wurde der Sprachgebrauch der Datenschutz-Richtlinie aufgegeben, ohne dass dies durch inhaltliche Veränderungen veranlasst gewesen
wäre. Das ist bedauerlich, weil die Terminologie der Datenschutz-Richtlinie nicht nur eingeführt, sondern im Zweifel auch prägnanter war.[121] Zudem wurde die Chance vertan, die datenschutzrechtliche Begrifflichkeit auf
europäischer Ebene konsequent zu vereinheitlichen. Dass die RL (EU)
2016/680[122] eigene, weitgehend gleichlautende, Definitionen enthält, ist
überflüssig und begründet die Gefahr eines auseinanderdriftenden Begriffs-
verständnisses(→ Art. 4 Rn. 6). Punktuell sind schließlich inhaltlich-kon-
zeptionelle Änderungen, die bewusst im Laufe des Gesetzgebungsverfahrens vorgenommen worden sind, im Gesetzestext nicht zum Ausdruck gebracht worden. So verspricht die Artikelüberschrift von Art. 20 DSGVO
weiterhin eine Regelung zur Datenübertragbarkeit (englisch „portability"),
obwohl das Regelungskonzept der Vorschrift im Laufe des Gesetzgebungsverfahrens von Ansprüchen auf Herstellung technischer Portabilität auf
Ansprüche auf Datenübertragung unter Vorbehalt der technischen Möglichkeiten umgestellt worden ist (→ Art. 20 Rn. 10).

C. Anwendungsbereich und materielle Grundentscheidungen der DSGVO

I. Anwendungsbereich der DSGVO

Der Anwendungsbereich der DSGVO entspricht im Wesentlichen dem der 50
RL 95/46/EG. Nur im Bereich der internationalen Anwendbarkeit wird es
erhebliche Neuerungen geben.

1. Sachlicher Anwendungsbereich (Art. 2 DSGVO)

a) Verarbeitung personenbezogener Daten

Grundsätzlich findet die DSGVO nach Art. 2 Abs. 1 DSGVO auf jede ganz 51
oder teilweise automatisierte Verarbeitung[123] (Art. 4 Nr. 2 DSGVO) personenbezogener Daten Anwendung. Nichtautomatisierte Verarbeitungen unterfallen der DSGVO, soweit die personenbezogenen Daten in einem Dateisystem gespeichert sind oder gespeichert werden sollen. Nicht erfasst werden hiervon Akten und Aktensammlungen, die nicht nach bestimmten Kriterien geordnet sind.[124]

---

121 Bspw. das Recht auf Anrufung der Aufsichtsbehörde aus Art. 77 DSGVO, das
   nunmehr „Recht auf Beschwerde" ("complaint") heißen soll statt bisher gemäß
   Art. 28 Abs. 4 RL 95/46/EG „Eingabe" ("claim").
122 RL (EU) 2016/680 des Europäischen Parlaments und des Rates vom 27. April
   2016 zum Schutz natürlicher Personen bei der Verarbeitung personenbezogener
   Daten durch die zuständigen Behörden zum Zwecke der Verhütung, Ermittlung,
   Aufdeckung oder Verfolgung von Straftaten oder der Strafvollstreckung sowie
   zum freien Datenverkehr und zur Aufhebung des Rahmenbeschlusses
   2008/977/JI des Rates (ABl. 2016 L 119, 89).
123 Die DSGVO fasst den Begriff der Verarbeitung erdenklich weit, unabhängig von
   der verwendeten Technik: Erwägungsgrund 15 S. 1 DSGVO; kritisch zum Regelungskonzept der Technikneutralität *Sydow/Kring* ZD 2014, 271.
124 Erwägungsgrund 15 S. 3 DSGVO.

52 **Personenbezogene Daten** sind alle Informationen, die sich auf eine identifizierte oder identifizierbare natürliche[125] Person beziehen. Zur überkommenen Streitfrage, ob für die Bestimmbarkeit nur auf das Wissen und die Möglichkeiten des Verantwortlichen oder auf eine objektive Betrachtungsweise abzustellen ist,[126] trifft Art. 4 Nr. 1 DSGVO keine klare Aussage:[127] Nach Erwägungsgrund 26 S. 3 DSGVO sollen für die Feststellung, ob eine Person **identifizierbar** ist, auch Mittel berücksichtigt werden, die eine andere Person nach allgemeinem Ermessen wahrscheinlich zur Identifizierung nutzt. In dieser Bezugnahme auf Dritte könnte man die Entscheidung für ein absolutes Verständnis sehen.[128] Jedoch ergibt sich hieraus nicht, dass es auf die Möglichkeiten jedes beliebigen Dritten ankommt. Vielmehr muss die Herstellung des Personenbezugs durch den Dritten wahrscheinlich sein. Dies kommt wohl nur in Betracht, wenn die Mittel des Verantwortlichen mit denen des Dritten kombiniert werden können.[129] Für ein **relatives Verständnis** spricht Erwägungsgrund 30 DSGVO, der darauf hinweist, dass Online-Kennungen in Verbindungen mit anderen Informationen die Identifizierung von Personen ermöglichen können und somit nicht von vorherein personenbezogene Daten sind. Läge der DSGVO ein absoluter Personenbezug zu Grunde, so wäre dies widersprüchlich.[130] Für die Ermittlung der Identifizierbarkeit ist nach Erwägungsgrund 26 S. 4 DSGVO nun auch die

---

125 Der EuGH hatte zwar in EuGH 9.11.2010 – C-92/09 und C-93/09, ECLI:EU:C: 2010:662 Rn. 53 - Volker und Markus Schecke und Eifert entschieden, dass auch juristische Personen in Bezug auf Art. 8 Abs. 1 GRCh grundrechtsberechtigt sind, wenn der „Name" der juristischen Person einen Rückschluss auf die Namen natürlicher Personen zulässt. Aus Erwägungsgrund 14 S. 2 DSGVO ergibt sich hingegen ausdrücklich, dass die DSGVO nicht für Daten juristischer Personen, wie zum Beispiel deren Name, Rechtsform oder Kontaktdaten gilt. Jedoch kann der Anwendungsbereich in Bezug auf die dahinter stehenden natürlichen Personen eröffnet sein.

126 Für einen relativen Personenbezug unter Geltung des BDSG: *Dammann* in: Simitis BDSG § 3 Rn. 23 ff.; *Gola/Klug/Körffer* in: Gola/Schomerus BDSG § 3 Rn. 10; für einen absoluten Personenbezug: *Weichert* DuD 2007, 17 (19); *Pahlen-Brandt* DuD 2008, 34 (34 ff.).

127 *Härting* ITRB 2016, 36 (36 f.); *Spindler* DB 2016, 937 (937).

128 So *Buchner* DuD 2016, 155 (156); *Brink/Eckhardt* ZD 2015, 205 (209) erkennen hierin einen absoluten Ansatz mit Einschränkungen; für den absoluten Personenbezug spricht zudem die Tatsache, dass die früheren Formulierung des Erwägungsgrund 24 DSGVO, die in Richtung eines relativen Personenbezugs gingen, in der Endfassung nicht mehr enthalten sind. So hieß es noch im Kommissionsentwurf, dass Kennnummern, Standortdaten und Online-Kennungen „als solche nicht zwangsläufig und unter allen Umständen als personenbezogene Daten zu betrachten sind". Nach dem Entwurf des Rates sollten diese „als solche nicht als personenbezogene Daten betrachtet werden, wenn mit ihnen keine Person bestimmt oder bestimmbar gemacht wird".

129 So *Dammann* in: Simitis BDSG § 3 Rn. 32 und *Sachs* CR 2010, 547 (550 f.) zu Art. 2 lit. a RL 95/46/EG. Der Erwägungsgrund 26 S. 2 der RL 95/46/EG enthält eine ähnliche Formulierung wie Erwägungsgrund 26 S. 3 DSGVO. Danach sind Mittel zu berücksichtigen, die vernünftigerweise von einem Dritten zur Personenbestimmung eingesetzt werden können. AA hierzu *Pahlen-Brandt* DuD 2008, 34 (37 f.).

130 *Schantz* NJW 2016, 1841 (1843 f.); für ein relatives Verständnis auch *Kühling/Klar* NJW 2013, 3611 (3616 f.); *Roßnagel/Kroschwald* ZD 2014, 495 (497); *Laue/Nink/Kremer*, § 1 Rn. 16.

zukünftige technische Entwicklung zu beachten. Verantwortliche haben also auch absehbare Innovation zu berücksichtigen.[131]

b) Ausnahmen vom sachlichen Anwendungsbereich

Von diesem Anwendungsbereich macht Art. 2 Abs. 2 DSGVO mehrere grundlegende Ausnahmen.　　　　　　　　　　　　　　　　53

Gemäß Art. 2 Abs. 2 lit. a DSGVO ist die DSGVO nur auf Tätigkeiten anzuwenden, die in den **Anwendungsbereich des Unionsrechts** fallen. Dies könnte man auf den ersten Blick als umfangreiche Ausnahme interpretieren. Bei genauerer Betrachtung entpuppt sich der Begriff des Anwendungsbereichs des Unionsrechts jedoch selbst als sehr weitreichend: Hierunter ist zunächst die Datenverarbeitung durch Organe der EU und der Mitgliedstaaten bei der Durchführung von Unionsrecht zu verstehen. Für einen darüberhinausgehenden Anwendungsbereich spricht der Vergleich zu Art. 16 Abs. 2 DSGVO, dessen Wortlaut die Ausnahme aufnimmt.[132] Anders als Art. 51 Abs. 1 GRCh, der den Anwendungsbereich der Unionsgrundrechte definiert, spricht dieser gerade nicht nur von der „Durchführung des Unionsrechts". Durch Art. 16 Abs. 2 AEUV sollte ein einheitlicher Kompetenztitel für das Datenschutzrecht geschaffen werden, der die früher für den Datenschutz einschlägige Binnenmarktkompetenz aus Art. 95 EGV (heute Art. 114 AEUV) nicht einschränken sollte, und daher auch die bisherigen europarechtlichen Datenschutzregelungen wie die RL 95/46/EG umfasst.[133] Diese erfasst auch rein innerstaatliche Verarbeitungen durch öffentliche und nichtöffentliche Stellen.[134] Entsprechendes gilt daher auch für Art. 16 Abs. 2 AEUV[135] und den Anwendungsbereich der DSGVO.[136] Im Ergebnis gilt die Ausnahme daher nur für Bereiche, in denen der Union keinerlei Kompetenzen zustehen, wie zum Beispiel im Bereich der nationalen Sicherheit.[137]

Art. 2 Abs. 2 lit. b DSGVO nimmt Tätigkeiten vom Anwendungsbereich　54
der DSGVO aus, die in den Bereich der **gemeinsamen Außen- und Sicherheitspolitik** fallen, und übernimmt damit die Einschränkungen aus Art. 16

---

131 *Roßnagel/Nebel/Richter* ZD 2015, 455 (456); *Schantz* NJW 2016, 1841 (1843).
132 Art. 16 Abs. 2 S. 1 AEUV spricht von Verarbeitungen durch die Mitgliedstaaten im Rahmen der Ausübung von Tätigkeiten, die in den Anwendungsbereich des Unionsrechts fallen.
133 CONV 650/03 S. 11; *Brühann* in: von der Groeben AEUV Art. 16 Rn. 66; Somit ist der Begriff des Anwendungsbereichs des Unionsrechts entsprechend dem des Art. 3 Abs. 2 RL 95/46/EG zu verstehen. Art. 16 Abs. 2 AEUV übernimmt jedoch nicht die zusätzlichen Einschränkungen des Art. 3 Abs. 2 RL 95/46/EG (öffentliche Sicherheit, Landesverteidigung, die Sicherheit des Staates, Tätigkeit des Staates im strafrechtlichen Bereich).
134 Zur Anwendung der RL 95/46/EG bei Verarbeitungen ohne Bezug zu den durch den EG-Vertrag garantierten Grundfreiheiten EuGH 20.5.2003 – C-465/00 und C-138/01 und C-139/01, ECLI:EU:C:2003:294 Rn. 41 ff. – Österreichischer Rundfunk ua; Zur Anwendbarkeit der RL 95/46/EG auf Verarbeitungen durch Private EuGH 6.11.2003 – C-101/01, ECLI:EU:C:2003:596 Rn. 37 ff. – Lindqvist; zusammenfassend *Brühann* in: von der Groeben AEUV Art. 16 Rn. 67 ff.
135 So auch *Sobotta* in: Grabitz/Hilf/Nettesheim AEUV Art. 16 Rn. 32.
136 Dies belegt auch die Ausnahme des Art. 2 Abs. 2 lit. c DSGVO.
137 Erwägungsgrund 16 S. 1 DSGVO; Art. 4 Abs. 2 S. 3 EUV; *Albrecht* CR 2016, 88 (90); *Kühling/Martini*, Die DSGVO und das nationale Recht, S. 4 f.

Abs. 2 UAbs. 2 AEUV. Für die Verarbeitung personenbezogener Daten zum Zwecke der Verhütung, Ermittlung, Aufdeckung oder Verfolgung von **Straftaten oder der Strafvollstreckung** gilt die DSGVO gemäß Art. 2 Abs. 2 lit. d DSGVO ebenfalls nicht. Für diese Zwecke hat der europäische Gesetzgeber – in zeitlicher Parallelität zur DSGVO – die RL (EU) 2016/680[138] erlassen. Sie beruht kompetenziell ebenfalls auf Art. 16 AEUV und hätte daher in die DSGVO integriert werden können. Die Entscheidung für einen eigenständigen Gesetzgebungsakt beruht auf der Überlegung, für die erst später und zurückhaltender vergemeinschaftete Strafverfolgung keine Verordnung, sondern eine Richtlinie zu erlassen und so die mitgliedstaatlichen Kompetenzen in diesem Bereich stärker zu schonen. Dessen Datenschutzregelungen waren auch bislang nicht durch die europäische Datenschutz-Richtlinie, sondern eigenständig durch einen schlichten Ratsbeschluss[139] angeglichen worden.

55 Ebenfalls nicht auf kompetenziellen Erwägungen beruht die Fortgeltung der **VO (EG) Nr. 45/2001**[140] für die Verarbeitung personenbezogener Daten durch die **Organe, Einrichtungen, Ämter und Agenturen der Union** (Art. 2 Abs. 2 S. 1 DSGVO), sondern auf einem fehlenden politischen Willen, hier von Anfang an einen Gleichlauf des Rechtsregimes für Datenverarbeitungen durch nationale und europäische Stellen zu schaffen.[141] Art. 2 Abs. 3 S. 2, Art. 98 DSGVO drücken lediglich die politische Absicht aus, die VO (EG) Nr. 45/2001 an die Grundsätze und Vorschriften der DSGVO anzupassen.

2. Persönlicher Anwendungsbereich

56 Grundsätzlich gilt die DSGVO für Datenverarbeitungen im öffentlichen wie im nichtöffentlichen Bereich,[142] nach Art. 2 Abs. 2 DSGVO jedoch nicht für EU-Institutionen. Für den nationalen Bereich enthält Art. 6 Abs. 2 DSGVO eine Öffnungsklausel. Danach können die Mitgliedstaaten unter anderem für Verarbeitungen, die im öffentlichen Interesse liegen oder in Ausübung öffentlicher Gewalt erfolgen, spezifischere Bestimmungen vorsehen.

---

138 RL (EU) 2016/680 des Europäischen Parlaments und des Rates vom 27. April 2016 zum Schutz natürlicher Personen bei der Verarbeitung personenbezogener Daten durch die zuständigen Behörden zum Zwecke der Verhütung, Ermittlung, Aufdeckung oder Verfolgung von Straftaten oder der Strafvollstreckung sowie zum freien Datenverkehr und zur Aufhebung des Rahmenbeschlusses 2008/977/JI des Rates (ABl. 2016 L 119, 89).
139 Rahmenbeschluss 2008/977/JI des Rates vom 27. November 2008 über den Schutz personenbezogener Daten, die im Rahmen der polizeilichen und justiziellen Zusammenarbeit in Strafsachen verarbeitet werden (ABl. 2008 L 350, 60).
140 VO (EG) Nr. 45/2001 des Europäischen Parlaments und des Rates vom 18. Dezember 2000 zum Schutz natürlicher Personen bei der Verarbeitung personenbezogener Daten durch die Organe und Einrichtungen der Gemeinschaft und zum freien Datenverkehr (ABl. 2001 L 8, 22).
141 *Albrecht* CR 2016, 88 (90).
142 Verantwortliche können nach Art. 4 Nr. 7 DSGVO natürliche oder juristische Personen, Behörden, Einrichtungen und andere Stellen sein.

Nach Art. 2 Abs. 2 lit. c DSGVO sind Verarbeitungen durch natürliche Personen im rein **privaten Bereich** ausgenommen.[143] Hierunter soll auch die **Nutzung sozialer Netzwerke** und Online-Tätigkeiten außerhalb beruflicher oder wirtschaftlicher Tätigkeit fallen.[144] Jedoch entschied der EuGH zu Art. 3 Abs. 2 RL 95/46/EG, dass nicht mehr von einer persönlichen oder familiären Tätigkeit gesprochen werden könne, wenn bei einer Veröffentlichung im Internet Daten einer unbegrenzten Zahl von Personen zugänglich gemacht werden.[145] Es gibt insoweit keine Anzeichen dafür, dass durch die DSGVO der Anwendungsbereich im Vergleich zur bisherigen Rechtslage eingeengt werden sollte.[146] Auf jeden Fall gilt die DSGVO für Verantwortliche oder Auftragsverarbeiter, die Instrumente für die Verarbeitung von Daten in diesem Bereich zur Verfügung stellen.[147]

57

3. Räumlicher Anwendungsbereich (Art. 3 DSGVO)

a) Niederlassungsbasierter Grundansatz

Die DSGVO findet nach Art. 3 Abs. 1 DSGVO Anwendung, wenn die Verarbeitung im Rahmen der Tätigkeit einer **Niederlassung** eines Verantwortlichen oder Auftragsdatenverarbeiter in der Union erfolgt. Erforderlich ist hierfür die effektive und tatsächliche Ausübung einer datenschutzrechtlich relevanten Tätigkeit durch eine feste Einrichtung innerhalb der Union.[148] Dieser niederlassungsbasierte Ansatz findet sich bereits in der Regelung des § 1 Abs. 5 S. 1 2. Hs. BDSG bzw. Art. 4 Abs. 1 lit. a RL 95/46/EG zur Frage des anwendbaren einzelstaatlichen Rechts. Daher bietet sich eine entsprechende Auslegung des Begriffs der Niederlassung an.[149] Danach genügt eine nur auf kurze Dauer ausgerichtete Tätigkeit ebenso wenig wie der bloße Standort von Servern in der EU.[150] Die Rechtsform der Einrichtung und der Ort der Datenverarbeitung sind irrelevant.[151] Bestehen mehrere Niederlassungen in verschiedenen Mitgliedstaaten, so bestimmt sich die Zuständigkeit der federführenden Aufsichtsbehörde bei grenzüberschreitenden Datenverarbeitungen (Art. 4 Nr. 23 DSGVO) gemäß Art. 56 Abs. 1 DSGVO nach dem Ort der Hauptniederlassung (Art. 4 Nr. 16 DSGVO).

58

b) Einführung des Marktortprinzips

Die DSGVO kann auch anwendbar sein, wenn es an einer Niederlassung innerhalb der Union fehlt: Nach Art. 3 Abs. 2 DSGVO findet europäisches Datenschutzrecht auch für Datenverarbeitungen durch nicht in der Union niedergelassene Verantwortliche oder Auftragsverarbeiter Anwendung, wenn diese Personen betreffen, die sich zur Zeit der Verarbeitung in der EU aufhalten. Dies gilt zum einen gemäß Art. 3 Abs. 2 lit. a DSGVO, der

59

---

143 Kritisch zu dieser vollständigen Ausnahme *Roßnagel/Nebel/Richter* ZD 2015, 455 (456).
144 Erwägungsgrund 18 S. 1 und 2 DSGVO.
145 EuGH 6.11.2003 – C-101/01, ECLI:EU:C:2003:596 Rn. 47 – Lindqvist.
146 So *Schantz* NJW 2016, 1841 (1843).
147 Erwägungsgrund 18 S. 3 DSGVO.
148 Erwägungsgrund 22 S. 2 DSGVO.
149 *Wieczorek* DuD 2013, 644 (647).
150 *Gabel* in: Taeger/Gabel BDSG § 1 Rn. 55; *Dammann* in: Simitis BDSG § 1 Rn. 203; aA *Bergmann/Möhrle/Herb* BDSG § 1 Rn. 43.
151 Erwägungsgrund 22 S. 1 und 3 DSGVO.

nun das aus dem Wettbewerbsrecht bekannte **Marktortprinzip** ausdrücklich auch für das Datenschutzrecht einführt, wenn dem Betroffenen in der Union Waren oder Dienste angeboten werden, unabhängig davon, ob dieser ein Entgelt dafür erbringt. Somit sind auch **Anbieter von Suchmaschinen und sozialen Netzwerken** erfasst, deren Nutzer kein Entgelt erbringen, sondern als Gegenleistung mit ihrer Aufmerksamkeit für die geschalteten Werbeanzeigen und ihren Daten bezahlen.[152] Indizien dafür, dass sich ein Angebot an einen EU-Bürger richtet, sind unter anderem die Möglichkeit der Bestellung in einer der Sprachen oder Währungen, die in Mitgliedstaaten der EU gebräuchlich sind.[153] Aufgrund des vergleichbaren Schutzzwecks, kann hierbei die Rechtsprechung des EuGH zum Begriff des „Ausrichtens" in Art. 6 Abs. 1 Rom I-VO[154] herangezogen werden.[155] Nicht erfasst sein dürften hingegen **Cloud-Anbieter aus Drittländern**, wenn sie Kundendaten für europäische Unternehmen speichern. Zwar sind von Art. 3 Abs. 2 DSGVO auch Auftragsverarbeiter erfasst, jedoch richtet sich das Angebot der Cloud-Anbieter in derartigen Dreiecksbeziehungen nicht an die Betroffenen, sondern ausschließlich an die verantwortlichen Unternehmen.[156]

60 Dennoch stellt dies eine erhebliche **Neuerung im Vergleich zur bisherigen Rechtslage** dar. Nach § 1 Abs. 5 S. 2 BDSG ist deutsches Datenschutzrecht nur anwendbar, wenn eine nicht in der EU niedergelassene verantwortliche Stelle personenbezogene Daten im Inland erhebt, verarbeitet oder nutzt. Für eine Datenverarbeitung oder -nutzung in diesem Sinne ist die Verwendung einer im Inland genutzten Datenverarbeitungsanlage erforderlich, auf die die verantwortliche Stelle einen steuernden Einfluss haben muss.[157] Umstritten ist, welche Voraussetzungen hieran zu stellen sind. So soll es bereits ausreichen, dass sich ein Web-Angebot erkennbar auch an deutsche Nutzer richte.[158] Überwiegend wird jedoch angenommen, dass auch hier ein Rückgriff auf Mittel im Inland erforderlich sei. Danach komme es zum Beispiel auf den Standort des Servers an.[159] Hingegen hat der EuGH in seiner Google-Entscheidung bereits eine Tendenz in Richtung des Marktortprinzips erkennen lassen.[160] Danach genüge für die Annahme einer Verarbeitung im Rahmen der Tätigkeit einer Niederlassung im Sinne des Art. 4 Abs. 1 lit. a RL 95/46/EG bereits, dass der Verantwortliche eine Niederlassung in dem fraglichen Mitgliedstaat habe und die Datenverarbeitung, die

---

152 *Kühling* EuZW 2014, 527 (529).
153 Vgl. Erwägungsgrund 23 S. 3 DSGVO.
154 Verordnung (EG) Nr. 593/2008 des Europäischen Parlaments und des Rates vom 17. Juni 2008 über das auf vertragliche Schuldverhältnisse anzuwendende Recht (Rom I) (ABl. 2008 L 177, 6.).
155 *Laue/Nink/Kremer*, § 1 Rn. 84; *Schantz* NJW 2016, 1841 (1842).
156 *Hornung/Sädtler* CR 2012, 638 (640); *Roßnagel/Kroschwald* ZD 2014, 495 (497); *Laue/Nink/Kremer*, § 1 Rn. 85.
157 *Dammann* in: Simitis BDSG § 1 Rn. 220.
158 So OVG Hamburg 2.8.2011 – 7 U 134/10, NJW-RR 2011, 1611 (1612); *Jotzo* MMR 2009, 232 (237).
159 *Gabel* in: Taeger/Gabel BDSG § 1 Rn. 59; *Dammann* in: Simitis BDSG § 1 Rn. 223; *Plath* in: Plath BDSG § 1 Rn. 65.
160 *Kühling* EuZW 2014, 527 (529).

in einem anderen Staat sattfinde, mit dem Ziel erfolge, in dem Mitgliedstaat den Verkauf von angebotenen Werbeflächen zu fördern.[161]

Zudem findet die DSGVO gem. Art. 3 Abs. 2 lit. b DSGVO auch dann Anwendung, wenn das **Verhalten von EU-Bürgern innerhalb der Union überwacht** wird. Somit gilt die DSGVO wohl für Online-Angebote jeder Art.[162] Zur Verwirklichung dieses neuen internationalen Anwendungsbereichs normiert Art. 27 DSGVO die Pflicht, einen EU-Vertreter zu benennen.   61

Nach Art. 3 Abs. 3 DSGVO gilt die DSGVO auch für Verarbeitungen durch einen nicht in der Union niedergelassenen Verantwortlichen an einem Ort, der dem Recht eines Mitgliedstaats unterliegt, so zum Beispiel in einer diplomatischen oder konsularischen Vertretung eines Mitgliedstaats.[163]   62

II. Grundsätze der Datenverarbeitung (Art. 5 DSGVO)

Bereits nach der bisherigen Rechtslage bestehen Datenschutzgrundsätze. Sie resultieren aus einer Konkretisierung des Rechts auf informationelle Selbstbestimmung, Art. 1 iVm Art. 2 Abs. 1 GG.[164] Die DSGVO schreibt im Kern die bisherigen datenschutzrechtlichen Grundprinzipien fort. Art. 5 DSGVO nennt die aus Art. 8 GRCh abgeleiteten Grundsätze der Datenverarbeitung: **Transparenz, Zweckbindung, Datensparsamkeit** („Minimierung" in Anlehnung an die englische Fassung: „data minimisation"), **Richtigkeit, Speicherbegrenzung, Integrität und Vertraulichkeit.** Der Grundsatz der Direkterhebung nach § 4 Abs. 2 BDSG, nach welchem personenbezogene Daten grundsätzlich beim Betroffenen erhoben werden müssen, findet sich in der DSGVO nicht mehr ausdrücklich wieder.[165] Die DSGVO sieht aber Informationspflichten des Verantwortlichen vor, und zwar sowohl wenn Daten beim Betroffenen erhoben werden (Art. 13 DSGVO) als auch dann, wenn Daten nicht bei der betroffenen Person erhoben werden (Art. 14 DSGVO). Die Informationspflichten sind jedoch im Hinblick auf Rechte und Geschäftsgeheimnisse, Urheberrechte und weitere Interessen des Verarbeiters oder Dritter beschränkbar.[166]   63

1. Transparenz

Personenbezogene Daten müssen nach dem Grundsatz der Transparenz gem. Art. 5 Abs. 1 lit. a DSGVO auf rechtmäßige Weise, nach Treu und Glauben und in einer für die betroffene Person nachvollziehbaren Weise verarbeitet werden. Der Betroffene soll wissen, welche personenbezogenen Daten „erhoben, verwendet, eingesehen oder anderweitig verarbeitet wer-   64

---

161 EuGH 13.5.2014 – C-131/12, ECLI:EU:C:2014:317 Rn. 52 ff. – Google Spain / AEPD.
162 *Wieczorek* DuD 2013, 644 (648); *Spindler* DB 2016, 937 (938) mit dem Hinweis, dass nach Erwägungsgrund 24 S. 2 DSGVO jede Art von Tracking ausreiche.
163 Erwägungsgrund 25 DSGVO.
164 *Laue/Nink/Kremer,*
165 *Buchner* DuD 2016, 155 (156), *Ziegenhorn/von Heckel* NVwZ 2016, 1585 (1588).
166 Erwägungsgrund 63 DSGVO.

den" und in welchem Umfang dies geschieht.[167] Der Verantwortliche hat den Betroffenen über die Verarbeitung personenbezogener Daten „in präziser, transparenter, verständlicher und leicht zugänglicher Form in einer einfachen und klaren Sprache" zu unterrichten, Art. 12 Abs. 1 DSGVO. Unternehmen müssen etwaige Einwilligungserklärungen für betroffene Personen so klar und so transparent wie möglich formulieren.[168]

2. Zweckbindung

65 Art. 5 Abs. 1 lit. b DSGVO fordert, dass personenbezogene Daten nur für genau festgelegte, eindeutige und legitime Zwecke erhoben und nicht in einer mit diesen Zwecken nicht zu vereinbarenden Weise weiterverarbeitet werden dürfen. Dieses **Zweckbindungsprinzip** steht in einem „Spannungsfeld zwischen dem Schutz des durch die Datenverarbeitung Betroffenen und der Offenheit von Innovationsprozessen in Wirtschaft und Gesellschaft".[169] Eine derartige Zweckbindung soll es dem Betroffenen ermöglichen, den Umfang der ihn betreffenden Datenverarbeitung einzuschätzen.[170] Inwieweit Daten sodann für weitere Zwecke verarbeitet werden dürfen, ob also eine Zweckänderung vorliegt, hängt davon ab, wie weit der ursprüngliche Zweck auszulegen ist. Dem Wortlaut des Art. 5 Abs. 1 lit. b DSGVO, der einen „eindeutigen" Zweck fordert, liegt ein enges Verständnis zugrunde.[171]

66 Eine **Zweckänderung** liegt vor, wenn die Weiterverarbeitung mit dem Erhebungszweck nicht vereinbar ist. Die DSGVO schließt eine Verarbeitung bereits erhobener Daten zu einem neuen Zweck aber nicht aus, sondern nennt Bedingungen, welche den Schutz des Betroffenen gewährleisten sollen:[172] Eine Weiterverarbeitung zu anderen Zwecken als dem Erhebungszweck ist zulässig im Falle einer Einwilligung des Betroffenen, in den Fällen des Art. 5 Abs. 1 lit. b DSGVO (Weiterverarbeitung von Daten für Archivzwecke, Forschungszwecke oder statistische Zwecke) und für den Fall, dass der Zweck mit dem ursprünglichen Zweck nach den Maßgaben des Art. 6 Abs. 4 DSGVO kompatibel ist.[173] Dadurch wird der Zweckbindungsgrundsatz aufgeweicht.[174]

3. Datenminimierung bzw. Datensparsamkeit

67 Nach dem Grundsatz der **Datensparsamkeit**[175] müssen personenbezogene Daten dem Zweck angemessen und erheblich sowie auf das für die Zwecke der Verarbeitung notwendige Maß beschränkt sein. Dieser Grundsatz ist im Vergleich zur RL 95/46/EG erweitert worden; dies wird anhand der englischen Fassung von Art. 5 Abs. 1 lit. c DSGVO deutlich, nach der eine

---

167 Erwägungsgrund 39 DSGVO.
168 *Laue/Nink/Kremer*, § 2 Rn. 13.
169 *von Grafenstein* DuD 2016, 789.
170 *Richter* DuD 2015, 735.
171 *Schantz* NJW 2016, 1841 (1843).
172 *Marnau* DuD 2016, 428 (432).
173 *Feiler/Forgó*, EU-DSGVO, S. 9, *Ziegenhorn/von Heckel* NVwZ 2016,1585 (1589, 1590).
174 *Buchner* DuD 2016, 155 (157); *Laue/Nink/Kremer*, § 2 Rn. 38.
175 In der DSGVO nunmehr „Datenminimierung": Art. 5 Abs. 1 lit. c DSGVO.

Datenverarbeitung nicht mehr nur „not excessive" sondern „limited to what is necessary" sein muss.[176] Der Grundsatz der Datenminimierung findet sich in Gestalt des technischen Datenschutzes auch in Art. 25 Abs. 2 DSGVO.

4. Richtigkeit der verarbeiteten Daten

Nach Art. 5 Abs. 1 lit. d DSGVO müssen personenbezogene Daten **sachlich richtig** und erforderlichenfalls **auf dem neuesten Stand** sein, denn Daten erlauben eine Rekonstruktion von Eigenschaften und Sachverhalten.[177] Es sind alle angemessenen Maßnahmen zu treffen, damit personenbezogene Daten, die im Hinblick auf die Zwecke ihrer Verarbeitung unrichtig sind, unverzüglich gelöscht oder berichtigt werden.   **68**

5. Speicherbegrenzung

Das Prinzip der **Speicherbegrenzung** meint, dass personenbezogene Daten in einer Form gespeichert werden, die die Identifizierung der betroffenen Personen nur so lange ermöglicht, wie es für die Zwecke, für die sie verarbeitet werden, erforderlich ist, Art. 5 Abs. 1 lit. e DSGVO.   **69**

6. Sicherheit der Datenverarbeitung

Personenbezogene Daten dürfen schließlich nur in einer Weise verarbeitet werden, die eine angemessene Sicherheit der personenbezogenen Daten gewährleistet, einschließlich des Schutzes vor unbefugter oder unrechtmäßiger Verarbeitung und vor unbeabsichtigtem Verlust, unbeabsichtigter Zerstörung oder unbeabsichtigter Schädigung durch geeignete technische und organisatorische Maßnahmen, Art. 5 Abs. 1 lit. f DSGVO. Weitere Regelungen zur Datensicherheit enthalten Art. 25 DSGVO und Art. 32 DSGVO.   **70**

III. Verbotsprinzip (Art. 6 DSGVO)

1. Grundsätzliches Festhalten am Verbotsprinzip

Die DSGVO hält am datenschutzrechtlichen **Verbotsprinzip** fest.[178] Danach ist die Verwendung personenbezogener Daten nur zulässig, wenn eine Rechtsnorm sie anordnet oder zulässt oder der Betroffene selbst einwilligt.[179] In Art. 6 DSGVO findet sich eine abschließende Aufzählung der Zulässigkeitsvoraussetzungen für die Verarbeitung personenbezogener Daten.[180] Dieser Ansatz (**Opt-In-Ansatz** oder Verbot mit Erlaubnisvorbehalt)[181] wird verfassungs- und europarechtlich wegen des allgemeinen Persönlichkeitsrechts (Art. 2 Abs. 1 GG iVm Art. 1 Abs. 1 GG und Art. 8 GRCh) als zwingend, zumindest aber als geboten angesehen.[182] An-   **71**

---

176 *Schantz* NJW 2016, 1841 (1843).
177 *Frenzel* in: Paal/Pauly DSGVO Art. 5 Rn. 39.
178 *Laue/Nink/Kremer*, § 2 Rn. 1.
179 *Karg* DuD 2013, 75 (77).
180 *Buchner* DuD 2016, 155 (157).
181 Zur Terminologie *Rogosch*, Die Einwilligung im Datenschutzrecht, S. 17.
182 *Frenzel* in: Paal/Pauly DSGVO Art. 6 Rn. 1; *Weichert* DuD 2013, 246 (246); *Buchner* DuD 2016, 155 (159 f.).

geführt wird auch, es sei jedenfalls keine praktikable Regelungsalternative ersichtlich.[183]

72 Gleichwohl gerät das Verbotsprinzip zunehmend in **Kritik**. Denn es wirke sich im Ergebnis als Kommunikationsverbot aus.[184] Vorgeschlagen wird stattdessen ein risikobasierter Regelungsansatz, der es erlauben würde, die Datenverarbeitung je nach Risikopotential zu regulieren.[185] Danach sollen die Zulässigkeitsvoraussetzungen für die Datenverarbeitung vom konkreten Verletzungsrisiko beim Betroffenen abhängig gemacht werden. Sonst drohe eine Überforderung von Datenverarbeitern, die nicht auf Datenverarbeitung spezialisiert sind.[186]

73 Der europäische Gesetzgeber ist dieser Kritik nicht gefolgt, hat aber zumindest punktuell **risikobasierte Ansätze** in die DSGVO aufgenommen. Beispiele dafür sind die Vorschriften der Art. 6 Abs. 1 lit. f, 9 und 25 Abs. 1 DSGVO: In die Interessenabwägung im Rahmen des Erlaubnistatbestandes nach Art. 6 Abs. 1 lit. f DSGVO können die Risiken der konkreten Datenverarbeitung eingestellt werden.[187] In Art. 9 DSGVO wird nach der Sensibilität der Daten differenziert. Und nach Art. 25 Abs. 1 DSGVO sind auch die Anforderungen an Technik und Organisation risikoabhängig.

2. Einwilligung als zentrales Gestaltungsinstrument

74 Auf der Grundlage des datenschutzrechtlichen Verbotsprinzips wird die **Einwilligung** zum **zentralen Gestaltungsinstrument** der Betroffenen. In der DSGVO finden sich Regelungen zur Einwilligung insbesondere in Art. 6 Abs. 1 lit. a, 7 f. DSGVO. Darüber hinaus sind Anforderungen an die Einwilligung in den Erwägungsgründen 32, 42, 43 normiert. Insgesamt sind die Anforderungen an eine wirksame Einwilligung im Vergleich zur bisherigen Regelung gestiegen.[188]

75 Nach Art. 7 Abs. 1, 2 DSGVO, gestützt von den Erwägungsgründen 32 und 42, muss die Einwilligung eindeutig, freiwillig, für den konkreten Fall, in informierter Weise und unmissverständlich erfolgen. Grundsätzlich kann sie in jeder beliebigen Form erteilt werden.[189] Bei **vorformulierten Erklärungen**, die neben der Einwilligung auch noch andere Sachverhalte enthalten, muss sich die Einwilligung nach Art. 7 Abs. 2 DSGVO klar von den übrigen Sachverhalten unterscheiden. Dabei können Teile der Einwilligung nach Art. 7 Abs. 2 DSGVO unverbindlich sein, soweit die Erklärung einen Verstoß gegen die Verordnung darstellt.

76 In Erwägungsgrund 32 wird angeordnet, dass künftig **kein Opt-out-Verfahren** für die Einwilligung mehr möglich sein soll.[190] Vielmehr muss der

---

183 *Eckhardt/Kramer* DuD 2013, 287 (289 f.).
184 *Härting/Schneider* ZRP 2011, 233 (234); *Schneider/Härting* ZD 2012, 199 (202); *Veil* ZD 2015, 347.
185 Vgl. zB *Veil* ZD 2015, 347 (352).
186 *Veil* ZD 2015, 347 (347).
187 *Buchner* DuD 2016, 155 (157).
188 *Gierschmann* ZD 2016, 51 (54).
189 *Laue/Nink/Kremer*, § 2 Rn. 5.
190 *Caspar* DuD 2013, 767 (770).

Sydow

Betroffene selbst aktiv irgendeine eindeutig bestätigende Handlung vornehmen, zB durch das Anklicken eines Kästchens auf der Internetseite des Datenverarbeiters (Opt-in-Verfahren).

Nach Art. 7 Abs. 3 DSGVO ist die Einwilligung jederzeit **frei widerruflich**.   **77**
Über das Widerrufsrecht müssen die betroffenen Personen bereits dann, wenn sie die Einwilligung erteilen, gemäß Art. 13 Abs. 2 lit. c, 14 Abs. 2 lit. d DSGVO hingewiesen werden.[191] Außerdem unterliegt die Datenverarbeitung aufgrund einer Einwilligung einem strengen Koppelungsverbot nach Art. 7 Abs. 4 DSGVO. Danach darf der Verantwortliche die Erfüllung eines Vertrages nicht davon abhängig machen, dass der Betroffene in eine Datenverarbeitung einwilligt, die für die Vertragserfüllung gar nicht erforderlich ist. Diese neue Regelung soll Datenverarbeiter dazu zwingen, von einer bisher teilweise üblichen „take it or leave it"-Attitüde abzurücken.[192]

Eine weitere wichtige Neuerung findet sich in Erwägungsgrund 43   **78**
DSGVO. Danach ist bei einem klaren Ungleichgewicht zwischen dem von der Verarbeitung Betroffenen und dem Verantwortlichen davon auszugehen, dass die Einwilligung nicht **freiwillig** erfolgt ist. Sie stellt dann keine gültige Rechtsgrundlage für die Verarbeitung dar. Ein klares Ungleichgewicht soll nach Erwägungsgrund 43 DSGVO jedenfalls zwischen dem Betroffenen und einer Behörde bestehen. Wann sonst noch ein Ungleichgewicht anzunehmen sein kann, ist nicht weiter geregelt. Aus der Entstehungsgeschichte der Regelung ergibt sich aber, dass ein solches Ungleichgewicht nicht ohne weiteres zwischen Arbeitnehmer und Arbeitgeber besteht.[193] Indiz für ein die Freiwilligkeit ausschließendes Ungleichgewicht dürfte sein, dass der für die Datenverarbeitung Verantwortliche über eine Monopolstellung am Markt verfügt.[194]

Kinder sind nach Art. 8 Abs. 1 DSGVO erst ab Vollendung des **16. Lebens-**   **79**
jahres einwilligungsfähig. Gemäß Art. 8 Abs. 1 UAbs. 2 DSGVO können die Mitgliedstaaten die Altersgrenze für die Einwilligungsfähigkeit auf mindestens 13 Jahre herabsetzen.

Die erhöhten Anforderungen an die Einwilligung werden teilweise begrüßt,   **80**
weil sie der Sicherung privatautonomer Entscheidungsfreiheit dienten.[195] Insbesondere findet die Einführung des Opt-in-Ansatzes viel Zustimmung.[196] Nur wenn der Betroffene selbst aktiv werde, sei gewährleistet, dass er sich über die Konsequenzen seiner Einwilligung im Klaren ist.[197]

---

191 *Laue/Nink/Kremer*, § 2 Rn. 14.
192 *Buchner* DuD 2016, 155 (158).
193 Im Kommissionsentwurf war ein solches Ungleichgewicht zwischen Arbeitnehmer und Arbeitgeber in Erwägungsgrund 34 nämlich noch ausdrücklich vorgesehen. Für die endgültige Regelung wurde dies aber fallen gelassen, *Gierschmann* ZD 2016, 51 (54).
194 *Gierschmann* ZD 2016, 51 (54); aA *Härting* Legal Tribune Online, 16.12.2015: http://www.lto.de/recht/hintergruende/h/datenschutzgrund-vo-dsgvo-kritik/, der ein klares Ungleichgewicht „praktisch immer" zwischen Unternehmer und Verbraucher annimmt.
195 *Buchner* DuD 2016, 155 (158).
196 Vgl. *Rogosch*, Die Einwilligung im Datenschutzrecht, 125 f.; *Caspar* DuD 2013, 767 (770).
197 *Buchner* DuD 2010, 39 (42).

Teilweise stoßen die Änderungen aber auch auf Kritik. Denn es sei zu befürchten, dass sie dazu führten, dass die Einwilligung ihre Bedeutung als Rechtsgrundlage für die Datenverarbeitung verliere.[198] So machten das Koppelungsverbot aus Erwägungsgrund 42 und Art. 7 Abs. 4 DSGVO und die freie Widerruflichkeit nach Art. 7 Abs. 3 DSGVO die Einwilligung wirtschaftlich unbrauchbar.[199] Darüber hinaus werden verfassungsrechtliche Bedenken gegen die erhöhten Anforderungen an die Freiwilligkeit geäußert. Das allgemeine Persönlichkeitsrecht schütze auch die privatautonome Entscheidung, seine Daten einem Verarbeiter zur Verfügung stellen zu wollen.[200] Bei einem klaren Ungleichgewicht könne der Betroffene seine Daten aber praktisch nicht mehr zur Verarbeitung durch den Verantwortlichen freigeben.[201]

3. Vorbehalte der behördlichen Erlaubnis

81 Die DSGVO enthält nur eine überschaubare Zahl an Konstellationen, in denen die Zulässigkeit einer Datenverarbeitung nicht durch einen gesetzlichen Erlaubnistatbestand oder durch Einwilligung des Betroffenen hergestellt werden kann, sondern von einer von einer vorherigen **aufsichtsbehördlichen Genehmigung** abhängt. Entsprechende Genehmigungsvorbehalte sind in der DSGVO in folgenden Normen enthalten:[202]

- Art. 36 Abs. 5 DSGVO, der mitgliedstaatliche Genehmigungsvoraussetzungen für bestimmte, risikoreiche Datenverarbeitungen ermöglicht;
- Art. 40 Abs. 5 DSGVO, nach dem Entwürfe von Datenschutzverbänden zu datenschutzrechtlichen Verhaltensregeln genehmigt werden;
- Art. 42 Abs. 5 DSGVO, nach dem datenschutzrechtliche Zertifizierungen auch in der Zuständigkeit einer Aufsichtsbehörde liegen können;
- Art. 43 Abs. 1 DSGVO, nach dem die Akkreditierung einer Zertifizierungsstelle auch in der Zuständigkeit einer Aufsichtsbehörde liegen kann;
- Art. 47 DSGVO, der die Genehmigung verbindlicher interner Datenschutzvorschriften durch die Aufsichtsbehörde betrifft.

Gegen die Versagung dieser Genehmigungen kann der Antragsteller mit der Verpflichtungsklage vorgehen.[203]

---

198 *Gierschmann* ZD 2016, 51 (54); *Schneider/Härting* ZD 2012, 199 (201).
199 *Härting* Legal Tribune Online, 16.12.2015: http://www.lto.de/recht/hintergrund e/h/datenschutzgrund-vo-dsgvo-kritik/.
200 *Rogosch* Die Einwilligung im Datenschutzrecht 97 ff.
201 *Härting*, Legal Tribune Online, 16.12.2015: http://www.lto.de/recht/hintergrund e/h/datenschutzgrund-vo-dsgvo-kritik/, spricht deshalb sogar von einer Entmündigung des Verbrauchers. Dieser Einwand hat wenig für sich. Er vernachlässigt das in Erwägungsgrund 43 DSGVO vorgesehene zusätzliche Erfordernis, dass es „in Anbetracht aller Umstände unwahrscheinlich ist, dass die Einwilligung freiwillig abgegeben wurde".
202 Vgl. den Katalog in Art. 58 Abs. 3 DSGVO, der indes ein Sammelsurium an Genehmigungs-, Festlegungs- und Beratungsbefugnissen der Aufsichtsbehörde enthält, aus denen nur teilweise Klagekonstellationen für eine Verpflichtungsklage nach § 42 VwGO erwachsen können.
203 Näher zum Rechtsschutz unten → Rn. 122 ff. und Art. 78.

4. Grundsätzliches Verbot des Profiling

Profiling[204] beruht auf der Annahme, dass sich die Interessen oder das   82
künftige Verhalten des Betroffenen aus seinem bisherigen Verhalten mathematisch ableiten lassen.[205] Die Bildung von Profilen ist dabei von hoher
Praxisrelevanz, da sich aufgrund der Verbindung einzelner Informationen
Aussagen über den jeweiligen Betroffenen machen lassen, welche sich aus
den einzelnen Daten nicht ergeben.[206] Daten, die detaillierte Rückschlüsse
auf Ansichten, Präferenzen und Motivationen zulassen, werden so zu
marktfähigen Gütern. Für Unternehmen ist dies aufgrund der Möglichkeit
einer personalisierten Werbung interessant.[207] Der Betroffene hat nach
Art. 22 Abs. 1 DSGVO das Recht, nicht einer ausschließlich auf einer automatisierten Verarbeitung — einschließlich Profiling — beruhenden Entscheidung unterworfen zu werden, die ihm gegenüber rechtliche Wirkung
entfaltet oder ihn in ähnlicher Weise erheblich beeinträchtigt.

Dieses grundsätzliche Verbot des Profiling gilt vorbehaltlich der **Ausnah-**   83
men in Art. 22 Abs. 2 DSGVO: Profiling ist zulässig, wenn die darauf beruhende Entscheidung für den Abschluss oder die Erfüllung eines Vertrags erforderlich ist, wenn es durch Rechtsvorschriften zugelassen ist oder wenn
es mit ausdrücklicher Einwilligung des Betroffenen erfolgt.[208]

IV. Selbstregulierungskonzepte und Datenschutz durch Technik

Wenn das Datenschutzrecht primär auf die Festlegung von Verboten setzt,   84
ist seine Durchsetzungsschwäche vorprogrammiert. Von außen auferlegte
Pflichten mobilisieren Widerstände und Vermeidungsstrategien beim Datenverarbeiter. Für den Betroffenen steht der Aufwand zur Durchsetzung
solcher Verbote oft in keinem Verhältnis zum konkreten Nutzen. Der Betroffene verhält sich deshalb bei Datenschutzverstößen rational, wenn er
untätig bleibt. Diese Erkenntnis muss das Datenschutzrecht reflektieren
und daher auch auf andere Instrumente als auf Verbotsnormen setzen: auf
Selbstkontrolle und Anreizmechanismen. Das Informationsrecht ist deshalb ganz zu Recht durch einen signifikanten Rückzug staatlicher Normgebung und durch das Vordringen selbstregulativer gesellschaftlicher Steue-

---

204 Unter Profiling versteht Art. 4 Nr. 4 DSGVO jede Art der automatisierten Verarbeitung personenbezogener Daten, um bestimmte persönliche Aspekte, die sich
auf eine natürliche Person beziehen, zu bewerten, insbesondere um Aspekte bezüglich Arbeitsleistung, wirtschaftliche Lage, Gesundheit, persönliche Vorlieben,
Interessen, Zuverlässigkeit, Verhalten, Aufenthaltsort oder Ortswechsel dieser natürlichen Person zu analysieren oder vorherzusagen.
205 *Härting* CR 2014, 528 (530).
206 *Schantz* NJW 2016, 1841 (1844).
207 *Laue/Nink/Kremer,* § 2 Rn. 82.
208 Derartige Verarbeitungen sollen keine Kinder betreffen und der Verantwortliche
soll geeignete mathematische oder statistische Verfahren für das Profiling nutzen,
um dem Betroffenen eine transparente Verarbeitung zu gewährleisten: Erwägungsgrund 71 DSGVO; zur Kritik an der Regelung: *Reimer/Wegener* DuD 2016,
468, näher die Kommentierung von → Art. 22 DSGVO, Rn. 53 ff.

rungsmechanismen gekennzeichnet.[209] Entsprechende Instrumente in der DSGVO sind die **Datenschutz-Folgenabschätzung** (Art. 35 DSGVO), das struktur- und prozessbezogene **Datenschutz-Audit** (Art. 40 DSGVO) und die **Zertifizierung** (Art. 42 DSGVO),[210] mit der Marktinformationen durch Datenschutzzertifikate und Prüfsiegel zur Verfügung gestellt werden.

1. Ersetzung der Meldepflicht für Datenverarbeitungen durch eine Datenschutz-Folgenabschätzung

85 Nach Art. 18 RL 95/46/EG, umgesetzt durch §§ 4 d, 4 e BDSG, waren Verarbeitungen personenbezogener Daten gegenüber den Aufsichtsbehörden **generell meldepflichtig.** § 4 d BDSG regelt die Meldepflicht der nichtöffentlichen und öffentlichen Stellen und legt diesen die Pflicht auf, Verfahren automatisierter Verarbeitungen vor ihrer Inbetriebnahme der zuständigen Behörde zu melden. Dabei normieren § 4 d Abs. 2, 3 BDSG weitreichende Ausnahmetatbestände, sodass die Meldepflicht wegen der diversen Sonderregelungen erheblich modifiziert wird.[211] Eine Vorabkontrolle sah bereits § 4 d Abs. 5 und 6 BDSG vor.[212] Erwägungsgrund 89 DSGVO gesteht ein, dass diese allgemeinen Meldepflichten mit „finanziellem und bürokratischem Aufwand verbunden" waren und „dennoch nicht in allen Fällen zu einem besseren Schutz personenbezogener Daten geführt" haben. Daher sollen diese **Meldepflichten** „abgeschafft und durch wirksame Verfahren und Mechanismen ersetzt werden, die sich vorrangig mit denjenigen Arten von Verarbeitungsvorgängen befassen, die aufgrund ihrer Art, ihres Umfangs, ihrer Umstände und ihrer Zwecke wahrscheinlich ein *hohes Risiko* für die Rechte und Freiheiten natürlicher Personen mit sich bringen."[213]

86 Diese Erwägung hat in Art. 35 DSGVO Eingang in die Verordnung gefunden. Der Verantwortliche soll demnach vorab eine **Abschätzung der Folgen der vorgesehenen Verarbeitungsvorgänge** für den Schutz personenbezogener Daten durchführen. Eine derartige Folgenabschätzung ist erforderlich, wenn eine Form der Verarbeitung aufgrund der Art, des Umfangs, der Umstände und der Zwecke der Verarbeitung voraussichtlich ein hohes Risiko für die Rechte und Freiheiten natürlicher Personen zur Folge hat, Art. 35 Abs. 1 DSGVO. Art. 35 Abs. 3 DSGVO zählt enumerativ auf, wann eine Folgenabschätzung geboten ist.

---

209 *Hornung/Hartl* ZD 2014, 219 (219); *Roßnagel* in: Hempel/Krasmann/Bröckling, Sichtbarkeitsregime, S. 265; weil Anbieter nach erfolgreicher Prüfung mit der Einhaltung dieser Datenschutz-Standards werben dürfen, wird zusätzlich der Wettbewerb, letztlich das Ziel der Selbstregulierung gefördert; dazu *Hornung/Hartl* ZD 2014, 219 (220); Simitis/*Scholz* BDSG § 9 a Rn. 3, 6 m.w.N; *Roßnagel* in: Hempel/Krasmann/Bröckling, Sichtbarkeitsregime, S. 266 f.; *Roßnagel* in: ders., Handbuch Datenschutzrecht, Kap. 3.7. Rn. 5.

210 *Lindhorst*, Sanktionsdefizite im Datenschutzrecht, 2010, S. 118; *Roßnagel* in: Hempel/Krasmann/Bröckling, Sichtbarkeitsregime, S. 267.

211 Simitis/*Petri* BDSG § 4 d Rn. 13.

212 Simitis/*Petri* BDSG § 4 d Rn. 13; *Laue/Nink/Kremer*, § 7 Rn. 63 ff.; substantielle inhaltliche Parallelen zwischen § 4 Abs. 5 BDSG und Art. 35 DSGVO sehen *Kühling/Martini*, Die DSGVO und das nationale Recht, S. 91 f.; *Martini* in: Paal/Pauly DSGVO Art. 35 Rn. 74.

213 Erwägungsgrund 89 DSGVO.

Zur Ausgestaltung einer derartigen Folgenabschätzung wird in Erwägungs- **87**
grund 89 DSGVO ausgeführt: „In derartigen Fällen sollte der Verantwortliche vor der Verarbeitung eine Datenschutz-Folgenabschätzung durchführen, mit der die spezifische Eintrittswahrscheinlichkeit und die Schwere
dieses hohen Risikos unter Berücksichtigung der Art, des Umfangs, der
Umstände und der Zwecke der Verarbeitung und der Ursachen des Risikos
bewertet werden. Diese Folgenabschätzung sollte sich insbesondere mit
den Maßnahmen, Garantien und Verfahren befassen, durch die dieses Risiko eingedämmt, der Schutz personenbezogener Daten sichergestellt und die
Einhaltung der Bestimmungen dieser Verordnung nachgewiesen werden
soll."

Unternehmen müssen daher Strukturen und Prozesse schaffen, um diese **88**
Anforderungen zu erfüllen.[214] Wenn aus einer Datenschutz-Folgenabschätzung hervorgeht, dass die Verarbeitung ein hohes Risiko zur Folge hätte,
muss der Verantwortliche nach Art. 36 Abs. 1 DSGVO die **Aufsichtsbehörde konsultieren**.

Zudem ist der Aufsichtsbehörde gem. Art. 33 Abs. 1 DSGVO jede **Daten-** **89**
schutzverletzung binnen 72 Stunden nach Bekanntwerden der Verletzung
zu **melden**, es sei denn, die Verletzung führt nicht zu einem Risiko für die
Rechte und Freiheiten der Person. Art. 33 und Art. 34 DSGVO sehen im
Vergleich zu § 42 a BDSG umfassendere, verschärfte Meldepflichten gegenüber der Aufsichtsbehörde sowie Benachrichtigungspflichten gegenüber
dem Betroffenen vor, da das Spektrum der erfassten Daten und damit der
Anwendungsbereich weiter ist.[215] Denn nach § 42 a BDSG sind Unternehmen zur Meldung von Datenschutzverstößen an die Betroffenen und an die
zuständige Aufsichtsbehörde bisher nur verpflichtet, wenn besondere Arten
personenbezogener Daten unrechtmäßig übermittelt oder Dritten auf sonstige Weise unrechtmäßig zur Kenntnis gelangt sind und schwerwiegende
Beeinträchtigungen für die Rechte oder schutzwürdigen Interessen der Betroffenen drohen.

2. Zertifizierung und Datenschutz-Audit

Um eine Einhaltung der Vorgaben der DSGVO für bestimmte Produkte **90**
und Dienstleistungen zu verbessern,[216] sollen gemäß Art. 42 Abs. 1
DSGVO **Zertifizierungsverfahren sowie Datenschutzsiegel und -prüfzei-
chen** auf freiwilliger Basis eingeführt werden. Es dürfte fraglich sein, ob die
DSGVO damit das Potential des Zertifizierungskonzepts konsequent aus-
geschöpft hat. So wäre es für Cloud-Anwendungen denkbar gewesen, den
Schutzzweck des Datenschutzrechts zentral über eine Zertifizierung zu gewährleisten.[217] Der Nutzer von Cloud-Diensten hätte so entlastet werden

---

214 *Wybitul* BB 2016, 1077 (1078); vgl. auch den Beitrag von *Schmitz/von Dall'armi*
ZD 2017, 57 ff., mit Checklisten für die Praxis.
215 *Wybitul* BB 2016, 1077 (1080).
216 Vgl. auch Erwägungsgrund 100 DSGVO; *von Braunmühl* in: Plath BDSG/
DSGVO Art. 42 Rn. 1.
217 *Borges/Brennscheidt* in: Borges/Schwenk, Daten- und Identitätsschutz in Cloud
Computing, E-Government und E-Commerce S. 67 f.; *Dehmel/Hullen* ZD 2013,
147 (151); *Roßnagel/Richter/Nebel* ZD 2013, 103 (105).

können[218] und hätte nur noch die Gültigkeit des Zertifikats prüfen müssen. Seinen Sorgfaltsanforderungen hätte er dann auch mit Blick auf Haftungsfragen Genüge getan. Die DSGVO bürdet demgegenüber dem Cloud-Nutzer doch wieder – wie bisher – zahlreiche Regelungs-, Kontroll- und Nachweispflichten auf.[219] Er muss den Cloud-Provider vertraglich auf ein ganzes Maßnahmenbündel verpflichten, dies dokumentieren und vor allem dafür Sorge tragen, dass diese Maßnahmen eingehalten werden. Die Zertifizierung eines Cloud-Providers erleichtert nichts,[220] ist also überflüssig und wird weiterhin praktisch ein Nischendasein führen.

91 Gegenstand des **Datenschutz-Audits** nach Art. 40 DSGVO ist nicht ein bestimmtes Produkt, sondern die Entwicklung von Verhaltensregeln zur Bewältigung verschiedener datenschutzrechtlicher Probleme. Die entworfenen Verhaltensregeln werden von der zuständigen Aufsichtsbehörde im Hinblick auf die Vereinbarkeit mit den Vorschriften der DSGVO genehmigt.[221] Die Einhaltung dieser Verhaltensregeln wird gemäß Art. 41 Abs. 1 DSGVO durch die Aufsichtsbehörde oder eine akkreditierte Stelle überwacht. Problematisch ist, dass solche Verhaltensregeln, auch wenn sie genehmigt wurden, keine unmittelbare Verbindlichkeit bewirken.[222] Die Rechtsfolgen etwaiger Verstöße bestimmt nur der jeweilige Interessenverband, der die Verhaltensregeln erstellt hat.[223] Einen Anreiz für die Erstellung von Verhaltensregeln bieten jedoch diverse Nachweiserleichterungen, die die DSGVO bei Einhaltung der Vorgaben für die Verantwortlichen vorsieht.[224]

92 Sowohl bei der Zertifizierung als auch beim Datenschutz-Audit stellt sich die Frage nach dem **Prüfungsmaßstab**, der in den konkreten Zertifizierungs- und Auditierungsverfahren zu Grunde zu legen ist.[225] Die DSGVO hat sich darauf beschränkt, die ordnungsgemäße Anwendung der Verordnung zum Gegenstand der Zertifizierung und des Audits zu erklären.[226] Durch eine solche Beschränkung auf die gesetzlichen Vorgaben werden zumindest die Vergleichbarkeit sowie die Wettbewerbsgerechtigkeit gefördert.[227] Soweit diese beiden Instrumente aber neben der Selbstregulierung auch der Schaffung von Marktanreizen dienen, dh eine kontinuierliche Verbesserung des Datenschutzes angestrebt wird, kann die schlichte Einhaltung gesetzlicher Vorgaben nicht ausreichen.[228]

---

218 Zu dieser Überforderung auch *Borges* DuD 2014, 165 (165 f.).
219 Art. 24 DSGVO.
220 *Borges/Brennscheidt* in: Borges/Schwenk, Daten- und Identitätsschutz in Cloud Computing, E-Government und E-Commerce, S. 68.
221 Art. 40 Abs. 5 DSGVO.
222 *Gola/Schomerus* BDSG § 38 a Rn. 6.
223 *Laue/Nink/Kremer*, § 8 Rn. 19; *Kranig/Paintinger* ZD 2014, 3 (4); *Albrecht/Jotzo*, Teil 5 Rn. 29.
224 Bspw. Art. 24 Abs. 3 DSGVO; *Laue/Nink/Kremer*, § 8 Rn. 21.
225 *Kranig/Peintinger* ZD 2014, 3 (4); *Hornung/Hartl* ZD 2014, 219 (220).
226 *Laue/Nink/Kremer*, § 8 Rn. 7 u. § 8 Rn. 30; *Hornung/Hartl* ZD 2014, 219 (223).
227 *Roßnagel* in: Hempel/Krasmann/Bröckling Sichtbarkeitsregime, S. 270.
228 *Laue/Nink/Kremer*, § 8 Rn. 30; *Hornung/Hartl* ZD 2014, 219 (221).

3. Data protection by design und data protection by default

Art. 25 DSGVO regelt **Datenschutz durch Technikgestaltung** und **daten-schutzfreundliche Voreinstellungen.**[229] Art. 25 Abs. 1 DSGVO bestimmt, dass der für die Verarbeitung Verantwortliche technische und organisatorische Maßnahmen und Verfahren unter Berücksichtigung des Stands der Technik und der Implementierungskosten zur Sicherung der Einhaltung der Verordnung und zur Wahrung der Rechte der Betroffenen durchzuführen hat (**data protection by design**).

Zudem wird zusätzlich der Terminus der datenschutzfreundlichen Voreinstellungen eingeführt. Dieser findet sich auch in der Überschrift von Art. 25 DSGVO. Nach Art. 25 Abs. 2 DSGVO sollen technische Systeme so voreingestellt sein, dass sie nur solche personenbezogenen Daten verarbeiten, deren Verarbeitung für den jeweils verfolgten Zweck erforderlich ist (**data protection by default**). Bei der Datenverarbeitung sollen grundsätzlich ein am Erforderlichkeitsprinzip orientiertes, datensparsames Vorgehen sichergestellt werden und personenbezogene Daten grundsätzlich nicht einer unbestimmten Zahl von natürlichen Personen zugänglich gemacht werden.[230]

Welche Anforderungen an den Datenschutz durch Technik konkret gestellt werden, ist der Norm nicht zu entnehmen;[231] sie nennt beispielhaft in Abs. 1 die Pseudonymisierung. Maßnahmen zur Umsetzung der Vorgaben des Art. 25 DSGVO sollen nach Erwägungsgrund 78 etwa darin liegen, die Verarbeitung personenbezogener Daten zu minimieren und personenbezogene Daten schnellstmöglich zu pseudonymisieren. Die DSGVO konstituiert die **Pseudonymisierung** als zentrales Instrument, um einen angemessenen Schutz der betroffenen Personen zu erreichen.[232]

Art. 25 DSGVO wendet sich nur an die für die Verarbeitung Verantwortlichen, nicht an die Hersteller von Datenverarbeitungsprodukten, und entschärft daher die Vorgaben an Hersteller aus Erwägungsgrund 78.[233] Denn nach diesem sollten die Hersteller der Produkte, Dienste und Anwendungen „ermutigt werden, das Recht auf Datenschutz bei der Entwicklung und Gestaltung der Produkte, Dienste und Anwendungen zu berücksichtigen und unter gebührender Berücksichtigung des Stands der Technik sicherzustellen, dass die Verantwortlichen und die Verarbeiter in der Lage sind,

93

94

95

96

---

229 Auch andere Normen der DSGVO nehmen auf das Konzept der Datensicherheit Bezug: Zur Datensicherheit findet sich in Art. 32 Abs. 1 DSGVO eine Bestimmung, die die Gewährleistung eines angemessenen Schutzniveaus durch technische und organisatorische Maßnahmen fordert. Für die Auftragsdatenverarbeitung wird in Art. 28 Abs. 1 DSGVO festgelegt, dass technische und organisatorische Maßnahmen so durchgeführt werden, dass die Verordnung eingehalten und der Schutz der Rechte der Betroffenen durch geeignete technische Sicherheitsvorkehrungen und organisatorische Maßnahmen sichergestellt wird.

230 *Albrecht/Jotzo,* Teil 5 Rn. 5; *Roßnagel* in: Roßnagel DSGVO § 3 Rn. 228; Martini in: Paal/Pauly DSGVO Art. 25 Rn. 44.

231 *Laue/Nink/Kremer,* § 7 Rn. 13.

232 *Marnau* DuD 2016, 428 (430); um die Erfüllung der Anforderungen des Art. 25 Abs. 1, 2 DSGVO nachzuweisen, kann nach Art. 25 Abs. 3 DSGVO ein Zertifizierungsverfahren nach Art. 42 DSGVO durchgeführt werden.

233 *Richter* DuD 2012, 576 (578); *Roßnagel* in: Roßnagel § 3 Rn. 230; *Martini* in: Paal/Pauly DSGVO Art. 25 Rn. 25.

ihren Datenschutzpflichten nachzukommen".[234] Es fragt sich indes, ob Datenschutz durch Technik gelingen kann, wenn nur die **Anwender** der Verfahren und nicht bereits die **Hersteller** zu „Privacy by Design" verpflichtet werden.[235] Im Hinblick auf die Rechtslage in Deutschland, welche mit § 3 a BDSG zumindest mittelbar[236] auf Herstellerebene ansetzt, bedeutet der technische Datenschutz auf Anwenderebene in der DSGVO einen Rückschritt.[237] Denn wenn nicht bereits die Hersteller zu einem Datenschutz durch Technik verpflichtet werden und so bereits frühzeitig die Weichen für eine datenschutzfreundliche Technik stellen, können die Anwender nur noch innerhalb der Grenzen der ihnen zur Verfügung gestellten Technik agieren.[238]

V. Internationale Datenübermittlungen

97 Die DSGVO regelt die Voraussetzungen internationaler Datenübermittlungen an **Drittländer** oder **Internationale Organisationen** in Kapitel V.[239] Drittländer sind diejenigen Staaten, die nicht der EU angehören und nicht Vertragsstaaten des EWR sind.

98 Eine Übermittlung personenbezogener Daten an Drittländer unterbleibt, soweit das durch die DSGVO gewährleistete Schutzniveau nicht sichergestellt werden kann. Dies bedeutet, dass ein Datentransfer grundsätzlich nur in solche Drittländer erfolgen darf, in welchen ein angemessenes, dh mit dem EU-Recht **vergleichbares Datenschutzniveau** gewährleistet ist.[240] Bei einer Datenübermittlung ins Ausland ist daher neben der Prüfung der Zulässigkeit der Datenübermittlung an sich – Einwilligung oder gesetzlicher Erlaubnistatbestand nach Art. 6 DSGVO sowie ggfs. weitere Voraussetzungen – zusätzlich die Zulässigkeit des Transfers in das Drittland zu prüfen (**zweistufige Legitimations-Prüfung**).[241] Die Zulässigkeit eines Datentransfers in ein Drittland auf der zweiten Stufe kann entweder durch die Gewährleistung eines angemessenen Datenschutzniveaus, durch das Ergreifen bestimmter Maßnahmen im Empfängerland oder zumindest beim Empfänger der Daten oder durch das Vorliegen eines Ausnahmetatbestandes gem. Art. 49 DSGVO erreicht werden. Für bestimmte Kategorien von personenbezogenen Daten iSv Art. 9 DSGVO ist zudem eine gesetzliche Beschränkungsmöglichkeit der internationalen Verarbeitung dieser Daten in Art. 49 Abs. 5 DSGVO vorgesehen. Ist die Datenübermittlung in ein Drittland unzulässig, stellt diese einen nach Art. 83 Abs. 5 lit. c DSGVO zu sanktionierenden Verstoß dar.[242]

---

234 Erwägungsgrund 78 DSGVO.
235 *Roßnagel/Nebel/Richter* ZD 2015, 455 (459).
236 *Scholz* in: SimitisBDSG § 3 a Rn. 26.
237 *Richter* DuD 2012, 576 (580).
238 *Roßnagel/Nebel/Richter* ZD 2015, 455 (459).
239 Art. 44 ff. DSGVO, ergänzend Erwägungsgründe 101 ff.
240 Zur Bestimmung des Datenschutzniveaus macht Art. 45 Abs. 2 DSGVO der Kommission ermessensgebundene, eng formulierte Vorgaben, vgl. dazu *Spies* ZD 2016, 49 (49 f.).
241 *Albrecht/Jotzo*, Teil 6 Rn. 1; *Schneider*, Datenschutz, S. 293.
242 Derzeit wäre noch § 43 Abs. 2 Nr. 1 BDSG einschlägig, da zur Datenverarbeitung auch die Datenvermittlung gehört (§ 3 Abs. 4 Nr. 3 BDSG), dazu ausführlich *Schreiber/Kohm* ZD 2016, 255 (259).

In vielem führt die DSGVO das Rechtsregime der Datenschutz-Richtlinie   99
für internationale Datenübermittlungen fort. Die größten Änderungen im
Vergleich zur Datenschutz-Richtlinie haben sich im Rahmen der Trilog-
Verhandlungen durch die **Safe-Harbor-Entscheidung des EuGH** von 2015
ergeben.[243] Die durch den EuGH aufgestellten Anforderungen, insbesondere die Möglichkeit der Durchsetzung der Rechte des Betroffenen im Drittland,[244] finden sich in den detailliert erarbeiteten Kriterien zur Prüfung
und zum Erlass des Angemessenheitsbeschlusses über ein Drittland (oder
eine Internationale Organisation) durch die Kommission in Art. 45 Abs. 3
DSGVO wieder. Gemäß dem neu formulierten Art. 45 Abs. 1 DSGVO
kann mit dem Inkrafttreten der DSGVO neuerdings auch partiell für ein
bestimmtes Gebiet oder einen bestimmten Sektor in einem Drittland ein
Angemessenheitsbeschluss erlassen werden.[245] Zudem ist die Kommission
gem. Art. 45 Abs. 3 DSGVO verpflichtet, ihre Angemessenheitsbeschlüsse
alle vier Jahre zu prüfen. Nach Art. 45 Abs. 4 DSGVO hat sie zudem die
Plicht, die Entwicklung bzgl. der Angemessenheitsbeschlüsse im Drittland
zu überwachen.

Bei einer freiwilligen Selbstverpflichtung von außereuropäischen Unterneh-   100
men ist es der Kommission zudem möglich, einen Angemessenheitsbeschluss zu erlassen, wenn ein vergleichbares Datenschutzniveau zum
europäischen Datenschutzrecht erreicht wird. Im Juli 2016 wurde dementsprechend das Safe-Harbor-Abkommen durch das neue **EU-US-Privacy-
Shield-Abkommen** zwischen der EU und den USA ersetzt.[246] Dieses Abkommen kann zunächst als Rechtsgrundlage für einen Datentransfer in die
USA dienen, wenn die Daten an ein nach den Vorgaben des Privacy-Shield
zertifiziertes US-Unternehmen übermittelt werden.[247]

Alternativ zum Angemessenheitsbeschluss gem. Art. 45 Abs. 3 DSGVO   101
kann eine Übermittlung personenbezogener Daten zudem gestattet werden,
wenn gem. Art. 46 DSGVO geeignete Garantien vorgesehen sind. Dabei
sind entsprechende Garantien gegeben, wenn entweder **verbindliche Unter-
nehmensregelungen** gem. Art. 47 DSGVO (Art. 46 Abs. 2 lit. b DSGVO),
Standarddatenschutzklauseln[248] gem. Art. 93 Abs. 2 DSGVO (Art. 46
Abs. 2 lit. c und d DSGVO) oder ein genehmigter **Zertifizierungsmechanismus** (Art. 46 Abs. 2 lit. e und f. DSGVO) bestehen.[249]

---

243 EuGH 6.10.2015 – C-362/14, ECLI:EU:C:2015:650 – Schrems; vgl. *Laue/Nink/
Kremer,* § 5 Rn. 32.
244 EuGH 6.10.2015 – C-362/14, ECLI:EU:C:2015:650 Rn. 89 – Schrems.
245 Dies wurde vom EuGH gefordert vgl. EuGH 6.10.2015 – C-362/14, ECLI:EU:C:
2015:650 Rn. 35 – Schrems; *Laue/Nink/Kremer,* § 5 Rn. 34; *Albrecht/Jotzo,*
Teil 6 Rn. 7.
246 Kommission, 12.7.2016, C(2016) 4176 final; im Überblick dazu *Schreiber/Kohm*
ZD 2016, 255 (255).
247 Im Detail dazu *Laue/Nink/Kremer,* § 5 Rn. 40; *Weichert* ZD 2016, 209; für die
Datenübermittlung zwischen EU- und US-Behörden im Strafverfahren und der
Terrorismusbekämpfung soll dagegen das Umbrella Agreement gelten, dazu *Sma-
gon* ZD 2016, 55.; die Zustimmung des Europäischen Parlaments steht noch aus,
siehe PM European Council 305/16 – http://www.consilium.europa.eu/de/press/p
ress-releases/2016/06/02-umbrella-agreement/ (26.9.2016).
248 Dazu *Schmitz/von Dall'armi* ZD 2016, 217.
249 *Schmitz/von Dall'armi* ZD 2016, 217 (221); *Borges* NJW 2015, 3617 (3621);
Albrecht/Jotzo, Teil 6 Rn. 9 ff; *Schneider,* Datenschutz, S. 295.

102 Ausnahmsweise kann eine Datenübermittlung trotz fehlendem Angemessenheitsbeschluss der Kommission gem. Art. 45 DSGVO oder geeigneter Garantien gem. Art. 46 DSGVO und bei keinem angemessenen Datenschutzniveau im Drittland unter Erfüllung der Voraussetzungen von Art. 49 DSGVO zulässig sein.[250] Dies ist beispielsweise der Fall, wenn der Betroffene eingewilligt hat (Art. 49 Abs. 1 lit. a DSGVO), wichtige Gründe des öffentlichen Interesses gegeben sind (Art. 49 Abs. 1 lit. d DSGVO), dies zur Geltendmachung, Ausübung oder Verteidigung von Rechtsansprüchen vor Gericht erforderlich ist (Art. 49 Abs. 1 lit. e DSGVO) oder die Datenübermittlung aus einem Register, das zur Information der Öffentlichkeit bestimmt ist und entweder der gesamten Öffentlichkeit oder allen Personen, die ein berechtigtes Interesse nachweisen können, zur Einsichtnahme offensteht (Art. 49 Abs. 1 lit. g DSGVO).

D. Rechtsdurchsetzung: institutionelle, prozedurale sowie haftungs- und strafrechtliche Regelungen

I. Zuständigkeitsbündelung und Konzept der federführenden Aufsichtsbehörde

103 Für die Wahrnehmung der aufsichtsbehördlichen Aufgaben und Befugnisse aus der DSGVO begründen Art. 55, 56 DSGVO grundsätzlich das Konzept einer „federführenden" Aufsichtsbehörde (englisch „lead supervisory authority"). Das Konzept soll für Datenverarbeiter und Betroffene die Idee eines „One-Stop-Shop" umsetzen und so die Akzeptanz der DSGVO bei europaweit agierenden Unternehmen sicherstellen sowie dem einzelnen Betroffenen die Durchsetzung seiner Rechte erleichtern.[251]

1. Zuständigkeiten für die Wahrnehmung der Aufsichtsbefugnisse aus Art. 57 ff. DSGVO

104 Nach dem ursprünglichen Kommissionsvorschlag hätte für die Wahrnehmung der aufsichtsbehördlichen Aufgaben und Befugnisse grundsätzlich die Aufsichtsbehörde zuständig sein sollen, die ihren Sitz im Staat der Hauptniederlassung des datenverarbeitenden Verantwortlichen hat.[252] Dieser Ansatz hätte freilich in vielen Fällen Sprachschwierigkeiten in der Kommunikation mit der zuständigen Aufsichtsbehörde bedingt.[253] Daher hat die DSGVO letztlich die Aufsichtsbehörde jedes Mitgliedstaates für zuständig erklärt, in dem die Datenverarbeitung stattfindet. Innerstaatliche Zuständigkeiten, in Deutschland also Kompetenzabgrenzungen zwischen dem Bundes- und den Landesdatenschutzbeauftragten für Aufsichtsmaßnah-

---

250 Für Urteile eines Gerichts und Entscheidungen einer Verwaltungsbehörde eines Drittlandes wird zudem in Art. 48 DSGVO normiert, dass das Verlangen eines Verantwortlichen oder eines Auftragsverarbeiters zur Übermittlung oder Offenlegung personenbezogener Daten nur dann anerkannt oder vollstreckt werden kann, wenn eine in Kraft befindliche internationale Übereinkunft zwischen dem ersuchenden Drittland und der Union oder einem Mitgliedstaat besteht.
251 *Nguyen* ZD 2015, 265 (266).
252 Art. 51 Abs. 2 DSGVO in der Fassung KOM (2012) 11 endg., sog „Main-Establishment-Rule", *Kühling/Martini*, Die DSGVO und das nationale Recht, S. 177.
253 *Albrecht/Jotzo*, Teil 8 Rn. 4.

Sydow

men, werden durch das One-Stop-Shop-Prinzip der DSGVO nicht tangiert, bleiben also beachtlich.

Bei grenzüberschreitender Datenverarbeitung (Art. 4 Nr. 23 DSGVO) oder bei Auswirkungen einer Datenverarbeitung auf Betroffene in mehreren Mitgliedstaaten ergeben sich aus diesem Konzept **mehrere zuständige Aufsichtsbehörden**. Daher wird eine „federführende" Aufsichtsbehörde (Art. 56 Abs. 1 DSGVO) am Sitz der Hauptniederlassung des Unternehmens bestimmt.[254] Diese ist gem. Art. 56 Abs. 6 DSGVO die einzige Ansprechpartnerin des Verantwortlichen und als einzige Behörde befugt, verbindliche Maßnahmen gegenüber diesem zu ergreifen.[255]

105

Da das One-Stop-Shop-Prinzip aus sich heraus keine einheitliche Rechtsdurchsetzung sicherstellt, der Gefahr von „Datenschutzoasen"[256] aber begegnet werden soll, sieht die DSGVO in Art. 60 eine **Zusammenarbeit** zwischen federführender und anderen betroffenen Aufsichtsbehörden vor.[257] Für den Fall, dass zwischen betroffener und federführender Aufsichtsbehörde keine Einigung erzielt wird, regeln Art. 63 ff. DSGVO ein **Kohärenzverfahren** vor dem Europäischen Datenschutzausschuss,[258] der nach Art. 65 Abs. 1 DSGVO verbindliche Beschlüsse fassen kann.

106

2. Zuständigkeiten für Beschwerden nach Art. 77 DSGVO

Ein vergleichbares Konzept prägt auch die Zuständigkeitsordnung für Beschwerden nach Art. 77 DSGVO (Anrufung einer Aufsichtsbehörde gegen Datenschutzverstöße durch Dritte): Für sie schafft Art. 77 Abs. 1 DSGVO die Möglichkeit, sie bei der innerstaatlich zuständigen Aufsichtsbehörde jedes beliebigen Mitgliedstaates einzureichen.[259] Diese Behörde, bei der die Beschwerde eingereicht wurde, hat die Beschwerde zur weiteren Sachbehandlung an die zuständige Behörde – gegebenenfalls mit einem eigenen Entscheidungsvorschlag[260] – weiterzuleiten, sofern sie nicht selbst unmittelbar die nach Art. 55, 56 DSGVO international zuständige Behörde ist. Die Ausgangsbehörde hat nach Abschluss des Beschwerdeverfahrens die Pflicht, den Beschwerdeführer über das Ergebnis (bzw. bei Verzögerungen über den Stand) der Sachbehandlung durch die zuständige Behörde zu unterrichten, Art. 77 Abs. 2 DSGVO.

107

II. Zivilrechtliche Haftung (Art. 82 DSGVO)

Als Nachfolger von § 7 BDSG[261] gewährt Art. 82 DSGVO auf zivilrechtlicher Ebene einen **Anspruch auf Schadensersatz** bei Verstößen gegen die

108

---

254 *Schantz* NJW 2016, 1841 (1847); *Nguyen* ZD 2015, 265 (266).
255 *Nguyen* ZD 2015, 265 (266); *Feiler/Forgó*, EU-DSGVO, S. 37.
256 *Schantz* NJW 2016, 1841 (1847).
257 *Dammann* ZD 2016, 307 (309); *Laue/Nink/Kremer*, § 10 Rn. 38 ; ausführlich zum Verfahren: *Kühling/Martini*, Die DSGVO und das nationale Recht, S. 206 ff.
258 *Schantz* NJW 2016, 1841 (1847); ausführlich zum Verfahren: *Kühling/Martini*, Die DSGVO und das nationale Recht, S. 241 ff.
259 Die Aufzählung („insbesondere im Mitgliedstaat ihres Aufenthaltsorts, ihres Arbeitsplatzes oder des Orts des mutmaßlichen Verstoßes") hat lediglich beispielhaften Charakter.
260 *Schantz* NJW 2016, 1841 (1847).
261 Umsetzung des Art. 23 Abs. 1 RL 95/46/EG.

Verarbeitungspflichten der DSGVO. Die Norm entfaltet als **lex specialis** eine Sperrwirkung gegenüber konkurrierenden Ansprüchen aus §§ 823 ff. BGB.[262]

109 Art. 82 Abs. 1 DSGVO bestimmt den Kreis der berechtigten **Anspruchsinhaber**, Art. 82 Abs. 2 DSGVO den Anspruchsgegner. Der Anspruchsinhaber kann Schadensersatz geltend machen, wenn ein kausaler Verstoß gegen eine Vorschrift der DSGVO vorliegt (→ Art. 82 Rn. 7 f.), wobei die Haftungsvoraussetzungen in Art. 82 Abs. 2 DSGVO konkretisiert werden. Wesentlich für den Anspruch auf Schadensersatz aus Art. 82 Abs. 1 DSGVO ist die Bestimmung des Schadensbegriffs. Eine eigene Definition liefert die DSGVO dafür nicht. Da Art. 82 Abs. 1 DSGVO einen Anspruch aus unerlaubter Handlung begründet, wäre grundsätzlich die Rom-II-VO[263] wegweisend. Doch gilt bei außervertraglichen Schuldverhältnissen aus der Verletzung der Privatsphäre oder der Persönlichkeitsrechte eine Bereichsausnahme.[264] In Deutschland erfolgt die Anknüpfung daher nach den Art. 40 ff. EGBGB.[265]

110 Der Anspruchsgegner kann sich wie bisher von seiner Haftung befreien, wenn ihm der **Entlastungsnachweis** nach Art. 82 Abs. 3 DSGVO gelingt.[266] Es besteht damit eine widerlegliche Vermutung für das Verschulden des Verantwortlichen oder des Auftragsverarbeiters.[267] Art. 82 Abs. 4, 5 DSGVO normiert Haftungsregeln für Fälle, in denen mehrere Verantwortliche und Auftragsverarbeiter an einer Datenverarbeitung beteiligt sind. Die Normen weisen Parallelen zu den Vorschriften über die Gesamtschuldnerschaft (§§ 421, 426 Abs. 1, 1 BGB) auf, auch wenn der Terminus nicht ausdrücklich genannt wird.[268] Schließlich wird durch Art. 82 Abs. 6 DSGVO die gerichtliche Zuständigkeit für eine Schadensersatzklage bestimmt (→ Art. 79 Rn. 33 ff.).

III. Straf- und Ordnungswidrigkeitenrecht (Art. 83, 84 DSGVO)

111 Art. 83 DSGVO ermöglicht die Verhängung von **Geldbußen**,[269] zusätzlich zu oder anstelle weiterer geeigneter Maßnahmen der Aufsichtsbehörden.[270] Geldbußen nach Art. 83 DSGVO stellen kein strafrechtliches Instrument dar, sondern bieten eine administrativrechtliche Möglichkeit, um Verstöße gegen die DSGVO zu sanktionieren. Für strafrechtliche Sanktionen hätte die EU keine kompetenzrechtliche Grundlage.[271] Art. 83 Abs. 4–6

---

262 Erwägungsgründe 9 und 10; *Gola/Klug/Körffer* in: Gola/Schomerus BDSG § 7 Rn. 18 a ff.; aA: *Laue/Nink/Kremer*, § 11 Rn. 15.
263 VO (EG) Nr. 864/2007.
264 Art. 1 Abs. 2 lit. g ROM-II-VO.
265 *Junker* in: MüKoBGB Art. 4 Rom II-VO Rn. 63, *Junker* in: MüKoBGB Art. 40 EGBGB Rn. 72.
266 Vgl. bereits Art. 23 Abs. 2 RL 95/46/EG.
267 *Laue/Nink/Kremer*, § 11 Rn. 9.
268 *Laue/Nink/Kremer*, § 11 Rn. 12 ff.
269 Ausführlich zum datenschutzrechtlichen Sanktionsmechanismus: *De Hert* International Data Privacy Law 2014, 262.
270 Vgl. Art. 58 Abs. 2. a–h und j; in der deutschen Fassung ist der Verweis in Art. 83 Abs. 2 auf Art. 58 Abs. 2 i DSGVO zirkelschlüssig. In der englischen Fassung wird richtigerweise auf Abs. 2 j verwiesen.
271 *Böse* in Hatje/Müller-Graff, EnzEuR Bd. 9, § 24 Rn. 24.

DSGVO[272] schreibt den Aufsichtsbehörden vor, in welcher Höhe die Geldbußen festzusetzen sind. Welche Kriterien grundsätzlich bei der Bestimmung der Geldbuße herangezogen werden sollen, wird detailliert in Art. 83
Abs. 2 DSGVO aufgelistet. Grundsätzlich richtet sich die Höhe der Geldbuße nach dem Jahresumsatz des Unternehmens.[273]

Weiterhin obliegt es gemäß Art. 84 DSGVO den **Mitgliedstaaten**, andere   112
strafrechtliche oder verwaltungsrechtliche Sanktionen[274] in das jeweilige
nationale Recht einzufügen. Diese Sanktionen sollen nach Art. 84 Abs. 2
DSGVO insbesondere solche Datenschutzverstöße ahnden, deren Bege-
hung nicht bereits mit einer Geldbuße nach Art. 83 DSGVO bedroht ist.[275]

E. Betroffenenrechte und Individualrechtsschutz

I. Betroffenenrechte

Die EU-Kommission hatte einen verstärkten Schutz der Rechte des Einzel-   113
nen als wesentliches Ziel der DSGVO definiert.[276] Die Rechte der betroffenen Personen sollten erweitert und verstärkt werden. Neben den Informationspflichten in der DSGVO sind diese Rechte im dritten Kapitel der Verordnung aufgeführt: ein **Auskunftsrecht** (Art. 15 DSGVO), ein **Berichtigungsrecht** (Art. 16 DSGVO), ein Recht auf **Löschung** (Art. 17 DSGVO),
ein Recht auf **Einschränkung der Verarbeitung** (Art. 18 DSGVO) und ein
Recht auf **Datenübertragbarkeit** (Art. 20 DSGVO). Sie werden durch die
Möglichkeiten des Individualrechtsschutzes ergänzt.[277] Diese Rechte sollen
der betroffenen Person eine effektive Kontrolle über die sie betreffenden
Daten ermöglichen, und zwar im Sinne des englischen „control", das nicht
allein die nachträgliche Kontrolle bezeichnet, sondern Steuerungsbefugnis-

---

272 In der deutschen Fassung fehlt der Bezug in Art. 83 Abs. 1 auf Abs. 4, der sich
     aber aus der englischen Fassung ergibt.
273 Von erheblicher Bedeutung ist der hier zu Grunde zu legende Unternehmensbe-
     griff. Der Legaldefinition in Art. 4 Nr. 16 DSGVO ist nicht direkt zu entnehmen,
     ob es bei Unternehmensgruppen auf den Umsatz des einzelnen Tochterunterneh-
     mens oder des gesamten Konzerns ankommt. Nach Erwägungsgrund 150 soll der
     Begriff des Unternehmens iSd Art. 101 und 102 AEUV ausgelegt werden. Demzu-
     folge würden größeren Konzerneinheiten erheblich höhere Geldbußen drohen;
     vgl. im einzelnen → Art. 83 Rn. 7.
274 Die Bestimmung der Rechtsnatur der Sanktion wird den Mitgliedstaaten überlas-
     sen, vgl. Erwägungsgrund 152 S. 2; dazu auch *Kühling/Martini*, Die DSGVO und
     das nationale Recht, S. 278 f.
275 *Laue/Nink/Kremer*, § 11 Rn. 29. Vgl. zum Verhältnis von Art. 83 und 84 DSGVO
     die Ausführungen von *Kühling/Martini*, Die DSGVO und das nationale Recht,
     S. 280 f.
276 Mitteilung der Kommission, Der Schutz der Privatsphäre in einer vernetzten
     Welt. Ein europäischer Datenschutzrahmen für das 21. Jahrhundert v. 25.1.2012,
     KOM(2012) 9 endg.; grundsätzliche Zweifel, dass dieses Ziel mit dem Instrumen-
     tenansatz der DSGVO erreicht werden könne, bei *van der Sloot* International Da-
     ta Privacy Law 2014, 301.
277 Vgl. die instruktive Zusammenstellung verschiedener Modelle für Abhilfe bei Da-
     tenschutzverstößen (Betroffenenrechte, aufsichtsbehördliches und gerichtliches
     Vorgehen) durch *De Hert/Galetta* Review of European administrative law 2015,
     125.

se umfasst.[278] Während Berichtigungs- und Löschungsansprüche zu den etablierten Konzepten des Datenschutzrechts gehören, ist das Konzept der Datenportabilität eine gesetzliche Neuerung der DSGVO, auch wenn es als Fortentwicklung datenschutzrechtlicher Auskunftsansprüche verstanden werden kann.[279] Das Recht auf Vergessenwerden bestand bereits im BDSG als Recht auf Löschung, welches durch die Formulierung des „Rechts auf Vergessenwerden" aufgewertet wurde, hinter dem sich aber lediglich ein internetbezogener Löschungsanspruch verbirgt.[280]

1. Informations- und Auskunftsrechte

114   Art. 13 und 14 DSGVO sehen erweiterte, teilweise über die bisherigen Pflichten des BDSG[281] erheblich hinausgehende **Informationspflichten** vor.[282] Art. 13 DSGVO normiert eine Informationspflicht bei der Erhebung personenbezogener Daten bei der betroffenen Person, Art. 14 DSGVO eine Informationspflichten für den Fall, dass Daten nicht bei der betroffenen Person erhoben werden. Neben Informationen, die immer zu erteilen sind,[283] müssen andere Informationen nur erteilt werden, wenn diese „notwendig sind, um eine faire und transparente Verarbeitung zu gewährleisten".[284] Werden die Daten direkt erhoben, müssen die Informationspflichten bereits bei Erhebung der Daten erfüllt werden.[285] Im Fall einer Dritterhebung muss der Verantwortliche seinen Informationspflichten innerhalb einer angemessenen Frist nach Erlangung der Daten, längstens jedoch innerhalb eines Monats nachkommen.[286]

115   Die Informationsrechte sollen eine faire und transparente Verarbeitung der Daten gewährleisten.[287] Dem Einzelnen soll erkennbar sein, wer wann welche Daten bei welcher Gelegenheit über ihn erhebt. Denn ohne dieses Wissen um eine etwaige Datenverarbeitung ist der Betroffene nicht in der Lage, die Rechtmäßigkeit der Datenverarbeitung zu überprüfen und seine Rechte geltend zu machen.[288] Wie im BDSG gibt es auch in der DSGVO **Ausnahmen von den Informationspflichten:** Sie sind im Hinblick auf Rech-

---

278 In diesem Sinne verwandt bei *Zanfir* International Data Privacy Law 2012, 149 (149); allgemein zum Konzept der Kontrolle über die eigenen Daten: Erwägungsgrund 68 S. 1 DSGVO sowie *Tene/Polonetsky* Northwestern Journal of Technology and Intellectual Property 2013, 239 ff.
279 Zum Verständnis der Datenportabilität als Fortentwicklung von Auskunftsansprüchen: *Bapat* Privacy and Data Protection 2013, 3 (4).
280 *Buchholtz* ZD 2015, 570 (572); *Schantz* NJW 2016, 1841 (1845), zur Frage, ob und inwiefern Deutschland bereits einen rechtlichen Rahmen für ein „Recht auf Vergessenwerden" vorsieht: *Kodde* ZD 2013, 115 ff.
281 § 4 Abs. 3, § 33 BDSG.
282 *Schantz* NJW 2016, 1841 (1845).
283 Art. 13 Abs. 1 und Art. 14 Abs. 1 DSGVO.
284 Art. 13 Abs. 2 DSGVO, Art. 14 Abs. 2 DSGVO.
285 Art. 13 Abs. 1 DSGVO.
286 Art. 14 Abs. 3 lit. a DSGVO.
287 Erwägungsgrund 60 DSGVO.
288 *Spindler/Nink* in: Spindler/Schuster Recht der elektronischen Medien § 4 BDSG Rn. 10; *Laue/Nink/Kremer*, § 3 Rn. 1.

te und Geschäftsgeheimnisse, Urheberrechte und weitere Interessen des Verarbeiters oder Dritter beschränkbar.[289]

Die betroffene Person kann im Rahmen ihres Auskunftsrechts gem. Art. 15 DSGVO eine Bestätigung darüber verlangen, ob personenbezogene Daten über sie verarbeitet werden, und, soweit dies der Fall ist, über die Umstände der Datenverarbeitung Auskunft verlangen. Art. 15 Abs. 1 DSGVO erweitert die bisherigen Auskunftsrechte des § 34 BDSG insoweit, als der Betroffene nunmehr Auskunft über die geplante Dauer der Speicherung und über seine Löschungs- und Beschwerderechte verlangen kann. Art. 12 Abs. 3 DSGVO sieht eine unverzügliche, spätestens aber innerhalb eines Monats zu erfolgende **Beantwortung des Auskunftsersuchens** des Betroffenen vor. Wird der Verantwortliche auf das Auskunftsersuchen des Betroffenen hin nicht tätig, so hat er diesen gem. Art. 12 Abs. 4 DSGVO **innerhalb eines Monats** über die Gründe des Untätigbleibens und die Möglichkeit zur Beschwerde bei einer Aufsichtsbehörde zu unterrichten. 116

2. Rechte auf Vergessenwerden und Löschung

Im „Google Spain"-Urteil vom 13. Mai 2014[290] hat der EuGH dem Einzelnen das Recht zugesprochen, „jederzeit Herr über seine Daten zu bleiben", und Bedarf an einer Möglichkeit des „Vergessens" im Internet angemeldet.[291] Der EuGH leitete aus dem allgemeinen Löschungs- und Widerspruchsrecht der Datenschutzrichtlinie das Recht ab, dass Links auch auf an sich zulässiger Weise veröffentlichte Inhalte entfernt werden müssen, wenn die Referenzierung zu einer Beeinträchtigung überwiegend schutzwürdiger Interessen führt.[292] In Erwägungsgrund 66 DSGVO ist dementsprechend vorgesehen, das Recht auf Löschung „auszuweiten, um dem „**Recht auf Vergessenwerden**" im Netz mehr Geltung zu verschaffen".[293] 117

In die DSGVO hat dieses Vorhaben nun Eingang in Art. 17 gefunden. Dieser formuliert als Überschrift ein „Recht auf Vergessenwerden". Es handelt sich dabei aber um das bereits aus der Datenschutzrichtlinie und aus § 35 BDSG bekannte Recht auf **Löschung**.[294] Allerdings wurde dieses Löschungsrecht in zwei Richtungen **weiterentwickelt**: Art. 17 Abs. 1 lit. f. DSGVO führt einen speziellen Löschungsgrund ein, wenn Daten über Kin- 118

---

289 Art. 13 Abs. 4 DSGVO, Art. 14 Abs. 5 DSGVO, vgl. auch Erwägungsgrund 62 DSGVO, sowie: *Plitz* K&R 2016, 629 (630).
290 EuGH 13.5.2014 – C-131/12, ECLI:EU:C:2014:317 – Google Spain /AEPD; dazu *Spiecker gen. Döhmann* CML Rev. 2015, 1033 ff.; *Spahiu* European Public Law 2015, 691 ff.; *Peguera* International Journal of Law and Information Technology 2015, 325 ff.
291 *Buchholtz* ZD 2015, 570.
292 *Kühling* EuZw 2014, 527 (529).
293 Erwägungsgrund 66 DSGVO; aus der Diskussion über den sachlichen Gehalt des „Rechts auf Vergessenwerden" *Nolte* NJW 2014, 2238 ff.; *Boehme-Neßler* NVwZ 2014, 825 ff.; *Lloyd-Jones* Data Protection Law & Policy 2015, 10; *Sartor* International Data Privacy Law 2015, 64; *ders.* International Journal of Law and Information Technology 2016, 72 ff.
294 *Buchholtz* ZD 2015, 570 (572); *Schantz* NJW 2016, 1841 (1845), zur Frage, ob und inwiefern Deutschland bereits einen rechtlichen Rahmen für ein „Recht auf Vergessenwerden" vorsieht: *Kodde* ZD 2013, 115 ff., zur Vergleichbarkeit der Löschpflichten in § 35 BDSG und Art. 17 DSGVO siehe auch: *Kühling/Martini*, Die DSGVO und das nationale Recht, S. 59.

der durch Internetanbieter, welche sich direkt an Kinder wenden, erhoben worden sind. Hat der Verantwortliche die personenbezogenen Daten öffentlich gemacht und ist er gemäß Art. 17 Abs. 1 DSGVO zu deren Löschung verpflichtet, so legt ihm Art. 17 Abs. 2 DSGVO die Pflicht auf, angemessene Maßnahmen zu treffen, um die Verantwortlichen, die die personenbezogenen Daten verarbeiten, darüber zu informieren, dass eine betroffene Person die Löschung sämtlicher Links zu diesen personenbezogenen Daten oder von Kopien oder Replikationen dieser personenbezogenen Daten verlangt hat.[295]

3. Recht auf Datenübertragbarkeit

119 Das Recht auf **Datenübertragbarkeit** (auch: **Datenportabilität**), Art. 20 DSGVO, beinhaltet im Einzelnen drei Ansprüche:

- das Recht, eine Kopie der eigenen Daten in einem strukturierten, gängigen und maschinenlesbaren Format[296] zu erhalten (Art. 20 Abs. 1, 1. Var. DSGVO),
- das Recht, diese Daten einem anderen Verantwortlichen zu übermitteln (Art. 20 Abs. 1, 2. Var. DSGVO),
- das Recht auf Direktübermittlung vom Verantwortlichen an einen neu bestimmten Verantwortlichen unter Vorbehalt der technischen Möglichkeit (Art. 20 Abs. 2 DSGVO).

120 Die Norm verfolgt **Verbraucherschutzziele** und ein **wettbewerbsrechtliches Konzept:**[297] Die Verpflichtung der Verantwortlichen erleichtert dem jeweiligen Betroffenen einen Anbieterwechsel beispielsweise bei sozialen Netzwerken oder Energielieferverträgen, wenn Nutzer umfangreiche Datenmengen abgespeichert haben, deren erneute Eingabe bei anderen Providern unzumutbar oder praktisch unmöglich ist.[298] Dem Bestreben etablierter Marktteilnehmer, Kunden den Anbieterwechsel durch technische Spezifikationen zu erschweren, tritt die Norm entgegen.[299]

121 Der Vorgang der Datenübermittlung ist nicht gleichsam dinglich in dem Sinne zu verstehen, dass die Daten durch die Übermittlung an einen neuen Verantwortlichen nicht mehr beim bisherigen Verantwortlichen vorhanden wären. Vielmehr regelt Art. 20 DSGVO eine vervielfältigende Übermittlung

---

295 *Buchholtz* ZD 2015, 570 (573) sieht in Art. 17 Abs. 2 eine „unrealistische Forderung", denn häufig werde es bereits an der konkreten Kenntnis des Anspruchsgegners fehlen.

296 Was unter einem strukturierten und gängigen Format zu verstehen ist, wird in der DSGVO nicht näher erläutert. Dies führt zu der Gefährdungslage, dass Datenverarbeiter versucht sein könnten, Art. 20 DSGVO durch das Nutzen eines nicht standardisierten Formats zu umgehen: *Bapat* Privacy and Data Protection 2013, 3.

297 *Plitz* K&R 2016, 629 (634) mwN; Kritik daran, dass es an jeder Analyse darüber fehle, ob dem Wechselaufwand, den die Norm reduzieren soll, überhaupt wettbewerbsbehindernde Auswirkungen habe: *Maxwell* Computer and Telecommunications Law Review 2012, 175 (176).

298 *Gierschmann* ZD 2016, 51 (54); vgl. dazu auch *Kipker/Voßkamp* DuD 2012, 737 (740) und *Dammann* ZD 2016, 307 (308) sowie *Maisch*, Informationelle Selbstbestimmung in Netzwerken – Rechtsrahmen, Gefährdungslagen und Schutzkonzepte am Beispiel von Cloud Computing und Facebook 2015, 250 ff.

299 *Dammann* ZD 2016, 307 (309).

der Daten und enthält sich jeder Aussage darüber, ob die Daten zusätzlich auch beim bisherigen Verantwortlichen verbleiben. Dies ist eine Frage von Löschungsansprüchen, die unabhängig von Art. 20 DSGVO durch Art. 17 DSGVO geregelt werden. Die Ausübung des Rechts auf Datenübermittlung aus Art. 20 Abs. 1 DSGVO lässt den **Löschungsanspruch** aus Art. 17 DSGVO **unberührt.**[300] Der Betroffene kann seinen Löschungsanspruch unabhängig von seinem Anspruch auf Datenübertragung geltend machen. Ein Anspruch auf Datenübertragung kann zudem auch geltend gemacht werden, ohne dass dafür die Voraussetzungen des Löschungsanspruchs vorliegen müssten.

II. Das Rechtsschutzregime der DSGVO für den Datenschutzbereich

1. Strukturfragen und Grundprobleme des datenschutzrechtlichen Rechtsschutzes

Die DSGVO hat ein **eigenständiges Rechtsschutzregime** für das Datenschutzrecht entworfen und sieht unterschiedliche Rechtsbehelfe zugunsten der verschiedenen Akteure vor.[301] Die Verordnung bricht damit mit dem bisherigen Konzept der Datenschutz-Richtlinie, die nur einen einzigen Satz zu Rechtsschutzfragen enthielt[302] und seine Ausgestaltung vollständig in der Autonomie der Mitgliedstaaten belassen hatte. Die DSGVO verfolgt ein weitaus ambitionierteres Konzept der Rechtsangleichung: Das Rechtsschutzregime der DSGVO umfasst nationale und europarechtliche Rechtsbehelfe und ist im Einzelnen in Kapitel VIII der DSGVO niedergelegt. Dieses datenschutzrechtliche Rechtsschutzregime stellt etablierte Grundstrukturen des deutschen Rechtsschutzes vor Herausforderungen und betrifft zahlreiche Einzelfragen: die internationale Zuständigkeit der Gerichte, die isolierte Anfechtbarkeit von Verfahrenshandlungen sowie die Anfechtbarkeit datenschutzrechtlicher Beanstandungen, Verbandsvertretungsrechte und – im Rahmen des Beschwerderechts – die grenzüberschreitenden Erstzuständigkeit sämtlicher EU-Mitgliedstaaten. 122

Die Regelungen betreffen: 123

- ein Recht auf **Anrufung der Aufsichtsbehörde** gegen Datenschutzverstöße Dritter, das die DSGVO als Recht auf Beschwerde *bei* einer Aufsichtsbehörde bezeichnet, mit der Möglichkeit einer gerichtlichen Untätigkeitsklage bei Erfolglosigkeit der Beschwerde (Art. 77, 78 Abs. 2 DSGVO),
- gerichtliche **Rechtsbehelfe *gegen*** die **Aufsichtsbehörde** (Art. 78 DSGVO), primär in Form von Anfechtungs- und Verpflichtungsklagen,
- zivilprozessuale Rechtsbehelfe gegen **Verantwortliche und Auftragsverarbeiter** (Art. 79 DSGVO),

---

300 Art. 20 Abs. 3 S. 1 DSGVO; vgl. auch Erwägungsgrund 68 DSGVO.
301 *Laue/Nink/Kremer*, § 11 Rn. 31.
302 Art. 22 RL 95/46/EG; die Norm erschöpft sich in der Verpflichtung der Mitgliedstaaten zu gewährleisten, dass „jede Person bei der Verletzung der Rechte, die ihr durch die für die betreffende Verarbeitung geltenden einzelstaatlichen Rechtsvorschriften garantiert sind, bei Gericht einen Rechtsbehelf einlegen kann".

- Regelungen über **Verbandsvertretungsrechte** (Art. 80 DSGVO) und über
- die Koordination von Gerichtsverfahren in mehreren Mitgliedstaaten über denselben Gegenstand (Art. 81 DSGVO).

124 Diese Bestimmungen werden in den Erwägungsgründen[303] weiter ergänzt durch umfangreiche Erläuterungen zu den Verschränkungen nationaler und europäischer Gerichtsverfahren, mit denen der europäische Gesetzgeber sein Verständnis des europäischen Rechtsschutzsystems, insbesondere des Vorabentscheidungsverfahrens, festschreiben möchte.

125 Rechtsschutzfragen sind **Strukturfragen des Unionsrechts.** Denn der legitimationsstiftenden Kraft rechtsschützender Verfahren kommt besondere Bedeutung zu, solange die demokratische Legitimation der Union nur ein begrenztes Legitimationsniveau vermittelt.[304] Vor diesem Hintergrund ist das datenschutzrechtliche Rechtsschutzregime, das die DSGVO errichtet, in doppelter Hinsicht problematisch:

126 Nach den Erwägungsgründen zur DSGVO sollen die Verfahren gegen eine Aufsichtsbehörde „im Einklang mit dem Verfahrensrecht dieses Mitgliedstaats durchgeführt werden."[305] Andere prozessuale Normen aus Kapitel VIII der DSGVO sind demgegenüber durchaus unmittelbar anwendbar und genießen daher Anwendungsvorrang vor entgegenstehendem nationalem Prozessrecht. Schon dieser Umstand wird bei verwaltungsrechtlichen Klagen zu einem anspruchsvollen **Nebeneinander** des unmittelbar geltenden **Prozessrechts der DSGVO** und der ZPO bzw. **VwGO** führen. Kohärenz und Konsistenz des Rechtsschutzes sind gefährdet. Das Nebeneinander von VwGO und unmittelbar mit Anwendungsvorrang geltendem Prozessrecht der DSGVO kann nur mit Mühe zu einem kohärenten Rechtsschutzsystem zusammengefügt werden und ist der Rechtsklarheit abträglich.[306]

127 Zudem entsteht durch diese Überlagerungen ein **sektorales Sonderprozessrecht** für den Rechtsschutz im Datenschutzrecht. Seine Sonderregelungen gegenüber dem nationalen Prozessrecht sind nicht durch spezifisch datenschutzrechtliche Erwägungen getragen. Sie beruhen durchgängig auf anderen Wertungen des Europarechts in allgemeinen materiell-rechtlichen, verfahrens- und prozessrechtlichen Fragen. Dadurch entsteht neben dem Um-

---

303 Erwägungsgrund 143 DSGVO, der aus nicht weniger als zwölf Sätzen besteht.

304 *Schmidt-Aßmann*, Kohärenz und Konsistenz des Verwaltungsrechtsschutzes, 2015, S. 48.

305 Erwägungsgrund 143 Satz 7, 2. Halbsatz DSGVO (an versteckter Stelle im Rahmen dieses zwei Absätze und insgesamt 12 Sätze langen Erwägungsgrundes, der drei eigenständige Rechtsschutzkomplexe betrifft: Nichtigkeitsklagen vor dem EuGH, mitgliedstaatlicher Rechtsschutz, Vorabentscheidungsverfahren).

306 Zu Grundfragen effektiver Justizgewähr im europäischen Rechtsschutzverbund bereits *Calliess* NJW 2002, 3577 ff.; *Classen* JZ 2006, 157 ff.; *Schoch* in: Hoffmann-Riem/Schmidt-Aßmann/Voßkuhle, Grundlagen des Verwaltungsrechts III, § 50 Rn. 26 ff., *Schmidt-Aßmann* Kohärenz und Konsistenz des Verwaltungsrechtsschutzes, 2015, S. 44 ff.

weltrecht[307] nun ein zweiter Sachbereich mit prozessrechtlichen Sonderregelungen. Diese Sonderprozessrechte müssen kritisch daraufhin diskutiert und abgeklopft werden, ob sie Potential für eine Fortentwicklung der VwGO auch jenseits der Sachbereiche haben, in denen sie europarechtlich vorgegeben sind. Sie könnten dann als Impulsgeber wirken, um auf Dauer die Sonderprozessrechte wieder in den Rahmen einer fortentwickelten VwGO zu integrieren.[308]

2. Individualrechtsschutz nach Art. 78 DSGVO: Modifikationen gegenüber der VwGO

Art. 78 DSGVO nimmt die Gewährleistung wirksamen Rechtsschutzes durch Art. 47 GRCh auf und konkretisiert sie für das Datenschutzrecht.[309] Das betrifft insbesondere den verwaltungsgerichtlichen Rechtsschutz gegen rechtsverbindliche Beschlüsse einer Aufsichtsbehörde in Ausübung ihrer datenschutzrechtlichen Untersuchungs-, Abhilfe- und Genehmigungsbefugnisse. Daraus resultieren teilweise Änderungen gegenüber dem etablierten deutschen Rechtsschutzsystem:

128

Art. 78 Abs. 1 DSGVO bezieht sich auch auf die Wahrnehmung der Untersuchungsbefugnisse der Aufsichtsbehörde[310] zur Sachverhaltsaufklärung und Vorbereitung von Sachentscheidungen nach Art. 58 Abs. 2, Abs. 3 DSGVO. Da Art. 78 Abs. 1 DSGVO somit einen wirksamen gerichtlichen Rechtsbehelf auch gegen behördliche Untersuchungsmaßnahmen fordert, muss diese Norm **Anwendungsvorrang** vor der deutschen Regelung des § 44 a VwGO haben (im Einzelnen → Art. 78 Rn. 47).

129

Die DSGVO wird auch bei datenschutzrechtlichen Beanstandungen[311] zu einer Änderung der bisherigen deutschen Dogmatik führen. Denn die Rechtsschutzgarantie des Art. 78 Abs. 1 DSGVO greift insbesondere auch dann, wenn die Ausübung entsprechender Befugnisse nach bisherigem deutschem Verständnis unter dem BDSG mangels Regelung nicht in der Handlungsform des Verwaltungsakts erfolgte, die Anfechtungsklage deshalb ausschied und mangels Rechtsschutzbedürfnisses teilweise überhaupt keine Notwendigkeit gerichtlichen Rechtsschutzes gesehen wurde.

130

---

307 Zur Europäisierung des Umweltrechtsschutzes *Schlacke* NVwZ 2014, 11 ff.; aus der Diskussion über die Europarechtskonformität des § 44 a VwGO in umweltrechtlichen Klageverfahren *Ziekow* NVwZ 2005, 263 (265 ff.); *ders.* NVwZ 2007, 259 (264 ff.); *Alleweldt* DÖV 2006, 621 (627 ff.); zum Ganzen § 4 Abs. 1 UmwRG.

308 *Sydow* ZG 2016, 237 ff.

309 Vgl. *Born*, Die Datenschutzaufsicht und ihre Verwaltungstätigkeit im nicht-öffentlichen Bereich 2014, S. 377; zum Umfang der Verbürgung aus Art. 47 Abs. 1 GRCh: EuGH 6.10.2015 – C-362/14, ECLI:EU:C:2015:650 Rn. 95 – Maximillian Schrems/Data Protection Commissioner; allgemein *Streinz* in Streinz AEUV Art. 47 Rn. 7; *Schmidt-Aßmann*, Kohärenz und Konsistenz des Verwaltungsrechtsschutzes, 2015, S. 51 ff.

310 Erwägungsgrund 143 Satz 5 DSGVO.

311 Warnungen und Verwarnungen nach Art. 58 Abs. 2 lit. a, lit. b DSGVO.

131   Im Gegensatz zur Datenschutz-Richtlinie[312] besteht nach Art. 80 Abs. 1 DSGVO die Möglichkeit einer **Verbandsbeschwerde** bei der Aufsichtsbehörde im Auftrag der betroffenen Person. Der europäische Gesetzgeber begegnet damit den bisherigen Problemen des rechtlichen Individualschutzes im Datenschutzrecht: denn für den Einzelnen ist die erforderliche Informationsbeschaffung zur Ausübung von Betroffenenrechten mühselig sowie mit Prozess- und Kostenrisiken verbunden.[313] Art. 80 Abs. 2 DSGVO stellt es der mitgliedstaatlichen Gesetzgebung zudem frei, Verbandsbeschwerden auch ohne Auftrag des Betroffenen, aber in seinem Interesse und zum Schutz seiner Rechte zu ermöglichen. Die Norm gilt auch für Gerichtsverfahren und erweitert dort die Möglichkeiten der **Prozessvertretung** nach § 79 ZPO bzw. § 67 Abs. 2 VwGO.[314]

3. Datenschutzrechtlicher Rechtsschutz vor dem EuGH

132   Der Erlass der DSGVO bewirkt keine Besonderheiten des Rechtsschutzes vor dem EuGH. Der europäische Gesetzgeber hat die bestehende Rechtslage, die durch die Rechtsprechung des EuGH geklärt und für vergleichbare Konstellationen seit langem ausdiskutiert ist,[315] in einer Mischung aus Deskription und autoritativer Festschreibung in den Erwägungsgründen zur DSGVO rekapituliert.[316] Das betrifft einerseits **Nichtigkeitsklagen vor dem EuGH** gegen Beschlüsse des Europäischen Datenschutzausschusses nach Art. 263 AEUV,[317] andererseits das **Vorabentscheidungsverfahren** nach Art. 267 AEUV. Eine Pflicht zu einem Vorabentscheidungsersuchen an den EuGH kann sich bei der gerichtlichen Anfechtung einer nationalen Aufsichtsmaßnahme ergeben, die auf einem Beschluss des Europäischen Datenschutzausschusses beruht. Ein Vorabentscheidungsersuchen ist in dieser Konstellation erforderlich, wenn das nationale Gericht den dem angefochtenen Verwaltungsakt zu Grunde liegende Beschluss des Europäischen Datenschutzausschusses für einen Verstoß gegen die DSGVO oder sonstiges Unionsrecht und daher für nichtig hält.[318]

---

312 RL 95/46/EG, ABl. 1995 L 281/31, mehrfach geändert, durch Art. 94 Abs. 1 DSGVO mit Wirkung zum 25. Mai 2018 aufgehoben, *Kühling/Martini*, Die DSGVO und das nationale Recht, S. 271.

313 *Laue/Nink/Kremer*, § 11 Rn. 38.

314 Dazu *Raab*, Die Harmonisierung des einfachgesetzlichen Datenschutzes, 2015, S. 207 ff.; vgl. in diesem Zusammenhang auch das im Februar 2016 bundesrechtlich eingeführte datenschutzrechtliche Verbandsklagerecht, dazu *Spindler* ZD 2016, 114 ff. und *Halfmeier* NJW 2016, 1126 ff.

315 St. Rspr. seit EuGH 22.10.1987 – 314/85, ECLI:EU:C:1987:452 Rn. 11, 15 – Foto-Frost/Hauptzollamt Lübeck Ost; zudem EuGH 21.3.2000 – C-6/99, ECLI: EU:C:2000:148 – Association Greenpeace France u.a./Ministère de l'Agriculture et de la Pêche u.a.; dazu *Caspar* DVBl. 2002, 1437 ff. (1439) und *Sydow*, Verwaltungskooperation in der EU, 2004, S. 292 ff. mN; in breiterer Perspektive zum Verhältnis der nationalen Gerichte zum EuGH *Craig*, EU Administrative Law, 2. Aufl. 2012, S. 277 ff.

316 Erwägungsgrund 143 Satz 10 ff. DSGVO.

317 Etwa *Craig*, EU Administrative Law, 2. Aufl. 2012, S. 674 ff.

318 Vertiefend zur Vorlagepflicht *Gaitanides* in: von der Groeben AEUV Art. 267 Rn. 61; zu ihrer Bedeutung im Rechtsschutzkonzept des Unionsrechts: *Schmidt-Aßmann*, Kohärenz und Konsistenz des Verwaltungsrechtsschutzes, 2015, S. 100 ff., 115 ff.

Kapitel I Allgemeine Bestimmungen

Artikel 1 Gegenstand und Ziele

(1) Diese Verordnung enthält Vorschriften zum Schutz natürlicher Personen bei der Verarbeitung personenbezogener Daten und zum freien Verkehr solcher Daten.

(2) Diese Verordnung schützt die Grundrechte und Grundfreiheiten natürlicher Personen und insbesondere deren Recht auf Schutz personenbezogener Daten.

(3) Der freie Verkehr personenbezogener Daten in der Union darf aus Gründen des Schutzes natürlicher Personen bei der Verarbeitung personenbezogener Daten weder eingeschränkt noch verboten werden.

Verwandte Normen: ErwGr 1, 2, 3, 4, 5, 6, 7, 8, 9, 10, 11, 13; § 1 Abs. 1 BDSG 2003

Literatur:

Buchner, Benedikt, Grundsätze und Rechtmäßigkeit der Datenverarbeitung unter der DS-GVO, Datenschutz und Datensicherheit 2016, 155; *Eichenhofer, Johannes*, Privatheit im Internet als Vertrauensschutz. Eine Neukonstruktion der Europäischen Grundrechte auf Privatleben und Datenschutz, Der Staat 2016, 41; *Gavison, Ruth E*, Privacy and the Limits of the Law, Yale Law Journal 1980, 421; *Härting, Niko/Schneider, Jochen*, Das Dilemma der Netzpolitik, Zeitschrift für Rechtspolitik 2011, 233; *Herbst, Tobias*, Was sind personenbezogene Daten?, NVwZ 2016, 902; *Jaeckel, Liv*, The Duty to Protect Fundamental Rights in the European Community, European Law Review 2003, 508; *Lynskey, Orla*, The foundations of EU data protection law. Oxford, 2015; *Schneider, Jochen/Härting, Niko*, Wird der Datenschutz nun endlich internettauglich? – Warum der Entwurf einer Datenschutz-Grundverordnung enttäuscht, ZD 2012, 199; *Solove, Daniel J.*, Understanding Privacy. Cambridge/London, 2009; *Veil, Winfried*, DS-GVO: Risikobasierter Ansatz statt rigides Verbotsprinzip – Eine erste Bestandsaufnahme, ZD 2015, 347; *Whitman, James Q*, The Two Western Cultures of Privacy: Dignity Versus Liberty, The Yale Law Journal 2004, 1151.

A. Grundlagen

I. Gesamtverständnis und Zweck der Norm

1   Art. 1 DSGVO umschreibt den Gegenstand der DSGVO und das **doppelte Ziel** dieser Verordnung: die Grundrechte und Grundfreiheiten natürlicher Personen, insbesondere deren Recht auf **Schutz personenbezogener Daten**, zu schützen und zugleich den **freien Verkehr** dieser Daten zu gewährleisten.

2   In der Fassung des Art. 1 DSGVO scheinen diese beiden Ziele in einem **Zielkonflikt** zu stehen, so als müssten die einzelnen Normen der DSGVO einen angemessenen Ausgleich zwischen diesen beiden antagonistischen Zielen herstellen. Die Formulierung des Art. 1 DSGVO ist indes misslungen – ein Problem, das nicht übersetzungsbedingt ist, sondern bereits auf die englische Fassung der DSGVO zurückgeht.

3   Denn tatsächlich ist das Verhältnis der beiden Ziele zueinander nicht antagonistisch, sondern **instrumentell:**[1] Die Gewährleistung eines einheitlichen Datenschutzniveaus auf Unionsebene soll verhindern, dass das Ziel eines freien Verkehrs personenbezogener Daten in der Europäischen Union durch beschränkende Maßnahmen einzelner Mitgliedstaaten unter Verweis auf ein geringeres Datenschutzniveau in anderen Mitgliedstaaten vereitelt wird.[2]

II. Bisherige Rechtslage

4   Art. 1 DSGVO ist eine **Fortschreibung des Art. 1 DSRL** (RL 95/46/EG).[3] Deren Ziele und Grundsätze besitzen nach den Erwägungsgründen zur DSGVO nach wie vor Gültigkeit.[4] Das **Doppelziel** eines Schutzes natürlicher Personen in ihrer Privatsphäre und der Gewährleistung des freien Verkehrs personenbezogener Daten war bereits in Art. 1 DSRL formuliert, dort freilich in einer überzeugenderen Weise, die das instrumentelle Verhältnis beider Ziele zueinander erkennen lässt[5] und die Missverständlichkeit des Art. 1 DSGVO meidet.

---

1 Zu diesem instrumentellen Verhältnis beider Ziele *Lynskey*, The Foundations of EU Data Protection Law, 2015, S. 46 ff.; *Brühann* in: von der Groeben/Schwarze/Hatje AEUV Art. 16 Rn. 72 ff.

2 Eindeutig in dieser Hinsicht Erwägungsgrund 9, S. 2, S. 3 DSGVO: „Unterschiede beim Schutzniveau für die Rechte und Freiheiten von natürlichen Personen im Zusammenhang mit der Verarbeitung personenbezogener Daten in den Mitgliedstaaten, vor allem beim Recht auf Schutz dieser Daten, können den unionsweiten freien Verkehr solcher Daten behindern. Diese Unterschiede im Schutzniveau können daher ein Hemmnis für die unionsweite Ausübung von Wirtschaftstätigkeiten darstellen, den Wettbewerb verzerren und die Behörden an der Erfüllung der ihnen nach dem Unionsrecht obliegenden Pflichten hindern".

3 Art. 1 DSRL lautete: „(1) Die Mitgliedstaaten gewährleisten nach den Bestimmungen dieser Richtlinie den Schutz der Grundrechte und Grundfreiheiten und insbesondere den Schutz der Privatsphäre natürlicher Personen bei der Verarbeitung personenbezogener Daten.
(2) Die Mitgliedstaaten beschränken oder untersagen nicht den freien Verkehr personenbezogener Daten zwischen Mitgliedstaaten aus Gründen des gemäß Absatz 1 gewährleisteten Schutzes".

4 Erwägungsgrund 9 S. 1 DSGVO.

5 Grabitz/Hilf/*Brühann* Das Recht der Europäischen Union, 40. Lfg. 2009, Art. 1 DSRL, Art. 1 Rn. 9 ff.

III. Entstehung der Norm

Art. 1 DSGVO findet sich bereits im **Kommissionsentwurf**[6] zur DSGVO,   5
und zwar mit dem misslungenen Wortlaut, der am Ende verabschiedet
worden ist. Der Artikel gehörte im Gesetzgebungsverfahren zu den unum-
strittenen Normen, denen kaum Aufmerksamkeit geschenkt worden ist,
weil die grundsätzliche Festlegung auf ein Doppelziel zu den etablierten
Kernbeständen des europäischen Datenschutzrechts zählt.

Die geänderte Fassung des Art. 1 DSGVO im Vergleich zu Art. 1 DSRL be-   6
ruht ausweislich der Erwägungsgründe zur DSGVO nicht auf einem veränderten konzeptionellen Verständnis zum Doppelziel der europäischen Datenschutzgesetzgebung.[7] Die Umformulierung ist Ergebnis des Versuchs,
die erforderlichen Konsequenzen aus dem Rechtsformenwechsel von der
Richtlinie zur Verordnung zu ziehen.

Dabei ist die Neuformulierung indes über ihr Ziel hinausgeschossen: Denn   7
das Datenschutzziel wird nunmehr in der Tat unmittelbar durch die Normen der DSGVO gewährleistet, so dass ihr Regelungsadressat nicht mehr
die Mitgliedstaaten sind, die die europäischen Normen erst noch umsetzen
müssten. Der freie Verkehr personenbezogener Daten wird demgegenüber
bereits dadurch gewährleistet, dass die Mitgliedstaaten durch die unmittelbare Geltung der DSGVO[8] daran **gehindert** sind, nach eigenem Ermessen
und eigenen Vorstellungen über das angemessene Datenschutzniveau **divergierende** Regelungen zur Beschränkung des freien Datenverkehrs zu erlassen. Das Ziel eines freien Datenverkehrs wird demzufolge bereits durch die
Existenz der DSGVO und ihre Sperrwirkung gegenüber nationalem Recht
erreicht, nicht durch einzelne Normen der DSGVO, wie Art. 1 Abs. 1
DSGVO formuliert.

B. Kommentierung

I. Schutz personenbezogener Daten (Art. 1 Abs. 2 DSGVO)

Die DSGVO beruht auf **Art. 16 Abs. 2 AEUV**, der in seinem Abs. 1 als   8
Schutzgegenstand den „Schutz personenbezogener Daten" nennt. Dieses
Schutzziel wird in Art. 1 Abs. 2 DSGVO aufgegriffen: „Diese Verordnung
schützt die Grundrechte und Grundfreiheiten natürlicher Personen und
insbesondere deren Recht auf Schutz personenbezogener Daten".

Im Gegensatz zur RL 2002/58/EG, die auch juristische Personen als Nutzer   9
von elektronischen Kommunikationsmitteln in ihren Schutz einbezieht,[9]
sind die Schutzziele und der Anwendungsbereich der DSGVO auf **natürliche Personen** bzw. deren Daten beschränkt.[10]

---

6 KOM(2012) 11 endg.
7 Vgl. Erwägungsgrund 9 S. 1 DSGVO.
8 Art. 288 Abs. 2 AEUV.
9 Art. 1 Abs. 2 S. 2 RL 2002/58/EG.
10 Vom Schutzbereich des Art. 8 GRCh werden mittlerweile auch juristische Personen
   erfasst, wenn „ihr Name eine oder mehrere natürliche Personen bestimmt" vgl.
   EuGH 9.11.2010 – C-92/09 und C-93/09, ECLI:EU:C:2010:662, Rn. 53 – Schecke
   und Eifert; → Einleitung, Rn. 12.

II. Abkehr vom Konzept des Privatsphärenschutzes

10   Die Fokussierung der DSGVO auf den Schutz personenbezogener Daten ist
eine bemerkenswerte Abkehr von einer langen Rechtstradition, in deren
Zentrum stets der **Schutz der Privatsphäre** gestanden hatte. Diese Tradition
reicht zurück zum Übereinkommen zum Schutz des Menschen bei der automatischen Verarbeitung personenbezogener Daten.[11] Der EuGH hatte
den Schutz der Privatsphäre als allgemeinen Grundsatz des Europarechts
seit Jahrzehnten anerkannt.[12] Dementsprechend ist der Schutz der Privatsphäre auch in Art. 7 GRCh kodifiziert worden: Das geschützte Privatleben
nach Art. 7 GRCh umfasst die „Identität und Entwicklung der Person, sowie das Recht, Beziehungen zu anderen Personen und der Außenwelt zu
knüpfen und zu pflegen."[13] Noch der Kommissionsentwurf zur DSGVO
wurde von einer Mitteilung der Kommission unter dem Titel „Der Schutz
der Privatsphäre in einer vernetzten Welt – Ein europäischer Datenschutzrahmen für das 21. Jahrhundert"[14] begleitet.

11   Von diesem Konzept des Privatsphärenschutzes ist die DSGVO jedoch ab-
gerückt: Das Recht der Privatsphäre wird nahezu durchgängig durch das
Recht auf **Schutz der personenbezogenen Daten** ersetzt. Auch bei den
durch die DSGVO neu eingeführten und in der Literatur größtenteils auf
Englisch bezeichneten Maßnahmen wie „privacy by design" oder „privacy
by default"[15] wurde „privacy" durch „data protection" abgelöst. Lediglich
Erwägungsgrund 4 S. 2 DSGVO nimmt noch auf das Privatleben Bezug, jedoch ohne diesem Recht eine exponierte Stellung gegenüber anderen aus
der GRCh sich ergebenden Rechten einzuräumen. Aus dem Verweis auf die
weiterhin gültigen Grundsätze der Richtlinie 95/46/EG in Erwägungsgrund 9 DSGVO kann nicht geschlossen werden, dass dies eine Verbindung zum Recht auf Privatsphäre etablieren soll, so wie es in Art. 1 Abs. 1
der RL 95/46/EG erfolgt war.

12   Ein unmittelbarer Grund ist nicht ersichtlich, warum die DSGVO einen
Rekurs auf das Recht des Privatsphärenschutzes konsequent vermeidet und
stattdessen durchgängig von Datenschutz spricht. Letztlich bleibt offen, ob
es sich lediglich um eine **terminologische Neuerung** handelt, die die Ausdrucksweise der Kompetenzgrundlage für die DSGVO in Art. 16 AEUV
aufnimmt, oder ob die veränderte Bezeichnung des Schutzziels auch eine
grundsätzliche **konzeptionelle Neuorientierung** anzeigen soll. Mögliche

---

11 Art. 1 Europarats-Konvention Nr. 108 (in Kraft seit 1.10.1985): „Zweck dieses
    Übereinkommens ist es, [...] für jedermann [...] sicherzustellen, dass seine Rechte
    und Grundfreiheiten, insbesondere sein Recht auf einen Persönlichkeitsbereich, bei
    der automatischen Verarbeitung personenbezogener Daten geschützt werden (Da-
    tenschutz")".
12 EuGH, 26.6.1980 – C-137/79 26.6.1980 ECLI:EU:C:1980:169, Rn. 18-20 (Pana-
    sonic). Zu berücksichtigen ist, dass die Urteile des EuGH zur Bestimmung des
    Schutzbereichs des Begriffs Privatleben in Art. 7 GRCh durch die Rechtsprechung
    des EGMR zu Art. 8 EMRK aufgrund von Art. 52 Abs. 3 GRCh geprägt sind, vgl.
    Calliess/Ruffert/*Kingreen*, EUV/AEUV, 5. Aufl. 2016, GRCh Art. 7 Rn. 2.
13 Ehlers/*Schorkopf*, Europäische Grundrechte und Grundfreiheiten, 4. Aufl. 2014,
    § 16 Rn. 17 unter Rückgriff auf EGMR, NJW 2003, 2145 Rn. 29.
14 KOM(2012) 09 endg.
15 Art. 25 DSGVO; englischsprachige Fachbegriffe in der deutschen Verordnungsfas-
    sung in Erwägungsgrund 78.

Aufschlüsse könnte ein Vergleich der beiden Konzeptionen liefern. Für deren Verhältnis zueinander werden divergierende Konzeptionen diskutiert, in der Regel unter den Stichworten Exklusivitäts-, Spezialitäts- und Überschneidungsthese,[16] ohne dass immer ersichtlich wäre, welchen praktischen Ertrag die teilweise ambitionierten Diskussionen haben.

Nach der **Exklusivitätsthese** sind die Privatsphäre gemäß Art. 7 GRCh und   13
der Datenschutz gemäß Art. 8 GRCh separate, jedoch sich ergänzende Rechte, die als gemeinsames Ziel den Schutz der Menschenwürde anstreben.[17] Die **Spezialitätsthese** geht davon aus, dass der Datenschutz eine Teilmenge der Privatsphäre darstellt.[18] Das allgemeine Recht auf Privatleben aus Art. 7 GRCh werde demnach von Art. 8 GRCh verdrängt, wenn der Schutz der personenbezogenen Daten betroffen ist. Wurde die Privatsphäre früher allein auf das Recht „in Ruhe gelassen zu werden" beschränkt, so hat der technologische Fortschritt dazu geführt, dass sie heute darüber hinaus ein gewisses informationelles Kontrollrecht, das Datenschutzrecht, beinhaltet.[19] Sobald personenbezogene Daten betroffen sind, sind also auch immer die Belange der Privatsphäre zu beachten.

Wenn Datenschutz und Privatsphärenschutz tatsächlich in einem Verhält-   14
nis der Spezialität zueinander stünden, könnte dies weitreichende **Konsequenzen für die Einschränkbarkeit der Rechte der DSGVO** haben. Denn der EuGH hätte unter Beachtung von Art. 52 Abs. 1 und Abs. 3 GRCh die vom EGMR entwickelte Dogmatik zu Art. 8 Abs. 2 EMRK zu würdigen.[20] Diese geht zwar davon aus, dass Eingriffe in das Privatleben unter bestimmten Bedingungen, nämlich denen vom EGMR zu Art. 8 Abs. 2 EMRK entwickelten, rechtfertigungsfähig sind. Wenn hingegen der Schutz der personenbezogenen Daten auch anderen gesellschaftlichen Belangen dient, wäre ein Eingriff in das Recht auf Datenschutz aus mehr Gründen zu rechtfertigen als lediglich unter Rückgriff auf Art. 8 Abs. 2 EMRK.

Ein überzeugenderes Konzept bietet die auch vom EuGH[21] favorisierte   15
Überschneidungsthese.[22] Danach handelt es sich bei Art. 7 und Art. 8 GRCh um unabhängige Rechte, die jedoch nebeneinander zur Anwendung

---

16 So auch *Eichenhofer* Der Staat, 2016, S. 41 (61 f.); *Lynskey*, The foundations of EU data protection law 2015, S. 89 ff.
17 *Whitman* The Yale Law Journal, 2004, S. 1151 (1164 ff.); *Bognetti* in: Nolte, European and US Constitutionalism 2005, S. 85 (90).
18 Calliess/Ruffert/*Kingreen*, EUV/AEUV, 5. Aufl. 2016, GRCh Art. 8 Rn. 1 a; *Johlen* in: Stern/Sachs, Europäische Grundrechte-Charta, 2016, Art. 8 Rn. 24; *Bernsdorff* in: Meyer, Charta der Grundrechte der Europäischen Union, 4. Aufl. 2014, Art. 8 Rn. 13; *Knecht* in: Schwarze, EU-Kommentar, 3. Aufl. 2012, GRCh Art. 8 Rn. 5; Heselhaus/Nowak/*Mehde*, Handbuch der Europäischen Grundrechte, § 21 Rn. 13.
19 Calliess/Ruffert/*Kingreen*, EUV/AEUV, 5. Aufl. 2016, GRCh Art. 7 Rn. 4 ff.
20 Meyer/*Bernsdorff* Charta der Grundrechte der Europäischen Union, Art. 7 Rn. 18.
21 EuGH 9.11.2010 – C-92/09 und C-93/09, ECLI:EU:C:2010:662, Rn. 41 f., 52 – Schecke und Eifert; EuGH 8.4.2014 – C-293/12 und C-594/12, ECLI:EU:C:2014:238 8.4.2014, Rn. 24 f.,30, 37 – Digital Rights Ireland; EuGH 13.5.2014 – C-131/12, ECLI:EU:C:2014:317, Rn. 69, 81, 97 – Google Spain.
22 *Albers* in: Hoffmann-Riem/Schmidt-Aßmann/Voßkuhle (Hrsg.), Grundlagen des Verwaltungsrechts, Bd. II, 2. Aufl. 2012, § 22 Rn. 43.

kommen.[23] Denn Art. 7 GRCh enthält eine Vielzahl anderer Gewährleistungen neben dem Datenschutz, sodass die Privatsphäre weiter zu fassen ist als das Datenschutzrecht des Art. 8 GRCh. Demgegenüber sind von Art. 8 GRCh solche Daten erfasst, die bereits von der Privat- in die Öffentlichkeitssphäre gerückt wurden, Daten, die so nicht dem Schutz des Art. 7 GRCh unterfallen.[24] Das Nebeneinander der Rechte ermöglicht folglich einen größeren Spielraum bei der Rechtfertigung.

III. Verbot der Beschränkung des freien Verkehrs personenbezogener Daten (Art. 1 Abs. 3 DSGVO)

1. Rekurs auf das Binnenmarktziel in der DSRL aus Kompetenzgründen

16 In der **DSRL** war das Verbot einer Beschränkung des freien Verkehrs personenbezogener Daten ein an die Mitgliedstaaten gerichtetes Verbot, das einen eindeutigen **Binnenmarktbezug** hatte. Die DSRL hatte diese Zielrichtung folgendermaßen umschrieben: „Das unterschiedliche Niveau des Schutzes der Rechte und Freiheiten von Personen, insbesondere der Privatsphäre, bei der Verarbeitung personenbezogener Daten in den Mitgliedstaaten kann die Übermittlung dieser Daten aus dem Gebiet eines Mitgliedstaats in das Gebiet eines anderen Mitgliedstaats verhindern. Dieses unterschiedliche Schutzniveau kann somit ein Hemmnis für die Ausübung einer Reihe von Wirtschaftstätigkeiten auf Gemeinschaftsebene darstellen, den Wettbewerb verfälschen [...]. Dieses unterschiedliche Schutzniveau ergibt sich aus der Verschiedenartigkeit der einzelstaatlichen Rechts- und Verwaltungsvorschriften."[25]

17 Diese Ausrichtung der DSRL auf das Binnenmarktziel war schon aus **kompetenziellen Gründen** unerlässlich, weil die DSRL auf den damaligen Art. 100 a EGV gestützt war, also in Ermangelung einer expliziten Datenschutzkompetenz der Europäischen Gemeinschaft die DSRL nur durch das Binnenmarktziel gerechtfertigt war. Die DSRL hat deshalb einen nicht unerheblichen Argumentationsaufwand betrieben, um herzuleiten, dass sie durch diese Kompetenzgrundlage gedeckt war.[26]

---

23 Duschanek/Griller/*Holoubek*, Grundrechte für Europa die Europäische Union nach Nizza, 2002, S. 29 f.; *Jarass*, Charta der Grundrechte der EU, 2. Aufl. 2013, Art. 8 Rn. 2, 4.
24 Calliess/Ruffert/*Kingreen*, EUV/AEUV, 5. Aufl. 2016, GRCh Art. 7 Rn. 3 ff., Art. 8 Rn. 9; Meyer/*Bernsdorff*, Charta der Grundrechte der Europäischen Union, 4. Aufl. 2014, Art. 7 Rn. 19, Art. 8 Rn. 15.
25 Erwägungsgrund 7 DSRL.
26 Erwägungsgrund 8 DSRL: „Zur Beseitigung der Hemmnisse für den Verkehr personenbezogener Daten ist ein gleichwertiges Schutzniveau hinsichtlich der Rechte und Freiheiten von Personen bei der Verarbeitung dieser Daten in allen Mitgliedstaaten unerlässlich. Insbesondere unter Berücksichtigung der großen Unterschiede, die gegenwärtig zwischen den einschlägigen einzelstaatlichen Rechtsvorschriften bestehen, und der Notwendigkeit, die Rechtsvorschriften der Mitgliedstaaten zu koordinieren, damit der grenzüberschreitende Fluss personenbezogener Daten kohärent und in Übereinstimmung mit dem Ziel des Binnenmarktes im Sinne des Artikels 7 a des Vertrags geregelt wird, lässt sich dieses für den Binnenmarkt grundlegende Ziel nicht allein durch das Vorgehen der Mitgliedstaaten verwirklichen. Deshalb ist eine Maßnahme der Gemeinschaft zur Angleichung der Rechtsvorschriften erforderlich".

Dem lagen aus den Jahren vor Erlass der DSRL konkrete Fallkonstellatio- 18
nen zu Grunde.[27] Aus diesen Erfahrungen folgte das an die Mitgliedstaaten
gerichtete **Beschränkungsverbot**: „Die Mitgliedstaaten dürfen aufgrund des
gleichwertigen Schutzes, der sich aus der Angleichung der einzelstaatlichen
Rechtsvorschriften ergibt, den freien Verkehr personenbezogener Daten
zwischen ihnen nicht mehr aus Gründen behindern, die den Schutz der
Rechte und Freiheiten natürlicher Personen und insbesondere das Recht
auf die Privatsphäre betreffen."[28]

2. Festhalten am Regelungsziel eines freien Datenverkehrs trotz geänderter Kompetenzgrundlage

Diese Notwendigkeit, die Datenschutzgesetzgebung über ihren Beitrag zur 19
Vollendung des Binnenmarktes zu rechtfertigen und dazu den freien Verkehr personenbezogener Daten als Kernziel der DSRL zu bezeichnen, ist
durch die **Kompetenzgrundlage des Art. 16 AEUV** für das Datenschutzrecht entfallen. Die DSGVO hält nach Art. 1 Abs. 3 DSGVO gleichwohl
daran fest, dass ihr Ziel auch der freie Verkehr personenbezogener Daten
ist.

IV. Verhältnis der Schutzziele zueinander

Das Verhältnis der beiden Ziele der DSRL zueinander – des Schutzes der 20
Daten natürlicher Personen und des freien Verkehrs personenbezogener
Daten – war in der DSRL klarer bestimmt, als dies nun in der DSGVO der
Fall ist. Denn Art. 1 Abs. 1 DSRL stellte klar, dass der Schutz der Privatsphäre durch die Mitgliedstaaten gemäß den Bestimmungen der DSRL zu
erfolgen hatte, während Art. 1 Abs. 2 DSRL explizit als Verbot an die Mitgliedstaaten formuliert war, den freien Verkehr personenbezogener Daten
zum Schutz der Privatsphäre zu beschränken oder zu untersagen. Durch
den **Rechtsformenwechsel** von einer Richtlinie zu einer Verordnung wird
nun der Schutz personenbezogener Daten unmittelbar durch die DSGVO
(und nicht mehr durch die mitgliedstaatlichen Umsetzungsnormen zur DS-
RL) bewirkt, so dass die **mitgliedstaatlichen Gesetzgeber** konsequenterweise **nicht mehr Regelungsadressat** von Art. 1 Abs. 2 DSGVO sind.

Das **zweite Ziel** des europäischen Datenschutzrechts, der freie Verkehr per- 21
sonenbezogener Daten, hat in der DSGVO durch den Rechtsformenwechsel auf eine Verordnung und durch die geänderte Kompetenzgrundlage für
die DSGVO[29] eine unklare Stellung gewonnen. Dieses Ziel soll jetzt nicht
mehr allein – negativ – dadurch erreicht werden, dass unterschiedliche Datenschutzniveaus in den Mitgliedstaaten, die Hemmnisse für den freien Datenverkehr darstellen, unterbunden werden. In dieser Weise ist weiterhin
Art. 1 Abs. 3 DSGVO zu verstehen, der zwar nicht mehr explizit als an die
Mitgliedstaaten gerichtetes **Beschränkungsverbot**, sondern passivisch ohne

---

27 Im Einzelnen aufgearbeitet durch *Lynskey*, The Foundations of EU Data Protection
    Law, 2015, S. 49 f.
28 Erwägungsgrund 9 S. 1 DSRL.
29 Gesetzgebungskompetenz der EU für den Datenschutz nach Art. 16 Abs. 2 AEUV;
    näher zur Gesetzgebungskompetenz für die DSGVO → Einleitung, Rn. 3 ff.

Benennung des Regelungsadressaten formuliert ist, aber weiterhin dasselbe meint wie bislang Art. 1 Abs. 2 DSRL.

22 Die DSGVO behauptet darüber hinausgehend zudem, dass der freie Verkehr personenbezogener Daten – positiv – durch die Vorschriften der DSGVO selbst gewährleistet werde. Diese Formulierung in Art. 1 Abs. 1 DSGVO ist offenbar dem Versuch geschuldet, auch für dieses zweite Ziel des europäischen Datenschutzrechts dem Rechtsformenwechsel von einer Richtlinie zur Verordnung Rechnung zu tragen. Richtigerweise wird dieses Ziel aber nicht durch die einzelnen Vorschriften der DSGVO und ihre konkreten Regelungsgehalte erreicht. Das Ziel ist unter der DSGVO vielmehr bereits dadurch erreicht, dass die DSGVO als unmittelbar anwendbare Verordnung den Erlass mitgliedstaatlicher **Normen mit divergierenden Datenschutzniveaus** und daraus folgenden Beschränkungen für den freien Datenverkehr **verhindert**, soweit sie nicht Öffnungsklauseln zu Gunsten mitgliedstaatlicher Rechtsetzung enthält. Art. 1 Abs. 1 DSGVO hätte daher nicht lauten dürfen, dass die DSGVO Vorschriften zum freien Verkehr personenbezogener Daten enthalte, sondern dass die DSGVO dem freien Verkehr personenbezogener Daten diene.

23 Denn Vorschriften, die konkret und positiv den freien Verkehr personenbezogener Daten regeln, finden sich in der DSGVO nicht oder sind jedenfalls im Zusammenhang des Art. 1 DSGVO nicht gemeint: Das Recht auf **Datenübertragbarkeit** aus Art. 20 DSGVO beinhaltet Herausgabe- bzw. Übermittlungsansprüche der betroffenen Personen gegen Datenverarbeiter, die Regelungen der Art. 44 ff. DSGVO betreffen **Datenübermittlungen an Drittländer** oder internationale Organisationen. Das mag man zwar in einem weiteren Sinne jeweils als Vorschriften über freien Datenverkehr verstehen können, aber eben nicht im Sinne von Art. 1 Abs. 1, Abs. 3 DSGVO, der auf die Verhinderung eines freien Datenverkehrs zwischen den Mitgliedstaaten durch unterschiedliche Datenschutzniveaus zielt.

C. Verhältnis zu anderen Normen

24 Das **Doppelziel des europäischen Datenschutzrechts** aus Schutz und freiem Verkehr personenbezogener Daten war nicht nur bereits in der DSRL enthalten, sondern prägt auch außerhalb der DSGVO die europäische Datenschutzgesetzgebung. So spricht auch die **RL (EU) 2016/680**[30] über den Datenschutz im Bereich von Strafverfolgung und Strafvollstreckung immer vom Doppelziel des Datenschutzes und freien Datenverkehrs und stellt explizit klar, dass damit freier Datenverkehr zwischen den Strafverfolgungsbehörden bei gleichzeitig hohem Schutzniveau dieser Daten gemeint ist.[31]

---

30 RL (EU) 2016/680 des Europäischen Parlaments und des Rates vom 27. April 2016 zum Schutz natürlicher Personen bei der Verarbeitung personenbezogener Daten durch die zuständigen Behörden zum Zwecke der Verhütung, Ermittlung, Aufdeckung oder Verfolgung von Straftaten oder der Strafvollstreckung sowie zum freien Datenverkehr und zur Aufhebung des Rahmenbeschlusses 2008/977/JI des Rates.

31 Erwägungsgrund 4 RL (EU) 2016/680.

Der **Entwurf des neuen BDSG**[32] formuliert keinen **Gesetzeszweck**. Anders   25
als in § 1 I BDSG fehlt es im deutschen Recht künftig an einer eigenständigen inhaltlichen Bestimmung der Ziele der Datenschutzgesetzgebung.

D. Kritik

Art. 1 DSGVO ist ein beredtes Beispiel dafür, dass der Rechtsformenwech-   26
sel von einer Richtlinie zur Verordnung **konzeptionelle Schwierigkeiten**
birgt, die im Vorfeld und im Laufe des Gesetzgebungsverfahrens unterschätzt oder gar nicht wahrgenommen worden sind. Im Vergleich zur
Rechtslage von 1995 ist indes nicht nur die Rechtsform der europäischen
Datenschutzgesetzgebung geändert, sondern auch der gesamte primärrechtliche Handlungsrahmen, auf dem sie beruht: Der EuGH hat sich in einigen zentralen Urteilen als Grundrechtsgericht etabliert, das dem Datenschutz eine hohe Bedeutung zumisst.[33] Das Unionsrecht umfasst eine
Grundrechte-Charta mit einem Datenschutzgrundrecht[34] ebenso wie eine
explizite Kompetenzgrundlage für den Erlass von Datenschutzrecht.[35] Daher hätte es in der DSGVO nicht mehr eines expliziten **Rekurses auf die
Binnenmarktkonzeption** und damit auf das Konzept des freien, grenzüberschreitenden Verkehrs personenbezogener Daten bedurft, wie er für die
DSRL schon aus kompetenziellen Gründen unverzichtbar war.

Artikel 2 Sachlicher Anwendungsbereich

(1) Diese Verordnung gilt für die ganz oder teilweise automatisierte Verarbeitung personenbezogener Daten sowie für die nichtautomatisierte Verarbeitung personenbezogener Daten, die in einem Dateisystem gespeichert
sind oder gespeichert werden sollen.

(2) Diese Verordnung findet keine Anwendung auf die Verarbeitung personenbezogener Daten

a) im Rahmen einer Tätigkeit, die nicht in den Anwendungsbereich des
    Unionsrechts fällt,
b) durch die Mitgliedstaaten im Rahmen von Tätigkeiten, die in den An-
    wendungsbereich von Titel V Kapitel 2 EUV fallen,
c) durch natürliche Personen zur Ausübung ausschließlich persönlicher
    oder familiärer Tätigkeiten,
d) durch die zuständigen Behörden zum Zwecke der Verhütung, Ermitt-
    lung, Aufdeckung oder Verfolgung von Straftaten oder der Strafvoll-

---

32 Entwurf eines Gesetzes zur Anpassung des Datenschutzrechts an die Verordnung
    (EU) 2016/679 und zur Umsetzung der Richtlinie (EU) 2016/680 (Datenschutz-An-
    passungs- und -Umsetzungsgesetz EU – DSAnpUG-EU) in der Fassung vom
    11.11.2016 (2. Ressortabstimmung), BT-Drucks. 18/11325.
33 Insbesondere EuGH 8.4.2014 – C-293/12 und C-594/12, ECLI:EU:C:2014:238,
    Rn. 24 ff. – Digital Rights Ireland; EuGH 13.5.2014 – C-131/12, ECLI:EU:C:
    2014:317, Rn. 69 ff. – Google Spain; EuGH 6.10.2015 – C-362/14, ECLI:EU:C:
    2015:650, Rn. 38 ff. – Schrems.
34 Art. 8 GRCh.
35 Art. 16 Abs. 2 EUV.

streckung, einschließlich des Schutzes vor und der Abwehr von Gefahren für die öffentliche Sicherheit.

(3) [1]Für die Verarbeitung personenbezogener Daten durch die Organe, Einrichtungen, Ämter und Agenturen der Union gilt die Verordnung (EG) Nr. 45/2001. [2]Die Verordnung (EG) Nr. 45/2001 und sonstige Rechtsakte der Union, die diese Verarbeitung personenbezogener Daten regeln, werden im Einklang mit Artikel 98 an die Grundsätze und Vorschriften der vorliegenden Verordnung angepasst.

(4) Die vorliegende Verordnung lässt die Anwendung der Richtlinie 2000/31/EG und speziell die Vorschriften der Artikel 12 bis 15 dieser Richtlinie zur Verantwortlichkeit der Vermittler unberührt.

Verwandte Normen: ErwGr 14, 15, 16, 17, 18, 19, 20, 21; §§ 1 Abs. 2, Abs. 3, 27 BDSG 2003

A. Grundlagen

I. Gesamtverständnis und Zweck der Norm

1   Art. 2 regelt den sachlichen Anwendungsbereich der DSGVO, der anhand zweier Anknüpfungspunkte definiert wird. Er ergibt sich zum einen aus der Form der Datenverarbeitung, zum anderen aus dem Zweck, der mit dieser verfolgt wird.

In Bezug auf das erstgenannte Element ist der Anwendungsbereich der DSGVO eröffnet, wenn personenbezogene Daten entweder ganz oder teilweise automatisiert verarbeitet werden oder nicht automatisiert verarbeitet werden, aber in einer Datei gespeichert werden bzw. werden sollen. Maßgeblich ist somit, dass entweder ein mit Hilfe automatisierter Verfahren ausgeführter Vorgang bzw. eine Vorgangsreihe im Zusammenhang mit personenbezogenen Daten vorliegt oder die Daten Teil einer nach personenbezogenen Kriterien strukturierten Sammlung sind, sodass ein erleichterter Zugriff auf die Daten möglich ist.

Hinsichtlich des zweiten Elements sieht Art. 2 Abs. 2 vor, dass auf Daten-verarbeitungen, die für einen der in den lit. a) bis d) genannten Zwecke vorgenommen werden, die Regelungen der DSGVO nicht anzuwenden sind. Das bedeutet, dass für die Verarbeitung personenbezogener Daten in diesen Ausnahmebereichen die DSGVO nicht einschlägig ist, sondern entweder (noch) ungeregelt bleibt (lit. b, c), durch speziellere EU-Rechtsakte erfolgt (lit. d) oder von den Mitgliedstaaten autonom geregelt werden kann (lit. a).

Art. 2 Abs. 3 grenzt den sachlichen Anwendungsbereich der DSGVO von   2
dem der Verordnung (EG) Nr. 45/2001 vom 18. Dezember 2000 zum Schutz natürlicher Personen bei der Verarbeitung personenbezogener Daten durch die Organe und Einrichtungen der Gemeinschaft und zum freien Datenverkehr sowie von dem der RL 2000/31/EG über bestimmte rechtliche Aspekte der Dienste der Informationsgesellschaft, insbesondere des elektronischen Geschäftsverkehrs, im Binnenmarkt („Richtlinie über den elektronischen Geschäftsverkehr") ab.

II. Bisherige Rechtslage

Art. 2 DSGVO baut sowohl inhaltlich als auch strukturell auf der Vor-   3
schrift des Art. 3 DSRL auf. Die Abs. 1 der DSRL und der DSGVO sind nahezu wortident. Und auch die Ausnahmeregelungen der Abs. 2, die jene Bereiche nennen, in denen die datenschutzrechtlichen Vorgaben der jeweiligen EU-Rechtsakte nicht einschlägig sind, gleichen einander stark. Beide nehmen im Kern Datenverarbeitungen für Zwecke der gemeinsamen Außen- und Sicherheitspolitik, der Verhütung, Ermittlung, Aufdeckung oder Verfolgung von Straftaten sowie für persönliche und familiäre Zwecke von ihren Anwendungsbereichen aus.

Neu sind hingegen die Regelungen des Art. 2 Abs. 3 und 4 DSGVO zur   4
Abgrenzung gegenüber anderen EU-Rechtsakten mit Datenschutzbezug. Die beiden dort genannten Rechtsakte (die Verordnung (EG) Nr. 45/2001 und die RL 2000/31/EG) wurden allerdings erst Jahre nach dem Inkrafttreten der DSRL im Jahr 1995 beschlossen.

III. Entstehung der Norm

Die Regelung über den sachlichen Anwendungsbereich der DSGVO erfuhr   5
im Zuge der Beratungen im Europäischen Parlament, im Rat und im Rahmen der Trilog-Verhandlungen nur geringfügige Änderungen. Die schlussendlich beschlossene Fassung des Art. 2 Abs. 1 entspricht wörtlich jener des Kommissionsentwurfes aus dem Jahre 2012. Und auch die Ausnahmetatbestände der Abs. 2 bis 4 waren schon im Kommissionsentwurf vorgesehen. Eine Änderung erfuhren lediglich die Anordnung und Nummerierung dieser Regelungen sowie die konkrete Formulierung der Ausnahmebestimmungen. Wesentliche materielle Änderungen wurden an dieser Regelung im Zuge der Verhandlungen aber nur in geringem Ausmaß vorgenommen.

Gegenstand von Verhandlungen war im Wesentlichen nur die Ausnahmebestimmung des Art. 2 Abs. 2 lit. c. Hinsichtlich der Regelung für Datenverarbeitungen zu persönlichen oder familiären Zwecken wollte die Kommission in ihrem Entwurf die Ausnahme auf private Tätigkeiten „*ohne Ge-*

winnerzielungsabsicht" beschränken. Das Parlament schlug demgegenüber vor, dass die Ausnahme auch für die Veröffentlichung personenbezogener Daten gelten sollte, *„bei denen davon auszugehen ist, dass sie nur einer begrenzten Anzahl von Personen zugänglich sein werden".* Beide Vorschläge wurden in die schlussendlich beschlossene Fassung des Art. 2 Abs. 2 lit. c nicht übernommen.

B. Kommentierung

I. Anwendungsbereich der DSGVO

6 Art. 2 Abs. 1 übernimmt die Regelung des sachlichen Anwendungsbereiches von Art. 3 Abs. 1 DSRL, in dem angeordnet wird, dass die DSGVO für jede zumindest teilweise automatisierte Verarbeitung sowie für die nichtautomatisierte Verarbeitung personenbezogener Daten gilt, die in einem Dateisystem gespeichert sind oder gespeichert werden sollen.

Der Begriff der automatisierten Datenverarbeitung wird in der DSGVO nicht definiert. Gem. § 3 Abs. 2 BDSG ist eine automatisierte Verarbeitung „die Erhebung, Verarbeitung oder Nutzung personenbezogener Daten unter Einsatz von Datenverarbeitungsanlagen. Eine nicht automatisierte Datei ist jede nicht automatisierte Sammlung personenbezogener Daten, die gleichartig aufgebaut ist und nach bestimmten Merkmalen zugänglich ist und ausgewertet werden kann." Nach § 4 Z 7 ö DSG 2000 ist eine automatisierte Datenanwendung „die Summe der in ihrem Ablauf logisch verbundenen Verwendungsschritte, die zur Erreichung eines inhaltlich bestimmten Ergebnisses (des Zweckes der Datenanwendung) geordnet sind und zur Gänze oder auch nur teilweise automationsunterstützt, also maschinell und programmgesteuert, erfolgen". Nach beiden Definitionen ist somit entscheidend, dass eine automatisierte Datenverarbeitung erleichterte Zugänglichkeit und Auswertbarkeit der Daten in einem Datenbestand zur Folge hat.[1]

7 Werden die Daten hingegen nicht automatisiert verarbeitet, ist die DSGVO nur dann anwendbar, wenn die Daten in einem Dateisystem gespeichert werden, das nach bestimmten Kriterien geordnet ist, sodass der Zugriff auf die darin enthaltenen personenbezogenen Daten nicht nur durch das sequentielle Durchgehen der gesamten Sammlung möglich ist, sondern eine vereinfachte Möglichkeit ihrer inhaltlichen Erschließung besteht.[2]

II. Ausnahmebereiche nach Art. 2 Abs. 2 bis 4

1. Tätigkeiten außerhalb des Anwendungsbereichs des Unionsrechts (Abs. 2 lit. a)

8 Art. 2 Abs. 2 lit. a weist – wie zuvor Art. 3 Abs. 2 DSRL – einleitend *„auf die juristische Selbstverständlichkeit"* hin,[3] dass sie nicht auf die Verarbeitung von Daten anzuwenden ist, die für Tätigkeiten vorgenommen werden, die nicht in den Anwendungsbereich des Unionsrechts fallen. Nach dem

---

1 *Dammann* in: Simitis, BDSG § 3 Rn. 79; *Ennöckl,* Der Schutz der Privatsphäre in der elektronischen Datenverarbeitung (2014) S. 135.
2 *Dammann/Simitis,* EG-Datenschutzrichtlinie (1997) Art. 2 Rn. 8.
3 *Dammann/Simitis,* Art. 3 Rn. 6.

Grundsatz der begrenzten Einzelermächtigung (Art. 5 Abs. 2 EUV) kann die Union nur innerhalb der Grenzen der Zuständigkeiten tätig werden, die die Mitgliedstaaten ihr in den Verträgen zur Verwirklichung der darin niedergelegten Ziele übertragen haben. Alle der Union nicht in den Verträgen übertragenen Zuständigkeiten verbleiben bei den Mitgliedstaaten. Dementsprechend ist die DSGVO mangels Zuständigkeit der Union etwa nicht auf Tätigkeiten betreffend die nationale Sicherheit anzuwenden (ErwGr 16).

2. Tätigkeiten im Anwendungsbereich von Titel V Kapitel 2 EUV (Abs. 2 lit. b)

Nach Art. 2 Abs. 2 lit. b fallen Datenverarbeitungen durch die Mitgliedstaaten im Rahmen der Gemeinsamen Außen- und Sicherheitspolitik (GASP) nicht in den Anwendungsbereich der DSGVO (vgl. ErwGr 16). Diese Ausnahmeregelung hat ihre Wurzel in der primärrechtlichen Regelung des Art. 39 EUV. Dieser enthält für den Bereich des auswärtigen Handelns der EU und für die GASP eine eigenständige Rechtsgrundlage, um den Schutz personenbezogener Daten zu gewährleisten. Die Beschlussfassung steht dabei – abweichend von Art. 16 Abs. 2 AEUV – dem Rat zu, der einstimmig und ohne Beteiligung des Parlaments zu entscheiden hat.   9

3. Persönliche und familiäre Tätigkeiten (Abs. 2 lit. c)

Verarbeitungsvorgänge natürlicher Personen, die *„zur Ausübung ausschließlich persönlicher oder familiärer Tätigkeiten"* dienen, werden nach Art. 2 Abs. 2 lit. c nicht von der DSGVO erfasst (sog „Haushaltsausnahme"). Damit folgt die Verordnung – wie schon zuvor die DSRL (vgl. Art. 3 Abs. 2, 2. Spiegelstrich) – dem Grundgedanken, dass die staatliche Regelungsbefugnis in Bezug auf den Schutz personenbezogener Daten dann endet, wenn diese im privaten Rahmen und damit in Ausprägung des allgemeinen Persönlichkeitsrechts verarbeitet werden.[4]   10

Die Ausnahmebestimmung des Art. 2 Abs. 2 lit. c muss allerdings restriktiv ausgelegt werden. Dies insbesondere in Anbetracht der völkerrechtlichen Verpflichtungen der Datenschutzkonvention des Europarates, die eine explizite Ausnahme für persönliche und familiäre Tätigkeiten nicht enthält (vgl. aber Art. 9 Abs. 2 lit. b Datenschutzkonvention). Es dürfen daher nur solche Datenanwendungen vom Anwendungsbereich der DSGVO ausgenommen werden, bei denen dies aufgrund des beschränkten Verwendungszwecks unter Berücksichtigung der Interessen des Betroffenen und des Verantwortlichen geboten ist.

Was unter der Wendung *„persönliche oder familiäre Tätigkeiten"* zu verstehen ist, wird in der DSGVO nicht definiert. ErwGr 18 nennt *„das Führen eines Schriftverkehrs und von Anschriftenverzeichnissen"* als Beispiele für Datenverarbeitungen, die nicht unter die DSGVO fallen. Dies ist mE irreführend. Maßgeblich können nämlich weder die Art und der Inhalt der Daten (zB Adressen) noch die Verwendungsformen (etwa für Brief- oder Mailverkehr) sein, weil beide Elemente sowohl im persönlichen und fami-   11

---

4 *Ehmann/Helfrich*, EG-Datenschutzrichtlinie (1999) Art. 3 Anm. 23.

liären als auch im geschäftlichen Rahmen Verwendung finden können. Relevant ist vielmehr, ob der Zweck der Datenanwendung im beruflichen oder privaten Kontext des für die Datenverarbeitung Verantwortlichen liegt. Mit Art. 2 Abs. 2 lit. c soll in diesem Sinne eine inhaltliche Abgrenzung der Sphäre privater Lebensführung von beruflichen Tätigkeiten vorgenommen werden. Im erstgenannten Bereich wird derjenige, der Daten verarbeitet, aufgrund des ihm zustehenden Autonomieanspruchs als grundsätzlich schutzwürdiger als der Betroffene angesehen, sodass diesem folglich auch keine Einflussmöglichkeit auf die Datenverarbeitung eingeräumt wird – dies gilt selbst in Bezug auf die Verarbeitung besonderer Kategorien personenbezogener Daten iSd Art. 9. Werden Daten hingegen für berufliche und unternehmerische Zwecke genutzt, ist die DSGVO stets einschlägig, selbst wenn dies in privaten Räumen des Datenanwenders geschieht.[5] Ob dem Verwendungszweck nach eine private oder berufliche Nutzung von Daten vorliegt, ist dabei einzelfallbezogen nach objektiven Kriterien und der allgemeinen Verkehrsanschauung zu beurteilen.

12   Die Ausnahmeregelung für Datenverarbeitungen zu persönlichen oder familiären Zwecken setzt voraus, dass der Verantwortliche eine natürliche Person ist. Der Datenaustausch innerhalb von juristischen Personen fällt daher zwingend unter die Regelungen der DSGVO, weil diese keine persönlichen oder familiären Tätigkeiten entfalten können.

13   ErwGr 18 führt aus, dass auch „die Nutzung sozialer Netze und Online-Tätigkeiten" als persönliche oder familiäre Tätigkeiten iSd Art. 2 Abs. 2 lit. c gelten könnte. Dies gilt allerdings nur insoweit, als die Nutzer in geschlossenen Gruppen Daten austauschen, die keinen Bezug zu ihren beruflichen oder wirtschaftlichen Tätigkeiten haben.[6] Die Veröffentlichung von Daten über das Internet fällt hingegen stets unter die Regelungen der DSGVO. Sie überschreitet nämlich aufgrund der damit verbundenen Entkoppelung der Informationen von einem bestimmten Verarbeitungszweck stets den Bereich persönlicher Informationsverwendung, ohne dass es auf den vom Betreiber der Website intendierten Empfängerkreis ankommt.[7]

4. Datenverarbeitung zum Zwecke der Verhütung, Ermittlung, Aufdeckung oder Verfolgung von Straftaten oder der Strafvollstreckung (Abs. 2 lit. d)

14   Schon die DSRL sah vor, dass ihre Regelungen keine Anwendung auf Datenverarbeitungen betreffend die öffentliche Sicherheit, die Landesverteidigung, die Sicherheit des Staates und die Tätigkeiten des Staates im strafrechtlichen Bereich findet (Art. 3 Abs. 2). Der Datenschutz im Bereich polizeilicher und justizieller Zusammenarbeit (PJZS), die Teil der intergouvernemental geprägten dritten Säule der Union war, war im Rahmenbeschluss des Rates JI/977 aus dem Jahr 2008 geregelt. Mit dem Inkrafttreten des Lissabonner Vertrags wurde die Säulenarchitektur der EU aufgegeben und die PJZS in das Unionsrecht überführt. Dessen ungeachtet verzichtete die Kommission in ihrem Entwurf für die DSGVO – aus Rücksicht auf die

---

5 Dammann/Simitis, Art. 3, Rn. 8.
6 Albrecht/Jotzo, S. 67.
7 EuGH 6.11.2003 – Rs. C-101/01, Slg 2003, I-12971, Rn. 47 – Lindqvist.

Souveränität der Mitgliedstaaten – darauf, den Bereich der Strafverfolgung in die neue Verordnung zu integrieren, sondern schlug eine eigene „Polizei-Richtlinie" (RL 2016/680/EU zum Schutz natürlicher Personen bei der Verarbeitung personenbezogener Daten durch die zuständigen Behörden zum Zwecke der Verhütung, Ermittlung, Aufdeckung oder Verfolgung von Straftaten oder der Strafvollstreckung sowie zum freien Datenverkehr) vor. Diese wurde gemeinsam mit der DSGVO verhandelt und als ihre „kleine Schwester" mitbeschlossen.[8] Sie regelt (im Gegensatz zum Rahmenbeschluss JI/977) nicht mehr nur den grenzüberschreitenden Datenaustausch zwischen Polizei- und Strafverfolgungsbehörden der Mitgliedstaaten, sondern schafft datenschutzrechtliche Mindeststandards für die gesamte Datenverarbeitung in diesem Bereich.[9]

Art. 2 Abs. 2 lit. d grenzt in diesem Sinne den Anwendungsbereich der DSGVO von jenem der Polizei-RL 2016/680/EU ab, indem klargestellt wird, dass Datenverarbeitungen zum Schutz der öffentlichen Sicherheit und Ordnung grundsätzlich nicht unter die DSGVO fallen. Dies gilt allerdings nur insoweit, als die „zuständigen Behörden" tätig werden. Verarbeiten staatliche Stellen unter offenkundiger Verletzung nationaler Zuständigkeitsregelungen personenbezogene Daten für Zwecke der Verhütung, Ermittlung, Aufdeckung oder Verfolgung von Straftaten oder der Strafvollstreckung, so ist die Ausnahmeregelung des Art. 2 Abs. 2 lit. d nicht anzuwenden und die datenschutzrechtliche Zulässigkeit anhand der DSGVO zu beurteilen. 15

5. Datenverarbeitung durch die Organe der Europäischen Union (Abs. 3)

Werden personenbezogene Daten von Organen, Einrichtungen, Ämtern und Agenturen der Europäischen Union verarbeitet, ist die DSGVO gem. Art. 2 Abs. 3 nicht anzuwenden. Die datenschutzrechtliche Zulässigkeit von Datenverarbeitungen durch die EU und ihre Organe und Einrichtungen ist vielmehr auch weiterhin anhand der Verordnung 45/2001/EG zu beurteilen, die aber künftig „im Lichte" der DSGVO anzuwenden ist und an diese angepasst werden soll (ErwGr 17). In diesem Sinne sehen Art. 2 Abs. 3, 2. Satz und Art. 98 vor, dass die Kommission Vorschläge zur Änderung der Verordnung 45/2001/EG vorzulegen hat, damit ein einheitlicher und kohärenter Schutz natürlicher Personen bei der Verarbeitung von Daten sichergestellt wird. 16

6. Verhältnis zur Richtlinie über den elektronischen Geschäftsverkehr (Abs. 4)

Wie die Verordnung 45/2001/EG bleibt auch die RL 2000/31/EG über bestimmte rechtliche Aspekte der Dienste der Informationsgesellschaft, insbesondere des elektronischen Geschäftsverkehrs, im Binnenmarkt („Richtlinie über den elektronischen Geschäftsverkehr") von der DSGVO vorerst unberührt (Art. 2 Abs. 4). Dies gilt insbesondere für den Abschnitt 4 (Art. 12 bis 15 betreffend die „Verantwortlichkeit der Vermittler"). Die Re- 17

---

8   *Albrecht/Jotzo*, S. 64.
9   *Albrecht/Jotzo*, S. 64.

gelungen der RL 2000/31/EG gehen daher der DSGVO als lex specialis vor; die DSGVO kann höchstens herangezogen werden, um allfällige Regelungslücken zu schließen.[10]

Artikel 3   Räumlicher Anwendungsbereich

(1) Diese Verordnung findet Anwendung auf die Verarbeitung personenbezogener Daten, soweit diese im Rahmen der Tätigkeiten einer Niederlassung eines Verantwortlichen oder eines Auftragsverarbeiters in der Union erfolgt, unabhängig davon, ob die Verarbeitung in der Union stattfindet.

(2) Diese Verordnung findet Anwendung auf die Verarbeitung personenbezogener Daten von betroffenen Personen, die sich in der Union befinden, durch einen nicht in der Union niedergelassenen Verantwortlichen oder Auftragsverarbeiter, wenn die Datenverarbeitung im Zusammenhang damit steht

a) betroffenen Personen in der Union Waren oder Dienstleistungen anzubieten, unabhängig davon, ob von diesen betroffenen Personen eine Zahlung zu leisten ist;

b) das Verhalten betroffener Personen zu beobachten, soweit ihr Verhalten in der Union erfolgt.

(3) Diese Verordnung findet Anwendung auf die Verarbeitung personenbezogener Daten durch einen nicht in der Union niedergelassenen Verantwortlichen an einem Ort, der aufgrund Völkerrechts dem Recht eines Mitgliedstaats unterliegt.

Verwandte Normen: ErwGr 22, 23, 24, 25; § 1 Abs. 5 BDSG 2003

A. Grundlagen

I. Gesamtverständnis und Zweck der Norm

1   Art. 3 regelt den örtlichen Anwendungsbereich der DSGVO. Nach Art. 3 Abs. 1 ist das Bestehen einer Niederlassung innerhalb der Union (weiterhin) die primäre Grundlage für die Bestimmung des räumlichen Anwendungsbereichs der DSGVO. Dieses **Niederlassungsprinzip** wird nunmehr

---

10   *Albrecht/Jotzo*, S. 67.

durch das **Marktortprinzip** des Art. 3 Abs. 2 wesentlich ergänzt, das bislang weder in der DSRL noch im BDSG normiert war. Es knüpft an die Rechtsprechung des EuGH im Urteil v. 13.5.2014, C-131/12 – Google Spain, an und dehnt den räumlichen Anwendungsbereich des europäischen Datenschutzrechts wesentlich aus, indem nunmehr auch solche Unternehmen von der DSGVO erfasst werden, die zwar über keine Niederlassung in der Union verfügen, aber dennoch in der EU tätig werden; sei es dass sie Waren oder Dienstleistungen anbieten, sei es dass sie das Verhalten von Betroffenen in der Union beobachten.

II. Bisherige Rechtslage

Anders als die DSGVO beschränkte die DSRL ihren Anwendungsbereich in räumlicher Hinsicht auf jene Datenverarbeitungen, die im Hoheitsbereich der Mitgliedstaaten durchgeführt wurden. Anknüpfungspunkt war nach Art. 4 Abs. 1 lit. a DSRL zunächst, dass in einer Niederlassung des Verantwortlichen in der Union Daten verarbeitet wurden (Niederlassungsprinzip). War der für die Verarbeitung Verantwortliche nicht in der Union niedergelassen, kam die DSRL dennoch zur Anwendung, wenn er zum Zweck der Verarbeitung personenbezogener Daten auf Mittel zurückgriffen hat, die sich im Hoheitsgebiet eines Mitgliedstaates der EU befanden (Territorialitätsprinzip).

In Umsetzung dieser Vorgaben sieht § 1 Abs. 5 BDSG vor, dass das Bundesdatenschutzgesetz immer dann anzuwenden ist, wenn eine verantwortliche Stelle personenbezogene Daten durch eine Niederlassung im Inland erhebt, verarbeitet oder nutzt. Darüber hinaus ist das BDSG anzuwenden, sofern eine verantwortliche Stelle, die nicht in einem Mitgliedstaat der Union oder in einem anderen EWR-Staat gelegen ist, personenbezogene Daten im Inland erhebt, verarbeitet oder nutzt.

III. Entstehung der Norm

Die Regelung über den räumlichen Anwendungsbereich der DSGVO wurde im Zuge der Beratungen im Europäischen Parlament, im Rat und im Rahmen der Trilog-Verhandlungen nur unwesentlich geändert. Die letztendlich beschlossene Fassung des Art. 3 Abs. 1 erfuhr gegenüber dem Kommissionsentwurf aus dem Jahre 2012 nur insoweit eine Veränderung, als (auf Vorschlag des Europäischen Parlaments) die Klarstellung aufgenommen wurde, dass die Frage, ob sich der Ort der tatsächlichen Verarbeitung der Daten in der Union befindet, für die Bestimmung des örtlichen Anwendungsbereichs der DSGVO unerheblich ist, sofern nur die Datenverarbeitung im Rahmen der Tätigkeit einer Niederlassung in der EU erfolgt (*„unabhängig davon, ob die Verarbeitung in der Union stattfindet"*).

Die konkrete Formulierung des Marktortprinzips war hingegen Gegenstand von Verhandlungen. Auf Vorschlag des Parlaments wurden zum einen Datenverarbeitungen durch einen nicht in der Union niedergelassenen Auftragsverarbeiter in den Regelungstext aufgenommen. Zum anderen wurde Art. 3 Abs. 2 lit. a dahingehend erweitert, dass ein die Anwendung der DSGVO begründendes Anbot von Waren und Dienstleistungen auch dann vorliegt, wenn der Betroffene dafür keine Zahlung leisten muss.

In Art. 3 Abs. 2 lit. b war strittig, ob schon das Beobachten des Verhaltens von Betroffenen in der Union für die Anwendung der DSGVO ausreichen sollte (Kommissionsentwurf), oder aber eine Überwachung vorliegen müsse (Beschlusses des Europäischen Parlaments). Die letztlich beschlossene Fassung des Art. 3 Abs. 2 lit. b folgt in diesem Punkt grundsätzlich dem Kommissionsentwurf, im Zuge der Trilogverhandlungen wurde aber die Einschränkung aufgenommen, dass das Beobachten nur dann maßgeblich ist, wenn das betreffende Verhalten in der Union erfolgt.

B. Kommentierung

I. Niederlassungsprinzip (Art. 3 Abs. 1)

4   Art. 3 Abs. 1 übernimmt für die Regelung des örtlichen Anwendungsbereiches der DSGVO das bereits in Art. 4 Abs. 1 lit. a DSRL normierte **Niederlassungsprinzip**, indem angeordnet wird, dass die DSGVO für jeden Verantwortlichen gilt, der im Rahmen der Tätigkeiten einer Niederlassung in der Union personenbezogene Daten verarbeitet. Abweichend zur Vorgängerbestimmung des Art. 4 Abs. 1 lit. a DSRL erfasst der Anwendungsbereich nach Art. 3 Abs. 1 aber nicht mehr nur die für eine Datenverarbeitung Verantwortlichen, sondern auch Auftragsverarbeiter, sofern sie im Rahmen einer Niederlassung in der Union tätig werden.[1]

5   Nach Art. 3 Abs. 3 ist die DSGVO darüber hinaus auch für die Verarbeitung personenbezogener Daten durch einen Verantwortlichen maßgeblich, der zwar an einem Ort außerhalb der EU niedergelassen ist, aber aufgrund des Völkerrechts dem Recht eines Mitgliedstaats unterliegt. Diese Regelung zielt darauf ab, auch in den diplomatischen und konsularischen Vertretungen der Mitgliedstaaten der Union stattfindende Datenverarbeitungen der DSGVO zu unterwerfen.[2]

6   Ob sich der Ort der tatsächlichen Verarbeitung der Daten in der Union befindet, ist für die Bestimmung des örtlichen Anwendungsbereichs der DSGVO hingegen unerheblich. Ebenso irrelevant sind der Aufenthalts- und Wohnort der betroffenen Personen. Daher unterliegt auch die Verarbeitung von Daten über Angehörige von Drittstaaten der DSGVO, wenn diese im Rahmen einer Niederlassung in der Union erfolgt.[3]

7   Als eine Niederlassung ist die effektive und tatsächliche Ausübung einer Tätigkeit durch eine feste Einrichtung anzusehen. Der Begriff der Niederlassung erfuhr gegenüber jenem der DSRL somit keine Veränderung; er ist weiterhin extensiv auszulegen.[4]

Welche Rechtsform eine Niederlassung aufweist, ist unerheblich.[5] Da aber nur menschliche Handlungen als *„Tätigkeiten"* iSd Art. 3 Abs. 1 gelten, sind Briefkastenfirmen ebenso wenig als Niederlassungen anzusehen wie der Betrieb von Servern, die mittels Fernzugriff bedient werden. Diese stel-

---

1 *Albrecht/Jotzo*, S. 69.
2 ErwGr 25.
3 *Laue/Nink/Kremer*, S. 55.
4 Dammann/Simitis, EG-Datenschutzrichtlinie (1997) § 1 Rn. 203.
5 ErwGr 22.

len als bloße technische Einrichtung zur Verarbeitung von Informationen keine Niederlassung iSd DSGVO dar.[6]

Das Vorhandensein einer Niederlassung innerhalb der Union alleine führt noch nicht zur Anwendung der DSGVO. Eine Verarbeitung von Daten unterliegt ihr nur dann, wenn sie *„im Rahmen der Tätigkeiten"* dieser Niederlassung (innerhalb der Union) erfolgt. Welche Voraussetzungen erfüllt sein müssen, damit eine Datenanwendung einer Niederlassung (und nicht der Unternehmenszentrale außerhalb der Union) zuzurechnen ist, wird in der DSGVO nicht ausdrücklich geregelt. Für diese Frage sind nicht ausschließlich juristische Kriterien entscheidend. Zum einen ist es maßgeblich, ob der mit der Datenverarbeitung verfolgte Zweck ausschließlich in den Aufgabenbereich der Niederlassung oder auch in den der Zentralverwaltung fällt, zum anderen muss die Niederlassung, damit die Datenverarbeitung ihr zuzurechnen ist, über entsprechende administrative Anordnungs- und Zugriffsbefugnisse in Bezug auf das Datenverarbeitungssystem verfügen und bestimmenden Einfluss auf Inhalt und Ausgestaltung der Datenverarbeitung nehmen können. Die zivilrechtliche Zuordnung der eingesetzten Hardware ist für die Zurechnung der Datenverarbeitung unerheblich.[7] **8**

Der EuGH ist im Urteil 13.5.2014, C-131/12, zur Internetsuchmaschine *Google* von einem sehr weiten Verständnis der Datenverarbeitung *„im Rahmen der Tätigkeit"* einer Niederlassung (iSd Art. 4 DSRL) ausgegangen. Obwohl die Verarbeitung personenbezogener Daten im zugrunde liegenden Sachverhalt ausschließlich vom (nicht in der Union ansässigen) Unternehmen *Google Inc.* ausgeführt wurde, ohne dass das europäische Tochterunternehmen daran in irgendeiner Weise mitwirken konnte, wurde die Datenverarbeitung dennoch letzterem zugerechnet.[8] Durch den Verkauf von Werbeflächen auf der Website habe das in der Union ansässige Tochterunternehmen nämlich die Voraussetzung geschaffen, aufgrund derer die amerikanische Muttergesellschaft kostenlose Dienste anbieten konnte, in deren Rahmen auch Daten europäischer Nutzer verarbeitet werden. Daher müsse diese Datenverarbeitung auch der in der Union ansässigen Niederlassung zugerechnet werden.[9] Das Niederlassungsprinzip des Art. 4 Abs. 1 lit. a DSRL wurde dadurch weit über den Wortlaut der Regelung ausgedehnt, um faktisch alle Unternehmen mit Niederlassungen in der Union vom Geltungsbereich des europäischen Datenschutzrechts zu erfassen.[10] **9**

Die Probleme, die sich aus der Frage, wann eine Datenverarbeitung der Tätigkeit einer Niederlassung zugerechnet werden kann, ergeben, werden durch das das Niederlassungsprinzip ergänzende Marktortprinzip des Art. 3 Abs. 2 DSGVO wesentlich entschärft.[11] Eine Entscheidung über die Anwendbarkeit der DSGVO nach Art. 3 Abs. 1 wird sich dadurch vielfach erübrigen. **10**

---

6 *Laue/Nink/Kremer*, S. 54; *Ennöckl*, Der Schutz der Privatsphäre in der elektronischen Datenverarbeitung (2014) S. 351 .
7 *Ennöckl*, S. 351.
8 EuGH 13.5.2014 – C-131/12 – Google Spain und Google, Rn. 45 ff.
9 *Laue/Nink/Kremer*, S. 55.
10 *Albrecht/Jotzo*, S. 68.
11 *Laue/Nink/Kremer*, S. 55.

II. Marktortprinzip (Art. 3 Abs. 2)

1. Tätigkeiten außerhalb des Anwendungsbereichs des Unionsrechts (Abs. 2 lit. a)

11 Mit dem sog Marktortprinzip des Art. 3 Abs. 2 wird der Anwendungsbereich des europäischen Datenschutzrechts gegenüber dem reinen Niederlassungsprinzip der DSRL wesentlich erweitert. Die DSGVO ist demnach auch auf Datenverarbeitungen anwendbar, wenn der Verantwortliche oder der Auftragsverarbeiter über keine Niederlassung in der Union verfügt, seine Waren und Dienstleistungen aber in der EU anbietet (lit. a) oder (alternativ) das Verhalten von Betroffenen in der Union beobachtet (lit. b).

12 Mit dieser Regelung wird zum einen aus grundrechtlicher Sicht gewährleistet, dass auch solche Unternehmen an die Vorgaben des europäischen Datenschutzrechts gebunden sind, die über keine Niederlassung in der Union verfügen und dennoch am europäischen Binnenmarkt teilhaben. Zum anderen werden Wettbewerbsnachteile europäischer Unternehmen gegenüber Mitbewerbern ohne Niederlassung in der EU abgebaut, indem auch letztgenannte von der DSGVO erfasst und damit datenschutzrechtlich gleichbehandelt werden.[12]

13 Nach dem ersten Tatbestand des Art. 3 Abs. 2 ist der örtliche Anwendungsbereich der DSGVO eröffnet, wenn den betroffenen Personen Waren oder Dienstleistungen in der Union angeboten werden und zwar unabhängig davon, ob von ihnen eine Zahlung zu leisten ist oder nicht. Auch für die Betroffenen kostenlose Angebote (die ausschließlich über Werbung finanziert werden) sind daher von Art. 3 Abs. 2 lit. a erfasst.

Der Begriff des *„Anbietens von Waren und Dienstleistungen"* wird in der DSGVO nicht näher definiert. Ob sich ein Angebot gezielt an europäische Kunden richtet oder nicht, ist aufgrund einer Gesamtbetrachtung aller Umstände im Einzelfall zu beurteilen.[13] Maßgeblich sind die tatsächlichen Inhalte des Angebotes und nicht, wie dieses deklariert wird. Erklärt etwa ein Unternehmen auf seiner Website, keine Waren oder Dienstleistungen an Kunden in der Union anzubieten, können diese aber dennoch bestellt werden, ist die gegenteilige Aussage auf der Homepage unerheblich.[14]

14 In den ErwGr wird klargestellt, dass das bloße Betreiben eines Internetauftritts, der von der Union aus abgerufen werden kann, die Zugänglichkeit einer E-Mail-Adresse oder das Verwenden einer Sprache, die (auch) in dem Drittland allgemein gebräuchlich ist, alleine keine ausreichenden Anhaltspunkte für ein Anbot von Waren oder Dienstleistungen in der Union begründen. Demgegenüber können Faktoren wie die Verwendung einer Sprache, die zwar in der EU gebräuchlich, im Land des Anbieters aber eine Fremdsprache ist, der Hinweis auf bestimmte Währungen (insbesondere auf den Euro) sowie die Erwähnung von Kunden oder Nutzern in der Union sehr wohl als Hinweis auf ein Angebot iSd Art. 3 Abs. 2 lit. a angesehen werden.[15]

---

12 *Laue/Nink/Kremer*, S. 56 f.
13 *Albrecht/Jotzo*, S. 68.
14 *Laue/Nink/Kremer*, S. 57.
15 ErwGr 23.

In der Literatur wird darüber hinaus die Ansicht vertreten, dass aufgrund der gleichartigen Schutzziele für die Beurteilung des Vorliegens eines derartigen Angebotes zusätzlich auch auf die von der Judikatur zu Art. 6 Rom I-VO (Verordnung (EG) Nr. 593/2008 des Europäischen Parlaments und des Rates vom 17. Juni 2008 über das auf vertragliche Schuldverhältnisse anzuwendende Recht) entwickelten Kriterien zurückgegriffen werden könne.[16] Als Indizien für das Vorliegen eines Angebots iSd Art. 3 Abs. 2 lit. a kommen daher etwa auch der Betrieb einer nationalen Telefonnummer im Wohnsitzland des Betroffenen oder besondere Lieferbedingungen für Lieferungen in der EU in Betracht.

2. Verhaltensbeobachtung (Abs. 2 lit. b)

Die zweite Variante des Art. 3 Abs. 2 stellt darauf ab, ob der außerhalb der Union ansässige Verantwortliche oder Auftragsverarbeiter das Verhalten von betroffenen Personen innerhalb der EU beobachtet. Diese Regelung bezieht sich auf Unternehmen, die zwar keine Waren oder Dienstleistungen anbieten, aber personenbezogene Daten erheben, um über die Internetaktivitäten der Betroffenen Profile bezüglich der persönlichen Vorlieben, Verhaltensweisen oder Gepflogenheiten – insbesondere für Werbezecke – zu erstellen.[17] Erfasst werden auf diesem Wege etwa die Betreiber sozialer Netzwerke, Webtracking-Unternehmen sowie das Angebot von Location Based Services.[18] **15**

III. Rechtsfolgen: Benennung eines Vertreters

Ergibt sich aus Art. 3 Abs. 2 eine Anwendung der DSGVO, hat der nicht in der Union niedergelassene Verantwortliche bzw. der Auftragsverarbeiter gem. Art. 27 schriftlich einen Vertreter in der Union zu benennen. Für Verantwortliche mit Sitz in Drittstaaten war eine entsprechende Pflicht bislang bereits in Art. 4 Abs. 2 DSRL bzw. § 1 Abs. 5 S. 3 BDSG vorgesehen. Die Benennungspflicht eines Vertreters für Auftragsverarbeiter stellt hingegen eine Neuregelung dar. **16**

In Bezug auf die Person des Vertreters innerhalb der Union wird angeordnet, dass diese in einem Mitgliedstaat niedergelassen sein muss, in denen die betroffenen Personen, deren personenbezogene Daten im Zusammenhang mit den ihnen angebotenen Waren oder Dienstleistungen verarbeitet werden oder deren Verhalten beobachtet wird, sich befinden (Art. 27 Abs. 3). Es reicht folglich aus, einen Vertreter in einem relevanten Mitgliedstaat der Union zu benennen, auch wenn Waren und Dienstleistungen in mehreren oder allen Staaten der Union angeboten werden.[19]

Die Pflicht zur Bestellung eines Vertreters innerhalb der EU ist in der DSGVO – in Abweichung von der Regelung der DSRL – strafbewehrt. Ein Verstoß gegen die Benennungspflicht des Art. 27 kann gem. Art. 83 Abs. 4 lit. a mit einer Geldstrafe von bis zu 10.000.000 EUR oder im Fall eines Unternehmens bis zu 2% des gesamten im vorangegangenen Jahr durch **17**

---

16 *Laue/Nink/Kremer*, S. 57.
17 ErwGr 24; *Albrecht/Jotzo*, S. 68.
18 *Laue/Nink/Kremer*, S. 58, *Albrecht/Jotzo*, S. 68.
19 *Laue/Nink/Kremer*, S. 60.

das Unternehmen weltweit erzielten Jahresumsatzes sanktioniert werden, je nachdem, welcher der Beträge höher ist.

18   Ausnahmen von der Benennungspflicht sieht Art. 27 Abs. 2 dann vor, wenn eine Verarbeitung, die gelegentlich erfolgt, nicht die umfangreiche Verarbeitung besonderer Datenkategorien im Sinne des Art. 9 Abs. 1 oder die umfangreiche Verarbeitung von personenbezogenen Daten über strafrechtliche Verurteilungen und Straftaten im Sinne des Art. 10 einschließt und unter Berücksichtigung der Art, der Umstände, des Umfangs und der Zwecke der Verarbeitung voraussichtlich nicht zu einem Risiko für die Rechte und Freiheiten natürlicher Personen führt.

Artikel 4 Begriffsbestimmungen

Im Sinne dieser Verordnung bezeichnet der Ausdruck:

1. „personenbezogene Daten" alle Informationen, die sich auf eine identifizierte oder identifizierbare natürliche Person (im Folgenden „betroffene Person") beziehen; als identifizierbar wird eine natürliche Person angesehen, die direkt oder indirekt, insbesondere mittels Zuordnung zu einer Kennung wie einem Namen, zu einer Kennnummer, zu Standortdaten, zu einer Online-Kennung oder zu einem oder mehreren besonderen Merkmalen, die Ausdruck der physischen, physiologischen, genetischen, psychischen, wirtschaftlichen, kulturellen oder sozialen Identität dieser natürlichen Person sind, identifiziert werden kann;

2. „Verarbeitung" jeden mit oder ohne Hilfe automatisierter Verfahren ausgeführten Vorgang oder jede solche Vorgangsreihe im Zusammenhang mit personenbezogenen Daten wie das Erheben, das Erfassen, die Organisation, das Ordnen, die Speicherung, die Anpassung oder Veränderung, das Auslesen, das Abfragen, die Verwendung, die Offenlegung durch Übermittlung, Verbreitung oder eine andere Form der Bereitstellung, den Abgleich oder die Verknüpfung, die Einschränkung, das Löschen oder die Vernichtung;

3. „Einschränkung der Verarbeitung" die Markierung gespeicherter personenbezogener Daten mit dem Ziel, ihre künftige Verarbeitung einzuschränken;

4. „Profiling" jede Art der automatisierten Verarbeitung personenbezogener Daten, die darin besteht, dass diese personenbezogenen Daten verwendet werden, um bestimmte persönliche Aspekte, die sich auf eine natürliche Person beziehen, zu bewerten, insbesondere um Aspekte bezüglich Arbeitsleistung, wirtschaftliche Lage, Gesundheit, persönliche Vorlieben, Interessen, Zuverlässigkeit, Verhalten, Aufenthaltsort oder Ortswechsel dieser natürlichen Person zu analysieren oder vorherzusagen;

5. „Pseudonymisierung" die Verarbeitung personenbezogener Daten in einer Weise, dass die personenbezogenen Daten ohne Hinzuziehung zusätzlicher Informationen nicht mehr einer spezifischen betroffenen Person zugeordnet werden können, sofern diese zusätzlichen Informa-

tionen gesondert aufbewahrt werden und technischen und organisatorischen Maßnahmen unterliegen, die gewährleisten, dass die personenbezogenen Daten nicht einer identifizierten oder identifizierbaren natürlichen Person zugewiesen werden;

6. „Dateisystem" jede strukturierte Sammlung personenbezogener Daten, die nach bestimmten Kriterien zugänglich sind, unabhängig davon, ob diese Sammlung zentral, dezentral oder nach funktionalen oder geografischen Gesichtspunkten geordnet geführt wird;

7. „Verantwortlicher" die natürliche oder juristische Person, Behörde, Einrichtung oder andere Stelle, die allein oder gemeinsam mit anderen über die Zwecke und Mittel der Verarbeitung von personenbezogenen Daten entscheidet; sind die Zwecke und Mittel dieser Verarbeitung durch das Unionsrecht oder das Recht der Mitgliedstaaten vorgegeben, so kann der Verantwortliche beziehungsweise können die bestimmten Kriterien seiner Benennung nach dem Unionsrecht oder dem Recht der Mitgliedstaaten vorgesehen werden;

8. „Auftragsverarbeiter" eine natürliche oder juristische Person, Behörde, Einrichtung oder andere Stelle, die personenbezogene Daten im Auftrag des Verantwortlichen verarbeitet;

9. „Empfänger" eine natürliche oder juristische Person, Behörde, Einrichtung oder andere Stelle, der personenbezogene Daten offengelegt werden, unabhängig davon, ob es sich bei ihr um einen Dritten handelt oder nicht. Behörden, die im Rahmen eines bestimmten Untersuchungsauftrags nach dem Unionsrecht oder dem Recht der Mitgliedstaaten möglicherweise personenbezogene Daten erhalten, gelten jedoch nicht als Empfänger; die Verarbeitung dieser Daten durch die genannten Behörden erfolgt im Einklang mit den geltenden Datenschutzvorschriften gemäß den Zwecken der Verarbeitung;

10. „Dritter" eine natürliche oder juristische Person, Behörde, Einrichtung oder andere Stelle, außer der betroffenen Person, dem Verantwortlichen, dem Auftragsverarbeiter und den Personen, die unter der unmittelbaren Verantwortung des Verantwortlichen oder des Auftragsverarbeiters befugt sind, die personenbezogenen Daten zu verarbeiten;

11. „Einwilligung" der betroffenen Person jede freiwillig für den bestimmten Fall, in informierter Weise und unmissverständlich abgegebene Willensbekundung in Form einer Erklärung oder einer sonstigen eindeutigen bestätigenden Handlung, mit der die betroffene Person zu verstehen gibt, dass sie mit der Verarbeitung der sie betreffenden personenbezogenen Daten einverstanden ist;

12. „Verletzung des Schutzes personenbezogener Daten" eine Verletzung der Sicherheit, die, ob unbeabsichtigt oder unrechtmäßig, zur Vernichtung, zum Verlust, zur Veränderung, oder zur unbefugten Offenlegung von beziehungsweise zum unbefugten Zugang zu personenbezogenen Daten führt, die übermittelt, gespeichert oder auf sonstige Weise verarbeitet wurden;

13. „genetische Daten" personenbezogene Daten zu den ererbten oder erworbenen genetischen Eigenschaften einer natürlichen Person, die eindeutige Informationen über die Physiologie oder die Gesundheit dieser natürlichen Person liefern und insbesondere aus der Analyse einer bio-

logischen Probe der betreffenden natürlichen Person gewonnen wurden;

14. „biometrische Daten" mit speziellen technischen Verfahren gewonnene personenbezogene Daten zu den physischen, physiologischen oder verhaltenstypischen Merkmalen einer natürlichen Person, die die eindeutige Identifizierung dieser natürlichen Person ermöglichen oder bestätigen, wie Gesichtsbilder oder daktyloskopische Daten;

15. „Gesundheitsdaten" personenbezogene Daten, die sich auf die körperliche oder geistige Gesundheit einer natürlichen Person, einschließlich der Erbringung von Gesundheitsdienstleistungen, beziehen und aus denen Informationen über deren Gesundheitszustand hervorgehen;

16. „Hauptniederlassung"

   a) im Falle eines Verantwortlichen mit Niederlassungen in mehr als einem Mitgliedstaat den Ort seiner Hauptverwaltung in der Union, es sei denn, die Entscheidungen hinsichtlich der Zwecke und Mittel der Verarbeitung personenbezogener Daten werden in einer anderen Niederlassung des Verantwortlichen in der Union getroffen und diese Niederlassung ist befugt, diese Entscheidungen umsetzen zu lassen; in diesem Fall gilt die Niederlassung, die derartige Entscheidungen trifft, als Hauptniederlassung;

   b) im Falle eines Auftragsverarbeiters mit Niederlassungen in mehr als einem Mitgliedstaat den Ort seiner Hauptverwaltung in der Union oder, sofern der Auftragsverarbeiter keine Hauptverwaltung in der Union hat, die Niederlassung des Auftragsverarbeiters in der Union, in der die Verarbeitungstätigkeiten im Rahmen der Tätigkeiten einer Niederlassung eines Auftragsverarbeiters hauptsächlich stattfinden, soweit der Auftragsverarbeiter spezifischen Pflichten aus dieser Verordnung unterliegt;

17. „Vertreter" eine in der Union niedergelassene natürliche oder juristische Person, die von dem Verantwortlichen oder Auftragsverarbeiter schriftlich gemäß Artikel 27 bestellt wurde und den Verantwortlichen oder Auftragsverarbeiter in Bezug auf die ihnen jeweils nach dieser Verordnung obliegenden Pflichten vertritt;

18. „Unternehmen" eine natürliche und juristische Person, die eine wirtschaftliche Tätigkeit ausübt, unabhängig von ihrer Rechtsform, einschließlich Personengesellschaften oder Vereinigungen, die regelmäßig einer wirtschaftlichen Tätigkeit nachgehen;

19. „Unternehmensgruppe" eine Gruppe, die aus einem herrschenden Unternehmen und den von diesem abhängigen Unternehmen besteht;

20. „verbindliche interne Datenschutzvorschriften" Maßnahmen zum Schutz personenbezogener Daten, zu deren Einhaltung sich ein im Hoheitsgebiet eines Mitgliedstaats niedergelassener Verantwortlicher oder Auftragsverarbeiter verpflichtet im Hinblick auf Datenübermittlungen oder eine Kategorie von Datenübermittlungen personenbezogener Daten an einen Verantwortlichen oder Auftragsverarbeiter derselben Unternehmensgruppe oder derselben Gruppe von Unternehmen, die eine gemeinsame Wirtschaftstätigkeit ausüben, in einem oder mehreren Drittländern;

21. „Aufsichtsbehörde" eine von einem Mitgliedstaat gemäß Artikel 51 eingerichtete unabhängige staatliche Stelle;

22. „betroffene Aufsichtsbehörde" eine Aufsichtsbehörde, die von der Verarbeitung personenbezogener Daten betroffen ist, weil

a) der Verantwortliche oder der Auftragsverarbeiter im Hoheitsgebiet des Mitgliedstaats dieser Aufsichtsbehörde niedergelassen ist,

b) diese Verarbeitung erhebliche Auswirkungen auf betroffene Personen mit Wohnsitz im Mitgliedstaat dieser Aufsichtsbehörde hat oder haben kann oder

c) eine Beschwerde bei dieser Aufsichtsbehörde eingereicht wurde;

23. „grenzüberschreitende Verarbeitung" entweder

a) eine Verarbeitung personenbezogener Daten, die im Rahmen der Tätigkeiten von Niederlassungen eines Verantwortlichen oder eines Auftragsverarbeiters in der Union in mehr als einem Mitgliedstaat erfolgt, wenn der Verantwortliche oder Auftragsverarbeiter in mehr als einem Mitgliedstaat niedergelassen ist, oder

b) eine Verarbeitung personenbezogener Daten, die im Rahmen der Tätigkeiten einer einzelnen Niederlassung eines Verantwortlichen oder eines Auftragsverarbeiters in der Union erfolgt, die jedoch erhebliche Auswirkungen auf betroffene Personen in mehr als einem Mitgliedstaat hat oder haben kann;

24. „maßgeblicher und begründeter Einspruch" einen Einspruch gegen einen Beschlussentwurf im Hinblick darauf, ob ein Verstoß gegen diese Verordnung vorliegt oder ob beabsichtigte Maßnahmen gegen den Verantwortlichen oder den Auftragsverarbeiter im Einklang mit dieser Verordnung steht, wobei aus diesem Einspruch die Tragweite der Risiken klar hervorgeht, die von dem Beschlussentwurf in Bezug auf die Grundrechte und Grundfreiheiten der betroffenen Personen und gegebenenfalls den freien Verkehr personenbezogener Daten in der Union ausgehen;

25. „Dienst der Informationsgesellschaft" eine Dienstleistung im Sinne des Artikels 1 Nummer 1 Buchstabe b der Richtlinie (EU) 2015/1535 des Europäischen Parlaments und des Rates[1];

26. „internationale Organisation" eine völkerrechtliche Organisation und ihre nachgeordneten Stellen oder jede sonstige Einrichtung, die durch eine zwischen zwei oder mehr Ländern geschlossene Übereinkunft oder auf der Grundlage einer solchen Übereinkunft geschaffen wurde.

---

1 Richtlinie (EU) 2015/1535 des Europäischen Parlaments und des Rates vom 9. September 2015 über ein Informationsverfahren auf dem Gebiet der technischen Vorschriften und der Vorschriften für die Dienste der Informationsgesellschaft (ABl. L 241 vom 17. 9. 2015, S. 1).

Verwandte Normen: ErwGr 26–32, 34–37; § 3 BDSG 2003

Literatur:

Albrecht/Jotzo, Das neue Datenschutzrecht der EU: Grundlagen – Gesetzgebungsverfahren – Synopse, 2016; *Breyer*, Personenbezug von IP-Adressen – Internetnutzung und Datenschutz, ZD 2014, 400; *Bull*, Datenschutz als Informationsrecht und Gefahrenabwehr, NJW 1979, 1177; *Bull*, Sinn und Unsinn des Datenschutzes, 2015; *Caspar*, Klarnamenpflicht versus Recht auf pseudonyme Nutzung, ZRP 2015, 233; *Eckhardt/Kramer*, EU-DSGVO – Diskussionspunkte aus der Praxis, DuD 2013, 287; *Ernst*, in: Paal/Pauly (Hrsg.), Datenschutz-Grundverordnung, 1. Auflage 2017, Art. 4; *Europäische Kommission*, Benutzerleitfaden zur Definition von KMU, 2015, http://ec.europa.eu/DocsRoom/documents/15582/attachments/1/translations/de/renditions/native; *Haase*, Datenschutzrechtliche Fragen des Personenbezugs: eine Untersuchung des sachlichen Anwendungsbereiches des deutschen Datenschutzrechts und seiner europarechtlichen Bezüge, 2015; *Hammer/Knopp*, Datenschutzinstrumente Anonymisierung, Pseudonyme und Verschlüsselung, DuD 2015, 503; *Hornung*, Eine Datenschutz-Grundverordnung für Europa? – Licht und Schatten im Kommissionsentwurf vom 25.1.2012, ZD 2012, 99; *Hullen*, Anonymisierung und Pseudonymisierung in der Datenschutz-Grundverordnung, PinG 2015, 210; *Karg*, Anonymität, Pseudonyme und Personenbezug revisited?, DuD 2015, 520; *Karg*, Die Rechtsfigur des personenbezogenen Datums – Ein Anachronismus des Datenschutzes?, ZD 2012, 255; *Kranig*, Zuständigkeit der Datenschutzaufsichtsbehörden – Feststellung des Status quo mit Ausblick auf die DSGVO, ZD 2013, 550; *Laue/Nink/Kremer*, Das neue Datenschutzrecht in der betrieblichen Praxis, 2016; *Martens*, Anwendungsbereich des Entwurfs der Datenschutz-Grundverordnung im öffentlichen Bereich, PinG 2015, 213; *Meyerdierks*, Sind IP-Adressen personenbezogene Daten?, MMR 2009, 8; *Nebab*, Veröffentlichung von Schiffspositionen im Internet – Rechtliche Bewertung und Analyse der Erhebung von AIS-Daten, ZD 2013, 382; *Nguyen*, Die zukünftige Datenschutzaufsicht in Europa – Anregungen für den Trilog zu Kap. VI bis VII der DS-GVO, ZD 2015, 265; *Roßnagel/Scholz*, Datenschutz durch Anonymität und Pseudonymität – Rechtsfolgen der Verwendung anonymer und pseudonymer Daten, MMR 2000, 721; *Specht*, Ausschließlichkeitsrechte an Daten – Notwendigkeit, Schutzumfang, Alternativen, CR 2016, 288; *Stockenhuber*, in: Grabitz/Hilf/Nettesheim (Hrsg.), Das Recht der Europäischen Union, 57. EL August 2015, Art. 101 AEUV, Rn. 51; *Sydow/Kring*, Die Datenschutzgrundverordnung zwischen Technikneutralität und Technikbezug – Konkurrierende Leitbilder für den europäischen Rechtsrahmen, ZD 2014, 271; *Wolff/Brink* (Hrsg.), BDSG, § 38 Rn. 83; *Ziebarth*, Google als Geheimnishüter? – Verantwortlichkeit der Suchmaschinenbetreiber nach dem EuGH-Urteil, ZD 2014, 394; *Ziebarth*, Automatisierte Erfassung und Verarbeitung von Kfz-Kennzeichen zu Fahndungszwecken, CR 2015, 687; *Ziebarth*, Das Datum als Geisel – Klarnamenspflicht und Nutzeraussperrung bei Facebook, ZD 2013, 375; *Ziebarth*, Grundrechtskonforme Gestaltung der Vorratsdatenspeicherung – Überlegungen zu einer europa-, verfassungs- und datenschutzrechtskonformen Umsetzung, DuD 2009, S. 25.

A. Grundlagen

1   Art. 4 definiert wichtige Begriffe der DSGVO. Er orientiert sich an seiner Vorgängernorm, Art. 2 Datenschutz-RL.

2   Die Definitionen der DSGVO gelten auch für den Regelungsbereich der Richtlinie 2002/58/EG („E-Privacy-Richtlinie"). Diese verweist auf die Begriffsbestimmungen der DSRL (Art. 2 S. 1 RL 2002/58/EG).[2] Diese Verweisung gilt gem. Art. 94 Abs. 2 S. 1 als Verweis auf die DSGVO, mithin auf deren Art. 4.

---

2   ErwGr 173 DSGVO sieht eine Änderung der RL 2002/58/EG zur Bereinigung derartiger Fehlverweise vor.

Aus einigen zentralen Definitionen (zB personenbezogene Daten, Verarbeitung) ergibt sich erst der Anwendungsbereich der DSGVO,[3] der freilich in Art. 2 doppelt (hinsichtlich betroffener Verarbeitungsarten[4] und betroffener Rechtsgebiete → Art. 2 Rn. 1 ff.) eingeschränkt wird. **3**

Nur innerhalb ihres Anwendungsbereichs sind die Definitionen der DSGVO unmittelbar verbindlich (Art. 288 Abs. 2 AEUV). Die nationalen Gesetzgeber sollten denselben Begriffen auch außerhalb dieses Anwendungsbereichs keine abweichenden Bedeutungen verleihen bzw. bestehende abweichende Definitionen harmonisieren.[5] So sollte das „Dreigestirn" aus Erheben, Verarbeiten und Nutzen im deutschen Bundesrecht (§ 3 Abs. 3–5 BDSG, § 67 Abs. 5–7 SGB X), das nur noch eine sinnlose terminologische „Stolperfalle" darstellt, endlich aufgegeben werden.[6] **4**

Bei der Auslegung der Begriffsdefinitionen ist zu berücksichtigen, dass die DSGVO auch in allen anderen Sprachversionen („24 Amtssprachen der EU")[7] existiert. Mögliche sprachliche Diskrepanzen dürfen nicht zu einem uneinheitlichen Begriffsverständnis und damit zu uneinheitlicher Rechtsanwendung führen. Im Zweifel sind daher andere Sprachversionen heranzuziehen und Diskrepanzen mit den gängigen Auslegungsmethoden zu beseitigen.[8] **5**

Mit der Einführung der DSGVO wurde die Chance vertan, deren Begriffsbestimmungen auf Unionsebene auch anderweitig nutzbar zu machen. Dass etwa die RL (EU) 2016/680[9] eigene (weitgehend gleichlautende) Definitionen enthält, ist überflüssig und begründet die Gefahr eines künftig auseinanderdriftenden Begriffsverständnisses. Sie hätte schlicht auf die Begriffsdefinitionen der DSGVO verweisen sollen. **6**

B. Kommentierung

I. Nr. 1 – Personenbezogene Daten, betroffene Person

Nr. 1 enthält zwei Definitionen: die personenbezogener Daten und die der betroffenen Person. Die Definition entspricht Art. 2 lit. a Datenschutz-RL, wartet aber zusätzlich mit einigen Beispielen auf, mit Hilfe welcher Identifizierungsmerkmale ein Personenbezug herstellbar ist. **7**

---

3 *Albrecht/Jotzo*, S. 58.
4 Zum Dateibegriff und seinen Einfluss auf den Anwendungsbereich der DSGVO vgl. *Martens* PinG 2015, 213.
5 Vgl. *Ehmann/Helfrich*, EG-Datenschutzrichtlinie, Art. 2 Rn. 7 ff. Zur Möglichkeit, den Aufsichtsbehörden iS dieser Verordnung auch die Aufgaben einer Aufsichtsbehörde iSd RL (EU) 2016/680 zu übertragen, s. deren Art. 41 Abs. 3 und ErwGr 76.
6 *Brühann/Zerdick* CR 1996, 429 (430); *Brühann* DuD 2002, 296 (297).
7 *Albrecht* CR 2016, 88.
8 *Ehmann/Helfrich*, EG-Datenschutzrichtlinie, Art. 2 Rn. 3-5.
9 Richtlinie (EU) 2016/680 des Europäischen Parlaments und des Rates vom 27. April 2016 zum Schutz natürlicher Personen bei der Verarbeitung personenbezogener Daten durch die zuständigen Behörden zum Zwecke der Verhütung, Ermittlung, Aufdeckung oder Verfolgung von Straftaten oder der Strafvollstreckung sowie zum freien Datenverkehr und zur Aufhebung des Rahmenbeschlusses 2008/977/JI des Rates.

1. Daten

8   Der Begriff der Daten (Einzahl: Datum)[10] wird im Datenschutzrecht im Sinne von Information, Wissen gebraucht.[11] Dieser Datenbegriff unterscheidet sich von demjenigen etwa der Informatik, der mit Datum nicht die Information, sondern ein sie repräsentierendes Zeichen oder Signal meint.[12] Der datenschutzrechtliche Datenbegriff ist damit ein weiterer.[13] Er umfasst Informationen unabhängig davon, in welcher Form sie vorliegen oder verarbeitet[14] werden.[15] Irrelevant ist auch, ob die Daten auf einem Datenträger verkörpert sind: auch eine – nicht aktenkundig gemachte – Information, die zB ein Behördenmitarbeiter über eine natürliche Person hat, ist ein (personenbezogenes) Datum. Irrelevant ist ferner, ob das Datum vermeintlich belanglos[16] oder für den Verantwortlichen neu[17] ist.

2. Personenbezug

9   Personenbezogen sind Daten dann, wenn sie sich auf eine bestimmte oder bestimmbare natürliche Person beziehen.[18] Diese Person wird betroffene Person genannt. Ihrem Schutz gilt das Datenschutzrecht.[19] Ist ein Datum nicht personenbezogen, so unterliegt es nicht der DSGVO.[20] Seine Schutzwürdigkeit kann sich aber aus anderen Gründen und aus anderen Vorschriften ergeben, zB Normen zum Schutz von Betriebs- und Geschäftsgeheimnissen oder öffentlichen Geheimhaltungsinteressen.

a) Natürliche Person

10   Natürliche Personen sind alle Menschen.[21] Weder kommt es auf deren Staatsangehörigkeit an,[22] noch darauf, ob sie die Unionsbürgerschaft (Art. 20 AEUV, Art. 9 S. 2 und 3 EUV) besitzen.

11   Aus ErwGr 27 ergibt sich, dass die DSGVO nicht dem Schutz verstorbener Menschen dient, deren Schutz durch nationales Recht[23] aber nicht entge-

---

10   Vgl. *Eßer* in: Auernhammer BDSG § 3 Rn. 6.
11   *Scheffler* in: Kilian/Heussen, Computerrechts-Handbuch, 26. EL 2008, 1. Abschnitt, Teil 10, I, Rn. 9; kritisch *Specht* CR 2016, 288 (290).
12   Vgl. *Scheffler* in: Kilian/Heussen Computerrechts-Handbuch, 26. EL 2008, Teil 10, Besonderer Teil des Strafgesetzbuchs, I., Rn. 10.
13   AA *Bull*, Sinn und Unsinn des Datenschutzes, S. 9, der den engeren Begriff als auch datenschutzrechtlich maßgeblich ansehen scheint; vgl. aber auch *Bull* NJW 1979, 1177 (1178).
14   Die Art der Verarbeitung entscheidet aber mit über die Anwendbarkeit der DSGVO, → Art. 2 Rn. 6 f.; dazu schon *Bull* NJW 1979, 1177 (1178) zum BDSG; zum Begriff der automatisierten Verarbeitung s. aber auch *Ziebarth* ZD 2014, 394, 398 f.
15   *Plath/Schreiber* in: Plath BDSG § 3 Rn. 5; *Buchner* in: Taeger/Gabel BDSG § 3 Rn. 7.
16   Vgl. BVerfGE 65, 1.
17   *Haase*, S. 123.
18   Kritisch zur Definition *Conrad* in: Auer-Reinsdorff/Conrad, Handbuch IT- und Datenschutzrecht, 2. Auflage 2016, § 34 Rn. 55.
19   *Gola/Schomerus* BDSG § 1 Rn. 1.
20   *Dammann* in: Simitis BDSG § 3 Rn. 20; *Bull*, Sinn und Unsinn des Datenschutzes, S. 15.
21   *Dammann* in: Simitis BDSG § 3 Rn. 17.
22   *Boehm* EDPL 2016, 178 (190).
23   Vgl. zB § 35 Abs. 5 SGB I.

gensteht.[24] Das LG Berlin scheint den Erben des Betroffenen selbst als Betroffenen anzusehen („... erscheint es unbillig, die Erben ... nicht als Betroffene iSd § 34 BDSG [anzusehen]").[25] Dass der Erbe das Recht erbt, Betroffenenrechte des Erblassers (zB auf Auskunft, Löschung oder Einschränkung der Verarbeitung gem. Art. 16–18) geltend zu machen, erscheint jedenfalls gut vertretbar.[26] Um die Geltung des Datenschutzrechts nicht ewig zu verlängern, kann hier nur auf diejenigen Verarbeitungen abgestellt werden, die zu Lebzeiten des Betroffenen stattgefunden haben. Eine Erbenstellung des Staates (§ 1936 BGB) erscheint insoweit weder möglich noch nötig.

Daten von Menschen, die gezeugt, aber noch nicht geboren wurden, dürften sich idR zumindest auch auf die Mutter beziehen und schon deshalb personenbezogen sein.[27] Teilweise wird der Nasciturus aber auch selbst als geschützt angesehen.[28] Da beide Ansichten im Ergebnis von personenbezogenen Daten ausgehen,[29] ist die Frage nicht primär hinsichtlich des Schutzniveaus bedeutsam, sondern hinsichtlich der Verfügungsbefugnis. Ist ausschließlich die Mutter betroffen, kann sie freier mit den Daten über das Ungeborene umgehen, als wenn sie zusätzlich dessen Rechte zu beachten hätte. Soweit man den Embryo selbst als Rechtssubjekt anerkennt, dürfte dies unter der Bedingung der späteren Lebendgeburt stehen.[30]   **12**

Nicht personenbezogen sind Daten, die sich auf juristische Personen oder (sonstige) Personenvereinigungen beziehen.[31] Möglich ist aber, dass ein unmittelbar auf eine juristische Person bezogenes Datum zugleich eine natürliche Person betrifft, so zB bei der Ein-Personen-Gesellschaft.[32] Dann ist freilich nicht die juristische Person geschützt, sondern die hinter ihr stehende natürliche Person.[33] Irritierend ist, dass ErwGr 14 S. 2 entgegen Art. 4 Nr. 1 von personenbezogenen Daten juristischer Personen spricht, für die   **13**

---

24 *Ernst,* in: Paal/Pauly DSGVO Art. 4 Rn. 4; Zum postmortalen Persönlichkeitsschutz s. zB AG Mettmann 16.6.2015 – 25 C 384/15, ZD 2016, 140.

25 LG Berlin 17.12.2015 – 20 O 172/15, ZD 2016, 182, 186.

26 Dazu *Leeb* K&R 2016, 139.

27 *Dammann* in: Simitis BDSG § 3 Rn. 17.

28 *Bergmann/Möhrle/Herb,* Datenschutzrecht, 45. EL, BDSG § 3 Rn. 10; ausführlich *Schild* in: Wolff/Brink, Art. 4 DSGVO Rn. 9 f.

29 Vgl. aber *Schild* in: BeckOK DatenschutzR § 3 Rn. 6-7, der auf die Möglichkeiten des Einfrierens von Embryonen und damit auf die der Verselbständigung gegenüber der Mutter hinweist.

30 Vgl. PDK HDSG, § 2 Rn. 11; zur Teilrechtsfähigkeit des Nasciturus im Allgemeinen vgl. *Bamberger* in: Beck OK BGB § 1 Rn. 16 mwN Zu dessen Erbenstellung im Falle der Lebendgeburt vgl. § 1923 Abs. 2 BGB und dazu *Müller-Christmann* in: Beck OK BGB § 1923 Rn. 10. Die Vorschriften des BGB können freilich die Auslegung der DSGVO nicht verbindlich vorgeben.

31 *Dammann/Simitis,* EG-Datenschutzrichtlinie, Art. 2 Rn. 1; *Zilkens,* Rn. 55.

32 BGH 17.12.1985 – VI ZR 244/84, NJW NJW 1986, 2505; *Bergmann/Möhrle/Herb,* Datenschutzrecht, 45. EL, BDSG § 3 Rn. 12; *Nehab* ZD 2013, 382 (383); *Frenz* VR 2016, 45; *Ernst* in: Paal/Pauly DSGVO Art. 4 Rn. 5; *Laue/Nink/Kremer,* S. 41, sehen diesen Fall auch in Bezug auf Einzelkaufleute als gegeben an – Einzelkaufleute sind indes schon keine juristischen, sondern natürlichen Personen.

33 AA offenbar *Nehab* ZD 2013, 382 (383), der damit die von ihm zitierten Ausführungen *von Buchner* in: Taeger/Gabel BDSG § 3 Rn. 8, falsch zu deuten scheint.

die DSGVO nicht gelte.[34] Diese Terminologie muss als Redaktionsversehen angesehen werden.

b) Bestimmt

14 Bezug zu einer bestimmten Person hat das Datum, wenn sich die Identität der Person unmittelbar aus den vorhandenen Informationen ergibt.[35] Ein Datensatz, der den Namen der Person enthält, bezieht sich auf eine bestimmte Person,[36] es sei denn, es kommen mehrere Träger desselben Namens in Frage – dann soll alleine die Namensangabe nicht ausreichend sein.[37] Richtigerweise wird die Namensangabe dann ausreichen, wenn aus dem Kontext klar wird, wer gemeint ist. Wer den Namen eines Verwandten oder eines besonders Prominenten erwähnt, meint diesen, nicht aber einen unbekannten Namensvetter. Auch der Vorname kann je nach den Umständen ausreichen.[38] Umgekehrt ist es für den Personenbezug nicht notwendig, dass der Name bekannt ist, wenn der Betroffene sonst identifiziert ist – zB als der Anwesende auf einer Videoaufnahme.[39]

c) Bestimmbar

15 Bestimmbar ist die Person dann, wenn es möglich ist, eine noch nicht geschehene Identifizierung nachzuholen.[40] Über die Methoden, mit denen die Identifizierung gelingen kann, herrscht weitgehend Einigkeit (dazu sogleich unter aa)). Umgekehrt gibt es auch Methoden, den Personenbezug ganz oder teilweise wieder aufzuheben (bb)).

16 Hoch umstritten ist, für wen die Person identifizierbar sein muss, damit das Datum als personenbezogen gilt (cc)).

aa) Methoden der Identifizierung

17 Art. 4 Nr. 1 definiert eine bestimmbare Peron als solche, die direkt oder indirekt identifiziert werden kann. Identifiziert ist die Person, wenn klar ist, dass sie gemeint ist. Als Regelbeispiel nennt die Norm die Zuordnung zu einer Kennung. Hierfür wiederum nennt sie die Regelbeispiele Namen, Kennnummer, Standortdaten, Online-Kennung und Merkmale bezüglich der physischen, physiologischen, genetischen, psychischen, wirtschaftlichen, kulturellen oder sozialen Identität der Person. Die Vorschrift nennt ausdrücklich die Möglichkeit, dass auch mehrere dieser letztgenannten Merkmale (in Kombination) zur Bestimmbarkeit führen können, nicht aber die Möglichkeit der Kombination mehrerer Kennungen. Offenbar geht der Normgeber davon aus, dass jede Kennung bereits zur eindeutigen Identifizierung ausreicht. Soweit das nicht der Fall ist, kann dennoch die

---

34 Dazu *Gola* K&R 2017, 145 (146).
35 *Schild* in: Wolff/Brink (Hrsg.) Art. 4 DSGVO Rn. 14.
36 *Eßer* in: Auernhammer BDSG § 3 Rn. 15.
37 Vgl. *Dammann* in: Simitis BDSG § 3 Rn. 22; *Karg* DuD 2015, 520 (523); aA *Plath/Schreiber* in: Plath BDSG § 3 Rn. 13, die die Namensangabe ausreichen lassen.
38 EGMR (V. Sektion), Urteil vom 19.2.2015 – 53649/09 (Ernst August von Hannover/Deutschland), NJW 2016, 781 – freilich nicht zur DSGVO, sondern zur EMRK.
39 *Dammann* in: Simitis BDSG § 3 Rn. 22.
40 *Plath/Schreiber* in: Plath BDSG § 3 Rn. 13.

Identifizierbarkeit über eine Kombination mehrerer Kennungen möglich sein, um die Bestimmbarkeit und damit den Personenbezug herzustellen.[41]

Kennnummern sind alle alphanumerischen Zeichenketten, die zur zweifelsfreien Bezeichnung eines Menschen herangezogen werden können, zB Personalausweisnummer, Steuer-ID, Kfz-Kennzeichen,[42] Bankverbindung, Personal- oder Kundennummer, militärische Personenkennziffern, Kommunikationsnummern. **18**

Ortsangaben können in unterschiedlichen Formaten vorliegen, etwa in Planzeichnungen, Adressangaben oder Koordinaten. Je kleiner die bezeichnete Fläche ist, desto eher können Betroffene tendenziell identifiziert werden.[43] **19**

Online-Kennungen sind insbesondere IP-Adressen.[44] Sie können durch den Internetzugangsprovider dem Inhaber eines Telekommunikationsanschlusses zugeordnet werden, dem sie zu einem bestimmten Zeitpunkt zugeordnet waren. Sie sind für ihn also in jedem Fall personenbezogen,[45] jedenfalls, soweit und solange er speichert, wem er wann welche IP-Adresse zugeordnet hatte.[46] Ob dies ausreicht, um IP-Adressen auch für Dritte als personenbezogen anzusehen, ist umstritten, (s. dazu unten, unter cc) → Rn. 33). **20**

Letztlich können alle Eigenschaften eine Person identifizierbar werden lassen, die sie von anderen unterscheidet. Je weniger andere Menschen diese Eigenschaften besitzen, desto eher gelingt die Identifikation. Durch Kombination mehrerer Eigenschaften kann der Kreis der potenziell Betroffenen weiter eingeengt werden, bis nur noch einer übrig bleibt. **21**

Ob die Identifizierung möglich ist, hängt auch vom zu betreibenden Aufwand ab. Dies ergibt sich nicht ausdrücklich aus Art. 4 Nr. 1, aber unter Berücksichtigung des ErwGr 26. **22**

Nach dessen S. 3 sind zur Beurteilung der Identifizierbarkeit alle vernünftigerweise in Betracht kommenden Maßnahmen zu berücksichtigen. Dazu sind alle objektiven Faktoren, wie der zur Identifizierung nötige Kosten- oder Zeitaufwand, die zur Verfügung stehende Technologie und technologische Fortschritte zu berücksichtigen. Es kommt nicht darauf an, ob der Einsatz einer Methode vernünftig ist, sondern darauf, ob mit ihrem Einsatz vernünftigerweise zu rechnen ist. Dazu ist der mögliche Nutzen auch eines Missbrauchs der Daten dem Aufwand und anderen abschreckenden Fakto- **23**

---

41 *Buchner* in: Taeger/Gabel BDSG § 3 Rn. 11; ausführlich Der Hamburgische Beauftragte für Datenschutz und Informationsfreiheit, S. 55.

42 Kfz-Kennzeichen sind in Deutschland qua gesetzlicher Fiktion immer personenbezogen, vgl. § 45 S. 2 StVG. Angesichts der mit der DSGVO erreichten Vollharmonisierung des Datenschutzes zumindest im nicht-öffentlichen Bereich dürfte dieser Fiktion hier die Grundlage entzogen sein. Es dürfte künftig auf die tatsächliche Bestimmbarkeit ankommen, wenn nicht-öffentliche Stellen Kfz-Kennzeichen verarbeiten.

43 *Weichert* DuD 2009, 347 (350); zum Personenbezug von Geodaten auch *Karg* ZD 2012, 255 (256 f.).

44 Zu diesen EuGH 19.10.2016 – Rs. C-582/14.

45 *Roßnagel* in: Roßnagel, HdB Datenschutzrecht, 2003, Kap. 7.9 Rn. 56; *Meyerdierks* MMR 2009, 8 (9).

46 OLG Karlsruhe 4.12.2008 – 4 U 86/07, MMR 2009, 412 (413).

ren, zB dem Bestrafungsrisiko, gegenüberzustellen.[47] Auch strafbares oder sonst illegales Verhalten ist zu berücksichtigen, wenn damit gerechnet werden muss.[48] Dies folgt schon daraus, dass Datenverarbeitung potenziell weltweit möglich ist und deshalb nicht absehbar ist, welches Verhalten wo rechtlich zulässig ist oder nicht. Wenn der EuGH feststellt, die Personenbeziehbarkeit sei gegeben, wenn der Verantwortliche über rechtliche Mittel zur Identifizierung verfügt,[49] so ist das als (alleine oder mit anderen Bedingungen) hinreichende, nicht aber als notwendige Bedingung zu verstehen.

bb) Anonymisierung

24 In vielen Fällen kann eine Information sinnvoll genutzt werden, ohne dass bekannt sein muss, auf wen sie sich bezieht. In diesen Fällen bietet es sich an, den Personenbezug zu vermeiden oder aufzuheben. Dies schont einerseits die betroffene Person. Es erspart andererseits dem Verantwortlichen die Anwendbarkeit des Datenschutzrechts.[50] Damit entfällt für sie die Verpflichtung, die rechtlichen Rahmenbedingungen der Verarbeitung zu beachten und technische und organisatorische Maßnahmen zum Schutz der Daten zu ergreifen.

25 Der Personenbezug kann durch hinreichende Anonymisierung oder Pseudonymisierung[51] vermieden bzw. aufgehoben werden.

26 Anonymisierung wird in der DSGVO nicht definiert, aber in ErwGr 26 näher beschrieben. Nach dessen S. 5 regelt die DSGVO nicht die Verarbeitung (hinreichend) anonymisierter Daten, also solcher, die sich nicht (mehr) auf eine bestimmte oder bestimmbare natürliche Person beziehen.

27 Neben dem Entfernen identifizierender Merkmale ist auch das Aggregieren von Daten eine Technik zur Anonymisierung: die Daten mehrerer Betroffener werden zusammengefasst und nur zB Durchschnittswerte mitgeteilt.[52] Dabei ist auf eine ausreichende Mindestzahl[53] von Betroffenen mit demselben Merkmal (oder derselben Kombination mehrerer Merkmale) und auf die Vermeidung von Extremwerten (0%; 100%) zu achten.

---

47 BVerfG 24.9.1987 – 1 BvR 970/87, DVBl. 1987, 1207, 1209; *Dorer/Mainusch/ Tubies*, BStatG, 1987, § 16 Rn. 60.
48 Anders ausdrücklich § 4 Z 1 öDSG, das rechtlich zulässige Mittel verlangt und die Daten ansonsten als lediglich „indirekt personenbezogen" bezeichnet – mit der Konsequenz weitgehender Verarbeitungsbefugnisse und weitgehender Rechtlosigkeit der Betroffenen, § 28 öDSG.
49 EuGH, Urt. vom 19.10.2016 – Rs. C-582/14, BeckRS 2016, 82520, Rn. 65.
50 *Hammer/Knopp* DuD 2015, 503; *Karg* DuD 2015, 520 (522); in der Praxis scheint das Einholen oder Verlangen einer Einwilligung freilich bequemer zu sein, dazu *Sydow/Kring* ZD 2014, 271 (275).
51 Zur Pseudonymisierung s. unten → Rn. 90 ff.
52 PDK Hessen, § 2 Rn. 13 5.
53 Zur Diskussion um ausreichende Mindestzahlen *Höhne/Höninger*, Zeitschrift für amtliche Statistik Berlin Brandenburg 2014, 54 ff. Sachlich begründbar ist die Mindestzahl 3, weil bei lediglich zwei zusammengefassten Datensätzen jeder Betroffene seine (ihm bekannten) Verhältnisse herausrechnen und so auf die des anderen schließen kann (vgl. *Höhne*, Verfahren zur Anonymisierung von Einzeldaten, Band 16 der Schriftenreihe Statistik und Wissenschaft, herausgegeben vom Statistischen Bundesamt, S. 46; ebenso *Ronning* ua, Handbuch zur Anonymisierung wirtschaftsstatistischer Mikrodaten, Band 14 der Schriftenreihe Statistik und Wissenschaft, herausgegeben vom Statistischen Bundesamt, S. 81).

Anonymisierung ist also eine Tätigkeit. Sie zielt auf das Erreichen eines 28
Zustands, nämlich der Anonymität. Beide sind in verschiedenen Maßen erreichbar.[54]

Am stärksten ist die absolute Anonymisierung. Sie führt zwingend zu abso- 29
luter Anonymität, sodass niemand in der Lage ist, den Personenbezug wiederherzustellen. Da der Verantwortliche das Zusatzwissen Dritter nicht
kennen kann, muss er strukturell sicherstellen, dass unabhängig von möglichem Zusatzwissen keine De-Anonymisierung mehr möglich ist. Absolute
Anonymität wird vor allem im deutschen Statistikrecht verlangt: aus veröffentlichten amtlichen Statistiken darf ein Rückschluss auf die ihnen zu
Grunde liegenden personenbezogenen Einzelangaben nicht mehr möglich
sein.[55]

In der Regel verlangt das Datenschutzrecht keine absolute Anonymisie- 30
rung. Es begnügt sich mit faktischer Anonymisierung, bei der so viele
Merkmale entfernt werden, dass die Identifizierung nach og Maßstab nicht
mehr mit vernünftigerweise zu erwartendem Aufwand zu erreichen ist.[56]
Sie führt mindestens zu faktischer Anonymität. Je nach Konstellation kann
sie aber auch ausreichen, um absolute Anonymität zu erreichen.

Die (nur) formale Anonymisierung geschieht durch Weglassen oder Entfer- 31
nen des Namens und anderer unmittelbar identifizierender Merkmale.[57]
Sie führt mindestens zur formalen Anonymität, kann aber – je nach Sachlage – auch zu faktischer oder gar zu absoluter Anonymität führen.

Gelingt es, faktische oder absolute Anonymität herzustellen, so sind die so 32
anonymisierten Daten nicht mehr personenbezogen; das Datenschutzrecht
ist nicht mehr auf sie anwendbar.[58] Dem widerspricht nicht, dass es sich
um personenbezogene Daten handelt, solange der Verantwortliche den Personenbezug wiederherstellen kann:[59] Solange diese Möglichkeit besteht, ist
eine hinreichende (faktische oder absolute) Anonymisierung eben noch
nicht gelungen.

54　Ein abweichendes Konzept scheinen *Bergmann/Möhrle/Herb*, Datenschutzrecht,
　　45. EL, BDSG § 3 Rn. 128 ff., zu vertreten. Die dort vertretene „faktische Anony-
　　misierung" (Rn. 131) und die dortige „Quasi-Anonymisierung" (Rn. 134) scheinen
　　in Wahrheit Spielarten der Pseudonymisierung zu sein, die sich voneinander ledig-
　　lich von ihrem Maß unterscheiden.
55　Vgl. § 16 Abs. 1 S. 2 Nr. 4 BStatG im Gegensatz zur nur faktischen Anonymisie-
　　rung nach Abs. 6; *Reiss/Zeeb* Verwaltungspraxis1991, 246 (249); aA *Dorer/
　　Mainusch/Tubies*, BStatG, § 16 Rn. 28, die eine absolute Anonymisierung als nicht
　　möglich erachten und deshalb eine „gesteigerte faktische Anonymisierung" ausrei-
　　chen lassen; der Unterschied dürfte eher akademischer Natur sein.
56　*Plath/Schreiber* in: Plath BDSG, § 3 Rn. 56, 59; die Unterscheidung zwischen abso-
　　luter und faktischer Anonymisierung wird von *Roßnagel/Scholz* MMR 2000, 721
　　(726) abgelehnt – möglicherweise jedoch nur, weil sie sich gegen die absolute
　　Theorie des Personenbezugs aussprechen, nach der faktisch anonymisierte Daten
　　weiter personenbezogene Daten sind.
57　OVG Berlin-Brandenburg 8.5.2014 – OVG 12 B 4/12, NVwZ-RR 2015, 126, 128;
　　nach anderer Auffassung soll dies ein Fall von Pseudonymisierung sein, so etwa
　　Ernst in: Paal/Pauly DSGVO Art. 4 Rn. 49.
58　*Globig*, PDK Rheinland-Pfalz, B.16, 8.2; *Oostveen* IDPL 2016, 299 (306).
59　Vgl. PDK HDSG, § 2 Rn. 16.

cc) Perspektive der Bestimmbarkeit

33 Umstritten ist, für wen nach den soeben dargestellten Kriterien der Personenbezug gegeben sein muss, damit das Datum als personenbezogen anzusehen ist. Insbesondere der Personenbezug von IP-Adressen ist umstritten.[60] Der BGH hat diesbezüglich ein Vorabentscheidungsersuchen an den EuGH[61] gerichtet, das dieser mit Urteil vom 19.10.2016 beantwortet hat.[62]

34 In der Diskussion stehen eine relative und eine absolute Theorie.[63] Nach beiden Auffassungen ist das Datum personenbezogen, wenn der Verantwortliche (Art. 4 Nr. 7) selbst den Personenbezug herstellen kann.

35 Nach der relativen Theorie kommt es indes ausschließlich auf die Möglichkeiten des Verantwortlichen an,[64] während die absolute Theorie zusätzlich auf die Möglichkeiten jedes Dritten abstellt.[65]

36 Der Unterschied besteht also darin, dass es die relative Theorie für möglich hält, dass ein Datum für eine bestimmte Stelle anonym ist (und so behandelt werden darf), während es für eine andere Stelle personenbezogen wäre.[66]

37 Beide Theorien erscheinen zu pauschal.[67] Entscheidend muss sein, wessen Kenntnisnahme „nach allgemeinem Ermessen aller Voraussicht nach" (ErwGr 26) bei welchen Verarbeitungsschritten zu erwarten ist.[68] Ist da-

---

60 *Krüger/Maucher* MMR 2011, 433.
61 BGH 28.10.2014 – VI ZR 135/13, MMR 2015, 131 mit Anm. *Bär* = ZD 2015, 80 mit Anm. *Bergt*; der EuGH hat IP-Adressen bereits als personenbeziehbar bezeichnet, EuGH 24.11.2011 – C-70/10), ZD 2012, 29, 32 – Scarlet Extended SA/Société belge des auteurs, compositeurs & éditeurs SCRL (SABAM. Es wäre eine grobe Verkennung der technischen Möglichkeiten gerade der großen Internetkonzerne, deren Möglichkeit, einen Personenbezug herzustellen, alleine darin zu sehen, vom Zugangsanbieter den Namen des Inhabers der IP-Adresse zu erfahren. Für Amazon, Apple, Ebay, Facebook oder Google ist es oft ein Leichtes, die über Jahre hinweg gesammelten formal pseudonymen (dazu unten → Rn. 93) Daten jeweils demselben Nutzer zuzuordnen und ihn anhand der Fülle dieser Daten auch zu identifizieren; vgl. hierzu nur *Karg* ZD 2012, 255 (258); weiterführend *Buchmann* DuD 2015, 510; aA offenbar *Eckhardt/Kramer* DuD 2013, 287 (288); *Brüggemann* JSE 4/2015, 302 (303 ff.).
62 EuGH, Urt. vom 19.10.2016 – Rs. C-582/14, BeckRS 2016, 82520.
63 Vgl. *Werkmeister/Brandt* CR 2016, 233 (234 f.); *Pfeifer* GewArch 2014, 142 (143).
64 *Gola/Schomerus* BDSG § 3 Rn. 10; *Plath/Schreiber* in: Plath BDSG § 3 Rn. 15; *Simitis/Scholz* MMR 2000, 721 (723); *Kühling/Klar* NJW 2013, 3611 (3614 f.); *Eßer* in: Auernhammer BDSG § 3 Rn. 19; *Grützner/Jakob* in: Grützner/Jakob Compliance von A–Z, 2. Auflage 2015, Stichwort „IP-Adresse"; *Meyerdierks* MMR 2009, 8; *Schantz* NJW 2016, 1841 (1842 f.); *Ernst* in: Paal/Pauly DSGVO Art. 4 Rn. 11.
65 *Karg* MMR-Aktuell 2011, 315811; *Breyer* ZD 2014, 400 ff.; für die Anwendung der absoluten Theorie in Kombination mit einem graduellen Begriff des Personenbezugs *Herbst* NVwZ 2016, 902 (905 f.); von der absoluten Theorie ausgehend, aber differenzierend, *Albrecht/Jotzo*, S. 58.
66 *Eßer* in: Auernhammer BDSG § 3 Rn. 19.
67 *Buchner* in: Taeger/Gabel BDSG § 3 Rn. 13.
68 *Haase*, S. 304; ähnlich *Voßhoff/Hermerschmidt* PinG 2016, 56 (57), die sich für eine absolute Lesart aussprechen, aber nur die Stellen einbeziehen wissen wollen, die Zugang zu den Daten haben; nunmehr auch EuGH Urt. v. 18.10.2016 – Rs. C-582/14, Rn. 45.

nach nur mit der Kenntnisnahme durch Stellen zu rechnen, die kein ausreichendes Zusatzwissen haben, so kann es insoweit als (faktisch oder absolut) anonym gelten. Zusatzwissen Dritter kann nur eine Rolle spielen, soweit vernünftigerweise mit dessen Nutzung zu rechnen ist. Dabei wird indes nicht nur auf rechtmäßiges Verhalten abzustellen sein, soweit mit rechtswidrigem Verhalten „nach allgemeinem Ermessen aller Voraussicht nach" (ErwGr 26) zu rechnen ist.[69]

Mit Urteil vom 18.9.2016 entschied der EuGH ein Vorabentscheidungsersuchen des BGH über die Frage, ob dynamische IP-Adressen aus Sicht eines Webseitenbetreibers personenbezogene Daten seien. Dies bejaht der EuGH mit Verweis auf rechtliche Möglichkeiten des Webseitenbetreibers, beim Internetzugangsanbieter die Identität des Betroffenen zu erfragen (oder durch Strafverfolgungsbehörden ermitteln zu lassen).[70] Unzulässig erscheint jedoch ein Umkehrschluss in dem Sinne, dass personenbezogene Daten nicht vorliegen für denjenigen, dem das Nutzen von Zusatzinformationen zwar rechtlich verboten ist, der es aber dennoch tut (oder von dem vernünftigerweise angenommen werden muss, dass er es tut).

Der absoluten Theorie wurde mit dem Urteil eine formal klare Absage erteilt. Das Wissen Dritter ist nicht immer, sondern nur ausnahmsweise zu berücksichtigen. Jedoch wurde diese Ausnahme derart weit formuliert, dass sich der EuGH der absoluten Theorie faktisch wieder annähert. Indem er die abstrakte Möglichkeit ausreichen zu lassen scheint, dass ein Webseitenbetreiber den Inhaber einer IP-Adresse über die Staatsanwaltschaft ermitteln lassen kann,[71] stellt er eine Bedingung, die so gut wie immer erfüllt ist.[72] Eine abstrakte Möglichkeit wird immer bestehen. Öffentliche Stellen unterliegen weitgehend der Informationsfreiheits-Gesetzgebung, die selbst statistische Einzeldaten der Abwägung preisgibt.[73] Nicht-Öffentliche Stellen können einander übernehmen oder miteinander verschmelzen und so in den Besitz der Daten gelangen. Ersichtlich kann die abstrakte Möglichkeit nicht ausreichen. Vielmehr muss sich die Möglichkeit im Rahmen des vernünftig Erwartbaren bewegen.

Zudem ist unklar, nach welcher Rechtsordnung sich bemessen soll, ob ein legaler Zugriff möglich ist. Schließlich unterschlägt der EuGH, dass eine Anforderung der Daten z.B. bei der Staatsanwaltschaft und die Verknüpfung dieser Daten mit den Verkehrsdaten aus der Internetnutzung eigenständige Verarbeitungsschritte sind. Diese lassen dann, wenn sie geschehen, die Identifikation des betroffenen Datensatzes zu. Den gesamten pseudonymen Datenbestand für personenbezogen zu halten, weil wenige Datensätze evtl. de-pseudonymisiert werden könnten, erscheint jedoch übertrieben.

Gegen die relative Theorie in ihrer Reinform spricht, dass sie denknotwendig die Trennung des Wissens der verschiedenen Akteure voraussetzt. Dazu ist aber eine Einschränkung der Übermittlung durch rechtliche Hürden und eine Einschränkung sonstiger Kenntnisnahmemöglichkeiten durch techni- **38**

---

69 *Breyer* ZD 2014, 400 (402).
70 EuGH Urt. v. 18.10.2016 – Rs. C-582/14, Rn. 49, BeckRS 2016, 82520.
71 EuGH Urt. v. 18.10.2016 – Rs. C-582/14, Rn. 49, BeckRS 2016, 82520, Rn. 47.
72 *Kring/Marosi* K&R 2016, 773.
73 Z.B. § 9 Abs. 1 S. 1 Nr. 3 sowie HS 2 UIG.

sche und organisatorische Maßnahmen nötig – kurz: nötig ist die Beachtung des Datenschutzrechts. Die reine relative Theorie will also die Anwendbarkeit des Datenschutzrechts für bestimmte Daten und für bestimmte Stellen entbehrlich machen, setzt aber einen Zustand voraus, der erst durch das Datenschutzrecht geschaffen wird.[74] Dieses muss aber eigentlich nicht beachtet werden, wenn es um hinreichend anonyme Daten geht. Wird es nicht beachtet, wird sich der Verantwortliche das Zusatzwissen derer zurechnen lassen müssen, die Zugriff haben (können).

39   Gegen die absolute Theorie in ihrer Reinform spricht, dass sie die gesetzlich vorgesehene Möglichkeit der faktischen Anonymisierung negiert. Alles faktische Anonymisieren und Pseudonymisieren[75] wäre vergeblich, würde das tatsächliche oder unterstellte[76] Zusatzwissen irgendeiner Stelle doch wieder den Personenbezug auch für diejenigen Stellen „aufleben" lassen, die dieses Zusatzwissen nicht haben.[77] *Meyerdierks* weist zutreffend darauf hin, dass das Bestimmtheitsgebot verletzt wäre, wenn die Anwendbarkeit des Datenschutzrechts davon abhinge, ob irgendjemand weitere Kenntnisse hat, ohne dass der Verantwortliche dies wissen oder beeinflussen kann.[78]

40   Die Lösung kann wohl nur darin bestehen, die aus Sicht des „Verantwortlichen"[79] anonymen Daten trotz der Nichtanwendbarkeit des Datenschutzrechts gegen die Kenntnisnahme Dritter zu schützen – ähnlich, wie wenn das Datenschutzrecht anwendbar wäre. Er wird also technische und organisatorische Maßnahmen zu treffen haben, die insoweit aber nicht zur Befolgung des Datenschutzrechts dienen, sondern der Vermeidung seiner Anwendbarkeit. Insoweit scheint es doch einen dritten Zustand neben Anwendbarkeit und Nichtanwendbarkeit des Datenschutzrechts zu geben.[80] In diesem Stadium dienen die Maßnahmen noch nicht unmittelbar dem Schutz des (noch nicht) Betroffenen, sondern dem Schutz des „Verantwortlichen" vor dem Eingreifen des Datenschutzrechts.

3. Wahrheitsgehalt der Daten

41   Daten mit Bezug zu einer (bestimmten oder bestimmbaren) Person sind personenbezogen, auch wenn sie unzutreffend sind. Die Verarbeitung falscher Angaben ist tendenziell eingriffsintensiver[81] und schwieriger zu recht-

---

74 Ähnlich für pseudonymisierte Daten *Roßnagel/Scholz* MMR 2000, 721 (729 ff.).
75 Dazu unten ab → Rn. 90.
76 *Meyerdierks* MMR 2009, 8 (10).
77 Von einer „uferlosen Ausdehnung der personenbezogenen Daten" (gemeint wohl: des Begriffs der personenbezogenen Daten) spricht zu Recht *Conrad* in: Auer-Reinsdorff/Conrad Handbuch IT- und Datenschutzrecht, 2. Auflage 2016, § 34 Rn. 124.
78 *Meyerdierks* MMR 2009, 8 (11).
79 Streng genommen ist derjenige, der faktisch oder absolut anonyme Daten verarbeitet, kein „Verantwortlicher" iSd Nr. 7, weil er keine personenbezogenen Daten verarbeitet.
80 Vgl. zur Problematik des „Schwarz-Weiß-Prinzips" *Schneider/Härting* ZD 2011, 63 (64 f.) sowie *Schneider/Härting* ZD 2012, 199 (200) und *Härting* BB 2012, 459.
81 *Ziebarth* DuD 2009, 25 (28); *Ziebarth* CR 2015, 687 (692).

fertigen. Auch erfundene (zB geschätzte, prognostizierte)[82] Daten sind personenbezogene Daten, wenn sie einer realen Person zugeordnet werden.

II. Nr. 2 – Verarbeitung

1. Grundlagen

a) Gesamtverständnis und Zweck der Norm

Die Bestimmung definiert den zentralen Begriff der „Verarbeitung" von   42
Daten („processing"), an den die Verordnung zahlreiche Pflichten und
Rechte knüpft. Wo verarbeitet wird, treffen den Verantwortlichen insbesondere die Pflichten aus Art. 5 Abs. 1 und aus Art. 6. Bevor verarbeitet
wird, muss der Verantwortliche ggf. nach Art. 36 Abs. 1 die Aufsichtsbehörde konsultieren.

„Verarbeitung" ist der Oberbegriff für den Umgang mit Daten, der sich   43
nicht auf bestimmte Modalitäten beschränkt und auch nicht abschließend
umschrieben, sondern nur durch Beispiele veranschaulicht ist.[83] Die Verordnung erhält auf diese Weise einen denkbar weiten sachlichen Anwendungsbereich.[84]

b) Bisherige Rechtslage

Für den deutschen Rechtsanwender unterscheidet sich die Terminologie   44
der Verordnung nicht unerheblich von dem bisher Gewohnten.[85] Die Legaldefinitionen des BDSG halten „Erheben", „Verarbeiten" und „Nutzen"
auseinander (§ 3 Abs. 3–5 BDSG);[86] nur im Begriff der „automatisierten
Verarbeitung" laufen die drei distinkten Modalitäten des Umgangs mit Daten zusammen (§ 3 Abs. 2 BDSG). Die Verbots- und Befugnisnormen des
BDSG knüpfen an die Modalitäten an, aber nennen alle drei häufig in
einem Atemzug („Erhebung, Verarbeitung und Nutzung personenbezogener Daten" – zB § 3 a S. 1, § 4 Abs. 1, § 11 BDSG); in solchen Zusammenhängen könnte jetzt gleichbedeutend der neue unionsrechtliche Begriff der
„Verarbeitung" stehen.

c) Entstehung der Norm

Den Verarbeitungsbegriff übernimmt die Verordnung (sowie zeit- und   45
wortgleich Art. 3 Nr. 2 RL (EU) 2016/680) seit dem Kommissionsentwurf
fast identisch aus Art. 2 lit. b DSRL (entsprechend Art. 2 lit. b VO (EG)
Nr. 45/2001), so dass im Wesentlichen jetzt die bisherige Richtlinienterminologie unmittelbar anwendbar und damit für den einzelnen Rechtsanwender zum neuen maßgeblichen Bezugsrahmen wird. Gegenüber der Definition in der Richtlinie ist der Ausdruck „personal data" durch den Zusatz
„or sets of personal data" erweitert (was sich in der deutschen Sprachfassung nicht niederschlägt) und sind Veränderungen im Übrigen nur bei den

---

82 *Ernst* in: Paal/Pauly DSGVO Art. 4 Rn. 14.
83 *Monreal* ZD 2016, 507 (510).
84 Vgl. *Ehmann/Helfrich*, EG-DSRL, 1999, Art. 2 Rn. 28.
85 Das galt schon für Art. 2 lit. b DSRL, vgl. *Dammann* in: Dammann/Simitis, EG-DSRL, 1997, Art. 2 Rn. 5.
86 Kritisch *von Burgsdorff*, Die Umsetzung der EG-Datenschutzrichtlinie im nicht-öffentlichen Bereich, 2003, 178.

Beispielen vorgenommen worden. Neu ist die Modalität des „Ordnens" („structuring"), die des „Sperrens" („blocking") wurde von der Kommission weggelassen, dafür vom Rat an gleicher Stelle die „Einschränkung" („restriction") ergänzt (→ Rn. 74).

46 Die große Kontinuität kommt in der deutschen Sprachfassung nicht ganz zum Ausdruck, weil die Übersetzung einzelner Modalitäten aus der englischen Arbeitssprache irritierenderweise von der 1995 gewählten abweicht. So heißt amtlich

- „recording" jetzt „Erfassen" statt „Speichern",
- „storage" jetzt „Speicherung" statt „Aufbewahrung",
- „disclosure" jetzt „Offenlegung" statt „Weitergabe",
- „alignment" jetzt „Abgleich" statt „Kombination".

Vor allem die Verschiebung des Speicherungsbegriffs erscheint dabei missverständnisträchtig.

2. Kommentierung

a) Die eigentliche Definition

aa) Verarbeitung als „Vorgang"

47 Kern der Verarbeitungsdefinition ist der „Vorgang" (englisch „operation");[87] die Verarbeitung kann aus einem oder mehreren solchen bestehen. Dieser Begriff ist von ausgesprochener Allgemeinheit und zeigt in erster Linie an, dass Verarbeitung nicht einen Zustand, sondern eine Handlung (also die Veränderung eines Zustands) bezeichnet. Eine Verarbeitung überführt einen Zustand (insbes. der Datenkenntnis und -struktur) in einen anderen Zustand. Das gilt sowohl für einen manuellen wie für einen automatisierten – dh vor allem: mit Computern oder mit ortsfesten Kameras[88] durchgeführten – Vorgang, wie die Bestimmung ausdrücklich klarstellt; so sah es auch die Definition in Art. 2 lit. b DSRL bereits vor. Allerdings ist die Anwendbarkeit des ganzen Rechtsakts nach wie vor für nichtautomatisierte Verarbeitungen eingeschränkt (Art. 2 Abs. 1 Var. 2 DSGVO, Art. 3 Abs. 1 Var. 2 DSRL).

48 Die hauptsächlichen Anknüpfungszustände für Verarbeitungen sind, wie die Beispiele belegen,

- die aktuelle Kenntnis eines Menschen von der Information (geändert durch „Erheben", „Auslesen", „Abfragen", „Offenlegen"),
- die gespeicherte Kenntnis von der Information[89] (geändert durch „Erfassen", „Anpassung oder Veränderung", „Einschränken", „Löschen", „Vernichten"; „Speichern" ist ein Sonderfall, → Rn. 20) und
- die Datenstruktur (geändert durch „Organisieren", „Strukturieren", „Kombination oder Verknüpfung").

---

87 Synonym wäre der „Umgang": *Gola* EuZW 2012, 332 (334).
88 Vgl. EuGH 11.12.2014 – C-212/13, ECLI:EU:C:2014:2428 Rn. 24 – Ryneš (zu Art. 2 lit. b DSRL).
89 Zur notwendigen Unterscheidung von Datum und Information (Sinngehalt) *Bull,* Informationelle Selbstbestimmung – Vision oder Illusion?, 2009, 3.

Das Beispiel „Verwendung" (→ Rn. 65 ff.) zeigt aber, dass die Verarbeitung **49** – anders als nach § 3 Abs. 4 BDSG – nicht zwingend eine Veränderung der Datenkenntnis oder -struktur voraussetzt, sondern auch einen Datenkenntnis nur voraussetzenden Vorgang bedeuten kann.

Zugleich wird schon mit dem hier der Verwaltungssprache entnommenen **50** Ausdruck „Vorgang" – und klarer noch mit dem englischen „operation" – angezeigt, dass es sich nicht um einen naturgesetzlichen Ablauf, sondern um eine zurechenbare, willensgetragene menschliche Aktivität handelt, für die dann plausibel rechtliche Verantwortlichkeiten begründet werden können (dazu dann Art. 4 Nr. 7, 8: „Verantwortlicher" und „Auftragsverarbeiter"). Dabei erfasst der weite Vorgangsbegriff alle solchen Aktivitäten, unabhängig davon, ob der Vorgang innerhalb der engeren Verantwortungs-„Sphäre" der verantwortlichen Menschen oder Organisationen ausgeführt wird oder weitere Kreise zieht.[90]

bb) „Zusammenhang mit personenbezogenen Daten"

Vorgänge gelten nach Art. 4 Nr. 2 als Verarbeitung, wenn sie „im Zusam- **51** menhang mit personenbezogenen Daten" ausgeführt werden (englisch „performed upon"). Dieses Merkmal trägt zur Definition nichts bei, denn was alles als „Vorgang" zu gelten hat, wird dadurch nicht präzisiert; dass der Gegenstandsbereich, in dem „Vorgänge" für die Verordnung relevant sein sollen, noch einmal benannt wird, spielt keine Rolle, weil die übrigen Bestimmungen der Verordnung ohnehin diesen Gegenstand jeweils ausdrücklich bezeichnen (siehe zB Art. 1 Abs. 1, 3, Art. 2 Abs. 1–3, Art. 3 Abs. 1–3, Art. 5 Abs. 1 lit. a usw.).

Die Verordnung lässt in ihrer englischen Sprachfassung gegenüber der Vor- **52** gängerdefinition in Art. 2 lit. b DSRL ausdrücklich die Alternative zu, dass der Vorgang im Zusammenhang mit „sets of personal data" ausgeführt wird. Diese Formulierung dürfte nur als Klarstellung dahin zu verstehen sein, dass der Verarbeitungsbegriff kein quantifizierendes Element enthält: vom Umgang mit einem einzelnen personenbezogenen Datum bis hin zum Umgang mit einer großen Datenbank werden alle Erscheinungsformen erfasst.

b) Die Beispiele für Verarbeitung

Der übrige Teil der Bestimmung ergänzt die Definition um Beispiele, bei **53** deren Vorliegen es sich stets um eine Verarbeitung handelt. Deren Einleitung mit „wie" („such as") zeigt deutlich an, dass der Verarbeitungsbegriff prinzipiell offen sein soll für weitere, vom Verordnungsgeber im Einzelnen noch nicht gesehene Modalitäten des Umgangs mit personenbezogenen Daten. Dennoch werden die Beispiele den weitaus größten Teil der Verarbeitungsfälle erfassen; auch für die Einordnung neuartiger Formen hat die Rechtsprechung nicht auf die Tatbestands-Generalklausel, sondern auf Beispiele zurückgegriffen.[91]

---

90 *Ehmann/Helfrich*, EG-DSRL, 1999, Art. 2 Rn. 30.
91 EuGH 13.5.2014 – C-131/12, ECLI:EU:C:2014:317 Rn. 28 – Google Spain und Google (zur Tätigkeit eines Suchmaschinenbetreibers als Verarbeitung iSv Art. 2 lit. b DSRL).

54 Zur Verarbeitung gehören nach DSGVO jetzt jedenfalls die im Folgenden dargestellten vierzehn als Beispiele ausgewiesenen und durch das „sowie" verknüpften Modalitäten (die teilweise durch „oder"-verknüpfte Unterfälle bestimmt sind). Das größte Sinnpotenzial gibt der Bestimmung dabei die **Auslegungshypothese**, dass die zahlreichen Beispiele vom Verordnungsgeber grundsätzlich als überschneidungsfrei gedacht sein dürften.

aa) Erheben (Var. 1)

55 „Erheben" („collection") bedeutet den Vorgang, bisherige Unkenntnis von einem Datum gezielt in Kenntnis zu überführen. Es entspricht damit dem Erheben iSv § 3 Abs. 3 BDSG.[92] Nicht „erhoben" werden Daten, die man nur bei Gelegenheit einer sonstigen Geschäfts- oder Verwaltungstätigkeit zur Kenntnis nimmt oder die einem aufgedrängt werden;[93] hier kommt es zur Verarbeitung iSv Art. 4 Nr. 2 erst, wenn diese Daten auf einem Datenträger fixiert, also erfasst werden (→ Rn. 56).

bb) Erfassen (Var. 2)

56 „Erfassen" („recording") bedeutet den Vorgang, ein bereits bekanntes Datum auf einem Datenträger zu fixieren. Es entspricht insofern im Ausgangspunkt dem objektiven Tatbestand des Speicherns iSv § 3 Abs. 4 S. 2 Nr. 1 BDSG, ohne aber dessen subjektive Voraussetzung – finaler Bezug zur weiteren Verarbeitung oder Nutzung – zu teilen.

57 Je nachdem, ob das Datum bereits auf einem Datenträger in der Sphäre des Verantwortlichen fixiert ist oder nicht, kann zwischen einem Erst- und einem Umspeichern unterschieden werden. Während die Erstspeicherung sicher von der Definition umfasst ist, scheint das für die Umspeicherung nicht unproblematisch. Zwar kann das Herstellen von Kopien ebenso wie das ersetzende Übertragen auf einen anderen (zB neueren, tauglicheren, längerlebigen) Datenträger den Kenntnisstand des Verantwortlichen absichern helfen; doch dürfte aus der Perspektive des Datensubjekts darin keine weitere Beeinträchtigung in Interessen, geschweige denn Rechten liegen, die es rechtfertigte, für einen solchen Vorgang erneut alle Pflichten aus Art. 5, 6 auszulösen. Das spricht dafür, den Begriff des Erfassens auf die Erstspeicherung zu beschränken und als Verarbeitung mit allen Konsequenzen erst die Übermittlung einer Kopie an eine andere Stelle (Var. 10) und die Veränderung an der Datenorganisation oder -struktur zu betrachten (Var. 3, 4), nicht dagegen eine bloße Veränderung des Speicherortes.

cc) Organisieren (Var. 3)

58 „Organisation" („organization") bedeutet den Vorgang, erfasste Daten auf dem Datenträger in eine andere Struktur zu bringen. Soweit es um eine besser geordnete Struktur geht, dürfte sich das Strukturieren mit dem Ordnen (Var. 4) überschneiden.

---

92 Vgl. *Dammann* in: Simitis BDSG § 3 Rn. 102.
93 Vgl. *Dammann* in: Simitis BDSG § 3 Rn. 104; *Kühling/Seidel/Sivridis*, Datenschutzrecht, 3. Aufl. 2015, Rn. 234.

dd) Ordnen (Var. 4)

„Ordnen" („structuring") bedeutet den Vorgang, erfasste Daten auf dem   59
Datenträger in eine besser geordnete Struktur zu bringen; es handelt sich
insofern um einen Unterfall des Organisierens (Var. 3). Das Ordnen wird
in der Regel geschehen, um das Auslesen und Abfragen (Var. 7, 8) gegenüber dem bisherigen Zustand zu erleichtern.

Als Verarbeitung in Form des Ordnens wird man es etwa ansehen können,   60
wenn ein Schriftstück mit personenbezogenen Daten in eine Akte eingehef-
tet[94] oder wenn eine Kartei oder Datei alphabetisch, chronologisch oder
nach anderen Kriterien sortiert wird.

ee) Speichern (Var. 5)

Das „Speichern" („storage"), in der Richtlinienterminologie noch „Aufbe-   61
wahrung", unterscheidet sich auf den ersten Blick von den anderen Beispielen, indem es nicht unmittelbar auf eine Handlung hinzuweisen scheint
– etwas aufzubewahren setzt schließlich kein aktives Tun voraus, sondern
nur die Untätigkeit im Anschluss an ein Erfassen. Aufbewahrung ist insofern nur die **Kehrseite der Löschung und Vernichtung (Var. 13, 14)**, nämlich deren Unterlassung. Pflichten der DSGVO, die auf das „Speichern" Bezug nehmen, wechseln also gewissermaßen das Vorzeichen: ist Speichern
geboten, darf nicht gelöscht werden; ist Speichern verboten, muss gelöscht
werden.

ff) Anpassen/Verändern (Var. 6)

„Anpassung oder Veränderung" („adaptation or alteration") bedeutet den   62
Vorgang, ein gespeichertes Datum auf dem Datenträger durch ein anderes
zu ersetzen. Diese Modalität entspricht dem „Verändern" iSv § 3 Abs. 4
S. 2 Nr. 2 BDSG. Wie dort sollten eine bloße Reduktion des Datenbestands
(Löschung oder Vernichtung, Var. 13, 14) und dessen nur inhaltswahrende
Modifikation nicht als Veränderung aufgefasst werden.[95]

gg) Auslesen (Var. 7)

„Auslesen" („retrieval") bedeutet den Vorgang, ein auf einem Datenträger   63
gespeichertes Datum zielgerichtet konkret zur Kenntnis zu nehmen.[96] Das
Datum befindet sich hier bereits zuvor als Teil einer Datenmenge – insbesondere einer elektronisch geführten Datenbank („Datei") – in der Sphäre
des Verantwortlichen und wird beim Auslesen einem Sachbearbeiter oder
einem Programm aktuell bekannt. In deutschen Begriffen handelt es sich
beim Auslesen um eine Variante des „Nutzens" iSv § 3 Abs. 5 BDSG.

hh) Abfragen (Var. 8)

„Abfragen" („consultation") bedeutet den Vorgang, einen Datenträger   64
zielgerichtet nach bestimmten Kriterien zu durchsuchen und von den ge-

---

94 AA *Martens* PinG 2015, 213 (217 Fn. 34), der das „Einheften" beim „Aufbewah-
    ren" und dieses beim „Speichern" einordnet, aber damit wohl zu sehr der BDSG-
    Terminologie verhaftet bleibt.
95 Vgl. *Dammann* in: Simitis BDSG § 3 Rn. 129 f.
96 Treffend ist „retrieval" in der Parallelvorschrift Art. 2 lit. b VO (EG) Nr. 45/2001
    mit „Wiederauffinden" übersetzt worden.

fundenen Daten („Abfrageergebnis") konkret Kenntnis zu nehmen. Der Unterschied zum Auslesen könnte, um beiden Begriffen je eigenen Sinn zu geben, so gefasst werden: hier wird nicht ein vorab eindeutig bestimmter Dateneintrag herausgesucht (wann ist der Geburtstag von A?), sondern eine Menge zuvor unbestimmter Größe (wer hat alles am 1.1.1980 Geburtstag?). In deutschen Begriffen handelt es sich aber auch beim Abfragen um eine Variante des „Nutzens" iSv § 3 Abs. 5 BDSG.

ii) Verwenden (Var. 9)

65 Bei der „Verwendung" („use") ändern sich weder Kenntnisstand noch Datenträger: ein Datum – gespeichert oder nicht – ist bereits konkret bekannt, und diese Kenntnis wird jetzt für einen anderen Vorgang in dem Sinne ursächlich, dass er ohne sie nicht durchgeführt werden könnte.

66 Welche Form die Verwendung annehmen kann, ist in hohem Maße abhängig von der Art der Daten. Bei E-Mail-Adressen oder Postanschriften etwa ist Verwendung in erster Linie das Versenden von Nachrichten und Waren.

67 Diese Modalität entspricht weitgehend dem „Nutzen" iSv § 3 Abs. 5 BDSG, ohne aber wie dieses als Auffangtatbestand gefasst zu sein; es gibt also Verarbeitungen, die ein „Nutzen", aber keine „Verwendung" darstellen, wie das Auslesen und das Abfragen.

jj) Offenlegen (Var. 10)

68 „Offenlegung" („disclosure") bedeutet den Vorgang, Dritten Kenntnis oder die Möglichkeit der Kenntnisnahme zu verschaffen. Hierdurch verdoppelt (oder vervielfacht) sich die Zahl der Stellen, die Kenntnis haben; darin liegt die spezifische Gefahr der Offenlegung. Ein konkretes Schutzbedürfnis besteht zwar nur, wenn die Dritten zuvor noch keine Kenntnis von dem fraglichen Datum hatten; doch zumindest dann, wenn die Kenntnis des Dritten wiederum dem Mitteilenden unbekannt ist, gibt es keinen Grund, diesen zu privilegieren, und die sonst durchgehend objektive Fassung der Beispiele spricht wohl eher gegen eine subjektivierende Einschränkung gerade bei der Offenlegung.

69 Das Beispiel kennt drei (abschließend aufgezählte) Untermodalitäten:

- „Übermittlung" („transmission") ist die Mitteilung an individuell bestimmte Adressaten, sei es mündlich, schriftlich, elektronisch oder in anderer Weise. Dass die Zahl der Adressaten hoch sein mag (wie bei einem E-Mail-Newsletter an einen großen Verteiler), ändert nichts an der Qualität als Übermittlung an jeden einzelnen. Dies ist das „Weitergeben" iSv § 3 Abs. 4 Nr. 3 lit. a BDSG.

- „Verbreitung" („dissemination") ist die Mitteilung an einen unbestimmten Adressatenkreis, insbes. an eine Öffentlichkeit und zB durch Rundfunk, Presse, eigene Druckschriften (etwa Ministerialblätter) oder Aushang.

- Die „andere Form der Bereitstellung" („otherwise making available") ist der Auffangbegriff. Hierunter fällt insbes. die Bereithaltung zu Einsicht oder Abruf iSv § 3 Abs. 4 Nr. 3 lit. b BDSG.

Unter die „Offenlegung" fällt insbes. das Einstellen von Daten auf Inter-   70
netservern, von denen Dritte sie abrufen können.[97] Ob in dem Einstellvor-
gang eine öffentliche Verbreitung (wie es der praktischen Wirkung entspricht), eine Übermittlung (wie sie nach jedem Abruf vom Server einzeln
an den anfragenden Client bewirkt wird) oder eine andere Bereitstellungs-
form zu sehen ist, brauchte vom EuGH mangels Ergebnisrelevanz bislang
nicht präzisiert zu werden. Wo ein Webseiteninhalt für jeden Abruffall dynamisch generiert wird wie die Ergebnislisten bei einer Suchmaschine,
dürfte aber von einer „anderen Form der Bereitstellung" auszugehen sein.

Übernimmt ein Gesamtrechtsnachfolger, etwa der Erbe oder der aufneh-   71
mende Rechtsträger bei Verschmelzung, einen Datenträger, sollte dies jedenfalls dann nicht als ein Offenlegen der Daten durch den Vorgänger angesehen werden, wenn der Vorgänger seine Kenntnis verliert (bei Wegfall,
sonst durch Löschen oder Vernichten) und damit die Zahl der Stellen mit
Kenntnis gleich bleibt (→ Rn. 68).[98]

kk) Abgleichen/Verknüpfen (Var. 11)

„Abgleich oder Verknüpfung" („alignment or combination") bedeutet den   72
Vorgang, zwei oder mehr bekannte, aber separat gespeicherte Daten einander zuzuordnen. Es geht dabei um eine Veränderung der Datenstruktur, die
physisch (durch Anlage einer neuen Tabelle) oder virtuell (durch Verbindung nur im Arbeitsspeicher eines Computers oder im Kopfe eines Sachbearbeiters) erfolgen kann[99] und die im letzteren Falle auch bloßes Durch-
gangsstadium einer Abfrage (→ Rn. 64) sein kann. Die vom früheren deutschen Wortlaut „Kombination oder Verknüpfung" her naheliegende Zuordnung der physischen Verbindung zu ersterer und der virtuellen Verbindung zu letzterer wird durch die neue Formulierung „Abgleich" und die
gleich gebliebene englische Sprachfassung nicht unterstützt.

Kombination oder Verknüpfung ist insbes. der maschinelle Datenabgleich,   73
wie ihn eine Rasterfahndung nach § 98 a Abs. 1 StPO vorsieht.

ll) Einschränken (Var. 12)

„Einschränkung" („restriction") dürfte als gleichbedeutend mit „restric-   74
tion of processing" zu verstehen sein. Dieses bedeutet nach der Legaldefinition in Art. 4 Nr. 3 (→ Rn. 79 ff.) den Vorgang, „die Markierung gespeicherter personenbezogener Daten mit dem Ziel, ihre künftige Verarbeitung
einzuschränken". In der Richtlinie war insoweit noch, im Einklang mit § 3
Abs. 4 S. 2 Nr. 4 BDSG, von „Sperren" („blocking") die Rede.

mm) Löschen (Var. 13)

„Löschen" („erasure") bedeutet den Vorgang, ein gespeichertes Datum   75
von allen Datenträgern im eigenen Verantwortungsbereich so zu entfernen,
dass es danach nicht mehr ausgelesen werden kann; die ausdrückliche Un-

---

97 EuGH 6.11.2003 – C-101/01, Slg 2003, I-12992 Rn. 25 – Lindqvist; EuGH
    13.5.2014 – C-131/12, ECLI:EU:C:2014:317 Rn. 28 – Google Spain und Google
    (zu Art. 2 lit. b DSRL).
98 Vgl. *Dammann* in: Simitis BDSG § 3 Rn. 144.
99 Vgl. *Dammann* in: Dammann/Simitis, EG-DSRL, 1997, Art. 2 Rn. 6.

terscheidung vom „Vernichten" (→ Rn. 35) legt nahe, dass der Datenträger dabei aber körperlich erhalten und funktionsfähig bleibt. Dieses Löschen ist damit ein Unterfall des „Löschens" iSv § 3 Abs. 4 S. 2 Nr. 5 BDSG.

nn) Vernichten (Var. 14)

76 „Vernichten" („destruction") bedeutet den Vorgang, ein gespeichertes Datum dadurch unausleslich zu machen, dass der Datenträger körperlich zerstört wird. Zu denken ist an Papierakten, die geschreddert oder verbrannt werden. Vernichten ist damit ein Unterfall des „Löschens" iSv § 3 Abs. 4 S. 2 Nr. 5 BDSG.

3. Verhältnis zu anderen Normen

77 Die Verordnung knüpft durchgehend an das Merkmal der Verarbeitung an. Insbes. gilt das für die Grundpflichten (Art. 5) und die Rechtmäßigkeitsanforderungen (Art. 6–11). Verschiedentlich wird auch an einzelne Modalitäten der Verarbeitung angeknüpft, so an die „Einschränkung" (Var. 12) in Art. 18 oder an die „Übermittlung" (Var. 10 UVar. 1) in Art. 45–49.

78 Mitgliedstaatliche Normen werden von Art. 4 Nr. 2 DSGVO selbst nicht überlagert, der als Definitionsnorm keinen eigenen vorrangfähigen Regelungsgehalt hat.[100] Die Definitionen in § 3 BDSG bleiben daher als solche unberührt; anderes wird erst für die verpflichtenden Bestimmungen des deutschen Rechts gelten, die an solche Definitionen anknüpfen.

III. Nr. 3 – Einschränkung der Verarbeitung

79 „Einschränkung der Verarbeitung" ist die neue Begrifflichkeit für das „Sperren" iSv Art. 2 lit. b, drittletzte Variante Datenschutz-RL und § 3 Abs. 4 S. 2 Nr. 4 BDSG.

80 Die Einschränkung der Verarbeitung kommt in Frage, wenn personenbezogene Daten für ihren eigentlichen Zweck nicht mehr benötigt werden. Dann müssten sie eigentlich gelöscht werden. Dennoch kann es notwendig sein, sie temporär noch aufzubewahren. Dies gilt zB für Sicherungskopien,[101] in denen einzelne Daten nicht gelöscht werden können: dies wäre unzumutbar aufwändig. Würde eine derart „löchrige" Sicherung zur Rekonstruktion verwendet (was der Sinn jeder Sicherung ist), so wäre potenziell die Integrität des restlichen Datenbestands gefährdet. Auch Daten, bezüglich derer erst noch geklärt werden muss, ob sie gespeichert werden dürfen, sind in diesem Sinne zu sperren.[102] Schließlich können gesetzliche Aufbewahrungspflichten[103] die Aufbewahrung auch nach Wegfall des Zwecks notwendig werden lassen.[104]

---

100 AA wohl *Benecke/Wagner* DVBl 2016, 600 (608).
101 *Gola/Schomerus* BDSG § 3 Rn. 29.
102 *Eßer* in: Auernhammer BDSG § 20 Rn. 31, 32.
103 Vgl. nur § 257 HGB; eine Übersicht über weitere gesetzliche Aufbewahrungsfristen findet sich bei *Basten* ZD-Aktuell 2015, 04726.
104 *Eßer* in: Auernhammer BDSG § 20 Rn. 29, 30.

Die Einschränkung kann durch Markierung der Daten geschehen. Dann   81
wird freilich dafür zu sorgen sein, dass die Markierung auch beachtet
wird.[105] Aber auch die Art der Aufbewahrung (getrennt von anderen Daten, mit besonderen Zugangshürden) kann für eine Einschränkung der Verarbeitung sorgen.[106]

Die Einschränkung der Verarbeitung ändert nichts daran, dass die Daten   82
weiterhin gespeichert, also verarbeitet werden.[107]

Eine institutionalisierte Form der Einschränkung der Verarbeitung stellt   83
der Sache nach[108] die Aufbewahrung von Archivgut in staatlichen Archiven nach den Archivgesetzen des Bundes und der Länder dar. Aus Sicht der
abgebenden Stellen ist das Archivgut nach Abgabe an das Archiv gelöscht,
während es im Archiv sicher aufbewahrt wird und für bestimmte Zeit Nutzungsbeschränkungen unterliegt.

IV. Nr. 4 – Profiling

Unter „Profiling" ist jede Art der automatisierten Verarbeitung personen-   84
bezogener Daten zu verstehen, die darin besteht, dass die personenbezogenen Daten verwendet werden, um „bestimmte persönliche Aspekte, die
sich auf eine natürliche Person beziehen", zu bewerten. Art. 4 Nr. 4
DSGVO zählt im Zuge der Legaldefinition beispielhaft Zwecke auf, die
mit dem Profiling verfolgt werden, und sieht diese insbesondere in der Bewertung der Arbeitsleistung, wirtschaftlichen Lage, Gesundheit, persönlicher Vorlieben, von Interessen, der Zuverlässigkeit, des Verhaltens, des
Aufenthaltsortes oder eines Ortswechsels. Bedeutsam für das funktionale
Verständnis des Profiling-Begriffes ist, dass die Verordnung nicht nur die
Analyse im Rahmen des Profiling begrifflich ansiedelt, sondern auch die
Gewinnung einer prognostischen[109] Aussage.

Für das Verständnis des Art. 22 Abs. 1 DSGVO ist ausschlaggebend, dass   85
vor allen Dingen im Hinblick auf den Begriff des Profiling Zurückhaltung
geübt wird, bislang im nationalen Recht verankerte Begrifflichkeiten auf
die Auslegung der DSGVO zu übertragen.

Geht man von dem weiten Begriff des „Profiling" aus, wie er in Art. 22   86
Abs. 1 DSGVO iVm Art. 4 Nr. 4 DSGVO verwendet wird, sind unter dem
Begriff nicht nur automatisierte Verfahren der Verhaltensanalyse zu subsumieren, wie sie in der Vergangenheit bereits über den Einsatz von Cookies
oder vergleichbarer Tools (zB Google Analytics) technisch möglich waren
und die zu softwaregestützten Angeboten oder Einkaufstipps[110] etc führten.

Der Begriff des „Profiling" umfasst auch Techniken, mit deren Hilfe auf   87
der Grundlage des analysierten Verhaltens unter Zugrundelegung statis-

---

105 Dies ergibt sich aus dem Zweck der Vorschrift (*Eßer* in: Auernhammer BDSG § 3
     Rn. 60).
106 *Buchner* in: Taeger/Gabel BDSG § 3 Rn. 38, 39.
107 *Eßer* in: Auernhammer BDSG § 3 Rn. 51 aE; *Gola/Schomerus* BDSG § 3 Rn. 29.
108 Zum Anwendungsbereich der DSGVO auf Archivgut s. *Schild* in: Wolff/Brink
     (Hrsg.), Art. 4 DSGVO Rn. 63.
109 Art. 4 Nr. 4 DSGVO spricht von „vorherzusagen".
110 Vgl. die Beispiele bei Paal/Pauly/*Martini* DSGVO Art. 22 Rn. 21.

tisch-mathematischer Verfahren eine Prognose über das mögliche künftige Verhalten einer Person erstellt wird. Dies können „Kaufprognosen" sein, wie sie im Rahmen des „Customer Relationship Management" möglich sind, die Einschätzung von Fehler- und Ermüdungsrisiken im Zusammenhang mit der Bedienung komplexer Maschinen bis hin zu Einschätzung von Kredit- und Bonitätsrisiken,[111] wie sie in der Vergangenheit mit dem Begriff des „Scoring" verknüpft waren.

88   Die Verordnung ordnet auch diese auf prognostische Zwecke ausgerichteten Verarbeitungen dem Begriff des „Profiling" unter. Der Verordnungsgeber wollte mit der in Art. 22 Abs. 1 DSGVO enthaltenen Regelung eine umfassende Bestimmung[112] fassen.[113] Unzutreffend ist deshalb, von etwaigen Regelungslücken des Verordnungsgebers in Bezug auf „Scoring" auszugehen oder gar dem nationalen Gesetzgeber in diesem Zusammenhang eine „lückenfüllende"[114] oder gar originäre oder implizite[115] Gesetzgebungskompetenz zuzuweisen oder zu belassen.

89   Mit der Regelung des Art. 22 Abs. 1 DSGVO verbleibt für die bislang im nationalen Recht zu beachtende Vorschrift des § 28 b BDSG kein Raum.[116]

V. Nr. 5 – Pseudonymisierung
1. Bedeutung der Vorschrift

90   Das Wesen der Pseudonymisierung ist umstritten, aber aus Datenschutz-Sicht jedenfalls ambivalent.

91   Einerseits hat Pseudonymisierung datenschutzfreundliche Wirkung, indem sie den Personenbezug aufhebt oder jedenfalls schwerer durchschaubar macht.[117] Dies kann schlicht der Anonymisierung gegenüber bestimmten Personen dienen. Durch die Nutzung unterschiedlicher Pseudonyme in unterschiedlichen Lebenslagen können zudem diese Lebensbereiche voneinander getrennt gehalten werden. Dies befördert die Grundrechtsausübung insbesondere bezüglich der Meinungsäußerungsfreiheit und damit auch die demokratische Teilhabe.[118]

92   Andererseits kann sie zur Profilbildung[119] beitragen und so das Recht auf informationelle Selbstbestimmung gefährden.

---

111   Siehe hierzu zum Problemkreis der Bonitätsprüfung im Fall des Online-Handels instruktiv *Born* ZD 2015, 66.
112   Zutreffend Paal/Pauly/*Martini* DSGVO Art. 22 Rn. 24.
113   So auch im Ergebnis *Moos/Rothkegel* ZD 2016, 561 (568).
114   Hiervon gehen möglicherweise *Moos/Rothkegel* ZD 2016, 561 (567) referierend aus, ohne allerdings weitergehende Quellen zu erschließen; *Reiter/Methner* DS-RITB 2016, 453 (465).
115   *Taeger* ZRP 2016, 72 f. mit weiterem Nachweis.
116   Ebenso Paal/Pauly/*Martini* DSGVO Art. 22 Rn. 24.
117   *Hullen*, JurisPR-ITR 19/2015, Anm. 2, B. I.; Schild, in: Wolff/Brink (Hrsg.), Art. 4 DSGVO Rn. 69, 73.
118   *Caspar* ZRP 2015, 233.
119   Zum Profiling vgl. soeben, unter → Rn. 84 ff.

2. Inhalt des Begriffs

Ähnlich wie bei der Anonymisierung werden bei der Pseudonymisierung   93
die (alle) identifizierenden Merkmale eines Datums entfernt. Dies geschieht
jedoch nicht ersatzlos; vielmehr wird mindestens ein Ersatzkennzeichen,
das Pseudonym, vergeben.[120]

Beispiele für Pseudonyme sind Künstler- oder Decknamen, Telefonnum-   94
mern, E-Mail-Adressen, Benutzernamen und Personalnummern. Eine ähnliche Wirkung kann auch die kumulierte Betrachtung typischer Verhaltensweisen sein – etwa das Nutzungsverhalten im Internet.[121] Auch biometrische Daten wie Tastaturanschlags-[122] oder Gangmuster[123] können von
einem Beobachter als Pseudonym verwendet werden.

a) Anonymisierende Wirkung

Nach einer in Literatur und aufsichtsrechtlicher Praxis vertretenen Auffas-   95
sung soll Pseudonymisierung ohne Einfluss auf die Personenbeziehbarkeit
eines Datums sein.[124] Es handele sich lediglich um eine technisch-organisatorische Maßnahme zum Schutz der weiterhin personenbezogenen Daten,[125] die im besten Fall eine Lockerung der Maßnahmen im Übrigen
rechtfertigen könne.[126]

Diese Auffassung beruht auf leidvollen Erfahrungen unzureichender Pseud-   96
onymisierung.[127] Sie ist unter der Prämisse zutreffend, dass im konkreten
Fall trotz Pseudonymisierung der Personenbezug mit Hilfe von weiteren Informationen herstellbar bleibt.[128] In diesen Fällen bleibt das Datenschutzrecht anwendbar, weitere Maßnahmen zum Schutz der Daten bleiben nötig.[129] Dieses Verständnis prägt die Formulierung der Nr. 5, wonach technische und organisatorische Maßnahmen zur Trennung von pseudonymisierten Daten und den identifizierenden Zusatzinformationen zu ergreifen
sind.

Nach wohl herrschender Meinung kann Pseudonymisierung dagegen   97
durchaus eine anonymisierende Wirkung zukommen – natürlich nur ge-

---

120 *Karg* DuD 2015, 520 (521).
121 *Karg* ZD 2012, 255 (258).
122 *Gola* NZA 2007, 1139 (140).
123 *Sokol/Scholz* in: Simitis BDSG § 13 Rn. 13.
124 *Eckhardt/Kramer* DuD 2013, 287 (288 f.); *Karg* DuD 2015, 520 (521 f.); PDK
     Hessen, § 2 Rn. 17; *Schild* in: Beck OK DatenschutzR, 15. Edition, Stand:
     1.2.2016, BDSG § 3 Rn. 106; *Ernst* in: Paal/Pauly DSGVO Art. 4 Rn. 40; *Piltz*
     K&R 2016, 557 (562).
125 *Karg* DuD 2015, 520 (521 f.); *Albrecht/Jotzo*, S. 59; *Laue/Nink/Kremer*, S. 37.
126 PDK Hessen, § 2 Rn. 17.
127 Zu Beispielen und näheren Ausführungen vgl. Stellungnahme 5/2014 der Art. 29-
     Gruppe unter http://ec.europa.eu/justice/data-protection/article-29/documentati-
     on/opinion-recommendation/files/2014/wp216_de.pdf.
128 Vgl. ErwGr 26.
129 Vgl. ErwGr 27.

genüber demjenigen, der die Zuordnungsregel zwischen Pseudonym und den von ihm ersetzten identifizierenden Merkmalen nicht kennt.[130]

98 Die herrschende Meinung verdient den Vorzug. Pseudonymisierung ist subjektive Anonymisierung.[131] Wie bei der Anonymisierung[132] ist auch formale, faktische und absolute Pseudonymisierung möglich, die je nach Einzelfall zu formaler, faktischer oder absoluter Pseudonymität führen kann. Diese Ansicht ist mit og aufsichtsbehördlicher Ansicht nicht grundlegend unvereinbar. Dort wird lediglich darauf abgestellt, dass Pseudonymität leicht in die Gefahr gerät, durch Zusatzwissen (evtl. auch erst im Lauf der Zeit) hin zur nur formalen Pseudonymität zu verblassen.[133] In diesen Fällen lebt der Personenbezug neu auf, sodass das Datenschutzrecht wieder zu beachten ist. Diese Gefahr erfordert es aber nicht, im Einzelfall wirklich faktisch oder absolut pseudonymisierte Daten nur deshalb für einen „Verantwortlichen" als personenbezogen zu behandeln, weil sie für einen anderen Verantwortlichen personenbezogen sind. Vielmehr verwirklicht sich die Unvollkommenheit der relativen Theorie: die hinreichende gegenseitige Trennung auch von pseudonymen Daten (von Zusatzwissen oder dem Wissen um die Zuordnungsregel) bleibt erforderlich.[134]

b) Möglichkeit der Re-Identifizierung

99 Das Pseudonym ermöglicht es demjenigen, der es den identifizierenden Merkmalen zuordnen kann, die Pseudonymisierung rückgängig zu machen.[135] Damit werden die bisher pseudonymen Daten wieder personenbezogen. Ein sinnvolles Szenario hierfür wäre etwa, große Mengen von Daten zum Zwecke der Korruptionsbekämpfung nicht personenbezogen verarbeiten zu lassen, sondern pseudonymisiert; kommt es zu einem Verdacht, kann der verdächtige Datensatz de-anonymisiert werden. Dies schont die vielen Unverdächtigen und ermöglicht dennoch wirksame Korruptionsbekämpfung.[136]

c) Möglichkeit der gezielten Adressierung

100 Pseudonymisierung erlaubt die gezielte Adressierung einer Person, ohne dass deren Identität bekannt sein muss. Beauftragt etwa ein Arzt ein Labor mit der Untersuchung einer Probe, so muss dem Laborpersonal die Identi-

---

130 *Globig* PDK Rheinland-Pfalz, B.16, 9.1; *Buchner* in Taeger/Gabel BDSG § 3 Rn. 47, 48; *Plath/Schreiber* in: Plath BDSG § 3 Rn. 61 ff.; *Fromm* in: Schlegel/ Voelzke, Juris Praxiskommentar SGB X; § 67 Rn. 89–92; *Gola/Schomerus* BDSG § 3 Rn. 46; *Scholz* in: Simitis BDSG § 3 Rn. 217 a; *Härting* NJW 2013, 2065 (2066); lehrreich *Roßnagel/Scholz* MMR 2000, 721 (724 ff.) und *Schleipfer* RDV 2008, 143 (146 ff.).
131 *Ziebarth* ZD 2013, 375 (377); *Ziebarth* CR 2015, 687 (691).
132 Zu formaler, faktischer und absoluter Anonymisierung → Rn. 29-32.
133 *Hammer/Knoop* DuD 2015, 503 (508).
134 Dazu oben → Rn. 38; Fallbeispiel bei *Ziebarth* DuD 2009, 25 (32).
135 *Hullen* PinG 2015, 210.
136 *Kock/Francke* NZA 2009, 646 (648); vgl. auch *Jandt*, Vertrauen im Mobile Commerce, Vorschläge für die rechtsverträgliche Gestaltung von Location Based Services, 1. Auflage 2008, S. 101 f.

tät des Patienten nicht bekannt werden. Es reicht, wenn der Arzt das Ergebnis richtig zuordnen kann.[137]

d) Kumulierende Wirkung

Die Ambivalenz der Pseudonymisierung zeigt sich in ihrer kumulierenden Wirkung. 101

Wenn derselben Person bei vielen Gelegenheiten dasselbe Pseudonym zugewiesen wird, lassen sich immer mehr zunächst anonyme Daten einander zuordnen; dadurch steigt die Gefahr der De-Anonymisierung, weil der zu betreibende Aufwand tendenziell sinkt.[138] 102

Besonders deutlich wird diese Gefahr bei späterer Aufdeckung des Pseudonyms: alle zunächst pseudonym gesammelten Daten sind nun plötzlich personenbezogen. Um dies zu vermeiden bietet es sich an, für jedes Ereignis ein neues Pseudonym („Transaktionspseudonym")[139] zu wählen.[140] 103

e) Automatisierungshemmende Wirkung

Wird durch Pseudonymisierung lediglich formale Pseudonymität erreicht, so ist die Maßnahme dennoch nicht sinnlos. Formale Pseudonymität lässt zwar den Personenbezug des Datums nicht entfallen, erschwert aber immerhin seine automatisierte Verarbeitung. 104

3. Pflicht zur Pseudonymisierung

Eine ausdrückliche Pflicht des Verantwortlichen, Daten nur pseudonym zu verarbeiten, kennt die DSGVO nicht. Wo pseudonyme Verarbeitung aber ausreicht, ist nicht-pseudonyme Verarbeitung nicht erforderlich. Aus dem Erforderlichkeitsgrundsatz (Art. 5 Abs. 1 lit. c und e, Art. 6 Abs. 1 lit. b–f) lässt sich daher auch ohne ausdrückliche Regelung eine Pflicht zur Pseudonymisierung (auch zur Anonymisierung) herleiten.[141] Dabei sind die gegenläufigen Interessen des Verantwortlichen durchaus zu berücksichtigen, die Interessen der Betroffenen an Anonymität oder Pseudonymität aber nicht zu vernachlässigen. 105

Wegen der datenschutzfreundlichen Wirkung der Pseudonymisierung statuieren einige bereichsspezifische Vorschriften die Pflicht, Daten soweit möglich zu pseudonymisieren (oder ggf. auch, zu anonymisieren).[142] 106

---

137 Beispiel bei *Schild* in: Beck OK DatenschutzR, 15. Edition, Stand: 1.2.2016, BDSG § 3 Rn. 105.
138 *Roßnagel/Scholz* MMR 2000, 721 (727); *Karg* ZD 2012, 255 (257); *Scholz* in: Simitis BDSG § 3 Rn. 217 b, 220 d; *Hoss*, Callcenter aus der Perspektive des Datenschutzes – Rechtlicher Rahmen und Gestaltungsvorschläge für ein automatisiertes Gesprächsmanagement-System, 2012, S. 232; *Ziebarth* CR 2015, 687 (691); aA offenbar *Hullen* PinG 2015, 201.
139 *Roßnagel/Scholz* MMR 2000, 721 (727).
140 *Ziebarth* DuD 2009, 25 (30, 32).
141 *Karg*, Anm. zu VG Schleswig 14.2.2013 – 8 B 60/12, ZD 2013, 245, 247 f.; *Caspar* ZRP 2015, 233 (234).
142 ZB § 40 AMG, § 52 Abs. 3 Messstellenbetriebsgesetz, § 299 Abs. 1 S. 4 Nr. 1 SGB V, § 13 Abs. 6 S. 1 TMG.

VI. Nr. 6 – Dateisystem

6. *„Dateisystem" jede strukturierte Sammlung personenbezogener Daten, die nach bestimmten Kriterien zugänglich sind, unabhängig davon, ob diese Sammlung zentral, dezentral oder nach funktionalen oder geografischen Gesichtspunkten geordnet geführt wird;*

1. Grundlagen

a) Einleitung

107   Um sicherzustellen, dass der Datenschutz umfassend und unabhängig von der eingesetzten Technik gewährleistet wird und nicht durch die Wahl einer bestimmten Form der Datenspeicherung umgangen werden kann, unterliegen auch solche Daten der DSGVO, die nicht automatisiert verarbeitet werden, aber im Rahmen einer strukturierten Sammlung personenbezogener Daten genutzt werden.

b) Bisherige Rechtslage

108   Art. 4 Nr. 6 DSGVO entspricht vollinhaltlich jener des Art. 2 lit. c DSRL.

c) Entstehung der Norm

109   Die Regelung über den sachlichen Anwendungsbereich der DSGVO erfuhr im Zuge der Beratungen im Europäischen Parlament, im Rat und im Rahmen der Trilog-Verhandlungen keine Veränderung gegenüber dem Kommissionsentwurf aus dem Jahre 2012.

2. Kommentierung

110   Art. 4 Nr. 6 DSGVO definiert den Begriff des „Dateisystems" als strukturierte Sammlung personenbezogener Daten, die nach bestimmten Kriterien zugänglich sind, unabhängig davon, ob diese Sammlung zentral, dezentral oder nach funktionalen oder geografischen Gesichtspunkten geordnet geführt wird. Relevant ist diese Definition ausschließlich für die nichtautomatisierte Verarbeitung personenbezogener Daten, weil die automatisierte Dateiverarbeitung nach Art. 2 Abs. 1 immer der DSGVO unterliegt.

Ein Dateisystem hat dieser Bestimmung folgend zum einen quantitative, zum anderen organisatorische Begriffselemente. Auf der quantitativen Ebene ist für das Vorliegen einer Datei eine „Sammlung" personenbezogener Daten erforderlich. Das bedeutet, dass eine Mehrzahl an Daten verarbeitet sein muss und eine singuläre Angabe nicht als Datei qualifiziert werden kann.

111   In Bezug auf die Organisation der Datensammlung wird verlangt, dass sie *„strukturiert"* sein muss. Dies erfordert, dass sie durch einen bestimmten Dispositionsgrad der Daten gekennzeichnet ist, der dazu dient, den Zugang und die Auswertung der Informationen zu erleichtern. Hierfür muss die Sammlung – im Gegensatz zu einem reinen Fließtext – eine äußere Ordnung aufweisen, nach der die verschiedenen Datenkategorien der Datei in

einer bestimmten logischen oder systematischen Verteilung auf dem Datenträger dargestellt sind.[143]

Zusätzlich müssen die Angaben der Datenorganisation nach bestimmten Kriterien zugänglich gemacht sein, damit der Zugriff auf die in der Datei enthaltenen personenbezogenen Daten nicht nur durch das sequenzielle Durchgehen der gesamten Sammlung möglich ist, sondern eine vereinfachte Möglichkeit ihrer inhaltlichen Erschließung besteht,[144] etwa eine alphabetische oder chronologische Sortierung einer Datei.[145] Eine Mehrzahl an strukturgebenden Kategorien von Daten wird für das Vorliegen eines Datensystems von Art. 4 Nr. 6 nicht gefordert. 112

In Art. 4 Nr. 6 letzter Halbsatz wird klargestellt, dass eine dezentrale Datenverarbeitung weder das Vorliegen einer einzigen Datei ausschließen muss, noch die (zwingende) Annahme einer Mehrzahl von Dateien begründet. Maßgeblich ist vielmehr, ob es sich nach Zweck und Inhalt um eine einheitliche Nutzung personenbezogener Daten handelt.[146] 113

VII. Nr. 7 – „Verantwortlicher"

7. „Verantwortlicher" die natürliche oder juristische Person, Behörde, Einrichtung oder andere Stelle, die allein oder gemeinsam mit anderen über die Zwecke und Mittel der Verarbeitung von personenbezogenen Daten entscheidet; sind die Zwecke und Mittel dieser Verarbeitung durch das Unionsrecht oder das Recht der Mitgliedstaaten vorgegeben, so kann der Verantwortliche beziehungsweise können die bestimmten Kriterien seiner Benennung nach dem Unionsrecht oder dem Recht der Mitgliedstaaten vorgesehen werden;

Literatur:
Albrecht/Jotzo, Das neue Datenschutzrecht der EU (2016), S. 61; *Gola/Schomerus*, Bundesdatenschutzgesetz (2015).

1. Grundlagen

a) Zweck der Norm

Art. 4 Nr. 7 DSGVO definiert den **Verantwortlichen**. Es handelt sich um jene Person/Einrichtung, die dafür sorgen muss, dass Datenschutzbestimmungen der DSGVO eingehalten werden. Er ist **Adressat der Pflichten** aus der DSGVO; er entscheidet über Zweck und Mittel der Datenverarbeitung. Der Verantwortliche (nicht aber ein Betroffener) muss nachweisen, dass personenbezogene Daten rechtmäßig verarbeitet werden (Art. 5 Abs. 2). 114

Er ist **Adressat** von **Ansprüchen** der Betroffenen und **Maßnahmen** der Aufsichtsbehörde. Im Einzelfall kann es daher (zB innerhalb von Konzernstrukturen) erforderlich sein, zu prüfen, welche Person/Stelle tatsächlich die Entscheidung über Zweck und Mittel der Datenverarbeitung getroffen

---

143 *Dammann/Simitis* BDSG Art. 2 Rn. 8.
144 Vgl. ErwGr 15 DSRL.
145 *Dammann/Simitis* BDSG Art. 2 Rn. 9.
146 *Dammann/Simitis* BDSG Art. 2 Rn. 10.

hat.[147] Diese Entscheidung kann die jeweilige Person/Stelle nämlich „allein oder gemeinsam mit anderen" treffen.

Art. 4 Nr. 7 stellt im Zusammenhang mit den Art. 24 ff. klar, dass der oder die Verantwortlichen für die Einhaltung der Pflichten gem. DSGVO alleine oder gemeinsam (Art. 26) verantwortlich sind. Die Vorschrift will durch spezifische Kriterien die Bestimmung des oder der Verantwortlichen im Einzelfall erleichtern.

b) Bisherige Rechtslage

115 Art. 4 Nr. 7 basiert auf der gleichgelagerten Begriffsbestimmung des **Art. 2 lit. d DSRL** und übernimmt dessen funktionellen Ansatz. Lediglich die Überschriften unterscheiden sich. Während Art. 2 lit. d DSRL von dem „für die Verarbeitung Verantwortliche[n]" spricht, lautet die Überschrift des Art. 4 Nr. 7 DSGVO schlicht „Verantwortlicher". Inhaltlich bestehen jedoch keine Unterschiede.

116 Die bisher in den **Mitgliedstaaten** gebräuchlichen unterschiedlichen **Begriffsbezeichnungen** (zB § 3 Abs. 7 BDSG einerseits [„verantwortliche Stelle"], § 4 Z 4 ö DSG [„Auftraggeber"] anderseits) stimmen zwar nicht sprachlich, doch funktionell mit Art. 4 Nr. 7 DSGVO überein. Sie können jedoch mangels Öffnungsklausel nicht aufrechterhalten werden.

c) Entstehung der Norm

117 Eine **Synopse** der maßgebenden Entwurfsfassungen des Art. 4 Nr. 7[148] zeigt, dass die Bestimmung seit der Veröffentlichung des ersten Kommissionsentwurfes 2012 inhaltlich nicht verändert wurde. Lediglich sprachlich wurde die Begriffsdefinition angepasst und gekürzt (vgl. etwa den Entfall des Verweises auf „Bedingungen" des nationalen Rechts betreffend die Verarbeitung von personenbezogenen Daten in der finalen Textfassung aus April 2016).

118 In den ersten drei Textentwürfen war die Begriffsdefinition jeweils noch in Art. 4 Nr. 5 geführt worden. Erst in der konsolidierten Endfassung einigten sich die Verhandler auf eine Einreihung der Legaldefinition unter **Art. 4 Nr. 7.**

Weiters fällt auf, dass die Begriffsdefinition in den ersten Verhandlungsentwürfen jeweils mit der Wortfolge „für die Verarbeitung Verantwortlicher" übertitelt war. In der finalen Textfassung einigte man sich auf die kürzere und einprägsamere Überschrift „Verantwortlicher" (englisch: controller).

2. Kommentierung

a) Zweck / Aufgabenzuweisung

119 Durch das Begriffsquartett „betroffene Person", „Verantwortlicher", „Auftragsverarbeiter" (in Österreich: Dienstleister gem. § 4 Z 5 DSG) und

---

147 *Albrecht/Jotzo*, S. 61 mit Hinweis auf Art. 29-Datenschutzgruppe, WP 169, 10 ff.
148 1. Entwurf der DSGVO durch die Kommission (25.1.2012, COM 2012, 11); 2. 2. Entwurf des EU-Parlaments v. 12.3.2014, TA 2014-0212; 3. 3. Entwurf durch den EU-Ministerrat vom 15.6.2015, ST 9565-2015, 4. Finale konsolidierte Textfassung vom 27.4.2016.

„Empfänger" (Art. 4 Nr. 1; 7–9) zielt die DSGVO darauf ab, die „gängige Rollenverteilung" im Zuge einer Datenverarbeitung (Art. 4 Nr. 2 DSGVO) auch für das neue EU-Datenschutzregime zu übernehmen. Aus der systematischen Gegenüberstellung der Begriffe folgt zunächst, dass ein Betroffener nicht selbst Verantwortlicher sein kann (zB eine Person, die über sich selbst Daten verarbeitet, zB Fitnessdaten). Art. 4 Nr. 7 DSGVO zielt auf eine Person/Stelle ab, die Daten über eine dritte [verschiedene] Person verarbeitet oder verarbeiten lässt.

An der Spitze der Begriffskette des Art. 4 DSGVO steht der **Verantwortli-** **120** **che.** Der „Verantwortliche" ist ein Sammelbegriff für die in Art. 4 Nr. 7 als **Normadressaten** beschriebenen „Personen", „Behörden", „Einrichtungen" oder „Stellen", welche berechtigt sind, Daten zu verarbeiten und in diesem Zusammenhang die gebotenen Handlungen zu setzen und die verbotenen Tätigkeiten zu unterlassen haben. Der Verantwortliche ist **Adressat** der in der DSGVO grundgelegten **Pflichten** und für die **Einhaltung der maßgebenden Grundsätze der Datenverarbeitung,** welche sich aus der DSGVO ergeben, zuständig. Er ist zugleich „**Ansprechpartner**" der zuständigen („federführenden") Aufsichtsbehörde (s. zB Art. 56 Abs. 6, 58 Abs. 1 lit. a DSGVO).

Dies wird in Art. 24 DSGVO und darauf aufbauend in den Art. 25, 32 ua **121** dahingehend konkretisiert, dass der Verantwortliche „geeignete" **Maßnah-** **men** zu treffen hat, um sicherzustellen, dass jegliche Datenverarbeitung in Einklang mit der DSGVO und den ausführenden Bestimmungen der nationalen Datenschutzgesetze (Sicherstellung der Datenschutz-Compliance) erfolgt. Der Verantwortliche ist daher zur Einhaltung der maßgebenden Schranken für die Verarbeitung personenbezogener Daten (Art. 5 ff.) verpflichtet. Er hat die Einhaltung der Rechte Betroffener (Art. 12 ff.) zu gewährleisten und dergleichen **Gegenstand der Verantwortlichkeit** iSd Art. 4 Nr. 7 ist sohin eine konkrete Datenverarbeitung. Die DSGVO setzt voraus, dass es für jede Datenverarbeitung zumindest einen Verantwortlichen gibt; „unverantwortete Tätigkeiten" sind nach der systematischen Konzeption der Verordnung ausgeschlossen.

Daran knüpfen etwa die Art. 82 (Schadenersatzanspruch Betroffener, der **122** ua gegen den Verantwortlichen gerichtet ist) und Art. 83 (Sanktionen) an; in leg cit wird in diesem Zusammenhang beispielsweise der „Grad der Verantwortung des Verantwortlichen" als eine von mehreren Strafbemessungskriterien hervorgehoben.

Aus Art. 4 Nr. 7 folgt, dass der „Verantwortliche" während einer Daten- **123** verarbeitung „**Herr der Daten**" zu bleiben hat. Die Eigenschaft als Verantwortlicher ist gem. Art. 4 Nr. 7 nämlich daran geknüpft, dass der Verantwortliche (gegebenenfalls gemeinsam mit anderen Verantwortlichen, sog „Informationsverbundsystem") die **alleinige Entscheidung** über eine Datenverarbeitung trifft.

Daran ändert sich grundsätzlich nichts, wenn der Verantwortliche Dienst- **124** leister mit der Datenverarbeitung beauftragt (Art. 4 Nr. 8 spricht von „**Auf-** **tragsverarbeitern**"), etwa wenn der Verantwortliche einen Dienstleister beauftragt, Daten bei einem Dritten zu ermitteln („Ermittlungsdienstleister").

Die automationsunterstütze Datenverarbeitung ist daher grundsätzlich dem Verantwortlichen zuzurechnen. Aus dem Gesagten folgt, dass stets der Verantwortliche die Verantwortung für die konkrete Datenverarbeitung im Einzelfall trägt, während die Verantwortung für jene Medien/Geräte (Hard- und Software) etc., die im Zuge der Datenverarbeitung eingesetzt werden, nicht notwendigerweise beim Verantwortlichen, sondern alternativ – insbes. im Zuge einer Auftragsverarbeitung – beim Dienstleister/ Auftragsverarbeiter liegen kann.

125   Für die **Zuschreibung der Verantwortlicheneigenschaft** ist es nicht erforderlich, dass der Verantwortliche selbst Daten verarbeitet, sich im Besitz der zu verarbeitenden Daten befindet oder über die physische Herrschaft über den Verarbeitungsprozess verfügt. Trifft der Verantwortliche die Entscheidung, dass Daten zu verarbeiten sind, sind ihm sämtliche Personen und Stellen funktionell zuzurechnen, die unter seiner Aufsicht bzw. Anweisung Schritte einer Datenverarbeitung vornehmen („**Hilfsorgane**"). Dasselbe gilt *mutatis mutandis*, wenn externe Dritte im Auftrag des Verantwortliche Daten verarbeiten (Auftragsverarbeiter) wie zB Rechtsanwälte, Dienstleister der automationsunterstützen Datenverarbeitung, Steuerberater (welche etwa die Lohnbuchhaltung für ein privates Unternehmen führen) etc.

126   Gerade hinsichtlich **mehrerer Verantwortlicher**, die im Rahmen eines Projekts zusammenwirken, und aus der Zusammenschau der Art. 4 Nr. 2 und Nr. 7 DSGVO folgt, dass bei der Auslegung des Verantwortlichkeitsbereichs eines einzelnen Verantwortlichen **verschiedene Ebenen der Datenverarbeitung** (wie die Erhebung, die Speicherung etc) zu unterscheiden sein können. Dies schließt es aus, die Verantwortung des einzelnen Verantwortlichen global auf die jeweils gesamte Datenverarbeitung zu erstrecken. Je nach organisatorischer Gestaltung eines Projekts kann zwischen einzelnen, von einer konkreten Stelle gesteuerten oder ausgeführten Tätigkeiten bzw. verschiedenen Tätigkeits- und Verantwortungsbereichen zu unterscheiden sein.

b) In Betracht kommende Verantwortliche

127   Art. 4 Nr. 7 ist „neutral" formuliert. Jeder, der die konkrete Entscheidung über eine Datenverarbeitung trifft, kommt als Verantwortlicher in Betracht. Art. 4 Nr. 7 nennt entsprechend **natürliche und juristische Personen**, ohne diesbezüglich auf präzisierende Kriterien wie etwa Staatsangehörigkeit oder Sitz abzustellen.

128   **Natürliche Personen** kommen als Verantwortliche in Betracht, soweit sie nach dem Recht eines Mitgliedstaates bzw. dem Unionsrecht **rechts- und prozessfähig** sind; dies dürfte sich implizit auch aus Art. 82 f. DSGVO ergeben, wenn dort unter anderem auf die „Verantwortlichkeit" des Verantwortlichen abgestellt wird.

129   Was **juristische Personen** anlangt, ist der Begriff **autonom** und losgelöst von den gesellschaftsrechtlichen Vorschriften der Mitgliedstaaten auszulegen.[149] Art. 4 Nr. 7 erfasst sohin alle Entitäten, die nach dem Völker-, dem Unionsrecht und den nationalen Rechtsordnungen zulässigerweise gegrün-

---

149   Vgl. etwa EuGH 16.10.2012 – C-614/10, Rn. 40 – Kommission/Österreich.

det werden können bzw. denen das jeweils maßgebliche **Recht Rechte und/ oder Pflichten zuordnet**, unabhängig davon, ob dem Gründungsakt ein öffentlich-rechtlicher oder ein Privatrechtsakt zugrunde liegt. Daher erfasst der Begriff sowohl juristische Personen öffentlichen Rechts als auch solche privaten Rechts (Aktiengesellschaften, Anstalten, Fonds, Körperschaften des öffentlichen Rechts, Genossenschaften, Personengemeinschaften und dergleichen).

Wenn die DSGVO in Art. 4 Nr. 7 auf juristische Personen, Stellen, Einrichtungen etc abstellt, folgt daraus, dass dem jeweiligen **Rechtsträger** Verantwortlichenstellung zukommt, nicht aber dem Leitungsorgan einer konkreten Abteilung oder einzelnen Mitarbeitern der jeweiligen Stelle oder Einrichtung.

Der Begriff „**Behörde**" ist in der DSGVO nicht näher definiert. Im Zweifel **130** wird man auf jene Organe der Verwaltung bzw. Gerichtsbarkeit in den Mitgliedstaaten im funktionellen Sinn abzustellen haben, denen durch das Recht eines Mitgliedstaates hoheitliche Aufgaben übertragen sind, die also befugt sind, verbindliche Entscheidungen zu treffen. Die DSGVO erfasst in diesem Zusammenhang nur Organe der Mitgliedstaaten; für Unionsorgane im organisatorischen Sinn (Art. 13 EUV) gilt die VO 45/2001 (Art. 2 Abs. 3 DSGVO).

Auch **sonstige Stellen und Einrichtungen** (englisch: agency; body) kommen **131** als Verantwortliche in Betracht. Beide Begriffe sind in der DSGVO nicht legal definiert und werden, da sich die beiden Teilbegriffe in der deutschen Sprachfassung nicht sinnvoll voneinander trennen lassen, gemeinsam behandelt. In Abgrenzung zum Terminus „Behörde" stellen „Stellen und Einrichtungen" sonstige, rechtlich selbständige Organisationseinheiten dar, die

- zwar innerhalb der staatlichen Organisation (auf Bundes-, Landes- oder Gemeindeebene) eingerichtet sind, denen jedoch die Kompetenz zur Ausübung von Hoheitsgewalt fehlt (so etwa ein Landesrechnungshof, eine Landesumweltanwaltschaft und dergleichen).
- außerhalb der staatlichen Organisation angesiedelt sind. Die VO erfasst in diesem Zusammenhang somit sowohl **private als auch öffentliche Stellen** (zB öffentliche Unternehmen wie etwa die Bundesimmobiliengesellschaft oder die Bundeswasserstraßenverwaltung via donau GmbH) oder private Unternehmen („A GmbH"), nicht aber deren Belegschaftsvertretung (nach außen hin hat die Entscheidung zur Datenverarbeitung die A GmbH getroffen).[150]

Diese Trennung ist auch in systematischer Hinsicht geboten, da die DSGVO an verschiedener Stelle (zB in Art. 37) zwischen Behörden und sonstigen Stellen unterscheidet.

Wenn die DSGVO an wiederholt (zB in Art. 37) auf „öffentliche Stellen" **132** verweist, liegt ein spezieller Anwendungsfall der „[sonstigen] Stellen und Einrichtungen" iSd Art. 4 Nr. 7 vor. Auch der Begriff der öffentlichen Stelle

---

150 So zB *Gola/Schomerus* BDSG § 3 Rn. 49 mwH, die darauf hinweisen, dass der Datenfluss innerhalb eines Unternehmens, also etwa von der Personalabteilung an den Betriebsrat nicht dem Tatbestand der Übermittlung im Sinne des § 3 Abs. 4 Nr. 3 BDSG zuzuordnen sei.

ist in der DSGVO nicht legal definiert. Die Definition der „öffentlichen Stelle" findet sich jedoch etwa in **Art. 2 Z 1 und 2 der InformationsweiterverwendungsRL 2003/98/EG**; auch die geltenden EG-VergabeRL definieren den Begriff „öffentliche Stelle" und „Einrichtung des öffentlichen Rechts" gleichlautend.[151] Insofern bietet es sich an, sich zur Auslegung des Begriffes „öffentliche Stelle" an den in Art. 2 RL 2003/98/EG enthaltenen (alternativ zu sehenden) Kriterien zu orientieren.

- Eine „öffentliche Stelle" liegt vor, wenn die Einrichtung durch Gesetz gegründet wurde.
- Sie muss im Allgemeininteresse liegende öffentliche Aufgaben[152] erfüllen.
- Die Einrichtung muss zumindest teilrechtsfähig sein.
- Die Einrichtung wird zumindest anteilig durch öffentliche Stellen bzw. durch den Staat finanziert.
- Die Einrichtung und ihre Leitung unterliegen der Aufsicht des Staates.
- Das Leitungs- bzw. Aufsichtsorgan der Einrichtung besteht mehrheitlich aus Mitgliedern, die vom Staat ernannt worden sind.

133 In **Unternehmensgruppen** bzw. -verbänden iSd Art. 4 Nr. 19 (zB Kreditinstitutsgruppen, Konzernen) kommt die Stellung des Verantwortlichen im Zweifel jener Einheit zu, welche die maßgeblichen Entscheidungen über die Datenverarbeitung im Konzern trifft und die Datenverarbeitung kontrolliert. Wie sich aus ErwGr 37 DSGVO ableiten lässt, kommt der Status des Verantwortlichen – widerleglich – dem „herrschenden Unternehmen" der Unternehmensgruppe zu. Welches Unternehmen insoweit herrschend ist, ergibt sich im Zweifel aus den Kriterien der Art. 1 und 2 der 7. GesellschaftsRL 83/349/EWG.

134 Zur (Haupt)**Niederlassung** eines Verantwortlichen vgl. Art. 4 Nr. 16 DSGVO und ErwGr 36.

c) Mehrere Verantwortliche

135 Schwierige Abgrenzungsfragen können sich im Einzelfall stellen, wenn mehrere Verantwortliche zusammen an einem Projekt beteiligt sind (zB mehrere selbständige Kanzleien, die im Rahmen eines „Netzwerks" zusammen eine Projektdatenbank betreiben). Während aus Sicht eines Betroffenen zivilrechtlich im Zweifel von einer Gesamtschuldnerschaft/Solidarhaftung aller Verantwortlicher auszugehen ist (§ 1301 f. ö ABGB; § 830 BGB iVm Art. 26 Abs. 1 DSGVO), kann eine (verwaltungs-)strafrechtliche Verantwortlichkeit im Zweifel – wegen der Zurechnung des konkreten Fehlverhaltens bzw. individuellen Verantwortlichkeit zu einem konkreten Täter – immer nur einen konkreten Einzeltäter treffen.

---

151 Siehe Erwägungsgrund 10 der RL 2003/98/EG und die dortige Bezugnahme auf die RL 92/50/EWG, 93/36/EWG, 93/37/EWG (ersetzt durch die RL 2004/17/ und 2004/18/EG) und 98/4/EWG.

152 Der Begriff „öffentliche Aufgabe" ist ein weiter Begriff, der die gesellschaftliche Wichtigkeit einer Angelegenheit anspricht; dh diese Aufgaben werden regelmäßig als im öffentlichen Interesse liegend angesehen (vgl. *B. Raschauer*, Allgemeines Verwaltungsrecht, 5. Aufl. 2016, Rn. 686; s. auch *Eberhard*, Der verwaltungsrechtliche Vertrag, 2005, S. 161). Öffentliche Aufgaben können sowohl hoheitlich als auch in den Formen des Privatrechts vollzogen werden.

Um daher Abgrenzungsprobleme von vornherein zu vermeiden, empfiehlt   136
es sich, die konkrete Rollenverteilung in einem Projekt bzw. die konkrete
Haftungsfrage in einer Vereinbarung zu konkretisieren (Art. 26 Abs. 1).
Ungeachtet dessen wird die Frage des konkreten Verantwortlichen erst in
einem späteren Folgeverfahren entschieden werden.[153]

d) Abgrenzung Verantwortlicher / Auftragsverarbeiter

Aus Art. 4 Nr. 7 und 8 DSGVO ergibt sich unzweideutig, dass ein **Auf-**   137
tragsverarbeitungsverhältnis (als „Dienstleister") nur vorliegt, wenn diese
Person/Stelle Daten im **Auftrag** einer dritten Person (mithin des **Verant-**
wortlichen) verarbeitet. Solange daher der konkrete Auftrag dem Dienstleister die Verarbeitung von Daten erlaubt, ist an der Zurechnung der konkreten Verarbeitungsschritte zum Verantwortlichen nicht zu zweifeln.

Auch wenn dies in Art. 4 Nr. 7 und 8 DSGVO nicht ausdrücklich geregelt
wurde (anders jedoch etwa § 4 Z 4 S 2 ö DSG), gilt anderes, wenn der
Auftragsverarbeiter eigenmächtig und trotz eines eindeutigen Verbotes Daten verarbeitet. In dieser speziellen Konstellation wird von der **Verantwort-**
licheneigenschaft des Dienstleisters iSd Art. 4 Nr. 7 auszugehen sein.

e) Besondere Kriterien für Datenverarbeitung im Unions- und nationalen Recht

Unabhängig von seinem ersten Halbsatz, welcher abstrakt Kriterien zur   138
Bestimmung eines Verantwortlichen festlegt, ist der zweite Halbsatz des
Art. 4 Nr. 7 DSGVO zu sehen, der auf die Kompetenz der Union und der
Mitgliedstaaten verweist, im Rahmen ihrer jeweiligen Zuständigkeiten
Zwecke und Mittel einer Datenverarbeitung zu präzisieren („vorzugeben";
s. schon Art. 2 lit. d iVm Art. 27 DSRL).

Angesprochen sind etwa sog spezielle „**Verhaltensregeln**" iSd Art. 40   139
DSGVO, die nicht notwendigerweise vom jeweils zuständigen Gesetzgeber
zu erlassen sind. Art. 4 Nr. 7 iVm Art. 40 DSGVO ermöglicht auch nicht-
staatlichen Institutionen wie zB Berufsverbänden, einschlägige Verhaltensstandards zu erarbeiten, um die DSGVO für einen speziellen Berufszweig
wie etwa die Rechtsanwaltschaft zu „modifizieren". So könnte in entsprechenden Datenschutzrichtlinien etwa geregelt werden, wann eine Datenverarbeitung nach „Treu und Glauben" erfolgt; weiters wären solche guidelines auch geeignet, um die Rollenverteilung von Auftraggeber und Dienstleister in bestimmten Konstellationen (zB bei Geldwäsche- oder Complian-
ceprüfungen) ausdrücklich festzuschreiben oder um das Ausmaß der Informationsverpflichtung gegenüber dem Betroffenen bei bestimmten typisc‘
Arten von Datenanwendungen der Rechtsanwaltschaft näher festzu¹

---

153 ZB OGH 17.12.2009, 6 Ob 247/0°
    mwH.

140   Ferner könnte an die Erlassung von Bestimmungen zu denken sein, welche präzisieren,

- zu welchem Zweck eine bestimmte Stelle personenbezogene Daten verarbeiten und
- anhand welcher Kompetenzen diese Stelle personenbezogene Daten ermitteln darf.
- ob einmal zulässigerweise ermittelte personenbezogenen Daten weiterverarbeiten werden dürfen oder
- bis zu welcher Dauer Daten gespeichert werden dürfen.

Solche Regeln haben bis zu ihrer staatlichen Anerkennung[154] **keinen verbindlichen Charakter**, wären aber bei freiwilliger Befolgung durch die Mehrzahl der Beteiligten ein wertvolles Instrument für die Effektuierung des Datenschutzes in der Praxis.

141   Enthalten das Unionsrecht oder das nationale Recht entsprechende Vorgaben iSd zweiten Halbsatzes, kann der zuständige Gesetzgeber bzw. kann die jeweils zuständige Stelle weitere Kriterien festlegen, nach denen ein Verantwortlicher „benannt", mithin dieser Stelle/Einrichtung die Position als Verantwortlicher iSd Art. 4 Nr. 7 zugewiesen wird. Beispielsweise könnte daran zu denken sein, dass die Zuweisung einer entsprechenden Funktionsweisung als Verantwortlicher im nationalen Recht an eine entsprechende Aufgabenverteilung anknüpft. Dies könnte mitunter dort von Bedeutung sein, wo das jeweilige Recht unterschiedliche sachliche Zuständigkeiten vorsieht.

142   Eine entsprechende spezielle Ausformung des Verantwortlichenbegriffes war schon bisher nach nationalem Recht möglich; vgl. zB § 4 Z 4 S. 2 DSG, der eine konkrete Ausgestaltung der Auftraggebereigenschaft (§ 4 Z 4 S. 1 ö DSG) auf Verbandsebene ermöglichte (von dieser Kompetenz haben die österreichischen Berufsverbände jedoch kaum Gebrauch gemacht).

3. Beibehaltung bisherigen Rechts

143   Es ist davon auszugehen, dass die bisher in den Mitgliedstaaten enthaltenen Legaldefinitionen des Verantwortlichen aufgehoben und stattdessen im nationalen Ausführungsgesetz pauschal auf die Definition des Art. 4 Nr. 7 DSGVO verwiesen wird. Soweit das nationale Recht bisher präzisierende Ausführungsvorschriften nach Art des § 4 Z 4 S. 2 ö DSG zuließen, bleibt abzuwarten, ob entsprechende Regelungskompetenzen der Mitgliedstaaten beibehalten werden.

VIII. Nr. 8 – Auftragsverarbeitung
1. Bisherige Rechtslage

144   Die Legaldefinition der Auftragsverarbeitenden unterliegt im Vergleich zur bisherigen unionsrechtlichen Definition in Art. 2 lit. e RL 95/46/EG keinen ...ltlichen Änderungen, sondern letztere wurde lediglich terminologisch ...griffsverwendungen der DSGVO angepasst.

...aatliche Recht, in Ausführung von Art. 4 Nr. 7 DSGVO, eine
...g ermöglicht.

Bundesrechtlich war die Auftragsdatenverarbeitung nur indirekt definiert,   145
indem Personen oder Stellen, die innerhalb des Europäischen Wirtschaftsraums personenbezogene Daten im Auftrag erheben, verarbeiten oder nutzen, durch § 3 Abs. 8 S. 3 BDSG als Nicht-Dritte definiert wurden.

2. Bezugspunkt: Datenverarbeitung

Unverändert besteht der Bezugspunkt für die Bestimmung einer Auftrags-   146
verarbeitung stets in einer Datenverarbeitung. Dabei sind gegenständlich
nur Verarbeitungen personenbezogener Daten erfasst, wozu die definitorischen Merkmale aus Art. 4 Nr. 1 u. 2 DSGVO erfüllt sein müssen. Hinzu
kommt, dass für die Qualifikation als Auftragsverarbeitung die Verarbeitung „im Auftrag des Verantwortlichen" erfolgen muss. Wesensmerkmal
der Auftragsverarbeitung ist – insoweit unverändert gegenüber der bisherigen Rechtslage[155] – die nur auf Weisung der Verantwortlichen erfolgende
Tätigkeit der Auftragsverarbeitenden (→ Art. 28 Rn. 65 ff.). Zu beachten
sind ferner qualitative Anforderungen an das Auftragsverhältnis, die das
„Ob" (→ Art. 28 Rn. 27 ff.) und das „Wie" (→ Art. 28 Rn. 43 ff.) der Auftragsverarbeitung betreffen.

Gegenüber der bisherigen Rechtslage nach dem BDSG, welches nach § 3   147
Abs. 8 S. 3 BDSG eine Auftragsverarbeitung nur innerhalb des Europäischen Wirtschaftsraums erfasste, kennt die Legaldefinition in Art. 4 Nr. 8
DSGVO keine entsprechende Einschränkung. Vielmehr erfolgt egalitär-im-
plizit durch die räumliche Erstreckung des Anwendungsbereichs in Art. 3
DSGVO zugleich eine nicht unerhebliche Ausdehnung des Regelungsan-
spruchs. Erfasst sind nämlich nunmehr jegliche (Auftrags-)Verarbeitungen,
bei denen Verantwortliche oder Auftragsverarbeitende mit einer Niederlassung in der Union tätig werden oder bei denen die Datenverarbeitung nach
dem Marktortprinzip darauf abzielt, den betroffenen Personen Waren oder
Dienstleistungen anzubieten bzw. deren Verhalten in der Union zu beobachten; gänzlich unerheblich ist insoweit der Ort der Verarbeitung an
sich.[156]

3. Bezugssubjekte

Die Legaldefinition der Auftragsverarbeitung ist damit allein durch das da-   148
tenschutzrechtliche Verhältnis zweier Bezugssubjekte gekennzeichnet: die
Verantwortlichen und die Auftragsverarbeitenden.

a) Verantwortliche als Auftraggeber

Die Verarbeitungsverantwortlichen bilden insoweit den Ankerpunkt für die   149
Bestimmung der Auftragsverarbeitung, als die Auslagerung von Verarbeitungsvorgängen rechtlich ihrer Initiative zuzurechnen sein muss. Sie – und
nicht die betroffenen Personen – sind also **Auftraggeber** der Auftragsverarbeitung.

---

155 Vgl. Dammann/Simitis/*Dammann* DSRL Art. 2 Rn. 15.
156 Vgl. *Koós/Englisch* ZD 2014, 276 (278).

b) Auftragsverarbeitende als Auftragnehmer

150 Die weisungsgebunden agierenden Auftragsverarbeitenden sind im Verhältnis zu den Verantwortlichen demgegenüber als **Auftragnehmer** der Auftragsverarbeitung zu charakterisieren. Dies schließt es indes kategorial nicht aus, dass auch Auftragsverarbeitende ihrerseits sog Unterauftragsverarbeitende gemäß Art. 28 Abs. 2 u. 4 DSGVO beauftragen (→ Art. 28 Rn. 35 ff.), weshalb in Auftragsverarbeitungskonstellationen streng nach Rechtsverhältnissen der Auftragnehmer- und Auftraggeberstatus differenziert bestimmt werden muss.

c) Unselbständige Arbeitnehmer

151 Keine selbständige Subjektqualität kommt demgegenüber für das Auftragsverarbeitungsverhältnis den unselbständigen Angestellten der Auftragverarbeitenden oder der Verantwortlichen zu. Diese sind gemäß Art. 4 Nr. 10 DSGVO lediglich als „Nicht-Dritte" zu qualifizieren, weil sie als „Personen, die unter der unmittelbaren Verantwortung des Verantwortlichen oder des Auftragsverarbeiters befugt sind, die personenbezogenen Daten zu verarbeiten", dem unmittelbaren Verantwortungsbereich ihres Arbeitgebers zugerechnet werden.

4. Eigener begriffskategorialer Status

152 Die so legaldefinierte Auftragsverarbeitung vermittelt im Gefüge der DSGVO einen eigenen begriffskategorialen Status vor allem für die Auftragsverarbeitenden. Diese sind nämlich als solche keine „Dritten" im Sinne von Art. 4 Nr. 10 DSGVO.[157]

IX. Nr. 9 – Empfänger

„Empfänger" eine natürliche oder juristische Person, Behörde, Einrichtung oder andere Stelle, der personenbezogene Daten offengelegt werden, unabhängig davon, ob es sich bei ihr um einen Dritten handelt oder nicht. Behörden, die im Rahmen eines bestimmten Untersuchungsauftrags nach dem Unionsrecht oder dem Recht der Mitgliedstaaten möglicherweise personenbezogene Daten erhalten, gelten jedoch nicht als Empfänger; die Verarbeitung dieser Daten durch die genannten Behörden erfolgt im Einklang mit den geltenden Datenschutzvorschriften gemäß den Zwecken der Verarbeitung;

1. Zweck der Norm und bisherige Rechtslage

153 Im deutschen Recht ist der Empfänger bisher in § 3 Abs. 8 BDSG geregelt. Von Bedeutung ist der Empfängerbegriff im Rahmen von Informationspflichten (Art. 13 und Art. 14 DSGVO), Auskunftsrechten (Art. 15 DSGVO), Mitteilungspflichten (Art. 19 DSGVO) sowie bei der Verzeichniserstellung (Art. 30 DSGVO). Aber auch bei der Datenübermittlung (Art. 46 DSGVO), den Befugnissen der Aufsichtsbehörden (Art. 58 DSGVO) sowie den Allgemeinen Bedingungen für die Verhängung von Geldbußen (Art. 83 DSGVO) findet der Empfängerbegriff Erwähnung.

---

157 *Laue/Nink/Kremer*, § 5 Rn. 6.

2. Kommentierung

Der Begriff des Empfängers umfasst jede natürliche oder juristische Person   154
oder Stelle, der personenbezogene Daten offengelegt werden. Empfänger
ist auch der **Dritte**. Die betroffene Person ist jedoch nicht Dritter (Art. 4
Nr. 10 DSGVO → Rn. 161).

Von Art. 4 Nr. 9 DSGVO wird auch der **Auftragsverarbeiter** erfasst. Nach   155
der bisherigen deutschen Rechtslage ist dieser dem Verantwortlichen zuzuordnen. Mit dem Inkrafttreten des Art. 4 Nr. 8 DSGVO wird der Auftragsverarbeiter eine vom Verantwortlichen grds. unabhängige Person und damit zum Empfänger personenbezogener Daten. Folglich entfällt auch die
im BDSG diesbezüglich vorgesehene Privilegierung.[158] Zudem werden als
Empfänger die Personen angesehen, die unter der unmittelbaren Verantwortung des Verantwortlichen oder des Auftragsverarbeiters befugt sind,
die personenbezogenen Daten zu verarbeiten.[159]

Umstritten ist, ob eine **Organisationseinheit innerhalb eines Unternehmens**   156
(zB Betriebs- oder Personalrat) als Empfänger gilt. Nach dem bisherigen
deutschen Recht mussten auch interne Empfänger mit ihrer Funktionsbe-
zeichnung angegeben werden.[160] Entscheidend für die Einordnung ist, ob
die Empfänger-Definition eine rechtliche Eigenständigkeit voraussetzt. Der
Wortlaut der Norm legt den Schluss nahe, dass diese gewisse Eigenständigkeit verlangt wird, um von einem Empfänger sprechen zu können.[161] Stellen, die demselben Verantwortlichen als Teil zuzuordnen sind, werden also
nicht als Empfänger angesehen.[162]

Die DSGVO hat den aus der DSRL stammenden Begriff der „**Kategorien**   157
von Empfängern" übernommen, nutzt diesen jedoch erheblich häufiger. Er
soll mehrere gleiche Empfänger zusammenfassen, die auf Grund eines ähnlichen Sachverhalts Daten erhalten.[163] Die Empfänger sind dabei abstrakt
zu benennen, also nicht namentlich.

Art. 4 Nr. 9 S. 2 DSGVO normiert eine Ausnahme für **Behörden**, die im   158
Rahmen eines bestimmten Untersuchungsauftrags personenbezogene Daten erhalten. Sie gelten nicht als Empfänger. ErwGr 31 spezifiziert dies und
benennt Behörden, denen gegenüber der Verantwortliche folglich nicht of-
fenlegungspflichtig ist, wie Steuer- und Zollbehörden, Finanzermittlungsstellen, unabhängige Verwaltungsbehörden oder Finanzmarktbehörden, die
für die Regulierung und Aufsicht von Wertpapiermärkten zuständig sind.
Die DSGVO gestattet den Mitgliedstaaten auf diese Weise in geringem Umfang einen Regelungsspielraum.[164] Weisen die Mitgliedstaaten Behörden
durch ihr eigenes Recht einen Untersuchungsauftrag zu, der ihnen den Zugang zu personenbezogenen Daten verschafft, gelten sie nicht als Empfän-

---

158 *Roßnagel/Kroschwald* ZD 2014, 495 (497).
159 Vgl. auch *Schild* in: BeckOK DatenschutzR, Art. 4 Nr. 9 Rn. 101.
160 Für eine entsprechende Fortführung dieser Praxis: *Laue/Nink/Kremer*, § 7
     Rn. 118.
161 So auch *Ernst* in: Paal/Pauly DSGVO Art. 4 Rn. 57.
162 So auch *Schreiber* in: Plath BDSG/DSGVO Art. 4 Rn. 29.
163 Vgl. *Dammann/Simitis*, EG-Datenschutzrichtlinie, Art. 19 Rn. 6.
164 Siehe zum Charakter der DSGVO als „Hybrid-Verordnung" Einleitung →
     Rn. 22 ff.

ger. Durch die Zuweisung eines Untersuchungsauftrages können die Mitgliedstaaten folglich über die Reichweite des Begriffs Empfänger entscheiden.[165] Zudem bestimmt ErwGr 31, dass Anträge auf Offenlegung, die von Behörden ausgehen, immer schriftlich erfolgen, mit Gründen versehen sein und gelegentlichen Charakter haben sollten. Sie sollten außerdem keine vollständigen Dateisysteme betreffen oder zur Verknüpfung von Dateisystemen führen.

159　Auch hat die Verarbeitung personenbezogener Daten durch die genannten Behörden den für die Zwecke der Verarbeitung geltenden Datenschutzvorschriften zu entsprechen. Die Behörden werden folglich nicht wegen ihrer fehlenden Empfängereigenschaft von den sonstigen Vorgaben des Datenschutzrechts frei.[166]

3. Bewertung

160　Kritik wird an dem Begriff des Empfängers, insbes. in Zusammenhang mit der Belehrungspflicht, bei einer Veröffentlichung über das Internet geäußert. In Zeiten von Ubiquitous Computing und Big Data erscheinen Belehrungspflichten, die den Empfänger bezeichnen sollen, geradewegs untauglich.[167] Wegen der unbestimmten Anzahl der Empfänger ist eine Bestimmung des Empfängers dort kaum zweckmäßig.

X. Nr. 10 – Dritter

161　Dritter ist jeder, der nicht Betroffener(→ Rn. 7), Verantwortlicher (→ Rn. 114) oder Auftragsverarbeiter (→ Rn. 144) ist. „Personen, die unter der unmittelbaren Verantwortung des Verantwortlichen oder des Auftragsverarbeiters befugt sind, die personenbezogenen Daten zu verarbeiten", sind nach Nr. 10 ebenfalls keine Dritten. Zum Auftragsverarbeiter gehören auch dessen Unterauftragnehmer usw.

162　Arbeitnehmer[168] des Verantwortlichen (oder des Auftragsverarbeiters), die nicht befugt sind, die personenbezogenen Daten zu verarbeiten, müssen demnach als Dritte gelten. Die Befugnis wird durch das Organisations- und Direktionsrecht des Verantwortlichen geprägt sein, aber auch von objektiven Notwendigkeiten. Gibt also ein Mitarbeiter rechtswidrig personenbezogene Daten an einen Kollegen weiter, so ist darin eine rechtswidrige Übermittlung zu sehen.[169] Dies ist nicht mit dem funktionalen Stellenbegriff zu verwechseln, wie er im Sozialbereich hinsichtlich der Gebietskörperschaften bereits bekannt ist:[170] jener betrifft auch befugte Datenverwendung, während hier die Unbefugte Verwendung den Empfänger zum Dritten macht.

165　*Kühling/Martini*, Die DSGVO und das nationale Recht, S. 27.
166　So auch *Schreiber* in: Plath BDSG/DSGVO Art. 4 Rn. 30.
167　*Härting*, Internetrecht 2014, Rn. 370.
168　*Albrecht/Jotzo*, S. 61, halten auch freie Mitarbeiter des Verantwortlichen für in diesem Sinne privilegiert.
169　*Ernst* in: Paal/Pauly DSGVO Art. 4 Rn. 60.
170　§ 67 Abs. 9 S. 3 SGB X; dazu *Bieresborn* in: von Wulffen/Schütze, SGB X, 8. Aufl. 2014, § 67 Rn. 32 f.

Nr. 10 berücksichtigt ihrem Wortlaut nach nur die Personen, die der Ver- 163
antwortung des Verantwortlichen oder des Auftragsverarbeiters zuzurechnen sind. Sie normiert nicht die Rechtslage hinsichtlich derer, die „im Lager" des Betroffenen stehen. Insoweit bleibt unklar, wie etwa gesetzliche
Vertreter des Betroffenen zu behandeln sind. Da der Wortlaut sie nicht berücksichtigt, könnten sie als Dritte zu behandeln sein. Dies hätte aber die
Konsequenz, dass zB Kinder oder unter Betreuung stehende Personen, die
ihr Recht auf Auskunft (Art. 15 DSGVO) nicht selbst geltend machen können, benachteiligt wären. Denn ihre gesetzlichen Vertreter könnten die Daten nur erhalten, wenn eine Übermittlungsbefugnis vorläge. Da dies unsinnig erscheint, sind nach hier vertretener Auffassung die gesetzlichen Vertreter nicht als Dritte iSd Nr. 10 zu sehen, soweit sie als Vertreter das Auskunftsrecht des Betroffenen geltend machen. Dogmatisch mag das damit
begründet werden, dass die Eigenschaft als „Dritter" überlagert wird
durch die Eigenschaft als Vertreter des Betroffenen.

Hinsichtlich gewillkürter Vertreter (zB Rechtsanwälte) ist das Problem we- 164
niger bedeutsam, da in der Vollmacht eine Einwilligung zur Datenübermittlung gesehen werden kann.

XI. Nr. 11 – Einwilligung der betroffenen Person
1. Bisherige Rechtslage

Unionsrechtlich wurde die datenschutzrechtliche Einwilligung bislang 165
durch Art. 2 lit. h RL 95/46/EG (Datenschutz-RL) legaldefiniert. Danach
war als Einwilligung der betroffenen Person jede Willensbekundung zu verstehen, „die ohne Zwang, für den konkreten Fall und in Kenntnis der
Sachlage erfolgt und mit der die betroffene Person akzeptiert, dass personenbezogene Daten, die sie betreffen, verarbeitet werden". Diese Definition liegt zudem gemeinsam mit den sonstigen Vorschriften der Richtlinie
den Erläuterungen des Grundrechtekonvents zu Art. 8 Abs. 2 GrCh maßgebend zugrunde[171] und wirkt nunmehr insoweit primärrechtlich fort (vgl.
Art. 52 Abs. 7 GRCh).

Das BDSG verzichtete demgegenüber auf eine explizite Legaldefinition. 166

2. Entstehung der Norm

Die Auseinandersetzungen im Rechtsetzungsprozess beschränkten sich auf 167
Nuancen eines Definitionsmerkmals: So verlangte der ursprüngliche Kommissionsentwurf eine explizite Willensbekundung,[172] während das Parlament eine ausdrückliche Willensbekundung einforderte[173] und seitens des
Rats ein gänzlicher Verzicht auf ein Attribut präferiert wurde.[174] Das Trilog-Ergebnis mündete sodann in der gegenwärtigen Normfassung, die eine
„unmissverständlich abgegebene Willensbekundung" als Definitionsmerk-
mal verlangt.

---

171 Vgl. Erläuterungen zur Charta der Grundrechte, ABl. 2007 C 303, 17 (20).
172 KOM(2012) 11 endg., 48.
173 Beschluss des Europäischen Parlaments vom 12.3.2014, P7_TA(2014)0212.
174 Rats-Dok. 9565/15, 78.

3. Kommentierung

168 Die Legaldefinition der Einwilligung gliedert sich systematisch in fünf charakteristische Merkmale, die in ihrem grundsätzlichen Zuschnitt keinen Änderungen gegenüber der bisherigen Rechtslage unterworfen sind.

a) „Willensbekundung"

169 Das Hauptcharakteristikum der Einwilligung wird durch das Merkmal der „Willensbekundung" beschrieben. Dadurch wird rechtlich eine Unterscheidung von zwei Momenten grundgelegt, nämlich in Form der Verknüpfung eines naturalistischen Willens und dessen **äußerlich wahrnehmbarer Willensäußerung**, wobei allein letztere („abgegebene") als unmittelbarer Bezugspunkt der Einwilligung und damit für Rechtsfolgen dient.[175]

170 Gegenüber der bisherigen Rechtslage aus Art. 2 lit. h RL 95/46/EG erfährt das Merkmal der Willensbekundung eine Präzisierung dergestalt, dass diese entweder in Gestalt einer **Erklärung oder** als eine **sonstige eindeutige bestätigende Handlung** zu erfolgen hat. Damit verliert nicht nur die bisherige Kontroverse über die Qualifikation der Rechtsnatur im nationalen Recht ihre Bedeutung (→ Art. 7 Rn. 13), sondern zugleich ist klargestellt, dass auch weiterhin nicht lediglich verbal, schriftlich oder elektronisch kommunizierte Einverständnisse als Einwilligung zu subsumieren sein können, sondern dass auch konkludent durch tatsächliches Verhalten zum Ausdruck gebrachte Akzeptanz begrifflich als Einwilligung in Betracht kommen kann.

171 Inhaltlich muss die Willensbekundung darauf gerichtet sein, ein Einverständnis mit der Datenverarbeitung zu verstehen zu geben. Insoweit ist also erforderlich, dass von dem nach außen tretenden Verhalten ausgehend auf einen akzeptierenden Willen geschlossen werden kann.[176] Dieser Anforderung wird nicht nur eine durch Worte kommunizierte Akzeptanz gerecht, sondern potentiell jeder entsprechende semantische Gehalt. Dementsprechend betont Erwägungsgrund 32, dass auch durch das Anklicken einer **Checkbox** beim Besuch von Internetseiten und auch durch die Auswahl technischer Einstellungen für Informationsdienste eine Einwilligung erklärt werden kann. Nicht hinreichend als äußerliche Willensbekundung erkennbar soll demgegenüber jedenfalls die gänzliche Untätigkeit der betroffenen Person sein.

172 Entscheidende Bedeutung für die Qualifikation der Willensbekundung als Einwilligung kommt sodann dem neu aufgenommenen Begriffsmerkmal der **Unmissverständlichkeit** zu. Hervorgegangen aus unterschiedlichen Präferenzen im Rechtsetzungsprozess, die alternativ eine explizite oder eine ausdrückliche Willensbekundung forderten (→ Rn. 167), rekurriert das Erfordernis einer unmissverständlichen Willensbekundung ausdrücklich auf den Empfängerhorizont, da allein auf der Empfängerseite ein „Missverständnis" evoziert werden kann. Ganz auf dieser Linie ist in Erwägungs-

---

175 *Radlanski*, Das Konzept der Einwilligung in der datenschutzrechtlichen Realität, 2016, S. 10 f.

176 So bereits zur bisherigen Rechtslage Dammann/Simitis/*Dammann* Datenschutz-RL Art. 2 Rn. 22.

grund 32 die Rede davon, dass für eine Einwilligung eine „eindeutige bestätigende Handlung" vorliegen solle. Zwar ist intersubjektiv eine Mehrdeutigkeit menschlichen Verhaltens angesichts vielfältiger Interpretationsmöglichkeiten und Perspektiven kaum gänzlich auszuschließen, jedoch lässt sich die Anforderung an den Äußernden gewendet dahingehend fassen, seine positive Präferenz zugunsten einer Datenverarbeitungsoption zu kommunizieren. Eine Verhaltensweise, die für Dritte unter Berücksichtigung situationsüblicher Verhaltenserwartungen nicht mit überwiegender Wahrscheinlichkeit ausschließt, dass ihr Nicht-Akzeptanz oder auch Indifferenz gegenüber der Datenverarbeitung zugrunde liegt, scheidet deshalb als nicht unmissverständlich aus. Gerade bei konkludentem Verhalten muss also deutlich erkennbar sein, dass die Datenverarbeitung der jeweiligen Person nicht lediglich unbewusst gleichgültig, sondern von ihr intentional gebilligt ist („klare, bestätigende Handlung").[177] Entsprechend genügt nach Erwägungsgrund 32 eine standardmäßig durch Voreinstellungen aktivierte Checkbox ebenso wie die Interpretation eines stillschweigenden Einverständnisses nicht den begrifflichen Anforderungen an eine Einwilligung.

b) „der betroffenen Person"

Hinsichtlich der begrifflichen Bezugnahme der Einwilligung auf eine Willensbekundung „der betroffenen Person" ist die Legaldefinition in Art. 4 Nr. 1 DSGVO maßgeblich (→ Rn. 9 ff.).   173

c) „für den bestimmten Fall"

Die Einwilligung muss begrifflich zudem „für den bestimmten Fall" abgegeben werden. Dieses bereits Art. 2 lit. h RL 95/46/EG („für den konkreten Fall") zugrunde liegende Begriffsmerkmal fordert, dass sich die Willensbekundung auf eine oder mehrere konkrete Datenverarbeitungen bezieht und der für die Verarbeitung Verantwortliche sowie der Zweck der Datenverarbeitung bestimmt sind.[178] Zwar ergibt sich die Zweckbindung der Einwilligung nicht wörtlich-unmittelbar aus der Verpflichtung auf den konkreten Fallbezug, allerdings ist ein solch erweitertes Verständnis systematisch im Hinblick auf die Konnexität zu Art. 6 Abs. 1 lit. a DSGVO geboten und zudem durch Erwägungsgrund 32 explizit vorgesehen, wonach sich die Einwilligung „auf alle zu demselben Zweck oder denselben Zwecken vorgenommenen Verarbeitungsvorgänge beziehen" und „für alle diese Verarbeitungszwecke eine Einwilligung" gegeben werden solle. Das Begriffsmerkmal bezeichnet also systematisierend betrachtet umfassend die Anforderungen an die Bestimmtheit der Einwilligung und statuiert als solches eine Wirksamkeitsvoraussetzung derselben (zu den Anforderungen → Art. 7 Rn. 37 ff.).   174

d) „freiwillig"

Die begriffliche Anforderung, dass die Willensbekundung freiwillig erfolgen muss, entspricht der Anforderung „ohne Zwang" aus Art. 2 lit. h   175

---

177 *Gierschmann* ZD 2016, 51 (54).
178 *Ehmann/Helfrich* Datenschutz-RL Art. 2 Rn. 71.

RL 95/46/EG. Es ist deshalb erforderlich, dass sie – in den Worten von
§ 4 a Abs. 1 S. 1 BDSG – auf einer freien Entscheidung beruht. Das Begriffsmerkmal der Freiwilligkeit der Einwilligung stellt damit funktional als
zentrale „Maxime"[179] eine Wirksamkeitsvoraussetzung dar und wird
durch Art. 7 Abs. 4 DSGVO konkretisiert (zu den Anforderungen → Art. 7
Rn. 25 ff.).

e) „in informierter Weise"

176   Zuletzt erfordert die Legaldefinition der Einwilligung, dass selbige „in informierter Weise" abgegeben wird.[180] Nur im Wissen um alle entscheidungsrelevanten Informationen können Risiken und Vorteile der Einwilligung abgeschätzt werden und in einer selbstbestimmten Entscheidung
münden.[181] Das damit in den Fokus gerückte „Wesensmerkmal"[182] jeder
Einwilligung adressiert zwar wörtlich primär den Zeitpunkt der Abgabe
der Einwilligung, erfordert aber materiell ein subjektives Wissen um die
Auswirkungen der Willensbekundung, mithin vor allem über ihre Erforderlichkeit sowie die Umstände und die Auswirkungen der Datenverarbeitung.
Es geht mit anderen Worten um die „Informiertheit"[183] der betroffenen
Person, welche vorgängig hergestellt sein muss, um eine wirksame Einwilligung zu ermöglichen. Die sich daraus ergebenden Anforderungen und
Konsequenzen – insbesondere in Hinsicht auf Informationspflichten und
deren Reichweite – werden übergreifend als Wirksamkeitsvoraussetzung
dargestellt (→ Art. 7 Rn. 34 ff.).

XII. Nr. 12 – Verletzung des Schutzes personenbezogener Daten

177   Die in Art. 4 Nr. 12 legaldefinierte Verletzung des Schutzes personenbezogener Daten betrifft die Sicherheit von personenbezogenen Daten nach
Art. 32 und ist insbesondere für Melde- und Berichtspflichten nach Art. 33
und 34 relevant.[184] Die Verletzung des Schutzes personenbezogener Daten
ist dabei weit definiert. Schutzobjekt sind personenbezogene Daten, die in
irgendeiner Form verarbeitet wurden (zur Verarbeitung → Rn. 42 ff.). Der
Verletzungsfall ist bei Vernichtung, Verlust, Veränderung, unbefugter Offenlegung und unbefugtem Zugang gegeben (zu den Begriffen jeweils →
Rn. 53 ff.). Die Kenntnisnahme Dritter ist insofern nicht in allen Fällen erforderlich (→ Art. 33 Rn. 7).

178   Ein **Verlust** liegt in Abgrenzung zu Vernichtung und unbefugtem Zugriff
vor, wenn Daten dem Verantwortlichen nicht mehr zur Verfügung stehen,
bspw. im Fall des unbeabsichtigten Abhandenkommens physischer Originaldatenträger oder der Zerstörung von Anlagen. Es kommt insoweit nicht

---

179   *Buchner* DuD 2010, 39 (41).
180   Vgl. zur bisherigen Formulierung „in Kenntnis der Sachlage" Dammann/Simitis/
      Dammann Datenschutz-RL Art. 2 Rn. 24.
181   *Kühling/Seidel/Sivridis*, Datenschutzrecht, 3. Aufl. 2015, Rn. 319.
182   *Lindner*, Die datenschutzrechtliche Einwilligung nach §§ 4 Abs. 1, 4 a BDSG –
      ein zukunftsfähiges Institut?, 2013, S. 130.
183   *Radlanski*, Das Konzept der Einwilligung in der datenschutzrechtlichen Realität,
      2016, S. 16.
184   Zur Verletzung des Schutzes personenbezogener Daten insoweit vgl. auch →
      Art. 33 Rn. 7 f.

darauf an, ob die Daten einem Dritten zugänglich werden. Auch die Verschlüsselung durch sog „Ransomware" in Form von Verschlüsselungstrojanern, bei denen Daten lokal verschlüsselt und ansonsten gelöscht werden, wobei der Schlüssel nur gegen eine Zahlung angeboten wird, kann bei fehlendem Backup einen Verlust iSv Art. 4 Nr. 12 darstellen.

Eine unbefugte **Offenlegung** ist bereits gegeben, wenn Dritten ohne entsprechende Grundlage nach der DSGVO eine Kenntnisnahmemöglichkeit eingeräumt wird (→ Rn. 68), beispielsweise durch öffentliche Zugänglichmachung auf einer Internetseite und unabhängig davon, ob ein Abruf der Daten tatsächlich stattfindet.[185] Ein unbefugter **Zugang** liegt auch vor, wenn nicht hierzu autorisierte Personen Kenntnis von den personenbezogenen Daten oder auch nur Zugang zu den Geräten, mit denen personenbezogene Daten verarbeitet werden,[186] erlangt haben. Der Begriff des Zugangs im Sinne von Art. 4 Nr. 12 entspricht daher im Wesentlichen sowohl dem „Zugang" nach Nr. 2 der Anlage zu § 9 BDSG[187] als auch dem unbefugten „Zugriff" nach Nr. 3 der Anlage zu § 9 BDSG.[188] Erfasst ist auch der Zugang durch hierzu nicht berechtigte Mitarbeiter des Verantwortlichen (zu entsprechenden technischen und organisatorischen Maßnahmen (→ Art. 32 Rn. 14 ff., 22 ff.). **179**

Als Verletzung des Schutzes personenbezogener Daten sind auch Vorfälle aufgrund bewusster, vorsätzlicher und rechtswidriger Handlungen anzusehen. Damit sind insbesondere **Hackerangriffe,**[189] aber auch die unrechtmäßige Weitergabe von Daten an Dritte durch Mitarbeiter erfasst. Auf ein Verschulden des Verpflichteten kommt es nach dem Wortlaut jeweils nicht an. **180**

Nach Art. 70 Abs. 1 lit. g kann der Europäische Datenschutzausschuss nach Art. 68 Leitlinien, Empfehlungen und bewährte Verfahren für die Feststellung von Verletzungen des Schutzes personenbezogener Daten bereitstellen. **181**

XIII. Nr. 13 – Genetische Daten

Genetische Daten sind solche, die aus der Analyse einer biologischen Probe einer natürlichen Person, insbesondere durch Chromosomen-, DNS- oder RNS-Analyse[190] gewonnen werden. Genetische Daten können auch zugleich biometrische Daten iSv Nr. 14 oder Gesundheitsdaten iSv Nr. 15 sein. Erfasst werden alle Daten über spezifische Erbmerkmale, zB biologische Abstammung oder Krankheitsdispositionen.[191] Genetische Daten sind besonders sensitiv, da sie eine eindeutige Identifizierung ermöglichen und zudem auch Informationen über weitere natürliche Personen, die mit der **182**

---

185 Ebenso *Ernst* in: Paal/Pauly DSGVO Art. 4 Rn. 94.
186 ErwGr 39.
187 Dazu *Ernestus* in: Simitis BDSG § 9 Rn. 89.
188 Dazu *Ernestus* in: Simitis BDSG § 9 Rn. 103.
189 Vgl. ErwGr 49.
190 ErwGr 34.
191 *Vossenkuhl*, Der Schutz genetischer Daten, 2013, 4.

betroffenen Person verwandt sind, liefern können.[192] Entsprechend wurde das bisherige Fehlen der Kategorie der genetischen Daten in der DSRL und im nationalen Datenschutzrecht heftig kritisiert.[193]

XIV. Nr. 14 – Biometrische Daten

183 Der Begriff **Biometrie** bezeichnet allgemein Verfahren, mit denen sich Merkmale von Menschen vermessen und analysieren lassen.[194] Die Merkmale der betroffenen Person werden zunächst als Referenzmuster gespeichert. Danach kann die betroffene Person durch den Abgleich ihrer Daten mit dem Referenzmuster eindeutig identifiziert werden.[195]

184 Von der Definition[196] werden nur Daten erfasst, die mittels spezieller technischer Verfahren erhoben werden. So stellen etwa einfache Lichtbilder von Personen grundsätzlich keine biometrischen Daten dar.[197] Erst die weitergehende technische Verarbeitung der Bilddaten soll zum Vorliegen biometrischer Daten führen. Eine Begrenzung auf bestimmte technische Verfahren zur Datengewinnung findet nicht statt. Erfasst werden daher neben der digitalen bzw. automatisierten Datengewinnung, etwa durch Gesichtserkennungssoftware, auch analoge Methoden wie Körpergrößenmessung oder die Abnahme von Fingerabdrücken mittels Druckerschwärze und Papier. Erforderlich ist lediglich, dass das Verfahren darauf abzielt, bestimmte Körpermerkmale einer Person gezielt zu erheben.

185 Der Begriff der biometrischen Daten wird zunächst weit gefasst, da jeder Bezug zu physischen, physiologischen oder verhaltenstypischen Merkmalen ausreicht. Erfasst werden damit alle Daten, die in Bezug auf den menschlichen Körper erhoben werden können. Eine Einschränkung erfährt die Definition dadurch, dass die Daten eine **eindeutige Identifizierung** der Person ermöglichen oder bestätigen müssen. Als Beispiele für biometrische Daten werden speziell bearbeitete Gesichtsbilder[198] oder daktyloskopische Daten, dh Finger-, oder Handflächenabdrücke genannt. Eine ebenso eindeutige Identifizierung ist über einen DNS-Abgleich (zugleich genetisches Datum iSv Nr. 13 und Gesundheitsdatum iSv Nr. 15), die Iriserkennung mittels spezieller Kameras sowie durch den Abgleich von Stimm- oder Gangmustern möglich.[199] Nicht eindeutig identifizierbar ist eine Person etwa über ihre Blutgruppe oder ihre Körpergröße, da diese Merkmale auf eine Vielzahl von Personen zutreffen. Werden Daten, die jeweils für sich genommen

---

192 *Art. 29-Datenschutzgruppe*, Arbeitspapier über genetische Daten, wp 91, 2004, 4.

193 Etwa Simitis/*Simitis* BDSG § 3 Rn. 259. § 3 Abs. 17 ABDSG-E übernimmt die Definition der „genetischen Daten" aus der DSGVO nunmehr wörtlich.

194 Einzelheiten zu verschiedenen biometrischen Verfahren dargestellt bei *ULD*, Stand der nationalen und internationalen Diskussion zum Thema Datenschutz bei biometrischen Systemen, 2001. Zur Entwicklung der Biometrie *Weichert* CR 1997, 369–375.

195 Roßnagel/*Gundermann/Probst*, HdB Datenschutzrecht, Kap. 9.6, Rn. 6 ff.; *Art. 29-Datenschutzgruppe*, wp 193, Opinion 3/2012 on developments in biometric technologies, 2012.

196 Diese findet sich wortgleich in § 3 Abs. 18 ABDSG-E.

197 ErwGr 51.

198 ErwGr 51.

199 *Art. 29-Datenschutzgruppe*, wp 136, Stellungnahme 4/2007, 9.

eine eindeutige Identifizierung nicht ermöglichen, zu einem Datensatz zusammengefügt, der so detailliert ist, dass die Gesamtheit der Daten praktisch nur noch einem Individuum zugeordnet werden kann, ist der gesamte Datensatz als biometrisches Datum anzusehen.

Biometrische Daten enthalten zum einen selbst Informationen über die betroffene Person. Sie können jedoch auch dazu benutzt werden, zwischen einer Information und einer Person eine Verbindung herzustellen und so zur Generierung weiterer personenbezogener Daten beitragen.[200] Da biometrische Daten eine besonders sichere Form der Identifizierung ermöglichen, werden sie als besonders **sensitiv** eingestuft.   **186**

Die Verarbeitung biometrischer Daten findet regelmäßig durch Behörden im Bereich der öffentlichen Sicherheit und Strafverfolgung sowie im Bereich des Ausweis- und Passwesens statt.[201] Daneben werden biometrische Verfahren aber auch zunehmend von Privaten eingesetzt. Beispiele sind der Einsatz von Gesichtserkennungssoftware durch soziale Online-Netzwerke[202] oder Fingerabdruckscans zum Entsperren von Smartphones.[203]   **187**

XV. Nr. 15 – Gesundheitsdaten

Die Definition[204] der „Gesundheitsdaten" ist in systematischer Hinsicht misslungen, da das zu definierende Wort „Gesundheit" in der Definition mehrfach verwendet wird. Deutlich wird allerdings, dass Gesundheit in einem umfassenden Sinn zu verstehen ist und sowohl körperliche wie psychische Aspekte umfasst.[205] Gemäß Erwägungsgrund 35 zählen zu den Gesundheitsdaten alle Daten, aus denen sich Informationen über den früheren, gegenwärtigen und künftigen körperlichen oder geistigen Zustand der Person ergeben. Es wird klargestellt, dass auch Daten, die im Zusammenhang mit Gesundheitsdienstleistungen gemäß der Richtlinie 2011/24/EU verarbeitet werden, Gesundheitsdaten sein können. Der letzte Teil der Definition, wonach sich aus den Daten Informationen über den Gesundheitszustand ergeben müssen, ist überflüssig. Er wiederholt letztlich nur das bereits im ersten Satzteil genannte Erfordernis, dass sich die Daten auf die Gesundheit der betroffenen Person beziehen müssen.   **188**

Gesundheitsdaten sind daher Informationen über Verletzungen und Krankheiten sowie darauf beruhenden Krankschreibungen,[206] Informationen über Drogen- und Alkoholmissbrauch,[207] Ergebnisse körperlicher Untersu-   **189**

---

200 *Art. 29-Datenschutzgruppe*, wp 136, Stellungnahme 4/2007, 9.
201 ZB §§ 6 a, 16, 16 a PassG. Zur Zulässigkeit der Speicherung von Fingerabdrücken im Reisepass EuGH 17.10.2013 – C-291-12 – Schwarze/Stadt Bochum.
202 *Karg* HFR 2012, Beitrag 7, 1; *HmbBfDI*, Rechtliche Bewertung der Gesichtserkennung und Zuständigkeit des HmbBfDI, 2012. Zur Gesichtserkennung siehe auch *Art. 29-Datenschutzgruppe*, wp 192, Opinion 2/2012 on facial recognition in online and mobile services.
203 Zum Einsatz biometrischer Zugangskontrollen bei Smartphones *Busch* ZD 2014, 475.
204 Diese findet sich wortgleich auch in § 3 Abs. 19 ABDSG-E.
205 So zum Begriff „Gesundheitsdaten" nach der DSRL bereits EuGH EuZW 2004, 245 (249) – Lindqvist.
206 Vgl. EuGH EuZW 2004, 245 (249) – Lindqvist.
207 *Ehmann/Helfrich*, EG-DSRL, Art. 8 Rn. 8.

chungen, Analysen körpereigener Substanzen, Informationen über Behinderungen, Krankheitsrisiken, Vorerkrankungen, Heilungsverlauf[208] etc., wobei unerheblich ist, von welcher Stelle diese Daten erhoben werden.[209] Ebenfalls zu den Gesundheitsdaten zählen Nummern und Kennzeichen, die einer natürlichen Person zum Zwecke der eindeutigen Identifizierung für gesundheitliche Zwecke zugeteilt wurden,[210] etwa Krankenversicherungsnummern. Ferner werden die zahlreichen Vital- und Fitnessdaten, die von den immer stärker verbreiteten „Gesundheits-Apps" erhoben werden erfasst,[211] sodass der Gesundheitsdatenschutz zunehmend auch in Bereichen relevant wird, die nichts mit der klassischen medizinischen Versorgung zu tun haben. Nach Ansicht der Art. 29-Datenschutzgruppe soll auch bereits ein Lichtbild, welches einen Brillenträger zeigt ein Gesundheitsdatum darstellen.[212]

XVI. Nr. 16 – Hauptniederlassung

1. Bedeutung der Vorschrift

190   Bedeutung erlangt der Begriff der Hauptniederlassung vor allem für die Frage, welche von mehreren Aufsichtsbehörden (→ Art. 4 Rn. 227) federführend (→ Art. 56 Rn. 1) ist.[213]

191   Er kann sich auf Einrichtungen des Verantwortlichen (→ Nr. 7) und auf solche des Auftragsverarbeiters (→ Nr. 8) beziehen.

192   Nach dem Wortlaut der Vorschrift kommt die Existenz einer Hauptniederlassung nur in Betracht, wenn der Verantwortliche und/oder der Auftragsverarbeiter (beide sind jeweils getrennt voneinander zu betrachten) mehrere Niederlassungen in der Union[214] unterhält und sich diese in verschiedenen Mitgliedstaaten befinden. Hat etwa ein Unternehmen seinen gesellschaftsrechtlichen Hauptsitz in den USA sowie Niederlassungen in Irland und Deutschland, so kommen nur die beiden Letzteren als Hauptniederlassungen in Frage.[215]

2. Inhalt des Begriffs

193   Der Begriff der Hauptniederlassung ist in einem spezifisch datenschutzrechtlichen Sinne zu verstehen. Er darf nicht in einem handels- oder gesellschaftsrechtlichen Sinne missverstanden werden. Die Hauptniederlassung

---

208 *Britz*, Die Erhebung personenbezogener Gesundheitsdaten durch Versicherungsunternehmen bei Dritten gem. § 213 VVG unter Berücksichtigung des Gendiagnostikgesetzes, S. 56, 2011.

209 ErwGr 35.

210 ErwGr 35.

211 Dazu *Jandt/Hohmann* K&R 2015, 694; *Art. 29-Datenschutzgruppe*, Annex zum Brief v. 5.2.2015 „Health data in apps and devices"; Einschränkend *Mathes/Krohm* PinG 2015, 49 (51).

212 So bislang *Art. 29-Datenschutzgruppe*, Annex zum Brief v. 5.2.2015 „Health data in apps and devices"; aA *Gola/Schomerus* BDSG § 3 Rn. 56 a.

213 *Ernst* in: Paal/Pauly DSGVO Art. 4 Rn. 113; vgl. auch *Hornung* ZD 2012, 99 (101, 105); *Ehmann* ZD 2015, 6 (10).

214 Gemeint ist die Europäische Union zuzüglich der weiteren EWR-Staaten. Zu Einflüssen der DSGVO auf die Schweiz, die weder Mitglied der EU, noch des EWR ist, s. *Langhanke* ZD 2014, 621.

215 *Ernst* in: Paal/Pauly DSGVO Art. 4 Rn. 113.

darf auch nicht mit der Muttergesellschaft einer selbständig rechtsfähigen juristischen Person verwechselt werden: es geht um Niederlassungen derselben juristischen Person.[216] Jedoch gilt gem. ErwGr 36 aE idR die Hauptniederlassung der Mutter- zugleich als solche der Tochtergesellschaft.

a) Begriff der Niederlassung

Der Begriff der Niederlassung wird in Art. 4 Nr. 16 vorausgesetzt[217] und in ErwGr 22 umschrieben. Danach muss eine „effektive und tatsächliche Ausübung einer Tätigkeit durch eine feste Einrichtung" vorliegen. Die Rechtsform soll keine Rolle spielen, auch Gesellschaften mit eigener Rechtspersönlichkeit sind ausdrücklich vorgesehen.[218] Der EuGH sieht eine Datenverarbeitung, die durch eine Niederlassung im Rahmen von Werbemaßnahmen gefördert wird, als Tätigkeit (auch) dieser Niederlassung an.[219]

194

b) Mehrere Niederlassungen in einem Mitgliedstaat

Prinzipiell stellt sich das Problem mehrfacher Zuständigkeiten auch hinsichtlich solcher Verantwortlicher (oder Auftragsverarbeiter), die innerhalb eines föderal gegliederten Mitgliedstaats (zB Deutschland oder Österreich) Niederlassungen in mehreren Gliedstaaten (zB Bundesländern) betreiben. Für diese Konstellationen ist Art. 4 Nr. 16 nicht einschlägig. Es bleibt dem nationalen Recht vorbehalten, die Zuständigkeiten zu verteilen,[220] wobei dies auch nach eigenen und von Art. 4 Nr. 16 abweichenden Regeln erfolgen kann.

195

c) Hauptniederlassung des Verantwortlichen (Nr. 16 lit. a)

Unter den in der Union befindlichen Niederlassungen des Verantwortlichen kommt es nur sekundär auf den Ort der Hauptverwaltung an.[221] Entscheidend ist primär, welche Niederlassung über Zweck und Mittel der Datenverarbeitung entscheidet. Nach dem Wortlaut des Art. 4 Nr. 16 lit. a muss hinzukommen, dass „diese Niederlassung [befugt ist], diese Entscheidungen umsetzen zu lassen". Da dies einer Entscheidung iSd erstgenannten Voraussetzung immanent ist, dürfte diese weitere Voraussetzung überflüssig sein.

196

Das hier vertretene Regel-Ausnahmeverhältnis kommt im Wortlaut der lit. a nur unzureichend zum Ausdruck, da es formal umgekehrt formuliert ist („es sei denn"). Diesem Wortlaut lässt sich indes eine Vermutung zugunsten des Orts der Hauptverwaltung entnehmen. Bei feststehendem Sachverhalt aber ist primär die entscheidungsbefugte Niederlassung Hauptniederlassung, selbst wenn sich die Hauptverwaltung dort nicht befindet.

---

216 *Nguyen* ZD 2015, 265 (267).
217 *Schild* in: Wolff/Brink Art. 4 DSGVO Rn. 145.
218 Kritisch *Nguyen* ZD 2015, 265 (267).
219 EuGH 13.5.2014 – C-131/12, NJW 2014, 2257, Leitsatz 2; *Ziebarth* ZD 2014, 394 (395).
220 *Kranig* ZD 2013, 550 (556).
221 AA *Piltz* K&R 2016, 557 (563).

197 Aus lit. a folgt, dass hinsichtlich unterschiedlicher Verarbeitungen desselben Verantwortlichen durchaus jeweils eine andere Niederlassung die Hauptniederlassung sein kann. Gibt zB die Niederlassung in Staat A die Zwecke und Mittel der Personaldatenverarbeitung vor, die Niederlassung in Staat B dagegen die der Kundenverwaltung, so sind beide in ihrem Verarbeitungszusammenhang jeweils als Hauptniederlassung anzusehen.[222]

198 Da es dem Verantwortlichen überlassen bleibt, welcher Niederlassung er in diesem Sinne die „Gestaltungshoheit" überlässt, kann er sich auf diese Weise die für ihn jeweils federführende Aufsichtsbehörde aussuchen. Wenn aber der Beaufsichtigte sich seine Aufsicht aussuchen kann, so liegt darin ein hohes Missbrauchspotenzial.[223] Durch Änderung der Befugnisse lässt sich die Hauptniederlassung gar während eines laufenden Verfahrens ändern.[224] Die Praxis der Aufsichtsbehörden wird zeigen, ob sie sich gegeneinander ausspielen lassen. Freilich deutet ein missbräuchliches Verhalten über mehrere Niederlassungen hinweg darauf hin, dass Mittel und Zwecke zentral von einer übergeordneten Stelle gesteuert werden – was wiederum Hinweise auf die wirkliche Hauptniederlassung geben mag.

d) Hauptniederlassung des Auftragsverarbeiters (Nr. 16 lit. b)

199 Die Hauptniederlassung des Auftragsverarbeiters bestimmt sich nach anderen Kriterien als die des Verantwortlichen. Grund hierfür dürfte sein, dass der Auftragsverarbeiter in dieser Rolle nie über Zweck und Mittel der Verarbeitung entscheiden darf. Dies ist dem Verantwortlichen vorbehalten.

200 Hauptniederlassung des Auftragsverarbeiters ist primär der Sitz der Hauptverwaltung, wenn dieser sich in der Union befindet.

201 Nur wenn in der Union keine Hauptverwaltung besteht, ist diejenige Niederlassung Hauptniederlassung, „in der die Verarbeitungstätigkeiten im Rahmen der Tätigkeiten einer Niederlassung eines Auftragsverarbeiters hauptsächlich stattfinden, soweit der Auftragsverarbeiter spezifischen Pflichten aus dieser Verordnung unterliegt".

Dieses Hilfsmerkmal darf ob seiner Unverständlichkeit als missglückt bezeichnet werden. Die Vorschrift könnte dahingehend missverstanden werden, dass ein weiterer („eines") Auftragsverarbeiter gemeint sei. Es geht aber nur darum, dass bei der Bestimmung der hauptsächlich tätigen Niederlassung nur diejenigen Verarbeitungen zu berücksichtigen sind, die der (dieser) Auftragsverarbeiter gerade in dieser Eigenschaft durchführt. Wenn also ein Unternehmen in Staat A sehr umfangreich als Verantwortlicher im eigenen Interesse personenbezogene Daten verarbeitet und in Staat B in geringem Umfang als Auftragsverarbeiter, so ist (in Ermangelung einer Hauptverwaltung) hinsichtlich der Auftragsdatenverarbeitung Staat B Sitz der Hauptniederlassung.

---

222 *Gierschmann* ZD 2016, 51 f.
223 Vgl. *Hornung* ZD 2012, 99 (101, 105); *Caspar* ZD 2012, 555 (556 f.); *Scheja/Haag* in: Münchener Anwaltshandbuch IT-Recht, 3. Auflage 2013, Rn. 28; *Herrmann* ZD 2014, 439 (441); vgl. auch *Kranig* ZD 2013, 550 (556).
224 *Nguyen* ZD 2015, 265 (267).

XVII. Nr. 17 – Vertreter

Der Vertreter vertritt gem. Art. 27 den Verantwortlichen (oder den Auf-   202
tragsverarbeiter), der selbst nicht in der Union niedergelassen ist. Er ist Ansprechpartner für Betroffene und Aufsichtsbehörden (Art. 27 Abs. 4), führt
das Verfahrensverzeichnis[225] und ist Adressat der Verfügungen der Aufsichtsbehörde iSd Art. 58 Abs. 1 sowie von Durchsetzungsmaßnahmen
(ErwGr 80 aE).[226]

Der Vertreter in diesem Sinne ist nicht zu verwechseln mit dem Vertreter   203
des Betroffenen (Art. 35 Abs. 9), der Aufsichtsbehörden eines Mitgliedstaats oder der Kommission (Art. 68 Abs. 3–5).

Ein Vertreter als Adressat von Durchsetzungsmaßnahmen ist vonnöten,   204
weil ein in einem Drittland ansässiger Akteur (Verantwortlicher, Auftragsverarbeiter) keinen Durchsetzungsmaßnahmen der Union unterliegt. Es
steht allerdings zu befürchten, dass nicht jeder Akteur sich durch Maßnahmen gegen seinen Vertreter beeindrucken lässt. Ebenso ist fraglich, wie die
Pflicht zur Bestellung eines Vertreters durchgesetzt werden soll, wenn der
Akteur nicht in der Union greifbar ist und gerade keinen Vertreter bestellt
hat.

XVIII. Nr. 18 – Unternehmen

Der Begriff des Unternehmens ist als originär datenschutzrechtlich weit zu   205
verstehen. Ähnliche Begriffe, zumal aus den nationalen Rechtsordnungen,
dürfen mit ihm nicht verwechselt werden, auch wenn oft eine gewisse
Schnittmenge bestehen wird. Andererseits dürften Unternehmer iSd § 14
BGB und Kaufleute iSd HGB in jedem Fall auch Unternehmen iSd DSGVO
sein.

Der allgemeinen Definition der Nr. 18 stehen indes weitere Definitionen   206
des Unternehmensbegriffs gegenüber, auf die durch die Erwägungsgründe
verwiesen wird.[227]

1. Allgemeine Definition

Nach der allgemeinen Definition ist jeder, der eine wirtschaftliche Tätigkeit   207
ausübt, Unternehmen. Erfasst werden natürliche und juristische Personen,
aber auch Personenvereinigungen unabhängig von ihrer Rechtsform. Die
Spanne reicht vom Freiberufler[228] (Apotheker, Arzt, Rechtsanwalt, etc) bis
zur börsennotierten Publikumsgesellschaft. Auch öffentliche Stellen können, soweit sie wirtschaftliche Tätigkeiten ausüben, Unternehmen in diesem Sinne sein, so zB Sparkassen oder Zweckverbände. Grundlegendes Erfordernis dürfte die Rechtsfähigkeit sein, also die Fähigkeit, eigene Rechte
und Pflichten zu erwerben.[229] Handeln nichtrechtsfähige Organisationsfor-

---

225 „Verzeichnis von Verarbeitungstätigkeiten", Art. 30.
226 *Simitis* in: Simitis BDSG ##§ Rn. 241.
227 Zur Bedeutung von Erwägungsgründen vgl. VGH Mannheim 11.6.2013 – A 11 S
       1158/13.
228 *Ernst* in: Paal/Pauly DSGVO Art. 4 Rn. 124.
229 *Bamberger* in: BeckOK BGB, 38. Ed.Stand: 1.2.2016, § 1 Rn. 10 mwN.

men, wie zB kommunale Eigenbetriebe,[230] so muss der Rechtsträger, also zB die Kommune, insoweit als Unternehmen gelten.

208 Wirtschaftliche Tätigkeit setzt voraus, dass die Stelle, um deren Unternehmenseigenschaft es geht, am Markt im Rahmen von Austauschverträgen Waren oder Dienstleistungen anbietet.[231] Hoheitliche Tätigkeit ist nicht umfasst.

2. Besondere Definition in Bußgeldsachen

209 ErwGr 150 verweist für die Fälle, in denen Unternehmen Geldbußen auferlegt werden, auf das kartellrechtliche Verständnis des Begriffs „Unternehmen", das Art. 101, 102 AEUV voraussetzen.

210 Dies ist aus zwei Gründen unerfreulich.[232] Zum einen verkompliziert die Mehrzahl zu beachtender Definitionen die Rechtsanwendung. Zum anderen ist der primärunionskartellrechtliche Unternehmensbegriff umstritten,[233] die Annäherung an ihn komplex. Insofern muss zur Vertiefung auf die Literatur zu AEUV und Kartellrecht verwiesen werden.[234]

211 Gewichtigster Unterschied des kartellrechtlichen Unternehmensbegriffs zur allgemeinen Definition in Nr. 18 ist, dass das Unternehmen unabhängig von seinem Rechtsträger Pflichten unterworfen werden soll,[235] sodass mal eine unselbständige Untereinheit, mal ein Konzern in Anspruch genommen wird.[236] Dies kann zB bei der Berechnung des Umsatzes des Unternehmens relevant werden, wenn sich hieraus gem. Art. 83 Abs. 4–6 die Höhe eines Bußgeldes berechnen soll. Auch bei Wegfall eines Unternehmensträgers etwa durch Insolvenz oder Umstrukturierung mag die Möglichkeit, andere Rechtsträger als Unternehmen anzusehen, relevant werden.[237]

3. Besondere Definition nach Unternehmensgröße

212 Neben die allgemeine Definition der Nr. 18 und die besondere Definition in Bußgeldsachen treten weitere besondere Definitionen: ErwGr 13 verweist für den Begriff „Kleinstunternehmen sowie kleine und mittlere Unter-

---

230 Vgl. die Eigenbetriebsgesetze deutscher Bundesländer.
231 *Weiß* in: Calliess/Ruffert, 4. Aufl. 2011, AEUV Art. 101 Rn. 29; *Paal* in: Gersdorf/Paal BeckOK InfoMedienR, 11. Ed., Stand: 1.2.2016, AEUV Art. 101 Rn. 9.
232 *Gola* K&R 2017, 145 (146), kritisiert zudem die aus seiner Sicht vorliegende Unbestimmtheit des Begriffs, die gegen Art. 103 Abs. 2 GG verstoße. Da Unionsrecht im Grundsatz Anwendungsvorrang vor nationalem Recht genießt, kann das nicht unmittelbar richtig sein. Jedoch dürfte Art. 103 Abs. 2 GG eine Ausprägung des Rechtsstaatsprinzips (Art. 20 GG) sein, das über Art. 79 Abs. 3 GG integrationsfest ist.
233 *Stockenhuber* in: Grabitz/Hilf/Nettesheim, 57. EL August 2015, AEUV Art. 101 Rn. 51.
234 Vgl. zum GWB etwa *Fritzsche*, Wettbewerbs- und Kartellrecht, 2016; *Bechtold/Bosch*, Kartellgesetz: GWB, 8. Aufl. 2015.
235 *Weiß* in: Calliess/Ruffert, 4. Auf. 2011, AEUV Art. 101 Rn. 25 ff.
236 Kritisch *Stockenhuber* in: Grabitz/Hilf/Nettesheim, 57. EL August 2015, AEUV Art. 101 Rn. 52 ff.
237 *Stockenhuber* in: Grabitz/Hilf/Nettesheim, 57. EL August 2015, AEUV Art. 101 Rn. 32 zu Umstrukturierungen; zur geplanten GWB-Novelle, die derartiges auch im nationalen Kartellrecht verhindern soll, vgl. MMR-Aktuell 2016, 381783 mwN zu einem Referentenentwurf des Bundesministeriums für Wirtschaft und Energie v. 1.7.2016.

nehmen" auf Artikel 2 des Anhangs zur Empfehlung 2003/361/EG der Kommission.[238] Danach werden definiert:

a) Kleinstunternehmen

Kleinstunternehmen haben weniger als zehn Mitarbeiter und einen Jahres-   213
umsatz bzw. eine Jahresbilanz von unter 2 Mio. EUR.

b) Kleines Unternehmen

Ein kleines Unternehmen ist größer als ein Kleinstunternehmen. Es hat we-   214
niger als 50 Mitarbeiter und einen Jahresumsatz bzw. eine Jahresbilanz
von unter 10 Mio. EUR.

c) Mittleres Unternehmen

Ein mittleres Unternehmen hat weniger als 250 Mitarbeiter und einen Jah-   215
resumsatz von unter 50 Mio. EUR bzw. eine Jahresbilanz von unter
43 Mio. EUR.

Als Umsatz gilt dabei der „Geldbetrag, der in einem bestimmten Zeitraum   216
eingenommen wurde"; die Bilanz wird definiert als „eine Aufstellung der
Vermögenswerte und Verbindlichkeiten eines Unternehmens".[239]

Zur genauen Berechnung dieser Größen und zum maßgeblichen Zeitpunkt   217
vgl. das diesbezügliche Handbuch der Kommission.[240]

Die Definitionen des Kleinst-, kleinen und mittleren Unternehmens stellen   218
nur auf Mitarbeiterzahl und Umsatz- bzw. Bilanzgröße ab. Sie setzten voraus, dass es sich um ein Unternehmen handelt. Hierfür kann wiederum auf
den Begriff der Nr. 18 bzw. in Bußgeldsachen auf den des Kartellrechts zurückgegriffen werden.[241] Die aus drei verschiedenen Quellen entnommen
Begrifflichkeiten sind also zu allem Überfluss auch noch ineinander verwoben.

XIX. Nr. 19 – Unternehmensgruppe

Eine Unternehmensgruppe ist „eine Gruppe, die aus einem herrschenden   219
Unternehmen und den von diesem abhängigen Unternehmen besteht"
(Nr. 19). Entgegen dem Wortlaut von Nr. 19 und ErwGr 37 muss ein ein-
zelnes abhängiges Unternehmen ausreichen, denn es besteht kein Grund,
mehrere abhängige Unternehmen zu verlangen.

Die Abhängigkeit ist die Folge des Beherrscht-Werdens. Sie wird sich insbe-   220
sondere aufgrund gesellschaftsrechtlicher Verflechtung ergeben. ErwGr 37
nennt beispielhaft die Eigentumsverhältnisse, eine finanzielle Beteiligung

---

238 Empfehlung der Kommission vom 6. Mai 2003 betreffend die Definition der
     Kleinstunternehmen sowie der kleinen und mittleren Unternehmen (C(2003)
     1422) (ABl. L 124 vom 20.5.2003, S. 36), http://eur-lex.europa.eu/legal-
     content/DE/TXT/?uri=URISERV%3An26026.
239 Empfehlung der Kommission vom 6. Mai 2003 betreffend die Definition der
     Kleinstunternehmen sowie der kleinen und mittleren Unternehmen (C(2003)
     1422) (ABl. L 124 vom 20.5.2003, S. 36), http://eur-lex.europa.eu/legal-
     content/DE/TXT/?uri=URISERV%3An26026.
240 Europäische Kommission, Benutzerleitfaden zur Definition von KMU, 2015.
241 Vgl. Europäische Kommission, Benutzerleitfaden zur Definition von KMU, 2015,
     S. 9.

und für das Unternehmen geltende Vorschriften oder die Befugnis, Datenschutzvorschriften umsetzen zu lassen, die zu einer Abhängigkeit führen können.

221 Dabei kann die Befugnis des Auftraggebers, im Rahmen eines Auftragsdatenverarbeitungsvertrags dem Auftragsverarbeiter Weisungen hinsichtlich der dortigen Datenverarbeitung zu erteilen, nicht ausreichen.

222 Eine Unternehmensgruppe wird typischerweise in den Fällen des § 15 AktG[242] vorliegen, wenn auch diese nationale Vorschrift nicht den unionsrechtlichen Begriff der Unternehmensgruppe verbindlich klären kann.

223 Die Unternehmensgruppe ist nicht zu verwechseln mit der „Gruppe von Unternehmen, die eine gemeinsame Wirtschaftstätigkeit ausüben" iSv Nr. 20 ($\rightarrow$ Rn. 224).[243]

XX. Nr. 20 – Verbindliche unternehmensinterne Datenschutz-Regelungen

20. „verbindliche interne Datenschutzvorschriften" Maßnahmen zum Schutz personenbezogener Daten, zu deren Einhaltung sich ein im Hoheitsgebiet eines Mitgliedstaats niedergelassener Verantwortlicher oder Auftragsverarbeiter verpflichtet im Hinblick auf Datenübermittlungen oder eine Kategorie von Datenübermittlungen personenbezogener Daten an einen Verantwortlichen oder Auftragsverarbeiter derselben Unternehmensgruppe oder derselben Gruppe von Unternehmen, die eine gemeinsame Wirtschaftstätigkeit ausüben, in einem oder mehreren Drittländern;

Literatur:
Däubler/Klebe/Wedde/Weichert (Hrsg.) Kompaktkommentar zum BDSG, 4. völlig neu bearbeitete Auflage 2014; *Laue/Nink/Kremer*, Das neue Datenschutzrecht in der betrieblichen Praxis, 2016; *Simitis* (Hrsg.), Nomos-Kommentar zum BDSG, 8. neu bearbeitete Auflage, 2014; *Voskamp*, Transnationaler Datenschutz, 2015.

224 Verbindliche interne Datenschutzvorschriften innerhalb eines Unternehmens, sog *Binding Corporate Rules*, erlauben es, personenbezogene Daten auch dann an ein verbundenes Unternehmen in einem Drittland zu übermitteln, wenn das Drittland nicht über ein angemessenes Datenschutzniveau verfügt. Voraussetzung ist, dass das Unternehmen *Binding Corporate Rules* iSd Art. 47 und damit geeignete Garantien für den Schutz personenbezogener Daten iSv Art. 46 Abs. 1 und Abs. 2 lit. b DSGVO vorweisen kann, und damit ein dem europäischen Datenschutz vergleichbares Schutzniveau bietet.[244] Damit besteht eine Rechtsgrundlage für die Übermittlung der personenbezogenen Daten ($\rightarrow$ Art. 44 Rn. 7: auf der zweiten Stufe des abgestuften Zulässigkeitssystems für den Datentransfer nach dem 5. Kapitel der DSGVO).

---

242 *Enger Jaspers/Reif* RDV 2016, 61 (63); für Österreich vgl. § 189 UGB.
243 *Ernst* in: Paal/Pauly DSGVO Art. 4 Rn. 130.
244 Vgl. *Simitis/Simitis* BDSG § 4 c Rn. 46; *Däubler/Klebe/Wedde/Weichert/Däubler* BDSG § 4 c Rn. 12.

Binding Corporate Rules stellen eine Form regulierter Selbstregulierung[245] 225
dar: Die verbundenen Unternehmen erstellen die *Binding Corporate Rules*
selbständig, müssen sich aber dabei jedoch inhaltlich an den Vorgaben des
europäischen Gesetzgebers orientieren (→ Art. 47). Nichts anderes kann
dabei für ein Einzelunternehmen mit drittstaatlichen Niederlassungen gelten (→ Art. 47 Rn. 5).

Unter Unternehmensgruppe ist ein Konzern zu verstehen (→ Rn. 219 ff.).[246] 226
Eine Gruppe von Unternehmen, die gemeinsam ihre Wirtschaftstätigkeit
ausüben ist ein freierer Zusammenschluss privater Unternehmen, wie etwa
ein *Joint Venture* oder eine ARGE (Arbeitsgemeinschaft – zumeist im
Baugewerbe anzutreffen).

XXI. Nr. 21 – Aufsichtsbehörde

1. Bedeutung des Begriffs

Nr. 21 führt den neuen unionsrechtlichen Begriff der Aufsichtsbehörde ein, 227
der den Begriff der „Kontrollstelle" (Art. 28 Datenschutz-RL) ablöst. Über-
flüssigerweise enthält Art. 51 Abs. 1 eine weitere Legaldefinition desselben
Begriffs. Immerhin widersprechen sich die Definitionen nicht, sodass die
Redundanz im Ergebnis unschädlich ist.

2. Abgrenzung zu nicht-datenschutzrechtlichen Behörden

Nr. 21 stellt klar, dass mit „Aufsichtsbehörde" in der DSGVO nur die Be- 228
hörde gemeint ist, die Art. 51 beschreibt. Die Anforderungen, Zuständigkeiten und Befugnisse, die die DSGVO für Aufsichtsbehörden vorsieht, gelten also nur für diese.

Das schließt nicht aus, dass andere Behörden kraft anderweitiger Regelung 229
anlässlich (datenschutz-) rechtswidriger Zustände einschreiten. Im öffentlichen Bereich kommen dafür die Fach- oder Rechtsaufsicht in Betracht, im
nicht-öffentlichen Bereich Behörden verschiedenster Art:

So mag an der Zuverlässigkeit eines Gewerbetreibenden gezwifelt werden 230
(§ 35 bzw. §§ 29 ff. GewO), der beharrlich Datenschutz-Verstöße be-
geht.[247] Ebenso kann die Kartellbehörde einschreiten, wenn rechtswidrige
Datenverarbeitung Ausdruck des Missbrauchs einer marktbeherrschenden
Stellung ist.[248] Solcherlei Aufsicht knüpft nur mittelbar an die Datenverarbeitung an. Eingeschritten wird gegen einen bereichsspezifisch rechtswidrigen Zustand (Unzuverlässigkeit, Marktmissbrauch etc). Dabei kann nur
datenschutzrechtlich rechtswidrige Verarbeitung zum Anlass für ein Einschreiten genommen werden. Nicht etwa können sich aus anderen Rechts-
materien höhere Anforderungen spezifisch an den Datenschutz ergeben.
Nur so verstanden kollidiert die bereichsspezifische „Aufsicht" nicht mit
dem Gebot, „dass der freie Verkehr personenbezogener Daten in der Union

---

245 Zum Begriff der regulierten Selbstregulierung im globalen Datenschutzrecht siehe
     Voskamp, S. 113 f., 118 ff.
246 So auch *Laue/Nink/Kremer*, § 5 Rn. 46.
247 Vgl. schon bisher § 38 Abs. 1 S. 6 BDSG.
248 Vgl. *Kleine* Newsdienst Compliance 2016, 12001; Redaktion beck-aktuell, beck-
     link 2002612; *Wiedmann/Jäger* K&R 2016, 217; *v. Lewinski* DSB 2016, 78;
     Rempe, K&R 2017, 149 ff.

nicht aus Gründen des Schutzes natürlicher Personen bei der Verarbeitung personenbezogener Daten eingeschränkt oder verboten wird" (ErwGr 13).

231 Wo allerdings speziellere Vorschriften unabhängig von datenschutzrechtlichen Fragen bestimmte Anforderungen stellen, werden diese nicht deshalb außer Kraft gesetzt, weil Datenverarbeitung eine Rolle spielt. Wird etwa Verbrauchern in Allgemeinen Geschäftsbedingungen die Einwilligung in bestimmte Datenverarbeitungen abverlangt, so muss sich dies an der AGB-Kontrolle messen lassen.[249] Überraschende Klauseln oder für den Verbraucher unangemessene Benachteiligungen (§§ 305 c, 307 BGB) sind also nicht etwa erlaubt, weil es um Datenschutz ginge; vielmehr setzt sich das insoweit speziellere AGB-Recht gegenüber den allgemeinen Datenschutz-Vorschriften über Einwilligungserklärungen durch.[250]

232 Bei der Beurteilung, ob ein Verstoß gegen datenschutzrechtliche Vorschriften vorliegt, darf die datenschutzfremde Behörde durchaus zu einer eigenständigen Beurteilung kommen.[251] Es wird sich für sie in der Praxis empfehlen, die Auffassung der datenschutzrechtlichen Aufsichtsbehörde nicht unberücksichtigt zu lassen. Gebunden ist sie hieran jedoch nicht.

3. Abgrenzung zur datenschutzrechtlichen Aufsichtsbehörde im Bereich der Straftatenverhütung, Strafverfolgung und Strafvollstreckung

233 Die Aufsichtsbehörde iSd Art. 4 Nr. 21 ist dogmatisch zu unterscheiden von der Aufsichtsbehörde iSd Art. 3 Nr. 15 iVm Art. 41 ff. RL (EU) 2016/680. Auch wenn die Mitgliedstaaten beide Aufgaben derselben Institution anvertrauen dürfen (Art. 41 Abs. 3 RL (EU) 2016/680), handelt es sich doch um unterschiedliche Rechtsgebiete.

4. Abgrenzung zum bisherigen Begriff der Aufsichtsbehörde im deutschen Datenschutzrecht

234 Der Begriff der Aufsichtsbehörde hatte im deutschen Datenschutzrecht bisher eine engere Bedeutung. Er bezog sich zwar ebenfalls auf Kontrollstellen iSd Art. 28 DS-RL, jedoch nicht auf alle deutschen Kontrollstellen.

235 Das deutsche Datenschutzrecht ging ursprünglich von zwei getrennten Arten von Kontrollstellen iSd Art. 28 DS-RL aus. Im öffentlichen Bereich waren die Datenschutzbeauftragten des Bundes und der Länder zuständig, im nicht-öffentlichen Bereich davon verschiedene Aufsichtsbehörden. Diese Aufteilung ist bis heute in Bayern anzutreffen.[252] Im Bund und in anderen Bundesländern ist sie noch terminologisch und gesetzessystematisch erhalten geblieben,[253] obwohl beide Tätigkeiten nun – anlässlich der Umsetzung eines EuGH-Urteils[254] – jeweils von derselben Behörde ausgeübt werden.

---

249 Vgl. BGH 16.7.2008 – VIII ZR 348/06, NJW 2008, 3055; BGH 11.11.2009 – VIII ZR 12/08, NJW 2010, 864.

250 Vgl. *Ziebarth* ZD 2013, 375 (376 ff.); ähnlich wohl *Wendehorst/Graf v. Westphalen* NJW 2016, 3745, passim.

251 *Bergmann/Möhrle/Herb*, Datenschutzrecht, 49. EL, § 38 BDSG, Rn. 117.

252 Einerseits Art. 29-33, andererseits Art. 34-35 bayDSG.

253 Im Bund einerseits §§ 22-26 BDSG andererseits § 38 BDSG; ähnlich zB §§ 26 ff., § 31 Abs. 1 LDSG BW.

254 EuGH 9.3.2010 – Rs. C-518/07, BeckRS 9998, 93373.

Die DSGVO meint mit „Aufsichtsbehörde" nicht lediglich die Behörden, **236** die den nichtöffentlichen Bereich kontrollieren, sondern auch die für den öffentlichen Bereich zuständigen Datenschutzbeauftragten des Bundes und der Länder sowie sonstige derartige Behörden (Rundfunkbeauftragte für den Datenschutz uä).

Die Gesetzgeber in Bund und Ländern sollten die wegen des Inkrafttretens **237** der DSGVO ohnehin erforderliche Überarbeitung des nationalen Datenschutzrechts[255] nutzen, um hier terminologische Bereinigungen durchzuführen. Unklar ist zB, wer „Aufsichtsbehörde" iSd § 80 Abs. 3 S. 2 SGB X ist.

5. Abgrenzung hinsichtlich des sachlichen Geltungsbereichs der DSGVO

Die DSGVO weist einen doppelt beschränkten Anwendungsbereich auf. **238** Neben dem betroffenen Rechtsgebiet (Art. 2 Abs. 2 und 4) und dem verantwortlichen Organ (Art. 2 Abs. 3) ist auch die Art der Verarbeitung entscheidend. Die DSGVO gilt gem. Art. 2 Abs. 1 nur für „die ganz oder teilweise automatisierte Verarbeitung personenbezogener Daten sowie für die nichtautomatisierte Verarbeitung personenbezogener Daten, die in einem Dateisystem gespeichert sind oder gespeichert werden sollen".

Die Aufsichtsbehörde iSd DSGVO kann daher nur innerhalb dieses An- **239** wendungsbereichs tätig werden, wenn ihr nicht zusätzliche Aufgaben übertragen werden. Dann aber handelt sie rechtlich nicht als Aufsichtsbehörde iSd DSGVO.

XXII. Nr. 22 – Betroffene Aufsichtsbehörde

Die Definition des Art. 4 Nr. 22 bietet neben einer Tautologie drei abschlie- **240** ßende Tatbestände an. Ist mindestens[256] einer dieser Tatbestände in Bezug auf eine Aufsichtsbehörde erfüllt, so ist diese Aufsichtsbehörde „betroffen".

1. Vorhandene Niederlassung (Nr. 22 lit. a)

Erster möglicher Anknüpfungspunkt ist, dass der Verantwortliche oder der **241** Auftragsverarbeiter im Mitgliedstaat niedergelassen ist.

Der weit gefasste Wortlaut muss in zweierlei Hinsicht einschränkend inter- **242** pretiert werden:

Erstens kann im föderal gegliederten Mitgliedstaat nicht jede Aufsichtsbe- **243** hörde betroffen sein, nur weil sich eine Niederlassung irgendwo innerhalb des Territoriums des Nationalstaats befindet.[257]

Zweitens kann bei unterschiedlicher sachlicher Zuständigkeit innerhalb **244** des Nationalstaats oder auch innerhalb desselben Bundeslands nicht jede dort vorhandene Aufsichtsbehörde betroffen sein; betroffen ist nur die dortige, fachlich zuständige Aufsichtsbehörde. So führt zB die Belegenheit der Landeshauptstadt München in Bayern nicht zur Betroffenheit des bayeri-

---

255 *Benecke/Wagner* DVBL. 2016, 600 (608).
256 Vgl. die logische Verknüpfung „oder" der lit. a bis c in lit. b aE.
257 *Ernst* in: Paal/Pauly DSGVO Art. 4 Rn. 135.

schen Landesamts für Datenschutzaufsicht, weil dieses für Kommunen nicht zuständig ist.[258]

245 Bestehen in demselben Mitgliedstaat Niederlassungen in mehreren Bundesländern, sind mehrere Aufsichtsbehörden betroffen. Dasselbe gilt, wenn Niederlassungen in mehreren Mitgliedstaaten bestehen, und/oder, wenn Verarbeitungen einer oder mehrerer Niederlassungen in sachlicher Hinsicht unterschiedliche Zuständigkeiten auslösen.

246 Gibt es mehrere betroffene Aufsichtsbehörden, so ist eine davon die federführende Aufsichtsbehörde, s. dazu Art. 56, 60. Zu den Ausnahmen in Bezug auf die Tätigkeit von Behörden oder von Privaten im öffentlichen Interesse vgl. ErwGr 128.

2. Erhebliche Auswirkungen auf Einwohner (Nr. 22 lit. b)

247 Zweiter möglicher Anknüpfungspunkt ist, dass die Verarbeitung erhebliche Auswirkungen auf Einwohner des Mitgliedstaats hat oder haben kann.[259]

248 Auch hier sind die föderalen und sachlichen Zuständigkeiten einschränkend zu berücksichtigen (→ Rn. 243 ff. unter Nr. 1).[260]

249 Unklar ist nicht nur, wann Auswirkungen „erheblich" sind, sondern schon, was mit „Auswirkungen" gemeint ist. Die Auswirkung kann nicht alleine darin bestehen, dass die Person von der Verarbeitung betroffen ist: sonst wäre das Merkmal der „Auswirkung" neben dem der „betroffenen Person" überflüssig. Gemeint sein muss also eine besonders intensive, belastende Datenverarbeitung oder eine – negative – Folge der Verarbeitung, zB Strafverfolgung. Als Beispiele für idR erheblich belastende Auswirkungen können die Folgen herangezogen werden, wie sie in ErwGr 75 und 76 beschrieben sin.

3. Eingang einer Beschwerde (Nr. 22 lit. c)

250 Dritter möglicher Anknüpfungspunkt ist, dass „eine Beschwerde bei dieser Aufsichtsbehörde eingereicht wurde".

251 Gemeint sein kann nur eine Beschwerde über einen (vermeintlichen) Verstoß datenschutzrechtlicher Vorschriften iSd Art. 57 Abs. 1 lit. f. Beschwerdeführer können damit Betroffene und Organisationen gem. Art. 80 sein.

252 Daraus folgt, dass die Betroffenheit einer Aufsichtsbehörde nicht schon dann gegeben ist, wenn in ihrem sachlichen und örtlichen Zuständigkeitsbereich betroffene Personen wohnen. Vielmehr bedarf es – wenn keine erheblichen Auswirkungen iSd lit. b drohen – einer Beschwerde. Dies ist freilich oft nur eine formale Hürde.[261] Wohnt etwa ein Mitglied der Aufsichtsbehörde selbst in dem Gebiet und wünscht es, ihre Zuständigkeit herbeizuführen, so reicht es, selbst eine Beschwerde einzureichen. Demnach kann häufig eine Vielzahl von Aufsichtsbehörden betroffen sein. Die Praxis wird

---

258 Art. 34 Abs. 1 bayDSG; vgl. auch Art. 30 Abs. 1 bayDSG.
259 Dazu auch *Ronellenfitsch/Schriever-Steinberg/Berg* DANA 2015, 126.
260 *Ernst* in: Paal/Pauly DSGVO Art. 4 Rn. 136.
261 *Ernst* in: Paal/Pauly DSGVO Art. 4 Rn. 137.

zeigen, ob dies eine effektive Durchsetzung des Datenschutzrechts befördert oder hemmt.[262]

XXIII. Nr. 23 – Grenzüberschreitende Verarbeitung

Grenzüberschreitende Datenverarbeitung ist der eigentliche Existenzgrund der DSGVO und vor ihr schon der Datenschutz-RL.[263]   253

Nicht jede Auslandsberührung ist als grenzüberschreitende Verarbeitung definiert. Gemeint ist vielmehr nur eine Berührung mehrerer Mitgliedstaaten. Eine Auslandsberührung hinsichtlich Drittstaaten gilt nicht als grenzüberschreitende Verarbeitung.   254

Grenzüberschreitende Verarbeitung ist nach Nr. 23 nur in zwei Fällen möglich, die sich gegenseitig ausschließen („entweder…oder").   255

1. Niederlassungen als Anknüpfungspunkt (Nr. 23 lit. a)

Art. 4 Nr. 23 lit. a kennt zwei Tatbestandsmerkmale, die gleichzeitig erfüllt sein müssen, damit eine Verarbeitung personenbezogener Daten nach lit. a als grenzüberschreitend gilt: 256

- der Verantwortliche und/oder der Auftragsverarbeiter muss/müssen Niederlassungen in mehreren Mitgliedstaaten besitzen (lit. a Hs. 2) und
- die Verarbeitung muss im Rahmen der Tätigkeiten einer dieser Niederlassungen in mehr als einem Mitgliedstaat erfolgen (lit. a Hs. 1).

Aus dem Zusammenspiel beider Halbsätze folgt, dass eine grenzüberschreitende Verarbeitung nicht schon dann vorliegt, wenn Verantwortlicher und Auftragsverarbeiter in verschiedenen Mitgliedstaaten niedergelassen sind, aber jeder nur eine Niederlassung in der Union betreibt.   257

Die weitere Niederlassung muss nicht an der Datenverarbeitung beteiligt sein. Ihre Existenz reicht, um die Verarbeitung, die durch die erste Niederlassung erfolgt, grenzüberschreitend werden zu lassen, vorausgesetzt, dass diese Verarbeitung neben dem Mitgliedstaat der ersten auch in einem zweiten Mitgliedstaat erfolgt. Dieser zweite Mitgliedstaat muss nicht derjenige sein, in dem die weitere Niederlassung belegen ist.   258

2. Erhebliche Auswirkungen als Anknüpfungspunkt (Nr. 23 lit. b)

Art. 4 Nr. 23 lit. b setzt voraus, dass die Verarbeitung „im Rahmen der Tätigkeiten einer einzelnen Niederlassung eines Verantwortlichen oder eines Auftragsverarbeiters in der Union erfolgt". Das ist teilweise (zu nicht folgerichtigen Aspekten → Rn. 261 unter 3) folgerichtig, denn Niederlassungen in mehreren Mitgliedstaaten sind bereits durch lit. a abgedeckt. Durch das Erfordernis einer einzelnen Niederlassung in lit. b ist aber klargestellt, dass eine grenzüberschreitende Verarbeitung selbst bei erheblichen Auswirkungen nicht vorliegt, wenn sie ohne Niederlassung in der Union erfolgt.   259

Besteht genau eine Niederlassung, so ist eine grenzüberschreitende Verarbeitung nur gegeben, wenn sie sich auf Betroffene in mehreren Mitglied-   260

---

262 Skeptisch *Kranig* ZD 2013, 550 (556); für ein Selbsteintrittsrecht der Aufsichtsbehörden *Caspar* ZD 2012, 555 (557).
263 Vgl. ErwGr 5 ff. DSGVO und ErwGr 3, 5 ff. Datenschutz-RL.

staaten erheblich auswirken kann. Zur erheblichen Auswirkung vgl. oben, zu XXII. 2., zu Art. 4 Nr. 22 lit. b.

3. Bewertung

261 Das Exklusivitätsverhältnis zwischen lit. a und lit. b erscheint unnötig und verwirrend. Es hätte gereicht, das Drohen erheblicher Auswirkungen als zusätzliche hinreichende Bedingung für das Vorliegen grenzüberschreitender Verarbeitung zu normieren. In diesem Sinne ist die Vorschrift auszulegen.[264] Dem Exklusivitätsverhältnis ist geschuldet, dass „entweder" in mehreren oder in einem einzelnen Staat Niederlassungen vorhanden sein müssen sollen. Durch sprachliche Ungenauigkeit wird dieses Ziel aber verfehlt, denn während lit. a auf das Vorhandensein von Niederlassungen in mehreren Mitgliedstaaten abstellt, erklärt sich lit. b nur für anwendbar, wenn lediglich eine einzelne Niederlassung besteht. Damit fallen diejenigen Verarbeitungen durch das Raster, die durch mehrere Niederlassungen in demselben Mitgliedstaat durchgeführt werden (und dennoch erhebliche Auswirkungen auch in einem anderen Mitgliedstaat haben können).

262 Das Exklusivitätsverhältnis bringt ein weiteres Problem mit sich. Es zwingt dazu, sich zu entscheiden, ob „entweder" eine „oder" mehrere Niederlassungen bestehen. Dass beides zugleich vorliegen kann, ist nicht vorgesehen. Es ist aber möglich, denn Niederlassungen können sowohl vom Verantwortlichen, als auch vom Auftragsverarbeiter betrieben werden. Es ist also denkbar, dass der Verantwortliche in mehreren, der Auftragsverarbeiter aber nur in einem Mitgliedstaat niedergelassen ist (oder umgekehrt). In diesen Fällen stellt sich die Frage, ob lit. a oder lit. b einschlägig sein soll, ob also erhebliche Auswirkungen in mehreren Mitgliedstaaten drohen müssen oder nicht. Nach hier vertretener Auffassung ist das nicht nötig, weil das Drohen erheblicher Auswirkungen nur eine weitere hinreichende Bedingung sein soll.

XXIV. Nr. 24 – „maßgeblicher und begründeter Einspruch"

263 Der „maßgebliche und begründete Einspruch" bezieht sich auf das mit der DSGVO neu eingeführte Verfahren der Zusammenarbeit zwischen der federführenden Aufsichtsbehörde und anderen betroffenen Aufsichtsbehörden gem. Art. 60. Er bezeichnet dort die Möglichkeit einer betroffenen Behörde, sich gegen einen Beschlussentwurf der federführenden Behörde zu wenden (→ Art. 60 Rn. 21). Schließt sich die federführende Behörde dem Einspruch nicht an oder hält sie ihn für nicht maßgeblich oder nicht begründet, leitet sie gem. Art. 60 Abs. 4 ein Kohärenzverfahren ein, an dessen Ende ein verbindlicher Beschluss des Europäischen Datenschutzausschusses steht (→ Art. 60 Rn. 24). Im Rahmen dieses Kohärenz- bzw. Streitbeilegungsverfahrens erlässt der Europäische Datenschutzausschuss gem. Art. 65 Abs. 1 lit. a einen an die federführende und alle betroffenen Aufsichtsbehörden gerichteten, für diese verbindlichen Beschluss über alle Fragen, die Gegenstand des maßgeblichen und begründeten Einspruchs sind. Auf der Grundlage dieses verbindlichen Beschlusses erlässt sodann die fe-

---

264 So wohl auch *Ernst* in: Paal/Pauly DSGVO Art. 4 Rn. 138-140.

derführende oder ggf. die Beschwerdebehörde unverzüglich, aber spätestens innerhalb eines Monats, gem. Art. 65 Abs. 6 einen endgültigen Beschluss, der auf den verbindlichen Beschluss des Ausschusses verweist.

Der Einspruch ist maßgeblich, wenn der geltend gemachte Verstoß gegen die DSGVO oder die geltend gemachte Unvereinbarkeit einer geplanten Maßnahme gegen den Verantwortlichen oder Auftragsverarbeiter mit der DSGVO tatsächlich bestehen. Er ist – insoweit abweichend von der gebräuchlichen deutschen Terminologie – begründet, wenn er die Tragweite der Risiken klar erkennen lässt, die von dem Beschlussentwurf in Bezug auf die Grundrechte und Grundfreiheiten der betroffenen Personen und ggf. den freien Verkehr personenbezogener Daten in der Union ausgehen.   264

Nach Erwägungsgrund 124 soll der Europäische Datenschutzausschuss Leitlinien zu den Kriterien ausgeben können, die bei der Feststellung zu berücksichtigen sind, was einen maßgeblichen und begründeten Einspruch darstellt.   265

XXV. Nr. 25 – Dienst der Informationsgesellschaft

Zur Definition[265] des Begriffes „Dienst der Informationsgesellschaft" wird auf die **bestehende Definition** aus Art. 1 Nummer 1 lit. b der Richtlinie (EU) 2015/1535 über ein Informationsverfahren auf dem Gebiet der technischen Vorschriften und der Vorschriften für die Dienste der Informationsgesellschaft zurückgegriffen.[266] Dasselbe Begriffsverständnis liegt auch der E-Commerce-Richtlinie zu Grunde.[267] Danach ist ein „Dienst der Informationsgesellschaft" *jede in der Regel gegen Entgelt elektronisch im Fernabsatz und auf individuellen Abruf eines Empfängers erbrachte Dienstleistung.*   266

Im Sinne dieser Definition bezeichnet der Ausdruck   267

i) „im Fernabsatz erbrachte Dienstleistung" eine Dienstleistung, die ohne gleichzeitige physische Anwesenheit der Vertragsparteien erbracht wird;

ii) „elektronisch erbrachte Dienstleistung" eine Dienstleistung, die mittels Geräten für die elektronische Verarbeitung (einschließlich digitaler Kompression) und Speicherung von Daten am Ausgangspunkt gesendet und am Endpunkt empfangen wird und die vollständig über Draht, über Funk, auf optischem oder anderem elektromagnetischem Wege gesendet, weitergeleitet und empfangen wird;

iii) „auf individuellen Abruf eines Empfängers erbrachte Dienstleistung" eine Dienstleistung die durch die Übertragung von Daten auf individuelle Anforderung erbracht wird.

Eine Beispielliste der nicht unter diese Definition fallenden Dienste findet sich in Anhang I.

---

265 Diese findet sich wortgleich auch in § 3 Abs. 28 ABDSG-E.
266 Mit der Richtlinie (EU) 2015/1535 wurde die Richtlinie 98/34/EG, die mehrfach geändert wurde, neu kodifiziert.
267 Vgl. Art. 2 lit. a Richtlinie 2000/31/EG.

268 **Dienstleistungen** sind in Abgrenzung zu Waren nur unkörperliche Leistungen.[268] In der Regel gegen Entgelt erbracht sind auch werbefinanzierte Dienste, die für den Nutzer selbst daher kostenlos sind.[269] Erfasst sind damit alle Dienstleistungen, die letztlich wirtschaftlich motiviert sind.

269 Im **Fernabsatz** erbracht ist eine Dienstleistung, wenn sie bei nicht gleichzeitiger körperlicher Anwesenheit der Beteiligten unter Einsatz eines Kommunikationsmittels erbracht wird, wobei es auf den Übertragungsweg nicht ankommt.[270] Die Dienstleistung muss **elektronisch** erbracht werden. Dies ist typischerweise bei Online-Angeboten der Fall, zB Verkaufs- oder Nachrichtenportale, Suchmaschinen oder Social Media Dienste.[271]

270 Erfasst werden nur Dienstleistungen, die auf **individuellen Abruf** hin erbracht werden. Lineare Angebote wie Hörfunk- und Fernsehserien, die einem vorab festgelegten Sendeplan folgen, sind daher keine Dienste der Informationsgesellschaft,[272] wohl aber Video on Demand-Dienste oder individuell abrufbare Online-Mediatheken der Rundfunkanbieter.

271 Fernsehen und Hörfunk finden sich zusätzlich in der Negativliste aus Anhang I. Weitere dort genannte Dienste, die demnach keine Dienste der Informationsgesellschaft darstellen, sind ua telemedizinische Untersuchungen, Konsultation elektronischer Kataloge in einem Geschäft in Anwesenheit des Kunden, Nutzung von Geldausgabe- oder Fahrkartenautomaten, Sprachtelefonie und Fax inkl. Direktmarketing.

XXVI. Nr. 26 – Internationale Organisation

26. *„internationale Organisation" eine völkerrechtliche Organisation und ihre nachgeordneten Stellen oder jede sonstige Einrichtung, die durch eine zwischen zwei oder mehr Ländern geschlossene Übereinkunft oder auf der Grundlage einer solchen Übereinkunft geschaffen wurde.*

Literatur:
Bodenschatz, Der europäische Datenschutzstandard, 2010; *Herdegen*, Völkerrecht, 15. Auflage, 2016; *Ipsen*, Völkerrecht, 6. Auflage 2014; *Simitis* (Hrsg.), Nomos-Kommentar zum BDSG, 8. neu bearbeitete Auflage, 2014; *Vizthum/Proeßl*, Völkerrecht, 7. Auflage, 2016.

272 Die Regelungen zur Übermittlung personenbezogener Daten im 5. Kapitel der DSGVO (Art. 44 ff.) richten sich zum einen an Drittländer und zum anderen an internationale Organisationen. Während sich im Völkerrecht keine exakte Definition des Begriffs der internationalen Organisation findet, herrscht gleichwohl Konsens über die Mindestvoraussetzungen einer internationalen Organisation im engeren Sinne (*Intergovernmental Organisation*, IGO): Erforderlich ist ein völkerrechtlicher Vertrag zwischen zwei oder

---

268 Vgl. Vedder/Heintschel v. Heinegg/*Khan/Eisenhut* Europäisches Unionsrecht AEUV Art. 57 Rn. 9.
269 *Oeter/Wolff* in: HambKomm Gesamtes Medienrecht, 1. Teil, 1. Kap., 3. Unterabschnitt, B., I.
270 Wandtke/Ohst/*Hartmann*, PraxHdB Medienrecht, Kap. 1, § 2, Rn. 48.
271 *Oeter/Wolff* in: HambKomm Gesamtes Medienrecht, 1. Teil, 1. Kap., 3. Unterabschnitt, B., I.
272 Hoeren/Sieber/Holznagel/*Holznagel*, HdB Multimedia-Recht, 5. Teil, Rn. 45.

mehr Völkerrechtssubjekten, ferner muss die entstandene Organisation über eigene Organe verfügen und eigene Angelegenheiten selbstständig besorgen können.[273] Diese werden vom Begriff „völkerrechtliche Organisation" im ersten Definitionsteil erfasst, der auf eine Völkerrechtssubjektivität hindeuten soll.[274] Der zweite Definitionsteil erfasst zwischenstaatliche Organisationen und Verbände, denen zwar keine Rechtspersönlichkeit im völkerrechtlichen Sinne verliehen, die jedoch auf Grundlage einer bi- oder multilateralen Übereinkunft geschaffen wurden.[275] Dies ermöglicht eine negative Abgrenzung: Der Begriff internationale Organisation iSd DSGVO umfasst keine *nicht*staatlichen internationalen Organisationen (*nongovernmental organizations*, NGOs),[276] denn diese gehen gerade nicht auf ein zwischenstaatliches Übereinkommen zurück. Vielmehr sind NGOs international tätige private Verbände, an denen auch Staaten teilnehmen können.[277] Die „Richtlinie zur Verarbeitung personenbezogener Daten in automatisierten Dateien"[278] der Vereinten Nationen hat erstmalig verfügt, dass der Schutz personenbezogener Daten auch bei der Übermittlung an internationale Organisationen gilt.[279] Der Begriff „internationale Organisation" innerhalb der UN-Richtlinie bezog sich ebenfalls ausschließlich auf IGOs.[280]

Damit unterfallen alle IGOs wie auch alle anderen, aufgrund von bi- oder multilateralen Abkommen errichtete Organisationen der Legaldefinition des Art. 4 Nr. 20, nicht aber NGOs. Für letztere gelten die Regelungen des 5. Kapitels der DSGVO gleichwohl ebenfalls, da man sie als „Unternehmen" ansehen kann.   273

---

273 *Herdegen*, Völkerrecht, § 10 Rn. 2; Vizthum/Proeßl/*Klein*/*Schmahl*, Völkerrecht, 4. Abschnitt, Rn. 12 ff.; so auch *Ipsen*, Völkerrecht, § 6 Rn. 2.

274 So ist auch die englischsprachige Fassung zu verstehen: „an organisation and its subordinate bodies governed by public international law"; so auch die spanische Sprachfassung „una organización internacional y sus entes subordinados de Derecho internacional público" und die französische Sprachfassung „une organisation internationale et les organismes de droit public international qui en relèvent"; zum Vergleich der Sprachfassungen als Ausganspunkt der Auslegung von Normen im Europarecht vgl. die ständige Rspr. des EuGH etwa in Rs. C-449/93, Slg 1995, I-4291 Rn. 28 – Rockfon, oder jüngeren Datums in Rs. C-56/06, Slg 2007, I-4859 Rn. 27 – Euro Tex Textilverwertung GmbH/Hauptzollamt Duisburg.

275 So auch die englischsprachige Fassung: „or any other body which is set up by, or on the basis of, an agreement between two or more countries", auch die anderen Sprachfassungen verwenden ähnliche Formulierungen, vgl. statt aller die spanischsprachige Fassung: „cualquier otro organismo creado mediante un acuerdo entre dos o más países o en virtud de tal acuerdo".

276 Zu NGOs siehe *Ipsen*, Völkerrecht, § 6 Rn. 21 ff. mwN.

277 Vgl. *Herdegen*, Völkerrecht, § 10 Rn. 10.

278 Vereinte Nationen, Guidelines for the Regulation of Computerized Personal Data Files (UN-Richtlinie), angenommen durch die Generalversammlung als Resolution 45/95 am 14.12.1990, abrufbar unter: http://www.refworld.org/pdfid/3ddcafaac.pdf.

279 Vgl. Simitis/*Simitis*, Einleitung Rn. 195; zur Resolution siehe auch *Bodenschatz*, Der europäische Datenschutzstandard, S. 59 f.

280 Vgl. UN-Richtlinie, S. 3: „The present guidelines should apply to personal data files kept by governmental international organizations ...".

C. Geplante Umsetzung

274   Art. 4 DSGVO gilt unmittelbar und bedarf keiner Umsetzung.

Auf bundesdeutscher Ebene sieht § 3 BDSG-E[281] ergänzend eigene Begriffsdefinitionen vor, die der Abgrenzung von öffentlichen und nichtöffentlichen Stellen sowie von Stellen des Bundes und der Länder dienen. Diese
Abgrenzungen sind notwendig, um die Binnenabgrenzung in zweierlei Hinsicht vorzunehmen:

Zum einen entscheidet die Zugehörigkeit zum Bund oder zu den Ländern
(im jeweiligen konkreten Einzelfall: zu einem Land) über die zuständige
Aufsichtsbehörde.

Zum anderen ergibt sich aus der Eigenschaft als öffentlich oder nichtöf-
fentlich das anwendbare Datenschutzrecht.

Im Falle nichtöffentlicher Stellen ist dies primär die DSGVO, neben der das
BDSG nur in relativ wenigen, von Öffnungsklauseln erfassten Fällen gelten
wird.

Im Falle öffentlicher Stellen sind die Öffnungsklauseln so umfangreich (vgl.
nur Art. 6 Abs. 2 DSGVO), dass das jeweilige, bereichsspezifische Bundes-
oder Landesrecht voraussichtlich prägend bleiben wird.

Anders als noch der Entwurf eines Allgemeinen Bundesdatenschutzgesetzes[282] verzichtet § 2 BDSG-E darauf, Begriffsdefinitionen der DGVO zu
wiederholen. Dies trägt zur Verschlankung der Norm bei und vermeidet
die Gefahr unionsrechtswidriger Normwiederholung.[283] Gleichzeitig besteht aber die Gefahr, dass außerhalb des – doppelt beschränkten →
Rn. 3 ff – Geltungsbereichs der DSGVO keine Begriffsbestimmungen bestehen. Soweit der BDSG-E derartige Sachverhalte regeln sollte, böte sich ein
Verweis auf die Definitionen der DSGVO an.

§ 46 BDSG-E enthält eine Reihe von Begriffsdefinitionen, die nur für den
Anwendungsbereich der RL 2016/680 gelten. Dies dient nicht der Umsetzung der DSGVO, sondern der der genannten RL. Auch hier hätte sich indes ein Verweis angeboten.

Die Verdoppelung birgt die Gefahr, dass Begriffe inner- und außerhalb des
Anwendungsbereichs der DSGVO unterschiedlich definiert und/oder ausgelegt werden könnten. Das wäre nicht schlechthin verboten, könnte aber
das Normverständnis erschweren und damit mit dem Bestimmtheitsgebot
in Konflikt geraten.

---

281   Art. 1 des Gesetzentwurfs der Bundesregierung - Entwurf eines Gesetzes zur An-
      passung des Datenschutzrechts an die Verordnung (EU) 2016/679 und zur Um-
      setzung der Richtlinie (EU) 2016/680 soll ein neugefasstes BDSG einführen.
282   Auf dem Stand der 1. Ressortabstimmung vom 5.8.2016.
283   Dazu *Selmayr* ZD-Aktuell 2016, 04206.

Kapitel II Grundsätze

Artikel 5 Grundsätze für die Verarbeitung personenbezogener Daten

(1) Personenbezogene Daten müssen

a) auf rechtmäßige Weise, nach Treu und Glauben und in einer für die betroffene Person nachvollziehbaren Weise verarbeitet werden („Rechtmäßigkeit, Verarbeitung nach Treu und Glauben, Transparenz");

b) für festgelegte, eindeutige und legitime Zwecke erhoben werden und dürfen nicht in einer mit diesen Zwecken nicht zu vereinbarenden Weise weiterverarbeitet werden; eine Weiterverarbeitung für im öffentlichen Interesse liegende Archivzwecke, für wissenschaftliche oder historische Forschungszwecke oder für statistische Zwecke gilt gemäß Artikel 89 Absatz 1 nicht als unvereinbar mit den ursprünglichen Zwecken („Zweckbindung");

c) dem Zweck angemessen und erheblich sowie auf das für die Zwecke der Verarbeitung notwendige Maß beschränkt sein („Datenminimierung");

d) sachlich richtig und erforderlichenfalls auf dem neuesten Stand sein; es sind alle angemessenen Maßnahmen zu treffen, damit personenbezogene Daten, die im Hinblick auf die Zwecke ihrer Verarbeitung unrichtig sind, unverzüglich gelöscht oder berichtigt werden („Richtigkeit");

e) in einer Form gespeichert werden, die die Identifizierung der betroffenen Personen nur so lange ermöglicht, wie es für die Zwecke, für die sie verarbeitet werden, erforderlich ist; personenbezogene Daten dürfen länger gespeichert werden, soweit die personenbezogenen Daten vorbehaltlich der Durchführung geeigneter technischer und organisatorischer Maßnahmen, die von dieser Verordnung zum Schutz der Rechte und Freiheiten der betroffenen Person gefordert werden, ausschließlich für im öffentlichen Interesse liegende Archivzwecke oder für wissenschaftliche und historische Forschungszwecke oder für statistische Zwecke gemäß Artikel 89 Absatz 1 verarbeitet werden („Speicherbegrenzung");

f) in einer Weise verarbeitet werden, die eine angemessene Sicherheit der personenbezogenen Daten gewährleistet, einschließlich Schutz vor unbefugter oder unrechtmäßiger Verarbeitung und vor unbeabsichtigtem Verlust, unbeabsichtigter Zerstörung oder unbeabsichtigter Schädigung durch geeignete technische und organisatorische Maßnahmen („Integrität und Vertraulichkeit");

(2) Der Verantwortliche ist für die Einhaltung des Absatzes 1 verantwortlich und muss dessen Einhaltung nachweisen können („Rechenschaftspflicht").

Verwandte Normen: ErwGr 39, 44, 45, 46, 47, 48, 50; §§ 4 Abs. 1, 28 Abs. 5, 3 a BDSG 2003

Literatur:

Agentur der Europäischen Union für Grundrechte/Europarat, Handbuch zum europäischen Datenschutzrecht, 2014; *Albrecht/Jotzo,* Das neue Datenschutzrecht der EU: Grundlagen – Gesetzgebungsverfahren – Synopse, 2016; *Antemir,* General Data Protection Regulation: Comparison of the legal grounds for the processing of personal data, with a focus on eCommerce, PinG 2016, 65; *Beyers/Gärtner/Kipker,* Data Processing for Research Purposes – Current Basics and Future Needs from a Legal Point of View, PinG 2015, 241; *Buchner,* Grundsätze und Rechtmäßigkeit der Datenverarbeitung unter der DS-GVO, DuD 2016, 155; *Gierschmann,* Was „bringt" deutschen Unternehmen die DS-GVO? – Mehr Pflichten, aber die Rechtsunsicherheit bleibt, ZD 2016, 51; *Härting,* Datenschutzreform in Europa: Einigung im EU-Parlament, CR 2013, 715; *Härting/Schneider,* Datenschutz in Europa: Ein Alternativentwurf für eine Datenschutz-Grundverordnung, Beilage zu CRi 2/2013, 19; *Hoeren,* Thesen zum Verhältnis von Big Data und Datenqualität – Erstes Raster zum Erstellen juristischer Standards, MMR 2016, 8; *Kotschy* The proposal for a new General Data Protection Regulation—problems solved? IDPL 2014, 274; *Kühling/Seidel/Sivridis,* Datenschutzrecht, 3. Auflage 2015; *Monreal,* Weiterverarbeitung nach einer Zweckänderung in der DS-GVO, ZD 2016, 507; *Richter* Datenschutz zwecklos? – Das Prinzip der Zweckbindung im Ratsentwurf der DSGVO, DuD 2015, 735; *Roßnagel/Nebel/Richter,* Was bleibt vom Europäischen Datenschutzrecht? – Überlegungen zum Ratsentwurf der DS-GVO, ZD 2015, 455; *Stentzel,* Der datenschutzrechtliche Präventionsstaat – Rechtsstaatliche Risiken der ordnungsrechtlichen Dogmatik des Datenschutzrechts im privaten Bereich, PinG 2016, 45; *Traung,* The Proposed New EU General Data Protection Regulation, CRi 2012, 33; *von Burgsdorff,* Die Umsetzung der EG-Datenschutzrichtlinie im nichtöffentlichen Bereich, 2003; *Ziegenhorn/von Heckel,* Datenverarbeitung durch Private nach der europäischen Datenschutzreform, NVwZ 2016, 1585.

A. Grundlagen

I. Gesamtverständnis und Zweck der Norm

1   Die Bestimmung regelt das „Wie" der Verarbeitung,[1] während Art. 6 DSGVO das „Ob" betrifft. Entgegen der irreführenden Bezeichnung als „Grundsätze" („principles") handelt es sich der Textaussage nach deutlich um unmittelbar geltende Pflichten,[2] die vor allem Verhältnismäßigkeitser-

---

1   Ebenso *Frenzel* in: Paal/Pauly DSGVO Art. 5 Rn. 14 zu Abs. 1 lit. a.
2   *Albrecht/Jotzo,* Teil 2 Rn. 1; *Frenzel* in: Paal/Pauly DSGVO Art. 5 Rn. 2, 6; *Ziegenhorn/von Heckel* NVwZ 2016, 1585 (1589: „eine ‚harte' Voraussetzung für die Rechtmäßigkeit"); ähnlich zur DSRL *Ehmann/Helfrich,* EG-DSRL, 1999, Vor Art. 6 Rn. 2. AA *Laue/Nink/Kremer,* § 1 Rn. 134: „nur allgemeine Programmsätze".

wägungen umsetzen.[3] Die Mitgliedstaaten können sie nur im (freilich weitgesteckten) Rahmen des Art. 23 DSGVO beschränken.

Der Begriff „Grundsätze" entstammt der DSRL (Überschrift vor Art. 6); 2
dort passte er besser, weil Grundsätze dafür aufgestellt wurden, wie die Mitgliedstaaten die innerstaatliche Rechtslage auszugestalten hatten. Für die neue Verordnungsgestalt sollte man vielleicht besser von „**Grundpflichten bei der Datenverarbeitung**" sprechen (vergleichbar etwa den Grundpflichten bei Errichtung und Betrieb von Anlagen nach § 5 BImSchG).

Art. 4 RL (EU) 2016/680 enthält die Parallelregelung für den Sicherheits- 3
bereich.

II. Bisherige Rechtslage

Das BDSG enthält keinen der Bestimmung direkt entsprechenden Grund- 4
satzkatalog, wie er vielleicht auch eher dem unionalen Gesetzgebungsstil entspricht,[4] aber enthält der Sache nach bereits einige der Grundpflichten.[5] Einzelne finden sich im bisherigen deutschen Recht als ausdrückliche Regelungen; so korrespondiert etwa die „Datenminimierung" nach Art. 5 Abs. 1 lit. c DSGVO der Datensparsamkeit nach § 3 a S. 1 BDSG. Andere ergeben sich aus dem Regelungszusammenhang; so enthält die „Zweckbindung" nach Art. 5 Abs. 1 lit. b DSGVO wohl wenig mehr als die Resultante von Bestimmungen wie § 14 Abs. 2, 5 BDSG. Auf die einschlägigen Bestimmungen wird bei den Grundpflichten jeweils eingegangen (→ Rn. 12 ff.).

III. Entstehung der Norm

Die Bestimmung entspricht Art. 6 DSRL, dessen Wortlaut im Wesentlichen 5
übernommen wurde und der seinerseits nach Art. 5 Übereinkommen zum Schutz des Menschen bei der automatischen Verarbeitung personenbezogener Daten (CETS 108) von 1981 modelliert ist. Die passivischen Formulierungen entsprechen beiden Vorbildern; sie passten vor allem zu der Regelungstechnik der bisherigen Richtlinie, wo die Mitgliedstaaten als Adressaten einen entsprechenden innerstaatlichen Regelungszustand herstellen sollten. Wegen des Übergangs zur Verordnungsform sind im Chapeau die Worte „Die Mitgliedstaaten sehen vor, daß" entfallen; die Norm trifft jetzt unmittelbar anwendbare Regelungen gegenüber öffentlichen und nicht-öffentlichen Verarbeitern. Das den Abs. 1 abschließende Semikolon ist amtlich.

Neu hinzugekommen gegenüber der Richtlinie sind die Pflicht zum Nach- 6
weisenkönnen (Abs. 2), die Grundpflichten zu „Integrität und Vertraulichkeit" (lit. f) bei der Verarbeitung sowie die Legaldefinitionen für die einzelnen Grundpflichten,[6] die auf das Parlament zurückgehen.[7] Dass die aus

---

3 Vgl. *Schneider* in: BeckOK-BDSG, Edition 15, 2015, EUDSRL Rn. 95.
4 Vgl. aber auch etwa § 5 Abs. 1 LDSG SH.
5 Weitergehend *Buchner* DuD 2016, 155 (156: „allesamt gut bekannt").
6 Diese sollen nach *Albrecht/Jotzo*, Teil 2 Rn. 1 die „Verständlichkeit der Grundsätze fördern".
7 Parlamentsdok. P7_TA(2014)0212, 12.3.2014, 107–109 (Änderungsantrag 99).

der Richtlinie bekannte Wissenschaftsklausel in lit. b wiederaufgenommen wurde, verdankt sich dem Rat.[8]

B. Kommentierung

I. Adressaten der Grundpflichten

7   Die Grundpflichten im Abs. 1 sind ungewöhnlich formuliert, nämlich im Passiv mit den Daten selbst als Subjekt des Satzes. Das zwingt bei der Auslegung dazu, den Adressaten besonders zu ermitteln. Wenn die Bestimmung einen verpflichtenden Gehalt haben soll, muss sie bestimmte Adressaten ansprechen; dies tut sie jedenfalls nicht mit letzter Klarheit.

8   Abs. 2 weist die Verantwortung für die Einhaltung aller Pflichten ausdrücklich dem „Verantwortlichen" zu. Das spricht dafür, diesen auch selbst als verpflichtet anzusehen.[9]

9   Darüber hinaus dürfte auch jeder Auftragsverarbeiter zu den Verpflichteten zu zählen sein, denn die passivische Formulierung deutet darauf hin, dass es auf die Identität der Beteiligten nicht ankommt, sondern vielmehr jeder, der im Anwendungsbereich der Verordnung (Art. 2, 3 DSGVO) personenbezogene Daten verarbeitet, die Einhaltung der Grundpflichten sicherzustellen hat.

10 Für die Organe und Einrichtungen der Union gelten dem Abs. 1 lit. a–e inhaltlich korrespondierende Grundpflichten nach Art. 4 VO (EG) Nr. 45/2001.

II. Die einzelnen Grundpflichten

11 Versucht man, aus den sechs Unterpunkten des Abs. 1 Verhaltensanforderungen für die Adressaten herauszulesen, so erweisen sich deren Beschreibungen dessen, was mit den Daten jeweils geschehen soll, in erster Linie als **Verbote bestimmter Verarbeitungsmodalitäten**. Diese werden zwar ausgedrückt durch positive Formulierungen der gestatteten Verarbeitungsmodalitäten, die jedoch erst durch das implizite Rechtswidrigstellen des ausgesparten Bereichs Regelungskraft entfalten können. An die positiven Formulierungen schließen jedenfalls, je am Ende in Klammern und Anführungszeichen, die neuen „legaldefinierten" Bezeichnungen für die einzelnen Grundpflichten an.

1. „Rechtmäßigkeit, Verarbeitung nach Treu und Glauben, Transparenz" (lit. a)

12 Die Bestimmung, personenbezogene Daten müssten rechtmäßig, nach Treu und Glauben sowie nachvollziehbar verarbeitet werden, kann kaum anders gemeint sein, als dass die Daten *nur so* verarbeitet werden dürfen, und nicht so, dass sie überhaupt verarbeitet werden müssten. Als Regelungsinhalt ergibt sich damit ein **Verbot der rechtswidrigen, treuwidrigen (unfairen) oder intransparenten Verarbeitung von Daten**. Der BDSG-Gesetzgeber

---

8   Ratsdok. 9565/15, 11.6.2015, 82.
9   Ebenso *Schneider* in: BeckOK-BDSG, Edition 15, 2015, EUDSRL Rn. 89.

hatte auf die direkte Abbildung der entsprechenden Anforderungen aus Art. 6 Abs. 1 lit. a DSRL noch verzichtet.

Die **Rechtmäßigkeit** ist gegenüber Art. 6 Abs. 1 lit. a DSRL der Fairness nunmehr vorangestellt worden. Sie ist dabei so redundant wie ehedem:[10] wenn die Verarbeitung nicht rechtmäßig ist, sondern rechtswidrig, dann heißt dies bereits, sie ist verboten – des zusätzlichen Verbots durch Art. 5 Abs. 1 lit. a DSGVO bedarf es daher nicht mehr. Dieser Teil der Bestimmung hat insofern eher den Charakter eines programmatischen Auftakts zu den detaillierten Vorschriften zur Rechtmäßigkeit von Datenverarbeitungen, deren Ausgangs- und Kernpunkt das präventive Verbot des Art. 6 DSGVO bildet und den dann Art. 7–11 DSGVO ergänzen. 13

Die **Fairness** der Verarbeitung – definiert als Verarbeitung „nach Treu und Glauben" – steht neben der Rechtmäßigkeit[11] wie die Sittenkonformität neben der Gesetzmäßigkeit der Rechtsgeschäfte (§§ 134, 138 BGB): Sie stellt eine Generalklausel bereit, nach der gewisse Verarbeitungen als verboten behandelt werden können (mit der möglichen Folge aufsichtsbehördlicher Beanstandung und Ahndung), selbst wenn sie mit allen datenschutzrechtlichen Einzelregelungen im Einklang stehen mögen. Das drängt vor allem im Interesse der grundrechtlichen Freiheiten der privaten Verarbeiter (insbes. Art. 11, 13, 16 EUGRCh) zu einer insgesamt restriktiven Handhabung dieser Grundpflicht.[12] 14

Die **Transparenz** der Verarbeitung gegenüber dem Datensubjekt ist als dritte Anforderung im Vergleich zu Art. 6 Abs. 1 lit. a DSRL neu hinzugekommen.[13] Die Eingrenzung „für die betroffene Person" sollte allein auf die Transparenz bezogen werden; zwar könnte diese sprachlich ebenso für alle drei Teilpflichten aus lit. a gelten, doch spricht dagegen die Entstehungsgeschichte, die die älteren Wendungen „nach Treu und Glauben" sowie „auf rechtmäßige Weise" einfach fortschreibt, und die Erstreckung wäre jedenfalls im Hinblick auf die Rechtmäßigkeit (rechtmäßig nur bezogen auf das Datensubjekt?!) auch kaum sachgerecht. 15

Was mit der Grundpflicht zur Transparenz gemeint sein soll, lässt Erwägungsgrund 39 S. 2–5 erkennen. Der Verordnunggeber versteht den Inhalt dieser Pflicht also offenbar dahin, dass für die betroffene Person 16

- die Verarbeitung erkennbar gemacht wird,
- Informationen über Risiken, Vorschriften, Garantien, Rechte sowie deren Geltendmachung erteilt werden und
- die erteilten Informationen zur Verarbeitung leicht zugänglich, verständlich und in klarer und einfacher Sprache abgefasst sind.

---

10 Ebenso *Härting/Schneider* CRi 2013, S19 (S28); kritisch zum Begriff auch *Ziegenhorn/von Heckel* NVwZ 2016, 1585 (1586). AA *Albrecht/Jotzo*, Teil 2 Rn. 2; Rettungsversuch bei *Frenzel* in: Paal/Pauly DSGVO Art. 5 Rn. 14–17.
11 Doch sieht sie *Dammann* in: Dammann/Simitis, EG-DSRL, 1997, Art. 6 Rn. 3 als zusätzliche Forderung nach Rechtmäßigkeit an.
12 Vgl. *Frenzel* in: Paal/Pauly DSGVO Art. 5 Rn. 20.
13 Sofern man nicht bereits „Treu und Glauben" als einen Transparenzgrundsatz liest wie *Agentur der Europäischen Union für Grundrechte/Europarat*, Handbuch zum europäischen Datenschutzrecht, 2014, 83.

17   Konkretere Transparenzregelungen enthalten namentlich Art. 13, 14 DSGVO, die § 4 Abs. 2, 3 BDSG inhaltlich fortsetzen.[14] Modalitäten für diese und weitere Informations- und Mitteilungspflichten bestimmt Art. 12 DSGVO.

2. „Zweckbindung" (lit. b)

18   Verboten ist nach Hs. 1 (1) die Erhebung personenbezogener Daten ohne festgelegten eindeutigen und legitimen Zweck und (2) die Weiterverarbeitung in einer mit diesen Zweckbestimmungen nicht zu vereinbarenden Weise.[15] Diese Regelungsgehalte nennt die deutsche Sprachfassung treffend „Zweckbindung"; anders, als in der englischen Bezeichnung als „purpose limitation" anklingt, werden die möglichen Zwecke selbst hier keineswegs begrenzt.[16]

19   Hs. 1 mit den beiden Verboten war in Art. 6 Abs. 1 lit. b DSRL wortgleich enthalten. Die Wissenschaftsausnahme war ebenfalls bereits vorhanden; sie schließt sich nunmehr als zweiter Halbsatz an. Entfallen ist insoweit das Erfordernis geeigneter Garantien seitens der Mitgliedstaaten, an deren Stelle der Verweis auf Art. 89 DSGVO getreten ist.

a) Erhebungsverbot

20   Das Erhebungsverbot (Abs. 1 lit. b Hs. 1 Var. 1) bewirkt, dass vor jeder Datenerhebung ein Zweck „festgelegt" werden muss.[17] Eine bestimmte Form ist für die Festlegung des Zwecks nicht vorgeschrieben, aber im Interesse der Beweisbarkeit und der Compliance (→ Rn. 53) wird sich eine textliche Dokumentation regelmäßig empfehlen. Die Anforderung eindeutiger Festlegung, die englisch „explicit" – also „ausdrücklich" – heißt, kann man so verstehen, dass eine nur im Geiste vorgenommene Festlegung nicht genügt.[18]

21   Der Zweck muss „eindeutig", also insbes. hinreichend bestimmt sein. Ein ganz allgemein gefasster Zweck („zur Gefahrenabwehr", „für kommerzielle Zwecke"[19] oä) wird nicht genügen, erst recht nicht der bloße Verweis auf einen der sechs Erlaubnistatbestände des Art. 6 Abs. 1 DSGVO.[20]

22   Der Zweck muss auch „legitim" sein. Das koppelt das Erhebungsverbot an anderweit bestehende Zweckverbote, die wohl dem Unionsrecht entstam-

---

14   Vgl. *Buchner* DuD 2016, 155 (156 mit Fn. 13); *Albrecht/Jotzo*, Teil 2 Rn. 4.
15   Von zwei „building blocks" der Zweckbindung spricht *Artikel-29-Datenschutzgruppe*, Stellungnahme 03/2013, 569/13/EN; 11.
16   In diese Richtung aber *Dammann* in: Dammann/Simitis, EG-DSRL, 1997, Art. 6 Rn. 7.
17   *Dammann* in: Dammann/Simitis, EG-DSRL, 1997, Art. 6 Rn. 5, deutete dies als eigene „Verpflichtung"; es ist wohl eher ein Rechtsreflex.
18   Vgl. *Artikel-29-Datenschutzgruppe*, Stellungnahme 03/2013, 569/13/EN, 17 mit Fn. 42.
19   Beispiel nach *Ehmann/Helfrich*, EG-DSRL, 1999, Art. 6 Rn. 6 (entgegen dort nicht in ABl EG C 1992, 311/15); weitere Beispiele bei *Artikel-29-Datenschutzgruppe*, Stellungnahme 03/2013, 569/13/EN, 16.
20   Vgl. *Roßnagel/Nebel/Richter* ZD 2015, 455 (458).

men müssten,[21] und sollte nicht so verstanden werden, dass Abs. 1 lit. b Hs. 1 Var. 1 eine frei zu handhabende eigene Zweckverbots-Generalklausel aufstellte.[22]

Inhaltlich geht die Vorschrift nicht über das BDSG hinaus; dieses enthält ein vergleichbares Erhebungsverbot zwar nur punktuell ausdrücklich (§ 28 Abs. 1 S. 2), im Übrigen aber implizit, indem es „für andere Zwecke" besondere Bestimmungen trifft (vgl. § 14 Abs. 2, 4, 5, § 15 Abs. 3 S. 2, § 16 Abs. 4 S. 3, § 28 Abs. 2, 5 S. 2, Abs. 8, § 30 a Abs. 2, § 31).[23]   23

b) Weiterverarbeitungsverbot

Das Weiterverarbeitungsverbot (Abs. 1 lit. b Hs. 1 Var. 2) perpetuiert den   24
ursprünglichen Zweck der Erhebung für den weiteren Umgang mit den erhobenen Daten: zwar wird nicht jede Verarbeitung zu einem anderen Zweck verboten, wohl aber eine mit dem ursprünglichen Zweck unvereinbare Verarbeitungsweise.[24] Nicht anwendbar ist das Verbot dementsprechend auf Daten, die nicht erhoben wurden, sondern der Stelle auf andere Weise zugewachsen sind (→ Art. 4 Rn. 55), sowie auf weitere Verarbeitungen noch zu dem ursprünglichen Zweck.[25]

Wann eine **Unvereinbarkeit** im Sinne der Vorschrift vorliegen soll, ist freilich nicht recht ersichtlich. Logisch wäre dies wohl nur der Fall, wenn der Erhebungszweck gerade dahin ginge, die fragliche (Weiter-)Verarbeitung zu verhindern (!); dies dürfte kaum je vorkommen.[26]   25

Eher gemeint sein dürfte daher eine **Unangemessenheit** der Verarbeitung zu   26
dem neuen Zweck unter Berücksichtigung der konkreten Umstände, was den ursprünglichen Erhebungszweck als einen Gesichtspunkt mit einbezieht.[27] Dafür spricht vor allem der Zusammenhang mit Art. 6 Abs. 4 DSGVO, wonach bei der Prüfung der Vereinbarkeit iSv Abs. 1 lit. b Hs. 1 Var. 2 bestimmte Gesichtspunkte zu berücksichtigen sind (inhaltliche Verbindung, Erhebungszusammenhang, Art der Daten, Folgen, Garantien).[28]
Im Sinne systematischer Auslegung liegt es nahe, den sonst nicht näher bestimmten Gehalt der materiellrechtlichen Vorschrift Abs. 1 lit. b Hs. 1 Var. 2 als durch die prozedurale Vorgabe des Art. 6 Abs. 4 DSGVO kon-

---

21 Für ein weites Verständnis *Monreal* ZD 2016, 507 (509). An anderer Stelle ist der Unionsgesetzgeber im Englischen ohne erkennbare inhaltliche Änderung von „legitimate" zu „lawful" übergegangen, vgl. *Antemir* PinG 2016, 65 (67).
22 Offenbar wie hier *Artikel-29-Datenschutzgruppe*, Stellungnahme 03/2013, 569/13/EN, 19 f.
23 Vgl. *Kühling/Seidel/Sivridis*, Datenschutzrecht, 3. Aufl. 2015, Rn. 286. Kritisch *von Burgsdorff*, Die Umsetzung der EG-Datenschutzrichtlinie im nicht-öffentlichen Bereich, 2003, 199 f.
24 Nicht die Zwecke selbst miteinander (so *Gierschmann* ZD 2016, 51 [54]), sondern die neue Verarbeitung und der alte Zweck dürfen nach dem deutlichen Wortlaut miteinander nicht unvereinbar sein.
25 *Ziegenhorn/von Heckel* NVwZ 2016, 1585 (1589).
26 Eine nähere Bestimmung durch positive Beispiele für Vereinbarkeit versucht *Kotschy* IDPL 2014, 274 (280 Fn. 40).
27 Im Ergebnis ähnlich *Dammann* in: Dammann/Simitis, EG-DSRL, 1997, Art. 6 Rn. 8.
28 Vorschläge dazu bei *Artikel-29-Datenschutzgruppe*, Stellungnahme 03/2013, 569/13/EN, 23–27.

kretisiert zu sehen.[29] „Mit dem ursprünglichen Zweck zu vereinbaren" wäre dann eine Verarbeitung, die nach Abwägung der dort genannten Je-desto-Gesichtspunkte (→ Art. 6 Rn. 74 f.) insgesamt als angemessen erscheint. Angesichts der negativen Formulierung der Bestimmung sollte im Zweifel die Zulässigkeit der Weiterverarbeitung angenommen werden.[30]

27 Nach **Hs.** 2 wird unwiderleglich vermutet,[31] dass die weitere Verarbeitung zu bestimmten Zwecken nie unvereinbar mit dem ursprünglichen ist. Das gilt für den Zweck der Archivierung im öffentlichen Interesse, für historische oder (andere) wissenschaftliche Forschungszwecke sowie für statistische Zwecke (parallel zur Wissenschaftsklausel in lit. e Hs. 2), was angesichts des Rangs dieser Zwecke nicht allzu eng verstanden werden sollte.[32] Wissenschaftliche oder statistische *Methoden*, die zu nicht-wissenschaftlichen und nicht-statistischen *Zwecken* eingesetzt werden, sollen hierunter nicht fallen,[33] die privat finanzierte Forschung dagegen sehr wohl.[34] Dafür, wer die privilegierten Zwecke verfolgen darf,[35] wird keine Grenze aufgerichtet, man muss dazu also keine Wissenschaftsinstitution sein; es könnte also ein Verantwortlicher die Daten zunächst einem anderen zu wissenschaftlichen usf. Zwecken offenlegen (Verarbeitung iSv Art. 4 Nr. 2 Var. 10 DSGVO) und dieser sie dann zu wissenschaftlichen usf. Zwecken etwa ordnen, auslesen, abgleichen oder verknüpfen (Verarbeitungen iSv Art. 4 Nr. 2 Var. 4, 7, 11 DSGVO). Für weitere Voraussetzungen verweist die Bestimmung auf Art. 89 DSGVO, wonach geeignete Garantien vorzusehen sind, die Mitgliedstaaten aber auch von bestimmten Rechten der Betroffenen dispensieren können.

28 Erwägungsgrund 50 Abs. 2 S. 1 stellt klar, dass eine Einwilligung in die Weiterverarbeitung diese auch zu eigentlich unvereinbaren Zwecken zulässt, Abs. 1 lit. b hier also weicht.

3. „Datenminimierung" (lit. c)

29 Verboten ist die Verarbeitung personenbezogener Daten, die für den verfolgten Zweck – der insoweit nicht zu bewerten ist – inadäquat, unerheblich oder entbehrlich sind. Dieser Regelungsgehalt tritt in der englischen Sprachfassung („adequate, relevant and limited") noch besser hervor.

---

29 Kritisch zur Regelungstechnik die Stellungnahme Österreichs, Ratsdok. 5455/16 ADD 1, 8.2.2016, 2.

30 Ähnlich *Laue/Nink/Kremer*, § 2 Rn. 40; die Relevanz von Grundrechten der Verarbeiter betonen *Ziegenhorn/von Heckel* NVwZ 2016, 1585 (1590). Dagegen lesen *Albrecht/Jotzo*, Teil 2 Rn. 5, die Klausel gleichwohl als Ausdruck einer „strengen Zweckbindung".

31 Ebenso *Ehmann/Helfrich*, EG-DSRL, 1999, Art. 6 Rn. 16.

32 Vgl. Erwägungsgründe 156–160; für enges Verständnis werben *Buchner* DuD 2016, 155 (157); *Ziegenhorn/von Heckel* NVwZ 2016, 1585 (1589).

33 *Roßnagel/Nebel/Richter* ZD 2015, 455 (458); *Richter* DuD 2015, 735 (737–739); *Buchner* DuD 2016, 155 (157); vgl. namentlich auch die Differenzierungen bei *Laue/Nink/Kremer*, § 1 Rn. 119.

34 Erwägungsgrund 159 S. 2 Regelbeispiel 5; skeptisch *Beyvers/Gärtner/Kipker* PinG 2015, 241 (246).

35 Vgl. *Kotschy* IDPL 2014, 274 (281).

Inadäquat sind Daten, die nicht dem Zweck „entsprechen", wie die deut-   30
sche Sprachfassung lautet. Das soll eine wertende Entscheidung über die
Zuordnung von Datum und Zweck erfordern.[36]

Unerheblich sind Daten, die zu der Erreichung des Zwecks nichts beitragen   31
können, also im Sinne der Verhältnismäßigkeitsdogmatik ungeeignet sind.

Entbehrlich sind Daten, die zu der Erreichung des Zwecks vielleicht grds.   32
etwas beitragen könnten, aber dies jedenfalls im konkreten Falle nicht
(mehr) können, die also in der aktuellen Situation nicht erforderlich sind.
Alle Verpflichteten, auch des nichtöffentlichen Bereichs, sind damit (abweichend vom BDSG[37]) an einen Erforderlichkeitsgrundsatz gebunden. Für
nichtöffentliche Verpflichtete liegt darin ein empfindlicher Eingriff in die
Kommunikationsgrundrechte.[38]

Die Bestimmung ist geht insofern über Art. 6 Abs. 1 lit. c DSRL hinaus, als   33
sie von „beschränkt" statt „nicht darüber hinausgehen" spricht und verall-
gemeinernd von „erhoben und/oder weiterverarbeitet" zu „Verarbeitung"
übergeht.

4. „Richtigkeit" (lit. d)

Ein unrichtiger Speicherinhalt macht sich bei Auslesung, Abfrage, Verwen-   34
dung und Weitergabe bemerkbar und soll daher vermieden werden. Unter
dem Schlagwort „Richtigkeit" sind daher drei Grundpflichten normiert:

- das Verbot der unrichtigen Erhebung oder Speicherung von Daten
  (Hs. 1 Var. 1),
- das Gebot der Aktualisierung unrichtig gewordener Daten (Hs. 1
  Var. 2) und
- das Gebot der Löschung oder Berichtigung unrichtig gespeicherter Daten (Hs. 2).

Nur die Kenntnis von einem Datum, nicht dieses Datum selbst bildet sinn-   35
vollerweise den Bezugspunkt der Grundpflicht aus **Hs. 1 Var. 1.** Denn unrichtig kann nicht ein Wirklichkeitsausschnitt, sondern nur ein Bild von
dieser Wirklichkeit sein, also das Abbild des Datums auf einem Datenträger oder in der Vorstellung eines Sachbearbeiters. Die Richtigkeitspflicht
kann sich nur auf die Herstellung eines solchen Abbilds beziehen, also auf
das Erheben und Erfassen (→ Art. 4 Rn. 55 f.).

Verändert sich nach der Herstellung des Abbilds die Wirklichkeit und wird   36
das Abbild dadurch unrichtig (weil es nicht gerade die *vergangene* Wirklichkeit abbilden sollte),[39] greift die Grundpflicht aus **Hs. 1 Var. 2** ein. Hier
muss das Abbild, insbesondere das auf dem Datenträger gespeicherte, geändert werden; diese Grundpflicht gebietet also eine Verarbeitung in Form
einer Anpassung (Art. 4 Nr. 2 Var. 6 DSGVO). Tatbestandlich ist die Pflicht
allerdings unter den Vorbehalt „erforderlichenfalls" gestellt und gilt daher
nicht, wenn die Unrichtigkeit im Hinblick auf den Zweck unschädlich ist,

---

36 *Dammann* in: Dammann/Simitis, EG-DSRL, 1997, Art. 6 Rn. 11.
37 *Kühling/Seidel/Sivridis*, Datenschutzrecht, 3. Aufl. 2015, Rn. 290.
38 *Stentzel* PinG 2016, 45 (49).
39 *Dammann* in: Dammann/Simitis, EG-DSRL, 1997, Art. 6 Rn. 14.

zu dem das fragliche Datum erhoben oder erfasst wurde[40] (eine andere Lesart wäre es, im Ausdruck „erforderlichenfalls" nur den Verweis auf die situative Voraussetzung der veränderten Wirklichkeit zu sehen, die freilich in der Formulierung „auf dem neuesten Stand sein" auch schon mitgedacht ist).

37   Sind Daten unrichtig abgebildet, muss das Abbild nach **Hs. 2** berichtigt, also in ein richtiges verändert werden (Art. 4 Nr. 2 Var. 6) oder ganz gelöscht werden (Art. 4 Nr. 2 Var. 13 DSGVO). Die Voraussetzung der Unrichtigkeit ist hier dahin präzisiert, dass sie anhand des Verarbeitungszwecks bestimmt werden soll. Die Veränderung oder Löschung muss unverzüglich erfolgen; geboten sind außerdem alle angemessenen Maßnahmen, dies sicherzustellen. Hierauf besteht grds. auch ein Anspruch (Art. 16 DSGVO).

38   Im Vergleich zu Art. 6 Abs. 1 lit. d DSRL[41] wurden Erhebung und Weiterverarbeitung zur Verarbeitung zusammengeführt und der Berichtigungstatbestand der Unvollständigkeit gestrichen. Unvollständige Daten könnten aber uU als unrichtig zu betrachten sein, da dies nunmehr im Verhältnis zum Verarbeitungszweck bestimmt wird.

5. „Speicherbegrenzung" (lit. e)

39   Verboten ist die Aufbewahrung (die englische Sprachfassung hat hier „kept" statt „stored") von Daten in identifizierungsermöglichender Form über den Zeitpunkt hinaus, bis zu dem sie für den Verarbeitungszweck erforderlich war. Die Datenminimierung in sachlicher Hinsicht findet hier ein zeitliches Seitenstück.[42] Wie lange die Aufbewahrung zulässig ist, hängt sonach von dem Zweck ab und wird erheblich variieren.[43]

40   Da eine Aufbewahrungsregelung vorzeichenändernd wirkt (→ Art. 4 Rn. 61), bedeutet sie inhaltlich so viel wie ein Gebot, zu dem genannten Zeitpunkt alternativ

■ die Daten vom Datenträger zu löschen,[44]
■ die Datenträger zu vernichten oder
■ die Daten auf dem Datenträger so zu verändern (etwa durch Anonymisierung oder wirksame[45] Pseudonymisierung), dass die Identifizierung der Datensubjekte nicht mehr möglich ist.[46]

41   Dieses Gebot korrespondiert Art. 17 Abs. 1 lit. a DSGVO, wo zwar ausdrücklich das Löschen vorgegeben ist, aber nach dem Normzweck ebenfalls die Vernichtung oder hinreichende Veränderung genügen dürfte.

42   Hs 2 macht von dem Aufbewahrungsverbot in dem Umfang eine **Ausnahme**, als Verarbeitungen nach dem fraglichen Zeitpunkt nur noch für den Zweck der Archivierung im öffentlichen Interesse, für historische oder (an-

---

40 Gleichsinnig *Frenzel* in: Paal/Pauly DSGVO Art. 5 Rn. 40.
41 Nie explizit umgesetzt in deutsches Recht: *Hoeren* MMR 2016, 8 (9).
42 *Albrecht/Jotzo*, Teil 2 Rn. 6.
43 EuGH 7.5.2009 – C-553/07, Slg 2009, I-3889 Rn. 59 – Rijkeboer.
44 *Schneider* in: BeckOK-BDSG, Edition 15, 2015, EUDSRL Rn. 101.
45 Vgl. Erwägungsgründe 26 S. 2 und 28.
46 *Dammann* in: Dammann/Simitis, EG-DSRL, 1997, Art. 6 Rn. 17; vgl. auch Erwägungsgrund 26.

dere) wissenschaftliche Forschungszwecke sowie für statistische Zwecke vorgesehen sind (parallel zur Wissenschaftsklausel in lit. b Hs. 2 sowie, sachlich korrespondierend, zu Art. 17 Abs. 3 lit. d DSGVO).[47] Weitere Voraussetzungen enthält Art. 89 DSGVO, wonach geeignete Garantien vorzusehen sind, die Mitgliedstaaten aber auch von bestimmten Rechten der Betroffenen dispensieren können.

Im Vergleich zu Art. 6 Abs. 1 lit. e DSRL wurden Erhebung und Weiterverarbeitung zur Verarbeitung zusammengeführt. Die Wissenschaftsausnahme (Hs. 2) ist unmittelbar Teil der Regelung geworden und ersetzt den bisherigen Regelungsauftrag an die Mitgliedstaaten, „geeignete Garantien" zu schaffen. **43**

UU kann eine kürzere Aufbewahrung auf anderer Grundlage vorgeschrieben sein (→ Art. 6 Rn. 26). **44**

6. „Integrität und Vertraulichkeit" (lit. f)

Verboten ist schließlich eine Verarbeitung ohne angemessene technische oder organisatorische Maßnahmen zum Schutz gegen (1) unbefugte oder unrechtmäßige Verarbeitung und (2) zufälligen Verlust, Zerstörung oder Schaden. Diese Grundpflicht ist gegenüber Art. 6 DSRL neu hinzugekommen und gerichtet zum einen gegen menschlich veranlasste, zum anderen gegen zufällig eintretende Ereignisse im Zusammenhang mit personenbezogenen Daten; sie steht im Kontext der neuen Betonung der Datensicherheit (vgl. Art. 32–34 DSGVO). **45**

Wem mit den Schutzmaßnahmen gedient ist, macht die Bestimmung allerdings nicht vollständig klar. Der Schutz gegen unbefugte Verarbeitungen zwingt den Verantwortlichen, seine Datenträger Dritten nicht zugänglich zu machen, und erleichtert damit immerhin die Zurechnung von Datenträgern zu Verarbeitungsverantwortlichen, was letztlich wohl dem Interesse der betroffenen Personen dienen dürfte. Der Schutz gegen unrechtmäßiges Auslesen, Abfragen, Benutzen und Weitergeben schützt wohl in jedem Fall das Datensubjekt. Dagegen verringert eine Verarbeitung in Form von Löschen oder Vernichten oder ein zufälliges Schadensereignis gleicher Wirkung den Datenbestand beim Verantwortlichen, was den in der Datenhaltung liegenden (Dauer-)Eingriff eigentlich reduziert und der betroffenen Person durchaus gelegen kommen kann; es dürfte dem Verordnunggeber hier insofern um die Vollständigkeit als Teil der Richtigkeit iSv Abs. 1 lit. d gehen, die das Datensubjekt vor Entscheidungen auf Grund eines falschen Sachverhaltsbildes bewahren soll. In diesem Bereich wird der Verantwortliche jedenfalls zu einer Datensicherung genötigt, die ihm Geschäfts- bzw. Verwaltungsklugheit ohnehin meist nahelegen werden. Das wirft im Hinblick auf die privaten Verarbeiter die Frage nach der Vereinbarkeit der Pflicht zu Schutzmaßnahmen gegen Löschen, Vernichten und zufällige Schadensereignisse mit Art. 16 EUGRCh auf – die Erforderlichkeit iSv Art. 52 Abs. 1 S. 2 EUGRCh wäre zu begründen. **46**

---

47 Vgl. Erwägungsgründe 156–160.

a) Schutzmaßnahmen gegen Verarbeitung durch Dritte

47   Schutzmaßnahmen muss der Verpflichtete zunächst gegen bestimmte Verarbeitungen ergreifen, also gegen von einem Dritten gesteuerte, wenn auch möglicherweise automatisiert ablaufende Vorgänge (→ Art. 4 Rn. 50) – dabei kann es sich außer um Abfragen und Verwenden insbes. auch um Löschen oder Vernichten handeln.

48   Verhindert werden sollen dabei erstens **unrechtmäßige Verarbeitungen**, also insbes. solche, die ohne Erlaubnistatbestand nach Art. 6 DSGVO erfolgten. Denn der Dritte – auch etwa ein Hacker – ist selbst Verantwortlicher iSv Art. 4 Nr. 7 DSGVO und unterliegt den Regeln der Verordnung, soweit er in deren sachlichen Anwendungsbereich fällt (Art. 2 Abs. 2, 3 DSGVO). Unterstellt man der Verordnung einen grds. einheitlichen Sprachgebrauch, dann wäre „unrechtmäßig" nur auf die datenschutzrechtliche Rechtmäßigkeit zu beziehen; außer derjenigen nach Art. 6 DSGVO könnten dabei noch die nach Art. 5 VO (EG) Nr. 45/2001 (wenn der Dritte ein Organ oder eine Einrichtung der Union ist) sowie die nach Art. 8 RL (EU) 2016/680 (wenn der Dritte eine Sicherheitsbehörde mitgliedstaatlichen Rechts ist) einbezogen werden. Eine erweiternde Lesart, die als „unrechtmäßig" hier auch den Verstoß gegen sonstiges Recht verstünde (etwa § 303 StGB bei einer Daten[träger]vernichtung), nähme der Variante der „unbefugten" Verarbeitung dagegen wohl den eigenständigen Anwendungsbereich.

49   Verhindert werden sollen zweitens **unbefugte Verarbeitungen**, die zwar – damit dem Merkmal ein selbständiger Sinn verbleibe – rechtmäßig wären, aber gegen den Willen des Verantwortlichen stattfänden.

50   Zu beachten bleibt, dass die Vorschrift in beiden Varianten **kein gegenüber Dritten wirkendes Verbot** aufstellt, sondern nur dem Integritätsverpflichteten Schutzmaßnahmen auferlegt. Unrechtmäßige Verarbeitung ist dem Dritten ohnehin nach Art. 6 DSGVO verboten; für den unbefugter Verarbeitung zugrunde liegenden Zugriff auf Datenträger gilt grds. (nur) das allgemeine Zivil- und Strafrecht (in Deutschland also insbes. §§ 823, 1004 BGB, 202 a–202 c, 242, 303 StGB).

b) Schutzmaßnahmen gegen Schadensereignisse

51   Schutzmaßnahmen sind sodann zu treffen gegen Verlust-, Zerstörungs- oder sonstige Schadensereignisse, die sich nicht als Verarbeitung darstellen, also nicht von Menschen beabsichtigt sind. Dabei dürften der Verlust dem Löschen auf einem Datenträger und die Zerstörung dem Vernichten des Datenträgers entsprechen (→ Art. 4 Rn. 75 f.), während die sonstige Schädigung als Auffangklausel erscheint.

52   Die Schutzmaßnahmen müssen **geeignet** („appropriate") sein. Insoweit dürfte ein „Untermaßverbot" nach Art der deutschen Schutzpflichtendogmatik gemeint sein. Damit müssten überhaupt Maßnahmen getroffen werden, die nicht evident unzureichend sind, sondern in Anbetracht von Ausmaß und Wahrscheinlichkeit der drohenden Ereignisse ein hinreichendes Schutzniveau erreichen. Eine totale Verhinderung dieser Ereignisse wäre dagegen nicht geschuldet.

III. Die „Rechenschaftspflicht" des Verantwortlichen (Abs. 2)

Der Verantwortliche wird in Abs. 2 nicht nur für die Einhaltung der **53** Grundpflichten aus Abs. 1 „verantwortlich" gemacht, also als Adressat klargestellt (→ Rn. 8), sondern überdies mit einer „Rechenschaftspflicht" („accountability")[48] belegt. Diese ist neu gegenüber Art. 6 Abs. 2 DS-RL (der nur eine Sicherstellungspflicht des Verantwortlichen vorsah) und steht im Zusammenhang mit der Compliance-Bewegung. Der Verantwortliche muss insofern nicht nur seine Pflichten erfüllen, sondern auch nachweisen können, dass in seinem Verantwortungsbereich diese Pflichten erfüllt werden. Das verlangt ihm eine uU umfangreiche Dokumentation ab.

Ein **Gläubiger** der Rechenschaftspflicht ist nicht vorgesehen.[49] Die Auf- **54** sichtsbehörden können nach Art. 58 Abs. 2 lit. i, Art. 83 Abs. 5 lit. a DSGVO Geldbußen verhängen; Befugnisse zur Erzwingung der Primärpflicht haben auch sie allerdings erst, wenn und soweit die Mitgliedstaaten auf Grund der Ermächtigung in Art. 58 Abs. 6 DSGVO solche schaffen.

Eine **zeitliche Grenze** für das Nachweisenkönnen bestimmt die Vorschrift **55** nicht, so dass die Dokumentation im Ausgangspunkt dauerhaft aufbewahrt werden müsste. Auf eine gewisse Frist verkürzen ließe sich die Pflicht, wenn man die Vorschrift dahin verstünde, dass der Nachweis nur gegenüber der Verjährung unterliegenden Ansprüchen Dritter (insbes. betroffener Personen) erbracht werden können muss.[50]

C. Verhältnis zu anderen Normen

I. Innerhalb der DSGVO

Die Grundpflichten korrespondieren teilweise den subjektiven Rechten des **56** Kapitels III der DSGVO (insbes. Transparenz: Art. 12–15; Richtigkeit: Art. 16; Speicherbegrenzung: Art. 17). Im Umfang dieser inhaltlichen Übereinstimmung können sie nach Art. 23 DSGVO von den Mitgliedstaaten beschränkt werden.

Die Rechenschaftspflicht in Bezug auf die Einhaltung der Grundpflichten **57** tritt neben die allgemeine Sicherstellungs- und Nachweispflicht aus Art. 24 Abs. 1 DSGVO. Die Rechenschaftspflicht überschneidet sich mit den speziellen Nachweispflichten nach Art. 7 Abs. 1 (bei Verarbeitung auf Grund einer Einwilligung) und Art. 30 DSGVO (Verarbeitungsverzeichnis).

Die Grundpflichten sowie die Rechenschaftspflicht überwacht die Auf- **58** sichtsbehörde nach Art. 57 Abs. 1 lit. a DSGVO. Art. 83 Abs. 5 lit. a DSGVO bewehrt sie mit empfindlichen Geldbußen.[51]

II. Fortgeltendes und verdrängtes deutsches Datenschutzrecht

Soweit deutsches Recht den gleichen Gegenstand regelt wie die durch **59** Abs. 1 begründeten Grundpflichten, wird es im Wege des Anwendungsvor-

---

48 Kritisch zum Gebrauch dieses Ausdrucks in diesem Kontext *Härting* CR 2013, 715 (719).
49 Kritisch *Traung* CRi 2012, 33 (40 f.).
50 In diese Richtung *Traung* CRi 2012, 33 (41).
51 Relativierend aber *Laue/Nink/Kremer*, § 1 Rn. 135; kritisch mit Blick auf die Bestimmtheit *Frenzel* in: Paal/Pauly DSGVO Art. 5 Rn. 2.

rangs verdrängt. Unanwendbar werden damit insbes. § 3 a BDSG, den die Grundpflicht zur Datenminimierung aus Abs. 1 lit. c überlagert, § 4 Abs. 2, 3 BDSG, der im allgemeinen Verbot intransparenter Verarbeitung aus Abs. 1 lit. a Var. 3 (und Art. 13, 14 DSGVO) aufgeht, und § 31 BDSG, dessen Zweckänderungsverbot durch Abs. 1 lit. b Hs. 1 Var. 2 verdrängt wird.

60 Mitgliedstaatliche Ge- oder Verbote einzelner Verarbeitungen dürften dort unanwendbar sein, wo Abs. 1 eine entgegenstehende Pflicht enthält. Das gilt etwa für Aufbewahrungsgebote (wie §§ 238, 257 HGB, 147 AO, 283 b Abs. 1 Nr. 2 StGB), soweit Abs. 1 lit. e (oder Art. 17 DSGVO) zur Löschung verpflichtet (→ Rn. 40 ff.).

D. Gesamteinschätzung

61 Auch wenn die Vorschrift weitgehend aus der DSRL bekannte Textbausteine übernimmt, ändert der Übergang zur Verordnungsform deren Bedeutung doch nicht unerheblich. Nicht mehr nur mitgliedstaatliche Organe, sondern auch alle nicht-staatlichen Stellen haben die „Grundsätze" jetzt unmittelbar zu beachten; sie wirken also der Sache nach als „Grundpflichten", die bestimmte Verarbeitungen ver- oder auch gebieten. Die (recht heterogenen[52]) „Grundsätze" treten damit als ein Seitenstück zu den Erlaubnistatbeständen des Art. 6 DSGVO hinzu, indem sie unter den danach erlaubten Verarbeitungen einige wieder ausschließen. Diese zweite Begrenzung des Raums des Erlaubten stellt, jedenfalls für die nicht-öffentlichen Verarbeiter, gegenüber der bisherigen deutschen Regelung ein Novum dar. Zu rechnen ist vor diesem Hintergrund damit, dass der Inhalt der „Grundsätze" künftig größere Relevanz erhalten und durch die Rechtsprechung näher konturiert werden wird.

62 Innerhalb der Verordnung stehen die „Grundsätze" und die subjektiven Rechte des Kapitels III seltsam unverbunden nebeneinander. Die hierdurch entstandenen Doppelungen wie etwa bei der Löschungspflicht (→ Rn. 41) dürfen als legistisch nicht gelungen gelten. Hier wäre ein Verzicht auf die eine oder die andere Bestimmung ohne Bedeutungsverlust einfach möglich gewesen.

Artikel 6 Rechtmäßigkeit der Verarbeitung

(1) [1]Die Verarbeitung ist nur rechtmäßig, wenn mindestens eine der nachstehenden Bedingungen erfüllt ist:

a) Die betroffene Person hat ihre Einwilligung zu der Verarbeitung der sie betreffenden personenbezogenen Daten für einen oder mehrere bestimmte Zwecke gegeben;

b) die Verarbeitung ist für die Erfüllung eines Vertrags, dessen Vertragspartei die betroffene Person ist, oder zur Durchführung vorvertraglicher Maßnahmen erforderlich, die auf Anfrage der betroffenen Person erfolgen;

---

52 *Frenzel* in: Paal/Pauly DSGVO Art. 5 Rn. 55.

c) die Verarbeitung ist zur Erfüllung einer rechtlichen Verpflichtung erforderlich, der der Verantwortliche unterliegt;

d) die Verarbeitung ist erforderlich, um lebenswichtige Interessen der betroffenen Person oder einer anderen natürlichen Person zu schützen;

e) die Verarbeitung ist für die Wahrnehmung einer Aufgabe erforderlich, die im öffentlichen Interesse liegt oder in Ausübung öffentlicher Gewalt erfolgt, die dem Verantwortlichen übertragen wurde;

f) die Verarbeitung ist zur Wahrung der berechtigten Interessen des Verantwortlichen oder eines Dritten erforderlich, sofern nicht die Interessen oder Grundrechte und Grundfreiheiten der betroffenen Person, die den Schutz personenbezogener Daten erfordern, überwiegen, insbesondere dann, wenn es sich bei der betroffenen Person um ein Kind handelt.

[2]Unterabsatz 1 Buchstabe f gilt nicht für die von Behörden in Erfüllung ihrer Aufgaben vorgenommene Verarbeitung.

(2) Die Mitgliedstaaten können spezifischere Bestimmungen zur Anpassung der Anwendung der Vorschriften dieser Verordnung in Bezug auf die Verarbeitung zur Erfüllung von Absatz 1 Buchstaben c und e beibehalten oder einführen, indem sie spezifische Anforderungen für die Verarbeitung sowie sonstige Maßnahmen präziser bestimmen, um eine rechtmäßig und nach Treu und Glauben erfolgende Verarbeitung zu gewährleisten, einschließlich für andere besondere Verarbeitungssituationen gemäß Kapitel IX.

(3) [1]Die Rechtsgrundlage für die Verarbeitungen gemäß Absatz 1 Buchstaben c und e wird festgelegt durch

a) Unionsrecht oder

b) das Recht der Mitgliedstaaten, dem der Verantwortliche unterliegt.

[2]Der Zweck der Verarbeitung muss in dieser Rechtsgrundlage festgelegt oder hinsichtlich der Verarbeitung gemäß Absatz 1 Buchstabe e für die Erfüllung einer Aufgabe erforderlich sein, die im öffentlichen Interesse liegt oder in Ausübung öffentlicher Gewalt erfolgt, die dem Verantwortlichen übertragen wurde. [3]Diese Rechtsgrundlage kann spezifische Bestimmungen zur Anpassung der Anwendung der Vorschriften dieser Verordnung enthalten, unter anderem Bestimmungen darüber, welche allgemeinen Bedingungen für die Regelung der Rechtmäßigkeit der Verarbeitung durch den Verantwortlichen gelten, welche Arten von Daten verarbeitet werden, welche Personen betroffen sind, an welche Einrichtungen und für welche Zwecke die personenbezogenen Daten offengelegt werden dürfen, welcher Zweckbindung sie unterliegen, wie lange sie gespeichert werden dürfen und welche Verarbeitungsvorgänge und -verfahren angewandt werden dürfen, einschließlich Maßnahmen zur Gewährleistung einer rechtmäßig und nach Treu und Glauben erfolgenden Verarbeitung, wie solche für sonstige besondere Verarbeitungssituationen gemäß Kapitel IX. [4]Das Unionsrecht oder das Recht der Mitgliedstaaten müssen ein im öffentlichen Interesse liegendes Ziel verfolgen und in einem angemessenen Verhältnis zu dem verfolgten legitimen Zweck stehen.

(4) Beruht die Verarbeitung zu einem anderen Zweck als zu demjenigen, zu dem die personenbezogenen Daten erhoben wurden, nicht auf der Einwilli

gung der betroffenen Person oder auf einer Rechtsvorschrift der Union oder der Mitgliedstaaten, die in einer demokratischen Gesellschaft eine notwendige und verhältnismäßige Maßnahme zum Schutz der in Artikel 23 Absatz 1 genannten Ziele darstellt, so berücksichtigt der Verantwortliche – um festzustellen, ob die Verarbeitung zu einem anderen Zweck mit demjenigen, zu dem die personenbezogenen Daten ursprünglich erhoben wurden, vereinbar ist – unter anderem

a) jede Verbindung zwischen den Zwecken, für die die personenbezogenen Daten erhoben wurden, und den Zwecken der beabsichtigten Weiterverarbeitung,

b) den Zusammenhang, in dem die personenbezogenen Daten erhoben wurden, insbesondere hinsichtlich des Verhältnisses zwischen den betroffenen Personen und dem Verantwortlichen,

c) die Art der personenbezogenen Daten, insbesondere ob besondere Kategorien personenbezogener Daten gemäß Artikel 9 verarbeitet werden oder ob personenbezogene Daten über strafrechtliche Verurteilungen und Straftaten gemäß Artikel 10 verarbeitet werden,

d) die möglichen Folgen der beabsichtigten Weiterverarbeitung für die betroffenen Personen,

e) das Vorhandensein geeigneter Garantien, wozu Verschlüsselung oder Pseudonymisierung gehören kann.

Verwandte Normen: ErwGr 40, 41; §§ 4 Abs. 1, Abs. 2, 4 a, 28 Abs. 1, Abs. 2, Abs. 3 BDSG 2003

Literatur:

Albrecht/Jotzo, Das neue Datenschutzrecht der EU: Grundlagen – Gesetzgebungsverfahren – Synopse, 2016; *Antemir,* General Data Protection Regulation: Comparison of the legal grounds for the processing of personal data, with a focus on eCommerce, PinG 2016, 65; *Benecke/Wagner,* Öffnungsklauseln in der Datenschutz-Grundverordnung und das deutsche BDSG- Grenzen und Gestaltungsspielräume für ein nationales Datenschutzrecht, DVBl 2016, 600; *Beyvers,* Stellungnahme der Artikel-29-Datenschutzgruppe zur datenschutzrechtlichen Interessenabwägung, PinG 2015, 60; *Beyvers/ Gärtner/Kipker,* Data Processing for Research Purposes – Current Basics and Future Needs from a Legal Point of View, PinG 2015, 241; *Blume,* The Public Sector and the Forthcoming EU Data Protection Regulation, EDPL 2015, 32; *Breinlinger/Scheuing,* Der Vorschlag für eine EU-Datenschutzverordnung und die Folgen für Verarbeitung und Nutzung von Daten für werbliche Zwecke, RDV 2012, 64; *Brühann,* Mindeststandards oder Vollharmonisierung des Datenschutzes in der EG – Zugleich ein Beitrag zur Systematik von Richtlinien zur Rechtsangleichung im Binnenmarkt in der Rechtsprechung des Europäischen Gerichtshofs, EuZW 2009, 639; *Buchner,* Grundsätze und Rechtmäßigkeit der Datenverarbeitung unter der DS-GVO, DuD 2016, 155; *Burger,* Verantwortung und Verantwortlichkeit für die Umsetzung supranationalen Rechts im Bundesstaat, 2010, 198; *Dehmel/Hullen,* Auf dem Weg zu einem zukunftsfähigen Datenschutz in Europa?, ZD 2013, 147; *Diedrich,* Vollharmonisierung des EU-Datenschutzrechts – bereits geltende Vorgaben für deutsche Datenschutzgesetze, CR 2013, 408; *Eckhardt,* EU-DatenschutzVO – Ein Schreckgespenst oder Fortschritt?, CR 2012, 195; *Europäischer Datenschutzbeauftragter,* Stellungnahme zum Datenschutzreformpaket, 7.3.2012; *Ferretti,* Data protection and the legitimate interest of data controllers: Much ado about nothing or the winter of rights?, CMLR 2014, 843; *Gierschmann,* Was „bringt" deutschen Unternehmen die DS-GVO? – Mehr Pflichten, aber die Rechtsunsicherheit bleibt, ZD 2016, 51; *Giesen,* Kurzes Plädoyer gegen unser Totalverbot: Deine Daten gehören Dir keineswegs!, PinG 2013, 62; *Gola,* Beschäftigtendatenschutz und EU-Datenschutz-Grundverordnung, EuZW 2012, 332; *Gola/Schulz,* Der Entwurf für eine EU-Datenschutz-Grundverordnung – eine Zwischenbilanz, RDV 2013, 1; *Härting,* Starke Behörden, schwaches Recht – der neue EU-Datenschutzentwurf, BB 2012, 459; *Härting,* Datenschutzreform in Europa: Einigung im EU-Parlament, CR 2013, 715; *Härting/Schneider,* Das Ende des Datenschutzes - es lebe die Privatsphäre – Eine Rückbesinnung auf die Kern-Anliegen des Privatsphärenschutzes, CR 2015, 819; *Karg,* Die Renaissance des Verbotsprinzips im Datenschutz, DuD 2013, 75; *Koch,* Big Data und der Schutz der Daten, ITRB 2015, 13; *Kotschy,* The proposal for a new General

Data Protection Regulation—problems solved? IDPL 2014, 274; *Kramer*, Verbot mit Erlaubnisvorbehalt zeitgemäß?, DuD 2013, 380; *Kühling/Seidel/Sivridis*, Datenschutzrecht, 3. Auflage 2015; *Lynskey*, The Foundations of EU Data Protection Law, 2015; *Masing*, Herausforderungen des Datenschutzes, NJW 2012, 2305; *Monreal*, Weiterverarbeitung nach einer Zweckänderung in der DS-GVO, ZD 2016, 507; *Nebel/Richter*, Datenschutz bei Internetdiensten nach der DS-GVO, ZD 2012, 407; *Peifer*, Auswirkungen der EU-Datenschutz-Grundverordnung auf öffentliche Stellen, GewArch 2014, 142; *Piltz/Krohm*, Was bleibt vom Datenschutz übrig? – Nebenwirkungen der Datenschutz-Grundverordnung, PinG 2013, 56; *Richter*, Datenschutz zwecklos? – Das Prinzip der Zweckbindung im Ratsentwurf der DSGVO, DuD 2015, 735; *Roßnagel/Kroschwald*, Was wird aus der Datenschutzgrundverordnung? - Die Entschließung des Europäischen Parlaments über ein Verhandlungsdokument, ZD 2014, 495; *Roßnagel/Nebel/Richter*, Was bleibt vom Europäischen Datenschutzrecht? – Überlegungen zum Ratsentwurf der DS-GVO, ZD 2015, 455; *Schaar*, Datenschutz-Grundverordnung: Arbeitsauftrag für den deutschen Gesetzgeber, PinG 2016, 62; *Schneider/Härting*, Wird der Datenschutz nun endlich internettauglich? – Warum der Entwurf einer Datenschutz-Grundverordnung enttäuscht, ZD 2012, 199; *Simitis*, Bundesdatenschutzgesetz, 8. Auflage 2014; *Stentzel*, Der datenschutzrechtliche Präventionsstaat – Rechtsstaatliche Risiken der ordnungsrechtlichen Dogmatik des Datenschutzrechts im privaten Bereich, PinG 2016, 45; *Traung*, The Proposed New EU General Data Protection Regulation, CRi 2012, 33; *Veil*, DS-GVO: Risikobasierter Ansatz statt rigides Verbotsprinzip - Eine erste Bestandsaufnahme, ZD 2015, 347; *Weichert*, Wider das Verbot mit Erlaubnisvorbehalt im Datenschutz?, DuD 2013, 246; *Wybitul/Fladung*, EU-Datenschutz-Grundordnung – Überblick und arbeitsrechtliche Betrachtung des Entwurfs, BB 2012, 509; *Wybitul/Rauer*, EU-Datenschutz-Grundverordnung und Beschäftigtendatenschutz – Was bedeuten die Regelungen für Unternehmen und Arbeitgeber in Deutschland?, ZD 2012, 160; *Ziegenhorn/von Heckel*, Datenverarbeitung durch Private nach der europäischen Datenschutzreform, NVwZ 2016, 1585.

A. Grundlagen

I. Gesamtverständnis und Zweck der Norm

1 Die Bestimmung regelt das „Ob" der Verarbeitung, während Art. 5 DSGVO das „Wie" betrifft; entgegen der weit gefassten Überschrift entscheiden beide Normen erst zusammen über die Rechtmäßigkeit einzelner Verarbeitungen.[1] Kernelement des Art. 6 ist, wie sich aus dem Wort „nur" im Einleitungssatz des Abs. 1 ergibt, ein **umfassendes präventives Verbot**[2] mit unmittelbar geltenden Ausnahmen und ergänzenden Vorbehalten legislativer Erlaubnis:[3] Die Verarbeitung personenbezogener Daten ist generell verboten und nur im Einzelfall erlaubt, soweit einer der sechs Erlaubnistatbestände des Abs. 1 gegeben ist.[4] Anwendbar ist die Bestimmung auf alle personenbezogenen Daten mit Ausnahme der in Art. 9 DSGVO geregelten „besonderen Kategorien".

2 Zwei dieser Erlaubnistatbestände – Erfüllung einer Rechtspflicht oder einer öffentlichen Aufgabe (Abs. 1 lit. c, e) – erfahren dabei zwei Einschränkungen:

■ Zum einen greifen sie gemäß Abs. 3 nur iVm einer einschlägigen Rechtsvorschrift außerhalb der DSGVO. Für die Verantwortlichen be-

---

1 *Frenzel* in: Paal/Pauly DSGVO Art. 6 Rn. 1, 7; *Ziegenhorn/von Heckel* NVwZ 2016, 1585 (1586).
2 Zur Kritik dieser Regelungstechnik siehe statt vieler *Härting/Schneider* CR 2015, 819 (822 f.); *Giesen* PinG 2013, 62; befürwortend dagegen etwa *Weichert* DuD 2013, 246; *Karg* DuD 2013, 75.
3 Vgl. *Schneider* in: BeckOK-BDSG, Edition 15, 2015, EUDSRL Rn. 90.
4 Vgl. Erwägungsgrund 40.

deutet dies insoweit einen **Vorbehalt des Gesetzes:** Für die mitgliedstaatliche Staatsgewalt in Durchführung des Unionsrechts konkretisiert
es den aus Art. 8 Abs. 2 S. 1 EUGRCh folgenden Vorbehalt des Gesetzes,[5] für nicht grundrechtsgebundene Stellen stellt es ihn selbst auf, soweit diese sich nicht auf überwiegende berechtigte Interessen berufen
können (Abs. 1 lit. f), und macht sich damit grds. rechtfertigungsbedürftig nach Art. 11, 16 EUGRCh, die hier als „Grundrecht auf Datenverarbeitung" fungieren.[6]

■ Zum anderen steht es den Mitgliedstaaten nach Abs. 2 (nur[7]) insoweit
  frei, zusätzliche **nationale Anforderungen** an das Gebrauchmachen von
  diesen beiden Erlaubnistatbeständen zu stellen.

Abs. 4 ist im Zusammenhang mit dem Verbot der Weiterverarbeitung zu   3
unvereinbaren Zwecken in Art. 5 Abs. 1 lit. b Hs. 1 Var. 2 DSGVO zu lesen
(vgl. → Art. 5 Rn. 24 ff.). Dieses Verbot wird hier durch die prozedurale
Pflicht zur Berücksichtigung bestimmter Belange vor einer solchen Verarbeitung ergänzt.

II. Bisherige Rechtslage

Abs. 1 der Bestimmung entspricht Art. 7 DSRL, dessen Struktur – Verbot   4
und sechs Erlaubnistatbestände – genau und dessen Wortlaut im Wesentlichen übernommen wurden.[8] Die weiteren Absätze sind im Zuge des Übergangs zur Verordnungsform neu hinzugekommen; der mitgliedstaatliche
Spielraum in Abs. 2, 3 musste nunmehr ausdrücklich eingeräumt werden.

Im Vergleich zu § 4 Abs. 1 BDSG reduziert Art. 6 DSGVO die Reichweite   5
des datenschutzrechtlichen Vorbehalts des Gesetzes, indem es über die Einwilligung (Abs. 1 lit. a, entsprechend § 4 Abs. 1 BDSG, § 12 Abs. 1, 2
TMG) hinaus eine Reihe stets geltender Erlaubnistatbestände unmittelbar
vorsieht. Insbes. die Vertragserfüllung erfordert damit keine eigene gestat-
tende Rechtsvorschrift mehr wie noch § 28 Abs. 1 S. 1 Nr. 1 BDSG, sondern stellt gemäß Abs. 1 lit. b unmittelbar eine rechtmäßige Verarbeitung
dar.

III. Entstehung der Norm

Entgegen aller dagegen vorgebrachten Kritik[9] hat der Verordnunggeber am   6
generellen präventiven Verarbeitungsverbot festgehalten. Die Grundele-
mente der Vorschrift – Erlaubnistatbestände in Abs. 1 und Rechtsgrundla-
generfordernis in Abs. 3 S. 1 – standen fast wörtlich bereits im Kommissionsentwurf.[10] Korrigiert wurde insbes., dass nach dem Entwurf für den Erlaubnistatbestand nach lit. f das berechtigte Interesse eines Dritten nicht ge-

---

5 Für die Unionsorgane gilt gemäß Art. 2 Abs. 3 DSGVO Sonderrecht (siehe auch Erwägungsgrund 17); die Rechtmäßigkeit regelt hier Art. 5 VO (EG) Nr. 45/2001.
6 Begriff: *Giesen* PinG 2013, 62 (64). Den „prinzipiellen Unterschied" zwischen öffentlichem und privatem Bereich betont namentlich *Masing* NJW 2012, 2305
   (2306 f.).
7 *Roßnagel/Kroschwald* ZD 2014, 495 (497).
8 *Härting* BB 2012, 459 (462 f.).
9 Etwa von *Härting/Schneider* CR 2015, 819 (822 f.); *Giesen* PinG 2013, 62.
10 KOM(2012) 11 endg., 50 f.

nügen sollte;[11] das hätte womöglich die Auskunfteien existenziell gefährdet.[12] Nicht durchsetzen konnte sich die Kommission auch

- mit der generellen Zulassung der Weiterverarbeitung auch zu unvereinbaren Zwecken (entgegen Art. 5 Abs. 1 lit. b Var. 2 DSGVO), sofern nur ein Erlaubnistatbestand nach Abs. 1 lit. a–e gegeben wäre[13] (der Rat hätte die Regelung auch noch auf lit. f ausgedehnt[14]),
- mit einem zusätzlichen Erlaubnistatbestand für wissenschaftliche und ähnliche Zwecke,[15]
- mit dem (in Art. 7 verorteten) Ausschluss der Einwilligung nach lit. a bei erheblichem Ungleichgewicht[16] sowie
- mit ihrer eigenen Ermächtigung zur tertiärrechtlichen Konkretisierung der Interessenabwägung nach lit. f.[17] Zur Konkretisierung desselben Erlaubnistatbestands hatte das Parlament vorgeschlagen, stattdessen einige Beispiele in die Erwägungsgründe aufzunehmen.[18] Auch dies wurde letztlich nicht aufgenommen, ebensowenig der Vorschlag der Artikel-29-Datenschutzgruppe, für die Abwägung nähere Kriterien zu bestimmen,[19] so dass insgesamt eine nur noch judikativ zu konkretisierende Generalklausel übriggeblieben ist.

7 Dass Verarbeitungen nach Abs. 1 lit. c und e einer zusätzlichen Rechtsgrundlage bedürfen sollten, stand während des ganzen Gesetzgebungsverfahrens fest. Die jetzt in Abs. 2 vorgenommene weitgehende Öffnung dieser beiden Erlaubnistatbestände für mitgliedstaatliche Spezifizierungen und Präzisierungen verdankt sich dem Rat, der sie ursprünglich programmatisch im ersten Artikel der Verordnung unterbringen wollte.[20]

---

11 Nur punktuelle Erweiterung durch das Parlament: P7_TA(2014)0212, 12.3.2014, 110 (Änderungsantrag 100).
12 Vgl. *Gola/Schulz* RDV 2013, 1 (6); *Breinlinger/Scheuing* RDV 2012, 64 (70 f.); *Dehmel/Hullen* ZD 2013, 147 (149).
13 Dagegen schon *Europäischer Datenschutzbeauftragter*, Stellungnahme zum Datenschutzreformpaket, 7.3.2012, Tz 66 f., 121; *Artikel-29-Datenschutzgruppe*, Stellungnahme 03/2013, 569/13/EN, 36 f.; zur Kritik auch *Gola/Schulz* RDV 2013, 1 (7).
14 Ratsdok. 9565/15, 11.6.2015, 85.
15 Dagegen insbes. *Artikel-29-Datenschutzgruppe*, Stellungnahme 03/2013, 569/13/EN, 33.
16 Kritisch bezüglich des Arbeitsverhältnisses *Wybitul/Rauer* ZD 2012, 160 (162), bezüglich des Verbraucher-Unternehmer-Verhältnisses *Buchner* DuD 2016, 155 (158). Siehe jetzt aber Erwägungsgrund 43 und etwa *Laue/Nink/Kremer*, § 2 Rn. 17.
17 Kritisch aus Gründen der demokratischen Legitimation etwa *Beyvers* PinG 2015, 60 (64); aus Gründen der Bestimmtheit der Vorschrift selbst *Simitis* in: Simitis BDSG Einleitung, Rn. 256 f.
18 Parlamentsdok. P7_TA(2014)0212, 12.3.2014, 16 f. (Änderungsanträge 17, 18). Zustimmend *Beyvers* PinG 2015, 60 (64); kritisch *Dehmel/Hullen* ZD 2013, 147 (149).
19 *Artikel-29-Datenschutzgruppe*, Stellungnahme 06/2014, 844/14/EN, 66.
20 Ratsdok. 9565/15, 11.6.2015, 75.

B. Kommentierung

I. System der Erlaubnistatbestände

Die sechs Erlaubnistatbestände des Abs. 1 stehen **alternativ** nebeneinander, ohne dass einer davon besonders herausgehoben wäre[21] (wie es die Einwilligung in § 4 Abs. 1 BDSG war[22]). Die Vorschrift erwähnt dabei auch ausdrücklich den Fall, dass mehrere zugleich verwirklicht sein können. So wird die Erfüllung einer Rechtspflicht (lit. c) gewiss oft zugleich einer öffentlichen Aufgabe (lit. e) oder einem berechtigten Interesse (lit. f) dienen. Zur Begründung der Rechtmäßigkeit einer Verarbeitung genügt aber bereits eines davon. **8**

Auch kann ein Erlaubnistatbestand grds. zugleich eine Weiterverarbeitung derselben Daten tragen, wenn seine Voraussetzungen dafür ebenfalls vorliegen;[23] ansonsten müsste ein neuer Erlaubnistatbestand bemüht werden (ergänzend ist Art. 5 Abs. 1 lit. b Hs. 1 Var. 2 DSGVO zu beachten, → Art. 5 Rn. 24 ff.). **9**

1. Persönlicher Anwendungsbereich

Alle Erlaubnistatbestände stehen grds. jedermann, insbes. staatlichen und nicht-staatlichen Stellen gleichermaßen zur Verfügung. Die Ausnahme bildet das Paar von „berechtigtem Interesse" (lit. f – nur Private, vgl. → Rn. 66) einerseits, „öffentlicher Gewalt" (lit. e Var. 2 – nur Hoheitsträger, vgl. → Rn. 43 f.) andererseits. Eine in ihrer Tragweite noch nicht zu beurteilende Einschränkung erfährt der Erlaubnistatbestand der Einwilligung (lit. a) durch den Hinweis im Erwägungsgrund 43 S. 1, wonach Verarbeitungsverantwortliche bei „klarem Ungleichgewicht" sich darauf nicht berufen können sollen (vgl. → Art. 7 Rn. 27 ff.). **10**

Für die Datenverarbeitung der mitgliedstaatlichen Sicherheitsbehörden regelt die Rechtmäßigkeit Art. 8 RL (EU) 2016/680, für die der Unionsorgane Art. 5 VO (EG) Nr. 45/2001. **11**

2. Tatbestandsmerkmal Erforderlichkeit

Alle Erlaubnistatbestände außer dem der Einwilligung (lit. a) setzen voraus, dass die Verarbeitung im Hinblick auf ein gewisses Ziel „erforderlich" ist:[24] **12**

- für die Erfüllung einer Vertrags- oder sonstigen Rechtspflicht (lit. b Var. 1, lit. c),
- für die Durchführung vorvertraglicher Maßnahmen (lit. b Var. 2),
- für den Schutz eines lebenswichtigen oder doch zumindest berechtigten Interesses (lit. d, f) oder
- für die Wahrnehmung einer öffentlichen Aufgabe (lit. e).

---

21 Auch lit. f sollte weder vor- noch nachrangig angewandt werden, so zur DSRL *Artikel-29-Datenschutzgruppe*, Stellungnahme 06/2014, 844/14/EN, 13, 62.
22 Vgl. *Laue/Nink/Kremer*, § 2 Rn. 4.
23 Vgl. Erwägungsgrund 50 Abs. 1 S. 2, 5.
24 Vgl. *Frenzel* in: Paal/Pauly DSGVO Art. 6 Rn. 9, der einen Zusammenhang zu Art. 5 Abs. 1 lit. c, e DSGVO herstellt.

3. Tatbestandsmerkmal Rechtsgrundlage

13 Zwei Erlaubnistatbestände, lit. c und e, wirken nicht aus sich heraus, sondern gemäß Abs. 3 nur iVm einer besonderen unionalen oder mitgliedstaatlichen Rechtsgrundlage außerhalb der DSGVO (vgl. → Rn. 24 ff. bzw. → Rn. 45 ff.); die Verordnung baut insofern teilweise auf dem einzelstaatlichen Recht auf.[25] Das bringt einige Besonderheiten mit sich, weshalb die Verordnung mehrfach tatbestandlich an diese beiden Regelungen anknüpft (Art. 6 Abs. 2, Art. 35 Abs. 10, Art. 55 Abs. 2 DSGVO).

4. Widerspruchsrecht

14 Zwei Erlaubnistatbestände, lit. e und f, lösen das Widerspruchsrecht nach Art. 21 Abs. 1 DSGVO aus, dessen Ausübung uU auch einer an sich rechtmäßigen Verarbeitung entgegensteht. Hintergrund ist ein „potenziell sehr breit gefächertes Anwendungsspektrum" dieser beiden Erlaubnistatbestände.[26]

II. Die einzelnen Erlaubnistatbestände (Abs. 1–3)

1. Einwilligung (Abs. 1 lit. a)

15 Erlaubt ist die Verarbeitung, wenn die betroffene Person ihre Einwilligung iSv Art. 4 Nr. 11 DSGVO gegeben hat. Für den staatlichen Bereich bildet die Regelung die grundrechtliche Situation ab, dass bei Vorliegen einer Einwilligung schon der Schutzbereich von Art. 8 Abs. 2 S. 1 EUGRCh nicht berührt ist (wie auch ein Eingriff in das Recht auf informationelle Selbstbestimmung aus Art. 2 Abs. 1 GG dann nicht gegeben ist).

16 Die Einwilligung muss sich auf konkrete Daten und konkrete („bestimmte") Verarbeitungszwecke beziehen. Nähere Voraussetzungen enthalten Art. 7 sowie für Kinder Art. 8 DSGVO. Ein Widerruf der Einwilligung ist möglich, macht die bis dahin erfolgten Verarbeitungen aber nicht rechtswidrig (Art. 7 Abs. 3 S. 2 DSGVO), sondern verpflichtet – bei Fehlen eines alternativen Erlaubnistatbestands – nur zur Löschung der gespeicherten Daten (Art. 18 Abs. 1 lit. b DSGVO).[27]

17 Die Klausel schreibt Art. 7 lit. a DSRL fort; das Erfordernis der Erklärung „ohne jeden Zweifel" ist nur in die Legaldefinition der Einwilligung übergegangen und lautet jetzt „unmissverständlich" (englisch „unambiguous").

2. Vertragserfüllung oder -vorbereitung (Abs. 1 lit. b)

18 Erlaubt ist die Verarbeitung, wenn die betroffene Person Partei eines Vertrages ist (Var. 1) oder erkennbar („auf Anfrage") werden will (Var. 2) und die Verarbeitung in diesem Zusammenhang erforderlich ist.[28] Dieser Erlaubnistatbestand verlängert gewissermaßen den der Einwilligung: zwar wird hier nicht ausdrücklich der Verarbeitung zugestimmt, doch wird diese als notwendiges Zwischenziel gewissermaßen von der Freiwilligkeit des

---

25 *Europäischer Datenschutzbeauftragter*, Stellungnahme zum Datenschutzreformpaket, 7.3.2012, Tz 51.
26 *Artikel-29-Datenschutzgruppe*, Stellungnahme 06/2014, 844/14/EN, 28.
27 Vgl. *Laue/Nink/Kremer*, § 2 Rn. 14.
28 Nichtssagend Erwägungsgrund 44.

Vertragsschlusses mitumfasst.[29] Soweit der Verantwortliche zugleich der Vertragspartner der betroffenen Person ist, erscheint Var. 1 zugleich als Spezialfall des Erlaubnistatbestands der Pflichterfüllung (Abs. 1 lit. c), aus dem auf diese Weise die vertraglichen Pflichten herausgeschnitten und von dem Erfordernis einer besonderen, im öffentlichen Interesse liegenden Rechtsgrundlage (Abs. 3) freigestellt werden. Soweit der Verantwortliche nicht selbst an dem Vertrag beteiligt ist, muss der Vertragspartner ihn wohl zumindest in die Vertragsanbahnung oder -durchführung eingeschaltet haben („Funktionsübertragung"), damit Abs. 1 lit. b die Verarbeitung rechtfertigen kann.[30]

„Vertrag" dürfte nur ein materiellrechtlich wirksamer sein, was sich dann **19** nach dem jeweils anwendbaren mitgliedstaatlichen Recht bestimmt. Bürgerlichrechtliche Verträge kommen ebenso in Betracht wie öffentlich-rechtliche. Ausscheiden dürften aber Kollektivverträge (wie Betriebsvereinbarungen und Tarifverträge) in Bezug auf die Daten der an die vertraglichen Normen gebundenen natürlichen Personen (Arbeitnehmer und ggf. Arbeitgeber), die nicht selbst Vertragsparteien sind;[31] denn die Bindung ist hier nicht in gleichem Sinne freiwillig wie bei einem eigenen Vertragsschluss, sondern für die Betroffenen eher mit einer gesetzlichen Pflicht vergleichbar und fällt daher höchstens unter Abs. 1 lit. c (vgl. → Rn. 22 ff.).

Einer Interessenabwägung bedarf es für Abs. 1 lit. b nicht.[32] Die Verarbei- **20** tung muss nur **erforderlich** sein

■ entweder zur Erfüllung des Vertrags, dh eine Primär- oder Sekundärpflicht aus dem vertraglichen Schuldverhältnis kann nicht erfüllt werden, ohne dass das Datum verarbeitet würde. Das ist zum einen deutlich der Fall, wenn die Pflicht selbst auf eine Datenverarbeitung gerichtet ist; zum anderen und praktisch wohl wichtiger gilt es aber zB auch dann, wenn nur die Pflichterfüllung von der Datenverarbeitung abhängt,[33] etwa wenn eine Lieferung geschuldet ist, die nur unter Verwendung von Adressdaten (Verarbeitung iSv Art. 4 Nr. 2 Var. 9 DSGVO) möglich ist.[34] Generell dürfte es für die Vertragsdurchführung und -abwicklung insbes. erforderlich sein, Kontaktdaten des Vertragspartners zu erheben, zu erfassen, zu speichern, zu ordnen und im Bedarfsfall zu verwenden;[35]

■ oder zur Durchführung vorvertraglicher Maßnahmen, die die Bestimmung nicht konkretisiert. Nahe liegt die Deutung, dass (1) der Vertragsschluss selbst oder (2) vorgezogene Schritte zur Erfüllung der erst zu begründenden Leistungspflicht – etwa die Erstellung eines Angebots oder die Vormerkung einer Leistung[36] – nicht vorgenommen werden können müssen, ohne dass das Datum verarbeitet würde. Hierunter

---

29 Ähnlich *Traung* CRi 2012, 33 (41).
30 *Laue/Nink/Kremer*, § 2 Rn. 26.
31 AA *Wybitul/Fladung* BB 2012, 509 (515).
32 *Ziegenhorn/von Heckel* NVwZ 2016, 1585 (1588).
33 *Dammann* in: Dammann/Simitis, EG-DSRL, 1997, Art. 7 Rn. 5.
34 Vgl. *Artikel-29-Datenschutzgruppe*, Stellungnahme 06/2014, 844/14/EN, 21.
35 Zurückhaltender *Artikel-29-Datenschutzgruppe*, Stellungnahme 06/2014, 844/14/EN, 22 f.
36 Beispiele nach *Dammann* in: Dammann/Simitis, EG-DSRL, 1997, Art. 7 Rn. 6.

fiele namentlich die Erhebung, Erfassung, Speicherung und Verwendung von Kontaktdaten des potentiellen Vertragspartners.[37]

21 Die Veränderung gegenüber Art. 7 lit. b DSRL (entsprechend Art. 5 lit. c VO (EG) Nr. 45/2001) ist nur einer veränderten Übersetzung geschuldet; die englischen Sprachfassungen sind identisch.

3. Pflichterfüllung (Abs. 1 lit. c iVm Abs. 2, 3)

22 Erlaubt ist die Verarbeitung grds, wenn der Verantwortliche einer Rechtspflicht unterliegt und die Verarbeitung in diesem Zusammenhang erforderlich ist. Dieser Erlaubnistatbestand begründet die **Subsidiarität des Datenschutzrechts**: das präventive Datenverarbeitungsverbot entbindet nicht von anderen Pflichten; vielmehr entbinden diese über Abs. 1 lit. c vom Datenverarbeitungsverbot. Die Verarbeitung in Gestalt der Löschung, soweit sie zur Erfüllung einer Rechtspflicht erforderlich ist, wird in Art. 17 Abs. 1 lit. e DSGVO sogar pflichtig gestellt.

23 Die Veränderung gegenüber Art. 7 lit. c DSRL (entsprechend Art. 5 lit. b VO (EG) Nr. 45/2001) ist nur einer veränderten Übersetzung geschuldet; die englischen Sprachfassungen sind identisch. Doch können die Mitgliedstaaten jetzt nach Abs. 2 zusätzliche Anforderungen stellen (vgl. → Rn. 29 f.).

a) Rechtsgrundlage (Abs. 3 S. 1, 2, 4)

24 Rechtspflicht ist die subjektive Seite einer gebietenden oder verbietenden Rechtsnorm.[38] Die daher erforderliche Rechtsnorm nennt Abs. 3 die „Rechtsgrundlage für die Verarbeitung" und stellt dafür zugleich vier zwingende Anforderungen auf, damit der Erlaubnistatbestand wirkt (weitgehend zugleich für Abs. 1 lit. e, vgl. Rn. 45):[39]

1. Die Rechtsgrundlage muss enthalten sein im **Recht der Union oder eines Mitgliedstaats** (nicht: eines Drittstaats[40]), dessen Recht der Verantwortliche unterliegt (Abs. 3 S. 1). Da eine Rechtspflicht begründet werden muss (vgl. → Rn. 46),[41] können dies nur Rechtsvorschriften sein, die für den Verantwortlichen unmittelbar anwendbar sind.[42] Dagegen ergibt sich aus dem Wort „Rechtsvorschriften" nicht, dass individuelle Rechtsakte ausgeschlossen wären; schließlich hat auch die englische Fassung nur ganz allgemein „law" und wirkt die individuell begründete Rechtspflicht nicht minder zwingend als ihr generelles Pendant, so dass auch die Interessenlage identisch ist. Erwägungsgrund 41 S. 1 Hs. 1 macht deutlich, dass auch aus Sicht des Verordnunggebers ein parlamentarischer Gesetzgebungsakt nicht erforderlich ist.
   Für **nicht-staatliche Stellen** kommen aus dem Unionsrecht nur Verordnungen und Beschlüsse (Art. 288 Abs. 2, 4 AEUV) sowie ausnahmswei-

---

37 *Artikel-29-Datenschutzgruppe*, Stellungnahme 06/2014, 844/14/EN, 23.
38 *Kelsen*, Hauptprobleme der Staatsrechtslehre, 1911, 311 f.
39 Vgl. auch *Kühling/Martini* u.a., Die DSGVO und das nationale Recht, 2016, 34 f.
40 Insoweit hilft nur Abs. 1 lit. f; vgl. *Artikel-29-Datenschutzgruppe*, Stellungnahme 06/2014, 844/14/EN, 24 f.
41 Vgl. *Laue/Nink/Kremer*, § 2 Rn. 28.
42 Vgl. *Laue/Nink/Kremer*, § 2 Rn. 31.

se an sie ergangene Urteile unionaler Gerichte, aus dem deutschen Recht als abstrakt-generelle Rechtsnormen Gesetze, Rechtsverordnungen und Satzungen sowie als konkret-individuelle Rechtsnormen Verwaltungsakte[43] und Urteile in Frage. Durch nicht-staatliche Akteure gesetztes Recht (Verträge, insbes. Tarifverträge oder Betriebsvereinbarungen) könnte zwar ebenfalls als „Recht der Mitgliedstaaten" angesehen werden, da jenes seine Geltung von diesem herleitet, ist aber wohl nicht gemeint;[44] verneint man außerdem die Einordnung der Kollektivverträge bei Abs. 1 lit. b (→ Rn. 19), hilft insoweit nur das berechtigte Interesse des Abs. 1 lit. f (→ Rn. 52 ff.) oder die Öffnungsklausel in Art. 88 Abs. 1 DSGVO.

Für **staatliche Stellen**[45] kann sich die Situation anders darstellen, soweit diese zusätzlichen Bindungen unterworfen sind. Aus dem deutschen Recht sind dies insbes. die Verwaltungsvorschriften; soweit diese wirksam verpflichten, sollten auch die erforderlichen Verarbeitungen nach Abs. 1 lit. c erlaubt sein;[46] zu beachten bleiben freilich die aus Art. 2 Abs. 1 GG und, soweit einschlägig, Art. 8 Abs. 2 S. 1 EUGRCh folgenden und innerhalb der mitgliedstaatlichen Spielräume weiterhin anwendbaren Vorbehalte des Gesetzes.[47] Aus dem Unionsrecht wäre noch an die Urteile der unionalen Gerichte sowie an die Richtlinien (Art. 288 Abs. 3 AEUV) zu denken, die zumindest nach der Rspr. für alle innerstaatlichen Stellen verbindlich sind;[48] dementsprechend läge auch in der (namentlich applikativen,[49] also administrativen und judikativen) Richtlinienumsetzung eine Rechtsgrundlage für dazu etwa erforderliche Datenverarbeitungen.

2. Die Rechtsgrundlage muss den **Zweck der Verarbeitung** selbst festlegen (Abs. 3 S. 2 Var. 1; die Var. 2 gilt nur für Abs. 1 lit. e, nicht c). Die Festlegung hat selbst keinen gebietenden oder verbietenden Charakter. Sie wird deshalb nicht immer ausdrücklich im Normtext enthalten, sondern häufig aus dem Zusammenhang zu erschließen sein.

3. Die Rechtsgrundlage muss ein **im öffentlichen Interesse liegendes Ziel** verfolgen (Abs. 3 S. 4 Var. 1).

4. Die Rechtsgrundlage muss **verhältnismäßig** in Bezug auf den verfolgten Zweck sein (Abs. 3 S. 4 Var. 2).

---

43 AA *Frenzel* in: Paal/Pauly DSGVO Art. 6 Rn. 36.
44 *Artikel-29-Datenschutzgruppe*, Stellungnahme 06/2014, 844/14/EN, 24 (zu Verträgen allgemein); *Gola* EuZW 2012, 332 (336, zu Betriebsvereinbarungen); *Kühling/Martini u.a.*, Die DSGVO und das nationale Recht, 2016, 30 Fn. 49 (zu Tarifverträgen); *Laue/Nink/Kremer*, § 2 Rn. 31 (zu beidem). Für die Einbeziehung von Tarifverträgen und Betriebsvereinbarungen dagegen *Frenzel*, in: Paal/Pauly DSGVO Art. 6 Rn. 16 f.
45 Für deren Einbeziehung auch *Frenzel* in: Paal/Pauly DSGVO Art. 6 Rn. 18.
46 AA *Frenzel* in: Paal/Pauly DSGVO Art. 6 Rn. 36.
47 Vgl. Erwägungsgrund 41 S. 1 Hs. 2; *Kühling/Martini u.a.*, Die DSGVO und das nationale Recht, 2016, 28.
48 Ständige Rspr. seit EuGH 10.4.1984 – 14/83, Slg 1984, 1891 Rn. 26 – von Colson; EuGH 10.4.1984 – 79/83, Slg 1984, 1921 Rn. 26 – Harz. Zur Kritik vgl. *Reimer* JZ 2015, 910 (911 f., 919).
49 Begriff: *Burger*, Verantwortung und Verantwortlichkeit für die Umsetzung supranationalen Rechts im Bundesstaat, 2010, 198; *ders.* DVBl 2013, 1431 (1432).

25 Dabei kann eine Rechtsgrundlage ohne Weiteres für mehrere Verarbeitungen und für Weiterverarbeitungen gelten, wie Erwägungsgründe 45 S. 2, 3 und 50 Abs. 1 S. 5 ausdrücklich klarstellen. Nicht in den verfügenden Teil der Verordnung einbezogen worden und damit bloße Hoffnungen des Verordnunggebers geblieben sind die Erwartungen in Erwägungsgrund 41 S. 2, dass die Rechtsgrundlage klar, präzise und vorhersehbar sein sollte. Entsprechende rechtsstaatliche Anforderungen können sich freilich aus dem Primärrecht oder dem mitgliedstaatlichen Verfassungsrecht ergeben.

26 Eine Rechtsgrundlage kann sich auf eine **reduzierte Erlaubniswirkung**, die sie über Abs. 1 lit. c vermittelt, explizit beschränken, indem sie „spezifische Bestimmungen zur Anpassung der Anwendung der Vorschriften dieser Verordnung" aufnimmt (Abs. 3 S. 3). Diese Generalklausel ist nicht nur schwer verständlich, sondern für das Unionsrecht auch weitgehend überflüssig, weil spätere Unionsrechtsakte die DSGVO ohne Weiteres verdrängen können; für das mitgliedstaatliche Recht tritt ihre Bedeutung aber durch die folgenden Regelbeispiele etwas klarer hervor, die den Umfang der Generalklausel weitgehend erschöpfen dürften. Danach kann die Rechtsgrundlage – außer der Statuierung der Rechtspflicht des Verantwortlichen – zugleich bestimmen:

- allgemeine Bedingungen für die Rechtmäßigkeit der Datenverarbeitung (Erwägungsgrund 45 S. 5 fasst hierunter insbes. noch die Bestimmung des Verantwortlichen);
- die Art der erlaubterweise zu verarbeitenden Daten;
- den Kreis der erlaubterweise zu erfassenden Personen;
- Empfänger und Zwecke erlaubter Offenlegung;
- erlaubte und verbotene Zwecke (insbes. in Bezug auf eine Weiterverarbeitung);[50]
- zeitliche Grenzen für die Aufbewahrung, dh eine über Art. 5 Abs. 1 lit. e DSGVO hinausgehende Löschungspflicht (vgl. → Art. 5 Rn. 39 ff.);
- die Art der erlaubterweise anzuwendenden Verarbeitungsvorgänge und -verfahren. Insbesondere können hier Vorkehrungen zur Sicherung der Rechtmäßigkeit und Fairness der Verarbeitung (Art. 5 Abs. 1 lit. a Var. 1, 2 DSGVO; vgl. → Art. 5 Rn. 12 ff.) getroffen werden. Ausdrücklich soll dieser Mechanismus auch für die Erfüllung der mitgliedstaatlichen Regelungsaufträge und -befugnisse aus Kapitel IX zur Verfügung stehen.

27 Eine bereits für die Rechtsgrundlage vorgenommene **Folgenabschätzung** kann den Verantwortlichen von einer Folgenabschätzung im Einzelfall entlasten, Art. 35 Abs. 10 DSGVO.

b) Erforderlichkeit

28 Die Verarbeitung muss zur Erfüllung der Rechtspflicht erforderlich sein, dh diese kann nicht erfüllt werden, ohne dass das Datum verarbeitet würde. Wie bei Abs. 1 lit. b Var. 1 (vgl. → Rn. 20) ist das zum einen der Fall, wenn der Verantwortliche unmittelbar zu einer Verarbeitung – namentlich zur

---

50 Vgl. Erwägungsgrund 50 Abs. 1 S. 3.

Speicherung (Aufzeichnungs-, Aufbewahrungspflichten) oder Offenlegung (Melde-,[51] Vorlage-, Aussage-, Transparenzpflichten[52])[53] – rechtlich verpflichtet ist. Es gilt zum anderen aber auch dann, wenn die Pflichterfüllung die Verarbeitung nur zwingend voraussetzt.

c) Zusätzliche mitgliedstaatliche Anforderungen (Abs. 2)

Gemäß Abs. 2 behalten die Mitgliedstaaten eine Rechtsetzungskompetenz, soweit es um Rechtsvorschriften geht, die ergänzend zu Art. 6 Abs. 1 lit. c, e DSGVO „spezifischere Bestimmungen zur Anpassung der Anwendung der Vorschriften dieser Verordnung" treffen; es werden also nicht Abweichungen, sondern nur Konkretisierungen zugelassen.[54] Wie beim ähnlich formulierten Abs. 3 S. 3 – neben dem der auf Veranlassung des Rates nachträglich eingefügte Abs. 2 eigentlich als überflüssig erscheint[55] – geht es um Vorkehrungen zur Sicherung der Rechtmäßigkeit und Fairness der Verarbeitung (Art. 5 Abs. 1 lit. a Var. 1, 2, vgl. → Rn. 26); bei Abs. 2 muss dies gerade der Zweck der mitgliedstaatlichen Bestimmungen sein. Ebenso wie bei Abs. 3 S. 3 liegt – trotz des Worts „indem" – auch hierin eine Generalklausel, denn die alternative Gestattung „sonstiger Maßnahmen" öffnet die Ermächtigung inhaltlich für Regelungen aller Art, solange die Zweckrichtung stimmt.[56]

29

Ausdrücklich soll auch dieser Mechanismus insbes. für die Erfüllung der mitgliedstaatlichen Regelungsaufträge und -befugnisse aus Kapitel IX zur Verfügung stehen.

30

4. Lebenswichtigkeit (Abs. 1 lit. d)

Erlaubt ist die Verarbeitung, wenn sie zum Schutz lebenswichtiger Interessen einer natürlichen Person erforderlich ist – **der Datenschutz weicht dem Lebensschutz**. Um wessen Interessen es geht, ist gleich; im Unterschied noch zu Art. 7 lit. d DSRL (entsprechend Art. 5 lit. e VO (EG) Nr. 45/2001) muss es sich nicht mehr unbedingt um solche der betroffenen Person handeln.

31

a) Lebenswichtiges Interesse einer natürlichen Person

Was als lebenswichtiges Interesse zu gelten hat, bestimmt die Vorschrift nicht ausdrücklich näher. Systematisch ergibt der Vergleich zu Abs. 1 lit. f, dass es um gewichtigeres Interesse als ein bloß „berechtigtes" gehen muss, denn dort wird der Erlaubnistatbestand durch ein Abwägungserfordernis zusätzlich eingeschränkt, während lebenswichtige Interessen ohne Weiteres geschützt werden dürfen.

32

---

51 Vgl. *Artikel-29-Datenschutzgruppe*, Stellungnahme 06/2014, 844/14/EN, 24.
52 Vgl. EuG 8.11.2007 – T-194/04, Slg 2007, II-4523 Rn. 106 – Bavarian Lager (zu Art. 5 lit. b VO (EG) Nr. 45/2001; insoweit nicht betroffen durch die Rechtsmittelentscheidung).
53 Vgl. *Dammann* in: Dammann/Simitis, EG-DSRL, 1997, Art. 7 Rn. 8.
54 *Benecke/Wagner* DVBl 2016, 600 (601).
55 Umgekehrt *Benecke/Wagner* DVBl 2016, 600 (601 f.), die die Entstehungsgeschichte der Bestimmung insoweit nicht einbeziehen.
56 Vgl. *Kühling/Martini u.a.*, Die DSGVO und das nationale Recht, 2016, 33 f.

33 Schon sprachlich liegt nahe, dass das zentrale lebenswichtige Interesse dasjenige am Leben selbst ist. Da die Formulierung aber nicht einfach „Leben" lautet, dürfte auch die Einbeziehung weiterer Interessen gewollt sein,
die für das Weiterleben einer natürlichen Person bedeutsam sind. Amtliche
Beispiele sind die Bewältigung von Epidemien oder Natur- und ähnlichen
Katastrophen.[57] Angesichts dieser Vergleichsfälle werden existenzielle Ge-
schäftsinteressen, wie sie bei Einzelkaufleuten und Freiberuflern durchaus
denkbar sind, wohl nicht genügen,[58] eher schon – mangels erkennbarer Beschränkung des Normtexts – die Abwehr von Seuchen- oder Terrorgefah-
ren durch vorbeugende Datenverarbeitung.[59]

b) Erforderlichkeit

34 Die Verarbeitung muss zum Schutz des lebenswichtigen Interesses erforderlich sein, dh dieses kann einer Beeinträchtigung nicht entgehen, ohne dass
das Datum verarbeitet würde. Hier kann es etwa um Maßnahmen zur Ge-
sunderhaltung gehen, worin die betroffene Person etwa wegen Bewusstlosigkeit nicht selbst einwilligen kann.

35 Bezugspunkt der Erforderlichkeit ist nach dem Normtext nicht, dass das
lebenswichtige Interesse ohne die Verarbeitung sofort und unmittelbar beeinträchtigt werden müsste. Auch ist – anders als bei Art. 9 Abs. 2 lit. c
DSGVO – kein Nachrang gegenüber dem Erlaubnistatbestand der Einwilligung (Abs. 1 lit. a) angeordnet in dem Sinne, dass ein Verantwortlicher sich
auf lebenswichtiges Interesse nur berufen könnte, wenn die betroffene Person einzuwilligen nicht im Stande ist, das lebenswichtige Interesse also als
„mutmaßliche Einwilligung" zu verstehen wäre.[60] Zwar wünscht sich der
Verordnunggeber einen nur subsidiären Rückgriff auf Abs. 1 lit. d,[61] doch
angesichts der möglichen Kumulation von Erlaubnistatbeständen (zumal
mit Abs. 1 lit. e; vgl. auch → Rn. 39) und des deutlichen textlichen Unter-
schieds zu Art. 9 DSGVO kommt dem wohl kein eigener Regelungsgehalt
zu.

5. Öffentliche Aufgabe (Abs. 1 lit. e iVm Abs. 2, 3)

36 Erlaubt ist die Verarbeitung, wenn sie zur Wahrnehmung einer öffentlichen
Aufgabe[62] erforderlich ist (wobei die Vorschrift zwei Varianten von Aufgaben unterscheidet). Dieser Erlaubnistatbestand hat primär – aber nicht ausschließlich – die staatliche Datenverarbeitung im Blick und erfordert „ein
gewisses Maß an Flexibilität" im Hinblick auf deren Funktionsfähigkeit.[63]

---

57 Erwägungsgrund 46 S. 3 Hs. 2.
58 Vgl. *Antemir* PinG 2016, 65 (68).
59 Skeptisch insoweit aber *Artikel-29-Datenschutzgruppe*, Stellungnahme 06/2014,
    844/14/EN, 26.
60 Umkehrschluss aus Art. 9 Abs. 2 lit. c DSGVO. Anders wohl *Albrecht/Jotzo*, Teil 3
    Rn. 49 und (zur Vorgängerbestimmung) *Dammann* in: Dammann/Simitis, EG-DS-
    RL, 1997, Art. 7 Rn. 9.
61 Erwägungsgrund 46 S. 2, 3 Hs. 1; ähnlich *Artikel-29-Datenschutzgruppe*, Stellung-
    nahme 06/2014, 844/14/EN, 26.
62 Dieser zusammenfassende Begriff auch bei *Ehmann/Helfrich*, EG-DSRL, 1999,
    Art. 7 Rn. 24.
63 *Artikel-29-Datenschutzgruppe*, Stellungnahme 06/2014, 844/14/EN, 29.

Die Bestimmung entspricht Art. 7 lit. e DSRL (und Art. 4 lit. a VO (EG)   37
Nr. 45/2001), ist jedoch in Var. 2 etwas restriktiver hinsichtlich des Aufga-
benträgers (vgl. → Rn. 44).

a) Wahrnehmung einer öffentlichen Aufgabe

Der Verantwortliche muss eine Aufgabe wahrnehmen, die im öffentlichen   38
Interesse liegt (Var. 1 – Interessenaufgabe) oder in Ausübung ihm übertragener öffentlicher Gewalt erfolgt (Var. 2 – Hoheitsaufgabe).

aa) Aufgabe im öffentlichen Interesse

Var. 1 lässt die Verarbeitung in weitem Umfang zu, weil sich ein öffentli-   39
ches Interesse sehr häufig finden lassen wird; die Einschränkung erfolgt
praktisch erst durch das Erfordernis einer Rechtsgrundlage (vgl. →
Rn. 45 f.), die im Übrigen auch selbst im öffentlichen Interesse liegen muss
(Abs. 3 S. 4 Var. 1). Ausgeschlossen werden soll wohl das rein individuell-
private Interesse als traditioneller Gegenbegriff: Eine nur dem eigenen Ge-
winnstreben dienende Verarbeitung wird beispielsweise kaum auf Abs. 1
lit. e gestützt werden können, für sie ist Abs. 1 lit. f einschlägig (vgl. →
Rn. 54 ff.). Positiv werden unter das öffentliche Interesse insbes. gefasst

■ „Zwecke[...] der sozialen Sicherheit und der öffentlichen Gesundheit"
  (Art. 36 Abs. 5 DSGVO);

■ „gesundheitliche[...] Zwecke, wie die öffentliche Gesundheit oder die
  soziale Sicherheit oder die Verwaltung von Leistungen der Gesundheitsfürsorge" (Erwägungsgrund 45 S. 6);

■ „humanitäre Zwecke einschließlich der Überwachung von Epidemien
  [...] oder in humanitären Notfällen insbesondere bei Naturkatastrophen oder vom Menschen verursachten Katastrophen" (Erwägungsgrund 46 S. 3 Hs. 2).

Öffentliches Interesse kann im Datenschutzkontext auch an der Transpa-   40
renz der Bewirtschaftung öffentlicher Mittel bestehen.[64] Allgemeiner wird
als öffentliches Interesse insbes. all das angesehen werden können, was im
Primärrecht (insbes. Art. 3 EUV) als unionales Gemeinwohlziel anerkannt
ist. Dazu zählt namentlich die wissenschaftliche Forschung (vgl. Art. 3
Abs. 3 UAbs. 1 S. 3 EUV, 179–190 AEUV);[65] würde man diese nämlich
nicht vom öffentlichen Interesse iSv Abs. 1 lit. e erfasst sehen, so hätten die
öffentlichen Forschungseinrichtungen (namentlich Hochschulen), soweit
sie sich als öffentliche Stellen in Erfüllung ihrer Aufgaben nicht auf Abs. 1
lit. f berufen können (Abs. 1 UAbs. 2), keinen Erlaubnistatbestand mehr
auf ihrer Seite, was im Ergebnis kaum gemeint sein kann.[66] Zu den unionalen Gemeinwohlzielen gehört außerdem die Bekämpfung von Terrorismus und Kriminalität.[67]

---

64 Vgl. EuGH 20.5.2003 – C-465/00, C-138/01 und C-139/01, Slg 2003, I-5014
    Rn. 94 – österreichischer Rundfunk; EuGH 9.11.2010 – C-92/09 und C-93/09,
    Slg 2010, I-11063 Rn. 68–71 – Schecke (Subventionsvergabe).
65 AA *Beyvers/Gärtner/Kipker* PinG 2015, 241 (244), die einen Ausweg über Abs. 1
    lit. f suchen (ebd., 245, 247).
66 Die Alternative wäre eine engere Auslegung des Behördenbegriffs.
67 EuGH 8.4.2012 – C-293/12 und C-594/12, ECLI:EU:C:2014:238 Rn. 42 – Digital
    Rights Ireland.

41 Im öffentlichen Interesse handeln kann **auch eine nicht-staatliche Stelle;**[68] der Wortlaut ist insoweit – anders als noch in Art. 7 lit. e DSRL[69] – nicht eingeschränkt, da der zweite Relativsatz sich offenbar auf die „Gewalt", nicht die ferner stehende „Aufgabe" bezieht.[70] Wo etwa Privaten die Mitteilung von Daten an Behörden auferlegt oder im öffentlichen Interesse gestattet wird, müsste ein Fall von Var. 1 vorliegen.[71] Bei pflichtiger Mitteilung wäre zugleich Abs. 1 lit. c einschlägig,[72] bei freigestellter lit. f (vgl. → Rn. 57).

42 Vor der Verarbeitung im öffentlichen Interesse kann nach mitgliedstaatlichem Recht ein **Genehmigungs- oder Konsultationsverfahren** bei der Aufsichtsbehörde vorgeschrieben sein (Art. 36 Abs. 5 DSGVO).

bb) Aufgabe in Ausübung öffentlicher Gewalt

43 Var. 2 betrifft dagegen allein die Ausübung dem Verantwortlichen übertragener öffentlicher Gewalt („official authority"). Diese Voraussetzung beschränkt den persönlichen Anwendungsbereich auf **mitgliedstaatliche Stellen** (sowie eigentlich auch Unionsorgane, siehe aber Art. 2 Abs. 3 DSGVO). In deutschen Begriffen fallen hierunter Bund und Länder nebst ihren mittelbaren Staatsverwaltungen, einschließlich der Kommunen und anderen Selbstverwaltungskörperschaften, sowie die Beliehenen, also Privatrechtssubjekte, denen von einer mitgliedstaatlichen Stelle Hoheitsrechte übertragen wurden und die damit selbst funktional zur mitgliedstaatlichen Stelle werden.[73]

44 Anders als nach Art. 7 lit. e DSRL genügt bei der Hoheitsaufgabe dagegen nicht mehr, dass die öffentliche Gewalt nicht dem Verantwortlichen, sondern einem anderen übertragen ist, an den jener die Daten weitergibt. Die Weitergabe *an* Behörden ist damit nicht mehr generell erlaubt; sie wird in den bisher hierunter gefassten Fällen aber wohl meist begründbar im öffentlichen Interesse liegen und damit unter Var. 1 fallen (vgl. → Rn. 41).

b) Rechtsgrundlage (Abs. 3 S. 1, 2, 4)

45 In beiden Fällen öffentlicher Aufgaben ist gemäß Abs. 3 für die Verarbeitung eine besondere Rechtsgrundlage erforderlich. Diese muss – weitgehend wie bei Abs. 1 lit. c –

1. dem Unions- oder mitgliedstaatlichen Recht entstammen,
2. den Zweck der Verarbeitung festlegen (sofern er sich nicht notwendig aus der öffentlichen Aufgabe ergibt, Abs. 3 S. 2 Var. 2),
3. ein im öffentlichen Interesse liegendes Ziel verfolgen und

---

68 Vgl. Erwägungsgrund 45 S. 6 (mit dem Beispiel einer privatrechtlich organisierten Berufsvereinigung); *Kühling/Martini u.a.*, Die DSGVO und das nationale Recht, 2016, 29.

69 Vgl. *Dammann* in: Dammann/Simitis, EG-DSRL, 1997, Art. 7 Rn. 10.

70 Vgl. auch Erwägungsgrund 69 S. 1.

71 Vgl. *Artikel-29-Datenschutzgruppe*, Stellungnahme 06/2014, 844/14/EN, 26 f.

72 So ist wohl auch EuGH 30.5.2013 – C-342/12, ECLI:EU:C:2013:355 Rn. 34 f. – Worten, zu verstehen.

73 *Ehmann/Helfrich*, EG-DSRL, 1999, Art. 7 Rn. 25.

4. verhältnismäßig sein – eine umso wichtigere Schranke, je weiter der Zweck[74] –

(vgl. im Einzelnen → Rn. 24 ff.); mitgliedstaatliche Rechtsgrundlagen können auch hier mit weiteren Anforderungen versehen sein (Abs. 3 S. 3; vgl. → Rn. 26). Eine bereits für die Rechtsgrundlage vorgenommene Folgenabschätzung kann auch hier den Verantwortlichen von einer Pflicht zur Folgenabschätzung im Einzelfall entlasten, Art. 35 Abs. 10 DSGVO.

Der Erlaubnistatbestand der öffentlichen Aufgabe ist allerdings insoweit **46** anders gelagert, als die Rechtsgrundlage einen anderen Regelungsgehalt haben kann. Während bei Abs. 1 lit. c eine Rechtspflicht notwendig ist, dh die Rechtsgrundlage ein Gebot oder Verbot aussprechen muss, kommen hier **auch Ermächtigungen und Erlaubnisse** in Betracht, bei denen der Verantwortliche erst noch selbst zu entscheiden hat, inwieweit er tätig werden will.[75] Denn wäre Abs. 1 lit. e auf gebundene Entscheidungen beschränkt, würde die Bestimmung gegenüber der ohnehin nach Abs. 1 lit. c erlaubten Pflichterfüllung jeden eigenständigen Anwendungsbereich verlieren.

c) Erforderlichkeit

Die Verarbeitung muss zur Wahrnehmung der öffentlichen Aufgabe erfor- **47** derlich sein, dh diese kann nicht erfolgen, ohne dass das Datum verarbeitet würde; eine darüber hinausgehende Verhältnismäßigkeitsprüfung sollte mit dem Erforderlichkeitsbegriff, wie bei Abs. 1 lit. b, c, d und f, auch hier nicht verbunden werden.[76] Nach dem zur Rechtsgrundlage Gesagten (vgl. → Rn. 46) braucht der Verantwortliche zu der Verarbeitung nicht verpflichtet zu sein (dann läge ohnehin ein Fall von Abs. 1 lit. c vor); damit Abs. 1 lit. e eigenen Sinn behält, sollte es genügen, dass **das vom Verantwortlichen im Rahmen der Aufgabenwahrnehmung angestrebte Ziel anders nicht erreicht werden kann.** Zu seiner Zieldefinition sollte auch das vorgesehene Maß an Effizienz gehören; dem Verantwortlichen kann dann nicht entgegengehalten werden, dass ohne die Verarbeitung immerhin noch eine weniger effiziente Aufgabenwahrnehmung möglich wäre.[77]

Eine Offenlegung wird regelmäßig als erforderlich angesehen werden kön- **48** nen, wenn sie an Stellen erfolgt, deren Zuständigkeitsbereich diese Daten betreffen.[78] Aber auch eine öffentliche Verbreitung kann erforderlich sein, etwa wenn man nur dadurch die ordnungsgemäße Verwendung öffentlicher Mittel sicherstellen zu können meint.[79]

Für statistische Zwecke soll eine Verarbeitung namentlich genannte Perso- **49** nen betreffender Daten nicht erforderlich sein.[80]

---

74 Vgl. EuGH 8.4.2012 – C-293/12 und C-594/12, ECLI:EU:C:2014:238 Rn. 48–69 – Digital Rights Ireland.
75 Vgl. *Artikel-29-Datenschutzgruppe*, Stellungnahme 06/2014, 844/14/EN, 27, 34.
76 So aber *Frenzel* in: Paal/Pauly DSGVO Art. 6 Rn. 23.
77 EuGH 16.12.2008 – C-524/06, Slg 2008, I-9705 Rn. 62 – Huber: zentrales gegenüber dezentralem Register.
78 EuGH 16.12.2008 – C-524/06, Slg 2008, I-9705 Rn. 61 – Huber; EuGH 30.5.2013 – C-342/12, ECLI:EU:C:2013:355 Rn. 36 – Worten.
79 EuGH 20.5.2003 – C-465/00, C-138/01 und C-139/01, Slg 2003, I-5014 Rn. 94 – österreichischer Rundfunk.
80 EuGH 16.12.2008 – C-524/06, Slg 2008, I-9705 Rn. 68 – Huber.

d) Zusätzliche Voraussetzungen bei Widerspruch

50 Wenn die betroffene Person **Widerspruch** eingelegt hat, kann eine an sich rechtmäßige Verarbeitung doch zu unterlassen sein. Art. 21 Abs. 1 S. 2 DSGVO verbietet hier die Verarbeitung, sofern nicht – mit Beweislast beim Verantwortlichen – eine Abwägung zu dessen Gunsten ausgeht oder die Verarbeitung der Rechtsverfolgung dient (vgl. → Art. 21 Rn. 65 ff.).

e) Zusätzliche mitgliedstaatliche Anforderungen (Abs. 2)

51 Ebenso wie bzgl. Abs. 1 lit. c ermächtigt Abs. 2 die Mitgliedstaaten, zusätzliche Anforderungen aufzustellen (→ Rn. 29 f.).

6. Berechtigtes Interesse (Abs. 1 lit. f)

52 Erlaubt ist die Verarbeitung, wenn sie zur Wahrung eines berechtigten Interesses erforderlich ist.[81] Dieser Erlaubnistatbestand wirkt teilweise komplementär zu Abs. 1 lit. e Var. 2, denn die behördliche Datenverarbeitung wird in Abs. 1 UAbs. 2 ausdrücklich ausgeschlossen.[82] Als einziger der sechs Tatbestände hat dieser damit einen von vornherein beschränkten persönlichen Anwendungsbereich (→ Rn. 10).

53 Gegenüber Art. 7 lit. f DSRL ist der Erlaubnistatbestand des berechtigten Interesses nicht unerheblich verändert worden. Außer stilistischen Umstellungen, die allein die deutsche Sprachfassung betreffen (Voranziehen des Worts „erforderlich", Rede von „Interessen" jetzt im Plural, Ersetzung von „Verwirklichung" durch „Wahrung"), sind folgende sachliche Veränderungen vorgenommen worden:

- statt auf die Wahrnehmung des Interesses durch den Verantwortlichen oder (bei Verarbeitung in Form der Offenlegung) den Empfänger wird das Interesse jetzt dem Verantwortlichen oder einem Dritten als eigenes zugeordnet;
- ausdrücklich hingewiesen wird auf das mögliche Überwiegen gegenläufiger Belange bei Betroffenheit von Kindern (vgl. → Rn. 64);
- eine Ausnahme für behördliche Verarbeitungen ist hinzugekommen (vgl. → Rn. 66).

a) Wahrnehmung eines berechtigten Interesses

54 Was als berechtigtes Interesse zu gelten hat, bestimmt die Vorschrift nicht ausdrücklich näher. Der Begriff ist erkennbar weiter als der des lebenswichtigen Interesses iSv Abs. 1 lit. d; denn während sich ein solches stets gegenüber dem Datenverarbeitungsverbot durchsetzt, gilt das für ein bloß berechtigtes Interesse nur unter Abwägungsvorbehalt. Negativ begrenzt wird das berechtigte Interesse durch das öffentliche Interesse iSv Abs. 1 lit. e Var. 1 dahin, dass es sich um ein individuell-privates handeln muss;[83] diese systematische Erwägung wird gestützt durch den Ausschluss der behördlichen Aufgabenerfüllung in Abs. 1 lit. f S. 2 (vgl. → Rn. 66). Insgesamt spricht damit viel dafür, dass unter dem berechtigten Interesse jedes

---

81 Vgl. ausführlich *Artikel-29-Datenschutzgruppe*, Stellungnahme 06/2014, 844/14/EN (noch zur DSRL).
82 Vgl. auch Erwägungsgrund 47 S. 5.
83 Vgl. *Ferretti* CMLR 51 (2014), 843 (860).

ideelle oder wirtschaftliche Interesse des Verantwortlichen oder eines Dritten zu verstehen ist.[84] Eine Eingrenzung auf „legale" Interessen[85] könnte
vor dem Hintergrund des Harmonisierungszwecks höchstens in Bezug auf
die Unionsrechtskonformität der Interessenverfolgung postuliert werden,[86]
aber keine Öffnungsklausel für mitgliedstaatliche Beschneidungen dieses
Erlaubnistatbestands bieten.

In Frage kommt insofern zB[87] das Interesse an   55

- der freien,[88] insbes. journalistischen,[89] Meinungsäußerung (Art. 11 EU-
  GRCh),[90]
- der wissenschaftlichen Forschung (Art. 13 S. 1 Var. 2 EUGRCh),[91]
- der Gewinnerzielung (Art. 16 EUGRCh),[92] auch etwa durch Direktwerbung,[93] Vermeidung von Kosten der Datenhaltung[94] oder arbeitsteilige
  Datenverarbeitung innerhalb von Unternehmensgruppen,[95]
- der Verfolgung eigener Rechte[96] und
- der Verteidigung des eigenen Vermögens, namentlich gegen Betrug[97]
  und Hackerangriffe.[98]

Berechtigte Interessen können allgemein vermutet werden beim Umgang   56
mit **Kunden-, Mitarbeiter- und ähnlichen Daten**.[99] Zu denken wäre zB
noch an Daten von Lieferanten und Wettbewerbern.

Ein eigenes berechtigtes Interesse soll der Verantwortliche nach dem Ver-   57
ständnis des Verordnunggebers auch daran haben, Daten im Zusammenhang mit möglichen **Straftaten** oder Bedrohungen der öffentlichen Sicherheit an eine zuständige Behörde zu übermitteln[100] – dies offenbar selbst
dann, wenn die Straftaten oder Bedrohungen ihn nicht selbst betreffen. Für
derartige Übermittlungen, auch wenn sie zugleich im öffentlichen Interesse

---

84 Vgl. auch *Artikel-29-Datenschutzgruppe*, Stellungnahme 06/2014, 844/14/EN,
    30 f.; *Frenzel* in: Paal/Pauly DSGVO Art. 6 Rn. 28.
85 *Traung* CRi 2012, 33 (41); *Ferretti* CMLR 51 (2014), 843 (859); *Artikel-29-Da-
    tenschutzgruppe*, Stellungnahme 06/2014, 844/14/EN, 32.
86 *Ferretti* CMLR 51 (2014), 843 (862), hält Rechtspositionen der Verarbeiter für
    erforderlich, um die Verordnung insoweit nach Art. 52 Abs. 1 EUGRCh zu recht-
    fertigen.
87 Weitere Beispiele bei *Artikel-29-Datenschutzgruppe*, Stellungnahme 06/2014,
    844/14/EN, 43 f.
88 Vgl. EuGH 6.11.2003 – C-101/01, Slg 2003, I-12992 Rn. 86 – Lindqvist.
89 Vgl. EuGH 12.12.2008 – C-73/07, Slg 2008, I-9831 Rn. 53–56 – Satakunnan
    Markkinapörssi.
90 Beachte insoweit außerdem das Mandat für mitgliedstaatliche Zulassung solcher
    Verarbeitungen nach Art. 80 Abs. 2 DSGVO.
91 *Beyvers/Gärtner/Kipker* PinG 2015, 241 (245).
92 *Kotschy* IDPL 2014, 274 (279: „operating a legitimate business").
93 So ausdrücklich Erwägungsgrund 47 S. 7.
94 Vgl. EuGH 7.5.2009 – C-553/07, Slg 2009, I-3889 Rn. 59 – Rijkeboer: Grenzen
    der Belastung mit Aufbewahrungspflichten.
95 Erwägungsgrund 48.
96 Vgl. EuGH 29.1.2008 – C-275/06, Slg 2008, I-271 – Promusicae: Auskunft über
    Verbindungsdaten zur Ermöglichung einer Klage; *Artikel-29-Datenschutzgruppe*,
    Stellungnahme 06/2014, 844/14/EN, 23.
97 Erwägungsgrund 47 S. 6.
98 Erwägungsgrund 48.
99 Erwägungsgrund 47 S. 2.
100 Erwägungsgrund 50 Abs. 2 S. 3.

stattfinden (vgl. → Rn. 41), braucht es deshalb anders als nach Abs. 1 lit. e Var. 1 keine besondere Rechtsgrundlage (es soll nur umgekehrt keine Geheimhaltungspflicht entgegenstehen dürfen[101]).

b) Erforderlichkeit

58   Die Verarbeitung muss zum Schutz des berechtigten Interesses erforderlich sein, dh dieses kann einer Beeinträchtigung nicht entgehen, ohne dass das Datum verarbeitet würde. Hiervon ist angesichts der Weite der berechtigten Interessen keine große Filterwirkung zu erwarten.

c) Kein Überwiegen der Belange der betroffenen Person

59   Der Erlaubnistatbestand des berechtigten Interesses setzt als einziger eine **Abwägung** zwischen diesem Interesse, das für die Verarbeitung streitet, und den gegenläufigen Belangen der betroffenen Person voraus. Der Formulierung liegt ersichtlich die Vorstellung zugrunde, die relativen Gewichte der gegeneinander abzuwägenden Belange stünden bereits fest, und zwar angesichts der Verordnungsform in einheitlicher Weise für alle Mitgliedstaaten. Tatsächlich geht das Abwägungserfordernis aber – nicht anders als im Grundrechtsbereich – mit so großer Vagheit einher, dass es eigentlich nur als Konkretisierungsauftrag an die zur Rechtsbeurteilung berufenen Stellen, (erst[102]) in letzter Konsequenz den EuGH,[103] verstanden werden kann, mit allen Folgen für die Normadressaten, die mit dieser Unsicherheit umzugehen haben.[104] Auf Konkretisierungen oder Konkretisierungsermächtigungen wurde im Gesetzgebungsverfahren ausdrücklich verzichtet (vgl. Rn. → 6). Erst recht keine Verbindlichkeit, sondern höchstens eine faktische Orientierungswirkung können dementsprechend Leitlinien von Aufsichtsbehörden haben.[105]

60   Die **Belange der betroffenen Person** sind nach dem Wortlaut drei: Interesse, Grundrechte und Grundfreiheiten, und sie müssen „den Schutz personenbezogener Daten erfordern". Gegen die Verarbeitung streiten insofern nicht nur das tatsächliche ideelle Interesse an der Privatheit (das hier nicht durch den Zusatz „berechtigt" qualifiziert wird)[106] und das Grundrecht aus Art. 8 Abs. 1 EUGRCh, sondern uU auch weitere subjektive Primärrechte, soweit deren Ausübung ebenfalls durch die Verarbeitung beeinträchtigt würde. In Betracht kommen insbes. die unternehmerischen Rechte aus Art. 16 EUGRCh, 34, 35, 49, 56, 63 AEUV. Gewichtet werden können die Belange der betroffenen Personen insbes. nach deren „vernünftigen

---

101 Erwägungsgrund 50 Abs. 2 S. 4.
102 *Roßnagel/Nebel/Richter* ZD 2015, 455 (460), erwarten daher unter dem Titel der Abwägung ein Fortschreiben ihrer „bisherigen Datenschutzkultur" durch die Mitgliedstaaten; *Piltz/Krohm* PinG 2013, 56 (59), empfehlen das sogar.
103 Schon deshalb sind die Abwägungen des deutschen Datenschutzrechts nicht einfach übertragbar; vgl. *Kramer* DuD 2013, 380 (381).
104 Vgl. *Schneider/Härting* ZD 2012, 199 (202); *Ferretti* CMLR 51 (2014), 843 (858).
105 AA *Artikel-29-Datenschutzgruppe*, Stellungnahme 06/2014, 844/14/EN, 46.
106 Vgl. *Artikel-29-Datenschutzgruppe*, Stellungnahme 06/2014, 844/14/EN, 38.

Erwartungen" bzgl. weiterer Verarbeitungen ihrer Daten[107] sowie nach dem Intimitätsgrad dieser Daten ihrer Art nach.[108]

Ergänzend könnte man zur Gewichtung auf die Topoi Bezug nehmen, die **61** zum Grundrecht auf informationelle Selbstbestimmung entwickelt worden sind wie Anlass(losigkeit), Streubreite[109] und Einschüchterungswirkung.[110] Belange der betroffenen Person überwiegen jedenfalls nicht schon dann, wenn deren verarbeitete Daten nicht in öffentlich zugänglichen Quellen enthalten sind.[111]

Die **Belange zugunsten der Verarbeitung** können durch den Verweis auf **62** Grundrechte und Grundfreiheiten – außer den genannten insbes. auch die Meinungsäußerungs- und die Forschungsfreiheit aus Art. 11, 13 EU-GRCh[112] – erhöhtes Gewicht bekommen.[113] Auch das Bestehen eines öffentlichen Interesses an der Verarbeitung kann das berechtigte private Interesse verstärken;[114] umgekehrt können begünstigende Auswirkungen auf die betroffene Person[115] und getroffene Schutzvorkehrungen[116] das Gewicht von deren Belangen verringern.

Es verbietet sich insofern, generell die Abwägung im Zweifel gegen die Ver- **63** arbeitung ausgehen zu lassen.[117] Vielmehr sind **nur unverhältnismäßige Folgen für den Betroffenen zu vermeiden**[118] und dazu die konkreten Risiken für die in Frage stehenden Belange in Betracht zu ziehen.[119] Dass Verarbeitungen zu Forschungszwecken auch vom Verordnunggeber tendenziell als weniger gefährlich angesehen werden,[120] legt beispielsweise für diesen Bereich grds. deren Zulassung nahe.

Als besonderen Fall des Überwiegens der Betroffenenbelange hebt der **64** Normtext durch ein „insbesondere" („in particular") den heraus, dass personenbezogene **Daten eines Kindes** verarbeitet werden sollen. Das könnte zwar uU so gelesen werden, dass gegenüber Kindern Abs. 1 lit. f eine Verar-

---

107 Erwägungsgrund 47 S. 1 Hs. 2; vgl. auch S. 3, 4.

108 Vgl. *Artikel-29-Datenschutzgruppe*, Stellungnahme 06/2014, 844/14/EN, 49.

109 Vgl. BVerfG 23.2.2007 – 1 BvR 2368/06 Rn. 51; im Big-Data-Kontext *Koch* ITRB 2015, 13 (16, 20).

110 Vgl. *Kühling/Seidel/Sivridis*, Datenschutzrecht, 3. Aufl. 2015, Rn. 161 mwN.

111 EuGH 24.11.2011 – C-468/10 und C-469/10, Slg 2011, I-12181 Rn. 48 f. – ASNEF.

112 Vgl. außerdem Erwägungsgrund 4.

113 Im Bereich der Meinungsfreiheit sind die Mitgliedstaaten überdies beauftragt, Verarbeitungen ausdrücklich zuzulassen, Art. 85 Abs. 2 DSGVO.

114 *Artikel-29-Datenschutzgruppe*, Stellungnahme 06/2014, 844/14/EN, 45.

115 *Artikel-29-Datenschutzgruppe*, Stellungnahme 06/2014, 844/14/EN, 47.

116 *Artikel-29-Datenschutzgruppe*, Stellungnahme 06/2014, 844/14/EN, 53 f.

117 *Härting* CR 2013, 715 (717); in diese Richtung aber etwa *Ferretti* CMLR 51 (2014), 843 (845), und *Albrecht/Jotzo*, Teil 3 Rn. 51; bezüglich personenbezogener Suchmaschinentreffer ähnliche Vermutung bei EuGH 13.5.2014 – C-131/12, ECLI:EU:C:2014:317 Rn. 81, 97 – Google Spain und Google, vgl. kritisch *Schneider* in: BeckOK-BDSG, Edition 15, 2015, EUDSRL Rn. 94 mwN.

118 *Artikel-29-Datenschutzgruppe*, Stellungnahme 06/2014, 844/14/EN, 52; in Richtung praktischer Konkordanz: *Lynskey*, The Foundations of EU Data Protection Law, 2015, 174.

119 Vgl. Erwägungsgrund 47 S. 1–4; *Veil* ZD 2015, 347 (352).

120 *Beyvers/Gärtner/Kipker* PinG 2015, 241 (247), mit entsprechendem Vorschlag *de lege ferenda* (ebd., 248).

beitung niemals rechtfertigt; eine so weitreichende Konsequenz sollte ohne deutlichere Hinweise darauf aber vielleicht nicht angenommen und stattdessen die näherliegende Lesart gewählt werden, dass die Belange betroffener Kinder in der Abwägung als besonders gewichtig zu berücksichtigen sind.[121]

65 Auch wenn die Belange der betroffenen Person iSv Abs. 1 lit. f nicht überwiegen, kann die Verarbeitung doch zu unterlassen sein, wenn die Person **Widerspruch** eingelegt hat. In ungewöhnlicher Verknüpfung von materieller Regelung und Verfahrensvorschrift verbietet Art. 21 Abs. 1 S. 2, Abs. 3 DSGVO hier die Verarbeitung, sofern nicht – mit Beweislast beim Verantwortlichen – eine weitere, strengere Abwägung zu dessen Gunsten ausgeht oder die Verarbeitung der Rechtsverfolgung dient (vgl. → Art. 21 Rn. 65 ff.).[122] Direktwerbung ist nach Widerspruch stets verboten.

d) Keine behördliche Aufgabenerfüllung

66 Ausgeschlossen ist der Erlaubnistatbestand des berechtigten Interesses nach Abs. 1 lit. f S. 2 für Verarbeitungen, die Behörden in Erfüllung ihrer Aufgaben vornehmen. Angesichts des weiten Ausdrucks „public authorities" in der englischen Sprachfassung dürften Behörden hier alle mitgliedstaatlichen (und unionalen, siehe aber Art. 2 Abs. 3 DSGVO) Stellen mit administrativer ebenso wie mit judikativer oder sogar legislativer Funktion sein. Dafür spricht auch der systematische Zusammenhang mit dem Erlaubnistatbestand der öffentlichen Aufgabe (Abs. 1 lit. e), aus dem die behördliche Datenverarbeitung ihre Erlaubnis primär beziehen können wird.

III. Pflichten bei Zweckänderung (Abs. 4)

67 Eine Verarbeitung erhobener personenbezogener Daten ist auch zu einem anderen Zweck als dem ihrer Erhebung zulässig, wenn insoweit ein Erlaubnistatbestand nach Abs. 1 erfüllt ist. Diesen Ausgangspunkt lässt Abs. 4 unberührt und erlegt dem Verantwortlichen vor einer solchen Verarbeitung nur in gewissen Fällen – nicht stets! – Berücksichtigungspflichten auf.

1. Voraussetzungen

68 Der Tatbestand des Abs. 4 setzt (1) eine Verarbeitung zu einem anderen Zweck als dem der Erhebung voraus. Soll die Berücksichtigungspflicht einen Sinn haben, muss dies wohl als die **Absicht zu einer zweckveränderten Verarbeitung** gelesen werden.

69 Implizit vorausgesetzt wird außerdem (2) die **Rechtmäßigkeit der Verarbeitung**, knüpft doch die Vorschrift an die Einschlägigkeit ganz bestimmter Erlaubnistatbestände an; das ist sachgerecht, da ja andernfalls die Verarbeitung ohnehin bereits nach Abs. 1 verboten wäre und es sonst höchstens zu einer Doppelung des Verbots käme.

70 Schließlich muss die Rechtmäßigkeit (3) unmittelbar auf Abs. 1 lit. b–f gestützt werden, ohne dass eine Einwilligung oder eine qualifizierte Rechts-

---

121 Vgl. *Laue/Nink/Kremer*, § 2 Rn. 44 f.
122 Vgl. *Laue/Nink/Kremer*, § 4 Rn. 75.

vorschrift (sogleich → Rn. 71) sie trüge – erfasst werden also alle Verarbeitungen, bei denen der Verantwortliche **keine hinreichende Grundlage außerhalb der DSGVO** hat. Die Bestimmung formuliert das Gleiche negativ, indem sie eine Verarbeitung voraussetzt, die auf einem anderen Erlaubnistatbestand als dem der Einwilligung (Abs. 1 lit. a) oder einer qualifizierten Rechtsvorschrift der Union oder eines Mitgliedstaats beruht. Letzteres schließt insbes. Abs. 1 lit. c und e aus, die nach Abs. 3 ja stets der Konkretisierung durch Rechtsvorschrift bedürfen (vgl. → Rn. 24 ff., 45 f.); einen Restanwendungsbereich hat Abs. 4 bei diesen Erlaubnistatbeständen nur, soweit die fragliche Rechtsvorschrift nicht qualifiziert ist. Doch ist die Formulierung weiter und schränkt die Anwendbarkeit von Abs. 4 auch für andere Erlaubnisfälle ein, soweit nur eine (qualifizierte) Rechtsvorschrift gegeben ist.

Qualifiziert ist eine Rechtsvorschrift, die in einer demokratischen Gesellschaft eine notwendige und verhältnismäßige Maßnahme zum Schutz der in Art. 23 Abs. 1 DSGVO genannten Ziele (vgl. → Art. 23 Rn. 16 ff.) darstellt. Mit dieser Klausel wird sprachlich an die Rechtfertigungstatbestände der Art. 8–11 EMRK angeschlossen (ergänzt um die Erwähnung der Verhältnismäßigkeit), obwohl der Regelungskontext ein anderer ist als in Art. 23 DSGVO: hier geht es nicht um die ausnahmsweise Rechtmäßigkeit von Maßnahmen, sondern um die Entbehrlichkeit der Berücksichtigung bestimmter Belange vor einer grds. unabhängig davon rechtmäßigen Maßnahme. **71**

2. Rechtsfolge: Berücksichtigungspflicht

a) Inhalt: berücksichtigen

Liegen die Voraussetzungen des Abs. 4 vor, so hat der Verantwortliche eine Reihe von Belangen speziell zu „berücksichtigen", wenn er die Vereinbarkeit der beabsichtigten Verarbeitung mit der Grundpflicht aus Art. 5 Abs. 1 lit. b Hs. 1 Var. 2 DSGVO (wonach die Verarbeitung mit dem ursprünglichen Zweck vereinbar sein muss, vgl. → Art. 5 Rn. 24 ff.) prüft. Zu dieser Prüfung selbst ist der Verantwortliche nicht ausdrücklich verpflichtet; pflichtwidriger Verarbeitungen hat er sich – ungeachtet seiner Rechtsauffassung – schlicht zu enthalten, die Grundpflicht schlicht zu befolgen. Abs. 4 erlegt dem Verantwortlichen insofern einen Teilschritt eines im Übrigen nur aus pragmatischen Gründen durchgeführten internen vorbereitenden Ablaufs verpflichtend auf. **72**

Einen Belang zu berücksichtigen („take into account") bedeutet gewöhnlich den grds. innerlichen Vorgang, bei der Herbeiführung einer Entscheidung auch diesen Belang einbezogen zu haben. Ein Belang kann auch berücksichtigt worden sein, wenn sich dies nicht in den Akten niederschlägt, aber der Sachbearbeiter dazu Erwägungen angestellt hat. Ein Verstoß gegen die Berücksichtigungspflicht kann insofern eigentlich nur aus der schließlich getroffenen Entscheidung abgelesen werden, wenn nämlich eine Verarbeitung stattfindet, die bei der gebotenen Berücksichtigung eines bestimmten Belangs nicht hätte stattfinden dürfen. Das wird kaum je der Fall sein. Wichtiger ist daher für die Berücksichtigungs- die Rechenschaftspflicht des Verantwortlichen aus Art. 5 Abs. 2 Var. 2 DSGVO, die sich über **73**

Art. 5 Abs. 1 lit. b Var. 2 DSGVO insbes. auf das Verbot der Weiterverarbeitung mit geändertem Zweck erstreckt; es muss also ein Nachweis geführt werden können. Auf diesem Weg wird **aus der Berücksichtigungs**eine **Berücksichtigungsnachweispflicht**. Vor jeder Verarbeitung, die den Tatbestand von Abs. 4 erfüllt (vgl. → Rn. 68 ff.), muss insofern die Berücksichtigung dokumentiert werden.

b) Gegenstand: zu berücksichtigende Belange

74 Die zu berücksichtigenden Belange sind mit der Wendung „unter anderem" eingeleitet. Sie werden dadurch aber nicht zu bloßen Beispielen, denn es fehlt hier an einem Oberbegriff, an den die Berücksichtigungspflicht anknüpfte (iSv „berücksichtigt alles Relevante, ua xyz"). Vielmehr besteht ausschließlich bzgl. der Belange lit. a–e eine Rechtspflicht zur Berücksichtigung: was immer der Verantwortliche noch berücksichtigen mag (ohne insoweit verpflichtet zu sein), müssen gemäß Abs. 4 „unter anderem" diese fünf darunter sein.

75 Im Einzelnen handelt es sich um

- eine mögliche **inhaltliche Verbindung** zwischen dem ursprünglichen und dem neuen Zweck (lit. a): je enger die Zwecke miteinander zusammenhängen, desto eher wird der Übergang zwischen ihnen zulässig sein;[123]
- den **Erhebungszusammenhang** (lit. b): je näher der neue Zweck mit diesem Kontext zu tun hat, desto eher wird die zweckveränderte Weiterverarbeitung zulässig sein, etwa wenn die Erhebung im Rahmen eines zwischen betroffener Person und Verantwortlichem bestehenden Dauerschuldverhältnisses erfolgt ist und auch die Weiterverarbeitung mit dieser Rechtsbeziehung zu tun hat;
- die **Art** der Daten (lit. c): je weniger sensibel diese sind, desto eher wird die zweckveränderte Weiterverarbeitung zulässig sein. Als besonders sensible Daten bezeichnet die Bestimmung ausdrücklich als Beispiele die besonderen Kategorien iSv Art. 9 DSGVO (rassische und ethnische Herkunft, politische Meinungen, religiöse oder weltanschauliche Überzeugungen, Gewerkschaftszugehörigkeit, genetische Daten, biometrische Identifizierungsdaten, Gesundheit, Sexualleben, sexuelle Ausrichtung) und Art. 10 DSGVO (strafrechtliche Verurteilungen, Straftaten);
- die möglichen **Folgen** der beabsichtigten Weiterverarbeitung für die betroffenen Personen (lit. d): je geringfügiger solche Folgen sind, desto eher ist die Weiterverarbeitung zulässig;
- die vorgesehenen **Garantien** (lit. e): je wirksamer solche Garantien sind, desto eher ist die Weiterverarbeitung zulässig. Ausdrücklich erwähnt werden Verschlüsselung und Pseudonymisierung, die die Eingriffsintensität verringern.[124]

Dass die Bestimmung von „**geeigneten**" (und nicht mehr von „angemessenen") Garantien spricht, zeigt, dass nicht ein eindeutiges Schutz-

---

123 Zur Unterbestimmtheit dieses Aspekts *Gierschmann* ZD 2016, 51 (54), die subjektive und objektive Verbindungen unterscheidet.
124 Vgl. auch Erwägungsgrund 28.

niveau durch solche Vorkehrungen hergestellt zu werden braucht.[125]
Ein Verbot der zweckveränderten Weiterverarbeitung wird durch
Abs. 4 an die das Fehlen geeigneter Garantien gerade nicht geknüpft;
vielmehr ist dieses nur im Rahmen der Prüfung von Art. 5 Abs. 1 lit. b
Var. 2 DSGVO durch den Verantwortlichen zu berücksichtigen. Art. 5
Abs. 1 lit. b Var. 2 DSGVO spricht ein solches Verbot ebenso wenig
aus. Näher liegt daher die Einordnung auch des Gesichtspunkts der
Garantien in die Reihe der Je-desto-Zusammenhänge, die einen Abwä-
gungsvorgang strukturieren (vgl. → Art. 5 Rn. 26).

C. Verhältnis zu anderen Normen

I. Innerhalb der DSGVO

1. Zur Rechtmäßigkeit der Verarbeitung

Unmittelbar zugelassen wird die Verarbeitung über die Vorschrift hinaus   76
noch durch Art. 86 DSGVO für amtliche Dokumente, deren personenbezogene Inhalte nach Transparenzvorschriften offengelegt werden müssen.
Gleiche Wirkung dürfte auch Art. 5 Abs. 1 lit. d, e DSGVO zuzusprechen
sein, soweit darin einzelnen Verarbeitungen (insbes. Löschungen) *geboten*
werden (vgl. → Art. 5 Rn. 37, 40 f.); diese brauchten sich dann nicht auch
noch vor Art. 6 Abs. 1 DSGVO zu rechtfertigen. Dagegen dürften für die
nach Art. 5 Abs. 1 lit. f DSGVO nur *zugelassenen* Weiterverarbeitungen ein
Erlaubnistatbestand nach Art. 6 Abs. 1 DSGVO erforderlich sein.[126]

Die Verarbeitung zu journalistischen, wissenschaftlichen, künstlerischen   77
oder literarischen Zwecken können und sollen zum Schutz der Meinungs-
und Informationsfreiheit über Abs. 1 hinaus **die Mitgliedstaaten zulassen,**
Art. 85 Abs. 2 DSGVO. Überdies ermächtigt Art. 23 DSGVO sie, Verarbeitungen zu einer ganzen Reihe weiterer (vornehmlich Sicherheits-)Zwecke
zuzulassen.

Spezialregelungen enthalten Art. 9 DSGVO für bestimmte Daten (nämlich   78
besonders sensible) und Art. 49 DSGVO für bestimmte Verarbeitungen
(nämlich für Übermittlungen ins Ausland), die für ihre beschränkten Anwendungsbereiche ebenfalls präventive Verbote mit Erlaubnistatbeständen
aufstellen.

Unabhängig von der „materiellen" Rechtmäßigkeit einer Verarbeitung iSv   79
Art. 6, 9 DSGVO kann diese doch noch sozusagen **„formell rechtswidrig"**
sein, wenn eine Pflicht zur vorherigen Konsultation nach Art. 36 Abs. 1, 5
DSGVO verletzt worden ist (vgl. → Art. 36 Rn. 8).

2. Zur Durchsetzung der materiellrechtlichen Regeln

Auf die Löschung ohne Erlaubnis erhobener oder gespeicherter Daten be-   80
steht ein Anspruch (Art. 18 Abs. 1 lit. d DSGVO). Das präventive Verarbeitungsverbot sowie die Berücksichtigungspflicht bei zweckveränderter Wei-

---

125 Vorkehrungen können ihrerseits nach Art. 24 Abs. 2 DSGVO geschuldet sein.
126 Wie hier *Artikel-29-Datenschutzgruppe*, Stellungnahme 03/2013, 569/13/EN, 41,
     49 f. (zur DSRL); aA *Richter* DuD 2015, 735 (736); *Monreal* ZD 2016, 507
     (510); *Ziegenhorn/von Heckel* NVwZ 2016, 1585 (1589), unter Verweisung auf
     Erwägungsgrund 50 Abs. 1 S. 2.

terverarbeitung überwacht die Aufsichtsbehörde nach Art. 57 Abs. 1 lit. a
DSGVO; Art. 83 Abs. 5 lit. a DSGVO bewehrt sie mit empfindlichen Geldbußen.

II. Fortgeltendes deutsches Datenschutzrecht
1. Verdrängte Vorschriften

81 Im Wege des Anwendungsvorrangs verdrängt werden mitgliedstaatliche
Normen, die nach Art. 6 DSGVO rechtmäßige Verarbeitungen verbieten
oder auch noch einmal gestatten (zu Ausnahmen → Rn. 85 ff.).

82 Die im mitgliedstaatlichen Recht vorgesehenen **präventiven Verarbeitungs-
verbote** – § 4 Abs. 1 BDSG, § 12 Abs. 1, 2 TMG,[127] § 78 Abs. 1 SGB X sowie für die Staatsgewalt Art. 2 Abs. 1 iVm Art. 1 Abs. 1 GG, §§ 67 a–67 d
SGB X – sind damit nicht mehr anzuwenden, soweit die DSGVO Verarbeitungen abschließend regelt. Die Verdrängungswirkung macht sich insbes.
im Bereich derjenigen Erlaubnistatbestände bemerkbar, die nicht erst iVm
mitgliedstaatlichen Rechtsgrundlagen gelten (wie Abs. 1 lit. c, e), sondern
eine Verarbeitung unmittelbar erlauben (Abs. 1 lit. a, b, d, f).[128] Unter diesen dürfte dem der Wahrung berechtigter Interessen (Abs. 1 lit. f) für private Verantwortliche die größte Bedeutung zukommen.

83 Da das Ziel der DSGVO (wie schon der DSRL[129]) ein unionsweit gleicher
Datenschutzstandard ist, werden Regelungen hier zum einen verdrängt, soweit sie für derartige Verarbeitungen **eigene Rechtmäßigkeitsvoraussetzun-
gen** (gleichviel, ob erschwerend, erleichternd, präzisierend oder darlegungs-
lastregelnd[130]) aufstellen.[131] Beispiele für insofern grds. unanwendbare
Vorschriften:[132]

■ § 6 b Abs. 1 Nr. 3 BDSG für die nicht-behördliche Videoüberwachung
  und § 6 b Abs. 3 S. 2 BDSG für die zweckveränderte Weiterverarbeitung von Überwachungsvideos;[133]

■ §§ 28–30 a BDSG (§ 28 Abs. 6–9 DSGVO dürften vorrangig jedoch weitgehend von Art. 9 DSGVO verdrängt werden; vgl. → Art. 9 Rn. 67 ff.)
  für die Datenverarbeitung zu eigenen Geschäftszwecken[134] (die dort jeweils aufgestellten Kriterien können uU argumentativ im Rahmen der
  Abwägung nach Abs. 1 lit. f herangezogen werden);

---

127 *Buchner* DuD 2016, 155 (161).
128 Vgl. zum insoweit für unmittelbar anwendbar gehaltenen Art. 7 lit. f DSRL die
    zweite Vorlagefrage in BGH 28.10.2014 – VI ZR 135/13, CR 2015, 109, sowie
    Diedrich CR 2013, 408 (411 f.).
129 Vgl. EuGH 16.12.2008 – C-524/06, Slg 2008, I-9705 Rn. 50 f. – Huber; *Brühann*
    EuZW 2009, 639.
130 *Ziegenhorn/von Heckel* NVwZ 2016, 1585 (1588).
131 *Stentzel* PinG 2016, 45 (47); *Benecke/Wagner* DVBl 2016, 600 (607 f.).
132 Vgl. zu Art. 7 lit. f DSRL EuGH 24.11.2011 – C-468/10 und C-469/10, Slg 2011,
    I-12181 Rn. 48 f. – ASNEF; *Diedrich* CR 2013, 408 (410 f.).
133 *Piltz/Krohm* PinG 2013, 56 (60 f.); differenzierend *Kühling/Martini u.a.*, Die
    DSGVO und das nationale Recht, 2016, 344–346.
134 Vgl. zu den einzelnen Bestimmungen *Kühling/Martini u.a.*, Die DSGVO und das
    nationale Recht, 2016, 429–449; außerdem *Eckhardt* CR 2012, 195 (197), und
    Laue/Nink/Kremer, § 2 Rn. 41, zu Werbung und Adresshandel; *Nebel/Richter*
    ZD 2012, 407 (413), zu Telemediendiensten.

- § 10 Abs. 2 KWG für das Scoring durch Kreditinstitute;[135]
- § 21g Abs. 2 S. 1 EnWG für die Verarbeitung von Daten aus Messsystemen („Smart Metering");[136]
- §§ 14, 15 TMG für die Erhebung und Verwendung von Bestands- und Nutzungsdaten durch Telemedien-Diensteanbieter;[137]
- §§ 78 SGB X, 44 BMG, 6 Abs. 4, § 28 Abs. 3 HwO, § 9 Abs. 4 S. 6 IHKG für die Weiterverarbeitung übermittelter Sozial-, Melde- und Registerdaten durch nicht-öffentliche Stellen (nur insoweit ist der Diagnose zuzustimmen, SGB X und BMG seien überholt;[138] die dort genannten Vorschriften bleiben iÜ als Rechtsgrundlagen anwendbar, vgl. → Rn. 45 f.), § 6 Abs. 4, § 28 Abs. 2 HwO, § 9 Abs. 4 S. 1, 2 IHKG auch für die Datenerhebung durch diese (als Rechtsgrundlagen für die Übermittlung *an* nicht-öffentliche Stellen bleiben die Bestimmungen dagegen anwendbar).[139]

Zum anderen dürfte die Vollharmonisierung durch die Verordnung zur   84
Verdrängung der einzelstaatlichen Normen auch dort führen, wo das Unionsrecht eine Verarbeitung positiv erlaubt, aber das mitgliedstaatliche Recht sie verbietet. Das betrifft namentlich

- **Aufbewahrungsverbote** (auch in der Gestalt von Lösch- und Sperrgeboten wie § 6b Abs. 5 BDSG, § 13 Abs. 4 Nr. 2 TMG,[140] § 9 Abs. 4 S. 5 IHKG), soweit eine fortdauernde Speicherung etwa zur Vertragserfüllung oder zur Wahrung berechtigter Interessen erforderlich ist (Abs. 1 lit. b, f);
- **Offenlegungsverbote** (wie § 203 StGB), etwa wenn die Offenlegung zur Wahrung berechtigter Interessen erfolgt (Abs. 1 lit. f; hier wird allerdings uU Art. 9 DSGVO anzuwenden sein).

2. Weiterhin anwendbare Vorschriften

a) Vorgesehene mitgliedstaatliche Rechtsgrundlagen

Für Verarbeitungen, die nach der DSGVO nicht unmittelbar erlaubt sind,   85
liegen die Voraussetzungen eines Anwendungsvorrangs nicht vor. Mitgliedstaatliche Rechtsgrundlagen sind für Abs. 1 lit. c, e iVm Abs. 3 S. 1 lit. b vielmehr ausdrücklich vorgesehen. So behalten ihre Funktion insbes.

- die Ermächtigungen öffentlicher Stellen zur Datenverarbeitung für ihre Aufgaben, namentlich Bestimmungen wie § 6b Abs. 1 Nr. 1, §§ 13–16 BDSG,[141] 67–77 SGB X, 11–11 b, 14 GewO, 6 Abs. 2 HwO;[142]
- die Verpflichtungen nicht-öffentlicher Stellen zur Datenübermittlung an Behörden, namentlich Bestimmungen wie § 138 StGB.

---

135 *Piltz/Krohm* PinG 2013, 56 (60).
136 *Piltz/Krohm* PinG 2013, 56 (60).
137 *Nebel/Richter* ZD 2012, 407 (409 f., 413); *Buchner* DuD 2016, 155 (161).
138 *Schaar* PinG 2016, 62 (63).
139 Beispiele teilweise nach *Peifer* GewArch 2014, 142 (144 Fn. 10).
140 *Piltz/Krohm* PinG 2013, 56 (59).
141 Zu § 13 BDSG vgl. *Kühling/Martini u.a.*, Die DSGVO und das nationale Recht, 2016, 36–38.
142 AA *Schaar* PinG 2016, 62 (63), der das Sozialdatenschutzrecht insgesamt für „durch die DS-GVO überholt" hält.

86   Zwar können diese Bestimmungen jeweils nur unter den allgemeinen Voraussetzungen des Abs. 3 als Rechtsgrundlage fungieren (vgl. → Rn. 24 ff., 45 f.), doch bestehen insoweit keine grundsätzlichen Zweifel.[143] Überdies bleiben sie an den höherrangigen Normen des mitgliedstaatlichen Rechts, für öffentliche Stellen also namentlich dem Grundrecht auf informationelle Selbstbestimmung aus Art. 2 Abs. 1 GG zu messen.[144]

b) Ausgesparte Regelungsbereiche

87   Anwendbar bleiben im Übrigen alle mitgliedstaatlichen Regelungen zur Rechtmäßigkeit von Verarbeitungen, soweit sie außerhalb des sachlichen Anwendungsbereichs nach Art. 2 DSGVO liegen (wie §§ 26, 27 BPolG) oder sich auf eine der Öffnungsklauseln stützen können (eine Beschränkung nach Art. 23 DSGVO ist bezüglich Art. 6 DSGVO nicht vorgesehen), also gerechtfertigt sind

- im Bereich der freien Meinungsäußerung nach Art. 85 Abs. 2 DSGVO als Abweichungen oder Ausnahmen,
- im Bereich des Arbeitsrechts nach Art. 88 DSGVO als spezifischere Regelungen (das betrifft § 32 BDSG),
- im Bereich der elektronischen Kommunikation nach Art. 95 DSGVO als unberührt bleibende Umsetzungsregelungen zur „ePrivacy"-RL 2002/58/EG (das betrifft Ausschnitte der §§ 96–98 TKG für die Verarbeitung von Vertrags-, Verkehrs- und Standortdaten)[145] oder
- als nationale Kennziffer oder anderes Kennzeichen von allgemeiner Bedeutung nach Art. 87 DSGVO (in Deutschland die Identifikationsnummer nach § 139 b AO und die Versicherungsnummer nach § 147 SGB VI).

D. Gesamteinschätzung

88   Das Ziel einer Vollharmonisierung der Voraussetzungen, unter denen in den Mitgliedstaaten personenbezogene Daten verarbeitet werden dürfen, erreicht die Vorschrift nur an der Oberfläche. Abgesehen von der für die ganze Verordnung geltenden Verlustliste (Unionsorgane, Sicherheitsbehörden usf., Art. 2, 95 DSGVO), der stärker als rechtstechnisch nötig Separierung der besonderen Datenkategorien (Art. 9 DSGVO) und den weitreichenden Öffnungsklauseln für mitgliedstaatliche Sonderregelungen (Art. 23, 85, 88 DSGVO)[146] ist die Normaussage, eine Verarbeitung sei rechtmäßig, nur für die Fälle der Einwilligung und der Vertragsanbahnung und -durchführung definitiv (Abs. 1 lit. a, b). Dagegen bedürfen öffentliche Stellen weiterhin für ihre Verarbeitungen einer einschlägigen mitgliedstaatlichen oder unionalen Rechtsgrundlage (Abs. 1 lit. c, e) und müssen alle anderen – sofern sie nicht einer speziellen mitgliedstaatlichen oder unionalen Pflicht zur Verarbeitung unterliegen – sich auf lebenswichtige oder sonst überwiegende Interessen stützen (Abs. 1 lit. d, f). Somit bleiben nicht nur,

---

143   Skeptisch zu § 14 Abs. 2 Nr. 3, 5 BDSG jedoch *Peifer* GewArch 2014, 142 (144 mit Fn. 15).
144   Siehe Erwägungsgrund 41 S. 1 Hs. 2.
145   *Nebel/Richter* ZD 2012, 407 (408, 409 Fn. 17); auch *Piltz/Krohm* PinG 2013, 56 (59); *Buchner* DuD 2016, 155 (161).
146   Kritisch dazu *Traung* CRi 2012, 33 (34 mit Fn. 11).

trotz vordergründig gleicher äußerer Form,[147] deutliche Unterschiede zwischen öffentlichem und privatem Sektor bestehen,[148] sondern es entsteht vor allem für den nicht-staatlichen Bereich erhebliche Rechtsunsicherheit, da nun im Regelfall privater Datenverarbeitung alles auf die Abwägung ankommt und Leitlinien hierfür mangels einschlägiger EuGH-Judikatur erst einmal fehlen.[149] Die ursprünglich vorgesehene Ermächtigung der Kommission zur bereichsspezifischen Tertiärrechtsetzung mochte man institutionenpolitisch kritisieren (vgl. → Rn. 6); aus Rechtsanwendersicht hätte eine solche Möglichkeit aber gewiss beachtliche Vorteile gehabt. Jetzt muss sich die Konkretisierung des Abs. 1 lit. f von Fall zu Fall neu in der europäischen Rechtsprechung entwickeln, nachdem nun weder tertiärrechtlich noch mitgliedstaatlich bereichsspezifische Regelungen nach Art etwa der §§ 6 b, 28 b, 30 a BDSG geschaffen werden können.

Artikel 7 Bedingungen für die Einwilligung

(1) Beruht die Verarbeitung auf einer Einwilligung, muss der Verantwortliche nachweisen können, dass die betroffene Person in die Verarbeitung ihrer personenbezogenen Daten eingewilligt hat.

(2) [1]Erfolgt die Einwilligung der betroffenen Person durch eine schriftliche Erklärung, die noch andere Sachverhalte betrifft, so muss das Ersuchen um Einwilligung in verständlicher und leicht zugänglicher Form in einer klaren und einfachen Sprache so erfolgen, dass es von den anderen Sachverhalten klar zu unterscheiden ist. [2]Teile der Erklärung sind dann nicht verbindlich, wenn sie einen Verstoß gegen diese Verordnung darstellen.

(3) [1]Die betroffene Person hat das Recht, ihre Einwilligung jederzeit zu widerrufen. [2]Durch den Widerruf der Einwilligung wird die Rechtmäßigkeit der aufgrund der Einwilligung bis zum Widerruf erfolgten Verarbeitung nicht berührt. [3]Die betroffene Person wird vor Abgabe der Einwilligung hiervon in Kenntnis gesetzt. [4]Der Widerruf der Einwilligung muss so einfach wie die Erteilung der Einwilligung sein.

(4) Bei der Beurteilung, ob die Einwilligung freiwillig erteilt wurde, muss dem Umstand in größtmöglichem Umfang Rechnung getragen werden, ob unter anderem die Erfüllung eines Vertrags, einschließlich der Erbringung einer Dienstleistung, von der Einwilligung zu einer Verarbeitung von personenbezogenen Daten abhängig ist, die für die Erfüllung des Vertrags nicht erforderlich sind.

---

147 Schon dazu kritisch *Masing* NJW 2012, 2305 (2306, 2310).
148 Ebenso *Blume* EDPL 2015, 32 (38): ein „two in one"-Datenschutzregime; *Stentzel* PinG 2016, 45 (47, 49); *Lynskey*, The Foundations of EU Data Protection Law, 2015, 18–23.
149 Kritisch etwa *Traung* CRi 2012, 33 (41); *Roßnagel/Nebel/Richter* ZD 2015, 455 (460); *Ziegenhorn/von Heckel* NVwZ 2016, 1585 (1587).

Verwandte Normen: ErwGr 32, 33, 42, 43; §§ 4 a, 28 Abs. 3, Abs. 3 a, Abs. 3 b BDSG 2003

Literatur:

B. Buchner, Informationelle Selbstbestimmung im Privatrecht, 2006; *H. P. Bull*, Sinn und Unsinn des Datenschutzes, 2015; *Y. Hermstrüwer*, Informationelle Selbstgefährdung, 2016; *B. Liedke*, Die Einwilligung im Datenschutzrecht, 2012; *E. Lindner*, Die datenschutzrechtliche Einwilligung nach §§ 4 Abs. 1, 4 a BDSG – ein zukunftsfähiges Institut?, 2013; *J. Raab*, Die Harmonisierung des einfachgesetzlichen Datenschutzes, 2015; *P. Radlanski*, Das Konzept der Einwilligung in der datenschutzrechtlichen Realität, 2016; *P. M. Rogosch*, Die Einwilligung im Datenschutzrecht, 2013.

A. Grundlagen

I. Gesamtverständnis und Normzweck

1 Ausweislich seiner Überschrift beinhaltet Art. 7 DSGVO „Bedingungen für die Einwilligung". Anknüpfend an den generellen Erlaubnisvorbehalt für die Verarbeitung personenbezogener Daten, der aus Art. 6 Abs. 1 lit. a DSGVO folgt, normiert diese Vorschrift damit primär Voraussetzungen für die rechtliche Wirksamkeit einer datenschutzrechtlichen Einwilligung.

2 Die formellen und inhaltlichen Anforderungen an eine wirksame und beständige Einwilligung tragen dazu bei, die grundrechtlich fundierte (→ Rn. 10) Autonomie der Einwilligenden im Einzelfall zu sichern: Weil die Einwilligung in Realisierung informationeller Selbstbestimmung die Legalisierung der Verarbeitung personenbezogener Daten bewirken soll, müssen gleichermaßen autonomiesichernde wie Rechtssicherheit für die Verarbei-

tung bewirkende Kriterien statuiert werden, deren Erfüllung im jeweiligen Einzelfall dann das Eintreten der erstrebten Legalisierungswirkung rechtfertigt.

II. Bisherige Rechtslage

Das Konzept und die zentrale Schlüsselstellung der Einwilligung zur Legalisierung von Datenverarbeitung waren bereits ein Hauptmerkmal des bisherigen Datenschutzrechts in der Europäischen Union.[1]   3

1. Unionsrecht

Unionsrechtlich stellte schon Art. 7 lit. a RL 95/46/EG an erster Stelle auf   4
die „ohne jeden Zweifel" vorliegende Einwilligung als Erlaubnisgrund für eine Datenverarbeitung ab. Weitergehende Vorgaben konnten der RL 95/46/EG allerdings nur in zweierlei Hinsicht entnommen werden: Zum einen rekurrierte die Legaldefinition für die „Einwilligung der betroffenen Person" in Art. 2 lit. h RL 95/46/EG darauf, dass eine Akzeptanz mit der Datenverarbeitung artikulierende Willensbekundung vorliegen musste, die Anforderungen der Freiwilligkeit („ohne Zwang"), der Bestimmtheit („für den konkreten Fall") und der Informiertheit („in Kenntnis der Sachlage") entsprach. Zum anderen konnten die Mitgliedstaaten gem. Art. 8 Abs. 2 lit. a Hs. 2 RL 95/46/EG vorsehen, dass für die Verarbeitung sensibler Daten bestimmter Kategorien eine Einwilligung als Legalisierungsgrund gänzlich ausschied.

2. Nationales Recht

Das nationale Datenschutzrecht normierte allgemein die Anforderungen an   5
Einwilligungen bislang in § 4 a BDSG bzw. dessen landesrechtlichen Pendants.[2] Neben formalen Erfordernissen, die Modalitäten der Abgabe, der Form und der Gestaltung erfassten, standen vor allem inhaltliche Erfordernisse der Freiwilligkeit, der Informiertheit, der Bestimmtheit und der Ausdrücklichkeit im Mittelpunkt des Regelungsansatzes. Diese allgemeinen Anforderungen an Einwilligungserklärungen erfuhren indes zahlreiche spezialgesetzliche Modifikationen und zwar sowohl innerhalb des BDSG als auch vor allem im bereichsspezifischen Datenschutzrecht.[3]

III. Entstehung der Norm

Die seit 2009 von der Kommission initiierte Reformdebatte zum europä-   6
ischen Datenschutzrecht[4] mündete in der frühzeitig von allen Akteuren des Rechtsetzungsprozesses akzeptierten Grundentscheidung für die Einwilligungsdogmatik, wonach durch Art. 7 Abs. 1 DSGVO nunmehr explizit der verantwortlichen Stelle die Beweislast für Vorliegen und Reichweite der

---

1   Vgl. zur abweichenden Konzeption in den Vereinigten Staaten *Radlanski*, Einwilligung, S. 171 ff., mwN.
2   Vgl. zu Abweichungen der landesdatenschutzrechtlichen Anforderungen gegenüber dem BDSG prägnant *Simitis* BDSG § 4 a Rn. 104, mwN.
3   Vgl. die instruktive Zusammenstellung bei Wolff/Brink/*Kühling* Datenschutzrecht in Bund und Ländern BDSG § 4 a Rn. 13 ff.
4   Vgl. KOM(2010) 609 endg.; KOM(2012) 11 endg., 2 ff., mwN.

Einwilligung obliegen soll. Rechtspolitische Kontroversen entzündeten sich demgegenüber vornehmlich im Hinblick auf potentielle Fortentwicklungen der datenschutzrechtlichen Anforderungen an die Freiwilligkeit einer Einwilligung: So präferierte der Kommissionsentwurf einen generellen Ausschluss der Einwilligung für Konstellationen, in denen ein erhebliches Ungleichgewicht zwischen Verantwortlichen und betroffenen Personen besteht.[5] Das Parlament sprach sich stattdessen primär für eine strengere Zweckbindung der Einwilligung aus.[6] Seit dem Trilog-Ergebnis wird keiner der beiden Stränge im unmittelbaren Normwortlaut weiterverfolgt, stattdessen ist in Art. 7 Abs. 4 DSGVO nunmehr ein Kopplungsverbot normiert. Allerdings haben beide ursprünglichen Vorstellungen Eingang in Erwägungsgrund 43 der DSGVO gefunden, weshalb ihre effektive Realisierung im Rahmen der an Einwilligungserklärungen zu stellenden Wirksamkeitsanforderungen eine Herausforderung für die neu zu figurierende Einwilligungsdogmatik darstellt (→ Rn. 25 ff.).

B. Kommentierung

I. Einwilligung als Erlaubnis

7   Basis jeder rechtlichen Auseinandersetzung mit den Anforderungen an eine datenschutzrechtliche Einwilligung ist deren Charakter als Erlaubnis für Datenverarbeitung. Die maßgeblichen Facetten dieser Grundlegung gliedern sich in die Struktur des Erlaubnisvorbehalts (1.), die grundrechtliche Fundierung des Einwilligungserfordernisses (2.), die begrifflichen Definitionsmerkmale der Einwilligung (3.) sowie die Rechtsnatur der Einwilligung (4.).

1. Verbot mit Erlaubnisvorbehalt

8   Art. 6 Abs. 1 DSGVO stellt vorrangig ein generelles Verbot der Verarbeitung personenbezogener Daten auf, welches nur für die in der Norm explizit genannten Erlaubnisfälle aufgehoben wird. Normstrukturell fungiert die Einwilligung nach Art. 6 Abs. 1 lit. a DSGVO also als Erlaubnistatbestand innerhalb des datenschutzrechtlichen Verbots mit Erlaubnisvorbehalt.

9   Diese zentrale Stellung der Einwilligung als Erlaubnis zur Datenverarbeitung ist primärrechtlich durch **Art. 8 Abs. 2 GRCh** vorgegeben. Nicht nur ist generell das Verbot mit Erlaubnisvorbehalt für unionsgrundrechtsgebundene Stellen bereits in Art. 8 Abs. 2 GRCh angelegt und eine konstitutive Wirkung von Art. 6 Abs. 1 DSGVO deshalb vornehmlich in der unterschiedslosen Erstreckung auf jegliche Datenverarbeitende zu erkennen. Vor allem erfährt in diesem Zusammenhang die Einwilligung als solche bereits durch Art. 8 Abs. 2 GRCh eine Anerkennung als Rechtsinstitut nebst Zuschreibung ihrer Legalisierungswirkung für die Verarbeitung personenbezogener Daten. Dies gilt ungeachtet der problematischen normstrukturellen Verortung der Einwilligung durch Art. 8 Abs. 2 GRCh, welche zwar wörtlich eine Konzeption der Einwilligung als primärrechtsunmittelbare

---

5 Vgl. KOM(2012) 11 endg., 51; dazu eingehend *Radlanski*, Einwilligung, S. 52 ff.
6 Beschluss des Europäischen Parlaments vom 12.3.2014, P7_TA(2014)0212.

Grundrechtsschranke nahelegt, jedoch richtigerweise als Ausschluss eines Grundrechtseingriffs verstanden werden muss.[7]

2. Grundrechtliche Fundierung des Einwilligungserfordernisses

Die primärrechtliche Verortung des Einwilligungserfordernisses in Art. 8 Abs. 2 GRCh verweist zugleich auf die wesensmäßige Fundierung der Einwilligung in der Grundrechtssphäre der betroffenen Personen. Das Einwilligungserfordernis stellt nicht nur für die Verantwortlichen – soweit diese Grundrechtsträger sind – einen Grundrechtseingriff dar, sondern die Einwilligung als solche realisiert vor allem aus der Perspektive der betroffenen Personen deren informationelles Selbstbestimmungsrecht über die Verwendung ihrer Daten.[8] Insoweit kann sogar die intrikate dogmatische Verortung dieses grundrechtlichen Schutzes im Normverhältnis von Art. 7 GrCh, Art. 8 Abs. 1 GRCh, Art. 16 Abs. 1 AEUV und Art. 8 Abs. 1 EMRK[9] sowie von dessen Schrankensystematik[10] dahinstehen. Denn jedenfalls handelt es sich bei der wirksamen datenschutzrechtlichen Einwilligung um eine **Realisierung informationeller Autonomie** als primärrechtlich garantierte Grundrechtsausübung.

10

Hinzuweisen ist allerdings auf eine Modifikation gegenüber dem bislang grundgesetzlich determinierten Autonomieschutz im Hinblick auf die faktische **Subsidiarität der Einwilligung** für öffentliche Stellen: Infolge der Aufgabe der das BDSG prägenden Unterscheidung von Rechtfertigungsanforderungen für den öffentlichen und für den nicht-öffentlichen Bereich[11] ist die unionsrechtlich abweichend konzipierte Geltung des Gesetzesvorbehalts zu beachten. So war es nach bisheriger Rechtslage Behörden richtigerweise aufgrund ihrer verfassungsrechtlichen Bindung an ihren gesetzlich definierten Aufgabenkreis grundsätzlich verwehrt, im Wege der Einwilligung ihre Aufgabenwahrnehmung über spezialgesetzliche Befugnisse hinausgehend zu erweitern.[12] Eine vergleichbare Bindung kann der gleichrangig neben anderen Erlaubnisgründen konzipierten Einwilligungsoption nunmehr unionsrechtlich im Lichte von Art. 8 Abs. 2 GRCh und Art. 6

11

---

7 Calliess/Ruffert/*Kingreen* EU-GRCharta Art. 8 Rn. 13; *Jarass* GrCh Art. 8 Rn. 9; *Wollenschläger* AöR 135 (2010), 363 (385).

8 So für das nationale Verfassungsrecht überzeugend Wolff/Brink/*Kühling* Datenschutzrecht in Bund und Ländern BDSG § 4 a Rn. 28; verhaltener *Albers*, Informationelle Selbstbestimmung, 2005, S. 475 u. 580 f.

9 Vgl. dazu exemplarisch EuGH 9.11.2010 – C-92/09 u. C-93/09, Slg 2010, I-11063-11161, Rn. 47 ff.; EuGH 8.4.2014 – C-293/12 u. C-594/12, ECLI:EU:C: 2014:238 Rn. 29 ff.; Wolff/Brink/*Schneider* Datenschutzrecht in Bund und Ländern Syst. B Rn. 13 ff.; Calliess/Ruffert/*Kingreen* EU-GRCharta Art. 8 Rn. 2 ff.; *Kühling/Seidel/Sivridis*, Datenschutzrecht, 3. Aufl. 2015, Rn. 41 ff.; jew. mwN.

10 Vgl. dazu exemplarisch GHN/*Sobotta* AEUV Art. 16 Rn. 8; von der Groeben/Schwarze/*Brühann* AEUV Art. 16 Rn. 31; Streinz/*Herrmann* AEUV Art. 16 Rn. 4; Meyer/*Bernsdorff* GRCh Art. 8 Rn. 17; jew. mwN.

11 Vgl. zur grundlegenden Kritik an einer solchen Entdifferenzierung *Masing* NJW 2012, 2305 (2307).

12 Vgl. *Simitis* BDSG § 4 a Rn. 15; Gola/Schomerus/*Gola/Klug/Körffer* BDSG § 4 Rn. 16; *Kühling/Seidel/Sivridis*, Datenschutzrecht, 3. Aufl. 2015, Rn. 299, wonach es Behörden sogar regelmäßig untersagt sein sollte, durch ein kumulatives Einwilligungsbegehren trotz spezialgesetzlicher Befugnis gegenüber den Betroffenen einen Spielraum informationeller Selbstbestimmung zu suggerieren.

Abs. 1 DSGVO nicht mehr entgegengehalten werden, sodass auch öffentliche Stellen im Grundsatz uneingeschränkt auf Einwilligungen zur Legalisierung von Datenverarbeitung zurückgreifen können. Allerdings ist im Einzelfall zu prüfen, ob im Lichte spezialgesetzlicher Verpflichtungen die Freiwilligkeit der Einwilligung als Wirksamkeitsvoraussetzung (→ Rn. 29) entfällt[13] und damit zumindest partiell eine faktische Subsidiarität verwirklicht ist.

3. Begriff der Einwilligung

12 Der Begriff der Einwilligung ist nunmehr in Art. 4 Nr. 11 DSGVO legaldefiniert (→ Art. 4 Rn. 165 ff.). Die wörtlich nur in Art. 6 Abs. 1 lit. a DSGVO verlangte explizite Festlegung der Einwilligung auf einen oder mehrere Datenverarbeitungszwecke ist durch ein gebotenes extensiv-kombinierendes Verständnis der allgemeinen Begriffsmerkmale aufgrund systematisch-normübergreifender Erwägungen generell für den Einwilligungsbegriff maßgeblich (→ Art. 4 Rn. 147).

4. Rechtsnatur der Einwilligung

13 Kein besonderer Stellenwert kommt fortan der Bestimmung der Rechtsnatur der Einwilligung zu. Die unter bisherigen Vorzeichen kontrovers geführte Debatte um die **Rechtsform der Einwilligung** im nationalen Datenschutzrecht, welche entweder generell als rechtsgeschäftliche Erklärung,[14] als geschäftsähnliche Handlung[15] oder als Realakt[16] qualifiziert bzw. in jüngerer Zeit auch ausdifferenzierend regelmäßig als einseitige Erklärung und ausnahmsweise bei einem Einsatz als Kommerzialisierungsinstrument in Gestalt einer „schuldvertraglichen Einwilligung"[17] verstanden wurde, dürfte unionsrechtlich keine Entsprechung finden. Nicht nur ist das unionsrechtliche Verordnungsrecht generell nicht auf eine „Einpassung" in überkommene zivilrechtliche Rechtsformen mitgliedstaatlicher Provenienz angewiesen. Vor allem besteht auch kein materielles Bedürfnis für entsprechende Abgrenzungen, da sich der Fokus auf die einzelnen materiellen Wirksamkeitsvoraussetzungen, wie sie durch die DSGVO aufgestellt werden, richten muss. Konsequent spricht deshalb Art. 4 Nr. 11 DSGVO von „einer Erklärung oder einer sonstigen eindeutigen bestätigenden Handlung". Die den Hintergrund der Debatten über die Rechtsnatur der Einwilligung bildenden Problemkreise, vor allem die Fragen der Einsichtsfähigkeit, der Anfechtbarkeit, des Minderjährigenschutzes sowie der Vertretungsmöglichkeiten,[18] sind also nicht vermittels der Rechtsformqualifikati-

---

13 Vgl. EuGH 17.10.2013 – C-291/12, ECLI:EU:C:2013:670 Rn. 32.
14 Vgl. exemplarisch *Simitis* BDSG § 4a Rn. 20; *Kloepfer*, Informationsrecht, 2002, § 8 Rn. 75; *Liedke*, Einwilligung, S. 66 ff.; *Lindner*, Einwilligung, S. 110 ff.
15 Vgl. exemplarisch *Wolff/Brink/Kühling* Datenschutzrecht in Bund und Ländern BDSG § 4a Rn. 33; *Tinnefeld/Ehmann/Gerling*, Einführung in das Datenschutzrecht, 4. Aufl. 2005, S. 318.
16 Vgl. exemplarisch *Spindler/Schuster/Spindler/Nink* BDSG § 4a Rn. 3; vgl. jenseits des Datenschutzrechts BGH 5.12.1958 – VI ZR 266/57, NJW 1959, 811; BGH 2.12.1963 – III ZR 222/62, NJW 1964, 1177.
17 *Rogosch*, Einwilligung, S. 41 ff.
18 Vgl. zu diesen Kontextualisierungen *Simitis* BDSG § 4a Rn. 20 ff.; *Kühling/Seidel/Sivridis*, Datenschutzrecht, 3. Aufl. 2015, Rn. 309 f.

on, sondern dahingehend „autonom" zu behandeln, welche Anforderungen die DSGVO konkret an die Wirksamkeit einer datenschutzrechtlichen Einwilligung stellt.

II. Wirksamkeitsvoraussetzungen

Die in Art. 7 DSGVO normierten „Bedingungen für die Einwilligung" betreffen weit überwiegend Wirksamkeitsvoraussetzungen derselben. Weil die Einwilligung als ein menschliches Verhalten, mit dem „die betroffene Person zu verstehen gibt, dass sie mit der Verarbeitung der sie betreffenden personenbezogenen Daten einverstanden ist" (Art. 4 Nr. 11 DSGVO), durch das Rechtssystem konstruiert wird, basiert sie insoweit auf einer – konfliktanfälligen – Verbindung von naturalistischem Willen zur Erlaubniserteilung und Willensäußerung, wobei äußerlich wahrnehmbar nur das Erklärungshandeln ist und deshalb allein als unmittelbarer Anknüpfungspunkt für Rechtsfolgen dienen kann.[19] Dementsprechend adressieren die Wirksamkeitsvoraussetzungen der Einwilligung gegenständlich ausschließlich die **Einwilligungserklärung**. Für diese äußerliche Erklärung stellen sie allerdings qualifizierte Anforderungen an den in ihr zum Ausdruck gekommenen Erlaubniswillen, um den hinreichenden Konnex von geäußertem und gebildetem Willen zu gewährleisten.[20]

14

Dabei ist zu beachten, dass derartige qualifizierte Anforderungen an die Einwilligung nicht nur primärrechtlich gerechtfertigt, sondern überwiegend sogar **primärrechtlich geboten** sind. Denn sie realisieren nicht nur als solche den Schutzgehalt von Art. 8 Abs. 1 GRCh.[21] Vielmehr ist zu beachten, dass die primärrechtliche Institutionalisierung der Einwilligung durch Art. 8 Abs. 2 GRCh auf einer Übernahme der in der Richtlinie 95/46/EG aufgestellten Anforderungen durch den Grundrechtekonvent basiert.[22] Deshalb ist – unabhängig von der Wortlautdifferenz zu den Einwilligungsanforderungen aus Art. 3 Abs. 2 lit. a GRCh – im Lichte von Art. 52 Abs. 7 GRCh jedenfalls der bisherige Richtlinienstandard an Wirksamkeitsvoraussetzungen für die datenschutzrechtliche Einwilligung mittlerweile primärrechtlich garantiert. Dies ist bei der Auslegung der einzelnen Wirksamkeitsvoraussetzungen im Folgenden zu berücksichtigen.

15

1. Formelle Anforderungen

Um eine wirksame Einwilligung erklären zu können, sind zunächst formelle Anforderungen, die äußere Bedingungen der Erklärungshandlung anbelangen, einzuhalten. Diese betreffen den Einwilligungszeitpunkt (a), die Abgabemodalitäten (b) sowie Formvorgaben für die Einwilligungserklärung (c) und die kombinierte Einwilligungserklärung (d).

16

---

19 *Radlanski*, Einwilligung, S. 10 f., mwN.
20 *Radlanski*, Einwilligung, S. 11.
21 Vgl. dazu generell von der Groeben/Schwarze/*Augsberg* GRCh Art. 8 Rn. 8 ff., mwN.
22 Vgl. Erläuterungen zur Charta der Grundrechte, ABl. 2007 C 303, 17 (20); Meyer/*Bernsdorff* GRCh Art. 8 Rn. 22.

a) Zeitpunkt der Einwilligung

17   Zwar findet sich weder in der Legaldefinition aus Art. 4 Nr. 11 DSGVO
noch in den weiteren Vorschriften zur Einwilligung eine explizite Formulierung über den Zeitpunkt, zu dem eine Einwilligung gegeben sein muss. Allerdings war bereits nach bisheriger Rechtslage unstreitig, dass die Einwilligung antizipiert vorliegen muss und eine nachträgliche Legalisierung von
Datenverarbeitungen ausgeschlossen ist.[23] An dieser Beurteilung hat sich
nichts geändert: Art. 7 Abs. 1 DSGVO stellt darauf ab, dass die Datenverarbeitung auf einer Einwilligung „beruht", was im Zeitpunkt der Datenverarbeitung nur möglich ist, wenn die basale Einwilligung bereits vorliegt.
Art. 7 Abs. 3 S. 2 DSGVO betont, dass die Rechtmäßigkeit einer „aufgrund
der Einwilligung bis zum Widerruf erfolgten Verarbeitung" durch einen
Widerruf unberührt bleibt. Und vor allem knüpft Art. 6 Abs. 1 lit. a
DSGVO seine Legalisierung der Datenverarbeitung im Fall der Einwilligung grammatikalisch an eine Perfekt-Formulierung („hat ... gegeben").
Im Lichte des durch die Einwilligung realisierten informationellen Selbstbestimmungsrechts kann also – ungeachtet der nicht mehr tragfähigen Begründung via der BGB-Terminologie – nur eine vorab erteilte Einwilligung
Datenverarbeitungen legalisieren,[24] da anderenfalls für die „zwischenzeitlich" begonnenen Datenverarbeitungen keine autonomievermittelte Legitimation bestehen kann.

b) Abgabe der Einwilligung

18   Nur verhalten im Verordnungstext geregelt sind die Abgabemodalitäten
der Einwilligung.

19   Dies betrifft zuallererst die Frage, inwieweit die datenschutzrechtliche Einwilligung höchstpersönlich erfolgen muss, also nicht im Wege der Vertretung erteilt werden kann. Die vormals bestehende Kontroverse hinsichtlich
des BDSG, welches gleichermaßen keine explizite Regelung enthielt, dürfte
unter gleichen Vorzeichen „reproduziert" werden: Gegen die Möglichkeit
einer **Stellvertretung** im Rahmen der Einwilligungserklärung lässt sich anführen, dass die Informationspflichten als Grundlage der Einwilligungsent-
scheidung teleologisch allein gegenüber den betroffenen Personen Sinn ergeben, weshalb eine höchstpersönliche Rechtsposition in Frage stehe.[25]
Auch den Erwägungsgründe 32 und 42 stellen explizit nur auf das Wissen
der betroffenen Personen ab. Für die Möglichkeit der Stellvertretung, die
als solche gemeineuropäisch anerkannt ist, spricht allerdings, dass sich jedenfalls eine ausdrücklich und hinreichend bestimmt auf eine datenschutzrechtliche Einwilligung bezogene Vollmacht ebenfalls als eine Form der

---

23 *Simitis* BDSG § 4 a Rn. 27 ff.; Spindler/Schuster/*Spindler/Nink* BDSG § 4 a Rn. 1;
Gola/Schomerus/*Gola/Klug/Körffer* BDSG § 4 a Rn. 2 u. 32.
24 Eine nachträgliche Einwilligung potentiell als Verzicht auf Sekundäransprüche deu-
tend *Simitis* BDSG § 4 a Rn. 29; Gola/Schomerus/*Gola/Klug/Körffer* BDSG § 4 a
Rn. 32.
25 Spindler/Schuster/*Spindler/Nink* BDSG § 4 a Rn. 5; *Simitis* BDSG § 4 a Rn. 30; die
dortige Parallelargumentation über das Schriftformerfordernis ist auf die DSGVO
allerdings nicht übertragbar.

Ausübung informationeller Selbstbestimmung verstehen lässt.[26] Richtigerweise muss deshalb eine Beschränkung der Vertretungsmöglichkeit negiert werden, weil die Schutzrichtung der DSGVO nicht nur das höchstmögliche Informations- und Datenschutzniveau sicherstellen, sondern ebenso einer Bevormundung und Freiheitsbeschränkung der Betroffenen Vorschub leisten soll.[27] Zudem droht anderenfalls ein Wertungswiderspruch, da Art. 8 Abs. 1 DSGVO eine gesetzliche Vertretung bei der Einwilligung für Minderjährige – und damit in einem Fall besonderer Schutzbedürftigkeit – für möglich erachtet.

Unverändert ist es möglich, die Abgabe der Einwilligungserklärung vermittels **Boten** zu leisten, da in Fällen der auf den Übermittlungsvorgang beschränkten Einbindung Dritter sogar Höchstpersönlichkeit gewahrt ist.[28] Jenseits des Rückgriffs auf Dritte ist zudem mangels entgegenstehender Anhaltspunkte im Verordnungstext auch die Automatisierung von Einwilligungserklärungen, beispielsweise durch entsprechende Voreinstellungen in Internetbrowsern, per se als Abgabeform eröffnet – zweifelhaft ist in diesen Fällen allerdings, ob die Bestimmtheitsanforderungen hinsichtlich des Bezugs auf einen „bestimmten Fall" gewahrt sein können (→ Rn. 44). 20

c) Formvorgaben für die Einwilligung

Weniger restriktive Vorgaben im Vergleich zur bisherigen nationalen Rechtslage gelten fortan im Hinblick auf die Formvorgaben an eine Einwilligung. Der Regelungsimpuls verschiebt sich insoweit auf das Modell einer Beweislastregelung in Art. 7 Abs. 1 DSGVO, die faktisch eine Dokumentationsobliegenheit begründet (→ Rn. 53) und damit nur indirekt etablierte Abgabeformen begünstigt. 21

Gravierend wirkt zunächst der **Abschied von** der vormals in § 4 a Abs. 1 S. 3 BDSG vorgesehenen **Schriftformbindung**. Kein anderer Mitgliedstaat verlangte diese bislang.[29] Zudem war die Richtlinienkonformität der Schriftformbindung – nicht zuletzt im Lichte der Maßstäbe des EuGH[30] – umstritten.[31] Die allgemeinen Vorgaben für die Einwilligung aus Art. 4 Nr. 11, Art. 7 DSGVO statuieren nunmehr unstreitig keine Formvorgaben; Erwägungsgrund 32 verweist vielmehr beispielhaft nebeneinanderstehend auf Einwilligungen „etwa in Form einer schriftlichen Erklärung, die auch elektronisch erfolgen kann, oder einer mündlichen Erklärung". Dementsprechend sind auch formularmäßig vorbereitete Einwilligungen ebenso wie fernmündliche Einwilligungen bei telefonischen Umfragen oder Aufträgen möglich. 22

---

26 Wolff/Brink/*Kühling* Datenschutzrecht in Bund und Ländern BDSG § 4 a Rn. 47; iE. ebenso Gola/Schomerus/*Gola/Klug/Körffer* BDSG § 4 a Rn. 25; *Lindner*, Einwilligung, S. 123 f.

27 Ähnlich hinsichtlich des BDSG *Kühling/Seidel/Sivridis*, Datenschutzrecht, 3. Aufl. 2015, Rn. 324.

28 Vgl. zur bisherigen Rechtlage *Simitis* BDSG § 4 a Rn. 31; Roßnagel/*Holznagel/Sonntag*, Handbuch Datenschutzrecht, 2003, Kap. 4.8 Rn. 27.

29 *Drewes/Siegert* RDV 2006, 139; *Rogosch*, Einwilligung, S. 56; *Raab*, Die Harmonisierung des einfachgesetzlichen Datenschutzes, 2015, S. 75.

30 EuGH 24.11.2011 – C-468/10 u. C-469/10, ECLI:EU:C:2011:777 Rn. 32.

31 Vgl. *Tinnefeld/Ehmann/Gerling*, Einführung in das Datenschutzrecht, 4. Aufl. 2005, S. 323 f.; *Radlanski*, Einwilligung, S. 110.

23 Ausdrücklich ist die Einwilligung nach Art. 4 Nr. 11 DSGVO nicht einmal
an die Gestalt einer Erklärung gebunden, sondern sie kann auch durch eine
sonstige eindeutige Handlung erfolgen, solange eine unmissverständliche
Akzeptanzbekundung gegeben ist (→ Art. 4 Rn. 170 ff.). Folglich ist nunmehr unstreitig eine **konkludente Einwilligung** durch tatsächliches Verhalten möglich; dem Kriterium der Unmissverständlichkeit genügen demgegenüber Interpretationen in Gestalt stillschweigender oder mutmaßlicher
Akzeptanz nicht (→ Art. 4 Rn. 172).

d) Formvorgaben für die kombinierte Einwilligung, Art. 7 Abs. 2 S. 1 DSGVO

24 Einen Sonderfall gegenüber der allgemeinen Zurückhaltung im Hinblick
auf Formvorgaben regelt Art. 7 Abs. 2 S. 1 DSGVO. Gegenstand der Norm
sind schriftformgebundene Konstellationen einer **kombinierten Einwilligung**, in denen also seitens der betroffenen Person neben einer Einwilligung zugleich andere Gehalte in einem einheitlichen Dokument erklärt
werden. Zwar sind dann ausdrücklich primär Anforderungen an das Einwilligungsersuchen vorgesehen und damit materielle Aspekte der Informiertheit normiert (→ Rn. 35). Allerdings dürften diese Vorgaben regelmäßig den Fall einer formularmäßig vorbereiteten Einwilligung betreffen, sodass sie für die Praxis gleichermaßen auf die Gestaltung der Einwilligungserklärung durchschlagen. Soweit also beispielsweise im Rahmen einer vertraglichen Vereinbarung und/oder der Zustimmung zu Allgemeinen Geschäftsbedingungen zugleich in einem Unterschriftsfeld eine formularmäßig
vorbereitete Einwilligungserklärung geleistet werden soll, beziehen sich die
Anforderungen an das Einwilligungsersuchen zugleich auf die vorformulierte Einwilligung. Dementsprechend sind dann auch solche formularmäßig vorbereiteten Einwilligungserklärungen gem. Art. 7 Abs. 2 S. 1
DSGVO in verständlicher und leicht zugänglicher Form sowie in klarer
und einfacher Sprache zu fassen, was nach Erwägungsgrund 42 den Einklang mit den Vorgaben der RL 93/13/EWG erfordert. Vor allem greift
schutzzweckbezogen aber die Anforderung, dass eine klare Unterscheidbarkeit von den anderen Erklärungsgehalten gewährleistet sein muss, nicht
nur für das Einwilligungsersuchen sondern mindestens gleichermaßen für
die kombinierte Erklärung. Damit realisiert sich ein Gleichklang zur vorherigen Rechtslage nach §§ 4 a Abs. 1 S. 4, 28 Abs. 3 a S. 2 BDSG, welche bereits eine besondere Kennzeichnung in Form einer gesonderten optischen
Hervorhebung verlangte.[32] In der Internetkommunikation genügen gesondert anzuklickende Checkboxen gestalterisch diesen Anforderungen.[33]

2. Freiwilligkeit

25 Als zentrale „Maxime"[34] unter den Wirksamkeitsvoraussetzungen der Einwilligung fungiert das Gebot der Freiwilligkeit derselben. Es zielt darauf
ab, den Einwilligungskontext zu berücksichtigen.[35] Dies gilt normativ un-

---

32 Vgl. *Simitis* BDSG § 4 a Rn. 40 f.; Wolff/Brink/*Kühling* Datenschutzrecht in Bund
    und Ländern BDSG § 4 a Rn. 54.
33 Vgl. *Radlanski*, Einwilligung, S. 106.
34 *Buchner* DuD 2010, 39 (41).
35 *Simitis* BDSG § 4 a Rn. 62.

geachtet der verbreiteten wissenschaftlichen Kritik an der „Fiktion"[36] einer selbstbestimmten Einwilligung.[37]

a) Abwesenheit von Zwang

Die Grundanforderung an die Freiwilligkeit der Einwilligung kommt bereits in der Begriffsbestimmung (Art. 4 Nr. 8 DSGVO) zum Ausdruck. Um eine **Abwesenheit von Zwang** subsumieren zu können, bedarf es einer doppelten Maßstabbildung: Zum einen muss in genereller Hinsicht geklärt werden, welche Arten von Zwang überhaupt einer wirksamen Einwilligung entgegenstehen können. Zum anderen bedarf es einer Wertung, in deren Rahmen die Intensität der Willensbeeinträchtigung zu gewichten ist.   26

Zwangswirkungen, die eine Gefährdung der Freiwilligkeit mit sich bringen, sind vielgestaltig. Unzweifelhaft, wenn auch mit geringer Praxisrelevanz, schließen strafrechtlich qualifizierte **Gewalt** in Form von vis absoluta oder vis compulsiva ebenso wie Drohungen die Freiwilligkeit einer abgenötigten Einwilligung aus.[38] Schwieriger zu beurteilen ist die Einbuße an Freiwilligkeit jenseits rechtlich unmittelbar sanktionierter Einwirkungen auf die Willensbildung: Besondere Aufmerksamkeit erfahren in diesem Zusammenhang gravierende **Machtasymmetrien** zwischen betroffenen Personen und Verarbeitungsverantwortlichen; exemplarische Debattenschwerpunkte bilden diesbezüglich die Umstände einer Einwilligung gegenüber öffentlichen Stellen sowie im Zusammenhang mit Arbeitsverhältnissen oder Wohnraummietverhältnissen.[39] Ähnlich gelagert kann die Freiwilligkeit strukturell bei **besonderer Abhängigkeit** der Einwilligenden von einem Produkt bzw. einer Dienstleistung gefährdet sein, beispielsweise gegenüber Einwilligungsverlangen von Versorgungsunternehmen im Infrastrukturbereich (Energie, Wasser, Telekommunikation), von Unternehmen der Kreditwirtschaft, von Versicherungen und von Finanzdienstleistern oder auch im Bereich der Gesundheitsversorgung.[40] Sehr weitgehend werden teilweise sogar **übermäßige Anreizsetzungen**,[41] beispielsweise im Rahmen von Gewinnspielen, sowie das erstrebte Vermeiden von sozialen **Ansehensverlusten** gegenüber der Sozialsphäre der Einwilligenden als Gefährdungen der Freiwilligkeit diskutiert.[42]   27

Auch unter Geltung der DSGVO ist in allen skizzierten Konstellationen abstrakten Zwangs weiterhin für die Beurteilung der Freiwilligkeit maßgeblich auf die **konkreten Umstände des Einzelfalls** abzustellen. Insbesondere konnten sich politische Präferenzen des Ratsentwurfs für einen sektoralen Ausschluss der Einwilligung in Konstellationen starker Machtasymmetrien im Normsetzungsprozess nicht durchsetzen (→ Rn. 6). Zwar haben die   28

---

36 Vgl. *Simitis* BDSG § 4 a Rn. 3, mwN.
37 Vgl. zur Kritik *Hermstrüwer*, Informationelle Selbstgefährdung, S. 21 ff.; *Radlanski*, Einwilligung, S. 206 ff.; *Rogosch*, Einwilligung, S. 90 ff., mwN.
38 *Radlanski*, Einwilligung, S. 13 f., mwN.
39 Vgl. exemplarisch *Rogosch*, Einwilligung, S. 90 u. 92 ff.; *Radlanski*, Einwilligung, S. 79 ff.; *Simitis* BDSG § 4 a Rn. 62.
40 Vgl. *Kühling/Seidel/Sivridis*, Datenschutzrecht, 3. Aufl. 2015, Rn. 312; *Rogosch*, Einwilligung, S. 80 f.; *Radlanski*, Einwilligung, S. 81 f.
41 Vgl. BGH 16.7.2008 – VIII ZR 348/06, NJW 2008, 3055 (3056).
42 Vgl. *Radlanski*, Einwilligung, S. 14 ff. u. 82 ff., mwN.

entsprechenden Vorstellungen Eingang in Erwägungsgrund 43 gefunden, wonach „in besonderen Fällen" eines klaren Ungleichgewichts, insbesondere im Verhältnis zu Behörden, eine Legalisierung von Datenverarbeitung durch eine Einwilligung ausgeschlossen sein soll. Allerdings greift auch dieser Begründungsstrang ausdrücklich nur, wenn „in Anbetracht aller Umstände in dem speziellen Fall unwahrscheinlich ist", dass es sich um eine freiwillige Entscheidung handelt. Damit ist zwar eine Umkehr des allgemeinen Wahrscheinlichkeitsverhältnisses zulasten der Annahme von Freiwilligkeit grundgelegt, aber kein genereller Verzicht auf eine Bewertung des konkreten Verhältnisses bzw. der konkreten Entscheidung.[43] Maßgeblich sind also sogar in Konstellationen einer strukturellen Machtasymmetrie nicht das generelle Setting, sondern allein die Umstände des konkreten Falls. Insoweit besteht entgegen verbreiteter Vorstellungen im Schrifttum kein Lebensbereich, in dem die Freiwilligkeit generalisiert prekär ist.[44] Sogar im Arbeitsverhältnis mit einer strukturellen Unterlegenheit des Arbeitnehmers sind Konstellationen anzuerkennen, in denen die Freiwilligkeit einer Einwilligung nicht in Zweifel gezogen werden kann,[45] wie beispielsweise im Fall der Gewährung eines Firmenrabatts[46] oder bei Zugangskontrollen für einen Mitarbeiterparkplatz.[47] Jenseits der unmittelbaren Einwirkung auf die Willensbildung fungierende soziale Determinationsfaktoren kommen als Gefährdungen der Freiwilligkeit also in Betracht – den Unwägbarkeiten in der Einzelfallanalyse trägt allerdings nunmehr vor allem Art. 7 Abs. 4 DSGVO ergänzend Rechnung (→ Rn. 30 ff.).

29   Im Lichte des Autonomieschutzes durch die Einwilligung ist eine freiwillige Entscheidung anzunehmen, wenn die betroffenen Personen jeweils „effektiv" die Möglichkeit haben, „selbst zu bestimmen, ob und wie" ihre Daten verarbeitet werden.[48] Entscheidungsleitend für die Effektivität der Abwesenheit von Zwang ist deshalb nach Erwägungsgrund 42 zu Recht, inwieweit im Einzelfall „eine **echte oder freie Wahl**" besteht. Es kommt also maßgeblich darauf an, ob die einwilligende Person „in der Lage ist, die Einwilligung zu verweigern oder zurückzuziehen, ohne Nachteile zu erleiden." Insbesondere soll eine hinreichende Wahlfreiheit nach Erwägungsgrund 43 fehlen, wenn lediglich die Möglichkeit einer pauschalen Einwilligungserteilung für mehrere Datenverarbeitungsvorgänge eröffnet wird, obwohl gesonderte Einwilligungen im Einzelfall angebracht wären. Ebenfalls fehlt es an effektiver Freiwilligkeit, soweit der betroffenen Person suggeriert wird, die Datenverarbeitung hänge von ihrer Einwilligung ab, obwohl ein paralleler Legalisierungsgrund aus Art. 6 Abs. 1 DSGVO greift.

b) Kopplungsverbot, Art. 7 Abs. 4 DSGVO

30   Gemäß Art. 7 Abs. 4 DSGVO muss im Rahmen der Einzelfallbetrachtung größtmöglich dem Umstand Rechnung getragen werden, ob die Erfüllung eines Vertrages von einer Einwilligung abhängig gemacht wird, die für die

---

43 So auch *Laue/Nink/Kremer*, § 2 Rn. 17.
44 *Radlanski*, Einwilligung, S. 98.
45 Vgl. BAG 11.12.2014 – 8 AZR 1010/13, NZA 2015, 604 (607).
46 *Gola* RDV 2002, 109 (113).
47 Taeger/Gabel/*Taeger* BDSG § 4 a Rn. 70.
48 *Kühling/Seidel/Sivridis*, Datenschutzrecht, 3. Aufl. 2015, Rn. 318.

Erfüllung des Vertrags nicht erforderlich ist. Für den vertraglichen Kontext sieht damit auch das Unionsrecht fortan ein sog **Kopplungsverbot** bei Einwilligungen vor. Ein ähnlicher Ansatz hatte im nationalen Recht vom bereichsspezifischen Datenschutz ausgehend für Werbung und Adresshandel von nicht-öffentlichen Stellen bereits Eingang in § 28 Abs. 3 b BDSG gefunden, erfuhr aber auch als allgemeiner Grundsatz der Freiwilligkeit verbreitet Anerkennung.[49] Generell sind datenschutzrechtliche Kopplungsverbote dadurch gekennzeichnet, dass sie es verbieten, eine Leistung von einer datenschutzrechtlichen Einwilligung abhängig zu machen.[50]

Der **Anwendungsbereich** des Art. 7 Abs. 4 DSGVO ist wörtlich durch die   31
Erfüllung vertraglicher Pflichten umschrieben. Klarstellend wird darauf hingewiesen, dass auch die Erbringung einer Dienstleistung als Erfüllung eines Vertrages in diesem Sinne zu verstehen sei. Jene Wortlautfixierung auf die Vertragserfüllung überzeugt indes zur Kennzeichnung der Situation des Kopplungsverbots nur eingeschränkt: Vor dem Hintergrund des deutschen Abstraktionsprinzips ist eine erweiternde Auslegung geboten, die auch schon das Eingehen einer vertraglichen Bindung, also das Verpflichtungsgeschäft, in den Anwendungsbereich der Norm integriert. Teleologisch ergibt nämlich eine Beschränkung auf die Erfüllungsebene keinen Sinn, da anderenfalls der Anwendungsbereich durch wirksame vertragliche Vereinbarungen auf Verpflichtungsebene, die dann die „Erforderlichkeit" der Einwilligung zu begründen vermöchten, leerzulaufen droht. Es geht mit anderen Worten in Art. 7 Abs. 4 DSGVO um jegliche im Kontext vertraglicher Vereinbarungen verlangte Einwilligungserteilung.

Bezugspunkt des Kopplungsverbots aus Art. 7 Abs. 4 DSGVO sind Einwilligungserklärungen zu Datenverarbeitungen, die für die Erfüllung des Vertrags nicht erforderlich sind. Die Bestimmung unterbindet also überschießende, nicht durch den vertraglichen Zweck erforderte Einwilligungserklärungen. Sie steht damit im Regelungszusammenhang zu Art. 6 Abs. 1 lit. b DSGVO, wonach zur Vertragserfüllung erforderliche Datenverarbeitungen ohne Einwilligung legalisiert sind. Der Korridor für nicht von Art. 7 Abs. 4 DSGVO erfasste Einwilligungserklärungen ist damit minimal, denn gerade zur Vertragserfüllung erforderliche Datenverarbeitungen bedürfen keiner Einwilligung, weshalb es auch für diese an der Erforderlichkeit mangelt. Damit erfasst dieses Kopplungsverbot gegenständlich nicht nur die notorischen Fälle im Hinblick auf Adresshandel oder Werbung, sondern potentiell alle über den Vertragszweck hinausgehenden Einwilligungserklärungen, insbesondere auch solche, die im Hinblick auf Big Data-Anwendungen bzw. -Entwicklungsperspektiven einholt werden. Problematische Konsequenz dieser weiten Konzeption des Bezugspunkts des Kopplungsverbots ist indes, dass auch im Hinblick auf unentgeltliche Angebotsmodelle, die unter dem Stichpunkt „**Kommerzialisierung der Einwilligung**" diskutiert

---

49 Vgl. dazu *Simitis* BDSG § 4 a Rn. 63; *Kühling/Seidel/Sivridis*, Datenschutzrecht, 3. Aufl. 2015, Rn. 313 f.
50 *Liedke*, Einwilligung, S. 66; *Lindner*, Einwilligung, S. 155; *Rogosch*, Einwilligung, S. 81; *Radlanski*, Einwilligung, S. 100.

werden,[51] prinzipiell die Vorgaben aus Art. 7 Abs. 4 DSGVO zu beachten sind.

33   Allerdings erfährt das Kopplungsverbot eine Einschränkung dadurch, dass der Vertrag bzw. die Leistungserbringung von einer nicht erforderlichen Einwilligung **abhängig sein** muss. Diese Relativierung erlaubt eine konsequente Rückbindung an den Schutzzweck der Einwilligungsvorschriften, die vor allem der informationellen Autonomiesicherung dienen. Damit ist für Fälle kommerzialisierter Einwilligungen, in denen die Datenverarbeitungsbefugnis als Gegenleistung für eine unentgeltliche Dienstleistung „abgekauft"[52] wird, in Ermangelung eines Autonomiekonflikts und der bloßen Erweiterung der Handlungsmöglichkeiten wertungsmäßig kein „Abhängigmachen" gegeben. Generell ist darauf abzustellen, dass Art. 7 Abs. 4 DSGVO einer Einwilligung nicht entgegensteht, sobald eine zumutbare alternative Zugangsmöglichkeit ohne Einwilligungserfordernis zur Verfügung steht.[53] Damit greift ein Kopplungsverbot jedenfalls nicht, wenn die Verarbeitungsverantwortlichen selbst gleichwertige Leistungen auch – ggf. im Alternativangebot dann kostenpflichtig – ohne Einwilligung zur Verfügung stellen.[54] Soweit zum bisherigen, vornehmlich auf Adresshandel und Werbung bezogenen Kopplungsverbot umstritten war, ob darüber hinaus die Beurteilung der Zumutbarkeit anhand von alternativen Anbietern generell versagt sei, bereits bei höheren Preisen oder höherem logistischen Aufwand entfiele oder unter Berücksichtigung der konkreten Marktsituation im Einzelfall zu beurteilen sei,[55] kann nunmehr richtigerweise aufgrund des Wegfalls der sektoralen Beschränkung und der Ausrichtung am Schutzzweck der Autonomiesicherung nur eine Einzelfallanalyse der gesamten Marktsituation unter Berücksichtigung sämtlicher Alternativen maßgeblich sein.

3. Informiertheit

34   Eine Einwilligungserklärung „in informierter Weise" (Art. 4 Nr. 11 DSGVO) setzt die hinreichende Informiertheit der betroffenen Personen voraus. Nur bei Kenntnis aller entscheidungsrelevanten Informationen können Risiken und Vorteile abgeschätzt und dann sachgerecht über die Einwilligung entschieden werden.[56]

35   Dementsprechend bedingt das Gebot einer informierten Einwilligung zeitlich vorgelagerte Informationspflichten seitens der Verantwortlichen. Die Kenntnis der vorgesehenen Datenverarbeitungen und damit zugleich die hinreichende Bestimmtheit der Erklärung hängen maßgebend von Hinwei-

---

51   Vgl. *Buchner* DuD 2010, 39 ff.; *Simitis* BDSG § 4 a Rn. 5; Wolff/Brink/*Kühling* Datenschutzrecht in Bund und Ländern BDSG § 4 a Rn. 3; *Buchner*, Informationelle Selbstbestimmung, S. 183 ff.; *Rogosch*, Einwilligung, S. 41 f.; *Radlanski*, Einwilligung, S. 21; jew. mwN.
52   Wolff/Brink/*Kühling* Datenschutzrecht in Bund und Ländern BDSG § 4 a Rn. 3.
53   So bereits zur bisherigen Rechtslage *Radlanski*, Einwilligung, S. 101.
54   *Kühling/Seidel/Sivridis*, Datenschutzrecht, 3. Aufl. 2015, Rn. 314.
55   Vgl. zur Kontroverse Wolff/Brink/*Kühling* Datenschutzrecht in Bund und Ländern BDSG § 4 a Rn. 39 ff.; *Rogosch*, Einwilligung, S. 82 ff.; jew. mwN.
56   *Kühling/Seidel/Sivridis*, Datenschutzrecht, 3. Aufl. 2015, Rn. 319.

sen aus deren Sphäre ab.[57] Der **Inhalt der Informationspflichten** erfährt im Normtext allerdings nur rudimentäre Konkretisierung: Gemäß Erwägungsgrund 42 müssen „mindestens" die Identität der Verarbeitungsverantwortlichen und die beabsichtigten Verarbeitungszwecke mitgeteilt werden. Ferner erfordert Art. 7 Abs. 3 S. 3 DSGVO eine Information über die Widerruflichkeit. Für eine angemessene Entscheidungsgrundlage dürften auch weiterhin zusätzlich die potentiellen Datenempfänger, eine Umschreibung der betroffenen Daten sowie die beabsichtigte Verarbeitungs- und Speicherdauer mitzuteilen sein.[58] Systematisch naheliegend ist eine Synchronisierung der Informationsgehalte mit Art. 13 DSGVO (→ Art. 13 Rn. 15 ff.).[59] In Ermangelung einer Regelung entsprechend § 4 a Abs. 1 S. 2 BDSG ist demgegenüber die kontrovers diskutierte Frage, wann über die Folgen einer Verweigerung der Einwilligung zu informieren ist, keiner generellen Handhabe mehr zugänglich; eine solche Informationspflicht kann, da sie nicht unmittelbar die Handlungssphäre der Verarbeitungsverantwortlichen betrifft, nur ausnahmsweise bestehen.

Neben den Anforderungen an den Inhalt der Informationen werden zusätzliche Vorgaben statuiert, die die **Gestaltung des Einwilligungsersuchens** betreffen und damit in unmittelbarem Zusammenhang mit den Informationspflichten stehen. Für den Fall von Einwilligungsersuchen, die in Kombination mit anderen Sachverhalten wie beispielsweise AGB kommuniziert werden, sind diese gem. Art. 7 Abs. 2 S. 1 DSGVO in verständlicher und leicht zugänglicher Form sowie in klarer und einfacher Sprache zu fassen, was nach Erwägungsgrund 42 den Einklang mit den Vorgaben der RL 93/13/EWG erfordert. Insbesondere muss die klare Unterscheidbarkeit von den anderen Informationsgehalten gewährleistet sein. Im Fall eines Einwilligungsersuchens auf elektronischem Weg wird durch Erwägungsgrund 32 zusätzlich als geboten angesehen, dass die Kommunikation „in klarer und knapper Form und ohne Unterbrechung des Dienstes, für den die Einwilligung gegeben wird", zu erfolgen hat.[60]

4. Bestimmtheit

Die Bestimmtheit der Einwilligung, wie sie als Anforderung in deren Orientierung „für den bestimmten Fall" (Art. 4 Nr. 11 DSGVO) zum Ausdruck kommt, umfasst perspektivisch zwei Gehalte: Bestimmtheitsvorgaben an den Inhalt (a) und an die Modalitäten (b) der Einwilligungserklärung.

a) Inhalt der Einwilligung

Es liegt nahe, die Bestimmtheitsanforderungen, soweit sie inhaltlich den Bezug zum konkreten Fall wahren sollen, in Parallele zu den Informiertheitsanforderungen zu bestimmen (→ Rn. 34 f.): Der tatsächliche Rahmen der beabsichtigten Datenverarbeitung muss also nicht nur dem Einwilligen-

---

57 Gola/Schomerus/*Gola/Klug/Körffer* BDSG § 4 a Rn. 26.
58 Vgl. prägnant *Kühling/Seidel/Sivridis*, Datenschutzrecht, 3. Aufl. 2015, Rn. 319.
59 Insoweit weniger restriktiv *Albrecht/Jotzo*, Teil 3 Rn. 41.
60 Vgl. zu Gestaltungsmöglichkeiten *Pollmann/Kipker* DuD 2016, 378 (379 f.).

den bekannt sein, sondern auch hinreichend in der Einwilligungserklärung zum Ausdruck kommen.

39 Besonders problembehaftet sind insoweit die Bestimmtheitsanforderungen an die **Zweckbindung**. Anhand der Einwilligung muss klar erkennbar sein, zu welchen Zwecken die Datenverarbeitung erlaubt wird. Blankoerklärungen und pauschal gehaltene Formulierungen verfehlen das Erfordernis konkreter Zweckbindung.[61] Formulierungen wonach „in die Verwendung der Daten im Rahmen einer ordnungsgemäßen Geschäftsführung"[62] eingewilligt oder zur „Weitergabe aller Kreditdaten an die Schufa und Kreditschutzvereinigung"[63] ermächtigt werde, verfehlen das Bestimmtheitserfordernis auch weiterhin. Wenig zielführend erscheinen subjektive Maßstabsdebatten, also ob die Bestimmtheitsanforderungen von einem „situationsadäquat aufmerksamen und sorgfältigen Verbraucher"[64] erfüllt werden oder stattdessen auf einen „durchschnittlich informierten und verständigen Verbraucher"[65] abzustellen ist. Vielmehr ist im jeweiligen Einzelfall für die konkrete Verwendungssituation zu gewichten, wie präzise und detailliert die Angaben zur Zweckbindung einerseits verständlich und andererseits risikogerecht gefasst werden können.[66] Dementsprechend sieht Erwägungsgrund 33 unter genauer genannten Umständen Erleichterungen der Zweckbindung bei wissenschaftlicher Forschung vor.

40 Keine ausdrückliche Aussage trifft die DSGVO zur Bestimmtheitsfrage im Hinblick auf die Möglichkeit für Bedingungen und Befristungen bei Einwilligungen. Bislang bestand diese Gestaltungsmöglichkeit, nicht zuletzt begründet durch den Rückgriff auf BGB-Bestimmungen. Nunmehr regelt Art. 7 Abs. 3 DSGVO ausschließlich die Möglichkeit zum jederzeitigen Widerruf und verdrängt in diesem Rahmen vormalige Erlöschensgründe (→ Rn. 49). Für die **Bedingungsfeindlichkeit** der Einwilligung spricht insoweit, dass der Bedingungseintritt in Art. 17 Abs. 1 DSGVO nicht genannt wird und den meisten Fallgestaltungen auflösender Bedingungen oder Befristungen durch einen Widerruf ebenfalls sachgerecht entsprochen werden kann. Dies gilt allerdings nicht für aufschiebende Bedingungen und Befristungen. Vor dem Hintergrund des primären Schutzzwecks der Einwilligung, welche die informationelle Selbstbestimmung der betroffenen Personen realisieren soll, sprechen deshalb die besseren Argumente für die Zulassung von Bedingungen als dem autonomiebasierten „Minus" zu einer vollumfänglichen Einwilligungserteilung, zumal bei hinreichend bestimmter Formulierung auch keine Rechtssicherheitsprobleme auftreten.

41 Hinzuweisen ist zudem auf das in Erwägungsgrund 42 erwähnte Verbot der Verwendung missbräuchlicher Klauseln in vorformulierten Einwilligungserklärungen unter Verweis auf die RL 93/13/EWG. Unverändert un-

---

61 Vgl. *Radlanski*, Einwilligung, S. 107; *Simitis* BDSG § 4 a Rn. 77.
62 *Kühling/Seidel/Sivridis*, Datenschutzrecht, 3. Aufl. 2015, Rn. 320; *Simitis* BDSG § 4 a Rn. 81.
63 BGH 19.9.1985 – III ZR 213/83, BGHZ 95, 362 (367); *Kühling/Seidel/Sivridis*, Datenschutzrecht, 3. Aufl. 2015, Rn. 320.
64 OLG München 28.9.2006 – 29 U 2769/06, MMR 2007, 47 (48).
65 BGH 16.7.2008 – VIII ZR 348/06, NJW 2008, 3055 (3056).
66 Vgl. ähnlich *Kühling/Seidel/Sivridis*, Datenschutzrecht, 3. Aufl. 2015, Rn. 321.

terliegen die Formulierungen also einer **AGB-Kontrolle** nach den §§ 305 ff.
BGB.

b) Modalitäten der Einwilligung

Spezifische Vorgaben zur Gestaltung und zu sprachlichen Vorgaben der   42
Einwilligung enthält die DSGVO vornehmlich für kombinierte bzw. formu-
larmäßige Einwilligungserklärungen. Die sprachlichen und gestalterischen
Anforderungen sind als Formvorgaben behandelt (→ Rn. 24).

Hinsichtlich der diskursprägenden Debatte über die Datenschutzkonformi-   43
tät von Einwilligungen im Widerstreit von Opt-in- und Opt-out-Model-
len,[67] spricht sich die DSGVO deutlich für das Erfordernis eines **Opt-in-
Modells** aus, da Untätigkeit keine Einwilligung zu vermitteln vermag (→
Art. 4 Rn. 171).

Höchst problematisch erscheint die in Erwägungsgrund 32 anklingende   44
Möglichkeit, eine Einwilligung „durch die Auswahl technischer Einstellungen für Dienste der Informationsgesellschaft" erklären zu können, soweit
man dies als Eröffnung der standardisierten Einwilligung durch Internet-
browser-Einstellungen versteht.[68] Sicherlich bietet der damit vornehmlich
angesprochene **Do-not-track-Standard**[69] eine begrüßenswerte und praktikable Ausgestaltung, um eine Einwilligung gegenüber Tracking-Cookies
generell zu verweigern. Es ist aber zweifelhaft, ob auch durch die Option
der generellen Zulassung derselben qua Browser-Einstellung gegenüber den
jeweiligen Seitenbetreibern zustimmend eine rechtskonforme Einwilligung
erklärt werden kann. Dagegen spricht, dass die betroffenen Personen durch
generelle Festlegungen keine bestimmbare Zustimmung „für den bestimmten Fall" im Hinblick auf die konkreten Seiten bzw. Verarbeitenden leisten.
Gegenläufig ist allerdings zu berücksichtigen, dass der eigentliche Gegenstand der Einwilligungen – die Akzeptanz von Tracking-Cookies – bei diesem Vorgehen hinreichend bestimmt und risikobewusst vorab determiniert
wird, insoweit ein selbstbestimmter Verzicht auf in ihrem Umfang kaum
erfassbare und stetig zu leistende formularmäßige Einwilligungserklärungen deutlich gestalterisch zum Ausdruck kommt und diese Option zudem
einer kontraproduktiven „Einwilligungsmüdigkeit"[70] Vorschub leisten
kann. Bis zur gerichtlichen Klärung dieser Rechtsfrage kann allerdings aus
Seitenbetreibersicht angesichts der Beweislastregel in Art. 7 Abs. 1 DSGVO
(→ Rn. 53 f.) jedenfalls vorläufig nicht von einer rechtssicheren Einwilligungserteilung ausgegangen werden, auch wenn eine solche rechtspolitisch
zu begrüßen sein mag.

III. Widerruf

Art. 7 Abs. 3 DSGVO regelt nunmehr allgemein und ausdrücklich den Wi-   45
derruf der Einwilligung. Situativ ist er abzugrenzen vom Widerspruch gegen eine Datenverarbeitung (Art. 21 DSGVO), welcher mit ähnlicher Ziel-

---

67 Vgl. dazu *Rogosch*, Einwilligung, S. 114 ff.; *Radlanski*, Einwilligung, S. 18 ff. u.
    213 f.; *Laue/Nink/Kremer*, § 2 Rn. 10 f.; jew. mwN.
68 So bspw. *Dehmel/Hullen* ZD 2013, 147 (149); *Härting* ITRB 2016, 36 (39).
69 Vgl. *Wagner* DSB 2012, 192 f.; *Orthwein/Rücker* DuD 2014, 613 (615 f.).
70 *Dehmel/Hullen* ZD 2013, 147 (149).

richtung allerdings die Missbilligung einer ohne Einwilligung erfolgenden Datenverarbeitung artikuliert.

1. Widerrufsmöglichkeit

46 Die Möglichkeit zum Widerruf einer erteilten Einwilligung ist nach Art. 7 Abs. 3 S. 1 DSGVO „jederzeit" möglich – Einschränkungen enthält der Normwortlaut nicht. Ein **Widerrufsgrund**, wie er bislang partiell in Zumutbarkeitserwägungen zum Ausdruck kam,[71] ist fortan nicht mehr erforderlich. Die Widerrufsmöglichkeit als Gegenpart zur Einwilligung ist ebenso wie letztere grundrechtliche Realisierung informationeller Selbstbestimmung,[72] weshalb auch weiterhin **kein Verzicht** erklärt werden kann.[73]

2. Ausübung des Widerrufs

47 Gem. Art. 7 Abs. 3 S. 4 DSGVO muss die Ausübung der Widerrufsmöglichkeit „so einfach wie die Erteilung der Einwilligung" sein. Dies legt es nahe, das insoweit die Anforderungen an den Widerruf als Gegenpart mit denen an die Einwilligung korrespondieren (→ Rn. 18 ff.). Allerdings besteht keine strenge Anforderungsakzessorietät, da die Schutzbedürfnisse geringer ausgeprägt sind.[74] Vielmehr schließt es der Wortlaut nicht aus, dass der Widerruf „einfacher" erklärt wird. Unabhängig von der konkreten Einwilligungserklärung kann der Widerruf also schriftlich, elektronisch und auch mündlich erklärt werden. Adressat des Widerrufs ist der Adressat der Einwilligung, also die jeweiligen Verantwortlichen.

3. Rechtsfolgen des Widerrufs

48 Ein wirksam erklärter Widerruf beseitigt die Wirksamkeit der Einwilligung mit **Wirkungen ex nunc**, lässt also gem. Art. 7 Abs. 3 S. 2 DSGVO die Rechtmäßigkeit der aufgrund der Einwilligung bislang erfolgten Datenverarbeitung unberührt. Dies bedeutet indes nicht, dass der bisherige Datenbestand den Verarbeitungsverantwortlichen erhalten bleibt, vielmehr greift insoweit regelmäßig eine **Löschungspflicht** aus Art. 17 DSGVO. Es kann zudem eine Benachrichtigungspflicht im Fall weiterer Datenempfänger bestehen (→ Art. 19).

4. Sperrwirkung für andere Erlöschensgründe

49 Problematisch sind überschießende systematische Wirkungen der Widerrufsvorschriften in Art. 7 Abs. 3 DSGVO, weil von einer Normierung weiterer Erlöschensgründe abgesehen wurde. Insoweit steht eine Exklusivität des Widerrufs bzw. eine Sperrwirkung für andere Erlöschensgründe in Frage. Diesbezüglich ist zu differenzieren: Für die Anfechtungsmöglichkeit im Fall der arglistigen Täuschung und der Drohung besteht kein Bedürfnis, da

---

71 Vgl. Wolff/Brink/*Kühling* Datenschutzrecht in Bund und Ländern BDSG § 4 a Rn. 59; *Simitis* BDSG § 4 a Rn. 99.
72 Vgl. *Buchner*, Informationelle Selbstbestimmung, S. 323 ff.; *Rogosch*, Einwilligung, S. 132; *Liedke*, Einwilligung, S. 89 f.
73 Zur bisherigen Rechtlage *Simitis* BDSG § 4 a Rn. 95, mwN.
74 Vgl. Vgl. Wolff/Brink/*Kühling* Datenschutzrecht in Bund und Ländern BDSG § 4 a Rn. 58.

es in diesen Fällen bereits an der Freiwilligkeit oder Informiertheit der Einwilligung als Wirksamkeitsvoraussetzung mangelt; gleiches dürfte im Fall der Sittenwidrigkeit gelten. Bei einem Verstoß gegen ein Verbotsgesetz im Sinne der DSGVO ist nunmehr Art. 7 Abs. 2 S. 2 DSGVO maßgeblich (→ Rn. 52). Und für den Bereich des Minderjährigenschutzes existiert eine Spezialregelung, die zudem einen Spielraum für nationale Vorschriften belässt (→ Art. 8). Etwaige Regelungslücken vermag die Widerrufsvorschrift, die zudem regelmäßig mit einer Löschungsverpflichtung einhergeht, sachgerecht zu bewältigen. Allein für Bedingungen und Befristungen ist eine Durchbrechung der Sperrwirkung geboten, indem wie gezeigt (→ Rn. 40) entsprechende Gestaltungsoptionen für die Einwilligenden anzuerkennen sind.

IV. Rechtsfolgen

Die zentrale Rechtsfolge einer wirksamen Einwilligung besteht in der **Legalisierung** der Datenverarbeitung gem. Art. 6 Abs. 1 lit. a DSGVO. Folgewirkungen dieses Effekts sind Informationspflichten (→ Art. 13), Auskunftsverpflichtungen (→ Art. 15) und Datenportabilitätskonformität (→ Art. 20) sowie unter Umständen Berichtigungs- (→ Art. 16) und Löschungspflichten (→ Art. 17). **50**

Art. 7 Abs. 1 DSGVO spricht davon, dass die Verarbeitung auf einer Einwilligung beruhen muss. Diese bildliche Formulierung der Einwilligung als Basis, als Fundament von Verarbeitungsvorgängen legt es nahe, dass von einer Rechtswirkung nicht auszugehen ist, wenn parallel zur Einwilligung weitere Legalisierungsgründe aus Art. 6 Abs. 1 DSGVO greifen. Damit ist – jenseits der Freiwilligkeitsproblematik bei der Suggestion von Selbstbestimmung (→ Rn. 29) – ein gewichtiger Schritt in Richtung einer (zumindest faktischen) **Subsidiarität der Einwilligung** vollzogen, obwohl sich entsprechende rechtswissenschaftliche Konzeptionen[75] bislang nicht ausdrücklich durchsetzen konnten. **51**

Wesentliche Bedeutung für die Reichweite der Rechtsfolgen einer Einwilligung gewinnt Art. 7 Abs. 2 S. 2 DSGVO, wonach Teile einer Einwilligungserklärung nicht verbindlich sind, wenn sie einen Verstoß gegen die DSGVO darstellen. Entgegen der formalen Zuordnung handelt es sich um eine **generelle Fehlerfolgenregelung** für Einwilligungen, die systematisch als eigener Absatz zu lesen ist. Als solche beinhaltet sie zwei Kernaussagen: Zum einen führt unterschiedslos jeder Verstoß gegen Anforderungen der DSGVO zur Unverbindlichkeit des verordnungswidrigen Erklärungsgehalts. Zum anderen wird die Möglichkeit der **Teilnichtigkeit** für Einwilligungen eröffnet, weil die Unverbindlichkeit auf verordnungswidrige „Teile der Erklärung" beschränkt ist. Soweit also eine Einwilligung nur im Hinblick auf einzelne Verarbeitungszwecke uninformiert, unbestimmt oder unter Verstoß gegen Formvorgaben erteilt wurde, entfalten die übrigen Erklärungsgehalte – soweit sie in isolierter Form Sinn ergeben, also abtrennbar sind – wirksame Legalisierungswirkungen. **52**

---

75 Vgl. *Radlanski*, Einwilligung, S. 204 ff., mwN.

V. Darlegungs- und Beweislast

53 Zuletzt enthält Art. 7 Abs. 1 DSGVO eine grundlegende Bestimmung zur Darlegungs- und Beweislast für einwilligungsbasierte Verarbeitungen. Danach müssen die Verarbeitungsverantwortlichen nachweisen können, dass die betroffene Person ihre Einwilligung erteilt hat. Diese Risikoverteilung bewirkt für die Praxis eine umfassende **Dokumentationsobliegenheit** für die Verarbeitenden, gleichgültig ob es sich um eine schriftlich, elektronisch, mündlich oder konkludent-tatsächlich erteilte Einwilligung handelt[76] – insoweit sollte jede Einwilligung sachgerecht zugleich als implizite Einwilligung in die Dokumentation der Einwilligungserklärung verstanden werden.

54 Problematisch ist, inwieweit allein aufgrund der Darlegungs- und Beweislastregel des Art. 7 Abs. 1 DSGVO ein hinreichender Anlass für ein Bußgeld gem. Art. 83 Abs. 5 lit. a DSGVO bestehen kann. Richtigerweise wird man im Lichte von Art. 48 Abs. 1, 49 Abs. 3 GrCh jedenfalls die Verhältnismäßigkeit (Art. 83 Abs. 1 DSGVO) eines entsprechenden Vorgehens in Zweifel zu ziehen haben.

C. Verhältnis zu anderen Normen

I. Innerhalb der DSGVO

55 Die wichtigsten Normrelationen bestehen zum grundlegenden Verbot mit Erlaubnisvorbehalt aus Art. 6 DSGVO sowie zur Legaldefinition der Einwilligung in Art. 4 Nr. 11 DSGVO.

56 Spezielle Impulse erfährt die Einwilligungsdogmatik für Minderjährige bei Direktangeboten von Diensten der Informationsgesellschaft durch Art. 8 DSGVO und für besondere Kategorien personenbezogener Daten durch Art. 9 Abs. 2 lit. a DSGVO. Löschungspflichten als Konsequenz des Widerrufs der Einwilligung normiert Art. 17 Abs. 1 lit. b DSGVO. Spezielle Einwilligungsvorbehalte kennen Art. 18 Abs. 2, 22 Abs. 2 lit. c DSGVO. Eine Bußgeldbewehrung von Verstößen gegen Art. 7 DSGVO sieht Art. 83 Abs. 5 lit. a DSGVO vor.

II. Befugnisübertragungen/Durchführungsrecht

57 Etwaige spezifische Befugnisübertragungen und Durchführungsrechtsakte sind nicht ersichtlich.

III. Fortgeltendes Bundes- oder Landesrecht

58 Gem. Art. 95 DSGVO bleiben die datenschutzrechtlichen Anforderungen aus RL 2002/58/EG unberührt. Anwendbar sind deshalb die entsprechenden nationalen Umsetzungsnormen zur Einwilligung in den §§ 94 ff. TKG, soweit diese unionsrechtliche Vorgaben und Umsetzungsspielräume konkretisieren.[77] Nicht mehr anwendbar sind demgegenüber die Vorgaben aus § 13 TMG mangels Bezugs auf TK-Dienste.[78]

---

76 Vgl. zu möglichen praktischen Ausgestaltungen *Laue/Nink/Kremer*, § 2 Rn. 6 ff.
77 Vgl. *Keppeler* MMR 2015, 779 (781).
78 Vgl. *Keppeler* MMR 2015, 779 (781).

D. Kritik und Fortentwicklungsperspektiven

Die datenschutzrechtliche Einwilligung erfährt durch Art. 7 DSGVO kei-   59
nen „mutigen" Neuentwurf. Jenseits begrüßenswerter Präzisierungen, vor
allem im Hinblick auf die Widerrufsmöglichkeit und das Kopplungsverbot,
lässt sich in Teilen eine mangelnde Reflexion der Umstellung des vormaligen Richtlinienansatzes auf Verordnungsrecht im Hinblick auf den Wegfall
nationaler Auffangrechtsordnungen – für den deutschen Rechtsraum insbesondere: das BGB – nicht leugnen. Im Mittelpunkt der Kritik dürfte des
ungeachtet weiterhin die Wirklichkeitskonstruktion durch die Einwilli-
gungsvorgaben stehen, weil einerseits der Fiktionsvorwurf[79] angesichts des
Massenphänomens bei geringer Kenntnis und Autonomie der betroffenen
Personen und andererseits ein Paternalismusvorwurf[80] angesichts der Beschränkungen der Einwilligungsmöglichkeit weiterhin formuliert werden
wird.[81] Eine konzeptionelle Weiterentwicklung, die beiden Kritiksträngen
Rechnung tragen will, sollte rechtspolitisch verstärkt die Ansätze zu einer
Subsidiarität der Einwilligung ausbauen (→ Rn. 51).

Artikel 8 Bedingungen für die Einwilligung eines Kindes in Bezug auf Dienste der Informationsgesellschaft

(1) [1]Gilt Artikel 6 Absatz 1 Buchstabe a bei einem Angebot von Diensten
der Informationsgesellschaft, das einem Kind direkt gemacht wird, so ist
die Verarbeitung der personenbezogenen Daten des Kindes rechtmäßig,
wenn das Kind das sechzehnte Lebensjahr vollendet hat. [2]Hat das Kind
noch nicht das sechzehnte Lebensjahr vollendet, so ist diese Verarbeitung
nur rechtmäßig, sofern und soweit diese Einwilligung durch den Träger der
elterlichen Verantwortung für das Kind oder mit dessen Zustimmung erteilt wird.

Die Mitgliedstaaten können durch Rechtsvorschriften zu diesen Zwecken
eine niedrigere Altersgrenze vorsehen, die jedoch nicht unter dem vollendeten dreizehnten Lebensjahr liegen darf.

(2) Der Verantwortliche unternimmt unter Berücksichtigung der verfügbaren Technik angemessene Anstrengungen, um sich in solchen Fällen zu vergewissern, dass die Einwilligung durch den Träger der elterlichen Verantwortung für das Kind oder mit dessen Zustimmung erteilt wurde.

(3) Absatz 1 lässt das allgemeine Vertragsrecht der Mitgliedstaaten, wie etwa die Vorschriften zur Gültigkeit, zum Zustandekommen oder zu den
Rechtsfolgen eines Vertrags in Bezug auf ein Kind, unberührt.

---

79 Vgl. *Simitis* BDSG § 4 a Rn. 3, mwN; *Radlanski*, Einwilligung, S. 206, 210 f. u.
222 f.; *Bull*, Sinn und Unsinn, S. 20 ff. u. 80 f.
80 *Dehmel/Hullen* ZD 2013, 147 (150); Vgl. auch *Bull*, Sinn und Unsinn, S. 19 f.;
Masing NJW 2012, 2305 (2307); *Krönke*, Der Staat 55 (2016), 319 (325 ff.); *von
Lewinski*, Die Matrix des Datenschutzes, 2014, S. 46: „informationelle Fremdbe-
stimmung".
81 Vgl. exemplarisch im Sinne einer Kombination prägnant *Hermstrüwer*, Informationelle Selbstgefährdung, S. 382 ff.

Verwandte Normen: ErwGr 38

Literatur:

Albrecht/Jotzo, Das neue Datenschutzrecht der EU, 2017; *Art. 29-Datenschutzgruppe*, Opinion 15/2011 on the definition of consent, WP 187; *Art. 29-Datenschutzgruppe*, Opinion 01/2012 on the data protection reform proposals, WP 191; *BITKOM*, Jung und vernetzt – Kinder in der digitalen Gesellschaft, 2014; *Braun* in: Geppert/Schütz, TKG, 4. Aufl. 2013, § 91; *Däubler* in: Däubler/Klebe/Wedde/Weichert (Hrsg.), BDSG, 5. Aufl. 2016, § 4 a;. *Jandt/Roßnagel* in: Schenk/Niemann/Reinmann/Roßnagel, Digitale Privatsphäre, 2012, 309; *Jandt/Roßnagel*, Social Networks für Kinder und Jugendliche – Besteht ein ausreichender Datenschutz?, MMR 2011, 637; *Gola/Schomerus*, BDSG, 12. Aufl. 2015, § 4 a; *Gola/Schulz*, DS-GVO – Neue Vorgaben für den Datenschutz bei Kindern?, ZD 2013, 475; *Hessischer Datenschutzbeauftragter*, 40. Tätigkeitsbericht 2011, Ziff. 3.6.4.; *Holznagel/Sonntag* in: Roßnagel (Hrsg.), Handbuch Datenschutzrecht, 2003, Kap. 4.8; *Jandt/Roßnagel*, Social Networks für Kinder und Jugendliche – Besteht ein ausreichender Datenschutz?, MMR 2011, 637; *Kampert*, Datenschutz in sozialen Online-Netzwerken de lege lata und de lege ferenda, 2016; *Kramer*, DSB 2016, Minderjährigendatenschutz nach BDSG und EU-DSGVO, 2016; *Laue/Nink/Kremer*, Das neue Datenschutzrecht in der betrieblichen Praxis, 2016; *Nebel/Richter*, Datenschutz bei Internetdiensten nach der DS-GVO, ZD 2012, 407; *Plath* BDSG, 2013, § 4 a; *Rogosch*, Die Einwilligung im Datenschutzrecht, 2012; *Roßnagel/Richter/Nebel*, Besserer Internetdatenschutz für Europa, ZD 2013, 104; *Spindler/Nink* in: Spindler/Schuster (Hrsg.), Recht der elektronischen Medien, 3. Aufl. 2015, BDSG, § 4 a;*Taeger* in: Taeger/Gabel (Hrsg.), BDSG, 2. Aufl. 2013, § 4 a; *Walter*, Einwilligung von Minderjährigen im Internet, DSB 2013, 140.

A. Grundlagen

I. Gesamtverständnis und Zweck der Norm

1   Mit Art. 8 wurde im europäischen Datenschutzrecht erstmals eine Vorschrift geschaffen, die ausdrückliche Vorgaben für die Einwilligung eines Kindes enthält.[1] Danach kann ein Kind erst mit Vollendung des 16. Lebensjahres wirksam eine Einwilligung in die Verarbeitung seiner personenbezogenen Daten erteilen. Durch mitgliedstaatliche Rechtsvorschriften kann die Altersgrenze herabgesetzt werden. Sie darf jedoch die Vollendung des 13. Lebensjahres nicht unterschreiten. Der sachliche Anwendungsbereich der Norm ist auf Datenverarbeitungen beschränkt, die im Zusammenhang mit der Nutzung eines Dienstes der Informationsgesellschaft erfolgen. Dass gerade dieses Datenverarbeitungsszenario geregelt wurde, dürfte dem Umstand geschuldet sein, dass die Nutzung von Diensten der

---

1 Vgl. *Albrecht/Jotzo*, S. 80.

Informationsgesellschaft durch Minderjährige weit verbreitet ist und daher ein weitergehendes Regelungsbedürfnis bestand. Der Gesetzgeber geht davon aus, dass Kinder sich der Risiken und Folgen der Verarbeitung personenbezogener Daten nicht hinreichend bewusst sind.[2] Dieser **besonderen Schutzbedürftigkeit** soll mit der Neuregelung Rechnung getragen werden.

II. Bisherige Rechtslage

Die bisherige DSRL enthält keine Vorschriften, die explizit die Einwilligung von Kindern zum Gegenstand haben. Die fehlende Harmonisierung hat dazu geführt, dass in den einzelnen Mitgliedstaaten unterschiedliche Vorgaben für die Wirksamkeit der Einwilligung von Kindern gelten.[3] Das deutsche Recht kennt keine starren Altersgrenzen oder sonstige verbindliche Vorgaben speziell für die Einwilligungsfähigkeit Minderjähriger. Dasselbe gilt etwa für den britischen Data Protection Act oder sein französisches Pendant.[4] Im deutschen Datenschutzrecht wird die Einwilligung, geregelt in § 4a BDSG, als Ausübung der grundrechtlich geschützten informationellen Selbstbestimmung angesehen. Die Einwilligung eines Minderjährigen ist daher dann wirksam, wenn dieser mit Blick auf die informationelle Selbstbestimmung als grundrechtsmündig angesehen wird, dh wenn er über die für die Erteilung der Einwilligung notwendige **Einsichtsfähigkeit** verfügt.[5]

2

Der Minderjährige muss demnach Bedeutung und Tragweite der abgegebenen Erklärung verstehen können.[6] Die Einsichtsfähigkeit des Minderjährigen bestimmt sich jeweils nach den **Umständen des Einzelfalles**.[7] Sie lässt sich nicht pauschal bestimmen. Die Rechtsnatur der Einwilligung ist im Einzelnen umstritten.[8] Teilweise wird sie als Real- oder geschäftsähnliche Handlung angesehen,[9] teilweise als rechtsgeschäftliche Willenserklärung.[10] Folgt man der letztgenannten Auffassung, sind zusätzlich die Vorschriften über die Geschäftsfähigkeit nach §§ 104 ff. BGB zu berücksichtigen.

3

Der BGH hat etwa die werbliche Ansprache von Jugendlichen unter 15 Jahren im Rahmen eines Gewinnspiels einer Krankenkasse als wettbewerbsrechtlich unzulässig erachtet, da die geschäftliche Unerfahrenheit der Jugendlichen ausgenutzt werde.[11] Ebenfalls als wettbewerbswidrig angesehen wurde die Aufnahme von Kindern bis zu einem Alter von 12 Jahren in einen „Kinder-Automobilclub" und die damit einhergehende Datenverar-

4

---

2   Erwägungsgrund 38.
3   *Art. 29-Datenschutzgruppe*, WP 187, 33.
4   Loi n° 78-17 du 6 janvier 1978 relative à l'informatique, aux fichiers et aux libertés.
5   *Kramer* DSB 2016, 6; *Jandt/Roßnagel* MMR 2011, 637 (638); *Gola/Schomerus* BDSG § 4a Rn. 2a. D/K/W/W/*Däubler* BDSG § 4a Rn. 5; *Plath* BDSG § 4a Rn. 8.
6   *Plath* BDSG § 4a Rn. 8.
7   *Walter* DSB 2013, 140.
8   Zum Streitstand *Gola/Schomerus* BDSG § 4a, Rn. 2; Spindler/Schuster/*Spindler/Nink*, Recht der elektronischen Medien, 3. Aufl. 2015, BDSG § 4a, Rn. 3–5.
9   *Jandt/Roßnagel* in S/N/R/R, Digitale Privatsphäre, 309 (336 f.); Roßnagel/*Holznagel/Sonntag*, HdB Datenschutzrecht, Kap. 4.8 Rn. 21; D/K/W/W/*Däubler* BDSG § 4a Rn. 2.
10 *Rogosch*, Die Einwilligung im Datenschutzrecht, 2012, S. 37–39 mwN.
11 BGH WRP 2014, 835.

beitung, die allein aufgrund der Beitrittserklärung der Kinder erfolgte.[12] Die Gerichtsentscheidungen können für die **Beurteilung der Einwilligungs-fähigkeit** Minderjähriger entsprechend herangezogen werden.[13] Als grobe Orientierungshilfe, die jedoch nicht von einer Einzelfallprüfung entbindet, kann davon ausgegangen werden, dass etwa ab Vollendung des 14. bzw. 15. Lebensjahres häufig die Einsichtsfähigkeit des Minderjährigen gegeben sein wird.[14]

5   Der Datenschutz bei der Nutzung von Diensten der Informationsgesell-schaft ist im deutschen Recht bislang in den §§ 11 ff. TMG und §§ 91 ff. TKG geregelt. Das TKG regelt dabei den Datenschutz während des Daten-übermittlungsvorgangs.[15] Die §§ 11 ff. TMG finden Anwendung auf die Verarbeitung personenbezogener Bestands- und Nutzungsdaten, wohinge-gen sogenannte Inhaltsdaten bislang dem BDSG unterfallen.[16] § 12 Abs. 1 TMG und § 94 TKG nennen als Rechtsgrundlage für die Verarbeitung per-sonenbezogener Daten ebenfalls die Einwilligung des Nutzers. Da TMG und TKG keine spezifischen Vorgaben für Minderjährige enthalten, gelten die Ausführungen zur Einsichtsfähigkeit bei der Einwilligung (→ Rn. 3 ff.) entsprechend.

III. Entstehung der Norm

6   Art. 8 des Kommissionsentwurfs der DSGVO[17] sah für die Einwilligungsfä-higkeit Minderjähriger ursprünglich ein Mindestalter von 13 Jahren vor, ohne den Mitgliedstaaten Abweichungsmöglichkeiten zu eröffnen. In der legislativen Entschließung des Europäischen Parlamentes[18] wurde dies bei-behalten. Die Entschließung sah allerdings einen erweiterten sachlichen Anwendungsbereich der Norm vor. Die Regelung sollte danach nicht auf Datenverarbeitungen im Zusammenhang mit Diensten der Informationsge-sellschaft beschränkt werden. Stattdessen sollte jegliche Datenverarbeitung im Zusammenhang mit dem direkten Angebot von Waren oder Dienstleis-tungen an Kinder erfasst werden. Eine Erweiterung des Anwendungsberei-ches über Dienste der Informationsgesellschaft hinaus hatte auch die Art. 29-Datenschutzgruppe gefordert.[19] In den Trilog-Verhandlungen hat sich diese Position letztlich nicht durchsetzen können.

---

12   OLG Frankfurt CR 2005, 830.
13   Vgl. *Gola/Schomerus* BDSG § 4 a Rn. 2 a.
14   *Hess. Datenschutzbeauftragter*, 40. Tätigkeitsbericht 2011, Ziff. 3.6.4. Ähnlich Spindler/Schuster/*Spindler/Nink*, Recht der elektronischen Medien, 3. Aufl. 2015, BDSG § 4 a Rn. 4.
15   Geppert/Schütz/*Braun* TKG § 91 Rn. 10.
16   Dazu näher *Kampert*, Datenschutz in sozialen Online-Netzwerken de lege lata und de lege ferenda, S. 37 ff.
17   KOM (2012) 11 endg. v. 25.1.2012.
18   Europäisches Parlament, A7-0402/13 v. 21.11.2013.
19   *Art. 29-Datenschutzgruppe*, WP 191, 13.

B. Kommentierung

I. Abs. 1: Einwilligung des Kindes oder des Trägers der elterlichen Verantwortung, Altersgrenze, Anwendungsbereich

Der Anwendungsbereich der Norm ist beschränkt auf Einwilligungen, die   7
ein Kind bei einem Angebot von **Diensten der Informationsgesellschaft** (→
Art. 4 Rn. 266 ff.) erteilt.[20] Es handelt sich somit nicht um generelle Vorgaben für die Einwilligungsfähigkeit von Kindern. Nicht von den starren Altersgrenzen erfasst werden daher etwa Datenverarbeitungen im Zusammenhang mit der Teilnahme an einem Gewinnspiel mittels einer gedruck-
ten Postkarte. Für Einwilligungen Minderjähriger außerhalb des Anwendungsbereichs von Art. 8 enthält die DSGVO keine konkreten Vorgaben.
Insoweit besteht kein Unterschied zur DSRL und der bisherigen Rechtslage, sodass für die Wirksamkeit von Einwilligungen Minderjähriger weiterhin auf deren Einsichtsfähigkeit abzustellen sein dürfte (→ Rn. 2 ff.). Fehlt
es hieran, ist die Einwilligung der Erziehungsberechtigten maßgeblich.

Der **Begriff des Kindes** wird in der finalen Fassung der DSGVO, anders als   8
noch im Kommissionsentwurf, nicht mehr legaldefiniert. Für Zwecke des
Art. 8 ist dies auch nicht erforderlich, da hier für die Wirksamkeit der Einwilligung allein auf eine starre Altersgrenze abgestellt wird. Jedoch wird
der Begriff des Kindes auch an anderer Stelle in der Verordnung verwendet, ohne dass dort eine Altersgrenze genannt wird.[21]

Art. 8 Abs. 1 gilt nur für ein Angebot von Diensten der Informationsgesell-   9
schaft, das einem Kind **direkt** gemacht wird. Die Vorschrift gilt somit nicht
für alle Angebote von Diensten der Informationsgesellschaft. Ein direktes
Angebot an ein Kind dürfte voraussetzen, dass sich der Dienst der Informationsgesellschaft zumindest auch an nicht volljährige Nutzer richtet.
Dies ist jedenfalls dann der Fall, wenn der Dienst inhaltlich oder von seiner
äußeren Gestaltung her ausdrücklich Kinder als Zielgruppe anspricht. Indizien hierfür können die Verwendung von kindgerechter Illustration und
Sprache sein.[22] Beispiele: Lernplattformen, Kindernachrichtenportale, On-
line-Spiele in kindlicher Aufmachung, Online-Communities rund um Kin-
dersendungen oder Comicfiguren, soziale Online-Netzwerke speziell für
Kinder. Fraglich ist, ob auch Angebote wie Facebook, Snapchat oder Insta-
gram, die von Nutzern aller Altersstufen genutzt werden, sich **direkt** an
Kinder richten. Hierfür spricht, dass die genannten Dienste in ihren Nut-
zungsbedingungen jeweils ein Mindestalter von 13 Jahren vorsehen.[23] Diese Dienste öffnen sich also bewusst einem minderjährigen Nutzerkreis.[24]

Abs. 1 S. 2 enthält **zwei Varianten** für die Erteilung einer wirksamen Ein-   10
willigung. Erstens kann die Einwilligung durch den Träger der elterlichen
Verantwortung[25] für das Kind erteilt werden. In diesem Fall treten nach

---

20   Dies folgt aus dem Verweis auf Art. 6 Abs. 1 lit. a.
21   Etwa Art. 6 Abs. 1 lit. f oder Art. 12 Abs. 1.
22   *Gola/Schulz* ZD 2013, 475 (478); *Laue/Nink/Kremer*, S. 100.
23   Dies dürfte auf die Altersgrenze von 13 Jahren im US-Children´s Online Privacy
     Protection Act (COPPA) zurückzuführen sein. Dazu *Gola/Schulz* ZD 2013, 475
     (476), *Rogosch*, Die Einwilligung im Datenschutzrecht, 2012, S. 51.
24   So im Ergebnis auch *Albrecht/Jotzo*, S. 80.
25   Wer dies ist, bestimmt sich nach mitgliedstaatlichem Familienrecht.

außen die Träger der elterlichen Verantwortung in Erscheinung. Zweitens kann das Kind selbst wirksam eine Einwilligungserklärung abgeben, wenn zuvor die Träger der elterlichen Verantwortung zugestimmt haben.[26] Bei dieser Variante treten die Eltern nur im Innenverhältnis auf. Praktisch ist aber in beiden Fällen erforderlich, dass der für die Verarbeitung Verantwortliche erkennen kann, ob die Eltern der Datenverarbeitung zugestimmt haben. Maßgeblich für die Wirksamkeit der Einwilligung ist im Ergebnis die Erklärung der Eltern. Als Ausfluss des elterlichen Erziehungsrechts sowie mangels anderweitiger Regelung und aus Gründen des Verkehrsschutzes muss dies auch gelten, wenn die Eltern ihr Einverständnis mit der Datenverarbeitung gegen den ausdrücklichen Willen des Kindes erklären. Anderes gilt im Falle von Rechtsmissbrauch oder Kindeswohlgefährdung.

11 Nicht erforderlich soll die Einwilligung des Trägers der elterlichen Verantwortung dann sein, wenn es um Präventions- oder Beratungsdienste geht, die unmittelbar einem Kind angeboten werden. Diese **Ausnahme** ist nicht unmittelbar im Verordnungstext verankert, sie ergibt sich aber aus Erwägungsgrund 38. Dienste in diesem Sinne sind etwa Online-Angebote von Drogenberatungsstellen, Opferschutzorganisationen oder psychologischen Beratungsstellen. Die Ausnahme soll verhindern, dass Hilfsangebote an Kinder durch das Datenschutzrecht erschwert oder unmöglich gemacht werden. Sie dient damit dem Schutz des Kindeswohls.

12 Abs. 1 S. 3 enthält eine **Öffnungsklausel** zugunsten der Mitgliedstaaten. Sie können durch einzelstaatliches Recht die Altersgrenze nach Abs. 1 S. 1 herabsetzen, dürfen dabei jedoch ein Mindestalter von 13 Jahren nicht unterschreiten.

II. Abs. 2: Technisch-organisatorische Maßnahmen des Verantwortlichen

13 Abs. 2 verpflichtet den Verantwortlichen (→ Art. 4 Rn. 114 ff.) **technisch-organisatorische Maßnahmen** zu treffen, um sich des Vorliegens des Einverständnisses des Trägers der elterlichen Verantwortung zu vergewissern. Die Vorschrift enthält keine Festlegung auf ein konkretes technisches Überprüfungs- oder Verifikationsverfahren. Der Verantwortliche muss hierbei lediglich die verfügbare Technik berücksichtigen. Hieraus folgt auch, dass ein einmal eingerichtetes Verifikationssystem laufend dahingehend zu überprüfen ist, ob es noch dem Stand der Technik genügt. Um den Anforderungen zu genügen könnte der Verantwortliche etwa eine qualifizierte elektronische Signatur der Eltern, die Identifizierung mittels elektronischen Personalausweises oder eine eingescannte eigenhändige Unterschrift verlangen. Da die Verpflichtung offen formuliert ist, sind auch eine Reihe weiterer Verfahren denkbar. Es bleibt abzuwarten, welcher Marktstandard sich in diesem Bereich etablieren wird. Die Erfüllung der technisch-organisatorischen Vorgaben ist eine eigenständige Verpflichtung des Verantwortlichen, deren Einhaltung diesen nicht von der Einholung einer wirksamen Einwilligung entbindet.[27]

---

26 Sprachlich eindeutiger kommt dies in der englischen Sprachfassung zum Ausdruck.
27 *Roßnagel/Richter/Nebel* ZD 2013, 104 (105).

Abs. 2 verpflichtet den Verantwortlichen jedoch nur zu **angemessenen An-** 14
strengungen. Diese Einschränkung ist Ausdruck des Verhältnismäßigkeitsgrundsatzes. Dem Verantwortlichen sollen keine unerfüllbaren Pflichten
auferlegt werden. Zur Beurteilung der Angemessenheit sind der finanzielle
und organisatorische Aufwand des Verantwortlichen gegen Art, Umfang
und Bedeutung der Datenverarbeitung abzuwägen. Dabei gilt: Je umfangreicher und komplexer sich die Datenverarbeitung gestaltet, desto höhere
Anforderungen können dem Verantwortlichen zugemutet werden.

III. Abs. 3: Verhältnis zu allgemeinem Vertragsrecht

Abs. 3 stellt klar, dass das **allgemeine Vertragsrecht** der Mitgliedstaaten un- 15
berührt bleibt. Die (fehlende) datenschutzrechtliche Einwilligungsfähigkeit
des Kindes hat somit keinerlei Auswirkungen auf seine Geschäftsfähigkeit.
Dies bedeutet, dass auch ein Kind unter 16 Jahren wirksam einen Vertrag
über das Internet schließen kann, wenn das Recht des jeweiligen Mitgliedstaates dies zulässt. In Deutschland sind hierfür die §§ 104 ff. BGB maßgeblich.

IV. Bußgeldbewehrung nach Art. 83 Abs. 3 lit. a

Auf die Einhaltung sämtlicher Vorgaben des Art. 8 sollte der Verantwortli- 16
che großes Augenmerk legen, da Verstöße gemäß Art. 83 Abs. 3 lit. a mit
einer erheblichen **Geldbuße bewehrt** sind.

C. Verhältnis zu anderen Normen

Art. 8 lässt die allgemeinen Anforderungen, die die DSGVO an eine wirk- 17
same Einwilligung stellt unberührt. Innerhalb des Anwendungsbereiches
der Norm kommt es für die Wirksamkeit der Einwilligung nicht mehr auf
die individuelle Einsichtsfähigkeit des Kindes an. Auf die zum bisherigen
Recht entwickelten Grundsätze kann daher nur noch außerhalb des Anwendungsbereiches dieser Vorschrift zurückgegriffen werden. Art. 8 betrifft
zudem nur die Rechtmäßigkeit der Datenverarbeitung aufgrund einer Einwilligung. Andere Erlaubnistatbestände werden durch Art. 8 nicht berührt.

D. Ausblick

Eine feste Altersgrenze sorgt auf Seiten des Verantwortlichen für mehr 18
Rechtssicherheit. Gleichzeitig bietet sie Kindern unterhalb der Altersgrenze
einen hinreichenden Schutz. Ob die Altersgrenze von 16 Jahren praxisnah
gewählt wurde, könnte angesichts der Tatsache, dass zahlreiche Internetan-
gebote bereits von jüngeren Kindern genutzt werden[28] fraglich sein. Die
Öffnungsklausel nach Abs. 1 S. 3 bietet den Mitgliedstaaten zwar hinreichend Raum für Korrekturen.[29] Dadurch wird jedoch das Ziel einer euro-
paweiten Rechtsvereinheitlichung in diesem Bereich unterlaufen.[30] Für Anbieter von Diensten der Informationsgesellschaft wird es zunehmend wich-

---

28 Zur Internetnutzung durch Minderjährige vgl. *BITKOM, Jung und vernetzt* – Kinder in der digitalen Gesellschaft, 2014.
29 Soweit ersichtlich findet sich im ABDSG-E bislang keine Regelung zur Einwilligung
von Kindern im Kontext von Diensten der Informationsgesellschaft.
30 Dazu auch *Albrecht/Jotzo*, S. 80.

tig, zuverlässige und nutzerfreundliche Altersverifikationssysteme zu etablieren.[31] Nur so lässt sich auf Anbieterseite rechtssicher beurteilen, ob die Datenverarbeitung auf eine wirksame Einwilligung gestützt werden kann. Anbieter, die sich mit ihren Diensten direkt an Kinder wenden, sollten zudem rechtzeitig ein funktionierendes System zur Einholung der elterlichen Zustimmung entwickeln.[32]

Artikel 9   Verarbeitung besonderer Kategorien personenbezogener Daten

(1) Die Verarbeitung personenbezogener Daten, aus denen die rassische und ethnische Herkunft, politische Meinungen, religiöse oder weltanschauliche Überzeugungen oder die Gewerkschaftszugehörigkeit hervorgehen, sowie die Verarbeitung von genetischen Daten, biometrischen Daten zur eindeutigen Identifizierung einer natürlichen Person, Gesundheitsdaten oder Daten zum Sexualleben oder der sexuellen Orientierung einer natürlichen Person ist untersagt.

(2) Absatz 1 gilt nicht in folgenden Fällen:

a) Die betroffene Person hat in die Verarbeitung der genannten personenbezogenen Daten für einen oder mehrere festgelegte Zwecke ausdrücklich eingewilligt, es sei denn, nach Unionsrecht oder dem Recht der Mitgliedstaaten kann das Verbot nach Absatz 1 durch die Einwilligung der betroffenen Person nicht aufgehoben werden,

b) die Verarbeitung ist erforderlich, damit der Verantwortliche oder die betroffene Person die ihm bzw. ihr aus dem Arbeitsrecht und dem Recht der sozialen Sicherheit und des Sozialschutzes erwachsenden Rechte ausüben und seinen bzw. ihren diesbezüglichen Pflichten nachkommen kann, soweit dies nach Unionsrecht oder dem Recht der Mitgliedstaaten oder einer Kollektivvereinbarung nach dem Recht der Mitgliedstaaten, das geeignete Garantien für die Grundrechte und die Interessen der betroffenen Person vorsieht, zulässig ist,

c) die Verarbeitung ist zum Schutz lebenswichtiger Interessen der betroffenen Person oder einer anderen natürlichen Person erforderlich und die betroffene Person ist aus körperlichen oder rechtlichen Gründen außerstande, ihre Einwilligung zu geben,

d) die Verarbeitung erfolgt auf der Grundlage geeigneter Garantien durch eine politisch, weltanschaulich, religiös oder gewerkschaftlich ausgerichtete Stiftung, Vereinigung oder sonstige Organisation ohne Gewinnerzielungsabsicht im Rahmen ihrer rechtmäßigen Tätigkeiten und unter der Voraussetzung, dass sich die Verarbeitung ausschließlich auf die Mitglieder oder ehemalige Mitglieder der Organisation oder auf Personen, die im Zusammenhang mit deren Tätigkeitszweck regelmäßige Kontakte mit ihr unterhalten, bezieht und die personenbezogenen

---

31 So auch *Nebel/Richter* ZD 2013, 407 (411).
32 So auch *Kramer* DSB 2016, 6. Weitere Vorschläge für die praktische Umsetzung finden sich bei *Laue/Nink/Kremer*, S. 101 f.

Daten nicht ohne Einwilligung der betroffenen Personen nach außen offengelegt werden,

e) die Verarbeitung bezieht sich auf personenbezogene Daten, die die betroffene Person offensichtlich öffentlich gemacht hat,

f) die Verarbeitung ist zur Geltendmachung, Ausübung oder Verteidigung von Rechtsansprüchen oder bei Handlungen der Gerichte im Rahmen ihrer justiziellen Tätigkeit erforderlich,

g) die Verarbeitung ist auf der Grundlage des Unionsrechts oder des Rechts eines Mitgliedstaats, das in angemessenem Verhältnis zu dem verfolgten Ziel steht, den Wesensgehalt des Rechts auf Datenschutz wahrt und angemessene und spezifische Maßnahmen zur Wahrung der Grundrechte und Interessen der betroffenen Person vorsieht, aus Gründen eines erheblichen öffentlichen Interesses erforderlich,

h) die Verarbeitung ist für Zwecke der Gesundheitsvorsorge oder der Arbeitsmedizin, für die Beurteilung der Arbeitsfähigkeit des Beschäftigten, für die medizinische Diagnostik, die Versorgung oder Behandlung im Gesundheits- oder Sozialbereich oder für die Verwaltung von Systemen und Diensten im Gesundheits- oder Sozialbereich auf der Grundlage des Unionsrechts oder des Rechts eines Mitgliedstaats oder aufgrund eines Vertrags mit einem Angehörigen eines Gesundheitsberufs und vorbehaltlich der in Absatz 3 genannten Bedingungen und Garantien erforderlich,

i) die Verarbeitung ist aus Gründen des öffentlichen Interesses im Bereich der öffentlichen Gesundheit, wie dem Schutz vor schwerwiegenden grenzüberschreitenden Gesundheitsgefahren oder zur Gewährleistung hoher Qualitäts- und Sicherheitsstandards bei der Gesundheitsversorgung und bei Arzneimitteln und Medizinprodukten, auf der Grundlage des Unionsrechts oder des Rechts eines Mitgliedstaats, das angemessene und spezifische Maßnahmen zur Wahrung der Rechte und Freiheiten der betroffenen Person, insbesondere des Berufsgeheimnisses, vorsieht, erforderlich, oder

j) die Verarbeitung ist auf der Grundlage des Unionsrechts oder des Rechts eines Mitgliedstaats, das in angemessenem Verhältnis zu dem verfolgten Ziel steht, den Wesensgehalt des Rechts auf Datenschutz wahrt und angemessene und spezifische Maßnahmen zur Wahrung der Grundrechte und Interessen der betroffenen Person vorsieht, für im öffentlichen Interesse liegende Archivzwecke, für wissenschaftliche oder historische Forschungszwecke oder für statistische Zwecke gemäß Artikel 89 Absatz 1 erforderlich.

(3) Die in Absatz 1 genannten personenbezogenen Daten dürfen zu den in Absatz 2 Buchstabe h genannten Zwecken verarbeitet werden, wenn diese Daten von Fachpersonal oder unter dessen Verantwortung verarbeitet werden und dieses Fachpersonal nach dem Unionsrecht oder dem Recht eines Mitgliedstaats oder den Vorschriften nationaler zuständiger Stellen dem Berufsgeheimnis unterliegt, oder wenn die Verarbeitung durch eine andere Person erfolgt, die ebenfalls nach dem Unionsrecht oder dem Recht eines Mitgliedstaats oder den Vorschriften nationaler zuständiger Stellen einer Geheimhaltungspflicht unterliegt.

(4) Die Mitgliedstaaten können zusätzliche Bedingungen, einschließlich Beschränkungen, einführen oder aufrechterhalten, soweit die Verarbeitung von genetischen, biometrischen oder Gesundheitsdaten betroffen ist.

Verwandte Normen: ErwGr 51, 52, 53, 54, 55, 56; § 28 Abs. 6–9 BDSG 2003

Literatur:

Albrecht/Jotzo, Das neue Datenschutzrecht der EU, 2017; *Becker* in: Schwarze (Hrsg.), EU-Kommentar, 3. Aufl. 2012, Art. 36 AEUV, Rn. 64 ff.; *Beyvers/Gärtner/Kipker*, Data Processing for Research Purposes, PinG 2015, 241; *Britz*, Die Erhebung personenbezogener Gesundheitsdaten durch Versicherungsunternehmen bei Dritten gem. § 213 VVG unter Berücksichtigung des GenDG, 2012; *Buchner* in: Taeger/Gabel (Hrsg.), BDSG, 2. Aufl. 2013, § 3; *Dammann/Simitis* EG-Datenschutzrichtlinie Kommentar, 1997; *Düwell*, Das Gendiagnostikgesetz, jurisPR-ArbR 7/2010; *Ehmann/Helfrich*, EG-Datenschutzrichtlinie, 1999, Art. 8; *Franck*, Reichweite des Sozialgeheimnisses nach § 78 SGB X, ZD 2015, 155; *Gola/Schomerus*, BDSG, 12. Aufl. 2015; *Gola/Wronka*, Handbuch Arbeitnehmerdatenschutz, 6. Aufl. 2013; *Holznagel/Dietze* in: Schulze/Zuleeg/Kadelbach (Hrsg.), Europarecht, Handbuch für die deutsche Rechtspraxis, 3. Aufl. 2016, § 37; *Kampert*, Datenschutz in sozialen Online-Netzwerken de lege lata und de lege ferenda, 2016; *Kühling/Martini et al.*, Die Datenschutz-Grundverordnung und das nationale Recht – erste Überlegungen zum innerstaatlichen Regelungsbedarf, 2016;

Kühling/Seidel/Sivridis, Datenschutzrecht, 2. Aufl. 2011; *Laue/Nink/Kremer*, Das neue Datenschutzrecht in der betrieblichen Praxis, 2016; *Mathes/Krohm*, Der Schutz von Gesundheitsdaten im Gefüge rechtlicher Auslegungsspielräume auf nationaler und europäischer Ebene, PinG 2015, 49; *Plath* in: Plath/Schreiber (Hrsg.), BDSG, § 3; *Schneider/Härting*, Wird der Datenschutz nun endlich internettauglich?, ZD 2012, 199; *Simitis*, in: Simitis (Hrsg.), BDSG, 8. Aufl. 2014, § 3; *Vosgerau* in: Stern/Sachs (Hrsg.), GRCh, 2016; *Vossenkuhl*, Der Schutz genetischer Daten unter besonderer Berücksichtigung des Gendiagnostikgesetzes, 2013; *Weichert* in: Däubler/Klebe/Wedde/Weichert (Hrsg.), BDSG § 3.

A. Grundlagen

I. Gesamtverständnis und Zweck der Norm

Art. 9 erkennt bestimmte Kategorien personenbezogener Daten als besonders schutzwürdig an, da ihre Verarbeitung erhebliche Risiken für die Grundrechte und -Freiheiten der betroffenen Person bergen kann.[1] Die DSGVO unterwirft solche Daten, die auch als **sensibel oder sensitiv**[2] bezeichnet werden daher einem eigenen Regelungsregime. Die Einordnung als sensibles Datum ist dabei unabhängig vom jeweiligen Verarbeitungskontext und den konkreten Umständen des Einzelfalles. Sie erfolgt allein aufgrund der Zugehörigkeit zu einer der besonderen Datenkategorien. Die Verarbeitung besonderer Kategorien personenbezogener Daten ist ausschließlich an Art. 9 zu messen, der gegenüber den allgemeinen Erlaubnistatbeständen strengere und speziellere Vorgaben für die Datenverarbeitung vorsieht.

II. Bisherige Rechtslage

Art. 9 DSGVO baut auf Art. 8 DSRL auf, der ebenfalls besondere Vorgaben für die Verarbeitung besonderer Kategorien personenbezogener Daten vorsieht. Die DSGVO übernimmt die aus der DSRL bekannte Regelungsstruktur. Auch Inhaltlich entspricht Art. 9 DSGVO zu großen Teilen der Regelung des Art. 8 DSRL. Das **abgestufte Schutzkonzept** der DSRL wird damit durch die DSGVO fortgeschrieben. Der Katalog der besonderen Kategorien personenbezogener Daten ist durch Art. 9 DSGVO erweitert worden,[3] sodass nunmehr zB auch genetische Daten erfasst werden.[4]

In Umsetzung von Art. 8 DSRL definiert § 3 Abs. 9 BDSG besondere Arten personenbezogener Daten. Die Verarbeitung solcher Daten ist in § 28 Abs. 6–9 BDSG geregelt, auf den weitere Erlaubnistatbestände des BDSG verweisen (etwa §§ 29 Abs. 5, 30 Abs. 5, 30 a Abs. 5 BDSG). Die Einwilligung in die Verarbeitung sensitiver Daten ist nach § 4 a Abs. 3 BDSG nur dann wirksam, wenn sie sich ausdrücklich auf diese Daten bezieht.[5] Vor der Umsetzung der DSRL in nationales Recht war die abstrakte Einordnung eines personenbezogenen Datums als besonders sensitiv dem deut-

---

1   Vgl. Erwägungsgrund 51.
2   *Dammann/Simitis*, EG-DSRL, Art. 8, Rn. 1; *Albrecht/Jotzo*, S. 77.
3   Vgl. auch *Mathes/Krohm* PinG 2015, 49 (54); *Laue/Nink/Kremer*, S. 104.
4   *Simitis* BDSG § 3 Rn. 259 kritisiert das bisherige Fehlen der Datenkategorie der genetischen Daten heftig.
5   Dazu *Gola/Schomerus* BDSG § 4 a Rn. 34.

schen Datenschutzrecht fremd.[6] Die Schutzwürdigkeit eines Datums wurde vielmehr dem jeweiligen Verwendungszusammenhang entnommen.[7]

III. Entstehung der Norm

4　Bereits der Kommissionsentwurf enthielt in Art. 9 besondere Vorgaben für die Verarbeitung besonderer Kategorien personenbezogener Daten. Im Gesetzgebungsverfahren wurde die Aufzählung sensitiver Daten um die Kategorien der weltanschaulichen Überzeugungen, der biometrischen Daten und der sexuellen Orientierung ergänzt. Die Verarbeitung personenbezogener Daten im Zusammenhang mit Strafurteilen, im Kommissionsentwurf ebenfalls in Art. 9 geregelt, hat eine eigenständige Regelung in Art. 10 erfahren. Gestrichen wurde die an die Kommission gerichtete Ermächtigung zum Erlass delegierter Rechtsakte im ursprünglichen Art. 9 Abs. 3.

B. Kommentierung

I. Verbotsprinzip und besondere Datenkategorien (Art. 9 Abs. 1)

5　Abs. 1 wiederholt zunächst das bereits in Art. 6 enthaltene **Verbotsprinzip**.[8] Schon danach ist die Verarbeitung personenbezogener Daten nur mit Einwilligung der betroffenen Person oder aufgrund eines Erlaubnistatbestandes rechtmäßig und damit im Übrigen verboten. Aus der Zusammenschau mit Abs. 2 („Absatz 1 gilt nicht in folgenden Fällen […]") folgt, dass die Verarbeitung besonderer Kategorien personenbezogener Daten ausschließlich in den in Abs. 2 abschließend aufgezählten Fällen zulässig ist.

6　Von den in Abs. 1 aufgezählten Datenkategorien werden lediglich die Begriffe genetische Daten (Art. 4 Ziffer 13, → Art. 4 Rn. 182), biometrische Daten (Art. 4 Ziffer 14, → Art. 4 Rn. 183 ff.) und Gesundheitsdaten (Art. 4 Ziffer 15, → Art. 4 Rn. 188 f.) legaldefiniert.

7　Die Begriffe **rassische und ethnische Herkunft** verwendet die DSGVO stets als einheitliches Begriffspaar. Beide Begriffe zielen auf die Zugehörigkeit zu einer bestimmten Bevölkerungsgruppe ab, die etwa durch gemeinsame Herkunft, eine lange gemeinsame Geschichte, Kultur oder ein Zusammengehörigkeitsgefühl geprägt wird.[9] Weitere Merkmale, die für eine bestimmte rassische bzw. ethnische Herkunft sprechen, sind Abstammung, nationaler Ursprung oder Volkstum.[10] Auch die Hautfarbe gibt Aufschluss über die rassische bzw. ethnische Herkunft.[11] Kein Datum über die rassische bzw. ethnische Herkunft ist die Staatsangehörigkeit oder die lediglich geo-

---

6　*Simitis* BDSG § 3 Rn. 250; vgl. auch BVerfGE 65, 1 (45) wonach kein "belangloses Datum" mehr existiere.

7　*Simitis* BDSG § 3 Rn. 251. Entsprechend wurde das abgestufte Schutzkonzept im deutschen Schrifttum vielfach kritisiert: *Gola/Schomerus* BDSG § 3 Rn. 56; Taeger/Gabel/*Buchner* BDSG § 3 Rn. 58.

8　Schulze/Zuleeg/Kadelbach/*Holznagel/Dietze* § 37 Rn. 15.

9　BAGE 142, 158-175 mwN.

10　Vgl. Art. 1 des Internationalen Übereinkommens zur Beseitigung jeder Form von Rassendiskriminierung vom 7. März 1966, BGBl. II 1969, 961.

11　*Ehmann/Helfrich*, EG-DSRL, Art. 8, Rn. 8.

graphische Herkunft der betroffenen Person,[12] ebenso der Status als Asyl-berechtigter oder die Zugehörigkeit zu einer sozialen Schicht.[13]

Die Datenkategorie **Politische Meinungen** ist weit gefasst. Sie umfasst all-gemein- und parteipolitische Überzeugungen und Äußerungen ebenso wie die Mitgliedschaft in einer Partei oder Bürgerbewegung, die Ablehnung ei-nes bestimmten Politikers oder Politikprogrammes sowie jegliche Form der politischen Betätigung.[14] Neben Mitgliederlisten politischer Parteien fallen auch Unterschriftenlisten im Rahmen eines Bürgerbegehrens oder Teilneh-merlisten von politischen Veranstaltungen wie Parteitagen oder Konferen-zen sowie die Namen von Spendern an politische Organisationen in den Anwendungsbereich der Norm. Ebenfalls erfasst wird die identifizierende Berichterstattung, etwa über Teilnehmer an einer Demonstration oder Kundgebung. 8

Religiöse und weltanschauliche Überzeugungen beruhen auf einem subjek-tiv verbindlichen Gedankensystem, das sich mit Fragen nach dem Sinngan-zen der Welt und insbesondere des Lebens der Menschen in dieser Welt be-fasst und das zu sinnentsprechenden Werturteilen führt.[15] Bei Religionen weist das Gedanken- und Wertesystem einen Bezug zur Transzendenz auf, während Weltanschauungen ein weltimmanentes gedankliches Konstrukt zu Grunde liegt. Art. 8 Abs. 1 DSRL kennt als besondere Datenkategorie die philosophischen Überzeugungen. Diese stellen einen Unterfall der welt-anschaulichen Überzeugungen dar. Es kann auch zu Überschneidungen zwischen den Kategorien der weltanschaulichen Überzeugungen und der politischen Meinungen kommen. Eine präzise Abgrenzung wird häufig nicht möglich sein. Da mit der Einordnung in die eine oder andere Katego-rie jedoch keine unterschiedlichen Rechtsfolgen einhergehen, ist dies in der Praxis unschädlich. Zu den religiösen Überzeugungen zählen die Lehren der großen Weltreligionen ebenso wie Naturreligionen oder Sekten. Daten aus Mitgliederlisten religiöser Vereinigungen und Kirchen, Taufregister, Kirchenbücher sowie die Pflicht Kirchensteuer[16] für eine bestimmte Religi-onskörperschaft zu entrichten, weisen einen Bezug zur religiösen Überzeu-gung auf. Beispiele für Weltanschauungen sind Kommunismus, Pazifismus oder Faschismus. Relevante Daten können sich in Berichten staatlicher Be-hörden, etwa im Verfassungsschutzbericht oder in den Mitgliederverzeich-nissen weltanschaulicher Vereinigungen finden. 9

Gewerkschaften sind Organisationen von Arbeitnehmern mit dem Recht Tarifverträge auszuhandeln und bei Interessenkonflikten Arbeitskampf-maßnahmen, zB Streiks, einzusetzen.[17] Die **Zugehörigkeit** zu einer Ge-werkschaft liegt vor, wenn die betroffene Person dort Mitglied ist oder die Tätigkeiten der Gewerkschaft bzw. ihr nahestehender Organisationen un- 10

---

12 Taeger/Gabel/*Buchner* BDSG § 3 Rn. 59.
13 Plath/*Plath/Schreiber* BDSG § 3 Rn. 79.
14 *Simitis* BDSG § 3 Rn. 260 f.; *Ehmann/Helfrich*, EG-DSRL, Art. 8 Rn. 8.
15 Vgl. BVerwGE 89, 368 (370).
16 *Gola/Wronka*, HdB Arbeitnehmerdatenschutz, Rn. 491.
17 Vgl. Art. 28 EU-GRCharta.

terstützt.[18] Unerheblich ist, wie mitgliederstark die Gewerkschaft ist und ob sie politisch oder konfessionell neutral ist.[19]

11 Dem **Sexualleben** zuzuordnen sind beispielsweise Daten über Bestellungen in Sexshops,[20] intime Bildaufnahmen,[21] die Information, dass eine Person der Prostitution nach geht[22] oder Auskünfte über Sexualpartner, etwa im Rahmen der Klärung der Vaterschaft eines Kindes[23] sowie alle sonstigen Informationen im Zusammenhang mit sexuellen Aktivitäten.[24] Daten über die **sexuelle Orientierung** stellen einen speziell geregelten Unterfall der Daten zum Sexualleben dar. Hierzu zählt etwa die Information, ob eine Person hetero-, homo- oder bisexuell ist.

II. Erlaubnistatbestände und Öffnungsklauseln (Art. 9 Abs. 2)

12 Abs. 2 enthält eine **abschließende Aufzählung** von Konstellationen, in denen die Verarbeitung sensitiver Daten zulässig ist. Teilweise enthalten die Vorschriften unmittelbar anwendbare **Erlaubnistatbestände** (lit. a und c-f), im Übrigen enthalten sie **Öffnungsklauseln**.[25] Diese kommen nicht selbst als Rechtsgrundlage für eine Datenverarbeitung in Betracht, sondern bedürfen der weiteren Ausfüllung durch mitgliedstaatliches Recht oder anderweitiges Unionsrecht.[26] Die Öffnungsklauseln selbst enthalten Anforderungen, denen eine andere Rechtsgrundlage für die Verarbeitung sensitiver Daten genügen muss. Werden diese Anforderungen erfüllt, richtet sich die Zulässigkeit der Datenverarbeitung nach dem einschlägigen mitgliedstaatlichen Recht bzw. Unionsrecht.

1. Ausdrückliche Einwilligung (Art. 9 Abs. 2 lit. a)

13 Nach Abs. 2 lit. a kann die Datenverarbeitung über eine **Einwilligung** der betroffenen Person gerechtfertigt werden. Die Einwilligung muss sich auf eine Datenverarbeitung für einen oder mehrere festgelegte Zwecke beziehen. Damit wird nur der allgemeine Zweckbindungsgrundsatz (→ Art. 6 Rn 16.), der gemäß Art. 6 Abs. 1 lit. a ohnehin bei jeder Einwilligung zu berücksichtigen ist, wiederholt. Eine Einschränkung auf bestimmte Verarbeitungszwecke ist nicht vorgesehen.

---

18 *Simitis* BDSG § 3 Rn. 261.
19 *Simitis* BDSG § 3 Rn. 261.
20 *BfDI*, Datenschutz WIKI, § 3 Abs. 9 BDSG, abrufbar unter: https://www.bfdi.bund.de/bfdi_wiki/index.php/3_BDSG_Kommentar_Absatz_9_Beispiele.
21 Zum Anspruch auf Löschung solcher Aufnahmen nach dem Ende einer intimen Beziehung siehe BGH 13.10.2015 – VI ZR 271/14.
22 *D/K/W/W/Weichert* BDSG § 3 Rn. 65; In diesem Kontext sei auch auf den Gesetzentwurf der Bundesregierung zum Prostituiertenschutzgesetz (ProstSchG) hingewiesen, dessen § 3 eine Meldepflicht für Prostituierte vorsieht, BR-Drs. 156/16.
23 Zum Anspruch des Scheinvaters gegen die Mutter auf Nennung der für die biologische Vaterschaft in Frage kommenden Sexualpartner siehe BGH 9.11.2011 – XII ZR 136/09.
24 Zur Schutzbedürftigkeit dieser Daten EuGH 1.12.2014 – C-148/13, C-150/13, Rn. 52 f.
25 Grundlegend zur Typologie der Öffnungsklauseln und den mitgliedstaatlichen Regelungsspielräumen *Kühling/Martini et al.*, Die DSGVO und das nationale Recht, 2016.
26 *Albrecht/Jotzo*, S. 78.

Die Einwilligung muss zudem **ausdrücklich** erfolgen. Dieses Erfordernis   14
geht über die allgemeinen Anforderungen an Einwilligungen gemäß Art. 6
Abs. 1 lit. a und Art. 7 hinaus. Im Allgemeinen kann eine Einwilligung
auch konkludent, dh durch schlüssiges Verhalten erfolgen, welches im jeweiligen Kontext ein Einverständnis mit der Datenverarbeitung signalisiert.[27] Im Rahmen von Abs. 1 lit. a sind solche konkludenten Einwilligungen ausgeschlossen. Es ist vielmehr erforderlich, dass die Einwilligung unmittelbar Bezug auf die Verarbeitung besonderer Kategorien personenbezogener Daten nimmt. Eine bestimmte Form der Einwilligung wird indes
nicht vorgeschrieben. Zulässig ist daher grundsätzlich auch eine ausdrückliche mündliche Einwilligung. Zu Dokumentations- und Beweiszwecken
sollte, soweit es um die Verarbeitung sensitiver Daten geht, wo immer
möglich auf schriftlich oder elektronisch fixierte Einwilligungen zurückgegriffen werden.

Durch Unionsrecht oder das Recht der Mitgliedstaaten kann festgelegt   15
werden, dass bestimmte Verarbeitungen besonderer Kategorien personenbezogener Daten nicht durch eine Einwilligung der betroffenen Person zu
rechtfertigen sind. Es wird damit die Möglichkeit geschaffen, bestimmte
Datenverarbeitungen per se einer Rechtfertigung durch Einwilligung zu
entziehen. Dieser Regelungsansatz greift in das Recht auf informationelle
Selbstbestimmung der betroffenen Person ein, da auch die bewusste Preisgabe von sensiblen Informationen Ausdruck freiheitlicher Betätigung sein
kann.[28] Die Schaffung eines **einwilligungsfesten Kernbereichs** ist daher nur
dort zu rechtfertigen, wo es unter Wahrung des Verhältnismäßigkeitsgrundsatzes zum Schutz anderer Rechtsgüter oder Allgemeinwohlinteres-
sen erforderlich ist.[29] Von der Öffnungsklausel sollte der nationale Gesetzgeber daher, auch aus systematischen Gründen, eher zurückhaltend Gebrauch machen.

2. Datenverarbeitung im Arbeitsrecht und im Recht der sozialen Sicherheit (Art. 9 Abs. 2 lit. b)

Abs. 2 lit. b betrifft die Datenverarbeitung im Bereich des **Arbeits- und So-**   16
zialrechts, wozu auch die Rentensysteme[30] zählen, soweit sie erforderlich
ist, um den Rechten und Pflichten des Verantwortlichen oder der betroffenen Person auf diesem Gebiet nachzukommen. Die Norm ist generalklauselartig formuliert und benennt selbst keine konkreten Rechte und Pflichten, zu denen eine Datenverarbeitung erforderlich sein kann. Die Konkretisierung der Rechte und Pflichten wird anderweitigem Unionsrecht, dem
Recht der Mitgliedstaaten oder Kollektivvereinbarungen nach mitgliedstaatlichem Recht überlassen. Zu den Kollektivvereinbarungen zählen neben Tarifverträgen auch Betriebsvereinbarungen.[31] Der Arbeitnehmer- und
Sozialdatenschutz bleibt somit im Wesentlichen eine mitgliedstaatlich zu

---

27 Vgl. Erwägungsgrund 32.
28 Vgl. *Schneider/Härting* ZD 2012, 199 (201).
29 *Kampert*, Datenschutz in sozialen Online-Netzwerken de lege lata und de lege ferenda, S. 101 und 190.
30 Erwägungsgrund 52.
31 Vgl. Erwägungsgrund 155.

regelnde Materie. Bestehende Vorschriften auf diesem Feld gelten grundsätzlich fort und werden nicht durch die DSGVO verdrängt.

17 Die Öffnungsklausel zugunsten der Mitgliedstaaten setzt jedoch voraus, dass das mitgliedstaatliche Recht **geeignete Garantien** für die Grundrechte und die Interessen der betroffenen Person vorsieht. Diese Formulierung findet sich in zahlreichen Öffnungsklauseln der DSGVO. Sie ist angelehnt an Art. 8 Abs. 2 lit. b DSRL.

18 Damit soll sichergestellt werden, dass auch bei Datenverarbeitungen, die nicht unmittelbar in der DSGVO geregelt sind, ein mit dieser **vergleichbares Schutzniveau** gewährleistet wird. Dies bedeutet, dass das mitgliedstaatliche Recht sich an den Grundsätzen zur Rechtmäßigkeit der Datenverarbeitung, wie sie in der DSGVO und im europäischen Primärrecht niedergelegt sind, zu orientieren hat. Das mitgliedstaatliche Recht muss durchsetzbare Rechte des Einzelnen, einschließlich effektiver verwaltungsrechtlicher oder gerichtlicher Rechtsbehelfe und Möglichkeiten zur Geltendmachung von Schadenersatz beinhalten.[32] Darüber hinaus sollte das Prinzip Datenschutz durch Technik (→ Art. 25 Rn. 1 ff., 15 ff.) bzw. datenschutzfreundliche Voreinstellungen Berücksichtigung finden.[33] Pseudonymisierung ist eine weitere Möglichkeit, geeignete Garantien bereitzuhalten.[34] Ferner ergeben sich Anhaltspunkte für den Inhalt geeigneter Garantien aus Art. 88 Abs. 2 (→ Art. 88 Rn. 18 ff.), der spezifische Anforderungen für den Beschäftigtendatenschutz aufstellt. Unter Berücksichtigung dieser Vorgaben verbleibt den Mitgliedstaaten dennoch ein erheblicher Handlungsspielraum. Es empfiehlt sich, fortgeltendes nationales Datenschutzrecht im Bereich des Arbeits- und Sozialrechts frühzeitig daraufhin zu überprüfen, ob es den vorgenannten Anforderungen genügt.

3. Entbehrlichkeit der Einwilligung zum Schutz lebenswichtiger Interessen (Art. 9 Abs. 2 lit. c)

19 Abs. 2 lit. c regelt Konstellationen, in denen eine Einwilligung **entbehrlich** ist. Voraussetzung für eine rechtmäßige Datenverarbeitung ist zunächst, dass die betroffene Person außerstande ist, ihre Einwilligung zu geben. In diesem Punkt unterscheidet sich die Regelung von dem ansonsten gleichlautenden Erlaubnistatbestand des Art. 6 Abs. 1 lit. d (→ Art. 6 Rn 31 ff.). Die Einwilligungsunfähigkeit muss auf körperlichen oder rechtlichen Gründen beruhen. Die Unfähigkeit beruht auf körperlichen Gründen, wenn die betroffene Person etwa in Folge von Bewusstlosigkeit, schwerwiegenden Erkrankungen, Intoxikation oder anderen körperlichen Beeinträchtigungen nicht in der Lage ist zu kommunizieren oder einen selbstbestimmten Willen zu bilden. Rechtlich unmöglich ist die Erteilung der Einwilligung dann, wenn die betroffene Person nach den allgemeinen Rechtsvorschriften nicht in der Lage ist, wirksame Erklärungen abzugeben.[35] Fäl-

---

32 Vgl. Erwägungsgrund 108.
33 Vgl. Erwägungsgrund 108.
34 Vgl. Erwägungsgrund 156 und Art. 6 Abs. 4 lit. e.
35 *Dammann/Simitis*, EG-DSRL, Art. 8, Rn. 13.

le von vertraglichen oder gesetzlichen Geheimhaltungspflichten sind nicht tatbestandlich.[36]

Des Weiteren muss die Datenverarbeitung zum **Schutz lebenswichtiger Interessen** erfolgen. Für eine Datenverarbeitung auf dieser Grundlage ist es nicht ausreichend, dass die Datenverarbeitung nur objektiv vorteilhaft oder generell gesundheitsfördernd ist. Vielmehr muss im konkreten Fall ohne die Datenverarbeitung eine erhebliche Gefahr für die Gesundheit bestehen. Nicht erforderlich ist eine konkrete Lebensgefahr, da lebenswichtige Interessen gemäß Erwägungsgrund 112 bereits bei einer Verletzung der körperlichen Unversehrtheit betroffen sind. Bei den lebenswichtigen Interessen kann es sich um solche der betroffenen Person oder Dritter handeln. Hauptanwendungsfall für die erste Variante dürften Unfälle oder Notsituationen der betroffenen Person sein. In solchen Situationen kann die Bestimmung der Blutgruppe, die Durchführung medizinischer Tests oder die Erhebung von Daten über verschiedene Vitalfunktionen notwendig sein. Lebenswichtige Interessen Dritter sind insbesondere bei Großschadenlagen und humanitären Notfällen betroffen. Datenverarbeitungen, die der Eindämmung und Bekämpfung von Epidemien oder der Hilfeleistung im Rahmen von Natur- oder sonstigen Katastrophen dienen, werden erfasst.[37] Dasselbe gilt, falls die Datenverarbeitung zur Durchsetzung humanitären Völkerrechts in bewaffneten Konflikten erforderlich ist.[38] Letztlich soll die Regelung verhindern, dass das Datenschutzrecht einer effektiven Hilfeleistung in Notsituationen entgegensteht.[39] Diese Zielsetzung ist bei der Auslegung zu berücksichtigen. 20

Die Regelung nach lit. c stellt eine Kodifikation der Voraussetzungen für eine **mutmaßliche Einwilligung** dar.[40] Es wird daher vertreten, dass es gewissermaßen als ungeschriebenes Tatbestandsmerkmal erforderlich sei, dass die betroffene Person der Verarbeitung der sensiblen Daten für die einschlägige Verarbeitungssituation nicht zuvor widersprochen habe.[41] Wenn nämlich feststehe, dass die betroffene Person ihre Einwilligung nicht erteilen würde, selbst wenn sie hierzu körperlich oder rechtlich in der Lage wäre, könne das Fehlen der Einwilligung nicht schlichtweg übergangen werden. Dem ist zuzustimmen. Für diesen Ansatz spricht, dass dem Konzept der informationellen Selbstbestimmung so zu möglichst weitreichender Geltung verholfen wird. Wäre die betroffene Person körperlich bzw. rechtlich in der Lage ihre Einwilligung zu erteilen, verweigerte sie die Erteilung aber, würde eine Legitimation der Datenverarbeitung über lit. c unbestrittenermaßen ausscheiden. Steht für den Verantwortlichen fest, dass die betroffene Person, die nicht in der Lage ist eine Einwilligung zu erteilen, 21

36　Zur korrespondierenden Regelung in der DSRL *Dammann/Simitis*, EG-DSRL, Art. 8 Rn. 13.
37　Erwägungsgrund 46.
38　Erwägungsgrund 112.
39　Vgl. zur korrespondierenden Regelung in der DSRL *Ehmann/Helfrich*, EG-DSRL, Art. 8 Rn. 27.
40　Vgl. zur korrespondierenden Vorschrift in der DSRL *Dammann/Simitis*, EG-DSRL, Art. 8 Rn. 11.
41　*Simitis* BDSG § 28 Rn. 302; DKWW/*Wedde* BDSG § 28 Rn. 170; Taeger/Gabel/ *Taeger* BDSG § 28 Rn. 227.

diese verweigern würde, kann nichts anderes gelten. In dieser Konstellation ist allerdings zu prüfen, ob sich eine Rechtfertigung der Datenverarbeitung aus Art. 9 Abs. 2 lit. g, h oder i jeweils iVm weiteren Rechtsvorschriften ergeben kann.

22   Aus Erwägungsgrund 46 folgt, dass auf eine Datenverarbeitung zum Schutz lebenswichtiger Interessen nur dann zurückgegriffen werden soll, wenn offensichtlich ist, dass die Verarbeitung nicht auf eine andere Rechtsgrundlage gestützt werden kann. Die Verarbeitung von Daten zum Schutz lebenswichtiger Interessen ist danach als **Ultima Ratio** anzusehen. Es ist daher stets zuerst zu prüfen, ob bereits andere Rechtsgrundlagen die Datenverarbeitung legitimieren.

23   Eine mit Abs. 2 lit. c **identische Regelung** findet sich in Art. 49 Abs. 1 lit. f (→ Art. 49 Rn. 9), der eine Ausnahme für die Übermittlung personenbezogener Daten in Drittländer oder an internationale Organisationen vorsieht.

4. Datenverarbeitung durch idealistische Vereinigungen (Art. 9 Abs. 2 lit. d).

24   Abs. 2 lit. d regelt die Verarbeitung besonderer Kategorien personenbezogener Daten durch **Organisationen ohne Gewinnerzielungsabsicht** nach dem Vorbild von Art. 8 Abs. 2 lit. d DSRL. Die Regelung versetzt Vereinigungen, die eine gesellschaftlich relevante Funktion ausüben[42] in die Lage, Daten ihrer Mitglieder bzw. diesen Vereinigungen nahe stehender Personen zu verarbeiten und so einen Beitrag zum Funktionieren des demokratischen Systems zu leisten.[43] Das Fehlen einer Gewinnerzielungsabsicht bedeutet nicht, dass keinerlei wirtschaftliche Aktivitäten entfaltet werden dürfen. Einnahmen der Organisation müssen jedoch bei dieser verbleiben und deren Zwecken dienen.

25   **Adressat** der Regelung sind politisch, weltanschaulich, religiös oder gewerkschaftlich ausgerichtete Stiftungen, Vereinigungen oder sonstige Organisationen ohne Gewinnerzielungsabsicht. Die Aufzählung ist abschließend. Es handelt sich um Organisationen, die bestimmungsgemäß mit besonderen Kategorien personenbezogener Daten in Berührung kommen. Aus dem Wortlaut, der auch sonstige Organisationen in Bezug nimmt, ergibt sich, dass die Organisation keiner bestimmten Rechtsform unterliegen muss. Das Vorliegen einer Organisation setzt jedoch ein Mindestmaß an struktureller Verfestigung und Beständigkeit voraus, sodass ad hoc gebildete vorübergehende Zusammenschlüsse oder Demonstrationen nicht hierunter fallen.

26   Die Verarbeitung muss aufgrund **geeigneter Garantien** erfolgen (→ Art. 9 Rn. 17 f.). Die Organisation muss daher Vorkehrungen treffen, um ein mit der DSGVO vergleichbares internes Schutzniveau zu erreichen. Besondere Bedeutung haben die allgemeinen Grundsätze der Verarbeitung personenbezogener Daten.

---

42 Vgl. Begründung zu Art. 8 DSRL, abgedruckt bei *Dammann/Simitis*, EG-DSRL, Art. 8.
43 *Ehmann/Helfrich*, EG-DSRL, Art. 8 Rn. 29.

Die Datenverarbeitung muss im Rahmen der **rechtmäßigen Tätigkeiten** der Organisation erfolgen, dh sie muss sich im Rahmen der allgemeinen Gesetze halten. Des Weiteren muss sich die Datenverarbeitung auch auf Tätigkeiten beziehen, die vom Organisationszweck gedeckt sind, da sich ansonsten die Privilegierung der genannten Organisationen nicht rechtfertigen ließe.   **27**

Weitere Rechtmäßigkeitsvoraussetzung ist, dass die **betroffene Person** aktuelles oder ehemaliges Mitglied der Organisation ist oder dass sie regelmäßige Kontakte mit der Organisation im Zusammenhang mit deren Tätigkeitszweck unterhält. Kontakte zu der Organisation, die in keinem Zusammenhang mit dem Organisationszweck stehen und sich etwa aus Lieferantenbeziehungen, Mietverhältnissen oder sonstigen geschäftlichen Beziehungen ergeben, reichen nicht aus.   **28**

Über lit. d kann nur die **interne Datenverarbeitung** gerechtfertigt werden. Die Weitergabe an Dritte oder Offenlegung der verarbeiteten Daten ist ausdrücklich nur mit Einwilligung der betroffenen Person zulässig.   **29**

5. Offensichtlich selbst veröffentlichte Daten (Art. 9 Abs. 2 lit. e)

Abs. 2 lit. e enthält eine mit Art. 8 Abs. 2 lit. e, 1. Alt. DSRL identische Regelung. Danach ist die Verarbeitung sensitiver Daten zulässig, wenn sie sich auf personenbezogene Daten bezieht, die die betroffene Person **offensichtlich öffentlich** gemacht hat. Hintergrund der Regelung ist, dass personenbezogene Daten, die in freier Selbstbestimmung von der betroffenen Person der Öffentlichkeit zugänglich gemacht worden sind, keine erhebliche Gefahr für die Privatsphäre darstellen, sodass sie des gesteigerten Schutzes nach Art. 9 nicht bedürfen.   **30**

Voraussetzung ist zunächst, dass die Daten **öffentlich gemacht** worden sind. Dies bedeutet, dass sie einer unbestimmten Vielzahl von Personen ohne Restriktionen zugänglich sind. Der Regelung unterfallen Daten, die frei im Internet oder in für jedermann einsehbaren öffentlichen Registern und Verzeichnissen enthalten sind oder die über die Medien Verbreitung finden.[44] Nicht ausreichend ist es hingegen, wenn die Daten nur einem geschlossenen Benutzerkreis zur Verfügung stehen.[45]   **31**

Allein der Umstand, dass Daten öffentlich zugänglich sind, reicht nicht aus, um auf den Schutz des Art. 9 zu verzichten.[46] Die Öffentlichkeit der Daten muss zusätzlich **offensichtlich** auf einen Willensakt der betroffenen Person zurückzuführen sein. Dies ist nicht der Fall, wenn die Öffentlichkeit der Daten auf einer behördlichen oder gerichtlichen Entscheidung ohne Zustimmung der betroffenen Person beruht, wie etwa die Eintragung in das Schuldnerverzeichnis oder die Nennung personenbezogener Daten in Fahndungsaufrufen oder behördlichen Warnungen. Auch Daten aus sog „Leaks" sind nicht von der betroffenen Person veröffentlicht. Im Falle von Medienberichterstattung[47] hat die betroffene Person die Daten nur dann   **32**

---

44 *Dammann/Simitis*, EG-DSRL, Art. 8 Rn. 16; *Gola/Schomerus* BDSG, § 28 Rn. 77.
45 Taeger/Gabel/*Taeger*, BDSG § 28 Rn. 230.
46 Vgl. zum nationalen Recht D/K/W/W/*Wedde* BDSG § 28 Rn. 171.
47 Beachte hierzu Art. 85 zum sog „Medienprivileg".

öffentlich gemacht, wenn sie die Informationen in einem Interview, einer Pressemitteilung oder auf ähnliche Weise selbst den Medien zur Verfügung gestellt hat.[48] Bei einer Berichterstattung ohne oder gegen den Willen der betroffenen Person ist lit. e nicht einschlägig.[49]

33   Dass die betroffene Person die Daten selbst öffentlich zugänglich gemacht hat, reicht für sich genommen noch nicht aus. Vielmehr muss dies auch offensichtlich, dh aus Sicht des Verantwortlichen deutlich erkennbar sein. Ob die Veröffentlichung offensichtlich von der betroffenen Person herrührt, ist nach allen **Umständen des Einzelfalles** zu beurteilen. Bestehen danach Zweifel oder erscheinen andere Ursachen für die Öffentlichkeit der Daten ebenso möglich, greift die Regelung nach lit. e nicht.

6. Datenverarbeitung zwecks Führen eines Rechtsstreits (Art. 9 Abs. 2 lit. f)

34   Abs. 2 lit. f entspricht Art. 8 Abs. 2 lit. e, 2. Alt. DSRL und erlaubt die Verarbeitung personenbezogener Daten im Zusammenhang mit **Rechtsstreitigkeiten**. Die Erlaubnis besteht für beide Parteien und unabhängig von dem beschrittenen Rechtsweg. Die Verarbeitung der sensitiven Daten muss für die Geltendmachung, Ausübung oder Verteidigung erforderlich sein, dh ohne die Daten wäre eine Geltendmachung des Anspruchs bzw. eine Verteidigung hiergegen nicht möglich oder wesentlich erschwert. Die Norm erfasst nur die justizielle, also originär rechtsprechende Tätigkeit der Gerichte. Soweit ein Gericht auch als Behörde fungiert, etwa als Grundbuchamt oder als Dienstherr der bei dem Gericht beschäftigten Personen, ist lit. f nicht einschlägig. Die Verwendung sensitiver Daten in einem Prozess ist beispielsweise erforderlich bei der gerichtlichen Klärung der Abstammung,[50] bei Schmerzensgeldansprüchen oder im Zusammenhang mit bestimmten Ansprüchen gegen Träger der Sozialversicherung.

7. Datenverarbeitung aufgrund erheblichen öffentlichen Interesses (Art. 9 Abs. 2 lit. g)

35   Abs. 2 lit. g enthält eine Öffnungsklausel zu Gunsten anderweitigen Unionsrechts und einzelstaatlichen Rechts für Datenverarbeitungen, die aus Gründen eines **erheblichen öffentlichen Interesses** erforderlich sind. Die Vorschrift korrespondiert mit Art. 8 Abs. 4 DSRL. Die Parallelregelung für personenbezogene Daten, die keiner besonderen Kategorie zuzuordnen sind, findet sich in Art. 6 Abs. 1 lit. e. Angesichts der Vielzahl möglicher Konstellationen, in denen die Verarbeitung besonderer Kategorien personenbezogener Daten im öffentlichen Interesse angezeigt erscheint, eröffnet die Norm den Mitgliedstaaten die generelle Möglichkeit zur Schaffung weiterer Ausnahmen vom Verarbeitungsverbot nach Abs. 1.[51]

36   Ausnahmen sind nur aus **Gründen eines erheblichen öffentlichen Interesses** zulässig. Aus der Zusammenschau mit Art. 6 Abs. 1 lit. e, der jede öffentliche Aufgabe ausreichen lässt, folgt, dass im Rahmen von lit. g nicht jeder

---

48   *Dammann/Simitis*, EG-DSRL, Art. 8 Rn. 16.
49   Vgl. zum nationalen Recht D/K/W/W/*Wedde*, BDSG § 28 Rn. 173.
50   Vgl. BGH 9.11.2011 – XII ZR 136/09.
51   Vgl. *Dammann/Simitis*, EG-DSRL, Art. 8 Rn. 20.

im öffentlichen Interesse liegende Verarbeitungszweck ausreichend ist. Ein erhebliches öffentliches Interesse besteht vielmehr erst dann, wenn Belange des Allgemeinwohls in besonderem Maße berührt werden. Erwägungsgrund 46 führt beispielhaft die Bekämpfung von Epidemien oder die Hilfeleistung im Katastrophenfall auf. Von einem erheblichen öffentlichen Interesse wird allgemein dann auszugehen sein, wenn die Gründe für die Verarbeitung ein ähnliches Gewicht aufweisen, wie die übrigen in Art. 9 Abs. 2 aufgeführten Verarbeitungsgründe.

Das mitgliedstaatliche Recht bzw. anderweitige Unionsrecht, welches die Datenverarbeitung legitimiert, muss zu dem verfolgten Ziel in **angemessenem Verhältnis** stehen. Hierdurch wird die Geltung des ohnehin zu beachtenden Verhältnismäßigkeitsgrundsatzes[52] bekräftigt. Eine Vorschrift, welche die Datenverarbeitung erlaubt, muss einen legitimen und besonders wichtigen (→ Art. 9 Rn. 36) Zweck verfolgen sowie geeignet und erforderlich sein. Ferner darf der durch die Vorschrift bewirkte Eingriff in die Privatsphäre der betroffenen Person nicht außer Verhältnis zu dem damit bezweckten Ziel stehen. **37**

Der **Wesensgehalt** des Rechts auf Datenschutz muss gewahrt bleiben. Dies bedeutet, dass der Erlaubnistatbestand das Recht auf Datenschutz und Achtung der Privatsphäre nicht vollständig aushöhlen darf. Es muss mit anderen Worten „noch etwas übrig bleiben, was den Namen Datenschutz verdient."[53] **38**

Schließlich müssen **angemessene und spezifische Maßnahmen** zur Wahrung der Grundrechte und Interessen der betroffenen Person vorgesehen werden. Auffällig ist, dass der Wortlaut der Öffnungsklausel sich in diesem Punkt von der Öffnungsklausel in Art. 9 Abs. 2 lit. b unterscheidet. Dort werden „geeignete Garantien für die Grundrechte und die Interessen der betroffenen Person" verlangt. Im ursprünglichen Kommissionsentwurf[54] und in der legislativen Entschließung des Parlamentes[55] fand sich die letztgenannte Formulierung einheitlich in allen Öffnungsklauseln nach Art. 9 Abs. 2. Ob es sich bei den nunmehr unterschiedlichen Formulierungen um ein Redaktionsversehen oder um eine gewollte Differenzierung handelt, wird nicht ganz klar. Die Unterschiede zwischen beiden Varianten dürften zudem marginal sein. Die Worte „angemessen" und „geeignet" werden in der deutschen Sprachfassung der DSGVO teilweise synonym verwendet. So spricht etwa Erwägungsgrund 52, der sich auf Art. 9 Abs. 2 lit. b bezieht, von „angemessenen Garantien" anstelle von „geeigneten Garantien". In der Französischen Sprachfassung wird sowohl in Art. 9 Abs. 2 lit. b als auch in Art. 9 Abs. 2 lit. g das Wort „approprié" verwendet. In der spani- **39**

---

52 Zu Geltung und Bedeutung des Verhältnismäßigkeitsgrundsatzes im Unionsrecht Schwarze/*Becker* EU-Kommentar AEUV Art. 36 Rn. 64 ff.
53 Bedeutung erlangt die Wesensgehaltsgarantie bislang etwa im Rahmen von Art. 17 GR-Charta, dazu Stern/Sachs/*Vosgerau* GRCh Rn. 87 mit Nachweisen aus der Rspr. des EuGH.
54 KOM(2012) 11 endg.
55 Legislative Entschließung des Europäischen Parlaments v. 12. März 2014 zu dem Vorschlag für eine Verordnung des Europäischen Parlaments und des Rates zum Schutz natürlicher Personen bei der Verarbeitung personenbezogener Daten und zum freien Datenverkehr.

schen Fassung wird an beiden Stellen das Wort „adecuada" benutzt. Im Ergebnis sind daher die Worte „angemessen" und „geeignet" als gleichbedeutend anzusehen. Die Wortlautdifferenzierung zwischen „Garantien" (Abs. 2 lit. b) und „Maßnahmen" (Abs. 2 lit. g) findet sich auch in anderen Sprachfassungen, ebenso wie die Ergänzung um das Wort „spezifisch" in der Regelung nach lit. g.[56] Auch wenn der Wortlaut zwischen „Garantien" einerseits und „Maßnahmen" andererseits differenziert, bleibt unklar, wo der inhaltliche Unterschied liegen soll. Da in beiden Fällen Vorgaben für Öffnungsklauseln für die Verarbeitung besonderer Kategorien personenbezogener Daten gemacht werden sollen, spricht einiges dafür, dass beide Formulierungen inhaltlich dasselbe meinen. Zur Bedeutung der Formulierung „angemessene Maßnahmen" wird daher auf die Kommentierung zu „geeignete Garantien" nach Abs. 2 lit. b verwiesen (→ Art. 9 Rn. 17 f.). Als zusätzliches Tatbestandsmerkmal gegenüber der Regelung in Abs. 2 lit. b bleibt damit lediglich das Erfordernis der **spezifischen** Maßnahme. Damit wird der Gesetzgeber verpflichtet, konkrete, auf die Verarbeitung besonderer Datenkategorien zugeschnittene Maßnahmen zu treffen. Ein Verweis auf allgemeines Datenschutzrecht reicht insoweit nicht aus. So wird sichergestellt, dass der Gesetzgeber sich der Sensitivität der zu verarbeitenden Daten bewusst wird.

40   Neben den **angemessenen und spezifischen Maßnahmen** zur Wahrung der Grundrechte und Interessen der betroffenen Person dürfte der **Wesensgehaltsgarantie** kaum jemals eigenständige Bedeutung zukommen, da es schwer denkbar ist, dass trotz konkreter Maßnahmen zum Schutz sensitiver Daten das Grundrecht auf Datenschutz vollständig ausgehöhlt wird. D.h. wenn die ergriffenen Maßnahmen tatsächlich angemessen sind, ist zwangsläufig der Wesensgehalt des Datenschutzes unangetastet. Der vergleichsweise „aufgeblähte" Wortlaut nach lit. g legt nahe, dass der Verordnungsgeber besonders strenge Anforderungen an Öffnungsklauseln stellen wollte. Die nähere Betrachtung zeigt jedoch, dass gegenüber der Öffnungsklausel nach lit. b kaum signifikante Unterschiede bestehen. Eine einheitlich gewählte Formulierung wäre aus systematischen Gründen und für die praktische Rechtsanwendung sinnvoller gewesen.

41   Art. 9 Abs. 2 lit. g eröffnet den Mitgliedstaaten einen erheblichen Gestaltungsspielraum. Die Öffnungsklausel ist nicht von vornherein auf Datenverarbeitungen zu bestimmten Zwecken begrenzt. Datenverarbeitungen zu jedem Zweck von erheblichem öffentlichen Interesse (→ Art. 9 Rn. 36) dürfen einzelstaatlich geregelt werden. Allerdings entfalten die in Art. 9 Abs. 2 unmittelbar enthaltenen Erlaubnistatbestände (Art. 9 Abs. 2 lit. a und c) bis f) **Sperrwirkung**. So ist es den Mitgliedstaaten etwa verwehrt, eigene oder abweichende Regelungen für die Verarbeitung von Daten im Zusammenhang mit Rechtsstreitigkeiten zu erlassen. Dieser Bereich ist ausschließlich dem Regime der DSGVO unterstellt.

---

56 Englisch: „specific measures"; Französisch: „mésures spécifiques"; Spanisch: „medidas específcas".

8. Datenverarbeitung im Gesundheits- und Sozialbereich (Art. 9 Abs. 2 lit. h)

Die Öffnungsklausel nach lit. h lässt die Verarbeitung sensitiver Daten auf- **42** grund bestimmter mitgliedstaatlicher oder anderweitiger unionsrechtlicher Regelungen zu medizinischen oder sozialen Zwecken zu. Daneben wird die Verarbeitung auch aufgrund eines Vertrages mit einem Angehörigen eines Gesundheitsberufs[57] zugelassen. Insofern unterscheidet sich die Regelung nach lit. h von den übrigen Öffnungsklauseln. Die Vorschrift des lit. h und des Abs. 3 (→ Art. 9 Rn. 55 ff.) bilden eine **einheitliche Regelung**, die ohne ersichtlichen Grund einen uneinheitlichen Regelungsort erhalten hat. Die Vorschrift orientiert sich an Art. 8 Abs. 3 DSRL.

Die in lit. h genannten Verarbeitungszwecke erfassen zunächst die gesamte **43** Palette **medizinischer Dienstleistungen**, unabhängig davon, ob sie präventiv (etwa Gesundheitsvorsorge, Arbeitsmedizin) erfolgen, oder aufgrund einer konkreten Diagnose. Dieses weite Verständnis der medizinischen Zwecke wurde aus dem ähnlich lautenden Art. 8 Abs. 3 DSRL übernommen.[58] Die Vorschrift gewährleistet, dass der Datenschutz einer effektiven medizinischen Behandlung nicht entgegensteht.

Neben medizinischen Dienstleistungen können auch Erlaubnistatbestände **44** für den **Sozialbereich** geschaffen werden. Dies stellt eine Neuerung im Vergleich zu Art. 8 Abs. 3 DSRL dar. Da medizinische und soziale Dienstleistungen in derselben Norm genannt werden, liegt es aus systematischen Gründen nahe, dass nicht jeder soziale Zweck ausreichend ist, sondern nur solche sozialen Zwecke, die von ihrer Bedeutung her mit einer medizinischen Behandlung vergleichbar sind. Angesichts der Vielzahl denkbarer sozialer Zwecke würde ansonsten der Sinn und Zweck der Regelung, nämlich der Verarbeitung sensitiver Daten engere Grenzen zu setzen weitgehend unterlaufen. Dem Sozialbereich in diesem Sinne zuzuordnen sind Angebote von Beratungsstellen, etwa im Suchtbereich oder zur Gewaltprävention, der soziale Dienst in Krankenhäusern, Unterstützung in Krisensituationen durch Sozialarbeiter und ähnliche soziale Hilfestellungen.

Des Weiteren kann die Verarbeitung für Zwecke der **Verwaltung von Syste-** **45** **men und Diensten im Gesundheits- oder Sozialbereich** zugelassen werden. Bereits durch Art. 8 Abs. 3 DSRL erfasst wurde die Verwaltung von Gesundheitsdiensten. Damit soll neben den Stellen, die die eigentliche medizinische Versorgung leisten auch der zugehörige administrative Bereich erfasst werden.[59] Verwaltung von Systemen im Gesundheits- oder Sozialbereich zielt insbesondere auf die Träger der Kosten für Gesundheits- bzw. Sozialdienstleistungen, also die Krankenkassen und sonstigen Träger der Sozialversicherung ab.[60] Dies ergibt sich aus Erwägungsgrund 52, der klarstellt, dass auch die Wirtschaftlichkeit von Krankenversicherungssystemen ein im öffentlichen Interesse liegender Zweck ist, welcher eine Ausnahme vom Verbot der Verarbeitung besonderer Datenkategorien zu rechtfertigen

---

57 Aus Erwägungsgrund 35 am Ende ergibt sich, dass der Begriff „Angehöriger eines Gesundheitsberufs" nicht auf Ärzte beschränkt ist.
58 Dazu *Dammann/Simitis*, EG-DSRL, Art. 8 Rn. 18.
59 *Dammann/Simitis*, EG-DSRL, Art. 8 Rn. 18.
60 AA zu Art. 8 Abs. 3 DSRL noch *Dammann/Simitis*, EG-DSRL, Art. 8 Rn. 18.

vermag. Verarbeitet werden dürfen nur die Daten, die für die jeweils fest-gelegten sozialen oder medizinischen Zwecke erforderlich sind.

9. Datenverarbeitung aus Gründen der öffentlichen Gesundheit (Art. 9 Abs. 2 lit. i)

46   Die Regelung in lit. i erlaubt die Verarbeitung sensitiver Daten aus be-stimmten Gründen des öffentlichen Interesses im Bereich der **öffentlichen Gesundheit** auf der Grundlage von Unions- oder mitgliedstaatlichem Recht. Gemäß Erwägungsgrund 54 soll der Begriff „öffentliche Gesund-heit" im Sinne der Verordnung (EG) Nr. 1338/2008 ausgelegt werden. Nach dem dortigen Art. 3 lit. c bezeichnet der Ausdruck „Öffentliche Ge-sundheit" alle Elemente im Zusammenhang mit der Gesundheit, nämlich den Gesundheitszustand einschließlich Morbidität und Behinderung, die sich auf diesen Gesundheitszustand auswirkenden Determinanten, den Be-darf an Gesundheitsversorgung, die der Gesundheitsversorgung zugewiese-nen Mittel, die Bereitstellung von und den allgemeinen Zugang zu Gesund-heitsversorgungsleistungen sowie die entsprechenden Ausgaben und die Fi-nanzierung und schließlich die Ursachen der Mortalität. Die in Abs. 2 lit. i aufgeführten Beispiele dienen der weiteren Konkretisierung des Begriffs „öffentliche Gesundheit". Sie sind nicht abschließend und mit ihnen geht keine Einschränkung der vorgenannten Definition einher. Die Nennung der Beispiele ist sinnvoll und erleichtert die Rechtsanwendung.

47   Für die Verarbeitung gemäß lit. i ist ein **einfaches öffentliches** Interesse aus-reichend.[61] Allerdings muss dieses dem Bereich der öffentlichen Gesundheit zuzurechnen sein. Die DSGVO privilegiert damit öffentliche Interessen im Gesundheitsbereich gegenüber sonstigen öffentlichen Interessen, deren Ver-arbeitung sich an lit. g (→ Art. 9 Rn. 35 ff.) messen lassen muss.

48   Die unionsrechtliche oder mitgliedstaatliche Rechtsgrundlage muss **ange-messene und spezifische Maßnahmen** zur Wahrung der Rechte und Freihei-ten der betroffenen Person vorsehen. Die identische Formulierung findet sich in der Regelung nach lit. g, sodass auf die dortige Kommentierung ver-wiesen wird (→ Art. 9 Rn. 39). Zusätzlich wird die Wahrung des Berufsge-heimnisses als konkretisierendes Regelbeispiel für angemessene und spezifi-sche Maßnahmen genannt und damit gleichzeitig ein Mindeststandard de-finiert, der nicht unterschritten werden darf. Die Wahrung des Berufsge-heimnisses ist damit notwendige Voraussetzung für jede Rechtsgrundlage im Sinne von lit. i, aber wegen der auch sonst zu treffenden angemessenen und spezifischen Maßnahmen für sich allein genommen noch nicht hinrei-chend.

49   Erwägungsgrund 54 letzter Satz weist noch einmal auf die strikte Geltung des **Zweckbindungsgrundsatzes** hin. Die Verarbeitung von Daten aus Gründen der öffentlichen Gesundheit, in die auch Dritte wie Arbeitgeber, Versicherungen oder Finanzunternehmen einbezogen sein können, darf nicht dazu führen, dass die Daten von diesen zu anderen Zwecken, insbe-sondere im eigenen wirtschaftlichen Interesse, verarbeitet werden.

---

61 Anders bei der Verarbeitung nach lit. g, die ein „erhebliches öffentliches Interesse" verlangt.

10. Archivzwecke, wissenschaftliche und historische Forschung (Art. 9 Abs. 2 lit. j)

Die Regelung nach lit. j ist weitgehend identisch mit der Regelung nach   50
lit. g. Auf die dortige Kommentierung wird zunächst verwiesen (→ Art. 9
Rn. 35 ff.). Die Aufzählung der zulässigen Zwecke, nämlich im öffentlichen Interesse liegende Archivzwecke, wissenschaftliche oder historische
Forschungszwecke[62] oder statistische Zwecke, ist abschließend. Erwägungsgrund 160 weist daraufhin, dass die Verordnung keine Anwendung
findet auf personenbezogene Daten von Verstorbenen.

Als **Archiv** kommt jede öffentliche oder private Stelle, die Aufzeichnungen   51
von allgemeinem öffentlichem Interesse führt, in Betracht.[63] Archivzwecken dient nicht nur die eigentliche Archivierung im Sinne einer Sicherung
der Daten, sondern auch die Bewertung, Aufbereitung, Präsentation und
sonstige Verarbeitung dieser Daten.[64] Beispielhaft für im öffentlichen Interesse liegende Archivzwecke werden Informationssammlungen zu ehemaligen totalitären Regimen, Kriegsverbrechen oder dem Holocaust genannt,[65]
ohne dass hiermit eine Beschränkung auf Archive von herausragender historischer Bedeutung einhergeht.

Der Begriff der **wissenschaftlichen Forschung** ist weit auszulegen und um-   52
fasst ua technologische Entwicklungen, Grundlagenforschung, angewandte
Forschung und privatfinanzierte Forschung sowie Studien im Bereich der
öffentlichen Gesundheit.[66] Während die Datenverarbeitung für Archivzwecke im öffentlichen Interesse liegen muss, wird auf dieses Merkmal bei der
Datenverarbeitung für wissenschaftliche Forschung verzichtet. Dies ist folgerichtig, da auch privat finanzierte Forschung erfasst wird und diese häufig aus Gründen des Geheimnisschutzes zunächst nicht veröffentlicht wird
und daher zunächst rein privaten Interessen dient.

Die Nennung **Historischer Forschungszwecke** hat eher klarstellenden bzw.   53
ergänzenden Charakter. Historische Forschung ist letztlich ein Teilgebiet
der wissenschaftlichen Forschung und sie wird häufig auch Archivzwecken
dienen, sodass es zu Überschneidungen kommen kann. Gemäß Erwägungsgrund 160 wird auch die Ahnenforschung erfasst. Da die historischen Forschungszwecke neben der wissenschaftlichen Forschung genannt werden,
dürften auch historische Recherchen, die nicht strengen wissenschaftlichen
Anforderungen genügen, erfasst sein.

Gemäß Erwägungsgrund 160 ist unter dem Begriff **statistische Zwecke** je-   54
der für die Durchführung statistischer Untersuchungen und die Erstellung
statistischer Ergebnisse erforderliche Vorgang der Erhebung und Verarbeitung personenbezogener Daten zu verstehen. Als Statistik gelten jedoch nur
solche Datenverarbeitungen, deren Resultat keine personenbezogenen Daten, sondern aggregierte Daten enthält. Die im Zusammenhang mit statistischen Erhebungen erlangten personenbezogenen Daten und die aggregier-

---

62 Zur bisherigen Rechtslage betreffend Datenverarbeitung zu Forschungszwecken
    Beyvers/Gärtner/Kipker PinG 2015, 241.
63 Erwägungsgrund 158.
64 Erwägungsgrund 158.
65 Erwägungsgrund 158.
66 Erwägungsgrund 159.

ten Daten dürfen nicht für Maßnahmen und Entscheidungen gegenüber einzelnen natürlichen Personen verwendet werden.[67]

III. Geheimhaltungspflicht bei Datenverarbeitung im Gesundheits- und Sozialbereich (Art. 9 Abs. 3)

55   Die Regelung in Abs. 3 gehört inhaltlich zu dem Regelungskomplex nach Abs. 2 lit. h. Sie stellt **konkrete Anforderungen** an die Verarbeitungssituation und die die Datenverarbeitung legitimierende Rechtsgrundlage. Sie unterscheidet sich insofern von den generalklauselartig formulierten sonstigen Tatbeständen nach Abs. 2.

56   Erforderlich ist, dass die Datenverarbeitung durch eine Person erfolgt oder verantwortet wird, die einem **Berufsgeheimnis** oder einer sonstigen **Geheimhaltungspflicht** unterliegt.[68] Die erste Variante der Regelung verlangt, dass die Daten von Fachpersonal oder unter dessen Verantwortung verarbeitet werden. Der Begriff Fachpersonal zielt auf Personen ab, die beruflich im medizinischen oder sozialen Bereich tätig sind[69] und einem Berufsgeheimnis unterliegen. Dem Merkmal „Fachpersonal" kommt jedoch angesichts der zweiten Variante keine besondere Bedeutung zu, weil danach auch jede andere Person die einer Geheimhaltungspflicht unterliegt die Datenverarbeitung vornehmen darf. Entscheidend ist daher letztlich, dass die Personen, die die Verarbeitung selbst vornehmen oder verantworten einer Geheimhaltungspflicht unterliegen müssen. Der Wortlaut der Vorschrift erfordert für die erste Variante lediglich, dass diejenige Fachkraft, unter deren Verantwortung die Verarbeitung erfolgt einem Berufsgeheimnis unterliegt. Für die Person, die tatsächlich die Verarbeitung durchführt, wird dieses Erfordernis nicht aufgestellt. Die zweite Variante hingegen verlangt, dass die Person, die tatsächlich die Daten verarbeitet einer Geheimhaltungspflicht unterliegt. Im Ergebnis muss aber auch in der ersten Variante eine Geheimhaltungspflicht für alle an der Verarbeitung beteiligten Personen gelten, da ansonsten das Geheimhaltungserfordernis lückenhaft und somit sinnlos wäre. Die Norm des Abs. 3 bringt damit unnötig lang und kompliziert lediglich zum Ausdruck, dass sensitive Daten, zusätzlich zu den Voraussetzungen nach Abs. 2 lit. h, lediglich von Personen mit Geheimhaltungspflicht verarbeitet werden dürfen.

57   **Die Geheimhaltungspflicht** kann sich aus Unionsrecht, mitgliedstaatlichem Recht oder den Vorschriften nationaler zuständiger Stellen ergeben. Erfasst werden daher Geheimhaltungspflichten, die sich unmittelbar aus dem Gesetz ergeben und Geheimhaltungspflichten, die von Stellen, die nach nationalem Recht hierfür zuständig sind, erlassen werden, wie Aufsichtsbehörden oder berufsständische Organisationen.[70]

---

67 Erwägungsgrund 160.
68 Zum Personenkreis der Berufsgeheimnisträger nach deutschem Recht vgl. *Laue/ Nink/Kremer*, S. 107.
69 Vgl. französische Sprachfassung, die von einem „professionnel de la santé", also einer Fachkraft aus dem Gesundheitsbereich spricht, wohingegen die englische und spanische Sprachfassung wie die deutsche lediglich allgemein von einer Fachkraft („professional"/"profesional") ausgehen.
70 *Dammann/Simitis*, EG-DSRL Art. 8 Rn. 19.

IV. Weitere Öffnungsklausel für genetische, biometrische und Gesundheitsdaten (Art. 9 Abs. 4)

Die Vorschrift ermächtigt die Mitgliedstaaten hinsichtlich der Datenkate-   58
gorien genetische, biometrische und Gesundheitsdaten **zusätzliche Bedingungen, einschließlich Beschränkungen**, einzuführen oder aufrechtzuerhalten. Bezogen auf diese Datenkategorien stellt die DSGVO insoweit also nur einen Mindeststandard dar. Bei abweichenden strengeren Regeln der Mitgliedstaaten tritt dementsprechend die DSGVO hinter das einzelstaatliche Recht zurück. Sofern das einzelstaatliche Recht lückenhaft ist, muss die DSGVO ergänzend herangezogen werden, um den gemeinsamen Mindeststandard zu wahren.

Bedeutung erlangt Abs. 4 vor allem mit Blick auf die unmittelbar anwend-   59
baren Erlaubnistatbestände nach Abs. 2 lit. a und lit. c bis f. Diese können durch mitgliedstaatliches Recht **modifiziert oder gar vollständig verdrängt** werden. Hinsichtlich der in Abs. 2 lit. b und lit. g bis j enthaltenen Öffnungsklauseln dürfte Abs. 4 keine besondere Relevanz haben, da dort die nähere Ausgestaltung der jeweiligen Rechtsgrundlagen ohnehin den Mitgliedstaaten überlassen bleibt.

Mit Blick auf einen effektiven Datenschutz ist die Regelung des Abs. 4 un-   60
bedenklich, da jedenfalls das **Schutzniveau** der DSGVO gewahrt wird. Das zentrale Ziel der DSGVO, die europaweite Vereinheitlichung des Rechts, wird durch diesen Ansatz weitgehend zunichte gemacht.

Die Mitgliedstaaten sollten möglichst zeitnah überprüfen, welche ihrer Da-   61
tenschutzvorschriften ein höheres Schutzniveau hinsichtlich der in Abs. 4 genannten Datenkategorien aufweisen und entscheiden, ob sie diese beibehalten möchten, da ansonsten bei den Rechtsanwendern erhebliche **Rechtsunsicherheit** entstehen kann. Abs. 4 stellt insbesondere international agierende Unternehmen vor Herausforderungen. Wenn sie besondere Datenkategorien verarbeiten (zB Krankenversicherer, Anbieter von Fitness-Apps) reicht es nicht aus, sich allein an Art. 9 zu orientieren. Vielmehr muss für jeden bedienten Markt herausgearbeitet werden, ob abweichende einzelstaatliche Regelungen vorliegen und ob diese strenger sind als die Vorgaben nach Art. 9 Abs. 2. Reichte es in diesem Bereich bislang aus, sich am nationalen Recht auszurichten, muss künftig zusätzlich stets die DSGVO als zweite Ebene mit berücksichtigt werden.

Für den Fall, dass die mitgliedstaatlichen Bedingungen und Beschränkun-   62
gen auch die **grenzüberschreitende Verarbeitung** personenbezogener Daten betreffen, gibt Erwägungsgrund 53 vor, dass der freie Verkehr dieser Daten innerhalb der Union möglichst nicht beeinträchtigt werden soll.

C. Verhältnis zu anderen Normen
I. Innerhalb der DSGVO

Innerhalb der DSGVO verdrängt Art. 9 hinsichtlich der Verarbeitung be-   63
sonderer Datenkategorien die allgemeinen Erlaubnistatbestände.

Bei einer umfangreichen Verarbeitung (→ Art. 35 Rn 12 ff.) besonderer Ka-   64
tegorien personenbezogener Daten im Sinne von Art. 9 Abs. 1 hat eine **Da-**

tenschutz-Folgenabschätzung gemäß Art. 35 Abs. 1 und 3 lit. b stattzufinden.

II. Nationales Recht

65 Sofern die in den Öffnungsklauseln enthaltenen Anforderungen an mitgliedstaatliche Regelungen von diesen erfüllt werden, sind allein die **einzelstaatlichen Regelwerke** maßgeblich. Dies bedeutet, dass sich die Datenverarbeitung neben dem eigentlichen nationalen Erlaubnistatbestand auch nach den allgemeinen Grundsätzen und sonstigen Vorgaben des nationalen Rechts richten muss. Auch die Betroffenenrechte richten sich in diesem Fall ausschließlich nach nationalem Recht. Dies bedeutet, dass einzelstaatliche Normen, die außerhalb des Anwendungsbereiches von Art. 9 wegen des europarechtlichen Anwendungsvorrangs vollständig verdrängt werden, im Rahmen der Öffnungsklauseln nach Art. 9 Abs. 2 lit. b und lit. g bis j weiterhin das allein maßgebliche Recht darstellen. Dies hat zur Folge, dass auch nach Inkrafttreten der DSGVO der Großteil der Normen des BDSG bzw. bereichsspezifischer Datenschutzvorschriften im Rahmen der Öffnungsklauseln weiter zu beachten ist.

66 Dieser Befund erscheint angesichts der Vereinheitlichungsbestrebungen innerhalb der DSGVO zunächst befremdlich. Allerdings verlangen die Öffnungsklauseln vom nationalen Gesetzgeber ausdrücklich die Schaffung bzw. Aufrechterhaltung von „geeigneten Garantien" bzw. „spezifischen Maßnahmen" zum Schutz der Rechte und Interessen der betroffenen Person. Solche sind ua in den bislang geltenden Datenschutzvorschriften enthalten. In der Konsequenz bedeutet dies, dass die Mitgliedstaaten ihr bisheriges Datenschutzrecht in großem Umfang beibehalten und ggf. weiterentwickeln müssen. Da sich die DSGVO in Teilen stark an die bisherige DSRL anlehnt und letztere von den nationalen Gesetzgebern umgesetzt werden musste, stehen künftig im Ergebnis zwei vergleichbare Regelungswerke, die jeweils selbständig und von unterschiedlichen Gesetzgebern weiterzuentwickeln sind, nebeneinander.

1. Verhältnis zum BDSG

67 Die maßgebliche Norm für die Verarbeitung sensitiver Daten im **deutschen Recht** findet sich in § 28 Abs. 6–9 BDSG. Diese wird zudem von den §§ 29 Abs. 5, 30 Abs. 5, 30 a Abs. 5 BDSG für entsprechend anwendbar erklärt. § 28 Abs. 6–9 BDSG gilt für Datenverarbeitungen im nicht-öffentlichen Bereich.

68 Nach § 28 Abs. 6 S. 1 BDSG ist die Verarbeitung besonderer Datenkategorien zulässig, wenn die betroffene Person gem. § 4 a Abs. 3 BDSG **eingewilligt** hat. Die Vorschrift wird vollständig durch Art. 9 Abs. 2 lit. a verdrängt. Den Mitgliedstaaten verbleibt lediglich die Möglichkeit einwilligungsfeste Kernbereiche zu definieren (→ Art. 9 Rn. 15).

69 § 28 Abs. 6 Nr. 1 BDSG, der die **mutmaßliche Einwilligung** zum Schutz lebenswichtiger Interessen betrifft, wird durch den inhaltlich gleichen Art. 9 Abs. 2 lit. c vollständig verdrängt.

Die Verarbeitung sensitiver Daten, die die betroffene Person **offensichtlich** **70** **öffentlich** gemacht hat richtet sich bislang nach § 28 Abs. 6 Nr. 2 BDSG. Künftig gilt der inhaltlich identische Art. 9 Abs. 2 lit. e.

Die Verarbeitung besonderer Datenkategorien im Zusammenhang mit **71** **Rechtsstreitigkeiten** ist bislang durch § 28 Abs. 6 Nr. 3 BDSG geregelt. Dieser wird durch Art. 9 Abs. 2 lit. f verdrängt.

§ 28 Abs. 6 Nr. 4 BDSG regelt die Zulässigkeit der Datenverarbeitung zum **72** Zwecke **wissenschaftlicher Forschung.** Ergänzende Vorgaben für die Verarbeitung personenbezogener Daten durch Forschungseinrichtungen enthält § 40 BDSG. Die Normen bleiben auch künftig anwendbar. Sie füllen die Öffnungsklausel nach Art. 9 Abs. 2 lit. j aus. Dieser Bereich wird damit ausschließlich dem BDSG unterstellt. Auch dessen allgemeine Grundsätze und die dort geregelten Betroffenenrechte sind zu beachten.

§ 28 Abs. 7 BDSG, der die Datenverarbeitung im **Gesundheitsbereich** regelt, bleibt auch künftig anwendbar. Die Vorschrift ist von der Öffnungs- **73** klausel nach Art. 9 Abs. 2 lit. h gedeckt und erfüllt zudem die in Art. 9 Abs. 3 aufgestellten Anforderungen an die Geheimhaltungspflicht.

§ 28 Abs. 8 S. 1 BDSG verweist für die Verarbeitung besonderer Kategori- **74** en personenbezogener Daten zu anderen als Gesundheitsgründen, also im Falle einer Zweckänderung,[71] auf § 28 Abs. 6 BDSG. Zu den einzelnen Varianten dieses Absatzes gilt das oben gesagte (→ Art. 9 Rn. 68 ff.).

§ 28 Abs. 8 S. 2 BDSG, der den Schutz der **öffentlichen Sicherheit und die** **75** **Strafverfolgung** betrifft, bleibt anwendbar, da die Datenverarbeitung zu diesen Zwecken gemäß Art. 2 Abs. 1 lit. d nicht in den sachlichen Anwendungsbereich der DSGVO fällt.

§ 28 Abs. 9 BDSG, der die Datenverarbeitung durch **idealistische Vereini-** **76** **gungen** regelt, wird durch Art. 9 Abs. 2 lit. d verdrängt.

2. Verhältnis zu weiteren Datenschutzvorschriften

Der **Sozialdatenschutz** ist spezialgesetzlich in § 35 SGB I und in §§ 67 ff. **77** SGB X geregelt, welche in ihrem Anwendungsbereich jeweils die allgemeinen Vorschriften des BDSG verdrängen.[72] Wegen der Öffnungsklausel nach Abs. 2 lit. b gelten die Vorschriften zum Sozialdatenschutz fort.

Das **Infektionsschutzgesetz** dient der Vorbeugung und Bekämpfung über- **78** tragbarer Krankheiten, § 1 Abs. 1 IfSG. Es enthält eine Reihe von Meldepflichten und macht in erheblichem Umfang die Verarbeitung sensitiver personenbezogener Daten erforderlich.[73] Die Meldepflichten und sonstigen Vorschriften, die eine Datenerhebung erlauben, bleiben auch künftig anwendbar. Sie fallen unter die Öffnungsklausel nach Art. 9 Abs. 2 lit. i.

Die Erhebung von Gesundheitsdaten erfolgt auch durch die **private Versi-** **79** **cherungswirtschaft.** Die Datenerhebung durch den Versicherer bei Dritten

---

71 *Kühling/Seidel/Sivridis*, Datenschutzrecht, S. 154.
72 *Franck* ZD 2015, 155 (156).
73 Vgl. die Auflistung der zu erhebenden Daten im Falle einer namentlichen Meldung nach § 9 IfSG.

ist in § 213 VVG geregelt.[74] Die Vorschrift dient der Funktionsfähigkeit und Wirtschaftlichkeit des (privaten) Krankenversicherungssystems. Sie fällt daher unter die Öffnungsklausel nach Art. 9 Abs. 2 lit. h. Datenerhebungen der Krankenversicherer richten sich damit auch unter Geltung der DSGVO weiter nach nationalem Recht.

80 Ebenfalls durch die Öffnungsklausel nach Abs. 4 gedeckt sind die Vorschriften des **Gendiagnostikgesetzes**, sodass auch diese fortgelten. Gem. § 1 GenDG dient das Gesetz dem Schutz der Menschenwürde und der informationellen Selbstbestimmung. Sachlich anwendbar ist es auf genetische Untersuchungen und mit ihnen in Zusammenhang stehende genetische Analysen zu bestimmten Zwecken, § 2 Abs. 1 GenDG. In seinem Anwendungsbereich ist das GenDG spezieller als das BDSG, sodass letzteres insoweit verdrängt wird und sich der Umgang mit den genetischen Daten nach dem GenDG richtet.[75]

81 Allgemein sollten die Verantwortlichen prüfen, ob die bislang für sie geltenden bereichsspezifischen Datenschutzvorschriften für die Verarbeitung besonderer Kategorien personenbezogener Daten unter eine der Öffnungsklauseln fallen und daher weitergelten, oder ob die bisherigen Rechtsgrundlagen durch einen der Erlaubnistatbestände nach Abs. 2 lit. a und lit. c bis f verdrängt werden.

3. Ergänzende Vorschriften des ABDSG-E

82 § 5 Abs. 1 ABDSG-E enthält zum Zeitpunkt der Kommentierung lediglich sehr rudimentäre Ausführungsbestimmungen, deren Wortlaut sich teilweise nur auf die Wiederholung des Verordnungstextes beschränkt.[76] § 5 Abs. 1 Satz 2 ABDSG-E fordert etwa „angemessene und spezifische Maßnahmen zur Wahrung der Grundrechte und Interessen der betroffenen Personen […]". Diese Vorgabe ist für ein nationales Ausführungsgesetz zur DSGVO deutlich zu abstrakt und gibt letztlich auch nur den Verordnungswortlaut wieder. Aufgabe des ABDSG wäre es, konkrete Maßnahmen und Garantien in Ausfüllung der jeweiligen Öffnungsklauseln zu benennen. Es lässt sich daher zum jetzigen Zeitpunkt lediglich festhalten, dass der Referentenentwurf an dieser Stelle noch erheblicher Überarbeitung und Ergänzung bedarf. Im Kontext von Art. 9 DSGVO sind ferner die §§ 33 bis 36 ABDSG-E von Relevanz.

D. Würdigung und Ausblick

83 Art. 9 orientiert sich sehr stark an der Vorgängerregelung in Art. 8 DSRL. Es hat allenfalls eine behutsame Weiterentwicklung stattgefunden. Akteure, die besondere Kategorien personenbezogener Daten verarbeiten,

---

74 Dazu ausführlich *Britz*, Die Erhebung personenbezogener Gesundheitsdaten durch Versicherungsunternehmen bei Dritten gem. § 213 VVG unter Berücksichtigung des GenDG.

75 *Vossenkuhl*, Der Schutz genetischer Daten unter besonderer Berücksichtigung des Gendiagnostikgesetzes, 2013, S. 78. Allgemein zum GenDG *Düwell* jurisPR-ArbR 7/2010.

76 Vgl. etwa § 5 Abs. 1 Satz 1 Nr. 6 ABDSG-E als Ausführungsbestimmung zu Art. 9 Abs. 2 lit. b DSGVO.

müssen daher ihre Praxis nicht grundlegend ändern. Dennoch empfiehlt es sich, sich frühzeitig mit den neuen Rechtsgrundlagen vertraut zu machen und die für die eigene Verarbeitungspraxis einschlägigen Erlaubnistatbestände zu erfassen.

Art. 9 Abs. 2 enthält zahlreiche allgemeine Öffnungsklauseln. Hinzu kommt die besondere Öffnungsklausel nach Abs. 4 für genetische, biometrische und Gesundheitsdaten. Den Mitgliedstaaten verbleibt damit auch künftig ein erheblicher Spielraum bei der Datenschutzgesetzgebung im Bereich der Verarbeitung besonderer Datenkategorien. Diese weite Öffnung zugunsten der Mitgliedstaaten steht dem Ziel eines europaweit einheitlichen Regelungskonzeptes entgegen. Es bleibt abzuwarten, in welchem Umfang die Mitgliedstaaten von ihrem Gestaltungsspielraum Gebrauch machen werden. Aus der Verantwortung entlassen sind sie mit Inkrafttreten der DSGVO jedenfalls nicht. **84**

Die Regelungen sind teilweise unnötig lang und kompliziert. Die Terminologie ist nicht immer einheitlich und auch der jeweilige Regelungsstandort ist nicht immer sinnvoll gewählt. Die Norm ist damit „handwerklich" nicht sonderlich gelungen. **85**

Artikel 10 Verarbeitung von personenbezogenen Daten über strafrechtliche Verurteilungen und Straftaten

[1]Die Verarbeitung personenbezogener Daten über strafrechtliche Verurteilungen und Straftaten oder damit zusammenhängende Sicherungsmaßregeln aufgrund von Artikel 6 Absatz 1 darf nur unter behördlicher Aufsicht vorgenommen werden oder wenn dies nach dem Unionsrecht oder dem Recht der Mitgliedstaaten, das geeignete Garantien für die Rechte und Freiheiten der betroffenen Personen vorsieht, zulässig ist. [2]Ein umfassendes Register der strafrechtlichen Verurteilungen darf nur unter behördlicher Aufsicht geführt werden.

Verwandte Normen: –

Literatur:

Dammann/Simitis EG-Datenschutzrichtlinie Kommentar, 1997; *Ehmann/Helfrich*, EG-Datenschutzrichtlinie, 1999; *Albrecht/Jotzo*, Das neue Datenschutzrecht der EU, 2017; *Laue/Nink/Kremer*, Das neue Datenschutzrecht in der betrieblichen Praxis, 2016.

A. Grundlagen

I. Gesamtverständnis und Zweck der Norm

Daten über Strafrechtlich relevante Verfehlungen sind als besonders sensitiv einzustufen, da sie zu einer Stigmatisierung und gesellschaftlichen Ausgrenzung der betroffenen Person führen können. Ihre Verarbeitung wird **1** daher strengeren Regeln unterworfen. Dem Grunde nach handelt es sich um eine weitere besondere Kategorie personenbezogener Daten. Die Ausführungen unter → Art. 9 Rn. 1 gelten daher entsprechend.

II. Bisherige Rechtslage

2   Bereits nach bisherigem Recht gilt für die Verarbeitung von Daten im Zusammenhang mit Straftaten der betroffenen Person gemäß Art. 8 Abs. 5 DSRL ein gesondertes Regime. Die Verarbeitung personenbezogener Daten im Zusammenhang mit strafrechtlichen Verurteilungen oder Maßregeln ist im deutschen Recht bereichsspezifisch in den Straf- und Maßregelvollzugsgesetzen der Länder geregelt.[1] Das Bundeszentralregister enthält Daten über strafrechtliche Verurteilungen. Rechtsgrundlage hierfür ist das BZRG.

III. Entstehung der Norm

3   Die Vorschrift des Art. 8 Abs. 5 DSRL wurde mit wenigen redaktionellen Änderungen, die im Wesentlichen dem Wechsel zur Verordnung geschuldet sind, in die DSGVO übernommen. Im Kommissionsentwurf fand sich die Regelung – systematisch zutreffend – noch in Art. 9 (Verarbeitung besonderer Kategorien personenbezogener Daten).

B. Kommentierung

4   Kommt es zu einer **strafrechtlichen Verurteilung** wird das Strafverfahren durch einen richterlichen Schuldspruch beendet. **Sicherungsmaßregeln** werden vom Gericht aus präventiven Gründen unabhängig von der Schuld des Täters verhängt.[2] Der Anwendungsbereich von Art. 10 ist jedoch bereits vor Abschluss eines Strafverfahrens eröffnet. Dies folgt daraus, dass neben personenbezogenen Daten im Zusammenhang mit strafrechtlichen Verurteilungen und Sicherungsmaßregeln auch bereits Daten im Zusammenhang mit **Straftaten**, also solchen die (noch) nicht abgeurteilt wurden, erfasst werden. Damit sind zum einen Fälle gemeint, in denen die betroffene Person eine Straftat zwar begangen hat, aber etwa wegen Schuldunfähigkeit nicht verurteilt wurde.[3] Daneben ist Art. 10 aber auch in früheren Stadien des Strafverfahrens, also etwa im Ermittlungs- oder Zwischenverfahren zu beachten. Art. 10 ist einschlägig, sobald ein Anfangsverdacht gegen eine konkrete Person vorliegt, da sie ab diesem Zeitpunkt offiziell mit einer Straftat in Verbindung gebracht wird und die damit einhergehenden Nachteile fortan eintreten können. Nicht von Art. 10 erfasst werden demgegenüber personenbezogene Daten im Zusammenhang mit bloßen Ordnungswidrigkeiten oder anderen behördlichen Verfahren, die negative Auswirkungen auf die betroffene Person haben können, zB Gewerbeuntersagung, Entzug der Fahrerlaubnis etc.

5   Art. 10 S. 1 Hs. 1 verweist auf die Erlaubnistatbestände des Art. 6 Abs. 1. Daten über strafrechtliche Verurteilungen, Sicherungsmaßregeln und Straftaten können daher nach allgemeinen Regeln verarbeitet werden. Die Ver-

---

1   In Nordrhein-Westfalen §§ 108 ff. StVollzG NRW und § 26 MRVG NRW.
2   Vgl. §§ 61 ff. StGB.
3   *Dammann/Simitis*, EG-DSRL, Art. 8 Rn. 23.

arbeitung hat jedoch grundsätzlich **unter behördlicher Aufsicht** zu erfolgen. Dies bedeutet nicht, dass die Behörde selbst die Verarbeitung vorzunehmen hat. Sie hat vielmehr eine speziell auf die in Art. 10 bezeichneten Daten ausgerichtete Aufsicht über die Verarbeitung dieser Daten zu führen.[4] Es ist daher nicht ausreichend, dass ein Unternehmen, dass Daten gem. Art. 10 verarbeitet unter allgemeiner Aufsicht einer Behörde steht, etwa Gewerbe-, Versicherungs-, Bankenaufsicht etc.[5] Es muss sich um eine öffentliche Behörde handeln, die befugt ist, konkrete Maßnahmen in Bezug auf die Datenverarbeitung nach Art. 10 gegenüber dem Verantwortlichen anzuordnen und dessen Tätigkeit zu überwachen.

Art. 10 S. 1 Hs. 2 enthält eine **Ausnahme** vom Erfordernis der behördlichen   6
Aufsicht über die Datenverarbeitung für den Fall, dass die Datenverarbeitung nach sonstigem Unionsrecht oder nach mitgliedstaatlichem Recht zulässig ist. Damit wird den Mitgliedstaaten zugleich die Kompetenz eingeräumt, weitere Erlaubnistatbestände für die Verarbeitung von Daten iSd Art. 10 zu schaffen oder beizubehalten. Dies gilt jedoch nur, wenn das mitgliedstaatliche Recht geeignete Garantien für die Rechte und Freiheiten der betroffenen Person vorsieht (Dazu → Art. 9 Rn. 17 f.). Die Mitgliedstaaten können zudem auf Grundlage von Art. 85 Abs. 2 weitere Abweichungen oder Ausnahmen von der Regelung des Art. 10 zu journalistischen, wissenschaftlichen, künstlerischen oder literarischen Zwecken zulassen.[6]

Ein **umfassendes Register** über strafrechtliche Verurteilungen darf ausschließlich unter behördlicher Aufsicht geführt werden. Umfassend ist das   7
Register dann, wenn dort alle eine bestimmte natürliche Person betreffenden strafrechtlichen Verurteilungen zusammengeführt werden. Der Einblick in ein solches Register kann mit erheblichen Nachteilen für die betroffene Person im sozialen Umfeld und auf dem Arbeitsmarkt einhergehen. Daher muss es zwingend unter behördlicher Aufsicht geführt werden. Von diesem Erfordernis dürfen die Mitgliedstaaten keinerlei Ausnahmen vorsehen.

In das **Bundeszentralregister** werden gem. § 3 Nr. 1 BZRG alle strafrechtlichen Verurteilungen aufgenommen. Der Umfang der Eintragungen ergibt   8
sich aus den §§ 4–8 BZRG. Das BZR ist damit ein umfassendes Register iSv Art. 10. Da es gem. § 1 Abs. 1 BZRG bei dem Bundesamt für Justiz und damit durch eine Behörde selbst geführt wird, ist das Erfordernis der behördlichen Aufsicht nach Art. 10 S. 2 jedenfalls erfüllt.

C. Verhältnis zu anderen Normen

Die Datenschutzvorschriften in den Straf- und Maßregelvollzugsgesetzen,   9
sowie die relevanten Regelungen des BZRG gelten wegen der in Art. 10 enthaltenen Öffnungsklausel fort. Daten über strafrechtliche Verurteilungen können zudem nach den in Art. 6 enthaltenen allgemeinen Tatbeständen verarbeitet werden. Voraussetzung hierfür ist jedoch, dass die Verar-

---

4 *Ehmann/Helfrich*, EG-DSRL, Art. 8 Rn. 57 ff.
5 Zur entsprechenden Regelung der DSRL siehe *Dammann/Simitis*, EG-DSRL, Art. 8 Rn. 25.
6 *Albrecht/Jotzo*, S. 78.

beitung unter spezieller behördlicher Aufsicht stattfindet. Für Medienberichterstattung im Zusammenhang mit Straftaten und entsprechenden Verurteilungen wird wohl auch künftig das sogenannte „Medienprivileg" nach nationalem Recht einschlägig sein.[7]

D. Ausblick

10   Die Norm lässt die bestehenden Vorschriften zum Umgang mit Daten über strafrechtliche Verurteilungen unberührt und führt selbst keine grundlegenden Neuerungen ein. Es ist daher damit zu rechnen, dass sich an den bislang geltenden Rechtsgrundlagen und der hierauf aufbauenden Datenverarbeitungspraxis keine wesentlichen Änderungen ergeben werden.

Artikel 11   Verarbeitung, für die eine Identifizierung der betroffenen Person nicht erforderlich ist

(1) Ist für die Zwecke, für die ein Verantwortlicher personenbezogene Daten verarbeitet, die Identifizierung der betroffenen Person durch den Verantwortlichen nicht oder nicht mehr erforderlich, so ist dieser nicht verpflichtet, zur bloßen Einhaltung dieser Verordnung zusätzliche Informationen aufzubewahren, einzuholen oder zu verarbeiten, um die betroffene Person zu identifizieren.

(2) [1]Kann der Verantwortliche in Fällen gemäß Absatz 1 des vorliegenden Artikels nachweisen, dass er nicht in der Lage ist, die betroffene Person zu identifizieren, so unterrichtet er die betroffene Person hierüber, sofern möglich. [2]In diesen Fällen finden die Artikel 15 bis 20 keine Anwendung, es sei denn, die betroffene Person stellt zur Ausübung ihrer in diesen Artikeln niedergelegten Rechte zusätzliche Informationen bereit, die ihre Identifizierung ermöglichen.

Verwandte Normen: ErwGr 57, 64; §§ 3 a, 34 BDSG 2003

Literatur:

Bull, Persönlichkeitsschutz im Internet: Reformeifer mit neuen Ansätzen, NVwZ 2011, 257; *Gola/Schomerus*, BDSG, 12. Aufl. 2015, § 3 a; *Laue/Nink/Kremer*, Das neue Datenschutzrecht in der betrieblichen Praxis, 2016.

---

7   Bislang § 41 BDSG, § 57 RStV. Eine Regelung, die explizit journalistische Zwecke adressiert fehlt im ABDSG-E bislang. Zur Reichweite des „Medienprivilegs" im Kontext von Art. 10 näher *Laue/Nink/Kremer*, S. 108.

A. Grundlagen

I. Gesamtverständnis und Zweck der Norm

Die Norm greift den Grundsatz der Datenminimierung nach Art. 5 Abs. 1 lit. c auf (→ Art. 5 Rn. 29 ff.). Danach soll die Verarbeitung personenbezogener Daten auf das für die Zwecke der jeweiligen Datenverarbeitung notwendige Maß beschränkt bleiben. Entsprechend sieht Art. 11 Abs. 1 vor, dass der Verantwortliche nicht verpflichtet ist zusätzliche Informationen über die betroffene Person einzuholen, allein um den Vorgaben der DSGVO zu genügen, wenn dies ansonsten für die mit der Datenverarbeitung verfolgten Zwecke nicht erforderlich ist. Art. 11 Abs. 1 stellt klar, dass die Einhaltung von Datenschutzvorschriften kein Selbstzweck ist. Der materielle Datenschutz wird damit stärker gewichtet als die strikte Befolgung von Rechtsvorschriften. Art. 11 Abs. 2 enthält in diesem Zusammenhang eine Sonderregelung für die Geltung der Betroffenenrechte gem. Art. 15–20. **1**

II. Bisherige Rechtslage

Die Norm ist bislang ohne Vorbild. Im nationalen Recht galt lediglich der allgemeine Grundsatz der Datensparsamkeit, der bislang jedoch weitgehend konturlos geblieben ist.[1] **2**

III. Entstehung der Norm

In Art. 10 des Kommissionsentwurfs war eine mit Art. 11 Abs. 1 vergleichbare Regelung enthalten. Die in Art. 11 Abs. 2 enthaltene Regelung trat im Laufe des Gesetzgebungsverfahrens hinzu. **3**

B. Kommentierung

I. Art. 11 Abs. 1 DSGVO

Nach Art. 4 Nr. 1 sind personenbezogene Daten alle Informationen, die sich auf eine identifizierte oder **identifizierbare natürliche Person** beziehen (→ Art. 4 Rn. 14 ff.). Art. 11 Abs. 1 erfasst von vornherein nur Konstellationen, in denen die betroffene Person von dem Verantwortlichen **identifizierbar**, aber nicht oder nicht mehr eindeutig identifiziert ist. **4**

Pseudonyme Daten gelten gem. Erwägungsgrund 26 Satz 1 ebenfalls als Informationen über eine identifizierbare natürliche Person. Ihre Verarbeitung wird daher auch von Art. 11 Abs. 1 erfasst. **5**

Der Umfang der Datenverarbeitung durch den Verantwortlichen richtet sich nach dem mit der Verarbeitung verfolgten Zweck. Dieser sog Zweckbindungsgrundsatz (→ Art. 6 Rn. 16), der durch Abs. 1 näher ausgestaltet wird, setzt der Datenverarbeitung Grenzen. Erfordert der **Verarbeitungszweck** zwar die Erhebung personenbezogener Daten, nicht jedoch die Identifizierung der betroffenen Person, soll der Verantwortliche nicht dazu verpflichtet werden, zur bloßen Einhaltung der DSGVO weitere Informationen über die Person aufzubewahren, einzuholen oder zu verarbeiten, um diese so zu identifizieren. **6**

---

1 Vgl. *Bull* NVwZ 2011, 257 (259 f.); *Gola/Schomerus* § 3a Rn. 1.

7   Die Norm **befreit** den Verantwortlichen somit von der Beachtung sämtlicher Vorschriften der DSGVO, die eine Identifizierung der betroffenen Person erforderlich machen, wenn die hierzu benötigten Daten nicht vorliegen. Ausgenommen hiervon sind die Betroffenenrechte gem. Art. 15-20, da Abs. 2 für sie eine Sonderregel bereithält. Es ist stets genau zu prüfen, ob die DSGVO-Vorschrift, von der abgewichen werden soll, eine Identifizierung der betroffenen Person erforderlich macht. Die Norm darf keinesfalls als Freibrief für die Übergehung datenschutzrechtlicher Vorschriften betrachtet werden.

8   Art. 11 Abs. 1 könnte ua im Zusammenhang mit den **Betroffenenrechten** nach Art. 12–14 relevant werden. So kann der Verantwortliche etwa die nach Art. 12 bereitzustellenden Informationen der betroffenen Person nur dann zukommen lassen, wenn ihm ein Kontaktweg zu dieser Person bekannt ist. Fehlt es hieran und ist der Kontaktweg zur betroffenen Person, welche zwar identifizierbar aber nicht identifiziert ist für Zwecke der eigentlichen Datenverarbeitung nicht notwendig, ist der Verantwortliche nicht verpflichtet diesbezüglich weitere Informationen einzuholen. Zu beachten ist allerdings auch, dass ein Kontakt zur betroffenen Person nicht notwendiger Weise deren Identifizierung erfordert. Verfügt der Verantwortliche über einen anonymen Kontaktweg, etwa über Dritte, wäre er nicht von der Pflicht zur Informationsbereitstellung befreit.

9   Es ist anzunehmen, dass im allgemeinen Geschäftsverkehr nur **wenige Anwendungsfälle** für Art. 11 Abs. 1 existieren, da der Geschäftszweck in aller Regel eine Identifizierung des Geschäftspartners erforderlich macht, etwa um Lieferungen auszuführen, die Kreditwürdigkeit abzuschätzen oder um Geschäftskorrespondenz zu unterhalten. Auch bei zahlreichen Online-Angeboten ist in der Regel die Angabe von Name und Adresse erforderlich. Hierdurch ist die betroffene Person bereits eindeutig identifiziert, sodass für die Anwendung von Art. 11 Abs. 1 kein Raum bleibt.

II. Art. 11 Abs. 2 DSGVO

10   Abs. 2 enthält zunächst eine **Rechtsgrundverweisung** auf Abs. 1. Die Norm greift also nur, wenn der Verantwortliche trotz des Vorliegens personenbezogener Daten nicht in der Lage ist, die betroffene Person zu identifizieren (→ Rn. 4 f.). Die Beweislast für das Vorliegen dieser Voraussetzung trägt der Verantwortliche.

11   Abs. 2 S. 1 enthält eine **Informationspflicht** des Verantwortlichen gegenüber der betroffenen Person. Der Verantwortliche muss der betroffenen Person grundsätzlich mitteilen, dass er nicht in der Lage ist, alle Vorschriften der DSGVO einzuhalten, da ihm hierfür weitere personenbezogene Daten fehlen. Der Verantwortliche hat dabei genau mitzuteilen, welche Vorschriften er nicht einhalten kann und aufgrund welcher fehlenden Daten dies der Fall ist. Anderenfalls wäre die betroffene Person nicht in der Lage abzuwägen, ob sie dem Verantwortlichen die fehlenden Daten noch bereit-

stellen soll.[2] Die Informationspflicht besteht allerdings nur „sofern möglich".[3] Verfügt der Verantwortliche über keinerlei Kontaktinformationen, ist er konsequenter Weise nicht verpflichtet, die betroffene Person zu informieren. Die Informationspflicht besteht in allen Fällen des Abs. 1.

Abs. 2 S. 2 erklärt darüber hinaus die Art. 15–20 für **unanwendbar**. Voraussetzung hierfür ist, dass ein Fall nach Abs. 1 vorliegt, die betroffene Person nach Abs. 2 S. 1 hierüber informiert wurde bzw. dies unmöglich ist und dass die betroffene Person im Falle einer erfolgten Information nach Abs. 2 S. 1 keine zusätzlichen Informationen bereitgestellt hat, die die Ausübung der dort verankerten Betroffenenrechte ermöglichen.   12

C. Verhältnis zu anderen Normen

Die Norm findet immer dann Anwendung, wenn die in Rede stehende Datenverarbeitung sich unmittelbar nach der DSGVO richtet. Im Bereich der zahlreichen Öffnungsklauseln, die den Mitgliedstaaten eine Regelungskompetenz einräumen, richtet sich die Verarbeitung personenbezogener Daten ausschließlich nach nationalem Recht. Dieses muss in der Regel eigenständige Garantien für die Rechte und Freiheiten der betroffenen Person bereithalten. Art. 11 ist dann nicht anwendbar.   13

D. Würdigung

Die Vorschrift ist eine Art Generalklausel, die widersinnige Ergebnisse vermeiden soll. Es wäre paradox, dem Verantwortlichen unter dem Deckmantel des Datenschutzes die Erhebung weiterer personenbezogener Daten über die betroffene Person aufzugeben. Zudem stellt sie sicher, dass einem Verantwortlichen, der Daten löscht, die für den eigentlichen Erhebungszweck nicht mehr benötigt werden hieraus keine Nachteile erwachsen. Welche praktische Bedeutung die Norm erfahren wird, bleibt abzuwarten.   14

---

2 Vgl. Abs. 2 S. 2, wonach die betroffene Person die Wahl hat, ob sie dem Verantwortlichen weitere Daten liefert, um sich auf die Betroffenenrechte gem. Art. 15–20 DSGVO berufen zu können. Bei einer lediglich pauschalen Information wüsste die betroffene Person nicht, welche Daten noch nachzuliefern sind.
3 *Laue/Nink/Kremer*, S. 109 kritisieren die Norm als teilweise in sich widersprüchlich.

Kapitel III Rechte der betroffenen Person
Abschnitt 1 Transparenz und Modalitäten
Artikel 12 Transparente Information, Kommunikation und Modalitäten für die Ausübung der Rechte der betroffenen Person

(1) [1]Der Verantwortliche trifft geeignete Maßnahmen, um der betroffenen Person alle Informationen gemäß den Artikeln 13 und 14 und alle Mitteilungen gemäß den Artikeln 15 bis 22 und Artikel 34, die sich auf die Verarbeitung beziehen, in präziser, transparenter, verständlicher und leicht zugänglicher Form in einer klaren und einfachen Sprache zu übermitteln; dies gilt insbesondere für Informationen, die sich speziell an Kinder richten. [2]Die Übermittlung der Informationen erfolgt schriftlich oder in anderer Form, gegebenenfalls auch elektronisch. [3]Falls von der betroffenen Person verlangt, kann die Information mündlich erteilt werden, sofern die Identität der betroffenen Person in anderer Form nachgewiesen wurde.

(2) [1]Der Verantwortliche erleichtert der betroffenen Person die Ausübung ihrer Rechte gemäß den Artikeln 15 bis 22. [2]In den in Artikel 11 Absatz 2 genannten Fällen darf sich der Verantwortliche nur dann weigern, aufgrund des Antrags der betroffenen Person auf Wahrnehmung ihrer Rechte gemäß den Artikeln 15 bis 22 tätig zu werden, wenn er glaubhaft macht, dass er nicht in der Lage ist, die betroffene Person zu identifizieren.

(3) [1]Der Verantwortliche stellt der betroffenen Person Informationen über die auf Antrag gemäß den Artikeln 15 bis 22 ergriffenen Maßnahmen unverzüglich, in jedem Fall aber innerhalb eines Monats nach Eingang des Antrags zur Verfügung. [2]Diese Frist kann um weitere zwei Monate verlängert werden, wenn dies unter Berücksichtigung der Komplexität und der Anzahl von Anträgen erforderlich ist. [3]Der Verantwortliche unterrichtet die betroffene Person innerhalb eines Monats nach Eingang des Antrags über eine Fristverlängerung, zusammen mit den Gründen für die Verzögerung. [4]Stellt die betroffene Person den Antrag elektronisch, so ist sie nach Möglichkeit auf elektronischem Weg zu unterrichten, sofern sie nichts anderes angibt.

(4) Wird der Verantwortliche auf den Antrag der betroffenen Person hin nicht tätig, so unterrichtet er die betroffene Person ohne Verzögerung, spätestens aber innerhalb eines Monats nach Eingang des Antrags über die Gründe hierfür und über die Möglichkeit, bei einer Aufsichtsbehörde Beschwerde einzulegen oder einen gerichtlichen Rechtsbehelf einzulegen.

(5) [1]Informationen gemäß den Artikeln 13 und 14 sowie alle Mitteilungen und Maßnahmen gemäß den Artikeln 15 bis 22 und Artikel 34 werden unentgeltlich zur Verfügung gestellt. [2]Bei offenkundig unbegründeten oder – insbesondere im Fall von häufiger Wiederholung – exzessiven Anträgen einer betroffenen Person kann der Verantwortliche entweder

a) ein angemessenes Entgelt verlangen, bei dem die Verwaltungskosten für die Unterrichtung oder die Mitteilung oder die Durchführung der beantragten Maßnahme berücksichtigt werden, oder

b) sich weigern, aufgrund des Antrags tätig zu werden.

[3]Der Verantwortliche hat den Nachweis für den offenkundig unbegründeten oder exzessiven Charakter des Antrags zu erbringen.

(6) Hat der Verantwortliche begründete Zweifel an der Identität der natürlichen Person, die den Antrag gemäß den Artikeln 15 bis 21 stellt, so kann er unbeschadet des Artikels 11 zusätzliche Informationen anfordern, die zur Bestätigung der Identität der betroffenen Person erforderlich sind.

(7) [1]Die Informationen, die den betroffenen Personen gemäß den Artikeln 13 und 14 bereitzustellen sind, können in Kombination mit standardisierten Bildsymbolen bereitgestellt werden, um in leicht wahrnehmbarer, verständlicher und klar nachvollziehbarer Form einen aussagekräftigen Überblick über die beabsichtigte Verarbeitung zu vermitteln. [2]Werden die Bildsymbole in elektronischer Form dargestellt, müssen sie maschinenlesbar sein.

(8) Der Kommission wird die Befugnis übertragen, gemäß Artikel 92 delegierte Rechtsakte zur Bestimmung der Informationen, die durch Bildsymbole darzustellen sind, und der Verfahren für die Bereitstellung standardisierter Bildsymbole zu erlassen.

Verwandte Normen: ErwGr 58, 59, 60; §§ 33, 34, 35 BDSG 2003

A. Grundlagen

I. Gesamtverständnis und Zweck der Norm

1　Transparenz ist integraler Bestandteil des Unionsrechts[1] und vor allem auch ein tragendes Prinzip des Datenschutzrechts, da sie für den Betroffenen iSd Art. 4 Nr. 1 DSGVO subjektiven Rechtsschutz und damit Kontrolle (**Selbstdatenschutz**) ermöglicht und gleichzeitig als Vertrauensgrundlage und korrigierender Einfluss für Datenverarbeitungsprozesse wirken kann.[2] Der von der Verarbeitung personenbezogener Daten Betroffene muss dafür die potenzielle Möglichkeit der Kenntnis haben, „wer was wann und bei welcher Gelegenheit" über ihn weiß.[3] Dies gilt umso mehr, wenn die personenbezogenen Daten nicht direkt beim Betroffenen erhoben werden, sondern bspw. aus öffentlich verfügbaren Quellen oder etwa mittels Tracking. Gerade im Bereich verhaltensorientierter Internetwerbung ist es sowohl hinsichtlich der Anzahl der Beteiligten als auch hinsichtlich der eingesetzten komplexen Techniken für den Betroffenen relativ schwer nachzuvollziehen, ob, von wem und zu welchem Zweck seine Daten erfasst werden.

2　Transparenz und die hiermit korrespondierenden Informationspflichten stellen eine notwendige **Vorbedingung des Schutzes personenbezogener Daten** und seiner Wahrnehmung dar, indem der Betroffene einen Überblick über sein informationelles Umfeld erhält.[4] Sie schafft für den Betroffenen Vorhersehbarkeit über die Verarbeitung seiner personenbezogenen Daten und stärkt damit seine Autonomie und Datensouveränität.[5] Demgegenüber verursachen intransparente Datenverarbeitungsprozesse ein Machtgefälle zu Lasten des Betroffenen.[6] So kann insbesondere die Unsicherheit über die Datenverwendung dazu führen, dass der Betroffene in der Entfaltung seines Persönlichkeitsrechts behindert oder etwa zu einem als erwünscht vermuteten Verhalten motiviert wird und somit von der Wahrnehmung seiner

---

1　EuGH v. 29.6.2010 – Rs. C-28/08, Slg 2010, I-6055, Rn. 53 – Bavarian Lager; EuGH v. 9.11.2010 – Rs. C-92/09 ua, Slg 2010, I-11063, Rn. 71 – Schecke; *Schoch* EuZW 2010, 688 (690); *Skouris* NVwZ 2016, 1359 (1360); zur Verwaltungstransparenz *Greve* ZD 2014, 336 (337 f.); allgemein zur Transparenzgesellschaft *Gusy* in: Dix ua (Hrsg.), Informationsfreiheit und Informationsrecht, Jahrbuch 2015, 2016, S. 1 ff.; *Schaar*, Das digitale Wir, 2015, S. 142 ff.

2　Vgl. Erwägungsgrund 39; *Hornung*, Die digitale Identität, 2005, S. 162 f.; *Voßhoff/ Hermerschmidt* in: Dix ua (Hrsg.), Informationsfreiheit und Informationsrecht, Jahrbuch 2015, 2016, S. 75 (82); *Ehmann/Helfrich*, EG-Datenschutzrichtlinie, 1999, Art. 6 Rn. 9; aus grundrechtlicher Perspektive BVerfG 20.4.2016 – 1 BvR 966/09, Rn. 134 f. mwN; ferner im Hinblick auf Verwaltungstransparenz *Grundmann/Greve* NVwZ 2015, 1726 ff.; zu überspannten Erwartungen an Transparenz *Bull*, Informationelle Selbstbestimmung – Vision oder Illusion?, 2. Aufl. 2011, S. 60 ff.

3　Siehe bereits das Volkszählungsurteil des BVerfG aus dem Jahre 1983, BVerfGE 65, 1 (46) – Volkszählung; dazu auch *Kloepfer/Greve*, Staatsrecht, 2. Aufl. 2016, Rn. 567. Vgl. jetzt auch die grundrechtliche Gewährleistung des Art. 8 GRCh sowie ferner Erwägungsgrund 39 Satz 2; hierzu *Johlen* in: Stern/Sachs (Hrsg.), Europäische Grundrechte-Charta, 2016, Art. 8 Rn. 57 ff.

4　Vgl. *v. Lewinski*, Die Matrix des Datenschutzes, 2014, S. 50, 60; *Kühling/Seidel/ Sivridis*, Datenschutzrecht, 3. Aufl. 2015, Rn. 291; siehe auch zum Datenschutz als Grundrechtsvoraussetzungsschutz *Kloepfer*, 62. DJT 1998, D 53.

5　Siehe auch *Krüger* ZRP 2016, 190 (190).

6　*Roßnagel/Wedde/Hammer/Pordesch*, Digitalisierung der Grundrechte?, 1990, S. 38 f.; *Hornung*, Die digitale Identität, 2005, S. 162.

Rechte abgeschreckt („**chilling effect**") wird.[7] Eine effektive Wahrnehmung informationeller Selbstbestimmung hängt damit maßgeblich davon ab, ob der Betroffene über ausreichende und verständliche Informationen über die Erhebung personenbezogener Daten, über die Umstände und Verfahren ihrer Verarbeitung und die Zwecke ihrer Nutzung verfügt.[8] Der Betroffene wird hierdurch in die Lage versetzt, Umfang und Risiko der Datenverarbeitung einzuschätzen.[9]

II. Bisherige Rechtslage

Die **Datenschutzrichtlinie 95/46/EG** enthält mit Art. 10 und 11 bereits   **3** Pflichten zur Unterrichtung der betroffenen Person über die Verarbeitung ihrer personenbezogenen Daten, die ihrerseits nunmehr durch den grundrechtlichen Schutz der Privatheit und den Schutz personenbezogener Daten nach Art. 7 und 8 GRCh nachgebildet werden.[10] Eine enge Verknüpfung des Transparenzgedankens mit dem Auskunftsrecht des Betroffenen (vgl. Art. 12 der RL 95/46/EG) und den Informationsverpflichtungen (vgl. auch die Meldepflichten Art. 18 ff. der RL 95/46/EG) des Verantwortlichen der Datenverarbeitung besteht daher auch schon in der Datenschutzrichtlinie 95/46/EG.[11]

Im einfachgesetzlichen Datenschutzrecht auf Bundesebene finden sich etwa   **4** in den §§ 4b Abs. 4, 6 Abs. 2 S. 3, 6a Abs. 3, 6b Abs. 4, 6c Abs. 1, 19a, 28 Abs. 4, 28a Abs. 1 und 2, 28b Nr. 4, 29 Abs. 7, 33 ff. BDSG, § 93 Abs. 1 TKG und § 13 Abs. 1 TMG zahlreiche **Transparenz- und Informationspflichten**, wenngleich der Transparenzgrundsatz nicht ausdrücklich in genereller Form im BDSG geregelt worden ist.[12] Auch in anderen Bereichen des Sekundärrechts wurden Verbraucherrechte durch die Ausweitung Transparenz- und Informationspflichten gestärkt.[13]

---

7 *Hornung*, Die digitale Identität, 2005, S. 162; *Härting* NJW 2013, 2065 (2069); eingehend zur Abschreckenswirkung *Staben*, Der Abschreckungseffekt auf die Grundrechtsausübung, 2016 i.E; siehe auch *Hermstrüber*, Informationelle Selbstgefährdung, 2016, S. 41 ff. und passim.

8 *Roßnagel/Pfitzmann/Garstka*, Modernisierung des Datenschutzrechts, 2001, S. 36.

9 Erwägungsgrund 39 Satz 5.

10 EuGH, v. 16.12.2008 – Rs. C-524/06, Slg 2008, I-9705, Rn. 47 – Huber; EuGH, ZD 2014, 137 (138); ferner *Jarass*, GRCh, 3. Aufl. 2016, Art. 4a; *Schneider* in: Wolff/Brink (Hrsg.), Beck OK Datenschutzrecht, Stand: Februar 2016, EU-Richtlinie, Rn. 103. Zum Verhältnis zwischen Art. 7 und 8 GRCh siehe *Jarass*, GRCh, 3. Aufl. 2016, Art. 4; *Johlen* in: Stern/Sachs (Hrsg.), Europäische Grundrechte-Charta, 2016, Art. 8 Rn. 13, 24; *Kokott/Sobotta*, International Data Privacy Law 2013, 222 (225 ff.); *Nettesheim* in: Grabenwarter (Hrsg.), Europäischer Grundrechtsschutz, Enzyklopädie Europarecht, Bd. 2, 2014, § 9 Rn. 48 ff.; *Johannes* in: Roßnagel (Hrsg.), Europäische Datenschutz-Grundverordnung, 2016, § 2 Rn. 53 ff.

11 Vgl. *Kloepfer*, 62. DJT 1998, D 120, 126; *Ehmann/Helfrich*, EG-Datenschutzrichtlinie, 1999, Art. 12 Rn. 35; *Dix* in: Simitis BDSG § 33 Rn. 124; *Holznagel/Dietze* in: Schulze/Zuleeg/Kadelbach § 37 Rn. 11; *van Alsenoy*, Regulating Data Protection, 2016, S. 38 ff.

12 Vgl. *Wolff* in: Wolff/Brink (Hrsg.), Beck OK Datenschutzrecht, Stand: November 2016, Prinzipien Rn. 43 f.

13 Bspw. etwa die Verbraucherrechterichtlinie 2011/83/EU; dazu *Neuner*, Die Informationspflichten der Verbraucherrechterichtlinie, 2012.

III. Entstehung der Norm
1. Transparenzgrundsatz

5   Art. 5 Abs. 1 lit. a DSGVO verankert erstmals ausdrücklich den grundrechtlich determinierten **Transparenzgrundsatz als eines der zentralen Prinzipien der Verarbeitung personenbezogener Daten.**[14] Das gesetzte Ziel der Verordnung, bei der Verarbeitung personenbezogener Daten eine erhöhte Transparenz zugunsten des Betroffenen zu schaffen und damit die Entscheidungsfreiheit und die individuellen Rechte zu stärken,[15] ist maßgeblich durch die Verpflichtung des Verantwortlichen iSd Art. 4 Nr. 7 DSGVO oder des Auftragsverarbeiters iSd Art. 4 Nr. 8 DSGVO, dem Betroffenen weitgehende Kenntnis über die Verwendung seiner Daten zu verschaffen, geregelt worden.[16] Die **allgemeinen Voraussetzungen** für die transparente Information, die Kommunikation und die **Modalitäten für die Ausübung der Rechte des Betroffenen** (Transparenz- und Informationsanforderungen) sind in Art. 12 DSGVO niedergelegt und verpflichten gleichermaßen öffentliche wie auch nicht-öffentliche Stellen als Verantwortliche in Datenverarbeitungsprozessen.

2. Anwendungsbereich

6   Art. 12 DSGVO regelt im Hinblick auf die datenschutzrechtlichen Betroffenenrechte als vor die Klammer gezogene Norm Verfahren und Form der spezifischen Informationspflichten. Grundanliegen ist hierbei die Verpflichtung des für die Datenverarbeitung Verantwortlichen zur **Bereitstellung transparenter, leicht zugänglicher und verständlicher Informationen** für den von der konkreten Datenverarbeitung Betroffenen und damit eine Anpassung an die modernen technischen Gegebenheiten digitaler Kommunikation.[17] Hierdurch soll eine Informationsüberlastung des Betroffenen vermieden werden.[18] Dies betrifft im besonderen Maße die **Online-Umgebung,** da hier die Datenschutzhinweise bisher oft unklar, schwer zu finden und wenig transparent sind und der Nutzer, der gleichzeitig Betroffener ist, hierdurch in seinen Kontrollmöglichkeiten erheblich eingeschränkt wird.[19] Hiermit eng verknüpft regelt Art. 12 DSGVO darüber hinaus spezifische Modalitäten der Inanspruchnahme von Betroffenenrechten. Die sich hieraus ergebenen allgemeinen Verfahrensgrundsätze sind bei den Betroffenenrechten zu beachten.[20]

---

14   Vgl. *Wybitul* BB 2016, 1077 (1079); *Härting* DSGVO, 2016, Rn. 90; *Schantz* NJW 2016, 1841 (1843); *Kramer*, DSB 2017, 6 (6 f.). Der Transparenzgrundsatz hat auch in weiteren Regelungen (vgl. Art. 7 Abs. 2, 12, 13–15, 18 Abs. 3, 19, 21 Abs. 4, 34) der DSGVO seinen Niederschlag gefunden.
15   Siehe etwa *Albrecht/Jotzo*, Teil 2 Rn. 3; *Dix* in: Simitis BDSG § 33 Rn. 124.
16   Vgl. *Albrecht* CR 2016, 88 (92 f.); siehe auch *Robrecht*, EU-Datenschutzgrundverordnung: Transparenzgewinn oder Information-Overkill, 2015, S. 12 ff.
17   Vgl. Erwägungsgrund 58 Satz 1; siehe auch *Hijmans*, The European Union as a constitutional guardian of internet privacy and data protection, 2016, S. 159.
18   *Paal* in/*Pauly*, Datenschutz-Grundverordnung, 2017, Art. 12 Rn. 5.
19   Siehe KOM(2010) 609/3, S. 6; eingehend dazu *Boos*, Verbraucher- und Datenschutz bei Online- Versanddiensten, 2015, S. 34 ff.
20   *Albrecht/Jotzo*, Teil 4 Rn. 2; *Laue/Nink/Kremer*, § 4 Rn. 6.

Mit der DSGVO werden die bislang bereits bestehenden Transparenz- 7
pflichten im Datenschutzrecht durch Art. 12 DSGVO erheblich **ausgeweitet
und konkretisiert.** Die Ausweitung der Transparenzpflichten ist vor allem
auch als Reaktion auf die Herausforderungen[21] und Gefährdungen[22] durch
moderne Datenverarbeitungsmöglichkeiten wie bspw. Big Data,[23] Cloud
Computing, Ubiquitous Computing, datengetriebene Geschäftsmodelle
und komplexe Algorithmen zu sehen, indem sie anhand von verpflichtenden Verfahrensvorgaben auf eine **Einhegung von Datenmacht** abzielt und
hierdurch Kontrollmöglichkeiten des Betroffenen stärkt. Die Anforderungen von Art. 12 DSGVO sollen in diesem Zusammenhang dazu beitragen,
immer komplexer werdende Datenverarbeitungsprozesse (bspw. Profiling
iSd Art. 4 Nr. 4 DSGVO und Scoring)[24] für den Betroffenen auf verständliche Weise abzubilden und erklärbar zu gestalten, damit die Wahrnehmung
datenschutzrechtlicher Betroffenenrechte auch praktisch realisierbar ist.[25]
Dies ist grundsätzlich nur dann möglich, wenn die Datenverarbeitung für
den Betroffenen hinreichend nachvollziehbar ist. Gerade im Bereich von
Big Data-Anwendungen und komplexen Algorithmen stellt sich die Frage,
in welchem Ausmaß dem Betroffenen die technischen Grundlagen der Datenverarbeitung offen zu legen sind, um dem Transparenzgrundsatz zu entsprechen.[26] Der Transparenzgrundsatz kann hier durch entgegenstehende
Rechte des Verantwortlichen oder Dritter (bspw. Betriebs- und Geschäftsgeheimnisse) begrenzt werden.[27]

Anknüpfend an Art. 12 DSGVO sehen Art. 13 (Erhebung der Daten bei 8
der betroffenen Person) und 14 (Erhebung der Daten aus anderen Quellen)
DSGVO eine Informationspflicht des Verantwortlichen dergestalt vor, dass
die betroffene Person über die Existenz des Datenverarbeitungsvorgangs
und seine Zwecke unterrichtet wird. Die DSGVO behält somit die **Unterscheidung der Erhebung der Daten bei der betroffenen Person** und der **Erhebung aus anderen Quellen** bei.

---

21 Dazu *Greve* in: Franzius ua (Hrsg.), FS Kloepfer, 2013, S. 665 (666 f.).
22 Statt vieler *Schaar* in: Papier/Münch/Kellermann (Hrsg.), Freiheit und Sicherheit,
    2016, S. 95 ff.
23 Zu den Herausforderungen der Informationspflichten bei Big Data-Anwendungen
    Werkmeister/Brandt CR 2016, 233 (236); siehe auch *Dammann* ZD 2016, 307
    (313 f.).
24 Die Intransparenz komplexer Algorithmen von Big Data-Anwendungen kann
    grundsätzlich Gefährdungen der privaten Autonomie herbeiführen, da die Wahr-
    nehmung datenschutzrechtlicher Betroffenenrechte erheblich erschwert wird. Ex-
    emplarisch sei hier nur der Bereich des Kreditscoring genannt, da gerade hier für
    den Betroffenen oftmals nicht erkennbar ist, wie sich ein bestimmter Scorewert zu-
    sammensetzt. Siehe dazu *Dix*, Stadtforschung und Statistik 2016, 59 ff.
25 Vgl. *Albrecht* CR 2016, 88 (93); siehe auch FRA/Europarat (Hrsg.), Handbuch
    zum europäischen Datenschutzrecht, 2014, S. 84.
26 *Bretthauer* ZD 2016, 267 (273).
27 Vgl. etwa BGHZ 200, 38 ff. – Umfang der Auskunftspflicht der SCHUFA; *Brett-
    hauer* ZD 2016, 267 (273); zum Schutz von Betriebs- und Geschäftsgeheimnissen
    Kloepfer/Greve NVwZ 2011, 577 ff.

B. Kommentierung

I. Art. 12 Abs. 1 DSGVO

1. Informations- und Mitteilungspflichten

9 Die DSGVO hat den Katalog der Informationsverpflichtungen erheblich erweitert und damit grundsätzlich die Informationsgrundlage der betroffenen Person verbessert. Bekannte Informationspflichten wie Identität der verantwortlichen Stelle, Zwecke der Verarbeitung und Kategorien von Empfängern (vgl. Art. 10 Abs. 1 lit. a bis c und Art. 11 Abs. 1 lit. a der Datenschutzrichtlinie 95/46/EG) werden durch noch **feinteiligere und umfassendere Informationspflichten** ergänzt:[28]

- Name und Kontaktdaten des Verantwortlichen sowie ggf. seines Stellvertreters (Art. 13 Abs. 1 lit. a, 14 Abs. 1 lit. a DSGVO);
- Kontaktdaten des Datenschutzbeauftragten (Art. 13 Abs. 1 lit. b, 14 Abs. 1 lit. b DSGVO);
- Zwecke der Verarbeitung personenbezogener Daten sowie Rechtsgrundlage der Verarbeitung (Art. 13 Abs. 1 lit. c, 14 Abs. 1 lit. c, 15 Abs. 1 lit. a DSGVO);
- Kategorien personenbezogener Daten, die verarbeitet werden (Art. 14 Abs. 1 lit. d, 15 Abs. 1 lit. b DSGVO);
- berechtigte Interessen, die von dem Verantwortlichen oder einem Dritten verfolgt werden, sofern die Verarbeitung auf Art. 6 Abs. 1 lit. f DSGVO beruht (Art. 13 Abs. 1 lit. d, 14 Abs. 2 lit. b DSGVO);
- ggf. Empfänger oder Kategorien von Empfängern der personenbezogenen Daten (Art. 13 Abs. 1 lit. e, 14 Abs. 1 lit. e, 15 Abs. 1 lit. c DSGVO);
- Übermittlungsabsicht an ein Drittland oder eine internationale Organisation sowie das Vorhandensein oder das Fehlen eines damit verbundenen Angemessenheitsbeschlusses der Kommission (Art. 13 Abs. 1 lit. f, 14 Abs. 1 lit. f, 15 Abs. 2 DSGVO);
- Dauer der Speicherung der personenbezogenen Daten (Art. 13 Abs. 2 lit. a, 14 Abs. 2 a lit. a, 15 Abs. 1 lit. d DSGVO);
- Rechte der betroffenen Person auf Auskunft (Art. 15 DSGVO), Löschung (Art. 17 DSGVO), Berichtigung (Art. 16 DSGVO), Einschränkung der Verarbeitung (Art. 18 DSGVO), Widerspruch gegen die Verarbeitung (Art. 21 DSGVO) und auf Datenübertragbarkeit (Art. 20 DSGVO) (Art. 13 Abs. 2 lit. b, 14 Abs. 2 lit. c DSGVO);
- Recht auf Widerruf der Einwilligung, wenn die Verarbeitung personenbezogener Daten auf Art. 6 Abs. 1 lit. a oder 9 Abs. 2 lit. a DSGVO beruht (Art. 13 Abs. 2 lit. c, 14 Abs. a lit. d DSGVO);
- Beschwerderecht bei einer Aufsichtsbehörde (Art. 13 Abs. 2 lit. d, 14 Abs. 2 lit. e, 15 Abs. 1 lit. f DSGVO);
- Erforderlichkeit der Bereitstellung der personenbezogenen Daten (Art. 13 Abs. 2 lit. e DSGVO);

---

28 Die gesteigerten Informationspflichten werden im Regelfall eine Überarbeitung von Datenschutzerklärungen erforderlich machen. Siehe auch *Härting* DSGVO, 2016 Rn. 56 ff.

■ Quelle der personenbezogenen Daten (14 Abs. 2 lit. f, 15 Abs. 1 lit. g DSGVO);

■ Bestehen einer automatisierten Entscheidungsfindung einschließlich Profiling (Art. 22 Abs. 1 und 4 DSGVO) und aussagekräftige Informationen über die Logik und Tragweite der angestrebten Auswirkungen (Art. 13 Abs. 2 lit. f, 14 Abs. 2 lit. g, 15 Abs. 1 lit. h DSGVO);

■ Aufhebung der Beschränkung (Art. 18 Abs. 3 DSGVO);

■ Mitteilungspflicht im Zusammenhang mit der Berichtigung oder Löschung personenbezogener Daten oder der Einschränkung der Verarbeitung (Art. 19 DSGVO);

■ Widerspruchsrecht (Art. 21 Abs. 4 DSGVO);

■ Benachrichtigung bei der Verletzung des Schutzes personenbezogener Daten (Art. 34 DSGVO).

Art. 12 Abs. 1 S. 1 DSGVO legt dem Verantwortlichen für die Datenverarbeitung die Verpflichtung auf, **geeignete Maßnahmen** zu treffen, um der betroffenen Person alle Informationen, die nach den Vorgaben der Informationspflicht aus Art. 13 und Art. 14 DSGVO für die **Gewährleistung einer fairen und transparenten Datenverarbeitung** erforderlich sind[29] und sich auf eine konkrete Datenverarbeitung beziehen, in präziser, transparenter, verständlicher und leicht zugänglicher Form in einer klaren und einfachen Sprache zur Verfügung zu stellen. Diese Anforderungen sind ebenfalls im Rahmen der Inanspruchnahme der Betroffenenrechte bei den Mitteilungen nach den Art. 15–22 und 34 DSGVO zu beachten.

10

2. Umsetzung der Informations- und Mitteilungspflichten

a) Allgemeine Anforderungen

Datenschutzrelevante Informationen und Mitteilungen zur Verarbeitung personenbezogener Daten müssen in Umsetzung des **Klarheits- und Verständlichkeitsgebots**[30] leicht zugänglich, verständlich sowie in klarer und einfacher Sprache abgefasst sein. Die Informations- und Transparenzpflichten zielen darauf ab, dass der Betroffene über die Verarbeitung seiner Daten und die ihm zur Verfügung stehenden Betroffenenrechte zukünftig umfassender und verständlicher informiert wird.[31] Die Geeignetheit der Maßnahmen ist daher grundsätzlich vom **Empfängerhorizont eines durchschnittlich verständigen Betroffenen**[32] zu beurteilen, damit die intendierte Stärkung der Autonomie des Betroffenen und seiner datenschutzrechtlichen Betroffenenrechte effektiv gewährleistet werden kann. Der Verantwortliche ist daher gehalten, die zu treffenden Maßnahmen mit diesen Anforderungen abzugleichen. Art. 12 Abs. 1 S. 1 DSGVO gibt insoweit das er-

11

---

29 Vgl. Erwägungsgrund 39 und 60.
30 Siehe dazu *Pfeiffer* in: Grabitz/Hilf, Stand: Mai 1999, Art. 5 der RL 93/13/EWG, Rn. 28; *Micklitz/Rott* in: Dauses (Hrsg.), EU-Wirtschaftsrecht, Stand: Oktober 2013, H.V. Verbraucherschutz, Rn. 293.
31 Vgl. *Albrecht* CR 2016, 88 (93).
32 Vgl. zum Leitbild des durchschnittlich verständigen Verbrauchers EuGH, GRUR Int 1998, 795; BGH, NJW 2008, 3055 (3056); NJW 2010, 864 (866); *Reiners* ZD 2015, 51 (54 f.); siehe auch *Eßer* in: Auernhammer, EU-DatSchGrVO/BDSG, 5. Aufl. 2017, Art. 12 Rn. 5; *Paal* in: Paal/Pauly, Datenschutz-Grundverordnung, 2017, Art. 12 Rn. 25 f.

forderliche Pflichtenprogramm explizit vor. Die Transparenzpflichten gelten ebenfalls für Informationen im Hinblick auf die Verarbeitung personenbezogener Daten, die direkt an die Öffentlichkeit gerichtet sind.[33]

12 Insbesondere die Anforderungen einer präzisen und transparenten Information des Betroffenen (bspw. bei detaillierten technischen Erläuterungen) dürften aber mit den Vorgaben für die Verwendung einer **klaren, einfachen und adressatengerechten Sprache** durchaus in einem Spannungsfeld stehen und müssen daher vom Verantwortlichen schonend in Einklang gebracht werden.[34] So ist etwa bei der Verwendung von Fachsprache je nach Kontext, Umfang und unter Berücksichtigung eines heterogenen Adressatenkreises Zurückhaltung geboten, um die **Verständlichkeit der Information für den Durchschnittsbetroffenen** zu erhalten. Im Grundsatz sollte jedenfalls die Verwendung allgemeinverständlicher Sprache, ggf. auch bis hin zur Alltagssprache, angestrebt werden.[35] Auch die Regelungskomplexität der DSGVO und die nicht immer stringente Begriffsverwendung stellen Herausforderungen an das Postulat der Verwendung einer verständlichen und einfachen Sprache dar.[36]

13 In der Praxis könnten die Anforderungen des Art. 12 DSGVO dazu führen, dass etwa Datenschutzerklärungen wesentlich umfangreicher gestaltet und Betroffenenrechte deskriptiv beschrieben werden. Einer effektiven Gewährleistung des Betroffenenschutzes dürfte es entsprechen, wenn **die wesentlichen Informationen** soweit möglich **prägnant und übersichtlich dargestellt werden**, um die intendierte Zielsetzung nicht durch ein Übermaß an Informationen und eine Überforderung des Betroffenen (**„Information-Overkill"**) zu konterkarieren.[37] Die Vereinfachung und Lesbarkeit von Datenschutzerklärungen könnte sich insbesondere durch die Verwendung von standardisierten Piktogrammen und maschinenlesbare Erklärungen, die barrierefrei unabhängig vom jeweiligen Endgerät geöffnet werden können, erheblich verbessern (vgl. Art. 12 Abs. 7 DSGVO).[38] Zudem müssen die Informationen auch in einer Sprache zur Verfügung gestellt werden, die die betroffene Person auch versteht. So kann von einem mündigen und verständigen Durchschnittsbetroffenen grundsätzlich nur erwartet werden, dass er Informationen nachvollziehen kann, die ihm adressatengerecht in der Sprache des jeweiligen **Marktortes** bereitgestellt werden.[39] Dem Verantwortlichen dürfte es im Einzelfall und unter Berücksichtigung der jeweiligen Datenverarbeitung grundsätzlich zumutbar sein, die von ihm zu erteilenden Informationen in **verschiedenen Sprachfassungen** anzubieten. Dies

---

33 Vgl. Erwägungsgrund 58 Satz 1.
34 Siehe auch *Robrecht*, EU-Datenschutzgrundverordnung: Transparenzgewinn oder Information-Overkill, 2015, S. 13 f.
35 Ähnliche Anforderungen enthält auch § 13 Abs. 1 S. 1 TMG („in allgemein verständlicher Form").
36 *Sörup* ArbRAktuell 2016, 207 (210).
37 Vgl. *Robrecht*, EU-Datenschutzgrundverordnung: Transparenzgewinn oder Information-Overkill, 2015, S. 63 f., 70 ff.; *Härting* DSGVO, 2016, Rn. 67; *Hermstrüver*, Informationelle Selbstgefährdung, 2016, S. 82 f.
38 *Spindler/Thorun/Wittmann*, Rechtsdurchsetzung im Verbraucherdatenschutz, 2016, S. 22.
39 Siehe auch *Paal* in: Paal/Pauly, Datenschutz-Grundverordnung, 2017, Art. 12 Rn. 35.

gilt namentlich bei grenzüberschreitenden Tätigkeiten, die sich an einen vielsprachigen Adressatenkreis richten. Vor allem internetgestützte Datenverarbeitungen dürften bei einem mehrsprachigen Angebot (Webseite, Werbemaßnahmen etc) eine Bereitstellung von unterschiedlichen Sprachfassungen der zu erteilenden Informationen im Sinne des Transparenzgebots erforderlich machen.

Sich entwickelnde **Standardformulierungen** oder auch übersichtliche Darstellungen der Betroffenenrechte werden sich maßgeblich an den Hinweisen und Vorgaben der Aufsichtsbehörden und Verbände (vgl. Art. 40 Abs. 1 und 2 DSGVO) sowie einschlägiger Rechtsprechung orientieren können. Die DSGVO stärkt insoweit den Ansatz der **regulierten Selbstregulierung** durch Einbindung verfügbaren Sachverstandes,[40] um die Interessen der betroffenen Kreise angemessen zu berücksichtigen. So sieht Art. 40 DSGVO die Förderung und Ausarbeitung von Verhaltensregeln vor, die insbesondere den Bedürfnissen von Kleinstunternehmen sowie kleinen und mittleren Unternehmen zur ordnungsgemäßen Anwendung der DSGVO Rechnung tragen sollen. Einige Aufsichtsbehörden haben bereits damit begonnen, Anwendungshinweise zur DSGVO zu veröffentlichen.[41] Bis zur unmittelbaren Anwendbarkeit der DSGVO am 25.5.2018 dürfte dieser Prozess noch erheblich intensiviert werden.   **14**

b) Kindgerechte Sprache

Sofern die Datenverarbeitung sich an Kinder iSd Art. 8 Abs. 1 DSGVO richtet, erfordert deren **besondere Schutzbedürftigkeit**, dass Informationen und Hinweise in einer dergestalt klaren und einfachen (**kindgerechten**) Sprache erfolgen, dass ein Kind sie verstehen kann.[42] Die erhöhten datenschutzrechtlichen Anforderungen korrespondieren hierbei mit den Anforderungen an eine gesteigerte Schutzbedürftigkeit, da grundsätzlich davon auszugehen ist, dass sich Kinder aufgrund ihrer Unerfahrenheit im Rechtsverkehr der Risiken, Folgen und Garantien sowie ihrer Rechte bei der Verarbeitung personenbezogener Daten weniger bewusst sind als Erwachsene.[43] Dies gilt namentlich im Rahmen der Internetnutzung, denn die Risiken und die Schwere der Folgen ihres uU riskanten Verhaltens (bspw. Teilnahme an sozialen Netzwerken und damit einhergehende Gefährdungen des Persönlichkeitsrechts) sind für Kinder oft nicht überschaubar.[44]   **15**

---

40 *Kühling/Martini* EuZW 2016, 448 (452); *Spindler* DB 2016, 937 (942 f.); *ders./ Thorun* MMR-Beil. 2016, 1 (22 f.).

41 Siehe bspw. etwa http://www.bfdi.bund.de/DE/Infothek/Pressemitteilungen/ 2016/09_INFO6DSGVO.html?nn=5217040 und https://www.lda.bayern.de/de/ datenschutz_eu.html, letzter Abruf am 26. Juni 2016.

42 Vgl. Erwägungsgrund 58 Satz 4; siehe auch *Greve* in: Auernhammer, EU-DatSchGrVO/BDSG, 5. Aufl. 2017, Art. 8 Rn. 2; *Laue/Nink/Kremer*, § 2 Rn. 57.

43 Vgl. Erwägungsgrund 38 Satz 1; KOM(2010) 609/3, S. 6; siehe auch bereits Art. 29-Datenschutzgruppe, Working Document 1/2008 on the protection of child's personal data, 2008, S. 4 ff.; Konferenz der Datenschutzbeauftragten des Bundes und der Länder, Ein modernes Datenschutzrecht für das 21. Jahrhundert, 2010, S. 8 f.; *Radlanski*, Das Konzept der Einwilligung in der datenschutzrechtlichen Realität, 2016, S. 103; *Rogosch*, Die Einwilligung im Datenschutzrecht, 2013, S. 48.

44 KOM(2010) 609/3, S. 7.

c) Form

16 Art. 12 Abs. 1 S. 2 DSGVO schreibt kein spezielles Formerfordernis der Informationsübermittlung vor, sondern überlässt es weitgehend dem Verantwortlichen in welcher Form die Informationen übermittelt werden, was auch elektronisch erfolgen kann.[45] Neben der schriftlichen Form können daher auch andere Formen gewählt werden. Die Regelung ist insoweit **technikneutral** angelegt und öffnet die Möglichkeit zur **Nutzung moderner Kommunikationssysteme** der Informationsgesellschaft. Elektronische Kommunikationsdienste wie etwa E-Mail können daher – im Einzelfall abhängig von der erforderlichen technischen Sicherheit[46] und Sensibilität der Information – grundsätzlich zur Informationsübermittlung genutzt werden,[47] zumal in der Regel auch anzunehmen ist, dass dies dem Interesse des Betroffenen an einer zügigen Unterrichtung entsprechen dürfte. Art. 12 Abs. 1 DSGVO und Erwägungsgrund 58 schließen eine Information per E-Mail nicht aus.[48] Eine Nutzung elektronischer Kommunikationsdienste wie zB E-Mail dürfte aber jedenfalls dann ausscheiden, **wenn besondere Kategorien personenbezogener Daten** (sensible Daten) iSd Art. 9 DSGVO[49] betroffen sind und keine ausreichende technische Sicherheit zum Schutz der Vertraulichkeit und Integrität (vgl. Art. 32 Abs. 1 lit. b DSGVO) dieser Daten gewährleistet wird.[50]

17 Die an den Betroffenen zu richtenden **Informationen** müssen **individuell und gezielt** erfolgen und können daher grundsätzlich nicht durch Hinweise in allgemeinen Geschäftsbedingungen ersetzt werden.[51] Erst wenn die Informationen gezielt und für ihn deutlich erkennbar an den Betroffenen adressiert sind, wird den Anforderungen des Transparenzgebots entsprochen.[52]

18 Vom Verantwortlichen ist ebenfalls zu gewährleisten, dass alle Informationen über die Datenverarbeitung für den Betroffenen **leicht erreichbar** sind.[53] Die Informationen können daher auch über das Internet allgemein zur Verfügung gestellt werden. Dies kann etwa mittels einer Webseite (bspw. mittels Pop-Up-Fenster oder Verlinkung) geschehen, sofern diese für

---

45 Siehe auch *Quaas* in: Wolff/Brink (Hrsg.), BeckOK Datenschutzrecht, Stand: November 2016, Art. 12 Rn. 27.

46 Dies dürfte vor allem den Übertragungsweg betreffen. So erweisen sich etwa unverschlüsselte E-Mails grundsätzlich unsicherer als der Versand von offenen Postkarten. Siehe https://www.bsi.bund.de/DE/Themen/Kryptotechnologie/Gpg4win/gpg4win_node.html, letzter Abruf am 26. Juni 2016.

47 Zur Diskussion am Maßstab des BDSG *Forgó* in: Wolff/Brink (Hrsg.), BeckOK Datenschutzrecht, Stand: November 2016, § 33 Rn. 6; *Gola/Klug/Körffer* in: Gola/Schomerus BDSG, 12. Aufl. 2015, § 33 Rn. 18; aA *Dix* in: Simitis BDSG § 33 Rn. 40.

48 *Eßer* in: Auernhammer, EU-DatSchGrVO/BDSG, 5. Aufl. 2017, Art. 12 Rn. 10.

49 Vgl. dazu *Greve* in: Auernhammer, EU-DatSchGrVO/BDSG, 5. Aufl. 2017, Art. 9 Rn. 1.

50 Beispielsweise ist bei unverschlüsselten E-Mails von keinem ausreichend sicheren Übertragungsweg unter Berücksichtigung der Schutzbedürftigkeit sensibler Daten auszugehen. Zu den technischen Aspekten der E-Mail-Verschlüsselung *Wittmaack/Esslinger/Schmidt/Strenge/Wacke* DuD 2016, 271 ff.

51 *Gola/Klug/Körffer* in: Gola/Schomerus BDSG § 33 Rn. 18.

52 *Stollhoff* in: Auernhammer, EU-DatSchGrVO/BDSG, 5. Aufl. 2017, § 33 Rn. 15.

53 § 13 Abs. 1 S. 3 TMG enthält eine ähnliche Verpflichtung („jederzeit abrufbar").

die Öffentlichkeit bestimmt ist.[54] Der Abruf elektronisch zur Verfügung gestellter Informationen, die an die Öffentlichkeit gerichtet sind, muss **ohne Zugangshindernisse** oder Beschränkungen (bspw. Passwort) erfolgen. Nicht erforderlich ist, dass die Informationen auf einem dauerhaften Datenträger zur Verfügung gestellt werden. Eine elektronische Übermittlung der Informationen kommt vor allem bei modernen Datenverarbeitungsmöglichkeiten wie zB Big Data, Cloud Computing, Ubiquitous Computing oder datengetriebenen Geschäftsmodellen in Betracht und würde dem genutzten Kommunikationsverhalten entsprechen. Eine Bereitstellung der Informationen in elektronischer Form kommt namentlich für Situationen in Betracht, bei denen die große Zahl der Beteiligten und die Komplexität der dazu benötigten Technik es der betroffenen Person schwer macht, zu erkennen und nachzuvollziehen, ob, von wem und zu welchem Zweck sie betreffende personenbezogene Daten erfasst werden. Hier ist etwa an Werbung im Internet (bspw. durch Tracking oder die Verwendung von Cookies) zu denken.[55] Gerade bei derartigen Sachverhalten entspricht es dem Transparenzgebot, dass die betroffene Person über die Existenz des Verarbeitungsvorgangs und seine Zwecke unterrichtet wird.[56]

Art. 12 Abs. 1 S. 3 DSGVO räumt der betroffenen Person die Möglichkeit ein, auf Informationen in Schriftform bzw. in elektronischer Form zu verzichten und stattdessen eine mündliche Informationserteilung zu verlangen. Dies kann nur ausdrücklich erfolgen, Stillschweigen oder Untätigbleiben seitens des Betroffenen genügen hingegen nicht. Die Unterrichtung ist der betroffenen Person zugegangen, wenn sie sie akustisch oder optisch richtig wahrgenommen wurde.[57] Der Verantwortliche als Erklärender trägt hierbei grundsätzlich das **Sprachrisiko**.[58] Voraussetzung für eine mündliche Informationserteilung ist, dass die Identität des Betroffenen nicht nur mündlich versichert, sondern auch in anderer Form nachgewiesen wird. Der **Nachweis der Identität** kann bspw. mittels Pass oder eines Personalausweises, eines elektronischen Identitätsnachweises, eines Identitätsbestätigungsdienstes, einer qualifizierten elektronischen Signatur, eines anderen elektronischen Nachweisverfahrens[59] oder auch in anderer Form erfolgen, sofern die Identität hinreichend nachgewiesen wird. Der Verantwortliche ist dabei gehalten alle vertretbaren Mittel zu nutzen, um die Identität der Auskunft suchenden Person zu überprüfen.[60] Die jeweils zumutbaren Maßnahmen, um eine fahrlässige Übermittlung personenbezogener Daten an nicht berechtigte Dritte zu vermeiden, richten sich nach der Art der Kontaktauf- 19

---

54 Vgl. Erwägungsgrund 58 Satz 3. Bei Onlineanwendungen (bspw. E-Commerce) wird den Anforderungen des Transparenzgrundsatzes regelmäßig auch dann entsprochen, wenn die Datenschutzerklärung mittels eines sprechenden Links von jeder Stelle der Web-Präsenz erreicht werden kann.
55 Erwägungsgrund 58 Satz 3.
56 Vgl. Erwägungsgrund 60.
57 Siehe *Einsele* in: MüKo BGB, Bd. 1, 7. Aufl. 2015, § 130 Rn. 28 mwN; *Härting*, Internetrecht, 5. Aufl. 2014, Rn. 412.
58 Vgl. statt vieler *Singer* in: Staudinger, BGB, Neubearbeitung 2012, § 130 Rn. 29.
59 Siehe etwa VG Köln 13.3.2014 – 13 K 7883/13; *Gola/Klug/Körffer* in: Gola/Schomerus BDSG § 19 Rn. 14.
60 Erwägungsgrund 64 Satz 1.

nahme.[61] Bestehen begründete Zweifel hinsichtlich der Identität (bspw. Verwendung bisher unbekannter Kontaktdaten), kann der Verantwortliche die erforderlichen Informationen zur Bestätigung der Identität der betroffenen Person anfordern.[62] Der Regelungsgedanke des Art. 12 Abs. 6 DSGVO ist hier entsprechend anzuwenden. Aus der Möglichkeit, dass der Betroffene eine mündliche Unterrichtung wünscht, erfolgt für den Verantwortlichen aber nicht die Verpflichtung spezifische Einrichtungen und Verfahren (etwa die Einrichtung eines Call-Centers) bereitzustellen, denn Art. 12 Abs. 1 Satz 3 DSGVO („kann") statuiert keine Verpflichtung des Verantwortlichen, in jedem Fall eine mündliche Unterrichtung vornehmen zu müssen.[63] Vielmehr dient die Regelung der beiderseitigen Verfahrenserleichterung und nicht einer Erweiterung des Pflichtenprogramms zu Lasten des Verantwortlichen. In einer Vielzahl von Fällen dürfte sich eine mündliche Unterrichtung aber auch nicht anbieten (bspw. bei komplexen Datenverarbeitungsprozessen) und überdies bei nicht ausreichender Dokumentation zu Beweisschwierigkeiten führen.

II. Art. 12 Abs. 2 DSGVO

1. Erleichterung der Wahrnehmung datenschutzrechtlicher Betroffenenrechte

20 Art. 12 Abs. 2 S. 1 DSGVO dient der Stärkung der datenschutzrechtlichen Betroffenenrechte (Art. 15–22 DSGVO), indem er klar zum Ausdruck bringt, dass der Verantwortliche der betroffenen Person die Ausübung ihrer Rechte zu erleichtern hat. Der Verantwortliche wird damit verpflichtet, die **effektive Ausübung der Rechte des Betroffenen** zu gewährleisten. Diese Vorgabe ist daher als handlungsleitende Konkretisierung der Ausgestaltung des Verhältnisses zwischen Verantwortlichem und Betroffenem heranzuziehen. So kann die Verpflichtung, dem Betroffenen die Geltendmachung seiner Rechte nach den Art. 15–22 DSGVO zu erleichtern, etwa durch die Bereitstellung elektronischer Formulare oder spezifischer Anwendungen erfüllt werden,[64] sodass eine effektivere Rechtsdurchsetzung gewährleistet wird. Der Verantwortliche sollte hier nach Möglichkeit einen **Fernzugang** – etwa durch einen bereits vorhandenen Online-Dienst – zu einem sicheren System bereitstellen, um der betroffenen Person einen direkten Zugang zu ihren personenbezogenen Daten zu ermöglichen.[65]

2. Verweigerungsgrund bei Nichtidentifizierbarkeit

21 Sofern der Verantwortliche glaubhaft macht, dass er nicht in der Lage ist, die betroffene Person zu identifizieren, besteht für ihn ein ausreichender Grund, in den in Art. 11 Abs. 2 DSGVO genannten Fällen ein Tätigwerden im Hinblick auf die Wahrnehmung der Rechte der betroffenen Person (Art. 15–22 DSGVO) zu verweigern. Aus Art. 11 Abs. 1 DSGVO ergibt

---

61 *Laue/Nink/Kremer*, § 4 Rn. 8.
62 *Laue/Nink/Kremer*, § 4 Rn. 7.
63 So auch *Veil* in: Gierschmann/Schlender/Stentzel/Veil (Hrsg.) DSGVO, 2017, Art. 13 u. 14 Rn. 28.
64 Erwägungsgrund 59 Satz 2.
65 Erwägungsgrund 63 Satz 4.

sich, dass der Verantwortliche nicht verpflichtet ist, seine Datenbestände so aufzubereiten und zu organisieren, dass jederzeit eine hinreichende Verknüpfung zwischen den einzelnen Daten und dem jeweiligen Betroffenen möglich ist.[66] Es sollen gerade **keine zusätzlichen Daten verarbeitet werden,** um die Verpflichtungen aus der DSGVO einhalten zu können.[67] Dies entspricht auch dem Grundsatz der Datenminimierung nach Art. 5 Abs. 1 lit. c DSGVO. Im Rahmen seines **Weigerungsrechts** nach Art. 12 Abs. 2 S. 2 DSGVO muss der Verantwortliche folglich darlegen, dass ihm eine Zuordnung der Daten zur Identifizierung des Betroffenen nicht mehr möglich ist. Dies wäre etwa dann der Fall, wenn die Daten des Betroffenen anonymisiert[68] worden sind, sodass keine Zuordnung mehr möglich ist. Eine Pseudonymisierung iSd Art. 4 Nr. 5 DSGVO dürfte dann nicht ausreichen, wenn dem Verantwortlichen durch Heranziehung zusätzlicher Informationen eine Identifizierung des Betroffenen möglich ist.[69] Sofern der Betroffene zusätzliche Informationen zu Identifizierungszwecken beibringen kann, ist eine Inanspruchnahme des Weigerungsrechts nach Art. 12 Abs. 2 S. 2 DSGVO jedoch nicht möglich.[70]

III. Art. 12 Abs. 3
1. Monatsfrist

Im Gegensatz zur bisherigen Rechtslage bestimmt Art. 12 Abs. 3 DSGVO eine konkrete Frist zur Beantwortung des Auskunftsersuchens der betroffenen Person. Der Verantwortliche ist hiernach grundsätzlich verpflichtet, innerhalb der Frist zu antworten. Sofern die betroffene Person Maßnahmen zur Durchsetzung ihrer datenschutzrechtlichen Betroffenenrechte aus den Art. 15–22 DSGVO ergreift, hat der Verantwortliche künftig **unverzüglich**, dh ohne schuldhaftes Zögern, spätestens aber innerhalb eines Monats nach Eingang des Antrags des Betroffenen, zur beantragten Maßnahme verpflichtend Stellung zu nehmen und ggf. angemessen darzulegen, aus welchen Gründen der Antrag abgelehnt werden soll.[71] Demnach ist der Verantwortliche im Falle der Abhilfe (Art. 12 Abs. 3 DSGVO) wie auch im Falle der Nichtabhilfe (vgl. Art. 12 Abs. 4 DSGVO) verpflichtet, den Antrag der betroffenen Person spätestens bis zum Ablauf der Monatsfrist zu bearbeiten und der betroffenen Person die Informationen bzw. die Gründe für die Ablehnung zur Verfügung zu stellen. Der Verantwortliche unterliegt somit einer **Handlungsfrist**, innerhalb derer eine Auseinandersetzung mit den geltend gemachten datenschutzrechtlichen Betroffenenrechten dergestalt erfolgen muss, dass den geltend gemachten Rechten des Betroffenen entweder nachgekommen wird oder diese begründet abgelehnt werden. Namentlich im Onlinebereich dürfte bei einer Vielzahl von Anträgen eine individuelle Bearbeitung unter Berücksichtigung der jeweiligen Ressourcen des Verant-

22

---

66 *Härting* DSGVO 2016, Rn. 661.
67 Erwägungsgrund 57 Satz 1.
68 Anonyme Daten sind vom Anwendungsbereich der DSGVO ausgenommen, vgl. Erwägungsgrund 26 Satz 5.
69 Vgl. Erwägungsgrund 26 Satz 2; siehe zur Pseudonymisierung im Rahmen der DSGVO auch *Marnau* DuD 2016, 429 ff.
70 Erwägungsgrund 57 Satz 2; vgl. auch *Härting* DSGVO 2016, Rn. 664.
71 Erwägungsgrund 59 Satz 3.

wortlichen mitunter schwierig sein, sodass eine **automatisierte Bearbeitung** mittels technischer Verfahren zum Einsatz kommen könnte, um die Einhaltung der Reaktionsfristen hinreichend zu gewährleisten.

2. Fristverlängerung

23 Art. 12 Abs. 3 S. 2 DSGVO eröffnet im begründeten Einzelfall die Möglichkeit, eine Fristverlängerung von weiteren zwei Monaten durchzusetzen, sofern dies unter Berücksichtigung der **Komplexität** und vor allem der **Anzahl von Anträgen** erforderlich ist. Dies kann etwa dann der Fall sein, wenn nach objektiver Betrachtung die Unterrichtung innerhalb der vorgesehenen Zeitspanne aufgrund der Komplexität und Anzahl der Anfragen einen unangemessenen Aufwand erfordern würde. Denkbar wären hier bspw. erhebliche **Datenverlustszenarien** im Sinne von Art. 4 Abs. 12 DSGVO, die Auswirkungen auf eine Vielzahl von Betroffenen haben. Die genannten Voraussetzung (Komplexität und Anzahl der Anfragen) müssen dabei grundsätzlich **kumulativ** vorliegen.[72] Will der Verantwortliche von der Möglichkeit der Fristverlängerung Gebrauch machen, ist er gehalten, die betroffene Person innerhalb eines Monats nach Eingang des Antrags darüber zu unterrichten, dass sich die Bearbeitung ihres Antrags verzögert. Hierbei sind der erwartbare Zeitraum der Verzögerung und die Gründe für diese anzugeben (vgl. Art. 12 Abs. 3 S. 3 DSGVO). Die Unterrichtung erfolgt dann grundsätzlich auf elektronischem Wege (bspw. per E-Mail), wenn der Antrag der betroffenen Person auch elektronisch gestellt wurde. Insofern greift die Vermutung der spiegelbildlichen Übermittlungsart, dh der Verantwortliche kann im Regelfall auf eine elektronische Anfrage auch elektronisch antworten. Dies gilt dann nicht, wenn von der betroffenen Person eine andere Übermittlungsart ausdrücklich gewünscht wird (vgl. Art. 12 Abs. 3 S. 4 DSGVO).

IV. Art. 12 Abs. 4

24 Gemäß Art. 12 Abs. 4 DSGVO ist die betroffene Person vom Verantwortlichen über die Gründe für ein etwaiges Untätigbleiben auf eine Antragstellung hin zu unterrichten. An die **Begründungspflicht** sind aber keine überspannten Anforderungen zu stellen, denn gerade im nicht-öffentlichen Bereich ist auch unter Berücksichtigung des Beibringungsgrundsatzes der Verantwortliche nicht gehalten, sich selbst zu belasten.[73] Des Weiteren besteht für den Verantwortlichen die Pflicht, eine Rechtsbehelfsbelehrung zu erteilen (Art. 12 Abs. 4 DSGVO). Der Betroffene ist über die **Möglichkeit zur Beschwerde** bei einer Aufsichtsbehörde (Art. 77 Abs. 1 DSGVO) oder zur **Einlegung eines gerichtlichen Rechtsbehelfs** (Art. 79 DSGVO) zu unterrichten. Art. 12 Abs. 4 DSGVO fügt sich damit nahtlos in das Gesamtkonzept der DSGVO ein, die als ein zentrales Ziel auf eine verfahrensmäßige Absicherung und Stärkung der Betroffenenrechte abhebt. Durch die verpflichtende Belehrung, Kontrollinstanzen anrufen zu können, wird für den Betroffenen die Wahrnehmung effektiven Rechtsschutzes abgesichert.

---

72 Vgl. auch *Laue/Nink/Kremer*, § 4 Rn. 18.
73 So auch *Kamlah* in: Plath, BDSG/DSGVO, 2. Aufl. 2016, Art. 12 Rn. 18.

V. Art. 12 Abs. 5
1. Unentgeltlichkeit

Art. 12 Abs. 5 DSGVO sieht vor, dass die Informationen gemäß den   25
Art. 13 und 14 DSGVO sowie alle Mitteilungen und Maßnahmen gemäß
den Art. 15–22 und 34 DSGVO seitens des Verantwortlichen der betroffenen Person **unentgeltlich** zur Verfügung gestellt werden. Die betroffene Person soll nicht durch die Auferlegung von Entgelten von der Wahrnehmung ihrer Betroffenenrechte abgehalten oder gar abgeschreckt werden. Die Unterrichtung hat daher unentgeltlich zu erfolgen, um eine effektive Wahrnehmung der Betroffenenrechte zu gewährleisten.

2. Missbräuchliche Inanspruchnahme

Eine Ausnahme vom Grundsatz der Unentgeltlichkeit gilt aber im Falle von   26
rechtsmissbräuchlichen Anträgen des Betroffenen. So sieht Art. 12 Abs. 5
S. 2 lit. a DSGVO vor, dass der Verantwortliche im Falle **offenkundig unbegründeter Anträge** oder bei **exzessiven Anträgen** (insbesondere im Falle
häufiger Wiederholung) ein angemessenes Entgelt verlangen kann, bei dem
die Verwaltungskosten für die Unterrichtung oder die Mitteilung oder die
Durchführung der beantragten Maßnahme berücksichtigt werden.[74] Die
Möglichkeit, in diesen Fällen ein Entgelt zu verlangen, dient der Abwehr
der missbräuchlichen Inanspruchnahme der Ressourcen des Verantwortlichen, der keiner überobligatorischen Verpflichtung ausgesetzt werden soll,
die ihn unzumutbar belastet. Insofern kommt der Entgeltauferlegung auch
eine begrenzt verhaltenssteuernde Wirkung zu. Offenkundig unbegründete
Anträge dürften etwa dann vorliegen, wenn die Antragstellung von jedem
Einsichtigen als völlig aussichtslos angesehen werden muss.[75] Dies ist
bspw. dann der Fall, wenn eine Antragstellung nach objektiver Würdigung
der Umstände offensichtlich erfolglos ist. **Erstanträge** dürften aber in den
seltensten Fällen offensichtlich unbegründet sein.[76] Die wiederholte (exzessive) aussichtslose Antragstellung in gleichgelagerten Fällen berechtigt den
Verantwortlichen ebenfalls, ein angemessenes Entgelt zu erheben. Hiervon
dürften etwa Fälle erfasst sein, in denen der vermeintlich Betroffene trotz
eindeutiger und zutreffender Hinweise des Verantwortlichen weiter ähnliche oder nahezu wortgleiche Anträge stellt. Eine missbräuchliche Antragstellung dürfte ebenfalls vorliegen, wenn innerhalb der Regelfrist nach
Art. 12 Abs. 3 S. 1 DSGVO von einem Monat mehrere Anträge gestellt
werden.[77] Nicht erfasst ist die Wahrnehmung des Auskunftsrechts in angemessenen Abständen, um sich der Verarbeitung bewusst zu sein und deren
Rechtmäßigkeit überprüfen zu können.[78]

Der Verantwortliche kann sich im Falle der missbräuchlichen Inanspruch-   27
nahme (offenkundig unbegründete oder exzessive Anträge) auch schlicht

---

74 Siehe auch *Piltz* K&R 2016, 629 (629); *Illibauer* in: Knyrim (Hrsg.), Datenschutz-Grundverordnung, 2016, S. 117.
75 Siehe etwa zur Missbrauchsgebühr nach § 34 Abs. 2 BVerfGG: BVerfGK 6, 219 (219); 10, 94 (97).
76 Vgl. *Kamlah* in: Plath, BDSG/DSGVO, Art. 12 Rn. 20.
77 *Laue/Nink/Kremer*, § 4 Rn. 21.
78 Erwägungsgrund 63 Satz 1.

weigern, aufgrund des Antrags des Betroffenen tätig zu werden (Art. 12 Abs. 5 S. 2 lit. b DSGVO). Dies wird vor allem dann in Betracht kommen, wenn der Verantwortliche noch **nicht tätig geworden** ist und ihm somit auch noch keine Verwaltungskosten entstanden sind, die durch ein angemessenes Entgelt kompensiert werden könnten. Die Auferlegung eines angemessenen Entgelts erfasst daher grundsätzlich die Fälle, in denen der Verantwortliche bereits tätig geworden ist bzw. ihm Belastungen durch die missbräuchliche Inanspruchnahme entstanden sind. Art. 12 Abs. 5 S. 3 DSGVO regelt eine ausdrückliche **Beweislastverteilung,** die dem Verantwortlichen aufgibt, die behauptete missbräuchliche Inanspruchnahme durch offensichtlich unbegründet oder exzessiv gestellte Anträge seitens des Betroffenen hinreichend zu belegen. Primär ergibt sich hieraus die Obliegenheit, die missbräuchliche Inanspruchnahme ausreichend zu dokumentieren. Ob von einer missbräuchlichen Antragstellung auszugehen ist, bemisst sich nach objektiver Bewertung der Umstände des jeweiligen Einzelfalles.

VI. Art. 12 Abs. 6 DSGVO

28 Sofern der Verantwortliche **begründete Zweifel an der Identität** des Antragstellers hat, kann er vom Antragsteller Informationen zur Verifizierung der Identität der betroffenen Person anfordern. Art. 12 Abs. 6 DSGVO räumt dem Verantwortlichen somit die Befugnis ein, Dokumente (bspw. Ausweiskopie oder andere Identitätspapiere) oder andere Informationen beim Antragsteller einzufordern.[79] Der Verantwortliche ist dabei gehalten, alle **vertretbaren Mittel** im Sinne einer sorgfältigen Prüfung einzusetzen, um die Identität des Antragstellers zu überprüfen.[80] Eine Speicherung der Identifizierungsdaten, um zB auf etwaige zukünftige Auskunftsersuchen reagieren zu können, ist aber grundsätzlich unzulässig.[81] Die Erhebung von Identifizierungsdaten ist hingegen zulässig und auch erforderlich, um eine Identitätsfeststellung durchführen zu können. Wenn der Verantwortliche einen Online-Dienst betreibt, kann er vom Antragsteller auch verlangen, dass diese sich mit seinen Berechtigungsnachweisen (in der Regel Benutzername und Passwort) beim Online-Dienst anmeldet.[82] Voraussetzung für diesen Identitätsnachweis ist die Nutzung des Online-Dienstes durch den Antragsteller. Sollte eine solche nicht bestehen, kann der Verantwortliche nicht verlangen, dass der Antragsteller zum Zwecke der Identifizierung Nutzer seines Online-Dienstes wird.

VII. Art. 12 Abs. 7 DSGVO

29 Art. 12 Abs. 7 DSGVO räumt dem Verantwortlichen die Möglichkeit ein, Informationen, die dem Betroffenen gemäß Art. 13 und 14 DSGVO zur Verfügung zu stellen sind, mit standardisierten **Bildsymbolen** (sog Piktogramme) zu kombinieren. Die Nutzung von aussagekräftigen Bildsymbolen soll dazu beitragen, dass der Betroffene in leicht wahrnehmbarer, verständ-

---

79 *Härting* DSGVO 2016, Rn. 657.
80 Erwägungsgrund 64 Satz 1.
81 Erwägungsgrund 64 Satz 2; siehe auch *Härting* DSGVO 2016, Rn. 660.
82 Erwägungsgrund 57 Satz 3.

licher und klar nachvollziehbarer Form einen **aussagekräftigen Überblick** über die beabsichtigte Datenverarbeitung erhält (Art. 12 Abs. 7 S. 1 DSGVO). So sollen insbesondere Datenschutzerklärungen der verantwortlichen Stellen in standardisierter Form unter Verwendung von Bildsymbolen in Anlehnung an Verkehrsschilder abgefasst werden,[83] sodass für den Betroffenen der wesentliche Inhalt prägnant und leicht verständlich aufbereitet wird. Wie auch andere Bereiche (bspw. Lebensmittel, Finanzprodukte) zeigen, ist die Visualisierung von Informationen grundsätzlich geeignet, ein informiertes und selbstbestimmtes Handeln des Einzelnen zu fördern.[84] Sofern Bildsymbole elektronisch dargestellt werden (bspw. im Rahmen von internetgestützten Anwendungen), ist sicherzustellen, dass sie auch maschinenlesbar sind (Art. 12 Abs. 7 S. 2 DSGVO).

VIII. Art. 12 Abs. 8 DSGVO

Der Kommission wird durch Art. 12 Abs. 8 DSGVO die Befugnis übertragen, durch **delegierte Rechtsakte**[85] gemäß Art. 92 DSGVO verpflichtend die Verfahren zur Bereitstellung der standardisierten Bildsymbole sowie die Informationen, die durch **standardisierte Bildsymbole** dargestellt werden sollen, festzulegen. Ein Tätigwerden der Kommission im Hinblick auf den Erlass einheitlicher Anforderungen für standardisierte Bildsymbole dürfte nach eingehenden Konsultationen, bei denen auch Sachverständige sowie der Europäische Datenschutzausschuss (Art. 68 ff. DSGVO) einzubeziehen sind, zu erwarten sein.[86] Für die Praxis dürfte eine zügige Festlegung von Standards von großem Interesse sein, damit Verfahren und Organisation der verantwortlichen Stellen hierauf abgestimmt werden und eine einheitliche Rechtsanwendung gewährleistet wird. Eine Pflicht des Verantwortlichen die Bildsymbole zu verwenden, besteht aber nicht.[87] **30**

C. Verhältnis zu anderen Normen

I. Rechtsschutz

Gemäß Art. 78 Abs. 1 DSGVO hat jede natürliche oder juristische Person das Recht auf einen wirksamen **gerichtlichen Rechtsbehelf** gegen einen sie betreffenden rechtsverbindlichen Beschluss einer Aufsichtsbehörde. Dementsprechend ist auch die Einhaltung der Anforderungen des Art. 12 DSGVO **justiziabel**. In der Praxis dürfte dies vor allem die Verhängung von Geldbußen gemäß Art. 58 Abs. 2 lit. i i.V.m Art. 83 Abs. 5 lit. b DSGVO betreffen. Sofern der jeweilige Mitgliedstaat die Möglichkeit einer altruistischen Verbandsklage vorsieht (vgl. Art. 80 Abs. 2 DSGVO), kann auch ohne Beauftragung des Betroffenen die Einhaltung von Art. 12 DSGVO überprüft werden. **31**

---

83 *Dix* in: Simitis BDSG § 33 Rn. 124.
84 *Pollmann/Kipker* DuD 2016, 378 (379 f.); *Krüger* ZRP 2016, 190 (191).
85 Dazu etwa *Gaitzsch*, Tertiärnormsetzung in der Europäischen Union, 2015.
86 Siehe Erwägungsgrund 166 Satz 3.
87 *Albrecht* CR 2016, 88 (93); *Spindler* DB 2016, 937 (941).

II. Sanktionen

32 Verstöße gegen die Transparenzvorschrift des Art. 12 DSGVO sowie gegen den in Art. 5 DSGVO niedergelegten Transparenzgrundsatz können durch die jeweils zuständige Aufsichtsbehörde gemäß Art. 58 Abs. 2 lit. i DSGVO iVm Art. 83 Abs. 5 lit. b DSGVO mit **Geldbußen** von bis zu 20 Millionen EUR oder im Fall eines Unternehmens von bis zu 4 % seines gesamten weltweit erzielten Jahresumsatzes des vorangegangenen Geschäftsjahres sanktioniert werden, sodass bei großen Unternehmen und Konzernen durchaus dreistellige Millionenbeträge erreicht werden können. Ob und in welcher Höhe eine Geldbuße verhängt wird, bemisst sich maßgeblich nach den jeweiligen Umständen im Einzelfall (Art. 83 Abs. 2 S. 1 DSGVO). Art. 83 Abs. 2 S. 2 DSGVO sieht in diesem Zusammenhang eine Reihe von Kriterien zur Bußgeldbemessung vor, die bei der Entscheidung über das Ob und die Höhe einer Geldbuße gebührend zu berücksichtigen sind. Die Vorgaben für die Bußgeldbemessung können von den Verantwortlichen oder den Auftragsverarbeitern als Orientierungshilfe zur Risikominimierung genutzt werden.[88] Auch kann der Umfang der Zusammenarbeit mit der Aufsichtsbehörde, um dem Verstoß abzuhelfen und seine möglichen nachteiligen Auswirkungen zu mindern, dazu beitragen, bei einer Bußgeldbemessung mildernd zu wirken. Dies gilt insbesondere auch hinsichtlich der Einhaltung von Verhaltensregeln (Art. 40 DSGVO) und der vorherigen Zertifizierung (Art. 42 DSGVO). Sofern eine Geldbuße verhängt wird, muss sie je nach Schwere des Verstoßes wirksam, verhältnismäßig und abschreckend sein (Art. 83 Abs. 1 DSGVO). Die relativ feinteiligen Vorgaben zur Bestimmung einer etwaigen Geldbuße konkretisieren die unbestimmten Rechtsbegriffe „wirksam", „verhältnismäßig" und „abschreckend" und sind bei der jeweiligen Betrachtung des Einzelfalls im Lichte des Verhältnismäßigkeitsgrundsatzes auszulegen, sodass es unter Berücksichtigung der Gesamtumstände **nicht zu unzumutbaren Belastungen** kommt. Eine Ausschöpfung des Sanktionsrahmens dürfte daher allenfalls dann in Betracht kommen, wenn nahezu alle in Art. 83 Abs. 2 DSGVO benannten Kriterien erfüllt sind und ein besonders gravierender Verstoß vorliegt.

D. Gesamteinschätzung

33 Mit der Transparenzverpflichtung des für die Datenverarbeitung Verantwortlichen wird die **Inanspruchnahme des informationellen Selbstschutzes gestärkt**. Sie schafft damit eine Grundlage für eine Entscheidung über die Preisgabe personenbezogener Daten. Denn erst wenn der Betroffene die Kenntnis darüber hat, wer was wann bei welcher Gelegenheit über ihn weiß, ist er in der Lage, seine individuellen Entfaltungschancen unbeeinträchtigt zu nutzen und seine datenschutzrechtlichen Betroffenenrechte wahrzunehmen.[89] In diesem Zusammenhang sind vor allem Transparenzverpflichtungen dazu geeignet, freiheitsbelastende Wirkungen von Datenerhebungen zu reduzieren.[90] Die Stärkung von Transparenz- und Informationspflichten als allgemeinen Verfahrensvorgaben im Hinblick auf die

---

88 Vgl. *Wybitul* BB 2016, 1077 (1077).
89 BVerfGE 65, 1 (43) – Volkszählung.
90 *Nettesheim* VVDStRL 70 (2011), 7 (40 f.).

Wahrnehmung von Betroffenenrechten dienten damit der effektiven Gewährleistung des Datenschutzes. Die Umsetzung dieser umfangreichen Verpflichtung muss aber so ausgerichtet werden, dass sie unzumutbare Belastungen des Verantwortlichen vermeidet und dem Betroffenen gleichzeitig handhabbare Instrumente zur Verfügung stellt. Ein Mehraufwand an Information und Transparenz muss daher auch mit einem **Zugewinn an datenschutzrechtlicher Effizienz** einhergehen. Die für den Betroffenen maßgeblichen Informationen sollten daher im Regelfall knapp, präzise und übersichtlich dargestellt werden,[91] um eine Überforderung durch **ausufernde Informationen** zu vermeiden, die in letzter Konsequenz zu einem Leerlaufen von Betroffenenrechten führen würde.[92] Dies erfordert auch, dass die Informationen inhaltlich zutreffend und sachorientiert gestaltet sind, um einen übermäßigen Datenpaternalismus zu verhindern.[93] Namentlich die Erarbeitung von Verhaltensregeln (ua im Rahmen regulierter Selbstregulierung), mit denen die Anwendung der Transparenz- und Informationspflichten nach den Vorgaben von Art. 40 DSGVO konkretisiert wird, dürfte geeignet sein, einen schonenden Ausgleich herbeizuführen.

Abschnitt 2 Informationspflicht und Recht auf Auskunft zu personenbezogenen Daten

Artikel 13 Informationspflicht bei Erhebung von personenbezogenen Daten bei der betroffenen Person

(1) Werden personenbezogene Daten bei der betroffenen Person erhoben, so teilt der Verantwortliche der betroffenen Person zum Zeitpunkt der Erhebung dieser Daten Folgendes mit:

a) den Namen und die Kontaktdaten des Verantwortlichen sowie gegebenenfalls seines Vertreters;

b) gegebenenfalls die Kontaktdaten des Datenschutzbeauftragten;

c) die Zwecke, für die die personenbezogenen Daten verarbeitet werden sollen, sowie die Rechtsgrundlage für die Verarbeitung;

d) wenn die Verarbeitung auf Artikel 6 Absatz 1 Buchstabe f beruht, die berechtigten Interessen, die von dem Verantwortlichen oder einem Dritten verfolgt werden;

e) gegebenenfalls die Empfänger oder Kategorien von Empfängern der personenbezogenen Daten und

f) gegebenenfalls die Absicht des Verantwortlichen, die personenbezogenen Daten an ein Drittland oder eine internationale Organisation zu übermitteln, sowie das Vorhandensein oder das Fehlen eines Angemessenheitsbeschlusses der Kommission oder im Falle von Übermittlungen gemäß Artikel 46 oder Artikel 47 oder Artikel 49 Absatz 1 Unterabsatz 2 einen Verweis auf die geeigneten oder angemessenen Garantien und

---

91 *Robrecht*, EU-Datenschutzgrundverordnung: Transparenzgewinn oder Information-Overkill, 2015, S. 70 f.

92 Kritisch *Hermstrüber*, Informationelle Selbstgefährdung, 2016, S. 82 f.

93 *Krönke* Der Staat 2016, 319 (349).

die Möglichkeit, wie eine Kopie von ihnen zu erhalten ist, oder wo sie verfügbar sind.

(2) Zusätzlich zu den Informationen gemäß Absatz 1 stellt der Verantwortliche der betroffenen Person zum Zeitpunkt der Erhebung dieser Daten folgende weitere Informationen zur Verfügung, die notwendig sind, um eine faire und transparente Verarbeitung zu gewährleisten:

a) die Dauer, für die die personenbezogenen Daten gespeichert werden oder, falls dies nicht möglich ist, die Kriterien für die Festlegung dieser Dauer;

b) das Bestehen eines Rechts auf Auskunft seitens des Verantwortlichen über die betreffenden personenbezogenen Daten sowie auf Berichtigung oder Löschung oder auf Einschränkung der Verarbeitung oder eines Widerspruchsrechts gegen die Verarbeitung sowie des Rechts auf Datenübertragbarkeit;

c) wenn die Verarbeitung auf Artikel 6 Absatz 1 Buchstabe a oder Artikel 9 Absatz 2 Buchstabe a beruht, das Bestehen eines Rechts, die Einwilligung jederzeit zu widerrufen, ohne dass die Rechtmäßigkeit der aufgrund der Einwilligung bis zum Widerruf erfolgten Verarbeitung berührt wird;

d) das Bestehen eines Beschwerderechts bei einer Aufsichtsbehörde;

e) ob die Bereitstellung der personenbezogenen Daten gesetzlich oder vertraglich vorgeschrieben oder für einen Vertragsabschluss erforderlich ist, ob die betroffene Person verpflichtet ist, die personenbezogenen Daten bereitzustellen, und welche mögliche Folgen die Nichtbereitstellung hätte und

f) das Bestehen einer automatisierten Entscheidungsfindung einschließlich Profiling gemäß Artikel 22 Absätze 1 und 4 und – zumindest in diesen Fällen – aussagekräftige Informationen über die involvierte Logik sowie die Tragweite und die angestrebten Auswirkungen einer derartigen Verarbeitung für die betroffene Person.

(3) Beabsichtigt der Verantwortliche, die personenbezogenen Daten für einen anderen Zweck weiterzuverarbeiten als den, für den die personenbezogenen Daten erhoben wurden, so stellt er der betroffenen Person vor dieser Weiterverarbeitung Informationen über diesen anderen Zweck und alle anderen maßgeblichen Informationen gemäß Absatz 2 zur Verfügung.

(4) Die Absätze 1, 2 und 3 finden keine Anwendung, wenn und soweit die betroffene Person bereits über die Informationen verfügt.

Verwandte Normen: ErwGr 61; §§ 19 a, 33 BDSG 2003

A. Grundlagen

I. Gesamtverständnis und Normzweck

Art. 13 DSGVO sieht – im Regelungszusammenhang mit Art. 14 DSGVO – eine detaillierte und im Regelungsansatz umfassend normierte Informationspflicht vor, die Verarbeitungsverantwortliche gegenüber betroffenen Personen trifft, soweit diese personenbezogene Daten erheben oder zweckerweiternd weiterverarbeiten. Dies soll dazu beitragen, den betroffenen Personen entsprechend Erwägungsgrund 60 die Datenverarbeitung fair und transparent vor Augen zu führen und insoweit eine Grundlage für die effektive Wahrnehmung ihrer datenschutzrechtlichen Rechte zu schaffen. $\quad$ 1

II. Bisherige Rechtslage

Ein vergleichbarer Ansatz lag bereits dem bisherigen Datenschutzrecht zugrunde: Art. 10 RL 95/46/EG sah ebenfalls vor, dass betroffene Personen zu informieren sind, soweit bei ihnen personenbezogene Daten erhoben werden. Diese Norm umsetzend normierten § 4 Abs. 3 BDSG bzw. dessen landesrechtliche Pendants entsprechende Informationspflichten im nationalen Recht.[1] $\quad$ 2

III. Entstehung der Norm

Die ursprünglichen Normsetzungsimpulse waren in den Entwürfen von Kommission[2] und Parlament[3] gleichermaßen durch den systematischen Ansatz einer in einem Artikel gefassten Regelung von Informationspflichten für alle Datenerhebungen gekennzeichnet. Der durch den Rat unterbreitete Vorschlag differenzierte demgegenüber in zwei Artikeln zwischen den Informationspflichten bei der Erhebung von Daten bei der betroffenen Person auf der einen und denjenigen bei der Erhebung von Daten jenseits der betroffenen Person.[4] Letztere, mit dem bisherigen Normaufbau in den Art. 10, 11 RL 95/46/EG übereinstimmende Regelungssystematik wurde sodann im Trilog übernommen und mündete in der gegenwärtigen Fassung des Verordnungstextes. $\quad$ 3

---

1 Vgl. zum bisherigen bereichsspezifischen Datenschutzrecht *Laue/Nink/Kremer*, § 3 Rn. 3 f.
2 Vgl. KOM(2012) 11 endg., 55 ff.
3 Vgl. Beschluss des Europäischen Parlaments vom 12.3.2014, P7_TA(2014)0212.
4 Vgl. Ratsdokument 9565/15 vom 11.6.2015, 93 ff.

B. Kommentierung

4   Für den Rechtsanwender lassen sich die diversen Bestimmungen aus Art. 13 DSGVO systematisch in Vorgaben zur Informationspflichtigkeit (I.) und zum Informationsumfang (II.) gliedern.

I. Informationspflichtigkeit

5   Die Informationspflichtigkeit ist ausgelöst, sobald die in Art. 13 DSGVO formulierten positiven und negativen Voraussetzungen gegeben sind.

1. Informationsverpflichtete

6   Verpflichtet zur Information werden durch Art. 13 Abs. 1–3 DSGVO die für die jeweilige Datenverarbeitung Verantwortlichen (Art. 4 Nr. 7 DSGVO).

2. Auslösende Bezugspunkte der Informationspflichtigkeit

7   Art. 13 DSGVO enthält zwei eine Informationspflichtigkeit jeweils auslösende Bezugspunkte:

8   Nach Art. 13 Abs. 1 u. 2 DSGVO knüpft sich das Bestehen einer Informationspflicht an die **Erhebung** personenbezogener Daten bei den betroffenen Personen, und damit explizit an die erstgenannte Form der Verarbeitung im Sinne von Art. 4 Nr. 2 DSGVO. Für eine Erhebung in diesem Sinne ist das aktive und gezielte Beschaffen von Daten erforderlich, typischerweise im Wege eines Befragens, des Anforderns von Unterlagen sowie der Anhörung der betroffenen Personen.[5] Maßgebliches Kriterium ist insoweit – übereinstimmend mit der bisherigen Rechtslage[6] –, ob die Datenerhebung aktiv von der Entscheidung bzw. Mitwirkung der betroffenen Personen abhängt; eine Datenerhebung „an" passiven betroffenen Personen genügt insoweit nicht.[7] In diesem Lichte steht die Informationspflicht aus Art. 13 DSGVO in unmittelbarem Bezug zum Grundsatz der Direkterhebung und soll die betroffenen Personen von Beginn an in die Lage versetzen, bestimmen und einschätzen zu können, wer was wann über sie weiß.[8] Die wörtliche Anknüpfung an das Erheben von Daten verunmöglicht es, die auf die Datenerhebung folgenden Verarbeitungsmaßnahmen – auch die Weitergabe von Daten an Dritte entgegen der generalisierten Regelungsintention in Erwägungsgrund 61 – als von Art. 13 Abs. 1 u. 2 DSGVO erfasst zu subsumieren; insoweit bleibt lediglich eine Informationspflichtigkeit aus Art. 13 Abs. 3 DSGVO.

9   Durch Art. 13 Abs. 3 DSGVO wird im Fall der **Weiterverarbeitung** von bereits erhobenen Daten erneut eine Informationspflicht ausgelöst, sobald diese mit einer Zweckänderung einhergeht. Die Vorgabe aus Erwägungsgrund 61, wonach im Fall der Offenlegung erhobener Daten für weitere

---

5 Vgl. Gola/Schomerus/*Gola/Klug/Körffer* BDSG § 4 Rn. 18.
6 Vgl. Dammann/Simitis/*Dammann* DSRL Art. 10 Rn. 2.
7 AA im Hinblick auf zwangsweise Datenerhebungen, die nach bisheriger Rechtslage als Direkterhebungen zu verstehen seien, Wolff/Brink/*Bäcker* Datenschutzrecht in Bund und Ländern BDSG § 4 Rn. 29.
8 Vgl. *Kühling/Seidel/Sivridis*, Datenschutzrecht, 3. Aufl. 2015, Rn. 235.

Empfänger eine Information „bei der erstmaligen Offenlegung der personenbezogenen Daten für diesen Empfänger" erfolgen solle, kann systematisch nur als Fall der Weiterverarbeitung iSv Art. 13 Abs. 3 DSGVO verstanden werden, sodass auch diesbezüglich und entgegen der Präferenz des
Erwägungsgrundes lediglich im Fall einer Zweckänderung eine gesonderte
Informationspflicht normiert wurde.

3. Ausnahmen von der Informationspflichtigkeit

Art. 13 Abs. 4 DSGVO normiert eine Ausnahme von der Informations-   10
pflichtigkeit, wenn und soweit die betroffene Person bereits über die Informationen verfügt. Überflüssige Informationen, die allenfalls einer „Infor-
mationsmüdigkeit" bzw. einem „information overload"[9] Vorschub leisten
könnten, sind dementsprechend nicht mitzuteilen. Diese Ausnahme erfasst
vor allem diejenigen Datenerhebungen, welche auf Basis einer Einwilligung
gem. Art. 6 Abs. 1 lit. a DSGVO erfolgen, da in diesem Fall die Rechtmäßigkeitsvoraussetzung hinreichender Informiertheit (→ Art. 7 Rn. 34 ff.)
bereits zuvor die in Art. 13 DSGVO vorgesehenen Informationen antizipiert. Entsprechendes gilt für den Fall einer Verarbeitung zur Vertragserfüllung gem. Art. 6 Abs. 1 lit. b DSGVO. Maßgeblich ist stets die Reichweite
des konkreten Kenntnisstandes der jeweiligen betroffenen Personen.

Soweit in Erwägungsgrund 62 über die in Art. 13 Abs. 4 DSGVO normier-   11
te Ausnahme hinausgehend ein Entfallen der Pflicht bei spezieller gesetzlicher Verpflichtung, bei Unmöglichkeit oder bei unverhältnismäßigem Aufwand erwähnt wird, wurden diese Fallgruppen ausdrücklich nur für die
nicht bei der betroffenen Person erfolgende Datenerhebung in Art. 14
Abs. 5 DSGVO aufgegriffen (→ Art. 14 Rn. 10 ff.). In Ermangelung relevanter Anwendungsfälle erscheint eine analoge Anwendung dieser Fallgruppen auf Art. 13 DSGVO entbehrlich, auch wenn es sich unabhängig
von der expliziten Normierung um allgemeine Rechtsgrundsätze für das
Entfallen einer Pflichtigkeit handelt.

4. Zeitpunkt der Informationspflichtigkeit

Der Zeitpunkt, zu dem der Informationspflicht genügt sein muss, wird in   12
Art. 13 Abs. 1 DSGVO dahingehend gefasst, dass **„zum Zeitpunkt der Erhebung"** die entsprechenden Informationen mitgeteilt werden müssen. Da
die Erhebung bei den betroffenen Personen auf deren aktive Mitwirkung
angewiesen ist (→ Rn. 8), bedarf es keiner zwingenden „Vorverlagerung"
der Information, um eine faire und transparente Verarbeitung sowie effektive Rechtswahrnehmung zu gewährleisten.[10] Dies gilt umso mehr, als im
„Regelfall" der einwilligungsbasierten Verarbeitung der „Informationser-
folg" bereits vorab erreicht sein muss (→ Art. 7 Rn. 34 ff.).

Ein abweichender Zeitpunkt ist indes vorgesehen, soweit eine zweckverän-   13
derte Weiterverarbeitung bereits erhobener Daten iSv Art. 13 Abs. 3
DSGVO beabsichtigt ist. In diesem Fall sind die geschuldeten Informatio-

---

9 Vgl. dazu *Ingold*, Desinformationsrecht, 2011, S. 33 f.
10 Für die Möglichkeit derselben nach bisheriger Rechtslage überzeugend Auernham-
   mer/*Kramer* BDSG § 4 Rn. 30.

nen den betroffenen Personen ausdrücklich „vor der **Weiterverarbeitung**" zur Verfügung zu stellen. Richtigerweise kann die Vorgabe aus Erwägungsgrund 61, wonach im Fall der Offenlegung erhobener Daten für weitere Empfänger eine Information „bei der erstmaligen Offenlegung der personenbezogenen Daten für diesen Empfänger" erfolgen solle, nur als Fall der Weiterverarbeitung iSv Art. 13 Abs. 3 DSGVO verstanden werden (→ Rn. 9), sodass es nur im Fall einer Zweckänderung zu einer gesonderten Informationspflicht kommt, diese dann aber konsequenterweise über die wörtliche Präferenz des Erwägungsgrundes hinausgehend als Vorabinformation erfolgen muss.

5. Formvorgaben der Informationspflichtigkeit

14   Art. 13 DSGVO können keine Form- und Verfahrensvorgaben für die durch die Vorschrift geforderten Mitteilungen entnommen werden, sodass diese gemäß Art. 12 DSGVO zu bewirken sind.[11]

II. Informationsumfang

15   In quantitativer Hinsicht liegt der Schwerpunkt des Regelungsgehalts von Art. 13 DSGVO in den Vorgaben zum Informationsumfang. Diese sind maßgeblich durch das datenschutzrechtliche **Leitbild der Transparenz** geprägt. Nach Erwägungsgrund 39 erfordert dies, dass für die betroffenen Personen transparent ist, welche sie betreffenden personenbezogenen Daten „erhoben, verwendet, eingesehen oder anderweitig verarbeitet werden und in welchem Umfang die personenbezogenen Daten verarbeitet werden und künftig noch verarbeitet werden." Zu diesem Zweck müssen alle Informationen und Mitteilungen „leicht zugänglich und verständlich und in klarer und einfacher Sprache abgefasst" sein sowie über die Risiken, Vorschriften, Garantien und Rechte im Zusammenhang mit der Verarbeitung personenbezogener Daten informieren und darüber aufklären, wie diesbezügliche Rechte geltend gemacht werden können. Ergänzend stellt Erwägungsgrund 60 auf die „Grundsätze einer fairen und transparenten Verarbeitung" ab, welche erfordern, „dass die betroffene Person über die Existenz des Verarbeitungsvorgangs und seine Zwecke unterrichtet wird." Diese grundlegenden Anforderungen realisiert Art. 13 DSGVO in zahlreichen Einzelvorgaben zum Umfang der Informationspflicht, die sich in drei Kategorien systematisieren lassen.

1. Informationen zum Grundverhältnis

16   Als Ausgangspunkt dienen zunächst die Informationen über das konkrete datenschutzrechtliche Grundverhältnis. Dieses umfasst nach Art. 13 Abs. 1 lit. a DSGVO den Namen und die **Kontaktdaten** des für die Verarbeitung Verantwortlichen. Ausreichend ist insoweit die Angabe einer zustellungsfähigen Anschrift.[12] Die Angabe von Telefonnummern oder E-Mail-Adressen dürfte auch weiterhin nicht zwingend sein.[13] Bei juristischen Personen genügt die Benennung derselben – weitergehende Offenlegungen von Funkti-

---

11 Vgl. zur bisherigen Rechtlage Dammann/Simitis/*Dammann* DSRL Art. 10 Rn. 5.
12 Vgl. zur bisherigen Rechtslage Dammann/Simitis/*Dammann* DSRL Art. 10 Rn. 7.
13 Vgl. zur bisherigen Rechtlage Auernhammer/*Kramer* BDSG § 4 Rn. 33.

onsträgern sind unionsrechtlich nicht geboten. Soweit die Verantwortlichen über keine Niederlassung in der EU verfügen und deshalb nach Art. 27 DSGVO Vertreter (Art. 4 Nr. 17 DSGVO) benannt haben (→ Art. 27 Rn. 5 f.), sind zusätzlich die entsprechenden Angaben der Vertreter zu nennen. Ferner sind gemäß Art. 13 Abs. 1 lit. b DSGVO die Kontaktdaten der Datenschutzbeauftragten anzugeben, soweit ein solcher obligatorisch oder fakultativ nach Art. 37 DSGVO bestellt wurde.

2. Informationen zur Datenverarbeitung

Am umfangreichsten sind die zu leistenden Informationen im Hinblick auf die konkrete Datenverarbeitung.   17

Zunächst bedarf es gemäß Art. 13 Abs. 1 lit. c DSGVO einer Angabe der **Zwecke**, für die die personenbezogenen Daten verarbeitet werden sollen, bzw. der Zweckänderung im Fall der Weiterverarbeitung gemäß Art. 13 Abs. 3 DSGVO. Die Zweckbindung der Datenverarbeitung ist eine zentrale Referenzgröße für deren Transparenz und ermöglicht insbesondere eine Kontrolle deren rechtlicher Voraussetzungen. Dementsprechend ist sie verbunden mit der Verpflichtung, die Rechtsgrundlage für die konkrete Verarbeitung mitzuteilen, wobei sich diese Mitteilung praktisch an der Systematisierung der Rechtfertigungsgründe in Art. 6 Abs. 1 DSGVO orientieren kann. Dies liegt umso näher, als ergänzend Art. 13 Abs. 1 lit. d DSGVO explizit für den Fall einer auf Art. 6 Abs. 1 lit. f DSGVO gestützten Datenverarbeitung die Angabe der **berechtigenden Interessen** auf Seiten der Verantwortlichen oder Dritten verlangt.[14]   18

Ferner erstreckt sich der Umfang der Informationspflicht auf Angaben zu Übertragungsverhältnissen: Soweit eine Offenlegung von personenbezogenen Daten an konkrete **Empfänger** (Art. 4 Nr. 9 DSGVO, der richtigerweise Auftragsverarbeitende einschließt) beabsichtigt ist, müssen auch diese gemäß Art. 13 Abs. 1 lit. e DSGVO mitgeteilt werden; für den Fall der konkreten Unbestimmtheit gilt entsprechendes für die Kategorien von Empfängern. Darüber hinaus bedarf es nach Art. 13 Abs. 1 lit. f DSGVO einer Information über die Absicht zur **Übermittlung** personenbezogener Daten **an ein Drittland oder** eine **internationale Organisation** (Art. 4 Nr. 26 DSGVO), wobei zusätzlich über den Status eines Angemessenheitsbeschlusses der Kommission sowie auf Garantien im Sinne der Art. 46 f., 49 Abs. 1 DSGVO nebst einem Hinweis auf deren Bezugsmöglichkeit hinzuweisen ist.   19

Sodann gebietet die Informationspflicht Angaben zur Struktur der Datennutzung. Gemäß Art. 13 Abs. 2 lit. a DSGVO ist die **Dauer der Speicherung** der personenbezogenen Daten anzugeben. Soweit dies im Zeitpunkt der Information noch nicht möglich ist, müssen zumindest die Kriterien für die Festlegung der Speicherdauer genannt werden. Nach Art. 13 Abs. 2 lit. f DSGVO ist zudem über Strukturen **automatisierter Entscheidungsfindung** im Sinne von Art. 22 Abs. 1 u. 4 DSGVO – insbesondere eines Profilings (Art. 4 Nr. 4 DSGVO) – zu informieren, wobei deren Entscheidungslogik sowie die Tragweite und die intendierten Auswirkungen der Datenverar-   20

---

14 Vgl. dazu *Laue/Nink/Kremer*, § 3 Rn. 8.

beitung im Wege der automatischen Entscheidungsfindung darzulegen sind.[15] Letztere Informationen dienen nach Erwägungsgrund 60 dazu, darüber in Kenntnis zu setzen, „dass Profiling stattfindet und welche Folgen dies hat."

21   Durch Art. 13 Abs. 2 lit. e DSGVO ist zudem verpflichtend vorgegeben, dass über die Ausgangssituation der Datenerhebung zu informieren ist. Dies betrifft zunächst die **Rechtfertigung der Datenverarbeitung** durch gesetzliche oder vertragliche Verpflichtungen bzw. deren Erforderlichkeit für einen Vertragsabschluss. Explizit ist darzustellen, ob die betroffenen Personen zur Bereitstellung ihrer personenbezogenen Daten verpflichtet sind und welche Folgen eine Zurückhaltung ihrer Daten für die betroffenen Personen hätte. Dies dient – wie bislang – primär dazu, sicherzustellen, dass betroffene Personen nicht in der irrigen Annahme einer Verpflichtung oder aus Angst vor ungünstigen Konsequenzen ihre Daten preisgeben.[16] Auch diese Anforderungen werden in Erwägungsgrund 60 vom Anliegen einer fairen und transparenten Datenverarbeitung getragen, wobei zugleich die Selbstbestimmtheitsperspektive der betroffenen Personen gestärkt wird.

3. Informationen über Rechte der betroffenen Personen

22   Zuletzt wird der Umfang datenschutzrechtlicher Informationspflichten mit Vorgaben zu Hinweisen auf die **Rechte der betroffenen Personen** komplettiert. So sieht Art. 13 Abs. 2 lit. b DSGVO vor, dass auf das Auskunftsrecht (Art. 15 DSGVO), Rechte zur Berichtigung (Art. 16 DSGVO) oder Löschung (Art. 17 DSGVO), zur Einschränkung der Verarbeitung (Art. 18 DSGVO) sowie das Widerspruchsrecht (Art. 21 DSGVO) und das Recht auf Datenportabilität (Art. 20 DSGVO) hinzuweisen ist. Der Umfang und das vielfach tatbestandlich im Informationszeitraum nicht absehbare Eintreten der Voraussetzungen für die genannten Rechte schließt es aus, dass die Information über „das Bestehen" dieser Rechte einen konkreten Datenverarbeitungsbezug aufweisen muss – vielmehr genügt insoweit der Hinweis auf diese unmittelbar im Verordnungstext normierten abstrakten Rechte. Entsprechendes gilt für die durch Art. 13 Abs. 2 lit. d DSGVO vorgegebene Hinweispflicht auf das Beschwerderecht bei einer Aufsichtsbehörde (Art. 77 DSGVO). Ergänzend muss nach Art. 13 Abs. 2 lit. c DSGVO im Fall der einwilligungsbasierten Datenverarbeitung (Art. 6 Abs. 1 lit. a, 9 Abs. 2 lit. a DSGVO) über das jederzeitige Widerrufsrecht (Art. 7 Abs. 3 DSGVO) informiert werden, wobei zusätzlich darauf hinzuweisen ist, dass der Widerruf die Rechtmäßigkeit der einwilligungsbasiert bis dahin vollzogenen Datenverarbeitungen unberührt lässt.

4. Freiwillige Informationen

23   Über den Katalog der in Art. 13 DSGVO genannten Informationen hinausgehende Mitteilungen werden durch die Norm nicht ausgeschlossen, sodass eine freiwillige Ergänzung unproblematisch möglich ist.

---

15 Vgl. dazu *Laue/Nink/Kremer*, § 3 Rn. 12.
16 Vgl. Dammann/Simitis/*Dammann* DSRL Art. 10 Rn. 13.

C. Verhältnis zu anderen Normen

I. Innerhalb der DSGVO

Anders als noch Art. 10 RL 95/46/EG wird die Erfüllung der Informations- 24
pflicht nicht mehr unmittelbar als Rechtmäßigkeitsbedingung einer Datenerhebung verstanden werden können,[17] da Art. 6 DSGVO insoweit keinen
Bezug auf die Informationspflicht erkennen lässt. Etwas anderes gilt indes
faktisch infolge der Voraussetzungen an die Informiertheit der Einwilligung aus Art. 7 DSGVO, die dazu wiederum im Fall ihrer Einhaltung eine
Ausnahme von der Informationspflicht begründen (→ Rn. 10).

Art. 26 Abs. 1 S. 2 DSGVO erfordert im Fall mehrerer gemeinsam für die 25
Verarbeitung Verantwortlicher eine transparente Aufgabenverteilung durch
Vereinbarung auch im Hinblick auf die Wahrnehmung der Informations-
pflicht. Da es sich bei der Informationspflicht nicht um ein eigentliches
„Recht" der betroffenen Personen handelt, ist eine solche Vereinbarung
nicht kraft Art. 26 Abs. 3 DSGVO im Außenverhältnis unbeachtlich.

Gemäß Art. 12 Abs. 7 DSGVO können die geschuldeten Informationen in 26
Kombination mit standardisierten Bildsymbolen bereitgestellt werden.

Für die vielfachen Bezugnahmen des Informationsumfangs auf Rechte der 27
betroffenen Personen und die damit verbundene Unterstützungsfunktion
für die einzelnen Rechte vgl. im Einzelnen die vorgenannten Kommentierungen.

II. Befugnisübertragungen/Durchführungsrecht

Mittelbar besteht visualisierungsbezogen eine Befugnis zum Erlass delegier- 28
ter Rechtsakte aus Art. 12 Abs. 8, 92 DSGVO. § 7 ABDSG-E sieht künftig
eine Konkretisierung der Informationspflicht – vor allem im Hinblick auf
Ausnahmen von derselben – vor.

III. Fortgeltendes Bundes- oder Landesrecht

Gem. Art. 95 DSGVO bleiben die datenschutzrechtlichen Anforderungen 29
aus RL 2002/58/EG unberührt. Anwendbar sind deshalb die entsprechenden nationalen Umsetzungsnormen zu Informationspflichten in Gestalt
von § 93 TKG, soweit durch die Norm unionsrechtliche Vorgaben und
Umsetzungsspielräume konkretisiert werden.

D. Kritik und Fortentwicklungsperspektiven

Der erreichte Kodifikationsgrad der geschuldeten Informationen ist hoch. 30
Einer konsequenteren Ausrichtung der Informationspflichten auf die Ermöglichung des Selbstdatenschutzes hätte es rechtspolitisch indes besser
entsprochen, wenn die Normsystematik von Art. 13 f. DSGVO nicht an der
Verarbeitungssituation im Hinblick auf die Direkterhebung ausgerichtet
würde, sondern stärker die Informationsbedürfnisse und etwaige Risikokategorien der Datenverarbeitung den Ausgangspunkt bildeten.

---

17 Vgl. Dammann/Simitis/*Dammann* DSRL Art. 10 Rn. 1; *Ehmann/Helfrich* DS-
RL Art. 10 Rn. 2.

Artikel 14   Informationspflicht, wenn die personenbezogenen Daten nicht bei der betroffenen Person erhoben wurden

(1) Werden personenbezogene Daten nicht bei der betroffenen Person erhoben, so teilt der Verantwortliche der betroffenen Person Folgendes mit:

a) den Namen und die Kontaktdaten des Verantwortlichen sowie gegebenenfalls seines Vertreters;

b) zusätzlich die Kontaktdaten des Datenschutzbeauftragten;

c) die Zwecke, für die die personenbezogenen Daten verarbeitet werden sollen, sowie die Rechtsgrundlage für die Verarbeitung;

d) die Kategorien personenbezogener Daten, die verarbeitet werden;

e) gegebenenfalls die Empfänger oder Kategorien von Empfängern der personenbezogenen Daten;

f) gegebenenfalls die Absicht des Verantwortlichen, die personenbezogenen Daten an einen Empfänger in einem Drittland oder einer internationalen Organisation zu übermitteln, sowie das Vorhandensein oder das Fehlen eines Angemessenheitsbeschlusses der Kommission oder im Falle von Übermittlungen gemäß Artikel 46 oder Artikel 47 oder Artikel 49 Absatz 1 Unterabsatz 2 einen Verweis auf die geeigneten oder angemessenen Garantien und die Möglichkeit, eine Kopie von ihnen zu erhalten, oder wo sie verfügbar sind.

(2) Zusätzlich zu den Informationen gemäß Absatz 1 stellt der Verantwortliche der betroffenen Person die folgenden Informationen zur Verfügung, die erforderlich sind, um der betroffenen Person gegenüber eine faire und transparente Verarbeitung zu gewährleisten:

a) die Dauer, für die die personenbezogenen Daten gespeichert werden oder, falls dies nicht möglich ist, die Kriterien für die Festlegung dieser Dauer;

b) wenn die Verarbeitung auf Artikel 6 Absatz 1 Buchstabe f beruht, die berechtigten Interessen, die von dem Verantwortlichen oder einem Dritten verfolgt werden;

c) das Bestehen eines Rechts auf Auskunft seitens des Verantwortlichen über die betreffenden personenbezogenen Daten sowie auf Berichtigung oder Löschung oder auf Einschränkung der Verarbeitung und eines Widerspruchsrechts gegen die Verarbeitung sowie des Rechts auf Datenübertragbarkeit;

d) wenn die Verarbeitung auf Artikel 6 Absatz 1 Buchstabe a oder Artikel 9 Absatz 2 Buchstabe a beruht, das Bestehen eines Rechts, die Einwilligung jederzeit zu widerrufen, ohne dass die Rechtmäßigkeit der aufgrund der Einwilligung bis zum Widerruf erfolgten Verarbeitung berührt wird;

e) das Bestehen eines Beschwerderechts bei einer Aufsichtsbehörde;

f) aus welcher Quelle die personenbezogenen Daten stammen und gegebenenfalls ob sie aus öffentlich zugänglichen Quellen stammen;

g) das Bestehen einer automatisierten Entscheidungsfindung einschließlich Profiling gemäß Artikel 22 Absätze 1 und 4 und – zumindest in diesen Fällen – aussagekräftige Informationen über die involvierte Logik sowie die Tragweite und die angestrebten Auswirkungen einer derartigen Verarbeitung für die betroffene Person.

(3) Der Verantwortliche erteilt die Informationen gemäß den Absätzen 1 und 2

a) unter Berücksichtigung der spezifischen Umstände der Verarbeitung der personenbezogenen Daten innerhalb einer angemessenen Frist nach Erlangung der personenbezogenen Daten, längstens jedoch innerhalb eines Monats,

b) falls die personenbezogenen Daten zur Kommunikation mit der betroffenen Person verwendet werden sollen, spätestens zum Zeitpunkt der ersten Mitteilung an sie, oder,

c) falls die Offenlegung an einen anderen Empfänger beabsichtigt ist, spätestens zum Zeitpunkt der ersten Offenlegung.

(4) Beabsichtigt der Verantwortliche, die personenbezogenen Daten für einen anderen Zweck weiterzuverarbeiten als den, für den die personenbezogenen Daten erlangt wurden, so stellt er der betroffenen Person vor dieser Weiterverarbeitung Informationen über diesen anderen Zweck und alle anderen maßgeblichen Informationen gemäß Absatz 2 zur Verfügung.

(5) Die Absätze 1 bis 4 finden keine Anwendung, wenn und soweit

a) die betroffene Person bereits über die Informationen verfügt,

b) die Erteilung dieser Informationen sich als unmöglich erweist oder einen unverhältnismäßigen Aufwand erfordern würde; dies gilt insbesondere für die Verarbeitung für im öffentlichen Interesse liegende Archivzwecke, für wissenschaftliche oder historische Forschungszwecke oder für statistische Zwecke vorbehaltlich der in Artikel 89 Absatz 1 genannten Bedingungen und Garantien oder soweit die in Absatz 1 des vorliegenden Artikels genannte Pflicht voraussichtlich die Verwirklichung der Ziele dieser Verarbeitung unmöglich macht oder ernsthaft beeinträchtigt. In diesen Fällen ergreift der Verantwortliche geeignete Maßnahmen zum Schutz der Rechte und Freiheiten sowie der berechtigten Interessen der betroffenen Person, einschließlich der Bereitstellung dieser Informationen für die Öffentlichkeit,

c) die Erlangung oder Offenlegung durch Rechtsvorschriften der Union oder der Mitgliedstaaten, denen der Verantwortliche unterliegt und die geeignete Maßnahmen zum Schutz der berechtigten Interessen der betroffenen Person vorsehen, ausdrücklich geregelt ist oder

d) die personenbezogenen Daten gemäß dem Unionsrecht oder dem Recht der Mitgliedstaaten dem Berufsgeheimnis, einschließlich einer satzungsmäßigen Geheimhaltungspflicht, unterliegen und daher vertraulich behandelt werden müssen.

Verwandte Normen: ErwGr 62; §§ 19 a, 33 BDSG 2003

A. Grundlagen

I. Gesamtverständnis und Normzweck

1   Art. 14 DSGVO sieht – korrespondierend mit Art. 13 DSGVO – eine detaillierte und im Regelungsansatz umfassend normierte Informationspflicht vor, die Verarbeitungsverantwortliche gegenüber betroffenen Personen trifft, soweit diese personenbezogene Daten erheben oder zweckerweiternd weiterverarbeiten. Diese dient dem Zweck, den betroffenen Personen entsprechend Erwägungsgrund 60 die Datenverarbeitungen fair und transparent vor Augen zu führen und insoweit eine Grundlage für die effektive Wahrnehmung ihrer datenschutzrechtlichen Rechte zu schaffen.

II. Bisherige Rechtslage

2   Ein vergleichbarer Ansatz lag bereits dem bisherigen Datenschutzrecht zugrunde: Art. 11 RL 95/46/EG sah ebenfalls vor, dass betroffene Personen zu informieren sind, soweit personenbezogene Daten nicht unmittelbar bei ihnen erhoben werden. Diese Norm umsetzend normierten § 19 a BDSG für die Datenverarbeitung durch öffentliche Stellen sowie § 33 BDSG für Datenverarbeitungen nicht-öffentlicher Stellen und öffentlich-rechtlicher Wettbewerbsunternehmen bzw. deren landesrechtliche Pendants entsprechende Informationspflichten im nationalen Recht.

III. Entstehung der Norm

3   Die Genese der gegenwärtigen Normfassung, welche die systematische Unterscheidung der Art. 10, 11 RL 95/46/EG, also diejenige von Direkterhebung und sonstiger Datenverarbeitung, übernimmt, wurde bereits für Art. 13 DSGVO dargestellt (→ Art. 13 Rn. 3).

B. Kommentierung

4   Entsprechend zur Regelungssystematik bei Art. 13 DSGVO lassen sich auch die diversen Bestimmungen aus Art. 14 DSGVO systematisch in Vorgaben zur Informationspflichtigkeit (I.) und zum Informationsumfang (II.) gliedern.

I. Informationspflichtigkeit

Die Informationspflichtigkeit ist ausgelöst, sobald die in Art. 13 DSGVO   5
statuierten Voraussetzungen gegeben sind.

1. Informationsverpflichtete

Verpflichtet zur Information werden durch Art. 14 Abs. 1, 2 u. 4 DSGVO   6
die für die jeweilige Datenverarbeitung Verantwortlichen (Art. 4 Nr. 7
DSGVO).

2. Auslösende Bezugspunkte der Informationspflichtigkeit

Art. 14 DSGVO enthält – parallel konstruiert zu Art. 13 DSGVO – zwei   7
eine Informationspflichtigkeit jeweils auslösende Bezugspunkte:

Nach Art. 14 Abs. 1 u. 2 DSGVO besteht eine Informationspflicht, wenn   8
personenbezogene Daten nicht bei den betroffenen Personen erhoben werden, das heißt wenn **keine Direkterhebung** erfolgt. Diese Negativformulie-
rung, die strukturell einen **Auffangtatbestand** für alle Verarbeitungsfälle
komplementär zu den durch Art. 13 DSGVO erfassten darstellt (→ Art. 13
Rn. 8), umschließt damit zwei perspektivisch differierende Zugriffe: zum
einen die passive, nicht von einer Entscheidung bzw. Mitwirkung abhän-
gende Abschöpfung von personenbezogenen Daten bei den betroffenen
Personen, insbesondere also zwangsweise oder ohne deren Kenntnis erfolgende Datenerhebungen; zum anderen die Erhebung von personenbezogenen Daten via Dritte, insbesondere die Anforderung oder der Abruf von
Daten aus deren vorhandenen Datenbeständen bzw. deren Befragung.

Durch Art. 14 Abs. 4 DSGVO wird im Fall der **Weiterverarbeitung** von be-   9
reits im Sinne der Vorabsätze erhobenen Daten erneut eine Informationspflicht ausgelöst, sobald diese mit einer Zweckänderung einhergeht. Rechtlich entspricht dies der parallelen Regelung in Art. 13 Abs. 3 DSGVO (→
Art. 13 Rn. 9).

3. Ausnahmen von der Informationspflichtigkeit

Art. 14 Abs. 5 DSGVO sieht verschiedene Ausnahmetatbestände zur Infor-   10
mationspflichtigkeit vor.

a) Art. 14 Abs. 5 lit. a DSGVO

Wortlautidentisch zu Art. 13 Abs. 4 DSGVO entfällt gemäß Art. 14 Abs. 5   11
lit. a DSGVO eine Mitteilungspflicht im Fall „überflüssiger", weil **bereits
bekannter Informationen** (→ Art. 13 Rn. 10).

b) Art. 14 Abs. 5 lit. b DSGVO

Daneben besteht nach Art. 14 Abs. 5 lit. b DSGVO keine Informations-   12
pflicht, soweit die Informationserteilung unmöglich ist oder einen unverhältnismäßigen Aufwand erfordert.

Das Entfallen der Informationspflicht, soweit sich eine Information tat-   13
sächlich als unmöglich erweist, normiert bereichsspezifisch den allgemeinen Rechtsgrundsatz „Impossibilium nulla est obligatio". Diese tatsächliche **Unmöglichkeit** kann ihren Grund vor allem in der Unkenntnis der

Identität betroffener Personen haben oder durch den nicht rekonstruierbaren Verlust von Datenbeständen gekennzeichnet sein. Konstellationen rechtlicher Unmöglichkeit sind demgegenüber abschließend durch Art. 14 Abs. 5 lit. c, lit. d DSGVO normiert.

14 Eine **Unzumutbarkeit** der Informationspflicht greift demgegenüber, soweit die Informationserteilung einen unverhältnismäßigen Aufwand erfordern würde. In einer Abwägung muss insoweit der Aufwand, welcher mit der Erfüllung der Informationspflicht für die jeweiligen Verantwortlichen einhergeht, die Kenntnisdefizite der betroffenen Personen und damit die Gefährdung deren informationeller Selbstbestimmung überwiegen.[1] Maßgeblich ist allein der für die konkrete Information anfallende Aufwand, sodass insbesondere automatische Sichtungs- und Auswertungsverfahren – speziell im Zuge von „Big Data" – im Zweifel ein Fortbestehen der Informationspflicht mit sich bringen.[2] Vor allem genügt angesichts unaufwändiger internetgestützter Suchoptionen nicht bereits pauschal die Unkenntnis von Kontaktmöglichkeiten (Anschrift, E-Mail-Adresse, usw.), um eine Unzumutbarkeit der Informationspflicht zu begründen.[3]

15 Explizit als Beispiel im Normtext genannte Sektoren, in denen eine solcherart begründete Unzumutbarkeit oder sogar Unmöglichkeit greifen kann, sind Datenverarbeitungen, die für im öffentlichen Interesse liegende **Archivzwecke**, zu wissenschaftlichen oder historischen **Forschungszwecken** sowie zu **statistischen Zwecken** erfolgen. Wenn diese die durch Art. 89 Abs. 1 DSGVO vorgesehenen Datenschutzanforderungen wahren, kann eine Ausnahme von der generellen Informationspflicht bestehen, soweit eine ernsthafte Beeinträchtigung der verfolgen Zwecke droht. Als zu berücksichtigende Faktoren nennt Erwägungsgrund 62 exemplarisch die Zahl der betroffenen Personen und das Alter der Daten, welche im Fall der (Re-)Personalisierung und Information die Datenverarbeitungen über Gebühr einschränken würde. Doch auch spezifische Vorkehrungen der Verarbeitenden sind nach Erwägungsgrund 62 als „etwaige geeignete Garantien" zu berücksichtigen, womit technische und organisatorische Maßnahmen zum Datenschutz im Rahmen der genannten Zwecke – vor allem solche zur Datenminimierung sowie Anonymisierung und Pseudonymisierung gemäß Art. 89 Abs. 1 DSGVO – die Zumutbarkeitsschwelle zu verschieben vermögen. Bei der Bestimmung ist besonders zu berücksichtigen, dass die Privilegierung der genannten Zwecke nicht lediglich im Allgemeininteresse an entsprechenden Datenverarbeitungen begründet liegt, sondern als Kollisionsnorm zugleich praktische Konkordanz zur Wissenschaftsfreiheit zu wahren hat.[4]

16 Besonders zu beachten ist allerdings, dass auch dieser Ausnahmetatbestand nur „soweit" gilt, die **partielle Unmöglichkeit oder Unzumutbarkeit** also nicht eine Informationspflicht im Übrigen erfasst. Dementsprechend sieht Erwägungsgrund 61 ausdrücklich vor, dass im Fall nicht mehr rekonstru-

---

1 Ähnlich bislang Gola/Schomerus/*Gola/Klug/Körffer* BDSG § 33 Rn. 32.
2 Vgl. ähnlich Simitis/*Dix* BDSG § 33 Rn. 71.
3 Vgl. zutreffend bereits zur Vorgängernorm *Ehmann/Helfrich* DSRL Art. 11 Rn. 18 ff.; aA: Dammann/Simitis/*Dammann* DSRL Art. 11 Rn. 6.
4 Vgl. zur Vorgängernorm *Ehmann/Helfrich* DSRL Art. 11 Rn. 14.

ierbarer Herkunftsangaben von personenbezogenen Daten infolge der Nutzung verschiedener Quellen dennoch eine allgemein gehaltene Unterrichtung erfolgen solle.

Selbst im Fall der Unmöglichkeit oder Unzumutbarkeit ist zudem die generelle Verpflichtung auf **Kompensationsmechanismen** durch Art. 14 Abs. 5 lit. b S. 2 DSGVO zu beachten: Danach müssen selbst beim Entfallen der Informationspflicht geeignete Maßnahmen ergriffen werden, um die Rechte, Freiheiten und Interessen der betroffenen Personen zu schützen. Dementsprechend besteht zwar Raum für alternative Datenschutzkonzeptionen – wenn auch nicht so weitreichend wie im Fall der wörtlich angelehnten, aber nicht in gleichem Maße an Rechte und Freiheiten gemahnenden Formulierung aus Art. 14 Abs. 4 lit. c DSGVO –, allerdings sind diese streng auf ihre Geeignetheit zur Schutzrealisierung zu überprüfen. Als Teil solcher – wohl der Stoßrichtung nach vornehmlich intern ausgelegter – Maßnahmen ist zudem ausdrücklich eine Bereitstellung von Informationen über das Schutzkonzept für die Öffentlichkeit vorgegeben. 17

c) Art. 14 Abs. 5 lit. c DSGVO

Sodann enthält Art. 14 Abs. 5 lit. c DSGVO eine Ausnahme von der Informationspflicht, soweit entweder die Erlangung der personenbezogenen Daten oder ihre Offenlegung gegenüber Dritten durch eine **spezielle Rechtsvorschrift** im Unionsrecht oder im Recht der Mitgliedstaaten geregelt ist. Dies gilt jedoch nur, soweit die betreffende Rechtsvorschrift für die Verarbeitenden verbindliche Wirkungen zeitigt und materiell ein ausreichendes Schutzniveau hinsichtlich der berechtigten Interessen der betroffenen Personen realisiert. 18

d) Art. 14 Abs. 5 lit. d DSGVO

Zuletzt sieht Art. 14 Abs. 5 lit. d DSGVO vor, dass im Fall unionsrechtlicher oder mitgliedstaatlicher **Berufsgeheimnisse** inklusive satzungsmäßiger Geheimhaltungspflichten, soweit diese eine vertrauliche Behandlung der personenbezogenen Daten vorsehen, die Informationspflicht entfällt. Zweifelhaft ist indes, ob die wörtliche Anknüpfung an die Vertraulichkeit der personenbezogenen Daten regelungstechnisch überzeugt; sachgerecht wird die Bestimmung dahingehend auszulegen sein, dass vor allem die Datenverarbeitung entsprechenden Vertraulichkeitsvorgaben unterworfen sein muss, um eine Informationspflicht zu negieren, da anderenfalls nur in seltenen Fällen schützenswerte Interessen ersichtlich wären, die eine Kommunikation gegenüber der betroffenen Person ausschließen könnten. Keine Ausnahme von der Informationspflicht ist damit mehr für die vormals diskutierte Fallgruppe des Vertrages zugunsten Dritter auf den Todesfall anzuerkennen.[5] Auch sind personenbezogene Daten, die Versicherungen von ihren Versicherten über Dritte erlangen, nicht von diesem Ausnahmetatbestand erfasst. 19

---

5 Vgl. zur bisherigen Rechtslage Gola/Schomerus/*Gola/Klug/Körffer* BDSG § 33 Rn. 33.

4. Zeitpunkt der Informationspflichtigkeit

20 Abweichend vom Regelungsansatz des Art. 13 DSGVO wird durch Art. 14 Abs. 3 DSGVO der Zeitpunkt der geschuldeten Information detaillierter bestimmt.

21 Im **Regelfall** ist gemäß Art. 14 Abs. 3 lit. a DSGVO erst im Anschluss an die Erlangung der personenbezogenen Daten zu informieren. Nach dem Normwortlaut ist diese Information innerhalb einer angemessenen Frist zu bewirken, wobei konkretisierend auf die spezifischen Umstände der Verarbeitung zur Bestimmung der Angemessenheit abgestellt wird. Durch Erwägungsgrund 61 wird deutlich, dass die Bestimmung der Angemessenheit bewusst nach Maßgabe der konkreten Umstände des Einzelfalls erfolgen soll. Etwaige rechtmäßige Informationsverzögerungen dürften auch weiterhin regelmäßig in betrieblichen Erfordernissen begründet sein.[6] Eine äußerste Grenze dieses Angemessenheitsrahmens formuliert Art. 14 Abs. 3 lit. a DSGVO durch die statuierte Höchstgrenze von einem Monat.

22 Für drei Sonderfälle sind abweichende Vorgaben zu beachten: Gemäß Art. 14 Abs. 3 lit. b DSGVO muss im Fall der Erlangung von **kommunikationsermöglichenden Daten** wie Post- oder Mailadressen sowie Telefonnummern spätestens zum Zeitpunkt der ersten Mitteilung eine Information erfolgen, das heißt regelmäßig im Fall der erstmaligen Kontaktaufnahme. Nach Art. 14 Abs. 3 lit. c DSGVO ist im Fall der **Offenlegung von Daten** an einen anderen Empfänger (Art. 4 Nr. 9 DSGVO) eine Information spätestens zum Zeitpunkt der ersten Offenlegung geboten. Diese beiden Detailregelungen modifizieren nicht die generelle Informationspflicht innerhalb eines angemessenen Zeitrahmens, sondern gestalten lediglich die Höchstdauer der Angemessenheit restriktiver aus. Ein anderer Ansatz liegt demgegenüber Art. 14 Abs. 4 DSGVO zugrunde, wenn im Fall der **zweckverändernden Weiterverarbeitung** eine erneute Information „vor dieser Weiterverarbeitung" gefordert wird; diesbezüglich gelten die gleichen Erwägungen wie bei Art. 13 Abs. 3 DSGVO (→ Art. 13 Rn. 13).

5. Formvorgaben der Informationspflichtigkeit

23 Art. 14 DSGVO können keine gesonderten Form- und Verfahrensvorgaben für die durch die Vorschrift geforderten Mitteilungen entnommen werden, sodass diese wie im Fall des Art. 13 DSGVO entsprechend Art. 12 DSGVO zu leisten sind (→ Art. 13 Rn. 14).

II. Informationsumfang

24 Auch bei Art. 14 DSGVO liegt der quantitative Regelungsschwerpunkt in den Vorgaben zum Informationsumfang, welcher parallel zu Art. 13 DSGVO durch das Leitbild der Transparenz bzw. die „Grundsätze einer fairen und transparenten Verarbeitung" bestimmt ist (→ Art. 13 Rn. 15).

---

6 Vgl. zur bisherigen Rechtslage Gola/Schomerus/*Gola/Körffer/Klug* BDSG § 33 Rn. 15 a.

1. Informationen zum Grundverhältnis

Hinsichtlich der geschuldeten Angaben zum Grundverhältnis kann hin-   25
sichtlich der Mitteilung von Namen und **Kontaktdaten** (Art. 14 Abs. 1 lit. a
und lit. b DSGVO) auf die Kommentierung zu Art. 13 DSGVO verwiesen
werden (→ Art. 13 Rn. 16). Der einzige Unterschied besteht darin, dass
Art. 14 Abs. 1 lit. b DSGVO davon ausgeht, dass obligatorisch ein Datenschutzbeauftragter bestellt ist.

2. Informationen zur Datenverarbeitung

Auch hinsichtlich der auf die Datenverarbeitung abzielenden Angaben ist   26
weitgehend auf die Kommentierung zu Art. 13 DSGVO zu verweisen: Die
Angaben zu den **Verarbeitungszwecken** und **Rechtsgrundlagen** nach Art. 14
Abs. 1 lit. c DSGVO bzw. Art. 14 Abs. 4 DSGVO entsprechen Art. 13
Abs. 1 lit. c DSGVO bzw. Art. 13 Abs. 3 DSGVO (→ Art. 13 Rn. 18). Die
Nennung der **berechtigten Interessen** im Fall einer Verarbeitung gem. Art. 6
Abs. 1 lit. f DSGVO aus Art. 14 Abs. 2 lit. b DSGVO entspricht Art. 13
Abs. 1 lit. d (→ Art. 13 Rn. 18). Ebenfalls identisch sind die Angaben zu
den **Übermittlungsverhältnissen** zu leisten (→ Art. 13 Rn. 19), die durch
Art. 14 Abs. 1 lit. e u. lit. f DSGVO vorgeschrieben sind. Gleiches gilt für
die Mitteilungen zur **Dauer der Speicherung** (Art. 14 Abs. 2 lit. a DSGVO)
sowie über **Strukturen automatischer Entscheidungsfindung** (Art. 14 Abs. 2
lit. g DSGVO), sodass ebenfalls auf die entsprechende Kommentierung verwiesen wird (→ Art. 13 Rn. 20).

Ergänzt werden diese einheitlichen Vorgaben zum Informationsumfang im   27
Fall des Art. 14 DSGVO durch Informationen zum Datenbestand. So trifft
Verarbeitungsverantwortliche zunächst die Verpflichtung aus Art. 14
Abs. 1 lit. d DSGVO, die **Kategorien personenbezogener Daten** anzugeben,
welche verarbeitet werden. Diese Verpflichtung zielt nicht ausschließlich
auf die „besonderen Kategorien" im Sinne von Art. 9 Abs. 1 DSGVO ab,
sondern erfordert generelle Kategorisierungen für jeglichen Rückgriff auf
personenbezogene Daten. Entsprechend der wortlautidentischen Anforderung in Art. 23 Abs. 2 lit. b DSGVO ist dazu eine abstrahierte Umschreibung des Datengehalts erforderlich, wie beispielsweise bei den Charakteri-
sierungen als „Vertragsdaten", „Benutzungsdaten", „Arbeitsdaten", „Sozi-
alversicherungsdaten" oder „Videoüberwachungsdaten". Des Weiteren ist
gemäß Art. 14 Abs. 2 lit. f DSGVO die **Quelle** der personenbezogenen Daten anzugeben, wobei gesondert darauf hinzuweisen ist, ob die Daten aus
einer öffentlich zugänglichen Quelle stammen.[7]

3. Informationen über Rechte der betroffenen Personen

Zuletzt bestehen im Vergleich zu Art. 13 DSGVO identische Vorgaben für   28
Hinweise auf die **Rechte der betroffenen Personen**. So sieht Art. 14 Abs. 2
lit. c DSGVO vor, dass auf das Auskunftsrecht (Art. 15 DSGVO), Rechte
zur Berichtigung (Art. 16 DSGVO) oder Löschung (Art. 17 DSGVO), zur
Einschränkung der Verarbeitung (Art. 18 DSGVO) sowie das Wider-

---

7 Richtigerweise auf die konkrete Quelle, nicht auf die Primärquelle abstellend *Laue/
   Nink/Kremer*, § 3 Rn. 14.

spruchsrecht (Art. 21 DSGVO) und das Recht auf Datenportabilität (Art. 20 DSGVO) hinzuweisen ist. Auch hier genügt der Hinweis auf die unmittelbar im Verordnungstext normierten abstrakten Rechte (→ Art. 13 Rn. 22). Entsprechendes gilt für die durch Art. 14 Abs. 2 lit. e DSGVO vorgegebene Hinweispflicht auf das Beschwerderecht bei einer Aufsichtsbehörde (Art. 77 DSGVO). Ergänzend muss nach Art. 14 Abs. 2 lit. d DSGVO im Fall der einwilligungsbasierten Datenverarbeitung (Art. 6 Abs. 1 lit. a, 9 Abs. 2 lit. a DSGVO) über das jederzeitige Widerrufsrecht (Art. 7 Abs. 3 DSGVO) informiert werden, wobei zusätzlich darauf hinzuweisen ist, dass der Widerruf die Rechtmäßigkeit der einwilligungsbasiert bis dahin vollzogenen Datenverarbeitungen unberührt lässt.

4. Freiwillige Informationen

29   Über den Katalog der in Art. 14 DSGVO genannten Informationen hinausgehende Mitteilungen werden durch die Norm nicht ausgeschlossen, sodass eine freiwillige Ergänzung unproblematisch möglich ist.

C. Verhältnis zu anderen Normen

I. Innerhalb der DSGVO

30   Die Verortung im Normgefüge der DSGVO vollzieht sich parallel zu Art. 13 DSGVO, so dass auf die entsprechenden Kommentierungen verwiesen wird (→ Art. 13 Rn. 24 ff.).

II. Befugnisübertragungen/Durchführungsrecht

31   Mittelbar besteht visualisierungsbezogen eine Befugnis zum Erlass delegierter Rechtsakte aus Art. 12 Abs. 8, 92 DSGVO. § 8 ABDSG-E sieht künftig eine Konkretisierung der Informationspflicht – vor allem im Hinblick auf Ausnahmen – vor.

III. Fortgeltendes Bundes- oder Landesrecht

32   Siehe dazu die Ausführungen unter → Art. 13 Rn. 29.

D. Kritik und Fortentwicklungsperspektiven

33   Siehe dazu die Ausführungen unter → Art. 13 Rn. 30.

Artikel 15   Auskunftsrecht der betroffenen Person

(1) Die betroffene Person hat das Recht, von dem Verantwortlichen eine Bestätigung darüber zu verlangen, ob sie betreffende personenbezogene Daten verarbeitet werden; ist dies der Fall, so hat sie ein Recht auf Auskunft über diese personenbezogenen Daten und auf folgende Informationen:

a) die Verarbeitungszwecke;
b) die Kategorien personenbezogener Daten, die verarbeitet werden;
c) die Empfänger oder Kategorien von Empfängern, gegenüber denen die personenbezogenen Daten offengelegt worden sind oder noch offenge-

legt werden, insbesondere bei Empfängern in Drittländern oder bei internationalen Organisationen;

d) falls möglich die geplante Dauer, für die die personenbezogenen Daten gespeichert werden, oder, falls dies nicht möglich ist, die Kriterien für die Festlegung dieser Dauer;

e) das Bestehen eines Rechts auf Berichtigung oder Löschung der sie betreffenden personenbezogenen Daten oder auf Einschränkung der Verarbeitung durch den Verantwortlichen oder eines Widerspruchsrechts gegen diese Verarbeitung;

f) das Bestehen eines Beschwerderechts bei einer Aufsichtsbehörde;

g) wenn die personenbezogenen Daten nicht bei der betroffenen Person erhoben werden, alle verfügbaren Informationen über die Herkunft der Daten;

h) das Bestehen einer automatisierten Entscheidungsfindung einschließlich Profiling gemäß Artikel 22 Absätze 1 und 4 und – zumindest in diesen Fällen – aussagekräftige Informationen über die involvierte Logik sowie die Tragweite und die angestrebten Auswirkungen einer derartigen Verarbeitung für die betroffene Person.

(2) Werden personenbezogene Daten an ein Drittland oder an eine internationale Organisation übermittelt, so hat die betroffene Person das Recht, über die geeigneten Garantien gemäß Artikel 46 im Zusammenhang mit der Übermittlung unterrichtet zu werden.

(3) [1]Der Verantwortliche stellt eine Kopie der personenbezogenen Daten, die Gegenstand der Verarbeitung sind, zur Verfügung. [2]Für alle weiteren Kopien, die die betroffene Person beantragt, kann der Verantwortliche ein angemessenes Entgelt auf der Grundlage der Verwaltungskosten verlangen. [3]Stellt die betroffene Person den Antrag elektronisch, so sind die Informationen in einem gängigen elektronischen Format zur Verfügung zu stellen, sofern sie nichts anderes angibt.

(4) Das Recht auf Erhalt einer Kopie gemäß Absatz 1 b darf die Rechte und Freiheiten anderer Personen nicht beeinträchtigen.

Verwandte Normen: ErwGr 63; §§ 19, 34 BDSG 2003

Literatur:

Albrecht, Jan Philipp, Das neue EU-Datenschutzrecht – von der Richtlinie zur Verordnung, CR 2016, 88; *Albrecht, Jan Philipp/Jotzo, Florian,* Das neue Datenschutzrecht der EU, Baden-Baden 2017; *Ashkar, Daniel/Zieger, Christoph,* Datenschutzrechtliche Aspekte bei Forderungsveräußerungen – Inwieweit sind damit einhergehende Übermittlungen von personenbezogenen Daten zulässig?, ZD 2016, 58; *Auernhammer, Herbert/ Eßer, Martin/Kramer, Philipp/von Lewinski, Kai* (Hrsg.), Bundesdatenschutzgesetz, 4. Aufl. (Köln) 2014; *Bräutigam, Peter/Schmidt-Wudy, Florian,* Das geplante Auskunfts- und Herausgaberecht des Betroffenen nach Art. 15 der EU-Datenschutzgrundverordnung, CR 2015, 56; *Brüggemann, Sebastian/Reiher, Anne/Spikowius, Diana,* Stellungnahme des Telemedicus e.V. zur DSGVO v. 8.1.2015; *Faust, Sebastian/Spittka, Jan/Wybitul, Tim,* Milliardenbußgelder nach der DS-GVO? – Ein Überblick über die neuen Sanktionen bei Verstößen gegen den Datenschutz, ZD 2016, 120; *Gasper, Ulrich,* EU-Datenschutzreform: Einigung im Trilog, CR-aktuell 2016, R3; *Gierschmann, Sybille,* Was „bringt" deutschen Unternehmen die DS-GVO? – Mehr Pflichten, aber die Rechtsunsicherheit bleibt, ZD 2016, 51; *Gola, Peter,* DS-GVO Kommentar, München 2017; *Gola, Peter/Schomerus, Rudolf* (Hrsg.), Bundesdatenschutzgesetz, 12. Aufl. (München) 2015; *Gürtler, Paul/Kriese, Gilbert,* Die Umsetzung der Scoringtransparenz bei Banken, RDV 2010, 47; *Härting, Niko,* Datenschutzgrundverordnung, Köln 2016; *Heinemann, Oliver/Wäßle, Florian,* Datenschutzrechtlicher Datenschutzanspruch bei Kreditscoring, MMR 2010, 600; *Hennemann, Moritz,* Das Recht auf Löschung gem. Art. 17 Datenschutzgrundverordnung, PinG 2016, 176 – 178; *Jaspers, Andreas,* Die EU-Datenschutz-Grundverordnung, DuD 2012, 571; *Kempermann, Philip/Deiters, Gerhard/Fischer, Robert,* Einführung eines discovery-Verfahrens über deutsches Datenschutzrecht?, ZD 2013, 313; *Keppeler, Lutz Martin,* Was bleibt vom TMG-Datenschutz nach der DS-GVO?, MMR 2015, 779; *Kilian, Wolfgang/Heussen, Benno* (Hrsg.), Computerrechts-Handbuch, 32. EL. (München) 2013; *Kraska, Sebastian,* Datenschutz-Zertifizierung in der EU-Datenschutzgrundverordnung, ZD 2016, 153; *Kühling, Jürgen/ Buchner, Benedikt,* DS-GVO Kommentar, München 2017; *Kühling, Jürgen/Martini, Mario/Herberlein, Johanna/Kühl, Benjamin/Nink, David/Weinzierl, Quirin/Wenzel, Michael,* Die Datenschutzgrundverordnung und das nationale Recht, Münster 2016; *Liedkte, Bernd,* BIG DATA – small information: muss der datenschutzrechtliche Auskunftsanspruch reformiert werden?, K&R 2014, 709; *Metz, Rainer,* Scoring – Licht im Tunnel, VuR 2009, 403; *Paal, Boris/Pauly, Daniel,* Datenschutzgrundverordnung, Kommentar, München 2017; *Pauly, Daniel/Ritzer, Christoph,* Datenschutz-Novellen: Herausforderungen für die Finanzbrache, WM 2010, 8; *Pilz, Carlo,* Die Datenschutz-Grundverordnung, K&R 2016, 629; *Schaffland, Hans-Jürgen/Wiltfang, Noeme* (Hrsg.), Bundesdatenschutzgesetz, (Berlin) 2010; *Schuster, Fabian/ Hunzinger, Sven,* Zulässigkeit von Datenübertragungen in den USA nach dem Safe-Harbor-Urteil, CR 2015, 787; *Simitis, Spiros* (Hrsg.), Bundesdatenschutzgesetz, 8. Aufl. (Baden-Baden) 2014; *Spindler, Gerald/Schmitz, Peter/Geis, Ivo* (Hrsg.), Teledienstesetz, (München) 2004; *Spindler, Gerald,* Verträge über digitale Inhalte – Anwendungsbereich und Ansätze, MMR 2016, 147; *Spindler, Gerald,* Die neue Datenschutz-Grundverordnung, DB 2016, 937; *Taeger, Jürgen/Gabel, Detlev* (Hrsg.), Bundesdatenschutzgesetz, 2. Aufl. (Heidelberg) 2013; *Weichert, Thilo,* Der Datenschutzanspruch auf Negativauskunft, NVwZ 2007, 1004; *Wolff, Amadeus / Brink, Stefan* (Hrsg.), Beck´scher Online-Kommentar, Datenschutzrecht, 16. Edition (München) 2016; *Wybitul, Tim,* Die DS-GVO – ein Compliance-Thema?, ZD 2016, 105; *Wybitul, Tim/Rauer, Nils,* EU-Datenschutzgrundverordnung und Beschäftigtendatenschutz, ZD 2012, 160.

Bayerisches Landesamt für Datenschutzaufsicht, Trilog-Synopse der DS-GVO, abrufbar unter: https://www.lda.bayern.de/media/baylda_synopse.pdf

Deutscher Anwaltsverein, Stellungnahme zur DSGVO v. Mai 2015, Nr. 47/2012

Deutsche Vereinigung für Datenschutz e V, Datenschutz-Nachrichten 2015, S. 120

Position der Mitgliedstaaten zur Datenschutzgrundverordnung v. 11.6.2015, abrufbar unter: http://www.cr-online.de/Position_der_Mitgliedsstaaten_zur_Datenschutz-GVO_ v._11.6.2015.pdf

A. Grundlagen

I. Gesamtverständnis und Zweck der Norm

Art. 15 DSGVO ist das zentrale Recht des Betroffenen, das ihn erst in die **1** Lage versetzt, seine Rechte auf Löschung, Berichtigung und Einschränkung der Bearbeitung und Datenübertragbarkeit gem. Art. 16 ff. DSGVO sowie Schadensersatzansprüche gem. Art. 82 DSGVO geltend zu machen.[1] Die betroffene Person kann eine Bestätigung darüber verlangen, ob ihre personenbezogenen Daten verarbeitet wurden, und hat, wenn eine Verarbeitung erfolgt ist, einen Anspruch auf Auskunft über die personenbezogenen Daten sowie nähere in Abs. 1 2. HS. definierte Informationen. Werden personenbezogene Daten an ein Drittland oder an eine internationale Organisation übermittelt, so hat die betroffene Person weitere Unterrichtungsansprüche gem. Abs. 2. Abs. 3 sieht schließlich ein Recht auf die Zurverfügungstellung einer Kopie der personenbezogenen Daten vor, die Gegenstand der Verarbeitung sind, wobei in Abs. 4 dieses Recht in bestimmten Fällen einschränkt.[2]

Telos ist es, dem Betroffenen die Überprüfung der rechtmäßigen Verarbeitung der ihn betreffenden personenbezogenen Daten zu ermöglichen. Als notwendige Voraussetzung der Wahrnehmung der übrigen Rechte des dritten Abschnitts der DSGVO (Art. 16 ff.) zielt er aber auch auf eine effektive Rechtsdurchsetzung dieser Rechte.[3] Als zwingendes Recht ist Art. 15 DSGVO nicht durch Parteivereinbarung abdingbar, weder durch AGB, noch durch Individualvertrag. Dies ist zwar nicht, wie in § 6 Abs. 1 BDSG, ausdrücklich normiert, ergibt sich aber aus dem Charakter der Norm als Schutzvorschrift zugunsten der strukturell unterlegenen Vertragspartei.[4] Der Auskunftsanspruch ist verfahrensrechtliche Vorkehrung des Rechts auf informationelle Selbstbestimmung, das grundrechtlich in Art. 2 Abs. 1, 1 Abs. 1 GG verankert ist, und Schutz auch über Art. 8 EMRK genießt.[5]

Art. 15 DSGVO steht in unmittelbarem Zusammenhang mit der Informations- **2** pflicht aus Art. 14 DSGVO, deren Erfüllung den Betroffenen häufig erst anregt, Auskunft über seine Daten zu verlangen,[6] im Gegensatz zur Infor-

---

1 Taeger/Gabel/*Meents* BDSG § 34 Rn. 3; Simitis/*Dix* BDSG § 34 Rn. 1, 7; Gola/ Schomerus/*Gola/Klug/Körffer* BDSG § 34 Rn. 1; zum Recht auf Löschung vgl. insb. *Hennemann* PinG 2016, 176 (176 ff.).
2 Vgl. zum Anspruchsumfang auch: Paal/Pauly-*Paal* DSGVO Art. 15 Rn. 1.
3 Vgl. Erwägungsgrund 63; Taeger/Gabel/*Meents* BDSG § 34 Rn. 3; *Albrecht/Jotzo*, S. 85.
4 Zur Charakterisierung einer Norm als zwingendes Recht vgl. *Wolf/Neuner*, Allgemeiner Teil des Bürgerlichen Rechts, § 3 Rn. 11 f., 19 f.; *Ulrici* JuS 2005, 1073 (1074); *Bachmann* JZ 2008, 11 (12).
5 Simitis/*Dix* BDSG § 34 Rn. 2; BeckOK DatenschutzR/*Schmidt-Wudy* BDSG § 34 Rn. 3, 6.
6 Vgl. zum Verhältnis des § 34 zu § 33 BDSG: Simitis/*Dix* BDSG § 34 Rn. 3.

mationspflicht sind die Auskünfte gem. Art. 15 DSGVO aber erst auf Antrag zu erteilen. *Dix* spricht insofern zu Recht von der Pflicht zur Herstellung passiver Form von Transparenz für den Auskunftsanspruch, zur Herstellung aktiver Transparenz für die Informationspflichten.[7]

II. Bisherige Rechtslage

3 Der Auskunftsanspruch ist bislang in §§ 19, 34 BDSG normiert, die ihrerseits auf Art. 12, 13 DSRL[8] zurückgehen. Art. 15 DSGVO enthält dabei gegenüber §§ 19, 34 BDSG sowohl Aussparungen, als auch Erweiterungen. So entfällt etwa die Differenzierung zwischen Stellen, die personenbezogene Daten geschäftsmäßig zum Zweck der Übermittlung erheben, speichern oder verändern (§ 29 BDSG), Stellen, die personenbezogene Daten zum Zwecke des Scorings erheben oder verwenden (§ 28 b BDSG) und anderen Stellen. Art. 15 DSGVO fällt insofern wesentlich übersichtlicher aus, als § 34 BDSG. Gleichzeitig erweitert Art. 15 Abs. 1 lit. e, f. DSGVO die Auskunftspflicht auf die Betroffenenrechte gem. Art. 16, 17 und 18, 21 DSGVO sowie auf das Bestehen eines Beschwerderechts bei einer Aufsichtsbehörde, Art. 77 DSGVO. Neu ist aber vor allem die Möglichkeit, die Herausgabe von Kopien der personenbezogenen Daten, über die Auskunft erteilt wird, verlangen zu können.

III. Entstehung der Norm

4 Art. 15 DSGVO war bereits im Vorschlag der Europäischen Kommission vom 25.1.2012 vorgesehen,[9] wurde jedoch während des Gesetzgebungsverfahrens mehrfach geändert.[10] So wurde insbesondere das Recht auf Datenübertragbarkeit aus Art. 18 Abs. 2 DSGVO (KOM) durch das Europäische Parlament zunächst partiell in Art. 15 Abs. 2, 2 a DSGVO (PARL) übernommen, Art. 18 DSGVO (KOM) dafür gestrichen.[11] Diese Änderung wurde im Rat jedoch weitgehend rückgängig gemacht. Verblieben ist die Verpflichtung des Datenverarbeiters in Art. 15 Abs. 3 DSGVO, auf Antrag eine Kopie der personenbezogenen Daten, die Gegenstand der Verarbeitung sind, zur Verfügung zu stellen.

B. Kommentierung
I. Abs. 1
1. Auskunftsverlangen

5 Art. 15 DSGVO spricht allein vom „Recht" auf Auskunft. Damit unterscheidet er sich von §§ 19, 34 BDSG, die expressis verbis ein Auskunftsver-

---

7 Noch zu § 34 BDSG: Simitis/*Dix* BDSG § 34, Rn. 6; dem folgend: Taeger/Gabel/*Meents* BDSG § 34 Rn. 4.
8 Richtlinie 95/46/EG des Europäischen Parlaments und des Rates v. 24.10.1995 zum Schutz natürlicher Personen bei der Verarbeitung personenbezogener Daten und zum freien Datenverkehr.
9 Vorschlag einer Verordnung des Europäischen Parlaments und des Rates zum Schutz natürlicher Personen bei der Verarbeitung personenbezogener Daten und zum freien Datenverkehr, KOM (2012) 11 endg.
10 Zu den Änderungen vgl. umfassend Paal/Pauly-*Paal* DSGVO Art. 15 Rn. 2.
11 Stellungnahme des Parlaments in 1. Lesung v. 12.3.2014, TA 2014/212/P7.

langen erfordern.[12] Dennoch muss auch im Rahmen des Art. 15 DSGVO die datenverarbeitende Stelle nicht von sich aus tätig werden. Dies ergibt sich aus Art. 12 Abs. 2 DSGVO, der von einem „Antrag der betroffenen Person auf Wahrnehmung ihrer Rechte gem. Art. 15-22 DSGVO" spricht, aber auch aus Erwägungsgrund 63 DSGVO aE, der nach Änderung des Rates vom 15.6.2015 nunmehr explizit ein Auskunftsersuchen verlangt. Ein solches Auskunftsersuchen kann jedermann stellen, Geschäftsfähigkeit ist nicht erforderlich.[13] Nach Auffassung des Hessischen LAG zu § 34 BDSG ist darzulegen, dass bei der in Anspruch genommenen Stelle personenbezogene Daten gespeichert werden könnten, der Anspruch kann insofern nicht ins Blaue hinein geltend gemacht werden.[14] Art. 15 DSGVO beinhaltet ein Recht auf Auskunft darüber, ob überhaupt personenbezogene Daten verarbeitet werden sowie ein weiteres Recht auf Auskunft über diese personenbezogenen Daten und weitere Informationen. Man wird dem Betroffenen aber nicht auferlegen können, tatsächlich zwei Anträge auf Auskunft zu stellen. Vielmehr wird man einen Antrag regelmäßig jedenfalls dann, wenn er nicht explizit einen Verzicht auf eine Beauskunftung über den konkreten Inhalt der Daten und die übrigen Informationen gem. Abs. 1 lit. a-h erhält, so auslegen können, dass der Auskunftsanspruch des Art. 15 DSGVO in seiner gesamten Reichweite geltend gemacht wird.[15]

a) Präzisierung

Das Auskunftsersuchen ist auf bestimmte Informationen oder Verarbeitungsvorgänge zu präzisieren, wenn der für die Verarbeitung Verantwortliche (Art. 4 Abs. 7 DSGVO) eine große Menge von Informationen über die betroffene Person verarbeitet iSd Art. 4 Abs. 2 DSGVO.[16] Erwägungsgrund 63 statuiert dabei, der für die Datenverarbeitung Verantwortliche „sollte verlangen können, dass die betroffene Person präzisiert, auf welche Verarbeitungsvorgänge sich ihr Auskunftsersuchen bezieht." Er ist damit ebenso wie § 34 Abs. 1 S. 2 BDSG als Sollvorschrift formuliert, in dessen Anwendungsbereich anerkannt war, dass der Betroffene zu einer Präzisierung nicht gezwungen werden kann.[17] Es ist insofern auch im Rahmen des Art. 15 DSGVO nicht davon auszugehen, dass ein Anspruch des für die Datenverarbeitung Verantwortlichen entsprechend dem Regierungsentwurf zum BDSG von 1977[18] begründet wird, der der Auskunftspflicht entgegen

6

---

12 Vgl. hierzu statt vieler: Taeger/Gabel/*Meents* BDSG § 19 Rn. 8, § 34 Rn. 12 f.; BeckOK DatenschutzR/*Schmidt-Wudy* BDSG § 34 Rn. 35.
13 AA für Auskunftsersuchen gegenüber öffentlichen Stellen unter Bezugnahme auf § 12 Abs. 1 Nr. 2 VwVfG: Simitis/*Mallmann* BDSG § 19 Rn. 33; BeckOK DatenschutzR/*Schmidt-Wudy* BDSG § 34 Rn. 27.
14 So zu § 34 BDSG: HessLAG 29.1.2013 – 13 Sa 263/12, RDV 2013, 203; Gola/Schomerus/*Gola/Klug/Körffer* BDSG § 34 Rn. 5 a.
15 Zur Auslegung eines Auskunftsantrags vgl. auch: Paal/Pauly-*Paal* DSGVO Art. 15 Rn. 21.
16 Erwägungsgrund 64; BeckOK DatenschutzR/*Schmidt-Wudy* BDSG § 34 Rn. 38 Paal/Pauly-*Paal* DSGVO Art. 15 Rn. 8 ff.
17 Statt vieler: Gola/Schomerus/*Gola/Klug/Körffer* BDSG § 34 Rn. 5 ff.
18 Art. 11 Abs. 1, 20 Abs. 2 Regierungsentwurf zum BDSG 1977, BT-Drs. 7/1027, S. 7, 9.

gehalten werden könnte.[19] Der Betroffene wäre aber ohnehin nicht gehindert, sein Auskunftsersuchen auf sämtliche verarbeitete Daten zu präzisieren, wovon im Zweifel auszugehen ist.[20] Denn der Betroffene kann häufig diejenigen Informationen, die erst offen gelegt werden sollen, nicht genau bezeichnen.[21] Erfolgt eine Präzisierung nicht oder grenzt diese den Auskunftsanspruch nicht hinreichend ein, kommt in Anbetracht des ggf. entstehenden Mehraufwands eine angemessene Fristverlängerung gem. Art. 12 Abs. 3 DSGVO in Betracht.

b) In angemessenen Abständen

7   Erwägungsgrund 63 sieht seit der Ratsfassung vom 15.6.2015 eine Beschränkung der Geltendmachung des Auskunftsrechts auf angemessene Abstände vor. Nach Auffassung von Deutschland und Schweden sollte ein jährlicher unentgeltlicher Auskunftsintervall als angemessen erachtet werden.[22] Da dies jedoch weder in Art. 12 DSGVO, noch in Art. 15 DSGVO selbst normiert wurde, ist davon auszugehen, dass die Angemessenheit im Einzelfall unter Berücksichtigung aller Umstände zu ermitteln ist. Wird das Auskunftsrecht unverhältnismäßig häufig geltend gemacht oder ist der Auskunftsantrag offenkundig unbegründet, so kann der für die Verarbeitung Verantwortliche gem. Art. 12 Abs. 5 DSGVO ein angemessenes Entgelt verlangen oder die Auskunft verweigern, wobei der für die Verarbeitung Verantwortliche den Nachweis des unbegründeten oder unverhältnismäßigen Charakters des Antrags zu erbringen hat.

c) Identifizierung des Betroffenen

8   Gem. Erwägungsgrund 64 sollte der für die Verarbeitung Verantwortliche alle vertretbaren Mittel nutzen, um die Identität einer auskunftssuchenden betroffenen Person zu überprüfen, insbesondere im Rahmen von Online-Diensten und im Fall von Online-Kennungen. Diese Vorgabe reagiert auf die spezifischen Anforderungen digitaler Umgebungen. An der Maßgabe, nach der die verarbeitende Stelle Verfahren und Form der Identifizierung des Betroffenen grundsätzlich selbst bestimmt, wird sich indes nichts ändern, handelt es sich doch bei Erwägungsgrund 64 lediglich um eine Sollvorschrift. Der Passus, dass die digitale Identifizierung einer betroffenen Person dieselben Berechtigungsnachweise einschließen soll, wie sie die betroffene Person verwendet, um sich bei dem von dem für die Verarbeitung Verantwortlichen bereitgestellten Online-Dienst anzumelden, wurde in den Trilogverhandlungen wieder gestrichen. Art. 12 Abs. 6 DSGVO enthält eine Befugnisnorm der datenverarbeitenden Stelle, weitere Informationen anzufordern, die für die Bestätigung der Identität des Betroffenen erforder-

---

19   Simitis/*Mallmann* BDSG § 19 Rn. 38 sowie Auernhammer/*Eßer* BDSG § 19 Rn. 19
     wollen die Präzisierung dann zur Voraussetzung eines Auskunftsanspruchs machen, wenn eine sachliche Notwendigkeit besteht und dem Antragsteller eine Eingrenzung möglich und zumutbar ist.

20   So zu § 34 BDSG: Gola/Schomerus/*Gola/Klug/Körffer* BDSG § 34 Rn. 5;
     Simitis/*Dix* BDSG § 34 Rn. 41; *Schaffland/Wiltfang* BDSG, Lfg. 1/14.II/14, § 34
     Rn. 12.

21   Simitis/*Dix* BDSG § 34 Rn. 41; *Schaffland/Wiltfang* BDSG, Lfg. 1/14.II/14, § 34
     Rn. 12 f.

22   Position der Mitgliedstaaten zur DSGVO v. 11.6.2015, S. 122 Fn. 288.

lich sind. Ein Auskunftsanspruch unter einem Pseudonym zu stellen, ist möglich und zulässig, es ist in diesem Fall zu prüfen, ob der Antragstellende der unter dem Pseudonym Auftretende ist.[23]

Die Prüfung der Identität einer betroffenen Person ist freilich für die daten-   9
verarbeitende Stelle auch im eigenen Interesse essentiell, kann die Herausgabe personenbezogener Daten an einen anderen als den Betroffenen doch eine Persönlichkeitsrechtsverletzung begründen und folglich zivilrechtliche Ansprüche nach sich ziehen. Sie löst außerdem als unbefugte Datenübermittlung potentiell Schadensersatzansprüche nach Art. 82 DSGVO sowie Sanktionen gem. Art. 83 DSGVO aus. Hat der Verantwortliche begründete Zweifel an der Identität der natürlichen Person, die den Antrag nach Art. 15 stellt, so kann er gem. Art. 12 Abs. 6 weitere Informationen anfordern, um den Betroffenen zu identifizieren (hierzu → Art. 12 Rn. 28).[24] Ist der Betroffene nicht identifizierbar, findet Art. 15 DSGVO gem. Art. 11 Abs. 2 DSGVO bei Vorliegen auch der weiteren Voraussetzungen des Art. 11 Abs. 2 DSGVO (→ Art. 11 Rn. 10 ff.) keine Anwendung.[25]

2. Inhalt der Auskunft

Nach Art. 15 DSGVO hat die betroffene Person das Recht, von dem für   10
die Verarbeitung Verantwortlichen (Art. 4 Abs. 7 DSGVO) eine Bestätigung darüber zu verlangen, ob sie betreffende personenbezogene Daten verarbeitet werden. Dieser Anspruch ist bei entsprechendem Auskunftsverlangen voraussetzungslos.[26] Auskunft ist zunächst darüber zu erteilen, welche Daten über die um Auskunft ersuchende Person verarbeitet werden. Erfasst werden alle Daten, die beim Auskunftsverpflichteten im Zeitpunkt des Auskunftsverlangens vorhanden sind. Der Auskunftsverpflichtete kann sich nicht dadurch dem Auskunftsverlangen entziehen, dass er die entsprechenden Daten auf das Auskunftsverlangen hin löscht.[27]

Zu informieren ist darüber hinaus über die Zwecke der Datenverarbeitung iSd Art. 4 Abs. 2 DSGVO (ursprünglicher Verarbeitungszweck nebst späterer Zweckänderungen), damit eine Verifizierung des Zweckbindungserfordernisses gem. Art. 5 Abs. 1 lit. b möglich wird.[28] Weiter ist über die Kategorien personenbezogener Daten, die verarbeitet werden, zu informieren. Zu finden sind besondere Kategorisierungen personenbezogener Daten etwa in Art. 9 DSGVO. Weiterhin ist der Betroffene zu beauskunften über die Empfänger oder Kategorien von Empfängern, an die die personenbezogenen Daten weitergegeben wurden oder noch weitergegeben werden, wobei eine Wahlrecht zwischen diesen beiden Alternativen besteht.[29] In letzt-

---

23 AG Hamburg-Altona 17.11.2004 – C 328/040, DuD 2005, 170 (171); zu den Einzelheiten vgl. Simitis/*Dix* BDSG § 34 Rn. 45; aA Spindler/Schmit/Geis/*Schmitz* TDDSG § 4 Rn. 51.
24 Vgl. hierzu auch: *Pilz* K&R 2016, 629 (631).
25 Vgl. hierzu auch: Paal/Pauly-*Paal* DSGVO Art. 15 Rn. 10.
26 Kühling/Buchner-*Bäcker*, Art. 15 Rn. 6.
27 Kühling/Buchner-*Bäcker*, Art. 15 Rn. 8.
28 Vgl. Gola/Schomerus/*Gola/Klug/Körffer* BDSG § 34 Rn. 12; Paal/Pauly-*Paal* DSGVO Art. 15 Rn. 24.
29 Paal/Pauly-*Paal* DSGVO Art. 15 Rn. 26; wohl auch: *Liedtke* K&R 2014, 709 (710 ff.).

benannter, durch die Ratsfassung vom 15.6.2015 eingefügter Alternative geht Art. 15 DSGVO über die bisherige Regelung des § 34 Abs. 1 Nr. 2 BDSG hinaus. Die Aufzählung der Auskunftspflicht „speziell" gegenüber Empfängern in Drittstaaten oder bei internationalen Organisationen dürfte beispielhaft sein. Ebenfalls über den bisherigen Regelungsbereich des § 34 BDSG hinausgehend enthält Art. 15 Abs. 1 lit. d DSGVO die Verpflichtung zur Auskunftserteilung über die geplante Dauer für die die personenbezogenen Daten gespeichert werden, oder, falls dies nicht möglich ist, die Kriterien der Festlegung dieser Dauer. Diese Unmöglichkeit wird als subjektive Unmöglichkeit der verantwortlichen Stelle zu verstehen sein.[30] Ist eine Beauskunftung über die Dauer der Speicherung der personenbezogenen Daten aber möglich, so ist der konkrete Speicherzeitraum nach Jahren, Monaten und Tagen anzugeben, sowie auf den Beginn des Speicherzeitraumes hinzuweisen.[31] Auskunft zu erteilen ist außerdem (kumulativ) über das Bestehen der Rechte gem. Art. 16, 17, 18, 21, 77 DSGVO, nicht aber über das Bestehen des Rechts auf Datenübertragbarkeit gem. Art. 20 DSGVO. Die Pflicht zur Auskunftserteilung über ein Beschwerderecht bei einer Aufsichtsbehörde hat dabei zu beachten, dass zwar die Kontaktdaten der Aufsichtsbehörde nicht angegeben werden müssen, wohl aber wird man dem Verantwortlichen auferlegen können, die für ihn zuständige Aufsichtsbehörde angeben zu müssen.[32] Sollen die personenbezogenen Daten nicht bei der betroffenen Person erhoben werden, so sind dem Betroffenen weiterhin alle verfügbaren Informationen über die Herkunft der Daten zu erteilen. Dies entspricht dem bisherigen § 34 Abs. 1 Nr. 1 Hs. 2 BDSG. Es wird die Stelle oder Person oder sonstige Quelle beschrieben, von der die datenverarbeitende Stelle die Daten erhalten hat.[33] Angaben zur Quelle haben auch die Mittel zu benennen, mit denen die personenbezogenen Daten erhoben wurden.[34] Werden die Daten für eine automatisierte Entscheidungsfindung einschließlich des Profilings gem. Art. 22 Abs. 1-4 DSGVO verwendet, so ist hierüber Auskunft zu erteilen sowie aussagekräftige Informationen zu erteilen über die verwendete Logik und Tragweite und die angestrebten Auswirkungen einer derartigen Verarbeitung für die betroffene Person. Profiling-Verfahren sind dabei alle Verfahren zur Erstellung von Nutzerprofilen, insbesondere Scoring-Verfahren.[35] Auswertungsergebnisse und Entscheidungen, die aufgrund der Auswertung getroffen wurden, sind mitzuteilen.[36] Konkrete Formeln dieser Scoring-Verfahren sollten dabei bis-

---

30 Paal/Pauly-*Paal* DSGVO Art. 15 Rn. 27.
31 Paal/Pauly-*Paal* DSGVO Art. 15 Rn. 27.
32 So auch: Paal/Pauly-*Paal* DSGVO Art. 15 Rn. 29.
33 Gola/Schomerus/*Gola/Klug/Körffer* BDSG § 34 Rn. 10.
34 Kühling/Buchner-*Bäcker*, Art. 15 Rn. 25.
35 *Brüggemann/Reiher/Spikowius*, Stellungnahme des Telemedicus eV zur DSGVO v. 8.1.2015, abrufbar unter: http://www.telemedicus.info/article/2882-Telemedicus -Stellungnahme-zu-Profiling-in-der-DS-GVO.html.
36 Kühling/Buchner-*Bäcker*, Art. 15 Rn. 27.

lang gerade nicht beauskunftet werden müssen.[37] Auch im Rahmen des Art. 15 DSGVO wird dies schon deshalb weiterhin gelten müssen, weil es sich bei der konkreten Scoring-Logik um ein Geschäftsgeheimnis handelt, für das die Ausnahmevorschrift des Art. 15 Abs. 4 DSGVO gilt (vgl. Erwägungsgrund 63). Auskunft gegeben werden muss indes über die in die Score-Bewertung eingeflossenen Daten.[38] Erfasst ist letztlich auch die Negativauskunft.[39]

3. Frist der Auskunft

Eine Frist für die Auskunftserteilung bzw. Herausgabe von Daten findet 11
sich nicht unmittelbar in Art. 15 DSGVO. Auch § 34 BDSG sieht keine Festlegung einer Frist vor. In Bezug auf die bisherige Rechtslage herrschte hier in Teilen der Literatur Uneinigkeit. Prinzipiell galt der Grundsatz der Unverzüglichkeit, wobei jedoch die im Geschäftsverkehr üblichen Fristen berücksichtigt wurden.[40] Dabei wurde teilweise eine Frist von zwei Wochen als angemessen erachtet.[41] Bei einer Verzögerung musste der Betroffene über diesen Umstand und den Stand der Bearbeitung informiert werden.[42] Andere Auffassungen in der Literatur stellten bei der Festlegung der Frist auf den Einzelfall und dabei insbesondere darauf ab, wann nach Treu und Glauben mit einer Antwort zu rechnen war,[43] wieder andere auf eine Frist von vier Wochen ab dem Zugang des Auskunftsbegehrens.[44]

Die Frist zur Erfüllung des Auskunftsersuchens nach Art. 15 DSGVO be- 12
stimmt sich nach den Vorgaben des Art. 12 Abs. 3 und 4 DSGVO. Hiernach ist die entsprechende Information „ohne unangemessene Verzögerung, spätestens aber innerhalb eines Monats nach Eingang des Antrags zur Verfügung" zu stellen. Dieses Zeitfenster entspricht den Vorschlägen von Kommission und Rat.[45] Der Vorschlag des Parlaments sah dagegen

---

37 Regierungsentwurf zur Änderung des Bundesdatenschutzgesetzes, 2008, BT-Drs.
    16/10529, 17; BGH 28.1.2014 – VI ZR 156/13, NJW 2014, 1235 Tz. 17, 27;
    OLG Nürnberg 30.10.2012 – 3 U 2362/11, ZD 2013, 26 (27); *Heinemann/Wäßle*
    MMR 2010, 600 (602); *Metz* VuR 2009, 403 (406); *Gürtler/Kriese* RDV 2010, 47
    (53 ff.); kritisch: Simitis/*Dix* BDSG § 34 Rn. 33; das LG Berlin will jedenfalls An-
    gaben zur Vergleichsgruppe, in die der Betroffene eingeordnet wird als vom Aus-
    kunftsanspruch erfasst ansehen, vgl. LG Berlin 1.11.2011 – 6 O 479/10, BeckRS
    2012, 05765.
38 BGH 28.1.2014 – VI ZR 156/13, NJW 2014, 1235 Tz. 18, 27.
39 *Bräutigam/Schmidt-Wudy* CR 2015, 56 (58); vgl. auch: *Weichert* NVwZ 2007,
    1004 f.; Gola/Schomerus/*Gola/Klug/Körffer* BDSG § 34 Rn. 5 b; Simitis/*Dix* BDSG
    § 34 Rn. 18; BeckOK DatenschutzR/*Schmidt-Wudy* BDSG § 34 Rn. 14; BeckOK
    DatenschutzR/*Worms* BDSG § 19 Rn. 18 f.; Gola-*Frank*, Art. 15 Rn. 5.
40 Gola/Schomerus/*Gola/Klug/Körffer* BDSG § 34 Rn. 16; BeckOK DatenschutzR/
    Schmidt-Wudy BDSG § 34 Rn. 105.
41 Gola/Schomerus/*Gola/Klug/Körffer* BDSG § 34 Rn. 16.
42 Gola/Schomerus/*Gola/Klug/Körffer* BDSG § 34 Rn. 16.
43 *Heinemann/Wäßle* MMR 2010, 600 (603); BeckOK DatenschutzR/*Schmidt-Wudy*
    BDSG § 34 Rn. 105.
44 BeckOK DatenschutzR/*Schmidt-Wudy* BDSG § 34 Rn. 106.
45 BayLDA, Trilog-Synopse der DS-GVO, S. 267.

eine Frist von maximal 40 Tagen vor.[46] Die Monatsfrist darf um maximal weitere zwei Monate verlängert werden, Art. 12 Abs. 3 S. 2 DSGVO, „wenn dies unter Berücksichtigung der Komplexität des Antrags und der Anzahl von Anträgen erforderlich ist". Der Betroffene ist im Falle einer Fristverlängerung über die Gründe der Verzögerung zu unterrichten, wobei die Unterrichtung noch im ersten Monat zu erfolgen hat, Art. 12 Abs. 3 S. 3 DSGVO. Die Vorschläge von Kommission und Parlament hatten noch eine Fristverlängerung von lediglich einem Monat vorgesehen.[47]

13   Nach Art. 12 Abs. 4 DSGVO ist die verarbeitende Stelle für den Fall, dass sie auf den Antrag des Betroffenen nach Art. 15 DSGVO nicht innerhalb der Frist gem. Art. 12 Abs. 4 DSGVO tätig wird, zu weiteren Unterrichtungen verpflichtet. Sie hat die betroffene Person ohne Verzögerung, spätestens aber innerhalb eines Monats nach Zugang des Auskunftsantrags, über die Gründe hierfür und über die Möglichkeit, bei einer Aufsichtsbehörde Beschwerde einzulegen oder den Rechtsweg zu beschreiten, zu unterrichten. Auch § 34 BDSG sah bereits die Möglichkeit des Betroffenen vor, sich für den Fall der Untätigkeit an die zuständige Aufsichtsbehörde zu wenden sowie Klage zu erheben.[48] Für die Einzelheiten zur Bestimmung von Frist und Untätigkeitsfolgen sei hier auf die Ausführungen zu Art. 12 DSGVO verwiesen.

4. Form der Auskunft

14   Die für die Auskunftserteilung nach Art. 15 DSGVO erforderliche Form bestimmt sich nach Art. 12 Abs. 1 S. 2 und 3 DSGVO. Danach erfolgt die Auskunftserteilung schriftlich oder in anderer Form, gegebenenfalls in elektronischer Form. Falls von der betroffenen Person verlangt, kann die Information mündlich erteilt werden, sofern die Identität der betroffenen Person in anderer Form nachgewiesen wurde.[49] Diese Regelung scheint großzügig mehrere mögliche Situationen der Auskunftsanfrage abzudecken. Auch Wünsche der betroffenen Personen werden berücksichtigt. Kommission und Parlament haben indes ursprünglich strengere Anforderungen an die Form stellen wollen. Beide forderten eine schriftliche Auskunftserteilung, wollten die elektronische Form nur dann zulassen, wenn die betroffene Person in elektronischer Form anfragt und keine gewünschte Form für die Auskunft angibt.[50] Die Schriftform wird in den Erwägungsgründen nicht weiter definiert. Es gilt der Grundsatz der autonomen Auslegung des Unionsrechts, sodass nicht schlicht auf § 126 BGB verwiesen werden kann. Die unionsrechtliche Schriftform setzt eine Perpetuierung der Erklärung durch lesbare Schriftzeichen voraus. Einer eigenhändigen Unter-

---

46 Geänderter Vorschlag des Parlaments, Abänderung 107, Art. 12 Abs. 2, abrufbar unter: http://www.europarl.europa.eu/sides/getDoc.do?pubRef=-//EP//TEXT+TA+P7-TA-2014-0212+0+DOC+XML+V0//DE, zuletzt abgerufen am 22.2.2016; BayLDA, Trilog-Synopse der DS-GVO, S. 267.

47 BayLDA, Trilog-Synopse der DS-GVO, S. 267.

48 BeckOK DatenschutzR/*Schmidt-Wudy* BDSG § 34 Rn. 23.

49 Art. 12 Abs. 1 S. 3 DSGVO.

50 BayLDA, Trilog-Synopse der DS-GVO, Art. 12 Abs. 2 S. 3 und 4 DSGVO-E (KOM) sowie Art. 12 Abs. 2 S. 3 und 4 DSGVO-E (PARL), S. 267-268.

schrift bedarf es wohl nicht.[51] Nach bisherigem Recht reichte die Auskunftserteilung in Textform aus, soweit nicht wegen der besonderen Umstände eine andere Form der Auskunftserteilung angemessen war, § 34 Abs. 6 BDSG (zur Form der Herausgabe von Kopien → Rn. 18).

Der Auskunftsanspruch kann gem. Erwägungsgrund 63 auch dadurch erfüllt werden, dass der für die Verarbeitung Verantwortliche den Fernzugang zu einem sicheren System bereitstellt, der der betroffenen Person direkten Zugang zu ihren personenbezogenen Daten ermöglicht. Es erscheint insofern auch die Einrichtung eines automatisierten Auskunftssystems über derartige Fernzugänge möglich. Dies könnte sich insbesondere aufgrund des geringeren Kosten- und Personalaufwands anbieten.[52]   **15**

Hinsichtlich der Art und Weise der Auskunftserteilung gibt Art. 12 Abs. 1 DSGVO vor, dass die Mitteilungen gem. Art. 15 DSGVO in präziser, transparenter, verständlicher und leicht zugänglicher Form sowie in einfacher Sprache zu übermitteln sind (vgl. hierzu auch → Art. 12 Rn. 11 ff.). Vorbehaltlich des Eingreifens von Abs. 3 S. 2 wird die Mitteilung unentgeltlich erteilt.[53]

5. Unverhältnismäßiges oder offensichtlich unbegründetes Auskunftsverlangen

Im Rahmen des § 34 BDSG hat die verantwortliche Stelle bislang die Möglichkeit, einen Auskunftsantrag bei Rechtsmissbrauch abzulehnen.[54] Nunmehr sieht Art. 12 Abs. 5 lit. a DSGVO darüber hinaus die Möglichkeit zur Erhebung eines angemessenen Entgelts vor, sofern es sich um offenkundig unbegründete oder unverhältnismäßige Anträge einer Person handelt, zB bei häufigen Auskunftsanträgen (vgl. → Rn. 26 ff.). Für die Kalkulierung des angemessenen Entgelts werden die Verwaltungskosten für die Unterrichtung oder die Mitteilung oder die Durchführung der beantragten Maßnahme berücksichtigt. Statt ein angemessenes Entgelt zu erheben, kann sich die verantwortliche Stelle auch dafür entscheiden, den Auskunftsantrag abzulehnen. Sie ist jedoch beweisbelastet für die Tatsache, dass es sich um einen offenkundig unbegründeten oder unverhältnismäßigen Antrag handelt, Art. 12 Abs. 5 S. 3 DSGVO. Die Regelung des Art. 12 Abs. 5 DSGVO ist eine Kompromisslösung. Während der Vorschlag des Parlaments die Möglichkeit einer Antragsablehnung nicht vorsah,[55] wollten Kommission und Rat eine Antragsablehnung aufgenommen wissen, wobei der Rat ausschließlich die Möglichkeit der Ablehnung vorschlug, und auf die der Entgelterhebung verzichtete.[56] Unter Berufung auf die Rechtsprechung des EuGH wollen Teile der Literatur die Erhebung eines Entgelts auch in anderen Einzelfällen außerhalb des Rechtsmissbrauchs für zulässig erachten.[57] Der EuGH hatte mit Urteil vom 12.12.2013 entschieden, dass   **16**

---

51 *Isik*, Die Schriftform im EU-Recht, Münster, 2012, S. 314.
52 Paal/Pauly-*Paal* DSGVO Art. 15 Rn. 15; zu einem möglichen Personaldatenmanagementsystem vgl. *Wybitul/Rauer* ZD 2012, 160 (162).
53 Vgl. hierzu auch: Paal/Pauly-*Paal* DSGVO Art. 15 Rn. 4, 5.
54 *Schaffland/Wiltfang*, BDSG, Lfg. 3/14.VI/14, § 34 Rn. 21.
55 BayLDA, Trilog-Synopse der DS-GVO, Art. 12 Abs. 4 DSGVO (PARL), S. 268.
56 BayLDA, Trilog-Synopse der DS-GVO, Art. 12 Abs. 4 DSGVO (RAT), S. 268.
57 So etwa: *Bräutigam/Schmidt-Wudy* CR 2015, 56 (58).

Art. 12 lit. a der Richtlinie 95/46/EG die Erhebung eines Entgelts für Auskunftserteilung nicht ausschließt, solange das verlangte Entgelt die für die Auskunftserteilung tatsächlich entstandenen Kosten nicht überschreitet.[58] Teilweise wird auch eine analoge Anwendung des Art. 14 Abs. 5 lit. b und d DSGVO auf das Auskunftsrecht des Art. 15 DSGVO befürwortet.[59]

II. Abs. 2, Auskunft über geeignete Garantien

17 Eine Datenübermittlung darf entweder aufgrund eines Angemessenheitsbeschlusses der Kommission gem. Art. 45 DSGVO oder aber unter den Voraussetzungen des Art. 46 DSGVO in einen Drittstaat oder an eine internationale Organisation iSd Art. 4 Abs. 26 DSGVO erfolgen.[60] Wird gemäß Art. 46 übermittelt, kann der Berechtigte Auskunft verlangen über die im Zusammenhang mit der Übermittlung stehenden geeigneten Garantien iSd Art. 46 DSGVO. Diese Garantien können nach Erwägungsgrund 108 darin bestehen, dass auf verbindliche unternehmensinterne Datenschutzvorschriften, von der Kommission oder von einer Aufsichtsbehörde angenommene Standarddatenschutzklauseln, von einer Aufsichtsbehörde genehmigte Vertragsklauseln oder auf sonstige geeignete, angemessene, aufgrund der Umstände einer Datenübermittlung oder einer Kategorie von Datenübermittlungen gerechtfertigte und von einer Aufsichtsbehörde gebilligten Maßnahmen zurückgegriffen wird. Problematisch hierbei ist möglicherweise, dass eine Aufsichtsbehörde verbindliche Regelungen für alle Mitgliedstaaten treffen kann, die Aufsichtsbehörden der Mitgliedstaaten aber unterschiedlich strenge Anforderungen an die Billigung von Maßnahmen stellen könnten (zu den Einzelheiten → DSGVO Art. 46).[61]

III. Abs. 3, Herausgaberecht
1. Zurverfügungstellung einer Kopie der personenbezogenen Daten

18 Art. 15 Abs. 3 DSGVO enthält ein Recht des Betroffenen auf Herausgabe einer Kopie der ihn betreffenden personenbezogenen Daten, das im Falle des Auskunftsverlangens gem. Abs. 1 ebenfalls zu befriedigen ist. In Bezug genommen werden damit die Daten, über die gem. Abs. 1 Auskunft zu erteilen ist.[62] Eines gesonderten Antrags bedarf es nach dem Wortlaut des Abs. 3 nur für weitere Kopien. Das BDSG hat einen ausdrücklichen Herausgabeanspruch bislang nicht vorgesehen. In § 34 BDSG ist lediglich der Auskunftsanspruch geregelt, der nach herrschender Auffassung gerade keinen Herausgabeanspruch enthielt.[63] Das Auskunftsrecht nach § 34 BDSG

---

58 EuGH 12.12.2013 – C-486/12, BeckEuRS 2013, 750409.
59 *Härting*, Datenschutzgrundverordnung, Rn. 684 f.; vgl. auch: Paal/Pauly-*Paal* DSGVO Art. 15 Rn. 9.
60 Vgl. hierzu auch: Paal/Pauly-*Paal* DSGVO Art. 15 Rn. 32.
61 *Schuster/Hunzinger* CR 2015, 787 (793) mwN.
62 Paal/Pauly-*Paal* DSGVO Art. 15 Rn. 9; a.A. *Spindler* DB 2016, 937 (944).
63 BeckOK DatenschutzR/*Schmidt-Wudy* BDSG § 34 Rn. 14; vgl. hierzu auch: Schleswig-Holsteinisches OLG 28.2.2011 – 5 U 112/10, SchlHA 2011, 404; im Rahmen der Aufklärungspflichten der Bank beim Aktienzertifikatkauf wurde ein Herausgabeanspruch verneint; *Kempermann/Deiters/Fischer* ZD 2013, 313 (316); *Bräutigam/Schmidt-Wudy* CR 2015, 56 (57); zu Art. 12 DSRL: Kühling/Buchner-*Bäcker*, Art. 15 Rn. 3.

umfasst lediglich das Einsichtsrecht (vgl. § 34 Abs. 9 BDSG). Dieses Recht auf Einsichtnahme in die den Auskunftsersuchenden betreffenden Akten wird als besondere Form der Auskunftserteilung erachtet, das aus dem Recht auf informationelle Selbstbestimmung gemäß Art. 2 Abs. 1 iVm Art. 1 Abs. 1 GG abzuleiten ist. Ein Anspruch auf Herausgabe der Akten konnte nach herrschender Auffassung aber auch nicht aus Art. 2 Abs. 1 iVm Art. 1 Abs. 1 GG abgeleitet werden.[64] So entschied etwa das VG Gießen,[65] dass ein Anspruch auf Herausgabe einer über einen Betroffenen geführten Akte in einer Behörde weder nach allgemeinen, noch nach bereichsspezifischen Datenschutzgesetzen besteht und auch nicht aus Art. 2 Abs. 1 iVm Art. 1 Abs. 1 GG folgt.[66] Bestätigt wurde diese Auffassung später in einer Entscheidung des EuGH, nach der ebenfalls der Anspruch auf Herausgabe von Dokumenten, in denen personenbezogene Daten des Auskunftsersuchenden gespeichert waren, versagt wurde.[67] Es war daher erforderlich, ein solches Herausgaberecht nunmehr explizit zu normieren. Die Einführung des Herausgaberechts stellt jedenfalls im Hinblick auf die Einführung des Rechts auf Datenübertragbarkeit aus Art. 20 DSGVO eine logische Folge dar. Teile der Literatur halten einen Herausgabeanspruch gegen die datenverarbeitende Stelle aufgrund des möglicherweise nicht unerheblichen Aufwands gerade für Unternehmen mit großem Kundenstamm jedoch für unzumutbar.[68]

Unklar ist, ob sich das Recht zur Herausgabe von Kopien allein auf die personenbezogenen Daten bezieht oder auch auf die Informationen gem. Abs. 1 HS. 2 lit. a–h. Da Art. 15 aber in Abs. 3 S. 3 auch den Begriff der Information gleichbedeutend mit dem des personenbezogenen Datums verwendet liegt es nahe, dass sich die Datenschutzgrundverordnung hier schlicht nicht differenziert genug ausdrückt und auch in Abs. 3 S. 1 personenbezogene Daten und die Informationen gem. Abs. 1 HS. 2 lit. a–h gleichsam erfasst.[69] Eine Beschränkung auf die Informationen gem. Abs. 1 HS. 2 lit. a–h wäre widersinnig.[70] Es wäre hier aber aufgrund der durchaus nicht unerheblichen Unterschiede im Begriffsverständnis eine konstante Verwendung des Begriffs der personenbezogenen Daten wünschenswert gewesen. Eine Aufbereitung der in Kopie herauszugebenden Daten darf nicht erfolgen, da hierdurch der Informationsgehalt verändert werden könnte. Ergänzende Erläuterungen sind aber zulässig.[71] Die zur Verfügung gestellte Kopie muss vollständig sein.

Zurückgehend auf einen Vorschlag des EU-Parlaments sind personenbezogene Daten auf elektronischem Wege herauszugeben, wenn der Antrag auf elektronischem Wege gestellt wird und sofern der Betroffene kein anderes

19

---

64 *Kilian/Heussen/Polenz*, Computerrechts-Handbuch-Betroffenenrechte, Rn. 5.
65 VG Gießen 14.2.2000 – 10 E 2505/99, BeckRS 2000, 20948.
66 VG Gießen 14.2.2000 – 10 E 2505/99, BeckRS 2000, 20948.
67 EuGH 17.7.2014 – C-141/12 und C-372/12, ECLI:EU:C:2014:2081 Rn. 58.
68 So etwa: *Bräutigam/Schmidt-Wudy* CR 2015, 56 (57); Stellungnahme Nr. 47/2012 des Deutschen Anwaltsvereins, S. 23; *Jaspers* DUD, 2012, 571 (573).
69 A.A. *Pilz* K&R 2016, 629 (631).
70 Ähnlich: Paal/Pauly-*Paal* DSGVO Art. 15 Rn. 37.
71 Kühling/Buchner-*Bäcker*, Art. 15 Rn. 40.

Wunschformat angibt.[72] Abs. 3 ist lex specialis zu Art. 12 Abs. 3 DSGVO.[73] Wird der Antrag elektronisch gestellt, so sind die Daten und Informationen in einem gängigen elektronischen Format zur Verfügung zu stellen.

2. Angemessenes Entgelt für weitere Kopien

20   Die erste Kopie ist unentgeltlich zur Verfügung zu stellen. Nach Art. 15 Abs. 3 S. 2 DSGVO kann der für die Verarbeitung Verantwortliche aber für jede weitere Kopie, die der Betroffene über die nach Abs. 3 S. 1 zu überlassenden Kopien hinaus beantragt, ein angemessenes Entgelt verlangen. Dies ist insbesondere von der Deutschen Vereinigung für Datenschutz eV kritisch bewertet worden, die in der Erhebung eines Entgelts eine Schwächung des Auskunftsrechts der betroffenen Personen sieht.[74] Die Auskunftsberechtigten dürften in keinem Fall davon abgehalten werden, von ihren grundrechtlich geschützten Rechten Gebrauch zu machen.[75] Die Kostenfreiheit der Erstkopie trägt diesem Einwand allerdings hinreichend Rechnung. Die Höhe des für weitere Kopien angemessenen Entgelts wird sich am Verwaltungsaufwand orientieren müssen.[76] Keine „weitere" Kopie benatragt der Betroffene, wenn er einen erneuten Auskunftsantrag stellt und sich der Datenbestand des Verantwortlichen seit Übersendung der letzten Kopie nicht nur unerheblich verändert hat.[77]

IV. Abs. 4, Entgegenstehende Rechte Dritter
1. Anwendungsbereich

21   Art. 15 Abs. 4 DSGVO enthält eine Regelung, nach der das Recht auf Erhalt einer Kopie gem. Abs. 3 die Rechte und Freiheiten anderer nicht beschränken darf. Der Verweis auf Abs. 1 b ist fehlerhaft und dem Umstand geschuldet, dass Abs. 3 in einer früheren Fassung als Abs. 1 b beziffert war.[78]

22   Eine ähnliche Regelung enthielt bereits § 34 Abs. 1 S. 4 BDSG. Obwohl Abs. 4 lediglich auf das Recht zur Herausgabe von Kopien in Bezug nimmt, beschränkt es ebenso die Auskunftserteilung gem. Abs. 1.[79] Es handelt sich bei dem Verweis auf Abs. 3 (bzw. 1 b) insoweit um ein Redaktionsversehen. Dies ergibt sich bereits daraus, dass Erwägungsgrund 63 die Rechte und Freiheiten Dritter iSd Abs. 4 näher erläutert, hierbei jedoch keine Beschränkung auf den Herausgabeanspruch vornimmt.

---

72   BayLDA, Trilog-Synopse der DS-GVO, S. 296.
73   So auch: Paal/Pauly-*Paal* DSGVO Art. 15 Rn. 36.
74   So etwa die Deutsche Vereinigung für Datenschutz eV in den Datenschutz Nachrichten 3/15, S. 120, auf der Grundlage der Konferenz der Datenschutzbeauftragten des Bundes und der Länder, abrufbar unter: https://www.datenschutzverein.de/wp-content/uploads/2015/08/DANA_3-2015_RoteLinien_Web.pdf.
75   Deutsche Vereinigung für Datenschutz eV in den Datenschutz Nachrichten 3/15, S. 120.
76   Paal/Pauly-*Paal* DSGVO Art. 15 Rn. 35.
77   Ähnlich: Kühling/Buchner-*Bäcker*, Art. 15 Rn. 45.
78   So auch: Paal/Pauly-*Paal* DSGVO Art. 15 Rn. 40.
79   So auch: Paal/Pauly-*Paal* DSGVO Art. 15 Rn. 41, a.A. *Spindler* DB 2016, 937 (944); Kühling/Buchner-*Bäcker*, Art. 15 Rn. 33.

Es heißt hier:

> *„Jede betroffene Person sollte daher ein Anrecht darauf haben zu wissen und zu erfahren, insbesondere zu welchen Zwecken die personenbezogenen Daten verarbeitet werden und, wenn möglich, wie lange sie gespeichert werden, wer die Empfänger der personenbezogenen Daten sind, nach welcher Logik die automatische Verarbeitung erfolgt und welche Folgen eine solche Verarbeitung haben kann, zumindest in Fällen, in denen die Verarbeitung auf Profiling beruht. Nach Möglichkeit sollte der für die Verarbeitung Verantwortliche den Fernzugang zu einem sicheren System bereitstellen können, der der betroffenen Person direkten Zugang zu ihren personenbezogenen Daten ermöglichen würde. Dieses Recht sollte die Rechte und Freiheiten anderer Personen, etwa Geschäftsgeheimnisse oder Rechte des geistigen Eigentums und insbesondere das Urheberrecht an Software, nicht beeinträchtigen."*

Andere Stimmen in der Literatur sehen keine unmittelbaren Ausnahmen von dem nach Abs. 1 und Abs. 2 gewährleisteten Auskunftsrecht, wollen aber Beschränkungsregelungen der Union oder eines Mitgliedstaates nach Maßgabe von Art. 23 zulassen und erkennen sogar Beschränkungsgebote, etwa, um grundrechtliche Schutzaufträge zu erfüllen.[80]

Allenfalls in Betracht kommt insofern eine Bezugnahme auf die Auskunftsgewährung durch das Zurverfügungstellen eines Fernzugangs. Diese Möglichkeit der Beauskunftung wurde jedoch erst in den Trilogverhandlungen in Erwägungsgrund 63 aufgenommen. Sowohl in den Vorschlägen der DSGVO von Parlament und Kommission, als auch des Rates bezog sich die Einschränkung durch Freiheiten und Rechte Dritter daher unmittelbar auf den Auskunftsanspruch nach Abs. 1. Auch die englische Sprachfassung des Erwägungsgrundes 63 DSGVO bezieht sich nicht auf die Möglichkeit der Zugangsgewährung durch Fernzugang und auch nicht auf das Herausgaberecht von Kopien gem. Abs. 3, sondern spricht explizit vom zuvor ausgeführten Auskunftsanspruch gem. Abs. 1: *„That right should not adversely affect the rights and freedoms of others."*   23

2. Erfasste Rechte

In Betracht kommen jegliche Rechte Dritter, Erwägungsgrund 63 zählt nur beispielhaft Geschäftsgeheimnisse oder Rechte des geistigen Eigentums, insbesondere das Urheberrecht an Software, auf. Diese Einschränkung darf jedoch nicht dazu führen, dass der betroffenen Person jegliche Auskunft verweigert wird. Die Auskunft darf vielmehr nur insoweit verweigert werden, wie dies entgegenstehende Rechte und Freiheiten Dritter notwendig machen. Sie ist ggf. um die Teile, die die Rechte Dritter verletzen, zu kürzen.[81] Erforderlich ist eine konkrete Kollisionslage, die Besorgnis um die Gefährdung der Rechte genügt nicht. Beweisbelastet ist insoweit für die Datenverarbeitung Verantwortliche.[82] Der Begriff des Geschäftsgeheimnis- 24

---

80 So insbesondere Kühling/Buchner-*Bäcker*, Art. 15 Rn. 33.
81 Zum Abwägungserfordernis im Rahmen der Prüfung entgegenstehender Rechte Dritter im § 34 BDSG, vgl. Simitis/*Dix* BDSG § 34 Rn. 27.
82 Kühling/Buchner-*Bäcker*, Art. 15 Rn. 42.

ses ist im Interesse eines effektiven Rechtsschutzes der betroffenen Person eng auszulegen.[83]

V. Verstöße gegen Art. 15 DSGVO

25 Verstöße gegen Art. 15 DSGVO können Schadensersatzansprüche gem. Art. 82 DSGVO und gem. § 823 Abs. 1 BGB, § 823 Abs. 2 BGB iVm Art. 15 DSGVO nach sich ziehen sowie Geldbußen gem. Art. 83 Abs. 5 lit. b DSGVO. Außerdem besteht gem. Art. 77 DSGVO ein Recht zur Beschwerde bei einer Aufsichtsbehörde. Z.T. wird angenommen, dass die Geldbuße gem. Art. 83 Abs. 5 DSGVO nicht auf eine unterlassene Negativauskunft anwendbar ist.[84]

VI. Prozessuales

26 Für Klagen gegen einen für die Verarbeitung Verantwortlichen sind gem. Art. 79 Abs. 2 DSGVO die Gerichte des Mitgliedstaates zuständig, in dem der für die Verarbeitung Verantwortliche oder der Auftragsdatenverarbeiter eine Niederlassung hat. Wahlweise können solche Klagen auch bei den Gerichten des Mitgliedstaates erhoben werden, in dem die betroffene Person ihren Aufenthaltsort hat, es sei denn, es handelt sich bei dem für die Verarbeitung Verantwortlichen um eine Behörde eines Mitgliedstaates, die in Ausübung ihrer hoheitlichen Befugnisse tätig geworden ist.

27 Zivilrechtlich kann der Auskunftsanspruch vor den ordentlichen Gerichten geltend gemacht werden, wenn die datenverarbeitende Stelle eine privatrechtliche Einrichtung ist. Der Streitwert betrug in der Vergangenheit zwischen 200 und 4000 EUR.[85] Verweist die verantwortliche Stelle darauf, es seien keine Daten über den Betroffenen gespeichert oder bestehen Zweifel an der Vollständigkeit der Auskunft, so kann die Abgabe einer eidesstattlichen Versicherung hierüber entsprechend §§ 259 Abs. 2, 260 Abs. 2 BGB verlangt werden.[86] Werden weitere Ansprüche des Betroffenen geltend gemacht, z.B. Berichtigungs-, Löschungs- oder Schadensersatzansprüche, kommt es zur objektiven Klagehäufung. Der Auskunftsanspruch kann freilich in Form der Stufenklage geltend gemacht werden.[87]

28 Ist die auskunftspflichtige Stelle eine Behörde, die öffentlich-rechtlich tätig wird, so ist die Auskunftserteilung ein VA, dessen Erlass mit der Verpflichtungsklage gerichtlich begehrt werden kann.

C. Verhältnis zu anderen Normen

I. Innerhalb der DSGVO

29 Innerhalb der DSGVO enthält Art. 12 DSGVO die Modalitäten der Ausübung der Rechte der Betroffenen. Art. 13, 14 DSGVO bestimmt Informationspflichten, die ohne Antrag des Betroffenen zu erfüllen sind. Die neben

---

83 Gola-*Frank*, Art. 15 Rn. 26.
84 Gola-*Frank*, Art. 15 Rn. 35.
85 Gola-*Frank*, Art. 15 Rn. 36 m.w.N.
86 LG Ulm 1.12.2004 – 1 S 89/04, MMR 2005, 265 (266); Taeger/Gabel/*Meents* BDSG § 34 Rn. 55.
87 Gola-*Frank*, Art. 15 Rn. 36.

den Auskunftsanspruch tretenden Rechte des Betroffenen richten sich nach den Art. 16 ff. DSGVO. Zu nennen ist insbesondere das Recht auf Datenübertragbarkeit gem. Art. 18 DSGVO, das zunächst innerhalb des Art. 15 DSGVO geregelt war, letztlich aber in einen eigenen Artikel überführt wurde.

Gem. Art. 85 Abs. 2 DSGVO können Abweichungen von Art. 15 DSGVO für die Verarbeitung zu wissenschaftlichen, künstlerischen, literarischen und journalistischen Zwecken erfolgen, wenn die Voraussetzungen des Art. 85 DSGVO vorliegen (→ Art. 85 Rn. 7 ff.). Weitere Ausnahmen sind gem. Art. 89 Abs. 2 und 3 unter den dort näher bezeichneten Voraussetzungen möglich (→ Art. 89 Rn. 5 ff.).[88] Auch im Beschäftigtendatenschutz sind nach Art. 88 Abs. 2 DSGVO Ausnahmen möglich. Bereichsspezifisch können Beschränkungen nach Art. 23 DSGVO erlassen werden.

II. Außerhalb der DSGVO

Art. 15 DSGVO ist Ausprägung des primärrechtlich in Art. 8 Abs. 2 S. 2 der Europäischen Grundrechtecharte (GR Ch) vorgegebenen Auskunftsrechts des Betroffenen.[89] Auch die Rechtsschutzgarantie des Art. 47 GR Ch wird durch ihn ausgestaltet.[90]   **30**

III. Befugnisübertragung an die Kommission

Die Befugnisübertragungen an die Kommission aus Art. 15 Abs. 3 und 4 DSGVO (KOM) des Kommissionsentwurfs wurden im Gesetzgebungsverfahren gestrichen. Es handelte sich um Ermächtigungen der Kommission, delegierte Rechtsakte nach Maßgabe von Art. 92 DSGVO zu erlassen, um Einzelheiten zu den Kriterien und Anforderungen in Bezug auf die Mitteilung über den Inhalt der personenbezogenen Daten an die betroffene Person festzulegen sowie um die Befugnis der Kommission zur Festlegung von Standardvorlagen und -verfahren für Auskunftsgesuche und die Erteilung der Auskünfte. Die Anforderungen an die Mitteilungen über den Inhalt der personenbezogenen Daten sowie die Modalitäten der Auskunftserteilung sind durch die Ergänzungen des Rates vom 15.6.2015 nunmehr verbindlich in Art. 12 DSGVO geregelt worden.   **31**

IV. Fortgeltendes BDSG/LDSG

Der Anwendungsbereich der DSGVO wird in Art. 2 Abs. 1 weit definiert und soll insofern das gesamte Datenschutzrecht erfassen, geht nationalen Auskunftsansprüchen in der Anwendung damit vor und verdrängt diese.[91]   **32**

D. Kritik/Gesamteinschätzung

Art. 15 DSGVO gewährt dem Betroffenen im Gegensatz zu §§ 19, 34 BDSG expressis verbis ein Recht auf Herausgabe einer Kopie der ihn be-   **33**

---

88 Vgl. zu den Ausnahmevorschriften auch: Paal/Pauly-*Paal* DSGVO Art. 15 Rn. 12 m.w.N.
89 Paal/Pauly-*Paal* DSGVO Art. 15 Rn. 3 m.w.N.; Kühling/Buchner-*Bäcker*, Art. 15 Rn. 5.
90 Kühling/Buchner-*Bäcker*, Art. 15 Rn. 5.
91 *Keppeler* MMR 2015, 779 (780).

treffenden Daten. Dies kann einen Mehraufwand für die in Anspruch genommenen Stellen bedeuten, ist im Hinblick auf den so gewährten effektiven Schutz des informationellen Selbstbestimmungsrechts des Betroffenen aber zu begrüßen. Nicht gelungen ist die systematische Stellung des Abs. 4 sowie die von ihm lediglich vorgenommene Inbezugnahme des Abs. 3. Nach der Gesetzeshistorie sowie auch dem Telos der Norm ist Abs. 4 ebenso auf den Auskunftsanspruch des Abs. 1 anzuwenden.

Abschnitt 3 Berichtigung und Löschung

Artikel 16 Recht auf Berichtigung

[1]Die betroffene Person hat das Recht, von dem Verantwortlichen unverzüglich die Berichtigung sie betreffender unrichtiger personenbezogener Daten zu verlangen. [2]Unter Berücksichtigung der Zwecke der Verarbeitung hat die betroffene Person das Recht, die Vervollständigung unvollständiger personenbezogener Daten – auch mittels einer ergänzenden Erklärung – zu verlangen.

Verwandte Normen: ErwGr 59, 65; §§ 35, 20 BDSG 2003

Literatur:
Albrecht/Jotzo, Das neue Datenschutzrecht der EU, Baden-Baden, 2016; *Eichenhofer*, „e-Privacy" im europäischen Grundrechtsschutz: Das „Schrems"-Urteil des EuGH, EuR 2016, 76; *Europäischer Datenschutzbeauftragter,* Stellungnahme 7/2015: Bewältigung der Herausforderungen in Verbindung mit Big Data. Ein Ruf nach Transparenz, Benutzerkontrolle, eingebautem Datenschutz und Rechenschaftspflicht, 9.11.2015; *Franck*, Das System der Betroffenenrechte nach der Datenschutz-Grundverordnung (DS-GVO), RDV 2016, 111; *Reidenberg*, Resolving Conflicting International Data Privacy Rules in Cyberspace, Stanford Law Review 52 (1999), 1315.

A. Grundlagen

I. Gesamtverständnis und Zweck der Norm

1   Art. 16 S. 1 regelt das Recht des Betroffenen, die **Berichtigung** ihn betreffender unrichtiger personenbezogener Daten vom Verantwortlichen zu verlangen. Zu diesem Berichtigungsanspruch zählt nicht nur das in S. 2 vorge-

sehene Recht auf **Vervollständigung** unvollständiger Daten, sondern auch das nicht explizit genannte Recht auf **Aktualisierung** personenbezogener Daten (→ Rn. 20 ff. und → Rn. 23).

Das Berichtigungsrecht verweist auf die zunehmende Bedeutung korrekter Daten und der durch sie vermittelten Informationen in allgegenwärtigen Datenverarbeitungsprozessen.[1] Ebenso wie das Löschungsrecht des Art. 17 stellt es ein **Eingriffs- und Steuerungsrecht**[2] dar und zählt zum klassischen Bestand der Betroffenenrechte im Datenschutz.[3] Es flankiert den in Art. 5 Abs. 1 lit. d geregelten **Grundsatz der Datenrichtigkeit** (→ Rn. 33). 2

II. Bisherige Rechtslage

Art. 16 knüpft an die inhaltsgleiche, mit „Auskunftsrecht" aber nur unge- 3 nau weil unvollständig überschriebene **Vorgängerregelung** des Art. 12 lit. b DS-RL an. Danach garantieren die Mitgliedstaaten jeder betroffenen Person das Recht, vom Verantwortlichen die Berichtigung von Daten zu erhalten, insbesondere wenn diese Daten unvollständig oder unrichtig sind.

Im **BDSG** regeln die §§ 20 Abs. 1 und 35 Abs. 1 S. 1 BDSG die Pflicht der verantwortlichen Stelle, unrichtige Daten zu berichtigen.

III. Entstehung der Norm

Der **Kommissionsentwurf** hat den Inhalt der Vorgängerregelung im We- 4 sentlichen übernommen, dabei aber das Berichtigungs- und das Vervollständigungsrecht auf zwei Sätze verteilt und in S. 2 den Hinweis auf die Möglichkeit der Vervollständigung durch ein Korrigendum (nunmehr: „ergänzende Erklärung") aufgenommen. Die vom **Rat** vorgeschlagenen Ergänzungen der Berichtigung „ohne ungebührliche Verzögerung" und der Vervollständigung (nur) im Hinblick auf die Verarbeitungszwecke haben schließlich mit leicht abgewandelter Formulierung Einzug in Art. 16 gehalten.

IV. Konstitutionelle Grundlagen

Das Recht einer jeden Person, die Berichtigung sie betreffender erhobener 5 Daten zu erwirken, ist primärrechtlich ausdrücklich in **Art. 8 Abs. 2 S. 2 GRCh** verankert und somit grundrechtlich geschützt (zum Verhältnis des Art. 8 GRCh zu Art. 7 GRCh sowie zu Art. 8 EMRK und zur sekundärrechtlichen Konkretisierung des Datenschutzgrundrechts → Art. 17

---

1 Vgl. die Einschätzung bei *EDSB* Stellungnahme 7/2015 v. 9.11.2015, S. 13 mit Blick auf fortschreitende Big Data-Analysen.
2 Zur Terminologie vgl. *Dix* in: Simitis BDSG § 35 Rn. 2; Vorschlag einer an den Zielen der Betroffenenrechte ausgerichteten Typologie bei *Franck* RDV 2016, 111.
3 Berichtigungsrechte finden sich exemplarisch in §§ 20 Abs. 1, 35 Abs. 1 S. 1 BDSG; Art. 12 lit. b RL 95/46/EG; Art. 8 lit. c Var. 1 der Datenschutzkonvention 108 des Europarates; Nr. 13 lit. d der Recommendation of the OECD Council concerning Guidelines governing the Protection of Privacy and Transborder Flows of Personal Data (2013), C(80)58/FINAL, as amended on 11 July 2013 by C(2013)79; Nr. 17 des von der 31. Internationalen Konferenz der Datenschutzbeauftragten (2009) beschlossenen Gemeinsamen Vorschlags zur Erstellung internationaler Standards zum Schutz der Privatsphäre im Zusammenhang mit der Verarbeitung personenbezogener Daten; dazu exemplarisch *Reidenberg* Stan. L. Rev. 52 (1999), 1315 (1325 ff.).

Rn. 7 f.). Zwar kann das **Berichtigungsgrundrecht** keine uneingeschränkte Geltung beanspruchen: Art. 52 Abs. 1 GRCh lässt Einschränkungen der Ausübung der Grundrechte zu, sofern diese Einschränkungen gesetzlich vorgesehen sind, den Wesensgehalt dieser Rechte und Freiheiten achten[4], unter Wahrung des Grundsatzes der Verhältnismäßigkeit erforderlich sind und den von der Union anerkannten, dem Gemeinwohl dienenden Zielsetzungen oder den Erfordernissen des Schutzes der Rechte und Freiheiten anderer tatsächlich entsprechen.[5] Bei der somit grundsätzlich gebotenen Abwägung mit öffentlichen Interessen und kollidierenden Grundrechten Dritter sind jedoch kaum Konstellationen vorstellbar, in denen es ein legitimes öffentliches oder grundrechtlich geschütztes Interesse an unrichtigen bzw. unvollständigen Daten geben sollte. Eine Ausnahme gilt nur, sofern der spezifische Verarbeitungszweck einen aus Sicht des Betroffenen unvollständigen oder nicht aktuellen Datenbestand rechtfertigt (vgl. → Rn. 22 f.).

B. Kommentierung

I. Berichtigungsrecht des Betroffenen

1. Tatbestand: unrichtige personenbezogene Daten

6   Das Berichtigungsrecht wird durch unrichtige **personenbezogene Daten** über den Betroffenen ausgelöst (zur Begriffsdefinition der personenbezogenen Daten in Art. 4 Nr. 1 → Art. 4 Rn. 7 ff.). Die rechtliche Analyse in einem behördlichen Entscheidungsentwurf, die zwar auf personenbezogene Daten des Betroffenen als Tatsachengrundlage gestützt sein kann, aber letztlich Informationen darüber enthält, wie die Behörde das Recht im Falle des Betroffenen beurteilt, kann selbst nicht Gegenstand einer Nachprüfung durch den Betroffenen und damit kein Gegenstand eines Berichtigungsanspruchs sein.[6]

7   **Unrichtig** sind personenbezogene Daten, wenn die durch sie vermittelten Informationen über den Betroffenen nicht mit der Wirklichkeit übereinstimmen.[7] Richtig oder unrichtig können nur **Tatsachen** sein, dh dem Beweis zugängliche konkrete Vorgänge oder Zustände der Vergangenheit oder Gegenwart, nicht aber Werturteile, soweit sie nicht auf Tatsachen zurückgeführt werden können.

8   Dabei kommt es weder auf den **Umfang** noch die **Ursachen** der Unrichtigkeit an, so dass der Berichtigungsanspruch auch wegen minimaler oder vom Betroffenen verursachter Unrichtigkeiten geltend gemacht werden kann.

---

4   In EuGH 6.10.2015 – C-362/14, ECLI:EU:C:2015:650 Rn. 94, hat der EuGH zum ersten Mal einen Verstoß gegen den Wesensgehalt eines Grundrechts (scil. Art. 7 GRCh) durch eine Regelung festgestellt, die es den Behörden gestattet, generell auf den Inhalt elektronischer Kommunikation zuzugreifen, dazu *Eichenhofer* EuR 2016, 76 (83 f.).

5   Vgl. EuGH 9.11.2010 – C-92/09 und 93/09, ECLI:EU:C:2010:662 Rn. 48, 50.

6   EuGH 17.7.2014 – C-141/12 und C-372/12, ECLI:EU:C:2014:2081 Rn. 40, 45, 48.

7   Vgl. *Dammann/Simitis* EG-DSRL Art. 12 Rn. 15; aus der deutschen Kommentarliteratur, auf die auch für die nachfolgenden Ausführungen Bezug genommen wird, *Mallmann* in: Simitis BDSG § 20 Rn. 11 ff.; *Gola/Klug/Körffer* in: Gola/Schomerus BDSG § 20 Rn. 3; *Eßer* in: Auernhammer BDSG § 20 Rn. 8 ff.; *Mester* in: Taeger/Gabel BDSG § 20 Rn. 6 ff.; *Worms* in: Wolff/Brink Datenschutzrecht § 20 Rn. 17 ff.

Unrichtigkeit liegt auch dann vor, wenn die Verwendung von richtigen Da- 9
ten in einem anderen Kontext ohne hinreichende Zusatzinformationen ein
falsches Gesamtbild hervorruft (**Kontextverlust/-verfälschung**).

Wenn das personenbezogene Datum gerade einen Vorgang oder Zustand 10
zu einem bestimmten **Zeitpunkt** dokumentieren soll, löst eine spätere Änderung der tatsächlichen Verhältnisse keinen Berichtigungsanspruch aus
(→ Rn. 23).[8]

2. Rechtsfolge: unverzügliche Berichtigung

a) Begriff der Berichtigung

Sind personenbezogene Daten unrichtig, kann der Betroffene die Berichti- 11
gung vom Verantwortlichen verlangen. Die DSGVO definiert – wie auch
die Vorgängerregelung – den Begriff der Berichtigung nicht. Auf der
Grundlage eines weitgehend einheitlichen Begriffsverständnisses, das sich
im Datenschutzrecht der Mitgliedstaaten sowie nach der Datenschutzkonvention Nr. 108 des Europarats herausgebildet hat,[9] bedeutet Berichtigung,
dass die gespeicherten Daten in **Übereinstimmung mit der Wirklichkeit** gebracht werden.[10]

Auch zu den **Mitteln der Berichtigung** schweigt die DSGVO. Art. 5 Abs. 1 12
lit. d geht offensichtlich davon aus, dass es mehrere Maßnahmen für eine
Berichtigung geben kann („alle angemessenen Maßnahmen"). Hier kommen je nach Interesse des Betroffenen und mit Blick auf die tatsächlichen
Gegebenheiten die Veränderung der gespeicherten Daten, die vollständige
oder teilweise Löschung der Daten oder die Speicherung ergänzender bzw.
neu erhobener Daten in Betracht.[11]

b) Unverzüglich

Der Verantwortliche hat die unrichtigen Daten unverzüglich zu berichti- 13
gen, ohne dass die DSGVO hierfür eine genauere Frist benennt. Bei der
Auslegung dieses **unbestimmten Rechtsbegriffs** ist zu berücksichtigen, ob
und inwieweit der Betroffene etwa Darlegungs- und Substantiierungslasten
zur Rechtsdurchsetzung trägt und eine Verletzung dieser Mitwirkungsobliegenheiten zu seinen Lasten geht oder der Verantwortliche sonstige Verzögerungen zu vertreten hat. Jedenfalls ist dem Verantwortlichen eine gewisse Zeitspanne zur Prüfung der Identität des Antragstellers[12] sowie der
von ihm zur Begründung der Unrichtigkeit der Daten vorgetragenen Tatsachen zuzugestehen, was sich aus Art. 18 Abs. 1 lit. a Hs. 2 ergibt. Ein Indiz
für die Bestimmung einer zeitlichen **Obergrenze** liefert Art. 12 Abs. 3, dessen S. 1 den Verantwortlichen dazu verpflichtet, dem Betroffenen Information über die auf seinen Antrag ergriffenen Maßnahmen unverzüglich, in
jedem Fall aber innerhalb **eines Monats nach Antragseingang** zur Verfü-

---

8 *Albrecht/Jotzo*, S. 86.
9 Darauf weisen *Dammann/Simitis* EG-DSRL Art. 12 Rn. 14 hin.
10 Vgl. *Worms* in: Wolff/Brink Datenschutzrecht § 20 Rn. 13.
11 *Mallmann* in: Simitis BDSG § 20 Rn. 27; *Gola/Klug/Körffer* in: Gola/Schomerus
   BDSG § 20 Rn. 6; *Bergmann/Möhrle/Herb* BDSG § 20 Rn. 17; *Worms* in: Wolff/
   Brink Datenschutzrecht § 20 Rn. 13.
12 Vgl. Art. 12 Abs. 2 S. 2, Abs. 6.

gung zu stellen, und der mit der Komplexität des Antrags und der Anzahl von Anträgen in S. 2 mögliche Gründe für eine Fristverlängerung um höchstens zwei weitere Monate angibt. Wiewohl die Information über die Berichtigung die Berichtigung selbst voraussetzt, kann sich die Bestimmung der Berichtigungsfrist an diesem Zeitrahmen orientieren.

c) Non liquet-Fälle

14 Anders als die §§ 20 Abs. 4, 35 Abs. 4 BDSG und die neue RL (EU) 2016/680 für den Datenschutz im Polizei- und Justizbereich[13] enthält Art. 16 keine Regelung für den Fall, dass die Richtigkeit der Daten vom Betroffenen bestritten wird und sich weder die Richtigkeit noch die Unrichtigkeit feststellen lassen (**non liquet**).[14] Art. 18 Abs. 1 lit. a sieht lediglich eine Einschränkung der Verarbeitung für die Dauer der Überprüfung der Richtigkeit der Daten durch den Verantwortlichen nach Intervention des Betroffenen vor.

15 Die Frage der materiellen **Beweislastverteilung**, die sich nach allgemeinen Grundsätzen bestimmt und dabei die in Art. 1 Abs. 2 in Bezug genommenen grundrechtlichen Wertungen ebenso zu berücksichtigen hat wie den in Art. 5 Abs. 1 lit. d geregelten Grundsatz der Datenrichtigkeit, fällt hier grundsätzlich zu Lasten des Verantwortlichen aus, soweit die Daten nicht aus der persönlichen Sphäre des Betroffenen stammen und nur von ihm bewiesen werden können.

16 An das **Bestreiten** durch den Betroffenen sind keine allzu großen Anforderungen zu stellen. Insbesondere muss er nicht die richtigen Daten vortragen, es genügt einfaches Bestreiten der Richtigkeit der gespeicherten Daten, wobei der Betroffene zumindest die vermeintlich falschen Daten genau bezeichnen muss.[15]

17 Im Falle eines non liquet ist jedenfalls die **dauerhafte Einschränkung der Datenverarbeitung** iSd Art. 18 anzunehmen, verbunden mit einem Zusatz, dass die Richtigkeit der Daten unerweislich bestritten wurde, der mit Blick auf mögliche Ausnahmen von der Einschränkung der Verarbeitung an Bedeutung gewinnen kann (→ Art. 18 Rn. 12).[16]

---

13 Art. 16 Abs. 3 lit. a der Datenschutzrichtlinie (EU) 2016/680 für den Polizei- und Justizbereich, ABl. 2016 Nr. L 119/89, stellt es in einem solchen non liquet-Fall in das Ermessen des Verantwortlichen, die Verarbeitung der Daten anstelle ihrer Löschung einzuschränken; warum dieser Fall nicht auch in der DS-GVO berücksichtigt wurde, erschließt sich nicht.

14 §§ 20 Abs. 4, 35 Abs. 4 BDSG ordnen in einem non-liquet-Fall die Sperrung der Daten an.

15 Vgl. *Bergmann/Möhrle/Herb* BDSG § 35 Rn. 31, 112 f.; *Worms* in: Wolff/Brink Datenschutzrecht § 20 Rn. 51. Die Befürchtung des rechtsmissbräuchlichen Bestreitens entkräften *Gola/Klug/Körffer* in: Gola/Schomerus BDSG § 20 Rn. 20 mit Verweis auf die Verteilung der Verantwortung für die Rechtmäßigkeit der Speicherung überzeugend.

16 Ähnlich *Worms* in: Wolff/Brink Datenschutzrecht Art. 18 DSGVO Rn. 35 f.

3. Verhältnis zum Löschungsrecht des Art. 17

Treffen ein Berichtigungs- und ein Löschungsrecht hinsichtlich derselben Daten aufeinander,[17] verdrängt das Löschungsrecht das Berichtigungsrecht nicht (**Idealkonkurrenz**), da der Betroffene statt der Löschung der unrechtmäßig verarbeiteten Daten etwa gem. Art. 18 Abs. 1 lit. b die Einschränkung der – dann freilich zu berichtigenden – Daten verlangen kann. Im Rahmen seines Wahlrechts bei den Betroffenenrechten dürfte der Betroffene aber regelmäßig das datenschutzintensivere Löschungsrecht geltend machen. **18**

Der **Verantwortliche** ist in einem solchen Fall auch ohne Antrag des Betroffenen aber regelmäßig **zur Löschung verpflichtet,** da der Grundsatz der Rechtmäßigkeit der Datenverarbeitung (Art. 5 Abs. 1 lit. a) aus der Warte des Betroffenenschutzes hier weiter reicht als der Grundsatz der Datenrichtigkeit (Art. 5 Abs. 1 lit. d).[18] **19**

II. Vervollständigungsrecht

Der schon in Art. 12 lit. b DS-RL als Anwendungsfall des Berichtigungsanspruchs exemplarisch angeführte Anspruch des Betroffenen auf **Vervollständigung** unvollständiger Daten ist nunmehr in Art. 16 S. 2 DSGVO geregelt. **20**

Die Vervollständigung kann durch die Speicherung zusätzlicher Daten erfolgen, auch eine ergänzende Erklärung (**Korrigendum**) ist gem. Art. 16 S. 2 möglich. **21**

Eine **Einschränkung** des Vervollständigungsanspruchs besteht allerdings mit Blick auf die Zwecke der Verarbeitung. Soweit die Daten dem vom Verantwortlichen bestimmten (ggf. sehr spezifischen) Zweck genügen, kann der Betroffene nicht die Aufnahme zusätzlicher Daten verlangen, die im jeweiligen Kontext aus seiner Sicht vermeintlich nützlich, aber nicht zur Erreichung des Zwecks erforderlich sind.[19] Auch die grundrechtliche Verankerung des Berichtigungsrechts gebietet in diesem Falle keine Vervollständigung. **22**

III. Aktualisierungsrecht

Die Formulierung des Grundsatzes der Datenrichtigkeit in Art. 5 Abs. 1 lit. d, demzufolge personenbezogene Daten erforderlichenfalls auf dem neuesten Stand sein müssen, verdeutlicht, dass das Berichtigungsrecht auch einen **ungeschriebenen Anspruch auf Aktualisierung** der Daten umfassen kann. Dieser Aktualisierungsanspruch kann jedoch nur unter Berücksichtigung des Verarbeitungszwecks bestehen. Ist für einen spezifischen Verarbeitungszweck also der Datenbestand zu einem bestimmten Zeitpunkt rele- **23**

---

17 Beispiel bei *Mallmann* in: Simitis BDSG § 20 Rn. 30: Die Bauaufsichtsbehörde speichert zur rechtmäßigen Erfüllung ihrer Aufgaben nicht erforderliche Angaben über eine 2007 erfolgte Scheidung des Betroffenen, der aber tatsächlich erst 2009 geschieden wurde.
18 Vgl. *Mallmann* in: Simitis BDSG § 20 Rn. 30.
19 Vgl. *Gola/Klug/Körffer* in: Gola/Schomerus BDSG § 20 Rn. 3.

vant, scheidet ein Aktualisierungsanspruch bei späterer Veränderung der den Daten zugrunde liegenden tatsächlichen Verhältnisse aus.

IV. Modalitäten der Rechtsausübung

24 Obwohl in Art. 16 nicht ausdrücklich vorgesehen, lässt sich etwa aus Art. 12 Abs. 3 und Abs. 6 ein **Antragserfordernis** ableiten. Im Sinne einer effektiven Ausübung der Betroffenenrechte dürfen jedoch weder die formellen noch die inhaltlichen Anforderungen an den Antrag überspannt werden. Die DSGVO stellt **keine ausdrücklichen Formanforderungen**; Art. 12 Abs. 1 S. 2 und 3 deuten darauf hin, dass neben der Schriftform auch andere Formen, insbes. die elektronische und – wenngleich mit Beweisproblemen verbunden – die mündliche Form zulässig sind. Den Antragsteller trifft eine **Darlegungs- und Substantiierungslast** hinsichtlich seiner Identität und der Daten, deren Unrichtigkeit geltend gemacht wird (→ Rn. 16).

25 **Allgemeine Modalitäten** für die Ausübung der Betroffenenrechte regelt **Art. 12.** So hat der Verantwortliche gem. Art. 12 Abs. 1 der betroffenen Person die Ausübung ihres Berichtigungsrechts zu erleichtern und sie unverzüglich, spätestens aber binnen eines Monats nach Eingang des Antrags über die auf ihren Berichtigungsantrag hin unternommenen Maßnahmen zu informieren (Art. 12 Abs. 3 S. 1), wobei die Frist um höchstens zwei weitere Monate verlängert werden kann, sofern dies erforderlich ist (Art. 12 Abs. 3 S. 2). Wird der Verantwortliche nicht auf Antrag des Betroffenen tätig, hat er ihn gem. Art. 12 Abs. 4 über die Gründe hierfür[20] sowie über die Rechtsschutzmöglichkeiten des Betroffenen ohne Verzögerung, aber spätestens binnen eines Monats nach Eingang seines Antrags zu informieren.

26 Die Berichtigungsmaßnahme hat der Verantwortliche gem. Art. 12 Abs. 5 **grundsätzlich unentgeltlich** durchzuführen, sofern er nicht eine offenkundige Unbegründetheit oder einen exzessiven Charakter des Antrags nachweist, was jeweils ein angemessenes Entgelt rechtfertigt (Art. 12 Abs. 5 S. 2 lit. a, S. 3).

V. Berichtigungspflicht des Verantwortlichen

27 Obwohl – anders als bei Art. 17 Abs. 1 – nicht ausdrücklich in Art. 16 geregelt, korreliert mit dem Recht des Betroffenen eine **Berichtigungspflicht des Verantwortlichen** (einschließlich Vervollständigung und Aktualisierung), die – ebenso wie bei Art. 17 – grundsätzlich unabhängig von der Geltendmachung eines Berichtigungsanspruchs durch den Betroffenen besteht.[21] Dies folgt schon aus der Bindung des Verantwortlichen an den Grundsatz der Datenrichtigkeit in Art. 5 Abs. 1 lit. d. Die Verletzung des Berichtigungsrechts (und der entsprechenden Pflicht) ist gem. Art. 83 Abs. 5 lit. b bußgeldbewehrt.

---

20 Vgl. Art. 12 Abs. 5 S. 2 lit. b: zB offenkundige Unbegründetheit oder exzessiver Charakter des Antrags.
21 Vgl. *Kamlah* in: Plath BDSG/DSGVO Art. 16 DSGVO Rn. 4; *Worms* in: Wolff/ Brink Datenschutzrecht Art. 16 DSGVO Rn. 7 f.

VI. Weitere Abweichungs- und Einschränkungsmöglichkeiten

Das Berichtigungsrecht des Art. 16 kann gem. **Art. 23** durch unionale oder **28** mitgliedstaatliche **Gesetzgebungsmaßnahmen** zur Verfolgung eines in Art. 23 vorgesehenen Ziels und unter weiteren dort geregelten Voraussetzungen beschränkt werden (→ Art. 23 Rn. 11 ff.).

Art. 85 Abs. 2 gestattet den Mitgliedstaaten weiter, Ausnahmen und Ab- **29** weichungen von den Betroffenenrechten des Art. 16 für die Verarbeitung zu journalistischen, wissenschaftlichen, künstlerischen oder literarischen Zwecken vorzusehen, wenn dies erforderlich ist, um das Datenschutzrecht mit der Meinungsäußerungs- und Informationsfreiheit in Einklang zu bringen (zu diesem sog **Medienprivileg** → Art. 85 Rn. 9 ff.).

Für die Verarbeitung personenbezogener Daten zu **Archiv-, Forschungs- 30 oder Statistikzwecken** im öffentlichen Interesse können im Unions- oder mitgliedstaatlichen Recht gem. Art. 89 Abs. 2 und 3 insoweit Ausnahmen vom Berichtigungsrecht vorgesehen werden, als das Berichtigungsrecht voraussichtlich die Verwirklichung dieser spezifischen Zwecke unmöglich macht oder ernsthaft beeinträchtigt und solche Ausnahmen für die Erfüllung dieser Zwecke notwendig sind (dazu im Einzelnen → Art. 89 Rn. 13 ff.).

Zum Ausschluss des Berichtigungsrechts bei **nicht identifizierbaren betrof- 31 fenen Personen** gem. **Art. 11 Abs. 2 S. 2** siehe → Art. 11 Rn. 12.

C. Verhältnis zu anderen Normen
I. Innerhalb der DSGVO

Das Berichtigungsrecht ist im Kapitel über die Rechte der betroffenen Per- **32** son geregelt, das weitere Vorschriften mit **systematischem Zusammenhang** zu Art. 16 beinhaltet. So trifft den Verantwortlichen die Pflicht zur Information über das Bestehen eines Berichtigungsrechts nach der DSGVO gem. Art. 13 Abs. 2 lit. b oder Art. 14 Abs. 2 lit. c, mit der ein Auskunftsanspruch des Betroffenen gem. Art. 15 Abs. 1 lit. e korreliert. Die Informationspflicht des Verantwortlichen und das Auskunftsrecht des Betroffenen hinsichtlich der Verarbeitungszwecke (Art. 13 Abs. 1 lit. c; Art. 14 Abs. 1 lit. c; Art. 15 Abs. 1 lit. a) sollen dem Betroffenen ermöglichen, zu beurteilen, ob ihm ein Vervollständigungs- oder Aktualisierungsrecht gegenüber dem Verantwortlichen zusteht. Für alle Betroffenenrechte enthält Art. 12 Vorgaben über eine transparente Information, über die Kommunikation zwischen Verantwortlichem und Betroffenem[22] sowie über die Modalitäten für die Ausübung der Betroffenenrechte (→ Rn. 24 ff.).

Das Berichtigungsrecht flankiert den in Art. 5 Abs. 1 lit. d geregelten **33 Grundsatz der Datenrichtigkeit.** Nach diesem Grundsatz müssen personenbezogene Daten sachlich richtig und erforderlichenfalls auf dem neuesten Stand sein, zudem sind alle angemessenen Maßnahmen zu treffen, damit personenbezogene Daten, die im Hinblick auf die Zwecke ihrer Verarbeitung unrichtig sind, unverzüglich berichtigt werden. Obwohl nicht ausdrücklich in Art. 16 geregelt, ergibt sich aus der systematischen Zusam-

---

22 Ggf. auch durch Bildsymbole, Art. 12 Abs. 7.

menschau mit Art. 5 Abs. 1 lit. d, dass das Berichtigungsrecht unter Berücksichtigung der Zwecke der Verarbeitung auch einen **ungeschriebenen Anspruch auf Aktualisierung** der Daten umfassen kann (→ Rn. 23).[23]

34   Gem. Art. 58 Abs. 2 lit. g ist jede **Aufsichtsbehörde** befugt, die **Berichtigung** personenbezogener Daten nach Art. 16 anzuordnen, was auch die Befugnis zur Anordnung der Vervollständigung oder Aktualisierung umfasst (→ Art. 58 Rn. 57 ff.).

II. Nationales Datenschutzrecht

35   Die in den deutschen Datenschutzgesetzen geregelte Pflicht der verantwortlichen Stelle, unrichtige Daten zu berichtigen, wird im Anwendungsbereich der DSGVO (Art. 2 f.) vollständig durch Art. 16 verdrängt. Insoweit Bundes- und Landesdatenschutzgesetze Ausnahmen von der Berichtigungspflicht vorsehen, können diese **nach Maßgabe der in der DSGVO enthaltenen Öffnungsklauseln** fortbestehen, die zugleich die Grundlage für weitere Beschränkungen des Berichtigungsrechts des Betroffenen bzw. der Berichtigungspflicht des Verantwortlichen durch mitgliedstaatliches Recht bieten (→ Rn. 28 ff.).

36   Ausnahmen vom Berichtigungsrecht und der Berichtigungspflicht des Art. 16 werden im **Regierungsentwurf** des BDSG i.d.F. des Art. 1 DSAnpUG-EU (hier: BDSG-E) auf Art. 89 Abs. 2 und 3 DSGVO gestützt. So soll das Berichtigungsrecht gem. § 27 Abs. 2 S. 1 BDSG-E insoweit beschränkt sein, als es voraussichtlich die Verwirklichung der wissenschaftlichen oder historischen Forschungs- oder Statistikzwecke unmöglich macht oder ernsthaft beeinträchtigt und die Beschränkung des Berichtigungsrechts für die Erfüllung der Forschungs- oder Statistikzwecke erforderlich ist. Ferner soll gem. § 28 Abs. 3 S. 1 BDSG-E das Berichtigungsrecht nicht bestehen, wenn die personenbezogenen Daten zu Archivzwecken im öffentlichen Interesse verarbeitet werden. Gem. § 28 Abs. 3 S. 2 BDSG-E ist dem Betroffenen bei Bestreiten der Richtigkeit der personenbezogenen Daten die Möglichkeit einer Gegendarstellung einzuräumen, die durch das Archiv gem. S. 3 den Unterlagen hinzuzufügen ist.

Artikel 17   Recht auf Löschung („Recht auf Vergessenwerden")

(1) Die betroffene Person hat das Recht, von dem Verantwortlichen zu verlangen, dass sie betreffende personenbezogene Daten unverzüglich gelöscht werden, und der Verantwortliche ist verpflichtet, personenbezogene Daten unverzüglich zu löschen, sofern einer der folgenden Gründe zutrifft:

a) **Die personenbezogenen Daten sind für die Zwecke, für die sie erhoben oder auf sonstige Weise verarbeitet wurden, nicht mehr notwendig.**

b) **Die betroffene Person widerruft ihre Einwilligung, auf die sich die Verarbeitung gemäß Artikel 6 Absatz 1 Buchstabe a oder Artikel 9 Absatz 2 Buchstabe a stützte, und es fehlt an einer anderweitigen Rechtsgrundlage für die Verarbeitung.**

---

23   Vgl. zur Vorgängerregelung schon *Dammann/Simitis* EG-DSRL Art. 12 Rn. 15.

c) Die betroffene Person legt gemäß Artikel 21 Absatz 1 Widerspruch gegen die Verarbeitung ein und es liegen keine vorrangigen berechtigten Gründe für die Verarbeitung vor, oder die betroffene Person legt gemäß Artikel 21 Absatz 2 Widerspruch gegen die Verarbeitung ein.

d) Die personenbezogenen Daten wurden unrechtmäßig verarbeitet.

e) Die Löschung der personenbezogenen Daten ist zur Erfüllung einer rechtlichen Verpflichtung nach dem Unionsrecht oder dem Recht der Mitgliedstaaten erforderlich, dem der Verantwortliche unterliegt.

f) Die personenbezogenen Daten wurden in Bezug auf angebotene Dienste der Informationsgesellschaft gemäß Artikel 8 Absatz 1 erhoben.

(2) Hat der Verantwortliche die personenbezogenen Daten öffentlich gemacht und ist er gemäß Absatz 1 zu deren Löschung verpflichtet, so trifft er unter Berücksichtigung der verfügbaren Technologie und der Implementierungskosten angemessene Maßnahmen, auch technischer Art, um für die Datenverarbeitung Verantwortliche, die die personenbezogenen Daten verarbeiten, darüber zu informieren, dass eine betroffene Person von ihnen die Löschung aller Links zu diesen personenbezogenen Daten oder von Kopien oder Replikationen dieser personenbezogenen Daten verlangt hat.

(3) Die Absätze 1 und 2 gelten nicht, soweit die Verarbeitung erforderlich ist

a) zur Ausübung des Rechts auf freie Meinungsäußerung und Information;

b) zur Erfüllung einer rechtlichen Verpflichtung, die die Verarbeitung nach dem Recht der Union oder der Mitgliedstaaten, dem der Verantwortliche unterliegt, erfordert, oder zur Wahrnehmung einer Aufgabe, die im öffentlichen Interesse liegt oder in Ausübung öffentlicher Gewalt erfolgt, die dem Verantwortlichen übertragen wurde;

c) aus Gründen des öffentlichen Interesses im Bereich der öffentlichen Gesundheit gemäß Artikel 9 Absatz 2 Buchstaben h und i sowie Artikel 9 Absatz 3;

d) für im öffentlichen Interesse liegende Archivzwecke, wissenschaftliche oder historische Forschungszwecke oder für statistische Zwecke gemäß Artikel 89 Absatz 1, soweit das in Absatz 1 genannte Recht voraussichtlich die Verwirklichung der Ziele dieser Verarbeitung unmöglich macht oder ernsthaft beeinträchtigt, oder

e) zur Geltendmachung, Ausübung oder Verteidigung von Rechtsansprüchen.

Verwandte Normen: ErwGr 65, 66; §§ 35, 20 BDSG 2003

Literatur:

Albrecht/Jotzo, Das neue Datenschutzrecht der EU, Baden-Baden, 2016; *Ambrose*, It's About Time: Privacy, Information Life Cycles, and the Right to be Forgotten, Stanford Technology Law Review 16 (2013), 369; *Ausloos*, The „Right to be Forgotten" – Worth Remembering?, Computer Law & Security Review 28 (2012), 143; *Bennett*, The „Right to Be Forgotten": Reconciling EU and US Perspectives, Berkeley Journal of International Law 30 (2012) 166; *Berberich/Golla*, Zur Konstruktion eines „Dateneigentums" – Herleitung, Schutzrichtung, Abgrenzung, PinG 2016, 165; *Bernal*, The EU, the US, and Right to be Forgotten, in: Gutwirth/Leenes/De Hert, Reloading Data Protection. Multidisciplinary Insights and Contemporary Challenges, Dordrecht, 2014, S. 61; *Bitkom*, Big Data im Praxiseinsatz – Szenarien, Beispiele, Effekte, Berlin, 2012; *Boehme-Neßler*, Das Recht auf Vergessenwerden – Ein neues Internet-Grundrecht im Europäischen Recht, NVwZ 2014, 825; *Boehme-Neßler*, Big Data und Demokratie – Warum Demokratie ohne Datenschutz nicht funktioniert, DVBl. 2015, 1282; *Boehme-Neßler*, Das Ende der Anonymität. Wie Big Data das Datenschutzrecht verändert, DuD 2016, 419; *Bolton*, The Right To Be Forgotten: Forced Amnesia in a Technological Age, The John Marshall Journal of Information Technology & Privacy Law 31 (2014) 133; *Buchholtz*, Das „Recht auf Vergessen" im Internet – eine Herausforderung für den demokratischen Rechtsstaat, AöR 140 (2015) 121; *Bull*, Persönlichkeitsschutz im Internet: Reformeifer mit neuen Ansätzen, NVwZ 2011, 257; *Dammann*, Erfolge und Defizite der EU-Datenschutzgrundverordnung – Erwarteter Fortschritt, Schwächen und überraschende Innovationen, ZD 2016, 307; *Diesterhöft*, Das Recht auf medialen Neubeginn. Die „Unfähigkeit des Internets zu vergessen" als Herausforderung für das allgemeine Persönlichkeitsrecht, Berlin, 2014; *DIVSI*, Das Recht auf Vergessenwerden, Hamburg, 2015; *Dorner*, Big Data und „Dateneigentum". Grundfragen des modernen Daten- und Informationshandels, CR 2014, 617; *Eichenhofer*, Privatheit im Internet als Vertrauensschutz. Eine Neukonstruktion der Europäischen Grundrechte auf Privatleben und Datenschutz, Der Staat 55 (2016), 41; *Epiney*, Außenbeziehungen von EU und Mitgliedstaaten: Kompetenzverteilung, Zusammenwirken und wechselseitige Pflichten am Beispiel des Datenschutzes, ZaöRV 74 (2014) 465; *Europäischer Datenschutzbeauftragter*, Stellungnahme zum Datenschutzreformpaket, 7.3.2012; *Europäischer Datenschutzbeauftragter*, Stellungnahme 7/2015: Bewältigung der Herausforderungen in Verbindung mit Big Data. Ein Ruf nach Transparenz, Benutzerkontrolle, eingebautem Datenschutz und Rechenschaftspflicht, 9.11.2015; *European Network and Information Security Agency (ENISA)*, The right to be forgotten – between expectations and practice, 2012; *Fazlioglo*, Forget me not: the clash of the right to be forgotton and freedom of expression on the Internet, International Data Privacy Law 2013, 149; *Federrath ua*, Grenzen des „digitalen Radiergummis", DuD 2011, 403; *Franck*, Das System der Betroffenenrechte nach der Datenschutz-Grundverordnung (DSGVO), RDV 2016, 111; *Gerling/Gerling*, Wie realistisch ist ein „Recht auf Vergessenwerden"?, DuD 2013, 445; *Gola/Schulz*, Listenprivileg, Drittinteresse, Zweckbindung. Anmerkungen zum postalischen Direktmarketing in den Entwürfen für eine EU-Datenschutzgrundverordnung, K&R 2015, 609; *Gstrein*, Das Recht auf Vergessenwerden als Menschenrecht. Hat Menschenwürde im Informationszeitalter Zukunft?, Baden-Baden, 2016; *Härting*, Starke Behörden, schwaches Recht – der neue EU-Datenschutzentwurf, BB 2012, 459; *Hennemann*, Das Recht auf Löschung gemäß Art. 17 Datenschutz-Grundverordnung, PinG 2016, 176; *Hesse*, Grundzüge des Verfassungsrechts der Bundesrepublik Deutschland, Neudr. der 20. Aufl., Heidelberg, 1999; *Hoeren*, Dateneigentum. Versuch einer Anwendung von § 303 a StGB im Zivilrecht, MMR 2013, 486; *Holznagel/Hartmann*, Das „Recht auf Vergessenwerden" als Reaktion auf ein grenzenloses Internet – Entgrenzung der Kommunikation und Gegenbewegung, MMR 2016, 228; *Hornung*, Datenschutz durch Technik in Europa. Die Reform der Richtlinie als Chance für ein modernes Datenschutzrecht, ZD 2011, 51; *Hornung*, Eine Datenschutz-Grundverordnung für Europa? Licht und Schatten im Kommissionsentwurf vom 25.1.2012, ZD 2012, 99; *Hornung/Hofmann*, Ein „Recht auf Vergessenwerden"? Anspruch und Wirklichkeit eines neuen Datenschutzrechts, JZ 2013, 163; *Jandt/Kieselmann/Wacker*, Recht auf Vergessen im Internet. Diskrepanz zwischen rechtlicher Zielsetzung und technischer Realisierbarkeit?, DuD 2013, 235; *Kalabis/Selzer*, Das Recht auf Vergessenwerden nach der geplanten EU-Verordnung. Umsetzungsmöglichkeiten im Internet, DuD 2012, 670; *Kieselmann/Kopal/Wacker*, „Löschen" im Internet. Ein neuer Ansatz für die technische Unterstützung des Rechts auf Löschen, DuD 2015, 31; *Kiss/Szöke*, Evolution or Revolution? Steps Forward to a New Generation of Data Protection Regulation, in: Gutwirth/Leenes/De Hert, Reforming European Data Protection Law, Dordrecht, 2015, S. 311; *Klar/Kühling*, Privatheit und Datenschutz in der EU und den USA – Kollision zweier Welten?, AöR 141 (2016) 165; *Koch*, Big Data und der Schutz der Daten. Über die Unvereinbarkeit des deutschen und europäischen Datenschutzrechts mit Big Data, ITRB 2015, 13; *Kodde*, Die „Pflicht zu Vergessen". „Recht auf Vergessenwerden" und Löschung in BDSG und DSGVO, ZD 2013, 115; *Kokott*, Grundrechtliche Schranken und Schranken-Schranken, in: Merten/Papier (Hrsg.), Handbuch der Grundrechte in Deutschland und Europa. Band I: Entwicklungen und Grundlagen, Heidelberg, 2004, § 22; *Koops*, Forgetting Footprints, Shunning Shadows. A Critical Analysis of the „Right to be Forgotten" in Big Data Practice, SCRIPTed 8 (2011), 229; *Koreng/Feldmann*, Das „Recht auf Vergessen". Überlegungen zum Konflikt zwischen Datenschutz und Meinungsfreiheit, ZD 2012, 311; *Korenhof ua*, Timing the Right to Be Forgotten: A Study into „Time" as a Factor in Deciding About Retention or Erasure of Data, in: Gutwirth/Leenes/De Hert (Hrsg.), Reforming European Data Protection Law, Dordrecht, 2015, S. 171; *Körner*, Die Reform des EU-Datenschutzes: Der Entwurf einer EU-Datenschutz-Grundverordnung (DSGVO), ZESAR 2013, 99 und 153; *Kranenborg*, Google and the Right to Be Forgotten, EDPL 2015, 70; *Kühling*, Rückkehr des Rechts:

Verpflichtung von „Google & Co." zu Datenschutz, EuZW 2014, 527; *Kühling/Klar*, Transparenz vs. Datenschutz – erste Gehversuche des EuGH bei der Anwendung der Grundrechtecharta, Jura 2011, 771; *Kühling/Martini*, Die Datenschutz-Grundverordnung: Revolution oder Evolution im europäischen und deutschen Datenschutzrecht?, EuZW 2016, 448; *Kühn/Karg*, Löschung von Google-Suchergebnissen. Die Umsetzung der EuGH-Entscheidung durch den Hamburgischen Datenschutzbeauftragten, ZD 2015, 61; *Kuner*, European Data Protection Law. Corporate Compliance and Regulation, 2. Aufl., New York u.a., 2007; *Luch/Schulz/Kuhlmann*, Das Recht auf Vergessenwerden als Ausprägung einer selbstbestimmten digitalen Persönlichkeit, EuR 2014, 698; *Lynskey*, The Foundations of EU Data Protection Law, Oxford, 2015; *Maas*, EU-Datenschutz-Grundverordnung: Datensouveränität in der digitalen Gesellschaft, DuD 2015, 579; *Mainzer*, Künstliche Intelligenz – Wann übernehmen die Maschinen?, Berlin, 2016; *Mantelero*, Right to be Forgotten and Public Registers – A Request to the European Court of Justice for a Preliminary Ruling, EDPL 2016, 231; *Markou*, The „Right to Be Forgotten": Ten Reasons Why It Should Be Forgotten, in: Gutwirth/Leenes/De Hert (Hrsg.), Reforming European Data Protection Law, Dordrecht, 2015, S. 203; *Masing*, Herausforderungen des Datenschutzes, NJW 2012, 2305; *Masing*, Vorläufige Einschätzung der „Google-Entscheidung" des EuGH, VerfBlog 2014/8/14; *Mayer-Schönberger*, Delete. Die Tugend des Vergessens im digitalen Zeitalter, Berlin, 2010; *Milstein*, Weder Verantwortlichkeit noch „Pflicht zu Vergessen" von Suchmaschinenbetreibern nach EU-Datenschutzrecht, K&R 2013, 446; *Nolte*, Zum Recht auf Vergessen im Internet. Von digitalen Radiergummis und anderen Instrumenten, ZRP 2011, 23; *Nolte*, Das Recht auf Vergessenwerden – mehr als nur ein Hype?, NJW 2014, 2238; *O'Hara/Shadbolt*, The Right to be Forgotten: Its Potential Role in a Coherent Privacy Regime, EDPL 2015, 178; *Paefgen*, Der von Art. 8 EMRK gewährleistete Schutz vor staatlichen Eingriffen in die Persönlichkeitsrechte im Internet, Heidelberg ua, 2017; *Piltz*, Die Datenschutz-Grundverordnung. Teil 2: Rechte der Betroffenen und korrespondierende Pflichten des Verantwortlichen, K&R 2016, 629; *Pfeifer*, Auswirkungen der EU-Datenschutz-Grundverordnung auf öffentliche Stellen, GewArch 2014, 142; *Purtova*, Property Rights in Personal Data. A European Perspective, Alphen aan den Rijn, 2012; *Reding*, The EU Data Protection Reform 2012: Making Europe the Standard Setter for Modern Data Protection Rules in the Digital Age (Jan. 22, 2012), Speech 12/26; *Reding*, The European data protection framework for the twenty-first century, International Data Privacy Law 2012, 119; *Richter*, Datenschutz durch Technik und die Grundverordnung der EU-Kommission, DuD 2012, 576; *Richter*, Big Data, Statistik und die Datenschutz-Grundverordnung, DuD 2016, 581; *Rosen*, The Right to be Forgotten, 64 Stanford Law Review Online (2012) 88; *Roßnagel/Nebel/Richter*, Was bleibt vom Europäischen Datenschutzrecht? Überlegungen zum Ratsentwurf der DSGVO, ZD 2015, 455; *Sartor*, The right to be forgotten in the Draft Data Protection Regulation, International Data Privacy Law 2015, 64; *Schantz*, Die Datenschutz-Grundverordnung – Beginn einer neuen Zeitrechnung im Datenschutzrecht, NJW 2016, 1841; *Schiedermair*, Suchmaschinenbetreiber in der Plicht: Das Google-Spain-Urteil des EuGH, jM 2015, 334; *Schneider/Härting*, Datenschutz in Europa – Plädoyer für einen Neubeginn. Zehn „Navigationsempfehlungen", damit das EU-Datenschutzrecht internettauglich und effektiv wird, CR 2014, 306; *Schwartz*, Property, Privacy, and Personal Data, Harvard Law Review 117 (2004), 2056; *Siemen*, Datenschutz als europäisches Grundrecht, Berlin, 2006; *Simitis*, Die Pflicht zu vergessen, FAZ v. 7.2.2013, S. 3; *Skouris*, Leitlinien der Rechtsprechung des EuGH zum Datenschutz, NVwZ 2016, 1359; *van der Sloot*, Do data protection rules protect the individual and should they? An assessment of the proposed General Data Protection Regulation, International Data Privacy Law 4 (2014) 307; *Spiecker gen. Döhmann*, Steuerung im Datenschutzrecht – Ein Recht auf Vergessenwerden wider Vollzugsdefizite und Typisierung?, KritV 2014, 28; *Traung*, The Proposed New EU General Data Protection Regulation. Further Opportunities, CRi 2012, 33; *Vesting*, Das Internet und die Notwendigkeit der Transformation des Datenschutzes, in: Ladeur (Hrsg.), Innovationsoffene Regulierung des Internet. Neues Recht für Kommunikationsnetzwerke, Baden-Baden, 2003, S. 155; *Victor*, The EU General Data Protection Regulation: Toward a Property Regime for Protecting Privacy, The Yale Law Journal 123 (2013), 513; *von Grafenstein/Schulz*, The right to be forgotten in data protection law: a search for the concept of protection, International Journal of Public Law and Policy 5 (2016), 249; *Voskamp*, Transnationaler Datenschutz. Globale Datenschutzstandards durch Selbstregulierung,

Baden-Baden, 2015; *Wagner*, Der Datenschutz in der Europäischen Union, Wien, 2015; *Wiebe*, Data protection and the internet: irreconcilable opposites? The EU Data Protection Reform Package and CJEU case law, Journal of Intellectual Property Law & Practice 10 (2015) 64; *Zanfir*, Tracing the Right to Be Forgotten in the Short History of Data Protection Law: The „New Clothes" of an Old Right, in: Gutwirth/Leenes/De Hert (Hrsg.), Reforming European Data Protection Law, Dordrecht, 2015, S. 227.

A. Grundlagen

I. Gesamtverständnis und Zweck der Norm

Art. 17 Abs. 1 regelt das Recht der betroffenen Person zur Löschung sie betreffender personenbezogener Daten (→ Rn. 10 ff.). Die ebenfalls in Abs. 1 geregelte Löschungspflicht des Verantwortlichen ist vom Löschungsbegehren des Betroffenen unabhängig (→ Rn. 43). Löschungsrecht und Löschungspflicht sind begründet, wenn einer der Löschungsgründe des Abs. 1 lit. a-f. und keiner der in Abs. 3 geregelten Ausschlusstatbestände eingreifen (→ Rn. 9). Abs. 2 verpflichtet den Verantwortlichen, angemessene Maßnahmen zur Information Drittverantwortlicher[1] über das an sie adressierte Löschungsbegehren des Betroffenen nach der Veröffentlichung seiner Daten zu treffen (→ Rn. 47 ff.). Unter den Betroffenenrechten, deren Stärkung ein zentrales Anliegen der Kommission bei der Reform des europäischen Datenschutzrahmens war, um dem Einzelnen eine bessere Kontrolle über seine personenbezogenen Daten zu ermöglichen,[2] kommt dem Löschungsrecht als **Eingriffs- und Steuerungsrecht**[3] eine herausgehobene Bedeutung zu.   1

Dem als **Recht auf Vergessenwerden** apostrophierten Löschungsanspruch galt im Gesetzgebungsverfahren (und in der Folge der Google Spain-Entscheidung des EuGH → Rn. 13)[4] gerade mit Blick auf das Internet beson-   2

---

1 „Drittverantwortliche" soll im Zusammenhang mit Art. 17 Abs. 2 nachfolgend als Kurzbezeichnung für diejenigen für die Datenverarbeitung Verantwortlichen stehen, die von einem anderen Verantwortlichen öffentlich gemachte personenbezogene Daten verarbeiten.

2 Mitteilung der Kommission „Gesamtkonzept für den Datenschutz in der Europäischen Union", KOM(2010), 609 endg., 8; Mitteilung der Kommission „Der Schutz der Privatsphäre in einer vernetzten Welt. Ein europäischer Datenschutzrahmen für das 21. Jahrhundert", KOM(2012) 9 endg., 4 ff. Die besondere Bedeutung der Betroffenenrechte lässt sich auch daran ablesen, dass ihre Verletzung mit den höchsten in der DSGVO vorgesehenen Bußgeldern sanktioniert werden kann – Art. 83 Abs. 5 lit. b; vgl. auch Erwägungsgrund 9; *Albrecht/Jotzo*, S. 38 f.; ferner *Lynskey*, Foundations, S. 35 ff., die aber zugleich die Ergänzungsbedürftigkeit eines auf individuelle Kontrolle und individuelle Rechte abstellenden Datenschutzkonzepts in der EU betont (S. 254 ff.). Dieses Monitum greift etwa *Eichenhofer* Der Staat 55 (2016), 41 (50 ff.) auf, der Privatheit im Internet nicht auf individuelle Kontrollmöglichkeiten, sondern auf Vertrauensschutz gründen möchte; so auch schon früher *Vesting* in: Ladeur Innovationsoffene Regulierung, S. 155 (182).

3 Zur Terminologie vgl. *Dix* in: Simitis BDSG § 35 Rn. 2; Vorschlag einer an den Zielen der Betroffenenrechte ausgerichteten Typologie bei *Franck* RDV 2016, 111.

4 EuGH 13.5.2014 – C-131/12, ECLI:EU:C:2014:317.

dere **politische und mediale Aufmerksamkeit,**[5] die bei näherem Hinsehen jedoch aus mehreren Gründen als **ungerechtfertigt** erscheint. Zum einen zählt das Löschungsrecht – unabhängig von der Frage seiner praktischen Durchsetzbarkeit – schon länger zum Kanon der Betroffenenrechte nationaler wie supra- und internationaler Datenschutzregelungen.[6] Zum anderen ist die zunächst literarisch entworfene Idee eines Rechts auf Vergessen(werden) im Internet[7] nur ansatzweise in Art. 17 umgesetzt. Die Bezeichnung als „Recht auf Vergessenwerden" auch in der Artikelüberschrift ist daher irreführend (im Einzelnen → Rn. 33 ff.).[8]

II. Bisherige Rechtslage

3   Die Regelung des Art. 17 Abs. 1 knüpft an die mit „Auskunftsrecht" nur ungenau weil unvollständig überschriebene **Vorgängerregelung** des Art. 12 lit. b DS-RL an, erweitert den dort normierten Löschungsanspruch aber um die abschließende Aufzählung spezifischer, das Löschungsrecht begründender Tatbestände (Abs. 1 lit. a-f.), die bislang nur teilweise und exemplarisch („insbesondere")[9] in Art. 12 lit. b DS-RL angesprochen wurden[10] (zur Kritik dieser Regelungssystematik → Rn. 9). Neu ist neben der ausdrücklichen Regelung einer Löschungspflicht des Verantwortlichen auch dessen Pflicht, Dritte über das Löschungsverlangen des Betroffenen nach Veröffentlichung seiner Daten zu informieren (Abs. 2). Ebenfalls neu ist in Abs. 3 schließlich die Auflistung von Tatbeständen, die das Löschungsrecht ausschließen.

---

5   Vgl. *Reding*, The EU Data Protection Reform 2012: Making Europe the Standard Setter for Modern Data Protection Rules in the Digital Age, Speech 12/26, S. 5; *dies.* International Data Privacy Law 2012, 119 (125); Mitteilung der Kommission „Der Schutz der Privatsphäre in einer vernetzten Welt. Ein europäischer Datenschutzrahmen für das 21. Jahrhundert", KOM(2012) 9 endg., 5; Pressemitteilung des Europäischen Parlaments v. 14.4.2016 aus Anlass der Verabschiedung der DSGVO, 20160407IPR21776, S. 1; *DIVSI*, Recht auf Vergessenwerden, S. 25 ff.

6   Löschungsrechte finden sich exemplarisch in §§ 20 Abs. 2, 35 Abs. 2 S. 2 BDSG – zur grundgesetzlichen Fundierung der Löschungspflicht BVerfGE 65, 1 (46); Art. 12 lit. b RL 95/46/EG; Art. 8 lit. c Var. 2 der Datenschutzkonvention 108 des Europarates; Nr. 13 lit. d der Recommendation of the OECD Council concerning Guidelines governing the Protection of Privacy and Transborder Flows of Personal Data (2013), C(80)58/FINAL, as amended on 11 July 2013 by C(2013)79; Nr. 17 des von der 31. Internationalen Konferenz der Datenschutzbeauftragten (2009) beschlossenen Gemeinsamen Vorschlags zur Erstellung internationaler Standards zum Schutz der Privatsphäre im Zusammenhang mit der Verarbeitung personenbezogener Daten. Zur geringen praktischen Relevanz der Datenschutzregelungen internationaler Organisationen aber *Voskamp*, Transnationaler Datenschutz, S. 26 ff. Vgl. auch *Hornung/Hofmann* JZ 2013, 163 (164); *Zanfir* in: Gutwirth ua, Reforming European Data Protection Law, S. 227 (239 ff.).

7   Grundlegend *Mayer-Schönberger*, Delete, S. 199 ff.; im Überblick *Koops* SCRIPTed 8 (2011), 229 (231 ff.).

8   Konsequenterweise hatte das Europäische Parlament in seiner legislativen Entschließung zum Verordnungsentwurf (P7_TA(2014)0212) das „Recht auf Vergessenwerden" aus der Artikelüberschrift sowie den Erwägungsgründen 53 und 54 gestrichen und folgte damit dem Bericht seines LIBE-Ausschusses. Deutlich *Roßnagel/Nebel/Richter* ZD 2015, 455 (458): „Marketingtrick", „Mogelpackung".

9   EuGH 13.5.2014 – C-131/12, ECLI:EU:C:2014:317 Rn. 70.

10   Scil. Unvollständigkeit oder Unrichtigkeit der Daten.

Im **BDSG** regeln § 20 Abs. 2 und 35 Abs. 2 S. 2 BDSG die Pflicht der ver-   4
antwortlichen Stelle zur Löschung personenbezogener Daten.

III. Entstehung der Norm

Gegenüber dem Kommissionsentwurf hat Art. 17 einige **Änderungen im**   5
Gesetzgebungsverfahren erfahren. Während Abs. 1 im Kommissionsentwurf solche personenbezogenen Daten besonders hervorhob, die die betroffene Person im Kindesalter öffentlich gemacht hat, verweist nunmehr
nur noch Erwägungsgrund 65 auf die besondere Bedeutung des Löschungsrechts in Fällen, in denen der Betroffene seine Einwilligung im Kindesalter gegeben hat und insofern die mit der Verarbeitung verbundenen
Gefahren nicht in vollem Umfang absehen konnte[11] (s. aber auch lit. f →
Rn. 28 ff.). Im Tatbestand des Abs. 1 lit. b wurde der Ablauf der Speicherfrist gestrichen (→ Rn. 19), mit Abs. 1 lit. e und f. wurden die von der
Kommission ursprünglich angeführten Löschungsgründe auf Vorschlag des
Rates um zwei weitere Tatbestände ergänzt. Das im Kommissionsentwurf
noch in Abs. 4–6 vorgesehene Recht auf Einschränkung der Verarbeitung
ist nunmehr in einem eigenständigen Art. 18 geregelt; ersatzlos entfallen
sind das Verbot der Verarbeitung personenbezogener Daten auf sonstige
Weise nach deren Löschung (Abs. 8 im Kommissionsentwurf) sowie die
ausdrückliche Erwähnung der Pflicht des Verantwortlichen, für die Einhaltung der Fristen für eine Löschung von personenbezogenen Daten oder die
Überprüfung der Notwendigkeit ihrer Speicherung durch Vorkehrungen
Sorge zu tragen (Abs. 7 im Kommissionsentwurf).

Auf Betreiben des Rates wurde insbesondere die in Abs. 9 des Kommissi-   6
onsentwurfs normierte **Ermächtigung** der Kommission **zum Erlass delegier-**
ter Rechtsakte gestrichen, die auch an zahlreichen anderen Stellen im Kommissionsentwurf auftauchte. Die Delegation stieß wegen des damit verbundenen Kompetenzzuwachses der Kommission sowie mit Blick auf den We-
sentlichkeitsvorbehalt des Art. 290 Abs. 1 S. 1 AEUV auf breite Kritik,[12]
war vom Europäischen Parlament bei Art. 17 Abs. 9 aber auch nicht we-

---

11 Vgl. auch Art. 6 Abs. 1 lit. f aE.
12 Stellungnahme des Europäischen Wirtschafts- und Sozialausschusses zum Kommis-
    sionsvorschlag v. 23.5.2012, ABl. 2012 C 229/90 Rn. 3.11; Stellungnahme des
    Ausschusses der Regionen zum Kommissionsvorschlag v. 10.10.2012, ABl. 2012
    C 391/127, Rn. 4, 25; *Hornung* ZD 2012, 99 (105); *Härting* BB 2012, 459 (460);
    Traung CRi 2012, 33 (34 f.); *Simitis* FAZ v. 7.2.2013 S. 2; positiv gewendet dage-
    gen bei *Bull,* Sinn und Unsinn des Datenschutzes, S. 108, demzufolge die Kommis-
    sion dadurch stückweise nachholen wolle, was eigentlich in die DSGVO gehört
    hätte, aber politisch nicht durchsetzbar gewesen sei. Von den im Kommissionsent-
    wurf vorgesehenen 26 Ermächtigungen zum Erlass delegierter Rechtsakte sind nur
    zwei übriggeblieben, s. Art. 92 Abs. 2, was die Kommission – wenngleich in gerin-
    gerem Umfang – als Verhandlungsmasse eingepreist haben mag.

sentlich modifiziert worden.[13] Der berechtigten generellen Kritik an Ausmaß und Umfang aller Einzelermächtigungen im Verordnungsentwurf ist jedoch entgegenzuhalten, dass die delegierte Rechtsetzung ein flexibles und schnelles Regelungsinstrument darstellt, mit dem die Kommission einerseits einen kohärenten Vollzug einzelner Verordnungsvorschriften (etwa des Art. 17) durch materielle Steuerung bewerkstelligen und andererseits die Besonderheiten bestimmter Sachbereiche und Datenverarbeitungssituationen hinsichtlich des Löschungsrechts berücksichtigen kann.[14] Solche Konkretisierungen des notwendig abstrakt gehaltenen Verordnungstextes sind nunmehr der Praxis der Datenschutzbehörden sowie der Rechtsprechung überantwortet, wobei dem Zusammenwirken der Datenschutzbehörden im Aufsichtsverbund (→ Art. 56 Rn. 7 ff.) auch im Rahmen des Kohärenzverfahrens (→ Art. 63 Rn. 1 ff.) unter maßgeblicher Beteiligung des Europäischen Datenschutzausschusses (mit der Befugnis zur verbindlichen Streitbeilegung gem. Art. 65 sowie weiteren Befugnissen zur Konkretisierung des Verordnungstextes gem. Art. 70) eine besondere Rolle bei der einheitlichen Auslegung und Anwendung der DSGVO zukommt.

IV. Konstitutionelle Grundlagen

7 Konstitutionelle Grundlage des Löschungsrechts ist Art. 8 GRCh. Der EuGH zitiert in st. Rspr. bei der Prüfung der Verarbeitung personenbezogener Daten das **Datenschutzgrundrecht gem. Art. 8 GRCh** aber gemeinsam mit dem Grundrecht auf Achtung der Privatsphäre gem. Art. 7 GRCh, obwohl Art. 8 GRCh lex specialis zu Art. 7 GRCh ist.[15] Die GRCh kennt dagegen **kein** eigenständiges „Internet-Grundrecht auf Vergessenwerden" – ein solches wurde auch nicht vom EuGH in richterrechtlicher Rechtsfort-

---

13 Nach Art. 17 Abs. 9 des Kommissionsentwurfs sollte die Kommission im Wege der delegierten Rechtsetzung nach Maßgabe des Art. 86 (jetzt: Art. 92) Einzelheiten festlegen in Bezug auf a) die Kriterien und Anforderungen von Abs. 1 für bestimmte Bereiche und spezifische Verarbeitungssituationen, b) die Bedingungen für die Löschung gem. Abs. 2 von Internet-Links, Kopien oder sonstigen Replikationen von personenbezogenen Daten aus öffentlich zugänglichen Kommunikationsdiensten und c) die Kriterien und Bedingungen für die Beschränkung der Verarbeitung personenbezogener Daten gem. Abs. 4.
14 Vgl. *Hornung* ZD 2012, 99 (105). Kritik der Verwendung unbestimmter Rechtsbegriffe in der DSGVO bei *Schneider/Härting* CR 2014 306, (311).
15 Vgl. EuGH 9.11.2010 – C-92/09 und 93/09, ECLI:EU:C:2010:662 Rn. 52; 17.10.2013 – C-291/12, ECLI:EU:C:2013:670 Rn. 24 f.; 8.4.2014 – C-293/12 und C-594/12, ECLI:EU:C:2014:238 Rn. 29; 13.5.2015 – C-131/12, ECLI:EU:C:2014:317 Rn. 81, 97; 6.10.2015 – C-362/14, ECLI:EU:C:2015:650 Rn. 39. Rechtsprechungsüberblick bei *Skouris* NVwZ 2016, 1359. *Kühling/Klar* Jura 2011, 771 (773) bescheinigen dem EuGH insoweit einen pragmatischen Ansatz. Zum umstr. Verhältnis der beiden Grundrechte vgl. *Eichenhofer* Der Staat 55 (2016), 41 (60 ff.) und *von Grafenstein/Schulz* IJPLP 5 (2016), 249 (253 ff.); *Kingreen* in: Calliess/Ruffert EUV/AEUV Art. 8 GRCh Rn. 3 ff.; *Kranenborg* in: Peers ua The Charter of Fundamental Rights Art. 8 Rn. 08.21 ff.

bildung aus bestehenden Grundrechten entwickelt.[16] Art. 16 Abs. 1 AEUV, der seit dem Vertrag von Lissabon wortgleich das Grundrecht auf Schutz personenbezogener Daten gewährt, verdrängt Art. 8 Abs. 1 GRCh wegen Art. 52 Abs. 2 GRCh nicht und wird vom EuGH in der einschlägigen Rspr. bislang auch nicht bemüht.[17] Bei der Auslegung der genannten Vorschriften berücksichtigt der EuGH mit Blick auf Art. 52 Abs. 3 GRCh regelmäßig die Rechtsprechung des EGMR zum Recht auf Achtung des Privat- und Familienlebens in Art. 8 EMRK,[18] der zwar keine datenschutzspezifischen Regelungen enthält, vom EGMR aber zu einem Grundrecht auf Datenschutz fortentwickelt wurde.[19]

Art. 8 GRCh schützt vor ungerechtfertigten Eingriffen durch die Verarbeitung personenbezogener Daten durch Dritte[20] und verbürgt den Grundrechtsträgern die Möglichkeit, die Löschung unrechtmäßig verarbeiteter Daten zu erwirken.[21] Die Grundrechtsgewährleistungen des Art. 8 (insbes. Abs. 2) GRCh werden sekundärrechtlich ua durch die DSGVO konkretisiert, deren Vorschriften wiederum im Lichte des Art. 8 GRCh auszulegen

8

16　So aber *Boehme-Neßler* NVwZ 2014, 825 (827 f.); zutr. dagegen *Nolte* NJW 2014, 2238. Vielmehr handelt es sich im konkreten Fall um einen – grundrechtlich fundierten – Löschungsanspruch des Betroffenen, der sich in einem Anspruch auf Nichtanzeige der ihn betreffenden personenbezogenen Daten in den Suchergebnissen einer Suchmaschine realisiert, wie *Luch/Schulz/Kuhlmann* EuR 2014, 698 (704) mit Recht betonen. Ähnlich *Gstrein*, Recht auf Vergessenwerden, S. 107 f. und näher 231 ff., dessen Konzept eines „Menschenrechts auf Vergessenwerden" (vgl. insbes. S. 131 f., 240 ff.) im Übrigen aber kaum überzeugt.

17　Vgl. aber den Gutachtenantrag des Europäischen Parlaments (Gutachten 1/15), das die Vereinbarkeit des Abkommens zwischen der Europäischen Union und Kanada über die Übermittlung und Verarbeitung von Fluggastdatensätzen mit den Bestimmungen der Verträge (Art. 16 AEUV) **und** der Charta der Grundrechte der Europäischen Union (Art. 7, 8 und 52 Abs. 1) in Bezug auf das Recht natürlicher Personen auf den Schutz personenbezogener Daten überprüft wissen möchte. In seinen Schlussanträgen zum Gutachtenantrag 1/15 hat *GA Mengozzi* Art. 16 AEUV nicht als Prüfungsmaßstab aufgegriffen, vgl. ECLI:EU:C:2016:656 Rn. 168.

18　Vgl. EuGH 20.5.2003 – C-465/00, C-138/01 und C-139/01, ECLI:EU:C:2003:294 Rn. 68 ff.; 6.11.2003 – C-101/01, ECLI:EU:C:2003:596 Rn. 87; *Siemen*, Datenschutz als europäisches Grundrecht, S. 260 ff.; *Kranenborg* in: Peers ua The Charter of Fundamental Rights Art. 8 Rn. 08.50 ff.

19　Vgl. EGMR-E 3, 430, Rn. 48; EGMR Urt. v. 16.2.2000, App. no. 27798/95, Rn. 65; Urt. v. 4.5.2000, App. no. 28341/95, Rn. 43; Urt. v. 6.6.2006, App. no. 62332/00, Rn. 72; Urt. v. 4.12.2008, App. no. 30562/04, Rn. 103; *Paefgen*, Der von Art. 8 EMRK gewährleistete Schutz, S. 52 ff.;*Schneider* in: Wolff/Brink Datenschutzrecht Syst. B Rn. 12; *Johlen* in: Stern/Sachs GRCh Art. 8 Rn. 14 u. 17; *Eichenhofer* Der Staat 55 (2016), 41 (58 ff.); *Albrecht/Jotzo*, S. 35.

20　EuGH 17.10.2013 – C-291/12, ECLI:EU:C:2013:670 Rn. 25; zur Drittwirkungsproblematik exemplarisch *von Grafenstein/Schulz* IJPLP 5 (2016), 249 (260 f.).

21　Vgl. EuGH 13.5.2014 – C-131/12, ECLI:EU:C:2014:317 Rn. 81, 97; *Kingreen* in: Calliess/Ruffert EUV/AEUV Art. 8 GRCh Rn. 9; als „Lieblingsgrundrecht" des EuGH identifiziert von *Schiedermair* jM 2015, 334.

sind.[22] Dabei ist insbesondere eine **Abwägung mit öffentlichen Interessen und kollidierenden Grundrechten Dritter** geboten, da das Datenschutzgrundrecht keine uneingeschränkte Geltung beanspruchen kann, sondern im Hinblick auf seine gesellschaftliche Funktion gesehen werden muss, zumal Art. 52 Abs. 1 GRCh Einschränkungen der Ausübung der Rechte wie das Datenschutzgrundrecht zulässt, sofern diese Einschränkungen gesetzlich vorgesehen sind, den Wesensgehalt dieser Rechte und Freiheiten achten, unter Wahrung des Grundsatzes der Verhältnismäßigkeit erforderlich sind und den von der Union anerkannten dem Gemeinwohl dienenden Zielsetzungen oder den Erfordernissen des Schutzes der Rechte und Freiheiten anderer tatsächlich entsprechen.[23] Bei der Einschränkung des grundrechtlich verbürgten Löschungsrechts rücken vor allem das Grundrecht auf freie Meinungsäußerung einschließlich der Informationsfreiheit (Art. 11 Abs. 1 GRCh), daneben aber etwa auch die wirtschaftliche Betätigungsfreiheit (Art. 15 und 16 GRCh) oder das Recht auf Zugang zu Dokumenten (Art. 42 GRCh; ebenso Art. 15 Abs. 3 AEUV) in den Blick.[24]

B. Kommentierung

I. Normsystematik

9   Die **Systematik des Art. 17** ist wenig geglückt. Während Abs. 1 eine abschließende Auflistung von Löschungsgründen enthält und Abs. 2 eine Drittinformationspflicht des Verantwortlichen nach Veröffentlichung der personenbezogenen Daten des Betroffenen regelt, sieht Abs. 3 Ausnahmetatbestände für das Löschungsrecht bzw. die Löschungspflicht sowie die Drittinformationspflicht vor. Die Neuregelung bleibt regelungstechnisch aber weit hinter der Vorgängerregelung zurück. War nach Art. 12 lit. b DS-RL ein Löschungsrecht bei unrechtmäßiger Datenverarbeitung begründet,[25] kann die Neuregelung kein Mehr an Rechtsklarheit und schon gar nicht an Prägnanz beanspruchen. Da sich die Rechtmäßigkeit der Datenverarbeitung bereits umfassend aus Art. 6 ergibt, hätte die unrechtmäßige Datenverarbeitung als das Löschungsrecht bzw. die Löschungspflicht sowie

---

22 Zu den Vorgängervorschriften in der DS-RL EuGH 13.5.2013 – C-131/12, ECLI:EU:C:2014:317 Rn. 68 f.; 17.7.2014 – C-141/12 und C-372/12, ECLI:EU:C: 2014:2081 Rn. 54; 6.10.2015 – C-362/14, ECLI:EU:C:2015:650 Rn. 38; 9.3.2017 – C-398/15, ECLI:EU:C:2017:197 Rn. 39 f. Vgl. auch Erwägungsgründe 1 und 2 der DSGVO; *van der Sloot* IDPL 4 (2014), 307 (319). Missverständlich ist die von *Epiney* ZaöRV 74 (2014), 465 (479) gezogene Parallele zur Datenschutzkonvention Nr. 108 des Europarates als Konkretisierung der EMRK, insoweit sie ein Vorrangverhältnis zwischen EMRK und Datenschutzkonvention zu implizieren scheint, das – soweit ersichtlich – bislang weder in der Rechtsprechung noch in der Literatur vertreten wurde.

23 So EuGH 9.11.2010 – C-92/09 und 93/09, ECLI:EU:C:2010:662 Rn. 48, 50. Vgl. auch Erwägungsgrund 4 der DSGVO; *Schneider* in Wolff/Brink Datenschutzrecht Syst. B Rn. 29 ff. mwN aus der Rspr. Die Zweifel an der Primärrechtskonformität des Art. 17, die *Milstein* K&R 2013 446 (448) und *Pötters* RDV 2015, 10 (13) andeuten, sind deshalb unbegründet.

24 *Dammann* ZD 2016, 307 kritisiert das Fehlen entsprechender prozeduraler Vorkehrungen, die eine Einbeziehung derjenigen, die die zu löschenden Daten publiziert haben, in den Entscheidungsprozess des Verantwortlichen sicherstellen.

25 Zu den sich ohne Weiteres erschließenden Fallgruppen des Löschungsrechts nach Art. 12 lit. b DS-RL *Dammann/Simitis* EG-DSRL Art. 12 Rn. 16.

die Drittinformationspflicht begründender Tatbestand genügt[26] (so, wie es der Auffangtatbestand des Art. 17 Abs. 1 lit. d auch vorsieht; zum Systembruch des Art. 17 Abs. 1 lit. f → Rn. 29). Stattdessen ergibt sich das Bestehen eines Rechts auf bzw. einer Pflicht zur Löschung und Drittinformation erst aus der Zusammenschau der einzelnen Löschungsgründe und Ausnahmetatbestände in Abs. 1 und 3, deren Formulierungen bisweilen auch noch von Art. 6 abweichen.[27]

II. Löschungsrecht und Löschungspflicht – Abs. 1

1. Anspruchsberechtigung

Anspruchsberechtigt ist die **betroffene Person**. Das ist gemäß der Legaldefinition des Art. 4 Nr. 1 Hs. 1 eine identifizierte oder identifizierbare natürliche Person, auf die sich personenbezogene Daten beziehen. Inwieweit auch juristische Personen und Personenvereinigungen Träger des Datenschutzgrundrechts sein und somit auch das Löschungsrecht des Art. 17 Abs. 1 geltend machen können, ist umstritten (näher → Art. 4 Rn. 13).[28] Erwägungsgrund 14 legt jedenfalls eine restriktive Interpretation nahe. Danach gilt die Verordnung nicht für die Verarbeitung personenbezogener Daten juristischer Personen und insbesondere als juristische Person gegründeter Unternehmen, einschließlich Name, Rechtsform oder Kontaktdaten der juristischen Person. Gem. Art. 1 Abs. 1 und 2 dient die DSGVO dem Schutz (der Grundrechte und Grundfreiheiten) natürlicher Personen. Dem EuGH zufolge können sich juristische Personen auf den durch Art. 7 und 8 GRCh verliehenen Schutz hingegen dann (aber auch nur dann) berufen, soweit der Name der juristischen Person eine oder mehrere natürliche Personen bestimmt.[29] Dritte können das Löschungsrecht nach Maßgabe unionsrechtlicher oder mitgliedstaatlicher Vertretungsregelungen im Namen der betroffenen Person geltend machen (insbes. relevant für Art. 17 Abs. 1 lit. f).

10

2. Anspruchsgegner

Das Recht auf Löschung richtet sich gegen den **Verantwortlichen**. Das ist nach der Legaldefinition des Art. 4 Nr. 7 jede natürliche oder juristische Person, Behörde, Einrichtung oder andere Stelle, die allein oder gemeinsam mit anderen über die Zwecke und Mittel der Verarbeitung von personen-

11

---

26 So auch die Begründung des Standpunktes des Rates in erster Lesung v. 8.4.2016 (5419/1/16), S. 16.

27 Ähnliche Kritik bei *Sartor* IDPL 2015, 64 (65 f., 72); vgl. auch *EDSB*, Stellungnahme v. 7.3.2012, Rn. 149.

28 Für eine Anwendbarkeit auf juristische Personen (des Privatrechts) *Kingreen* in: Calliess/Ruffert EUV/AEUV Art. 8 GRCh Rn. 11; *Augsberg* in: von der Groeben/Schwarze/Hatje EU-Recht Art. 8 GRCh Rn. 7; *Streinz* in: Streinz EUV/AEUV Art. 8 GRCh Rn. 6; *Jarass* GRCh Art. 8 Rn. 7; *Johlen* in: Stern/Sachs GRCh Art. 8 Rn. 26; zurückhaltend *Bernsdorff* in Meyer GRCh Art. 8 Rn. 18; ebenso *Schneider* in: Wolff/Brink Datenschutzrecht Syst. B Rn. 23 f. und 28; für einen bloß derivativen Schutzanspruch juristischer Personen *Wagner* Datenschutz in der EU, S. 56 f.; dagegen *Knecht* in: Schwarze EU-Recht Art. 8 GRCh Rn. 3, *Gundel* EnzEuR II § 2 Rn. 22 m. Fn. 84.

29 EuGH 9.11.2010 – C-92/09 und 93/09, ECLI:EU:C:2010:662 Rn. 52 f.; bestätigt in EuGH 17.12.2015 – C-419/14, ECLI:EU:C:2015:832 Rn. 79.

bezogenen Daten entscheidet, wobei der Verantwortliche bzw. die bestimmten Kriterien seiner Benennung nach Unionsrecht oder dem Recht der Mitgliedstaaten vorgesehen werden können, wenn die Zwecke und Mittel der Verarbeitung personenbezogener Daten durch das Unionsrecht oder das Recht der Mitgliedstaaten vorgegeben sind (ausführlich → Art. 4 Rn. 119 ff.). Anders als das BDSG unterscheidet Art. 17 (wie auch die DSGVO im Übrigen) bei den Anspruchsgegnern nicht ausdrücklich zwischen öffentlichen und nicht-öffentlichen Stellen.[30] Die Geltendmachung des Löschungsrechts gegenüber öffentlichen Stellen kann aber wegen möglicher Ausnahmen im Hinblick auf die Ausübung öffentlicher Gewalt eingeschränkt sein (→ Rn. 64). Anspruchsgegner sind dagegen **nicht** die **Auftragsverarbeiter** iSv Art. 4 Nr. 8.[31]

12 Der genauen Bestimmung des Anspruchsgegners kommt nicht zuletzt wegen den von Art. 83 Abs. 5 lit. b vorgesehenen erheblichen Geldbußen bei Verstößen gegen die Betroffenenrechte durch den Verantwortlichen besondere Bedeutung zu. Der EuGH tendiert dazu, unter Verweis auf den klaren Wortlaut und den Zweck des Art. 4 Nr. 7 durch eine **weite Bestimmung des Begriffs des „Verantwortlichen"** einen wirksamen und umfassenden Schutz der betroffenen Person zu gewährleisten.[32]

13 Mit Blick auf das **Internet** ist jedenfalls derjenige Verantwortlicher und daher Adressat eines Löschungsbegehrens, der personenbezogene Daten auf eine Internetseite stellt,[33] auch wenn dadurch nur Informationen veröffentlicht werden, die bereits genau so in den Medien veröffentlicht worden sind.[34] Auch **Suchmaschinenbetreiber** sollen nach Ansicht des EuGH Verantwortliche sein, und zwar aus zwei Gründen: Zum einen vollzögen sie durch die Organisation und Aggregation von im Internet veröffentlichten Informationen (webcrawling) einen eigenständigen, von der Tätigkeit der Webseitenbetreiber (und deren Rechtmäßigkeit) unterscheidbaren Datenverarbeitungsvorgang. Zum anderen ermöglichten sie bei der Suche nach dem Namen einer natürlichen Person jedem Internetnutzer anhand der Ergebnisliste einen strukturierten Überblick über die zu der Person im Internet auffindbaren Informationen, die potenziell zahlreiche Aspekte ihres Privatlebens betreffen und ohne die Suchmaschine nicht oder nur sehr schwer hätten miteinander verknüpft werden können. Mit Hilfe der Suchmaschinen könne somit ein mehr oder weniger detailliertes Profil einer Person erstellt werden, zumal die Wirkung des Eingriffs in die Grundrechte der betroffenen Person noch durch die bedeutende und ubiquitäre Rolle

---

30 Vgl. *Pfeifer* GewArch 2014, 142 (144); kritisch *Masing* NJW 2012, 2305 (2310).
31 *Sartor* IDPL 2015, 64 (65).
32 EuGH 13.5.2014 – C-131/12, ECLI:EU:C:2014:317 Rn. 34.
33 EuGH 6.11.2003 – C-101/01, ECLI:EU:C:2003:596 Rn. 25; 13.5.2014 – C-131/12, ECLI:EU:C:2014:317 Rn. 26; 1.10.2015 – C-230/14, ECLI:EU:C: 2015:639 Rn. 37.
34 EuGH 16.12.2008 – C-73/07, ECLI:EU:C:2008:727 Rn. 48 f.

des Internets und der Suchmaschinen in der modernen Gesellschaft gesteigert werde.[35]

3. Anspruchsvoraussetzungen

Abs. 1 lit. a-f. enthält eine **abschließende Auflistung** von Tatbeständen, die 14 ein Löschungsrecht des Betroffenen bzw. eine Löschungspflicht des Verantwortlichen begründen. Löschungsrecht und Löschungspflicht können aber durch Abs. 3 wiederum eingeschränkt werden. Die einzelnen Tatbestände von Abs. 1 und Abs. 3 lassen sich dahingehend zusammenfassen, dass ein Löschungsrecht und eine Löschungspflicht immer dann bestehen, wenn der Verantwortliche unrechtmäßig personenbezogene Daten des Betroffenen verarbeitet hat (zur Kritik der Regelungssystematik → Rn. 9; zum Systembruch des lit. f → Rn. 29).

Da sich die Rechtmäßigkeit der Datenverarbeitung im Laufe der Zeit än- 15 dern kann, wie Art. 17 Abs. 1 lit. a-c verdeutlichen, ist die **Sach- und Rechtslage im gegenwärtigen Zeitpunkt,** mithin bei der abschließenden Entscheidung des Verantwortlichen über den Löschungsantrag des Betroffenen oder bei der Prüfung seiner Löschungspflicht maßgeblich.[36]

a) Zweckerreichung

Dem Grundsatz der Zweckbindung (Art. 5 Abs. 1 lit. b) sowie der zeitli- 16 chen Speicherbegrenzung (Art. 5 Abs. 1 lit. e) entsprechend ist ein Löschungsbegehren gem. Abs. 1 lit. a begründet, wenn die Daten für die Zwecke, für die sie erhoben oder verwendet wurden, nicht mehr notwendig sind, der Zweck der Datenerhebung/-verwendung also erreicht wurde.[37] Diese Variante betrifft mithin Fälle, in denen die Datenerhebung/-verwendung für einen bestimmten Zweck ursprünglich rechtmäßig war, die Voraussetzungen für eine rechtmäßige Datenverarbeitung im Laufe der Zeit aber wegen **Zweckerreichung** weggefallen sind. So sind etwa personenbezogene Daten von Bewerbern zu löschen, nachdem das berufliche Bewerbungsverfahren durch die Ernennung eines Kandidaten beendet ist und auch keine Rechtsschutzmöglichkeiten gegen die Ernennung oder ihretwe-

---

35 EuGH 13.5.2014 – C-131/12, ECLI:EU:C:2014:317 Rn. 33–38, 80; zust. etwa *Kühling* EuZW 2014, 527 (528). Ähnlich zuvor schon die Empfehlung CM/Rec(2012)3 des Ministerrats des Europarats zum Schutz der Menschenrechte im Hinblick auf Suchmaschinen, Nr. 5 ff.; vgl. auch *Fazlioglu* IDPL 2013, 149 (152 mwN). Grundsätzlich anders noch *GA Jääskinen*, Schlussanträge zu C-131/12, ECLI:EU:C:2013:424 Rn. 84 ff., mit Hinweis auf die völlig passiven Vermittlungsfunktionen von Suchmaschinen ohne Ausübung einer tatsächlichen Kontrolle über die verarbeiteten personenbezogenen Daten; anderes sollte nach Ansicht des GA gelten, wenn exclusion codes auf einer Webseite für den Cache der Suchmaschine nicht beachtet wurden oder eine Webseite trotz entsprechender Aufforderung seitens des Webseitenbetreibers nicht im Cache der Suchmaschine aktualisiert wurde (Rn. 93). Anders als der EuGH aus Gründen der Verhältnismäßigkeit zuvor auch *Artikel-29-Datenschutzgruppe* Stellungnahme 1/2008 zu Datenschutzfragen im Zusammenhang mit Suchmaschinen (WP 148), S. 15.
36 Vgl. zur deutschen Rechtslage *Mallmann* in Simitis BDSG § 20 Rn. 39; *Dix* in Simitis BDSG § 35 Rn. 26; *Gola/Klug/Körffer* in Gola/Schomerus BDSG § 20 Rn. 10, § 35 Rn. 11.
37 So zur Vorgängerregelung bereits EuGH 13.5.2014 – C-131/12, ECLI:EU:C: 2014:317 Rn. 94.

gen mehr offenstehen.[38] Der Zweck einer Eintragung personenbezogener Daten in Handels- oder Gesellschaftsregistern kann auch nach der Auflösung einer Gesellschaft mit Blick auf mögliche Ansprüche gegen die Gesellschafter oder die Organmitglieder noch fortbestehen. Wegen der unterschiedlichen mitgliedstaatlichen Verjährungsfristen für solche Ansprüche konnte der EuGH auch keine einheitliche Frist angeben, nach deren Ablauf die Eintragung der Daten im Register und ihre Offenlegung nicht mehr notwendig wären. Stattdessen sei es beim derzeitigen Stand des Unionsrechts Sache der Mitgliedstaaten, natürlichen Personen das Recht einzuräumen, aus überwiegenden, schutzwürdigen, sich aus ihrer besonderen Situation ergebenden Gründen nach Ablauf einer hinreichend langen Frist nach Auflösung der betreffenden Gesellschaft die registerführende Stelle ersuchen zu können, den Zugang zu personenbezogenen Daten für Dritte nur bei Nachweis eines besonderen Interesses an der Einsichtnahme in diese Daten zu ermöglichen.[39]

17 Insoweit Art. 6 Abs. 4 unter bestimmten Voraussetzungen die Weiterverarbeitung von personenbezogenen Daten auch zu einem anderen Zweck als den, für den die Daten ursprünglich erhoben wurden, zulässt (**Zweckänderung** → Art. 6 Rn. 67 ff.), ist für die Frage des Löschungsrechts wegen Zweckerreichung bei Art. 17 Abs. 1 lit. a auf den vom Verantwortlichen zuletzt verfolgten Zweck abzustellen.[40]

b) Widerruf der Einwilligung

18 Die Verarbeitung personenbezogener Daten ist gem. Art. 6 Abs. 1 lit. a sowie bei besonderen Kategorien personenbezogener Daten gem. Art. 9 Abs. 2 lit. a rechtmäßig, wenn die betroffene Person wirksam ihre Einwilligung zu der Verarbeitung der Daten für einen oder mehrere festgelegte Zwecke gegeben hat.[41] Die betroffene Person kann ihre Einwilligung indes gem. Art. 7 Abs. 3 jederzeit widerrufen. Dadurch wird zwar nicht die Rechtmäßigkeit der aufgrund der Einwilligung bis zum **Widerruf** erfolgten Verarbeitung berührt, wohl aber die Rechtmäßigkeit der Verarbeitung ab dem Zeitpunkt des Widerrufs, sofern keine andere Rechtsgrundlage für die Verarbeitung zur Verfügung steht (Wirkung des Widerrufs ex nunc). Art. 17 Abs. 1 lit. b begründet für diesen Fall ein Löschungsrecht des Betroffenen und beantwortet damit die bis dato offene Rechtsfrage, ob mit dem Einwilligungswiderruf auch ein Löschungsrecht des Betroffenen bzw. eine Löschungspflicht des Verantwortlichen verbunden ist.[42]

19 Die im Kommissionsentwurf in Art. 17 Abs. 1 lit. b Alt. 2 vorgesehene Variante, dass sich die Einwilligung auf eine bestimmte **Speicherfrist** bezieht, deren Ablauf dann mangels anderer Rechtsgrundlagen der Datenverarbeitung ein Löschungsrecht begründet, findet sich nicht mehr in der DSGVO,

---

38 Vgl. zu diesem Beispiel nur *Dix* in: Simitis BDSG § 35 Rn. 39.
39 EuGH, 9.3.2017 – C-398/15, ECLI:EU:C:2017:19 Rn. 53 ff. (insb. Rn. 64); vgl. zuvor schon *Mantelero*, EDPL 2016, 231 (234 f.).
40 Offengelassen bei *Sartor* IDPL 2015, 64 (65).
41 Zum Begriff der „Einwilligung der betroffenen Person" s. Art. 4 Nr. 11.
42 Vgl. nur *Artikel-29-Datenschutzgruppe* Stellungnahme 15/2011 zur Definition von Einwilligung (WP 187), S. 39.

kann aber unter den Auffangtatbestand der unrechtmäßigen Datenverarbeitung gem. Art. 17 Abs. 1 lit. d subsumiert werden.

Zwar lässt sich dem Wortlaut der Vorschrift nicht entnehmen, ob das Löschungsrecht einen bereits erklärten Einwilligungswiderruf voraussetzt. Da die DSGVO aber sowohl für den Einwilligungswiderruf als auch für die Ausübung des Löschungsrechts besonders niedrigschwellige Anforderungen aufstellt,[43] sprechen die besseren Gründe dafür, dass der Einwilligungswiderruf und das Löschungsbegehren zeitgleich erklärt werden können, das eine das jeweils andere sogar **konkludent** enthalten kann.[44] Wird nur die Einwilligung widerrufen, ist durch Auslegung der Erklärung zu ermitteln, ob der Betroffene zugleich die Löschung oder stattdessen nur die Einschränkung der Datenverarbeitung gemäß Art. 18 Abs. 1 lit. b begehrt. Das Löschungsrecht erlischt, wenn die Einwilligung in die Datenverarbeitung nachträglich wieder erteilt wird.

20

c) Begründeter Widerspruch des Betroffenen

Art. 21 Abs. 1 und 2 räumen dem Betroffenen ein Widerspruchsrecht gegen die Datenverarbeitung ein. Ist der **Widerspruch begründet**, folgt daraus zugleich ein Löschungsrecht gem. Art. 17 Abs. 1 lit. c, da die weitere Datenverarbeitung dann unrechtmäßig ist. Die Begründetheit des Widerspruchs ist nach Maßgabe des Art. 21 für **unterschiedliche Fallkonstellationen** zu beurteilen, so dass es der Ausdifferenzierung des Löschungstatbestands des Art. 17 Abs. 1 lit. c im Gesetzgebungsverfahren nicht bedurft hätte.[45]

21

Die erste Konstellation betrifft Fälle, in denen personenbezogene Daten entweder in Wahrnehmung einer Aufgabe im öffentlichen Interesse oder in Ausübung öffentlicher Gewalt durch den Verantwortlichen verarbeitet werden (Art. 6 Abs. 1 lit. e) oder die Verarbeitung zur Wahrung berechtigter, das Interesse bzw. die Grundrechte und Grundfreiheiten der betroffenen Person überwiegender Interessen des Verantwortlichen oder Dritter dient (Art. 6 Abs. 1 lit. f), jeweils einschließlich des auf diese Bestimmungen gestützten Profilings. In diesen Fällen begründet der Widerspruch der betroffenen Person aus Gründen, die sich aus ihrer besonderen Situation ergeben (Art. 21 Abs. 1 S. 1 Hs. 1), dann ein Löschungsrecht, wenn gem. Art. 17 Abs. 1 lit. c Var. 1 **keine vorrangigen Gründe für die Verarbeitung** vorliegen, weil dann die Verarbeitung unrechtmäßig ist. Solche „vorrangigen Gründe für die Verarbeitung" ergeben sich wiederum aus Art. 21 Abs. 1 S. 2 Hs. 2. Diese sind gegeben, wenn entweder der Verantwortliche zwingende schutzwürdige Gründe für die Verarbeitung nachweisen kann, die die Interessen, Rechte und Freiheiten der betroffenen Person überwiegen (vgl. auch zur Umkehr der Darlegungslast → Art. 21 Rn. 66), oder

22

---

43 Art. 7 Abs. 3 S. 4 bzw. Art. 12 Abs. 2 S. 1 iVm Art. 17 Abs. 1.
44 Ähnlich im Ergebnis *Sartor* IDPL 2015, 64 (68), mit der Folge, dass sich der Verantwortliche bei einer ungerechtfertigten Weigerung der Löschung nach einem Widerruf wegen zweier Verstöße gegen die DSGVO (einerseits Art. 6 Abs. 1 lit. a bzw. Art. 9 Abs. 2 lit. a, andererseits Art. 17 Abs. 1) gemäß Art. 83 Abs. 5 lit. a und b verantworten muss.
45 Der Kommissionsentwurf war insofern kürzer und prägnanter, als er ein Löschungsrecht für den Fall vorsah, dass die betroffene Person gemäß Art. 19 (jetzt: 21) Widerspruch gegen die Verarbeitung einlegt.

wenn die Verarbeitung der Geltendmachung, Ausübung oder Verteidigung von Rechtsansprüchen dient (→ Art. 21 Rn. 68 ff.). Solange noch nicht feststeht, ob im Falle eines Widerspruchs nach Art. 21 Abs. 1 die berechtigten Gründe des Verantwortlichen gegenüber denen des Betroffenen überwiegen, kann der Betroffene (noch) nicht die Löschung, wohl aber die Einschränkung der Verarbeitung gem. Art. 18 Abs. 1 lit. d verlangen (→ Art. 18 Rn. 16 f.).

23 Die zweite Konstellation betrifft den Fall der Datenverarbeitung zum Zwecke der **Direktwerbung oder** eines damit zusammenhängenden **Profilings**, gegen die bzw. das der Betroffene jederzeit Widerspruch gem. Art. 21 Abs. 2 einlegen kann, ohne dass hierzu eine nähere Begründung erforderlich ist.[46] Der Widerspruch begründet dann ohne Weiteres ein Löschungsrecht gem. Art. 17 Abs. 1 lit. c Var. 2, da der Verantwortliche die personenbezogenen Daten gem. Art. 21 Abs. 3 nicht mehr zum Zwecke der Direktwerbung (oder – wie in Art. 21 Abs. 3 zu ergänzen wäre – eines damit zusammenhängenden Profilings) verarbeiten darf, die weitere Verarbeitung also unrechtmäßig ist.

24 Wie auch beim Einwilligungswiderruf (→ Rn. 20) gilt, dass das Löschungsbegehren nicht zwingend ausdrücklich erklärt werden muss, sondern sich **konkludent** aus dem Widerspruch ergeben kann.[47]

d) Auffangtatbestand der unrechtmäßigen Datenverarbeitung

25 Art. 17 Abs. 1 lit. d bildet einen **Auffangtatbestand** für alle sonstigen Konstellationen der unrechtmäßigen Datenverarbeitung, die nicht bereits von den lit. a–c sowie lit. e–f erfasst werden. Hierzu zählt etwa der im Kommissionsentwurf noch ausdrücklich in Art. 17 Abs. 1 lit. b Alt. 2 geregelte Fall des **Ablaufs einer Speicherfrist**, auf die sich die Einwilligung des Betroffenen bezog, wenn keine anderweitige Rechtsgrundlage für die Datenverarbeitung zur Verfügung steht. Auch ein Verstoß gegen Datenverarbeitungsgrundsätze des Art. 5 kann ein Löschungsrecht begründen.

26 Während der Kommissionsvorschlag für die Auffangklausel noch darauf abstellte, dass die Verarbeitung der Daten „aus anderen Gründen nicht *mit der Verordnung*" vereinbar sein muss, fordert Art. 17 Abs. 1 lit. d nur noch die unrechtmäßige Verarbeitung der Daten. Der **Prüfungsmaßstab** ist somit denkbar weit und erstreckt sich auch auf Vorgaben des Unionsrechts jenseits der DSGVO sowie des mitgliedstaatlichen Rechts für die Datenverarbeitung, die in zulässiger Weise über die Vorgaben der DSGVO hinausgehen oder von ihr abweichen.

e) Rechtspflicht zur Löschung

27 Trifft den Verantwortlichen eine **Rechtspflicht zur Löschung** der Daten kraft Unionsrecht (aus systematisch-normlogischen Gründen: jenseits der DSGVO) oder mitgliedstaatlichem Recht, ist die weitere Datenverarbeitung unrechtmäßig und ein Löschungsanspruch gem. Art. 17 Abs. 1 lit. e

---

46 Zur Direktwerbung nach geltender deutscher und künftiger unionaler Rechtslage vgl. *Gola/Schulz* K&R 2015, 609 ff.
47 *Zanfir* in: Gutwirth ua, Reforming European Data Protection Law, S. 227 (233) fordert demgegenüber einen „specific request [...] alongside with her objection".

begründet. Solche Rechtspflichten können sich auch aus rechtskräftigen Gerichts- oder bestandskräftigen Behördenentscheidungen ergeben.[48] Insoweit die Auffangklausel der lit. d nicht mehr auf einen Verordnungsverstoß, sondern lediglich auf eine unrechtmäßige Datenverarbeitung abstellt (→ Rn. 25), hätte es des Rechtsgrundes in lit. e nicht mehr bedurft, der insoweit eine bloß deklaratorische bzw. klarstellende Funktion besitzt.

f) Datenerhebung bei Kindern für Dienste der Informationsgesellschaft

Ein Löschungsrecht besteht gem. Art. 17 Abs. 1 lit. f schließlich dann, wenn Daten in Bezug auf Dienste der Informationsgesellschaft gem. Art. 8 Abs. 1 erhoben wurden. Diese Fälle betreffen die Verarbeitung personenbezogener Daten eines **Kindes**, dem direkt **Dienste der Informationsgesellschaft** angeboten werden, für die Zwecke der Dienste der Informationsgesellschaft. Dienste der Informationsgesellschaft sind gem. Art. 4 Nr. 25 Dienstleistungen iSd Art. 1 Nr. 1 lit. b RL (EU) 2015/1535,[49] also jede in der Regel gegen Entgelt elektronisch im Fernabsatz und auf individuellen Abruf eines Empfängers erbrachte Dienstleistung. Die Verarbeitung der personenbezogenen Daten des Kindes ist in diesem Falle gem. Art. 8 Abs. 1 nur rechtmäßig, wenn die Einwilligung eines Kindes vorliegt, das das 16. Lebensjahr vollendet hat, oder sofern und soweit bei Kindern bis zum vollendeten 16. Lebensjahr oder – sofern im mitgliedstaatlichen Recht vorgesehen – bis zu einer niedrigeren Altersgrenze, die jedoch nicht unter dem vollendeten 13. Lebensjahr liegen darf, die Einwilligung durch den Träger der elterlichen Verantwortung für das Kind oder mit dessen Zustimmung erteilt wird (näher → Art. 8 Rn. 10 f.). Ein Rückgriff des Verantwortlichen auf eine anderweitige Rechtsgrundlage für die Verarbeitung kommt bei lit. f – anders als etwa bei lit. b – nicht in Betracht.[50] Der Verantwortliche hat gem. Art. 8 Abs. 2 mit angemessenen Anstrengungen unter Berücksichtigung der verfügbaren Technik nachzuprüfen, dass die Einwilligung durch den Träger der elterlichen Verantwortung für das Kind oder mit dessen Zustimmung erteilt wurde.

Art. 17 Abs. 1 lit. f räumt seinem Wortlaut zufolge der betroffenen Person das Löschungsrecht aber völlig unabhängig davon ein, ob die Einwilligung wirksam oder unwirksam, die Datenverarbeitung also rechtmäßig oder unrechtmäßig war. Dieser **Bruch mit der Systematik der übrigen Löschungsgründe**, die letztlich auf eine unrechtmäßige Datenverarbeitung abstellen, lässt sich gerade nicht mit dem Argument rechtfertigen, dass der Betroffene seine Einwilligung im Kindesalter gegeben hat und insofern die mit der Verarbeitung verbundenen Gefahren nicht in vollem Umfang absehen konnte.[51] Eine wirksame Einwilligung bei Kindern unter 16 (bzw. bis zu 13) Jahren kann gem. Art. 8 Abs. 1 nämlich nur durch den Träger der elterlichen Verantwortung für das Kind oder mit dessen Zustimmung abgege-

28

29

---

48 Der Standpunkt des Europäischen Parlaments v. 12.3.2014 (P7_TA(2014)0212) sah in Art. 17 Abs. 1 lit. ca einen eigenständigen Löschungsgrund für den Fall vor, dass ein Gericht oder eine Regulierungsbehörde innerhalb der Union rechtskräftig entschieden hat, dass die betreffenden Daten gelöscht werden müssen.
49 ABl. 2015 L 241/1.
50 Vgl. *Albrecht/Jotzo*, S. 86.
51 So aber die Erwägungsgründe 38 und 65.

ben werden. Dem Träger der elterlichen Verantwortung ist aber die erforderliche Einsichtsfähigkeit zuzugestehen.

30 Daher ist mit Blick auf Art. 8 Abs. 1 sowie die übrigen Löschungstatbestände des Art. 17 Abs. 1 aus systematischen und teleologischen Gründen eine **einschränkende Auslegung** des Art. 17 Abs. 1 lit. f angezeigt: Ein Löschungsanspruch besteht bei Kindern unter 16 (bzw. bis zu 13) Jahren demnach nur bei fehlender Einwilligung des Trägers der elterlichen Verantwortung für das Kind oder dessen fehlender Zustimmung zur Einwilligung des Kindes.[52] Die Verletzung der Nachprüfpflicht durch den Verantwortlichen gem. Art. 8 Abs. 2 begründet wegen des insoweit eindeutigen Wortlauts des Art. 17 Abs. 1 lit. f, der nur auf Art. 8 Abs. 1, nicht aber auch auf Abs. 2 verweist, dagegen keinen Löschungsanspruch.

4. Anspruchsinhalt
a) Löschung
aa) Begriff und Bedeutung

31 Der Anspruch des Betroffenen gem. Abs. 1 zielt – ebenso wie die Pflicht des Verantwortlichen – auf die **Löschung** unrechtmäßig verarbeiteter, ihn betreffender personenbezogener Daten. Anders als § 3 Abs. 4 S. 2 Nr. 5 BDSG, der „Löschen" als das Unkenntlichmachen gespeicherter personenbezogener Daten bezeichnet,[53] enthält die DSGVO wie auch das sonstige Unionsrecht hierfür keine Legaldefinition und schreibt – ebenso wie das BDSG – auch keine informationstechnische Löschmethode vor.[54] Als Begriff des Unionsrechts ist der Terminus „Löschen" unionsautonom auszulegen, wobei dem Schutzzweck der Löschungsvorschrift Rechnung zu tragen ist.

32 Wie aus Art. 4 Nr. 2 deutlich wird, stellt das Löschen einen eigenständigen Verarbeitungsvorgang dar, dessen Rechtmäßigkeit sich nach Art. 6 bemisst und der sich zudem von der Vernichtung der Daten unterscheidet. Das Löschen von Daten meint daher aus systematischen Gründen weniger als die Vernichtung des Datenträgers, aber auch mehr als die in Art. 18 geregelte bloße Einschränkung der Datenverarbeitung im Sinne einer Markierung der Daten mit dem Ziel ihrer künftigen eingeschränkten Verarbeitung (Art. 4 Nr. 3). Stattdessen handelt es sich um eine **irreversible Handlung, die** eine **Kenntnisnahme** von und **Informationsgewinnung** aus personenbezogenen Daten fortan **verhindert** – etwa durch (ggf. mehrfaches) Überschreiben, Unleserlichmachen, Löschen von Verknüpfungen oder Decodierungsschlüsseln. Das Löschen muss sich auch auf alle Kopien oder Replikationen erstrecken, so dass eine Reproduktion der Daten unter allen Um-

---

52 Wohl aA *Albrecht/Jotzo*, S. 87.
53 Zur im Bundes- und Landesrecht abweichenden Terminologie exemplarisch *Schild* in: Wolff/Brink Datenschutzrecht § 3 Rn. 86.
54 Vgl. schon *Dammann/Simitis* EG-DSRL Art. 12 Rn. 14, mit dem zutreffenden Hinweis, dass sich im Datenschutzrecht der Mitgliedstaaten wie auch in der Konvention 108 des Europarats für die Begriffe ein weitgehend einheitliches Verständnis herausgebildet hat.

ständen ausgeschlossen werden kann.[55] Eine nachträgliche Anonymisierung oder Pseudonymisierung personenbezogener Daten stellt dann kein Löschen dar, wenn die Daten durch die (auch unbefugte) Hinzuziehung zusätzlicher Informationen trotz deren gesonderter Aufbewahrung und technischer wie organisatorischer Vorkehrungen doch wieder einer spezifischen betroffenen Person zugeordnet werden können.[56] Im Fall einer unrechtmäßigen Datenverarbeitung durch Suchmaschinenbetreiber (→ Rn. 13) hat der EuGH auch die Entfernung von Links zu von Dritten veröffentlichten Internetseiten aus der Ergebnisliste unter das Löschungsrecht subsumiert.[57] Dass hieraus eine unverhältnismäßige Belastung der Suchmaschinenbetreiber folgt, ist nicht anzunehmen, zumal die Suchmaschinenbetreiber Datenschutzverstöße auch durch ein im Datenschutzrecht zwar bislang unübliches, aber bei urheberrechtlichen Schutzansprüchen erprobtes Notice-and-take-down-Verfahren zurückgreifen könnten[58] und bereits entsprechende Formulare[59] bereitgestellt haben[60] (vgl. aber → Rn. 59, 63).

bb) Löschen und Recht auf Vergessenwerden

Obwohl die Bezeichnung des Löschungsrechts als „Recht auf Vergessenwerden" früh und mit Recht als unnötig, verwirrend und irreführend kritisiert wurde,[61] hat der Unionsgesetzgeber in der Artikelüberschrift – wenngleich in Anführungsstrichen – daran festgehalten. Die Apostrophierung mag Zweifel des Unionsgesetzgebers an dieser Bezeichnung verdeutlichen, die aus folgenden Gründen gerechtfertigt sind und nahelegen, auf den Begriff zu verzichten:

33

Insoweit mit „Recht auf Vergessenwerden" nichts anderes als das herkömmliche Löschungsrecht gemeint ist, besteht kein Bedarf für die Einfüh-

34

55　Vgl. *Dammann/Simitis* EG-DSRL Art. 12 Rn. 16 („Maßnahme mit der Wirkung, daß der Verantwortliche der Verarbeitung nicht mehr über die personenbezogenen Daten verfügt"); ähnlich *Dammann* in Simitis BDSG § 3 Rn. 176 ff.; *Schild* in Wolff/Brink Datenschutzrecht § 3 Rn. 86 ff.; *Plath/Schreiber* in Plath BDSG/DSGVO § 3 Rn. 52; zur Löschung von Daten im Internet *Jandt/Kieselmann/Wacker* DuD 2013, 235 (236 f.).

56　Vgl. *Dammann* in Simitis BDSG § 3 Rn. 181.

57　EuGH 13.5.2014 – C-131/12, ECLI:EU:C:2014:317 Rn. 88; *Dix* in Simitis BDSG § 35 Rn. 84 spricht von einem „Recht, nicht gefunden zu werden".

58　*Kühling* EuZW 2014, 527 (531); skeptisch dagegen *Ausloos* Computer Law & Security Review 28 (2012), 143 (148).

59　Etwa https://support.google.com/legal/contact/lr_eudpa?product=websearch&hl=de oder https://www.bing.com/webmaster/tools/eu-privacy-request.

60　Zur Durchsetzung des Löschungsrechts bei Google-Suchergebnissen durch den zuständigen Hamburgischen Datenschutzbeauftragten *Kühn/Karg* ZD 2012, 61 (62 ff.).

61　Etwa *Koreng/Feldmann* ZD 2012, 311 (315); *Hornung/Hofmann* JZ 2013, 163 (170); *Kühling* EuZW 2014, 527 (530); *Markou* in: Gutwirth ua, Reforming European Data Protection Law, S. 203 (211 ff.); *Bernal* in: Gutwirth ua, Reloading Data Protection, S. 61 (75 f.); *Roßnagel/Nebel/Richter* ZD 2015, 455 (458).

rung eines Synonyms.[62] Die in Abs. 2 geregelte Drittinformation nach Veröffentlichung personenbezogener Daten durch den Verantwortlichen ist zwar neu, trägt zum Vergessenwerden aber allenfalls mittelbar bei (→ Rn. 47).

35   Der technische Vorgang, den der Begriff Datenlöschung bereits präzise bezeichnet, wird überhöht, wenn er mit Begriffen wie Vergessen oder Vergessenwerden einschließlich ihrer anthropologischen, psychologischen und sozialen Konnotationen beschrieben wird. Das elaborierte Konzept des Vergessenwerdens und seine Kritik[63] spiegelt die Regelung des Art. 17 jedenfalls nicht wider.

36   Schließlich rückt die Rede vom *Recht auf* Vergessenwerden den Schutz personenbezogener Daten in die Nähe eigentumsrechtlicher Konzeptionen personenbezogener Daten. Ob sich ein solcher Ansatz durchsetzen wird, bleibt abzuwarten.[64] Jedenfalls verklärt er, dass es gar kein Recht gegenüber Dritten geben kann, von diesen vergessen zu werden.[65] Erschöpft sich der Begriff des „Rechts auf Vergessenwerden" deshalb in einem Anspruch auf Löschung personenbezogener Daten, mag er als Metapher eine heuristische Funktion entfalten, zum Rechtsbegriff taugt er dagegen nicht.[66]

cc) Löschungsrecht bei Big Data-Anwendungen

37   Die DSGVO enthält keinen Tatbestand, der **Big Data**-Szenarien – also die extrem schnelle Verarbeitung extrem großer Mengen heterogener Daten unter Einsatz verschiedener komplexer Algorithmen[67] – von vornherein

---

62 Bezeichnend insoweit die Definition des „Rechts auf Vergessen – right to be forgotten" in der Mitteilung der Kommission „Gesamtkonzept für den Datenschutz in der Europäischen Union", KOM(2010) 609 endg., 8: „das Recht von Personen, dass ihre Daten nicht länger verarbeitet und gelöscht werden, wenn sie nicht mehr für einen rechtmäßigen Zweck gebraucht werden." Die synonyme Verwendung erschließt sich auch aus Erwägungsgrund 65. Vgl. auch *Kühling/Martini* EuZW 2016, 448 (450); offener dagegen *Schantz* NJW 2016, 1841 (1845): Aufwertung des Löschungsrechts durch einen neuen Begriff.

63 Ausführlich zum Diskussionsstand *Koops* SCRIPTed 8 (2011), 229 (231 ff.); vgl. auch *Spiecker gen. Döhmann* KritV 2014, 28 (34 ff.).

64 Grundlegend zur eigentumsrechtlichen Konzeption personenbezogener Daten auf Grundlage eines modifizierten Eigentumsbegriffs *Schwartz* Harvard Law Review 117 (2004), 2056 (2094 ff.) mit Nachweisen zur Gegenansicht in Fn. 4; ausführlich *Purtova* Property Rights S. 91 ff.; *Victor* The Yale Law Journal 123 (2013), 513 (516 ff.). Zur Diskussion im deutschsprachigen Schrifttum über ein Eigentumsrecht an Daten exemplarisch *Hoeren* MMR 2013, 486; *Dorner* CR 2014, 617 (618 ff.); *Berberich/Golla* PinG 2016, 165 (166 ff.); jeweils mwN.

65 Eindringlich *Masing* NJW 2012, 2305 (2307): „Daten sind nicht unveräußerbare Partikel des Selbst, deren Nutzung leihweise an Dritte überlassen und dann nach Belieben wieder zurückgefordert werden kann: Niemand hat ein prinzipielles Recht, dass sein Kommunikationspartner auf Wunsch wieder vergisst, was ihm mitgeteilt wurde." Vgl. auch *Ausloos* Computer Law & Security Review 28 (2012), 143 (144); *Markou* in: Gutwirth ua Reforming European Data Protection Law, S. 203 (211 ff.).

66 Ähnlich *Koreng/Feldmann* ZD 2012, 311 (312).

67 Vgl. die exemplarische Definition bei *EDSB*, Stellungnahme 7/2015 v. 9.11.2015, S. 7; ähnlich *Bitkom* Big Data im Praxiseinsatz S. 21. *Mainzer* Künstliche Intelligenz S. 159 spricht ab Petabytes (Peta=10^{15}) von Big Data.

vom Anwendungsbereich der Betroffenenrechte ausnimmt.[68] Ob das Löschungsrecht bei personenbezogenen Big Data besteht, ist somit nach den allgemeinen Kriterien des Art. 17 zu bestimmen.[69] Mit Blick auf den Konflikt zwischen Big Data und dem Zweckbindungsgrundsatz sowie den auch bei Big Data jederzeit möglichen Einwilligungswiderruf rücken insbesondere die Löschungsgründe des Abs. 1 lit. a und b in den Blick. Big Data kann im Einzelfall aber zur Wahrnehmung einer Aufgabe im öffentlichen Interesse, als Ausübung öffentlicher Gewalt, aus Gründen der öffentlichen Gesundheit bzw. zu im öffentlichen Interesse liegenden wissenschaftlichen Zwecken rechtmäßig, das Löschungsrecht daher gem. Abs. 3 lit. b Var. 2 und 3 sowie lit. c und d (sowie auf Grundlage weiterer Öffnungsklauseln) ausgeschlossen sein. Löschungsrecht und Löschungspflicht erstrecken sich auch bei Big Data grundsätzlich auf alle personenbezogenen Daten; auch Datenverknüpfungen und Korrelationen, auf die Big Data-Anwendungen zielen, sind dann zu ändern, insoweit sie einen Personenbezug zum Betroffenen aufweisen oder zulassen.[70]

b) Unverzüglich

Der Verantwortliche hat die unrechtmäßig verarbeiteten Daten unverzüglich zu löschen, ohne dass die DSGVO hierfür eine genauere Frist benennt. Bei der **Auslegung dieses unbestimmten Rechtsbegriffs** ist zu berücksichtigen, ob und inwieweit der Betroffene etwa Darlegungs- und Substantiierungslasten zur Rechtsdurchsetzung trägt und eine Verletzung dieser Mitwirkungsobliegenheiten zu seinen Lasten geht oder ob der Verantwortliche sonstige Verzögerungen zu vertreten hat. Jedenfalls ist dem Verantwortlichen eine gewisse Zeitspanne zur Prüfung der Identität des Antragstellers[71] sowie des Vorliegens eines Löschungsgrundes zuzugestehen. Ein **Indiz** für die Bestimmung einer zeitlichen Obergrenze gibt **Art. 12 Abs. 3**, dessen S. 1 den Verantwortlichen dazu verpflichtet, dem Betroffenen Information über die auf seinen Antrag ergriffenen Maßnahmen unverzüglich, in jedem Fall aber **innerhalb eines Monats nach Antragseingang** zur Verfügung zu stellen, und der mit der Komplexität des Antrags und der Anzahl von Anträgen in S. 2 mögliche Gründe für eine Fristverlängerung um höchstens zwei

38

---

68 Überhaupt taucht der Begriff an keiner Stelle der DSGVO auf. Kritisch daher *Dammann* ZD 2016, 307 (313), der mit Blick auf die mit Big Data verbundenen Chancen der Informationsgesellschaft zugleich für ein neues datenschutzrechtliches Modell plädiert, das es erlaubt, Nutzen und Risiken in flexibler Weise zueinander in Beziehung zu setzen. Dabei könnten Organisation und Technik, Kontrolle, Haftung und Versicherung Komponenten eines solchen Modells sein, das Auswertungen unter kontrollierten Bedingungen erlaubt, soweit die damit verbundenen Risiken verhältnismäßig und akzeptabel sind. Das Löschungsrecht des Betroffenen müsste in einem solchen Modell entsprechend modifiziert werden. Vgl. auch *Richter* DuD 2016, 581 (582 ff.).

69 Offen gelassen bei *Boehme-Neßler* DVBl. 2015, 1282 (1284) und *ders.* DuD 2016, 419 (422); *van der Sloot* IDPL 4 (2014) 307 (323) bezweifelt, ob die auf subjektive Rechte ausgerichtete Datenschutzkonzeption der DSGVO überhaupt auf Big Data-Szenarien passt, mit dem recht undifferenzierten Argument, dass nicht der einzelne Betroffene im Mittelpunkt dieser Szenarien stehe, sondern die Interessen der Gesellschaft als Ganzes.

70 Angedeutet bei *Koch* ITRB 2015, 13 (19 f.).

71 Vgl. Art. 12 Abs. 2 S. 2, Abs. 6.

weitere Monate angibt. Wiewohl die Information über die Löschung die Löschung selbst voraussetzt, kann sich die Bestimmung der Löschungsfrist an diesem Zeitrahmen orientieren.[72]

5. Modalitäten für die Ausübung des Löschungsrechts

a) Normative Vorgaben

39　Obwohl in Art. 17 Abs. 1 nicht ausdrücklich vorgesehen, lässt sich etwa aus Art. 12 Abs. 3 und Abs. 6 ein **Antragserfordernis** ableiten. Die DSGVO stellt **keine ausdrücklichen Formanforderungen** an den Antrag, sie dürfen im Sinne einer effektiven Ausübung der Betroffenenrechte auch nicht überspannt werden. Art. 12 Abs. 1 S. 2 und 3 deuten darauf hin, dass neben der Schriftform auch andere Formen, insbes. die elektronische und – wenngleich mit Beweisproblemen verbunden – die mündliche Form zulässig sind. Den Antragsteller trifft eine **Darlegungs- und Substantiierungslast** hinsichtlich seiner Identität und möglicher Löschungsgründe. Für die Entfernung von Links aus Ergebnislisten von Suchmaschinen haben deren Betreiber entsprechende elektronische Antragsformulare bereitgestellt.[73]

40　**Allgemeine Modalitäten** für die Ausübung der Betroffenenrechte regelt **Art. 12.** So hat der Verantwortliche gem. Art. 12 Abs. 2 der betroffen Person die Ausübung ihres Löschungsrechts zu erleichtern und sie gem. Art. 12 Abs. 3 S. 1 unverzüglich, spätestens aber binnen eines Monats ab Antragseingang über die auf ihren Löschungsantrag hin unternommenen Maßnahmen zu informieren, wobei die Frist um höchstens zwei weitere Monate verlängert werden kann, sofern dies erforderlich ist (Art. 12 Abs. 3 S. 2). Wenn der Verantwortliche nicht auf Antrag des Betroffenen tätig wird, hat er ihn gem. Art. 12 Abs. 4 über die Gründe hierfür[74] und Rechtsschutzmöglichkeiten des Betroffenen ohne Verzögerung, aber spätestens binnen eines Monats ab Eingang des Antrags zu informieren.

41　Die Löschungsmaßnahme hat der Verantwortliche gem. Art. 12 Abs. 5 **grundsätzlich unentgeltlich** durchzuführen, sofern er nicht eine offenkundige Unbegründetheit oder einen exzessiven Charakter des Antrags nachweist, was jeweils ein angemessenes Entgelt rechtfertigt (Art. 12 Abs. 5 S. 2 lit. a, S. 3).

b) Technische Umsetzung im Internet

42　Zur technischen Umsetzung des Löschungsrechts im Internet wurden vor allem unter der Überschrift des Rechts auf Vergessenwerden Möglichkeiten diskutiert, mit denen der Betroffene präventiv und eigeninitiativ eine später (potentiell) beabsichtigte Löschung der Daten im Grundsatz sicherstellen

---

72　Ohne nähere Begründung legt sich *Hennemann* PinG 2016, 176 (177) indes auf eine Löschung innerhalb von zwei Wochen fest.

73　Etwa https://support.google.com/legal/contact/lr_eudpa?product=websearch&hl=de oder https://www.bing.com/webmaster/tools/eu-privacy-request.

74　Vgl. Art. 12 Abs. 5 S. 2 lit. b: zB offenkundige Unbegründetheit oder exzessiver Charakter des Antrags.

kann.[75] Hierzu zählen verschiedene Techniken des **Digital Rights Managements**, daneben aber auch Trusted-Computing-Plattformen. Größere Beachtung hat etwa die Idee eines Verfallsdatums für Daten[76] gefunden, für die der netzpolitische Diskurs früh den metaphorisch-eingängigen Begriff des „**digitalen Radiergummis**"[77] prägte.[78] Bei dieser Technologie kann der Betroffene eine Datei verschlüsseln und den Schlüssel auf einem zentralen, vom Dateiserver verschiedenen Schlüsselserver ablegen. Der Schlüssel selbst läuft nach einer voreingestellten Zeit ab und wird vom Schlüsselserver gelöscht, so dass die mit ihm verschlüsselten Dateien nicht mehr gelesen werden können. Die mit solchen Verschlüsselungstechniken verbundenen Probleme liegen freilich auf der Hand. So setzen sie einen aktiven und für Datenschutzbelange sensibilisierten Benutzer voraus,[79] der Schlüssel selbst kann umgangen,[80] der Schlüsselserver angegriffen, einmal entschlüsselte Dateien können kopiert und detaillierte Benutzerprofile durch den Betreiber des Schlüsselservers angefertigt werden.[81] Trotz dieser Umgehungsmöglichkeiten und technischen Defizite hilft der oft bemühte Hinweis, dass das Internet ohnehin nichts vergesse, nicht weiter.[82] Vielmehr indizieren sie weiteren Forschungsbedarf im Bereich des Datenschutzes durch Technik.[83]

6. Pflicht des Verantwortlichen zur Löschung

Der Wortlaut des Art. 17 Abs. 1 lässt offen, ob die Löschungspflicht des   43
Verantwortlichen unabhängig von der Geltendmachung eines Löschungsrechts durch den Betroffenen besteht oder erst dadurch begründet wird.
Während die Konjunktion „und" in Abs. 1 und die Regelung der Löschungspflicht im Kapitel über die Betroffenenrechte einen solchen Konnex nahezulegen scheinen, streiten historisch-genetische, systematische und te-

---

75 Vgl. exemplarisch *Kalabis/Selzer* DUD 2012, 670 (671 ff.); *Ausloos* Computer Law & Security Review 28 (2012), 143 (148 f.); *Jandt/Kieselmann/Wacker* DuD 2013, 235 (238 ff.); *Gerling/Gerling* DUD 2013, 445; *Kieselmann/Kopal/Wacker* DuD 2015, 31 (33 ff.); skeptisch *ENISA* The right to be forgotten, S. 10 ff.
76 *Mayer-Schönberger*, Delete, S. 201 ff.
77 Vgl. Interview der damaligen Bundesministerin für Verbraucherschutz *Aigner* SZ v. 5./6. 1. 2011, S. 18.
78 Technische Umsetzung durch https://vanish.cs.washington.edu/ oder durch das X-Pire!-System.
79 Vgl. zu diesem Grundproblem der Durchsetzung der Betroffenenrechte *Mayer-Schönberger*, Delete, S. 170, der neben dem Digital Rights Management mit der kognitiven Anpassung, der Informationsökologie und der vollkommenen Kontextualisierung der Daten alternative Möglichkeiten zur Eindämmung des digitalen Erinnerns diskutiert (S. 182 ff.).
80 *Federrath ua* DuD 2001, 403 ff.
81 Zur Kritik *Nolte* ZRP 2011, 236 (237 f.); *Bull* NVwZ 2011, 257 (260); *Kalabis/Selzer* DUD 2012, 670 (672 f.); *Ausloos* Computer Law & Security Review 28 (2012), 143 (148 f.); *Hornung/Hofmann* JZ 2013, 163 (170).
82 Fundierte Auseinandersetzung mit diesem Gemeinplatz bei *Diesterhöft*, Recht auf medialen Neubeginn, S. 25 ff. Empirische Relativierung bei *Ambrose* Stan. Tech. L. Rev. 16 (2013), 369, 387 ff.
83 So zutreffend *Hornung/Hofmann* JZ 2013, 163 (170). Zu Datenschutz durch Technik/Privacy by Design vgl. *Hornung* ZD 2011, 51; *Richter* DuD 2012, 576; *Kiss/Szöke* in: Gutwirth ua, Reforming European Data Protection Law, S. 311 (323 ff.) und die weiteren Literaturnachweise der Kommentierung zu Art. 25; zu einer darauf gründenden Neukonzeption des Datenschutzes *Vesting* in: Ladeur Innovationsoffene Regulierung, S. 155 (181 ff.).

leologische Erwägungen für eine **vom Löschungsbegehren** des Betroffenen **unabhängige, eigenständige Löschungspflicht** des Verantwortlichen.[84] Anders als in der DS-RL war eine eigenständige Löschungspflicht des Verantwortlichen im Kommissionsentwurf erstmals ausdrücklich in Abs. 3 geregelt.[85] Aber auch ohne eine ausdrückliche Regelung und unabhängig von einem Löschungsbegehren des Betroffenen folgte die Löschungspflicht des Verantwortlichen bereits aus dem Erforderlichkeitsprinzip der Art. 6 Abs. 1 lit. e und Art. 7 DS-RL, was heute gleichermaßen mit Blick auf Art. 5 lit. e und Art. 6 DSGVO gilt.[86] So deutet vieles darauf hin, dass die Missverständnisse provozierende Aufnahme der Löschungspflicht in den Abs. 1 der Regelung lediglich aus redaktionellen Gründen erfolgte, ohne dass damit eine inhaltliche Änderung beabsichtigt war. Eine vom Wissen, Wollen und Zutun[87] des Betroffenen unabhängige Löschungspflicht des Verantwortlichen bei unrechtmäßiger Datenverarbeitung bedeutet letztlich eine datenschutzfreundliche Auslegung des Art. 17 Abs. 1 auch im Sinne des Betroffenen. Erfolgt die Löschung nicht auf Antrag des Betroffenen, greifen die Informationspflichten des Art. 12 Abs. 3 und 4 nicht.

44 Nach Maßgabe des bereits angesprochenen Erforderlichkeitsprinzips ist der Verantwortliche zu einer **fortlaufenden Überprüfung der Rechtmäßigkeit der Datenverarbeitung** angehalten, da sich im Laufe der Zeit etwa Zwecke der Datenverarbeitung erfüllen oder die Gewichtung der mit der Datenverarbeitung verbundenen Interessen bei der gebotenen Abwägung verändern können, die Datenverarbeitung aber während der gesamten Dauer ihrer Ausführung rechtmäßig sein muss.[88] Der Verantwortliche hat hierfür gemäß der allgemeinen Verpflichtung des Art. 24 Abs. 1 unter Berücksichtigung der Art, des Umfangs, der Umstände und Zwecke der Datenverarbeitung sowie der unterschiedlichen Eintrittswahrscheinlichkeiten und Schwere der Risiken für die persönlichen Rechte und Freiheiten des Betroffenen geeignete technische und organisatorische Maßnahmen zu treffen und diese auch nachzuweisen sowie ggf. zu aktualisieren.[89]

45 Die Löschungspflicht greift bei einer unrechtmäßigen Datenverarbeitung durch den Verantwortlichen, deren Vorliegen sich aus der Zusammenschau des Abs. 1 und Abs. 3 ergibt (→ Rn. 10 ff. und → Rn. 57 ff.; zum Begriff der Löschung → Rn. 31 f.).

---

84 So im Ergebnis auch *Kamlah* in: Plath BDSG/DSGVO Art. 17 DSGVO Rn. 6; *Hennemann* PinG 2016, 176 (177).

85 So auch *Dix* in: Simitis BDSG § 35 Rn. 84.

86 *Hornung/Hofmann* JZ 2013, 163 (166); aA *Kodde* ZD 2013 115 (117).

87 Der Betroffene muss nur im Fall des Einwilligungswiderrufs (Art. 17 Abs. 1 lit. b) und des Widerspruchs (Art. 17 Abs. 1 lit. c) tätig werden.

88 Vgl. EuGH, C-131/12, ECLI:EU:C:2014:317 Rn. 95. Zur Rolle der Zeit in Bezug auf Löschungsrecht und Löschungspflicht *Korenhof ua* in: Gutwirth ua, Reforming European Data Protection Law, S. 171 (181 ff.).

89 Der nunmehr gestrichene Art. 17 Abs. 7 des Kommissionsentwurfs verpflichtete den Verantwortlichen noch ausdrücklich zu Vorkehrungen, um sicherzustellen, dass die Fristen für die Löschung personenbezogener Daten und/oder die regelmäßige Überprüfung der Notwendigkeit ihrer Speicherung eingehalten werden. An dieser Pflicht ändert sich nach der Streichung des Art. 17 Abs. 7 wegen Art. 24 Abs. 1 aber nichts.

7. Geldbußen

Für Verstöße gegen das Löschungsrecht des Betroffenen können von der 46
zuständigen Aufsichtsbehörde gem. Art. 83 Abs. 5 lit. b Geldbußen von bis
zu 20.000.000 EUR oder im Falle eines Unternehmens von bis zu 4% seines gesamten weltweit erzielten Jahresumsatzes des vorangegangenen Geschäftsjahres verhängt werden, je nachdem, welcher der Beträge höher ist
(zu den Einzelheiten → Art. 83).

III. Drittinformation nach Datenveröffentlichung – Abs. 2

Art. 17 Abs. 2 enthält die **Pflicht des Verantwortlichen**, angemessene Maß- 47
nahmen auch technischer Natur zu treffen, um für die Datenverarbeitung
Verantwortliche, die die Daten verarbeiten (nachfolgend: Drittverantwortliche), von einem an sie gerichteten Löschungsbegehren des Betroffenen zu
informieren, wenn der Verantwortliche die Daten des Betroffenen öffentlich gemacht hat. Mit dieser durch die DSGVO neu eingeführten Pflicht
korrespondiert ein (nicht ausdrücklich benanntes) **Recht des Betroffenen
auf Drittinformation** durch den Verantwortlichen.[90] Die Drittinformationspflicht des Abs. 2 unterscheidet sich von der bisher in Art. 12 lit. c DS-
RL und nunmehr in Art. 19 S. 1 DSGVO geregelten sog Nachberichtspflicht des Verantwortlichen, eindeutig bestimmbare Empfänger, denen er
die Daten offengelegt hat, von der Löschung (sowie Berichtigung oder Einschränkung der Verarbeitung) im Rahmen des Möglichen und Verhältnismäßigen zu unterrichten. Insoweit Art. 17 Abs. 1 nur das schon bisher bekannte Löschungsrecht regelt, dürfte Abs. 2 das von der Kommission pro-
movierte „Recht auf Vergessenwerden" – allerdings nur mittelbar – umsetzen, wenn man nach dem in → Rn. 33 ff. Ausgeführten überhaupt noch an
dieser Bezeichnung festhalten möchte.[91] Die künftige Bedeutung dieses Anspruchs hängt indes von seiner praktischen Umsetzbarkeit ab (→ Rn. 52).

1. Tatbestandsvoraussetzungen

a) Veröffentlichung personenbezogener Daten durch den Verantwortlichen

Die Pflicht des Abs. 2 setzt zunächst voraus, dass der Verantwortliche per- 48
sonenbezogene **Daten** des Betroffenen **öffentlich, dh einer unbegrenzten
Zahl von Personen zugänglich gemacht** hat.[92] Abs. 2 adressiert somit das
gerade für Internetsachverhalte typische Problem, dass die dort veröffentlichten Daten grundsätzlich von jedermann rezipiert werden können, während die Informationspflicht des Art. 19 nur bei einer Datenoffenlegung gegenüber bestimmten Empfängern eingreift. Eine Veröffentlichung der Daten liegt demgegenüber nicht vor, wenn der Kreis der Rezipienten etwa
durch Zugangsbeschränkungen, Leserechte oder Privatsphäreneinstellun-
gen begrenzt wird. Abs. 2 ist aber nicht auf Internetsachverhalte be-

---

90 AA *Hornung* ZD 2012, 99 (103).
91 Deutlich insoweit Erwägungsgrund 66, demzufolge das Recht auf Löschung durch
    die Drittinformationspflicht ausgeweitet werden sollte, „[u]m dem ‚Recht auf Ver-
    gessenwerden' im Netz mehr Geltung zu verschaffen"; vgl. *Hornung/Hofmann* JZ
    2013, 163 (167); *Körner* ZESAR 2013, 99 (103); *Spiecker gen. Döhmann* KritV
    2014, 28 (31).
92 Vgl. EuGH 6.11.2003 – C-101/01, ECLI:EU:C:2003:596 Rn. 47.

schränkt. Mit dem infolge der Datenveröffentlichung unbestimmbaren Kreis der Drittverantwortlichen hängt die Frage zusammen, wie der Verantwortliche die ihn treffende Verpflichtung überhaupt erfüllen kann (→ Rn. 52 ff.).

b) Löschungspflicht des Verantwortlichen nach Abs. 1

49　Weiterhin muss der Verantwortliche zur Löschung der Daten gem. Abs. 1 verpflichtet sein. Der Verweis auf Abs. 1 ist zumindest unvollständig, da sich das Bestehen einer **Löschungspflicht des Verantwortlichen** in der vom Unionsgesetzgeber gewählten Systematik erst aus der Zusammenschau von Abs. 1 und Abs. 3 ergibt (→ Rn. 9).

c) Löschungsbegehren des Betroffenen ggü. Drittverantwortlichen

50　Anders als bei Art. 19 muss der Verantwortliche die Drittverantwortlichen nicht darüber informieren, dass er selbst personenbezogene Daten des Betroffenen gelöscht hat, sondern dass der Betroffene von (ggf. konkret benannten)[93] Drittverantwortlichen die Löschung verlangt. Gegenstand der Informationspflicht des Verantwortlichen ist mithin ein ihm gegenüber kommuniziertes, aber **an die Drittverantwortlichen adressiertes Löschungsbegehren des Betroffenen.** Obwohl also die Löschungspflicht des Abs. 1 unabhängig von einem Löschungsbegehren des Betroffenen entsteht (→ Rn. 43), setzt die Informationspflicht des Abs. 2 ein solches gerade voraus (das jedenfalls an die Drittverantwortlichen adressiert sein muss, regelmäßig aber mit einem an den Verantwortlichen selbst adressierten Löschungsbegehren verbunden sein dürfte → Rn. 39).[94] Das Löschungsbegehren kann sich auf alle Links zu den personenbezogenen Daten, auf Kopien oder Replikationen dieser Daten bei den Drittverantwortlichen beziehen. Für das Bestehen der Informationspflicht nach Abs. 2 kommt es nicht darauf an, ob das an die Drittverantwortlichen adressierte Löschungsbegehren begründet ist. Da für jeden Drittverantwortlichen je unterschiedliche Ausnahmetatbestände von der Löschungspflicht eingreifen können, die Begründetheit des Löschungsbegehrens also in jedem Einzelfall zu untersuchen ist, muss und kann dessen Begründetheit auch nicht vom nach Abs. 2 verpflichteten Verantwortlichen überprüft werden.[95]

2. Rechtsfolge

51　Die Rechtsfolge des Abs. 2 wirft mehrere Probleme auf. Danach muss der Verantwortliche unter Berücksichtigung der verfügbaren Technologie und der Implementierungskosten angemessene Maßnahmen auch technischer Art treffen, um Drittverantwortliche über ein an sie adressiertes Löschungsbegehren des Betroffenen zu informieren. Der Verantwortliche schuldet nicht den Löscherfolg bei Drittverantwortlichen (den er ohnehin nicht leisten könnte), sondern lediglich angemessene Maßnahmen zur In-

---

93　*Hornung/Hofmann* JZ 2013, 163 (167).
94　Vgl. auch *Piltz* K&R 2016, 629 (633).
95　AA *Hornung/Hofmann* JZ 2013, 163 (167), denen zufolge der Ausschluss eines Löschungsanspruchs gegen Dritte bereits die Informationspflicht des Verantwortlichen ausschließt; offengelassen bei *Sartor* IDPL 2015, 64 (69).

formation der Drittverantwortlichen.[96] Klärungsbedürftig ist mithin, wer mit welchen Mitteln in welchem Rahmen informiert werden muss.

a) Kreis der Drittverantwortlichen

Der **Kreis der** zu informierenden **Drittverantwortlichen** dürfte wegen der   52
Veröffentlichung (das meint gerade nicht die zielgerichtete Weitergabe) der Daten kaum verlässlich zu ermitteln sein.[97] Bei auf Webseiten veröffentlichten personenbezogenen Daten führt die Erhebung von IP-Adressen, die ihrerseits ggf. einer rechtlichen Grundlage bedarf, nicht weiter, da die IP-Adresse selbst noch keine Auskunft darüber gibt, ob personenbezogene Daten über den bloßen Aufruf der Webseite hinaus verarbeitet wurden.[98] Die Veröffentlichung des Löschungsbegehrens ggü. Drittverantwortlichen auf der Homepage des Verantwortlichen wäre zwar eine technisch leicht umsetzbare, rechtlich aber bedenkliche Informationsmöglichkeit, da sich die Information hier an die Allgemeinheit richtet und nicht – wie von Art. 17 Abs. 2 gefordert – an bestimmte Drittverantwortliche.

b) Maßnahmen im Rahmen des Möglichen und Angemessenen

Die vom Verantwortlichen einzuleitenden Maßnahmen zur Information   53
der Drittverantwortlichen stehen unter dem **Vorbehalt des Möglichen und Angemessenen**. Sofern die Information Drittverantwortlicher überhaupt möglich ist (diese also identifiziert werden konnten → Rn. 52), findet die Informationspflicht ihre Grenze in der Angemessenheit. Die **Angemessenheitsgrenze** wird durch einen Abgleich der widerstreitenden Interessen bestimmt: auf der Seite des Verantwortlichen sind gem. Art. 17 Abs. 2 die (allgemein und nicht nur konkret für den Verantwortlichen[99]) verfügbare Technologie und die Implementierungskosten zu berücksichtigen, aus der Warte des Betroffenen liegt die Angemessenheitsgrenze umso höher, je schwerer der Eingriff in das Persönlichkeitsrecht des Betroffenen wiegt. Mit der Identifikationsmöglichkeit der Drittverantwortlichen steht und fällt freilich die Drittinformationspflicht, so dass sie – abgesehen von Suchmaschinen – in der Praxis häufig unmöglich oder jedenfalls mit unzumutbarem Aufwand verbunden sein wird.[100]

Für die Information von **Suchmaschinen als Drittverantwortliche** stehen je-   54
denfalls mögliche und angemessene Maßnahmen zur Verfügung, die zwar vorrangig auf eine webcrawlerbasierte Abfrage durch die Suchmaschine selbst setzen (also im strengen Sinne kein aktives Informieren durch den Verantwortlichen darstellen), aber gleichwohl den Zweck der Drittinformationspflicht erfüllen.[101] So ändern sich durch die Löschung personenbe-

---

96 In der Fassung der legislativen Entschließung des Europäischen Parlaments (P7_TA(2014)0212) hatte der Verantwortliche noch alle zumutbaren Maßnahmen zu ergreifen, um die Daten zu löschen und auch bei Dritten löschen zu lassen. Zum Hintergrund dieser *duty of best efforts/obligation de moyens Zanfir* in: Gutwirth ua, Reforming European Data Protection Law, S. 227 (235 ff.).
97 Vgl. nur *ENISA* The right to be forgotten, S. 8 f.
98 *Hornung/Hofmann* JZ 2013, 163 (169).
99 Ebenso *Kamlah* in: Plath BDSG/DSGVO Art. 17 DSGVO Rn. 15.
100 So im Ergebnis auch *Härting* BB 2012, 459 (464); *Hornung/Hofmann* JZ 2013, 163 (169).
101 So – wie auch zum Folgenden – *Hornung/Hofmann* JZ 2013, 163 (168 f.).

zogener Daten auf einer Webseite auch Index und Cache der Suchmaschine, nachdem diese die Webseite erneut aufgesucht hat. Ebenso bewirken ausdrückliche Anweisungen in Meta-Tags auf der Webseite für den Index und den Cache einer Suchmaschine, dass die Webseite nicht in die Ergebnisliste aufgenommen oder von dort entfernt wird. Jenseits dieser technischen Lösungen kommt auch eine direkte Information des Suchmaschinenbetreibers in Betracht.

3. Modalitäten und Geldbuße; Leitlinien des Datenschutzausschusses

55 Der Betroffene muss gegenüber dem Verantwortlichen formlos sein an die Drittverantwortlichen adressiertes Löschungsbegehren kommunizieren, was – wie eine ggf. erforderliche Auslegung des an den Verantwortlichen adressierten Löschungsantrages ergeben kann – auch konkludent in diesem enthalten sein kann. Die Drittinformation erfolgt gem. Art. 12 Abs. 5 grundsätzlich unentgeltlich (vgl. → Rn. 41). Über die Drittinformation (oder ihr begründetes Unterlassen) muss der Verantwortliche dem Betroffenen gem. Art. 12 Abs. 3 und 4 berichten (zur Frist vgl. → Rn. 40). Der Verstoß gegen das Drittinformationsrecht des Betroffenen ist schließlich gem. Art. 83 Abs. 5 lit. b bußgeldbewehrt.

56 Mit Blick auf die Löschung durch Drittverantwortliche überträgt Art. 70 Abs. 1 S. 2 lit. d dem **Europäischen Datenschutzausschuss** die Aufgabe, von sich aus oder auf Ersuchen der Kommission **Leitlinien, Empfehlungen und bewährte Verfahren** zu Verfahren für die Löschung gem. Art. 17 Abs. 2 von Links zu personenbezogenen Daten oder Kopien oder Replikationen dieser Daten aus öffentlich zugänglichen Kommunikationsdiensten bereitzustellen (→ Art. 70 Rn. 12 ff.).

IV. Ausnahmetatbestände – Abs. 3

57 Das Recht auf Löschung ist kein absolutes Recht.[102] Es besteht nur bei einer unrechtmäßigen Datenverarbeitung. Obwohl Art. 6 bereits abschließend die Fälle einer rechtmäßigen Datenverarbeitung regelt, formuliert Abs. 3 erschöpfend[103] eigene **Ausnahmetatbestände**, die einem auf die Löschungsgründe des Abs. 1 gestützten Löschungsbegehren des Betroffenen im Einzelfall entgegenstehen und – wegen des Verweises des Abs. 2 auf die Löschpflicht nach Abs. 1 folgerichtig – auch das Drittinformationsrecht/die Drittinformationspflicht ausschließen können, teilweise aber von den Formulierungen des Art. 6 abweichen (zur Kritik der Regelungssystematik → Rn. 9). Dabei handelt es sich entweder um (teils auch grundrechtlich geschützte) Interessen privater Dritter (lit. a und e) oder um öffentliche Interessen (lit. b-d), die in Abwägung mit dem Datenschutzrecht des Betroffenen eine Datenverarbeitung rechtfertigen können.

---

102 Eindringlich *Masing* NJW 2012, 2305 (2307): „Daten sind nicht unveräußerbare Partikel des Selbst, deren Nutzung leihweise an Dritte überlassen und dann nach Belieben wieder zurückgefordert werden kann: Niemand hat ein prinzipielles Recht, dass sein Kommunikationspartner auf Wunsch wieder vergisst, was ihm mitgeteilt wurde".

103 Vgl. Begründung des Standpunktes des Rates in erster Lesung v. 8.4.2016 (5419/1/16), S. 16.

Wie der **Begriff der Erforderlichkeit** in Abs. 3 anzeigt, sind die auf öffentli-   58
che Interessen abstellenden Ausnahmetatbestände eng auszulegen und die
Datenverarbeitung auf das für diese Zwecke notwendige Maß zu beschränken. Auch wenn Wortlaut und Systematik Gegenteiliges nahezulegen scheinen, kann die einseitige Festlegung auf das Erforderliche nicht in Fällen
gelten, in denen das Datenschutzrecht mit Grundrechten privater Dritter
kollidiert, da jede Beschränkung der Datenverarbeitung durch Private ihrerseits einen rechtfertigungsbedürftigen Eingriff in die Grundrechte der
privaten Dritten darstellt. Das (der deutschen Verfassungsrechtsdogmatik
entlehnte) **Prinzip praktischer Konkordanz** gebietet hier, allen kollidierenden Grundrechtsgütern zu optimaler Wirksamkeit zu verhelfen, indem die
Grenzziehungen bei allen kollidierenden Grundrechten auf das Erforderliche beschränkt werden (zu möglicherweise gegenläufigen Tendenzen der
EuGH-Rspr. aber → Rn. 61).[104]

1. Freie Meinungsäußerung und Information

Art. 17 Abs. 3 lit. a schließt die Löschung personenbezogener Daten nach   59
Abs. 1 und die Drittinformation nach Abs. 2 aus, wenn die Datenverarbeitung zur Ausübung des Rechts auf freie Meinungsäußerung und Information erforderlich und deswegen rechtmäßig ist. Abs. 3 lit. a adressiert damit
einen im Datenschutz typischen wie grundlegenden Grundrechtskon-
flikt,[105] der sich gelegentlich in der Sorge vor Zensur oder ungerechtfertig-
ter Kontrolle ausdrückt.[106] Der Verantwortliche ist hier in jedem Einzelfall
angehalten, in einem mehrseitigen Rechtsverhältnis zwischen ihm, dem Betroffenen und privaten Dritten eine komplexe **Abwägung kollidierender
Grundrechtsgüter** vorzunehmen. Er hat damit eine Aufgabe zu bewältigen,
die sonst Aufsichtsbehörden und Gerichte beschäftigt und durch mögliche
abweichende mitgliedstaatliche Regelungen auf Grundlage des Art. 85
noch erschwert werden kann.[107]

In die Abwägung einzustellen sind auf der Seite des Betroffenen sein durch   60
Art. (7 und) 8 GRCh sowie Art. 8 EMRK gewährleistetes Datenschutzgrundrecht, auf der Seite des Verantwortlichen und/oder Dritter das

---

104 Grundlegend zum Prinzip praktischer Konkordanz *Hesse*, Grundzüge Rn. 72; *Ko-
     kott* in: Merten/Papier HGR I § 22 Rn. 60. Zur entsprechenden Auslegung des
     Art. 17 Abs. 3 *Härting* BB 2012, 459 (464).
105 Ausführliche Analyse der einschlägigen EuGH-Rechtsprechung bei *Lynskey*,
     Foundations, S. 135 ff.; holzschnittartig *Buchholtz* AöR 140 (2015), 121
     (124 ff.), die auch die demokratietheoretischen Implikationen des Informations-
     anspruchs der Öffentlichkeit bemüht; *Kuner*, European Data Protection Law,
     S. 84 ff.; aus der Perspektive des Teilnehmers an den Ratsverhandlungen *Maas*
     DuD 2015, 579.
106 Vgl. *Ausloos* Computer Law & Security Review 28 (2012), 143 (146); *Gerling/
     Gerling* DuD 2013, 445 (446).
107 Kritisch daher *Rosen* 64 Stan.L.Rev.Online (2012), 88 (90); ebenso *GA Jääskinen*
     Schlussanträge zu C-131/12, ECLI:EU:C:2013:424, Rn. 133 f.; vgl. auch *Masing*
     VerfBlog 2014/8/14; *Kranenborg* EDPL 2015, 70 (74); *Wiebe* J. Int. Prop. Law &
     Practice 10 (2015), 64 (65). Reformüberlegungen gelten aus diesem Grunde – ge-
     rade mit Blick auf Suchmaschinenbetreiber als Adressaten des Löschungsan-
     spruchs – der Einführung unabhängiger Schlichtungsstellen, vgl. *Hoffmann-Riem*
     in: DIVSI Recht auf Vergessenwerden, S. 50 (52); *Holznagel/Hartmann* MMR
     2016, 228 (232).

Grundrecht auf freie Meinungsäußerung bzw. auf freie Information gem. Art. 11 Abs. 1 S. 1 und 2 GRCh und Art. 10 Abs. 1 S. 1 und 2 EMRK. Abs. 3 lit. a zeichnet kein Abwägungsergebnis vor und gibt dem Rechtsanwender auch keine konkreten Abwägungskriterien an die Hand. Insoweit mag man die unterkomplexe Ausgestaltung des europäischen Datenschutzrechts kritisieren.[108] Mögliche **Abwägungsgesichtspunkte** hat hingegen die menschenrechts-, unions- und verfassungsgerichtliche Rechtsprechung zum Spannungsverhältnis zwischen den Kommunikationsfreiheiten und dem allgemeinen Persönlichkeitsrecht bzw. dem Recht auf Privatsphäre entwickelt. Exemplarisch lassen sich nennen die Art der betreffenden Information, insbes. deren Sensibilität für das Privatleben des Betroffenen, die Rolle der betroffenen Person im öffentlichen Leben und das damit verbundene gesteigerte Informationsinteresse der Öffentlichkeit,[109] ebenso die Wahrscheinlichkeit oder der tatsächliche Eintritt eines materiellen bzw. immateriellen Schadens durch die Datenverarbeitung, weiter die seit der Veröffentlichung der Daten vergangene Zeit.[110]

61 Hinter die im europäischen Rechtsprechungsverbund für das Verhältnis von Persönlichkeitsrecht und Kommunikationsfreiheiten erarbeiteten Differenzierungen und Feinjustierungen sollte die künftige Rechtsprechung des EuGH zur DSGVO nicht zurückfallen, wobei sie zugleich die unterschiedlichen datenschutzrechtlichen Legitimationsanforderungen gegenüber öffentlichen und nicht-öffentlichen Stellen reflektieren müsste.[111] Aus dieser Warte erscheint daher der **grundsätzliche Vorrang des Persönlichkeits- und Datenschutzes bedenklich**, den der EuGH – wenn auch zunächst auf den Fall einer Namenssuche bei einer Suchmaschine beschränkt – postuliert hat[112] und der solche sachangemessenen Differenzierungen zu nivellieren droht, wenn er vom konkret entschiedenen Sachverhalt losgelöst und kurzerhand auf andere Fälle übertragen, mithin verallgemeinert wird.

62 Nach alledem ist es nicht ausgeschlossen, dass der Verantwortliche wegen der im Einzelfall schwierigen Abwägung und mit Blick auf die Sanktionsdrohung des Art. 83 Abs. 5 lit. b eher zur Löschung personenbezogener

---

108 *Masing* VerfBlog 2014/8/14.
109 Diese Abwägungspunkte nennt etwa EuGH 13.5.2014 – C-131/12, ECLI:EU:C:2014:317 Rn. 81, 97, 99; vgl. zuvor schon *GA Kokott* Schlussanträge zu C-73/07, ECLI:EU:C:2008:266 Rn. 73-78.
110 Vgl. zu diesen und weiteren Abwägungspunkten *Luch/Schulz/Kuhlmann* EuR 2014, 698 (707); *Kühling* EuZW 2014, 527 (529).
111 Überzeugend *Masing* NJW 2012, 2305 (2310); *ders.* VerfBlog 2014/8/14; vgl. auch *Luch/Schulz/Kuhlmann* EuR 2014, 698 (707 f.); *Schneider/Härting* CR 2014 306, (307); *Pfeifer* GewArch 2014, 142 (146).
112 EuGH 13.5.2014 – C-131/12, ECLI:EU:C:2014:317 Rn. 81: „überwiegen ... im Allgemeinen ...". Dass der EuGH dabei die kollidierenden individuellen Grundrechtspositionen der Internetnutzer mediatisiert, in dem er nur auf die Interessen des Suchmaschinenbetreibers und das öffentliche Informationsinteresse abstellt, und deren normativen Anknüpfungspunkt in Art. 11 GRCh nicht einmal ausdrücklich benennt, wurde mit Recht kritisiert – vgl. *Lynskey* Foundations S. 147 f. und 149 f.; *Kühling* EuZW 2014, 527 (529); *Masing* VerfBlog 2014/8/14; *Kranenborg* EDPL 2015, 70 (74); *Holznagel/Hartmann* MMR 2016, 228 (231 f.); *von Grafenstein/Schulz* IJPLP 5 (2016), 249 (262 ff.).

Daten neigen und insofern ein „**chilling effect**" zu registrieren sein wird.[113] Die überzeichnete Sorge, dass das Löschungsrecht in den kommenden Jahren zur größten Bedrohung der freien Meinungsäußerung im Internet werde, ist dagegen ersichtlich von den vom europäischen Verständnis abweichenden US-amerikanischen Konzepten von privacy und free speech getragen.[114]

2. Rechtspflicht zur Datenverarbeitung

Löschung und Drittinformation kommen gem. Art. 17 Abs. 3 lit. b Var. 1   63
nicht in Betracht, wenn die Verarbeitung rechtmäßig ist, weil sie zur Erfüllung einer rechtlichen Verpflichtung aus Unions- oder mitgliedstaatlichem Recht erforderlich ist, der der Verantwortliche unterliegt. Die unter Tautologieverdacht stehende Formulierung des Abs. 3 lit. b Var. 1 spiegelt den klarer formulierten Tatbestand des Art. 6 Abs. 1 lit. c wider, der sich ganz ähnlich bereits in Art. 7 Abs. 1 lit. c DS-RL findet. Insoweit wird auf die Kommentierung unter → Art. 6 Rn. 22 ff. verwiesen.

3. Wahrnehmung einer öffentlichen Aufgabe oder Ausübung öffentlicher Gewalt

Für den Tatbestand des Art. 17 Abs. 3 lit. b Var. 2 und 3, der eine Ausnah-   64
me für den Fall vorsieht, dass die Verarbeitung in Wahrnehmung einer Aufgabe im öffentlichen Interesse oder in Ausübung von dem Verantwortlichen übertragener öffentlicher Gewalt erfolgt, kann auf die Kommentierung des gleichlautenden Rechtfertigungstatbestands in Art. 6 Abs. 1 lit. e verwiesen werden → Art. 6 Rn. 36 ff.

4. Öffentliche Gesundheit

Eine weitere Ausnahme kommt bei einer Datenverarbeitung aus Gründen   65
des öffentlichen Interesses im Bereich der **öffentlichen Gesundheit** gem. Art. 9 Abs. 2 lit. h und i sowie Art. 9 Abs. 3 in Betracht, auf deren Kommentierungen unter → Art. 9 Rn. 42 ff. und 55 ff. verwiesen wird.

---

113 Hinweis von *Rosen* 64 Stan.L.Rev.Online (2012), 88 (91); ebenso *GA Jääskinen* Schlussanträge zu C-131/12, ECLI:EU:C:2013:424, Rn. 133 f.
114 Eindringlich *Rosen* 64 Stan.L.Rev.Online (2012), 88; ähnlich *Masing* VerfBlog 2014/8/14; vgl. auch *Fazlioglu* IDPL 2013, 149 (153 ff.); *Zanfir* in: Gutwirth ua, Reforming European Data Protection Law, S. 227 (246). *Bennett* Berkeley Journal of International Law 30 (2012), 161 (193) prophezeit dagegen einen unvermeidlichen „process of 'convergence'" zwischen europäischen und US-amerikanischen Datenschutzperspektiven, der mit „soft-law guidelines" beginnen könnte; ähnlich *O'Hara/Shadbolt* EDPL 2015, 178 (182 ff.). Rechtsvergleichender Überblick bei *Bolton* J. Marshall J. Info. Tech. & Privacy L. 31 (2014), 133 (134 ff.) und *Klar/Kühling* AöR 141 (2016), 165 (182 ff.).

5. Archiv-, Forschungs- und statistische Zwecke im öffentlichen Interesse

66   Soweit die Verarbeitung für Archivzwecke, wissenschaftliche oder historische Forschungszwecke[115] oder statistische Zwecke im öffentlichen Interesse erforderlich ist, steht sie der Löschung bzw. Drittinformation gem. Art. 17 Abs. 3 lit. d entgegen, soweit das Löschungsrecht voraussichtlich die Verwirklichung dieser Verarbeitungsziele unmöglich macht oder ernsthaft beeinträchtigt.

67   Diese strengen Anforderungen für einen Ausschluss des Löschungsrechts (ernsthafte Beeinträchtigung oder Unmöglichkeit der Verarbeitung) flankiert Art. 89 Abs. 1 durch die Garantie technischer und organisatorischer Maßnahmen, mit denen die Betroffenenrechte und -freiheiten garantiert und insbesondere der Grundsatz der Datenminimierung bei der Verarbeitung zu den genannten Zwecken gewährleistet werden können (näher → Art. 89 Rn. 5 ff.). Als eine solche Maßnahme kommt häufig die Pseudonymisierung der Daten iSd Art. 4 Nr. 5 in Betracht, die eine Identifizierung des Betroffenen unmöglich und das Löschungsbegehren damit gegenstandslos macht.

68   Während Art. 89 Abs. 2 Ausnahmen von den Betroffenenrechten der Art. 15, 16, 18 und 21 im Unions- und mitgliedstaatlichen Recht für den Fall zulässt, dass die Ausübung dieser Betroffenenrechte die Verwirklichung der genannten Zwecke voraussichtlich unmöglich macht oder ernsthaft beeinträchtigt und die Ausnahmen zur Erfüllung dieser Zwecke notwendig sind, beschränkt die DSGVO das Löschungsrecht in diesem Fall in Art. 17 Abs. 3 lit. d gleich selbst. Da die Ausübung des Löschungsrechts anders als bei anderen Betroffenenrechten zum endgültigen Verlust der Daten und damit zur endgültigen Vereitelung der genannten Zwecke führt, erscheint es konsequent, dass der Unionsgesetzgeber den Ausnahmetatbestand gleich im Löschungsrecht des Art. 17 verankert.

6. Geltendmachung, Ausübung oder Verteidigung von Rechtsansprüchen

69   Eine Löschung personenbezogener Daten kommt schließlich dann nicht in Betracht, wenn sie zur Geltendmachung, Ausübung oder Verteidigung von Rechtsansprüchen durch den Verantwortlichen oder den Betroffenen erforderlich sind. Die Regelung will einem Beweismittelverlust infolge der Löschung entgegenwirken. Diese erst durch den Rat eingefügte Beschränkung des Löschungsrechts findet sich bereits als Ausnahme vom Verarbeitungsverbot bei besonderen Kategorien personenbezogener Daten in Art. 8

---

115 Die Unterscheidung zwischen wissenschaftlicher und historischer Forschung, die auf den ersten Blick als Herabwürdigung der verdienstvollen Geschichtswissenschaft erscheinen muss, erschließt sich dem deutschsprachigen Leser nicht ohne Weiteres. Sie geht auf einen Fehler bei der Übersetzung der Wendung „*scientific or historical research*" zurück, der die im englischsprachigen Wissenschaftsbetrieb gebräuchliche Unterscheidung zwischen *sciences* (iSv Naturwissenschaften) und *humanities* (iSv Geisteswissenschaften, zu denen auch die Geschichtswissenschaft als *history* zählt) unter Verkennung des deutschen Wissenschaftsbegriffs wortwörtlich ins Deutsche überträgt und sich auch schon in Art. 6 Abs. 1 lit. b S. 2 DS-RL findet.

Abs. 2 lit. e DS-RL und als Ausnahme vom Verbot der Datenübermittlung in ein Drittland ohne angemessenes Datenschutzniveau in Art. 26 Abs. 1 lit. d Var. 2 DS-RL. Anders als dort ist der Verarbeitungszweck in Art. 17 Abs. 3 lit. e DSGVO[116] aber nicht ausdrücklich auf die Rechtsausübung und -verteidigung vor Gericht beschränkt und gilt deshalb für **gerichtliche wie außergerichtliche Verfahren.**[117]

Mit dieser weiten Formulierung erledigt sich zugleich der Streit, ob eine Datenübermittlung an US-amerikanische Unternehmen im Rahmen eines im dortigen Prozessrecht vorgesehenen **Pre-Trial-Discovery** zum Zwecke der Beweisaufnahme zwischen Klageerhebung und Hauptverhandlung, die sich auch auf E-Mails und elektronische Dokumente erstrecken kann (eDiscovery), grundsätzlich zulässig ist.[118]   **70**

Für gerichtliche wie außergerichtliche Verfahren gilt jedoch weiterhin, dass die **Datenverarbeitung** für die jeweiligen Verfahrenszwecke erforderlich sein muss und deshalb **auf das notwendige Maß zu beschränken** ist; das gilt auch in zeitlicher Hinsicht, so dass die Daten nach bestands- oder rechtskräftigem Abschluss des Verfahrens gelöscht werden müssen. Insoweit die Datenverarbeitung dieses Maß überschreitet, ist sie unrechtmäßig und kann damit Gegenstand eines Löschungsanspruchs sein.   **71**

Ist die Verarbeitung der Daten zur Rechtsverteidigung durch den Betroffenen erforderlich, kann dieser gem. Art. 18 Abs. 1 lit. c die **Einschränkung der Verarbeitung** verlangen (→ Art. 18 Rn. 15).   **72**

V. Weitere Abweichungs- und Einschränkungsmöglichkeiten

Die Rechte und Pflichten des Art. 17 können gem. **Art. 23** durch unionale oder **mitgliedstaatliche Gesetzgebungsmaßnahmen** zur Verfolgung eines in Art. 23 vorgesehenen Ziels und unter weiteren dort geregelten Voraussetzungen beschränkt werden (→ Art. 23 Rn. 11 ff.).   **73**

Art. 85 Abs. 2 gestattet den Mitgliedstaaten weiter, Ausnahmen und Abweichungen von den Betroffenenrechten des Art. 17 für die Verarbeitung zu journalistischen, wissenschaftlichen, künstlerischen oder literarischen Zwecken vorzusehen, wenn dies erforderlich ist, um das Datenschutzrecht mit der Meinungsäußerungs- und Informationsfreiheit in Einklang zu bringen (zu diesem sog **Medienprivileg** → Art. 85 Rn. 9 ff.).   **74**

Zum Ausschluss des Löschungsrechts bei **nicht identifizierbaren betroffenen Personen** gem. **Art. 11 Abs. 2 S. 2** siehe → Art. 11 Rn. 12.   **75**

C. Verhältnis zu anderen Normen

I. Innerhalb der DSGVO

Art. 17 ist im Kapitel über die Rechte der betroffenen Person geregelt, das weitere Vorschriften mit **systematischem Zusammenhang** zu Art. 17 beinhaltet. So setzt die effektive Ausübung des Löschungsrechts wie auch an-   **76**

---

116 Wie nunmehr auch in Art. 9 Abs. 2 lit. f Var. 1 (sensible Daten) und Art. 49 Abs. 1 lit. e (Drittlandsübermittlung).
117 Vgl. auch Erwägungsgrund 111.
118 Vgl. *Simitis* in: Simitis BDSG § 4 c Rn. 21; *Gabel* in: Taeger/Gabel BDSG § 4 c Rn. 11; *Gola/Klug/Körffer* in: Gola/Schomerus BDSG § 4 c Rn. 7 a; jeweils mwN.

derer Betroffenenrechte zunächst voraus, dass die betroffene Person überhaupt weiß, welche personenbezogenen Daten durch den Verantwortlichen verarbeitet werden.[119] Den Verantwortlichen treffen daher gemäß Art. 13 und 14 umfassende Informationspflichten, mit denen ein Auskunftsrecht des Betroffenen gemäß Art. 15 korreliert. Die Pflicht zur Information und das Recht zur Auskunft erstrecken sich ua auf das Bestehen eines Löschungsrechts nach der DSGVO (Art. 13 Abs. 2 lit. b, Art. 14 Abs. 2 lit. c, Art. 15 Abs. 1 lit. e), aber etwa auch auf Informationen über den Verarbeitungszweck oder die berechtigten Interessen Dritter, aufgrund derer der Betroffene beurteilen können soll, ob ihm im konkreten Einzelfall ein Löschungsrecht zusteht. Für alle Betroffenenrechte enthält Art. 12 Vorgaben über eine transparente Information, über die Kommunikation zwischen Verantwortlichem und Betroffenem (ggf. auch durch Bildsymbole, Art. 12 Abs. 7) sowie über die Modalitäten für die Ausübung der Betroffenenrechte (→ Rn. 40 f.).

77   Gem. Art. 58 Abs. 2 lit. g ist jede **Aufsichtsbehörde** befugt, die **Löschung** personenbezogener Daten nach Art. 17 Abs. 1 sowie die **Drittinformation** nach Art. 17 Abs. 2 anzuordnen (→ Art. 58 Rn. 57 ff.).

II. Nationales Datenschutzrecht

78   Die in den deutschen Datenschutzgesetzen vorgesehene Pflicht der verantwortlichen Stelle, unrechtmäßig verarbeitete personenbezogene Daten zu löschen, wird im Anwendungsbereich der DSGVO (Art. 2 f.) grundsätzlich vollständig durch Art. 17 verdrängt. Insoweit Bundes- und Landesdatenschutzgesetze Ausnahmen vom Löschungsrecht des Betroffenen bzw. der Löschungspflicht des Verantwortlichen vorsehen, können diese nach Maßgabe der Öffnungsklauseln der DSGVO fortbestehen, die zugleich die Grundlage für weitere Beschränkungen des Löschungsrechts bzw. der Löschungspflicht durch mitgliedstaatliches Recht bieten (→ Rn. 73 f.).

79   Im **Regierungsentwurf** des BDSG i.d.F. des Art. 1 DSAnpUG-EU (hier: BDSG-E) schließt § 35 Abs. 1 S. 1 BDSG-E das Löschungsrecht und die Löschungspflicht – vorbehaltlich einer rechtmäßigen Datenverarbeitung (Abs. 1 S. 3) – für solche Fälle aus, in denen eine Löschung wegen der besonderen Art der Speicherung nicht oder nur mit unverhältnismäßigem Aufwand möglich ist. Für diesen Fall ordnet § 35 Abs. 1 S. 2 BDSG-E die Einschränkung der Verarbeitung nach Art. 18 DSGVO an. Entsprechendes soll nach § 35 Abs. 3 BDSG-E gelten, wenn einer nach Art. 17 Abs. 1 lit. a DSGVO eigentlich gebotenen Löschung wegen Zweckerreichung satzungsmäßige oder vertragliche Aufbewahrungsfristen entgegenstehen. Eine besondere Ausnahmeregelung für Forschungs-, Statistik- oder Archivzwecke war in §§ 27 Abs. 2, 28 Abs. 3 BDSG-E dagegen – anders als etwa beim Berichtigungsrecht – nicht erforderlich, da Art. 17 Abs. 3 lit. d DSGVO hierfür schon selbst einen Ausnahmetatbestand bereithält (→ Rn. 68).

---

119   Vgl. EuGH 7.5.2009 – C-553/07, ECLI:EU:C:2009:293 Rn. 51; 17.7.2014 – C-141/12 und 372/12, ECLI:EU:C:2014:2081 Rn. 44.

Artikel 18   Recht auf Einschränkung der Verarbeitung

(1) Die betroffene Person hat das Recht, von dem Verantwortlichen die Einschränkung der Verarbeitung zu verlangen, wenn eine der folgenden Voraussetzungen gegeben ist:

a)   die Richtigkeit der personenbezogenen Daten von der betroffenen Person bestritten wird, und zwar für eine Dauer, die es dem Verantwortlichen ermöglicht, die Richtigkeit der personenbezogenen Daten zu überprüfen,

b)   die Verarbeitung unrechtmäßig ist und die betroffene Person die Löschung der personenbezogenen Daten ablehnt und stattdessen die Einschränkung der Nutzung der personenbezogenen Daten verlangt;

c)   der Verantwortliche die personenbezogenen Daten für die Zwecke der Verarbeitung nicht länger benötigt, die betroffene Person sie jedoch zur Geltendmachung, Ausübung oder Verteidigung von Rechtsansprüchen benötigt, oder

d)   die betroffene Person Widerspruch gegen die Verarbeitung gemäß Artikel 21 Absatz 1 eingelegt hat, solange noch nicht feststeht, ob die berechtigten Gründe des Verantwortlichen gegenüber denen der betroffenen Person überwiegen.

(2) Wurde die Verarbeitung gemäß Absatz 1 eingeschränkt, so dürfen diese personenbezogenen Daten – von ihrer Speicherung abgesehen – nur mit Einwilligung der betroffenen Person oder zur Geltendmachung, Ausübung oder Verteidigung von Rechtsansprüchen oder zum Schutz der Rechte einer anderen natürlichen oder juristischen Person oder aus Gründen eines wichtigen öffentlichen Interesses der Union oder eines Mitgliedstaats verarbeitet werden.

(3) Eine betroffene Person, die eine Einschränkung der Verarbeitung gemäß Absatz 1 erwirkt hat, wird von dem Verantwortlichen unterrichtet, bevor die Einschränkung aufgehoben wird.

Verwandte Normen: ErwGr 67; §§ 35, 20 BDSG 2003

Literatur:
Franck, Das System der Betroffenenrechte nach der Datenschutz-Grundverordnung (DSGVO), RDV 2016, 111; *Härting*, Starke Behörden, schwaches Recht – der neue EU-Datenschutzentwurf, BB 2012, 459; *Piltz*, Die Datenschutz-Grundverordnung. Teil 2: Rechte der Betroffenen und korrespondierende Pflichten des Verantwortlichen, K&R 2016, 629.

A. Grundlagen

I. Gesamtverständnis und Zweck der Norm

1   Mit dem Recht auf Einschränkung der Verarbeitung gem. Art. 18 kann der Betroffene erreichen, dass der Verantwortliche die Daten künftig jedenfalls vorübergehend nur eingeschränkt iSd Abs. 2 nutzen kann, wenn die Voraussetzungen des Abs. 1 vorliegen. Über eine beabsichtige Aufhebung der Einschränkung hat der Verantwortliche den Betroffenen vorher gem. Abs. 3 zu informieren.

2   Art. 18 gibt dem Betroffenen damit ein weiteres **Eingriffs- und Steuerungsrecht**[1] an die Hand, das neben das Berichtigungs- und Löschungsrecht nach Art. 16 und 17 tritt und bereits in der DS-RL und noch früher in nationalen Datenschutzregelungen verankert war.[2] Da das Recht auf Einschränkung der Verarbeitung in engem Zusammenhang mit dem Löschungs- und Berichtigungsrecht steht (→ Rn. 10 ff., 13 ff.),[3] nimmt es auch am durch Art. 8 GRCh vermittelten **grundrechtlichen Schutz** teil (vgl. → Art. 17 Rn. 7). Mit dem Recht des Betroffenen auf Einschränkung der Verarbeitung korrespondiert eine ungeschriebene und gem. Art. 83 Abs. 5 lit. b bußgeldbewehrte **Pflicht des Verantwortlichen**, die Verarbeitung auf Antrag des Betroffenen einzuschränken.

II. Bisherige Rechtslage

3   Die Einschränkung der Verarbeitung war unter der Bezeichnung „**Sperrung von Daten**" bereits in **Art. 12 lit. b DS-RL** geregelt, ohne dass die DS-RL den Begriff aber definiert oder Tatbestand und Rechtsfolgen der Sperrung sonst näher ausgefüllt hätte.[4] Den Ausdruck „Sperrung", den auch § 20 Abs. 3, 4 und 7 sowie § 35 Abs. 3, 4, 8 BDSG verwenden, hat die Kommission in ihrem Entwurf für die DSGVO wegen dessen Mehrdeutigkeit bewusst vermieden.[5]

---

1   Zur Terminologie vgl. *Dix* in: Simitis BDSG § 35 Rn. 2; Vorschlag einer an den Zielen der Betroffenenrechte ausgerichteten Typologie bei *Franck* RDV 2016, 111.
2   Vgl. nur § 20 Abs. 3, 4 und 7 sowie § 35 Abs. 3, 4, 8 BDSG.
3   Das wird in Art. 18 Abs. 1 lit. b am deutlichsten, der dem Betroffenen bei einer unrechtmäßigen Datenverarbeitung die Wahl zwischen der Löschung der Daten und der Einschränkung ihrer Verarbeitung überlässt. Ebenso Art. 18 Abs. 1 lit. a, wo das Einschränkungsrecht die Ausübung des Berichtigungsrechts flankiert.
4   *Dammann/Simitis* EG-DSRL Art. 12 Rn. 17.
5   KOM(2012) 11 endg., 10.

III. Entstehung der Norm

Der Kommissionsentwurf sah das Recht auf Einschränkung der Verarbei- **4**
tung in Art. 17 Abs. 4–6 als Alternative zum Löschungsrecht vor („Anstatt
die personenbezogenen Daten zu löschen…"). Die dort noch aufgeführte
Möglichkeit der Einschränkung im Fall der Datenübertragung auf ein anderes automatisiertes Verarbeitungssystem (Art. 17 Abs. 4 lit. d KOM-E)
fand ebenso wenig Einzug in die Endfassung der DSGVO wie die vom
Europäischen Parlament vorgeschlagenen Fälle, dass die Einschränkung
durch ein Gericht oder eine Regulierungsbehörde rechtskräftig angeordnet
wurde oder eine Löschung wegen der spezifischen Art einer vor Inkrafttreten der DSGVO installierten Speichertechnologie nicht möglich ist (Art. 17
Abs. 4 lit. ca und lit. da LIBE-E). Auf Initiative des Rates wurden die Absätze zur Einschränkung der Verarbeitung schließlich als eigenständiger Artikel (damals Art. 17 a) formuliert, dessen Inhalt die Trilog-Verhandlungen
im Wesentlichen unverändert passiert hat.

B. Kommentierung

I. Begriff und Umsetzung

Die Einschränkung der Verarbeitung ist nach Art. 4 Nr. 2 ein **eigener Verar-** **5**
beitungsvorgang, dessen Voraussetzungen sich nach Art. 18 bestimmen.

Als Einschränkung der Verarbeitung bezeichnet die **Legaldefinition** des **6**
Art. 4 Nr. 3 die Markierung gespeicherter personenbezogener Daten mit
dem Ziel, ihre künftige Verarbeitung einzuschränken. Wie diese **Markie-**
rung zum Zwecke der Einschränkung der Verarbeitung zu erfolgen hat,
lässt die Definition jedoch ebenso offen wie Art. 18, um dadurch die Anpassung an die technologische Entwicklung zu gewährleisten. Damit das
Ziel der künftigen Einschränkung der Verarbeitung auch erreicht wird,
muss die Markierung jedenfalls unmissverständlich und leicht erkennbar
auf den Umstand der Verarbeitungseinschränkung hinweisen. Ob bei einer
automatisierten Datei die Markierung eines einzelnen Datenfeldes (sog
Einzelsperre) bzw. eines Datensatzes (sog Datensatzsperre) genügt oder die
ganze Datei durch Vermerk auf dem Datenträger zu markieren ist (sog
Sammelsperre), ist je nach Einzelfall zu entscheiden.[6] Dabei dürfen Art und
Weise der Markierung keine negativen Rückschlüsse auf die personenbezogenen Daten des Betroffenen zulassen.[7]

Neben der Markierung können je nach Einzelfall weitere **technische oder** **7**
organisatorische Maßnahmen erforderlich sein, um die eingeschränkte
Nutzbarkeit der Daten auch tatsächlich sicherzustellen. Erwägungsgrund 67 nennt hierfür exemplarisch die vorübergehende Übertragung aus-
gewählter personenbezogener Daten auf ein anderes Verarbeitungssystem,
die Sperrung der Daten für Nutzer – etwa durch Umsetzung eines Rechte-
und Rollenkonzepts[8] – oder die vorübergehende Entfernung veröffentlich-

---

6 Zu den unterschiedlichen Sperrmöglichkeiten bei automatisierten Dateien vgl. *Berg-
mann/Möhrle/Herb* BDSG § 3 Rn. 106 ff.
7 *Dammann* in: Simitis BDSG § 3 Rn. 168 mit dem Beispiel eines gesperrten Datenfeldes für Vorstrafen.
8 *Piltz* K&R 2016, 629 (633).

ter Daten von einer Website. In automatisierten Dateisystemen soll die Einschränkung der Verarbeitung grundsätzlich durch technische Mittel dergestalt erfolgen, dass die personenbezogenen Daten in keiner Weise weiterverarbeitet werden und nicht verändert werden können, wobei auf die Tatsache der Einschränkung der Verarbeitung unmissverständlich in dem System hinzuweisen ist.

II. Voraussetzungen der Einschränkung der Verarbeitung – Abs. 1

8 Abs. 1 lit. a–d enthält eine **abschließende Auflistung** von Tatbeständen, die alternativ ein Recht des Betroffenen auf Einschränkung der Verarbeitung begründen, wobei die Einschränkung der Verarbeitung wiederum nach Abs. 2 durchbrochen werden kann.

9 Die lit. a, c und d konzipieren die Einschränkung der Verarbeitung als **vorübergehenden Zustand** von gewisser Dauer. Lediglich bei lit. b ist eine dauerhafte Einschränkung der Verarbeitung vorstellbar (vgl. aber zur dauerhaften Einschränkung im nicht geregelten Fall eines non liquet bei Bestreiten der Richtigkeit der Daten → Rn. 12).

1. Bestrittene Richtigkeit der Daten

10 Eine vorübergehende Einschränkung der Verarbeitung kommt zunächst in Betracht, wenn der Betroffene die **Richtigkeit** der Daten bestreitet. Einfaches **Bestreiten** genügt hier,[9] wobei der Betroffene aber zumindest die genauen Daten benennen muss, die falsch sein sollen, damit der Verantwortliche den Umfang der Einschränkung absehen kann. Der Betroffene ist nicht verpflichtet, die Daten inhaltlich richtigzustellen (vgl. auch → Art. 16 Rn. 16).

11 Die Einschränkung der Verarbeitung währt gem. lit. a Hs. 2 für eine **Dauer**, die es dem Verantwortlichen ermöglicht, die Richtigkeit der Daten zu überprüfen. Aus der Zusammenschau mit Art. 16 ergibt sich, dass der Verantwortliche die Überprüfung der Richtigkeit der Daten unverzüglich vorzunehmen hat. Bei der Bestimmung der zulässigen Überprüfungsdauer im Einzelfall sind die Komplexität des Antrags des Betroffenen und die Anzahl der an den Verantwortlichen gerichteten Anträge zu berücksichtigen. Da der Verantwortliche bei Bestreiten der Richtigkeit der Daten durch den Betroffenen innerhalb eines Monats (bzw. dreier Monate) zur Berichtigung nach Art. 16 verpflichtet ist, darf die Überprüfung der Richtigkeit der Daten auch nicht länger als einen (bzw. drei) Monate dauern (vgl. dazu → Art. 16 Rn. 13).

12 In dem in der DSGVO[10] nicht geregelten Fall, dass die Richtigkeit der Daten vom Betroffenen bestritten wird und sich bei der Überprüfung durch den Verantwortlichen weder die Richtigkeit noch die Unrichtigkeit feststellen lassen (**non liquet**), ist die **dauerhafte Einschränkung** ihrer Verarbeitung

---

9 Vgl. *Härting* BB 2012, 459 (464).
10 Vgl. aber die Regelung in Art. 16 Abs. 3 lit. a der Richtlinie (EU) 2016/680 für den Datenschutz im Polizei- und Justizbereich, ABl. 2016 Nr. L 119/89, die es in einem solchen non liquet-Fall in das Ermessen des Verantwortlichen stellt, die Verarbeitung der Daten anstelle ihrer Löschung einzuschränken; warum dieser Fall nicht auch in der DSGVO berücksichtigt wurde, erschließt sich nicht.

iSd Art. 18 anzunehmen, verbunden mit einem Zusatz, dass die Richtigkeit der Daten unerweislich bestritten wurde (→ Art. 16 Rn. 17).[11]

2. Einschränkung statt Löschung bei unrechtmäßiger Datenverarbeitung

Ist die Datenverarbeitung unrechtmäßig, steht es dem Betroffenen frei, vom Verantwortlichen die Löschung der Daten gem. Art. 17 oder stattdessen die Einschränkung ihrer Verarbeitung gem. Art. 18 Abs. 1 lit. b zu verlangen. An der Einschränkung statt der Löschung kann der Betroffene ein Interesse haben, wenn etwa damit zu rechnen ist, dass er die Daten später ohnehin wieder beibringen muss oder wenn die nach der Löschung übrig bleibenden Daten unvollständig oder missverständlich zu werden drohen.[12] 13

Da ein Löschungsbegehren des Betroffenen nicht ausdrücklich formuliert werden muss, sondern sich auch konkludent zB aus einem Einwilligungswiderruf ergeben kann, ist eine entsprechende **Erklärung** des Betroffenen dahingehend **auszulegen** (und ggf. durch Nachfrage des Verantwortlichen beim Betroffenen zu ermitteln), ob der Betroffene die Löschung der Daten oder lediglich die Einschränkung ihrer Verarbeitung verlangt (vgl. → Art. 17 Rn. 20). 14

3. Einschränkung zur Rechtsverteidigung des Betroffenen

Benötigt der Verantwortliche die Daten nicht länger für die Zwecke der Verarbeitung, muss er sie eigentlich gem. Art. 17 Abs. 1 lit. a unverzüglich löschen (Löschung wegen Zweckerreichung → Art. 17 Rn. 16 f.). Dies gilt gem. Art. 17 Abs. 3 lit. e aber nicht, soweit die Verarbeitung zur Geltendmachung, Ausübung oder Verteidigung von Rechtsansprüchen durch den Betroffenen erforderlich ist. Für diesen Fall sieht Art. 18 Abs. 1 lit. c ein Recht des Betroffenen auf Einschränkung der Verarbeitung vor. Die Regelung will mithin einem Beweismittelverlust auf Seiten des Betroffenen entgegenwirken, dabei aber den Umfang der Verarbeitung durch den Verantwortlichen beschränken.[13] Die Einschränkungsmöglichkeit gilt sowohl im Hinblick auf gerichtliche als auch außergerichtliche Verfahren; die Einschränkung der Verarbeitung dauert bis zum bestands- bzw. rechtskräftigen Abschluss des Verfahrens an, danach sind die Daten zu löschen (vgl. → Art. 17 Rn. 69 ff.). 15

4. Prüfung der Begründetheit eines Widerspruchs

Art. 21 Abs. 1 räumt der betroffenen Person ein Widerspruchsrecht gegen die Datenverarbeitung aus Gründen ein, die sich aus ihrer besonderen Situation ergeben. Ist der **Widerspruch** begründet, folgt daraus zugleich ein 16

---

11 Ähnlich wie hier *Worms* in: Wolff/Brink Datenschutzrecht Art. 18 DSGVO Rn. 35 f.; a.A. *Kamlah* in: Plath BDSG/DSGVO Art. 18 DSGVO Rn. 8: Pflicht zur Löschung.

12 Vgl. *Mallmann* in: Simitis BDSG § 20 Rn. 51; *Worms* in: Wolff/Brink Datenschutzrecht § 20 Rn. 48.

13 Art. 17 Abs. 4 lit. b in der Fassung des Kommissionsentwurfs sprach insoweit noch klarer von der Aufbewahrung zu Beweiszwecken.

Löschungsrecht gem. Art. 17 Abs. 1 lit. c, da die weitere Datenverarbeitung dann unrechtmäßig ist. Die Begründetheit des Widerspruchs bestimmt sich nach Maßgabe des Art. 21 Abs. 1 S. 2. Danach darf der Verantwortliche die Daten im Falle eines Widerspruchs ua nicht mehr verarbeiten, wenn er keine zwingenden schutzwürdigen Gründe für die Verarbeitung nachweisen kann, die die Interessen, Rechte und Freiheiten des Betroffenen überwiegen. Für die Dauer der Prüfung, ob die zwingenden schutzwürdigen Gründe auf Seiten des Verantwortlichen die Interessen, Rechte und Freiheiten des Betroffenen überwiegen, kann der Betroffene die Einschränkung der Verarbeitung nach Art. 17 Abs. 1 lit. d vom Verantwortlichen verlangen.

17   Im Interesse des Betroffenen ist – obwohl nicht ausdrücklich geregelt – davon auszugehen, dass diese Überprüfung unverzüglich und zügig zu erfolgen hat, wobei die im Einzelfall **zulässige Überprüfungsdauer** anhand der Komplexität der Widerspruchsgründe und der Anzahl der Widersprüche zu bestimmen ist. Da der Verantwortliche den Betroffenen gem. Art. 12 Abs. 3 S. 1 spätestens innerhalb eines Monats (bzw. dreier Monate, Art. 12 Abs. 3 S. 2) über die auf den begründeten Widerspruch des Betroffenen hin ergriffenen Maßnahmen informieren muss, darf die Prüfung der Begründetheit des Widerspruchs keinesfalls länger als einen Monat (bzw. drei Monate) dauern.

III. Verarbeitung trotz Einschränkung – Abs. 2

18   Wurde die Verarbeitung auf Grundlage des Abs. 1 eingeschränkt, dürfen die Daten nur unter den **Voraussetzungen** weiterverarbeitet werden, die Abs. 2 **abschließend** aufzählt. Als Ausnahmen vom grundrechtlich geschützten Recht des Betroffenen sind diese Voraussetzungen **eng auszulegen**, was insbesondere bei der Weiterverarbeitung zum Schutz der Rechte Dritter oder aus Gründen des öffentlichen Interesses an Bedeutung gewinnt. Die Weiterverarbeitung muss ihrerseits den allgemeinen Grundsätzen des Art. 5 Abs. 1 entsprechen, also insbesondere rechtmäßig, zweckgebunden und auf das notwendige Maß beschränkt sein.

19   Die **Speicherung** der Daten bleibt indes weiterhin **uneingeschränkt zulässig**, damit diese beispielsweise zum Zwecke der Einschränkung der Verarbeitung zusätzlich zur Markierung in ein anderes Verarbeitungssystem übertragen und dort gespeichert werden können (→ Rn. 7). Die Ausnahme der Speicherung von der Einschränkung der Verarbeitung in Abs. 2 war erforderlich, da die Speicherung gem. Art. 4 Nr. 2 einen eigenständigen Verarbeitungsvorgang darstellt.

1. Einwilligung des Betroffenen

20   Der Verantwortliche darf die Daten gem. Abs. 2 Var. 1 trotz der Einschränkung weiterverarbeiten, wenn und soweit der Betroffene in die weitere Verarbeitung eingewilligt hat. Für die **Einwilligung** gelten die allgemeinen inhaltlichen Anforderungen der Art. 4 Nr. 11 und Art. 7. Die Einwilligung bestimmt nicht nur das Ob, sondern auch das Wie der weiteren Verarbei-

tung. Sie muss daher hinreichend bestimmt sein und den vom Betroffenen gestatteten Umfang der weiteren Verarbeitung erkennen lassen.[14]

Auch diese Einwilligung ist gem. Art. 7 Abs. 3 S. 1 jederzeit widerruflich, **21** so dass die Verarbeitung nach Einwilligungswiderruf wieder nach Abs. 1 eingeschränkt ist, soweit der Verantwortliche keine anderen Gründe für die Weiterverarbeitung gem. Abs. 2 geltend machen kann. Die Rechtmäßigkeit der vor dem Einwilligungsruf vorgenommenen Verarbeitung wird vom Einwilligungswiderruf gem. Art. 7 Abs. 3 S. 2 nicht berührt.

2. Verarbeitung zur Rechtsverteidigung des Verantwortlichen

Trotz der Einschränkung der Verarbeitung darf der Verantwortliche die **22** Daten gem. Abs. 2 Var. 2 weiterverarbeiten, wenn er sie zur Geltendmachung, Ausübung oder Verteidigung von Rechtsansprüchen benötigt. Wie bei Abs. 1 lit. c soll die Regelung **Beweisschwierigkeiten oder** gar einem **Beweismittelverlust** – hier auf Seiten des Verantwortlichen – infolge der Einschränkung der Verarbeitung **entgegenwirken**.[15] Sie gilt sowohl für gerichtliche als auch außergerichtliche Verfahren.

Dabei muss die **Datenverarbeitung** jedoch für die jeweiligen Beweiszwecke **23** **erforderlich** sein; sie ist deshalb **auf das notwendige Maß zu beschränken**. Das gilt auch in zeitlicher Hinsicht, so dass die Verarbeitung der Daten nach bestands- oder rechtskräftigem Abschluss des Verfahrens wieder eingeschränkt ist. Insoweit die Datenverarbeitung das notwendige Maß überschreitet, ist sie unrechtmäßig.

3. Schutz der Rechte Dritter

Eine Weiterverarbeitung zum Schutz der Rechte einer natürlichen oder juristischen Person gem. Abs. 2 Var. 3 kommt nur unter engen Voraussetzungen in Betracht, die das grundlegende Recht des Betroffenen auf Einschränkung der Verarbeitung hinreichend berücksichtigen. Geboten ist daher eine strenge Verhältnismäßigkeitsprüfung, in deren Rahmen sich die Weiterverarbeitung zum Schutz der Rechte Dritter als unbedingt notwendig erweisen muss und die Rechte Dritter das grundrechtlich geschützte Recht des Betroffenen überwiegen müssen. Auch wenn die Rechte Dritter überwiegen sollten, ist die Weiterverarbeitung der Daten im Sinne des Betroffenenschutzes auf das unbedingt notwendige Maß zu beschränken.

Bevor der Verantwortliche die Daten zum Schutz der Rechte Dritter weiterverarbeitet, muss er den Betroffenen analog Abs. 3 über die beabsichtigte **25** Weiterverarbeitung informieren, um ihm Gelegenheit zur Stellungnahme zu geben (→ Rn. 30).

4. Wichtiges öffentliches Interesse der Union oder eines Mitgliedstaats

Eine Weiterverarbeitung kann schließlich gem. Abs. 2 Var. 4 auf ein wichtiges öffentliches Interesse der Union oder eines Mitgliedstaats gestützt wer- **26**

---

14 Vgl. *Bergmann/Möhrle/Herb* BDSG § 20 Rn. 70.
15 Die insoweit klarere Formulierung des Kommissionsentwurfs (dort Art. 17 Abs. 5 Var. 1: „für Beweiszwecke erforderlich") wurde nicht in die Endfassung des Art. 18 übernommen.

den. Auch diese Ausnahme vom grundrechtlich verbürgten Recht des Betroffenen auf Einschränkung der Verarbeitung ist eng auszulegen. Daher genügt nicht bereits jedes öffentliche Interesse der Union oder eines Mitgliedstaats, wie es noch im Kommissionsentwurf vorgesehen war. Stattdessen muss es sich um ein **wichtiges öffentliches Interesse** handeln, was der – überraschenderweise erst auf Initiative des Rates geänderte – Wortlaut der Var. 4 in Abs. 2 nunmehr eindeutig betont.

27   Die **systematische Auslegung** des Begriffs des wichtigen öffentlichen Interesses lenkt den Blick auf Art. 23, der in Abs. 1 lit. a–g eine Beschränkung der Betroffenenrechte durch Gesetzgebungsmaßnahmen zum Schutz solch wichtiger öffentlicher Interessen zulässt. Hierzu zählen: die nationale Sicherheit; die Landesverteidigung; die öffentliche Sicherheit; die Verhütung, Ermittlung, Aufdeckung oder Verfolgung von Straftaten oder die Strafvollstreckung einschließlich der Abwehr von Gefahren für die öffentliche Sicherheit; wichtige wirtschaftliche oder finanzielle Interessen der Union oder eines Mitgliedstaates etwa im Währungs-, Haushalts- und Steuerbereich sowie im Bereich der öffentlichen Gesundheit und der sozialen Sicherheit; der Schutz der Unabhängigkeit der Justiz und der Schutz von Gerichtsverfahren; die Verhütung, Aufdeckung, Ermittlung und Verfolgung von Verstößen gegen die berufsständischen Regeln reglementierter Berufe; die Kontroll-, Überwachungs- und Ordnungsfunktionen, die dauernd oder zeitweise mit der Ausübung öffentlicher Gewalt zu den vorgenannten Zwecken verbunden sind (zum Ganzen ausführlich → Art. 23 Rn. 16 ff.).[16]

28   Auch hier ist eine **strenge Verhältnismäßigkeitsprüfung** geboten, die das grundlegende Recht des Betroffenen angemessen berücksichtigt und die Weiterverarbeitung der Daten auf das unbedingt notwendige Maß beschränkt.

29   Bevor der Verantwortliche die Daten aus Gründen eines wichtigen öffentlichen Interesses weiterverarbeitet, muss er den Betroffenen analog Abs. 3 von der beabsichtigten Weiterverarbeitung informieren, um ihm **Gelegenheit zur Stellungnahme** zu geben (→ Rn. 30).

IV. Information des Betroffenen vor Aufhebung der Einschränkung

30   Bevor der Verantwortliche eine vom Betroffenen erwirkte Einschränkung der Verarbeitung aufheben möchte, hat er den Betroffenen über die beabsichtigte Aufhebung gem. Abs. 3 zu informieren. Obwohl die Informationspflicht nach dem Wortlaut des Abs. 3 und wegen des Verweises auf Abs. 1 nur bei einer vollständigen beabsichtigten Aufhebung der Einschränkung zu greifen scheint, ist eine vorherige Information des Betroffenen wegen seines grundrechtlich verbürgten Schutzes auch dann – jedenfalls analog Abs. 3 – angezeigt, wenn der Verantwortliche die Daten auf Grundlage des Abs. 2 Var. 3 und 4 weiterverarbeiten möchte (→ Rn. 25, 29).

---

16   Vgl. auch Erwägungsgrund 112, der exemplarisch (gleiche oder ähnliche) wichtige Gründe des öffentlichen Interesses auflistet, die eine Datenübermittlung aus der Union an ein Drittland oder eine internationale Organisation auch ohne Angemessenheitsbeschluss oder geeignete Garantien gem. Art. 49 Abs. 1 lit. d zulassen.

Die Information hat der Verantwortliche gem. Art. 12 Abs. 1 S. 1 in präziser, transparenter, verständlicher und leicht zugänglicher Form in einer einfachen und klaren Sprache zu übermitteln.   **31**

V. Modalitäten der Rechtsausübung

Obwohl in Art. 18 Abs. 1 nicht ausdrücklich vorgesehen, lässt sich etwa aus Art. 12 Abs. 3 und Abs. 6 ein **Antragserfordernis** ableiten. Die DSGVO stellt **keine ausdrücklichen Formanforderungen** an den Antrag, sie dürfen im Sinne einer effektiven Ausübung der Betroffenenrechte auch nicht überspannt werden; Art. 12 Abs. 1 S. 2 und 3 deuten darauf hin, dass neben der Schriftform auch andere Formen, insbes. die elektronische und – wenngleich mit Beweisproblemen verbunden – die mündliche Form zulässig sind. Den Antragsteller trifft eine **Darlegungs- und Substantiierungslast** hinsichtlich seiner Identität und der Voraussetzungen für die Einschränkung der Verarbeitung.[17]   **32**

Allgemeine Modalitäten für die Ausübung der Betroffenenrechte regelt **Art. 12.** So hat der Verantwortliche gem. Art. 12 Abs. 2 der betroffenen Person die Ausübung ihres Rechts auf Einschränkung der Verarbeitung zu erleichtern und sie gem. Art. 12 Abs. 3 S. 1 unverzüglich, spätestens aber binnen Monatsfrist ab Eingang des Antrags über die auf ihren Antrag hin unternommenen Maßnahmen zu informieren, wobei die Frist um höchstens zwei weitere Monate verlängert werden kann, sofern dies erforderlich ist (Art. 12 Abs. 3 S. 2). Wenn der Verantwortliche nicht auf Antrag des Betroffenen tätig wird, hat er ihn gem. Art. 12 Abs. 4 über die Gründe hierfür[18] und Rechtsschutzmöglichkeiten des Betroffenen ohne Verzögerung, aber spätestens binnen Monatsfrist ab Eingang des Antrags zu informieren.   **33**

Die Einschränkung der Verarbeitung hat der Verantwortliche gem. Art. 12 Abs. 5 **grundsätzlich unentgeltlich** durchzuführen, sofern er nicht eine offenkundige Unbegründetheit oder einen exzessiven Charakter des Antrags nachweist, was jeweils ein angemessenes Entgelt rechtfertigt (Art. 12 Abs. 5 S. 2 lit. a, S. 3).   **34**

VI. Weitere Abweichungs- und Einschränkungsmöglichkeiten

Das Recht auf Einschränkung der Verarbeitung kann gem. **Art. 23** durch unionale oder mitgliedstaatliche **Gesetzgebungsmaßnahmen** zur Verfolgung eines in Art. 23 vorgesehenen Ziels und unter weiteren dort geregelten Voraussetzung beschränkt werden (→ Art. 23 Rn. 11 ff.).   **35**

Art. 85 Abs. 2 gestattet den Mitgliedstaaten weiter, Ausnahmen und Abweichungen vom Betroffenenrecht des Art. 18 für die Verarbeitung zu journalistischen, wissenschaftlichen, künstlerischen oder literarischen Zwecken vorzusehen, wenn dies erforderlich ist, um das Datenschutzrecht mit der Meinungsäußerungs- und Informationsfreiheit in Einklang zu bringen (zu diesem sog **Medienprivileg** → Art. 85 Rn. 9 ff.).   **36**

---

17 *Kamlah* in: Plath BDSG/DSGVO Art. 18 DSGVO Rn. 4.
18 Vgl. Art. 12 Abs. 5 S. 2 lit. b: zB offenkundige Unbegründetheit oder exzessiver Charakter des Antrags.

37 Für die Verarbeitung personenbezogener Daten zu **Archiv-, Forschungs-
   oder Statistikzwecken** im öffentlichen Interesse können im Unions- oder
   mitgliedstaatlichen Recht gem. Art. 89 Abs. 2 und 3 insoweit Ausnahmen
   vom Recht auf Einschränkung der Verarbeitung vorgesehen werden, als
   dieses voraussichtlich die Verwirklichung jener spezifischen Zwecke unmöglich macht oder ernsthaft beeinträchtigt und solche Ausnahmen für die
   Erfüllung jener Zwecke notwendig sind (dazu im Einzelnen → Art. 89
   Rn. 13 ff.).

38 Zum Ausschluss des Rechts auf Einschränkung der Verarbeitung bei **nicht
   identifizierbaren betroffenen Personen** gem. **Art. 11 Abs. 2 S. 2** siehe
   → Art. 11 Rn. 12.

C. Verhältnis zu anderen Normen

I. Innerhalb der DSGVO

39 Das Recht auf Einschränkung der Verarbeitung ist im Kapitel über die
   Rechte der betroffenen Person geregelt, das weitere **Vorschriften** mit systematischem Zusammenhang zu Art. 18 beinhaltet. So trifft den Verantwortlichen die Pflicht zur Information über das Bestehen eines Einschränkungs-
   rechts nach der DSGVO gem. Art. 13 Abs. 2 lit. b oder Art. 14 Abs. 2 lit. c,
   mit der ein Auskunftsanspruch des Betroffenen gem. Art. 15 Abs. 1 lit. e
   korreliert. Für alle Betroffenenrechte enthält Art. 12 Vorgaben über eine
   transparente Information, über die Kommunikation zwischen Verantwortlichem und Betroffenem sowie über die Modalitäten für die Ausübung der
   Betroffenenrechte (→ Rn. 32 ff.).

40 Art. 58 Abs. 2 lit. g regelt die **Befugnis jeder Aufsichtsbehörde**, die Einschränkung der Verarbeitung nach Art. 18 anzuordnen (→ Art. 58
   Rn. 57 ff.).

II. Nationales Datenschutzrecht

41 Die in den deutschen Datenschutzgesetzen enthaltenen Regelungen zur
   Sperrung von Daten werden im Anwendungsbereich der DSGVO (Art. 2 f.)
   grundsätzlich vollständig durch Art. 18 verdrängt. Insoweit Bundes- und
   Landesdatenschutzgesetze hiervon abweichende Regelungen vorsehen,
   können diese **nach Maßgabe der Öffnungsklauseln der DSGVO** fortbestehen, die zugleich die Grundlage für weitere Beschränkungen des Rechts
   bzw. der Pflicht zur Einschränkung der Verarbeitung durch mitgliedstaatliches Recht bieten (→ Rn. 35 f.).

42 Im **Regierungsentwurf** des BDSG i.d.F. des Art. 1 DSAnpUG-EU (hier:
   BDSG-E) beschränkt der auf Art. 89 Abs. 2 gestützte § 27 Abs. 2 S. 1
   BDSG-E das Recht des Betroffenen auf Einschränkung der Verarbeitung
   insoweit, als dieses Recht voraussichtlich die Verwirklichung der wissenschaftlichen oder historischen Forschungs- oder Statistikzwecke unmöglich
   macht oder ernsthaft beeinträchtigt und die Beschränkung für die Erfüllung der Forschungs- oder Statistikzwecke notwendig ist. Gemäß dem auf
   Art. 89 Abs. 3 DSGVO gestützten § 28 Abs. 4 BDSG-E soll das Recht auf
   Einschränkung der Verarbeitung aus Art. 18 Abs. 1 lit. a, b und d DSGVO
   nicht bestehen, soweit dieses Recht voraussichtlich die Verwirklichung der

im öffentlichen Interesse liegenden Archivzwecke unmöglich macht oder ernsthaft beeinträchtigt und die Ausnahme für die Erfüllung dieser Zwecke erforderlich ist.

Artikel 19   Mitteilungspflicht im Zusammenhang mit der Berichtigung oder Löschung personenbezogener Daten oder der Einschränkung der Verarbeitung

[1]Der Verantwortliche teilt allen Empfängern, denen personenbezogenen Daten offengelegt wurden, jede Berichtigung oder Löschung der personenbezogenen Daten oder eine Einschränkung der Verarbeitung nach Artikel 16, Artikel 17 Absatz 1 und Artikel 18 mit, es sei denn, dies erweist sich als unmöglich oder ist mit einem unverhältnismäßigen Aufwand verbunden. [2]Der Verantwortliche unterrichtet die betroffene Person über diese Empfänger, wenn die betroffene Person dies verlangt.

Verwandte Normen: § 35 BDSG 2003

Literatur:
Albrecht/Jotzo, Das neue Datenschutzrecht der EU, Baden-Baden, 2016.

A. Grundlagen

I. Gesamtverständnis und Zweck der Norm

Art. 19 S. 1 regelt die Pflicht des Verantwortlichen, die Empfänger perso-   1
nenbezogener Daten über eine Berichtigung oder Löschung dieser Daten oder die Einschränkung ihrer Verarbeitung zu informieren (sog **Nachbe-richtspflicht**). Als wichtige Ergänzung der Betroffenenrechte soll die Regelung zum einen den Datenempfängern ermöglichen, ihren datenschutz-rechtlichen Verpflichtungen nachzukommen, und zum anderen den Betrof-fenen vor einer Weiterverarbeitung der unrichtigen oder unrechtmäßig ver-arbeiteten Daten durch die Datenempfänger schützen.[1] Die **Auskunfts-pflicht** des Verantwortlichen gegenüber dem Betroffenen über die Daten-empfänger gem. S. 2 soll schließlich den Betroffenen in die Lage versetzen,

---

1   Ähnlich schon *Dammann/Simitis* EG-DSRL Art. 12 Rn. 18 („Abrundung des Schut-zes der Betroffenen"); vgl. auch *Mallmann* in: Simitis BDSG § 20 Rn. 91; *Worms* in: Wolff/Brink Datenschutzrecht § 20 Rn. 80; *Mester* in: Taeger/Gabel BDSG § 20 Rn. 43; *Kamlah* in: Plath BDSG/DSGVO Art. 19 DSGVO Rn. 2: „Gedanke einer ‚Folgenbeseitigung'".

seine Rechte auch gegenüber diesen Datenempfängern geltend zu machen. Mit der Nachberichts- und Informationspflicht des Verantwortlichen korreliert das ungeschriebene **Recht des Betroffenen**, vom Verantwortlichen den Nachbericht und die entsprechende Information darüber zu erhalten.

II. Bisherige Rechtslage

2   Die Nachberichtspflicht war bereits in Art. 12 lit. c DS-RL vorgesehen. Ihre Umsetzung in das deutsche Recht erfolgte durch §§ 20 Abs. 8, 35 Abs. 7 BDSG.

III. Entstehung der Norm

3   Der Unionsgesetzgeber hat die schon in der DS-RL geregelte Nachberichtspflicht im Wesentlichen unverändert in die DSGVO übernommen, dabei aber auf Initiative des Europäischen Parlaments um ein Recht des Betroffenen auf Information über die Datenempfänger ergänzt.[2]

B. Kommentierung

I. Voraussetzungen der Nachberichtspflicht

4   Die Nachberichtspflicht setzt zunächst eine **Offenlegung** personenbezogener Daten durch den Verantwortlichen gegenüber Dritten, dh die Übermittlung, Verbreitung oder sonstige Bereitstellung (vgl. Art. 4 Nr. 2) der Daten **an bestimmte Empfänger** (Art. 4 Nr. 9) voraus. In der Bestimmtheit bzw. Bestimmbarkeit des Empfängerkreises der Daten unterscheidet sich die Nachberichtspflicht des Art. 19 gerade von der Drittinformationspflicht des Art. 17 Abs. 2, die bei einer Veröffentlichung der Daten, dh einer Bekanntgabe der Daten an einen unbestimmten und grundsätzlich auch nicht bestimmbaren Empfängerkreis eingreift (→Art. 17 Rn. 48).

5   Weitere Voraussetzung der Nachberichtspflicht ist entweder eine **Berichtigung** (einschließlich Vervollständigung oder Aktualisierung) oder eine **Löschung** personenbezogener Daten des Betroffenen oder die **Einschränkung** ihrer Verarbeitung durch den Verantwortlichen gem. Art. 16, Art. 17 Abs. 1 oder Art. 18. Anders als bei §§ 20 Abs. 8, 35 Abs. 7 BDSG ist die Nachberichtspflicht des Art. 19 nicht auf bestimmte Löschungsgründe beschränkt.[3]

6   Art. 19 geht offensichtlich davon aus, dass der Nachbericht des Verantwortlichen gegenüber den Datenempfängern stets im Interesse des Betroffenen liegen dürfte.[4] Der Betroffene kann aber auch ein Interesse daran haben, dass die Datenempfänger gerade nicht über eine Berichtigung, Löschung oder Einschränkung der Verarbeitung informiert werden, etwa wenn die neuen Daten für den Betroffenen ungünstiger sind und der Emp-

---

2   Im Kommissionsentwurf und in der Stellungnahme des Parlaments fand sich die Nachberichtspflicht jeweils in Art. 13, der Rat verschob sie an ihre jetzige Stelle im Abschnitt über „Berichtigung und Löschung".
3   Die Nachberichtspflicht der §§ 20 Abs. 8, 35 Abs. 7 BDSG greift nur bei einer Löschung wegen Unzulässigkeit der Speicherung (= §§ 20 Abs. 2 Nr. 1; 35 Abs. 2 S. 2 Nr. 1).
4   Vgl. schon *Dammann/Simitis* EG-DSRL Art. 12 Rn. 18.

fänger diese Daten nicht zu seiner Aufgabenerfüllung benötigt.[5] In solchen Fällen ist mit Blick auf den Schutzzweck der Norm eine **teleologische Reduktion** des Art. 19 geboten, die einer Nachberichtspflicht dann entgegensteht.

II. Rechtsfolge

Die Nachberichtspflicht verlangt grundsätzlich eine **aktive Informationsübermittlung** vom Verantwortlichen an die Datenempfänger. Die umstrittene Frage, ob bei einer Datenübermittlung im Rahmen eines automatisierten Abrufverfahrens eine Korrektur im aktuellen Datenbestand des Verantwortlichen zur Erfüllung seiner Nachberichtspflicht genügt,[6] lässt Art. 19 weiterhin offen. Der effektive Schutz des Betroffenen und die Formulierung der Nachberichtspflicht im Aktiv („teilt allen Empfänger ... mit") sprechen hier jedoch gegen eine solche Auslegung.   7

Eine Frist für den Nachbericht hat der Verordnungsgeber – erstaunlicherweise – nicht vorgesehen. Es ist aber mit Blick auf den Schutzzweck der Norm und die Fristenregelungen bei den übrigen Betroffenenrechten davon auszugehen, dass der Nachbericht **unverzüglich** nach Vornahme der Berichtigung, Löschung oder Einschränkung der Verarbeitung durch den Verantwortlichen vorzunehmen ist (vgl. → Art. 16 Rn. 13; → Art. 17 Rn. 38, dort jeweils auch zur Bestimmung einer zeitlichen Obergrenze, die hier mit Vornahme der Korrekturmaßnahmen durch den Verantwortlichen beginnt).   8

Obwohl der Nachbericht nicht von einem Antrag des Betroffenen abhängt, hat der Verantwortliche den Betroffenen analog Art. 12 Abs. 3 innerhalb der dort vorgesehenen Fristen über den Nachbericht zu informieren.[7]   9

Der Nachbericht durch den Verantwortlichen erfolgt gem. Art. 12 Abs. 5 S. 1 für den Betroffenen **unentgeltlich**.   10

III. Einschränkungen

Die Nachberichtspflicht kann gem. Art. 19 S. 1 Hs. 2 ausgeschlossen sein, wenn sie sich als **unmöglich** erweist **oder** mit einem **unverhältnismäßigen Aufwand** verbunden ist. Bei der Bestimmung der Zumutbarkeitsgrenze für den vom Verantwortlichen zu betreibenden Aufwand sind verschiedene Faktoren gegeneinander abzuwägen, etwa die Bedeutung der entsprechenden Daten und ihrer Berichtigung/Löschung/Verarbeitungseinschränkung für den Betroffenen (insbes. bei besonderen Kategorien personenbezogener Daten) bzw. sein Interesse an einem solchen Nachbericht, der Umfang der Korrekturbedürftigkeit (etwa bei gänzlich unbedeutenden Berichtigungen), die Verursachung des Berichtigungs- oder Löschungsgrundes durch den Betroffenen oder den Verantwortlichen oder der Zeit- und Kostenaufwand   11

---

5 Vgl. *Dammann/Simitis* EG-DSRL Art. 12 Rn. 18; *Gola/Klug/Körffer* in: Gola/Schomerus BDSG § 20 Rn. 38.

6 So *Gola/Klug/Körffer* in: Gola/Schomerus BDSG § 35 Rn. 23; *Bergmann/Möhrle/Herb* BDSG § 35 Rn. 146; aA *Dix* in: Simitis BDSG § 35 Rn. 66; *Brink* in: Wolff/Brink Datenschutzrecht § 35 Rn. 73.

7 Vgl. schon *Ehmann/Helfrich* EG-DSRL Art. 12 Rn. 62: informatorische Mitteilung an den Betroffenen im Rahmen seines Auskunftsrechts.

für den Verantwortlichen.[8] Auch ist in Rechnung zu stellen, dass der Betroffene auf Grundlage der vom Verantwortlichen gem. Art. 19 S. 2 zu erbringenden Information über die Datenempfänger selbst die entsprechenden Maßnahmen bei den Datenempfängern veranlassen kann.[9]

IV. Nachberichtsrecht des Betroffenen

12   Mit der Nachberichtspflicht des Verantwortlichen korreliert ein nicht ausdrücklich geregeltes **Recht des Betroffenen**, einen solchen Nachbericht vom Verantwortlichen zu verlangen. Dies folgt sowohl aus dem Schutzzweck der Norm als auch aus der systematischen Stellung der Nachberichtspflicht im Kapitel über die Rechte des Betroffenen. Die Modalitäten der Ausübung dieses Rechts regelt Art. 12.

V. Pflicht zur Information des Betroffenen über die Datenempfänger (S. 2)

13   Der Betroffene kann vom Verantwortlichen gem. Art. 19 S. 2 Auskunft darüber verlangen, an wen er die Daten weitergegeben hat. Damit soll der Betroffene in die Lage versetzt werden, seine Betroffenenrechte selbst gegenüber den Datenempfängern geltend zu machen.[10]

14   Die Mitteilung an den Betroffenen muss gem. Art. 12 Abs. 1 in präziser, transparenter, verständlicher und leicht zugänglicher Form in einer klaren und einfachen Sprache abgefasst sein und kann in schriftlicher, ggf. auch elektronischer oder mündlicher Form erfolgen. Sie ergeht gem. Art. 12 Abs. 5 grundsätzlich unentgeltlich, soweit der Antrag des Betroffenen nicht offenkundig unbegründet ist oder exzessiven Charakter hat.

VI. Abweichungs- und Einschränkungsmöglichkeiten

15   Die Pflichten des Art. 19 können gem. **Art. 23** durch unionale oder mitgliedstaatliche **Gesetzgebungsmaßnahmen** zur Verfolgung eines in Art. 23 vorgesehenen Ziels und unter weiteren dort geregelten Voraussetzung beschränkt werden (→ Art. 23 Rn. 16 ff.).

16   **Art. 85 Abs. 2** gestattet den Mitgliedstaaten weiter, Ausnahmen und Abweichungen von Art. 19 für die Verarbeitung zu journalistischen, wissenschaftlichen, künstlerischen oder literarischen Zwecken vorzusehen, wenn dies erforderlich ist, um das Datenschutzrecht mit der Meinungsäußerungs- und Informationsfreiheit in Einklang zu bringen (zu diesem sog **Medienprivileg** → Art. 85 Rn. 9 ff.).

17   Für die Verarbeitung personenbezogener Daten zu **Archiv-, Forschungs- oder Statistikzwecken** im öffentlichen Interesse können im Unions- oder mitgliedstaatlichen Recht gem. Art. 89 Abs. 3 insoweit Ausnahmen vom Recht des Betroffenen auf den Nachbericht und Information vorgesehen werden, als dieses voraussichtlich die Verwirklichung jener spezifischen Zwecke unmöglich macht oder ernsthaft beeinträchtigt und solche Aus-

---

8 Vgl. *Bergmann/Möhrle/Herb* BDSG § 35 Rn. 145; *Mallmann* in: Simitis BDSG § 20 Rn. 96; *Dix* in: Simitis BDSG § 35 Rn. 67.
9 Vgl. Vgl. *Dammann/Simitis* EG-DSRL Art. 12 Rn. 19.
10 Vgl. *Albrecht/Jotzo*, S. 62.

nahmen für die Erfüllung jener Zwecke notwendig sind (dazu im Einzelnen → Art. 89 Rn. 17).

Zum Ausschluss der Nachberichts- und Informationspflicht bei **nicht iden-** **18**
tifizierbaren betroffenen Personen gem. **Art. 11 Abs. 2 S. 2** (siehe → Art. 11
Rn. 12).

C. Verhältnis zu nationalen Normen

Die in den deutschen Datenschutzgesetzen enthaltenen Regelungen zur **19**
Nachberichtspflicht werden im Anwendungsbereich der DSGVO (Art. 2 f.)
grundsätzlich vollständig durch Art. 19 verdrängt. Insoweit Bundes- und
Landesdatenschutzgesetze hiervon abweichende Regelungen vorsehen,
können diese **nach Maßgabe der Öffnungsklauseln der DSGVO** fortbestehen, die zugleich die Grundlage für weitere Beschränkungen des Nachbe-
richtsrechts (und damit der Nachberichtspflicht) → Rn. 15 ff.).

Im **Regierungsentwurf** des BDSG i.d.F. des Art. 1 DSAnpUG-EU (hier: **20**
BDSG-E) findet sich – anders als in früheren Referentenentwürfen mit
Blick auf im öffentlichen Interesse liegenden Archivzwecken – keine Ein-
schränkung der Nachberichtspflicht.

Artikel 20 Recht auf Datenübertragbarkeit

(1) Die betroffene Person hat das Recht, die sie betreffenden personenbezogenen Daten, die sie einem Verantwortlichen bereitgestellt hat, in einem
strukturierten, gängigen und maschinenlesbaren Format zu erhalten, und
sie hat das Recht, diese Daten einem anderen Verantwortlichen ohne Behinderung durch den Verantwortlichen, dem die personenbezogenen Daten
bereitgestellt wurden, zu übermitteln, sofern

a) die Verarbeitung auf einer Einwilligung gemäß Artikel 6 Absatz 1
Buchstabe a oder Artikel 9 Absatz 2 Buchstabe a oder auf einem Vertrag gemäß Artikel 6 Absatz 1 Buchstabe b beruht und

b) die Verarbeitung mithilfe automatisierter Verfahren erfolgt.

(2) Bei der Ausübung ihres Rechts auf Datenübertragbarkeit gemäß Absatz
1 hat die betroffene Person das Recht, zu erwirken, dass die personenbezogenen Daten direkt von einem Verantwortlichen einem anderen Verantwortlichen übermittelt werden, soweit dies technisch machbar ist.

(3) [1]Die Ausübung des Rechts nach Absatz 1 des vorliegenden Artikels
lässt Artikel 17 unberührt. [2]Dieses Recht gilt nicht für eine Verarbeitung,
die für die Wahrnehmung einer Aufgabe erforderlich ist, die im öffentlichen Interesse liegt oder in Ausübung öffentlicher Gewalt erfolgt, die dem
Verantwortlichen übertragen wurde.

(4) Das Recht gemäß Absatz 2 darf die Rechte und Freiheiten anderer Personen nicht beeinträchtigen.

Verwandte Normen: ErwGr 68

Literatur:

Arkenau, Judith/Wübbelmann, Judith, Eigentum und Rechte an Daten – Wem gehören die Daten?" Deutsche Stiftung für Recht und Informatik – Tagungsband, 2015, 95; *Bapat, Anita*, The new right to data portability, Privacy and Data Protection 2013, 3; *Boehme-Neßler, Volker*, Das Recht auf Vergessenwerden – Ein neues Internet-Grundrecht im Europäischen Recht, NVwZ 2014, 825; *Cebulla, Manuel*, Umgang mit Kollateraldaten, ZD 2015, 507; *Dehmel, Susanne/Hullen, Nils*, Auf dem Weg zu einem zukunftsfähigen Datenschutz in Europa? – Konkrete Auswirkungen der DS-GVO auf Wirtschaft, Unternehmen und Verbraucher, ZD 2013, 147; *Feiler, Lukas/Forgó, Nikolaus*, EU-DSGVO: EU-Datenschutz-Grundverordnung, Wien 2017; *Fialova, Eva*, Data Portability and Informational Self-Determination, Masaryk University Journal of Law and Technology 2014, 45; *Gierschmann, Sibylle*, Was „bringt" deutschen Unternehmen die DS-GVO? – Mehr Pflichten, aber die Rechtsunsicherheit bleibt, ZD 2016, 51; *Jülicher, Tim/Röttgen, Charlotte/v. Schönfeld, Max*, Das Recht auf Datenübertragbarkeit. Ein datenschutzrechtliches Novum, ZD 2016, 358; *Kipker, Dennis-Kenji/Voßkamp, Friederike*, Datenschutz in sozialen Netzwerken nach der Datenschutzgrundverordnung, DuD 2012, 737; *Maisch, Michael Marc*, Informationelle Selbstbestimmung in Netzwerken. Rechtsrahmen, Gefährdungslagen und Schutzkonzepte am Beispiel von Cloud Computing und Facebook, Berlin, 2015; *Maxwell, Winston J*, Data privacy: the European Commission pushes for total harmonisation, Computer and Telecommunications Law Review 2012, 175; *Nebel, Maxi/Richter, Philipp*, Datenschutz bei Internetdiensten nach der DS-GVO – Vergleich der deutschen Rechtslage mit dem Kommissionsentwurf, ZD 2012, 407; *Nolte, Norbert*, Das Recht auf Vergessenwerden – mehr als nur ein Hype?, NJW 2014, 2238; *Paal, Boris P./Pauly, Daniel A.*, Datenschutz-Grundverordnung, München 2016; *Roßnagel, Alexander/Geminn, Christian L./Jandt, Silke/Richter, Philipp*, Datenschutzrecht 2016 „Smart" genug für die Zukunft? - Ubiquitous Computing und Big Data als Herausforderungen des Datenschutzrechts, Kassel 2016; *Sartor, Giovanni*, The Right to Be Forgotten: Balancing Interests in the Flux of Time, International Journal of Law and Information Technology 2016, 72; *Swire, Peter/Lagos, Yianni*, Why the Right to Data Portability Likely Reduces Consumer Welfare: Antitrust and Privacy Critique, SSRN Scholarly Paper. Rochester, NY: Social Science Research Network, 31. Mai 2013. http://papers.ssrn.com/abstract=2159157; *Tene, Omer/Polonetsky, Jules*, Big Data for All: Privacy and User Control in the Age of Analytics, Northwestern Journal of Technology and Intellectual Property 2013, 239; *Zanfir, Gabriela*, The Right to Data Portability in the Context of the EU Data Protection Reform, International Data Privacy Law 2012, 149.

A. Grundlagen

I. Gesamtverständnis und Zweck der Norm

1 Art. 20 DSGVO gewährt der betroffenen Person einen Anspruch darauf, personenbezogene Daten, die sie selbst betreffen und die sie zuvor einem

Datenverarbeiter bereitgestellt hatte, zu erhalten und an Dritte zu übermitteln. Die Norm verfolgt **Verbraucherschutzziele** und ein **wettbewerbsrechtliches Konzept:**[1] Sie soll Anbieterwechsel beispielsweise bei sozialen Netzwerken, Kreditkarten oder Energielieferverträgen erleichtern, wenn Nutzer umfangreiche Datenmengen abgespeichert haben, deren erneute Eingabe bei anderen Providern unzumutbar oder praktisch unmöglich ist.[2]

Art. 20 DSGVO ist **unmittelbar anwendbar.** Das deutsche Datenschutzrecht wird demzufolge nach Anpassung des BDSG an die DSGVO keine ergänzenden, durchführenden Regelungen zum Recht auf Datenportabilität enthalten.   2

Das Konzept der Datenportabilität bildet zusammen mit dem Berichtigungsanspruch (Art. 16 DSGVO) und dem „Recht auf Vergessenwerden"[3] (Löschungsrechte nach Art. 17 DSGVO) eine **Anspruchstrias.** Sie soll der betroffenen Person eine effektive Kontrolle über die sie betreffenden Daten ermöglichen, und zwar im Sinne des englischen „control", das nicht allein die nachträgliche Kontrolle bezeichnet, sondern Steuerungsbefugnisse umfasst.[4]   3

Teilweise wird das Recht auf Datenportabilität als systemfremd[5] oder als **Fremdkörper**[6] in der DSGVO qualifiziert, weil es nicht dem Schutz des allgemeinen Persönlichkeitsrechts bzw. des Rechts auf informationelle Selbstbestimmung diene.[7] So richtig diese Beobachtung zum Zweck des Art. 20 DSGVO im Ansatz ist, so liegt der Kritik eine unzutreffende Vorstellung und Engführung der Regelungsziele der DSGVO zu Grunde. Die Verordnung dient zwar „insbesondere" dem Schutz personenbezogener Daten,[8] ist aber auf dieses Schutzziel nicht beschränkt, sondern schafft ein umfassendes Rechtsregime für Verarbeitung und freien Verkehr personenbezogener Daten.[9] In diesem Kontext fügt sich das Konzept der Datenportabilität   4

---

1 So auch *Paal* in: Paal/Pauly DSGVO Art. 20, Rn. 5 f.; Kritik daran, dass es an jeder Analyse darüber fehle, ob der Wechselaufwand, den die Norm reduzieren soll, überhaupt wettbewerbsbehindernde Auswirkungen habe: *Maxwell* Computer and Telecommunications Law Review 2012, 175 ff. (176).

2 *Gierschmann* ZD 2016, 51 ff. (54); vgl. dazu auch *Kipker/Voßkamp* DuD 2012, 737 ff. (740) und *Maisch*, Informationelle Selbstbestimmung in Netzwerken – Rechtsrahmen, Gefährdungslagen und Schutzkonzepte am Beispiel von Cloud Computing und Facebook 2015, 250 ff.; zudem *Laue/Nink/Kremer*, S. 154: Verhinderung von „Lock-In-Effekten"; *Feiler/Forgó*, EU-DSGVO, Art. 20, Rn. 1.

3 Dazu *Nolte* NJW 2014, 2238 ff.; *Boehme-Neßler* NVwZ 2014, 825 ff.; *Sartor* International Journal of Law and Information Technology 2016, 72 ff.

4 In diesem Sinne verwandt bei *Zanfir* International Data Privacy Law 2012, 149 ff. (149); allgemein zum Konzept der Kontrolle über die eigenen Daten: Erwägungsgrund 68 S. 1 DSGVO sowie *Tene/Polonetsky* Northwestern Journal of Technology and Intellectual Property 2013, 239 ff.

5 *Dehmel/Hullen* ZD 2013, 147 ff. (153).

6 *Nebel/Richter* ZD 2012, 407 ff. (413).

7 Die englische Literatur sieht das Recht auf Datenportabilität mehrheitlich als Ausfluss des Rechts auf informationelle Selbstbestimmung vgl. *Zanfir* International Data Privacy Law 2012, 149 ff. (152); *Fialova* Masaryk University Journal of Law and Technology 2014, 45 ff. (47 f.).

8 Art. 1 Abs. 2 DSGVO.

9 Art. 1 Abs. 1 DSGVO; zur Bedeutung des Rechts auf Datenübertragbarkeit im Rahmen einer „Evolution der informationellen Selbstbestimmung": *Jülicher/Röttgen/v. Schönfeld* ZD 2016, 358 (360 f.).

zusammen mit den anderen Betroffenenrechten auf Datenzugang, Berichtigung und Löschung ohne weiteres ein. Um Art. 20 DSGVO konzeptionell als Teil der DSGVO rechtfertigen zu können, braucht man demzufolge keinen mittelbaren Datenschutzzweck der Norm in der Weise zu konstruieren, dass sie Nutzern die Abwanderung in datenschutzfreundlichere soziale Netzwerke erleichtere.[10]

II. Bisherige Rechtslage

5   Während Berichtigungs- und Löschungsansprüche zu den etablierten Konzepten des Datenschutzrechts gehören und bereits durch die RL 95/46/EG vorgegeben waren, ist das Konzept der Datenportabilität eine **gesetzliche Neuerung** der DSGVO. Es kann zwar konzeptionell als **Fortentwicklung datenschutzrechtlicher Auskunftsansprüche** verstanden werden,[11] allerdings mit einer deutlichen Weiterentwicklung des Anspruchsinhalts. Unmittelbare Vorgängernormen gibt es für Art. 20 DSGVO demzufolge nicht.

III. Entstehung der Norm

6   Art. 20 DSGVO beruht im Kern bereits auf dem **Kommissionsentwurf** zur DSGVO.[12] Nachdem zwischenzeitlich erwogen worden war, die Bestimmungen zur Datenübertragbarkeit gemeinsam mit dem Auskunftsrecht in einem Artikel zusammenzufassen,[13] sind sie in der verabschiedeten Fassung der DSGVO wieder in einem eigenen Artikel verselbständigt worden.

7   Bedeutsamer als die Frage der systematischen Stellung waren eine Modifikation und teilweise **Rücknahme des ursprünglichen Regelungskonzepts** im Laufe des Gesetzgebungsverfahrens: Die Entwurfsfassung für die DSGVO enthielt ursprünglich verschiedene Regelungen, die auf eine Verbesserung der technischen Übertragbarkeitsvoraussetzungen abzielten.[14] Diese Bestimmungen sind im Gesetzgebungsverfahren durchgängig aus dem Entwurf gestrichen worden, um die damit verbundenen Kostenbelastungen für Datenverarbeiter zu vermeiden.[15] In den Erwägungsgründen der Schlussfassung heißt es nun ausdrücklich, dass das Recht auf Datenübermittlung für den Verantwortlichen gerade nicht die Pflicht begründen soll, technisch kompatible Datenverarbeitungssysteme zu übernehmen oder bereitzuhalten.[16]

---

10   So *Nebel/Richter* ZD 2012, 407 ff. (413).
11   Zum Verständnis der Datenportabilität als Fortentwicklung von Auskunftsansprüchen: *Bapat* Privacy and Data Protection 2013, 3 f. (4).
12   KOM (2012) 11 endg., dort Art. 18 DSGVO-E.
13   Legislative Entschließung des Europäischen Parlaments vom 12.3.2014, P7_TA(2014)0212, dort Art. 15 Abs. 2 a DSGVO-E.
14   Art. 18 Abs. 1 DSGVO-E (KOM (2012) 11): Anspruch auf Erhalt der Daten in einem „weiter verwendbaren" Format; zudem Abs. 3: Befugnis der Kommission zum Erlass von Durchführungsrechtsakten zur Festlegung technischer Standards, Modalitäten und Verfahren für die Überführung personenbezogener Daten.
15   Vgl. zB *Swire/Lagos* Maryland Law Review 2013, 335 ff., die die Ursprungskonzeption der DSGVO unter Verbraucherschutzgesichtspunkten als kontraproduktiv kritisiert hatten, weil die Kosten zur Herstellung freier technischer Interoperabilität an die Verbraucher weitergegeben würde.
16   Erwägungsgrund 68 S. 7 DSGVO.

Während die Entwurfsfassung daher tatsächlich auf Datenübertragbarkeit   8
(portability) im Sinne einer Verbesserung der technischen Übertragbarkeitsvoraussetzungen zielte, gewährt Art. 20 DSGVO in der verabschiedeten Fassung **lediglich ein Recht auf Herausgabe und Datenübertragung.**
Aus dieser Veränderung des konkreten Anspruchsinhalts des Art. 20
DSGVO im Laufe des Gesetzgebungsverfahrens waren zwischenzeitlich
auch tatsächlich **Konsequenzen für die Artikelüberschrift** gezogen worden,
die treffend auf „Herausgabe der Daten" lauten sollte.[17] Mit der Entscheidung, für die Bestimmung doch einen eigenen Artikel vorzusehen, ist am
Ende des Gesetzgebungsverfahrens auch wieder auf die ursprüngliche,
mittlerweile allerdings unpassende Überschrift zurückgegriffen worden.

B. Kommentierung

I. Anspruchsinhalt

1. Anspruch auf tatsächliche Übermittlung statt auf Herstellung technischer Übertragbarkeit

Art. 20 DSGVO gewährt im Einzelnen drei Ansprüche:[18]   9

- das Recht, eine **Kopie** der eigenen Daten in einem strukturierten, gängigen und maschinenlesbaren Format zu erhalten (Art. 20 Abs. 1, 1. Var.
  DSGVO), ohne dass dieser Anspruchsinhalt im Normtext oder den Erwägungsgründen näher erläutert würde,
- das Recht, diese Daten einem anderen Verantwortlichen zu **übermitteln**
  (Art. 20 Abs. 1, 2. Var. DSGVO),
- das Recht auf **Direktübermittlung** vom Verantwortlichen an einen neu
  bestimmten Verantwortlichen unter Vorbehalt der technischen Möglichkeit (Art. 20 Abs. 2 DSGVO).

In allen drei Fällen gewährt Art. 20 DSGVO **keine Ansprüche** auf Über-   10
tragbarkeit der Daten im Sinne einer **Herstellung oder Verbesserung der
technischen Möglichkeiten zur Datenübertragung,** auch wenn die Artikelüberschrift und Art. 20 Abs. 3 DSGVO dies so formulieren und die Erwägungsgründe von einem Anspruch auf interoperable Formate sprechen.[19]
Vielmehr schafft Art. 20 DSGVO einen Anspruch auf tatsächliche Übermittlung. Dabei ist die technische Übertragbarkeit jedenfalls im Rahmen
von Abs. 2 gerade nicht Anspruchsinhalt, sondern stattdessen Tatbestands-
voraussetzung des Anspruchs auf direkte Übermittlung an einen neuen Verantwortlichen. Der Anspruch aus Art. 20 DSGVO wäre daher besser als
Recht auf Herausgabe und Datenübermittlung bezeichnet worden.

---

17 Legislative Entschließung des Europäischen Parlaments vom 12.3.2014,
    P7_TA(2014)0212, dort Überschrift zu Art. 15 DSGVO-E („Recht der betroffenen
    Person auf Auskunft und auf Herausgabe der Daten").
18 So auch Art. 29-Datenschutzgruppe, Guidelines on the right to data portability,
    13. Dezember 2016, 16/EN WP 242, S. 4 ff. (ec.europa.eu/information_society/...
    51/wp242_en_40852.pdf); *Paal* in: Paal/Pauly Art. 20, Rn. 16, 22.
19 Erwägungsgrund 68 S. 1 DSGVO, der in dieser Frage aber über den Normtext des
    Art. 20 Abs. 1 DSGVO hinausgeht und offenbar noch das Ursprungskonzept des
    Kommissionsentwurfs zur DSGVO widerspiegelt, das Recht auf Datenportabilität
    tatsächlich primär auf die technischen Übertragbarkeitsvoraussetzungen und ihre
    Verbesserung zu beziehen (zur späteren Änderung dieses Grundkonzepts →
    Rn. 7 f.).

2. Recht auf Datenkopie, nicht auf dingliche Übertragung

11   Der Vorgang der Datenübermittlung ist nicht gleichsam dinglich in dem Sinne zu verstehen, dass die Daten durch die Übermittlung an einen neuen Verantwortlichen nicht mehr beim bisherigen Verantwortlichen vorhanden wären. Vielmehr regelt Art. 20 DSGVO eine **vervielfältigende Übermittlung** der Daten und enthält sich jeder Aussage darüber, ob die Daten zusätzlich auch beim bisherigen Verantwortlichen verbleiben.

12   Dies ist eine Frage von **Löschungsansprüchen**, die unabhängig von Art. 20 DSGVO durch Art. 17 DSGVO geregelt werden (zum Verhältnis beider Normen zueinander → Rn. 20 ff.). Art. 20 Abs. 1, 1. Var. DSGVO formuliert dies treffend und gewährt nur einen Anspruch, die selbst bereitgestellten Daten (erneut, dh als Kopie) zu erhalten, und keinen Anspruch darauf, dass der Datenverarbeiter sie in irgendeiner Weise zurückgeben müsse.

II. Anspruchsvoraussetzungen und Ausschlussgründe

1. Anspruchsvoraussetzungen

13   Das Recht auf Datenübermittlung aus Art. 20 Abs. 1 DSGVO beschränkt sich nicht auf **soziale Netzwerke**, sondern kann beispielsweise auch im **Banken- und Versicherungsbereich** greifen.[20] Das Recht besteht in allen Fällen, in denen folgende kumulative Voraussetzungen gegeben sind:[21]

- es muss sich um Daten handeln, die die betroffene Person selbst dem Datenverarbeiter **zur Verfügung gestellt** hat;
- die Datenverarbeitung muss auf einer **Einwilligung** oder einer vertraglichen Zustimmung der betroffenen Person beruhen;[22]
- die Datenverarbeitung muss mithilfe **automatisierter Verfahren** erfolgen.

14   Diese Anspruchsvoraussetzung automatisierter Datenverarbeitung hat Befürchtungen ausgelöst, Datenverarbeiter könnten Art. 20 DSGVO durch das Nutzen eines nicht standardisierten Formats zu umgehen versuchen.[23] So sehr eine solche Umgehung der Norm auf diese Weise konstruierbar ist, dürfte dieses **Missbrauchsszenario nicht sehr realistisch** sein. Denn Art. 20 DSGVO zielt auf Massenverfahren und Angebote von Internetdienstleistungen an eine Vielzahl, wenn nicht eine Millionenzahl von Nutzern, die Datenverarbeiter ohne Nutzung von strukturierten, maschinenlesbaren Formaten selbst nicht werden bewältigen können. Sie werden daher kaum auf automatisierte Datenverarbeitung verzichten, nur um sich einzelnen

---

20 Zur Ausweitung des Anwendungsbereichs über die ursprünglich im Zentrum der Überlegungen stehenden sozialen Netzwerke: *Jülicher/Röttgen/v. Schönfeld* ZD 2016, 358 (361).

21 Vgl. Art. 29-Datenschutzgruppe, Guidelines on the right to data portability, 13. Dezember 2016, 16/EN WP 242, S. 6 ff.

22 Kritisch dazu der Europäische Datenschutzbeauftragte, der sich für eine Erweiterung ausgesprochen hatte: *Hustinx*, Stellungnahme des Europäischen Datenschutzbeauftragten zum Datenschutzreformpaket, https://secure.edps.europa.eu/EDPSWEB/edps/cache/bypass/Consultation/OpinionsC (Zugriff am: 8.6.2016) 7.3.2012, Rn. 151.

23 *Bapat* Privacy and Data Protection 2013, 3 f. (3).

Ansprüchen auf Datenübertragung aus Art. 20 DSGVO entziehen zu können.

Der Anspruch auf Direktübermittlung an einen neuen Verantwortlichen   15
aus Art. 20 Abs. 2 iVm Abs. 1 DSGVO hat zudem ausdrücklich die technische Machbarkeit der Direktübermittlung (**Interoperabilität** der verwendeten Datenverarbeitungssysteme) zur **Anspruchsvoraussetzung.**

2. Ausschlussgründe

a) Datenverarbeitungen im öffentlichen Interesse und in Ausübung öffentlicher Gewalt

Der Anspruch auf Datenübermittlung ist nach Art. 20 Abs. 3 S. 2 DSGVO   16
für Daten ausgeschlossen, die für die Wahrnehmung einer **Aufgabe im öf-**
fentlichen Interesse oder in **Ausübung öffentlicher Gewalt** verarbeitet werden. Die Erwägungsgründe versuchen diese Einschränkung mit dem nicht
weiter aussagekräftigen Verweis darauf zu begründen, dass dies „naturgemäß" so sei.[24] In dieser Pauschalität kann das nicht überzeugen, zumal das
Auskunftsrecht aus Art. 15 DSGVO keinem Bereichsvorbehalt für Aufgaben im öffentlichen Interesse oder in Ausübung öffentlicher Gewalt unterliegt.

Unabhängig von der fehlenden Begründung ist die Norm auch **systema-**   17
tisch falsch platziert. Denn sie steht als zweiter Satz innerhalb eines Absatzes, der im Übrigen das Verhältnis von Datenportabilität und Löschungsansprüchen regelt, ohne dass beide Fragen irgendetwas miteinander zu tun
hätten.

b) Vorbehalt zu Gunsten von Rechten Dritter

Nach Art. 20 Abs. 4 DSGVO darf die Ausübung des Direktübermittlungs-   18
anspruchs aus Art. 20 Abs. 2 DSGVO die **Rechte und Freiheiten anderer**
Personen nicht beeinträchtigen. So selbstverständlich dies bei Datensätzen
mit Daten mehrerer Personen ist, fehlt es an jedem plausiblen Grund, warum sich dieser Vorbehalt zu Gunsten von Rechten Dritter nur auf die Direktübermittlung nach Art. 20 Abs. 2 DSGVO beziehen soll und nicht auch
(und zunächst einmal) auf Art. 20 Abs. 1 DSGVO, nämlich auf Empfang
und Übermittlung der Daten an einen Dritten durch die betroffene Person
selbst. Ein Vergleich mit den anderen sprachlichen Fassungen der DSGVO
legt jedoch offen, dass es sich bei dem **Verweis** um einen **redaktionellen**
Fehler handelt.[25]

Nach den Erwägungsgründen zur DSGVO soll Art. 20 Abs. 4 DSGVO   19
durch die Überlegung getragen sein, dass „das Recht auf Empfang der Daten" die Rechte und Grundfreiheiten anderer Personen unberührt lassen
soll, wenn ein bestimmter Satz personenbezogener Daten mehr als eine betroffene Person tangiert.[26] Da das Recht auf *Empfang* von Daten aber gerade Anspruchsinhalt von Art. 20 Abs. 1, 1. Var. DSGVO ist, stärken die

---

24 Erwägungsgrund 68 S. 5 DSGVO.
25 So verweisen jedenfalls die englische, französische, italienische und spanische Fas-
    sung stets auf Art. 20 Abs. 1 DSGVO.
26 Erwägungsgrund 68 S. 8 DSGVO.

Erwägungsgründe die Vermutung, dass Art. 20 Abs. 4 DSGVO redaktionell misslungen ist und einen **Fehlverweis** enthält: Entgegen ihrem Wortlaut muss sich die Norm (ebenso wie Art. 20 Abs. 3 S. 1 DSGVO) **auf Art. 20 Abs. 1 DSGVO beziehen**. Der Vorbehalt zu Gunsten von Rechten Dritter betrifft damit im Ergebnis sämtliche Ansprüche im Rahmen des Portabilitätskonzepts, da Art. 20 Abs. 2 DSGVO ohnehin nur einen unselbständigen, an Art. 20 Abs. 1 DSGVO anknüpfenden Anspruch auf einen besonderen Übertragungsweg enthält.

C. Verhältnis zu anderen Normen: Löschungsanspruch aus Art. 17 DSGVO

20   Die Ausübung des Rechts auf Datenübermittlung aus Art. 20 Abs. 1 DSGVO lässt den **Löschungsanspruch** aus Art. 17 DSGVO unberührt.[27] Dies bedeutet: Beide Ansprüche sind wechselseitig **voneinander unabhängig**.[28] Da Daten anders als Sachen nicht dinglicher Natur[29] sind und problemlos vervielfältigt werden können, ist diese Unabhängigkeit des Übermittlungsanspruchs vom Löschungsanspruch konsequent.

21   Im Einzelnen heißt dies, dass der Betroffene einen Löschungsanspruch unabhängig von einem Anspruch auf Datenübertragung geltend machen kann. Es bedeutet zudem, dass ein Anspruch auf Datenübertragung auch geltend gemacht werden kann, ohne dass dafür die Voraussetzungen des Löschungsanspruchs vorliegen müssten. Insbesondere bei **Anbieterwechseln** von Verbraucherverträgen wird es in vielen Fällen so sein, dass Daten für den Abschluss eines neuen Vertrags nach Art. 20 Abs. 1 DSGVO übertragen und zugleich noch vom bisherigen Vertragspartner zur endgültigen Abwicklung des gekündigten Vertrags benötigt werden. Wenn in solchen Fällen die Voraussetzungen eines Löschungsanspruchs aus Art. 17 Abs. 1 lit. a DSGVO (noch) nicht vorliegen, hindert dies die Ausübung des Rechts aus Art. 20 Abs. 1 DSGVO nicht.

22   Der Betroffene muss ggfs. einen **eigenen Löschungsanspruch geltend** machen, wenn er neben der Datenübermittlung an den neuen Vertragspartner auch die Löschung seiner Daten beim bisherigen Vertragspartner erwirken möchte. Dabei muss es möglich sein, den Anspruch auf Löschung bereits vorab und damit gemeinsam mit dem Antrag auf Datenübertragung geltend zu machen, auch wenn die Löschungsvoraussetzungen noch nicht vorliegen (im Einzelnen → Art. 17 Rn. 14 ff.).

D. Gesamteinschätzung der Norm

23   Das Recht auf Datenportabilität ist **kein Fremdkörper** in der DSGVO, wie teilweise behauptet wird (oben → Rn. 4). Es fügt sich in ein umfassendes Rechtsregime der DSGVO für die Verarbeitung und den freien Verkehr personenbezogener Daten ohne weiteres ein und ergänzt die anderen Betroffenenrechte auf Datenzugang, Berichtigung und Löschung.

---

27   Art. 20 Abs. 3 S. 1 DSGVO; vgl. auch Erwägungsgrund 68 S. 9 DSGVO.
28   So auch Art. 29-Datenschutzgruppe, Guidelines on the right to data portability, 13. Dezember 2016, 16/EN WP 242, S. 6.
29   Zum Diskussionsstand *Arkenau/Wübbelmann* DSRITB 2015, 95 ff.

Die **Bedeutung der Norm** ist indes **begrenzt**. Das liegt einerseits an den 24
Ausschlussgründe des Art. 20 Abs. 3, Abs. 4 DSGVO, die die mit dem
Recht auf Datenübertragbarkeit verfolgten Ziele erheblich einschränken.[30]
Andererseits ist die begrenzte Bedeutung der Norm auf die partielle **Rück-
nahme des Anspruchsinhalts im Laufe des Gesetzgebungsverfahrens** zu-
rückzuführen: Sie zielt nicht mehr auf umfassende Datenübertragbarkeit,
sondern nur noch auf Herausgabe technisch übertragbarer Daten (oben →
Rn. 8 ff.).

Die Artikelüberschrift verspricht daher – auch in der englischen Fassung 25
als „data portability" – mehr, als die Norm hält.[31] Ähnlich wie bei der Ti-
tulatur des Löschungsanspruchs als „Recht auf Vergessenwerden"[32] könnte hierfür der Wunsch maßgeblich gewesen sein, mit dem „Recht auf Datenübertragbarkeit" ein positiv konnotiertes **Schlagwort** im Gesetzestext
unterzubringen, um damit für politische Akzeptanz für die DSGVO zu
werben. So nachvollziehbar diese politische Rationalität ist, so ist diese **Artikelüberschrift vom Norminhalt nicht** mehr recht **gedeckt**.

Abschnitt 4 Widerspruchsrecht und automatisierte Entscheidungsfindung im Einzelfall

Artikel 21 Widerspruchsrecht

(1) ¹Die betroffene Person hat das Recht, aus Gründen, die sich aus ihrer
besonderen Situation ergeben, jederzeit gegen die Verarbeitung sie betreffender personenbezogener Daten, die aufgrund von Artikel 6 Absatz 1
Buchstaben e oder f erfolgt, Widerspruch einzulegen; dies gilt auch für ein
auf diese Bestimmungen gestütztes Profiling. ²Der Verantwortliche verarbeitet die personenbezogenen Daten nicht mehr, es sei denn, er kann zwingende schutzwürdige Gründe für die Verarbeitung nachweisen, die die Interessen, Rechte und Freiheiten der betroffenen Person überwiegen, oder
die Verarbeitung dient der Geltendmachung, Ausübung oder Verteidigung
von Rechtsansprüchen.

(2) Werden personenbezogene Daten verarbeitet, um Direktwerbung zu betreiben, so hat die betroffene Person das Recht, jederzeit Widerspruch gegen die Verarbeitung sie betreffender personenbezogener Daten zum Zwecke derartiger Werbung einzulegen; dies gilt auch für das Profiling, soweit
es mit solcher Direktwerbung in Verbindung steht.

(3) Widerspricht die betroffene Person der Verarbeitung für Zwecke der
Direktwerbung, so werden die personenbezogenen Daten nicht mehr für
diese Zwecke verarbeitet.

---

30 *Fialova* Masaryk University Journal of Law and Technology 2014, 45 ff. (52 f.);
   Cebulla ZD 2015, 507 ff; *Roßnagel/Geminn/Jandt/Richter*, Datenschutzrecht 2016
   „Smart" genug für die Zukunft?, 2016, 165 f.
31 Die missverständliche Fassung der Artikelüberschrift findet sich indes auch in der
   englischen Version: Überschrift: "right to data portability", Art. 20 Abs. 1 DSGVO
   dann aber treffend: "right to receive and to transmit those data …".
32 Art. 17 DSGVO, dort in der Überschrift tatsächlich erstens als Klammerzusatz und
   zweitens in Anführungszeichen.

(4) Die betroffene Person muss spätestens zum Zeitpunkt der ersten Kommunikation mit ihr ausdrücklich auf das in den Absätzen 1 und 2 genannte Recht hingewiesen werden; dieser Hinweis hat in einer verständlichen und von anderen Informationen getrennten Form zu erfolgen.

(5) Im Zusammenhang mit der Nutzung von Diensten der Informationsgesellschaft kann die betroffene Person ungeachtet der Richtlinie 2002/58/EG ihr Widerspruchsrecht mittels automatisierter Verfahren ausüben, bei denen technische Spezifikationen verwendet werden.

(6) Die betroffene Person hat das Recht, aus Gründen, die sich aus ihrer besonderen Situation ergeben, gegen die sie betreffende Verarbeitung sie betreffender personenbezogener Daten, die zu wissenschaftlichen oder historischen Forschungszwecken oder zu statistischen Zwecken gemäß Artikel 89 Absatz 1 erfolgt, Widerspruch einzulegen, es sei denn, die Verarbeitung ist zur Erfüllung einer im öffentlichen Interesse liegenden Aufgabe erforderlich.

Verwandte Normen: ErwGr 7, 69, 50, 59, 65, 70; § 28 Abs. 4 BDSG 2003

Literatur:

Albrecht, Das neue EU-Datenschutzrecht – von der Richtlinie zur Verordnung – Überblick und Hintergründe zum finalen Text für die Datenschutz-Grundverordnung der EU nach der Einigung im Trilog, CR 2016, 88; *Benecke/Wagner*, Öffnungsklauseln in der Datenschutz-Grundverordnung und das deutsche BDSG – Grenzen und Gestaltungsspielräume für ein nationales Datenschutzrecht, DVBl. 2016, 600; *Calliess/Ruffert*, EUV/AEUV, 5. Auflage, 2016; *Dammann*, Erfolge und Defizite der EU-Datenschutzgrundverordnung, ZD 2016, 307; *Eckhardt*, EU-DatenschutzVO – Ein Schreckgespenst oder Fortschritt?, CR 2012, 195; *Eckhardt/Kramer/Mester*, Auswirkungen der geplanten EU-DS-GVO auf den deutschen Datenschutz, DuD 2013, 623; *Ehmann*, Der weitere Weg zur Datenschutzgrundverordnung – Näher am Erfolg, als viele glauben?, ZD 2015, 6; *Ehmann/Helfrich*, EG-Datenschutzrichtlinie, Kurzkommentar, Köln, 1999; *Forgó/Helfrich/Schneider*, Betrieblicher Datenschutz, 2014; *Moos/Arning*, Big Data bei verhaltensbezogener Online-Werbung – Programmatic Buying und Real Time Advertising, ZD 2014, 242; *Gierschmann*, Was „bringt" deutschen Unternehmen die DS-GVO, ZD 2016, 51; *Gola/Schulz*, Der Entwurf für eine EU-Datenschutz-Grundverordnung – eine Zwischenbilanz, RDV 2013, 1; *Grabitz/Hilf/Nettesheim*, Das Recht der Europäischen Union, 16. EL 2016; *Hornung*, Eine Datenschutz-Grundverordnung für Europa? – Licht und Schatten im Kommissionsentwurf vom 25. 1. 2012, ZD 2012, 99; *Kraska*, Auswirkungen der EU-Datenschutzgrundverordnung, ZD-Aktuell 2016, 04197; *Kühling/Buchner*, DS-GVO, Kommentar, 2017; *Laue*, Öffnungsklauseln in der DS-GVO – Öffnung wohin?, ZD 2016, 463; *Laue/Nink/Kremer*, Das neue Datenschutzrecht in der betrieblichen Praxis, 2016; *Paal/Pauly*, Datenschutzgrundverordnung, 2017; *Schantz*, Die Datenschutz-Grundverordnung – Beginn einer neuen Zeitrechnung im Datenschutzrecht, NJW 2016, 1841; *Schmidt,* Dynamische und personalisierte Preise – datenschutz-, wettbewerbs- und kartellrechtliche Grenzen, DSRITB 2016, 1007; *von der Groeben/Schwarze/Hatje,* Europäisches Unionsrecht, 7. Auflage, 2015; *Wolff/Brink,* Beck'scher Online-Kommentar Datenschutzrecht, 17. Auflage, 2016.

A. Grundlagen

I. Gesamtverständnis und Zweck der Norm

1   Art. 21 DSGVO räumt dem Betroffenen ein Widerspruchsrecht gegen die an sich rechtmäßige Verarbeitung personenbezogener Daten ein, wenn die im Gesetz verankerten Voraussetzungen gegeben sind. Das Widerspruchsrecht bezieht sich auf drei Fallgruppen:[1] Art. 21 Abs. 1 DSGVO gewährt ein Widerspruchsrecht, sofern die Verarbeitung aufgrund von Art. 6 Abs. 1 lit. e oder f DSGVO erfolgt. Werden personenbezogene Daten verarbeitet, um Direktwerbung zu betreiben, gewährt Art. 21 Abs. 2 DSGVO ein Widerspruchsrecht unabhängig von der Frage, auf welcher Ermächtigungsgrundlage dies erfolgt. Schließlich räumt Art. 21 Abs. 6 DSGVO der betroffenen Person ein Widerspruchsrecht ein, falls die sie betreffenden personenbezogenen Daten zu wissenschaftlichen oder historischen Forschungszwecken oder zu statistischen Zwecken gem. Art. 89 Abs. 1 DSGVO verarbeitet werden. Art. 21 DSGVO räumt kein allgemeines Widerspruchsrecht gegen die Verarbeitung personenbezogener Daten ein.[2]

2   Das Widerspruchsrecht richtet sich nicht gegen eine rechtswidrige Verarbeitung. Gegen diese stehen dem Betroffenen die Rechte aus Art. 77 ff. DSGVO zur Verfügung.[3] Das Widerspruchsrecht greift in den Fällen der eigentlich rechtmäßigen Verarbeitung ein und gewährt dem Betroffenen unter spezifischen Voraussetzungen als Ausnahmetatbestand ein Recht, mit Wirkung für die Zukunft Widerspruch gegen die (weitere) Verarbeitung einzulegen. Dies wird in Erwägungsgrund 69 deutlich, der davon spricht, dass die betroffene Person „trotzdem das Recht haben" soll, Widerspruch gegen die Verarbeitung „der sich aus ihrer besonderen Situation" ergebenden personenbezogenen Daten einzulegen.

3   Legt die betroffene Person unter Verweis auf ihre besondere Situation Widerspruch ein, obliegt es dem Verantwortlichen für die Verarbeitung darzulegen, dass die auf seiner Seite vorliegenden Gründe für die weitere Verarbeitung schwerer wiegen als dies auf Seiten der betroffenen Person mit deren besonderen Situation gegeben ist.

II. Bisherige Rechtslage

4   Bereits die RL 95/46/EG enthielt in Art. 14 ein Widerspruchsrecht der betroffenen Person. Auch in der Richtlinie war das Widerspruchsrecht gegen eine an sich rechtmäßige Verarbeitung vorgesehen. Art. 14 lit. a RL 95/46/EG entsprach dem in Art. 21 Abs. 1 Satz 1 DSGVO normierten Tatbestand. Ebenso sah Art. 14 lit. b RL 95/46/EG ein Widerspruchsrecht

---

1   Paal/Pauly/*Martini* DSGVO Art. 21 Rn. 16; Kühling/Buchner/*Herbst* DS-GVO Art. 21 Rn. 5..
2   Paal/Pauly/*Martini* DSGVO Art. 21 Rn. 1.
3   Ebenso Paal/Pauly/*Martini* DSGVO Art. 21 Rn. 2.

im Fall der Direktwerbung vor, wie es in Art. 21 Abs. 1 Satz 2 DSGVO enthalten ist. Die DSGVO geht allerdings über die Regelung der Richtlinie insoweit hinaus, als ein ausdrücklicher Verweis auf die Widerspruchsmög-
lichkeit bei Profiling aufgenommen wurde und ein eigenständiges Widerspruchsrecht gegen Verarbeitungen zu Forschungs- und Statistikzwecken in
Art. 21 Abs. 6 DSGVO gewährt wird.

Martini[4] weist im Vergleich zwischen dem Regelungsstand der   5
RL 46/95/EG und der DSGVO zutreffend darauf hin, dass beide regulatorischen Ansätze sich vor allen Dingen hinsichtlich der Beweislastverteilung
unterscheiden.

Im Rahmen der RL 46/95/EG oblag es dem Betroffenen darzulegen, dass   6
seine schutzwürdigen Interessen an einem Ausschluss der Verarbeitung aufgrund des von ihm erklärten Widerspruches überwiegen. Demgegenüber
genügt es nach Art. 21 DSGVO, wenn die betroffene Person darlegt, dass
auf ihrer Seite besondere persönliche Gründe vorliegen. Der Verantwortliche muss sodann nachweisen, dass auf seiner Seite „zwingende schutzwürdige Gründe für die Verarbeitung"[5] vorliegen und diese die besonderen
persönlichen Gründe überwiegen. Entsprechendes gilt, wenn die Verarbeitung der Geheimhaltung, Ausübung oder Verteidigung von Rechtsansprüchen dient.[6] Liegt eine non liquet-Situation vor, greift das von der betroffenen Person ausgeübte Widerspruchsrecht.[7]

III. Entstehung der Norm

Die Vorschrift erfuhr im Laufe des Gesetzgebungsverfahrens mehrfache   7
Änderungen. Sie wurde gegenüber der ursprünglich im Entwurf der Kom-
mission enthaltenen Fassung des Art. 19 DSGVO-E erweitert und vor allen
Dingen um Hinweispflichten ergänzt.

1. Vorschlag der Europäischen Kommission vom 25. Januar 2012[8]

a) Tatbestandsvoraussetzungen des Widerspruchsrechts

Der Vorschlag der Kommission vom 25.1.2012 sah in Art. 19 Abs. 1 vor,   8
dass durch die betroffene Person jederzeit Widerspruch gegen die Verarbeitung personenbezogener Daten eingelegt werden konnte, sofern diese aufgrund von Art. 6 Abs. 1 lit. d, e und f DSGVO-E verarbeitet wurden. Der
Entwurf ließ damit ein Widerspruchsrecht im Fall der Verarbeitung zum
Schutz lebenswichtiger Interessen der betroffenen Person (Art. 6 Abs. 1
lit. d DSGVO-E), der für die Wahrnehmung einer im öffentlichen Interesse
liegenden Aufgabe oder in Ausübung hoheitlicher Gewalt erforderlichen
Verarbeitung (Art. 6 Abs. 1 lit. e DSGVO-E) sowie der Verarbeitung zur
Wahrung der berechtigten Interessen des für die Verarbeitung Verantwort-
lichen (Art. 6 Abs. 1 lit. f DSGVO) zu.

---

4   Paal/Pauly/*Martini* DSGVO Art. 21 Rn. 12.
5   Art. 21 Abs. 1 Satz 2 DSGVO.
6   Art. 21 Abs. 1 Satz 2 aE DSGVO.
7   Ebenso Paal/Pauly/*Martini* DSGVO Art. 21 Rn. 12.
8   KOM(2012) endg.; 2012/0011 (COD).

9   Die betroffene Person hatte sich zur Geltendmachung ihres Widerspruchs-
    rechts darauf zu stützen, dass sich Gründe hierzu aus „ihrer besonderen Si-
    tuation" ergeben.

10 Gegen diese Gründe hatte der Verantwortliche für die Verarbeitung seiner-
    seits zwingende schutzwürdige Gründe anzuführen, die ihm den Nachweis
    ermöglichten, dass diese die Interessen oder Grundrechte und Grundfrei-
    heiten der betroffenen Person überwiegen.

b) Widerspruch bei Direktwerbung

11 Art. 19 Abs. 2 DSGVO-E räumt der betroffenen Person ein Widerspruchs-
    recht gegen die Verarbeitung personenbezogener Daten zu Zwecken der
    Direktwerbung ein. Die Entwurfsfassung der Kommission stellt dabei nicht
    darauf ab, auf welche Erlaubnisnorm diese Verarbeitung gestützt wird. Da-
    mit ist auch ein Widerspruchsrecht im Fall des Art. 6 Abs. 1 lit. a DSGVO-
    E gegeben. Der Entwurf sieht ferner vor, dass die betroffene Person aus-
    drücklich in einer verständlichen und von anderen Informationen klar ab-
    gegrenzten Form auf das Widerspruchsrecht hingewiesen werden muss.

c) Verarbeitungsverbot mit Wirkung für die Zukunft

12 Legt die betroffene Person Widerspruch ein, so untersagt Art. 19 Abs. 3
    DSGVO-E dem für die Verarbeitung Verantwortlichen die weitere Nutzung
    oder anderweitige Verarbeitung der vom Widerspruch betroffenen perso-
    nenbezogenen Daten.

2. Beschluss des Europäischen Parlaments vom 12. März 2014[9]

a) Widerspruch gegen Verarbeitungen auf der Grundlage von Art. 6 Abs. 1 lit. d und lit. e DSGVO-E

13 Der durch das Europäische Parlament vorgelegte Entwurf reduzierte im
    Vergleich zum Entwurf der Kommission das Widerspruchsrecht in Art. 19
    Abs. 1 DSGVO-E (EP) auf Verarbeitungen, die auf der Grundlage von
    Art. 6 Abs. 1 lit. d und lit. e DSGVO-E (EP) erfolgten.

14 Der Entwurf des Parlamentes wies darüber hinaus eine weitere signifikante
    Änderung gegenüber dem Entwurf der Kommission auf. Während die
    Kommission als Tatbestandsvoraussetzung für die Geltendmachung des
    Widerspruchsrechtes verlangte, dass die betroffene Person Gründe, die sich
    „aus ihrer besonderen Situation ergeben", anführen muss, entfällt diese
    Tatbestandsvoraussetzung im Entwurf des Parlamentes. Die betroffene Per-
    son kann folglich nach Art. 19 Abs. 1 DSGVO-E (EP) „jederzeit" und ohne
    Vorliegen besonderer Gründe ein Widerspruchsrecht ausüben.

15 Der Verantwortliche für die Verarbeitung kann gegen den Widerspruch
    einwenden, dass auf seiner Seite „zwingende schutzwürdige Gründe für die
    Verarbeitung" vorliegen, die die Interessen oder Grundrechte und Grund-
    freiheiten der betroffenen Person überwiegen.

---

9 Interinstitutionelles Dossier des Rats der Europäischen Union vom 27.3.2014,
   2012/0011 (COS); 7427/1/14, REV 1.

b) Widerspruch gegen Verarbeitungen auf der Grundlage von Art. 6 Abs. 1 lit. f DSGVO-E

Das Recht auf „jederzeitige" Einlegung des Widerspruches wird in Art. 19 Abs. 2 DSGVO-E (EP) betont, indem ausdrücklich darauf hingewiesen wird, dass das Widerspruchsrecht im Fall des Art. 6 Abs. 1 lit. f DSGVO-E (EP) „jederzeit und ohne weitere Begründung" ausgeübt werden könne. **16**

Eine Berücksichtigung zwingender schutzwürdiger Gründe auf Seiten des Verantwortlichen für die Verarbeitung findet im Rahmen des Art. 19 Abs. 2 DSGVO-E (EP) nicht statt. **17**

Der Entwurf des Parlamentes stellte zudem klar, dass das Widerspruchsrecht sowohl im Allgemeinen als auch für jeden spezifischen Zweck eingelegt werden könne. **18**

Die betroffene Person kann ihr Widerspruchsrecht zudem unentgeltlich ausüben.[10] **19**

c) Direktwerbung

Ein eigenständiges Widerspruchsrecht im Fall der Verwendung personenbezogener Daten für Direktwerbung ist im Entwurf des Parlamentes nicht vorgesehen. Der im Entwurf der Kommission enthaltene Hinweis des Art. 19 Abs. 2 DSGVO-E auf Direktwerbung entfällt. **20**

Mittelbar erfasst allerdings die Fassung des Art. 19 Abs. 2 DSGVO-E (EP) auch die Zwecke der Direktwerbung, da diese unter die berechtigten Interessen des Verantwortlichen für die Verarbeitung nach Art. 6 Abs. 1 lit. f DSGVO-E gerechnet werden können. **21**

d) Information über das Widerspruchsrecht

Art. 19 Abs. 2 a DSGVO-E (EP) verlangt, dass die betroffene Person ausdrücklich und in einer verständlichen Weise und Form auf das Widerspruchsrecht hingewiesen werden muss. Dieser Hinweis hat nach dem Willen des Parlamentes in „einer klaren und einfachen Sprache" zu erfolgen. Dies gilt insbesondere in den Fällen, in denen diese Informationen eigens an Kinder gerichtet sind. Die Informationen müssen zudem deutlich von anderen Informationen unterschieden werden. **22**

Problematisch ist in Art. 19 Abs. 2 a DSGVO-E (EP), dass die Hinweisverpflichtung sich nur auf den Widerspruch nach Art. 19 Abs. 2 DSGVO (EP) bezieht. Das Widerspruchsrecht aus Art. 19 Abs. 1 DSGVO-E (EP) würde nach dieser Fassung nicht von einer Hinweispflicht erfasst sein. Damit würden insbesondere Verarbeitungen, die auf Art. 6 Abs. 1 lit. d und lit. e DSGVO-E zwar vom Widerspruchsrecht erfasst, der Verantwortliche für die Verarbeitung müsste allerdings die betroffene Person über das Bestehen eines solchen Widerspruchsrechtes nicht im Rahmen des Art. 19 DSGVO-E informieren. **23**

---

10 Art. 19 Abs. 2 DSGVO-E (EP).

e) Ausübung des Widerspruchsrechts

24 Werden „Dienste der Informationsgesellschaft"[11] im Sinne des Art. 4 Nr. 25 DSGVO verwendet, kann das Widerspruchsrecht – ungeachtet etwaiger Regelungen, wie sie in der RL 2002/58/EG enthalten sind – mit Hilfe automatisierter Verfahren ausgeübt werden, „die einen technischen Standard verwenden, der den betroffenen Personen (es) ermöglicht, ihre Wünsche eindeutig auszudrücken" (Art. 19 Abs. 2 b DSGVO-E (EP)).

25 Damit trägt der Entwurf des Parlamentes dem Umstand Rechnung, dass gerade im Zusammenhang mit der Inanspruchnahme von im Internet angebotenen Dienstleistungen eine Verarbeitung personenbezogener Daten regelmäßig auf Art. 6 Abs. 1 lit. f DSGVO-E (EP) gestützt wird, sofern keine ausdrückliche Einwilligung des Nutzers im Sinne des Art. 6 Abs. 1 lit. a DSGVO-E (EP) vorliegt. Gegen diese Art der Verarbeitung soll nach dem Willen des Parlamentes dem Betroffenen eine vereinfachte Möglichkeit zur Verfügung stehen, wie der Widerspruch ausgeübt werden kann.

f) Verarbeitungsverbot mit Wirkung für die Zukunft

26 Wie bereits in der durch die Kommission vorgeschlagenen Fassung des Art. 19 Abs. 3 DSGVO-E sieht die durch das Parlament verabschiedete Entwurfsfassung des Art. 19 Abs. 3 DSGVO-E (EP) ein Nutzungs- und Verarbeitungsverbot mit Wirkung für die Zukunft vor. Da nach der konzeptionellen Vorstellung des Parlamentes der Widerspruch auf Zwecke spezifisch begrenzt werden kann, erstreckt sich das Nutzungs- und Verarbeitungsverbot folgerichtig auch auf die im Widerspruch genannten Zwecke.

3. Entwurf des Rates der Europäischen Union vom 15. Juni 2015[12]

27 Der Rat unterzog die Regelung zum Widerspruch und dessen Ausübung im Vergleich zu dem durch das Parlament vorgelegten Entwurf einer weitgehenden Überarbeitung.

a) Widerspruch gegen Verarbeitungen, die auf Art. 6 Abs. 1 lit. e oder lit. f DSGVO-E gestützt werden

28 Der Rat beschränkte das Widerspruchsrecht auf Verarbeitungen, die auf Art. 6 Abs. 1 lit. e und lit. f DSGVO-E gestützt werden. Damit entfällt das Widerspruchsrecht, soweit es sich gegen Verarbeitungen richtet, für die Art. 6 Abs. 1 lit. d DSGVO-E eine Rechtsgrundlage bildet. Erfolgt eine Verarbeitung zum Schutz lebenswichtiger Interessen der betroffenen Person (Art. 6 Abs. 1 lit. d DSGVO-E), steht dieser nach dem Willen des Rates kein Widerspruchsrecht zu.

---

11 Dies sind solche des Art. 1 Nr. 1 lit. b der EL (EU) 2015/1535 des Europäischen Parlaments und des Rats, ABl. L 241 v. 17.9.2015, S. 1 und umfassen Dienstleistungen der Informationsgesellschaft, dh „jede in der Regel gegen Entgelt elektronisch im Fernabsatz und auf individuellen Abruf eines Empfängers erbrachte Dienstleistung".

12 Rat der Europäischen Union v. 15.6.2015, 9565/15; 2012/0011 (COD).

Die betroffene Person soll das Widerspruchsrecht zwar ebenfalls „jeder-   29
zeit" ausüben können. Allerdings muss sie sich auf „Gründe, die sich aus
ihrer besonderen Situation ergeben",[13] stützen können.

Der Rat präzisierte weiter den Gegenstand des Widerspruches. Ließen so-   30
wohl die Kommission als auch das Parlament in den jeweils vorgelegten
Fassungen des Art. 19 Abs. 1 DSGVO-E den Widerspruch gegen „die Verarbeitung personenbezogener Daten" zu, schränkt der Rat dieses Recht dahingehend ein, dass sich ein Widerspruch nur auf jene personenbezogenen
Daten beziehen kann, die die betreffende Person selbst betreffen.

Der Rat gewährt mit Art. 19 Abs. 1 DSGVO-E (Rat) der betroffenen Per-   31
son ein weiteres Widerspruchsrecht, das sich auf Verarbeitungen bezieht,
die auf Art. 6 Abs. 4 Satz 1 DSGVO-E (Rat) in Verbindung mit Art. 6
Abs. 1 lit. e DSGVO-E (Rat) oder Art. 6 Abs. 4 DSGVO-E (Rat) gestützt
werden.[14]

Im Gegensatz zu dem durch das Parlament vorgelegten Entwurf sieht der   32
Rat im Rahmen des Widerspruchsrechtes nach Art. 19 Abs. 1 DSGVO-E
(Rat) die Möglichkeit zugunsten des Verantwortlichen für die Verarbeitung
vor, dass dieser sich mit dem Hinweis auf bestehende zwingende schutzwürdige Gründe, die die Interessen, Rechte und Freiheiten der betroffenen
Person überwiegen, dem Widerspruch entgegenstellen kann. Ebenso kann
dem Widerspruch entgegen gehalten werden, wenn die Verarbeitung der
Geltendmachung, der Ausübung oder der Verteidigung von Rechtsansprüchen dient (Art. 19 Abs. 1 aE DSGVO-E (Rat)).

b) Direktwerbung

Art. 19 Abs. 2 DSGVO-E (Rat) nimmt den Widerspruch gegen die Verwen-   33
dung personenbezogener Daten zum Zweck der Direktwerbung wieder in
den Verordnungsentwurf auf. Danach hat die betroffene Person ein jederzeitiges Widerrufsrecht gegen die Verarbeitung sie betreffender personenbezogener Daten.

Eine Abwägung mit entgegenstehenden Gründen auf Seiten des Verant-   34
wortlichen für die Verarbeitung findet – anders als im Fall des Art. 19
Abs. 1 DSGVO-E (Rat) nicht statt.

Spätestens zum Zeitpunkt der ersten Kommunikation mit der betroffenen   35
Person ist diese auf das Widerspruchsrecht hinzuweisen. Der Hinweis hat
in einer „verständlichen" und von anderen Informationen getrennten Form
zu erfolgen.

---

13 Art. 19 Abs. 1 DSGVO-E (Rat).
14 Art. 6 Abs. 4 DSGVO-E (Rat) hat folgenden Wortlaut: „Wenn der Zweck der Wei-
    terverarbeitung mit dem Zweck, für den die personenbezogenen Daten von dem-
    selben für die Verarbeitung Verantwortlichen erhoben wurden, nicht vereinbar ist,
    muss auf die Weiterverarbeitung mindestens einer der in Absatz 1 Buchstaben a bis
    e genannten Gründe zutreffen. Die Weiterverarbeitung durch denselben für die Ver-
    arbeitung Verantwortlichen für nicht konforme Zwecke aufgrund der berechtigten
    Interessen dieses für die Verarbeitung Verantwortlichen oder eines Dritten ist recht-
    mäßig, wenn diese Interessen die Interessen der betroffenen Person überwiegen".

36   Wird der Widerspruch gegen die Verarbeitung zum Zweck der Direktwerbung ausgeübt, wird dadurch ein Verarbeitungsverbot mit Wirkung für die Zukunft ausgelöst (Art. 19 Abs. 2 a DSGVO-E (Rat)).

c) Hinweisverpflichtung

37   Der Entwurf des Rates sieht eine ausdrückliche und in der Ausgestaltung klare Hinweisverpflichtung nur im Fall des Widerspruches gegen Direktwerbung vor. Die weiteren in Art. 19 DSGVO-E (Rat) enthaltenen Widerspruchsrechte sind von keiner gesonderten Hinweispflicht erfasst.

d) Widerspruchsrecht gegen die Verarbeitung zu historischen, statistischen oder wissenschaftlichen Zwecken

38   Der Rat gewährt mit Art. 19 Abs. 2aa DSGVO-E (Rat) der betroffenen Person ein Widerspruchsrecht in Fällen, die zuvor weder durch die Kommission noch durch das Parlament für die Ausübung von Widerspruchsrechten vorgesehen waren.

39   Die betroffene Person kann „aus Gründen, die sich aus ihrer besonderen Situation ergeben", gegen die Verarbeitung „sie betreffender personenbezogener Daten" zu historischen, statistischen oder wissenschaftlichen Zwecken Widerspruch einlegen. Ein solcher führt jedoch dann nicht zu einem Verbot der Verarbeitung, wenn diese „zur Erfüllung einer im öffentlichen Interesse liegenden Aufgabe erforderlich" ist.

4. Ergebnisse des Trilogs vom 15.12.2015[15]

40   Die im Trilog verabschiedete Fassung spiegelt den zwischen den am Gesetzgebungsverfahren beteiligten Organen gefundenen Kompromiss.

a) Widerspruchsrecht gegen Verarbeitungen, die auf Art. 6 Abs. 1 lit. e und lit. f DSGVO-E (Trilog) gestützt werden

41   Art. 19 Abs. 1 DSGVO-E (Trilog) gewährt der betroffenen Person ein Widerspruchsrecht, das diese jederzeit ausüben kann. Voraussetzung für die Ausübung des Widerspruchsrechts ist, dass sich die betroffene Person auf Gründe stützen kann, die sich aus ihrer besonderen Situation ergeben. Gegenstand des Widerspruchsrechts sind in Anlehnung an den Entwurf des Rates Verarbeitungsvorgänge, die auf Art. 6 Abs. 1 lit. e und lit. f DSGVO-E (Trilog) gestützt werden.

42   Über die zuvor im Gesetzgebungsverfahren hinausgehenden Fassungen hinaus sieht die im Trilog verabschiedete Entwurfsfassung eine Präzisierung der vom Widerspruchsrecht erfassten Verarbeitungen dahingehend vor, dass auch ein auf Art. 6 Abs. 1 lit. e oder lit. f DSGVO-E (Trilog) gestütztes Profiling vom Widerspruchsrecht erfasst ist.

43   Art. 19 Abs. 1 DSGVO-E (Trilog) gestattet dem Verarbeiter den Nachweis, dass auf seiner Seite zwingende schutzwürdige Gründe vorliegen, die die Interessen, Rechte und Freiheiten des Betroffenen überwiegen oder dass die Verarbeitung zur Geltendmachung, Ausübung oder Verteidigung von Rechtsansprüchen dient.

---

15 Rat der Europäischen Union v. 15.12.2015, 15039/15; 2012/0011 (COD).

b) Widerspruchsrecht bei Direktmarketing

Werden personenbezogene Daten zu Zwecken des Direktmarketings verarbeitet, kommt dem Betroffenen nach Art. 19 Abs. 2 DSGVO-E (Trilog) ein Widerspruchsrecht zu, das dieser jederzeit in Bezug auf das Direktmarketing ausüben kann. Eine Güterabwägung mit Interessen des Verantwortlichen für die Verarbeitung findet im Rahmen des Art. 19 Abs. 2 DSGVO-E (Trilog) nicht statt.   **44**

Soweit Profiling im Zusammenhang mit Direktmarketing erfolgt, erstreckt sich das Widerspruchsrecht nach Art. 19 Abs. 2 DSGVO-E (Trilog) auch auf das Profiling.   **45**

c) Verarbeitungsverbot mit Wirkung für die Zukunft

Übt der Betroffene sein Widerspruchsrecht aus, löst dies nach Art. 19 Abs. 2 a DSGVO-E (Trilog) ein Verarbeitungsverbot für die vom Widerspruch erfassten Zwecke mit Wirkung für die Zukunft aus.   **46**

d) Zeitpunkt der Information über das Widerspruchsrecht

Nach Art. 19 Abs. 2 b DSGVO-E (Trilog) ist der Betroffene spätestens zum Zeitpunkt der ersten Kommunikation auf das Widerspruchsrecht nach Art. 19 Abs. 1 oder Abs. 2 DSGVO-E (Trilog) hinzuweisen.   **47**

Der Hinweis hat in klarer Form und getrennt von anderweitigen Informationen zu erfolgen.   **48**

e) Form des Widerspruches bei Diensten der Informationsgesellschaft

Werden Dienste der Informationsgesellschaft durch den Betroffenen genutzt bzw. diesem gegenüber erbracht, kann dieser nach Art. 19 Abs. 2 b DSGVO-E (Trilog) den Widerspruch durch die Nutzung technischer oder automatisierter Mittel ausgeübt werden. Die Regelungen der RL 2002/58/EG bleiben dabei unberührt.   **49**

f) Widerspruchsrecht gegen die Verarbeitung zu historischen, statistischen oder wissenschaftlichen Zwecken

Art. 19 Abs. 2aa DSGVO-E (Trilog) übernimmt das durch den Rat neu gebildete Widerspruchsrecht im Fall der Verarbeitung zu historischen, statistischen oder wissenschaftlichen Zwecken und konkretisiert diese dahingehend, dass ein Widerspruchsrecht nur in den in Art. 83 Abs. 1 DSGVO-E (Trilog) geregelten Fällen besteht.   **50**

B. Kommentierung

I. Allgemeines

Art. 21 DSGVO gewährt der betroffenen Person in drei Fallgruppen ein Recht, gegen eine an sich rechtmäßige Verarbeitung Widerspruch einzulegen und so – bei Vorliegen der gesetzlichen Tatbestandsvoraussetzungen – die weitere Nutzung und Verarbeitung der ihn betreffenden personenbezogenen Daten zu unterbinden.   **51**

52 Gleichzeitig regelt Art. 21 DSGVO die verfahrensrechtlichen Schutzmechanismen[16] durch Durchsetzung des Widerspruchsrechts. Diese umfassen nicht nur spezifische Hinweispflichten des Verantwortlichen auf das Bestehen des Widerspruchsrechts sondern ebenso die Möglichkeit des Widerspruches mit Hilfe automatisierter Verfahren. Schließlich ist Art. 21 DSGVO im Kontext mit der Pflicht zur Information über ergriffene Maßnahmen nach Art. 12 Abs. 3 und 4 DSGVO zu sehen.

II. Widerspruchsrechte

1. Widerspruchsrecht gegen auf Art. 6 Abs. 1 lit. e und lit. f DSGVO sowie Profiling, Art. 21 Abs. 1 DSGVO

53 Erfolgt auf der Grundlage des Art. 6 Abs. 1 lit. e oder lit. f DSGVO eine Verarbeitung personenbezogener Daten, so ist diese Verarbeitung bei Vorliegen der in diesen Rechtsgrundlagen angelegten Tatbestandsvoraussetzungen rechtmäßig. Dies bedeutet, dass beispielsweise auch ein Profiling[17] im Rahmen des Art. 6 Abs. 1 lit. e oder lit. f DSGVO grundsätzlich rechtmäßig möglich ist.

54 Der Verordnungsgeber will mit der Statuierung eines Widerspruchsrechtes zugunsten des Betroffenen im Einzelfall die Möglichkeit eröffnen, dass unter Berücksichtigung der besonderen Situation des Betroffenen diese Verarbeitungen gleichwohl unterbunden werden können. Die Erwähnung des Profiling im Verordnungstext soll dies zur Klarstellung eigens hervorheben.[18]

a) Zum Widerspruch berechtigte Person

55 Zur Ausübung des Widerspruchsrechts ist nur die betroffene Person im Sinne des Art. 4 Abs. 1 DSGVO berechtigt. Die Geltendmachung des Widerspruchsrechts für einen Dritten ist in der Verordnung nicht vorgesehen.

b) Adressat des Widerspruchs

56 Durch das Widerspruchsrecht wird hingegen der „Verantwortliche" verpflichtet. Dieser ist nach Art. 4 Nr. 7 DSGVO zu bestimmen. Der Wortlaut des Art. 21 Abs. 1 DSGVO macht in diesem Zusammenhang deutlich, dass das Widerspruchsrecht sich nicht an den Auftragsverarbeiter im Sinne des Art. 4 Nr. 8 DSGVO richtet. Dem Auftragsverarbeiter kommt insoweit keine eigenständige Verantwortlichkeit zu.[19]

c) Zeitpunkt der Ausübung des Widerspruches

57 Die Ausübung des Widerspruchsrechtes kann „jederzeit" erfolgen. Der Widerspruch entfaltet jedoch keine Rückwirkung, da die vor der Ausübung des Widerspruches erfolgte Verarbeitung rechtmäßig war und erst nach dem ausgeübten Widerspruch und bei Vorliegen der in Art. 21 Abs. 1

---

16 Paal/Pauly/*Martini* DSGVO Art. 21 Rn. 63 ff.
17 Der Verordnungsgeber selbst wollte das Profiling selbst nicht im Detail regeln. Die Verordnung spricht deshalb diese Art der Datenverarbeitung und die damit zusammenhängenden Aspekte nur punktuell an. Vgl. *Schantz* NJW 2016, 1841 (1844).
18 Zutreffend Paal/Pauly/*Martini* DSGVO Art. 21 Rn. 17.
19 In diesem Sinne ebenso Paal/Pauly/*Martini* DSGVO Art. 21 Rn. 18.

DSGVO enthaltenen Tatbestandsvoraussetzungen zu einem Verarbeitungsverbot mit Wirkung für die Zukunft nach Art. 21 Abs. 1 Satz 2 1. Hs.
DSGVO führt.

d) Tatbestandsvoraussetzung für die Ausübung des Widerspruchsrechts

Die Ausübung des Widerspruchsrechts ist an keine allzu strengen[20] Tatbe-   58
standsvoraussetzungen geknüpft. Die betroffene Person soll allerdings –
trotz der Rechtmäßigkeit der Verarbeitung – das Recht haben, aufgrund
von Gründen, die in ihrer besonderen Situation liegen, gegen die Verarbeitung Widerspruch zu erheben.[21]

Art. 21 Abs. 1 DSGVO verlangt von dem Betroffenen, dass Gründe vorlie-   59
gen, die sich aus seiner „besonderen Situation" ergeben. Art. 21 Abs. 1
DSGVO gewährt also kein allgemeines Widerspruchsrecht. Der Betroffene
muss darlegen können, worin diese besondere Situation liegt.

Die Verordnung lässt bewusst offen, worin diese Gründe liegen können.   60
Martini[22] weist darauf hin, dass diese Gründe auf die Rechte und Freiheiten des Betroffenen Bezug nehmen. Dies ergebe sich aus dem Umstand,
dass das Widerspruchsrecht gegen eine an sich rechtmäßige Verarbeitung
über die in Art. 6 Abs. 1 lit. e und lit. f DSGVO angelegte abstrakt-generelle
normative Wertung hinaus den konkreten Umständen des Einzelfalles
Rechnung tragen will.

Bei der Annahme der besonderen Situation ist folglich Zurückhaltung ge-   61
boten. Der Betroffene muss konkret darlegen, worin im Hinblick auf den
grundrechtlichen Schutzzweck des Datenschutzes seine besondere Situation
liegt, die über die im Rahmen des Art. 6 Abs. 1 lit. e und lit. f DSGVO bereits erfolgte allgemeine Güterabwägung hinaus eine Ausnahme von der
rechtmäßigen Verarbeitung gegeben sein soll.

Der Gesetzeswortlaut nennt in diesem Zusammenhang ausdrücklich auch   62
das Profiling. Gerade hieran wird die Schwierigkeit deutlich, die „besondere Situation" des Betroffenen darzulegen. Würde im Rahmen des Art. 6
Abs. 1 lit. f DSGVO beispielsweise das allgemeine Interesse des Betroffenen, nicht Gegenstand einer Verhaltensanalyse zu sein, gegen das nach
Art. 6 Abs. 1 lit. f DSGVO geforderte berechtigte Interesse des Verantwortlichen für die Verarbeitung abzuwägen sein, müsste im Rahmen des Art. 21
Abs. 1 DSGVO eine auf den Betroffenen spezifischere Situation beschrieben werden können, warum dieser vor dem Hintergrund einer bereits erfolgten Abwägung im Rahmen des Art. 6 Abs. 1 lit. f DSGVO ein Widerspruchsrecht meint geltend machen zu können.

Das grundlegende Problem, ab wann im Sinne des Art. 21 Abs. 1 DSGVO   63
von einer besonderen Situation im Hinblick auf Profiling ausgegangen werden kann, wird nur dadurch abgemildert, dass ein auf Direktmarketing
ausgerichtetes Profiling nach Art. 21 Abs. 2 DSGVO Gegenstand des Widerspruchsrechtes sein kann, auch ohne dass hierzu eine „besondere Situation" des Betroffenen dargelegt werden muss.

---

20 Vgl. Paal/Pauly/*Martini* DSGVO Art. 21 Rn. 21.
21 Siehe hierzu Erwägungsgrund 69 Satz 1.
22 Paal/Pauly/*Martini* DSGVO Art. 21 Rn. 30.

64 So bleibt im Interesse der Rechtssicherheit auf Seiten der betroffenen Personen lediglich abzuwarten, ob von Seiten der Aufsichtsbehörden oder der Rechtsprechung Fallgruppen herausgebildet werden, worin die besondere Situation des Betroffenen im Sinne des Art. 21 Abs. 1 DSGVO liegen muss, um ein Widerspruchsrecht zu bejahen.

e) Zwingende schutzwürdige Gründe für die Verarbeitung

65 Der Verantwortliche für die Verarbeitung kann dem Widerspruch durch den Nachweis entgegen treten, dass auf seiner Seite „zwingende schutzwürdige Gründe" für die Verarbeitung vorliegen.

66 Den Verantwortlichen trifft die Darlegungslast. Er muss nachweisen, dass diese zwingenden schutzwürdigen Gründe vorliegen. Die Darlegungslast umfasst vor allen Dingen auch den Nachweis, dass diese Gründe gegenüber dem Interesse des Betroffenen oder dessen Grundrechten und Grundfreiheiten Vorrang genießen.[23]

67 Das mit dem Widerspruchsrecht durch den Betroffenen geltend gemachte Persönlichkeitsrecht hat gegenüber dem Verarbeitungsinteresse des Verantwortlichen im Zweifel Vorrang.[24]

f) Geltendmachung, Ausübung oder Verteidigung von Rechtsansprüchen

68 Art. 21 Abs. 1 Satz 2 Hs. 2 DSGVO normiert einen Fall des zwingenden schutzwürdigen Grundes der die mit der Ausübung des Widerspruchsrechtes verbundene Rechtsfolge des Verarbeitungsverbotes abwendet. Die Ausübung des Widerspruchsrechtes soll nicht dazu genutzt werden können, Rechtsansprüche des Verantwortlichen zu unterbinden oder deren Ausübung oder Verteidigung auszuschließen.

69 Der Wortlaut der Vorschrift lässt sowohl die gerichtliche als auch die außergerichtliche Geltendmachung von Rechtsansprüchen zu. Nicht erforderlich ist, dass diese Rechtsansprüche von der Verarbeitung abhängen. Art. 21 Abs. 1 Satz 2 DSGVO spricht davon, dass die Verarbeitung der Geltendmachung, Ausübung oder Verteidigung von Rechtsansprüchen „dienlich" sein muss.[25]

70 Während der Verantwortliche das Vorliegend zwingender schutzwürdiger Gründe für die Verarbeitung im Sinne des Art. 21 Abs. 1 Satz 2 Hs. 1 DSGVO nachweisen muss, genügt für die Darlegung der Dienlichkeit der Verarbeitung für die Zwecke der Geltendmachung, Ausübung oder Verteidigung von Rechtsansprüchen die Glaubhaftmachung. Ein bloßes Behaupten ist hingegen nicht ausreichend.[26]

---

23 Erwägungsgrund 69 Satz 2.
24 Ebenso Paal/Pauly/*Martini* DSGVO Art. 21 Rn. 40.
25 Ebenso Paal/Pauly/*Martini* DSGVO Art. 21 Rn. 42 mit zutreffendem Hinweis auf die in Erwägungsgrund 111 zum Ausdruck kommende Grundauffassung der Verordnung.
26 Ebenso Paal/Pauly/*Martini* DSGVO Art. 21 Rn. 46 mit überzeugender dogmatischer Begründung.

g) Rechtsfolge

Bereits aus Art. 21 Abs. 1 Satz 2 Hs. 1 DSGVO resultiert die Verpflichtung 71
des Verantwortlichen für die Verarbeitung, nach der wirksamen Ausübung
des Widerspruchsrechtes die Verarbeitung der personenbezogenen Daten
des Betroffenen mit Wirkung für die Zukunft zu unterlassen.

Art. 17 Abs. 1 lit. c DSGVO stellt zudem klar, dass als weitere Rechtsfolge 72
des wirksamen Widerspruches die betreffenden personenbezogenen Daten
von dem Recht des Betroffenen auf Löschung erfasst sind. Problematisch
ist in diesem Zusammenhang allerdings, dass der Wortlaut des Art. 17
Abs. 1 DSGVO darauf abstellt, dass der Betroffene die Löschung vom Verantwortlichen „verlangt". Die Verordnung geht nicht davon aus, dass der
Verantwortliche die Daten eigenständig zu löschen habe, sobald die Voraussetzungen für eine rechtmäßige Verarbeitung nicht (mehr) vorliegen.

2. Widerspruch gegen Verarbeitungen zum Zweck der Direktwerbung, Art. 21 Abs. 2 und 3 DSGVO

Während Art. 21 Abs. 1 DSGVO die Ausübung des Widerspruchsrechtes 73
davon abhängig macht, dass der Betroffene geltend macht, aufgrund von
Gründen, die in seiner besonderen Situation liegen, hierzu berechtigt zu
sein, sieht Art. 21 Abs. 2 DSGVO für den Fall der Verarbeitung personenbezogener Daten zu Zwecken der Direktwerbung ein vereinfachtes Widerspruchsrecht vor.

Auch in diesem Fall gilt zunächst, dass die Verarbeitung zu Zwecken der 74
Direktwerbung an sich rechtmäßig sein muss. Somit müsste jedenfalls als
Verarbeitungsgrundlage Art. 6 Abs. 1 lit. f DSGVO nach der darin gefor-
derten Güterabwägung erfüllt sein.

Der Gesetzgeber will dem Betroffenen unabhängig von der Rechtmäßigkeit 75
der Verarbeitung zu Zwecken der Direktwerbung ein jederzeitiges Widerrufsrecht mit der Folge gewähren, dass nach der Ausübung des Rechtes die
weitere Verarbeitung personenbezogener Daten zum Zweck der Direktwerbung nach Art. 21 Abs. 3 DSGVO nicht mehr zulässig ist.

Bereits nach Art. 14 UAbs. 1 lit. b RL 95/46/EG sollte dem Betroffenen ein 76
einfaches Widerspruchsrecht gegen Verarbeitungen zum Zweck der Direktwerbung zukommen.[27]

Der Begriff der „Direktwerbung" wird in der Verordnung terminologisch 77
nicht fixiert. Auch Erwägungsgrund 70 lässt nicht erkennen, welches begriffliche Verständnis der Regelung zugrunde liegt. Während der Begriff im
ursprünglichen Sinn die direkte werbliche Ansprache des Beworbenen
durch den Werbenden[28] erfasst, lassen vor allen Dingen Werbeformen, die
auf der Auswertung personenbezogener Daten unter dem Aspekt des „Pro-

---

27 Die Anforderungen der RL 95/46/EG wurden in das nationale Recht mit dem Wi-
    derspruchsrecht gegen die werbliche Verwendung personenbezogener Daten in
    § 28 Abs. 4 Satz 1 BDSG umgesetzt.
28 In diesem Sinne schon OLG Düsseldorf 17.11.1961 – 2 U 52/61, GRUR 1962,
    589.

filing"[29] beruhen, durchaus den Begriff der Direktwerbung vielschichtiger erscheinen. So wird der Beworbene auch dadurch „direkt" angesprochen, dass auf ihn konkret zugeschnittene Angebote gebildet und an ihn adressiert werden, wie dies beispielsweise unter dem Begriff des „targeted advertising"[30] erfolgt. Ebenso ist daran zu denken, dass „dynamische oder personalisierte Preise"[31] dem Begriff der Direktwerbung zuzurechnen sein könnten, da auch in diesem Fall die Preisbildung auf die spezifischen Anforderungen des Beworbenen hin gebildet werden.[32]

78 Art. 21 Abs. 2 DSGVO spricht davon, dass personenbezogene Daten „verarbeitet" werden, um Direktwerbung zu betreiben. Zieht man in diesem Zusammenhang die in Art. 4 Nr. 2 DSGVO enthaltene Legaldefinition der „Verarbeitung" heran, muss betont werden, dass nicht erst bereits vorhandene personenbezogene Daten von der Vorschrift erfasst werden. Bereits das „Erheben", „Erfassen", „Organisation" oder auch das „Ordnen" der personenbezogenen Daten wird vom Begriff der Verarbeitung umfasst.

79 Der Widerspruch des Betroffenen unterbindet folglich auch das Erfassen personenbezogener Daten oder das (Neu-)Strukturieren vorhandener Daten, sofern dies im Hinblick auf Direktwerbung erfolgt. Ein solcher Erhebungs- oder Ordnungsvorgang liegt bereits im Filtern von Daten, die auf Seiten des Verarbeitenden vorliegen oder die dieser, beispielsweise aufgrund Art. 6 Abs. 1 lit. f DSGVO, erfasst.

80 Will der Verantwortliche der aus Art. 21 Abs. 3 DSGVO resultierenden Verpflichtung nachkommen, muss er dafür Sorge tragen, dass die vom ausgeübten Widerspruch des Betroffenen erfassten personenbezogenen Daten nicht erst mit der Zweckbestimmung der Direktwerbung erhoben werden.

81 Die „jederzeitige" Ausübbarkeit des Widerspruchsrechtes bewirkt hinsichtlich der bereits in der Vergangenheit erhobenen (verarbeiteten) personenbezogenen Daten des Betroffenen, dass diese nicht mehr zum Zweck der Direktwerbung genutzt werden dürfen (Art. 21 Abs. 3 DSGVO).

82 Der Begriff der Verarbeitung umfasst auch das „Organisieren" sowie „Ordnen" personenbezogener Daten. Diese Merkmale sind regelmäßig auch mit der Tätigkeit des „Profiling" verknüpft. Der Wortlaut des Art. 21 Abs. 2 Hs. 2 DSGVO betont folglich lediglich klarstellend, dass von dem erleichterten Widerspruchsrecht auch das Profiling erfasst ist, sofern es jedoch „mit solcher Direktwerbung in Verbindung" steht.

83 Der Gesetzeswortlaut ist im Hinblick auf das Profiling unscharf. Verlangt wird nicht, dass das Profiling zu dem Zweck der Direktwerbung erfolgt. Es genügt vielmehr, wenn das Profiling „in Verbindung" steht. Das Widerspruchsrecht kann folglich gegen Profiling, das neben der Direktwerbung

---

29 Siehe zur terminologischen Fixierung des Begriffes die in Art. 4 Nr. 4 DSGVO gefundene Umschreibung.

30 Vgl. hierzu *Moos/Arning* ZD 2014, 242; Forgó/Helfrich/Schneider/*Ott*, Information als Wirtschaftsgut, Teil X Kapitel 5, Rn. 3 ff.; Wolff/Brink/*Forgó*, Datenschutzrecht, Werbung, Rn. 1 ff.

31 Vgl. zum Begriff der dynamischen Preisbildung *Schmidt* DSRITB 2016, 1007 (1008).

32 Allgemein zur datenschutz-, wettbewerbs- und kartellrechtlichen Zulässigkeit der Bildung dynamischer oder personalisierter Preise bei *Schmidt* DSRITB 2016, 1007.

auch zu anderen Zwecken erfolgt, ausgeübt werden. Es genügt, dass das Profiling mit Direktwerbung in Verbindung steht.

Will der Verantwortliche Profiling zu anderen Zwecken als Direktwerbung   84
durchführen und ausschließen, dass der Betroffene gegen dieses Profiling nach dem erleichterten Widerspruchsrecht aus Art. 21 Abs. 2 DSGVO vorgeht, muss er sicherstellen, dass dieses Profiling in keiner Verbindung zur Direktwerbung erfolgt. Nur unter dieser Voraussetzung ist gewährleistet, dass das Widerspruchsrecht gegen Profiling nur aus Art. 21 Abs. 1 DSGVO ausgeübt und der Verantwortliche für die Verarbeitung gegen das Widerspruchsrecht etwa auf seiner Seite bestehende Gründe im Sinne des Art. 21 Abs. 1 Satz 2 DSGVO einwenden kann.[33]

Die Rechtsfolge des ausgeübten Widerspruchsrechtes ergibt sich aus   85
Art. 21 Abs. 3 DSGVO. Die Daten unterliegen einem mit Wirkung für die Zukunft geltenden Verarbeitungsverbot.

Eine weitere Rechtsfolge ist in Art. 17 Abs. 1 lit. c DSGVO zu finden. Da   86
die betroffene Person nach Art. 21 Abs. 2 Widerspruch gegen die Verarbeitung eingelegt hat, sind die Daten zu löschen. Allerdings ist die Löschung davon abhängig, dass der Betroffene vom Verantwortlichen die Löschung dieser personenbezogenen Daten „verlangt" (Art. 17 Abs. 1 DSGVO).[34]

3. Widerspruch gegen die Verarbeitung zu wissenschaftlichen oder historischen Forschungszwecken oder zu statistischen Zwecken, Art. 21 Abs. 6 DSGVO

Der Verordnungsgeber erkennt die gesellschaftliche Bedeutung der Verar-   87
beitung personenbezogener Daten zu Forschungszwecken auch im Rahmen der DSGVO an. Dies wird insbesondere auch in Erwägungsgründen 156 bis 161 deutlich. Mit Art. 89 DSGVO werden die Verarbeitungszwecke der wissenschaftlichen oder historischen Forschung sowie der statistischen Zwecke erfasst.[35]

Angesichts der allgemeinen Bedeutung der Verarbeitung personenbezoge-   88
ner Daten zu statistischen und Forschungszwecken wäre durchaus daran zu denken, dem Betroffenen bei im übrigen rechtmäßiger Verarbeitung seiner personenbezogenen Daten zu diesen Zwecken kein eigenständiges Widerspruchsrecht einzuräumen. Eine entsprechende Güterabwägung hätte im Rahmen der Rechtmäßigkeitsprüfung der Verarbeitung personenbezogener Daten zu diesen Zwecken stattzufinden.

Die Entwürfe der Kommission und des Parlamentes sahen in den jeweili-   89
gen Entwürfen zu Art. 19 DSGVO-E kein eigenständiges Widerspruchs-

---

33 Vgl. kritisch zur Bedeutung des Profiling sowie der Datenverarbeitung im Zusammenhang mit Big Data sowie die in der DSGVO hierzu angelegten konzeptionellen Vorstellungen *Dammann* ZD 2016, 307 (312 ff.).

34 Paal/Pauly/*Martini* DSGVO Art. 21 Rn. 53 lässt in diesem Zusammenhang offen, ob der Verantwortliche für die Verarbeitung auch ohne ein solches „Verlangen" des Betroffenen die Daten zu löschen hat. Martini geht von dem Bestehen einer „Verpflichtung" zur Löschung auf Seiten des Verantwortlichen aus und verweist darauf, dass der Betroffene gegen den Verantwortlichen aus Art. 77 ff. DSGVO vorgehen könne, sollte sich dieser über diese Rechtspflicht hinwegsetzen.

35 Vgl. hierzu die Ausführungen in diesem Werk zu Art. 89 DSGVO.

recht vor. Ein solches wurde erst mit Art. 19 Abs. 2aa DSGVO-E (Rat) durch den Rat eingeführt und schließlich in der verabschiedeten Fassung des Art. 21 Abs. 6 DSGVO verankert.

90   Die Verordnung knüpft das Widerspruchsrecht gegen die Verarbeitung personenbezogener Daten zu Forschungs- oder Statistikzwecken an vergleichbare Hürden, wie dies in Art. 21 Abs. 1 DSGVO der Fall ist.

91   Der Betroffene kann sein Widerspruchsrecht dann ausüben, wenn er sich auf Gründe berufen kann, die sich aus seiner besonderen Situation ergeben. Eine allgemeine Geltendmachung eines Widerspruchsrechtes ist damit ausgeschlossen. Die Gründe, auf die sich der Betroffene stützen will, müssen gerade im Hinblick auf seine datenschutzrechtlich schutzwürdige Situation ergeben.[36]

92   Martini[37] weist zutreffend darauf hin, dass diese Gründe der „besonderen Situation" gerade darin liegen müssen, noch nicht im Rahmen der allgemeinen Abwägung nach Art. 6 Abs. 1 lit. e DSGVO oder nach Art. 89 Abs. 1 DSGVO berücksichtigt zu sein. Diese Gründe stehen in Konkurrenz zu der möglichen Abwehr des Widerspruches, die darin liegt, dass die Verarbeitung der personenbezogenen Daten zu diesen Zwecken „zur Erfüllung einer im öffentlichen Interesse liegenden Aufgabe erforderlich"[38] ist. Die besonderen Gründe müssen folglich eine andere normative Gewichtung der konkurrierenden Interessen rechtfertigen, als dies im Rahmen der Rechtmäßigkeitsprüfung nach Art. 6 Abs. 1 lit. e DSGVO oder Art. 89 Abs. 1 DSGVO erfolgte.

93   Der Begriff der wissenschaftlichen Forschung ist im Rahmen des Art. 21 Abs. 6 DSGVO weit auszulegen.[39] Er umfasst sowohl die Verarbeitung für die technologische Entwicklung und die Demonstration ebenso wie die Grundlagenforschung, die angewandte Forschung und auch die privat finanzierte Forschung.[40] Die Privilegierung der Verarbeitung personenbezogener Daten zu Forschungszwecken und die damit verknüpfte Gewährung eines datenschutzrechtlichen Widerspruchsrechtes erfolgen vor dem Hintergrund des in Art. 179 Abs. 1 AEUV umschriebenen Zieles der Schaffung eines europäischen Raumes der Forschung.[41]

94   Der Wortlaut des Art. 21 Abs. 6 DSGVO scheint eine begriffliche Differenzierung zwischen einerseits historischen und andererseits wissenschaftlichen Forschungszwecken nahe zu legen. Dies wäre jedoch eine unzutreffende Klassifikation historischer Forschung als nicht wissenschaftlich. Eine solche begriffliche Trennung ist der Verordnung nicht eigen. Vielmehr lässt sich aus Erwägungsgrund 160 ableiten, dass der Verordnungsgeber die Zwecke der historischen Forschung als besondere Zwecke, die eine Verarbeitung personenbezogener Daten unter privilegierten Bedingungen recht-

---

36 Vgl. hierzu Paal/Pauly/Martini DSGVO Art. 21 Rn. 56.
37 Paal/Pauly/Martini DSGVO Art. 21 Rn. 56.
38 Art. 21 Abs. 6 Hs. 2 DSGVO.
39 So Erwägungsgrund 159 Satz 2.
40 Erwägungsgrund 159.
41 Ebenso Paal/Pauly/Martini DSGVO Art. 21 Rn. 54.

fertigen, herausstellen wollte.[42] Eine weitergehende Differenzierung ist damit folglich nicht verbunden.

Von der „historischen und wissenschaftlichen Forschung" getrennt wird   95
die Verarbeitung personenbezogener Daten zu statistischen Zwecken genannt. Erwägungsgrund 162 Satz 3 macht deutlich, dass als statistische Zwecke bereits jede Untersuchung oder Erstellung statistischer Ergebnisse verstanden werden, die in einem weiteren Schritt dann im Zusammenhang mit wissenschaftlichen Forschungszwecken verwendet werden.

Diese Sichtweise ist folgerichtig. Sie lässt nicht nur die erkenntnis- und wis-   96
senschaftstheoretisch begründete Auseinandersetzung mit Daten vom Forschungsprivileg erfasst sein sondern schließt darin auch die Datenerhebung zu statistischen Zwecken ein.

Das Widerspruchsrecht des Betroffenen aus Art. 1 Abs. 6 Hs. 1 DSGVO   97
kann durch den Verantwortlichen für die Verarbeitung überwunden werden, wenn die Verarbeitung zur Erfüllung einer im öffentlichen Interesse liegenden Aufgabe „erforderlich" ist.

Die Darlegungslast liegt – ähnlich jener in Art. 21 Abs. 1 DSGVO – auf   98
Seiten des Verantwortlichen. Allerdings legt der Wortlaut des Art. 21.
Abs. 6 DSGVO nahe, dass der Verantwortliche das Überwiegen der zu seinen Gunsten vorliegenden Interessen gegenüber jenen des Betroffenen nicht „nachzuweisen"[43] hat. Eine Glaubhaftmachung soll hierfür genügen.[44] Allerdings muss dargelegt werden, dass die Verarbeitung für die Erfüllung der Aufgabe „erforderlich" ist. Dies wäre nicht gegeben, wenn beispielsweise die Aufgabe auch durch die Verarbeitung anonymer Daten erfüllt werden kann.

Art. 21 Abs. 6 DSGVO schweigt zur Rechtsfolge, die an eine wirksame   99
Ausübung des Widerspruchsrechts nach Art. 21 Abs. 6 DSGVO geknüpft ist.

Die in Art. 21 Abs. 1 Satz 2 DSGVO sowie in Art. 21 Abs. 3 DSGVO nor-   100
mierten Rechtsfolgen beziehen sich nach ihrem Wortlaut nicht auf das Widerspruchsrecht aus Art. 21 Abs. 6 DSGVO. Martini[45] weist zutreffend darauf hin, dass aus der Fassung des Gesetzes kein „beredtes Schweigen" abgeleitet werden kann. Gegen eine solche Annahme spricht bereits der Umstand, dass das Widerspruchsrecht aus Art. 21 Abs. 6 DSGVO erst in einem sehr späten Stadium der Beratungen des Entwurfes zu einer Datenschutz-Grundverordnung aufgenommen wurde.

Eine systematische und an dem Schutzzweck der Verordnung orientierte   101
Auslegung der Norm muss folglich dazu führen, dass auch im Fall des Art. 21 Abs. 6 DSGVO ein Verarbeitungsverbot mit Wirkung für die Zukunft analog zu dem in Art. 21 Abs. 3 DSGVO mit der wirksamen Einlegung des Widerspruches als Rechtsfolge verknüpft ist.

---

42 Ebenso Paal/Pauly/*Martini* DSGVO Art. 21 Rn. 58.
43 So jedoch die Anforderung in Art. 21 Abs. 1 DSGVO.
44 Paal/Pauly/*Martini* DSGVO Art. 21 Rn. 60.
45 Paal/Pauly/*Martini* DSGVO Art. 21 Rn. 61.

102   Art. 89 Abs. 2 und Abs. 3 DSGVO enthalten Öffnungsklauseln zugunsten
      der Mitgliedstaaten, Ausnahmen von dem in Art. 21 DSGVO verankerten
      Widerspruchsrecht vorzusehen, sofern die Ausübung des Widerspruchs-
      rechtes die Verwirklichung der spezifischen (forschungs- oder statistikbezo-
      genen Zwecke) „unmöglich machen oder ernsthaft beeinträchtigen und
      solche Ausnahmen für die Erfüllung der Zwecke notwendig sind.

III. Hinweispflicht

1. Verhältnis zu den allgemeinen Hinweispflichten aus Art. 13 und 14 DSGVO

103   Die DSGVO enthält eine Reihe von Hinweispflichten des Verantwortli-
      chen. Art. 12 DSGVO enthält allgemeine Anforderungen hinsichtlich der
      Transparenz der gegebenen Informationen. Art. 13 DSGVO stellt spezifi-
      sche Informationspflichten bei der Erhebung personenbezogener Daten
      beim Betroffenen auf, während Art. 14 DSGVO Informationspflichten sta-
      tuiert, die zu erfüllen sind, wenn personenbezogene Daten nicht bei der be-
      troffenen Person erhoben werden. Art. 13 Abs. 2 lit. b DSGVO sowie
      Art. 14 Abs. 2 lit. c DSGVO verlangen vom Verantwortlichen für die Verar-
      beitung bereits, dass er den Betroffenen auf das Widerspruchsrecht hin-
      weist.

104   Die in Art. 21 Abs. 4 DSGVO enthaltene Hinweisverpflichtung ist jedoch
      im Verhältnis zu den in Art. 13 und 14 DSGVO enthaltenen Hinweispflich-
      ten weder redundant[46] noch eine deklaratorische Wiederholung einer be-
      reits verankerten Verpflichtung.

105   Die in Art. 13 Abs. 2 lit. b DSGVO und Art. 14 Abs. 2 lit. c DSGVO veran-
      kerten Hinweispflichten stehen unter dem Vorbehalt, dass sie für die Ge-
      währleistung einer fairen und transparenten Verarbeitung erforderlich
      sind.

106   Art. 21 Abs. 4 DSGVO hingegen macht die Hinweisverpflichtung nicht von
      einer solchen Erforderlichkeit abhängig. Der Betroffene ist in jedem Fall
      auf das Bestehen des Widerspruchsrechtes aus Art. 21 Abs. 1 sowie Abs. 2
      DSGVO hinzuweisen.

107   Der Wortlaut des Art. 21 Abs. 4 DSGVO bezieht sich ausdrücklich nur auf
      die in Art. 21 Abs. 1 und Abs. 2 DSGVO gewährten Widerspruchsrechte.
      Das in Art. 21 Abs. 6 DSGVO gewährte Widerspruchsrecht wird von die-
      ser Hinweisverpflichtung nicht erfasst. Denkbar wäre, auch hier von einer
      in der Entstehungsgeschichte des Art. 21 DSGVO verborgenen redaktionel-
      len Ungenauigkeit des Verordnungsgebers auszugehen und Art. 21 Abs. 4
      DSGVO analog auch auf das Widerspruchsrecht aus Art. 21 Abs. 6
      DSGVO anzuwenden.

108   Für eine solche Analogie besteht allerdings vorliegend kein Raum, da die
      Verordnung keine Regelungslücke aufweist die im Wege der Analogie ge-
      schlossen werden müsste. Auf das Widerspruchsrecht nach Art. 21 Abs. 6

---

46 Ebenso Paal/Pauly/*Martini* DSGVO Art. 21 Rn. 65; Kühling/Buchner/*Herbst*, DS-
    GVO Art. 21 Rn. 34.

DSGVO ist im Rahmen des Art. 13 Abs. 2 lit. b DSGVO sowie Art. 14 Abs. 2 lit. c DSGVO hinzuweisen.[47]

2. Zeitpunkt des Hinweises

Art. 21 Abs. 4 DSGVO verlangt, dass der Hinweis „spätestens zum Zeit- punkt der ersten Kommunikation" zu erfolgen hat. Erfolgt die Datenerhe- bung beim Betroffenen, ist dies nach Art. 13 Abs. 1 DSGVO der Zeitpunkt der Erhebung. Erfolgt die Erhebung nicht beim Betroffenen, sondern bei einer anderen Person, konkretisiert Art. 14 Abs. 2 DSGVO den Zeitpunkt, zu dem der Hinweis gegeben werden muss. Art. 21 Abs. 4 DSGVO regelt als Spezialvorschrift für die in Art. 21 Abs. 1 und 2 DSGVO verankerten Widerspruchrechte den spätest möglichen Zeitpunkt, zu dem der Hinweis gegeben werden muss.   **109**

Auf das Widerspruchsrecht aus Art. 21 Abs. 6 DSGVO ist die Regelung des Art. 14 Abs. 2 DSGVO unmittelbar anwendbar.   **110**

3. Inhalt und Form des Hinweises

Art. 21 Abs. 4 Hs. 2 DSGVO verlangt, dass der Hinweis in einer „ver- ständlichen" und „von anderen Informationen getrennten Form" zu erfol- gen hat.   **111**

Der Hinweis muss „ausdrücklich" auf das in Art. 21 Abs. 1 oder Abs. 2 DSGVO verankerte Widerspruchsrecht erfolgen. Dies kann durchaus auch unter Nennung der gesetzlichen Vorschrift erfolgen.[48] Die Formulierung des Gesetzes macht deutlich, dass ein mittelbarer oder „konkludenter" Hinweis auf die im Gesetz verankerten Widerspruchtatbestände den ge- setzlichen Anforderungen nicht genügt.   **112**

Der Hinweis muss in einer für den Adressaten des Hinweises verständli- chen Sprache erfolgen. Der Entwurf des Europäischen Parlamentes sah in diesem Zusammenhang noch vor, dass dies „unter Verwendung einer kla- ren und einfachen Sprache, insbesondere bei eigens an Kinder gerichteten Informationen"[49] zu erfolgen habe. Die Streichung dieser Formulierung aus der Fassung des Art. 21 Abs. 4 DSGVO bedeutet allerdings nicht, dass die durch das Parlament formulierte Anforderung im Rahmen der DSGVO keine Bedeutung entfalten würde. Sie ist vielmehr in Art. 12 Abs. 1 Satz 1 Hs. 1 DSGVO enthalten und entfaltet über diese Vorschrift auch für die Hinweisverpflichtung aus Art. 21 Abs. 4 DSGVO ihre Wirkung.   **113**

Schließlich ist darauf abzustellen, dass der Hinweis aus sich heraus ver- ständlich sein muss. Er ist dann nicht verständlich, wenn der Erklärungs- adressat weitere Nachforschungen[50] anstellen muss, um die Bedeutung und Reichweite des Hinweises zu erschließen. Zweck des Art. 21 Abs. 4 DSGVO ist, dem Betroffenen das Bestehen seiner Widerspruchsrechte auf- zuzeigen, damit er diese gegebenenfalls auch ausüben kann.   **114**

---

47 Im Ergebnis ebenso Paal/Pauly/*Martini* DSGVO Art. 21 Rn. 65.
48 So Paal/Pauly/*Martini* DSGVO Art. 21 Rn. 68, der dies als den Idealfall bezeichnet.
49 Art. 19 Abs. 2 a DSGVO-E (EP).
50 So richtig Paal/Pauly/*Martini* DSGVO Art. 21 Rn. 69.

115   Der Hinweis ist von anderen Informationen getrennt zu erteilen (Art. 21 Abs. 4 Hs. 2 DSGVO). Die Verordnung lässt offen, in welcher Weise dies gestalterisch erreicht wird. Nicht zwingend erforderlich ist, dass der Hinweis im Rahmen eines gesonderten Dokumentes erfolgt. Vergegenwärtigt man sich die Funktion dieser Anforderung, dann muss die Gestaltung so gewählt sein, dass der Erklärungsadressat den für ihn bestimmten Hinweis nicht mit anderen Informationen vermengt oder verwechselt. Ihm muss zweifelsfrei deutlich gemacht werden, dass ihm Widerspruchsrechte zustehen und worin diese liegen.

4. Ausübung des Widerspruches mittels automatisierter Verfahren

116   Mit Art. 21 Abs. 5 DSGVO trägt die Verordnung dem Umstand Rechnung, dass im Rahmen der Nutzung von Internet-Diensten oder ähnlichen „Diensten der Informationsgesellschaft"[51] regelmäßig und in großer Zahl personenbezogene Daten verarbeitet[52] werden.

117   Würde das Widerspruchsrecht nur in jedem Einzelfall durch den Betroffenen geltend gemacht werden können oder wäre zur Ausübung jeweils ein Medienbruch erforderlich, indem der Betroffene eine E-Mail oder einen Brief an den Verantwortlichen richten müsste, würden nicht nur die Transaktionskosten[53] für die Ausübung des Widerspruchsrechtes untragbar hoch sein. Die tatsächliche Hürde für die Ausübung durch den Betroffenen wäre angesichts des mit dem Widerspruchsrecht verbundenen Komfortverlustes so hoch, dass das Widerspruchsrecht in seiner Bedeutung womöglich leerlaufen würde.

118   Folgerichtig gewährt Art. 21 Abs. 5 DSGVO dem Betroffenen die Möglichkeit, sein Widerspruchsrecht automatisiert auszuüben, beispielsweise durch entsprechende Voreinstellungen im Rahmen eines Browsers, einer Software oder anderer „technischer Spezifikationen" (Art. 21 Abs. 5 DSGVO).

119   Diensteanbieter sind aus Art. 25 DSGVO unter dem Gesichtspunkt des Datenschutzes durch Technik gehalten, dem Betroffenen entsprechende Widerspruchsmöglichkeiten anzubieten.

120   Die in Art. 21 Abs. 5 DSGVO verankerte Möglichkeit der Ausübung des Widerspruches richtet auf die systematisch vor dieser Bestimmung genannten Widerspruchsrechte aus Art. 21 Abs. 1 und Abs. 2 DSGVO beschränkt. Art. 21 Abs. 5 DSGVO ist entsprechend auch auf das Widerspruchsrecht aus Art. 21 Abs. 6 DSGVO anwendbar.[54]

IV. Bußgeldandrohung

121   Verstößt der Verantwortliche für die Verarbeitung gegen die ihm in Art. 21 DSGVO auferlegten Pflichten und verletzt er damit die in Art. 21 DSGVO dem betroffenen eingeräumten Rechte, beispielsweise indem nach einem

---

51 Dies sind regelmäßig gegen Entgelt elektronisch im Fernabsatz und auf individuellen Abruf erbrachte Dienstleistungen gem. Art. 2 lit. a RL 2002/31/EG iVm Art. 1 Nr. 2 RL 98/34/EG.

52 In diesem Zusammenhang ist der weite und umfassende Begriff der „Verarbeitung" im Sinne des Art. 4 Nr. 2 DSGVO zu beachten.

53 Hierauf stellt vor allem Paal/Pauly/*Martini* DSGVO Art. 21 Rn. 74 ab.

54 Ebenso Paal/Pauly/*Martini* DSGVO Art. 21 Rn. 75.

wirksam eingelegten Widerspruch die Verarbeitung der personenbezogenen Daten des Betroffenen fortgesetzt wird, kann dies ein Bußgeld nach Art. 83 Abs. 5 lit. b DSGVO auslösen, das bis zu 4 % des gesamten weltweit erzielten Jahresumsatzes des vorangegangenen Geschäftsjahres betragen kann.

C. Verhältnis zu anderen Normen

I. Verhältnis zum bislang geltenden nationalen Datenschutzrecht

Das bislang geltende BDSG sah in Umsetzung der Vorgaben des Art. 14   122
RL 95/46/EG vor allen Dingen in § 20 Abs. 5 sowie § 35 Abs. 5 BDSG ein Widerspruchsrecht des Betroffenen vor. Vereinzelt waren Widerspruchsrechte auch spezialgesetzlich normiert, beispielsweise im Zusammenhang mit der werblichen Verwendung personenbezogener Daten in § 28 Abs. 4 BDSG.

Der Betroffene musste bislang in der Regelungssystematik des BDSG be   123
weisen, dass sein schutzwürdiges Interesse an dem Ausschluss der Verarbeitung gegenüber dem Verarbeitungsinteresse überwog. Dies wird nun mit Art. 21 DSGVO umgekehrt. Die Darlegungs- und Beweislast liegt nun auf Seiten des Verarbeiters.

Die Regelung des Art. 21 DSGVO genießt gegenüber der bislang in Art. 28   124
Abs. 4 BDSG enthaltenen Regelung Anwendungsvorrang. Ob und in wieweit der Bundesgesetzgeber von dem in Art. 89 Abs. 2 und 3 DSGVO gewährten Regelungsspielraum Gebrauch machen wird, bleibt abzuwarten.

II. Verhältnis zu anderen Vorschriften der DSGVO

Art. 21 DSGVO stellt im Verhältnis zu Art. 13 und Art. 14 DSGVO die   125
spezifische Regelung dar. Sie wird durch Art. 12 DSGVO hinsichtlich der Transparenzanforderungen ergänzt.

Art. 89 DSGVO bildet den regulatorischen Rahmen für die Ausübung des   126
Widerspruchsrechtes gegen die Verarbeitung personenbezogener Daten im Zusammenhang mit historischer oder wissenschaftlicher Forschung sowie statistischen Zwecken dar. Wegen der in der Art. 89 Abs. 2 und 3 DSGVO enthaltenen Öffnungsklauseln ist die Anwendung des Art. 21 DSGVO stets auch unter Einbeziehung eventuell im mitgliedstaatlichen Recht bestehender Ausnahmeregelungen vorzunehmen.

Artikel 22 Automatisierte Entscheidungen im Einzelfall einschließlich Profiling

(1) Die betroffene Person hat das Recht, nicht einer ausschließlich auf einer automatisierten Verarbeitung – einschließlich Profiling – beruhenden Entscheidung unterworfen zu werden, die ihr gegenüber rechtliche Wirkung entfaltet oder sie in ähnlicher Weise erheblich beeinträchtigt.

(2) Absatz 1 gilt nicht, wenn die Entscheidung

a) für den Abschluss oder die Erfüllung eines Vertrags zwischen der betroffenen Person und dem Verantwortlichen erforderlich ist,

b) aufgrund von Rechtsvorschriften der Union oder der Mitgliedstaaten, denen der Verantwortliche unterliegt, zulässig ist und diese Rechtsvorschriften angemessene Maßnahmen zur Wahrung der Rechte und Freiheiten sowie der berechtigten Interessen der betroffenen Person enthalten oder

c) mit ausdrücklicher Einwilligung der betroffenen Person erfolgt.

(3) In den in Absatz 2 Buchstaben a und c genannten Fällen trifft der Verantwortliche angemessene Maßnahmen, um die Rechte und Freiheiten sowie die berechtigten Interessen der betroffenen Person zu wahren, wozu mindestens das Recht auf Erwirkung des Eingreifens einer Person seitens des Verantwortlichen, auf Darlegung des eigenen Standpunkts und auf Anfechtung der Entscheidung gehört.

(4) Entscheidungen nach Absatz 2 dürfen nicht auf besonderen Kategorien personenbezogener Daten nach Artikel 9 Absatz 1 beruhen, sofern nicht Artikel 9 Absatz 2 Buchstabe a oder g gilt und angemessene Maßnahmen zum Schutz der Rechte und Freiheiten sowie der berechtigten Interessen der betroffenen Person getroffen wurden.

Verwandte Normen: ErwGr 15, 71, 72; § 6 a BDSG 2003

Literatur:

Albrecht, Das neue EU-Datenschutzrecht – von der Richtlinie zur Verordnung – Überblick und Hintergründe zum finalen Text für die Datenschutz-Grundverordnung der

EU nach der Einigung im Trilog, CR 2016, 88; *Benecke/Wagner*, Öffnungsklauseln in der Datenschutz-Grundverordnung und das deutsche BDSG – Grenzen und Gestaltungsspielräume für ein nationales Datenschutzrecht, DVBl. 2016, 600; *Born*, Bonitätsprüfungen im Online-Handel – Scorewert-basierte automatisierte Entscheidung über das Angebot von Zahlungsmöglichkeiten, ZD 2015, 66; *Calliess/Ruffert*, EUV/AEUV, 5. Auflage, 2016 *Dammann*, Erfolge und Defizite der EU-Datenschutzgrundverordnung, ZD 2016, 307; *Eckhardt*, EU-DatenschutzVO – Ein Schreckgespenst oder Fortschritt?, CR 2012, 195; *Eckhardt/Kramer/Mester*, Auswirkungen der geplanten EU-DS-GVO auf den deutschen Datenschutz, DuD 2013, 623; *Ehmann*, Der weitere Weg zur Datenschutzgrundverordnung – Näher am Erfolg, als viele glauben?, ZD 2015, 6; *Ehmann/Helfrich*, EG-Datenschutzrichtlinie, Kurzkommentar, Köln, 1999; *Forgó/Helfrich/Schneider*, Betrieblicher Datenschutz, 2014; *Gierschmann*, Was „bringt" deutschen Unternehmen die DS-GVO, ZD 2016, 51; *Gola/Schulz*, Der Entwurf für eine EU-Datenschutz-Grundverordnung – eine Zwischenbilanz, RDV 2013, 1; *Grabitz/Hilf/Nettesheim*, Das Recht der Europäischen Union, 16. EL 2016; *Hornung*, Eine Datenschutz-Grundverordnung für Europa? – Licht und Schatten im Kommissionsentwurf vom 25. 1. 2012, ZD 2012, 99; *Kraska*, Auswirkungen der EU-Datenschutzgrundverordnung, ZD-Aktuell 2016, 04197; *Kühling/Buchner*, DS-GVO, Kommentar, 2017; *Laue*, Öffnungsklauseln in der DS-GVO – Öffnung wohin?, ZD 2016, 463; *Laue/Nink/Kremer*, Das neue Datenschutzrecht in der betrieblichen Praxis, 2016; *Moos/Arning*, Big Data bei verhaltensbezogener Online-Werbung – Programmatic Buying und Real Time Advertising, ZD 2014, 242; *Moos/Rothkegel*, Nutzung von Scoring-Diensten im Online-Versandhandel, ZD 2016, 561; *Paal/Pauly*, Datenschutzgrundverordnung, 2017; *Reiter/Methner*, Scoring-Verfahren – datenschutzrechtliche Grunzen und praktische Schwierigkeiten, DSRITB 2016, 453; *Schantz*, Die Datenschutz-Grundverordnung – Beginn einer neuen Zeitrechnung im Datenschutzrecht, NJW 2016, 1841; *Schmidt*, Dynamische und personalisierte Preise – datenschutz-, wettbewerbs- und kartellrechtliche Grenzen, DSRITB 2016, 1007; *Taeger*, Scoring in Deutschland nach der EU-Datenschutzgrundverordnung, ZRP 2016, 72; *von der Groeben/Schwarze/Hatje*, Europäisches Unionsrecht, 7. Auflage, 2015; *Wolff/Brink*, Beck'scher Online-Kommentar Datenschutzrecht, 17. Auflage, 2016.

A. Grundlagen

I. Gesamtverständnis und Zweck der Norm

Nach dem Willen des Verordnungsgebers soll der Betroffene das Recht haben, keiner Entscheidung zur Bewertung von sie betreffenden persönlichen Aspekten unterworfen zu werden, die ausschließlich auf einer automatisierten Verarbeitung beruht und die für den Betroffenen rechtliche Wirkung entfaltet oder ihn in ähnlicher Weise erheblich beeinträchtigt.[1] Die Vorschrift erfasst nach ihrem Wortlaut sämtliche Arten der automatisierten Entscheidung und stellt klar, dass hierunter auch Profiling-Techniken fallen.   **1**

Automatisierte Entscheidungen werden durch Art. 22 DSGVO nicht generell verboten. Untersagt ist lediglich, eine für den Betroffenen mit rechtlicher Wirkung verbundene oder erheblich beeinträchtigende Entscheidung zu treffen, die ausschließlich auf einer automatisierten Verarbeitung beruht.   **2**

Die Verordnung will mit Art. 22 DSGVO ausschließen, dass Entscheidungen „ohne jegliches menschliches Eingreifen"[2] getroffen werden.   **3**

Art. 22 Abs. 2 DSGVO lässt gleichwohl Entscheidungen zu, die auch ohne menschliches Eingreifen erfolgen, sofern diese für den Abschluss oder die   **4**

---

1 ErwGr 71 Satz 1.
2 ErwGr 71 Satz 1.

Erfüllung eines Vertrages zwischen der betroffenen Person und dem Verantwortlichen erforderlich ist, diese aufgrund von Rechtsvorschriften der Union oder dem für die Verarbeitung einschlägigen Recht eines Mitgliedstaates zulässig sind oder die Entscheidung mit ausdrücklicher Einwilligung des Betroffenen erfolgt.

5   Den Mitgliedstaaten wird in Art. 22 Abs. 2 DSGVO ein eigener Spielraum eröffnet, weitere Fallgruppen zulässiger automatisierter Einzelentscheidungen aufzustellen. Die DSGVO selbst beschreibt in Erwägungsgrund 71 eine Reihe denkbarer Szenarien, die bereits nach dem Willen des Verordnungsgebers zu zulässigen auf automatisierte Verarbeitungen[3] gestützte Entscheidungen führen können.

6   Entscheidungen, die alleine auf automatisierten Verfahren beruhen, werden im Rahmen des Datenschutzkonzeptes der Verordnung als kritisch angesehen. Die DSGVO legt dem Verantwortlichen deshalb nach Art. 13 Abs. 2 lit. f DSGVO sowie Art. 14 Abs. 2 lit. g DSGVO spezifische Informationspflichten auf. Dabei hat der Verantwortliche aussagekräftige Informationen auch über die Logik der automatisierten Entscheidungsfindung sowie die Tragweite und angestrebten Auswirkungen für den Betroffenen zu erteilen.

7   Berücksichtigt man, dass diese Informationen nach Art. 12 Abs. 1 DSGVO in „präziser, transparenter, verständlicher und leichtzugänglicher Form in einer klaren und einfachen Sprache" zu erteilen sind, wird deutlich, dass der Verantwortliche, der sich auf eine zulässige automatisierte Entscheidungsfindung stützen will, dem Betroffenen weitreichende und nachvollziehbare Informationen in einer Weise unterbreiten muss, dass der Betroffene beurteilen kann, ob er – auch bei einer nach Art. 22 DSGVO rechtmäßigen – automatisierten Entscheidungsfindung von seinem Widerspruchsrecht aus Art. 21 Abs. 1 DSGVO oder möglicherweise auch Art. 21 Abs. 2 DSGVO Gebrauch machen will.

8   Die Informationsverpflichtung des Verantwortlichen wird durch das Auskunftsrecht des Betroffenen aus Art. 15 Abs. 1 lit. h DSGVO ergänzt. In Verbindung mit dem Anspruch des Betroffenen auf Zurverfügungstellung einer Kopie „der personenbezogenen Daten, die Gegenstand der Verarbeitung sind", wird der Wille des Verordnungsgebers deutlich, dem Transparenzgebot den erforderlichen Nachdruck zu verschaffen. *Martini* beschreibt dies zutreffend als eine „erste Antwort der Union auf die Herausforderungen (voll-)automatisierter Entscheidungsabläufe".[4]

9   Erfolgt durch den Verarbeiter eine systematische und umfassende Bewertung persönlicher Aspekte des Betroffenen, die sich auf eine automatisierte Verarbeitung einschließlich Profiling gründet, und ist dient diese Bewertung als Grundlage für Entscheidungen, hat der Verantwortliche nach

---

3   Hierzu würde beispielsweise auch das in der Vorschrift genannte Profiling zu zählen sein. Ebenso wären Scoring-Verfahren oder Techniken der „predictive analytics" oder auch des „targeting" in diesem Zusammenhang vorstellbar.
4   Paal/Pauly/*Martini* DSGVO Art. 22 Rn. 45.

Art. 35 Abs. 3 lit. a DSGVO eine Datenschutz-Folgenabschätzung nach Art. 35 Abs. 1 DSGVO durchzuführen.[5]

II. Entstehung der Norm

Art. 22 DSGVO war im Gesetzgebungsverfahren intensiven Änderungen   **10** unterworfen, die zeigen, dass zwischen den beteiligten Organen durchaus unterschiedliche Vorstellungen hinsichtlich der Rolle und der Bedeutung automatisierter Entscheidungsverfahren sowie insbesondere des Profiling im Rahmen der digitalen Gesellschaft bestanden.

1. Vorschlag der Europäischen Kommission vom 25. Januar 2012[6]

Art. 20 Abs. 1 DSGVO-E sah ein grundsätzliches Verbot von Maßnahmen,   **11** die auf einer „rein automatisierten Verarbeitung von Daten" basieren und die ihr gegenüber rechtlichen Wirkungen entfalten oder sie in maßgeblicher Weise beeinträchtigen. Dieses Verbot sollte nach dem Willen der Kommission dann greifen, wenn der Zweck der Maßnahmen in der „Auswertung bestimmter Merkmale ihrer Person oder in der Analyse beziehungsweise Voraussage etwa ihrer beruflichen Leistungsfähigkeit, ihrer wirtschaftlichen Situation, ihres Aufenthaltsorts, ihres Gesundheitszustands, ihrer persönlichen Vorliegen, ihrer Zuverlässigkeit oder ihres Verhaltens besteht.

Der Wortlaut des Entwurfes macht deutlich, dass die Kommission den zu-   **12** nehmenden Trend begrenzen[7] wollte, auf der Grundlage großer Datenbestände (Big Data) verhaltensbasierte Analysen des Betroffenen zu errechnen, die in Anlehnung an Scoringverfahren der Bonitätsbewertungen auch in die Zukunft gerichtete Verhaltensprognosen gestatten. So ist auch erklärlich, dass die Kommission die Regelung des Art. 20 DSGVO-E mit „Auf Profiling basierende Maßnahmen" betitelte, um auf diese Weise deutlich zu machen, dass weniger der Aspekt der automatisierten Einzelentscheidung, sondern vielmehr die auf der Verhaltensanalyse berechnete Prognose künftigen Verhaltens im Vordergrund steht.

Von diesem in Art. 20 Abs. 1 DSGVO-E zum Ausdruck gebrachten Verbot   **13** sollten nur in klar begrenzten Fällen Ausnahmen möglich sein:

Art. 20 Abs. 2 lit. a DSGVO sieht vor, dass solche Verarbeitungen dann zu-   **14** lässig sind, wenn sie im Rahmen des Abschlusses oder der Erfüllung eines Vertrages oder auf Wunsch des Betroffenen erfolgen oder wenn geeignete Maßnahmen ergriffen werden, um die berechtigten Interessen der betroffenen Person zu wahren, beispielsweise durch die Möglichkeit des direkten persönlichen Kontaktes.

Gestattet eine Rechtsvorschrift der Union oder eines Mitgliedstaates die   **15** entsprechende Verarbeitung und enthält die betreffende Vorschrift geeignete Maßnahmen zur Wahrung der berechtigten Interessen des Betroffenen, sollte die ansonsten nach Art. 20 Abs. 1 DSGVO untersagte Maßnahme zulässig sein (Art. 20 Abs. 2 lit. b DSGVO-E).

---

5 Vgl. hierzu auch Erwägungsgrund 91 Satz 2.
6 KOM(2012) endg.; 2012/0011 (COD).
7 Ebenso Paal/Pauly/*Martini*, Datenschutz-Grundverordnung, Art. 22 Rn. 9.

16   Liegt eine Einwilligung des Betroffenen vor, die den Anforderungen des Art. 7 DSGVO-E genügt und liegen entsprechende Garantien vor, die die Interessen des Betroffenen wahren, ist nach Art. 20 Abs. 2 lit. c DSGVO die automatisierte Verarbeitung zulässig.

17   Art. 20 Abs. 3 DSGVO-E stellt jedoch zugleich sicher, dass eine automatisierte Verarbeitung personenbezogener Daten zum Zweck der Auswertung bestimmter persönlicher Merkmale sich nicht ausschließlich auf die in Art. 9 DSGVO-E genannten besonderen Kategorien personenbezogener Daten stützen darf.

18   Stützt sich der Verantwortliche auf eine berechtigte automatisierte Verarbeitung im Sinne des Art. 20 Abs. 2 DSGVO-E, so ist er nach Art. 20 Abs. 4 DSGVO-E verpflichtet, dem Betroffenen gemäß Art. 14 DSGVO-E erteilten Auskünfte auch dahingehend zu erteilen, welche Zwecke nach Art. 20 Abs. 1 DSGVO-E verfolgt werden und welche angestrebten Auswirkungen auf diese Verarbeitungen auf ihn haben.

19   Art. 20 Abs. 5 DSGVO-E sah eine Ermächtigung zugunsten der Kommission vor, delegierte Rechtsakte zu erlassen, um die Kriterien und Bedingungen, die für geeignete Maßnahmen zur Wahrung der berechtigten Interessen gemäß Art. 20 Abs. 2 DSGVO-E gelten sollen, näher zu regeln.

2. Beschluss des Europäischen Parlaments vom 12. März 2014[8]

20   Der durch das Europäische Parlament verabschiedete Entwurf des Art. 20 DSGVO-E (EP) unterschied sich konzeptionell von dem Entwurf der Kommission.[9] Zwar betitelt der Entwurf des Parlamentes die Regelung ebenfalls kurz mit „Profiling". Jedoch nimmt das Parlament von einem generellen Verbot des Profiling, wie es noch in Art. 20 Abs. 1 DSGVO-E zum Ausdruck gebracht wurde, Abstand.

21   Der durch das Parlament vorgelegte Entwurf knüpft in Art. 20 Abs. 1 DSGVO-E (EP) an den in Art. 6 DSGVO-E (EP) enthaltenen Zulässigkeitsvoraussetzungen für die rechtmäßige Verarbeitung personenbezogener Daten an. Demzufolge würde unter den in Art. 6 DSGVO-E normierten Tatbeständen ein Profiling durchaus zulässig sein.

22   Der Entwurf des Parlamentes verweist deshalb folgerichtig in Art. 20 Abs. 1 auf das in Art. 19 DS-GVO-E (EP) angelegte Widerspruchsrecht gegen (rechtmäßiges) Profiling, auf das nach dem Willen des Parlamentes in deutlich sichtbarer Weise zu unterrichten ist.

23   In Anlehnung an den Entwurf der Kommission sieht Art. 20 Abs. 2 DSGVO-E (EP) jedoch zusätzliche qualitative Anforderungen an das Profiling vor, damit dieses ungeachtet der sonstigen Voraussetzungen für eine rechtmäßige Verarbeitung personenbezogener Daten zulässig ist. Auch hier stellt das Parlament darauf ab, dass das Profiling für den Abschluss oder die Erfüllung eines Vertrags oder auf Wunsch des Betroffenen erfolgt (Art. 20 Abs. 2 lit. a DSGVO-E (EP)), Rechtsvorschriften der EU oder der

---

8   Interinstitutionelles Dossier des Rats der Europäischen Union vom 27.3.2014, 2012/0011 (COS); 7427/1/14, REV 1.
9   Vgl. hierzu instruktiv *Albrecht* CR 2016, 88.

Mitgliedstaaten dies gestatten (Art. 20 Abs. 2 lit. b DSGVO-E (EP)) oder eine Einwilligung nach Art. 7 DSGVO-E (EP) sowie entsprechende Garantieren vorliegen (Art. 20 Abs. 2 lit. c DSGVO-E (EP)).

Der Entwurf des Parlamentes sieht in Art. 20 Abs. 3 DSGVO-E (EP) über   24
das im Entwurf der Kommission enthaltene Verbot der ausschließlichen Verwendung besonderer Kategorien personenbezogener Daten nach Art. 9 DSGVO hinaus ein Diskriminierungsverbot vor. Danach darf Profiling nicht zur Folge haben, dass Menschen aufgrund von Rasse, ethischer Herkunft, politischer Überzeugung, Religion oder Weltanschauung, Mitgliedschaft in einer Gewerkschaft, sexueller Orientierung oder Geschlechtsidentität diskriminiert werden oder das Profiling zu Maßnahmen führt, die eine solche diskriminierende Wirkung haben. Der Entwurf des Parlamentes hätte somit folgerichtig nicht nur das Profiling selbst, sondern auch die in einem weiteren Schritt an die Verarbeitung anschließenden Maßnahmen auch dann dem Diskriminierungsverbot unterworfen, wenn das Profiling an sich keine diskriminierende Wirkung hätte.

Die im Entwurf der Kommission noch in Art. 20 Abs. 4 DSGVO-E vorge-   25
sehene besondere Hinweisverpflichtung aus Art. 14 DSGVO-E wurde im Entwurf des Parlamentes gestrichen und stattdessen als Informationsverpflichtung unmittelbar in den systematisch passenderen Art. 14 Abs. 1 lit. g, lit. ga und lit. gb DSGVO-E (EP) aufgenommen.

Entfallen ist im Entwurf des Europäischen Parlamentes die in Art. 20   26
Abs. 5 DSGVO-E enthaltene Ermächtigung zum Erlass delegierter Rechtsakte. Anstelle des Erlasses delegierter Rechtsakte soll nach Art. 20 Abs. 5 a DSGVO-E (EP) der Europäische Datenschutzausschuss Leitlinien, Empfehlungen und bewährte Praktiken hinsichtlich der Aufstellung von Kriterien und Bedingungen für das Profiling zuständig sein.

Das Parlament nahm in den Entwurf mit Art. 20 Abs. 5 DSGVO-E (EP)   27
den Gedanken neu auf, dass das Recht auf eine „persönliche Prüfung, einschließlich der Erläuterung der getroffenen Entscheidung" zugunsten des Betroffenen gewährt werden muss, sofern Profiling zu rechtlichen Konsequenzen auf Seiten des Betroffenen führt oder mit ihm erhebliche Auswirkungen auf die Interessen, Rechte oder Freiheiten des Betroffenen verbunden sind.

3. Entwurf des Rates der Europäischen Union vom 15. Juni 2015[10]

Der Rat entschloss sich, mit der durch ihn vorgenommenen Neufassung   28
des Art. 20 Abs. 1 DSGVO-E (Rat) einen weitergehenden konzeptionellen Ansatz zu verfolgen, der schließlich auch in der verabschiedeten Fassung der DSGVO seinen Niederschlag gefunden hat.

Der Rat wendet sich gegen eine auf Profiling beschränkte Regelung und er-   29
weitert das Recht des Betroffenen dahin gehend, dass er allgemein keiner automatisiert generierten Einzelentscheidung[11] unterworfen sein sollte, sofern nicht im Gesetz klar definierte Fallgruppen gegeben sind.

---

10   Rat der Europäischen Union v. 15.6.2015, 9565/15; 2012/0011 (COD).
11   So auch der Titel des Art. 20 DSGVO-E (Rat).

30   Die in Art. 20 Abs. 1 a DSGVO-E (Rat) normierten Ausnahmetatbestände zu Art. 20 Abs. 1 DSGVO-E (Rat) sind ihrerseits an die bereits durch die Kommission in Art. 20 Abs. 2 DSGVO-E gebildeten Fallgruppen angelehnt. Die Tatbestände werden jedoch auf das zwischen dem Verantwortlichen und dem Betroffenen bestehende Rechtsverhältnis hin präzisiert. So muss die betreffende Verarbeitung für den Abschluss oder die Erfüllung eines Vertrages „zwischen der betroffenen Person und dem für die Verarbeitung Verantwortlichen" erforderlich sein (Art. 20 Abs. 1 a lit. a DSGVO-E (Rat)). Die in Art. 20 Abs. 1 a lit. b DSGVO-E (Rat) enthaltene Öffnungsklausel zugunsten der Mitgliedstaaten wird dahin gehend präzisiert, dass es sich um ein mitgliedstaatliches Recht handeln muss, dem der für die Verarbeitung Verantwortliche unterliegt. Schließlich wird die in Art. 20 Abs. 1 a lit. c DSGVO-E (Rat) normierte Ausnahmebestimmung der vorliegenden Einwilligung dahin gehend verschärft, dass die Einwilligung des Betroffenen „ausdrücklich" erfolgen müsse.

31   Art. 20 Abs. 1 b DSGVO-E (Rat) verpflichtet den Verantwortlichen für die Verarbeitung, geeignete Maßnahmen zu ergreifen, um die Rechte und Freiheiten sowie die berechtigten Interessen des Betroffenen zu wahren, sofern der Verantwortliche sich auf einen der Erlaubnistatbestände des Art. 20 Abs. 1 a DSGVO-E (Rat) stützt. Zu diesen Maßnahmen gehört jedenfalls das Recht „auf persönliches Eingreifen des für die Verarbeitung Verantwortlichen, auf Darlegung des eigenen Standpunkts und auf Anfechtung der Entscheidung".

32   Der Rat übernimmt in Art. 20 Abs. 3 DSGVO-E (Rat) den bereits von der Kommission vorgeschlagenen Entwurf des Art. 20 Abs. 3 DSGVO-E und passt diesen an die in Art. 9 DSGVO-E angelegte Systematik an. Demzufolge dürfen besondere Kategorien personenbezogener Daten als Grundlage für Entscheidungen nach Art. 20 Abs. 1 a DSGVO-E (Rat) dienen, sofern die Ausnahmebestimmungen des Art. 9 Abs. 2 lit. a bis lit. g DSGVO-E (Rat) gegeben sind.

33   Die Fassung des Rates sieht ebenfalls – wie bereits der Entwurf des Europäischen Parlamentes – keine zusätzliche Regelung zu der Hinweisverpflichtung aus Art. 14 DSGVO-E vor.

34   Das durch das Parlament in die Verordnung aufgenommene Diskriminierungsverbot des Art. 20 Abs. 5 DSGVO (EP) wurde durch den Rat gestrichen.

35   Ebenfalls ersatzlos gestrichen wurden die von der Kommission in Art. 20 Abs. 5 DSGVO-E vorgesehene Ermächtigung zum Erlass delegierter Rechtsakte sowie die vom Europäischen Parlament bevorzugte alternative Befassung des Europäischen Datenschutzausschusses. Letztgenannte Aufgabe des Europäischen Datenschutzausschusses hat jedoch in der Endfassung des Art. 70 Abs. 1 lit. f DSGVO ihren Einzug gefunden.

4. Ergebnisse des Trilogs vom 15.12.2015[12]

Die im Trilog verabschiedete Fassung des DSGVO-E (Trilog) entspricht jener durch den Rat verabschiedeten Fassung.   36

B. Kommentierung

I. Verbot der ausschließlich auf automatisierter Verarbeitung beruhenden Entscheidung, Art. 22 Abs. 1 DSGVO

1. Rechtsanspruch des Betroffenen

Der Wortlaut der Vorschrift stellt darauf ab, dass dem Betroffenen „das   37
Recht" zukommt, nicht einer ausschließlich auf einer automatisierten Verarbeitung beruhenden Entscheidung unterworfen zu sein. Art. 22 Abs. 1
DSGVO lässt dabei allerdings offen, ob hieraus zugleich eine korrespondierende Verpflichtung auf Seiten des Verantwortlichen abgeleitet werden
kann.[13] Art. 22 Abs. 1 DSGVO gewährt dem Betroffenen einen Anspruch,[14] diese Art der Entscheidung nicht unterworfen zu sein.

Problematisch ist, ob der Betroffene diesen Anspruch erst gegenüber dem   38
Verantwortlichen geltend machen muss oder ob in Art. 22 Abs. 1 DSGVO
ein umfassendes Verbot zum Ausdruck gebracht wird, das unabhängig von
einer individuellen Geltendmachung durch den Verantwortlichen zu beachten ist.

Während der Entwurf des Europäischen Parlaments in Art. 20 Abs. 1   39
DSGVO-E (EP) noch lediglich ein Widerspruchsrecht des Betroffenen vorsah, spricht die verabschiedete Fassung des Art. 22 Abs. 1 DSGVO für die
Annahme eines umfassenden und von individueller Geltendmachung unabhängigen Verbotes.[15]

Die systematische Stellung des Art. 22 Abs. 1 DSGVO macht deutlich, dass   40
mit der Vorschrift Entscheidungen verboten werden sollen, die ausschließlich auf automatisierten Verarbeitungen, die auch Profiling umfassen, beruhen. Demgegenüber gewährt Art. 21 Abs. 1 sowie Abs. 2 DSGVO dem Betroffenen ein Widerspruchsrecht, das sich auf die Durchführung des Profiling selbst bezieht.[16]

2. Inhalt und Reichweite des Verbotes

a) Regelungsgegenstand

Gegenstand des Art. 22 Abs. 1 DSGVO ist das Recht des Betroffenen,   41
„nicht einer ausschließlich auf einer automatisierten Verarbeitung – einschließlich Profiling – beruhenden Entscheidung" unterworfen zu werden.

Die Vorschrift untersagt folglich nicht die automatisierte Verarbeitung.   42
Vielmehr verlangt die Vorschrift, dass die im Anschluss an eine automatisierte Verarbeitung getroffene Entscheidung „nicht ausschließlich" auf dieser beruht. Den Wortlaut der Vorschrift kann somit entnommen werden,

---

12 Rat der Europäischen Union v. 15.12.2015, 15039/15; 2012/0011 (COD).
13 Vgl. hierzu Paal/Pauly/*Martini* DSGVO Art. 22 Rn. 14 mwN.
14 Ebenso Paal/Pauly/*Martini* DSGVO Art. 22 Rn. 14.
15 So auch Paal/Pauly/*Martini* DSGVO Art. 22 Rn. 29.
16 Paal/Pauly/*Martini* DSGVO Art. 22 Rn. 29.

dass der Entscheidungsträger über die automatisierte Verarbeitung hinaus oder jedenfalls zusätzlich zu dieser weitere Aspekte zu berücksichtigten hat, damit die Entscheidung nicht ausschließlich auf der automatisierten Verarbeitung „beruht".

43   Die Vorschrift will mit einem grundsätzlichen Verbot belegen, dass Entscheidungen ohne „menschlichen Entscheidungsschritt"[17] getroffen werden.[18] Erforderlich ist, dass die eine Entscheidung treffende natürliche Person eine Entscheidung im eigentlichen Sinne trifft. Sie muss zwischen mindestens zwei Optionen eine Wahl treffen und hierzu eigenständig Kriterien anwenden. Dies setzt voraus, dass der Entscheider anhand von Bewertungskriterien zwischen den sich anbietenden Optionen eine wertende Auswahl trifft. Dies ist nur möglich, sofern der Entscheider auch über die Befugnis[19] verfügt, diese zu treffen.

44   Eine schlichte Übernahme einer aufgrund der automatisierten Verarbeitung erteilten „Entscheidungsempfehlung" wird der ratio legis nicht genügen. Die eine Entscheidung treffende natürliche Person muss jedenfalls die Möglichkeit haben, auf den Inhalt der Entscheidung einen Einfluss auszuüben und folglich auch von der im automatisierten Verfahren generierten Entscheidungsempfehlung abzuweichen. Wird dies durch die automatisierte Verarbeitung dem Entscheider „abgenommen", fällt dies in den Verbotstatbestand des Art. 22 Abs. 1 DSGVO.

45   Nicht vom Verbotstatbestand erfasst ist die automatisierte Verarbeitung, die der Vorbereitung einer Entscheidung dient.[20]

b) Profiling: Legaldefinition der Verordnung

46   Die Verordnung erwähnt in Art. 22 Abs. 1 DSGVO ausdrücklich „Profiling" und macht deutlich, dass dies als ein Fall der automatisierten Verarbeitung anzusehen ist. Während die Verordnung den Begriff der automatisierten Verarbeitung nicht definiert, ist in Art. 4 Nr. 4 DSGVO eine Legaldefinition des Profiling enthalten.

c) Entfaltung rechtlicher Wirkung

47   Das Verbot des Art. 22 Abs. 1 DSGVO greift nur für solche Entscheidungen, die gegenüber dem Betroffenen „rechtliche Wirkung" entfalten.

48   Die Verordnung stellt nicht darauf ab, ob diese Wirkung für den Betroffenen vorteilhaft und nachteilig ist. Ausschlaggebend ist lediglich, dass die Entscheidung „den rechtlichen Status des Betroffenen verändert".[21] Hierzu ist nicht nur die Entscheidung zu zählen, mit dem Betroffenen einen Vertrag zu schließen. Auch die „Negativentscheidung", keinen Vertrag mit dem Betroffenen abzuschließen, ändert insoweit dessen Status, als der Betroffene in eine anderenfalls mögliche Rechtsbeziehung nicht eintritt.

---

17 Paal/Pauly/*Martini* DSGVO Art. 22 Rn. 17.
18 Siehe hierzu auch ErwGr 71 Satz 1.
19 So auch zutreffend Paal/Pauly/*Martini* DSGVO Art. 22 Rn. 17 f.
20 In diesem Sinne auch *Moos/Rothkegel* ZD 2016, 561 (567); Paal/Pauly/*Martini* DSGVO Art. 22 Rn. 20.
21 So Paal/Pauly/*Martini* DSGVO Art. 22 Rn. 26.

Während im bislang geltenden nationalen Recht § 6 a BDSG darauf abstell- 49
te, dass die Entscheidung für den Betroffenen nachteilige Wirkung hat, und
folglich nur belastende Entscheidungen in den Anwendungsbereich des
§ 6 a BDSG zu rechnen waren, stellt sich die Situation nach Art. 22 Abs. 1
DSGVO abweichend dar. Sowohl der Wortlaut der Vorschrift als auch deren systematische Stellung sprechen dafür, dass der Verordnungsgeber mit
dem in Art. 22 Abs. 1 DSGVO ausgedrückten Verbot eine weite Regelung
hat treffen wollen, von der lediglich im Rahmen der in Art. 22 Abs. 2
DSGVO normierten Fälle Ausnahmen zulässig sind.

d) Erhebliche Beeinträchtigung in ähnlicher Weise

Art. 22 Abs. 1 DSGVO erfasst nicht nur Entscheidungen, die gegenüber 50
dem Betroffenen rechtliche Wirkungen entfalten. Die Regelung gilt auch
für eine Entscheidung, die den Betroffenen „in ähnlicher Weise erheblich
beeinträchtigt".

Der Wortlaut der Vorschrift legt nahe, dass eine solche „Beeinträchtigung" 51
außerhalb etwaiger rechtlicher Wirkungen anzusiedeln sein muss. Damit
will Art. 22 Abs. 1 DSGVO auch Situationen erfassen, die zwar in rechtlicher Hinsicht keine unmittelbaren Auswirkungen auf die betroffene Person
haben, diese jedoch in ihrer Situation so beeinträchtigen, dass der Schutzzweck der Datenschutz-Grundverordnung eröffnet ist. *Martini*[22] stellt in
diesem Zusammenhang zutreffend darauf ab, dass die betroffene Person in
ihren Rechten und Freiheiten betroffen sein muss. Denkbar wäre beispielsweise, dass der Betroffene durch die automatische Erfassung und Auswertung seines Verhaltens sich in einer Weise beobachtet und eingeschränkt
sieht, dass dies ihn in nicht nur unerheblicher Weise in der Entfaltung seiner Persönlichkeit beeinträchtigt.

Ob und inwieweit eine nach dem Gesetz für die Anwendbarkeit des Ver- 52
botstatbestandes nötige erhebliche Beeinträchtigung vorliegt, bleibt jeweils
der Einzelfallbetrachtung[23] vorbehalten, da auch die jeweilige Situation der
betroffenen Person abzustellen ist.

II. Verbotsausnahmen, Art. 22 Abs. 2 DSGVO

Art. 22 Ab. 2 DSGVO enthält eine abschließende Aufzählung der Ausnah- 53
metatbestände, die jeweils eine Entscheidung gestatten, die ausschließlich
auf einer automatisierten Verarbeitung beruht. Der Wortlaut des Art. 22
Abs. 2 DSGVO stellt dabei klar, dass die Ausnahme sich auch auf das in
Art. 22 Abs. 1 DSGVO genannte Profiling bezieht. Profiling und damit
auch „Scoring" und andere Techniken zur prognostischen Bestimmung eines Verhaltens sind folglich bei Vorliegen der Ausnahmen nach Art. 22
Abs. 2 DSGVO zulässig.

1. Abschluss oder Erfüllung eines Vertrages

Art. 22 Abs. 2 lit. a DSGVO sieht eine Ausnahme von Art. 22 Abs. 1 54
DSGVO für den Fall vor, dass diese „automatisierte Entscheidung" erfor-

---

22 Paal/Pauly/*Martini* DSGVO Art. 22 Rn. 28.
23 So auch Paal/Pauly/*Martini* DSGVO Art. 22 Rn. 27.

derlich ist, um einen Vertrag zwischen dem Betroffenen und dem Verantwortlichen für die Verarbeitung abzuschließen oder zu erfüllen.

55 Während noch der Entwurf der Kommission und des Europäischen Parlamentes eine Ausnahme vorsahen, die allgemein den Abschluss oder die Erfüllung eines Vertrages gestatteten, wurde mit der Änderung des Rates die schließlich verabschiedete Fassung des Art. 22 Abs. 2 lit. a DSGVO auf ein zwischen dem Betroffenen und dem Verantwortlichen bestehendes Vertragsverhältnis konkretisiert. Damit wird ausgeschlossen, dass eine automatisierte Entscheidung durch einen Verantwortlichen gebildet wird, der nicht zugleich in der nach Art. 22 Abs. 2 lit. a DSGVO privilegierten Rechtsbeziehung zum Betroffenen steht. Ein Profiling kann folglich nur durch den Verantwortlichen selbst oder durch einen von ihm damit beauftragten Auftragsverarbeiter durchgeführt werden.

56 Art. 22 Abs. 2 lit. a DSGVO knüpft die Ausnahme an das Tatbestandsmerkmal der Erforderlichkeit der automatisierten Entscheidung für den Abschluss oder die Erfüllung des Vertrages. Die Vorschrift verlangt somit, dass alternative Wege zum Vertragsabschluss oder zur Erfüllung des Vertrages ausgeschlossen sind und deshalb die nach Art. 22 Abs. 1 DSGVO eigentlich untersage automatisierte Entscheidung geboten ist.[24]

2. Öffnungsklausel

57 Art. 22 Abs. 2 lit. b DSGVO gestattet über die in der DSGVO enthaltenen Ausnahmetatbestände hinaus weitere Ausnahmen gesetzgeberisch vorzusehen. Diese können sich sowohl aus anderen Vorschriften der Europäischen Union als auch aus Vorschriften der Mitgliedstaaten ergeben.

58 Hierdurch sich kann durchaus in Zukunft eine zwischen den Mitgliedstaaten unterschiedliche Regelungsstruktur an Ausnahmetatbeständen entwickeln. Art. 22 Abs. 2 lit. b DSGVO stellt darauf ab, dass es sich um Rechtsvorschriften handelt, denen der Verantwortliche unterliegt.

59 Ob und inwieweit über die in Art. 22 Abs. 2 lit. a und lit. c DSGVO enthaltenen Ausnahmen der Verarbeiter ein nationaler Ausnahmetatbestand in Anspruch genommen werden kann, hängt von der nach Internationalem Privatrecht zu bestimmenden[25] anwendbaren Rechtsordnung ab.

60 Die Ausnahmetatbestände nach Art. 22 Abs. 2 lit. b DSGVO können sich aus „Rechtsvorschriften" ergeben. Hierfür genügt auch materielles Gesetzesrecht.[26] Demgegenüber erfüllen die nach Art. 40 DSGVO gebildeten

---

24 Die Bestimmung unterscheidet sich in dieser Hinsicht von dem Regelungsansatz, wie er bislang in § 6 a BDSG enthalten war. Dort war die automatisierte Entscheidung nur dann vom Verbot ausgenommen, wenn dem Begehren des Betroffenen stattgegeben wurde.

25 Siehe hierzu die Verordnung (EG) Nr. 864/2007 des Europäischen Parlaments und des Rates vom 11. Juli 2007 über das auf außervertragliche Schuldverhältnisse anzuwendende Recht („Rom II"), ABl. L 199 v. 31.7.2007, S. 40 sowie Verordnung (EG) Nr. 593/2008 des Europäischen Parlaments und des Rates vom 17. Juni 2008 über das auf vertragliche Schuldverhältnisse anzuwendende Recht („Rom I"), ABl. L 177 vom 4.7.2008, S. 6.

26 Paal/Pauly/*Martini* DSGVO Art. 22 Rn. 34.

Verhaltensregeln diese Anforderungen nicht. Sie stellen keine „Rechtsvorschrift" im Sinne des Art. 22 Abs. 2 lit. b DSGVO dar.

Die im Rahmen des Art. 22 Abs. 2 lit. b DSGVO gebildeten weiteren Aus-   61
nahmetatbestände sind jedoch nur zulässig, soweit in diesen Rechtsvorschriften „angemessene Maßnahmen" zur Wahrung der Rechte und Freiheiten sowie der berechtigten Interessen der betroffenen Person enthalten sind.

Die Verordnung will mit dieser Maßgabe sicherstellen, dass der in Art. 22   62
Abs. 1 DSGVO aufgestellte Schutzstandard nicht durch nationale Rechtsvorschriften unterlaufen wird. Erwägungsgrund 71 lässt erkennen, in welcher Weise mitgliedstaatliche Rechtsvorschriften geeignete Maßnahmen vorzusehen haben: *„In jedem Fall sollte eine solche Verarbeitung mit angemessenen Garantien verbunden sein, einschließlich der spezifischen Unterrichtung der betroffenen Person und des Anspruchs auf direktes Eingreifen einer Person, auf Darlegung des eigenen Standpunkts, auf Erläuterung der nach einer entsprechenden Bewertung getroffenen Entscheidung sowie des Rechts auf Anfechtung der Entscheidung. Diese Maßnahme sollte kein Kind betreffen."*[27]

Die mitgliedstaatlich vorzusehenden Maßnahmen sind dabei lediglich er-   63
gänzend zu den im übrigen nach der DSGVO einzuhaltenden allgemeinen Pflichten des Verantwortlichen (zB Auskunftsrecht nach Art. 15 DSGVO) sowie den in Art. 22 Abs. 3 DSGVO vorgesehenen Maßnahmen zu sehen.

Die Öffnungsklausel des Art. 22 Abs. 2 lit. b DSGVO findet ihre Grenze in   64
Art. 22 Abs. 4 DSGVO. Mitgliedstaatliche Ausnahmeregelungen dürfen nicht dazu führen, dass automatisierte Entscheidungen auf besondere Kategorien personenbezogener Daten nach Art. 9 Abs. 1 DSGVO beruhen, sofern nicht die in Art. 9 Abs. 2 lit. a oder lit. g DSGVO genannten Ausnahmen greifen und zugleich angemessene Maßnahmen zum Schutz der Rechte und Freiheiten sowie der berechtigten Interessen des Betroffenen getroffen wurden.

3. Einwilligung

Willigt der Betroffene in die Bildung einer automatisierten Entscheidung   65
nach Art. 22 Abs. 1 DSGVO ein, greift das darin enthaltene Verbot nach Art. 22 Abs. 2 lit. c DSGVO nicht.

Die Verordnung verlangt jedoch, dass diese Einwilligung „ausdrücklich"   66
erfolgt. Die Anforderungen an eine wirksame Einwilligung ergeben sich dabei aus Art. 7 DSGVO.

Im Kontext der automatisierten Entscheidung und insbesondere im Zu-   67
sammenhang mit Profiling oder mit diesem vergleichbaren Technologien kommt dem Aspekt der Informiertheit des Betroffenen zum Zeitpunkt der Einwilligungserklärung besondere Bedeutung zu. Der Verantwortliche hat diesen in einer Weise[28] zu informieren, dass die Tragweite der Einwilligung

---

27 ErwGr 71 Satz 4 f.
28 Vgl. Art. 7 Abs. 2 DSGVO sowie ErwGr 43.

in etwaige Profiling-Maßnahmen erkannt und im Hinblick auf die Einwilligungserklärung abgewogen werden können.

68 *Martini*[29] weist zutreffend darauf hin, dass vor allen Dingen auch die Einsichtsfähigkeit des Betroffenen für die Frage einer wirksamen Einwilligung von Bedeutung ist. Dies gebietet durchaus nach Zielgruppen und Empfängerhorizonten differenzierte Informationen des Verantwortlichen dahin gehend, welche automatisierten Verfahren durchgeführt werden und in welcher Weise die Entscheidung darauf beruht. Eine Offenlegung des Algorithmus, wie er durch Profiling oder Scoring-Techniken verwendet wird, erzwingt die Verordnung dabei allerdings nicht.

III. Besondere Anforderungen an die vom Verantwortlichen zu treffenden Maßnahmen, Art. 22 Abs. 3 DSGVO

69 Stützt sich der Verantwortliche bei von ihm getroffenen automatisierten Entscheidungen auf die Ausnahmetatbestände des Art. 22 Abs. 2 lit. a oder lit. c DSGVO, so hat er „angemessene Maßnahmen" zu treffen, um die Rechte und Freiheiten sowie die berechtigten Interessen der betroffenen Person zu wahren. (Art. 22 Abs. 3 Hs. 1 DSGVO).

70 Die Verordnung nennt in Art. 22 Abs. 3 Hs. 2 DSGVO Mindestkriterien, denen diese Maßnahmen genügen müssen. So ist dem Betroffenen die Möglichkeit zu gewähren, auf Seiten des Verantwortlichen das „Eingreifen einer Person" zu erwirken. Da die Regelung von der automatisierten Entscheidung ausgeht, ist die Formulierung des Art. 22 Abs. 3 DSGVO wohl nur so zu verstehen, dass der Betroffene das Recht hat, vom Verantwortlichen eine durch eine natürliche Person erfolgende Überprüfung und gegebenenfalls Korrektur der automatisch gefällten Entscheidung zu verlangen. Dabei gilt das bereits im Rahmen des Art. 22 Abs. 1 DSGVO Ausgeführte, wonach eine Entscheidung stets begrifflich voraussetzt, dass der Entscheidungsträger nicht nur zwischen mindestens zwei Optionen wählen kann sondern diese Wahlmöglichkeit aufgrund eines Bewertungskriteriums auch tatsächlich ausgeübt wird. Eine formale Bestätigung der automatisiert getroffenen Entscheidung würde demzufolge dem „Einwirken" im Sinne des Art. 22 Abs. 3 DSGVO nicht entsprechen.

71 Voraussetzung für diese mögliche Korrektur der automatisierten Entscheidung ist, dass der Betroffene seine Gründe gegenüber dem Verantwortlichen darlegen und geltend machen kann. Art. 22 Abs. 3 DSGVO gewährt deshalb dem Betroffenen gegenüber dem Verantwortlichen ein Recht auf Gehör. Dies wird begrifflich ebenfalls bedingen, dass dies zu einem Zeitpunkt ausgeübt werden kann, zu dem der Verantwortliche die automatisierte Entscheidung noch nicht überprüft und sich eine eigene Auffassung dazu gebildet hat.

72 Art. 22 Abs. 3 Hs. 2 Alt. 3 DSGVO verlangt schließlich, dass der Betroffen nicht nur seinen eigenen Standpunkt darlegen kann sondern der Verantwortliche ihm ein Recht „auf Anfechtung der Entscheidung" zu gewähren hat. Worin dieses besteht und wie dies auszugestalten ist, lässt die Verordnung offen. Da die Verordnung sich sowohl an den privaten wie auch den

---

29 Paal/Pauly/*Martini* DSGVO Art. 22 Rn. 38.

öffentlichen Sektor richtet, könnte in Bezug auf Verarbeitungen durch Verantwortliche des öffentlichen Sektors die Vorschrift so verstanden werden, dass dem Betroffenen ein im nationalen Verwaltungsrecht verankertes Anfechtungsrecht gewährt werden müsste.

Im Bereich der Verantwortlichen des privaten Sektors würde ein „Anfechtungsrecht", das über das in Art. 21 Abs. 1 oder Abs. 2 DSGVO verankerte Widerspruchsrecht hinausgeht, möglicherweise in einem Sonderkündigungsrecht des nach Art. 22 Abs. 2 lit. a DSGVO durch die automatisierte Verarbeitung zu erfüllenden Vertrages liegen können.   73

IV. Ausschluss automatisierter Entscheidungen bei Verwendung besonderer Kategorien personenbezogener Daten, Art. 22 Abs. 4 DSGVO

Automatisierte Entscheidungen dürfen nicht auf besonderen Kategorien personenbezogener Daten nach Art. 9 Abs. 1 DSGVO beruhen. Damit sind Daten über die rassische und ethnische Herkunft, politische Meinungen, religiöse oder weltanschauliche Überzeugungen oder die Gewerkschaftszugehörigkeit ausgeschlossen. Von dem Verarbeitungsverbot sind ebenfalls genetische Daten, biometrische Daten, Gesundheitsdaten oder Daten zum Sexualleben oder der sexuellen Orientierung einer natürlichen Person erfasst.   74

Auch Profiling darf auf diese Daten gestützt nicht durchgeführt werden, es sei denn, der Betroffene hätte nach Art. 9 Abs. 2 lit. a DSGVO ausdrücklich in die Verarbeitung dieser Daten eingewilligt oder Rechtsvorschriften der EU oder eines Mitgliedstaates gestatten eine solche Verarbeitung nach Art. 9 Abs. 2 lit. g DSGVO ausdrücklich.   75

Liegt einer der Ausnahmetatbestände des Art. 9 Abs. 2 lit. a oder lit. g DSGVO vor, sind zusätzlich „angemessene Maßnahmen zum Schutz der Rechte und Freiheiten sowie der berechtigten Interessen der betroffenen Person" zu treffen. Welcher Art diese sein können, beschreibt Erwägungsgrund 71 anschaulich.   76

V. Auskunftsrecht des Betroffenen, Art. 15 Abs. 1 lit. h DSGVO

Das Recht aus Art. 22 Abs. 1 DSGVO, keiner auf einer automatisierten Verarbeitung getroffenen Entscheidung unterworfen zu sein, wird durch einen spezifischen Auskunftsanspruch des Betroffenen aus Art. 15 Abs. 1 lit. h DSGVO ergänzt.   77

Der Betroffene hat ein Recht auf Auskunft dahin gehend, ob eine automatisierte Entscheidungsfindung auf Seiten des Verantwortlichen besteht. Dieses Recht schließt auch die Auskunft über die Durchführung eines Profiling ein. Die Vorschrift verlangt dabei, dass im Rahmen der Auskunfterteilung „aussagekräftige Informationen über die involvierte Logik sowie die Tragweiter und die angestrebten Auswirkungen" dieser Verarbeitung auf den Betroffenen gegeben werden.   78

Zwar spricht die Verordnung selbst davon, dass auch „die involvierte Logik" Gegenstand der Auskunft zu sein hat. Allerdings verlangt die Verordnung nicht, dass der für das Profiling verwendete Algorithmus offengelegt   79 wird. Die Verordnung spricht lediglich von „aussagekräftigen Informationen" über die involvierte Logik. Der Verantwortliche kann folglich zum Schutz des auf seiner Seite bestehenden Betriebs- und Geschäftsgeheimnisses, das sich in den für das Profiling oder auch Scoring verwendeten mathematisch-statistischen Verfahren verbirgt, diese Logik so umschreiben, dass auf der einen Seite der Betroffene über die in die Bewertung eingehenden Parameter informiert wird und er so erkennen kann, welche Aspekte seiner Person oder seines Verhaltens für die Berechnung des Scorewertes oder die Bildung des Profiles verwendet werden. Gleichzeitig ist der Verantwortliche auf der anderen Seite nicht dazu verpflichtet, die konkrete Gewichtung oder auch den Rechenweg zur Bestimmung des Scorewertes oder Profiles dem Betroffenen in einer Weise mitzuteilen, die es einem Dritten ermöglichen würde, seinerseits auf der Grundlage dieser Information vergleichbare Berechnungen vorzunehmen.

C. Verhältnis zu anderen Normen

I. Verhältnis zum bislang geltenden nationalen Datenschutzrecht

80   Art. 22 DSGVO genießt gegenüber dem bislang anwendbaren § 6 a BDSG Anwendungsvorrang. Dies ergibt sich bereits aus dem Regelungsgehalt und dem Zweck der Vorschrift.

81   Anwendungsvorrang genießt die Vorschrift nach der hier vertretenen Auffassung auch gegenüber § 28 b BDSG, da der Begriff der automatisierten Verfahren im Sinne des Art. 22 Abs. 1 DSGVO auch die vom bisherigen BDSG normierten Scoring-Tatbestände erfasst. Von einer Regelungslücke auf der Ebene der Verordnung kann nicht ausgegangen werden. Für den nationalen Gesetzgeber verbleibt insoweit keine gesetzgeberische Kompetenz.

II. Verhältnis zu anderen Vorschriften der DSGVO

82   Art. 22 DSGVO ist in engem Zusammenhang mit dem in Art. 21 DSGVO normierten Widerspruchsrecht zu sehen. Letztgenannte Vorschrift gewährt dem Betroffenen auch dann ein Widerspruchsrecht, wenn die automatisierte Verarbeitung nach Art. 22 DSGVO zulässig ist.

83   In engem Zusammenhang mit Art. 22 DSGVO sind die Informationsverpflichtungen des Verantwortlichen aus Art. 12 bis 14 DSGVO sowie das Auskunftsrecht des Betroffenen aus Art. 15 DSGVO zu sehen, die dessen Rechte gerade auch im Hinblick auf automatisierte Entscheidungen sichern sollen.

84   Automatisierte Entscheidungen werden durch den Verordnungsgeber grundsätzlich als risikobehaftet angesehen. Art. 35 Abs. 3 lit. a DSGVO verpflichtet den Verantwortlichen deshalb im Fall der automatisierten Entscheidungen zur Datenschutz-Folgenabschätzung.

85   Werden durch den Verantwortlichen gemäß Art. 47 DSGVO verbindliche interne Datenschutzvorschriften aufgestellt, so haben diese nach Art. 47 Abs. 1 lit. e DSGVO auch Regelungen hinsichtlich der Betroffenenrechte nach Art. 22 DSGVO in Bezug auf die automatisierte Entscheidungsfindung zu beinhalten.

Abschnitt 5 Beschränkungen

Artikel 23 Beschränkungen

(1) Durch Rechtsvorschriften der Union oder der Mitgliedstaaten, denen der Verantwortliche oder der Auftragsverarbeiter unterliegt, können die Pflichten und Rechte gemäß den Artikeln 12 bis 22 und Artikel 34 sowie Artikel 5, insofern dessen Bestimmungen den in den Artikeln 12 bis 22 vorgesehenen Rechten und Pflichten entsprechen, im Wege von Gesetzgebungsmaßnahmen beschränkt werden, sofern eine solche Beschränkung den Wesensgehalt der Grundrechte und Grundfreiheiten achtet und in einer demokratischen Gesellschaft eine notwendige und verhältnismäßige Maßnahme darstellt, die Folgendes sicherstellt:

a) die nationale Sicherheit;

b) die Landesverteidigung;

c) die öffentliche Sicherheit;

d) die Verhütung, Ermittlung, Aufdeckung oder Verfolgung von Straftaten oder die Strafvollstreckung, einschließlich des Schutzes vor und der Abwehr von Gefahren für die öffentliche Sicherheit;

e) den Schutz sonstiger wichtiger Ziele des allgemeinen öffentlichen Interesses der Union oder eines Mitgliedstaats, insbesondere eines wichtigen wirtschaftlichen oder finanziellen Interesses der Union oder eines Mitgliedstaats, etwa im Währungs-, Haushalts- und Steuerbereich sowie im Bereich der öffentlichen Gesundheit und der sozialen Sicherheit;

f) den Schutz der Unabhängigkeit der Justiz und den Schutz von Gerichtsverfahren;

g) die Verhütung, Aufdeckung, Ermittlung und Verfolgung von Verstößen gegen die berufsständischen Regeln reglementierter Berufe;

h) Kontroll-, Überwachungs- und Ordnungsfunktionen, die dauernd oder zeitweise mit der Ausübung öffentlicher Gewalt für die unter den Buchstaben a bis e und g genannten Zwecke verbunden sind;

i) den Schutz der betroffenen Person oder der Rechte und Freiheiten anderer Personen;

j) die Durchsetzung zivilrechtlicher Ansprüche.

(2) Jede Gesetzgebungsmaßnahme im Sinne des Absatzes 1 muss insbesondere gegebenenfalls spezifische Vorschriften enthalten zumindest in Bezug auf

a) die Zwecke der Verarbeitung oder die Verarbeitungskategorien,

b) die Kategorien personenbezogener Daten,

c) den Umfang der vorgenommenen Beschränkungen,

d) die Garantien gegen Missbrauch oder unrechtmäßigen Zugang oder unrechtmäßige Übermittlung;

e) die Angaben zu dem Verantwortlichen oder den Kategorien von Verantwortlichen,

f) die jeweiligen Speicherfristen sowie die geltenden Garantien unter Berücksichtigung von Art, Umfang und Zwecken der Verarbeitung oder der Verarbeitungskategorien,

g) die Risiken für die Rechte und Freiheiten der betroffenen Personen und

h) das Recht der betroffenen Personen auf Unterrichtung über die Beschränkung, sofern dies nicht dem Zweck der Beschränkung abträglich ist.

Verwandte Normen: ErwGr 73; § 1 Abs. 3, Abs. 4 BDSG 2003

Literatur:
Albrecht/Jotzo, Das neue Datenschutzrecht der EU, Baden-Baden, 2016; *Benecke/Wagner*, Öffnungsklauseln in der Datenschutz-Grundverordnung und das deutsche BDSG – Grenzen und Gestaltungsspielräume für ein nationales Datenschutzrecht, DVBl. 2016, 600; *Bock/Engeler*, Die verfassungsrechtliche Schranke der Wesensgehaltsgarantie als absolute Schranke im Datenschutzrecht, DVBl. 2016, 593; *Dammann*, Erfolge und Defizite der EU-Datenschutzgrundverordnung – Erwarteter Fortschritt, Schwächen und überraschende Innovationen, ZD 2016, 307; *Eichenhofer*, „e-Privacy" im europäischen Grundrechtsschutz: Das „Schrems"-Urteil des EuGH, EuR 2016, 76; *Kühling/Martini*, Die Datenschutz-Grundverordnung: Revolution oder Evolution im europäischen und deutschen Datenschutzrecht?, EuZW 2016, 448; *Kühling u.a.*, Die Datenschutz-Grundverordnung und das nationale Recht. Erste Überlegungen zum innerstaatlichen Regelungsbedarf, Münster, 2016; *Paefgen*, Der von Art. 8 EMRK gewährleistete Schutz vor staatlichen Eingriffen in die Persönlichkeitsrechte im Internet, Heidelberg ua, 2017; *Piltz*, Die Datenschutz-Grundverordnung. Teil 2: Rechte der Betroffenen und korrespondierende Pflichten des Verantwortlichen, K&R 2016, 629; *Pötters*, Primärrechtliche Vorgaben für eine Reform des Datenschutzrechts, RDV 2015, 10; *Rieckhoff*, Der Vorbehalt des Gesetzes im Europarecht, Tübingen, 2007; *Rose-Ackerman/Billa*, Treaties and National Security, NYU Journal of International Law & Politics 40 (2008), 237; *Traung*, The Proposed New EU General Data Protection Regulation. Further Opportunities, CRi 2012, 33.

A. Grundlagen

I. Gesamtverständnis und Zweck der Norm

Art. 23 ermächtigt den unionalen oder nationalen Gesetzgeber, bestimmte [1] Rechte und Pflichten nach der DSGVO durch Gesetzgebungsmaßnahmen zu beschränken oder solche Beschränkungen beizubehalten, ohne sie aber zwingend vorzuschreiben (**fakultative Öffnungsklausel**).[1] Hierzu spezifiziert Abs. 1 die einschränkbaren Artikel und legt in lit. a–j abschließend legitime Ziele fest, die der Gesetzgeber unter Beachtung des Wesensgehalts der Grundrechte und Grundfreiheiten und des Verhältnismäßigkeitsgrundsatzes mit der Beschränkung verfolgen darf. Abs. 2 stellt inhaltliche Mindestanforderungen auf, die das beschränkende Gesetz erfüllen muss.

Art. 23 reibt sich an dem mit der DSGVO verfolgten Anliegen der unions- [2] weiten Harmonisierung des Datenschutzes.[2] Erklärtes Ziel der DSGVO ist es, ein gleichwertiges und hohes Schutzniveau für die Rechte und Freiheiten von natürlichen Personen bei der Verarbeitung personenbezogener Daten in der Union und allen Mitgliedstaaten zu gewährleisten.[3] Hierfür wurde gerade die Rechtsform der Verordnung gewählt, die gem. Art. 288 Abs. 2 AEUV allgemeine Geltung hat und unmittelbar in jedem Mitgliedstaat gilt, ohne dass es mitgliedstaatlicher Umsetzungsakte bedarf, die – wie im Fall der DS-RL – eine unterschiedliche Handhabung des Datenschutzes befördern und Rechtsunsicherheiten Vorschub leisten könnten.[4] Indem Art. 23 gleichwohl unterschiedliche nationale Beschränkungen der Datenschutzregeln der DSGVO ermöglicht (um die Konsensfähigkeit hinsichtlich der DSGVO unter den Mitgliedstaaten zu sichern),[5] relativiert sie den Harmonisierungsanspruch der DSGVO – auch auf Kosten der Rechtsklarheit.[6]

Die Öffnungsklausel in Art. 23 ist indes nicht ohne **Vorbild** (→ Rn. 4) und [3] erklärt sich in Teilen mit Blick auf die konstitutionellen (insbes. kompetentiellen) Grundlagen der DSGVO (→ Rn. 7 ff.). Außerdem formulieren die Wesensgehaltsgarantie und der Verhältnismäßigkeitsgrundsatz ihrerseits **Grenzen** der Beschränkungsmöglichkeiten nach Art. 23 (→ Rn. 37 ff.).[7] So

---

1 Vgl. Begründung des Kommissionsentwurfs, KOM(2012) 11 endg, 10; zur Vorgängervorschrift *Ehmann/Helfrich* DS-RL Art. 13 Rn. 14; *Dammann/Simitis* EG-DS-RL Art. 13 Rn. 2.

2 So auch *Benecke/Wagner* DVBl. 2016, 660 (604). Dass auch schon die DS-RL auf eine grundsätzlich umfassende Harmonisierung der nationalen Datenschutzvorschriften abzielte, hat der EuGH mehrfach betont, vgl. nur EuGH 6.11.2003 – C-101/01, ECLI:EU:C:2003:596 Rn. 96; 16.12.2008 – C-524/06, ECLI:EU:C: 2008:724 Rn. 51; 24.11.2011 – C-468/10 und 469/10, ECLI:EU:C:2011:777 Rn. 29; 7.11.2013 – C-473/12, ECLI:EU:C:2013:715 Rn. 31; krit. zum begrenzten Harmonisierungseffekt der DS-RL dagegen *Schneider* in: Wolff/Brink Datenschutzrecht Syst. B Rn. 4.

3 Erwägungsgrund 10.

4 Vgl. Erwägungsgrund 9; *Dammann* ZD 2016, 307 (309); *Albrecht/Jotzo*, S. 47 f.

5 Vgl. Begründung des Standpunktes des Rates in erster Lesung v. 8.4.2016 (5419/1/16), S. 4.

6 *Traung* CRi 2012, 33 (34); *Benecke/Wagner* DVBl. 2016, 600 (606); *Kühling/Martini* EuZW 2016, 448 (449): DSGVO wiege der rund vier Dutzend Öffnungsklauseln „faktisch ein atypisches Hybrid aus Verordnung und Richtlinie".

7 Vgl. *Benecke/Wagner* DVBl. 2016, 600 (604: „hohe Rechtfertigungsvoraussetzungen").

hat denn die Kritik an der exzessiven Kumulation von bewusst weit formulierten Generalklauseln, an der Arkanisierung des Verarbeitungsprozesses oder an den Lippenbekenntnissen eines grundrechtlichen Datenschutzes[8] zwar einen berechtigten Kern, geht aber mit Blick auf die konkrete Ausgestaltung der Öffnungsklausel im Ergebnis zu weit.

II. Bisherige Rechtslage

4   Art. 23 geht auf Art. 13 DS-RL sowie auf die Anforderungen aus der GRCh und der EMRK in ihrer Auslegung durch EuGH und EGMR zurück.[9] Art. 13 DS-RL knüpfte wiederum an Art. 9 Abs. 2 der Datenschutzkonvention Nr. 108 des Europarates an, der eine Abweichung von Verarbeitungsgrundsätzen und Betroffenenrechten für zulässig erklärt, wenn sie durch das Recht der Vertragspartei vorgesehen und in einer demokratischen Gesellschaft eine notwendige Maßnahme ist, (a) zum Schutz der Sicherheit des Staates, der öffentlichen Sicherheit sowie der Währungsinteressen des Staates oder zur Bekämpfung von Straftaten, oder (b) zum Schutz des Betroffenen oder der Rechte und Freiheiten Dritter.[10] Eine ganz ähnliche Öffnungsklausel findet sich auch in Art. 20 der VO (EG) Nr. 45/2001.

5   Neu gegenüber der Vorgängerregelung sind – neben einzelnen Formulierungsänderungen bei bereits normierten Beschränkungszielen (→ Rn. 16 ff.) – die Beschränkungsziele in Abs. 1 lit. f (Schutz der Unabhängigkeit der Justiz und Schutz von Gerichtsverfahren) und lit. j (Durchsetzung zivilrechtlicher Ansprüche) sowie die in Abs. 2 ausdrücklich genannten inhaltlichen Mindestanforderungen an den beschränkenden Gesetzgebungsakt.

III. Entstehung der Norm

6   Gegenüber dem Kommissionsvorschlag konnte das Europäische Parlament im Gesetzgebungsverfahren die Aufnahme der Wesensgehaltsgarantie in Abs. 1 sowie eine weitere Konkretisierung der Mindestanforderungen des Abs. 2 durchsetzen. Auf Betreiben des Rates wurden Abs. 1 lit. c auf „wichtige" Ziele des allgemeinen öffentlichen Interesses (mit erweiterter exemplarischer Aufzählung) begrenzt sowie die Beschränkungsziele um die Landesverteidigung (lit. b), den Schutz der Unabhängigkeit der Justiz und der Gerichtsverfahren (lit. f) sowie die Durchsetzung zivilrechtlicher Ansprüche (lit. j) ergänzt.

IV. Konstitutionelle (insbes. kompetentielle) Grundlagen

7   Konstitutionelle Grundlage der DSGVO ist Art. 16 Abs. 2 AEUV. Danach erlassen das Europäische Parlament und der Rat gemäß dem ordentlichen Gesetzgebungsverfahren Vorschriften über den Schutz natürlicher Personen

---

8 Kritik schon an der Vorgängerregelung bei Dammann/*Simitis* EG-DSRL Einl. Rn. 37, 46; mit Relativierung von *Dammann*/Simitis EG-DSRL Art. 13 Rn. 4; dagegen *Ehmann*/*Helfrich* DS-RL Art. 13 Rn. 23 ff.

9 So die Formulierung der Begründung des Kommissionsentwurfs, KOM(2012) 11 endg., 10.

10 Übereinkommen des Europarates zum Schutz des Menschen bei der automatischen Verarbeitung personenbezogener Daten, BGBl. II 1985, 539.

bei der Verarbeitung personenbezogener Daten durch die Organe, Einrichtungen und sonstigen Stellen der Union sowie durch die Mitgliedstaaten im Rahmen der Ausübung von Tätigkeiten, die in den Anwendungsbereich des Unionsrechts fallen, und über den freien Datenverkehr.

Datenschutz- und datenverkehrsrelevante mitgliedstaatliche Tätigkeiten, **8** die nicht in den **Anwendungsbereich** des Unionsrechts fallen, unterliegen daher nicht der Regelungskompetenz des Unionsgesetzgebers. Art. 4 Abs. 2 S. 2 EUV verweist hierzu auf die grundlegenden Funktionen des Staates, die die Union achtet. Dazu zählen vor allem die Wahrung der territorialen Unversehrtheit, die Aufrechterhaltung der öffentlichen Ordnung und der Schutz der nationalen Sicherheit. Insbesondere die nationale Sicherheit fällt weiterhin in die alleinige Verantwortung der einzelnen Mitgliedstaaten, wie Art. 4 Abs. 2 S. 3 EUV klarstellt. Für den freien Datenverkehr und den Schutz natürlicher Personen bei der Datenverarbeitung durch die Mitgliedstaaten im Rahmen der Gemeinsamen Außen- und Sicherheitspolitik kann der Rat gem. Art. 39 EUV und abweichend von Art. 16 Abs. 2 AEUV einen entsprechenden Beschluss erlassen.[11]

Dementsprechend ist der sachliche Anwendungsbereich der DSGVO **9** gem. Art. 2 Abs. 2 lit. a und b für die vorgenannten Bereiche auch gar nicht eröffnet (→ Art. 2 Rn. 8 f.). Wenn Art. 23 Abs. 1 lit. a–c diese Materien gleichwohl auflistet, könnte das als konstitutive Eröffnung einer Abweichungsbefugnis der Mitgliedstaaten missverstanden werden, die die unionsrechtliche DSGVO aus Gründen der Kompetenzverteilung zwischen der Union und den Mitgliedstaaten aber gar nicht zu begründen vermag. Wer in Art. 23 Abs. lit. a–c indes mehr als einen bloß deklaratorischen Hinweis auf oben beschriebene Kompetenzverteilung sehen will, wird lit. a–c als Klarstellung dahingehend lesen, dass die Mitgliedstaaten beschränkende Regelungen auch dann verabschieden können, wenn sich diese auf Gebieten auswirken, in denen die DSGVO Geltung beansprucht.[12]

B. Kommentierung

I. Beschränkbare Rechte und Pflichten

Abs. 1 listet zunächst **abschließend** auf, welche Rechte und Pflichten auf **10** Grundlage des Art. 23 eingeschränkt werden können. Dazu zählen die Rechte und Pflichten im Hinblick auf die transparente Information, die Kommunikation und die Modalitäten für die Ausübung der Rechte (Art. 12), die Information des Betroffenen durch den Verantwortlichen bei Erhebung (Art. 13) oder Weiterverarbeitung der Daten (Art. 14), die Auskunft für den Betroffenen (Art. 15), die Berichtigung falscher bzw. unvollständiger (Art. 16) oder Löschung unrechtmäßig verarbeiteter (Art. 17) personenbezogener Daten, die Einschränkung der Verarbeitung (Art. 18),

---

11 Vgl. dazu nur *Kranenborg* in: Peers ua The Charter of Fundamental Rights Art. 8 Rn. 08.10 ff.
12 Vgl. zu Art. 13 DS-RL schon *Dammann/Simitis* EG-DSRL Art. 13 Rn. 3, 6; *Ehmann/Helfrich* DS-RL Art. 13 Rn. 29 ff. interpretieren die genannten litterae zudem als Lösung der kollisionsrechtlichen Problematik zwischen der mitgliedstaatlichen Regelungskompetenz in der *domaine réservée* und der Rechtsetzungskompetenz der Union im Bereich des Datenschutzes zugunsten der Mitgliedstaaten.

die Mitteilung im Zusammenhang mit der Berichtigung, Löschung oder Einschränkung der Verarbeitung (Art. 19), die Datenübertragbarkeit (Art. 20), der Widerspruch des Betroffenen (Art. 21), automatisierte Entscheidungen im Einzelfall einschließlich Profiling (Art. 22) sowie die Benachrichtigung des von einem Datenschutzverstoß Betroffenen (Art. 34). Auch die Verarbeitungsgrundsätze des Art. 5 können gem. Art. 23 Abs. 1 eingeschränkt werden, insofern dessen Bestimmungen den in Art. 12–22 vorgesehenen Rechten und Pflichten entsprechen.

II. Gesetzgebungsmaßnahmen der Union oder der Mitgliedstaaten

11 Eine Beschränkung der vorgenannten Rechte und Pflichten ist nur durch **Rechtsvorschriften** der Union oder der Mitgliedstaaten **im Wege von Gesetzgebungsmaßnahmen** zulässig. Art. 23 weicht damit in zweifacher Hinsicht von der Vorgängerregelung des Art. 13 DS-RL ab: Zum einen ist anders als bei der gem. Art. 34 DS-RL nur an die Mitgliedstaaten gerichteten DS-RL bei Art. 23 DSGVO nunmehr ausdrücklich auch eine Beschränkung durch Unionsrecht möglich. Zum anderen bedarf es gem. Art. 23 einer Rechtsvorschrift im Wege einer Gesetzgebungsmaßnahme, während Art. 13 DS-RL nur von einer Beschränkung durch Rechtsvorschriften sprach, die Art der Rechtsvorschrift aber völlig offen ließ.[13]

12 Die Formulierung „Rechtsvorschriften … im Wege von Gesetzgebungsmaßnahmen" könnte zunächst in primärrechtsorientierter Auslegung als Vorbehalt eines formellen (Parlaments-)Gesetzes verstanden werden: Gesetzgebungsakte sind gem. Art. 289 Abs. 3 AEUV Rechtsakte, die in einem Gesetzgebungsverfahren angenommen werden. Art. 289 Abs. 1 AEUV sieht als Regelfall das ordentliche Gesetzgebungsverfahren vor, bei dem Sekundärrechtsakte nicht ohne die Zustimmung des Europäischen Parlaments verabschiedet werden können[14], die eine stärkere demokratische Legitimation des Sekundärrechtsakts vermittelt (vgl. Art. 10 Abs. 2 S. 1 EUV). Einer solchen systematischen Auslegung steht jedoch **Erwägungsgrund 41** der DSGVO entgegen. Danach ist, wenn in der DSGVO auf einen Rechtsakt oder eine Gesetzgebungsmaßnahme Bezug genommen wird, nicht notwendigerweise ein von einem Parlament angenommener Gesetzgebungsakt erforderlich. Die entsprechende Rechtsgrundlage oder Gesetzgebungsmaßnahme sollte jedoch klar und präzise und ihre Anwendung für die Rechtsunterworfenen gemäß der Rechtsprechung von EuGH und EGMR vorhersehbar sein.[15] Der Gesetzesvorbehalt erscheint hier mithin in seiner rechts-

---

13 *Dammann/Simitis* EG-DSRL Art. 13 Rn. 5. Der EuGH 1.10.2015 – C-201/14, ECLI:EU:C:2015:638 Rn. 40, hat ein zwischen zwei Verwaltungsbehörden abgeschlossenes Protokoll über Einzelheiten der Datenübertragung, das nicht Gegenstand einer amtlichen Veröffentlichung war, nicht als Rechtsvorschrift iSd Art. 13 DS-RL anerkannt.

14 Ein besonderes Gesetzgebungsverfahren erfolgt gem. Art. 289 Abs. 2 AEUV nur in bestimmten, in den Verträgen vorgesehenen Fällen. Zum Ganzen nur *Ruffert* in: Calliess/Ruffert Art. 289 AEUV Rn. 1 ff.

15 Vgl. etwa EGMR 12.6.2014 – App. no. 56030/07, ECLI:CE:ECHR:2014:0612JUD005603007, Rn. 117 mwN; *Paefgen*, Der von Art. 8 EMRK gewährleistete Schutz, S. 139 ff.

staatlichen Ausprägung als **qualifizierter Rechtssatzvorbehalt** und **nicht** in seiner demokratischen Ausprägung als **Parlamentsvorbehalt.**[16]

Insoweit Art. 23 Materien anspricht, für die der sachliche Anwendungsbereich der DSGVO deshalb nicht eröffnet ist, weil sie ausschließlich der mitgliedstaatlichen Regelungshoheit unterliegen (→ Rn. 8 f.), greift der in Art. 23 formulierte unionsrechtliche qualifizierte Rechtssatzvorbehalt nicht. Indessen kann sich aus dem jeweiligen **Verfassungsrecht der Mitgliedstaaten** ein Vorbehalt eines formellen (Parlaments-)Gesetzes ergeben (zB aus nationalen Grundrechten), der – wie Erwägungsgrund 41 klarstellt – von Art. 23 DSGVO unberührt bleibt.[17]   13

Erwägungsgrund 8 sieht vor, dass Mitgliedstaaten Teile der DSGVO in ihr nationales Recht aufnehmen können, wenn sie von den etwa durch Art. 23 eröffneten Beschränkungsmöglichkeiten Gebrauch machen wollen, soweit dies erforderlich ist, um die Kohärenz zu wahren und die nationalen Vorschriften für Personen, für die sie gelten, verständlicher zu machen.[18]   14

Adressat der beschränkenden Regelung muss schließlich der Verantwortliche oder der Auftragsverarbeiter sein, wie der auf Initiative des Rates in Abs. 1 eingefügte Halbsatz klarstellt.   15

III. Legitime Ziele der Beschränkungsmaßnahmen

Art. 23 Abs. 1 enthält in lit. a–j einen Katalog legitimer Ziele, die die Beschränkungsmaßnahmen verfolgen können. Der Katalog ist zwar abschließend gemeint, erlaubt durch die Generalklausel der „sonstigen wichtigen Ziele im allgemeinen öffentlichen Interesse" in lit. e aber, auch nicht ausdrücklich benannte Ziele zu verfolgen. Als Ausnahmen zu den Betroffenenrechten sind die **Beschränkungsziele grundsätzlich eng auszulegen.**[19] Aus systematischen Gründen müssen die einzelnen Beschränkungsziele zudem von untereinander und mit den einzuschränkenden Betroffenenrechten vergleichbarem Gewicht sein.   16

1. Nationale Sicherheit

Mitgliedstaatliche Beschränkungsmaßnahmen sind gem. lit. a aus Gründen der nationalen Sicherheit möglich, für die die Union keine **Regelungskompetenz** besitzt (ausdrücklich Art. 4 Abs. 2 S. 3 EUV). Vergleichbare Ausnahmevorschriften finden sich in Art. 9 Abs. 2 der Datenschutzkonvention Nr. 108 des Europarates sowie in anderen völkerrechtlichen Verträgen, auf   17

---

16 Die Frage eines Gesetzes- oder Parlamentsvorbehalts ist freilich kein bloß unbedeutender formaler Aspekt, wie *Grages* in Plath BDSG/DSGVO Art. 23 DSGVO Rn. 3 meint. Zum Ganzen *Rieckhoff,* Vorbehalt des Gesetzes S. 126 ff.

17 Vgl. *Kühling u.a.,* DSGVO und nationales Recht, S. 8 f.

18 Die Formulierung dieses Erwägungsgrundes knüpft an die Rechtsprechung des EuGH zur (eingeschränkten) Zulässigkeit von Verordnungsregeln punktuell wiederholenden mitgliedstaatlichen Rechtsvorschriften an, etwa in EuGH 28.3.1985 – C-272/83, ECLI:EU:C:1985:147 Rn. 27. Vgl. mit Blick auf die DSGVO *Benecke/ Wagner* DVBl. 2016, 600 (604 ff. mit weiteren Rspr.-Nachweisen), sowie allgemein *Ruffert* in: Calliess/Ruffert Art. 288 AEUV Rn. 20 f., und *Schroeder* in: Streinz Art. 288 AEUV Rn. 65.

19 Vgl. *Pötters* RDV 2015, 10 (12 f.).

deren Auslegung durch Rechtsprechung und Wissenschaft zurückgegriffen werden kann.[20]

18　Der Begriff der nationalen Sicherheit steht in engem Zusammenhang mit dem Begriff der öffentlichen Sicherheit, die nach st. Rspr. des EuGH sowohl die innere als auch die äußere Sicherheit eines Staates umfasst[21] und durch die Beeinträchtigung des Funktionierens der Einrichtungen des Staates und seiner wichtigen öffentlichen Dienste sowie das Überleben der Bevölkerung ebenso wie die Gefahr einer erheblichen Störung der auswärtigen Beziehungen oder des friedlichen Zusammenlebens der Völker oder eine Beeinträchtigung der militärischen Interessen [die hier freilich unter lit. b fallen] berührt werden können.[22] Der Begriff der nationalen Sicherheit ist indes enger zu verstehen. Er rechtfertigt eine Beschränkung nur dann, wenn **existentielle Sicherheitsbelange** des Staates betroffen sind.[23]

19　Eine Beschränkung der Betroffenenrechte zum Schutz der EU vor inneren und äußeren Bedrohungen kommt – jenseits aller staats- und verfassungstheoretischen Überlegungen zur Einordnung der EU – schon wegen des klar auf die nationale Sicherheit beschränkten Wortlauts von lit. a nicht in Betracht.

2. Landesverteidigung

20　Auch im Bereich der **Landesverteidigung** besitzt die EU de constitutione lata keine Regelungskompetenz. Als Beispiel einer Beschränkung der Betroffenenrechte aus Gründen der Landesverteidigung nennt die Literatur eine Einschränkung des Auskunftsrechts eines Arbeitnehmers, wenn dessen Arbeitgeber an Vorsorgemaßnahmen für den Verteidigungsfall mitwirkt.[24]

3. Öffentliche Sicherheit

21　Der Begriff der **öffentlichen Sicherheit** bezeichnet nach st. Rspr. des EuGH sowohl die innere als auch die äußere Sicherheit eines Staates,[25] die durch die Beeinträchtigung des Funktionierens der Einrichtungen des Staates und seiner wichtigen öffentlichen Dienste sowie das Überleben der Bevölkerung ebenso wie die Gefahr einer erheblichen Störung der auswärtigen Beziehungen oder des friedlichen Zusammenlebens der Völker oder eine Beeinträchtigung der militärischen Interessen [die hier freilich unter lit. b fallen]

20　Vgl. nur *Rose-Ackerman/Billa* NYU J Int'l L. & Pol. 40 (2008), 237; *Schill/von Bogdandy* in: Grabitz/Hilf/Nettesheim Art. 4 EUV Rn. 34.

21　Vgl. nur EuGH 26.10.1999 – C-273/97, ECLI:EU:C:1999:523 Rn. 17; 11.3.2003 – C-186/01, ECLI:EU:C:2003:146 Rn. 32.

22　Vgl. EuGH 23.22.2010 – C-145/09, EU:C:2010:708 Rn. 43 f.; 15.2.2016 – C-601/15 PPU, ECLI:EU:C:2016:84 Rn. 66.

23　Vgl. *Obwexer* in: von der Groeben/Schwarze/Hatje, Europäisches Unionsrecht, Art. 4 EUV Rn. 45; *Hatje* in: Schwarze, Art. 4 EUV Rn. 15. Etwas weiter formulierte Definition im Explanatory Report zur Datenschutzkonvention Nr. 108 des Europarates, Rn. 56: „protecting national sovereignty against internal or external threats".

24　*Dammann/Simitis* EG-DSRL Art. 13 Rn. 6.

25　Vgl. nur EuGH 26.10.1999 – C-273/97, ECLI:EU:C:1999:523 Rn. 17; 11.3.2003 – C-186/01, ECLI:EU:C:2003:146 Rn. 32.

berührt werden können.[26] Erwägungsgrund 73 zählt – neben den in Art. 23 Abs. 1 lit. d und g genannten Bereichen und dem Führen öffentlicher Archive (zur spezielleren Öffnungsklausel für Datenverarbeitungen zu Archivzwecken → Art. 89 Rn. 17 f.) und Register im allgemeinen öffentlichen Interesse – auch den Schutz von Menschenleben insbesondere bei Naturkatastrophen oder vom Menschen verursachten Katastrophen als Aspekt der öffentlichen Sicherheit auf.

Da die EU hier keine **Regelungskompetenz** besitzt, obliegen Beschränkungen der Betroffenenrechte mit Blick auf die öffentliche Sicherheit allein den Mitgliedstaaten. Eine Beschränkung der Auskunftspflicht der verantwortlichen Stelle aus Gründen der öffentlichen Sicherheit sieht etwa § 34 Abs. 7 iVm § 33 Abs. 2 S. 1 Nr. 6 Var. 1 BDSG vor.[27]   22

4. Strafverfolgung und Strafvollstreckung; Gefahrenabwehr

Insoweit die zuständigen Behörden Daten zum Zwecke der Verhütung, Ermittlung, Aufdeckung und Verfolgung von Straftaten oder der Strafvollstreckung einschließlich des Schutzes vor und der Abwehr von Gefahren für die öffentliche Sicherheit verarbeiten, ist der Anwendungsbereich der RL (EU) 2016/680 eröffnet.[28] **Zuständige Behörde** im Sinne dieser Richtlinie meint zum einen eine staatliche Stelle, die für die Strafverfolgung und Strafvollstreckung einschließlich der Gefahrenabwehr zuständig ist (Art. 3 Nr. 7 lit. a RL (EU) 2016/680), zum anderen eine andere Stelle oder Einrichtung, der durch das Recht der Mitgliedstaaten die Ausübung öffentlicher Gewalt und hoheitlicher Befugnisse zur Strafverfolgung und Strafvollstreckung einschließlich der Gefahrenabwehr übertragen wurde.   23

Die Öffnungsklausel des Art. 23 Abs. 1 lit. d DSGVO zielt mithin auf Fälle, in denen ein **Verantwortlicher**, der **nicht zuständige Behörde** im Sinne der RL (EU) 2016/680 ist,[29] Daten verarbeitet, die dann zum Zwecke der Strafverfolgung und Strafvollstreckung einschließlich der Gefahrenabwehr verwendet werden sollen. Hier können die Mitgliedstaaten die Rechte des Betroffenen und die Pflichten des Verantwortlichen nach der DSGVO durch Gesetzgebungsmaßnahmen beschränken. Das wird etwa im Bereich der Geldwäsche oder für die Arbeit kriminaltechnischer Labore relevant.[30] So verweist Erwägungsgrund 11 der RL (EU) 2016/680 auf das Beispiel von Finanzinstituten, die zum Zwecke der Ermittlung, Aufdeckung oder Verfolgung von Straftaten bestimmte personenbezogene Daten, die sie verarbeiten, im Anwendungsbereich der DSGVO speichern und sie nur den zuständigen nationalen Behörden in bestimmten Fällen und im Einklang   24

---

26 Vgl. EuGH 23.11.2010 – C-145/09, EU:C:2010:708 Rn. 43 f.; 15.2.2016 – C-601/15 PPU, ECLI:EU:C:2016:84 Rn. 66.

27 Für vergleichbare Beschränkungen durch Landesrecht exemplarisch § 47 Abs. 2 Nr. 2 ThürPAG.

28 Siehe Art. 2 Abs. 1 iVm Art. 1 Abs. 1 RL (EU) 2016/680; Art. 2 Abs. 2 lit. d DSGVO; Erwägungsgrund 19 der DSGVO sowie Erwägungsgrund 11 der RL (EU) 2016/680.

29 Gemeint sind also öffentliche oder private Stellen, die Daten verarbeiten, aber nicht mit Aufgaben der Strafverfolgung und Strafvollstreckung einschließlich der Gefahrenabwehr betraut sind.

30 Vgl. Erwägungsgrund 19 aE.

mit dem nationalen Recht – das Rechte und Pflichten der DSGVO beschränken kann – zur Verfügung stellen.

5. Sonstige wichtige Ziele des allgemeinen öffentlichen Interesses

25 Lit. e bildet eine **Generalklausel**, auf die gesetzliche Beschränkungsmaßnahmen gestützt werden können, soweit sie sonstige wichtige Ziele des allgemeinen öffentlichen Interesses verfolgen.[31] Der auf Vorschlag des Rates geänderte Wortlaut stellt klar, dass nur wichtige sonstige Ziele des allgemeinen öffentlichen Interesses eine Beschränkung rechtfertigen und nicht bereits jedes sonstige Ziel, wie es der Kommissionsentwurf abweichend von der Vorgängerregelung des Art. 13 DS-RL vorgesehen hatte. Erforderlich ist somit weiterhin ein substantielles Interesse von erheblichem Gewicht, das im Rahmen einer Abwägung mit den datenschutzrechtlichen Interessen des Betroffenen im Gesetzgebungsverfahren überwiegt.[32]

26 **Exemplarisch** nennt lit. e wichtige wirtschaftliche oder finanzielle Interessen der Union oder eines Mitgliedstaats etwa im Währungs-, Haushalts- oder Steuerbereich sowie im Bereich der öffentlichen Gesundheit[33] und der sozialen Sicherheit.

27 Das Beschränkungsziel der „**monetary interests of the State**"[34] findet sich bereits in Art. 9 Abs. 2 der Datenschutzkonvention Nr. 108 des Europarats und meint nach dem Explanatory Report „all the different means of financing a State's policies [...] in particular [...] tax collection requirements and exchange control".[35] Gegenüber der Vorgängerregelung des Art. 13 DS-RL, der Währungs-, Haushalts- und Steuerangelegenheiten als Fälle wichtiger wirtschaftlicher oder finanzieller Interessen ausweis, ergänzt lit. e die exemplarische Aufzählung um den Bereich der öffentlichen Gesundheit und der sozialen Sicherheit.

28 Erwägungsgrund 73 führt mit dem Bereich der humanitären Hilfe ein weiteres wichtiges Ziel im allgemeinen öffentlichen Interesse an. Auch die dort – wenig überzeugend[36] – unter den Begriff der öffentlichen Sicherheit subsumierten Fälle des Führens öffentlicher Register sowie der Weiterverarbei-

---

31 Kritisch zur Verwendung von vagen und undefinierten Ausdrücken in lit. e (im Kommissionsvorschlag lit. c) die Stellungnahme des Europäischen Wirtschafts- und Sozialausschusses zum Kommissionsvorschlag v. 23.5.2012, ABl. 2012 C 229/90 Rn. 4.25.1 (wenngleich mit nur knapper Mehrheit, s. Anhang zur Stellungnahme).

32 Vgl. *Dammann/Simitis* EG-DSRL Art. 13 Rn. 9; *Ehmann/Helfrich* DS-RL Art. 13 Rn. 61, 65.

33 Für den Begriff der öffentlichen Gesundheit verweist Erwägungsgrund 54 der DSGVO auf die VO (EG) Nr. 1338/2008. Nach deren Art. 3 lit. c bezeichnet „öffentliche Gesundheit" alle Elemente im Zusammenhang mit der Gesundheit, nämlich den Gesundheitszustand einschließlich Morbidität und Behinderung, die sich auf diesen Gesundheitszustand auswirkenden Determinanten, den Bedarf an Gesundheitsversorgung, die der Gesundheitsversorgung zugewiesenen Mittel, die Bereitstellung von und den allgemeinen Zugang zu Gesundheitsversorgungsleistungen sowie die entsprechenden Ausgaben und die Finanzierung und schließlich die Ursachen der Mortalität.

34 Die deutsche Übersetzung mit „Währungsinteressen" scheint dagegen zu eng, vgl. *Dammann/Simitis* EG-DSRL Art. 13 Rn. 9 Fn. 2.

35 Explanatory Report zur Datenschutzkonvention Nr. 108 des Europarates, Rn. 57.

36 Mit Blick auf ohnehin regelmäßig vorhandene Überschneidungsbereiche fällt die genaue Zuordnung zu einem der Beschränkungsziele nicht wesentlich ins Gewicht.

tung archivierter personenbezogener Daten zur Bereitstellung spezifischer Informationen im Zusammenhang mit dem politischen Verhalten unter ehemaligen totalitären Regimen (zB Stasi-Unterlagen) stellen **weitere wichtige Ziele** im allgemeinen öffentlichen Interesse dar.

6. Unabhängigkeit der Justiz und Schutz von Gerichtsverfahren

Das Beschränkungsziel des Schutzes der Unabhängigkeit der Justiz und der Gerichtsverfahren war bislang weder in Art. 13 DS-RL noch in der Datenschutzkonvention Nr. 108 des Europarates verankert. Lit. f trägt dem im Verfassungsrecht der Union[37] und der Mitgliedstaaten[38] sowie in Art. 6 Abs. 1 S. 1 EMRK garantierten Grundsatz der Unabhängigkeit der Justiz Rechnung.

Die verfassungsrechtlichen Grundlagen der Regelung zeichnen die Reichweite dieser Öffnungsklausel vor. Eine Beschränkung der datenschutzrechtlichen Betroffenenrechte und Pflichten des Verantwortlichen sowie der Verarbeitungsgrundsätze kommt nämlich nur in Betracht, soweit die **richterliche Spruchtätigkeit** betroffen ist. Die Verwaltungstätigkeit der Gerichte – etwa in Personal- oder Haushaltsangelegenheiten sowie bei der Erteilung von Auskünften außerhalb geregelter Gerichtsverfahren – nimmt dagegen regelmäßig nicht an der verfassungsrechtlichen Garantie der Unabhängigkeit der Justiz teil, so dass sie auch keine Beschränkungen rechtfertigen kann.

Die Verwaltungstätigkeit der Gerichte zählt auch nicht zu den Gerichtsverfahren, zu deren Schutz lit. f ebenfalls Beschränkungen des Datenschutzrechts durch Unions- oder mitgliedstaatliches Recht zulässt. **Gerichtsverfahren** meint solche rechtlich geregelten Verfahren, an deren Ende eine bindende, auf Recht gestützte Entscheidung durch einen unabhängigen Spruchkörper steht, was in Deutschland auch Verfahren der freiwilligen Gerichtsbarkeit einschließt.

7. Berufsständische Regeln reglementierter Berufe

Eine Beschränkung ist gem. lit. g möglich zur Verhütung, Aufdeckung, Ermittlung und Verfolgung von Verstößen gegen die **berufsständischen Regeln** reglementierter Berufe. Da die die einzelnen Beschränkungen ermöglichenden Tatbestände der lit. a-j von vergleichbarem Gewicht sein müssen, können nicht alle berufsständischen Regeln umfasst sein, sondern nur solche, deren Verletzung mit strafrechtlichen oder vergleichbar schweren Sanktionen bewehrt ist.[39]

8. Kontroll-, Überwachungs- und Ordnungsfunktionen zu lit. a–e und g

Lit. h knüpft an die Tatbestände in lit. a–e und g an und stellt klar, dass auch die zu diesen Zwecken ausgeübten **Kontroll-, Überwachungs- und Ordnungsfunktionen** eine Beschränkung der Rechte und Pflichten der

29

30

31

32

33

---

37 Art. 47 Abs. 2 S. 1 GRCh.
38 Im Überblick *Eser* in Meyer GRCh Art. 47 Rn. 23 a.
39 Ähnlich *Dammann/Simitis* EG-DSRL Art. 13 Rn. 8; im Ergebnis auch *Ehmann/ Helfrich* DS-RL Art. 13 Rn. 53 f.

DSGVO rechtfertigen können. Erforderlich ist indes, dass diese Funktionen dauernd oder zweitweise mit der Ausübung hoheitlicher Gewalt verbunden sind, was bei Privaten im deutschen Recht einen entsprechenden Beleihungsakt voraussetzt.[40]

9. Schutz des Betroffenen oder der Rechte und Freiheiten anderer Personen

34   Obwohl die Bestimmungen der DSGVO auf den Schutz natürlicher Personen bei der Verarbeitung personenbezogener Daten abzielen, kann in Ausnahmefällen eine Beschränkung der Rechte des Betroffenen und der Pflichten des Verantwortlichen (zB auf Auskunft) gerade zum **Schutze des Betroffenen** gem. lit. i Var. 1 geboten sein.[41] Zwar obliegt es grundsätzlich der autonomen Entscheidung des Betroffenen, seine durch die DSGVO verbürgten Rechte geltend zu machen und mit den daraus ggf. resultierenden Informationen umzugehen. Das gilt gleichermaßen für das Einsichtsrecht des Patienten in seine Behandlungsakte. Der Gesetzgeber kann jedoch eine Einschränkung des Auskunftsrechts des Patienten vorsehen, wenn anderenfalls eine erhebliche gesundheitliche (Selbst-)Schädigung des Patienten zu besorgen ist.[42] Dabei gebietet das Verhältnismäßigkeitsprinzip dann stets, eine Einzelfallabwägung zwischen den medizinisch-therapeutischen und den datenschutzrechtlichen Belangen des Betroffenen durchzuführen und die Beschränkung auf das notwendige Maß zu reduzieren, so dass Informationen über den medizinischen Zustand des Betroffenen vor diesem etwa partiell geheim zu halten oder diesem nur durch einen Arzt zu erteilen sind.[43]

35   Die **Rechte und Freiheiten anderer Personen** (einschließlich des Verantwortlichen),[44] zu deren Schutz lit. i Var. 2 Beschränkungen rechtfertigt,[45] müssen im Rahmen der vom unionalen oder nationalen Gesetzgeber vorzunehmenden Abwägung die Rechtsgüter des Betroffenen überwiegen. Anerkannte Fallgruppen sind hier etwa die Geheimhaltung der Namen von Informanten und Datenempfängern bei vertraulichen Informationen im Rahmen der Pressefreiheit oder der Arbeit von Menschenrechtsorganisationen, der Schutz von Betriebsgeheimnissen (zB Datenverarbeitungsvorgänge des

---

40 Vgl. *Ehmann/Helfrich* DS-RL Art. 13 Rn. 70.

41 So auch schon Art. 13 Abs. 1 lit. g Var. 1 DS-RL und Art. 9 Abs. 2 lit. b Var. 1 der Datenschutzkonvention Nr. 108 des Europarats.

42 In Deutschland sieht § 630 g Abs. 1 S. 1 BGB, der die Rechtsprechung des BVerfG in NJW 2006, 1116 kodifiziert, ein Recht des Patienten auf unverzügliche Einsicht in die vollständige, ihn betreffende Patientenakte vor, soweit der Einsichtnahme nicht erhebliche therapeutische Gründe (oder sonstige erhebliche Rechte Dritter) entgegenstehen.

43 Zum ganzen *Dammann/Simitis* EG-DSRL Art. 13 Rn. 11; *Ehmann/Helfrich* DS-RL Art. 13 Rn. 74 f.; vgl. auch den Explanatory Report zur Datenschutzkonvention Nr. 108 des Europarates, Rn. 58.

44 Art. 23 Abs. 1 lit. i Var. 2 spricht gerade nicht von „Dritten", zu denen nach Art. 4 Nr. 10 der Verantwortliche nicht gehört.

45 So auch schon Art. 13 Abs. 1 lit. g Var. 2 DS-RL und ähnlich Art. 9 Abs. 2 lit. b Var. 2 der Datenschutzkonvention Nr. 108 des Europarats.

Verantwortlichen) oder der grundsätzlich vorrangige Schutz von Berufsgeheimnissen.[46]

10. Durchsetzung zivilrechtlicher Ansprüche

Der Gesetzgeber kann schließlich Beschränkungen vorsehen, soweit sie für die Durchsetzung zivilrechtlicher Ansprüche erforderlich sind. Diese Öffnungsklausel korrespondiert mit der Einschränkung des Löschungsrechts zur Geltendmachung, Ausübung oder Verteidigung von Rechtsansprüchen gem. Art. 17 Abs. 3 lit. e (→ Art. 17 Rn. 69 ff.). 36

IV. Grenzen der Öffnungsklausel

Von den Beschränkungsmöglichkeiten nach Abs. 1 lit. a–j kann der unionale oder nationale Gesetzgeber nicht unbegrenzt Gebrauch machen. Vielmehr müssen die Beschränkungsmaßnahmen den Wesensgehalt der Grundrechte und Grundfreiheiten achten und in einer demokratischen Gesellschaft eine notwendige und verhältnismäßige Maßnahme darstellen. Damit verweist Art. 23 Abs. 1 auf die **Schranken-Schranken**-Regelungen der GRCh und der EMRK in der Auslegung durch EuGH und EGMR. 37

1. Wesensgehaltsgarantie

Art. 23 Abs. 1 greift die aus der Rechtsprechung von EuGH und EGMR bekannte und in Art. 52 Abs. 1 GRCh (ebenfalls in Kombination mit dem Verhältnismäßigkeitsgrundsatz) verankerte Schranken-Schranke des Wesensgehalts der Grundrechte und Grundfreiheiten auf und ist im Lichte dieser (sich fortentwickelnden) Rechtsprechung zu interpretieren.[47] Obwohl in Art. 23 Abs. 1 DSGVO der Wesensgehalt von „Grundrechten und Grundfreiheiten" angesprochen ist, geht es hier vor allem um das Datenschutzgrundrecht des Betroffenen,[48] da eine Beschränkung der Pflichten des Verantwortlichen kaum in Grundrechte und Grundfreiheiten des Verantwortlichen eingreifen dürfte. 38

Im Hinblick auf die Frage einer eigenständigen Bedeutung der Wesensgehaltsgarantie neben dem Verhältnismäßigkeitsgrundsatz legt der Wortlaut des Art. 23 Abs. 1 DSGVO eine solche nahe, was auch die jüngere **Rechtsprechung des EuGH** mit Blick auf Art. 52 Abs. 1 S. 1 und 2 GRCh bestätigt.[49] Ob mit der vom EuGH neuerdings durchgeführten separaten Prüfung einer Verletzung des Wesensgehalts indes auch ein Wandel von einer relativen zu einer absoluten Bedeutung der Wesensgehaltsgarantie einher- 39

---

46 Vgl. *Dammann/Simitis* EG-DSRL Art. 13 Rn. 12; Explanatory Report zur Datenschutzkonvention Nr. 108 des Europarates, Rn. 58.

47 Vgl. auch die Begründung des Kommissionsentwurfs, KOM(2012) 11 endg, 10.

48 Der Wesensgehalt des Rechts auf Datenschutz wird auch in Art. 9 Abs. 2 lit. g und j als Schranken-Schranke für die im Einzelfall ausnahmsweise zulässige Verarbeitung personenbezogener Daten besonderer Kategorien installiert.

49 EuGH 22.1.2013 – C-283/11, ECLI:EU:C:2013:28 Rn. 49; 8.4.2014 – C-293/12 und 594/12, ECLI:EU:C:2014:238 Rn. 39 f.; 17.12.2015 – C-157/14, ECLI:EU:C: 2015:823 Rn. 70 f.; 15.2.2016 – C-601/15 PPU, ECLI:EU:C:2016:84 Rn. 52; vgl. auch die Schlussanträge *GA Saugmandsgaard Øe* zu EuGH – C-203/15 und C-698/15, ECLI:EU:C:2016:572 Rn. 155 ff und das Urteil des EuGH 21.12.2016 – C-203/15 und C-698/15, ECLI:EU:C:2016:970 Rn. 101.

geht, war lange Zeit offen und mit beachtlichen Gründen bestritten worden, zumal der EuGH bis heute keine genauere Konkretisierung des Wesensgehalts der Grundrechte vorgenommen hat.[50] Eine solche Konkretisierung unternahm der EuGH auch nicht in seinem Schrems-Urteil. Dort hat er allerdings zum ersten Mal positiv einen Verstoß gegen den Wesensgehalt eines Grundrechts (scil. Art. 7 GRCh) durch eine Regelung festgestellt, die es den Behörden gestattet, generell auf den Inhalt elektronischer Kommunikation zuzugreifen,[51] und damit die Interpretation der Wesensgehaltsgarantie als absolute Eingriffsgrenze befördert.[52]

40   Obwohl die Wesensgehaltsgarantie nur ansatzweise in Art. 17 EMRK, sonst aber nicht ausdrücklich in der EMRK verankert ist, prüft auch der **EGMR**, ob ein Eingriff in die Konventionsrechte deren Substanz verletzt oder auf eine Weise erfolgt, die deren Kernbereich antastet.[53]

41   Der Gesetzgeber ist mithin berechtigt, das Datenschutzgrundrecht mit anderen Rechtsgütern abzuwägen, ohne es aber völlig preiszugeben und damit den **Kernbereich** des Datenschutzgrundrechts anzutasten. Das wäre der Fall, wenn die Beschränkungsmaßnahme eine Datenverarbeitung ohne jegliche Einschränkung zuließe.[54]

2. Verhältnismäßigkeitsgrundsatz

42   Praktisch ungleich bedeutender als die Wesensgehaltsgarantie ist die Vorgabe des Art. 23 Abs. 1, dass die Beschränkung zur Erreichung der legitimen Ziele der lit. a–h eine **in einer demokratischen Gesellschaft notwendige und verhältnismäßige Maßnahme** darstellen muss.

43   Der Verhältnismäßigkeitsgrundsatz für Beschränkungen datenschutzrechtlicher Betroffenenrechte findet sich bereits in Art. 9 Abs. 2 der **Datenschutzkonvention Nr. 108** des Europarates, der den jeweiligen 2. Absätzen der Art. 8–11 EMRK nachempfunden worden ist.[55] Da die dort vorgesehe-

---

50 Vgl. dazu *Krämer* in: Stern/Sachs GRCh Art. 52 Rn. 58; *Cornils* in: Grabenwarter EnzEuR II § 5 Rn. 104 ff.; *Kingreen* in: Calliess/Ruffert Art. 52 GRCh Rn. 64; *Szczekalla* in: Heselhaus/Nowak HdBEUGR § 7 Rn. 49 ff.; *Hilf* in: Merten/Papier HGR VI/1 § 164 Rn. 62; *Borowsky* in: Meyer GRCh Art. 52 Rn. 23 ff. („absolut geschützte Kernzone"); jeweils mwN.

51 EuGH 6.10.2015 – C-362/14, ECLI:EU:C:2015:650, Rn. 94 (in Rn. 95 statuiert der Gerichtshof zudem eine Verletzung des Wesensgehalts des Art. 47 GRCh durch eine Regelung, die keine Möglichkeit für den Bürger vorsieht, mittels eines Rechtsbehelfs Zugang zu den ihn betreffenden personenbezogenen Daten zu erlangen oder ihre Berichtigung oder Löschung zu erwirken); dazu *Eichenhofer* EuR 2016, 76 (83 f.). Eine Verletzung des Wesensgehalts des Art. 8 GRCh hat der EuGH dagegen nicht feststellen können, da er sich nicht mit konkreten Inhalten, Begrenzungen und Vorgaben der Datenverarbeitung im Safe-Harbour-Abkommen beschäftigt hat; vgl. *Bock/Engeler* DVBl. 2016, 593 (596).

52 Ähnlich *Eichenhofer* EuR 2016, 76 (85); *Bock/Engeler* DVBl. 2016, 593 (599).

53 Exemplarisch EGMR, EuGRZ 1975, 298 (300); vgl. *Grabenwarter/Pabel* EMRK § 18 Rn. 15; *Marauhn/Merhof* in: Dörr/Grote/Marauhn EMRK/GG Kap. 7 Rn. 56; *Klein* in: Merten/Papier HGR VI/1 § 150 Rn. 26; jeweils mwN.

54 Ähnlich *Bock/Engeler* DVBl. 2016, 593 (596), die als Kernbereich des Grundrechts auf Datenschutz gem. Art. 8 GRCh die „Existenz von Regelungen, die eine Datenverarbeitung in einem Umfang regeln, der über die abstrakte Erlaubnis hinausgeht", vorschlagen.

55 Explanatory Report zur Datenschutzkonvention Nr. 108 des Europarates, Rn. 55.

ne Prüfung der Notwendigkeit in der Sache stets als Prüfung des Verhältnismäßigkeitsprinzips aufgefasst und vorgenommen wurde,[56] ist die Formulierung der „notwendige[n] und verhältnismäßige[n] Maßnahme" in
Art. 23 Abs. 1 DSGVO redundant – sie erklärt sich wohl aus dem Versuch,
die Anforderungen aus der GRCh und der EMRK im Sinne der Auslegung
des EuGH und des EGMR in einer Vorschrift zu vereinen.[57]

Nach gemeineuropäischem, auch von EuGH[58] und EGMR geteilten Ver-   44
ständnis des Verhältnismäßigkeitsgrundsatzes muss die Maßnahme zur Erreichung des legitimen Ziels **geeignet, erforderlich** und **angemessen** sein,
wobei der EGMR seit jeher einen Beurteilungsspielraum der Konventions-
staaten (*margin of appreciation*) anerkennt.[59] Auf Art. 23 DSGVO gestützte Beschränkungen der datenschutzrechtlichen Betroffenenrechte sind mithin auf das notwendige Maß zu reduzieren und müssen in einem angemessenen Verhältnis zu dem jeweils verfolgten legitimen Zweck stehen.

Der Verweis auf die **demokratische Gesellschaft,** zu deren Wesensmerkma-   45
len der EGMR Pluralismus, Toleranz und eine offene Geisteshaltung
zählt,[60] stellt in der EMRK jenen systematischen Zusammenhang für die
Verhältnismäßigkeitsprüfung her, der etwa im deutschen Verfassungsrecht
durch die Verschränkungen der Grundrechtsgewährleistungen mit dem
staatsorganisationsrechtlichen Rahmen entsteht, die sich in der EMRK
aber nicht finden.[61] Er spiegelt sich auch in Erwägungsgrund 4 der
DSGVO wider, der die gesellschaftliche Funktion des Rechts auf Schutz
personenbezogener Daten betont.

V. Mindestanforderungen an den Inhalt der Beschränkungsmaßnahmen – Abs. 2

Abs. 2 sieht inhaltliche Mindestanforderungen für die Beschränkungsmaß-   46
nahme vor, die als (überwiegend) grundrechtlich gebotene **Schutzvorkehrungen** für den Betroffenen die Abweichungsbefugnis des unionalen bzw.
nationalen Gesetzgebers begrenzen und zugleich eine **Hinweis- und Warnfunktion** für den die Betroffenenrechte einschränkenden Gesetzgeber entfalten. Sah der Kommissionsentwurf zunächst nur Angaben zu den Verar-
beitungszielen und zur Bestimmung des Verantwortlichen vor, wurde der
Katalog in Abs. 2 auf Vorschlag des Europäischen Parlaments und nach
Modifikation durch den Rat erheblich erweitert.

Die Anforderungen gelten indes nur dort, wo auch der **Anwendungsbe-**   47
reich der DSGVO eröffnet ist, die Beschränkungsmaßnahmen also nicht

---

56 Vgl. nur *Grabenwarter/Pabel* EMRK § 18 Rn. 14 f.
57 So ausdrücklich die Begründung des Kommissionsentwurfs, KOM(2012) 11 endg,
    10.
58 Exemplarisch EuGH 22.1.2013 – C-283/11, ECLI:EU:C:2013:28 Rn. 50 ff.;
    8.4.2014 – C-293/12 und 594/12, ECLI:EU:C:2014:238 Rn. 45 ff.; *Kingreen* in
    Calliess/Ruffert Art. 52 GRCh Rn. 65 ff.
59 Vgl. *Grabenwarter/Pabel* EMRK § 18 Rn. 14 ff.; ähnlich Explanatory Report zur
    Datenschutzkonvention Nr. 108 des Europarates, Rn. 55.
60 EGMR, EuGRZ 1981, 559 (Rn. 63); NJW 1999, 3695 (Rn. 112).
61 *Grabenwarter/Pabel* EMRK § 18 Rn. 19; *Marauhn/Merhof* in Dörr/Grote/Marauhn
    EMRK/GG Kap. 7 Rn. 53.

der ausschließlichen Regelungshoheit der Mitgliedstaaten unterliegen (→ Rn. 8 f.).[62]

48 Die sprachlich wenig geglückte deutsche Übersetzung verschleiert, dass die Anforderungen **grundsätzlich kumulativ** zu erfüllen sind – freilich nur dort, wo sie sinnvollerweise auch erfüllt werden können.[63]

49 Die Gesetzgebungsmaßnahme muss zunächst die Verarbeitungszwecke oder Verarbeitungskategorien (lit. a) benennen. Die Angabe der Kategorien personenbezogener Daten (lit. b) erfüllt insbesondere bei besonderen Kategorien personenbezogener Daten, die gem. Art. 9 besonders geschützt sind, eine **Warnfunktion**. Die Warnfunktion gebietet es auch, den Umfang der vorgenommenen Beschränkung (lit. c) und die Risiken für die Rechte und Freiheiten der betroffenen Personen (lit. g) in der Gesetzgebungsmaßnahme so genau wie möglich zu bezeichnen. Als weitere **Schutzvorkehrung** für den Betroffenen muss die beschränkende Gesetzgebungsmaßnahme Garantien gegen den Missbrauch von oder den unrechtmäßigen Zugang zu oder die unrechtmäßige Übermittlung von personenbezogenen Daten vorsehen (lit. d). Die Angaben zu dem Verantwortlichen oder den Kategorien von Verantwortlichen (lit. e) erfüllen ebenso eine **Hinweisfunktion** wie das in lit. h statuierte und in der Gesetzgebungsmaßnahme vorzusehende Recht des Betroffenen auf Unterrichtung über die Beschränkung, sofern dies nicht dem Zweck der Beschränkung abträglich ist.[64] Da die Gesetzgebungsmaßnahmen auch den Grundsatz der Speicherbegrenzung (Art. 5 Abs. 1 lit. e) und das damit verbundene Löschungsrecht des Betroffenen (Art. 17 Abs. 1 lit. a) beschränken können, müssen sie gem. lit. f die jeweiligen Speicherfristen sowie die geltenden Garantien unter Berücksichtigung von Art, Umfang und Zwecken der Verarbeitung oder der Verarbeitungskategorien vorschreiben.

C. Verhältnis zu anderen Normen

I. Innerhalb der DSGVO

50 Insoweit Art. 23 eine Beschränkung der Rechte und Pflichten gem. Art. 12-22 gestattet, ist dessen **systematische Stellung** im Kapitel III über die Betroffenenrechte folgerichtig. Die zusammenfassende Regelung der Beschränkungsmöglichkeiten macht spezifische Ausnahmevorschriften bei den einzelnen vorgenannten Artikeln entbehrlich.[65] Bei der Prüfung, ob ein

---

62 Das schließt jedoch nicht aus, dass vergleichbare inhaltliche Mindestanforderungen aus dem jeweiligen Verfassungsrecht der Mitgliedstaaten abgeleitet werden können.

63 Das wird in der englischen Fassung deutlicher: „In particular, any legislative measure referred to in paragraph 1 shall contain specific provisions at least, where relevant, as to..."; französische Fassung: „En particulier, toute mesure législative visée au paragraphe 1 contient des dispositions spécifiques relatives, au moins, le cas échéant..."; vgl. auch *Piltz* K&R 2016, 629 (636). Zur irritierenden Formulierung des Abs. 2 auch *Kühling/Martini* EuZW 2016, 448.

64 Ein Recht auf Unterrichtung über die Beschränkung dürfte dem Zweck der Beschränkung vor allem im Bereich der nationalen Sicherheit und der Landesverteidigung, aber etwa auch im Bereich der Strafverfolgung oder der Gefahrenabwehr abträglich sein.

65 Ähnlich schon *Dammann/Simitis* EG-DSRL Art. 13 Rn. 1.

Verstoß gegen die Rechte und Pflichten der Art. 12-22 vorliegt, ist daher immer eine mögliche, auf Art. 23 gestützte Ausnahme im Recht der Union oder der Mitgliedstaaten zu berücksichtigen. Die Kritik des EDSB am systematischen Standort des Art. 23, der auch Beschränkungen der Verarbeitungsgrundsätze des Art. 5 sowie der Mitteilungspflicht des Art. 34 gestattet, die jeweils in anderen Kapiteln normiert sind, konnte nicht durchdringen.[66]

Zur spezielleren Öffnungsklausel für Datenverarbeitungen zu wissenschaftlichen, statistischen oder Archivzwecken s. Art. 89.   51

II. Nationales Datenschutzrecht

Regelungen des nationalen Datenschutzrechts, die auf Grundlage der Öffnungsklausel des Art. 13 DS-RL erlassen worden sind, gelten auch unter der DSGVO fort. Zudem eröffnet die fakultative Öffnungsklausel des Art. 23 dem nationalen Gesetzgeber weitere Möglichkeiten, Betroffenenrechte unter den dort vorgesehenen Voraussetzungen einzuschränken.[67] Der Regierungsentwurf des BDSG i.d.F. des Art. 1 DSAnpUG-EU (hier: BDSG-E) enthält in Teil 2 Kapitel 2 umfangreiche, im Einzelnen auf verschiedene Tatbestände des Art. 23 Abs. 1 DSGVO gestützte Ausnahmen von den Rechten des Betroffenen bzw. Pflichten des Verantwortlichen.[68]   52

---

66 *EDSB* Stellungnahme v. 7.3.2012, Rn. 63, 159.
67 Exemplarisch *Kühling u.a.*, DSGVO und nationales Recht, S. 72 ff.
68 ZB §§ 32 Abs. 1, 33 Abs. 1, 35, 36 BDSG-E.

Kapitel IV Verantwortlicher und Auftragsverarbeiter

Abschnitt 1 Allgemeine Pflichten

Artikel 24 Verantwortung des für die Verarbeitung Verantwortlichen

(1) [1]Der Verantwortliche setzt unter Berücksichtigung der Art, des Umfangs, der Umstände und der Zwecke der Verarbeitung sowie der unterschiedlichen Eintrittswahrscheinlichkeit und Schwere der Risiken für die Rechte und Freiheiten natürlicher Personen geeignete technische und organisatorische Maßnahmen um, um sicherzustellen und den Nachweis dafür erbringen zu können, dass die Verarbeitung gemäß dieser Verordnung erfolgt. [2]Diese Maßnahmen werden erforderlichenfalls überprüft und aktualisiert.

(2) Sofern dies in einem angemessenen Verhältnis zu den Verarbeitungstätigkeiten steht, müssen die Maßnahmen gemäß Absatz 1 die Anwendung geeigneter Datenschutzvorkehrungen durch den Verantwortlichen umfassen.

(3) Die Einhaltung der genehmigten Verhaltensregeln gemäß Artikel 40 oder eines genehmigten Zertifizierungsverfahrens gemäß Artikel 42 kann als Gesichtspunkt herangezogen werden, um die Erfüllung der Pflichten des Verantwortlichen nachzuweisen.

Verwandte Normen: ErwGr 74, 75, 76, 77; § 9, Anlage zu 9 BDSG 2003

Literatur:

Albrecht/Jotzo, Das neue Datenschutzrecht der EU, 2016; *Kühling/Martini* ua, Die Datenschutz-Grundverordnung und das nationale Recht, 2016, S. 360 ff.

A. Grundlagen

I. Gesamtverständnis und Zweck der Norm

1   Das Ziel und der Gewährleistungsinhalt des Art. 24 ist in Abgrenzung zu den Art. 25, 32 und 35 auf den ersten Blick nur schwer festzumachen.

Insb. Art. 24 Abs. 1 ist als Generalauftrag zu verstehen, der an Verantwortliche adressiert ist: Diese haben unter dem Stichwort „**Datenschutzcompliance**" umfassende Maßnahmen zu setzen, um die Vorgaben der DSGVO zu erfüllen. Dieser Auftrag wird anschließend ua durch die Art 25 und 32 präzisiert (schon der Wortlaut des Art. 24 Abs. 1 spricht ausdrücklich von der „Verarbeitung gemäß dieser Verordnung", ohne den Anwendungsbereich des Abs. 1 zu beschränken); für die konkrete Interpretation des Abs. 1 sei daher insb. auf die Kommentierungen zu Art. 25 und 32 verwiesen.

Daran anknüpfend verpflichtet Art. 24 Abs. 2 den Verantwortlichen zu „**Datenschutzvorkehrungen**" als Bestandteil der unternehmensinternen Compliance-Policy, wodurch der Anwendungsbereich des Abs. 1 präzisiert wird, ohne die Bedeutung der für sich selbständigen Art. 25, 32 und 35 zu beschränken (arg „müssen umfassen"); die Datensicherheitsmaßnahmen bilden den Schwerpunkt der nachfolgenden Kommentierung, zumal daraus eine konkrete Verhaltenspflicht des Verantwortlichen ableitbar ist.

In Konkretisierung des Art. 4 Nr. 7 verpflichtet Art. 24 den Verantwortlichen, alle sachlich notwendigen Maßnahmen zur **Gewährleistung der Datenschutzcompliance- und -sicherheit** im Vorfeld und im Zuge der Verarbeitung von personenbezogenen Daten zu setzen (Art. 24 Abs. 2 spricht allgemein von „Datenschutzvorkehrungen"); Datensicherheit wird hier als ein umfassender Baustein des Datenschutzes verstanden. Dadurch soll ein Unternehmen, eine staatliche Stelle etc gewährleisten, dass jegliche **Datenverarbeitung in Einklang mit der DSGVO** einschließlich der nationalen Ausführungsbestimmungen **erfolgt**. Zudem soll darüber auch der Nachweis geführt werden können.[1] Die DSGVO wiederholt diesen Grundsatz an verschiedenen Stellen (vgl. zB Art. 25 und 32), zum Teil überlappen sich die Vorgaben der einzelnen Bestimmungen. Im Anschluss wird allgemein von Compliance- und Datensicherheitsmaßnahmen gesprochen, um den Zweck des Art. 24 Abs. 1 und 2– Gewährleistung von Datenschutz und umfassender Datensicherheit – besser zu verdeutlichen.

Compliance- und Datensicherheitsmaßnahmen verfolgen im Wesentlichen zwei Ziele: 2

■ Einerseits die Herstellung und Aufrechterhaltung von **Vertraulichkeit**: In einem Unternehmen sollen Daten nur von jenen Personen verarbeitet werden, die aus rechtlich anerkannten Gründen Zugriff auf personenbezogene Daten haben dürfen. Ein weiterer Aspekt der Vertraulichkeit ist, dass personenbezogene Daten nicht in den Besitz unautorisierter Personen gelangen dürfen.

■ Andererseits die Gewährleistung umfassender, insbes. auch **technischer Integrität**: Werden personenbezogene Daten unternehmensintern verarbeitet, müssen die zum Einsatz gelangenden Systeme, Verfahren und Geräte dem aktuellen Stand der Technik und der einschlägigen Wissenschaften entsprechen. Auch dadurch wird zu umfassender Datensicherheit beigetragen.

---

1 ErwGr 74 DSGVO; s. auch *Albrecht/Jotzo*, Datenschutzrecht, S. 56 bzw. 92.

3   Art. 24, 25 und 32 und vergleichbare Bestimmungen der DSGVO unterscheiden sich nicht nur durch den Grad ihrer Konkretisierung, sondern auch dadurch, dass Art. 24 an den Verantwortlichen, **nicht aber auch an Auftragsverarbeiter adressiert** ist (vgl. jedoch Art. 32, der auch von Auftragsverarbeitern einzuhalten ist).

II. Bisherige Rechtslage

4   Art. 24 übernimmt den funktionalen Ansatz des **Art. 17 Abs. 1 DSRL**, der den Verantwortlichen allgemein zur Implementierung angemessener Datensicherheitsmaßnahmen verpflichtet hatte. Eine grundlegende Neuausrichtung der schon bisher EU-rechtlich vorgegebenen Pflichten des Verantwortlichen ist durch die DSGVO insoweit nicht intendiert.

5   Dennoch unterscheidet sich die DSGVO von dem bisher in **§ 9 BDSG** (iVm Anlage 9 leg cit) bzw. § 14 ö DSG praktizierten Ansatz, welche dem Verantwortlichen doch eher allgemeine Verhaltenspflichten im Interesse der Datensicherheit vorschrieben.[2]

III. Entstehung der Norm

6   Der ursprüngliche Kommissionsentwurf enthielt in seinem Art. 22 Abs. 2 einen detaillierten (wenngleich nicht taxativen) **Pflichtenkatalog** des Verantwortlichen in Bezug auf Compliance- und Datensicherheitsmaßnahmen (zB Benennung eines Datenschutzbeauftragten). Im Zuge der Verhandlungen wurde Art. 22 in Art. 24 transferiert. Die finale *unternehmensfreundliche* Textierung des Art. 24 sieht jedoch keinen umfassenden Pflichtenkatalog des Verantwortlichen mehr vor. Abs. 2 und 3 *art cit* weisen nunmehr allgemein auf die Möglichkeit der Implementierung von „**Datenschutzvorkehrungen**", genehmigter Verhaltensregeln gem. Art. 40 oder eines genehmigten Zertifizierungsverfahrens gem. Art. 42 hin. Welche Compliance- und Sicherheitsmaßnahmen konkret zu treffen sind, hat der Verantwortliche im Einzelfall selbst zu bestimmen.

7   Das Parlament forderte ursprünglich, dass Verantwortliche zusätzlich zwingende **Berichtspflichten** treffen sollten; zudem sollten die implementierten Sicherheitsmaßnahmen spätestens alle zwei Jahre überprüft werden (s. Art. 22 idF des 2. Entwurfes v. 12.3.2014). Dieser *unternehmenslastige* Ansatz setzte sich in den Verhandlungen nicht durch.

8   Die nunmehr beschlossene Textierung des Art. 24 entspricht weitestgehend der dritten Entwurfsfassung der DSGVO, die vom EU-Ministerrat lanciert wurde (Stand vom 15.6.2015).

B. Kommentierung

I. Allgemeines, Systematik und Zweck

9   Art. 24 ist generellen Charakters. Er verpflichtet den **Verantwortlichen** in Abs. 1 allgemein zur umfassenden Datenschutzcompliance. Dieser Auftrag ist unter anderem durch umfassende **Datensicherheitsmaßnahmen** nach

---

2   S. auch *Kühling/Martini* ua, Datenschutz-Grundverordnung, S. 361.

dem Stand der Technik zu erfüllen. Dieser Auftrag wird an anderer Stelle, ua in den Art. 25 und 32 präzisiert.

Es handelt sich um eine generalklauselartige, an den Verantwortlichen adressierte Verhaltenspflicht, die (soweit durch mitgliedstaatliche Sanktionsnormen erfasst) sanktionsbewehrt ist (Art. 84). Der Verantwortliche kann seine Pflichten gem. Art. 24 sowohl durch eine unternehmensinterne Stelle (zB die Rechts- oder Complianceabteilung) als auch durch externe Auftragnehmer (zB einen fachkundigen Compliance-Beauftragten) erfüllen (lassen). Das ändert nichts daran, dass der **Verantwortliche** für die Einhaltung der Vorgaben des Art. 24 im Außenverhältnis **verantwortlich** bleibt (s. zB auch Art. 42 Abs. 4).

Unter Compliance- und **Datensicherheitsmaßnahmen** (Abs. 2 spricht von „Datenschutzvorkehrungen") werden für die Zwecke dieser Kommentierung alle – erforderlichen und verhältnismäßigen – betrieblichen **Maßnahmen technischer, baulicher, rechtlicher und organisatorischer Art** und dergleichen verstanden, deren Implementierung aus Sicht eines Verantwortlichen (dh einer Unternehmensgruppe bzw. eines einzelnen Unternehmens einerseits [siehe Art. 4 Nr. 18 und 19 DSGVO], einer staatlichen Stelle andererseits) zur Gewährleistung der rechtmäßigen Anwendung der DSGVO notwendig sind; die Begriffe selbst werden in der DSGVO nicht legal definiert.   10

Denkbar wäre neben der Bestellung eines Datenschutzbeauftragten (Art. 37) oder der Durchführung von Folgeabschätzungen etwa: 11

- Elektronisch erhobene Daten werden technisch gesichert (zB umfassender Passwortschutz, Verschlüsselung etc). Papierakten werden in versperrbaren Schränken archiviert. Der Zugriff auf die Daten/Akten ist nur speziell hierzu autorisierten Personen gestattet. Daten werden grds. nicht an Dritte weitergegeben.

- Nur Personen, die innerbetrieblich an einer konkreten Datenverarbeitung mitwirken, dürfen auf erhobene Daten im unternehmensinternen Netzwerk zugreifen. Dies ist in einer unternehmensinternen Richtlinie in Bezug auf „Zugriffsberechtigungen" näher zu präzisieren.

- Unternehmensintern wird protokolliert und kontrolliert, wer auf welche Daten zugreift. Bei Änderungen von Daten wird ebenfalls protokolliert, wer diese Änderungen vorgenommen hat und welcher Art diese Veränderungen (zB Korrektur, Löschung) war.

- Für Außenstehende werden im Unternehmen Zugangssperren errichtet (zB verschlossene Eingangs- und Flurtüren, Zutritt erst nach persönlicher Anmeldung, Identitätskarten mit Bild innerhalb des Hauses für das gesamte Personal, streng nach Abteilung getrennte Schlüsselsysteme zu den Räumen der Abteilung).

Welche sonstigen konkreten Maßnahmen der Verantwortliche als Adressat dieser Bestimmung zu treffen hat, ergibt sich nicht unmittelbar aus Art. 24, sondern aus anderen Anordnungen der DSGVO. Diese Frage kann im konkreten Einzelfall aufgrund einer umfassenden **Risikoanalyse** sowie einer vorangehenden **Interessenabwägung** beantwortet werden. (s. unten → Rn. 34). Im Übrigen sind die Begriffe der Compliance- und Datensicherheitsmaßnahmen weit auszulegen und damit nicht exakt abgrenzbar; sie umfas-   12

sen alle erforderlichen personellen, technischen, baulichen und (ar-
beits-)rechtlichen Maßnahmen, welche eine rechtskonforme Datenverarbeitung im Unternehmen sicherstellen.

Die konkrete Gestaltung der Compliance- und Datensicherheitsmaßnahmen hängt stark von den jeweiligen Datenverarbeitungen im Unternehmen
und den daraus resultierenden Risiken ab.

13 Art. 24 Abs. 1 ist von speziellen Anordnungen der VO zu unterscheiden,
die dem Verantwortlichen (in Ausgestaltung des ersten Abs.), auch im Interesse einer gesetzeskonformen Datenverarbeitung (Datenschutz-Compliance), konkrete Verhaltenspflichten auferlegen (wie zB die Bestellung eines
Datenschutzbeauftragten; Meldepflichten etc). Diese Abgrenzung ist essentiell, weil zB das Verhältnismäßigkeitsprinzip des Art. 24 Abs. 1 und 2 nur
in Bezug auf Art. 24 selbst Anwendung findet. Soweit den Verantwortlichen daher nach Art. 32; 35 und vergleichbaren Bestimmungen konkrete
spezielle Verhaltenspflichten treffen (die Art. 24 Abs. 1 und 2 konkretisieren), findet das Verhältnismäßigkeitsprinzip gem. Art. 24 Abs. 1 und 2 insoweit keine Anwendung. In diesem Zusammenhang ist daher für die Beurteilung der Angemessenheit auf grundrechtliche Schranken abzustellen.

14 Der **Anwendungsbereich** des Art. 24 ist **nicht** auf bestimmte Datenverarbei-
tungsarten **begrenzt**. Art. 24 erfasst nicht nur die automationsunterstützte,
sondern auch jede manuelle Datenverarbeitung (etwa in Akten); dies ungeachtet dessen, dass sich die zu implementierenden Compliance- und Datensicherheitsmaßnahmen je nach Art der Datenverarbeitung unterscheiden
können. Art. 24 ist jedenfalls im gesamten Geltungsbereich der DSGVO
und darüber hinaus auch im Bereich der nationalen Ausführungsbestimmungen zu Art. 24 (vgl. etwa Art. 84) von Relevanz.

15 Die in Art. 24 statuierten Verhaltensregeln begründen zwar durchsetzbare
(weil sanktionsbewehrte) Pflichten des Verantwortlichen, positivieren aber
keine subjektiven Rechte der Betroffenen.

II. Unternehmensbezogene Umsetzung (Abs. 1)

16 Um der ratio legis des Art. 24 gerecht zu werden, hat der Verantwortliche
umfassende Compliance-Maßnahmen, darunter ein Compliance- und **Datensicherheitskonzept** zu entwickeln (englisch: **data protection policy**).
Durch dieses Konzept soll der Verantwortliche die erforderlichen Datensicherheitsmaßnahmen erkennen und innerbetrieblich implementieren, sodass alle relevanten Organisationseinheiten seiner Dienststelle bzw. seines
Unternehmens, vom einzelnen Arbeitsplatz über die jeweils übergeordnete
Stelle bis hin zur Unternehmensleitung, sowie alle Datenverarbeitungen des
Unternehmens erfasst werden. Dabei spielt es keine Rolle, ob es sich um
eine staatliche oder um eine private Einheit handelt. Die durch Art. 24 vorgegebenen Prinzipien gelten **von der Unternehmensspitze bis hin zur -basis,**
wenn auch nicht für jede Unternehmenseinheit Sicherheitsmaßnahmen im
jeweils selben Umfang zu implementieren sind.

In einer **Unternehmensgruppe** hat der Verantwortliche ein gemeinsames
Compliance- und Datensicherheitskonzept für die gruppenzugehörigen Un-

ternehmen zu entwickeln, das in weiterer Folge – gestaffelt nach einzelnen Unternehmen – differenziert und zeitlich versetzt umzusetzen ist.

Der Verantwortliche muss jederzeit in der Lage sein, einen Nachweis darüber zu erbringen, dass er die erforderlichen Datensicherheitsmaßnahmen im Betrieb gesetzt hat.

Innerhalb des jeweiligen Unternehmens und des einzelnen Datensicher- **17** heitskonzepts können verschiedene – funktionell vergleichbare – Arbeitsplätze zu einer **geschlossenen Einheit** zusammengezogen werden (die Unterteilung eines Unternehmens in datenschutzrechtlich spezifische Gruppen, Referate etc ist daher möglich). Dasselbe gilt *mutatis mutandis* für Bundesministerien, Landesdienststellen und die ihnen jeweils nachgeordneten Dienststellen bzw. angeschlossene Anstalten sowie öffentliche Unternehmen, an denen eine Gebietskörperschaft beteiligt ist.

III. Der Beginn eines Compliance- und Datensicherheitskonzepts: Die Risikoanalyse

Schon aus dem Wortlaut und dem Zweck des Art. 24 Abs. 1 ergibt sich, **18** dass der Verantwortliche – ggf. unter Heranziehung interner und externer Experten – vor Entwicklung eines Compliance- und Datensicherheitskonzepts eine umfassende, gestufte **Risikoanalyse** durchzuführen hat. Die Risikoanalyse hat sich auf ein konkretes Unternehmen bzw. eine Unternehmensgruppe zu beziehen. In diesem Zusammenhang hat der Verantwortliche zunächst einen **Überblick** über alle bestehenden und (mit absehbarer Wahrscheinlichkeit) demnächst umzusetzenden **Datenverarbeitungen** zu erstellen; dabei ist – wie sich aus Art. 24 Abs. 1 ergibt – zu unterscheiden,

- für welche Zwecke Daten verarbeitet werden (sollen),
- welche Daten konkret verarbeitet werden (sollen; unterscheide sensible vs sonstige personenbezogene Daten),
- wie Daten verarbeitet werden (sollen; zB via Datenbanken, Akten, E-Applikationen),
- in welchem Umfang die Datenverarbeitung erfolgt (zB Speicherung der Daten in einer Großkundendatei der Buchhaltung eines IT-Dienstleisters) und
- unter welchen Umständen Daten verarbeitet werden (sollen).

Dem ist in einem Folgeschritt gegenüberzustellen, mit welchen **Risiken** der **19** Verantwortliche im Rahmen einer Datenverarbeitung (bei Berücksichtigung der gängigen Betriebsabläufe und -prozesse) zu rechnen hat. Anders gewendet ist die **Wahrscheinlichkeit eines Schadenseintrittes** (zB data breach) samt -häufigkeit für jede Datenanwendung eines Unternehmens gesondert zu erheben bzw. zu schätzen.

Daran anknüpfend ist zu erörtern, welche – nicht nur rechtlichen – **Konse-** **20** **quenzen** im Schadensfall eintreten könnten (zB Schadenersatzforderungen Betroffener etc). Gerade im Hinblick auf den umfassenden Sanktionskatalog der Art. 83 f. ist es ratsam, auch die „Folgekosten" eines Schadenseintrittes in die Analyse einzubeziehen.

Bezugspunkt der Risikoanalyse ist neben dem konkreten Unternehmen der **21** Kreis der **Betroffenen**, deren Daten in einer Datenanwendung verarbeitet werden [sollen] und deren „**Rechte und Freiheiten**" durch die Datenverarbeitung beeinträchtigt werden könnten, wobei Art. 24 Abs. 1 in diesem Zusammenhang nicht nur Grundrechte der GRC und der EMRK erfasst, sondern auch Rechte und Ansprüche, die in der DSGVO und im nationalen Recht verankert sind (zB der Schutz der Ehre gem. § 1330 ö ABGB). Anders, als dies etwa in ErwGr 75 der DSGVO zum Ausdruck kommt, sind unter den Terminus „Betroffene" im Hinblick auf Art. 8 Abs. 1 GRC selbstverständlich auch juristische Personen zu subsumieren.

22   Aus ErwGr 75 der DSGVO geht hervor, dass Risiken für die Rechte und Freiheiten Betroffener Personen aus einer Verarbeitung personenbezogener Daten hervorgehen können, die zu einem physischen, materiellen oder immateriellen Schaden führen könnte, insbesondere wenn die Verarbeitung zu einer Diskriminierung, einem Identitätsdiebstahl oder -betrug, einem finanziellen Verlust, einer Rufschädigung, einem Verlust der Vertraulichkeit von dem Berufsgeheimnis unterliegenden personenbezogenen Daten, der unbefugten Aufhebung der Pseudonymisierung oder anderen erheblichen wirtschaftlichen oder gesellschaftlichen Nachteilen führen kann, wenn die betroffenen Personen um ihre Rechte und Freiheiten gebracht oder daran gehindert werden, die sie betreffenden personenbezogenen Daten zu kontrollieren, wenn personenbezogene Daten, aus denen die rassische oder ethnische Herkunft, politische Meinungen, religiöse oder weltanschauliche Überzeugungen oder die Zugehörigkeit zu einer Gewerkschaft hervorgehen, und genetische Daten, Gesundheitsdaten oder das Sexualleben oder strafrechtliche Verurteilungen und Straftaten oder damit zusammenhängende Sicherungsmaßregeln betreffende Daten verarbeitet werden, wenn persönliche Aspekte bewertet werden, insbesondere wenn Aspekte, die die Arbeitsleistung, wirtschaftliche Lage, Gesundheit, persönliche Vorlieben oder Interessen, die Zuverlässigkeit oder das Verhalten, den Aufenthaltsort oder Ortswechsel betreffen, analysiert oder prognostiziert werden, um persönliche Profile zu erstellen oder zu nutzen, wenn personenbezogene Daten schutzbedürftiger Personen, insbesondere Daten von Kindern, verarbeitet werden oder wenn die Verarbeitung eine große Menge personenbezogener Daten und eine große Anzahl von betroffenen Personen betrifft.

23   Auf Basis der Risikoanalyse wird der Verantwortliche in die Lage versetzt, ein Fazit über die „**Risikogeneigtheit**" **seines Unternehmens** zu ziehen und Aussagen über die Wahrscheinlichkeit eines Schadenseintritts zu treffen; daran sind die zu implementierenden Compliance- und Datensicherheitsmaßnahmen auszurichten. Das Risiko sollte anhand einer objektiven Bewertung beurteilt werden, bei der festgestellt wird, ob eine konkrete Datenverarbeitung ein geringes oder ein hohes Risiko birgt (ErwGr 76 der DSGVO). Darauf bezogen sind die erforderlichen Compliance- und Datensicherheitsmaßnahmen zu entwickeln und innerbetrieblich umzusetzen.

24   **Sinn und Zweck einer Risikoanalyse** ist es daher letztlich, jeglichem Schadenseintritt präventiv zu begegnen, bestehende Schwachstellen im Unternehmen zu identifizieren, die Vertraulichkeit von Datenverarbeitungen zu gewährleisten und die Verfügbarkeit der Unternehmenssysteme sicherzustellen.

IV. Folgerung: Notwendigkeit eines betrieblichen Compliance- und Datensicherheitsmanagements

Der Verantwortliche hat auf Grundlage der Risikoanalyse konkrete **Folge-** **25** **rungen** zu ziehen, und zwar dahingehend, ob bzw. welche

- Compliance- und Datensicherheitsmaßnahmen im Unternehmen/in der staatlichen Stelle etc neu zu treffen sind;
- bestehenden Maßnahmen zu adaptieren sind;
- Maßnahmen noch ausreichend sind und dem Stand der Technik und den einschlägigen Wissenschaften entsprechen.

Dabei kann die Analyse ergeben, dass für eine bestimmte Datenverarbei- **26** tung bereits angemessene Strategien getroffen wurden, oder aber, dass für einzelne oder mehrere Unternehmensbereiche / Datenanwendungen noch bestimmte ergänzende Maßnahmen zu implementieren sind.

Diese Maßnahmen ergeben zusammen die jeweilige **betriebliche Compli-** **27** **ance- und Datensicherheitsstrategie.** Diese Strategie sollte aus Gründen der Transparenz und der Beweissicherung in einer unternehmensinternen „Leitlinie" dokumentiert und den jeweils zuständigen Stellen im Unternehmen gegenüber kommuniziert werden.

Um die Analyse zeitnahe umsetzen zu können, sollte die Leitlinie auch **28** möglichst konkrete Überlegungen dazu enthalten, welche Organisationseinheiten des Unternehmens an der Umsetzung beteiligt sind und welche **Ressourcen** das Unternehmen bei der Implementierung einsetzen muss (Zahl der Mitarbeiter, IT-support etc).

Danach ist das Compliance- und Sicherheitskonzept unternehmensintern **29** umzusetzen. Damit die Leitlinien unternehmensintern auch angewendet bzw. beachten werden, sollten in den Leitlinien möglichst konkrete Vorgaben für die jeweils betroffenen Unternehmenseinheiten entwickelt werden, die diesen Stellen zu kommunizieren sind. Diese Vorgaben sollten von der Unternehmensleitung für verbindlich erklärt werden.

V. Verhältnismäßigkeitsprinzip

Art. 24 steht unter dem Grundsatz der **Erforderlichkeit** (arg. „geeignete **30** Maßnahmen"). Auch wenn dies, anders als noch in Art. 17 Abs. 1 DSRL, in Art. 24 Abs. 1 DSGVO nicht explizit und allgemein gültig angeordnet wurde (vgl. jedoch Art. 24 Abs. 2 betreffend Datenschutzvorkehrungen: „angemessenes Verhältnis"), ergibt sich die Anwendbarkeit des Verhältnismäßigkeitsprinzips aus dem Normzweck: Der Verantwortliche als Normadressat hat nur die im Einzelfall geeigneten, mithin **„erforderlichen"** **Compliance- und Datensicherheitsmaßnahmen** zu treffen. Nichts anderes ergibt sich auch aus grundrechtlichen Verbürgungen nach Art des Art. 20 GRC.

„**Erforderlich**" ist jede Maßnahme, die einerseits dazu führt, dass eine Da- **31** tenverarbeitung verlässlich in Einklang mit den Vorgaben der DSGVO erfolgt, deren Schutzwirkung andererseits aber noch in einem angemessenen Verhältnis zu dem Aufwand steht, den sie verursacht. Insgesamt hat der Verantwortliche ein **Schutzniveau** zu gewährleisten, das den Risiken der jeweiligen Datenverwendung und der Art der zu schützenden Daten **ange-messen** ist.

32   Bei der konkreten Beurteilung sind daher auch die Kosten der Entwicklung und Implementierung von Compliance- und Datensicherheitsmaßnahmen, die Risikogeneigtheit des Unternehmens und seiner Tätigkeit sowie dessen Größe, Organisation und Mitarbeiterzahl bzw. die wirtschaftliche Vertretbarkeit der Schutzmaßnahmen in die Betrachtung einzubeziehen. Daraus folgt zB, dass ein Großkonzern in der Pharmaindustrie andere und intensivere Compliance- und Sicherheitsmaßnahmen zu implementieren haben wird als etwa ein kleines start up-Unternehmen in der Finanzbranche. Art. 24 ermöglicht damit eine **flexible Gestaltung** und Umsetzung des jeweiligen Sicherheitsmanagements.

33   Freilich ermächtigt Art. 24 Abs. 1; 2 ein Unternehmen nicht dazu, aus Wirtschaftlichkeitsüberlegungen gänzlich auf Compliance- und Sicherheitsmaßnahmen zu verzichten. Maßnahmen, die erforderlich sind, um die Einhaltung der Vorgaben der DSGVO zu gewährleisten, sind daher jedenfalls zu setzen. Freilich darf der Unternehmer unter mehreren in Betracht kommenden, gleichwertigen bzw. gleich effektiven Umsetzungsschritten jenen wählen, der für ihn **wirtschaftlich vertretbar** ist, solange gewährleistet bleibt, dass die Rechte Betroffener verlässlich eingehalten werden.

34   Der Verantwortliche hat daher bei der Erstellung seiner Sicherheitsstrategie (dh bei der konkreten Entwicklung von Compliance- und Datensicherheitsmaßnahmen) den Zweck von Sicherheitsmaßnahmen und den konkreten Aufwand für ihre Umsetzung ausreichend abzuwägen (**Interessenabwägung**).

VI. Konkrete Compliance- und Datensicherheitsmaßnahmen

35   Wie bereits erwähnt, enthält Art. 24 **keine konkreten Vorgaben** darüber, welche Compliance- und Datensicherheitsmaßnahmen der Verantwortliche zu treffen hat. Entscheidend ist im Wesentlichen, welche Art von Daten der Verantwortliche verarbeitet und wie hoch letztlich das konkrete Risiko der Verletzung von schutzwürdigen Interessen der Betroffenen einzuschätzen ist. Während bei der Verarbeitung von „allgemeinen Daten" wie Name, Adresse, Geburtsdatum, Telefonnummer (also Informationen, die man regelmäßig auch in öffentlich zugänglichen Quellen abrufen kann) das gebotene Ausmaß von Compliance- und Datensicherheitsmaßnahmen eher als gering einzuschätzen sein wird, ändert sich diese Einschätzung, wenn etwa Daten über Freizeitgewohnheiten, Lebens- oder Kaufgewohnheiten verarbeitet werden. Noch intensivere Compliance- und Datensicherheitsmaßnahmen sind schließlich zu implementieren, wenn der Verantwortliche sensible Daten (iSd Art. 9 DSGVO) verarbeitet.

36   **Anhaltspunkte** für die Gestaltung des betrieblichen Sicherheitskonzepts bieten aber die §§ 14 f. DSG einerseits und § 9 BDSG iVm Anlage 9 leg cit andererseits, deren Vorgaben für die Auslegung des Art. 24 weiterhin herangezogen werden können.[3] Der Verantwortliche hat – soweit angemessen – technische, organisatorische, rechtliche, bauliche und andere Maßnah-

---

3   Siehe *Kühling/Martini* ua, Datenschutz-Grundverordnung, S. 361.

men zu treffen, welche die ordnungsgemäße (rechtmäßige) Datenverarbeitung in Einklang mit der DSGVO sicherstellen. Compliance- und Datensicherheitsmaßnahmen sind für alle Organisationseinheiten des Verantwortlichen zu treffen und müssen alle einzelnen Datenverarbeitungen im Unternehmen umfassen.

Durch Compliance- und Datensicherheitsmaßnahmen ist insbesondere sicherzustellen, dass   37

- die **Aufgabenverteilung** bei der Datenverwendung zwischen den Organisationseinheiten und zwischen den Mitarbeitern ausdrücklich festgelegt wird;
- die Verwendung von Daten an das **Vorliegen gültiger Aufträge** der **anordnungsbefugten Organisationseinheiten** und Mitarbeiter gebunden werden;
- jeder Mitarbeiter über bestehende, aus gesetzlichen und betrieblichen Datenschutzvorschriften ableitbaren **Pflichten belehrt** wird;
- die **Zutrittsberechtigung** zu den Räumlichkeiten des Verantwortlichen – differenzierend nach verschiedenen Organisationseinheiten – geregelt wird (der Verantwortliche hat daher sog „Vertraulichkeitsbereiche" zu definieren).
- die **Zugriffsberechtigung** auf Daten und Programme und der Schutz der Datenträger vor der Einsicht und Verwendung durch Unbefugte geregelt wird;
- die **Berechtigung zum Betrieb von elektronischen Geräten** festgelegt und jedes Gerät durch Vorkehrungen bei den eingesetzten Maschinen oder Programmen gegen die unbefugte Inbetriebnahme abgesichert wird;
- **Protokoll** geführt wird, damit tatsächlich durchgeführte **Verwendungsvorgänge**, wie insbesondere Änderungen, Abfragen und Übermittlungen, im Hinblick auf ihre Zulässigkeit im notwendigen Ausmaß nachvollzogen werden können.

Der Verantwortliche hat daher genügend **Vorkehrungen** zu treffen, welche   38
die Geheimhaltung der Daten gewährleistet und den Zugriff durch Unbefugte hintanhält (daher sind zB IT-basierte **Zugriffsbeschränkungen** umzusetzen). Der Verantwortliche hat auch **Maßnahmen zur Sicherung der Daten vor Verlust oder Zerstörung** zu implementieren (man denke an Betriebsvorgaben für die Verwendung von elektronischen Geräten im Büro und außerhalb des Unternehmens). Die Sicherung der verarbeiteten Daten vor Verlust und Zerstörung hat daher Maßnahmen gegen menschliches Handeln (zB Sabotage, Hacking, sorgfaltswidriger Umgang mit Datenträgern) ebenso zu berücksichtigen wie Vorkehrungen gegen zufällige Ereignisse (zB Stromausfall, Wasserrohrbruch, Materialfehler und ähnliches).

Der Verantwortliche hat daher ferner zu gewährleisten, dass Daten nicht unberechtigt gespeichert, verändert und unrechtmäßig weitergegeben werden.

Zu einem adäquaten Compliance- und Datensicherheitsmanagement gehö-   39
ren auch Maßnahmen, welche die gebotene **Aktualisierung, Löschung oder Anonymisierung der Daten** gewährleisten. Im Hinblick auf Art. 16 f., 21 DSGVO hat der Verantwortliche zu gewährleisten, dass ungeachtet der

Verarbeitung von Daten Auskunfts- und Informationsrechte Betroffener effektiv ausgeübt werden können.

VII. Dokumentation

40   Art. 24 Abs. 1 verpflichtet den Verantwortlichen, die getroffenen Compliance- und Datensicherheitsmaßnahmen zu **dokumentieren;** dh er muss in der Lage sein, angemessene Nachweise über getroffene Schulungsmaßnahmen, über die Belehrung der Mitarbeiter, über technische Sicherheitsmaßnahmen etc zu erbringen.

41   Die Dokumentation der getätigten Compliance- und Sicherheitsmaßnahmen ist Bestandteil eines **„wirksamen Kontrollsystems"**, welches der Verantwortliche in seinem Unternehmen umzusetzen hat, um die Einhaltung der DSGVO zu gewährleisten (vgl. § 9 Abs. 1 ö VStG).[4]

42   Der Zweck einer Dokumentation besteht darin, dass der Verantwortliche gegenüber der Aufsichtsbehörde und den Betroffenen dokumentieren kann, dass Datenverarbeitungen in Einklang mit der DSGVO erfolgt. Das impliziert, dass die Dokumentation vollständig erfolgen muss; sonst wäre der Zweck der Dokumentationspflicht torpediert. Die Dokumentation des Verantwortlichen umfasst daher sinnvollerweise nicht nur alle Datenverarbeitungen eines Unternehmens, sondern auch alle Unternehmenseinheiten und ihre Mitarbeiter. Eine unvollständige Dokumentation impliziert, dass Daten nicht in Einklang mit der DSGVO verarbeiten werden. Diesen „Vorwurf" muss der Verantwortliche im Zweifel widerlegen können.

43   Auch in diesem Zusammenhang „schweigt" die DSGVO, wie eine Dokumentation exakt zu erfolgen hat. Dem Verantwortlichen obliegt es daher, geeignete innerbetriebliche Dokumentationssysteme (zB elektronische Protokollierung von Datenverarbeitungen; Datensicherheitshandbuch; Urkunden über Mitarbeitergespräche) zu entwickeln.

44   Die einzelnen Nachweise sind innerhalb der innerstaatlich vorgegebenen **Aufbewahrungsfristen** aufzubewahren (spezielle Fristen sieht die DSGVO nicht vor) und auf Aufforderung der Aufsichtsbehörde oder eines Gerichtes zugänglich zu machen (s. zB Art. 58 Abs. 1 DSGVO). Den Verantwortlichen trifft – auf eine Aufforderung der Aufsichtsbehörde hin – eine sanktionsbewehrte Mitwirkungspflicht (vorbehaltlich nationaler Sanktionsbestimmungen, Art. 84 DSGVO).

VIII. Überprüfung / Aktualisierung

45   Art. 24 Abs. 1 Satz 2 DSGVO verpflichtet den Verantwortlichen, das Compliance- und **Datensicherheitskonzept** „erforderlichenfalls" **zu überprüfen** und – soweit notwendig – an geänderte oder neue Gegebenheiten **anzupassen.** Aus dieser Anordnung ergeben sich zwei zu trennende Verhaltenspflichten des Verantwortlichen:

1. Zunächst die **Pflicht zur Überprüfung:** Eine Überprüfung soll nach dem Normtext lediglich „erforderlichenfalls" stattfinden, dh dann, wenn

---

4   Siehe etwa ö VwGH 24.5.2013, 2012/02/0072 zum Bereich Arbeitnehmerschutz; s. ferner *Wessely*, § 9 Rn. 1 ff. in: Raschauer/Wessely (Hrsg.), VStG, 2. Aufl. (2016).

Bedarf danach besteht (vgl. Art. 24 Abs. 1 in der englischen Sprachfassung: „where necessary"). Es wäre jedoch verfehlt, annehmen zu wollen, dass eine Aktualisierungspflicht nur dann besteht, wenn etwa bereits ein Schaden eingetreten ist. Im Gegenteil, der Verantwortliche ist verpflichtet, die Aktualität seines Compliance- und Datensicherheitskonzepts periodisch zu überprüfen. Dies kann etwa infolge

– einer Änderung der DSGVO, aber auch der nationalen Rechtslage,
– neuer Entscheidungen eines Gerichts oder der zuständigen Aufsichtsbehörde, welche Anlass dazu bieten, die bisherige Unternehmenspraxis zu hinterfragen,
– aufgrund einer Auslegungsmitteilung der Kommission, aber auch einschlägiger Interessenvertretungen

geboten sein.

Mit **periodisch** ist in diesem Zusammenhang nicht gemeint, dass der Verantwortliche sein Sicherheitskonzept monatlich überprüfen müsste. Aber eine stichprobenartige und vor allem – anlassfallunabhängige – Kontrolle des Konzepts alle drei bis sechs Monate, etwa durch den Datenschutzbeauftragten, erscheint im Licht der ratio legis ratsam zu sein. Die entsprechenden Prüfschritte sollten dokumentiert werden. Die exakte Zahl der Kontrollen hängt wiederum von der Größe des Unternehmens, den verarbeiteten Daten, dem Tätigkeitsbereich des Unternehmens etc ab. **46**

2. Zweitens die **Pflicht zur Anpassung (Aktualisierung)**: Ergibt die Überprüfung, dass Aktualisierungsbedarf besteht, hat der Verantwortliche umgehend die erforderlichen Reaktionsschritte zu setzen, um das Compliance- und Sicherheitskonzept wieder an den Stand der Technik und der einschlägigen Wissenschaften anzupassen. In diesem Zusammenhang ist wiederum das Verhältnismäßigkeitsprinzip zu beachten (s. oben → Rn. 30). **47**

IX. Zu Abs. 3 1. Alt. (Anwendung genehmigter Verhaltensregeln)

Ein Baustein zur Effektuierung des Compliance- und Datensicherheitskonzepts kann die Implementierung und Anwendung sog „genehmigter Verhaltensregeln" im Sinn des Art. 40 DSGVO darstellen (Art. 24 Abs. 3 1. Alt.); auf die Kommentierung zu Art. 40 sei verwiesen. Die in Rede stehenden Verbandsregeln spielten bisher in der österreichischen (anders als in der deutschen) Praxis keine nennenswerte Rolle. **48**

Die Verhaltensregeln („codes of conduct"), die von Unternehmensverbänden etc entwickelt und von der Aufsichtsbehörde auf Antrag bewilligt werden, zielen darauf ab, bestimmten Branchen und Berufsgruppen die Möglichkeit zu eröffnen, standardisierte gesetzeskonforme Datenschutzkonzepte (Verhaltensregelungen) anzuwenden. Hält sich ein Unternehmen an ein solches branchenspezifisches Konzept, das in Abstimmung mit der Aufsichtsbehörde entwickelt wurde, besteht die gesetzliche – wenngleich widerlegliche – **Vermutung**, dass die **Datenverarbeitung** in diesem Unternehmen **rechtskonform** (in Einklang mit der DSGVO) erfolgt. **49**

50 Ziel dieser **Verhaltensregelungen** ist es, dem einzelnen Unternehmen eine „amtlich bestätigte" Anwendungs- und Auslegungshilfe zur Verfügung zu stellen, wie das Datenschutzkonzept im Unternehmen rechtskonform ausgestaltet werden könnte. Dadurch werden Unsicherheiten und rechtliche Auseinandersetzungen vermieden.

51 Von diesen Verhaltensregelungen sind sog **„binding corporate rules"** gem. Art. 47 DSGVO zu unterscheiden, welche die Grundlage für einen grenzüberschreitenden Datenverkehr bilden können. Auch wenn Verhaltensregelungen nach Art. 40 Abs. 3 Verbindlichkeit zukommen kann, bilden sie im Gegensatz zu sog „internen Datenschutzvorschriften" gem. Art. 47 (welche ebenfalls von der zuständigen Aufsichtsbehörde zu bewilligen sind) keine Grundlage für einen grenzüberschreitenden Datenverkehr; insbes. räumen sie Betroffenen, anders als corporate rules, keine rechtlich garantierten Rechtspositionen ein.

X. Zu Abs. 3 2. Alt. (Anwendung eines genehmigten Zertifizierungsverfahrens)

52 Ein weiterer Baustein zu einem adäquaten Compliance- und Datensicherheitskonzept kann die Anwendung eines genehmigten Zertifizierungsverfahrens (nach Art von „EuroPriSe") darstellen (vgl. Näheres bei Art. 42). Verantwortliche können auf diesem Weg ihr Datenschutzkonzept sowie ihre technischen Einrichtungen von einem unabhängigen Gutachter (einer akkreditierten Zertifizierungsstelle gem. Art. 43 Abs. 1 DSGVO) auf die Übereinstimmung mit der DSGVO überprüfen lassen (was in etwa der Funktion von § 9 a BDSG [Datenschutzaudit] entspricht). Stellt der Gutachter dem Verantwortlichen ein positives Zeugnis aus („Gütesiegel"), können Betroffene prinzipiell darauf vertrauen, dass der Verantwortliche Daten in Einklang mit der DSGVO verarbeitet.

C. Zum Schicksal bestehender nationaler Rechtsvorschriften

53 Soweit die §§ 14 f. DSG; 9 f. BDSG mit Art. 24 vergleichbare Regelungen auf dem Gebiet der Datensicherheit enthalten, werden sie mit Ablauf des 25. Mai 2018 ersatzlos aufzuheben sein (Art. 99 Abs. 2 DSGVO).[5] Den Mitgliedstaaten obliegt es jedoch, in Ausführung des Art. 24 adäquate Sanktionsvorschriften zu erlassen, da Art. 24 nicht im Tatbestandskatalog des Art. 83 DSGVO genannt wurde.

Artikel 25   Datenschutz durch Technikgestaltung und durch datenschutzfreundliche Voreinstellungen

(1) Unter Berücksichtigung des Stands der Technik, der Implementierungskosten und der Art, des Umfangs, der Umstände und der Zwecke der Verarbeitung sowie der unterschiedlichen Eintrittswahrscheinlichkeit und Schwere der mit der Verarbeitung verbundenen Risiken für die Rechte und Freiheiten natürlicher Personen trifft der Verantwortliche sowohl zum Zeit-

---

5 Gleiche Auffassung *Kühling/Martini* ua, Datenschutz-Grundverordnung, S. 360 f.

punkt der Festlegung der Mittel für die Verarbeitung als auch zum Zeitpunkt der eigentlichen Verarbeitung geeignete technische und organisatorische Maßnahmen – wie z.B. Pseudonymisierung – trifft, die dafür ausgelegt sind, die Datenschutzgrundsätze wie etwa Datenminimierung wirksam umzusetzen und die notwendigen Garantien in die Verarbeitung aufzunehmen, um den Anforderungen dieser Verordnung zu genügen und die Rechte der betroffenen Personen zu schützen.

(2) [1]Der Verantwortliche trifft geeignete technische und organisatorische Maßnahmen, die sicherstellen, dass durch Voreinstellung grundsätzlich nur personenbezogene Daten, deren Verarbeitung für den jeweiligen bestimmten Verarbeitungszweck erforderlich ist, verarbeitet werden. [2]Diese Verpflichtung gilt für die Menge der erhobenen personenbezogenen Daten, den Umfang ihrer Verarbeitung, ihre Speicherfrist und ihre Zugänglichkeit. [3]Solche Maßnahmen müssen insbesondere sicherstellen, dass personenbezogene Daten durch Voreinstellungen nicht ohne Eingreifen der Person einer unbestimmten Zahl von natürlichen Personen zugänglich gemacht werden.

(3) Ein genehmigtes Zertifizierungsverfahren gemäß Artikel 42 kann als Faktor herangezogen werden, um die Erfüllung der in den Absätzen 1 und 2 des vorliegenden Artikels genannten Anforderungen nachzuweisen.

Verwandte Normen: ErwGr 78; § 9, Anlage zu § 9 BDSG 2003

Literatur:

Acquisti/Taylor/Wagman, The Economics of Privacy, Journal of Economic Literature, Vol. 52, 2/2016; *Alhadeff/van Alsenoy/Dumortier*, The Accountability Principle in Data Protection Regulation, in: Guagnin/Hempel/Ilten, Managing Privacy through Accountability, 2012, S. 49; *Ausloos/Kindt/Lievens/Valcke/Dumortier*, Guidelines for Privacy-Friendly Default Settings, 2013; *Borking*, Einsatz datenschutzfreundlicher Technologien in der Praxis, DuD 1998, 636; *Danezis et al/ENISA*, Privacy and Data Protection by Design – from policy to engineering, 2014; *Friedewald/Obersteller/Nebel/Bieker/Rost*, Whitepaper Datenschutz-Folgeabschätzung, 2016; *Gierschmann*, Was „bringt" deutschen Unternehmen die DS-GVO?, ZD 2016, 51; *Hansen/Hoepman/Jensen*, Readiness Analysis for the Adoption and Evolution of Privacy Enhancing Technologies, 2015; *Hof*, Practical Limitations of Technical Privacy Protection, DuD 2014, 601; *Hornung*, Datenschutz durch Technik in Europa, ZD 2011, 51; *ders*, Eine Datenschutz-Grundverordnung für Europa?, ZD 2012, 99; *Hunzinger*, Datenschutz und Software – Welche Folgen haben die Datenschutzgrundsätze für die Anforderungen an die Softwareerstellung?, in: Taeger, Smart World – Smart Law? Tagungsband Herbstakademie 2016, 953; *Islam*, Privacy by Design for Social Networks, 2014; *Konarski et al*, Reforming the Data Protection Package, Studie des EU-Parlaments, 2012; *Koops/Leenes*, Privacy Regulation Cannot Be Hardcoded, 28 International Review of Law, Computers & Technology, 159; *Kuczerawy/Coudert*, Privacy Settings in Social Networking Sites: Is it Fair?, in: Fischer-Hübner et al, Privacy and Identity, 2011, 231; *Kuner*, The European Commission's Proposed Data Protection Regulation: A Copernican Revolution in European Data Protection Law, Bloomberg BNA Privacy and Security Law Report, 2/2012, 1; *Niemann/Scholz*, Privacy by Design und Privacy by Default – Wege zu einem funktionierenden Datenschutz in Sozialen Netzwerken, in: Peters/Kersten/Wolfenstetter, Innovativer Datenschutz, 109; *Piltz*, Die Datenschutz-Grundverordnung, Teil 3: Rechte und Pflichten des Verantwortlichen und Auftragsverarbeiters, K&R 2016, 709; *Rost/Bock*, Privacy By Design und die Neuen Schutzziele, DuD 2011, 30; *Roßnagel/Nebel/Richter*, Was bleibt vom europäischen Datenschutzrecht, ZD 2015, 455; *Rubinstein*, Regulating Privacy by Design, Berkeley Technology Law Journal, 26/2012, 1409; *Rubinstein/Hartzog*, Anonymization and Risk, Washington Law Review 91, 2/2016; *Spiekermann*, The challenges of privacy by design, ACM Vol. 55, 7/2012, 38; *Steinebach/Jung/Krempel/Hoffmann*, Datenschutz und Datenanalyse - Herausforderungen und Lösungsansätze, DuD 2016, 440; *Sydow/Kring*, Die Datenschutzgrundverordnung zwischen Technikneutralität und Technikbezug, ZD 2014, 271; *von dem Bussche/Zeiter/Brombach*, Die Umsetzung der Vorgaben der EU-Datenschutz-Grundverordnung durch Unternehmen, DB 2016, 1359.

A. Grundlagen

I. Gesamtverständnis und Zweck der Norm

1　Art. 25 Abs. 1 führt eine Verpflichtung auf Datenschutz durch Technikgestaltung ein, wobei sich hierfür de facto die englische Bezeichnung Privacy by Design durchgesetzt hat. Es handelt sich um ein, jedenfalls auf europarechtlicher Ebene, weitgehend neues Konzept, auch wenn Privacy by Design, in reduziertem Kontext häufig unter dem Stichwort Privacy Enhancing Techniques (PET) genannt,[1] im Grunde bis in die Anfänge der datenschutzrechtlichen Gesetzgebung zurückverfolgt werden kann.[2]

1　Dazu *Borking* DuD 1998, 636.
2　Dazu *Pohle* FIfF 2015, 41; zur weiteren Entwicklung *Hornung* ZD 2011, 51; *Rost/Bock* DuD 2011, 30.

Datenschutz durch Technik steht für einen Ansatz, der nicht allein durch   2
einen – vielfach kritisierten – rein normativen und sanktionsgestützten
Charakter geprägt ist,[3] sondern die Beachtung datenschutzrechtlicher
Grundsätze proaktiv in Systemen zur Datenverarbeitung verankern soll.
Ziel ist die Durchsetzung und Beachtung von Datenschutzgrundsätzen bereits durch die Technik selbst anstelle einer reaktiven Aufsicht und Kontrolle.[4] Kernelemente des Datenschutzrechts sollen also bereits bei der Planung und Implementierung von Systemen berücksichtigt werden. Dies ist
auch aus ökonomischer Sicht sinnvoll, da nachträgliche Änderungen von
Systemen häufig komplex und kostenträchtig sind.[5]

Als Grundlage von Privacy by Design, dessen Begriff vor allem durch die   3
frühere Datenschutzbeauftragte der kanadischen Provinz Ontario, Ann Ca-
voukian, geprägt wurde, können sieben Grundprinzipien angesehen werden:[6]

1. Proaktive statt reaktive Maßnahmen,
2. Datenschutz als Standardeinstellung (→ Rn. 61 ff.),
3. in das Design eingebetteter Datenschutz,
4. volle Funktionalität trotz Datenschutz im Sinne des Ziels einer Win-
   Win-Situation statt einer Gegenseitigkeit von Datenschutz und wirtschaftlichen Interessen,
5. durchgängige Sicherheit in allen Prozessen und über den gesamten Lebenszyklus eines Systems,
6. Sichtbarkeit und Transparenz und
7. Wahrung der Privatsphäre des Nutzers als zentraler Ansatz.

Es ist leicht zu erkennen, dass diese Grundprinzipien nicht (vollständig)   4
normativer Natur sind, sondern teils eher Empfehlungscharakter haben.
Dennoch können die Grundprinzipien aber grundsätzlich der Gestaltung
von Systemen sowie der Auslegung von Art. 25 dienen. Art. 25 greift diese
Grundprinzipien allerdings nicht ausdrücklich auf, sondern formuliert abstrakte Anforderungen und überlässt die konkrete Ausformung weitgehend
dem Rechtsanwender. Im Ergebnis obliegt es daher dem Verantwortlichen,
die soeben dargestellten Anforderungen des Privacy by Design mit Leben
zu füllen und umzusetzen.

Insgesamt erfordert Privacy by Design nicht allein technische Lösungen im   5
Hinblick auf das Ob und Wie der Datenverarbeitung, sondern beinhaltet
bei einem strengen und effektiven Verständnis auch Elemente organisatorischer, strategischer und betrieblicher Überlegungen sowie personeller Führung mit Blick auf eine nachhaltige Minimierung von Risiken.[7] Diese Elemente wirken sich nicht nur auf die Prozesse der Datenverarbeitung, sondern auch auf deren Vorbereitung sowie den Einkauf von Systemen und

---

3 *Niemann/Scholz* in: Peters/Kersten/Wolfenstetter, Innovativer Datenschutz, 109,
   110.
4 *Niemann/Scholz* in: Peters/Kersten/Wolfenstetter, Innovativer Datenschutz, 109,
   113; vgl. grundlegend dazu auch *Lessig*, Code: And Other Laws of Cyberspace, Version 2.0, 2006; zu den Grenzen *Koops/Leenes* 28 International Review of Law,
   Computers & Technology, 159.
5 *Konarski et al* Reforming the Data Protection Package, 2012, S. 50.
6 Näher *Rost/Bock* DuD 2011, 30 (31).
7 Vgl. ErwGr 78: „interne Strategien"; *Spiekermann* ACM Vol. 55, 7/2012, 38.

ihre Überwachung aus, was sich auch aus der deutschen Überschrift der Regelung ergibt, die auf die „*Technikgestaltung*" abstellt.

6   Die Verwirklichung von Privacy by Design hängt zusätzlich eng mit der Herstellung von Datensicherheit zusammen, wie das oben dargestellte fünfte Grundprinzip deutlich macht. Denn ist ein System unsicher, besteht auch für ein im Übrigen datenschutzfreundliches System erhebliche Gefahr.[8] Art. 25 ist daher konzeptionell bedingt eng verzahnt mit Art. 32.

7   Darüber hinaus begründet Abs. 2 eine Pflicht zu datenschutzfreundlichen Voreinstellungen, wobei sich auch hier mit Privacy by Default die englische Bezeichnung durchgesetzt hat. Privacy by Default ist ein Teil der Grundsätze des Privacy by Design und damit als ein Unterfall anzusehen (dazu → Rn. 61 ff.). Plastische Negativbeispiele des Privacy by Default sind die häufig kritisierten Voreinstellungen bei sozialen Netzwerken,[9] die in der Vergangenheit ohne Zutun des Nutzers Daten stets einer großen Öffentlichkeit zugänglich machten,[10] oder Voreinstellungen in Betriebssystemen, nach denen standardmäßig Daten über den Nutzer an den Hersteller übermittelt werden.

II. Bisherige Rechtslage

8   Datenschutz durch Technik war bisher praktisch nicht, jedenfalls nicht umfassend, geregelt. Lediglich vereinzelte Landesdatenschutzgesetze forderten – weitgehend unbemerkt – die Sicherstellung der Ausführung der datenschutzrechtlichen Vorschriften durch technische und organisatorische Maßnahmen.[11] Jenseits dieser deutschen Landesnormen gab es bisher keine verfahrenstechnischen oder materiellen Regelungen zu Privacy by Design.[12] Der Bundesrat hatte im Jahr 2011 einen Gesetzesentwurf zur Einführung eines § 13 a TMG für Dienste mit nutzergenerierten Inhalten mit dem Ziel der Etablierung von Privacy by Default insbesondere für soziale Netzwerke eingebracht.[13] Der Gesetzesentwurf fiel jedoch der Diskontinuität anheim.

9   Das Erfordernis des Privacy by Design ließ sich bisher aber zumindest im Grundsatz den Zielvorgaben der Datenvermeidung und Datensparsamkeit nach § 3 a BDSG sowie dem Erforderlichkeitsgrundsatz in Art. 6 Abs. 1 lit. c DSRL entnehmen.[14] Ferner werden technische Maßnahmen zur Einhaltung von datenschutzrechtlichen Vorschriften in Art. 14 Abs. 3 und ErwGr 46 der TK-Datenschutzrichtlinie 2002/58/EG erwähnt, ohne dass dies jedoch zu spürbaren Auswirkungen geführt hat. Da an einen Verstoß allein gegen die angeführten Normen jedoch bisher weder Folgen für die

8   *Hustinx* Privacy by design: delivering the promises, 2010, S. 254; *Hof* DuD 2014, 601; *Spiekermann* ACM Vol. 55, 7/2012, 38, 40.
9   *Konarski et al* Reforming the Data Protection Package, 2012, S. 51.
10   Dazu *Kuczerawy/Coudert* in: Fischer-Hübner et al, Privacy and Identity, 2011, 231; *Ausloos et al* Guidelines for Privacy-Friendly Default Settings, 2013, 8 ff.
11   So zB § 10 DSG NRW; zur Entwicklung auch von § 6 BDSG-1979 *Pohle* FIfF 2015, 41.
12   *Hornung* ZD 2011, 51 (53 f.).
13   BR-Drs. 156/11; BT-Drs. 17/6765.
14   *Scholz* in: Simitis, BDSG § 3 a Rn. 3 ff.; *Däubler/Klebe/Wedde/Weichert*, BDSG § 3 a Rn. 2; *Hornung* ZD 2011, 51 (53 f.).

Zulässigkeit der Datenverarbeitung noch irgendwelche Sanktionen geknüpft wurden,[15] kann Art. 25 mit Fug und Recht als eine wesentliche
Neuerung bezeichnet werden.

III. Entstehung der Norm

Bereits im Jahr 2007 griff die Kommission in einer Mitteilung über die Ver-   10
besserung des Datenschutzes durch Technologien zum Schutz der Privatsphäre das Konzept des Privacy by Design auf und bekannte sich zur Förderung und Erforschung entsprechender Techniken.[16] Im Jahr 2010 hat die
Kommission dies im Rahmen des Gesamtkonzepts für den Datenschutz in
der Europäischen Union wiederholt und insbesondere den Punkt der Rechenschaftspflicht betont.[17] Bei der Vorstellung des Gesetzgebungsvorhabens zur DSGVO gehörten die Konzepte Privacy by Design und by Default
zu den Kernelementen des Modernisierungsprogramms.[18]

Im Gesetzgebungsverfahren bestanden zwischen Kommission, Parlament   11
und Rat unterschiedliche Vorstellungen bezüglich der Anforderungen und
des Wortlauts der Norm. Die Kommission hatte eine sehr schlanke Norm
vorgeschlagen, die durch von der Kommission zu erlassende Rechtsakte
und Standards noch konkretisiert werden sollte.[19] Das Parlament hingegen
wollte eine präzisere Fassung ohne Delegationsbefugnis. Auch bestand
Streit hinsichtlich der Adressaten der Norm insbesondere mit Blick auf die
Hersteller von IT-Systemen[20] sowie der zu berücksichtigenden technischen
Gegebenheiten (Stand der Technik, neueste technische Errungenschaften
oder verfügbare Technologien). Zudem waren behördliche Sanktionen
nach Art. 79 des Entwurfs zunächst kaum ausgeprägt, weshalb an den Entwürfen viel Kritik geübt wurde.[21] Nun sind nach Art. 83 Abs. 3 lit. a Verletzungen von Art. 25 jedoch wirksam zu sanktionieren (näher → Rn. 74).

B. Kommentierung

Wie oben dargestellt, greift die Formulierung von Art. 25 Abs. 1 die   12
Grundprinzipien des Privacy by Design nicht unmittelbar bzw. vollständig
auf, sondern formuliert lediglich Voraussetzungen und Ziele und lässt die
konkreten Maßnahmen, mit Ausnahme von Beispielen, weitgehend abstrakt. Dementsprechend wird es wesentlich auf die Auslegung der Anforderungen des Art. 25 ankommen.

---

15 *Scholz* in: Simitis, BDSG § 3 a Rn. 57.
16 KOM (2007) 228.
17 KOM (2010) 609.
18 KOM (2012) 9, S. 7.
19 Kritisch dazu *Sydow/Kring* ZD 2014, 271.
20 So auch Art. 29-Gruppe, WP 173, 21; WP 168, Rn. 46, 51.
21 Vgl. *Niemann/Scholz* in: Peters/Kersten/Wolfenstetter, Innovativer Datenschutz,
    109, 139.

13   Nach Art. 25 Abs. 1 sind angemessene technische und organisatorische Maßnahmen zu ergreifen.[22] Im Rahmen des Gesetzgebungsverfahrens war mehrfach kritisiert worden, dass unklar sei, welche Maßnahmen verlangt werden.[23] Der Ratsvorschlag enthielt – möglicherweise als Reaktion hierauf – die beispielhafte Nennung von Datenminimierung und Pseudonymisierung. Im endgültigen Text von Art. 25 Abs. 1 ist nur noch die Pseudonymisierung als Maßnahme genannt, während Datenminimierung als Zielvorgabe erscheint. Allerdings gehört die Datenminimierung ua bereits nach Art. 5 Abs. 1 lit. c zu den verpflichtenden Zielen der Verordnung und in Konsequenz auch des Art. 25 Abs. 1. Weitere konkretisierende Beispiele lassen sich ErwGr 78 entnehmen (zu möglichen Maßnahmen → Rn. 49 ff.). Danach können weitere Maßnahmen neben der Datenminimierung insbesondere die Herstellung von Transparenz sowie Überwachungsmöglichkeiten hinsichtlich der Datenverarbeitung für den Nutzer sein. Ferner sollen die Grundsätze des Datenschutzes bei der Auswahl von IT-Systemen berücksichtigt werden. Dennoch bleibt es dabei, dass der Gesetzestext selbst abstrakt formuliert ist.

14   Als Folge der abstrakten Regelung muss der Verantwortliche stets eine Analyse des konkreten Systems sowie der Datenverarbeitungsvorgänge vornehmen und die daraus erforderlich werdenden Maßnahmen im Wege einer Einzelfallbetrachtung ermitteln. Zusätzlich spielen im Rahmen von Privacy by Design zwangsläufig auch Gesichtspunkte der Datensicherheit (Art. 32) eine gewichtige Rolle. Denn die Gewährleistung von Datensicherheit ist zwingende Grundlage eines effektiven Datenschutzes.[24]

I. Privacy by Design (Abs. 1)

15   Der Grundsatz des Privacy by Design nach Abs. 1 bedingt, wie oben dargestellt (→ Rn. 2 f.), dass Datenschutzanforderungen bei der Entwicklung und beim Einsatz von IT-Systemen berücksichtigt werden, indem die Datenschutzrisiken durch die eingesetzte Technik und organisatorische Entscheidungen nachhaltig reduziert werden. Allerdings beinhaltet Art. 25 keine generelle Verpflichtung, die datenschutzrechtlichen Regelungen und Verpflichtungen soweit wie möglich unmittelbar in Maschinencode zu überführen.[25] Privacy by Design ist vielmehr als ein Gesamtkonzept aus technischen und organisatorischen Maßnahmen zu verstehen.

---

22   Der deutsche Text spricht von *„geeigneten"* Maßnahmen. Dabei handelt es sich allerdings um eine Fehlübersetzung. Die ebenfalls verbindlichen anderen Sprachfassungen stellen auf die Angemessenheit ab, so zB in der englischen Fassung *„appropriate measures"*, in der französischen Fassung *„mesures appropriées"*, in der niederländischen Fassung *„passende maatregelen"* und in der italienischen Fassung *„misure adeguate"*.

23   *Sydow/Kring* ZD 2014, 271 (273); *Konarski et al* Reforming the Data Protection Package, 2012, S. 52; *Koops/Leenes* 28 International Review of Law, Computers & Technology, 159, 163.

24   *Hof* DuD 2014, 601.

25   Dazu *Koops/Leenes* 28 International Review of Law, Computers & Technology, 159, 162.

1. Adressat

Adressat von Art. 25 Abs. 1 ist nach dem Wortlaut allein der für die Verar-   16
beitung Verantwortliche (→ Art. 4 Rn. 114 ff.). Nur diesen treffen die
Pflichten aus Art. 25 unmittelbar.[26] Auftragsverarbeiter werden lediglich
mittelbar über Art. 28 erfasst.[27] Der Verantwortliche kann sich durch Beauftragung eines Auftragsverarbeiters aber seinen Pflichten nicht entziehen,
sondern muss entsprechend Art. 28, 29 einen Auftragsverarbeiter auswäh-
len, der seinerseits technische und organisatorische Maßnahmen gemäß
Art. 25 zu ergreifen hat.

Im Gesetzgebungsprozess wurde diskutiert, ob die Pflichten nach Art. 25   17
Abs. 1 auch für Hersteller insbesondere von Software gelten sollten,[28] da in
vielen Fällen der Verantwortliche sowie andere an der Verarbeitung Beteiligte lediglich fertige (Standard-)Soft- und/oder Hardware einsetzen, ohne
wesentlichen Einfluss auf deren jeweilige Gestaltung zu haben. Eine Verpflichtung der Hersteller wäre daher im Sinne der Effektivität des Datenschutzes durch Technik sinnvoll gewesen.[29] Da hierauf im Ergebnis verzichtet wurde, kann die Einbindung der Hersteller damit nicht normativ,
sondern nur mittelbar über entsprechende Anreize durch Einwirkung auf
den Verantwortlichen erfolgen (näher → Rn. 77 ff.).

2. Zielsetzung

Ziel der technischen und organisatorischen Maßnahmen nach Art. 25   18
Abs. 1 ist die wirksame Umsetzung der Datenschutzgrundsätze nach Kapitel II sowie die Aufnahme der notwendigen Garantien (zum Begriff →
Rn. 20) in die Verarbeitung, um den Anforderungen dieser Verordnung Genüge zu tun und die Rechte der Betroffenen zu schützen.

Insoweit muss die Umsetzung umfassend sein, da alle Anforderungen der   19
DSGVO erfasst werden sollen.[30] Der Verantwortliche muss dementsprechend nicht nur auf die Datenschutzgrundsätze nach Kapitel II Rücksicht
nehmen, sondern im Grunde allen Anforderungen der DSGVO genügen.
Es sollen auch die Rechte der Betroffenen geschützt werden, die in Kapitel
III (Art. 12-22) geregelt sind. Daher müssen auch die positiven materiell-
rechtlichen Ansprüche der Betroffenen und die diese unterstützenden
Transparenzpflichten berücksichtigt werden.[31] Ein technisches System oder
dessen Organisation, die nicht die zwingenden Ansprüche des Betroffenen
auf Auskunft, Berichtigung, Löschung, Einschränkung der Verarbeitung,

---

26 Zu mehreren gemeinsam für die Verarbeitung Verantwortlichen s. Art. 26.
27 *Konarski et al* Reforming the Data Protection Package, 2012, S. 52.
28 *Albrecht* Berichtsentwurf v. 16.1.2013, Ergänzungsvorschläge 88, 98 und 178;
    ebenso EDSB, 2011, Rn. 112; Art. 29-Gruppe, WP 168, Rn. 46, 51.
29 Vgl. auch Art. 29-Gruppe WP 173, S. 23 f.; *Hornung* ZD 2011, 51 (52); *Niemann/
    Scholz* in: Peters/Kersten/Wolfenstetter, Innovativer Datenschutz, 109, 114, 140;
    Schantz NJW 2016, 1841 (1846); Erklärung der Konferenz der Datenschutzbehör-
    den und des VDA zu datenschutzrechtlichen Aspekten bei der Nutzung vernetzter
    und nicht vernetzter Kraftfahrzeuge, https://www.ldi.nrw.de/mainmenu_Aktuelles/
    Inhalt/Datenschutz_im_Auto/Gemeinsame_Erklaerung_VDA_Datenschutzbehoer-
    den.pdf, S. 2 (Stand: 16.3.2017).
30 *Koops/Leenes* 28 International Review of Law, Computers & Technology, 159,
    163.
31 Vgl. auch ErwGr 78.

Portabilität und Widerspruch enthält bzw. zu erfüllen vermag, entspricht daher bereits per se nicht den Anforderungen des Art. 25.[32] Beruft sich bspw. ein Unternehmen, an das ein Auskunftsersuchen nach Art. 15 gerichtet wird, darauf, dass die Auskunft nicht erteilt werden könne, weil ihr System dies nicht leiste und die Auskunft zB durch manuelle Zusammenstellung nicht erteilt werden kann, ist ein Verstoß gegen Art. 25 Abs. 1 indiziert.

20   Art. 25 Abs. 1 verlangt zudem, dass der Verantwortliche „notwendige Garantien" in die Verarbeitung aufnimmt. Aus ErwGr 94 ergibt sich, dass der Gesetzgeber zur Minderung des Risikos zwischen Garantien, Sicherheitsvorkehrungen und Mechanismen unterscheidet. Der Begriff der „Garantien" wird in der englischen Fassung als „safeguards" formuliert. Es geht dementsprechend nicht um die Einräumung einer rechtlichen Garantie wie zB in § 443 BGB, sondern um die Absicherung der Umsetzung der Datenschutzgrundsätze. Die Gesetzesformulierung unterstreicht zudem, dass Art. 25 Abs. 1 nicht allein technische Anstrengungen verlangt, sondern ein Gesamtkonzept bestehend aus Technik und Organisation. Der Verantwortliche ist dementsprechend nicht nur zu technischen und organisatorischen Maßnahmen mit Blick auf die Einhaltung der genannten Ziele verpflichtet, sondern zusätzlich zur selbstkritischen Prüfung, ob mit den ergriffenen Maßnahmen diese Ziele tatsächlich erreicht wurden. Die Anforderungen des Art. 25 Abs. 1 sollten auch aus diesem Grunde bereits in der Planungsphase eines Systems berücksichtigt werden. Ihre Implementierung und Einhaltung sind in der Entwicklungs- und Implementierungsphase zu überprüfen. Zu Garantien nach Art. 25 Abs. 1 gehören gemäß Art. 6 Abs. 4 lit. e insbesondere die Verschlüsselung oder Pseudonymisierung von Daten. Die (sichere) **Verschlüsselung** (näher dazu Art. 32 → Rn. 11) von personenbezogenen Daten ist insoweit als Absicherung gegen das Risiko des Identitätsdiebstahls[33] anzusehen. Eine konsequente Pseudonymisierung nach Art. 4 Nr. 5 wiederum reduziert das Risiko einer Identifizierung des Betroffenen, solange ein unberechtigter Zugriff auf den Schlüssel nicht möglich ist.

3. Risiko- und Folgenabschätzung

21   Nach Art. 25 Abs. 1 ist eine Risiko- und Folgenabschätzung erforderlich. Dabei hängen die an den Verantwortlichen zu stellenden Anforderungen von der **Eintrittswahrscheinlichkeit** und der Schwere der mit der Verarbeitung verbundenen Risiken ab. Grundlage jeder konkreten Pflichtenbestimmung ist daher eine Risiko- und Folgenabschätzung („Data Protection Impact Assessment", PIA). Dabei sind die hohen Anforderungen des Art. 35 an die Folgenabschätzung nur bei absehbar hohem Risiko zu beachten (Art. 35 → Rn. 6 ff.). Auch hat sich das Parlament nicht mit der Forderung in Art. 32 a des Parlamentsentwurfs durchsetzen können, dass stets eine umfassende Risikoanalyse nach den dortigen Vorgaben durchzuführen sein soll. Dies entbindet den Verantwortlichen jedoch nicht vollständig davon,

---

32 Ähnlich *Nolte/Werkmeister* in: Gola DS-GVO, 2017, Art. 25 Rn. 18.
33 ErwGr 75.

eine Risiko- und Folgenabschätzung durchzuführen.[34] Vielmehr sehen die Erwägungsgründe auch in Bezug auf Privacy by Design ausdrücklich vor, dass der Verantwortliche die Risiken ermittelt und Maßnahmen ergreift.[35] Im Ergebnis muss er nach Art. 5 Abs. 2 nämlich nachweisen können, dass er tatsächlich hinreichende Maßnahmen ergriffen hat, um den durch seine Verarbeitung entstehenden Risiken zu begegnen.[36] Dies dürfte ohne eine vorangegangene Risikoabschätzung kaum möglich sein.[37]

„Risiken" iSv Art. 25 Abs. 1 liegen in solchen Datenverarbeitungen, die zu   **22**
einer physischen, materiellen oder moralischen Schädigung in Form von erheblichen wirtschaftlichen oder gesellschaftlichen Nachteilen führen können.[38] Beispielhaft werden Diskriminierung, Identitätsdiebstahl und -betrug, finanzielle Verluste, Rufschädigung, Verlust der Vertraulichkeit und Aufhebung einer Pseudonymisierung genannt.[39] Weiter gehören hierzu das Risiko des Datendiebstahls, daraus resultierend der Kontrollverlust des Betroffenen sowie die Erstellung und Nutzung von Profilen.[40]

Dabei sollte der Verantwortliche anhand einer nach objektiven Kriterien   **23**
durchzuführenden Bewertung der Eintrittswahrscheinlichkeit zumindest die Einordnung der Verarbeitung in die Risikokategorien *„geringes Risiko"*, *„mittleres Risiko"* und *„hohes Risiko"* durchführen.[41] Ein **hohes Risiko** ist bei bestimmten Arten von Datenverarbeitungen und dem Umfang und der Häufigkeit der Verarbeitung gegeben, wenn diese eine Schädigung oder Beeinträchtigung der persönlichen Freiheiten des Betroffenen mit sich bringen können.[42] Hierfür ist es erforderlich, eine Bewertung aus der Perspektive des Betroffenen vorzunehmen. Es besteht danach eine Wechselbeziehung zwischen Art der Daten, Umfang und Häufigkeit der Verarbeitung und den ermittelten Risiken. Geht es um besondere Kategorien von Daten nach Art. 9 Abs. 1 und Art. 10, besteht eine Vermutung dafür, dass erhebliche Folgen drohen,[43] so dass auch geringe Risiken auszuschließen sein können. Nach dem Parlament sollten im Übrigen ua Profiling, die Verarbeitung von Daten über mehr als 5.000 Betroffene innerhalb von zwölf Monaten, die automatisierte und großräumige Überwachung öffentlicher Räume und das Zugänglichmachen von Daten für eine große Personenzahl konkrete Risiken bergen.[44] Letzteres hat als Beispiel für Privacy by Default in Abs. 2 S. 3 der jetzigen Regelung Niederschlag gefunden.

Zusätzlich sollte für jedes Risiko eine zumindest grobe **Folgenabschätzung**   **24**
vorgenommen werden. Stellt sich heraus, dass bei der Vearbeitung ein ho-

---

34 Ebenso *Wybitul/Draf* BB 2016, 2101 (2104); *Nolte/Werkmeister* in: Gola DS-GVO, 2017, Art. 25 Rn. 24.
35 ErwGr 74, 83.
36 ErwGr 74.
37 ENISA, Privacy and Data Protection by Design, 13; vgl. auch *Friedewald et al* Datenschutz-Folgeabschätzung, 2016, S. 8.
38 ErwGr 75.
39 ErwGr 75.
40 ErwGr 75.
41 ErwGr 76.
42 ErwGr 94.
43 Vgl. ErwGr 75.
44 So der Parlamentsentwurf, Beschluss des Europäischen Parlaments vom 12.3.2014, 7427/1/14, Art. 32 a.

hes Risiko besteht, muss der Verantwortliche vor der Verarbeitung ggf. die Aufsichtsbehörde kontaktieren.[45] Im Einzelfall kann auch bei mittleren Risiken eine Rücksprache mit der Aufsichtsbehörde sinnvoll sein. Dies könnte im Falle eines späteren Schadenseintritts nach Art. 83 Abs. 2 lit. c und k im Hinblick auf die Bemessung einer Sanktion positiv zu berücksichtigen. Es dürfte insofern auch guter anwaltlicher Beratungspraxis entsprechen, im Einzelfall auf die Möglichkeit der Rücksprache mit der Aufsichtsbehörde hinzuweisen.

25   Letztendlich sollte der Verantwortliche jedes Datenschutzrisiko zusammen mit den möglichen Bedrohungen in ein System mit den Werten Eintrittswahrscheinlichkeit und Folgenschwere einordnen.[46] Die Europäische Agentur für Netz- und Informationssicherheit ("ENISA") schlägt als Handlungsrichtlinie die Einordnung aller Risiken in die Kategorien *„um jeden Fall zu vermeiden"*, *„abzumildern"* und *„akzeptabel"* vor, letzteres bei unwahrscheinlichem Schadenseintitt mit geringen Auswirkungen.[47]

26   Erleichtert werden kann das Verfahren der Risikoabschätzung durch Zertifizierungsverfahren und gemäß Art. 70 Abs. 1 lit. d zu erlassende Leitlinien des Europäischen Datenschutzausschusses nach Art. 68. Dieser kann ferner Vorgaben machen, welchen Verarbeitungsvorgängen kein hohes Risiko innewohnt und welche Abhilfemaßnahmen für diese Fälle ausreichend sein können.[48] Bisher liegen solche Leitlinien und Vorgaben allerdings noch nicht vor.

27   In den letzten Jahren sind Systeme zur Modellierung von Datenschutz- und Datensicherheitsrisiken entwickelt worden, die sich in diesem Zusammenhang als hilfreich erweisen. Die ENISA erwähnt ausdrücklich das sogenannte LINDDUN-Modell.[49] LINDDUN erleichtert die Risikoabschätzung durch ein schrittweises, strukturiertes Vorgehen. Danach soll der Verantwortliche zunächst ein Datenflussdiagramm entwerfen, in dem alle an der Verarbeitung Beteiligten und der zugehörige Datenfluss wiedergegeben sind. Für jeden Beteiligten sollen verschiedene Risiken betrachtet und bewertet werden. Anschließend werden die Bedrohungsszenarien analysiert. Die weitere Durchführung des Modells dient sodann der Ermittlung von Maßnahmen zur Vermeidung oder Abmilderung der zuvor durch die Risikoanalyse aufgeworfenen Risiken.

28   Hilfreich ist in diesem Zusammenhang die Plattform „PIA-Watch" des Privacy Impact Assessment Observatory, auf der eine Vielzahl an Unterlagen vorgehalten werden,[50] so ua eine ICO-Studie mit dem Titel *„Integrating Privacy Impact Assessment with project and risk management"*.

29   Solange die Leitlinien und Vorgaben des Europäischen Datenschutzausschusses nicht vorliegen, bietet es sich für Verantwortliche an, im Hinblick auf die bereits laufende oder noch geplante Verarbeitung von personenbe-

---

45   Art. 35 Abs. 9, ErwGr 84.
46   ENISA, Privacy and Data Protection by Design, 13.
47   ENISA, Privacy and Data Protection by Design, 13.
48   ErwGr 77.
49   https://distrinet.cs.kuleuven.be/software/linddun/ (Stand 16.3.2017); die Buchstaben stehen jeweils für bestimmte Bedrohungsszenarien.
50   http://www.piawatch.eu (Stand: 16.3.2017).

zogenen Daten vorzugsweise unter Rückgriff auf ein strukturiertes Modell
wie zB LINDDUN – ggf. in vereinfachter Form – zumindest die folgenden
Fragen zu stellen und ihre Bearbeitung zu dokumentieren, wobei der Verantwortliche möglicherweise auf die Informationen aus dem nach Art. 30
zu führenden Verzeichnis zurückgreifen kann:

- Welche Arten von Daten werden verarbeitet? In welchem Umfang?
- Wer ist an der Datenverarbeitung beteiligt?
- Welche Risiken drohen? Sind darunter insbesondere solche aus ErwGr
  75, Art. 32 a des Parlamentsentwurfs oder ähnliche?
- Wie sind die Folgen des Eintritts einzuschätzen (gering, mittel, hoch)?
- Wie hoch ist die Eintrittswahrscheinlichkeit (gering, mittel, hoch)?
- Als Resultat für jedes Risiko: Ist dieses „akzeptabel", „abzumildern"
  oder „um jeden Fall zu vermeiden"?

4. Maßnahmen

Art. 25 Abs. 1 sieht vor, dass der Verantwortliche *„angemessene technische*   30
und organisatorische Maßnahmen" trifft. Als konkretisierendes Beispiel
wird im Gesetzeswortlaut selbst aber lediglich die Pseudonymisierung der
Daten genannt (zu weiteren Beispielen → Rn. 49 ff.).

a) Zeitpunkt

Art. 25 Abs. 1 definiert zwei Zeitpunkte für die zu treffenden Maßnahmen: 31
Spätestens bei *„Festlegung der Mittel für die Verarbeitung"* und sodann bei
der *„eigentlichen Verarbeitung"*. Das Parlament sah zusätzlich den Zeitpunkt der Festlegung der *„Zwecke der Verarbeitung"* vor, der jedenfalls
vor der Festlegung der Mittel liegen dürfte, als relevant an, konnte sich
hiermit aber nicht durchsetzen.

Im Ergebnis muss der Verantwortliche daher spätestens bei der endgültigen   32
Planung des Systems (*„Festlegung der Mittel"*) die geforderten Maßnahmen bestimmen und implementieren. Da die Maßnahmen nach Abs. 1 aber
erhebliche Änderungen der Implementierung eines Systems nach sich ziehen können, empfiehlt sich eine deutliche Vorverlagerung bereits in die frühe Planungsphase.[51]

Als relevanter Zeitpunkt kommt auch eine ggf. durch den Verantwortli-   33
chen zu treffende Auswahlentscheidung in Betracht.[52] Erfolgt die Datenverarbeitung (ggf. nur teilweise) durch Soft- oder Hardware eines Drittanbieters, ist der relevante Zeitpunkt spätestens die Auswahlentscheidung für
ein Produkt eines Drittanbieters.[53] Nach Art. 25 Abs. 1 müssen daher datenschutzrechtliche Gesichtspunkte in die Bewertung des oder der Produkte eines Drittanbieters einfließen (eingehend → Rn. 78).

Darüber hinaus sind die Anforderungen bei *„der eigentlichen Verarbei-*   34
tung" einzuhalten. Daher sind die Maßnahmen spätestens mit der Einrichtung eines Systems zu ergreifen und dann für dessen gesamten Lebenszy-

---

51 Ebenso *Gierschmann* ZD 2016, 51 (53); *von dem Bussche/Zeiter/Brombach* DB
    2016, 1359 (1359 f.); *Nolte/Werkmeister* in: Gola DS-GVO, 2017, Art. 25 Rn. 12.
52 Art. 29-Gruppe, WP 168, Rn. 46.
53 Ebenso *Nolte/Werkmeister* in: Gola DS-GVO, 2017, Art. 25 Rn. 12.

klus vorzuhalten und bei Bedarf an die technologischen Entwicklungen anzupassen (s. auch → Rn. 40).[54] Aufgrund dessen sollte bereits aus praktischen Erwägungen im Rahmen der Vorüberlegungen und der Planung nicht allein der derzeitige **Stand der Technik** (→ Rn. 37) Berücksichtigung finden, sondern sollten – soweit absehbar – künftige Entwicklungen einbezogen werden. Dies gilt zB für die Wahl der eingesetzten Verschlüsselungssysteme oder die Möglichkeiten einer künftigen Deanonymisierung von Daten.[55]

35 Der Zeitpunkt der Festlegung der Mittel ist insgesamt dennoch weniger kritisch zu sehen als der Wortlaut es vermuten lässt. Es ist nämlich kaum damit zu rechnen, dass Sanktionen für ein unter Missachtung von Art. 25 Abs. 1 geschaffenes System verhängt werden, mit dem tatsächlich zu keinem Zeitpunkt personenbezogene Daten verarbeitet wurden, zumal die DSGVO insoweit streng genommen noch keine Anwendung finden könnte.[56] Insbesondere dürften die Aufsichtsbehörden in diesem Stadium aber noch keine Kenntnis von der lediglich geplanten Verarbeitung von personenbezogenen Daten erhalten. Es wird jedoch bei der Bemessung eventueller Sanktionen von Bedeutung sein, wenn der Adressat nicht nachweisen kann, dass er spätestens bei der Festlegung der Mittel eine Risikoabschätzung durchgeführt und Überlegungen zu den erforderlichen Maßnahmen angestellt hat (→ Rn. 4). Auch deshalb sollte dieser frühe Zeitpunkt nicht ignoriert werden.

b) Kriterien der Abwägung, Verhältnismäßigkeit

36 Welche Maßnahmen tatsächlich und konkret zu ergreifen sind, unterliegt einer Abwägung der in Art. 25 Abs. 1 genannten Kriterien, ähnlich der nach § 9 BDSG bekannten Verhältnismäßigkeitsprüfung. Im Vorfeld ist Kritik dahingehend geäußert worden, dass die offene Formulierung dem Verantwortlichen erheblichen Entscheidungsspielraum eröffne.[57] Tatsächlich überlässt Art. 25 Abs. 1 dem Verantwortlichen die Wahl der Maßnahmen. Wer diesen eröffneten Spielraum aber überschreitet, läuft Gefahr, dass im Rahmen eines behördlichen oder gerichtlichen Verfahrens ein Verstoß festgestellt wird. Mit Blick auf die Anforderung der Wirksamkeit der Maßnahmen und die drohenden erheblichen Sanktionen (→ Rn. 74) sollte der Verantwortliche die Norm daher ernst nehmen. Basis einer Abwägung kann selbstverständlich immer nur das Ergebnis einer Risikoanalyse sein, was umso mehr verdeutlicht, dass der Verantwortliche eine solche in jedem Fall durchführen sollte. Nicht der Abwägung zugänglich sind dagegen die Einhaltung der allgemeinen Datenschutzgrundsätze, der Vorgaben der Verordnung und die Gewährleistung der Betroffenenrechte.[58]

---

54 KOM(2010) 245, 20; *Niemann/Scholz* in: Peters/Kersten/Wolfenstetter, Innovativer Datenschutz, 109, 114; *Martini* in: Paal/Pauly, DSGVO, 2017, Art. 25 Rn. 43.
55 Dazu *Rubinstein/Hartzog* Washington Law Review 91, Nr. 2, 2016 mwN.
56 *Plath* in: Plath, BDSG/DSGVO, 2. Aufl. 2016, Art. 25 Rn. 4.
57 *Koops/Leenes* 28 International Review of Law, Computers & Technology, 159, 163.
58 *Ernestus* in: Simitis, BDSG § 9 Rn. 24; *Laue/Nink/Kremer* § 7 Rn. 15.

aa) Stand der Technik

Nach Art. 25 Abs. 1 ist im Rahmen der Abwägung der **Stand der Technik** 37
zu berücksichtigen. Dies entspricht dem Kommissionsentwurf, während
das Parlament hier die „neuesten Errungenschaften der Technik, Stand der
Technik und international bewährte Verfahren" und der Rat nur die „verfügbare Technologie" berücksichtigt wissen wollten.

Als Stand der Technik in diesem Sinne ist ein entwickeltes Stadium der 38
technischen Möglichkeiten zu einem bestimmten Zeitpunkt zu verstehen,
basierend auf entsprechend gesicherten Kenntnissen von Wissenschaft,
Technik und Erfahrung.[59] Ein besseres Verständnis ermöglicht die Abgrenzung zu dem von der Kommission teilweise verwendeten und legaldefinierten Begriff der „besten verfügbaren Technik". Dabei handelt es sich um
das effektivste und am weitesten fortgeschrittene Stadium der Entwicklung
von Aktivitäten und ihrer Arbeitsmethoden, die zur Vorbeugung oder Minderung von Risiken für die Privatsphäre, für personenbezogene Daten und
für die Sicherheit konzipiert sind.[60] Dieser Stand wird jedoch gerade nicht
verlangt. Beim Stand der Technik nach Art. 25 Abs. 1 handelt es sich daher
in der Regel um Techniken, die bereits eine gewisse Erprobung durchlaufen
haben. Nicht erforderlich ist aber, dass sie sich durchgesetzt haben. Die Beachtung (aktueller) nationaler oder internationaler Normen – bspw der
ISO 27001 – dürfte für die Erfüllung des Standes der Technik allein allerdings nicht ausreichen.[61] Aktuelle, noch praktizierte Normen dürften zwar
den *„anerkannten Regeln der Technik"* entsprechen, nicht aber zwangsläufig auch dem insoweit strengeren Stand der Technik.[62] Teilweise wird bei
Beachtung bestimmter Normen die Einhaltung des Standes der Technik gesetzlich vermutet, bspw in § 18 Abs. 2 S. 1 De-MailG. Im Hinblick auf die
Auswahlentscheidung von Software für die Datenverarbeitung (→ Rn. 31)
ist es für den Stand der Technik nicht ausreichend, die Software verschiedener Hersteller zu vergleichen.[63] Existiert ein mit Abs. 1 konformer Stand
der Technik zur Verarbeitung von Daten, bieten aber Hersteller für die
Zwecke des Verantwortlichen nur Software an, die die zwingenden Anforderungen von Abs. 1 nicht erfüllt und eine Verarbeitung in Übereinstimmung mit der DSGVO nicht ermöglicht, kann diese Software nicht gleichzeitig dem Stand der Technik entsprechen.

Die Bestimmung des Stands der Technik kann für Verantwortliche eine er- 39
hebliche Schwierigkeit darstellen. Anhaltspunkte für den entsprechenden
Reifegrad von Privacy by Design-Techniken gibt zum einen der Privacy by
Design-Bericht der ENISA, der für die Entwicklung von datenschutz-
freundlichen Anwendungen und verschiedene konkrete Konstellationen
Lösungen vorschlägt.[64] Die ENISA hat zudem einen Bericht zur Analyse

---

59 DIN EN 45020:2006, Ziff. 1.4; vgl. auch *Ernestus* in: Simitis, BDSG, § 9 Rn. 171.
60 EU-Kommissionsempfehlung 2014/724/EU, Ziff. 2 lit. f.
61 *Seibel* NJW 2013, 3000 (3002).
62 Vgl. *Streitz* in: Auer-Reinsdorff/Conrad, HdB IT- und Datenschutzrecht, 2. Aufl.
    2016, § 46 Rn. 46 unter Bezugnahme auf BVerfG NJW 1979, 359.
63 AA wohl *Nolte/Werkmeister* in: Gola DS-GVO, 2017, Art. 25 Rn. 25; *Hartung* in:
    Kühling/Buchner DSGVO, 2017, Art. 25 Rn. 13.
64 ENISA, Privacy and Data Protection by Design, 16 ff.

des Reifegrades von Datenschutztechniken vorgelegt,[65] der Ansätze für die Bewertung von Methoden im Hinblick auf den Stand der Technik vorschlägt. Dabei soll der Reifegrad insbesondere nicht allein an der Verfügbarkeit gemessen werden. Ist eine Technik bereits weit verbreitet, aber fehlerhaft, soll sie einer besseren Technik nicht vorgezogen werden, die es erst als einsatzbereiten Prototypen gibt. Weiter soll nach der ENISA ein Portal aufgebaut werden, das die Ergebnisse künftiger Untersuchungen allgemein zur Verfügung stellt. Für den Verantwortlichen empfiehlt es sich aufgrund der Unsicherheit bei der Auslegung und Anwendung des Begriffs des Stands der Technik, sich an künftig zu erwartenden Bewertungen von ENISA und Europäischem Datenschutzausschuss zu orientieren.

40   Da Art. 25 Abs. 1 auch auf den Zeitpunkt der Verarbeitung für die Bemessung der Pflichten abstellt, sind in die Abwägung des Verantwortlichen Änderungen im Stand der Technik einzubeziehen. Entspricht eine Maßnahme, zB weil sie von einer neueren, besseren und bereits hinreichend erprobten Technik abgelöst wird, nicht mehr dem Stand der Technik und ist der Einsatz der neuen Methode dem Verantwortlichen unter Berücksichtigung der weiteren Kriterien des Art. 25 Abs. 1 zumutbar, verletzt er seine Pflichten, wenn er es unterlässt, die neue Maßnahme zu ergreifen und sein System entsprechend umzustellen.

bb) Art, Umfang, Umstände und Zwecke der Verarbeitung

41   Zu berücksichtigen sind im Rahmen der Verhältnismäßigkeitsprüfung nach dem Wortlaut Art, Umfang, Umstände und Zwecke der Verarbeitung. Dies korreliert teilweise mit der oben dargestellten Risikoabschätzung. Wird eine Vielzahl von Daten verarbeitet, sind an die Maßnahmen strengere Anforderungen zu stellen als bei der gelegentlichen Verarbeitung nur vereinzelter Daten.[66] Weiter ist bei der Verarbeitung von besonderen Kategorien von Daten nach Art. 9, 10 ein hoher Standard zu gewährleisten. Gleiches gilt, wenn der Verantwortliche Profiling durchführt. Automatisierte Verarbeitungen sind generell als intensiver anzusehen als manuelle, zum Beispiel bei einer Kartei in Papierform. Auch beim Zweck ist zu unterscheiden: Steht die wirtschaftliche Verwertung von Daten im Vordergrund und dient die Vearbeitung nicht lediglich der Anbahnung oder Durchführung eines Vertragsverhältnisses, können generell höhere Anforderungen gestellt werden.

cc) Risiken

42   In die Abwägung einzustellen sind selbstverständlich auch die ermittelten Risiken (eingehend → Rn. 21 ff.).

dd) Wirksamkeit

43   Von wesentlicher Bedeutung ist, dass die Maßnahmen wirksam umgesetzt sind. Werden nur Maßnahmen ergriffen, die den Schutzzweck nicht fördern, liegt ein klarer Verstoß gegen Art. 25 Abs. 1 vor. Ebenso ist ein Ver-

---

65 *Hansen/Hoepman/Jensen* Readiness Analysis for the Adoption and Evolution of Privacy Enhancing Technologies, 2015.
66 Vgl. insoweit auch Art. 27 Abs. 2 lit. a, Art. 30 Abs. 5.

stoß anzunehmen, wenn zwar technische Maßnahmen umgesetzt, erforderliche organisatorische Schritte aber unterlassen werden. Technische und organisatorische Maßnahmen müssen zudem regelmäßig auf ihre Wirksamkeit hin überprüft werden. Dies ergibt sich aus der Wortwahl der Aufnahme von Garantien ebenso wie aus der Bestimmung des Zeitpunkts der Verarbeitung als Anknüpfungspunkt der dem Verantwortlichen auferlegten Pflichten. Auch insoweit zeigt sich der Wortlaut von Art. 25 Abs. 1, dass der Verantwortliche keinesfalls aus der Pflicht entlassen wird.

Der Verantwortliche muss sich bei der Frage der Wirksamkeit der Maßnahmen an seiner ursprünglichen Risikoabschätzung festhalten lassen. Hat er ein Risiko als hoch und den Eintritt als „unbedingt zu vermeiden" eingestuft, ist von ihm zu erwarten, dass er besondere Anstrengungen unternimmt, den Eintritt des Risikos zu vermeiden. Nicht erforderlich ist hingegen, dass jedes Risiko vollständig vermieden wird. Art. 25 Abs. 1 erlaubt gerade solche Abstufungen, wie auch ErwGr 74 ff. zeigen. Geringe Risiken mit geringen Auswirkungen können im Einzelfall durchaus hingenommen werden.[67] Auf der anderen Seite kann dem Verantwortlichen gestützt auf Art. 25 Abs. 1 ein Vorwurf kaum gemacht werden, wenn er angesichts eines hohen Risikos mit möglicherweise erheblichen Folgen Maßnahmen nach dem Stand der Technik ergriffen und diese überwacht, sich das Risiko aber trotzdem aus von ihm nicht zu vertretenden Umständen verwirklicht hat.

44

ee) Implementierungskosten

Ein weiteres Kriterium sind die **Implementierungskosten**, wodurch eine wirtschaftliche Komponente Berücksichtigung findet.[68] Die Implementierungskosten, nicht aber Folgekosten einer Maßnahme,[69] was sich aus dem Wortlaut ergibt, können daher durchaus zu den technischen und organisatorischen Aspekten in Konkurrenz treten.

45

Der wirtschaftliche Aufwand einer Maßnahme eröffnet dem Verantwortlichen einen besonders weiten Auslegungsspielraum, wobei auch einzubeziehen ist, was der Verantwortliche generell zu leisten imstande ist[70] und welche Bedeutung die Verarbeitung für ihn hat. Steht der wirtschaftliche Nutzen der Datenverarbeitung im Vordergrund, kann vom Verantwortlichen generell ein höherer Aufwand verlangt werden. Fraglich ist, ob die Implementierungskosten (nur) objektiv oder (auch) bezogen auf den Verantwortlichen zu bewerten sind, ob also die wirtschaftliche Leistungsfähigkeit des Verantwortlichen in der Bewertung der Maßnahmen für einzelne Risiken eine Rolle spielen kann. Denkbar ist, dass große Konzerne, deren Kerngeschäft die automatisierte Datenverarbeitung darstellt, unter Berücksichtigung der Risiken ggf. auch höhere Implementierungskosten hinnehmen müssen. Auf der anderen Seite kann eine mangelnde wirtschaftliche Kraft

46

---

67 Vgl. ErwGr 77.
68 Vgl. *Ernestus* in: Simitis, BDSG, § 9 Rn. 171; *Däubler/Klebe/Wedde/Weichert*, BDSG, § 9 Rn. 26.
69 *Martini* in: Paal/Pauly, DSGVO, 2017, Art. 25 Rn. 41; *Hartung* in: Kühling/Buchner DSGVO, 2017, Art. 25 Rn. 22; aA *Nolte/Werkmeister* in: Gola DS-GVO, 2017, Art. 25 Rn. 23.
70 Vgl. Art. 17 Abs. 2 iVm ErwGr 66: „ihm zur Verfügung stehende Mittel".

den Verantwortlichen keinesfalls entlasten. Es handelt sich nämlich bei den Implementierungskosten nur um eines unter mehreren Abwägungskriterien, dem nach dem Wortlaut von Art. 25 Abs. 1 auch keine hervorgehobene Rolle zukommt.[71] Vielmehr müssen die ergriffenen Maßnahmen stets den von der Verarbeitung ausgehenden Risiken und der Art der zu schützenden personenbezogenen Daten angemessen sein.[72] Zwar darf der Verantwortliche unter mehreren zur Verfügung stehenden Maßnahmen wählen. Aber auch die gewählte, kostengünstige Maßnahme muss wirksam sein, wofür der Verantwortliche nachweispflichtig ist.[73] Bei besonderen Kategorien von Daten nach Art. 9 und 10 müssen dementsprechend auch erhebliche Implementierungskosten hingenommen werden. Besteht ein hohes Risiko, das der Verantwortliche nicht durch angemessene Maßnahmen eindämmen kann, sollte er die Aufsichtsbehörde konsultieren.[74] Lässt sich eine Lösung nicht finden, sollte erwogen werden, von der konkreten Datenverarbeitung Abstand zu nehmen.[75]

47   Auch kann bei der Bemessung der Zumutbarkeit von Implementierungskosten das Vorverhalten des Verantwortlichen berücksichtigt werden. Hat der Verantwortliche unter Missachtung von Art. 25 Abs. 1 zum Zeitpunkt der Festlegung der Mittel der Verarbeitung die erforderlichen Maßnahmen nicht ergriffen, kann er im Rahmen der späteren Verarbeitung nicht gegen die Zumutbarkeit von Maßnahmen einwenden, dass die Änderung seines Systems nun zu aufwändig sei.[76]

c) Ermessenspielraum des Verantwortlichen

48   Art. 25 Abs. 1 richtet sich an den Verantwortlichen. Dieser muss unter Berücksichtigung und Abwägung der oben genannten Kriterien Entscheidungen über die Gestaltung seines Systems treffen. Diese Abwägungsentscheidung ist im Rahmen der Überprüfung der Einhaltung der Voraussetzungen grundsätzlich durch die Aufsichtsbehörden oder in einem gerichtlichen Verfahren überprüfbar. In der Praxis dürfte dem Verantwortlichen jedoch ein weiter Ermessenspielraum sowohl im Hinblick auf das Auswahl-, wie das Gestaltungsermessen verbleiben, da er am besten in der Lage sein sollte, die Datenverarbeitung, deren Folgen sowie Aufwand und Effektivität von Maßnahmen einzuschätzen. Die Behörden werden dieses Ermessen daher meist nur auf grobe Fehler prüfen, rechtlich beschränkt sind sie hierauf jedoch nicht. In der Praxis wird eine solche Überprüfung zu Lasten des Verantwortlichen ausgehen, wenn er die durch Art. 25 Abs. 1 geforderte Risikoabschätzung und anschließende Abwägung überhaupt nicht oder völlig unzureichend durchgeführt hat. Es empfiehlt sich für den Verantwortlichen daher nicht zuletzt im Hinblick auf seine Nachweislast, seine Entscheidungen sauber vorzubereiten und zu dokumentieren.

---

71 Vgl. zu § 9 BDSG *Däubler/Klebe/Wedde/Weichert*, BDSG, § 9 Rn. 27.
72 ErwGr 83.
73 Vgl. ErwGr 74.
74 Vgl. ErwGr 74.
75 Vgl. zu § 9 BDSG *Däubler/Klebe/Wedde/Weichert*, BDSG § 9 Rn. 27 mwN.
76 Ähnlich *Hartung* in: Kühling/Buchner DSGVO, 2017, Art. 25 Rn. 23.

d) Konkrete Maßnahmen und Beispiele

ErwGr 78 führt neben der im Gesetzestext genannten Pseudonymisierung weitere Maßnahmen an. Im Folgenden sollen darüber hinaus Beispiele aus der Praxis aufgezeigt werden. Dabei kann es sich selbstredend nur um eine unvollständige Liste handeln, die aber das Verständnis für Maßnahmen in verschiedenen Bereichen der Verarbeitung personenbezogener Daten vertiefen soll. Für Verantwortliche, insbesondere aber auch für Hersteller von IT- und Softwaresystemen ist die Lektüre des Privacy by Design-Reports der ENISA zu empfehlen. Die ENISA führt darin verschiedene Probleme und Ansätze auf und schlägt konkrete Handlungsmaßnahmen, Entwurfsstrategien und Entwurfsmuster vor.[77]   **49**

aa) Datenminimierung

Einer der wesentlichen Datenschutzgrundsätze, der auch Art. 25 zugrundeliegt, ist die Datenminimierung. Der Verantwortliche sollte also jeweils fragen, ob die Datenerhebung für den konkreten Zweck erforderlich und angemessen ist und ob es andere, weniger eingreifende Methoden zur Erreichung des beabsichtigten Zwecks gibt.   **50**

bb) Pseudonymisierung

Art. 25 Abs. 1 erfordert eine schnellstmögliche **Pseudonymisierung** aller Daten.[78] Dies ist auf den ersten Blick überraschend, da Pseudonymisierung mit Blick auf einen effektiven Datenschutz nur wenig geeignet erscheint, denn schließlich ist eine Zusammenführung beim Verantwortlichen durchaus noch möglich. Allerdings sieht die Begriffsdefinition in Art. 4 Nr. 5 ausdrücklich vor, dass technische und organisatorische Maßnahmen vorzusehen sind, die eine Verbindung der Daten mit dem Betroffenen verhindern (näher → Art. 4 Rn. 90 ff.). Auch ist unter Berücksichtigung der vom Gesetzgeber vorhergesehenen beispielhaft genannten Risiken Datenverlust, Identitätsdiebstahl und Verlust der Vertraulichkeit[79] die Pseudonymisierung durchaus als wirksame Maßnahme anzusehen. Denn für den Außenstehenden kann bereits die Pseudonymisierung eine Hürde darstellen, die die Nutzbarkeit ansonsten öffentlich verfügbarer oder durch unbefugten Zugriff erlangter Daten einschränkt. Dementsprechend sieht der Gesetzgeber auch bereits die Aufhebung der Pseudonymisierung als ein mögliches Risiko.[80] An diesem Beispiel zeigt sich im Übrigen, welche hohe Bedeutung **Datensicherheit** für Privacy by Design spielt. Hat ein Angreifer nämlich Zugriff sowohl auf die pseudonymisierten Daten als auch auf den Schlüssel, hat sich dieses vom Gesetzgeber genannte Risiko verwirklicht. Pseudonymisiert der Verantwortliche die vorhandenen Daten, entbindet ihn dies allein nach dem Wortlaut der Regelung allerdings nicht von der Implementierung weiterer Maßnahmen.[81]   **51**

---

77 ENISA, Privacy and Data Protection by Design, S. 16 ff.
78 ErwGr 78; *Wybitul* BB 2016, 1077 (1080).
79 ErwGr 75.
80 ErwGr 75.
81 *Martini* in: Paal/Pauly, DSGVO, 2017, Art. 25 Rn. 29.

52 Ein Anwendungsbeispiel für Pseudonymisierung hat die Art. 29-Gruppe aufgezeigt:[82] So sollen Namen von Patienten und sonstige Personen-Identifikatoren, die in den Informationssystemen von Krankenhäusern gespeichert werden, von den Daten über den Gesundheitszustand und über medizinische Behandlungen getrennt und nur insoweit kombiniert werden, wie es für medizinische oder andere angemessene Gründe in einem sicheren Umfeld erforderlich ist.

cc) Transparenz

53 Nach ErwGr 78 soll in Bezug auf Funktionen und Verarbeitung **Transparenz** hergestellt werden. Transparenz steht hier in engem Zusammenhang mit der Nachweispflicht. Der Verantwortliche ist daher gefordert, die Datenverarbeitung hinreichend und detailliert unter Angabe der Arten der verarbeiteten Daten und der Beteiligten zu dokumentieren und den Betroffenen entsprechend zu informieren.

dd) Überwachung durch den Betroffenen

54 Aus ErwGr 78 ergibt sich weiter, dass der Betroffene in die Lage versetzt werden soll, die Datenverarbeitung zu überwachen. Hieraus folgt, dass die Umsetzung der Betroffenenrechte inklusive einer adäquaten Information des Betroffenen zu den Maßnahmen des Art. 25 Abs. 1 gehört.

ee) Datensicherheit

55 Wie oben dargestellt, geht Datenschutz durch Technik mit **Datensicherheit** Hand in Hand. Es gehört daher auch zu den Pflichten nach Art. 25 Abs. 1, dass der Verantwortliche sich durch organisatorische und technische Maßnahmen selbst in die Lage versetzt, Sicherheitsfunktionen zu schaffen und zu verbessern.[83]

ff) Verschlüsselung

56 Daten sollten so weit wie möglich verschlüsselt werden. Dies gilt insbesondere für besondere Kategorien von Daten, wie zB biometrische Informationen.[84] Auch Passwörter von Nutzern sind zwingend mit starker Verschlüsselung zu sichern. Empfehlenswert ist, soweit möglich, die **Verschlüsselung** von Daten in einer Art und Weise, dass auch der Verantwortliche auf die unverschlüsselten Daten nicht zugreifen kann (*„user-centric encryption"*). Diese kann bei Kommunikationsmitteln zB durch eine Ende-zu-Ende-Transportverschlüsselung realisiert werden.[85] Auch bei Filehostern können die Daten des Nutzers verschlüsselt werden, wobei der Schlüssel allein beim Nutzer verbleibt.[86]

---

82 Art. 29-Gruppe, WP 168, Rn. 52.
83 ErwGr 78.
84 *Cavoukian/Stoianov* in: Li, Encyclopedia of Biometrics, 2015; *Islam* Privacy by Design for Social Networks, 2014, 158.
85 ENISA, Privacy and Data Protection by Design, S. 28 mwN.
86 ENISA, Privacy and Data Protection by Design, S. 41 f.

gg) Aggregation

Der Verantwortliche sollte prüfen, inwieweit er seine Zwecke ähnlich ef- 57
fektiv mit (ggf. teilweise) aggregierten Daten erreichen kann. Bei Smart
Metering, also der Erhebung von Daten zB über den Stromverbrauch, können Daten, die zunächst vollständig erhoben und gespeichert wurden, nach
Ablauf einer bestimmten Zeit aggregiert werden (*„Aggregation-over-
Time"*). So können für spätere Analysen beispielsweise für abgelaufene
Monate Durchschnittswerte und besondere Vorkommnisse statt des vollständigen Datensatzes gespeichert werden.[87] Dadurch kann die Eingriffsin-
tensität deutlich reduziert werden. Weiter kann generell als organisatorische Maßnahme vorgesehen werden, dass vor einer Datenübermittlung an
Dritte stets eine Aggregation der Daten erfolgen muss.

hh) Datentrennung und Zweckbindung

Art. 5 Abs. 1 lit. b sieht eine Zweckbindung der erhobenen Daten vor (→ 58
Art. 5 Rn. 18 ff.). Eine Maßnahme zur Umsetzung dieses Datenschutz-
grundsatzes sowie eine Garantie iSv Art. 25 Abs. 1 wäre die strikte und
konsequente Trennung von Daten anhand des Zwecks ihrer Erhebung und
Verarbeitung entsprechend Nr. 8 der Anlage zu § 9 BDSG.[88] Alternativ
können Daten bereits bei ihrer Erhebung mit einer den Zweck kennzeichnenden Markierung versehen werden, die bei jeder weiteren Verarbeitung
der Daten Berücksichtigung finden muss.

ii) Löschkonzept

Zur Umsetzung des Grundsatzes der Datenminimierung ebenso wie zur 59
Gestaltung und Umsetzung von Speicherfristen gemäß Abs. 2 sollte ein
Löschkonzept erstellt und berücksichtigt werden.[89] Dieses dient insbeson-
dere auch der Umsetzung des Grundsatzes der Erforderlichkeit.

jj) Organisatorische Maßnahmen

Wie oben dargestellt, sind auch organisatorische Maßnahmen im Hinblick 60
auf die Gestaltungs der Verarbeitungsprozesse zu ergreifen. Zu denken ist
hier an die klare Regelung von Verantwortlichkeiten und internen Infor-
mationsflüssen, Festlegung von Verhaltensregeln und entsprechende Schulungen. So sollte bspw festgelegt werden, wer in welcher Situation zu benachrichtigen ist. Ferner können stichprobenartige Überprüfungen der Verarbeitungen sowie der Einhaltung von Vorgaben für Mitarbeiter, ggf. inklusive der Ahndung von Verstößen angebracht sein. Bei der Verarbeitung
besonderer Kategorien von Daten kann sich die Einrichtung eines Vier-Au-
gen-Prinzips empfehlen. Auch die Einrichtung und Überwachung der organisatorischen Maßnahmen sollte dokumentiert werden.

---

87 ENISA, Privacy and Data Protection by Design, S. 26 mwN.
88 Eingehend *Däubler/Klebe/Wedde/Weichert*, BDSG § 9 Rn. 97 ff.
89 *Laue/Nink/Kremer*, § 7 Rn. 17; *Nolte/Werkmeister* in: Gola DS-GVO, 2017,
      Art. 25 Rn. 16.

kk) Sonstige Beispiele aus der Praxis

61 Die Datenschutzaufsichtsbehörden und der Verband der Automobilindustrie haben eine gemeinsame Erklärung zum Datenschutz beim „Connected Car" veröffentlicht.[90] Dabei legen sie insbesondere auf Transparenz, Selbstbestimmung und Datensicherheit wert. Bei **Videoüberwachungssystemen** im öffentlichen Verkehr sollten Systeme so eingerichtet werden, dass die Gesichter der Betroffenen nicht erkennbar sind, sofern dies nicht erforderlich ist.[91] **Smart-TVs** sollten so konfiguriert werden, dass Datenverbindungen erst nach hinreichender Information der Nutzer aufgebaut werden.[92] Für **soziale Netzwerke** wurde eigens ein Datenschutz-Framework entworfen.[93] Auch für mobile Apps liegen bereits „Privacy Design"-Richtlinien vor.[94] Es gibt zudem Methoden, die eine Veränderung von Daten in Datenbanken in einer Art und Weise erlauben, dass bestimmte Operationen wie Suche und Analyse der Daten möglich sind, aber Rückschlüsse auf einzelne Personen nicht oder nur erschwert gezogen werden können („**Differential Privacy**").[95] Ferner können aus vorhandenen personenbezogenen Daten mittels Datensynthese neue, anonyme Daten erstellt werden, mittels derer trotz der **Synthese** Analysen weiterhin möglich sind.[96]

II. Privacy by Default (Abs. 2)

62 Wie oben dargestellt, handelt es sich bei Privacy by Default im Kern um einen Unterfall von Privacy by Design. Mit der ausdrücklichen Aufnahme in Abs. 2 verdeutlicht der europäische Gesetzgeber aber die hohe Relevanz, die er diesem Punkt beimisst. Ein Verstoß gegen Privacy by Default wird bei der Bemessung von Sanktionen besonders schwer zu wiegen haben. Inhaltlich ist der Gesetzgeber hier den Anregungen der Art. 29-Gruppe gefolgt.[97]

63 Privacy by Default soll bewirken, dass ein Betroffener, der Voreinstellungen nicht ändert, vor einer unzulässigen oder ihn beeinträchtigenden Datenverarbeitung geschützt wird, die er durch Veränderung von Voreinstellungen hätte verhindern können. Dem kommt besondere Bedeutung zu, da Studien gezeigt haben, dass Nutzer von Internetdiensten nur in geringem

---

90 https://www.ldi.nrw.de/mainmenu_Aktuelles/Inhalt/Datenschutz_im_Auto/Gemeinsame_Erklaerung_VDA_Datenschutzbehoerden.pdf (Stand: 16.3.2017); dazu *Duisberg* jurisPR-DSR 1/2015, Anm. 5.

91 Art. 29-Gruppe, WP 168 Rn. 52; vgl. auch *Bier/Spiecker* CR 2012, 610.

92 Düsseldorfer Kreis, Orientierungshilfe Smart-TV, 2015, S. 26; vgl. auch LG Frankfurt a.M ZD 2016, 494.

93 *Islam*, Privacy by Design for Social Networks, 2014, S. 194 ff.

94 GSMA Association, Mobile and Privacy, 2012, http://www.gsma.com/publicpolicy/mobile-and-privacy/design-guidelines (Stand: 16.3.2017).

95 Dazu ENISA, Privacy and Data Protection by Design, S. 33 ff. mwN; kritisch zum Konzept der Differential Privacy *Bambauer/Muralidhar/Sarathy*, Vanderbilt Journal of Entertainment & Technology Law, 16/2014, 701.

96 *Patki/Wedge/Veeramachaneni*, The Synthetic data vault, 2016, http://dai.lids.mit.edu/SDV.pdf (Stand: 16.3.2017); *Steinebach/Jung/Krempel/Hoffmann* DuD 2016, 440 (443).

97 Art. 29-Gruppe, Stellungnahme 5/2009 zur Nutzung sozialer Online-Netzwerke, WP 163.

Umfang überhaupt Änderungen der Voreinstellungen vornehmen.[98] Privacy by Default bewirkt für den Nutzer daher insbesondere Kontrollmöglichkeiten und Transparenz.

Nach der Kommission bedingt *„standardmäßiger Datenschutz"*, dass Verfahren eingesetzt werden, die sicherstellen, dass standardmäßig nur solche personenbezogenen Daten verarbeitet werden, die für die spezifischen Zwecke der Verarbeitung benötigt werden, und dass vor allem nicht mehr personenbezogene Daten erhoben oder vorgehalten werden als für diese Zwecke unbedingt nötig sind und diese Daten auch nicht länger als für diese Zwecke unbedingt erforderlich gespeichert werden.[99]   64

1. Adressat und Anwendungsbereich

Auch Abs. 2 richtet sich allein an den Verantwortlichen. Dabei zeigt sich insbesondere hier die Folge der Entscheidung, den Hersteller nicht in den Adressatenkreis des Art. 25 einzubeziehen. Denn Hersteller von datenverarbeitenden Systemen entscheiden regelmäßig über die Datenschutzvoreinstellungen.[100] Es sind in den letzten Jahren immer wieder Fälle bekannt geworden, in denen Produkte unter klarem Verstoß gegen Privacy by Default konfiguriert und verkauft wurden. Beispielsweise wurden Webcams angeboten, die in der Grundeinstellung ohne Passwort- oder anderen Schutz an das Internet angeschlossen waren. Dementsprechend konnten die aufgenommenen Live-Videos ohne Weiteres eingesehen werden.[101] Als weiteres Beispiel wurde 2016 das sogenannte „VNC-Roulette" bekannt. Eine verbreitete Software zur Remote-Konfiguration (VNC) war ohne Schutz konfiguriert. Im Rahmen eines Kunstprojekts wurde daraufhin eine Webseite eingerichtet, mit der man zufällig aus diesen Systemen erstellte Screenshots einsehen konnte.[102] Es ist leicht erkennbar, dass hier sogar der ausdrücklich in Abs. 2 S. 3 genannte Beispielsfall vorlag, dass Daten ungewollt einer unbestimmten Zahl von natürlichen Personen zugänglich gemacht werden. Da die Hersteller der Produkte jedoch nicht Adressaten von Art. 25 Abs. 2 sind, fehlt es insoweit an einem Verstoß. Lediglich derjenige, der ein solches System erwirbt und zur Datenverarbeitung einsetzt, verletzt seine Pflicht aus Art. 25 Abs. 1, wenn er im Rahmen der Einrichtung die Einstellungen nicht verändert.   65

Ebenso ist die Diskussion um die sogenannte *„Do-Not-Track"*-Einstellung in Webbrowsern zu bewerten, mittels derer Nutzer von Webbrowsern signalisieren können sollen, dass über sie keine Daten erhoben werden sollen. Da auch die Hersteller von Webbrowsern nicht Adressaten sind, kann eine datenschutzfreundliche Voreinstellung durch Art. 25 Abs. 2 nicht erzwungen werden.   66

Im Ergebnis betrifft Art. 25 Abs. 2 daher insbesondere Internetdienste wie soziale Netzwerke, bei denen Nutzer selbst Daten eingeben oder diese über   67

---

98 Art. 29-Gruppe, WP163, S. 8; zur Studienlage *Ausloos et al*, Guidelines for Privacy-Friendly Default Settings, 2013, 15 ff.
99 Empfehlung der Kommission 2014/724/EU, Ziff. II.2.e.
100 *Roßnagel/Nebel/Richter* ZD 2015, 455 (459).
101 *Eikenberg* heise-online v. 15.1.2016, http://heise.de/-3069735 (Stand: 16.3.2017).
102 *Schmidt* heise-online v. 1.4.2016, http://heise.de/-3159811 (Stand: 16.3.2017).

sie erhoben werden.[103] Ferner fallen Apps oder Softwareanwendungen in den Anwendungsbereich, wenn hierüber Daten erhoben und verarbeitet werden.[104] Keine Anwendung dürfte Art. 25 Abs. 2 insoweit aber auf Dienste finden, deren Zweck ausschließlich in der öffentlichen Zugänglichmachung von Daten besteht, wie bspw. Online-Zeitungen, Informationsportale und Blogs.[105]

2. Erforderlichkeit

68   Art. 25 Abs. 2 dient insbesondere der Durchsetzung des Erforderlichkeitsgrundsatzes durch Voreinstellungen. Hierbei ist – im Vergleich zu Abs. 1 – die Wortwahl zu beachten. Der Verantwortliche muss nämlich *„sicherstellen"*, dass Voreinstellungen sich streng am Grundsatz des Erforderlichen orientieren. Dabei konkretisiert S. 2, dass nicht nur die Menge der erhobenen Daten, sondern auch der Umfang ihrer Verarbeitung, die Speicherfrist und die Zugänglichkeit der Daten erfasst sind. Art. 25 Abs. 2 betrifft daher insbesondere die Einführung neuer Technologien bei Internetdiensten wie beispielsweise die Einführung von Gesichtserkennung.[106] Privacy by Default bewirkt hier vor allem, dass Nutzer auch bei nachträglichen Veränderungen der Funktionalität des Dienstes die Kontrolle über ihre Daten behalten.[107] Der „Umfang" der Verarbeitung ist nach dem Wortlaut nicht mit der „Menge" der Verarbeitung zu verwechseln und betrifft die Art bzw. „Tiefe" der Verarbeitung, zB durch die (ein besonderes Risiko darstellende → Rn. 23) Bildung von Persönlichkeitsprofilen.[108] Unter die Erforderlichkeit nach Art. 25 Abs. 2 fallen auch Voreinstellungen im Hinblick auf die Dauer der Speicherung (zum Löschkonzept → Rn. 59), die stets nur so lang bemessen werden dürfen, wie es der Zweck der Verarbeitung jeweils rechtfertigt.[109]

69   Art. 25 Abs. 2 S. 3 sieht ein konkretisierendes Beispiel vor. So soll durch Voreinstellung verhindert werden, dass personenbezogene Daten nicht ohne Eingreifen einer Person einer unbestimmten Zahl von natürlichen Personen zugänglich gemacht werden. Es bleibt daher auch nach der Regelung erlaubt, dass ein Nutzer Daten öffentlich macht. Nicht gestattet ist dies jedoch als Voreinstellung ohne sein vorheriges Zutun. In diesem Fall besteht daher ein eindeutiger Zwang zu Opt-In-Lösungen.

III. Rechenschaftspflicht und Zertifizierungen (Abs. 3)

70   Nach Art. 25 Abs. 3 können Zertifizierungsverfahren gemäß Art. 42 einen Faktor beim Nachweis der Erfüllung der Anforderungen von Art. 25 Abs. 1 und 2 darstellen. Die unscheinbare Formulierung ergänzt die Rechenschaftspflicht aus Art. 5 Abs. 2, die bereits 2010 von der Art. 29-

---

103 *Niemann/Scholz* in: Peters/Kersten/Wolfenstetter, Innovativer Datenschutz, 109, 135; *Ausloos et al,* Guidelines for Privacy-Friendly Default Settings, 2013, 8; *Kuczerawy/Coudert* in: Fischer-Hübner et al, Privacy and Identity, 2011, 231.
104 *Piltz* K&R 2016, 709 (711).
105 *Roßnagel/Nebel/Richter* ZD 2015, 455, 459; *Laue/Nink/Kremer,* § 7 Rn. 18.
106 *Ausloos et al,* Guidelines for Privacy-Friendly Default Settings, 2013, 49, 59.
107 Ebenso *Ausloos et al,* Guidelines for Privacy-Friendly Default Settings, 2013, 12.
108 *Martini* in: Paal/Pauly, DSGVO, 2017, Art. 25 Rn. 50.
109 *Martini* in: Paal/Pauly, DSGVO, 2017, Art. 25 Rn. 51.

Gruppe gefordert worden war.[110] Wie sich auch aus ErwGr 74 und 78 ergibt, muss der Verantwortliche jederzeit in der Lage sein, die Erfüllung der Anforderungen des Privacy by Design und by Default nachweisen zu können. Dies ermöglicht es den Aufsichtsbehörden, Sanktionen zu verhängen, bevor ein Schadensfall eingetreten ist.[111] Die Rechenschaftspflicht ist daher ein Baustein des proaktiven Charakters von Privacy by Design.

Für den dementsprechend zB im Rahmen einer Überprüfung durch die   71
Aufsichtsbehörde zu führenden Nachweis und damit erst in einem zweiten Schritt sollen nach Art. 25 Abs. 3 Zertifizierungsverfahren eine Erleichterung darstellen. Es soll ein erheblicher Anreiz gesetzt werden, sich solchen Zertifizierungsverfahren zu unterwerfen,[112] was wiederum proaktiven Datenschutz fördert. Zusätzlich kann eine Zertifizierung gegenüber Konkurrenten einen Wettbewerbsvorteil darstellen.[113]

Eine Zertifizierung stellt nach dem Wortlaut der Regelung lediglich einen   72
Faktor beim Nachweis dar. Erfüllt die Zertifizierung jedoch die Anforderungen des Art. 42 und ist aktuell, sollte der Nachweis ohne größere Schwierigkeiten möglich sein.

Abs. 3 erwähnt anders als Art. 32 Abs. 3 (dazu → Art. 32 Rn. 29) und   73
Art. 24 Abs. 3 als Grundlage für die Beweiserleichterung nur die Zertifizierung, nicht aber die genehmigten Verhaltensregeln nach Art. 40, obwohl gemäß Art. 40 Abs. 2 lit. h Verhaltensregeln ausdrücklich auch für Art. 25 ausgearbeitet werden können. Genehmigten Verhaltensregeln kommt damit nach dem Wortlaut im Rahmen von Art. 25 nicht die gleiche Bedeutung zu wie einer Zertifizierung. In der Praxis dürften genehmigte Verhaltensregeln die Erfüllung der Rechenschaftspflicht aber auch für Art. 25 erheblich erleichtern. Denn nach Art. 40 Abs. 5 gibt die Aufsichtsbehörde bei Genehmigung der Verhaltensregeln zu erkennen, dass sie der Auffassung ist, dass die Verhaltensregeln ausreichende und angemessene Garantien bieten. Kann der Verantwortliche daher den Nachweis führen, dass er die zuvor genehmigten Verhaltensregeln befolgt hat, dürfte dies der Aufsichtsbehörde – auch unter dem Gesichtspunkt der Selbstbindung der Verwaltung – in der Regel ausreichen.[114]

IV. Rechtsfolgen und Anreizsysteme

Verstöße gegen Art. 25 Abs. 1 und 2 sind nach Art. 83 Abs. 1 wirksam zu   74
sanktionieren. Art. 25 sieht daneben aber gewisse Anreize vor, die Wirkung sogar über den eher eingeschränkten (persönlichen) Anwendungsbereich entfalten könnten.

---

110   Art. 29-Gruppe, WP 173; zur Entwicklung *Alhadeff et al* in: Guagnin/Hempel/Ilten, Managing Privacy through Accountability, 2012, 49, 55.
111   *Alhadeff et al* in: Guagnin/Hempel/Ilten, Managing Privacy through Accountability, 2012, 49, 70.
112   *Hornung* ZD 2011, 51, 52; *Hornung/Hartl* ZD 2014, 219.
113   EDSB, Stellungnahme v. 14.1.2011, Rn. 117.
114   Ebenso im Ergebnis *Laue/Nink/Kremer*, § 7 Rn. 33; wohl auch *Albrecht/Jotzo*, Teil 5 Rn. 6.

1. Sanktionen

75 Nach Art. 83 Abs. 4 lit. a sind Verstöße gegen Art. 25 mit **Geldbußen** von bis zu 10 Mio EUR oder bis zu 2% des Jahresumsatzes zu sanktionieren. Anders als zuvor § 3 a BDSG handelt es sich nicht mehr nur um einen reinen Programmsatz, sondern um eine beachtenswerte Pflicht. Dabei können Sanktionen theoretisch bereits im Vorfeld eines Schadenseintritts verhängt werden. Privacy by Design ist in den gesamten Entwicklungsprozess und Lebenszyklus eines Produkts oder Dienstes einzubetten. Diese proaktive Natur kann sich insbesondere bei der Bewertung der Kriterien des Art. 83 Abs. 2 negativ für den Verantwortlichen auswirken. Art. 83 Abs. 2 lit. d nennt die Einhaltung der technischen und organisatorischen Maßnahmen sogar ausdrücklich. Hat der Verantwortliche also beispielsweise nicht frühzeitig eine Risikoanalyse durchgeführt und entsprechend die erforderlichen Maßnahmen ergriffen, ist dies beim Grad der Verantwortlichkeit zu berücksichtigen und wird sich unmittelbar auf die Höhe der Sanktion auswirken. Auch weil der Verantwortliche jederzeit zum Nachweis der Einhaltung der Anforderungen verpflichtet ist, stellen Prüfungen durch die Aufsichtsbehörden ein nicht zu vernachlässigendes Risiko dar.

2. Schadensersatz

76 Nach Art. 82 Abs. 1 hat jede Person, der „wegen eines Verstoßes gegen die [DSGVO]" ein Schaden entsteht, einen Anspruch auf Schadensersatz. Umfasst ist also *jeder* Verstoß. Art. 82 Abs. 2 hingegen spricht nur von Schäden, die *durch eine Verarbeitung* verursacht werden (→ Art. 82 Rn. 7).

77 Es ist vor diesem Hintergrund nicht ohne weiteres vorstellbar, dass ein **Schaden** bereits aufgrund der Verletzung allein der Anforderungen von Art. 25 und ohne Verarbeitung von Daten entstehen kann.[115] Art. 25 Abs. 1 kommt aber besondere Bedeutung zu, wenn ein Schaden erst einmal eingetreten ist. Denn nach Art. 82 Abs. 3 wird der Verantwortliche (nur) von der Haftung frei, wenn er nachweist, dass er in keinerlei Hinsicht für den Schaden verantwortlich ist (dazu → Art. 82 Rn. 18 ff.). Lässt sich aber ein Verstoß gegen Art. 25 Abs. 1 feststellen, zB weil der Verantwortliche Maßnahmen zur Risikominderung nicht ergriffen, Daten nicht pseudonymisiert, nicht erforderliche Daten erhoben oder nicht erforderliche Verarbeitungsvorgänge durchgeführt hat, dann ist ein Verschulden des Verantwortlichen allein hierdurch indiziert. Denn jedenfalls wohnt einem Verstoß gegen Art. 25 praktisch immer eine Erhöhung der Gefahr eines Schadens inne. Der Gegenbeweis nach Art. 82 Abs. 3 dürfte sich in einem solchen Fall als noch schwieriger darstellen.[116]

3. Ökonomische Anreize

78 Art. 25 sieht in Abs. 1 und 2 bestimmte, effektiv sanktionierte Anforderungen vor. Abs. 3 regelt eine Erleichterung beim Grundsatz der Rechen-

---

115 Vgl. auch *Nolte/Werkmeister* in: Gola DS-GVO, 2017, Art. 25 Rn. 33; offen *Martini* in: Paal/Pauly, DSGVO, 2017, Art. 25 Rn. 6.
116 Vgl. auch *Becker* in: Plath, BDSG/DSGVO, 2. Aufl. 2016, Art. 82 Rn. 5: Nachweis, dass der Verantwortliche alle Sorgfaltsanforderungen eingehalten hat.

schaftspflicht durch Zertifizierungen.[117] Darüber hinaus bestehen aber weitere, teils aus anderen Bereichen der Verordnung herrührende Anreize, die einen proaktiven Datenschutz fördern könnten.[118] Auch insoweit kommt Art. 25 Neuheitscharakter zu. Denn bisher fehlten für Privacy by Design solche entscheidenden wirtschaftlichen Anreize.[119]

a) Mittelbarer Einfluss auf Hersteller und Anbieter; Mängelgewährleistung

Art. 25 wird voraussichtlich mittelbar auf **Hersteller** von Systemen wirken.   79
Zwar sind Hersteller von Soft- oder Hardware nicht Adressaten von Art. 25 (→ Rn. 16). Den Verantwortlichen trifft eine Pflicht zur Risikoanalyse und zur Vorbereitung von technischen und organisatorischen Maßnahmen aber bereits bei einer möglichen **Auswahlentscheidung** einzukaufender Produkte (→ Rn. 31). Bei der Auswahlentscheidung wird somit die Beachtung von Datenschutzgrundsätzen eine Rolle spielen, da der Verantwortliche jederzeit zum Nachweis der Einhaltung der erforderlichen Maßnahmen verpflichtet ist. Hersteller werden dadurch mittelbar betroffen und könnten insoweit zur Entwicklung datenschutzfreundlicher Produkte bewegt werden.[120]

Als weitere mittelbare Folge könnten vertragsrechtliche Einflüsse erhebli-   80
che Auswirkungen haben. Nach Art. 25 Abs. 1 muss das System des Verantwortlichen die Datenschutzgrundsätze und Anforderungen der Verordnung beachten. Bietet ein Hersteller bzw. Lieferant dem Verantwortlichen ein System oder eine Komponente zur Datenverarbeitung, das diesen Anforderungen nicht genügt und den Erwerber als Verantwortlichen damit in Widerspruch zu Art. 25 Abs. 1 setzt, könnte dies als ein wesentlicher Mangel des angebotenen Systems (zB entsprechend §§ 434, 633 Abs. 2 S. 2 Nr. 2 BGB) angesehen werden.[121] Da der Verantwortliche ein verordnungswidriges System einsetzt, ist er der Gefahr behördlicher Anordnungen nach Art. 58 Abs. 2, Sanktionen nach Art. 83 sowie der Ausübung der verschiedenen Betroffenenrechte ausgesetzt. Dies könnte die für den Hersteller nicht zu missachtenden Folgen des **Mängel**gewährleistungsrechts inklusive der Pflicht zur Leistung von Schadensersatz nach sich ziehen, was auch für Dienste „in der Cloud" wie **Software as a Service** gelten dürfte. Dem Verantwortlichen ist in jedem Fall zu raten, die Erfüllung von datenschutzrechtlichen Anforderungen, insbesondere die Einhaltung wesentlicher Datenschutzgrundsätze und aller Betroffenenrechte ausdrücklich im Vertrag

---

117 Dazu positiv *Hornung* ZD 2011, 51 (55).
118 Vgl. dazu auch *Rubinstein* Berkeley Technology Law Journal, 26/2012, 1409, 1431 ff.; *Hornung/Hartl* ZD 2014, 219; ENISA, Privacy and Data Protection by Design, 50 ff.
119 *Spiekermann* Challenges of Privacy by Design, 40.
120 EDSB, Stellungnahme 2011/C 181/01, Rn. 112; *Kuner*, Bloomberg BNA Privacy and Security Law Report, 2/2012, 1, 13.
121 Ebenso *Hunzinger* in: Tagungsband Herbstakademie 2016, 953 (963 ff.); vgl. auch OLG Hamm NJW-RR 1995, 941 (942) zu Anforderungen an eine Finanzbuchhaltungssoftware; OLG Düsseldorf K&R 2005, 591 zu aufgrund datenschutzwidriger Beschaffung mangelhaften Adressdateien; OLG Hamm ZD 2016, 230 zum „Connected Car"; LG Flensburg 5.7.2013 – 4 O 54/11, ZMGR 2013, 434 mAnm *Stabenow* zur ärztlichen Schweigepflicht und EDV-Dienstleistungen; ferner *Auer-Reinsdorff* MMR 2015, 213 (214).

zu verankern, um sich selbst in die Lage zu versetzen, die entsprechenden Auflagen der Verordnung erfüllen zu können. Auswirken dürfte sich eine solche Auslegung vor allem auf Neuverträge. Aufgrund des erheblichen Umstellungsbedarfs dürfte hingegen für Altverträge über IT- und Softwaresysteme kein Mangel vorliegen, wenn Art. 25 noch keine Beachtung gefunden hat. In einer Übergangszeit kann die Erfüllung datenschutzrechtlicher Anforderungen durch IT- und Softwaresysteme aber ein erhebliches Unterscheidungsmerkmal sein. Die **Werbung** mit entsprechenden Fähigkeiten und ggf. einer Zertifizierung (→ Rn. 69) wird daher im Wettbewerb eine zunehmende Rolle spielen.

b) Vergabe öffentlicher Aufträge

81 Ein weiteres probates Mittel wäre es, die Vergabe öffentlicher Aufträge an die Beachtung datenschutzrechtlicher Vorschriften und insbesondere Privacy by Design bzw. entsprechender Zertifizierungen zu knüpfen.[122] Das Parlament hatte eine entsprechende Regelung gefordert. Im Normtext hat dies jedoch im Ergebnis keinen Niederschlag gefunden, allerdings werden öffentliche Aufträge in ErwGr 78 ausdrücklich aufgegriffen. Vereinzelt sollen bereits Einrichtungen oder Produkte, deren Vereinbarkeit mit den Vorschriften über den Datenschutz und die Datensicherheit in einem förmlichen Verfahren festgestellt wurde, durch die Landesbehörden „vorrangig" eingesetzt werden.[123] Dass die öffentliche Hand auch auf datenschutzrechtliche Belange reagieren kann, zeigt sich zB durch die Aufnahme von sog „*No-Spy-Klauseln*" in die EVB-IT,[124] die eine Lieferung von Soft- und Hardware frei von Schadsoftware inklusive der ungewollten Ausleitung von Daten erzwingen sollen. Es bleibt daher abzuwarten, ob die Mitgliedstaaten die Aufforderung in ErwGr 78 aufgreifen und durch Bedingungen öffentlicher Aufträge die Verbreitung von Privacy by Design weiter fördern werden.

c) Diensteanbieter

82 Auch für Diensteanbieter kann Privacy by Design – im Zusammenspiel mit anderen Normen – durchaus Vorteile bieten. Datenschutzfreundliches Vorgehen und datenschutzfreundliche Voreinstellungen werden zunehmend als Unterscheidungskriterium gegenüber Konkurrenten angesehen.[125] Dieser Umstand könnte auch durch das in Art. 20 normierte Recht auf Datenübertragbarkeit verstärkt werden. Denn dadurch können Nutzer mit deutlich geringerem Aufwand als bisher zu einem Konkurrenten wechseln.

---

122 Vgl. ENISA, Privacy and Data Protection by Design, 50 f.
123 *Hornung/Hartl* ZD 2014, 221 mwN.
124 Ergänzende Vertragsbedingungen für die Überlassung von Standardsoftware gegen Einmalvergütung (EVB-IT Überlassung-AGB Typ A), v 2.0 vom 16.7.2015, Ziff. 2.3; Ergänzende Vertragsbedingungen für die den Kauf von Hardware (EVB-IT Kauf-AGB), v 2.0 vom 17.3.2016 , Ziff. 2.4.
125 Vgl. *Acquisti et al*, Journal of Economic Literature, Vol. 52, 2/2016, 39.

C. Verhältnis zu anderen Normen

Art. 25 hängt im Ergebnis eng mit der Vorgabe der Datensicherheit nach   83
Art. 32 zusammen. Wesentliche Begrifflichkeiten werden durch Art. 35
(Datenschutzfolgenabschätzung) und Art. 42 (Zertifizierung) bestimmt.

Da Art. 25 eine Neuheit darstellt und insbesondere § 3 a BDSG diesbezüg-   84
lich nur einen Programmsatz enthielt, der im Ergebnis einen geringeren
Schutzumfang als Art. 25 hatte, können im Ergebnis im nationalen Recht
weder Normen entfallen noch erhalten bleiben.

D. Gesamteinschätzung

Vor und während des Gesetzgebungsprozesses ist an den Entwürfen von   85
Art. 25 viel Kritik geäußert worden, beispielsweise, dass der Entwurf in
Art. 23 lediglich unverbindliche Programmsätze vorsah.[126] Die nun verabschiedete Fassung hat einige Punkte dieser Kritik aufgegriffen, namentlich
das Gebot der Datensparsamkeit und das Beispiel einer Pseudonymisierung, nicht aber die strikte Forderung frühestmöglicher Anonymisierung.[127] Art. 25 macht deutlich, dass Datenschutzgrundsätze bei Erstellung
und Betrieb datenverarbeitender Systeme mitgedacht und insbesondere datenschutzfreundliche Architekturentscheidungen getroffen werden müssen.
Insgesamt ist daher nicht nur die IT- oder Entwicklungsabteilung des Verantwortlichen gefragt, sondern auch das Management.[128]

Art. 25 stellt insgesamt eine wesentliche Neuerung dar. Ob sich die dem   86
Wortlaut zu entnehmenden Erwartungen erfüllen können, wird von mehreren Faktoren abhängen. Zum einen kommt es darauf an, wie die oben dargestellten auslegungsbedürftigen Begriffe in Art. 25 in der Praxis angewendet werden. Die Pflichten des Verantwortlichen sind noch abstrakt und
keineswegs von vornherein klar,[129] können aber durchaus schon jetzt mit
Leben gefüllt werden. Generell wird dem Verantwortlichen bei der Auswahl ein Ermessensspielraum einzuräumen sein. Hervorzuheben ist, dass
insbesondere die Implementierungskosten im Interesse der Verantwortlichen eine Rolle spielen, aber eben nur eines von mehreren Abwägungskriterien darstellen. Die wirksame Risikovermeidung im Sinne eines effektiven
Datenschutzes steht trotzdem im Vordergrund.[130] Daher wird auch viel davon abhängen, inwieweit die Behörden die vom Verantwortlichen getroffenen Designentscheidungen auf ihre Angemessenheit überprüfen, oder ob
sie die Entscheidungen des Verantwortlichen respektieren.

Abzuwarten wird auch sein, wie sich die mittelbaren Anreize für Hersteller   87
auswirken werden. So könnte insbesondere die vertrags- bzw. mangelrecht-

126 *Niemann/Scholz* in: Peters/Kersten/Wolfenstetter, Innovativer Datenschutz, 109,
     139.
127 Vgl. *Hornung* ZD 2012, 99 (103); *Niemann/Scholz* in: Peters/Kersten/Wolfenstet-
     ter, Innovativer Datenschutz, 109, 140.
128 *Koops/Leenes* 28 International Review of Law, Computers & Technology, 159,
     163; *Spiekermann* Challenges of Privacy by Design, S. 3.
129 So aber Art. 29-Gruppe, WP 199, S. 26; aA *Koops/Leenes* 28 International Re-
     view of Law, Computers & Technology, 159, 163; *Konarski et al* Reforming the
     Data Protection Package, 2012, S. 50.
130 Vgl. ErwGr 83, 84.

liche Beachtung von datenschutzrechtlichen Vorgaben positive Effekte zeigen (→ Rn. 79).

88　Zusätzlich ist auf die angekündigten Leitlinien des Europäischen Datenschutzausschusses nach Art. 68 zur Risikoabschätzung ebenso wie auf weitere Ansätze zB der ENISA oder öffentlich geförderter Projekte zu hoffen.[131] Eine besondere Rolle wird den Aufsichtsbehörden und ihrem Umgang mit den durchaus möglichen Sanktionen zukommen. Sollten Aufsichtsbehörden konsequent im Vorfeld Verstöße gegen die Grundsätze des Privacy by Design verfolgen und insbesondere empfindlich höhere Sanktionen verhängen, falls einem konkret auftretenden Datenschutzverstoß gleichzeitig eine Verletzung von Art. 25 zu Grunde liegt, könnte dies zu einem Umdenken der Verantwortlichen führen.

89　Im Ergebnis könnte Art. 25 – abhängig von der Anwendungspraxis der Behörden und der Gerichte – zu einem bedeutenden Baustein eines konsequenten, an den Interessen des Betroffenen ausgerichteten Datenschutzes werden. Die Regelungen in Art. 25, die Auferlegung genereller Pflichten und Handlungsanweisungen sowie die Schaffung von Anreizen wie bei der Rechenschaftspflicht ebenso wie die Konkretisierungen in den ErwGr bieten hierfür eine gute und solide Grundlage.

Artikel 26　Gemeinsam für die Verarbeitung Verantwortliche

(1) [1]Legen zwei oder mehr Verantwortliche gemeinsam die Zwecke der und die Mittel zur Verarbeitung fest, so sind sie gemeinsam Verantwortliche. [2]Sie legen in einer Vereinbarung in transparenter Form fest, wer von ihnen welche Verpflichtung gemäß dieser Verordnung erfüllt, insbesondere was die Wahrnehmung der Rechte der betroffenen Person angeht, und wer welchen Informationspflichten gemäß den Artikeln 13 und 14 nachkommt, sofern und soweit die jeweiligen Aufgaben der Verantwortlichen nicht durch Rechtsvorschriften der Union oder der Mitgliedstaaten, denen die Verantwortlichen unterliegen, festgelegt sind. [3]In der Vereinbarung kann eine Anlaufstelle für die betroffenen Personen angegeben werden.

(2) [1]Die Vereinbarung gemäß Absatz 1 muss die jeweiligen tatsächlichen Funktionen und Beziehungen der gemeinsam Verantwortlichen gegenüber betroffenen Personen gebührend widerspiegeln. [2]Das wesentliche der Vereinbarung wird der betroffenen Person zur Verfügung gestellt.

(3) Ungeachtet der Einzelheiten der Vereinbarung gemäß Absatz 1 kann die betroffene Person ihre Rechte im Rahmen dieser Verordnung bei und gegenüber jedem einzelnen der Verantwortlichen geltend machen.

131　Zu Empfehlungen und künftigen Ansätzen ENISA, Privacy by Design, S. 47 ff.

Verwandte Normen: ErwGr 79

A. Grundlagen

I. Gesamtverständnis und Normzweck

Übergeordnet verfolgt Art. 26 DSGVO das Ziel, Konstellationen kumulierter Verantwortlichkeit rechtlich zu strukturieren und zu koordinieren. Die Kooperation von mehreren Verantwortlichen wird damit über Konzernstrukturen hinausgehend in Richtung eines „Joint Control"-Modells verfasst.[1] Die nach Erwägungsgrund 79 erstrebte klare Zuteilung von Verantwortlichkeit dient dabei auch dem Schutz der Rechte und Freiheiten der betroffenen Personen sowie der Effektuierung von Überwachungs- und sonstigen Maßnahmen der Aufsichtsbehörden.

II. Bisherige Rechtslage

Art. 2 lit. d RL 95/46/EG definierte zwar bereits bislang den „für die Verarbeitung Verantwortlichen" als allein oder gemeinsam mit anderen über die Zwecke und Mittel der Verarbeitung entscheidend. Eine konkretere rechtliche Handhabe kumulierter Verantwortlichkeit sah der Richtlinientext indes nicht vor. Ebenso spärlich war die diesbezügliche Regelungsdichte durch § 3 Abs. 7 BDSG, welcher den Fall des Zusammenwirkens nur im Hinblick auf die Auftragsdatenverarbeitung erwähnte und sich auch diesbezüglich begrifflich auf die Verantwortlichkeit des Auftraggebers – nebst Definition des Auftragnehmers als Nicht-Dritten gemäß § 3 Abs. 8 S. 3 BDSG – beschränkte.

III. Entstehung der Norm

Im Entstehungsprozess hat vor allem die Regelungsdichte signifikant zugenommen: Der ursprüngliche Kommissionsentwurf avisierte praktisch ausschließlich Vorgaben im Hinblick auf eine Vereinbarung zwischen mehreren Verarbeitungsverantwortlichen.[2] Der Entwurf des Parlaments ergänzte im Hinblick auf die gesamtschuldnerische Verantwortlichkeit eine Außenperspektive gegenüber den betroffenen Personen und Aufsichtsbehörden.[3] Seit dem Ratsentwurf wurde zudem das Kollisionsverhältnis zu spezialgesetzlichen Vorgaben reflektiert.[4]

---

1 Vgl. *Koós/Englisch* ZD 2014, 276 (279).
2 Vgl. KOM(2012) 11 endg., 64 f.
3 Vgl. Beschluss des Europäischen Parlaments vom 12.3.2014, P7_TA(2014)0212.
4 Rats-Dok. 9565/15, 111.

B. Kommentierung

I. Konstellationen gemeinsamer Verantwortlicher

4   Abs. 1 S. 1 kennzeichnet gemeinsam Verantwortliche lediglich dahingehend, dass zwei oder mehr Verantwortliche gemeinsam die Zwecke und die Mittel zur Verarbeitung festlegen. Gleichzustellen sind nach Art. 4 Nr. 7 DSGVO Konstellationen, in denen spezielle Rechtsnormen diese Festlegungen determinieren. Erfasst sind damit potentiell alle **Formen kumulativen Zusammenwirkens**, soweit diese die Relevanzschwelle einer Mitentscheidung über die Zielrichtung und die Modalitäten der Verarbeitung erreichen. Diese „Entscheidungshöhe" ist zu bejahen, wenn die Datenverarbeitung ohne den direktiven Input einer Stelle potentiell andersartig gestaltet worden wäre. Maßgeblich ist also nicht eine tatsächliche Mitwirkung bei einzelnen Datenverarbeitungen, sondern bereits deren Veranlassung oder direktive Mitgestaltung – insbesondere als Auftraggeber einer Datenverarbeitung – kann verantwortlichkeitsbegründend sein. Dementsprechend ist die Vorschrift für Konzerne und Unternehmensverbünde von besonderer Praxisrelevanz.[5] Nicht erfasst sind mangels eigener Entscheidungsbefugnisse demgegenüber die Auftragsverarbeitenden (Art. 4 Nr. 8 DSGVO), deren Pflichten gesonderte Regelungen durch Art. 28 ff. DSGVO erfahren; etwas anderes gilt indes im Fall einer fehlerhaften Auftragsverarbeitung nach Art. 28 Abs. 10 DSGVO (→ Art. 28 Rn. 24 ff.).

II. Vereinbarungspflicht

5   Gemäß Abs. 1 S. 2 sind gemeinsam für die Verarbeitung Verantwortliche verpflichtet, eine Vereinbarung in transparenter Form über die Verteilung und Erfüllung der datenschutzrechtlichen Anforderungen zu schließen.

6   Die generelle Vereinbarungspflicht ist gemäß Abs. 1 S. 2 lediglich ausgesetzt, sofern und soweit die datenschutzrechtlichen Verantwortlichkeiten jeweils durch Rechtsvorschriften der Union oder der Mitgliedstaaten festgelegt sind. Innerhalb der Reichweite **spezialgesetzlicher Zuordnungen** datenschutzrechtlicher Verhaltens- oder Einstandspflichten im Hinblick auf kumulatives Zusammenwirken besteht also einerseits mangels Koordinationserfordernis keine Vereinbarungspflicht, andererseits aber auch keine Möglichkeit flexibler Zuordnung.

III. Vereinbarungsgegenstände

7   Gegenständlich ist die Vereinbarung gemäß Abs. 1 S. 2 darauf gerichtet, festzulegen, wer von mehreren Verantwortlichen welche nach der DSGVO obliegenden **Aufgaben, Verpflichtungen und Gestaltungsmöglichkeiten im Innenverhältnis** jeweils erfüllt. Dementsprechend ist der Vereinbarungsgegenstand auf die datenschutzrechtlichen Vorgaben festgelegt – weitergehende Vereinbarungen zwischen den gemeinsam Verantwortlichen sind zwar rechtlich möglich, unterfallen aber nicht dem Regelungsregime des Art. 26 DSGVO.

---

5 *Jaspers* DuD 2012, 571 (573).

Innerhalb dieser grundsätzlich umfassenden Bezugnahme sind drei Verein- **8** barungsgegenstände explizit hervorgehoben: Erstens betrifft dies die Festlegung, welche Verantwortlichen sich welchen konkreten Rechten der betroffenen Personen diesen gegenüber annehmen. Zweitens ist zu vereinbaren, wer welchen Informationspflichten aus Art. 13 f. DSGVO nachkommt. Drittens wird durch Abs. 1 S. 3 die Möglichkeit eingeräumt, in der Vereinbarung eine **Anlaufstelle** für die betroffenen Personen anzugeben.

IV. Vereinbarungsgrenzen

Neben der gegenständlichen Begrenzung durch spezialgesetzliche Vorgaben **9** (→ Rn. 6) sieht Abs. 2 S. 1 vor, dass die Vereinbarung die jeweiligen **tatsächlichen Funktionen und Beziehungen** der gemeinsam Verantwortlichen gegenüber betroffenen Personen gebührend **widerspiegeln** muss. Die Wahrung dieser Begrenzung stellt eine Wirksamkeitsvoraussetzung für die Vereinbarung dar. Nur bei diesem Verständnis wird ausgeschlossen, dass im Fall eines gravierenden Ungleichgewichts zwischen den gemeinsam Verantwortlichen eine ungebührliche interne „Freizeichnung" eines Verantwortlichen vereinbart wird, die den faktischen Verantwortungsanteilen widerspricht bzw. diese verschleiert. Nur von sekundärer Bedeutung dürfte in Anbetracht der Irrelevanz der Vereinbarung für das Außenverhältnis (→ Rn. 10 f.) die Prävention einer Fehlimagination über die Verantwortlichkeit bei den betroffenen Personen sein, wenngleich auch diesen die Vereinbarung gemäß Abs. 2 S. 2 zur Verfügung zu stellen ist und insoweit zumindest mittelbarer Verkehrsschutz realisiert wird.

V. Rechtswirkungen der Vereinbarung

Hinsichtlich der Rechtswirkungen der Vereinbarung ist zu differenzieren: **10** Im **Innenverhältnis** zwischen den gemeinsam Verantwortlichen gelten die rechtskonform getroffenen Regelungen uneingeschränkt. Für das **Außenverhältnis gegenüber betroffenen Personen** sieht demgegenüber Abs. 3 vor, dass diese ihre datenschutzrechtlichen Rechte ungeachtet der Vereinbarung gegenüber jedem einzelnen Verantwortlichen geltend machen können. Es wird also eine Gesamtschuld normiert, wodurch den Absprachen aus dem Binnenverhältnis insoweit – sogar im Fall der Vereinbarung einer „Anlaufstelle" gemäß Abs. 2 S. 3 – keine Außenwirkung zukommt. Allerdings gilt dies ausweislich des Wortlauts lediglich gegenüber betroffenen Personen – auf **Aufsichtsbehörden** erstreckt sich Abs. 3 nicht, weshalb diese die Verantwortlichkeitsvereinbarung berücksichtigen müssen.

Darüber hinaus resultiert aus dem Abschluss der Vereinbarung gemäß **11** Abs. 2 S. 2 eine Pflicht, den wesentlichen Gehalt der Vereinbarung betroffenen Personen zur Verfügung zu stellen. Diese **adressatenkreisbeschränkte Veröffentlichungspflicht** ist nicht als Wirksamkeitsbedingung zu verstehen, da sie mangels Verbindlichkeit im Außenverhältnis nicht hinreichend relevant erscheint und ein Verstoß gegen diese Rechtspflicht ausreichend durch die Möglichkeit eines Bußgelds sanktioniert ist. Die Veröffentlichungspflicht erstreckt sich zudem nicht auf Aufsichtsbehörden, die dementsprechend auf die allgemeine Vorschrift des Art. 58 Abs. 1 lit. a DSGVO verwiesen sind.

C. Verhältnis zu anderen Normen

I. Innerhalb der DSGVO

12   Ein Verstoß gegen Vorgaben aus Art. 26 DSGVO bildet gemäß Art. 83 Abs. 4 lit. a DSGVO die Grundlage für ein Bußgeld.

II. Befugnisübertragungen/Durchführungsrecht

13   Etwaige spezifische Befugnisübertragungen und Durchführungsrechtsakte sind nicht ersichtlich.

D. Kritik und Fortentwicklungsperspektiven

14   Das für sich betrachtet begrüßenswerte Regelungsanliegen wird daraufhin zu beobachten sein, inwieweit sich durch diese Ausgestaltung – nicht zuletzt hinsichtlich der komplizierten Ausdifferenzierung von Innen- und Außenverhältnis – die gewünschten Regelungsziele in der Praxis erreichen lassen. Auch dürfte die Forderung nach einer Sonderbestimmung für verbundene Unternehmensstrukturen nicht verstummen.[6]

Artikel 27 Vertreter von nicht in der Union niedergelassenen Verantwortlichen oder Auftragsverarbeitern

(1) In den Fällen gemäß Artikel 3 Absatz 2 benennt der Verantwortliche oder der Auftragsverarbeiter schriftlich einen Vertreter in der Union.

(2) Die Pflicht gemäß Absatz 1 des vorliegenden Artikels gilt nicht für

a)   eine Verarbeitung, die gelegentlich erfolgt, nicht die umfangreiche Verarbeitung besonderer Datenkategorien im Sinne des Artikels 9 Absatz 1 oder die umfangreiche Verarbeitung von personenbezogenen Daten über strafrechtliche Verurteilungen und Straftaten im Sinne des Artikels 10 einschließt und unter Berücksichtigung der Art, der Umstände, des Umfangs und der Zwecke der Verarbeitung voraussichtlich nicht zu einem Risiko für die Rechte und Freiheiten natürlicher Personen führt, oder

b)   Behörden oder öffentliche Stellen.

(3) Der Vertreter muss in einem der Mitgliedstaaten niedergelassen sein, in denen die betroffenen Personen, deren personenbezogene Daten im Zusammenhang mit den ihnen angebotenen Waren oder Dienstleistungen verarbeitet werden oder deren Verhalten beobachtet wird, sich befinden.

(4) Der Vertreter wird durch den Verantwortlichen oder den Auftragsverarbeiter beauftragt, zusätzlich zu diesem oder an seiner Stelle insbesondere für Aufsichtsbehörden und betroffene Personen bei sämtlichen Fragen im Zusammenhang mit der Verarbeitung zur Gewährleistung der Einhaltung dieser Verordnung als Anlaufstelle zu dienen.

---

6   Vgl. *Jaspers* DuD 2012, 571 (574).

(5) Die Benennung eines Vertreters durch den Verantwortlichen oder den Auftragsverarbeiter erfolgt unbeschadet etwaiger rechtlicher Schritte gegen den Verantwortlichen oder den Auftragsverarbeiter selbst.

Verwandte Normen: ErwGr 80; § 1 Abs. 5 BDSG 2003

A. Grundlagen

I. Gesamtverständnis und Normzweck

Art. 27 DSGVO setzt den Rechtsrahmen für die obligatorische Bestellung 1 von Vertretern (Art. 4 Nr. 17 DSGVO). Damit wird eine Verbesserung der datenschutzrechtlichen Koordination für Datenverarbeitungen bezweckt, soweit letztere unter Beteiligung von nicht in der Union niedergelassenen Verantwortlichen oder Auftragsverarbeitenden erfolgen.

II. Bisherige Rechtslage

Unionsrechtlich war bereits nach Art. 4 Abs. 2 RL 95/46/EG vorgesehen, 2 dass obligatorisch Vertreter zu bestellen sind, soweit Datenverarbeitungsverantwortliche ohne Niederlassung im Unionsgebiet auf Datenverarbeitungsmittel in einem Mitgliedstaat zurückgreifen. Selbige Vorgabe unzureichend umsetzend verlangte § 1 Abs. 5 S. 3 BDSG nur akzessorisch zur Angabe der verantwortlichen Stelle die Benennung eines im Inland ansässigen Vertreters.

III. Entstehung der Norm

Die Normgenese ist weniger durch divergierende Regelungsvorstellungen 3 der einzelnen Akteure denn durch eine zunehmende Regelungsdichte charakterisiert. Zentraler Verdienst des Parlamentsentwurfs ist dementsprechend eine detaillierte Präzisierung der Ausnahmen von der Pflicht zur Vertreterbestellung.[1] Durch die Ergänzungen im Ratsentwurf wurden zudem die Funktion und das Außenverhältnis der Vertreter gegenüber betroffenen Personen und Aufsichtsbehörden präzisiert.[2]

---

1 Vgl. Beschluss des Europäischen Parlaments vom 12.3.2014, P7_TA(2014)0212.
2 Rats-Dok. 9565/15, 112.

B. Kommentierung

I. Vertreterbestellung

4 Zentrales Regelungsanliegen der Norm sind Vorgaben zur Vertreterbestellung, wobei die Pflicht zur Bestellung (1.) und die Anforderungen an die Person des Vertreters (2.) sowie die Form der Bestellung (3.) zu unterscheiden sind.

1. Pflicht zur Bestellung

5 Abs. 1 sieht vor, dass in von Art. 3 Abs. 2 DSGVO erfassten Fällen einer fehlenden Niederlassung im Unionsgebiet **obligatorisch** Vertreter von Verarbeitungsverantwortlichen und Auftragsverarbeitenden zu benennen sind.

6 Die Pflicht wird indes nach Abs. 2 durch **zwei Ausnahmen** eingeschränkt: Zunächst sind Behörden und öffentliche Stellen – also solche ausländischer Staaten oder internationaler bzw. supranationaler Organisationen – nie von der Pflicht zur Vertreterbestellung erfasst (lit. b). Im Übrigen entfällt die Verpflichtung zur Vertreterbestellung unter drei Voraussetzungen (lit. a): Erstens muss die Verarbeitung nur gelegentlich erfolgen, das heißt weder regelmäßig noch planvoll-wiederkehrend. Zweitens dürfen keine besonders sensiblen Daten umfangreich betroffen sein, wobei der Verordnungstext gegenständlich ausschließlich auf die besonderen Datenkategorien des Art. 9 Abs. 1 DSGVO sowie strafrechtliche Daten im Sinne des Art. 10 DSGVO abstellt. Die Schwelle zu umfangreichen Verarbeitungen ist angesichts des zu gewährleistenden Schutzniveaus niedrig anzusetzen; es genügt also in diesen besonders sensiblen Bereichen jeder Verarbeitungsumfang, der ein Bedürfnis nach einfach und rechtssicher adressierbarer Datenverarbeitung weckt. Drittens darf aus der Verarbeitung voraussichtlich kein Risiko für die Rechte und Freiheiten natürlicher Personen erwachsen, was unter Berücksichtigung der Art, der Umstände, des Umfangs und der Zwecke der Verarbeitung zu prognostizieren ist. Insoweit greift eine Maßstabsparallele zu Art. 24 Abs. 1 DSGVO.

2. Anforderungen an die Person des Vertreters

7 Persönliche Anforderungen im Sinne einer gebotenen Qualifikation der Vertreter werden nicht gestellt. Es spricht deshalb nichts dagegen, als Vertreter konzernangehörige Angestellte oder Angestellte von Auftragsverarbeitenden zu benennen.[3] Allerdings statuiert Abs. 3 ein räumliches Auswahlkriterium, wonach Vertreter in einem der verarbeitungsbetroffenen Mitgliedstaaten ihre **Niederlassung** haben müssen. Es genügt damit ausdrücklich nicht, dass die Vertreter eine Niederlassung in der EU haben, sondern diese muss örtlich in einem Mitgliedstaat mindestens einer betroffenen Person radiziert sein. Eine Niederlassung im Sinne des Unionsrechts bestimmt sich – entsprechend Art. 4 Nr. 5 RL 2006/123/EG – mit Blick auf jede wirtschaftliche Tätigkeit, die auf unbestimmte Zeit und von einer festen Infrastruktur ausgehend tatsächlich ausgeübt wird.

---

3 *Koós/Englisch* ZD 2014, 276 (279).

3. Form der Bestellung

Das Wesensmerkmal einer Bestellung liegt in deren **Einseitigkeit**, das heißt es bedarf rechtlich keiner Zustimmung der Vertreter. Da letztere allerdings nach Abs. 4 als Anlaufstelle für sämtlichen Fragen im Zusammenhang mit der Verarbeitung dienen bzw. gem. Art. 4 Nr. 17 DSGVO eine Vertretung in Bezug auf die Pflichten nach der DSGVO wahrnehmen, ohne dass dies die Verantwortlichkeit der Vertretenen modifiziert (Abs. 4), dürfte die Zustimmungseinholung bzw. eine vertragliche Vereinbarung zur Einbettung des Bestellungsakts im Eigeninteresse aller Beteiligten liegen und damit für die Praxis vorzugswürdig sein. **8**

Gemäß Abs. 1 ist zudem eine **schriftliche** Erklärung geboten. Anders als beispielsweise in Art. 12 Abs. 1, 28 Abs. 9, 30 Abs. 3 DSGVO wird dabei die elektronische Form nicht explizit gleichgestellt. **9**

II. Aufgaben des Vertreters

Der gesetzlich definierte Aufgabenkreis der Vertreter umfasst nach Abs. 4 die Funktion als **Anlaufstelle**, um die Einhaltung der Vorschriften der DSGVO hinsichtlich der Verarbeitung durch die vertretenen Verantwortlichen bzw. Auftragsverarbeitenden zu gewährleisten. Zu diesem Zweck kann die Vertretung im Verhältnis zum Wirkungskreis der vertretenen Stellen additiv oder exklusiv ausgelegt sein. Letztere Funktionszuweisung gestaltet allerdings allein das **Binnenverhältnis** zwischen Vertretern und Vertretenen aus, da im Außenverhältnis gemäß Abs. 5 die Pflichtenstellung der Vertretenen durch die Vertretung unberührt bleibt (→ Rn. 12). **10**

III. Rechtsfolgen des Vertretungsverhältnisses

Das Vertretungsverhältnis ist in seiner unmittelbaren Rechtsfolge darauf gerichtet, eine effektive und lokaler rückgekoppelte Wahrnehmung der Rechte und Pflichten aus der DSGVO zu gewährleisten. Insoweit erscheint es konsequent, dass den Vertretenden primär eine Aufgabe zugewiesen ist, nämlich als unionsweite Adressaten zu dienen. Um diese Aufgabe wahrnehmen zu können, muss mit der Funktion als Anlaufstelle zugleich die rechtliche **Befugnis** einhergehen, **Erklärungen** an Stelle der Vertretenen **entgegennehmen zu dürfen**. Ebenso wird regelmäßig mit der Bestellung die Befugnis verliehen werden, im Namen der Vertretenen Erklärungen abgeben zu dürfen. **11**

Weitergehende Entlastungswirkungen für die Vertretenen jenseits der tatsächlich von den Vertretenden für diese wahrgenommen Maßnahmen geht mit der Vertreterbestellung indes nicht einher. Dies verdeutlicht Abs. 5, indem klargestellt wird, dass die Benennung von Vertretern die rechtlichen Handlungsmöglichkeiten gegenüber den Vertretenen unberührt lässt. Im **Außenverhältnis** zu betroffenen Personen oder Behörden ist die Wirkung der Vertreterbestellung insoweit beschränkt. **12**

C. Verhältnis zu anderen Normen

I. Innerhalb der DSGVO

13 Jenseits des offenkundigen Bezugs zur Legaldefinition des Vertreters aus Art. 4 Nr. 17 DSGVO sowie der tatbestandlichen Anknüpfung an Art. 3 Abs. 2 DSGVO wirkt sich die obligatorische Vertreterbestellung in ihrem Anwendungsbereich potentiell auf alle Rechte und Pflichten aus, die gegenüber den Verantwortlichen und Datenverarbeitenden geltend zu machen sind.

II. Befugnisübertragungen/Durchführungsrecht

14 Etwaige spezifische Befugnisübertragungen und Durchführungsrechtsakte sind nicht ersichtlich.

III. Fortgeltendes Bundes- oder Landesrecht

15 Es greift kein spezifisch fortgeltendes Bundes- oder Landesrecht.

D. Kritik und Fortentwicklungsperspektiven

16 Das begrüßenswerte Regelungsanliegen der Gewährleistung einer Anlaufstelle zur Vereinfachung und Effektuierung der Kommunikation mit Verantwortlichen oder Auftragsverarbeitenden ohne EU-Niederlassung enthält in der gegenwärtigen Normfassung kaum Anreize für die Vertretenen, das Rechtsverhältnis zu ihren „Vertretern vor Ort" jenseits einer Briefkastenfunktion auszugestalten. Insoweit wird zu beobachten sein, ob nicht **Anreizstrukturen** zugunsten einer stärken Einbindung datenschutzrechtlich qualifizierter Vertretender zu entwickeln sind, um in größerem Maße einen materiellen Input bzw. eine effektivere Kommunikation unionsrechtlicher Datenschutzstandards zu bewirken.

Artikel 28 Auftragsverarbeiter

(1) Erfolgt eine Verarbeitung im Auftrag eines Verantwortlichen, so arbeitet dieser nur mit Auftragsverarbeitern, die hinreichend Garantien dafür bieten, dass geeignete technische und organisatorische Maßnahmen so durchgeführt werden, dass die Verarbeitung im Einklang mit den Anforderungen dieser Verordnung erfolgt und den Schutz der Rechte der betroffenen Person gewährleistet.

(2) [1]Der Auftragsverarbeiter nimmt keinen weiteren Auftragsverarbeiter ohne vorherige gesonderte oder allgemeine schriftliche Genehmigung des Verantwortlichen in Anspruch. [2]Im Fall einer allgemeinen schriftlichen Genehmigung informiert der Auftragsverarbeiter den Verantwortlichen immer über jede beabsichtigte Änderung in Bezug auf die Hinzuziehung oder die Ersetzung anderer Auftragsverarbeiter, wodurch der Verantwortliche die Möglichkeit erhält, gegen derartige Änderungen Einspruch zu erheben.

(3) [1]Die Verarbeitung durch einen Auftragsverarbeiter erfolgt auf der Grundlage eines Vertrags oder eines anderen Rechtsinstruments nach dem Unionsrecht oder dem Recht der Mitgliedstaaten, der bzw. das den Auf-

tragsverarbeiter in Bezug auf den Verantwortlichen bindet und in dem Gegenstand und Dauer der Verarbeitung, Art und Zweck der Verarbeitung, die Art der personenbezogenen Daten, die Kategorien betroffener Personen und die Pflichten und Rechte des Verantwortlichen festgelegt sind. [2]Dieser Vertrag bzw. dieses andere Rechtsinstrument sieht insbesondere vor, dass der Auftragsverarbeiter

a) die personenbezogenen Daten nur auf dokumentierte Weisung des Verantwortlichen – auch in Bezug auf die Übermittlung personenbezogener Daten an ein Drittland oder eine internationale Organisation – verarbeitet, sofern er nicht durch das Recht der Union oder der Mitgliedstaaten, dem der Auftragsverarbeiter unterliegt, hierzu verpflichtet ist; in einem solchen Fall teilt der Auftragsverarbeiter dem Verantwortlichen diese rechtlichen Anforderungen vor der Verarbeitung mit, sofern das betreffende Recht eine solche Mitteilung nicht wegen eines wichtigen öffentlichen Interesses verbietet;

b) gewährleistet, dass sich die zur Verarbeitung der personenbezogenen Daten befugten Personen zur Vertraulichkeit verpflichtet haben oder einer angemessenen gesetzlichen Verschwiegenheitspflicht unterliegen;

c) alle gemäß Artikel 32 erforderlichen Maßnahmen ergreift;

d) die in den Absätzen 2 und 4 genannten Bedingungen für die Inanspruchnahme der Dienste eines weiteren Auftragsverarbeiters einhält;

e) angesichts der Art der Verarbeitung den Verantwortlichen nach Möglichkeit mit geeigneten technischen und organisatorischen Maßnahmen dabei unterstützt, seiner Pflicht zur Beantwortung von Anträgen auf Wahrnehmung der in Kapitel III genannten Rechte der betroffenen Person nachzukommen;

f) unter Berücksichtigung der Art der Verarbeitung und der ihm zur Verfügung stehenden Informationen den Verantwortlichen bei der Einhaltung der in den Artikeln 32 bis 36 genannten Pflichten unterstützt;

g) nach Abschluss der Erbringung der Verarbeitungsleistungen alle personenbezogenen Daten nach Wahl des Verantwortlichen entweder löscht oder zurückgibt, sofern nicht nach dem Unionsrecht oder dem Recht der Mitgliedstaaten eine Verpflichtung zur Speicherung der personenbezogenen Daten besteht;

h) dem Verantwortlichen alle erforderlichen Informationen zum Nachweis der Einhaltung der in diesem Artikel niedergelegten Pflichten zur Verfügung stellt und Überprüfungen – einschließlich Inspektionen –, die vom Verantwortlichen oder einem anderen von diesem beauftragten Prüfer durchgeführt werden, ermöglicht und dazu beiträgt.

[3]Mit Blick auf Unterabsatz 1 Buchstabe h informiert der Auftragsverarbeiter den Verantwortlichen unverzüglich, falls er der Auffassung ist, dass eine Weisung gegen diese Verordnung oder gegen andere Datenschutzbestimmungen der Union oder der Mitgliedstaaten verstößt.

(4) [1]Nimmt der Auftragsverarbeiter die Dienste eines weiteren Auftragsverarbeiters in Anspruch, um bestimmte Verarbeitungtätigkeiten im Namen des Verantwortlichen auszuführen, so werden diesem weiteren Auftragsverarbeiter im Wege eines Vertrags oder eines anderen Rechtsinstruments nach dem Unionsrecht oder dem Recht des betreffenden Mitgliedstaats dieselben Datenschutzpflichten auferlegt, die in dem Vertrag oder anderen

Rechtsinstrument zwischen dem Verantwortlichen und dem Auftragsverarbeiter gemäß Absatz 3 festgelegt sind, wobei insbesondere hinreichende Garantien dafür geboten werden muss, dass die geeigneten technischen und organisatorischen Maßnahmen so durchgeführt werden, dass die Verarbeitung entsprechend den Anforderungen dieser Verordnung erfolgt. [2]Kommt der weitere Auftragsverarbeiter seinen Datenschutzpflichten nicht nach, so haftet der erste Auftragsverarbeiter gegenüber dem Verantwortlichen für die Einhaltung der Pflichten jenes anderen Auftragsverarbeiters.

(5) Die Einhaltung genehmigter Verhaltensregeln gemäß Artikel 40 oder eines genehmigten Zertifizierungsverfahrens gemäß Artikel 42 durch einen Auftragsverarbeiter kann als Faktor herangezogen werden, um hinreichende Garantien im Sinne der Absätze 1 und 4 des vorliegenden Artikels nachzuweisen.

(6) Unbeschadet eines individuellen Vertrags zwischen dem Verantwortlichen und dem Auftragsverarbeiter kann der Vertrag oder das andere Rechtsinstrument im Sinne der Absätze 3 und 4 des vorliegenden Artikels ganz oder teilweise auf den in den Absätzen 7 und 8 des vorliegenden Artikels genannten Standardvertragsklauseln beruhen, auch wenn diese Bestandteil einer dem Verantwortlichen oder dem Auftragsverarbeiter gemäß den Artikeln 42 und 43 erteilten Zertifizierung sind.

(7) Die Kommission kann im Einklang mit dem Prüfverfahren gemäß Artikel 93 Absatz 2 Standardvertragsklauseln zur Regelung der in den Absätzen 3 und 4 des vorliegenden Artikels genannten Fragen festlegen.

(8) Eine Aufsichtsbehörde kann im Einklang mit dem Kohärenzverfahren gemäß Artikel 63 Standardvertragsklauseln zur Regelung der in den Absätzen 3 und 4 des vorliegenden Artikels genannten Fragen festlegen.

(9) Der Vertrag oder das andere Rechtsinstrument im Sinne der Absätze 3 und 4 ist schriftlich abzufassen, was auch in einem elektronischen Format erfolgen kann.

(10) Unbeschadet der Artikel 82, 83 und 84 gilt ein Auftragsverarbeiter, der unter Verstoß gegen diese Verordnung die Zwecke und Mittel der Verarbeitung bestimmt, in Bezug auf diese Verarbeitung als Verantwortlicher.

Verwandte Normen: ErwGr 65, 81, 95; § 11 BDSG 2003

A. Grundlagen

I. Gesamtverständnis und Normzweck

Als Kernbestimmung für die sog Auftragsverarbeitung regelt Art. 28 [1]
DSGVO eine datenschutzrechtliche Sondersituation mit hoher Praxisrelevanz, in der durch den Rückgriff auf einen externen Dienstleister eine Auslagerung von Verarbeitungsvorgängen im Interesse und unter fortwirkender Verantwortung der auslagernden Stelle stattfindet.[1] Aufgrund der diesbezüglichen Sonderdogmatik werden unter dem Topos entsprechende Regelungsansätze verbreitet im Hinblick auf eine diesbezüglich bewirkte „Privilegierung" diskutiert.[2] Ungeachtet der zweifelhaften Berechtigung einer solchen Einordung erschöpft sich der Normzweck jedenfalls nicht in dieser Wirkrichtung, sondern mindestens ebenso gewichtig wird durch Art. 28 DSGVO eine Gewährleistung datenschutzrechtlicher Standards für Outsourcing-Konstellationen angestrebt, was bereits der einleitenden Zweckbestimmung von Erwägungsgrund 81 entnommen werden kann. Über eine reine Gewährleistung geltender Verantwortlichkeit hinausgehend wird – vor allem in Fällen mit Drittlandsbezug – sogar eine erweiternde Erstreckung derselben avisiert.[3]

II. Bisherige Rechtslage

Unionsrechtlich war die Auftragsverarbeitung bislang zwar sowohl definitorischer (Art. 2 lit. e RL 95/46/EG) als auch materiell-rechtlicher [2]
(Art. 16 f. RL 95/46/EG) Gegenstand von Bestimmungen, die systematisch als Vorgaben für die Vertraulichkeit und Sicherheit der Verarbeitung firmierten. Art. 16 RL 95/46/EG normierte dabei unter anderem die Weisungsgebundenheit der Auftragsverarbeitenden. Vor allem aber verpflichte-

---

1 Ähnlich *Petri* ZD 2015, 305 (306).
2 Vgl. *Koós/Englisch* ZD 2014, 276 (284 f.); *Eckhardt/Kramer* DuD 2013, 287 (291); *Kühling/Seidel/Sivridis*, Datenschutzrecht, 3. Aufl. 2015, Rn. 134; *Petri* ZD 2015, 305 (306).
3 Vgl. *Koós/Englisch* ZD 2014, 276 (278 u. 280).

ten Art. 17 Abs. 2–4 RL 95/46/EG zu Anforderungen an das der Auftragsverarbeitung zugrunde liegende Rechtsverhältnis sowie für die zugrunde liegenden Verantwortlichkeits-, Auswahl- und Kontrollmaßstäbe.

3   Die bundesrechtliche Umsetzung durch § 11 BDSG enthielt detaillierter geregelte Vorgaben für die Erhebung, Verarbeitung oder Nutzung personenbezogener Daten im Auftrag. Besonders deutlich trat diese gesteigerte Regelungsdichte in Gestalt der durch § 11 Abs. 2 S. 2 Nr. 1–10 BDSG umfassend statuierten Vorgaben zum zwingenden Regelungsminimum für jede Beauftragung hervor.

III. Entstehung der Norm

4   Infolge ihrer erheblichen Praxisrelevanz wurde die Gestaltung der unionsrechtlich einheitlichen Vorgaben für die Auftragsverarbeitung während des Rechtsetzungsverfahrens sowohl zwischen den politischen Unionsakteuren als auch im wissenschaftlichen Schrifttum[4] kontrovers diskutiert. In der Gesamtschau der Normgenese realisieren sich allerdings Prognosen, die für kontroverse Verhandlungssituationen im Rechtsetzungsverfahren kompromissgeschuldet eine überwiegende Beibehaltung des status quo ante vorhersagten.[5]

5   Ein zentraler Debattenschwerpunkt lag auf der grundlegenden Ausgestaltung der **Verantwortlichkeit** von Auftragsverarbeitenden und Verantwortlichen: So präferierte das Parlament ursprünglich eine flexible und konsensbasierte Lösung, nach welcher Verantwortliche und Auftragsverarbeitende vertraglich oder in anderer Weise „ihre jeweiligen Funktionen und Aufgaben in Bezug auf die Anforderungen dieser Verordnung festlegen" sollten.[6] Demgegenüber setzte sich letztlich die rigidere, auf nicht verhandelbare Basisanforderungen an jede Auftragsverarbeitungsgrundlage angelegte Konzeption von Kommission[7] und Rat[8] in Abs. 3 durch.

6   Divergierende Regelungsvorstellungen ergaben sich auch im Hinblick auf die Entscheidungsgewalt für **Unterbeauftragungen**, also den Rückgriff von Auftragsverarbeitenden auf weitere (Unter-)Auftragsverarbeitende. Wollte der Kommissionsentwurf die Entscheidung bei den für die Verarbeitung Verantwortlichen verortet wissen,[9] optierte das Parlament für die Möglichkeit einer vertraglichen Regelung der Unterbeauftragung.[10] Durchgesetzt hat sich insoweit ein Kompromissvorschlag durch den Rat,[11] wonach eine spezielle oder generelle Zustimmung der Verantwortlichen für die Beauftragung weiterer Auftragsverarbeitender mit verfahrenstechnischen Sicherungen (Abs. 2 S. 2) und einer erstreckten Pflichtenbindung des Unterauf-

---

4   Vgl. *Petri* ZD 2015, 305 (308); *Koós/Englisch* ZD 2014, 276 (278 ff.); *Jaspers* DuD 2012, 571 (574); *Eckhardt/Kramer* DuD 2013, 287 (291 f.); *Roßnagel/Nebel/ Richter* ZD 2013, 103 (105); *Kühling/Seidel/Sivridis*, Datenschutzrecht, 3. Aufl. 2015, Rn. 134 ff.
5   Vgl. *Petri* ZD 2015, 305 (308).
6   Beschluss des Europäischen Parlaments vom 12.3.2014, P7_TA(2014)0212.
7   Vgl. KOM(2012) 11 endg., 65 f.
8   Vgl. Ratsdokument 9565/15 vom 11.6.2015, 113 f.
9   Vgl. KOM(2012) 11 endg., 66.
10 Vgl. Beschluss des Europäischen Parlaments vom 12.3.2014, P7_TA(2014)0212.
11 Vgl. Ratsdokument 9565/15 vom 11.6.2015, 112 u. 114.

tragsverarbeitenden (Abs. 4) vorliegen muss. Diese kann jedoch sowohl speziell als auch generell erteilt werden, im letzteren Fall allerdings mit einer Einspruchsmöglichkeiten ermöglichenden Informationspflicht vor der konkreten Unterbeauftragung einhergehend.

Innovative Elemente waren im ursprünglichen Kommissionsentwurf zudem im Hinblick auf **Konkretisierungsbefugnisse** der Kommission via delegierte Rechtsakte vorgesehen.[12] Diese Ermächtigung wurde indes von Parlament und Rat abgelehnt.[13] Stattdessen verständigte man sich als Konkretisierungsinstrument auf von der Kommission (Abs. 7) oder durch Aufsichtsbehörden im Kohärenzverfahren (Abs. 8) zu erlassende Standardvertragsklauseln. Ein paralleles Innovationselement, welches auf den Ratsentwurf zurückgeht,[14] wurde mit Abs. 5 in Gestalt der Anerkennung von genehmigten Verhaltensregeln (Art. 40 DSGVO) und genehmigter Zertifizierungsverfahren (Art. 42 DSGVO) als hinreichende Verarbeitungsgarantien für die Datenschutzkonformität der Auftragsverarbeitung aufgenommen. **7**

B. Kommentierung

Die einzelnen Absätze sind formal bzw. im Verhältnis zueinander nicht durch eine herausstechende Systematisierung gekennzeichnet. Dementsprechend orientiert sich die folgende Kommentierung nicht an der Reihenfolge der Absätze, sondern bereitet die datenschutzrechtliche Regelung der Auftragsverarbeitung systematisch auf. Dazu ist zunächst die rechtliche Struktur der Auftragsverarbeitung zu kennzeichnen (I.), bevor die Vorgaben zum „Ob" einer Auftragsverarbeitung (II.) sowie diejenigen zum „Wie" einer Auftragsverarbeitung (III.) erörtert werden. **8**

I. Struktur der Auftragsverarbeitung

Strukturell wird die datenschutzrechtliche Auftragsverarbeitung durch vier zentrale Bezugsgrößen determiniert: den Begriff der Auftragsverarbeitung (1.), die generellen Verantwortlichkeitskonstruktionen für Konstellationen der Auftragsverarbeitung (2.), die Abgrenzung zur Funktionsübertragung (3.) sowie die Konstellationen fehlerhafter Auftragsverarbeitung (4.). **9**

1. Begriff der Auftragsverarbeitung

Die Begriffsbestimmung dazu, was eine Auftragsverarbeitung im Sinne des Art. 28 DSGVO ausmacht, wird maßgeblich durch die Legaldefinition in Art. 4 Nr. 8 DSGVO angeleitet (→ Art. 4 Rn. 144 ff.). Neben der Datenverarbeitung im Auftrag eines Verantwortlichen ist die Auftragsverarbeitung vor allem dadurch gekennzeichnet, dass die Auftragsverarbeitenden begrifflich kraft Art. 4 Nr. 10 DSGVO als „Nicht-Dritte" zu verstehen sind.[15] **10**

---

12 Vgl. KOM(2012) 11 endg., 66.
13 Vgl. Beschluss des Europäischen Parlaments vom 12.3.2014, P7_TA(2014)0212; Ratsdokument 9565/15 vom 11.6.2015, 114.
14 Vgl. Ratsdokument 9565/15 vom 11.6.2015, 114.
15 Vgl. zum Gegenschluss als „Nicht-Verantwortliche" durch Abs. 10 Borges/Meents/ *Borges* Cloud Computing, 2016, § 7, Rn. 6.

2. Verantwortlichkeit bei Auftragsverarbeitung

11 Die prägende Grundstruktur jeder Auftragsverarbeitungskonstellation wird durch die Zuschreibung von Verantwortlichkeit bestimmt. Das überkommene Verständnis der Auftragsverarbeitung ist dadurch gekennzeichnet, dass ein Auftraggeber eine Datenverarbeitung, die er ansonsten selbst hätte vornehmen müssen, bei einer weisungsgebundenen Stelle auslagert, wobei dem Auftraggeber im Außenverhältnis die volle datenschutzrechtliche Verantwortlichkeit für den rechtskonformen Umgang mit personenbezogenen Daten obliegt.[16] Im Mittelpunkt der Regelungen zur Auftragsverarbeitung steht also klassischerweise nicht die Verantwortlichkeit der Auftragsverarbeitenden, sondern diejenige der Auftraggeber. Die Neuregelung der Auftragsverarbeitung durch Art. 28 f. DSGVO behält diese grundsätzliche Zuordnung bei, konkretisiert und erweitert allerdings die Verantwortlichkeitszuschreibungen in erheblichem Maße.

12 Für die datenschutzrechtliche **Verantwortlichkeit des Auftraggebers** führt dies zu einer deutlichen Betonung der Mehrdimensionalität seiner Verantwortlichkeit: Die Verantwortlichkeit für die Verarbeitung personenbezogener Daten im Außenverhältnis aktualisiert sich nicht allein in der Auswahl der Auftragsverarbeitenden. Stattdessen garantiert die umfassende Weisungsgebundenheit der Auftragsverarbeitenden, wie sie durch Art. 29, 28 Abs. 3 S. 2 lit. a DSGVO mehrfach gesichert wird, nicht nur die tatsächliche Einflussmöglichkeit der Verantwortlichen. Vielmehr dynamisiert sich im Lichte dieser stetigen Rückbindung die durch Abs. 1 konkretisierte Verpflichtung, nur mit Auftragsverarbeitenden zu arbeiten, die hinreichend garantieren, „dass die Verarbeitung im Einklang mit den Anforderungen dieser Verordnung erfolgt und den Schutz der Rechte der betroffenen Person gewährleistet." Die Verantwortlichkeit knüpft also – wie die generelle Pflicht aus Art. 24 Abs. 1 DSGVO – nicht nur an den Schutz der betroffenen Personen an, sondern erfordert zudem eine gesteigerte Proaktivität und weist damit eine übergreifende Kontinuitätsstruktur auf.[17] Eine besondere Konstellation mehrdimensionaler Verantwortlichkeit greift zudem im Fall einer Unterauftragsverarbeitung, weil gemäß Abs. 4 nicht nur eine Übertragung der Rechtskonformitätsanforderungen in jedes weitere Auftragsverarbeitungsverhältnis vorgegeben ist, sodass vorgelagerte Auftragsverarbeitende ihrerseits zu Auftraggebern werden, sondern sogar eine explizite Haftung der vorgelagert Auftragsverarbeitenden für die weitere Auftragsverarbeitung vorgesehen ist (→ Rn. 42). Im Ergebnis wird damit deutlich, dass die Verantwortlichen gleichermaßen für die Datenverarbeitung gegenüber betroffenen Personen und Aufsichtsbehörden einzustehen als auch auf die Datenschutzrechtskonformität im Binnenverhältnis zu den Auftragsverarbeitenden hinzuwirken haben und damit ihre Verantwortlichkeit regelmäßig mehrdimensional realisieren müssen.

13 Neben die mehrdimensionale Verantwortlichkeit der Auftraggeber treten indes auch originäre datenschutzrechtliche **Verhaltensanforderungen für die Auftragsverarbeitenden.** Diese sind vor allem in Gestalt der detaillierten

---

16 Simitis/*Petri* BDSG § 11 Rn. 1.
17 *Kühling/Seidel/Sivridis*, Datenschutzrecht, 3. Aufl. 2015, Rn. 135.

Vorgaben aus Abs. 3 zur rechtlichen Grundlage der Auftragsverarbeitung indirekt normiert, für welche eine ausdifferenzierte Erstreckung und Sicherung diverser spezieller datenschutzrechtlicher Verhaltenspflichten vorgegeben ist. Der Auftragsverarbeitende wird damit in der Mehrzahl der Fälle zwar lediglich in den Pflichtenkreis der Verantwortlichen einbezogen, allerdings finden sich auch Vorgaben, die eine selbständige Verantwortlichkeit begründen, wie beispielsweise die unverzügliche Remonstrationspflicht genüber dem Auftraggeber aus Abs. 3 S. 3 im Falle nicht datenschutzrechtskonformer Weisungen. Ganz besonders weitreichend ist die Verantwortlichkeit der Auftragsverarbeitenden fortan normiert, soweit diese anstelle der Verantwortlichen rechtswidrig über die Zwecke und Mittel der Verarbeitung bestimmen, da Abs. 10 DSGVO insoweit als Rechtsfolge die Behandlung als originär Verantwortliche vorschreibt (→ Rn. 24 ff.). Für die Praxis kommen gerade die neuen Haftungs- und Bußgeldregeln, welche nunmehr auch die Auftragsverarbeitenden unmittelbar betreffen, einem „Paradigmenwechsel" gleich.[18]

Die Entwicklung zulasten klarer Aufgabentrennung und zugunsten einer **parallelen Verantwortlichkeit** von Auftragsverarbeitenden und Auftraggebern wird rechtspolitisch kritisiert.[19] Zwar ist nicht von der Hand zu weisen, dass parallele Verhaltenspflichten zu doppeltem Aufwand und ggf. zu einer gewissen Rechtsunsicherheit führen können. Allerdings ist gegenläufig zu berücksichtigen, dass gerade überlappende Rechtspflichten dazu geeignet sind, die Vigilanz der Beteiligten zu erhöhen und ein „Vier-Augen-Prinzip" im Interesse gesteigerter tatsächlicher Kontrolle zu etablieren.[20] Berücksichtigt man ergänzend die eindeutige Auswahlentscheidungsprärogative der Verantwortlichen sowie die primäre Sicherung derer Weisungsrechte, so erscheinen die recht verhaltenen Ansätze zugunsten paralleler Verantwortlichkeit nicht inadäquat.

14

3. Abgrenzung zur Funktionsübertragung

Die im bisherigen Datenschutzrecht bereits zentrale **Unterscheidung von Auftragsverarbeitung und Funktionsübertragung** wird – nicht zuletzt infolge von verschärften Haftungs- und Bußgeldfolgen – unter Geltung der DSGVO noch einmal an Bedeutung zunehmen. Beiden Kategorien gemeinsam ist ihre gegenständliche Verortung in Auslagerungsbestrebungen für Datenverarbeitungsvorgänge seitens der Auftraggeber. Nach überkommener BDSG-Dogmatik war das Auslagerungsformprivileg der Auftragsverarbeitung allerdings auf externe Datenverarbeiter als „verwaltungstechnische Hilfsfunktion für Geschäftszwecke"[21] des Auftraggebers beschränkt. Insbesondere Konstellationen, in denen sich infolge der Auslagerung von Datenverarbeitungsschritten eine relevante Eigenständigkeit der datenverarbeitenden Stelle herausstellte, wurden bereits bislang als Funktionsübertragung qualifiziert. Verbreitet wurde dabei zur Bestimmung der Eigenstän-

15

---

18 *Müthlein* RDV 2016, 74 (77 f.).
19 Vgl. *Dehmel/Hullen* ZD 2013, 147 (151); *Jaspers* DuD 2012, 571 (574); *Eckhardt/Kramer* DuD 2013, 287 (291 f.).
20 *Kühling/Seidel/Sivridis*, Datenschutzrecht, 3. Aufl. 2015, Rn. 134.
21 BGH 17.4.1996 – VIII ZR 5/95, NJW 1996, 2159 (2160 f.).

digkeit im Sinne einer Funktionsübertragung darauf abgestellt, inwieweit „über die technische Durchführung der Verarbeitung hinaus materielle vertragliche Leistungen mit Hilfe der Datenverarbeitung" erbracht würden bzw. ein Eigeninteresse der verarbeitenden Stelle an der Datenverarbeitung auszumachen sei.[22]

16   Richtigerweise wird in der Literatur darauf hingewiesen, dass die DSGVO einen zur BDSG-Praxis – zumindest vordergründig – abweichenden **Abgrenzungsmaßstab** formuliert, wenn in Abs. 10 die Qualifikation als Verantwortliche davon abhängig gemacht wird, dass Zwecke und Mittel der Verarbeitung vom – dann vermeintlichen – Auftragsverarbeiter bestimmt werden.[23] Diese Kriterien lehnen sich ersichtlich an das bereits zur RL 95/46/EG entwickelte Verständnis der Art. 29-Datenschutzgruppe an.[24] Entgegen erster Einschätzungen dürfte dieser Maßstab indes nicht zu einer ausgreifenden Bewertung vormaliger Funktionsübertragungen als Auftragsverarbeitungen führen, denn dies bedeutet nicht, dass nunmehr über Hilfsdienstleistungen hinausgehend die Entscheidung über Mittel der Verarbeitung vollständig auf die Auftragsverarbeitenden delegiert werden kann.[25] Vielmehr muss nach dem Wortlaut der Norm zum einen kumulativ über Zwecke und Mittel jeweils vom Verantwortlichen entschieden werden. Zum anderen ist qualitativ eine Bestimmung, also eine Entscheidungskompetenz,[26] erforderlich, welche im Lichte der ständig zu gewährleistenden Weisungsgebundenheit (Art. 29 DSGVO) keine Delegation größeren Umfangs erlaubt. Gegenteilig liegt damit eher die Vermutung nahe, dass es zu einer ausgreifenden gemeinsamen Verantwortlichkeit infolge fehlerhafter Auftragsverarbeitungen kommen wird (→ Rn. 24 ff.).

17   Zentraler Orientierungspunkt für die Abgrenzung der Auftragsverarbeitung von einer Funktionsübertragung ist damit fortan die **Orientierung an der Zweck- und Mittelbestimmung im Lichte der ständig und vorbehaltslos bestehenden Weisungsgebundenheit.** Dieser Maßstab dürfte indes in der Praxis weitgehend einem Gleichlauf zur Handhabe des Eigeninteresse- bzw. Hilfstätigkeitskriteriums unterliegen, da gerade Fälle einer eigeninteressemotivierten Verarbeitung nicht mehr im Rahmen der Zwecksetzung durch den Verantwortlichen realisierbar sein dürften.

18   Vor diesem Hintergrund erscheint die datenschutzrechtskonforme Konstruktion einer Auftragsverarbeitung für **typische Fallgruppen** externer Datenverarbeitungsdienstleistungen nur selten realisierbar:

19   Zunächst sieht sich die Konstruktion einer Auftragsverarbeitung in **Konzernstrukturen** zwischen konzernverbundenen Unternehmen in Ermangelung eines geregelten Konzernprivilegs insoweit Zweifeln ausgesetzt, als es bei den jeweils verarbeitungsverantwortlichen Konzerntochterunternehmen tatsächlich kaum eine freie Auswahlentscheidung über das Auftragsverarbeitungsverhältnis geben und auch die Weisungsgebundenheit oftmals nur

---

22   Vgl. Simitis/*Petri* BDSG § 11 Rn. 22 f.
23   Vgl. *Müthlein* RDV 2016, 74 (78).
24   Vgl. *Artikel 29-Datenschutzgruppe*, Stellungnahme 1/2010, WP 169 v. 16.2.2010, S. 15 ff.
25   So aber *Müthlein* RDV 2016, 74 (78 f.).
26   Simitis/*Petri* BDSG § 11 Rn. 22.

eingeschränkt greifen dürfte.[27] Eine Auftragsverarbeitung kommt deshalb allenfalls in Betracht, soweit rechtlich und tatsächlich hinreichende Entscheidungsautonomie zugunsten des beauftragenden Konzernunternehmens gewährleistet ist.

Ebenfalls ohne Privilegierung sind fortan – anders als noch unter Geltung von § 11 Abs. 5 BDSG – **Wartung- oder Fernwartung**, insbesondere von IT-Infrastrukturen, durch externe Dienstleister, soweit in deren Rahmen ein Zugriff auf personengebundene Daten nicht ausgeschlossen werden kann. Insoweit wird eine analoge Anwendung der Vorschriften über der Auftragsverarbeitung angedacht.[28] Für die Praxis dürfte es erwägenswert sein, auf eine Lösung im Wege von Standardvertragsklauseln nach Abs. 6–8 hinzuwirken.   20

Weiterhin als Auftragsverarbeitung realisierbar sein dürften sog **Call Center**, soweit diese lediglich die Kundenkommunikation vermitteln und Serviceleistungen ohne eigenen Entscheidungsspielraum erbringen, während Kundenbefragungen, Telefonakquise und die Beauftragung von Meinungsforschungsinstituten aufgrund eigenverantwortlicher Gestaltungsspielräume bei der Datenverarbeitung regelmäßig als Funktionsübertragungen zu qualifizieren sein werden.[29]   21

Nur einzelfallabhängig zu beurteilen sind sog **Shared Service Center**, also die Übertragung zentraler Unternehmensfunktionen auf einen externen Dienstleister:[30] Soweit es um die Entgeltabrechnung oder um die Entsorgung von Datenträgern geht, dürfte es sich weiterhin regelmäßig um Musterbeispiele für Auftragsverarbeitungen handeln.[31] Demgegenüber wird einer entsprechenden Qualifikation im Fall externen Inkasso- und Forderungsmanagements oder bei der vollständigen Auslagerung der Personaldatenverwaltung regelmäßig entgegenstehen, dass eine vollständige Bestimmung über die Mittel der Verarbeitung durch die Verantwortlichen nicht mehr gewährleistet sein dürfte.[32]   22

Besonders praxisrelevante Herausforderungen bereitet die künftige Qualifikation des **Cloud Computing**.[33] Zwar verbieten sich – nicht zuletzt angesichts der vielfältigen Ausgestaltungen entsprechender IT-Dienstleistungen – pauschale Zuordnungen. Zutreffend wird allerdings darauf hingewiesen, dass die bisherige Vertragspraxis vieler Cloud-Anbieter für die Verantwortlichen faktisch keine hinreichenden Weisungs- und Kontrollmöglichkeiten eröffnet und auch Dokumentationspflichten eingeschränkt realisierbar wa-   23

---

27 *Petri* ZD 2015, 305 (307).
28 *Müthlein* RDV 2016, 74 (83).
29 Ebenso zur bisherigen Rechtslage Simitis/*Petri* BDSG § 11 Rn. 29.
30 Vgl. begrifflich *Müthlein* RDV 2016, 74 (84).
31 Ebenso zur bisherigen Rechtslage Simitis/*Petri* BDSG § 11 Rn. 31.
32 Ebenso zur früheren Rechtslage Simitis/*Petri* BDSG § 11 Rn. 34 u. 37.
33 Vgl. umfassend zum Gesamtphänomen aus rechtswissenschaftlicher Sicht *Kian*, Cloud Computing, 2016; *Borges/Meents* (Hrsg.), Cloud Computing, 2016; *Hennrich*, Cloud Computing – Herausforderungen an den Rechtsrahmen für Datenschutz, 2016; *Roßnagel* (Hrsg.), Wolken über dem Rechtsstaat?, 2015; *Brennscheidt*, Cloud Computing und Datenschutz, 2013; *Jotzo*, Der Schutz personenbezogener Daten in der Cloud, 2013.

ren.[34] Die neu formulierten Anforderungen stellen sich für Cloud-Dienste als „sehr anspruchsvoll"[35] dar. Zudem stellen Anbieter von Cloud Computing ihre Software, Plattformen und Serverleistungen typischerweise nicht nur isoliert zur Benutzung bereit, sondern nehmen eigenmotivierte Verarbeitungen der ihnen überlassenen und der durch die Nutzung ihrer Systeme erlangten Daten vor.[36] Richtigerweise wird deshalb darauf hingewiesen, dass für Konstellationen des Cloud Computing das Modell der Auftragsverarbeitung nicht passt.[37] Es ist deshalb auch zweifelhaft, ob den grundlegenden Anforderungen aus Art. 28 DSGVO künftig im Wege von Verhaltensregeln (Art. 40 DSGVO) und Zertifizierungen (Art. 42 DSGVO) entsprochen werden kann.[38] Damit besteht ein erhebliches Risiko für entsprechende Anbieter und Modelle, insbesondere angesichts der drohenden Qualifikation als fehlerhafte Auftragsverarbeitung im Fall unerkannter Funktionsübertragung (→ Rn. 26).

4. Fehlerhafte Auftragsverarbeitung

24 Eine weitreichende Neubestimmung für die künftige Struktur der Auftragsverarbeitung trifft nunmehr die indirekt normierte Rechtsfigur der **fehlerhaften Auftragsverarbeitung**. Durch Abs. 10 ist nämlich vorgesehen, dass – jenseits der fortbestehenden Möglichkeit einer Ahndung von Verstößen gegen DSGVO-Vorgaben im Wege der Art. 83–84 DSGVO – diejenigen Auftragsverarbeitenden, die unter Verstoß gegen Vorschriften der DSGVO selbst über Zwecke und Mittel der Verarbeitung bestimmen, in Bezug auf diese Verarbeitungsvorgänge dann ihrerseits als Verantwortliche zu subsumieren sind. Die eigene Verantwortlichkeit der Auftragsverarbeiter „entlastet" insoweit zwar nicht unmittelbar den Auftraggeber, führt aber zu einer parallelen Verantwortlichkeit, die nach Maßgabe von Art. 26 DSGVO zu behandeln ist (→ Art. 26 Rn. 4 ff.). Umfasst sind von dieser Sanktionsnorm für die Praxis damit potentiell zwei Konstellationen:

25 Unstreitig erfasst sind von dieser Rechtsfolgenanordnung jene Fälle, in denen Auftragsverarbeitende sich bewusst **über Weisungen der Verantwortlichen hinwegsetzen** und sich insoweit eine eigene Entscheidungsbefugnis bei der Verarbeitung personenbezogener Daten anmaßen. Jenseits dieser als „Exzess" charakterisierbaren Konstellationen werden zwar Zweifel daran formuliert, ob auch ein versehentliches oder unerkanntes und damit per se „rollenkonformes" Überschreiten von Weisungen bereits diese weitreichende Rechtsfolge einer eigenständigen Verantwortlichkeit rechtfertige.[39] Richtigerweise greifen diese Zweifel aber nicht durch, da es nicht um am Schuldprinzip orientierte Unwerturteile geht, sondern um die Zurechnung von Rechtsverstößen. Diese ist durchaus sachgerecht, zumal die Rechtsfolge einer eigenen Verantwortlichkeit durch Abs. 10 nur „in Bezug auf diese

---

34 *Koós/Englisch* ZD 2014, 276 (279).
35 *Petri* ZD 2015, 305 (307).
36 *Kühling/Seidel/Sivridis*, Datenschutzrecht, 3. Aufl. 2015, Rn. 138.
37 *Roßnagel/Nebel/Richter* ZD 2013, 103 (105).
38 Diesen Lösungsansatz ansprechend *Koós/Englisch* ZD 2014, 276 (279); *Roßnagel/Nebel/Richter* ZD 2013, 103 (105).
39 Vgl. *Eckhardt/Kramer* DuD 2013, 287 (292).

Verarbeitung" und nicht generalisierend für jegliche Verarbeitungen in dem Auftragsverarbeitungsrechtsverhältnis greift.

Die zweite Fallgruppe, für die jene durch Abs. 10 etablierte Rechtsfigur der   **26** fehlerhaften Auftragsverarbeitung greift, dürfte weitreichendere Folgen haben: Soweit nämlich der enge, stark auf das Weisungsrecht des Auftraggebers fixierte Rahmen einer Auftragsverarbeitung überschritten wird, was datenschutzrechtlich vor allem in den Fällen einer **Funktionsübertragung** (→ Rn. 15 ff.) der Fall sein wird, handelt es sich ungeachtet der Bezeichnung oder des Willens bzw. der Selbstwahrnehmung der beteiligten Akteure um eine fehlerhafte Auftragsverarbeitung, sobald die Bestimmung über Zwecke und Mittel der konkreten Verarbeitungen nicht hinreichend von den Verantwortlichen bzw. Auftraggebern getroffen wird. Die Abgrenzung von Auftragsverarbeitung und Funktionsübertragung gewinnt durch diese strenge Vorgabe damit gleich in zweifacher Hinsicht Relevanz: Zum einen sind indirekt durch Abs. 10 belastbare Kriterien in Gestalt der Orientierung an der Entscheidung über die Zwecke und Mittel der konkreten Verarbeitung formuliert (→ Rn. 16). Zum anderen wird eine eindeutige Rechtsfolge für fehlerhaft als Auftragsverarbeitung aufgefasste, aber tatsächlich in Gestalt einer Funktionsübertragung erfolgende Verarbeitungen ausgesprochen. Im Hinblick auf die unmittelbare – also sekundäre Haftungs- und Bußgeldfolgen außer Acht lassende – Rechtsfolgenseite tritt indes keine wesentliche Rechtsänderung gegenüber der bisherigen Rechtslage ein, nach welcher die Funktionsübertragung gleichfalls nicht als „privilegiertes" Outsourcing verstanden werden konnte und dementsprechend gleichfalls dem allgemeinen Verantwortlichkeitsregime unterfiel.[40]

II. Vorgaben zum „Ob" der Auftragsverarbeitung

Art. 28 DSGVO widmet sich bei quantitativer Betrachtung des Normtextes   **27** vornehmlich den Anforderungen an das „Wie" einer Auftragsverarbeitung, knüpft also primär an das Auftragsverarbeitungsverhältnis zwischen Verantwortlichen und Auftragsverarbeitenden an. Demgegenüber wird die vorgelagerte „Ob"-Frage hinsichtlich der **Begründung einer Auftragsverarbeitung** indirekt geregelt. Für die Beteiligten ist es jedoch von entscheidender Bedeutung, wodurch eine Auftragsverarbeitung rechtlich getragen werden kann (1.), welche Anforderungen an die Auswahlentscheidung der Verantwortlichen gestellt werden (2.) und wie die Möglichkeiten für eine Unterauftragsverarbeitung ausgestaltet sind (3.).

1. Rechtsgrundlage für Auftragsverarbeitung

Ausgangspunkt jeder Beurteilung, wann und unter welchen Bedingungen   **28** eine Auftragsverarbeitung datenschutzrechtskonform in Betracht kommen kann, ist deren Rechtfertigung im Verhältnis von Verantwortlichen zu den von der Verarbeitung betroffenen Personen. Typischerweise sollten diese Voraussetzungen in einer **Rechtsgrundlage** normiert sein. Gerade eine solche explizite und generelle Rechtsgrundlage für Auftragsverarbeitungen

---

40 Vgl. stellvertretend Simitis/*Petri* BDSG § 11 Rn. 22.

wurde im Rahmen von Art. 28 DSGVO indes nicht geschaffen. Folglich wird die Rechtfertigung für Auftragsverarbeitungen kontrovers diskutiert.

29 Verbreitet wird davon ausgegangen, dass die Begründung einer Auftragsverarbeitung durch Art. 6 Abs. 1 DSGVO einem Rechtfertigungserfordernis unterliege. Für dieses Verständnis spricht, dass bereits mit dem Zugänglichmachen bzw. Übertragen von weiterzuverarbeitenden Datenbeständen gegenüber den Auftragsverarbeitenden tatbestandlich eine Verarbeitung iSv Art. 4 Nr. 2 DSGVO vorliegt. Dementsprechend wäre eine Auftragsverarbeitung für private Stellen – jenseits des Falls einer vertraglichen Grundlage bzw. expliziten Einwilligung der betroffenen Personen – vornehmlich durch **Art. 6 Abs. 1 lit. f DSGVO** eröffnet, soweit sie als effizientes Outsourcing zur Wahrung der berechtigten Interessen des Verantwortlichen erforderlich sei und schützenswerte Interessen der betroffenen Personen nicht überwiegten.[41] Für Behörden als Verantwortliche käme eine Auftragsverarbeitung unter den Bedingungen des **Art. 6 Abs. 1 lit. e DSGVO** in Betracht. Mag es sich auch um eine konsequent subsumierte Auffassung handeln, so hat sie dennoch kaum intendierte Folgen, da auf diesem Weg die Rechtfertigung einer Verarbeitung besonderer personenbezogener Daten nach Art. 9 ff. DSGVO kaum zu erreichen sein dürfte, ohne dass der Normgenese Hinweise auf einen so weitreichend beabsichtigten Ausschluss zu entnehmen wären.[42]

30 Vereinzelt wird zur Sicherung der „Privilegierung" der Auftragsverarbeitung erwogen, stattdessen **Abs. 4** als eigenständige Rechtsgrundlage zu interpretieren.[43] Andere Stimmen gehen davon aus, dass es jenseits der Voraussetzungen des Art. 28 DSGVO „keines besonderen Erlaubnistatbestandes bedarf".[44] Beide Interpretationen finden indes keine hinreichende Stütze im Normtext bzw. in der Entstehungsgeschichte.

31 Vorzugswürdig erscheint es demgegenüber, die infolge der weiten Definition der Verarbeitung durch Art. 4 Nr. 2 DSGVO gesetzessystematisch gebotene Rechtsgrundlage zur Begründung einer Auftragsverarbeitung **akzessorisch im Erlaubnisgrund der zugrunde liegenden Verarbeitung** auszumachen. Eine an sich für die Verantwortlichen gerechtfertigte Verarbeitung kann also grundsätzlich auf Grundlage derselben datenschutzrechtlichen Grundlage auch durch Auftragsverarbeitende vorgenommen werden, soweit in diesem Rahmen die Anforderungen an die Auftragsverarbeitung aus Art. 28 ff. DSGVO gewahrt werden.[45] Die spezifischen Risikopotentiale aus der Inanspruchnahme externer Dienstleister werden nach vorzugswürdiger Lesart also nicht primär als Frage der generellen Rechtfertigungsfähigkeit, sondern als Anforderungen an die Durchführung der grundsätzlich auf das identische Datenschutzniveau abzielenden Auftragsverarbeitung konstruiert. Dies schließt es aber nicht aus, die Rechtfertigung der Verarbeitung als solche darauf zu befragen, inwieweit sie ausnahmsweise

---

41 Vgl. *Koós/Englisch* ZD 2014, 276 (284); *Roßnagel/Nebel/Richter* ZD 2013, 103 (105); *Laue/Nink/Kremer*, § 5 Rn. 10.

42 Dennoch eine solche Differenzierung befürwortend *Laue/Nink/Kremer*, § 5 Rn. 10.

43 So wohl zum Kommissionsentwurf *Eckhardt/Kramer* DuD 2013, 287 (291).

44 *Jaspers* DuD 2012, 571 (574); *Albrecht/Jotzo*, Teil 5 Rn. 22.

45 So auch *Kühling/Seidel/Sivridis*, Datenschutzrecht, 3. Aufl. 2015, Rn. 138.

eine Auftragsverarbeitung nicht legalisiert. So ist es möglich, dass im Rahmen einer auf eine Einwilligung gem. Art. 6 Abs. 1 lit. a DSGVO gestützten Verarbeitung seitens der betroffenen Personen eine Auftragsverarbeitung ausgeschlossen wird. Zugleich lässt sich auf diesem Wege – trotz vordergründiger Aufgabe der Differenzierung zwischen hoheitlichen und privaten Auftragsverarbeitungen – gewährleisten, dass im Fall behördlich angestrebter Auftragsverarbeitungen selbige ausschließlich in Betracht kommen, soweit die hoheitliche Befugnis zur Verarbeitung auch die Durchführung in Gestalt einer Auftragsverarbeitung legalisiert. Insbesondere Geheimhaltungspflichten statuieren insoweit eine Begrenzung für Auftragsverarbeitungen.

2. Auswahlentscheidung nach Art. 28 Abs. 1 DSGVO

Die Vorgaben zum „Ob" einer Auftragsverarbeitung kumulieren in der **Auswahlentscheidung des Verantwortlichen**. Nicht nur bedarf es der Rechtfertigung in Form einer Rechtsgrundlage, sondern Abs. 1 stellt darüber hinausgehende Anforderungen an die Auswahlentscheidung. Nach dieser Norm sind die Verantwortlichen angehalten, nur mit solchen Auftragsverarbeitenden zusammenzuarbeiten, die hinreichend Garantien dafür bieten, dass geeignete technische und organisatorische Maßnahmen so durchgeführt werden, dass die Verarbeitung im Einklang mit den Anforderungen der DSGVO erfolgt und den Schutz der Rechte der betroffenen Person gewährleistet. Es besteht also weiterhin die Pflicht für alle Verantwortlichen zur sorgfältigen Auswahl der Auftragsverarbeitenden.[46] Nach Erwägungsgrund 81 sind dabei insbesondere Fachwissen, Zuverlässigkeit und Ressourcen zu berücksichtigen. Neben der belastbaren Prognose, dass eine datenschutzrechtskonforme Verarbeitung auch im Wege der Auftragsverarbeitung gesichert ist, weist bereits diese Auswahlverantwortung einen dynamisierenden Bezug im Lichte der generellen Verarbeitungsverantwortlichkeit auf (→ Rn. 12). **32**

Entscheidungsleitend kann die entsprechende Prognose dabei nach Abs. 1 nur sein, wenn sie durch hinreichende Garantien für geeignete technische und organisatorische Maßnahmen gestützt wird. Damit ist klargestellt, dass die Verantwortlichen für ihre Auswahlentscheidung im Zweifelsfall die Darlegungslast trifft. Zu ihrer Entlastung ist allerdings durch **Abs. 5** anerkannt, dass sie ihre Prognose insbesondere darauf stützen können, dass genehmigte Zertifizierungsverfahren (Art. 42 DSGVO) absolviert und genehmigte Verhaltensregeln (Art. 40 DSGVO) eingehalten werden. In dieser Hinsicht übertrifft das Regelungsniveau die bisherige Rechtslage nach § 11 Abs. 2 S. 1 BDSG deutlich.[47] **33**

Parallel zu den Vorgaben für die Auswahlentscheidung kann zudem eine **Datenschutz-Folgenabschätzung** nach Art. 35 DSGVO obligatorisch geboten sein, deren Prüfung sich dann auch auf den Einsatz von Auftragsverarbeitenden erstreckt.[48] **34**

---

46 *Petri* ZD 2015, 305 (308 f.).
47 *Müthlein* RDV 2016, 74 (75).
48 *Müthlein* RDV 2016, 74 (75 f.).

3. Weitere Auftragsverarbeitung nach Art. 28 Abs. 2 u. 4 DSGVO

35   Eine detaillierte datenschutzrechtliche Ausgestaltung erfahren Konstellationen der vormals als Unteraufträge verstandenen Möglichkeit für die Auftragsverarbeitenden, im Rahmen ihrer Auftragsverarbeitung ihrerseits auf (Unter-)Auftragsverarbeitende zurückzugreifen.[49] Der Hauptunterschied zur bisherigen Rechtslage kommt schon in der neuen Terminologie zum Ausdruck, wenn in Abs. 2 u. 4 ausschließlich vom Einsatz „weiterer Auftragsverarbeiter" die Rede ist und damit deren parallel-verselbständigte Verantwortlichkeit betont wird.[50]

a) Gestattung der Auftragsverarbeitung

36   Entsprechend zur Begründung einer erstmaligen Auftragsverarbeitung stellt sich auch für die Befugnis zu weiteren Auftragsverarbeitungen die Frage nach der rechtfertigenden **Rechtsgrundlage**. Da indes im Fall einer datenschutzrechtskonformen ursprünglichen Auftragsverarbeitung bereits eine Rechtsgrundlage für die materiellen Verarbeitungen und deren Outsourcing besteht, ist insoweit keine spezifische Rechtfertigung im Verhältnis zu den betroffenen Personen erforderlich. Stattdessen bedarf es einer Rückkopplung an die Verantwortlichen sowie einer Bindung an die vorgelagerten Auftragsverarbeitenden als Auftraggeber.

37   Gemäß Abs. 2 S. 1 ist der Rückgriff auf weitere Auftragsverarbeitungen grundsätzlich untersagt, es sei denn, die Verantwortlichen haben dies gestattet. Eine solche Erlaubnis kann in zwei Gestaltungen erteilt werden: Entweder erfolgt vorab die gesonderte **Gestattung** einer konkreten weiteren Auftragsverarbeitung (Abs. 2 S. 1 Var. 1). Oder aber es wird eine allgemeine schriftliche Gestattung erteilt (Abs. 2 S. 1 Var. 2). Im letzteren Fall muss allerdings nach Abs. 2 S. 2 jede beabsichtigte Modifikation im Hinblick auf die Hinzuziehung oder die Ersetzung anderer Auftragsverarbeiter vorab den Verantwortlichen so rechtzeitig mitgeteilt werden, dass diesen die Möglichkeit eines Einspruchs im Rahmen ihres Weisungsrechts verbleibt. Werden diese Anforderungen gewahrt, besteht in beiden Varianten kraft der Gestattung der Verantwortlichen eine Rechtsgrundlage für den Rückgriff auf weitere Auftragsverarbeitungen.

38   Das Erfordernis einer Genehmigung für weitergeleitete Auftragsverarbeitungen ergibt nur Sinn, wenn diese Genehmigung seitens der Verantwortlichen auch versagt werden kann.[51] Dementsprechend sind sowohl die konkrete als auch die generelle Versagung von weiteren Auftragsverarbeitungen möglich.[52]

b) Auswahlentscheidung der Auftragsverarbeitenden

39   Jenseits der Einspruchsmöglichkeit aus Abs. 2 S. 2 bzw. der prinzipiell uneingeschränkt bestehenden Möglichkeit entsprechender Weisungen von Seiten der Verantwortlichen (→ Rn. 65 ff.) trifft gemäß Abs. 4 die **Aus-**

---

49 Vgl. stellvertretend Simitis/*Petri* BDSG § 11 Rn. 76 f.
50 *Müthlein* RDV 2016, 74 (82).
51 Vgl. zu den Konsequenzen *Laue/Nink/Kremer*, § 5 Rn. 22.
52 AA wohl für die generelle Versagung *Kühling/Seidel/Sivridis*, Datenschutzrecht, 3. Aufl. 2015, Rn. 135.

wahlentscheidung über weitere Auftragsverarbeitende „der erste Auftragsverarbeiter".

Der **Entscheidungsmaßstab** für die Auswahlentscheidung ist gemäß Abs. 4   40
S. 1 insbesondere auf hinreichende Garantien dafür gerichtet, dass geeignete technische und organisatorische Maßnahmen so durchgeführt werden, dass die Verarbeitung entsprechend den Anforderungen dieser Verordnung erfolgt. Es kommt also zu einer Erstreckung des Auswahlmaßstabs für die primäre Auftragsverarbeitung (→ Rn. 32 f.) auf weitere Auftragsverarbeitungen.

c) Erstreckung aller datenschutzrechtlichen Anforderungen

Zur Bewirkung eines einheitlichen materiellen Datenschutzniveaus schreibt   41
Abs. 4 S. 1 vor, dass den weiteren Auftragsverarbeitenden durch Vertrag oder Rechtsakt dieselben Datenschutzpflichten auferlegt werden, die in dem Vertrag oder anderen Rechtsinstrument zwischen den Verantwortlichen und den Auftragsverarbeitenden gemäß Abs. 3 festgelegt sind. Die damit sichergestellte Erstreckung aller im Ausgangsverhältnis greifenden Bindungen (→ Rn. 43 ff.), ist in materieller Hinsicht unproblematisch. Nicht ausdrücklich geregelt wurde indes, inwieweit es bei den Bindungen zu einem Subjektwechsel kommt: Da im Verhältnis zu weiteren Auftragsverarbeitenden die vorgelagerten Auftragsverarbeitenden de facto im Hinblick auf den Vertragsschluss und die Auswahlentscheidung die Rolle des Verantwortlichen übernehmen und gemäß Abs. 4 S. 2 zudem eine Haftung der vorgelagerten Auftragsverarbeitenden für Datenschutzverstöße der weiteren Auftragsverarbeitenden angeordnet ist, sprechen die besseren Gründe dafür, den vorgelagerten Auftragsverarbeitenden insbesondere ein nach Abs. 3 S. 2 lit. a zu sicherndes Weisungsrecht einzuräumen. Die primären Auftragsverarbeitenden rücken also im Verhältnis zu weiteren Auftragsverarbeitenden stufenweise in die Verantwortungs- und Kontrollposition des Verantwortlichen auf. Entgegen erster Einschätzungen im Schrifttum kann diese Erweiterung indes nicht so weit gehen, eine „Durchgriffskontrolle" der Verantwortlichen auszuschließen oder gänzlich zu substituieren.[53] Denn diesbezüglich sichert jedenfalls das nach Art. 29 DSGVO unterschiedslos greifende Weisungsrecht der Verantwortlichen auf allen Verarbeitungsebenen einen „Weisungsdurchgriff". Diese Wertung muss im Lichte der umfassenden Verantwortlichkeit im Außenverhältnis entsprechend auch bei der Auslegung der durch Abs. 4 S. 1 zu sichernden Pflichten berücksichtigt werden. Richtigerweise ist deshalb die Maßstabsübertragung im Rahmen der **Erstreckung der datenschutzrechtlichen Anforderungen gemäß Abs. 4 S. 1** dahingehend auszulegen, dass neben der Sicherung der Rechte der Verantwortlichen parallel eine Einräumung der entsprechenden Rechte zugunsten der vorgelagerten Auftragsverarbeitenden vorzusehen ist.

d) Haftung für weitere Auftragsverarbeitungen

Eine spezielle **Haftung der vorgelagerten Auftragsverarbeitenden** für von   42
ihnen ausgewählte und kontrollierte weitere Auftragsverarbeitende normiert Abs. 4 S. 2. Insoweit handelt es sich um eine neben die Haftung der

---

53 So aber in der Tendenz *Müthlein* RDV 2016, 74 (82).

weiteren Auftragsverarbeitenden aus Art. 82 Abs. 2 S. 2 DSGVO tretende, spezifische Haftung im Außenverhältnis, welche die besondere Verantwortlichkeit für nachgelagerte Auftragsverarbeitungen verdeutlicht – eine Haftungsfreistellung der weiteren Auftragsverarbeitenden wie auch der Verantwortlichen geht damit nicht einher.

III. Anforderungen an das „Wie" der Auftragsverarbeitung

43　Mit gesteigerter Regelungsdichte widmen sich die Vorgaben aus Art. 28 DSGVO den Anforderungen an das „Wie" der Auftragsverarbeitung. Dabei stehen normierungstechnisch jene Voraussetzungen im Mittelpunkt, die spezifisch im Rechtsverhältnis zwischen Verantwortlichen und Auftragsverarbeitenden zu wahren sind.

1. Schriftform

44　Als formale Anforderung ist im Rahmen von Auftragsverarbeitungen auf unterschiedlichen Ebenen das **Schriftformgebot** zu wahren:

45　Nach **Abs. 9** ist die Grundlage der Auftragsverarbeitung in Gestalt eines Vertrags oder eines anderen unionsrechtlichen bzw. mitgliedstaatlichen Rechtsinstruments stets schriftlich abzufassen.[54] Der Schriftform gleichgestellt ist ein elektronisches Format.[55]

46　Gleichartig ist auch der Dokumentationspflicht gemäß **Art. 30 Abs. 3** DSGVO durch ein schriftliches Verzeichnis zu genügen, wobei ebenfalls das elektronische Format gleichgestellt wird.

47　Ein gesondertes Schriftformerfordernis sieht **Abs. 2 S. 1** für die Genehmigung weiterer Auftragsverarbeitungen durch die Verantwortlichen vor, ohne dass in dieser Vorschrift die elektronische Form gleichgestellt wird. Diesbezüglich wird zu Recht darauf hingewiesen, dass damit für eine Vielzahl praxisrelevanter Auftragsverarbeitungen die durch Abs. 9 ermöglichte elektronische Form leerzulaufen drohe.[56] Da nicht ersichtlich ist, dass dies die spezifische Regelungsintention der Vorschrift ist, welche insoweit vornehmlich durch Warn- und Beweisfunktionen motiviert sein dürfte, ist richtigerweise davon auszugehen, dass eine schriftliche Genehmigung im Sinne von Abs. 2 S. 1 auch in elektronischem Format erteilt und dokumentiert werden kann.

2. Mindestanforderungen an die Auftragsverarbeitung durch Abs. 3

a) Regelungstechnik

48　Die für die Anpassungspraxis an die neue Rechtslage weitreichendste Vorschrift stellt Abs. 3 dar, weil mit dieser Norm faktisch die datenschutzrechtlichen Standards gesetzt werden, denen eine Auftragsverarbeitung entsprechen muss. Regelungstechnisch gelingt dies, indem durch Abs. 3 primär die Grundlage der Auftragsverarbeitung im Verhältnis zwischen Verantwortlichen und Auftragsverarbeitern adressiert wird, also ein Vertrag oder ein äquivalentes Rechtsinstrument aus dem Unionsrecht bzw. dem

---

54　Vgl. zu möglichen Gestaltungsformen *Laue/Nink/Kremer*, § 5 Rn. 13 f.
55　Vgl. zu den Anforderungen *Müthlein* RDV 2016, 74 (76).
56　*Müthlein* RDV 2016, 74 (82).

Recht der Mitgliedstaaten. Durch die Präskription der Ausgestaltung des Rechtsverhältnisses wird indes zugleich die Durchführung desselben gestaltet, zumal Abs. 3 S. 1 explizit betont, dass die Auftragsverarbeitung „auf Grundlage" dieser Gehalte erfolgt. Indem Vorgaben für die relationale Rechtsstruktur der Auftragsverarbeitung statuiert werden, wird deren Verwirklichung als Zielvorstellung implementiert, weshalb im Folgenden die Vorgaben einheitlich nicht nur als Rahmengehalte für das Grundverhältnis der Auftragsverarbeitung, sondern zudem als **Mindestanforderungen** für eine datenschutzkonforme Auftragsverarbeitung kommentiert werden.

Diese doppelte Stoßrichtung führt dazu, dass es in weiten Teilen des Regelungskatalogs aus Abs. 3 S. 2 zu „Doppelungen" durch die Vertragspraxis kommen wird, weil eine Vielzahl von bereits unmittelbar durch den Verordnungstext bestehenden Pflichten obligatorisch zu übernehmen sind und damit schlicht wiederholt werden. Diese **Überschneidungslogik** bezweckt allerdings – ungeachtet dessen, dass sie die datenschutzrechtlichen Pflichten noch einmal deutlich und für das konkrete Auftragsverarbeitungsverhältnis vor Augen führt – nicht nur parallele vertragliche und gesetzliche Pflichten, sondern sichert die Einhaltung der Vorschriften der DSGVO über ihren räumlichen Geltungsbereich (Art. 3 DSGVO) hinausgehend im Fall jeglicher Auftragsverarbeitung mit Drittstaatsbezug.[57]

b) Basisanforderungen

Die **Basisanforderungen** an das Auftragsverarbeitungsrechtsverhältnis benennt Abs. 1 S. 1, indem die Pflichtenstellung von Verantwortlichen und Auftragsverarbeitenden sowie Anforderungen an Verarbeitungsgegenstand und -modalitäten formuliert werden. Dies bedeutet, es bedarf einer Regelung zu Rechten und Pflichten der Verantwortlichen. Diese werden flankiert von einer grundsätzlichen Bindung der Auftragsverarbeitenden „in Bezug auf den Verantwortlichen", womit die beständige Rückkopplung der Verarbeitung nebst dessen effektiver Einwirkungsmöglichkeiten normiert ist. Ferner sind Bestimmungen zu Gegenstand und Dauer der Verarbeitung sowie zu Art und Zweck der Verarbeitung zu treffen. Zudem müssen die Art der personenbezogenen Daten und die Kategorien betroffener Personen bereits vorab festgelegt sein. Durch die Vorgaben aus Abs. 1 S. 1 ist damit aufgegeben, das Auftragsverarbeitungsverhältnis umfassend zu regeln

c) Explizite Mindestgehalte im Einzelnen

Ähnlich der vormaligen Rechtslage in § 11 Abs. 2 S. 2 BDSG konkretisiert auch die DSGVO ihren Gestaltungsanspruch hinsichtlich Vorgaben zur Auftragsverarbeitungsgestaltung nunmehr durch acht Unterpunkte.[58] Diese enthalten damit explizite Einzelgewährleistungen, die zur Erreichung des von Abs. 1 S. 1 erstrebten Regelungsniveaus **notwendige Kriterien** darstellen:

Besondere Bedeutung misst Abs. 3 S. 2 lit. a der **Weisungsbefugnis** des Verantwortlichen bei, welche – ohne dass in der Vorschrift auf diese Norm

49

50

51

52

---

57 *Koós/Englisch* ZD 2014, 276 (280).
58 Vgl. zur regelungstechnischen Parallele *Petri* ZD 2015, 305 (309).

verwiesen wird – gesondert durch Art. 29 DSGVO datenschutzrechtlich gesichert ist (→ Rn. 65 ff.). Im Hinblick auf das Auftragsverarbeitungsrechtsverhältnis ist danach eine Klarstellung geboten, wonach personenbezogene Daten nur auf dokumentierte Weisung des Verantwortlichen verarbeitet werden dürfen. Die Dokumentation ist indes keine Beachtlichkeitsvoraussetzung der Weisung.[59] Explizit ist klargestellt, dass dieser Weisungsvorbehalt sich auch auf die Übermittlung personenbezogener Daten an ein Drittland oder eine internationale Organisation erstreckt. Eine Ausnahme von diesem Weisungsvorbehalt besteht nur, soweit die Auftragsverarbeitenden durch unionales oder mitgliedstaatliches Recht zu einer Verarbeitung – insbesondere Übermittlung – verpflichtet sind. In letzterem Fall trifft die Auftragsverarbeitenden eine **Hinweispflicht** auf diese Rechtslage vor der Verarbeitung, die aber ihrerseits unter dem Vorbehalt steht, dass das betreffende Recht eine solche Mitteilung nicht wegen eines wichtigen öffentlichen Interesses verbietet, wobei dieser Vorbehalt nur ausnahmsweise und vornehmlich bei staatsschutz- und geheimdienstrelevanten Vorgaben ausgelöst sein dürfte.

53 Gemäß Abs. 3 S. 2 lit. b ist die **Vertraulichkeit** beim Datenumgang durch das Auftragsverarbeitungsverhältnis zu sichern. Diese Anforderung überrascht normsystematisch, weil die DSGVO – anders als § 5 BDSG im Hinblick auf das sog Datengeheimnis – eine derartige Grundpflicht nicht anderweitig vorsieht.[60] Desungeachtet ist also speziell im Rahmen der Auftragsverarbeitung zu gewährleisten, dass die zur Verarbeitung der personenbezogenen Daten befugten Personen zur Vertraulichkeit verpflichtet werden, soweit sie nicht bereits als solche einer angemessenen gesetzlichen Verschwiegenheitspflicht unterliegen. Die Vertraulichkeitsorientierung richtet sich damit ausdrücklich nicht nur an die Auftragsverarbeitenden selbst, sondern bezieht alle „befugten Personen" und damit auch konkret mit der Auftragsverarbeitung betraute Mitarbeitende ein; soweit letztere eine solche Verpflichtungserklärung verweigern und auch nicht gesetzlich zur Verschwiegenheit verpflichtet sind, dürfen sie entsprechend der Normwertung für die jeweilige Auftragsverarbeitung nicht eingesetzt werden.[61]

54 Durch Abs. 3 S. 2 lit. c wird für das Auftragsverarbeitungsrechtsverhältnis vorgegeben, dass die nach Art. 32 DSGVO erforderlichen Maßnahmen ergriffen werden. Insoweit wird das organisatorische Normprogramm zur **Sicherheit der Verarbeitung** (→ Art. 32) im Sinne der „Überschneidungslogik" (→ Rn. 49) gedoppelt.

55 Abs. 3 S. 2 lit. d zielt darauf ab, die Vorgaben zum **Einsatz weiterer Auftragsverarbeitender** gemäß Abs. 2 u. 4 (→ Rn. 35 ff.) entsprechend der „Überschneidungslogik" (→ Rn. 49) im Auftragsverarbeitungsrechtsverhältnis zu perpetuieren.

56 Mit Abs. 3 S. 2 lit. e wird angestrebt, eine effektive Gewährleistung der Rechte von betroffenen Personen, wie sie durch die **Art. 12–23 DSGVO** normiert sind, im Auftragsverarbeitungsrechtsverhältnis sicherzustellen.

---

59 Vgl. *Laue/Nink/Kremer*, § 5 Rn. 17.
60 Vgl. *Müthlein* RDV 2016, 74 (79).
61 *Müthlein* RDV 2016, 74 (79).

Zu diesem Zweck werden die Auftragsverarbeitenden zwar nicht zu Verpflichteten aus diesen Rechten, aber ihnen wird – anders als nach bisherigem Recht[62] – angesichts der Outsourcing-Konstellation („Art der Verarbeitung") eine aktive **Unterstützungspflicht** im Hinblick auf technische und organisatorische Maßnahmen auferlegt, damit den Anträgen der betroffenen Personen seitens der Verantwortlichen nachgekommen werden kann.

Ergänzend ist gemäß Abs. 3 S. 2 lit. e vorzusehen, dass zudem eine **Unter-**   57
stützungsverpflichtung zugunsten der Verantwortlichen greift, damit diese den an sie adressierten Sicherheitsanforderungen aus Art. 32–36 DSGVO entsprechen können. Auch diese Unterstützungspflicht ist limitiert durch den Tätigkeitskreis, in dem sich spezifische Wissensasymmetrien infolge des Outsourcings durch Auftragsverarbeitung niederschlagen („unter Berücksichtigung der Art der Verarbeitung und der ihm zur Verfügung stehenden Informationen").

Übereinstimmend mit der bisherigen Rechtslage aus § 11 Abs. 2 S. 2 BDSG   58
ist gemäß Abs. 3 S. 2 lit. g vorzusehen, dass mit Erbringung der Verarbeitungsleistungen alle personenbezogenen Daten entweder gelöscht oder an den Verantwortlichen zurückgegeben werden. Kommen beide Möglichkeiten in Betracht, steht den Verantwortlichen das diesbezügliche Wahlrecht zu. Diese **limitierende Vorgabe zur fortdauernden Datenverfügbarkeit** greift indes nicht, soweit die Auftragsverarbeitenden unions- oder nationalrechtlich verpflichtet sind, die personenbezogenen Daten zu speichern. Teleologisch wird man generell alle Fälle der Beendigung der Auftragsverarbeitung, also auch den Abbruch bzw. die Kündigung, als vom Normzweck erfasst ansehen müssen.

Sodann widmet sich Abs. 3 S. 2 lit. h den Informations- und Kontrollrech-   59
ten der Verantwortlichen. Nach dieser Vorschrift ist zum einen vorzusehen, dass die Auftragsverarbeitenden alle erforderlichen Informationen zum Nachweis der Einhaltung der in Art. 28 DSGVO niedergelegten Pflichten den Verantwortlichen zur Verfügung stellen. Es ist mithin ein **umfassendes Informationsrecht** für alle auftragsverarbeitungsrelevanten Sachverhalte vorgeschrieben, welches sich insbesondere auf die in Abs. 3 S. 1 erwähnten Gesichtspunkte der Rückkopplung jeder Verarbeitung an die Verantwortlichen, den Gegenstand und die Dauer der Verarbeitung, die Art und den Zweck der Verarbeitung, die Art der personenbezogenen Daten, die Kategorien betroffener Personen und die Pflichten und Rechte der Verantwortlichen erstreckt. Noch weitergehender sieht Abs. 3 S. 3 sogar eine **proaktive Informationspflicht** gegenüber den Verantwortlichen vor, soweit eine Weisung wegen befürchteter Datenschutzwidrigkeit von den Auftragsverarbeitenden zu remonstrieren ist. Rechtspolitisch wird zu Recht darauf hingewiesen, dass demgegenüber keine Meldepflicht entsprechend § 11 Abs. 2 S. 2 Nr. 8 BDSG hinsichtlich eigener Datenschutzverstöße der Auftragsverarbeitenden vorgesehen ist.[63] Ungeachtet der Frage, ob sich eine solche Meldepflicht nicht auch ohne ausdrückliche Normierung aus den Grundverantwortlichkeit der Auftragsverarbeitung – vor allem im Lichte der

---

62 *Petri* ZD 2015, 305 (309).
63 *Müthlein* RDV 2016, 74 (79).

Haftungs- und Bußgeldfolgen – ergibt (→ Rn. 70), ist für die Praxis jedenfalls zur Aufnahme entsprechender Bestimmungen in das Auftragsverarbeitungsrechtsverhältnis zu raten.

60 Zum anderen trifft die Auftragsverarbeitenden nach Abs. 3 S. 2 lit. h eine
über die passive Duldung hinausreichende **Unterstützungspflicht** im Rahmen **von Kontrollen** und Inspektionen der Verantwortlichen. Implizit ist
damit das umfassende Kontrollrecht der Verantwortlichen – das anders als
die Informationspflicht nicht sektoral auf den Nachweis der Datenschutzrechtskonformität der Auftragsverarbeitung beschränkt ist – anerkannt. Es
wird dadurch effektuiert, dass die Kontrollen nicht lediglich vom Verantwortlichen selbst, sondern auch durch von diesem beauftragte Prüfer
durchgeführt werden können. Es handelt sich um das notwendige Gegen-
stück zur dynamisierten Verantwortlichkeit, die als solche Kontrollen der
Verantwortlichen vorsieht (→ Rn. 12 u. 70 ff.).

3. Standardvertragsklauseln gemäß Abs. 6–8

61 Eine wesentliche Innovation mit wahrscheinlich hoher Praxisrelevanz für
die Vertragsgestaltung ist mit der Anerkennung von **Standardvertragsklauseln** durch Abs. 6–8 verbunden. Anknüpfend an die Praxis zahlreicher Ver-
tragsmuster, die oftmals durch Aufsichtsbehörden und/oder Verbände entwickelt wurden, ist nunmehr eine rechtssichere Grundlage für deren Verwendung geschaffen, soweit diese die Ausgestaltung der Vorgaben der
Abs. 3–4 betreffen.

62 Neben reinen individualvertraglichen Vereinbarungen steht es den Beteiligten nunmehr frei, auf **drei Typen** von standardisierten Vertragsmustern[64]
zurückzugreifen: Zunächst kann die Kommission Standardvertragsklauseln
gem. Abs. 7 bereitstellen, soweit sie dazu das Prüfverfahren gem. Art. 87
Abs. 2 DSGVO wahrt. Insoweit ist zu hoffen, dass zeitnah ein Gleichklang
mit den bereits bestehenden Standardvertragsklauseln nach 2010/87/EU erreicht werden kann, die bislang für die Übermittlung personenbezogener
Daten an Auftragsverarbeitende in Drittländer bereitgestellt wurden.[65] Daneben können Standardvertragsklauseln nach Abs. 8 durch Aufsichtsbehörden im Kohärenzverfahren gemäß Art. 63 DSGVO erarbeitet werden.
Ebenfalls möglich ist es, dass Vertragsklauseln nach Art. 43 f. DSGVO Bestandteil einer Zertifizierung sind, sodass auch auf diesem Weg Standardvertragsklauseln nach Abs. 6 Var. 3 entstehen können.

63 Für künftige Vertragsgestaltungen besonders wichtig ist die Klarstellung
durch Abs. 6, dass im Fall des Rückgriffs auf Standardvertragsklauseln
auch eine **partielle Verwendung möglich** ist. Damit ist klargestellt, dass jedenfalls eine Komplettübernahme nicht geboten ist, um die Sicherungswir-
kungen der Standardisierung in Ansatz zu bringen. Individualvertragliche
Modifikationen bleiben also in weitem Umfang möglich – lediglich soweit
einzelne Standardklauseln in ihrer Gestalt verändert werden, ist im Einzelfall zu prüfen, inwieweit man sich damit der Standardisierung begibt.

---

64 Vgl. ähnlich *Müthlein* RDV 2016, 74 (77), der eine Auswahl zwischen fünf Gestaltungsformen ausmacht.
65 *Gierschmann* ZD 2016, 51 (52).

Die Möglichkeit des Rückgriffs auf Standardvertragsklauseln, die in   64
Rechtssicherheit garantierenden Verfahren zustande gekommen sind, ist
für die Praxis der Auftragsverarbeitungen künftig von großer Bedeutung.
Es wird allerdings nicht zu Unrecht darauf hingewiesen, dass angesichts
einer Vielzahl juristischer Bewertungen und Haftungsrisiken für zertifizierende Stellen im Hinblick auf die Rechtsprechung zu Allgemeinen Geschäftsbedingungen Zweifel bestehen, inwieweit private Zertifizierungsstellen sich den Standardvertragsklauseln ausgiebig annehmen werden.[66] Vor
diesem Hintergrund kommt den Aktivitäten von Kommission und Aufsichtsbehörden in diesem Sektor besondere Bedeutung zu.

4. Weisungen der Verantwortlichen

Das zentrale Element der Auftragsverarbeitung ist die Rückbindung der   65
ausgelagerten Verarbeitungsvorgänge an die Verantwortlichen, die im Besonderen durch **umfassende Weisungsmöglichkeiten** der Verantwortlichen
sichergestellt wird. Gerade diesbezüglich ist auch die „Überschneidungslogik" (→ Rn. 49) des Rechtsverhältnisses besonders deutlich ausgeprägt:
Zum einen gebietet Abs. 3 S. 2 lit. a für das Auftragsverarbeitungsrechtsverhältnis eine umfassende Weisungsbefugnis der Verantwortlichen (→
Rn. 52); zum anderen gewährleistet Art. 29 DSGVO verordnungsunmittel-
bar, dass jenseits gesetzlicher Verpflichtungen jede Verarbeitung ausschließlich auf Weisung der Verantwortlichen durchgeführt werden darf.

Die Reichweite möglicher Weisungen der Verantwortlichen ist damit kaum   66
eingeschränkt und umfasst alle mit der Auftragsverarbeitung verbundenen
Aspekte. Es handelt sich mit anderen Worten in klassischer öffentlich-
rechtlicher Terminologie um eine **nicht gegenständlich eingeschränkte
Sachkompetenz**, die für das Innenverhältnis sogar eine ausgeprägte Tendenz zu einer Geschäftsleitungsbefugnis ausweist, da ausweislich Art. 29
DSGVO sogar ein „Verbot mit Weisungsvorbehalt" für jegliche Verarbeitungen unmittelbar qua Verordnungsrecht greift.

Der Kreis möglicher **Weisungsadressaten** wird ebenfalls weit gezogen: 67
Nach Abs. 3 S. 2 lit. a muss das Auftragsverarbeitungsrechtsverhältnis vorsehen, dass personenbezogene Daten nur auf Weisung der Verantwortli-
chen verarbeitet werden, ohne die Weisungsadressaten zu konkretisieren.
Dies geschieht auch nicht ausdrücklich in Art. 29 DSGVO, wonach zwar
jede den Verantwortlichen oder den Auftragsverarbeitenden unterstellte
Person – also insbesondere deren Angestellte – dem Weisungsvorbehalt unterfällt, jedoch nicht geregelt ist, dass diese auch selbst Adressaten einer
Weisung sein können. Verständigerweise wird nicht nur im Interesse der
Dokumentationspflicht (Abs. 3 S. 2 lit. a) allerdings zu fordern sein, dass
im Fall von Weisungen in den Rechtskreis der Auftragsverarbeitenden regelmäßig jene die primären Weisungsadressaten und im besonders dringlichen „Durchgriffsfall" zumindest auch parallele Weisungsadressaten sind.

Auch wenn keine expliziten Vorgaben betreffend die Art und Form der   68
Weisung bestehen, ist jedenfalls ein **Gebot der Weisungsklarheit** anzuerkennen. Teleologisch gebietet die Wahrnehmung der Verantwortlichkeit

---

66 Vgl. *Müthlein* RDV 2016, 74 (78).

(→ Rn. 12), dass zu pauschale Weisungen („Die Verarbeitung muss rechtmäßig erfolgen.") zweckwidrig sind. Zudem folgt aus dem Auftragsverarbeitungsverhältnis eine Rücksichtnahmepflicht, die es nicht zuletzt im Hinblick auf Verantwortlichkeit und Haftung der Auftragsverarbeitenden gebietet, die Weisungen ihnen gegenüber bestimmt zu formulieren.[67]

69   Mit der Zuerkennung einer Weisungsbefugnis ist die Möglichkeit verbunden, dass auch **Weisungen mit rechtswidrigem Inhalt** ergehen können. Das
Spannungsverhältnis zwischen Prärogative der Verantwortlichen und –
nicht zuletzt im Hinblick auf die eigene Haftung im Außenverhältnis besonders relevanter – Rechtsbindung der Auftragsverantwortlichen löst
Abs. 3 S. 3 mit einer Anleihe an die dienstrechtliche Figur der Remonstrationspflicht:[68] Wenn die Auftragsverarbeitenden der Auffassung sind, dass
eine ihnen erteilte Weisung rechtswidrig ist, trifft sie eine unverzügliche
Pflicht, die Verantwortlichen hierüber zu informieren. Es obliegt dann also
den Verantwortlichen, ihre Weisung ggf. zu korrigieren, allerdings bleibt
die Weisung als solche verbindlich und ist von den Auftragsverarbeitenden
umzusetzen. Eine Grenze der Verbindlichkeit wird man nach allgemeinen
Grundsätzen nur für evidente Rechtswidrigkeitskonstellationen annehmen
können, wobei dann allerdings die drohende Ahndung durch Ordnungs-
widrigkeitstatbestände eine Unzumutbarkeit der Weisungsbefolgung zu begründen vermag. Soweit es infolge der Umsetzung einer Weisung mit
rechtswidrigem Inhalt im Außenverhältnis zu einer Haftung der Auftragsverarbeitenden kommt, ist im Innenverhältnis jedenfalls eine Haftungsfreistellung durch die Verantwortlichen geboten. Für die Praxis liegt es deshalb nahe, die entsprechenden Mechanismen im Auftragsverarbeitungsrechtsverhältnis vorab zu fixieren.

5. Kontrolle durch die Verantwortlichen

70   Zuletzt muss die besondere Bedeutung von Kontrollen durch die Verantwortlichen für das Auftragsverarbeitungsrechtsverhältnis gesondert hervorgehoben werden. Durch die gesteigerte Dynamisierung der Verantwortlichkeit (→ Rn. 12), wie sie besonders in Art. 24 Abs. 1 S. 2 DSGVO sowie
Art. 5 Abs. 2 DSGVO[69] zum Ausdruck kommt, sind die Verantwortlichen
gehalten, regelmäßige Überprüfungen vorzunehmen, um die Datenschutzkonformität der von ihnen verantworteten Verarbeitungen zu gewährleisten. Aus der Grundpflicht zur datenschutzrechtlichen Rechtskonformitäts-
gewähr ergibt sich deshalb auch für das Auftragsverarbeitungsverhältnis
ein **Kontrollverhältnis**. Dessen Wahrnehmung wird durch mehrere Rechtsinstitute der DSGVO ermöglicht oder zumindest gefördert.

71   An erster Stelle steht insoweit die unmittelbare Möglichkeit von **Überprüfungen und Inspektionen** durch die Verantwortlichen. Wie bereits dargestellt ist insoweit im Auftragsverarbeitungsrechtsverhältnis vorzusehen,
dass nicht nur eine Duldungspflicht der Auftragsverarbeitenden besteht,
sondern diesen nach Abs. 3 S. 2 lit. h sogar eine aktive Unterstützungs-

---

67 Vergleichbare Argumentation im Kontext der Auftragsverwaltung (Art. 85 GG)
    BVerfG 22.5.1990 – 2 BvG 1/88, BVerfGE 81, 310 (336 f.).
68 Vgl. Battis/*Battis* BBG § 63 Rn. 4, mwN.
69 Vgl. *Müthlein* RDV 2016, 74 (77).

pflicht aufzuerlegen ist (→ Rn. 60). Überprüfungen müssen dabei nicht notwendigerweise vor Ort durchgeführt werden – Inspektionen sind insoweit nur eine speziell erwähnte Kontrollform. Praxisrelevant dürfte – vor allem im Hinblick auf IT-Outsourcing-Konstellationen – die explizit vorgesehene Möglichkeit sein, die Kontrollen auch von durch die Verantwortlichen beauftragte Prüfer vornehmen zu lassen, da auf diesem Wege eine partielle Auslagerung der Überwachungspflicht ermöglicht wird und vor allem besonderer Kontrollsachverstand gegenüber den mitunter sehr speziellen und abgeschotteten Dienstleistungen von Auftragsverarbeitenden erreicht werden kann.

Zusätzlich wird das Kontrollverhältnis durch **umfassende Informations-** **72** **rechte** der Verantwortlichen (→ Rn. 60) und durch **proaktive Informationspflichten** der Auftragsverarbeitenden gestärkt. Letztere umfassen explizit die Remonstrationspflicht bei Weisungen mit befürchtet rechtswidrigem Inhalt gemäß Abs. 3 S. 3. Doch auch über diesen Spezialfall hinausgehend können proaktive Informationspflichten greifen: Ungeachtet der Möglichkeit, entsprechende Meldepflichten individuell zu vereinbaren, wird generell zwar darauf hingewiesen, dass nunmehr keine Meldepflichten entsprechend § 11 Abs. 2 S. 2 Nr. 8 BDSG für eigene Datenschutzverstöße der Auftragsverarbeitenden vorgesehen sind.[70] Richtigerweise ergibt sich eine entsprechende Meldepflicht indes teleologisch aus der Grundverantwortlichkeit des Auftragsverarbeitungsrechtsverhältnisses, insbesondere im Lichte der Haftungs- und Bußgeldfolgen bei Datenschutzverstößen.

Ebenfalls mit Relevanz für Kontrollen durch die Verantwortlichen dürften **73** die Ergebnisse einer **Datenschutz-Folgenabschätzung** (Art. 35 DSGVO) sein. Die Identifizierung spezifischer Risiken deutet auf besonders sensible Verarbeitungsvorgänge hin und indiziert insoweit auch ein gesteigertes Kontrollbedürfnis.

Ebenfalls im Kontrollzusammenhang relevant sind **Dokumentationspflich-** **74** **ten**. Hervorzuheben ist besonders das Verzeichnis von Verarbeitungstätigkeiten gemäß Art. 30 DSGVO (→ Art. 30 Rn. 1 ff.). Dieses dient zwar vornehmlich dem Nachweis gegenüber Aufsichtsbehörden, Art. 30 Abs. 4 DSGVO. Allerdings stellt sich zwangsläufig auch eine Selbstkontrolle der verzeichnisführenden Stellen ein. Zudem umfasst das Informations- und Überprüfungsrecht der Verantwortlichen auch die Einsichtnahme in das von den Auftragsverarbeitenden gemäß Art. 30 Abs. 2 DSGVO zu führende Verarbeitungsverzeichnis. Letzteres dürfte für die tatsächliche Ausübung der Kontrolle von kaum zu unterschätzender Bedeutung sein.

C. Verhältnis zu anderen Normen

I. Innerhalb der DSGVO

Die Auftragsverarbeitung wird in einer Vielzahl von Bestimmungen der **75** DSGVO aufgegriffen und ist als Verarbeitungsmodus dementsprechend mit fast allen Regelungsansätzen eng verwoben. Besonders intensive Wechselwirkungen bestehen zu den Vorschriften dieses Abschnitts (Art. 24–31 DSGVO) und den an eine Auftragsverarbeitung anknüpfenden Haftungs-

---

70 *Müthlein* RDV 2016, 74 (79).

und Bußgeldtatbeständen (Art. 82, 83 Abs. 4 lit. a, Abs. 4 DSGVO). Von besonderer Praxisrelevanz sind zudem – ungeachtet der durch die „Überschneidungslogik" realisierten Erstreckung von Vorgaben (→ Rn. 49) – die Vorschriften zur Übermittlungen personenbezogener Daten an Drittländer (Art. 44 ff. DSGVO), da eine Vielzahl von Auftragsverarbeitungsverhältnissen nicht auf den Europäischen Wirtschaftsraum beschränkt sind.

II. Befugnisübertragungen/Durchführungsrecht

76   Eine Befugnisübertragung zur Kreation von Standardvertragsklauseln enthalten Abs. 6–8. Dabei können jene künftig sowohl von der Kommission im Einklang mit dem Prüfverfahren gemäß Art. 87 Abs. 2 DSGVO als auch durch Aufsichtsbehörden im Einklang mit dem Kohärenzverfahren gemäß Art. 63 DSGVO erlassen werden.

III. Fortgeltendes Bundes- oder Landesrecht

77   Es greift kein spezifisch fortgeltendes Bundes- oder Landesrecht.

D. Kritik und Fortentwicklungsperspektiven

78   Erwartungen an einen grundlegenden Neuansatz für die datenschutzrechtlichen Regelungen zur Auftragsverarbeitungen werden durch Art. 28 DSGVO enttäuscht. Es handelt sich eher um eine Neuformulierung überkommener Standards, die von partiellen Modifikationen und Aktualisierungen begleitet wird. Es hat sich bewahrheitet, dass kontroverse Vorstellungen in den umfassenden datenschutzrechtlichen Verhandlungsarrangements innerhalb des unionalen Rechtsetzungsverfahrens kompromissgeschuldet überwiegend auf eine Beibehaltung des status quo ante hinauslaufen.[71]

79   Die rechtspolitische Enttäuschung über den Verzicht auf einen gänzlichen Neuanfang darf indes nicht vergessen lassen, dass im Detail durchaus weitreichende Modifikationen getroffen wurden. Neben der Erstreckung der Unionsvorgaben für Auftragsverarbeitungen auf die Mehrzahl internationaler Auftragsverarbeitungen mit EU-Bezug trifft dies vor allem für die neu konfigurierte **Verantwortlichkeit der Auftragsverarbeitenden** zu.[72] Gerade letzterer Ansatz sieht sich allerdings rechtspolitischer Kritik ausgesetzt, weil der Ausweitung der Haftung keine korrespondierenden Handlungsoptionen zur Rechtsdurchsetzung gegenüber den Verantwortlichen gegenüberstehen.[73] Etwaige Unbilligkeiten müssen künftig im Rahmen von Rechtsgestaltung und Rechtsanwendung im Innenverhältnis zwischen Verantwortlichen und Auftragsverarbeitenden kompensiert werden.

80   Das größte Defizit und damit einhergehend der größte Reformbedarf betrifft indes den datenschutzrechtlichen Umgang mit dem **Cloud Computing**, dessen verbreitete Erscheinungsformen nicht von den Regelungen zur Auftragsverarbeitung erfasst sind (→ Rn. 23). Angesichts der handlungspraktischen und ökonomischen Bedeutung derartiger Angebote sowie ihrer

---

71   Vgl. *Petri* ZD 2015, 305 (308).
72   Vgl. *Müthlein* RDV 2016, 74 (77).
73   Vgl. *Eckhardt/Kramer* DuD 2013, 287 (291 f.).

oftmals komplexen Verzahnung mit Drittstaatsbezügen bleibt zu wünschen, dass spezielle Regelungen erlassen sowie bestehende Zertifizierungsoptionen erweitert werden.[74]

Artikel 29 Verarbeitung unter der Aufsicht des Verantwortlichen oder des Auftragsverarbeiters

Der Auftragsverarbeiter und jede dem Verantwortlichen oder dem Auftragsverarbeiter unterstellte Person, die Zugang zu personenbezogenen Daten hat, dürfen diese Daten ausschließlich auf Weisung des Verantwortlichen verarbeiten, es sei denn, dass sie nach dem Unionsrecht oder dem Recht der Mitgliedstaaten zur Verarbeitung verpflichtet sind.

Verwandte Normen: §§ 5, 11 Abs. 3 BDSG 2003

A. Grundlagen

I. Gesamtverständnis und Normzweck

Art. 29 DSGVO normiert – ungeachtet spezieller gesetzlicher oder vertraglicher Vorgaben – die grundsätzliche Vorgabe, wonach eine Verarbeitung personenbezogener Daten durch Auftragsverarbeitende sowie jegliche den Auftragsverarbeitenden oder den Verantwortlichen unterstellte Personen nur erfolgen darf, soweit dazu eine Weisung der Verantwortlichen erfolgt ist. Statuiert wird also ein grundsätzliches „Verarbeitungsverbot unter Weisungsvorbehalt". 1

II. Bisherige Rechtslage

Unionsrechtlich sah Art. 16 RL 95/46/EG bereits praktisch eine identische Regelung vor, lediglich die vormals irritierende Anknüpfung der Weisungsbindung an den Schutz der Vertraulichkeit entfällt.[1] Gegenüber der bisherigen Umsetzung durch § 11 Abs. 3 S. 1 BDSG sticht hervor, dass nunmehr explizit den Verantwortlichen oder Auftragsverarbeitenden unterstellte Personen gleichermaßen von der Norm adressiert werden. 2

III. Entstehung der Norm

Die Normfassung geht unmittelbar auf den Kommissionsentwurf zurück und blieb als solche im Rechtsetzungsprozess unverändert.[2] 3

---

74 Vgl. *Roßnagel/Nebel/Richter* ZD 2013, 103 (105).
 1 Vgl. dazu vormals Dammann/Simitis/*Dammann* DSRL Art. 16 Rn. 5 f.
 2 Vgl. KOM(2012) 11 endg., 67.

B. Kommentierung

4   Art. 29 DSGVO bewirkt eine grundlegende und umfassende Sicherung der Weisungsbefugnis für Verantwortliche, die als Ausdruck der regelungstypischen „Überschneidungslogik" (→ Art. 28 Rn. 49) neben die Verankerung der Weisungsabhängigkeit im Auftragsverarbeitungsrechtsverhältnis tritt. Reichweite und Modalitäten der Weisungsbefugnis entsprechen sich dabei vollumfänglich (→ Art. 28 Rn. 65 ff.), sodass von einer gesonderten Kommentierung abgesehen wird. Dies gilt auch für den Ausnahmevorbehalt zugunsten spezieller gesetzlicher Regelungen, der gleichartig Art. 28 Abs. 3 S. 2 lit. a DSGVO zugrunde liegt.

5   Bedeutsam ist vor allem die Erstreckung des Regelungsgehalts über Konstellationen einer Auftragsverarbeitung hinausgehend auf die Verarbeitungssphäre der Verantwortlichen: Auch deren Angestellte sowie sonstige diesen unterstellte Personen unterliegen gleichartig dem Weisungsvorbehalt, wobei ebenfalls entsprechend auf die generellen Darstellungen zum Weisungsrecht zu verweisen ist (→ Art. 28 Rn. 65 ff.).

C. Verhältnis zu anderen Normen

6   Art. 29 DSGVO steht in untrennbarem Zusammenhang zu den Grundlegungen des Auftragsverarbeitungsrechtsverhältnisses (Art. 28–30 DSGVO). Soweit sich der Weisungsvorbehalt auf den Verantwortlichen unterstellte Personen bezieht, handelt es sich zudem um eine grundlegend zur Sicherung der Verarbeitungsverantwortlichkeit aus Art. 24 DSGVO bedeutsame Vorschrift.

D. Kritik und Fortentwicklungsperspektive

7   Art. 29 DSGVO behält mit dem „Verarbeitungsverbot unter Weisungsvorbehalt" einen Kerngehalt des überkommenen Rechts der Auftragsverarbeitung bei. Die explizite Erstreckung des Normgehalts auf den Verantwortlichen unterstellte Personen gewährleistet dabei auf der einen Seite effektiv eine identische Verantwortlichkeitsposition und ist datenschutzrechtlich zu begrüßen. Auf der anderen Seite überzeugt die Stellung dieser Normaussage im Recht der Auftragsverarbeitung nunmehr regelungssystematisch nur noch eingeschränkt.

Artikel 30   Verzeichnis von Verarbeitungstätigkeiten

(1) [1]Jeder Verantwortliche und gegebenenfalls sein Vertreter führen ein Verzeichnis aller Verarbeitungstätigkeiten, die ihrer Zuständigkeit unterliegen. [2]Dieses Verzeichnis enthält sämtliche folgenden Angaben:

a)   den Namen und die Kontaktdaten des Verantwortlichen und gegebenenfalls des gemeinsam mit ihm Verantwortlichen, des Vertreters des Verantwortlichen sowie eines etwaigen Datenschutzbeauftragten;

b)   die Zwecke der Verarbeitung;

c)   eine Beschreibung der Kategorien betroffener Personen und der Kategorien personenbezogener Daten;

d) die Kategorien von Empfängern, gegenüber denen die personenbezogenen Daten offengelegt worden sind oder noch offengelegt werden, einschließlich Empfänger in Drittländern oder internationalen Organisationen;

e) gegebenenfalls Übermittlungen von personenbezogenen Daten an ein Drittland oder an eine internationale Organisation, einschließlich der Angabe des betreffenden Drittlands oder der betreffenden internationalen Organisation, sowie bei den in Artikel 49 Absatz 1 Unterabsatz 2 genannten Datenübermittlungen die Dokumentierung geeigneter Garantien;

f) wenn möglich, die vorgesehenen Fristen für die Löschung der verschiedenen Datenkategorien;

g) wenn möglich, eine allgemeine Beschreibung der technischen und organisatorischen Maßnahmen gemäß Artikel 32 Absatz 1.

(2) Jeder Auftragsverarbeiter und gegebenenfalls sein Vertreter führen ein Verzeichnis zu allen Kategorien von im Auftrag eines Verantwortlichen durchgeführten Tätigkeiten der Verarbeitung, die Folgendes enthält:

a) den Namen und die Kontaktdaten des Auftragsverarbeiters oder der Auftragsverarbeiter und jedes Verantwortlichen, in dessen Auftrag der Auftragsverarbeiter tätig ist, sowie gegebenenfalls des Vertreters des Verantwortlichen oder des Auftragsverarbeiters und eines etwaigen Datenschutzbeauftragten;

b) die Kategorien von Verarbeitungen, die im Auftrag jedes Verantwortlichen durchgeführt werden;

c) gegebenenfalls Übermittlungen von personenbezogenen Daten an ein Drittland oder an eine internationale Organisation, einschließlich der Angabe des betreffenden Drittlands oder der betreffenden internationalen Organisation, sowie bei den in Artikel 49 Absatz 1 Unterabsatz 2 genannten Datenübermittlungen die Dokumentierung geeigneter Garantien;

d) wenn möglich, eine allgemeine Beschreibung der technischen und organisatorischen Maßnahmen gemäß Artikel 32 Absatz 1.

(3) Das in den Absätzen 1 und 2 genannte Verzeichnis ist schriftlich zu führen, was auch in einem elektronischen Format erfolgen kann.

(4) Der Verantwortliche oder der Auftragsverarbeiter sowie gegebenenfalls der Vertreter des Verantwortlichen oder des Auftragsverarbeiters stellen der Aufsichtsbehörde das Verzeichnis auf Anfrage zur Verfügung.

(5) Die in den Absätzen 1 und 2 genannten Pflichten gelten nicht für Unternehmen oder Einrichtungen, die weniger als 250 Mitarbeiter beschäftigen, es sei denn, die von ihnen vorgenommene Verarbeitung birgt ein Risiko für die Rechte und Freiheiten der betroffenen Personen, die Verarbeitung erfolgt nicht nur gelegentlich oder es erfolgt eine Verarbeitung besonderer Datenkategorien gemäß Artikel 9 Absatz 1 bzw. die Verarbeitung von personenbezogenen Daten über strafrechtliche Verurteilungen und Straftaten im Sinne des Artikels 10.

Verwandte Normen: ErwGr 82; §§ 4 f iVm 4 e, 4 g Abs. 2 BDSG 2003

A. Grundlagen

I. Gesamtverständnis und Normzweck

1 Als wesentliches Element zur Kontrolle von Auftragsverarbeitungen sieht Art. 30 DSGVO eine Dokumentationspflicht zur Führung von Verarbeitungsverzeichnissen vor. Teleologisch dient die Dokumentation dabei nicht nur der Kontrolle durch Aufsichtsbehörden, sondern zugleich der Selbstkontrolle sowie der Kontrolle der Auftragsverarbeitenden durch die Verantwortlichen (→ Art. 28 Rn. 74).

II. Bisherige Rechtslage

2 Das Unionsrecht kannte mit Art. 17 Abs. 4 RL 95/46/EG Dokumentationspflichten im Rahmen von Auftragsverarbeitungen bislang ausschließlich im Hinblick auf die einmalige Dokumentation der Verantwortungsverhältnisse.[1] § 11 Abs. 2 S. 5 BDSG etablierte zwar eine konkrete und fortlaufend greifende Dokumentationspflicht im Kontrollzusammenhang, allerdings hatten nach dieser Norm die Auftraggeber lediglich die Ergebnisse ihrer Kontrollen bei den Auftragsverarbeitenden zu dokumentieren.

III. Entstehung der Norm

3 Die bereits im ursprünglichen Kommissionsentwurf vorgesehene Pflicht, ein Verarbeitungsverzeichnis zu führen,[2] war als solche im Entstehungsprozess unstreitig. Die innovative Neubegründung einer Dokumentationspflicht ersetzt die bisherigen Meldepflichten (§§ 4 d, 4 e BDSG), welche als nicht praktikabel befunden wurden.[3] Unterschiedliche Vorstellungen bestanden vor allem im Hinblick auf die Formulierungen der konkreten Dokumentationsgehalte.[4] Entfallen sind vom Kommissionsentwurf präferierte Konkretisierungsoptionen mittels delegierter Rechtsakte oder Durchführungsrechtsakte.[5]

---

1 Vgl. Dammann/Simitis/*Dammann* DSRL Art. 10 Rn. 15.
2 Vgl. KOM(2012) 11 endg., 67 f.
3 Vgl. *Hansen-Oest* PinG 2016, 79 (83); *Koós/Englisch* ZD 2014, 276 (280).
4 Vgl. KOM(2012) 11 endg., 67; Beschluss des Europäischen Parlaments vom 12.3.2014, P7_TA(2014)0212; Ratsdokument 9565/15 vom 11.6.2015, 115 f.
5 Vgl. KOM(2012) 11 endg., 68.

B. Kommentierung

I. Dokumentationspflicht

Abs. 1 S. 1 verpflichtet zur Führung eines Verzeichnisses aller Verarbei- **4**
tungstätigkeiten, die im Zuständigkeitsbereich der jeweiligen Verantwortlichen liegen. Abs. 2 S. 1 verpflichtet korrespondierend zur Führung eines
Verzeichnisses zu allen Kategorien von im Rahmen der Auftragsverarbeitung durchgeführten Verarbeitungstätigkeiten. Damit besteht eine **generelle
Dokumentationspflicht**, die bezogen auf Verarbeitungstätigkeiten prinzipiell lückenlos alle potentiellen Verarbeitungssektoren erfasst.

Der **Adressatenkreis** der Pflicht wird nach Maßgabe der Verarbeitungssi- **5**
tuation ausdifferenziert: Abs. 1 adressiert die Verantwortlichen, während
Abs. 2 auf die Auftragsverarbeitenden abstellt. In beiden Vorschriften werden jeweils etwaige Vertreter einbezogen. Angesichts der nur in Fällen
einer fehlenden Niederlassung im Unionsgebiet obligatorischen Pflicht zur
Vertreterbestellung (→ Art. 27 Rn. 5) wird man deren Dokumentationsbei-
träge über den Anwendungsbereich von Art. 27 DSGVO hinaus auf jede
erfolgte Vertreterbestellung erstrecken können. Angesichts der primären
Adressierungs- und Koordinationsfunktion von Vertretern (→ Art. 27
Rn. 11 f.) kann deren Einbeziehung durch Art. 30 DSGVO allerdings keine
Pflicht zur Führung eines selbständigen Verzeichnisses für dieselben begründen, sondern zielt lediglich auf die Mitwirkung an einem Verzeichnis
auf Seiten der Verantwortlichen bzw. Auftragsverarbeitenden ab.

Eine **Ausnahme** von der Dokumentationspflicht kommt nach Abs. 5 poten- **6**
tiell für Unternehmen oder Einrichtungen in Betracht, die weniger als 250
Mitarbeiter beschäftigen. Allerdings scheidet eine Befreiung von der Dokumentationspflicht in drei Fällen aus: erstens, wenn die Verarbeitung ein Risiko für die Rechte und Freiheiten der betroffenen Personen birgt; zweitens, wenn die Verarbeitung nicht nur gelegentlich erfolgt; drittens, wenn
die Verarbeitung auch besondere Datenkategorien gemäß Art. 9 Abs. 1
DSGVO oder die Verarbeitung von personenbezogenen Daten über strafrechtliche Verurteilungen und Straftaten im Sinne des Art. 10 DSGVO umfasst. Aus praktischer Sicht wird darauf hingewiesen, dass Auftragsverarbeitungen typischerweise auf regelmäßige Verarbeitungsvorgänge bezogen
sind, weshalb die Beschränkung auf gelegentliche Auftragsverarbeitungen
den Anwendungsbereich des Ausnahmetatbestands selbst für kleine und
mittelständische Unternehmen sehr stark verengt.[6]

II. Dokumentationsweise

Hinsichtlich der Dokumentationsweise schreibt Abs. 3 vor, dass die jeweili- **7**
gen Verzeichnisse schriftlich zu führen sind. Der **Schriftform** wird allerdings ein **elektronisches Format** gleichgestellt.

Darüber hinaus ist der Ausdifferenzierung durch Abs. 1 u. 2 zu entnehmen, **8**
dass jeweils **getrennte Einzelverzeichnisse** von allen Verantwortlichen und
Auftragsverarbeitenden zu führen sind. Insoweit ist die Formulierung in

---

6 Vgl. *Müthlein* RDV 2016, 74 (81).

Erwägungsgrund 82, wonach „der Verantwortliche oder der Auftragsverarbeiter ein Verzeichnis" führen solle, nicht präzise.

III. Dokumentationsumfang

9 Die Vorgaben zum Dokumentationsumfang unterscheiden sich danach, ob es sich um ein Verarbeitungsverzeichnis von Verantwortlichen oder Auftragsverarbeitenden handelt.

1. Bei Verantwortlichen

10 Verarbeitungsverzeichnisse von Verantwortlichen enthalten gemäß Abs. 1 S. 2 sieben Informationskategorien, die jedoch nicht abschließend normiert sind.

11 Abs. 1 S. 2 lit. a fordert Angaben von Namen und Kontaktdaten aller Beteiligten an der Datenverarbeitung im weiteren Sinne, also von allen Verantwortlichen. Hinzu kommen – soweit entsprechende Stellen bestehen – die gleichen Angaben zu den Vertretern und Datenschutzbeauftragten der verzeichnisführenden Verantwortlichen.

12 Abs. 1 S. 2 lit. b verlangt die erschöpfende Aufnahme der Verarbeitungszwecke in das Verzeichnis.

13 Gemäß Abs. 1 S. 2 lit. c sind im Verzeichnis sämtliche Kategorien betroffener Personen und Kategorien personenbezogener Daten zu beschreiben.

14 Nach Abs. 1 S. 2 lit. d müssen jegliche Kategorien von Empfängern, gegenüber denen die personenbezogenen Daten offengelegt worden sind oder noch offengelegt werden, einschließlich der Empfänger in Drittländern oder internationalen Organisationen in das Verzeichnis aufgenommen werden.

15 Kraft Abs. 1 S. 2 lit. e müssen etwaige Übermittlungen von personenbezogenen Daten an ein Drittland oder an eine internationale Organisation im Verzeichnis geführt werden. Dabei sind auch Angaben des betreffenden Drittlands oder der betreffenden internationalen Organisation zu leisten. Ferner ist die Dokumentation geeigneter Garantien im Sinne von Art. 49 Abs. 1 UAbs. 2 DSGVO vorgeschrieben; nach Art. 49 Abs. 6 DSGVO ist parallel auch die Beurteilung der Verantwortlichen im Verzeichnis zu dokumentieren.

16 Abs. 1 S. 2 lit. f DSGVO sieht vor, dass – soweit möglich – die vorgesehenen Löschungsfristen der verschiedenen Datenkategorien zu dokumentieren sind.

17 Zuletzt strebt Abs. 1 S. 2 lit. g eine allgemeine Beschreibung der technischen und organisatorischen Maßnahmen gemäß Art. 32 Abs. 1 DSGVO an. Zwar steht diese Vorgabe unter dem Vorbehalt der Möglichkeit, allerdings dürfte angesichts der Vielzahl an Dokumentations- und Nachweispflichten die praktische „Unmöglichkeit" kaum jemals gegeben sein.[7]

18 Jenseits der unmittelbar in Abs. 1 normierten Vorgaben bestehen weitere, selbständig normierte Dokumentationspflichten, denen in der Praxis sinn-

---

7 *Müthlein* RDV 2016, 74 (81).

vollerweise durch die Aufnahme in das Verarbeitungsverzeichnis entsprochen werden sollte. Dies betrifft insbesondere die aus Abs. 3 S. 2 lit. a für das Auftragsverarbeitungsrechtsverhältnis folgende Pflicht, Weisungen schriftlich zu dokumentieren (→ Art. 28 Rn. 52). Diese schriftliche Dokumentation ist als solche neu, allerdings war sie in der Praxis aus Beweissicherungsgründen bereits zuvor verbreitet.[8]

2. Bei Auftragsverarbeitenden

Der Mindestinhalt des jeweils von **Auftragsverarbeitenden zu führenden** **19** Verarbeitungsverzeichnisses wird durch Abs. 2 umrissen.

Abs. 2 lit. a verlangt Angaben zu Namen und Kontaktdaten, die strukturell **20** den Anforderungen an das Verarbeitungsverzeichnis auf Verantwortlichenseite entsprechen (→ Rn. 11). Geschuldet werden dabei Angaben zu allen Verantwortlichen und allen Auftragsverarbeitenden, was neben parallel von den Verantwortlichen beauftragte auch „weitere" (→ Art. 28 Rn. 35 ff.) Auftragsverarbeitende umfasst.

Gemäß Abs. 2 lit. b bedarf es einer Dokumentation der Kategorien von **21** Verarbeitungen, die im Auftrag jedes Verantwortlichen durchgeführt werden.

Abs. 2 lit. c enthält eine parallel zu Abs. 1 S. 2 lit. e ausgestaltete Dokumen- **22** tationspflicht bei Datenübertragungen mit Drittlandsbezug (→ Rn. 15).

Zuletzt sieht Abs. 2 lit. d wortlautidentisch zu Abs. 1 S. 2 lit. g eine Doku- **23** mentation von Maßnahmen im Sinne von Art. 32 DSGVO vor.

Ergänzend zum durch Art. 30 Abs. 2 DSGVO definierten Mindestgehalt ist **24** – parallel zum Verarbeitungsverzeichnis bei Verantwortlichen (→ Rn. 18) – auch auf Seiten der Auftragsverarbeitenden eine Dokumentation von Weisungen nicht zuletzt im (Eigen-)Interesse der Beweissicherung geboten.

IV. Einsichtnahme

Spiegelbildlich zur durch die Verarbeitungsverzeichnisse bewirkten Doku- **25** mentationspflicht gewinnt auch die Frage nach Möglichkeiten zur Einsichtnahme in dieselben an Relevanz. Gemäß Abs. 4 ist das Verzeichnis auf Anfrage den **Aufsichtsbehörden** zur Verfügung zu stellen. Besonders effizient dürfte dieser Pflicht im Fall eines elektronisch geführten Verzeichnisses zu entsprechen sein.

Auch ohne explizite Erwähnung im Verordnungstext gewährleistet zudem **26** das Informations- und Kontrollrecht der **Verantwortlichen** diesen die Einsichtnahme in das von den Auftragsverarbeitenden gemäß Abs. 2 zu führende Verarbeitungsverzeichnis (→ Art. 28 Rn. 74).

---

8 Vgl. *Koós/Englisch* ZD 2014, 276 (281).

C. Verhältnis zu anderen Normen

I. Innerhalb der DSGVO

27 Neben dem offenkundigen Bezug zu den generellen Vorgaben für das Auftragsverarbeitungsrechtsverhältnis ist besonders auf die Bußgeldbewehrung durch Art. 83 Abs. 4 lit. a DSGVO hinzuweisen.

II. Befugnisübertragungen/Durchführungsrecht

28 Etwaige spezifische Befugnisübertragungen und Durchführungsrechtsakte sind nicht ersichtlich.

III. Fortgeltendes Bundes- oder Landesrecht

29 Es greift kein spezifisch fortgeltendes Bundes- oder Landesrecht.

D. Kritik und Fortentwicklungsperspektive

30 Mag auch der datenschutzrechtliche Impuls der verbindlich etablierten Verarbeitungsverzeichnisse im Hinblick auf die Kontrolldimension des Auftragsverarbeitungsrechtsverhältnisses begrüßenswert sein, ist dennoch ein nicht unerheblicher bürokratischer Aufwand zu konstatieren. Es wird zu beobachten sein, ob die Vorteile für die Praxis der Auftragsverarbeitung diesen Aufwand – nicht zuletzt im Hinblick auf den sehr restriktiv gefassten Ausnahmetatbestand in Abs. 5 – dauerhaft rechtfertigen.

Artikel 31 Zusammenarbeit mit der Aufsichtsbehörde

Der Verantwortliche und der Auftragsverarbeiter und gegebenenfalls deren Vertreter arbeiten auf Anfrage mit der Aufsichtsbehörde bei der Erfüllung ihrer Aufgaben zusammen.

Verwandte Normen: ErwGr 36, 80; § 38 Abs. 3, Abs. 4 BDSG 2003, § 68 BDSG-E

Literatur:
Martini, in: Paal/Pauly (Hrsg.), Datenschutz-Grundverordnung, 1. Auflage 2017, Art. 31; *Spoerr*, in: Wolff/Brink (Hrsg.), Art. 31 DSGVO.

A. Grundlagen

1 Nach Art. 31 arbeiten „der Verantwortliche und der Auftragsverarbeiter und gegebenenfalls deren Vertreter (...) auf Anfrage mit der Aufsichtsbehörde bei der Erfüllung ihrer Aufgaben zusammen“.

2 Vorgängernormen sind in Deutschland auf Bundesebene § 24 Abs. 4 BDSG, der eine Unterstützungspflicht für öffentliche Stellen (des Bundes) statuiert, und § 38 Abs. 3 BDSG, der für nicht-öffentliche Stellen lediglich die Pflicht zur Auskunftserteilung auferlegt.

Die Vorschrift hat im Gesetzgebungsverfahren eine erhebliche Verschlankung erfahren. Der ursprünglichen Fassung war die Funktion als „Spiegelbild" aufsichtsbehördlicher Befugnisse konkreter zu entnehmen.[1]

Die Pflicht[2] der genannten Akteure zur Zusammenarbeit auf (zT auch ohne) Anfrage ergibt sich auch ohne die Vorschrift aus spezielleren Normen innerhalb (und ggf. außerhalb) der DSGVO und aus Zuständigkeit und Befugnissen der Aufsichtsbehörde.[3] Sie kann durch „Verbindliche interne Datenschutzvorschriften" gem. Art. 47 Abs. 2 lit. 1 näher konkretisiert werden.[4]

3

Die Aufsichtsbehörden erhalten durch die DSGVO mehr und weitergehende Befugnisse (→ Art. 58 Rn. 11 ff). Die Pflichten der Verantwortlichen bleiben im Grunde der bisherigen Rechtslage vergleichbar.[5] Auftragsverarbeiter werden nun unmittelbar in die Pflicht genommen,[6] Vertreter waren bisher nicht vorgesehen. Insofern ergeben sich bei vergleichender Betrachtung zwischen bisheriger und neuer Rechtslage insgesamt mehr Pflichten zur Zusammenarbeit der drei genannten Akteure mit den Aufsichtsbehörden. Eine „Schwächung der Selbstkontrolle"[7] dürfte sich daraus idR jedoch nicht ergeben; vielmehr steigt die Kontrolldichte insgesamt.

4

Die Selbstkontrolle wird sogar insoweit gestärkt, als die Zusammenarbeit mit der Aufsichtsbehörde innerhalb des Verantwortlichen, Auftragsverarbeiters oder Vertreters dem dortigen Datenschutzbeauftragten obliegt, sofern ein solcher bestellt ist (Art. 39 Abs. 1 lit. d).[8] Die Pflicht zur Zusammenarbeit bleibt freilich eine Pflicht des Verantwortlichen[9] (oder des Auftragsverarbeiter oder des Vertreters). Die interne Zuständigkeit des Datenschutzbeauftragten ändert hieran nichts. Sie kann ohnehin nur soweit reichen, wie es auf seine Fachkunde ankommt.

5

B. Kommentierung

Zu den Begriffen Verantwortlicher, Auftragsverarbeiter, Vertreter und Aufsichtsbehörde vgl. die Kommentierungen zu Art. 4 Nr. 7, 8, 17 und 21.

6

---

1 Zu Wortlaut und Entstehungsgeschichte *Spoerr* in: Wolff/Brink Art. 31 DSGVO Rn. 1 ff.

2 Dass Art. 31 eine Pflicht ausdrückt, wird hier als selbstverständlich vorausgesetzt; zweifelnd insbesondere an der Bestimmtheit des damit verbundenen Bußgeldtatbestands *Spoerr* in: Wolff/Brink Art. 31 DSGVO Rn. 9 f.

3 *Härting* BB 2012, 459.

4 *Hornung* ZD 2012, 99 (101 f.).

5 A.A. *Martini* in: Paal/Pauly DSGVO Art. 31 Rn. 1 ff. und passim, der in der Pflicht der Akteure zur Zusammenarbeit mit der Aufsichtsbehörde auf deren Verlangen eine Einschränkung des Amtsermittlungsgrundsatzes sieht. Art. 31 übernehme die Funktion, die bisher zB § 26 VwVfG innehatte (*Martini* in: Paal/Pauly DSGVO Art. 31 Rn. 44).

6 *Härting* ITRB 2016, 137 (139).

7 *Schoof/Forgó/Helfrich/Schneider* in: Forgó/Helfrich/Schneider, Betrieblicher Datenschutz, 1. Aufl. 2014, Teil 2, Kapitel 3, C. I., Rn. 28.

8 *Jaspers/Reif* RDV 2012, 78 (83).

9 *Grittmann* in: Taeger/Gabel, BDSG, 2. Aufl. 2013, § 38 Rn. 25.

7 Es kann bei der Zusammenarbeit unmittelbar nur um die Erfüllung der Aufgaben der Aufsichtsbehörde[10] (nicht der Verantwortlichen, Auftragsverarbeiter oder Vertreter) und nur um Anfragen durch die Aufsichtsbehörde gehen. Die Pflicht der Verantwortlichen, Auftragsverarbeiter oder Vertreter, rechtmäßig zu handeln, wird dadurch freilich mittelbar gefördert.[11]

8 Die wichtigsten Pflichten gegenüber der Aufsichtsbehörde auf deren Anfrage hin sind:

■ „alle Informationen bereitzustellen, die für die Erfüllung ihrer Aufgaben erforderlich sind" (Art. 58 Abs. 1 lit. a);

■ „Untersuchungen in Form von Datenschutzüberprüfungen" zu dulden (Art. 58 Abs. 1 lit. b);

■ „Zugang zu allen personenbezogenen Daten und Informationen, die zur Erfüllung ihrer Aufgaben notwendig sind, zu" gewähren (Art. 58 Abs. 1 lit. e);

■ „gemäß dem Verfahrensrecht der Union oder dem Verfahrensrecht des Mitgliedstaats Zugang zu den Geschäftsräumen, einschließlich aller Datenverarbeitungsanlagen und -geräte, des Verantwortlichen und des Auftragsverarbeiters zu" gewähren (Art. 58 Abs. 1 lit. f).

9 Mitwirkungspflichten finden da ihre Grenzen, wo die Gefahr der Strafverfolgung des an sich Pflichtigen selbst oder seiner Angehörigen bestünde.[12]

10 Grenzen können sich[13] auch aus Sicherheitserwägungen heraus ergeben.[14]

11 Die Kontrollierten können die Kosten der Kontrolle und ihrer Mitwirkung den Aufsichtsbehörden nicht in Rechnung stellen.

C. Geplante Umsetzung

12 Art. 31 DSGVO bedarf keiner Umsetzung. Die Vorschrift gilt im Anwendungsbereich der DSGVO unmittelbar.

Eine Parallelvorschrift zur Einführung einer Pflicht zur Zusammenarbeit außerhalb des Anwendungsbereichs der DSGVO besteht (mit Ausnahme des § 68 BDSG-E) soweit ersichtlich im BDSG-E nicht.

§ 68 BDSG-E macht zwar den Eindruck, eine Umsetzungsnorm zu sein. Im Lichte des § 45 BDSG-E wird aber (mehr oder weniger) deutlich, dass § 68

---

10 *Spoerr* in: Wolff/Brink, Art. 31 DSGVO Rn. 8, entnimmt dies auch einem Vergleich mit der englischen Sprachfassung.

11 Daher liegen Kontrollen auch im wohlverstandenen Eigeninteresse der Kontrollierten, vgl. *Gola/Klug/Körffer* in: Gola/Schomerus, BDSG, 12. Auflage 2015, § 24 Rn. 12.

12 *Grittmann* in: Taeger/Gabel, BDSG § 38 Rn. 28 f.; *Petri* in: Simitis BDSG § 38 Rn. 57–59.

13 *Petri* in: Simitis BDSG § 38 Rn. 56.

14 *Hullen* in: Plath BDSG § 24 Rn. 15; vgl. auch § 24 Abs. 4 S. 2 und 3 BDSG – die dort genannten Sicherheitsbehörden werden häufig aber schon nicht vom Anwendungsbereich der DSGVO umfasst sein.

BDSG-E nur im Anwendungsbereich der RL 2016/680[15] gelten soll. § 68 BDSG-E setzt aber Art. 26 RL 2016/680 nur unzureichend um, weil er die Pflicht zur Zusammenarbeit mit der Aufsichtsbehörde nur dem Verantwortlichen auferlegt, aber Auftragsverarbeiter nicht berücksichtigt.

Abschnitt 2 Sicherheit personenbezogener Daten

Artikel 32 Sicherheit der Verarbeitung

(1) Unter Berücksichtigung des Stands der Technik, der Implementierungskosten und der Art, des Umfangs, der Umstände und der Zwecke der Verarbeitung sowie der unterschiedlichen Eintrittswahrscheinlichkeit und Schwere des Risikos für die Rechte und Freiheiten natürlicher Personen treffen der Verantwortliche und der Auftragsverarbeiter geeignete technische und organisatorische Maßnahmen, um ein dem Risiko angemessenes Schutzniveau zu gewährleisten; diese Maßnahmen schließen unter anderem Folgendes ein:

a) die Pseudonymisierung und Verschlüsselung personenbezogener Daten;
b) die Fähigkeit, die Vertraulichkeit, Integrität, Verfügbarkeit und Belastbarkeit der Systeme und Dienste im Zusammenhang mit der Verarbeitung auf Dauer sicherzustellen;
c) die Fähigkeit, die Verfügbarkeit der personenbezogenen Daten und den Zugang zu ihnen bei einem physischen oder technischen Zwischenfall rasch wiederherzustellen;
d) ein Verfahren zur regelmäßigen Überprüfung, Bewertung und Evaluierung der Wirksamkeit der technischen und organisatorischen Maßnahmen zur Gewährleistung der Sicherheit der Verarbeitung.

(2) Bei der Beurteilung des angemessenen Schutzniveaus sind insbesondere die Risiken zu berücksichtigen, die mit der Verarbeitung verbunden sind, insbesondere durch – ob unbeabsichtigt oder unrechtmäßig – Vernichtung, Verlust, Veränderung oder unbefugte Offenlegung von beziehungsweise unbefugten Zugang zu personenbezogenen Daten, die übermittelt, gespeichert oder auf andere Weise verarbeitet wurden.

(3) Die Einhaltung genehmigter Verhaltensregeln gemäß Artikel 40 oder eines genehmigten Zertifizierungsverfahrens gemäß Artikel 42 kann als Faktor herangezogen werden, um die Erfüllung der in Absatz 1 des vorliegenden Artikels genannten Anforderungen nachzuweisen.

(4) Der Verantwortliche und der Auftragsverarbeiter unternehmen Schritte, um sicherzustellen, dass ihnen unterstellte natürliche Personen, die Zugang zu personenbezogenen Daten haben, diese nur auf Anweisung des Verantwortlichen verarbeiten, es sei denn, sie sind nach dem Recht der Union oder der Mitgliedstaaten zur Verarbeitung verpflichtet.

---

15 Richtlinie (EU) 2016/680 des Europäischen Parlaments und des Rates vom 27. April 2016 zum Schutz natürlicher Personen bei der Verarbeitung personenbezogener Daten durch die zuständigen Behörden zum Zwecke der Verhütung, Ermittlung, Aufdeckung oder Verfolgung von Straftaten oder der Strafvollstreckung sowie zum freien Datenverkehr und zur Aufhebung des Rahmenbeschlusses 2008/977/JI des Rates.

Verwandte Normen: ErwGr 83; § 9, Anlage zu § 9 BDSG 2003

Literatur:

Gerlach, Sicherheitsanforderungen für Telemediendienste, CR 2015, 581; *Härting*, Datenschutz-Grundverordnung: Das neue Datenschutzrecht in der betrieblichen Praxis, 2016; *Laue/Nink/Kremer*, Das neue Datenschutzrecht in der betrieblichen Praxis, 2016; *Münch*, Lässt der Entwurf einer Europäischen Datenschutz-Grundverordnung eine Modernisierung des technisch-organisatorischen Datenschutzes erwarten?, RDV 2012, 72; *Piltz*, Die Datenschutz-Grundverordnung, Teil 3: Rechte und Pflichten des Verantwortlichen und Auftragsverarbeiters, K&R 2016, 709; *Spiekermann*, The challenges of privacy by design, ACM Vol. 55, 7/2012, 38; *Wybitul*, EU-Datenschutz-Grundverordnung in der Praxis – Was ändert sich durch das neue Datenschutzrecht?, BB 2016, 1077.

A. Grundlagen

I. Gesamtverständnis und Zweck der Norm

1　Art. 32 regelt die Pflicht des Verantwortlichen und des Auftragsverarbeiters, bestimmte technische und organisatorische Maßnahmen zu ergreifen, um ein angemessenes Schutzniveau im Hinblick auf die verarbeiteten personenbezogenen Daten zu gewährleisten. Er dient damit ua der Gewährleistung der Absicherung der Datenschutzgrundsätze der Vertraulichkeit und Integrität nach Art. 5 Abs. 1 lit. f (→ Rn. 14 ff.). Zielrichtung ist ein umfassender Schutz der für die Verarbeitung von personenbezogenen Daten genutzten Systeme, also im Kern die Datensicherheit. Dieses Ziel dürfte grundsätzlich im wohlverstandenen Eigeninteresse des Verantwortlichen stehen.[1] Dennoch ist in der Vergangenheit gerade die Datensicherheit von IT-Systemen häufig vernachlässigt worden, was sich insbesondere an der Vielzahl IT-sicherheitsrelevanter Vorfälle inklusive gesetzgeberischer Aktivität gezeigt hat.[2]

---

[1] *Däubler/Klebe/Wedde/Weichert* BDSG, 5. Aufl. 2016, § 9 Rn. 1.
[2] Vgl. nur die Begründung zum IT-Sicherheitsgesetz, BT-Drs. 18/4096, 1.

Art. 32 steht unter der Abschnittsüberschrift „Sicherheit personenbezoge- 2
ner Daten" und ähnelt von Systematik, Wortwahl und Schutzrichtung
stark der Regelung des „Datenschutzes durch Technik(-gestaltung)" in
Art. 25 sowie der allgemeineren Norm in Art. 24.[3] Anders als dort enthält
Abs. 1 allerdings etwas konkretere, nicht abschließende Schutzmaßnahmen
bzw. -ziele. Ergänzend sieht Abs. 4 vor, dass Mitarbeiter nur nach Weisung
des Verantwortlichen handeln dürfen. Nach Abs. 3 werden den Verpflichteten aufgrund genehmigter Verhaltensregeln oder Zertifizierungen Erleichterungen im Rahmen der Rechenschaftspflicht gemäß Art. 5 Abs. 2 gewährt.

II. Bisherige Rechtslage

Die Verpflichtung, technische und organisatorische Maßnahmen mit dem 3
Ziel der Gewährleistung von Datensicherheit zu ergreifen, war bisher im
Wesentlichen einerseits durch Art. 17 DSRL,[4] der allerdings nur Mindestanforderungen enthielt,[5] und bei elektronischer Kommunikation andererseits durch Art. 4 ePrivacy-Richtlinie 2002/58/EG geregelt. Die Umsetzung
von Art. 17 DSRL erfolgte in Deutschland durch § 9 BDSG mit der dazugehörigen Anlage. Für Telemediendiensteanbieter enthält § 13 Abs. 7 TMG
ähnliche Pflichten,[6] für Telekommunikationsanbieter § 109 TKG. Art. 17
Abs. 4 DSRL sah, ähnlich der Rechenschaftspflicht nach Art. 5 Abs. 2, vor,
dass der für die Verarbeitung Verantwortliche zum Zwecke der Beweissicherung zu einer schriftlichen Dokumentation der ergriffenen Maßnahmen
verpflichtet ist. Die Pflichten nach Art. 32 Abs. 4 ergaben sich im Hinblick
auf unterstellte Personen sowie den Auftragsverarbeiter (Art. 28)[7] bisher
aus Art. 16 DSRL, teilweise aus § 5 BDSG und für den Auftragsverarbeiter
aus § 11 Abs. 3 BDSG iVm Nr. 6 der Anlage zu § 9 BDSG.

III. Entstehung der Norm

Ebenso wie bei Art. 25 war im Rahmen des Gesetzgebungsverfahrens dis- 4
kutiert worden, ob der Verpflichtete und der Auftragsverarbeiter stets eine
Risikofolgenabschätzung nach Art. 35 durchführen müssen (so das Parla-
ment, ähnlich die Kommission, → Art. 25 Rn. 21), was letztlich aber nicht
Eingang in den Gesetzestext gefunden hat. Zusätzlich trifft die Pflicht zur
Risikoabschätzung nach Art. 35 nur den Verantwortlichen (→ Art. 35
Rn. 6). Das Parlament hat sich allerdings mit der Vorgabe einzelner Schutzmaßnahmen nach Abs. 1 lit. a–d größtenteils durchgesetzt, nicht aber mit
der Erfolgsverpflichtung nach Abs. 2 des Parlamentsentwurfs.[8] Auf einen
Vorschlag des Rats wiederum ist die Beweiserleichterung nach Abs. 3 zu-
rückzuführen.[9] Die von der Kommission noch vorgeschlagene Befugnis der

---

3 Vgl. *Martini* in: Paal/Pauly, DSGVO, 2017, Art. 32 Rn. 7.
4 *Münch* RDV 2012, 72 (73).
5 *Martini* in: Paal/Pauly, DSGVO, 2017, Art. 32 Rn. 21.
6 Dazu *Gerlach* CR 2015, 581.
7 Bezüglich des Auftragsverarbeiters ergibt sich die Weisungsgebundenheit gegenüber
   dem Verantwortlichen nunmehr aus Art. 28 Abs. 3 lit. a.
8 Das Parlament hatte formuliert, dass die Maßnahmen „mindestens" bestimmte Erfolge bewirken.
9 Rat, 11.6.2015, 9565/15.

Kommission, delegierte Rechtsakte zur Konkretisierung zu erlassen (Abs. 3 des Kommissionsentwurfs),[10] ist ebenso wie bei Art. 25 gestrichen worden. Der vom Parlament vorgesehene Auftrag an den Europäischen Datenschutzausschuss nach Art. 68 zur Entwicklung von Leitlinien und Empfehlungen (Abs. 3 des Parlamentsentwurfs) findet sich teilweise in ErwGr 77 wieder.

B. Kommentierung

5 Datenschutz und Datensicherheit gehen zwingend Hand in Hand.[11] Ohne Gewährleistung von Datensicherheit steht der Schutz personenbezogener Daten auf tönernen Füßen.[12] Folgerichtig ist derjenige, der personenbezogene Daten verarbeitet, nach Art. 32 zur Gewährleistung von Datensicherheit verpflichtet. Datensicherheit in diesem Sinne liegt insbesondere vor, wenn Vertraulichkeit, Integrität und Verfügbarkeit von personenbezogenen Daten sowie die Belastbarkeit der Systeme gewährleistet sind.

I. Technische und organisatorische Maßnahmen

6 Kern der Regelung ist Abs. 1, der angemessene technische und organisatorische Maßnahmen verlangt, um Datensicherheit im Sinne eines angemessenen Schutzniveaus nach Abs. 2 herzustellen.[13]

1. Adressaten

7 Adressaten der Regelung in Art. 32 sind der Verantwortliche einerseits und der Auftragsverarbeiter andererseits. Auch der Auftragsverarbeiter ist daher – wie bisher gemäß § 11 Abs. 4 BDSG – selbst und originär verpflichtet, Maßnahmen zur Datensicherheit zu ergreifen.

2. Risiko- und Folgenabschätzung

8 Abs. 1 verlangt die Gewährleistung eines „dem Risiko angemessenen Schutzniveaus" durch Ergreifen bestimmter Maßnahmen. Dies ist ohne vorangehende Bewertung von Risiko und Folgen denklogisch nicht möglich.[14] Der Verpflichtete sollte daher zumindest eine grobe Risikoabschätzung durchführen (→ Art. 25 Rn. 21 ff.).[15] Diese erfordert nicht die Tiefe und den Aufwand des Art. 35, sofern nicht ein „hohes Risiko" im Sinne von Art. 35 Abs. 1 festgestellt wird (→ Art. 35 Rn. 7 ff.), da sich das Parlament auch im Hinblick auf Art. 32 nicht mit der Forderung durchsetzen konnte, dass stets eine Risikofolgenabschätzung nach Art. 35 erfolgen

---

10 2012 (KOM(2012) 11 final.
11 *Hof* DuD 2014, 601; vgl. auch *Martini* in: Paal/Pauly, DSGVO, 2017, Art. 32 Rn. 1.
12 *Spiekermann*, ACM Vol. 55, 7/2012, S. 40.
13 Der deutsche Text spricht von „geeigneten" Maßnahmen. Dabei handelt es sich allerdings um eine Fehlübersetzung. Die ebenfalls verbindlichen anderen Sprachfassungen stellen auf die Angemessenheit ab, so zB in der englischen Fassung „appropriate measures", in der französischen Fassung „mesures appropriées", in der niederländischen Fassung „passende maatregelen" und in der italienischen Fassung „misure adeguate".
14 Vgl. ErwGr 83.
15 Vgl. auch *Jandt* in: Kühling/Buchner DSGVO, 2017, Art. 32 Rn. 31.

muss.[16] Wurde aber eine Risikoabschätzung nach Art. 35 durchgeführt, sind deren Ergebnisse auch im Rahmen des Art. 32 einzubeziehen.[17]

3. Maßnahmen (Abs. 1, 2)

Abs. 1 sieht verschiedene Maßnahmen bzw. Schutzziele vor, wobei die Aufzählung nach dem eindeutigen Wortlaut nicht abschließend ist. Es handelt sich lediglich um Regelbeispiele. Dabei verdeutlicht die Aufzählung erneut, dass allein technische Maßnahmen nicht ausreichen. Vielmehr sind auch organisatorische Maßnahmen erforderlich. Die angeführten Maßnahmen sind im Vergleich zur Anlage zu § 9 BDSG aber weitaus weniger konkret.   9

a) Kriterien der Abwägung, angemessenes Schutzniveau

Ziel des Art. 32 ist die Gewährleistung eines dem Risiko angemessenen Schutzniveaus. Es sind daher nicht alle möglichen Maßnahmen zur Gewährleistung von Datensicherheit zu ergreifen, sondern nur solche, die als verhältnismäßig anzusehen sind. Dem Adressaten bleibt daher unter Berücksichtigung der in Abs. 1 vorgegebenen Abwägungskriterien ein Ermessensspielraum. Die Abwägung ist im Grundsatz vergleichbar mit der bisherigen **Verhältnismäßigkeits**prüfung nach § 9 S. 2 BDSG, wobei die speziellen Kriterien des Art. 32 zu berücksichtigen sind. Interessanterweise führt die deutsche Fassung die Maßnahmen ohne weiteren Zusatz auf, während die anderen Sprachfassungen jeweils einen erneuten Hinweis auf die Angemessenheit enthalten.[18] Es dürfte sich insoweit aber lediglich um eine sprachliche Abweichung handeln. Die Ergreifung der Maßnahmen steht insgesamt unter einem Verhältnismäßigkeitsvorbehalt. Mit Blick auf die Abwägungskriterien ist der Wortlaut von Abs. 1 weitgehend identisch mit der Regelung in Art. 25 Abs. 1. Auch im Rahmen von Art. 32 sind (i.) Stand der Technik (→ Art. 25 Rn. 37 ff.),[19] (ii.) Art, Umfang Umstände und Zwecke der Verarbeitung (→ Art. 25 Rn. 41), (iii.) Risiken in Form von Eintrittswahrscheinlichkeit und Schwere des Risikos für die Rechte und Freiheiten natürlicher Personen (→ Art. 25 Rn. 21 ff.) und (iv.) Implementierungskosten (→ Art. 25 Rn. 45 ff.) sowie ferner die Zielsetzung eines angemessenen Schutzniveaus (→ Rn. 8 f.) zu berücksichtigen.[20] Dem Verantwortlichen und dem Auftragsverarbeiter steht ein Ermessen bei der Auswahl der Maßnahmen zu, wobei Ziel stets die Sicherstellung des angemessenen Sicherheitsniveaus ist. Zur Konkretisierung des **Stands der Technik** kommen allgemein anerkannte, teils internationale Normen im Bereich der Datensicherheit in Betracht, bspw die IT-Grundschutzkataloge, ISO 27001 etc. (weitere → Rn. 36). Auch bei Art. 32 sind die Implementierungskosten nur ein Element in der zu treffenden Abwägung.[21] Unzurei-   10

---

16 Europäisches Parlament, Beschl. v. 12.3.2014, 2012/0011 (COD), 7427/1/14 Rev 1.
17 ErwGr 84.
18 Deutsche Fassung: „schließen unter anderem Folgendes ein...“; ua englisch: „inter alia as appropriate“; französisch: „selons les besoins“ („nach Bedarf“); dazu auch *Piltz* K&R 2016, 709 (714).
19 S. auch *Münch* RDV 2012, 72 (75).
20 S. jeweils die eingehende Kommentierung bei Art. 25, die aufgrund identischen Wortlauts und ähnlicher Zielrichtung auch hier einschlägig ist.
21 Ebenso *Martini* in: Paal/Pauly, DSGVO, 2017, Art. 32 Rn. 26.

chende Schutzmaßnahmen sind – ebenso wie beim Datenschutz durch Technik nach Art. 25 – allein mit wirtschaftlichen Erwägungen nicht zu rechtfertigen.[22] Nach Abs. 2 sind bei der Bemessung des angemessenen Schutzniveaus insbesondere die Risiken zu beachten, die mit der Verarbeitung verbunden sind, insbesondere durch Vernichtung, Verlust, Veränderung oder unbefugte Offenlegung von beziehungsweise unbefugten Zugang zu personenbezogenen Daten. Abs. 2 enthält damit konkretisierende und die Abwägung stützende, allerdings nicht abschließende Vorgaben.

b) Pseudonymisierung und Verschlüsselung (lit. a)

11   Verantwortlicher und Auftragsverarbeiter sollen zur Aufrechterhaltung der Sicherheit und zur Vorbeugung von unrechtmäßigen oder unbeabsichtigten Verarbeitungsvorgängen Daten pseudonymisieren und verschlüsseln.[23] Verschlüsselung als Maßnahme ergab sich nach bisheriger Rechtslage aus Anlage 1 Satz 2 zu § 9 BDSG. Die Pflicht zur Pseudonymisierung hingegen ist neu, auch wenn sie als Teil der Datensparsamkeit nach §§ 3a, 3 Abs. 6a BDSG gesetzlich verankert war.[24] Als Folge aus Abs. 1 lit. a ist daher stets zu prüfen, ob und wann personenbezogene Daten verschlüsselt oder pseudonymisiert werden können,[25] wobei dies so früh wie möglich erfolgen sollte (→ Art. 25 Rn. 51). **Pseudonymisierung** ist nach Art. 4 Nr. 5 die Verarbeitung personenbezogener Daten in einer Weise, dass die Daten ohne Hinzuziehung zusätzlicher Informationen nicht mehr einer spezifischen Person zugeordnet werden können, sofern diese zusätzlichen Informationen gesondert aufbewahrt werden und technischen und organisatorischen Maßnahmen unterliegen, die gewährleisten, dass die personenbezogenen Daten nicht einer Person zugeordnet werden können (näher → Art. 4 Rn. 90 ff.). Unter **Verschlüsselung** ist ein Vorgang zu verstehen, bei dem eine klar lesbare Information mit Hilfe eines kryptographischen Verfahrens in eine „unleserliche" Zeichenfolge umgewandelt wird.[26] Pseudonymisierung und Verschlüsselung sollen gewährleisten, dass selbst bei unbefugtem Zugriff Dritter auf das System keine Kenntnis von den personenbezogenen Daten erlangt wird oder wenigstens ein Personenbezug nicht ohne Weiteres hergestellt werden kann.[27] Typische Anwendungsfälle von Verschlüsselung liegen im Versand von E-Mails und der Ablage von Daten in (verschlüsselnden) Datenbanken.[28] Es sind nicht alle Daten stets zu verschlüsseln, vielmehr ist auch insoweit eine Abwägung nach Abs. 1 zu treffen.[29] Dabei ist auch zu berücksichtigen, ob eine Verschlüsselung der Daten angesichts der Umstände der konkreten, bezweckten Verarbeitung möglich und zumutbar ist. Allerdings hat der Gesetzgeber durch die Hervorhebung der Verschlüsselung als Maßnahme die Schwelle für eine Verschlüsselungspflicht niedrig angesetzt. Jedenfalls bei mittlerem Risiko sollten personen-

---

22   *Grages* in: Plath, BDSG/DSGVO, 2. Aufl. 2016, Art. 32 Rn. 3.
23   ErwGr 83.
24   *Däubler/Klebe/Wedde/Weichert*, BDSG§ 3 Rn. 51.
25   Vgl. *Däubler/Klebe/Wedde/Weichert*, BDSG§ 9 Rn. 101b.
26   *Ernestus* in: Simitis BDSG § 9 Rn. 166.
27   Vgl. ErwGr 75, 83.
28   Vgl. *Däubler/Klebe/Wedde/Weichert*, BDSG § 9 Rn. 101e; *Klett/Lee* CR 2008, 644.
29   *Plath* in: Plath, BDSG/DSGVO, 2. Aufl. 2016, § 9 BDSG Rn. 59.

bezogene Daten daher soweit wie möglich verschlüsselt werden. Dies wird auch aus der Systematik von Abs. 1 lit. a–d deutlich: Im Gegensatz zu den Maßnahmen nach lit. b und c reicht es bei Pseudonymisierung und Verschlüsselung nicht aus, dass der Verpflichtete die entsprechenden „Fähigkeiten" aufweist. Vielmehr stellen Pseudonymisierung und Verschlüsselung in Abgrenzung zur Formulierung von lit. a und d gegenüber lit. b und c konkrete Maßnahmen dar, die regelmäßig ergriffen werden sollten (→ Art. 25 Rn. 51, 56).[30]

Insbesondere bei der Wahl der Verschlüsselungsart ist der **Stand der Technik** zu berücksichtigen.[31] So entspricht es bspw. schon lange dem Stand der Technik, **Passwörter** mittels „gesalzener Hashes" mit aktuellen Algorithmen zu verschlüsseln.[32] Die gewählte Verschlüsselung muss entsprechend der Dynamik des Begriffs des Stands der Technik regelmäßig im Hinblick auf ihre fortdauernde Geeignetheit geprüft und ggf. aktualisiert werden.[33] Letztlich wirkt sich der Einsatz von Verschlüsselung nach dem Stand der Technik auch im Rahmen der Benachrichtigungspflicht nach Art. 34 aus (→ Art. 34 Rn. 10).   12

Nicht genannt in Art. 32 wird die **Anonymisierung** als Maßnahme. Dabei stellt sie die wohl sicherste aller Maßnahmen dar, da durch effektive Anonymisierung der Daten der Anwendungsbereich des Art. 32 und der DSGVO insgesamt vollständig verlassen wird.[34] Bereits die (wirksame) Anonymisierung eines Teils der Daten reduziert die Risiken für die (ursprünglich) betroffene Person.   13

c) Sicherstellung von Vertraulichkeit, Integrität, Verfügbarkeit und Belastbarkeit (lit. b)

Nach Abs. 1 lit. b muss durch technische und organisatorische Maßnahmen die Fähigkeit bestehen, Vertraulichkeit, Integrität, Verfügbarkeit personenbezogener Daten sowie die Belastbarkeit der Systeme und Dienste auf Dauer sicherzustellen. Hierbei dürfte eine sprachliche Ungenauigkeit darin vorliegen, dass bei Vertraulichkeit und Integrität ein Bezug auf Systeme und Dienste und nicht auf personenbezogene Daten hergestellt wird. Der Wortlaut verdeutlicht allerdings, dass es nicht allein um Daten, sondern eben auch um die Sicherheit der zur Verarbeitung von Daten genutzten Systeme geht. Die Formulierung, dass jeweils die „Fähigkeit" bestehen muss, zeigt weiter, dass der Gesetzgeber nicht von einer absoluten Sicherheit ausgeht. Dies ergibt sich auch aus Abs. 1 lit. c, der eine rasche Wiederherstellung ua der Verfügbarkeit sichern soll, da die entsprechenden Schritte erst nach Eintritt der abzusichernden Risiken erforderlich werden. Dies entlastet Verantwortlichen und Auftragsverarbeiter jedoch nicht. Sie müssen jedenfalls diejenigen Maßnahmen ergreifen, die Vertraulichkeit, Integrität, Verfügbarkeit und Belastbarkeit grundsätzlich gewährleisten können. Die entsprechenden Ziele sind „auf Dauer" zu berücksichtigen (zur   14

---

30 Vgl. auch *Martini* in: Paal/Pauly, DSGVO, 2017, Art. 32 Rn. 34.
31 *Ernestus* in: Simitis BDSG § 9 Rn. 171.
32 *Loyen* iX 3/2016, S. 112.
33 *Jandt* in: Kühling/Buchner DSGVO, 2017, Art. 32 Rn. 9.
34 ErwGr 26.

Evaluierung und Anpassung → Rn. 20 f.). Dies umfasst neben der Evaluierung nach Abs. 1 lit. d auch die Einrichtung von technischen und organisatorischen Maßnahmen, die es ermöglichen, proaktiv und „sofort"[35] Störungen feststellen zu können.[36] Dies kann bspw „**Intrusion Detection**"-Systeme umfassen, die den unbefugten Zugang Dritter erkennen und melden. Personell kann eine Vertretungsregel erforderlich sein.[37] Ferner ist bei Bedarf eine Anpassung oder Aktualisierung der Maßnahmen vorzunehmen.

15 Die Begriffe der Vertraulichkeit und Integrität werden in Art. 5 Abs. 1 lit. f legaldefiniert. Ein Bruch der **Vertraulichkeit** liegt danach bei unbefugter oder unrechtmäßiger Verarbeitung und bei unbeabsichtigtem Verlust vor, wobei auch der reine Zugriff auf die Daten oder die sie verarbeitenden Systemen erfasst ist (näher → Art. 5 Rn. 45 ff.).[38] Es geht dementsprechend darum, Maßnahmen gegen unbefugten Zutritt, Zugang und Zugriff auf das System sowie eine Weitergabekontrolle zu gewährleisten, zB bauliche Maßnahmen, Zugriffsrechte etc. Insoweit sind Maßnahmen entsprechend Nr. 1–4 der Anlage zu § 9 BDSG bzw Art. 29 Abs. 2 der Richtlinie 2016/680/EU zu ergreifen. Auch Eingabekontrollen nach Nr. 5 der Anlage zu § 9 BDSG können geeignete Maßnahmen darstellen. Für die **Integrität** hingegen sind Daten gemäß Art. 5 Abs. 1 lit. f gegen unbeabsichtigte Zerstörung und unbeabsichtigte Schädigung zu schützen (→ Art. 5 Rn. 45 ff.). Die Daten müssen daher korrekt, unverändert und verlässlich sein. Auch hierfür sind Maßnahmen nach Nr. 1–5 der Anlage zu § 9 BDSG einschlägig. Weiter kommen die Einführung von Prüfsummen sowie eine kontinuierliche Datensicherung – ergänzend zur Pflicht nach Abs. 1 lit. c – als Maßnahmen in Betracht.[39]

16 Für die Sicherstellung der **Verfügbarkeit** der Systeme und Dienste sind Maßnahmen zu ergreifen, die das System vor inneren und äußeren Einflüssen schützen. Zu diesen Einflüssen gehören bspw. Strom- und Hardwareausfälle, Wassereinbrüche und Blitzschläge. Dementsprechend können Maßnahmen wie abgesicherte Stromanschlüsse und unterbrechungsfreie Stromversorgung (USV) in Betracht kommen.[40] Ferner sind Maßnahmen auch gegen mutwillige Handlungen wie Sabotageakte oder Vandalismus zu ergreifen.[41] Gerade bei der Verfügbarkeit hängt es im Rahmen der Prüfung der Angemessenheit von der Bedeutung von Systemen, Diensten und verarbeiteten Daten ab, welche Maßnahmen zu ergreifen sind.[42] Es müssen nicht alle Systeme stets und immer verfügbar sein. Systeme, die nur intern verwendet werden und nicht kritisch sind, können daher – sofern die übrigen Schutzziele gewährleistet sind – aus Sicht des Verpflichteten möglicher-

35 ErwGr 87.
36 *Grages* in: Plath, BDSG/DSGVO, 2. Aufl. 2016, Art. 32 Rn. 8.
37 *Martini* in: Paal/Pauly, DSGVO, 2017, Art. 32 Rn. 41.
38 Vgl. ErwGr 39.
39 *Plath* in: Plath, BDSG/DSGVO, 2. Aufl. 2016, § 9 Rn. 53; zu weiteren Maßnahmen *Schultze-Melling* in: Taeger/Gabel, BDSG, 2. Aufl. 2013, § 9 Rn. 83 mwN.
40 *Ernestus* in: Simitis BDSG § 9 Rn. 156; s. auch *Däubler/Klebe/Wedde/Weichert* BDSG § 9 Rn. 95.
41 *Schultze-Melling* in: Taeger/Gabel BDSG § 9 Rn. 79.
42 Vgl. zum IT-Sicherheitsgesetz und dem Schutz kritischer Infrastrukturen *Gerling* RDV 2015, 167; zur NIS-Richtlinie *Gercke* CR 2016, 28.

weise auch länger ausfallen. Andererseits dürfte eine unterbrechungsfreie Stromversorgung für kurze Zeit stets angebracht sein, um das System ordnungsgemäß herunterfahren zu können und so Datenverluste zu vermeiden.[43] Für ein System mit Patientendaten in einem Krankenhaus mit Intensivstation dürfte hingegen ein hoher Verfügbarkeitsstandard zu gelten haben.[44]

Neu ist der Begriff der **Belastbarkeit** eines Systems. Von Belastbarkeit oder – wie in der englischen Fassung – „resilience" wird im Zusammenhang mit IT-Sicherheit insbesondere in Bezug auf Angriffe von außen gesprochen. Belastbarkeit ist in diesem Zusammenhang die Fähigkeit, Angriffen zu widerstehen bzw. Systeme nach einer Attacke zügig wieder in funktionsfähigen Zustand zu bringen. Zu den Maßnahmen kann daher eine entsprechende Dimensionierung eines Systems anhand des zu erwartenden Nutzung (im Sinne der Skalierung), beispielsweise anhand der Anzahl der Nutzer oder der Aktionen, sowie im Hinblick auf mögliche Angriffe, beispielsweise in Form von Denial of Service (DoS)-Attacken,[45] gehören. Bei zu erwartender starker Beanspruchung oder zur Abwehr von Angriffen kann der redundante Aufbau des Systems mit Techniken der Lastbalance („load balancing") angebracht sein. Auch hier hängt der Grad der zu ergreifenden Maßnahmen wesentlich von der Art und Relevanz des Systems ab (→ Rn. 16). 17

d) Wiederherstellung der Verfügbarkeit von Daten (lit. c)

Für den Fall einer Verletzung der Datensicherheit oder der Sicherheit des personenbezogene Daten verarbeitenden Systems soll der Verpflichtete Maßnahmen ergreifen, die ihn in die Lage versetzen, die **Verfügbarkeit** der personenbezogenen Daten und den Zugang zu ihnen rasch wiederherzustellen. Abs. 1 lit. c umfasst – soweit erforderlich – insbesondere die Planung des Verpflichteten für den Ernstfall eines technischen oder physischen Zwischenfalls. Es ist auch hier insoweit unabdingbar, eine Risikoabschätzung vorzunehmen, um die Risiken vorab erkennen und entsprechende Maßnahmen ergreifen zu können. Abs. 1 lit. c beinhaltet damit insbesondere die Pflicht, Daten in Form von Backups zu sichern[46] und organisatorische Maßnahmen zu treffen, um Daten aus solchen Backups kurzfristig wiederherstellen zu können. Ebenso ist als Maßnahme die Schaffung redundanter Systeme, die im Falle des Ausfalls des Primärsystems eingesetzt werden können, denkbar. Auch hier kommt es wesentlich auf die Art des Systems und die Relevanz der kurzfristigen Verfügbarkeit der betroffenen Daten an. Für das oben genannte System mit Patientendaten in einem Krankenhaus mit Intensivstation (→ Rn. 16) werden andere Maßstäbe zu gelten haben als für die Kundendatenbank eines mittelständischen Betriebes. 18

---

43 Vgl. *Ernestus* in: Simitis BDSG § 9 Rn. 156.
44 Vgl. *Däubler/Klebe/Wedde/Weichert* BDSG § 9 Rn. 93.
45 Zum IT-Sicherheitsgesetz *Gerlach* CR 2015, 581 (585); *Leisterer/Schneider* CR 2014, 574 (577).
46 *Schultze-Melling* in: Taeger/Gabel BDSG § 9 Rn. 80; *Härting*, DSGVO, 2016, Rn. 146; *Martini* in: Paal/Pauly, DSGVO, 2017, Art. 32 Rn. 38.

19 Die **Wiederherstellung** der Daten soll bei einem Zwischenfall „rasch" erfolgen. Was hiermit konkret gemeint ist, bleibt letztlich unklar. Der Gesetzgeber hat sich aber – möglicherweise bewusst – für eine andere Formulierung als „unverzüglich" entschieden. In der englischen Fassung des Art. 32
wird ein Vorgehen „in a timely manner" verlangt, was in ErwGr 85 im
Fall der Verletzung des Schutzes personenbezogener Daten als „rechtzeitig
und angemessen" übersetzt wird. In ErwGr 86 wiederum wird „rasch" als
„as soon as reasonably feasible" übersetzt, der ErwGr 86 zugehörige
Art. 35 verlangt insoweit aber ein „unverzügliches" Vorgehen. Der Wortlaut macht daher deutlich, dass der Adressat nicht zu lange warten darf,
wobei auch insoweit die Schwere des Zwischenfalls und die Bedeutung der
Daten und Systeme eine Rolle spielen.[47] Welche Anforderungen konkret zu
stellen sind, wird aber die behördliche und gerichtliche Praxis zeigen müssen.

e) Verfahren zur regelmäßigen Überprüfung (lit. d)

20 Ebenfalls neu ist die konkret verankerte Verpflichtung, die Wirksamkeit
der technischen und organisatorischen Maßnahmen regelmäßig zu prüfen,
zu bewerten und zu evaluieren. Abs. 1 lit. d betont damit auch, dass die
Maßnahmen unter Berücksichtigung des Standes der Technik zu prüfen
und ggf. anzupassen sind.[48] Nur so wird bei fortdauernder Verarbeitung
personenbezogener Daten dem in Art. 32 niedergelegten Schutzinteresse
Geltung verschafft. Die nach Abs. 1 lit. a angewandten Verfahren zur
Pseudonymisierung und Verschlüsselung sind daher einer regelmäßigen
Überprüfung zu unterziehen und ggf. durch bessere, sicherere Verfahren zu
ersetzen. Im Hinblick auf die Belastbarkeit nach Abs. 1 lit. b ($\rightarrow$ Rn. 17)
muss zB ein aufgrund steigender Nutzerzahlen mittlerweile stärker bean-
spruchtes oder aber in der Vergangenheit öfter angegriffenes System ergänzt werden. Weiter ist nach Abs. 1 lit. c jeweils zu prüfen, ob die erstellten Backups zur Wiederherstellung verlorener Daten genutzt werden können. Nach Abs. 1 lit. d können bei kritischen Systemen, die der Verarbeitung personenbezogener Daten dienen und bei denen die Risikoabschätzung ein hohes Risiko ergeben hat, im Rahmen der Überprüfung durchaus
auch **Penetrationstests** durchzuführen sein, also die Beauftragung von Dritten mit dem Versuch, in das System einzudringen, um Sicherheits- und
Schutzlücken aufzudecken.[49]

21 Wie häufig die Sicherheit der Verarbeitung zu prüfen ist, hängt von der Relevanz der Systeme, der Bedeutung der verarbeiteten Daten und den ermittelten Risiken ab.[50] Es sind Abstände von wenigen Monaten bis zu ein bis
zwei Jahren denkbar. Der Verpflichtete sollte die geplanten Überprüfungs-
maßnahmen sowie deren regelmäßige Durchführung entsprechend Art. 5
Abs. 2 dokumentieren.

---

47 Vgl. auch *Jandt* in: Kühling/Buchner DSGVO, 2017, Art. 32 Rn. 28.
48 Ebenso *Martini* in: Paal/Pauly DSGVO, 2017, Art. 32 Rn. 44.
49 Vgl. dazu auch ErwGr 49; zur Zulässigkeit von aktiven Sicherheitsanalysen *Krisch-
ker* ZD 2015, 464.
50 Ebenso *Grages* in: Plath BDSG/DSGVO, 2. Aufl. 2016, Art. 32 Rn. 7.

4. Unterstellte Personen (Abs. 4)

Nach Abs. 4 müssen der Verantwortliche und der Auftragsverarbeiter sicherstellen, dass ihnen unterstellte natürliche Personen, die Zugang zu personenbezogenen Daten haben (→ Art. 28 Rn. 65 ff.), diese nur auf Anweisung des Verantwortlichen verarbeiten. Abs. 4 dient damit der organisatorischen – und auch technischen – Absicherung der Pflicht nach Art. 29 und der Gewährleistung eines angemessenen Schutzniveaus auch im Hinblick auf die mit der Verarbeitung personenbezogener Daten betrauten Personen. Allerdings hat der Gesetzgeber die Regelung nach Abs. 4 nicht als weitere Maßnahme zB als Abs. 1 lit. e aufgenommen und sie zudem mit dem Attribut „sicherzustellen" versehen. Die Maßnahmen nach Abs. 4 unterliegen daher grundsätzlich nicht der Verhältnismäßigkeitskontrolle des Abs. 1, sondern sind als zwingend anzusehen.

22

Zu den unterstellten Personen gehören nicht nur Arbeitnehmer, sondern auch andere „unterstellte" Personen.[51] Erfasst ist jeder, der Zugang zu den personenbezogenen Daten hat und einer Weisungskontrolle des Adressaten unterliegt. In Anlehnung an § 5 BDSG können dies auch Personen sein, die lediglich Hilfsfunktionen ausüben, durch die sie die Möglichkeit des Zugriffs auf personenbezogene Daten erhalten.[52] Auch wenn die beim **Auftragsverarbeiter** tätigen Personen nach Abs. 4 Weisungen des Verantwortlichen befolgen müssen, sind sie nicht in den Betrieb des Verantwortlichen integriert oder als überlassene Arbeitnehmer anzusehen, da die Weisungsbefugnis des Verantwortlichen nur mittelbar wirkt. Der Auftragsverarbeiter muss nämlich lediglich „Schritte" unternehmen, um die Umsetzung der Weisungen des Verantwortlichen durch die ihm unterstellten Personen sicherzustellen. Diese handeln daher unmittelbar nur auf Weisung des Auftragsverarbeiters. Es empfiehlt sich insoweit für den Verantwortlichen, Regelungen zu Einzelanweisungen an Mitarbeiter des Auftragsverarbeiters in den Vertrag nach Art. 28 Abs. 3 lit. a aufzunehmen (→ Art. 28 Rn. 52).[53]

23

Die Regelung in Abs. 4 entspricht inhaltlich teilweise der Auftragskontrolle nach Nr. 6 der Anlage zu § 9 BDSG,[54] ist aber deutlich weiter. Während § 11 Abs. 3 BDSG iVm Nr. 6 der Anlage zu § 9 BDSG nur für das Verhältnis zwischen dem Verantwortlichen und dem Auftragsverarbeiter gilt, regelt Abs. 4 das jeweilige Verhältnis von Verantwortlichem und Auftragsverarbeiter zu „ihnen unterstellten natürlichen Personen." Insoweit besteht eher ein Zusammenhang zwischen Abs. 4 und dem Gebot nach § 5 S. 2 BDSG, Mitarbeiter auf das **Datengeheimnis** zu verpflichten.[55] Abs. 4 geht aber über § 5 S. 2 BDSG hinaus, da nicht nur eine Verpflichtung auf das Datengeheimnis erfolgen muss, sondern konkrete Anweisungen zum Umgang mit personenbezogenen Daten zu ergehen haben. In der Praxis kann der persönliche Anwendungsbereich von Abs. 4 im Hinblick auf die „un-

24

---

51 Vgl. dazu *Seifert* in: Simitis BDSG § 32 Rn. 115.
52 *Däubler/Klebe/Wedde/Weichert* BDSG § 5 Rn. 5; *Ehmann* in: Simitis BDSG, 8. Aufl. 2014, § 5 Rn. 12.
53 *Grages* in: Plath BDSG/DSGVO, 2. Aufl. 2016, Art. 32 Rn. 13.
54 *Laue/Nink/Kremer*, § 7 Rn. 25; anders wohl *Härting* DSGVO, 2016, Rn. 148.
55 Vgl. auch *Martini* in: Paal/Pauly DSGVO, 2017, Art. 32 Rn. 77.

terstellten Personen mit Zugang" etwas enger sein als der sehr weit ausgelegte Begriff des bei der Datenverarbeitung Beschäftigten nach § 5 BDSG.[56]

25 Den entsprechenden Anforderungen von Abs. 4 kann daher einerseits durch eine Verpflichtung der Mitarbeiter auf entsprechende Vorgaben und Verhaltensregeln ähnlich § 5 S. 2 BDSG sowie durch **Schulungen** genügt werden, wobei aufgrund der Schulung die Mitarbeiter auch erkennen können sollten, wann sie ggf. mit der Datenverarbeitung gegen Gesetze verstoßen bzw. unberechtigt oder nicht mehr weisungsgemäß Daten verarbeiten. Weiter sollte gegenüber den unterstellten Personen auf die Einhaltung der Datenschutzgrundsätze verbunden mit konkreten Hinweisen auf deren praktische Umsetzung gedrungen werden.[57] Typischerweise ist es Aufgabe des Datenschutzbeauftragten, solche Schulungen durchzuführen oder vorzubereiten (Art. 39 Abs. 1 lit. b, → Art. 39 Rn. 86). Die Durchführung der Schulungen samt Teilnehmerliste sollte entsprechend Art. 5 Abs. 2 dokumentiert werden. Aufgrund des Wortlauts „sicherstellen" müssen zudem – insoweit übereinstimmend mit Nr. 6 der Anlage zu § 9 BDSG – technische und organisatorische Maßnahmen ergriffen werden,[58] durch die sichergestellt ist, dass die unterstellten Personen den Anweisungen auch Folge leisten. Insoweit sind auch hier Maßnahmen nach Nr. 1–4 der Anlage zu § 9 BDSG zu ergreifen, insbesondere eine Zugriffskontrolle, zB durch Einrichtung von Nutzerkonten mit beschränkten Zugriffsrechten auf personenbezogene Daten. Darüber hinaus dürfte es erforderlich sein, die Einhaltung der Anweisungen zu überwachen und auf bekannt gewordene Verstöße ggf. durch arbeitsrechtliche Maßnahmen wie Weisung, Verwarnung oder Abmahnung zu reagieren.[59]

26 Der **Auftragsverarbeiter**, der für mehrere Verantwortliche Daten verarbeitet, muss darüber hinaus Maßnahmen ergreifen, um sicherzustellen, dass seine Mitarbeiter die Anweisungen des jeweiligen Verantwortlichen befolgen. Da hier ganz unterschiedliche Vorgaben der jeweiligen Auftraggeber im Raume stehen können, sollten auch insoweit technische und organisatorische Maßnahmen eingerichtet werden. Erfolgt die Datenverarbeitung hingegen für alle Kunden des Auftragsverarbeiters in Form eines Standardprodukts (zB Cloud), und sind die jeweiligen Anweisungen der Verantwortlichen (zB auf Basis eines einheitlichen Vertrages) identisch, können Maßnahmen insoweit entbehrlich sein. Insbesondere bietet sich aber eine physische oder durch entsprechende Techniken abgesicherte logische Trennung der Daten und Datenverarbeitungsvorgänge für jeden Auftraggeber an.[60] Insoweit kann eine Orientierung am Gebot der **Datentrennung** nach Nr. 8 der Anlage zu § 9 BDSG sinnvoll sein.[61]

27 In zeitlicher Hinsicht bezieht sich Abs. 4 nur auf solche Personen, die Zugang zu personenbezogenen Daten haben. Eine Fortwirkung über das Ende

---

56 Vgl. *Ehmann* in: Simitis BDSG § 5 Rn. 12.
57 Vgl. *Ehmann* in: Simitis BDSG § 5 Rn. 28.
58 Vgl. *Ernestus* in: Simitis BDSG § 9 Rn. 149.
59 Vgl. *Ehmann* in: Simitis BDSG § 5 Rn. 28; *Martini* in: Paal/Pauly DSGVO, 2017, Art. 32 Rn. 66.
60 *Ernestus* in: Simitis BDSG § 9 Rn. 151 f.
61 Dazu *Däubler/Klebe/Wedde/Weichert* BDSG § 9 Rn. 97 ff.; *Ernestus* in: Simitis BDSG § 9 Rn. 160 ff.

des Beschäftigungsverhältnisses hinaus wie bei § 5 S. 2 BDSG[62] besteht daher nicht, solange mit dem Ausscheiden des Mitarbeiters auch der künftige Zugang zu den personenbezogenen Daten wirksam verhindert wird. Dennoch ist eine Verpflichtung von Mitarbeitern, personenbezogene Daten auch nach Ende des Beschäftigungsverhältnisses Dritten nicht zu offenbaren, auch im Sinne von Abs. 4 sinnvoll.

Eine Ausnahme sieht Abs. 4 vor, wenn die unterstellten natürlichen Personen nach dem Recht der Union oder der Mitgliedstaaten zur Verarbeitung verpflichtet sind. Die Ausnahme löst insbesondere den potentiellen Konflikt, dass der Auftragsverarbeiter aufgrund gesetzlicher Regelungen zu einer Verarbeitung verpflichtet oder an ihr gehindert ist, der Verantwortliche aber eine abweichende Anweisung erteilt. So können beim Auftragsverarbeiter bspw. Aufbewahrungs- oder Buchführungspflichten bestehen, die ihn entgegen der Weisung des Verantwortlichen an der Löschung personenbezogener Daten hindern.   28

II. Rechenschaftspflicht, genehmigte Verhaltensregeln, Zertifizierung (Abs. 3)

Auch mit Blick auf die Anforderungen des Art. 32 besteht entsprechend Art. 5 Abs. 2 eine **Nachweispflicht**. Verantwortlicher und Auftragsverarbeiter müssen daher im Rahmen von Art. 32 in der Lage sein, das Ergebnis ihrer Risikoabwägung, die Abwägungsentscheidungen und die ergriffenen Maßnahmen jederzeit darzulegen, was durch die Pflicht gemäß Art. 30 Abs. 1 lit g, eine allgemeine Beschreibung der technischen und organisatorischen Maßnahmen in das Verzeichnis von Verarbeitungtätigkeiten nach Art. 30 aufzunehmen, flankiert wird. Ebenso wie Art. 25 Abs. 3 sieht Art. 32 Abs. 3 diesbezüglich in bestimmten Fällen Erleichterungen vor (→ Art. 25 Rn. 69 ff.). Es ist auch insoweit hilfreich, über ein Zertifikat nach Art. 42 zu verfügen.[63] Darüber hinaus sind im Rahmen von Art. 32 auch genehmigte Verhaltensregeln nach Art. 40 zu berücksichtigen (dazu → Art. 40 Rn. 13 ff.). Das Vorhandensein von Zertifikat oder genehmigten Verhaltensregeln genügt dem Nachweis allein nicht, sie stellen aber (gewichtige) Faktoren des Nachweises dar.[64]   29

III. Sanktionen und Schadensersatz

Nach Art. 83 Abs. 4 lit. a können Verstöße gegen Art. 32 mit Geldbußen von bis zu 10 Mio. EUR oder bis zu 2 % des Jahresumsatzes belegt werden. Hier findet sich eine weitere wesentliche Veränderung, denn Verstöße gegen § 9 BDSG waren bisher nicht bußgeldbewehrt. Im Rahmen der Auftragsverarbeitung war zudem nach § 43 Abs. 1 Nr. 2 b BDSG bisher nur die fehlende Vorabkontrolle durch den Verantwortlichen sanktioniert, während der Auftragsverarbeiter nunmehr selbst unter Sanktionsandrohung vollständig zu Maßnahmen nach Art. 32 verpflichtet ist.[65] Darüber hinaus   30

---

62 *Ehmann* in: Simitis BDSG § 5 Rn. 31 f.
63 Vgl. zum Datenschutzaudit nach § 9 a BDSG *Scholz* in: Simitis BDSG § 9 a Rn. 1 ff., 12 a f.
64 *Piltz* in: Gola DS-GVO, 2017, Art. 32 Rn. 46.
65 *Laue/Nink/Kremer*, § 7 Rn. 22.

kann sich die Missachtung der Maßnahmen nach Art. 32 bei einem Verstoß gegen andere Vorgaben der DSGVO gemäß Art. 83 Abs. 2 lit. d auf die Höhe der Geldbuße auswirken. Ein sanktionsfähiger Verstoß liegt bereits vor, wenn zwar Maßnahmen gewählt und implementiert wurden, diese sich aber nicht als angemessen erweisen.[66] Darüber hinaus stehen den Aufsichtsbehörden die Befugnisse nach Art. 58 zur Verfügung, die nach Art. 58 Abs. 2 insbesondere Weisungen und Verbote umfassen. In diesem Zusammenhang kommt auch den Melde- und Benachrichtigungspflichten nach Art. 33, 34 Bedeutung zu.

31   Von besonderer Relevanz dürfte auch der **Schadensersatzanspruch** nach Art. 82 sein. Denn durch die Benachrichtigung bei Verletzungen des Schutzes personenbezogener Daten (zum Begriff → Art. 4 Rn. 177 ff.) nach Art. 34 erlangen Betroffene – jedenfalls bei Vorliegen eines hohen Risikos für die persönlichen Rechte und Freiheiten (→ Art. 34 Rn. 5 ff.) – Kenntnis von der Schutzverletzung und werden damit in die Lage versetzt, Ansprüche geltend zu machen. Auch insoweit sind nach Art. 82 Abs. 3 der Verantwortliche und der Auftragsverarbeiter nachweispflichtig dahingehend, dass sie in keinerlei Hinsicht für die Rechtsverletzung verantwortlich sind. Die Verletzung des Schutzes von personenbezogenen Daten dürfte aber in der Regel eine Verletzung der Pflichten nach Art. 32 indizieren (vgl. → Art. 25 Rn. 76). Verantwortlicher und Auftragsverarbeiter sehen sich daher mit Blick auf die Pflichten nach Art. 32 einem besonderen Risiko ausgesetzt.

32   Der **Auftragsverarbeiter** kann sich bei einem Verstoß gegen die Vorgaben des Art. 32 nicht auf die Haftungsbeschränkung des Art. 82 Abs. 2 S. 2 berufen, da die Maßnahmen nach Art. 32 auch speziell ihm auferlegt sind. Die Exkulpationsmöglichkeit nach Art. 82 Abs. 3 wird hiervon hingegen nicht berührt. Der Auftragsverarbeiter kann sich zudem einem **Regress**anspruch des Verantwortlichen nach Art. 82 Abs. 5 ausgesetzt sehen, wenn der Verantwortliche aufgrund eines Verstoßes des Auftragsverarbeiters den Schaden beglichen hat (→ Art. 82 Rn. 21 ff.). Weiter verhält sich der Auftragsverarbeiter bei einem Verstoß gegen Art. 32 aufgrund der vertraglichen Vorgabe nach Art. 28 Abs. 3 lit. c (→ Art. 28 Rn. 54) regelmäßig vertragswidrig, was ggf. einen zusätzlichen vertraglichen Schadensersatzanspruch des Verantwortlichen gegen den Auftragsverarbeiter auslösen kann.

C. Verhältnis zu anderen Normen

33   Art. 32 füllt das in Art. 8 Abs. 1 GRCh enthaltene Gebot des Schutzes von personenbezogenen Daten aus.[67] Die deutsche Regelung in § 9 BDSG inklusive seiner Anlage werden durch Art. 32 vollständig abgelöst. Die aus der Anlage zu § 9 BDSG ersichtlichen Maßnahmen sollen jedoch – als Konkretisierung der Pflichten nach Art. 32 – in § 64 Abs. 3 DSAnpUG-EU aufgenommen und ergänzt werden.[68]

34   § 109 TKG, der für Diensteanbieter im Bereich der **Telekommunikation** technische Schutzmaßnahmen vorsieht, dürfte weiter fortgelten. Dabei ist

---

66   *Grages* in: Plath, BDSG/DSGVO, 2. Aufl. 2016, Art. 32 Rn. 2.
67   *Piltz* in: Gola DS-GVO, 2017, Art. 32 Rn. 5 f.
68   Vgl. Gesetzesentwurf BT-Drs. 18/11325, S. 49; dazu kritisch BR-Drs. 110/17.

das Verhältnis zwischen der DSGVO und der ePrivacy-Richtlinie 2002/58/EG, auf deren Grundlage ua § 109 TKG erlassen wurde, als schwierig anzusehen. Nach Art. 95, erläutert durch ErwGr 173, sollen durch die DSGVO insoweit keine zusätzlichen Pflichten entstehen (eingehend zu der Problematik → Art. 95 Rn. 2 ff.). Normen auf Basis der ePrivacy-Richtlinie dürften daher als lex specialis anzusehen sein, wenn sie Datenverarbeitungen betreffen, die in Verbindung mit der Bereitstellung öffentlich zugänglicher elektronischer Kommunikationsdienste stehen und bei denen die Pflichten „dasselbe Ziel verfolgen".[69] Die Kommission hat bereits ein Konsultationsprogramm gestartet, um das Verhältnis von ePrivacy-Richtlinie und DSGVO zu klären.[70] Bis dahin dürfte aber eine gewisse Unsicherheit verbleiben. Weiter finden sich Regelungen zur IT-Sicherheit auch in der **NIS-RL** 2016/1148/EU, durch die Mitgliedstaaten verpflichtet werden, Betreibern kritischer Infrastrukturen und Anbietern digitaler Dienste nach Art. 14 ff. NIS-RL technische und organisatorische Maßnahmen aufzuerlegen, um ein hohen Sicherheitsniveau von Netz- und Informationssystemen zu gewährleisten.

D. Gesamteinschätzung

Art. 32 verankert im Vergleich zu § 9 BDSG erstmals die Beachtung der Datensicherheit als sanktionsbewehrte Pflicht. Es ist zu hoffen, dass die Adressaten den Bereich der Datensicherheit daher ernster nehmen als bisher. Als hilfreich können sich insoweit Zertifizierungen nach Art. 42 und genehmigte Verhaltensregeln nach Art. 40 mit der Folge der entsprechenden Beweiserleichterung nach Abs. 3 erweisen.   35

Zu Recht wird an Art. 32 bemängelt, dass er weniger konkret als § 9 BDSG in Verbindung mit der zugehörigen Anlage ist.[71] Wie oben gezeigt, sind die Maßnahmen nach Abs. 1 jedoch zu großen Teilen mit denen nach der Anlage zu § 9 BDSG deckungsgleich.[72] Verantwortlicher und Auftragsverarbeiter sollten sich daher bei der Wahl der Maßnahmen zunächst an den in der Anlage zu § 9 BDSG benannten Maßnahmen orientieren, bis es klarere Vorgaben von den Aufsichtsbehörden gibt.[73] Wer die Maßnahmen der Anlage zu § 9 BDSG zuzüglich der neu eingeführten Maßnahmen wie Belastbarkeit und regelmäßiger Überprüfung nach Abs. 1 lit. c und d sowie der Anweisung unterstellter Personen gemäß Abs. 4 umsetzt, dürfte auch den rechtlichen Anforderungen von Art. 32 Abs. 1 genügen.[74] Denn die in Art. 32 vorgesehenen Maßnahmen entsprechen der Anlage zu § 9 BDSG jedenfalls teilweise. Auf der anderen Seite sind in bestimmten Bereichen die datenschutzrechtlichen Anforderungen anderer Mitgliedstaaten nach bisheriger Rechtslage teils strenger als nach § 9 BDSG. Eine empfehlenswerte Alternative oder Ergänzung stellen daher anerkannte Sicherheitsmaßnah-   36

---

69 *Piltz* in: Gola DS-GVO Art. 95 Rn. 7 ff.
70 Kommissionsreport „Assessment of transposition, effectiveness and compatibility with proposed Data Protection Regulation", 1/2015; dazu auch Art. 29-Gruppe, WP 240.
71 *Wybitul* BB 2016, 1077 (1080); *Laue/Nink/Kremer*, § 7 Rn. 21.
72 Vgl. auch *Paulus* in: BeckOK DatenSR, 19. Ed. 2017, Art. 32 Rn. 6.
73 Ebenso *Grages* in: Plath, BDSG/DSGVO, 2. Aufl. 2016, Art. 32 Rn. 4.
74 Vgl. *Laue/Nink/Kremer*, § 7 Rn. 25.

menkataloge wie zB der BSI-Grundschutz,[75] ISO 27001 oder das Standard-Datenschutzmodell der deutschen Aufsichtsbehörden[76] dar.[77] Auch Vorgehen und Zertifizierung nach den sog Common Criteria nach ISO 15408 können im Einzelfall hilfreich sein.[78] Letztlich wird abgewartet werden müssen, welche Standards insoweit von den europäischen Datenschutzbehörden entwickelt werden. Dabei dürfte es im Hinblick auf die mit der DSGVO beabsichtigte europaweite Harmonisierung empfehlenswert sein, sich bereits jetzt soweit möglich auf europäische Standards zu stützen.

Artikel 33 Meldung von Verletzungen des Schutzes personenbezogener Daten an die Aufsichtsbehörde

(1) [1]Im Falle einer Verletzung des Schutzes personenbezogener Daten meldet der Verantwortliche unverzüglich und möglichst binnen 72 Stunden, nachdem ihm die Verletzung bekannt wurde, diese der gemäß Artikel 55 zuständigen Aufsichtsbehörde, es sei denn, dass die Verletzung des Schutzes personenbezogener Daten voraussichtlich nicht zu einem Risiko für die Rechte und Freiheiten natürlicher Personen führt. [2]Erfolgt die Meldung an die Aufsichtsbehörde nicht binnen 72 Stunden, so ist ihr eine Begründung für die Verzögerung beizufügen.

(2) Wenn dem Auftragsverarbeiter eine Verletzung des Schutzes personenbezogener Daten bekannt wird, meldet er diese dem Verantwortlichen unverzüglich.

(3) Die Meldung gemäß Absatz 1 enthält zumindest folgende Informationen:

a) eine Beschreibung der Art der Verletzung des Schutzes personenbezogener Daten, soweit möglich mit Angabe der Kategorien und der ungefähren Zahl der betroffenen Personen, der betroffenen Kategorien und der ungefähren Zahl der betroffenen personenbezogenen Datensätze;

b) den Namen und die Kontaktdaten des Datenschutzbeauftragten oder einer sonstigen Anlaufstelle für weitere Informationen;

c) eine Beschreibung der wahrscheinlichen Folgen der Verletzung des Schutzes personenbezogener Daten;

d) eine Beschreibung der von dem Verantwortlichen ergriffenen oder vorgeschlagenen Maßnahmen zur Behebung der Verletzung des Schutzes personenbezogener Daten und gegebenenfalls Maßnahmen zur Abmilderung ihrer möglichen nachteiligen Auswirkungen.

---

75 *Wybitul* BB 2016, 1077 (1080); *Laue/Nink/Kremer*, § 7 Rn. 21, 32; zur Erstellung eines Sicherheitskonzepts nach IT-Grundschutz s. BSI-Standard 100-2.

76 Konferenz der unabhängigen Datenschutzbehörden des Bundes und der Länder, Das Standard-Datenschutzmodell v. 1.0, 9./10.11.2016, https://www.datenschutzzentrum.de/uploads/sdm/SDM-Methode_V_1_0.pdf (Stand: 16.3.2017).

77 *Laue/Nink/Kremer*, § 7 Rn. 32; vgl. auch die Übersicht bei *Conrad* in: Auer-Reinsdorff/Conrad, HdB IT- und Datenschutzrecht, 2. Aufl. 2016, § 33 Rn. 303 ff.

78 Vgl. dazu *Ernestus* DuD 2003, 68; *Münch* RDV 2003, 223; *Conrad* in: Auer-Reinsdorff/Conrad, HdB IT- und Datenschutzrecht, 2. Aufl. 2016, § 33 Rn. 312 ff.

(4) Wenn und soweit die Informationen nicht zur gleichen Zeit bereitgestellt werden können, kann der Verantwortliche diese Informationen ohne unangemessene weitere Verzögerung schrittweise zur Verfügung stellen.

(5) [1]Der Verantwortliche dokumentiert Verletzungen des Schutzes personenbezogener Daten einschließlich aller im Zusammenhang mit der Verletzung des Schutzes personenbezogener Daten stehenden Fakten, von deren Auswirkungen und der ergriffenen Abhilfemaßnahmen. [2]Diese Dokumentation muss der Aufsichtsbehörde die Überprüfung der Einhaltung der Bestimmungen dieses Artikels ermöglichen.

Verwandte Normen: ErwGr 85, 88; § 42 a BDSG 2003; § 15 a TMG, § 109 a TKG, Verordnung 611/2013

Literatur:
Duisberg/Picot, Rechtsfolgen von Pannen in der Datensicherheit CR 2009, 823; *Eckhardt,* Security Breach Notification – Evaluation durch die Bundesregierung, ZD-Aktuell 2013, 03494; *Hanloser,* Europäische Security Breach Notification, MMR 2010, 310; *Hornung,* Informationen über „Datenpannen" – Neue Pflichten für datenverarbeitende Unternehmen; NJW 2010; 1841; *Kaufmann,* Meldepflichten und Datenschutz-Folgenabschätzung – Kodifizierung neuer Pflichten in der EU-Datenschutz-Grundverordnung, ZD 2012, 358; *Marschall,* DuD 2015, 183; *Taney,* Cyber-Attacken in den Griff bekommen, RDV, 2016, 93; *Thole/Solms/Moll,* Cyber Security: How to Deal With (Cross Border) Data Breaches?, CRi 2015, 5/134; *Wybitul,* EU-Datenschutz-

grundverordnung in der Praxis – Was ändert sich durch das neue Datenschutzrecht, BB 2016, 1077.

A. Grundlagen zur Meldepflicht

I. Gesamtverständnis und Zweck der Norm

1 Die Meldepflicht nach Art. 33 u. 34 DSGVO sind zweistufig aufgebaut, so dass bei den niedrigeren Voraussetzungen nach Art. 33 DSGVO „*nur*" die Meldung an die Aufsichtsbehörde erfolgen muss, wohingegen beim Vorliegen zusätzlicher Voraussetzungen auch die Benachrichtigung der betroffenen Person nach Art. 34 DSGVO erfolgen muss.[1] Durch die in Art. 33 DSGVO vorgesehene Meldepflicht und die damit verbundene frühzeitige Meldung von Verletzungen des Schutzes personenbezogener Daten soll vermieden werden, dass die Verletzung „*einen physischen, materiellen oder moralischen Schaden*" für die betroffene natürliche Person zur Folge hat.[2] Der Aufsichtsbehörde (bzw. in Art. 34 DSGVO dem Betroffenen) soll durch die Meldung die Möglichkeit zur Reaktion gegeben werden. Es wird insofern auch eine tatsächliche Grundlage für die Entscheidung seitens der Aufsichtsbehörde geschaffen, ob diese von ihren Befugnissen nach Art. 58 DSGVO Gebrauch machen wird.[3] Dies entspricht dem bisherigen Verständnis der Meldepflicht, wie sie für den Bereich der elektronischen Kommunikation bereits in Art. 4 Abs. 3 bis 4 RL 2002/58/EG[4] vorgesehen und in § 15 a TMG und § 109 a TKG umgesetzt ist (→ Rn. 4, 33 f.).[5] Gleiches gilt für die rein nationale Regelung des § 42 a BDSG.[6] Weiter soll durch die Meldepflicht dem Verheimlichungsinteresse des betroffenen Unternehmens entgegengewirkt werden.[7]

2 Nicht zuletzt aufgrund der zunehmenden Technisierung ist die Verletzung des Schutzes von personenbezogenen Daten mehr und mehr zum Alltag geworden.[8] Wenngleich es gilt, das diesbezügliche Risiko so weit wie möglich zu reduzieren, so lässt sich die Verletzung des Schutzes von personenbezogenen Daten – bspw. aufgrund menschlichen Fehlerverhaltens – nicht vollständig ausschließen. In den USA wurde die sog data breach notfcation bereits ab dem Jahr 2002 in den Bundestaaten und ab dem Jahr 2010 auf Bundesebene eingeführt.[9] Alleine in Kalifornien wurden im Jahr 2015 insgesamt 178 Verstöße mit über 24 Millionen betroffenen Datensätzen ge-

---

1 Zum Stufenverhältnis: *Schreibauer/Spittka* in: Wybitul, Handbuch DSGVO, 2017, Art. 33 Rn. 2.

2 Erwägungsgrund 85.

3 *Brink* in: Wolff/Brink, 19. Edt., Art. 33 Rn. 10.

4 RL 2002/58/EG – Datenschutzrichtlinie für elektronische Kommunikation in der durch die RL 2009/136/EG des Europäischen Parlaments und des Rates vom 25. November 2009 geänderten Fassung.

5 *Laue/Nink/Kremer*, § 7 Rn. 34.

6 *Scheffczyk* in: Wolff/Brink, 15. Edt., § 42 a BDSG Rn. 2.

7 *Hornung* NJW 2010, 1841 (1841).

8 Vgl. auch *Taney* RDV 2016, 93; *Marschall* DuD 2015, 183 (183).

9 *Hornung* NJW 2010, 1841 (1842); eine Übersicht der diesbezüglichen Regelungen ist unter http://www.ncsl.org/research/telecommunications-and-information-technology/security-breach-notification-laws.aspx verfügbar (Stand 13.5.2016); siehe auch *Reif* in: *Gola*, Art. 33 DSGVO, 2017, Rn. 4 mwN.

meldet.[10] Damit war etwa jeder dritte kalifornische Einwohner im Jahr 2015 von der Verletzung des Schutzes von personenbezogenen Daten betroffen.[11] Auch in Deutschland hat die Anzahl der gemeldeten Datenschutzverstöße sukzessive zugenommen. [12] Im Jahr 2014 wurden der Bundesbeauftragten für Datenschutz und Informationssicherheit – basierend auf § 109 a TKG bzw. Verordnung (EU) Nr. 611/2013 – von Telekommunikationsunternehmen 113 Datenschutzvorfälle gemeldet.[13] Die bisherigen Erfahrungen mit der Meldepflicht und auch die sukzessive Zunahme der Meldungen zeigen, dass entsprechende Regelungen zur Transparenz und Sensibilisierung beitragen. Letzteres geschieht in den Unternehmen insbesondere auch mit der Einführung entsprechender Prozesse zur Umsetzung der Meldepflicht.

II. Bisherige Rechtslage

Bis zum Inkrafttreten des Art. 33 DSGVO ist die Meldepflicht in § 42 a BDSG geregelt, wobei die Regelung im nationalen Alleingang bzw. im Hinblick auf kommende europäische Regelungen eingeführt wurde.[14] Eine Informationspflicht war jedoch nur bei bestimmten Datenarten und drohenden schwerwiegenden Beeinträchtigungen für die Rechte oder schutzwürdigen Interessen der Betroffenen vorgesehen, so dass die Regelung im BDSG einen im Vergleich zu Art. 33 DSGVO deutlich geringeren Anwendungsbereich aufwies.[15] Es musste sich entweder um besondere personenbezogene Daten, einem Berufsgeheimnis unterliegende Daten, personenbezogene Daten mit Bezug zu strafbaren Handlungen oder Ordnungswidrigkeiten oder personenbezogene Daten zu Bank- und Kreditkarten handeln. Die Meldepflicht für Bestands- und Nutzungsdaten bei Telemediendiensten ist in § 15 a TMG geregelt und verweist im Wesentlichen auf § 42 a BDSG.

Abweichend hiervon war und ist die Meldepflicht für den Bereich der elektronischen Kommunikation mit Art. 4 Abs. 3 RL 2009/136/EG in der Richtlinie 2002/58/EG neu geregelt und im nationalen Recht in § 109 a TKG umgesetzt. Daneben existiert für den Bereich der elektronischen Kommunikation die Verordnung Nr. 611/2013 über die Maßnahmen für die Benachrichtigung von Verletzungen des Schutzes personenbezogener Daten gemäß der Richtlinie 2002/58/EG.[16]

3

4

---

10 *Harris*, California Data Breach Report, Februar 2016, https://oag.ca.gov/breachreport2016 (Stand 13.5.2016).
11 *Harris*, California Data Breach Report, Februar 2016, https://oag.ca.gov/breachreport2016 (Stand 13.5.2016).
12 25. Tätigkeitsbericht der Bundesbeauftragten für den Datenschutz und die Informationsfreiheit, Ziff. 8.8.1.
13 25. Tätigkeitsbericht der Bundesbeauftragten für den Datenschutz und die Informationsfreiheit, Ziff. 8.8.1.
14 *Nink* in: Spindler/Schuster, Recht der elektronischen Medien, 3. Aufl. 2015, § 42 a BDSG Rn. 1 ff.; Article 29 Data Protection Working Party, Opinion 13/2011 on the current EU personal data breach framework and recommendations for future policy developments, 00 683/11/EN WP 184, adopted on 5 April 2011; *Marschall* DuD 2015, 183 (183); *Duisberg/Picot* CR 2010, 823 (826).
15 Ähnlich *Wybitul* BB 2016, 1077 (1080); *Brink* in: Wolff/Brink, 19. Edt., Art. 33 Rn. 11.
16 Vgl. Erwägungsgrund 172 sowie die dazugehörige Fn.

III. Entstehung der Norm

5   Die Meldepflicht war eine im Gesetzgebungsverfahren vieldiskutierte Regelung, bei der die grundsätzliche Meldepflicht erst am Ende feststand.[17] Die Materialien zeigen, dass insbesondere die Länge der Meldefrist von Verantwortlichem und Auftragsverarbeiter, die *„Schwelle"* im Hinblick auf die Gefahren für personenbezogene Daten sowie der Inhalt der Meldung Gegenstand der Diskussion waren. Der ursprüngliche Kommissionsentwurf sah vor, dass jede Verletzung unabhängig von ihrer Schwere zu melden ist und die Meldung unverzüglich und möglichst innerhalb von 24 Stunden erfolgen sollte.[18] Die Soll-Frist von 24 Stunden wurde vom Europäischen Parlament gestrichen und vom Europäischen Rat letztendlich auf unverzüglich, *„möglichst"* in 72 Stunden, verlängert.[19] Seitens des Europäischen Rats war dann vorgesehen, dass nur eine solche Verletzung zu melden ist, welche voraussichtlich ein hohes Risiko für die persönlichen Rechte und Freiheiten zur Folge hat.[20] Dieses Tatbestandsmerkmal findet sich in der endgültigen Fassung zu Art. 34 DSGVO, nicht jedoch zu Art. 33 DSGVO. Auch das Europäische Parlament konnte sich mit seiner Forderung nicht durchsetzen, ein öffentliches Verzeichnis über die gemeldeten Verletzungen zu führen.[21] Zudem wurde die ursprünglich vorgesehene Konkretisierungsbefugnis der Kommission sowie die Einführung eines Standardformulars im Rahmen des Gesetzgebungsverfahrens gestrichen.[22] Orientierungshilfe für die Auslegung der Tatbestandsmerkmale sind sowohl die Verordnung 611/2013 als auch die Richtlinie 2002/58/EG.[23]

B. Kommentierung

I. Verantwortlicher als Adressat

6   Die Meldung hat nach Art. 33 Abs. 1 DSGVO durch den *Verantwortlichen* zu erfolgen, welcher in Art. 4 Nr. 7 DSGVO legaldefiniert ist. Der Wortlaut geht davon aus, dass es stets nur einen Verantwortlichen gibt, welcher der Meldepflicht unterliegt (*„der"* Verantwortliche). Der Fall der gemeinsam für die Verarbeitung Verantwortlichen nach Art. 26 DSGVO (joint controller) ist insofern nicht geregelt. Die Verantwortlichen können nach Art. 26 Abs. 1 DSGVO regeln, wer von ihnen der Meldepflicht nachkommt (→ Art. 26 Rn. 7). Die Formulierung spricht dafür, dass ohne Regelung bei mehreren Verantwortlichen nur derjenige der Meldepflicht unterliegt, in dessen Sphäre die Verletzung erfolgt ist. Nur dieser verfügt über die für die Meldung erforderlichen Informationen. Eine Meldung beider Verantwortli-

---

17 *Albrecht/Jotzo*, S. 93.

18 Vorschlag der Europäischen Kommission vom 25.1.2012 (KOM(2012) 11), Art. 31 Abs. 1 DSGVO-E; vgl. auch *Kaufmann* ZD 2012, 358 (359).

19 Beschluss des Europäischen Parlaments vom 12.3.2014, 742 7/1/14, Art. 31 Abs. 1 DSGVO-E; Beschluss des Rats der Europäischen Union vom 15.6.2015, 9565/15.

20 Beschluss des Rats der Europäischen Union vom 15.6.2015, 9565/15, Art. 31 Abs. 1 DSGV-E.

21 Beschluss des Europäischen Parlaments vom 12.3.2014, 742 7/1/14, Art. 31 Abs. 4 a DSGVO-E.

22 Art. 31 Abs. 5, 6 DSGVO-E Vorschlag der Europäischen Kommission vom 25.1.2012 (KOM(2012) 11).

23 *Werkmeister/Görlich* K&R 2014, 632 (637); *Marschall* DuD 2015, 183 (183); *Hornung* ZD 2012, 99 (104).

cher hätte auch keinen Mehrwert zur Folge. Nicht zur Meldung gegenüber der zuständigen Aufsichtsbehörde ist der Auftragsverarbeiter verpflichtet. Dieser muss allerdings nach Abs. 2 dem Verantwortlichen unverzüglich eine Verletzung des Schutzes personenbezogener Daten melden (→ Rn. 27).

II. Vorliegen einer Meldepflicht

1. Verletzung des Schutzes personenbezogener Daten

Voraussetzung für eine Meldepflicht ist zunächst die Verletzung des Schutzes personenbezogener Daten, ohne dass es hierfür eines vorsätzlichen oder fahrlässigen Handelns seitens des Verantwortlichen bedarf.[24] Die Verletzung des Schutzes personenbezogener Daten ist in Art. 4 Nr. 12 DSGVO legaldefiniert als eine Verletzung der Sicherheit, die, ob unbeabsichtigt oder unrechtmäßig, zur Vernichtung, zum Verlust, zur Veränderung oder zur unbefugten Offenlegung von beziehungsweise zum unbefugten Zugang zu personenbezogenen Daten führt, die übermittelt, gespeichert oder auf sonstige Weise verarbeitet wurden (→ Art. 4 Nr. 12 Rn. 177). Die Legaldefinition ist insofern weitgehend mit § 3 Abs. 30 a TKG identisch, welche auf Art. 2 lit. h RL 2002/58/EG zurückgeht und durch Art. 2 Abs. 2 lit. c RL 2009/136/EG dem Begriffskatalog des Art. 2 RL 2002/58/EG angefügt wurde. Eine Verletzung im Sinne der Norm liegt nach der Legaldefinition nicht nur vor, wenn personenbezogene Daten Dritten unrechtmäßig zur Kenntnis gelangt sind, sondern auch, wenn die personenbezogenen Daten rechtswidrig gelöscht wurden.[25] Nicht unter die Löschung fällt hingegen der temporäre Verlust von Daten, da es gerade zu keiner Löschung kommt.[26] Die Kenntnisnahme eines Dritten ist für die Bejahung der Verletzung des Schutzes personenbezogener Daten nicht erforderlich.[27] Auch bedarf es keines Verschuldens.[28] Keine Verletzung des Schutzes personenbezogener Daten stellt die Verletzung technischer und organisatorischer Maßnahmen, wie zB die Sicherheit der Verarbeitung nach Art. 32, dar.[29] Ebenfalls reicht es nicht, wenn eine Verletzung lediglich droht.

7

Die Offenlegung von verschlüsselten Daten stellt nach dem bisherigen Rechtsverständnis keine Verletzung des Schutzes von personenbezogenen Daten dar.[30] Ob dies für Meldung und Benachrichtigung noch gelten kann, ist aufgrund der Regelung in Art. 34 Abs. 3 a fraglich, da der Gesetzgeber durch die dortige Ausnahme von der Benachrichtigung im Fall der Verschlüsselung zum Ausdruck gebracht hat, dass er auch im Falle der Verschlüsselungen eine Verletzung des Schutzes von personenbezogenen Daten

8

---

24 *Laue/Nink/Kremer*, § 7 Rn. 34.
25 *Härting*, Datenschutz-Grundverordnung, 2016, Rn. 160; zur Frage der Kenntnis bei § 42 a BDSG vgl. *Eckhardt* ZD-Aktuell, 2013, 03494; *Schreibauer/Spittka* in: Wybitul, Handbuch DSGVO, 2017, Art. 33 Rn. 14.
26 AA *Marschall* DuD 2015, 183 (184).
27 *Marschall* DuD 2015, 183 (184).
28 *Brink* in: Wolff/Brink, Beck'scher Online Kommentar Datenschutzrecht, 19. Edt., Art. 33 Rn. 27.
29 *Marschall* DuD 2015, 183 (184).
30 *Ernst* DuD 2010, 473; *Nink* in: Spindler/Schuster, Recht der elektronischen Medien, 3. Aufl. 2015, § 42 a BDSG Rn. 5; *Scheffczyk* in: Wolff/Brink, 16. Edt., § 42 a BDSG Rn. 29; vgl. auch *Reif* in: Gola, 2017, Art. 33 DSGVO Rn. 32.

annimmt und lediglich die Benachrichtigung der betroffenen Person für entbehrlich erachtet (→ Art. 34 Rn. 10). Dies entspricht auch der bisherigen Auffassung der Art. 29 Arbeitsgruppe,[31] wenngleich die Auffassung – einen relativen Personenbezug unterstellt – wenig überzeugend ist. Ausgehend davon, dass eine Verletzung nach der Intention des Gesetzgebers wohl zu bejahen ist, wird eine Meldepflicht dennoch in der Regel nicht bestehen, da es an einem voraussichtlichen Risiko für die Rechte und Freiheiten natürlicher Personen fehlt (→ Rn. 9).

2. (Kein) Risiko für die Rechte und Freiheiten natürlicher Personen

9   Meldepflichtige Ereignisse waren nach § 42 a BDSG die Ausnahme und nicht der Regelfall.[32] Dieses Ausnahme-Regel-Verhältnis wird mit der DSGVO umgedreht und von dem Regelfall der Meldepflicht wird eine Ausnahme (lediglich) für den Fall des voraussichtlichen Nichtvorliegens eines Risikos für die Rechte und Freiheiten natürlicher Personen gemacht.[33] Führt die Verletzung des Schutzes personenbezogener Daten voraussichtlich nicht zu einem Risiko für die Rechte und Freiheiten natürlicher Personen, so ist von einer Meldung abzusehen. Seitens des Ausschlusses wurden bisher nach Art. 70 Abs. 1 lit. g keine Leitlinien, Empfehlungen und bewährte Verfahren zur Bestimmung des Risikos bereitgestellt. Auch eine Präzisierung durch Verbände und andere Vereinigungen, wie sie Art. 40 Abs. 2 lit. i ermöglicht, ist bisher noch nicht erfolgt (→ Art. 40 Rn. 23). Entsprechende Leitlinien, Empfehlungen oder Präzisierungen werden für die praktische Anwendung der Vorschrift von erheblicher Bedeutung sein.[34] Für die Beurteilung des Risikos ist dabei auf den typischen Geschehensablauf abzustellen, wobei sich das Risiko sowohl aus der Art der Verletzung (zB dem zielgerichteten Hacking einer Online-Plattform) als auch aus den betroffenen Daten (zB Kreditkartendaten; besondere Arten von Daten nach Art. 9 Abs. 1) ergeben kann. Eine Verletzung der Rechte und Freiheiten einer natürlichen Person ist immer dann anzunehmen, wenn ein physischer, materieller oder immaterieller Schaden bei der natürlichen Person zu erwarten ist.[35] Hiervon ist auszugehen, wenn ein objektiver Dritter den Eintritt eines Schadens als typische Folge ansieht. Als Beispiele für einen Schaden werden in dem Erwägungsgrund 85 der Kontrollverlust über personenbezogene Daten oder die Einschränkung der Rechte der natürlichen Person, Diskriminierung, Identitätsdiebstahl oder -betrug, finanzielle Verluste, unbefugte Aufhebung der Pseudonymisierung, Rufschädigung, Verlust der Vertraulichkeit von dem Berufsgeheimnis unterliegenden Daten oder andere erhebliche wirtschaftliche oder gesellschaftliche Nachteile genannt. Auch im Fall der Verschlüsselung (→ Rn. 8) kann – eine dem Stand der Technik entsprechende Verschlüsselung vorausgesetzt – in der Regel nicht von einem voraussichtlichen Risiko ausgegangen werden, da es

---

31 Article 29 Data Protection Working Party, Opinion 3/2014 on Personal Data Breach Notification, WP 213, 3.
32 Ein Schaubild zur Meldepflicht gegenüber der Aufsichtsbehörde findet sich bei *Laue/Nink/Kremer*, § 7 Rn. 52.
33 *Laue/Nink/Kremer*, § 7 Rn. 37.
34 *Schreibauer/Spittka* in: Wybitul, Handbuch DSGVO, 2017, Art. 33 Rn. 5.
35 Vgl. Erwägungsgrund 85.

an einem voraussichtlichen Risiko fehlt. Ein Beispiel ist hier ein in der Bahn oder im Taxi vergessenes aber verschlüsseltes Notebook. Aufgrund der Verschlüsselung ist hier von einem voraussichtlichen Risiko auszugehen. Etwas anderes gilt allerdings dann, wenn ersichtlich ist, dass die verschlüsselten Daten offenbar Gegenstand eines gezielten Angriffs sind und zu erwarten ist, dass die Verschlüsselung aufgrund der technischen Kenntnisse des Angreifers überwunden werden kann.

Die Quantität der Verletzung ist für die Beurteilung des Risikos unerheb-   10
lich. Die Norm spricht zwar vom Plural (Risiko natürlicher Personen), kommt aber nach Sinn und Zweck auch dann zur Anwendung, wenn nur eine einzelne natürliche Person betroffen ist. Ausreichend, aber auch erforderlich für die Bejahung eines möglichen Schadens ist insoweit, dass mit der Verletzung des Schutzes personenbezogener Daten voraussichtlich ein negativer Effekt (für die einzelne Person) einhergeht. Ob sich ein solch negativer Effekt für die betroffene Person ergibt, ist anhand der Umstände des Einzelfalls zu ermitteln. Aus den im Erwägungsgrund 85 genannten Beispielen wird deutlich, dass die Kategorie der Daten bei der Beurteilung der Auswirkungen von Relevanz ist. So wird in den Erwägungsgründen beispielsweise bei Daten, welche dem Berufsgeheimnis unterliegen, stets von einem solch negativen Effekt ausgegangen. Für Daten, die nicht dem Berufsgeheimnis unterfallen, muss sich das Risiko hingegen erst aus den Umständen des Einzelfalls ergeben. Bei vielen alltäglichen Verletzungen wird ein physischer, materieller oder immaterieller Schaden und damit ein negativer Effekt de facto nicht gegeben sein. Typische Beispiele sind hier eine falsch adressierte Rechnung über den Kauf eines Alltagsgegenstands oder die an den unzutreffenden Adressaten gerichtete E-Mail, welche an personenbezogenen Daten lediglich weitere E-Mail-Adressen von natürlichen Personen enthält. Auch wird es regelmäßig für die Annahme eines Schadens nicht ausreichend sein, dass durch die Verletzung Daten bekannt werden, welche auch an anderer Stelle der Öffentlichkeit und nicht nur einem eingeschränkten Kreis zur Verfügung stehen (zB im Telefonbuch).

Liegt nicht nur ein Risiko, sondern ein hohes Risiko für die Rechte und   11
Freiheiten der natürlichen Person vor, so ist diese nach Art. 34 auch unmittelbar vom Verantwortlichen zu benachrichtigen.

3. Nachweispflicht für Nicht-Meldung beim Verantwortlichen

Nach Erwägungsgrund 85 muss der Verantwortliche *„im Einklang mit den*   12
Grundsätzen der Rechenschaftspflicht nachweisen", dass die Verletzung voraussichtlich nicht zu einem Risiko für die Rechte und Freiheiten natürlicher Personen führt. Die Rechenschaftspflicht ist in Art. 5 Abs. 2 geregelt, wonach der Verantwortliche für die Einhaltung der Datenschutzgrundsätze sowie den Nachweis hierüber verantwortlich ist. Dies hilft nur bedingt weiter, spricht aber dafür, dass die Verordnungsgeber den Verantwortlichen in der Nachweispflicht dafür sehen, dass keine Meldepflicht bestand. Dabei ist allerdings zu berücksichtigen, dass es sich hierbei um eine Prognoseentscheidung zum Zeitpunkt der Kenntnis über die Verletzung des Schutzes von personenbezogenen Daten handelt, dem Verantwortlichen mithin ein Beurteilungsspielraum über die Auswirkungen der Verletzung

zusteht. Dabei ist es ausreichend, wenn es *„voraussichtlich"* nicht zu einem Risiko für die Rechte und Freiheiten natürlicher Personen kommt, mithin führt nicht jedes Rest-Risiko zu einer Meldepflicht (→ Rn. 9). Nichtsdestotrotz scheint im Gesetzgebungsverfahren davon ausgegangen worden zu sein, dass das Prognoserisiko und die Beweislast in Verbindung mit dem Bußgeldrisiko dazu führen werden, dass Unternehmen im Zweifel sämtliche Verstöße melden werden.[36] Da dem Verantwortlichem die Nachweispflicht für eine ordnungsgemäße Entscheidungsfindung obliegt, sind die relevanten Fakten sowie die Beurteilung des Sachverhalts zu dokumentieren, wobei sich der Verantwortliche an den für eine Meldung erforderlichen Informationen orientieren kann. Die Notwendigkeit einer Dokumentation ergibt sich auch aus Abs. 5 (→ Art. 5 Rn. 53 ff.). Dabei kann eine Dokumentation zumindest in solchen Fällen sehr knapp ausfallen, in denen offensichtlich kein Risiko besteht, wie bspw. bei einer falsch adressierten E-Mail ohne weitergehenden Inhalt. Die Nachweispflicht besteht nur gegenüber der Aufsichtsbehörde und führt nicht zu einer Verlagerung der Beweislast, was im Hinblick auf die Bußgeldregelung auch unzulässig wäre. Aus dem Wortlaut der Verordnung (*„es sei denn"*) ergibt sich alleine, dass dem Verantwortlichen die diesbezügliche Beurteilung obliegt. Sollte sich die Beurteilung des Sachverhalts ex-post als unzutreffend herausstellen und hat der Verantwortliche seinen Beurteilungsspielraum ursprünglich ordnungsgemäß ausgeübt, so ist darin weder ein Verstoß gegen die Meldepflicht zu sehen noch würde dies nach dem Wortlaut der Norm eine nachträgliche Meldepflicht begründen.

III. Frist zur Meldung

13   Die Frage, innerhalb welcher Frist eine Meldung erfolgen muss, war innerhalb des Gesetzgebungsverfahrens umstritten und wurde in den Verordnungsentwürfen unterschiedlich abgebildet (→ Rn. 5). Nach Abs. 1 muss die Meldung jetzt unverzüglich und möglichst innerhalb von 72 Stunden nach dem Bekanntwerden der Verletzung erfolgen. Der Verantwortliche ist damit zu einer Meldung ohne schuldhaftes Zögern (§ 121 BGB) verpflichtet,[37] wobei die Frist stets erst mit der positiven Kenntnis beginnt.[38] Das dem deutschen Recht immanente Verständnis der Unverzüglichkeit gilt auch im Rahmen der DSGVO.[39] Allerdings ist zu berücksichtigen, dass der Ausschuss nach Art. 70 Abs. 1 g DSGVO insbes. Leitlinien zur Bestimmung des Merkmals *„unverzüglich"* bereitstellen kann. Ausschlaggebend für die Frage, wann eine Meldung noch unverzüglich erfolgt, sind insbesondere die Komplexität des Verstoßes,[40] die möglichen Maßnahmen sowie der Zeitpunkt des Verstoßes (zB am Wochenende). Im Einzelfall ist (zumindest

---

36   *Albrecht/Jotzo*, S. 93.
37   *Eckhardt* in: Spindler/Schuster, Recht der elektronischen Medien, 3. Aufl. 2015, § 109 a TKG Rn. 11 zu § 109 a TKG, Rn. 12; *Marschall* DuD 2015, 183 (186); vgl. auch *Reif* in: Gola, 2017, Art. 33 DSGVO Rn. 37.
38   *Brink* in: Wolff/Brink, Beck´scher Online Kommentar Datenschutzrecht, 19. Edt., Art. 33 Rn. 25.
39   *Laue/Nink/Kremer*, § 7 Rn. 41.
40   Vgl. auch Erwägungsgrund 87, welcher auf die Art und Schwere der Datenschutzverletzung sowie deren Folgen und nachteilige Auswirkungen abstellt.

theoretisch) denkbar, dass aufgrund des Merkmals *„unverzüglich"* eine Meldung auch bereits vor Ablauf der 72-Stunden erfolgen muss, da die Meldung ansonsten unangemessen verzögert wird.[41] Mit dem Zeitrahmen von 72 Stunden hat der europäische Gesetzgeber (lediglich) zum Ausdruck gebracht, dass er davon ausgeht, dass eine Meldung in der Regel innerhalb dieses Zeitrahmens möglich ist.[42] Ob innerhalb dieses Zeitraums tatsächlich die notwendigen forensischen Untersuchungen durchgeführt werden können, ist allerdings fraglich (→ Rn. 14). Bei nicht ganz offensichtlichen oder einfachen Sachverhalten dürfte der Zeitraum wenig realistisch sein, da regelmäßig noch ein oder mehrere Auftragsverarbeiter eingebunden und deren technische Experten befragt werden müssen.

Bei komplexen Verletzungen ist es durchaus möglich, dass die Aufklärung des Sachverhalts mehrere Wochen in Anspruch nimmt. In diesem Fall stellt sich jedoch die Frage, ob der bereits bekannte Sachverhalt innerhalb der ersten 72 Stunden gemeldet werden sollte (→ Rn. 15). Anknüpfungspunkt für den Fristbeginn ist dabei das Bekanntwerden der Verletzung.[43] Hierfür ist es erforderlich, dass tatsächliche Anhaltspunkte für eine unrechtmäßige Übermittlung oder Kenntniserlangung Dritter bzw. unrechtmäßige Löschung vorliegen.[44] Nicht ausreichend ist es, wenn eine bloße Vermutung hinsichtlich der Möglichkeit der Kenntnisnahme besteht.[45] Für den Regelfall, dass es sich beim Verantwortlichen um eine juristische Person handelt, sind die Grundsätze der Wissenszurechnung im Unternehmen ausschlaggebend.[46] Zuzurechnen ist damit ein Bekanntwerden bei denjenigen Mitarbeitern, die nach der betrieblichen Organisation für die Verarbeitung der personenbezogenen Daten verantwortlich sind oder von denen dies auf Grund ihrer Stellung im Unternehmen typischerweise erwartet werden kann. Für den Fristbeginn ist es nicht erforderlich, dass der Verantwortliche zu diesem Zeitpunkt bereits beurteilen kann, ob eine Meldepflicht tatsächlich besteht. Vielmehr ist die Kenntnis über die Verletzung ausreichend. 14

In der Praxis stellen die 72 Stunden alleine aufgrund der erforderlichen internen Prozesse insbesondere für größere und europaweit bzw. weltweit agierende Unternehmen eine erhebliche Herausforderung dar. Die unverzügliche Meldung wird nur gelingen, wenn die Unternehmen vorab entsprechende Prozesse einführen und sich mit Inhalt und Form der Meldung 15

---

41 *Laue/Nink/Kremer,* § 7 Rn. 43.
42 AA *Härting,* Datenschutz-Grundverordnung, Rn. 160, welcher wohl von einer Höchstfrist ausgeht.
43 *Schreibauer/Spittka* in: Wybitul, Handbuch DSGVO, Art. 33 DSGVO Rn. 32.
44 *Laue/Nink/Kremer,* § 7 Rn. 41; *Nink* in: Spindler/Schuster, Recht der elektronischen Medien, 3. Aufl. 2015, § 42 a BDSG, Rn. 5; *Eckhardt* ZD-Aktuell 2013, 03494; *Eckhardt/Schmitz* DuD 2010, 393; vgl. auch *Reif* in: Gola, Art. 33 DSGVO, Rn. 25 ff.; aA *Marschall* DuD 2015, 183 (185), welcher eine Kenntnis erst dann bejaht, wenn eine *„ausreichende Information"* für eine Meldung gegeben ist.
45 *Nink* in: Spindler/Schuster, Recht der elektronischen Medien, 3. Aufl. 2015, § 42 a BDSG, Rn. 5 mwN, *Marschall* DuD 2015, 183 (185).
46 Vgl. BGHZ 117, 104 (106 ff.); BGHZ 130, 30 (35 ff.); BGHZ 133, 129 (139); BGHZ 134, 343 (347 ff.).

proaktiv beschäftigen.[47] Insbesondere sind die Prozesse festzulegen und die Mitarbeiter müssen darüber informiert werden, wo und wie Verstöße innerhalb des Unternehmens gemeldet werden. Aber auch die Vorgehensweise bei noch andauernden Verstößen ist zu regeln.[48] Zwar sind die 72 Stunden keine starre Frist, die Überschreitung der 72 Stunden ist allerdings gegenüber der zuständigen Aufsichtsbehörde zu begründen (Abs. 1 S. 2). Nach dem Wortlaut (*„so ist ihr eine Begründung beizufügen"*) handelt es sich um eine Begründungspflicht, wohingegen Erwägungsgrund 85 wohl eher als Empfehlung zu verstehen ist (*„sollten in ihr die Gründe für die Verzögerung"*). Der Wortlaut der Norm ist insoweit vorrangig heranzuziehen, so dass eine Pflicht zur Begründung besteht.

16   Nach Abs. 4 besteht eine Pflicht zur Nachmeldung, soweit Informationen nicht zur gleichen Zeit bereitgestellt werden können. Die Nachmeldung muss dann ohne unangemessene Verzögerung, nicht jedoch unverzüglich, erfolgen. Erwägungsgrund 85 spricht davon, dass *„die Informationen schrittweise ohne unangemessene Verzögerung"* beigestellt werden. Auch der Wortlaut von Abs. 4 spricht davon, dass Informationen *„schrittweise"* zur Verfügung gestellt werden können. Dies bedeutet im Umkehrschluss jedoch nicht, dass auf jeden Fall innerhalb von 72 Stunden eine Meldung erfolgen muss (der Wortlaut spricht von *„kann"*). Vielmehr soll eine Meldung bereits dann möglich sein, wenn noch Aufklärungsbedarf hinsichtlich einzelner Aspekte besteht oder die zu ergreifenden Maßnahmen noch nicht feststehen. Dies bedeutet jedoch nicht, dass in der Ausgangsmeldung auf die grundlegenden Fakten verzichtet werden kann. Vielmehr bleibt dem Verantwortlichen durch die flexible Frist die Möglichkeit, zunächst die erforderliche Aufklärung zu betreiben. Der hohe Bußgeldrahmen könnte in der Praxis allerdings dazu führen, dass die Unternehmen frühestmöglich melden, wenngleich eine Aufklärung des Sachverhalts auch noch andauert. Praktisch müssten sich die Aufsichtsbehörden immer wieder mit Nachmeldungen zu einem Sachverhalt beschäftigen, so dass sich auch der dortige Aufwand erhöht.

IV. Inhalt und Form der Meldung (Abs. 3)

1. Inhalt der Meldung

17   Nach Sinn und Zweck der Regelung muss die Meldung den Aufsichtsbehörden die Möglichkeit geben, zunächst zu überprüfen, ob die erforderlichen Maßnahmen getroffen wurden, und deren Umsetzung zu überwachen.[49] Daneben sollen die Meldungen den Aufsichtsbehörden dabei helfen, den tatsächlichen Verletzungsumfang zu beobachten; hierdurch soll ein hoher Schutz personenbezogener Daten sichergestellten werden.[50] Die Mindestinformationen einer Meldung, welche sich in die Teilbereiche der

---

47 *Thole/Solms/Moll* CRi 5/2015, 134 (139); *Marschall* DuD 2015, 183 (186).
48 *Taney* RDV 2016, 93 (93).
49 ErwGr 58, Richtlinie 2009/136/EG zur Änderung der Richtlinie 2002/22/EG, ABl. L 337/11 v. 18.12.2009.
50 ErwGr 58, Richtlinie 2009/136/EG zur Änderung der Richtlinie 2002/22/EG, ABl. L 337/11 v. 18.12.2009.

Fakten- und Maßnahmenmitteilung aufteilen lässt,[51] sind in Abs. 3 festgelegt, wenngleich im Einzelfall auch weitergehende Angaben erforderlich sein können, damit die Aufsichtsbehörden das erforderliche Bild zur Wahrnehmung ihrer Aufgaben haben. Die diesbezüglichen Vorgaben entsprechen weitgehend den schon in § 42 a BDSG vorgesehenen Informationspflichten.[52] Je nach Besonderheiten des Einzelfalls kann es erforderlich sein, dass eine über den Mindestinhalt hinausgehende Meldung erfolgt.[53]

a) Beschreibung der Verletzung des Schutzes personenbezogener Daten

Die Meldung muss eine Beschreibung der Verletzung des Schutzes personenbezogener Daten enthalten. In der allgemeinen Beschreibung wird es sich regelmäßig anbieten, auf die Dauer der Verletzung einzugehen, wo sich die relevanten Daten befanden, wie die Daten vor einem unberechtigten Zugriff geschützt waren, ob die Daten im Rahmen des Zugriffs verändert worden sind und wie es zu einem unberechtigten Zugriff kommen konnte. Nach lit. a sind die bekannten Fakten, nicht jedoch zwangsweise die Ursache (root cause) anzugeben. Sofern bekannt, wird es jedoch hilfreich sein, anzugeben, ob es sich um einen zielgerichteten Angriff eines Dritten (zB Hacking) oder ein unabsichtliches Fehlverhalten (zB fehlerhafte Ausgestaltung eines Berechtigungssystems oder Verlust eines unverschlüsselten Notebooks) handelt. Sofern möglich, soll die Beschreibung die Angabe der Kategorien und die ungefähre Anzahl der betroffenen Personen, der betroffenen Kategorien und der ungefähren Anzahl der betroffenen personenbezogenen Datensätze enthalten. Neben einer allgemeinen Beschreibung des Vorfalls sind Aussagen zur Qualität und Quantität der Verletzung zu treffen. Über die Qualität der Verletzung geben insbes. die Kategorien der betroffenen Daten (vgl. Art. 9) Auskunft. Die Quantität der Verletzung lässt sich über die Anzahl der betroffenen Personen sowie die Anzahl der Datensätze bestimmen.

18

Dem Gesetzgeber war bewusst, dass zum Zeitpunkt der Meldung ein abschließendes Bild ggf. noch nicht besteht, so dass einerseits eine ungefähre Zahl der betroffenen Personen und Datensätze ausreichend ist und andererseits auch der Sachverhalt insgesamt noch nicht abschließend ermittelt sein muss (→ Rn. 16). Auch ist eine abstrakte Schilderung des Sachverhalts (ohne technische Einzelheiten) ausreichend, so dass der Verantwortliche keine Geschäfts- und Betriebsgeheimnisse offenbaren muss.[54] Hierfür spricht auch, dass der zuständigen Aufsichtsbehörde nach Art. 34 Abs. 2 die gleichen Informationen wie der betroffenen Person zur Verfügung zu stellen sind.

19

b) Datenschutzbeauftragter oder sonstige Anlaufstelle

Daneben hat die Meldung den Namen und die Kontaktdaten des Datenschutzbeauftragten oder einer sonstigen Anlaufstelle für weitere Informationen zu enthalten (lit. b). Nach dem Wortlaut kann der Verantwortliche

20

---

51 *Kaufmann* ZD 2012, 358 (359).
52 *Laue/Nink/Kremer*, § 7 Rn. 43.
53 *Brink* in: Wolff/Brink, Beck'scher Online-Kommentar Datenschutzrecht, 19. Edt., Rn. 50.
54 So auch *Hornung* NJW 2010, 1841 (1843) zu § 42 a BDSG.

zwischen der sonstigen Anlaufstelle und dem Datenschutzbeauftragten wählen, so dass die sonstige Anlaufstelle nicht nur für den Fall gilt, dass ein Datenschutzbeauftragter nicht bestellt wurde. Fraglich ist allerdings, ob der Datenschutzbeauftragte im Einzelfall der richtige Ansprechpartner für die Aufsichtsbehörden im Fall der Verletzung des Schutzes von personenbezogenen Daten ist und ob daher nicht – je nach Stellung des Datenschutzbeauftragten im Unternehmen – lieber eine sonstige Anlaufstelle anzugeben ist. Die Funktion des Datenschutzbeauftragten nach dem BDSG ist eine breit angelegte Informations- und Konsultationspflicht gegenüber dem Verantwortlichen, wobei die Entscheidung alleine beim Verantwortlichen bleibt.[55] Dieses Verständnis hat sich auch mit der Neuregelung in Art. 39 nicht geändert (→ Art. 39 Rn. 108 ff.). Auch wenn der Datenschutzbeauftragte nach Art. 39 Abs. 1 e die Anlaufstelle der Behörde ist, sollte daher derjenige benannt werden, der tatsächlich über die Maßnahmen entscheidet. In der Praxis wird dem Datenschutzbeauftragten jedoch häufig auch eine Entscheidungskompetenz eingeräumt, so dass die Benennung des Ansprechpartners auch davon abhängt, wie die Funktion des Datenschutzbeauftragten in den jeweiligen Unternehmen tatsächlich gelebt wird.

21   Der Begriff der Kontaktdaten ist dabei nicht legaldefiniert, umfasst regelmäßig aber wohl auch die Angaben einer Telefonnummer sowie einer E-Mail-Adresse.[56] De facto dürfte die Frage aber eher theoretischer Natur sein, da dem Meldenden in der Regel an einem schnellen Austausch mit der Aufsichtsbehörde gelegen sein wird. Zu berücksichtigen ist allerdings die Regelung des Art. 83 Abs. 2 f, wonach die Kooperationsbereitschaft des Verantwortlichen bei der Bemessung eines Bußgeldes zu berücksichtigen ist.

c) Beschreibung der wahrscheinlichen Folgen der Verletzung

22   In der Meldung sind zudem die wahrscheinlichen Folgen der Verletzung zu beschreiben (lit. c). Seitens des Verantwortlichen ist insofern dazulegen, welche Konsequenzen die Verletzung für die einzelnen natürlichen Personen wahrscheinlich – dh aller Voraussicht nach oder mit ziemlicher Gewissheit – haben wird. Nicht zu berücksichtigen ist ein atypischer oder fernliegender Geschehensverlauf. Aufzuzeigende Folgen können dabei sämtliche *„physischen, materiellen oder immateriellen Schäden"*[57] sein, welche sich aus der Verletzung ergeben.

d) Ergriffene oder „vorgeschlagene" Maßnahmen

23   Wesentlicher Bestandteil einer Meldung ist auch die Beschreibung der von dem Verantwortlichen ergriffenen oder vorgesehenen Maßnahmen zur Behebung der Verletzung des Schutzes personenbezogener Daten und gegebenenfalls Maßnahmen zur Abmilderung ihrer möglichen nachteiligen Auswirkungen (lit. d). Zunächst ist vom Verantwortlichen aufzuzeigen, welche

---

55 Vgl. *Simitis* in: Simitis, BDSG § 4 g Rn. 3 mwN.
56 Für die Angabe der E-Mail spricht insbes. ErwGr 23; vgl. auch die Kommentierung zu Art. 13 Abs. 1 a u. b DSGVO.
57 ErwGr 85.

Maßnahmen er ergriffen hat, um den Schutz der personenbezogenen Daten wieder sicherzustellen. Dies können sowohl technische (zB die Behebung einer fehlerhaften Konfiguration) als auch organisatorische Maßnahmen (zB die Anweisung oder Schulung der Mitarbeiter) sein. Da die Meldung unverzüglich zu erfolgen hat, werden bis zur Meldung regelmäßig nur temporäre Maßnahmen möglich sein, so dass in diesem Fall auch die noch vorgesehenen Maßnahmen aufzuzeigen sind. Der Verordnungstext spricht hier von *„vorgeschlagenen"* Maßnahmen, was jedoch fälschlicherweise suggeriert, dass es der Aufsichtsbehörde obliegen würde, über die zu ergreifenden Maßnahmen zu entscheiden (→ Rn. 30). Tatsächlich gemeint sind die Maßnahmen, welche der Verantwortliche vorgesehen hat. Auch die englische Sprachfassung (*„proposed to be taken by the controller"*) ist dahingehend zu verstehen, dass die Maßnahmen, welche ergriffen werden sollen, aufzuzeigen sind. Die vorgeschlagenen Maßnahmen sollten erforderlichenfalls dann allerdings auch in das Sicherheitskonzept nach Art. 32 sowie die Maßnahmen nach Art. 25 Abs. 1 eingearbeitet werden.

Daneben gilt es, gegebenenfalls Maßnahmen zur Abmilderung des Schadens aufzuzeigen. Dabei geht es nur um solche Maßnahmen, welche vom Verantwortlichen selbst ergriffen werden können. Bestand beispielsweise aufgrund eines Hacking-Angriffs die Möglichkeit, die Kreditkartendaten der Kunden auszulesen, kann es sich (je nach Einzelfall) anbieten, die Fraud-Detection-Systeme entsprechend anzupassen oder Credit Monitoring Services aufzusetzen. Auch kann die Information der betroffenen Person – unabhängig von der Regelung des Art. 34 – eine geeignete Maßnahme sein. Die Beurteilung, welche Maßnahmen sinnvollerweise zu ergreifen sind, obliegt alleine dem Verantwortlichen. Die Aufsichtsbehörde kann lediglich im Rahmen der aufsichtsrechtlichen Befugnisse reagieren, sollte sie die Maßnahmen für unzureichend erachten. **24**

2. Form und Adressat der Meldung

Anders als ursprünglich im Gesetzgebungsverfahren vorgesehen, sieht die Regelung des Art. 33 weder eine bestimmte Form noch einen Formularzwang vor. Nichtsdestotrotz ist zu erwarten, dass die Aufsichtsbehörden einen Muster-Meldebogen oder Leitfaden veröffentlichen werden, da ein solcher die Bearbeitung für die Aufsichtsbehörden erleichtert. Eine Pflicht zur Nutzung des Musters besteht nicht. Auch eine bestimmte Form ist für die Meldung nicht vorgesehen, so dass diese formfrei, also theoretisch auch mündlich, erfolgen kann.[58] Eine telefonische Meldung kann im Einzelfall in dringenden Fällen angedacht werden, wobei eine solche mündliche Meldung auch nachträglich aus Gründen der Beweissicherheit gegenüber der Behörde dokumentiert werden sollte.[59] Praktikabel dürfte – insb. aufgrund der kurzen Frist – jedoch nur eine Meldung in Textform sein,[60] so dass insbesondere Fax und E-Mail in Betracht kommen. Die schriftliche Meldung dürfte in der Regel schon aufgrund der Postlaufzeiten ausscheiden bzw. **25**

---

58 *Laue/Nink/Kremer*, § 7 Rn. 46.
59 Ähnl. *Laue/Nink/Kremer*, § 7 Rn. 46.
60 Ähnlich zu § 42a BDSG: *Hornung* NJW 2010, 1841 (1843) mwN; *Dix* in: Simitis, BDSG § 42a Rn. 15.

bietet keinen Vorteil. Ob eine Meldung mittels (unverschlüsselter) E-Mail aufgrund der Sensitivität der Informationen angemessen ist, muss jedes Unternehmen selbst beurteilen. Hier ist jedoch davon auszugehen, dass die Aufsichtsbehörden zeitnah eine entsprechende Lösung anbieten. So wird für die Meldung nach § 109 a TKG seitens der Bundesbeauftragten für Datenschutz und Informationssicherheit sowie der Bundesnetzagentur bereits jetzt die Möglichkeit der verschlüsselten Meldung angeboten.[61]

26 Adressat der Meldung ist die nach Art. 51 zuständige Aufsichtsbehörde, wie der Verweis in Abs. 1 klarstellt. Die Aufsichtsbehörde ist nach Art. 55 für das jeweilige Hoheitsgebiet des jeweiligen Mitgliedstaats zuständig. Im Falle einer grenzüberschreitenden Verletzung des Schutzes personenbezogener Daten kann sich insofern die Zuständigkeit mehrerer Aufsichtsbehörden ergeben, so dass die zuständige federführende Aufsichtsbehörde nach Art. 56 zu bestimmen und gegenüber ihr zu melden ist.

V. Meldepflicht des Auftragsverarbeiters

27 Der Auftragsverarbeiter hat nach Abs. 2 eine Meldepflicht gegenüber dem Verantwortlichen, wenn *„eine Verletzung des Schutzes personenbezogener Daten bekannt wird"*. Dabei ist nicht ausdrücklich geregelt, ob es sich nur um solche Verletzungen handelt, welche dem Auftragsverarbeiter aufgrund seiner eigenen Tätigkeit bekannt werden. Ziel und Zweck der Regelung, die Vermeidung von Schäden bei der betroffenen Person, sowie der Umstand, dass der Wortlaut an die bloße Kenntnis anknüpft, sprechen für eine weite Auslegung. Der Auftragsverarbeiter muss den Verantwortlichen daher auch dann informieren, wenn ihm über seine eigene Tätigkeit hinaus eine Verletzung (zufällig) bekannt wird. Die Meldepflicht besteht dabei ausschließlich gegenüber dem Verantwortlichen und nicht gegenüber den Aufsichtsbehörden. Als *„Herr der Daten"* entscheidet der Verantwortliche eigenständig, ob es einer Meldung bei der Aufsichtsbehörde bedarf.[62] Dies entspricht auch dem Rollenverständnis zwischen Verantwortlichem und Auftragsverarbeiter. Der Auftragsverarbeiter muss aber im Fall des Bekanntwerdens einer Verletzung des Schutzes personenbezogener Daten unverzüglich, also ohne schuldhaftes Zögern, dem Verantwortlichen informieren. Ob daneben auch ohne entsprechende Regelung eine vertragliche Nebenpflicht zur Aufklärung besteht, [63] kann aufgrund der gesetzlichen Regelung offen bleiben und ist aufgrund des in Art. 28 Abs. 3 f vorgesehenen Regelungsinhalts zwischen Verantwortlichem und Auftragsverarbeiter eher theoretischer Natur. *Brink* geht davon aus, dass es sich (nur) um eine vertragliche Informationspflicht handelt, welche in Folge auch lediglich beschränkt prüf- und sanktionierbar ist.[64] Dies hätte zur Folge, dass aus Art. 33 Abs. 2 DSGVO kein unmittelbarer Anspruch hergeleitet werden könnte. Wann eine Information unverzüglich ist, bestimmt sich nach den

---

61 Vgl. http://www.bfdi.bund.de/DE/Datenschutz/Themen/Telefon_Internet/InfosFuerTKAnbieterArtikel/DasVerfahrenNachParagraf109A_TKG.html.
62 *Kaufmann* ZD 2012, 358 (359).
63 Vgl. hierzu: *Scheffczyk* in: Wolff/Brink, Beck`scher Online-Kommentar Datenschutzrecht, 15. Edt., § 42 a BDSG, Rn. 9 mwN.
64 *Brink* in: Wolff/Brink, Beck`scher Online-Kommentar Datenschutzrecht, 19. Edt., Art. 31 DSGVO Rn. 46.

für den Verantwortlichen geltenden Maßstäben (→ Rn. 13 ff.). Die Informationspflicht besteht dabei bei jeder Datenschutzverletzung, unabhängig davon, ob mit ihr ein Risiko einhergeht.[65]

VI. Dokumentationspflichten

Der Verantwortliche ist nach Abs. 6 zur Dokumentation von Verletzungen des Schutzes personenbezogener Daten verpflichtet. In der Praxis dürfte es sich anbieten, die Dokumentation an dem Inhalt der Meldung zu orientieren, wenngleich die (interne) Dokumentation erheblich weitgehender ausfallen muss, da sämtliche relevanten und im Zusammenhang stehenden Fakten aufzunehmen sind (*„einschließlich ... aller im Zusammenhang ... stehenden Fakten"*). Nach Abs. 5 S. 2 soll die Dokumentation der Aufsichtsbehörde ermöglichen, die Einhaltung der Meldepflicht zu überprüfen. Die Dokumentationspflicht umfasst insofern gerade auch solche Verletzungen, bei denen eine Meldung nicht erfolgen musste, da ein Risiko für die Rechte und Freiheiten natürlicher Personen nicht bestand.[66] Eine de-minimes Grenze gibt es nicht, so dass im Unternehmen die notwendige Sensibilität zu schaffen ist, dass auch falsch adressierte E-Mails (uä) zu einer Dokumentationspflicht führen können.[67] Das Dokumentationserfordernis geht über eine bloße Zusammenfassung des Vorfalls hinaus und muss die im Zusammenhang mit der Verletzung des Schutzes personenbezogener Daten stehenden Fakten sowie die Auswirkungen und die ergriffenen Abhilfemaßnahmen aufzeigen.[68] Auch insoweit ist empfehlenswert, die Maßnahmen erforderlichenfalls in die Konzepte nach Art. 25, 32 aufzunehmen und dies in der Dokumentation nach Abs. 5 festzuhalten.

28

VII. Verbot des Zwangs zur Selbstbelastung und Sanktionen bei Nichteinhaltung der Meldung

1. Verbot des Zwangs zur Selbstbelastung

Eine § 42 a S. 6 BDSG entsprechende Regelung, wonach eine Meldung in einem Strafverfahren oder in einem Verfahren nach dem Gesetz über Ordnungswidrigkeiten oder der Strafprozessordnung nur mit Zustimmung des Meldepflichtigen verwandt werden darf, gibt es nicht. Soweit ersichtlich, wurde das Verbot des Zwangs zur Selbstbelastung (*„nemo tenetur se ipsum accusare"*), welches sich aus Art. 48 Abs. 1 GRC,[69] Art. 6 EMRK[70] sowie dem allgemeinen Persönlichkeitsrecht nach Art. 2 Abs. 1 GG[71] ergibt, im Rahmen des Verordnungsverfahrens nicht thematisiert. Lediglich aus Art. 58 Abs. 4 ergibt sich, dass es sich um *„ordnungsgemäße Verfahren ge-*

29

---

65 *Laue/Nink/Kremer*, § 7 Rn. 50.
66 *Albrecht/Jotzo*, S. 94.
67 *Laue/Nink/Kremer*, § 7 Rn. 47.
68 AA *Laue/Nink/Kremer*, § 7 Rn. 47, welche von einem identischen Umfang ausgehen.
69 *Eser* in: Meyer, Charta der Grundrechte der Europäischen Union, 4. Aufl. 2014, Art. 48 GRC Rn. 10 a.
70 *Grabenwarter/Pabel*, Europäische Menschenrechtskonvention, 6. Aufl. 2016, § 24 Rn. 138 mwN.
71 BVerfGE 105 (114 f.); 55, 144 (150); 56, 37 (43), vgl. auch: *Kaufmann* ZD 2012, 358 (359).

mäß dem Unionsrecht und dem Recht des Mitgliedstaats im Einklang mit der Charta" handeln muss, worunter auch das Verbot des Zwangs zur Selbstbelastung fällt. Die sekundärrechtliche Regelung des Art. 33 ist daher Charta- und grundrechtskonform dahingehend zu verstehen bzw. erforderlichenfalls dahingehend auszulegen,[72] dass ein Verwertungsverbot hinsichtlich der in der Meldung gemachten Angaben besteht und dieses Verwertungsverbot nicht nur auf den Verantwortlichen selbst – in der Regel eine juristische Person – sondern auch zugunsten der natürlichen Person innerhalb der juristischen Person Anwendung findet.[73] Gänzlich zu überzeugen vermag eine solche Auflösung der Kollision zwischen dem Verbot der Selbstbelastung auf der einen Seite und der Meldepflicht auf der anderen Seite über einen Auffangtatbestand jedoch nicht, so dass zumindest erhebliche verfassungsrechtliche Bedenken hinsichtlich einer Bußgeldsanktion bestehen.[74]

2. Sanktionen bei Nichteinhaltung

a) Maßnahmen der Aufsichtsbehörden

30   Die Befugnisse der Aufsichtsbehörden ergeben sich aus Art. 58 DSGVO, wobei im Fall der Meldepflicht insbesondere die Abhilfebefugnisse nach Abs. 2 von Relevanz sind, welche der Aufsicht ua die Möglichkeit geben, den Verantwortlichen oder den Auftragsverarbeiter anzuweisen, Verarbeitungsvorgänge auf bestimmte Weise und innerhalb eines bestimmten Zeitraums in Einklang mit der DSGVO zu erbringen (Art. 58 Abs. 2 d). Eine entsprechende Weisung ist im Fall der Meldepflicht, insbesondere im Hinblick auf die noch vorgesehenen Maßnahmen, denkbar. Daneben kann die Aufsichtsbehörde im Fall der Nichteinhaltung der Meldepflicht nach Art. 58 Abs. 2 i i.v.m. Art. 83 Geldbußen verhängen. Höchstens kann nach Art. 83 Abs. 4 a eine Geldbuße von bis zu 10 Mio. EUR oder von bis zu 2 % des gesamten weltweit erzielten Jahresumsatzes des vorangegangen Geschäftsjahres verhängt werden. Der Bußgeldrahmen verdoppelt sich nach Art. 83 Abs. 5 e, wenn der Verantwortliche oder der Auftragsverarbeiter einer Anweisung durch die Aufsichtsbehörde nicht nachkommt.

b) Schadenersatz wegen Verstoßes gegen Schutznorm

31   Kommt der Verantwortliche seiner Meldepflicht gegenüber der Aufsichtsbehörde bzw. der Auftragsverarbeiter gegenüber dem Verantwortlichen nicht nach, so kann der Verantwortliche bzw. die betroffene natürliche Person den Schaden ersetzt verlangen, welcher durch die nicht oder nicht ordnungsgemäße Information entstanden ist. Der entsprechende Anspruch kann auf Art. 82 gestützt werden. Die Regelung des Art. 33 ist zudem –

---

72   Die EMRK ist als völkerrechtlicher Vertrag im Rahmen der Auslegung des nationalen Rechts ebenfalls heranzuziehen.

73   Zur Fernwirkung des Verwertungsverbots vgl. *Dix* in: Simitis, BDSG § 42 a Rn. 20 mwN.

74   Vgl. zur § 109 a TKG: *Eckhardt* in: Beck`scher TKG-Kommentar, 4. Aufl. 2013, § 109 a TKG Rn. 46.

wie die Regelung des § 42 a BDSG[75] – als Schutzgesetz im Sinne von § 823 Abs. 2 BGB anzusehen. Allerdings dürfte es – zumindest bei der Meldung an die Aufsichtsbehörde – regelmäßig an der Kausalität fehlen, sofern nicht auch die Benachrichtigung nach Art. 34 unterblieben ist.

C. Verhältnis zu anderen Normen

Das sektorspezifische Datenschutzrecht wird ebenfalls durch die DSGVO   32
beeinflusst.[76] Hierbei ist zwischen den Meldepflichten nach § 15 a TMG und nach § 109 a TKG zu unterscheiden.

I. Meldepflicht nach § 15 a TMG

Die Meldepflicht nach § 15 a TMG wird zukünftig entfallen, da die daten-   33
schutzrechtlichen Regelungen des TMG (§ 11 ff. TMG) insgesamt nicht mehr anwendbar sind.[77] Nach Art. 2 gilt die Verordnung für die ganz oder teilweise automatisierte Verarbeitung personenbezogener Daten sowie für die nichtautomatisierte Verarbeitung personenbezogener Daten, die in einem Dateisystem gespeichert sind oder gespeichert werden. Unter diesen weiten Anwendungsbereich – und den Anspruch der DSGVO, das Datenschutzrecht umfassend zu regeln – fällt auch die Verarbeitung personenbezogener Daten im Rahmen von Telemediendiensten. Da keine der vorgesehenen Ausnahmen einschlägig ist, kommt die DSGVO damit auch bei Telemedien zur Anwendung (→ Art. 2 Rn. 6 ff.).[78] Insofern ist davon auszugehen, dass der deutsche Gesetzgeber die entsprechenden Regelungen aufheben wird.

II. Meldepflicht nach § 109 a TKG

Die Meldepflicht nach § 109 a TKG basiert auf der Richtlinie 2002/58/EG   34
(→ Rn. 4). Nach Art. 95 werden natürlichen oder juristischen Personen in Bezug auf die Verarbeitung in Verbindung mit der Bereitstellung öffentlich zugänglicher elektronischer Kommunikationsdienste in öffentlichen Kommunikationsnetzen in der Union keine zusätzlichen Pflichten auferlegt, soweit diese den besonderen in der Richtlinie 2002/58/EG festgelegten Pflichten unterliegen, die dasselbe Ziel wie die DSGVO verfolgen. Die Abgrenzung wird insbesondere dadurch erschwert, dass die Richtlinie 2002/58/EG nicht nur die Bereitstellung öffentlich zugänglicher elektronischer Kommunikationsdienste in öffentlichen Kommunikationsnetzen regelt. Voraussetzung ist weiter, dass der entsprechende Sachverhalt bereits geregelt ist und sich die Regelungsziele nicht widersprechen (→ Art. 95 Rn. 5). Bei der Meldepflicht nach Art. 4 Abs. 3 der Richtlinie 2002/58/EG ist dies der Fall. Der Anwendungsbereich nach § 109 a TKG geht über den von Art. 33 hinaus, da sämtliche Verstöße zu melden sind und das gleiche Regelungsziel verfolgt wird, so dass die Regelung vorrangig gegenüber der

---

75 *Gabel* BB 2009, 2045 (2046); *Duisberg/Picot* CR 2010, 823 (825); *Scheffczyk* in: Wolff/Brink, 15. Edt., § 42 a BDSG Rn. 68; *Eckhardt/Schmitz* DuD 2010, 390 (396); *Hanloser* CCZ 2010, 25 (28).
76 Hierzu ausführlich: *Keppler* MMR 2015, 779 ff.
77 *Keppler* MMR 2015, 779 (781).
78 *Keppler* MMR 2015, 779 (781).

DSGVO gilt. Um das Verhältnis zwischen DSGVO und Richtlinie 2002/58/EG klarzustellen, soll die Richtlinie nunmehr überprüft und so eine Kohärenz sichergestellt werden.[79]

35   Durch den Verweis in § 109 a TKG auf § 42 a S. 6 BDSG besteht jedoch Handlungsbedarf seitens des nationalen Gesetzgebers. Auch wird durch die unterschiedlichen Tatbestandsvoraussetzungen der Abgrenzung und damit der Frage des Anwendungsbereichs weiterhin eine wesentliche Bedeutung zukommen. [80] Für die Abgrenzung ist insofern nach Art. 95 ausschlaggebend, ob es sich um die Verarbeitung von personenbezogenen Daten in Verbindung mit der Bereitstellung öffentlich zugänglicher Kommunikationsdienste in öffentlichen Kommunikationsnetzen handelt. Nur dann gilt die Meldepflicht nach § 109 a TKG. Letztendlich bleibt es insofern bei der Abgrenzung zwischen Telemedien und Telekommunikationsdienst, welche in der Praxis regelmäßig nicht ganz einfach oder gar eindeutig zu beantworten ist,[81] und auf der Grundlage des sog ISO/OSI-Schichtenmodells erfolgt.[82]

D. Fazit und Ausblick

36   Die Regelung des Art. 33, welche nicht nur unwesentlich von den bisherigen Meldepflichten abweichen,[83] stellt im Fall der Verletzung des Schutzes von personenbezogenen Daten die erforderliche Transparenz sicher und ist insofern grundsätzlich zu begrüßen.[84] Auch wenn es kein belangloses Datum gibt,[85] wäre es wünschenswert gewesen, wenn der europäische Gesetzgeber die Meldepflicht entsprechend der bisherigen Regelung des § 42 a BDSG weiter eingeschränkt und so die erforderliche Schwerpunktsetzung vorgenommen hätte. Neben der Problematik der fehlenden Ressourcen[86] seitens der Aufsichtsbehörden hätte eine Schwerpunktsetzung dem Verantwortlichen auch das Risiko einer Beurteilung abgenommen. So hätten sich Meldungen vermeiden lassen, welche zukünftig rein sicherheitshalber und alleine im Hinblick auf den hohen Bußgeldrahmen erfolgen werden.[87]

---

79 Erwägungsgrund 173.
80 Vgl. hierzu bereits: *Eckhardt* in Beck'scher TKG-Kommentar, 4. Aufl. 2013, § 109 a TKG Rn. 8 ff.
81 *Keppler* MMR 2015, 779 (779); vgl. *Sassenberg/Mantz* K&R 2016, 230 (232) mit einer Übersicht der aktuellen zum Anwendungsbereich des TKG diskutierten Fälle.
82 Zu den technischen Grundlagen: *Sieber* in: Hoeren/Sieber/Holznagel, Multimedia-Recht. 42. Egl. 2015, Teil 1 Rn. 31.
83 *Marschall* DuD 2015, 183 (189).
84 Ähnlich: *Hornung* ZD 2012, 99 (104).
85 BVerfGE 65, 1 – Volkszählung.
86 Die BfDI hat im 25. Tätigkeitsbericht 2013–2014 unter Ziff. 8.8.1 zur Meldung nach § 109 a TKG ausgeführt, dass höhere Fallzahlen mit den derzeitigen personellen Ressourcen nicht mehr bearbeitet werden können.
87 Ähnl. *Kaufmann* ZD 2012, 358 (360).

Artikel 34   Benachrichtigung der von einer Verletzung des Schutzes personenbezogener Daten betroffenen Person

(1) Hat die Verletzung des Schutzes personenbezogener Daten voraussichtlich ein hohes Risiko für die persönlichen Rechte und Freiheiten natürlicher Personen zur Folge, so benachrichtigt der Verantwortliche die betroffene Person unverzüglich von der Verletzung.

(2) Die in Absatz 1 genannte Benachrichtigung der betroffenen Person beschreibt in klarer und einfacher Sprache die Art der Verletzung des Schutzes personenbezogener Daten und enthält zumindest die in Artikel 33 Absatz 3 Buchstaben b, c und d genannten Informationen und Maßnahmen.

(3) Die Benachrichtigung der betroffenen Person gemäß Absatz 1 ist nicht erforderlich, wenn eine der folgenden Bedingungen erfüllt ist:

a) der Verantwortliche geeignete technische und organisatorische Sicherheitsvorkehrungen getroffen hat und diese Vorkehrungen auf die von der Verletzung betroffenen personenbezogenen Daten angewandt wurden, insbesondere solche, durch die die personenbezogenen Daten für alle Personen, die nicht zum Zugang zu den personenbezogenen Daten befugt sind, unzugänglich gemacht werden, etwa durch Verschlüsselung;

b) der Verantwortliche durch nachfolgende Maßnahmen sichergestellt hat, dass das hohe Risiko für die Rechte und Freiheiten der betroffenen Personen gemäß Absatz 1 aller Wahrscheinlichkeit nach nicht mehr besteht;

c) dies mit einem unverhältnismäßigen Aufwand verbunden wäre. In diesem Fall hat stattdessen eine öffentliche Bekanntmachung oder eine ähnliche Maßnahme zu erfolgen, durch die die betroffenen Personen vergleichbar wirksam informiert werden.

(4) Wenn der Verantwortliche die betroffene Person nicht bereits über die Verletzung des Schutzes personenbezogener Daten benachrichtigt hat, kann die Aufsichtsbehörde unter Berücksichtigung der Wahrscheinlichkeit, mit der die Verletzung des Schutzes personenbezogener Daten zu einem hohen Risiko führt, von dem Verantwortlichen verlangen, dies nachzuholen, oder sie kann mit einem Beschluss feststellen, dass bestimmte der in Absatz 3 genannten Voraussetzungen erfüllt sind.

Verwandte Normen: ErwGr 86, 87; § 42 a BDSG 2003

Literatur:

Hanloser, Europäische Security Breach Notification, MMR 2010, 310; *Marschall*, Datenpannen – *„neue"* Meldepflicht nach der europäischen DS-GVO?, DuD 2015, 183; *Kaufmann*, Meldepflichten und Datenschutz-Folgenabschätzung, ZD 2012, 358; *Wybitul*, EU-Datenschutzgrundversordnung in der Praxis – Was ändert sich durch das neue Datenschutzrecht, BB 2016, 1077.

A. Grundlagen zur Benachrichtigung der betroffenen Person

I. Gesamtverständnis und Zweck der Norm

1   Die Benachrichtigung der betroffenen Person über die Verletzung des Schutzes von personenbezogenen Daten soll der betroffenen Person einerseits die Möglichkeit geben, die konkret zur Minderung eines Schadens erforderlichen Schritte vorzunehmen und andererseits aufgrund von fortlaufenden oder vergleichbaren Verletzungen (vorbeugende) Maßnahmen zu ergreifen.[1] Eine Benachrichtigungspflicht gegenüber der betroffenen Person besteht aber immer nur dann, wenn die Verletzung des Schutzes personenbezogener Daten zu einem voraussichtlich hohen Risiko für die persönlichen Rechte und Freiheiten führt. Die Pflicht zur Benachrichtigung der betroffenen Person besteht insofern erst später – nämlich bei einem hohen Risiko – als die Meldepflicht gegenüber der Aufsichtsbehörde nach Art. 33, welche nur ein (zumindest einfaches) Risiko voraussetzt. Im Vordergrund der Regelung steht damit in erster Linie nicht die Transparenz gegenüber der betroffenen Person, sondern die Möglichkeit, Gegenmaßnahmen zu ergreifen.[2]

II. Bisherige Rechtslage

2   Eine Pflicht zur Benachrichtigung der betroffenen Person sehen auch § 109 a TKG und § 42 a BDSG sowie § 15 a TMG (durch den Verweis auf § 42 a BDSG) bereits jetzt vor. Durch die unterschiedlichen tatbestandlichen Voraussetzungen der Normen kommt der Abgrenzung der Anwendungsbereiche eine wesentliche Bedeutung zu, wenngleich diese regelmäßig nicht trennscharf gelingt.[3] Die Benachrichtigung gegenüber der betroffenen Person hat im Falle des § 42 a BDSG nur bei bestimmten Datenarten und nur dann zu erfolgen, wenn *„schwerwiegende Beeinträchtigungen für die Rechte oder schutzwürdigen Interessen der Betroffenen"* drohen. Für die Benachrichtigungspflicht des Betroffenen nach 109 a TKG ist es indes erforderlich, dass durch die *„Verletzung des Schutzes personenbezogener*

---

1 Vgl. Erwägungsgrund 86.
2 *Laue/Nink/Kremer*, § 7 Rn. 54; *Reif* in: Gola, 2017, Art. 34 DSGVO, Rn. 1.
3 *Eckhardt* in: Spindler/Schuster, 3. Aufl. 2015, TKG § 109 a Rn. 3 f.

Daten Teilnehmer oder andere Personen schwerwiegend in ihren Rechten oder schutzwürdigen Interessen beeinträchtigt werden".

III. Entstehung der Norm

Im Rahmen des Gesetzgebungsverfahrens hat die Benachrichtigungspflicht 3 verschiedene Änderungen und Streichungen erfahren. Ursprünglich war vorgesehen, dass sämtliche Verstöße – und nicht nur solche, die ein hohes Risiko für die persönlichen Rechte und Freiheiten zur Folge haben – zu einer Benachrichtigungspflicht führen.[4] Dass die Information in klarer und einfacher Sprache zu erfolgen hat, wurde erst durch das europäische Parlament im Rahmen des Gesetzgebungsverfahrens aufgenommen.[5] Der Europäischen Rat hat zudem die Ausnahme von der Benachrichtigungspflicht nach Abs. 3 konkretisiert und die Konkretisierungsbefugnis von Kommission bzw. seitens des Europäischen Datenschutzausschusses sowie die ursprünglich vorgesehene Vorgabe des Formats der Benachrichtigung durch die Kommission gestrichen.[6]

B. Kommentierung

I. Pflicht zur Benachrichtigung eines Betroffenen

Adressat der Regelung des Art. 34 ist der Verantwortliche (→ Art. 33 4 Rn. 6), welcher bei einer Verletzung des Schutzes personenbezogener Daten (→ Art. 33 Rn. 7 f.) die betroffene Person benachrichtigen muss, wenn die Folge (1.) voraussichtlich ein hohes Risiko für die persönlichen Rechte und Freiheiten natürlicher Personen darstellt und (2.) keine der Ausnahmen nach Abs. 3 einschlägig ist.

1. Voraussichtliches Vorliegen eines hohen Risikos

Ausschlaggebend für die Benachrichtigungspflicht ist zunächst, ob die Ver- 5 letzung *"voraussichtlich ein hohes Risiko für die persönlichen Rechte und Freiheiten natürlicher Personen zur Folge hat"*. Bereits aus dem Wortlaut (*"voraussichtlich"*) wird deutlich, dass es sich um eine Prognoseentscheidung des Verantwortlichen handelt.[7] Mit Kenntnis der Rechtsverletzung muss der Verantwortliche eine Risikoprognose im Hinblick auf die persönlichen Rechte und Freiheiten vornehmen. Dabei sind die Gefährdung für die Rechtsgüter oder geschützten Interessen der betroffenen Person und die Wahrscheinlichkeit eines Schadenseintritts zueinander in Relation zu setzen.[8] Nicht erforderlich ist eine sichere Erwartung des Schadenseintritts, vielmehr muss bei einer vernünftigen Betrachtung eines objektiven Dritten

---

4 Vorschlag der Europäischen Kommission vom 25.2.2012 (KOM(2012) 11), Art. 32 Abs. 1 DSGVO-E.
5 Beschluss des Europäischen Parlaments vom 12.3.2014, 724 7/1/14, Art. 32 Abs. 2 DSGVO-E.
6 Beschluss des Rats der Europäischen Union vom 15.6.2015, 9565/15, Art. 32 DSGVO-E.
7 Zu den Anforderungen an die Prognose vgl. *Scheffczyk* in: Wolff/Brink, 16. Edt, BDSG § 42 a Rn. 35 mwN.
8 *Scheffczyk* in: Wolff/Brink, 16. Edt, BDSG § 42 a Rn. 36 mwN.

eine gewisse, realistische Wahrscheinlichkeit eines Schadenseintritts bestehen.[9]

6   Welche Anforderungen an das in diesem Zusammenhang erforderliche hohe Risiko zu stellen sind, lässt sich weder der Norm noch den Erwägungsgründen entnehmen.[10] Die englische Sprachfassung spricht davon, dass die Verletzung „*likely to result in a high risk*" sein muss, was für das Erfordernis einer hinreichenden oder überwiegenden Wahrscheinlichkeit spricht.[11] Als Beispiele für die Beeinträchtigung der persönlichen Rechte und Freiheiten mit einem hohen Risiko wurden in der vom Europäischen Rat verabschiedeten Fassung noch „*Diskriminierung, Identitätsdiebstahl oder -betrug, finanzielle Verluste, Rufschädigung, unbefugte Umkehr der Pseudonymisierung, Verlust der Vertraulichkeit von dem Berufsgeheimnis unterliegenden Daten oder andere erhebliche wirtschaftliche oder gesellschaftliche Nachteile*" genannt.[12]

7   Das hohe Risiko kann sich sowohl aus materiellen wie auch aus immateriellen Beeinträchtigungen ergeben. Bei immateriellen Schäden bedurfte es bisher für die Annahme einer schwerwiegenden Beeinträchtigung nach § 42a BDSG einer Beeinträchtigung, welche eine gravierende Persönlichkeitsrechtsverletzung darstellt und objektiv einen Schadensersatzanspruch auslösen würde.[13] Eine solche wird jedoch nur dann gewährt, wenn es sich um eine schwere Persönlichkeitsrechtsverletzung handelt.[14] Ob diese Wertung für die DSGVO übernommen werden kann, ist allerdings fraglich. Auch wird die Verletzung von Persönlichkeitsrechten innerhalb Europas sehr unterschiedlich beurteilt, *wenngleich der Begriff des Schadens „im Lichte der Rechtsprechung des Gerichtshofs weit auf eine Art und Weise ausgelegt werden (soll), die den Zielen dieser Verordnung in vollem Umfang entspricht*",[15] so dass sich zukünftig ein einheitliches Verständnis durchsetzen wird. Nicht bei jeder Persönlichkeitsrechtsverletzung kann allerdings von einem hohen Risiko für die persönlichen Rechte und Freiheiten der natürlichen Person ausgegangen werden. Das hohe Risiko – also die Art und Schwere der Verletzung sowie deren Folgen – ist anhand einer Würdigung aller Umstände des Einzelfalles zu bestimmen, wobei insbes. die Bedeutung und Tragweite des Eingriffs sowie die möglichen (kurz und langfristigen) Folgen zu bestimmen sind. Bei immateriellen Schäden wird ein hohes Risiko nur dann anzunehmen sein, wenn sich für den Einzelnen nicht nur unerhebliche (dh auf keinen Fall vernachlässigbare) Auswirkungen ergeben.

---

9   *Laue/Nink/Kremer*, § 7 Rn. 56.

10   *Laue/Nink/Kremer*, § 7 Rn. 55.; zu den Unterschieden zu § 42a BDSG vgl. *Marschall* DuD 2015, 183 (187).

11   *Marschall* DuD 2015, 183 (187).

12   Beschluss des Rats der Europäischen Union vom 15.6.2015, 9565/15, Art. 32 DSGVO-E; vgl. aber auch Erwägungsgrund 85, welcher die Ausführungen noch enthält.

13   So zu § 42a BDSG: *Scheffczyk* in: Wolff/Brink, 16. Edt, BDSG § 42a Rn. 33.

14   BGH, NJW 2005, 58; *Mann* in: Spindler/Schuster, 3. Aufl. 2015, BGB § 823 Rn. 78 mwN.

15   Erwägungsgrund 146.

Entsprechend der bisherigen Regelung des § 42 a BDSG wird auch weiter- 8
hin davon auszugehen sein, dass von einem hohen Risiko stets dann auszugehen ist, wenn es sich um besondere Kategorien von Daten nach den
Art. 9 oder 10, personenbezogenen Daten die einem Berufsgeheimnis unterliegen oder personenbezogene Daten zu Bank- oder Kreditkartendaten,
handelt und aus diesem Grund schwerwiegende Beeinträchtigungen drohen.[16]

2. Keine Ausnahme nach Abs. 3

In Abs. 3 sind drei Ausnahmen vorgesehen, bei deren Vorliegen eine indivi- 9
duelle Benachrichtigung der betroffenen Person durch den Verantwortlichen nicht erforderlich ist. Die Benachrichtigung kann (a) aufgrund von
vorab getroffenen Maßnahmen entfallen, (b) durch nachträgliche Maßnahmen suspendiert werden sowie (c) aufgrund des hohen Aufwands von einer
individuellen zu einer allgemeinen Bekanntmachung werden. Nach dieser
Ausnahmeregelung kann eine Benachrichtigung unterbleiben, muss aber
nicht. Insbesondere im Fall der öffentlichen Bekanntmachung – dazu unter
c – kann der Verantwortliche entscheiden, ob er entweder den unverhältnismäßigen Aufwand in Kauf nehmen oder stattdessen den Weg der öffentlichen Bekanntmachung wählen will. Zudem können die Mitgliedstaaten
weitere Ausnahmetatbestände nach Art. 23 DSGVO vorsehen.

a) Keine Benachrichtigung aufgrund zuvor getroffener Maßnahmen (insbes. Verschlüsselung)

Nach Abs. 3 a ist eine Benachrichtigung der betroffenen Person nicht erfor- 10
derlich, *„wenn der Verantwortliche geeignete technische und organisatorische Vorkehrungen getroffen hat und diese Vorkehrungen auf die von der
Verletzung betroffenen personenbezogenen Daten angewandt wurden"*. Es
muss sich damit um Maßnahmen handeln, welche der Verantwortliche bereits vor dem verletzenden Ereignis ergriffen hat. Maßnahmen sind dabei
insbesondere solche, durch die im Fall einer Verletzung der Zugriff auf die
personenbezogenen Daten unterbunden wird. Als Beispiel wird hier die
Verschlüsselung der personenbezogenen Daten genannt. Welche Anforderungen an die Verschlüsselung gestellt werden, ergibt sich nicht unmittelbar aus dem Wortlaut. Erforderlich ist jedoch, dass die personenbezogenen
Daten *„unzugänglich gemacht"* werden. Das Erfordernis einer hundertpro-
zentigen Sicherheit lässt sich hieraus jedoch nicht herleiten. Auch dem Gesetzgeber ist bewusst, dass die (theoretische) Möglichkeit der Entschlüsse-
lung stets gegeben ist und wesentlich von den zur Verfügung stehenden Re-
chenressourcen abhängt.[17] Von der geforderten Unzulänglichkeit ist daher
zumindest dann auszugehen, wenn ein dem Stand der Technik entsprechender Verschlüsselungsstandard angewandt wurde (→ Art. 32 Rn. 12).[18]
Das Beispiel der Verschlüsselung zeigt, dass hinsichtlich des Verständnisses,
wann eine technische Vorkehrung ausreichend ist, auf den relativen Personenbezug abzustellen ist. Es sprechen gute Gründe dafür, dass auch die

---

16 *Laue/Nink/Kremer*, § 7 Rn. 55; vgl. auch *Albrecht/Jotzo*, S. 94.
17 *Ernestus* in: Simitis, 8. Aufl. 2014, BDSG § 9 Rn. 171.
18 Zu den technischen Anforderungen vgl. auch *Marschall* DuD 2015, 183 (189).

Pseudonymisierung (vgl. Art. 4 Nr. 5), welche nicht ausdrücklich genannt wird, ebenfalls eine geeignete technische Maßnahme darstellt, sofern im Rahmen der Verletzung ein Zugriff auf die *„zusätzlichen Informationen"* (wie bspw. den dem Hash-Wert zugrundeliegenden Schlüssel), welche zu einer Identifizierbarkeit führen, nicht gelingt.[19] Der Verantwortliche muss dann allerdings sicherstellen können, dass der Dritte nicht über die Zusatzinformationen verfügt, welche ihm ein Aufheben der Pseudonymisierung erlauben.

b) Keine Benachrichtigung aufgrund nachträglich getroffener Maßnahmen

11 Eine Benachrichtigungspflicht kann auch aufgrund nachträglich getroffener Maßnahmen unterbleiben. Der Verordnungswortlaut spricht in der deutschen Fassung zwar von „nachfolgenden" Maßnahmen, meint aber die nachträglich getroffenen Maßnahmen. Hierfür spricht sowohl die englische Sprachfassung (*„subsequent"*) als auch der Umstand, dass der Wortlaut gerade keine konkreten (nachfolgenden) Maßnahmen vorsieht.

12 Im Fall der nachträglichen Maßnahmenergreifung muss der Verantwortliche sichergestellt haben, dass das hohe Risiko für die Rechte und Freiheiten betroffener Personen nicht mehr besteht. Erforderlich, aber auch ausreichend ist, dass durch die Maßnahmen ein hohes Risiko aller Wahrscheinlichkeit nach nicht mehr besteht (zu dem Merkmal des hohen Risikos → Rn. 5). Nicht erforderlich ist hingen die vollständige Risikobeseitigung oder eine abschließende Sicherheit hinsichtlich der Wirksamkeit der Maßnahme. Eine Maßnahme könnte beispielsweise sein, dass ein Kreditkartenunternehmen die betroffenen Kreditkarten austauscht, nachdem die Kreditkartendaten einschließlich der Prüfziffern bekannt geworden waren.

c) Öffentliche Bekanntmachung bei unverhältnismäßigem Aufwand

13 Ist eine Benachrichtigung der betroffenen Person mit einem unverhältnismäßigen Aufwand verbunden, so kann statt der individuellen Benachrichtigung eine öffentliche Bekanntmachung oder eine ähnliche Maßnahme erfolgen, durch welche die betroffenen Personen vergleichbar informiert werden. Die Information muss dabei vom Verantwortlichen ausgehen, es reicht nicht, wenn bereits über die Verletzung in den Medien berichtet wurde. Letztendlich obliegt es dem Verantwortlichen zu entscheiden, ob die individuelle Benachrichtigung mit einem unverhältnismäßig hohen Aufwand verbunden ist. Ausschlaggebend sind insofern der zeitliche Aufwand und die im Zusammenhang mit einer Benachrichtigung entstehenden Kosten. Aufgrund der in der Öffentlichkeit zu erwartenden Wirkung ist jedoch davon auszugehen, dass Unternehmen von der Möglichkeit einer öffentlichen Bekanntmachung nur zurückhaltend Gebrauch machen werden.

14 Erforderlich ist eine *„öffentliche Bekanntmachung oder eine ähnliche Maßnahme"*. Die diesbezüglichen Anforderungen werden jedoch nicht weiter konkretisiert. Die Regelung des § 42 a S. 5 BDSG sieht konkreter vor, dass die Information der Öffentlichkeit bspw. durch Anzeigen erfolgen kann, die mindestens eine halbe Seite umfassen und in mindestens zwei

---

19 So wohl auch: *Marschall* DuD 2015, 183 (189).

bundesweit erscheinenden Tageszeitungen veröffentlicht werden. Eine solche Konkretisierung enthält Abs. 3 c nicht. Fraglich ist daher, ob die Regelung des § 42 a S. 5 BDSG einen Anhaltspunkt für Abs. 3 c darstellen kann. Die Regelung des § 42 a S. 5 BDSG sieht allerdings ein anderes (konkreteres) Regelungskonzept vor und kann insofern nicht zur Auslegung von Art und Umfang der Informationspflicht herangezogen werden.

Sinn und Zweck der Regelung von Abs. 3 c ist die Information der betroffenen Personen. Erforderlich, aber auch ausreichend ist es insoweit, wenn durch die öffentliche Bekanntmachung ein wesentlicher Kreis der Betroffenen informiert wird. Auch die englische Sprachfassung (*„public communication"*) lässt nicht den Schluss zu, dass bestimmte Anforderungen an das Medium gestellt werden. Wie die öffentliche Kommunikation erfolgen kann, wird vielmehr wesentlich von der durch den Verantwortlichen angebotenen Leistung abhängen. Es ist aber beispielsweise vorstellbar, dass der Verantwortliche für eine bestimmte Dauer, bei welcher mindestens das durchschnittliche Besuchsintervall berücksichtigt wird, auf der für den Dienst genutzten Homepage – also der *„Startseite"* des Internetauftritts – über die Verletzung informiert.[20] Die vergleichbare Wirksamkeit ist dabei nur dann gegeben, wenn es sich um ein Angebot handelt, bei welchem die regelmäßige Nutzung immanent ist. Dass dem Verantwortlichen ein weitgehender Gestaltungsspielraum zusteht, wird auch dadurch deutlich, dass er auch ähnliche Maßnahmen ergreifen darf, welche die betroffene Person vergleichbar wirksam informieren. Die Bekanntmachung an die Allgemeinheit führt aber nicht dazu, dass der Inhalt der Information reduziert werden darf. Dieser richtet sich weiterhin nach Abs. 2.

II. Frist, Inhalt und Form der Benachrichtigung

1. Zeitpunkt und Frist für die Benachrichtigung

Die Benachrichtigung der betroffenen Person hat nach Art. 34 Abs. 1 DSGVO unverzüglich zu erfolgen. Nach Erwägungsgrund 86 sollte die Benachrichtigung der betroffenen Person stets so rasch und wie nach allgemeinem Ermessen möglich, in enger Absprache mit der Aufsichtsbehörde sowie nach Maßgabe der von dieser oder von anderen zuständigen Behörden wie beispielsweise Strafverfolgungsbehörden erteilten Weisungen erfolgen. Dies zeigt insoweit jedoch nur die Vorstellung des Gesetzgebers und lässt nicht den Rückschluss zu, dass der Gesetzgeber das Merkmal der Unverzüglichkeit in Art. 33 und 34 unterschiedlich verstanden wissen wollte.[21] Vielmehr kann auch insoweit weiterhin auf das Begriffsverständnis des BGB abgestellt werden, so dass eine Meldung ohne schuldhaftes Zögern erforderlich ist (→ Art. 33 Rn. 13 ff.). Gleichwohl bedeutet dies nicht, dass die Fristen identisch sind oder die 72 Stunden-Frist des Art. 33 DSGVO einen Anhaltspunkt bietet.[22] Unerheblich ist auch, ob eine Meldung nach Art. 33 bei der Aufsichtsbehörde bereits erfolgt ist.[23] Es handelt

15

16

20 Zur Geeignetheit der Online-Information vgl. auch: *Dix* in: Simitis BDSG § 42 a Rn. 17; *Reif* in: Gola, 2017, Art. 34 DSGVO Rn. 9
21 AA wohl *Laue/Nink/Kremer*, § 7 Rn. 57.
22 *Reif* in: Gola, 2017, Art. 34 DSGVO Rn. 12 ff.
23 AA wohl: *Marschall* DuD 2015, 183 (186).

sich vielmehr um zwei voneinander getrennte Pflichten. In der Regel wird jedoch zunächst die Meldung an die Aufsichtsbehörden erfolgen, was auch aus Erwägungsgrund 86 deutlich wird, welcher eine *„enge Abstimmung mit den Aufsichtsbehörden"* vorsieht.[24]

17   Die unverzügliche Pflicht zur Benachrichtigung besteht dabei erst, wenn Kenntnis über die Folge eines voraussichtlich hohen Risikos für die persönlichen Rechte und Freiheit natürlicher Personen besteht.[25] Ohne das Vorliegen eines hohen Risikos entsteht die Pflicht nach Art. 34 nicht. Allerdings muss der Verantwortliche die Risikobewertung ebenfalls unverzüglich beginnen. Die Benachrichtigung der betroffenen Person unterscheidet sich dadurch wesentlich von der Information gegenüber der Aufsichtsbehörde, als dass keine Nachmeldung möglich ist. Als Folge wird man dem Verantwortlichen im Vergleich zur Meldung nach Art. 33 eine längere Frist einräumen müssen, die Regelfrist der 72 Stunden ist nicht übertragbar. Hierfür spricht auch Erwägungsgrund 86 (dort S. 4), welcher eine längere Benachrichtigungsfrist bei fortlaufenden Verletzungen als möglich ansieht. Wesentlich wird es darauf ankommen, ob durch die betroffene Person noch Maßnahmen ergriffen werden können, um einen Schaden zu vermeiden und bis wann diese zu ergreifen sind. Anders als in § 42 a BDSG ist nicht ausdrücklich geregelt, dass die Meldung erst dann erfolgen muss, wenn die Strafermittlung nicht mehr gefährdet wird. Nichtdestotrotz liegt ein Fall der unverzüglichen Information auch weiterhin noch vor, wenn – im Interesse der betroffenen Person – zunächst sichergestellt wird, dass die Strafverfolgung nicht gefährdet wird.[26] Der Verantwortliche hat insofern zunächst die erforderlichen Maßnahmen zur Datensicherheit zu ergreifen, wozu nicht nur die Analyse der Sicherheitslücke, sondern auch deren Behebung zählt (sog responsible disclosure).[27] Erwägungsgrund 86 sieht als Regelfall eine Abstimmung mit der Aufsichtsbehörde vor, welche der eigentliche Verordnungswortlaut jedoch nicht fordert.

18   Aus praktischer Sicht wird sich der Verantwortliche im Rahmen der Meldung nach Art. 33 mit der Frage auseinandersetzen müssen, ob eine Benachrichtigung der Betroffenen nach Art. 34 erforderlich ist, um so einer Verpflichtung durch die Aufsichtsbehörde nach Abs. 4 entgegenzuwirken (→ Rn. 22).

2. Inhalt und Form der Benachrichtigung

19   Die Benachrichtigung hat nach Abs. 2 in klarer und einfacher Sprache zu erfolgen und muss die Informationen und Maßnahmen nach Art. 33 Abs. 3 b, c und d umfassen. Dies ergibt sich auch aus Art. 12 Abs. 1, wonach die Information nach Art. 34 in präziser, transparenter, verständlicher und leicht zugänglicher Form sowie in einer klaren und einfachen Sprache zu erfolgen hat. Durch die Anforderungen an die Formulierung soll sichergestellt werden, dass die Ausführungen für jedermann verständlich sind.

---

24 Vgl. auch *Reif* in: Gola, 2017, Art. 34 DSGVO Rn. 13.
25 AA *Marschall* DuD 2015, 183 (186), welcher auf die Kenntnis der Verletzung abstellt.
26 *Laue/Nink/Kremer*, § 7 Rn. 58.
27 *Laue/Nink/Kremer*, § 7 Rn. 58.

Insofern sollte nach Möglichkeit beispielsweise auf Fremdwörter oder komplizierte technische Darstellungen verzichtet werden.[28] Aus dem Erfordernis der klaren und einfachen Sprache ergibt sich auch die Notwendigkeit der Beschränkung des Umfangs. Damit das Ziel der einfachen Verständlichkeit erreicht wird, sollte auf eine angemessene Kürze unbedingt geachtet werden. Dies dürfte in der Regel bedeuten, dass ein Umfang von zwei DIN A4-Seiten nicht überschritten wird. Anders als im Fall der Informationspflicht nach Art. 33 darf der Verantwortliche die Darstellung zugunsten einer besseren Verständlichkeit vereinfachen. Die Information hat in der Landessprache zu erfolgen, sofern die Kommunikation zwischen betroffener Person und Verantwortlichem nicht bereits in einer anderen Sprache geführt wurde. Nicht erforderlich ist es, dass im Rahmen der Benachrichtigung über die Art der Verletzung des Schutzes personenbezogener Daten informiert wird. Hiervon sollte der Verantwortliche im Hinblick auf denkbare Schadenersatzansprüche auch absehen.[29] Neben der Angabe von Kontaktdaten (Art. 33 Abs. 3 b) ist es erforderlich, dass die wahrscheinlichen Folgen (Art. 33 Abs. 3 c) sowie die ergriffenen oder vorgeschlagenen Maßnahmen aufgezeigt werden (Art. 33 Abs. 3 d → Art. 33 Rn. 23 f.). Es handelt sich insoweit um eine Art *„Erste-Hilfe-Hinweis"*.[30]

Eine bestimmte Form zur Benachrichtigung sieht die Regelung des Art. 34   **20** nicht vor, so dass diese bspw. auch per E-Mail erfolgen kann.[31] Auch die Regelung des Art. 12 Abs. 1 S. 2 spricht nur von *„erfolgt schriftlich oder in anderer Form"*. Die Regelung des Abs. 2 (*„in klarer und verständlicher Sprache"*) stände auch einer mündlichen Benachrichtigung nicht entgegen, wenngleich dies bei mehr als einer betroffenen natürlichen Person wenig praktikabel erscheint und die Dokumentation der Erfüllung der Benachrichtigung gegenüber der Aufsichtsbehörde erschwert.

III. Tätigwerden der Aufsichtsbehörde

Nach Abs. 4 kann die zuständige Aufsichtsbehörden den Verantwortlichen   **21** entweder auffordern, die Benachrichtigung nachzuholen oder durch Beschluss feststellen, dass eine Ausnahme von der Benachrichtigungspflicht nach Abs. 3 vorliegt. Nach dem Wortlaut ist eine Aufforderung durch die Behörde nur dann möglich, wenn eine Benachrichtigung der betroffenen Personen noch nicht erfolgt ist (*„wenn ...nicht bereits ...benachrichtigt hat"*). Dies spricht dafür, dass der Verantwortliche im Fall einer an alle betroffenen Personen gerichteten, aber unzureichenden oder sprachlich nicht hinreichend einfachen Benachrichtigung nicht zur erneuten Benachrichtigung aufgefordert werden kann. Letztendlich ist die Frage aber wohl eher theoretischer Natur, da die Aufsichtsbehörden zumindest wegen der unzureichenden Benachrichtigung eine Geldbuße wegen eines Verstoßes gegen Art. 34 verhängen könnten, so dass der Verantwortliche im Zweifel wohl die erneute Benachrichtigung vorziehen wird.

---

28 *Marshall* DuD 2015, 183 (188).
29 Ähnl. *Eckhardt* in: Beck'scher TKG-Kommentar, 4. Aufl. 2013, TKG § 109 a Rn. 38.
30 Ähnl. *Eckhardt* in: Beck'scher TKG-Kommentar TKG § 109 a Rn. 38.
31 *Laue/Nink/Kremer*, § 7 Rn. 60.

V. Sanktionen

22 Hinsichtlich der möglichen Sanktionen gelten die zu Art. 33 gemachten Ausführungen entsprechend (→ Art. 33 Rn. 29 ff.). Höchstens kann durch die zuständige Aufsichtsbehörde nach Art. 83 Abs. 4 a eine Geldbuße von bis zu 10 Mio. EUR oder von bis zu 2% des gesamten weltweit erzielten Jahresumsatzes des vorangegangenen Geschäftsjahres verhängt werden. Der Bußgeldrahmen verdoppelt sich nach Art. 83 Abs. 5 e, wenn der Verantwortliche einer Anweisung durch die Aufsichtsbehörde nicht nachkommt. Zudem kann die betroffene Person einen Schadenersatzanspruch auf der Grundlage von Art. 82 bzw. § 823 Abs. 2 BGB iVm Art. 34 geltend machen. Ob die Pflichten nach Art. 34 erfüllt worden sind, wird nach Art. 83 Abs. 2 c und f für die Bemessung des Bußgelds relevant sein.

C. Verhältnis zu anderen Normen

23 Die Pflicht zur Benachrichtigung der betroffenen Person ist auch im sektorspezifischen Datenschutzrecht geregelt (→Rn. 2). Die Regelungen nach § 42 a BDSG sowie § 15 a TMG werden zukünftig entfallen. Bestehen bleibt nach Art. 95 die Benachrichtigung nach § 109 a TKG, welche auf der Richtlinie 2002/58/EG basiert. Es stellen sich allerdings neue Abgrenzungsfragen, welche im Rahmen einer Überprüfung der Richtlinie 2002/58/EG geklärt werden sollen (→ Art. 33 Rn. 34).[32]

D. Gesamteinschätzung

24 Gerade bei einem hohen Risiko für die persönlichen Rechte und Freiheiten muss der betroffenen Person die Möglichkeit der Reaktion gegeben werden, wofür die Benachrichtigungspflicht eine Grundvoraussetzung darstellt. Die Regelung des Art. 34 ist zu begrüßen und stellt dadurch, dass die Benachrichtigungspflicht nur bei einem hohen Risiko besteht, einen angemessenen Ausgleich zwischen den Interessen des Verantwortlichen und den betroffenen Personen dar. Für Unternehmen bedeutet dies jedoch, dass die diesbezügliche Organisationsstruktur zu schaffen ist.[33] Positiv fällt auf, dass sich der Gesetzgeber für eine abstrakte Regelung entschieden hat, welche dem Verantwortlichen die notwendigen Beurteilungsspielräume überlässt, um die betroffene Person effizient zu benachrichtigen. Wünschenswert wäre gewesen, wenn entsprechend § 42 a S. 2 BDSG klargestellt worden wäre, dass vor einer Benachrichtigung zunächst die erforderlichen Maßnahmen zur Sicherung ergriffen werden können und dass die Strafverfolgung durch die Benachrichtigung nicht gefährdet werden darf. Aufgrund der drohenden Konsequenzen im Falle einer Nichtmeldung ist davon auszugehen, dass Unternehmen sicherheitshalber auch dann schon die betroffenen Personen benachrichtigen werden, wenn ein hohes Risiko für die persönlichen Rechte und Freiheiten denkbar, nicht jedoch vorhersehbar ist. Damit würde das vom Gesetzgeber vorgesehene Stufenverhältnis konterkariert werden. Insoweit ist aufgrund der überzogenen Bußgeldregelungen das Augenmaß der Aufsichtsbehörden in einem besonderen Maße gefragt.

---

32 Vgl. auch Erwägungsgrund 173.
33 *Schreibauer/Spittka* in: Wybitul, Handbuch DSGVO, 2017, Art. 34 Rn. 3.

Abschnitt 3 Datenschutz-Folgenabschätzung und vorherige Konsultation

Artikel 35 Datenschutz-Folgenabschätzung

(1) [1]Hat eine Form der Verarbeitung, insbesondere bei Verwendung neuer Technologien, aufgrund der Art, des Umfangs, der Umstände und der Zwecke der Verarbeitung voraussichtlich ein hohes Risiko für die Rechte und Freiheiten natürlicher Personen zur Folge, so führt der Verantwortliche vorab eine Abschätzung der Folgen der vorgesehenen Verarbeitungsvorgänge für den Schutz personenbezogener Daten durch. [2]Für die Untersuchung mehrerer ähnlicher Verarbeitungsvorgänge mit ähnlich hohen Risiken kann eine einzige Abschätzung vorgenommen werden.

(2) Der Verantwortliche holt bei der Durchführung einer Datenschutz-Folgenabschätzung den Rat des Datenschutzbeauftragten, sofern ein solcher benannt wurde, ein.

(3) Eine Datenschutz-Folgenabschätzung gemäß Absatz 1 ist insbesondere in folgenden Fällen erforderlich:

a) systematische und umfassende Bewertung persönlicher Aspekte natürlicher Personen, die sich auf automatisierte Verarbeitung einschließlich Profiling gründet und die ihrerseits als Grundlage für Entscheidungen dient, die Rechtswirkung gegenüber natürlichen Personen entfalten oder diese in ähnlich erheblicher Weise beeinträchtigen;

b) umfangreiche Verarbeitung besonderer Kategorien von personenbezogenen Daten gemäß Artikel 9 Absatz 1 oder von personenbezogenen Daten über strafrechtliche Verurteilungen und Straftaten gemäß Artikel 10 oder

c) systematische umfangreiche Überwachung öffentlich zugänglicher Bereiche.

(4) [1]Die Aufsichtsbehörde erstellt eine Liste der Verarbeitungsvorgänge, für die gemäß Absatz 1 eine Datenschutz-Folgenabschätzung durchzuführen ist, und veröffentlicht diese. [2]Die Aufsichtsbehörde übermittelt diese Listen dem in Artikel 68 genannten Ausschuss.

(5) [1]Die Aufsichtsbehörde kann des Weiteren eine Liste der Arten von Verarbeitungsvorgängen erstellen und veröffentlichen, für die keine Datenschutz-Folgenabschätzung erforderlich ist. [2]Die Aufsichtsbehörde übermittelt diese Listen dem Ausschuss.

(6) Vor Festlegung der in den Absätzen 4 und 5 genannten Listen wendet die zuständige Aufsichtsbehörde das Kohärenzverfahren gemäß Artikel 63 an, wenn solche Listen Verarbeitungstätigkeiten umfassen, die mit dem Angebot von Waren oder Dienstleistungen für betroffene Personen oder der Beobachtung des Verhaltens dieser Personen in mehreren Mitgliedstaaten im Zusammenhang stehen oder die den freien Verkehr personenbezogener Daten innerhalb der Union erheblich beeinträchtigen könnten.

(7) Die Folgenabschätzung enthält zumindest Folgendes:

a) eine systematische Beschreibung der geplanten Verarbeitungsvorgänge und der Zwecke der Verarbeitung, gegebenenfalls einschließlich der von dem Verantwortlichen verfolgten berechtigten Interessen;

b) eine Bewertung der Notwendigkeit und Verhältnismäßigkeit der Verarbeitungsvorgänge in Bezug auf den Zweck;

c) eine Bewertung der Risiken für die Rechte und Freiheiten der betroffenen Personen gemäß Absatz 1 und

d) die zur Bewältigung der Risiken geplanten Abhilfemaßnahmen, einschließlich Garantien, Sicherheitsvorkehrungen und Verfahren, durch die der Schutz personenbezogener Daten sichergestellt und der Nachweis dafür erbracht wird, dass diese Verordnung eingehalten wird, wobei den Rechten und berechtigten Interessen der betroffenen Personen und sonstiger Betroffener Rechnung getragen wird.

(8) Die Einhaltung genehmigter Verhaltensregeln gemäß Artikel 40 durch die zuständigen Verantwortlichen oder die zuständigen Auftragsverarbeiter ist bei der Beurteilung der Auswirkungen der von diesen durchgeführten Verarbeitungsvorgänge, insbesondere für die Zwecke einer Datenschutz-Folgenabschätzung, gebührend zu berücksichtigen.

(9) Der Verantwortliche holt gegebenenfalls den Standpunkt der betroffenen Personen oder ihrer Vertreter zu der beabsichtigten Verarbeitung unbeschadet des Schutzes gewerblicher oder öffentlicher Interessen oder der Sicherheit der Verarbeitungsvorgänge ein.

(10) Falls die Verarbeitung gemäß Artikel 6 Absatz 1 Buchstabe c oder e auf einer Rechtsgrundlage im Unionsrecht oder im Recht des Mitgliedstaats, dem der Verantwortliche unterliegt, beruht und falls diese Rechtsvorschriften den konkreten Verarbeitungsvorgang oder die konkreten Verarbeitungsvorgänge regeln und bereits im Rahmen der allgemeinen Folgenabschätzung im Zusammenhang mit dem Erlass dieser Rechtsgrundlage eine Datenschutz-Folgenabschätzung erfolgte, gelten die Absätze 1 bis 7 nur, wenn es nach dem Ermessen der Mitgliedstaaten erforderlich ist, vor den betreffenden Verarbeitungstätigkeiten eine solche Folgenabschätzung durchzuführen.

(11) Erforderlichenfalls führt der Verantwortliche eine Überprüfung durch, um zu bewerten, ob die Verarbeitung gemäß der Datenschutz-Folgenabschätzung durchgeführt wird; dies gilt zumindest, wenn hinsichtlich des mit den Verarbeitungsvorgängen verbundenen Risikos Änderungen eingetreten sind.

Verwandte Normen: ErwGr 84, 89, 90, 91, 92, 93, 94, 95; § 4 d Abs. 5, Abs. 6 BDSG 2003

Literatur:
Bieker/Hansen/Friedewald, Die grundrechtskonforme Ausgestaltung der Datenschutz-Folgenabschätzung nach der neuen europäischen Datenschutz-Grundverordnung, RDV 2016, 188; *von dem Bussche/Zeiter/Brombach*, Die Umsetzung der Vorgaben der EU-Datenschutz-Grundverordnung durch Unternehmen; *Klug*, Der Datenschutzbeauftragte in der EU, ZD 2016, 315; *Friedewald/Obersteller/Nebel/Bieker/Rost*, White Paper Datenschutz-Folgenabschätzung, 2016; *Kaufmann*, Meldepflicht und Datenschutz-Folgenabschätzung, ZD 2012, 358; *Wright/De Hert*, Privacy Impact Assessment, 2012.

A. Einführung Datenschutz-Folgenabschätzung

I. Gesamtverständnis und Zweck der Norm

Die Datenschutz-Folgenabschätzung (Folgenabschätzung, engl. Data Protection Impact Assessment – PIA) dient dazu, im Fall eines voraussichtlich hohen Risikos für die Rechte und Freiheiten natürlicher Personen das datenschutzrechtliche Risiko für die betroffene Person zu erkennen und eingehender zu bewerten sowie vorbeugende Maßnahmen zu ergreifen. Die Folgenabschätzung darf jedoch nicht mit der Frage gleichgesetzt werden, ob die Verarbeitung an sich zulässig ist. Die Folgenabschätzung schließt sich vielmehr erst an die eigentliche Prüfung der Rechtmäßigkeit der Verar- 1 beitung an.[1] Es handelt sich insoweit um ein – zumindest teilweise – neues Instrument, wonach dem Verantwortlichen die Bewertung obliegt, welches spezifische Eintrittsrisiko durch die angedachte Verarbeitung – insbesondere beim Einsatz neuer Technologien – entsteht und welche konkreten Folgen sich für die betroffene Person ergeben. Dem Verantwortlichen wird damit eine Verpflichtung auferlegt, sich insbesondere mit Maßnahmen, Garantien und Verfahren zu befassen, welche das hohe Risiko eindämmen und so den Schutz personenbezogener Daten sicherstellen.[2] Der europäische Gesetzgeber hat zwar den Mindestinhalt der Folgenabschätzung grundlegend geregelt, dem Verantwortlichen aber gleichzeitig einen großen Spielraum bei der Ausgestaltung gelassen und keine konkreten Modelle oder Prozesse vorgesehen.

II. Bisherige Rechtslage

2 Mit der Folgenabschätzung steht der risikobasierte Regulierungsansatz stärker als bisher im Fokus.[3] Auch wenn es eine inhaltsgleiche Regelung bisher nicht gab, ist die Folgenabschätzung kein gänzlich neues Instrument.[4] Art. 20 DSRL 95/46/EG sieht eine Vorabkontrolle bei Vorhandensein spezifischer Risiken im Rahmen der automatisierten Verarbeitung vor.[5] Im nationalen Recht wurde die Regelung bisher in § 4 d Abs. 5 sowie in § 6 b BDSG umgesetzt, so dass die dortigen Regelungen bis zu einem gewissen Grad als Vorgängernormen angesehen werden können.[6] Zum Teil wird auch eine Vergleichbarkeit der Folgenabschätzung zum Datenschutzaudit nach § 9 a BDSG gesehen.[7] Die Regelung des § 6 b BDSG erfasst die Vorabkontrolle für optoelektronische Einrichtungen und § 4 d Abs. 5 BDSG die Vorabkontrolle für automatisierte Verarbeitungen, die besondere Risiken für die Rechte und Freiheiten der Betroffenen aufweisen. Stellt man die Verarbeitungsvorgänge aus § 33 Abs. 2 dem Wortlaut des § 4 d Abs. 5 BDSG sowie der Vorabkontrolle für Videoüberwachung aus § 6 b BDSG gegenüber, wird deutlich, dass die geplanten Neuregelungen für Deutschland grundsätzlich kein Neuland darstellen.[8] Die Regelung des § 4 d Abs. 5 BDSG beschränkt die Verpflichtung zur Durchführung einer Vorabkontrolle jedoch auf automatisierte Verarbeitungen. Deshalb ist nach bisherigem Recht bei nicht automatisierten Verarbeitungen keine Vorabkontrolle durchzuführen, selbst wenn besondere Arten personenbezogener Daten verarbeitet werden oder sie in anderer Weise besondere Risiken für

---

1 Zur Bedeutung der Folgenabschätzung hinsichtlich der Grundrechte-Charta vgl. *Bieker/Hansen/Friedewald* RDV 2016, 188 ff.
2 ErwGr 90.
3 *Kühling/Martini* EuZW 2016, 448 (452).
4 Hierzu ausführlich: *Friedewald/Obersteller/Nebel/Bieker/Rost*, White Paper Datenschutz-Folgenabschätzung, 2016, S. 8 f.
5 *Laue/Nink/Kremer*, § 7, Rn. 63.
6 *Gierschmann* ZD 2016, 51 (53); *von dem Bussche/Zeiter/Brombach* DB 2016, 1359 (1360).
7 *Kühling/Martini/Heberlein/Kühl/Nink/Weinzierl/Wenzel*, Die DSGVO und das nationale Recht, 2016, S. 91.
8 *Kaufmann* ZD 2012, 358 (361.).

die Rechte und Freiheiten der Betroffenen aufweisen.[9] Darüber hinaus sind in § 4d Abs. 5 BDSG weitreichende Rückausnahmen von der Verpflichtung zur Durchführung einer Vorabkontrolle vorgesehen, unter anderem, wenn eine gesetzliche Pflicht oder Einwilligung des Betroffenen zur Datenverarbeitung besteht. Die Pflicht zur Durchführung einer Vorabkontrolle besteht damit bisher nur eingeschränkt, sie ist auf das konkrete Verfahren begrenzt und erstreckt sich nicht auf die Entwicklung und Gestaltung eines Systems im Allgemeinen.[10] Für die Vorabkontrolle ist nach § 4d Abs. 6 S. 1 BDSG bisher der Datenschutzbeauftragte zuständig. Dies führt dazu, dass der Regelung bisher wenig praktische Bedeutung zukam.[11]

Die Vorabkontrolle geht in vielen Ländern mit einer Meldung bei den Aufsichtsbehörden einher. Die Relation von Zweck und Nutzen der damit einhergehenden Meldepflicht bei der automatisierten Verarbeitung sowie die eigentliche Vorabkontrolle hat der europäische Gesetzgeber im Rahmen der DSGVO allerdings in Frage gestellt, da diese nicht in allen Fällen zu einem besseren Schutz geführt habe,[12] und sich deshalb für eine Neuregelung entschieden (→ Rn. 5).   3

III. Entstehung der Norm

1. Allgemeine Historie der Datenschutz-Folgenabschätzung

In Deutschland waren Folgenabschätzungen bereits seit Anfang der Datenschutzgesetzgebung in der Diskussion. Durch verschiedenen Gesetzgebungsnovellen und umfassende Änderungen der gesetzlichen Zielbestimmungen wurden Regelungen zur Folgenabschätzung jedoch bis zur Unkenntlichkeit verwässert, weshalb die geltenden Datenschutzgesetze Folgenabschätzungen nur noch in sehr begrenztem Maße vorsehen. Ausführlichere Leitfäden und Handbücher zur Folgenabschätzung bestehen bereits im angelsächsischen Raum, zB in Kanada[13], Australien[14], Neuseeland[15]   4

---

9 *Meltzian* in: Wolff/Brink, Beck'scher Online Kommentar Datenschutzrecht, 19. Edt., BDSG § 4d, Rn. 33.
10 *Friedewald/Obersteller/Nebel/Bieker/Rost*, White Paper Datenschutz-Folgenabschätzung, 2016, S. 9.
11 *von dem Bussche* in: Plath,BDSG/DSGVO, 2. Aufl. 2016, Art. 35, Rn. 2.
12 Vgl. ErwGr 89.
13 Treasury Board of Canada Secretariat (2010): Directive on Privacy Impact Assessment, Ottawa, (2010). Online abrufbar unter: http://www.tbs-sct.gc.ca/pol/doc-eng.aspx?id=18308&section=text;
Office of the Information and Privacy Commissioner of Alberta (OIPC) (2010): Privacy Impact Assessment (PIA) Requirements For use with the Health Information Act. Online abrufbar unter: https://www.oipc.ab.ca/media/117453/guide_pia_requirements_2010.pdf.
14 Office of the Privacy Commissioner (2006, 2010): Privacy Impact Assessment Guide, Sydney, NSW. Online abrufbar unter: https://www.oaic.gov.au/resources/agencies-and-organisations/guides/guide-to-undertaking-privacy-impact-assessments.pdf.
15 Office of the Privacy Commissioner (New Zealand) (OPC). Privacy Impact Assessment Handbook (2007). Online abrufbar unter: https://www.privacy.org.nz/assets/Uploads/Privacy-Impact-Assessment-Handbook-June2007.pdf; sowie Privacy Impact Assessment Toolkit (2015). Online abrufbar unter: https://www.privacy.org.nz/news-and-publications/guidance-resources/privacy-impact-assessment/.

und USA[16]. Obwohl diese jedoch Unterschiede in der Methodik aufweisen, befassen sie sich alle mit der Ermittlung von Risiken hinsichtlich der Privatsphäre und Möglichkeiten diese Risiken einzudämmen.[17] Innerhalb Europas haben bereits das Information Commissioner's Office (ICO) als britische, die Commission Nationale de l'Informatique et des Libertés (CNIL) als französische Datenschutzbehörde eigene Modelle und Leitfäden für Datenschutz-Folgenabschätzungen entwickelt (→ Rn. 29). Auf europäischer Ebene hat die Kommission Empfehlungen im Zusammenhang mit der Einführung neuer Technologien verabschiedet (RFID Empfehlung[18] und Smart Meters Empfehlung[19]), die eine (unverbindliche) Empfehlung zur Durchführung von Datenschutz-Folgenabschätzungen beinhalten.[20]

2. Entwicklung der Regelung zur Folgenabschätzung im Rahmen des Gesetzgebungsverfahrens

5 Der Regelung bezüglich der Folgenabschätzung wurde im Rahmen des Gesetzgebungsverfahrens umfangreich diskutiert. Sowohl der Entwurf der Kommission[21] als auch des Parlaments[22] sahen vor, dass eine Folgenabschätzung für jegliche Verarbeitungsvorgänge durchgeführt werden muss, die ein konkretes Risiko für die Rechte und Freiheiten natürlicher Personen bergen, und nannten Regelbeispiele, bei welchen diese Risiken bestehen.[23] Letztendlich fand jedoch diesbezüglich die Regelung des Entwurfs des Rates Einzug in den finalen Gesetzestext, wonach eine Folgenabschätzung nur dann erforderlich ist, wenn ein *„voraussichtlich hohes Risiko"* besteht.[24] Uneinigkeit bestand auch hinsichtlich der Adressaten der Regelung. Sowohl der Entwurf der Kommission als auch der des Parlaments sahen vor, dass neben dem Verantwortlichen auch der Auftragsverarbeiter

---

16 Office of Management and Budget (OMB) (2003). OMB Guidance for Implementing the Privacy Provisions of the E-Government Act of 2002. Online abrufbar unter: http://www.whitehouse.gov/omb/memoranda/m03-22.html.

17 Ausführlich hierzu: *Wright/De Hert*, Privacy Impact Assessment, 2012, S. 119 ff.; sowie erstes Arbeitsergebnis von der von der Europäischen Kommission beauftragten der PIAF Arbeitsgruppe, Online abrufbar unter: www.piafproject.eu/ref/PIAF_D1_21_Sept2011Revlogo.pdf.

18 Europäische Kommission: Empfehlung vom 12. Mai 2009 zur Umsetzung der Grundsätze der Wahrung der Privatsphäre und des Datenschutzes in RFID gestützten Anwendungen. Amtsblatt der EU, 16.5.2009, S. 47-51; siehe auch *Bieker/Hansen/Friedewald* RDV 2016, 188 ff.

19 Europäische Kommission: Empfehlung vom 9. März 2012 zu Vorbereitungen für die Einführung intelligenter Messsysteme. ABl. EU vom 13.3.2012, S. 9-22.

20 Hierzu ausführlich: *Friedewald/Obersteller/Nebel/Bieker/Rost*, White Paper Datenschutz-Folgenabschätzung, 2016, S. 8–13.

21 Art. 33 Abs. 1 des Vorschlags der Europäischen Kommission vom 25. Januar 2012 (KOM(2012) 11) endgültig; 2012/0011 (COD.).

22 Beschluss des Europäischen Parlaments vom 12.3.2014, 742 7/1/14, Art. 33 Abs. 1 iVm Art. 32 a Abs. 3 c DSGVO-E.

23 Vorschlag der Europäischen Kommission vom 25.1.2012 (KOM(2012) 11), Art. 33 Abs. 2 DSGVO, Beschluss des Europäischen Parlaments vom 12.3.2014, 742 7/1/14, Art. 32 a Abs. 2 DSGVO-E 32 a.

24 Beschluss des Rats der Europäischen Union vom 15.6.2015, 9565/15, Art. 33 Abs. 1 DSGVO-E.

zur Durchführung einer Folgenabschätzung verpflichtet ist.[25] Diesbezüglich konnte sich allerdings der Entwurf der Kommission durchsetzen, welcher den Verantwortlichen als alleinigen Verpflichteten für die Durchführung der Folgenabschätzung vorsah.[26] Dies ist im Hinblick auf die in Art. 28 Abs. 3 f festgelegte Unterstützungsleistung des Auftragsverarbeiters, welche in dieser Form bereits in allen drei Entwürfen niedergelegt war, auch nur konsequent.[27]

B. Kommentierung

I. Notwendigkeit einer Folgenabschätzung

1. Adressat und Zeitpunkt

Adressat der Verpflichtung ist nach Abs. 1 S. 1 der Verantwortliche, nicht jedoch der Auftragsverarbeiter (→ Rn. 36). Anders als nach § 4 d Abs. 6 BDSG ist dies der Verantwortliche selbst und nicht der Datenschutzbeauftragte. Letzteren trifft im Rahmen der Folgenabschätzung (lediglich) eine Beratungs- und Überwachungspflicht nach Art. 35 Abs. 2 (→ Rn. 31). Die Verpflichtung des Verantwortlichen besteht immer dann, wenn die Verarbeitung *„aufgrund der Art, des Umfangs, der Umstände und der Zwecke der Verarbeitung voraussichtlich ein hohes Risiko für die Rechte und Freiheiten natürlicher Personen zur Folge"* hat. Hinsichtlich des Zeitpunkts kann daher nicht alleine auf die Einführung von neuen Verarbeitungsvorgängen abgestellt werden. Vielmehr kann auch bei einem etablierten Prozess eine entsprechende Prüfpflicht nachträglich entstehen. Als Beispiel wird in Erwägungsgrund 89 die Einführung neuer Technologien genannt. Aber auch die Erweiterung eines Systems kann es erforderlich machen, dass die Folgenabschätzung wiederholt oder erstmalig durchgeführt werden muss.[28] Die (erneute) Folgenabschätzung ist vor der Erweiterung durchzuführen. Eine Verpflichtung zur kontinuierlichen Überprüfung der Folgenabschätzung besteht hingegen nicht.[29] Eine diesbezügliche Regelung, welche im Entwurf des Parlaments enthalten war und eine Überprüfung der Risikoanalyse nach spätestens einem Jahr vorsah, wurde nicht in den finalen Text übernommen.[30] Dies wird auch aus Abs. 11 deutlich, welcher *„erforderlichenfalls"* eine Überprüfung vorsieht. Die Überprüfungspflicht besteht insofern erst dann, wenn sich tatsächliche Änderungen ergeben, welche eine Auswirkung auf das Risiko haben könnten.[31]

6

---

25 Vorschlag der Europäischen Kommission vom 25.1.2012 (KOM(2012) 11), Art. 33 Abs. 1 DSGVO-E; Beschluss des Europäischen Parlaments vom 12.3.2014, 742 7/1/14, Art. 33 Abs. 1 DSGVO-E.
26 Beschluss des Rats der Europäischen Union vom 15.6.2015, 9565/15, Art. 33 Abs. 1 DSGVO-E.
27 Vorschlag der Europäischen Kommission vom 25.1.2012 (KOM(2012) 11), Art. 26 Abs. 2 f DSGVO-E sowie Art. Beschluss des Europäischen Parlaments vom 12.3.2014, 742 7/1/14, Art. 26 Abs. 2 f DSGVO-E.
28 *Laue/Nink/Kremer*, § 7, Rn. 67.
29 *Laue/Nink/Kremer*, § 7, Rn. 103.
30 Beschluss des Europäischen Parlaments vom 12.3.2014, 742 7/1/14, Art. 32 a Abs. 4 DSGVO-E.
31 Vgl. auch *Laue/Nink/Kremer*, § 7, Rn. 103, welche eine regelmäßige Kontrolle als Compliance Maßnahme vorschlagen.

2. Voraussichtlich hohes Risiko für die Rechte und Freiheiten natürlicher Personen

7 Die Folgenabschätzung ist nach Abs. 1 durchzuführen, wenn die Form der Verarbeitung aufgrund der Art, des Umfangs, der Umstände und der Zwecke der Verarbeitung *voraussichtlich ein hohes Risiko für die Rechte und Freiheiten natürlicher Personen zur Folge* hat. Dieser Generalklausel ist jedoch nur bedingt zu entnehmen, wann ein solch *„voraussichtlich hohes Risiko"* gegeben und damit eine Folgenabschätzung erforderlich ist. Hinzu kommt, dass gerade das Risikoempfinden sehr subjektiv geprägt ist und in der Praxis zu einigen Unsicherheiten führen wird.[32]

Seitens der Art. 29-Arbeitsgruppe ist die Veröffentlichung von Leitlinien sowie einschlägigen Prozessen angedacht, die sich insbesondere mit dem Begriff des *„hohen Risikos"* beschäftigen wird.[33]

8 Wenig Konsistenz besteht zwischen dem Artikel selbst und den zugehörigen Erwägungsgründen in Zusammenhang mit dem Maßstab der Eintrittswahrscheinlichkeit des hohen Risikos. Während Abs. 1 von einem *„voraussichtlich"* hohen Risiko spricht, sprechen die Erwägungsgründe 84, 89 und 91 hingegen von einem *„wahrscheinlich"* hohen Risiko. Nach Maßgabe des allgemeinen Sprachgebrauchs sind die Anforderungen an ein *„wahrscheinlich"* hohes Risiko höher zu werten (mit ziemlicher Gewissheit) als an ein voraussichtlich hohes Risiko (wenn auf Grund bestimmter Anhaltspunkte vermutet werden kann). Die englische Sprachfassung der DSGVO benutzt hier einen einheitlichen Terminus und spricht in allen Fällen von *„likely to"*, also *„wahrscheinlich"* und nicht *„voraussichtlich"* (expected to). Hieraus lässt sich schließen, dass eine Folgenabschätzung grundsätzlich nur in den Fällen erforderlich ist, in welchen ein hohes Risiko mit ziemlicher Gewissheit vorliegt. Hierfür spricht auch der sehr deutlich formulierte Erwägungsgrund 89, nach dem die bisherigen Voraussetzungen für eine Meldepflicht zu niedrig angesetzt gewesen seien und daher zu bürokratischen und finanziellen Hürden geführt hätten, ohne in allen Fällen zur Verbesserung des Datenschutzes beizutragen, sowie die Einigung auf das Erfordernis eines „hohen" statt eines „konkreten" Risikos, wie es im ursprünglichen Kommissionsentwurf noch enthalten war. Dies legt eine restriktive **Interpretation** nahe.[34]

9 Mögliche Risiken für natürliche Personen, die bei der Bewertung eines *„voraussichtlich hohen Risikos"* in Betracht gezogen werden können, werden in den Erwägungsgründen 75, 83 und 85 aufgeführt. Nach Erwägungsgrund 83 sind Risiken, die mit der Verarbeitung personenbezogener Daten verbunden sind, etwa die Vernichtung, die Veränderung, der Verlust, die unbefugte Offenlegung oder der unbefugte Zugang zu personenbezogenen Daten, insbesondere wenn dies zu einem physischen, materiellen oder immateriellen Schaden führen kann. Als Beispiele für einen solchen physischen, materiellen oder immateriellen Schaden natürlicher Personen

---

32 *Veil* ZD 2015, 347 (352); *Laue/Nink/Kremer*, § 7, Rn. 70.
33 Art. 29-Arbeitsgruppe, Statement on the 2016 action plan for the implementation of the General Data Protection Regulation (GDPR) vom 2.2.2016, 442/16/EN, WP 236.
34 *von dem Bussche* in: Plath, BDSG/DSGVO, 2. Aufl. 2016, Art. 35 DSGVO.

werden in den Erwägungsgründen 75 und 85 unter anderem Diskriminierung, Identitätsdiebstahl oder -betrug, finanzielle Verluste und Rufschädigung genannt.

Für die Begründung eines *„hohen Risikos"* müssen diese über die allgemeinen Gefahren, die mit den Datenverarbeitungsvorgängen einhergehen, hinausgehen. Ein hohes Risiko kann sich nach Abs. 1 aufgrund der Art, des Umfangs, der Umstände als auch der Zwecke der Verarbeitung ergeben. Darüber hinaus ist nach Erwägungsgrund 90 auch die Ursache des Risikos zu berücksichtigen. Es bedarf daher immer einer wertenden Einzelfallbetrachtung.[35] Als Beispiel für Arten von Verarbeitungsvorgängen, die zu einem voraussichtlichen hohen Risiko führen, wird in Abs. 1 sowie in Erwägungsgrund 89 die Verwendung *„neuer Technologien"* genannt. Allerdings werden weder der Begriff *„Technologien"* noch *„neue Technologien"* in der DSGVO näher beschrieben oder definiert.[36] Darüber hinaus besteht nach Erwägungsgrund 91 ein *„wahrscheinlich hohes Risiko"* insbesondere bei umfangreichen Verarbeitungsvorgängen, welche (i.) dazu dienen, große Mengen personenbezogener Daten auf regionaler, nationaler oder supranationaler Ebene zu verarbeiten, (ii.) bspw. aufgrund der Sensibilität der Daten ein hohes Risiko mit sich bringen und für die (iii.) eine neue Technologie eingesetzt wird. In Erwägungsgrund 91 wird jedoch klargestellt, dass auch darüber hinaus ein hohes Risiko bei anderen Verarbeitungsvorgängen bestehen kann, bspw. wenn der Verarbeitungsvorgang dazu führt, dass den betroffenen Personen die Ausübung ihrer Rechte erschwert werden würde. Nach den Erwägungsgründen müssen insofern quantitative als auch qualitative Anforderungen für das Bestehen eines hohen Risikos gegeben sein.

Bei der Beurteilung ist zu beachten, dass der Ausschluss eines hohen Risikos aufgrund besonderer technischer und organisatorischer Maßnahmen die Pflicht zur Durchführung einer Folgenabschätzung nicht entfallen lässt. Vielmehr wird erst im Rahmen der Folgenabschätzung selbst bewertet, ob technische und organisatorische Maßnahmen zum Ausschluss eines Risikos führen[37] (→ Rn. 28).

Einen weiteren Anhaltspunkt, wann von einem *„hohen Risiko"* ausgegangen werden kann, geben die in Abs. 3 aufgeführten Regelbeispiele (→ Rn. 10 ff.) sowie die nach Abs. 4 durch die Aufsichtsbehörden zu erstellende Positivliste (→ Rn. 16). Darüber hinaus finden sich in den Erwägungsgründen weitere Beispiele, wann von einem wahrscheinlich hohen Risiko auszugehen ist.[38]

3. Regelbeispiele eines hohen Risikos (Abs. 3)

In Abs. 3 finden sich drei Regelbeispiele, bei deren Vorliegen ein hohes Risiko für die Rechte und Freiheiten natürlicher Personen anzunehmen ist, dh eine Folgenabschätzung stets zwingend erforderlich ist.

---

35 *Nolte*/Werkmeister in: Gola, Datenschutz-Grundverordnung: DS-GVO, 1. Aufl. 2017, Art. 35 Rn. 13.

36 Ausführlich hierzu: *Schmitz/von Dall'armi* ZD 2017, 57 (58).

37 *Nolte*/Werkmeister in: Gola, Datenschutz-Grundverordnung: DS-GVO, 1. Aufl. 2017, Art. 35 Rn. 19.

38 ErwGr 89 und 91.

a) Systematische und umfassende Bewertung persönlicher Aspekte

12 Eine Folgenabschätzung ist nach Abs. 3 a immer dann erforderlich, wenn eine systematische und umfassende Bewertung persönlicher Aspekte natürlicher Personen erfolgt, die sich auf die automatisierte Verarbeitung einschließlich Profiling (Art. 4 Nr. 4) gründen und die ihrerseits als Grundlage für Entscheidungen dienen, welche Rechtswirkung gegenüber natürlichen Personen entfalten oder in ähnlicher Weise beeinträchtigen. Kriterien des Regelbeispiels sind insofern (i.) die systematische und umfassende Bewertung persönlicher Aspekte basierend auf einer automatischen Verarbeitung (Profilbildung), (ii.) die Entscheidungsrelevanz dieser Bewertung und (iii.) eine kausale Folge in Form einer Beeinträchtigung. Demnach ist nicht das Bewertungsverfahren als solches zu betrachten, sondern die Datenverarbeitung, die auf Grundlage einer Bewertung (zB eines Profilings) zu einer automatischen Entscheidung führt. Dies wird gestützt durch die Formulierung in Erwägungsgrund 91, der besagt, dass eine Folgenabschätzung durchgeführt werden sollte, wenn „im Anschluss" an ein Bewertungsverfahren (Profilbildung) die personenbezogenen Daten für das Treffen einer Entscheidung verarbeitet werden. Eine Folgenabschätzung ist somit dann erforderlich, wenn die Nutzung von Bewertungsprofilen für Entscheidungen dient, welche zu einer rechtswirksamen Wirkung oder Beeinträchtigung der betroffenen Person führen.[39] Ein typischer Beispielsfall ist die Ablehnung eines Vertragsschlusses, zB eines Kreditvertrags, aufgrund eines vorangehenden Scorings.

b) Umfangreiche Verarbeitung besonderer Kategorien von personenbezogenen Daten

13 Erforderlich ist eine Folgenabschätzung nach Abs. 3 b auch immer dann, wenn eine umfangreiche Verarbeitung besonderer Kategorien von personenbezogenen Daten gem. Art. 9 Abs. 1 oder von personenbezogenen Daten über strafrechtliche Verurteilungen und Straftaten gem. Art. 10 erfolgt. Insofern ist zunächst festzuhalten, dass nicht jede Verarbeitung von personenbezogenen Daten nach Art. 9 bzw. Art. 10 einer Folgenabschätzung bedarf. Vielmehr ist diese erst dann erforderlich, wenn es sich um eine *„umfangreiche"* Verarbeitung handelt. Nach Erwägungsgrund 91 sind dies insbesondere Verarbeitungsvorgänge, welche *„dazu dienen, große Mengen personenbezogener Daten auf regionaler, nationaler oder supranationaler Ebene zu verarbeiten"* und *„eine große Zahl von Personen betreffen könnten"*. Die darüber hinaus in Erwägungsgrund 91 genannten Kriterien stellen nicht auf den Umfang und damit die Quantität der Verarbeitung ab. Im Rahmen des Parlamentsentwurfs wurde davon ausgegangen, dass die Schwelle für ein *„konkretes Risiko"* dann erreicht ist, wenn von der Verarbeitung 5000 natürliche Personen innerhalb von 12 Monaten betroffen sind.[40] Die verabschiedeten Erwägungsgründe (*„große Menge ... auf regionaler, nationaler oder supranationaler Ebene"*) und die Tatsache, dass der Parlamentsentwurf von einem *„konkreten Risiko"* und nicht einem *„wahr-*

---

39 *Schmitz/von Dall'armi* ZD 2017, 57 (60).
40 ErwGr 75 im Parlamentsentwurf (COM(2012)0011 – C7-0025/2012 – 2012/0011(COD)); vgl. auch *Laue/Nink/Kremer*, § 7, Rn. 70 sowie Fn. 450.

scheinlich hohen Risiko" ausgeht, sprechen jedoch dafür, dass nunmehr von einem höheren Schwellenwert ausgegangen wird, wenngleich es natürlich einer Einzelfallbetrachtung bedarf.

Nichtsdestotrotz können zB unternehmensinterne Ermittlungen wegen möglicher Straftaten eine Folgenabschätzung erforderlich machen.[41] Gleiches kann auch für Prüfungen von polizeilichen Führungszeugnissen gelten.

Nicht der Folgenabschätzung unterliegen soll die Verarbeitung von personenbezogenen Daten von Patienten oder von Mandanten, soweit diese durch einen einzelnen Arzt, sonstigen Angehörigen eines Gesundheitsberufs oder Rechtsanwalts erfolgt.[42] Die Sensibilität alleine führt noch nicht zu einem hohen Risiko, da es insoweit an der Quantität fehlt, welche nach dem Willen des Gesetzgebers bei einem einzelnen Berufsträger noch nicht anzunehmen ist. Dem Merkmal *„einzelnen"* ist jedoch zu entnehmen, dass diese Ausnahme nicht per se bei einem Zusammenschluss von solchen Berufsgeheimnisträgern, wie zB in einer Gemeinschaftsarztpraxis, einem Krankenhaus oder einer Rechtsanwaltskanzlei mit mehreren Rechtsanwälten, gelten soll, sofern die jeweiligen Daten der einzelnen Berufsgeheimnisträger nicht getrennt verarbeitet werden.

c) Systematische umfangreiche Überwachung öffentlich zugänglicher Bereiche

Eine Folgenabschätzung ist auch im Fall einer systematischen umfangreichen Überwachung im öffentlich zugänglichen Bereich (Abs. 3 c) erforderlich. Dieses Regelbeispiel ist ähnlich der bisherigen Regelung des § 6 b BDSG. Aus dem Kriterium der systematischen umfangreichen Überwachung ergibt sich, dass einzelne oder temporäre Überwachungsmaßnahmen keiner Folgenabschätzung bedürfen. Vielmehr ist es erforderlich, dass mit der Überwachung ein bestimmtes System einhergeht. Nach Erwägungsgrund 91 sind diese Anforderungen bei der weiträumigen Überwachung öffentlicher Bereiche, insbesondere mittels optoelektronischer Vorrichtungen, gegeben. Unter den Begriff der *„öffentlich zugänglichen Bereiche"* sind solche Bereiche zu verstehen, die von einem unbestimmten oder nur nach allgemeinen Merkmalen bestimmten *Personenkreis* betreten und genutzt werden können und ihrem Zweck nach auch dazu bestimmt sind, wobei sich die Zweckbestimmung sowohl aus einer Widmung für den öffentlichen Verkehr oder aus dem erkennbaren Willen des Berechtigten, ergeben kann.[43] Von dem Begriff *„optoelektronische Vorrichtung"* sind hierbei Geräte jeglicher Art und Gestaltung erfasst, soweit diese für die Überwachung geeignet sind, zB Video- oder Tonüberwachung. Auch der Einsatz von Sensoren, die ihre Umgebung beobachten, kann in diese Kategorie fallen.[44] Unbeachtlich ist daher zB, ob eine Kamera etwa mit einem Schwenkmechanismus oder mit Zoomfunktionalität ausgestattet ist und ob sie fernge-

14

15

---

41 *Wybitul* ZD 2016, 203 (205).
42 ErwGr 91 S. 4 u. 5.
43 Ausführlich hierzu: *Scholz* in: Simitis BDSG § 6 b Rn. 42 ff.
44 *Hansen* in: Wolff/Brink, Beck'scher Online Kommentar Datenschutzrecht, 19. Ed., DS-GVO Art. 35 Rn 14.

steuert werden kann. In den Anwendungsbereich fallen neben den klassischen Überwachungskameras bspw. auch *Webcams*.[45] Darüber hinaus werden von diesem Regelbeispiel jedoch auch jegliche andere Überwachungstechniken, die zu einer systematischen und umfangreichen Überwachung öffentlich zugänglicher Bereiche führen, von diesem Regelbeispiel erfasst. Davon ist unter anderem die automatisierte Kfz-Kennzeichenüberwachung mittels QR-Codes betroffen, die zB in Großbritannien zur Eindämmung von Kennzeichenfälschung, Zulassungsschwindel und Fahren ohne Versicherungsschutz genutzt wird, aber auch im Bereich der Straßenmaut, der Verkehrsüberwachung und -steuerung genutzt werden kann. Weitere Anwendungsfälle können die Anfertigung von Bewegungsprofilen durch RFID-Chips, die Überwachung mittels GPS oder die Tele- und Internetkommunikationsüberwachung (Call-ID-Spoofing, Mithören von Telefonaten, Ausspähen von Kommunikationsdaten) sein.[46]

4. Festlegung der Aufsichtsbehörde(n)

16   Die zuständige Aufsichtsbehörde (vgl. Art. 55, 56) hat nach Abs. 4 Listen der jeweiligen Verarbeitungsvorgänge zu veröffentlichen, bei denen eine Folgenabschätzung durchzuführen ist (Positivliste). Zudem können die Aufsichtsbehörden nach Abs. 5 bestimmen, bei welchen Verarbeitungsvorgängen eine Folgenabschätzung generell entbehrlich ist (Negativliste). Seitens der Aufsichtsbehörden besteht nach dem Wortlaut eine Pflicht, die Positivliste zu erstellen (*„erstellt"*) wohingegen die Negativliste fakultativ ist (*„kann ...erstellen"*).[47] Die Listen sind dem Europäischen Datenschutzausschuss gem. Art. 68 zu übermitteln. Vor der Festlegung wenden die Aufsichtsbehörden nach Abs. 6 zudem das Kohärenzverfahren nach Art. 63 an, wenn *„die Listen Verarbeitungstätigkeiten umfassen, die mit dem Angebot von Waren und Dienstleistungen für betroffene Personen oder der Beobachtung des Verhaltens dieser Personen in mehreren Mitgliedstaaten im Zusammenhang stehen oder die den freien Verkehr personenbezogener Daten innerhalb der Union erheblich beeinträchtigen können"*. Das Kohärenzverfahren nach Art. 63 sieht vor, dass die Aufsichtsbehörden nach Maßgabe des in Art. 63 ff. vorgesehenen Verfahrens zusammenarbeiten. Praktisch wird eine solche Abstimmung für nahezu sämtliche Verarbeitungsvorgänge erforderlich sein, da in der Regel die Möglichkeit des länderübergreifenden Angebots besteht und damit im Rahmen einer abstrakten Aufstellung rein nationale Sachverhalte eher die Ausnahme sein dürften.

17   Wesentlich ist die Frage, ob die Positivliste nach Abs. 4 abschließend ist, dh nur in den dort genannten Fällen eine Folgenabschätzung durchzuführen ist. Hierfür könnte zwar der Wortlaut sprechen, es würde jedoch zwangsläufig ein Vakuum zwischen Negativ- und Positivliste entstehen und die Generalklausel des Abs. 1 ausgehöhlt werden.[48] Die Positivliste stellt somit

---

45   *Scholz* in: Simitis BDSG § 6 b Rn. 36.
46   *Bausewein*/Steinhaus in: Wybitul, Handbuch DSGVO, 1. Aufl. 2017, Art. 35, Rn. 28.
47   *Laue/Nink/Kremer*, § 7, Rn. 71, 74.
48   Ähnlich: *Laue/Nink/Kremer*, § 7, Rn. 75.

faktisch eine Ergänzung der Regelbeispiele des Abs. 3 dar, weshalb eine Prüfungspflicht auch dann bestehen kann, wenn Verarbeitungsvorgang nicht in die Positivliste aufgenommen wurde.

5. Befreiung von der Folgenabschätzung (Abs. 10)

Eine Befreiung bzw. Vorverlagerung der Folgenabschätzung sieht Art. 35 Abs. 10 vor. Mit der Regelung wird sowohl dem europäischen als auch dem nationalen Gesetzgeber in den Fällen einer Verarbeitung nach Art. 6 Abs. 1 c und e die Möglichkeit gegeben, eine Folgenabschätzung bereits allgemeingültig im Rahmen des jeweiligen Gesetzgebungsverfahrens vorzunehmen. Die Folgenabschätzung wird damit ins Gesetzgebungsverfahren vorverlagert, so dass die (erneute) Folgenabschätzung seitens des Verantwortlichen entfallen kann. Die Folgenabschätzung ist entbehrlich, wenn (i.) die Verarbeitung auf einer Rechtsgrundlage im Unionsrecht oder im Recht des Mitgliedstaates beruht, (ii.) es sich um eine Verarbeitung handelt, die zur Erfüllung einer rechtlichen Verpflichtung (Art. 6 Abs. 1 c) oder zur Wahrnehmung einer Aufgabe die im öffentlichen Interesse liegt erforderlich ist, oder in Ausübung öffentlicher Gewalt erfolgt (Art. 6 Abs. 1 e), (iii.) die Rechtsgrundlage den konkreten Verarbeitungsvorgang oder die konkreten Verarbeitungsvorgänge regelt und (iv.) eine allgemeine Folgenabschätzung bereits im Rahmen des Gesetzgebungsverfahrens erfolgt ist.   **18**

Die von der konkreten Rechtsgrundlage betroffenen Verarbeitungsvorgänge müssen daher tatbestandlich von Art. 6 Abs. 1 c oder e DSGVO umfasst sein.[49] Konkrete Anforderungen an die allgemeine Folgenabschätzung durch den Gesetzgeber enthält die Verordnung nicht, so dass es genügt, wenn eine allgemeine aber systematische Erfassung und Analyse der intendierten und unbeabsichtigten Folgen der Rechtsnormen stattgefunden hat.[50] Im Fall der Folgenabschätzung im Rahmen des Erlasses der Rechtsvorschriften finden die Abs. 1 bis 7 des Art. 35, also die eigentliche Folgenabschätzung, keine Anwendung. Zudem hat der europäische Gesetzgeber klargestellt, dass, soweit es sich um eine Ausnahme nach nationalem Recht handelt, der Verantwortliche auch diesem Recht unterliegen muss. Nach dem Wortlaut ist insofern der Sitz des Verantwortlichen und nicht der Ort der Verarbeitung ausschlaggebend.   **19**

Eine Rückausnahme hat der Gesetzgeber für den Fall vorgesehen, dass es nach dem Ermessen der Mitgliedstaaten erforderlich ist, vor den betreffenden Verarbeitungstätigkeiten eine solche Folgenabschätzung durchzuführen.[51] Durch die Regelung wird sichergestellt, dass die einzelnen Mitgliedstaaten eine Folgenabschätzung vorsehen können, auch wenn der europäische Gesetzgeber diese aufgrund der von ihm vorgenommenen Folgenabschätzung für nicht mehr erforderlich erachtet hat. Der Rückausnahme liegt die Überlegung zugrunde, dass nur national entschieden werden kann,   **20**

---

49 *Kühling/Martini/Heberlein/Kühl/Nink/Weinzierl/Wenzel*, Die DSGVO und das nationale Recht, 2016, S. 90.

50 *Kühling/Martini/Heberlein/Kühl/Nink/Weinzierl/Wenzel*, Die DSGVO und das nationale Recht, 2016, S. 91.

51 Zur Rückausnahme siehe auch: *Kühling/Martini/Heberlein/Kühl/Nink/Weinzierl/ Wenzel*, Die DSGVO und das nationale Recht, 2016, S. 89 ff.; vgl. auch ErwGr 93.

ob neben der Folgenabschätzung im Zusammenhang mit dem Gesetzgebungsverfahren eine weitere Folgenabschätzung sinnvoll ist.[52] Unklar ist jedoch, ob sich die Notwendigkeit der Folgenabschätzung durch bloße Äußerung der nationalen Aufsichtsbehörden ergeben kann oder ob es einer gesetzlichen Regelung bedarf.

II. Inhalt der Folgenabschätzung

21 Die Folgenabschätzung kann übergreifend ausgestaltet sein und muss sich nicht auf das einzelne Projekt beziehen (1.). Neben dem Mindestinhalt (2.) stellt sich insbesondere die Frage, inwieweit bestehende Modelle oder Prozesse bei der Beurteilung helfen können (3.) und wie bestehende Verhaltensregeln zu berücksichtigen sind (4.).

1. Übergreifendes Assessment möglich

22 Die Folgenabschätzung muss nicht auf bestimmte Projekte bezogen sein, sondern kann auch thematisch breiter aufgestellt sein.[53] Nach Abs. 1 S. 2 besteht die Möglichkeit, ähnliche Verarbeitungsvorgänge in einer Folgenabschätzung gemeinsam zu überprüfen. Dabei ist es auch nicht erforderlich, dass die Folgenabschätzung nur durch einen einzigen Verantwortlichen durchgeführt wird.[54] Vielmehr können sowohl öffentliche als auch private Stellen gemeinsam eine solche Folgenabschätzung für gleichartige Verarbeitungen durchführen. In Erwägungsgrund 92 wird ausgeführt, dass eine solch einheitliche Folgenabschätzung für einen gesamten Wirtschaftssektor, für ein bestimmtes Marktsegment oder für eine weit verbreitete horizontale Tätigkeit erfolgen könne.[55] Aus ökonomischen Gesichtspunkten erscheint es durchaus sinnvoll, ein solch übergreifendes Assessment durchzuführen. Hierdurch können verschiedene Vorhaben bzw. Prozesse in einer gemeinsamen Folgenabschätzung evaluiert werden (zB Datenverarbeitung durch alle „Internet of Things Decives" eines Herstellers, sofern diese ein ähnliches Risikoprofil aufweisen).[56]

2. Mindestinhalt

23 Die Folgenabschätzung soll das voraussichtliche Risiko für die Rechte und Freiheiten natürlicher Personen, dessen Schwere und Eintrittswahrscheinlichkeit darstellen und bewerten sowie etwaige Abhilfemaßnahmen zur Verringerung des Risikos aufzeigen, wobei der Mindestinhalt, nicht jedoch das konkrete Verfahren, in Abs. 7 geregelt ist. Der Inhalt der Folgenabschätzung ist insoweit nur vergleichsweise rudimentär geregelt, gibt aber die erforderliche Struktur vor. An eine systematische Beschreibung der geplanten Verarbeitungsvorgänge (a.) schließt sich eine Prüfung an, ob die Verarbeitung überhaupt notwendig und erforderlich ist (b.). Erst danach werden die Risiken für die Rechte und Freiheiten bewertet (c.) und die Ab-

---

52 *Kühling/Martini/Heberlein/Kühl/Nink/Weinzierl/Wenzel*, Die DSGVO und das nationale Recht, 2016, S. 89.
53 ErwGr 92.
54 ErwGr 92.
55 Zu möglichen Beispielen siehe: *Laue/Nink/Kremer*, § 7, Rn. 82.
56 *Nolte*/Werkmeister in: Gola DS-GVO, 1. Aufl. 2017, Art. 35 Rn. 43.

hilfemaßnahmen zur Bewältigung der Risiken sind aufzuzeigen (d). Gerade der Punkt der Abhilfemaßnahmen zeigt, dass es sich um ein Instrument handelt, um etwaige Risiken für die Rechte und Freiheiten natürlicher Personen zu reduzieren, es nicht jedoch erforderlich ist, dass solche von Anfang an ausgeschlossen worden sind.

a) Systematische Beschreibung der Verarbeitungsvorgänge

Im Rahmen der Folgenabschätzung müssen zunächst nach Abs. 7 a die geplanten Verarbeitungsvorgänge systematisch beschrieben und der Zweck der Verarbeitung gegebenenfalls einschließlich der von dem Verantwortlichen verfolgten berechtigten Interessen dargestellt werden.[57] Hierbei muss zunächst der Umfang (Scope) der durchzuführenden Folgenabschätzung definiert werden, dh auf welchen konkreten Verarbeitungsvorgänge sich diese bezieht. Unter *„systematisch"* ist in diesem Zusammenhang eine planmäßig und konsequent nach einem System vorgehende Darstellung des Verarbeitungsvorgangs zu verstehen. Praktisch erfordert dies eine thematisch gegliederte Skizzierung des jeweiligen Datenverarbeitungsvorgangs unter Benennung der zum Einsatz kommenden technischen Hilfsmittel und der damit einhergehenden Datenverarbeitung, einschließlich der Beschreibung der verarbeiteten Kategorien der personenbezogenen Daten und der Gruppen der Betroffenen.[58] Bezüglich der Anforderungen an die Beschreibung der Verarbeitungsvorgänge kann insoweit Rückgriff auf die inhaltlichen Anforderungen an das Verzeichnis von Verarbeitungstätigkeiten gem. Art. 30 Abs. 1 genommen werden.

24

Sofern die Verarbeitung zur Wahrung berechtigter Interessen (Art. 6 Abs. 1 f) erfolgt, sind diese ebenfalls darzustellen. Aber auch darüber hinaus kann es sich anbieten, aufzuzeigen, auf welche sonstige Rechtsgrundlage die Verarbeitung gestützt wird, wenngleich im Rahmen der Folgenabschätzung nicht die Rechtmäßigkeit der Verarbeitung, sondern die mit einer rechtmäßigen Verarbeitung nach Art. 6 einhergehenden Risiken betrachtet werden. Gleichwohl kann es für die Folgenabschätzung von Bedeutung sein, ob die Verarbeitung bspw. erforderlich ist, um lebenswichtige Interessen zu schützen (Art. 6 Abs. 1 d).

25

b) Bewertung von Notwendigkeit und Verhältnismäßigkeit

Weiter ist darzustellen, dass die Verarbeitung der personenbezogenen Daten einerseits notwendig und andererseits verhältnismäßig ist. Zunächst wird insofern dem datenschutzrechtlichen Grundsatz der Datenminimierung (Art. 5 Abs. 1 c) Rechnung getragen.[59] Für jeden Verarbeitungsvorgang ist zu überprüfen, ob die konkrete Verarbeitung für den angedachten Zweck tatsächlich erforderlich ist. Hieran schließt sich eine Prüfung der Angemessenheit der Datenverarbeitung (als Verhältnismäßigkeit im engeren Sinne[60]) an. Es ist zu überprüfen, ob die Verarbeitung der jeweiligen

26

---

57 Hierzu ausführlich: *Bieker/Hansen/Friedewald* RDV 2016, 188 (190).
58 *Bausewein*/Steinhaus in: Wybitul, Handbuch DSGVO, 1. Aufl. 2017, Art. 35 Rn. 32.
59 Zur Bewertungsphase auch: *Bieker/Hansen/Friedewald* RDV 2016, 188 (191).
60 AA: *Bausewein*/Steinhaus in: Wybitul, Handbuch DSGVO, 1. Aufl. 2017, Art. 35 Rn. 33.

personenbezogenen Daten im Hinblick auf den Verarbeitungsvorgang insgesamt angemessen ist. Praktisch bedeutet dies, dass der Verantwortliche in der Folgenabschätzung darlegen muss, dass die mit der angestrebten Datenverarbeitung einhergehenden Nachteile für die betroffene Person nicht völlig außer Verhältnis zu den damit für den Verantwortlichen einhergehenden Nachteilen stehen.[61] Für die Beurteilung der Angemessenheit kann auf die entwickelten Modelle zurückgegriffen werden (→ Rn. 29).

c) Bewertung der Risiken für die Rechte und Freiheiten der betroffenen Personen

27 Eine Folgenabschätzung ist nach Abs. 1 dann erforderlich, wenn die Verarbeitung voraussichtlich ein hohes Risiko für die Rechte und Freiheiten natürlicher Personen zur Folge hat. Die tatsächlichen und potentiellen Risiken für die betroffenen Personen (Art des Risikos) einschließlich der Risikoquelle (Ursache) sind zu ermitteln und müssen bewertet werden. Risiken können hierbei sowohl innerhalb der Organisation des Verantwortlichen (zB Mitarbeiter des Verantwortlichen) als auch von außerhalb (zB Hacker, Lieferanten) bestehen und müssen nicht ausschließlich von Menschen hervorgerufen werden (zB schädlicher Code, Tiere, Feuer, Natureinflüsse). Eine Bewertung des jeweiligen Risikos und dessen Höhe ergibt sich aus einer Gegenüberstellung der Schadensauswirkungen für die betroffene Person und der Eintrittswahrscheinlichkeit des Schadens. Es ist zu empfehlen, sowohl hinsichtlich der Schadensauswirkungen als auch hinsichtlich der Eintrittswahrscheinlichkeit Bewertungskriterien (ggf. durch Festlegung verschiedener Stufen) festzulegen. Als Orientierungshilfe können hierzu die bereits entwickelten Modelle dienen(→ Rn. 29).

d) Geplante Abhilfemaßnahmen

28 Anhand der bewerteten Risiken ist dann der Frage nachzugehen, welche Abhilfemaßnahmen verhältnismäßig im weiteren Sinne sind. Basierend auf der Risikobewertung ergeben sie die Anforderungen an die Abhilfemaßnahmen, welche zu dokumentieren sind. Als Beispiele für solche Abhilfemaßnahmen nennt der Gesetzgeber Garantien, Sicherheitsvorkehrungen und Verfahren, durch die der Schutz personenbezogener Daten sichergestellt und der Nachweis dafür erbracht wird, dass diese Verordnung eingehalten wird.[62] Die Abhilfemaßnahmen müssen insofern nicht nur technischer Natur sein. Vielmehr sind auch vertragliche Maßnahmen und (organisatorische) Verfahren, wie zB Compliance-Prozesse, geeignet, ein Risiko zu minimieren. Für die Frage, ob die Abhilfemaßnahmen ausreichend sind, ist darauf abzustellen, ob den Rechten und berechtigten Interessen der betroffenen Personen und sonstiger Betroffener Rechnung getragen wird.

3. Modelle zur Durchführung der Folgenabschätzung

29 Vom Gesetzgeber sind lediglich die Mindestinhalte der Folgenabschätzung geregelt worden. Nichtsdestotrotz stellt sich die Frage, inwieweit Modelle

---

61 *Bausewein*/Steinhaus in: Wybitul, Handbuch DSGVO, 1. Aufl. 2017, Art. 35 Rn. 36.
62 ErwGr 90.

oder Prozesse bei der Durchführung der Folgenabschätzung helfen können. Für Unternehmen könnte es sich anbieten, sowohl die Anforderungen an Privacy by Design als auch an Privacy by Default gemeinsam mit der Folgenabschätzung in einem Prozess abzudecken (→ Art. 25 Rn. 21),[63] wenngleich der Prüfungsmaßstab nicht identisch ist (→ Art. 25 Rn. 24). Entsprechende Modelle zur Folgenabschätzung wurden – auf der Grundlage der jeweiligen nationalen Vorschriften – in der Vergangenheit seitens der öffentlichen Hand in Großbritannien vom Information Commissioner`s Office (ICO)[64], in Frankreich durch die Commission Nationale de l'Informatique et des Libertés (CNIL)[65] sowie die irische Health Information and Quality Authority[66] entwickelt. Darüber hinaus wurde durch das Bundesamt für Sicherheit und Informationstechnik (BSI) im Hinblick auf RFID-Systeme sowie für Smart Meters Leitfäden für Datenschutz-Folgenabschätzungen erstellt (zu der Entwicklung der Folgenabschätzung vgl. auch unter → Rn. 4 f.).[67] Im Rahmen eines Projekts der Privacy Impact Assessment Framework (PIAF) Arbeitsgruppe, welche durch die Europäische Kommission beauftragt wurde, wurden Untersuchungen zur Folgenabschätzung durchgeführt. Dieses Projekt bestand aus drei Hauptphasen, (i) der Evaluierung von bestehenden Modellen zur Folgenabschätzung (Kanada, Neuseeland, USA, Australien, Irland, England und Hong Kong) zur Identifizierung deren bester Elemente, (ii) einer Umfrage bei den europäischen Datenschutzbehörden hinsichtlich einiger Hauptelemente und Problemstellungen und (iii) der Erstellung einer Reihe von Empfehlungen für Rahmenbedingungen einer Folgenabschätzung. Für jede dieser Phasen wurde jeweils ein ausführliches Gutachten als Arbeitsergebnis erstellt.[68] Darüber hinaus wurde von der PIAF Arbeitsgruppe ein Leitfaden mit 16 wesentlichen Schritten für einen optimierten Prozess für Folgenabschätzungen erstellt.[69] Dies alles kann ein methodischer Anhaltspunkt für die Durchführung der Folgenabschätzung sein.[70] Auch auf der Grundlage der DSGVO hat die Diskussion über die Ausgestaltung entsprechender Prozesse begonnen.[71] Die Art. 29-Arbeitsgruppe hat die Folgenabschätzung als eines der priorisierten Themen benannt, zu welchem sie Leitlinien sowie einschlägige Pro-

---

63 *von dem Bussche/Zeiter/Brombach* DB 2016, 1359 (1361) mit Praxisbeispiel.
64 Online abrufbar unter https://ico.org.uk/media/for-organisations/documents/1595/pia-code-of-practice.pdf.
65 Online abrufbar unter https://www.cnil.fr/fr/node/15798.
66 Health Information and Quality Authority (2010). Guidance on Privacy Impact Assessment in Health and Social Care. Online abrufbar unter: https://www.hiqa.ie/system/files/HI_Privacy_Impact_Assessment.pdf.
67 Online abrufbar unter https://www.bsi.bund.de/DE/Themen/DigitaleGesellschaft/RadioFrequencyIdentification/PIA/pia_node.html.
68 Die Arbeitsergebnisse sind online abrufbar unter: http://www.piafproject.eu/Deliverables.html.
69 Online abrufbar unter: http://www.piafproject.eu/ref/A_step-by-step_guide_to_privacy_impact_assessment-19Apr2012.pdf.
70 Zur Erfüllung der Vorgaben der DSGVO durch die beiden Modelle vgl. *Friedewald/Obersteller/Nebel/Bieker/Rost*, White Paper Datenschutz-Folgenabschätzung, 2016, S. 16 f.
71 Vgl. insbes. *Friedewald/Obersteller/Nebel/Bieker/Rost*, White Paper Datenschutz-Folgenabschätzung, 2016, S. 19 ff. mit der Vorstellung eines eigenen Modells; eine grafische Darstellung des Prozesses findet sich bei *Bieker/Hansen/Friedewald* RDV 2016, 188.

zesse herausgeben wird.[72] Eine Verpflichtung zur Nutzung bestimmter Modelle oder Prozesse besteht jedoch nicht. Gerade in internationalen Unternehmen, welche sich nicht nur nach der europäischen Rechtslage richten müssen, kann es sich häufig anbieten, die bereits bestehenden Prozesse bei der Produktentwicklung und -einführung entsprechend anzupassen.

4. Berücksichtigung von Verhaltensregeln

30   Nach Art. 40 besteht die Möglichkeit, dass (Branchen-)Verbände und Vereinigungen Verhaltensregeln (Codes of Conduct) ausarbeiten, welche zu einer ordnungsgemäßen Anwendung der Verordnung beitragen sollen. Die Verhaltensregeln sind im Rahmen der Folgenabschätzung nach Abs. 8 gebührend zu berücksichtigen. Dies bedeutet jedoch nicht, dass im Einzelfall keine (begründeten) Abweichungen möglich sind. Abweichungen von den Verhaltensregeln führen jedoch dazu, dass zumindest gesondert zu begründen ist, warum von dem diesbezüglichen Rahmen abgewichen wurde. Entspricht das Verhalten dem in der jeweiligen Verhaltensregel vorgesehenen und genehmigten Verhalten, ist keine Begründung mehr erforderlich und es kann auf die einschlägige Verhaltensregel verwiesen werden. Im Idealfall können bestehende Verhaltensregeln insofern die Folgenabschätzung erheblich vereinfachen.

III. Form und Prozess der Folgenabschätzung
1. Rat des Datenschutzbeauftragten (Abs. 2)

31   Die Frage, welche Rolle dem Datenschutzbeauftragten im Zusammenhang mit der Folgenabschätzung zukommen sollte, war lange unklar.[73] Abs. 2 regelt nun ausdrücklich, dass, sofern ein Datenschutzbeauftragter benannt wurde, sich der Verantwortliche zwingend dessen Rat einholen muss. Abweichend zu der bisherigen Regelung des § 4 d Abs. 6 BDSG ist der Datenschutzbeauftragte somit nicht mehr Adressat und damit zuständig für die Durchführung der Folgenabschätzung. Dem Datenschutzbeauftragten kommt im Rahmen der Folgenabschätzung eine Beratungsfunktion zu, welche verpflichtend ist.[74] Die Beratungsfunktion – welche erst auf Anfrage erfolgen muss – wird in Art. 39 Abs. 1 c um eine Überwachungsfunktion ergänzt (→ Art. 39 Rn. 68 ff.).

2. Plicht zur Konsultation der betroffenen Person (Abs. 9)

32   Nach Abs. 9 holt der Verantwortliche gegebenenfalls den Standpunkt der betroffenen Personen oder ihrer Vertreter zu der beabsichtigten Verarbeitung ein, wobei hierdurch der Schutz gewerblicher oder öffentlicher Interessen oder der Sicherheit der Verarbeitungsvorgänge nicht beeinträchtigt werden darf. Der Wortlaut („*gegebenenfalls*") spricht dafür, dass eine (generelle) Pflicht zur Anhörung nicht besteht. Insoweit obliegt die Entscheidung, ob eine Konsultation der betroffenen Person oder deren Vertreter

---

72 Art. 29-Arbeitsgruppe, Statement on the 2016 action plan for the implementation of the GeneralData Protection Regulation (GDPR) vom 2.2.2016, 442/16/EN, WP 236.
73 *Klug* ZD 2016, 315 (318.).
74 *Klug* ZD 2016, 315 (318).

durchgeführt wird, beim Verantwortlichen. Hierfür spricht aus das systematische Element, dass es sich hierbei nicht um ein Betroffenenrecht handelt, da es im Kapitel III „Rechte der betroffenen Personen" (Art. 12-23) keine Erwähnung findet.[75] Die Anhörung sollte grundsätzlich nur dann in Betracht kommen, wenn eine solche Einbeziehung geeignet ist, dh zu einem Mehrwert bzw. zusätzlichen Erkenntnissen für den Verantwortlichen führt. Hiervon ist nicht auszugehen, wenn kommerzielle bzw. öffentliche Interessen oder Sicherheitsinteressen seitens des Verantwortlichen entgegenstehen. Sicherheitsinteressen können beispielsweise bei internen Risikobewertungen bestehen, welche im Rahmen einer Konsultation bekannt werden und so die Gefahr einer späteren Manipulation hervorrufen würden. In der betrieblichen Praxis wird die vorherige Konsultation der betroffenen Personen oder ihrer Vertreter daher der Ausnahmefall sein.[76] Bei neuen Geschäftsmodellen werden einer Konsultation regelmäßig kommerzielle Interessen entgegenstehen, führt eine Kenntnis über ein geplantes Produkt vor Markteintritt doch zu erheblichen Nachteilen.[77] Bei bestehenden Geschäftsmodellen wird eine Anhörung nur selten zu zusätzlichen Erkenntnissen führen. Jedoch könnte eine solche Konsultation zumindest in den Fällen des Art. 36 hilfreich sein.

Vertreter ist nach der Legaldefinition in Art. 4 Nr. 17 derjenige, der den 33 Verantwortlichen oder Auftragsverarbeiter in Bezug auf die ihnen jeweils nach der Verordnung obliegenden Pflichten vertritt. Die Legaldefinition regelt jedoch alleine den Vertreter des Verantwortlichen, nicht den Vertreter des Betroffenen. Sinn und Zweck der Konsultation sprechen dafür, das Merkmal der Vertretung weit und im Sinne eines Interessensvertreters auszulegen. Eine rechtliche Verbundenheit zwischen Vertreter und Vertretenem ist nicht erforderlich.[78] Hierfür spricht unter anderem auch die Regelung des Art. 80, welcher die Vertretung von betroffenen Personen regelt. Danach können betroffenen Personen von Einrichtungen, Organisationen oder Vereinigungen ohne Gewinnerzielungsabsicht, die ordnungsgemäß nach dem Recht eines Mitgliedstaates gegründet sind, deren satzungsmäßige Ziele im öffentlichen Interesse liegen und die im Bereich des Schutzes der Rechte und Freiheiten von betroffenen Personen in Bezug auf den Schutz ihrer personenbezogenen Daten tätig sind, vertreten werden. Ansonsten würde die Regelung außerhalb des Arbeitsverhältnisses oder bei Minderjährigen vollständig leerlaufen, da die erforderliche Bündelung der Interessen der betroffenen Personen de facto nicht erfolge könnte und damit eine Einbindung der betroffenen Personen stets aus kommerziellen Gründen unterbleiben würde. Vertreter können insofern nicht nur die Erziehungsberechtigten für das Kind oder der Betriebsrat für die Arbeitnehmer sein, sondern vielmehr auch sonstige Verbände und Vereine.[79] In Bereichen wie Social Media oder Internet of Things wird es regelmäßig aufgrund der Vielzahl an betroffenen Personen nicht möglich sein, die einzelnen betroffenen Personen anzuhören, so dass hier bspw. Verbrauchcher-

75 *Schmitz/von Dall'armi* ZD 2017, 57 (62)
76 *Laue/Nink/Kremer*, § 7, Rn. 96.
77 *Laue/Nink/Kremer*, § 7, Rn. 101 f.
78 AA *Laue/Nink/Kremer*, § 7, Rn. 99.
79 AA *Laue/Nink/Kremer*, § 7, Rn. 99 (hinsichtlich der Verbände).

bände um ihren Standpunkt gebeten werden können. Für Unternehmen mit Betriebsrat wird die Regelung des Abs. 9 – soweit es sich um Daten der Beschäftigten handelt – de facto keine hohe Relevanz haben, da der Verarbeitungsvorgang in der Regel nach § 87 Nr. 6 BetrVG der Mitbestimmung unterliegt, welche über die reine Konsultation hinausgeht. Die Konsultation nach der DSGVO wäre insofern nur noch eine bloße Formfrage ohne Inhaltsgewinn, so dass auf diese verzichtet werden kann.

3. Plicht zur Konsultation der Aufsichtsbehörde

34   Kommt der Verantwortliche nach der Durchführung der Folgenabschätzung zu dem Ergebnis, dass die Verarbeitung ein hohes Risiko zur Folge hätte sofern keine Maßnahmen zur Eindämmung getroffen werden, so ist nach Art. 36 die Aufsichtsbehörde vor der Verarbeitung zu konsultieren.[80]

4. Pflicht zur Überprüfung der Folgenabschätzung (Abs. 11)

35   Der Verantwortliche führt nach Abs. 11 erforderlichenfalls Überprüfungen durch, um zu bewerten, ob die Verarbeitung im Einklang mit der Folgenabschätzung erfolgt. Der Verantwortliche muss insofern nicht nur die Folgenabschätzung durchführen, sondern muss auch prüfen, ob die Verarbeitung tatsächlich nach den Vorgaben der durchgeführten Folgenabschätzung erfolgt.[81] Gleichwohl besteht eine Pflicht zur turnusmäßigen Kontrolle nicht. Der Vorschlag des EU Parlaments, dass eine Überprüfung spätestens 2 Jahre nach Durchführung der Folgenabschätzung durchzuführen ist,[82] wurde gerade nicht in den amtlichen Text der DSGVO übernommen. Vielmehr bleibt es dem Verantwortlichen überlassen, wie er seine diesbezüglichen Kontrollen und unternehmensinternen Prozesse ausgestaltet. Die Überprüfung muss zumindest nur dann durchgeführt werden, wenn es Anhaltspunkte dafür gibt, dass die sich aus der Folgenabschätzung ergebenden Anforderungen nicht eingehalten werden oder insgesamt im Unternehmen Anforderungen nicht umgesetzt wurden. Darüber hinaus hat eine Überprüfung auch immer dann zu erfolgen, wenn Änderungen hinsichtlich des mit dem Verarbeitungsvorgangs verbunden Risikos eingetreten sind, dh wenn das tatsächliche von dem kalkulierten Verarbeitungsrisiko abweicht. Ein solcher Fall tritt etwa ein, wenn sich die ursprüngliche Annahme als von vorneherein fehlerhaft erweist oder wenn eine Veränderung der tatsächlichen oder rechtlichen Umstände eintritt.[83] Regelungstechnisch vermag dies nicht zu überzeugen, da es sich um einen anderen Regelungsinhalt (nämlich die erneute Durchführung der Folgenabschätzung und nicht

---

80 Hierzu im Einzelnen die Kommentierung zu Art. 36 DSGVO.
81 *Martini*, in: Paal/Pauly, Datenschutz-Grundverordnung, 1. Aufl. 2017, Art. 35, Rn. 72.
82 Beschluss des Europäischen Parlaments vom 12.3.2014, 742 7/1/14, Art. 33 a Abs. 1 DSGVO-E.
83 *Martini* in: Paal/Pauly, Datenschutz-Grundverordnung, 1. Aufl. 2017, Art. 35 Rn. 73.

um die Überprüfung der Umsetzung) handelt. Nichtsdestotrotz wird an verschiedenen Stellen eine regelmäßige Kontrolle zumindest empfohlen.[84]

5. Unterstützung durch den Auftragsverarbeiter

Die Pflicht und Verantwortung für die Folgenabschätzung liegt beim Ver- **36** antwortlichen. Der Auftragsverarbeiter ist – anders als ursprünglich im Gesetzgebungsverfahren angedacht (→ Rn. 5) – nicht Adressat der Regelung. Gleichwohl wird die Durchführung einer Folgenabschätzung nicht immer ohne die Unterstützung des Auftragsverarbeiters möglich sein. Insoweit sieht Art. 28 Abs. 3 f auch ausdrücklich vor, dass eine Pflicht des Auftragsverarbeiters zur Unterstützung im Rahmen der Vereinbarung zur Auftragsverarbeitung zu regeln ist (→ Art. 28 Rn. 57). Im Rahmen dieser Unterstützungspflicht sind die Art der Verarbeitung und die dem Auftragsverarbeiter zur Verfügung stehenden Informationen zu berücksichtigen. Die diesbezügliche Pflicht dürfte in der Regel die technisch-organisatorischen Maßnahmen betreffen und sich auf diese beschränken, da der Verantwortliche ansonsten selbst über die erforderlichen Informationen verfügt.[85] Wie weit diese Unterstützung reichen soll und ob sie gegen Entgelt oder entgeltfrei erfolgt, sollte im Rahmen der Vereinbarung zur Auftragsverarbeitung geregelt werden, um insofern Rechtssicherheit sowohl für den Verantwortlichen als auch für den Auftragsverarbeiter zu schaffen. Dort kann auch geregelt werden, dass der Auftragsverarbeiter (zB aufgrund seiner Erfahrungen und seines Wissens als IT-Provider) umfassender unterstützt, als dies tatsächlich erforderlich ist.

6. Keine formale Anforderung an die Dokumentation

Wenngleich Art. 35 eine Dokumentation der Folgenabschätzung nicht aus- **37** drücklich vorsieht, wird eine solche vorausgesetzt. Abs. 7 a spricht von einer *„systematischen Beschreibung"* der geplanten Verarbeitungsvorgänge, woraus sich die Notwendigkeit einer Dokumentation bereits herleiten lässt (vgl. auch Art. 5 Abs. 2). Die Dokumentation der Folgenabschätzung muss aktuell und lückenlos sein.[86] Die gefundenen Ergebnisse müssen anhand der Dokumentation reproduziert werden können.[87] Unerheblich ist hingegen, ob die Dokumentation in Textform auf elektronischem Wege oder in Schriftform erfolgt.[88] In Anbetracht der hohen Sanktionen sollte die Dokumentation dabei nicht nur hinsichtlich der eigentlichen Folgenabschätzung erfolgen, sondern auch im Hinblick auf die Frage, ob es einer solchen Folgenabschätzung überhaupt bedarf.[89]

---

84 *Friedewald/Obersteller/Nebel/Bieker/Rost*, White Paper Datenschutz-Folgenabschätzung, 2016; S. 16; *Laue/Nink/Kremer*, § 7, Rn. 103; *Hansen* in: Wolff/Brink, Beck`scher Online Kommentar Datenschutzrecht, 19. Edt., DS-GVO Art. 35 Rn 51.
85 *Laue/Nink/Kremer*, § 7, Rn. 66.
86 *von dem Bussche/Zeiter/Brombach* DB 2016, 1359 (1360).
87 *Bieker/Hansen/Friedewald* RDV 2016, 188.
88 *Piltz* K&R 2016, 709 (716).
89 *Laue/Nink/Kremer*, § 7, Rn. 69.

IV. Sanktionen

38   Verstöße des Verantwortlichen gegen Art. 35 können gem. Art. 83 Abs. 4 a
     mit Geldbußen von bis zu 10 Mio. EUR oder bis zu 2% des weltweit er-
     zielten Jahresumsatzes des vorangegangenen Geschäftsjahres, je nachdem
     welcher Betrag höher ist, verhängt werden. Dies umfasst sowohl die Unter-
     lassung einer Folgenabschätzung, obwohl diese nach Art. 35 hätte durch-
     führt werden müssen, als auch eine nicht ordnungsgemäße Durchführung
     der Folgenabschätzung. Auch ein Unterlassen der gesetzlich vorgeschriebe-
     nen Abstimmung mit der Aufsichtsbehörde kann Bußgelder in oben ge-
     nannten Umfang nach sich ziehen (→ Rn. 34).[90]

39   Eher theoretisch Natur dürfe die Frage sein, ob die Verletzung der Pflicht
     aus Art. 35 auch zu einem Schadensersatzanspruch der betroffenen Person
     nach Art. 82 führt. Aus dem Unterlassen der Durchführung einer Folgen-
     abschätzung trotz hohen Risikos für die Rechte und Freiheiten natürlicher
     Personen, wird ein kausaler Schaden nur schwer möglich, geschweige denn
     nachweisbar sein. Ein Schaden dürfte letztendlich nur dann eintreten,
     wenn sich das Risiko tatsächlich verwirklicht hat. In solchen Fällen kann
     eine fehlende Folgenabschätzung zwar grundsätzlich mitursächlich sein, sie
     wird jedoch in der Regel nicht den einzigen Verstoß gegen die Verordnung
     darstellen. Allerdings wird bei Fehlen einer rechtlich notwendigen Folgen-
     abschätzung eine mögliche Exkulpation nach Art. 82 Abs. 3 wohl schwer-
     fallen.

C. Verhältnis zu anderen Normen

40   Art. 35 kann als mögliche Folgeverpflichtung von Art. 32 angesehen wer-
     den. Nach Art. 32 hat der Verantwortliche (und der Auftragsverarbeiter)
     *„geeignete technische und organisatorische Maßnahmen zu treffen, um ein
     dem Risiko angemessenes Schutzniveau zu gewährleisten"*. Im Hinblick auf
     die Angemessenheit der Schutzmaßnahmen sind sowohl die „unterschiedli-
     chen Eintrittswahrscheinlichkeiten" als auch *„die Schwere des Risikos für
     die Rechte und Freiheiten natürlicher Personen"* zu berücksichtigen. Die
     bedeutet, dass bereits im Rahmen des Art. 32 eine – wenn auch weniger
     umfassende – Risikoabschätzung durchzuführen ist (→ Art. 32 Rn. 8).
     Diesbezüglich sollte im Hinblick auf die Verpflichtung aus Art. 35 bereits
     hier die Frage aufgeworfen und ggf. dokumentiert werden, ob die Verar-
     beitung ein *„voraussichtlich hohes Risiko für die Rechte und Freiheiten na-
     türlicher Personen zur Folge"* hat, was eine Folgenabschätzung notwendig
     machen würde, oder ob ein solch hohes Risiko gerade nicht wahrschein-
     lich und damit die Folgenabschätzung entbehrlich ist (→ Art. 32 Rn. 8).

D. Gesamteinschätzung

41   Mit der Folgenabschätzung wird ein Instrument eingeführt, welches einen
     deutlich weiteren Anwendungsbereich hat als die Vorabkontrolle nach
     § 4 d Abs. 5 BDSG. Die grundsätzliche Idee, mit einem hohen Risiko ein-
     hergehende – also die besonders kritischen – Verarbeitungsvorgänge, einer
     zusätzlichen Folgenbetrachtung zu unterwerfen, vermag zu überzeugen. An

---

90 *Wybitul* ZD 2016/203 (205).

die Rechtmäßigkeitsprüfung schließt sich insofern in diesen Fällen eine Folgenbetrachtung an. Auch dem Ziel *„vom Papiertiger zur effektiven Kontrolle"*[91] kann nur uneingeschränkt zugestimmt werden. Wenig greifbar wird die Norm jedoch dadurch, dass es an einer Legaldefinition des hohen Risikos für die Rechte und Freiheiten der betroffenen Person oder zumindest an messbaren Kriterien fehlt. Den Aufsichtsbehörden obliegt (wenig wünschenswert) die Aufgabe der Konkretisierung durch Positiv- und Negativlisten. Hier wäre ein Regulierungsansatz zu bevorzugen gewesen, welcher die Folgenabschätzung zunächst auf einen kleineren Anwendungsbereich beschränkt hätte.[92] Zu begrüßen ist jedoch, dass keine konkreten Vorgaben hinsichtlich des Prozesses der Folgenabschätzung bestehen und im Wesentlichen lediglich der Mindestinhalt geregelt ist. Dies gibt dem Verantwortlichen die Möglichkeit, bei der Ausgestaltung der Folgenabschätzung auch die unternehmensinternen Prozesse zu berücksichtigen und die im Einzelfall erforderlichen Schwerpunkte zu setzen. Ob die Folgenabschätzung und der mit ihr einhergehende risikobasierte Regulierungsansatz allerdings ein Wettbewerbsvorteil für das europäische Datenschutzrecht ist, bleibt abzuwarten. Aus Sicht der Verantwortlichen ist mit der Folgenabschätzung – nicht nur aufgrund des weiteren Anwendungsbereichs –[93] mit einem zusätzlichen Zeit- und Bürokratieaufwand zu rechnen.[94] Der Rechtsanwender wird zudem aufgrund der Vielzahl an unbestimmten Rechtsbegriffen auf jeden Fall vor Herausforderungen gestellt.

Artikel 36 Vorherige Konsultation

(1) Der Verantwortliche konsultiert vor der Verarbeitung die Aufsichtsbehörde, wenn aus einer Datenschutz-Folgenabschätzung gemäß Artikel 35 hervorgeht, dass die Verarbeitung ein hohes Risiko zur Folge hätte, sofern der Verantwortliche keine Maßnahmen zur Eindämmung des Risikos trifft.

(2) [1]Falls die Aufsichtsbehörde der Auffassung ist, dass die geplante Verarbeitung gemäß Absatz 1 nicht im Einklang mit dieser Verordnung stünde, insbesondere weil der Verantwortliche das Risiko nicht ausreichend ermittelt oder nicht ausreichend eingedämmt hat, unterbreitet sie dem Verantwortlichen und gegebenenfalls dem Auftragsverarbeiter innerhalb eines Zeitraums von bis zu acht Wochen nach Erhalt des Ersuchens um Konsultation entsprechende schriftliche Empfehlungen und kann ihre in Artikel 58 genannten Befugnisse ausüben. [2]Diese Frist kann unter Berücksichtigung der Komplexität der geplanten Verarbeitung um sechs Wochen verlängert werden. [3]Die Aufsichtsbehörde unterrichtet den Verantwortlichen oder gegebenenfalls den Auftragsverarbeiter über eine solche Fristverlängerung innerhalb eines Monats nach Eingang des Antrags auf Konsultation

---

91 Vgl. ErwGr 89.
92 Kritisch hierzu auch: *Kaufmann* ZD 2012, 358 (361 f.).
93 AA *von dem Bussche/Zeiter/Brombach* DB 2016, 1359 (1360), die aufgrund der Schwelle eines hohen Risikos de facto von einem geringeren Anwendungsbereich ausgehen.
94 *Laue/Nink/Kremer*, § 7, Rn. 64; *Conrad* in: Auer-Reinsdorff/Conrad, HdB IT- und Datenschutzrecht, 2. Aufl. 2016, § 34 Rn. 61.

zusammen mit den Gründen für die Verzögerung. [4]Diese Fristen können ausgesetzt werden, bis die Aufsichtsbehörde die für die Zwecke der Konsultation angeforderten Informationen erhalten hat.

(3) Der Verantwortliche stellt der Aufsichtsbehörde bei einer Konsultation gemäß Absatz 1 folgende Informationen zur Verfügung:

a) gegebenenfalls Angaben zu den jeweiligen Zuständigkeiten des Verantwortlichen, der gemeinsam Verantwortlichen und der an der Verarbeitung beteiligten Auftragsverarbeiter, insbesondere bei einer Verarbeitung innerhalb einer Gruppe von Unternehmen;

b) die Zwecke und die Mittel der beabsichtigten Verarbeitung;

c) die zum Schutz der Rechte und Freiheiten der betroffenen Personen gemäß dieser Verordnung vorgesehenen Maßnahmen und Garantien;

d) gegebenenfalls die Kontaktdaten des Datenschutzbeauftragten;

e) die Datenschutz-Folgenabschätzung gemäß Artikel 35 und

f) alle sonstigen von der Aufsichtsbehörde angeforderten Informationen.

(4) Die Mitgliedstaaten konsultieren die Aufsichtsbehörde bei der Ausarbeitung eines Vorschlags für von einem nationalen Parlament zu erlassende Gesetzgebungsmaßnahmen oder von auf solchen Gesetzgebungsmaßnahmen basierenden Regelungsmaßnahmen, die die Verarbeitung betreffen.

(5) Ungeachtet des Absatzes 1 können Verantwortliche durch das Recht der Mitgliedstaaten verpflichtet werden, bei der Verarbeitung zur Erfüllung einer im öffentlichen Interesse liegenden Aufgabe, einschließlich der Verarbeitung zu Zwecken der sozialen Sicherheit und der öffentlichen Gesundheit, die Aufsichtsbehörde zu konsultieren und deren vorherige Genehmigung einzuholen.

Verwandte Normen: ErwGr 94, 95, 96; § 4 d Abs. 5, Abs. 6 BDSG 2003

Literatur:

Albrecht/Jotzo, Das neue Datenschutzrecht der EU: Grundlagen – Gesetzgebungsverfahren – Synopse, 2016; *Hansen-Oest*, Datenschutzrechtliche Dokumentationspflichten nach dem BDSG und der Datenschutz-Grundverordnung; PinG 2016, 79; *Kaufmann*, Meldepflichten und Datenschutz-Folgenabschätzung, ZD 2012, 358.

A. Grundlagen

I. Gesamtverständnis und Zweck der Norm

Die Bestimmung stärkt die Aufsichtsbehörden (Art. 51) durch institutionelle Einbindung. Sie begründet vor allem zwei Pflichten zur Konsultation der (zuständigen) Aufsichtsbehörde: zum einen eine Konsultationspflicht des Mitgliedstaats vor einer datenschutzrechtlichen Regelsetzung (Abs. 4), zum andern eine Konsultationspflicht des Verantwortlichen vor einer hochriskanten Verarbeitung (Abs. 1–3). Gegenüber dem Verantwortlichen sind die Mitgliedstaaten außerdem ermächtigt, in weiteren Fällen eine Konsultationspflicht oder sogar ein Genehmigungserfordernis einzuführen (Abs. 5).   1

Art. 28 RL (EU) 2016/680 enthält eine Parallelregelung für den Sicherheitsbereich.   2

II. Bisherige Rechtslage

Die Konsultationspflicht der Verantwortlichen tritt an die Stelle seiner Vorabkontrolle nach Art. 20 Abs. 1 DSRL vor Verarbeitungen mit spezifischen Risiken und seiner allgemeinen Meldepflicht nach Art. 18 DSRL vor jeder automatisierten oder wiederholten Verarbeitung. Letztere konnte freilich von den Mitgliedstaaten in großem Umfang eingeschränkt werden, wovon Deutschland in § 4 d BDSG Gebrauch gemacht hat. Der Inhalt der Konsultationspflicht nach Abs. 6 weicht von dem Inhalt der Meldepflicht nach Art. 19 DSRL (umgesetzt in § 4 e BDSG) nicht unerheblich ab.   3

Die Konsultationspflicht der Mitgliedstaaten hat einen gewissen Vorläufer in Art. 20 Abs. 3 DSRL, der allerdings nur eine Erlaubnis zur „Vorabkontrolle" gesetzgeberischer Maßnahmen durch die Aufsichtsbehörde aussprach, und ein Vorbild in Art. 28 Abs. 2 VO (EG) Nr. 45/2001, der für die Unionsgesetzgebung schon bisher Entsprechendes regelte.   4

III. Entstehung der Norm

Gegenüber dem Kommissionsentwurf[1] ist die Bestimmung vor allem auf Grund der Vorschläge des Rates[2] erheblich verschlankt worden. Vorgesehen waren ursprünglich noch ein Genehmigungserfordernis für die Verwendung bestimmter Vertragsklauseln und für bestimmte Übermittlungen in ein Drittland oder an eine internationale Organisation[3] sowie ein Konsultationserfordernis für Verarbeitungsarten, die die Aufsichtsbehörden hätten generell festlegen können. Die Kommission wäre ermächtigt worden, bezüglich der hochriskanten Verarbeitung nach Folgenabschätzung (jetzt Abs. 1) Kriterien für die Risikomessung festzulegen und generell das Verfahren näher zu bestimmen.   5

---

1 KOM(2012) 11 endg., 73 (Art. 34); vgl. kritisch *Kaufmann* ZD 2012, 358 (361).
2 Ratsdok. 9565/15, 11.6.2015, 124–126.
3 Siehe jetzt nur noch Art. 46 Abs. 3 DSGVO.

B. Kommentierung

I. Konsultation der Aufsichtsbehörde vor hochriskanter Datenverarbeitung (Abs. 1–3)

1. Voraussetzungen

6   Die Konsultationspflicht aus Abs. 1 trifft als Adressaten denjenigen, der für eine geplante Verarbeitung der Verantwortliche iSv Art. 4 Nr. 7 wäre. Sie setzt tatbestandlich dreierlei voraus:

1.   es muss eine Datenschutz-Folgenabschätzung gemäß Art. 35 DSGVO stattgefunden haben;
2.   aus dieser muss hervorgehen, dass die Verarbeitung ein hohes Risiko zur Folge hätte;
3.   der Verantwortliche darf nicht schon selbst Maßnahmen zur Eindämmung des Risikos getroffen oder vorgesehen haben.

7   Im Gegensatz zu Art. 18 Abs. 1 DSRL muss es sich dabei nicht um automatisierte oder wiederholte Verarbeitungen handeln. Auch die einmalige nichtautomatische Verarbeitung löst, wenn die Folgenabschätzung ein hohes Risiko ergibt, die Konsultationspflicht aus.[4]

2. Rechtsfolge: Pflicht zur Konsultation

8   Unter den Voraussetzungen des Abs. 1 ist der Verantwortliche verpflichtet, vor der Verarbeitung die Aufsichtsbehörde zu konsultieren, dh genauer: die Verarbeitung so lange zu unterlassen, bis die Konsultation abgeschlossen ist.[5] Abs. 1 spricht damit ein eigenständiges, gewissermaßen „formelles" präventives Verarbeitungsverbot aus, das neben das „materielle" präventive Verbot aus Art. 6 Abs. 1 tritt. Der Unterschied zu dem ursprünglich vorgesehenen Genehmigungserfordernis (→ Rn. 5) erscheint damit geringer als vielleicht zu erwarten; der Unterschied zu der bisherigen Meldepflicht, die bereits durch einmaligen und einseitigen „Formalakt"[6] erfüllt war, erscheint umso größer.

a) Einleitung der Konsultation (insbes. Abs. 3)

9   Zur Konsultation gehören jedenfalls ein „Ersuchen um Konsultation", wie Abs. 3 S. 1 es nennt, sowie die Zurverfügungstellung der in Abs. 3 lit. a–e genannten Informationen für die Aufsichtsbehörde (Grundinformationen). Die nach Abs. 6 lit. f auf Anforderung zu übermittelnden Informationen (Zusatzinformationen) können jedenfalls dann nicht als zwingend angesehen werden, wenn die Anforderung im Einzelfall erfolgt, weil der Verantwortliche sonst sein Ersuchen gar nicht ordnungsgemäß stellen könnte; zu überlegen wäre, ob eine Aufsichtsbehörde eine Anforderung in diesem Sinne auch in abstrakt-genereller Form aussprechen darf, in welchem Falle die angeforderten Informationen ebenfalls als Grundinformationen anzusehen wären.

---

4   Vgl. Erwägungsgrund 89 S. 3.
5   AA *Laue/Nink/Kremer*, § 7 Rn. 91; siehe aber auch ebd., Rn. 95.
6   Begriff: *Ehmann/Helfrich*, EG-DSRL, 1999, Vor Art. 18 Rn. 13.

Zu den **Grundinformationen** zählen jedenfalls Verarbeitungszweck (Abs. 3   10
lit. b Var. 1), Verarbeitungsmittel (Abs. 3 lit. b Var. 2), die vorgesehenen
Schutzmaßnahmen und -garantien (Abs. 3 lit. c) und die Datenschutzfolgenabschätzung gemäß Art. 35 (Abs. 3 lit. e). Gibt es mehrere Verantwortliche oder Auftragsverarbeiter, so gehört außerdem die Zuständigkeitsverteilung zwischen diesen Beteiligten zu den Grundinformationen (Abs. 3
lit. a). Hat der Verantwortliche einen Datenschutzbeauftragten iSv Art. 37
bestellt, gehören auch dessen Kontaktdaten dazu (Abs. 3 lit. d).

Eine **Form** wird für das Ersuchen nicht vorgeschrieben, doch wird sich zu   11
Beweiszwecken zumindest Textform anbieten.[7]

b) Abschluss der Konsultation (insbes. Abs. 2)

Wann die Konsultation abgeschlossen, die Aufsichtsbehörde also hinrei-   12
chend zu Rate gezogen und damit das präventive Verarbeitungsverbot beendet ist, sagt die Bestimmung nicht ausdrücklich. Es erscheint naheliegend, dass für ein Zurateziehen grds. der Rat der Aufsichtsbehörde, also
zumindest irgendeine Art von Antwort in der Sache abgewartet werden
muss.

Die Konsultation kann als abgeschlossen und das präventive Verarbei-   13
tungsverbot aus Abs. 1 somit als erledigt gelten, wenn die Aufsichtsbehörde

- sich dahingehend geäußert hat, sie habe **keine Bedenken**, denn damit
  ist ersichtlich das Konsultationsverfahren beendet (auch wenn die Verarbeitung materiellrechtlich durch Art. 6, 9 durchaus verboten sein
  mag);
- schriftliche **Empfehlungen** zur Rechtmäßigstellung der geplanten Verarbeitung unterbreitet hat (ohne bindende Wirkung). Abs. 2 regelt insoweit Näheres für den Fall, dass die Aufsichtsbehörde die Verarbeitung
  für unvereinbar mit der DSGVO hält. Solche Unvereinbarkeit soll sich
  insbes. daraus ergeben können, dass „der Verantwortliche das Risiko
  nicht ausreichend ermittelt oder nicht ausreichend eingedämmt hat".
  Nicht ausreichende Ermittlung bedeutet wohl einen Verstoß gegen
  Art. 35 Abs. 7 lit. c; nicht ausreichende Eindämmung ist dagegen für
  sich genommen kein Verstoß gegen eine Pflicht aus der DSGVO (die
  Eindämmung würde vielmehr von der Konsultationspflicht befreien,
  Abs. 1). Hält die Aufsichtsbehörde die Verarbeitung aus irgendeinem
  Grunde für unvereinbar mit der DSGVO, so kann sie einerseits ihre Befugnisse aus Art. 58 ausüben; die Konsultation gibt hier nur den Anlass;
- die **Frist** zur Unterbreitung der Empfehlungen von grds. acht Wochen
  nach dem Eingang des Ersuchens bei der Aufsichtsbehörde ohne Äußerung von deren Seite abgelaufen ist (Abs. 2 S. 1). Da für das Ersuchen
  hier keine eigenen Form- und Inhaltserfordernisse aufgestellt sind, liegt
  es nahe, darauf Abs. 3 zu beziehen; dann würde die Frist mit dem Eingang der Grundinformationen (→ Rn. 10) beginnen. – Eine **Verlängerung der Frist** auf insgesamt vierzehn Wochen ist bei besonderer Kom-

---

7   *Hansen-Oest* PinG 2016, 79 (84).

plexität möglich, allerdings nur durch Mitteilung an den Verantwortlichen oder den Auftragsverarbeiter innerhalb des ersten Monats (Abs. 2 S. 2); die ausdrückliche Fristverlängerungsfrist lässt den Schluss zu, dass nach Ablauf eines Monats eine Verlängerung nicht mehr zulässig und auch nicht mehr wirksam wäre. – Ein anderes als die Verlängerung ist die **Aussetzung der Frist**, die bei Anforderung von Zusatzinformationen im Einzelfall nach Abs. 3 lit. f (→ Rn. 9) erfolgen kann (Abs. 2 S. 4). Hierfür ist eine zeitliche Begrenzung nicht vorgesehen, doch liegt es nahe anzunehmen, dass nach erfolgtem Ablauf der Frist diese auch nicht mehr „ausgesetzt" werden kann; dann würde das präventive Verbot aus Abs. 1 der Verarbeitung nicht mehr entgegenstehen, die Aufsichtsbehörde könnte höchstens zu restriktiven Mitteln nach Art. 58 greifen.[8]

II. Konsultation der Aufsichtsbehörde in weiteren Fällen, Genehmigungserfordernisse – Öffnungsklausel für die Mitgliedstaaten (Abs. 5)

14　Die Mitgliedstaaten sind durch Abs. 5 ermächtigt, über Abs. 1 hinaus in weiteren Fällen präventive Verbote für Verantwortliche zu begründen. Solche Pflichten dürfen die Gestalt entweder von zusätzlichen Konsultationspflichten oder aber von Genehmigungserfordernissen haben.

15　Diese (auf den Rat zurückgehende[9]) Öffnungsklausel gilt allerdings nur bei der Verarbeitung personenbezogener Daten zur Erfüllung einer im öffentlichen Interesse liegenden Aufgabe, also im Falle des Erlaubnistatbestands des Art. 6 Abs. 1 lit. e Var. 1 (vgl. → Art. 6 Rn. 36 ff.), wofür mit der Verarbeitung zu Zwecken der sozialen Sicherheit und der öffentlichen Gesundheit Beispiele genannt wurden.

III. Konsultation der Aufsichtsbehörde vor dem Erlass von Rechtsvorschriften (Abs. 4)

1. Voraussetzungen

a) Adressat

16　Die Konsultationspflicht aus Abs. 4 trifft als Adressaten die Mitgliedstaaten. Der Verordnunggeber dürfte hier die Rspr. vor Augen gehabt haben, die solche Pflichten als an alle mitgliedstaatlichen Organe gerichtet ansieht.[10] Auf dieser Grundlage wären nicht (nur) die Mitgliedstaaten als Völkerrechtssubjekte, sondern insbes. die (zentralen und dezentralen) Regierungen in den Mitgliedstaaten angesprochen.

17　An der Ausarbeitung von Gesetzgebungsakten sind zwar auch die Abgeordneten und die parlamentarischen Fraktionen beteiligt; diese üben aber als solche keine mitgliedstaatliche Gewalt aus und sollten daher nicht selbst mit der Konsultationspflicht aus Abs. 4 belastet werden.

8　Diese sollen durch den Fristablauf nicht ausgeschlossen werden, vgl. Erwägungsgrund 94 S. 4.
9　Ratsdok. 9565/15, 11.6.2015, 126.
10　Insb bei Art. 288 Abs. 3 AEUV ständige Rspr. seit EuGH 10.4.1984 – 14/83, Slg 1984, 1891 Rn. 26 – von Colson; EuGH 10.4.1984 – 79/83, Slg 1984, 1921 Rn. 26 – Harz. Zur Kritik vgl. *Reimer* JZ 2015, 910 (911 f., 919).

Die Europäische Kommission unterliegt einer entsprechenden Pflicht nach   **18**
Art. 28 Abs. 2 VO (EG) Nr. 45/2001.

b) Rechtsakt-Vorschlag

Gegenstand der Konsultationspflicht nach Abs. 4 ist der Vorschlag für   **19**
einen Rechtsakt. Bei diesem kann es sich zum einen um „von einem nationalen Parlament zu erlassende **Gesetzgebungsmaßnahmen**" handeln.[11] Für
die deutsche Verfassungslage wirft das zwei Fragen auf: ob nämlich auch
die Landtage oder nur der Bundestag gemeint sind und ob es genügt, dass
nach hiesigem Verständnis das Parlament zwar beschließt (zB nach Art. 77
Abs. 1 GG), aber der Erlass mehrerer Akte verschiedener Stellen voraussetzt
(vgl. Art. 78, 82 GG).[12] Der erkennbaren Intention der Vorschrift, die gewählte Legislative zur Konsultation zu verpflichten, dürfte es am ehesten
gerecht werden, unter das „Erlassen" auch den Gesetzesbeschluss und unter das „nationale" Parlament im Bundesstaat im Rahmen ihrer jeweiligen
Zuständigkeit auch die gliedstaatliche Volksvertretung zu fassen.

Zum andern kann es sich bei dem Rechtsakt auch um – wie die deutsche   **20**
Sprachfassung unschön sagt – eine „**Regelungsmaßnahme**" („regulatory
measure") handeln, die auf einer solchen Gesetzgebungsmaßnahme basiert.
Das dürfte alle abstrakt-generellen untergesetzlichen Rechtsakte erfassen,
außer Rechtsverordnungen grds. also auch etwa Verwaltungsvorschriften
zB nach Art. 84 Abs. 2 GG.

c) Die Verarbeitung personenbezogener Daten betreffend

Der Rechtsakt-Vorschlag muss die Verarbeitung personenbezogener Daten   **21**
betreffen. Das wenig bestimmte Wort „betreffen" („relates to") deutet immerhin an, dass ein inhaltlicher Bezug zur Datenverarbeitung erforderlich
ist. Kaum gemeint sein dürfte jedenfalls eine Erstreckung auf alle Rechtsakte, die als Rechtsgrundlage iSv Art. 6 Abs. 1 lit. c, e in Betracht kommen,
denn fast jede Rechtsnorm kann Rechtsgrundlage sein, und damit verlöre
das Merkmal des Verarbeitung-Betreffens jede eingrenzende Kraft. Im Einklang mit Erwägungsgrund 96, wonach „in" dem Vorschlag die Verarbeitung „vorgesehen" sein muss, stünde es vielmehr, einen intentionalen Bezug vorauszusetzen. Man sollte in diesem Sinne wohl sogar nur solche **spezifisch datenschutzrechtlichen Regelungen** als gemeint ansehen, zu denen
die DSGVO die Mitgliedstaaten ausdrücklich ermächtigt – also namentlich
Regelungen nach Art. 6 Abs. 2, 3 S. 3, Art. 23 und Art. 36 Abs. 5; denn so
würde sich die Bestimmung als passgenaue prozedurale Flankierung der
materiellrechtlichen Öffnungen darstellen, die die Verordnung für mitgliedstaatliche Rechtsetzung enthält.

d) Ausarbeitung des Vorschlags

Tatbestandlich setzt die Konsultationspflicht die Situation voraus, dass der   **22**
Adressat den Rechtsakt-Vorschlag gerade ausarbeitet. Wann die Situation
der Ausarbeitung eines Vorschlags („preparation of a proposal") beginnt,

---

11 Erwägungsgrund 41 S. 1 Hs. 1 ist angesichts dieser expliziten Bezugnahme auf das
    Parlament hier nicht einschlägig.
12 Vgl. *Reimer*, Verfahrenstheorie, 2015, 58 f.

braucht die Vorschrift nicht festzulegen, weil sie den Vorschlag jedenfalls so lange an der Rechtswerdung hindert, wie die Konsultation nicht stattgefunden hat (→ Rn. 23). Ein Referentenentwurf befindet sich sicher im Ausarbeitungsstadium. Dagegen liegt es ferner, die beim Parlament eingebrachte Gesetzesvorlage noch als auszuarbeiten anzusehen; dem parlamentarischen Verfahren muss der Vorschlag bereits vorliegen. Jedenfalls bei Gesetzgebungsmaßnahmen erscheint Abs. 4 daher nur für die **Vorbereitung von Regierungsbeschlüssen über Gesetzvorlagen** als einschlägig.

2. Rechtsfolge: Pflicht zur Konsultation

23   Unter den Voraussetzungen des Abs. 4 ist der Adressat verpflichtet, vor dem geplanten Rechtsakt die Aufsichtsbehörde zu konsultieren, dh: die Einbringung des Rechtsakt-Vorschlags so lange zu unterlassen, bis die Zurateziehung abgeschlossen ist (→ Rn. 8). Abs. 4 begründet damit eine zusätzliche unionsrechtliche Pflicht für die Rechtsetzungsverfahren der Mitgliedstaaten, die sich in deren einschlägige Verfahrensordnungen (wie Art. 76–79 GG für die Bundesgesetzgebung) einklinkt.[13] Die Aufsichtsbehörde ist also über den geplanten Rechtsakt zu unterrichten und um Stellungnahme zu ersuchen; die Stellungnahme ist abzuwarten. Es spricht wohl nichts dagegen, eine vollständige Konsultation in Parallele zu Abs. 2 (→ Rn. 12 f.) auch dort als erfolgt anzusehen, wo der Aufsichtsbehörde eine angemessene Frist zur Äußerung gesetzt wurde und diese verstrichen ist.

24   Erfolgt die Ausarbeitung eines Rechtsakts durch mehrere mitgliedstaatliche Stellen, so unterliegen diese sämtlich der Konsultationspflicht. Es dürfte dem Anliegen des Abs. 4 aber entsprechen, für *einen* Rechtsaktentwurf nur *eine* Konsultation zu verlangen; einen ähnlichen verfahrensökonomischen Rechtsgedanken enthält auch Art. 35 Abs. 1 S. 2.

C. Verhältnis zu anderen Normen

25   Die Bestimmung dürfte einer zusätzlichen mitgliedstaatlichen Anordnung von Meldepflichten entgegenstehen. §§ 4 d, 4 e BDSG wären damit verdrängt.[14]

D. Gesamteinschätzung

26   Die Vorschrift wird im Vergleich zur alten Vorabkontrolle nach Art. 20 DSRL ihrem Ziel durchaus gerecht, ein zielgenaueres und zeitgemäßeres Konzept umzusetzen:[15] nur noch die zuvor als besonders risikoreich identifizierten Verarbeitungen unterliegen der Konsultationspflicht. Zumindest für Verarbeiter in Deutschland ist freilich schon das – gegenläufig zu dem in Art. 5 Abs. 2 DSGVO ausgedrückten Wunsch, stärker auf Eigenverantwortung zu setzen[16] – eine stärkere Belastung, da die bisherigen Pflichten bisher weitgehend im eigenen Hause verblieben und nur selten eine Behörde involvierten (§ 4 d BDSG), was nun in den fraglichen Fällen nicht mehr

---

13   Vgl. *Kühling/Martini u.a.*, Die DSGVO und das nationale Recht, 2016, 92.
14   Ebenso wohl *Kühling/Martini u.a.*, Die DSGVO und das nationale Recht, 2016, 94 f.
15   Vgl. Erwägungsgrund 89.
16   *Albrecht/Jotzo*, Teil 2 Rn. 18.

zu vermeiden ist. Dass gegenüber dem zwischenzeitlich vorgesehenen Erfordernis behördlicher Genehmigung jetzt nur noch „Empfehlungen" abgewartet zu werden brauchen, wirkt überdies eher als untauglicher Versuch einer Entbürokratisierung, sperrt doch die Prüfungsfrist nach Abs. 2 einstweilen die Verarbeitung und steht am Ende nicht einmal eine Freigabe mit Legalisierungswirkung – ein Genehmigungsverfahren hätte hier zumindest Rechtssicherheit für die betroffenen Verarbeiter in Aussicht gestellt.

Abschnitt 4 Datenschutzbeauftragter

Artikel 37 Benennung eines Datenschutzbeauftragten

(1) Der Verantwortliche und der Auftragsverarbeiter benennen auf jeden Fall einen Datenschutzbeauftragten, wenn

a) die Verarbeitung von einer Behörde oder öffentlichen Stelle durchgeführt wird, mit Ausnahme von Gerichten, die im Rahmen ihrer justiziellen Tätigkeit handeln,

b) die Kerntätigkeit des Verantwortlichen oder des Auftragsverarbeiters in der Durchführung von Verarbeitungsvorgängen besteht, welche aufgrund ihrer Art, ihres Umfangs und/oder ihrer Zwecke eine umfangreiche regelmäßige und systematische Überwachung von betroffenen Personen erforderlich machen, oder

c) die Kerntätigkeit des Verantwortlichen oder des Auftragsverarbeiters in der umfangreichen Verarbeitung besonderer Kategorien von Daten gemäß Artikel 9 oder von personenbezogenen Daten über strafrechtliche Verurteilungen und Straftaten gemäß Artikel 10 besteht.

(2) Eine Unternehmensgruppe darf einen gemeinsamen Datenschutzbeauftragten ernennen, sofern von jeder Niederlassung aus der Datenschutzbeauftragte leicht erreicht werden kann.

(3) Falls es sich bei dem Verantwortlichen oder dem Auftragsverarbeiter um eine Behörde oder öffentliche Stelle handelt, kann für mehrere solcher Behörden oder Stellen unter Berücksichtigung ihrer Organisationsstruktur und ihrer Größe ein gemeinsamer Datenschutzbeauftragter benannt werden.

(4) [1]In anderen als den in Absatz 1 genannten Fällen können der Verantwortliche oder der Auftragsverarbeiter oder Verbände und andere Vereinigungen, die Kategorien von Verantwortlichen oder Auftragsverarbeitern vertreten, einen Datenschutzbeauftragten benennen; falls dies nach dem Recht der Union oder der Mitgliedstaaten vorgeschrieben ist, müssen sie einen solchen benennen. [2]Der Datenschutzbeauftragte kann für derartige Verbände und andere Vereinigungen, die Verantwortliche oder Auftragsverarbeiter vertreten, handeln.

(5) Der Datenschutzbeauftragte wird auf der Grundlage seiner beruflichen Qualifikation und insbesondere des Fachwissens benannt, das er auf dem Gebiet des Datenschutzrechts und der Datenschutzpraxis besitzt, sowie auf der Grundlage seiner Fähigkeit zur Erfüllung der in Artikel 39 genannten Aufgaben.

(6) Der Datenschutzbeauftragte kann Beschäftigter des Verantwortlichen oder des Auftragsverarbeiters sein oder seine Aufgaben auf der Grundlage eines Dienstleistungsvertrags erfüllen.

(7) Der Verantwortliche oder der Auftragsverarbeiter veröffentlicht die Kontaktdaten des Datenschutzbeauftragten und teilt diese Daten der Aufsichtsbehörde mit.

Verwandte Normen: ErwGr 97; § 4 f Abs. 1 und Abs. 2 BDSG 2003

Literatur:
Albrecht, Das neue EU-Datenschutzrecht – von der Richtlinie zur Verordnung – Überblick und Hintergründe zum finalen Text für die Datenschutz-Grundverordnung der EU nach der Einigung im Trilog, CR 2016, 88; *Becker,* EU-Datenschutz-Grundverordnung – Anforderungen an Unternehmen und Datenschutzbeauftragte, ITRB 2016, 107; *Dammann,* Erfolge und Defizite der EU-Datenschutzgrundverordnung, ZD 2016, 307; *Eckhardt,* EU-DatenschutzVO – Ein Schreckgespenst oder Fortschritt?, CR 2012, 195; *Eckhardt/Kramer/Mester,* Auswirkungen der geplanten EU-DS-GVO auf den deutschen Datenschutz, DuD 2013, 623; *Ehmann,* Der weitere Weg zur Datenschutzgrundverordnung – Näher am Erfolg, als viele glauben?, ZD 2015, 6; *Ehmann/Helfrich,* EG-Datenschutzrichtlinie, Kurzkommentar, Köln, 1999; *Fladung/Wybitul,* EU-Datenschutz-Grundverordnung – Überblick und arbeitsrechtliche Betrachtung des Entwurfs, BB 2012, 509; *Gierschmann,* Was „bringt" deutschen Unternehmen die DS-GVO, ZD 2016, 51; *Gola/Schulz,* Der Entwurf für eine EU-Datenschutz-Grundverordnung – eine Zwischenbilanz, RDV 2013, 1; *Grabitz/Hilf/Nettesheim,* Das Recht der Europäischen

Union, 16. EL 2016; *Hoeren*, Der betriebliche Datenschutzbeauftragte, ZD 2012, 355; *Hornung*, Eine Datenschutz-Grundverordnung für Europa? – Licht und Schatten im Kommissionsentwurf vom 25. 1. 2012, ZD 2012, 99; *Jaspers*, Die EU-Datenschutz-Grundverordnung – Auswirkungen der EU-Datenschutz-Grundverordnung auf die Datenschutzorganisation des Unternehmers, DuD 2012, 571; *Jaspers/Reif*, Der betriebliche Datenschutzbeauftragte nach der geplanten EU-Datenschutz-Grundverordnung – ein Vergleich mit dem BDSG, RDV 2012, 78; *Jaspers/Reif*, Der Datenschutzbeauftragte: Bestellpflicht, Rechtsstellung und Aufgaben, RDV 2016, 61; *Kahlert/Licht*, Die neue Rolle des Datenschutzbeauftragten nach der DSGVO – Was Unternehmen zu beachten haben, ITRB 2016, 178; *Klug*, Die Position des EU-Parlaments zur zukünftigen Rolle von Datenschutzbeauftragten – ein kommentierter Überblick, RDV 2014, 90; *ders.*, Der Datenschutzbeauftragte in der EU – Maßgaben der Datenschutzgrundverordnung, ZD 2016, 315; *Knopp*, Dürfen juristische Personen zum betrieblichen Datenschutzbeauftragte bestellt werden?, DuD 2015, 88; *Kraska*, Auswirkungen der EU-Datenschutzgrundverordnung, ZD-Aktuell 2016, 04197; *Kühling/Buchner*, DS-GVO, Kommentar, 2017; *Laue*, Öffnungsklauseln in der DS-GVO – Öffnung wohin?, ZD 2016, 463; *Laue/Nink/Kremer*, Das neue Datenschutzrecht in der betrieblichen Praxis, 2016; *Marschall/Müller*, Der Datenschutzbeauftragte im Unternehmen zwischen BDSG und DS-GVO, ZD 2016, 415; *Paal/Pauly*, Datenschutzgrundverordnung, 2017; *Peifer*, Auswirkungen der EU-Datenschutz-Grundverordnung auf öffentliche Stellen, GewArch 2014, 142; *Schantz*, Die Datenschutz-Grundverordnung – Beginn einer neuen Zeitrechnung im Datenschutzrecht, NJW 2016, 1841; *Schröder*, Selbstregulierung im Datenschutzrecht – Notwehr oder Konzept – Das Verhältnis zwischen Gesetzgebund und selbstregulatorischen Ansätzen, ZD 2012, 418; *Schroeder*, Der bestätigende Rechtsakt in der Rechtsprechung des EuGH und des EuG, EuZW 2007, 467; *von Achenbach*, Verfassungswandel durch Selbstorganisation: Triloge im europäischen Gesetzgebungsverfahren, Der Staat, Bd. 55, 1; *von der Groeben/Schwarze/Hatje*, Europäisches Unionsrecht, 7. Auflage, 2015; *Weichert*, Die Zukunft des Datenschutzbeauftragten, CuA 4/2016, 8; *Wybitul*, Welche Folgen hat die EU-Datenschutz-Grundverordnung für Compliance?, CCZ 2016, 194.

A. Grundlagen

I. Gesamtverständnis und Zweck der Norm

Die DSGVO enthält in Art. 37 bis 39 grundlegende Vorschriften zur Bestellung eines Datenschutzbeauftragten sowie dessen Stellung und Aufgaben. Damit legt die DSGVO erstmals einheitlich für sämtliche EU-Mitgliedstaaten die Voraussetzungen fest, unter denen jedenfalls ein betrieblicher Datenschutzbeauftragter zur bestellen ist. 1

Erwägungsgrund 97 umschreibt den mit der Bestellung eines Datenschutzbeauftragten verfolgten Zweck. In den in der DSGVO beschriebenen Fallkonstellationen wird der Unterstützung des Verantwortlichen für die Datenverarbeitung oder des Auftragsdatenverarbeiters durch eine „weitere Person, die über Fachwissen auf dem Gebiet des Datenschutzes und der Datenschutzverfahren verfügt", für sinnvoll erachtet. Dabei legt die DSGVO fest, dass eine solche unterstützende Tätigkeit durch einen „in vollständiger Unabhängigkeit" (Erwägungsgrund 97) agierenden Datenschutzbeauftragten wahrgenommen werden soll. Ob es sich hierbei um einen internen oder externen Beauftragten handelt, sieht die Verordnung explizit als gleichwertig an. 2

Im Verlaufe des Gesetzgebungsverfahrens war die Frage durchaus umstritten, ob die DSGVO die Bestellung eines Datenschutzbeauftragten obligatorisch vorsehen solle. Während der Entwurf der Kommission[1] die obligato- 3

---

1 KOM(2012) endg.; 2012/0011 (COD).

rische Bestellung vorsah und auch die überarbeitete Fassung des Europaparlamentes[2] die Verpflichtung zur Bestellung eines Datenschutzbeauftragten beinhaltete, sah die durch den Rat gebilligte Fassung[3] vor, dass die Frage der Bestellung eines Datenschutzbeauftragten in das regulatorische Ermessen der Mitgliedstaaten gestellt werden solle.

4   Die in der finalen Fassung der DSGVO schließlich aufgenommene Regelung kehrt zur ursprünglichen Vorstellung der Kommission und des Parlamentes zurück, wonach – unter bestimmten in der DSGVO normierten Voraussetzungen – ein Datenschutzbeauftragter obligatorisch zu bestellen ist. Den Mitgliedstaaten wurde gleichwohl ein Recht eingeräumt, über die in der DSGVO geregelten Fallgruppen hinaus vorzusehen, dass ein Datenschutzbeauftragter zu bestellen ist.[4]

5   Die Vorschrift folgt dem datenschutzrechtlichen Konzept der Selbstkontrolle des Verantwortlichen für die Datenverarbeitung. Während die Aufsichtsbehörden dem Grundsatz der Fremdkontrolle verpflichtet sind, beruht der regulatorische Zweck der Bestellung eines betrieblichen Datenschutzbeauftragten auf der Vorstellung, dass die große Sachnähe eines mit der Datenverarbeitung und dem Schutz personenbezogener Daten vertrauten Beauftragten bereits dazu beitragen kann, dass Verletzungsrisiken gering gehalten und Verarbeitungsvorgänge und -strukturen datenschutzfreundlich gestaltet und weiterentwickelt werden können.

II. Bisherige Rechtslage

6   Bereits Art. 18 EG-DS-RL sah die Bestellung eines Datenschutzbeauftragten vor.[5] Die Bestellung eines Datenschutzbeauftragten war jedoch funktional als Ausnahme von der in Art. 18 Abs. 1 EG-DS-RL vorgesehen. Ob allerdings ein Datenschutzbeauftragter zu bestellen sei, war nach Art. 18 Abs. 2 EG-DS-RL dem Recht der Mitgliedstaaten vorbehalten. Die Befreiung von der Meldepflicht sollte allerdings nur dann gelten, wenn der betriebliche Datenschutzbeauftragte in der Überwachung der Einhaltung der bestehenden einzelstaatlichen Datenschutzbestimmungen unabhängig ist und ihm die Führung eines Verfahrensverzeichnisses gem. Art. 21 Abs. 2 EG-DS-RL als Pflicht obliegt.

7   Die Bundesrepublik Deutschland setze die Richtlinienvorgaben mit Art. 4 f. und 4 g BDSG um. Das bis zum Inkrafttreten der DSGVO geltende Recht sah eine Verpflichtung zur Bestellung eines Datenschutzbeauftragten bei Vorliegen spezifischer Voraussetzungen vor. Die im BDSG angelegte Differenzierung zwischen öffentlichen und nicht-öffentlichen Stellen spiegelte sich auch in der Ausgestaltung der Bestellungspflicht wider. Beide Kategorien der mit der Verarbeitung personenbezogener Daten befassten Stellen hatten einen Datenschutzbeauftragten zu bestellen, sofern personenbezoge-

---

2   Interinstitutionelles Dossier des Rats der Europäischen Union vom 27.3.2014, 2012/0011 (COS); 7427/1/14, REV 1.
3   Rat der Europäischen Union v. 15.6.2015, *9565/15*; 2012/0011 (COD); Siehe zur Haltung der Mitgliedstaaten *Albrecht* CR 2016, 88 (94).
4   Art. 37 Abs. 4 DSGVO.
5   Siehe hierzu *Ehmann/Helfrich*, EG-Datenschutzrichtlinie, Art. 18 Rn. 10 ff.

ne Daten automatisiert verarbeitet wurden.[6] Die Bestellungspflicht musste spätestens innerhalb eines Monats nach Aufnahme der Tätigkeit erfüllt sein.[7] Wurden personenbezogene Daten nicht automatisiert verarbeitet, war ein Datenschutzbeauftragter zu bestellen, wenn damit in der Regel mindestens 20 Personen beschäftigt waren.[8] Von einer Pflicht zur Bestellung eines Datenschutzbeauftragten waren nach § 4 f. Abs. 1 Satz 4 BDSG nicht-öffentliche Stellen ausgenommen, sofern diese in der Regel höchstens neun Personen ständig mit der automatisierten Verarbeitung personenbezogener Daten beschäftigten. Mit dieser Regelung sollte zugunsten kleiner Unternehmen der datenschutzrechtlich gebotene organisatorische und personelle Aufwand gering gehalten werden.

Dies galt jedoch dann nicht, wenn eine nicht-öffentliche Stelle eine automatisierte Verarbeitung vornahm, die einer Vorabkontrolle nach § 4 d Abs. 5 Satz 1 BDSG unterlagen. Damit berücksichtigte das BDSG neben der in § 4 f Abs. 1 Satz 3 und 4 BDSG zum Ausdruck gebrachten quantitativen Betrachtung des Datenschutzes einen risikobasierten Ansatz. Die Vorabkontrolle war nach dem BDSG dann erforderlich, wenn automatisierte Verarbeitungen „besondere Risiken für die Rechte und Freiheiten der Betroffenen"[9] aufweisen. So war eine Vorabkontrolle insbesondere dann durchzuführen, wenn besondere Arten personenbezogener Daten gem. § 3 Abs. 9 BDSG verarbeitet wurden[10] oder die Verarbeitung dazu bestimmt war, „die Persönlichkeit des Betroffenen zu bewerten einschließlich seiner Fähigkeiten, seiner Leistung oder seines Verhaltens."[11] Lagen folglich die im BDSG angenommenen Risiken vor, war ein Datenschutzbeauftragter unabhängig von der Zahl der Personen zu bestellen, die mit der Verarbeitung personenbezogener Daten befasst waren. | 8

Wurden personenbezogene Daten geschäftsmäßig zum Zweck der Übermittlung, der anonymisierten Übermittlung oder auch für Zwecke der Markt- oder Meinungsforschung automatisiert verarbeitet, war ebenfalls ein Datenschutzbeauftragter unabhängig von der Zahl der mit der Verarbeitung befassten Personen zu bestellen.[12] | 9

Persönliche Voraussetzung für die Bestellung als Datenschutzbeauftragter ist nach § 4 f Abs. 2 Satz 1 BDSG die zur Erfüllung der Aufgaben erforderliche Fachkunde sowie Zuverlässigkeit. Dabei ging bereits das BDSG von einem relativen Begriff der Fachkunde aus und sah diese in Anhängigkeit vom Umfang der Datenverarbeitung der verantwortlichen Stelle und dem Schutzbedarf der personenbezogenen Daten.[13] | 10

Das BDSG übernahm in § 4 f Abs. 2 Satz 3 die bereits in der EG-DS-RL angesprochene Offenheit hinsichtlich der Frage, ob die Aufgabe des Datenschutzbeauftragten auch durch eine externe Person wahrgenommen wer- | 11

---

6   § 4 f Abs. 1 Satz 1 BDSG.
7   § 4 f Abs. 1 Satz 2 BDSG.
8   § 4 f Abs. 1 Satz 3 BDSG.
9   § 4 d Abs. 5 Satz 1 BDSG.
10 § 4 d Abs. 5 Satz 2 Nr. 1 BDSG.
11 § 4 d Abs. 5 Satz 2 Nr. 2 BDSG.
12 § 4 d Abs. 1 Satz 6 BDSG.
13 § 4 f Abs. 2 Satz 2 BDSG.

den kann. Sowohl die Bestellung eines internen als auch eines externen Datenschutzbeauftragten erfüllte die gesetzlichen Voraussetzungen des § 4 f Abs. 1 BDSG.

III. Entstehung der Norm

1. Vorschlag der Europäischen Kommission vom 25. Januar 2012[14]

12   Bereits der Entwurf der EU-Kommission vom 25.1.2012 sah in Art. 35 eine Regelung zur Bestellung eines Datenschutzbeauftragten vor. Behörden und öffentliche Einrichtungen hätten nach Art. 35 Abs. 1 lit. a DSGVO-E auf jeden Fall einen Datenschutzbeauftragten zu bestellen.

13   Erfolgte die „Bearbeitung"[15] durch Unternehmen, so hatten diese einen Datenschutzbeauftragten zu bestellen, sofern 250 oder mehr Mitarbeiter „beschäftigt" sind oder die Kerntätigkeit des für die Verarbeitung Verantwortlichen oder Auftragsverarbeiters es erfordert, dass eine regelmäßige und systematische Beobachtung von betroffenen Personen erfolgt.

14   Der Verordnungsentwurf wollte bewusst die Verpflichtung zur Bestellung eines Datenschutzbeauftragten auf jene Fälle konzentrieren, in denen entweder im öffentlichen Sektor oder durch private Großunternehmen die Verarbeitung personenbezogener Daten erfolgt.[16]

15   Neben der besonderen Inanspruchnahme „privater Großunternehmen"[17] sollte auch dann ein Datenschutzbeauftragter bestellt werden, wenn die Kerntätigkeit des für die Verarbeitung Verantwortlichen oder des Auftragsverarbeiters in der Durchführung von Verarbeitungsvorgängen besteht, welche ihrem Wesen nach oder aufgrund ihres Umfanges oder ihrer Zwecke eine „regelmäßige und systematische Beobachtung von betroffenen Personen erforderlich machen".[18] Auf eine darüber hinaus bestehende risikobehaftete Verarbeitung personenbezogener Daten stellte der Verordnungsentwurf in Bezug auf die eine obligatorische Bestellung eines Datenschutzbeauftragten nicht ab.

16   Der Entwurf der Kommission gestattete Unternehmen, die nach Art. 35 Abs. 1 lit. b DSGVO-E zur Bestellung eines Datenschutzbeauftragten verpflichtet sind, die Bestellung eines gemeinsamen Datenschutzbeauftragten innerhalb einer Unternehmensgruppe.

17   Art. 35 Abs. 4 DSGVO-E sah über die in Abs. 1 enthaltene obligatorische Bestellung hinaus eine freiwillige Bestellung eines Datenschutzbeauftragen in allen übrigen Fällen vor.

18   Wird ein Datenschutzbeauftragter bestellt, hat dieser nach Art. 35 Abs. 5 DSGVO-E die für diese Tätigkeit erforderliche Qualifikation aufzuweisen. Diese zeigt sich insbesondere im Fachwissen auf dem Gebiet des Daten-

---

14   KOM(2012) endg.; 2012/0011 (COD).
15   Der Entwurf verwendete im Gegensatz zur „Verarbeitung" durch öffentliche Stellen im Fall der nicht-öffentlichen Stellen („Unternehmen") den Begriff der „Bearbeitung". Die verabschiedete finale Fassung der DSGVO stellt einheitlich auf den Begriff der „Verarbeitung" ab.
16   Erwägungsgrund 75 DSGVO-E.
17   Ebenda.
18   Art. 35 Abs. 1 lit. c DSGVO-E.

schutzes sowie der einschlägigen Datenschutzpraktiken. Es umfasst insbesondere auch die Kenntnis des erforderlichen Schutzes der vom Verantwortlichen für die Datenverarbeitung oder dem Auftragsdatenverarbeiter verarbeiteten personenbezogenen Daten. Die näheren Anforderungen, die an den Datenschutzbeauftragten gestellt werden sowie die von ihm wahrzunehmenden Aufgaben regelt die eigenständige Bestimmung des Art. 37 DSGVO-E.

Der Datenschutzbeauftragte sollte seine Funktion in Unabhängigkeit und insbesondere ohne etwaige Interessenkonflikte mit anderen von ihm wahrzunehmenden Aufgaben erfüllen.[19] Um dem Datenschutzbeauftragten diese Funktion jedenfalls für eine Mindesttätigkeitsdauer zu gewährleisten, sah der Entwurf der Kommission in Art. 35 Abs. 7 DSGVO-E vor, dass der Datenschutzbeauftragte für einen Zeitraum von mindestens zwei Jahren zu bestellen ist. Während dieser Zeit sollte eine Beendigung der Bestellung nur dann möglich sein, wenn in der Person des Datenschutzbeauftragten die Voraussetzungen für die Erfüllung der ihm obliegenden Pflichten nicht mehr gegeben sind. **19**

Nach Art. 35 Abs. 8 DSGVO-E sollte sowohl die Bestellung eines internen Datenschutzbeauftragen aufgrund eines Anstellungsverhältnisses als auch eines externen Beauftragten auf der Grundlage eines Dienstvertrages möglich sein. **20**

Der Verantwortliche für die Datenverarbeitung oder der Auftragsverarbeiter wurde nach Art. 35 Abs. 9 DSGVO-E verpflichtet, der Aufsichtsbehörde sowie der Öffentlichkeit den Namen und die Kontaktdaten des Datenschutzbeauftragten mitzuteilen. **21**

Folgerichtig räumt Art. 35 Abs. 10 DSGVO-E betroffenen Personen das Recht ein, den Datenschutzbeauftragten zu allen im Zusammenhang mit der Verarbeitung ihrer personenbezogenen Daten stehenden Fragen zu Rate zu ziehen und zu beantragen, dass der Datenschutzbeauftragte die Rechte des Betroffenen nach der Verordnung wahrnimmt. **22**

Da die in der normativen Ausgestaltung des Art. 35 DSGVO-E zentralen Begriffe wie „Kerntätigkeit" oder auch für die Qualifikation des Datenschutzbeauftragten ausschlaggebenden Kriterien und Anforderungen aus dem Wortlaut der Norm nicht ohne weiteres abgeleitet werden könnten, sah Art. 35 Abs. 11 DSGVOE die Ermächtigung der Kommission zum Erlass delegierter Rechtsakte nach Art. 290 AEUV vor. Im Gegensatz zur späteren verabschiedeten finalen Fassung der DSGVO sollte nach dem Willen der Kommission den Mitgliedstaaten bei der Ausgestaltung der Bestellungspflicht keine eigenständige Regelungskompetenz zufallen. **23**

2. Beschluss des Europäischen Parlaments vom 12. März 2014[20]

Auch der im Rahmen der Ersten Lesung des Europäischen Parlaments am 12.3.2014 gefasste Beschluss zu dem Vorschlag der Europäischen Kommis- **24**

---

19 Art. 35 Abs. 6 DSGVO-E.
20 Interinstitutionelles Dossier des Rats der Europäischen Union vom 27.3.2014, 2012/0011 (COS); 7427/1/14, REV 1.

sion sah die verbindliche Einführung eines Datenschutzbeauftragten im Geltungsbereich der Europäischen Union vor.

25 Übereinstimmend mit dem Entwurf der Kommission sah die Fassung des Europäischen Parlamentes die obligatorische Bestellung eines Datenschutzbeauftragten vor, sofern die Verarbeitung personenbezogener Daten durch eine Behörde oder eine öffentliche Einrichtung erfolgt.[21]

26 Im Gegensatz zum Entwurf der Kommission jedoch knüpfte das Parlament die Verpflichtung zur Bestellung eines Datenschutzbeauftragten nicht an die Zahl der Mitarbeiter des Verantwortlichen für die Verarbeitung, sofern personenbezogene Daten nicht durch eine Behörde oder öffentliche Einrichtungen verarbeitet werden. Der Entwurf des Parlamentes stellt zunächst auf den Begriff der „juristischen Person"[22] ab und vermeidet die im Entwurf der Kommission noch angelegte Problematik, was als „Unternehmen" begrifflich gefasst werden solle. Der Entwurf des Parlamentes machte die Pflicht zur Bestellung eines Datenschutzbeauftragten davon abhängig, ob sich die Verarbeitung „auf mehr als 5.000 betroffene Personen innerhalb eines Zeitraumes von zwölf aufeinanderfolgenden Monaten bezieht."[23]

27 Der Entwurf des Parlamentes führt in das Datenschutzrecht erstmals die Überlegung ein, dass der Schutz personenbezogener Daten weniger von der Anzahl der mit der Verarbeitung befassten Personen abhängt sondern vielmehr dadurch begründet ist, welche Auswirkung die Verarbeitung auf betroffene Personen hat und wie groß dieser Personenkreis in einem bestimmten Zeitraum ist.

28 Wie bereits im Entwurf der Kommission vorgesehen, sollte auch dann die Bestellung eines Datenschutzbeauftragten erfolgen, wenn die Kerntätigkeit des für die Verarbeitung Verantwortlichen darauf abstellt, dass eine regelmäßige und systematische Beobachtung betroffener Personen erfolgt.[24]

29 Der Entwurf des Europäischen Parlamentes sah jedoch eine weitere Fallgruppe vor, in der ein Datenschutzbeauftragter zu bestellen sei. Besteht die „Kernaktivität" des für die Verarbeitung Verantwortlichen oder des Auftragsverarbeiters in der Verarbeitung besonderer Kategorien von Daten nach Art. 9 Abs. 1 DSGVO-E, Standortdaten, Daten über Kinder oder Arbeitnehmerdaten in groß angelegten Ablagesystemen, sollte ebenfalls ein Datenschutzbeauftragter zu bestellen sein.

30 Gegenüber dem Entwurf der Kommission sah der Beschluss des Europäischen Parlamentes keine Änderungen hinsichtlich der Befugnis zur Bestellung eines Datenschutzbeauftragten für eine Unternehmensgruppe, die fachliche Qualifikation des Datenschutzbeauftragten, die Wahrnehmung der Aufgaben in Unabhängigkeit und ohne Interessenkonflikt, die Wahl zwischen der Bestellung eines internen oder externen Beauftragten, die Pflicht zur Veröffentlichung und Mitteilung der Person des Datenschutzbeauftragten an die Aufsichtsbehörde sowie das Recht des Betroffenen, zur

---

21 Art. 35 Abs. 1 lit. a DSGVO-E (EP.).
22 Art. 35 Abs. 1 lit. b DSGVO-E (EP).
23 Art. 35 Abs. 1 lit. b DSGVO-E (EP).
24 Art. 35 Abs. 2 lit. c DSGVO-E (EP).

Ansprache des Datenschutzbeauftragten und zu dessen Beauftragung mit der Wahrnehmung der Betroffenenrechte vor.

Während der Entwurf der Kommission in Art. 35 Abs. 7 DSGVO-E jedoch 31
eine Mindestbestellungsdauer von zwei Jahren vorsah, differenzierte der Entwurf des Europäischen Parlamentes zwischen internen und externen Datenschutzbeauftragten. Wird ein interner Datenschutzbeauftragter bestellt, so beträgt die Mindestbestellungsdauer vier Jahre. Im Fall des externen Datenschutzbeauftragten solle dies für eine Frist von mindestens zwei Jahren erfolgen.[25]

Ein weiterer wesentlicher Unterschied zwischen dem Entwurf der Kommis- 32
sion und der vom Europäischen Parlament beschlossenen Entwurfsfassung besteht in der Frage, ob die Kommission zum Erlass delegierter Rechtsakte ermächtigt werden soll. Der Entwurf des Parlamentes ließ die in Art. 35 Abs. 11 DSGVO-E enthaltene Befugnis ersatzlos entfallen.

Da der Entwurf des Parlamentes weder der Kommission noch den Mit- 33
gliedstaaten eine Befugnis zur Konkretisierung der in Art. 35 der Verordnung enthaltenen unbestimmten Rechtsbegriffen vorsah, würde dem Europäischen Gerichtshof die Auslegung und inhaltliche Ausgestaltung der Begrifflichkeiten vorbehalten bleiben.

3. Entwurf des Rates der Europäischen Union vom 15. Juni 2015[26]

Der durch den Rat der Europäischen Union beschlossene Entwurf vom 34
15.6.2015 unterschied sich grundlegend von den durch die Kommission und das Parlament vorgelegten Entwurfsfassungen. Während Kommission und Parlament eine obligatorische Bestellung eines Datenschutzbeauftragten vorsahen und diese Pflicht vom Vorliegen spezifischer Voraussetzungen abhängig machten, ersetzte der Entwurf des Rates die Regelungen des Art. 35 Abs. 1 DSGVO-E durch die Befugnis der Mitgliedstaaten, im nationalen Recht eine Pflicht zur Bestellung eines Datenschutzbeauftragten vorzusehen.[27] Eine europarechtlich verankerte Bestellungspflicht war jedoch im Entwurf des Rates der Europäischen Union nicht vorgesehen.

Im Übereinstimmung dem dem Entwurf der Kommission sah Art. 35 35
Abs. 2 DSGVO-E (Rat) die Möglichkeit vor, dass eine Gruppe von Unternehmen einen gemeinsamen Datenschutzbeauftragten bestellen. Eine vergleichbare Option wurde ebenfalls öffentlichen Einrichtungen und Behörden eingeräumt.[28]

Für die in den Entwürfen der Kommission und der Europäischen Parla- 36
mentes vorgesehene freiwillige Bestellung eines Datenschutzbeauftragten bestand im Entwurf des Rates der Europäischen Union kein Bedarf, da den Mitgliedstaaten ohnehin das Recht vorbehalten bleiben sollte, eigenständige Regelungen zur Bestellung eines Datenschutzbeauftragten vorzusehen.

Soweit jedoch ein Datenschutzbeauftragter nach dem jeweiligen nationalen 37
Recht zu bestellen wäre, sieht der Entwurf des Rates vor, dass dieser über

---

25 Art. 35 Abs. 7 Satz 1 DSGVO-E (EP).
26 Rat der Europäischen Union v. 15.6.2015, 9565/15; 2012/0011 (COD).
27 Art. 35 Abs. 1 Satz 1 DSGVO-E (Rat).
28 Art. 35 Abs. 2 DSGVO-E (Rat).

die persönlichen Voraussetzungen hinsichtlich der beruflichen Qualifikation und der Abwesenheit von Interessenkonflikten verfügen müsse.[29]

38 Eine Mindestlaufzeit für die Bestellung eines Datenschutzbeauftragten sieht der Entwurf des Rates nicht vor. Die Sicherung der Stellung des Datenschutzbeauftragten ist darauf beschränkt, dass der Datenschutzbeauftragte nur dann seines Postens enthoben werden kann, wenn er für Voraussetzungen für die Erfüllung seiner Aufgaben gem. Art. 37 DSGVO-E nicht mehr erfüllt oder schwerwiegende Gründe für die außerordentliche Beendigung des Rechtsverhältnisses mit dem Beauftragten nach dem Recht des betreffenden Mitgliedstaates vorliegen.[30]

39 Übereinstimmung mit den Entwürfen der Kommission und des Parlamentes bestehen im Hinblick auf die Wahlmöglichkeit zwischen der Bestellung eines internen oder externen Datenschutzbeauftragten,[31] der Pflicht zur Veröffentlichung und Mitteilung der Person des Datenschutzbeauftragten und dessen Kontaktdaten[32] sowie des Rechts des Betroffenen, sich an den Datenschutzbeauftragten zu wenden und diesen mit der Wahrnehmung der Betroffenenrechte zu beauftragen.[33]

40 Da der Rat den Mitgliedstaaten die Frage vorbehalten lassen wollte, ob nach dem jeweiligen nationalen Recht eine Pflicht zur Bestellung eines Datenschutzbeauftragten vorgesehen ist, ließ der Entwurf des Rates der Europäischen Union folgerichtig das im Entwurf der Kommission vorgesehene Recht zum Erlass delegierter Rechtsakte ersatzlos entfallen.

4. Ergebnisse des Trilogs vom 15.12.2015[34]

41 Unterschieden sich im Verlauf der ersten Lesung des Verordnungsentwurfes die von Kommission, Europäischem Parlament und Rat der Europäischen Union vorgelegten bzw. beschlossenen Entwürfe teilweise sowohl konzeptionell als auch hinsichtlich der Ausgestaltung und Wahrnehmung der Regelungskompetenzen, vereint die im Trilog[35] verabschiedete Entwurfsfassung diese auf den ersten Blick divergierenden Positionen.

42 Art. 35 Abs. 1 DSGVO-E (Trilog) sieht in Übereinstimmung mit den Entwürfen der Kommission sowie des Parlamentes eine im Europarecht verankerte Pflicht zur Bestellung eines Datenschutzbeauftragten vor. Der im Entwurf des Rates noch verankerten Freiheit der Mitgliedstaaten, über die Pflicht zur Bestellung eines Datenschutzbeauftragten insgesamt eine nationale Regelung zu finden, wurde eine Absage erteilt.

---

29 Art. 35 Abs. 5 DSGVO-E (Rat).
30 Art. 35 Abs. 7 DSGVO-E (Rat).
31 Art. 35 Abs. 8 DSGVO-E (Rat).
32 Art. 35 Abs. 9 DSGVO-E (Rat).
33 Art. 35 Abs. 10 DSGVO-E (Rat).
34 Rat der Europäischen Union v. 15.12.2015, 15039/15; 2012/0011 (COD).
35 Bei dem sog „Trilog" handelt es sich ursprünglich um ein Konsultationsverfahren zwischen den Präsidenten des Europäischen Parlaments, des Rates und der Kommission zur Abstimmung der am Haushaltsverfahren beteiligten Organe der EU gem. Art. 324 AEUV. Diese Form der „Selbstorganisation" wurde im Fall der DSGVO übernommen und entsprechend im Hinblick auf eine effektive Abstimmung der am Gesetzgebungsverfahren beteiligten Organe angewendet. Vgl. zum Instrument des Trilogs *von Achenbach* Der Staat, Bd. 55, 1.

Der Entwurf des Triloges schließt sich der vom Europäischen Parlament fa- **43** vorisierten konzeptionellen Lösung an. Demzufolge besteht eine Pflicht zur Bestellung eines Datenschutzbeauftragten, sofern die Verarbeitung durch eine Behörde oder eine öffentliche Einrichtung erfolgt. Lediglich Gerichte sollten hiervon ausgenommen sein, sofern diese in Ausübung ihrer justiziellen Funktion handeln.

Wie bereits in den Entwürfen der Kommission und des Parlamentes sollten **44** Verantwortliche für die Verarbeitung sowie Auftragsverarbeiter dann einen Datenschutzbeauftragten bestellen müssen, wenn die Kerntätigkeit auf eine regelmäßige und systematische Beobachtung betroffener Personen in großem Umfang abstellt. An eine Mindestzahl an damit befassten Mitarbeitern oder betroffener Personen knüpft der Entwurf des Triloges nicht an. Hingegen übernimmt der Entwurf den Vorschlag des Parlamentes, eine Bestellungspflicht auch dann anzunehmen, wenn die Kernaktivitäten des für die Verarbeitung Verantwortlichen oder Auftragsverarbeiters in großem Umfang auf der Verarbeitung besonderer Kategorien von Daten im Sinne des Art. 9 DSGVO-E oder Daten über strafrechtliche Verurteilungen oder Straftaten im Sinne des Art. 9a DSGVO-E (Trilog) beruhen.[36]

Übereinstimmung mit den vorangegangenen Entwürfen zeigt die Fassung **45** des Triloges hinsichtlich der Möglichkeit, einen Datenschutzbeauftragten für eine Unternehmensgruppe[37] oder mehrerer Behörden oder öffentlicher Einrichtungen[38] zu bestellen, der Qualifikation des Datenschutzbeauftragten,[39] der Wahl zwischen der Bestellung eines internen oder externen Datenschutzbeauftragten[40] sowie der Veröffentlichung- und Mitteilungspflicht hinsichtlich der Person und der Kontaktdaten des Datenschutzbeauftragten.[41]

Im Trilog wurde mit Art. 35 Abs. 4 DSGVO-E (Trilog) das Recht zur frei- **46** willigen Bestellung eines Datenschutzbeauftragten über die in der Verordnung genannten Fallgruppen hinaus zugunsten der Mitgliedstaaten eine „Öffnungsklausel"[42] vorgesehen. Art. 35 Abs. 4 Satz 1 Hs. 1 DSGVO-E (Trilog) übernimmt zunächst die in den Entwürfen der Kommission und des Parlamentes enthaltene Freiheit, über die Bestimmungen der Verordnung hinaus einen Datenschutzbeauftragten zu bestellen.

Zugunsten der Mitgliedstaaten sieht jedoch Art. 35 Abs. 4 Satz 1 Hs. 2 **47** DSGVO-E (Trilog) vor, dass diese im nationalen Recht zusätzliche Pflichten zur Bestellung eines Datenschutzbeauftragten vorsehen können, sofern nicht aus anderen Vorschriften der Europäischen Union[43] sich ebenfalls eine Pflicht zur Bestellung ergibt. Die im Trilog vorgesehene Regelung räumt folglich den Mitgliedstaaten lediglich die Möglichkeit ein, zusätzli-

---

36 Art. 35 Abs. 1 lit. c DSGVO-E (Trilog).
37 Art. 35 Abs. 2 DSGVO-E (Trilog).
38 Art. 35 Abs. 3 DSGVO-E (Trilog).
39 Art. 35 Abs. 5 DSGVO-E (Trilog).
40 Art. 35 Abs. 8 DSGVO-E (Trilog).
41 Art. 35 Abs. 9 DSGVO-E (Trilog).
42 Zum Problem des Begriffes „Öffnungsklausel" sowie zur Reichweite solcher Bestimmungen im Rahmen der DSGVO vgl. *Laue* ZD 2016, 463.
43 Damit sind wohl Vorschriften außerhalb der DSGVO gemeint, die künftig aufgrund entsprechender Rechtsakte der Europäischen Union statuiert werden.

che Pflichten zur Bestellung eines Datenschutzbeauftragten vorzusehen. Eine Aufweichung oder Relativierung der in der Verordnung angelegten Bestellungspflichten ist nicht möglich.

48 Ersatzlos entfallen sind die in Art. 35 Abs. 6 DSGVO-E der Kommission und des Parlamentes enthaltene Pflicht der Verantwortlichen Stelle, die Erfüllung der Aufgaben durch den Datenschutzbeauftragten sicherzustellen und zu gewährleisten, dass dieser keinen Interessenkonflikten ausgesetzt ist. Ebenso wurden die in den Vorentwürfen noch enthaltenen Mindestbestellungszeiten[44] ersatzlos gestrichen. Da die in Art. 35 Abs. 4 DSGVO-E (Trilog) enthaltene „Öffnungsklausel" lediglich die Möglichkeit vorsieht, zusätzliche Bestellungspflichten auf nationaler Ebene zu normieren, kann im Hinblick auf die Laufzeit der Bestellung des Datenschutzbeauftragten auf der Ebene der Mitgliedstaaten keine Gesetzgebungskompetenz gesehen werden, die eine einzelstaatlich ausgestaltete Absicherung des Datenschutzbeauftragten vorsehen würde. Es bleibt nach der im Trilog gefundenen Entwurfsfassung der Rechtsprechung des EuGH letztlich vorbehalten, ob die Sicherung der unabhängigen Tätigkeit des Datenschutzbeauftragten mit einer Mindestlaufzeit oder auch einem besonderen Kündigungsschutz verknüpft sein muss und wie dies gegebenenfalls auszugestalten ist.

49 Ebenfalls ersatzlos gestrichen wurde das Recht des Betroffenen, sich an den Datenschutzbeauftragten zu wenden und diesen mit der Wahrnehmung seiner Betroffenenrechte zu beauftragen.

50 Mit der im Trilog verabschiedeten Entwurfsfassung wurde schließlich ebenfalls die im Entwurf der Kommission enthaltene Ermächtigung zum Erlass delegierter Rechtsakte nicht weiter aufrecht erhalten.

B. Kommentierung

I. Benennungspflicht

51 Während im Gesetzgebungsverfahren Streit über die Frage bestand, ob durch die Verordnung eine Pflicht zur Benennung eines Datenschutzbeauftragten begründet werden soll, bekannte sich der im Trilog verabschiedete Entwurf klar zum Prinzip der Selbstkontrolle des für die Verarbeitung Verantwortlichen. Der Wortlaut der Vorschrift bringt dies mit aller Deutlichkeit zum Ausdruck, indem Art. 37 Abs. 1 DSGVO davon spricht, dass „auf jeden Fall" ein Datenschutzbeauftragter durch den Verantwortlichen oder den Auftragsverarbeiter zu bestellen ist, wenn eine der in Art. 37 Abs. 1 DSGVO normierten Fallgruppen vorliegt. Ausnahmen von dieser Benennungspflicht kennt die DSGVO nicht. Abweichende nationale Regelungen sind mit der Wirkung des Art. 288 Abs. 2 AEUV nicht vereinbar.[45]

52 Die in Art. 37 Abs. 1 DSGVO enthaltenen Fallgruppen sind abschließend[46] genannt.

53 Über die in Absatz 1 genannten Fallgruppen hinaus kann das nationale Recht weitere Benennungs- bzw. Bestellungspflichten vorsehen, sofern die

---

44 Art. 35 Abs. 7 DSGVO-E.
45 Grabitz/Hilf/Nettesheim/*Nettesheim* AEUV Art. 288 Rn. 98.
46 Ebenso Paal/Pauly/*Paal* DSGVO Art. 37 Rn. 5.

Mitgliedstaaten vom Recht nach Art. 37 Abs. 4 DSGVO Gebrauch machen.

1. Verarbeitung personenbezogener Daten durch eine Behörde oder öffentliche Stelle

Art. 37 Abs. 1 lit. a DSGVO sieht die obligatorische Benennung eines Datenschutzbeauftragten vor, wenn personenbezogene Daten durch eine Behörde oder öffentliche Stelle verarbeitet werden.   54

Diese Verpflichtung war im Gesetzgebungsverfahren stets unumstritten. Der gesamte öffentliche Sektor soll von der Pflicht zur Benennung eines Datenschutzbeauftragten erfasst werden.[47]   55

Die Verordnung nimmt von der Pflicht zur Benennung eines Datenschutzbeauftragten lediglich Gerichte aus. Der Wortlaut der Vorschrift scheint nahe zu legen, dass Gerichte allgemein von der Pflicht ausgenommen sein könnten. Jedoch lässt die Formulierung „die im Rahmen ihrer justiziellen Tätigkeit handeln" an einer generellen europarechtlichen Befreiung von der Benennungspflicht zweifeln. Der Hinweis, dass Gerichte im Rahmen ihrer justiziellen Tätigkeit handeln, scheint zunächst eine Tautologie auszudrücken. Der relativierende Zusatz muss deshalb in anderer Weise verstanden werden. Er bezieht sich darauf, dass Gerichte zwar im Rahmen ihrer verfassungsrechtlichen Aufgabenzuweisung als Gegenpol zu Legislative und Exekutive mit judikativer Funktion ausgestattet sind. Gleichzeitig bilden Gerichte ihrerseits im Verhältnis zu den bei ihnen beschäftigten Personen administrative Funktionen ab, die keine unmittelbare justizielle Aufgabe zum Ausdruck bringen. Soweit also Gerichte nicht in ihrer justiziellen Funktion personenbezogene Daten verarbeiten, greift die Ausnahme von der Benennungspflicht nicht. Insoweit haben folglich auch Gerichte nach Art. 37 Abs. 1 lit. a DSGVO einen Datenschutzbeauftragten zu benennen.   56

Der Begriff des „Gerichtes" ist im Rahmen der europarechtlichen Vorschrift auszulegen. Ein Rückgriff auf das nationale Recht, zB auf § 23 EGGVG, verbietet sich. Zieht man Erwägungsgrund 97 zu Auslegungszwecken heran, wird deutlich, dass die Verordnung von einem funktionalen Begriff ausgeht. Dort wird von „Gerichten oder unabhängigen Justizbehörden" gesprochen, „die im Rahmen ihrer justiziellen Tätigkeit handeln". Der Wortlaut der Vorschrift spricht dafür, dass die betreffende Behörde als Organ der Rechtsprechung handeln muss, um von der Benennungspflicht des Art. 37 Abs. 1 DSGVO ausgenommen zu sein. Eine solche justizielle Tätigkeit setzt voraus, dass eine unabhängige Entscheidung getroffen wird. Dies ist beispielsweise im Fall von Kartellentscheidungen[48] durch die hierfür zuständige Behörde der Fall. Ebenso wären Vergabekammern zu dieser Fallgruppe zu rechnen. Ermittlungsbehörden wie Staatsanwaltschaften würden wohl nicht unter den Begriff der unabhängigen Justizbehörden zu subsumieren sein, da diese jedenfalls einer ministeriellen Weisungsbefugnis unterliegen.[49]   57

---

47 Vgl. *Peifer* GewArch 2014, 142.
48 Zutreffend Paal/Pauly/*Paal* DSGVO Art. 37 Rn. 7.
49 Ebenso Paal/Pauly/*Paal* DSGVO Art. 37 Rn. 7.

58   Einer gesonderten im nationalen Recht verankerten Pflicht zur Bestellung eines Datenschutzbeauftragten für Gerichte bedarf es folglich nicht. Dem nationalen Gesetzgeber ist sogar in dieser Hinsicht keine Gesetzgebungskompetenz verblieben, da der europäische Verordnungsgeber von seiner Gesetzgebungskompetenz hinreichend Gebrauch gemacht hat. Ein Rückgriff auf die Kompetenz nach Art. 37 Abs. 4 DSGVO kommt nicht in Betracht.

2. Umfangreiche regelmäßige und systematische Überwachung

59   Die Verordnung stellt außerhalb des öffentlichen Sektors auf spezifische Arten der Verarbeitung personenbezogener Daten ab.

60   Besteht die Kerntätigkeit des Verantwortlichen oder des Auftragsverarbeiters in der Durchführung von Verarbeitungsvorgängen, die aufgrund ihrer Art, ihres Umfangs sowie ihrer Zwecke eine umfangreiche regelmäßige und systematische Überwachung von betroffenen Personen erforderlich machen, ist ein Datenschutzbeauftragter zu benennen. Zu beachten ist, dass der Wortlaut der Bestimmung klar zeigt, dass die in Art. 37 Abs. 1 lit. b DSGVO genannten Tatbestandsmerkmale „umfangreich", „regelmäßig" sowie „systematisch" alternativ und nicht kumulativ vorliegen müssen.[50]

61   Während der Entwurf der Kommission noch die Befugnis zum Erlass delegierter Rechtsakte vorsah, um die näheren Einzelheiten dieser Fallgruppe zu konkretisieren, ist hierfür die Kommission nicht kompetent. Gleichzeitig schließt der Wortlaut des Art. 37 Abs. 4 DSGVO ebenfalls aus, dass die Mitgliedstaaten die Tatbestandsmerkmale des Art. 37 Abs. 1 lit. b DSGVO konkretisieren. So bleibt letztlich die Ausformung der unbestimmten Rechtsbegriffe des Art. 37 Abs. 1 lit. b DSGVO dem Europäischen Gerichtshof vorbehalten.

62   Erwägungsgrund 97 gibt vorbehaltlich späterer Judikatur Anhaltspunkte, wie die Vorschrift auszulegen ist.

a) Kerntätigkeit

63   Erwägungsgrund 97 stellt zur terminologischen Fixierung des Begriffes der „Kerntätigkeit" auf die „Haupttätigkeit" des Verantwortlichen ab. Zur Kerntätigkeit soll die Verarbeitung dann nicht zu rechnen sein, wenn diese „als Nebentätigkeit" erfolgt.

64   Ist die Verarbeitung personenbezogener Daten erforderlich, damit der Verantwortliche für die Verarbeitung seinen Geschäftszweck verfolgen kann, ist die Verarbeitung zur Kerntätigkeit zu rechnen. Die Verarbeitung selbst muss dabei nicht der eigentliche Geschäftszweck sein, ihr muss vielmehr eine solche Bedeutung zukommen, dass ohne die Verarbeitung die Erfüllung des Geschäftszweckes entweder nicht möglich ist oder so erschwert wird, dass unter kaufmännischen Gesichtspunkten die Verarbeitung personenbezogener Daten nahe liegt und sinnvoll ist. Dies ist beispielsweise dann der Fall, wenn ein Werbenetzwerk darauf beruht, dass personenbezo-

---

50   So auch zutreffend *Laue/Nink/Kremer*, S. 194 Rn. 9.

gene Daten ausgewertet werden, um darauf gestützt Werbung versenden zu können.[51]

Zweifelhaft ist, ob der Begriff der Kerntätigkeit so weit ausgelegt werden   65
kann, dass auch die im Rahmen der üblichen unternehmerischen Tätigkeit
nahe liegende IT-gestützte Personaldatenverarbeitung zur Kerntätigkeit zu
rechnen ist.[52] Für eine solche Auslegung würde sprechen, dass eine kaufmännisch sinnvolle Verfolgung des Geschäftszweckes eines Unternehmens
wohl kaum ohne IT-gestützte Personaldatenverarbeitung vorstellbar ist.
Andererseits würde eine solche Auslegung des Begriffes der Kerntätigkeit
dazu führen, dass eine Abgrenzung zwischen Haupt- und Nebentätigkeit,
wie sie Erwägungsgrund 97 vorsieht, sinnentleert wäre. Nahezu jedes Unternehmen, das personenbezogene Daten im Rahmen der Personaldatenverwaltung verarbeitet wäre von der Benennungspflicht erfasst. Letztlich
wird hier der Europäische Datenschutzausschuss nach Art. 70 DSGVO
oder die Rechtsprechung durch Herausbildung von Fallgruppen für
Rechtssicherheit sorgen müssen.

Kritisch ist die Einordnung in Haupt- oder Nebentätigkeit bei jenen Unter-   66
nehmen, deren Geschäftszweck nur schwerlich von der Verarbeitung personenbezogener Daten getrennt werden kann. So liegt der Geschäftszweck
des Steuerberaters zwar darin, auf der Grundlage buchhalterisch erfasster
Daten einen Jahresabschluss oder eine Steuererklärung zu erstellen. Die
Verarbeitung der dabei anfallenden personenbezogenen Daten als „Nebentätigkeit" des Steuerberaters zu verstehen, würde nach der hier vertretenen
Auffassung allerdings dazu führen, dass als Haupttätigkeit des Steuerberaters lediglich die kalkulatorisch richtige Erfassung der Tatbestände und die
steuer- und handelsrechtlich korrekte Erstellung eines Jahresabschlusses
oder einer Steuererklärung verstanden würde.[53] Diese Differenzierung erscheint allzu artifiziell und wird wohl auch der Lebenswirklichkeit nur selten gerecht. Ebenso dürfte es sich im Fall der Tätigkeit eines Rechtsanwaltes verhalten. Auch dort werden regelmäßig personenbezogene Daten IT-
gestützt erfasst und verarbeitet, indem elektronische Akten geführt oder
auch künftig über elektronische Anwaltspostfächer kommuniziert wird.
Diese Verarbeitung personenbezogener Daten ist zur Kerntätigkeit des
Rechtsanwaltes zu zählen,[54] da ohne diese Vorgänge eine auf den Mandanten zugeschnittene Rechtsberatung nur schwerlich möglich ist.

b) Art der Verarbeitungstätigkeit

Neben dem Kriterium der Kerntätigkeit stellt Art. 37 Abs. 1 lit. b DSGVO   67
darauf ab, dass Verarbeitungsvorgänge vorliegen, „welche aufgrund ihrer
Art, ihres Umfangs und/oder ihrer Zwecke eine umfangreiche regelmäßige
und systematische Überwachung" erforderlich machen.

---

51 Vgl. zutreffend *Gierschmann* ZD 2016, 51.
52 In diesem Sinne *Weichert* CuA, 2016, 8; zum Begriff der Kerntätigkeit vgl. *Küh-
    ling/Buchner* DS-GVO Art. 37 Rn 19 ff.
53 So aber *Laue/Nink/Kremer*, S. 194.
54 AA *Laue/Nink/Kremer*, S. 194; zur Einordnung der Tätigkeit eines Arztes vgl.
    Kühling/Buchner DS-GVO Art. 37 Rn. 24.

68   Die Formulierung der Vorschrift stand bereits im Gesetzgebungsverfahren in der Kritik.[55] Die unbestimmte Formulierung bietet hinreichend Raum für Interpretation und letztlich Rechtsunsicherheit. Gleichwohl wurde die nun in Art. 37 Abs. 1 lit. b DSGVO enthaltene Formulierung in den jeweiligen Entwürfen fortgeführt.

69   Zutreffend ist die Auffassung, dass Profiling-Maßnahmen[56] wohl in den Anwendungsbereich des Art. 37 Abs. 1 lit. b DSGVO zu rechnen sind. Werden Kundendaten systematisch ausgewertet, indem sie einem Scoring unterzogen werden, fällt diese Tätigkeit in den Anwendungsbereich des Art. 37 Abs. 1 lit. b. DSGVO. Dies gilt nicht nur für die Fälle der Berechnung von Kreditrisiken und der Ermittlung von Bonitätswerten. Auch die Erstellung von prognostischen Aussagen, wie beispielsweise Kaufprognosen, beruht auf einer systematischen Überwachung betroffener Personen und fällt in den Anwendungsbereich des Art. 37 Abs. 1 lit. b DSGVO.

70   Systematische Überwachungen sind jedoch auch im Zusammenhang mit der Einsatz von Zeiterfassungssystemen oder mit Zugangskontrollsystemen in Unternehmen anzunehmen, da in diesen Fällen die Daten zu spezifischen Zwecken, beispielsweise der Ermittlung von Arbeitszeiten, -zeitguthaben, Überstunden etc., ausgewertet werden. Ebenso stellt die Überwachung eines Gebäudekomplexes hinsichtlich der Frage, wer sich darin befindet, einen Verarbeitungszweck dar, der vom Anwendungsbereich des Art. 37 Abs. 1 lit. b DSGVO erfasst ist.

71   Letztgenanntes Beispiel macht deutlich, dass die Abgrenzung zwischen Kerntätigkeit als „Haupttätigkeit" und solchen nicht von der Kerntätigkeit erfassten Vorgängen durchaus bedeutsam ist und nicht ohne Not verwischt werden sollte. Wird beispielsweise der Zugang von Personen zum Werksgelände eines Maschinenbauunternehmens erfasst, erfüllt dies durchaus den Zweck der Sicherheit und des Werksschutzes. Erfasst und verarbeitet das Maschinenbauunternehmen diese Daten selbst, so ist dies gleichwohl nicht der Kerntätigkeit des Unternehmens zuzurechnen. Würde das Unternehmen den Werksschutz jedoch einem externen Dienstleister übertragen und würde dieser als Auftragsdatenverarbeiter die Zugangsdaten der das Gelände betretenden Personen erfassen und verarbeiten, so stellte dies die Kerntätigkeit des Unternehmens dar, das für den Werksschutz verantwortlich zeichnet. Dieser Dienstleister würde folglich in den Anwendungsbereich des Art. 37 Abs. 1 lit. b DSGVO fallen.

c) Überwachung

72   Art. 37 Abs. 1 lit. b DSGVO spricht von „Überwachung" der betroffenen Person. Der Begriff der Überwachung ist allerdings in seiner Bedeutung in der deutschen Textfassung deutlich enger gefasst, als dies in der englischen Sprachfassung der Fall ist. Die englische Fassung spricht von „monitoring of data subjects". Die französische Fassung spricht von „un suivi régulier".

---

55 *Hoeren* ZD 2012, 355 (356).
56 So Paal/Pauly/*Paal* DSGVO Art. 37 Rn. 8 mit weiterem Verweis auf *Hullen*, jurisPR-ITR 8/2013 Anm. 2.B.I.

Damit wird deutlich, dass „Überwachung" im Sinne einer „Beobachtung" 73
oder „Nachverfolgung" zu verstehen ist. Damit fallen in diese Kategorie
nicht nur Überwachungsvorgänge im engeren Sinne sondern auch alle anderen Vorgänge, bei denen personenbezogene Daten hinsichtlich etwaiger
Verhaltensweisen beobachtet und gegebenenfalls ausgewertet werden.

Folgt man diesem weiteren Verständnis des Begriffes, sind auch das 74
„tracking" von Verhaltensweisen vom Anwendungsbereich der Vorschrift
erfasst.

d) Umfang

Die Verordnung spricht davon, dass es sich um eine „umfangreiche" Über- 75
wachung betroffener Personen handeln müsse. Offen ist, ob dies in quantitativer oder qualitativer Weise zu verstehen ist.

Bereits der Begriff der Überwachung, des Monitoring oder auch des 76
Tracking setzt voraus, dass nicht nur eine punktuelle Bestandsaufnahme erfolgen kann. Diese Vorgänge beinhalten stets auch ein zeitliches Moment,
da anderenfalls die gewonnenen Daten nicht aussagekräftig sind. Der Umfang der Tätigkeit muss sich folglich auch über einen gewissen relevanten
Zeitraum hinweg erstrecken und darf nicht nur als Einzelereignis verstanden werden.

Auf den Umfang der Daten kommt es wohl in quantitativer Hinsicht nicht 77
an, da bereits wenige einzelne Informationen, wenn diese über einen gewissen Zeitraum hinweg anfallen, beispielsweise der tägliche Zeitpunkt des
Betretens und des Verlassens eines Geländes ein Bewegungs- oder Verhal-
tensprofil einer betroffenen Person ermöglichen.

Unter „umfangreiche" Überwachung ist deshalb vor allen Dingen ein Ver- 78
arbeitungsvorgang zu verstehen, der eine Aussage über die betroffene Person ermöglicht.

Im Umkehrschluss ist eine quantitativ umfangreiche Datensammlung und 79
-verarbeitung vom Anwendungsbereich des Art. 37 Abs. 1 lit. b DSGVO
nicht ausgeschlossen.

e) Regelmäßigkeit

Die Verordnung verlangt eine Regelmäßigkeit in der Verarbeitung der be- 80
treffenden Daten. Damit wird zunächst der einmalige Fall der Überwachung vom Anwendungsbereich ausgeschlossen.

Eine Regelmäßigkeit ist aber bereits bei der wiederholten Überwachung ge- 81
geben, wenn die Art der Überwachung eine solche Wiederholbarkeit einschließt. Da die Vorschrift zugleich nicht nur auf die Regelmäßigkeit abstellt sondern das Moment der Erforderlichkeit für die Kerntätigkeit des
Verantwortlichen oder des Auftragsverarbeiters betont, bedingt die Regelmäßigkeit auch, dass diese aufgrund der Kerntätigkeit in ihrer Wiederholung angelegt ist.

f) Systematik

Art. 37 Abs. 1 lit. b DSGVO nennt als weiteres kumulatives Merkmal zum 82
Umfang und zur Regelmäßigkeit, dass dies „systematisch" zu erfolgen hat.

83   Während das Merkmal der Regelmäßigkeit auf die Häufigkeit abstellt und damit ein quantitatives Kriterium darstellt, bezieht sich das Merkmal der Systematik auf ein qualitatives Merkmal. Die Überwachung erfolgt dann systematisch, wenn sie nach Kriterien erfolgt, die eine – wenn auch einfache – Systematik zum Ausdruck bringen. Dies ist beispielsweise dann der Fall, wenn Zugangskontrollen zum Gelände nach Uhrzeit und Datum oder Personalnummern ausgewertet werden. Ebenso wäre ein systematisches Monitoring darin zu sehen, das Verhalten eines Internet-Nutzers anhand des Klickverhaltens auszuwerten.

3. Verarbeitung besonderer Kategorien von Daten oder Daten über strafrechtliche Verurteilungen und Straftaten

84   Art. 37 Abs. 1 lit. c DSGVO sieht eine Benennungspflicht auch dann vor, wenn die Kerntätigkeit der Verantwortlichen oder des Auftragsverarbeiters in der umfangreichen Verarbeitung besonderer Kategorien von Daten nach Art. 9 DSGVO oder von personenbezogenen Daten über strafrechtliche Verurteilungen und Straftaten nach Art. 10 DSGVO besteht.

85   Auch in diesem Zusammenhang ist die inhaltliche Bestimmung des Begriffes der „Kerntätigkeit" von zentraler Bedeutung. Insoweit kann auf die vorangegangenen Ausführungen verwiesen werden.

86   Im Gegensatz zu Art. 37 Abs. 1 lit. b DSGVO stellt die Bestimmung nur darauf ab, dass die Verarbeitung „umfangreich" erfolgt. Auf die Merkmale der Regelmäßigkeit und Systematik wird im Zusammenhang mit der Verarbeitung von Daten nach Art. 9 und 10 DSGVO nicht zurückgegriffen.

87   Problematisch bleibt deshalb, was auch im Zusammenhang des Art. 37 Abs. 1 lit. c DSGVO unter „umfangreich" zu verstehen ist. Während erste Interpretationen[57] der Vorschrift davon ausgehen, dass dies nur dann der Fall sei, wenn die Verarbeitung „das übliche Maß bei Weitem übersteigt", dürfte eine Auslegung der Vorschrift nach dem Sinn und Zweck der Norm ein differenziertes Bild ergeben.

88   Zutreffend ist sicher, dass Art. 37 Abs. 1 lit. c DSGVO einschlägig ist, wenn eine das übliche Maß bei Weitem übersteigende Verarbeitung vorliegt. Offen lässt diese Kategorisierung jedoch, was das übliche Maß einer Verarbeitung der in Art. 9 und 10 DSGVO genannten Datenkategorien sein mag und in wie weit dieses übersteigen werden muss, um als „bei Weitem" gelten zu können. Unklar bleibt bei dieser Interpretation der Norm, ob beispielsweise eine Versicherung, die Gesundheitsdaten ihrer Versicherungsnehmer verarbeitet, im Vergleich zu anderen Krankenversicherungen überdurchschnittlich intensiv Daten nach Art. 9 DSGVO verarbeiten müsste, um in die Benennungspflicht nach Art. 37 Abs. 1 lit. c DSGVO zu fallen.

89   Betrachtet man die in Art. 9 und 10 DSGVO enthaltenen Regelungen, muss festgehalten werden, dass dort ein allgemeines Verarbeitungsverbot zum Ausdruck gebracht wird, von dem nur unter engen Voraussetzungen gesetzlich geregelte Ausnahmen gemacht werden. Die Verarbeitung dieser

---

57   Paal/Pauly/*Paal* DSGVO Art. 37 Rn. 9.

Datenarten wird folglich vom Verordnungsgesetzgeber als besonders kritisch erachtet.

Erwägungsgrund 97 lässt die gesetzgeberische Motivation erkennen, die 90
hinter der Benennungspflicht des Art. 37 DSGVO steht. Sowohl dem Verantwortlichen für die Verarbeitung als auch dem Auftragsverarbeiter soll eine Person unterstützend zur Seite stehen, die durch ihr Fachwissen dafür Sorge trägt, dass den Belangen des Datenschutzes hinreichend Rechnung getragen werden kann.

Diese Zwecksetzung des Art. 37 DSGVO setzt nicht erst ein, wenn beson- 91
dere personenbezogene Daten im Sinne der Art. 9 und 10 DSGVO in einem atypischen Umfang verarbeitet werden. Das Schutzziel des Gesetzes setzt bereits dann ein, wenn diese Arten der personenbezogenen Daten überhaupt verarbeitet werden.

Die Vorschrift des Art. 37 Abs. 1 lit. c DSGVO ist vielmehr so zu verstehen, 92
dass die Benennungspflicht eingreift, sobald die in Art. 9 und 10 DSGVO genannten Datenarten in relevanter Weise verarbeitet werden. Dies bedeutet, dass nicht nur in einem Einzelfall die Verarbeitung erfolgt sondern in einem für die Anwendung der DSGVO relevanten Umfang. Dies ist beispielsweise dann gegeben, wenn im Rahmen der Personalverwaltung eines Unternehmens Gesundheitsdaten der Mitarbeiter verarbeitet werden. Eine Krankenversicherung würde ungeachtet des Bestandes ihrer Versicherungsnehmer in jedem Fall in den Anwendungsbereich des Art. 37 Abs. 1 lit. c DSGVO zu rechnen sein.

II. Benennung eines gemeinsamen Datenschutzbeauftragten

Bereits im Gesetzgebungsverfahren bestand Übereinstimmung zwischen 93
den Entwürfen der Kommission, des Parlamentes und des Rates dahingehend, dass eine Unternehmensgruppe einen gemeinsamen Datenschutzbeauftragten benennen darf. Die finale Fassung der DSGVO knüpft dieses Recht an die Bedingung, dass der Datenschutzbeauftragte von jeder Niederlassung aus leicht erreicht werden kann.

1. Begriff der Unternehmensgruppe

Der Wortlaut der Verordnung vermeidet eine terminologische Übernahme 94
des im nationalen Rechts bestehenden Begriffes des „Konzerns". Gleichwohl entspricht die in Art. 4 Nr. 19 DSGVO enthaltene Legaldefinition der terminologischen Fixierung des „Konzerns", wie sie in § 18 AktG enthalten ist.

Der Wortlaut der Vorschrift lässt erkennen, dass die Verordnung im Ver- 95
gleich zur bislang bestehenden nationalen Regelung des BDSG eine vereinfachte Vorgehensweise gestattet. Während das BDSG darauf abstellte, dass eine verantwortliche Stelle einen Datenschutzbeauftragten nach § 4 f Abs. 1 BDSG zu bestellen hatte und ein – zusätzlicher – Konzerndatenschutzbeauftrager dann zu bestellen war, wenn auf der Ebene des Konzernes die Bestellungsvoraussetzungen des § 4 f Abs. 1 BDSG erfüllt waren, gestattet die DSGVO die Benennung eines „gemeinsamen" Datenschutzbeauftragten

in einem einzigen Benennungsakt.[58] Dieser erfüllt mit der Benennung auch die auf der Ebene der einzelnen Konzerngesellschaften gegebenen Voraussetzungen, wie sie in Art. 37 Abs. 1 DSGVO fixiert sind.

2. Leichte Erreichbarkeit

96   Problematisch ist die in Art. 37 Abs. 2 DSGVO genannte Bedingung, wonach der gemeinsame Datenschutzbeauftragte von jeder Niederlassung aus „leicht erreicht werden" können muss. *Paal*[59] weist zutreffend darauf hin, dass die gesetzliche Regelung dann leer laufen würde, wenn das Kriterium bereits dadurch erfüllt werden könnte, dass der Datenschutzbeauftragte durch Telekommunikationsmittel[60] „erreichbar" ist. Verlangt werde müsse vielmehr, dass die „persönliche Erreichbarkeit"[61] gegeben sei. Dies sei als „beiderseitige örtliche Anwesenheit" unter dem Aufwand zumutbarer zeitlicher und finanzieller Ressourcen zu verstehen.[62]

97   Zieht man in Betracht, dass die Ausgestaltung der Rolle des Datenschutzbeauftragten nicht nur darin besteht, dass dieser sowohl dem Betroffenen als auch dem Verantwortlichen für die Verarbeitung fachlich kompetent mit seinem Rat zur Seite steht,[63] sondern zudem nach Art. 38 Abs. 5 DSGVO in besonderer Weise in der Erfüllung seiner Aufgaben an die Wahrung der Geheimhaltung sowie der Vertraulichkeit gebunden ist, wird deutlich, dass der Datenschutzbeauftragte seiner Rolle nur dann gerecht werden kann, wenn er persönlich gegenüber der betroffenen Person oder auch dem Verantwortlichen für die Verarbeitung als Ansprechpartner zur Verfügung steht. Dies kann durch die schlichte Erreichbarkeit mit Fernkommunikationsmitteln nicht sicher gewährleistet werden. Allerdings wird nicht verlangt werden können, dass der Datenschutzbeauftragte ständig physisch präsent ist.[64] Würde dies verlangt werden, könnte ein gemeinsamer Datenschutzbeauftrager für mehrere Niederlassungen nicht benannt werden, da dieser zwangsläufig stets nur in einer Niederlassung physisch präsent sein kann.

98   Offen bleibt nach dem Wortlaut des Art. 37 Abs. 2 DSGVO auch, ob die Bestellung grenzüberschreitend erfolgen kann. Dies schließt die Verordnung nicht aus. Vielmehr würde eine Beschränkung auf Unternehmensgruppen, die nach etwaigem nationalen Recht gebildet würden, dem Sinn und Zweck der Regelung zuwider laufen. Die DSGVO stellt mit der Legaldefinition des Art. 4 Nr. 19 DSGVO gerade nicht darauf ab, ob die „Konzernierung" nach einem bestimmten nationalen Recht erfolgt. Die Bildung eines gemeinsamen Datenschutzbeauftragten kann folglich auch grenzüberschreitend erfolgen.

58   Ebenso Paal/Pauly/*Paal* DSGVO Art. 37 Rn. 10.
59   Paal/Pauly/*Paal* DSGVO Art. 37 Rn. 10.
60   *Laue/Nink/Kremer*, S. 196 Rn. 13 f. gehen zutreffend davon aus, dass jedenfalls eine elektronische oder telefonische Erreichbarkeit gegeben sein muss.
61   Paal/Pauly/*Paal* DSGVO Art. 37 Rn. 10.
62   Paal/Pauly/*Paal* DSGVO Art. 37 Rn. 10.
63   Vgl. Art. 39 DSGVO und Erwägungsgrund 97 sowie Art. 38 Abs. 4 DSGVO.
64   So zutreffend *Laue/Nink/Kremer*, S. 196 Rn. 14.

Bittner[65] weist auf das damit gleichwohl verbundene Problem hin, ob die Niederlassungen einem gemeinsamen Sprachraum entstammen müssen. *Paal* schließt sich der Auffassung an, wonach ein gemeinsamer Datenschutzbeauftragter nur für solche Niederlassungen wirksam benannt werden könne, die einem gemeinsamen Sprachraum entstammen oder wenn der Datenschutzbeauftragte in sämtlichen in Rede stehenden Sprachen für die Aufgabenerfüllung hinreichende sprachliche Kenntnisse aufweisen könne.[66]

99

Die Frage, ob der Datenschutzbeauftragte aufgrund etwa bestehender Sprachbarrieren seine Aufgabe nicht hinreichend erfüllen kann, ist jedoch kein Kriterium, das im Rahmen des Art. 37 Abs. 2 DSGVO eine Rolle spielt. Vielmehr bildet die Sprachkompetenz eines der im Rahmen des Art. 37 Abs. 5 DSGVO zu beachtenden Merkmale der Qualifikation des Datenschutzbeauftragten.

100

Art. 37 Abs. 2 DSGVO hingegen kann nicht entnommen werden, dass die Niederlassungen, die einen gemeinsamen Datenschutzbeauftragten benennen möchten, auch einem gemeinsamen Sprachraum entstammen müssten. Die Bestellung eines gemeinsamen Datenschutzbeauftragten ist lediglich von der leichten Erreichbarkeit abhängig. Dabei handelt es sich nach der hier vertretenen Auffassung um eine räumlich-zeitliche Dimension und nicht um die Frage, ob der gemeinsame Datenschutzbeauftragte und die Niederlassungen einem gemeinsamen Sprachraum zuzurechnen sind.

101

Laue/Nink/Kremer weisen zutreffend darauf hin, dass der Datenschutzbeauftragte durchaus sowohl zur Überbrückung etwaiger Sprachbarrieren als auch im Interesse einer leichten Erreichbarkeit sich seines Hilfspersonals bedienen könnte.[67]

102

3. Gemeinsamer Datenschutzbeauftragter für Behörden oder öffentliche Stellen

Art. 37 Abs. 3 DSGVO gestattet einer Behörde oder öffentlichen Stelle die Bildung eines gemeinsamen Datenschutzbeauftragten für mehrere Behörden oder Stellen. Dabei ist die Organisationsstruktur sowie die Größe der Behörde oder öffentlichen Stelle zu berücksichtigen.

103

Die Regelung der Verordnung geht über die bislang in § 4 f Abs. 1 Satz 5 BDSG enthaltene Vorschrift hinaus, wonach für „mehrere Bereiche" ein Datenschutzbeauftragter bestellt werden konnte.

104

Die Regelung des § 37 Abs. 3 DSGVO lässt allerdings offen, ob dem Recht zur Bestellung eines gemeinsamen Datenschutzbeauftragten immanente Grenzen gesetzt sind. Hierfür spricht der Hinweis in der Vorschrift, wonach die Größe sowie die Organisationsstruktur bei der Bestellung zu berücksichtigen sind. Auf eine leichte Erreichbarkeit, wie sie in Art. 37 Abs. 2 DSGVO vorausgesetzt wird, kommt es im Rahmen des § 37 Abs. 3 DSGVO nicht an.

105

---

65 *Bittner* RDV 2014, 183 (184).
66 Paal/Pauly/*Paal* DSGVO Art. 37 Rn. 10.
67 *Laue/Nink/Kremer*, S. 196 Rn. 14.

III. Freiwillige Benennung eines Datenschutzbeauftragten

106 Art. 37 Abs. 4 DSGVO lässt über die in Art. 37 Abs. 1 DSGVO enthaltene Benennungspflicht hinaus die freiwillige Benennung eines Datenschutzbeauftragten zu und erweitert dies ausdrücklich auch auf Verbände und andere Vereinigungen, die Kategorien von Verantwortlichen oder Auftragsverarbeitern vertreten. Der Datenschutzbeauftragte kann ausdrücklich auch für derartige Verbände und Vereinigungen handeln.[68]

107 Die eigentliche Bedeutung der Vorschrift liegt in Art. 37 Abs. 4 Satz 1 Hs. 2 DSGVO. Während der Entwurf des Rates der Europäischen Union anstelle einer allgemeinen Benennungspflicht die Frage eines obligatorischen Datenschutzbeauftragten in der Regelungskompetenz der Mitgliedstaaten belassen wollte, liegt mit Art. 37 Abs. 4 Satz 1 Hs. 2 DSGVO eine reduzierte „Öffnungsklausel" vor.[69] Damit besteht für die Mitgliedstaaten lediglich die Möglichkeit, über Art. 37 Abs. 1 DSGVO hinausgehend weitere Benennungspflichten vorzusehen.

108 Die Vorschrift ist für das bisher geltende Recht des § 4 f BDSG von Bedeutung. Nach dem bislang geltenden BDSG ist ein Datenschutzbeauftragter – unabhängig von der Frage der Kerntätigkeit oder eine umfangreichen regelmäßigen und systematischen Überwachung – zu bestellen, wenn die Kriterien des § 4 f Abs. 1 Satz 1 bis 4 BDSG gegeben sind.

109 Mit Inkrafttreten und Wirksamwerden der DSGVO entfällt folglich nicht automatisch eine nach § 4 f Abs. 1 BDSG gegebene Bestellungspflicht. Soweit das nationale Recht über die in Art. 37 Abs. 1 DSGVO enthaltene Benennungspflicht hinausgeht, gestattet dies Art. 37 Abs. 4 Satz 1 Hs. 2 DSGVO. An der bislang erfolgten Bestellung betrieblicher Datenschutzbeauftragter nach dem Recht des BDSG ändert sich folglich so lange nichts, als der Bundesgesetzgeber nicht ausdrücklich die in § 4 f Abs. 1 BDSG enthaltenen Bestellungsvoraussetzungen ändert oder aufhebt. Mit dem Wirksamwerden der DSGVO entfällt folglich auch nicht die Grundlage bereits bestellter betrieblicher Datenschutzbeauftragter. Diese können also auch nicht unter Verweis auf eine mit der DSGVO eingetretene neue Rechtslage abberufen werden.

110 Während § 37 Abs. 4 Satz 1 Hs. 2 DSGVO den Mitgliedstaaten gestattet, weitergehende Benennungspflichten aufzustellen, erstreckt sich diese Befugnis nicht auf die Ausgestaltung der Stellung nach Art. 38 DSGVO und der Aufgaben des Datenschutzbeauftragten nach Art. 39 DSGVO. Die DSGVO enthält in dieser Hinsicht abschließende Regelungen, die dem nationalen Gesetzgeber keine eigene Gestaltungskompetenz belassen.[70]

---

68 Art. 37 Abs. 4 Satz 2 DSGVO.
69 Vgl. zur möglichen Inanspruchnahme der Öffnungsklausel durch den nationalen Gesetzgeber *Kühling/Buchner* DS-GVO Art. 37 Rn. 56 f.
70 Ebenso Paal/Pauly/*Paal* DSGVO Art. 37 Rn. 12, *Jaspers/Reif* RDV 2016, 61.

IV. Qualifikation des Datenschutzbeauftragten als Benennungsvoraussetzung

Der Datenschutzbeauftragte ist auf der Grundlage „seiner beruflichen Qualifikation" sowie seiner Fähigkeit zur Erfüllung der in Art. 39 DSGVO genannten Aufgaben, zu benennen.[71]   111

Art. 37 Abs. 5 DSGVO betont in diesem Zusammenhang, dass zu den beruflichen Qualifikationen des Datenschutzbeauftragten insbesondere das Fachwissen auf dem Gebiet des Datenschutzrechts und der Datenschutzpraxis gehört. Damit macht die Verordnung deutlich, dass der Datenschutzbeauftragter sowohl in rechtlicher als auch technischer Hinsicht über ein spezifisches Fachwissen verfügen muss. Diese Anforderungen waren bislang bereits im nationalen Recht des BDSG in § 4 f Abs. 2 BDSG verankert, wobei die bislang bestehende gesetzliche Regelung nicht explizit auf die rechtlichen Kenntnisse abstellte.   112

Zur Ermittlung der erforderlichen Fachkunde kann nach dem Wirksamwerden der Verordnung[72] nicht mehr auf die zum nationalen Recht entwickelten Grundsätze zurückgegriffen werden, da die Regelungen der Verordnung in Art. 37 Abs. 4 und Art. 39 DSGVO abschließend sind.[73]   113

Erwägungsgrund 97 macht deutlich, dass zur Beurteilung der Qualifikation und insbesondere des Fachwissens des Datenschutzbeauftragten keine starren Kriterien herangezogen werden können. Das „Niveau des Fachwissens"[74] sollte sich sowohl an den Datenverarbeitungsvorgängen als auch dem erforderlichen Schutz der personenbezogenen Daten orientieren. Die Qualifikation des Datenschutzbeauftragten folgt somit auch dem im Rahmen der Datenschutzfolgenabschätzung nach Art. 35 DSGVO implementierten Risikoansatz. Der Datenschutzbeauftragte hat sowohl bei der Benennung über ein dem Risiko entsprechendes Fachwissen zu verfügen als auch dieses bei einer Risikoerhöhung entsprechend anzupassen.[75]   114

V. Interner oder externer Datenschutzbeauftragter

Art. 37 Abs. 6 DSGVO gestattet sowohl die Benennung eines internen als auch eines externen Datenschutzbeauftragten. Die Vorschrift differenziert nicht zwischen Behörden oder öffentlichen Stellen einerseits und Verantwortlichen des privaten Sektors. Die Verordnung führt damit auch für den öffentlichen Sektor die Möglichkeit ein, über das Recht zur Benennung eines gemeinsamen Datenschutzbeauftragten nach Art. 37 Abs. 3 DSGVO hinaus auch einen externen Datenschutzbeauftragten zu benennen.[76]   115

Der Wortlaut der Vorschrift lässt nicht klar erkennen, ob im Fall der Benennung eines externen Datenschutzbeauftragten auch eine juristische Person die Aufgaben eines Datenschutzbeauftragten wahrnehmen kann. Im   116

---

71 Art. 37 Abs. 5 DSGVO.
72 Vgl. Art. 99 Abs. 2 DSGVO.
73 Ebenso Paal/Pauly/*Paal* DSGVO Art. 37 Rn. 13 unter Verweis auf *Eckhart/Kramer* DuD 2013, 287 (293).
74 Erwägungsgrund 97 Satz 3.
75 Vgl. diesbezüglich die Verpflichtung zur Erhaltung des Fachwissens, wie sie in Art. 38 Abs. 2 DSGVO zum Ausdruck gebracht wird.
76 So auch Paal/Pauly/*Paal* DSGVO Art. 37 Rn. 14; *Peifer* GewArch 2014, 142 (146).

Zusammenhang mit dem internen Datenschutzbeauftragen wird davon gesprochen, dass dieser „Beschäftigter" des Verantwortlichen oder des Auftragsverarbeiters sein kann. Dies ist begrifflich nur im Fall einer natürlichen Person möglich.

117 Der externe Datenschutzbeauftragte wird hingegen auf der Grundlage eines Dienstleistungsvertrages tätig. Dies schließt nicht aus, dass dieses Vertragsverhältnis auch zu einer juristischen Person begründet wird. Ein Rückgriff auf Erwägungsgrund 97 klärt diese Frage nicht zufriedenstellend. Erwägungsgrund 97 stellt darauf ab, dass der Verantwortliche oder der Auftragsverarbeiter bei der Überwachung der internen Einhaltung der Bestimmungen „von einer weiteren Person" unterstützt werden solle. Eine Differenzierung nach natürlichen oder juristischen Personen erfolgt in diesem Kontext nicht.

118 Die Unterscheidung zwischen juristischen und natürlichen Personen ist der Verordnung allerdings sehr wohl bekannt, wie sich aus Art. 4 Nr. 18 DSGVO im Zusammenhang mit der Legaldefinition des Begriffes „Unternehmen" entnehmen lässt.

119 Wollte die Verordnung hinsichtlich des externen Datenschutzbeauftragten diesen auf eine natürliche Person beschränken, hätte dem Verordnungsgeber durchaus die Möglichkeit zur Verfügung gestanden, dies durch eine entsprechende Differenzierung zum Ausdruck zu bringen. Nach der hier vertretenen Auffassung schließt die Verordnung die Benennung einer juristischen Person als externen Datenschutzbeauftragten nicht aus.[77]

120 Laue/Nink/Kremer vertreten allerdings mit nachvollziehbaren Gründen die Auffassung, dass die an verschiedenen Stellen der Verordnung ausdrückliche Nennung juristischer Personen dafür spreche, dass im Zusammenhang mit der Benennung eines Datenschutzbeauftragten wohl nur eine natürliche Person in Betracht kommen könne.[78] Letztlich werden hier nur eine Stellungnahme des Europäischen Datenschutzausschusses oder der Europäische Gerichtshof für Klarheit sorgen können.

121 Während das nationale Recht des BDSG eine schriftliche Bestellung des Datenschutzbeauftragten in § 4 f Abs. 1 Satz 1 BDSG vorsah, lässt die Verordnung offen, ob der Benennungsvorgang formalen Anforderungen entsprechen muss. Berücksichtigt man allerdings, dass die unterbleibende Benennung eines Datenschutzbeauftragten nach Art. 83 Abs. 4 lit. a DSGVO mit einem Bußgeld von bis zu 10 Mio Euro oder im Fall eines Unternehmens von bis zu 2% seines gesamten weltweit erzielten Jahresumsatzes des vorangegangenen Geschäftsjahres sanktioniert ist, gebieten bereits die Beweislastgrundsätze die nachvollziehbare Dokumentation der Benennung eines Datenschutzbeauftragten und der damit verbundenen Erfüllung bestehender Anforderungen.

122 Sahen der Verordnungsentwurf der Kommission und des Parlamentes noch Mindestlaufzeiten der Benennung des Datenschutzbeauftragten vor, sind diese Ansätze in der verabschiedeten Verordnung nicht mehr enthalten.

---

77 Ebenso im Ergebnis Paal/Pauly/*Paal* DSGVO Art. 37 Rn. 15 mit Verweis auf *Knopp* DuD 2015, 98 (101); *Bittner* RDV 2014, 183 (186).
78 *Laue/Nink/Kremer*, S. 197 Rn. 17.

Hieraus folgt einerseits, dass ein mit einer Mindestlaufzeit verknüpfter Ausschluss der ordentlichen Kündigung des der Benennung zugrunde liegenden Rechtsverhältnisses in der Verordnung nicht angelegt ist. Andererseits lässt der Wortlaut der Verordnung auch eine unbefristete Benennung oder auch eine nur kurzfristige Benennung zu.[79]

Offen ist, ob möglicherweise die Öffnungsklausel des Art. 37 Abs. 4   **123** DSGVO dem nationalen Gesetzgeber gestattet, in den Fällen, in denen über Art. 37 Abs. 1 DSGVO hinausgehend Benennungspflichten gesetzlich verankert werden, der aufgrund der nationalen Rechtsvorschrift benannte Datenschutzbeauftragte auch durch einen Sonderkündigungsschutz abgesichert werden kann, wie dies bereits in § 4 f Abs. 3 Satz 4 bis 6 BDSG der Fall ist. Für eine solche Kompetenz des nationalen Gesetzgebers spricht, dass im Rahmen des Art. 37 Abs. 4 DSGVO weitergehende Benennungspflichten auf nationaler Ebene aufgestellt werden können und folglich der insoweit strengere nationale Gesetzgeber auch seine Abberufung als actus contrarius zur Benennung an besondere Bedingungen knüpfen könnte. Gegen eine solche Kompetenz würde der Gesichtspunkt sprechen, dass mit einer solchen unterschiedlichen Ausgestaltung der Laufzeiten oder Abberufungsvoraussetzungen Datenschutzbeauftragte zweierlei Güte entstehen würden.

Berücksichtigt man allerdings, dass auch die Verordnung ihrerseits in   **124** Art. 38 Abs. 3 Satz 2 DSGVO ein Abberufungsverbot sowie Benachteiligungsverbot enthält, ist die Gefahr der unterschiedlichen Ausformung des nach der Verordnung zu benennenden Datenschutzbeauftragten und nach nationalem Recht zu bestellenden Datenschutzbeauftragten als gering einzustufen. Im Ergebnis wird man folglich davon ausgehen dürfen, dass dem nationalen Gesetzgeber, wie bereits in § 4 f Abs. 3 BDSG erfolgt, die gesetzliche Fixierung eines Sonderkündigungsschutzes des Datenschutzbeauftragten gestattet ist.

Wurde in der Vergangenheit nach § 4 f Abs. 1 BDSG ein betrieblicher Da-   **125** tenschutzbeauftragter bestellt, so führt das Inkrafttreten der DSGVO nicht dazu, dass diese Bestellung rechtswidrig wird. Die unter dem BDSG erfolgte Bestellung wirkt als Benennung nach der DSGVO fort.[80]

VI. Veröffentlichung und Mitteilung an die Aufsichtsbehörde

Der Verantwortliche sowie der Auftragsverarbeiter haben die Kontaktda-   **126** ten des Datenschutzbeauftragten zu veröffentlichen sowie diese Daten der Aufsichtsbehörde nach Art. 37 Abs. 7 DSGVO mitzuteilen.

Die Verordnung lässt offen, was unter „Veröffentlichung" begrifflich ge-   **127** fasst werden soll. Denkbar wäre, dass beispielsweise die Veröffentlichung in einer überregionalen Tageszeitung den Anforderungen der Verordnung genügen würde.

Berücksichtigt man jedoch den Zweck der Regelung, wird eine einmalige   **128** Veröffentlichung in einer Tageszeitung nicht ausreichend sein. Mit der Ver-

---

79   Vgl. hierzu mit Verweisen auf kritische Stimmen in der Literatur Paal/Pauly/*Paal* DSGVO Art. 37 Rn. 16.
80   Ebenso mit differenzierender Begründung *Laue/Nink/Kremer*, S. 199 Rn. 21.

öffentlichung soll es betroffenen Personen ermöglicht werden, sich zur Geltendmachung ihrer Rechte an den Datenschutzbeauftragten zu wenden. Nur so kann von dem in Art. 38 Abs. 4 DSGVO statuierten Recht auch Gebrauch gemacht werden.

129 Unter Veröffentlichung wird folglich eine Maßnahme zu verstehen sein müssen, die eine dauerhafte Auffindbarkeit des Datenschutzbeauftragten ermöglicht. Dies ist beispielsweise durch den Ausweis des Datenschutzbeauftragten auf der Internet-Homepage des Verantwortlichen oder des Auftragsverarbeiters möglich.[81]

130 Da die in Art. 37 Abs. 7 DSGVO enthaltene Verpflichtung zur Veröffentlichung in den Katalog der bußgeldbewehrten Pflichten des Verantwortlichen und des Auftragsverarbeiters nach Art. 83 Abs. 4 lit. a DSGVO zählt, empfiehlt sich, von der einmaligen Veröffentlichung in Printmedien Abstand zu nehmen und vielmehr die Veröffentlichung so vorzunehmen, dass die Kontaktdaten des Datenschutzbeauftragten dauerhaft während der Zeit seiner Benennung abrufbar sind.

131 Unterbleibt die Mitteilung der Benennung des Datenschutzbeauftragten an die Aufsichtsbehörde, stellt auch dies einen Verstoß gegen die Pflichten des Verantwortlichen oder des Auftragsverarbeiters im Sinne des Art. 83 Abs. 4 lit. a DSGVO dar und kann mit einem Bußgeld geahndet werden.

C. Verhältnis zu anderen Normen

I. Innerhalb der DSGVO

132 Art. 37 DSGVO bildet mit Art. 38 und 39 DSGVO die abschließende Regelung zur Benennung des Datenschutzbeauftragten.

133 Als Abschnitt 4 bilden die Vorschriften zum Datenschutzbeauftragten neben den in Art. 24 bis 31 DSGVO umschriebenen allgemeinen Pflichten des Verantwortlichen und des Auftragsverarbeiters, den in Art. 32 und 33 DSGVO normierten Vorschriften zur Datensicherheit sowie den in Art. 35 bis 36 DSGVO enthaltenen Bestimmungen zur Datenschutzfolgenabschätzung den Kernbestand der datenschutzrechtlichen Pflichten des Verantwortlichen sowie des Auftragsverarbeiters. Mit den in Abschnitt 5 enthaltenen Art. 40 bis 42 DSGVO werden die über den Pflichtenkreis im engeren normierten Möglichkeiten des Verantwortlichen, sich Verhaltensregeln (Binding Corporate Rules) zu geben sowie unter der in Art. 42 DSGVO vorgesehenen Zertifizierung die datenschutzrechtliche Konformität der Verarbeitung zu sichern.

134 Der Datenschutzbeauftragte nimmt vor allen im Kontext der Datenschutzfolgenabschätzung eine besondere Rolle ein. Der Verantwortliche ist nach Art. 35 Abs. 2 verpflichtet, bei der Durchführung der Datenschutzfolgenabschätzung den Rat des Datenschutzbeauftragten einzuholen.

135 Im Gegensatz zum bislang geltenden Recht nach § 4g Abs. 2 BDSG iVm § 4e Satz 1 BDSG, wonach der Datenschutzbeauftragte für die Führung des Verfahrensverzeichnisses zuständig war, legt die DSGVO die Verpflichtung zur Führung des Verzeichnisse von Verarbeitungstätigkeiten in die

---

81 Ebenso *Weichert* CuA 2016, 8.

Verantwortung und Zuständigkeit des Verantwortlichen nach Art. 30 Abs. 1 Satz 1 DSGVO.

In diesem Zusammenhang kommt der unterstützenden Funktion des Datenschutzbeauftragten, wie sie in Erwägungsgrund 97 zum Ausdruck gebracht wird, besondere Bedeutung zu. Deutlich wird aber auch, dass im Rahmen des Art. 30 DSGVO zunächst der Verantwortliche für die Verarbeitung in der Handlungspflicht steht.   136

II. Fortgeltendes BDSG

Die Regelungen der Art. 37 bis 39 DSGVO stellen eine abschließende Regelung dar. Der nationale Gesetzgeber ist lediglich im Rahmen des Art. 37 Abs. 4 DSGVO zum Erlass spezifischer Benennungspflichten ermächtigt.   137

Soweit folglich im bislang geltenden BDSG eine Pflicht zur Bestellung eines Datenschutzbeauftragten enthalten ist, die über die in Art. 37 Abs. 1 DSGVO enthaltene Benennungspflicht hinausgeht, werden diese Vorschriften durch die DSGVO nicht verdrängt. Einer Bestätigung dieser spezielleren nationalen Regelung bedarf es allerdings nicht.[82] Der Gesetzgeber würde bereits durch den Umstand, dass § 4 f Abs. 1 BDSG nicht durch ein nationales Gesetz aufgehoben wird, seinen Willen zum Ausdruck, von der ihm nach Art. 37 Abs. 4 DSGVO eingeräumten Befugnis Gebrauch zu machen.   138

Soweit bisheriges nationales Datenschutzrecht Sachverhalte regelt, die nunmehr durch die DSGVO erfasst sind, verdrängt die europarechtliche Vorschrift die nationale Bestimmung.[83] Das nationale Recht ist insoweit nicht mehr anzuwenden.   139

Eine wortgleiche Wiederholung der in der DSGVO enthaltenen Bestimmungen zur Benennung eines Datenschutzbeauftragten in Gestalt eines neu gefassten BDSG würde allerdings mit dem Grundsatz des Vorranges des Europarechtes nicht in Einklang stehen und zudem gegen das Wiederholungsverbot verstoßen.[84]   140

D. Selbstkontrolle als konzeptioneller Ansatz des europäischen Datenschutzes

Um wenige Regelungen der DSGVO wurde im Gesetzgebungsverfahren so intensiv gerungen, wie um die Frage, ob eine europaweite Pflicht zur Benennung eines Datenschutzbeauftragten in die Verordnung aufgenommen werden soll.   141

Waren sich die Kommission und das Europäische Parlament in dieser Frage jedenfalls im Grundsatz einig und sahen lediglich unterschiedliche konzeptionelle Voraussetzungen für die Bestellungspflicht vor, war der Rat in   142

---

82 So wohl die Auffassung bei *Laue/Nink/Kremer*, S. 199 Rn. 21.
83 So die ständige Rechtsprechung des Europäischen Gerichtshofes. Vgl. EuGH 15.7.1964 – Rs. 6/64, Slg 1964, 1251; EuGH 17.12.1970 – Rs. 11/70, Slg 1970, 1125; EuGH 9.3.1978 – Rs. 106/77, Slg 1978, 629; *Geismann* in: von der Groeben AEUV Art. 288 Rn. 4; Grabitz/Hilf/Nettesheim/*Nettesheim*, Das Recht der Europäischen Union, 59. EL 2016, Art. 288 AEUV Rn. 47 ff.
84 Vgl. hierzu instruktiv *Schroeder* EuZW 2007, 467 (470).

dieser Frage tief gespalten.[85] Die Mehrheit des Rates lehnte die obligatorische Ausgestaltung der Bestellung eines Datenschutzbeauftragten entgegen der von Deutschland und Österreich vertretenen Auffassung ab.[86] Erst im Trilog vermochte sich die von Kommission und Parlament favorisierte Lösung durchzusetzen.

143   Diese Entscheidung ist nicht nur aus Sicht des deutschen Datenschutzrechts zu begrüßen. Die Benennung eines Datenschutzbeauftragten ist eine Konsequenz aus der allgemeinen Ausrichtung des Datenschutzrechtes an einem risikoorientierten Ansatz, wie er in Art. 35 ff. DSGVO mit der Verpflichtung zur Durchführung einer Datenschutzfolgenabschätzung verknüpft ist. Der Verordnungsgeber hat zutreffend erkannt, dass der Verantwortliche der fachlichen Unterstützung durch einen Datenschutzbeauftragten bedarf. Wenn dieser seiner Aufgabe nachkommen soll, müssen dessen Stellung und seine Aufgaben im Gesetz verankert sein.

144   Nicht zuletzt die verschärften Sanktionsdrohungen des Art. 83 Abs. 4 DSGVO zeigen den Willen des europäischen Gesetzgebers, den Anspruch auf Wahrung des Datenschutzes im Unternehmen ernst zu nehmen. Das Konzept der Selbstkontrolle ergänzt dabei als Mittel des geringstmöglichen Eingriffes in die unternehmerische Autonomie des Verantwortlichen für die Verarbeitung die aufsichtlichen Befugnisse, die im Rahmen der Fremdkontrolle ausgeübt werden.

Artikel 38 Stellung des Datenschutzbeauftragten

(1) Der Verantwortliche und der Auftragsverarbeiter stellen sicher, dass der Datenschutzbeauftragte ordnungsgemäß und frühzeitig in alle mit dem Schutz personenbezogener Daten zusammenhängenden Fragen eingebunden wird.

(2) Der Verantwortliche und der Auftragsverarbeiter unterstützen den Datenschutzbeauftragten bei der Erfüllung seiner Aufgaben gemäß Artikel 39, indem sie die für die Erfüllung dieser Aufgaben erforderlichen Ressourcen und den Zugang zu personenbezogenen Daten und Verarbeitungsvorgängen sowie die zur Erhaltung seines Fachwissens erforderlichen Ressourcen zur Verfügung stellen.

(3) [1]Der Verantwortliche und der Auftragsverarbeiter stellen sicher, dass der Datenschutzbeauftragte bei der Erfüllung seiner Aufgaben keine Anweisungen bezüglich der Ausübung dieser Aufgaben erhält. [2]Der Datenschutzbeauftragte darf von dem Verantwortlichen oder dem Auftragsverarbeiter wegen der Erfüllung seiner Aufgaben nicht abberufen oder benachteiligt werden. [3]Der Datenschutzbeauftragte berichtet unmittelbar der höchsten Managementebene des Verantwortlichen oder des Auftragsverarbeiters.

(4) Betroffene Personen können den Datenschutzbeauftragten zu allen mit der Verarbeitung ihrer personenbezogenen Daten und mit der Wahrneh-

---

85 *Albrecht/Jotzo*, S. 16.
86 *Albrecht/Jotzo*, S. 16.

mung ihrer Rechte gemäß dieser Verordnung im Zusammenhang stehenden Fragen zu Rate ziehen.

(5) Der Datenschutzbeauftragte ist nach dem Recht der Union oder der Mitgliedstaaten bei der Erfüllung seiner Aufgaben an die Wahrung der Geheimhaltung oder der Vertraulichkeit gebunden.

(6) [1]Der Datenschutzbeauftragte kann andere Aufgaben und Pflichten wahrnehmen. [2]Der Verantwortliche oder der Auftragsverarbeiter stellt sicher, dass derartige Aufgaben und Pflichten nicht zu einem Interessenkonflikt führen.

Verwandte Normen: ErwGr 139, 140, 172; § 4 Abs. 3, Abs. 4, Abs. 4 a, Abs. 5 BDSG 2003

Literatur:

Albrecht, Das neue EU-Datenschutzrecht – von der Richtlinie zur Verordnung – Überblick und Hintergründe zum finalen Text für die Datenschutz-Grundverordnung der EU nach der Einigung im Trilog, CR 2016, 88; *Becker*, EU-Datenschutz-Grundverordnung – Anforderungen an Unternehmen und Datenschutzbeauftragte, ITRB 2016, 107; *Benecke/Wagner*, Öffnungsklauseln in der Datenschutz-Grundverordnung und das deutsche BDSG – Grenzen und Gestaltungsspielräume für ein nationales Datenschutzrecht, DVBl. 2016, 600; *Bittner*, Der Datenschutzbeauftragte gemäß EU-Datenschutz-Grundverordnungs-Entwurf, RDV 2014, 183; *Calliess/Ruffert*, EUV/AEUV, 5. Auflage, 2016 *Dammann*, Erfolge und Defizite der EU-Datenschutzgrundverordnung, ZD 2016, 307; *Eckhardt*, EU-DatenschutzVO – Ein Schreckgespenst oder Fortschritt?, CR 2012, 195; *Eckhardt/Kramer/Mester*, Auswirkungen der geplanten EU-DS-GVO auf den deutschen Datenschutz, DuD 2013, 623; *Ehmann*, Der weitere Weg zur Datenschutzgrundverordnung – Näher am Erfolg, als viele glauben?, ZD 2015, 6; *Ehmann/Helfrich*, EG-Datenschutzrichtlinie, Kurzkommentar, Köln, 1999; *Fladung/Wybitul*, EU-Datenschutz-Grundverordnung – Überblick und arbeitsrechtliche Betrachtung des Entwurfs, BB 2012, 509; *Gierschmann*, Was „bringt" deutschen Unternehmen die DS-GVO, ZD

2016, 51; *Gola/Schulz*, Der Entwurf für eine EU-Datenschutz-Grundverordnung – eine Zwischenbilanz, RDV 2013, 1; *Grabitz/Hilf/Nettesheim*, Das Recht der Europäischen Union, 16. EL 2016; *Hoeren*, Der betriebliche Datenschutzbeauftragte, ZD 2012, 355; *Hornung*, Eine Datenschutz-Grundverordnung für Europa? – Licht und Schatten im Kommissionsentwurf vom 25. 1. 2012, ZD 2012, 99; *Jaspers*, Die EU-Datenschutz-Grundverordnung – Auswirkungen der EU-Datenschutz-Grundverordnung auf die Datenschutzorganisation des Unternehmers, DuD 2012, 571; *Jaspers/Reif*, Der betriebliche Datenschutzbeauftragte nach der geplanten EU-Datenschutz-Grundverordnung – ein Vergleich mit dem BDSG, RDV 2012, 78; *Jaspers/Reif*, Der Datenschutzbeauftragte: Bestellpflicht, Rechtsstellung und Aufgaben, RDV 2016, 61; *Kahlert/Licht*, Die neue Rolle des Datenschutzbeauftragten nach der DSGVO – Was Unternehmen zu beachten haben, ITRB 2016, 178; *Klug*, Die Position des EU-Parlaments zur zukünftigen Rolle von Datenschutzbeauftragten – ein kommentierter Überblick, RDV 2014, 90; *ders.*, Der Datenschutzbeauftragte in der EU – Maßgaben der Datenschutzgrundverordnung, ZD 2016, 315; *Knopp*, Dürfen juristische Personen zum betrieblichen Datenschutzbeauftragten bestellt werden?, DuD 2015, 88; *Koreng/Lachenmann*, Formularhandbuch Datenschutzrecht, 2015, *Kraska*, Auswirkungen der EU-Datenschutzgrundverordnung, ZD-Aktuell 2016, 04197; *Kühling/Buchner*, DS-GVO, Kommentar, 2017; *Laue*, Öffnungsklauseln in der DS-GVO – Öffnung wohin?, ZD 2016, 463; *Laue/Nink/Kremer*, Das neue Datenschutzrecht in der betrieblichen Praxis, 2016; *Marschall/Müller*, Der Datenschutzbeauftragte im Unternehmen zwischen BDSG und DS-GVO, ZD 2016, 415; *Paal/Pauly*, Datenschutzgrundverordnung, 2017; *Peifer*, Auswirkungen der EU-Datenschutz-Grundverordnung auf öffentliche Stellen, GewArch 2014, 142; *Schantz*, Die Datenschutz-Grundverordnung – Beginn einer neuen Zeitrechnung im Datenschutzrecht, NJW 2016, 1841; *Schröder*, Selbstregulierung im Datenschutzrecht – Notwehr oder Konzept – Das Verhältnis zwischen Gesetzgebund und selbstregulatorischen Ansätzen, ZD 2012, 418; *Schroeder*, Der bestätigende Rechtsakt in der Rechtsprechung des EuGH und des EuG, EuZW 2007, 467; *von Achenbach*, Verfassungswandel durch Selbstorganisation: Triloge im europäischen Gesetzgebungsverfahren, Der Staat, Bd. 55, 1; *von der Groeben/Schwarze/Hatje*, Europäisches Unionsrecht, 7. Auflage, 2015; *Weichert*, Die Zukunft des Datenschutzbeauftragten, CuA 4/2016, 8; *Wichtermann*, Einführung eines Datenschutz-Management-Systems im Unternehmen – Pflicht oder Kür? Kurzüberblick über die Erweiterungen durch die DS-GVO, ZD 2016, 421; *Wybitul*, Welche Folgen hat die EU-Datenschutz-Grundverordnung für Compliance?, CCZ 2016, 194; *Zikesch/Kramer*, Die DS-GVO und das Berufsrecht der Rechtsanwälte, Steuerberater und Wirtschaftsprüfer. Datenschutz bei freien Berufen, ZD 2015, 565.

A. Grundlagen

I. Gesamtverständnis und Zweck der Norm

1 Während Art. 37 DSGVO die Verpflichtung zur Benennung eines Datenschutzbeauftragten regelt, fixiert Art. 38 DSGVO die wesentlichen Aspekte der Stellung des Datenschutzbeauftragten. Die Vorschrift ergänzt damit Art. 37 DSGVO und wird ihrerseits durch Art. 39 DSGVO im Hinblick auf die von ihm wahrzunehmenden Aufgaben vervollständigt.

2 Die DSGVO regelt mit Art. 37 bis 39 die Pflicht zur Benennung eines Datenschutzbeauftragten, dessen Stellung sowie die von ihm wahrzunehmenden Aufgaben abschließend und lässt den Mitgliedstaaten nur im Rahmen des Art. 37 Abs. 4 DSGVO über eine Öffnungsklausel die Möglichkeit, spezifischere Ausgestaltungen der Benennungspflicht vorzusehen. Soweit die Verordnung die Stellung des Datenschutzbeauftragten normiert, ist eine Öffnungsklausel zugunsten der Mitgliedstaaten nicht enthalten.

II. Bisherige Rechtslage

Die Stellung des Datenschutzbeauftragten wird im bislang geltenden Recht in § 4 f Abs. 3 und 4 BDSG geregelt. § 4 f Abs. 3 Satz 1 BDSG unterstellt den Datenschutzbeauftragten unmittelbar dem Leiter der öffentlichen oder nicht-öffentlichen Stelle und gestaltet den betrieblichen Datenschutzbeauftragten als Stabsstelle[1] in der Unternehmensorganisation aus. **3**

III. Entstehung der Norm

1. Vorschlag der Europäischen Kommission vom 25. Januar 2012[2]

Der Vorschlag der Kommission enthielt mit Art. 36 DSGVO-E bereits eine gesetzliche Ausformung der Stellung des Datenschutzbeauftragten, die weitgehende Übereinstimmungen mit der schließlich verabschiedeten Fassung aufwies. **4**

Mit Art. 36 Abs. 1 DSGVO-E werden der für die Verarbeitung Verantwortliche sowie der Auftragsverarbeiter verpflichtet, sicherzustellen, dass der Datenschutzbeauftragte „ordnungsgemäß und frühzeitig" in alle mit dem Schutz personenbezogener Daten zusammenhängenden Fragen eingebunden wird. Bereits mit der Entwurfsfassung geht die DSGVO über die in § 4 f Abs. 5 BDSG enthaltene Verpflichtung der verantwortlichen Stelle zur Unterstützung des Datenschutzbeauftragen hinaus. Sie konkretisiert eine frühzeitige Einbindung in die für die Wahrung des Datenschutzes wesentlichen Prozesse und Abläufe. **5**

Der Datenschutzbeauftragte soll seinen Pflichten und Aufgaben unabhängig nachkommen und keinen Anweisungen bezüglich der Ausübung seiner Tätigkeiten unterworfen sein. Dies haben der für die Verarbeitung Verantwortliche sowie der Auftragsverarbeiter nach Art. 36 Abs. 2 DSGVO-E sicherzustellen. **6**

Bei der Erfüllung seiner Aufgaben ist der Datenschutzbeauftragte durch den Verantwortlichen für die Verarbeitung zu unterstützen. Nach Art. 36 Abs. 3 DSGVO-E haben diese dem Datenschutzbeauftragten deshalb das erforderliche Personal, die erforderlichen Räumlichkeiten und Ausrüstungen sowie sämtliche für die Erfüllung der in Art. 37 DSGVO-E angelegten Aufgaben zur Verfügung zu stellen. **7**

2. Beschluss des Europäischen Parlaments vom 12. März 2014[3]

Der Entwurf des Parlamentes unterschied sich vom Entwurf der Kommission nur in dreierlei Hinsicht. In Bezug auf die in Art. 36 Abs. 2 DSGVO-E enthaltene Berichtspflicht des Datenschutzbeauftragten, die dieser nach dem Willen der Kommission gegenüber der „Leitung" des Verantwortlichen für die Verarbeitung oder des Auftragsverarbeiters zu erfüllen habe, sah der Entwurf des Parlamentes vor, dass dies gegenüber der „obersten" Leitung erfolgen solle und der Verantwortliche sowie der Auftragsverarbei- **8**

---

1 In diesem Sinne *Kühling/Buchner* DS-GVO Art. 38, Rn. 7, 25.
2 KOM(2012) endg.; 2012/0011 (COD).
3 Interinstitutionelles Dossier des Rats der Europäischen Union vom 27.3.2014, 2012/0011 (COS); 7427/1/14, REV 1.

ter zu diesem Zweck ein Mitglied der obersten Leitung zu benennen habe, das für die Einhaltung der DSGVO verantwortlich ist.

9   Mit Art. 36 Abs. 3 DSGVO-E (EP) wurde die Pflicht zur Unterstützung des Datenschutzbeauftragten dahingehend erweitert, dass diesem auch jene Mittel zur Verfügung gestellt werden sollten, die zur Pflege der Fachkenntnisse des Datenschutzbeauftragten erforderlich sind.

10 Über die von der Kommission vorgelegte Entwurfsfassung hinaus erweiterte der Entwurf des Parlamentes mit Art. 36 Abs. 4 DSGVO-E (EP) die gesetzliche Fixierung der Stellung des Datenschutzbeauftragten um eine Verpflichtung zur Vertraulichkeit. Der Datenschutzbeauftragte sollte zur Vertraulichkeit über die Identität der betroffenen Person sowie die Umstände, mit denen diese identifiziert werden könnten, verpflichtet sein, sofern die betroffene Person den Datenschutzbeauftragten hiervon nicht entbindet.

3. Entwurf des Rates der Europäischen Union vom 15. Juni 2015[4]

11 Der Entwurf des Rates stimmte in Art. 36 Abs. 1 DSGVO-E (Rat) mit den Entwurfsfassungen der Kommission und des Parlamentes überein und wiederholte die Pflicht des Verantwortlichen für die Verarbeitung sowie des Auftragsverarbeiters, den Datenschutzbeauftragten frühzeitig in alle mit dem Schutz personenbezogener Daten zusammenhängenden Fragen einzubinden.

12 Reduziert wurde jedoch in Art. 36 Abs. 2 DSGVO-E (Rat) der Umfang der Unterstützungsverpflichtung des Verantwortlichen für die Verarbeitung und des Auftragsverarbeiters. Neben einer allgemeinen Verpflichtung zur Unterstützung des Datenschutzbeauftragen bei der Erfüllung seiner Aufgaben sieht die vom Rat vorgelegte Fassung lediglich vor, dass dem Datenschutzbeauftragten die für die in Art. 37 DSGVO-E (Rat) beschriebenen Aufgaben erforderlichen Ressourcen zur Verfügung gestellt werden. Ebenso sollte dem Datenschutzbeauftragten Zugang zu personenbezogenen Daten und Verarbeitungsvorgängen gewährt werden.

13 Eine Berichtspflicht an die Leitung des Verantwortlichen sah der Entwurf in Art. 37 Abs. 2 DSGVO-E (Rat) nicht vor. Allerdings nahm der Rat eine Pflicht in Art. 37 Abs. 3 Satz 3 DSGVO-E (Rat) auf und spezifizierte diese dahingehend, dass sie „unmittelbar der höchsten Managementebene" gegenüber zu erfolgen habe.

14 Auch die Entwurfsfassung des Rates sah vor, dass der Datenschutzbeauftragte in der Erfüllung seiner Aufgaben unabhängig handeln und keinen Anweisungen bezüglich der Ausübung der Aufgaben ausgesetzt sein solle (Art. 36 Abs. 3 Satz 1 DSGVO-E (Rat)).

15 Der Rat nahm in Art. 36 Abs. 3 Satz 2 DSGVO-E (Rat) ein ausdrückliches Benachteiligungsverbot auf. Einen Sonderkündigungsschutz, wie dies beispielsweise das nationale Datenschutzrecht in § 4 f Abs. 3 Satz 4 bis 6 BDSG enthält, nahm der Rat in den Entwurf nicht auf.

16 Anstelle der Verschwiegenheitsverpflichtung betonte der Rat in Art. 36 Abs. 4 DSGVO-E (Rat), dass der Datenschutzbeauftragte auch andere Auf-

---

4   Rat der Europäischen Union v. 15.6.2015, 9565/15; 2012/0011 (COD).

gaben und Pflichten wahrnehmen könne. Dies dürfe allerdings nicht dazu führen, dass der Datenschutzbeauftragte sich in einem Interessenkonflikt wieder findet. Dies hat nach der Entwurfsfassung des Rates der für die Verarbeitung Verantwortliche oder der Auftragsverarbeiter sicherzustellen.[5]

4. Ergebnisse des Trilogs vom 15.12.2015[6]

Die im Trilog finalisierte Fassung des Art. 36 DSGVO-E führt die unter- **17** schiedlichen Positionen zusammen. Während die jeweiligen Entwürfe in Art. 36 Abs. 1 DSGVO-E übereinstimmten, übernahm die Fassung des Triloges in Art. 36 Abs. 2 DSGVO-E (Trilog) die gekürzte Fassung des Art. 36 Abs. 2 DSGVO-E (Rat) und ergänzte diese um die Verpflichtung des Verantwortlichen für die Verarbeitung und des Auftragsverarbeiters, dem Datenschutzbeauftragten auch jene Ressourcen zur Verfügung zu stellen, die erforderlich sind, damit dieser sein Fachwissen aufrecht erhalten kann.

Mit Art. 36 Abs. 2 a DSGVO-E (Trilog) wird eine neue Bestimmung in die **18** Vorschrift aufgenommen, die bereits im Rahmen der Beratungen über Art. 35 Abs. 10 DSGVO-E diskutiert und schließlich aus der dort verabschiedeten Fassung gestrichen wurde: Der Betroffene kann sich an den Datenschutzbeauftragten in allen Angelegenheiten, die sich auf dessen personenbezogene Daten beziehen oder auf deren Verarbeitung beziehen, an den Datenschutzbeauftragten zum Zweck der Ausübung der mit der Verordnung verbundenen Rechte wenden.

Während die Fassung des Art. 36 Abs. 3 DSGVO-E (Trilog) wesentlich auf **19** die Weisungsunabhängigkeit des Datenschutzbeauftragten sowie ein Benachteiligungsverbot konzentriert, nimmt diese Bestimmung in Art. 36 Abs. 3 Satz 3 DSGVO-E (Trilog) die Berichtspflicht gegenüber der höchsten Management-Ebene in die Verordnung wieder auf.

Bemerkenswert ist in diesem Zusammenhang, dass die Fassung des Trilo- **20** ges im Zusammenhang mit dem Benachteiligungsverbot erstmals den Schutz des Datenschutzbeauftragten vor einer Kündigung wegen der Ausübung seiner Tätigkeit in das Regelwerk aufnimmt.[7]

Wurde in der Fassung des Rates die zuvor vom Parlament noch betonte **21** Verschwiegenheitsverpflichtung gestrichen, nimmt Art. 36 Abs. 4 a DSGVO-E (Trilog) diese Verpflichtung wieder in den Verordnungstext auf. Allerdings verweist die Regelung auf die Verpflichtung zur Verschwiegenheit in Übereinstimmung mit dem jeweiligen nationalen Recht oder dem Recht der Europäischen Union.

B. Kommentierung

I. Allgemeines

Art. 38 DSGVO normiert die Stellung des Datenschutzbeauftragten. Diese **22** wird sowohl im Verhältnis zum Verantwortlichen für die Verarbeitung als auch gegenüber Dritten sowie den betroffenen Personen umschrieben.

---

5 Art. 36 Abs. 4 Satz 2 DSGVO-E (Rat).
6 Rat der Europäischen Union v. 15.12.2015, 15039/15; 2012/0011 (COD).
7 Art. 36 Abs. 3 Satz 2 DSGVO-E (Trilog).

II. Anwendungsbereich

23   Während Art. 37 DSGVO den Mitgliedstaaten die Möglichkeit einräumt, über die in der Grundverordnung fixierten Tatbeständen hinaus weitere Bestellungspflichten zu normieren, lässt der Wortlaut des Art. 38 DSGVO zunächst nicht erkennen, ob der Vorschrift diese Differenzierung ebenfalls zugrunde liegt.

24   Berücksichtigt man jedoch die systematische Stellung der Vorschrift, wird man folgern müssen, dass Art. 38 DSGVO die Stellung „des Datenschutzbeauftragten" regelt und diese gerade nicht davon abhängig macht, ob der Beauftragte nach Art. 37 DSGVO oder nach weitergehenden nationalen Rechtsvorschriften benannt wurde.

25   Die Vorschrift des Art. 38 DSGVO ist folglich abschließend. Weitergehende oder abweichende mitgliedstaatliche Vorschriften sind nicht vorgesehen. Eine „Öffnungsklausel" zugunsten der Mitgliedstaaten ist in Art. 38 DSGVO nicht enthalten.

III. Zweck der Vorschrift

26   Der Wille des Verordnungsgebers wird in Erwägungsgrund 97 klar zum Ausdruck gebracht: Der Datenschutzbeauftragte soll seine Pflichten und Aufgaben „in vollständiger Unabhängigkeit" ausüben können. Dabei soll unerheblich sein, ob der Datenschutzbeauftragte als Mitarbeiter des Verantwortlichen oder Auftragsverarbeiters oder als externer Datenschutzbeauftragter handelt.

27   Art. 38 DSGVO nimmt diesen Regelungszweck auf und greift vor allem in Art. 38 Abs. 3 DSGVO die unabhängige Stellung auf, indem die Abberufung oder Benachteiligung des Datenschutzbeauftragten „wegen der Erfüllung seiner Aufgaben" untersagt sind.

IV. Einbindung des Datenschutzbeauftragten

28   Art. 38 Abs. 1 DSGVO statuiert die Verpflichtung des Verantwortlichen sowie des Auftragsverarbeiters, den Datenschutzbeauftragten „ordnungsgemäß" und „frühzeitig" in alle mit dem Schutz personenbezogener Daten zusammenhängenden Fragen einzubinden. Der Verantwortliche und der Auftragsverarbeiter haben diese Einbindung des Datenschutzbeauftragten „sicherzustellen".

29   Die Vorschrift bringt bereits mit ihrer Stellung innerhalb des Art. 38 DSGVO deutlich zum Ausdruck, dass der Normgeber neben der erst in Art. 38 Abs. 3 DSGVO ausgestalteten Unabhängigkeit vor allen Dingen die Absicherung der Aufgabenerfüllung in den Vordergrund stellt. Nur wenn der Datenschutzbeauftragte in sämtliche datenschutzrelevanten Vorgänge eingebunden ist, kann er seinen in Art. 39 DSGVO festgelegten Aufgaben gerecht werden und den Verantwortlichen im Sinne des Erwägungsgrundes 97 Satz 1 unterstützen.

1. Zeitpunkt der Einbindung

Der Wortlaut des Art. 38 Abs. 1 DSGVO stellt auf eine „frühzeitige" Ein-   30
bindung ab. Was darunter allerdings verstanden werden muss, lässt die
Verordnung offen.

Aus der systematischen Stellung des Art. 38 Abs. 1 DSGVO zu Art. 39   31
DSGVO wird man folgern können, dass die Einbindung so zu erfolgen hat,
dass der Datenschutzbeauftragte seinen in Art. 39 DSGVO enthaltenen
Pflichten nachkommen kann. Hierzu gehört jedenfalls auch, dass ihm die
Möglichkeit bleibt, die nach Art. 39 Abs. 2 DSGVO ihm auferlegte Berücksichtigung etwaiger Datenschutzrisiken sowohl in tatsächlicher als auch in
rechtlicher Hinsicht zu erfüllen.

2. Art der Einbindung

Art. 38 Abs. 1 DSGVO verlangt, dass eine „ordnungsgemäße" Einbindung   32
des Datenschutzbeauftragten sichergestellt wird. Auch dieser unbestimmte
Rechtsbegriff ist vor dem Hintergrund der Aufgabenerfüllung nach Art. 39
DSGVO zu sehen. Eine „ordnungsgemäße" Einbindung des Datenschutzbeauftragten setzt dabei ein Mindestmaß an Ernsthaftigkeit voraus. Die
minimalistische Bestellung eines Beauftragten als formgerechte Erfüllung
gesetzlicher Pflichten, wie dies gerade im Rahmen des § 4 f BDSG als Praxis durchaus festzustellen war,[8] dürfte dem Willen des Verordnungsgebers
zuwider laufen und als Verletzung des Art. 38 Abs. 1 DSGVO anzusehen
sein.

Paal weist zutreffend darauf hin, dass eine ordnungsgemäße Einbindung   33
des Datenschutzbeauftragten auch verlangt, dass diesem der Zugang zu
den Tätigkeiten und Vorgängen der internen Organisationseinheiten möglich ist.[9] Dies umfasst auch ein Vorspracherecht bei die Verarbeitung betreffenden Leistungsbeschreibungen.[10] Ob dies zugleich auch dazu führen
muss, dass die oberste Führungs- und Managementebene mit dem Datenschutzbeauftragten in einem „ständigen Austausch"[11] steht, lässt sich mit
dem Wortlaut des Art. 38 Abs. 1 DSGVO alleine nicht begründen. Vielmehr wird darauf abzustellen sein, welche datenschutzrechtlichen Fragen
auf Seiten des Verantwortlichen sowie Auftragsverarbeiters anfallen und
ob dies einen ständigen Austausch über die konkrete einzelfallbezogene
Einbindung des Datenschutzbeauftragten nahelegt oder sinnvoll erscheinen
lässt.

3. Anlass der Einbindung

Art. 38 Abs. 1 DSGVO stellt darauf ab, dass der Datenschutzbeauftragte   34
„in alle mit dem Schutz personenbezogener Daten zusammenhängende
Fragen" einzubinden ist. Damit stellt sich die Frage, in wessen Beurteilungskompetenz die Entscheidung fällt, ob eine solche Frage gegeben ist.

---

8 Vgl. Koreng/Lachenmann/*Koglin*, Formularhandbuch Datenschutzrecht, I. Datenschutzorganisation im Unternehmen, 2015, der dies als „Feigenblatt-Strategie" bezeichnet.
9 Paal/Pauly/*Paal* DSGVO Art. 38 Rn. 4.
10 Paal/Pauly/*Paal* DSGVO Art. 38 Rn. 4.
11 Paal/Pauly/*Paal* DSGVO Art. 38 Rn. 4 am Ende.

35   Der Wortlaut der Vorschrift macht deutlich, dass diese Beurteilungskompetenz wohl nicht originär dem Datenschutzbeauftragten zufällt. Der Verantwortliche und der Auftragsverarbeiter haben „sicherzustellen", dass die Einbindung erfolgt. Damit obliegt diesen die Verantwortung, den Datenschutzbeauftragten in den gesetzlich vorgesehenen Fällen einzubeziehen. Erfüllt der Verantwortliche diese Pflicht beispielsweise deshalb nicht, weil er die Beurteilung fehlerhaft vornimmt, ob eine mit dem Schutz personenbezogener Daten zusammenhängende Frage vorliegt, trifft ihn folgerichtig auch die Haftung aus Art. 83 Abs. 4 lit. a DSGVO.

36   Eine Verlagerung der Entscheidungskompetenz auf den Datenschutzbeauftragten würde diese Systematik durchbrechen.

37   Im Ergebnis wird man folglich festhalten können, dass die Einbindung des Datenschutzbeauftragten eine „Bringschuld"[12] des Verantwortlichen sowie des Auftragsverarbeiters darstellt.

V. Unterstützung
1. Art und Reichweite der Unterstützungspflicht

38   Art. 38 Abs. 2 DSGVO enthält eine allgemeine Verpflichtung des Verantwortlichen sowie des Auftragsverarbeiters zur Unterstützung des Datenschutzbeauftragten bei der Erfüllung seiner Aufgaben nach Art. 39 DSGVO.

39   Die Vorschrift beinhaltet allerdings keine umfassende Verpflichtung. Der Wortlaut der Vorschrift macht deutlich, dass diese Unterstützung auf dreierlei Art und Weise erfolgt. Neben der Zurverfügungstellung der erforderlichen Ressourcen muss dem Datenschutzbeauftragten Zugang zu personenbezogenen Daten und Verarbeitungsvorgängen gewährt sowie ihm die zur Erhaltung des Fachwissens erforderlichen Ressourcen zur Verfügung gestellt werden.

2. Ressourcen

40   Allgemein besteht die Verpflichtung zur Verfügungstellung von Ressourcen jedenfalls darin, dem Datenschutzbeauftragten die zur Aufgabenerfüllung erforderlichen und geeigneten Räumlichkeiten und technischen Mittel zu verschaffen.[13] Zu den Ressourcen gehören auch Personal- und Sachmittel sowie ein entsprechendes Budget, das gegebenenfalls auch die Inanspruchnahme externer Kompetenz durch den Datenschutzbeauftragten umfasst.

41   Problematisch dürfte vor allen Dingen der Anspruch auf Bereitstellung finanzieller Ressourcen in Gestalt eines Budgets sein. Die Verordnung gewährt keinen allgemeinen Anspruch auf unbegrenzte Ressourcen, auch wenn dies der Wortlaut in seiner allgemeinen Form nahezulegen scheint.

---

12 Eine solche Bringschuld wurde in der Vergangenheit bereits im Rahmen des BDSG zu erbringenden Verfahrensverzeichnisses auf Seiten des Verantwortlichen für die Verarbeitung gesehen. Vgl. hierzu *Engelien-Schulz*, Zum Verfahrensverzeichnis nach § 4 e BDSG und seiner Bedeutung für den ordnungsgemäßen Umgang mit personenbezogenen Daten, vr 2011, 119 (121).

13 Ebenso zutreffend Paal/Pauly/*Paal* DSGVO Art. 38 Rn. 6.

Bei genauer Analyse des Art. 38 Abs. 2 DSGVO wird deutlich, dass die 42
Verpflichtung zur Bereitstellung von Ressourcen stets an die Aufgabenerfüllung geknüpft ist und dies mit dem Attribut der „Erforderlichkeit" verbunden ist. Der Datenschutzbeauftragte ist somit in der Inanspruchnahme
der Ressourcen daran gebunden, dass diese nur dann von der Pflicht aus
Art. 38 Abs. 2 DSGVO erfasst sind, wenn dies der Aufgabenerfüllung nach
Art. 39 DSGVO dient.

Die in dieser Bindung zum Ausdruck kommende Budgetverantwortung un- 43
terliegt üblicherweise innerhalb eines Unternehmens auch der Kontrolle
und Überwachung, beispielsweise durch eine Innenrevision oder ähnliche
Stellen. Diese kaufmännisch begründete Kontrolle der Mittelverwendung,
der auch ein Datenschutzbeauftragter unterworfen ist, darf jedoch ihrerseits nicht dazu führen, dass dieser Anweisungen ausgesetzt ist, die sich unmittelbar oder mittelbar auf die Erfüllung der Aufgaben als Datenschutzbeauftragter auswirken. Sobald dies der Fall ist, liegt eine Verletzung der
Unabhängigkeit des Datenschutzbeauftragten im Sinne des Art. 38 Abs. 3
Satz 1 DSGVO vor.

3. Erhaltung des Fachwissens

Art. 38 Abs. 2 DSGVO nennt im Rahmen der Unterstützungspflicht aus- 44
drücklich, dass der Verantwortliche sowie der Auftragsverarbeiter dem Datenschutzbeauftragten die für die „Erhaltung seines Fachwissens" erforderlichen Ressourcen zur Verfügung zu stellen hat. Diese Nennung wäre eigentlich nicht erforderlich, da diese Verpflichtung bereits in der Pflicht enthalten ist, dem Datenschutzbeauftragten die für dessen Aufgabenerfüllung
erforderlichen Ressourcen zur Verfügung zu stellen. Die gesonderte Nennung lässt allerdings erkennen, dass der Verordnungsgeber die Bedeutung
der Fortbildung des Datenschutzbeauftragten und dessen Zugang zu den
für seine Aufgabenerfüllung erforderlichen Quellen, Informationen, Schulungen oder auch externe Expertise als besonders wichtig ansieht.

VI. Weisungsfreiheit

Mit Art. 38 Abs. 3 Satz 1 DSGVO wird die Weisungsfreiheit des Daten- 45
schutzbeauftragten normiert. Der Verantwortliche und der Auftragsverarbeiter haben sicherzustellen, dass dem Datenschutzbeauftragten bei dessen
Aufgabenerfüllung keine Anweisungen in Bezug auf die ihm obliegenden
Aufgaben erteilt werden.

Die Verpflichtung zur „Sicherstellung" der Weisungsfreiheit beinhaltet da- 46
bei nicht nur, dass der Verantwortliche oder der Auftragsverarbeiter selbst
keine Weisungen erteilen dürfen. Sie haben vielmehr auch dafür Sorge zu
tragen, dass der Datenschutzbeauftragte sowohl durch seine organisatorische Verankerung als auch im Rahmen der unternehmensinternen Abläufe
keinen datenschutzrechtlich relevanten Weisungen unterworfen ist. Eine
disziplinarische Unterstellung im Rahmen der Unternehmensorganisation
und Führungsstruktur ist damit nicht ausgeschlossen. Die Verankerung der
Weisungsfreiheit erfolgt ausdrücklich lediglich im Hinblick auf die „Ausübung" der Aufgaben nach Art. 39 DSGVO.

47   Das Prinzip der Weisungsfreiheit des Datenschutzbeauftragten verfolgt vor
     allen Dingen das Ziel, diesen vor „unbilligen Beeinflussungsversuchen"[14]
     zu schützen, und so dafür Sorge zu tragen, dass etwaige Interessen des Ar-
     beitgebers oder Vorgesetzten dem umfassenden Schutz personenbezogener
     Daten nicht zuwider laufen.[15]

48   Das Gebot der Weisungsunabhängigkeit gilt für jede Erscheinungsform des
     Datenschutzbeauftragten. Somit kann sich auch der externe Datenschutz-
     beauftragte auf Art. 38 Abs. 3 DSGVO berufen. Fraglich ist allerdings,
     wem gegenüber dieser Anspruch geltend zu machen ist, wenn der externe
     Datenschutzbeauftragte zwar nicht Mitarbeiter des Verantwortlichen oder
     Auftragsverarbeiters ist, jedoch seinerseits Mitarbeiter eines Dienstleisters
     ist, der Datenschutzberatungsleistungen anbietet.

49   Will man dem Willen des Verordnungsgebers, wie er in Erwägungs-
     grund 97 zum Ausdruck gebracht wird, Rechnung tragen, wird man in die-
     ser Konstellation ebenfalls verlangen müssen, dass der zwischen dem Ver-
     antwortlichen oder dem Auftragsverarbeiter und dem externen Dienstleis-
     ter geschlossene Vertrag über die Erbringung datenschutzrechtlicher Leis-
     tungen im Sinne der Art. 37 ff. DSGVO die Unabhängigkeit der als Daten-
     schutzbeauftragter benannten natürlichen Person vertraglich sichert. Ande-
     renfalls würde die „vollständige Unabhängigkeit"[16] des Datenschutzbeauf-
     tragten leer laufen. Eine solche vertragliche Lösung wird wohl unumgäng-
     lich sein, da der Dienstherr des als Datenschutzbeauftragten benannten
     Mitarbeiters vom Wortlaut der Art. 37 ff. DSGVO nicht unmittelbar er-
     fasst ist. Die Regelungen der Verordnung erfassen lediglich den Daten-
     schutzbeauftragten selbst.

50   *Paal* scheint bei der – möglicherweise zulässigen – Benennung einer juristi-
     schen Person als externer Datenschutzbeauftragter davon auszugehen, dass
     dem Datenschutzbeauftragten in zulässiger Weise Weisungen erteilt werden
     könnten.[17] Diese Auffassung überzeugt jedoch nicht, da auf diesem Wege
     die vom Verordnungsgeber gewollte[18] Unabhängigkeit des Datenschutzbe-
     auftragten umgangen werden könnte. Vielmehr ist im Lichte des Art. 38
     Abs. 3 DSGVO zu verlangen, dass der zwischen dem Verantwortlichen
     oder dem Auftragsverarbeiter und der als Datenschutzbeauftragter be-
     nannten juristischen Person geschlossene Dienstvertrag die unabhängige
     Ausübung der Aufgaben des Datenschutzbeauftragten vertraglich regelt
     und in der Leistungsbeschreibung abbildet.

VII. Schutz vor Abberufung

51   Art. 38 Abs. 3 Satz 2 DSGVO enthält das Verbot, den Datenschutzbeauf-
     tragten „wegen der Erfüllung seiner Aufgaben" abzuberufen.

52   Während sowohl die Fassungen der Kommission als auch des Parlamentes
     und auch die durch den Rat beschlossene Entwurfsfassung stets in diesem

---

14   Paal/Pauly/*Paal* DSGVO Art. 38 Rn. 9.
15   In diesem Sinne zutreffend Paal/Pauly/*Paal* DSGVO Art. 38 Rn. 9.
16   Erwägungsgrund 97 am Ende.
17   Paal/Pauly/*Paal* DSGVO Art. 38 Rn. 9, allerdings ohne nähere Begründung.
18   Erwägungsgrund 97 verlangt eine „vollständige Unabhängigkeit".

Zusammenhang davon sprachen, dass der Datenschutzbeauftragte wegen der Wahrnehmung seiner Aufgaben nicht benachteiligt werden dürfe, erweiterte der DS-GVO-E (Trilog) in der dort enthaltenen Fassung des Art. 36 Abs. 3 den Schutz ebenfalls um das in der später verabschiedeten Fassung enthaltene Verbot der Abberufung.

Der Wortlaut der Vorschrift enthält auf den ersten Blick keinen ausdrücklichen Kündigungsschutz, wie er beispielsweise in § 4 f Abs. 3 Satz 5 und 6 BDSG enthalten ist.[19]   53

In der deutschen Sprachfassung der Verordnung wird lediglich von „Abberufung" gesprochen. Vergleicht man allerdings die weiteren Sprachfassungen der Verordnung, muss diese Einschätzung differenzierter ausfallen.   54

Bereits Art. 36 Abs. 3 DSGVO-E (Trilog) spricht davon, dass der Datenschutzbeauftragte „shall not be dismissed ...". Der Begriff des „to dismiss" ist jedoch in der Übersetzung keineswegs auf „abberufen" zu reduzieren. Die eigentliche Bedeutung umfasst auch den Terminus des „Kündigens". Damit würde nach der englischen Sprachfassung sich der Datenschutzbeauftragte durchaus auf einen im Gesetz verankerten Kündigungsschutz berufen können.

Die Reichweite des Kündigungsschutzes, insbesondere auch hinsichtlich der Frage einer außerordentlichen Kündigung aus wichtigem Grund, würde ohnehin dem nationalen Arbeitsrecht vorbehalten bleiben, da die Regelungskompetenz der Europäischen Union über den Datenschutz hinaus nicht zugleich auch die konkrete arbeitsrechtliche Ausgestaltung umfasst.   55

Die französische Sprachfassung der Verordnung spricht in diesem Zusammenhang davon, dass der Datenschutzbeauftragte „ne peut être relevé de ses fonctions". Diese Übersetzung scheint die in der deutschen Fassung enthaltene Formulierung der „Abberufung" zu stützen.   56

Gleichwohl ist im Vergleich der Sprachfassungen zu berücksichtigen, dass die Verhandlungen des Trilogs in englischer Sprache erfolgten und somit die weitergehende Bedeutung des „dismiss" nicht durch die Unschärfe der jeweiligen Übersetzungen ausgeschlossen werden kann. Im Ergebnis bleibt jedoch in Bezug auf die Reichweite des Art. 38 Abs. 3 Satz 2 DSGVO Klärungsbedarf.[20]   57

VIII. Benachteiligungsverbot

Der Datenschutzbeauftragte darf durch den Verantwortlichen oder den Auftragsverarbeiter nach Art. 38 Abs. 3 Satz 2. Alt. DSGVO wegen der Erfüllung seiner Aufgaben nicht benachteiligt werden.   58

Das Benachteiligungsverbot geht durchaus weiter als das in Art. 38 Abs. 3 Satz 2 DSGVO enthaltene Verbot der Abberufung.   59

Der Datenschutzbeauftragte ist nicht nur nach Art. 38 Abs. 2 DSGVO mit den für seine Aufgabenerfüllung erforderlichen Ressourcen auszustatten. Er ist auch im Verhältnis zu anderen Mitarbeitern des Unternehmens nicht   60

---

19 So Paal/Pauly/*Paal* DSGVO Art. 38 Rn. 10.
20 Ebenso Paal/Pauly/*Paal* DSGVO Art. 38 Rn. 10 mit Verweis auf *Jaspers/Reif* RDV 2016, 61.

zu benachteiligen. So können ihm beispielsweise mit Verweis auf seine Aufgabenerfüllung eine sonst anstehende Beförderung, beantragter Urlaub oder ähnliche Leistungen nicht verweigert werden.

61 Zu beachten ist, dass das Benachteiligungsverbot nach dem Wortlaut der Norm an die Erfüllung der Aufgaben als Datenschutzbeauftragter gekoppelt ist. Über sonstige Fallgruppen möglicher Benachteiligung sagt die Vorschrift nichts aus. Diese sind nach sonstigen Vorschriften zum Diskriminierungsverbot oder dem allgemeinen nationalen Arbeitsrecht zu beurteilen.

IX. Berichtspflicht des Datenschutzbeauftragten

62 Der Datenschutzbeauftragte ist nach Art. 38 Abs. 3 Satz 3 DSGVO verpflichtet, „unmittelbar der höchsten Managementebene des Verantwortlichen oder des Auftragsverarbeiters" zu berichten. Während in den unterschiedlichen Fassungen die im Gesetzgebungsverfahren beraten wurden, noch divergierende Auffassungen dahingehend bestanden, wem gegenüber die Berichtspflicht auszuüben sei, stellt die Verordnung mit den schließlich verabschiedeten Fassung klar, dass auf die funktionale Unternehmensführung abzustellen ist.

63 Der Kritik, wie sie *Paal*[21] zum Ausdruck bringt, kann nicht gefolgt werden. Zwar konkretisiert die Verordnung nicht, wie in Art. 36 Abs. 2 Satz 2 und 3 DSGVO-E (EP) enthalten, dass der Verantwortliche selbst ein für die Berichtspflicht ein zuständiges Mitglied der Leitung zu benennen hat. Die in der finalen Fassung der Verordnung enthaltene Formulierung schließt eine solche Ressortzuständigkeit des Verantwortlichen nicht aus. Gleichzeitigt bringt die Verordnung zum Ausdruck, dass die Berichtspflicht gegenüber der gesamten „höchsten Managementebene" besteht. Damit wird zugleich auch deutlich, dass eine delegierte Verantwortung innerhalb dieser Managementebene nach dem Willen des Verordnungsgebers nicht in Betracht kommt. Schließlich ist die Fassung des Art. 38 Abs. 3 Satz 3 DSGVO hinsichtlich der im nationalen Gesellschaftsrecht vorgesehenen Verantwortlichkeit der Unternehmensführung neutral. Das Datenschutzrecht hat in diesem Zusammenhang keinen gesellschaftsrechtlichen Regelungsanspruch. Die Verantwortlichkeit des „Verantwortlichen" im Sinne des Art. 4 Nr. 7 DSGVO sowie Auftragsverarbeiters für die Einhaltung der datenschutzrechtlichen Anforderungen ändert sich durch die Frage, wem gegenüber der Datenschutzbeauftragte zu berichten hat, nicht.

64 Art. 38 Abs. 3 Satz 3 DSGVO beinhaltet jedoch nicht nur eine Berichtspflicht sondern zugleich auch das Recht, der höchsten Managementebene zu berichten. Der Datenschutzbeauftragte kann folglich auf Art. 38 Abs. 3 Satz 3 DSGVO gestützt ein Recht auf Gehör, jedenfalls in Form eines Berichtes, geltend machen.

X. Inanspruchnahme durch Betroffene

65 Der Datenschutzbeauftragte hat nach dem Willen des Verordnungsgebers nicht nur die nach innen gerichtete Funktion, den Verantwortlichen sowie den Auftragsverarbeiter im Hinblick auf die Wahrung des Datenschutzes

---

21 Paal/Pauly/*Paal* DSGVO Art. 38 Rn. 11.

zu unterstützen.[22] Ihm fällt nach Art. 38 Abs. 4 DSGVO zugleich die Funktion zu, nach außen gerichtet als Ansprechpartner für den Betroffenen „zu allen mit der Verarbeitung ihrer personenbezogenen Daten und mit der Wahrnehmung ihrer Rechte gemäß dieser Verordnung im Zusammenhang stehenden Fragen zu Rate" zu fungieren.

Der Wortlaut der Vorschrift macht deutlich, dass den betroffenen Personen ein Recht zukommt, sich an den Datenschutzbeauftragten wenden zu können. Als Folge dieses Rechtes ist der Datenschutzbeauftragte in seiner Stellung so auszugestalten, dass die betroffene Person von ihrem Recht auch tatsächlich Gebrauch machen kann. Dies setzt voraus, dass der Datenschutzbeauftragte für den Betroffenen erreichbar ist, um von diesem zu Rate gezogen zu werden.   **66**

Die Verordnung lässt offen, was unter dem Begriff „zu Rate ziehen" konkret zu verstehen sein soll und wie weit diese Funktion des Datenschutzbeauftragten reicht. Art. 36 Abs. 2 a DSGVO-E (Trilog) sah vor, dass der Betroffene den Datenschutzbeauftragten im Hinblick auf alle Fragen, die mit der Verarbeitung der personenbezogenen Daten des Betroffenen und der Ausübung von dessen Rechten nach der Verordnung zusammen hängen, „kontaktieren" („may contact") könne. Die schließlich verabschiedete Fassung der DSGVO übernimmt in ihrer englischen Sprachfassung diese Formulierung.   **67**

Zurückhaltung ist deshalb geboten, dem Datenschutzbeauftragten eine über diese „Ansprechbarkeit" hinausreichende weitergehende Funktion zuzuweisen. Die englische Sprachfassung der Verordnung lässt keineswegs den Datenschutzbeauftragten als „Anwalt des Betroffenen"[23] erscheinen.[24] Zutreffend ist wohl eher davon auszugehen, dass Art. 38 Abs. 4 DSGVO ein Konsultationsrecht der betroffenen Person statuiert. Eine hieraus abgeleitete Verpflichtung des Datenschutzbeauftragten, das an ihn durch die betroffene Person herangetragene Anliegen dem Management des Verantwortlichen sowie des Auftragsverarbeiters vorzutragen, lässt sich jedenfalls auf Art. 38 Abs. 4 DSGVO alleine nicht stützen. Vielmehr hätte der Datenschutzbeauftragte im Rahmen der ihm obliegenden allgemeinen Aufgaben nach Art. 39 Abs. 1 lit. a und b DSGVO pflichtgemäß die höchste Managementebene des Verantwortlichen oder des Auftragsverarbeiters über an ihn herangetragene datenschutzrechtliche Probleme zu informieren und hinsichtlich deren Bewältigung zu beraten.   **68**

Eine solche einschränkende Auslegung der deutschen Sprachfassung des Art. 38 Abs. 4 DSGVO würde im übrigen mit der bislang in Art. 4 f Abs. 5 Satz 2 BDSG angelegten Fassung regelungsgleich sein.   **69**

---

22 Erwägungsgrund 97.
23 So jedoch Paal/Pauly/*Paal* DSGVO Art. 38 Rn. 12 mit Verweis auf *Jaspers/Reif* RDV 2012, 78 (82).
24 *Zikesch/Kramer* ZD 2015, 565, weisen zutreffend darauf hin, dass eine solche Interpretation der Rolle des Datenschutzbeauftragten durchaus zu Konflikten führen kann und beispielsweise im Fall der Datenverarbeitung durch einen Rechtsanwalt oder Steuerberater zu einer Aushöhlung der Verpflichtung zur Berufsverschwiegenheit führen könnte.

70   Das Konsultationsrecht der betroffenen Person ist nicht als ein allgemeines Recht auf datenschutzrechtliche Konsultation ausgestaltet. Der Wortlaut des Art. 38 Abs. 4 DSGVO verlangt, dass die betroffene Person sich an den Datenschutzbeauftragten im Hinblick auf die Verarbeitung ihrer personenbezogenen Daten und auch bezüglich der Wahrnehmer jener Rechte wendet, die ihr selbst zustehen.

XI. Geheimhaltungsverpflichtung und Wahrung der Vertraulichkeit

71   Der Datenschutzbeauftragte ist nach Art. 38 Abs. 5 DSGVO zu Geheimhaltung und zur Wahrung der Vertraulichkeit verpflichtet. Die Verordnung beinhaltet allerdings keine eigenständige Geheimhaltungs- oder Vertraulichkeitsverpflichtung.[25] Sie verweist vielmehr auf solche nach dem Unionsrecht oder dem Recht der Mitgliedstaaten bestehende Verpflichtungen.

72   Fraglich ist, ob mit der Fassung der Verordnung über § 203 Abs. 2a StGB hinausgehend Raum für eine eigenständige Verpflichtung des Datenschutzbeauftragten nach § 4f Abs. 4 BDSG verbleibt. Für eine solche Interpretation spricht, dass Art. 38 Abs. 5 DSGVO ausdrücklich auf die im nationalen Recht bestehenden Geheimhaltungsverpflichtungen abstellt. Dabei wird nicht näher konkretisiert, ob es sich hierbei um allgemeine strafrechtliche Verpflichtungen oder ob es sich um spezifische datenschutzrechtliche Pflichten des Datenschutzbeauftragten handelt.

73   Gegen eine Fortgeltung des § 4f Abs. 4 BDSG würde jedoch einzuwenden sein, dass die Verordnung bereits im Wortlaut des Art. 38 Abs. 5 DSGVO eine Verpflichtung zur Geheimhaltung und Wahrung der Vertraulichkeit beinhaltet, die dem Grunde nach weiter reichen kann, als dies in § 4f Abs. 4 BDSG der Fall ist.

Sieht man das Vertrauen der betroffenen Person in die Tätigkeit des Datenschutzbeauftragten als eine wesentliche Voraussetzung für dessen wirksame Aufgabenerfüllung an, wird man durchaus mit *Paal*[26] sowie *Jaspers/Reif*[27] die Auffassung vertreten können, dass eine Beibehaltung der im nationalen Datenschutzrecht bestehenden Vorschriften des § 203 Abs. 2a StGB sowie des § 4f Abs. 4 BDSG geboten ist.

XII. Wahrnehmung weiterer Aufgaben und Pflichten/Schutz vor Interessenkonflikten

74   Das datenschutzrechtliche Leitbild der DSGVO stellt nicht auf einen Datenschutzbeauftragten ab, der seine Aufgaben nur in Vollzeit erbringt. Art. 38 Abs. 6 DSGVO lässt zu, dass der Datenschutzbeauftragte neben seinen Aufgaben und Pflichten aus der Verordnung auch andere Aufgaben und Pflichten wahrnehmen kann. Der Datenschutzbeauftragte kann folglich auch in Teilzeit seinen Aufgaben nachkommen.[28]

25   Ebenso zutreffend Paal/Pauly/*Paal* DSGVO Art. 38 Rn. 13.
26   Paal/Pauly/*Paal* DSGVO Art. 38 Rn. 13.
27   *Jaspers/Reif* RDV 2016, 61 (65).
28   Ebenso *Marschall/Müller* ZD 2016, 415 (419); *Klug* ZD 2016, 315 (317).

Jegliche anderweitige Aufgaben oder Pflichten, die durch den Datenschutz-   75
beauftragten wahrgenommen werden, dürfen jedoch nicht dazu führen,
dass der Datenschutzbeauftragte einer Interessenkollision ausgesetzt ist.[29]

Die Verordnung weist in diesem Zusammenhang in Art. 38 Abs. 6 Satz 2   76
DSGVO dem Verantwortlichen sowie dem Auftragsverarbeiter die Verpflichtung zu, sicherzustellen, dass die Wahrnehmung anderer Aufgaben
und Pflichten in der Person des Datenschutzbeauftragten zu keiner Interessenkollision führen kann.

Dies kann der Verantwortlich oder der Auftragsverarbeiter dadurch erfül-   77
len, dass die Wahrnehmung dieser Aufgaben oder Pflichten von einer vorherigen Genehmigung (Nebentätigkeitsgenehmigung) abhängig gemacht
wird. Ebenso lässt die geforderte „Sicherstellung" die – stichprobenartige –
Überprüfung der Nebentätigkeit zu, ob eine Interessenkollision mit den
Aufgaben und Pflichten als Datenschutzbeauftragter droht. Die Interessenkollision muss nicht erst eingetreten sein, da der Wortlaut des Art. 38
Abs. 6 DSGVO davon spricht, dass die Wahrnehmung der anderweitigen
Aufgaben und Pflichten nicht zu einer Interessenkollision „führt". Der Verantwortliche und der Auftragsverarbeiter haben folglich präventiv dies si-
cherzustellen.

C. Verhältnis zu anderen Normen

I. Innerhalb der DSGVO

Art. 38 DSGVO sichert die Unabhängigkeit des Datenschutzbeauftragten   78
als notwendige Voraussetzung für die in Art. 39 DSGVO angelegte Aufgabenerfüllung. Gleichzeitig statuiert die Vorschrift auf Seiten des Verantwortlichen sowie des Auftragsverarbeiters umfassende Unterstützungs-
pflichten, die notwendige Voraussetzung für die ordnungsgemäße Erfüllung der Aufgaben des Datenschutzbeauftragten sind.

Bedeutsam ist die dem Verantwortlichen sowie dem Auftragsverarbeiter   79
auferlegte Pflicht, dafür zu sorgen, dass es in der Person des Datenschutzbeauftragten zu keinen Interessenkollisionen kommt. Der Verantwortliche
und der Auftragsverarbeiter haben deshalb die Art etwaiger Nebentätigkeiten nicht zuletzt auch wegen des in Art. 83 Abs. 4 lit. a DSGVO angelegten
Bußgeldtatbestandes sorgfältig zu prüfen. Kann der Datenschutzbeauftragte wegen einer möglichen Interessenkollision seinen aus Art. 39 DSGVO
resultierenden Pflichten nicht oder nicht ordnungsgemäß nachkommen,
kann der Verantwortliche oder Auftragsverarbeiter hierfür herangezogen
werden.[30]

Dem Datenschutzbeauftragten kommt hinsichtlich der durch die betroffene   80
Person geltend gemachten Rechte aus Art. 12 ff. DSGVO eine besondere
Bedeutung zu. Während der Wortlaut der deutschen Sprachfassung eine
Beratungspflicht des Datenschutzbeauftragten gegenüber dem Betroffenen
nahezulegen scheint, beinhaltet die Vorschrift des Art. 38 Abs. 4 DSGVO
nach der hier vertretenen Auffassung lediglich ein Konsultationsrecht auf

---

29 Art. 38 Abs. 6 Satz 2 DSGVO.
30 Ebenso Paal/Pauly/*Paal* DSGVO Art. 38 Rn. 15.

Seiten der betroffenen Person. Der Datenschutzbeauftragte ist zwar im Rahmen der ihm allgemein obliegenden Aufgaben aus Art. 39 Abs. 1 lit. a und b DSGVO verpflichtet, der Konsultation zu folgen und etwaigen datenschutzrechtlichen Risiken oder Verstößen nachzugehen. Art. 38 Abs. 4 DSGVO führt jedoch nicht dazu, dass der Datenschutzbeauftragte sich als Fürsprecher des Betroffenen für die Durchsetzung der Betroffenenrechte nach Art. 12 ff. DSGVO gegen den Verantwortlichen oder den Auftragsverarbeiter einzusetzen hätte.

II. Fortgeltendes BDSG

81   Art. 38 DSGVO verdrängt das bislang bestehende BDSG, da die Vorschrift keine diesbezügliche Öffnungsklausel enthält.

82   Die Verordnung sieht, wie *Paal*[31] zutreffend herausarbeitet, Regelungen vor, die weitgehend inhaltsgleich oder jedenfalls vergleichbar mit §§ 4 f und 4 g BDSG sind. Damit stellt jedoch die DSGVO eine im Verhältnis zum nationalen Recht speziellere Vorschrift dar, die gegenüber dem nationalen Recht Anwendungsvorrang genießt.

83   Für §§ 4 f und 4 g BDSG besteht insoweit kein Anwendungsbedarf mehr. Art. 38 DSGVO genießt Anwendungsvorrang.[32]

84   Offen könnte lediglich bleiben, ob der in Art. 38 Abs. 5 DSGVO auf die im nationalen Recht bestehenden Verpflichtungen zur Wahrung der Geheimhaltung und Vertraulichkeit eine fortbestehende Anwendung der in § 4 f Abs. 4 BDSG enthaltenen Verschwiegenheitsverpflichtung rechtfertigt.

Artikel 39   Aufgaben des Datenschutzbeauftragten

(1) Dem Datenschutzbeauftragten obliegen zumindest folgende Aufgaben:

a) Unterrichtung und Beratung des Verantwortlichen oder des Auftragsverarbeiters und der Beschäftigten, die Verarbeitungen durchführen, hinsichtlich ihrer Pflichten nach dieser Verordnung sowie nach sonstigen Datenschutzvorschriften der Union bzw. der Mitgliedstaaten;

b) Überwachung der Einhaltung dieser Verordnung, anderer Datenschutzvorschriften der Union bzw. der Mitgliedstaaten sowie der Strategien des Verantwortlichen oder des Auftragsverarbeiters für den Schutz personenbezogener Daten einschließlich der Zuweisung von Zuständigkeiten, der Sensibilisierung und Schulung der an den Verarbeitungsvorgängen beteiligten Mitarbeiter und der diesbezüglichen Überprüfungen;

c) Beratung – auf Anfrage – im Zusammenhang mit der Datenschutz-Folgenabschätzung und Überwachung ihrer Durchführung gemäß Artikel 35;

d) Zusammenarbeit mit der Aufsichtsbehörde;

e) Tätigkeit als Anlaufstelle für die Aufsichtsbehörde in mit der Verarbeitung zusammenhängenden Fragen, einschließlich der vorherigen Kon-

---

31   Paal/Pauly/*Paal* DSGVO Art. 38 Rn. 17.
32   Vgl. hierzu *Calliess/Ruffert* EUV/AEUV, Art. 1 Rn. 16 ff.; *Benecke/Wagner* DVBl. 2016, 600.

sultation gemäß Artikel 36, und gegebenenfalls Beratung zu allen sonstigen Fragen.

(2) Der Datenschutzbeauftragte trägt bei der Erfüllung seiner Aufgaben dem mit den Verarbeitungsvorgängen verbundenen Risiko gebührend Rechnung, wobei er die Art, den Umfang, die Umstände und die Zwecke der Verarbeitung berücksichtigt.

Verwandte Normen: ErwGr 77, 139, 140; § 4 g BDSG 2003

Literatur:

Albrecht, Das neue EU-Datenschutzrecht – von der Richtlinie zur Verordnung – Überblick und Hintergründe zum finalen Text für die Datenschutz-Grundverordnung der EU nach der Einigung im Trilog, CR 2016, 88; *Becker*, EU-Datenschutz-Grundverordnung – Anforderungen an Unternehmen und Datenschutzbeauftragte, ITRB 2016, 107; *Benecke/Wagner*, Öffnungsklauseln in der Datenschutz-Grundverordnung und das deutsche BDSG – Grenzen und Gestaltungsspielräume für ein nationales Datenschutzrecht, DVBl. 2016, 600; *Bittner*, Der Datenschutzbeauftragte gemäß EU-Datenschutz-Grundverordnungs-Entwurf, RDV 2014, 183; *Calliess/Ruffert*, EUV/AEUV, 5. Auflage, 2016 *Dammann*, Erfolge und Defizite der EU-Datenschutzgrundverordnung, ZD 2016, 307; *Eckhardt*, EU-DatenschutzVO – Ein Schreckgespenst oder Fortschritt?, CR 2012, 195; *Eckhardt/Kramer/Mester*, Auswirkungen der geplanten EU-DS-GVO auf den deutschen Datenschutz, DuD 2013, 623; *Ehmann*, Der weitere Weg zur Datenschutzgrundverordnung – Näher am Erfolg, als viele glaubten?, ZD 2015, 6; *Ehmann/Helfrich*, EG-Datenschutzrichtlinie, Kurzkommentar, Köln, 1999; *Fladung/Wybitul*, EU-Datenschutz-Grundverordnung – Überblick und arbeitsrechtliche Betrachtung des Entwurfs, BB 2012, 509; *Gierschmann*, Was „bringt" deutschen Unternehmen die DS-GVO, ZD 2016, 51; *Gola/Schulz*, Der Entwurf für eine EU-Datenschutz-Grundverordnung – eine Zwischenbilanz, RDV 2013, 1; *Grabitz/Hilf/Nettesheim*, Das Recht der Europäischen Union, 16. EL 2016; *Hoeren*, Der betriebliche Datenschutzbeauftragte, ZD 2012, 355; *Hornung*, Eine Datenschutz-Grundverordnung für Europa? – Licht und Schatten im Kommissionsentwurf vom 25.1.2012, ZD 2012, 99; *Jaspers*, Die EU-Datenschutz-Grundverordnung – Auswirkungen der EU-Datenschutz-Grundverordnung auf die Datenschutzorganisation des Unternehmers, DuD 2012, 571; *Jaspers/Reif*, Der betriebliche Datenschutzbeauftragte nach der geplanten EU-Datenschutz-Grundverordnung – ein Vergleich mit dem BDSG, RDV 2012, 78; *Jaspers/Reif*, Der Datenschutzbeauftragte: Bestellpflicht, Rechtsstellung und Aufgaben, RDV 2016, 61; *Kahlert/Licht*, Die neue Rolle des Datenschutzbeauftragten nach der DSGVO – Was Unternehmen zu beachten haben, ITRB 2016, 178; *Klug*, Die Position des EU-Parlaments zur zukünftigen Rolle von Datenschutzbeauftragten – ein kommentierter Überblick, RDV 2014, 90; *ders.*, Der Datenschutzbeauftragte in der EU – Maßgaben der Datenschutzgrundverordnung, ZD 2016, 315; *Knopp*, Dürfen juristische Personen zum betrieblichen Datenschutzbeauftragten bestellt werden?, DuD 2015, 88; *Koreng/Lachenmann*, Formularhandbuch Datenschutzrecht, 2015, *Kraska*, Auswirkungen der EU-Datenschutzgrundverordnung, ZD-Aktuell 2016, 04197; *Laue*, Öffnungsklauseln in der DS-GVO – Öffnung wohin?,

ZD 2016, 463; *Laue/Nink/Kremer*, Das neue Datenschutzrecht in der betrieblichen Praxis, 2016; *Marschall*, Strafrechtliche Haftungsrisiken des betrieblichen Datenschutzbeauftragten?, ZD 2014, 66; *Marschall/Müller*, Der Datenschutzbeauftragte im Unternehmen zwischen BDSG und DS-GVO, ZD 2016, 415; *Paal/Pauly*, Datenschutzgrundverordnung, 2017; *Peifer*, Auswirkungen der EU-Datenschutz-Grundverordnung auf öffentliche Stellen, GewArch 2014, 142; *Schantz*, Die Datenschutz-Grundverordnung – Beginn einer neuen Zeitrechnung im Datenschutzrecht, NJW 2016, 1841; *Schröder*, Selbstregulierung im Datenschutzrecht – Notwehr oder Konzept – Das Verhältnis zwischen Gesetzgebund und selbstregulatorischen Ansätzen, ZD 2012, 418; *Schroeder*, Der bestätigende Rechtsakt in der Rechtsprechung des EuGH und des EuG, EuZW 2007, 467; *von Achenbach*, Verfassungswandel durch Selbstorganisation: Triloge im europäischen Gesetzgebungsverfahren, Der Staat, Bd. 55, 1; *von der Groeben/Schwarze/Hatje*, Europäisches Unionsrecht, 7. Auflage, 2015; *Weichert*, Die Zukunft des Datenschutzbeauftragten, CuA 4/2016, 8; *Wichtermann*, Einführung eines Datenschutz-Management-Systems im Unternehmen – Pflicht oder Kür? Kurzüberblick über die Erweiterungen durch die DS-GVO, ZD 2016, 421; *Wybitul*, Welche Folgen hat die EU-Datenschutz-Grundverordnung für Compliance?, CCZ 2016, 194; *Zikesch/Kramer*, Die DS-GVO und das Berufsrecht der Rechtsanwälte, Steuerberater und Wirtschaftsprüfer. Datenschutz bei freien Berufen, ZD 2015, 565.

A. Grundlagen

I. Gesamtverständnis und Zweck der Norm

Während Art. 37 DSGVO die Pflicht zur Benennung eines Datenschutzbeauftragten und Art. 38 DSGVO dessen Stellung normieren, beinhaltet Art. 39 DSGVO eine katalogartige Aufzählung der Aufgaben des Datenschutzbeauftragten.   1

Die Vorschrift war im Laufe des Gesetzgebungsverfahrens teilweise intensiven Änderungen unterworfen. Die schließlich verabschiedete Fassung enthält einen Mindestbestand an Aufgaben des Datenschutzbeauftragten.   2

Der Gesetzeswortlaut lässt offen, ob und gegebenenfalls durch wen weitere Aufgaben des Datenschutzbeauftragten normiert werden können. Während die ursprüngliche Entwurfsfassung der Kommission[1] in Art. 37 Abs. 2 DSGVO-E die Ermächtigung zum Erlass relegierter Rechtsakte durch die Kommission vorsah, wurde in den folgenden Entwurfsfassungen des Parlamentes,[2] des Rates[3] sowie des Triloges[4] diese Ermächtigung ersatzlos gestrichen. Gleichzeitig wurde jedoch keine Öffnungsklausel zugunsten der Mitgliedstaaten aufgenommen. In Ermangelung einer solchen Öffnungsklausel ist deshalb davon auszugehen, dass Art. 39 DSGVO die Aufgaben des Datenschutzbeauftragten jedenfalls im Verhältnis zwischen der Europäischen Union und den Mitgliedstaaten abschließend regelt.   3

Über den Wortlaut des Art. 39 DSGVO hinausgehende Aufgaben können folglich aus der DSGVO selbst oder aus anderen – künftigen – europäischen Datenschutzvorschriften resultieren.   4

---

1 KOM(2012) endg.; 2012/0011 (COD).
2 Interinstitutionelles Dossier des Rats der Europäischen Union vom 27.3.2014, 2012/0011 (COS); 7427/1/14, REV 1.
3 Rat der Europäischen Union v. 15.6.2015, 9565/15; 2012/0011 (COD).
4 Rat der Europäischen Union v. 15.12.2015, 15039/15; 2012/0011 (COD).

II. Bisherige Rechtslage

5　Die Aufgaben des Datenschutzbeauftragten waren bislang im nationalen Recht der Bundesrepublik Deutschland in § 4 g BDSG normiert.

III. Entstehung der Norm

1. Vorschlag der Europäischen Kommission vom 25. Januar 2012[5]

a) Zuweisung von Aufgaben durch den Verantwortlichen oder Auftragsverarbeiter

6　Art. 37 Abs. 1 des DSGVO-E sah vor, dass der für die Verarbeitung Verantwortliche oder der Auftragsverarbeiter den Datenschutzbeauftragten mit im weiteren Verlauf der Vorschrift aufgezählten Aufgaben betraut.

7　Die Vorschrift wies nach ihrem Wortlaut dem Datenschutzbeauftragten selbst keine Aufgaben zu. Dies sollte vielmehr durch den Verantwortlichen oder den Auftragsverarbeiter seinerseits im Rahmen des zwischen ihm und dem Datenschutzbeauftragten bestehenden Rechtsverhältnisses erfolgen. Ob dies im Rahmen einer vertraglichen Regelung oder möglicherweise auch im Rahmen einer dem Direktionsrecht ähnlichen Ausgestaltung der Tätigkeit erfolgen sollte, blieb nach dem Entwurf offen.

b) Umfang der Aufgaben

8　Auch hinsichtlich des Aufgabenumfanges unterschieden sich die Entwurfsfassungen bereits im Ansatz erheblich.

9　Der Entwurf der Kommission sah in Art. 37 Abs. 1 DSGVO-E vor, dass die in der Vorschrift genannten Aufgaben als „Mindestaufgaben" zu verstehen sind. Die Vorschrift enthielt folglich keine abschließende Aufzählung der Aufgaben.

c) Unterrichtung und Beratung

10　Nach Art. 37 Abs. 1 lit. a DSGVO-E fällt dem Datenschutzbeauftragten die Aufgabe der Unterrichtung und Beratung des für die Verarbeitung Verantwortlichen oder des Auftragsverarbeiters über dessen aus der Verordnung erwachsenden Pflichten zu. Des weiteren hat der Datenschutzbeauftragte diese Unterrichtung und Beratung zu dokumentieren. Die Dokumentationspflicht umfasst dabei die gesamte diesbezügliche Kommunikation mit dem Verantwortlichen oder dem Auftragsverarbeiter, da Art. 37 Abs. 1 lit. a DSGVO-E auch die „erhaltenen Antworten" des Verantwortlichen oder Auftragsverarbeiters dokumentiert wissen will.

d) Überwachung

11　Der von der Kommission vorgelegte Entwurf enthält in Art. 37 Abs. 1 lit. b bis lit. e DSGVO-E eine differenzierte Aufstellung der dem Datenschutzbeauftragten obliegenden Aufgaben. Ihm obliegt nach dieser Fassung die Überwachung der Umsetzung und Anwendung der Strategien des Verantwortlichen für die Verarbeitung sowie des Auftragsverarbeiters (Art. 37 Abs. 1 lit. b DSGVO-E), die Überwachung der Anwendung der Verord-

---

5　KOM(2012) endg.; 2012/0011 (COD).

nung im Allgemeinen, insbesondere der Anforderungen an einen Datenschutz durch Technik sowie an datenschutzfreundliche Voreinstellungen, der Benachrichtigung sowie der Geltendmachung von Betroffenenrechten (Art. 37 Abs. 1 lit. c DSGVO-E), der Erfüllung von Dokumentationspflichten nach Art. 28 DSGVO-E sowie der Meldungs- und Benachrichtigungspflichten nach Art. 31 und 32 DSGVO-E (Art. 37 Abs. 1 lit. d und lit. e DSGVO-E).

e) Datenschutz-Folgenabschätzung

Der Datenschutzbeauftragte hat nach Art. 37 Abs. 1 lit. f. DSGVO-E die vom für die Verarbeitung Verantwortlichen oder vom Auftragsverarbeiter durchgeführten Datenschutz-Folgenabschätzung sowie der Beantragung einer Vorabgenehmigung bzw. Zuratezeihung nach Art. 33 und 34 DSGVO-E zu überwachen. 12

f) Überwachung auf Anfrage der Aufsichtsbehörde ergriffenen Maßnahmen sowie Zusammenarbeit mit der Aufsichtsbehörde

Art. 37 Abs. 1 lit. g DSGVO-E erweitert den Aufgabenkatalog des Datenschutzbeauftragten um die Überwachung von Maßnahmen, die auf Anfrage der Aufsichtsbehörde durch den Verantwortlichen für die Verarbeitung sowie den Auftragsverarbeiter ergriffen wurden. 13

Darüber hinaus zählt Art. 37 Abs. 1 lit. g DSGVO-E die Zusammenarbeit mit der Aufsichtsbehörde selbst zu den Aufgaben des Datenschutzbeauftragten. 14

g) Ansprechpartner für die Aufsichtsbehörde

Mit Art. 37 Abs. 1 lit. h DSGVO-E stellt die Kommission in ihrem Entwurf klar, dass der Datenschutzbeauftragte selbst für die Aufsichtsbehörde als Ansprechpartner fungiert. Damit wird der unabhängigen Rolle des Datenschutzbeauftragten Rechnung getragen. Die Aufsichtsbehörde kann sich folglich nicht nur an den Verantwortlichen für die Verarbeitung[6] bzw. den Auftragsverarbeiter mit einer Anfrage wenden sondern unmittelbar den Datenschutzbeauftragten kontaktieren. 15

Die Vorschrift räumt über die Rolle als Ansprechpartner für die Aufsichtsbehörde hinaus dem Datenschutzbeauftragten ein eigenständiges Recht ein, „auf eigene Initiative" die Aufsichtsbehörde „Zurate" zu ziehen. 16

2. Beschluss des Europäischen Parlaments vom 12. März 2014[7]

a) Zuweisung von Aufgaben durch den Verantwortlichen oder Auftragsverarbeiter

Das Parlament übernahm in Art. 37 Abs. 1 DSGVO-E (EP) den Wortlaut der Entwurfsfassung der Kommission. Eine Klärung, auf welche Weise der 17

---

6 Ein solches Recht resultiert bereits aus der allgemein bestehenden vertretungsrechtlichen Beziehung des Organes des Verantwortlichen für die Verarbeitung bzw. Auftragsverarbeiters zu Dritten im Rechtsverkehr.
7 Interinstitutionelles Dossier des Rats der Europäischen Union vom 27.3.2014, 2012/0011 (COS); 7427/1/14, REV 1.

Datenschutzbeauftragte mit den genannten Aufgaben „betraut" werden solle, fand nicht statt.

b) Umfang der Aufgaben

18   Das Parlament übernahm den Ansatz der Kommission, einen nicht abschließenden Mindestkatalog an Aufgaben des Datenschutzbeauftragten vorzusehen.

c) Sensibilisierung, Unterrichtung und Beratung

19   Das Parlament übernimmt mit Art. 37 Abs. 1 lit. a DSGVO-E (EP) den Vorschlag der Kommission wortgetreu und erweitert die Aufgaben zunächst dahingehend, dass neben der Unterrichtung und Beratung die „Sensibilisierung" des für die Verarbeitung Verantwortlichen oder des Auftragsverarbeiters zu erbringen ist. Worin sich die „Sensibilisierung" von der „Beratung" unterscheidet oder ob diese möglicherweise einen Teilaspekt der Beratungsaufgabe beschreibt, lässt der Entwurf des Parlamentes offen.

20   Das Parlament konkretisiert in Art. 37 Abs. 1 lit. a DSGVO-E (EP) die Dokumentationspflicht des Datenschutzbeauftragten darum, diese „insbesondere in Bezug auf technische und organisatorische Maßnahmen und Verfahren" vorzunehmen.

d) Überwachung

21   Der Entwurf des Europäischen Parlamentes übernimmt in Art. 37 Abs. 1 lit. c bis lit. e DSGVO-E (EP) wortgleich den Entwurf der Kommission.

e) Datenschutz-Folgenabschätzung

22   Art. 37 Abs. 1 lit. f. DSGVO-E (EP) führt den Entwurf der Kommission fort und passt diesen lediglich an den zwischenzeitlich aufgenommenen Art. 32 a DSGVO-E (EP), der die Einhaltung von Risikogrundsätzen dem Verantwortlichen als Pflicht auferlegt, an.

f) Überwachung auf Anfrage der Aufsichtsbehörde ergriffenen Maßnahmen sowie Zusammenarbeit mit der Aufsichtsbehörde

23   Art. 37 Abs. 1 lit. g DSGVO-E (EP) übernimmt wortgleich die Entwurfsfassung des Art. 37 Abs. 1 lit. g DSGVO-E der Kommission,

g) Ansprechpartner für die Aufsichtsbehörde

24   Wie bereits im Entwurf der Kommission sieht die Fassung des Art. 37 Abs. 1 lit. g DSGVO-E (EP) vor, dass der Datenschutzbeauftragte als Ansprechpartner für die Aufsichtsbehörde fungiert. Zudem weist der Entwurf dem Datenschutzbeauftragten ein „Konsultationsrecht" bezüglich der Aufsichtsbehörde zu.

h) Überprüfung der Einhaltung im Zusammenhang mit dem „vorherigen Konsultierungsverfahren"

25   Art. 37 Abs. 1 lit. i DSGVO-E (EP) enthält eine eigenständige Aufgabe des Datenschutzbeauftragten, die diesem im Zusammenhang mit dem vorherigen Konsultierungsverfahren nach Art. 34 DSGVO-E (EP) zukommt. Der

Datenschutzbeauftragte hat zu überprüfen, ob die Verordnung im Zusammenhang mit dem Konsultierungsverfahren eingehalten wird.

Diese Bestimmung wird in den nachfolgenden Entwurfsfassungen nicht mehr als eigenständige Aufgabe fortgeführt. Sie findet sich jedoch in abgewandelter Form in Art. 37 Abs. 1 lit. h DSGVO-E (Rat) sowie Art. 37 Abs. 1 lit. h DSGVO-E (Trilog) wieder. Dort kommt dem Datenschutzbeauftragten die Aufgabe zu, als Ansprechpartner für die Aufsichtsbehörde auch im Zusammenhang mit der Erfüllung der Vorschriften des Art. 34 DSGVO-E zu fungieren. 26

Die in Art. 37 Abs. 1 lit. i DSGVO-E (EP) zum Ausdruck gebrachte Überprüfung, ob die Vorschriften der Verordnung nach dem vorherigen Konsultierungsverfahren nach Art. 34 DSGVO eingehalten werden, fällt in den nachfolgenden Entwurfsfassungen in die allgemeine Überwachungsverpflichtung nach Art. 37 Abs. 1 lit. b DSGVO-E (Rat) sowie Art. 37 Abs. 1 lit. b DSGVO-E (Trilog) und Art. 39 Abs. 1 lit. b DSGVO. 27

i) Unterrichtung der Arbeitnehmervertreter

Der Entwurf des Parlamentes sieht in Art. 37 Abs. 1 lit. j DSGVO-E (EP) eine Aufgabe vor, die weder in dem vorangegangenen Entwurf der Kommission noch in den nachfolgenden Entwurfsfassungen des Rates oder des Triloges enthalten ist. 28

Danach hat der Datenschutzbeauftragte die Arbeitnehmervertreter über die Verarbeitung von Daten der Arbeitnehmer zu unterrichten. 29

3. Entwurf des Rates der Europäischen Union vom 15. Juni 2015[8]

a) Zuweisung von Aufgaben

Art. 37 Abs. 1 DSGVO-E (Rat) auferlegte dem Datenschutzbeauftragten im Gegensatz zu den von der Kommission sowie dem Parlament vorgelegten Entwurfsfassungen die in der Vorschrift genannten Aufgaben unmittelbar durch das Gesetz. 30

Damit enthob die auch in späteren Fassungen fortgeführte gesetzliche Grundlage den Verantwortlichen und den Auftragsverarbeiter von der Schwierigkeit, dem Datenschutzbeauftragten in einer verlässlichen und hinreichenden Art und Weise die gesetzlich geforderten Aufgaben aufzuerlegen. 31

b) Umfang der Aufgaben

Im Gegensatz zu Kommission und Parlament spricht Art. 37 Abs. 1 DSGVO (Rat) nicht mehr davon, dem Datenschutzbeauftragten einen Mindestkatalog an Aufgaben aufzuerlegen. Der Wortlaut der Vorschrift stellt auf einen abschließenden Katalog ab. Dies war insofern eine konsequente konzeptionelle Änderung im Vergleich zu der vorangegangenen Fassung der Kommission, als der Rat ebenfalls die Ermächtigung zum Erlass delegierter Rechtsakte, wie sie noch in Art. 37 Abs. 2 DSGVO-E vorgesehen war, ersatzlos entfallen ließ. Die Aufgaben des Datenschutzbeauf- 32

---

8   Rat der Europäischen Union v. 15.6.2015, 9565/15; 2012/0011 (COD).

tragten sollten mit der Verabschiedung der Verordnung fest stehen und weder durch die Kommission noch auf sonstige Weise erweitert werden können.

c) Unterrichtung und Beratung

33 Art. 37 Abs. 1 lit. a DSGVO-E (Rat) konzentriert die Aufgabe des Datenschutzbeauftragten wiederum auf die „Unterrichtung und Beratung" und vermeidet das durch die Fassung des Parlamentes aufgeworfene Problem, worin eine „Sensibilisierung" liegen könne.

34 Der Entwurf des Rates erweitert jedoch die Unterrichtungs- und Beratungspflicht über den Kreis des für die Verarbeitung Verantwortlichen sowie Auftragsverarbeiters hinaus auf diejenigen Beschäftigten, die personenbezogene Daten verarbeiten.

35 Der Beratungsgegenstand wird nunmehr im Entwurf des Rates über die aus der Verordnung resultierenden datenschutzrechtlichen Pflichten auch auf jene Pflichten erweitert, die sich aus anderen Datenschutzvorschriften der Union oder der Mitgliedstaaten ergeben. Art. 37 Abs. 1 lit. a DSGVO-E (Rat) macht damit deutlich, dass die datenschutzrechtliche Unterrichtungs- und Beratungspflicht des Datenschutzbeauftragten umfassend und nicht nur auf die DSGVO beschränkt sein soll.

d) Überwachung

36 Mit Art. 37 Abs. 1 lit. b DSGVO-E (Rat) werden die in den Art. 37 Abs. 1 lit. b bis lit. e DSGVO-E vorangegangenen Entwurfsfassungen zusammengefasst und dadurch vereinfacht.

37 Dem Datenschutzbeauftragten obliegen nach Art. 37 Abs. 1 lit. b DSGVO-E (Rat) die Überwachung der Einhaltung der Verordnung, anderer Datenschutzvorschriften der Union oder der Mitgliedstaaten. Darüber hinaus hat er die Strategien zur Sicherung des Datenschutzes einschließlich der auf Seiten des Verantwortlichen für die Verarbeitung oder des Auftragsverarbeiters erfolgte Zuweisung von Zuständigkeiten sowie der Sensibilisierung und Schulung der mit der Verarbeitung personenbezogener Daten befassten Mitarbeiter sowie der darauf bezogenen Überprüfungen zu überwachen.

38 Für weitergehende Differenzierungen, wie sie in den vorangegangenen Entwürfen noch enthalten waren, besteht im Rahmen des Entwurfes des Rates keine Veranlassung. Durch die umfassend ausgestaltete Pflicht zur Überwachung, ob die Vorschriften der Verordnung oder anderer Datenschutzbestimmungen eingehalten wurden, erübrigen sich die in den Entwürfen der Kommission oder des Parlamentes enthaltenen Überwachungspflichten.

e) Datenschutz-Folgenabschätzung

39 Der Rat präzisiert mit Art. 37 Abs. 1 lit. f. DSGVO-E (Rat) die in den Vorentwürfen enthaltenen Pflichten, die sich auch die Datenschutz-Folgenabschätzung beziehen. Da bereits in Art. 33 Abs. 1 a DSGVO-E (Rat) vorgesehen ist, dass der Verantwortliche für die Verarbeitung „bei der Durchführung einer Datenschutz-Folgenabschätzung" den Rat des Datenschutzbeauftragten einzuholen hat, stellt Art. 37 Abs. 1 lit. f. DSGVO-E (Rat)

klar, dass dem Datenschutzbeauftragten die Beratung als Aufgabe zufällt, sofern eine solche Anfrage an ihn gerichtet wird.

f) Überwachung auf Anfrage der Aufsichtsbehörde ergriffenen Maßnahmen sowie Zusammenarbeit mit der Aufsichtsbehörde

Art. 37 Abs. 1 lit. g DSGVO-E (Rat) übernimmt wortgleich die Entwurfs- 40
fassung des Art. 37 Abs. 1 lit. g DSGVO-E der Kommission sowie des Parlaments.

g) Ansprechpartner für die Aufsichtsbehörde und Konsultation

Während sowohl der Entwurf der Kommission als des Parlamentes vorsa- 41
hen, dass der Datenschutzbeauftragte als Ansprechpartner für die Aufsichtsbehörde „in mit der Verarbeitung zusammenhängenden Fragen" zu
fungieren habe, schränkt die durch den Rat verabschiedeten Fassung des
Art. 37 Abs. 1 lit. h DSGVO-E (Rat) diese Aufgabe auf jene Fragen ein, die
mit der Verarbeitung „personenbezogener Daten" zusammenhängen.

Das Konsultationsrecht des Datenschutzbeauftragten wird nunmehr an 42
Art. 34 DSGVO-E (Rat) geknüpft sowie um eine allgemeine Beratung gegenüber der Aufsichtsbehörde „zu allen sonstigen Fragen".

h) Berücksichtigung datenschutzrechtlich relevanter Risiken

Der Rat nahm in die Entwurfsfassung mit Art. 37 Abs. 2 a DSGVO-E (Rat) 43
eine Bestimmung auf, mit der die Art und Weise der Aufgabenerfüllung
durch den Datenschutzbeauftragten näher geregelt wird.

Da die Verordnung insgesamt eine Hinwendung zu einem risikoorientier- 44
ten Datenschutzansatz beinhaltet, ist die Forderung des Rates folgerichtig,
dass der Datenschutzbeauftragte „bei der Erfüllung seiner Aufgaben" dem
mit den Verarbeitungsvorgängen verbundenen Risiko „gebührend Rechnung" zu tragen.[9] Dabei hat der Datenschutzbeauftragte Art, Umfang,
Umstände sowie Zwecke der Verarbeitung zu berücksichtigen.

4. Ergebnisse des Trilogs vom 15.12.2015[10]

a) Umfang der Aufgaben

Im Vergleich zu der vorangegangenen Entwurfsfassung des Rates fällt die 45
Regelung des Art. 37 Abs. 1 DSGVO-E (Trilog) hinter die klare und eindeutige Fassung des Rates zurück. Nach dem Wortlaut der nun im Trilog
verabschiedeten Fassung, die sich unverändert in der finalen Fassung der
DSGVO wiederfindet, obliegen dem Datenschutzbeauftragten Mindestaufgaben, die in Art. 37 Abs. 1 DSGVO nicht abschließend aufgezählt sind.

Damit greift die Fassung des Triloges das in der Fassung des Europaparla- 46
mentes angelegte Problem wieder auf, die Kompetenz zur Erweiterung der
Aufgaben des Datenschutzbeauftragten klären zu müssen. In Ermangelung
sowohl einer Ermächtigung zum Erlass von delegierten Rechtsakten als
auch einer Öffnungsklausel zugunsten der Mitgliedstaaten bleiben nur die
aus der Verordnung selbst abzuleitenden weiteren Aufgaben des Daten-

---

9 Art. 37 Abs. 2 a DSGVO-E (Rat).
10 Rat der Europäischen Union v. 15.12.2015, 15039/15; 2012/0011 (COD).

schutzbeauftragten sowie sich aus künftigen weiteren europarechtlich verankerten Datenschutzbestimmungen ergebenden Aufgaben.

b) Unterrichtung und Beratung

47   Art. 37 Abs. 1 lit. a DSGVO (Trilog) übernimmt den in Art. 37 Abs. 1 lit. a DSGVO (Rat) enthaltenen Wortlaut und stimmt mit der schließlich verabschiedeten Fassung des Art. 39 Abs. 1 lit. a DSGVO überein.

c) Überwachung

48   Art. 37 Abs. 1 lit. b DSGVO-E (Trilog) stimmt mit der durch den Rat angenommenen Fassung überein und wird in der schließlich in der verabschiedeten Fassung der DSGVO übernommen.

d) Datenschutz-Folgenabschätzung

49   Die im Trilog angenommene Fassung des Art. 37 Abs. 1 lit. f DSGVO-E (Trilog) übernimmt wortgleich die durch den Rat beschlossene Fassung. Die schließlich verabschiedete Fassung der DSGVO übernimmt die Fassung des Triloges ohne Änderung.

e) Zusammenarbeit mit der Aufsichtsbehörde

50   Art. 37 Abs. 1 lit. g DSGVO-E (Trilog) reduziert die Überwachungsaufgaben des Datenschutzbeauftragten und reduziert dessen Aufgaben allgemein auf die Zusammenarbeit mit der Aufsichtsbehörde. Die im Trilog verabschiedete Fassung findet sich wortgleich in der finalen Fassung der DSGVO wieder.

f) Ansprechpartner für die Aufsichtsbehörde und Konsultation

51   Die im Trilog verabschiedete Fassung übernimmt den Wortlaut des Art. 37 DSGVO-E (Rat), der sich schließlich in der finalen Fassung des Art. 39 Abs. 1 lit. e DSGVO wieder findet.

g) Berücksichtigung datenschutzrechtlich relevanter Risiken

52   Die im Trilog verabschiedete Fassung übernimmt wortgleich die vom Rat in den Verordnungs-Entwurf aufgenommene Vorschrift des Art. 37 Abs. 2 a DSGVO-E (Rat). Diese findet in der verabschiedeten finalen Fassung der Verordnung in Art. 39 Abs. 2 DSGVO ihre Entsprechung.

B. Kommentierung

I. Allgemeines

53   Mit Art. 39 DSGVO werden die Aufgaben des Datenschutzbeauftragten geregelt. Sie bildet mit Art. 37 und 38 DSGVO den regelungstechnischen Rahmen für die Tätigkeit des Datenschutzbeauftragten.

II. Anwendungsbereich

54   Der Wortlaut des Art. 39 DSGVO spricht allgemein von „dem Datenschutzbeauftragten". Eine Differenzierung, ob dieser nach Art. 37 Abs. 1 DSGVO benannt oder aufgrund nationaler Datenschutzbestimmungen nach Art. 37 Abs. 4 DSGVO benannt wurde, wird nicht vorgenommen.

Art. 39 gilt folglich sowohl für den nach Art. 37 Abs. 1 DSGVO als auch **55**
für den nach Art. 37 Abs. 4 DSGVO in Verbindung mit einer entsprechenden mitgliedstaatlichen Vorschrift benannten Datenschutzbeauftragten.[11]

Ebenso ist Art. 39 DSGVO sowohl auf den internen als auch auf den exter- **56**
nen Datenschutzbeauftragten im Sinne des Art. 37 Abs. 6 DSGVO anzuwenden.

III. Zweck und Inhalt der Vorschrift

1. Zweck

Die Vorschrift regelt die dem Datenschutzbeauftragten obliegenden Aufga- **57**
ben nicht abschließend.[12] Der Verordnungsgeber will mit Art. 39 Abs. 1
DSGVO sicherstellen, dass der Datenschutzbeauftragte jedenfalls die in der
Verordnung genannten Aufgaben erfüllt.

2. Art der Aufgaben

a) Gesetzliche Verankerung der Aufgaben

Der in Art. 39 Abs. 1 DSGVO vom Verordnungsgeber aufgenommene Ka- **58**
talog ist nicht abschließend. Gleichzeitig lässt die Verordnung offen, woraus sich weitere Aufgaben des Datenschutzbeauftragten ergeben können.

Eine Öffnungsklausel zugunsten der Mitgliedstaaten sieht Art. 39 DSGVO **59**
nicht vor. Ebenso fehlt die noch im Entwurf der Kommission enthaltene
Einräumung einer Kompetenz der Kommission zum Erlass delegierter
Rechtsakte, wie dies noch Art. 37 Abs. 2 DSGVO-E vorsah.

Eine Weiterentwicklung der Aufgaben des Datenschutzbeauftragten kann **60**
in Ermangelung einer Öffnungsklausel nur innerhalb der Vorschriften der
DSGVO oder aufgrund anderer europarechtlicher Datenschutzbestimmungen erfolgen. Letztgenannte bestehen zum Zeitpunkt der Verabschiedung
der DSGVO (noch) nicht.[13]

Innerhalb der DSGVO sieht Art. 47 DSGVO vor, dass die zuständige Auf- **61**
sichtsbehörde gemäß dem Kohärenzverfahren nach Art. 63 DSGVO verbindliche interne Datenschutzvorschriften genehmigt, die nach Art. 47
Abs. 2 lit. h DSGVO auch „die Aufgaben jedes gemäß Art. 37 benannten
Datenschutzbeauftragten" enthalten muss. Da Art. 47 Abs. 2 lit. h DSGVO
nicht lediglich eine Wiederholung der in Art. 39 Abs. 1 DSGVO genannten
Aufgaben verlangt, besteht in diesem Rahmen die Möglichkeit, dem Datenschutzbeauftragten weitergehende Aufgaben zuzuweisen.

b) Unterrichtung und Beratung, Art. 39 Abs. 1 lit. a DSGVO

Art. 39 Abs. 1 lit. a DSGVO sieht vor, dass der Datenschutzbeauftragte so- **62**
wohl den Verantwortlichen bzw. Auftragsverarbeiter als auch deren Beschäftigte, soweit diese Verarbeitungen durchführen, über datenschutzrechtlichen Pflichten unterrichtet sowie berät. Dabei spielt es keine Rolle,

---

11 Ebenso Paal/Pauly/*Paal* DSGVO Art. 39 Rn. 1.
12 Vgl. Paal/Pauly/*Paal* DSGVO Art. 39 Rn. 4.
13 *Marschall/Müller* ZD 2016, 415 (418) nennen in diesem Zusammenhang als Bei-
     spiel die E-Privacy-Richtlinie, RL 2002/58/EG, deren Anwendungsbereich nach
     Art. 95 DSGVO und Erwägungsgrund 173 von der DSGVO unberührt bleibt.

ob die datenschutzrechtlichen Pflichten in der DSGVO verankert sind oder ob sich diese aus „sonstigen Datenschutzvorschriften der Union bzw. der Mitgliedstaaten" ergeben.

63   Die „Unterrichtung" erfolgt neben der allgemeinen oder einzelfallbezogenen Information in Gestalt von Schulungen, Unterweisungen, Handreichungen oder anderen Informationsmitteln.

64   Die datenschutzrechtliche Beratung geht über die schlichte Information über datenschutzrechtliche Anforderungen hinaus. Sie kann durchaus im Einzelfall auch auf die Unterstützung bei der Lösung konkreter Probleme[14] ausgerichtet sein.

65   Die Erbringung von Beratungsleistungen zeigt sich darüber hinaus jedoch auch in einer möglichen Mitwirkung des Datenschutzbeauftragten in der Entwicklung strategischer Unternehmenskonzepte, die datenschutzrechtlich relevante Fragestellungen berühren. Der Datenschutzbeauftragte erbringt seine Beratungsleistung folgerichtig vor allen Dingen dann wirkungsvoll, wenn er nach Art. 38 Abs. 1 DSGVO „frühzeitig" in die mit dem Datenschutz zusammenhängenden Fragen eingebunden wird.

66   Die Beratungsleistung des Datenschutzbeauftragten kommt nicht zuletzt im Zusammenhang mit der Datenschutzfolgenabschätzung nach Art. 35 DSGVO zum Tragen. Dort wird dem Verantwortlichen in Art. 35 Abs. 2 DSGVO die Verpflichtung auferlegt, den Rat des Datenschutzbeauftragten einzuholen.

67   Der Datenschutzbeauftragte kann beispielsweise Hinweise geben, wie der Verantwortliche oder Auftragsverarbeiter geeignete Maßnahmen zur Bewältigung datenschutzrechtlicher Risiken durchzuführen hat, wie das Risiko ermittelt sowie in Bezug auf seine Ursachen, Art, Eintrittswahrscheinlichkeit und Schwere zu beurteilen ist.[15]

c) Überwachung, Art. 39 Abs. 1 lit. b DSGVO
aa) Einhaltung von Datenschutzvorschriften

68   Art. 39 Abs. 1 lit. b DSGVO legt dem Datenschutzbeauftragten eine Pflicht zur Überwachung der Einhaltung der Verordnung, anderer Datenschutzvorschriften der Union bzw. der Mitgliedstaaten auf.

69   Damit unterscheidet sich die in Art. 39 Abs. 1 lit. b DSGVO enthaltene Aufgabe von jener, wie sie noch in § 4g Abs. 1 Satz 1 BDSG enthalten war. Während nach dem bislang geltenden nationalen Datenschutzrecht der Datenschutzbeauftragte „auf die Einhaltung" des BDSG hinzuwirken hatte, legt der Wortlaut des Art. 39 Abs. 1 lit. b DSGVO eine weitergehende Verpflichtung des Datenschutzbeauftragten nahe. Teilweise wird in der Regelung der DSGVO gegenüber der bislang geltenden Rechtslage nach § 4g BDSG ein Paradigmenwechsel[16] gesehen. In der Überwachungsaufgabe müsse auch die Möglichkeit zur Intervention angelegt sein, die gegebenenfalls auch die Möglichkeit zur Beseitigung des Zustandes umfasse.[17] Auch

---

14   Zutreffend Paal/Pauly/*Paal* DSGVO Art. 39 Rn. 5.
15   Vgl. hierzu Erwägungsgrund 77.
16   So *Marschall/Müller* ZD 2016, 415 (418).
17   *Marschall/Müller* ZD 2016, 415 (418).

sei mit der Wahrnehmung der Überwachungsaufgabe eine Weisungsbefugnis verbunden.[18]

Zieht man neben der deutschen Sprachfassung der DSGVO die englische   70
und die französische Sprachfassungen heran, steht der Begriff des „Überwachens" dem Begriff des „to monitor" sowie des „contrôler" gleich. In allen Bedeutungen liegt in der Bedeutung der Begriffe der Vergleich des tatsächlichen Zustandes mit jenem, den die Verordnung bzw. das jeweilige Datenschutzrecht erwartet. Eine Verpflichtung auf Seiten des Datenschutzbeauftragten, steuernd selbst einzugreifen, lässt sich aus den Wortbedeutungen jedoch noch nicht ableiten. Eine Überwachungsverpflichtung kann auch dahingehend verstanden werden, dass der Datenschutzbeauftragte eine Hinweisverpflichtung hat, sobald er aufgrund seiner Überwachungstätigkeit („monitoring") einen datenschutzrechtlich nicht korrekten Zustand beobachtet und feststellt.

Große Zurückhaltung ist deshalb geboten, aus dem Wortlaut der Vor-   71
schrift alleine sowohl eine Handlungsverpflichtung des Datenschutzbeauftragten im Hinblick auf die Beseitigung eines Zustandes abzuleiten als auch ihm sogar eine Weisungsbefugnis im Rahmen der unternehmensinternen Hierarchie zuzuweisen.

Würde man die Überwachungsverpflichtung dahingehend verstehen, wür-   72
de dem Datenschutzbeauftragten nicht nur eine – auch strafrechtlich relevante – Garantenstellung[19] zukommen. Die haftungsrechtliche Verantwortung des für die Verarbeitung Verantwortlichen würde zugleich relativiert, da sie ebenfalls dem Datenschutzbeauftragten auferlegt würde. Dies ist jedoch von der DSGVO nicht bezweckt, wie bereits dem Umstand entnommen werden kann, dass der Datenschutzbeauftragte von der Legaldefinition des „Verantwortlichen" nach Art. 4 Nr. 7 DSGVO nicht erfasst ist und die Bußgeldtatbestände des Art. 83 DSGVO sich nicht auf ein mögliches Verhalten des Datenschutzbeauftragten beziehen.

bb) Datenschutzstrategien

Art. 39 Abs. 1 lit. b DSGVO weist dem Datenschutzbeauftragten neben der   73
Überwachung der Einhaltung von Datenschutzbestimmungen auch die Aufgabe zu, die „Strategien des Verantwortlichen oder des Auftragsverarbeiters für den Schutz personenbezogener Daten einschließlich der Zuweisung von Zuständigkeiten, der Sensibilisierung und Schulung der an den Verarbeitungsvorgängen beteiligten Mitarbeiter und der diesbezüglichen Überprüfungen" zu.

Die Vorschrift macht bereits durch ihren Wortlaut deutlich, dass diese   74
Funktion über die Überwachung der Einhaltung von Datenschutzbestimmungen hinausgeht. Dem Datenschutzbeauftragten fällt die Aufgabe zu, bereits in grundlegender Hinsicht bei der strategischen Ausrichtung des Unternehmens im Hinblick auf den Datenschutz mitzuwirken.

---

18 In diesem Sinne Paal/Pauly/*Paal* DSGVO Art. 39 Rn. 6, die aus der Aufgabe der „Zuweisung von Zuständigkeiten" eine solche Befugnis des Datenschutzbeauftragten ableiten.

19 In diesem Sinne noch zum Datenschutzbeauftragten im Sinne des § 4 f BDSG wohl *Marschall* ZD 2014, 66 (68).

75 Die Verordnung selbst konkretisiert in Erwägungsgrund 78, worin diese strategische Ausrichtung des Verantwortlichen sowie des Auftragsverarbeiters liegen sollte:

„... *Um die Einhaltung dieser Verordnung nachweisen zu können, sollte der Verantwortliche interne Strategien festlegen und Maßnahmen ergreifen, die insbesondere den Grundsätzen des Datenschutzes durch Technik (data protection by design) und durch datenschutzfreundliche Voreinstellungen (data protection by default) Genüge tun. Solche Maßnahmen könnten unter anderem darin bestehen, dass die Verarbeitung personenbezogener Daten minimiert wird, personenbezogene Daten so schnell wie möglich pseudonymisiert werden, Transparenz in Bezug auf die Funktionen und die Verarbeitung personenbezogener Daten hergestellt wird, der betroffenen Person ermöglicht wird, die Verarbeitung personenbezogener Daten zu überwachen, und der Verantwortliche in die Lage versetzt wird, Sicherheitsfunktionen zu schaffen und zu verbessern. In Bezug auf Entwicklung, Gestaltung, Auswahl und Nutzung von Anwendungen, Diensten und Produkten, die entweder auf der Verarbeitung von personenbezogenen Daten beruhen oder zur Erfüllung ihrer Aufgaben personenbezogene Daten verarbeiten, sollten die Hersteller der Produkte, Dienste und Anwendungen ermutigt werden, das Recht auf Datenschutz bei der Entwicklung und Gestaltung der Produkte, Dienste und Anwendungen zu berücksichtigen und unter gebührender Berücksichtigung des Stands der Technik sicherzustellen, dass die Verantwortlichen und die Verarbeiter in der Lage sind, ihren Datenschutzpflichten nachzukommen. Den Grundsätzen des Datenschutzes durch Technik und durch datenschutzfreundliche Voreinstellungen sollte auch bei öffentlichen Ausschreibungen Rechnung getragen werden.*"

76 Erwägungsgrund 78 stellt die Festlegung interner Strategien in unmittelbaren Zusammenhang zu der dem Verantwortlichen und dem Auftragsverarbeiter zufallenden Nachweispflicht, die Anforderungen der Verordnung zu erfüllen.

77 Der Datenschutzbeauftragte selbst ist nach Art. 39 Abs. 1 lit. b DSGVO nicht verpflichtet, an der Aufstellung der Strategie des Verantwortlichen mitzuwirken. Ihm fällt nach dem Wortlaut der Vorschrift allerdings die Aufgabe der Überwachung in Bezug auf die festgelegte Strategie zu.

78 Gleichwohl wird man unter Berücksichtigung des Regelungszweckes der Verordnung davon ausgehen müssen, dass der Datenschutzbeauftragte bei der Entwicklung und Festlegung datenschutzrechtlicher Strategien jedenfalls beratend hinzugezogen werden sollte. Die Verordnung selbst geht in Erwägungsgrund 97 davon aus, dass der Verantwortliche durch den auf dem Gebiet des Datenschutzes fachlich ausgewiesene Datenschutzbeauftragte beratend und unterstützend hinzugezogen werden kann.

79 Eine Verpflichtung hierzu legt die DSGVO dem Verantwortlichen oder Auftragsverarbeiter allerdings nicht auf.

80 Sieht man die Aufgabe des Datenschutzbeauftragten zur Überwachung der Einhaltung der Strategie im Zusammenhang mit der ebenfalls in Art. 39 Abs. 1 lit. b. DSGVO fixierten Aufgabe, die Einhaltung der Datenschutzvorschriften zu überwachen, fällt dem Datenschutzbeauftragten hinsicht-

lich der in Erwägungsgrund 78 erläuterten strategischen Ausrichtung des Unternehmens jedenfalls auch die Aufgabe zu, den Verantwortlichen darauf hinzuweisen, wenn nach seiner Auffassung die festgelegte Strategie die Anforderungen des bestehenden Datenschutzrechtes nicht erfüllt. Um dem Datenschutzbeauftragten die Wahrnehmung dieser Überwachungsfunktion zu erleichtern, empfiehlt sich jedenfalls dessen Einbeziehung bereits in der Phase der Entwicklung der Strategie des Unternehmens oder Auftragsverarbeiters.

cc) Zuweisung von Zuständigkeiten

Die sprachliche Fassung des Art. 39 Abs. 1 lit. b DSGVO ist im Zusammenhang mit der Überwachung der Strategien des Verantwortlichen missglückt, da sie offen lässt, ob die in der Vorschrift genannte „Zuweisung von Zuständigkeiten" dem Datenschutzbeauftragten im Rahmen seiner Überwachungsaufgabe zufällt oder ob er nicht vielmehr im Rahmen seiner Aufgabe auch die Zuweisung von Zuständigkeiten zu überwachen hat, wie sie durch den Verantwortlichen oder Auftragsverarbeiter vorgenommen wurde. 81

Paal geht davon aus, dass dem Datenschutzbeauftragten im Rahmen seiner Überwachungsfunktion die Befugnis zufalle, Zuständigkeiten gegenüber einzelnen Mitarbeitern des Unternehmens zuzuweisen.[20] Mit der Annahme einer solchen organisationsrechtlich ausgerichteten Kompetenz des Datenschutzbeauftragten, die folgerichtig auch eine fachliche Weisungsbefugnis gegenüber den betreffenden Mitarbeitern beinhalten müsste, ist allerdings zurückhaltend umzugehen. Sie würde die innerhalb des Unternehmens bestehende hierarchische Strukturen sowie Weisungs- und Verantwortungsbeziehungen durchbrechen. 82

Ein Vergleich der deutschen Sprachfassung mit der englischen oder französischen Fassung der DSGVO bringt in diesem Zusammenhang keine interpretative Klarheit. Die englische Sprachfassung zeigt mit der deutschen Fassung übereinstimmende Formulierungen auf: „in relation to the protection of personal data, including the assignment of responsibilities...". Die französische Sprachfassung scheint demgegenüber durch die Verwendung des Begriffes „répartition" auf die Aufteilung von Verantwortlichkeiten abzustellen: „... en matière de protection des données à caractère personnel, y compris en ce qui concerne la répartition des responsabilités...". 83

Bezieht man in die Auslegung des Art. 39 Abs. 1 lit. b DSGVO jedoch die datenschutzrechtliche Rollen- und Verantwortlichkeiten ein, spricht viel dafür, dem Datenschutzbeauftragten keine eigenständige Kompetenz zur Zuweisung von Zuständigkeiten einzuräumen. Für die Einhaltung der Bestimmungen der Verordnung ist der Verantwortliche für die Verarbeitung zuständig und auch hierfür verantwortlich. Dies lässt sich in letzter Konsequenz auch zum Umstand entnehmen, dass der Datenschutzbeauftragte keine eigenständige haftungsrechtliche Verantwortung im Sinne des Art. 83 DSGVO zu tragen hat. Der Verantwortliche hat infolge dessen auch dafür Sorge zu tragen, dass durch eine geeignete unternehmensinterne Struktur 84

---

20 Paal/Pauly/*Paal* DSGVO Art. 39 Rn. 6.

die Anforderungen des Datenschutzes erfüllt werden. Es obliegt folglich der Unternehmensleitung, im Hinblick auf die Einhaltung des Datenschutzes die erforderlichen Zuständigkeiten der Mitarbeiter klar und eindeutig zu regeln.

85 Der Datenschutzbeauftragte hat hingegen nach Art. 39 Abs. 1 lit. b DSGVO die Aufgabe zu überprüfen, ob aufgrund der erfolgten Zuweisung von Zuständigkeiten die Anforderungen der Verordnung sowie anderer Datenschutzbestimmungen erfüllt werden. Der von *Paal*[21] vertretenen Auffassung wird nicht gefolgt.

dd) Sensibilisierung und Schulung von Mitarbeitern

86 Mit der weiteren sprachlichen Fassung des Art. 39 Abs. 1 lit. b DSGVO zeigt sich der missglückte Versuch des Verordnungsgebers, eine Vielzahl an Aufgaben des Datenschutzbeauftragten ein einer kappen Bestimmung zu fassen. Während mit den oben dargestellten Gründen davon ausgegangen werden muss, dass dem Datenschutzbeauftragten aufgrund der Verordnung keine eigenständige Weisungskompetenz hinsichtlich der Zuständigkeit einzelner Mitarbeiter zufallen kann, wirft der Wortlaut der Vorschrift nun die Frage erneut auf, ob die Sensibilisierung und Schulung von Mitarbeitern eine Aufgabe des Verantwortlichen oder nicht vielmehr des Datenschutzbeauftragten ist.

87 Während im bislang geltenden nationalen Recht in § 4 g Abs. 1 Satz 4 Nr. 2 BDSG dem Datenschutzbeauftragten die Aufgabe zugewiesen wurde, „die bei der Verarbeitung personenbezogener Daten tätigen Personen durch geeignete Maßnahmen mit den Vorschriften dieses Gesetzes sowie anderen Vorschriften über den Datenschutz und mit den jeweiligen besonderen Erfordernissen des Datenschutzes vertraut zu machen", bringt der Wortlaut des Art. 39 Abs. 1 lit. b DSGVO eine solche Aufgabe des Datenschutzbeauftragten nicht mit der wünschenswerten Klarheit zum Ausdruck.

88 Da die Verknüpfung zwischen der Sensibilisierung und Schulung der Mitarbeiter mit der Überwachung der Strategien des Verantwortlichen sowie Auftragsverarbeiters bereits im Gesetzgebungsverfahren vorzufinden ist, bleibt erneut zur Klärung der Frage nur der Rückgriff auf die in der DSGVO selbst angelegte Verteilung der Rollen und Verantwortlichkeiten.

89 Wie oben bereits ausgeführt, geht die Verordnung davon aus, dass die Unternehmensleitung selbst für die Einhaltung der Verordnung die Verantwortung zu tragen hat. Berücksichtigt man weiter, dass nach Art. 37 DSGVO durchaus nicht jeder für die Verarbeitung personenbezogener Daten Verantwortliche einen Datenschutzbeauftragten zu benennen hat, wird deutlich, dass Art. 39 Abs. 1 lit. b DSGVO dem Datenschutzbeauftragten keine originäre Pflicht zur Sensibilisierung und Schulung der Mitarbeiter auferlegen kann. Diese Pflicht liegt bei dem Verantwortlichen sowie dem Auftragsverarbeiter, da die Sensibilisierung und Schulung von Mitarbeitern auch in jenen Fällen zu erfolgen hat, in denen kein Datenschutzbeauftragter nach Art. 37 DSGVO benannt werden muss und auch das nationale Recht keine weitergehende Benennungspflicht enthält.

---

21 Paal/Pauly/*Paal* DSGVO Art. 39 Rn. 6.

Diese systematische Einordnung des Art. 39 Abs. 1 lit. b. DSGVO führt da-   90
zu, dass der Datenschutzbeauftragte die überwachen hat, ob die durch den
Verantwortlichen oder Auftragsverarbeiter erfolgten Sensibilisierungen und
Schulungen der an den Verarbeitungsvorgängen beteiligten Mitarbeiter den
Anforderungen der DSGVO sowie anderer europäischer und nationaler
Datenschutzbestimmungen genügen.

Die DSGVO verlangt nicht, dass die Schulungen und Sensibilisierungen der   91
Mitarbeiter zwingend durch den Datenschutzbeauftragten zu erfolgen haben.[22] Da der Datenschutzbeauftragte jedoch nach Art. 37 Abs. 5 DSGVO
mit der entsprechenden beruflichen Qualifikation und insbesondere Fachwissen auf dem Gebiet des Datenschutzes ausgestattet sein muss, liegt jedenfalls nahe, den Datenschutzbeauftragten bei der Sensibilisierung und
Schulung der Mitarbeiter einzubeziehen oder dies durch ihn durchführen
zu lassen. Sofern der Datenschutzbeauftragte diese Funktion jedoch wahrnimmt, ist zu beachten, dass er nach Art. 38 Abs. 3 Satz 1 DSGVO dies
weisungsfrei auszuüben hat.

Die Zuordnung der Sensibilisierungs- und Schulungsaufgabe als eine Auf-   92
gabe des Verantwortlichen deren Einordnung als keine originäre Aufgabe
des Datenschutzbeauftragten nach Art. 39 Abs. 1 lit. b DSGVO hat durchaus für die Tätigkeit des Datenschutzbeauftragten Konsequenzen. Würden
die Sensibilisierung und Schulung in den originären Aufgabenbereich des
Datenschutzbeauftragten fallen, hätte der Verantwortliche sowie der Auftragsverarbeiter dem Datenschutzbeauftragten gem. Art. 38 Abs. 2
DSGVO die zur Erfüllung dieser Aufgaben erforderlichen Ressourcen zur
Verfügung zu stellen. Nach der hier vertretenen Auffassung fällt die Entscheidung über etwaige Sensibilisierungs- und Schulungsmaßnahmen in die
Zuständigkeit des Verantwortlichen oder Auftragsverarbeiters. Ein eigenständiger Anspruch des Datenschutzbeauftragten auf Bewilligung etwaiger
diesbezüglicher Ressourcen wäre damit zunächst nicht gegeben. Dies würde erst dann der Fall sein, wenn der Datenschutzbeauftragte beispielsweise
aufgrund einer entsprechenden Vereinbarung mit dem Verantwortlichen im
Rahmen eines über Art. 39 DSGVO hinausgehenden Aufgabenbereiches
auch für die Sensibilisierung und Schulung der Mitarbeiter zuständig würde.

Für die datenschutzrechtliche Praxis empfiehlt sich folglich, bei der Benen-   93
nung des Datenschutzbeauftragten nicht nur auf die bestehenden gesetzlichen Bestimmungen zu verweisen oder davon auszugehen, dass diese ohnehin eine klare und hinreichende Grundlage für die Tätigkeit des Datenschutzbeauftragten darstellen. Vielmehr sollte gerade im Hinblick auf die
Aufgaben des Datenschutzbeauftragten von der in Art. 39 Abs. 1 DSGVO
angelegten Möglichkeit[23] Gebrauch gemacht werden, den Aufgabenkatalog zu erweitern.[24] Dies gilt vor allen Dingen für die Frage der Sensibilisierung und der Schulung von Mitarbeitern. Diese sollten dem Datenschutzbeauftragen mit der Benennung als Aufgaben zugewiesen werden. Erfolgt

---

22   AA wohl Paal/Pauly/*Paal* DSGVO Art. 39 Rn. 6.
23   Art. 39 Abs. 1 DSGVO spricht davon, dass dem Datenschutzbeauftragten „zumin-
     dest folgende Aufgaben" obliegen.
24   In diesem Sinne ebenfalls *Klug* ZD 2016, 315 (318).

dies, gelten für diese erweiterten Aufgaben auch die Regelungen des Art. 38 Abs. 2 sowie Art. 38 Abs. 3 Satz 1 DSGVO.

ee) Überprüfungen

94   Art. 39 Abs. 1 lit. b DSGVO spricht abschließen davon, dass der Datenschutzbeauftragte die „diesbezüglichen Überprüfungen" zu überwachen habe. Grammatikalisch schließen sich diese letzten Worte des Art. 39 Abs. 1 lit. b DSGVO an der unmittelbar vorausgehenden Aufzählung an und beziehen sich auf diese.

95   Die Verordnung geht also davon aus, dass sich die Überprüfungen auf die Zuweisung von Zuständigkeiten, die Sensibilisierung und die Schuldung der an den Verarbeitungsvorgängen beteiligten Mitarbeiter beziehen.

96   Dies ist konsequent. Ist der Verantwortliche für die Verarbeitung personenbezogener Daten nach der hier vertretenen Auffassung dafür zuständig, die Zuweisung von Zuständigkeiten im Rahmen seiner Organisationshoheit vorzunehmen und obliegen ihm auch die Verantwortung für Sensibilisierung und Schulung von Mitarbeitern, so hat er auch zu überprüfen, ob die von ihm zugewiesenen Zuständigkeiten eingehalten oder überschritten werden und ob die Mitarbeiter hinreichend sensibilisiert und geschult sind.

97   Der Datenschutzbeauftragte seinerseits hat im Rahmen seiner Aufgaben nach Art. 39 Abs. 1 lit. b DSGVO dies daraufhin zu überwachen, ob die datenschutzrechtlichen Anforderungen der DSGVO oder anderer Datenschutzbestimmungen durch den Verantwortlichen eingehalten werden und ob die diesbezüglich festgelegten Strategien den Anforderungen auch in dieser Hinsicht genügen.

d) Beratung bei Datenschutzfolgenabschätzung und Überwachung der Durchführung, Art. 39 Abs. 1 lit. c DSGVO

98   Art. 39 Abs. 1 lit. c DSGVO ist die zu Art. 35 Abs. 2 DSGVO korrespondierende Vorschrift. Damit wird sichergestellt, dass der Datenschutzbeauftragte im Rahmen seine Aufgaben auch der Beratungsfunktion nachkommen kann, wie sie in Art. 35 Abs. 2 DSGVO vorgesehen ist.

99   Folgerichtig ist der Datenschutzbeauftragte in der Wahrnehmung dieser Aufgabe auch mit den erforderlichen Ressourcen nach Art. 38 Abs. 2 DSGVO auszustatten.

100   Die Regelung des Art. 39 Abs. 1 lit. c DSGVO macht durch den ausdrücklichen Zusatz, wonach der Datenschutzbeauftragte die Beratungsleistung nur auf Anfrage zu erbringen hat, deutlich, dass die Durchführung der Datenschutz-Folgenabschätzung in den Verantwortungsbereich der Unternehmensleitung fällt.

101   *Paal*[25] weist auf einen systematischen Widerspruch hin, der sich aus der Formulierung des Art. 35 Abs. 2 DSGVO in Bezug auf den Wortlaut des Art. 39 Abs. 1 lit. c DSGVO ergebe. Demnach zwingt Art. 35 Abs. 2 DSGVO den Verantwortlichen dazu, den Datenschutzbeauftragten „bei der Durchführung der Datenschutz-Folgenabschätzung" zu konsultieren.

---

25 Paal/Pauly/*Paal* DSGVO Art. 39 Rn. 7.

Hingegen stellt Art. 39 Abs. 1 lit. c DSGVO darauf ab, dass der Datenschutzbeauftragte nur auf Anfrage seine beratende Tätigkeit entfalte. Paal[26] leitet hieraus ein in der DSGVO angelegtes entgegengesetztes Aufgabenverständnis bezüglich des Datenschutzbeauftragten ab, das dazu führe, dass Unklarheit über die Frage herrsche, ob von einer Konsultationspflicht angesichts einer widersprechenden Formulierung auszugehen sei.

Nach der hier vertretenen Auffassung bezüglich der Rollenverteilung zwischen Verantwortlichem und Datenschutzbeauftragten ist keineswegs von einem „entgegengesetzten Aufgabenverständnis"[27] der DSGVO auszugehen. Vielmehr kommt in der vermeintlichen Widersprüchlichkeit zwischen Art. 35 Abs. 2 DSGVO und Art. 39 Abs. 1 lit. c DSGVO erneut das differenzierte Rollenverständnis der DSGVO zum Ausdruck. Art. 35 Abs. 2 DSGVO legt dem Verantwortlichen eine Pflicht zur Konsultation auf. Er muss folglich den Datenschutzbeauftragten aktiv in die Durchführung der Datenschutz-Folgenabschätzung einbeziehen. | 102

Hingegen hat der Datenschutzbeauftragte keine allgemeine Beratungspflicht im Hinblick auf die Datenschutz-Folgenabschätzung. Er muss folglich nicht bereits dann tätig werden, wenn der Verantwortliche (noch) keine Datenschutz-Folgenabschätzung vornimmt. Dem Datenschutzbeauftragten fällt so lange eine passive Rolle zu, als der Verantwortliche sich noch nicht mit der Bitte um Beratung an ihn gewendet hat. | 103

Eine solche Rollenverteilung ist durchaus sinnvoll. So hat der Verantwortliche dem Datenschutzbeauftragten erst mit der Anfrage nach Beratung hinsichtlich der Datenschutz-Folgenabschätzung die hierzu erforderlichen Ressourcen nach Art. 38 Abs. 2 DSGVO zur Verfügung zu stellen. | 104

e) Zusammenarbeit mit der Aufsichtsbehörde, Art. 39 Abs. 1 lit. d DSGVO

Dem Datenschutzbeauftragten fällt nach Art. 39 Abs. 1 lit. d DSGVO die Aufgabe der Zusammenarbeit mit der Aufsichtsbehörde zu. Die Vorschrift ist ihrem Wortlaut nach allgemein gefasst und enthält keine weiteren Spezifizierungen. | 105

Der Entwurf der Kommission vom 25.1.2012[28] sah in Art. 37 Abs. 1 lit. g DSGVO-E noch vor, dass der Datenschutzbeauftragte die auf Anfrage der Aufsichtsbehörde ergriffenen Maßnahmen zu überwachen hätte. Von dieser Aufgabe wurde mit Blick auf die unabhängige Stellung des Datenschutzbeauftragten abgesehen, da anderenfalls zu befürchten wäre, dass der Datenschutzbeauftragte im Unternehmen als verlängerter Arm der Aufsichtsbehörde angesehen werden würde.[29] | 106

Die Aufgabe der Zusammenarbeit des Datenschutzbeauftragten mit der Aufsichtsbehörde stärkt dessen Stellung im Unternehmen.[30] Er ist nunmehr nicht nur, wie im bisherigen Recht des BDSG, intern dafür zuständig, auf | 107

---

26 Paal/Pauly/*Paal* DSGVO Art. 39 Rn. 7.
27 Paal/Pauly/*Paal* DSGVO Art. 39 Rn. 7.
28 KOM(2012) endg.; 2012/0011 (COD).
29 So zutreffend Paal/Pauly/*Paal* DSGVO Art. 39 Rn. 8 mit Verweis auf *Jaspers/Reif* RDV 2012, 78 (83).
30 *Jaspers/Reif* RDV 2016, 61 (66).

die Einhaltung des Datenschutzes „hinzuwirken".[31] Er dient als Außenkontakt[32] des für die Verarbeitung Verantwortlichen gegenüber der Aufsichtsbehörde und hat in dieser Hinsicht eine aktive Rolle auszuüben.

f) Anlaufstelle für Aufsichtsbehörde, Art. 39 Abs. 1 lit. e DSGVO

108 Die DSGVO nennt in Art. 39 Abs. 1 lit. e DSGVO neben der in Art. 38 Abs. 1 lit. d DSGVO genannten Aufgabe der Zusammenarbeit die weitere Aufgabe, als Anlaufstelle für die Aufsichtsbehörde „in mit der Verarbeitung zusammenhängenden Fragen, einschließlich der vorherigen Konsultation gemäß Art. 36, und gegebenenfalls Beratung zu allen sonstigen Fragen" zu fungieren. Ob der Vorschrift neben der allgemeinen Aufgabe der Zusammenarbeit mit der Aufsichtsbehörde eine praktische Bedeutung zufällt, darf bezweifelt werden.[33]

109 Der Wortlaut der Vorschrift gibt allenfalls Anlass über die Frage eines eigenständigen Initiativrechtes des Datenschutzbeauftragten nachzudenken, bei Vorliegen eines Datenschutzverstoßes selbständig sich an die Aufsichtsbehörde zu wenden, um den Verstoß zu melden oder deren Unterstützung bei der Überwachung der Tätigkeit des Verantwortlichen für die Verarbeitung nachzusuchen. Hierzu gibt die Entstehungsgeschichte der Vorschrift Veranlassung. Im Entwurf der Kommission[34] war die Aufgabe des Datenschutzbeauftragten in Art. 37 Abs. 1 lit. h DSGVO-E dahingehend beschrieben, dass ihm die „Tätigkeit als Ansprechpartner für die Aufsichtsbehörde in mit der Verarbeitung zusammenhängenden Fragen sowie gegebenenfalls Zurateziehung der Aufsichtsbehörde auf eigene Initiative" zufalle. Diese Formulierung wurde noch in der Entwurfsfassung des Parlamentes mit Art. 37 Abs. 1 lit. h DSGVO-E (EP) wortgleich fortgeführt. Das eigene Initiativrecht des Datenschutzbeauftragten wurde mit dem Entwurf des Rates durch die in der finalen Fassung vorzufindende Formulierung ersetzt. Danach entfällt das Initiativrecht des Datenschutzbeauftragten. Ihm kommt lediglich im Rahmen der vorherigen Konsultation nach Art. 36 DSGVO die Aufgabe zu, auf Anfrage der Aufsichtsbehörde als Ansprechpartner des Verantwortlichen für die Verarbeitung in die Konsultation unmittelbar einbezogen zu werden. Die Verordnung hat sich somit ganz bewusst gegen ein gesetzlich verankertes Initiativrecht des Datenschutzbeauftragten gegenüber der Aufsichtsbehörde entschieden.

110 Dies wird durch die Formulierung des Art. 39 Abs. 1 lit. e DSGVO weiter gestützt, da dem Datenschutzbeauftragten im Rahmen seiner Aufgabe als Anlaufstelle die Beratung zu „allen sonstigen Fragen" nur „gegebenenfalls" zufallen soll. Dies kann nur so verstanden werden, dass der Datenschutzbeauftragte zu diesen Fragen beratende Tätigkeit entfalten soll, sofern er durch die Aufsichtsbehörde hierauf angesprochen wird. Dies ist ein konzeptionell anderer Ansatz als dies mit einem Initiativrecht des Datenschutzbeauftragten verbunden wäre.

---

31 § 4 g Abs. 1 Satz 1 BDSG.
32 Paal/Pauly/*Paal* DSGVO Art. 39 Rn. 8.
33 In diesem Sinne ebenfalls Paal/Pauly/*Paal* DSGVO Art. 39 Rn. 9.
34 KOM(2012) endg.; 2012/0011 (COD).

g) Risikoorientierung, Art. 38 Abs. 2 DSGVO

Der Datenschutzbeauftragte hat nach Art. 38 Abs. 2 DSGVO im Rahmen seiner ihm obliegenden Aufgabenerfüllung dem mit den Verarbeitungsvorgängen verbundenen Risiko „gebührend Rechnung" zu tragen. Die Verordnung nennt dabei zugleich vier Kriterien, die bei der risikoorientierten Aufgabenerfüllung zu berücksichtigen sind.   111

Der Datenschutzbeauftragte hat die Art, den Umfang, die Umstände sowie die Zwecke der Verarbeitung zu berücksichtigen.   112

Während Art. 39 Abs. 1 DSGVO den nicht abschließenden Katalog der Aufgaben beinhaltet, stellt Art. 39 Abs. 2 DSGVO Kriterien für einen besonderen Sorgfaltsmaßstab[35] auf, dem die Aufgabenerfüllung zu genügen hat.   113

Will der Datenschutzbeauftragte diesen Anforderungen nachkommen, wird er anhand der in Art. 39 Abs. 2 DSGVO genannten Kriterien seine eigene Tätigkeit strukturieren und dokumentieren müssen.   114

Art. 39 Abs. 2 DSGVO verlangt vom Datenschutzbeauftragten in einer mit Art. 36 DSGVO vergleichbaren Weise, das Risiko der in seinem Zuständigkeitsbereich anfallenden Verarbeitungsvorgänge personenbezogener Daten zu erfassen und zu bewerten.   115

C. Verhältnis zu anderen Normen

Die Vorschrift ist in Zusammenhang mit Art. 38 Abs. 3 DSGVO zu sehen. Der Datenschutzbeauftragte hat die ihm obliegenden Aufgaben in Unabhängigkeit und Weisungsfreiheit zu erfüllen. Soweit er diesen Aufgaben nachkommt, kann er sich auf das Verbot seiner Abberufung sowie das Benachteiligungsverbot aus Art. 38 Abs. 3 Satz 2 DSGVO berufen.   116

Zugleich bildet die Bestimmung den Aufgabenkatalog für jene Datenschutzbeauftragten ab, die nach Art. 37 Abs. 1 DSGVO benannt wurden. Hat ein Mitgliedstaat von seiner aus Art. 37 Abs. 4 DSGVO resultierenden Möglichkeit Gebrauch gemacht, durch nationale Vorschriften weitere Pflichten zur Benennung eines Datenschutzbeauftragten vorzusehen, so ist auch auf diese Datenschutzbeauftragten Art. 39 DSGVO anzuwenden.   117

Dabei ist es den Mitgliedstaaten unbenommen, dem nach nationalem Recht zu benennenden Datenschutzbeauftragten über den in Art. 39 Abs. 1 DSGVO genannten Katalog hinaus weitere Aufgaben zuzuweisen. Dies wäre – bei eine etwaigen Beibehaltung der §§ 4 f und 4 g BDSG für solche Datenschutzbeauftragten der Fall, die ausschließlich nach den nationalen Vorschriften zu bestellen wären und denen beispielsweise nach § 4 g Abs. 1 Satz 4 Nr. 2 BDSG die Aufgabe der Mitarbeiterschulung obliegt.   118

---

35 So zutreffend Paal/Pauly/*Paal* DSGVO Art. 39 Rn. 10.

Abschnitt 5 Verhaltensregeln und Zertifizierung

Artikel 40 Verhaltensregeln

(1) Die Mitgliedstaaten, die Aufsichtsbehörden, der Ausschuss und die Kommission fördern die Ausarbeitung von Verhaltensregeln, die nach Maßgabe der Besonderheiten der einzelnen Verarbeitungsbereiche und der besonderen Bedürfnisse von Kleinstunternehmen sowie kleinen und mittleren Unternehmen zur ordnungsgemäßen Anwendung dieser Verordnung beitragen sollen.

(2) Verbände und andere Vereinigungen, die Kategorien von Verantwortlichen oder Auftragsverarbeitern vertreten, können Verhaltensregeln ausarbeiten oder ändern oder erweitern, mit denen die Anwendung dieser Verordnung beispielsweise zu dem Folgenden präzisiert wird:

a) faire und transparente Verarbeitung;

b) die berechtigten Interessen des Verantwortlichen in bestimmten Zusammenhängen;

c) Erhebung personenbezogener Daten;

d) Pseudonymisierung personenbezogener Daten;

e) Unterrichtung der Öffentlichkeit und der betroffenen Personen;

f) Ausübung der Rechte betroffener Personen;

g) Unterrichtung und Schutz von Kindern und Art und Weise, in der die Einwilligung des Trägers der elterlichen Verantwortung für das Kind einzuholen ist;

h) die Maßnahmen und Verfahren gemäß den Artikeln 24 und 25 und die Maßnahmen für die Sicherheit der Verarbeitung gemäß Artikel 32;

i) die Meldung von Verletzungen des Schutzes personenbezogener Daten an Aufsichtsbehörden und die Benachrichtigung der betroffenen Person von solchen Verletzungen des Schutzes personenbezogener Daten;

j) die Übermittlung personenbezogener Daten an Drittländer oder an internationale Organisationen oder

k) außergerichtliche Verfahren und sonstige Streitbeilegungsverfahren zur Beilegung von Streitigkeiten zwischen Verantwortlichen und betroffenen Personen im Zusammenhang mit der Verarbeitung, unbeschadet der Rechte betroffener Personen gemäß den Artikeln 77 und 79.

(3) [1]Zusätzlich zur Einhaltung durch die unter diese Verordnung fallenden Verantwortlichen oder Auftragsverarbeiter können Verhaltensregeln, die gemäß Absatz 5 des vorliegenden Artikels genehmigt wurden und gemäß Absatz 9 des vorliegenden Artikels allgemeine Gültigkeit besitzen, können auch von Verantwortlichen oder Auftragsverarbeitern, die gemäß Artikel 3 nicht unter diese Verordnung fallen, eingehalten werden, um geeignete Garantien im Rahmen der Übermittlung personenbezogener Daten an Drittländer oder internationale Organisationen nach Maßgabe des Artikels 46 Absatz 2 Buchstabe e zu bieten. [2]Diese Verantwortlichen oder Auftragsverarbeiter gehen mittels vertraglicher oder sonstiger rechtlich bindender Instrumente die verbindliche und durchsetzbare Verpflichtung ein, die geeigneten Garantien anzuwenden, auch im Hinblick auf die Rechte der betroffenen Personen.

(4) Die Verhaltensregeln gemäß Absatz 2 des vorliegenden Artikels müssen Verfahren vorsehen, die es der in Artikel 41 Absatz 1 genannten Stelle ermöglichen, die obligatorische Überwachung der Einhaltung ihrer Bestimmungen durch die Verantwortlichen oder die Auftragsverarbeiter, die sich zur Anwendung der Verhaltensregeln verpflichten, vorzunehmen, unbeschadet der Aufgaben und Befugnisse der Aufsichtsbehörde, die nach Artikel 55 oder 56 zuständig ist.

(5) [1]Verbände und andere Vereinigungen gemäß Absatz 2 des vorliegenden Artikels, die beabsichtigen, Verhaltensregeln auszuarbeiten oder bestehende Verhaltensregeln zu ändern oder zu erweitern, legen den Entwurf der Verhaltensregeln bzw. den Entwurf zu deren Änderung oder Erweiterung der Aufsichtsbehörde vor, die nach Artikel 55 zuständig ist. [2]Die Aufsichtsbehörde gibt eine Stellungnahme darüber ab, ob der Entwurf der Verhaltensregeln bzw. der Entwurf zu deren Änderung oder Erweiterung mit dieser Verordnung vereinbar ist und genehmigt diesen Entwurf der Verhaltensregeln bzw. den Entwurf zu deren Änderung oder Erweiterung, wenn sie der Auffassung ist, dass er ausreichende geeignete Garantien bietet.

(6) Wird durch die Stellungnahme nach Absatz 5 der Entwurf der Verhaltensregeln bzw. der Entwurf zu deren Änderung oder Erweiterung genehmigt und beziehen sich die betreffenden Verhaltensregeln nicht auf Verarbeitungstätigkeiten in mehreren Mitgliedstaaten, so nimmt die Aufsichtsbehörde die Verhaltensregeln in ein Verzeichnis auf und veröffentlicht sie.

(7) Bezieht sich der Entwurf der Verhaltensregeln auf Verarbeitungstätigkeiten in mehreren Mitgliedstaaten, so legt die nach Artikel 55 zuständige Aufsichtsbehörde – bevor sie den Entwurf der Verhaltensregeln bzw. den Entwurf zu deren Änderung oder Erweiterung genehmigt – ihn nach dem Verfahren gemäß Artikel 63 dem Ausschuss vor, der zu der Frage Stellung nimmt, ob der Entwurf der Verhaltensregeln bzw. der Entwurf zu deren Änderung oder Erweiterung mit dieser Verordnung vereinbar ist oder – im Fall nach Absatz 3 dieses Artikels – geeignete Garantien vorsieht.

(8) Wird durch die Stellungnahme nach Absatz 7 bestätigt, dass der Entwurf der Verhaltensregeln bzw. der Entwurf zu deren Änderung oder Erweiterung mit dieser Verordnung vereinbar ist oder – im Fall nach Absatz 3 – geeignete Garantien vorsieht, so übermittelt der Ausschuss seine Stellungnahme der Kommission.

(9) [1]Die Kommission kann im Wege von Durchführungsrechtsakten beschließen, dass die ihr gemäß Absatz 8 übermittelten genehmigten Verhaltensregeln bzw. deren genehmigte Änderung oder Erweiterung allgemeine Gültigkeit in der Union besitzen. [2]Diese Durchführungsrechtsakte werden gemäß dem Prüfverfahren nach Artikel 93 Absatz 2 erlassen.

(10) Die Kommission trägt dafür Sorge, dass die genehmigten Verhaltensregeln, denen gemäß Absatz 9 allgemeine Gültigkeit zuerkannt wurde, in geeigneter Weise veröffentlicht werden.

(11) Der Ausschuss nimmt alle genehmigten Verhaltensregeln bzw. deren genehmigte Änderungen oder Erweiterungen in ein Register auf und veröffentlicht sie in geeigneter Weise.

Verwandte Normen: ErwGr 98, 99; § 38 a BDSG 2003

A. Grundlagen

I. Gesamtverständnis und Zweck der Norm

1   Art. 40 stellt dem Inhalt nach keine neue Bestimmung dar. Schon Art. 27 DSRL hätte Unternehmensverbände ermächtigt, Verhaltensregeln zu erstellen. Er knüpft an die schon bisher praktizierten Versuche der datenschutzrechtlichen **Selbstregulierung** auf privater Ebene durch Verhaltensregeln („**codes of conduct**") an. Im Vergleich zum bisherigen Normenbestand wurde Art. 40 jedoch erheblich erweitert (s. zB unten zum Genehmigungsverfahren, → Rn. 28 ff.).

2   Die **praktische Bedeutung** von Verhaltensregeln war in Österreich, anders als in Deutschland,[1] **verschwindend gering**.[2] Bis 2016 machten österreichische Unternehmensverbände von der Möglichkeit der Entwicklung von Datenschutzstandards, die für alle Unternehmer in einer Branche gleichermaßen anwendbar sind, kaum Gebrauch.

3   Verhaltensregeln stellen **Leitlinien guter Datenschutzpraxis** dar, die ähnlich wie technische Normen von Sachverständigen des jeweiligen Fachbereiches entwickelt werden. Sie standardisieren die Datenverarbeitung im Zusammenhang mit typischen Dienstleistungen und Produkten, die in einer Branche angeboten werden. Dabei werden auch die Interessen der Betroffenen, deren Daten verarbeitet werden, berücksichtigt (ErwGr 98 DSGVO).

4   Verhaltensregeln zielen darauf ab, die Anwendung des EU-Datenschutzrechts in einer bestimmten Branche zu optimieren und für eine Vielzahl gleichgelagerter Fallkonstellationen zu vereinheitlichen. Aus Sicht der Unternehmen einer konkreten Branche enthalten Verhaltensregeln **Ansatzpunkte für eine rechtmäßige** (zumal von der zuständigen Aufsichtsbehörde „abgesegnete") **Datenschutzpraxis**; man könnte, vergleichbar den Standard Compliance Codizes der Finanzwirtschaft, auch von einem branchenintern konsentierten „Compliance-Standard" sprechen. Aus Sicht der Betroffenen

---

1   Vgl. etwa die Verhaltensregeln der deutschen Versicherungswirtschaft (Stand 2012).
2   Vgl. etwa die von der WKO entwickelten Verhaltensregeln für Glücksspielbetreiber unter https://www.wko.at/Content.Node/branchen/oe/BankVersicherung/Banken-un d-Bankiers/Verhaltensregeln-Gluecksspielbetreiber.html (abgerufen am 22.7.2016).

liefern Verhaltensregeln zudem einen wichtigen Beitrag zur Einhaltung ihrer Rechte und zu mehr Transparenz im jeweiligen Marktsegment.

Verhaltensregeln sind funktionell bedingt oftmals sehr allgemein gehalten; jedoch genügt es nicht, wenn sie den Gesetzestext bloß wiederholen. Sollen sie ihre Funktion als hoheitlich genehmigte „Auslegungshilfen" (im Sinn eines best-practice-Ansatzes) erfüllen, müssen Leitlinien **branchenspezifische Gegebenheiten** im Zusammenhang mit Datenverarbeitungen **konkretisieren** und sollten dabei die wesentlichen Fallkonstellationen in der jeweiligen Branche erfassen. Nur dann können Verhaltensregeln für Unternehmen einer bestimmten Branche bzw. Angehörige einer bestimmten Berufsgruppe **Rechtssicherheit** schaffen und ihrer Aufgabe als Beitrag zu einer gesetzeskonformen Datenverarbeitung (Art. 24 Abs. 3) gerecht werden. Nur unter dieser Voraussetzung ermöglichen Verhaltensregeln Branchenmitgliedern, standardisierte und gleichzeitig gesetzeskonforme Datenschutzkonzepte zu entwickeln und in ihrem Unternehmen anzuwenden. Unternehmer sind daher trotz Verhaltensregeln nicht davon entbunden, diese Verhaltensstandards in ihrem Betrieb zu implementieren und, etwa durch Verbindlicherklärung in ihren AGB, durch betriebsspezifische Anordnungen und dergleichen umzusetzen. 5

Hält sich ein Unternehmen an branchenspezifische Verhaltensregeln, die in Abstimmung mit der Aufsichtsbehörde entwickelt und von dieser abgesegnet wurden, besteht die gesetzliche – wenngleich widerlegliche – Vermutung, dass die **Datenverarbeitung** in diesem Unternehmen rechtskonform und **in Einklang mit der DSGVO** erfolgt (Art. 24 Abs. 3). 6

Zudem geht die Funktion der Verhaltensregelungen darüber hinaus. Verhaltensregeln bieten Unternehmen und Betroffenen eine mit der Aufsichtsbehörde abgestimmte **Auslegungshilfe** zu Detailfragen des EU-Datenschutzrechts, die spezifisch in der jeweiligen Branche auftreten. Dadurch werden Unsicherheiten und rechtliche Auseinandersetzungen bis zu einem gewissen Grad vermieden. 7

II. Bisherige Rechtslage

Art. 27 DSRL, die Vorgängernorm zu Art. 40 DSGVO, wurde in den §§ 38 a BDSG; 6 Abs. 4 ö. DSG 2000 etc sowie in vergleichbaren Regelungen des Landesdatenschutzrechts in nationales Datenschutzrecht umgesetzt. Die knappen Textierungen der bisherigen innerstaatlichen Umsetzungsbestimmungen im Vergleich zu Art. 40 DSGVO verleiten zu der Annahme, dass der neue gegenüber dem alten Rechtsbestand erheblich verändert wurde. Doch der Schein trügt. 8

Art. 40 DSGVO hält funktionell an den bisherigen Vorgaben des Art. 27 DSRL fest und erweitert den bisherigen Rechtsbestand zunächst um **detaillierte Verfahrensbestimmungen** für die Annahme und Verbindlicherklärung von Verhaltensregeln, die von Verbänden entwickelt wurden. Dabei ist einerseits zwischen Verfahrensbestimmungen zu unterscheiden, die das Annahmeverfahren in einem Mitgliedstaat determinieren (Art. 40 Abs. 5 f. DSGVO), und andererseits zu solchen, die das Annahmeverfahren auf europäischer Ebene betreffen (Art. 40 Abs. 7 ff. iVm Art. 63 f. und Art. 93 Abs. 2 DSGVO). 9

10 Hinzutritt, dass Art. 40 DSGVO in seinem zweiten Abs. nunmehr eine de-
monstrative Aufzählung enthält, welche **Datenkategorien** mittels Verhaltensregeln branchenspezifisch präzisiert werden sollen. Eine wesentliche
Neuerung ist damit nicht verknüpft, da schon bisher Verhaltensregeln dazu
gedacht waren, staatliche Rechtsetzung auf dem Gebiet des Datenschutzes
einzuschränken (wobei nicht verkannt wird, dass dieser Ansatz bislang
eher theoretischer Natur war).

11 **Neu** erscheint lediglich die in Art. 40 Abs. 3 enthaltene Betonung, dass Un-
ternehmen/Personen, die nicht unter die DSGVO fallen, durch die Anwendung verbindlicher Verhaltensregeln zu einem verordnungskonformen
Transfer von personenbezogenen Daten in Drittstaaten beitragen können.

III. Entstehung der Norm

12 Seit der ersten Entwurfsfassung des Art. 40 – in der Stammfassung des ersten Kommissionsentwurfes vom 25.1.2012 noch als Art. 38 bezeichnet –
war die grundsätzliche Ausrichtung der Bestimmung unbestritten. Erst im
Rahmen der dritten Entwurfsfassung des Ministerrates (15.6.2015) wurde
die Norm um einzelne wesentliche **Details** ergänzt (wobei sich die nachfolgende Darstellung auf einzelne relevante Aspekte beschränkt):

- Die bisherige in Abs. 1 enthaltene Auflistung jener Datenkategorien,
  die mittels Verhaltensregeln präzisiert werden können, wurde in einen
  neu eingefügten Abs. 1 a (nunmehr Abs. 2) transferiert und erweitert
  bzw. sprachlich adaptiert.

- Art. 40 Abs. 3, der die Anwendbarkeit von Verhaltensregeln durch
  Drittstaatsunternehmen – die selbst nicht in den Anwendungsbereich
  der DSGVO fallen – ermöglicht, geht ebenfalls auf die 3. Entwurfsfassung von Juni 2015 (Einfügung eines Abs. 1ab in Art. 38) zurück.

- Außerdem wurde in der 3. Entwurfsfassung in Art. 38 auch ein neuer
  Abs. 2 a eingefügt, der die Aufsichtsbehörde verpflichtet, nicht bloß zu
  Entwürfen von Verhaltensregeln Stellung zu beziehen, sondern diese
  auch bei Übereinstimmung mit der DSGVO zu genehmigen (vgl. in der
  finalen DSGVO Art. 40 Abs. 5).

B. Kommentierung

I. Vorbemerkung: Arten von Verhaltensregeln

13 Auch, wenn dies in Art. 40 DSGVO nicht klar zum Ausdruck kommt, erscheint es sinnvoll, zwischen **verschiedenen Arten von Verhaltensregeln** zu
unterscheiden.

- Einerseits solche, die zwar (auch) von Unternehmensverbänden oder
  privaten Vereinen entwickelt werden und die schon bislang verabschiedet werden konnten, die aber bewusst als unverbindliche Ratschläge an
  Branchenmitglieder konzipiert sind. Sie müssen daher nicht zwingend
  dem Billigungsverfahren gem. Art. 40 unterzogen werden. Man könnte
  insoweit von „Musterleitlinien" (**Verhaltensempfehlungen**) sprechen,
  die im Zusammenhang mit der Verarbeitung von personenbezogenen
  Daten auf freiwilliger Basis eingehalten werden. Solche „Empfehlungen", etwa im Zusammenhang mit der Verarbeitung von cookies oder

Zahlungsdaten, finden sich häufig im Internet und sind daher prinzipiell nicht an den Vorgaben des Art. 40 DSGVO zu messen. Solche unverbindlichen Empfehlungen stellen keinen relevanten Beitrag im Sinn des Art. 24 Abs. 3 DSGVO dar.

■ Andererseits solche, die von Verbänden für Branchenmitglieder bzw. für konkrete Fallkonstellationen entwickelt werden und daher bewusst auf Rechtskonkretisierung bzw. darauf angelegt sind, im Wege der Genehmigung durch die Aufsichtsbehörde bzw. die Kommission **Verbindlichkeit** zu erlangen. Nur letztere Verhaltensregeln sind Regelungsgegenstand des Art. 40; nur solche Verhaltensregeln stellen einen relevanten Beitrag im Sinn des Art. 24 Abs. 3 DSGVO dar.

II. Zu Abs. 1: Förderung von Verhaltensregeln

Art. 40 DSGVO wurde in Abs. 1 eine gängige **Zielbestimmung** vorangestellt. Die dort genannten Institutionen haben die Ausarbeitung von Verhaltensregeln zu fördern. Weder der Gesetzestext selbst, noch die Erwägungsgründe der DSGVO enthalten weitergehende Anhaltspunkte dazu, wie dieser Auftrag zu erfüllen sein könnte. Die Adressaten des Abs. 1 (zB „die Mitgliedstaaten") sind daher aufgefordert, zeitnahe zum Geltungsbeginn der Verordnung (Mai 2018) geeignete Strategien und Instrumente zu entwickeln, um ihrer Verpflichtung nachzukommen. Da Art. 40, was codes of conduct anlangt, auf Vollharmonisierung angelegt ist, erscheint lediglich klar, dass die Mitgliedstaaten nicht berechtigt sind, von Art. 40 abweichende Regelungen zu erlassen.[3] **14**

Soweit mit „Förderung" nicht-legislative Maßnahmen angesprochen werden sollen, setzt Abs. 1 den Regelungsadressaten in diesem Zusammenhang keine Schranken. Von der finanziellen Unterstützung einschlägiger Initiativen, dem Transfer von Know-how (etwa durch Informationsevents, Einrichtung einer „Kontaktstelle") bis hin zu der Einrichtung qualifizierter Verfahren sind verschiedene Maßnahmen denkbar, soweit sie abstrakt geeignet sind, den Förderungsauftrag zu erfüllen. **15**

Im Zweifel ist davon auszugehen, dass Abs. 1 **verbindlichen Charakters** ist. Auch wenn aus dieser Bestimmung keine subjektiven Rechte von KMU etc ableitbar sind, werden die Adressaten des Abs. 1 eindeutig verpflichtet, konkrete Maßnahmen zu entwickeln und zu implementieren, um die Ausarbeitung und die Anwendung von Verhaltensregeln in einschlägigen Branchen zu effektuieren. Die Unterlassung bestimmter Maßnahmen, die von einer Branche als geboten oder gewünscht erachtet wird, kann jedoch nicht vor einer nationalen Stelle oder einem Unionsgericht eingeklagt werden. **16**

Soweit Abs. 1 an „die Mitgliedstaaten" adressiert ist, richtet sich der Auftrag des Abs. 1 nicht nur an das ressortzuständige Ministerium oder die jeweilige Aufsichtsbehörde in einem Mitgliedstaat. In föderal strukturieren Staaten sind sowohl Zentralstaat, Länder, Bezirke, als auch Gemeinden Adressat des ersten Absatzes, zumal Förderungsinitiativen auf verschiedenen Ebenen umgesetzt werden können. **17**

---

3 S. auch *Kühling/Martini* ua, Datenschutzgrundverordnung, S. 467.

III. Fokus auf KMU

18   Art. 40 Abs. 1 DSGVO verknüpft den zuvor skizzierten Förderungsauftrag mit einer spezifischen **Zielsetzung**: Förderungsmaßnahmen sollen nicht nach dem „Gießkannenprinzip" entwickelt und umgesetzt werden, sondern sollen sich **vorrangig auf KMU**[4] beziehen. Dadurch soll gerade kleineren Entitäten der Umstieg auf die und die Anwendung der DSGVO erleichtert werden. Auch ErwGr 98 unterstreicht diese Zielvorgabe. Selbstverständlich werden die Adressaten des Abs. 1 nicht daran gehindert, auch die Bedürfnisse großer Unternehmen bei der Ausarbeitung eines Maßnahmenkataloges zu berücksichtigen.

19   Abs. 1 stellt klar, dass bei der Ausarbeitung von Fördermaßnahmen den **„Besonderheiten der einzelnen Verarbeitungsbereiche"** Rechnung zu tragen ist. Diese Klausel verpflichtet die Adressaten daher, die gängigen Anwendungsfälle von Datenverarbeitungen einer bestimmten Branche, die gängigen Arbeitsweisen, Produktionsabläufe etc zu definieren, die üblichen Fallkonstellationen in dieser Branche zu berücksichtigen, die heterogenen Interessen der Verantwortlichen und der Betroffenen bei der Ausarbeitung des Förderungskataloges gegeneinander abzuwägen und letztlich angemessene Fördermaßnahmen zu setzen.

IV. Ausarbeitung von Verhaltensregeln; Regelungsgegenstand I

20   Art. 40 Abs. 2 stellt klar, dass „**Verbände**" und „andere Vereinigungen, die Kategorien von Verantwortlichen oder Auftragsverarbeitern vertreten", Verhaltensregeln auf freiwilliger Basis ausarbeiten können. Aus dieser Anordnung folgt zunächst, dass primär **Interessenvertretungen** (etwa eine Handels- oder Wirtschaftskammer, ein Bankenverband und dergleichen) mit der Ausarbeitung von Verhaltensregeln betraut werden sollen. Gerade diese Verbände wissen über die typischen Branchenabläufe und Fallkonstellationen Bescheid und haben die erforderlichen Kenntnisse über jene relevanten Dienstleistungen und Produkte, die in der konkreten Branche offeriert werden. Zudem verfügen die genannten Interessenvertretungen in der Regel über ausreichende Ressourcen, um der Aufgabe gem. Art 40 gerecht zu werden.

21   Ob der jeweilige Verband auf öffentlich-rechtlicher oder privatrechtlicher Grundlage errichtet wurde bzw. die Mitgliedschaft in dieser Vereinigung auf Zwang oder auf Freiwilligkeit beruht, spielt für die Anwendbarkeit des Abs. 2 keine Rolle. Da Abs. 2 unmittelbar anwendbar ist, muss diese Bestimmung zudem nicht (etwa in einem Organisationsgesetz) in nationales Recht transformiert werden; es bedarf daher keiner spezifischen Aufgabenzuweisung nach Art des § 2 a ö ApothekerkammerG.

22   Aus Art. 40 Abs. 2 DSGVO folgt jedoch nicht, dass nur die „klassischen Interessenvertretungen" (wie etwa eine Handelskammer, ein Versicherungsverband etc) berechtigt wären, Verhaltensanordnungen zu entwi-

---

4   Nach dem Anhang Titel 1, Art 2 Abs 1 der Kommissionsempfehlung 2003/361/EG (K [2003] 1422) liegt ein KMU vor, wenn das Unternehmen weniger als 250 Personen beschäftigt und entweder einen Jahresumsatz von höchstens 50 Mio. EUR erzielt oder seine Jahresbilanzsumme sich auf höchstens 43 Mio. EUR beläuft.

ckeln. Zulässig ist auch, wenn **andere Institutionen** – etwa ein privater Verein, der sich dem Datenschutz widmet (wie die ARGE Daten in Wien) und insoweit auch die Interessen „seiner Mitglieder" fördert, oder eingetragene Interessensverbände nach ö LobbyG – Entwürfe für Verhaltensregeln erstellen. Verbindlichkeit können entsprechende Regelungen jedoch nur dann erlangen, wenn die ausgearbeiteten Entwürfe nach dem in Art. 40 grundgelegten Verfahren gebilligt werden.

Art. 40 erfasst idZ solche Verbände, deren Mitglieder in vielen Bereichen über eine **homogene Interessenlage** verfügen (zB die Bundes-Ärztekammer, die freiberufliche bzw. angestellte Ärzte vertritt). Art. 40 steht auch nicht entgegen, dass konkurrierende Verbände unterschiedliche Entwürfe zur Überprüfung einreichen (man denke an den privatrechtlich organisierten Verband der Banken und Bankiers vs die Wirtschaftskammer Österreich, Bundessparte Bank und Versicherungen).

Regelungsgegenstand von Verhaltensregeln sind Leitlinien zur Klärung von   23
Rechtsfragen, die mit der Verarbeitung von personenbezogenen Daten iwS zusammenhängen. Zudem werden dadurch zwingende Vorgaben der DSGVO branchenspezifisch präzisiert. Art. 40 Abs. 2 DSGVO enthält in diesem Zusammenhang eine, wenngleich nicht abschließende, Auflistung **möglicher Regelungsfelder** von Verhaltensregeln:

- Aspekte der fairen und transparenten Datenverarbeitung;
- Berechtigte Interessen eines Verantwortlichen (zB Geltendmachung von Rechten);
- Erhebung personenbezogener Daten;
- Pseudonymisierung personenbezogener Daten;
- Unterrichtung der Öffentlichkeit und der betroffenen Personen (zB über den Zweck einer Datenverarbeitung, bei data breach etc);
- Ausübung der Rechte betroffener Personen (zB betreffend das Auskunftsrecht);
- Unterrichtung und Schutz von Kindern;
- Datensicherheitsmaßnahmen (Art. 24 und 32 DSGVO);
- die Meldung von Verletzungen des Schutzes personenbezogener Daten an Aufsichtsbehörden und die Benachrichtigung der betroffenen Person von solchen Verletzungen des Schutzes personenbezogener Daten;
- die Übermittlung personenbezogener Daten an Drittländer oder an internationale Organisationen oder
- außergerichtliche Verfahren und sonstige Streitbeilegungsverfahren zur Beilegung von Streitigkeiten zwischen Verantwortlichen und betroffenen Personen im Zusammenhang mit der Verarbeitung personenbezogener Daten.

Wenn Verhaltensregeln zusätzlich **programmatische Erklärungen** enthalten   24
oder beiläufig geltende **Rechtsnormen** zwecks Vollständigkeit oder aus Gründen der Übersichtlichkeit „**wiederholen**", schadet dies nicht, solange das geltende Recht in relevanten Punkten präzisiert und ausgestaltet wird.

V. Regelungsgegenstand II

25 Zwingender Regelungsinhalt von Verhaltensregeln sind „**Verfahren**". Diese Verfahren müssen akkreditierte Überwachungsstellen (Art. 41 Abs. 1 DSGVO) in die Lage versetzen, die Einhaltung der Verhaltensregeln durch Verantwortliche oder Auftragsverarbeiter kontrollieren zu können. Dies lässt Prüfungen durch die Aufsichtsbehörde unberührt (Art. 55 f. DSGVO).

26 Wie diese Verfahren konkret auszugestalten sind, präzisieren Verordnung und Erwägungsgründe nicht. Nach der ratio legis ist klar, dass der Verantwortliche bzw. der Auftragsverarbeiter alle jene – angemessenen, insbes. organisatorischen – Schritte in seinem Unternehmen zu implementieren hat, die notwendig sind, um eine zeitnahe und effektive Kontrolle durch die akkreditierte Stelle zu ermöglichen. Der fängt bei der Entwicklung einer entsprechenden Strategie an, wie die Zusammenarbeit mit einer kontrollierenden Stelle abzuwickeln ist; welche Unternehmenseinheit im Falle einer Kontrolle spezifische Pflichten treffen, auf welche Weise Unterlagen bereit gestellt werden usw.

27 Ferner ist klarzustellen, welche innerbetriebliche Stelle Kontrollhandlungen zu „begleiten" hat (es sind daher ein oder mehrere **Ansprechpartner** für die kontrollierende Stelle namhaft zu machen). Darüber hinaus haben Verantwortliche bzw. Auftragsverarbeiter eine **Dokumentation** zu entwickeln, die externen Kontrolleuren einen umfassenden Einblick in die Anwendung der Verhaltensregeln im Unternehmen ermöglicht, etc.

VI. Prozess der Erlassung von Verhaltensregeln

28 Breiten Raum nehmen in der DSGVO die Regeln über die **Erlassung von Verhaltensregeln** ein. In diesem Zusammenhang regeln die Abs. 5 und 6 des Art. 40 die Erlassung von Verhaltensregeln, die in einem Mitgliedstaat Geltung erlangen sollen, während die Abs. 7–11 das Prozedere determinieren, wenn Verhaltensregeln für das Gebiet mehrerer Mitgliedstaaten oder im gesamten Unionsraum verbindlich sein sollen. Das in Art. 40 Abs. 5 ff. grundgelegte **Überprüfungs- und Veröffentlichungsverfahren** stellt sicher, dass Verbände keine Verhaltensregelungen erstellen, die im Widerspruch zur DSGVO stehen.

1. Die nationale Ebene (Abs. 5 f)

29 Am Beginn des Verfahrens zur Erlassung von Verhaltensregeln steht ein **Entwurf**, den ein Verband bzw. eine Interessenvertretung ausgearbeitet hat. Dieser Entwurf soll, wie ErwGr 99 der DSGVO zeigt, einem **Begutachtungsverfahren** unterzogen werden. Eine gesetzliche Verpflichtung zur Abführung eines Konsultationsprozesses wurde zwar nicht in der DSGVO festgeschrieben; doch erscheint es aus Gründen der Markttransparenz und der Akzeptanz von Verhaltensregeln angebracht, die maßgeblichen Stakeholder der jeweiligen Branche rechtzeitig im Entwurfsstadium (an der Erstellung von Verhaltensleitlinien) partizipieren zu lassen („Öffentlichkeitsbeteiligung").

30 Verbände sollten daher „die maßgeblichen **Interessenträger**" (gemeint sind in diesem Zusammenhang also etwa die von Verhaltensregeln betroffenen

Branchenangehörigen, andere Verbände, zuständige Dienststellen der Verwaltung und der Justiz [zB der Aufsichtsbehörde] etc) sowie „möglichst auch die betroffenen Personen" (also etwa Kunden und ihre Interessenvertreter), konsultieren. Die Ergebnisse dieser Konsultation („Eingaben und Stellungnahmen") sollen berücksichtigt werden.

Für den zuständigen Verband, der einen Entwurf für Verhaltensregeln ausarbeitet, führt dies zu einer Auseinandersetzungs- und Abwägungspflicht. Dies darf aber nicht dahingehend ausgelegt werden, dass ein Verband verpflichtet wäre, einer abweichenden Auffassung eines Marktteilnehmers jedenfalls Rechnung zu tragen.   31

Nähere Details dazu, wie ein solches Begutachtungsverfahren zu gestalten ist, lassen sich den Erwägungsgründen zur DSGVO nicht entnehmen. Es obliegt daher dem Ermessen des Verbandes, das Konsultationsverfahren möglichst auf die Interessen der verschiedenen Stakeholder abzustimmen und es transparent zu gestalten. So könnte etwa eine mindestens vierwöchige Stellungnahmefrist empfehlenswert sein, die bei umfassenden Entwürfen auch verlängert werden kann.   32

Für betroffene Personen sowie Interessenvertreter besteht keine Pflicht, an einem Begutachtungsverfahren teilzunehmen; es handelt sich um einen freiwilligen Beteiligungsprozess. Freilich sollte nicht unterschätzt werden, dass die Chance zur Diskussion und zur Artikulation von Einwänden im Erlassungsverfahren regelmäßig nur einmal besteht. Entscheidet sich eine Person/ein Unternehmen, eine Stellungnahme zu erstatten, kann sie eine positive bzw. eine negative Meinung vertreten, die nicht begründet werden muss. Beiträge im Konsultationsverfahren sind jedoch nur dann von Bedeutung, wenn sie über allgemein gehaltene Floskeln (wie zB die formlose Mitteilung der Ablehnung) hinausgehen.   33

Nach Einarbeitung allfälliger Rückmeldungen hat der Verband – nach Beschluss des Entwurfes aufgrund verbandsinterner Regelungen – den finalen Entwurf der zuständigen Aufsichtsbehörde zur Überprüfung vorzulegen (Abs. 5). Die Aufsichtsbehörde hat im Überprüfungsverfahren nicht nur eine Stellungnahme über die Vereinbarkeit des Entwurfes mit der DSGVO zu erstatten. Sie kann auch proaktiv Empfehlungen für Verbesserungen und aus ihrer Sicht erforderliche Anpassungen erstatten, etwa, wenn eine Passage eines Entwurfes doppeldeutig ist. Dies kann dazu führen, dass der Verband den Entwurf überarbeiten und neuerlich zur Überprüfung vorlegen muss; ein neuerliches Begutachtungsverfahren ist in diesem Abschnitt gesetzlich nicht vorgeschrieben.   34

Am Ende des Überprüfungsverfahrens steht entweder die Genehmigung des Entwurfes oder seine Ablehnung. Eine Genehmigung, die in Form eine verbindlichen Entscheidung nach Maßgabe des nationalen Rechts zu erfolgen hat, darf nur dann erteilt werden, wenn   35

a) der Entwurf mit den zwingenden Vorgaben der DSGVO vereinbar ist und

b) der Entwurf „angemessene Garantien" enthält. Gemeint sind „angemessene Garantien", welche den Schutz der Betroffenen sicherstellen,

etwa im Rahmen der Übermittlung personenbezogener Daten in Drittstaaten (**aufsichtlicher Überprüfungsmaßstab**).

36 Eine Genehmigung gilt unbefristet. Sie wird ohne weitere Nebenbestimmungen (Auflagen, Bedingungen etc) erteilt. Sobald die Genehmigung erteilt ist, hat die Aufsichtsbehörde diesen Umstand in ein „**Verzeichnis**" aufzunehmen (Abs. 6). Dieses Verzeichnis ist nach der ratio legis als **öffentlich-
zugängliches Register** zu konzipieren, das für jedermann einsehbar sein
sollte. Ob und unter welchen Bedingungen dieses Verzeichnis abrufbar ist,
werden in der DSGVO genauso wenig präzisiert wie sonstige Details zur
Gestaltung des Registers. Diese Punkte obliegen daher der „Präzisierung"
durch die nationale Aufsichtsbehörde.

Der Veröffentlichung genehmigter Verhaltensregeln in anderer geeigneter
Form, zB in Rundschreiben an Mitgliedern, in Newslettern oder Tätig-
keitsberichten, wird durch Art. 40 nicht ausgeschlossen.

37 Mit der Genehmigung ist das **Verfahren** zur Erlassung von Verhaltensregeln auf nationaler Ebene **abgeschlossen**, wenn den Verhaltensregeln nur in
einem Mitgliedstaat Bedeutung zukommen soll. Der anschließenden **Veröffentlichung** der Verhaltensregeln im Register der Aufsichtsbehörde selbst
kommt **deklarative Bedeutung** zu. Dadurch soll die umfassende Information der betroffenen Verkehrskreise erleichtert werden.

38 Sobald die Aufsichtsbehörde Verhaltensregeln genehmigt hat, werden diese
verbindlich. Ein Unternehmen einer Branche kann dann auf freiwilliger Basis die Verhaltensregeln einhalten. Dem Unternehmen kommt dann die gesetzliche Vermutung zugute, dass die Datenverarbeitung im Betrieb in Einklang mit der DSGVO erfolgt. Freilich sollte ein Unternehmen, welches genehmigte Verhaltensregeln nicht anwendet, im Hinblick auf Art. 24 Abs. 3
DSGVO gut überlegen, aus welchen Gründen es die Verhaltensregeln (als
Leitlinien für gute Datenschutzpraxis) nicht beachtet. Dies könnte in einem
Verfahren vor der Aufsichtsbehörde zu rechtfertigen sein.

2. Die EU-Ebene (Abs. 7 ff.)

39 Soll Verhaltensregeln über einen einzelnen Mitgliedstaat hinaus Bedeutung
zukommen (es handelt sich sohin um eine Angelegenheit mit Auswirkungen in mehreren EU-Mitgliedstaaten), sind im Verfahren zur Erlassung von
Verhaltensregeln weitere zwingende Schritte zu setzen, bevor die national
zuständige Behörde ihre Genehmigung erteilen kann (vgl. Abs. 7 ff.).

40 Bezieht sich ein Entwurf für Verhaltensregeln daher auf „**Verarbeitungstätigkeiten in mehreren Mitgliedstaaten**", so hat die zuständige Aufsichtsbehörde den Entwurf dem EDA (dem sog „**Art. 63-Ausschuss**" als „Nachfolger" der Art. 29-Gruppe) zur Stellungnahme zu übermitteln. Dieser Verfahrensschritt ist zwingend. Bevor sich der Ausschuss nicht zur Vereinbarkeit des Entwurfes mit der DSGVO geäußert hat (Art. 64 Abs. 1 BSt b
DSGVO), darf der Entwurf durch die zuständige Aufsichtsbehörde nicht
genehmigt werden (Art. 64 Abs. 6 DSGVO). Der Ausschuss hat seine **Stellungnahme binnen acht Wochen** zu erstatten; in komplexen Fällen kann
diese Frist erstreckt werden (Art. 64 Abs. 3 DSGVO; näher dazu die Kommentierung zu Art. 64).

Gegenstand der Stellungnahme des Ausschusses ist, ob der ihm vorliegende 41
Entwurf der Verhaltensregeln mit der DSGVO vereinbar ist, insbes. auch
die Frage, ob der Entwurf angemessene Garantien zum Schutz der Betroffenen enthält. Das weitere Verfahren ist einerseits in Art. 40, andererseits
in Art. 64 DSGVO geregelt; beide Bestimmungen müssen „zusammengele-
sen" werden.

Der EDA (Art. 63-Ausschuss) kann   42

■ der vorlegenden Aufsichtsbehörde Änderungen vorschlagen, oder
■ den Entwurf ablehnen;
■ erklären, dass der Entwurf mit der DSGVO übereinstimmt.

Die Aufsichtsbehörde hat daraufhin zu deklarieren, ob sie die Änderungen
annimmt oder ablehnt. Im ersten Fall ist der geänderte Beschlussentwurf
zur neuerlichen Begutachtung vorzulegen (Art. 64 Abs. 7 DGSVO) oder es
ist ein Schlichtungsverfahren gem. Art. 65 DSGVO durchzuführen. Sollte
der Ausschuss den Entwurf befürwortet haben, kann die Aufsichtsbehörde
den Entwurf genehmigen und veröffentlichen (Art. 40 Abs. 5 und 6
DSGVO). Die genehmigten Verhaltensregeln gelten zunächst für das Gebiet
des jeweiligen Mitgliedstaates. Ein gesondertes Konsultationsverfahren ist
in diesem Verfahrensabschnitt nicht mehr erforderlich, da davon auszugehen ist, dass jener Verband, der den Entwurf ursprünglich erstellt hat, bereits eine angemessene Anhörung durchgeführt hat.

Damit ist das Verfahren allerdings nicht abgeschlossen. Befürwortet der 43
EDA (Art. 63-Ausschuss) nämlich den ihm vorgelegten Entwurf, hat er sei-
ne Stellungnahme der Europäischen **Kommission** zu übermitteln (Art. 40
Abs. 8 DSGVO). Die Kommission kann daraufhin beschließen, dass der ihr
vorliegende Entwurf für Verhaltensregeln „allgemeine Gültigkeit" in der
Union besitzt. Dieser Beschluss wird nach den Vorgaben des Art. 93 Abs. 2
DSGVO iVm den Art. 5 und 8 der KomitologieVO 182/2011 erlassen
(Art. 40 Abs. 9 DSGVO; s. zu den Details des Durchführungsverfahrens die
Kommentierung zu Art. 93).

Der **Beschluss** der Kommission ist „in geeigneter Weise", daher etwa im 44
ABl der EU **zu veröffentlichen** (Art. 40 Abs. 10 DSGVO). Daraufhin sind
die Verhaltensregeln im gesamten EU-Bereich maßgebend und vom EDA
(Art. 63-Ausschuss) in ein öffentlich-zugängliches Register aufzunehmen
(Art. 40 Abs. 11 DSGVO).

VII. Änderung oder Erweiterung von Verhaltensregeln

Das bisher dargestellte Prozedere gilt nicht nur im Fall der erstmaligen Er- 45
lassung von Verhaltensregeln. Wie sich aus Art. 40 ergibt, ist das Verfahren
zur Erlassung von Verhaltensregeln auch anzuwenden, wenn bestehende
Verhaltensregeln abgeändert, zB aktualisiert werden sollen. Zu denken ist
hier insbes. an solche Verhaltensregeln, die nach dem alten Rechtsbestand
erlassen worden waren (und daher noch nicht verbindlich sind) und nunmehr an die neue Rechtslage angepasst werden müssen. In diesem Zusammenhang ist wieder zu unterscheiden, ob Verhaltensregeln nur in einem
Mitgliedstaat oder auf dem gesamten EU-Gebiet verbindlich sein sollen.

46　Davon ist der Fall der **Erweiterung von Verhaltensregeln** zu unterscheiden. Sollen bestehende Verhaltensregeln nicht bloß geändert, zB aktualisiert, sondern auf Verarbeitungstätigkeiten erstreckt werden, die bisher nicht Regelungsgegenstand der Verhaltensregeln waren, ist das in den Abs. 5 f., Abs. 7 ff. geregelte Verfahren sinngemäß durchzuführen.

VIII. Zu Abs. 3: Zusätzliche Bedeutung von Verhaltensregeln

47　Verhaltensregeln, die gemäß Art. 40 Abs. 5 für verbindlich erklärt wurden oder die gem. Art. 40 Abs. 9 „allgemeine Gültigkeit" besitzen, kommt nicht nur im EU-Raum Bedeutung zu. Gerade Verantwortliche oder Auftragsverarbeiter, die nicht der DSGVO unterliegen, können sich vertraglich oder durch andere bindende Instrumente (zB zwischenstaatliche Vereinbarungen wie Verwaltungsübereinkommen) verpflichten, europäische Verhaltensregeln einzuhalten. Dies dient nicht nur der Effektuierung grenzüberschreitender Projekte bzw. Kooperationen, an denen europäische Unternehmen beteiligt sind. Dadurch kann zusätzlich ein wirksamer Beitrag zum Schutz der Betroffenen mit Sitz in Europa geleistet werden, etwa, wenn personenbezogene Daten in Drittstaaten übermittelt und dort verarbeitet werden sollen. Inwieweit Art. 40 Abs. 3 in der Praxis angenommen wird, kann aus heutiger Perspektive jedoch noch nicht abgeschätzt werden.

C. Fortgeltung bestehenden Rechts

48　Soweit das nationale Datenschutzrecht (s. zB § 6 Abs. 4 ö DSG; § 38 a BDSG) vergleichbare Bestimmungen über die Erlassung von Verhaltensregeln enthalten, werden diese ab Geltungsbeginn der DSGVO (wegen des vollharmonisierenden Charakters der VO) ersatzlos aufzuheben sein. Die Erlassung, Änderung und die rechtliche Qualität der Verhaltensregeln bestimmt sich ab diesem Zeitpunkt ausschließlich nach Unionsrecht. Insbesondere ist es den Mitgliedstaaten untersagt, von Art. 40 abweichende Bestimmungen zu erlassen.[5]

Artikel 41　Überwachung der genehmigten Verhaltensregeln

(1) Unbeschadet der Aufgaben und Befugnisse der zuständigen Aufsichtsbehörde gemäß den Artikeln 57 und 58 kann die Überwachung der Einhaltung von Verhaltensregeln gemäß Artikel 40 von einer Stelle durchgeführt werden, die über das geeignete Fachwissen hinsichtlich des Gegenstands der Verhaltensregeln verfügt und die von der zuständigen Aufsichtsbehörde zu diesem Zweck akkreditiert wurde.

(2) Eine Stelle gemäß Absatz 1 kann zum Zwecke der Überwachung der Einhaltung von Verhaltensregeln akkreditiert werden, wenn sie

a) ihre Unabhängigkeit und ihr Fachwissen hinsichtlich des Gegenstands der Verhaltensregeln zur Zufriedenheit der zuständigen Aufsichtsbehörde nachgewiesen hat;

5　S. auch *Kühling/Martini* ua, Datenschutzgrundverordnung, S. 467.

b) Verfahren festgelegt hat, die es ihr ermöglichen, zu bewerten, ob Verantwortliche und Auftragsverarbeiter die Verhaltensregeln anwenden können, die Einhaltung der Verhaltensregeln durch die Verantwortlichen und Auftragsverarbeiter zu überwachen und die Anwendung der Verhaltensregeln regelmäßig zu überprüfen;

c) Verfahren und Strukturen festgelegt hat, mit denen sie Beschwerden über Verletzungen der Verhaltensregeln oder über die Art und Weise, in der die Verhaltensregeln von dem Verantwortlichen oder dem Auftragsverarbeiter angewendet werden oder wurden, nachgeht und diese Verfahren und Strukturen für betroffene Personen und die Öffentlichkeit transparent macht, und

d) zur Zufriedenheit der zuständigen Aufsichtsbehörde nachgewiesen hat, dass ihre Aufgaben und Pflichten nicht zu einem Interessenkonflikt führen.

(3) Die zuständige Aufsichtsbehörde übermittelt den Entwurf der Kriterien für die Akkreditierung einer Stelle nach Absatz 1 gemäß dem Kohärenzverfahren nach Artikel 63 an den Ausschuss.

(4) [1]Unbeschadet der Aufgaben und Befugnisse der zuständigen Aufsichtsbehörde und der Bestimmungen des Kapitels VIII ergreift eine Stelle gemäß Absatz 1 vorbehaltlich geeigneter Garantien im Falle einer Verletzung der Verhaltensregeln durch einen Verantwortlichen oder einen Auftragsverarbeiter geeignete Maßnahmen, einschließlich eines vorläufigen oder endgültigen Ausschlusses des Verantwortlichen oder Auftragsverarbeiters von den Verhaltensregeln. [2]Sie unterrichtet die zuständige Aufsichtsbehörde über solche Maßnahmen und deren Begründung.

(5) Die zuständige Aufsichtsbehörde widerruft die Akkreditierung einer Stelle gemäß Absatz 1, wenn die Voraussetzungen für ihre Akkreditierung nicht oder nicht mehr erfüllt sind oder wenn die Stelle Maßnahmen ergreift, die nicht mit dieser Verordnung vereinbar sind.

(6) Dieser Artikel gilt nicht für die Verarbeitung durch Behörden oder öffentliche Stellen.

Verwandte Normen: ErwGr 81; § 38 a BDSG 2003

A. Grundlagen

I. Gesamtverständnis und Zweck der Norm

1   Die **Technologisierung** schreitet auch im Bereich der Datenverarbeitung rasch voran. Für Betroffene und Geschäftspartner eines Verantwortlichen bzw. Auftragsverarbeiters wird es zunehmend komplexer, festzustellen, ob ein Unternehmen zuverlässig und gesetzeskonform Daten verarbeitet. Ein gutes Datenschutzniveau ist sprichwörtlich „unsichtbar" und letztlich auch nicht selbstverständlich. Es lässt sich weder an Produkteigenschaften noch an Kennzahlen wie Umsatz oder Mitarbeiteranzahl festmachen.

2   Die **Kontrolle von Datenverarbeitungen** bzw. der Anwendung facheinschlägiger Regelwerke (Verhaltensregeln) durch Unternehmen muss für Aufsichtsbehörden, Strafverfolgungsbehörden und Betroffene dennoch möglich bleiben. Insoweit kann es sinnvoll sein, **externen Sachverstand** „begleitend" beizuziehen, um die **Kontrolle** von komplexen Datenverarbeitungen bzw. von **Verhaltensregeln** zu effektuieren.[1] Dies, wenn Experten jene Kontrollen durchführen, die grundsätzlich die Aufsichtsbehörden vornehmen müssten. Untersuchungen durch externe Sachverständige können dazu beitragen, Aufsichtsbehörden zu entlasten. Freilich sollte ungeachtet der ratio legis darauf Bedacht genommen werden, dass infolge der Auslagerung der Kontrolle auf externe Spezialisten für den Markt kein zusätzlicher Aufwand entstehen sollte, weil sonst an der Sinnhaftigkeit externer Kontrollen rechtspolitisch Kritik zu üben sein könnte.

3   Prüfungen und Konformitätsbewertungen durch private, staatlich akkreditierte Stellen sollen nach der Konzeption des Art. 41 sicherstellen, dass **Datenverarbeitungen auf Basis genehmigter Verhaltensregeln und damit in Einklang mit der DSGVO** erfolgen. Für Verantwortliche und Auftragsverarbeiter hat eine externe Kontrolle durch eine akkreditierte Stelle zudem den Vorteil, dass Betroffene und Geschäftspartner rasch verifizieren können, dass ihre Daten gesetzeskonform verarbeitet werden.

4   Welche Bedeutung zukünftig Kontrollen durch akkreditierte Stellen und welche **Herausforderungen** auf die zu kontrollierenden Unternehmen zukommen werden, kann derzeit nicht seriös abgeschätzt werden. In verschiedenen Produkt- und Dienstleistungsbereichen ist die Kontrolle der Produkte/Dienstleistungen eines Unternehmens durch akkreditierte Stellen zwar bereits gängiger Standard. Inwieweit sich externe Kontrollen im deutschsprachigen Raum letztlich durchsetzen und inwiefern sie parallel zu Untersuchungen der Aufsichtsbehörde durchgeführt werden, bleibt abzuwarten. Für Verantwortliche und Betroffene bzw. Geschäftspartner liegen die Herausforderungen einer externen Kontrolle in folgenden Bereichen:

- Die **Kosten** für Datenschutzkontrollen durch private Stellen sind derzeit **nicht kalkulierbar**.
- Der unternehmensinterne Aufwand für die Administration und Bewältigung der Kontrolle ist **nicht abschätzbar**.

---

1 Man denke nur an die Kontrolle von Energieeffizienz-Maßnahmen gem. ö EEffG (BGBl. I 2014/72) im Bereich der Industrie durch externe Sachverständige.

■ Unklar ist derzeit, inwieweit externe Kontrollen parallel zu Untersuchungen der Aufsichtsbehörde stattfinden werden (Administrative **Doppelgleisigkeiten** scheinen nicht ausgeschlossen).

■ Für Vor-Ort-Kontrollen durch zertifizierte Stellen müssen erst detaillierte Prüfungsstandards etabliert werden.

■ Auch bleibt für jedes Unternehmen unklar, inwieweit der Grundsatz der unternehmensinternen Selbstkontrolle (zB durch die Einbindung des Datenschutzbeauftragten) mit der externen Analyse durch eine akkreditierte Stelle zusammenspielen wird.

II. Bisherige Rechtslage

Art. 41 verfügt über **kein Pendant** in der bisherigen DSRL. Demgegenüber   5
enthält das BDSG, anders als das ö. DSG,[2] eine ansatzweise vergleichbare
Bestimmung (s. § 38 a Abs. 2 BDSG). Der europäische Gesetzgeber betritt
durch die Erlassung des Art. 41 insoweit Neuland, als er Verhaltensregeln
der externen Kontrolle durch akkreditierte Stellen unterwirft.

III. Entstehung der Norm

Regelungen über die Kontrolle der Einhaltung von verbindlichen Verhal-   6
tensregeln durch akkreditierte Stellen wurden erst in der 3. Entwurfsfassung (des Ministerrates im Juni 2015) als Art. 38 a eingefügt. Diese Entwurfsfassung wurde nahezu unverändert auch in die „Kompromissfassung" übernommen, die nach den Trilogverhandlungen im Dezember 2015
verabschiedet wurde. In dieser Form wurde Art. 41 schließlich auch beschlossen.

B. Kommentierung

I. Zweck externer privater Akkreditierungsstellen

Auch im Bereich des europäischen Datenschutzrechts werden **Instrumente**   7
moderner Selbstregulierung forciert. In Ergänzung des Art. 40 können private akkreditierte Einrichtungen überprüfen, ob Verhaltensregeln privater
Verbände durch Unternehmen korrekt angewendet werden. Dies lässt Kontrollen durch die Aufsichtsbehörde unberührt.

Es war abzusehen, dass der europäische Gesetzgeber einen **anerkannten**   8
Regulierungsansatz, der bereits im Bauprodukte-, Umweltanlagen- oder
Medizinprodukterecht etabliert ist, auch auf den Bereich des verstärkt
technologielastigen Datenschutzrechts überträgt. **Externe Sachverständige**,
die über einschlägiges Fachwissen verfügen, sollen zwecks Entlastung der
Aufsichtsbehörde erforderliche Kontrollen durchführen und dadurch
Transparenz auf dem Gebiet der Datenverarbeitungen sicherstellen. Ziel
der Überprüfung ist es (anders als bei sonstigen Unternehmensaudits), Defizite bei der Umsetzung von Verhaltensregeln aufzuzeigen und abzustellen.
Sonstige Optimierungsmöglichkeiten im Bereich Datenschutz und Daten-

---

2 In Österreich wurde die Einführung von Regelungen über verbindliche Datenschutzaudits immer wieder diskutiert (zB im Zuge der Beschlussfassung der DSG-Novelle
2010, ö. BGBl. I 2009/133), letztlich aber nicht umgesetzt. Dies lässt die Durchführung freiwilliger Datenschutzaudits unberührt.

verarbeitungen stehen jedoch nicht in Fokus einer externen Kontrolle gem. Art. 41.

II. Akkreditierung – Zulassungsvoraussetzung

9   Der europäische Gesetzgeber hat mit Art. 41 nur einen **allgemein gehaltenen Rahmen** für die **Akkreditierung externer privater Stellen** geschaffen. Wesentliche Details des Akkreditierungsverfahrens sind nicht auf Verordnungsstufe geregelt, sondern sind von der Aufsichtsbehörde in „Richtlinien" zu präzisieren (vgl. Art. 41 Abs. 3 und Art. 57 Abs. 1 lit. p DSGVO).

Insbesondere hat der Gesetzgeber das Verhältnis von Art. 41 und Art. 43 (Akkreditierung von Zertifizierungsstellen durch eine nationale Akkreditierungsstelle) im Unklaren gelassen, was sich etwa daran zeigt, dass die Akkreditierungsvoraussetzungen gem. Art. 41 und Art. 43 zwar ähnlich, aber eben nicht deckungsgleich sind. Es ist davon auszugehen, dass der nationalen Akkreditierungsstelle gem. Art. 43 Abs. 1 auch die Kontrolle von Verhaltensregeln übertragen werden *kann.* Zwingend ist dieses Verhältnis nicht. Es erscheint auch die Annahme vertretbar, dass es sich bei den Akkreditierungsstellen gem. Art. 41 nicht zwingend um die „nationale Akkreditierungsstelle" gem. der VO (EG) 265/2008 handeln muss (auf welche Art. 43 Abs. 1 referenziert).

10   Aus Art. 41 Abs. 1 ergibt sich als Grundsatz daher „nur", dass **private Stellen** unabhängig von bzw. parallel zu der Aufsichtsbehörde Kontrollen von Verhaltensregeln gem. Art. 40 durchführen sollen. Dies unter der Bedingung, dass sie zuvor **akkreditiert** wurden. Eine Akkreditierung stellt eine **staatliche Zulassung** dar. Nur wenn die Zulassung aufrecht ist, darf eine akkreditierte Stellen Kontrollhandlungen durchführen. Eine aufrechte Akkreditierung stellt gegenüber Dritten eine **hoheitliche Bestätigung** dar, die zum Ausdruck bringt, dass die akkreditierte Stelle als Zulassungsinhaberin

■   befähigt ist bzw. über das **erforderliche Fachwissen** verfügt, die Einhaltung von Verhaltensregeln sachverständig zu überprüfen und

■   auch sonst die **gesetzlichen Anforderungen** an akkreditierte Einheiten (zB Unabhängigkeit, Objektivität etc) erfüllt.

11   Die Aufsichtsbehörde hat das Akkreditierungsverfahren **auf Antrag** einzuleiten. Der Antrag ist nach Maßgabe des nationalen (Verwaltungs-)Verfahrensrechts bei der Aufsichtsbehörde einzubringen. Der Antrag kann frühestens mit Geltungsbeginn der DSGVO gestellt werden.

12   Dem Antrag sind **Unterlagen und Dokumente** (Beilagen) im erforderlichen Ausmaß beizulegen, die Aufschluss darüber geben, dass die Antragstellerin die gesetzlichen Akkreditierungsvoraussetzungen (dazu sogleich → Rn. 13 ff.) erfüllt.

III. Akkreditierungsvoraussetzungen

13   Eine Akkreditierung setzt die kumulative Erfüllung der gesetzlichen definierten **fünf Akkreditierungsvoraussetzungen** (Abs. 1 und 2) im Entscheidungszeitpunkt voraus. In diesem Zusammenhang treffen die Antragstellerin **umfassende Mitwirkungspflichten**, um den Nachweis für die Einhaltung der Voraussetzungen zu belegen.

Erstens: Die Stelle (bzw. ihre Mitarbeiter) müssen fachlich befähigt sein. **14** Sie müssen daher über den **erforderlichen Sachverstand** (etwa auf dem Gebiet des Versicherungsvertragswesens) verfügen. Sonst sind sie nicht in der Lage, die Einhaltung von Verhaltensregeln effektiv zu kontrollieren. Dies setzt voraus, dass die Prüfer der Akkreditierungsstelle in einer konkreten Branche Datenverarbeitungen erkennen können, sie verstehen und nach fachlich akzeptierten Standards bewerten. Die Aufsichtsbehörde hat daher beispielsweise zu überprüfen, ob die Mitarbeiter der Stelle über eine qualifizierte Ausbildung und über das geeignete Fachwissen bzw. andere praktische Erfahrungen verfügen, um Verhaltensregeln richtig beurteilen zu können.

Zweitens: Die Stelle muss zudem unabhängig sein. Der Begriff „**Unabhängigkeit**" ist in einem umfassenden und autonomen Sinn auszulegen. Die **15** antragseinbringende Stelle und ihre Mitarbeiter sollten daher sowohl zu staatlichen, als auch zu den Marktteilnehmern **keine nennenswerten Berührungspunkte** aufweisen. Dadurch soll negativer Einfluss auf den Kontrollprozess vermieden werden. So hat die Stelle zB sicherzustellen, dass ein zu kontrollierendes Unternehmen nicht an der zu akkreditierenden Stelle beteiligt ist; ferner sollte die Stelle nachweisen, dass sie mit den zu kontrollierenden Unternehmen in der jüngeren Vergangenheit keine Geschäftsbeziehungen unterhalten hat. Außerdem muss auch pro futuro gewährleistet sein, dass die zu akkreditierende Stelle **keinen Einfluss** auf die zu kontrollierenden Einheiten und vice versa ausüben kann (man denke an den Fall, dass der Geschäftsführer der zu akkreditierenden Stelle auch bei anderen zu kontrollierenden Unternehmen in einer Schlüsselposition tätig ist). Daher ist die antragstellende Einheit verpflichtet, nachzuweisen, dass sie über **Mechanismen und Verfahren** verfügt, **die verhindern, dass Abhängigkeitsverhältnisse zu anderen Unternehmen** in einer bestimmten Branche **entstehen**. Ferner sollte die Stelle über Maßnahmen verfügen, die geeignet sind, Gefahren für die Unabhängigkeit zu erkennen und rechtzeitig zu korrigieren (zB Meldeprozesse, Schulungen, Kündigungsvorschriften etc). Ist die zu akkreditierende Stelle in einer bestimmten Branche nicht tätig, müssen die Unabhängigkeitsschranken insoweit nicht beachtet werden.

Drittens: Die zu akkreditierende Stelle muss anhand geeigneter Verfahren **16** und Mechanismen nachweisen, dass keine **Interessenkonflikte** gegenüber ihren „Kunden" (dh die zu kontrollierenden Unternehmen) entstehen können; auch diese Unternehmenspolicy ist eng im Zusammenhang mit der Unabhängigkeit der zu akkreditierenden Stelle zu sehen. Zu denken ist etwa an **schriftliche Leitlinien**, die in Form einer Dienstanweisung gegenüber allen Mitarbeitern für verbindlich erklärt und laufend angewendet werden. In diesen Leitlinien ist etwa klarzustellen, dass die Stelle und ihre Mitarbeiter **keine „finanziellen Anreize"** von Seiten der zu prüfenden Unternehmen akzeptieren, welche das Prüfungsergebnis „beeinflussen" könnten. Ferner ist klarzustellen, dass das Unternehmen in jener Branche, in der sie Kontrollen durchführen, keine andere Geschäftstätigkeit als die Überprüfung von Verhaltensregeln ausüben wird (zB Beratungen auf dem Gebiet des Datenschutzes). Mitarbeitern der zu akkreditierenden Stelle werden Nebentätigkeiten in den relevanten, zu kontrollierenden Branchen untersagt etc.

17   Wenn Art. 41 Abs. 2 lit. d die antragstellende Einheit in diesem Zusammenhang verpflichtet, **„zur Zufriedenheit der zuständigen Aufsichtsbehörde" nachzuweisen**, dass ihre Aufgaben und Pflichten nicht zu einem Interessenkonflikt führen, dürfen die **Mitwirkungspflichten** der zu akkreditierenden Stelle nicht überspannt werden. Sie hat lediglich nachzuweisen, dass sie über angemessene unternehmensinterne Strategien und Maßnahmen verfügt, die geeignet sind, Interessenkonflikte hintanzuhalten.

18   Viertens: Die zu akkreditierende Stelle hat über eingehende **Prüfungsstandards** zu verfügen und diese gegenüber der Aufsichtsbehörde zu erläutern. In den Erläuterungen ist darzulegen, wie die Stelle ihren **Prüfungs-** bzw. **Bewertungsprozess** in der Praxis durchführen wird (dh auf welche Weise und anhand welcher Standards die Stelle die Anwendung von Verhaltensregeln durch Verantwortliche und Auftragsverarbeiter überprüfen wird). Ferner hat die Stelle offenzulegen, nach welchen Kriterien die Stelle ihre Überwachungstätigkeit planen wird (zB nach welchen Kriterien die Auswahl der zu überwachenden Unternehmen erfolgt).

19   Fünftens: Zuletzt muss die zu akkreditierende Stelle über **Richtlinien für ein Beschwerdemanagement** („Verfahren und Strukturen") verfügen. Sie muss daher über Verfahren und Mechanismen verfügen, die geeignet sind, Beschwerden Betroffener (zB von Kunden) – denen eine behauptete Verletzung der Verhaltensregeln bzw. ihrer Anwendung durch ein Unternehmen zugrunde liegt – zeitnahe und umfassend zu behandeln. Die Stelle muss in diesen Beschwerderichtlinien darlegen, wie Beschwerden behandelt werden (zB, ob betroffene Unternehmen und Beschwerdeführer angehört werden, binnen welcher Frist und auf welche Weise Beschwerden erledigt werden). Die Richtlinien für ein Beschwerdemanagement müssen – etwa auf der Webseite der Einrichtung – veröffentlicht werden.

20   **Weitere Akkreditierungsvoraussetzungen** sind in der DSGVO **nicht ausdrücklich genannt**. Aus dem Wortlaut des Art. 41 und der ratio legis ergibt sich jedoch, dass nur **juristische Personen** mit eigener Rechtspersönlichkeit akkreditiert werden können (arg. „Stelle", englisch „body" [übersetzt Gremium, Körperschaft etc.]). Diese müssen aber nicht über einen Sitz im jeweiligen Mitgliedstaat verfügen. Die nationale Aufsichtsbehörde kann jedoch verlangen, dass die Stelle einen Ansprechpartner bzw. Vertreter im Tätigkeitsstaat bekannt gibt.

IV.   Weiterer Verfahrensgegenstand und Erledigung

21   Sobald der Akkreditierungs**antrag** nach Maßgabe des nationalen Verfahrensrechts **vollständig** ist, hat die Aufsichtsbehörde den Akkreditierungsantrag in der Sache zu behandeln. Das Akkreditierungsverfahren ist als Einparteienverfahren konzipiert, in welchem der antragstellenden Einheit (und nur dieser) Parteistellung zukommt. Andere Personen (wie zB Verbände) wirken allenfalls als Vertreter der Antragstellerin mit.

22   **Verfahrensgegenstand** ist die **Beurteilung des Antrages einer antragstellenden Einheit** dahingehend, ob sie die in Art. 41 definierten **Akkreditierungs-**

voraussetzungen zur Gänze erfüllt. Die Aufsichtsbehörde hat sich daher ein Bild über die Frage zu machen, ob die Antragstellerin in der Lage ist, die Anwendung von Verhaltensregeln unabhängig und transparent in der Praxis zu prüfen und die erforderlichen Schlüsse daraus zu ziehen.

Nähere Details zum weiteren Verfahrensgang sind in „**Verfahrensrichtlinien**" der Aufsichtsbehörde zu präzisieren (Art. 41 Abs. 3 iVm Art. 57 Abs. 1 lit. p DSGVO). Diese haben die „**Kriterien**" für die Beurteilung eines Akkreditierungsantrages einer externen Stelle näher zu determinieren. In den Richtlinien ist unter anderem klarzustellen, bei welcher Stelle ein Antrag eingebracht werden kann, wie der Antrag einzubringen ist (zB elektronisch), wie Unterlagen aufbereitet sein müssen (man denke an bestimmte Dateiformate), binnen welcher Frist ein Antrag geprüft wird (soweit sich dies nicht ohnehin schon aus dem nationalen Verfahrensrecht ergibt) und mit welchen Verfahrenskosten im Antragsteller zu rechnen hat. Insbesondere hat die Aufsichtsbehörde in den Verfahrensrichtlinien eingehend darzulegen, wie sie die einzelnen Akkreditierungsvoraussetzungen konkret beurteilt. Diese Richtlinien sind vom EDA (dem Art. 63-Ausschuss) im **Kohärenzverfahren** zu billigen (Art. 64 DSGVO). **23**

Nach Maßgabe des nationalen Verfahrensrechts hat die Aufsichtsbehörde einen **Akkreditierungsantrag wie folgt zu erledigen:** **24**

- Erfüllt eine antragstellende Einheit alle Akkreditierungsvoraussetzungen, hat die Aufsichtsbehörde dem **Antrag stattzugeben**, was zur Konsequenz hat, dass die Stelle befugt und bei sonstiger Sanktion (Art. 83 Abs. 4 Bst c) verpflichtet ist, als akkreditierte Untersuchungseinheit Kontrollhandlungen gem. Abs. 4 durchzuführen.
- Erfüllt eine antragstellende Einheit nicht alle der Akkreditierungsvoraussetzungen bzw. kommt einem Verbesserungsauftrag der Aufsichtsbehörde nicht nach, hat die Aufsichtsbehörde **den Antrag ab- bzw. zurückzuweisen.**

Die Akkreditierung einer Stelle unter Vorschreibung von **Nebenbestimmungen** ist **nicht zulässig**, da Art. 41 keine entsprechenden Ermächtigungen enthält. Daraus folgt etwa, dass eine Akkreditierung **unbefristet** auszusprechen ist (s. zum Widerruf Art. 41 Abs. 5 DSGVO). Auch wenn dies gesetzlich nicht ausdrücklich geregelt wurde, ergibt sich unter systematischen Gesichtspunkten, dass die Aufsichtsbehörde in ihrer Akkreditierungsentscheidung den sachlichen und örtlichen Wirkungsbereich der akkreditierten Stelle festzusetzen hat (s. zB Art. 41 Abs. 6 DSGVO). **25**

Sonstige prozessuale Probleme sind an dieser Stelle nicht zu vertiefen, insbes., ob und inwiefern die antragstellende Einheit im Akkreditierungsverfahren zu hören ist. Dies ergibt sich einerseits aus Art. 47 GRC und andererseits aus den nationalen Verfahrensgesetzen.

Die Erledigung des Akkreditierungsantrages erfolgt **mittels hoheitlichen Verwaltungsaktes**, der gem. Art. 47 GRC einer Beschwerde bei einem nationalen Gericht zugänglich ist. Die Entscheidung ist der antragstellenden Einheit zuzustellen. **26**

V. Kontrollakte (Abs. 4)

27 Sobald und solange ihre **Akkreditierung aufrecht** ist, „kann" eine akkreditierte Stelle gem. Abs. 1 – die ab diesem Zeitpunkt der Aufsicht durch die Aufsichtsbehörde unterliegt (Art. 41 Abs. 5 DSGVO) – jene erforderlichen **Kontrollakte** (Überprüfungen, Marktbeobachtungen etc) setzen, die zwecks Analyse der Anwendung von genehmigten Verhaltensregeln in ihrem Wirkungsbereich erforderlich sind. Aus Sicht der ratio legis wird „kann" als „hat" zu lesen sein; mE besteht eine Pflicht der akkreditierten Stelle, die erforderlichen Marktuntersuchungen durchzuführen, weil sonst an der Sinnhaftigkeit einer Akkreditierung zu zweifeln sein könnte. Auch die explizite Bußgeldbestimmung in Art. 83 Abs. 4 lit. c spricht für diese Auslegung.

28 Wann und **in welcher Form** die Stelle konkret **Kontrollakte** setzt, wird in Art. 41 nicht geregelt; diese Frage wird die akkreditierte Stelle aufgrund von Branchenspezifika, der Risikogeneigtheit der in der Branche vorkommenden Datenverarbeitungen, der Zahl der Branchenmitglieder etc autonom in einer schriftlichen „**Prüfungsrichtlinie**" festzusetzen haben. Diese „Richtlinie" wird mit der Aufsichtsbehörde abzustimmen sein. Die Kontrollstelle hat daher sicherzustellen, dass sie „ausreichende" Kontrollakte innerhalb ihres sachlichen und örtlichen Wirkungsbereichs durchführt.

29 Jedenfalls erscheint klar, dass die Stelle entweder von Amts wegen oder aufgrund einer Anzeige (zB durch Betroffene) tätig wird. Ein konkretes **Antragsrecht Betroffener besteht nicht**; sie können daher Überprüfungen durch eine akkreditierte Stelle lediglich anregen.

30 **Ziel** jeglicher **Untersuchung** ist die Feststellung, ob Auftragsverarbeiter oder Verantwortliche gegen einschlägige Verhaltensregeln verstoßen haben bzw. jene korrekt anwenden. Dabei hat die Stelle die Beurteilungs- und Prüfungsstandards anzuwenden, welche die Aufsichtsbehörde im Akkreditierungsverfahren genehmigt hat. Ein förmliches Ermittlungsverfahren sieht die Verordnung nicht vor. Wie im Anschluss zu begründen ist, hat die Stelle jedoch zumindest **rechtliches Gehör** zu gewähren. Daher sollte der Auftragsverarbeiter/Verantwortliche rechtzeitig mit einem festgestellten Verstoß konfrontiert und ihm die Möglichkeit einer Stellungnahme gewährt werden.

31 Stellt die akkreditierte Stelle eine **Verletzung der Verhaltensregeln** durch einen Verantwortlichen oder Auftragsbearbeiter fest, hat sie „**geeignete Maßnahmen**" anzuordnen. Wie nachher zu begründen ist, sind diese Maßnahmen in Form eines **bekämpfbaren Verwaltungsaktes** zu erlassen, nicht jedoch bloß formlos oder mittels schriftlichen Briefes bekannt zu machen.

32 Die von der Kontrollstelle veranlassten **Maßnahmen müssen geeignet** sein, einen **Verstoß** gegen die Verhaltensregeln verlässlich und endgültig **abzustellen**. Welche Maßnahmen die Stelle zulässigerweise anordnen kann, wird in Art. 41 Abs. 4 bloß ansatzweise geregelt. Die Stelle kann den Täter etwa ermahnen und auf die Rechtswidrigkeit seines Verhaltens hinweisen. Sie kann den Täter bei der Aufsichtsbehörde anzeigen und als ultima ratio – insbesondere bei schwerwiegenden Verstößen – den vorläufigen oder endgültigen **Ausschluss des Verantwortlichen oder Auftragsverarbeiters von**

den **Verhaltensregeln verfügen;** näherhin wird den Genannten untersagt, Verhaltensregeln weiter anzuwenden oder sich darauf zu berufen (was etwa im Hinblick auf das UWG relevant sein könnte). Die solcherart verfügten Maßnahmen und deren Begründung sind dem Täter und der Aufsichtsbehörde gegenüber mitzuteilen.

Ein Ausschluss im Sinn des Art. 41 Abs. 4 DSGVO weist pönalen Charakter auf. Diese Anordnung kann **schwerwiegende Konsequenzen** für Auftragsverarbeiter bzw. Verantwortliche nach sich. Insbesondere könnten die Genannten damit konfrontiert sein, nun andere Wege einschlagen zu müssen, um eine gesetzeskonforme Datenverarbeitung im Unternehmen sicherzustellen. Betroffene Geschäftspartner könnten sich, sobald sie Kenntnis von einer Rechtsverletzung haben, dazu veranlasst fühlen, Verträge zu kündigen etc. Daher sollte ein von der akkreditierten Stelle verfügter Ausschluss nicht unterschätzt werden. Andere Folgekonsequenzen wie eine Überprüfung des Falles durch die Aufsichtsbehörde bzw. Umsatzeinbußen etc sind daher nicht auszuschließen.   33

Die Interpretation der Tätigkeit der akkreditierten Stellen aus Sicht des nationalen Organisationsrechts führt daher im Ergebnis zu der Beurteilung, dass es sich nicht bloß um private Verwaltungshelfer nach Art eines Abschleppunternehmens bzw. eines Schülerlotsen handelt. Die akkreditierten Stellen sind als **beliehene Private** zu sehen, welche die Aufsichtsbehörde bei der Überprüfung der Einhaltung der DSGVO unterstützen. Sie sind nach üblichen Grundsätzen verpflichtet, ihr Amt bei sonstigem Widerruf wahrzunehmen (vgl. auch Art. 83 Abs. 4 lit. c DSGVO). Die akkreditierten Stellen sind staatlich zugelassen und führen selbständig, nach eigener Beurteilung und im eigenen Namen Untersuchungen durch, die der staatlichen Hoheitsverwaltung zuzurechnen sind.[3] Auch wenn das Handlungsspektrum der akkreditierten Stellen auf Kontrollhandlungen, Feststellungen bzw. Maßnahmen beschränkt sein mag, sprechen gute Gründe dafür, die Untersuchungsakte der Stellen und ihre Maßnahmen als **Hoheitsakte** zu deuten. Diese Auffassung hat zur Konsequenz, dass das nationale Recht gegen Maßnahmen der Stelle, soweit sie in bestimmten Rechtsformen gekleidet sind, ein Rechtszug an ein unabhängiges Gericht eröffnet werden muss (Art. 47 GRC).   34

Von den akkreditierten Stellen sind wiederum die nationalen Akkreditierungsstellen gem. Art. 43 Abs. 1 iVm der VO (EU) 265/2008 zu unterscheiden, deren Hauptaufgabe es ist, in Akkreditierungsverfahren Zertifizierungsstellen gem. Art. 43 Abs. 1 zu zertifizieren.

VI. Widerruf

Wie bereits ausgeführt wurde, unterliegen akkreditierte Stellen der **Aufsicht** durch die **zuständige Aufsichtsbehörde.** Jene ist verpflichtet, eine aufrechte **Akkreditierung** gem. **Abs. 2 zu widerrufen,** wenn eine akkreditierte Stelle   35

---

3 Vergleichbar erscheint etwa die Kontrolle der fahrleistungsabhängigen Maut auf Schnellstraßen durch Kontrollorgane der ASFINAG gem. BStMG (ö. BGBl. I 2002/109); die Kontrollorgane sind zwar bei einer privaten Gesellschaft beschäftigt, werden aber von der örtlich zuständigen Bezirksverwaltungsbehörde vereidigt.

die gesetzlichen Voraussetzungen nicht mehr erfüllt. Dies kann etwa der Fall sein, wenn die Stelle nicht mehr unabhängig von Staat und Marktteilnehmern agiert, sich aufgrund ihrer Tätigkeit Interessenkonflikte ergeben haben etc.

36 Darüber hinaus ist der Widerruf auszusprechen, wenn eine **Stelle gesetzwidrig agiert.** Dabei kommt es nicht darauf an, wie oft eine Stelle gegen die Vorgaben der DSGVO verstoßen hat. Bereits ein schwerwiegender Verstoß kann den Widerruf der Zulassung legitimieren. Art. 41 Abs. 5 umschreibt dies dahingehend, dass „die Stelle Maßnahmen ergreift, die nicht mit dieser Verordnung vereinbar sind." Zu denken wäre etwa die Verletzung von Grundrechten der Betroffenen im Zuge einer Kontrolle, die Unterlassung erforderlicher Kontrollakte etc.

37 Der **Widerruf** ist als **staatlicher Verwaltungsakt** konzipiert (konkret als contrarius actus zur Akkreditierung) und von Amts wegen zu erlassen. Er wirkt ex nunc. Ob und inwieweit die Aufsichtsbehörde im Widerrufsverfahren rechtliches Gehör gewährt etc., bestimmt sich nach nationalem Verfahrensrecht.

VII. Sonstige Fragen

38 Art. 41 Abs. 6 DSGVO stellt klar, dass der **Wirkungsbereich der akkreditierten Stellen** auf die Überwachung von Verhaltensregeln im privaten Bereich beschränkt ist. Auf die Datenverarbeitungen des öffentlichen Bereichs (etwa der Verwaltung oder der Justiz) ist Art. 41 nicht anzuwenden.

39 Art. 41 lässt einzelne technische Fragen offen, etwa, welche Kosten eine akkreditierte Stelle für Kontrollhandlungen und Untersuchungen in Rechnung stellen darf. Diese Aspekte wird die Aufsichtsbehörde im Akkreditierungsverfahren zu klären bzw. zu entscheiden haben (zum Verhältnis des Art. 41 zu Art. 42 f. (Zertifizierung) siehe bereits oben → Rn. 9 bzw. Art 42 Rn. 4).

C. Fortgeltung bestehenden Rechts

40 Da Art. 41 grundsätzlich „neu" ist, bestehen in den Datenschutzgesetzen der Mitgliedstaaten, abgesehen von Regelungen nach Art des § 38 a Abs. 2 BDSG, keine deckungsgleichen Normen, die aufgrund von Art. 4 Abs. 3 EUV anzupassen bzw. aufzuheben wären.

Artikel 42 Zertifizierung

(1) ¹Die Mitgliedstaaten, die Aufsichtsbehörden, der Ausschuss und die Kommission fördern insbesondere auf Unionsebene die Einführung von datenschutzspezifischen Zertifizierungsverfahren sowie von Datenschutzsiegeln und -prüfzeichen, die dazu dienen, nachzuweisen, dass diese Verordnung bei Verarbeitungsvorgängen von Verantwortlichen oder Auftragsverarbeitern eingehalten wird. ²Den besonderen Bedürfnissen von Kleinstunternehmen sowie kleinen und mittleren Unternehmen wird Rechnung getragen.

(2) [1]Zusätzlich zur Einhaltung durch die unter diese Verordnung fallenden Verantwortlichen oder Auftragsverarbeiter können auch datenschutzspezifische Zertifizierungsverfahren, Siegel oder Prüfzeichen, die gemäß Absatz 5 des vorliegenden Artikels genehmigt worden sind, vorgesehen werden, um nachzuweisen, dass die Verantwortlichen oder Auftragsverarbeiter, die gemäß Artikel 3 nicht unter diese Verordnung fallen, im Rahmen der Übermittlung personenbezogener Daten an Drittländer oder internationale Organisationen nach Maßgabe von Artikel 46 Absatz 2 Buchstabe f geeignete Garantien bieten. [2]Diese Verantwortlichen oder Auftragsverarbeiter gehen mittels vertraglicher oder sonstiger rechtlich bindender Instrumente die verbindliche und durchsetzbare Verpflichtung ein, diese geeigneten Garantien anzuwenden, auch im Hinblick auf die Rechte der betroffenen Personen.

(3) Die Zertifizierung muss freiwillig und über ein transparentes Verfahren zugänglich sein.

(4) Eine Zertifizierung gemäß diesem Artikel mindert nicht die Verantwortung des Verantwortlichen oder des Auftragsverarbeiters für die Einhaltung dieser Verordnung und berührt nicht die Aufgaben und Befugnisse der Aufsichtsbehörden, die gemäß Artikel 55 oder 56 zuständig sind.

(5) [1]Eine Zertifizierung nach diesem Artikel wird durch die Zertifizierungsstellen nach Artikel 43 oder durch die zuständige Aufsichtsbehörde anhand der von dieser zuständigen Aufsichtsbehörde gemäß Artikel 58 Absatz 3 oder – gemäß Artikel 63 – durch den Ausschuss genehmigten Kriterien erteilt. [2]Werden die Kriterien vom Ausschuss genehmigt, kann dies zu einer gemeinsamen Zertifizierung, dem Europäischen Datenschutzsiegel, führen.

(6) Der Verantwortliche oder der Auftragsverarbeiter, der die von ihm durchgeführte Verarbeitung dem Zertifizierungsverfahren unterwirft, stellt der Zertifizierungsstelle nach Artikel 43 oder gegebenenfalls der zuständigen Aufsichtsbehörde alle für die Durchführung des Zertifizierungsverfahrens erforderlichen Informationen zur Verfügung und gewährt ihr den in diesem Zusammenhang erforderlichen Zugang zu seinen Verarbeitungstätigkeiten.

(7) [1]Die Zertifizierung wird einem Verantwortlichen oder einem Auftragsverarbeiter für eine Höchstdauer von drei Jahren erteilt und kann unter denselben Bedingungen verlängert werden, sofern die einschlägigen Voraussetzungen weiterhin erfüllt werden. [2]Die Zertifizierung wird gegebenenfalls durch die Zertifizierungsstellen nach Artikel 43 oder durch die zuständige Aufsichtsbehörde widerrufen, wenn die Voraussetzungen für die Zertifizierung nicht oder nicht mehr erfüllt werden.

(8) Der Ausschuss nimmt alle Zertifizierungsverfahren und Datenschutzsiegel und -prüfzeichen in ein Register auf und veröffentlicht sie in geeigneter Weise.

Verwandte Normen: ErwGr 77, 81, 100; § 9 a BDSG 2003

Literatur:
Albrecht/Jotzo, Das neue Datenschutzrecht der EU (2016) 98 ff; *Kühling/Martini ua*, Die Datenschutz-Grundverordnung und das nationale Recht (2016) 100; *Strohmaier*, Vom zertifiziert richtigen Verhalten in *Knyrim* (Hrsg), Datenschutz-Grundverordnung (2016) 243 ff.

A. Grundlagen

I. Gesamtverständnis und Zweck der Norm

1 Art. 42 bezweckt, die Transparenz von Datenverarbeitungen im Unionsraum zu erhöhen und die Einhaltung der DSGVO zu verbessern. Vor allem Verbraucher sollen sich einen einfachen Überblick über das Datenschutzniveau einschlägiger Anbieter und ihrer Produkte und Dienstleistungen verschaffen können. Art. 42 zielt daher darauf ab, die Einführung von Zertifizierungsverfahren und Datenschutzsiegeln auf Unions- und auf nationaler Ebene zu begünstigen (ErwGr 100 DSGVO). Beide Begriffe (Zertifizierungsverfahren und Datenschutzsiegel) werden in der DSGVO nicht legal definiert.

Unter einer Zertifizierung wird eine unabhängige, auf sachverständiger Basis durchgeführte Konformitätsbewertung verstanden, anhand derer die Einhaltung der Vorgaben bestimmter Rechtsakte (hier der DSGVO) nachgewiesen wird. Das Ergebnis des Überprüfungsverfahrens ist ein Zertifikat (bzw. ein „Gütesiegel"), das in aller Regel befristet erteilt wird.

2 Für Verantwortliche und Auftragsverarbeiter bietet ein Zertifizierungsverfahren daher die Möglichkeit, ihre bestehenden oder demnächst zu implementierenden Datenverarbeitungen von unabhängigen Experten (einer gem. Art. 43 Abs. 2 akkreditierten Zertifizierungsstelle) überprüfen zu lassen. Dadurch erhalten Verantwortliche und Auftragsverarbeiter eine Rückmeldung zu möglichem Anpassungs- und Verbesserungsbedarf. Insbesondere werden jene Themenfelder evaluiert, in denen von einer konkreten Datenverarbeitung Gefahren für Betroffene und die Allgemeinheit ausgeht könnten (zB bezüglich Datenverlust). Das Ergebnis der Analyse samt daran anknüpfender Zertifizierung wird in der Öffentlichkeit gerne zu Werbezwecken verwendet („Gütesiegel"). Dadurch kann bei Verbrauchern subjektives Vertrauen entstehen. Gütesiegel stellen daher auch einen positiven Beitrag auf der Ebene der „Verhaltensregulierung" dar (zB zwecks Ankurbelung des Kaufes von Waren und Dienstleistungen über das Internet).

Wie schon Art. 24 Abs. 3 DSGVO anordnet, bietet eine aufrechte Zertifizierung zudem einen Nachweis, dass Verantwortliche und Auftragsverarbeiter um die Einhaltung der DSGVO-Standards bemüht sind; dadurch wird der Verantwortliche freilich nicht von seiner Pflicht zur Einhaltung der DSGVO entbunden (Art. 42 Abs. 4 und Art. 43 Abs. 4).

Die Einführung eines Zertifizierungsverfahrens durch die DSGVO stellt den Versuch einer Alternative zum „command and control-Ansatz" dar, der den bisherigen nationalen Datenschutzgesetzen inhärent war. Die zuständige Aufsichtsbehörde soll, unterstützt durch externen Sachverstand, verstärkt in beratender und weniger in sanktionierender Sicht tätig sein. Nach dem Vorbild des Umweltaudits gemäß der EMAS III-Verordnung (EU) 1221/2009 und anderen verwandten Konzepten sollen Unternehmen auf freiwilliger Basis dazu motiviert werden, ihre Datenverarbeitungen in Einklang mit der DSGVO zu gestalten. **3**

Die Teilnahme an einem Zertifizierungsverfahren kann für Verantwortliche, die im privaten Bereich tätig sind, vor allem betriebswirtschaftliche, aber auch rechtliche Vorteile (Wettbewerbsvorteile) nach sich ziehen. Neben den bereits angesprochenen umsatzfördernden Aspekten kann eine Zertifizierung zu einer Imageverbesserung für das zertifizierte Unternehmen führen. Dies gilt insbesondere für solche Unternehmen, die Dienstleistungen/Produkte anbieten, bei denen sensible Daten verarbeitet werden (zB im Gesundheitssektor). **4**

Eine Datenschutzzertifizierung dient, anders als externe Kontrollen gem. Art. 41, dazu, Optimierungspotentiale im Rahmen einer Datenverarbeitung aufzuzeigen. Eine Zertifizierung kann daher zur Änderung von Verarbeitungs- bzw. Betriebsabläufen führen, was sich letztlich auch – positiv – auf die Kostenstruktur des Unternehmens auswirken kann. Dabei wird nicht übersehen, dass ein Zertifizierungsverfahren periodisch (nämlich spätestens alle drei Jahre) zu höheren betrieblichen Aufwendungen (Kosten für die Durchführung des Zertifizierungsverfahrens) führen kann.

Neben den auf der Hand liegenden ökonomischen Vorteilen kann sich eine Zertifizierung auch rechtlich bezahlt machen. Die Teilnahme an einem Audit-Verfahren kann zwar keine Gewähr dafür bieten, dass ein straf- oder zivilrechtliche Haftung jedenfalls vermieden wird. Allerdings kann ein Unternehmen die Gefahr einer entsprechenden Haftung zumindest verringern. **5**

II. Bisherige Rechtslage

Die DSRL enthält keine ausdrücklichen Regelungen über die Datenschutzzertifizierung. Auch das österreichische Recht kannte, anders als etwa das deutsche BDSG (§ 9 a), keine expliziten Bestimmungen über die Datenschutzzertifizierung. Eine Zertifizierung, etwa durch EuroPriSe, wurde in der österreichischen Datenschutzpraxis jedoch als qualifizierte Datensicherheitsmaßnahme im Sinn des § 14 DSG anerkannt. Das alles darf nicht darüber hinwegtäuschen, dass sich abseits der (vor der DSGVO nur ansatzweise entwickelten) Verrechtlichung von Zertifizierungsdiensten auf europäischer Ebene bereits seit längerem ein Markt für Datenschutzzertifizierungsdienste etabliert hat. **6**

III. Entstehung der Norm

7 Art. 42 ist das Ergebnis intensiver Diskussionen zwischen den einzelnen Legislativorganen. Schon der ursprüngliche Kommissionsentwurf aus 2012 hatte in seinem Art. 39 umfangreiche Regelungen über das Zertifizierungsverfahren vorgesehen, welche durch delegierte Rechtsakte der Kommission hätten präzisiert werden sollen. Diesen Ansatz übernahm das Europäische Parlament, sprach sich jedoch für die Aufnahme zentraler Details in den Basisrechtsakt aus (etwa hinsichtlich der Akkreditierung von Prüfern; vgl. Art. 39 Abs. 2 in der Fassung des Parlamentsberichtes 2013/2014). Der Rat lehnte diese Fassung ab und nahm umfangreiche Änderungen und vor allem Straffungen des Rechtstextes vor (Art. 39 in der Fassung Juni 2015); insbesondere betonte der Rat die rechtliche Verantwortlichkeit des Verantwortlichen für die Korrektheit jeglicher Datenverarbeitung (Art. 39 Abs. 2 neu), selbst wenn seine Datenverarbeitung zertifiziert worden sein sollte. Auf Basis dieser Letztfassung des Art. 39 einigten sich die Verhandlungsparteien in den Trilogverhandlungen letztlich auf eine acht Absätze umfassende Version des nunmehrigen Art. 42.

B. Kommentierung

I. Öffnungsklausel und Zielbestimmung

8 Abs. 1 enthält eine der gängigen Zielbestimmungen bzw. eine an die Mitgliedstaaten und ihre Einrichtungen adressierte Öffnungsklausel. Art. 42 Abs. 1 weist darauf hin, dass die in Abs. 1 abschließend aufgezählten Stellen, vor allem auch die Aufsichtsbehörden und der Art. 63-Ausschuss, die Einführung von datenschutzspezifischen Zertifizierungsverfahren fördern sollen (s. daran anknüpfend Bestimmungen von der Art des Art. 70 Abs. 1 lit. n). Subjektive Rechte von Dritten werden dadurch nicht begründet. Insbesondere kann ein Unternehmer eine aus seiner Sicht mangelhafte Tätigkeit eines Staates (mangelnde Tätigkeit zur „Umsetzung" des Art. 42) nicht gerichtlich durchsetzen. Abs. 1 ist daher aus Sicht der in Abs. 1 aufgezählten Stellen vor allem politisch verbindlich.

9 Wie die in Abs. 1 genannten Stellen ihrem *Förderungsauftrag* nachkommen, ist in Art. 42 nicht geregelt; ihnen kommt daher ein weiter Beurteilungsspielraum zu. Denkbar sind verschiedene Maßnahmen der vor allem nicht-hoheitlichen Verwaltung, etwa angefangen von Beratungs- und Informationsangeboten der Aufsichtsbehörde via Internet, über finanzielle Anreize zur Durchführung von Zertifizierungsverfahren bis hin zur Einrichtung transparenter Zertifizierungsverfahren. Verantwortlichen und Auftragsverarbeitern soll daher im Ergebnis der Zugang zu Zertifizierungsverfahren erleichtert werden (s. auch Art. 42 Abs. 3).

10 Abs. 1 letzter Satz enthält zudem eine Abwägungsklausel. Bei der Konzeption und Umsetzung von Förderungsmaßnahmen soll insbesondere den Interessen von KMU Rechnung getragen werden. Daraus folgt einerseits, dass im Zuge der Konzeption und Umgestaltung von Förderungsmaßnahmen den Ansprüchen kleiner Unternehmen gebührend Rechnung zu tragen ist; Zertifizierungsverfahren müssen für diese Betriebe erschwinglich und mit angemessenen Mitteln bewältigbar sein.

Ein zwingender Vorrang der Interessen von KMU gegenüber anderer Unternehmen ist aus Abs. 1 jedoch nicht abzuleiten. Andererseits steht Abs. 1 dem nicht entgegen, dass die gem. Abs. 1 Verpflichteten auch Interessen größerer Unternehmen (etwa von Versicherungsunternehmen) bei der Konzeption und Umsetzung von Förderungsmaßnahmen berücksichtigen.

II. Freiwilligkeit von Zertifizierungsverfahren und Gleichbehandlungsgebot

Zertifizierungsverfahren sind als staatlicher Beitrag zur Förderung und Effektuierung des Schutzes personenbezogener Daten in der Europäischen Union konzipiert. Art. 42 Abs. 3 statuiert in diesem Zusammenhang einen wesentlichen Grundsatz eines Zertifizierungsverfahrens, was im Zusammenhalt mit Abs. 1 zu sehen ist. Verantwortliche und Auftragsverarbeiter sollen sich einem Zertifizierungsverfahren freiwillig unterwerfen; sie können jedoch nicht dazu gezwungen werden. Datenschutz soll ein persönliches Unternehmensziel sein, aber nicht als lästige Verpflichtung oder staatlich oktroyierter Zwang angesehen werden. Die Nichtteilnahme an einem Zertifizierungsverfahren ist daher nicht sanktionierbar (die Bußgeldbestimmung in Art. 83 Abs. 4 lit. a ist insoweit nicht anwendbar).   11

Der Mitgliedstaat bzw. die zuständige Aufsichtsbehörde haben daher (aus dem Gleichheitssatz gem. Art. 20 GRC und vergleichbaren Verbürgungen in den nationalen Verfassungen folgend) solche Unternehmen, die ein Zertifizierungsverfahren nicht in Anspruch nehmen, im Rahmen der staatlichen Aufsicht gleich zu behandeln (Diskriminierungsverbot). Insbesondere muss allen Unternehmen, ungeachtet ihrer Tätigkeit, der Zugang zu Verfahren und Dienstleistungen der Aufsichtsbehörde unter denselben Bedingungen offenstehen.   12

III. Transparenter Zugang zu Zertifizierungsverfahren

Verantwortlichen und Auftragsverarbeitern muss der Zugang zu zumindest einem transparenten Zertifizierungsverfahren in ihrem Herkunftsstaat bzw. in einem Staat, in dem sie Produkte und Dienstleistungen anbieten, offenstehen. Der jeweilige Mitgliedstaat, die zuständige Aufsichtsbehörde und Zertifizierungsstellen gem. Art. 43 sind daher verpflichtet, rechtzeitig bis zum Geltungsbeginn der DSGVO einen entsprechenden Rahmen für die Durchführung von Zertifizierungsverfahren zu schaffen. Das beginnt bei der Einrichtung eines organisatorischen und prozessualen Rahmens für die Anerkennung von Zertifizierungsstellen (Art. 43), geht über die Implementierung eines transparenten Zertifizierungsverfahrens, das anhand von gebilligten Richtlinien durchzuführen ist, und endet bei der Bereitstellung sonstiger Informationen und Rahmenbedingungen, die interessierte Unternehmen in die Lage versetzen, eine Zertifizierung zu erlangen.   13

Art. 42 Abs. 3 ordnet an, dass Zertifizierungsverfahren transparent ausgestaltet und durchgeführt werden müssen. Nur dadurch wird Unternehmen ein effektiver Zugang zu Zertifizierungsverfahren gewährleistet. Für interessierte Verantwortliche und Auftragsverarbeiter muss daher auf Basis veröffentlichter Unterlagen und Informationen unter anderem nachvollziehbar sein,   14

- welche Chancen und Risiken mit einer Zertifizierung verknüpft sind,
- mit welchen Kosten nach Durchführung des Verfahrens zu rechnen ist,
- wie ein Zertifizierungsverfahren abläuft,
- welche Mitwirkungspflichten den Unternehmer im Zertifizierungsverfahren treffen,
- wo ein Zertifizierungsantrag einzubringen ist,
- dass eine Zertifizierung nur befristet erteilt wird,
- nach welchen Kriterien die Zertifizierungsstelle entscheiden wird etc.

Für den Mitgliedstaat, die zuständige Aufsichtsbehörde und akkreditierte Zertifizierungsstellen gem. Art. 43 besteht daher die Pflicht, die erforderlichen Informationen und Unterlagen – gegebenenfalls auf Anfrage – bereitzustellen. Dem korrespondiert ein entsprechender, gerichtlich durchsetzbarer Anspruch des Unternehmens auf Informationszugang.

15   Doch mit der Schaffung transparenter Zertifizierungsverfahren ist der Auftrag gem. Art. 42 Abs. 3 nicht abschließend umgesetzt. Zertifizierungsverfahren müssen auch transparent durchgeführt werden; insoweit statuiert Abs. 3 zweierlei, einerseits ein Gebot eines fairen Verfahrens, andererseits ein Überraschungsverbot. Antragsteller müssen die wesentlichen Eckpunkte des Ablaufes eines Verfahrens nachvollziehen können. Die Entscheidung der zuständigen Stelle über den Zertifizierungsantrag, insbes. ihre Begründung, muss plausibel sein. Genauso muss begreifbar sein, nach welchen Kriterien die Stelle ihre Entscheidung getroffen hat; jene Kriterien müssen veröffentlicht werden (s. auch Art. 43 Abs. 6). Die Anwendung der Kriterien muss in der Entscheidung offengelegt werden.

16   Ein transparentes Zertifizierungsverfahren bedingt auch, dass der Antragsteller im Verfahren mitwirken kann. Ihm ist daher jedenfalls rechtliches Gehör und sind ihm angemessene Beteiligungsmöglichkeiten einzuräumen (was durch Art. 42 Abs. 6 rechtlich abgesichert wird), etwa durch eine Stellungnahmemöglichkeit zu einem Entscheidungsentwurf. Zur Mitwirkungspflicht des Antragstellers im Rahmen eines anhängigen Zertifizierungsverfahrens s. unten → Rn. 25.

IV. Rollenverteilung

17   Art. 42 Abs. 4 DSGVO stellt klar, dass eine aufrechte Zertifizierung, genauso wenig wie ein laufendes Zertifizierungsverfahren, einen Verantwortlichen oder einen Auftragsverarbeiter nicht davon befreit, die in der DSGVO statuierten Grundsätze, Zulässigkeitsvorbehalte, Pflichten und dergleichen im Zusammenhang mit einer Datenverarbeitung einzuhalten. Die – umfassende – rechtliche Pflicht der genannten Personen/Stellen, wie sie unter anderem in den Art. 24, 82 ff. DSGVO zum Ausdruck kommt, wird durch eine Zertifizierung weder beschränkt noch von zusätzlichen Bedingungen abhängig gemacht. Dies kommt unter anderem auch in den Sanktionsbestimmungen der Art. 82 ff. deutlich zum Ausdruck.

18   Der Verantwortliche bzw. Auftragsverarbeiter ist daher ungeachtet einer aufrechten Zertifizierung und bei sonstiger Sanktion (vgl. etwa Art. 83) verpflichtet, die ihn treffenden Pflichten gem. DSGVO zu erfüllen. Er hat alle erforderlichen und ihm zumutbaren Maßnahmen zu treffen, um dieser

Anordnung bestmöglich nachzukommen. Eine aufrechte Zertifizierung kann daher in einem Sanktionsverfahren vor Gericht oder Aufsichtsbehörde nicht als Rechtfertigungs- oder Entschuldigungsgrund für unzureichende Datenschutzstandards im Unternehmen geltend gemacht werden, kann allerdings auf der Ebene der Strafzumessung zu berücksichtigen sein (Art. 83 Abs. 2 lit. j).

Für die Rechte und Pflichten einer Aufsichtsbehörde gilt das zuvor Gesagte *mutatis mutandis*. Der Umstand, dass ein Verantwortlicher bzw. ein Auftragsverarbeiter über eine aufrechte Zertifizierung verfügt, berechtigt die Behörde nicht dazu, auf erforderliche Kontrollen, Beratungen etc zu verzichten.

Eine Zertifizierung kann jedoch gegenüber Dritten, unter anderem Geschäftspartnern und der Aufsichtsbehörde, als Nachweis dienen, dass der Verantwortliche darum bemüht ist, die DSGVO einzuhalten (Art. 24 Abs. 3).   19

V. Das Zertifizierungsverfahren

Der Ablauf eines Zertifizierungsverfahren ist in Art. 42 nur ansatzweise geregelt; Details sind von der Kommission in delegierten Rechtsakten gem. Art. 92 festzulegen (Art. 43 Abs. 8). Die wesentlichen Eckpunkte des Zertifizierungsverfahrens, insbes. die Kriterien für die Erteilung einer Zertifizierung, sind in Richtlinien zu präzisieren (Art. 42 Abs. 5), die auf geeignete Weise zu veröffentlichen (Art. 43 Abs. 6) und von der Aufsichtsbehörde bzw. vom Ausschuss zu genehmigen sind (Art. 58 Abs. 3 lit. f.; Art. 42 Abs. 5). In den Richtlinien können in Einklang mit den Durchführungsakten der Kommission Details zur Antragstellung, zum Ermittlungsverfahren und zu den Kosten eines Zertifizierungsverfahrens präzisiert werden.   20

Diese Richtlinien sind von der zuständigen Aufsichtsbehörde zu genehmigen, wenn sie auf dem Gebiet einer bestimmten Region oder eines Mitgliedstaates bzw. für Zertifizierungen in einem bestimmten Wirtschaftssektor maßgebend sein sollen (Art. 58 Abs. 3 lit. f.). Ist jedoch beabsichtigt, diese Richtlinien über das Gebiet eines einzelnen Mitgliedstaates hinaus zur Anwendung zu bringen, sind jene zuvor vom EDA („Art. 63-Ausschuss") im Kohärenzverfahren zu billigen (Art. 64; vgl. dort). Je nachdem, wer diese Richtlinien entworfen hat, können entsprechende Dokumente als Allgemeine Geschäftsbedingungen oder aber auch als Verwaltungsakt, etwa als Rechtsverordnung zu deuten sein.   21

Das Zertifizierungsverfahren besteht nach den systematischen Vorgaben des Art. 42 zumindest aus drei Abschnitten: Der Antragstellung, dem Ermittlungsverfahren und der eigentlichen Entscheidung.   22

1. Antragstellung

Ein Zertifizierungsverfahren ist antragsbedürftig. Da eine Zertifizierung eine sachverständige, gutachtliche Aussage über die Vereinbarkeit einer konkreten Datenverarbeitung bzw. einer Dienstleistung oder eines Produkts mit der DSGVO enthält, muss einem Antrag daher das erkennbare Begehren auf Zertifizierung einer Dienstleistung/eines Produkts nach ent-   23 sprechender sachverständiger Überprüfung zugrunde liegen. Der Antrag muss sich auf kein Gesamtprodukt beziehen. Das Produkt oder die Dienstleistung muss auch noch nicht auf dem jeweiligen Produktmarkt etabliert sein. Grundsätzlich können auch erst geplante Applikationen, soweit sie ausgereift genug sind bzw. der Planungsprozess entsprechend vorangeschritten ist, Gegenstand eines Zertifizierungsantrages sein.

24   Daher hat der Antragsteller, das kann ein Verantwortlicher oder ein Auftragsverarbeiter sein, einen Antrag bei der zuständigen, gem. Art. 43 akkreditierten Zertifizierungsstelle oder Aufsichtsbehörde einzubringen. Dem Antrag sind aussagekräftige Informationen und Unterlagen anzuschließen (Art. 42 Abs. 6). Wie der Antrag konkret einzubringen ist, ergibt sich aus den einschlägigen Durchführungsakten der Kommission sowie aus den Richtlinien der zuständigen Stelle bzw. Aufsichtsbehörde. In diesem Zusammenhang empfiehlt es sich vorab, Details des Verfahrens bzw. des Antrages mit der zuständigen Einheit abzustimmen.

25   Den Antragsteller trifft im Zertifizierungsverfahren eine sanktionsbewehrte (Art. 83 Abs. 4 lit. a) Mitwirkungspflicht (vgl. Art. 42 Abs. 6). Er hat der zuständigen Stelle alle für die Durchführung des Zertifizierungsverfahrens bzw. für die Antragsbeurteilung erforderlichen Informationen zur Verfügung zu stellen. Ergänzend kann der Antragsteller verpflichtet sein, der Zertifizierungsstelle bzw. der Aufsichtsbehörde (erforderlichenfalls auch vor Ort) Zugang/Einsicht zu seinen Datenverarbeitungen zu gewähren. Auch diese Mitwirkungspflicht ist strafbewehrt (Art. 83 Abs. 4 lit. a).

26   Gegebenenfalls wird die Zertifizierungsstelle bzw. die Aufsichtsbehörde weitere Unterlagen nachfordern, sollte ein Antrag unvollständig, zweideutig etc sein; dem Antragsteller ist insoweit ein Verbesserungsauftrag zu erteilen. Dies gilt unter anderem auch dann, wenn eine Unterlage nicht lesbar ist.

27   Eignet sich eine Datenverarbeitung überhaupt nicht zur Zertifizierung und können Antragsmängel nicht saniert werden (zB wegen grober technischer Mängel), hat die Zertifizierungsstelle bzw. die Aufsichtsbehörde dies bereits in diesem frühen Verfahrensstadium auf geeignete Weise mitzuteilen (zB kann der Zertifizierungsantrag zurückzuweisen sein, soweit der Antragsteller nach entsprechender Mitteilung den Antrag nicht von sich aus zurückzieht).

28   Ist der Antrag hingegen vollständig und eignet sich die zu begutachtende Datenverarbeitung grundsätzlich für eine Zertifizierung/Analyse, tritt das Zertifizierungsverfahren in das Überprüfungs- bzw. Ermittlungsstadium ein. Der Antrag wird daher in der Sache behandelt.

2. Ermittlungsverfahren

29   In diesem Abschnitt obliegt es der Zertifizierungsstelle bzw. der Aufsichtsbehörde, im Umfang des Antrages die Begutachtung einer konkreten Datenverarbeitung durchzuführen. Es sind daher einer oder mehrere Gutachter zu bestellen, die mit der Erstellung eines Prüfberichtes beauftragt werden. Das müssen nicht notwendigerweise Experten sein, die direkt bei der zuständigen Einheit beschäftigt sind. Die Begutachtung kann auch von ex-

ternen Sachverständigen (etwa auf Werkvertragsbasis) durchgeführt werden, vorausgesetzt, diese verfügen über die gebotene Unabhängigkeit und den erforderlichen Sachverstand (etwa auf dem Gebiet der Informationstechnik); beachte in diesem Zusammenhang die Voraussetzungen gem. Art. 43 Abs. 2, welche Zertifizierungsstellen zu erfüllen sein.

In der Praxis werden zumeist juristisch und technisch geschulte Sachverständige für eine Begutachtung ausgewählt (etwa bei Begutachtungen durch EuroPriSe).

Den Experten obliegt es im Anschluss, entsprechend den Vorgaben des Kriterienkatalogs laut Verfahrensrichtlinien (Art. 42 Abs. 5), in Einklang mit den Durchführungsakten der Kommission und nach Maßgabe der facheinschlägigen Wissenschaften eine konkrete Datenverarbeitung (zB ein IT-Produkt oder eine Dienstleistung) zu begutachten. Die Experten haben daher im Ermittlungsverfahren einen Prüfbericht zu erstellen. Es handelt sich um ein Sachverständigengutachten, in dem fachkundige Aussagen über die rechtliche und technische Beschaffenheit einer Datenverarbeitung getroffen werden. **30**

Die Begutachtung fokussiert zunächst auf wesentliche juristische Aspekte der Datenverarbeitung, wie zB den Zweck der Verarbeitung, die zu verarbeiteten Daten, die Zulässigkeit der Datenverarbeitung etc In weiterer Folge werden spezifische Prüfungspunkte abgearbeitet, etwa hinsichtlich der Weitergabe von Daten an Dritte oder der Datenlöschung, ferner, ob Auftragsverarbeiter in die Datenverarbeitung einbezogen werden oder Datenübermittlungen an Drittstaaten stattfinden. Details sind im Kriterienkatalog der Zertifizierungsstelle bzw. der Aufsichtsbehörde bekanntzugeben (Art. 42 Abs. 5). **31**

Außerdem wird begutachtet, inwieweit Betroffenenrechte im Zuge einer Datenverarbeitung gewahrt werden, zB hinsichtlich des Auskunfts- und Löschungsrechts.

Im anschließenden technischen Teil konzentriert sich die Begutachtung auf konkrete Detailfragen, zB auf Aspekte der Datenlöschung und Dokumentation, auf Mechanismen zur Verhinderung eines unerlaubten Datenzugriffs, auf Fragen der Datensicherheit, Backup-Regelungen, sowie eine etwaige Pseudonymisierung oder Anonymisierung personenbezogener Daten. **32**

Auf Basis der Ergebnisse erstellen die Gutachter einen Prüfbericht. Im Bericht wird eine Stellungnahme zu der Frage erstattet, inwieweit eine Datenverarbeitung in Einklang mit der DSGVO erfolgt und in welchen Punkten Änderungs- bzw. Verbesserungsbedarf besteht. **33**

3. Entscheidung

Auf Grundlage des Prüfberichts erlässt die Zertifizierungsstelle bzw. die Aufsichtsbehörde eine finale Entscheidung, konkret, ob eine Datenverarbeitung zertifiziert wird oder nicht (Art. 42 Abs. 5 und 7); dabei sind die Stellen nicht an den Prüfbericht gebunden. Ist dieser unvollständig oder in einem entscheidungsrelevanten Punkt zweideutig geblieben, kann die Stelle/Aufsichtsbehörde die Gutachter um Konkretisierung des Berichtes ersuchen. Im positiven Fall erteilt die begutachtende Stelle eine Zertifizierung. **34**

Inhaltlich kommt dadurch zum Ausdruck, dass die begutachtete Datenverarbeitung in Einklang mit den Vorgaben der DSGVO erfolgt.

Die Aufsichtsbehörde ist von jeder geplanten Zertifizierung bzw. Verlängerung derselben in Kenntnis zu setzen (Art. 43 Abs. 1); dasselbe gilt für jeden Widerruf einer Zertifizierung. Der Aufsichtsbehörde sind zudem die Gründe für die jeweilige Entscheidung mitzuteilen (Art. 43 Abs. 5).

35 Die Rechtsqualität einer Zertifizierung hängt davon ab, welche Stelle sie erteilt.

■ Sofern eine zertifizierte Stelle eine Zertifizierung vornimmt, liegt im Zweifel eine gesetzlich geschützte, wenngleich private Tätigkeit vor.[1]

■ Wird eine Zertifizierung von einer Aufsichtsbehörde ausgesprochen, liegt staatliche Verwaltungstätigkeit vor.

In beiden Fällen ist das verliehene Zertifikat als besonders geschützte öffentliche Urkunde anzusehen (im Fall der zertifizierten Stellen gem. Art. 43 spricht zudem die staatliche Anerkennung für diese Auslegung). Es handelt sich um ein qualifiziertes Beweismittel über rechtserhebliche Tatsachen und Rechte, die jederzeit berichtigt werden können. Im Gegensatz zu anderen staatlichen Akten stellen solche Beurkundungen – wie zB eine Geburtsurkunde, ein Reisepass oder eine Meldebestätigung – jedoch keine normativen Akte dar.

36 Erteilt die begutachtende Stelle die Zertifizierung auf Basis nationaler Richtlinien, welche die nationale Aufsichtsbehörde genehmigt hat (Art. 42 Abs. 5), ist das zertifizierte Unternehmen befugt, ein nationales Prüfzeichen oder -siegel im Geschäftsverkehr zu verwenden; der Wirkungsbereich des Siegels ist jedoch auf das Territorium eines Mitgliedstaats bzw. einer bestimmten Region beschränkt. Nähere Details (zB über die Gestaltung der Prüfzeichen) hat die Kommission in technischen Standards festzulegen (Art. 43 Abs. 9).

Wird die Zertifizierung jedoch auf Basis „gemeinsamer [europäischer] Richtlinien", welche der Art. 63-Ausschuss genehmigt hat (Art. 42 Abs. 5), ausgesprochen, ist der Verantwortliche im gesamten EU-Raum berechtigt, das Europäische Datenschutzsiegel zu führen (Art. 42 Abs. 5). Auch hier werden technische Details von der Kommission auszuarbeiten sein (Art. 43 Abs. 9).

37 Eine Zertifizierung gilt für höchstens drei Jahre, berechnet ab dem Zeitpunkt der jeweiligen positiven Entscheidung (Art. 42 Abs. 7). Die Zertifizierung kann jedoch auf Antrag verlängert werden, was eine erneute Begutachtung durch eine zertifizierte Stelle oder die zuständige Aufsichtsbehörde nach Maßgabe aktueller Prüfungsrichtlinien im Sinn des Abs. 5 voraussetzt.

38 Die Zertifizierungsstelle bzw. die zuständige Aufsichtsbehörde werden gesetzlich ermächtigt, für eine Zertifizierung auch eine kürzere Geltungsdauer anzuordnen. Ungeachtet dessen, dass Art. 42 nicht explizit regelt, wann der Ausspruch einer kürzeren Befristung zulässig ist, wird die Dauer der

---

1 So zu Urkunden, welche von Ziviltechnikern ausgestellt werden, ö. OGH SZ 63/129.

Befristung im Zweifelsfall von der Art und Risikogeneigtheit einer konkreten Datenverarbeitung abhängig zu machen sein. Gerade bei wenig erprobten Datenverarbeitungen oder bei Verarbeitungen im Zusammenhang mit sensiblen Daten kann es Sinn machen, die Zertifizierung nur für einen kürzeren Zeitraum zu gewähren (man denke etwa an Gesundheitsdienstleister oder an Konstellationen, in denen sich der Stand der Technik rasch ändert).

Aufrechte Zertifizierungen sind von der Aufsichtsbehörde „gegebenenfalls" zu überprüfen (Art. 58 Abs. 1 lit. c iVm Art. 57 Abs. 1 lit. o).   39

Verweigert eine Zertifizierungsstelle bzw. die Aufsichtsbehörde die Erteilung einer Zertifizierung, sind dem Antragsteller die Gründe hierfür – wohl einschließlich eines negativen Prüfberichts bzw. sonstiger Verfahrensunterlagen – mitzuteilen. Während sich eine entsprechende Begründungspflicht der Aufsichtsbehörde aus dem nationalen Verwaltungsverfahrensrecht sowie aus grundrechtlichen Gewährleistungen ergibt (etwa aus dem Gleichheitssatz), fehlt eine entsprechende Anordnung betreffend die Zertifizierungsstellen.   40

Da die Verweigerung einer Zertifizierung den Abschluss eines Verfahrens darstellt und diese Entscheidung rechtlich verbindlich ist, wird von einer Begründungspflicht der Zertifizierungsstelle aufgrund allgemeiner rechtsstaatlicher Grundsätze (Art. 6 Abs. 3 EUV) auszugehen sein.

Die Erteilung bzw. die Verweigerung einer Zertifizierung wie auch die Gründe hierfür hat die Zertifizierungsstelle der Aufsichtsbehörde mitzuteilen (Art. 43 Abs. 1 und 5).   41

VI. Kosten eines Zertifizierungsverfahrens

Mit welchen Kosten Unternehmen im Fall eines Zertifizierungsverfahrens rechnen müssen, wird in Art. 42 nicht geregelt. Bezogen auf private akkreditierte Zertifizierungsstellen gem. Art. 43 Abs. 1 erscheint dies nachvollziehbar, zumal es rechtspolitisch gesehen kaum sinnvoll erscheint, gesetzlich pauschale Gebührensätze bzw. Obergrenzen festzusetzen. Zu heterogen sind die verschiedenen Begutachungsszenarien, mit denen eine private Zertifizierungsstelle konfrontiert sein kann. Würde man eine gesetzliche Deckelung einziehen, könnte diese Deckelung rasch dem Vorwurf der Unsachlichkeit ausgesetzt sein, sollte sich herausstellen, dass der tatsächliche Verfahrens- und Prüfaufwand einer Zertifizierungsstelle nicht ansatzweise abgedeckt wird.   42

Nähere Details über die Kosten eines Zertifizierungsverfahrens werden daher – soweit es private akkreditierte Zertifizierungsstellen gem. Art. 43 Abs. 1 anlangt – auf privatrechtlicher Ebene zu vereinbaren sein (soweit die Zertifizierungsstelle nicht in AGB und dergleichen fixe Sätze vorgibt). In weiterer Folge wird zwischen den Kosten für die Erstellung eines Prüfberichtes und den Kosten für die Tätigkeit der Zertifizierungsstelle zu unterscheiden sein.   43

Davon ist die Frage der Kosten für die Tätigkeit der Aufsichtsbehörde zu unterscheiden. In diesem Zusammenhang ist davon auszugehen sein, dass die Frage der Kosten diesfalls in Richtlinien im Sinne des Art. 42 Abs. 5; 58   44

Abs. 3 lit. f. zu präzisieren sein werden (zu denken wäre etwa an gestaffelte und pauschalierte Kostensätze, die nach entsprechendem Verfahrensaufwand oder Dimension einer Begutachtung zu bemessen sind).

45   Die Kosten sind im Fall privater Zertifizierungsstellen privatrechtlich (mittels Honorarnote) vorzuschreiben; im Fall der Aufsichtsbehörden sind die Kosten mittels beschwerdefähigen Verwaltungsaktes (in Österreich etwa mittels Kostenbescheides gem. § 57 Abs. 3 AVG) vorzuschreiben.

VII. Widerruf der Zertifizierung

46   Art. 42 Abs. 7 verpflichtet die Zertifizierungsstelle bzw. die Aufsichtsbehörde, welche eine Zertifizierung ausgesprochen haben, bei Vorliegen bestimmter Voraussetzungen eine Zertifizierung zu widerrufen; siehe zum entsprechenden Überprüfungsrecht der Aufsichtsbehörde auch Art. 58 Abs. 1 lit. c iVm Art. 57 Abs. 1 lit. o. Das Gesetz sieht zwei alternativ zu sehende Tatbestände vor, welche zu einem Widerruf verpflichten:

- Einerseits, wenn die Voraussetzungen für eine Zertifizierung nicht (dh zu keinem Zeitpunkt) vorgelegen sind.
- Andererseits, wenn die Voraussetzungen – ex post – nicht mehr vorliegen (dh nach dem Zeitpunkt der Zertifizierung weggefallen sind).

47   Nähere Details zum Widerrufsverfahren lässt die DSGVO vermissen. Allgemein werden die genannten Stellen von Amts wegen ein Widerrufsverfahren einzuleiten und nach Maßgabe des nationalen Verfahrensrechts ein Überprüfungsverfahren gem. Art. 58 Abs. 1 lit. c durchzuführen haben, sobald sie Kenntnis von einem Widerrufstatbestand erhalten haben. Die Aufsichtsbehörde kann erforderlichenfalls eine Zertifizierungsstelle anweisen, eine Zertifizierung zu widerrufen (Art. 58 Abs. 2 lit. c). Aus Sicht des Art. 47 GRC wird der betroffene Unternehmer im Rahmen des Ermittlungsverfahrens zumindest zum Vorwurf des Fehlens bzw. des Wegfalls der Zertifizierungsvoraussetzungen zu hören sein. Art. 42 Abs. 7 verpflichtet die Stellen, die Zertifizierung zu widerrufen; den Stellen ist insoweit kein Ermessen eingeräumt.

48   Der Widerruf ist als contrarius actus zur ursprünglichen Zertifikatsverleihung zu sehen; mangels anderer Anordnung wirkt der Widerruf nur ex nunc. Während eine Zertifizierungsstelle gem. Art. 43 eine Zertifizierung formlos und schriftlich widerrufen wird, hat die Aufsichtsbehörde den Widerruf mittels beschwerdefähigem Verwaltungsaktes zu widerrufen. Gegen einen Widerruf einer Zertifizierungsstelle kann ein betroffener Verantwortlicher bzw. Auftragsverarbeiter nur zivilrechtlich vorgehen (zB mittels Feststellungsklage, dass der Widerruf zu Unrecht erfolgte). Gegen einen Widerruf der Aufsichtsbehörde muss ein unabhängiges Gericht angerufen werden können (Art. 47 GRC).

49   Ab dem Zeitpunkt der Zustellung der Widerrufsentscheidung ist es dem Verantwortlichen bzw. dem Auftragsverarbeiter aus Sicht des jeweiligen Gesetzes gegen unlauteren Wettbewerb untersagt, Gütesiegel etc im Geschäftsverkehr zu führen bzw. mit einem Zertifikat zu werben.

VIII. Register

Gem. Art. 46 Abs. 8 ist der Art. 63-Ausschuss verpflichtet, alle in der Uni- 50
on praktizierten Zertifizierungsverfahren und Datenschutzsiegel bzw.
-prüfzeichen in ein öffentliches Register aufzunehmen; das Register ist vom
Ausschuss zu führen (Art. 70 Abs. 1 lit. o). Das Register ist in geeigneter
Weise für die Allgemeinheit zugänglich zu machen, zB via einer leicht auffindbaren Webseite eines Europäischen Organs. Um eine effektive Befül-
lung des Registers mit den relevanten Daten zu gewährleisten, werden vor
allem nationale Zertifizierungsstellen, aber auch die zuständige Aufsichtsbehörde von sich aus einschlägige Anwendungsfälle dem Ausschuss bekannt zu geben haben (vgl. allgemein zum Informationsaustausch zwischen
Ausschuss und Aufsichtsbehörden Art. 67).

Dadurch wird es jedermann ermöglicht, sich über die in der EU praktizier- 51
ten Zertifizierungsverfahren zu informieren. Insbesondere kann dadurch
leicht überprüft werden, ob ein Verantwortlicher bzw. ein Auftragsverarbeiter ein in der EU gängiges Datenschutzsiegel etc führt. Ob er dies auch
rechtmäßig tut, ist bei der zuständigen Zertifizierungsstelle bzw. Aufsichtsbehörde abzuklären.

C. Weitere Fragen

Bei der Verhängung von Geldbußen gem. Art. 83 ist im Rahmen der Straf- 52
bemessung zu berücksichtigen, ob und inwieweit genehmigte Zertifizierungsverfahren eingehalten worden sind (Art. 83 Abs. 2 lit. j).

Art. 42 Abs. 2 eröffnet Verantwortlichen oder Auftragsverarbeitern, die ge- 53
mäß Art. 3 die DSGVO nicht anzuwenden haben, die Möglichkeit, sich
europäischen Zertifizierungsverfahren zu unterwerfen, um leichter nachzuweisen zu können, dass sie im Zuge ihrer Datenverarbeitung mit der
DSGVO vergleichbare Standards einhalten (zB im Rahmen der Übermittlung personenbezogener Daten an Drittländer oder internationale Organisationen). Dadurch wird der Einsatzbereich von Zertifizierungsverfahren
und europäischen Gütesiegeln über den EU-/EWR-Raum erweitert. Wollen
Verantwortliche oder Auftragsverarbeiter europäische Zertifizierungsverfahren in Anspruch nehmen, haben sie sich mittels rechtlich verbindlicher
Instrumente zu verpflichten, geeignete Garantien zum Schutz personenbezogener Daten anzuwenden.

D. Fortgeltung bestehenden Rechts

Soweit das nationale Datenschutzrecht (s. zB § 9 a BDSG) Regelungen über 54
die Zertifizierung von Verantwortlichen und Auftragsverarbeitern enthält,
werden diese ab Geltungsbeginn der DSGVO ersatzlos aufzuheben sein.
Die Zertifizierung der genannten Personen bestimmt sich ab diesem Zeitpunkt ausschließlich nach Unionsrecht.

Artikel 43 Zertifizierungsstellen

(1) [1]Unbeschadet der Aufgaben und Befugnisse der zuständigen Aufsichtsbehörde gemäß den Artikeln 57 und 58 erteilen oder verlängern Zertifizierungsstellen, die über das geeignete Fachwissen hinsichtlich des Datenschutzes verfügen, nach Unterrichtung der Aufsichtsbehörde – damit diese erforderlichenfalls von ihren Befugnissen gemäß Artikel 58 Absatz 2 Buchstabe h Gebrauch machen kann – die Zertifizierung. [2]Die Mitgliedstaaten stellen sicher, dass diese Zertifizierungsstellen von einer oder beiden der folgenden Stellen akkreditiert werden:

a) der gemäß Artikel 55 oder 56 zuständigen Aufsichtsbehörde;

b) der nationalen Akkreditierungsstelle, die gemäß der Verordnung (EG) Nr. 765/2008 des Europäischen Parlaments und des Rates[1] im Einklang mit EN-ISO/IEC 17065/2012 und mit den zusätzlichen von der gemäß Artikel 55 oder 56 zuständigen Aufsichtsbehörde festgelegten Anforderungen benannt wurde.

(2) Zertifizierungsstellen nach Absatz 1 dürfen nur dann gemäß dem genannten Absatz akkreditiert werden, wenn sie

a) ihre Unabhängigkeit und ihr Fachwissen hinsichtlich des Gegenstands der Zertifizierung zur Zufriedenheit der zuständigen Aufsichtsbehörde nachgewiesen haben;

b) sich verpflichtet haben, die Kriterien nach Artikel 42 Absatz 5, die von der gemäß Artikel 55 oder 56 zuständigen Aufsichtsbehörde oder – gemäß Artikel 63 – von dem Ausschuss genehmigt wurden, einzuhalten;

c) Verfahren für die Erteilung, die regelmäßige Überprüfung und den Widerruf der Datenschutzzertifizierung sowie der Datenschutzsiegel und -prüfzeichen festgelegt haben;

d) Verfahren und Strukturen festgelegt haben, mit denen sie Beschwerden über Verletzungen der Zertifizierung oder die Art und Weise, in der die Zertifizierung von dem Verantwortlichen oder dem Auftragsverarbeiter umgesetzt wird oder wurde, nachgehen und diese Verfahren und Strukturen für betroffene Personen und die Öffentlichkeit transparent machen, und

e) zur Zufriedenheit der zuständigen Aufsichtsbehörde nachgewiesen haben, dass ihre Aufgaben und Pflichten nicht zu einem Interessenkonflikt führen.

(3) [1]Die Akkreditierung von Zertifizierungsstellen nach den Absätzen 1 und 2 erfolgt anhand der Kriterien, die von der gemäß Artikel 55 oder 56 zuständigen Aufsichtsbehörde oder – gemäß Artikel 63 – von dem Ausschuss genehmigt wurden. [2]Im Fall einer Akkreditierung nach Absatz 1 Buchstabe b des vorliegenden Artikels ergänzen diese Anforderungen diejenigen, die in der Verordnung (EG) Nr. 765/2008 und in den technischen Vorschriften, in denen die Methoden und Verfahren der Zertifizierungsstellen beschrieben werden, vorgesehen sind.

---

1 Verordnung (EG) Nr. 765/2008 des Europäischen Parlaments und des Rates vom 9. Juli 2008 über die Vorschriften für die Akkreditierung und Marktüberwachung im Zusammenhang mit der Vermarktung von Produkten und zur Aufhebung der Verordnung (EWG) Nr. 339/93 des Rates (ABl. L 218 vom 13. 8. 2008, S. 30).

(4) [1]Die Zertifizierungsstellen nach Absatz 1 sind unbeschadet der Verantwortung, die der Verantwortliche oder der Auftragsverarbeiter für die Einhaltung dieser Verordnung hat, für die angemessene Bewertung, die der Zertifizierung oder dem Widerruf einer Zertifizierung zugrunde liegt, verantwortlich. [2]Die Akkreditierung wird für eine Höchstdauer von fünf Jahren erteilt und kann unter denselben Bedingungen verlängert werden, sofern die Zertifizierungsstelle die Anforderungen dieses Artikels erfüllt.

(5) Die Zertifizierungsstellen nach Absatz 1 teilen den zuständigen Aufsichtsbehörden die Gründe für die Erteilung oder den Widerruf der beantragten Zertifizierung mit.

(6) [1]Die Anforderungen nach Absatz 3 des vorliegenden Artikels und die Kriterien nach Artikel 42 Absatz 5 werden von der Aufsichtsbehörde in leicht zugänglicher Form veröffentlicht. [2]Die Aufsichtsbehörden übermitteln diese Anforderungen und Kriterien auch dem Ausschuss. [3]Der Ausschuss nimmt alle Zertifizierungsverfahren und Datenschutzsiegel in ein Register auf und veröffentlicht sie in geeigneter Weise.

(7) Unbeschadet des Kapitels VIII widerruft die zuständige Aufsichtsbehörde oder die nationale Akkreditierungsstelle die Akkreditierung einer Zertifizierungsstelle nach Absatz 1, wenn die Voraussetzungen für die Akkreditierung nicht oder nicht mehr erfüllt sind oder wenn eine Zertifizierungsstelle Maßnahmen ergreift, die nicht mit dieser Verordnung vereinbar sind.

(8) Der Kommission wird die Befugnis übertragen, gemäß Artikel 92 delegierte Rechtsakte zu erlassen, um die Anforderungen festzulegen, die für die in Artikel 42 Absatz 1 genannten datenschutzspezifischen Zertifizierungsverfahren zu berücksichtigen sind.

(9) [1]Die Kommission kann Durchführungsrechtsakte erlassen, mit denen technische Standards für Zertifizierungsverfahren und Datenschutzsiegel und -prüfzeichen sowie Mechanismen zur Förderung und Anerkennung dieser Zertifizierungsverfahren und Datenschutzsiegel und -prüfzeichen festgelegt werden. [2]Diese Durchführungsrechtsakte werden gemäß dem in Artikel 93 Absatz 2 genannten Prüfverfahren erlassen.

Verwandte Normen: ErwGr 77, 81, 100; § 9 a BDSG 2003

Literatur:

Albrecht/Jotzo, Das neue Datenschutzrecht der EU (2016) 98 ff; *Kühling/Martini ua*, Die Datenschutz-Grundverordnung und das nationale Recht (2016) 100; *Strohmaier*, Vom zertifiziert richtigen Verhalten in *Knyrim* (Hrsg), Datenschutz-Grundverordnung (2016) 243 ff.

A. Grundlagen

I. Gesamtverständnis und Zweck der Norm

1 Um eine umfassende **Kontrolle von Datenverarbeitungen** in den EU-Mitgliedstaaten zu gewährleisten, bedarf es nach dem telos der DSGVO mehrerer unabhängiger **Zertifizierungsstellen.** Diese privaten Stellen – nur eine Minderzahl von Zertifizierungsverfahren wird von den nationalen Aufsichtsbehörden geführt – sollen die Übereinstimmung von Datenverarbeitungen mit der DSGVO überprüfen („**Zertifizierung**"; s. näher bei Art. 42).

2 Bevor eine Zertifizierungsstelle berechtigt ist, Zertifizierungsverfahren durchzuführen, ist sie von einer **staatlichen Akkreditierungsstelle** gem. Art. 4 Abs. 1 VO (EU) 765/2008 oder der nationalen Aufsichtsbehörde zu **überprüfen** (insb., ob sie geeignet ist, Zertifizierungsverfahren durchzuführen) und erforderlichenfalls zuzulassen (zu „**akkreditieren**"). Art. 43 schafft in diesem Zusammenhang den erforderlichen Rechtsrahmen für das Akkreditierungsverfahren, welches von der Aufsichtsbehörde oder der nationalen Akkreditierungsstelle geführt wird.

II. Bisherige Rechtslage

3 Die DSRL enthält keine ausdrücklichen Regelungen über Datenschutzzertifizierungs- oder Akkreditierungsverfahren. Das österreichische Recht kannte ebenfalls keine expliziten Bestimmungen über die Zulassung von Datenschutzzertifizierungsstellen. Auch das dt BDSG enthielt bisher keine Regelungen zur Bestimmung einer Akkreditierungsstelle im Rahmen von Zertifizierungsverfahren.

Das österreichische AkkreditierungsG (ö. BGBl. I 2012/28) und sein deutsches „Pendant", das AkkStelleG (dt. BGBl. I 2009, S. 2625), halten lediglich fest, welche Stelle als nationale Akkreditierungsstelle benannt wird, sind aber mit Art. 43 nicht vergleichbar. Insgesamt betrachtet betritt die DSGVO daher **datenschutzrechtliches „Neuland".**

III. Entstehung der Norm

4 Art. 43 geht auf eine Initiative des Rates zurück. Erst in seinem Entwurf für eine DSGVO vom 15. Juni 2015 finden sich erstmals Regelungen über die Zulassung und Beaufsichtigung von Zertifizierungsstellen (Art. 39 a des Entwurfes). Art. 39 a fand daraufhin unverändert Eingang in das Arbeitsergebnis der Trilogparteien vom 15. Dezember 2015. Der finale Entwurf wurde schließlich als Art. 43 beschlossen.

B. Kommentierung

I. Systematik

Die Systematik des Art. 43 ist nur schwer nachvollziehbar, da Aspekte des **5** Akkreditierungsverfahrens (Zulassung von Zertifizierungsstellen) mit Details des Zertifizierungsverfahrens, welches eigentlich in Art. 42 grundgelegt ist, verknüpft werden. So werden in Art. 43 parallel Informations- und Verfahrenspflichten der Zertifizierungsstellen neben Aufgaben der Akkreditierungsstellen und die Voraussetzungen für eine Akkreditierung geregelt, obwohl etwa Fragen des Zertifizierungsverfahrens systematisch besser in Art. 42 angesiedelt wären. Im selben Atemzug betont der Gesetzgeber zudem erneut die Aufgabe der Zertifizierungsstellen, obwohl gerade diesem Aspekt in Art. 42 breiter Raum eingeräumt wird. Davon zu unterscheiden ist die an die Kommission übertragene Ermächtigung zur Erlassung von delegierten bzw. Durchführungsrechtsakten.

II. Zweck von Zertifizierungsstellen

Art. 43 Abs. 1 knüpft zunächst an die in Art. 42 umschriebene **Kernaufga-** **6** **be von Zertifizierungsstellen** an. Diese Stellen sind ergänzend zu Aufsichtsbehörden dazu berufen, die Übereinstimmung von Datenverarbeitungen mit der DSGVO zu analysieren. Im Fall einer positiven Überprüfung einer Datenverarbeitung sollen die Zertifizierungsstellen Verantwortliche oder Auftragsverarbeiter zertifizieren (s. zum Zertifizierungsverfahren →
Art. 42 Rn. 20 ff.).

III. Informationspflichten der Zertifizierungsstellen

Art. 43 Abs. 1 normiert einen auf den ersten Blick unwesentlichen Baustein **7** eines Zertifizierungsverfahrens. Die Norm verpflichtet Zertifizierungsstellen, die Aufsichtsbehörde über die Erteilung oder Verlängerung einer Zertifizierung **zu unterrichten**. Es handelt sich um eine **Informationspflicht**, die begleitend zum Abschluss des Zertifizierungsverfahrens zu erfüllen ist. Erst bei genauerem Blick erweist sich die Informationspflicht als wesentlich, weil sie die Aufsichtsbehörde in die Lage versetzt, im Bedarfsfall ihren Aufgaben nachzukommen (zB Kontrolle von zertifizierten Unternehmen).

Die angesprochene Informationspflicht wird durch eine verwandte Oblie- **8** genheit der Zertifizierungsstelle ergänzt, die in Art. 43 Abs. 5 geregelt ist. Gem. der zit. Bestimmung hat die Zertifizierungsstelle der zuständigen Aufsichtsbehörde nicht nur die **Tatsache des Ausganges** eines Zertifizierungsverfahrens mitzuteilen, sondern auch die **Gründe für die Erteilung oder Ablehnung einer beantragten Zertifizierung**. Dasselbe gilt mutatis mutandis für den **Widerruf** einer bestehenden Zertifizierung.

Die angesprochene **Begründungspflicht** der Zertifizierungsstelle besteht **9** ausschließlich gegenüber der Aufsichtsbehörde. Sie ist erfüllt, wenn die Zertifizierungsstelle der Aufsichtsbehörde – zumindest summarisch – die wesentlichen Eckpunkte und die Maßstäbe für ihre Entscheidung mitteilt.

Davon ist jene Begründungspflicht zu unterscheiden, welche die Zertifizie- **10** rungsstelle gegenüber den Parteien eines Zertifizierungsverfahrens aufgrund allgemeiner rechtsstaatlicher Grundsätze trifft (Art. 6 Abs. 3 EUV).

IV. Akkreditierung als Zulassungsvoraussetzung

11 Abs. 1 statuiert eine **Zulassungspflicht** für nationale Zertifizierungsstellen. Anders gewendet dürfen nur jene Stellen Zertifizierungsverfahren im Sinn des Art. 42 durchführen, die zuvor durch eine nationale **Akkreditierungsstelle** oder die Aufsichtsbehörde auf ihre Eignung zur Durchführung von Zertifizierungsverfahren **überprüft** und daraufhin **förmlich akkreditiert** wurden.

Von der Überprüfung durch die nationale Akkreditierungsstelle ist schließlich die Kontrolle von Verhaltensregeln durch eine private akkreditierte Stelle gem. Art. 41 zu unterscheiden (s. näher → Art. 41 Rn. 7 ff.).

12 Unter einer „**Akkreditierung**" ist nach den Vorgaben der technischen Richtlinie ISO/IEC 17011:2005 sowie gem. der Legaldefinition des Art. 2 Z 10 VO (EG) Nr. 765/2008 über die Vorschriften für die Akkreditierung und Marktüberwachung im Zusammenhang mit der Vermarktung von Produkten[2] eine durch eine unabhängige nationale Stelle ausgestellte Bestätigung zu verstehen, aus welcher sich ergibt, dass eine bestimmte Einheit die fachliche und technische Kompetenz besitzt, bestimmte Konformitätsbewertungsaufgaben durchzuführen.

Diese Einheiten sind befähigt, bestimmte Dienstleistungen und Produkte auf ihre Übereinstimmung mit spezifischen Normen hin zu überprüfen und zu zertifizieren.

13 Die DSGVO enthält **keine Legaldefinition** des Begriffes „Akkreditierung", knüpft aber an standardisierte europäische technische Normen an (EN-ISO/IEC 17065/2012), welche jedoch nicht allgemein zugänglich sind. Daher erscheint es sachgerecht, für die Begriffsbestimmung auf vergleichbare technische Normen zurückzugreifen. Im Übrigen entspricht die hier wiedergegebene Definition des Begriffes „Akkreditierung" der Legaldefinition des Art. 2 Z 10 VO (EG) Nr. 765/2008.

14 Ein Akkreditierungsverfahren stellt ein **Verwaltungsverfahren** dar, das nach den Vorgaben des Art. 43 durchzuführen ist (Zulassungsverfahren); es ist antragsbedürftig. Das Verfahren ist von zumindest einer dazu befugten nationalen Akkreditierungsstelle (in Österreich etwa der Bundesminister für Wirtschaft) oder der zuständigen Aufsichtsbehörde zu führen.

Da die Durchführung eines Akkreditierungsverfahrens eine hoheitliche (Verwaltungs-)Tätigkeit darstellt, ist diese Aufgabe gesetzlich auf die jeweilige Aufsichtsbehörde oder Akkreditierungsstelle zu übertragen. Hinsichtlich der nationalen Akkreditierungsstelle liegt insoweit eine **Beleihung** vor.[3]

V. Akkreditierungsstelle

1. Obligatorische Öffnungsklausel

15 Korrespondierend zu der Pflicht, Zertifizierungsverfahren zu fördern (Art. 42 Abs. 1, ErwGr 100), verpflichtet die DSGVO die Mitgliedstaaten, **zumindest eine Stelle** mit der Durchführung von Akkreditierungsverfahren zu betrauen. Die Mitgliedstaaten sind zwar frei in der Auswahl der Akkre-

---

2 ABl. 2008 L 218/30.
3 *Kühling/Martini* ua, Datenschutz-Grundverordnung, S. 100.

ditierungsstelle, nicht hingegen bei der Entschließung, ob eine Akkreditierungsstelle überhaupt benannt wird. Art. 43 Abs. 1 DSGVO enthält insoweit eine „obligatorische Öffnungsklausel".[4]

Die Öffnungsklausel ist formalen Charakters und räumt den Mitgliedstaaten ein Ermessen dahingehend ein, ob die Aufsichtsbehörde, die nationale Akkreditierungsstelle oder beide gemeinsam für die Akkreditierung der Zertifizierungsstellen verantwortlich sind. Die Öffnungsklausel erschließt den Mitgliedstaaten damit formelle Umsetzungsspielräume. Davon sind wiederum die materiellen Anforderungen an die Akkreditierungsstelle zu unterscheiden, die ebenfalls in Art. 43 definiert sind; diese sind aber nicht Bestandteil der Öffnungsklausel.[5] 16

2. Eine nationale Akkreditierungsstelle

Art. 43 Abs. 1 überlässt es den Mitgliedstaaten, jene nationale Stelle durch Gesetz zu bestimmen, welche Akkreditierungsverfahren durchführt. Es erscheint naheliegend, die nationalen Stellen mit der Durchführung von Akkreditierungsverfahren zu betrauen, die in den Mitgliedstaaten bereits in Umsetzung der VO (EU) 765/2008 als „nationale Akkreditierungsstelle" eingerichtet wurden. In Österreich ist das etwa die Organisationseinheit I/12 des Bundesministeriums für Wirtschaft (BMWFW), eingerichtet auf Basis des AkkreditierungsG; in Deutschland wurde die Deutsche Akkreditierungsstelle DAkkS (gem. AkkStelleG) als nationale Stelle benannt. 17

Entschließt sich der nationale Gesetzgeber dazu, Aufgaben gem. Art. 43 auf diese Stellen zu übertragen, hat er die Stellen förmlich mittels Gesetzes zur Durchführung von Akkreditierungsverfahren zu ermächtigen. Im Übertragungsgesetz hat der Gesetzgeber zudem materielle Mindestvorgaben bzw. -anforderungen für die Akkreditierungsstelle zu definieren, welche von der Stelle bei sonstiger Sanktion (Widerruf einer Akkreditierung) zwingend einzuhalten und von der Aufsichtsbehörde zu überwachen sind. 18

Die Akkreditierungsstelle hat diesbezüglich jene Standards zu erfüllen, die in Art. 8 VO (EU) 265/2008 geregelt sind (auf diese Bestimmung verweist Art. 43 Abs. 1 und 3 implizit; zur weiteren Auslegung s. auch → Art. 41 Rn. 13 ff.): 19

■ Sie ist so organisiert, dass sie sowohl unabhängig von den Zertifizierungsstellen, die sie begutachtet, als auch frei von kommerziellen Einflüssen ist und dass es zu keinerlei Interessenkonflikten mit den Konformitätsbewertungsstellen kommt.

■ Sie gewährleistet durch ihre Organisation und Arbeitsweise, dass bei der Ausübung ihrer Tätigkeiten Objektivität und Unparteilichkeit gewahrt sind.

■ Sie stellt sicher, dass jede Entscheidung über die Bestätigung der Kompetenz von kompetenten Personen getroffen wird, die nicht mit den Personen identisch sind, welche die Begutachtung durchgeführt haben.

■ Sie trifft geeignete Vorkehrungen, um die Vertraulichkeit der erhaltenen Informationen sicherzustellen.

---

4 *Kühling/Martini* ua, Datenschutz-Grundverordnung, S. 101.
5 *Kühling/Martini* ua, Datenschutz-Grundverordnung, S. 101.

- Sie gibt die Bewertungstätigkeiten an, zu deren Akkreditierung sie befähigt ist, und nennt dabei gegebenenfalls die relevanten gemeinschaftlichen oder nationalen Rechtsvorschriften und Normen.
- Sie schafft die erforderlichen Verfahren zur Gewährleistung eines **effizienten Managements** und geeigneter **interner Kontrollen**.
- Ihr stehen **kompetente Mitarbeiter** in ausreichender Zahl zur Verfügung, so dass sie ihre Aufgaben ordnungsgemäß wahrnehmen kann.
- Sie **dokumentiert die Pflichten**, Verantwortlichkeiten und Befugnisse des Personals, die sich auf die Qualität von Begutachtung und Bestätigung der Kompetenz auswirken können.
- Sie richtet **Verfahren zur Überwachung der Leistung** und Kompetenz der beteiligten Mitarbeiter ein, setzt sie um und führt sie weiter.
- Sie überprüft, dass **Konformitätsbewertungen auf angemessene Art und Weise** durchgeführt werden, indem unnötige Belastungen für die Betriebe vermieden werden und die Größe eines Betriebs, die Branche, in der er tätig ist, die Unternehmensstruktur, das Maß der Komplexität der betreffenden Produkttechnologie und der Massenproduktions- oder serienmäßige Charakter des Produktionsprozesses beachtet werden.
- Sie veröffentlicht geprüfte **Jahresabschlüsse**, die gemäß den allgemein anerkannten Rechnungslegungsgrundsätzen erstellt werden.

20   Zusätzlich muss die nationale Akkreditierungsstelle die in der technischen Norm **EN-ISO/IEC 17065/2012 festgelegten Anforderungen**[6] an eine Zertifizierungsstelle und die von der zuständigen Aufsichtsbehörde erlassenen Grundsätze für Zertifizierungsverfahren (Art. 42 Abs. 5) beachten.

21   Aus dieser umfassenden Kriterienliste ragt neben der **Fachkompetenz** der nationalen Akkreditierungsstelle vor allem das Kriterium der **Unabhängigkeit** heraus (Art. 43 Abs. 2 lit. a). Zwischen den zu analysierenden Zertifizierungsstellen und der nationalen Akkreditierungsstelle darf es keine Abhängigkeiten geben; Einflussmöglichkeiten des Marktes auf den Überprüfungsprozess dürfen keine bestehen.

Zudem darf es zu **keinen Interessenkonflikten** zwischen den beiden Stellen kommen (etwa dadurch, dass ein Angehöriger der Akkreditierungsstelle gleichzeitig für eine Zertifizierungsstelle als Sachverständiger tätig ist). Diesem Punkt ist etwa durch dienstrechtliche Inkompatibilitätsbestimmungen Rechnung zu tragen.

3. Alternative: Aufsichtsbehörde als Akkreditierungsstelle

22   Alternativ/Kumulativ kann ein Mitgliedstaat gesetzlich vorsehen, dass Akkreditierungsverfahren (auch) von der **zuständigen Aufsichtsbehörde** durchgeführt werden. Von dieser Option könnte der Gesetzgeber zB Gebrauch machen, wenn ex ante absehbar ist, dass in einer bestimmten Region oder hinsichtlich eines bestimmten Bereichs nur wenige Akkreditierungsverfahren zu führen sein werden oder in einem konkreten Anwen-

---

6 Diese Norm enthält Grundsätze für und Anforderungen an die Kompetenz und Unparteilichkeit der Zertifizierung von Dienstleistungen und Prozessen sowie der Stellen, die diese Tätigkeiten anbieten, wobei Zertifizierungsstellen, die nach dieser Norm arbeiten, nicht alle Arten von Dienstleistungs- und Prozesszertifizierung anbieten müssen.

dungsbereich die Fachkompetenz der Aufsichtsbehörde gefordert ist. Zudem könnte eine Akkreditierung durch eine Aufsichtsbehörde Rechtssicherheit schaffen. Auch Rechtsschutzaspekte könnten für eine Übertragung dieser Aufgabe an die Aufsichtsbehörde sprechen: Akte der Aufsichtsbehörde unterliegen der umfassenden gerichtlichen Kontrolle.

Aus Wortlaut und Systematik des Art. 43 Abs. 1 und 2 ergibt sich, dass die **23** in der DSGVO definierten **Anforderungen nicht auch für Aufsichtsbehörden gelten.** Freilich hat eine Aufsichtsbehörde, sollte sie als Akkreditierungsstelle benannt werden, vergleichbare Standards zu erfüllen (Unabhängigkeit, Fachkompetenz, Vermeidung von Interessenkonflikten und dergleichen). Diese Anforderungen ergeben sich im Wesentlichen aus den Art. 51 ff.

VI. Anforderungen an Zertifizierungsstellen

Die wesentliche **Aufgabe von Zertifizierungsstellen** ist die Analyse von Datenverarbeitungen; anhand eines Zertifikats sollen Verantwortliche und Auftragsverarbeiter leichter nachweisen können, dass sie die DSGVO einhalten (Art. 24). **24**

Soll eine Zertifizierungsstelle Datenverarbeitungen überprüfen können, ist sie zuvor eingehend von der zuständigen Akkreditierungsstelle/Aufsichtsbehörde zu überprüfen und formal zu akkreditieren. Das Gesetz zählt in diesem Zusammenhang jene **Anforderungen** auf, die eine Zertifizierungsstelle zu erfüllen hat (**Art. 43 Abs. 2**). Sie sind streng von jenen Anforderungen zu unterscheiden, die das Gesetz hinsichtlich der Akkreditierungsstelle vorgibt.

Gem. Art. 43 Abs. 2 hat eine zu akkreditierende Stelle folgende **Bedingungen** kumulativ zu erfüllen: **25**

a) Sie hat ihre **Unabhängigkeit** und ihr **Fachwissen** hinsichtlich des Gegenstands der Zertifizierung zur „Zufriedenheit der zuständigen Aufsichtsbehörde" nachgewiesen.

b) Sie hat sich verpflichtet, die **Kriterien** für Zertifizierungsverfahren (Art. 42 Abs. 5), die von der zuständigen Aufsichtsbehörde oder vom EDA („Art. 63-Ausschuss) genehmigt wurden, einzuhalten.

c) Sie hat **Verfahren für die Erteilung**, die regelmäßige **Überprüfung** und den **Widerruf** der Datenschutzzertifizierung sowie der Datenschutzsiegel und -prüfzeichen festgelegt.

d) Sie hat **Verfahren** und Strukturen festgelegt, mit denen sie **Beschwerden** über Verletzungen der Zertifizierung oder die Art und Weise, in der die Zertifizierung von dem Verantwortlichen oder dem Auftragsverarbeiter umgesetzt wird oder wurde, nachgeht und diese Verfahren und Strukturen für betroffene Personen und die Öffentlichkeit transparent gemacht.

e) Sie hat zur Zufriedenheit der zuständigen Aufsichtsbehörde nachgewiesen, dass ihre Aufgaben und Pflichten nicht zu einem **Interessenkonflikt** führen.

Auch in diesem Zusammenhang ragen insbesondere die Kriterien des Sachverstands, der Unabhängigkeit und der fehlenden Interessenkonflikte heraus.

26   Art. 43 Abs. 2 statuiert in diesem Zusammenhang eine umfassende **Mitwirkungspflicht** der antragstellenden Zertifizierungsstelle zu Beginn des Zertifizierungsverfahrens (arg „zur Zufriedenheit der zuständigen Aufsichtsbehörde nachgewiesen haben…"); sie bzw. die nationale Akkreditierungsstelle haben das Vorliegen der zuvor genannten Voraussetzungen gem. Art. 43 Abs. 2 (bezogen auf den Entscheidungszeitpunkt) gegenüber der Aufsichtsbehörde durch geeignete Unterlagen nachzuweisen; erforderlichenfalls hat die Aufsichtsbehörde/die Akkreditierungsstelle einen **Verbesserungsauftrag** zu erteilen, wenn Unterlagen fehlen oder zweideutig geblieben sind. Vice versa ist die Überprüfungspflicht der Aufsichtsbehörde/der Akkreditierungsstelle durch den Gleichheitssatz begrenzt. Sie haben im Ermittlungsverfahren nur jene Schritte zu setzen, die erforderlich sind, um das (Nicht-) Vorliegen der Akkreditierungsvoraussetzungen im Entscheidungszeitpunkt festzustellen.

Dasselbe gilt mutatis mutandis während der Beaufsichtigung der akkreditierten Stellen durch die Aufsichtsbehörde/die nationale Akkreditierungsstelle.

VII. Akkreditierungsverfahren (Abs. 3)

27   Ein Akkreditierungsverfahren besteht aus **drei wesentlichen Abschnitten**: Antrag, Überprüfungsverfahren und Entscheidung.

Bereits zuvor wurde darauf hingewiesen, dass ein Akkreditierungsverfahren **antragsbedürftig** ist. Sollte der Akkreditierungsantrag der zu akkreditierenden Zertifizierungsstelle vollständig sein, haben die Aufsichtsbehörde/die nationale Akkreditierungsstelle ein **Ermittlungsverfahren** einzuleiten und durchzuführen. In diesem Ermittlungsverfahren haben die Stellen das Vorliegen der Akkreditierungsvoraussetzungen (Art. 43 Abs. 2) zu prüfen.

28   Der konkrete Ablauf des von der Zertifizierungsstelle initiierten Überprüfungsverfahrens ist einerseits im **nationalen Verwaltungsverfahrensrecht** festgelegt. Generell haben die Aufsichtsbehörde bzw. die Akkreditierungsstelle ein transparentes Akkreditierungsverfahren durchzuführen. Auch wenn dies in der DSGVO nicht festgelegt ist, muss dem Antragsteller im Akkreditierungsverfahren jedenfalls **rechtliches Gehör** eingeräumt werden (Art 47 GRC); auch sonst sind ihm angemessene Beteiligungsmöglichkeiten zu gewähren (s. etwa Art. 42 Abs. 6 für das Zertifizierungsverfahren), etwa durch eine Stellungnahmemöglichkeit zu einem Entscheidungsentwurf.

29   Andererseits folgt das Akkreditierungsverfahren – soweit es von der nationalen Akkreditierungsstelle geführt wird – konkreten **Kriterien**, welche die Aufsichtsbehörde bzw. der Art. 63-Ausschuss verabschiedet haben. Diese Kriterien „ergänzen" die Akkreditierungsanforderungen gem. der VO (EU) 265/2008 sowie jene technischen Methoden, nach denen die Zertifizierungsstelle im Begutachtungsverfahren (Art. 42) vorgeht. In diesen „Richtlinien" sind etwa technische Anforderungen an Akkreditierungsunterlagen, Details zu einzelnen Bewertungskriterien etc zu definieren.

Diese **Kriterien** sind an geeigneter (leicht auffindbarer) Stelle **zu veröffentli-** 30
chen, etwa auf der Webseite der Aufsichtsbehörde (Art. 43 Abs. 6). Für Akkreditierungsverfahren, welche von der Aufsichtsbehörde durchgeführt
werden, sind diese Kriterien nicht maßgebend (Art. 43 Abs. 3).

Im Übrigen können im Akkreditierungsverfahren jene technischen Details 31
zu beachten sein, welche die Kommission mittels delegierter Rechtsakte
bzw. technischer Standards (Art. 43 Abs. 8 und 9) erlassen wird (zB fachliche Überprüfung von Begutachtungsstandards, welche die Zertifizierungsstelle in ihren Begutachtungsverfahren einsetzen will).

Am **Ende des Akkreditierungsverfahrens** haben die Akkreditierungsstelle/ 32
die Aufsichtsbehörde eine verwaltungsbehördliche **Entscheidung** zu erlassen, mit welcher

■ der Antrag der Zertifizierungsstelle entweder abgelehnt wird, etwa,
  wenn die Antragstellerin die Akkreditierungsvoraussetzungen nicht zur
  Gänze erfüllt.

■ dem Antrag stattgegeben wird; die Antrag stellende Zertifizierungsstelle wird akkreditiert, va wenn sie alle Akkreditierungsvoraussetzungen
  im Entscheidungzeitpunkt erfüllt.

Eine Akkreditierung einer Zertifizierungsstelle kann nach der DSGVO nur 33
befristet ausgesprochen werden (Art. 43 Abs. 4 Satz 2), und zwar für „eine
Höchstdauer von fünf Jahren". Die Akkreditierungsstelle bzw. die Aufsichtsbehörde kann eine Akkreditierung daher auch – soweit dies im Einzelfall, zB wegen der Sensibilität und des Risikos, die mit dem relevanten
Wirtschaftsbereich verknüpft sind –für einen kürzeren Zeitraum aussprechen.

Davon ist die gesetzliche Befugnisübertragung an die nationale Akkreditierungsstelle gem. Art. 43 Abs. 1 zu unterscheiden, die „auf Dauer angelegt
ist".

Eine aufrechte Akkreditierung einer Zertifizierungsstelle kann „unter den- 34
selben Bedingungen" **verlängert** werden. Die zertifizierte Stelle hat daher
vor Fristablauf (Art. 43 Abs. 4) einen Antrag auf Verlängerung/Erneuerung
bei der zuständigen Akkreditierungsstelle/Aufsichtsbehörde einzubringen;
eine automatische Verlängerung ist gesetzlich nicht vorgesehen. Mit dem
Verweis auf „d[ie]selben Bedingungen" ordnet der Gesetzgeber unzweideutig an, dass die zu akkreditierende Stelle erneut alle Akkreditierungsvoraussetzungen gem. Art. 43 Abs. 2 kumulativ zu erfüllen und nachzuweisen
hat; ansonsten ist eine Verlängerung der Akkreditierung (um wiederum
höchstens fünf Jahre) unzulässig. Die Akkreditierungsstelle/die Aufsichtsbehörde haben das Vorliegen der Voraussetzungen in einem neuerlichen
Überprüfungsverfahren festzustellen.

Die Ausgestaltung des Akkreditierungsverfahrens, der Akkreditierung und 35
ihrer Wirkungen obliegen der Kommission mittels delegierter Rechtsakte
(Art. 43 Abs. 8). Generell wird davon auszugehen sein, dass die Akkreditierung gleich einer Zulassung normativen Gehalts ist, zumal sie gleich einer
Genehmigung das **befristete** und höchstpersönliche **Recht verleiht,** Zertifizierungsverfahren durchzuführen.

36   Entscheidungen der nationalen Akkreditierungsstelle bzw. der zuständigen Aufsichtsbehörde unterliegen generell der **nachprüfenden gerichtlichen Kontrolle** (Art. 47 GRC); der Rechtszug im Einzelfall richtet sich nach nationalem Organisations- und Verfahrensrecht.

VIII. Aufsicht über akkreditierte Stellen (Abs. 7)

37   Art. 43 Abs. 7 verpflichtet die zuständige Aufsichtsbehörde bzw. die nationale Akkreditierungsstelle, zertifizierte **Zertifizierungsstellen** nach bestimmten Kriterien (welche von der Behörde/Akkreditierungsstelle festzulegen sind, zB nach periodischen Kriterien oder aufgrund der Risikogeneigtheit eines Wirtschaftssektors) **zu beaufsichtigen.** Die Zertifizierungsstellen sind während der Geltungsdauer ihrer Akkreditierung dahingehend zu überwachen, ob sie die **Akkreditierungsvoraussetzungen gem. Art. 43 Abs. 2 jederzeit erfüllen.**

38   Stellen die Aufsichtsbehörde/die nationale Akkreditierungsstelle fest, dass bei einer zertifizierten Stelle eine Akkreditierungsvoraussetzung weggefallen ist oder nie bestanden hat (und lässt sich dieser Missstand nicht umgehend beheben), hat die Aufsichtsbehörde/die nationale Akkreditierungsstelle eine **Akkreditierung** nach Durchführung eines Ermittlungsverfahrens von Amts wegen **zu widerrufen.** Der Widerruf wirkt ex nunc und stellt eine Verwaltungsentscheidung dar, die der gerichtlichen Überprüfung unterliegt (Art. 47 GRC). Vor Ausspruch des Widerrufes ist der Zertifizierungsstelle rechtliches Gehör zu gewähren.

39   Darüber hinaus ist der Widerruf auszusprechen, wenn eine **Zertifizierungsstelle gesetzwidrig agiert.** Dabei kommt es nicht darauf an, wie oft eine Stelle gegen die Vorgaben der DSGVO verstoßen hat. Bereits ein schwerwiegender Verstoß kann den Widerruf der Zulassung legitimieren. Zu denken wäre etwa die Verletzung von Grundrechten der Betroffenen im Zuge einer Kontrolle, die Unterlassung erforderlicher Kontrollakte etc.

IX. Rollenverteilung

40   Art. 43 Abs. 4 Satz 1 DSGVO bringt selbstverständliches zum Ausdruck; es handelt sich um eine Klarstellung, die Missverständnisse im Bereich des Haftungsrechts vermeiden helfen soll. Aus dieser Anordnung ergibt sich, dass eine **Zertifizierungsstelle** für den Inhalt einer Bewertung, die kausal für die Zertifizierung eines Verantwortlichen oder Auftragsverarbeiters bzw. für einen Widerruf einer Zertifizierung war, zivil- und strafrechtlich verantwortlich bleibt.

41   Es besteht jedoch wie auch immer geartete **keine Verantwortung** der Mitgliedstaaten, der Aufsichtsbehörden oder der nationalen Akkreditierungsstellen für den Inhalt der von einer Zertifizierungsstelle abgegebenen Begutachtung oder für den Umstand, dass eine Zertifizierungsstelle eine fachlich falsche Bewertung vorgenommen hat.

42   Von der Verantwortung der Zertifizierungsstelle ist schließlich die Pflicht der Verantwortlichen und Auftragsverarbeiter zu unterscheiden, welche die DSGVO vollumfänglich einzuhalten haben. Durch eine Zertifizierung ihrer

Datenverarbeitungen wird die Verantwortung der genannten Stellen in keinster Weise gemindert.

X. Durchführung

Art. 43 Abs. 8 und 9 ermächtigen die Kommission, Anforderungen an Zer-   43
tifizierungsverfahren bzw. Zertifizierungen mittels **delegierter bzw. Durchführungsrechtsakte** („Level 2-Dokumente") **zu präzisieren.** Es handelt sich
um Akte ohne Gesetzgebungscharakter (meist in die Rechtsform einer Verordnung gekleidet).

Delegierte Rechtsakte dienen der Ergänzung oder Änderung „bestimmter   44
nicht wesentlicher Vorschriften" der DSGVO auf dem Gebiet des Zertifizierungsverfahrens.

Die Ermächtigung gem. Art. 43 Abs. 8 wurde der Kommission auf unbe-   45
stimmte Zeit übertragen (Art. 92 Abs. 2), kann aber vom Rat bzw. Europäischen Parlament widerrufen werden (Art. 92 Abs. 3; siehe bei Art. 92 zum
weiteren Verfahren). Ein delegierter Rechtsakt gem. Art. 43 Abs. 8 tritt nur
in Kraft, wenn weder das Europäische Parlament noch der Rat Einwände
gegen den Entwurf der Kommission erhoben haben (Art. 92 Abs. 5).

Davon sind jene „**technische Standards**" zu unterscheiden, welche die   46
Kommission gestützt auf Art. 43 Abs. 9 iVm Art. 93 Abs. 2 erlassen kann.
Sie dienen der Vornahme von **Präzisierungen zu Datenschutzsiegeln und
-prüfzeichen** sowie „Mechanismen zur Förderung und Anerkennung dieser
Zertifizierungsverfahren und Datenschutzsiegel". Diese technischen Standards, die ebenfalls auf „Level 2" unter Kontrolle der Mitgliedstaaten in
der Form einer Verordnung erlassen werden, sollen die einheitliche Anwendung der DSGVO in den Mitgliedstaaten gewährleisten (s. bei Art. 93 zum
weiteren Verfahren, das sich nach Art. 5 der KomitologieVO 182/2011
richtet).

D. Fortgeltung bestehenden Rechts

Soweit das nationale Recht Regelungen über nationale Akkreditierungs-   47
stellen enthält, bleiben diese von der DSGVO unberührt. Im Zweifelsfall
kann es geboten sein, dass der nationale Gesetzgeber „technische Begleit-
maßnahmen" zu Art. 43 erlässt, um der nationalen Akkreditierungsstelle
oder der zuständigen Aufsichtsbehörde die Aufgabe der Durchführung von
Akkreditierungsverfahren ausdrücklich zu übertragen.

Kapitel V Übermittlungen personenbezogener Daten an Drittländer oder an internationale Organisationen

Artikel 44 Allgemeine Grundsätze der Datenübermittlung

[1]Jedwede Übermittlung personenbezogener Daten, die bereits verarbeitet werden oder nach ihrer Übermittlung an ein Drittland oder eine internationale Organisation verarbeitet werden sollen, ist nur zulässig, wenn der Verantwortliche und der Auftragsverarbeiter die in diesem Kapitel niedergelegten Bedingungen einhalten und auch die sonstigen Bestimmungen dieser Verordnung eingehalten werden; dies gilt auch für die etwaige Weiterübermittlung personenbezogener Daten durch das betreffende Drittland oder die betreffende internationale Organisation an ein anderes Drittland oder eine andere internationale Organisation. [2]Alle Bestimmungen dieses Kapitels sind anzuwenden, um sicherzustellen, dass das durch diese Verordnung gewährleistete Schutzniveau für natürliche Personen nicht untergraben wird.

Verwandte Normen: ErwGr 101, 169; § 4 b BDSG 2003

Literatur:

Albrecht, Das neue EU-Datenschutzrecht – von der Richtlinie zur Verordnung, CR 2016, S. 88 ff.; *ders./Jotzo*, Das neue Datenschutzrecht der EU, 2017; *Ambrock*, Nach Safe Harbor: Schiffbruch des transatlantischen Datenverkehrs?, NZA 2015, S. 1493 ff.; *Auer-Reinsdorff/Conrad* (Hrsg.), Handbuch IT- und Datenschutzrecht, 2. Auflage 2016; *Bodenschatz*, Der europäische Datenschutzstandard, 2010; *Borges*, Datentransfer in die USA nach Safe Harbor, NJW 2015, S. 3617 ff.; *Comans*, Ein „modernes" europäisches Datenschutzrecht, 2011; *Di Martino*, Datenschutz im europäischen Recht, 2005; *Eichenhofer*, „e-Privacy" im europäischen Grundrechtsschutz: Das „Schrems"-Urteil des EuGH, EuR 2016, S. 76 ff.; *Erbs/Kohlhaas* (Hrsg.), Strafrechtliche Nebengesetze Kommentar, 208. EL Mai 2016; *Gola/Schomerus* (Hrsg.), Bundesdatenschutzgesetz, Kommentar, 12. Auflage 2015; *Grau/Granetzny*, EU-US-Privacy Shield – Wie sieht die Zukunft des transatlantischen Datenverkehrs aus?, NZA 2016, 405 ff.; *von der Groeben/Schwarze/Hatje*, Europäisches Unionsrecht, 7. Auflage 2015; *Ipsen*, Völkerrecht, 6. Auflage 2016; *Kühling*, Auf dem Weg zum vollharmonisierten Datenschutz!?, EuZW 2012, S. 281 ff.; *ders.*, Die Europäisierung des Datenschutzrechts, Gefährdung deutscher Grundrechtsstandards?, 1. Auflage 2016; *ders./Heberlein*, EuGH „reloaded": „unsafe harbor" USA vs. „Datenfestung" EU, NVwZ 2016, S. 7 ff.; *von Lewinski*, Privacy Shield – Notdeich nach dem Pearl Harbor für die transatlantischen Datentransfers, EuR 2016, S. 405 ff.; *Laue/Nink/Kremer*, Das neue Datenschutzrecht in der betrieblichen Praxis, 2016; *Maunz/Dürig*, Grundgesetz-Kommentar, 76. EL Dezember 2015; *Meyer-Ladewig/Nettesheim/von Raumer*, Europäische Menschenrechtskonvention, 4. Auflage 2017; *Molnár-Gábor/Kaffenberger*, EU-US-Privacy-Shield – ein Schutzschild mit Löchern?, ZD 2017, S. 18 ff.; *Piltz*, Die Datenschutz Grundverordnung Teil 4: Internationale Datentransfers und Aufsichtsbehörden, K&R 2016, S. 777 ff.; *Rähter/Seitz*, Übermittlung personenbezogener Daten in Drittstaaten – Angemessenheitsklausel, Safe Harbor und die Einwilligung, MMR 2002, 425 ff.; *Schwartmann*, Datentransfer in die Vereinigten Staaten ohne Rechtsgrundlage, EuZW 2015, S. 864; *Simitis* (Hrsg.), Nomos-Kommentar zum BDSG, 8. neu bearbeitete Auflage 2014; *Spindler/Schuster* (Hrsg.), Recht der elektronischen Medien, 3. Auflage 2015; *Voskamp*, Transnationaler Datenschutz, 2015; *Wandtke*, Ökonomischer Wert von persönlichen Daten, MMR 2017, 6 ff.

A. Grundlagen

I. Gesamtverständnis und Zweck der Norm

Die fortschreitende Digitalisierung und die globale Vernetzung von Menschen und Unternehmen über nationalstaatliche Grenzen hinweg erleichtern internationalen Handel, weltweite Kontakte und Verbindungen und machen die Welt damit sprichwörtlich zu einem Dorf. Dabei dürfen die Gefahren nicht übersehen werden, die von gewaltigen transnationalen Datensammlungen, sowie der unbefugten Nutzung dieser Daten oder deren Weitergabe, ausgehen können. Teils werden diese Daten bewusst und bereitwillig preisgegeben, um die Zugehörigkeit zur globalen Dorfgemeinschaft gewährleisten zu können, teils geraten Daten aber auch ohne das Wissen oder sogar gegen den Willen der Betroffenen in die Datensammlungen. Persönliche Daten haben einen ökonomischen Wert, sind also zur Handelsware geworden und rücken damit nicht zuletzt in den Fokus von Unternehmen, die mit der Verwendung von persönlichen Daten handfeste Gewinninteressen verfolgen.[1] In dieser Gemengelage kommt dem Datenschutz eine grundlegende Bedeutung für den Schutz der Persönlichkeitsrechte der Betroffenen zu, namentlich das Recht auf informationelle Selbstbestimmung als Teil des allgemeinen Persönlichkeitsrechts, gem. Art. 2 Abs. 1 iVm Art. 1 Abs. 1 GG[2] oder auf europäischer Ebene dem Schutz personenbezogener Daten gem. Art. 8 EU-Grundrechtecharta[3] und dem Schutz der Privatheit in Art. 8 EMRK.[4] Der daraus folgende Handlungsauftrag, klare und verbindliche Regelungen aufzustellen, trifft nationale wie internationale Gesetzgeber gleichermaßen.[5] Die EU nähert sich diesem Vorhaben mit der DSGVO.

Art. 44 DSGVO bildet die grundlegende Regelung zum Datentransfer von der EU in Drittstaaten und ist damit die Grundnorm des 5. Kapitels der DSGVO, welches die Datenübermittlung in Drittstaaten und an internationale Organisationen detailliert regelt. Dabei bleibt es bei der Konstruktion

---

1 Dazu ausführlich *Wandtke* MMR 2017, 6 (8 f., 12).
2 Zum Datenschutz als Ausprägung des Rechts auf informationelle Selbstbestimmung siehe statt vieler Maunz/Dürig/*Di Fabio* GG Art. 2 Rn. 173 ff.
3 Näher hierzu siehe von der Groeben/Schwarze/Hatje/*Augsberg* GRC Art. 8 Rn. 1 ff.
4 Vgl. Meyer-Ladewig/Nettesheim/von Raumer/*Meyer-Ladewig/Nettesheim* EMRK Art. 8 Rn. 32 ff.
5 In der Literatur wird in diesem Zusammenhang gar von der Entwicklung transnationalen Rechts als neuer Kategorie gesprochen, vgl. dazu *Voskamp*, S. 63 mwN.

für Datenübermittlungen in Drittstaaten, die schon grundlegend für die DS-RL[6] im Jahre 1995 war: einem präventiven Verbot mit Erlaubnisvorbehalt. Die Übermittlung personenbezogener Daten in Drittländer ist danach nur dann zulässig, wenn eine entsprechende Entscheidung der Kommission ein angemessenes Schutzniveau feststellt (→ Art. 45) oder es geeignete Garantien gibt, die die drittstaatlichen Defizite ausgleichen sollen (→ Art. 46), wozu insbes. *Binding Corporate Rules* zählen (→ Art. 47). Ein Ausnahmenkatalog (→ Art. 49) ermöglicht in engen Grenzen die Übermittlung personenbezogener Daten in Drittstaaten auch bei fehlenden geeigneten Garantien.

II. Bisherige Rechtslage

3   Der internationale Datenverkehr war im deutschen Recht bisher in den §§ 4b und 4c BDSG, die weitgehend Art. 25 und 26 DS-RL umgesetzt haben,[7] geregelt. § 4b BDSG beinhaltete dabei grundlegende Vorschriften zur Übermittlung personenbezogener Daten innerhalb und außerhalb der EU und des EWR durch öffentliche und nicht öffentliche Stellen.[8] Die Art. 44 ff. DSGVO orientieren sich an den Regelungen der DS-RL, fassen diese aber detaillierter, um ihre Durchsetzung im internationalen Rechtsverkehr zu stärken.[9] Die Weiterübermittlung personenbezogener Daten war nach bisherige Rechtslage nicht normiert, sodass die Regelung der *„Onward Transfers"* in Art. 44 DSGVO einen Neuansatz innerhalb der Verordnung darstellt.

III. Entstehung der Norm

4   Der jetzige Art. 44 DSGVO war schon im ursprünglichen Entwurf der Kommission[10] – damals noch als Art. 40 DSGVO-Proposal – enthalten, und blieb seitdem weitgehend unverändert. Lediglich S. 2 wurde im Trilog-Verfahren als Reaktion auf das *Safe-Harbor*-Urteil des EuGH[11] hinzugefügt,[12] um zu unterstreichen, dass das Unterlaufen des in diesem Abschnitt der DSGVO etablierten Schutzniveaus verhindert werden soll. Damit wird der Schutz der natürlichen Personen zum zentralen Thema des Abschnitts über den Datentransfer in Drittstaaten erhoben.

---

6   RL 95/46/EG; vgl. zu den überschaubaren Änderungen der Regelung von Drittstaatentransfers gegenüber der DS-RL auch *Laue/Nink/Kremer*, § 5 Rn. 31.

7   Zum Einfluss des europäischen Sekundärrechts auf das BDSG siehe *Kühling*, Die Europäisierung des Datenschutzrechts, Gefährdung deutscher Grundrechtsstandards?, S. 11 ff., *ders.* EuZW 2012, 281 (282); so auch die Rspr. des EuGH, siehe EuGH, EuZW 2004, 245 Rn. 95 ff. – Lindqvist.

8   Vgl. Gola/Schomerus/*Gola/Klug/Körffer* BDSG § 4b Rn. 1; Erbs/Kohlhaas/*Ambs* BDSG § 4b Rn. 1; allgemein zum Regelungszweck und -inhalt von § 4b BDSG siehe Spindler/Schuster/*Spindler* BDSG § 4b Rn. 1 ff.

9   *Albrecht* CR 2016, 88 (94 f.).

10   KOM (2012) 11 endg.

11   EuGH 6.10.2015 – C-362/14, ECLI:EU:C:2015:650 – Schrems; siehe hierzu auch *Schwartmann* EuZW 2015, 864 und *Borges* NJW 2015, 3617; insbes. zur Betroffenheit der Art. 7 und 8 EU-Grundrechtecharta siehe *Eichenhofer* EuR 2016, 76 ff.

12   So auch *Albrecht* CR 2016, 88 (95).

B. Kommentierung

I. Weiterleitung an Drittländer und internationale Organisationen

Art. 44 S. 1 Hs. 1 DSGVO erklärt den Datentransfer in Drittländer und in-   5
ternationale Organisationen nur dann für zulässig, wenn sowohl der Verantwortliche als auch der Auftragsverarbeiter die in Kapitel 5 der DSGVO
niedergelegten Voraussetzungen erfüllen.[13] Diese basieren auf den Regelungen, die bereits in Art. 25 f. DS-RL enthalten waren[14] und orientieren sich
am Begriff des „angemessenen Datenschutzniveaus". Ein solches liegt nach
der bisherigen Lesart dann vor, wenn das Datenschutzniveau des Drittlandes, dem europäischen Schutzniveau vergleichbar ist.[15] Zur Bestimmung
des angemessenen Schutzniveaus wurde ein Katalog mehrerer Kriterien gebildet,[16] namentlich:

- die Art der Daten,
- die Zweckbestimmung,
- die Dauer der geplanten Verarbeitung,
- das Herkunft- und das Endbestimmungsland,
- die für den Empfänger geltenden Rechtsnormen und Standesregeln
- sowie Maßnahmen der Datensicherheit.

Damit wird die Beurteilung des Vorhandenseins eines Schutzniveaus im
Allgemeinen und dessen Angemessenheit im Besonderen zu einer Frage der
Kenntnisse um die konkreten datenschutzrechtlichen Umstände im Drittland – und somit eine Einzelfallentscheidung.[17] Art. 45 Abs. 1 DSGVO
greift diese Kriterien auf und präzisiert sie weiter, um ein höheres Schutzniveau zu etablieren.

II. Weiterübermittlung, „Onward Transfer"

Art. 44 Abs. 1 S. 1 Hs. 2 DSGVO stellt klar, dass die Regelungen zum Da-   6
tentransfer auch für eine etwaige Weiterübermittlung von personenbezogenen Daten durch das jeweilige Drittland oder die internationale Organisation an ein anderes Drittland oder eine andere internationale Organisation
gelten, den sog *Onward Transfer*.[18] Der Anwendungsbereich der Verordnung wird damit weiter ausgedehnt, denn die datenschutzrechtlichen Anforderungen der Art. 44 DSGVO zum Datentransfer *in* Drittländer finden
so auch *zwischen* Drittländern oder internationalen Organisationen An-

---

13 Zudem muss ein allgemeiner Erlaubnistatbestand nach Art. 6 DSGVO vorliegen
    (→ Rn. 21), ohne dessen Vorliegen eine Übermittlung personenbezogener Daten
    generell unzulässig ist.
14 Ausführlich zu Art. 25 f. DS-RL siehe *Comans*, Ein „modernes" europäisches Da-
    tenschutzrecht, S. 88 ff.; vgl. auch *Bodenschatz*, Der europäische Datenschutzstan-
    dard, S. 207 ff.
15 So auch ausdrücklich Erwägungsgrund 104 DSVGO.
16 Zur Angemessenheit des Schutzniveaus nach § 4 b Abs. 3 BDSG und Art. 25 Abs. 2
    DS-RL siehe Gola/Schomerus/*Gola/Klug/Körffer* BDSG § 4 b Rn. 10 ff.; Simitis/
    Simitis BDSG § 4 b Rn. 48.
17 Vgl. Simitis/*Simitis* BDSG § 4 b Rn. 48.
18 So schon für die DS-RL die Artikel-29-Datenschutzgruppe, WP 12 S. 7; Regelun-
    gen zu *Onward Transfers* finden sich in den Übereinkommen zur Datenübermitt-
    lung in die USA, dem *Safe-Harbor*-Abkommen und dem *EU-US Privacy Shield*,
    vgl. hierzu *von Lewinski* EuR 2016, 405 (413).

wendung, sofern die Übermittlungskette in einem EU-Mitgliedsland beginnt. Hierdurch soll für die Weiterübermittlung personenbezogener Daten grds. ein angemessenes, dem europäischen Datenschutz vergleichbares, Schutzniveau gewährleistet werden.[19] Es obliegt dabei dem jeweiligen Drittstaat oder der internationalen Organisation, Sorge dafür zu tragen, dass ein angemessenes Schutzniveau beim Empfänger gewährleistet ist.[20] Regelungen zur Weiterübermittlung personenbezogener Daten finden sich weder im BDSG noch in der DS-RL, sodass die Verordnung hier einen neuen Ansatz wählt.

III. In diesem Kapitel niedergelegte Bedingungen

7   Ein Datentransfer in Drittländer soll dann zulässig sein, wenn die im 5. Kapitel der DSGVO niedergelegten Bestimmungen eingehalten wurden. Über diese soll im Folgenden ein Überblick gegeben werden. Wie bereits in der DS-RL, liegt den Art. 44 ff. ein dreischrittiges Prüfprogramm[21] zugrunde:

1. Vorliegen eines **Angemessenheitsbeschlusses** der Kommission mit der weitestgehenden Rechtsfolge im 5. Kapitel.
2. Vorhandensein einer **geeigneten Garantie** oder von *Binding Corporate Rules*, aufgrund welcher eine Übermittlung personenbezogener Daten in einen Drittstaat oder an eine internationale Organisation auch ohne Angemessenheitsbeschluss erfolgen darf.
3. Erfüllung der Tatbestandsvoraussetzungen einer **Ausnahmevorschrift**, nach der eine Übermittlung personenbezogener Daten auch dann zulässig ist, wenn weder ein Angemessenheitsbeschluss noch geeignete Garantien vorliegen.

---

19 So zu *Onward Transfers* innerhalb im Rahmen des *EU-US Privacy Shield*, *Grau/Granetzny* NZA 2016, 405 (406).
20 Vgl. *EU-US Privacy Shield*, Annex 2, Framework Principles, S. 5 f.; *Safe-Harbor*-Abkommen, Entscheidung 2000/520/EG v. 26.7.2000 gemäß der Richtlinie 95/46/EG des Europäischen Parlaments und des Rates über die Angemessenheit des von den Grundsätzen des „sicheren Hafens" und der diesbezüglichen „häufig gestellten Fragen" (FAQs) gewährleisteten Schutzes, vorgelegt vom Handelsministerium der USA, ABl. 2000 L 215, 11.
21 Dies entspricht ebenfalls der vormaligen Systematik der DS-RL, vgl. Spindler/Schuster/*Spindler* BDSG § 4 c Rn. 4.

Das abgestufte System der Zulässigkeit von Datenübermittlungen in Drittländer nach dem 5. Kapitel der DSGVO

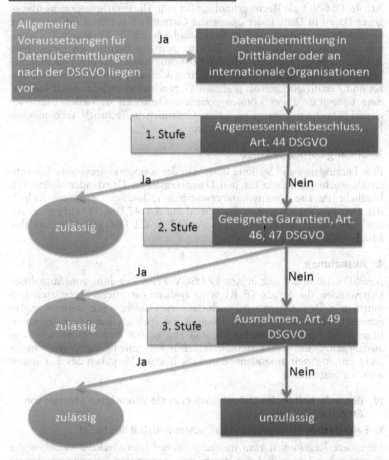

1. Angemessenheitsentscheidungen der Kommission

Die eigentliche Grundlage für Datenübermittlungen in Drittländer ist in Art. 45 DSGVO geregelt und beruht auf sog Angemessenheitsentscheidungen der EU-Kommission:[22] Die EU-Kommission stellt verbindlich fest, dass in einem Drittstaat, einem Teilgebiet, Sektor oder bei einer internationalen Organisation ein angemessenes Schutzniveau besteht und eine Übermittlung personenbezogener Daten mithin ohne Weiteres möglich ist. Ein angemessenes Schutzniveau erfordert ein im Kern mit dem europäischen Schutzstandard vergleichbares Datenschutzniveau (→ Art. 45 Rn. 10 ff.).

8

---

22 *Albrecht* CR 2016, 88 (95).

2. Geeignete Garantien

9   Liegt keine Angemessenheitsentscheidung der EU-Kommission vor, sieht Art. 46 DSGVO als Rechtsgrundlage für eine Übermittlung personenbezogener Daten in Drittländer „geeignete Garantien" vor (ausführlich zu den geeigneten Garantien → Art. 46). Ausgleich für das mangelnde Datenschutzniveau des Drittlandes bilden ua von den Betroffenen einklagbare Rechte.[23] Insbes. kommen von der EU-Kommission und den Datenschutzbehörden angenommene Standardvertragsklauseln, sowie Verhaltenskodizes und Zertifizierungen als geeignete Garantien in Betracht. Auch sog *Binding Corporate Rules* können geeignete Garantien darstellen (dazu sogleich). Daneben können geeignete Garantien in rechtlich verbindlichen Behördenabkommen festgelegt werden.

3. Binding Corporate Rules

10   Eine herausgehobene Stellung innerhalb der Kategorie geeigneter Garantien als Rechtsgrundlage für den Datentransfer in Drittländer stellen verbindliche interne Datenschutzvorschriften (*„Binding Corporate Rules"*) dar. Den *Binding Corporate Rules* wird mit Art. 47 DSGVO ein ganzer Artikel gewidmet. Dabei werden in Art. 47 Abs. 2 DSGVO detailliert ihre Mindestinhalte geregelt.

4. Ausnahmen

11   Abschließend findet sich in Art. 49 DSGVO eine Regelung von Ausnahmetatbeständen, die Art. 26 DS-RL weitestgehend entspricht. Eine Datenübermittlung in Drittstaaten wird auch dann zugelassen, wenn weder eine Angemessenheitsentscheidung der Kommission noch geeignete Garantien vorliegen. Die Ausnahmeregelungen sind eng gefasst und entsprechend eng auszulegen,[24] um das Datenschutzniveau bei einem Drittstaatentransfer nicht unnötig weit auszudehnen und die übrigen Vorgaben des 5. Kapitels nicht zu unterlaufen.

IV. Besonderheiten des Datentransfers in die Vereinigten Staaten von Amerika

1. Safe-Harbor-Principles und das Schrems-Urteil des EuGH

12   Besondere Regelungen zum transatlantischen Datenverkehr zwischen der Europäischen Union und den Vereinigten Staaten von Amerika wurden im sog *Safe-Harbor*-Abkommen[25] getroffen. Für die USA lag kein Angemessenheitsbeschluss vor und konnte auch in Verhandlungen nicht erzielt werden, weshalb die Vereinigten Staaten einen Selbstregulierungsmechanismus für Unternehmen vorschlugen. Ihrem Recht entsprechend kann ein solcher Selbstregulierungsmechanismus als äquivalent zu einem allgemeinen Datenschutzgesetz angesehen werden, was es in den Vereinigten Staaten so

---

23   Vgl. *Albrecht* CR 2016, 88 (95).
24   So insbes. auch *Albrecht* CR 2016, 88 (95).
25   Entscheidung Nr. 520/2000/EG v. 16.7.2000 (*„Safe Harbor"*), ABl. 2000 L 215, 7; zum *Safe-Harbor*-Abkommen, siehe Auer-Reinsdorff/Conrad/*Grapentin*, § 35 Rn. 59 ff.; dazu bereits krit. *Rähter/Seitz* MMR 2002, 425 (429 ff., 433); ebenfalls krit. Simitis/*Simitis* BDSG § 4 b Rn. 70 ff.

nicht gibt und auch in absehbarer Zeit wohl nicht geben wird:[26] Sieben *Principles* und 15 *FAQs* sollten einen sicheren Hafen (*„safe harbor"*) mit äquivalentem Schutzniveau durch solche Unternehmen gewährleisten, die die Vorgaben freiwillig und vollständig einhalten.[27] Vor allem die fehlende Verbindlichkeit dieser Selbstzertifizierung durch US-amerikanische Unternehmen stieß von Beginn an auf Kritik.[28] Gleichwohl erkannte die Kommission in ihrer *Safe-Harbor*-Entscheidung[29] ein dem europäischen Schutzstandard vergleichbares Schutzniveau an.

Ende 2015 wurde die Entscheidung der Kommission allerdings vom EuGH   13 als rechtswidrig verworfen.[30] Ausgangspunkt des Verfahrens war die Klage des Österreichers *Max Schrems* gegen die Entscheidung der irischen Datenschutzbehörde vor dem irischen *High Court*. Die irische Datenschutzbehörde kam *Schrems* Eingabe nicht nach, die Weitergabe seiner Nutzerdaten von der irischen *Facebook*-Tochter an den US-amerikanischen Mutterkonzern zu untersagen.[31] Dabei berief sich die irische Datenschutzbehörde auf das *Safe-Harbor*-Abkommen und bestritt angesichts der Kommissionsentscheidung die Eingabe von *Schrems* überhaupt überprüfen zu dürfen, da die Kommissionsentscheidung, welche ein angemessenes Schutzniveau feststellt, abschließend sei. Der *High Court* legte dem EuGH nun die Frage vor, ob sich eine nationale Aufsichtsbehörde angesichts der Kommissionsentscheidung zum *Safe-Harbor*-Abkommen abschließend und für die nationalen Aufsichtsbehörden bindend sei oder ob diese eine Eingabe wie die von *Schrems* überprüfen durften.[32] Der EuGH urteilte, dass den nationalen Aufsichtsbehörden eine solche Befugnis zukomme; er verwarf zugleich die *Safe-Harbor-Principles*. Dabei erkannte das Gericht grds. an, dass auch ein System der Selbstregulierung zu einem vergleichbaren Schutzniveau führen könne.[33] Jedoch verletze „eine Regelung, die es den Behörden gestattet, generell auf den Inhalt elektronischer Kommunikation zuzugreifen, den Wesensgehalt des durch Art. 7 EU-Grundrechtecharta garantierten Grundrechts auf Achtung des Privatlebens".[34] Darüber hinaus sei Art. 47 der EU-Grundrechtecharta verletzt, wenn für den Bürger keine Möglichkeit bestehe, Zugang zu den erhobenen, ihn betreffenden, personenbezogenen Daten zu erhalten bzw. ihm keine Rechtsbehelfe zur Verfügung stünden, sich gegen eine solche Erhebung zu wehren und ggf. die Löschung seiner Daten zu erwirken.[35] Die Entscheidung des EuGH fand noch Beachtung im Gesetz-

---

26 Zur Entstehungsgeschichte der *Safe-Harbor-Principles* und den unterschiedlichen Datenschutzvorschriften in der Europäischen Union und den Vereinigten Staaten siehe *Di Martino*, Datenschutz im europäischen Recht, S. 68 f.
27 Vgl. *Di Martino*, Datenschutz im Europäischen Recht, S. 69; näher zum Selbstzertifizierungsmechanismus *Kühling/Heberlein* NVwZ 2016, 7 (8).
28 Vgl. *von Lewinski* EuR 2016, 405 (406) mwN.
29 Entscheidung Nr. 520/2000/EG v. 16.7.2000 (*„Safe Harbor"*), ABl. 2000 L 215, 7.
30 EuGH 6.10.2015 – C-362/14, ECLI:EU:C:2015:650 – Schrems.
31 Aufsichtsbehörden anderer Mitgliedstaaten hatten hingegen bereits Zweifel an der Angemessenheit des Schutzniveaus geäußert siehe mwN. *Albrecht/Jotzo*, S. 102.
32 Vgl. hierzu *Ambrock* NZA 2015, 1493 (1494); *Kühling/Heberlein* NVwZ 2016, 7.
33 EuGH 6.10.2015 – C-362/14, ECLI:EU:C:2015:650 Rn. 81, 84 – Schrems.
34 EuGH 6.10.2015 – C-362/14, ECLI:EU:C:2015:650 Rn. 94 – Schrems.
35 EuGH 6.10.2015 – C-362/14, ECLI:EU:C:2015:650 Rn. 95 – Schrems.

gebungsverfahren zur DSGVO und beeinflusste den endgültigen Text damit noch.[36]

2. EU-US Privacy Shield

14　Mit dem *EU-US Privacy Shield*[37] ist am 1.8.2016 der *Safe-Harbor*-Nachfolger vollständig in Kraft getreten. Das neue Abkommen zwischen der Europäischen Union und den Vereinigten Staaten besteht aus einer Angemessenheitsentscheidung der Kommission[38] gem. Art. 25 Abs. 6 DS-RL mit einem Anhang, und weiteren Dokumenten, wie einem *FAQ* und einem *Factsheet*; der Anhang enthält ua die *Privacy-Principles* und Briefe verschiedener US-Ministerien, die sich zur Anerkennung der Schutzstandards verpflichten.[39]

15　Inhaltlich entspricht der *Privacy Shield* in etwa dem *Safe-Harbor*-Abkommen:[40] Es bleibt bei einem System der Selbstregulierung US-amerikanischer Unternehmen, welche die freiwillige Verpflichtung eingehen, sich an die *Privacy-Principles* zu halten.[41] Eine wesentliche Änderung fand mit der Stärkung der Betroffenenrechte gegenüber dem *Safe-Harbor*-Abkommen statt.[42] Teilnehmende Unternehmen und US-Behörden müssen Beschwerdestellen für betroffene Personen einrichten und den Betroffenen ist es nun auch möglich sich mit Beschwerden über ihre nationalen Datenschutzbehörden an das US-Handelsministerium zu wenden.[43] Der Angemessenheitsbeschluss sieht eine regelmäßige Überprüfung der Einhaltung und Effektivität des *Privacy Shields* durch die Kommission vor.[44]

16　Kritisiert wird das Abkommen vor allem hinsichtlich seines unverbindlichen Rechtscharakters.[45] So handelt es sich insbes. bei den *Privacy-Principles*[46] weder um bindendes US-amerikanisches Recht, noch bei dem Abkommen allgemein um eine verbindliche völkerrechtliche Verpflichtung. Daneben steht die vom europäischen Modell abweichende Datenschutzkontrolle in der Kritik.[47] Aus Erwägungsgrund 52 des *Privacy-Shield*-Beschlusses folgt, dass das US-Handelsministerium zugesagt hat, Beschwer-

---

36　Vgl. *Albrecht* CR 2016, 88 (95); eher kleine textlichen Auswirkungen sieht *von Lewinski* EuR 2016, 405 (412).

37　Im Folgenden „*Privacy Shield*".

38　Durchführungsbeschluss (EU) 2016/1250 der Kommission v. 12.7.2016, ABl. 2016 L 207, 1 („*Privacy-Shield*-Beschluss").

39　Alle Dokumente abrufbar unter: http://ec.europa.eu/justice/data-protection/international-transfers/eu-us-privacy-shield/index_en.htm.

40　Vgl. *Molnár-Gábor/Kaffenberger* ZD 2017, 18 (19); dazu auch *von Lewinski* EuR 2016, 405 (413), der auch auf sprachliche Feinheiten hinweist: so heißt es bspw. nicht mehr U.S.-EU sondern EU-U.S.

41　Siehe Anhang II zum *Privacy-Shield*-Beschluss; vgl. zum Inhalt des *Privacy Shield* auch *Laue/Nink/Kremer*, § 5 Rn. 40 f.

42　Vgl. *von Lewinski* EuR 2016, 405 (413).

43　Vgl. Erwägungsgrund 38 ff. *Privacy-Shield*-Beschluss; siehe hierzu auch *Laue/Nink/Kremer*, § 5 Rn. 42.

44　Art. 4 *Privacy-Shield*-Beschluss.

45　Vgl. *von Lewinski* EuR 2016, 405 (414 f., 418); *Molnár-Gábor/Kaffenberger* ZD 2017, 18 (20, 23); Kritik äußert insbes. auch die Artikel-29-Datenschutzgruppe, WP 238.

46　Vgl. Anhang II zum *Privacy-Shield*-Beschluss.

47　So auch *von Lewinski* EuR 2016, 405 (417 ff.).

den über Verstöße von Unternehmen entgegen zu nehmen und diese zu prüfen. Verstößt ein Unternehmen wiederholt gegen die *Privacy-Principles* wird es vom US-Handelsministerium aus der sog Datenschutzschild-Liste genommen, sodass sich das betreffende Unternehmen nicht mehr auf das *Privacy-Shield*-Abkommen berufen kann. Zudem muss sich ein Unternehmen, das sich auf den *Privacy Shield* berufen will den Ermittlungs- und Durchsetzungsbefugnissen der US-Behörden und insbes. der *Federal Trade Commission* („FTC") unterwerfen.[48] Zu Recht wird kritisiert, dass diese Verfahren die informationelle Selbstbestimmung nur stärkten, wenn die Betroffenen um die Eingriffe in ihre Rechte wissen. Vor geheimen Zugriffen auf personenbezogene Daten, namentlich durch verdeckte Maßnahmen der US-Geheimdienste, vermag dies freilich allenfalls bedingt zu schützen.[49] Zwar soll eine Ombudsperson[50] für Beschwerden von EU-Bürgern gegen Datenzugriffe von US-amerikanischen Nachrichtendiensten berufen werden. Diese überprüft dann aber lediglich Compliance-Verstöße der US-Nachrichtendienste gegen ihre Selbstverpflichtung, nicht die Verletzung von Grundrechten der EU-Bürger.[51] Auch eine solche Ombudsstelle kann jedoch nur tätig werden, wenn sie von einem Eingriff Kenntnis hat. Es bleibt abzuwarten, wie effektiv das neue System der Betroffenenrechte des *Privacy Shield* wirklich ist; Zweifel erscheinen jedenfalls angebracht.[52]

Da die Kommissionsentscheidung aufgrund des Verwerfungsmonopols[53] des EuGH allein von diesem gekippt werden kann, wird wohl bis zu einer endgültigen Klärung der Frage, ob der *Privacy Shield* mit dem europäischen Datenschutzrecht vereinbar ist, noch einige Zeit vergehen. Entsprechende Klagen sind indessen schon angekündigt.[54]   **17**

V. Sanktionsmechanismen

Die Regelungen der DSGVO sind nicht bloß hehre Ziele auf deren Einhaltung man sich verständigt: Das 8. Kapitel der DSGVO (Art. 77 ff.) regelt Rechtsbehelfe gegen Verstöße gegen die DSGVO, Haftungs- und Sanktionsnormen. Geldbußen werden in Art. 83 geregelt, dessen Abs. 1 bestimmt, dass die Aufsichtsbehörden sicherstellen, dass jene Geldbußen im Einzelfall wirksam, verhältnismäßig und abschreckend sind.[55] Folglich   **18**

---

48 Vgl. Erwägungsgrund 54 *Privacy-Shield*-Beschluss; dazu auch *von Lewinski* EuR 2016, 405 (413).

49 So auch *von Lewinski* EuR 2016, 405 (413 f.).

50 Der *Senior Coordinator for International Information Technology Diplomacy* ist dem Außenminister der Vereinigten Staaten von Amerika unterstellt. Die Position wird durch den *Under Secretary of State for Economic Growth, Energy and the Environment* besetzt. Dieses Amt ist unter der neuen Administration von Präsident *Donald Trump* seit dem 20. Januar 2017 vakant. Unter Präsident *Barak Obama* wurde es von *Catherine A. Novelli* bekleidet. Vgl. zur Ombudsperson in geheimdienstlichen Fragen Anhang III des *Privacy-Shield*-Beschlusses.

51 Vgl. *von Lewinski* EuR 2016, 405 (413 f.).

52 *Molnár-Gábor/Kaffenberger* ZD 2017, 18 (23 f.) etwa sprechen dem *Privacy Shield* klar ab ein angemessenes Schutzniveau zu etablieren.

53 Zum Verwerfungsmonopol des EuGH siehe EuGH 6.10.2015 – C-362/14, ECLI:EU:C:2015:650 Rn. 61 – Schrems.

54 *von Lewinski* EuR 2016, 405 (419).

55 Ausweislich Art. 83 Abs. 2 werden Geldbußen zusätzlich oder anstatt der Abhilfemaßnahmen der Aufsichtsbehörden gem. Art. 58 Abs. 2 verhängt.

überrascht es nicht, dass gem. Art. 83 Abs. 5 lit. c bei einem Verstoß gegen die Art. 44 ff. Geldbußen in einer Höhe von bis zu EUR 20 Millionen verhängt werden können, oder – sollte der Verstoß von einem Unternehmen begangen worden sein – in einer Höhe von insg. 4 % des gesamten weltweit erzielten Jahresumsatzes des Unternehmens im vergangenen Geschäftsjahr, je nachdem, welcher Betrag der höhere ist (die Höhe der Geldbußen bleibt freilich nicht ohne Kritik, dazu → Art. 83 Rn. 8). Die Sanktionen, welche die DSGVO vorsieht, stellen mithin durchaus scharfe Schwerter dar, um Verstößen zu begegnen. Damit baut sie eine Drohkulisse auf, die wohl die meisten Unternehmen und sonstigen Datenverarbeiter davon abhalten wird, Verstöße gegen die DSGVO bewusst in Kauf zu nehmen.

19 Die Geldbuße kann auch gegen Behörden und öffentliche Stellen von Mitgliedstaaten verhängt werden. Art. 83 Abs. 7 bestimmt, dass Mitgliedstaaten die Regeln hierfür selbst festlegen können (→ Art. 83 Rn. 27). Sieht die Rechtsordnung eines Mitgliedstaates keine Sanktionen gegen Behörden und öffentliche Stellen vor, so kann die Norm gem. Art. 83 Abs. 9 direkt von der zuständigen Aufsichtsbehörde angewandt und von den nationalen Gerichten durchgesetzt werden (so im Fall von Dänemark und Estland → Art. 83 Rn. 28). Somit kommen auch staatliche Stellen nicht umhin, sorgsam mit personenbezogenen Daten umzugehen und diese im Falle einer Drittstaatenübermittlung nur dann freizugeben, wenn eine der Rechtsgrundlagen des 5. Kapitels die Übermittlung auch tatsächlich gestattet.

20 Fraglich erscheint hingegen die Wirkung der Sanktionen gegen drittstaatliche öffentliche Einrichtungen. Gegen eine Anwendung spricht insbes. der Grundsatz der Staatenimmunität — basierend auf dem Rechtsgedanken *par in parem non habet iurisdictionem*, sind Staaten einander gleichrangig, sodass kein Staat über den anderen richten darf.[56] Der Grundsatz erstreckt sich auf das Erkenntnis- und das Vollstreckungsverfahren.[57] Zwar sind Ausnahmen vom Grundsatz der Staatenimmunität anerkannt, doch greifen diese bei einer Verletzung der DSGVO wohl nicht, denn es ist insbes. nicht zu erwarten, dass sich ein Drittstaat bezogen auf Datenschutzrechtsverletzungen freiwillig europäischer Gerichtsbarkeit unterwirft.[58] Folglich bleibt das Sanktions-Schwert der DSGVO stumpf, wenn es um Verletzungen der aufgestellten Schutzstandards durch drittstaatliche Behörden und öffentlichen Stellen geht, denn die Kommission wird kaum erreichen, dass sich Drittstaaten im Verlauf der Verhandlungen um einen Angemessenheitsbeschluss auf eine Unterwerfungsklausel unter europäische Gerichtsbarkeit einlassen. Insbes. drittstaatlichen Geheimdiensttätigkeiten kann damit jedenfalls nicht effektiv begegnet werden.

---

56 Vgl. hierzu *Ipsen*, Völkerrecht, § 5 Rn. 264 mwN.
57 Vgl. wiederum ausführlich *Ipsen*, Völkerrecht § 5 Rn. 265 ff., Rn. 280 ff.
58 Zu dieser und weiteren Ausnahmen vgl. *Ipsen*, Völkerrecht § 5 Rn. 271 ff. mwN.

C. Verhältnis zu anderen Normen

I. Innerhalb der DSGVO

Zunächst gelten für die Übermittlung von personenbezogenen Daten in 21
Drittstaaten dieselben Voraussetzung, die auch für innereuropäische Datenübermittlungen gelten:[59] Im Rahmen einer allgemeinen Legitimations-
prüfung wird zunächst vorausgesetzt, dass ein Erlaubnistatbestand iSd
Art. 6 DSGVO oder eine Einwilligung der Betroffenen und ggf. weitere
Voraussetzungen der DSGVO erfüllt werden.[60] Erst wenn also eine Datenübermittlung grds. zulässig ist, erfolgt die Prüfung der speziellen Voraussetzungen für Übermittlungen von personenbezogenen Daten an Drittstaaten und an internationale Organisationen nach den Vorgaben des 5. Kapitels. Art. 44 DSGVO selbst ist dabei als Einleitung in das abgestufte System
der Zulässigkeit von Datentransfers des 5. Kapitels zu verstehen (→ Rn.
7). Dabei stellt vor allem der symbolische zweite Satz des Artikels die Bedeutung des aufgestellten Schutzniveaus heraus und postuliert ein Verbot
der Umgehung der im 5. Kapitel der DSGVO aufgestellten Voraussetzungen für den Drittstaatentransfer.

II. ABDSG-E

Im Referentenentwurf zum Allgemeinen Bundesdatenschutzgesetz sind kei- 22
ne Bestimmungen zur Übermittlung personenbezogener Daten in Drittstaaten enthalten. Mangels entsprechender Öffnungsklausel überrascht dies allerdings wenig. Die DSGVO regelt die Übermittlung personenbezogener
Daten in Drittstaaten und an internationale Organisationen abschließend –
fortgeltendes nationales Recht ist nicht ersichtlich.

D. Kritik

Effektive Regelungen für den Datentransfer im Informationszeitalter auf- 23
zustellen ist eine Herausforderung. Der Datenfluss durchströmt das ganze
globale Dorf. Die Regelung der *Onward Transfers* in Art. 44 DSGVO ist
insofern bedenklich, als dass es insbes. nicht ersichtlich ist, warum Drittländer den Schutz personenbezogener Daten in anderen Drittländern oder
in internationalen Organisationen derart überwachen sollten, dass ein dem
europäischen Datenschutz vergleichbares Schutzniveau besteht. Auch
bleibt offen, welche Konsequenzen ein Zuwiderhandeln eines Drittstaates
hat, der an die DSGVO nicht gebunden ist.[61]

Artikel 45 Datenübermittlung auf der Grundlage eines Angemessenheitsbeschlusses

(1) [1]Eine Übermittlung personenbezogener Daten an ein Drittland oder
eine internationale Organisation darf vorgenommen werden, wenn die
Kommission beschlossen hat, dass das betreffende Drittland, ein Gebiet

---

59 Damit folgt die DSGVO dem Regelungsansatz der DS-RL.
60 Vgl. *Laue/Nink/Kremer*, § 5 Rn. 33; *Piltz* K&R 2016, 777.
61 Vgl. *Voskamp*, S. 66.

oder ein oder mehrere spezifische Sektoren in diesem Drittland oder die betreffende internationale Organisation ein angemessenes Schutzniveau bietet. [2]Eine solche Datenübermittlung bedarf keiner besonderen Genehmigung.

(2) Bei der Prüfung der Angemessenheit des gebotenen Schutzniveaus berücksichtigt die Kommission insbesondere das Folgende:

a) die Rechtsstaatlichkeit, die Achtung der Menschenrechte und Grundfreiheiten, die in dem betreffenden Land bzw. bei der betreffenden internationalen Organisation geltenden einschlägigen Rechtsvorschriften sowohl allgemeiner als auch sektoraler Art – auch in Bezug auf öffentliche Sicherheit, Verteidigung, nationale Sicherheit und Strafrecht sowie Zugang der Behörden zu personenbezogenen Daten – sowie die Anwendung dieser Rechtsvorschriften, Datenschutzvorschriften, Berufsregeln und Sicherheitsvorschriften einschließlich der Vorschriften für die Weiterübermittlung personenbezogener Daten an ein anderes Drittland bzw. eine andere internationale Organisation, die Rechtsprechung sowie wirksame und durchsetzbare Rechte der betroffenen Person und wirksame verwaltungsrechtliche und gerichtliche Rechtsbehelfe für betroffene Personen, deren personenbezogene Daten übermittelt werden,

b) die Existenz und die wirksame Funktionsweise einer oder mehrerer unabhängiger Aufsichtsbehörden in dem betreffenden Drittland oder denen eine internationale Organisation untersteht und die für die Einhaltung und Durchsetzung der Datenschutzvorschriften, einschließlich angemessener Durchsetzungsbefugnisse, für die Unterstützung und Beratung der betroffenen Personen bei der Ausübung ihrer Rechte und für die Zusammenarbeit mit den Aufsichtsbehörden der Mitgliedstaaten zuständig sind, und

c) die von dem betreffenden Drittland bzw. der betreffenden internationalen Organisation eingegangenen internationalen Verpflichtungen oder andere Verpflichtungen, die sich aus rechtsverbindlichen Übereinkünften oder Instrumenten sowie aus der Teilnahme des Drittlands oder der internationalen Organisation an multilateralen oder regionalen Systemen insbesondere in Bezug auf den Schutz personenbezogener Daten ergeben.

(3) [1]Nach der Beurteilung der Angemessenheit des Schutzniveaus kann die Kommission im Wege eines Durchführungsrechtsaktes beschließen, dass ein Drittland, ein Gebiet oder ein oder mehrere spezifische Sektoren in einem Drittland oder eine internationale Organisation ein angemessenes Schutzniveau im Sinne des Absatzes 2 des vorliegenden Artikels bieten. [2]In dem Durchführungsrechtsakt ist ein Mechanismus für eine regelmäßige Überprüfung, die mindestens alle vier Jahre erfolgt, vorzusehen, bei der allen maßgeblichen Entwicklungen in dem Drittland oder bei der internationalen Organisation Rechnung getragen wird. [3]Im Durchführungsrechtsakt werden der territoriale und der sektorale Anwendungsbereich sowie gegebenenfalls die in Absatz 2 Buchstabe b des vorliegenden Artikels genannte Aufsichtsbehörde bzw. genannten Aufsichtsbehörden angegeben. [4]Der Durchführungsrechtsakt wird gemäß dem in Artikel 93 Absatz 2 genannten Prüfverfahren erlassen.

(4) Die Kommission überwacht fortlaufend die Entwicklungen in Drittländern und bei internationalen Organisationen, die die Wirkungsweise der nach Absatz 3 des vorliegenden Artikels erlassenen Beschlüsse und der nach Artikel 25 Absatz 6 der Richtlinie 95/46/EG erlassenen Feststellungen beeinträchtigen könnten.

(5) [1]Die Kommission widerruft, ändert oder setzt die in Absatz 3 des vorliegenden Artikels genannten Beschlüsse im Wege von Durchführungsrechtsakten aus, soweit dies nötig ist und ohne rückwirkende Kraft, soweit entsprechende Informationen – insbesondere im Anschluss an die in Absatz 3 des vorliegenden Artikels genannte Überprüfung – dahingehend vorliegen, dass ein Drittland, ein Gebiet oder ein oder mehrere spezifischer Sektor in einem Drittland oder eine internationale Organisation kein angemessenes Schutzniveau im Sinne des Absatzes 2 des vorliegenden Artikels mehr gewährleistet. [2]Diese Durchführungsrechtsakte werden gemäß dem Prüfverfahren nach Artikel 93 Absatz 2 erlassen.

In hinreichend begründeten Fällen äußerster Dringlichkeit erlässt die Kommission gemäß dem in Artikel 93 Absatz 3 genannten Verfahren sofort geltende Durchführungsrechtsakte.

(6) Die Kommission nimmt Beratungen mit dem betreffenden Drittland bzw. der betreffenden internationalen Organisation auf, um Abhilfe für die Situation zu schaffen, die zu dem gemäß Absatz 5 erlassenen Beschluss geführt hat.

(7) Übermittlungen personenbezogener Daten an das betreffende Drittland, das Gebiet oder einen oder mehrere spezifische Sektoren in diesem Drittland oder an die betreffende internationale Organisation gemäß den Artikeln 46 bis 49 werden durch einen Beschluss nach Absatz 5 des vorliegenden Artikels nicht berührt.

(8) Die Kommission veröffentlicht im *Amtsblatt der Europäischen Union* und auf ihrer Website eine Liste aller Drittländer beziehungsweise Gebiete und spezifischen Sektoren in einem Drittland und aller internationalen Organisationen, für die sie durch Beschluss festgestellt hat, dass sie ein angemessenes Schutzniveau gewährleisten bzw. nicht mehr gewährleisten.

(9) Von der Kommission auf der Grundlage von Artikel 25 Absatz 6 der Richtlinie 95/46/EG erlassene Feststellungen bleiben so lange in Kraft, bis sie durch einen nach dem Prüfverfahren gemäß den Absätzen 3 oder 5 des vorliegenden Artikels erlassenen Beschluss der Kommission geändert, ersetzt oder aufgehoben werden.

Verwandte Normen: ErwGr 108, 109, 114

Literatur:

Albrecht, Das neue EU-Datenschutzrecht – von der Richtlinie zur Verordnung, CR 2016, S. 88 ff.; *ders./Jotzo*, Das neue Datenschutzrecht der EU, 2017; *Backes/Eul/Guthmann/Martwich/Schmidt*, Entscheidungshilfe für die Übermittlung personenbezogener Daten in Drittländer, RDV 2004, S. 156 ff.; *Bodenschatz*, Der europäische Datenschutzstandard, 2010; *Büllesbach*, Überblick über Europäische Datenschutzregelungen bezüglich des Datenaustauschs mit Ländern außerhalb der Europäischen Union, RDV 2002, S. 55 ff.; *Calliess/Ruffert* (Hrsg.), EUV/AEUV, 5. Auflage 2016; *Comans*, Ein „modernes" europäisches Datenschutzrecht, 2012; *Di Martino*, Datenschutz im Europäischen Recht, 2005; *Gola/Schomerus* (Hrsg.), Bundesdatenschutzgesetz, 12. Auflage 2015; *Gola*, Neues Recht – neue Fragen: Einige aktuelle Interpretationsfragen zur DSGVO, K&R 2017, S. 145 ff.; *Grabitz/Hilf/Nettesheim* (Hrsg.), Das Recht der Europäischen Union, 58. EL 2016; *von der Groeben/Schwarze/Hatje*, Europäisches Unionsrecht, 7. Auflage 2015; *Hoffmann-Riem*, Freiheitsschutz in den globalen Kommunikationsinfrastrukturen, JZ 2014, S. 53 ff.; *Kilian/Heussen*, Computerrechts-Handbuch, 26. Ergänzungslieferung 2008; *Klug*, Globaler Arbeitnehmerdatenschutz, RDV 1999, S. 109 ff.; *Kühling/Heberlein*, EuGH „reloaded": „unsafe harbor" USA vs. „Datenfestung" EU, NVwZ 2016, 7 ff.; *Laue/Nink/Kremer*, Das neue Datenschutzrecht in der betrieblichen Praxis, 2016; *Maunz/Dürig*, Grundgesetz-Kommentar, 76. EL Dezember 2015; *Molnár-Gábor/Kaffenberger*, EU-US-Privacy-Shield –ein Schutzschild mit Löchern?, ZD 2017, S. 18 ff.; *Piltz*, Die Datenschutz Grundverordnung Teil 4: Internationale Datentransfers und Aufsichtsbehörden, K&R 2016, S. 777 ff.; *ders.*, Die Datenschutz Grundverordnung Teil 5: Internationale Zusammenarbeit, Rechtsbehelfe und Sanktionen, K&R 2017, S. 85 ff.; *Räther/Seitz*, Übermittlung personenbezogener Daten in Drittstaaten – Angemessenheitsklausel, Safe Harbor und die Einwilligung, MMR 2002, S. 425 ff.; *Roßnagel* (Hrsg.), Handbuch Datenschutzrecht, 2003; *Simitis* (Hrsg.), Nomos-Kommentar zum BDSG, 8. neu bearbeitete Auflage, 2014; *ders.*, Die EU-Datenschutzrichtlinie – Stillstand oder Anreiz? NJW 1997, S. 281 ff.; *Spindler/Schuster* (Hrsg.), Recht der elektronischen Medien, 3. Auflage 2015; *Tinnefeld/Buchner/Petri*, Einführung in das Datenschutzrecht: Datenschutz und Informationsfreiheit in europäischer Sicht, 5. völlig überarbeitete Auflage 2012; *Voskamp*, Transnationaler Datenschutz, 2015; *Wolf*, Der rechtliche Nebel der deutsch-amerikanischen „NSA-Abhöraffäre", JZ 2013, S. 1039 ff.

A. Grundlagen

I. Gesamtverständnis und Zweck der Norm

1 Der Artikel normiert die weitreichendste Rechtsgrundlage für Datenübermittlungen in Drittländer innerhalb der DSGVO. Eine Übermittlung perso-

nenbezogener Daten in Drittländer wird ohne weitere Genehmigung erlaubt, falls eine Angemessenheitsentscheidung der Europäischen Kommission vorliegt. Die Regelung bildet die Basis im abgestuften System der Zulässigkeit von Datentransfers nach dem 5. Kapitel der DSGVO (→ Art. 44 Rn. 7); ihr folgen in Art. 46 ff. Normen, die angesichts einer fehlenden Angemessenheitserklärung strenger sind und eine Datenübertragung nur gestatten, wenn geeignete Garantien gegeben sind (insbes. etwa *Binding Corporate Rules*), oder die eng auszulegenden Ausnahmetatbestände des Art. 49 DSGVO vorliegen.

II. Bisherige Rechtslage

Angemessenheitsentscheidungen waren bislang auf europäischer Ebene in Art. 25 DS-RL und im deutschen Recht in § 4 b Abs. 2 und 3 BDSG im Zusammenspiel mit den Ausnahmetatbeständen des § 4 c Abs. 2 und 3 BDSG geregelt.[1] Die Neuregelung der DSGVO erhöht vor allem den Detailgrad hinsichtlich der Kriterien des angemessenen Schutzniveaus und der Form des Angemessenheitsbeschlusses, der nun als Durchführungsrechtsakt[2] ergeht (→ Rn. 16 ff.). Die bisherigen Kommissionsentscheidungen zur Angemessenheit des Schutzniveaus von insgesamt elf Drittländern gem. Art. 25 Abs. 6 DS-RL gelten im Rahmen von Art. 45 Abs. 9 DSGVO zunächst fort.[3]

2

Eine Definition des angemessenen Schutzniveaus bot die bisherige Rechtslage nicht.[4] Vielmehr handelte es sich beim Begriff des „angemessenen Schutzniveaus" um einen auslegungsbedürftigen, unbestimmten Rechtsbegriff, der zu einer Einzelfallbetrachtung des Drittlandes oder der internationalen Organisation im Rahmen der Beurteilung, ob ein entsprechendes Schutzniveau vorliegt, führte.[5] Als Maßstab für die konkrete Einzelfallbetrachtung wurde der Grad der Persönlichkeitsgefährdung der betroffenen Person herangezogen.[6] Das Schutzniveau wurde regelmäßig dann als angemessen betrachtet, wenn es dem von der DS-RL implementierten Schutz

3

---

1 Zur bisherigen Rechtslage ausführlich: Simitis/*Simitis* BDSG § 4 b Rn. 41 ff.; Gola/Schomerus/*Körffer/Klug/Gola* BDSG § 4 b Rn. 6 ff.
2 Allgemein zu Durchführungsrechtsakten GHN/*Nettesheim* AEUV Art. 291 Rn. 1 ff.; insbes. zur Häufigkeit von Durchführungsrechtsakten im Vergleich zu delegierten Rechtsakten Calliess/Ruffert/*Ruffert* AEUV Art. 291 Rn. 11.
3 Die Kommission hat ein angemessenes Schutzniveau für folgende Drittländer anerkannt: Andorra (vgl. ABl. 2010 L 277, 27), Argentinien (vgl. ABl. 2003 L 168, 19), Färöer Inseln (vgl. ABl. 2010 L 58, 17), Guernsey (vgl. ABl. 2003 L 308, 27), Isle of Man (vgl. ABl. 2004 L 151, 51; Berichtigung in ABl. 2004 L 208, 47), Israel (vgl. ABl. 2011 L 27, 39), Jersey (ABl. 2008 L 138, 21), Kanada (ABl. 2002, L 2, 13), Neuseeland (vgl. ABl. 2013 L 28, 12), Schweiz (vgl. ABl. 2000 L 215, 1), Uruguay (vgl. ABl. 2012 L 227, 11); nachdem der EuGH das *Safe-Harbor*-Abkommen für nichtig erklärt hat, haben die Vereinigten Staaten und die EU den *EU-US Privacy Shield* ausgehandelt, ein entsprechender Angemessenheitsbeschluss liegt mit dem Durchführungsbeschluss (EU) 2016/1250 der Kommission v. 12.7.2016, ABl. 2016 L 207, 1 vor.
4 Vgl. Simitis/*Simitis* BDSG § 4 b Rn. 48; so zuletzt auch EuGH 6.10.2015 – C-362/14, ECLI:EU:C:2015:650 Rn. 70 – Schrems.
5 So schon *Klug* RDV 1999, 109 (110); vgl. auch Gola/Schomerus/*Körffer/Klug/Gola* BDSG § 4 b Rn. 11.
6 Vgl. *Tinnefeld/Buchner/Petri*, Einführung in das Datenschutzrecht, S. 265.

personenbezogener Daten entsprach.[7] Dabei war keineswegs die absolute Gleichwertigkeit des Schutzniveaus gefordert,[8] sondern, dass den Betroffenen ein vergleichbarer Kernbestand an Rechten zum Schutz ihrer informationellen Selbstbestimmung zur Verfügung stand.[9] Verschiedene Aufsichtsbehörden innerhalb Deutschlands und innerhalb der EU beantworteten die Frage, ob ein angemessenes Schutzniveau vorlag, jedoch unterschiedlich; ebenso wurde die Frage, bei wem es vorzuliegen hat – dem Empfänger oder generell im Drittland – uneinheitlich beantwortet. Dies führte zu einer uneinheitlichen Rechtsanwendung innerhalb Deutschlands und innerhalb der Europäischen Union.[10]

III. Entstehung der Norm

4   Art. 45 DSGVO wurde im Verlauf des Gesetzgebungsverfahrens mehrfach geändert, sodass die endgültige Fassung der Norm erst nach Abschluss der Trilog-Verhandlungen feststand. Insbes. die genauen Inhalte des Durchführungsrechtsakts, die sich nun in Abs. 3 S. 2 befinden, wurden im Verlauf des Gesetzgebungsverfahrens erheblich verändert; sie waren zuvor teils eigens geregelt[11] oder wurden erst später hinzugefügt.[12] Der Forderung des Europäischen Parlaments nach einem Vetorecht für Angemessenheitsentscheidungen der Kommission wurde in der finalen Fassung der DSGVO nicht gefolgt, dafür aber ein Mechanismus zur regelmäßigen Evaluierung der Angemessenheitsentscheidungen eingefügt.[13]

B. Kommentierung

I. Angemessenheitsentscheidung der Kommission

1. Kommissionsbeschluss, Abs. 1

5   Die Kommission beschließt, ob ein Drittland oder eine internationale Organisation über ein angemessenes Datenschutzniveau[14] verfügt und der Datentransfer damit ohne weitere Genehmigung erfolgen kann. Die Angemessenheitsentscheidung der Kommission gem. Abs. 1 stellt den zentralen

---

7   Statt vieler *Tinnefeld/Buchner/Petri*, Einführung in das Datenschutzrecht, S. 266; vgl. auch *Albrecht* CR 2016, 88 (95).

8   Als Grund hierfür wird insbes. eine zu weitreichende Beeinträchtigung des außereuropäischen Handels genannt, vgl. *Bodenschatz*, Der europäische Datenschutzstandard, S. 210.

9   Vgl. Simitis/*Simitis* BDSG § 4 b Rn. 52; Spindler/Schuster/*Spindler* BDSG § 4 b Rn. 11; Gola/Schomerus/*Körffer/Klug/Gola* BDSG § 4 b Rn. 12 die gar eine „gewisse Minderung" des Schutzniveaus akzeptieren wollen.

10 *Backes/Eul/Guthmann/Martwich/Schmidt* RDV 2004, 156; Gola/Schomerus/*Kröffler/Klug/Gola* BDSG § 4 b Rn. 11.

11 Vgl. die Regelung zum geografischen und sektoriellen Anwendungsbereich der Norm in Art. 41 Abs. 4 DSGVO-Proposal (KOM [2012] 11 endg., 81).

12 Der Mechanismus zur regelmäßigen Überprüfung des angemessenen Schutzniveaus ist erst in der Version des DSGVO nach Ende der Trilog-Verhandlungen zu finden, vgl. Rat der Europäischen Union Nr. 5455/16 (ST 5455 2016 INIT), S. 144.

13 *Albrecht* CR 2016, 88 (95); zum Ganzen auch *ders./Jotzo*, Das neue Datenschutzrecht der EU, S. 104.

14 Der Begriff wird nicht nur in der DS-RL, sondern auch im Zusatzprotokoll zur Europäischen Datenschutzkonvention verwendet, die einen Datentransfer in Drittstaaten ebenfalls nur gestatten, wenn ein angemessenes Datenschutzniveau vorliegt, vgl. *Tinnefeld/Buchner/Petri*, Einführung in das Datenschutzrecht, S. 74.

Regelungsgegenstand des Artikels dar; sie ergeht nach Abs. 3 in Form eines Durchführungsrechtsakts. Damit stärkt die Kommission auch ihr Primat in den Außenbeziehungen der Europäischen Union.[15] Ausweislich des Erwägungsgrundes 103 soll durch die Angemessenheitsentscheidung eine einheitliche Rechtsanwendung in der Europäischen Union sichergestellt und damit Rechtssicherheit geschaffen werden. Fraglich bleibt, ob die Kommission den Europäischen Datenschutzausschuss konsultieren muss, wenn sie über die Angemessenheit des Schutzniveaus eines Drittstaates oder einer internationalen Organisation befindet. Dies fordert Erwägungsgrund 105 explizit. Allerdings fehlt eine entsprechende Verpflichtung in Art. 45 DSGVO selbst. Zwar stellen die Erwägungsgrunde keine rechtlich verbindlichen Regelungen dar. Doch sind diese bei der Auslegung der Bestimmungen der DSGVO zu beachten, da sie den Willen des Europäischen Gesetzgebers wiedergeben.[16] Folglich spricht insbes. mit Blick auf die Aufgaben (→ Art. 70 Rn. 8 ff.) des Europäischen Datenschutzausschusses viel für eine Pflicht zur Konsultation.[17]

a) Ganze Staaten, Gebiete oder Sektoren, Abs. 1

Nach der Begründung des Kommissionsvorschlags zur DSGVO stellt Art. 45 Abs. 1 nun ausdrücklich klar, dass die Kommission mit dem Angemessenheitsbeschluss nicht nur für ein Drittland insgesamt feststellen kann, ob das Schutzniveau angemessen ist, sondern die Feststellung auch für einzelne Gebiete oder Sektoren treffen kann.[18] Dabei handelt es sich um eine Neuregelung innerhalb der DSGVO. Als „Sektoren" werden dabei Branchen und Tätigkeitsfelder der Privatwirtschaft bezeichnet.[19] Dies kann im Ergebnis dazu führen, dass ein Drittstaat zwar insgesamt kein angemessenes Datenschutzniveau gewährleistet, personenbezogene Daten aufgrund eines entsprechenden Kommissionsbeschluss indessen aber dennoch ohne weitere Genehmigung an Unternehmen aus bestimmten Branchen und Tätigkeitsfeldern übermittelt werden dürfen.[20]

6

b) „Berücksichtigen", Abs. 2

Die Kommission berücksichtigt gem. Abs. 2 bei der Prüfung der Angemessenheit des Schutzniveaus die Kriterien, die in Abs. 2 lit. a-c aufgeführt sind. Damit stellt sich die Frage nach der Interpretation des Begriffs „berücksichtigen": Der Wortsinn lässt mehrere Auslegungen zu: Zum einen dahingehend, dass die Kommission die im Abs. 2 lit. a-c aufgestellten Kriterien unbedingt zu beachten hat, und diese damit zur zwingenden Bedingung des Angemessenheitsbeschluss werden. Damit könnten die Kriterien also als *conditio sine qua non* nicht hinweggedacht werden, ohne den Beschluss zu verunmöglichen.[21] Zum anderen ist es auch möglich, „berück-

7

---

15 Dazu *Di Martino*, Datenschutz im Europäischen Recht, S. 67.
16 Dazu *Gola* K&R 2017, 145 mwN.
17 So auch *Piltz* K&R 2016, 777; *Albrecht/Jotzo*, Das neue Datenschutzrecht der EU, S. 104.
18 Vgl. KOM (2012) 11 endg., 12.
19 Vgl. Erwägungsgrund 97.
20 So auch *Laue/Nink/Kremer*, § 5 Rn. 35.
21 Vgl. hierzu schon die Kritik an der DS-RL von *Simitis* NJW 1997, 281 (284).

sichtigen" so zu deuten, dass die Kommission die Kriterien zwar bedenken soll, im Zweifel aber auch von ihnen abweichen und andere Aspekte für wichtiger erachten darf. Die anderen Sprachfassungen verwenden ähnlich weiche Formulierungen und helfen insofern bei der Auslegung des Begriffes nicht weiter.[22] Auch ein Blick in die Erwägungsgründe, namentlich Erwägungsgrund 104, trägt auch nicht zu Klärung bei, denn dort ist die Rede davon, dass die Kommission bei ihrer Entscheidung die Kriterien berücksichtigen *solle*. Insoweit verbleibt ein gewisser Interpretationsspielraum.

8 Beachtet man die Zielrichtung der Verordnung, Rechtsklarheit für den europäischen Datenschutz zu schaffen,[23] so spricht dies für die engere, erstgenannte Auslegungsmöglichkeit. Dafür spricht auch die Grundrechtsrelevanz des Datenschutzes[24] für die Betroffenen,[25] aufgrund derer in Art. 44 S. 2 DSGVO bestimmt wird, dass die zum Schutz der personenbezogenen Daten natürlicher Personen im 5. Kapitel aufgestellten Bestimmungen nicht unterlaufen werden dürfen (→ Art. 44 Rn. 4). Für die erstgenannte Auslegungsmöglichkeit spricht nicht zuletzt auch Erwägungsgrund 104 der DSGVO, der auf die Menschenrechte als „Grundwerte der Union" abstellt. Mithin ist die DSGVO im Lichte der EU-Grundrechtecharta auszulegen, um den Schutz der Rechte der betroffenen Personen ausreichend zu gewährleisten.[26] Zu keinem anderen Ergebnis kann man hinsichtlich der Rechtsfolge eines Angemessenheitsbeschlusses gelangen, denn wenn für ein Drittland oder eine internationale Organisation ein angemessenes Schutzniveau erst einmal festgestellt wurde, so ist die Übermittlung personenbezogener Daten dorthin ohne weitere Genehmigung zulässig. Somit muss die Kommission die in Abs. 2 genannten Kriterien bei ihrer Angemessenheitsentscheidung nicht nur zwingend berücksichtigen,[27] sondern darf darüber hinaus einen Beschluss zur Angemessenheit des Schutzniveaus nur dann treffen, wenn die Kriterien des Abs. 2 zweifelsfrei vorliegen. Andernfalls würde sie ihrer Pflicht zum Schutz personenbezogener Daten gem. Art. 8 EU-Grundrechtecharta nicht gerecht.[28]

---

22 Englische Sprachfassung: „[...]the Commission shall [...] take into account [...]"; französische Sprachfassung: "[...] la Commission tient compte [...]"; spanische Sprachfassung: "[...] la Comisión tendrá en cuenta [...]"; dänische Sprachfassung „[...] tager Kommissionen navnlig [...] i betragtning"; zum Vergleich der Sprachfassungen als Ausganspunkt der Auslegung von Normen im Europarecht vgl. die ständige Rspr. des EuGH etwa in Rs. C-449/93, Slg 1995, I-4291 Rn. 28 – Rockfon, oder jüngeren Datums in Rs. C-56/06, Slg 2007, I-4859 Rn. 27 – Euro Tex Textilverwertung GmbH/Hauptzollamt Duisburg.

23 Gola/Schomerus/*Kröffler/Klug/Gola* BDSG Einleitung Rn. 28, *dies.* BDSG § 4 b Rn. 11.

24 Vgl. hierzu zum europäischen Recht von der Groeben/Schwarze/Hatje/*Augsberg* GRC Art. 8 Rn. 1 ff.; zum deutschen Recht vgl. statt vieler Maunz/Dürig/*Di Fabio* GG Art. 2 Rn. 173-175.

25 Vgl. zur bisherigen Rechtslage auch *Büllesbach* RDV 2002, 55.

26 So zum bisherigen Recht EuGH 6.10.2015 – C-362/14, ECLI:EU:C:2015:650 Rn. 66, 73, 78 – Schrems.

27 So auch *Piltz* K&R 2016, 777.

28 Mit ähnlicher Argumentation zu Art. 25 Abs. 6 DS-RL der EuGH 6.10.2015 – C-362/14, ECLI:EU:C:2015:650 Rn. 70-72, 78 – Schrems.

c) Veröffentlichung einer Liste mit Beschlüssen, Abs. 8

Der Angemessenheitsbeschluss der Kommission für Drittländer, deren Ge-   **9**
biete und spezifische Sektoren, sowie für internationale Organisationen
muss von dieser nach Abs. 8 im Amtsblatt der Europäischen Union und
auf dem Internetauftritt der Kommission veröffentlicht werden.[29]

2. Tatbestandsvoraussetzung: Angemessenes Schutzniveau, Abs. 2

Die Kriterien nach denen sich das Schutzniveau beurteilen lässt, sind in der   **10**
DSGVO konkretisiert worden.[30] Die Berücksichtigung dieser Kriterien ist
zwingende Voraussetzung eines Angemessenheitsbeschlusses der Kommission (→ Rn. 8). Es bleibt bei der Grundkonzeption, dass das Schutzniveau
eines Drittlandes oder einer internationalen Organisation als angemessen
anzusehen ist, wenn es im Kern dem europäischen Schutz „der Sache nach
gleichwertig ist".[31] Den europäischen Datenschutz zeichnen nach Ansicht
der der Artikel-29-Datenschutzgruppe[32] folgende inhaltliche und verfahrensrechtliche Grundsätze aus:[33]

- Grundsatz der Beschränkung und Selbstbestimmung
- Grundsatz der Datenqualität und -verhältnismäßigkeit
- Grundsatz der Transparenz
- Grundsatz der Sicherheit
- Recht auf Zugriff, Berichtigung und Widerspruch
- Beschränkung der Weiterübermittlung in andere Drittländer
- Gewährleistung einer guten Befolgungsrate der Vorschriften
- Unterstützung und Hilfe für einzelne Betroffene
- Gewährleistung einer angemessenen Entschädigung bei Verstößen ge-
  gen die Bestimmungen

An diesen Feststellungen, die auch nach dem Inkrafttreten der DSGVO das
europäische Datenschutzrecht noch prägen, sollte sich auch weiterhin die
Beurteilung des europäischen Datenschutzniveaus orientieren. Daneben ist
auch die Rechtsprechung des EuGH bei der Bestimmung der Angemessen-

---

29 Bisherige Angemessenheitsentscheidungen der Kommission abrufbar unter: http://
    ec.europa.eu/justice/data-protection/international-transfers/index_en.htm.
30 Vgl. *Piltz* K&R 2016, 777; zu den Kriterien des Art. 25 DS-RL und weiteren unge-
    schriebenen Ergänzungskriterien, siehe *Comans*, Ein „modernes" europäisches Da-
    tenschutzrecht, S. 90 f.
31 So explizit Erwägungsgrund 104; so auch *Albrecht* CR 2016, 88 (95); *Molnár-
    Gábor/Kaffenberger* ZD 2017, 18 (19); zum Ursprung der Formulierung siehe
    Piltz K&R 2016, 777.
32 Gruppe für den Schutz der Rechte von Personen bei der Verarbeitung personenbe-
    zogener Daten, eingesetzt gem. Art. 29 DS-RL. Die Artikel-29-Datenschutzgruppe
    besteht aus Vertretern der nationalen Datenschutzbehörden und hat beratende
    Funktion hinsichtlich des Datenschutzrechts in der Europäischen Union. Nach
    Art. 29 Abs. 7 prüft die Gruppe Fragen, die der Vorsitzende von sich aus oder auf
    Antrag der nationalen Datenschutzbehörden oder der Europäischen Kommission
    auf die Tagesordnung gesetzt hat. Die Artikel-29-Datenschutzgruppe wird mit In-
    krafttreten der DSGVO durch den Europäischen Datenschutzausschuss (Art. 68 ff.
    DSGVO) abgelöst. Für einen prägnanten Vergleich der beiden Institutionen siehe
    Piltz K&R 2017, 85 (87).
33 Artikel-29-Datenschutzgruppe, WP 12, S. 5 ff.; dazu ausführlich *Bodenschatz*, Der
    europäische Datenschutzstandard, S. 211 ff.; siehe auch *Räther/Seitz* MMR 2002,
    425 (427).

heit des Schutzniveaus eines Drittstaates oder einer internationalen Organisation zu beachten.[34]

a) Rechtsstaatliche Voraussetzungen, Abs. 2 Nr. 1

11 Das Rechtsstaatlichkeitskriterium der Nr. 1 setzt ein Mindestmaß an bestehenden Menschenrechten und Grundfreiheiten voraus.[35] Die Rechtsstaatlichkeit des Drittlandes oder der internationalen Organisation muss sowohl generell, als auch in einzelnen Sektoren mit dem der Europäischen Union vergleichbar sein.[36] Durch die Neuregelung der DSGVO wird dies präzisiert – dabei bezieht sich Abs. 2 lit. a nun ausdrücklich auch auf Bereiche wie die nationale und öffentliche Sicherheit, die Verteidigung, das Strafrecht sowie den Zugang öffentlicher Stellen zu personenbezogenen Daten –,[37] was als Reaktion auf die *Snowden*-Enthüllungen interpretiert werden kann (→ Art. 48 Rn. 7).[38] Darüber hinaus müssen Betroffenen, deren Daten übermittelt werden, effektive Rechtsschutzmöglichkeiten eingeräumt sein.[39] Damit stellt die DSGVO sehr hohe Hürden auf, die Drittländer oder internationale Organisationen erfüllen müssen, damit die Kommission einen Angemessenheitsbeschluss fassen und ein ungehinderter Datenverkehr stattfinden kann. Aufgrund der großen grundrechtlichen Relevanz der Sicherheit personenbezogener Daten ist dies gerechtfertigt.

b) Unabhängige Aufsichtsbehörden, Abs. 2 Nr. 2

12 Ferner müssen unabhängige effektive Aufsichtsbehörden in dem jeweiligen Drittland oder der internationalen Organisation bestehen, welche die drittstaatlichen oder innerorganisatorischen Datenschutzvorschriften überwachen, Betroffene beraten können und mit den Aufsichtsbehörden der Mitgliedstaaten zusammenarbeiten.[40] Auch dieses Kriterium dient der Herstellung vergleichbarer Verhältnisse mit der Europäischen Union – bisher forderte Art. 25 DS-RL die Existenz von Aufsichtsbehörden nicht ausdrücklich. Die DSGVO erhebt die Einrichtung solcher Aufsichtsbehörden den Mitgliedstaaten nun zur Pflicht. Damit soll im Verkehr mit Drittstaaten den Bürgern, deren Daten übermittelt werden, ein vergleichbares Schutzniveau durch dortige innerstaatliche Kontrollsysteme garantiert werden.

---

34 *Molnár-Gábor/Kaffenberger* ZD 2017, 18 (19).
35 Die bisherige Regelung in Art. 25 Abs. 2 DS-RL verlangte insoweit lediglich, dass die für den Empfänger betreffenden Rechtsnormen und Standesregeln sowie die für ihn geltenden Maßnahmen der Datensicherheit bei der Entscheidung über die Angemessenheit des Schutzniveaus zu berücksichtigen sind, vgl. dazu Simitis/*Simitis* BDSG § 4 b Rn. 57, 58.
36 So zum bisherigen Recht schon *Tinnefeld/Buchner/Petri*, Einführung in das Datenschutzrecht, S. 266.
37 So auch Erwägungsgrund 104.
38 Zu den Enthüllungen von *Edward Snowden* siehe *Hoffmann-Riem* JZ 2014, 53; dazu auch *Wolf* JZ 2013, 1039 f.
39 So schon die Artikel-29-Datenschutzgruppe, WP 12, S. 8.
40 Vgl. auch Erwägungsgrund 104; dazu *Piltz* K&R 2016, 777.

c) Internationale Verpflichtungen des Drittlands oder der internationalen Organisation, Abs. 2 Nr. 3

Auch die Verpflichtungen, die sich aus völkerrechtlichen Verträgen und   13
sonstigen internationalen Übereinkünften für das Drittland oder die internationale Organisation ergeben, dürfen den durch die vorhergehenden Kriterien etablierten Voraussetzungen nicht widersprechen. Die Ratifikation von internationalen Datenschutzabkommen[41] oder internationalen Vereinigungen, die transnationalen Datenschutz vorantreiben,[42] wirkt sich dabei positiv aus. Aus Erwägungsgrund 105 folgt, dass insbes. der Beitritt zur europäischen Datenschutzkonvention[43] des Europarates vom 28.1.1981 und deren Zusatzprotokoll[44] berücksichtigt werden soll, welche von Art. 8 EMRK ausgeht und die erste völkerrechtlich verbindliche Datenschutzregelung darstellt.[45]

3. Rechtsfolge: Übermittlung ohne besondere Genehmigung, Abs. 1

Der Angemessenheitsbeschluss der Kommission hat eine weitreichende   14
Rechtsfolge: Eine Übermittlung personenbezogener Daten wird dadurch möglich, ohne dass es weiterer Genehmigungen bedürfte. Dies ist im Hinblick auf den globalen Datenverkehr, den internationalen Handel und letztlich die Weltwirtschaft von Vorteil, da bürokratische Hemmnisse weitgehend abgebaut werden und ein steter Datenfluss ermöglicht wird.[46] Zwar kann man eine solche Rechtsfolge als Blankett begreifen und kritisieren, dass dann ohne weitere Kontrolle personenbezogene Daten in Drittländer oder internationale Organisationen übermittelt werden dürfen. Diese Kritik vermag jedoch nicht zu überzeugen, wenn und soweit der gesetzliche Auftrag aus Abs. 3 S. 2 zur regelmäßigen Überprüfung von der Kommission streng und klar ausgeführt und damit auch das Fortbestehen eines angemessenen Datenschutzniveaus im Drittland oder der internationalen Organisation gewährleistet bleibt.

---

41 Bspw.: *The OECD Privacy Framework* 2013, welcher die OECD *Guidelines on the Protection of Privacy and Transborder Flows of Personal Data* von 1980 erstmals erneuert hat.

42 Zum Begriff des transnationalen Datenschutzes und dessen Entwicklung siehe *Voskamp*, S. 63 mwN.

43 Übereinkommen zum Schutz des Menschen bei der automatischen Verarbeitung personenbezogener Daten vom 28.1.1981 SEV-Nr. 108, BGBl. II 1985 S. 539; zur Europäischen Datenschutzkonvention vgl. *Simitis/Simitis*, Einleitung: Geschichte – Ziele – Prinzipien, Rn. 151 ff.

44 Zusatzprotokoll zum Europäischen Übereinkommen zum Schutz des Menschen bei der automatischen Verarbeitung personenbezogener Daten bezüglich Kontrollstellen und grenzüberschreitendem Datenverkehr, SEV-Nr. 181.

45 Die Artikel-29-Datenschutzgruppe hat insoweit festgestellt, dass fünf ihrer sechs Mindestkriterien für ein angemessenes Schutzniveau von den Ländern erfüllt werden, welche die Europäische Datenschutzkonvention ratifiziert und umgesetzt haben, WP 12, S. 9 f.; zum Ganzen auch *Tinnefeld/Buchner/Petri*, Einführung in das Datenschutzrecht, S. 74; Allgemeines zum Wirken des Europarates auf dem Gebiet des Datenschutzes siehe *Kilian/Heussen/Weichert*, Rechtsquellen und Grundbegriffe des allgemeinen Datenschutzes Rn. 23 ff.

46 Vgl. zu derartigen Befürchtungen der Vereinigten Staaten von Amerika *Bodenschatz*, Der europäische Datenschutzstandard, S. 20; siehe auch *Tinnefeld/Buchner/Petri*, Einführung in das Datenschutzrecht, S. 74 (allerdings zu amerikanischen Bedenken hinsichtlich der Europäischen Datenschutzkonvention).

15 Die Aufsichtsbehörden der Mitgliedstaaten bleiben gem. Art. 52 DSGVO unabhängig (zur Unabhängigkeit der Aufsichtsbehörden → Art. 52 Rn. 6 ff.). Zwar sind sie an den Angemessenheitsbeschluss der Kommission gebunden, im Einzelfall haben sie aber trotz des Beschlusses die Befugnis, vorläufige Maßnahmen (etwa das Verbot von Datenübermittlungen) zu erlassen, um schwerwiegenden Persönlichkeitsrechtsverletzungen vorzubeugen.[47]

II. Durchführungsrechtsakt

1. Inhalte des Durchführungsrechtsakt, Abs. 3 und Abs. 4

16 Der Angemessenheitsbeschluss der Kommission ergeht gem. Abs. 3 in der Form eines Durchführungsrechtsakts.[48]

17 Gem. Art. 291 Abs. 1 AEUV sind die Mitgliedstaaten zur Durchführung von Unionsrecht berufen, um dem Subsidiaritätsprinzip zu genügen;[49] Art. 291 Abs. 2 kann die Durchführungsbefugnis aber auf die Kommission übertragen werden, wenn es einer unionsweit einheitlichen Durchführung eines Rechtsakts bedarf. Der Begriff Durchführung ist weit auszulegen und beinhaltet neben administrativen und gubernativen Aufgaben, auch den Erlass von Rechtsnormen,[50] die dann gem. Art. 291 Abs. 4 AEUV als Durchführungsrechtsakte zu bezeichnen sind.

18 Der Beschluss setzt voraus, dass ein angemessenes Schutzniveau iSd Abs. 2 vorliegt. Nach Abs. 3 S. 3 ist zudem der räumliche und sachliche Anwendungsbereich sowie ggf. die betreffende Aufsichtsbehörde des Drittstaates im Durchführungsrechtsakt anzugeben.

19 Darüber hinaus ist gem. Abs. 3 S. 2 im Durchführungsrechtsakt ein Mechanismus zur regelmäßigen Überprüfung vorzusehen, der den maßgeblichen Entwicklungen im Drittland oder in der internationalen Organisation Rechnung trägt. Damit soll die Kommission gezwungen werden ihre Angemessenheitsentscheidungen regelmäßig zu überprüfen und möglichen Änderungen der Datenschutzlage in einem Drittland, etwa durch Gesetzesänderungen, zu begegnen.[51] Um im Falle eines Absinkens des Schutzniveaus ggf. nach Abs. 5 mit einem Widerruf (→ Rn. 20 f.) oder einer Änderung des Angemessenheitsbeschlusses reagieren zu können oder Beratungen nach Abs. 6 (→ Rn. 22) aufzunehmen, ist eine regelmäßige Überprüfung des Schutzniveaus im Drittland oder der internationalen Organisation angezeigt. Der Angemessenheitsbeschluss soll nicht zum Blankett werden, den Datenschutzstandard wieder abzusenken, nachdem der Beschluss erreicht wurde. Die Entwicklungen im Drittland oder der internationalen Or-

---

47 *Laue/Nink/Kremer*, § 5 Rn. 37; so zuletzt auch zur Kompetenz der nationalen Kontrollstellen trotz Vorliegen eines Beschlusses nach Art. 25 Abs. 6 DS-RL EuGH 6.10.2015 – C-362/14, ECLI:EU:C:2015:650 Rn. 43, 53 ff. – Schrems, dazu ausführlich *Kühling/Heberlein* NVwZ 2016, 7 (8).

48 Damit wird der Streit um die Reichweite der Bindungswirkung der Kommissionsentscheidung, wie er noch zu Art. 25 DS-RL herrschte, obsolet; zu dem Streit *Cormans*, Ein „modernes" europäisches Datenschutzrecht, S. 92 f. mwN.

49 Vgl. Calliess/Ruffert/*Ruffert* AEUV Art. 291 Rn. 2.

50 Vgl. GHN/*Nettesheim* AEUV Art. 291 Rn. 13.

51 Vgl. *Laue/Nink/Kremer*, § 5 Rn. 36.

ganisation sollen gem. Abs. 4 auch fortlaufend von der Kommission überwacht werden. Einen Mehrwert zu der Vorschrift in Abs. 4 bietet der Mechanismus nach Abs. 3 S. 2 allerdings nur dann, wenn er dazu führt, dass
die Angemessenheitsentscheidung mindestens alle vier Jahre erneuert wird
– und somit das Schutzniveau für personenbezogene Daten von Unionsbür-
gern dauerhaft und nachhaltig sichergestellt bleibt. Eine fortlaufende Überwachung der Entwicklungen im Drittland oder in der internationalen Organisation setzt dies ohnehin voraus, sodass sich die Regelungswirkung des
Abs. 4 wohl auf die Überprüfung hins. der Beschlüsse nach Art. 25 Abs. 6
DS-RL beschränkt, denen ein solcher Überwachungsmechanismus nicht inhärent ist.[52] Das Prüfverfahren des Art. 93 Abs. 2 DSGVO findet hier Anwendung.

2. Änderungs- und Widerrufsbeschluss, Abs. 5 und Abs. 7

Gelangt die Kommission durch die Überprüfung der Entwicklungen im   20
Drittland, insbes. nach einer Re-Evaluierung durch den Überwachungsmechanismus iSd Abs. 3 S. 2, zu dem Ergebnis, dass im Drittland oder der internationalen Organisation ganz oder teilweise (sektoral oder territorial)
kein angemessenes Schutzniveau mehr vorliegt, kann sie gem. Abs. 5
UAbs. 1 den Angemessenheitsbeschluss ändern oder widerrufen.[53] Eine solche Änderung oder ein solcher Widerruf ergehen ebenfalls in Form eines
Durchführungsrechtsakts, damit kann die Kommission angemessen auf
veränderte Verhältnisse im Drittland oder der internationalen Organisation
reagieren. Allerdings kommt einem Widerruf oder einer Änderung keine
rückwirkende Kraft zu, wie Abs. 5 UAbs. 1 S. 1 ausdrücklich feststellt. Dies
bietet Rechtssicherheit in der Praxis, da somit sichergestellt ist, dass in der
Vergangenheit aufgrund des Angemessenheitsbeschlusses erfolgte Übermittlungen rechtmäßig bleiben.[54] Die Möglichkeit einer Änderung bzw. eines Widerrufs ist aufgrund der weitgehenden Rechtsfolge des Angemessenheitsbeschlusses angezeigt, um die personenbezogenen Daten der Betroffenen ausreichend zu schützen. Wiederum gilt das Prüfverfahren des Art. 93
Abs. 2 DSGVO. Übermittlungen auf Grundlage der Art. 46-49 DSGVO
blieben gem. Abs. 7 von einem Änderungs- oder Widerrufsbeschluss unberührt.

In hinreichend begründeten Fällen kann die Kommission gem. Abs. 5   21
UAbs. 2 auch sofort geltende Durchführungsrechtsakte erlassen, für die
das Verfahren nach Art. 93 Abs. 3 DSGVO gilt (→ Art. 93). Dies ermöglicht es der Kommission auf Änderungen der Situation im Drittland oder in
der internationalen Organisation ggf. kurzfristig zu reagieren und die Angemessenheitsentscheidung zu ändern. Ob ein hinreichend begründeter Fall
vorliegt, ist im Einzelfall zu entscheiden, sollte aber nach der Systematik
des Abs. 5 nur in Ausnahmefällen bejaht werden, sodass hohe Anforderungen an die geänderte Situation zu stellen sind. Es muss sich mithin um gravierende Änderungen des Schutzniveaus handeln, die kurzfristig eingetre-

---

52 Vgl. *Piltz* K&R 2016, 777 (778), der die Überwachungspflichten der Kommission
    ebenfalls auf schon bestehende Angemessenheitsentscheidungen erstrecken will.
53 Bisher war dies nach Art. 25 Abs. 4 DS-RL möglich.
54 So auch *Piltz* K&R 2016, 777 (778).

ten sind. Von einem Änderungs- oder Widerrufsbeschluss nach Abs. 5 bleiben Übermittlungen personenbezogener Daten in das betreffende Drittland oder zu der internationalen Organisation unberührt, wenn sie aufgrund von Art. 46 (ggf. iVm Art. 47) oder Art. 49 DSGVO stattgefunden haben, wie Abs. 7 klarstellt.

3. Beratungen nach Widerruf, Abs. 6

22   Sollte eine Änderung oder ein Widerruf der Angemessenheitsentscheidung gem. Abs. 5 von der Kommission getroffen worden sein, weil das Schutzniveau des betreffenden Drittstaats oder der internationalen Organisation unter den europarechtlichen Mindeststandard abgesunken ist, räumt Abs. 6 der Kommission das Mandat ein, mit dem betreffenden Drittland oder der internationalen Organisation Verhandlungen aufzunehmen. Das Drittland oder die internationale Organisation soll durch die Verhandlungen mit der Kommission dazu bewegt werden, das Schutzniveau für personenbezogene Daten wieder anzuheben und den europäischen Standards erneut anzugleichen.

4. Veröffentlichung der Beschlüsse, Abs. 8

23   Eine Liste der Drittländer bzw. Gebiete und spezifischen Sektoren in einem Drittland und aller internationalen Organisationen, für die ein Angemessenheitsbeschluss ergangen ist, veröffentlicht die Kommission gem. Abs. 8 im Amtsblatt der Europäischen Union und auf ihrer Website.[55]

III.   Fortgeltung der Feststellungen gem. Art. 25 Abs. 6 DS-RL

24   Ausweislich Abs. 9 bleiben die Angemessenheitsbeschlüsse der Kommission, welche auf Grundlage von Art. 25 Abs. 6 DS-RL ergangen sind, solange in Kraft, bis sie durch einen Beschluss der Kommission nach Abs. 3 ersetzt, oder nach Abs. 5 aufgehoben oder geändert werden.[56]

C.   Verhältnis zu anderen Normen innerhalb der DSGVO

25   Die Norm stellt den Grundtatbestand für Übermittlungen personenbezogener Daten in Drittländer dar. Ein Widerruf der Angemessenheitsentscheidung nach Abs. 5 lässt die Übermittlung personenbezogener Daten nach den Art. 46, 47 und 49 DSGVO unberührt.

D.   Kritik

26   Es ist aufgrund der hohen Grundrechtsrelevanz des Datenschutzes nur konsequent und angezeigt, die Übermittlung personenbezogener Daten in Drittländer oder an internationale Organisationen nur dann ohne weitere Bedingungen zuzulassen, wenn es dort ein dem europäischen Schutzniveau vergleichbares Schutzniveau gibt.[57] Dagegen ist abzuwägen, dass hohe Da-

---

55   http://ec.europa.eu/justice/data-protection/international-transfers/adequacy/index_en.htm.
56   Zu den unterschiedlichen Positionen von Kommission, Rat und Parlament in der Frage nach einer zeitlichen Begrenzung der Fortgeltung siehe *Piltz* K&R 2016, 777 (778).
57   So schon *Klug* RDV 1999, 109.

tenschutzstandards auch als Handelshemmnisse wirken können, etwa wenn die Voraussetzungen für einen Datentransfer nicht vorliegen und somit kein ungehinderter Datenfluss in Drittländer stattfinden kann.[58] Ob Drittländer und internationale Organisationen diesem „indirekten Druck"[59] nachgeben und nach einem vergleichbaren Niveau streben werden, um in den Genuss des ungehinderten Datenverkehrs mit dem europäischen Binnenmarkt zu kommen, erscheint fraglich.[60] Wie viele Angemessenheitsentscheidungen die Kommission in den nächsten Jahren treffen wird, bleibt abzuwarten. Während des über 20-jährigen Bestehens der DS-RL gab es lediglich elf solcher Beschlüsse (→ Rn. 2). Das *Safe-Harbor*-Abkommen mit den Vereinigten Staaten von Amerika, das Grundlage eines zwölften Angemessenheitsbeschlusses war, wurde vom EuGH für europarechtswidrig erklärt (→ Art. 47 Rn. 12 ff.).

Ebenso wie die DS-RL arbeitet die DSGVO mit dem unbestimmten Rechtsbegriff des „angemessenen Schutzniveaus". Dies ist zwar hinsichtlich der mit unbestimmten Rechtsbegriffen ganz allgemein verbundenen Auslegungsunsicherheiten kritisch zu sehen, ist aber wohl der einzige Ansatz, der den Standards des europäischen Datenschutzrechts weitestgehend auch im internationalen Wirtschaftsverkehr zur Geltung verhelfen kann.[61] Eine weltweite Geltung europäischer Datenschutzvorschriften mag aus grundrechtlicher Perspektive wünschenswert erscheinen, ihre Durchsetzung ist aber letztlich ebenso utopisch wie verfehlt, denn es ist nicht Aufgabe der Europäischen Union Recht mit extraterritorialer Wirkung zu setzen.[62]   27

So begrüßenswert die Präzisierung der Kriterien für das Vorliegen eines angemessenen Schutzniveaus durch die DSGVO ist, so zweifelhaft erscheint die Verbindlichkeit dieser Kriterien durch die Verwendung des wiederum auslegungsbedürftigen Begriffs „berücksichtigen". Hier hätte der europäische Gesetzgeber klar machen können und sollen, was Grundvoraussetzung für ein dem europäischen Datenschutzrecht vergleichbares Schutzniveau ist und was nicht, indem er das Vorliegen der Kriterien als zwingende Voraussetzung benennt und nicht nur ihre unbestimmte „Berücksichtigung" verlangt.[63] Die aus diesem Versäumnis resultierende Rechtsunsicherheit, wird den EuGH früher oder später wieder beschäftigen.   28

---

58 Vgl. *Voskamp*, S. 46; *Bodenschatz*, Der europäische Datenschutzstandard, S. 210 f.
59 *Klug* RDV 1999, 109; teilweise wurde schon der DS-RL ein gewisser „Rechtsimperialismus" vorgeworfen, vgl. *Bodenschatz*, Der europäische Datenschutzstandard, S. 211; andere bewerten dies positiver und sehen darin einen Beitrag zur Harmonisierung des globalen Datenschutzes, so *Voskamp*, S. 45.
60 Insofern schon krit. zur DSRL *Ellger* CR 1993, 6, der von „Rechtsimperialismus" sprach.
61 So auch *Bodenschatz*, Der europäische Datenschutzstandard, S. 214; andere sprechen insoweit von „manifestierter Kompromissbereitschaft", *Simitis* NJW 1997, 281 (284).
62 Vgl. Roßnagel/*Brühann*, Kap. 2.4 Rn. 52.
63 Vgl. zu dieser grundlegenden Kritik auch *Simitis* NJW 1997, 281 (284).

Artikel 46 Datenübermittlung vorbehaltlich geeigneter Garantien

(1) Falls kein Beschluss nach Artikel 45 Absatz 3 vorliegt, darf ein Verantwortlicher oder ein Auftragsverarbeiter personenbezogene Daten an ein Drittland oder eine internationale Organisation nur übermitteln, sofern der Verantwortliche oder der Auftragsverarbeiter geeignete Garantien vorgesehen hat und sofern den betroffenen Personen durchsetzbare Rechte und wirksame Rechtsbehelfe zur Verfügung stehen.

(2) Die in Absatz 1 genannten geeigneten Garantien können, ohne dass hierzu eine besondere Genehmigung einer Aufsichtsbehörde erforderlich wäre, bestehen in

a) einem rechtlich bindenden und durchsetzbaren Dokument zwischen den Behörden oder öffentlichen Stellen,

b) verbindlichen internen Datenschutzvorschriften gemäß Artikel 47,

c) Standarddatenschutzklauseln, die von der Kommission gemäß dem Prüfverfahren nach Artikel 93 Absatz 2 erlassen werden,

d) von einer Aufsichtsbehörde angenommenen Standarddatenschutzklauseln, die von der Kommission gemäß dem Prüfverfahren nach Artikel 93 Absatz 2 genehmigt wurden,

e) genehmigten Verhaltensregeln gemäß Artikel 40 zusammen mit rechtsverbindlichen und durchsetzbaren Verpflichtungen des Verantwortlichen oder des Auftragsverarbeiters in dem Drittland zur Anwendung der geeigneten Garantien, einschließlich in Bezug auf die Rechte der betroffenen Personen, oder

f) einem genehmigten Zertifizierungsmechanismus gemäß Artikel 42 zusammen mit rechtsverbindlichen und durchsetzbaren Verpflichtungen des Verantwortlichen oder des Auftragsverarbeiters in dem Drittland zur Anwendung der geeigneten Garantien, einschließlich in Bezug auf die Rechte der betroffenen Personen.

(3) Vorbehaltlich der Genehmigung durch die zuständige Aufsichtsbehörde können die geeigneten Garantien gemäß Absatz 1 auch insbesondere bestehen in

a) Vertragsklauseln, die zwischen dem Verantwortlichen oder dem Auftragsverarbeiter und dem Verantwortlichen, dem Auftragsverarbeiter oder dem Empfänger der personenbezogenen Daten im Drittland oder der internationalen Organisation vereinbart wurden, oder

b) Bestimmungen, die in Verwaltungsvereinbarungen zwischen Behörden oder öffentlichen Stellen aufzunehmen sind und durchsetzbare und wirksame Rechte für die betroffenen Personen einschließen.

(4) Die Aufsichtsbehörde wendet das Kohärenzverfahren nach Artikel 63 an, wenn ein Fall gemäß Absatz 3 des vorliegenden Artikels vorliegt.

(5) [1]Von einem Mitgliedstaat oder einer Aufsichtsbehörde auf der Grundlage von Artikel 26 Absatz 2 der Richtlinie 95/46/EG erteilte Genehmigungen bleiben so lange gültig, bis sie erforderlichenfalls von dieser Aufsichtsbehörde geändert, ersetzt oder aufgehoben werden. [2]Von der Kommission auf der Grundlage von Artikel 26 Absatz 4 der Richtlinie 95/46/EG erlassene Feststellungen bleiben so lange in Kraft, bis sie erforderlichenfalls mit

einem nach Absatz 2 des vorliegenden Artikels erlassenen Beschluss der Kommission geändert, ersetzt oder aufgehoben werden.

Verwandte Normen: § 4 c Abs. 2 und Abs. 3 BDSG 2003

Literatur:

Albrecht, Das neue EU-Datenschutzrecht – von der Richtlinie zur Verordnung, CR 2016, S. 88 ff.; *ders. /Jotzo*, Das neue Datenschutzrecht der EU, 2017; *Ambrock*, Nach Safe Harbor: Schiffbruch des transatlantischen Datenverkehrs? NZA 2015, 1493 ff.; *Comans*, Ein „modernes" europäisches Datenschutzrecht, 2011; *Däubler/Klebe/Wedde/Weichert* (Hrsg.), Kompaktkommentar zum BDSG, 4. völlig neu bearbeitete Auflage 2014; *Di Martino*, Datenschutz im europäischen Recht, 2005; *Ellger*, Vertragslösungen als Ersatz für ein angemessenes Schutzniveau bei Datenübermittlungen in Drittstaaten nach dem neuen Europäischen Datenschutzrecht, RabelsZ 60 (1996), S. 738 ff.; *Franck*, Das System der Betroffenenrechte nach der Datenschutz-Grundverordnung (DS-GVO), RDV 2016, S. 111 ff.; *von der Groeßen/Schwarze/Hatje* (Hrsg.) Europäisches Unionsrecht, 7. Auflage 2015; *Kuner/Hladjk*, Die alternative internationale Standartvertragsklauseln der EU für internationale Datenübermittlungen, RDV 2005, S. 193 ff.; *Laue/Nink/Kremer*, Das neue Datenschutzrecht in der betrieblichen Praxis, 2016; *Maunz/Dürig*, Grundgesetz-Kommentar, 76. EL Dezember 2015; *Piltz*, Die Datenschutz Grundverordnung Teil 4: Internationale Datentransfers und Aufsichtsbehörden, K&R 2016, S. 777 ff.; *Räther/Seitz*, Ausnahmen bei Datentransfer in Drittstaaten – Die beiden Ausnahmen nach § 4 c Abs. 2 BDSG: Vertragslösung und Code of Conduct, MMR 2002, 520; *Robrecht*, EU-Datenschutzgrundverordnung: Transparenzgewinn oder Information-Overkill, 2015; *Roßnagel* (Hrsg.), Handbuch Datenschutzrecht, 2003; *Schantz*, Die Datenschutz-Grundverordnung – Beginn einer neuen Zeitrechnung im Datenschutzrecht, NJW 2016, 1841 ff.; *Simitis* (Hrsg.), Nomos-Kommentar zum BDSG, 8. neu bearbeitete Auflage, 2014; *Spindler/Schuster*, Recht der elektronischen Medien, 3. Auflage 2015; *Tinnefeld/Buchner/Petri*, Einführung in das Datenschutzrecht: Datenschutz und Informationsfreiheit in europäischer Sicht, 5. völlig überarbeitete Auflage 2012; *Voskamp*, Transnationaler Datenschutz, 2015

A. Grundlagen

I. Gesamtverständnis und Zweck der Norm

1　Art. 46 DSGVO enthält eine weitere Rechtsgrundlage für die Übermittlung personenbezogener Daten in Drittländer oder an internationale Organisationen, für die kein Angemessenheitsbeschluss besteht, in die eine Datenübermittlung somit grds. nicht zulässig wäre. Damit stellt die Norm die zweite Stufe des abgestuften Systems der Datenübermittlung in Drittländer dar (→ Art. 44 Rn. 7): Liegt ein angemessenes Schutzniveau iSd Art. 45 Abs. 3 DSGVO vor, so kann ohne weitere Genehmigung ein Datentransfer in das betreffende Drittland oder an die internationale Organisation erfolgen. Auf der zweiten Stufe können Daten übermittelt werden, obwohl kein angemessenes Schutzniveau vorliegt, wenn geeigneten Garantien iSd Art. 46 DSGVO vorliegen.[1] Liegen weder ein angemessenes Schutzniveau noch geeignete Garantien vor, sind Übermittlungen personenbezogener Daten in Drittländer oder an internationale Organisationen auf der letzten Stufe des abgestuften Systems der Datenübermittlung in Drittländer unter den eng auszulegenden Ausnahmetatbeständen des Art. 49 DSGVO zulässig. Dabei muss die Datenübermittlung an sich stets gem. Art. 6 DSGVO generell zulässig sein (→ Art. 44 Rn. 21).[2] Angesichts des Umstandes, dass jedenfalls unter der DS-RL nur wenige Angemessenheitserklärungen bestanden haben, wie sie nun nach Art. 45 DSGVO erlassen werden können (→ Art. 45 Rn. 5 ff., 26), dürften die Art. 46 und 47 DSGVO künftig erhebliche praktische Bedeutung erlangen.

II. Bisherige Rechtslage

2　Bisher fand sich die Möglichkeit, personenbezogene Daten auch in Drittstaaten oder an internationale Organisationen, die kein angemessenes Datenschutzniveau vorweisen, zu übermitteln, in § 4 c Abs. 2 BDSG; sie wurde für den Fall eingeräumt, dass die verantwortliche ausländische Stelle ausreichende Garantien für den Persönlichkeitsrechtsschutz aufweist. Die Grundkonzeption ist demnach nicht neu, wurde jedoch – wie insgesamt die Regelungen zur Übermittlung personenbezogener Daten an Drittländer oder an internationale Organisationen – präzisiert und erweitert. Zertifizierungen und verbindliche Verhaltensregeln kommen als „neue" geeignete Garantien hinzu.[3]

III. Entstehung der Norm

3　Die Vorschrift wurde im Gesetzgebungsverfahren mehrfach geändert; dabei waren die Änderungen eher redaktioneller Art. Lediglich die vom EU-Parlament vorgeschlagene zeitliche Begrenzung der Fortgeltungen von Ge-

---

1　*Albrecht/Jotzo*, Das neue Datenschutzrecht der EU, S. 105 kritisieren die deutsche Übersetzung und hätten die Garantien lieber als „angemessen" bezeichnet, denn es solle mit den Garantien sichergestellt werden, dass insbes. die Betroffenenrechte in angemessener Art und Weise beachtet würden.

2　Vgl. hierzu auch *Laue/Nink/Kremer*, § 5 Rn. 33; so schon zum bisherigen Recht Spindler/Schuster/*Spindler* BDSG § 4 c Rn. 4.

3　Vgl. *Schantz* NJW 2016, 1841 (1846).

nehmigungen nach Art. 26 Abs. 2 DSRL auf zwei Jahre[4] wurde verworfen: Genehmigungen gelten nunmehr fort, bis sie aufgrund des vorliegenden Artikels geändert, widerrufen oder ersetzt werden.

B. Kommentierung

I. Übermittlung außerhalb der Fälle gem. Art. 45 Abs. 3, Abs. 1

Art. 46 Abs. 1 DSGVO gestattet die Übermittlung personenbezogener Daten in Drittländer und zu internationalen Organisationen, die zwar kein angemessenes Schutzniveau iSd Art. 45 Abs. 3 DSGVO vorweisen können (→ Art. 45 Rn. 9 f.), aber in welchen einzelne Stellen geeignete Garantien für den Schutz personenbezogener Daten bieten. Durch das Vorliegen von geeigneten Garantien wird dabei kein angemessenes Schutzniveau für Datenübermittlungen in das betreffende Drittland oder die betreffende internationale Organisation generell etabliert. Geeignete Garantien ermöglichen vielmehr den Datentransfer zu bestimmten Stellen, innerhalb des Drittlandes oder der Internationalen Organisation, welche mit dem Vorweisen geeigneter Garantien sicherstellen, dass persönliche Daten ausreichenden Schutz genießen, obwohl das Drittland oder die internationale Organisation diese Gewähr gerade nicht bietet.[5] Dabei sieht Art. 46 DSGVO unterschiedliche Arten von geeigneten Garantien vor – solche, die ohne weitere Genehmigung Datenübermittlungen zulassen (Abs. 2), und solche, die eine Genehmigung der Aufsichtsbehörde erfordern (Abs. 3). **4**

1. Geeignete Garantien ohne Genehmigungserfordernis, Abs. 2

Die Garantien nach Abs. 2 reichen aus, um einen Datentransfer an Drittländer oder internationale Organisationen zu legitimieren, ohne dass eine weitere Genehmigung einer Aufsichtsbehörde einzuholen ist. Hier zeigen sich Parallelen zur Rechtsfolge des Angemessenheitsbeschlusses, was auf den ersten Blick verwundern mag – denn anders als bei einem Angemessenheitsbeschluss besteht gerade *kein* angemessenes Datenschutzniveau in dem Drittstaat bzw. bei der internationalen Organisation, in welche die personenbezogenen Daten übermittelt werden sollen. Der Empfänger aber, welcher in jenem Drittland oder der internationalen Organisation sitzt, kann aber durch das Vorliegen geeigneter Garantien gleichwohl ein Niveau für den Schutz personenbezogener Daten aufweisen, das dem durch die DSGVO etablierten Datenschutzniveau vergleichbar ist.[6] **5**

Bei genauerem Blick auf die vorzuweisenden Garantien erschließt sich der Grund für die Zulässigkeit der Übermittlung ohne weitere Genehmigung einer Aufsichtsbehörde an einen solchen Empfänger:[7] Sie gehen auf ein rechtlich verbindliches Dokument zwischen öffentlichen Stellen zurück **6**

---

4 Siehe Abänderung 138 des vom Europäischen Parlament in erster Lesung verabschiedeten Standpunkts, EP-PE_TC1-COD(2012)0011, S. 220.

5 Vgl. *Piltz* K&R 2016, 777 (778).

6 Vgl. Simitis/*Simitis* BDSG § 4 c Rn. 46; Däubler/Klebe/Wedde/Weichert/*Däubler* BDSG § 4 c Rn. 12.

7 Krit. zur erneuten Verwendung eines unbestimmten Rechtsbegriffs war schon zur Regelung in Art. 26 Abs. 2 DS-RL *Comans*, Ein „modernes" europäisches Datenschutzrecht, S. 95; ebenfalls sehr krit. zur Konstruktion von § 4 c Abs. 2 BDSG, Simitis/*Simitis* BDSG § 4 c Rn. 45.

(Abs. 2 lit. a) oder sie sind durch ein Verfahren nach der DSGVO von der Kommission überprüft worden (Abs. 2 lit. b-f.).[8] Mithin ist der durch die DSGVO etablierte Schutz gewährleistet, ohne dass es einer erneuten Überprüfung durch die Aufsichtsbehörden bedarf.[9]

a) Dokument zwischen Behörden oder öffentlichen Stellen

7   Eine geeignete Garantie iSd Abs. 2 lit. a kann in einem rechtlich bindenden und durchsetzbaren Dokument zwischen Behörden und öffentlichen Stellen des Drittstaates und des Mitgliedstaates bzw. den Organen der EU bestehen. Eine Übermittlung ist dann auch ohne weitere Genehmigung der zuständigen mitgliedstaatlichen Aufsichtsbehörden möglich. Der Inhalt des Behördenabkommens muss den Betroffenen einen dem von der DSGVO etablierten Schutzniveau vergleichbaren Schutz für personenbezogene Daten garantieren. Dieser muss dann auch für die gesamte Behörde bzw. öffentliche Stelle im Drittstaat oder in der internationalen Organisation bindend sein, wie auch ein Vergleich zu Standarddatenschutzklauseln und *Binding Corporate Rules* zeigt.[10] Mit Blick auf das Schutzgut der DSGVO – das Persönlichkeitsrecht (→ Art. 44 Rn. 1) – ist dabei erforderlich, dass der betroffenen Person selbst (und nicht nur der mitgliedstaatlichen Behörde) aus dem Dokument ein durchsetzbares Recht gegenüber den Behörden und öffentlichen Stellen des Drittstaates bzw. der internationalen Organisation erwächst.[11]

b) Standarddatenschutzklauseln

8   Auch Standarddatenschutzklauseln[12] können geeignete Garantien darstellen: Diese Mustervertragswerke werden entweder von der Kommission gemäß dem Verfahren nach Art. 93 Abs. 2 DSGVO (Abs. 2 lit. c) oder von einer Aufsichtsbehörde erlassen und anschließend von der Kommission genehmigt (Abs. 2 lit. d). Damit soll ein angemessenes Schutzniveau garantiert und mithilfe des Genehmigungserfordernisses zugleich eine Rechtszersplitterung in den Mitgliedstaaten verhindert werden.[13] Durch die *vollständige unveränderte Übernahme* von Standarddatenschutzklauseln durch Unternehmen in Verträgen kann also auch dann ein angemessenes Schutzniveau garantiert werden, wenn das Unternehmen seinen Sitz in einem Drittland ohne angemessenes Schutzniveau hat.[14] Erlaubt sind sowohl die Verwendung der Standarddatenschutzklauseln in einem größeren Vertragswerk, als auch ein weitergehender Schutz, nicht aber die Verkürzung des

---

8   Auf eine Darstellung der verbindlichen internen Datenschutzklauseln gem. Abs. 2 lit. b wird in der Kommentierung dieses Artikels abgesehen. Siehe hierzu die ausführliche Kommentierung zu Art. 47 DSGVO.

9   So schon für Standarddatenschutzklauseln nach dem bisherigen Recht *Tinnefeld/Buchner/Petri*, Einführung in das Datenschutzrecht, S. 269.

10   Vgl. *Albrecht/Jotzo*, Das neue Datenschutzrecht der EU, S. 108.

11   So auch *Laue/Nink/Kremer*, § 5 Rn. 45; so ist auch der EuGH in seinem Urteil zum *Safe-Harbor*-Abkommen zu verstehen, EuGH 6.10.2015 – C-362/14, ECLI:EU:C: 2015:650 Rn. 89 – Schrems.

12   Derzeit als EU-Standardvertragsklauseln bezeichnet, dazu unten (→ Rn. 18).

13   Vgl. *Ambrock* NZA 2015, 1493 (1495); siehe auch *Piltz* K&R 2016, 777 (778) mit Ausführung zur ablehnenden Haltung Frankreichs im Gesetzgebungsverfahren.

14   *Laue/Nink/Kremer*, § 5 Rn. 52; *Ambrock* NZA 2015, 1493 (1495).

durch die Klauseln etablierten Schutzniveaus.[15] Da die Klauseln aus der Feder der Kommission stammen oder zumindest von dieser genehmigt wurden, ist gewährleistet, dass das Schutzniveau der Klauseln dem der DSGVO entspricht.[16]

Bereits auf Grundlage von Art. 26 Abs. 4 DS-RL war es der Kommission   9 möglich, Standarddatenschutzklauseln zu erlassen. Aktuell gibt es drei Versionen von Standarddatenschutzklauseln, die von der Kommission genehmigt wurden: zwei Versionen für Klauseln zwischen einem EU-Verantwortlichen und einem Nicht-EU-Verantwortlichen,[17] und eine Version für Fälle der Auftragsdatenverarbeitung.[18] Die Standardvertragsklauseln nach Art. 26 Abs. 4 DS-RL waren grds. verbindlich, wodurch die Mitgliedstaaten verpflichtet waren anzuerkennen, dass ein angemessenes Datenschutzniveau von den Unternehmen gewährleistet wird, welche die Klauseln verwenden.[19] Dies kann nach dem *Safe-Harbor*-Urteil in dieser Absolutheit nicht mehr gelten,[20] denn dem EuGH zufolge haben mitgliedstaatliche Aufsichtsbehörden sogar im Falle von Angemessenheitsentscheidungen die Möglichkeit, diese im Rahmen ihrer Kompetenzen zu prüfen und ggf. ein Verfahren zur Überprüfung der Entscheidung vor dem EuGH anzustrengen.[21] Nichts anderes kann daher für Standarddatenschutzklauseln gelten, die von der Kommission erstellt oder genehmigt wurden.

Standarddatenschutzklauseln bieten zum einen den Vorteil, dass sie nicht   10 nur für bestimmte Unternehmen gelten, wie *Binding Corporate Rules*, sondern von einer Vielzahl von Unternehmen genutzt werden können.[22] Darüber hinaus bieten Standardvertragsklauseln Rechtssicherheit für die anwendenden Unternehmen und tragen zur Verringerung des Verwaltungsaufwands und damit zur Kostenoptimierung bei, da keine eigenen Ressourcen für Entwurf und Prüfung solcher Klauseln aufgewendet werden müssen.[23] Ein Nachteil besteht in der geringeren Flexibilität der Klauseln, da diese nur dann als geeignete Garantien dienen, wenn sie unverändert bleiben und vollständig übernommen wurden.[24]

---

15   Siehe Erwägungsgrund 109; vgl. auch *Laue/Nink/Kremer*, § 5 Rn. 53.
16   Krit. zur Verwendung von Standarddatenschutzklauseln *Di Martino*, Datenschutz im europäischen Recht, S. 66 f.; schon zur Einführung der DS-RL *Ellger* RabelsZ 60 (1996), 738 (761-767).
17   Entscheidungen der Kommission 2001/497/EG und Entscheidung der Kommission 2004/915/EG; zu letzterer ausführlich *Kuner/Hladjk* RDV 2005, 193 ff.
18   Entscheidung der Kommission 2010/87/EU.
19   Vgl. *Tinnefeld/Buchner/Petri*, Einführung in das Datenschutzrecht, S. 269; zu den uneinheitlich beurteilten Folgen eines Beschlusses der Kommission über Standarddatenschutzklauseln, siehe *Räther/Seitz* MMR 2002, 520 (522 f.).
20   Vgl. *Ambrock* NZA 2015, 1493 (1495).
21   Vgl. EuGH 6.10.2015 – C-362/14, ECLI:EU:C:2015:650 Rn. 53 ff. – Schrems; Siehe auch die st. Rspr. des EuGH zur Überprüfung von Unionsorganen daraufhin, ob ihre Handlungen dem europäischen Recht genügen EuGH 13.7.2013 – C-584/10 P, C-593/10 P und C-595/10 P, ECLI:EU:C:2013:518 Rn. 66 – Kommission ua/Kadi; 3.10.2013, C-583/11 P, ECLI:EU:C:2013:625, Rn. 91 – Inuit Tapiriit Kanatami ua/Parlament und Rat und 19.12.2013, C-274/12 P, ECLI:EU:C: 2013:852, Rn. 56 – Telefónica/Kommission.
22   *Laue/Nink/Kremer*, § 5 Rn. 51.
23   Vgl. *Di Martino*, Datenschutz im europäischen Recht, S. 66; *Robrecht*, EU-Datenschutzgrundverordnung: Transparenzgewinn oder Information-Overkill, S. 8.
24   Vgl. *Albrecht/Jotzo*, Das neue Datenschutzrecht der EU, S. 106.

c) Genehmigte Verhaltensregeln und Zertifizierungen

11 Genehmigte Verhaltensregeln nach Art. 40 DSGVO oder eine Zertifizierung nach Art. 42 DSGVO können ebenfalls geeignete Garantien darstellen. Hierbei handelt es sich um eine Innovation in der DSGVO – die genehmigten Verhaltensregeln und Zertifizierungen sollen sicherstellen, dass die Vorgaben der DSGVO von den Unternehmen eingehalten werden, die sich den Verhaltensregeln unterwerfen oder zertifizieren lassen.[25] Beides indiziert eine widerlegbare Vermutung, dass in dem betreffenden Unternehmen ein angemessenes Datenschutzniveau garantiert wird. Die Verhaltensregeln oder Zertifizierungen werden von privaten Verbänden erarbeitet und müssen jeweils von der zuständigen Aufsichtsbehörde oder dem Europäischen Datenschutzausschuss genehmigt werden.[26] Damit wird die Privatwirtschaft zur „regulierten Selbstregulierung" animiert, wobei das zugrunde zu legende Verfahren vom Gesetzgeber definiert wird.[27] Mithin wird das Ziel der DSGVO, einen hohen Datenschutzstandard für personenbezogene Daten zu garantieren und damit die Grundrechte der Betroffenen zu schützen,[28] durch dieses Konzept gefördert. Die Beteiligung der Aufsichtsbehörden bzw. des Europäischen Datenschutzausschusses am Verfahren zur Erstellung und Genehmigung der Verhaltensregeln und Zertifizierungen stellt sicher, dass unter dem Mantel der DSGVO nicht verschiedene Schutzniveaus entstehen, sondern vielmehr sichergestellt werden kann, dass ein einheitliches Schutzniveau gewährleistet wird.

2. Geeignete Garantien mit Genehmigungserfordernis durch Aufsichtsbehörde, Abs. 3

12 In Abs. 3 wird eine zweite Kategorie geeigneter Garantien kodifiziert: Sie bedürfen der Genehmigung durch die mitgliedstaatlichen Aufsichtsbehörden, ihnen liegt kein Verfahren nach der DSGVO zugrunde und sie werden von der Kommission weder vorgegeben noch genehmigt. Um zu garantieren, dass gleichwohl ein vergleichbares, angemessenes Schutzniveau besteht, ist die Genehmigung der Aufsichtsbehörde notwendig. Der Absatz enthält folglich Auffangtatbestände zu Abs. 2.

a) Vertragsklauseln

13 Abs. 3 erwähnt als geeignete Garantien zunächst Vertragsklauseln zwischen den Übermittlern personenbezogener Daten aus der EU und den Empfängern, Verantwortlichen und Auftragsdatenverarbeitern aus dem Drittland bzw. der internationalen Organisation. Bei diesen Vertragsklauseln handelt es sich weder um Standarddatenschutzklauseln iSd Abs. 2 lit. c oder d, noch haben sich die betreffenden drittstaatlichen Unternehmen oder internationalen Organisationen *Binding Corporate Rules* iSd Abs. 2

---

25 Vgl. *Laue/Nink/Kremer*, § 5 Rn. 54.
26 Vgl. hierzu Art. 40-43 DSGVO.
27 Zum Begriff der regulierten Selbstregulierung im globalen Datenschutzrecht siehe *Voskamp*, S. 113 f., 118 ff.
28 Siehe zum Grundrecht auf Datenschutz auf europäischer Ebene von der Groeben/ Schwarze/Hatje/*Augsberg* GRC Art. 8 Rn. 1 ff.; zum Datenschutz als Ausprägung des Rechts auf informationelle Selbstbestimmung im deutschen Recht siehe statt vieler Maunz/Dürig/*Di Fabio* GG Art. 2 Rn. 173 ff.

lit. b iVm Art. 47 DSGVO oder genehmigten Verhaltensregeln nach Abs. 2 lit. e iVm Art. 40 DSGVO unterworfen oder sind iSd Abs. 2 lit. f. iVm Art. 42 DSGVO zertifiziert. Dennoch haben sie in ihre Verträge Klauseln über den Schutz personenbezogener Daten aufgenommen. Damit eine Übertragung personenbezogener Daten zulässig ist, müssen diese Vertragsklauseln von den mitgliedstaatlichen Aufsichtsbehörden dahingehend überprüft werden, ob diese dem durch die DSGVO etablierten Schutzniveau entsprechen. Ist dies der Fall, werden die Vertragsklauseln genehmigt, sodass diese eine geeignete Garantie für den Schutz personenbezogener Daten bieten; dadurch wird eine Datenübermittlung zulässig.

Diese Regelung ermöglicht insbes. solchen Unternehmen eine Übermittlung personenbezogener Daten, welche die Standarddatenschutzklauseln aufgrund von Spezifika und Erfordernissen ihrer jeweiligen Branche nicht nutzen können oder die nicht über die nötigen Mittel verfügen, um sich einem Zertifizierungsverfahren zu unterwerfen. Damit werden auch diese Unternehmen zu selbstregulatorischem Verhalten animiert.   **14**

b) Verwaltungsvereinbarungen

Eine weitere geeignete Garantie iSd Abs. 3 stellen Bestimmungen dar, die in Verwaltungsvereinbarungen zwischen Behörden oder öffentlichen Stellen aufzunehmen sind und die durchsetzbare und wirksame Rechte für die von der Datenübermittlung betroffenen Personen einschließen. Besteht kein verbindliches, durchsetzbares Dokument zwischen den Behörden, das ein ausreichendes Datenschutzniveau bei der Übermittlung personenbezogener Daten gewährleistet, können auch Bestimmungen in Verwaltungsvereinbarungen geeignete Garantien für ein solches Schutzniveau darstellen. Dabei ist der Schutzumfang in gleichem Maße zu garantieren wie bei dem verbindlichen, durchsetzbaren Dokument. Redundant erscheint der Hinweis auf die durchsetzbaren Rechte der betreffenden Personen, da diese, wie aus Abs. 1 hervorgeht, neben den geeigneten Garantien ohnehin Voraussetzung für eine Übermittlung personenbezogener Daten in Drittländer oder an internationale Organisationen darstellen, die nicht über ein angemessenes Datenschutzniveau verfügen.   **15**

c) Anwendung des Kohärenzverfahrens, Abs. 4

Um eine einheitliche Anwendung der DSGVO sicherzustellen, ist bei Entscheidungen der Aufsichtsbehörden nach Abs. 3 das Kohärenzverfahren gem. Art. 63 DSGVO anzuwenden (→ Art. 63 Rn. 9 f.).[29] Damit soll verhindert werden, dass die verschiedenen mitgliedstaatlichen Aufsichtsbehörden voneinander zu stark abweichende Entscheidungen hinsichtlich der geeigneten Garantien des Abs. 3 treffen. Solche Abweichungen würden dazu führen, dass das Schutzniveau der DSGVO innerhalb der EU unterschiedlich definiert wird.   **16**

---

29 Im Rahmen des Kohärenzverfahrens nach den Art. 63 ff. arbeiten die Aufsichtsbehörden untereinander und ggf. auch mit der Kommission zusammen, um eine einheitliche Anwendung der DSGVO in der EU sicherzustellen; dazu auch *Albrecht/Jotzo*, Das neue Datenschutzrecht der EU, S. 102.

3. Durchsetzbare Rechte und wirksame Rechtsbehelfe der Betroffenen, Abs. 1

17　Gem. Art. 46 Abs. 1 DSGVO ist eine Übermittlung personenbezogener Daten in Drittländer oder an internationale Organisationen, die über kein angemessenes Schutzniveau nach Art. 45 Abs. 1 DSGVO verfügen, des Weiteren nur dann zulässig, wenn den Betroffenen auch durchsetzbare Rechte und wirksame Rechtsbehelfe zur Verfügung stehen.[30]

Die Betroffenen sollen sich auch bei der Übermittlung von personenbezogenen Daten in Drittländer oder an internationalen Organisationen des Schutzes ihrer personenbezogenen Daten sicher sein können.[31] Dazu soll ihnen ein scharfes Schwert an die Hand gegeben werden, das es ihnen ermöglicht, den datenverarbeitenden Unternehmen auf Augenhöhe zu begegnen und nicht „zum bloßen Objekt der Datenverarbeitung"[32] herabgewürdigt zu werden. Was genau der europäische Gesetzgeber freilich mit solchen Rechten und Rechtsbehelfen meint, bleibt offen.[33] Es ist anzunehmen, dass diese den europäischen Rechten und Rechtsbehelfen entsprechen sollen.[34]

II. Fortgeltung bestehender Genehmigungen der Aufsichtsbehörden und Feststellungen der Kommission basierend auf Art. 26 Abs. 2 und 4 DS-RL, Abs. 4

18　Ausweislich Abs. 5 gelten die bisherigen Genehmigungen der Aufsichtsbehörden und Feststellungen der Kommission fort, die auf Grundlage von Art. 26 Abs. 2 und 4 DS-RL getroffen wurden. Damit können insbes. die bisherigen Versionen von Standardvertragsklauseln weiterhin verwendet werden und als Legitimationsgrundlage für die Übermittlung personenbezogener Daten dienen.[35] Gleichwohl bleibt die aktuelle Diskussion um Datenschutzvorgaben zu beachten. So wurden nach dem *Safe-Harbor*-Urteil

---

30　Vgl. *Albrecht* CR 2016, 88 (95), der bezogen auf den effektiven Rechtsschutz von einer klaren Grenze für die Heilungswirkung der geeigneten Garantien spricht; zu den Betroffenenrechten innerhalb der DSGVO siehe *Franck* RDV 2016, 111 ff.

31　Vgl. *Laue/Nink/Kremer*, § 5 Rn. 55.

32　*Tinnefeld/Buchner/Petri*, Einführung in das Datenschutzrecht, S. 270.

33　*Laue/Nink/Kremer*, § 5 Rn. 55.

34　Vgl. die ähnliche Argumentation zum angemessenen Schutzniveau statt aller siehe *Simitis/Simitis* BDSG § 4 b Rn. 52; ausführlich zu den bisherigen Betroffenenrechten *Roßnagel/Wedde*, Kap. 4.4; kompakter *Tinnefeld/Buchner/Petri*, Einführung in das Datenschutzrecht, S. 270 ff.

35　So auch *Laue/Nink/Kremer*, § 5 Rn. 53.

des EuGH etwa Zweifel an der Rechtmäßigkeit der bestehenden Standardvertragsklauseln laut.[36]

C. Verhältnis zu anderen Normen

I. Innerhalb der DSGVO

Art. 46 DSGVO enthält insbes. in Abs. 2 einige Verweisungen auf andere   19
Normen innerhalb der DSGVO. So verweisen Art. 46 Abs. 2 lit. e und f. auf
Verhaltensregeln und Zertifizierungen, mithin auf Bestimmungen aus dem
5. Abschnitt des vierten Kapitels – namentlich die Art. 40 und 42 DSGVO.
Abs. 2 lit. b verweist auf den folgenden Artikel, Abs. 2 lit. c auf ein Verfah-
ren gem. Art. 93 Abs. 2 DSGVO. Darüber hinaus knüpft die Regelung aus
Abs. 1 an die vorhergehende Norm an, Abs. 4 schließlich verweist auf das
Kohärenzverfahren nach Art. 63 DSGVO.

II. Befugnisübertragung an die Kommission

Der Kommission wird die Befugnis übertragen, Standarddatenschutzklau-   20
seln zu erlassen oder zu genehmigen.

D. Kritik

Zu kritisieren bleibt die Verwendung unbestimmter Rechtsbegriffe an ent-   21
scheidenden Stellen der Norm: Wie wirksame Rechtsbehelfe und durchsetzbare Rechte definiert werden und wer darüber am Ende entscheidet,
hätte vom europäischen Gesetzgeber deutlicher formuliert werden müssen,
um einerseits Fehlinterpretationen vorzubeugen, und andererseits um verbindliche Standards im Sinne eines weitreichenden und umfassenden Datenschutzes zu schaffen. Auch bleibt nebulös, wer überwacht, ob diese
Rechtsbehelfe für den Betroffenen tatsächlich in praktikabler Weise zugänglich sind.

Artikel 47 Verbindliche interne Datenschutzvorschriften

(1) Die zuständige Aufsichtsbehörde genehmigt gemäß dem Kohärenzverfahren nach Artikel 63 verbindliche interne Datenschutzvorschriften, sofern diese

a) rechtlich bindend sind, für alle betreffenden Mitglieder der Unternehmensgruppe oder einer Gruppe von Unternehmen, die eine gemeinsame

---

36 So etwa das Unabhängige Landeszentrum für Datenschutz Schleswig-Holstein, Po-
sitionspapier des ULD zum *Safe-Harbor*-Urteil des Gerichtshofs der Europäischen
Union vom 6. Oktober 2015, C-362/14 abrufbar unter: https://www.datenschutz-
zentrum.de/artikel/967-Positionspapier-des-ULD-zum-Safe-Harbor-Urteil-des-Ge-
richtshofs-der-Europaeischen-Union-vom-6.-Oktober-2015,-C-36214.html; oder
die gemeinsame Stellungnahme von bvitg, GDD und GMDS vom 21.12.2015 zum
Safe-Harbor-Urteil, abrufbar unter: http://www.bvitg.de/positionspapiere.html; die
Artikel-29-Datenschutzgruppe geht aber trotz des Urteils von einer prinzipiellen
Fortgeltung der Standardvertragsklauseln aus, vgl. Artikel-29-Datenschutzgruppe,
Statement on the consequences of the Schrems judgement, v. 3.2.2016, abrufbar
unter: http://ec.europa.eu/justice/data-protection/article-29/press-material/press-re-
lease/index_en.htm.

Wirtschaftstätigkeit ausüben, gelten und von diesen Mitgliedern durchgesetzt werden, und dies auch für ihre Beschäftigten gilt,

b) den betroffenen Personen ausdrücklich durchsetzbare Rechte in Bezug auf die Verarbeitung ihrer personenbezogenen Daten übertragen und

c) die in Absatz 2 festgelegten Anforderungen erfüllen.

(2) Die verbindlichen internen Datenschutzvorschriften nach Absatz 1 enthalten mindestens folgende Angaben:

a) Struktur und Kontaktdaten der Unternehmensgruppe oder Gruppe von Unternehmen, die eine gemeinsame Wirtschaftstätigkeit ausüben, und jedes ihrer Mitglieder;

b) die betreffenden Datenübermittlungen oder Reihen von Datenübermittlungen einschließlich der betreffenden Arten personenbezogener Daten, Art und Zweck der Datenverarbeitung, Art der betroffenen Personen und das betreffende Drittland beziehungsweise die betreffenden Drittländer;

c) interne und externe Rechtsverbindlichkeit der betreffenden internen Datenschutzvorschriften;

d) die Anwendung der allgemeinen Datenschutzgrundsätze, insbesondere Zweckbindung, Datenminimierung, begrenzte Speicherfristen, Datenqualität, Datenschutz durch Technikgestaltung und durch datenschutzfreundliche Voreinstellungen, Rechtsgrundlage für die Verarbeitung, Verarbeitung besonderer Kategorien von personenbezogenen Daten, Maßnahmen zur Sicherstellung der Datensicherheit und Anforderungen für die Weiterübermittlung an nicht an diese internen Datenschutzvorschriften gebundene Stellen;

e) die Rechte der betroffenen Personen in Bezug auf die Verarbeitung und die diesen offenstehenden Mittel zur Wahrnehmung dieser Rechte einschließlich des Rechts, nicht einer ausschließlich auf einer automatisierten Verarbeitung – einschließlich Profiling – beruhenden Entscheidung nach Artikel 22 unterworfen zu werden sowie des in Artikel 79 niedergelegten Rechts auf Beschwerde bei der zuständigen Aufsichtsbehörde beziehungsweise auf Einlegung eines Rechtsbehelfs bei den zuständigen Gerichten der Mitgliedstaaten und im Falle einer Verletzung der verbindlichen internen Datenschutzvorschriften Wiedergutmachung und gegebenenfalls Schadenersatz zu erhalten;

f) die von den in einem Mitgliedstaat niedergelassenen Verantwortlichen oder Auftragsverarbeiter übernommene Haftung für etwaige Verstöße eines nicht in der Union niedergelassenen betreffenden Mitglieds der Unternehmensgruppe gegen die verbindlichen internen Datenschutzvorschriften; der Verantwortliche oder der Auftragsverarbeiter ist nur dann teilweise oder vollständig von dieser Haftung befreit, wenn er nachweist, dass der Umstand, durch den der Schaden eingetreten ist, dem betreffenden Mitglied nicht zur Last gelegt werden kann;

g) die Art und Weise, wie die betroffenen Personen über die Bestimmungen der Artikel 13 und 14 hinaus über die verbindlichen internen Datenschutzvorschriften und insbesondere über die unter den Buchstaben d, e und f dieses Absatzes genannten Aspekte informiert werden;

h) die Aufgaben jedes gemäß Artikel 37 benannten Datenschutzbeauftragten oder jeder anderen Person oder Einrichtung, die mit der Überwachung der Einhaltung der verbindlichen internen Datenschutzvorschriften in der Unternehmensgruppe oder Gruppe von Unternehmen, die eine gemeinsame Wirtschaftstätigkeit ausüben, sowie mit der Überwachung der Schulungsmaßnahmen und dem Umgang mit Beschwerden befasst ist;

i) die Beschwerdeverfahren;

j) die innerhalb der Unternehmensgruppe oder Gruppe von Unternehmen, die eine gemeinsame Wirtschaftstätigkeit ausüben, bestehenden Verfahren zur Überprüfung der Einhaltung der verbindlichen internen Datenschutzvorschriften. Derartige Verfahren beinhalten Datenschutzüberprüfungen und Verfahren zur Gewährleistung von Abhilfemaßnahmen zum Schutz der Rechte der betroffenen Person. Die Ergebnisse derartiger Überprüfungen sollten der in Buchstabe h genannten Person oder Einrichtung sowie dem Verwaltungsrat des herrschenden Unternehmens einer Unternehmensgruppe oder der Gruppe von Unternehmen, die eine gemeinsame Wirtschaftstätigkeit ausüben, mitgeteilt werden und sollten der zuständigen Aufsichtsbehörde auf Anfrage zur Verfügung gestellt werden;

k) die Verfahren für die Meldung und Erfassung von Änderungen der Vorschriften und ihre Meldung an die Aufsichtsbehörde;

l) die Verfahren für die Zusammenarbeit mit der Aufsichtsbehörde, die die Befolgung der Vorschriften durch sämtliche Mitglieder der Unternehmensgruppe oder Gruppe von Unternehmen, die eine gemeinsame Wirtschaftstätigkeit ausüben, gewährleisten, insbesondere durch Offenlegung der Ergebnisse von Überprüfungen der unter Buchstabe j genannten Maßnahmen gegenüber der Aufsichtsbehörde;

m) die Meldeverfahren zur Unterrichtung der zuständigen Aufsichtsbehörde über jegliche für ein Mitglied der Unternehmensgruppe oder Gruppe von Unternehmen, die eine gemeinsame Wirtschaftstätigkeit ausüben, in einem Drittland geltenden rechtlichen Bestimmungen, die sich nachteilig auf die Garantien auswirken könnten, die die verbindlichen internen Datenschutzvorschriften bieten, und

n) geeignete Datenschutzschulungen für Personal mit ständigem oder regelmäßigem Zugang zu personenbezogenen Daten.

(3) [1]Die Kommission kann das Format und die Verfahren für den Informationsaustausch über verbindliche interne Datenschutzvorschriften im Sinne des vorliegenden Artikels zwischen Verantwortlichen, Auftragsverarbeitern und Aufsichtsbehörden festlegen. [2]Diese Durchführungsrechtsakte werden gemäß dem Prüfverfahren nach Artikel 93 Absatz 2 erlassen.

Verwandte Normen: ErwGr 108, 109, 114; § 4 c Abs. 2 und Abs. 3 BDSG 2003

Literatur:

Backes/Eul/Guthmann/Martwich/Schmidt, Entscheidungshilfe für die Übermittlung personenbezogener Daten in Drittländer, RDV 2004, S. 156 ff.; *Bierekoven*, Internationaler Handel mit Kundendaten, ITRB 2009, S. 39 ff.; *Bodenschatz*, Der europäische Datenschutzstandard, 2015; *Calliess/Ruffert* (Hrsg.), EUV/AEUV, 5. Auflage 2016; *Däubler/Klebe/Wedde/Weichert* (Hrsg.) Kompaktkommentar zum BDSG, 4. völlig neu bearbeitete Auflage 2014; *Franck*, Das System der Betroffenenrechte nach der Datenschutz-Grundverordnung (DS-GVO), RDV 2016, S. 111 ff.; *Grabitz/Hilf/Nettesheim* (Hrsg.), Das Recht der Europäischen Union, 58. EL 2016; *Hoffmann-Riem*, Freiheitsschutz in den globalen Kommunikationsinfrastrukturen, JZ 2014, S. 53 ff.; *Laue/Nink/Kremer*, Das neue Datenschutzrecht in der betrieblichen Praxis, 2016; *Piltz*, Die Datenschutz Grundverordnung Teil 4: Internationale Datentransfers und Aufsichtsbehörden, K&R 2016, S. 777 ff.; *ders.*, Die Datenschutz Grundverordnung Teil 5: Internationale Zusammenarbeit, Rechtsbehelfe und Sanktionen, K&R 2017, S. 85 ff.; *Räther/Seitz*, Ausnahmen bei Datentransfer in Drittstaaten – Die beiden Ausnahmen nach § 4 c Abs. 2 BDSG: Vertragslösung und Code of Conduct, MMR 2002, 520 ff.; *Roßnagel* (Hrsg.), Handbuch Datenschutzrecht, 2003; *Simitis* (Hrsg.), Nomos-Kommentar zum BDSG, 8. neu bearbeitete Auflage, 2014; *Spindler/Schuster* (Hrsg.), Recht der elektronischen Medien, 3. Auflage 2015; *Tinnefeld/Buchner/Petri*, Einführung in das Datenschutzrecht: Datenschutz und Informationsfreiheit in europäischer Sicht, 5. völlig überarbeitete Auflage 2012; *Voskamp*, Transnationaler Datenschutz, 2015; *Wandtke*, Ökonomischer Wert von persönlichen Daten, MMR 2017, 6 ff.

A. Grundlagen

I. Gesamtverständnis und Zweck der Norm

1 Art. 47 DSGVO enthält die Rechtsgrundlage für und das Verfahren zur Anerkennung von verbindlichen internen Datenschutzvorschriften (*„Binding Corporate Rules"*),[1] die es als geeignete Garantien iSd Art. 46 Abs. 2 lit. b DSGVO ermöglichen, personenbezogene Daten an entsprechende Unternehmen ohne weitere Genehmigung zu übermitteln.[2] Durch diese Form der regulierten Selbstregulierung[3] soll zum einen erreicht werden, dass in-

---

1 Teilweise werden diese auch als *Codes of Conduct* bezeichnet, krit. zu dieser Bezeichnung Simitis/*Simitis* BDSG § 4 c Rn. 65.

2 Vgl. Simitis/*Simitis* BDSG § 4 c Rn. 46; Däubler/Klebe/Wedde/Weichert/*Däubler* BDSG § 4 c Rn. 12.

3 Zum Begriff der regulierten Selbstregulierung im globalen Datenschutzrecht siehe *Voskamp*, Transnationaler Datenschutz, S. 113 f., 118 ff.

ternationaler Handel und der dafür nötige Datentransfer auch in Länder stattfinden kann, die flächendeckend – oder auch nur branchenübergreifend oder sektoral – nicht über ein angemessenes Schutzniveau verfügen. In diesen Ländern ansässige global tätige Konzerne oder deren Tochterunternehmen sollen durch das an sich fehlende Datenschutzniveau des Landes nicht benachteiligt werden, wenn sie durch die Annahme von *Binding Corporate Rules* gewährleisten, selbst in ausreichendem Maße personenbezogene Daten zu schützen.[4] Damit wird zugleich sichergestellt, dass ein Datentransfer nur dann stattfindet, wenn die von der Datenübermittlung Betroffenen sich sicher sein können, dass ein angemessenes Datenschutzniveau tatsächlich besteht.[5] Mithin sind *Binding Corporate Rules* insbes. für multinationale Konzerne interessant, sie können durch deren Verwendung einheitliche Leitungsgrundsätze für Datenschutz im Gesamtkonzern implementieren und gleichzeitig den Verwaltungsaufwand reduzieren.[6]

II. Bisherige Rechtslage

Eine entsprechende Regelung zu *Binding Corporate Rules* fand sich bisher in § 4 c Abs. 2 und 3 BDSG. Ferner war Art. 26 Abs. 2 DS-RL derart weit formuliert, dass davon auch *Binding Corporate Rules* als erfasst angesehen werden konnten, auch wenn diese nicht explizit erwähnt wurden.[7] Darüber hinaus hat sich die Artikel-29-Datenschutzgruppe[8] in mehreren Arbeitspapieren mit *Binding Corporate Rules* beschäftigt, um deren Inhalte und das Verfahren ihrer Annahme genauer zu fassen und zu beschreiben.[9]   2

III. Entstehung der Norm

Im ursprünglichen Kommissionsvorschlag war in Art. 43 Abs. 3[10] eine Ermächtigung für die Kommission vorgesehen, delegierte Rechtsakte zu erlassen; diese wurde in eine Ermächtigung zum Erlass von Durchführungsrechtsakten abgewandelt.   3

---

4 Vgl. *Räther/Seitz* MMR 2002, 520 (526).
5 Vgl. *Laue/Nink/Kremer*, § 5 Rn. 55.
6 Vgl. *Spindler/Schuster/Spindler* BDSG § 4 c Rn. 27; so auch *Backes/Eul/Guthmann/Martwich/Schmidt* RDV 2004, 156 (160).
7 Vgl. *Voskamp*, Transnationaler Datenschutz, S. 121.
8 Gruppe für den Schutz der Rechte von Personen bei der Verarbeitung personenbezogener Daten, eingesetzt gem. Art. 29 DS-RL. Die Artikel-29-Datenschutzgruppe besteht aus Vertretern der nationalen Datenschutzbehörden und hat beratende Funktion hinsichtlich des Datenschutzrechts in der Europäischen Union. Nach Art. 29 Abs. 7 prüft die Gruppe Fragen, die der Vorsitzende von sich aus oder auf Antrag der nationalen Datenschutzbehörden oder der Europäischen Kommission auf die Tagesordnung setzt. Die Artikel-29-Datenschutzgruppe wird mit Inkrafttreten der DSGVO durch den Europäischen Datenschutzausschuss (Art. 68 ff. DSGVO) abgelöst. Für einen prägnanten Vergleich der beiden Institutionen siehe *Piltz* K&R 2017, 85 (87).
9 Artikel-29-Datenschutzgruppe, WP 74, 107, 108, 133, 135, 145 und 155.
10 KOM (2012) 11 endg.

B. Kommentierung

I. Binding Corporate Rules als geeignete Garantie

4   Art. 46 Abs. 2 lit. b DSGVO zählt *Binding Corporate Rules* zur Gruppe geeigneter Garantien zum Schutz personenbezogener Daten bei Datentransfers. Das Vorliegen geeigneter Garantien ermöglicht die Datenübermittlung in Drittländer und an internationale Organisationen, welche über kein angemessenes Datenschutzniveau verfügen (→ Art. 46 Rn. 4 und 5). Damit befindet sich die Regelung des Art. 47 iVm Art. 46 Abs. 2 lit. b DSGVO auf der zweiten Stufe des abgestuften Regelungssystems der DSGVO zum Drittstaatentransfer von personenbezogenen Daten(→ Art. 44 Rn. 21). *Binding Corporate Rules* lassen sich definieren als für die einzelnen Unternehmen und Beschäftigten geltende Vorschriften, die sich Unternehmensgruppen iSv Art. 4 Abs. 1 Nr. 19 DSGVO oder Gruppen von Unternehmen, die eine gemeinsame Wirtschaftstätigkeit ausüben, selbst auferlegen und die in der alltäglichen Unternehmenspraxis Anwendung finden.[11] Liegen *Binding Corporate Rules* iSv Art. 47 DSGVO vor, kann eine Datenübermittlung in den Drittstaat ohne weitere aufsichtsbehördliche Genehmigung[12] im Einzelfall erfolgen, denn *Binding Corporate Rules* werden nur dann von den mitgliedstaatlichen Aufsichtsbehörden im Kohärenzverfahren genehmigt, wenn durch sie ein angemessener Schutz personenbezogener Daten auf dem Niveau der DSGVO sichergestellt ist. Sind sie genehmigt, ist eine weitere Prüfung zur Gewährleistung des Schutzniveaus nicht mehr erforderlich.[13] Dies erleichtert insbes. den Datenverkehr innerhalb global agierender, multinationaler Konzerne.[14] Gegenüber EU-Standardvertragsklauseln bieten *Binding Corporate Rules* einen entscheidenden Vorteil für multinational agierende Unternehmensgruppen: Mit ihrer Hilfe können unternehmensgruppenweit Datenschutzvorschriften implementiert werden, ohne dass Einzelvertragsabschlüsse zwischen den Unternehmen, welche die Vertragsklauseln beinhalten, notwendig wären. Komplexe Vertragsgebilde können so vermieden werden.[15] *Binding Corporate Rules* bieten zudem den Vorteil eine unternehmensweite Datenschutzphilosophie deutlich nach außen zu tragen, was sich positiv auf das Ansehen des Unternehmens auswirken kann.[16]

5   Gleiches gilt für Einzelunternehmen, die Niederlassungen innerhalb der EU und in Drittstaaten haben: Auch sie können sich durch *Binding Corporate Rules* selbst verpflichten, sodass Übermittlungen von personenbezogenen Daten in ihre drittstaatlichen Niederlassungen möglich sind.

---

11 Vgl. *Laue/Nink/Kremer*, § 5 Rn. 46.

12 Ob eine solche Genehmigung der Datenübermittlung vorliegen muss, war in der deutschen Literatur und Praxis umstritten, siehe hierzu statt aller *Voskamp*, S. 124 ff.

13 So schon zur alten Rechtslage *Roßnagel/Büllesbach*, Kap. 7.1 Rn. 101; *Simitis/Simitis* BDSG § 4 c Rn. 64; *Däubler/Klebe/Wedde/Weichert/Däubler* BDSG § 4 c Rn. 22.

14 *Backes/Eul/Guthmann/Martwich/Schmidt* RDV 2004, 156 (161).

15 Vgl. *Voskamp*, S. 120; *Bodenschatz*, Der europäische Datenschutzstandard, S. 215.

16 *Roßnagel/Büllesbach*, Kap. 7.1 Rn. 101; *Räther/Seitz* MMR 2002, 520 (527).

Bisher hat lediglich eine überschaubare Anzahl von Unternehmen *Binding*   6
Corporate Rules implementiert.[17] Dies liegt zum einen an der Unsicherheit,
die trotz der zahlreichen Arbeitspapiere der Artikel-29-Datenschutzgruppe,
hinsichtlich des genauen Inhalts und der Struktur von *Binding Corporate
Rules* bestand. Zum anderen sind der mit dem Implementierungs- und Genehmigungsverfahren zusammenhängende Aufwand und die Langwierig-
keit der Verfahren als Grund für die geringe Verbreitung von *Binding Corporate Rules* zu nennen.[18] Die DSGVO reagiert insbes. auf die bestehende
Unsicherheit, indem sie genaue Vorschriften in einem eigenen Artikel kodifiziert. Dabei stützt sie sich ausweislich der Kommissionsbegründung für
den Vorschlag der DSGVO auf die derzeitige Praxis der Aufsichtsbehörden.[19]

Die ausdrückliche Regelung, dass eine Datenübermittlung nach der Geneh-   7
migung von *Binding Corporate Rules* durch die Aufsichtsbehörde ohne
weitere Genehmigung zulässig ist, bedeutet eine deutliche Verfahrensvereinfachung gegenüber der derzeitigen Praxis.[20] Der Verwaltungsaufwand
und die damit verbundenen Kosten werden auch dadurch reduziert, dass
künftig eine einzige Aufsichtsbehörde – diejenige, in welcher der oder die
Verantwortliche die Hauptniederlassung hat („zentrale Aufsichtsbehörde")[21] – für die Genehmigung und Überwachung eines Unternehmens als
zentrale Anlaufstelle dient, auch wenn es in mehr als einem Mitgliedstaat
ansässig ist. Gleichzeitig erhöht die einheitliche Rechtsanwendung der zentralen Aufsichtsbehörde die Rechtssicherheit.[22]

II. Inhaltliche Anforderungen an Binding Corporate Rules

Binding Corporate Rules müssen einige inhaltliche Voraussetzungen erfül-   8
len, um geeignete Garantien für die Datenübermittlung nach Art. 46 Abs. 2
lit. b DSGVO darstellen zu können. Bloße „Wohlverhaltensregeln" oder
Absichtserklärungen der Konzernspitze erfüllen diesen Zweck nicht und
sind daher nicht ausreichend.[23] Vor allem die Mindestangaben nach
Art. 47 Abs. 2 DSGVO orientieren sich dabei inhaltlich an den Arbeitspapieren der Artikel-29-Datenschutzgruppe.[24] Freilich sind die Regelungen

---

17 Insgesamt haben 90 Konzerne und Unternehmensgruppen, darunter 8 deutsche
  Unternehmensgruppen, *Binding Corporate Rules* implementiert und den Genehmi-
  gungsprozess durchlaufen. Eine Liste der Unternehmen ist abrufbar unter: http://
  ec.europa.eu/justice/data-protection/international-transfers/binding-corporate-ru-
  les/bcr_cooperation/index_en.htm.
18 Vgl. *Laue/Nink/Kremer*, § 5 Rn. 46; *Voskamp*, S. 45.
19 KOM (2012) 11 endg., S. 13.
20 Vgl. *Voskamp*, S. 128.
21 Vgl. Erwägungsgrund 124.
22 So auch *Voskamp*, S. 128. Siehe zu den Zielen der DSGVO, namentlich Stärkung
  des grundrechtlichen Schutzes der Betroffenen, Schaffung eines einheitlichen, kohärenten Datenschutzniveaus und Verringerung von Verwaltungsaufwand und -kos-
  ten bei Unternehmen, *Robrecht*, EU-Datenschutzgrundverordnung: Transparenzgewinn oder Information-Overkill, S. 5 ff.
23 *Tinnefeld/Buchner/Petri*, Einführung in das Datenschutzrecht, S. 268; Simitis/
  Simitis BDSG § 4 c Rn. 65; Däubler/Klebe/Wedde/Weichert/*Däubler* BDSG § 4 c
  Rn. 21.
24 Artikel-29-Datenschutzgruppe WP 153 und 154; so auch *Laue/Nink/Kremer*, § 5
  Rn. 48.

an die jeweilige Situation und das betreffende Unternehmen anzupassen, wobei das von der DSGVO vorgesehene Schutzniveau nicht unterlaufen werden darf.[25]

9   Da Art. 47 DSGVO mehrfach konkret Auftragsverarbeiter anspricht, haben nun auch ausdrücklich als Auftragsdatenverarbeiter agierende Unternehmen die Möglichkeit *Binding Corporate Rules* zu erlassen,[26] was insbes. im Bereich des *Cloud Computing* zu Erleichterungen führen kann.[27]

1. Rechtlich bindend für die Unternehmen und deren Beschäftigte Abs. 1

10   Grundvoraussetzung dafür, dass *Binding Corporate Rules* eine geeignete Garantie für ein angemessenes Datenschutzniveau darstellen können, ist ihre verbindliche konzernweite oder unternehmensgruppenweite Geltung. Nur wenn sichergestellt ist, dass jedes Unternehmen und auch alle Beschäftigten der einzelnen Unternehmen,[28] auf die *Binding Corporate Rules* verpflichtet sind, kann sichergestellt werden, dass der Schutz personenbezogener Daten auch tatsächlich gewährleistet ist.

2. Durchsetzbare Betroffenenrechte, Abs. 1

11   In den *Binding Corporate Rules* müssen durchsetzbare und wirksame Betroffenenrechte[29] enthalten sein. Dies ergibt sich auch aus Art. 46 Abs. 1 DSGVO, der ebenfalls wirksame und durchsetzbare Betroffenenrechte voraussetzt (→ Art. 46 Rn. 17). Für die Betroffenenrechte innerhalb von *Binding Corporate Rules* kann nichts anderes gelten, als für die geeigneten Garantien allgemein – andernfalls könnten *sie* keine geeigneten Garantien für die Datensicherheit darstellen.

3. Mindestangaben in Binding Corporate Rules nach Abs. 2

12   Im Folgenden werden die Mindestangaben der *Binding Corporate Rules* dargestellt: Angaben zur Rechtsverbindlichkeit werden in Abs. 2 lit. c, e und f. gefordert; Mindestangaben zur Wirksamkeit finden sich in Abs. 2 lit. h, i, j und n; eine Kooperationsverpflichtung mit den Datenschutzbehörden ist gem. Abs. 2 lit. l anzugeben. Mindestangaben zur Beschreibung von Datenflüssen werden von Abs. 2 lit. b und g vorausgesetzt; schließlich sind Mindestangaben zu den Änderungs- und Aktualisierungsmechanismen der *Binding Corporate Rules* innerhalb der Unternehmen nach Abs. 2 lit. k und d zu machen.

---

25 Vgl. Simitis/*Simitis* BDSG § 4 c Rn. 60., so auch *Voskamp*, S. 122.
26 So schon Artikel-29-Datenschutzgruppe WP 195 und WP 204 zum alten Recht. Vgl. dazu auch *Voskamp*, S. 121.
27 Vgl. *Filip* ZD 2013, 51 (59).
28 Möglich wäre eine Verpflichtung der Beschäftigten auf die *Binding Corporate Rules* im Rahmen des Direktionsrechts des Arbeitgebers, daneben ist der Abschluss einer Betriebsvereinbarung denkbar, vgl. hierzu *Räther/Seitz* MMR 2002, 520 (527).
29 Allgemein zu den Betroffenenrechten innerhalb der DSGVO siehe *Franck* RDV 2016, 111 ff.

Die Mindestangaben kodifizieren letztlich die Arbeit der Artikel-29-Daten- 13
schutzgruppe zu *Binding Corporate Rules*.[30] Daher sind bei der Auslegung
der DSGVO die Arbeitsdokumente der Artikel-29-Datenschutzgruppe zu
Binding Corporate Rules von besonderer Bedeutung.[31]

a) Rechtsverbindlichkeit

Abs. 2 lit. c besagt, dass die interne und externe Rechtsverbindlichkeit der 14
Binding Corporate Rules, in diesen enthalten sein muss. Gemeint ist damit,
dass in den *Binding Corporate Rules* die Verpflichtung aller Unternehmen
und derer Beschäftigter auf die *Binding Corporate Rules* enthalten sein
muss.[32]

Gem. Abs. 2 lit. e müssen die *Binding Corporate Rules* darüber hinaus den 15
Betroffenen Rechte zugestehen, die bei einem Bruch der in ihnen gegebenen
Datenschutzgarantien greifen. Die *Binding Corporate Rules* stellen damit
ein Regelwerk mit Schutzwirkung zugunsten Dritter dar. Dazu soll insbes.
auch ein Anspruch auf Schadensersatz bestehen, der von allen Unternehmen innerhalb und außerhalb der EU anerkannt werden muss: Bei einer
Rechtsverletzung im EU-Ausland sollen die Betroffenen so gestellt werden,
als sei die Verletzung innerhalb eines EU-Mitgliedstaates geschehen. Hierzu
gehört es für Unternehmen außerhalb der EU anzuerkennen, dass die Gerichte und sonstige zuständige Behörden innerhalb der EU rechtsverbind-
lich auch über außereuropäische Verletzungen der Betroffenenrechte entscheiden können.[33]

Gem. Abs. 2 lit. f muss sich ein in einem Mitgliedstaat ansässiges Unterneh- 16
men verpflichten, die Haftung für Verstöße gegen *Binding Corporate Rules*
von drittstaatlichen Unternehmen zu übernehmen, die Teil derselben Unternehmensgruppe oder Gruppe von Unternehmen, die gemeinsam ihre
Wirtschaftätigkeit ausüben, sind. Von dieser Haftung kann sich der jeweilige Verantwortliche oder Auftragsdatenverarbeiter nur dann exkulpie-
ren, wenn er nachweist, dass das drittstaatliche Unternehmen für das scha-
densbegründende Ereignis nicht verantwortlich ist. Damit liegt eine Beweislastumkehr vor, sodass die Betroffenen nicht die Kausalität des Bruchs
der *Binding Corporate Rules* für den eingetretenen Schaden beweisen müssen, sondern die Beweislast beim jeweiligen Unternehmen liegt.[34]

b) Wirksamkeit

Die Aufgaben des Datenschutzbeauftragten nach Art. 37 DSGVO und je- 17
der weiteren mit der Überwachung und Einhaltung von *Binding Corporate*

---

30 Die Reihenfolge der Darstellung orientiert sich an der Übersicht der Artikel-29-Da-
  tenschutzgruppe zu den Inhalten von *Binding Corporate Rules* im Rahmen der DS-
  RL, Artikel-29-Datenschutzgruppe WP 153, S. 3 ff.
31 Siehe hierzu Artikel-29-Datenschutzgruppe WP 74, WP 107, WP 108, WP 133 sowie die WP 153-155, abrufbar unter http://ec.europa.eu/justice/data-protection/
  international-transfers/binding-corporate-rules/tools/index_en.htm.
32 Vgl. Artikel-29-Datenschutzgruppe WP 74, S. 10 f. und WP 108, S. 5; *Backes/Eul/*
  Guthmann/Martwich/Schmidt RDV 2004, 156 (161) bezeichnen die interne und
  externe Rechtsverbindlichkeit als „unabdingbares Merkmal".
33 Vgl. Artikel-29-Datenschutzgruppe WP 74, S. 11 ff., 18 und 19 sowie WP 108,
  S. 6.
34 Vgl. Artikel-29-Datenschutzgruppe WP 74 S. 19 und WP 108, S. 6.

Rules betrauten Stelle oder Person innerhalb der Unternehmensgruppe oder Gruppe von Unternehmen, die gemeinsam ihre Wirtschaftstätigkeit ausüben, sollen gem. **Abs. 2 lit. h** aufgezählt werden. Diese Angaben beinhalten eine Beschreibung der internen Zuständigkeiten für Datenschutzfragen und eine genaue Beschreibung der Aufgaben der jeweiligen betrauten Stelle oder Person. Insbes. soll ersichtlich sein, wer innerhalb der Geschäftsführung für die *Compliance* mit den Anforderungen des Datenschutzrechts zuständig ist und wie die Unterstützung der Datenschutzbeauftragten durch die Geschäftsführung aussieht.[35]

18   Zudem müssen die *Binding Corporate Rules* Angaben über ein Beschwerdeverfahren gem. **Abs. 2 lit. i** beinhalten. Dabei soll Betroffenen die Möglichkeit eingeräumt werden, sich mit einer Beschwerde, dass sich ein Mitglied der Gruppe nicht an die *Binding Corporate Rules* hält, gegenüber einer eindeutig bestimmbaren Person oder Stelle innerhalb der Unternehmen wenden zu können. Diese Stelle muss zur Erfüllung ihrer Aufgaben über eine ausreichende Unabhängigkeit verfügen. Um Abs. 2 lit. i zu genügen, müssen *Binding Corporate Rules* daher Angaben enthalten, die sich mit den Folgen von erfolgreichen und abgelehnten Beschwerden beschäftigen. Das Beschwerdeverfahren dient dabei als eine Art Abhilfeverfahren und ist einem behördlichen oder gerichtlichen Verfahren vorgeschaltet, um den Unternehmen selbst die Möglichkeit zu geben, auf die Verletzung ihrer eigenen Regelungen zu reagieren und ggf. selbst Abhilfe zu schaffen.[36]

19   Nach **Abs. 2 lit. j** muss ein geeignetes Verfahren bestehen, mit dem die Einhaltung der *Binding Corporate Rules* überprüft werden kann. Diese Verfahren beinhalten Datenschutzüberprüfungen, die regelmäßig von unternehmensinternen Stellen, oder von externen, akkreditierten Kontrolleuren, durchgeführt werden.[37] Die Ergebnisse dieser Datenschutzüberprüfungen sind dem benannten Datenschutzbeauftragten iSd Art. 37 DSGVO, sowie dem jeweiligen Aufsichtsgremium des herrschenden Unternehmens, der Unternehmensgruppe oder Gruppe von Unternehmen, die gemeinsam ihre Wirtschaftstätigkeit ausüben, mitzuteilen. Auf deren Anfrage sollen die Ergebnisse der Datenschutzüberprüfungen auch den zuständigen Datenschutzbehörden zugänglich gemacht werden. Im Zweifelsfall muss der Datenschutzbehörde auch die Möglichkeit gegeben werden, selbst eine solche Überprüfung innerhalb eines Unternehmens durchzuführen.[38]

20   In den *Binding Corporate Rules* müssen gem. **Abs. 2 lit. n** geeignete Datenschutzschulungen für die Mitarbeiter vorgesehen werden, die regelmäßigen oder ständigen Zugang zu personenbezogenen Daten haben. Spätestens im Rahmen des Genehmigungsprozesses müssen die Trainingsprogramme der Genehmigungsbehörde gegenüber detailliert dargelegt und erklärt werden. Diese darf nach Beispielen und Trainingsinhalten fragen.[39]

---

35 Vgl. Artikel-29-Datenschutzgruppe WP 74 S. 16 f.
36 Vgl. Artikel-29-Datenschutzgruppe WP 74 S. 17 und WP 108, S. 6.
37 Vgl. Artikel-29-Datenschutzgruppe WP 74 S. 16 und WP 108, S. 7.
38 Vgl. Artikel-29-Datenschutzgruppe WP 74 S. 16 und WP 108, S. 7.
39 Vgl. Artikel-29-Datenschutzgruppe WP 74 S. 16 und WP 108, S. 5.

c) Kooperationsverpflichtung

Angaben über die bestehende Kooperationsverpflichtung sämtlicher Unternehmen der Unternehmensgruppe oder Gruppe von Unternehmen, die gemeinsam ihre Wirtschaftätigkeit ausüben mit den Datenschutzbehörden und den hiermit verbundenen Verfahren gehören gem. **Abs. 2 lit. l** ebenfalls zu den Mindestangaben in den *Binding Corporate Rules.* Dabei meint Kooperation nicht nur Zusammenarbeit, sondern auch, dass die Datenschutzbehörden die Unternehmen hinsichtlich der Einhaltung der *Binding Corporate Rules* überwachen dürfen und hierfür nötige Informationen zur Verfügung gestellt bekommen. Ferner verpflichten sich die Unternehmen dazu, den diesbezüglichen Anregungen und Hinweisen der Datenschutzbehörden nachzukommen.[40]   **21**

d) Beschreibung der Prozesse und Datenflüsse

Angegeben werden müssen gem. **Abs. 2 lit. b** auch die umfassten Datenübermittlungen, sowie Angaben über deren inhaltliche Reichweite. Angaben hinsichtlich der Drittländer, in welche eine Übermittlung erfolgen soll, ermöglichen es den Datenschutzbehörden zu prüfen, ob und inwieweit Datenschutzbestimmungen in den Drittländern eingehalten werden.[41] Die genaue Angabe der inhaltlichen Reichweite der Datenübermittlung umfasst im Einzelnen Angaben über die Art der zu übermittelnden Daten,[42] sowie Angaben über die betroffenen Personen (personenbezogene Daten von Mitarbeitern der Unternehmen oder von Zulieferern, Kunden oder sonstiger Dritter, die im Rahmen der üblichen Geschäftätigkeit des Unternehmens erhoben werden).[43]   **22**

Daneben muss in den *Binding Corporate Rules* nach **Abs. 2 lit. g** beschrieben werden, wie die Betroffenen über die Bestimmungen der Art. 13 und 14 DSGVO hinaus über die *Binding Corporate Rules* und insbes. über die in Abs. 2 lit. d-f. genannten Aspekte informiert werden. Dafür kommen Belehrungen der Betroffenen bei Vertragsschluss genauso in Betracht wie eine Aufnahme in die Allgemeinen Geschäftsbedingungen. Eine gesonderte Information an die Betroffenen bleibt vor dem Hintergrund des mit der Übermittlung ihrer personenbezogenen Daten verbundenen Eingriffs in ihre Persönlichkeitsrechte dabei vorzugswürdig.   **23**

e) Änderungs- und Aktualisierungsmechanismus

Gem. **Abs. 2 lit. d** haben die *Binding Corporate Rules* Angaben zu den allgemeinen Datenschutzgrundsätzen der Unternehmensgruppe bzw. der Gruppe von Unternehmen, die gemeinsam ihre wirtschaftliche Tätigkeit ausüben, zu machen. Die einzelnen Angaben, derer es zwingend bedarf, ergeben sich direkt aus der Vorschrift. Unter Maßnahmen zur Sicherstellung der Datensicherheit und Anforderungen für die Weiterübermittlung an Stellen die nicht an *Binding Corporate Rules* gebunden sind, fällt die Ob-   **24**

---

40 Vgl. Artikel-29-Datenschutzgruppe WP 74 S. 17 und WP 108, S. 7.
41 Vgl. Artikel-29-Datenschutzgruppe WP 74 S. 14 und WP 108, S. 7 f.
42 Es besteht die Möglichkeit verschiedene *Binding Corporate Rules* für verschiedene Arten von Daten zu schaffen, vgl. *Räther/Seitz* MMR 2002, 520 (527), so auch *Voskamp*, S. 123.
43 Vgl. Artikel-29-Datenschutzgruppe WP 108, S. 7 f.

liegenheit, Verträge mit Subunternehmern und Dienstleistern abzuschließen, die mit vom Unternehmen erhobenen personenbezogenen Daten in Kontakt kommen. Diese regeln, wie personenbezogene Daten verwendet werden können und welche Datenschutzmaßnahmen erforderlich sind.[44] Freilich müssen sie dem Schutzniveau der *Binding Corporate Rules* entsprechen, damit der Schutz personenbezogener Daten nicht durch Kontrakte mit Subunternehmern oÄ umgangen werden kann.

25   Zu den Mindestangaben in den *Binding Corporate Rules* zählen nach **Abs. 2 lit. k** Angaben zur Meldung und Erfassung von Änderungen der *Binding Corporate Rules* und deren Weitermeldung an die Datenschutzbehörden. Dass Änderungen den Datenschutzbehörden mitgeteilt werden müssen und zur Art und Weise dieser Meldung Angaben in den *Binding Corporate Rules* selbst enthalten sein müssen, bedeutet zunächst einmal, dass *Binding Corporate Rules* überhaupt geändert werden können. Diese Möglichkeit ist den Unternehmen schon allein deshalb einzuräumen, damit diese auf mögliche Veränderungen der regulatorischen Umgebung – ggf. auch in dritten Rechtsordnungen – reagieren können.[45] Sollte es zu Änderungen kommen, muss sichergestellt werden, dass zum einen alle Unternehmen der Unternehmensgruppe oder Gruppe von Unternehmen, die gemeinsam ihre Wirtschaftstätigkeit ausüben, über die Änderung informiert werden, um sie implementieren zu können. Zum anderen müssen die Datenschutzbehörden als Genehmigungsbehörden Kenntnis von den Änderungen erhalten, damit die fortgesetzte Einhaltung des geforderten Schutzniveaus überprüft werden kann.

26   Werden die Vorschriften nur dahingehend verändert, dass diese auch auf ein weiteres Unternehmen anwendbar sind, das sich der Unternehmensgruppe oder Gruppe von Unternehmen, die gemeinsam ihre Wirtschaftstätigkeit ausüben, angeschlossen hat, bedarf es keiner erneuten Genehmigung der aktualisierten *Binding Corporate Rules* durch die zuständige Aufsichtsbehörde. Über solche Änderungen sind von den Unternehmen Listen zu führen, die einmal jährlich der zuständigen Aufsichtsbehörde übermittelt werden.[46] Eine Datenübermittlung an ein hinzukommendes Unternehmen ist grundsätzlich bereits vor der Mitteilung an die zuständige Aufsichtsbehörde zulässig, wenn das hinzukommende Unternehmen die *Binding Corporate Rules* vollständig implementiert hat.

27   Liegt hingegen eine substanzielle Änderung der *Binding Corporate Rules* vor, welche die Grundsätze des Datenschutzes und darüber hinaus die Verarbeitungsziele, Datenkategorien oder die Kategorien betroffener Personen betreffen, ist eine erneute Genehmigung durch die Aufsichtsbehörde erforderlich.[47] Hierdurch wird den Unternehmen zwar eine gewisse Freiheit bzgl. ihrer Selbstregulierung genommen, dem steht aber das Erfordernis entgegen, ein angemessenes Datenschutzniveau sicherzustellen.[48]

---

44   Vgl. Artikel-29-Datenschutzgruppe WP 74 S. 9 und WP 108, S. 8.
45   Vgl. *Voskamp*, S. 127.
46   AA wohl *Räther/Seitz* MMR 2002, 520 (527), die für jede Änderung eine erneute Prüfung durch die Aufsichtsbehörde annehmen.
47   Zum Ganzen siehe Artikel-29-Datenschutzgruppe WP 74 S. 15 und WP 108, S. 8 f.
48   So *Voskamp*, S. 127, siehe auch *Räther/Seitz* MMR 2002, 520 (527).

4. Genehmigung durch die zuständige Aufsichtsbehörde

Liegen die Voraussetzungen des Art. 47 Abs. 1 und 2 DSGVO vor, so genehmigt die zuständige Aufsichtsbehörde[49] die *Binding Corporate Rules* gemäß dem Kohärenzverfahren nach Art. 63 DSGVO. Daraus folgt zweierlei: Erstens, es besteht eine Genehmigungspflicht für *Binding Corporate Rules*, diese können also nicht ohne behördliche Genehmigung als Ermächtigungsgrundlage für Datentransfers herangezogen werden. Zweitens, mit der Genehmigungspflicht geht ein Anspruch der Unternehmen einher, dass bei Vorliegen aller Voraussetzungen des Art. 47 DSGVO *Binding Corporate Rules* auch genehmigt werden.[50] Durch die Geltung des Kohärenzverfahrens soll sichergestellt werden, dass die unterschiedlichen Aufsichtsbehörden einheitliche Standards für die Genehmigung von *Binding Corporate Rules* anlegen und insoweit verhindern, dass es zu einer unterschiedlichen Rechtsanwendung in den Mitgliedstaaten kommt.   28

III. Durchführungsrechtsakte, Abs. 3

In Abs. 3 wird der Kommission das Recht übertragen, das Format und das Verfahren des Informationsaustausches bzgl. *Binding Corporate Rules* zwischen Verantwortlichen, Auftragsverarbeitern und Aufsichtsbehörden in Form von Durchführungsrechtsakten[51] festzulegen. Durch europaweit einheitliche Formate und Verfahren für den Informationsaustausch kann ein einheitliches Schutzniveau erreicht werden. Unterschiedliche Formate und Verfahren bergen die Gefahr der Rechtszersplitterung und der Etablierung unterschiedlich strenger Prüfungen durch die Aufsichtsbehörden. So wäre es möglich, dass der Informationsaustausch von einer mitgliedstaatlichen Aufsichtsbehörde weniger stark verfolgt oder mit weniger angeforderten Informationen „einfacher" abläuft, und daher der Aufsichtsbehörde weniger Informationen zur Verfügung stehen, um *Binding Corporate Rules* zu prüfen, als es bei einer anderen Aufsichtsbehörde der Fall ist. Das bringt die Gefahr der Entstehung von „Informationsaustausch-Oasen", sodass Unternehmen den Anreiz hätten, an solchen Orten ihre Tätigkeiten zu konzentrieren (*forum shopping*); das wiederum kann langfristig zu einem Wettbewerb um die niedrigsten Datenschutzstandards führen (*„race to the bottom"*), was die Erreichung der Ziele der DSGVO insgesamt gefährden würde. Daneben trägt ein einheitliches Verfahren zum Bürokratieabbau bei und kann *Binding Corporate Rules* kostengünstiger und attraktiver für Unternehmen machen.[52]   29

---

49 Allgemein ist die Aufsichtsbehörde eines Mitgliedstaates dafür zuständig, ihre durch die DSGVO vorgesehenen Befugnisse auf dem Hoheitsgebiet des Mitgliedstaates auszuüben, vgl. Erwägungsgrund 122. Dazu gehört ua die Genehmigung von *Binding Corporate Rules*. Hat ein Unternehmen Niederlassungen in mehreren Mitgliedstaaten, fungiert die Aufsichtsbehörde des Mitgliedstaates, in welchem das Unternehmen seine Hauptniederlassung hat, als federführende Aufsichtsbehörde, vgl. Erwägungsgrund 124.

50 Vgl. *Piltz* K&R 2016, 777 (779).

51 Allgemein zu Durchführungsrechtsakten GHN/*Nettesheim* AEUV Art. 291 Rn. 1 ff.; insbes. zur Häufigkeit von Durchführungsrechtsakten im Vergleich zu delegierten Rechtsakten Calliess/Ruffert/*Ruffert* AEUV Art. 291 Rn. 11.

52 Vgl. *Voskamp*, S. 131.

30   Gleichwohl ist die Kommission nicht verpflichtet, entsprechende Durch-
      führungsrechtsakte zu erlassen. Ihr steht vielmehr aufgrund der „kann"-
      Regelung Ermessen hins. des Erlasses von Durchführungsrechtsakten iSd
      Abs. 3 zu. Es ist allerdings davon auszugehen, dass die Kommission die ihr
      eingeräumte Kompetenz nutzen wird. Dies ist zur Etablierung eines ein-
      heitlichen Schutzstandards auch angezeigt. Erlässt die Kommission Durch-
      führungsakte iSd Kapitels, so ist das Prüfverfahren nach Art. 93 Abs. 2
      DSGVO anzuwenden.

C. Verhältnis zu anderen Normen

I. Innerhalb der DSGVO

31   Art. 47 ist gem. Art. 46 Abs. 2 lit. b DSGVO eine besondere Art von „ge-
      eigneten Garantien", die als Rechtsgrundlage für die Übermittlung von
      personenbezogenen Daten in Drittländer dient, welche über kein angemes-
      senes Datenschutzniveau verfügen. Zudem enthält die Norm mehrere Ver-
      weise auf andere Normen innerhalb der DSGVO. Namentlich verweist
      Abs. 1 auf das Kohärenzverfahren nach Art. 63, Abs. 2 lit. e auf die Art. 22
      und 79 DSGVO, Abs. 2 lit. g auf die Art. 13 und 14 DSGVO und Abs. 2
      lit. h auf Art. 37 DSGVO, und schließlich verweist Abs. 3 auf das Prüfver-
      fahren in Art. 93 Abs. 2 DSGVO.

II. Befugnisübertragung an die Kommission: Durchführungsrecht zur DS-GVO

32   In Abs. 3 wird der Kommission das Recht verliehen Durchführungsrechts-
      akte für das Format und das Verfahren des Informationsaustausches zwi-
      schen Verantwortlichen, Auftragsverarbeitern und Aufsichtsbehörden zu
      erlassen.

III. Fortgeltendes BDSG/LDSGe etc.

33   Fortgeltendes deutsches Recht ist nicht ersichtlich (→ Art. 44 Rn. 20).

D. Kritik

34   Wie die eingangs zitierte Liste (→ Rn. 6 Fn. 17) zeigt, haben nur wenige
      internationale Konzerne und Unternehmensgruppen bisher *Binding Corpo-
      rate Rules* verabschiedet. Eine der wichtigsten Ursachen hierfür dürfte eine
      Kosten-Nutzen-Rechnung sein, die vielfach zuungunsten von *Binding Cor-
      porate Rules* ausgehen dürfte. Dies liegt an den umständlichen, langwieri-
      gen und kostenintensiven Genehmigungs- und Implementierungsverfah-
      ren.[53] Da sich an diesen im Grundsatz nichts geändert hat, sondern sie nur
      präziser kodifiziert wurden, ist zu erwarten, dass sich nur Großkonzerne
      mit *Binding Corporate Rules* selbst regulieren werden. Wie die durch die
      DSGVO erreichten, oben dargestellten Verfahrensvereinfachungen, der re-
      duzierte Verwaltungsaufwand sowie die eindeutigere Rechtsfolge sich aus-
      wirken, bleibt abzuwarten. Grundsätzlich ist durch die Regelung der *Bin-
      ding Corporate Rules* an sich bereits einiges im Hinblick auf den Schutz
      personenbezogener Daten gewonnen, denn es sind gerade die großen Un-

---

53 Vgl. *Voskamp*, S. 130 ff.

ternehmen, die auch in großem Maße Daten sammeln, und für die Daten eine neue Handelsware darstellen.[54] Damit können *Binding Corporate Rules* über Ländergrenzen hinweg einen Beitrag zur globalen Harmonisierung von Datenschutzvorschriften leisten.[55]

Artikel 48 Nach dem Unionsrecht nicht zulässige Übermittlung oder Offenlegung

Jegliches Urteil eines Gerichts eines Drittlands und jegliche Entscheidung einer Verwaltungsbehörde eines Drittlands, mit denen von einem Verantwortlichen oder einem Auftragsverarbeiter die Übermittlung oder Offenlegung personenbezogener Daten verlangt wird, dürfen unbeschadet anderer Gründe für die Übermittlung gemäß diesem Kapitel jedenfalls nur dann anerkannt oder vollstreckbar werden, wenn sie auf eine in Kraft befindliche internationale Übereinkunft wie etwa ein Rechtshilfeabkommen zwischen dem ersuchenden Drittland und der Union oder einem Mitgliedstaat gestützt sind.

Verwandte Normen: ErwGr 115

Literatur:

Albrecht, Das neue EU-Datenschutzrecht – von der Richtlinie zur Verordnung, CR 2016, 88 ff.; *ders./Jotzo*, Das neue Datenschutzrecht der EU, 2017; *Becker/Nikolaeva*, Zur Unmöglichkeit rechtskonformer Datenübermittlung für gleichzeitig in USA und Deutschland operierende Cloud-Anbieter, CR 2012, S. 170 ff.; *Hoffmann-Riem*, Freiheitsschutz in den globalen Kommunikationsinfrastrukturen, JZ 2014, S. 53 ff.; *Ipsen*, Völkerrecht, 6. Auflage 2016; *Laue/Nink/Kremer*, Das neue Datenschutzrecht in der betrieblichen Praxis, 2016; *Maisch*, Informationelle Selbstbestimmung in Netzwerken, 2015; *Piltz*, Die Datenschutz Grundverordnung Teil 4: Internationale Datentransfers und Aufsichtsbehörden, K&R 2016, S. 777 ff.; *Schantz*, Die Datenschutz-Grundverordnung – Beginn einer neuen Zeitrechnung im Datenschutzrecht, NJW 2016, 1841 ff.; *Wolf*, Der rechtliche Nebel der deutsch-amerikanischen „NSA-Abhöraffäre", JZ 2013, S. 1039 f.

---

54 Hierzu *Bierekoven* ITRB 2009, 39 ff.; zum ökonomischen Wert von personenbezogenen Daten siehe *Wandtke* MMR 2017, 6 ff.; zur Datennutzung als unternehmerisches Geschäftsmodell vgl. *Hoffmann-Riem* JZ 2014, 53 f.; *Bodenschatz*, Der europäische Datenschutzstandard, S. 118 f. mwN.
55 Vgl. hierzu insbes. *Voskamp*, S. 129.

A. Grundlagen

I. Gesamtverständnis und Zweck der Norm

1 Bei Art. 48 DSGVO handelt es sich um eine grundlegend neue Norm, die als Reaktion auf die Enthüllungen von *Edward Snowden*[1] über den Umfang der Tätigkeit US-amerikanischer Geheimdienste außerhalb der Vereinigten Staaten von Amerika verstanden werden kann.[2] Die Norm enthält wiederum ein präventives Verbot mit Erlaubnisvorbehalt, nämlich dass eine Datenübermittlung dann zulässig ist, wenn ein entsprechendes internationales Abkommen zwischen dem Drittstaat und der Europäischen Union oder dem Mitgliedstaat besteht. Generell handelt es sich also um eine Ausnahmeregelung, die nur im eng begrenzten Fall des Vorliegens eines solchen Abkommens eingreift; die Norm befindet sich damit auf der dritten Stufe des Systems der Zulässigkeit von Datenübermittlungen in Drittstaaten oder an internationale Organisationen des 5. Kapitels der DSGVO (→ Art. 44 Rn. 7).

II. Bisherige Rechtslage

2 Auch nach bisherigem Recht kann eine Übermittlung oder Offenlegung personenbezogener Daten aufgrund einer drittstaatlichen Gerichts- oder Verwaltungsentscheidung nicht ohne eine Rechtsgrundlage im Unionsrecht stattfinden: § 4 c Abs. 1 S. 1 Nr. 4 BDSG erachtet das öffentliche Interesse eines Drittstaates nicht als ausreichend für eine Übermittlung personenbezogener Daten.[3]

III. Entstehung der Norm

3 Art. 48 DSGVO blickt auf eine bewegte Entstehungsgeschichte zurück.[4] Eine entsprechende Regelung fand sich zwar bereits in Art. 42 des öffentlich gewordenen kommissionsinternen Entwurfs zur DSGVO,[5] war dann jedoch nicht im Vorschlag der Kommission zu finden.[6] Die Norm verschwand in der Abstimmung zwischen Generaldirektion und Kommission, nachdem von US-amerikanischer Seite massiv Druck ausgeübt wurde.[7] Nachdem diese Einflussnahme öffentlich geworden war, nahm das EU-Parlament die Norm als Art. 43 a in seine Änderungsvorschläge auf.[8] Nach Abschluss der Trilog-Verhandlungen hat die Norm, verglichen mit dem

---

1 Siehe hierzu *Hoffmann-Riem* JZ 2014, 53; dazu auch *Wolf* JZ 2013, 1039 f.
2 Vgl. *Schantz* NJW 2016, 1841 (1846); *Albrecht* CR 2016, 88 (95); *Plitz* K&R 2016, 777 (779) bezeichnet die Norm gar als „*Snowden*-Klausel"; zur Haltung des Europäischen Parlamentes siehe *Albrecht/Jotzo*, S. 102.
3 Vgl. *Schantz* NJW 2016, 1841 (1846).
4 Dazu *Piltz* K&R 2016, 777 (780).
5 Der Entwurf der DSGVO vom 29.11.2011 (Version 56) ist abrufbar unter: http://statewatch.org/news/2011/dec/eu-com-draft-dp-reg-inter-service-consultation.pdf.
6 KOM (2012) 11 endg.
7 Hierzu auch *Albrecht* CR 2016, 88 (94 f.).
8 Siehe Stellungnahme des Europäischen Parlamentes, angenommen in der ersten Lesung am 12.3.2014, EP-PE_TC1-COD(2012)0011.

Towfigh/Ulrich

Parlamentsentwurf um drei Absätze gekürzt,[9] Eingang in die endgültige Fassung der DSGVO gefunden.

B. Kommentierung

I. Umgang mit Urteilen und Verwaltungsentscheidungen von Drittländern

Art. 48 DSGVO legt fest, dass eine Offenlegung oder Übermittlung von   4
personenbezogenen Daten aufgrund eines drittstaatlichen Urteils oder einer
drittstaatlichen Verwaltungsentscheidung durch den Verantwortlichen oder
Auftragsverarbeiter nur dann stattfinden darf, wenn zwischen dem Drittstaat und der Europäischen Union oder einem Mitgliedstaat ein internationales Abkommen besteht, etwa ein Rechtshilfeabkommen. Mithin wird
das internationale Abkommen zur zwingenden Voraussetzung dafür, dass
gerichtliche oder behördliche Entscheidungen von Drittländern innerhalb
der Europäischen Union anerkannt und vollstreckt werden können, wenn
sie die Übermittlung personenbezogener Daten fordern.[10] Somit soll sichergestellt werden, dass das Schutzniveau der DSGVO nicht durch eine solche
drittstaatliche Entscheidung unterlaufen werden kann. Art. 48 DSGVO
verfügt mithin über einen eigenständigen Regelungsgehalt, der über eine
„reine Symbolik"[11] hinausgeht.

Darüber hinaus kann es gerade bei der Datenübermittlung in Drittländer   5
zu Konflikten der Unterschiedlichen Jurisdiktionen kommen. So kann es
vorkommen, dass ein Unternehmen gezwungen wird einen Datentransfer
zu vollziehen, während dies mit den Datenschutzbestimmungen im Herkunftsland der Daten nicht vereinbar ist. Zur Lösung dieses Konflikts soll
Art. 48 DSGVO auch beitragen, indem ein solcher Datentransfer allenfalls
unter sehr engen Voraussetzungen zulässig ist – namentlich bei Vorliegen
eines entsprechenden Rechtshilfeabkommens.[12] Dass es in Drittstaaten immer wieder zu Verfahren kommt, in welchen es um die Herausgabe von
europäischen personenbezogenen Daten eines drittstaatlichen Unterneh-

---

9 Die entfallenen Regelungen sahen vor, dass der Verantwortliche oder Auftragsdatenverarbeiter, auch auf ein drittstaatliches Urteil hin personenbezogene Daten von
   EU-Bürgern nur mit Zustimmung der zuständigen Aufsichtsbehörde offenlegt
   (Art. 43a Abs. 2). Die Aufsichtsbehörde sollte dann über die Vereinbarkeit der Offenlegung mit den Regelungen des 5. Kapitels der DSGVO entscheiden. Für den
   Fall, dass Daten von EU-Bürgern aus mehreren Mitgliedstaaten von der Offenlegung betroffen sein würden, sollte die Aufsichtsbehörde das Kohärenzverfahren
   anwenden (Art. 43a Abs. 3). Schließlich sollte die zuständige Aufsichtsbehörde die
   nationale Datenschutzbehörde über die Anfrage zur Offenlegung der Daten informieren; der Verantwortliche oder Auftragsdatenverarbeiter wurde verpflichtet, die
   Betroffenen über das Urteil zu informieren, ferner darüber, ob innerhalb der letzten
   12 Monate personenbezogene Daten über die Betroffenen an öffentliche Stellen
   weitergegeben wurden (Art. 43a Abs. 4).
10 Vgl. *Laue/Nink/Kremer*, § 5 Rn. 57.
11 So aber *Schantz* NJW 2016, 1841 (1846).
12 Dazu *Piltz* K&R 2016, 777 (779 f.); *Albrecht/Jotzo*, S. 111 f.

mens geht, zeigte sich zuletzt im Verfahren *Microsoft vs. United States*.[13] Amerikanische Strafverfolgungsbehörden hatten von *Microsoft* die Herausgabe personenbezogener Daten eines Nutzers des E-Mail Dienstes von *Microsoft* gefordert. Diese Daten des Nutzers befinden sich auf Servern von *Microsoft* in Irland. Der *Court of Appeals* gab *Microsoft* Recht, dass die Verurteilung zur Herausgabe von Daten, die auf irischen Servern gespeichert sind, nicht möglich sei, da US-amerikanischem Recht keine extraterritoriale Geltung zukomme.[14] Bei einem anderslautenden Urteil hätte sich die Frage gestellt, wie der Konflikt zwischen US-amerikanischem Urteil, das zur Herausgabe verpflichtet, und europäischem Datenschutzrecht, das eine solche Herausgabe untersagt, aufzulösen wäre. Die Antwort darauf gibt Art. 48 DSGVO: Danach wäre ein anderslautendes amerikanisches Urteil jedenfalls nicht vollstreckbar gewesen, ohne dass es ein entsprechendes internationales Abkommen zwischen Irland oder der EU auf der einen Seite und den Vereinigten Staaten von Amerika auf der anderen Seite geben würde, sollte die Übermittlung nicht nach einer anderen Rechtsgrundlage des 5. Kapitels zulässig sein.[15]

6 An das internationale Abkommen, aufgrund dessen die Offenlegung oder Übermittlung der Daten erfolgen kann, ist aber die Anforderung zu stellen, dass die Ausgestaltung der Zulässigkeit von Übermittlungen personenbezogener Daten grds. dem Schutzniveau der DSGVO entspricht.[16] Dies ergibt sich aus einem Vergleich mit den übrigen Rechtsgrundlagen für die Übermittlung personenbezogener Daten in diesem Kapitel der DSGVO. Andernfalls würde der Zweck der Regelung des Art. 48 DSGVO konterkariert, indem das Schutzniveau der DSGVO aufgrund des jeweiligen internationalen Abkommens unterlaufen werden könnte.

7 Eine Übermittlung oder Offenlegung wird durch Art. 48 DSGVO dann nicht ausgeschlossen, wenn eine andere Rechtsgrundlage oder Ausnahmeregelung des 5. Kapitels der DSGVO eine Übermittlung personenbezogener Daten gestattet.

II. Reaktion auf die Geheimdienstaktivitäten der Vereinigten Staaten von Amerika

8 Darüber hinaus ist die Norm eine Reaktion auf die massiven Datensammlungen amerikanischer Geheimdienste auch auf europäischem Boden und der damit einhergehenden Verletzung der Persönlichkeitsrechte der Betroffenen.[17] Dabei bieten insbes. der *USA Patriot Act*, der *Foreign Intelligence*

---

13 Vgl. U.S. Court of Appeals for the Second Circuit, Urt. v. 14.7.2016, No. 14-2985, 2016 WL 3770056; sowie die Vorinstanz U.S. District Court, Second District New York, 15 F. Supp. 3 d 466, Memorandum and Order – In the Matter of a Warrant to Search a Certain E-Mail Account Controlled and Maintained by Microsoft Corporation.

14 Vgl. U.S. Court of Appeals for the Second Circuit, Urt. v. 14.7.2016, No. 14-2985, 2016 WL 3770056, at *1, *17 ff.

15 Vgl. *Albrecht/Jotzo*, S. 111, als Rechtsgrundlage käme insoweit das *EU-US Privacy Shield* in Betracht, wonach ein die Vereinigten Staaten über ein angemessenes Datenschutzniveau verfügen und eine Datenübermittlung grds. zulässig wäre.

16 Vgl. *Laue/Nink/Kremer*, § 5 Rn. 57.

17 So etwa *Albrecht* CR 2016, 88 (94 f.); siehe auch *Albrecht/Jotzo*, S. 112; *Laue/ Nink/Kremer*, § 5 Rn. 57.

Surveillance Act (FISA) und die sog National Security Letters Rechtsgrundlagen nach US-amerikanischen Recht für den Zugriff amerikanischer Behörden auf personenbezogene Daten europäischer Betroffener.[18] Mit Art. 48 DSGVO soll klargestellt werden, dass ein solches Verhalten nicht toleriert wird und bei jeder Übermittlung von personenbezogenen Daten europäischer Bürger, die Mindeststandards europäischer Datenschutzrechte eingehalten werden müssen.

C. Verhältnis zu anderen Normen

Durch Art. 48 DSGVO werden die Rechtsgrundlagen und Ausnahmevorschriften der übrigen Tatbestände des 5. Kapitels der DSGVO nicht berührt. Sofern nach diesen eine Übermittlung personenbezogener Daten in das Drittland zulässig ist, steht auch Art. 48 DSGVO einer solchen Übermittlung nicht im Wege.[19]
9

D. Kritik

Es bleibt die Frage nach der Bedeutung der Norm. Zwar mag Art. 48 DSGVO über reine Symbolik hinausgehen, insofern er die Rechtsgrundlage für die Übermittlung personenbezogener Daten in Drittländer und an internationale Organisationen darstellt. Dennoch verfügt die Norm nur über einen recht begrenzten Anwendungsbereich: Sie ermöglicht lediglich die Datenübermittlung aufgrund eines internationalen Abkommens, das seinerseits die Datenübermittlung aufgrund drittstaatlicher Urteile oder Verwaltungsentscheidungen gestattet, obgleich die Voraussetzungen der übrigen Rechtsgrundlagen des 5. Kapitels der DSGVO für eine Übermittlung nicht vorliegen.
10

Es dürfte ausgeschlossen sein, dass sich durch Art. 48 DSGVO die Praxis US-amerikanischer Geheimdienste, personenbezogene Daten außerhalb der USA zu sammeln, einhegen lässt, zumal diese Datenerhebung nach US-amerikanischem Recht gesetzmäßig ist. In dieser Hinsicht weist die Norm lediglich Symbolcharakter auf, indem sie den Grundsatz unterstreicht, dass es einem Drittstaat nicht gestattet ist, den Schutz personenbezogener Daten, wie er in der Europäischen Union gewährleistet ist, nach Belieben zu unterlaufen. Dies entspricht auch dem Grundsatz der Staatenimmunität,[20] der aber auch die fehlenden Sanktionsmechanismen gegenüber drittstaatlichen Behörden und öffentlichen Stellen bestärkt (→ Art. 44 Rn. 20). Genauso wenig wie US-amerikanisches Recht es vermag extraterritoriale Wirkung zu entfalten, vermag es auch die DSGVO nicht drittstaatliche Stellen dem Sanktionsregime der DSGVO zu unterwerfen.
11

---

18 Siehe hierzu Maisch, Informationelle Selbstbestimmung in Netzwerken, S. 141 ff.; dazu auch Becker/Nikolaeva CR 2012, 170 (171 f.), dazu auch Wolf JZ 2013, 1039 (1040 f.).
19 Dazu auch Piltz K&R 2016, 777 (780).
20 Zu dem Grundsatz der Staatenimmunität ausführlich Ipsen, Völkerrecht, § 5 Rn. 264 ff. mwN.

Artikel 49 Ausnahmen für bestimmte Fälle

(1) [1]Falls weder ein Angemessenheitsbeschluss nach Artikel 45 Absatz 3 vorliegt noch geeignete Garantien nach Artikel 46, einschließlich verbindlicher interner Datenschutzvorschriften, bestehen, ist eine Übermittlung oder eine Reihe von Übermittlungen personenbezogener Daten an ein Drittland oder an eine internationale Organisation nur unter einer der folgenden Bedingungen zulässig:

a) die betroffene Person hat in die vorgeschlagene Datenübermittlung ausdrücklich eingewilligt, nachdem sie über die für sie bestehenden möglichen Risiken derartiger Datenübermittlungen ohne Vorliegen eines Angemessenheitsbeschlusses und ohne geeignete Garantien unterrichtet wurde,

b) die Übermittlung ist für die Erfüllung eines Vertrags zwischen der betroffenen Person und dem Verantwortlichen oder zur Durchführung von vorvertraglichen Maßnahmen auf Antrag der betroffenen Person erforderlich,

c) die Übermittlung ist zum Abschluss oder zur Erfüllung eines im Interesse der betroffenen Person von dem Verantwortlichen mit einer anderen natürlichen oder juristischen Person geschlossenen Vertrags erforderlich,

d) die Übermittlung ist aus wichtigen Gründen des öffentlichen Interesses notwendig,

e) die Übermittlung ist zur Geltendmachung, Ausübung oder Verteidigung von Rechtsansprüchen erforderlich,

f) die Übermittlung ist zum Schutz lebenswichtiger Interessen der betroffenen Person oder anderer Personen erforderlich, sofern die betroffene Person aus physischen oder rechtlichen Gründen außerstande ist, ihre Einwilligung zu geben,

g) die Übermittlung erfolgt aus einem Register, das gemäß dem Recht der Union oder der Mitgliedstaaten zur Information der Öffentlichkeit bestimmt ist und entweder der gesamten Öffentlichkeit oder allen Personen, die ein berechtigtes Interesse nachweisen können, zur Einsichtnahme offensteht, aber nur soweit die im Recht der Union oder der Mitgliedstaaten festgelegten Voraussetzungen für die Einsichtnahme im Einzelfall gegeben sind.

[2]Falls die Übermittlung nicht auf eine Bestimmung der Artikel 45 oder 46 – einschließlich der verbindlichen internen Datenschutzvorschriften – gestützt werden könnte und keine der Ausnahmen für einen bestimmten Fall gemäß dem ersten Unterabsatz anwendbar ist, darf eine Übermittlung an ein Drittland oder eine internationale Organisation nur dann erfolgen, wenn die Übermittlung nicht wiederholt erfolgt, nur eine begrenzte Zahl von betroffenen Personen betrifft, für die Wahrung der zwingenden berechtigten Interessen des Verantwortlichen erforderlich ist, sofern die Interessen oder die Rechte und Freiheiten der betroffenen Person nicht überwiegen, und der Verantwortliche alle Umstände der Datenübermittlung beurteilt und auf der Grundlage dieser Beurteilung geeignete Garantien in Bezug auf den Schutz personenbezogener Daten vorgesehen hat. [3]Der Verantwortliche setzt die Aufsichtsbehörde von der Übermittlung in Kenntnis. [4]Der Ver-

antwortliche unterrichtet die betroffene Person über die Übermittlung und seine zwingenden berechtigten Interessen; dies erfolgt zusätzlich zu den der betroffenen Person nach den Artikeln 13 und 14 mitgeteilten Informationen.

(2) [1]Datenübermittlungen gemäß Absatz 1 Unterabsatz 1 Buchstabe g dürfen nicht die Gesamtheit oder ganze Kategorien der im Register enthaltenen personenbezogenen Daten umfassen. [2]Wenn das Register der Einsichtnahme durch Personen mit berechtigtem Interesse dient, darf die Übermittlung nur auf Anfrage dieser Personen oder nur dann erfolgen, wenn diese Personen die Adressaten der Übermittlung sind.

(3) Absatz 1 Unterabsatz 1 Buchstaben a, b und c und sowie Absatz 1 Unterabsatz 2 gelten nicht für Tätigkeiten, die Behörden in Ausübung ihrer hoheitlichen Befugnisse durchführen.

(4) Das öffentliche Interesse im Sinne des Absatzes 1 Unterabsatz 1 Buchstabe d muss im Unionsrecht oder im Recht des Mitgliedstaats, dem der Verantwortliche unterliegt, anerkannt sein.

(5) [1]Liegt kein Angemessenheitsbeschluss vor, so können im Unionsrecht oder im Recht der Mitgliedstaaten aus wichtigen Gründen des öffentlichen Interesses ausdrücklich Beschränkungen der Übermittlung bestimmter Kategorien von personenbezogenen Daten an Drittländer oder internationale Organisationen vorgesehen werden. [2]Die Mitgliedstaaten teilen der Kommission derartige Bestimmungen mit.

(6) Der Verantwortliche oder der Auftragsverarbeiter erfasst die von ihm vorgenommene Beurteilung sowie die angemessenen Garantien im Sinne des Absatzes 1 Unterabsatz 2 des vorliegenden Artikels in der Dokumentation gemäß Artikel 30.

Verwandte Normen: ErwGr 111, 112, 113; § 4c BDSG 2003

Literatur:
Auer-Reinsdorff/Conrad (Hrsg.), Handbuch IT- und Datenschutzrecht, 2. Auflage 2016; *Gola/Schomerus* (Hrsg.), Bundesdatenschutzgesetz, 12. Auflage 2015; *Hoeren/Sieber/Holznagel* (Hrsg.), Multimedia-Recht, 42. Ergänzungslieferung 2015; *Kühling/Heberlein*, EuGH „reloaded": „unsafe harbor" USA vs. „Datenfestung" EU, NVwZ 2016, S. 7 ff.; *Laue/Nink/Kremer*, Das neue Datenschutzrecht in der betrieblichen Praxis, 2016; *Simitis* (Hrsg.), Nomos-Kommentar zum BDSG, 8. neu bearbeitete Auflage, 2014; *Spies/Schröder*, Auswirkungen der elektronischen Beweiserhebung (eDiscovery) in den USA auf deutsche Unternehmen, MMR 2008, S. 275 ff.; *Spindler/Schuster* (Hrsg.), Recht der elektronischen Medien, 3. Auflage 2015.

A. Grundlagen

I. Gesamtverständnis und Zweck der Norm

1 Im dreistufigen System der Zulässigkeit von Datenübermittlungen in Drittländer oder an internationale Organisationen des 5. Kapitels der DSGVO findet sich Art. 49 auf der dritten Stufe (→ Art. 44 Rn. 18). Liegen weder ein Angemessenheitsbeschluss nach Art. 45 noch geeignete Garantien iSv Art. 46 und Art. 47 vor, ist eine Übermittlung personenbezogener Daten in das betreffende Drittland oder an die internationale Organisation trotzdem zulässig, wenn eine der Ausnahmevorschriften von Art. 49 einschlägig ist. Dabei gebietet der Regelungszweck der DSGVO – die Gewährleistung eines lückenlosen Schutz personenbezogener Daten und damit der Grundrechte der Betroffenen –, dass die Ausnahmevorschriften nur begrenzt zur Anwendung kommen. Es gilt mithin, wie auch sonst bei Ausnahmetatbeständen, der Grundsatz enger Auslegung.

II. Bisherige Rechtslage

2 Der Katalog an Ausnahmen von Art. 49 Abs. 1 UAbs. 1 entspricht den aus § 4 c Abs. 1 BDSG und Art. 26 Abs. 1 DSRL bekannten Ausnahmevorschriften. Lediglich Art. 49 Abs. 1 UAbs. 1 lit. f. wurde dahingehend präzisiert, dass die Übermittlung aus lebenswichtigen Interessen (nur) dann ausnahmsweise möglich ist, wenn die Betroffenen aus physischen oder rechtlichen Gründen außerstande sind, in die Übermittlung einzuwilligen. Daneben wurde mit Art. 49 Abs. 1 UAbs. 2 ein Auffangtatbestand eingeführt, der eine Übermittlung personenbezogener Daten auch dann gestattet, wenn die übrigen Ausnahmetatbestände nicht eingreifen (→ Rn. 12 ff.).[1]

III. Entstehung der Norm

3 Der Auffangtatbestand des Abs. 1 UAbs. 2 war ursprünglich kein eigener UAbs. sondern als lit. h vorgesehen.[2] Er wurde vom Europäischen Parlament in dessen Stellungnahme gem. Vorschlag Nr. 141 gelöscht.[3] Schließlich wurde der Auffangtatbestand vom Rat wieder hinzugefügt und blieb auch in den Trilog-Verhandlungen bestehen.[4]

B. Kommentierung

I. Ausnahmetatbestände

4 Liegt einer der Ausnahmetatbestände vor, ist eine Übermittlung personenbezogener Daten in ein Drittland auch dann zulässig, wenn kein Angemessenheitsbeschluss und keine geeigneten Garantien für den Schutz personenbezogener Daten bestehen. Dass diese Ausnahmen eng auszulegen und in ihrem Anwendungsbereich beschränkt sein sollen, zeigt sich ua an der zumeist deutlichen, eingrenzenden Formulierung der Tatbestände.[5]

---

1 Vgl. zum Ganzen *Laue/Nink/Kremer*, § 5 Rn. 59.
2 Siehe Art. 44 DSGVO-Proposal, KOM (2012) 11 endg.
3 Siehe Stellungnahme des Europäischen Parlamentes, angenommen in der ersten Lesung am 12.3.2014, EP-PE_TC1-COD(2012)0011.
4 Dies gilt entsprechend für Abs. 6, der sich auf UAbs. 2 bezieht.
5 So schon zur DS-RL und dem BDSG Simitis/*Simitis*, BDSG § 4 c Rn. 18.

1. Einwilligung

Den praktisch bedeutsamsten Fall einer ausnahmsweise zulässigen Daten- 5
übermittlung dürfte die Einwilligung bilden. An die Einwilligung sind
strenge Anforderungen zu stellen, namentlich müssen alle Einwilligungs-
voraussetzungen iSd Art. 7 DSGVO erfüllt sein.[6] Die betroffene Person
muss zudem über die Risiken der Datenübermittlung in das betreffende
Drittland, ohne Angemessenheitsbeschluss und geeignete Garantien für die
Sicherheit personenbezogener Daten, aufgeklärt werden, sowie je nach
Sachlage darüber, dass auch eine mangelnde Durchsetzbarkeit von Betroffenenrechten gegeben ist.[7] Es muss sich also um eine „informierte" Einwilligung für den konkreten Fall handeln, die ohne Zwang und in Kenntnis
der Sachlage erteilt wurde.[8] Damit ist eine erteilte Pauschaleinwilligung in
eine Vielzahl von Datenübermittlungen unzulässig.[9]

2. Vertragliche Pflichten

Zulässig ist eine Übermittlung personenbezogener Daten auch dann, wenn 6
diese auf Antrag von Betroffenen zur Erfüllung vertraglicher oder vorvertraglicher Pflichten dient, **Abs. 1 UAbs. 1 lit. b.** Dazu gehören etwa die
Übermittlung von Kredit- oder EC-Kartendaten, wenn diese Karte im Ausland verwendet wird,[10] etwa bei Reisebuchungen im Ausland oder im Bereich des E-Commerce zum Erwerb von Waren und Dienstleistungen.[11]
Auch eine Übermittlung von Arbeitnehmerdaten lässt sich so rechtfertigen.[12]

Nach **Abs. 1 UAbs. 1 lit. c** ist die Übertragung ferner möglich, wenn sie 7
zum Abschluss oder zur Erfüllung eines im Interesse der betroffenen Person von dem Verantwortlichen mit einer anderen natürlichen oder juristischen Person geschlossenen Vertrags erforderlich ist. Gemeint sind also
Vertragsabschlüsse zugunsten von Betroffenen, wobei die betroffene Person nicht Vertragspartner wird, mithin insbes. Verträge zugunsten Dritter,
vgl. § 328 BGB.[13] Erfasst ist aber auch die Übermittlung von Daten zur
Abwicklung von Zahlungsverpflichtungen im Interbankenverkehr.[14]

3. Öffentliche und lebenswichtige Interessen

Eine Übermittlung personenbezogener Daten ist auch dann zulässig, wenn 8
dies aus wichtigen Gründen des öffentlichen Interesses notwendig ist, vgl.
Abs. 1 UAbs. 1 lit. d. Dies schränkt Abs. 4 dahingehend ein, dass dieses In-

---

6 Siehe hierzu ausführlich *Laue/Nink/Kremer*, § 2 Rn. 4 ff.
7 Vgl. *Laue/Nink/Kremer*, § 5 Rn. 60.
8 So auch zur alten Rechtslage Artikel-29-Datenschutzgruppe WP 114, S. 14, genauer zu den einzelnen Voraussetzungen Gola/Schomerus/*Körffer/Gola/Klug* BDSG
  § 4 c Rn. 5; ausführlich zu den inhaltlichen Anforderungen ferner Simitis/*Simitis*
  BDSG § 4 c Rn. 9 ff.
9 Vgl. *Laue/Nink/Kremer*, § 5 Rn. 60; *Kühling/Heberlein* NVwZ 2016, 7 (10).
10 So auch Gola/Schomerus/*Körffer/Gola/Klug* BDSG § 4 c Rn. 6.
11 So schon zum alten Recht, Spindler/Schuster/*Spindler* BDSG § 4 c Rn. 10.
12 Vgl. Gola/Schomerus/*Körffer/Gola/Klug* BDSG § 4 c Rn. 6; so auch *Laue/Nink/
   Kremer*, § 5 Rn. 62.
13 Vgl. Gola/Schomerus/*Körffer/Gola/Klug* BDSG § 4 c Rn. 6 a, die als Bsp. eine Mit-
   arbeiterversicherung bei einer ausländischen Gesellschaft anführen.
14 So auch Spindler/Schuster/*Spindler* BDSG § 4 c Rn. 10.

teresse im Unionsrecht oder dem Recht des Mitgliedstaates anerkannt sein muss; mithin ist nicht jedes Interesse ausreichend. Wie ein Vergleich mit Art. 48 zeigt, kann eine drittstaatliche Verwaltungs- oder Gerichtsentscheidung keinen wichtigen Grund des öffentlichen Interesses darstellen, denn für eine Übermittlung aufgrund einer solchen Entscheidung wird das Vorliegen eines internationalen Abkommens vorausgesetzt, das die Entscheidung anerkennt (→ Art. 48 Rn. 4). Bisher wurden wichtige Gründe des öffentlichen Interesses insbes. im Bereich der grenzüberschreitenden Kriminalitätsbekämpfung (wie der Geldwäsche durch internationale Finanzinstitute) oder für einen Datenaustausch von Zoll- und Steuerbehörden[15] angenommen.[16]

9   Eine Übermittlung kann nach **Abs. 1 UAbs. 1 lit. f** ferner zulässig sein, wenn sie zum Schutz lebenswichtiger Interessen der Betroffenen oder anderer Personen erforderlich ist. Dies ist aber nur dann der Fall, wenn Betroffene aus physischen oder rechtlichen Gründen außerstande sind, eine Einwilligung zu erteilen – damit wird im Gegensatz zum alten Recht die mangelnde Einwilligungsfähigkeit der Betroffenen zur Voraussetzung.[17] Eine Übermittlung wäre demnach zulässig, wenn eine bewusstlose und damit nicht einwilligungsfähige Betroffene in Lebensgefahr schwebt und die Übermittlung ihrer Patientendaten zu ihrer Rettung erforderlich sind.[18]

4. Rechtsansprüche

10   Art. 49 **Abs. 1 UAbs. 1 lit. e** erklärt eine Datenübermittlung für zulässig, die der Begründung, Geltendmachung oder der Verteidigung von Rechtsansprüchen dient. Die Norm ist insbes. für europäische Beteiligte in Rechtsstreitigkeiten vor US-amerikanischen Gerichten relevant. Diese sind im Rahmen der sog *Pre-Trial-Discovery*[19] verpflichtet, Daten an die andere Partei zu übermitteln, was ohne einen Ausnahmetatbestand wie dem gegenständlichen zu einem Konflikt des US-amerikanischen Prozessrechts mit dem europäischem Datenschutzrecht führen könnte.[20] Bei der *Pre-Trial-Discovery* handelt es sich um ein Beweiserhebungsverfahren, das vor der eigentlichen Hauptverhandlung oder dem ersten Termin stattfindet, und das von den Parteien betrieben wird.[21] Dabei kommen der jeweiligen Gegenseite umfassende Informationsrechte zu: Sie kann etwa die Vorlage sämtlicher Tatsachen und damit auch erhobene personenbezogene Daten verlangen, die für den behaupteten Anspruch oder zur Verteidigung gegen diesen von Interesse sein könnten.[22] Die Übermittlung dieser Informationen findet meist auf elektronischem Wege statt, sog *e-Discovery*. Der Aus-

---

15 So ausdrücklich Erwägungsgrund 58 DS-RL.
16 Dazu Gola/Schomerus/*Körffer/Gola/Klug* BDSG § 4 c Rn. 7.
17 Vgl. zum alten Recht etwa Spindler/Schuster/*Spindler* BDSG § 4 c Rn. 15.
18 Spindler/Schuster/*Spindler* BDSG § 4 c Rn. 15.
19 Vgl. Rule 26-37 Federal Rules of Civil Procedure (FRCP).
20 Vgl. hierzu etwa Hoeren/Sieber/Holznagel/*Deutlmoser/Filip*, Multimedia-Recht, Teil 16.6 E-Discovery, Rn. 5; vgl. auch *Spies/Schröder* MMR 2008, 275 ff.
21 Vgl. Hoeren/Sieber/Holznagel/*Deutlmoser/Filip*, Multimedia-Recht, Teil 16.6 E-Discovery, Rn. 2; Auer-Reinsdorff/Conrad/*Garpentin*, Handbuch IT- und Datenschutzrecht, § 35 Rn. 89.
22 Auer-Reinsdorff/Conrad/*Garpentin*, Handbuch IT- und Datenschutzrecht, § 35 Rn. 89.

nahmetatbestand löst den eingangs erwähnten Konflikt zwischen europäischem Datenschutzrecht und US-amerikanischem Prozessrecht mithin auf und genehmigt ausnahmsweise die Übermittlung von Daten, um zivilrechtliche Rechtsansprüche verfolgen oder sich gegen diese verteidigen zu können.[23] Nicht erfasst hingegen ist die Übermittlung von personenbezogenen Daten für verwaltungs- oder strafprozessuale Zwecke.

5. Register

Nach **Abs. 1 UAbs. 1 lit. g** ist die Übermittlung von Daten aus einem gesetzlich eingerichteten Register zulässig, wenn dieses öffentlich eingesehen werden kann und die gesetzlichen Voraussetzungen zur Einsichtnahme vorliegen. Register idS sind etwa das Handelsregister oder das Grundbuch.[24] Insbes. für Register wie das Handelsregister, die ohnehin von jedermann zu jeder Zeit einsehbar sind, bestehen keine besonderen Anforderungen an die Datenübermittlung, da diese Daten allgemein verfügbar sind.[25] Eine solche Datenübermittlung darf gem. Abs. 2 aber nicht die Gesamtheit oder ganze Kategorien der im Register enthaltenen personenbezogenen Daten umfassen. Ferner darf gem. Abs. 2 die Übermittlung der Daten bei Registern, welche der Einsichtnahme durch Personen mit berechtigtem Interesse dienen, nur auf Anfrage dieser Personen erfolgen oder wenn diese Personen Adressat der Übermittlung sind.

11

6. Auffangtatbestand

Art. 49 Abs. 1 UAbs. 2 sieht einen weiteren Ausnahmetatbestand vor, der subsidiär greift, wenn keiner der Ausnahmetatbestände des Art. 49 Abs. 1 UAbs. 1 einschlägig ist. Der Auffangtatbestand richtet sich explizit nur an den Verantwortlichen, ist also für Auftragsverarbeiter nicht einschlägig.

12

Damit eine Übermittlung erfolgen kann, müssen alle eng auszulegenden Voraussetzungen der Norm kumuliert erfüllt sein. Zunächst darf es sich nicht um eine wiederholte Übermittlung handeln, und die Übermittlung darf lediglich eine begrenzte Anzahl von Personen betreffen. Ferner muss die Übermittlung erforderlich sein, um zwingende berechtigte Interessen des Verantwortlichen zu wahren, und der Verantwortliche muss alle Umstände der Übermittlung beurteilen und auf dieser Grundlage geeignete Garantien in Bezug auf den Schutz personenbezogener Daten vorsehen. Diese Beurteilung ist in die Dokumentation des Verantwortlichen gem. Abs. 6 aufzunehmen. Des Weiteren muss der Verantwortliche die Aufsichtsbehörde und die betroffene Person selbst informieren, wobei den Betroffenen über die nach Art. 13 und 14 mitgeteilten Informationen hinaus noch die zwingenden berechtigten Interessen des Verantwortlichen zu erläutern sind.

13

Die hohen Anforderungen, die an eine Übermittlung personenbezogener Daten gestellt werden, sind durch die Bedeutung der mit einer Übermittlung einhergehenden Verletzung der Grundrechte der Betroffenen gerecht-

14

---

23 Vgl. *Laue/Nink/Kremer*, § 5 Rn. 57.
24 Vgl. Gola/Schomerus/*Körffer/Gola/Klug* BDSG § 4 c Rn. 8.
25 Vgl. Spindler/Schuster/*Spindler* BDSG § 4 c Rn. 16.

fertigt. Zudem handelt es sich um eine Ausnahme, die nur subsidiär greift und als solche eng auszulegen ist. Insbes. die Informationspflicht gegenüber der Aufsichtsbehörde soll Missbrauch vermeiden und verhindern, dass die innerhalb der Beurteilung vorzunehmende Interessenabwägung unsachgerecht durchgeführt und keine geeigneten Garantien implementiert werden.[26]

II. Bereichsausnahme Abs. 3

15 Abs. 3 stellt eine Bereichsausnahme für Tätigkeiten dar, die Behörden in Ausübung ihrer hoheitlichen Befugnisse durchführen. Bei diesen Tätigkeiten können sich die Behörden nicht auf Art. 49 Abs. 1 UAbs. 1 lit. a-c oder UAbs. 2 berufen. Somit können sich Behörden, die in Ausübung ihrer hoheitlichen Befugnisse personenbezogene Daten in ein Drittland übermitteln wollen, ohne dass ein Angemessenheitsbeschluss ergangen ist und geeignete Garantien bestehen, nur bei Vorliegen eines öffentlichen oder lebenswichtigen Interesses gem. Abs. 1 UAbs. 1 lit. d und f., im Rahmen der Geltendmachung von Rechtsansprüchen gem. Abs. 1 UAbs. 1 lit. e und bei Registerauskünften nach Abs. 1 UAbs. 1 lit. g auf die Ausnahmevorschrift des Art. 49 berufen.

C. Verhältnis zu anderen Normen

16 Art. 49 DSGVO stellt die Ausnahmevorschrift zu den Art. 45-47 dar und ist somit auf der dritten Stufe des Zulässigkeitssystems für die Übermittlung personenbezogener Daten in Drittländer und an internationale Organisationen angesiedelt (→ Art. 44 Rn. 7). In Abs. 1 UAbs. 2 findet sich zudem ein Verweis auf die Informationspflichten der Art. 13, 14 DSGVO.

D. Kritik

17 Die Ausnahmevorschriften des Art. 49 entsprechen größtenteils denen von Art. 26 Abs. 1 DS-RL. Sie sind demnach lange erprobt und haben sich bewährt. Zu begrüßen ist insbes. die Präzisierung in Abs. 1 Uabs. 1 lit. f. hinsichtlich der ergänzten Voraussetzung der Einwilligungsfähigkeit der betroffenen Person (→ Rn. 9).

18 Lediglich der Auffangtatbestand in Abs. 1 UAbs. 2 ist zu kritisieren. Die Norm mag zwar hohe Hürden für eine Übermittlung personenbezogener Daten auf ihrer Grundlage aufstellen und wird vermutlich über einen sehr begrenzten Anwendungsbereich verfügen. Doch sind viele Voraussetzungen durch unbestimmte, auslegungsbedürftige Rechtsbegriffe aufgeladen. Diese eröffnen weite Interpretationsspielräume und damit für Verantwortliche die Möglichkeit, bei der Anwendung der Norm eine aus ihrer Sicht freundliche Auslegung zu wählen.[27] Es verwundert daher nicht, dass das Europäische Parlament vorgeschlagen hat, die Norm ersatzlos zu streichen. Wenn eine Übermittlung schon nicht wegen eines Angemessenheitsbeschlusses oder dem Vorliegen geeigneter Garantien erfolgen kann und zudem keine der etablierten Ausnahmetatbestände vorliegt, ist vor dem Hintergrund des

---

26 Vgl. hierzu auch *Laue/Nink/Kremer*, § 5 Rn. 66.
27 Zum Ganzen auch *Laue/Nink/Kremer*, § 5 Rn. 65 f.

hohen Datenschutzniveaus und dem damit verbundenen Grundrechts-schutz äußerst fraglich, warum eine Übermittlung dennoch unbedingt erlaubt werden sollte.

Artikel 50 Internationale Zusammenarbeit zum Schutz personenbezogener Daten

In Bezug auf Drittländer und internationale Organisationen treffen die Kommission und die Aufsichtsbehörden geeignete Maßnahmen zur

a) Entwicklung von Mechanismen der internationalen Zusammenarbeit, durch die die wirksame Durchsetzung von Rechtsvorschriften zum Schutz personenbezogener Daten erleichtert wird,

b) gegenseitigen Leistung internationaler Amtshilfe bei der Durchsetzung von Rechtsvorschriften zum Schutz personenbezogener Daten, unter anderem durch Meldungen, Beschwerdeverweisungen, Amtshilfe bei Untersuchungen und Informationsaustausch, sofern geeignete Garantien für den Schutz personenbezogener Daten und anderer Grundrechte und Grundfreiheiten bestehen,

c) Einbindung maßgeblicher Interessenträger in Diskussionen und Tätigkeiten, die zum Ausbau der internationalen Zusammenarbeit bei der Durchsetzung von Rechtsvorschriften zum Schutz personenbezogener Daten dienen,

d) Förderung des Austauschs und der Dokumentation von Rechtsvorschriften und Praktiken zum Schutz personenbezogener Daten einschließlich Zuständigkeitskonflikten mit Drittländern.

Verwandte Normen: ErwGr 105, 106, 116

Literatur:

Albrecht/Jotzo, Das neue Datenschutzrecht der EU, 2017; *Auer-Reinsdorff/Conrad* (Hrsg.), Handbuch IT- und Datenschutzrecht, 2. Auflage 2016; *Di Martino*, Datenschutz im Europäischen Recht, 2005; *Hoffmann-Riem*, Regelungsstrukturen für öffentliche Kommunikation im Internet, AöR 2012, S. 509; *ders.*, Freiheitsschutz in den globalen Kommunikationsinfrastrukturen, JZ 2014, S. 53 ff.; *Roßnagel*, Weltweites Internet – globale Rechtsordnung? MMR 2002, S. 67 ff.; *ders.* (Hrsg.), Handbuch Datenschutzrecht, 2003; *Simitis* (Hrsg.), Nomos-Kommentar zum BDSG, 8. neu bearbeitete Auflage, 2014; *Tinnefeld/Buchner/Petri*, Einführung in das Datenschutzrecht: Datenschutz und Informationsfreiheit in europäischer Sicht, 5. völlig überarbeitete Auflage 2012; *Voskamp*, Transnationaler Datenschutz, 2015; *Wandtke*, Ökonomischer Wert von persönlichen Daten, MMR 2017, 6 ff.

A. Grundlagen

I. Gesamtverständnis und Zweck der Norm

1 Art. 50 DSGVO enthält die Rechtsgrundlage für die internationale Zusammenarbeit von Kommission und Aufsichtsbehörden mit Drittländern und internationalen Organisationen zur Weiterentwicklung des Schutzes personenbezogener Daten. Die Norm steht als besondere Kompetenzvorschrift ohne direkte Relevanz für konkrete Tatbestände zur Datenübermittlung außerhalb des abgestuften Systems zur Zulässigkeit von Übermittlungen personenbezogener Daten in Drittstaaten des 5. Kapitels und schließt dieses ab. Durch die Vorschrift, die den Aufsichtsbehörden und der Kommission aufgibt, sich um internationale Zusammenarbeit in diesem Bereich zu bemühen, wird das Primat der Kommission in den Außenbeziehungen weiter gestärkt.[1] Die Kommission soll dabei insbes. auf eine international breite Wirkung der DSGVO hinarbeiten, um einen Beitrag zur Anhebung globaler Datenschutzstandards zu leisten.[2]

2 Internationale Zusammenarbeit ist im Datenschutzrecht zentral, denn die Übermittlung personenbezogener Daten endet nicht an Landesgrenzen.[3] Vielmehr werden nationalstaatliche Grenzen irrelevant, wenn es um den internationalen Datenverkehr geht, zumeist handelt es sich um Fragestellungen, die nur auf globaler Ebene befriedigend beantwortet werden können.[4] Dabei ist immer zwischen Datenschutzregelungen als nicht-tarifären Handelshemmnissen einerseits und dem Schutz von Persönlichkeitsrechten der Betroffenen andererseits abzuwägen.[5] Das macht den Datenschutz zu einer inhärent globalen Thematik, die internationalen Austausch und Zusammenarbeit voraussetzt. So haben internationale Organisationen wie die Vereinten Nationen, die OECD oder der Europarat sich mit Datenschutzfragen beschäftigt und diese zu einem weltpolitisch relevanten Thema gemacht.[6] Das globale Bewusstsein um die Notwenigkeit eines globalen Datenschutzstandards drückt sich nicht zuletzt in Veranstaltungen, wie der Internationalen Datenschutzkonferenz der nationalen Datenschutzbeauftragten in Madrid im Jahre 2009, aus.[7] Dort wurden globale Ansätze zur Schaffung weltweit einheitlicher Datenschutzgrundsätze diskutiert und die Verabschiedung der *Madrid Resolution*[8] legte den Grundstein zur Schaf-

---

1 Vgl. zum Primat der Kommission in Außenbeziehungen *Di Martino*, Datenschutz im Europäischen Recht, S. 67.
2 Vgl. *Albrecht/Jotzo*, S. 103.
3 Vgl. *Roßnagel* MMR 2002, 67; *Hoffmann-Riem* AöR 2012, 509 (517), der von einer „geografischen Entgrenzung" spricht.
4 Vgl. *Roßnagel/Burkert*, Kap. 2.3 Rn. 5.
5 Vgl. Simitis/*Simitis*, Einleitung Rn. 184; *Roßnagel/Burkert*, Kap. 2.3 Rn. 21; zum ökonomischen Wert persönlicher Daten als Handelswaren siehe *Wandtke* MMR 2017, 6 ff.
6 Dazu ausführlich Simitis/*Simitis*, Einleitung Rn. 151 ff.; vgl. auch *Tinnefeld/Buchner/Petri*, Einführung in das Datenschutzrecht, S. 70 ff.
7 Vgl. hierzu Auer-Reinsdorff/Conrad/*Grapentin*, § 35 Rn. 19; vgl. auch *Voskamp*, S. 49.
8 Entschließung der 31. Konferenz vom 4.-6. November 2009 in Madrid über Internationale Standards zum Schutz der Privatsphäre, abrufbar unter http://www.bfdi.bund.de/DE/Europa_International/International/Artikel/DieInternationaleDatenschutzkonferenz.html?nn=5217132.

fung eines international einheitlichen *Soft Law*. In der Folge hat die Internationale Datenschutzkonferenz diese Normen mit weiteren Resolutionen auch weiterentwickelt.[9]

II. Bisherige Rechtslage

Eine vergleichbare Rechtsgrundlage für die Kommission bestand nach der DS-RL nicht, es handelt sich um eine Neuregelung innerhalb der DSGVO.   3

III. Entstehung der Norm

Ein ursprünglich vorgesehener Abs. 2, welcher die Befugnis der Kommission enthielt, Maßnahmen zur Förderung der Beziehungen insbes. zu Aufsichtsbehörden von Drittstaaten, für die ein Angemessenheitsbeschluss ergangen ist, zu ergreifen, wurde durch den Rat gelöscht und auch innerhalb der Trilog-Verhandlungen nicht wieder aufgenommen. Eine ähnliche Regelung findet sich aber in Art. 45 Abs. 6 DSGVO.   4

B. Kommentierung

I. Mechanismen zur internationalen Zusammenarbeit im Datenschutzrecht

Kommission und Aufsichtsbehörden sollen geeignete Maßnahmen zur Entwicklung von Mechanismen der internationalen Zusammenarbeit ergreifen, durch die eine wirksame Durchsetzung von Rechtsvorschriften zum Schutz personenbezogener Daten erleichtert wird. Damit geht der Handlungsauftrag einher, Formate für den internationalen Austausch über Datenschutzfragen zu schaffen und so auf eine globale Ausbreitung und Vertiefung von Datenschutzstandards hinzuwirken. Damit erkennt der europäische Gesetzgeber an, dass sich Fragen des Datenschutzes nur global beantworten lassen und selbst regionale Datenschutzkonzepte, wie die DSGVO, nur begrenzt Anwendung finden und Wirkung entfalten können.[10] Im Bereich der *Binding Corporate Rules* (→ Art. 47) etwa bestehen erste Kooperationsansätze zwischen den europäischen Aufsichtsbehörden und den APEC-Staaten.[11] Ähnliche Formate gilt es gemäß dem Handlungsauftrag in Art. 50 DSGVO auch für andere Bereiche des internationalen Datenschutzrechts zu etablieren.   5

II. Amtshilfe bei der Durchsetzung von Rechtsvorschriften zum Schutz personenbezogener Daten

Kommission und Aufsichtsbehörden sollen ferner geeignete Maßnahmen zur gegenseitigen Leistung internationaler Amtshilfe bei der Durchsetzung von Rechtsvorschriften zum Schutz personenbezogener Daten ergreifen. Dies soll unter anderem durch Meldungen, Beschwerdeverweisungen,   6

---

9 Vgl. hierzu Auer-Reinsdorff/Conrad/*Grapentin*, § 35 Rn. 19; eine Übersicht aller Entschließungen der Internationalen Datenschutzkonferenz ist abrufbar unter: http://www.bfdi.bund.de/DE/Infothek/Entschliessungen/IntDSK/_functions/ IntDSK_table.html?nn=5217132.

10 In diese Richtung argumentiert etwa *Hoffmann-Riem* JZ 2014, 53 (63).

11 Vgl. Artikel-29-Datenschutzgruppe, Promoting Cooperation on Data Transfer Systems Between Europe and the Asia-Pacific, Pressemitteilung vom 26.3.2013.

Amtshilfe bei Untersuchungen und Informationsaustausch geschehen, sofern geeignete Garantien für den Schutz personenbezogener Daten sowie anderer Grundrechte und Grundfreiheiten bestehen. Mithin ist das Vorliegen geeigneter Garantien iSv Art. 46 DSGVO notwendig, um Amtshilfe gewähren zu dürfen. Diese Anforderungen erscheinen gerechtfertigt, weil auch bei der Gewährung von Amtshilfe das im Übrigen von der DSGVO gewährleistete Schutzniveau garantiert sein muss, um diesen Schutz nicht im Rahmen der Amtshilfe zu unterlaufen. Daher müssen Kommission und Aufsichtsbehörden ein Format zur Gewährung von Amtshilfe einrichten, das einheitliche Anforderungen an die Ersuchenden etabliert, die mit den Vorgaben des 5. Kapitels kongruent sind. Von diesem Schutzniveau kann mit Blick auf die Ausnahmevorschriften von Art. 49 DSGVO ausnahmsweise dann abgewichen werden, wenn es um vorrangige öffentliche oder lebenswichtige Interessen geht (zu denken ist hier insbes. an die internationale Terrorismusbekämpfung) oder die entsprechenden Informationen in öffentlichen Registern enthalten sind.

III. Einbindung maßgeblicher Interessenträger in Diskussion und Tätigkeit

7 Kommission und Aufsichtsbehörden sollen geeignete Maßnahmen ergreifen, um die maßgeblichen Interessenträger in die Diskussionen und die Tätigkeiten um die Weiterentwicklung der internationalen Zusammenarbeit und Durchsetzung des Rechts zum Schutz personenbezogener Daten einzubinden. Aus dem Diskurs mit den Interessenträgern können sich wertvolle Impulse für die Weiterentwicklung des Datenschutzes ergeben, schließlich sind es vornehmlich private Akteure gewesen, welche die moderne Kommunikationswelt entscheidend vorangebracht haben und heute noch maßgeblich gestalten.[12] Zu diesen Interessenträgern gehören neben Datenschutzverbänden auch Vereinigungen von Wirtschaftsunternehmen, die in ihrer täglichen Arbeit mit Datenschutzfragen konfrontiert werden oder informell tagende Gremien der Aufsichtsbehörden wie etwa der „Düsseldorfer Kreis".[13]

IV. Förderung des Austauschs

8 Auch zur Förderung des Austauschs und der Dokumentation von Rechtsvorschriften und Praktiken zum Schutz personenbezogener Daten untereinander, sollen die Kommission und die Aufsichtsbehörden geeignete Maßnahmen ergreifen. Dazu gehört insbes. auch eine Dokumentation der Zuständigkeitskonflikte mit Drittländern. Treten solche regelmäßig oder nach

---

12 Vgl. hierzu *Hoffmann-Riem* JZ 2014, 53 (63).
13 Die obersten deutschen Aufsichtsbehörden für den Datenschutz in der Privatwirtschaft (Aufsichtsbehörden für den nicht-öffentlichen Bereich) treffen sich zweimal im Jahr, um über aktuelle Entwicklungen im Datenschutzrecht für die Privatwirtschaft zu diskutieren und Standpunkte dazu in Beschlüssen und Arbeitspapieren festzulegen. Diese Beschlüsse und Arbeitspapiere sind nicht bindend für die Aufsichtsbehörden, finden aber gleichwohl deren Beachtung. Nach dem Ort des ersten Treffens ist dieses seit 1977 tagende Gremium als „Düsseldorfer Kreis" benannt. Die Entschließungen des Düsseldorfer Kreises sind abrufbar unter: https://www.bfdi.bund.de/DE/Infothek/Entschliessungen/DuesseldorferKreis/functions/DKreis_table.html.

einem wiederkehrenden Muster auf, so kann dies für den europäischen Gesetzgeber Anlass sein, darauf zu reagieren und Vorschriften dahingehend anzupassen. Denn auch aus den Datenschutzbestimmungen anderer Länder lassen sich Erkenntnisse zur Verbesserung und Weiterentwicklung des europäischen Datenschutzes gewinnen.

C. Befugnisübertragung an die Kommission

Die Norm bietet die Rechtsgrundlage für ein Handeln der Kommission auf dem Gebiet der internationalen Zusammenarbeit im Datenschutzrecht. **9**

D. Perspektiven

Allmählich setzt sich global die Erkenntnis durch, dass sich datenschutzrechtliche Fragen nur auf internationaler Ebene lösen lassen. Dies zeigen nicht zuletzt die Entschließungen der Internationalen Datenschutzkonferenz und die Zunahme regionaler Datenschutzregime.[14] Weltweit verbindliche Regelungen wären der nächste konsequente Schritt, doch die Unterschiede in den Auffassungen um die Bedeutung des Schutzes personenbezogener Daten und die Befürchtungen des Bedeutungs- und Souveränitätsverlustes der Nationalstaaten lassen ein globales Regelwerk derzeit als Utopie erscheinen.[15] Gleichwohl schreitet die Entwicklung der Informationsgesellschaft weiter voran und niemand mag vorhersagen, welche Technologien die globale Kommunikation und den Datenfluss in den nächsten Jahrzehnten noch weiter verstärken und vertiefen werden.[16] Fest steht allerdings schon heute: Es werden immer mehr Daten gespeichert und übermittelt werden. Mithin werden datenschutzrechtliche Fragen weiter an Relevanz gewinnen, sodass sich manch einer gar veranlasst sieht die Neukonzeption globaler Freiheitsrechte zu fordern.[17] Der klare Handlungsauftrag an die Kommission, mit Hilfe der Aufsichtsbehörden auf eine stärkere internationale Zusammenarbeit hinzuwirken, ist daher begrüßenswert. Es bleibt abzuwarten, wie dieser Auftrag von der Kommission angegangen wird. **10**

---

14 Zur Zunahme regionaler Datenschutzregelungen siehe Roßnagel/*Burkert*, Kap. 2.3 Rn. 96, vgl. auch *Hoffmann-Riem* JZ 2014, 53 (62).
15 So auch *Roßnagel* MMR 2002, 67 (70); vgl. ferner *Voskamp*, S. 50.
16 Teilweise ist gar die Rede von einer „vierten industriellen Revolution", vgl. *Wandtke* MMR 2017, 6 mwN.
17 So *Hoffmann-Riem* JZ 2014, 53 (62).

Artikel 51 Aufsichtsbehörde

(1) Jeder Mitgliedstaat sieht vor, dass eine oder mehrere unabhängige Behörden für die Überwachung der Anwendung dieser Verordnung zuständig sind, damit die Grundrechte und Grundfreiheiten natürlicher Personen bei der Verarbeitung geschützt werden und der freie Verkehr personenbezogener Daten in der Union erleichtert wird (im Folgenden „Aufsichtsbehörde").

(2) [1]Jede Aufsichtsbehörde leistet einen Beitrag zur einheitlichen Anwendung dieser Verordnung in der gesamten Union. [2]Zu diesem Zweck arbeiten die Aufsichtsbehörden untereinander sowie mit der Kommission gemäß Kapitel VII zusammen.

(3) Gibt es in einem Mitgliedstaat mehr als eine Aufsichtsbehörde, so bestimmt dieser Mitgliedstaat die Aufsichtsbehörde, die diese Behörden im Ausschuss vertritt, und führt ein Verfahren ein, mit dem sichergestellt wird, dass die anderen Behörden die Regeln für das Kohärenzverfahren nach Artikel 63 einhalten.

(4) Jeder Mitgliedstaat teilt der Kommission bis spätestens 25. Mai 2018 die Rechtsvorschriften, die er aufgrund dieses Kapitels erlässt, sowie unverzüglich alle folgenden Änderungen dieser Vorschriften mit.

Verwandte Normen: ErwGr 117, 119, 123; § 38 BDSG 2003

Literatur:

Arlt/Piendl, Zukünftige Organisation und Rechtsstellung der Datenschutzkontrolle in Deutschland, CR 1998, 713; *Herb*, Die Struktur der Datenschutzkontrollstellen in der Bundesrepublik, ZUM 2004, 530; *König*, Zur Möglichkeit einer sektoralen Datenschutzkontrolle nach dem Entwurf der EU-Grundverordnung, DuD 2013, 101; *Körffer*, in: Paal/Pauly (Hrsg.), Datenschutz-Grundverordnung, 1. Auflage 2017, Art. 51; *Kühling/Martini*, Die Datenschutz-Grundverordnung: Revolution oder Evolution im europäischen und deutschen Datenschutzrecht?, EuZW 2016, 448; *Ronellenfitsch*, Rechtsgutachten zur Neugestaltung der Datenschutzkontrolle und zur Verfassungsmäßigkeit einer Zusammenlegung des privaten und öffentlichen Bereichs der Datenschutzkontrolle in Hessen unter Zugrundelegung des Gesetzentwurfs der Fraktion der SPD für ein Gesetz zur Neuordnung des Datenschutzes und Wahrung der Unabhängigkeit des Datenschutzbeauftragten in Hessen – Drucks. 18/375, 2010, https://www.datensch

utz.hessen.de/download.php?download_ID=218; Schneider, in: Wolff/Brink (Hrsg.), Art. 51 DSGVO; *Ziebarth*, Demokratische Legitimation und Unabhängigkeit der deutschen Datenschutzbehörden: warum das durch die Rechtsprechung des EuGH (Rs. C-518/07, CR 2010, 339 und Rs. C-614/10) Erreichte durch den Entwurf für eine Datenschutz-Grundverordnung gefährdet wird, CR 2013, 60; *Ziebarth*, Google als Geheimnishüter? – Verantwortlichkeit der Suchmaschinenbetreiber nach dem EuGH-Urteil, ZD 2014, 394.

A. Grundlagen

Die Vorschriften des Kapitels VI (Art. 51–59) treten an die Stelle des bisherigen Art. 28 Datenschutz-RL. Sie betreffen die Einrichtung, Besetzung, Zuständigkeiten und Befugnisse der Aufsichtsbehörden.   1

Sie nehmen sich dieses Regelungsgebiets in erheblich größerem Umfang an als die Vorgängernorm. Dabei stehen unmittelbar geltende Regelungen, wie sie für eine unionsrechtliche Verordnung typisch sind (Art. 288 S. 2 AEUV), neben verbindlichen Zielvorgaben, die Wahl der Mittel aber den Mitgliedstaaten überlassen.[1]   2

Diese unmittelbaren und mittelbaren Vorgaben sind durch den Anwendungsbereich der DSGVO – wie dieser selbst – in doppelter Hinsicht beschränkt: gem. Art. 2 gilt sie nicht für die nichtautomatisierte Verarbeitung von Daten, die weder in einer Datei gespeichert sind, noch darin gespeichert werden sollen (Art. 2 Abs. 1), sowie nicht für Verarbeitungen mit Bezug auf bestimmte Rechtsgebiete (→ Art. 2 Rn. 1).[2] Die Vorgaben der DSGVO bezüglich der Aufsichtsbehörden gelten in diesen beiden Bereichen also nicht.   3

Das schließt nicht aus, dass ein mitgliedstaatlicher Gesetzgeber sie auch in diese Bereiche übernimmt.[3] Hinsichtlich des Bereichs der Verhütung und Verfolgung von Straftaten sowie der Strafvollstreckung[4] ist dies ausdrücklich vorgesehen.[5] Unionsrechtlich verbindlich ist dies jedoch nicht.   4

Daraus folgt, dass den Mitgliedstaaten sowohl innerhalb als auch außerhalb des Anwendungsbereichs der DSGVO in erheblichem Umfang Regelungsbedarf und Regelungsspielraum betreffend die Aufsichtsbehörden verbleibt.[6]   5

B. Kommentierung

I. Abs. 1 – Eine oder mehrere unabhängige Behörden

Nach Art. 51 Abs. 1 sehen die Mitgliedstaaten die Errichtung einer oder mehrerer unabhängiger (Art. 52) Behörden – der Aufsichtsbehörden iSd Art. 4 Nr. 21 – vor.   6

---

1 Eine „begrenzt richtlinienartige Struktur" attestiert *Schneider*, in: Wolff/Brink Art. 51 DSGVO, vor Rn. 1.
2 Kritisch zur Beschränkung des Anwendungsbereichs der DSGVO zugunsten der RL (EU) 2016/680 *Ronellenfitsch/Schriever-Steinberg/Berg* DANA 2015, 126; ähnlich *Albrecht* CRi 2016, 33 (35).
3 Dafür *Schaar* PinG 2016, 62 (63 f.).
4 RL (EU) 2016/680.
5 Art. 41 Abs. 3 RL (EU) 2016/680.
6 *Körffer* in: Paal/Pauly DSGVO Art. 51 Rn. 3.

7   Die Errichtung einer einzigen Behörde ist unionsrechtlich also ausreichend. Erfreulicherweise nimmt die DSGVO Rücksicht auf die nationalen Rechts- und Verfassungsordnungen.[7] Diese können aufgrund föderalistischer Struktur oder sachlicher Überlegungen die Errichtung mehrerer Behörden vorsehen.[8]

8   Behörden sind staatliche Stellen. Private (Wirtschafts-) verbände können also grundsätzlich nicht die Funktion der Aufsichtsbehörde übernehmen. Ausnahmen sind da möglich, wo den Mitgliedstaaten Abweichungsmöglichkeiten eingeräumt werden, zB im Bereich journalistischer Tätigkeit (→ Art. 85 Rn. 9 ff.). Möglich erscheint auch eine Beleihung.

1. Föderalistische oder sektorale Gliederung

9   Mit Blick auf Art. 20 Abs. 1 GG erscheint es zwingend,[9] die föderale Struktur der Bundesrepublik zu berücksichtigen.[10] Entsprechend gibt es mit dem BfDI eine Aufsichtsbehörde auf Bundesebene sowie Aufsichtsbehörden in den Ländern.[11] Die Länder sind nicht gehindert, etwa durch Staatsvertrag Kooperationen einzugehen.[12]

10   Neben der föderalen kommt auch eine sektorale Zuständigkeit in Betracht, also eine nach sachlichen Gründen erfolgende Verteilung der Aufsichtstätigkeit auf mehrere Aufsichtsbehörden.

a) Trennung zwischen öffentlichem und nicht-öffentlichem Bereich

11   Prominentestes Beispiel für eine sektorale Aufgabenverteilung ist die heute nur noch in Bayern praktizierte, aber auch sonst in Deutschland regelungstechnisch noch immer angelegte Trennung der Aufsichtsbehörden für den öffentlichen Bereich (Landes- oder Bundes-Datenschutzbeauftragte) und den nicht-öffentlichen Bereich („Aufsichtsbehörden" bisheriger deutscher Terminologie).

12   Diese Trennung wurde in den Ländern anlässlich der Umsetzung eines EuGH-Urteils[13] freiwillig aufgegeben. Lediglich in Bayern bestehen die Behörde des bayerischen Landesbeauftragten für den Datenschutz und das Bayerische Landesamt für Datenschutzaufsicht (nicht-öffentlicher Bereich) nebeneinander (→ Art. 4 Rn. 234 ff.).

7   So auch schon Art. 28 Abs. 1 S. 1 Datenschutz-RL, vgl. *Dammann/Simitis*, EG Datenschutzrichtlinie, Art. 28 Rn. 4.

8   AA in Bezug auf die Trennung der Aufgaben in öffentlichen und nicht-öffentlichen Bereich *Arlt/Priendl*, CR 1998, 713, 718.

9   Vgl. *Schneider* in: Wolff/Brink Art. 51 DSGVO Rn. 5.

10   *Arlt/Piendl*, CR 1998, 713; *Ronellenfitsch*, DVBl 2012, 1521, 1529.

11   Ebenso in den spanischen Autonomieregionen, vgl. *Weiß*, RDV 2014, 319 f.

12   *Kranig* ZD 2013, 550 (557); Fallbeispiel bei *Bergmann/Möhrle/Herb*, Datenschutzrecht, 49. EL, § 38 LDSG BW, Nr. 2 zum Rundfunkbeauftragten für den Datenschutz des (in Baden-Württemberg und Rheinland-Pfalz sendenden) SWR; zu „Bund-Länder-Verträgen" s. *Ronellenfitsch*, Die Mischverwaltung im Bundesstaat, 1975, S. 182 ff.

13   Rs. C-518/07.

Die Trennung wurde früh als „Konstruktionsfehler" bezeichnet.[14] Sie   13
zwingt zu wenig effizienten Doppelstrukturen,[15] wo Rechtslage und technische Herausforderungen zumindest ähnlich sind. Hinzu kommt, dass die
Abgrenzung zwischen öffentlichem und nichtöffentlichem Bereich nicht
immer einfach ist, zB im Bereich der Daseinsvorsorge[16] oder bei privatrechtlichen Beteiligungsgesellschaften der öffentlichen Hand. Dies kann zu
Doppelzuständigkeiten hinsichtlich desselben Verantwortlichen oder – versehentlich – zu Schutzlücken führen.[17]

b) Post und Telekommunikation

§ 42 Abs. 3 PostG und § 115 Abs. 4 TKG regeln für Erbringer von Post-   14
und Telekommunikationsdienstleistungen die Zuständigkeit des BfDI und
erklären die für die Kontrolle des öffentlichen Bereichs geltenden Vorschriften des BDSG anstelle des § 38 BDSG für anwendbar.[18] Da mit der
DSGVO auch im öffentlichen Bereich wirksame Befugnisse der Aufsichtsbehörden geschaffen werden, gegen rechtswidrige Datenverarbeitung vorzugehen, wird das mit den genannten Regelungen verbundene Kontrolldе-
fizit abgebaut.

c) Rundfunk

Wegen der Staatsferne des Rundfunks (Hör- und Fernsehfunk) und der   15
Rundfunkfreiheit (Art. 5 Abs. 1 S. 2 GG) obliegt die Aufsichtstätigkeit gegenüber dem öffentlich-rechtlichen[19] Rundfunk den Rundfunkbeauftragten
für den Datenschutz.[20] Dies ist auch unter der Geltung der DSGVO weiter
möglich[21] und erscheint verfassungsrechtlich geboten.[22]

d) Presse

Ähnliches wie für den Rundfunk gilt auch für die (gedruckte) Presse. Hier   16
ist der Deutsche Presserat Aufsichtsbehörde gem. § 59 Abs. 1 S. 3 BDSG.[23]

e) Kammern

Auch für andere Sektoren erscheinen separate Aufsichtsbehörden denkbar.   17
So könnte die die anwaltliche Schweigepflicht dafür streiten, die Aufsichts-

---

14 *Simitis* CR 1987, 602 (608).
15 *Ronellenfitsch*, S. 26; *Ziebarth* CR 2013, 60 (66 f.).
16 *Ronellenfitsch*, S. 28.
17 *Ronellenfitsch*, S. 28.
18 *Dammann* in: Simitis BDSG § 24 Rn. 5; zur Post s. *Buchner* in: Taeger/Gabel
    BDSG, 2. Aufl. 2013, § 2 Rn. 13.
19 Für den privatrechtlichen Rundfunk ist in Baden-Württemberg der Landesbeauf-
    tragte für den Datenschutz zuständig, *Bergmann/Möhrle/Herb*, Datenschutzrecht,
    49. EL, § 38 LDSG BW, Nr. 2.4.
20 *Bergmann/Möhrle/Herb*, Datenschutzrecht, 49. EL, § 38 LDSG BW, Nr. 2.
21 *König* DuD 2013, 101 (102).
22 *Herb* ZUM 2004, 530; *König*, DuD 2013, 101 (102), sieht gar einen Interessen-
    konflikt, wenn die allgemeine Aufsichtsbehörde zum Zwecke der Öffentlichkeitsar-
    beit auf Kooperation mit Rundfunkanstalten angewiesen ist und diese gleichzeitig
    kontrollieren soll. Dies würde freilich auch gegenüber privaten Rundfunkunterneh-
    men gelten.
23 *Herb* ZUM 2004, 530.

tätigkeit den Rechtsanwaltskammern zu übertragen.[24] Ähnliches könnte für andere Berufsgruppen mit beruflicher Schweigepflicht gelten.[25] Hier ist abzuwägen mit dem Interesse an einer möglichst einheitlichen und effizienten Datenschutzaufsicht, gegen die eine Zersplitterung grundsätzlich spricht. Die Entscheidung obliegt den Gesetzgebern.

2. Gründe für die Errichtung von Aufsichtsbehörden

18 Abs. 1 nennt zwei Gründe für die Notwendigkeit, Aufsichtsbehörden zu errichten: dadurch sollen „die Grundrechte und Grundfreiheiten natürlicher Personen bei der Verarbeitung geschützt werden und der freie Verkehr personenbezogener Daten in der Union erleichtert" werden.

19 Die Grundrechte und Grundfreiheiten natürlicher Personen bei der Verarbeitung zu schützen, ist der unmittelbare und eigentliche Zweck der Aufsichtsbehörden.[26] Diesem Zweck dienen von jeher[27] ihre Struktur, Aufgaben und Befugnisse.

20 Die Aufsichtsbehörden dienen nicht unmittelbar der Förderung des freien Datenverkehrs. Insbesondere ist nicht vorgesehen, dass sie gegen Beschränkungen des freien Datenverkehrs einzuschreiten hätten. Lediglich mittelbar fördern sie ihn. Denn sie wirken auf einen unionsweit (vergleichbar) hohen Schutz personenbezogener Daten hin.[28] Dies ist eine Grundvoraussetzung dafür, einen freien Datenverkehr überhaupt verantworten zu können.[29]

Diese durchaus einseitige Aufgabenzuweisung zugunsten des Datenschutzes ist nach hier vertretener Auffassung nicht zu kritisieren.[30] Die Aufsichtsbehörden sind als Gegengewicht zur strukturellen Unterlegenheit der Bürger im Verhältnis zum Staat bzw. zu Unternehmen (hier insbesondere: Großkonzernen) gedacht. Einer unabhängigen Aufsichtsbehörde, die für einen leichteren Datenaustausch streiten könnte, bedarf es dagegen zumindest bislang nicht.

II. Abs. 2 – Zusammenarbeit

21 Wo mehrere unabhängige Aufsichtsbehörden bestehen, besteht das Risiko ungleicher Rechtsanwendung. Dies liefe dem Ziel der DSGVO – eine weitgehende Harmonisierung des Datenschutzes in der Union zu erreichen – zuwider.

22 Dieses Risiko besteht schon deshalb, weil es in jedem Mitgliedstaat (mindestens) eine Aufsichtsbehörde gibt, die mit den Aufsichtsbehörden der an-

---

24 *König* DuD 2013, 101 (102 f.); *Zikesch/Kramer* ZD 2015, 565 (567).
25 Zu Notariaten vgl. *Püls* DNotZ-Sonderheft 2012, 120 (126 ff.), der die Frage aufwirft, ob die datenschutzrechtliche Aufsichtsbehörde neben der Aufsicht gem. § 18 Abs. 3 BNotO für Notariate zuständig ist, obwohl die allgemeinen Datenschutzgesetze gegenüber spezielleren Gesetzen subsidiär sind; dazu bejahend BGHZ 112, 178.
26 *Körffer* in: Paal/Pauly DSGVO Art. 51 Rn. 4.
27 AA offenbar *Thomé*, S. 71, die Art. 51 Abs. 1 entnimmt, dass der Grundrechtsschutz erst mit Einführung der DSGVO Vorrang vor dem freien Datenverkehr erhält.
28 *Körffer* in: Paal/Pauly DSGVO Art. 51 Rn. 5.
29 *Ziebarth* ZD 2014, 394 (395).
30 A.A. *Schneider* in: Wolff/Brink, Art. 51 DSGVO, vor Rn. 1 sowie Rn. 7

deren Mitgliedstaaten zusammenarbeiten muss. Das Risiko verschärft sich mit Bestehen mehrerer Aufsichtsbehörden in demselben Staat.

Ihm abzuhelfen dienen die Institution der federführenden Behörde (→ 23 Art. 56) und das Kohärenzverfahren (→ Art. 63 ff.).

III. Abs. 3 – Innerstaatliche Koordination

In Mitgliedstaaten mit föderal und/oder sektoral bedingter Pluralität von 24 Aufsichtsbehörden muss geregelt sein, welche Behörde diesen Mitgliedstaat im Europäischen Datenschutzausschuss vertritt und wie diese im Kohärenzverfahren nach Art. 63 mitwirken.

Hier sind unterschiedliche Regelungsmodelle denkbar, die aber jedenfalls 25 die föderalistische Struktur der Bundesrepublik zu berücksichtigen haben.

Denkbar ist, dass je nach örtlicher und thematischer Zuständigkeit ein Ver- 26 treter des Bundes oder der Länder die Vertretung übernimmt.

Vorzugswürdig erscheint, dass der Bundesgesetzgeber unter Berufung auf 27 Art. 23 Abs. 2 GG den BfDI zum Vertreter der deutschen Aufsichtsbehörden im Europäischen Datenschutzausschuss bestimmt.[31] Dieser müsste sich freilich, wenn die Zuständigkeit der Aufsichtsbehörden der Länder berührt ist, mit diesen abstimmen. Gleiches gilt für sektorale Aufsichtsbehörden hinsichtlich deren Zuständigkeitsbereich. Dass die föderal oder sektoral beteiligten Aufsichtsbehörden ad hoc einen Vertreter entsenden, wird dadurch nicht ausgeschlossen.[32]

Die innerstaatliche Koordinierung darf sich dabei nicht auf die „gewöhnli- 28 chen" Landes- und Bundesdatenschutzbeauftragten beschränken, sondern muss auch die sektoralen Sonder-Aufsichtsbehörden (Rundfunkbeauftragte, Presserat usw.) berücksichtigen.

IV. Abs. 4 – Mitteilung von Rechtsvorschriften

Gem. Abs. 4 „[teilt jeder Mitgliedstaat der Kommission] bis spätestens 29 25.5.2018 die Rechtsvorschriften, die er aufgrund dieses Kapitels erlässt, sowie unverzüglich alle folgenden Änderungen dieser Vorschriften mit".

Zwar existieren die Aufsichtsbehörden in Deutschland bereits. Dennoch 30 besteht aufgrund der DSGVO umfangreicher und nicht zu unterschätzender Regelungsbedarf. Die voraussichtlich im Herbst 2017 endende Legislaturperiode im Bund (Deutschland) birgt zusätzlich das Risiko der Diskontinuität.[33] Insofern erscheint die verbleibende Zeit zur Umsetzung nicht allzu großzügig bemessen.

C. Geplante Umsetzung

§ 8 Abs. 1 BDSG-E setzt das Bestehen des BfDI als oberste Bundesbehörde 31 mit Sitz in Bonn zu Recht voraus (vgl. bisher § 22 Abs. 5 BDSG).

---

31 *Kühling/Martini* EuZW 2016, 448 (453); schon bisher ist der BfDI Vertreter Deutschlands in der Artikel-29-Gruppe (benannt nach Art. 29 Datenschutz-RL), vgl. *Dammann* in: Simitis BDSG § 26 Rn. 27.
32 Vgl. *Kühling/Martini* EuZW 2016, 448 (453).
33 *Kühling/Martini* EuZW 2016, 448 (450).

§ 17 BDSG-E installiert den BfDI als gemeinsamen Vertreter der deutschen Aufsichtsbehörden und regelt das Verfahren zur Benennung eines Stellvertreters aus dem Kreis der Mitglieder (Leiter) der Aufsichtsbehörden der Länder.

§ 18 BDSG-E regelt das Verfahren zur innerdeutschen Koordination.

Artikel 52 Unabhängigkeit

(1) Jede Aufsichtsbehörde handelt bei der Erfüllung ihrer Aufgaben und bei der Ausübung ihrer Befugnisse gemäß dieser Verordnung völlig unabhängig.

(2) Das Mitglied oder die Mitglieder jeder Aufsichtsbehörde unterliegen bei der Erfüllung ihrer Aufgaben und der Ausübung ihrer Befugnisse gemäß dieser Verordnung weder direkter noch indirekter Beeinflussung von außen und ersuchen weder um Weisung noch nehmen sie Weisungen entgegen.

(3) Das Mitglied oder die Mitglieder der Aufsichtsbehörde sehen von allen mit den Aufgaben ihres Amtes nicht zu vereinbarenden Handlungen ab und üben während ihrer Amtszeit keine andere mit ihrem Amt nicht zu vereinbarende entgeltliche oder unentgeltliche Tätigkeit aus.

(4) Jeder Mitgliedstaat stellt sicher, dass jede Aufsichtsbehörde mit den personellen, technischen und finanziellen Ressourcen, Räumlichkeiten und Infrastrukturen ausgestattet wird, die sie benötigt, um ihre Aufgaben und Befugnisse auch im Rahmen der Amtshilfe, Zusammenarbeit und Mitwirkung im Ausschuss effektiv wahrnehmen zu können.

(5) Jeder Mitgliedstaat stellt sicher, dass jede Aufsichtsbehörde ihr eigenes Personal auswählt und hat, das ausschließlich der Leitung des Mitglieds oder der Mitglieder der betreffenden Aufsichtsbehörde untersteht.

(6) Jeder Mitgliedstaat stellt sicher, dass jede Aufsichtsbehörde einer Finanzkontrolle unterliegt, die ihre Unabhängigkeit nicht beeinträchtigt und dass sie über eigene, öffentliche, jährliche Haushaltspläne verfügt, die Teil des gesamten Staatshaushalts oder nationalen Haushalts sein können.

Verwandte Normen: ErwGr 117, 118; § 38 BDSG 2003

Literatur:
Albrecht, Die EU-Datenschutzgrundverordnung rettet die informationelle Selbstbestimmung! Ein Zwischenruf für einen einheitlichen Datenschutz durch die EU, ZD 2013, 587; *Albrecht/Jotzo*, Das neue Datenschutzrecht der EU: Grundlagen – Gesetzgebungsverfahren – Synopse, 2016; *Born*, Die Datenschutzaufsicht und ihre Verwaltungtätigkeit im nicht-öffentlichen Bereich, 2014; *Bresich/Riedl/Souhrada-Kirchmayer*, Die völlig unabhängige Datenschutzkontrollstelle, ZfRV 2014, 52; *Fichtmüller*, Zulässigkeit ministerialfreien Raums in der Bundesverwaltung, AöR 1991, 297; *Füsslein*, Ministerialfreie Verwaltung: Begriff, Erscheinungsformen und Vereinbarkeit mit dem Grundgesetz, 1972; *Körffer*, in: Paal/Pauly (Hrsg.), Datenschutz-Grundverordnung, 1. Auflage 2017, Art. 51 Rn. 5; *Kühling*, Die Europäisierung des Datenschutzrechts – Gefährdung deutscher Grundrechtsstandards?, 2014; *Masing*, Herausforderungen des Datenschutzes, NJW 2012, 2305; *Meyer*, Datenschutz-Grundverordnung: Fluch oder Segen?, K&R 2/2016, 1; *Nguyen*, Die zukünftige Datenschutzaufsicht in Europa – Anregungen für den Trilog zu Kap. VI bis VII der DS-GVO, ZD 2015, 265; *Ronellenfitsch*, Europäisierung des Datenschutzes bei der Bahn, DVBl 2012, 1521; *Ronellenfitsch*, Rechtsgutachten zur Neugestaltung der Datenschutzkontrolle und zur Verfassungsmäßigkeit einer Zusammenlegung des privaten und öffentlichen Bereichs der Datenschutzkontrolle in Hessen unter Zugrundelegung des Gesetzentwurfs der Fraktion der SPD für ein Gesetz zur Neuordnung des Datenschutzes und Wahrung der Unabhängigkeit des Datenschutzbeauftragten in Hessen – Drucks. 18/375, 2010, https://www.datenschutz.hessen.de/download.php?download_ID=218; Schneider, in: Wolff/Brink (Hrsg.), Art. 52 DSGVO; *Schulzki-Haddouti*, Des Kaisers neue Kleider – Wie sieht eine angemessene Datenschutzkontrolle aus? in: Stiftung Datenschutz (Hrsg.), Zukunft der informationellen Selbstbestimmung, Daten-Debatten, Bd. 1, 2016, S. 111 ff; Stentzel, Der datenschutzrechtliche Präventionsstaat, PinG 2016, 45; *Thomé*, Reform der Datenschutzaufsicht – Effektiver Datenschutz durch verselbstständigte Aufsichtsbehörden, 2015; *Ziebarth*, Demokratische Legitimation und Unabhängigkeit der deutschen Datenschutzbehörden: warum das durch die Rechtsprechung des EuGH (Rs. C-518/07, CR 2010, 339 und Rs. C-614/10) Erreichte durch den Entwurf für eine Datenschutz-Grundverordnung gefährdet wird, CR 2013, 60; *Ziebarth*, Online-Durchsuchung, 2013.

A. Grundlagen

Die Struktur der Aufsichtsbehörde wird von Vorgaben sowohl der DSGVO 1
als auch der nationalen Rechtsordnungen, insbesondere der Verfassungen,
geprägt. Ein (überwindbares) Spannungsfeld ergibt sich dabei in Deutschland aus der unionsrechtlich geforderten „völligen Unabhängigkeit" und
den Verfassungsgrundsätzen des Demokratieprinzips.

Nach einer Entscheidung des EuGH[1] widerspricht das Demokratieprinzip 2
(Art. 20 Abs. 1 GG) nicht der Einrichtung völlig unabhängiger Aufsichtsbehörden. Damit ist geklärt, dass Aufsichtsbehörden, auch wenn sie hoheitlich tätig sind und in Grundrechte eingreifen können, außerhalb der
weisungsgebundenen Ministerialbürokratie stehen dürfen. Das Demokratieprinzip steht dem nicht entgegen, weil die notwendige demokratische
Legitimation durch die Bindung an die Gesetze, durch gerichtliche Kon-

---

1 EuGH 9.3.2010 – C-518/07, NJW 2010, 1265, 1267 – Kommission/Deutschland.

trolle und durch parlamentarische Verantwortlichkeit des Leiters der Aufsichtsbehörde gewährleistet werden kann.[2]

3 Auch steht der häufig ins Feld geführte[3] Grundsatz der Gewaltenteilung völlig unabhängigen Aufsichtsbehörden nicht entgegen, da es sich bei diesen nicht um eine „vierte Gewalt" handelt, sondern weiter um einen Teil der Exekutive,[4] die lediglich – ganz im Sinne der Gewaltenteilung – auf mehrere Träger verteilt wird.[5]

B. Kommentierung

4 Abs. 1 wiederholt sekundärrechtlich die primärrechtlich ohnehin bestehende[6] Verpflichtung der Mitgliedstaaten, die Aufsichtsbehörde völlig unabhängig arbeiten lassen. Die weiteren Absätze der Art. 52, Art. 53 Abs. 3 und 4, sowie Art. 54 Abs. 1 lit. d und e, konkretisieren diese Vorgabe hinsichtlich verschiedener Aspekte.[7]

5 Diese Aspekte lassen sich in zwei Grundfaktoren einteilen: Zum einen kommt es darauf an, wie der Leiter der Aufsichtsbehörde, das Mitglied,[8] sein Amt erhält, behält und ggf. wieder verliert. Zum anderen verdient Beachtung, welchem mittelbaren oder unmittelbaren Einfluss er von außen ausgesetzt ist.[9] Art. 52 ff. dienen (auch) der Gestaltung dieser Grundfaktoren.

I. Abs. 1 – Unabhängigkeit
1. Grundsatz der Unabhängigkeit

6 Abs. 1 statuiert als Auffangklausel die Pflicht, die völlige Unabhängigkeit der Aufsichtsbehörde zu respektieren. Nach der Rechtsprechung des EuGH sind damit sämtliche mittelbaren oder unmittelbaren Einflüsse unzulässig – außer der materiellen Rechtsbindung und der gerichtlichen Kontrolle.[10]

7 Art. 51 Abs. 2–6, Art. 52, Art. 53 Abs. 3 und 4, sowie Art. 54 Abs. 1 lit. d und e konkretisieren die Anforderungen an die völlige Unabhängigkeit, regeln diese aber nicht abschließend. Sollte eine unter diese Normen nicht fallende Handlung geeignet sein, mittelbaren oder unmittelbaren Einfluss

---

2 EuGH 9.3.2010 – C-518/07, NJW 2010, 1265, 1267, 1268 – Kommission/ Deutschland; *Ronellenfitsch* passim; *Ronellenfitsch* DVBl 2012, 1521 (1528); *Thomé*, S. 97 ff.; *Ziebarth* CR 2013, 60, 61 f.; aA *Masing* NJW 2012, 2305 (2311); *Stentzel* PinG 2016, 45 (48); kritisch auch *Kühling*, S. 20 f.; grundlegend zum ministerialfreien Raum *Füsslein* passim; *Fichtmüller* AöR 1991, 297.
3 *Thomé*, S. 93 f.; *Zilkens*, S. 521.
4 *Ronellenfitsch*, S. 33; *Schneider* in: Wolff/Brink, Art. 52 DSGVO Rn. 8.
5 *Fichtmüller* AöR 1991, 297, 319 f.; *Ziebarth* CR 2013, 60 (62).
6 Art. 16 Abs. 2 S. 2 AEUV, Art. 8 Abs. 3 GRCh – dazu *Nguyen* ZD 2015, 265 (266). Bereits das BVerfG forderte unabhängige Datenschutzbeauftragte, BVerfG 65, 1 (46).
7 Vgl. *Schneider* in: Wolff/Brink, Art. 52 DSGVO Rn. 1.
8 In Staaten mit pluralistisch besetzten Aufsichtsbehörden: die Mitglieder.
9 *Ziebarth* CR 2013, 60 (62).
10 EuGH 9.3.2010 – C-518/07, NJW 2010, 1265, 1266, 1267 – Kommission/ Deutschland.

auf die Aufsichtsbehörde auszuüben, so wäre sie gleichwohl unzulässig. Die bloße Gefahr reicht bereits aus.[11]

2. Ausnahme: Kohärenzverfahren

Erfreulicherweise ist der ursprüngliche Plan der Kommission, sich zur Oberaufsicht der Aufsichtsbehörden ernennen und sich mit Letztentscheidungsbefugnissen ausstatten zu lassen,[12] wohl auch aufgrund der Subsidiaritätsrüge ua des (deutschen) Bundesrates,[13] aufgegeben worden. **8**

Dennoch wird die völlige Unabhängigkeit der Aufsichtsbehörden durch das Kohärenzverfahren nach Kapitel VII stark eingeschränkt Dies ist nicht nur ein Problem der Unabhängigkeit,[14] sondern auch der demokratischen Legitimation. **9**

a) Einschränkung der Unabhängigkeit

Die dort statuierten Berichts- und Mitwirkungspflichten binden die Kapazitäten der Aufsichtsbehörde. Berichtspflichten wurden durch den EuGH in der Vergangenheit als nicht mit der Datenschutz-RL vereinbare Einbrüche in die Unabhängigkeit der Aufsichtsbehörden gewertet.[15] **10**

Noch schwerer wiegt die Möglichkeit es Europäischen Datenschutzausschusses, gem. Art. 65 die originär zuständige Aufsichtsbehörde zu überstimmen und verbindliche Beschlüsse zu erlassen.[16] **11**

b) Mangelnde demokratische Legitimation

Der Europäische Datenschutzausschuss besteht aus den Vertretern der Aufsichtsbehörden der Mitgliedstaaten, wobei Staaten mit mehreren Aufsichtsbehörden nur eine davon in den Ausschuss entsenden (Art. 68). Mitglied ist außerdem der Europäische Datenschutzbeauftragte, der in den hier interessierenden Fällen aber nicht stimmberechtigt ist (Art. 68 Abs. 6). Nicht stimmberechtigt ist außerdem die Kommission (Art. 68 Abs. 5). **12**

Obwohl es sich gem. Art. 68 Abs. 1 um eine Einrichtung der Union handelt, ist diese auf Unionsebene in keiner Weise personell demokratisch legitimiert. Die Mitglieder der Aufsichtsbehörden beziehen ihre personelle Legitimation über die sie ernennenden Institutionen, zB dem nationalen Parlament. Diese Legitimation vermitteln sie durch ihre Mitgliedschaft auch dem Ausschuss. **13**

Wird zB die deutsche Aufsichtsbehörde im Ausschuss überstimmt, so erlässt dieser eine verbindliche Entscheidung, die in Grundrechte Dritter eingreifen kann. Diese Entscheidung ist zwar – vermittelt durch die sie tragen- **14**

---

11 EuGH 9.3.2010 – C-518/07 Kommission/Deutschland, NJW 2010, 1265, 1267 – Kommission/Deutschland.
12 *Ronellenfitsch* DVBl 2012, 1521 (1528), *Hornung* ZD 2012, 99 (100); *Ziebarth* CR 2013, 60 (68 f.); *Kahler* RDV 2013, 69 (70); *Bresich/Riedl/Souhrada-Kirchmayer* ZfRV 2014, 52 (60); *Kühling*, S. 20 f.
13 BR-Drs. 290/15; dazu *Ronellenfitsch* DVBl 2012, 1521 (1526).
14 Kritisch *Körffer* in: Paal/Pauly DSGVO Art. 52 Rn. 5.
15 EuGH 16.10.2012 – C-614/10, BeckRS 2012, 82023, Rn. 62 ff.; dazu *Thomé*, S. 66 f.
16 *Bresich/Riedl/Souhrada-Kirchmayer* ZfRV 2014, 52 (60).

den Aufsichtsbehörden – personell demokratisch legitimiert, dies aber nur in Bezug auf die Völker der fremden Staaten. Dass die bloße Mitgliedschaft der deutschen Aufsichtsbehörde auch für solche Entscheidungen demokratische Legitimation vermittelt, die gegen die Stimme dieser Aufsichtsbehörde gefällt werden, erscheint zumindest fraglich.

15   In Deutschland wirkende staatliche Gewalt hat aber vom deutschen Volk legitimiert zu sein, Art. 20 Abs. 2 S. 1. Diese Anforderung ist integrationsfest (Art. 23 Abs. 1 S. 3, 79 Abs. 3 GG).

c) Rechtfertigung

16   Zu konstatieren ist, dass das Kohärenzverfahren den Versuch darstellt, zu einer Harmonisierung der Aufsichtspraxis beizutragen.[17] Es ist ein deutlicher Fortschritt gegenüber der Fassung des Kommissionsentwurfs.[18]

17   Der mit dem Kohärenzverfahren verbundene Eingriff in die primärrechtlich vorgeschriebene Unabhängigkeit ist durchaus zu rechtfertigen. Er dient der effektiven und harmonisierten Durchsetzung der Verordnung und ist ein geeignetes Mittel, um im Wege der praktischen Konkordanz gegenseitige Blockaden jeweils völlig unabhängiger Aufsichtsbehörden zu verhindern.

18   Ein Problem bleibt der Mangel personeller demokratischer Legitimation. Immerhin sind die Entscheidungen des Europäischen Datenschutzausschusses vor einem seinerseits demokratisch legitimierten Gericht angreifbar. Der Ausschuss ist an die DSGVO gebunden, die auf Unionsebene von Parlament und Rat verabschiedet wurden, welche ihrerseits personell legitimiert sind. Damit ist immerhin eine sachlich-inhaltliche Legitimation gegeben, sodass der Europäische Datenschutz-Ausschuss nicht zwingend als verfassungswidrig bezeichnet werden muss.

II. Abs. 2 – Weisungsfreiheit

19   Abs. 2 ordnet an, dass die Mitglieder der Aufsichtsbehörde keinem Einfluss ausgesetzt werden und weder um Weisungen ersuchen, noch sie annehmen.

1. Mitglieder

20   Die Vorschrift setzt voraus, dass Aufsichtsbehörden mindestens ein „Mitglied" haben. Die „Mitglieder" bilden die Führungsebene der Aufsichtsbehörde.[19] Der Kommissionsentwurf sah 2012 noch ausdrücklich vor, dass ein Mitglied die Funktion des Leiters der Aufsichtsbehörde ausüben sollte.[20] Auch wenn Art. 52 nur von Mitgliedern spricht, wird die Existenz eines Leiters in Art. 68 Abs. 3 und in ErwGr 129, drittletzter Satz nach wie vor vorausgesetzt.

---

17   *Albrecht* ZD 2013, 587 (588).
18   *Albrecht* ZD 2013, 587 (588).
19   *Piltz* K&R 2016, 777 (781).
20   Art. 47 Nr. 6 des Kommissionsentwurfs.

In Deutschland[21] und Österreich[22] haben die Aufsichtsbehörden des Bundes und der Länder lediglich ein „Mitglied" als Leiter. In manchen anderen Mitgliedstaaten besteht die Führungsebene jedoch aus einem Kollegialorgan – so in Belgien[23] und Dänemark[24] sowie in Österreich bis Ende 2013.[25]   **21**

Die Mitglieder sind die eigentlichen Träger der völligen Unabhängigkeit und der demokratischen Legitimation.   **22**

Menschen, die in Aufsichtsbehörden arbeiten, ohne Mitglieder zu sein, bilden als „Bedienstete"[26] das „Personal",[27] das nicht unabhängig und weisungsfrei ist, sondern gegenüber den Mitgliedern weisungsgebunden.   **23**

2. Unzulässigkeit von Einflüssen

Jene Mitglieder sind es also, die gem. Abs. 2 „bei der Erfüllung ihrer Aufgaben und der Ausübung ihrer Befugnisse gemäß dieser Verordnung weder direkter noch indirekter Beeinflussung von außen" unterliegen. Dies ist offensichtlich normativ, nicht deskriptiv, zu verstehen.   **24**

Verfehlt wäre der Umkehrschluss, dass die Bediensteten der Aufsichtsbehörde direkter oder indirekter Beeinflussung von außen unterliegen dürften. Vielmehr handelt es sich bei dem Versuch, Einfluss auf Bedienstete zu nehmen, um einen indirekten Einbruch in die Unabhängigkeit der Mitglieder.   **25**

3. Weisungsfreiheit, Aufsichtsformen

Die Mitglieder nehmen Weisungen nicht entgegen (und ersuchen nicht danach). Damit scheidet eine Fachaufsicht, also eine Aufsicht über die Recht- oder Zweckmäßigkeit des Verhaltens der Aufsichtsbehörde, aus.[28] Hier ist auch der Grund dafür zu finden, dass der EuGH die Eingliederung von Aufsichtsbehörden in die Ministerialhierarchie abgelehnt hat.[29]   **26**

Aber auch eine reine Rechtsaufsicht herkömmlicher Prägung ist unzulässig,[30] zumal sich die Tätigkeit der Aufsichtsbehörden weitgehend in der Beurteilung rechtlicher Fragestellungen erschöpft.   **27**

---

21 Nämlich den jeweiligen Landes- oder Bundesdatenschutzbeauftragten bzw. den Präsidenten des Bayerischen Landesamtes für Datenschutz.
22 Nämlich den Leiter der österreichischen Datenschutzbehörde; dazu *Bresich/Riedl/ Souhrada-Kirchmayer* ZfRV 2014, 52 (59).
23 Ausschuss für den Schutz des Privatlebens gem. Art. 23 ff. des belgischen Gesetzes über den Schutz des Privatlebens hinsichtlich der Verarbeitung personenbezogener Daten (http://www.privacycommission.be/en/node/15860).
24 Art. 55 ff. des dänischen Datenschutzgesetzes (http://www.datatilsynet.dk/english/t he-act-on-processing-of-personal-data/read-the-act-on-processing-of-personal-data/ compiled-version-of-the-act-on-processing-of-personal-data/).
25 Vgl. § 36 öDSG in den Fassungen vor und nach 1.1.2014 sowie die Übersicht auf der Seite der Datenschutzbehörde unter https://www.dsb.gv.at/site/6179/default.as px.
26 Art. 54 Abs. 1 lit. f, Abs. 2, Art. 62 Abs. 1, 3, 4.
27 Art. 52 Abs. 4, Art. 70 Abs. 1 lit. v, ErwGr 120 f.
28 *Nguyen* ZD 2015, 265 (266).
29 EuGH 9.3.2010 – C-518/07, NJW 2010, 1265, 1267 – Kommission/Deutschland.
30 *Spiecker, genannt Döhmann* JZ 2010, 787 (790); *Nguyen* ZD 2015, 265 (266).

28   Nach hier vertretener Auffassung wäre allerdings eine „Rechtsaufsicht" de
      lege ferenda in der Form möglich, dass ein Kontrollorgan (zB ein Parla-
      mentsausschuss), das der Meinung wäre, die Aufsichtsbehörde handele
      rechtswidrig, den Klageweg beschreiten könnte.[31]

29   Eine Dienstaufsicht gegenüber Mitgliedern kommt in dem Rahmen in Fra-
      ge, der auch für die Dienstaufsicht der (ebenfalls unabhängigen) Richter
      besteht.[32] Insoweit ist sie gut begründbar. Allerdings liest sich bereits das
      Urteil des EuGH so, als würde er auch eine solche eingeschränkte Dienst-
      aufsicht nicht für zulässig halten.[33] Die DSGVO will diese Rechtsprechung
      in Gesetzesform gießen.[34] Unabhängigkeit bedeutet freilich nicht Narren-
      freiheit. Dienstvergehen muss nachgegangen werden können. Falls eine ein-
      geschränkte Dienstaufsicht nicht für zulässig gehalten wird, sollte daher
      zumindest ein Klagerecht für ein Kontrollorgan geschaffen werden.[35]

III. Abs. 3 – Unvereinbare Handlungen und Tätigkeiten

30   Abs. 3 verbietet den Mitgliedern der Aufsichtsbehörde jede Handlung oder
      Tätigkeit, die mit ihrem Amt unvereinbar ist. Dies dient der Unabhängig-
      keit der Aufsichtsbehörde, aber auch der Rechtmäßigkeit ihres Handelns
      und ihrem Ansehen.

31   Während der Begriff der Handlung auch Einzelaktivitäten umfasst, sind
      Tätigkeiten eher auf Dauer angelegt – etwa die Mitarbeit in einem Unter-
      nehmen oder Verein.

32   Welche Aktivitäten (hier verstanden als Oberbegriff für Handlungen und
      Tätigkeiten) genau mit dem Amt des Mitglieds unvereinbar sind, gibt die
      DSGVO nicht vor. Sie überlässt dies in Art. 54 Abs. 1 lit. f mitgliedstaatli-
      cher Regelung. Dies ist mit Blick auf verschiedene mögliche Regelungskon-
      zepte zu begrüßen. Freilich bleibt mit Art. 52 Abs. 3 ein unionsrechtlicher
      Hebel, mit dem unvereinbare Aktivitäten bei unzureichenden mitglied-
      staatlichen Regelungen angegriffen werden können.

33   Es lassen sich verschiedene Gruppen unvereinbarer Aktivitäten bilden:

1. Unzulässige weitere Pflichten der Behörde

34   Abs. 3 verbietet es dem nationalen Gesetzgeber, der Aufsichtsbehörde wei-
      tere Pflichten aufzuerlegen, wenn dies mit den Aufgaben der Aufsichtsbe-
      hörde unvereinbar ist. Soweit also weitere Pflichten auferlegt werden, ist
      zu prüfen, ob eine Kollision besteht. Weitere Zuständigkeiten müssen die
      Ausnahme bleiben. Sie lassen sich nur durch die besondere Stellung der
      Aufsichtsbehörde rechtfertigen und nur dann, wenn eine Sachnähe zum
      Datenschutz für die Zuständigkeit der Aufsichtsbehörde streitet.[36] Un-
      schädlich ist zB:

---

31 *Ziebarth* CR 2013, 60 (66).
32 *Ziebarth* CR 2013, 60, 66; aA *Körffer* in: Paal/Pauly DSGVO Art. 52 Rn. 3 und
    Albrecht/Jotzo, S. 114.
33 EuGH 9.3.2010 – C-518/07, NJW 2010, 1265, 1266 f. – Kommission/Deutsch-
    land.
34 *Albrecht/Jotzo*, S. 114.
35 *Ziebarth* CR 2013, 60 (66).
36 *Ziebarth* CR 2013, 60 (67).

- die Auferlegung der Pflichten einer Datenschutz-Aufsichtsbehörde außerhalb des Anwendungsbereichs der DSGVO, insbes. im Anwendungsbereich der RL (EU) 2016/680,[37]
- die Auferlegung der Pflichten eines Informationsfreiheitsbeauftragten,[38]
- die Vorab-Prüfung heimlicher Ermittlungsmaßnahmen anstelle eines Gerichts als Kompensation unterbleibender Anhörung,[39]
- die nachträgliche Prüfung heimlicher Ermittlungsmaßnahmen im Hinblick auf den Schutz des Kernbereichs privater Lebensgestaltung.[40]

2. Unzulässige Nebentätigkeiten

Nebentätigkeiten des Mitglieds sind besonders geeignet, Interessenkonflikte hervorzurufen, und damit die Unabhängigkeit zu gefährden. Es liegt auf der Hand, dass das Mitglied zB nicht zugleich für einen Verantwortlichen im (sachlichen und örtlichen) Zuständigkeitsbereich der Aufsichtsbehörde arbeiten oder dessen Gesellschafter sein darf.   35

Zu positiven Wirkungen von Nebentätigkeiten und anderen regelungsbedürftigen Fragen → Art. 54 Rn. 43 f.   36

3. Befangenheit

Für die Aufgabenerfüllung der Aufsichtsbehörde gelten die allgemeinen Befangenheitsregelungen.[41] Bedienstete und Mitglieder, die im Einzelfall befangen sind oder deren Befangenheit zu besorgen ist, haben sich daher des Tätigwerdens zu enthalten.   37

IV. Abs. 4 – Ausstattung

Gem. Abs. 4 stellt jeder Mitgliedstaat „sicher, dass jede Aufsichtsbehörde mit den personellen, technischen und finanziellen Ressourcen, Räumlichkeiten und Infrastrukturen ausgestattet wird, die sie benötigt, um ihre Aufgaben und Befugnisse auch im Rahmen der Amtshilfe, Zusammenarbeit und Mitwirkung im Ausschuss effektiv wahrnehmen zu können".   38

Ein harmonisiertes Datenschutzrecht auf hohem Niveau und eine unabhängige und mit zahlreichen Befugnissen ausgestattete Aufsichtsbehörde sind sinnlos, wenn diese Behörde mangels personeller und sachlicher Ausstattung ihre Aufgaben nicht oder nur ineffektiv wahrnehmen kann.[42]   39

Deshalb ist die hinreichende Ausstattung der Aufsichtsbehörde notwendige Bedingung sowohl für ein harmonisiertes Datenschutzniveau,[43] als auch   40

---

37 Art. 41 Abs. 3, ErwGr 76 der RL (EU) 2016/680; dies bietet sich wegen der Gleichförmigkeit der Regelungen auch durchaus an, *Bresich/Riedl/Souhrada-Kirchmayer* ZfRV 2014, 52 (60).
38 *Debus* DÖV 2012, 917 (918 f.); *Ziebarth* CR 2013, 60 (67 f.); *Körffer* in: Paal/Pauly DSGVO Art. 52 Rn. 8; ausführlich auch zur aA auch *Schoch*, Informationsfreiheitsgesetz, 2. Auflage 2016, § 12 Rn. 54–56.
39 Vgl. BVerfGE 120, 274, 332; *Ziebarth*, Online-Durchsuchung, S. 161.
40 BVerfG, NJW 2016, 1781, 1787; *Ziebarth*, Online-Durchsuchung, S. 195 f.
41 ZB §§ 20 f. VwVfG.
42 *Körffer* in: Paal/Pauly DSGVO Art. 52 Rn. 9.
43 *Meyer* K&R 2/2016, 1.

für effektiven Grundrechtsschutz. Sie ist nicht nur aufgrund der DSGVO erforderlich, sondern in Deutschland auch verfassungsrechtlich geboten.[44]

41 In dieser Hinsicht besteht auch in Deutschland noch Nachholbedarf.[45] So müsse in Baden-Württemberg ein Unternehmen nur alle 45.000 Jahre mit einer Kontrolle durch den Landesbeauftragten für den Datenschutz rechnen.[46] Ob in dieser Rechnung berücksichtigt ist, dass der Landesbeauftragte nicht nur für Unternehmen (von der Apotheke bis zur SAP), sondern auch für jeden Dashcams betreibenden Bürger, für Gemeinden, Landkreise, Regierungspräsidien, Ministerien, Zweckverbände, Schulen, Hochschulen, Kammern, Finanzbehörden, Polizei, gesetzliche Krankenversicherungen usw zuständig ist, ist nicht bekannt. Insofern erscheint der berechnete[47] Faktor der Unterausstattung von 3–5 noch optimistisch.[48]

42 War dieser Befund schon bisher richtig, so verschärft sich das Problem mangelnder Ausstattung der Aufsichtsbehörden durch die DSGVO, weil zusätzliche Befugnisse[49] und zusätzliche Abstimmungspflichten[50] im Mitgliedstaat und in der Union hinzukommen und weil etwa angesichts krimineller und terroristischer Bedrohung die Befugnisse und Personalstärke von Sicherheitsbehörden[51] zunehmen und gar neue Behörden[52] geschaffen werden.

43 Vor diesem Hintergrund erscheint eine deutliche Aufstockung der Ausstattung der Aufsichtsbehörden unverzichtbar.[53]

44 Angesichts ihrer (nur teilweise neuen) Stellung als Sonder-Rechtsaufsicht[54] für öffentliche und Sonderpolizei- bzw. Sonderordnungsbehörde[55] für nicht-öffentliche Stellen erscheint zudem ein Verwaltungs-Unterbau, der zu einer Präsenz in der Fläche führen würde, in der Tat erwägenswert.[56]

---

44 *Roßnagel* ZD 2015, 106 (109 f.); BVerfGE 133, 277, 370 f.
45 *Körffer* in: Paal/Pauly DSGVO Art. 52 Rn. 10; *Spiecker genannt Döhmann* KritV 2014, 28 (29); *Meyer* K&R 2/2016, 1; Zahlen bei *Schulzki-Haddouti*, insgesamt und bei *Lüdemann/Wenzel* RDV 2015, 285 (287 ff.).
46 *Schulzki-Haddouti*, S. 115.
47 *Schulzki-Haddouti*, S. 113.
48 Relativierend allerdings der Landesbeauftragte für den Datenschutz Baden-Württemberg, 32. TB 2014/2015, der darauf hinweist, dass selbst eine Verzehnfachung seiner Mitarbeiterschaft angesichts der Aufgabenvielfalt nicht strukturell weiterführen würde und deshalb den internen Datenschutzbeauftragten besondere Bedeutung zukomme (S. 27 f.).
49 S. dazu Art. 58.
50 S. dazu Art. 56 und 60 ff.
51 *Schulzki-Haddouti*, 111 f.
52 So die geplante Zentrale Stelle für Informationstechnik im Sicherheitsbereich (Zitis), s. http://sz.de/1.3047884.
53 *Masing* NJW 2012, 2305 (2311); ausführlich *Roßnagel*, Zusätzlicher Arbeitsaufwand für die Aufsichtsbehörden der Länder durch die Datenschutz-Grundverordnung, Gutachten im Auftrag der Aufsichtsbehörden der Länder, 2017, passim, http://suche.transparenz.hamburg.de/dataset/gutachten-zum-zusaetzlichen-arbeitsaufwand-fuer-die-aufsichtsbehoerden-der-laender-durch-d-2017.
54 *Voßhoff/Hermerschmidt* PinG 2016, 56 (59).
55 *Masing* NJW 2012, 2305 (2311); *Voßhoff/Hermerschmidt* PinG 2016, 56 (59); *Stentzel* PinG 2016, 45 (46); ausführlich *Born*, S. 203 ff.
56 *Masing* NJW 2012, 2305 (2311).

Sollte der Gesetzgeber stattdessen besondere Formen der Amtshilfe, der   45
Organleihe o.ä. entwickeln wollen, sodass sich die Aufsichtsbehörde etwa
bei der Ermittlung des Sachverhalts der Hilfe zB der Ortspolizeibehörde
bedienen könnte,[57] so wäre jedenfalls die völlige Unabhängigkeit der Aufsichtsbehörde zu wahren.

V. Abs. 5 – Eigenes Personal

Völlig Unabhängig kann die Aufsichtsbehörde nur sein, wenn ihr nicht un-   46
geeignetes oder anderen Stellen verpflichtetes Personal oktroyiert wird.
Deshalb sieht Abs. 5 vor, dass die Aufsichtsbehörde ihr Personal selbst aus-
sucht und ausschließlich die Mitglieder (→ Rn. 20 ff.) gegenüber dem Personal weisungsbefugt sind.

Nach ErwG 121 S. 3, kann mitgliedstaatliches Recht auch eine Personalauswahl durch eine (von der Aufsichtsbehörde verschiedene) unabhängige
Stelle vorsehen. Wie eine solche Konstellation ausgestaltet werden könnte,
ohne die völlige Unabhängigkeit der Aufsichtsbehörde zu verletzen, ist unklar.[58] Möglicherweise denkt der Verordnungsgeber hier an freiwillige Kooperationen der Aufsichtsbehörden untereinander durch gemeinsame Aus-
wahleinrichtungen.

Die Unabhängigkeit schließt einen Personalaustausch mit anderen Stellen,   47
zB der allgemeinen Bundes- oder Landesverwaltung nicht aus.[59] Im Gegenteil: dadurch wird datenschutzrechtlicher Sachverstand in die Breite der
Verwaltung gestreut. Umgekehrt hält anderweitiger fachlicher Sachverstand Einzug in die Aufsichtsbehörde, die ja auch fachliche Zweck- und
Rechtmäßigkeitserwägungen anstellen oder zumindest nachvollziehen können muss. Wichtig ist auch, dass die Tätigkeit in der Aufsichtsbehörde
nicht zur beruflichen Sackgasse wird, weil sich dies auf die Wechselbereit-
schaft der Mitarbeiter und damit auf die Qualität des der Aufsichtsbehörde
zur Verfügung stehenden Personalpools negativ auswirken würde.[60]

Dieser Austausch bedarf jedoch der Zustimmung auf Ebene der Mitglieder
der Aufsichtsbehörde.

VI. Abs. 6 – Finanzkontrolle und Haushaltspläne

Nach Art. 52 Abs. 6 stellt jeder Mitgliedstaat „sicher, dass jede Aufsichts-   48
behörde einer Finanzkontrolle unterliegt, die ihre Unabhängigkeit nicht beeinträchtigt und dass sie über eigene, öffentliche, jährliche Haushaltspläne
verfügt, die Teil des gesamten Staatshaushalts oder nationalen Haushalts
sein können".

---

57 So wäre es zB durchaus praxisgerecht, wenn auf die Beschwerde eines Bürgers über
    eine private Videoüberwachung des öffentlichen Gehwegs der Kommunale Ord-
    nungsdienst den Sachverhalt aufnehmen und das Ergebnis an die Aufsichtsbehörde
    senden dürfte. Dies ist gegenwärtig nicht der Fall, weil die polizeiliche General-
    klausel (zB §§ 1, 3 PolG Baden-Württemberg, von der sonderpolizeilichen Befug-
    nisnorm des § 38 Abs. 5 BDSG verdrängt wird.
58 *Schneider* in: Wolff/Brink Art. 52 DSGVO Rn. 24.
59 Kritisch *Thomé*, S. 58.
60 Vgl. Landesbeauftragter für den Datenschutz Baden-Württemberg, 32. TB
    2014/2015, S. 29.

1. Finanzkontrolle

49 Entgegen des Wortlauts kommt es der Vorschrift nicht darauf an, dass jede Aufsichtsbehörde einer Finanzkontrolle unterliegt. Eine Finanzkontrolle darf aber jedenfalls nicht die (völlige) Unabhängigkeit beeinträchtigen.[61] Es liegt auf der Hand, dass sowohl die Art und Weise der Durchführung von Prüfungen, als auch die Beanstandung des Handelns der Aufsichtsbehörde, in ihre Unabhängigkeit eingreifen kann. Insbesondere hat sich die Rechnungsprüfung eigener datenschutzrechtlicher Bewertungen zu enthalten, etwa über die Frage, ob ein bestimmtes Tätigwerden angemessen war oder ob die Schwerpunkte „richtig" gesetzt werden.[62]

2. Haushaltpläne

50 Die Öffentlichkeit der Haushaltspläne der Aufsichtsbehörden ist in Deutschland bereits bekannt, jedenfalls, soweit es sich um die Bundes- und Landesdatenschutzbeauftragte handelt. Künftig wird diese Anforderung auch für alle anderen, auch sektoralen, Aufsichtsbehörden gelten, soweit nicht Ausnahmevorschriften greifen.

51 Dass die Aufsichtsbehörde über „eigene" Haushaltspläne verfügen muss, bedeutet nur, dass die Ressourcen der Aufsichtsbehörde separat geregelt werden müssen. Die Vorschrift steht der teilweise vorzufindenden Praxis, den Haushalt als eigenständigen Teil des Einzelplans zB des Landtags auszuweisen,[63] nicht entgegen.

52 Streng genommen gilt auch das Erfordernis des öffentlichen Haushalts nur innerhalb des doppelt eingeschränkten Anwendungsbereichs der DSGVO. Sollten einer Aufsichtsbehörde weitere Aufgaben der Datenschutzkontrolle übertragen werden, etwa im Bereich der nicht-automatisierten Datenverarbeitung oder der Strafverfolgungsbehörden, so kann jedenfalls Abs. 6 nicht dazu verpflichten, diese weiteren Aufgaben und die für sie geplanten Ressourcen in den Haushaltsplan aufzunehmen.[64]

53 Umgekehrt muss nach hier vertretener Auffassung nicht trennscharf im Haushaltsplan abgebildet werden, welche Ressourcen für die Aufgabenerfüllung nach DSGVO und welche für andere datenschutzrechtliche Aufgaben zur Verfügung stehen, zumal dies angesichts der Überschneidungen auf erhebliche praktische Schwierigkeiten stoßen dürfte.

54 Die Haushaltsgesetzgeber haben also vorbehaltlich spezieller Regelungen die Wahl, ob sie für weitere Aufgaben zur Verfügung stehende Ressourcen überhaupt nicht, getrennt oder zusammen mit den übrigen Ressourcen ausweisen.

---

61 *Schneider* in: Wolff/Brink Art. 52 DSGVO Rn. 26.
62 Denkwürdig ULD, Stellungnahme des Unabhängigen Landeszentrums für Datenschutz Schleswig-Holstein (ULD) gegenüber dem Landesrechnungshof Schleswig-Holstein (LRH) vom 23.1.2006 auf die Prüfungsmitteilung des LRH vom 10.1.2006, in Auszügen verfügbar unter https://www.datenschutzzentrum.de/allgemein/20060519-rechnungshof.htm.
63 So zB § 26 Abs. 3 S. 1 Hs. 2 LDSG BW.
64 Vgl. aber auch Art. 42 Abs. 6 RL (EU) 2016/680, der dieselbe Anforderungen auch an die Aufsichtsbehörden im Sinne dieser RL stellt; dazu auch *Bresich/Riedl/Souhrada-Kirchmayer* ZfRV 2014, 52 (60).

Soweit aber Tätigkeiten übertragen werden, die über die Aufgaben einer   55
Datenschutzbehörde hinausgehen (etwa im Bereich Informationsfreiheit),
so werden die Ressourcen der Datenschutzbehörde eher gesondert ausge-
wiesen werden müssen.

C. Geplante Umsetzung

§ 10 Abs. 1 BDSG-E ergänzt im Bereich des Bundes die unmittelbar gelten-   56
de Vorschrift des Art. 52 Abs. 1 und 2 DSGVO, indem er die völlige Unabhängigkeit und die Weisungs- und Beeinflussungsfreiheit auch außerhalb
des Geltungsbereichs der DSGVO anordnet.

Ebenso verfährt § 10 Abs. 6 BDSG-E im Hinblick auf die Finanzkontrolle,
die die Unabhängigkeit der Aufsichtsbehörde zu respektieren hat.

§ 13 BDSG-E konkretisiert die mit dem Amt des Mitglieds unvereinbaren
Handlungen.

Die Personalhoheit des BfDI soll über § 8 BDSG-E gesichert sein, was sich
aus der Eigenschaft als oberste Bundesbehörde ergebe.[65]

Artikel 53   Allgemeine Bedingungen für die Mitglieder der Aufsichtsbehörde

(1) Die Mitgliedstaaten sehen vor, dass jedes Mitglied ihrer Aufsichtsbehörden im Wege eines transparenten Verfahrens ernannt wird, und zwar

– vom Parlament,
– von der Regierung,
– vom Staatsoberhaupt oder
– von einer unabhängigen Stelle, die nach dem Recht des Mitgliedstaats
  mit der Ernennung betraut wird.

(2) Jedes Mitglied muss über die für die Erfüllung seiner Aufgaben und
Ausübung seiner Befugnisse erforderliche Qualifikation, Erfahrung und
Sachkunde insbesondere im Bereich des Schutzes personenbezogener Daten
verfügen.

(3) Das Amt eines Mitglieds endet mit Ablauf der Amtszeit, mit seinem
Rücktritt oder verpflichtender Versetzung in den Ruhestand gemäß dem
Recht des betroffenen Mitgliedstaats.

(4) Ein Mitglied wird seines Amtes nur enthoben, wenn es eine schwere
Verfehlung begangen hat oder die Voraussetzungen für die Wahrnehmung
seiner Aufgaben nicht mehr erfüllt.

---

65 S. 82 der Entwurfsbegründung zum BDSG-E.

Verwandte Normen: ErwGr 121; § 38 BDSG 2003

Literatur:

Fichtmüller, Zulässigkeit ministerialfreien Raums in der Bundesverwaltung, AöR 1991, 297; *Kahler*, Die Europarechtswidrigkeit der Kommissionsbefugnisse in der Grundverordnung – Oder: Die überfällige Reform der deutschen und europäischen Datenschutzaufsicht, RDV 2013, 69; *Körffer*, in: Paal/Pauly (Hrsg.), Datenschutz-Grundverordnung, 1. Auflage 2017, Art. 53; *Rudin*, Völlig unabhängige Datenschutzaufsicht, digma 2010, 79; *Schneider*, in: Wolff/Brink (Hrsg.), Art. 53 DSGVO; *Thomé*, Die Unabhängigkeit der Bundesdatenschutzaufsicht, VuR 2015, 130; *Thomé*, Reform der Datenschutzaufsicht – Effektiver Datenschutz durch verselbstständigte Aufsichtsbehörden, 2015; *Ziebarth*, Demokratische Legitimation und Unabhängigkeit der deutschen Datenschutzbehörden: warum das durch die Rechtsprechung des EuGH (Rs. C-518/07, CR 2010, 339 und Rs. C-614/10) Erreichte durch den Entwurf für eine Datenschutz-Grundverordnung gefährdet wird, CR 2013, 60.

A. Grundlagen

1   Art. 53 regelt erstmals unionsrechtlich,[1] welche Voraussetzungen ein Mitglied der Aufsichtsbehörde erfüllen muss, wie es ernannt wird und unter welchen Bedingungen das Amt endet.

2   Dabei erfolgt die Regelung teilweise unmittelbar, teilweise als Programm für die mitgliedstaatlichen Gesetzgeber, denen zur Umsetzung viel Freiraum verbleibt.[2]

3   Die Vorschrift dient der Sicherstellung einer kompetenten und unabhängigen Aufgabenerfüllung und damit dem effektiven Grundrechtsschutz.[3]

B. Kommentierung

I. Abs. 1 – Ernennung der Mitglieder

4   Abs. 1 betrifft die Ernennung der Mitglieder, also der Leiter der Aufsichtsbehörden (→ Art. 52 Rn. 20).

1. Ernennung

5   Klärungsbedürftig ist, was mit „Ernennung" gemeint ist. Dies geht nicht unmittelbar aus dem Wortlaut hervor. Dieser lässt vielmehr Deutungsspielraum hinsichtlich zweier möglicher Varianten.

6   Zum einen könnte mit „Ernennung" ein rein formaler Akt gemeint sein, der losgelöst von der materiellen Auswahlentscheidung erfolgt bzw. ihr ohne eigene Entscheidungskompetenz zu folgen hat. Dies entspräche der Ernennung der deutschen Bundesminister durch den Bundespräsidenten (Art. 64 GG), der die durch den Bundeskanzler erfolgte Auswahl lediglich zu vollziehen hat.[4]

---

1   *Schneider* in: Wolff/Brink Art. 53 DSGVO Rn. 3.
2   *Körffer* in: Paal/Pauly DSGVO Art. 53 Rn. 1; *Schneider* in: Wolff/Brink Art. 53 DSGVO Rn. 1.
3   *Schneider* in: Wolff/Brink Art. 53 DSGVO Rn. 6.
4   *Epping* in: Epping/Hillgruber, Beck'scher Online-Kommentar Grundgesetz, 28. Edition, Stand: 1.3.2015, Art. 64 Rn. 8; *Herzog* in: Maunz/Dürig, Grundgesetz-Kommentar, 76. EL Dezember 2015, Art. 64 Rn. 1.

Zum anderen kann mit „Ernennung" auch die materielle Auswahlentschei-   7
dung selbst gemeint sein. Aus dem Zweck der Vorschrift ebenso wie aus
dem Gesamtzusammenhang ergibt sich, dass diese Variante gemeint sein
muss. Wäre die Ernennung ein bloß formaler Akt, so wäre die Anordnung
der Transparenz (Nr. 2) dieses Verfahrens ebenso überflüssig wie die nähere Einschränkung der möglichen Entscheidungsträger (Nr. 3) auf ua eine
unabhängige Stelle. Auch die „Ernennung" des Europäischen Datenschutzbeauftragten[5] ist eine materielle Auswahlentscheidung, sodass die Verwendung desselben Begriffs im hiesigen Kontext dasselbe Begriffsverständnis
nahelegt.

2. Transparenz des Verfahrens

Das Auswahlverfahren muss transparent sein. Nicht gesagt ist damit, dass   8
eine öffentliche „Stellenausschreibung" unionsrechtlich vorgeschrieben ist.
Angesichts des Art. 33 Abs. 2 GG erscheint eine Ausschreibung aber in
Deutschland zumindest vorzugswürdig. Verbreitet sind Verfahren wie nach
§ 22 Abs. 1 BDSG, wonach der Bundestag einen Kandidaten auf Vorschlag
der Bundesregierung ohne Aussprache wählt.[6] Daran transparent ist aber
nur, wer wen gewählt hat, nicht aber, welche Kandidaten sonst zur Verfügung gestanden hätten und aus welchen Gründen der erfolgreiche Kandi-
dat gewählt wurde.

3. Entscheidungsträger

Als Entscheidungsträger kommen nach dem Wortlaut der Vorschrift Parla-   9
ment, Regierung, Staatsoberhaupt „oder" eine unabhängige Stelle in Betracht. Dadurch ist nicht ausgeschlossen, dass mehrere dieser Stellen zusammenwirken. Als sonstige unabhängige Stellen sollen nach Ansicht der
Vertreter Frankreichs und Rumäniens im Gesetzgebungsverfahren auch
Gerichte in Betracht kommen.[7] Hiergegen spräche jedenfalls in Deutschland die geringe personelle demokratische Legitimation, die durch ein Gericht vermittelt würde. Möglicherweise ist aber auch nur gemeint, dass
Konkurrentenklagen um das Amt des Mitglieds gerichtlicher Entscheidung
zugänglich sein sollen.

Der große Gestaltungsspielraum des mitgliedstaatlichen Gesetzgebers ist   10
der Rücksicht auf die jeweilige Verfassungslage geschuldet. In Deutschland
kommt nur eine Stelle auf der föderalen Ebene in Betracht, um deren Aufsichtsbehörde es geht. Der Kommissionsentwurf der DSGVO sah noch vor,
dass die Ernennung durch das *nationale* Parlament oder die *nationale* Regierung geschieht. Damit kann aber nicht gemeint gewesen sein, dass in föderal strukturierten Staaten die Bundesebene ernennungsberechtigt auch in
Bezug auf Landesbehörden ist. Vielmehr muss ein Parlament oder eine Regierung gemeint gewesen sein, die sich nach dem Recht des Mitgliedstaats
bestimmt.[8]

---

5 Art. 42 Abs. 1 Verordnung (EG) Nr. 45/2001.
6 Kritisch *Thomé* VuR 2015, 130 (133); *Thomé*, S. 47.
7 RatsDok. 6833/15, S. 21, Fn. 17; *Piltz* K&R 2016, 777 (781).
8 AA *Kahler* RDV 2013, 69 (72).

11 Die Möglichkeit der Ernennung (alleine) durch die Regierung ist abzulehnen. Sie widerspricht der unionsrechtlich gebotenen „völligen Unabhängigkeit",[9] die eine Nähe zur Regierung ausschließen soll.[10] Erstaunlicherweise hat der EuGH gerade in der Entscheidung, die die Unabhängigkeit deutscher Datenschutzbehörden einforderte und dies mit gesteigertem Misstrauen gegenüber der Rechtstreue von Regierungen begründete,[11] eine Wahl durch die Regierung für zulässig befunden.[12]

12 ErwGr 121 sieht vor, dass bei Ernennung durch Parlament, Regierung Staatsoberhaupt das Vorschlagsrecht der Regierung, einem Regierungsmitglied, dem Parlament oder einer Parlamentskammer zustehen soll. Dies ist nicht Gesetz geworden, der EG ist bei der Ausgestaltung der nationalen Regelung aber zu berücksichtigen.

13 Mit der Möglichkeit, sonstige unabhängige Stellen mit der Ernennung zu betrauen, kommen besondere Formen etwa sektoraler Selbstverwaltung in Betracht. Dabei muss freilich berücksichtigt werden, dass die ernennende Stelle auch unabhängig von den zu beaufsichtigenden Stellen sein muss.

14 Als sonstige unabhängige Stelle kommt auch das Volk selbst in Betracht. Eine höhere personelle demokratische Legitimation und eine höhere Unabhängigkeit wären kaum denkbar.[13] Unionsrecht steht ihr jedenfalls nicht entgegen.[14]

15 Die Aufsichtsbehörde selbst ist zwar eine unabhängige Stelle; Träger der Unabhängigkeit ist aber das Mitglied, nicht das übrige Personal. Letzteres kann also nicht über einen Nachfolger des früheren Mitglieds entscheiden. Allerdings könnten im Amt befindliche Mitglieder einer als Kollegialorgan strukturierten Aufsichtsbehörde durchaus ein Mitgliedsamt besetzen, wenn der Aufsichtsbehörde hierfür die Befugnis verliehen wurde. Damit wären jedoch die so ernannten Mitglieder in geringerem und (mit Blick auf die anderen Mitglieder) in unterschiedlichem Maße demokratisch legitimiert. Bei möglicher Wiederwahl ergäbe sich im schlimmsten Fall ein selbstreferenzielles Kartell. Derartiges ist daher abzulehnen.

16 Welche Mehrheiten für die Entscheidung notwendig sind, wird der mitgliedstaatlichen Regelung überlassen. Eine qualifizierte Mehrheit kann,[15] muss aber nicht, die Einbeziehung der Opposition wahrscheinlicher machen und damit zu einem besseren Ergebnis führen.

9 Art. 52 Abs. 1 DSGVO.
10 *Brühann* in: Roßnagel, Handbuch Datenschutzrecht, 2003, S. 145; *Rudin* digma 2010, 79 f.; *Ziebarth* CR 2013, 60 (63).
11 EuGH 9.3.2010 – C-518/07, NJW 2010, 1265, 1266 (Rn. 35); dazu *Ziebarth* CR 2013, 60 (63).
12 EuGH 9.3.2010 – C-518/07, NJW 2010, 1265, 1267 (Rn. 44); dazu auch *Schneider* in: Wolff/Brink Art. 52 DSGVO Rn. 17.
13 *Fichtmüller* AöR 1991, 297 (329); *Ziebarth* CR 2013, 60 (61).
14 Skeptisch im Hinblick auf in den Schweizer Kantonen (damals) mögliche Volkswahlen noch *Rudin* digma 2010, 79 (80).
15 *Thomé*, S. 47.

II. Abs. 2 – Qualifikation der Mitglieder

Abs. 2 schreibt mit unmittelbarer Geltung vor, dass jedes Mitglied „über die für die Erfüllung seiner Aufgaben und Ausübung seiner Befugnisse erforderliche Qualifikation, Erfahrung und Sachkunde insbesondere im Bereich des Schutzes personenbezogener Daten verfügen" muss. | 17

Dies dient zum einen der Qualität der Arbeit der Aufsichtsbehörde und damit der Effektivität des Grundrechtsschutzes.[16] Zum anderen trägt die Regelung zur Unabhängigkeit der Aufsichtsbehörde bei, indem nicht ein bloß politisch genehmer,[17] sondern nur ein fachlich geeigneter Kandidat ernannt werden darf.[18] | 18

Indes wird die Frage, welche Qualifikation, Erfahrung und Sachkunde erforderlich ist, unionsrechtlich nicht geregelt, sondern in Art. 54 Abs. 1 lit. b der mitgliedstaatlichen Regelung überlassen.[19] | 19

Damit wird deutlich, dass dem mitgliedstaatlichen Gesetzgeber zwar ein weiter Gestaltungsspielraum zukommt, das Qualifikationsniveau aber durchaus unionsgerichtlich überprüfbar ist. | 20

Neben Fragen der Qualifikation kann der Mitgliedstaat, ohne dass dies aus der DSGVO hervorgeht, allgemeine Anforderungen an Amtsinhaber stellen – etwa die deutsche Staatsangehörigkeit, die allgemeine Fähigkeit, öffentliche Ämter zu bekleiden, das Eintreten für die freiheitlich-demokratische Grundordnung, geordnete wirtschaftliche Verhältnisse oder gesundheitliche Eignung. | 21

III. Abs. 3 – Ende des Mitgliedsamts

„Das Amt eines Mitglieds endet mit Ablauf der Amtszeit, mit seinem Rücktritt oder verpflichtender Versetzung in den Ruhestand gemäß dem Recht des betroffenen Mitgliedstaats", Abs. 3. | 22

Wiederum unmittelbar werden die Folgen des Eintretens von Bedingungen geregelt, die ihrerseits mitgliedstaatlich zu normieren sind. | 23

So muss die Amtszeit zwar mindestens vier Jahre betragen (s. Art. 54 Abs. 1 lit. d), die tatsächliche Dauer bestimmt sich aber nach mitgliedstaatlichem Recht. | 24

Mit „Versetzung in den Ruhestand" ist lediglich diejenige aus Altersgründen gemeint.[20] Eine politisch motivierte Versetzung in den „einstweiligen Ruhestand"[21] wäre mit der völligen Unabhängigkeit des Mitglieds nicht vereinbar. | 25

Es bleibt es den Mitgliedstaaten überlassen, ob sie eine Höchstaltersgrenze einführen, mit deren Erreichen das Amt endet – und wie hoch diese sein soll. Die unionsrechtlich ausdrücklich vorgesehene Möglichkeit, ein vorzeitiges Ausscheiden aus Altersgründen zu erzwingen, gerät mit der Unabhän- | 26

---

16 *Schneider* in: Wolff/Brink Art. 53 DSGVO Rn. 6.
17 *Piltz* K&R 2016, 777 (781).
18 *Thomé* VuR 2015, 130 (133); *Piltz* K&R 2016, 777 (781).
19 *Thomé* VuR 2015, 130 (133).
20 *Schneider* in: Wolff/Brink Art. 53 DSGVO Rn. 8.
21 §§ 54 ff. BBG, §§ 30 ff. BeamtStG.

gigkeit des Mitglieds und der ebenfalls unionsrechtlich angeordneten Mindestamtsdauer von vier Jahren in Konflikt. So ist denkbar, dass systematisch Kandidaten zu Mitgliedern ernannt werden, die die Altersgrenze alsbald erreichen – um auf diese Weise die Effektivität der Arbeit der Aufsichtsbehörde zu schwächen. Die mitgliedstaatlichen Regelungen sollten daher vorsehen, dass Personen, die während der vorgesehenen Amtszeit die Altersgrenze erreichen, entweder schon nicht wählbar sind oder trotz Erreichens der Altersgrenze die Amtszeit noch zu Ende bringen dürfen.[22] Vorzugswürdig erscheint es indes, gänzlich auf eine Altersgrenze zu verzichten.

IV. Abs. 4 – Amtsenthebung

27 Soll das Mitglied unfreiwillig sein Amt verlieren, obwohl die Voraussetzungen des Abs. 3 nicht vorliegen, kommt nur eine Amtsenthebung nach Abs. 4 in Betracht. Voraussetzung hierfür ist, dass „es eine schwere Verfehlung begangen hat oder die Voraussetzungen für die Wahrnehmung seiner Aufgaben nicht mehr erfüllt".

28 Das Wegfallen fachlicher Kompetenz wird dabei die Ausnahme sein, ist aber zB bei gesundheitlichen Beeinträchtigungen denkbar. Wahrscheinlicher ist, dass allgemeine Bedingungen für die Amtsausübung nicht mehr erfüllt sind (→ Rn. 21).

29 Welche schweren Verfehlungen eine Amtsenthebung rechtfertigen, werden die mitgliedstaatlichen Gesetzgeber zu normieren haben.[23] Es bieten sich Pflichtverletzungen an, wie sie auch zur Entlassung eines Richters auf Lebenszeit führen würde.[24]

30 Eine rein politische Abwahl, auch durch (qualifizierte) Parlamentsmehrheit, ist mit der völligen Unabhängigkeit des Mitglieds nicht vereinbar.[25] Keinesfalls darf das Mitglied Opfer politischer Willkür werden,[26] zumal qualifizierte Mehrheiten je nach Wahlausgang oder Koalitionsbereitschaft schnell erreicht sind.[27] Die in einigen deutschen Ländern[28] vorzufindende Möglichkeit schlichter Abwahl ist schon bisher unionsrechtswidrig.[29] Mit Geltung der DSGVO wird dies umso deutlicher.

31 Die Amtsenthebung wird damit gerichtlich zu betreiben sein. Allerdings ist eine gerichtliche Entscheidung in Abs. 4 – anders als noch in Art. 48 Nr. 4

---

22 Für Letzteres auch *Dembowski*, PDK-H, § 21 Rn. 17.
23 *Schneider* in: Wolff/Brink Art. 53 DSGVO Rn. 9.
24 Vgl. dazu das DRiG.
25 *Ziebarth* CR 2013, 60 (64); *Born*, S. 64.
26 Vgl. *Ronellenfitsch*, S. 37 f.
27 *Ziebarth* CR 2013, 60 (64); aA *Thomé*, S. 49 f., die die parlamentarischen Abwahl als zur Exekutive distanziert ansieht; dabei übersieht sie, dass die theoretische Kontrolle der Regierung durch das Parlament faktisch auf die Minderheitsfraktionen begrenzt bleibt, weil die Mehrheitsfraktionen die von ihr gestützte Regierung schützen – bzw. sich faktisch von ihr steuern lassen, vgl. (optimistischer) *Butzer* in: Epping/Hillgruber, Beck'scher Online-Kommentar Grundgesetz, 28. Ed., Stand: 1.3.2016, Art. 38 Rn. 25 ff.
28 § 29 Abs. 5 DSG MV; § 22 Abs. 2 S. 4 LDSG RP.
29 *Ziebarth* CR 2013, 60 (64).

des Kommissionsentwurfs[30] – nicht mehr zwingend vorgeschrieben. Denkbar ist daher auch eine Regelung, wonach eine Parlamentsmehrheit das Vorliegen der engen Voraussetzungen einer Amtsenthebung feststellt, hiergegen aber der Rechtsweg eröffnet ist.[31]

V. Vertreter

Art. 53 enthält keine Vorschriften darüber, wer ein Mitglied vertritt, wenn dieses wegen Abwesenheit, Krankheit o.ä. vorübergehend unfähig ist, sein Amt auszuüben. **32**

In Aufsichtsbehörden mit mehreren Mitgliedern kann eine gegenseitige Vertretung vorgesehen werden. **33**

In Deutschland und Österreich (sowie in der Schweiz) bestehen monokratisch strukturierte Aufsichtsbehörden, es gibt also nur ein Mitglied. Hier muss im Vertretungsfall eine Person die Vertretung übernehmen, die hinreichend demokratisch legitimiert und unabhängig ist, und deren Einsetzung nicht die Unabhängigkeit des vertretenen, eigentlichen Mitglieds untergräbt. **34**

Der Vertreter kann in derselben Weise – vorsorglich oder ad hoc – wie der Vertretene ernannt, also zB vom Parlament gewählt werden. Dies wäre freilich insoweit problematisch, als der nachrangige Vertreter in gleicher Weise demokratisch legitimiert wäre wie der vorrangige Vertretene.[32] Ausreichend, aber auch notwendig, ist es, dass das Mitglied selbst vorsorglich einen Vertreter bestellt. Dies vermittelt abgeleitete personelle demokratische Legitimation und wahrt die Unabhängigkeit des Mitglieds.[33] **35**

Eine Ernennung durch sonstige Dritte, insbesondere die Regierung, widerspricht der Unabhängigkeit der Aufsichtsbehörde. Daher kann etwa § 22 Abs. 6 BDSG, der die Vertretung durch den Leitenden Beamten der Aufsichtsbehörde vorsieht, nur dann Bestand haben, wenn der Leitende Beamte von dem zu vertretenden Mitglied ernannt wird,[34] oder von einem Vorgänger ernannt wurde. **36**

Für den Vertreter gelten dieselben Voraussetzungen hinsichtlich seiner Qualifikation und – zumindest während der Vertretung – hinsichtlich Pflichten und unzulässiger Handlungen. **37**

C. Geplante Umsetzung

Wie bisher sieht auch § 11 Abs. 1 S. 1 BDSG-E vor, dass der Bundestag den BfDI ohne Aussprache auf Vorschlag der Bundesregierung wählt. Dieses Verfahren ist wenig transparent (→ Rn. 8). **38**

Nachvollziehbar ist die verlangte Qualifikation eines Mitglieds (§ 11 Abs. 1 Sätze 4 und 5 BDSG-E), nämlich die Befähigung zum Richteramt oder (sonst) zum höheren Dienst. Erfahrung sollte nicht nur auf dem Ge- **39**

---

30 Dazu *Born*, S. 69.
31 *Ziebarth* CR 2013, 60 (64); so zu verstehen wohl auch *Körffer* in: Paal/Pauly DSGVO Art. 53 Rn. 6.
32 *Ziebarth* CR 2013, 60 (65).
33 *Ziebarth* CR 2013, 60 (65).
34 *Roßnagel* ZD 2015, 106 (110).

biet des Datenschutzes vorhanden sein, sondern idealerweise wenigstens rudimentär auch im Bereich der Tätigkeit der zu kontrollierenden Stellen. Wer Wirtschaftsunternehmen oder Kommunen beaufsichtigt, sollte ein Grundverständnis für deren Tätigkeiten mitbringen. Führungserfahrung und -kompetenz sind sicher von Vorteil.

Das vorgesehene Mindestalter von 35 Jahren (§ 20 Abs. 1 S. 3 ABDSG-E) ist verständlich, schließlich sollte der Leiter einer Aufsichtsbehörde eine gestandene Persönlichkeit sein. Es erscheint neben der Voraussetzung der Qualifikation für den höheren Dienst und Berufserfahrung aber recht überflüssig. Sollte der Gesetzgeber das Risiko, dass ein qualifizierter Bewerber „zu jung" ist, scheuen, so bietet sich eine hinreichend lange Mindest-Erfahrungszeit eher an als ein Mindestalter, das schnell in den Verdacht einer unzulässigen Altersdiskriminierung[35] gerät.

Artikel 54   Errichtung der Aufsichtsbehörde

(1) Jeder Mitgliedstaat sieht durch Rechtsvorschriften Folgendes vor:

a) die Errichtung jeder Aufsichtsbehörde;

b) die erforderlichen Qualifikationen und sonstigen Voraussetzungen für die Ernennung zum Mitglied jeder Aufsichtsbehörde;

c) die Vorschriften und Verfahren für die Ernennung des Mitglieds oder der Mitglieder jeder Aufsichtsbehörde;

d) die Amtszeit des Mitglieds oder der Mitglieder jeder Aufsichtsbehörde von mindestens vier Jahren; dies gilt nicht für die erste Amtszeit nach 24. Mai 2016, die für einen Teil der Mitglieder kürzer sein kann, wenn eine zeitlich versetzte Ernennung zur Wahrung der Unabhängigkeit der Aufsichtsbehörde notwendig ist;

e) die Frage, ob und – wenn ja – wie oft das Mitglied oder die Mitglieder jeder Aufsichtsbehörde wiederernannt werden können;

f) die Bedingungen im Hinblick auf die Pflichten des Mitglieds oder der Mitglieder und der Bediensteten jeder Aufsichtsbehörde, die Verbote von Handlungen, beruflichen Tätigkeiten und Vergütungen während und nach der Amtszeit, die mit diesen Pflichten unvereinbar sind, und die Regeln für die Beendigung des Beschäftigungsverhältnisses.

(2) [1]Das Mitglied oder die Mitglieder und die Bediensteten jeder Aufsichtsbehörde sind gemäß dem Unionsrecht oder dem Recht der Mitgliedstaaten sowohl während ihrer Amts- beziehungsweise Dienstzeit als auch nach deren Beendigung verpflichtet, über alle vertraulichen Informationen, die ihnen bei der Wahrnehmung ihrer Aufgaben oder der Ausübung ihrer Befugnisse bekannt geworden sind, Verschwiegenheit zu wahren. [2]Während dieser Amts- beziehungsweise Dienstzeit gilt diese Verschwiegenheitspflicht insbesondere für die von natürlichen Personen gemeldeten Verstößen gegen diese Verordnung.

---

35   Vgl. Art. 21 Abs. 1 Grundrechte-Charta.

Verwandte Normen: ErwGr 117; § 38 BDSG 2003

Literatur:

Körffer, in: Paal/Pauly (Hrsg.), Datenschutz-Grundverordnung, 1. Auflage 2017, Art. 54; *Roßnagel*, Unabhängigkeit der Datenschutzaufsicht – Zweites Gesetz zur Änderung des BDSG, ZD 2015, 106; *Körffer*, in: Paal/Pauly (Hrsg.), DSGVO Art. 54; *Thomé*, Die Unabhängigkeit der Bundesdatenschutzaufsicht, VuR 2015, 130; *Thomé*, Reform der Datenschutzaufsicht – Effektiver Datenschutz durch verselbstständigte Aufsichtsbehörden, 2015; *Ziebarth*, Demokratische Legitimation und Unabhängigkeit der deutschen Datenschutzbehörden: warum das durch die Rechtsprechung des EuGH (Rs. C-518/07, CR 2010, 339 und Rs. C-614/10) Erreichte durch den Entwurf für eine Datenschutz-Grundverordnung gefährdet wird, CR 2013, 60.

A. Grundlagen

Art. 54 verlangt unionsrechtlich mitgliedstaatliche Regelungen hinsichtlich **1** der Errichtung der Aufsichtsbehörde, des Verfahrens hinsichtlich der Ernennung der Mitglieder, deren Amtszeit und Amtsbeendigung sowie über Pflichten, denen die Mitglieder unterliegen, zB Inkompatibilitäten.[1] Die Norm hat bisher kein unionsrechtliches Vorbild.

Abs. 2 ordnet eine besondere Schweigepflicht der Mitglieder und Bediensteten an.[2]

B. Kommentierung

Abs. 1 statuiert die Pflicht der Mitgliedstaaten, Regelungen zu erlassen, die **2** die Errichtung der Aufsichtsbehörde, die Besetzung der Mitgliedsämter inkl. der Bedingungen für ihr Ausscheiden und allgemeine Pflichten der Mitglieder betreffen.

Diese Regelungen werden die Unabhängigkeit der Aufsichtsbehörde sowie **3** die Effektivität und Qualität ihrer Arbeit maßgeblich beeinflussen. Den Gesetzgebern steht dabei ein weiter Gestaltungsspielraum zu. Dabei wird er ein Gesamtpaket zu schaffen haben, das sicherstellt, dass die Aufsichtsbehörden – wie unionsrechtlich verlangt – unabhängig und effektiv (dh auch: qualitativ hochwertig) arbeiten können.

---

1 *Körffer* in: Paal/Pauly DSGVO Art. 54 Rn. 1.
2 Kritisch zur Systematik *Schneider* in: Wolff/Brink, Art. 54 DSGVO Rn. 1.

4   Abs. 2 führt eine im Grundsatz unmittelbar geltende, aber mitgliedstaatlich ausformbare Schweigepflicht der Mitglieder und Bediensteten der Aufsichtsbehörde ein.

I. Abs. 1 – Errichtung, Besetzung der Aufsichtsbehörde

5   Nach Abs. 1 sieht jeder Mitgliedstaat durch Rechtsvorschrift die Regelung der nachfolgenden Materien vor. Welcher Art oder Rechtsnatur diese Rechtsvorschriften sind, bestimmt sich nach dem mitgliedstaatlichen Recht.[3] Verfassungsrecht kommt ebenso in Betracht wie einfache Gesetze. Je nach Zusammenhang können zB im Selbstverwaltungsbereich auch autonome Satzungen Rechtsvorschriften in diesem Sinne sein.

6   Der Begriff Rechtsvorschrift macht deutlich, dass öffentlich-rechtliche Regelungen vonnöten sind. Vereinsstatuten oder andere privatrechtliche (Vertrags-) Regelungen sind nicht ausreichend.

1. Lit. a – Errichtung jeder Aufsichtsbehörde

7   Die Regelungen zur Errichtung der Aufsichtsbehörde dürfen sich nicht in der bloßen Errichtung erschöpfen, sondern müssen die Grundstruktur der Aufsichtsbehörden deutlich machen.

a) Zahl der Aufsichtsbehörden

8   Soll es in einem Mitgliedstaat mehr als eine Aufsichtsbehörde geben,[4] so bedarf es – ggf. im Zusammenspiel mit den Regelungen betreffend die anderen Aufsichtsbehörden – der Abgrenzung der örtlichen oder sachlichen Zuständigkeiten.

b) Zahl der Mitglieder

9   Für pluralistisch strukturierte Aufsichtsbehörden muss geregelt werden, wie viele Mitglieder zu ernennen sind, in welchem Verhältnis diese zueinander stehen und wie ihre Tätigkeitsbereiche voneinander abgegrenzt sind. Eines der Mitglieder wird die Leitung iSd Art. 68 Abs. 3 übernehmen müssen. Dies kann zB durch Heraushebung eines Mitglieds oder durch rotierenden Vorsitz geschehen.

c) Tätigkeiten

10   Ebenso bedarf es der Regelung, ob die Aufsichtsbehörde ausschließlich Tätigkeiten der Aufsichtsbehörde im Sinne der und im Anwendungsbereich der DSGVO oder zusätzliche Aufgaben wahrnimmt (→ Art. 4 Rn. 227 ff. und → Art. 51 Rn. 4).

d) Örtlicher Sitz

11   Auch der örtliche Sitz der Behörde kann, wie in § 22 Abs. 5 S. 2 BDSG, geregelt werden.[5] Eine allzu enge örtliche Beziehung zu anderen Stellen kann

---

3   *Körffer* in: Paal/Pauly DSGVO Art. 54 Rn. 2.
4   Dies ist in der EU allerdings die Ausnahme, vgl. *Weiß* RDV 2014, 319.
5   AA *Thomé* VuR 2015, 130 (132).

die Unabhängigkeit beeinträchtigen oder jedenfalls einen entsprechenden Anschein erwecken.[6]

Mit Blick auf die Unabhängigkeit der Aufsichtsbehörde dürfen nach hier vertretener Auffassung auch Umzüge nicht gegen den Willen der Aufsichtsbehörde stattfinden.[7] Denn sowohl die überörtliche Sitzverlegung als auch der bloße Umzug innerhalb derselben Stadt können für die Aufsichtsbehörde Nachteile mit sich bringen und halten sie schon wegen des logistischen Aufwandes von der Aufgabenerfüllung ab. Geschieht dies gegen den Willen der Behörde, so besteht der böse Schein der Gängelung. Da aber auch mittelbare Einflussnahme auf die Aufsichtsbehörde zu unterbleiben hat,[8] kommt ein erzwungener Umzug allenfalls zum Ende der Amtszeit des Mitglieds in Betracht.   12

e) Organisatorische Anbindung

Eine organisatorische Anbindung an andere Stellen sollte unterbleiben. Dies gilt auch bei Anbindung an das Parlament oder den Parlamentspräsidenten, erst recht bei Anbindung an die Exekutive.[9] Geeignet ist die Organisationsform als Oberste Landes- oder Bundesbehörde.[10] Auch andere unabhängige Organisationsformen sind geeignet, etwa die einer Anstalt des öffentlichen Rechts.[11]   13

2. Lit. b – Voraussetzungen für die Ernennung der Mitglieder

Während Art. 53 Abs. 2 mit unmittelbarer Geltung festlegt, dass jedes Mitglied die erforderliche Qualifikation, Erfahrung und Sachkunde haben muss, spricht Abs. 1 lit. b von Qualifikation und sonstigen Voraussetzungen. Dadurch bleibt unklar, ob mit sonstigen Voraussetzungen nur Erfahrung und Sachkunde gemeint sind, oder etwa auch allgemeine beamtenrechtliche Voraussetzungen wie Staatsangehörigkeit, Verfassungstreue oder gesundheitliche Eignung. Letztlich müssen die mitgliedstaatlichen Regelungen alle nötigen Voraussetzungen normieren – ggf. auch durch Verweisung auf allgemeine dienstrechtliche Vorschriften.[12]   14

Eine klare Regelung der Voraussetzungen ist Bedingung dafür, dass der Kreis der möglichen Kandidaten feststeht und nicht willkürlich politisch gestaltet wird.[13] Eine Verschärfung der Anforderungen kann nur für die Zukunft gelten. Sie darf nicht etwa zur Amtsenthebung eines bereits ernannten Mitglieds führen mit dem Argument, es erfülle die Voraussetzungen für sein Amt nicht mehr (Art. 53 Abs. 4 Var. 2). Ansonsten könnten Mitglieder beliebig ausgetauscht werden, sodass von Unabhängigkeit keine Rede mehr sein könnte.   15

---

6 *Thomé*, S. 51.
7 AA zur Sitzverlegung des sächsischen Rechnungshofes SächsVerfGH 25.2.2014 – Vf. 71-I-12, BeckRS 2014, 47864.
8 EuGH 9.3.2010 – C-518/07, BeckRS 2010, 90304, Rn. 25.
9 *Thomé*, S. 51.
10 *Thomé*, S. 51 f.
11 So das ULD in Schleswig-Holstein, vgl. § 32 Abs. 1 DSG SH.
12 *Hullen* in: Plath BDSG § 22 Rn. 5.
13 *Thomé* VuR 2015, 130 (133).

16 Den mitgliedstaatlichen Gesetzgebern kommt ein beträchtlicher Gestaltungsspielraum bei der Normierung von Anforderungen zu.

17 Dabei haben die fachlichen Kompetenzanforderungen dem Aufgabenzuschnitt der Aufsichtsbehörde und – bei mehreren Mitgliedern – der jeweiligen behördeninternen Zuständigkeit zu folgen. Wer eine sektorale Aufsichtsbehörde leiten oder innerhalb einer allgemeinen Aufsichtsbehörde zB die IT-Sicherheit beurteilen soll, muss eben entsprechende Fähigkeiten aufweisen.

18 Datenschutz umfasst insbesondere die Bereiche Datenschutzrecht und Datensicherheit – heutzutage also vornehmlich informationstechnische Sicherheit. Die fachliche Qualifikation sollte daher idR möglichst diese Bereiche umfassen. Da kaum jemand diese beiden Fachgebiete gleichzeitig professionell beherrscht, wird es ausreichend sein müssen, einen Bereich zu beherrschen und den anderen zumindest in Grundzügen zu verstehen und die Probleme nachvollziehen zu können.

19 Neben fachlicher Kompetenz sind auch Führungsfähigkeiten erforderlich. Bei den Mitgliedern handelt es sich um Angehörige der obersten Führungsebene der Aufsichtsbehörde. Wo eine Aufsichtsbehörde nur ein Mitglied hat, obliegt diesem die Gesamtleitung.

20 Da Berufsanfänger idR nicht in Frage kommen werden, wird der Erfahrung des Kandidaten entscheidendes Gewicht zukommen.

21 Ungünstig erscheint eine zu engmaschige Regelung der Voraussetzungen, denn dadurch würde der Kreis der Kandidaten verengt.[14]

3. Lit. c – Ernennung der Mitglieder

22 Mit Ernennung ist der materielle Entscheidungsvorgang, nicht nur ein formeller Akt, gemeint.[15]

23 Die mitgliedstaatlichen Vorschriften haben sich an Art. 53 Abs. 1 DSGVO zu orientieren. Damit muss ein transparentes Verfahren bestehen, mittels dessen das Mitglied ausgewählt wird. Mögliche Entscheidungsträger sind nach Art. 53 Abs. 1 Parlament, Regierung, Staatsoberhaupt oder eine unabhängige Stelle. Für Einzelheiten → Art. 53 Rn. 5 ff.

4. Lit. d – Amtszeit

a) Grundsätzliche Regelung

24 Die Dauer der Amtszeiten der Mitglieder wird von den Mitgliedstaaten festgelegt, darf aber vier Jahre nicht unterschreiten. Die Regelung kann für die einzelnen Mitglieder derselben Aufsichtsbehörde unterschiedlich lange Amtsdauern vorsehen, auch wenn das im Hinblick auf ihre grundsätzliche Gleichrangigkeit befremdlich wäre.

---

14 AA *Thomé* VuR 2015, 130 (133), die sich dafür ausspricht, für Kandidaten des Amtes des BfDI Erfahrungen als stellvertretender Leiter einer Landes-Aufsichtsbehörde zu verlangen.
15 Vgl. die Kommentierung zu Art. 53 Abs. 1.

Je länger die Amtszeit, desto unabhängiger sind Mitglied und Aufsichtsbe-   25
hörde. Notwendig ist außerdem die Gelegenheit der Einarbeitung.[16] Mit
zunehmendem zeitlichem Abstand verblasst allerdings die personelle demokratische Legitimation des Mitglieds. Die Amtsdauer sollte sich daher – jedenfalls bei Wahl durch das Parlament – an der Legislaturperiode orientieren, damit die Legitimation erneuert werden kann.[17]

Diese Empfehlung gilt aber nur für die abstrakt-generelle Regelung der   26
Dauer der Amtszeit. Ob Amtszeit und Legislatur im Konkreten synchron
verlaufen, wird beeinflusst von vorzeitigen Neuwahlen des Parlaments (die
die Legislaturperiode enden lassen) und von vorzeitigen Abberufungen eines Mitglieds (die die Neuernennung eines Nachfolgers mitten in die Legislaturperiode fallen lassen). Auch in diesen Fällen ist die Mindestamtszeit
von vier Jahren zu berücksichtigen. Endet die Legislaturperiode vorzeitig,
so führt das zu einer faktischen Entkoppelung von Legislatur und Amtszeit. Dasselbe gilt bei der Ernennung eines Nachfolgers eines vorzeitig aus-
geschiedenen Mitglieds.

Beides ist mit Blick auf die Unabhängigkeit des Mitglieds hinzunehmen.   27
Denn die Mindestdauer von vier Jahren und die Unabhängigkeit sollen das
Mitglied vor vorzeitiger Abberufung aus Gründen schützen, die nicht in
seinem Verhalten oder seiner Fähigkeit der Amtsführung liegen.

Damit wird etwa die hessische Regelung, wonach die Amtszeit des HDSB   28
mit einer vorzeitigen Landtagsauflösung endet,[18] nicht weiter zulässig sein.

b) Übergangsvorschrift

Schwer verständlich ist die Übergangsvorschrift des Abs. 1 lit. d Hs. 2. So   29
ist schon unklar, was nach Hs. 2 nicht gelten soll: die Mindestamtszeit von
vier Jahren oder der Regelungsauftrag des Art. 54 Abs. 1 lit. d. Vermutlich
ist Ersteres gemeint, der Wortlaut spricht indes für Letzteres. Soll von dieser Möglichkeit Gebrauch gemacht werden, wäre dies jedenfalls mitgliedstaatlich zu regeln.

Voraussetzung für die Möglichkeit der Mitgliedstaaten, einmalig eine kür-   30
zere Amtszeit vorzusehen, ist – falls dies überhaupt der Regelungsgegenstand von Art. 54 Abs. 1 lit. d HS. 2 ist – erstens, dass damit eine zeitliche
Staffelung der Ernennungen ermöglicht wird und zweitens, dass diese zeitliche Staffelung der Wahrung der Unabhängigkeit der Aufsichtsbehörde
dient. Unklar ist aber, in welchen Fällen „eine zeitlich versetzte Ernennung
zur Wahrung der Unabhängigkeit der Aufsichtsbehörde notwendig" sein
könnte.

Dabei ist zu beachten, dass die Amtszeit idR nicht mit Inkrafttreten der   31
DSGVO beginnt. Da in den Mitgliedstaaten bereits gem. Art. 28 Datenschutz-RL Aufsichtsbehörden (bisher: Kontrollstellen) bestehen, können
deren Leiter als Mitglieder im Amt bleiben. Mit Rücksicht auf deren Unab-

---

16 *Thomé*, S. 48 f.
17 *Ziebarth* CR 2013, 60 (63 f.); aA *Thomé*, S. 49 wegen der Gefahr rein politisch
    motivierter Abwahl.
18 § 21 Abs. 4 HDSG.

hängigkeit kann das Inkrafttreten der DSGVO nicht zu ihrem vorzeitigen Ausscheiden führen.

32 Die Unabhängigkeit der Aufsichtsbehörde wäre nicht nur durch ein erzwungenes vorzeitiges Ausscheiden gefährdet, sondern auch durch Schmälerung der Zuständigkeiten eines Mitglieds, namentlich durch Umstellung einer bisher monistischen auf eine pluralistische Struktur. Dies zu erzwingen wäre während der Amtszeit des betreffenden Mitglieds unzulässig.

33 Der Zweck der Vorschrift kann daher wohl darin bestehen, eine bei Inkrafttreten schon laufende Amtsperiode, die bislang kürzer war als vier Jahre, nicht wegen des Inkrafttretens verlängern zu müssen, sondern mit Rücksicht auf eine nach mitgliedstaatlichem Recht notwendige zeitliche Staffelung auslaufen zu lassen.

34 Da die Übergangsvorschrift nur für einen Teil der Mitglieder gelten soll, kann sie nicht für alle gelten. Ohnehin scheidet sie für die im deutschsprachigen Raum verbreiteten monokratisch strukturierten Aufsichtsbehörden aus.

5. Lit. e – Möglichkeit der Wiederernennung

35 Die Frage der Möglichen Wiederwahl hat großen Einfluss auf Unabhängigkeit und Effektivität der Aufgabenerfüllung. Dabei wirkt sie ambivalent. Die Möglichkeit einer Wiederwahl mag ein Mitglied, das wieder gewählt werden will, zu unangemessenen Zugeständnissen verleiten.[19] Das gilt freilich genauso für ein Mitglied, das nicht wiedergewählt werden kann und auf die Übertragung einer neuen Aufgabe angewiesen ist.[20] Umgekehrt kann ein bereits wiedergewähltes und fachlich etabliertes Mitglied von seinem Erfahrungsschatz zehren und besonders unabhängig und qualitativ hochwertig arbeiten.[21]

36 Ob ein Mitgliedstaat die Wiederwahl zulässt – und wenn ja, wie oft – bleibt seinem Gestaltungsspielraum überlassen. Tendenziell wird sich ein Zusammenhang zwischen Länge der Amtsdauer und Häufigkeit der Wiederwahl anbieten (je länger desto seltener). Zur Regelung einer möglichen Wiederwahl gehört auch die Entscheidung, ob die Amtszeiten unmittelbar aufeinander folgen müssen.[22]

37 Ein Ausschluss der Wiederwahl oder deren zahlenmäßige Beschränkung ist problematisch, wenn das Mitglied nicht über die volle Dauer einer Amtszeit im Amt war (weil der Vorgänger vorzeitig ausschied oder die Legislaturperiode vorzeitig endete). Dies sollte der mitgliedstaatliche Gesetzgeber berücksichtigen.[23]

---

19 *Thomé*, S. 49; *Ziebarth* CR 2013, 60 (63 f.).
20 *Ziebarth* CR 2013, 60 (64).
21 *Thomé*, S. 49.
22 Vgl. *Dammann* in: Simitis BDSG § 22 Rn. 12; *Schiedermair* in: Wolff/Brink Beck'scher Online-Kommentar Datenschutzrecht, 16. Ed. Stand: 1.5.2016, § 22 Rn. 4.
23 *Ziebarth* CR 2013, 60 (63 f.).

Abzulehnen ist der Vorschlag,[24] den Entscheidungsträger verbindlich auf   38
die Wiederwahl des Amtsinhabers festzulegen, wenn kein Grund für eine
Amtsenthebung vorliegt: damit würde faktisch nur die Amtsdauer – uU auf
Lebenszeit – verlängert.[25]

In Mitgliedstaaten mit pluralistisch strukturierter Aufsichtsbehörde muss   39
nicht nur festgelegt werden, ob und wie oft überhaupt wiederernannt werden darf, sondern auch, ob und wie oft dasselbe Mitglied dasselbe Mitgliedsamt bekleiden darf. Denkbar wäre es, dass das Mitglied sein bisheriges Amt nicht wiedererlangen, aber innerhalb der Aufsichtsbehörde „rotie-
ren" darf.

6. Lit. f – Pflichten, Inkompatibilitäten, Beschäftigungsende

Lit. f verpflichtet die Mitgliedstaaten, Pflichten und Verbote für Mitglieder   40
und Bedienstete zu regeln sowie vorzusehen, unter welchen Umständen die
Tätigkeit der Bediensteten endet.

Die Pflicht, nach Recht und Gesetz sowie unparteiisch zu handeln, er-   41
scheint selbstverständlich. Es gilt in Deutschland für jede Behörde gem.
Art. 20 Abs. 3, Art. 3 Abs. 1 GG.[26]

„Handlungen, [berufliche] Tätigkeiten und Vergütungen während und   42
nach der Amtszeit" sind nicht schlechthin zu verbieten. Es liegt aber auf
der Hand, dass insbesondere vergütete Nebentätigkeiten eine besondere
Gefahr für die Unabhängigkeit des Mitglieds darstellen, da sie Interessenkonflikte auslösen können.[27]

Umgekehrt kann eine Nebentätigkeit die wirtschaftliche wie soziale Unab-   43
hängigkeit des Mitglieds festigen und es dadurch umso mehr immun gegen
unsachliche Beeinflussungsversuche werden lassen.[28]

Es sollten daher Nebentätigkeiten der Art und in dem Maß zugelassen wer-   44
den, dass die Unabhängigkeit gewahrt bleibt.

Auch Tätigkeiten nach Beendigung des Mitgliedsamts sind regelungsbe-   45
dürftig. Nähme ein ehemaliges Mitglied (kurz) nach Ausscheiden eine Tätigkeit bei einem bisher von ihm kontrollierten Verantwortlichen oder Auftragsverarbeiter auf, so bestünde ein böser Schein dahingehend, dass es die
Aufsichtstätigkeit im Hinblick auf die Chance auf diese neue Tätigkeit ausgeübt hat. Derlei ist zu verhindern.

Umgekehrt sollte dem ehemaligen Mitglied nicht jede Berufstätigkeit ver-   46
boten und auch nicht die Rückkehr auf eine frühere, vor Ernennung zum
Mitglied innegehabte Position verbaut werden. Entscheidend ist, dass die
Möglichkeit weiterer Berufstätigkeit eröffnet wird, zugleich aber Unabhängigkeit und Ansehen der Aufsichtsbehörde gewahrt bleiben.

Auch „die Regeln für die Beendigung des Beschäftigungsverhältnisses"   47
müssen gem. lit. f. mitgliedstaatlich festgelegt werden.

---

24 *Rudin* digma 2010, 79 (81).
25 *Ziebarth* CR 2013, 60 (64 f.).
26 Vgl. dazu auch *Dembowski*, in PDK-H, § 21 Rn. 7.
27 *Ziebarth* CR 2013, 60 (65).
28 *Ziebarth* CR 2013, 60 (65); *Dembowski* in: PDK-H, § 21 Rn. 9.

Mit „Beschäftigungsverhältnis" ist zunächst dasjenige der Bediensteten gemeint. Dessen Ende sollte sich nach den allgemeinen arbeits- oder dienstrechtlichen Regeln bestimmen. Ein Ende durch Eingriff von außen würde die Unabhängigkeit der Aufsichtsbehörde gefährden.

Trotz der Diskrepanz zwischen den Begriffen „Beschäftigungsverhältnis" und „Amtszeit" kann „Beschäftigungsverhältnis" auch das des Mitglieds sein. Denn die DSGVO regelt nicht, welche „schweren Verfehlungen" (Art. 52 Abs. 4) zur Amtsenthebung führen können. Dies muss also mitgliedstaatlicher Regelung zugänglich sein.[29]

II. Abs. 2 – Verschwiegenheitspflicht

48   Art. 54 Abs. 2 DSGVO statuiert eine Verschwiegenheitspflicht für die Mitglieder und für die Bediensteten der Aufsichtsbehörden.

49   Diese Verschwiegenheitspflicht ist freilich im Lichte der völligen Unabhängigkeit zu sehen. Die Beurteilung, ob eine Information vertraulich ist, oder die Aufgabenerfüllung eine Weitergabe erfordert, obliegt dem Mitglied. Zumindest innerhalb des Anwendungsbereichs der DSGVO sind daher Regelungen kritisch, die Äußerungen des Mitglieds von einer extern zu beantragenden Aussagegenehmigung abhängig machen sollen.[30]

50   Die Aussage eines ehemaligen Mitglieds wird im Falle des BfDI zZ von der Genehmigung des amtierenden Amtsinhabers abhängig gemacht (§ 23 Abs. 5 S. 3 Hs. 2 BDSG).[31] Dies kann problematisch sein, weil so die Unabhängigkeit der Amtsführung durch das Damoklesschwert anderer Beurteilung durch den Nachfolger bedroht wird.[32]

51   Für Aufsichtsbehörden mit mehreren Mitgliedern ist mitgliedstaatlich zu regeln, wer über die Aussage entscheidet. Dies kann dem Leiter der Aufsichtsbehörde ebenso übertragen werden wie dem zuständigen Mitglied selbst.

52   Verschwiegenheitspflicht und Unabhängigkeit verbieten es, anderen Stellen Einsichtsrechte oder das Recht, Berichte zu verlangen, zuzugestehen. Eine Konsultationspflicht der damaligen österreichischen Datenschutzkommission gegenüber dem Bundeskanzler ist vom EuGH für unionsrechtswidrig erklärt worden.[33]

C. Geplante Umsetzung

53   Auf deutscher Bundesebene wird Art. 54 insbesondere durch §§ 8 und 11 BDSG-E umgesetzt.

§ 8 BDSG-E sieht die Errichtung der BfDI als oberste Bundesbehörde mit Sitz in Bonn vor bzw. setzt sie als gegeben voraus.

---

29   *Schneider* in: Wolff/Brink, Art. 53 DSGVO Rn. 9.
30   Vgl. dazu auch *Roßnagel* ZD 2015, 106 (108); weitergehend *Dammann* in: Simitis BDSG § 23 Rn. 29: „wegen Gemeinschaftsrechtswidrigkeit obsolet".
31   *Schiedermair* in: Wolff/Brink, 16. Ed. Stand: 1.5.2016, § 23 Rn. 15.
32   *Roßnagel* ZD 2015, 106 (109).
33   EuGH 16.10.2012 – C-614/10, ZD 2012, 563 (565).

Die Voraussetzungen für die Ernennung der Mitglieder (hier: eines Mitglieds, nämlich des Bundesbeauftragten als Leiter der Behörde BfDI) ist in § 11 Abs. 1 S. 3 ff.[34] geregelt. Danach muss der BfDI mindestens 35 Jahre alt sein, die Befähigung zum Richteramt oder zum höheren Dienst aufweisen und insbesondere auf dem Felde des Datenschutzes fachkundig und erfahren sein (→ Art. 52 Rn. 39).

Weitere Voraussetzungen ergeben sich allgemein aus dem Recht des öffentlichen Dienstes.

Die materielle Ernennung (Wahl) findet ohne Aussprache durch den Bundestag auf Vorschlag der Bundesregierung statt, die formelle Ernennung erfolgt (gebunden) durch den Bundespräsidenten, § 11 Abs. 1 S. 1 und 2 BDSG-E (→ Art. 53 Rn. 5 ff.).

Die Amtszeit soll fünf Jahre betragen und eine einmalige Wiederwahl möglich sein, § 11 Abs. 3 BDSG-E.

Die Regelungen für eine Amtsenthebung iSd Art. 54 Abs. 1 lit. f des Mitglieds werden in § 12 nur unzureichend konkretisiert. So ist zwar das Verfahren geregelt, wonach der Bundespräsident auf Vorschlag des Bundestagspräsidenten den BfDI des Amtes enthebt. Die materiellen Voraussetzungen werden dagegen nicht konkretisiert, sondern aus Art. 52 Abs. 4 entnommen (→ Art. 54 Rn. 27). Gegen die Entscheidung des Bundespräsidenten muss der Rechtsweg eröffnet sein.

Rechte und Pflichten sind zudem in § 13 Abs. 1 und 2 BDSG-E normiert. Zeugnisverweigerungsrecht und Schweigepflicht ergeben sich aus § 13 Abs. 3 und 4 BDSG-E.

§ 13 Abs. 6 BDSG-E, der die Geltung von § 13 Abs. 3 und Abs. 4 S. 5-7 auch auf die Aufsichtsbehörden der Länder erstrecken will, dürfte mangels Gesetzgebungskompetenz zumindest hinsichtlich der Kontrolle des öffentlichen Bereichs verfassungswidrig sein.

Abschnitt 2 Zuständigkeit, Aufgaben und Befugnisse

Artikel 55 Zuständigkeit

(1) Jede Aufsichtsbehörde ist für die Erfüllung der Aufgaben und die Ausübung der Befugnisse, die ihr mit dieser Verordnung übertragen wurden, im Hoheitsgebiet ihres eigenen Mitgliedstaats zuständig.

(2) ¹Erfolgt die Verarbeitung durch Behörden oder private Stellen auf der Grundlage von Artikel 6 Absatz 1 Buchstabe c oder e, so ist die Aufsichtsbehörde des betroffenen Mitgliedstaats zuständig. ²In diesem Fall findet Artikel 56 keine Anwendung.

(3) Die Aufsichtsbehörden sind nicht zuständig für die Aufsicht über die von Gerichten im Rahmen ihrer justiziellen Tätigkeit vorgenommenen Verarbeitungen.

---

34 Erfreulich wäre es, wenn Gesetzgeber wenigstens in langen Normen die Sätze nummerieren würden. Das Zählen von Sätzen ist für den Rechtsanwender eine wenig sinnstiftende Betätigung.

Verwandte Normen: ErwGr 122, 128; § 38 BDSG 2003

Literatur:

Körffer, in: Paal/Pauly (Hrsg.), Datenschutz-Grundverordnung, 1. Auflage 2017, Art. 55; *Roßnagel*, Unabhängigkeit der Datenschutzaufsicht – Zweites Gesetz zur Änderung des BDSG, ZD 2015, 106; *Thomé*, Die Unabhängigkeit der Bundesdatenschutzaufsicht, VuR 2015, 130; *Thomé*, Reform der Datenschutzaufsicht – Effektiver Datenschutz durch verselbstständigte Aufsichtsbehörden, 2015; *Ziebarth*, Demokratische Legitimation und Unabhängigkeit der deutschen Datenschutzbehörden: warum das durch die Rechtsprechung des EuGH (Rs. C-518/07, CR 2010, 339 und Rs. C-614/10) Erreichte durch den Entwurf für eine Datenschutz-Grundverordnung gefährdet wird, CR 2013, 60.

A. Grundlagen

1   Art. 55 bestimmt die Zuständigkeit der Aufsichtsbehörden. Er nimmt dabei Rücksicht sowohl auf die Souveränität der Mitgliedstaaten als auch auf die Besonderheiten des öffentlichen Bereichs und der Gerichte.

B. Kommentierung

I. Abs. 1 – Zuständigkeit im Hoheitsgebiet

2   Abs. 1 entspricht weitgehend seiner Vorgängerregelung, Art. 28 Abs. 6 Datenschutz-RL.

3   Die Regelung bezweckt, die örtliche Zuständigkeit der Aufsichtsbehörde auf das Gebiet des jeweiligen Mitgliedstaates zu beschränken,[1] eine Zuständigkeit im Ausland also auszuschließen.[2] Ein Übergriff einer Behörde in das Ausland wäre mit der Souveränität des fremden Staates nicht vereinbar.[3]

4   Ebenso wie die Vorgängerregelung ist auch Abs. 1 missverständlich formuliert. Er könnte dahingehend missverstanden werden, die Aufsichtsbehörden seien notwendigerweise im ganzen Hoheitsgebiet ihres Mitgliedstaates zuständig. Das wäre verfehlt. Die Zuständigkeit beschränkt sich in örtlicher Hinsicht auf die Ebene, für die die Aufsichtsbehörde eingerichtet ist. Namentlich sind Aufsichtsbehörden der deutschen oder österreichischen Bundesländer nicht für andere Bundesländer zuständig.

---

1 *Wybitul/Pötters* RDV 2016, 10 (15).
2 Vgl. EuGH 1.10.2015 – C-230/14, NJW 2015, 3636, Leitsatz 2 sowie S. 3639 f.
3 *Albrecht/Jotzo*, S. 116; *Piltz* K&R 2016, 777 (782); *Svantesson* IDPL 2016, 210, vor und in Fn. 46.

II. Abs. 2 – Ausschluss der federführenden Aufsichtsbehörde

Abs. 2 bestimmt, dass das Konzept der federführenden Aufsichtsbehörde 5
(Art. 56) nicht für die Verarbeitungstätigkeit von Behörden gilt (S. 2). Es
gilt auch nicht für die Verarbeitung durch Private in den Fällen des Art. 6
Abs. 1 lit. c und e, also wenn der Private aufgrund einer rechtlichen Verpflichtung oder in Ausübung einer ihm übertragenen hoheitlichen oder
dem öffentlichen Interesse dienenden Tätigkeit handelt.[4]

Stattdessen ist die Aufsichtsbehörde des Mitgliedstaates, also die örtlich 6
und sachlich zuständige Aufsichtsbehörde, alleinzuständig (S. 1).

Die Vorschrift ist mit Blick auf die Souveränität der Mitgliedstaaten nötig, 7
um zu verhindern, dass insbesondere hoheitliche Tätigkeit durch Behörden
anderer Staaten (mit-) kontrolliert wird, wofür keine demokratische Legitimation bestünde.

Sie führt zu Abgrenzungsschwierigkeiten. So ist schon der Behördenbegriff 8
nicht immer klar.

Noch schwieriger ist die Abgrenzung der Fälle des Art. 6 Abs. 1 lit. c und e, 9
in denen auch die Tätigkeit Privater nur der Aufsicht durch die heimische
Aufsichtsbehörde unterliegt.

1. Fälle des Art. 6 Abs. 1 lit. c

Dass die Verarbeitung erforderlich ist zur Erfüllung einer rechtlichen Ver- 10
pflichtung, verlangt Abs. 2 iVm Art. 6 Abs. 1 lit. c.

Gemeint sein kann nur eine öffentlich-rechtliche Verpflichtung, wie sie et- 11
wa aufgrund der (vorläufig[5]) wiedereingeführten Vorratsdatenspeicherung
für Telekommunikationsverbindungsdaten für Telekommunikationsanbieter gilt.[6]

Nicht gemeint sein können privatrechtliche Verpflichtungen, etwa auf 12
schuldrechtlicher Basis. Ansonsten könnten sich Verantwortliche durch
Privatrechtsgestaltung die zuständige Aufsichtsbehörde und das einzuhal-
tende Aufsichtsregime aussuchen.

Ungeschickt ist in diesem Zusammenhang das Tatbestandsmerkmal der Er- 13
forderlichkeit. Es könnte dahingehend missverstanden werden, dass eine
fälschlicherweise in Erfüllung einer öffentlich-rechtlichen Pflicht erfolgende
Verarbeitung dem Regime des Art. 56 unterliegt. Zu beurteilen, ob die Verarbeitung erforderlich ist für die Erfüllung öffentlich-rechtlicher Verpflichtungen, obliegt aber ausschließlich der Aufsichtsbehörde des Staates, um
dessen öffentliches Recht es geht.

---

4 *Körffer* in: Paal/Pauly DSGVO Art. 55 Rn. 4.
5 Die Unionsrechtswidrigkeit ergibt sich mittelbar aus dem Urteil des EuGH vom
   21.12.2016 in den Rs. C-203/15 und Rs. C-698/15 zur vergleichbaren Rechtslage in
   Schweden und im Vereinigten Königreich – vgl. dazu *Ziebarth* ZUM 2017, 398
   (404).
6 Vgl. §§ 113 a ff. TKG.

2. Fälle des Art. 6 Abs. 1 lit. e

14   Gem. Abs. 2 iVm Art. 6 Abs. 1 lit. e unterliegen auch solche Verarbeitungstätigkeiten Privater ausschließlich der Aufsicht durch die heimische Aufsichtsbehörde, die erforderlich (→ Rn. 13) sind für Tätigkeiten im öffentlichen Interesse oder in Ausübung öffentlicher Gewalt.

15   Die Ausübung öffentlicher Gewalt ist Privaten grundsätzlich verwehrt und
kommt in Deutschland idR nur nach Beleihung in Frage. Insoweit wird
eine Parallele zur Behördentätigkeit hergestellt.

16   Schwerer zu fassen ist die Tätigkeit im öffentlichen Interesse. Hier kann
nicht jedes öffentliche Interesse ausreichen. Insbesondere kann die bloße
Tätigkeit für eine öffentliche Stelle nicht ausreichen. Es reicht also zB
nicht, dass ein privates Bauunternehmen ein öffentliches Gebäude errichtet
oder ein Bewachungsunternehmen in einem solchen tätig ist.

III. Abs. 3 – Ausschluss für gerichtliche Tätigkeit

17   Abs. 3 hat eine andere Stoßrichtung als Abs. 2. Er vermeidet nicht nur die
Zuständigkeit der federführenden Aufsichtsbehörde (Art. 56). Vielmehr
nimmt er die justizielle Tätigkeit der Gerichte insgesamt aus der sachlichen
Zuständigkeit der Aufsichtsbehörden heraus. Grund hierfür ist neben der
Unabhängigkeit der Gerichte insbesondere auch der Grundsatz der Gewaltenteilung (Art. 20 Abs. 2 GG), der Einbrüche der Exekutive auf den Bereich der Judikative verbietet.

18   Hinzu kommt, dass die Aufsichtsbehörden der gerichtlichen Kontrolle unterliegen.[7]

Artikel 56 Zuständigkeit der federführenden Aufsichtsbehörde

(1) Unbeschadet des Artikels 55 ist die Aufsichtsbehörde der Hauptniederlassung oder der einzigen Niederlassung des Verantwortlichen oder des
Auftragsverarbeiters gemäß dem Verfahren nach Artikel 60 die zuständige
federführende Aufsichtsbehörde für die von diesem Verantwortlichen oder
diesem Auftragsverarbeiter durchgeführte grenzüberschreitende Verarbeitung.

(2) Abweichend von Absatz 1 ist jede Aufsichtsbehörde dafür zuständig,
sich mit einer bei ihr eingereichten Beschwerde oder einem etwaigen Verstoß gegen diese Verordnung zu befassen, wenn der Gegenstand nur mit
einer Niederlassung in ihrem Mitgliedstaat zusammenhängt oder betroffene Personen nur ihres Mitgliedstaats erheblich beeinträchtigt.

(3) [1]In den in Absatz 2 des vorliegenden Artikels genannten Fällen unterrichtet die Aufsichtsbehörde unverzüglich die federführende Aufsichtsbehörde über diese Angelegenheit. [2]Innerhalb einer Frist von drei Wochen
nach der Unterrichtung entscheidet die federführende Aufsichtsbehörde, ob
sie sich mit dem Fall gemäß dem Verfahren nach Artikel 60 befasst oder
nicht, wobei sie berücksichtigt, ob der Verantwortliche oder der Auftrags-

---

7 *Koreng/Lachenmann*, D. I; *Ronellenfitsch*, S. 26; *Ziebarth* CR 2013, 60 (66).

verarbeiter in dem Mitgliedstaat, dessen Aufsichtsbehörde sie unterrichtet hat, eine Niederlassung hat oder nicht.

(4) [1]Entscheidet die federführende Aufsichtsbehörde, sich mit dem Fall zu befassen, so findet das Verfahren nach Artikel 60 Anwendung. [2]Die Aufsichtsbehörde, die die federführende Aufsichtsbehörde unterrichtet hat, kann dieser einen Beschlussentwurf vorlegen. [3]Die federführende Aufsichtsbehörde trägt diesem Entwurf bei der Ausarbeitung des Beschlussentwurfs nach Artikel 60 Absatz 3 weitestgehend Rechnung.

(5) Entscheidet die federführende Aufsichtsbehörde, sich mit dem Fall nicht selbst zu befassen, so befasst die Aufsichtsbehörde, die die federführende Aufsichtsbehörde unterrichtet hat, sich mit dem Fall gemäß den Artikeln 61 und 62.

(6) Die federführende Aufsichtsbehörde ist der einzige Ansprechpartner der Verantwortlichen oder der Auftragsverarbeiter für Fragen der von diesem Verantwortlichen oder diesem Auftragsverarbeiter durchgeführten grenzüberschreitenden Verarbeitung.

Verwandte Normen: ErwGr 124, 125, 127, 130, 131

Literatur:

Albrecht, Das neue EU-Datenschutzrecht – von der Richtlinie zur Verordnung. Überblick und Hintergründe zum finalen Text für die Datenschutz-Grundverordnung der EU nach der Einigung im Trilog, CR 2016, 88; *Ashkar*, Durchsetzung und Sanktionierung des Datenschutzrechts nach den Entwürfen der Datenschutz-Grundverordnung, DuD 2015, 796; *Augsberg*, Europäisches Verwaltungsorganisationsrecht und Vollzugsformen, in: Terhechte (Hrsg.), Verwaltungsrecht der Europäischen Union, Baden-Baden, 2011, § 6; *v. Bogdandy*, Supranationaler Föderalismus als Wirklichkeit und Idee einer neuen Herrschaftsform. Zur Gestalt der Europäischen Union nach Amsterdam, Baden-Baden, 1999; *Britz*, Vom Europäischen Verwaltungsverbund zum Regulierungsverbund? Europäische Verwaltungsentwicklung am Beispiel der Netzzugangsregulierung bei Telekommunikation, Energie und Bahn, EuR 2006, 46; *Caralp*, Die Auswirkungen von One-Stop-Government und von Netzwerkstrukturen auf das Allgemeine Verwaltungsrecht. Eine Untersuchung am Beispiel der Umsetzung der EU-Dienstleistungsrichtlinie, Baden-Baden, 2013; *Caspar*, Das aufsichtsbehördliche Verfahren nach der EU-Datenschutz-Grundverordnung. Defizite und Alternativregelungen, ZD 2012, 555; *Dammann*, Erfolge und Defizite der EU-Datenschutzgrundverordnung – Erwarteter Fortschritt, Schwächen und überraschende Innovationen, ZD 2016, 307; *Härting*, Starke Behörde, schwaches Recht – der neue EU-Datenschutzentwurf, BB 2012, 459; *Hornung*, Eine Datenschutz-Grundverordnung für Europa? Licht und Schatten im Kommissionsentwurf vom 25.1.2012, ZD 2012, 99; *Kahl*, Europäisches und nationales Verwaltungsorganisationsrecht: Von der Konfrontation zur Kooperation, Die Verwaltung 29 (1996), 341; *Kartheuser/Schmitt*, Der Niederlassungsbegriff und seine praktischen Auswirkungen. Anwendbarkeit des Datenschutzrechts eines Mitgliedstaats auf ausländische EU-Gesellschaften, ZD 2016, 155; *Kranig*, Zuständigkeit der Datenschutzaufsichtsbehörden. Feststellung des Status quo mit Ausblick auf die DS-GVO, ZD 2013, 550; *Nguyen*, Die zukünftige Datenschutzaufsicht in Europa. Anregungen für den Trilog zu Kap. VI bis VII der DS-GVO, ZD 2015, 265; *Peuker*, Bürokratie und Demokratie in Europa. Legitimität im Europäischen Verwaltungsverbund, Tübingen, 2011; *Ronellenfitsch*, Kohärenz und Vielfalt, DuD 2016, 357; *Ruffert*, Von der Europäisierung des Verwaltungsrechts zum Europäischen Verwaltungsverbund, DÖV 2007, 761; *Schantz*, Die Datenschutz-Grundverordnung – Beginn einer neuen Zeitrechnung im Datenschutzrecht, NJW 2016, 1841; *Schmidt-Aßmann*, Einführung: Der Europäische Verwaltungsverbund und die Rolle des Europäischen Verwaltungsrechts, in: Schmidt-Aßmann/Schöndorf-Haubold (Hrsg.), Der Europäische Verwaltungsverbund. Formen und Verfahren der Verwaltungszusammenarbeit in der Europäischen Union, Tübingen, 2005, S. 1 ff.; *Schmidt-Aßmann*, Verfassungsprinzipien für den Europäischen Verwaltungsverbund, in: Hoffmann-Riem/Schmidt-Aßmann/Voßkuhle (Hrsg.), Grundlagen des Verwaltungsrechts, Band I, 2. Aufl., München, 2012, § 5; *Sydow*, Verwaltungskooperation in der Europäischen Union. Zur horizontalen und vertikalen Zusammenarbeit der europäischen Verwaltungen am Beispiel des Produktzulassungsrechts, Tübingen, 2004; *Traung*, The Proposed New EU General Data Protection Regulation. Further Opportunities, CRi 2012, 33; *Weiß*, Der europäische Verwaltungsverbund. Grundfragen, Kennzeichen, Herausforderungen, Berlin, 2010.

A. Grundlagen

I. Gesamtverständnis und Zweck der Norm

1   Art. 56 führt (zusammen mit Art. 60) das **neue Konzept einer federführenden Behörde** bei der europäischen Datenschutzaufsicht ein, das eine kohärente Anwendung der DSGVO bei grenzüberschreitenden Datenverarbeitungen im europäischen Aufsichtsverbund sicherstellen soll.

2   Von der nach den Kriterien des Abs. 1 begründeten **Zuständigkeit** der federführenden Behörde sieht Abs. 2 **Ausnahmen** vor, unter denen sich jede Aufsichtsbehörde mit einer bei ihr eingereichten Beschwerde oder einem Verstoß gegen die DSGVO befassen kann. In diesem Falle regeln die Abs. 3–5 das weitere Verfahren, bei dem die von der Aufsichtsbehörde zu informierende federführende Behörde den Fall an sich ziehen oder der anzeigenden Aufsichtsbehörde zur weiteren Bearbeitung überlassen kann.

3   Als weiteres Element zur Kohärenzsicherung bestimmt Abs. 6 die federführende Behörde als einzigen Ansprechpartner ("**one-stop-shop**") für Verantwortliche oder Auftragsverarbeiter bei grenzüberschreitenden Datenverarbeitungen.

II. Bisherige Rechtslage

Die DS-RL kannte das Konzept der federführenden Aufsichtsbehörde **4** nicht. Das in Art. 28 Abs. 6 DS-RL verankerte **Territorialitätsprinzip** beschränkte die Ausübung der Befugnisse der Aufsichtsbehörden auf das Hoheitsgebiet ihrer Mitgliedstaaten nach dem Verfahrensrecht des jeweiligen Mitgliedstaates und schloss die Ausübung hoheitlicher Befugnisse (insbes. Sanktionsbefugnisse) außerhalb des eigenen Hoheitsgebietes aus.[1] Nicht ausgeschlossen war dagegen gem. Art. 28 Abs. 6 S. 1 Hs. 2 DS-RL die Überprüfung der Rechtmäßigkeit der Datenverarbeitung anhand des nach Maßgabe des Art. 4 Abs. 1 DS-RL ggf. anzuwendenden Rechts eines anderen Mitgliedstaates.[2] Der DS-RL lag mithin ein dezentrales Aufsichtsmodell zugrunde,[3] das insbesondere bei grenzüberschreitenden Sachverhalten zu Zuständigkeitskonflikten führen konnte. Dementsprechend mahnte etwa die Artikel-29-Datenschutzgruppe verfahrenstechnische Regelungen zur Ermittlung einer federführenden Behörde an.[4] Den bei grenzüberschreitenden Sachverhalten entstehenden Abstimmungsbedarf adressierte Art. 28 Abs. 6 UAbs. 1 S. 2 und UAbs. 2 DS-RL durch nicht näher spezifizierte Pflichten zur Amtshilfe, zur gegenseitigen Zusammenarbeit sowie insbesondere zum Austausch sachdienlicher Informationen.

III. Entstehung der Norm

Der **Kommissionsvorschlag** übertrug in Art. 51 Abs. 2 die Zuständigkeit **5** für die Aufsicht über sämtliche Verarbeitungstätigkeiten eines Verantwortlichen oder Auftragsverarbeiters mit Niederlassungen in mehreren Mitgliedstaaten der Behörde desjenigen Mitgliedstaats, in dem sich die Hauptniederlassung des Verantwortlichen oder Auftragsverarbeiters befindet. Der Begriff der federführenden Behörde tauchte indes nur in der Begründung des Vorschlags auf.[5] Verfahrensregelungen für die Zusammenarbeit der federführenden Behörde mit anderen Aufsichtsbehörden enthielt der Kommissionsvorschlag nicht.

Demgegenüber sah der Standpunkt des Europäischen Parlaments ein alter- **6** natives Kohärenzverfahren mit einer federführenden Behörde als zentralen Ansprechpartner vor und regelte deren Zusammenwirken mit den anderen Aufsichtsbehörden sowie dem Europäischen Datenschutzausschuss.[6] Die vorliegende Endfassung des Art. 56 (und des Art. 60) geht hingegen im Wesentlichen auf den **Standpunkt des Rates** zurück, der zwar Vorschläge des Parlaments aufgreift, das Zusammenwirken zwischen federführender Be-

---

1 Klarstellend EuGH 1.10.2015 – C-230/14, ECLI:EU:C:2015:639 Rn. 56 ff.
2 Zu dieser Spaltung des maßgeblichen Rechts *Schneider* in: Wolff/Brink Datenschutzrecht Syst. B Rn. 148; *Dammann/Simitis* DS-RL Art. 28 Rn. 19; *Artikel-29-Datenschutzgruppe* Stellungnahme 8/2010 zum anwendbaren Recht (WP 179), S. 32.
3 *Schneider* in: Wolff/Brink Datenschutzrecht Syst. B Rn. 146; *Simitis* in: Simitis BDSG Einleitung Rn. 226.
4 *Artikel-29-Datenschutzgruppe* Stellungnahme 8/2010 zum anwendbaren Recht (WP 179), S. 3.
5 KOM(2012) 11 endg., 14.
6 S. Art. 54 a, 55 Abs. 1 S. 3 idF der Standpunktes des Europäischen Parlaments v. 12.3.2014, P7_TA(2014)0212.

hörde und anderen betroffenen Aufsichtsbehörden aber differenzierter regelt.

IV. Das Konzept des Aufsichtsverbunds im europäischen Datenschutzrecht

7 Zur Beschreibung der komplexen Verflechtungen zwischen den mitgliedstaatlichen Verwaltungen und der Unionsverwaltung beim Vollzug des Unionsrechts hat die (vornehmlich deutsche) Rechtswissenschaft den **Begriff des Europäischen Verwaltungsverbundes** geprägt.[7] Dabei handelt es sich um ein rein deskriptives Konzept ohne normativen Anspruch.

8 Die **Leitidee** eines kohärenten Vollzugs des Unionsrechts soll im Verwaltungsverbund durch die Verbindung divergenter Gestaltungsprinzipien verwirklicht werden. So sind etwa Vollzug und Verantwortung der einzelnen Verwaltungen im Grundsatz zwar getrennt, aber doch miteinander verflochten, ebenso lassen sich im Verwaltungsverbund hierarchische und kooperative Elemente nachweisen. Verfahrens- und organisationsrechtliche Regelungen konstituieren dabei einen Ermittlungs-, Informations-, Lern-, Entscheidungs- und Kontrollverbund aus mitgliedstaatlichen und unionalen Verwaltungen, der sich zudem in Form von europäischen Ämtern, Agenturen oder Ausschüssen organisatorisch ausdifferenziert, dabei aber auf die Herstellung der notwendigen Handlungseinheit abzielt.

9 Die Regelungen des Kapitels VI und vor allem VII der DSGVO begründen einen Verbund aus nationalen Datenaufsichtsbehörden, Europäischem Datenschutzausschuss sowie Europäischer Kommission, der in der DS-RL nur in Ansätzen vorgezeichnet war.[8] Der **Aufsichtsverbund** ist die organisatorisch-prozedurale Antwort auf die wachsende Bedeutung grenzüberschreitender Datenverarbeitungen, die vor allem durch das Internet bedingt ist.

10 In diesem Aufsichtsverbund soll der **kohärente Vollzug der DSGVO** bei grenzüberschreitenden Datenverarbeitungen insbesondere sichergestellt werden durch die hier näher zu erörternde Bestimmung einer federführenden Behörde als einheitlicher Ansprechpartner, die Zusammenarbeit zwischen federführender Behörde und anderen Aufsichtsbehörden (Art. 60), die Verpflichtung der Aufsichtsbehörden zu gegenseitigem Informationsaustausch und zur Amtshilfe (Art. 61), die Durchführung gemeinsamer Aufsichtsmaßnahmen (Art. 62) sowie insbesondere das Kohärenzverfahren unter Beteiligung der Kommission und des neu zu gründenden Europä-

---

7 Exemplarisch *Kahl* Die Verwaltung 29 (1996), 341 (360); *von Bogdandy,* Supranationaler Föderalismus, S. 11 ff.; *Schmidt-Aßmann* in: Schmidt-Aßmann/Schöndorf-Haubold Verwaltungsverbund, S. 1 ff.; *ders.* in: Hoffmann-Riem/Schmidt-Aßmann/Voßkuhle GVwR I § 5 Rn. 16 ff.; *Britz* EuR 2006, 46 ff.; *Ruffert* DÖV 2007, 761 ff.; *Sydow,* Verwaltungskooperation S. 122 ff.; *Weiß,* Der europäische Verwaltungsverbund, S. 47 ff.; *S. Augsberg* in: Terhechte Verwaltungsrecht der EU § 6 Rn. 50 ff. Zum Folgenden ausführlich *Peuker,* Bürokratie und Demokratie, S. 11 ff.
8 Mit Blick auf die starken Verbundentwicklungen in anderen Bereichen des europäischen Wirtschafts- bzw. Verwaltungsrecht zeigt sich *Schneider* in: Wolff/Brink Datenschutzrecht Syst. B Rn. 152 zurecht überrascht vom bislang geringen Ausbau von Aufsichtsverbundstrukturen im europäischen Datenschutzrecht; er verweist als einziges Verbundelement auf die beratende Artikel-29-Datenschutzgruppe. Bild einer „Kontrollpyramide" dagegen bei *Härting* BB 2012, 459 (460).

ischen Datenschutzausschusses (Art. 63; Art. 70).[9] Der organisatorisch-prozedurale Aufsichtsverbund flankiert somit den materiell-rechtlichen Harmonisierungsanspruch der DSGVO (→ Art. 23 Rn. 2) und trägt dazu bei, ein „forum shopping" der Verantwortlichen zu vermeiden und ein „level playing field" beim Datenschutz zu schaffen.[10]

B. Kommentierung

I. Ausschluss der Anwendbarkeit des Art. 56

Art. 56 gilt nicht, wenn die Datenverarbeitung entweder durch eine Behörde erfolgt oder von einer privaten Stelle in Erfüllung einer rechtlichen Verpflichtung (Art. 6 Abs. 1 lit. c), zur Wahrnehmung einer Aufgabe im öffentlichen Interesse (Art. 6 Abs. 1 lit. e Var. 1) oder in Ausübung öffentlicher Gewalt durchgeführt wird. Dann ist gem. Art. 55 Abs. 2 ausschließlich die Aufsichtsbehörde des betroffenen Mitgliedstaats zuständig.[11]   **11**

II. Bestimmung der federführenden Aufsichtsbehörde in Abs. 1

Abs. 1 bestimmt die Aufsichtsbehörde der **Hauptniederlassung oder** der **einzigen Niederlassung** des Verantwortlichen oder Auftragsverarbeiters als zuständige federführende Behörde für die vom Verantwortlichen oder Auftragsverarbeiter durchgeführte grenzüberschreitende Verarbeitung.   **12**

1. Begriff der Niederlassung

Mit Blick auf den **Begriff der Niederlassung** vertritt der EuGH eine flexible Konzeption, die Abstand nimmt von einer formalistischen Sichtweise, nach der ein Unternehmen ausschließlich an dem Ort niedergelassen sein kann, an dem es eingetragen ist. Das erlangt vor allem für solche Unternehmen Bedeutung, die zwar in Drittstaaten eingetragen sind, aber in einem Mitgliedstaat der Union über eine beständige Einrichtung verfügen und eine wirtschaftliche Tätigkeit effektiv ausüben, wobei der besondere Charakter dieser Tätigkeiten und der in Rede stehenden Dienstleistungen zu beachten ist. Dies gilt mit dem EuGH insbesondere für Unternehmen, die Leistungen   **13**

---

9 Bei der Kritik von *Caspar* ZD 2012, 555 am „schwerfälligen" Kohärenzverfahren als „bürokratisch-zentralistisches Verfahren mit der EU-Kommission als Oberaufsichtsbehörde" und am „redundanten Mechanismus der Konsultationen zwischen Aufsichtsbehörde, Europäischen Datenschutzausschuss und EU-Kommission" mit einem „schwer durchschaubare(n) Dickicht aus gegenseitigen Stellungnahmen, Mitteilungspflichten, Aussetzungsrechten und Vorlagefristen" (alle Zitate S. 556) tritt gerade die spezifische Funktionalität und Legitimität eines Verwaltungsverbunds zu stark in den Hintergrund, vgl. dazu ausführlich *Peuker*, Bürokratie und Demokratie, S. 228 ff. Die Kritik basiert auf einer inzwischen überholten Textfassung der DSGVO. Wenig überzeugende pauschale Kritik des Kohärenzgedankens aus kompetenzrechtlicher Sicht bei *Ronellenfitsch* DuD 2016, 357 ff. Positive Bewertung des Kapitels über die Zusammenarbeit der Aufsichtsbehörde dagegen bei dem Berichterstatter des Europäischen Parlaments *Albrecht* CR 2016, 88 (95 f.).
10 So *Albrecht* CR 2016, 88 (96); ähnlich *Schantz* NJW 2016, 1841 (1847); vgl. auch *Nguyen* ZD 2015, 265.
11 Vgl. auch Erwägungsgrund 128.

ausschließlich über das Internet anbieten.[12] Hier liegt die Federführung bei der Aufsichtsbehörde des Mitgliedstaats dieser einzigen Niederlassung.

2. Begriff der Hauptniederlassung

a) Legaldefinition

14 Der Begriff der **Hauptniederlassung** ist in Art. 4 Nr. 16 legaldefiniert und unterscheidet sich hinsichtlich des Verantwortlichen und des Auftragsverarbeiters (zum Ganzen → Art. 4 Rn. 190 ff.).

15 Im Falle eines Verantwortlichen mit Niederlassungen in mehr als einem Mitgliedstaat bezeichnet Hauptniederlassung gem. Art. 4 Nr. 16 lit. a den Ort seiner Hauptverwaltung in der Union, es sei denn, die Entscheidungen hinsichtlich der Zwecke und Mittel der Verarbeitung personenbezogener Daten werden in einer anderen Niederlassung des Verantwortlichen in der Union getroffen und diese Niederlassung ist befugt, diese Entscheidungen umsetzen zu lassen. Dann gilt die Niederlassung, die derartige Entscheidungen trifft, als Hauptniederlassung. In jedem Falle ist also auf den **Ort der Grundsatzentscheidungen über** die **Datenverarbeitung** abzustellen.

16 Zur Bestimmung der Hauptniederlassung sollen nach Erwägungsgrund 36 **objektive Kriterien** herangezogen werden, wozu insbesondere die effektive und tatsächliche Ausübung von Managementtätigkeiten durch eine feste Einrichtung gehört, in deren Rahmen die Grundsatzentscheidungen getroffen werden. Dabei soll nicht ausschlaggebend sein, ob die Datenverarbeitung tatsächlich an diesem Ort ausgeführt wird. Das Vorhandensein und die Verwendung technischer Mittel und Verfahren zur Datenverarbeitung können an sich noch keine Hauptniederlassung begründen und daher keine ausschlaggebenden Faktoren für das Bestehen einer Hauptniederlassung sein.

17 Wird die Datenverarbeitung durch eine **Unternehmensgruppe** vorgenommen, soll nach Erwägungsgrund 36 die Hauptniederlassung des herrschenden Unternehmens als Hauptniederlassung der Unternehmensgruppe gelten, sofern nicht die Zwecke und Mittel der Verarbeitung von einem anderen Unternehmen der Gruppe festgelegt werden. Das setzt allerdings voraus, dass die Unternehmensgruppe eine einzige juristische Person ist. Besteht die Unternehmensgruppe dagegen aus mehreren juristischen Personen, die zur Vermeidung eines datenschutzrechtlichen Konzernprivilegs gem. Art. 4 Nr. 7 als eigenständige Verantwortliche gelten, können mehrere Aufsichtsbehörden federführend zuständig sein.[13]

18 Im Falle eines **Auftragsverarbeiters** mit Niederlassungen in mehr als einem Mitgliedstaat meint Hauptniederlassung gem. Art. 4 Nr. 16 lit. b den Ort seiner Hauptverwaltung in der Union oder, sofern der Auftragsverarbeiter keine Hauptverwaltung in der Union hat, die Niederlassung des Auftragsverarbeiters in der Union, in der die Verarbeitungstätigkeiten im Rahmen der Tätigkeit einer Niederlassung eines Auftragsverarbeiters hauptsächlich

---

12 EuGH 1.10.2015 – C-230/14, ECLI:EU:C:2015:639 Rn. 29; dazu *Kartheuser/Schmitt* ZD 2016, 155 (157 ff.).
13 So *Nguyen* ZD 2015, 265 (267) mit Verweis auf *Monreal* ZD 2014, 611 (612).

stattfinden, soweit der Auftragsverarbeiter spezifischen Pflichten aus der DSGVO unterliegt (→ Art. 4 Rn. 199 ff.).

b) Kritik

Während das Kriterium der einzigen Niederlassung zur Begründung der Federführung ohne Weiteres einleuchtet, hat das Kriterium der Hauptniederlassung aus verschiedener Warte **Kritik** erfahren. — 19

Der Hinweis auf **anderslautende Begriffsdefinitionen** in anderen unionalen Rechtsakten und der diesbezüglichen Rechtsprechung des EuGH mag zutreffen,[14] steht aber einer datenschutzspezifischen Begriffsbestimmung in der DSGVO mitnichten entgegen. — 20

Schwerer scheint dagegen der Einwand zu wiegen, dass der Ort der Grundsatzentscheidungen für den Betroffenen **nicht klar erkennbar** sei[15] und die zuständige federführende Behörde im Einzelfall für den Betroffenen aufgrund sprachlicher und räumlicher Entfernung nur schwer erreichbar sein könne.[16] Dagegen ist aber daran zu erinnern, dass Abs. 6 die federführende Behörde nur für Verantwortliche und Auftragsverarbeiter als einzigen Ansprechpartner festlegt. Der Betroffene hat gem. Art. 77 Abs. 1 bei jeder Aufsichtsbehörde das Recht auf Beschwerde wegen eines möglichen Verstoßes gegen die DSGVO, insbesondere in dem Mitgliedstaat seines Aufenthaltsortes, seines Arbeitsplatzes oder des Ortes des mutmaßlichen Verstoßes.[17] Außerdem muss jede Aufsichtsbehörde gem. Art. 57 Abs. 1 lit. e auf Anfrage jedes Betroffenen Informationen über die Ausübung seiner Rechte aufgrund der DSGVO zur Verfügung stellen und ggf. zu diesem Zwecke mit Aufsichtsbehörden anderer Mitgliedstaaten zusammenarbeiten.[18] — 21

Nicht von der Hand zu weisen ist jedoch die Gefahr, dass der Verantwortliche durch die Verlegung des Ortes seiner Grundsatzentscheidungen die federführende Behörde bestimmt („**forum shopping**") und sich dabei von unterschiedlichen Vollzugsniveaus in den einzelnen Mitgliedstaaten, die auch — 22

---

14 *Traung* CRi 2012, 33 (39) verweist etwa auf Erwägungsgrund 13 sowie Art. 3 Abs. 1 der Verordnung (EG) Nr. 1346/2000 in der Auslegung durch EuGH 20.10.2011 – C-396/09, ECLI:EU:C:2011:671 Rn. 49, demzufolge der Mittelpunkt der hauptsächlichen Interessen nach objektiven und zugleich für Dritte feststellbaren Kriterien zu bestimmen ist, um die Rechtssicherheit und Vorhersehbarkeit bei der Bestimmung des für die Eröffnung eines Hauptinsolvenzverfahrens zuständigen Gerichts zu garantieren.

15 *Traung* CRi 2012, 33 (39).

16 *Nguyen* ZD 2015, 265 (266).

17 Vgl. auch Erwägungsgrund 124, demzufolge die Behörde, bei der Beschwerde eingelegt wurde, auch dann eine betroffene Aufsichtsbehörde sein soll, wenn die betroffene Person ohne Wohnsitz in dem betreffenden Mitgliedstaat Beschwerde eingelegt hat.

18 Vgl. auch schon den entsprechenden Präzisionsvorschlag der *Artikel-29-Datenschutzgruppe* Stellungnahme 1/2012 zu den Reformvorschlägen im Bereich des Datenschutzes (WP 191), S. 24.

nach der materiell-rechtlichen Harmonisierung fortbestehen könnten,[19] leiten lässt, so dass es zu einem „race to the bottom" und damit zu einer Absenkung des datenschutzrechtlichen Schutzniveaus in Europa kommen kann.[20]

c) Fehlende Niederlassung in der EU

23   Hat der Verantwortliche oder Auftragsverarbeiter überhaupt keine Niederlassung in der EU, ist der Anwendungsbereich der DSGVO nach Maßgabe des Marktortprinzips des Art. 3 Abs. 2 aber gleichwohl eröffnet, bleibt es bei der **allgemeinen Zuständigkeit** der jeweiligen Aufsichtsbehörden in ihrem Hoheitsgebiet. Da in solchen Fällen eine federführende Behörde nicht bestimmt werden kann und somit auch keine Zusammenarbeit nach Art. 60 zum Zwecke eines kohärenten Vollzugs der DSGVO stattfindet, besteht die Gefahr divergierender Entscheidungen der jeweiligen Aufsichtsbehörden.

3. Grenzüberschreitende Datenverarbeitung

24   Der Begriff der **grenzüberschreitenden Verarbeitung** bezeichnet gem. Art. 4 Nr. 23 entweder die Datenverarbeitung im Rahmen der Tätigkeiten von Niederlassungen des Verantwortlichen oder Auftragsverarbeiters in mehr als einem Mitgliedstaat (lit. a) oder die Datenverarbeitung im Rahmen einer einzelnen Niederlassung des Verantwortlichen oder Auftragsverarbeiters mit erheblichen Auswirkungen auf Betroffene in mehr als einem Mitgliedstaat (lit. b). Nach Erwägungsgrund 124 soll der Europäische Datenschutzausschuss Leitlinien zu den Kriterien ausgeben können, die bei der Feststellung zu berücksichtigen sind, ob die fragliche Verarbeitung erhebliche Auswirkungen auf betroffene Personen in mehr als einem Mitgliedstaat hat.

4. Zuständigkeitsabgrenzung

25   Die Federführung durch eine Aufsichtsbehörde lässt die nach Art. 55 begründete **Zuständigkeit der anderen Behörden** für die Erfüllung der ihnen mit der DSGVO übertragenen Aufgaben und die Ausübung entsprechender Befugnisse unberührt („Unbeschadet des Art. 55"). Insbesondere als betroffene Aufsichtsbehörden iSd Art. 4 Nr. 22 bleiben sie bei der Zusammenarbeit mit der federführenden Behörde nach Art. 60 weiterhin etwa zum Informationsaustausch verpflichtet, zur Stellungnahme berechtigt oder für den Erlass eines eine Beschwerde ablehnenden Beschlusses zuständig.

---

19   Das gegenseitige Vertrauen in die tatsächliche Einhaltung gemeinsamer Vollzugsstandards ist Grundlage und Maßstab der Legitimität im Aufsichtsverbund des europäischen Datenschutzrechts. Die Europäisierung der mitgliedstaatlichen Verwaltungs-/Vollzugskulturen leistet hierzu einen wesentlichen Beitrag. Sie ist freilich als ein Prozess aufzufassen, der in den einzelnen Mitgliedstaaten unterschiedlich schnell voranschreitet. Dazu *Peuker*, Bürokratie und Demokratie, S. 233 ff.
20   *Caspar* ZD 2012, 555 (556); *Hornung* ZD 2012, 99 (105); ähnlich *Traung* CRi 2012, 33 (39 f.); *Schneider* in: Wolff/Brink Datenschutzrecht Syst. B Rn. 148.1; eine solche Gefahr bestreitet *Kranig* ZD 2013, 550 (556) ausdrücklich.

5. Zuständigkeitswechsel

Die DSGVO enthält indes keine Regelung für den Fall, dass sich im Laufe   26
des Aufsichtsverfahrens herausstellt, dass eine andere Aufsichtsbehörde federführend zuständig ist („**Zuständigkeitswechsel**"). Der Vorschlag, dass
eine einmal begründete Federführung zur Vermeidung unnötiger Verzögerungen für den weiteren Verlauf des Verfahrens bestehen bleibt, sofern
nicht der Verantwortliche zu Beginn des Verfahrens auf die Federführung
einer anderen Behörde begründende Umstände hingewiesen hat,[21] liegt
zwar nahe, bedarf aus rechtsstaatlichen Gründen aber einer gesetzlichen
Verankerung.

III. Ausnahme für örtliche Fälle gem. Abs. 2

Von der nach Abs. 1 begründeten Zuständigkeit der federführenden Behör-   27
de sieht Abs. 2 eine Ausnahme für **örtliche Fälle**[22] vor, in denen der Gegenstand der spezifischen Verarbeitung nur mit der Niederlassung in einem
Mitgliedstaat zusammenhängt oder nur betroffene Personen in einem Mitgliedstaat erheblich beeinträchtigt. Dann ist abweichend von Abs. 1 die
Aufsichtsbehörde dieses einzelnen Mitgliedstaates dafür zuständig, sich mit
der bei ihr eingereichten Beschwerde oder einem etwaigen Verstoß gegen
die DSGVO zu befassen, auch wenn die Hauptniederlassung des Verantwortlichen in einem anderen Mitgliedstaat liegt. Als Beispiel nennt Erwägungsgrund 127 die Verarbeitung personenbezogener Daten von Arbeitnehmern im spezifischen Beschäftigungskontext eines Mitgliedstaats. In
Betracht kommen etwa auch Videoüberwachungen, deren Modalitäten
von den Zweigniederlassungen selbständig bestimmt werden.[23]

In solchen örtlichen Fällen muss die nach Abs. 2 zuständige Behörde die fe-   28
derführende Behörde unverzüglich informieren, um ihr die Ausübung des
Selbsteintrittsrechts zu ermöglichen. Hierzu treffen die Abs. 3–5 nähere
Verfahrensbestimmungen.

IV. Verfahrensregelungen für örtliche Fälle – Abs. 3-5

1. Pflicht der zuständigen Behörde zur unverzüglichen Information

Liegt ein örtlicher Fall vor (→ Rn. 27), muss die nach Abs. 2 zuständige   29
Behörde die federführende Behörde gem. Abs. 3 S. 1 zunächst unverzüglich
über die Angelegenheit unterrichten. Eine Höchstfrist für die **Unterrichtung** enthält die DSGVO nicht, sie dürfte aber deutlich unter der in Abs. 3
S. 2 für die Ausübung des Selbsteintritts der federführenden Behörde genannten Frist von drei Wochen liegen, zumal die Kommunikation zwischen
den Behörden auf elektronischem Wege unter Verwendung eines standardisierten Formats analog Art. 60 Abs. 12 erfolgt. Die Unterrichtung muss all
diejenigen Informationen umfassen, die die federführende Behörde zur Entscheidung über die Ausübung ihres Selbsteintrittsrechts nach Abs. 4 iVm
Art. 60 benötigt.

---

21 *Nguyen* ZD 2015, 265 (267).
22 Begriff in Erwägungsgrund 127.
23 Beispiel bei *Nguyen* ZD 2015, 265 (267).

2. Entscheidung über Ausübung des Selbsteintrittsrechts

30 Innerhalb von drei Wochen nach Unterrichtung durch die nach Abs. 2 zuständige Aufsichtsbehörde hat die federführende Behörde gem. Abs. 3 S. 2 zu entscheiden, ob sie sich mit dem Fall im Verfahren des Art. 60 befassen, mithin ihr **Selbsteintrittsrecht** ausüben möchte. Bei der Entscheidung berücksichtigt sie, ob der Verantwortliche oder der Auftragsverarbeiter in dem Mitgliedstaat, dessen Aufsichtsbehörde sie informiert hat, eine Niederlassung hat. In diesem Fall ist nämlich die besondere örtliche Nähe der Aufsichtsbehörde zum Verantwortlichen oder Auftragsverarbeiter gegeben und deshalb eine schnelle und unbürokratische Bearbeitung lokaler Fälle gleichsam „vor Ort" sowie eine wirksame Durchsetzung zu erwarten,[24] die einen Verzicht der federführenden Behörde auf ihr Selbsteintrittsrecht geboten erscheinen lässt.

3. Entscheidung für den Selbsteintritt – Abs. 4

31 Entscheidet sich die federführende Behörde für den Selbsteintritt, findet gem. Abs. 4 S. 1 das **Verfahren nach Art. 60** Anwendung (→ Art. 60 Rn. 13 ff.), wobei die unterrichtende Aufsichtsbehörde der federführenden Behörde gem. Abs. 4 S. 2 einen Beschlussentwurf vorlegen kann, dem die federführende Behörde bei der Ausarbeitung ihres Beschlussentwurfs nach Art. 60 Abs. 3 weitestgehend Rechnung zu tragen hat, während den Standpunkten anderer Aufsichtsbehörden im Verfahren nach Art. 60 nur gebührend Rechnung zu tragen ist (→ Art. 60 Rn. 23).

32 Die **Pflicht zur weitestgehenden Berücksichtigung** der Stellungnahme der unterrichtenden Aufsichtsbehörde liegt in deren Sach- und Ortsnähe begründet. Sie bürdet der federführenden Behörde zugleich hohe Rechtfertigungslasten auf, falls sie von der Stellungnahme der unterrichtenden Behörde abweichen möchte.

4. Entscheidung gegen den Selbsteintritt – Abs. 5

33 Entscheidet sich die federführende Behörde gegen den Selbsteintritt, bleibt es bei der **Zuständigkeit der unterrichtenden Behörde.** Diese hat sich gem. Abs. 5 weiter mit dem Fall zu befassen, wobei sie gem. Abs. 5 Hs. 2 die Übermittlung von Informationen und die Gewährung von Amtshilfe nach Art. 61 oder die Durchführung gemeinsamer Maßnahmen nach Art. 62 von den anderen Aufsichtsbehörden beanspruchen kann, was freilich keiner besonderen Erwähnung in Abs. 5 Hs. 2 bedurft hätte.

V. Federführende Aufsichtsbehörde als einziger Ansprechpartner – Abs. 6

34 Abs. 6 legt die federführende Behörde als einzigen Ansprechpartner des Verantwortlichen oder Auftragsverarbeiters für von diesen durchgeführte grenzüberschreitende Datenverarbeitungen fest. Das „Prinzip einer **zentralen Anlaufstelle für Datenschutz"** zur Gewährleistung einer einheitlichen Rechtsanwendung[25] ist keineswegs datenschutzspezifisch. So verwirklichte

---

24 So *Nguyen* ZD 2015, 265 (267); vgl. auch Erwägungsgrund 127.
25 Vgl. Begründung des Kommissionsvorschlags, KOM(2012) 11 endg., 14.

bereits die Dienstleistungsrichtlinie 2006/123/EG[26] das Konzept des One-Stop Governments mit dem einheitlichen Ansprechpartner, das in Deutschland durch die – nicht nur auf Dienstleistungen bezogenen – Regelungen über das Verfahren über eine einheitliche Stelle in §§ 71 a ff. VwVfG umgesetzt wurde.[27]

Für Verantwortliche oder Auftragsverarbeiter mit Niederlassungen in mehr   35
als einem Mitgliedstaat bedeutet die Einrichtung eines einzigen Ansprechpartners, der für alle Fragen der von ihnen durchgeführten grenzüberschreitenden Datenverarbeitungen zuständig ist, eine nicht unerhebliche Erleichterung. Diese **Entlastung von bürokratischem Mehraufwand** mag als „zentrales Zugpferd für die Akzeptanz des Gesetzgebungsvorhabens bei der europäischen Wirtschaft"[28] gedient haben. Mancher Verantwortlicher oder Auftragsverarbeiter dürfte mit der Regelung indes auch die Hoffnung verbinden, sich durch die Wahl seiner datenschutzrechtlichen Hauptniederlassung eine zuständige federführende Behörde mit niedrigem Vollzugsniveau aussuchen zu können (→ Rn. 22).[29] Die damit verbundene **Gefahr eines datenschutzrechtlichen „race to the bottom"** ist nicht von der Hand zu weisen. Ihr ist durch verschiedene Verbundelemente wie die Kooperation betroffener Behörden mit der federführenden Behörde, gemeinsame Maßnahmen oder Amtshilfe- und Kohärenzverfahren zu begegnen, die zugleich einen legitimitätsstiftenden Beitrag zur Europäisierung der mitgliedstaatlichen Vollzugskulturen leisten können.[30]

Für den **Betroffenen** sind mit der Einrichtung eines einzigen Ansprechpart-   36
ners weder Vor- noch Nachteile verbunden. Er ist nicht auf einen einzigen Ansprechpartner beschränkt, sondern kann gem. Art. 77 Abs. 1 bei jeder Aufsichtsbehörde Beschwerde einlegen, insbesondere im Mitgliedstaat seines Aufenthaltsortes, seines Arbeitsplatzes oder des Ortes des mutmaßlichen Verstoßes (→ Rn. 21). Damit sollte vermieden werden, dass sich der Betroffene womöglich an eine Aufsichtsbehörde in einem anderen Mitgliedstaat und in einer ihm fremden Sprache wenden muss.[31]

C. Verhältnis zu anderen Normen

I. Innerhalb der DSGVO

Die im Kapitel VI über die unabhängigen Aufsichtsbehörden geregelten   37
Zuständigkeitsbestimmungen des Art. 56 stehen in engem **systematischen Zusammenhang** mit Art. 60, der die Zusammenarbeit zwischen der feder-

---

26 Richtlinie 2006/123/EG über Dienstleistungen im Binnenmarkt, ABl. 2006 L 376/36.
27 Dazu *Schliesky* in: Knack/Henneke VwVfG Vor §§ 71 a–71 e Rn. 5 ff.; *Schmitz* in: Stelkens/Bonk/Sachs VwVfG § 71 a Rn. 3 ff.; umfassend aus jüngerer Zeit *Caralp*, One-Stop-Government, S. 27 ff.; jeweils mwN.
28 *Nguyen* ZD 2015, 265 (266); ähnlich *Dammann* ZD 2016, 307 (309). Die Kommission rechnet in ihrer Mitteilung KOM(2012) 9 endg., 9, aufgrund des entfallenden Verwaltungsaufwands für die Unternehmen mit Nettoeinsparungen in Höhe von 2,3 Mrd. EUR jährlich.
29 Kritisch daher *Hornung* ZD 2012, 99 (105); *Caspar* ZD 2012, 555 (556); positiv gewendet bei *Ashkar* DuD 2015, 796 (798).
30 Vgl. *Peuker* Bürokratie und Demokratie in Europa, S. 233 ff.
31 *Schantz* NJW 2016, 1841 (1847).

führenden Aufsichtsbehörde und den anderen betroffenen Aufsichtsbehörden im Einzelnen regelt, sowie den Bestimmungen der Art. 61 und 62 über gegenseitige Amtshilfe und gemeinsame Maßnahmen. Sie gelten indes nicht im Falle des Art. 55 Abs. 2.

II. Nationales Datenschutzrecht

38 Die DSGVO sieht die Möglichkeit vor, dass es in föderal strukturierten Mitgliedstaat mehr als eine Aufsichtsbehörde gibt (Art. 51 Abs. 3, Erwägungsgrund 119). Sie enthält indes keine Vorgaben für die innerstaatliche Zuständigkeitsverteilung, sondern nimmt den föderal strukturierten Mitgliedstaat in die Pflicht, durch eine entsprechende Zuständigkeitsregelung den effektiven Vollzug der DSGVO, insbesondere deren Vorschriften über das Zusammenarbeits- und Kohärenzverfahren sicherzustellen. Dementsprechend verhält sich der Regierungsentwurf des BDSG i.d.F. des Art. 1 DSAnpUG-EU (hier: BDSG-E) auch zur **Zuständigkeitsverteilung zwischen den Datenschutzaufsichtsbehörden des Bundes und der Länder.** Gem. § 19 Abs. 1 S. 1 BDSG-E sollte diejenige Behörde des Landes federführende Aufsichtsbehörde im Verfahren der Zusammenarbeit und Kohärenz sein, in dem der Verantwortliche oder Auftragsverarbeiter seine Hauptniederlassung oder seine einzige Niederlassung in der EU hat. Im Zuständigkeitsbereich des oder der Bundesbeauftragten soll gem. § 19 Abs. 1 S. 2 BDSG-E Art. 56 Abs. 1 iVm Art. 4 Nr. 16 DSGVO entsprechend gelten. § 19 Abs. 2 regelt den Fall, dass ein Betroffener eine Beschwerde bei einer anderen innerstaatlichen Behörde als der federführenden Behörde einreicht. Dann sollte die Beschwerdebehörde die Beschwerde an die innerstaatliche federführende Behörde – oder bei fehlender federführender Behörde an eine Behörde des Landes, in dem der Verantwortliche oder der Auftragsverarbeiter eine Niederlassung hat – abgeben, die wiederum als Aufsichtsbehörde nach Maßgabe der Vorschriften über das Verfahren der Zusammenarbeit und Kohärenz gilt, bei der die Beschwerde eingereicht worden ist, und die den Verpflichtungen nach Art. 60 Abs. 7-9 und Art. 65 Abs. 6 DSGVO nachkommt.

Artikel 57 Aufgaben

(1) Unbeschadet anderer in dieser Verordnung dargelegter Aufgaben muss jede Aufsichtsbehörde in ihrem Hoheitsgebiet

a) die Anwendung dieser Verordnung überwachen und durchsetzen;

b) die Öffentlichkeit für die Risiken, Vorschriften, Garantien und Rechte im Zusammenhang mit der Verarbeitung sensibilisieren und sie darüber aufklären. Besondere Beachtung finden dabei spezifische Maßnahmen für Kinder;

c) im Einklang mit dem Recht des Mitgliedsstaats das nationale Parlament, die Regierung und andere Einrichtungen und Gremien über legislative und administrative Maßnahmen zum Schutz der Rechte und Freiheiten natürlicher Personen in Bezug auf die Verarbeitung beraten;

d) die Verantwortlichen und die Auftragsverarbeiter für die ihnen aus dieser Verordnung entstehenden Pflichten sensibilisieren;

e) auf Anfrage jeder betroffenen Person Informationen über die Ausübung ihrer Rechte aufgrund dieser Verordnung zur Verfügung stellen und gegebenenfalls zu diesem Zweck mit den Aufsichtsbehörden in anderen Mitgliedstaaten zusammenarbeiten;

f) sich mit Beschwerden einer betroffenen Person oder Beschwerden einer Stelle, einer Organisation oder eines Verbandes gemäß Artikel 80 befassen, den Gegenstand der Beschwerde in angemessenem Umfang untersuchen und den Beschwerdeführer innerhalb einer angemessenen Frist über den Fortgang und das Ergebnis der Untersuchung unterrichten, insbesondere, wenn eine weitere Untersuchung oder Koordinierung mit einer anderen Aufsichtsbehörde notwendig ist;

g) mit anderen Aufsichtsbehörden zusammenarbeiten, auch durch Informationsaustausch, und ihnen Amtshilfe leisten, um die einheitliche Anwendung und Durchsetzung dieser Verordnung zu gewährleisten;

h) Untersuchungen über die Anwendung dieser Verordnung durchführen, auch auf der Grundlage von Informationen einer anderen Aufsichtsbehörde oder einer anderen Behörde;

i) maßgebliche Entwicklungen verfolgen, soweit sie sich auf den Schutz personenbezogener Daten auswirken, insbesondere die Entwicklung der Informations- und Kommunikationstechnologie und der Geschäftspraktiken;

j) Standardvertragsklauseln im Sinne des Artikels 28 Absatz 8 und des Artikels 46 Absatz 2 Buchstabe d festlegen;

k) eine Liste der Verarbeitungsarten erstellen und führen, für die gemäß Artikel 35 Absatz 4 eine Datenschutz-Folgenabschätzung durchzuführen ist;

l) Beratung in Bezug auf die in Artikel 36 Absatz 2 genannten Verarbeitungsvorgänge leisten;

m) die Ausarbeitung von Verhaltensregeln gemäß Artikel 40 Absatz 1 fördern und zu diesen Verhaltensregeln, die ausreichende Garantien im Sinne des Artikels 40 Absatz 5 bieten müssen, Stellungnahmen abgeben und sie billigen;

n) die Einführung von Datenschutzzertifizierungsmechanismen und von Datenschutzsiegeln und -prüfzeichen nach Artikel 42 Absatz 1 anregen und Zertifizierungskriterien nach Artikel 42 Absatz 5 billigen;

o) gegebenenfalls die nach Artikel 42 Absatz 7 erteilten Zertifizierungen regelmäßig überprüfen;

p) die Kriterien für die Akkreditierung einer Stelle für die Überwachung der Einhaltung der Verhaltensregeln gemäß Artikel 41 und einer Zertifizierungsstelle gemäß Artikel 43 abfassen und veröffentlichen;

q) die Akkreditierung einer Stelle für die Überwachung der Einhaltung der Verhaltensregeln gemäß Artikel 41 und einer Zertifizierungsstelle gemäß Artikel 43 vornehmen;

r) Vertragsklauseln und Bestimmungen im Sinne des Artikels 46 Absatz 3 genehmigen;

s) verbindliche interne Vorschriften gemäß Artikel 47 genehmigen;

t) Beiträge zur Tätigkeit des Ausschusses leisten;

u) interne Verzeichnisse über Verstöße gegen diese Verordnung und gemäß Artikel 58 Absatz 2 ergriffene Maßnahmen und

v) jede sonstige Aufgabe im Zusammenhang mit dem Schutz personenbezogener Daten erfüllen.

(2) Jede Aufsichtsbehörde erleichtert das Einreichen von in Absatz 1 Buchstabe f genannten Beschwerden durch Maßnahmen wie etwa die Bereitstellung eines Beschwerdeformulars, das auch elektronisch ausgefüllt werden kann, ohne dass andere Kommunikationsmittel ausgeschlossen werden.

(3) Die Erfüllung der Aufgaben jeder Aufsichtsbehörde ist für die betroffene Person und gegebenenfalls für den Datenschutzbeauftragten unentgeltlich.

(4) [1]Bei offenkundig unbegründeten oder – insbesondere im Fall von häufiger Wiederholung – exzessiven Anfragen kann die Aufsichtsbehörde eine angemessene Gebühr auf der Grundlage der Verwaltungskosten verlangen oder sich weigern, aufgrund der Anfrage tätig zu werden. [2]In diesem Fall trägt die Aufsichtsbehörde die Beweislast für den offenkundig unbegründeten oder exzessiven Charakter der Anfrage.

Verwandte Normen: ErwGr 122, 123, 132; § 38 BDSG 2003

Literatur:
Körffer, in: Paal/Pauly (Hrsg.), Datenschutz-Grundverordnung, 1. Auflage 2017, Art. 57; *Kühling/Martini*, Die Datenschutz-Grundverordnung: Revolution oder Evolution im europäischen und deutschen Datenschutzrecht?, EuZW 2016, 448; *Nguyen*, Die zukünftige Datenschutzaufsicht in Europa – Anregungen für den Trilog zu Kap. VI bis VII der DS-GVO, ZD 2015, 265; *Weichert*, Das Äußerungsrecht der Datenschutzaufsichtsbehörden (Teil 1), DuD 2015, 323.

A. Grundlagen

Art. 57 regelt in Abs. 1 die Aufgaben der Aufsichtsbehörde und in den Abs. 2–4 allgemeine Bedingungen der Aufgabenerfüllung. Die Detailfreude der Regelung ist im Datenschutzrecht auf Unionsebene ohne Vorbild. Auch deutsche Datenschutzgesetze kennen sie nicht.   **1**

Abs. 1 verpflichtet die Aufsichtsbehörden unmittelbar.[1] Jede von ihnen muss sämtliche genannten Aufgaben erfüllen – jedenfalls, soweit sie in ihrem möglicherweise sachlich beschränkten Zuständigkeitsbereich überhaupt in Frage kommen. Wie sie sie erfüllt und welche Prioritäten sie setzt, bleibt angesichts ihrer völligen Unabhängigkeit weitgehend ihr überlassen.[2]   **2**

Abs. 1 rechtfertigt es für sich genommen nicht, in Rechte privater Dritter oder in Kompetenzbereiche anderer Behörden einzugreifen. Hierzu berechtigen ausschließlich Befugnisnormen, wie sie in Art. 58 bestehen.[3]   **3**

Entgegen Art. 51 Abs. 1 letzter Hs. gehört die Gewährleistung des freien Datenverkehrs innerhalb der Union nicht zu den Aufgaben der Aufsichtsbehörden.[4] Soweit die Aufsichtsbehörden zu einem effektiven Grundrechtsschutz beitragen, führt das lediglich mittelbar dazu, dass ein – in den Grenzen des Datenschutzrechts – freier Datenverkehr überhaupt vertretbar erscheint.[5]   **4**

B. Kommentierung

I. Abs. 1 – Aufgaben

Abs. 1 nennt in lit. a–v unterschiedlichste Aufgaben, die die Aufsichtsbehörden zu erfüllen haben. Die Aufzählung ist indes nicht abschließend. Aus der gesamten DSGVO können sich Aufgaben für die Aufsichtsbehörde ergeben, auch wenn diese nicht in dem Katalog des Abs. 1 genannt sind.   **5**

1. Lit. a – Überwachung und Durchsetzung der Anwendung der DSGVO

Lit. a berücksichtigt, dass ein Datenschutzrecht auch auf höchstem Niveau wenig bringt, wenn es nicht durchgesetzt wird. Dass „der Datenschutz"   **6**

---

1 *Kühling/Martini* EuZW 2016, 448 (452); *Körffer* in: Paal/Pauly DSGVO Art. 57 Rn. 1.
2 *Petri* in: Simitis BDSG § 38 Rn. 36.
3 Zum abschließenden Charakter und möglichen Ausnahmen *Kühling/Martini* EuZW 2016, 448 (452).
4 AA wohl *Thomé*, S. 71, die lediglich einen Vorrang des Grundrechtsschutzes sieht, und *Laue/Nink/Kremer*, S. 274, die von Gleichrangigkeit ausgehen.
5 *Ziebarth* ZD 2014, 394 (395).

unter einer Überregulierung bei gleichzeitigem Vollzugsdefizit leidet,[6] ist schon lange bekannt.

7 Die recht allgemein gehaltene Norm der lit. a soll dem abhelfen. Sie meint mit „Überwachung" die Kontrolle der Verantwortlichen und der Auftragsverarbeiter. Durchsetzung ist hier nicht als Zwangsvollstreckung zu verstehen, sondern als Handeln, das geeignet ist, die Akteure zu datenschutzrechtmäßigem Verhalten zu bewegen.

8 Das Instrument der Beratung darf dabei nicht unterschätzt werden.[7] Defizite entstehen bei den Verantwortlichen und Auftragsverarbeitern idR nicht durch Böswilligkeit, sondern durch mangelndes Bewusstsein hinsichtlich der Risiken der Datenverarbeitung und der Möglichkeiten, ihnen entgegenzutreten.

9 Beratung sollte sich daher nicht in Hinweisen erschöpfen, was nicht erlaubt ist, sondern Wege aufzeigen, wie die – idR legitimen – Ziele der Akteure datenschutzgerecht erreicht werden können.[8] Die Möglichkeit, dass dadurch externe Datenschutzbeauftragte Wissen der Aufsichtsbehörde kostenlos erlangen und anschließend kommerziell verwerten,[9] sollte nicht nur hingenommen, sondern im Hinblick auf die so gewonnene Multiplikatorenfunktion als im Interesse des Grundrechtsschutzes liegend begrüßt werden.

10 Dass aus einer solchen Haltung der Aufsichtsbehörden heraus Sanktionen erst als letztes Mittel in Betracht gezogen werden, ist nicht zu kritisieren.[10]

11 Zur Überwachung gehört aber durchaus die Kontrolle. Diese kann auf Initiative der Aufsichtsbehörde erfolgen oder auf die Eingabe eines Petenten hin.

12 Zur Durchsetzung tragen sodann alle weiteren Schritte der Aufsichtsbehörde bei, insbesondere das Nutzen der Befugnisse nach Art. 58.

13 Abs. 1 spricht von „ihrem Hoheitsgebiet", also demjenigen, für das die Aufsichtsbehörde örtlich zuständig ist. Das ist immerhin zutreffender als die Formulierung „im Hoheitsgebiet ihres eigenen Mitgliedstaates" (→ Art. 55 Rn. 4). Freilich haben Aufsichtsbehörden, weil sie keine Staaten sind, kein Hoheitsgebiet. Gemeint ist also das Gebiet, für das die Aufsichtsbehörde örtlich zuständig ist. Allerdings ist auch nicht jede Aufsichtsbehörde gebietsweise zuständig. So erschöpft sich die Zuständigkeit der Rundfunkbeauftragten für den Datenschutz punktuell in der Kontrolle von Rundfunkanstalten, ohne dass ein geografischer Bezug gegeben wäre. Letztlich soll die Formulierung nur klarstellen, dass die Aufgaben der Aufsichtsbehörde jedenfalls nicht über das Hoheitsgebiet ihres Mitgliedstaats hinausreichen.

6 *Roßnagel* ZRP 1997, 26 ff.; *Sokol* MMR 9/1998, VIII; *Hornung* MMR 2004, 3 (5); *Kühling* EuZW 2014, 527; *Spiecker genannt Döhmann* KritV 2014, 28 (29, 34 ff.).
7 Ausführlich *Gola/Klug/Körffer* in: Gola/Schomerus BDSG § 38 Rn. 7–8; *von Lewinski* in: Auernhammer (Begr.) BDSG, 4. Aufl. 2014, § 38 Rn. 22; *Körffer* in: Paal/Pauly DSGVO Art. 57 Rn. 2.
8 AA *Nguyen* ZD 2015, 265 (269).
9 Davor warnt *Nguyen* ZD 2015, 265 (269).
10 AA *Lüdemann/Wenzel* RDV 2015, 285 (290 f.).

2. Lit. b – Sensibilisierung der Öffentlichkeit

„Wer nichts zu verbergen hat, hat auch nichts zu befürchten".[11] Dieser Irr   14
glaube ist in der Bevölkerung weit verbreitet.

Weniger verbreitet ist das Wissen um die Funktionsweisen, die Möglichkei   15
ten und eben Risiken der (automatisierten) Datenverarbeitung. Die Risiken
ergeben sich dabei nicht nur aus den technischen Möglichkeiten der Wissenserschließung, sondern auch aus den Folgen, die sich daraus ergeben
können, wenn staatliche, gesellschaftliche oder wirtschaftliche Macht unkontrolliert und asymmetrisch Wissen über Menschen erlangt.

Die Öffentlichkeit hierüber und über Vorschriften, Garantien und Rechte   16
des Einzelnen aufzuklären ist daher eine wichtige Aufgabe der Aufsichtsbehörden und durchaus auch ein wirksames Mittel zur Erhöhung des Datenschutzniveaus.[12]

Voraussetzung hierfür ist, dass sie selbst die notwendigen Kenntnisse hat.   17
Diese erlangt sie durch die Qualifikation und Erfahrung ihrer Mitglieder
und Bediensteten, über Eingaben von Betroffenen und Anfragen von Verantwortlichen im Einzelfall und über die Beobachtung[13] der Entwicklungen in Technik, Verwaltungspraxis und Geschäftsleben.

Als Mittel kommt der nach Art. 59 zu erstellende Tätigkeitsbericht in Be   18
tracht. Aber auch sonst kann die Aufsichtsbehörde Öffentlichkeitsarbeit
leisten.[14] Dazu kann sie sich verschiedener Kanäle bedienen, etwa eigener
gedruckter Publikationen, Beiträgen im Internet,[15] Beteiligung an wissenschaftlichen Diskursen oder Einschaltung von (Massen-) Medien. Fragen
allgemeiner Bedeutung können auch dann diskutiert werden, wenn der
konkrete Fall außerhalb der eigenen Zuständigkeit liegt.[16] Vorbildlich sind
eigene Weiterbildungsangebote für Behördenmitarbeiter oder auch für Bürger sowie Kooperationen mit Schulen[17] und Hochschulen.

„Besondere Beachtung finden dabei spezifische Maßnahmen für Kinder"   19
(Abs. 1 lit. b S. 2). Kinder sind einerseits besonders schutzwürdig, andererseits nicht notwendig in der Lage, informierte und freiwillige Einwilligungen zu erteilen. Die Altersgrenze muss dabei nicht im Hinblick auf beide
Fragen dieselbe sein.

Die Entwurfsfassungen der DSGVO sahen vor, Kinder als Personen unter   20
achtzehn Jahren zu definieren.[18] Hierauf wurde in der Endfassung verzichtet. Die Mitgliedstaaten haben daher einen gewissen Spielraum, wen sie als
„Kind" schützen. In Deutschland wird derzeit neben dem Alter auch auf

---

11 Vgl. das dort Franz-Josef Strauß zugeschriebene Zitat bei *Schellenberger* ZRP
    2014, 24 (25).
12 *Weichert* DuD 2015, 323.
13 S. dazu lit. i.
14 Kritisch v. *Lewinski*, Die Matrix des Datenschutzes, S. 75.
15 Beispiele bei *Körffer* in: Paal/Pauly DSGVO Art. 57 Rn. 3.
16 *Weichert* DuD 2015, 323 (324); OVG Schleswig-Holstein 28.2.2014 – 4 MB
    82/13; aA noch VG Schleswig, ZD 2014, 102 mit zust. Anm. *Abel*.
17 Lehrreich *Wagner/Schlögel* in: Hill/Martini/Wagner, Transparenz, Partizipation,
    Kollaboration – Die digitale Verwaltung neu denken, 2014, S. 211 ff.
18 So Art. 4 DSGVO in der Fassung des Kommissionsentwurfs 2012.

den Reifegrad und auf sein Verhältnis zur Schwierigkeit der Sache abgestellt.[19]

21　Dass die Sensibilisierung Aufgabe der Aufsichtsbehörden ist, sollte nicht darüber hinwegtäuschen, dass auch anderen diese Aufgabe zukommt. So sind Elternhaus und Schulen[20] berufen, Kindern ein Grundrüstzeug in Sachen Medienkompetenz mitzugeben. Auch vor dem Hintergrund der Personalknappheit in den Aufsichtsbehörden sollten Lehrer als Multiplikatoren gewonnen werden. Dies kann durch Fortbildungsangebote geschehen oder zB durch Abordnung zur Aufsichtsbehörde.

3. Lit. c – Beratung von Parlament, Regierung und anderen Einrichtungen und Gremien

22　Parlament und Regierung zu beraten ist unmittelbar unionsrechtlich geregelte Aufgabe der Aufsichtsbehörde. Welche anderen Einrichtungen und Gremien zu beraten sind, bestimmt sich nach mitgliedstaatlichem Recht. So bietet es sich an, dass der Rundfunkbeauftragte für den Datenschutz die maßgeblichen Gremien der jeweiligen Rundfunkanstalt berät.

23　Die in lit. c genannte Beratung ist politische Beratung. Sie zielt darauf ab, dass keine Gesetze oder administrative Maßnahmen erlassen werden, ohne dass „der Datenschutz" Berücksichtigung findet.

24　Lit. c meint nicht die Beratung zum Umgang mit personenbezogenen Daten als Verantwortlicher. Hierfür ist lit. d einschlägig.

4. Lit. d – Verantwortliche und Auftragsverarbeiter sensibilisieren

25　„[D]ie Verantwortlichen und die Auftragsverarbeiter für die ihnen aus dieser Verordnung entstehenden Pflichten [zu] sensibilisieren" (lit. d) ist eine der Kernaufgaben der Aufsichtsbehörden, die freilich eng verwandt ist mit der Sensibilisierung der Öffentlichkeit (lit. c).

26　Dabei kann es nicht nur darum gehen, abstrakt auf Pflichten hinzuweisen. Effektiv wird das Verhalten von Menschen nur verbessert, wenn diese dafür die nötige innere Überzeugung erlangen. Dazu dürfte beitragen, auf die Risiken rechtswidriger Verarbeitung für die Betroffenen hinzuweisen und als Alternative Vorschläge zu unterbreiten, wie das Ziel der Handelnden mittels rechtmäßiger oder gar ohne Verarbeitung personenbezogener Daten erreicht werden kann.

27　Die Aufsichtsbehörde mit ihrem Sachverstand und ihrer Erfahrung mit anderen Verfahren, Verantwortlichen und Auftragsverarbeitern kann oft konstruktive Vorschläge machen. Freilich kann sie es nicht leisten, etwa kostenlos die Rolle einer IT-Abteilung für sämtliche Verantwortliche oder Auftragsverarbeiter zu übernehmen.[21]

19　*Simitis* in: Simitis BDSG § 4a Rn. 20.
20　*Ziebarth* SchuR 2016, 9.
21　*Petri* in: Simitis BDSG § 38 Rn. 37.

5. Lit. e – Betroffene über Rechte informieren

Die Aufsichtsbehörde informiert Betroffene auf Antrag „über die Aus- 28
übung ihrer Rechte". Gemeint sein kann nur, sie über Optionen zu unterrichten.

Dass es sich bei dem Antragsteller tatsächlich um einen Betroffenen han- 29
delt (also der Verantwortliche Daten verarbeitet, die sich auf den Antragsteller beziehen → Vgl. Art. 4 Rn. 9), kann nicht Voraussetzung dafür sein,
dass die Aufsichtsbehörde ihn informiert.[22] Denn zB ein Auskunftsanspruch kann ja gerade darauf abzielen, festzustellen, ob personenbezogene
Daten des Antragstellers verarbeitet werden, ob er also Betroffener ist. Zu
informieren sind also alle natürlichen Personen ungeachtet ihrer Betroffe-
neneigenschaft. Allenfalls können diejenigen unberücksichtigt bleiben, aus
deren Vortrag sich bereits ergibt, dass sie keine Betroffenen sein können.

Trotz aller Harmonisierung können sich die Optionen zwischen den Mit- 30
gliedstaaten, aber auch innerhalb eines Mitgliedstaats je nach föderaler
und sektoraler Regelung deutlich unterscheiden. Da sich ein potenziell Betroffener auch im Ausland gegen dort ansässige Verarbeiter wenden kann,
ist die grenzüberschreitende Zusammenarbeit der Aufsichtsbehörden auch
im Hinblick auf die Beratung der (potenziell) Betroffenen wichtig.[23]

6. Lit. f – Beschwerden in angemessener Frist nachgehen

Zu den Aufgaben der Aufsichtsbehörden gehört es selbstverständlich auch 31
und insbesondere, sich mit Beschwerden zu befassen. Beschwerden sind
Eingaben, Petitionen von (vermeintlich) Betroffenen, die die Verarbeitung
beim Verantwortlichen hinterfragen. Der (vermeintlich) Betroffene kann
sich hierzu auch einer Einrichtung, Organisationen oder Vereinigung nach
Art. 80 bedienen.

Dabei ist der Gegenstand zu untersuchen. Gegenstand ist zunächst der vom 32
Beschwerdeführer vorgetragene Sachverhalt. Die Untersuchung kann zB
durch Anhörung des Verantwortlichen, durch Kontrolle vor Ort oder
durch Recherche hinsichtlich der technischen und sonstigen Rahmenbedingungen erfolgen. Hierfür sind die Befugnisnormen des Art. 58 Abs. 1
Grundlage.

Die Untersuchung ist darauf gerichtet, festzustellen, ob die Verarbeitung 33
und/oder der Umgang mit Betroffenenrechten rechtskonform erfolgt. Falls
nicht wird die Aufsichtsbehörde mit dem Verantwortlichen in einen Dialog
darüber zu treten haben, wie die Rechtmäßigkeit des Verfahrens herzustellen ist. Hierfür eignen sich die Befugnisse nach Art. 58 Abs. 2, die auch einseitige Festlegungen rechtfertigen.

Dies kann erfahrungsgemäß einige Zeit in Anspruch nehmen, umso mehr, 34
wenn bei international, föderal oder sektoral grenzüberschreitenden Sachverhalten die Koordination mehrerer Aufsichtsbehörden vonnöten ist. Der
Antragsteller ist über den Fortgang des Verfahrens auf dem Laufenden zu

---

22 Vgl. auch den insoweit unstimmigen Art. 15 Abs. 1 Hs. 1, nach dem – wörtlich verstanden – nur der Betroffene das Recht hätte zu erfahren, ob er Betroffener ist.
23 *Körffer* in: Paal/Pauly DSGVO Art. 57 Rn. 7.

halten und letztlich über das Ergebnis zu unterrichten.[24] Eine Höchstdauer der Bearbeitung ist indes zu Recht nicht geregelt.

7. Lit. g – Zusammenarbeit und Amtshilfe

35 Lit. g verlangt von den Aufsichtsbehörden zweierlei: Zusammenarbeit und Amtshilfe.

36 Als Beispiel für eine Form der Zusammenarbeit ist der Informationsaustausch genannt. Zusammenarbeit kann arbeitsteilige Spezialisierung zB hinsichtlich rechtlicher, technischer oder wirtschaftlicher Fragen ermöglichen, ohne dass die jeweiligen Zuständigkeiten deshalb aufgehoben wären.

37 Die Grenzen zwischen Zusammenarbeit und Amtshilfe dürften fließend sein. Fragt eine Aufsichtsbehörde etwa eine andere, ob ein Verantwortlicher tatsächlich seinen Sitz im Zuständigkeitsbereich letzterer Aufsichtsbehörde hat, kann in der Antwort sowohl Informationsaustausch, als auch Amtshilfe gesehen werden.

38 Dass Zusammenarbeit und Amtshilfe dazu dienen „die einheitliche Anwendung und Durchsetzung dieser Verordnung zu gewährleisten", ist lediglich eine (ggf. ermessensleitende) Klarstellung.

8. Lit. h – Untersuchungen

39 Unklar ist, welche Untersuchungen (lit. h) die Aufsichtsbehörde durchzuführen hat, die nicht bereits von der Pflicht zur Überwachung der Anwendung der DSGVO (lit. a) umfasst sind.[25]

9. Lit. i – Verfolgen von Entwicklungen

40 Die Aufsichtsbehörde muss auf der Höhe der Zeit sein. Sie muss wissen, welche Arten von Verarbeitungen gerade üblich sind. Sie muss verstehen, welche Gefahren davon ausgehen.

41 Dazu muss sie – jedenfalls in Bezug zur eigenen Zuständigkeit – die Entwicklungen auf dem Gebiet der Soft- und Hardware, der Netzwerkinfrastruktur, der technischen Methoden und Standards ebenso im Blick behalten wie die rechtlichen, wirtschaftlichen und politischen Entwicklungen im In- und Ausland.

10. Lit. j – Festlegen von Standardvertragsklauseln

42 Die Aufsichtsbehörden haben die Aufgabe, Standardvertragsklauseln festzulegen. Eine Verpflichtung hierzu besteht nicht. Allerdings haben die Aufsichtsbehörden zum Zwecke der Entwicklung solcher Klauseln am Kohärenzverfahren mitzuwirken.

a) Standardvertragsklauseln im Bereich Auftragsdatenverarbeitung

43 Nach Art. 28 Abs. 8 kann die Aufsichtsbehörde Standardvertragsklauseln festlegen, mit denen Auftragsdatenverarbeitung geregelt werden kann. Die Klauseln sind Allgemeine Geschäftsbedingungen für Auftragsdatenverar-

---

24 So schon bisher nach § 38 Abs. 6 BDSG: *Petri* in: Simitis BDSG § 38 Rn. 43.
25 *Körffer* in: Paal/Pauly DSGVO Art. 57 Rn. 10.

beitungen. Da sie von der Aufsichtsbehörde entwickelt werden, sollten sie nicht nur rechtmäßig sein, sondern darüber hinaus ein hohes Datenschutz-Niveau erreichen (→ Art. 28 Rn. 60).

Die Standardvertragsklauseln sind nicht verbindlich. Die Vertragsparteien **44** können sie ergänzen, ändern oder andere Vereinbarungen treffen.[26]

b) Standarddatenschutzklauseln im Bereich Drittstaatenübermittlung

Nach Art. 46 Abs. 2 lit. d kann die Aufsichtsbehörde Standarddatenschutz- **45** klauseln annehmen, die aber von der Kommission zu genehmigen sind. Diese dienen der Rechtfertigung von Übermittlungen in Drittstaaten oder an internationale Organisationen (→ Art. 46 Rn. 8 ff.). Sie sind nicht zu verwechseln mit den genehmigungspflichtigen Klauseln nach Art. 46 Abs. 3 (→ Art. 46 Rn. 13, → Rn. 57).

11. Lit. k – Liste der Verarbeitungsarten mit oder ohne Datenschutz-Folgenabschätzung

Nach Art. 35 Abs. 4 erstellt die Aufsichtsbehörde eine Liste von Verarbei- **46** tungsvorgängen, die gem. Art. 35 Abs. 1 der Folgenabschätzung unterliegen. Während sie hierzu verpflichtet ist, steht es in ihrem Ermessen, ob sie auch eine Negativliste nach Art. 35 Abs. 5 erstellt, also eine Liste von Verarbeitungen, für die keine Folgenabschätzungen erforderlich sind. Letzteres wäre besonders hilfreich, wo viele Verantwortliche ähnliche Verarbeitungen praktizieren. Anstatt sie alle ein ähnliches aufwändiges Verfahren durchlaufen zu lassen, könnte die Aufsichtsbehörde dies einmal durchführen und anschließend Schutz- und Verfahrenshinweise geben.

Die Listen werden veröffentlicht und zusätzlich dem Ausschuss[27] nach **47** Art. 68 zugeleitet.

12. Lit. l – Beratung nach Datenschutz-Folgenabschätzung

Der Verantwortliche ist gem. Art. 35 in den dort genannten Fällen ver- **48** pflichtet, eine Datenschutz-Folgenabschätzung durchzuführen.

Nach Art. 36 kann er zur Konsultation der Aufsichtsbehörde verpflichtet sein.

Zu den Aufgaben der Aufsichtsbehörde gehört es daher, die ihr mitgeteilte Datenschutz-Folgenabschätzung entgegenzunehmen, zu prüfen und gem. Art. 36 Abs. 2 den Verantwortlichen zu beraten, also insbesondere Vorschläge zur Einhegung des Risikos zu machen.

13. Lit. m – Verhaltensregeln

Die Aufsichtsbehörde fördert nach Art. 40 Abs. 1, 5 die Ausarbeitung von **49** Verhaltensregeln durch „Verbände und andere Vereinigungen, die Kategorien von Verantwortlichen oder Auftragsverarbeitern vertreten" (Art. 40 Abs. 1). Sie nehmen die Entwürfe entgegen, prüfen sie, geben Stellungnahmen insbesondere zu der Frage ab, ob sie mit der DSGVO vereinbar sind

---

26 S. Art. 28 Abs. 6 und die Kommentierung zu Art. 28.
27 Zu verstehen als Europäischer Datenschutzausschuss, → Rn. 59.

und genehmigen sie in diesem Fall; dasselbe gilt im Falle der Änderung oder Erweiterung dieser Verhaltensregeln (→ Art. 40 Rn. 29).

14. Lit. n und o – Zertifizierungen

50 Art. 42 Abs. 1 verpflichtet ua die Aufsichtsbehörden, „die Einführung von datenschutzspezifischen Zertifizierungsverfahren sowie von Datenschutzsiegeln und -prüfzeichen, die dazu dienen, nachzuweisen, dass diese Verordnung bei Verarbeitungsvorgängen von Verantwortlichen oder Auftragsverarbeitern eingehalten wird", zu fördern.

51 Hieran knüpft Art. 57 Abs. 1 lit. n an, spricht aber statt von „datenschutzspezifischen Zertifizierungsverfahren" von „Datenschutzzertifizierungsmechanismen". Dieser terminologische Bruch macht das Verständnis des Normgeflechts nicht einfacher.

52 Die Aufsichtsbehörde soll auch Kriterien, nach denen der zu zertifizierende Vorgang geprüft werden soll, „billigen" (so auch Art. 58 Abs. 3 lit. f) bzw. „genehmigen" (Art. 42 Abs. 5).

53 Die erteilten Zertifizierungen sind regelmäßig zu überprüfen, woraufhin eine Verlängerung oder ein Widerruf folgen kann, Art. 42 Abs. 7.

Für Einzelheiten wird auf die Kommentierung zu → Art. 42 Rn. 1 ff. verwiesen.

15. Lit. p und q – Akkreditierung

54 Verhaltensregeln nach Art. 41 und Zertifizierungen nach Art. 42 können jeweils durch andere Stellen als Aufsichtsbehörden aufgestellt bzw. erteilt werden. Diese Stellen benötigen hierzu eine Akkreditierung. Welche Voraussetzungen sie dazu erfüllen müssen, entscheidet die Aufsichtsbehörde, die die entsprechenden Kriterien aufstellt und veröffentlicht.

55 Die Aufsichtsbehörden haben die Aufgabe, die genannten Akkreditierungen auf Grundlage der von ihnen aufgestellten Kriterien selbst vorzunehmen (lit. q).

16. Lit. r – Genehmigung von Vertragsklauseln iSd Art. 46 Abs. 3

56 Übermittlungen in Drittstaaten oder an internationale Organisationen können auf Grundlage von privat- oder öffentlich-rechtlichen Vereinbarungen gerechtfertigt werden, wenn die in Art. 46 Abs. 3 bezeichneten Voraussetzungen vorliegen und die Aufsichtsbehörde diese Klauseln genehmigt hat.

Dies zu tun gehört demgemäß zu den Aufgaben der Aufsichtsbehörde.

57 Die hier besprochenen Klauseln sind nicht zu verwechseln mit jenen nach Art. 46 Abs. 2 lit. d (→ Rn. 42).

17. Lit. s – Genehmigung verbindlicher interner Vorschriften gem. Art. 47

58 Aufgabe der Aufsichtsbehörde ist auch die Genehmigung verbindlicher interner Vorschriften gem. Art. 47. Auf die Kommentierung zu → Art. 47 Rn. 1 ff. wird verwiesen.

18. Lit. t – Leisten von Beiträgen zur Tätigkeit des Ausschusses

Der Begriff „Ausschuss" wird an vielen Stellen der DSGVO verwendet, be- 59
vor er endlich[28] in Art. 68 definiert wird als der Europäische Datenschutzausschuss. Dieser wäre überflüssig, wenn es nicht zu den Aufgaben der
Aufsichtsbehörden gehören würde, sich hier einzubringen (Art. 68 ff.).

**19. Lit. u – Führen interner Verzeichnisse über Verstöße und
Abhilfemaßnahmen**

Die internen Verzeichnisse nach lit. u sollen die Verstöße und die getroffe- 60
nen Abhilfemaßnahmen nennen. Da diese ohnehin hinsichtlich Anfragen,
Eingaben und Kontrollen aktenkundig sind, stellt sich die Frage, welchem
Zweck die Verzeichnisse dienen sollen.

Zum einen kann mit ihrer Hilfe die Erstellung des Tätigkeitsberichts 61
(Art. 59) vorbereitet werden.

Zum anderen kann sie Grundlage gleichförmiger und damit diskriminie- 62
rungsfreier Ausübung von Befugnissen sein. Nicht ausgeschlossen ist, dass
sie auch Sanktionen darstellt (Bußgelder, Strafen). Dass Ross und Reiter in
dieser Liste genannt werden, ist für diese Zwecke insoweit zu rechtfertigen,
als zB unterschiedliche wirtschaftliche Verhältnisse eine Differenzierung
hinsichtlich der Maßnahmen zulassen. Auch sind beharrliche Wiederho-
lungstäter sicher anders zu behandeln als fahrlässige Ersttäter.

Mit lit. u ist unionsrechtlich mit unmittelbarer Wirkung festgelegt, dass es 63
sich um eine interne Liste handelt. Diese ist also nicht zu veröffentlichen
und unterliegt nicht der Informationsfreiheitsgesetzgebung.

20. Lit. v – Sonstige Aufgaben

Angesichts der Detailfreude des Art. 57 Abs. 1 lit. a–u überrascht es, dass 64
zusätzlich zu diesen vielen Aufgaben noch eine „Aufgaben-Generalklausel"
vonnöten sein soll.

Lit. v. erweitert den Katalog der Aufgaben ins Konturenlose, indem sämtli- 65
che andere Aufgaben zu den nach Abs. 1 verpflichtend wahrzunehmenden
Aufgaben erklärt werden. Er wird einschränkend dahin zu interpretieren
sein, dass dies nur innerhalb des mehrfach beschränkten Anwendungsbereichs der DSGVO gelten kann (Art. 2, 3 DSGVO).

Ein Beispiel für weitere Aufgaben ist (wenn entsprechende mitgliedstaatli- 66
che Regelungen bestehen) die Vorabgenehmigung von Datenverarbeitungen im öffentlichen Interesse iSd Art. 36 Abs. 5, für die nach Art. 58 Abs. 3
lit. c eine Befugnis besteht.

II. Abs. 2 – Erleichterung von Eingaben

Die Bereitstellung von Beschwerdeformularen kann Bürgern helfen, eine 67
Beschwerde (Abs. 1 lit. f) einzureichen. Warum nicht auch Anträge (Abs. 1
lit. e) oder andere Gelegenheiten der Kommunikation erfasst sind, ist nicht
ersichtlich. Letztlich ist Abs. 2 aber nicht abschließend zu verstehen: selbst-

---

28 Seinem Wortlaut nach allerdings, wohl versehentlich, nur mit Wirkung „im Folgenden".

verständlich kann die Aufsichtsbehörde auch anderweitig Formulare o.ä. anbieten.

68 Bietet sie elektronisch ausfüllbare Formulare an, sollte sie die Vertraulichkeit auf dem Transportweg (zB: Internet) sicherstellen oder über das Fehlen von Vertraulichkeit wenigstens informieren. Die Aufsichtsbehörde ist hier Verantwortlicher.

III. Abs. 3 – Kostenfreiheit

69 Die Tätigkeit der Aufsichtsbehörde ist für den Betroffenen im Grundsatz (zu Ausnahmen → Rn. 74 ff.) kostenlos. Gemeint sein muss wiederum der vermeintliche Betroffene: wendet sich jemand an die Aufsichtsbehörde und es stellt sich heraus, dass er nicht Betroffener der bezeichneten Datenverarbeitung ist, so sollte ihm alleine deshalb keine Gebühr auferlegt werden.

Unklar bleibt, was es mit der Kostenfreiheit des Datenschutzbeauftragten auf sich hat.

70 Diese könnte so verstanden werden, dass der Schuldner des Entgelts nicht der Datenschutzbeauftragte ist, sondern der Verantwortliche oder Auftragsverarbeiter.

71 Oder es wird überhaupt kein Entgelt fällig, wenn ein Datenschutzbeauftragter involviert ist. Dies könnte ein Anreiz zur Bestellung von Datenschutzbeauftragten sein, wo die Bestellung nicht verpflichtend ist. Dies wäre aber ambivalent. Die möglichst flächendeckende Bestellung von Datenschutzbeauftragten ist zu begrüßen. Eine Entgeltpflicht für Verantwortliche und Auftragsverarbeiter ohne Datenschutzbeauftragte würde aber im Zweifel besonders kleine Unternehmen treffen, die sich keinen Datenschutzbeauftragten leisten können. Diese mit einer Abschreckungsgebühr davon abzuhalten, Beratung bei der Aufsichtsbehörde zu suchen, wäre kontraproduktiv.

72 Aufsichtsbehörden sollten daher zumindest in der Regel auf Entgelte gegenüber Verantwortlichen oder Auftragsverarbeitern verzichten. Anderes mag gegenüber Zertifizierungsstellen oder für Zertifizierungs- und Akkreditierungsleistungen gelten.

IV. Abs. 4 – Missbrauchsgebühr und Tätigkeitsverweigerung

73 „Der Datenschutz" stellt Möglichkeiten bereit, das Handeln Anderer ohne eigenes Risiko einer Prüfung und diese Anderen damit der Gefahr von Nachteilen auszusetzen. Wie zB auch Verfassungsbeschwerden[29] zieht er in gewissem Umfang Personen an, die ihre Rechte missbräuchlich ausüben. Dies erzeugt in der Praxis nicht nur einen erheblichen Verwaltungsaufwand. Vielmehr läuft „der Datenschutz" Gefahr, durch derlei Sinnlosigkeiten an Akzeptanz zu verlieren.

74 Dem abzuhelfen dient die Missbrauchsgebühr. Diese kann auferlegt werden, wenn die Eingabe hinsichtlich ihrer qualitativ oder quantitativ völlig

---

29 Vgl. § 34 Abs. 2 BVerfGG; dazu BVerfG 19.8.1996 – 2 BvR 1455/96, BeckRS 1996, 12513.

unzureichenden Begründung, ihres Umfangs oder der Häufigkeit von Eingaben derselben Person missbräuchlich erscheint.

Wer etwa der sog. Reichsbürgerbewegung angehört, der verliert nicht alleine deshalb seine Rechte. Wer allerdings seine Rechte geltend macht und dabei szenetypische „Argumente" zur Begründung vorträgt, der betreibt offensichtlich Rechtsmissbrauch.

Anstatt eine Missbrauchsgebühr zu erheben, kann schon das Tätigwerden   75
verweigert werden. Das ist häufig die einzig praktikable Maßnahme, da die hier interessierenden Exzesse nicht selten mit einem Mangel an Vollstreckbarkeit von Gebühren einhergehen und/oder der Gebührenbescheid seinerseits angegriffen wird.

Die Verweigerung der Tätigkeit muss darin bestehen dürfen, die Eingabe schlicht zu ignorieren. Wenig hilfreich wäre es dagegen, die Tätigkeitsverweigerung per Bescheid ergehen zu lassen und zu begründen. Dies wäre mindestens ähnlich aufwändig wie die unterlassene Tätigkeit, genauso streitanfällig und wegen des Vorwurfs des Missbrauchs sogar mit der Gefahr weiterer Eskalation behaftet.

Für Verantwortliche besteht eine parallele Regelung in Art. 12 Abs. 5 S. 2   76
DSGVO → Art. 12 Rn. 26 f.

Wer eine querulatorische Anfrage oder Aufforderung ignorieren will, sollte jedenfalls sicher sein, dass er den Betroffenen wirklich nicht in seinen Rechten verletzt.[30]

In systematischer Hinsicht hätte die Regelung des Abs. 4 in Art. 58 erfol-   77
gen sollen. Schließlich handelt es sich um eine Befugnis, die in Rechte der Betroffenen eingreifen kann.

C. Geplante Umsetzung

Art. 57 findet sein Pendant in § 14 BDSG-E. Die Regelungstechnik ist er-   78
staunlich. So werden die in § 14 BDSG-E genannten Aufgaben „unbeschadet" derer der DSGVO normiert. Die Aufgaben nach Art. 57 und anderen Normen der DSGVO gelten also (selbstverständlich, weil unionsweit unmittelbar geltend) weiter. Anschließend werden dieselben Aufgaben wiederholend aufgezählt und sowohl für den Geltungsbereich der DSGVO, als auch für Sachverhalte außerhalb dieses Geltungsbereichs angeordnet. Die Aufgaben nach der DSGVO scheinen nun also doppelt zu gelten.

Einfacher wäre es gewesen, hinsichtlich der Sachverhalte, die nicht vom Geltungsbereich der DSGVO umfasst sind, dennoch auf diese zu verweisen.

---

30 Vgl. zu querulatorischen Eingaben *Bergmann/Möhrle/Herb*, Datenschutzrecht, 45. EL, BDSG § 6 Rn. 70 a, § 19 Rn. 11, § 34 Rn. 32 und § 41 Rn. 63.

Artikel 58 Befugnisse

(1) Jede Aufsichtsbehörde verfügt über sämtliche folgenden Untersuchungsbefugnisse, die es ihr gestatten,

a) den Verantwortlichen, den Auftragsverarbeiter und gegebenenfalls den Vertreter des Verantwortlichen oder des Auftragsverarbeiters anzuweisen, alle Informationen bereitzustellen, die für die Erfüllung ihrer Aufgaben erforderlich sind,

b) Untersuchungen in Form von Datenschutzüberprüfungen durchzuführen,

c) eine Überprüfung der nach Artikel 42 Absatz 7 erteilten Zertifizierungen durchzuführen,

d) den Verantwortlichen oder den Auftragsverarbeiter auf einen vermeintlichen Verstoß gegen diese Verordnung hinzuweisen,

e) von dem Verantwortlichen und dem Auftragsverarbeiter Zugang zu allen personenbezogenen Daten und Informationen, die zur Erfüllung ihrer Aufgaben notwendig sind, zu erhalten,

f) gemäß dem Verfahrensrecht der Union oder dem Verfahrensrecht des Mitgliedstaats Zugang zu den Geschäftsräumen, einschließlich aller Datenverarbeitungsanlagen und -geräte, des Verantwortlichen und des Auftragsverarbeiters zu erhalten.

(2) Jede Aufsichtsbehörde verfügt über sämtliche folgenden Abhilfebefugnisse, die es ihr gestatten,

a) einen Verantwortlichen oder einen Auftragsverarbeiter zu warnen, dass beabsichtigte Verarbeitungsvorgänge voraussichtlich gegen diese Verordnung verstoßen,

b) einen Verantwortlichen oder einen Auftragsverarbeiter zu verwarnen, wenn er mit Verarbeitungsvorgängen gegen diese Verordnung verstoßen hat,

c) den Verantwortlichen oder den Auftragsverarbeiter anzuweisen, den Anträgen der betroffenen Person auf Ausübung der ihr nach dieser Verordnung zustehenden Rechte zu entsprechen,

d) den Verantwortlichen oder den Auftragsverarbeiter anzuweisen, Verarbeitungsvorgänge gegebenenfalls auf bestimmte Weise und innerhalb eines bestimmten Zeitraums in Einklang mit dieser Verordnung zu bringen,

e) den Verantwortlichen anzuweisen, die von einer Verletzung des Schutzes personenbezogener Daten betroffenen Person entsprechend zu benachrichtigen,

f) eine vorübergehende oder endgültige Beschränkung der Verarbeitung, einschließlich eines Verbots, zu verhängen,

g) die Berichtigung oder Löschung von personenbezogenen Daten oder die Einschränkung der Verarbeitung gemäß den Artikeln 16, 17 und 18 und die Unterrichtung der Empfänger, an die diese personenbezogenen Daten gemäß Artikel 17 Absatz 2 und Artikel 19 offengelegt wurden, über solche Maßnahmen anzuordnen,

h) eine Zertifizierung zu widerrufen oder die Zertifizierungsstelle anzuweisen, eine gemäß den Artikel 42 und 43 erteilte Zertifizierung zu widerrufen, oder die Zertifizierungsstelle anzuweisen, keine Zertifizierung zu erteilen, wenn die Voraussetzungen für die Zertifizierung nicht oder nicht mehr erfüllt werden,

i) eine Geldbuße gemäß Artikel 83 zu verhängen, zusätzlich zu oder anstelle von in diesem Absatz genannten Maßnahmen, je nach den Umständen des Einzelfalls,

j) die Aussetzung der Übermittlung von Daten an einen Empfänger in einem Drittland oder an eine internationale Organisation anzuordnen.

(3) Jede Aufsichtsbehörde verfügt über sämtliche folgenden Genehmigungsbefugnisse und beratenden Befugnisse, die es ihr gestatten,

a) gemäß dem Verfahren der vorherigen Konsultation nach Artikel 36 den Verantwortlichen zu beraten,

b) zu allen Fragen, die im Zusammenhang mit dem Schutz personenbezogener Daten stehen, von sich aus oder auf Anfrage Stellungnahmen an das nationale Parlament, die Regierung des Mitgliedstaats oder im Einklang mit dem Recht des Mitgliedstaats an sonstige Einrichtungen und Stellen sowie an die Öffentlichkeit zu richten,

c) die Verarbeitung gemäß Artikel 36 Absatz 5 zu genehmigen, falls im Recht des Mitgliedstaats eine derartige vorherige Genehmigung verlangt wird,

d) eine Stellungnahme abzugeben und Entwürfe von Verhaltensregeln gemäß Artikel 40 Absatz 5 zu billigen,

e) Zertifizierungsstellen gemäß Artikel 43 zu akkreditieren,

f) im Einklang mit Artikel 42 Absatz 5 Zertifizierungen zu erteilen und Kriterien für die Zertifizierung zu billigen,

g) Standarddatenschutzklauseln nach Artikel 28 Absatz 8 und Artikel 46 Absatz 2 Buchstabe d festzulegen,

h) Vertragsklauseln gemäß Artikel 46 Absatz 3 Buchstabe a zu genehmigen,

i) Verwaltungsvereinbarungen gemäß Artikel 46 Absatz 3 Buchstabe b zu genehmigen

j) verbindliche interne Vorschriften gemäß Artikel 47 zu genehmigen.

(4) Die Ausübung der der Aufsichtsbehörde gemäß diesem Artikel übertragenen Befugnisse erfolgt vorbehaltlich geeigneter Garantien einschließlich wirksamer gerichtlicher Rechtsbehelfe und ordnungsgemäßer Verfahren gemäß dem Unionsrecht und dem Recht des Mitgliedstaats im Einklang mit der Charta.

(5) Jeder Mitgliedstaat sieht durch Rechtsvorschriften vor, dass seine Aufsichtsbehörde befugt ist, Verstöße gegen diese Verordnung den Justizbehörden zur Kenntnis zu bringen und gegebenenfalls die Einleitung eines gerichtlichen Verfahrens zu betreiben oder sich sonst daran zu beteiligen, um die Bestimmungen dieser Verordnung durchzusetzen.

(6) [1]Jeder Mitgliedstaat kann durch Rechtsvorschriften vorsehen, dass seine Aufsichtsbehörde neben den in den Absätzen 1, 2 und 3 aufgeführten Befugnissen über zusätzliche Befugnisse verfügt. [2]Die Ausübung dieser Befugnisse darf nicht die effektive Durchführung des Kapitels VII beeinträchtigen.

Verwandte Normen: ErwGr 129; § 38 BDSG 2003

Literatur:

Albrecht/Jotzo, Das neue Datenschutzrecht der EU: Grundlagen - Gesetzgebungsverfahren – Synopse, 2016; *Born*, Die Datenschutzaufsicht und ihre Verwaltungstätigkeit im nicht-öffentlichen Bereich, 2014; *Dieterich*, Rechtsdurchsetzungsmöglichkeiten der DS-GVO – Einheitlicher Rechtsrahmen führt nicht zwangsläufig zu einheitlicher Rechtsanwendung, ZD 2016, 260; *Körffer*, in: Paal/Pauly (Hrsg.), Datenschutz-Grundverordnung, 1. Auflage 2017, Art. 58; *Kühling/Martini*, Die Datenschutz-Grundverordnung: Revolution oder Evolution im europäischen und deutschen Datenschutzrecht?, EuZW 2016, 448; *Laue/Nink/Kremer*, Das neue Datenschutzrecht in der betrieblichen Praxis, 2016; *Ronellenfitsch*, Industrie 4.0 aus Sicht der Datenschutzbehörden, InTeR Sonderbeilage 1/2015 zu Heft 3, 13; *Ronellenfitsch*, Rechtsgutachten zur Neugestaltung der Datenschutzkontrolle und zur Verfassungsmäßigkeit einer Zusammenlegung des privaten und öffentlichen Bereichs der Datenschutzkontrolle in Hessen unter Zugrundelegung des Gesetzentwurfs der Fraktion der SPD für ein Gesetz zur Neuordnung des Datenschutzes und Wahrung der Unabhängigkeit des Datenschutzbeauftragten in Hessen – Drucks. 18/375, 2010, https://www.datenschutz.hessen.de/download.php?download_ID=218; *Roßnagel*, Unabhängigkeit der Datenschutzaufsicht – Zweites Gesetz zur Änderung des BDSG, ZD 2015, 106; *Stentzel*, Der datenschutzrechtliche Präventionsstaat, PinG 2016, 45; *Voßhoff/Hermerschmidt*, Endlich! – Was bringt uns die Datenschutz-Grundverordnung?, PinG 2016, 56; *Ziebarth*, Demokratische Legitimation und Unabhängigkeit der deutschen Datenschutzbehörden: warum das durch die Rechtsprechung des EuGH (Rs. C-518/07, CR 2010, 339 und Rs. C-614/10) Erreichte durch den Entwurf für eine Datenschutz-Grundverordnung gefährdet wird, CR 2013, 60.

A. Grundlagen

Nachdem in Art. 57 die Aufgaben der Aufsichtsbehörden beschrieben sind, legt Art. 58 die Befugnisse fest, mit denen diese Aufgaben erledigt werden können. Die Befugnis zu handeln lässt sich nicht alleine aus der Aufgabe ableiten, soweit in Rechte Dritter[1] (oder, im öffentlichen Bereich, in Kompetenzen anderer Behörden) eingegriffen wird. **1**

Aufgegeben wird hinsichtlich der Befugnisse die Trennung zwischen den Datenschutzbeauftragten des Bundes und der Länder (öffentlicher Bereich)[2] und den Aufsichtsbehörden im bisherigen Sinne (nichtöffentlicher Bereich).[3] Auch wenn für diese Bereiche unterschiedliche Aufsichtsbehörden zuständig sein können, so stehen beiden doch dieselben materiellen Befugnisse zu. Lediglich die Rechtsnatur mag sich unterscheiden, indem gegenüber Privaten oder Selbstverwaltungsträgern per Verwaltungsakt gehandelt wird, gegenüber staatlicher Verwaltung dagegen als besondere Rechtsaufsicht.[4] **2**

Art. 58 geht dabei hinsichtlich des Detailgrades deutlich über die Regelungen seiner Vorgängernorm, Art. 28 Datenschutz-RL, hinaus. Jener gab nur einen groben Rahmen vor, der durch nationale Regelungen ausgefüllt werden musste. Dadurch wurden Befugnisse in den einzelnen Mitgliedstaaten unterschiedlich und teilweise stiefmütterlich geregelt. So wurde etwa beklagt, dass der BfDI zu wenige Einwirkungsbefugnisse in seiner Rolle als Aufsichtsbehörde über Unternehmen der Post- und Telekommunikations- **3**

---

1 *Knemeyer* NVwZ 1993, 437 (438).
2 Bisher zB §§ 22–26 BDSG.
3 Bisher zB § 38 BDSG.
4 Zum Erlass von Verwaltungsakten und zum Vollzug gegen Behörden vgl. *Troidl* in: Engelhardt/App/Schlatmann VwVG VwZG, 10. Aufl. 2014, § 17 VwVG, Rn. 1.

branche habe.[5] Insofern ist aus Datenschutzsicht eine Verbesserung gegenüber der bisherigen Rechtslage zu konstatieren.[6]

4   Art. 58 dagegen ordnet detaillierter und mit unmittelbarer Geltung[7] an, welche Befugnisse jeder Aufsichtsbehörde zustehen. Dies ist von Vorteil nicht nur für die Effektivität des Grundrechtsschutzes in allen Mitgliedstaaten. Durch einheitlichere Befugnisse entsteht mehr Rechtssicherheit, EWR-weite Einheitlichkeit – und nicht zuletzt werden Anreize abgebaut, sich den eigenen Unternehmenssitz danach auszusuchen, wo man am wenigsten von Datenschützern behelligt wird.[8]

5   Trotzdem kann die Regelung nicht autark angewandt werden, sondern nur in Bezug zur jeweiligen mitgliedstaatlichen Rechtsordnung.

6   So ist hinsichtlich des Verfahrens das jeweilige Verwaltungs-[9] oder Gerichtsverfahrensrecht[10] zu beachten.[11] Da diese unterschiedlich sind und auch mitgliedstaatlich zu regelnde Garantien nach Abs. 4 erforderlich sind, kann und wird sich die Vollzugspraxis weiterhin unterscheiden. Auch eine mögliche Zwangsvollstreckung erfolgt nach mitgliedstaatlichem Recht.

7   Mit detailliert geregelten, weitgehenden und tiefgreifenden Befugnissen dürfte die Entwicklung der Datenschutzbeauftragten in Bund und Ländern von „Ombudsmännern" hin zu besonderen Ordnungs-[12] bzw. Rechtsaufsichtsbehörden[13] endgültig abgeschlossen sein. Das bedeutet, dass Befugnisse allgemeiner Polizei- oder Ordnungsbehörden von den polizeirechtlichen[14] Befugnisnormen der DSGVO wegen deren Spezialität verdrängt werden.[15] So wird weder die Polizeibehörde noch die Vollzugspolizei (von der Eilkompetenz abgesehen) aufgrund der polizeilichen Generalklausel gegen einen Bürger vorgehen können, der zB eine Dashcam betreibt. Dieses Ergebnis ist nicht nur wegen der Spezialität zwingend, sondern auch, weil anderenfalls das Kohärenzverfahren bzw. das Verfahren der federführenden Aufsichtsbehörde umgangen werden könnte. Ein Einschreiten anderer Behörden gegen Datenschutzverstöße Privater kommt (im Anwendungsbereich der DSGVO) nur noch in Betracht, wenn der Datenschutzverstoß zugleich einen spezifisch fachrechtlich rechtswidrigen Zustand bewirkt, der primär abgestellt werden soll.[16]

---

5   *Thomé* VuR 2015, 130 (133).
6   *Dammann* ZD 2016, 307 (308).
7   *Dieterich* ZD 2016, 260 (263); *Kühling/Martini* EuZW 2016, 448 (452); *Albrecht/ Jotzo*, S. 115; *Laue/Nink/Kremer*, S. 280.
8   *Nguyen* ZD 2015, 265 (269); *Kühling/Martini* EuZW 2016, 448 (452 f.).
9   Etwa das VwVfG.
10   Etwa die VwGO.
11   *Albrecht/Jotzo*, S. 115.
12   *Born*, S. 205; *Stentzel* PinG 2016, 45 (46); *Voßhoff/Hermerschmidt* PinG 2016, 56 (59); *Laue/Nink/Kremer*, S. 276.
13   *Voßhoff/Hermerschmidt* PinG 2016, 56 (59).
14   *Masing* NJW 2012, 2305 (2311); *Stentzel* PinG 2016, 45; *Thomé*, S. 70; vgl. auch *Bull* NJW 1979, 1177 und *Ronellenfitsch*, InTeR Sonderbeilage 1/2015 zu Heft 3, 13.
15   *Born*, S. 206.
16   Etwa einen Lauterkeits-, Kartell- oder AGB-Rechtsverstoß; → Art. 4 Rn. 44.

B. Kommentierung

Die Aufsichtsbehörde kann (ohne Anspruch auf Vollständigkeit) aus eige- 8
ner Initiative, auf Anfrage des Verantwortlichen, Auftragsverarbeiters oder
Vertreters, auf Beschwerde eines (potenziell) Betroffenen oder auf Ersuchen
einer anderen (Aufsichts-) Behörde tätig werden.[17] Art. 31 betont die Dul-
dungs- und Mitwirkungspflicht des in Anspruch Genommenen, die sich
letztlich spiegelbildlich aus den Kompetenzen nach Art. 58 ergibt.

Kern des Art. 58 sind die Absätze 1 und 2, die Untersuchungs- und Abhil- 9
febefugnisse bereithalten. Diese Unterscheidung macht die Vorschrift leichter durchschaubar. Zudem deuten sie und auch die Binnenstruktur der Absätze bereits ein Eskalationsprogramm[18] immer intensiver wirkender Befugnisse an.[19] Bei der Auswahl der „richtigen" Eskalationsstufe werden Er-
messens- und Verhältnismäßigkeitserwägungen anzustellen sein.[20]

Es fällt auf, dass sich Untersuchungs- und Abhilfebefugnisse weitgehend 10
ausdrücklich nur gegen Verantwortliche und Auftragsverarbeiter, nicht
aber gegen Vertreter iSd Art. 27 richten. Dies überrascht, soll doch der Vertreter gem. Art. 27 als Ansprechpartner dienen, die Erfüllung der jeweiligen Pflichten gewährleisten und insoweit auch Durchsetzungsmaßnahmen
unterworfen werden können (ErwGr 80, letzter Satz). Es scheint nicht
möglich, eventuelle Vertreter im Wege der Auslegung jeweils in das Merkmal „Verantwortlicher" oder „Auftragsverarbeiter" hineinzulesen, da
Abs. 1 lit. a die drei Akteure ausdrücklich nebeneinander benennt. Da es
sich bei ErwGr 80 nur um einen Erwägungsgrund handelt, Art. 58 aber
teilweise ausdrücklich Vertreter nicht als Adressaten vorsieht, kommen im
Übrigen die Maßnahmen nach Art. 58 nicht gegenüber Vertretern in Betracht.

I. Abs. 1 – Untersuchungsbefugnisse

Untersuchungsbefugnisse dienen der Ermittlung des Sachverhalts. Dieser 11
ist Grundlage für die Bewertung, ob eine Verarbeitung rechtmäßig ist. In
der Praxis kann sich das Ermitteln des richtigen Sachverhalts als schwierig
herausstellen. So fehlt den Verantwortlichen, Auftragsverarbeitern oder
Vertretern häufig das rechtliche oder technische Hintergrundwissen, um zu
erkennen, auf welche Aspekte des Sachverhalts es überhaupt ankommt.
Umgekehrt sind nicht zwingend alle fachlichen Notwendigkeiten bei der
Aufsichtsbehörde bekannt. Es kann vorkommen, dass eine Seite einen Aspekt für so selbstverständlich hält, dass er nicht zur Sprache kommt – mit
der Folge eines unvollständig ermittelten Sachverhalts und der Gefahr einer
deshalb falschen Beurteilung. Umso wichtiger bleiben ein offenes und ver-
trauensvolles Kommunikationsverhalten.

Es bietet sich für die Aufsichtsbehörde an, vor einer endgültigen Entschei- 12
dung die Beteiligten noch einmal anzuhören und die vorläufige Ansicht der

---

17 *Petri* in: Simitis BDSG § 38 Rn. 32.
18 *Piltz* K&R 2016, 777 (783).
19 *Dieterich* ZD 2016, 260 (263).
20 *Petri* in: Simitis BDSG § 38 Rn. 36; *Körffer*, in: Paal/Pauly DSGVO Art. 58 Rn. 2;
    Piltz K&R 2016, 777 (783).

Aufsichtsbehörde unter Nennung der Gründe mitzuteilen. So haben Verantwortliche oder Auftragsverarbeiter, aber auch Betroffene, Gelegenheit, Missverständnisse aufzulösen.

1. Lit. a – Anweisung, Informationen bereitzustellen

13 Die für die Erfüllung der Aufgaben der Aufsichtsbehörde erforderlichen Informationen kann sich diese dadurch beschaffen, dass sie den Verantwortlichen, Auftragsverarbeiter oder Vertreter schlicht befragt. Angesichts der Möglichkeit der Aufsichtsbehörde, einen verpflichtenden und vollstreckbaren Bescheid zu erlassen,[21] oder für eine unrühmliche Nennung im Tätigkeitsbericht (Art. 59) zu sorgen, wird idR der Mitwirkungspflicht nachgekommen werden.

14 Informationen sind die verarbeiteten personenbezogenen Daten, aber auch Angaben über Zweck, Art und Methoden der Verarbeitung, Herkunft und Empfänger der Daten, Verträge, Zertifizierungen uä.[22]

15 Die Aufsichtsbehörde hat sich auf die (für ihre Aufgabenerfüllung) erforderlichen Informationen zu beschränken.[23] Gegenüber Privaten ergibt sich das aus ihrer Grundrechtsbindung, gegenüber öffentlichen Stellen aus deren Kompetenz zur Aufgabenerfüllung, bei Kommunen gestärkt durch Art. 28 Abs. 2 GG.

16 Unklar bleibt der Unterschied zwischen „erforderlichen" (lit. a) und „notwendigen" (lit. e) Informationen. Da die Zielrichtung dieselbe ist, dürften beide Begriffe synonym zu verstehen sein.

17 Soweit Geschäftsräume betreten oder personenbezogene Daten eingesehen werden, sind zusätzlich lit. e und f einschlägig.

18 Obwohl lit. a nur Verantwortliche, Auftragsverarbeiter und Vertreter nennt, muss sich die Aufsichtsbehörde Informationen bei Bedarf auch bei Dritten beschaffen können, zB beim Hersteller einer vom Verantwortlichen genutzten Software.

2. Lit. b – Datenschutzüberprüfungen

19 Lit. b erlaubt Untersuchungen in Form von Datenschutzüberprüfungen. Das lässt den Schluss zu, dass es auch andere Formen der Untersuchung gibt. Da der einleitende Halbsatz des Abs. 1 ebenfalls von „Untersuchungen" spricht, handelt es sich bei lit. a–f um Formen von Untersuchungen, von denen die Datenschutzüberprüfung iSd lit. b nur eine darstellt.

20 Nicht definiert wird, was Datenschutzüberprüfungen sind. Nachdem lit. a die Befugnis enthält, sich Informationen geben zu lassen, zielt die Befugnis zur Datenschutzüberprüfung darauf, dass sich die Aufsichtsbehörde Informationen „nimmt", also etwa vor Ort Verarbeitungssysteme prüft oder Mitarbeiter befragt.

---

21 *Petri* in: Simitis BDSG § 38 Rn. 54.
22 Vgl. *Petri* in: Simitis BDSG § 38 Rn. 54.
23 *Brink* in: Wolff/Brink, 16. Ed. Stand: 1.5.2016, § 38 Rn. 57.

Angesichts der örtlichen Entfernungen und der Personalknappheit bei den   21
Aufsichtsbehörden werden derartige Kontrollbesuche die Ausnahme bleiben.

Die generalklauselartige Befugnisnorm kann heimliche Maßnahmen nicht   22
rechtfertigen. Dazu wäre eine spezifische Rechtsgrundlage erforderlich, die
Voraussetzungen und einhegende rechtsstaatliche Sicherungen regelt.
Denkbar ist aber eine offen durchgeführte Untersuchungshandlung, bei der
sich die Mitarbeiter der Aufsichtsbehörde zunächst nicht als solche zu erkennen geben. Insofern sind auch „Testkäufe" uä denkbar, zB, um zu prüfen, ob erforderliche Belehrungen ordnungsgemäß erteilt werden.

3. Lit. c – Überprüfung von Zertifizierungen

Gem. lit. c hat die Aufsichtsbehörde die Befugnis, „eine Überprüfung der   23
nach Artikel 42 Absatz 7 erteilten Zertifizierungen durchzuführen".

Dies überrascht, denn nach Art. 42 Abs. 7 werden keine Zertifizierungen   24
erteilt, sondern widerrufen. Die Erteilung ist in Art. 42 Abs. 5 geregelt. Damit ist unklar, ob lit. c nur versehentlich Art. 42 Abs. 7 nennt und in Wahrheit auf Art. 42 Abs. 5 verweisen soll, oder ob die Verweisung auf Art. 42
Abs. 7 gewollt und nur unglücklich formuliert ist. Für Letzteres spricht,
dass die Überprüfung des Zertifizierungsnehmers geeignet sein kann, zu ermitteln, ob die Voraussetzungen für einen Widerruf der Zertifizierung erfüllt sind.

Im Rahmen der Überprüfung stehen den Aufsichtsbehörden auch die übri-   25
gen Untersuchungsbefugnisse des Abs. 1 zu. Sie dürfen also auch in diesem
Zusammenhang Fragen stellen, Räume betreten, Daten einsehen usw.

4. Lit. d – Hinweis auf vermeintlichen Verstoß

Die Aufsichtsbehörde hat nach lit. d die Befugnis, den Verantwortlichen   26
oder den Auftragsverarbeiter auf einen vermeintlichen Verstoß gegen die
DSGVO hinzuweisen.

Die Hinweisbefugnis dürfte sich auch auf Verstöße gegen außerhalb der   27
DSGVO normierte Anforderungen beziehen, zB auf national geregelte Anforderungen an die Verarbeitung im öffentlichen Bereich, allerdings nur,
soweit der Anwendungsbereich der DSGVO nicht verlassen wird. Wo er
verlassen wird, richten sich auch die Hinweise nicht nach der DSGVO.

Aus sich heraus ist die Norm schwer verständlich. Ihre Bedeutung liegt   28
nicht darin, dass die Aufsichtsbehörde einen Verstoß annimmt und hierauf
hinweist. Dies wäre nach Art. 58 Abs. 2 lit. a möglich. Aus dem Zusammenspiel dieser Normen und aus der Formulierung „vermeintlich" lässt
sich ableiten, dass eine Benachrichtigung darüber gemeint ist, dass jemand
gegenüber der Aufsichtsbehörde einen Verstoß behauptet hat. Hierfür
spricht auch die englische Sprachfassung: „to notify the controller or the
processor of an alleged infringement of this Regulation".

Durch die Benachrichtigung kann in Rechte des Petenten eingegriffen wer-   29
den, wenn er namentlich genannt wird. Der Hinweis wird in der Regel verbunden sein mit einer Aufforderung zur Stellungnahme, etwa nach lit. a.
Beides erklärt, warum eine Befugnisnorm für einen Hinweis überhaupt er-

forderlich ist und warum es sich um eine Untersuchungsbefugnis handelt (Abs. 1 Hs. 1).

5. Lit. e – Zugang

30   Lit. e gewährt die Befugnis, Zugang zu „notwendigen", also erforderlichen, Informationen inkl. personenbezogenen Daten zu erhalten. Während lit. a primär auf das Versenden der Information an die Aufsichtsbehörde abstellt, regelt lit. e den Zugriff vor Ort und/oder innerhalb des verarbeitenden Systems. Der Zugang ist also sowohl physisch als auch logisch zu gewähren. Falls erforderlich ist den Mitarbeitern der Aufsichtsbehörde ein eigener Lesezugriff freizuschalten. Es liegt in deren Verantwortung, zu prüfen, inwieweit er wirklich erforderlich ist. Wer etwa prüfen will, ob die Unterlagen einer psychologischen Beratungsstelle hinreichend sicher aufbewahrt werden, muss nicht zur Kenntnis nehmen, wer sich weswegen beraten ließ.

31   Erfolgt der Zugang physisch, wird oft ein Geschäftsraum zu betreten sein, sodass lit. f zu beachten wäre.

32   Zwingend ist das Betreten indes nicht: Der Zugang kann zB über ein mobiles Gerät ermöglicht werden, das der Kontrollierte in den Räumen der Aufsichtsbehörde zur Verfügung stellt.

6. Lit. f – Zugang zu Geschäftsräumen

33   Soweit die Ausübung von Untersuchungsbefugnissen mit dem Betreten von Geschäftsräumen verbunden ist, ist das jeweilige Recht auf unions- oder nationaler Ebene zu beachten. In Deutschland ist etwa der weite Wohnungsbegriff zu berücksichtigen. Grundstücke, Geschäftsräume, uä unterfallen damit unter Umständen dem Schutz des Art. 13 GG.[24]

II. Abs. 2 – Abhilfebefugnisse

34   Kommt die Aufsichtsbehörde nach Untersuchung des Sachverhaltes und rechtlicher Bewertung desselben zu dem Ergebnis, dass ein datenschutzrechtlicher Verstoß vorliegt, so stehen ihr in Abs. 2 unterschiedliche Abhilfebefugnisse zur Verfügung.

1. Lit. a – Warnung vor geplanter rechtswidriger Verarbeitung

35   Die Abhilfebefugnis der Warnung ist das „mildeste" Mittel der Aufsichtsbehörde, das freilich dennoch wirksam ist. Ein gutwilliger Verantwortlicher oder Auftragsverarbeiter ist selbst daran interessiert, keine Verstöße zu begehen und wird eine Warnung beherzigen.[25]

---

24   *Papier* in: Maunz/Dürig, Grundgesetz-Kommentar, 76. EL Dezember 2015, Art. 13 Rn. 10–13; ausführlich *Körffer* in: Paal/Pauly DSGVO Art. 58 Rn. 14; *Laue/Nink/ Kremer*, S. 201.

25   *Gola/Klug/Körffer* in: Gola/Schomerus BDSG § 38 Rn. 8.

Die Warnung ist nach dem Wortlaut der Vorschrift nur möglich, solange 36
die Verarbeitung lediglich geplant ist. Dies erhellt, warum die Einschätzung
vorläufig bleiben kann („voraussichtlich").[26]

In diesem Stadium ist es noch möglich, einen Datenschutz-Verstoß durch 37
Verfahrensgestaltung zu vermeiden.

2. Lit. b – Verwarnung wegen durchgeführter rechtswidriger Verarbeitung

Die „Verwarnung" ist das Pendant zur Warnung. Wird die Verarbeitung 38
bereits durchgeführt, käme eine Warnung zu spät. In diesem Fall ist eine
Verwarnung iSd lit. b einschlägig. Die Verwarnung ist der Hinweis, dass
die Verarbeitung rechtswidrig sei.

Auch wenn damit bereits ein Rechtsverstoß vorliegt, wird die Verwarnung 39
häufig ausreichen, damit dieser künftig vermieden wird. Gerade öffentlichen Stellen kann hier grundsätzlich ein Wille zur Gesetzestreue unterstellt
werden. Sollte der Verstoß nicht abgestellt werden, so kommen die weiteren Befugnisse in Betracht. Aus Gründen der Verhältnismäßigkeit sollte
idR aber zunächst auf einschneidendere Mittel verzichtet werden.

3. Lit. c – Anweisung bezüglich Betroffenenrechten

Nicht nur eine rechtswidrige Datenverarbeitung ist ein Datenschutzver- 40
stoß, sondern auch die Nichtbeachtung von Betroffenen- und Jedermanns-
rechten. Ein Jedermannsrecht ist es etwa, darüber informiert zu werden, ob
man Betroffener einer bestimmten Datenverarbeitung ist (Art. 15 Abs. 1
Hs. 1). Ein Betroffenenrecht ist das Recht auf Löschung (Art. 17). Beantwortet ein Verantwortlicher oder Auftragsverarbeiter eine entsprechende
Anfrage nicht, so verstößt er grundsätzlich gegen die DSGVO. Dagegen
vorzugehen ermöglicht der Aufsichtsbehörde lit. c.

Lit. c ist sprachlich ungenau: ein Antrag auf Ausübung von Rechten ist 41
nicht vorgesehen. Vielmehr übt der Betroffene (oder Jedermann) sein Recht
aus, indem er einen Antrag auf Information, Löschung usw stellt.

Verantwortliche und Auftragsverarbeiter sind nicht schlechthin verpflich- 42
tet, allen Anträgen zu entsprechen. Das Recht auf Löschung etwa steht unter dem Vorbehalt der in Art. 17 normierten Voraussetzungen.

Freilich wird eine Anordnung der Aufsichtsbehörde hinsichtlich der Jeder- 43
manns- und Betroffenenrechte nur dann ergehen, wenn ein bestehender
Anspruch bisher nicht erfüllt wurde. Ob der Anspruch besteht, muss zuvor
im aufsichtsbehördlichen Verfahren geprüft worden sein.

4. Lit. d – Anweisung zu rechtmäßiger Verarbeitung

Stellt sich heraus, dass eine Verarbeitung rechtswidrig ist, so kann die Auf- 44
sichtsbehörde verlangen, dass dies abgestellt wird. Will der Verantwortli-

---

26 *Piltz* K&R 2016, 777 (784), sieht im Merkmal „vermeintlich" auch die Möglichkeit eröffnet, vor einer Verarbeitung zu warnen, deren Rechtswidrigkeit noch nicht
feststeht.

che oder Auftragsverarbeiter die Verarbeitung grundsätzlich fortsetzen, so wird er sie an die Rechtslage anzupassen haben.

45   Aus Gründen der Verhältnismäßigkeit ist dem Verantwortlichen oder Auftragsverarbeiter eine angemessene Zeitspanne zur Umsetzung der Verbesserung einzuräumen. Welche Zeitspanne angemessen ist, lässt sich nicht pauschal beantworten.

46   Auf der einen Seite sind Art, Ausmaß und Folgen des Verstoßes zu berücksichtigen. Ein lediglich formaler Verstoß, der keinen ernsthaften Schaden anrichtet, wird nachsichtiger beurteilt werden können als eine schwerwiegende Persönlichkeitsverletzung oder gar eine Indiskretion, die das Leben oder die Gesundheit gefährdet.

47   Auf der anderen Seite sind die Möglichkeiten des Verantwortlichen oder Auftragsverarbeiters zu berücksichtigen: wie schnell lässt sich der Verstoß personell, organisatorisch oder technisch umsetzen? Welcher Aufwand ist damit verbunden? Ist der Verantwortliche auf die Verarbeitung zwingend angewiesen? Dient sie gar (lebens-) wichtigen Interessen der Betroffenen?

48   Die Anweisung, rechtmäßige Zustände herzustellen, kann auch eine „bestimmte Weise" festlegen. Dies ist einerseits eine Einschränkung der Autonomie des Verantwortlichen oder Auftragsverarbeiters. Andererseits werden viele Akteure dankbar sein, wenn ihnen ein Weg aufgezeigt wird, wie sie die Verarbeitung rechtmäßig gestalten können. Diese Ambivalenz lässt sich in vielen Fällen leicht auflösen, indem nur das Ziel verbindlich vorgeschrieben wird, die Art und Weise dagegen lediglich als Vorschlag einer ausreichenden Umsetzung empfohlen wird.[27]

5. Lit. e – Anweisung zur Benachrichtigung nach Verletzung des Schutzes personenbezogener Daten

49   Kommt es zu einer Verletzung des Schutzes personenbezogener Daten (→ Art. 4 Rn. 177), so sind in bestimmten Fällen die Aufsichtsbehörde (→ Art. 33 Rn. 7) und/oder die davon betroffenen (→ Art. 34 Rn. 1 ff) zu benachrichtigen.

50   Die Entscheidung, ob die Voraussetzungen des Art. 33 vorliegen, obliegt zunächst dem Verantwortlichen. Sie kann indes von der Aufsichtsbehörde getroffen werden.

51   Unklar bleibt, ob die Aufsichtsbehörde eine Benachrichtigung auch dann verlangen kann, wenn die Voraussetzungen des Art. 34 nicht erfüllt sind. Angesichts des hohen Aufwandes, den eine Benachrichtigungspflicht gerade bei Massenverarbeitungen auslösen kann, erscheint ein solcher Eingriff ohne ausdrückliche Rechtsgrundlage als nicht zulässig. Denn Art. 34 dient dem Grundsatz der Verhältnismäßigkeit, indem er die drohenden Gefahren, den bereits betriebenen technischen und organisatorischen Aufwand und den Aufwand für die Benachrichtigung gegeneinander abwägen lässt. Insofern wäre eine Benachrichtigungsverpflichtung, die diese Abwägung unberücksichtigt lässt, ein unverhältnismäßiger Eingriff.

---

27   Vgl. *Körffer* in: Paal/Pauly DSGVO Art. 58 Rn. 21.

Die Befugnisnorm der lit. e wird ergänzt durch eine dezentral geregelte Be-   52
fugnisnorm in Art. 34 Abs. 4. Danach kann die Aufsichtsbehörde in den
Fällen, in denen der Verantwortliche oder Auftragsverarbeiter die Betroffenen noch nicht benachrichtigt hat, die Benachrichtigung verlangen. Sie
kann auch verbindlich feststellen, dass eine Voraussetzung des Art. 34 erfüllt sei, was wiederum die Entscheidung des Verantwortlichen oder Auftragsverarbeiters steuern wird.

6. Lit. f – Beschränkung und Verbot der Verarbeitung

Eine Verarbeitung kann für eine bestimmte Zeit oder dauerhaft beschränkt   53
oder ganz verboten werden.

Dieser tiefe Eingriff kommt nur in Betracht, solange und soweit er erfor-   54
derlich und verhältnismäßig ist. Findet der Verantwortliche oder Auftragsverarbeiter einen Weg, die beschränkte oder verbotene Verarbeitung rechtmäßig durchzuführen, so muss dies erlaubt sein.

Aus Gründen der Verhältnismäßigkeit werden idR primär weniger eingriff-   55
sintensive Maßnahmen wie die Verwarnung (lit. b) oder die Anweisung,
die Rechtmäßigkeit herzustellen (lit. d) zu ergreifen sein.

Grundvoraussetzung für eine Beschränkung oder ein Verbot ist die Rechts-   56
widrigkeit der Verarbeitung. Denkbar ist, dass in Ausnahmefällen, in denen die (Un-) Rechtmäßigkeit noch nicht sicher, das Risiko für die Betroffenen aber hoch ist, auch eine rechtmäßige Verarbeitung beschränkt oder
verboten werden kann, bis die Rechtmäßigkeit geklärt ist. Hier werden
Verhältnismäßigkeitserwägungen essenziell sein.[28]

7. Lit. g – Anordnung der Berichtigung, Löschung, Verarbeitungseinschränkung und Benachrichtigung der Empfänger hierüber

Betroffene haben nach Maßgabe der Art. 16, 17 und 18 Anspruch auf Be-   57
richtigung, Löschung oder Einschränkung der Verarbeitung. Sind die Voraussetzungen dieser Vorschriften gegeben, kann die Aufsichtsbehörde anordnen, dass dies umgesetzt wird.

Darüber hinaus kann den Verantwortlichen die Pflicht treffen, Empfänger   58
personenbezogener Daten darüber zu informieren, dass er zwischenzeitlich
berichtigt, gelöscht oder eingeschränkt hat (Art. 19).

Gem. Art. 17 Abs. 2 kann der Verantwortliche, der personenbezogene Da-   59
ten veröffentlicht hat, verpflichtet sein, nach Löschung andere Verantwortliche darauf hinzuweisen, dass der Betroffene auch die Löschung von Links
oder Kopien (oder Replikationen) verlangt.

Auch diesen Pflichten nachzukommen, kann die Aufsichtsbehörde – auch   60
von Amts wegen[29] – verlangen.

---

28 *Körffer* in: Paal/Pauly DSGVO Art. 58 Rn. 23.
29 *Körffer* in: Paal/Pauly DSGVO Art. 58 Rn. 24.

8. Lit. h – Widerruf und Verweigerung von Zertifizierungen

61 Lit. h gibt der Aufsichtsbehörde die Befugnis, vorab oder nachträglich gegen Zertifizierungen (Art. 42 f.) vorzugehen.

62 Grundvoraussetzung ist, dass der Zertifizierte (oder zu Zertifizierende) die Voraussetzungen der Zertifizierung nicht oder nicht mehr erfüllt.

63 Stellt die Aufsichtsbehörde dies fest, so kann sie die Zertifizierung selbst widerrufen oder die Zertifizierungsstelle hierzu anweisen. Im ersten Fall handelt es sich um einen belastenden Verwaltungsakt, im zweiten Fall um einen ebensolchen mit zusätzlicher belastender Drittwirkung.

9. Lit. i – Geldbuße

64 Die Aufsichtsbehörde kann bei Verstößen eine Geldbuße verhängen. Sie wird daher in Deutschland zur Verwaltungsbehörde iSd § 36 OWiG erklärt werden müssen. Dies ist in einigen Fällen[30] bereits der Fall, jedoch nicht in allen.[31]

65 Ebenfalls mitgliedstaatlich regelungsbedürftig ist, ob Geldbußen gegen öffentliche Stellen erlassen werden dürfen (Art. 83 Abs. 7).[32]

66 In Mitgliedstaaten, die überhaupt keine durch Verwaltungen zu verhängenden Geldbußen kennen, kann sie alternativ durch Gerichte verhängt werden. Der Aufsichtsbehörde sind hinreichende Anzeige- und Mitwirkungsrechte einzuräumen.

67 Die Geldbuße kann, muss aber nicht verhängt werden. Die Entscheidung über Ob und Höhe der Verhängung einer Geldbuße steht im Ermessen der Aufsichtsbehörde, die sich dabei von den in Art. 83 genannten Erwägungen leiten lassen wird.

68 Die Geldbuße kann neben oder anstatt weiterer Abhilfemaßnahmen iSd Art. 58 Abs. 2 verhängt werden. Eine Verhängung neben einer Abhilfemaßnahme muss erforderlich und verhältnismäßig sein auch angesichts des Umstandes, dass der Verstoß beseitigt wird. Eine Geldbuße anstatt einer anderen Maßnahme wird nur sinnvoll sein, wenn der Verstoß auch ohne eine solche Maßnahme abgestellt wurde oder wird. Eine Geldbuße alleine (unter Inkaufnahme der weiteren Rechtswidrigkeit der Verarbeitung) zu verhängen, dürfte ausscheiden.

10. Lit. j – Aussetzung der Übermittlung an Empfänger in Drittland oder an internationale Organisation

a) Hintergrund

69 Die Übermittlung an Drittländer oder internationale Organisationen ist in Art. 44 ff. geregelt. Drittländer sind Staaten, die nicht der EU und nicht dem EWR angehören. Zu Empfängern vgl. Art. 4 Nr. 9, zu internationalen Organisationen vgl. Art. 4 Nr. 26.

---

30 Vgl. § 34 Abs. 3 lit. b DSG NRW, vgl. dort aber auch lit. a.
31 Vgl. § 40 Abs. 3 LDSG BW; Übersicht im Detail bei *Born*, S. 18 ff.
32 AA offenbar *Körffer* in: Paal/Pauly DSGVO Art. 58 Rn. 26 aE; vgl. aber *Frenzel*, ebenda, Art. 83 Rn. 27 f.

Übermittlung ist ein Unterfall der Verarbeitung iSd Art. 4 Nr. 2. Sie ist in **70** der DSGVO nicht eigenständig definiert (→ Art. 4 Rn. 68 ff.).[33]

Nach deutschem Verständnis[34] ist Übermittlung die Weitergabe personen- **71** bezogener Daten an einen Dritten.[35] Ob der Begriff in Auslegung der DSGVO genauso verstanden werden darf, ist fraglich.[36] Lit. j spricht (anders als Art. 44 ff.) von der Übermittlung an Empfänger. Empfänger sind aber gem. Art. 4 Nr. 9 alle, die personenbezogene Daten erhalten, ohne, dass sie Dritte sein müssen. Insofern scheint lit. j auch Weitergaben, zB im Rahmen einer Auftragsdatenverarbeitung, zu betreffen. Ein weites Verständnis des unionsrechtlichen Begriffs der Übermittlung wird gestützt in Art. 4 Nr. 20, wo von Übermittlungen auch an Auftragsverarbeiter die Rede ist.

b) Inhalt der Norm

Da Übermittlung in jedem Fall eine Form der Verarbeitung ist, könnten **72** Übermittlungsverbote oder -beschränkungen eigentlich auch auf Abs. 2 lit. f gestützt werden. Soll lit. j nicht überflüssig sein, so muss es einen Unterschied zu lit. f geben.

Die Regelung in lit. j könnte ein ermessensleitender Hinweis sein: da eine **73** Übermittlung in Drittstaaten oder an internationale Organisationen für den Betroffenen (tendenziell) besonders risikoreich und belastend ist, könnte ein Vorrang insoweit bestehen, Abhilfemaßnahmen hierauf zu beschränken, wenn die Verarbeitung iÜ rechtmäßig durchgeführt werden kann. Hiergegen spricht freilich, dass auch Maßnahmen nach lit. f nur rechtmäßig sind, soweit sie erforderlich sind. Ein Totalverbot einer Verarbeitung, die ohne rechtswidrige Drittstaatenübermittlung rechtmäßig wäre, würde in jedem Fall ausscheiden.[37]

Ein Unterschied zu lit. f besteht im Wortlaut. Während die Aufsichtsbehör- **74** de nach lit. f „eine vorübergehende oder endgültige Beschränkung der Verarbeitung, einschließlich eines Verbots, zu verhängen" befugt ist, darf sie nach lit. j „die Aussetzung … anordnen". Diese Formulierung scheint ein endgültiges Verbot auszuschließen. Gleichzeitig scheint sie eine inhaltlich nur teilweise Beschränkung nicht zu erlauben: „Aussetzung" ist das inhaltlich vollständige, aber zeitlich beschränkte Verbot der Übermittlung. Auch dies überzeugt nicht, denn dadurch würde einerseits die Drittstaatenübermittlung gegenüber der unionsinternen[38] Übermittlung in zeitlicher Hinsicht privilegiert, andererseits eine teilweise rechtmäßige Verarbeitung komplett verboten, was unverhältnismäßig, weil unnötig, wäre.

Versteht man „Aussetzung" hingegen so, dass die Übermittlung auch nur **75** teilweise untersagt wird, so liegt eine Beschränkung vor, die auch auf lit. f gestützt werden könnte.

---

33 AA *Albrecht/Jotzo*, S. 61.
34 § 3 Abs. 4 S. 2 Nr. 3 BDSG; *Buchner* in: Taeger/Gabel BDSG § 3 Rn. 34 ff.
35 Zur Definition des Dritten vgl. Art. 4 Nr. 10.
36 *Albrecht/Jotzo*, S. 61, verstehen ihn unmittelbar genauso.
37 Vgl. *Körffer* in: Paal/Pauly DSGVO Art. 58 Rn. 27.
38 Nur diese wäre eine grenzüberschreitende Verarbeitung iSd Art. 4 Nr. 23.

76   Lit. j erscheint nach alledem überflüssig. Da sie als speziellere Norm lit. f verdrängt, ist die Aussetzung dennoch auf lit. j zu stützen. Insofern bietet sich immerhin der Vorteil genauerer und konkreterer Adressierung der einschlägigen Norm an.

III. Abs. 3 – Genehmigungs- und Beratungsbefugnisse

77   Die Befugnisse nach Abs. 3 unterscheiden sich teilweise dadurch von jenen nach Abs. 1 und 2, dass es sich nicht um solche der Eingriffs-, sondern der Leistungsverwaltung[39] handelt. Dennoch sind sie nicht überflüssig. Sie stellen klar, dass die Aufsichtsbehörden berechtigt sind, als derartige Leistungsverwaltung aufzutreten, ohne etwa gegen das RDG zu verstoßen. Teilweise handelt es sich indes um Eingriffsbefugnisse, etwa Befugnisse, Zertifizierungen oder Akkreditierungen zu erteilen, also das Verfahren zu betreiben und die gewünschte Leistung ggf. auch abzulehnen. Auch die Befugnis, Kriterien, Klauseln usw festzulegen, kann mittelbar in Rechtspositionen eingreifen.

1. Lit. a – Beratung zur Datenschutz-Folgenabschätzung

78   Lit. a gibt die Befugnis, „gemäß dem Verfahren der vorherigen Konsultation nach Artikel 36 den Verantwortlichen zu beraten".

79   Mit dieser Formulierung bleibt zunächst unklar, welche Beratungen gemeint sind. Art. 36 kennt drei Arten von Beratungen: Art. 36 Abs. 1–3 betreffen die Beratung im Rahmen der Datenschutz-Folgenabschätzung. Art. 36 Abs. 4 betrifft die Beratung von Parlamenten bei datenschutzbezogenen Gesetzgebungsverfahren.

80   Da Abs. 3 lit. a die Beratung eines „Verantwortlichen" regelt, kann diejenige des Parlaments gem. Art. 36 Abs. 4 nicht gemeint sein. Gemeint sind die Beratungsleistungen nach Art. 36 Abs. 1–3. Die Beratung des Parlaments wird in lit. b geregelt.

81   Art. 36 Abs. 5 schließlich eröffnet den Mitgliedstaaten die Möglichkeit, Verarbeitungen, die im öffentlichen Interesse durchgeführt werden, einem Genehmigungsvorbehalt zu unterstellen, ohne, dass dabei ein besonderes Risiko bestehen muss (dazu lit. c).

82   Demnach betrifft lit. a ausschließlich die Beratung im Rahmen der der Datenschutz-Folgenabschätzung iSd Art. 36 Abs. 1–3.

83   Die Datenschutz-Folgenabschätzung tritt an die Stelle der bisherigen Vorabkontrolle.[40] Art. 20 Abs. 2 Datenschutz-RL sah die Pflicht zur Vorlage des Ergebnisses der Vorabkontrolle an die Kontrollstelle durch den Datenschutzbeauftragten vor, wenn dieser Zweifel hatte. Ähnlich regeln es deutsche[41] Datenschutzgesetze bislang. Dies führt jedoch potenziell zu unnötigen Konflikten zwischen dem Datenschutzbeauftragten und seinem Vorge-

---

39 Dazu *Papier/Shirvani* in: Säcker/Rixecker/Oetker/Limperg, MüKoBGB, 7. Auflage 2017, § 839 Rn. 149.
40 *Petri* in: Simitis BDSG § 4 d Rn. 43.
41 § 4 d Abs. 6 S. 3 BDSG; § 12 letzter Satz LDSG BW.

setzten.[42] Richtigerweise weist Art. 36 diese Pflicht nunmehr dem Verantwortlichen selbst zu.

Spiegelbildlich zum Recht und zur Pflicht des Verantwortlichen, sich im   84
Rahmen einer Datenschutz-Folgenabschätzung an die Aufsichtsbehörde zu
wenden, besteht eine Befugnis der Aufsichtsbehörde, ihn in diesem Zusammenhang zu beraten.

Dies dient primär dazu, die optimale Lösung im Hinblick auf eine Mini-   85
mierung der Verarbeitungsrisiken bei gleichzeitiger Ermöglichung eines legitimen Verarbeitungszwecks zu finden. Sekundär erhält die Aufsichtsbehörde Gelegenheit, ihre Eingriffsbefugnisse nach Abs. 1 und 2 auszuüben.

2. Lit. b – Stellungnahmen

Die Aufsichtsbehörde kann von sich aus oder auf Anfrage Stellungnahmen   86
„zu allen Fragen, die im Zusammenhang mit dem Schutz personenbezogener Daten stehen" abgeben.

Die Stellungnahme gegenüber Parlament und Regierung ist unmittelbar   87
unionsrechtlich geregelt. Die Stellungnahme gegenüber sonstigen „Einrichtungen und Stellen" und der Öffentlichkeit sind „im Einklang" mit mitgliedstaatlichen Regelungen auszuüben. Angesichts der weit gefassten Aufgaben der Sensibilisierung und Öffentlichkeitsarbeit (Art. 57 Abs. 1 lit. b
und d) darf daraus nicht geschlossen werden, dass die Mitgliedstaaten die
Öffentlichkeitsarbeit und Beratung ausschließen dürften. Zulässig sind –
auch mit Blick auf Abs. 4 – Regelungen, die die Verhältnismäßigkeit der –
und ggf. die Haftung für – Äußerungen betreffen. Diese Regelungen haben
die völlige Unabhängigkeit der Aufsichtsbehörde zu respektieren. So kann
eine Stellungnahme nicht von Genehmigungen Dritter abhängig gemacht
werden.[43]

Eine Einschränkung der Äußerungsbefugnis auf solche Verarbeitungen, für   88
die eine Aufsichtsbehörde die örtlich und sachlich zuständige (oder gar federführende) Aufsichtsbehörde ist, ist nicht ersichtlich. Äußerungsbefugt
sind also (eingeschränkt) auch unzuständige Behörden.[44]

3. Lit. c – Vorab-Genehmigung von Verarbeitungen im öffentlichen
   Interesse

Macht ein Mitgliedstaat von der Möglichkeit des Art. 36 Abs. 5 Gebrauch,   89
die „Verarbeitung zur Erfüllung einer im öffentlichen Interesse liegenden
Aufgabe" unter einen Genehmigungsvorbehalt zu stellen, so ist die Aufsichtsbehörde auch hierzu und zu der damit zusammenhängenden Beratungsleistung befugt.

Freilich ist eine Genehmigung ein begünstigender Verwaltungsakt iSd   90
§§ 48, 49 VwVfG, sodass ein späterer Meinungswandel innerhalb der Aufsichtsbehörde nur noch unter Berücksichtigung der dortigen Voraussetzungen Beachtung finden kann.

---

42 *Gola/Klug/Körffer* in: Gola/Schomerus BDSG § 4 d Rn. 18 f.
43 *Roßnagel* ZD 2015, 106 (108), zu Aussagegenehmigungen.
44 OVG Schleswig-Holstein 28.2.2014 – 4 MB 82/13, ZD 2014, 536.

4. Lit. d – Stellungnahme und Billigung von Entwürfen von Verhaltensregeln

91   Die Aufsichtsbehörde kann zu Entwürfen von Verhaltensregeln nach Art. 40 Abs. 5, die ihr von Verbänden „und andere Vereinigungen, die Kategorien von Verantwortlichen oder Auftragsverarbeitern vertreten" (Art. 40 Abs. 2), Stellung nehmen und diese unter den dort genannten Voraussetzungen billigen.[45]

5. Lit. e Akkreditieren von Zertifizierungsstellen, Entwickeln von Akkreditierungskriterien

92   Gem. lit. e ist die Aufsichtsbehörde befugt, Zertifizierungsstellen gem. Art. 43 zu akkreditieren. Sie kann des Weiteren die Kriterien, nach denen akkreditiert wird, auch selbst entwickeln (Art. 43 Abs. 3), auch wenn diese Befugnis in Art. 58 nicht explizit geregelt ist.

6. Lit. f – Zertifizierung, Billigung von Zertifizierungskriterien

93   Die Aufsichtsbehörde kann gem. lit. f „im Einklang mit Artikel 42 Absatz 5 Zertifizierungen [...] erteilen und Kriterien für die Zertifizierung [...] billigen".

94   Die Befugnis, „Zertifizierungen zu erteilen" meint in Wahrheit die Befugnis, ein Zertifizierungsverfahren durchzuführen, das im besten Falle mit der Erteilung endet. Natürlich ist auch die Befugnis umfasst, die Zertifizierung abzulehnen, Auflagen zu erteilen oä.

Die Aufsichtsbehörde kann also Zertifizierungsstellen akkreditieren (→ Rn. 92), aber auch selbst als Zertifizierungsstelle tätig werden. Roßnagel[46] dürfte zuzustimmen sein, wenn er diese Doppelrolle für aus wettbewerbsrechtlichen Gründen unionsrechtswidrig hält.

Problematisch ist die Doppelrolle auch dann, wenn die Aufsichtsbehörde nicht unredlich in den Wettbewerb einzugreifen versucht. Denn aus Sicht des zu Zertifizierenden verspricht die Zertifizierung durch die Aufsichtsbehörde eine höhere Rechtssicherheit als die Zertifizierung durch eine sonstige Stelle, über der das Damoklesschwert des Widerrufs der Akkreditierung und ihrer erbrachten Zertifizierungen hängt. Aus Nachfragersicht ist die Leistung der Aufsichtsbehörde also strukturell von höherer rechtlicher Qualität, was auch ohne einen Machtmissbrauch der Aufsichtsbehörde den Wettbewerb verzerrt.

95   Kriterien für die Zertifizierung zu billigen, ist die Aufsichtsbehörde ebenfalls nach lit. f befugt. Warum lit. f von „billigen" spricht, Art. 42 Abs. 5 aber von „genehmigten" Kriterien, bleibt unklar.

---

45   Art. 40 Abs. 5 spricht davon, dass die Aufsichtsbehörde den Entwurf „genehmigt", während sie ihn nach lit. d „billigen" kann.

46   Roßnagel, Zusätzlicher Arbeitsaufwand für die Aufsichtsbehörden der Länder durch die Datenschutz-Grundverordnung – im Auftrag der Aufsichtsbehörden der Länder, 2017, http://daten.transparenz.hamburg.de/Dataport.HmbTG.ZS.Webservice.GetRessource100/GetRessource100.svc/12d25402-ee3f-4a5a-bb89-555728a7dcea/Upload__Gutachten_Aufwand_der_Datenschutzbehoerden_DSGVO_Rossnagel.pdf.

7. Lit. g, h, i, j – Genehmigung von Standarddatenschutzklauseln, Vertragsklauseln, Verwaltungsvereinbarungen und verbindlichen internen Vorschriften

Die Aufsichtsbehörden sind befugt zur Genehmigung von Standarddaten-   **96**
schutzklauseln (Art. 28 Abs. 8 und Art. 46 Abs. 2 lit. d), Vertragsklauseln
(Art. 46 Abs. 3 lit. a), Verwaltungsvereinbarungen (Art. 46 Abs. 3 lit. b)
und verbindlichen internen Vorschriften (Art. 47). Für Details muss auf die
dortigen Kommentierungen verwiesen werden.

IV. Abs. 4 – Garantien und Rechtsbehelfe

Mit Abs. 1–3 stehen der Aufsichtsbehörde umfangeiche Befugnisse zur Ver-   **97**
fügung, mit denen sie mittelbar und unmittelbar in Rechte der Verantwortlichen, Auftragsverarbeiter, Vertreter, Zertifizierungsstellen und Betroffenen, aber auch in Kompetenzen öffentlicher Stellen eingreifen kann. Auch
die systematisch falsch verortete Befugnis in Art. 57 Abs. 4 erlaubt Eingriffe in Rechte (vermeintlich) Betroffener.

Die Aufsichtsbehörde wird auf diese Weise auf dem Felde des Datenschut-   **98**
zes zu einer Sonderpolizeibehörde[47] (bzw. zur Sonderrechtsaufsicht).

Damit einher geht die Notwendigkeit rechtsstaatlicher Umhegung dieser   **99**
Befugnisse. Die DSGVO regelt diese nicht, verlangt aber Regelungen von
den Mitgliedstaaten. Einer eigenen Regelung innerhalb der DSGVO bedurfte es nicht. Die gesetzgeberische Zurückhaltung des Verordnungsgebers ist damit mit Blick auf die Kompetenzen der Mitgliedstaaten zu begrüßen. Zwar entfaltet die DSGVO weitgehend unmittelbare Wirkung, sodass
aus dem Urteil des EuGH[48] zur Ungültigkeit der Vorratsdatenspeiche-
rungs-Richtlinie[49] gefolgert werden könnte, dass die DSGVO eigene rechtsstaatliche Sicherungen erst recht hätte regeln müssen.[50] Jedoch ist die Ein-
griffstiefe der Vorratsdatenspeicherung hinsichtlich ihrer Schwere und
Massenhaftigkeit nicht mit der der Befugnisse der Aufsichtsbehörden vergleichbar.

Im nicht-öffentlichen Bereich bedarf es neuer Gesetzgebungsaktivitäten   **100**
aufgrund von Abs. 4 hoffentlich nicht. In Mitgliedstaaten der EU (bzw des
EWR) sollte Verwaltungshandeln grundsätzlich rechtsstaatlich umhegt
sein. Stichwörter wie Bindung der Verwaltung an Recht und Gesetz, Will-
kürverbot, Anhörung, faires Verfahren, Befangenheit, Verhältnismäßigkeit
der Mittel, Rechtsbehelfsbelehrung müssen hier ausreichen, um grob zu
skizzieren, dass auch Maßnahmen der Aufsichtsbehörden rechtsstaatlichen
Mindeststandards zu unterliegen haben.

---

47 *Born*, S. 203 ff.; *Körffer* in: Paal/Pauly DSGVO Art. 58 Rn. 31 („Sonderordnungs-
    behörde").
48 EuGH 8.4.2014 – C-293/12 und C-594/12; dazu *Ziebarth* ZUM 2017, 398 (401).
49 RL 2006/24/EG.
50 Der EuGH 8.4.2014 – C-293/12 und C-594/12, Rn. 54, stellte die Ungültigkeit der
    RL mangels eigener Regelungen über rechtsstaatliche Sicherungen fest. 2009 hatte
    er dagegen die Gültigkeit der RL festgestellt, gerade weil sie keine rechtsstaatlichen
    Sicherungen enthielt, was nach seiner Ansicht für das Vorliegen einer Binnenmarkt-
    richtlinie sprach (EuGH 10.2.2009 – C-301/06, Rn. 82–85).

101　In Deutschland fügt sich das Verwaltungshandeln der Aufsichtsbehörde in das allgemeine Polizei- bzw. Ordnungsrecht ein, dessen formelle und materielle Anforderungen damit zu beachten sind. Die mitgliedstaatlichen Grundrechte gelten trotz unionsrechtlicher Harmonisierung des Datenschutzrechts und trotz Bestehens unionsrechtlicher Grundrechte weiter.[51] Lediglich im Widersprechensfall kann – in den Grenzen des Art. 79 Abs. 3 GG[52] – ein Anwendungsvorrang des Unionsrechts bestehen.[53]

102　Dazu gehört auch, dass gegen ihre Entscheidungen in Deutschland ggf. der Widerspruch, jedenfalls aber die Klage statthaft sein muss.[54] Entsprechendes gilt für das Ordnungswidrigkeitenrecht.

103　Geregelt werden muss dagegen das Verhältnis der Aufsichtsbehörde zu öffentlichen Stellen sowie zu Post- und Telekommunikationsunternehmen.[55] Die neuen Eingriffsbefugnisse können gegenüber Post- und Telekommunikationsunternehmen wie gegenüber anderen nicht-öffentlichen Stellen per Verwaltungsakt ausgeübt werden. Wie aber Anordnungen der Aufsichtsbehörde gegenüber öffentlichen Stellen ergehen und wie diese mit möglicherweise divergierenden Anordnungen der datenschutzrechtlichen Aufsichtsbehörde und der allgemeinen Rechts- oder Fachaufsicht umgehen können, bedarf der Regelung.

104　Mit unmittelbarer Wirkung unionsrechtlich geregelt ist in Art. 78 Abs. 1, dass jede natürliche oder juristische Person „das Recht auf einen wirksamen gerichtlichen Rechtsbehelf gegen einen sie betreffenden rechtsverbindlichen Beschluss einer Aufsichtsbehörde" hat.

105　Dies betrifft (vermeintlich) Betroffene, Verantwortliche und Auftragsverarbeiter, Vertreter, aber auch zB Stellen, deren Zertifizierung oder Akkreditierung abgelehnt wurde oder denen diesbezüglich Auflagen erteilt wurden.

106　Art. 78 Abs. 2 führt zudem für (vermeintlich) Betroffene die Möglichkeit einer Untätigkeitsklage ein.[56]

V. Abs. 5 – Anzeige bei Justizbehörden, Betreiben von und Beteiligung an Verfahren

107　Nach Abs. 5 haben die Mitgliedstaaten vorzusehen, dass die Aufsichtsbehörde „Verstöße gegen diese Verordnung den Justizbehörden zur Kenntnis zu bringen und gegebenenfalls die Einleitung eines gerichtlichen Verfahrens zu betreiben oder sich sonst daran zu beteiligen" darf.

51　AA *v. Lewinski* in: Auernhammer (Begr.) BDSG, 4. Aufl. 2014, § 38 Rn. 126.

52　Art. 23 Abs. 1 S. 3 GG; vgl. zuletzt etwa BVerfG 21.6.2016 – 2 BvR 2728/13 ua, BeckRS 2016, 47387, Rn. 82, 83; *Ziebarth* CR 2013, 60 (61).

53　Dazu EuGH 22.10.1998 – verb. Rs. C-10/97 bis C-22/97, Rn. 21.

54　*Ronellenfitsch*, S. 26; *Ziebarth* CR 2013, 60 (66); *Koreng/Lachenmann*, D. I.

55　Gem. § 42 Abs. 3 PostG und § 115 Abs. 4 TKG ist bisher nicht die Landes-Aufsichtsbehörde, sondern der BfDI für die Aufsicht über Post- und Telekommunikationsunternehmen zuständig. Seine Befugnisse beschränken sich dabei auf jene im öffentlichen Bereich.

56　Vgl. dazu nach bisheriger Rechtslage VG Neustadt 22.12.2015 – 4 K 867/15.NW, dazu *Vahle* DSB 2016, 114; zur behördlichen Untätigkeit vgl. auch *Reimer* DVBl. 2017, 333 ff.

1. Verstöße gegen diese Verordnung

Verstöße gegen diese Verordnung sind auch Verstöße gegen Rechtsvor-   108
schriften, die aufgrund der DSGVO erlassen wurden. Sieht etwa ein Mitgliedstaat vor, dass Datenverarbeitungen im öffentlichen Interesse nur mit
Genehmigung der Aufsichtsbehörde durchgeführt werden dürfen (Art. 36
Abs. 5), so kann ein Verstoß gegen diese mitgliedstaatlichen Regelungen
ebenfalls zur Anzeige gebracht werden.

2. Justizbehörden

Justizbehörden sind jedenfalls Staatsanwaltschaften und Gerichte. Die Poli-   109
zei ist in Deutschland zwar Ermittlungsorgan der Staatsanwaltschaft.[57] Die
Aufsichtsbehörde wird aber idR keinen Grund haben, die Polizei zu informieren.

Justizbehörden dürfen nur in dieser Eigenschaft und nur zu dem Zweck in-   110
formiert werden, ein gerichtliches Verfahren einzuleiten oder anzustreben.
Damit scheidet eine Information zB der Staatsanwaltschaft als Strafvoll-
streckungsbehörde (§ 451 StPO) oder des Gerichts als Arbeitgeber aus.

Keine Justizbehörden sind Verwaltungsbehörden, auch, soweit sie zur Ahn-   111
dung von Bußgeldtatbeständen zuständig sind. Im Bereich des Datenschutzes sind die Aufsichtsbehörden ohnehin selbst für die Verfolgung von Ordnungswidrigkeiten zuständig (Art. 83). Das schließt nicht aus, dass datenschutzrechtliche Verstöße zugleich Verstöße gegen andere Rechtsvorschriften darstellen, etwa im Bereich des Verbraucher-, Gewerbe- oder Kartellrechts (→ Art. 4 Rn. 7, 228 ff.). Diese dürfen nicht iRd Abs. 5 unterrichtet
werden. Sie zu unterrichten mag eine sonstige Befugnis iSd Abs. 6 sein, die
der nationalen Regelung bedarf.[58]

3. Anzeigerecht und Recht auf Verfahrenseinleitung

Die Aufsichtsbehörde kann den Sachverhalt der Justizbehörde zur Kennt-   112
nis bringen. § 38 Abs. 1 S. 6 BDSG ermächtigt die Aufsichtsbehörde im
nicht-öffentlichen Bereich schon bisher zur Anzeige von Verstößen bei anderen Behörden, um Sanktionierungen zu ermöglichen.[59] Soweit es dabei
um Justizbehörden geht, setzt die Vorschrift schon jetzt Abs. 5 um. Soweit
es um andere Behörden geht, ist dies nach Abs. 6 zulässig. § 44 Abs. 2 S. 2
BDSG verleiht der Aufsichtsbehörde ein Strafantragsrecht.[60]

Die Aufsichtsbehörde kann die Information nicht nur schlicht weitergeben,   113
sondern auch die Einleitung des Verfahrens betreiben, also die Einleitung
durch die Justizbehörde oder das Gericht beantragen. Das schließt nicht
aus, dass dieser Antrag abgelehnt, zB ein Strafverfahren eingestellt wird.

4. Recht auf Verfahrensbeteiligung

Die Aufsichtsbehörde hat nicht nur das Recht, auf die Einleitung eines Ge-   114
richtsverfahrens hinzuwirken, sondern auch, sich an gerichtlichen Verfah-

---

57   § 152 GVG.
58   *Körffer* in: Paal/Pauly DSGVO Art. 58 Rn. 36.
59   *Petri* in: Simitis BDSG § 38 Rn. 44.
60   Vgl. *Plath* in: Plath BDSG § 38 Rn. 28 f.

ren zu beteiligen. Sie kann sich auch an Verfahren beteiligen, deren Einleitung sie nicht betrieben hat: gem. Abs. 1 hat sie die Befugnis, „die Einleitung eines gerichtlichen Verfahrens zu betreiben oder sich sonst daran zu beteiligen". „Daran" verweist auf gerichtliche Verfahren insgesamt.

115 Dies eröffnet die Möglichkeit, in Gerichtsverfahren aller Gerichtszweige der Aufsichtsbehörde ein Beteiligungsrecht einzuräumen.[61]

VI. Abs. 6 – Zusätzliche Befugnisse der Aufsichtsbehörde

116 Gem. Abs. 6 können der Aufsichtsbehörde zusätzliche Befugnisse eingeräumt werden.

1. Beispiele möglicher zusätzlicher Befugnisse

117 Ein Beispiel sind Anzeige- und Beteiligungsrechte, die nicht schon nach Abs. 5 möglich sind.

118 Auch die Abberufung eines Datenschutzbeauftragten zu fordern[62] oder evtl. auch selbst zu bewirken,[63] kann eine zusätzlich der Aufsichtsbehörde übertragene Befugnis darstellen. Die Abhilfebefugnisse des Abs. 2 richten sich nur gegen rechtswidrige Verarbeitung oder Nichtbeachtung von Betroffenenrechten, nicht dagegen gegen das Bestellen eines ungeeigneten Datenschutzbeauftragten. Der Aufsichtsbehörde kann hier kein weiter Ermessensspielraum zustehen.[64] Sowohl für den Verantwortlichen oder Auftragsverarbeiter, als auch für den Datenschutzbeauftragten selbst ist es von entscheidender Bedeutung, ob er abberufen wird oder gar mangels Zuverlässigkeit oder Fachkunde schon nicht als bestellt gilt.[65] Eine solche, beruflich existenzielle und bußgeldbewehrte,[66] Frage zu entscheiden, kann schon wegen des Bestimmtheitsgebots nicht einem weiten Ermessen der Aufsichtsbehörde überlassen bleiben. Die Abberufung kann nur ultima ratio sein, wenn andere Mittel nicht gewirkt haben.[67] Zu berücksichtigen ist zudem das verheerende Signal, das zulasten des Datenschutzbeauftragten ausgestrahlt wird, und das die Arbeit eines Nachfolgers sicher nicht vereinfachen wird.[68]

2. Befugnisse außerhalb des Anwendungsbereichs der DSGVO

119 Die gem. Abs. 6 eingeräumten zusätzlichen Befugnisse sind solche der Aufsichtsbehörde iSd DSGVO. Sie sind nicht zu verwechseln mit Befugnissen, die derselben Behörde außerhalb ihrer Eigenschaft als Aufsichtsbehörde iSd DSGVO übertragen werden können (→ Art. 4 Rn. 233).

---

61 Vgl. *Roßnagel* ZD 2015, 106 (111).
62 § 38 Abs. 5 S. 3 BDSG.
63 Veraltungszwang hält *Brink* in: Wolff/Brink BDSG § 38 Rn. 85, für zulässig; aA *v. Lewinski*, in: Auernhammer BDSG § 38 Rn. 83.
64 AA *Plath* in: Plath BDSG § 38 Rn. 67.
65 Vgl. *Grittmann* in: Taeger/Gabel BDSG § 38 Rn. 40 f.; *v. Lewinski* in: Auernhammer BDSG § 38 Rn. 81 ff.; *Petri* in: Simitis BDSG § 38 Rn. 74; *Gola/Klug/Körffer* in: Gola/Schomerus BDSG § 38 Rn. 27 f.
66 § 43 Abs. 1 Nr. 2 BDSG.
67 *Brink* in: Wolff/Brink BDSG § 38 Rn. 85; *v. Lewinski* in: Auernhammer BDSG § 38 Rn. 81.
68 *Brink* in: Wolff/Brink BDSG § 38 Rn. 83.

3. Schutz der effektiven Durchführung des Kapitels VII

Zusätzliche Befugnisse iSd Abs. 6 dürfen die effektive Durchführung des 120 Kapitels VII (Zusammenarbeit und Kohärenz) nicht beeinträchtigen. Einer Aufsichtsbehörde dürfen also keine Befugnisse verliehen werden, sich über die dortigen Vorschriften hinwegzusetzen.

Der Schutz der effektiven Durchführung des Kapitels VII muss auch für 121 weitere Befugnisse außerhalb des Anwendungsbereichs der DSGVO (→ Rn. 119) gelten; allerdings ist nicht ersichtlich, welche Befugnis außerhalb des Anwendungsbereichs der DSGVO die Zusammenarbeit und Kohärenz innerhalb dieses Anwendungsbereichs beeinträchtigen könnte.

4. Schutz der effektiven Arbeit der Aufsichtsbehörde insgesamt

Abs. 6 enthält keinen Vorbehalt zugunsten des Schutzes der Effektivität der 122 Tätigkeit der Aufsichtsbehörde insgesamt. Durch zusätzliche Befugnisse innerhalb wie außerhalb des Anwendungsbereichs könnte diese durchaus beeinträchtigt werden.

Ein solcher Schutz ergibt sich aber aus der angeordneten völligen Unabhängigkeit (Art. 52 Abs. 1) und dem Effektivitätsgebot (Art. 52 Abs. 4).

C. Geplante Umsetzung

Die in Art. 58 genannten Befugnisse der Aufsichtsbehörde stehen dieser mit 123 unmittelbarer Geltung zur Verfügung.

I. Umsetzung innerhalb des Anwendungsbereichs der DSGVO

Problematisch erscheint § 16 Abs. 1 BDSG-E, da er der Aufsichtsbehörde 124 die Ausübung der meisten ihrer Abhilfebefugnisse vorenthält, bevor sie der Rechts- oder Fachaufsicht des Verantwortlichen Gelegenheit zur Stellungnahme gegeben hat oder Gefahr im Verzug bzw. ein zwingendes öffentliches Interesse zum sofortigen Handeln zwingt. Diese Einschränkung ist in der DSGVO nicht vorgesehen. Die Regelung mindert die Effektivität der Befugnisausübung der Aufsichtsbehörde und greift so in ihre völlige Unabhängigkeit ein. Sie nimmt der Aufsichtsbehörde Instrumente, die ihr mit unmittelbarer Geltung zuerkannt werden. Die Regelung wird gestützt auf Art. 58 Abs. 4, der auf die nationalen Vorschriften u.a. über das Verfahrensrecht verweist. Dies begegnet Bedenken, denn die Einschränkungen betreffen nicht nur das „Wie" der Befugnisausübung, sondern für ggf. lange Zeiträume das „Ob". Wird dann über die Angemessenheit der Frist oder die Fehlerfreiheit der Ermessensausübung gestritten, so wird die Aufsichtsbehörde in ihrer Befugnisausübung langfristig gehindert. Dies erscheint unionsrechtswidrig.

Andererseits ist das Regelungsziel durchaus legitim. Es ist zu vermeiden, dass die Aufsichtsbehörde vom Verantwortlichen verbindlich eine Änderung/Beendigung einer Datenverarbeitung verlangt, dessen Fach- oder Rechtsaufsicht ihm die Datenverarbeitung so vorschreibt. Verantwortliche dürfen nicht zwischen verschiedenen Aufsichtsbehörden „zerrieben" werden.

Dennoch erscheint der Weg des § 16 Abs. 1 BDSG-E falsch.

125   Alternativ sind folgende Szenarien denkbar, wenn sich ein Konflikt zwischen Aufsichtsbehörde und Fach-/Rechtsaufsicht abzeichnet:

1. Die Aufsichtsbehörde kann der Fach-/Rechtsaufsicht freiwillig Gelegenheit zur Stellungnahme geben. Dies bietet sich im Rahmen der Verfahrensgestaltung an, insbesondere, um den Sachverhalt vollständig zu erfassen und unnötige spätere Gerichtsverfahren zu vermeiden.

2. Der Verantwortliche kommuniziert das sich abzeichnende Problem seinerseits der Fach-/Rechtsaufsicht, die sich dann mit der Aufsichtsbehörde zusammen- oder auseinandersetzen kann.

3. Das in § 16 Abs. 1 BDSG-E behandelte Problem könnte auf eine Unvollkommenheit des Begriffs des Verantwortlichen hindeuten. Wenn z.B. eine Kommune aus fachrechtlichen Gründen ein standardisiertes Verfahren betreiben muss, so mag sie, weil sie es betreibt, Verantwortlicher sein. Bei Licht betrachtet ist sie aber jedenfalls nicht alleine diejenige, die „über die Zwecke und Mittel der Verarbeitung von personenbezogenen Daten entscheidet" (Art. 4 Nr. 7 → Art. 4 Rn. 135). Während die Kommune also die „Betreiberverantwortlichkeit" trifft, kann die Fachaufsicht[69], die ein bestimmtes Verfahren verpflichtend vorschreibt, als „Auswahlverantwortlicher" in Frage kommen. Bei der Ausübung von Befugnissen sollte die Aufsichtsbehörde also darauf achten, denjenigen zu treffen, der wirklich entscheiden kann.

II. Regelung außerhalb des Anwendungsbereichs der DSGVO

126   Außerhalb des Anwendungsbereichs der DSGVO belässt § 16 Abs. 2 BDSG-E der Aufsichtsbehörde gegenüber öffentlichen Stellen nur die Beanstandung, die Aufforderung zur Stellungnahme und die Warnung. Weitere Befugnisse bestehen nicht (zur Möglichkeit, im Rahmen der Tätigkeitsberichte „Ross und Reiter zu nennen", vgl. aber Art. 59).

§ 16 Abs. 2 BDSG-E soll sowohl innerhalb als auch außerhalb des Anwendungsbereichs der RL 2016/680 gelten.[70]

Artikel 59 Tätigkeitsbericht

[1]Jede Aufsichtsbehörde erstellt einen Jahresbericht über ihre Tätigkeit, der eine Liste der Arten der gemeldeten Verstöße und der Arten der getroffenen Maßnahmen nach Artikel 58 Absatz 2 enthalten kann. [2]Diese Berichte werden dem nationalen Parlament, der Regierung und anderen nach dem Recht der Mitgliedstaaten bestimmten Behörden übermittelt. [3]Sie werden der Öffentlichkeit, der Kommission und dem Ausschuss zugänglich gemacht.

---

69   Oder die Rechtsaufsicht; dass eine reine Rechtsaufsichtsbehörde aber ein bestimmtes Verfahren vorschreibt, dürfte eher untypisch sein.
70   BT-Drs. 18/11325, S. 87 ff.

Verwandte Normen: –

Literatur:

Körffer, in: Paal/Pauly (Hrsg.), Datenschutz-Grundverordnung, 1. Auflage 2017, Art. 59; *Ziebarth*, Demokratische Legitimation und Unabhängigkeit der deutschen Datenschutzbehörden: warum das durch die Rechtsprechung des EuGH (Rs. C-518/07, CR 2010, 339 und Rs. C-614/10) Erreichte durch den Entwurf für eine Datenschutz-Grundverordnung gefährdet wird, CR 2013, 60.

A. Grundlagen

Art. 59 verpflichtet die Aufsichtsbehörde, einen Tätigkeitsbericht zu veröf-   1
fentlichen. Dies ist in Deutschland seit Jahrzehnten Praxis[1] und war auch
in Art. 28 Abs. 5 Datenschutz-RL vorgeschrieben.

Diese Berichte enthalten nicht nur eine Sammlung von Verstößen. Es wer-   2
den auch Entwicklungen beschrieben. Parlament, Regierung usw erhalten
so wertvolle Hinweise für die politische Arbeit.[2]

Eine Erwähnung eines Verantwortlichen oder Auftragsverarbeiters im Tä-   3
tigkeitsbericht legt Mängel und Verstöße in Bezug auf das Datenschutzrecht offen. Alleine die „negative Presse" ist Grund genug, von erkannten
Verstößen Abstand zu nehmen. Die Drohkulisse mag für Aufsichtsbehörde
und Datenschutzbeauftragten gegenüber Verantwortlichen oder Auftragsverarbeitern auch ein Argument dafür sein, den datenschutzrechtlich zulässigen Weg zu gehen. Die Nennung von „Ross und Reiter" mag in manchen
Fällen unvermeidbar, in anderen gewünschter Teil einer Sanktionierung[3]
sein. Sie hat jedenfalls sachlich und unter Beachtung des Verhältnismäßigkeitsgrundsatzes zu erfolgen.[4]

Die Berichte sind auch ein guter Anhaltspunkt für Datenschutzbeauftragte.   4
Wenn ein Verstoß bei der Verarbeitung durch andere Stellen (womöglich
derselben Branche) vorgekommen ist, liegt es nahe, den Sachverhalt auch
in der eigenen Organisation zu prüfen. IdR enthalten die Tätigkeitsberichte
auch Hinweise, wie eine Maßnahme rechtskonform umgesetzt werden
kann. Schließlich können die Berichte auch helfen, unnötige Investitionen
(in Privatdetektive, Videokameras oä) zu vermeiden, wo deren Einsatz als
rechtswidrig erkennbar ist.

Zudem helfen die Berichte Jedermann, seine Betroffenenrechte geltend zu   5
machen, da sie oft erst dafür sensibilisieren, in welchen Situationen Datenverarbeitung (un-) zulässig ist.[5]

Die Berichte der deutschen Aufsichtsbehörden für die Vergangenheit sind   6
bei den Parlamenten, Aufsichtsbehörden, in Bibliotheken usw erhältlich.

---

1 Der erste Bericht des HDSB datiert von 1972, der erste im Bund von 1979.
2 *Schiedermair* in: Wolff/Brink, Beck'scher Online-Kommentar Datenschutzrecht, 16.
   Ed. Stand: 1.5.2016, § 38 Rn. 2.
3 Von „Prangerwirkung" sprechen *Gola/Klug/Körffer* in: Gola/Schomerus, BDSG,
   12. Aufl. 2015, § 28 Rn. 2; zustimmend *Schiedermair* in: Wolff/Brink, 16. Ed. Stand:
   1.5.2016, § 38 Rn. 3.
4 *Petri* in: Simitis BDSG § 38 Rn. 46; *Schiedermair* in: Wolff/Brink, 16. Ed. Stand:
   1.5.2016, § 38 Rn. 3.
5 *Hullen* in: Plath BDSG § 26 Rn. 3.

Ein verdienstvolles Projekt der Technischen Hochschule Mittelhessen sammelt alle Berichte zentral und stellt sie im Internet zur Verfügung.[6]

B. Kommentierung

7   Nach Art. 59 erstellt jede Aufsichtsbehörde einen „Jahresbericht". Damit werden abweichende Berichtszeiträume[7] nicht mehr zulässig sein.[8]

8   Die Berichte können, müssen also nicht, eine Liste enthalten, die auf Grundlage des gem. Art. 57 Abs. 1 lit. u gefertigten internen Verzeichnisses erstellt wird und lediglich die Arten der Verstöße der getroffenen Maßnahmen enthält. Die Liste ist also ein Extrakt des Verzeichnisses, das im Übrigen „intern" zu bleiben hat (→ Art. 57 Rn. 64).

9   Die Berichte werden dem Parlament und der Regierung des Mitgliedstaats bzw. dessen zuständiger föderaler Ebene vorgelegt. Der Wortlaut, der vom „nationalen Parlament" spricht, ist insoweit missverständlich. Die Übermittlung an andere Behörden kann mitgliedstaatlich geregelt werden.

10   Da die völlig unabhängige Aufsichtsbehörde nicht weisungsgebunden und nicht in die Ministerialhierarchie eingebunden ist, braucht sie andere Quellen der demokratischen Legitimation. Die Wahl der Mitglieder durch das Parlament ist ein Baustein hierfür, die parlamentarische Kontrolle auch über das Institut des Tätigkeitsberichts ein weiterer.[9]

11   Die Berichte werden außerdem veröffentlicht sowie „der Kommission und dem Ausschuss zugänglich gemacht", wobei nicht einleuchtet, warum die Veröffentlichung nicht ausreichen sollte, damit sie Kommission und Ausschuss nach Art. 68 zugänglich sind. Hier soll wohl eine Bringschuld der Aufsichtsbehörde betont und eine Holschuld der Kommission bzw des Ausschusses ausgeschlossen werden.

12   In welcher Form sie veröffentlicht werden, ist nicht geregelt. In der Praxis sind sie oft sowohl als Parlamentsdrucksache, als auch als gedruckte Broschüre erhältlich. Dass sie zusätzlich im Internet veröffentlicht werden, dürfte sich heutzutage von selbst verstehen; unionsrechtlich verbindlich ist dies jedoch nicht.[10]

C. Geplante Umsetzung

13   § 15 BDSG-E konkretisiert die Vorschrift, indem er das zu informierende Parlament benennt. Dies ist auf Bundesebene der Deutsche Bundestag, aber auch der Bundesrat. Mit Recht dehnt § 15 BDSG-E die Regelung des Art. 59 über den Anwendungsbereich der DSGVO hinaus aus. Damit setzt er zugleich Art. 49 RL (EU) 2016/680 um und regelt das Berichtswesen in den Bereichen, die nicht dem Unionsrecht unterfallen. § 15 BDSG-E er-

---

6   Zentralarchiv für Tätigkeitsberichte des Bundes- und der Landesdatenschutzbeauftragten und der Aufsichtsbehörden für den Datenschutz, https://www.thm.de/zaft-da/.
7   Vgl. etwa § 26 Abs. 1 S. 1 BDSG, § 31 Abs. 2 LDSG BW: zwei Jahre.
8   Dazu *Körffer* in: Paal/Pauly DSGVO Art. 59 Rn. 2.
9   *von Lewinski* in: Auernhammer BDSG, 4. Aufl. 2014, § 26 Rn. 6; *Ziebarth* CR 2013, 60, 62.
10   AA *Laue/Nink/Kremer*, S. 278.

scheint damit gegenüber § 14 BDSG-E als erfreulich schlanker, Redundanzen und Fehlerquellen vermeidender Kontrast.

Kapitel VII Zusammenarbeit und Kohärenz

Abschnitt 1 Zusammenarbeit

Artikel 60 Zusammenarbeit zwischen der federführenden Aufsichtsbehörde und den anderen betroffenen Aufsichtsbehörden

(1) [1]Die federführende Aufsichtsbehörde arbeitet mit den anderen betroffenen Aufsichtsbehörden im Einklang mit diesem Artikel zusammen und bemüht sich dabei, einen Konsens zu erzielen. [2]Die federführende Aufsichtsbehörde und die betroffenen Aufsichtsbehörden tauschen untereinander alle zweckdienlichen Informationen aus.

(2) Die federführende Aufsichtsbehörde kann jederzeit andere betroffene Aufsichtsbehörden um Amtshilfe gemäß Artikel 61 ersuchen und gemeinsame Maßnahmen gemäß Artikel 62 durchführen, insbesondere zur Durchführung von Untersuchungen oder zur Überwachung der Umsetzung einer Maßnahme in Bezug auf einen Verantwortlichen oder einen Auftragsverarbeiter, der in einem anderen Mitgliedstaat niedergelassen ist.

(3) [1]Die federführende Aufsichtsbehörde übermittelt den anderen betroffenen Aufsichtsbehörden unverzüglich die zweckdienlichen Informationen zu der Angelegenheit. [2]Sie legt den anderen betroffenen Aufsichtsbehörden unverzüglich einen Beschlussentwurf zur Stellungnahme vor und trägt deren Standpunkten gebührend Rechnung.

(4) Legt eine der anderen betroffenen Aufsichtsbehörden innerhalb von vier Wochen, nachdem sie gemäß Absatz 3 des vorliegenden Artikels konsultiert wurde, gegen diesen Beschlussentwurf einen maßgeblichen und begründeten Einspruch ein und schließt sich die federführende Aufsichtsbehörde dem maßgeblichen und begründeten Einspruch nicht an oder ist der Ansicht, dass der Einspruch nicht maßgeblich oder nicht begründet ist, so leitet die federführende Aufsichtsbehörde das Kohärenzverfahren gemäß Artikel 63 für die Angelegenheit ein.

(5) [1]Beabsichtigt die federführende Aufsichtsbehörde, sich dem maßgeblichen und begründeten Einspruch anzuschließen, so legt sie den anderen betroffenen Aufsichtsbehörden einen überarbeiteten Beschlussentwurf zur Stellungnahme vor. [2]Der überarbeitete Beschlussentwurf wird innerhalb von zwei Wochen dem Verfahren nach Absatz 4 unterzogen.

(6) Legt keine der anderen betroffenen Aufsichtsbehörden Einspruch gegen den Beschlussentwurf ein, der von der federführenden Aufsichtsbehörde innerhalb der in den Absätzen 4 und 5 festgelegten Frist vorgelegt wurde, so gelten die federführende Aufsichtsbehörde und die betroffenen Aufsichtsbehörden als mit dem Beschlussentwurf einverstanden und sind an ihn gebunden.

(7) [1]Die federführende Aufsichtsbehörde erlässt den Beschluss und teilt ihn der Hauptniederlassung oder der einzigen Niederlassung des Verantwortlichen oder gegebenenfalls des Auftragsverarbeiters mit und setzt die anderen betroffenen Aufsichtsbehörden und den Ausschuss von dem betreffenden Beschluss einschließlich einer Zusammenfassung der maßgeblichen

Fakten und Gründe in Kenntnis. [2]Die Aufsichtsbehörde, bei der eine Beschwerde eingereicht worden ist, unterrichtet den Beschwerdeführer über den Beschluss.

(8) Wird eine Beschwerde abgelehnt oder abgewiesen, so erlässt die Aufsichtsbehörde, bei der die Beschwerde eingereicht wurde, abweichend von Absatz 7 den Beschluss, teilt ihn dem Beschwerdeführer mit und setzt den Verantwortlichen in Kenntnis.

(9) [1]Sind sich die federführende Aufsichtsbehörde und die betreffenden Aufsichtsbehörden darüber einig, Teile der Beschwerde abzulehnen oder abzuweisen und bezüglich anderer Teile dieser Beschwerde tätig zu werden, so wird in dieser Angelegenheit für jeden dieser Teile ein eigener Beschluss erlassen. [2]Die federführende Aufsichtsbehörde erlässt den Beschluss für den Teil, der das Tätigwerden in Bezug auf den Verantwortlichen betrifft, teilt ihn der Hauptniederlassung oder einzigen Niederlassung des Verantwortlichen oder des Auftragsverarbeiters im Hoheitsgebiet ihres Mitgliedstaats mit und setzt den Beschwerdeführer hiervon in Kenntnis, während die für den Beschwerdeführer zuständige Aufsichtsbehörde den Beschluss für den Teil erlässt, der die Ablehnung oder Abweisung dieser Beschwerde betrifft, und ihn diesem Beschwerdeführer mitteilt und den Verantwortlichen oder den Auftragsverarbeiter hiervon in Kenntnis setzt.

(10) [1]Nach der Unterrichtung über den Beschluss der federführenden Aufsichtsbehörde gemäß den Absätzen 7 und 9 ergreift der Verantwortliche oder der Auftragsverarbeiter die erforderlichen Maßnahmen, um die Verarbeitungstätigkeiten all seiner Niederlassungen in der Union mit dem Beschluss in Einklang zu bringen. [2]Der Verantwortliche oder der Auftragsverarbeiter teilt der federführenden Aufsichtsbehörde die Maßnahmen mit, die zur Einhaltung des Beschlusses ergriffen wurden; diese wiederum unterrichtet die anderen betroffenen Aufsichtsbehörden.

(11) Hat – in Ausnahmefällen – eine betroffene Aufsichtsbehörde Grund zu der Annahme, dass zum Schutz der Interessen betroffener Personen dringender Handlungsbedarf besteht, so kommt das Dringlichkeitsverfahren nach Artikel 66 zur Anwendung.

(12) Die federführende Aufsichtsbehörde und die anderen betroffenen Aufsichtsbehörden übermitteln einander die nach diesem Artikel geforderten Informationen auf elektronischem Wege unter Verwendung eines standardisierten Formats.

Verwandte Normen: ErwGr 126

Literatur:
Dammann, Erfolge und Defizite der EU-Datenschutzgrundverordnung – Erwarteter Fortschritt, Schwächen und überraschende Innovationen, ZD 2016, 307; *Nöhmer*, Das Recht auf Anhörung im europäischen Verwaltungsverfahren, Tübingen, 2013.

A. Grundlagen

I. Gesamtverständnis und Zweck der Norm

1 Art. 60 basiert auf dem neuen Konzept einer federführenden Behörde bei der europäischen Datenschutzaufsicht, das eine kohärente Anwendung der DSGVO bei grenzüberschreitenden Datenverarbeitungen im europäischen Aufsichtsverbund sicherstellen soll (zum Aufsichtsverbund im europäischen Datenschutzrecht → Art. 56 Rn. 7 ff.).

2 Der umfangreiche Art. 60 ergänzt die zuständigkeitsbegründende Vorschrift des Art. 56 um detaillierte Verfahrensregelungen für die Zusammenarbeit der federführenden Aufsichtsbehörde mit anderen betroffenen Aufsichtsbehörden im Hinblick auf eine konkrete Angelegenheit. Das Verfahren der Zusammenarbeit endet mit dem Beschluss einer Aufsichtsbehörde, der entweder (1) einen Verstoß des Verantwortlichen oder Auftragsverarbeiters gegen die DSGVO feststellt und Anordnungen zur Beseitigung des Verstoßes trifft oder (2) damit zugleich einer Beschwerde stattgibt oder (3) diese Beschwerde ablehnt oder abweist. Die Festlegung einzelner Verfahrensschritte strukturiert die Zusammenarbeit zwischen der federführenden und den betroffenen Aufsichtsbehörden, die durch Fristenregelungen zudem zeitlich gestrafft wird.

3 Schließlich verweist Abs. 10 auf die Verpflichtung des Verantwortlichen oder Auftragsverarbeiters, den Beschluss der federführenden Aufsichtsbehörde durch geeignete Maßnahmen umzusetzen und sie hierüber zu informieren.

II. Bisherige Rechtslage

Die DS-RL kannte das Konzept der federführenden Aufsichtsbehörde   **4**
nicht. Ihr lag ein dezentrales Aufsichtsmodell zugrunde,[1] das insbesondere
bei grenzüberschreitenden Sachverhalten zu Zuständigkeitskonflikten führen konnte. Den dabei entstehenden Abstimmungsbedarf adressierte
Art. 28 Abs. 6 UAbs. 2 DS-RL nur unzureichend durch die nicht näher spezifizierte Pflicht zur gegenseitigen Zusammenarbeit → Art. 56 Rn. 4.

III. Entstehung der Norm

Der Kommissionsvorschlag enthielt noch keine Verfahrensregelungen für   **5**
die Zusammenarbeit der federführenden Behörde mit anderen Aufsichtsbehörden (→ Art. 56 Rn. 5). Demgegenüber sah der Standpunkt des Europäischen Parlaments ein alternatives Kohärenzverfahren mit einer federführenden Behörde als zentralen Ansprechpartner vor und regelte deren Zusammenwirken mit den anderen Aufsichtsbehörden sowie dem Europäischen Datenschutzausschuss.[2] Die vorliegende Endfassung des Art. 60
geht jedoch im Wesentlichen auf den Standpunkt des Rates zurück, der
zwar Vorschläge des Parlaments aufgreift, das Zusammenwirken zwischen
federführender Behörde und anderen betroffenen Aufsichtsbehörden aber
differenzierter regelt. Die durch die nachträgliche Einfügung entstandenen
redaktionellen Unstimmigkeiten wurden jedoch nicht beseitigt (→ Rn. 36
und 39).

B. Kommentierung

I. Grundprinzipien der Zusammenarbeit – Abs. 1

Abs. 1 nennt Grundprinzipien der Zusammenarbeit zwischen federführen-   **6**
der Behörde und anderen betroffenen Aufsichtsbehörden, die in den nachfolgenden Absätzen jeweils konkretisiert werden. Hierzu zählen die Pflicht
zur Zusammenarbeit, das Konsensprinzip und die Pflicht zum gegenseitigen Informationsaustausch.

1. Pflicht zur Zusammenarbeit

Abs. 1 S. 1 verpflichtet die federführende Behörde zur Zusammenarbeit mit   **7**
anderen betroffenen Aufsichtsbehörden nach Maßgabe der nachfolgenden
Absätze. Die Zusammenarbeit im Rahmen des Art. 60 ist **einzelfallbezo-
gen**, also mit Blick auf ein konkretes Aufsichtsverfahren konzeptionalisiert.
Als verbundtypisches kooperatives Element trägt sie zur Ausbildung eines
Aufsichtsverbundes beim Vollzug der DSGVO bei.

Die Zuständigkeit der federführenden Behörde bestimmt sich nach Art. 56   **8**
Abs. 1. Der Begriff der **betroffenen Aufsichtsbehörde** ist in Art. 4 Nr. 22 legaldefiniert. Danach sind Aufsichtsbehörden dann betroffen, wenn sie von
der Verarbeitung personenbezogener Daten betroffen sind, weil entweder
(1) der Verantwortliche oder der Auftragsverarbeiter im Hoheitsgebiet des

---

1 *Schneider* in: Wolff/Brink Datenschutzrecht Syst. B Rn. 146; *Simitis* in: Simitis
   BDSG Einleitung Rn. 226.
2 S. Art. 54 a, 55 Abs. 1 S. 3 idF der Standpunktes des Europäischen Parlaments
   v. 12.3.2014, P7_TA(2014)0212.

Mitgliedstaates dieser Aufsichtsbehörde niedergelassen ist oder (2) diese Verarbeitung erhebliche Auswirkungen auf Betroffene mit Wohnsitz im Mitgliedstaat dieser Aufsichtsbehörde hat oder (3) eine Beschwerde bei dieser Aufsichtsbehörde eingereicht wurde.

9   Die Verpflichtung zur Zusammenarbeit nach Maßgabe der nachfolgenden Absätze verdeutlicht, dass keine weiteren Vereinbarungen zwischen den konkret beteiligten Aufsichtsbehörden über die Zusammenarbeit erforderlich sind.[3]

2. Konsensprinzip

10   Die federführende Behörde muss sich zudem nach Abs. 1 S. 1 Var. 2 bemühen, im Rahmen der Zusammenarbeit mit anderen betroffenen Behörden nach Art. 60 einen Konsens zu erzielen. Abs. 3 konkretisiert das Konsensprinzip, indem er die federführende Behörde dazu anhält, den Standpunkten der betroffenen Aufsichtsbehörden zum Beschlussentwurf der federführenden Behörde gebührend Rechnung zu tragen. Das **Bemühen** um Konsens bedeutet indes **keinen Zwang zum Konsens**. Ist die federführende Behörde der Auffassung, dass der Einspruch einer anderen betroffenen Behörde nicht maßgeblich oder nicht begründet ist, kann sie nach Abs. 4 das Kohärenzverfahren gem. Art. 63 einleiten.

3. Pflicht zum Informationsaustausch

11   Die Pflicht des Abs. 1 S. 2 zum gegenseitigen Austausch zweckdienlicher Informationen legitimiert insbesondere den Austausch personenbezogener Daten,[4] aber auch sonstiger Informationen zwischen der federführenden und den anderen betroffenen Aufsichtsbehörden. Dabei sind Gegenstand und Umfang des Informationsaustauschs durch das Merkmal der **Zweckdienlichkeit** begrenzt. Informationen sind nur dann zweckdienlich, wenn und soweit sie einen Beitrag zur effektiven Bearbeitung einer konkreten Angelegenheit, mit der eine Aufsichtsbehörde befasst ist, leisten können.

II. Amtshilfeersuchen und gemeinsame Maßnahmen – Abs. 2

12   Abs. 2 enthält einen **deklaratorischen Verweis** auf die nach Art. 61 und 62 ohnehin bestehende Möglichkeit der federführenden Behörde, andere betroffene Aufsichtsbehörden um Amtshilfe zu ersuchen oder gemeinsame Maßnahmen durchzuführen. Der Verweis stellt insoweit klar, dass ein Amtshilfeersuchen oder gemeinsame Maßnahmen Teil des auf den Erlass eines Beschlusses gerichteten Verfahrens der Zusammenarbeit sein können.

III. Konsultationsverfahren – Abs. 3–6

13   Bevor ein Beschluss gefasst werden kann, muss sich die federführende Behörde in einem Konsultationsverfahren mit den anderen betroffenen Behörden abstimmen (Abs. 3–6). Das Konsultationsverfahren beginnt mit der Informationsübermittlung durch die federführende Behörde an die anderen

---

3   Vgl. auch Erwägungsgrund 123.
4   Vgl. schon *Dammann/Simitis* DS-RL Art. 28 Rn. 21.

betroffenen Aufsichtsbehörden und kann mit Blick auf die verschiedenen Reaktionsmöglichkeiten der Beteiligten unterschiedlich enden.

1. Anhörungserfordernis

Obwohl als elementarer Rechtsgrundsatz im Völker- sowie unionalen und nationalen Verfassungsrecht verankert,[5] sehen weder Art. 60 noch die übrigen Artikel der DSGVO die **Anhörung des Verantwortlichen** oder Auftragsverarbeiters vor der Beschlussfassung als eigenen Verfahrensschritt vor. Immerhin erwähnt Erwägungsgrund 129 das Recht einer jeden Person, gehört zu werden, bevor eine individuelle Maßnahme getroffen wird, die nachteilige Auswirkungen auf diese Person hätte.   **14**

Da die Anhörung nicht nur dem (vorverlagerten) Rechtsschutz des Adressaten dient, sondern auch eine objektivrechtliche Funktion der Sachverhaltsermittlung erfüllt,[6] ist die Anhörung des Verantwortlichen oder Auftragsverarbeiters als Beschlussadressaten **schon vor der Erstellung des ersten Beschlussentwurfs** der federführenden Behörde und zusätzlich bei jeder weiteren Modifikation des Beschlussentwurfs zu Lasten des Adressaten geboten.   **15**

Eine **Anhörung des Beschwerdeführers** ist regelmäßig entbehrlich, da er bereits im Rahmen der Beschwerdebegründung die Möglichkeit hatte, seine Sicht der Sach- und Rechtslage darzulegen.   **16**

2. Informationsübermittlung und Gelegenheit zur Stellungnahme

Sobald die federführende Behörde mit einer nach Art. 56 Abs. 1 oder Abs. 4 in ihre Zuständigkeit fallenden Angelegenheit befasst ist, hat sie unverzüglich die anderen betroffenen Aufsichtsbehörden zu konsultieren. Hierbei sind den betroffenen Behörden gem. Abs. 3 S. 1 die zweckdienlichen Informationen zu der Angelegenheit zu übermitteln (zum Begriff der Zweckdienlichkeit → Rn. 11; zur Form der Informationsübermittlung → Rn. 38 ff.). Zudem ist – nicht notwendig gleichzeitig mit der Informationsübermittlung und jedenfalls erst nachdem der Beschlussadressat im Rahmen einer Anhörung Gelegenheit zur Stellungnahme hatte – den betroffenen Behörden unverzüglich ein Beschlussentwurf der federführenden Behörde vorzulegen und ihnen die Gelegenheit zu Stellungnahme einzuräumen.   **17**

3. Reaktionsmöglichkeiten der betroffenen Aufsichtsbehörden

Im Rahmen der Konsultation durch die federführende Behörde haben die betroffenen Aufsichtsbehörden verschiedene Reaktionsmöglichkeiten.   **18**

a) Schweigen

Die betroffenen Aufsichtsbehörden können den Beschlussentwurf gänzlich unkommentiert lassen. In diesem Falle deutet Abs. 6 das Schweigen der betroffenen Behörde als **Einverständnis** mit dem Beschlussentwurf und   **19**

---

5 Grundlegend *Nöhmer*, S. 65 ff.
6 Vgl. statt aller *Ritgen* in: Knack/Henneke VwVfG § 28 Rn. 6 f.

knüpft daran die Bindungswirkung des Beschlussentwurfs für die betroffene Behörde (→ Rn. 22).

b) Abgabe einer Stellungnahme, ggf. eigener Beschlussentwurf

20   Die betroffenen Aufsichtsbehörden können eine Stellungnahme zu dem Beschlussentwurf abgeben, dem die federführende Behörde gebührend Rechnung tragen muss, indem sie ggf. den Beschlussentwurf modifiziert. Die Pflicht zur **gebührenden Berücksichtigung** bedeutet, dass die federführende Behörde sich mit den von einer betroffenen Behörde vorgetragenen Standpunkten und Argumenten auseinandersetzen muss, von diesen aber aus sachgerechten Gründen abweichen kann. Wurde eine Beschwerde bei einer Aufsichtsbehörde eingereicht, die nicht federführende Behörde ist, verweist Erwägungsgrund 130 sogar auf die Pflicht der federführenden Behörde zur weitestgehenden Berücksichtigung der Stellungnahme dieser Beschwerdebehörde. Die Pflicht zur **weitestgehenden Berücksichtigung** bürdet der federführenden Behörde hohe Rechtfertigungslasten auf, falls sie von der Stellungnahme der Beschwerdebehörde abweichen möchte. Ein solches Abweichen ist dann nur noch aus zwingenden Gründen möglich.

Hat die federführende Behörde von ihrem Selbsteintrittsrecht **bei örtlichen Fällen** gem. Art. 56 Abs. 4 Gebrauch gemacht, kann die Aufsichtsbehörde, die die federführende Behörde über den örtlichen Fall unterrichtet hat, derselben gem. Art. 56 Abs. 4 S. 2 einen Beschlussentwurf vorlegen, den die federführende Behörde dann gem. Art. 56 Abs. 4 S. 3 bei der Ausarbeitung ihres Beschlussentwurfs nach Abs. 3 ebenfalls weitestgehend zu berücksichtigen hat und von dem sie nur aus zwingenden Gründen abweichen kann.

c) Einspruch gegen Beschlussentwurf

21   Die betroffenen Aufsichtsbehörden können gegen den Beschlussentwurf einen maßgeblichen und begründeten Einspruch einlegen. Ein solcher maßgeblicher und begründeter Einspruch bezeichnet gem. Art. 4 Nr. 24 einen Einspruch gegen einen Beschlussentwurf im Hinblick darauf, ob ein Verstoß gegen die DSGVO vorliegt oder ob beabsichtigte Maßnahmen gegen den Verantwortlichen oder Auftragsverarbeiter im Einklang mit der DSGVO stehen, wobei aus diesem Einspruch die Tragweite der Risiken klar hervorgeht, die von dem Beschlussentwurf in Bezug auf die Grundrechte und Grundfreiheiten der betroffenen Personen und ggf. den freien Verkehr personenbezogener Daten in der Union ausgehen. Abs. 4 sieht eine **Einspruchsfrist** von vier Wochen ab der Gelegenheit zur Stellungnahme vor.

4. Reaktionsmöglichkeiten der federführenden Behörde

a) bei Einverständnisfiktion

22   Haben die betroffenen Behörden weder eine Stellungnahme abgegeben noch einen Einspruch gegen den Beschlussentwurf innerhalb der Einspruchsfrist eingelegt, gelten die betroffenen Behörden gem. Abs. 6 als mit dem Beschlussentwurf einverstanden und sind an ihn gebunden. Die federführende Behörde kann sodann den **Beschluss nach Abs. 7** erlassen (→ Rn. 26 ff.).

b) bei Stellungnahmen der betroffenen Behörden

Die Stellungnahme einer betroffenen Aufsichtsbehörde hat die federführen-   23
de Behörde gebührend zu berücksichtigen. Dadurch kann ggf. die **Modifikation des Beschlussentwurfs** notwendig werden. Die DSGVO enthält jedoch keine Angaben darüber, wie nach einer Änderung des Beschlussent-
wurfes infolge einer Stellungnahme zu verfahren ist. Mit Blick auf das
Konsensprinzip des Abs. 1 und die Verfahrenspositionen der anderen betroffenen Aufsichtsbehörden kommt nur die erneute Vorlage des modifizierten Beschlussentwurfs an die betroffenen Aufsichtsbehörden analog
Abs. 5 S. 2 in Betracht. Im Sinne eines zügigen Verfahrensfortganges haben
die betroffenen Behörden dann aber keine Gelegenheit zur Stellungnahme
mehr. Sie sind vielmehr auf die Möglichkeit eines maßgeblichen und begründeten Einspruchs innerhalb einer Einspruchsfrist von zwei Wochen beschränkt (zur strengen Prüfung von Präklusionskriterien wegen einer theoretisch möglichen Endlosschleife von Einspruch – Modifikation – erneutem
Einspruch siehe auch → Rn. 25). Abweichungen von der Stellungnahme
sind von der federführenden Behörde durch sachgerechte Erwägungen zu
begründen.

c) bei Einsprüchen

Schließt sich die federführende Behörde einem aus ihrer Sicht maßgebli-   24
chen und begründeten Einspruch einer betroffenen Behörde nicht an oder
hält sie den Einspruch für nicht maßgeblich oder nicht begründet, leitet sie
gem. Abs. 4 das **Kohärenzverfahren** nach Art. 63 für die Angelegenheit ein.
Im Rahmen dieses Kohärenz- bzw. Streitbeilegungsverfahrens erlässt der
Europäische Datenschutzausschuss[7] gem. Art. 65 Abs. 1 lit. a einen an die
federführende und alle betroffenen Aufsichtsbehörden gerichteten, für diese verbindlichen Beschluss über alle Fragen, die Gegenstand des maßgeblichen und begründeten Einspruchs sind. Auf der Grundlage dieses verbindlichen Beschlusses erlässt sodann die federführende oder ggf. die Beschwerdebehörde unverzüglich, aber spätestens innerhalb eines Monats, gem.
Art. 65 Abs. 6 einen endgültigen Beschluss, der auf den verbindlichen Beschluss des Ausschusses verweist.

Beabsichtigt die federführende Behörde dagegen, sich dem maßgeblichen   25
und begründeten Einspruch anzuschließen, leitet sie den betroffenen Aufsichtsbehörden gem. Abs. 5 S. 1 einen **überarbeiteten Beschlussentwurf** zu,
gegen den die betroffenen Behörden dann gem. Abs. 5 S. 2 binnen einer
Frist von zwei Wochen erneut einen maßgeblichen oder begründeten Einspruch einlegen können. Da dieses Procedere mangels geeigneter ausdrücklicher Vorkehrungen in Art. 60 theoretisch endlos möglich ist, die DSGVO
aber auf ein zügiges Verfahren zielt, ist eine strenge Prüfung von Präklusionskriterien angezeigt.

---

7 Die in Art. 65 verwendete Kurzbezeichnung „Ausschuss" für den Europäischen Datenschutzausschuss wird erst durch Art. 68 Abs. 1 und dort auch nur „im Folgenden" gleichsam offiziell eingeführt – freilich nicht die einzige redaktionelle Ungenauigkeit (vgl. etwa die unvollständige Überschrift von Art. 64 oder den eigentümlichen
Unterstrich in Art. 65 Abs. 6 S. 5).

IV. Beschlussfassung

26 Den Abschluss des Zusammenarbeits-/Konsultationsverfahrens nach Art. 60 (ggf. unter Einschluss eines Streitbeilegungsverfahrens nach Art. 65) bildet ein Beschluss. Die Abs. 7–9 treffen **Zuständigkeits- und Verfahrensregelungen** für die Beschlussfassung.

27 Grundsätzlich erlässt die **federführende Behörde** gem. Abs. 7 S. 1 den an den Verantwortlichen oder Auftragsverarbeiter adressierten Beschluss, die ihn der Hauptniederlassung oder der einzigen Niederlassung des Verantwortlichen oder Auftragsverarbeiters mitteilt[8] und die anderen betroffenen Behörden sowie den Europäischen Datenschutzausschuss von dem betreffenden Beschluss einschließlich einer Zusammenfassung der maßgeblichen Fakten und Gründe in Kenntnis setzt. Wird mit dem Beschluss der federführenden Behörde zugleich einer Beschwerde stattgegeben, informiert die Aufsichtsbehörde, bei der die Beschwerde eingelegt wurde, den Beschwerdeführer über den Beschluss.

28 Wird dagegen die Beschwerde eines Betroffenen abgelehnt oder abgewiesen, erlässt die **Aufsichtsbehörde**, bei der die Beschwerde eingelegt wurde, gem. Abs. 8 den Beschluss und setzt den Verantwortlichen oder (wie in Abs. 8 zu ergänzen wäre) den Auftragsverarbeiter davon in Kenntnis.

29 Abs. 9 regelt den Fall einer **teilweisen Stattgabe** der Beschwerde. Für den stattgebenden und den ablehnenden bzw. abweisenden Teil sind gem. Abs. 9 S. 1 jeweils eigene Beschlüsse erforderlich. Der stattgebende Beschluss einschließlich der Zuleitung an den Adressaten und der Information des Beschwerdeführers ist von der federführenden Behörde zu besorgen, der ablehnende bzw. abweisende Beschluss einschließlich der Zuleitung an den Beschwerdeführer und der Information des Verantwortlichen oder Auftragsverarbeiters von der für den Beschwerdeführer zuständigen Aufsichtsbehörde.

30 Das für alle Beschlüsse in Abs. 7 aufgestellte Begründungserfordernis ergänzt Erwägungsgrund 129 um zusätzliche **Verfahrens- und Formanforderungen**, ohne weitergehende Anforderungen nach dem Verfahrensrecht der Mitgliedstaaten auszuschließen. Neben der bereits angesprochenen, in der DSGVO aber nicht ausdrücklich geregelten Anhörung des Verantwortlichen bzw. Auftragsverarbeiters (→ Rn. 14 f.) sollte jede rechtsverbindliche Maßnahme einer Aufsichtsbehörde schriftlich erlassen werden und klar und eindeutig sein. Zudem sollten die Erlassbehörde und das Erlassdatum angegeben und die Maßnahme vom Behördenleiter oder einem von ihm bevollmächtigten Behördenmitarbeiter unterschrieben und mit einer Rechtsbehelfsbelehrung versehen sein.

31 Die **Tenorierung** des Beschlusses orientiert sich an den allgemeinen, in Art. 58 Abs. 2 aufgezählten Abhilfebefugnissen der Aufsichtsbehörde. So kann die federführende Behörde den Verantwortlichen oder Auftragsverarbeiter insbesondere anweisen, Verarbeitungsvorgänge ggf. auf bestimmte Weise und innerhalb eines bestimmten Zeitraums in Einklang mit der

---

8 Die Pflicht zur Bekanntgabe adressatengerichteter Beschlüsse als Wirksamkeitsvoraussetzung folgt aus Art. 297 Abs. 2 UAbs. 3 AEUV.

DSGVO zu bringen (vgl. Art. 58 Abs. 2 lit. d), oder eine vorübergehende oder endgültige Beschränkung der Verarbeitung einschließlich eines Verbots verhängen (vgl. Art. 58 Abs. 2 lit. f); → Art. 58 Rn. 34 ff.

Der Verantwortliche bzw. Auftragsverarbeiter hat ebenso wie der Beschwerdeführer ein Recht darauf, dass sich die federführende Behörde (oder die für den Beschwerdeführer zuständige Behörde) in einer von ihm gewählten **Sprache** an ihn wendet.   32

V. Umsetzungs- und Mitteilungspflicht – Abs. 10

Nach der Unterrichtung über den Beschluss der federführenden Behörde ist der Verantwortliche oder Auftragsverarbeiter gem. Abs. 10 S. 1 verpflichtet, alle erforderlichen Maßnahmen zu ergreifen, um die Verarbeitungstätigkeit all seiner Niederlassungen in der Union mit dem Beschluss in Einklang zu bringen, mithin: den Beschluss umzusetzen. Diese „Befolgungs-" bzw. „Umsetzungspflicht" des Beschlussadressaten folgt bereits aus der primärrechtlich in Art. 288 Abs. 4 S. 2 AEUV vorgesehenen verbindlichen Geltung des adressatengerichteten Beschlusses.[9] Art. 60 Abs. 10 S. 1 DSGVO hat insofern eine klarstellende Funktion.   33

Die Reichweite bzw. der **Umfang der Umsetzungspflicht** bestimmen sich nach Maßgabe des Tenors sowie der tragenden Gründe des Beschlusses.[10]   34

Zudem verpflichtet Abs. 10 S. 2 den Verantwortlichen oder Auftragsverarbeiter, der federführenden Behörde die jeweiligen Maßnahmen zur Einhaltung des Beschlusses mitzuteilen, damit diese die anderen betroffenen Aufsichtsbehörden über die ergriffenen Maßnahmen unterrichten kann.   35

Art. 83 Abs. 6 erlaubt bei Nichtbefolgung einer Anweisung einer Aufsichtsbehörde nach Art. 58 Abs. 2 die Verhängung von Geldbußen von bis zu 20.000.000 EUR oder im Falle eines Unternehmens 4% seines gesamten weltweit erzielten Jahresumsatzes des vorangegangenen Geschäftsjahres, je nachdem, welcher der Beträge höher ist. Die **Nichtbefolgung eines Beschlusses** der federführenden Aufsichtsbehörde **nach Abs. 7 oder 9** ist dort jedoch nicht ausdrücklich genannt. Wer darauf verweist, dass sich die Tenorierung des Beschlusses nach Abs. 7 oder 9 an den allgemeinen, in Art. 58 Abs. 2 aufgezählten Abhilfebefugnissen der Aufsichtsbehörde orientiert und die Nichterwähnung des Abs. 7 und 9 in Art. 83 Abs. 6 vermutlich ein Redaktionsversehen infolge der späteren Einfügung des Art. 60 darstellt, wird für eine entsprechende Anwendung des Art. 83 Abs. 6 auch bei Nichtbefolgung eines Beschlusses nach Abs. 7 oder 9 plädieren. Bedenken ergeben sich jedoch mit Blick auf den unionsgrundrechtlich nunmehr in Art. 49 Abs. 1 und 2 GRCh verbürgten Grundsatz der Gesetzmäßigkeit von Strafen in seiner Ausprägung als Bestimmtheitsgebot, das nach st. Rspr. von EuGH und EuG auch für Verwaltungssanktionen gilt und einer   36

---

9 Dazu *Schroeder* in: Streinz EUV/AEUV Art. 288 AEUV Rn. 140; *Nettesheim* in: Grabitz/Hilf/Nettesheim Recht der EU Art. 288 AEUV Rn. 187.
10 Ähnlich *Nettesheim* in: Grabitz/Hilf/Nettesheim AEUV Art. 288 Rn. 182: „Gegenstand der Verbindlichkeit eines Beschlusses sind die Normsätze, die im Text zum Ausdruck kommen".

analogen Anwendung von Bußgeldvorschriften entgegensteht.[11] Der Unionsgeber müsste daher erst einen entsprechenden Bußgeldtatbestand in der DSGVO schaffen.

VI. Dringlichkeitsverfahren – Abs. 11

37   Besteht in Ausnahmefällen aus Sicht einer betroffenen Aufsichtsbehörde dringender Handlungsbedarf zum Schutz der Interessen von betroffenen Personen, dispensiert Abs. 11 von den Verfahrensvorschriften der Abs. 3–10 und verweist auf die Möglichkeit des Dringlichkeitsverfahrens nach Art. 66, in dem die betroffene Behörde **einstweilige Maßnahmen** mit einer festzulegenden Höchstdauer von maximal drei Monaten treffen oder den Europäischen Datenschutzausschuss um eine Stellungnahme oder einen verbindlichen Beschluss ersuchen kann; dazu umfassend → Art. 66 Rn. 4 ff.

VII. Kommunikationsvorgaben – Abs. 12

38   Abs. 12 verpflichtet die federführende Behörde und die anderen betroffenen Aufsichtsbehörden zum Informationsaustausch auf **elektronischem Wege** unter Verwendung eines **standardisierten Formats**.

39   Anders als Art. 61 Abs. 9 enthält Art. 60 keine Ermächtigung der Kommission, in Durchführungsrechtsakten, die Ausgestaltung des elektronischen Informationsaustausches und insbesondere das hierbei zu verwendende standardisierte Format festzulegen. Auch hierbei dürfte es sich um ein **Redaktionsversehen** infolge der späteren Einfügung des Art. 60 handeln, schließlich ist kein Grund ersichtlich, warum nicht auch die elektronische Kommunikation im Rahmen der Zusammenarbeit der Aufsichtsbehörden nach Art. 60 durch einen Durchführungsrechtsakt der Kommission **analog Art. 61 Abs. 9** ausgestaltet werden sollte.

40   Abs. 12 trifft keine **Sprachregelung** für die Kommunikation unter den Aufsichtsbehörden. Es ist davon auszugehen, dass jede mitgliedstaatliche Behörde in einer ihrer Amtssprachen kommunizieren darf, der Beschluss des Europäischen Datenschutzausschusses jeweils in den Sprachen der Adressaten zu übersenden ist und die federführende Behörde grundsätzlich den Aufwand an Zeit und Kosten für die Übersetzung der eingegangenen Stellungnahmen trägt. Im Ausnahmefall muss aber die federführende Behörde eine andere betroffene Behörde um eine Übersetzung ihrer Stellungnahme in die Amtssprache der federführenden Behörde ersuchen können. Zum Vorhalt von Übersetzungskapazitäten, die alle Amtssprachen der EU abdecken, sind weder die federführende noch andere betroffene Aufsichtsbehörden verpflichtet (vgl. auch → Art. 61 Rn. 26). Die mit dem Zusammenarbeitsverfahren verbundenen Herausforderungen für die internationale Ausrichtung der Aufsichtsbehörden sind jedenfalls nicht zu bestreiten.[12]

---

11   Vgl. nur EuG 8.10.2008 – T-69/04, ECLI:EU:T:2008:415 Rn. 28 f. (dort auch zur Herleitung des Grundsatzes vor dessen verbindlicher Geltung in der GRCh mwN); EuG 8.7.2008 – T-99/04, ECLI:EU:T:2008:256 Rn. 140.
12   *Dammann* ZD 2016, 207 (309).

C. Verhältnis zu anderen Normen

Art. 60 steht in engem systematischen Zusammenhang mit Art. 56, der die 41
Zuständigkeit der federführenden Behörde begründet. Er verweist zudem
auf das Streitbeilegungsverfahren nach Art. 65 sowie das Dringlichkeitsverfahren nach Art. 66, mit denen der kohärente Vollzug der DSGVO im Aufsichtsverbund sichergestellt werden sollen.

Zur Ermächtigung der Kommission zum Erlass von Durchführungsmaß- 42
nahmen analog Art. 61 Abs. 9 → Rn. 39.

Artikel 61 Gegenseitige Amtshilfe

(1) [1]Die Aufsichtsbehörden übermitteln einander maßgebliche Informationen und gewähren einander Amtshilfe, um diese Verordnung einheitlich
durchzuführen und anzuwenden, und treffen Vorkehrungen für eine wirksame Zusammenarbeit. [2]Die Amtshilfe bezieht sich insbesondere auf Auskunftsersuchen und aufsichtsbezogene Maßnahmen, beispielsweise Ersuchen um vorherige Genehmigungen und eine vorherige Konsultation, um
Vornahme von Nachprüfungen und Untersuchungen.

(2) [1]Jede Aufsichtsbehörde ergreift alle geeigneten Maßnahmen, um einem
Ersuchen einer anderen Aufsichtsbehörde unverzüglich und spätestens innerhalb eines Monats nach Eingang des Ersuchens nachzukommen. [2]Dazu
kann insbesondere auch die Übermittlung maßgeblicher Informationen
über die Durchführung einer Untersuchung gehören.

(3) [1]Amtshilfeersuchen enthalten alle erforderlichen Informationen, einschließlich Zweck und Begründung des Ersuchens. [2]Die übermittelten Informationen werden ausschließlich für den Zweck verwendet, für den sie
angefordert wurden.

(4) Die ersuchte Aufsichtsbehörde lehnt das Ersuchen nur ab, wenn

a) sie für den Gegenstand des Ersuchens oder für die Maßnahmen, die sie
durchführen soll, nicht zuständig ist oder

b) ein Eingehen auf das Ersuchen gegen diese Verordnung verstoßen würde oder gegen das Unionsrecht oder das Recht der Mitgliedstaaten,
dem die Aufsichtsbehörde, bei der das Ersuchen eingeht, unterliegt.

(5) [1]Die ersuchte Aufsichtsbehörde informiert die ersuchende Aufsichtsbehörde über die Ergebnisse oder gegebenenfalls über den Fortgang der Maßnahmen, die getroffen wurden, um dem Ersuchen nachzukommen. [2]Die ersuchte Aufsichtsbehörde erläutert gemäß Absatz 4 die Gründe für die Ablehnung des Ersuchens.

(6) Die ersuchten Aufsichtsbehörden übermitteln die Informationen, um
die von einer anderen Aufsichtsbehörde ersucht wurde, in der Regel auf
elektronischem Wege unter Verwendung eines standardisierten Formats.

(7) [1]Ersuchte Aufsichtsbehörden verlangen für Maßnahmen, die sie aufgrund eines Amtshilfeersuchens getroffen haben, keine Gebühren. [2]Die
Aufsichtsbehörden können untereinander Regeln vereinbaren, um einander

in Ausnahmefällen besondere aufgrund der Amtshilfe entstandene Ausgaben zu erstatten.

(8) [1]Erteilt eine ersuchte Aufsichtsbehörde nicht binnen eines Monats nach Eingang des Ersuchens einer anderen Aufsichtsbehörde die Informationen gemäß Absatz 5, so kann die ersuchende Aufsichtsbehörde eine einstweilige Maßnahme im Hoheitsgebiet ihres Mitgliedstaats gemäß Artikel 55 Absatz 1 ergreifen. [2]In diesem Fall wird von einem dringenden Handlungsbedarf gemäß Artikel 66 Absatz 1 ausgegangen, der einen im Dringlichkeitsverfahren angenommenen verbindlichen Beschluss des Ausschuss gemäß Artikel 66 Absatz 2 erforderlich macht.

(9) [1]Die Kommission kann im Wege von Durchführungsrechtsakten Form und Verfahren der Amtshilfe nach diesem Artikel und die Ausgestaltung des elektronischen Informationsaustauschs zwischen den Aufsichtsbehörden sowie zwischen den Aufsichtsbehörden und dem Ausschuss, insbesondere das in Absatz 6 des vorliegenden Artikels genannte standardisierte Format, festlegen. [2]Diese Durchführungsrechtsakte werden gemäß dem in Artikel 93 Absatz 2 genannten Prüfverfahren erlassen.

Verwandte Normen: ErwGr 133

Literatur:

Berchtold, Über einige Fragen der internationalen Amtshilfe in Verwaltungssachen, in: Adamovich (Hrsg.), Der Rechtsstaat in der Krise. Festschrift Edwin Loebenstein zum 80. Geburtstag, Wien, 1991, S. 11; *v. Bogdandy*, Die Informationsbeziehungen im europäischen Verwaltungsverbund, in: Hoffmann-Riem/Schmidt-Aßmann/Voßkuhle

(Hrsg.), Grundlagen des Verwaltungsrechts. Band II: Informationsordnung, Verwaltungsverfahren, Handlungsformen, 2. Aufl., München, 2012, § 25; *Caspar*, Zwischen effizienter Verwaltung und Schutz des informationellen Selbstbestimmungsrechts – Stellungnahme zu Buch V und Buch VI ReNEUAL-Musterentwurf für ein EU-Verwaltungsverfahrensrecht, in: Schneider/Rennert/Marsch (Hrsg.), ReNEUAL-Musterentwurf für ein EU-Verwaltungsverfahrensrecht. Tagungsband, München, 2016, S. 209; *Damian*, Mutual Assistance in Administrative Matters, in: Wolfrum (Hrsg.), The Max Planck Encyclopedia of Public International Law (Stand: 31.5.2016), opil.ouplaw.com/home/ EPIL; *Dieterich*, Rechtsdurchsetzungsmöglichkeiten in der DSGVO. Einheitlicher Rechtsrahmen führt nicht zwangsläufig zu einheitlicher Rechtsdurchsetzung, ZD 2016, 260; *E. Eichenhofer*, Internationales Sozialrecht, München, 1994; *E. Eichenhofer*, Nationales und supranationales Sozialrecht, VSSR 1996, 187; *Gundel*, Verwaltung, in: Schulze/Zuleeg/Kadelbach (Hrsg.), Europarecht. Handbuch für die deutsche Rechtspraxis, 3. Aufl., Baden-Baden, 2015, § 3; *Loebenstein*, International Mutual Assistance in Administrative Matters, Wien u.a., 1972; *Meier*, Europäische Amtshilfe – ein Stützpfeiler des Europäischen Binnenmarktes, EuR 1989, 237; *Nowak*, Europäisches Kooperationsverwaltungsrecht, in: Leible/Terhechte (Hrsg.), Europäisches Rechtsschutz- und Verfahrensrecht (EnzEuR IX), Baden-Baden, 2014, § 34; *Peuker*, Bürokratie und Demokratie in Europa. Legitimität im Europäischen Verwaltungsverbund, Tübingen, 2011; *Ohler*, Europäisches und nationales Verwaltungsrecht, in: Terhechte (Hrsg.), Verwaltungsrecht der Europäischen Union, Baden-Baden, 2011, § 9; *Schmidt-Aßman*, Verwaltungskooperation und Verwaltungskooperationsrecht in der Europäischen Gemeinschaft, EuR 1996, 270; *Schneider/Hofmann/Ziller (Hrsg.)*, ReNEUAL – Musterentwurf für ein EU-Verwaltungsverfahrensrecht. Deutsche Ausgabe auf der Grundlage der überarbeiteten englischen Druckfassung 2014/15, München, 2015; *Sommer*, Verwaltungskooperation am Beispiel administrativer Informationsverfahren im Europäischen Umweltrecht, Berlin u.a., 2003; *Spiecker gen. Döhmann*, Amtshilfe und Informationsmanagement als Elemente europäischen Verwaltungshandelns, in: Schneider/Rennert/ Marsch (Hrsg.), ReNEUAL-Musterentwurf für ein EU-Verwaltungsverfahrensrecht. Tagungsband, München, 2016, S. 231; *Sydow*, Verwaltungskooperation in der Europäischen Union. Zur horizontalen und vertikalen Zusammenarbeit der europäischen Verwaltungen am Beispiel des Produktzulassungsrechts, Tübingen, 2004; *Sydow*, Europäische exekutive Rechtsetzung zwischen Kommission, Komitologieausschüssen, Parlament und Rat, JZ 2012, 157; *Wettner*, Die Amtshilfe im Europäischen Verwaltungsrecht, Tübingen, 2005;

A. Grundlagen

I. Gesamtverständnis und Zweck der Norm

Art. 61 legt die allgemeinen **Grundzüge der Zusammenarbeit** der Aufsichtsbehörden fest.[1] Hierzu zählen der gegenseitige Austausch maßgeblicher Informationen, die Gewährung von Amtshilfe und die Pflicht zu Vorkehrungen für eine wirksame Zusammenarbeit. Für die Amtshilfe enthalten die Abs. 2–8 erstmals konkrete Verfahrens- und Formvorschriften, die auch Ablehnungsgründe für Amtshilfeersuchen umfassen. Neu eingeführte Fristenregelungen einschließlich eines Dringlichkeitsverfahrens straffen das Amtshilfeverfahren in zeitlicher Hinsicht.

Das ausdrücklich in Abs. 1 S. 1 genannte Ziel der Vorschrift ist die **einheitliche Durchführung und Anwendung der DSGVO**. Im Aufsichtsverbund des europäischen Datenschutzrechts sind der Informationsaustausch und

---

1 Da diese Grundzüge für die Zusammenarbeit aller Aufsichtsbehörden gelten, wäre es systematisch überzeugender gewesen, Art. 61 noch vor Art. 60 zu platzieren und die Zusammenarbeit zwischen federführender Behörde und anderen betroffenen Aufsichtsbehörden als Spezialfall der allgemeinen Zusammenarbeit auszuweisen.

die Amtshilfe Instrumente der horizontalen Kooperation der Aufsichtsbehörden (dazu → Art. 56 Rn. 7 ff.).[2]

II. Bisherige Rechtslage

3   Art. 28 Abs. 6 S. 2 und 3 DS-RL, die in Deutschland durch § 38 Abs. 1 S. 5 BDSG[3] umgesetzt wurden, regelten die **Amtshilfe nur in Ansätzen**. Danach konnte jede Kontrollstelle von einer Kontrollstelle eines anderen Mitgliedstaates um die Ausübung ihrer Befugnisse ersucht werden, wobei die Kontrollstellen für die zur Erfüllung ihrer Kontrollaufgaben notwendige gegenseitige Zusammenarbeit, insbesondere durch den Austausch sachdienlicher Informationen, zu sorgen hatten.

4   Mit den detaillierten Verfahrensregelungen begegnet Art. 61 der **Kritik an der Vorgängerregelung**, dass diese unter den komplexen Bedingungen transnationaler Datenverarbeitung für eine effektive Zusammenarbeit zu wenig konturiert sei.[4] Insbesondere die Artikel-29-Datenschutzgruppe hatte wiederholt betont, dass konkrete Regelungen für eine wirksame Zusammenarbeit zwischen den Datenschutzbehörden erforderlich seien, etwa mit Blick auf Sprachwahl, Fristen, Art und Umfang der angeforderten Informationen sowie technische Mittel, Formate und Verfahren für den Informationsaustausch.[5]

III. Entstehung der Norm

5   Die Formulierung des Art. 61 geht im Wesentlichen auf den **Kommissionsvorschlag** zurück (dort: Art. 55). Mit dem Vorschlag, die nunmehr in Abs. 9 geregelte Befugnis der Kommission zur Festlegung von Form und Verfahren der Amtshilfe und der Ausgestaltung des elektronischen Informationsaustauschs auf den Europäischen Datenschutzausschuss zu übertragen, konnte das Europäische Parlament anders als mit einer geringfügigen Modifikation der Ablehnungsgründe in Abs. 4 lit. a nicht durchdringen. Auf Vorschlag des Rates wurde dagegen die Möglichkeit der Vereinbarung einer Ausgabenerstattung in Ausnahmefällen vorgesehen (Abs. 7 S. 2). Zur Ersetzung des Begriffs der „zweckdienlichen Informationen"

---

2   Vgl. auch Erwägungsgrund 133. Dass der Abstimmungs- und Kooperationsbedarf bei der Durchsetzung des Datenschutzes die Grenzen der EU transzendiert, belegen exemplarisch (1) der von der 31. Internationalen Konferenz der Datenschutzbeauftragten (2009) beschlossene Gemeinsame Vorschlag zur Erstellung internationaler Standards zum Schutz der Privatsphäre im Zusammenhang mit der Verarbeitung personenbezogener Daten, dessen Nr. 24 die Kooperation und Koordination der Aufsichtsbehörden regelt, und (2) die OECD Recommendation on Cross-border Cooperation in the Enforcement of Laws Protecting Privacy, die in Nr. 14-18 des Anhangs Regelungen zur gegenseitigen internationalen Amtshilfe enthält.
3   *Petri* in: Simitis BDSG § 38 Rn. 41 bescheinigt der zur Amtshilfe erfolgenden Ausübung hoheitlicher Befugnisse mit Blick auf Sprachbarrieren und die unterschiedliche Ausgestaltung von Kontrollstellen nur bedingt praktische Relevanz, lässt aber empirische Belege für diese Aussage vermissen.
4   *Schneider* in: Wolff/Brink Datenschutzrecht. B Rn. 150.
5   *Artikel-29-Datenschutzgruppe* Stellungnahme 1/2012 zu den Reformvorschlägen im Bereich des Datenschutzes (WP 191), S. 21 f.; vgl. auch *Artikel-29-Datenschutzgruppe* Stellungnahme 8/2010 zum anwendbaren Recht (WP 179), S. 32 ff.

durch „maßgebliche Informationen" in der Endredaktion der DSGVO →
Rn. 7.

B. Kommentierung

I. Grundzüge der Zusammenarbeit der Aufsichtsbehörden

Zu den allgemeinen Grundzügen der Zusammenarbeit der Aufsichtsbehör- **6**
den, die Abs. 1 S. 1 festlegt, zählen der gegenseitige **Austausch** maßgeblicher Informationen, die Gewährung von **Amtshilfe** und die Pflicht zu **Vorkehrungen** für eine wirksame Zusammenarbeit.

1. Austausch maßgeblicher Informationen

Die Aufsichtsbehörden sind verpflichtet, einander maßgebliche Informatio- **7**
nen zu übermitteln. Der Informationsaustausch ist damit zugleich eigenständige Verpflichtung wie möglicher Gegenstand eines Amtshilfeersuchens. Warum die Informationen abweichend vom Wortlaut des Art. 60
Abs. 1 und dem Kommissionsvorschlag (dort: Art. 55) sowie den Standpunkten von Rat und Europäischem Parlament nunmehr „maßgeblich"
und nicht „zweckdienlich" sein müssen, erschließt sich nicht. Mit dieser
unnötigen Änderung des Wortlauts von Abs. 1, die erst in der Endredaktion der DSGVO vorgenommen wurde, dürfte keine Änderung beabsichtigt
gewesen sein. Dies erhellt insbesondere der Vergleich mit der englischen
und französischen Fassung der DSGVO, wo durchgängig von „relevant information" bzw. „information(s) utile(s)" die Rede ist.

Das Kriterium der **Maßgeblichkeit** legitimiert den Informationsaustausch **8**
und limitiert ihn zugleich. Maßgeblich (bzw. zweckdienlich) sind Informationen, wenn und soweit sie einen Beitrag zur effektiven Bearbeitung einer
konkreten Angelegenheit, mit der eine Aufsichtsbehörde befasst ist, leisten
können (vgl. → Art. 60 Rn. 11).

Zur Zulässigkeit der **Weitergabe personenbezogener Daten** → Rn. 32. **9**

2. Amtshilfe

a) Amtshilfe im europäischen Verwaltungsrecht

Wie das nationale Recht[6] und das Völkervertragsrecht[7] kennt auch das **10**
Unionsrecht Amtshilfeverpflichtungen, deren allgemeinen Grundsätze
jüngst in Buch V des ReNEUAL-Musterentwurfs[8] zusammengetragen wurden. Die **Amtshilfeverpflichtungen** ergeben sich zumeist aus sektorspezifi-
schem Sekundärrecht (wie dem vorliegenden Art. 61),[9] sollen nach weithin
bestrittener Ansicht aber auch auf die allgemeine Kooperationspflicht des

---

6 Vgl. §§ 4 ff. VwVfG.
7 Dazu *Loebenstein,* Mutual Assistance, S. 15 ff.; aus neuerer Zeit *Wettner,* Amtshilfe,
   S. 25 ff.; *Damain* in: Wolfrum MPEPIL Rn. 6 ff.
8 Abrufbar unter www.reneual.eu; nachfolgend referenziert wird *Schneider/Hofmann/
   Ziller (Hrsg.)* ReNEUAL.
9 Überblick bei *Gundel* in: Schulze/Zuleeg/Kadelbach Europarecht § 3 Rn. 147 ff.;
   Nowak in Leible/Terhechte EnzEuR IX § 34 Rn. 15 ff.; *Wettner,* Amtshilfe, S. 45 ff.;
   Damain, MPEPIL Rn. 46 ff.

Art. 4 Abs. 3 EUV bzw. einen allgemeinen Rechtsgrundsatz loyaler Zusammenarbeit gestützt werden können.[10]

11 Am Anfang der Amtshilfe steht der Befund, dass die ersuchende Behörde eine ihr obliegende Aufgabe aus rechtlichen (zB Pflicht zur Beachtung der territorialen Souveränität eines anderen Mitgliedstaats/fehlende Kompetenz) oder tatsächlichen Gründen nicht selbst erfüllen, die ersuchte Behörde eines anderen Mitgliedstaats aber die zur Erfüllung der Aufgabe erforderliche Hilfeleistung für die ersuchende Behörde erbringen kann.[11] Obwohl die Amtshilfe funktional als ein Element eines Verwaltungsverbundes konzipiert werden kann, bleibt sie organisatorisch und prozedural zunächst dem Trennungsprinzip verhaftet: Die beteiligten Behörden treten in je eigenem Namen, eigener Zuständigkeit und eigener Verantwortung auf.[12] Sie stehen zueinander in einem **strengen Gleichordnungsverhältnis**, in dem auch die Ablehnung eines Amtshilfeersuchens gerechtfertigt sein kann (→ Rn. 27 ff.).[13]

12 Die Amtshilfehandlung stellt sich dabei als eine das Hauptverfahren der ersuchenden Behörde **unterstützende Tätigkeit** der ersuchten Behörde **mit ergänzender Funktion im Einzelfall** dar.[14]

13 Vor dem Hintergrund des Art. 197 AEUV, der die für das ordnungsgemäße Funktionieren der Union entscheidende effektive Durchführung des Unionsrechts durch die Mitgliedstaaten als Frage von gemeinsamem Interesse ausweist, bildet das **Äquivalenzprinzip** den inhaltlichen Maßstab der Amtshilfehandlung.[15] Die ersuchte Behörde muss bei der Erfüllung des Amtshilfeersuchens die gleichen Rechts- und Sorgfaltsmaßstäbe anwenden wie in rein nationalen Sachverhalten, so „als ob sie zur Erfüllung eigener Aufgaben oder auf Ersuchen einer nationalen Behörde handeln würde".[16]

b) Amtshilfe im Aufsichtsverbund der europäischen Datenschutzbehörden

14 Abs. 1 S. 1 verpflichtet die Aufsichtsbehörden, einander Amtshilfe zu gewähren. Die Vorschrift macht damit besondere Vereinbarungen zwischen den Mitgliedstaaten über die Leistung von Amtshilfe entbehrlich und ge-

---

10 So *Wettner* Amtshilfe, S. 241; aA dagegen schon *Meier* EuR 1989, 237 (245 f.), der die Notwendigkeit einer Regelung von Gegenstand, Voraussetzungen, Zuständigkeiten, Grenzen, Kosten und Rechtsschutz bei der europäischen Amtshilfe betonte; ebenso *Sydow,* Verwaltungskooperation, S. 22; *Kahl* in: Calliess/Ruffert EUV/AEUV Art. 4 EUV Rn. 62; *Ohler* in: Terhechte Verwaltungsrecht der EU § 9 Rn. 31; *Hatje* in: Schwarze EU-Kommentar Art. 4 EUV Rn. 79; *Sommer,* Verwaltungskooperation, S. 460 ff.; *von Bogdandy* in: Hoffmann-Riem/Schmidt-Aßmann/Voßkuhle GVwR II² § 25 Rn. 11.
11 Vgl. *Wettner,* Amtshilfe, S. 5 ff.; *Schneider/Hofmann/Ziller* (Hrsg.), ReNEUAL Einf. Buch V Rn. 1.
12 Vgl. *Ohler* in: Terhechte Verwaltungsrecht der EU § 6 Rn. 31; ausführlich *Wettner,* Amtshilfe, S. 147 ff.
13 *Wettner,* Amtshilfe, S. 173 ff.
14 *Wettner,* Amtshilfe, S. 133 ff.; *Ohler* in: Terhechte Verwaltungsrecht der EU § 6 Rn. 32.
15 Als „Äquivalenzregel" zuerst bei *E. Eichenhofer,* Internationales Sozialrecht, Rn. 190 ff.; *ders.* VSSR 1996, 187 (197 f.); rezipiert von *Schmidt-Aßmann* EuR 1996, 270 (297); *Wettner,* Amtshilfe, S. 243 ff.
16 Nachweise zu dieser in verschiedenen Sekundärrechtsakten verwendeten Formulierung bei *Wettner,* Amtshilfe, S. 244, Fn. 216.

stattet den **direkten Amtshilfeverkehr** zwischen den Aufsichtsbehörden ohne die Zwischenschaltung von durch die Mitgliedstaaten zu benennenden „zuständigen Stellen" oder „Verbindungsstellen", wie sie in anderen sekundärrechtlichen Amtshilfevorschriften vorgesehen sind.[17]

Als **exemplarische Gegenstände** der Amtshilfe unter den Aufsichtsbehörden nennt Abs. 1 S. 2 Auskunftsersuchen sowie aufsichtsbezogene Maßnahmen, wozu etwa Ersuchen um vorherige Genehmigungen und eine vorherige Konsultation oder Ersuchen um Vornahme von Nachprüfungen und Untersuchungen zählen. Die Aufzählung in Abs. 1 S. 2 ist nicht abschließend („insbesondere"), umfasst aber bereits ein breites Spektrum möglicher Amtshilfeersuchen, das über die Informationsübermittlung als häufigste Form der Amtshilfe hinausgeht. **15**

Die in → Rn. 10 ff. dargestellten **Grundzüge der Amtshilfe** im europäischen Verwaltungsrecht gelten gleichermaßen für die Amtshilfe unter den Aufsichtsbehörden nach Art. 61, werden aber in den Abs. 2 bis 8 **konkretisiert** bzw. **modifiziert** → Rn. 19 ff. **16**

3. Vorkehrungen für wirksame Zusammenarbeit

Abs. 1 S. 1 verpflichtet die Aufsichtsbehörden schließlich, Vorkehrungen für eine wirksame Zusammenarbeit zu treffen, ohne jedoch die Art dieser Vorkehrungen näher zu konkretisieren. Die Vorkehrungen sind jedenfalls in einem **umfassenden**, am Ziel der wirksamen Zusammenarbeit ausgerichteten **Sinne** zu verstehen. Sie müssen sicherstellen, dass die Aufsichtsbehörden dem Ersuchen anderer Aufsichtsbehörden innerhalb der in Abs. 2 S. 1 vorgesehenen Monatsfrist nachkommen können. **17**

Das setzt zunächst eine **hinreichende** finanzielle, personelle und sachliche **Mittelausstattung** der Aufsichtsbehörden durch die Mitgliedstaaten voraus, die Art. 52 Abs. 4 ausdrücklich – auch mit Blick auf die Amtshilfe und die Zusammenarbeit – anmahnt.[18] Die Aufsichtsbehörden selbst müssen wiederum durch eine entsprechende **Ausgestaltung** der internen **Organisation und** des internen **Verfahrensablaufs** eine zügige Bearbeitung der Ersuchen anderer Aufsichtsbehörden ermöglichen. **18**

II. Inhalt und Frist der Amtshilfeleistung – Abs. 2

Die ersuchte Behörde ist gem. Abs. 2 S. 1 verpflichtet, alle geeigneten Maßnahmen zu ergreifen, um dem Ersuchen einer anderen Behörde nachzukommen. Vorbehaltlich der Ablehnungsgründe des Abs. 4 statuiert Abs. 2 S. 1 damit die Pflicht zur Erfüllung des Amtshilfeersuchens als **Hauptpflicht** der ersuchten Behörde.[19] Die Amtshilfeleistung der ersuchten Behörde muss sich jedoch auf konkrete Zuständigkeits- und Befugnisnormen stützen. Art. 61 begründet nur die Pflicht zur Amtshilfeleistung, ermächtigt **19**

---

17 Vgl. auch Erwägungsgrund 123. Zu Organisationsformen der Amtshilfe im europäischen Verwaltungsrecht *Wettner*, Amtshilfe, S. 279 ff.
18 Vgl. die entsprechende Forderung der Konferenz der unabhängigen Datenschutzbehörden des Bundes und der Länder in der Entschließung vom 25.6.2016; *Dieterich* ZD 2016, 260 (266).
19 Vgl. *Schneider/Hofmann/Ziller* (Hrsg.), ReNEUAL Erl. Buch V Rn. 23.

aber nicht zur Durchbrechung der Zuständigkeits- und Kompetenzordnung.

20   Aus dem Grundsatz der loyalen Zusammenarbeit der Aufsichtsbehörden, der mit Art. 4 Abs. 3 EUV auch primärrechtlich fundiert ist, folgen weitere, nicht ausdrücklich normierte **Nebenpflichten** im Amtshilfeverkehr (zu den in Abs. 3 und 5 ausdrücklich geregelten Nebenpflichten s. dort).[20] So hat die ersuchte Behörde der ersuchenden Behörde zunächst unverzüglich den Erhalt des Ersuchens zu bestätigen.[21] Zudem müssen die beteiligten Behörden einander bei auftretenden Schwierigkeiten im Hinblick auf die Amtshilfe konsultieren und sich um ein Einvernehmen bemühen, um die Schwierigkeiten zu überwinden.[22]

21   Nach dem **Äquivalenzprinzip** muss die ersuchte Behörde das Ersuchen so erfüllen, als ob sie zur Erfüllung eigener Aufgaben oder auf Ersuchen einer nationalen Behörde handeln würde (→ Rn. 13). Hinsichtlich der Eignung der Maßnahmen zur Erfüllung des Ersuchens hat die ersuchte Behörde einen **Beurteilungsspielraum** in den Grenzen des Effektivitäts- und Äquivalenzprinzips. Abs. 2 S. 2 nennt als exemplarische Erfüllungshandlung die Übermittlung maßgeblicher Informationen über die Durchführung einer Untersuchung (zum Begriff der Maßgeblichkeit → Rn. 7 f.), die freilich schon in Abs. 1 S. 2 aufgezählt ist.

22   Das Amtshilfeersuchen ist gem. Abs. 2 S. 1 unverzüglich, spätestens aber innerhalb einer **Frist** von einem Monat nach Eingang des Ersuchens zu erfüllen. Die Fristenregelung dient der zügigen Durchführung des Hauptverfahrens bei der ersuchenden Behörde. Bei der Auslegung des Begriffs „unverzüglich" sind Art und Umfang des Amtshilfeersuchens sowie die Gesamtanzahl der Amtshilfeersuchen bei der ersuchten Behörde zu berücksichtigen. Die Maximalfrist ist im Vergleich zu Amtshilferegelungen in anderen Sekundärrechtsakten, die meist eine Dreimonatsfrist einräumen,[23] recht knapp bemessen.

III. Anforderungen an das Amtshilfeersuchen – Abs. 3

23   Abs. 3 S. 1 enthält **formale Anforderungen** für das Amtshilfeersuchen. Die ersuchende Behörde muss der ersuchten Behörde alle erforderlichen Informationen einschließlich des Zwecks der Amtshilfe übermitteln und das Ersuchen begründen.

24   Die Informationspflichten der ersuchenden Behörde sollen der ersuchten Behörde die zügige und vollständige Bearbeitung des Ersuchens unter größtmöglicher Schonung ihrer Ressourcen ermöglichen. Die ersuchte Behörde ist daher über den **bisherigen Sachverhaltsstand** zu unterrichten, so-

---

20 Zum folgenden *Wettner,* Amtshilfe, S. 268.
21 Vgl. Art. V-4 Abs. 1 lit. a ReNEAUL-Musterentwurf; Nachweise zu ausdrücklichen Regelungen dieser Nebenpflicht in anderen Sekundärrechtsakten in *Schneider/ Hofmann/Ziller* (Hrsg.), Erl. Buch V Rn. 23.
22 Für den insoweit vergleichbaren Fall der vertikalen Amtshilfe zwischen europäischer Kommission und einem mitgliedstaatlichen Gericht EuGH 22.10.2002 – C-94/00, ECLI:EU:C:2002:603 Rn. 90 ff.
23 Vgl. *Wettner,* Amtshilfe, S. 271 Fn. 361; vgl. auch *Damian* in: Wolfrum MPEPIL Rn. 28.

weit es für die Bearbeitung des Ersuchens erforderlich ist, auch um eine doppelte Sachverhaltsermittlung bzw. Informationserhebung zu vermeiden.[24] Zudem muss die ersuchte Behörde anhand der übermittelten Informationen das Vorliegen von Ablehnungsgründen prüfen können.

Die **Begründungspflicht** verlangt von der ersuchenden Behörde, darzulegen, warum sie die ersuchte Aufgabe nicht selbst erfüllen kann (→ Rn. 11). Auch anhand der Begründung soll die ersuchte Behörde das Vorliegen von Ablehnungsgründen prüfen können.   25

Art. 61 trifft im Gegensatz zu anderen Sekundärrechtsakten weder **Sprachregelungen** für das Amtshilfeersuchen noch für die Amtshilfeleistung. Der ReNEUAL-Musterentwurf verweist darauf, dass der ersuchenden Behörde die Hauptverantwortung für die Erfüllung ihrer Aufgaben obliegt und daher erwartet werden kann, dass der erforderliche Aufwand an Zeit und Kosten für die Übersetzung von der Behörde getragen wird, die einen Nutzen aus der Amtshilfeleistung einer anderen Behörde zieht.[25] Art. V-2 Abs. 3 ReNEUAL-Musterentwurf sieht dementsprechend vor, dass die ersuchende Behörde das Ersuchen und die weitere Kommunikation in einer der offiziellen Sprachen der ersuchten Behörde verfasst oder jeweils eine Übersetzung beifügt, sofern keine abweichende Vereinbarung getroffen wurde, und dass die ersuchte Behörde ihre Rückmeldung in einer ihrer offiziellen Sprachen verfasst. Diese Überlegungen beanspruchen für die Amtshilfe nach Maßgabe der DSGVO gleichermaßen Plausibilität, ausdrücklich normiert sind sie freilich nicht. Aus dem Gebot der loyalen Zusammenarbeit folgt aber auch, dass ein Ersuchen nicht allein deshalb zurückgewiesen werden darf, weil es nicht in einer der Amtssprachen der ersuchten Behörde verfasst wurde.[26]   26

IV. Ablehnung eines Amtshilfeersuchens – Abs. 4

Abs. 4 enthält erstmals ausdrücklich Ablehnungsgründe für ein Amtshilfeersuchen. Das Prüfungs- und Ablehnungsrecht der ersuchten Behörde ist Ausdruck des strengen Gleichordnungsverhältnisses zwischen ersuchender und ersuchter Behörde und daher auch im nationalen und völkerrechtlichen Amtshilfeverkehr schon länger verankert.[27] Die Entscheidung über die Ablehnung liegt nicht im freien Ermessen der ersuchten Behörde. Vielmehr handelt es sich um eine **gebundene Entscheidung**, dh die ersuchte Behörde muss das Ersuchen ablehnen, wenn einer der in Abs. 4 aufgezählten Gründe vorliegt. Die Aufzählung in Abs. 4 ist abschließend ("nur ... wenn") und stellt durchweg auf Fälle der rechtlichen Unmöglichkeit der ersuchten Amtshilfeleistung ab. Als Ausnahmen von der allgemeinen Amtshilfepflicht sind die Ablehnungsgründe grundsätzlich eng auszulegen.   27

---

24 Vgl. *Schneider/Hofmann/Ziller (Hrsg.)* ReNEUAL Erl. Buch V Rn. 15.
25 *Schneider/Hofmann/Ziller (Hrsg.)* ReNEUAL Erl. Buch V Rn. 11; vgl. aus völkerrechtlicher Perspektive *Berchtold* FS Loebenstein, S. 11 (16); *Damian* in Wolfrum MPEPIL Rn. 22.
26 *Wettner*, Amtshilfe, S. 273 f.
27 Siehe § 5 Abs. 2 und 3 VwVfG. Aus völkerrechtlicher Perspektive *Loebenstein*, Mutual Assistance, S. 65 ff.; *Berchtold* FS Loebenstein, S. 11 (20).

1. Fehlende Zuständigkeit

28 Abs. 4 lit. a spiegelt die demokratisch legitimierende und rechtsstaatlich limitierende **Funktion der hoheitlichen Zuständigkeitsordnung** wider. Die Amtshilfe kann die bestehende Zuständigkeitsordnung gerade nicht durchbrechen → Rn. 19. Ein Amtshilfeersuchen ist demnach abzulehnen, wenn die ersuchte Behörde für den Gegenstand des Ersuchens oder die ersuchte Maßnahme örtlich oder sachlich nicht zuständig ist.

29 Eine **Weiterleitungspflicht** der ersuchten unzuständigen Behörde an die zuständige Behörde sieht Art. 61 anders als Art. V-4 Abs. 1 lit. b S. 4 ReNEUAL-Musterentwurf nicht vor. Der Grundsatz der loyalen Zusammenarbeit der Aufsichtsbehörden verpflichtet die ersuchte Behörde aber zumindest, die ersuchende Behörde im Rahmen der gem. Abs. 5 S. 2 gebotenen Begründung der Ablehnung wegen Unzuständigkeit auf die zuständige Behörde hinzuweisen.

2. Verstoß gegen die DSGVO

30 Art. 61 stellt **nicht die Rechtsgrundlage** für die Vornahme der Amtshilfeleistung durch die ersuchte Behörde dar, sondern begründet lediglich die Pflicht zur Amtshilfeleistung → Rn. 19. Für den Ablehnungsgrund wegen eines Verstoßes gegen die DSGVO gem. Abs. 4 lit. b Var. 1 bedeutet dies zweierlei:

31 Zum einen liegt ein Verstoß gegen die DSGVO vor, wenn das Ersuchen auf die Ausübung von **Aufsichtsbefugnissen** zielt, mit denen die ersuchte Behörde nach der DSGVO gar nicht ausgestattet ist.

32 Zum anderen legitimiert die Amtshilfeverpflichtung selbst nicht die Verarbeitung, insbesondere die Weitergabe personenbezogener Daten.[28] Vielmehr ist die **Rechtmäßigkeit der Datenverarbeitung** an Art. 6 (bzw. Art. 9) DSGVO zu messen, wobei regelmäßig Art. 6 Abs. 1 lit. e einschlägig sein dürfte. Würde das Eingehen auf ein Amtshilfeersuchen gegen die DSGVO verstoßen, weil die Datenverarbeitung im Einzelfall unrechtmäßig wäre, muss die ersuchte Behörde das Ersuchen ablehnen.

3. Verstoß gegen sonstiges Unionsrecht

33 Das Eingehen auf das Ersuchen darf gem. Abs. 4 lit. b Var. 2 auch nicht gegen sonstiges Unionsrecht verstoßen. Besondere Bedeutung erlangt hier der **Grundsatz der Verhältnismäßigkeit**, der als allgemeiner Rechtsgrundsatz des Unionsrechts sowohl Unionsorgane wie auch mitgliedstaatliche Behörden bei der Durchführung des Unionsrechts (hier: der DSGVO) bindet.[29] Ein Ersuchen ist demnach abzulehnen, wenn dessen Erfüllung einen unverhältnismäßigen Verwaltungsaufwand für die ersuchte Behörde in personeller, zeitlicher oder finanzieller Hinsicht bedeutet.[30] Die Angemessenheit des Verwaltungsaufwands ist anhand der Bedeutung der im Hauptverfahren der ersuchenden Behörde verfolgten Aufgabe zu bestimmen, wobei in

---

28 Vgl. auch Art. V-4 Abs. 3 S. 2 ReNEUAL-Musterentwurf; *Caspar* in: Schneider/Rennert/Marsch ReNEUAL Tagungsband, S. 209 (210 f.).
29 Vgl. nur *Calliess* in: Calliess/Ruffert EUV/AEUV Art. 5 EUV Rn. 44.
30 Vgl. auch Art. V-4 Abs. 4 lit. d ReNEUAL-Musterentwurf.

Rechnung zu stellen ist, dass Art. 197 Abs. 1 AEUV die für das ordnungsgemäße Funktionieren der Union entscheidende effektive Durchführung des Unionsrechts als Frage von gemeinsamem Interesse ansieht. Daneben ist auch die Gesamtzahl der bei der ersuchten Behörde anhängigen Amtshilfeersuchen zu berücksichtigen.[31] Wegen der Möglichkeit der Erstattung besonderer Kosten und Ausgaben (→ Rn. 44) führt ein hoher finanzieller Aufwand nicht zwingend zur Unverhältnismäßigkeit.

4. Verstoß gegen nationales Recht der ersuchten Behörde

Auch der drohende Verstoß gegen das nationale Recht, dem die ersuchte   34
Behörde unterliegt, rechtfertigt die Ablehnung des Ersuchens gem. Abs. 4 lit. b Var. 3. Hier kommen insbesondere **Geheimhaltungsvorschriften** des nationalen Rechts oder Vorschriften zum Schutz von Berufs- und Geschäftsgeheimnissen in Betracht.[32]

Nicht ganz eindeutig ist dagegen die Zuordnung eines **allgemeinen ordre**   35
public-Vorbehalts zu Abs. 4 lit. b Var. 3.[33] Während Art. V-4 Abs. 4 lit. b Var. 2 ReNEUAL-Musterentwurf im Einklang mit anderen sekundärrechtlichen Amtshilfevorschriften die Verweigerung der Amtshilfe zulässt, wenn die Erfüllung des Ersuchens der öffentlichen Ordnung oder der nationalen Sicherheit widerspricht, fehlt ein entsprechender Hinweis in Art. 61 Abs. 4 DSGVO. Abs. 4 lit. b Var. 3 ist jedoch im Lichte des Art. 346 Abs. 1 lit. a AEUV auszulegen, der die Mitgliedstaaten zur Verweigerung von Auskünften an Unionsorgane oder andere Mitgliedstaaten berechtigt, wenn deren Preisgabe ihres Erachtens ihren wesentlichen Sicherheitsinteressen widerspricht. Art. 346 Abs. 1 lit. a AEUV, der auch auf sekundärrechtliche Auskunftspflichten (wie Art. 61 DSGVO) anwendbar ist,[34] gilt nicht nur für die Erteilung von Auskünften, sondern für sämtliche Informationsübermittlungen. Die Ablehnung eines Amtshilfeersuchens ist mithin gem. Abs. 4 lit. b Var. 3 gerechtfertigt, wenn dessen Erfüllung wesentlichen Sicherheitsinteressen, dh solchen der äußeren und inneren Sicherheit des Staates der ersuchten Behörde widerspricht.

5. Weitere ungeschriebene Ablehnungsgründe?

Da die Aufzählung der Ablehnungsgründe in Abs. 4 abschließend ist, kom-   36
men weitere, ungeschriebene Ablehnungsgründe nicht in Betracht. Die **tatsächliche Unmöglichkeit** der Amtshilfeleistung schließt die Amtshilfeverpflichtung eo ipso aus, so dass eine ausdrückliche Regelung dieser Fallgruppe nicht erforderlich war.[35]

V. Nachberichts- und Begründungspflichten – Abs. 5

Abs. 5 enthält weitere **Nebenpflichten** der ersuchten Behörde.   37

---

31   *Wettner,* Amtshilfe, S. 254; ReNEUAL-Musterentwurf Erl. Buch V Rn. 33.
32   Vgl. dazu nur *Gubelt* in: von Münch/Kunig GG Art. 35 Rn. 15.
33   Ausführlich zu ordre public-Vorbehalten im europäischen Amtshilferecht *Wettner,* Amtshilfe, S. 259 ff.
34   *Karpenstein* in: Schwarze EU-Kommentar Art. 346 AEUV Rn. 6.
35   Vgl. *Berchtold* FS Loebenstein, S. 11 (21); *Wettner,* Amtshilfe, S. 173.

38   Wenn die ersuchte Behörde Maßnahmen ergreift, die sich nicht in der bloßen Übermittlung bereits vorhandener Informationen erschöpfen (zB vorherige Genehmigungen, Konsultationen, Nachprüfungen, Untersuchungen), hat sie die ersuchende Behörde über das Ergebnis dieser Maßnahmen bzw. – bei noch nicht abgeschlossenen Maßnahmen – über den Fortgang dieser Maßnahmen gem. Abs. 5 S. 1 zu informieren. Diese Nach- bzw. **Zwischenberichtspflichten** hat die ersuchte Behörde unverzüglich nach Abschluss der Maßnahme bzw. bei Eintritt von Verfahrensverzögerungen zu erfüllen, spätestens aber innerhalb eines Monats nach Eingang des Ersuchens, wie sich aus Abs. 8 S. 1 ergibt.

39   Abs. 5 S. 2 erlegt der ersuchten Behörde eine **Begründungspflicht bei Ablehnung** eines Amtshilfeersuchens auf. Die bloße Behauptung eines möglichen Rechtsverstoßes genügt hierfür jedoch nicht. Vielmehr muss die ersuchte Behörde substantiiert darlegen, warum sie dem Ersuchen nicht nachkommen kann. Im Falle der Ablehnung wegen Unzuständigkeit verlangt der Grundsatz der loyalen Zusammenarbeit zwischen den Aufsichtsbehörden, dass die ersuchte Behörde die ersuchende Behörde auf die zuständige Behörde hinweist.

VI. Elektronische Kommunikation im Amtshilfeverkehr – Abs. 6

40   Abs. 6 stellt den **Grundsatz der elektronischen Kommunikation** zwischen den Aufsichtsbehörden auf, ohne andere Kommunikationsformen auszuschließen („in der Regel"). So können Informationen etwa in dringenden Fällen auch telefonisch übermittelt werden. Dann dürfte aber regelmäßig die elektronische Bestätigung der Auskunft nachzureichen sein.[36]

41   Für die elektronische Kommunikation sieht Abs. 6 die Verwendung eines **standardisierten Formats** vor, das die Kommission gem. Abs. 9 mittels eines Durchführungsrechtsakts definieren kann → Rn. 49 ff.

VII. Grundsatz der Gebührenfreiheit für Aufsichtsbehörden – Abs. 7

42   Abs. 7 stellt den Grundsatz der Gebührenfreiheit für Aufsichtsbehörden für Maßnahmen aufgrund eines Amtshilfeersuchens auf, der gleichermaßen in anderen sekundär- und völkerrechtlichen Regelungen enthalten ist.[37] Hinter der **Gebührenfreiheit** steht die Überlegung, dass die ordnungsgemäße Durchführung des Unionsrechts eine Frage von gemeinsamem Interesse ist (Art. 197 Abs. 1 AEUV) und sich die Ausgaben für Amtshilfeleistungen der einzelnen Mitgliedstaaten langfristig einander annähern bzw. ausgleichen, so dass das gegenseitige In-Rechnung-Stellen einzelner Amtshilfemaßnahmen nur zusätzlichen Verwaltungsaufwand, aber keine zusätzlichen Einnahmen generiert.[38]

---

36 Vgl. Art. V-2 Abs. 2 S. 2 ReNEUAL-Musterentwurf.
37 Zum Unionsrecht *Wettner*, Amtshilfe, S. 274 ff.; zum Völkerrecht *Loebenstein*, Mutual Assistance, S. 86 ff.; *Damian* in: Wolfrum MPEPIL Rn. 30. Im nationalen Recht etwa § 8 Abs. 1 S. 1 VwVfG.
38 Ähnlich *Wettner*, Amtshilfe, S. 275 f.; vgl. auch *Schneider/Hofmann/Ziller* (Hrsg.), ReNEUAL Erl. Buch V Rn. 40; kritisch, wenngleich ohne nähere Belege *Spiecker gen. Döhmann* in: Schneider/Rennert/Marsch ReNEUAL Tagungsband, S. 231 (240 f.).

Die Gebührenfreiheit gilt indes nur zwischen den Aufsichtsbehörden.   43
Art. 61 verhält sich nicht zu der Frage, inwiefern die Verwaltungskosten
des Amtshilfeverfahrens auf den Verantwortlichen bzw. Auftragsverarbeiter abgewälzt werden können. Für die betroffene Person und ggf. den Datenschutzbeauftragten erfolgt die Erfüllung der Aufgaben der Aufsichtsbehörde gem. Art. 57 Abs. 3 jedenfalls unentgeltlich. Rechtsgrund und Höhe
der **Gebührenpflicht des Verantwortlichen bzw. Auftragsverarbeiters** für
aufsichtsbehördliche Maßnahmen bestimmen sich mangels unionsrechtlicher Vorgaben nach – mit Blick auf die DSGVO zu modifizierendem – nationalem Verwaltungsgebührenrecht.[39]

Auf Vorschlag des Rates, der sich an vorhandenen sekundärrechtlichen   44
Kostenregelungen der Amtshilfe orientierte, wurde Abs. 7 S. 2 eingefügt,
der in Ausnahmefällen eine Erstattung **besonderer Ausgaben für die Amtshilfe** auf Grundlage einer besonderen Vereinbarung der Aufsichtsbehörden
gestattet. Hierzu zählen etwa Auslagen für Sachverständige oder Dolmet-
scher oder Ausgaben bei besonderen Schwierigkeiten der Amtshilfe.[40]

VIII. Untätigkeit der ersuchten Behörde

Bleibt die ersuchte Behörde untätig, kann die ersuchende Behörde zum   45
einen eine rechtlich unverbindliche **Stellungnahme des Europäischen Datenschutzausschusses** gem. Art. 64 Abs. 2 einholen, in der der Ausschuss
bei Vorliegen der Voraussetzungen die Amtshilfeverpflichtung der ersuchten Behörde feststellt.

Zum anderen ermächtigt Art. 61 Abs. 8 S. 1 die ersuchende Behörde nach   46
Ablauf eines Monats ab Eingang des Ersuchens zu **einstweiligen Maßnahmen**, die allerdings gem. Art. 55 Abs. 1 auf ihr Hoheitsgebiet beschränkt
sind. Ziel dieser Regelung ist eine effektive Durchführung der DSGVO und
die zeitliche Straffung des Amtshilfeverfahrens.

Aus dem Verweis des Abs. 8 S. 2 auf Art. 66 Abs. 1 folgt zweierlei: Zum   47
einen muss die ersuchende Behörde beim Erlass der einstweiligen Maßnahme eine **Geltungsdauer** von höchstens drei Monaten festlegen.[41] Zum anderen darf sie die einstweilige Maßnahme nur erlassen, wenn im Rahmen
einer **Interessenabwägung** das Interesse am Schutz der Rechte und Pflichten der betroffenen Personen das Interesse des Verantwortlichen überwiegt,
von einer einstweiligen Maßnahme auf einer wegen der ausbleibenden
Amtshilfeleistung unsicheren Sach- oder Rechtsgrundlage verschont zu
bleiben.

Erlässt die ersuchende Behörde die einstweilige Maßnahme, fingiert Abs. 8   48
S. 2 einen dringenden Handlungsbedarf nach Art. 66 Abs. 1 und ordnet
einen verbindlichen Beschluss des Europäischen Datenschutzausschusses
im **Dringlichkeitsverfahren** gem. Art. 66 Abs. 2 an, der die ersuchte Behörde bei Vorliegen der Voraussetzung zur Erbringung der Amtshilfeleistung

---

39 Vgl. für eine Aufsichtsmaßnahme nach § 38 Abs. 1 BDSG VG Lüneburg, RDV
    2007, 216.
40 *Damian* in: Wolfrum MPEPIL Rn. 30; *Wettner*, Amtshilfe, S. 275.
41 Das war im Kommissionsvorschlag noch ausdrücklich in Art. 55 Abs. 9 S. 1 und 2
    vorgesehen.

verpflichtet, damit die ersuchende Behörde endgültige Maßnahme erlassen kann → Art. 66 Rn. 4 ff.

IX. Ermächtigung zum Erlass von Durchführungsrechtsakten – Abs. 9

49   Abs. 9 S. 1 ermächtigt die Kommission, **Durchführungsrechtsakte** (Art. 291 Abs. 2 AEUV) zu erlassen, die Form und Verfahren der Amtshilfe und die Ausgestaltung des elektronischen Informationsaustauschs zwischen den Aufsichtsbehörden und dem Europäischen Datenschutzausschuss und insbesondere das standardisierte Format nach Abs. 6 regeln.

50   Diese Durchführungsrechtsakte werden gem. Abs. 9 S. 2 iVm Art. 93 Abs. 2 DSGVO im sog. **Prüfverfahren** nach Art. 5 der Verordnung (EU) Nr. 182/2011[42] erlassen. Hierbei wird die Kommission von einem Ausschuss unterstützt (Art. 93 Abs. 1 DSGVO), der sich aus Vertretern der Mitgliedstaaten zusammensetzt und in dem ein nicht stimmberechtigter Vertreter der Kommission den Vorsitz führt (Art. 3 Abs. 2 VO Nr. 182/2011). Gibt der Ausschuss zu dem ihm vom Vorsitz unterbreiteten Entwurf eines Durchführungsrechtsakts mit qualifizierter Mehrheit eine ablehnende Stellungnahme ab, darf die Kommission den Durchführungsrechtsakt grundsätzlich nicht erlassen (Art. 5 Abs. 3 VO Nr. 182/2011).

51   Die Mitgliedstaaten haben somit vermittelt über den Ausschuss ein **Vetorecht**. Die Ausnahmevorschrift des Art. 7 VO Nr. 182/2011, der der Kommission den Erlass des Durchführungsrechtsakts trotz ablehnender Stellungnahme des Ausschusses in eng begrenzten Ausnahmefällen[43] gestattet, greift im Bereich der DSGVO nicht.

C. Verhältnis zu anderen Normen

52   Die gegenseitige Amtshilfe kennzeichnet gem. Art. 61 Abs. 1 die Zusammenarbeit aller Aufsichtsbehörden bei grenzüberschreitenden Datenverarbeitungen im Aufsichtsverbund des europäischen Datenschutzrechts. Der Verweis auf die Amtshilfevorschriften in Art. 56 Abs. 5 sowie Art. 60 Abs. 2 ist daher deklaratorisch.

D. Perspektiven

53   Mit Art. 61 liegen erstmals detaillierte Amtshilferegelungen im europäischen Datenschutzrecht vor. Die Vorschrift konzipiert die horizontale Kooperation der Aufsichtsbehörden, insbesondere die Amtshilfe als ein wichtiges Element im Aufsichtsverbund der europäischen Datenschutzbehörden. Es darf freilich nicht übersehen werden, dass sich die Bedeutung der Zusammenarbeits- und Amtshilferegelungen erst an ihrem **praktischen Vollzug** wird ablesen lassen können.[44] Damit sind zum einen die hinrei-

---

42 Verordnung (EU) Nr. 182/2011 zur Festlegung der allgemeinen Regeln und Grundsätze, nach denen die Mitgliedstaaten die Wahrnehmung der Durchführungsbefugnisse durch die Kommission kontrollieren, ABl. 2011 L 55/13; vgl. nur *Sydow* JZ 2012, 157 (160 ff.).

43 Scil. Abwendung einer erheblichen Störung der Agrarmärkte oder einer Gefährdung der finanziellen Interessen der Union, Art. 7 Abs. 1 VO Nr. 182/2011.

44 Vgl. noch einmal *Artikel-29-Datenschutzgruppe* Stellungnahme 1/2012 zu den Reformvorschlägen im Bereich des Datenschutzes (WP 191), S. 21 f.

chende Ressourcenausstattung der Aufsichtsbehörden angesprochen, zum anderen die sprachlichen und verwaltungskulturellen Hürden, die bei der Zusammenarbeit im Einzelfall überwunden werden müssen. Die Legitimität des Aufsichtsverbundes stützt sich dabei nicht nur auf das harmonisierte Datenschutzrecht, sondern auch auf das gegenseitige Vertrauen in grundlegende Qualitätsstandards der Verwaltungspraxis.[45]

Artikel 62 Gemeinsame Maßnahmen der Aufsichtsbehörden

(1) Die Aufsichtsbehörden führen gegebenenfalls gemeinsame Maßnahmen einschließlich gemeinsamer Untersuchungen und gemeinsamer Durchsetzungsmaßnahmen durch, an denen Mitglieder oder Bedienstete der Aufsichtsbehörden anderer Mitgliedstaaten teilnehmen.

(2) [1]Verfügt der Verantwortliche oder der Auftragsverarbeiter über Niederlassungen in mehreren Mitgliedstaaten oder werden die Verarbeitungsvorgänge voraussichtlich auf eine bedeutende Zahl betroffener Personen in mehr als einem Mitgliedstaat erhebliche Auswirkungen haben, ist die Aufsichtsbehörde jedes dieser Mitgliedstaaten berechtigt, an den gemeinsamen Maßnahmen teilzunehmen. [2]Die gemäß Artikel 56 Absatz 1 oder Absatz 4 zuständige Aufsichtsbehörde lädt die Aufsichtsbehörde jedes dieser Mitgliedstaaten zur Teilnahme an den gemeinsamen Maßnahmen ein und antwortet unverzüglich auf das Ersuchen einer Aufsichtsbehörde um Teilnahme.

(3) [1]Eine Aufsichtsbehörde kann gemäß dem Recht des Mitgliedstaats und mit Genehmigung der unterstützenden Aufsichtsbehörde den an den gemeinsamen Maßnahmen beteiligten Mitgliedern oder Bediensteten der unterstützenden Aufsichtsbehörde Befugnisse einschließlich Untersuchungsbefugnisse übertragen oder, soweit dies nach dem Recht des Mitgliedstaats der einladenden Aufsichtsbehörde zulässig ist, den Mitgliedern oder Bediensteten der unterstützenden Aufsichtsbehörde gestatten, ihre Untersuchungsbefugnisse nach dem Recht des Mitgliedstaats der unterstützenden Aufsichtsbehörde auszuüben. [2]Diese Untersuchungsbefugnisse können nur unter der Leitung und in Gegenwart der Mitglieder oder Bediensteten der einladenden Aufsichtsbehörde ausgeübt werden. [3]Die Mitglieder oder Bediensteten der unterstützenden Aufsichtsbehörde unterliegen dem Recht des Mitgliedstaats der einladenden Aufsichtsbehörde.

(4) Sind gemäß Absatz 1 Bedienstete einer unterstützenden Aufsichtsbehörde in einem anderen Mitgliedstaat im Einsatz, so übernimmt der Mitgliedstaat der einladenden Aufsichtsbehörde nach Maßgabe des Rechts des Mitgliedstaats, in dessen Hoheitsgebiet der Einsatz erfolgt, die Verantwortung für ihr Handeln, einschließlich der Haftung für alle von ihnen bei ihrem Einsatz verursachten Schäden.

(5) [1]Der Mitgliedstaat, in dessen Hoheitsgebiet der Schaden verursacht wurde, ersetzt diesen Schaden so, wie er ihn ersetzen müsste, wenn seine eigenen Bediensteten ihn verursacht hätten. [2]Der Mitgliedstaat der unter-

---

45 Dazu ausführlich *Peuker*, Bürokratie und Demokratie in Europa, S. 233 ff.

stützenden Aufsichtsbehörde, deren Bedienstete im Hoheitsgebiet eines anderen Mitgliedstaats einer Person Schaden zugefügt haben, erstattet diesem anderen Mitgliedstaat den Gesamtbetrag des Schadenersatzes, den dieser an die Berechtigten geleistet hat.

(6) Unbeschadet der Ausübung seiner Rechte gegenüber Dritten und mit Ausnahme des Absatzes 5 verzichtet jeder Mitgliedstaat in dem Fall des Absatzes 1 darauf, den in Absatz 4 genannten Betrag des erlittenen Schadens anderen Mitgliedstaaten gegenüber geltend zu machen.

(7) [1]Ist eine gemeinsame Maßnahme geplant und kommt eine Aufsichtsbehörde binnen eines Monats nicht der Verpflichtung nach Absatz 2 Satz 2 des vorliegenden Artikels nach, so können die anderen Aufsichtsbehörden eine einstweilige Maßnahme im Hoheitsgebiet ihres Mitgliedstaats gemäß Artikel 55 ergreifen. [2]In diesem Fall wird von einem dringenden Handlungsbedarf gemäß Artikel 66 Absatz 1 ausgegangen, der eine im Dringlichkeitsverfahren angenommene Stellungnahme oder einen im Dringlichkeitsverfahren angenommenen verbindlichen Beschluss des Ausschusses gemäß Artikel 66 Absatz 2 erforderlich macht.

Verwandte Normen: ErwGr 134

Literatur:

Albrecht, Das neue EU-Datenschutzrecht – von der Richtlinie zur Verordnung. Überblick und Hintergründe zum finalen Text für die Datenschutz-Grundverordnung der EU nach der Einigung im Trilog, CR 2016, 88; *Baldus*, Staatliche Gewaltmonopole, in: Mehde/Ramsauer/Seckelmann (Hrsg.), Staat, Verwaltung, Information. Festschrift für Hans Peter Bull zum 75. Geburtstag, Berlin, 2011, S. 3; *v. Bogdandy*, Die Informationsbeziehungen im europäischen Verwaltungsverbund, in: Hoffmann-Riem/Schmidt-Aßmann/Voßkuhle (Hrsg.), Grundlagen des Verwaltungsrechts. Band II: Informationsordnung, Verwaltungsverfahren, Handlungsformen, 2. Aufl., München, 2012, § 25; *David*, Inspektionen im Europäischen Verwaltungsrecht, Berlin, 2003; *Groß*, Die administrative Föderalisierung der EG. Rechtsprobleme des grenzüberschreitenden Prüfungsrechts der Bankaufsichtsbehörden, JZ 1994, 596; *Hofmann*, Rechtsschutz und Haftung im europäischen Verwaltungsverbund, Berlin, 2004; *Kugelmann*, Europäische Polizeiliche Kooperation, in: Böse (Hrsg.), Europäisches Strafrecht mit polizeilicher Zusammenarbeit (EnzEuR IX), Baden-Baden, 2013, § 17; *Möstl*, Polizeiliche Sicherheitsgewährleistung im Mehrebenensystem, DV 41 (2008) 309; *Mutschler*, Der Prümer Vertrag. Neue Wege der Kriminalitätsbekämpfung auf europäischer Ebene, Stuttgart, 2010; *Ohler*, Die Kollisionsordnung des Allgemeinen Verwaltungsrechts. Strukturen des deutschen Internationalen Verwaltungsrechts, Tübingen, 2005; *Ohler*, Europäisches und nationales Verwaltungsrecht, in: Terhechte (Hrsg.), Verwaltungsrecht der Europäischen Union, 2011, Baden-Baden, § 9; *Peuker*, Bürokratie und Demokratie in Europa. Legitimität im Europäischen Verwaltungsverbund, Tübingen, 2011; *Sommer*, Verwaltungskooperation am Beispiel administrativer Informationsverfahren im Europäischen Umweltrecht, Berlin u.a., 2003; *Wettner*, Die Amtshilfe im Europäischen Verwaltungsrecht, Tübingen, 2005.

A. Grundlagen

I. Gesamtverständnis und Zweck der Norm

Art. 62 regelt mit den gemeinsamen Maßnahmen der Aufsichtsbehörden ein **neues Element der horizontalen Verwaltungskooperation**, das bisher nicht im europäischen Datenschutzrecht vorgesehen war. Die Vorschrift zielt auf die einheitliche Durchführung und Anwendung der DSGVO im Aufsichtsverbund des europäischen Datenschutzrechts (dazu → Art. 56 Rn. 7 ff.) durch eine verstärkte Zusammenarbeit der Aufsichtsbehörden.[1]   **1**

Abs. 1 und 2 sowie 4–6 enthalten konkrete Vorschriften zu Verfahrens- und Haftungsfragen der gemeinsamen Maßnahmen → Rn. 13 ff., → Rn. 26 ff., Abs. 7 ermächtigt zum Erlass einstweiliger Maßnahmen durch eine Aufsichtsbehörde mit anschließendem Dringlichkeitsverfahren, falls keine gemeinsamen Maßnahmen zustande kommen → Rn. 34 ff. Ein Novum des europäischen Verwaltungskooperationsrechts stellt das in Abs. 2 ausdrücklich geregelte Recht der Aufsichtsbehörden zur Teilnahme an gemeinsamen Maßnahmen dar. Besondere Beachtung verdient zudem die in Abs. 3 vorgesehene Möglichkeit der Aufsichtsbehörden, Hoheitsrechte auch in anderen Mitgliedstaaten auszuüben → Rn. 21 ff.   **2**

II. Bisherige Rechtslage

Gemeinsame Maßnahmen der Aufsichtsbehörden sind bisher weder in der DS-RL[2] noch in den **Datenschutzgesetzen** des Bundes und der Länder vorgesehen. Die Vorschriften beschränken sich stattdessen auf die Regelung der allgemeinen Zusammenarbeit und der Amtshilfe (vgl. → Art. 61 Rn. 3).   **3**

III. Entstehung der Norm

Die Formulierung des Art. 62 geht im Wesentlichen auf den **Kommissionsvorschlag** zurück (dort: Art. 56). Auf Vorschlag von Europäischem Parlament und Rat wurde die Möglichkeit gemeinsamer Maßnahmen in Abs. 2 auch auf solche Fälle erstreckt, in denen der Verantwortliche oder Auftragsverarbeiter über Niederlassungen in mehreren Mitgliedstaaten ver-   **4**

---

1 Das wurde in der Fassung des Kommissionsvorschlags (dort: Art. 56) noch deutlicher.

2 Vgl. *Schneider* in: Wolff/Brink Datenschutzrecht Syst. B Rn. 151.

fügt. Auf die Initiative des Rates ist hingegen die Einschränkung in Abs. 2 zurückzuführen, dass die von Verarbeitungsvorgängen betroffenen Personen in mehr als einem Mitgliedstaat eine bedeutende Zahl erreichen müssen. Auch die Haftungsregelungen der Abs. 3–6 wurden erst auf Betreiben des Rates eingefügt. Die Anordnung des Dringlichkeitsverfahrens in Abs. 7 S. 2, das sich an den Erlass einer einstweiligen Maßnahme einer nicht zu gemeinsamen Maßnahmen eingeladenen Aufsichtsbehörde anschließt, ist ein Ergebnis der Trilogverhandlungen.

IV. Gemeinsamen Maßnahmen im europäischen Verwaltungsverbund

5 Das Unionsrecht sieht gemeinsame Maßnahmen von Europäischer Kommission und nationalen Behörden (vertikale Kooperation) bzw. von Behörden verschiedener Mitgliedstaaten (horizontale Kooperation) in einigen Sekundärrechtsakten vor. In der Literatur wurden vor allem gemeinsame Inspektionen vor Ort näher analysiert.[3] Bei **gemeinsamen Maßnahmen als Form der horizontalen Kooperation** hängt die Teilnahme von Behörden anderer Mitgliedstaaten häufig vom Einverständnis des ersuchten Gebietsstaates ab, zudem haben Behörden der ersuchenden Staaten regelmäßig keine eigenständigen Untersuchungsbefugnisse.[4]

6 Eine Intensivierung haben gemeinsame Maßnahmen im Horizontalverhältnis dagegen etwa im Bereich der polizeilichen Zusammenarbeit zur grenzüberschreitenden Terrorismus- und Kriminalitätsbekämpfung durch den sog **Prümer Beschluss**[5] erfahren, auf dessen Art. 17 die Begründung des Kommissionsvorschlags zu Art. 62 DSGVO ausdrücklich verweist.[6][7] Art. 17 des Prümer Beschlusses, dem Art. 62 DSGVO in Teilen nachempfunden worden ist, regelt gemeinsame Einsatzformen (zB mit Polizeibeamten verschiedener Mitgliedstaaten besetzte gemeinsame Streifen, Kontroll-, Auswertungs- oder Observationsgruppen) und lässt die Ausübung von Hoheitsbefugnissen ausländischer Beamter im Gebietsstaat unter bestimmten Voraussetzungen zu.[8]

7 Als Form der horizontalen Kooperation dienen gemeinsame Maßnahmen zunächst unmittelbar der **gemeinsamen Aufgabenerfüllung**, ihr Zweck erschöpft sich jedoch nicht darin. Zugleich zielen sie auf die Herstellung von **Transparenz**, auf die Herausbildung gegenseitigen **Vertrauens** sowie gemeinsamer **Vollzugsstandards** und damit letztlich auf den kohärenten Vollzug des materiellen Unionsrechts.[9] Das gegenseitige Vertrauen in elementa-

---

3 Umfassend *David*, Inspektionen, S. 128 ff., vgl. auch *Sommer*, Verwaltungskooperation, S. 272 ff., jeweils mwN zu einschlägigen Sekundärrechtsvorschriften.

4 *David*, Inspektionen, S. 134 f.

5 Beschluss 2008/615/JI des Rates zur Vertiefung der grenzüberschreitenden Zusammenarbeit, insbesondere zur Bekämpfung des Terrorismus und der grenzüberschreitenden Kriminalität, ABl. 2008 Nr. L 210/1, der die Inhalte des völkerrechtlichen Vertrages von Prüm (2005) in Unionsrecht überführt; vgl. dazu *Mutschler*, Prümer Vertrag, S. 60 ff.; *Kugelmann* in: Böse EnzEuR VIII § 17 Rn. 96 ff.

6 KOM(2012) 11 endg., S. 14; vgl. auch *Albrecht* CR 2016, 88 (96).

7 Zu vergleichbaren „Vorgängerregelungen" im Schengener Durchführungsübereinkommen *Möstl* DV 41 (2008) 309 (338 f.); vgl. auch *Groß* JZ 1994, 596 (599 ff.).

8 Vgl. *Kugelmann* in: Böse EnzEuR VIII § 17 Rn. 101 ff.; *Mutschler*, Prümer Vertrag, S. 137 f.; Denkschrift zum Vertrag von Prüm, BT-Drs. 16/1108, S. 32 (40).

9 Vgl. *David*, Inspektionen, S. 274 ff.

re Qualitätsstandards der Verwaltungspraxis stellt wiederum einen wesentlichen Beitrag zur **Legitimität** im europäischen Verwaltungsverbund dar.[10]

Kennzeichen der gemeinsamen Maßnahmen ist die Orientierung an der gemeinsamen Aufgabenerfüllung, die das **Territorialitätsprinzip** bei der Ausübung von Hoheitsgewalt in bestimmten Konstellationen und in bestimmtem Umfang transzendiert.[11] Die dogmatische Einordnung des hoheitlichen Tätigwerdens ausländischer Behörden in Deutschland wird in der deutschen Staatsrechtslehre zwar nach wie vor kontrovers diskutiert.[12] Die gemeinsamen Maßnahmen selbst finden in dem jeweiligen Unionsrechtsakt aber eine hinreichende Rechtsgrundlage.[13]   **8**

B. Kommentierung

I. Gemeinsame Maßnahmen der Aufsichtsbehörden als Form horizontaler Kooperation

Abs. 1 bietet die **Rechtsgrundlage** für die Durchführung gemeinsamer Maßnahmen in einem Mitgliedstaat, an denen Mitglieder oder Bedienstete von Aufsichtsbehörden anderer Mitgliedstaaten teilnehmen.   **9**

Die gemeinsamen Maßnahmen sind als **Maßnahmen im Einzelfall** konzipiert („gegebenenfalls"), so dass etwa eine institutionelle Verstetigung gemeinsamer Maßnahmen (zB in Form eines gemeinsamen Untersuchungsbüros für die fortwährende Aufsicht über einen Verantwortlichen) nicht auf Art. 62 gestützt werden kann.   **10**

Als nicht abschließende, aber gleichwohl **wichtigste Beispiele** nennt Abs. 1 gemeinsame Untersuchungen und gemeinsame Durchsetzungsmaßnahmen. Unter den weiten Untersuchungsbegriff fallen auch Vor-Ort-Inspektionen, bei denen sich die beteiligten Behörden auf das in Art. 58 Abs. 1 lit. f angesprochene Zugangsrecht zu den Geschäftsräumen einschließlich aller Datenverarbeitungsanlagen und -geräte des Verantwortlichen oder Auftragsverarbeiters nach dem Verfahrensrecht der Union oder der Mitgliedstaaten stützen können.   **11**

An den gemeinsamen Maßnahmen nehmen gem. Abs. 1 Mitglieder oder Bedienstete der Aufsichtsbehörden anderer Mitgliedstaaten teil (zu deren Recht auf Teilnahme nach Abs. 2 → Rn. 13 f.). **Mitglieder** sind Beamte der Aufsichtsbehörde, die nach den Bedingungen des Art. 53 ernannt werden, **Bedienstete** sind dagegen vertraglich bei der Aufsichtsbehörde angestellt (zur wenig einleuchtenden Differenzierung bei der Frage der Verantwortlichkeit und Haftung → Rn. 30).   **12**

---

10 *Peuker,* Bürokratie und Demokratie in Europa, S. 233 ff.; *David,* Inspektionen, S. 275.
11 Ähnlich für die Europäische Polizeiliche Zusammenarbeit *Kugelmann* in: Böse EnzEuR VIII § 17 Rn. 166; *Baldus* FS Bull, S. 3 (15 f.).
12 Vgl. nur *Ohler,* Kollisionsordnung, S. 188 ff. mwN.
13 Zutreffend *Ohler* in: Terhechte Verwaltungsrecht der EU § 9 Rn. 34.

II. Teilnahme an gemeinsamen Maßnahmen

1. Recht zur Teilnahme

13   Abs. 2 S. 1 gewährt den Aufsichtsbehörden anderer Mitgliedstaaten ein Recht auf Teilnahme an gemeinsamen Maßnahmen. Das ist – soweit ersichtlich – ein **Novum im europäischen Verwaltungskooperationsrecht**. Der in der Begründung des Kommissionsvorschlags in Bezug genommene Art. 17 des Prümer Beschlusses sieht ein solches Teilnahmerecht jedenfalls nicht vor.

14   **Voraussetzung des Teilnahmerechts** einer Aufsichtsbehörde ist, dass entweder der Verantwortliche oder Auftragsverarbeiter auch in ihrem Mitgliedstaat über eine Niederlassung verfügt (Var. 1) oder dass die Datenverarbeitung voraussichtlich auf eine bedeutende Zahl Betroffener in dem Mitgliedstaat der ersuchenden Aufsichtsbehörde erhebliche Auswirkungen haben wird (Var. 2). Das entspricht der Definition der „betroffenen Behörde" in Art. 4 Nr. 22 lit. a und b (→ Art. 4 Rn. 240 ff.), wobei bei der zweiten Variante zusätzlich die Zahl der betroffenen Personen „bedeutend" sein muss. Beide Tatbestandsmerkmale sind Ausdruck des Verhältnismäßigkeitsprinzips als Schranke des Teilnahmerechts (→ Rn. 19). Die DSGVO enthält jedoch keine Anhaltspunkte, wann eine „bedeutende" Zahl erreicht sein könnte. Vor dem Hintergrund des Art. 197 Abs. 1 AEUV, der die effektive Durchführung des Unionsrechts durch die Mitgliedstaaten als Frage von gemeinsamem Interesse ausweist, und der Tatsache, dass die Definition der betroffenen Behörde trotz der damit verbundenen Rechtsstellung für die Aufsichtsbehörde ohne das Kriterium der bedeutenden Anzahl von Betroffenen auskommt, sind an die Zahl der Betroffenen wie auch an die Erheblichkeit der Auswirkungen der Datenverarbeitung keine allzu großen Anforderungen zu stellen.

2. Pflicht zur Einladung

15   Sind die Voraussetzungen des Abs. 2 S. 1 bei einer Aufsichtsbehörde erfüllt, müssen die teilnahmeberechtigten Aufsichtsbehörden zu gemeinsamen Maßnahmen eingeladen werden. Die **Pflicht zur Einladung** obliegt gem. Abs. 2 S. 2 der nach Art. 56 Abs. 1 oder 4 zuständigen federführenden Behörde, die die vorbereitende Planung der gemeinsamen Maßnahmen koordiniert.

16   Abs. 2 S. 2 übersieht jedoch die **Konstellation eines örtlichen Falles**, in dem die federführende Behörde nicht von ihrem Selbsteintrittsrecht nach Art. 56 Abs. 5 Gebrauch macht. Hier befasst sich gem. Art. 56 Abs. 5 die Aufsichtsbehörde, die die federführende Behörde über den örtlichen Fall unterrichtet hat, mit dem Fall, wobei sie gem. Art. 56 Abs. 5 auch gemeinsame Maßnahmen durchführen kann. Es wäre aber wenig einleuchtend, die federführende Behörde noch mit der Einladung zu gemeinsamen Maßnahmen zu betrauen, nachdem sie den Selbsteintritt bereits abgelehnt hat.[14] Stattdessen muss dann die nach Art. 56 Abs. 5 zuständige Behörde jene Aufsichtsbehörden, die deshalb teilnahmeberechtigt sind, weil der Ver-

---

14   Deshalb spricht Art. 62 Abs. 7 S. 1 davon, dass „eine" Aufsichtsbehörde nicht ihrer Pflicht nach Abs. 2 S. 2 nachkommt.

antwortliche in ihrem Mitgliedstaat auch eine Niederlassung besitzt, zu gemeinsamen Maßnahmen einladen.

Die Einladung ist – wiewohl nicht ausdrücklich geregelt – in Anlehnung an   17
Art. 60 Abs. 12 und Art. 61 Abs. 6 auf elektronischem Wege zu übermitteln.

Aus der Zusammenschau von Abs. 2 S. 2 und Abs. 7 ergibt sich, dass die   18
Antwort auf ein Einladungsersuchen bei Vorliegen der Voraussetzung unverzüglich, spätestens aber innerhalb einer Frist von einem Monat nach dem Ersuchen erfolgen muss, da anderenfalls die teilnahmeberechtigten Aufsichtsbehörden einstweilige Maßnahmen treffen können, an die sich ein Dringlichkeitsverfahren anschließt (→ Rn. 34 ff.).

3. Schranken des Teilnahmerechts

Abs. 2 enthält keine ausdrücklichen Schrankenregelungen für das Teilnahmerecht einer Aufsichtsbehörde. Das Ersuchen einer Aufsichtsbehörde um   19
Teilnahme an gemeinsamen Maßnahmen kann jedoch im Einzelfall unverhältnismäßig und deswegen zurückzuweisen sein.[15] Das Verhältnismäßigkeitsprinzip bindet als allgemeiner Rechtsgrundsatz des Unionsrechts sowohl Unionsorgane wie auch mitgliedstaatliche Behörden bei der Durchführung des Unionsrechts (hier: der DSGVO).[16] Sein normativer Anknüpfungspunkt in Abs. 2 S. 1 sind die Begriffe der „erheblichen" Auswirkung der Datenverarbeitung und die Betroffenheit einer „bedeutenden" Zahl von Personen.

Zudem gilt ein ungeschriebener ordre public-Vorbehalt, der in Art. 346   20
Abs. 1 lit. a AEUV eine positivrechtliche Ausgestaltung für Informationsübermittlungen erfahren hat, darüber hinaus aber als allgemeiner Rechtsgrundsatz auch im horizontalen Verwaltungskooperationsverhältnis der Mitgliedstaaten Anwendung findet.[17] Danach ist die Ablehnung eines Einladungsersuchens gerechtfertigt, wenn dessen Erfüllung wesentlichen Sicherheitsinteressen, dh solchen der äußeren und inneren Sicherheit des Staates der ersuchten Behörde widerspricht. Wegen Art. 197 Abs. 1 AEUV, der die effektive Durchführung des Unionsrechts durch die Mitgliedstaaten als Frage von gemeinsamem Interesse ausweist, ist jedoch eine enge Auslegung dieses Vorbehalts geboten.[18]

III. Ausübung von Befugnissen im Aufnahmestaat

Abs. 3 sieht in S. 1 die Ausübung von Befugnissen durch Mitglieder oder   21
Bedienstete eingeladener Aufsichtsbehörden der Entsendestaaten im Mitgliedstaat der einladenden Aufsichtsbehörde (Aufnahmestaat) bei gemeinsamen Maßnahmen in zwei Konstellationen vor, die zudem an die weiteren Voraussetzungen des S. 2 geknüpft ist. Diese Regelung ist angelehnt an

---

15 Vgl. *David*, Inspektionen, S. 271 f.
16 Vgl. nur *Calliess* in: Calliess/Ruffert EUV/AEUV Art. 5 EUV Rn. 44.
17 Vgl. *David*, Inspektionen, S. 270 f. Ausführlich zu ordre public-Vorbehalten im europäischen Amtshilferecht *Wettner*, Amtshilfe, S. 259 ff.
18 Ähnlich *von Bogdandy* in: Hoffmann-Riem/Schmidt-Aßmann/Voßkuhle (Hrsg.), GVwR II², § 25 Rn. 70; David Inspektionen, S. 271.

Art. 17 Abs. 2 und 3 des Prümer Beschlusses[19] (→ Rn. 6) und teilt mit diesem die schwerfällige Diktion.

1. Konstellationen der Befugnisausübung

22   In der ersten Konstellation (Abs. 3 S. 1 Var. 1) kann die einladende Behörde Befugnisse einschließlich Untersuchungsbefugnisse auf Mitglieder oder Bedienstete der eingeladenen Aufsichtsbehörde übertragen. Das setzt voraus, dass das Recht des Aufnahmestaates eine solche **Befugnisübertragung** vorsieht und das Einverständnis des Entsendestaates zu dieser Befugnisübertragung vorliegt.

23   In der zweiten Konstellation (Abs. 3 S. 1 Var. 2) kann die einladende Behörde den Mitgliedern oder Bediensteten der eingeladenen Behörde gestatten, **Untersuchungsbefugnisse nach dem Recht** ihres **Entsendestaates** auszuüben, soweit dies nach dem Recht des Aufnahmestaates zulässig ist. Da die Untersuchungsbefugnisse der Aufsichtsbehörden durch Art. 58 Abs. 1 weitestgehend harmonisiert sind, kommt die zweite Konstellation sinnvollerweise nur dann zum Tragen, wenn das Recht des Entsendestaates – gestützt auf Art. 58 Abs. 6 – andere bzw. weitergehende Untersuchungsbefugnisse enthält als das Recht des Aufnahmestaates.

24   Im deutschen Datenschutzrecht fehlt es bislang an Regelungen sowohl für die erste als auch für die zweite Konstellation. Sie sind freilich nicht zwingend, da Abs. 3 die Entscheidung für oder gegen die Möglichkeit der Ausübung von Befugnissen durch Mitglieder oder Bedienstete ausländischer Aufsichtsbehörden den Mitgliedstaaten anheimstellt. Sollten sich Bundes- und/oder Landesgesetzgeber für eine solche Option entscheiden, könnte sich die dann erforderliche Umsetzungsregelung an §§ 64 Abs. 4, 65 Abs. 2 BPolG orientieren, die der Umsetzung des Prümer Beschlusses dienen.[20]

2. Souveränitätsschonende Ausgestaltung der Befugnisausübung

25   Die in Abs. 3 S. 1 geregelten Voraussetzungen in den beiden Konstellationen dienen – ebenso wie die in Abs. 3 S. 2 und 3 vorgesehenen generellen Voraussetzungen – der souveränitätsschonenden Ausgestaltung der Befugnisausübung.[21] Danach dürfen Mitglieder und Bedienstete anderer Aufsichtsbehörden Untersuchungsbefugnisse nur unter der **Leitung** und in **Gegenwart** der Mitglieder oder Bediensteten **der einladenden Behörde** ausüben. Zudem unterliegen die Mitglieder und Bediensteten der eingeladenen Behörde gem. Abs. 3 S. 3 dem Recht des Aufnahmestaates, das meint insbesondere das Weisungsrecht nach dem Recht des Aufnahmestaates.[22]

IV. Verantwortlichkeit und Haftung

26   Die Abs. 4–6 enthalten Regelungen für die Zurechnung der Verantwortlichkeit sowie für die Haftung für Handlungen von Bediensteten des Ent-

---

19   KOM(2012) 11 endg., S. 14; vgl. auch *Albrecht* CR 2016, 88 (96).
20   Art. 3 des Gesetzes zur Umsetzung des Prüm-Beschlusses v. 31.7.2009, BGBl. 2009 I 2507.
21   Vgl. *David*, Inspektionen, S. 267 ff.
22   Vgl. auch Art. 17 Abs. 3 des Prümer Beschlusses.

sendestaates bei gemeinsamen Maßnahmen im Aufnahmestaat. **Vergleichbare Regelungen** finden sich etwa in Art. 43 des Schengener Durchführungsübereinkommens, Art. 21 des Prümer Beschlusses oder Art. 16 des EU-Rechtshilfeübereinkommens.[23]

1. Grundsatz der Verantwortlichkeit und Haftung des Aufnahmestaates

Abs. 4 normiert die **Verantwortlichkeit des Aufnahmestaates** für Handlungen von Bediensteten des Entsendestaates bei gemeinsamen Maßnahmen im Aufnahmestaat nach Maßgabe des Rechts des Aufnahmestaates. Als Ausnahme vom verwaltungsorganisatorischen Trennungsprinzip im europäischen Verwaltungsverbund bedurfte diese Zurechnungsregel der ausdrücklichen sekundärrechtlichen Verankerung, zumal mit ihr Folgen für den Rechtsschutz und die Haftung bei gemeinsamen Maßnahmen verbunden sind.[24]   **27**

Für Verfahren gegen eine Aufsichtsbehörde sind gem. Art. 78 Abs. 3 die **Gerichte** des Mitgliedstaates zuständig, indem die Aufsichtsbehörde ihren Sitz hat. Da die Aufsichtsbehörde des Aufnahmemitgliedstaates gem. Art. 62 Abs. 3 die Verantwortung für Handlungen von Bediensteten des Entsendestaates im Rahmen von gemeinsamen Maßnahmen im Aufnahmestaat übernimmt, ist Rechtsschutz gegen Handlungen von Bediensteten des Entsendestaates im Rahmen von gemeinsamen Maßnahmen auch vor den Gerichten des Aufnahmestaates zu suchen. Die eindeutige Zurechnungsregel trägt dem unionsrechtlichen Grundrecht auf effektiven Rechtsschutz gem. Art. 47 GRCh Rechnung.   **28**

Die Verantwortung des Aufnahmestaats umfasst auch die **zivilrechtliche Haftung** gegenüber Dritten für alle Schäden, die diesen durch Handlungen von Bediensteten des Entsendestaates im Rahmen von gemeinsamen Maßnahmen im Aufnahmestaat entstanden sind, wie Abs. 4 letzter Hs. ausdrücklich hervorhebt. Dabei handelt es sich jedoch nur um eine **Zurechnungsregel, nicht** um die **Rechtsgrundlage** des Haftungsanspruchs. Rechtsgrundlage ist vielmehr der unionsrechtliche Staatshaftungsanspruch.[25] Den Haftungsausgleich im Innenverhältnis von Aufnahme- und Entsendestaat regelt Abs. 5 → Rn. 32.   **29**

Warum die Verantwortlichkeits- und Haftungsregelungen nur für die Handlungen der **Bediensteten, nicht** aber für Handlungen der **Mitglieder** der Aufsichtsbehörde eines Entsendestaates gelten sollen, erschließt sich nicht. Da die Abs. 4–6 erst nachträglich auf Initiative des Rates eingefügt wurden, ist ein Redaktionsversehen nicht auszuschließen. Es ist jedenfalls kein Grund ersichtlich, die Verantwortlichkeit und Haftung des Aufnahmestaates für Handlungen der Bediensteten und der Mitglieder einer Aufsichtsbehörde eines Entsendestaates unterschiedlich zu behandeln.   **30**

---

23 Übereinkommen über die Rechtshilfe in Strafsachen zwischen den Mitgliedstaaten der Europäischen Union, ABl. 2000 Nr. C 197/1.
24 Vgl. *Hofmann,* Rechtsschutz und Haftung, S. 228 ff.
25 Zu Herleitung und Voraussetzungen des unionsrechtlichen Staatshaftungsanspruches s. nur *Ruffert* in: Calliess/Ruffert EUV/AEUV Art. 340 AEUV Rn. 36 ff.

2. Haftung im Außen- und Innenverhältnis

31 Haftungsschuldner im Außenverhältnis ist gem. Abs. 4 der Aufnahmestaat. Abs. 5 S. 1 normiert ein Äquivalenzprinzip für dessen Haftung im Außenverhältnis. Danach hat der Aufnahmestaat den von Bediensteten des Entsendestaates verursachten Schaden genau so zu ersetzen, als ob er von seinen eigenen Bediensteten verursacht worden wäre. Das gilt für den Grund wie für die Höhe des zu leistenden Schadensersatzes.

32 Im Innenverhältnis sieht Abs. 5 S. 2 die Pflicht des Entsendestaates zur vollständigen Erstattung des Schadensersatzbetrages vor, den der Aufnahmestaat an den Dritten wegen des vom Bediensteten des Entsendestaates verursachten Schadens geleistet hat.

3. Ausschluss weiterer Ersatzansprüche im Innenverhältnis

33 Abs. 6 schließt weitere Ersatzansprüche im Innenverhältnis gegenüber anderen Mitgliedstaaten aus. Davon ausgenommen sind der Regressanspruch gem. Abs. 5 sowie die Ausübung von Rechten gegenüber Dritten, etwa denjenigen Bediensteten, die den Schaden verursacht haben.

V. Einstweilige Maßnahmen und Dringlichkeitsverfahren

34 Kommt die zuständige Aufsichtsbehörde (→ Rn. 15 f.) bei geplanten gemeinsamen Maßnahmen ihrer Pflicht zur Einladung von nach Abs. 2 S. 1 teilnahmeberechtigten Aufsichtsbehörden gem. Abs. 2 S. 2 nicht innerhalb der Monatsfrist des Abs. 7 nach, kann die teilnahmeberechtigte Behörde zum einen eine rechtlich unverbindliche **Stellungnahme des Europäischen Datenschutzausschusses** gem. Art. 64 Abs. 2 einholen, in der der Ausschuss bei Vorliegen der Voraussetzungen die Einladungsverpflichtung der zuständigen Behörde feststellt.

35 Zum anderen ermächtigt Art. 62 Abs. 7 S. 1 die teilnahmeberechtigte, aber nicht eingeladene Behörde nach Ablauf eines Monats zu **einstweiligen Maßnahmen**, die allerdings gem. Art. 55 Abs. 1 auf ihr jeweiliges Hoheitsgebiet beschränkt sind. Ziel dieser Regelung ist eine effektive Durchführung der DSGVO.

36 Aus dem Verweis des Abs. 7 S. 1 auf Art. 66 Abs. 1 folgt zweierlei: Zum einen muss die ersuchende Behörde beim Erlass der einstweiligen Maßnahme eine **Geltungsdauer** von höchstens drei Monaten festlegen.[26] Zum anderen darf sie die einstweilige Maßnahme nur erlassen, wenn im Rahmen einer **Interessenabwägung** das Interesse am Schutz der Rechte und Pflichten der betroffenen Personen das Interesse des Verantwortlichen überwiegt, von einer einstweiligen Maßnahme auf einer wegen der ausbleibenden gemeinsamen Maßnahme womöglich unsicheren Sachlage verschont zu bleiben.

37 Erlässt die ersuchende Behörde die einstweilige Maßnahme, fingiert Abs. 7 S. 2 einen **dringenden Handlungsbedarf** nach Art. 66 Abs. 1 und ordnet einen verbindlichen Beschluss des Europäischen Datenschutzausschusses

---

26 Das war im Kommissionsvorschlag noch ausdrücklich in Art. 56 Abs. 6 S. 1 und 2 vorgesehen.

im Dringlichkeitsverfahren gem. Art. 66 Abs. 2 an, der die zuständige Behörde bei Vorliegen der Voraussetzung zur Einladung der teilnahmeberechtigten Behörden und Durchführung der gemeinsamen Maßnahme verpflichtet → Art. 66 Rn. 4 ff.

C. Verhältnis zu anderen Normen

Die Durchführung gemeinsamer Maßnahmen ist bisher weder im BDSG noch in den Datenschutzgesetzen der Länder vorgesehen. Neben der von Erwägungsgrund 119 anempfohlenen Festlegung einer deutschen Datenschutzbehörde als zentrale Anlaufstelle könnte eine gesetzliche Regelung in den Datenschutzgesetzen des Bundes bzw. der Länder die in Abs. 3 angesprochene Möglichkeit der Ausübung von Untersuchungsbefugnissen durch Mitglieder und Bedienstete ausländischer Aufsichtsbehörden in Deutschland umsetzen (→ Rn. 24). Der **Regierungsentwurf** des BDSG i.d.F. des Art. 1 DSAnpUG-EU (hier: BDSG-E) bestimmt zwar die Bundesbeauftragte für den Datenschutz und die Informationsfreiheit als zentrale Anlaufstelle (§ 17 Abs. 1 S. 1 BDSG-E). Regelungen zur Ausübung von Untersuchungsbefugnissen durch Mitglieder und Bedienstete ausländischer Aufsichtsbehörden sieht der BDSG-E dagegen nicht vor. **38**

Abschnitt 2 Kohärenz

Artikel 63 Kohärenzverfahren

Um zur einheitlichen Anwendung dieser Verordnung in der gesamten Union beizutragen, arbeiten die Aufsichtsbehörden im Rahmen des in diesem Abschnitt beschriebenen Kohärenzverfahrens untereinander und gegebenenfalls mit der Kommission zusammen.

Verwandte Normen: ErwGr 119, 135, 136, 136

Literatur:

Albrecht, Das neue EU-Datenschutzrecht – von der Richtlinie zur Verordnung, CR 2016, 88; *Albrecht/Jotzo,* Das neue Datenschutzrecht der EU, Baden-Baden, 2017; *Barnard-Wills/Pauner Chulvi/De Hert,* Data protection authority perspectives on the impact of data protection reform on cooperation in the EU, Computer Law & Security review 32 (2016), 587; *Dieterich,* Rechtsdurchsetzungsmöglichkeiten der DS-GVO, ZD 2016, 260; *Dix,* Datenschutzaufsicht im Bundesstaat – ein Vorbild für Europa, DuD

2012, 318; *Eekhoff*, Die Verbundaufsicht, Tübingen, 2006; *Groß*, Die Legitimation der polyzentralen EU-Verwaltung, Tübingen, 2015; *Härting*, Datenschutz-Grundverordnung, Köln, 2016; *Hoffmann-Riem*, Kohärenz hinsichtlich verfassungsrechtlicher Maßstäbe für die Verwaltung in Europa, in: Trute/Groß/Röhl/Möllers (Hrsg.), Allgemeines Verwaltungsrecht – zur Tragfähigkeit eines Konzepts, Tübingen, 2008, S. 749; *Holznagel/Dietze*, Europäischer Datenschutz, in: Schulze/Zuleeg/Kadelbach (Hrsg.), Europarecht, 3. Aufl., Baden-Baden, 2015; *Kahl*, Begriff, Funktionen und Konzepte von Kontrolle, in: Hoffmann-Riem/Schmidt-Aßmann/Voßkuhle, Grundlagen des Verwaltungsrechts, Band III, 2. Aufl. (GVwR III²), München 2013, § 47; *Kühling*, Die Europäisierung des Datenschutzrechts, Baden-Baden, 2014; *Kühling/Martini*, Die Datenschutz-Grundverordnung: Revolution oder Evolution im europäischen und deutschen Datenschutzrecht?, EuZW 2016, 448; *Kühling/Martini et. al.*, Die DSGVO und das nationale Recht, Münster, 2016; *Laue/Nink/Kremer*, Das neue Datenschutzrecht in der betrieblichen Praxis, Baden-Baden, 2016; *Masing*, Herausforderungen des Datenschutzes, NJW 2012, 2305; *Nguyen*, Die zukünftige Datenschutzaufsicht in Europa, ZD 2015, 265; *Ronellenfitsch*, Kohärenz und Vielfalt, DuD 2016, 357; *Schantz*, Die Datenschutz-Grundverordnung – Beginn einer neuen Zeitrechnung im Datenschutzrecht, NJW 2016, 1841; *Schmidt-Aßmann*, Der Kohärenzgedanke in den EU-Verträgen: Rechtssatz, Programmsatz oder Beschwörungsformel?, in: FS Wahl, 2011, S. 819; *ders.*, Europäische Verwaltung zwischen Kooperation und Hierarchie, in: ders., Aufgaben und Perspektiven verwaltungsrechtlicher Forschung, Tübingen, 2006, S. 466; *ders.*, Kohärenz und Konsistenz des Verwaltungsrechtsschutzes, Tübingen, 2015; *ders.*, Verfassungsprinzipien für den Europäischen Verwaltungsverbund, in: Hoffmann-Riem/Schmidt-Aßmann/Voßkuhle (Hrsg.), Grundlagen des Verwaltungsrechts, Band I, 2. Aufl. (GVwR I²), München, 2012, § 5; *Schneider/Hofmann/Ziller* (Hrsg.), ReNEUAL – Musterentwurf für ein EU-Verwaltungsverfahrensrecht, München, 2015; *Schöndorf-Haubold*, Auf dem Weg zu einem unionalen Einsatzrecht, in: Jahrbuch öffentliche Sicherheit 2012/2013, S. 395.

A. Grundlagen

I. Gesamtverständnis und Zweck der Norm

1   Das sog Kohärenzverfahren wurde als förmliches Kompetenz- und Anwendungsabstimmungsverfahren neu in das europäische Datenschutzrecht aufgenommen. Es ergänzt die allgemeinen Bestimmungen zur Zusammenarbeit der Aufsichtsbehörden über die gegenseitige Amtshilfe und die Möglichkeit gemeinsamer Maßnahmen hinaus (Art. 60 ff.) und basiert vorrangig auf einer institutionalisierten Kooperation der Aufsichtsbehörden im Europäischen Datenschutzausschuss. Insbesondere kompensiert es mögliche ambivalente Folgen der Einführung des sog One-Stop-Shop-Mechanismus einer federführend zuständigen Behörde in Fällen von unionaler Bedeutung, vor allem dann, wenn der Verantwortliche mehrere Niederlassungen in unterschiedlichen Mitgliedstaaten der Europäischen Union unterhält (Art. 56, 60). Das Kohärenzverfahren kommt (nur) in denjenigen Fällen der Zusammenarbeit zur Anwendung, in denen die federführende und weitere betroffene Aufsichtsbehörden im Rahmen der vorrangigen bi- und multilateralen Mechanismen der Zusammenarbeit keinen Konsens über die zu treffenden Maßnahmen erzielen können, erlaubt dann allerdings sogar eine rechtsverbindliche Entscheidung durch den Europäischen Daten-

schutzausschuss.[1] Darüber hinaus dient das Kohärenzverfahren maßgeblich der Steuerung aufsichtsbehördlicher Entscheidungen von allgemeiner Bedeutung, vor deren Erlass die zuständigen nationalen Behörden zur Einholung einer Stellungnahme des Ausschusses verpflichtet werden, deren Nichtbeachtung wiederum in eine rechtsverbindliche Entscheidung des Ausschusses münden kann.

Ziel des Verfahrens ist die einheitliche Anwendung der Datenschutz-Grundverordnung in der gesamten Europäischen Union. Die horizontale Kooperation der mitgliedstaatlichen Aufsichtsbehörden wird hierzu prozedural und institutionell ausdifferenziert. Die ursprünglich vorgesehene vertikale Verknüpfung durch eine maßgebliche Einbindung der Kommission in die Abstimmung und Steuerung der horizontalen Zusammenarbeit wurde im Gesetzgebungsprozess weitgehend aufgegeben, wenn auch Art. 63 als Grundnorm des Kohärenzverfahrens zumindest optional noch auf die Beteiligung der Kommission an der Zusammenarbeit verweist.

Der Begriff der Kohärenz hat sich in der Europäischen Union zum Rechtsbegriff entwickelt, ohne allerdings bislang feste Konturen und/oder spezifische Anwendungsfelder aufzuweisen. Er wird in den europäischen Verträgen in unterschiedlichen Zusammenhängen verwendet und als allgemeines Grundprinzip in Art. 7 AEUV allen Unionspolitiken vorangestellt.[2] Während sich Kohärenz[3] in Art. 7 AEUV auf die Abstimmung unterschiedlicher Unionspolitiken unter Wahrung des Grundsatzes der begrenzten Einzelermächtigung bezieht, kommt Kohärenz im Zusammenhang der DSGVO eher der in Art. 256 Abs. 2 und 3 AEUV angedeutete Gehalt der Durchsetzung einer einheitlichen Anwendung des Unionsrechts zu.[4] In keinem Fall vermag der Kohärenzgedanke eine von der begrenzten Einzelermächtigung abweichende Kompetenzerweiterung zu begründen.[5]

Die Datenschutzgrundverordnung verwendet den Begriff der Kohärenz im Sinne einheitlicher Rechtsanwendung.[6] Sie geht damit über das Anliegen der rechtlichen Harmonisierung hinaus und will sowohl den Vollzug als

2

---

1 Die Art. 29-Datenschutzgruppe beschreibt die Verwaltungsstrukturen wie folgt: „A new governance model on ist way giving a **higher role to the DPAs** [Data Protection Authorities]. It is a distributed governance model built on three pillars: national data protection authorities, enhanced cooperation between authorities and EDPB [European Data Protection Board] level for consistency." (Statement on the 2016 action plan for the implementation of the General Data Protection Regulation (GDPR), WP 236 v. 2.2.2016, 442/16/EN, Hervorhebung im Original); s. auch *Kühling/Martini* EuZW 2016, 448 (452 f.): "regulatorischer Durchbruch".
2 Zu unterschiedlichen Bedeutungsgehalten wie auch zur Entwicklung *Ruffert* in: Calliess/Ruffert AEUV Art. 7 Rn. 2 ff.
3 Zu anderen Sprachfassungen *Ruffert* in: Calliess/Ruffert AEUV Art. 7 Rn. 3; bezogen auf die Datenschutzreform *Ronellenfitsch* DuD 2016, 357 ff.
4 Zu unterschiedlichen Gehalten *Ruffert* in: Calliess/Ruffert AEUV Art. 7 Rn. 9 mwN; zur Mehrebenendimension des Kohärenzbegriffs *Schmidt-Aßmann*, Kohärenz und Konsistenz des Verwaltungsrechtsschutzes, insbes. S. 90 ff.; zum Begriff bereits *ders.*, in: FS Wahl, 2011, S. 819 ff.
5 Kritisch hinsichtlich der DSGVO *Ronellenfitsch* DuD 2016, 357 ff.
6 Vgl. Erwägungsgrund 135. S. auch die anderen Sprachfassungen, zB frz. mécanisme de contrôle de la cohérence; ital. meccanismo di coerenza; span. mecanismo de coherencia; niederl. coherentiemechanisme; aber auch engl. consistency mechanism; schwed. mekanism för enhetlighet; dän. sammenhaengsmekanisme etc.

solchen als auch seine Gleichförmigkeit bereits im Verwaltungsverfahren sicherstellen, um insbesondere auch ein forum shopping der rechtsunterworfenen Unternehmen in Abhängigkeit von der Verwaltungseffektivität der jeweils zuständigen federführenden Aufsichtsbehörden zu verhindern.[7] Das Kohärenzverfahren als Instrument zur Erreichung dieser Zielsetzung überträgt den im Europäischen Datenschutzausschuss vertretenen mitgliedstaatlichen Aufsichtsbehörden selbst die kollegiale Verantwortung hierfür.

Der Kohärenzgrundsatz wird somit jenseits seiner materiellrechtlich rationalisierenden Bedeutung der Widerspruchsfreiheit und Einheitlichkeit,[8] seines justiziell-instrumentellen Gehalts kohärenten Rechtsschutzes sowie seiner rechtswissenschaftlichen Deutung als Chiffre für die gebotene Dogmatisierung des Unionsrechts[9] administrativ-institutionell eingesetzt, um neue Verwaltungsstrukturen zur Sicherung einheitlicher Rechtsanwendung und -durchsetzung zu etablieren.

3   Eine zentrale Rolle im Rahmen des Kohärenzverfahrens kommt dem neu einzurichtenden Europäischen Datenschutzausschuss als unionaler Einrichtung mit eigener Rechtspersönlichkeit zu, dessen Zusammensetzung und Funktionsweise im dritten Abschnitt des Kapitels VII über Zusammenarbeit und Kohärenz geregelt ist. Er wird in bestimmten, in der DSGVO normierten Fällen in die Entscheidungen der Aufsichtsbehörden eingebunden und gibt obligatorisch oder fakultativ Stellungnahmen zu allgemeinen Fragen ab.

In Einzelfällen von grenzüberschreitender Bedeutung sieht die Datenschutzgrundverordnung über die Stellungnahme des Ausschusses hinaus auch dessen verbindliche Entscheidung vor, um die ordnungsgemäße und einheitliche Anwendung der Bestimmungen sicherzustellen. Hierzu rechnen zum einen Fälle, in denen es zwischen den betroffenen Aufsichtsbehörden verschiedener Mitgliedstaaten zu Unstimmigkeiten über die datenschutzrechtliche Zuständigkeit oder die Anwendung der Verordnung in einem konkreten Fall kommt. Im Rahmen eines gestuften Einspruchsverfahrens besteht die Möglichkeit einer abschließenden und verbindlichen Entscheidung des Ausschusses (→ Art. 60 Rn. 21; Art. 4 Nr. 24). Der Ausschuss kann weiter dann zur verbindlichen Entscheidung eingeschaltet werden, wenn die zuständige Aufsichtsbehörde seine obligatorische Stellungnahme nicht eingeholt hat oder nicht befolgt (→ Art. 65 Rn. 29 ff.).

4   Um den effektiven Schutz individueller Rechte zu gewährleisten ermöglicht die Verordnung in Fällen des Kohärenzverfahrens zudem einseitige vorläufige Dringlichkeitsmaßnahmen der betroffenen Aufsichtsbehörden bzw. des Ausschusses.

5   Das Kohärenzverfahren basiert damit auf einem Verfahrensmechanismus mit unterschiedlichen Verfahrenselementen und einer eigenen organisatorischen Struktur. Zentrale Bedeutung kommt dem Europäischen Daten-

---

7 *Dix* DuD 2012, 318 (320); zur Gefahr von „Datenschutzoasen" vgl. auch *Schantz* NJW 2016, 1841 (1847); *Kühling/Martini* EuZW 2016, 448 (452 f.).
8 Zu materiellrechtlicher Kohärenzvorsorge durch Verfassungsrecht *Hoffmann-Riem* in: Trute/Groß/Röhl/Möllers Allgemeines Verwaltungsrecht – zur Tragfähigkeit eines Konzepts, S. 749 ff.
9 Vgl. *Schorkopf* in: Grabitz/Hilf/Nettesheim, 59. EL 2016, AEUV Art. 7 Rn. 24.

schutzausschuss als neu zu schaffender Institution mit eigener Rechtspersönlichkeit zu. In prozeduraler Hinsicht bezeichnet „Kohärenzverfahren" unterschiedliche Mechanismen der Einbindung des Europäischen Datenschutzausschusses entweder im Rahmen obligatorischer oder fakultativer Stellungnahmen, zur Streitbeilegung durch verbindliche Entscheidung gegenüber den betroffenen Aufsichtsbehörden sowie in Eilfällen durch Stellungnahme oder verbindlichen Beschluss im Dringlichkeitsverfahren.

Während das Kohärenzverfahren als formalisiertes Verfahren keine unmittelbaren Vorläufer im europäischen Datenschutzrecht hat, kann die Einrichtung des Europäischen Datenschutzausschusses als Fortentwicklung und institutionelle Verstetigung der sog Art. 29-Gruppe (s. dazu → Art. 68 Rn. 15) verstanden werden.

Das Verfahren, das nicht kompetenzbegründend wirken darf (vgl. → Rn. 2), soll dem 135. Erwägungsgrund zufolge dann Anwendung finden, „wenn eine Aufsichtsbehörde beabsichtigt, eine Maßnahme zu erlassen, die rechtliche Wirkungen in Bezug auf Verarbeitungsvorgänge entfalten soll, die für eine bedeutende Zahl betroffener Personen in mehreren Mitgliedstaaten erhebliche Auswirkungen haben. Ferner sollte es zur Anwendung kommen, wenn eine betroffene Aufsichtsbehörde oder die Kommission beantragt, dass die Angelegenheit im Rahmen des Kohärenzverfahrens behandelt wird." Es ist nach der Intention des Gesetzgebers als Ausnahmeverfahren ausgestaltet, das im Regelfall der bi- und multilateralen Zusammenarbeit der beteiligten Aufsichtsbehörden lediglich bei fehlendem Einvernehmen greift.[10]

II. Bisherige Rechtslage

Die Datenschutz-RL 95/46/EG (DS-RL) sieht ein förmliches Kohärenzver- 6 fahren mit verbindlicher Streitbeilegung bislang nicht vor. Allerdings hat sie mit der sog Art. 29-Datenschutzgruppe bereits ein Gremium geschaffen, das explizit den Auftrag hat, „zu einer einheitlichen Anwendung [scil. der Richtlinie] beizutragen".[11] Die Gruppe hat im Unterschied zum geplanten Datenschutzausschuss jedoch lediglich beratende Funktion; sie kann allgemeine Stellungnahmen abgeben und dient der informellen Abstimmung der beteiligten Vertreterinnen und Vertreter der mitgliedstaatlichen Kontrollstellen in generellen wie auch konkreten Fragen der Umsetzung der DS-RL.[12]

Zur Herstellung eines gleichwertigen Datenschutzniveaus ist nach der DS-RL vielmehr die Kommission berufen: „Stellt die Gruppe fest, daß sich im Bereich des Schutzes von Personen bei der Verarbeitung personenbezogener Daten zwischen den Rechtsvorschriften oder der Praxis der Mitglied-

---

10 S. in diese Richtung Erwägungsgrund 138. Allerdings sieht die Verordnung in bestimmten Fällen die obligatorische Einholung einer Stellungnahme des Ausschusses auch im Regelfall vor (vgl. Art. 64 Abs. 1), die vorrangig zur Abstimmung und nur ausnahmsweise auch zur Konfliktlösung dienen soll. Skepsis hinsichtlich des Regel-Ausnahmeverhältnisses bei *Laue/Nink/Kremer*, S. 291.
11 Vgl. Art. 30 Abs. 1 a RL 95/46/EG (DS-RL) sowie die Synopse bei *Albrecht/Jotzo*, S. 257 ff.
12 Dazu *Albrecht/Jotzo*, S. 117 ff.

staaten Unterschiede ergeben, die die Gleichwertigkeit des Schutzes in der Gemeinschaft beeinträchtigen könnten, so teilt sie dies der Kommission mit."[13] Eine explizite Aufsichtsfunktion insbesondere auch in konkreten Einzelfällen wird der Gruppe damit nach dem alten Recht nicht zugewiesen.

III. Entstehung der Norm

7   Wenn auch in modifizierter Form sah bereits der Kommissionsvorschlag das Kohärenzverfahren vor. Die Kommission selbst beschrieb es sogar als Herzstück der Datenschutzaufsicht sowie als neues und grundlegend anderes Modell europäischer Governance.[14] Die Kombination aus einer transnational zuständigen federführenden Aufsichtsbehörde als One-Stop-Shop und der Verpflichtung zur horizontalen Kooperation sollte eine einheitliche Anwendung der Verordnung gewährleisten, die in letzter administrativer Instanz allerdings supranational von der Kommission durchgesetzt werden sollte.[15]

8   Insbesondere das Verfahren gemeinsamer Maßnahmen der Aufsichtsbehörden einschließlich der Einspruchsmöglichkeiten betroffener, aber nicht federführender Aufsichtsbehörden und dem sich anschließenden Kohärenzverfahren war allerdings im Rat sehr umstritten; in der im Trilog vereinbarten Fassung ist das Verfahren schließlich stark an entsprechende Vorschläge des Europäischen Parlaments angelehnt.[16]

Rat und Parlament befürworteten zudem eine Aufwertung der Befugnisse des Ausschusses unter Aufgabe der zentralen Auffangfunktion der Kommission. Nicht zuletzt zur Wahrung der Unabhängigkeit der Datenschutzaufsicht wurde die im Kommissionsvorschlag angelegte Rolle der Kommission als letztinstanzliches supranationales Aufsichtsorgan erheblich eingeschränkt.[17] Nach wie vor kann auch die Kommission das Kohärenzverfahren initiieren. Sie ist von den Tätigkeiten des Ausschusses zu unterrichten und hat das Recht, ohne Stimmrecht an den Sitzungen des Ausschusses teilzunehmen. Verzichtet wurde jedoch darauf, der Kommission das Letztentscheidungsrecht in Streitfragen und Einzelfällen einzuräumen zugunsten einer verbindlichen Streitbeilegung und Entscheidung durch den Daten-

---

13   Art. 30 Abs. 2 DS-RL.

14   Vgl. die Mitteilung vom 13.2.2006 „The Proposed General Data Protection Regulation: The Consistency Mechanism Explained", in der es heißt: „The main innovations of the proposed General Data Protection Regulation relate to the institutional system it creates rather than to the substance of data protection law. The consistency mechanism is at the heart of this system." (http://ec.europa.eu/justice/newsroom/data-protection/news/130206_en.htm).

15   Zum Selbstverständnis der Kommission vgl. C(2013) 5903 final, S. 4: „The Commission's role in the consistency mechanism is clear: a possible intervention is a measure of last resort. The Commission is there as a backstop. [...] The Commission has no intention of becoming a "super-data protection authority".".

16   Dazu *Albrecht/Jotzo*, S. 118; zu Vorbehalten der mitgliedstaatlichen Aufsichtsbehörden s. die empirische Studie von *Barnard-Wills/Pauner Chulvi/De Hert*, Computer Law & Security review 32 (2016), 587 ff., unter 3.1.

17   S. dazu auch die Stellungnahme 01/2012 der Art. 29-Datenschutzgruppe zu den Reformvorschlägen im Bereich des Datenschutzes, WP 191, vom 23.3.2012, insbes. S. 7 f. u. 22 f.

schutzausschuss. Nach dem Kommissionsvorschlag sollte die Kommission zunächst eine Stellungnahme abgeben, „um die ordnungsgemäße und einheitliche Anwendung dieser Verordnung sicherzustellen", der die betroffene Aufsichtsbehörde weitestgehend Rechnung hätte tragen sollen. Während dieser Zeit sollten die Entscheidungsbefugnisse der eigentlich zuständigen Aufsichtsbehörde ausgesetzt sein.[18] Hätte die Aufsichtsbehörde dennoch entschieden, der Kommissions-Stellungnahme nicht zu folgen, hätte die Verordnung der Kommission die Befugnis zu einer weiteren Aussetzung durch begründeten Beschluss verliehen.[19]

Demgegenüber befürworteten Rat und Europäisches Parlament eine Verstärkung der Balance zwischen dem One-Stop-Shop-Mechanismus einer unionsweit entscheidenden federführenden Behörde und der Einbindung der anderen betroffenen Aufsichtsbehörden über die Verfahren der bi- und multilateralen Zusammenarbeit und über das Kohärenzverfahren einschließlich letztverbindlicher Entscheidung des neu zu schaffenden Europäischen Datenschutzausschusses.[20]

Darüber hinaus sah der Kommissionsvorschlag die unionsweite Durchsetzbarkeit der Maßnahmen der Aufsichtsbehörden vor und sprach Maßnahmen, die im Widerspruch zum Kohärenzverfahren getroffen worden waren, Rechtsgültigkeit und Durchsetzbarkeit ab.[21] Auch diese Norm wurde nicht in die DSGVO übernommen.

Das Parlament konnte sich weiter nicht durchsetzen mit seiner Forderung nach seiner stärkeren Einbindung durch eine mindestens halbjährige Unterrichtung[22] und eigene Initiativbefugnisse[23] oder die auch sprachlich deutlichere Differenzierung zwischen Kohärenz in Angelegenheiten mit allgemeiner Geltung und Kohärenz in Einzelfällen.[24]

B. Kommentierung

I. Kohärenzverfahren

Bei Art. 63 DSGVO handelt es sich um die Grundnorm des Kohärenzverfahrens. Seine eigentliche Ausgestaltung erfährt dieses neue kooperative Verfahren erst in den Folgebestimmungen, insbesondere zur Einrichtung des Europäischen Datenschutzausschusses (Art. 68 ff.) und seinen spezifischen Befugnissen zur Stellungnahme (Art. 64) und verbindlichen Streitbeilegung (Art. 65) im Rahmen des Kohärenzverfahrens. Ergänzt werden die Bestimmungen zum eigentlichen Kohärenzverfahren um Regelungen zu Dringlichkeitsverfahren (Art. 66), dh zu einstweiligen Maßnahmen seitens

9

---

18 Vgl. Art. 59 des Kommissionsvorschlags (KOM (2012) 11 endg.).
19 Vgl. Art. 60 des Kommissionsvorschlags (KOM (2012) 11 endg.).
20 Vgl. den Entwurf einer Begründung des Rates v. 8.4.2016, Ratsdok. 5419/1/16, S. 29 f.
21 Art. 63 des Kommissionsvorschlags (KOM (2012) 11 endg.).
22 Vgl. Art. 60a der legislativen Entschließung des Europäischen Parlaments v. 12.3.2014 (P7_TA(2014)0212).
23 Vgl. Art. 66 der legislativen Entschließung des Europäischen Parlaments v. 12.3.2014 (P7_TA(2014)0212): Tätigwerden des Europäischen Datenschutzausschusses auch auf Ersuchen des Parlaments und zu seiner Beratung.
24 Art. 57, 58 und 58a der legislativen Entschließung des Europäischen Parlaments v. 12.3.2014 (P7_TA(2014)0212).

der betroffenen Aufsichtsbehörden bzw. seitens des Ausschusses in einem verkürzten und modifizierten Kohärenzverfahren. Der zweite Abschnitt „Kohärenz" schließt mit einer Ermächtigung der Kommission zum Erlass von Durchführungsrechtsakten zur Ausgestaltung des elektronischen Informationsaustauschs zwischen den Aufsichtsbehörden untereinander und mit dem Ausschuss (Art. 67).

II. Regelungsgehalt

10 Art. 63 bestimmt als Ziel des Kohärenzverfahrens die einheitliche Anwendung der DSGVO in der gesamten Union. Insoweit stimmt Art. 63 mit Erwägungsgrund 135 überein, der das Kohärenzverfahren als „Verfahren zur Gewährleistung einer einheitlichen Rechtsanwendung" legal definiert und spezifisch auf die Zusammenarbeit der Aufsichtsbehörden bezieht. Auch Art. 63 benennt gerade die Zusammenarbeit der Aufsichtsbehörden als Spezifikum des Kohärenzverfahrens im Rahmen der DSGVO und bezieht die Kommission als weiteren möglichen Akteur in die Kooperation mit ein („arbeiten die Aufsichtsbehörden ... untereinander und gegebenenfalls mit der Kommission zusammen").

Die Rolle der Kommission beschränkt sich allerdings entgegen ihrer zumindest potenziell gleichrangigen Stellung als Kooperationspartner nach Art. 63 DSGVO darauf, eine Entscheidung im Kohärenzverfahren zu initiieren, ggf. zur Informationsermittlung beizutragen und von den Entscheidungen in Kenntnis gesetzt zu werden. Eigene Mitentscheidungsbefugnisse im Kohärenzverfahren werden ihr durch die Verordnung nicht verliehen.

Mit dem Verweis auf die Regelungen des zweiten Abschnitts in Art. 63 DSGVO wird das Kohärenzverfahren vielmehr notwendig mit der institutionalisierten Zusammenarbeit der Aufsichtsbehörden im neu zu schaffenden Europäischen Datenschutzausschuss verknüpft.

C. Verhältnis zu anderen Normen

I. Innerhalb der DSGVO

Das Kohärenzverfahren in seinen unterschiedlichen Ausprägungen wird in zahlreichen Bestimmungen der Datenschutzgrundverordnung in Bezug genommen.

11 Zum Teil wird hinsichtlich genereller Maßnahmen der mitgliedstaatlichen Aufsichtsbehörden allgemein auf Art. 63 DSGVO verwiesen. Beispiele sind:

- die Festlegung von Standardvertragsklauseln zur Regelung bestimmter Fragen in Bezug auf Auftragsverarbeiter nach Art. 28 Abs. 8;[25]
- die Genehmigung von Verhaltensregeln für Verarbeitungstätigkeiten in mehreren Mitgliedstaaten nach Art. 40 Abs. 7;[26]
- die Genehmigung von Akkreditierungskriterien nach Art. 41 Abs. 3 zur Akkreditierung von Stellen, die mit der Überwachung der Einhaltung von Verhaltensregeln nach Art. 40 eingesetzt werden;

---

25 Vgl. auch die indirekte Bezugnahme in Art. 28 Abs. 5 DSGVO.
26 Zur Bedeutung s. auch Art. 28 Abs. 5 DSGVO.

- die Genehmigung von Zertifizierungskriterien nach Art. 42 Abs. 5 zur Einführung von datenschutzspezifischen Zertifizierungsverfahren zum Nachweis der Einhaltung der DSGVO;[27]
- die Genehmigung der Kriterien für die Akkreditierung von Zertifizierungsstellen nach Art. 43 Abs. 3 S. 1;
- die Genehmigung von Vertragsklauseln und Verwaltungsvereinbarungen nach Art. 46 Abs. 3 und 4 als geeignete Garantien für die Datenübermittlung an ein Drittland oder eine internationale Organisation;[28]
- die Genehmigung verbindlicher interner Vorschriften nach Art. 47 Abs. 1 DSGVO.

Darüber hinaus findet das Kohärenzverfahren prozedurale Ergänzungen insbesondere in den Vorschriften über die Zusammenarbeit der Aufsichtsbehörden. Art. 60 Abs. 4 und 5 DSGVO enthalten Regelungen zum Einspruchsverfahren als interadministrativem Vorverfahren zum Kohärenzverfahren: Legt eine betroffene Aufsichtsbehörde innerhalb von vier Wochen einen maßgeblichen und begründeten Einspruch gegen einen Beschlussentwurf der federführenden Aufsichtsbehörde ein, dem sich diese entweder nicht anschließt oder den sie nicht für maßgeblich oder begründet hält, leitet sie – die federführende Aufsichtsbehörde – das Kohärenzverfahren nach Art. 63 DSGVO ein, das im konkreten Fall zu einer Streitentscheidung durch den Datenschutzausschuss nach Art. 65 Abs. 1 a DSGVO führt. Beabsichtigt die federführende Behörde, sich dem Einspruch anzuschließen und legt einen überarbeiteten Beschlussentwurf vor, findet das Einspruchsverfahren innerhalb einer verkürzten Frist von zwei Wochen erneute Anwendung.[29]

12

Mitgliedstaaten mit mehreren Aufsichtsbehörden, dh insbesondere Föderalstaaten wie die Bundesrepublik Deutschland, sind nach Art. 51 Abs. 3 DSGVO nur durch eine, vom Mitgliedstaat zu bestimmende Aufsichtsbehörde im Ausschuss vertreten. Sie sind verpflichtet, ein Verfahren einzuführen, mit dem sichergestellt wird, dass die anderen Aufsichtsbehörden die Regeln für das Kohärenzverfahren nach Art. 63 DSGVO einhalten.[30]

13

Hieraus folgt ein spezifischer Regelungsbedarf für das deutsche Datenschutzrecht. Kapitel 6 des Referentenentwurfs des Bundesministeriums des Innern für ein Gesetz zur Anpassung des Datenschutzrechts an die Datenschutz-Grundverordnung und zur Umsetzung der Richtlinie (EU)

---

27 Zur Bedeutung s. auch Art. 28 Abs. 5 DSGVO sowie Art. 46 Abs. 2 f.; zur Möglichkeit einer gemeinsamen Zertifizierung mit dem Europäischen Datenschutzsiegel s. Art. 42 Abs. 5 S. 2 DSGVO.
28 Zur Fortgeltung der DS-RL s. Art. 46 Abs. 5 DSGVO.
29 Zum Begriff des Einspruchs vgl. Art. 4 Nr. 24. Zur eher theoretischen Frage einer scheinbar infiniten Einspruchsmöglichkeit *Laue/Nink/Kremer*, S. 291, die nach Ablauf der ersten kürzeren Nachfrist eine Verpflichtung der Aufsichtsbehörde zur Einleitung des Kohärenzverfahrens annehmen.
30 S. auch Art. 68 Abs. 4 zur Benennung eines gemeinsamen Vertreters im Einklang mit den Rechtsvorschriften des betreffenden Mitgliedstaats; → Art. 68 Rn. 25 f. zur Umsetzung in Deutschland.

2016/680[31] sieht in § 30 ausdrücklich ein „Verfahren der Zusammenarbeit der Aufsichtsbehörden des Bundes und der Länder" vor, das ganz ähnlich wie das unionale Kohärenzverfahren gegebenenfalls auch eine kollegiale Beschlussfassung erfordert.[32]

14 Nach Art. 97 Abs. 2 b DSGVO muss die Kommission ausdrücklich auch die Anwendung und Wirkungsweise des Kapitels VII über Zusammenarbeit und Kohärenz im Rahmen ihrer Berichterstattungspflichten gegenüber Parlament und Rat bewerten.

II. Die Rolle der Kommission im Kohärenzverfahren

15 Die Rolle der Kommission im Kohärenzverfahren ist im Gegensatz zum ursprünglichen Verordnungsvorschlag deutlich beschränkt (s. o. → Rn. 6):

Zwar wird sie in Art. 63 als Grundnorm noch erwähnt: [...] „arbeiten die Aufsichtsbehörden im Rahmen des [...] Kohärenzverfahrens untereinander und gegebenenfalls mit der Kommission zusammen". Eine entscheidende Bedeutung kommt der Mitwirkung der Kommission aber nur hinsichtlich der Initiierung des Verfahrens zu.[33] Mitentscheidungsrechte sind in der Verordnung in ihrer endgültigen Fassung nicht mehr vorgesehen. Wie die Aufsichtsbehörden ist die Kommission zur unverzüglichen Übermittlung aller zweckdienlichen Informationen an den Ausschuss verpflichtet und wird im Gegenzug durch den Ausschuss auch über alle anderen zweckdienlichen Informationen sowie seine Stellungnahme unterrichtet.[34]

Im Ausschuss kommt der Kommission lediglich ein Teilnahmerecht ohne Stimmrecht zu. Sie benennt hierzu einen Vertreter und wird vom Vorsitz des Ausschusses über dessen Tätigkeiten unterrichtet.[35]

Der Unionsgesetzgeber hat der Kommission in Bezug auf das Kohärenzverfahren schließlich auch nur sehr zurückhaltend Rechtsetzungsbefugnisse zum Erlass delegierter Rechtsakte übertragen. So bestimmt Art. 67 lediglich, dass die Kommission Durchführungsrechtsakte von allgemeiner Tragweite zur Festlegung der Ausgestaltung des elektronischen Informationsaustauschs zwischen den Aufsichtsbehörden sowie zwischen den Aufsichtsbehörden und dem Ausschuss, insbesondere des standardisierten Formats nach Art. 64 Abs. 5 a DSGVO im Prüfverfahren nach Art. 93 Abs. 2 iVm Art. 5 der Komitologie-VO (EU) Nr. 182/2011 unter Beteiligung eines Komitologieausschusses nach Art. 93 Abs. 1 DSGVO erlassen darf.

---

31 Entwurf eines Datenschutz-Anpassungs- und -Umsetzungsgesetzes EU (DSAnpUG-EU) vom v. 5.8.2016; s. jetzt den Entwurf eines Gesetzes zur Anpassung des Datenschutzrechts an die Verordnung (EU) 2016/679 und zur Umsetzung der Richtlinie (EU) 2016/680 (Datenschutz-Anpassungs- und Umsetzungsgesetz EU – DSAnpUG-EU) von Februar 2017; dazu → Art. 68 Rn. 25 f.

32 Zum Regelungsbedarf, den verschiedenen Optionen und strittigen Fragen eingehend *Kühling/Martini et. al.*, Die DSGVO und das nationale Recht, insbes. S. 109 ff., 241 ff.

33 S. Art. 64 Abs. 2 und Art. 65 Abs. 1 c. Zur Möglichkeit einer Fristsetzung durch die Kommission s. Art. 70 Abs. 2.

34 S. Art. 64 Abs. 4 und 5 sowie Art. 66 Abs. 1 S. 2; S. auch Art. 70 Abs. 1 S. 2 zu den Möglichkeiten weiterer Ersuchen der Kommission an den Europäischen Datenschutzausschuss.

35 S. Art. 68 Abs. 5.

Zu den Aufgaben des Europäischen Datenschutzausschusses, die dieser von sich aus oder auf Ersuchen der Kommission wahrnimmt, gehört gleichwohl generalklauselartig die Beratung der Kommission in allen Fragen in Bezug auf den Schutz personenbezogener Daten in der Union und spezifischer hinsichtlich des Informationsaustauschs in Bezug auf verbindliche interne Datenschutzvorschriften. Der Ausschuss gibt darüber hinaus Stellungnahmen zu Entwürfen für delegierte Rechtsakte der Kommission[36] sowie zur Beurteilung der Angemessenheit des Schutzniveaus eines Drittlandes oder einer internationalen Organisation ab.[37]

D. Systematische Bewertung

Das Kohärenzverfahren wird vom Unionsgesetzgeber wie auch von der   **16**
Art. 29-Datenschutzgruppe als grundlegender Neuansatz angesehen.[38]
Grundlegend neu ist die Kopplung transnationaler Befugnisse mitgliedstaatlicher Datenschutzaufsichtsbehörden mit einem gleichermaßen horizontal kooperativen wie kollegial zentralisierten Aufsichtsmechanismus. Die bislang informelle Abstimmung in der Art. 29-Datenschutzgruppe wie auch zwischen den deutschen Datenschutzbehörden in der Konferenz der Datenschutzbeauftragten des Bundes und der Länder stehen gleichwohl Pate für dieses Modell einer nunmehr formalisierten und rechtsverbindlichen Koordination,[39] die in ihrer rechtlichen Bewertung Fragen in Bezug auf Kompetenzen, rechtliche Bindungen, Unabhängigkeit und demokratische Legitimation aufwirft.

I. Kohärenz als kollektive Aufsicht

Das Kohärenzverfahren etabliert und konsolidiert eine neue Form europä-   **17**
ischen Verwaltens. Mit dem Ausschuss und seiner prozeduralen Einbindung in die Datenschutzaufsicht im allgemeinen Fragen wie auch in konkreten Einzelfällen als Gegenpol zum One-Stop-Shop-Mechanismus wird auf der Ebene der Europäischen Union eine eigenständige Rechtsfigur für die horizontale Verwaltungskooperation geschaffen, ohne diese in Gestalt einer klassischen europäischen Agentur supranational zu zentralisieren und der Kommission zuzuordnen.[40] Funktional wird der Ausschuss lediglich an den Europäischen Datenschutzbeauftragten angebunden, der das Sekretariat für den Ausschuss bereitzustellen hat.

Entscheidungsbefugnisse werden dem Ausschuss durch die Datenschutzgrundverordnung selbst verliehen. Er agiert allerdings ausschließlich gegen-

---

36 S. Art. 70 Abs. 1 q iVm Art. 43 Abs. 8; Art. 70 Abs. 1 r iVm Art. 12 Abs. 8 (bei der Nennung von Abs. 7 dürfte es sich um ein Redaktionsversehen handeln).
37 S. Art. 70 Abs. 1 s iVm Art. 45, der auch zum Erlass entsprechender delegierter Rechtsakte ermächtigt.
38 S.o. → Rn. 7; ferner *Kühling/Martini* EuZW 2016, 448: „datenschutzrechtliche Frischzellenkur".
39 Zur Vorbildwirkung *Dix* DuD 2012, 318 ff.
40 „A brand new governance model"; so das Statement der Art. 29-Datenschutz-Gruppe "on the 2016 action plan for the implementation of the General Data Protection Regulation (GDPR)", WP 236 v. 2.2.2016, 442/16/EN. Dazu *Kühling/Martini* EuZW 2016, 448 (452 f.): „regulatorischer Durchbruch" „für die zerklüfteten europäischen Aufsichtsstrukturen".

über und zwischen den betroffenen Aufsichtsbehörden und nicht unmittelbar gegenüber den Verantwortlichen oder Auftragsverarbeitern von personenbezogenen Daten.[41] Der Ausschuss nimmt damit eine übergeordnete, kollegial organisierte, aber doch klassische interadministrative Aufsichtsfunktion wahr.[42] Einem aus den Leiterinnen und Leitern der jeweiligen zuständigen mitgliedstaatlichen Verwaltungsbehörden gebildeten Organ wird die primäre Pflicht zur verbindlichen Koordinierung der einheitlichen und auch wirksamen, gleichwohl dezentral verbleibenden Umsetzung des neuen Datenschutzrechts übertragen. Nach Aufgabe der ursprünglich vorgesehenen „backstop"-Funktion der Kommission ist der Europäische Datenschutzausschuss seinerseits, nicht zuletzt aufgrund seiner in der Verordnung postulierten Unabhängigkeit, nur der Kontrolle durch die europäischen Gerichte unterworfen.

II. Rechtliche Bindung und demokratische Legitimation

18   Die nicht-hierarchische, kollegiale Zusammensetzung des Ausschusses als Aufsichtsgremium spiegelt die netzwerkartigen Verbindungen der mitgliedstaatlichen Behörden im Verwaltungsverbund wider.[43] Die Konstruktion eines supranational angesiedelten, aber kollegial verfassten unabhängigen Gremiums mit Entscheidungsbefugnissen gegenüber mitgliedstaatlichen Aufsichtsbehörden, die unmittelbar oder wie im Falle der deutschen Datenschutzbehörden zumindest mittelbar selbst im Ausschuss vertreten sind, wirft gleichwohl neue Rechtsfragen auf, die insbesondere in Bezug auf rechtsstaatliche Bindung und demokratische Legitimation erst noch zu klären sind.[44]

Die weitgehende Vollregelung durch das Unionsrecht mittels Verordnung ermöglicht es dem Unionsgesetzgeber, dem Ausschuss verbindliche Weisungsbefugnisse gegenüber Aufsichtsbehörden nach europäischem Recht zu verleihen, ohne hierzu auf die Anwendung nationalen Rechts angewie-

---

41   Zu gleichwohl bestehenden Anfechtungsrechten und Pflichten betroffener Verantwortlicher, Auftragsverarbeiter oder Beschwerdeführer im Rahmen einer Nichtigkeitsklage nach Art. 263 Abs. 4 AEUV s. Erwägungsgrund 143; dazu *Schantz* NJW 2016, 1841 (1847).

42   Zu einer Typisierung und Systematisierung unterschiedlicher Aufsichtsverfahren und -mechanismen außerhalb des Vertragsverletzungsverfahrens s. bereits *Eekhoff* Die Verbundaufsicht, insbes. S. 111 ff.

43   Zu Fragen der Hierarchie und Kooperation s. nur *Schmidt-Aßmann* in: ders., Aufgaben und Perspektiven verwaltungsrechtlicher Forschung, S. 466 ff.; zur netzwerkartigen Struktur auch des Aufsichts- und Kontrollverbundes *Kahl* in: Hoffmann-Riem/Schmidt-Aßmann/Voßkuhle, GVwR III, 2. Aufl., § 47 Rn. 218 ff.; zur Polyzentralität als Strukturprinzip *Groß*, Die Legitimation der polyzentralen EU-Verwaltung, S. 175 ff.

44   Zu grundsätzlichen Zweifeln aus demokratischer und föderaler Perspektive *Masing* NJW 2012, 2305 (2311); kritisch zur zentralen Stellung der Kommission nach dem ursprünglichen Kommissionsvorschlag wie auch zur Verflechtung der transnationalen und supranationalen Verwaltung *Kühling*, Die Europäisierung des Datenschutzrechts, S. 20 f.; allgemein zur demokratischen Legitimation transnationalen Verwaltungshandelns *Schmidt-Aßmann* in: Hoffmann-Riem/Schmidt-Aßmann/Voßkuhle, GVwR I², § 5 Rn. 62.

sen zu sein.[45] Gleichwohl kommt der Ausschuss nicht umhin, ggf. die Übereinstimmung der Anwendung nationalen Rechts mit der Verordnung zu überprüfen.

Seine demokratische Legitimation bezieht der Ausschuss – und damit auch das Kohärenzverfahren – auf der supranationalen Ebene der Europäischen Union allein durch seine Einrichtung durch den europäischen Gesetzgeber.[46] Ob das unionsrechtlich geforderte und in der DSGVO auch in Bezug auf den Ausschuss verankerte Gebot der Unabhängigkeit der Datenschutzaufsicht eine so weitgehende Lösung eines Verwaltungsorgans aus allen Legitimationsbindungen erlaubt, erscheint zumindest fragwürdig. Lediglich die Kollegialstruktur und die jeweilige Rückbindung der Leiterinnen und Leiter der allerdings ebenfalls unabhängigen mitgliedstaatlichen Aufsichtsbehörden vermögen einen Teil der verlorenen klassischen Legitimationsstrukturen zu kompensieren.[47]

III. Kohärenzverfahren im Systemvergleich: Gemeinsamer Ausschuss der Mitgliedstaaten nach der REACH-Verordnung, Streitschlichtungsverfahren nach dem ReNEUAL-Entwurf und im Rahmen des europäischen Bankenaufsichtsrechts

Unmittelbare Vorbilder für die Regelungsstruktur werden soweit ersichtlich nicht benannt. Es lassen sich im Unionsrecht gleichwohl einzelne Mechanismen identifizieren, denen ähnliche Funktionen zukommen. So kennt das Stoffrecht nach der REACH-Verordnung einen Gemeinsamen Ausschuss der Mitgliedstaaten, der in Zuständigkeitskonflikten in Bezug auf die Stoffbewertung einstimmig verbindliche Entscheidungen innerhalb der Agentur treffen kann. Auch der Musterentwurf für ein EU-Verwaltungsverfahrensrecht sieht einen interadministrativen Streitschlichtungsmechanismus vor.[48] Allerdings sind bei diesen Instrumenten der Verwaltungskooperation bzw. der Aufsicht im Verwaltungsverbund lediglich die Ziele und Funktionen teilweise funktionsäquivalent, während die konkrete Ausgestaltung von Verfahren und Organisation grundlegend verschieden bleiben. Ein Vorbild könnte demgegenüber die Streitbeilegung im Rahmen der Bankenaufsicht sein.

19

---

45 Dies kennzeichnet die Beteiligung fremder Behörden an gemeinsamen Maßnahmen, wie sie etwa Art. 62 DSGVO für das Datenschutzrecht neu vorsieht (s. Art. 62), wie sie aber zB auch das Sicherheitsrecht bereits seit längerem kennt. Vgl. hierzu → Art. 62 Rn. 6; ferner *Schöndorf-Haubold*, Auf dem Weg zu einem unionalen Einsatzrecht, in: Jahrbuch öffentliche Sicherheit 2012/2013, S. 395 ff.

46 Im Unterschied zur EZB oder EIB als weiteren rechtsfähigen und kooperationsbasierten Einrichtungen der Europäischen Union fehlt dem Datenschutzausschuss auch eine legitimierende primärrechtliche Grundlage in den Verträgen der EU.

47 Zu einem Konzept polyzentraler Legitimation s. *Groß*, Die Legitimation der polyzentralen EU-Verwaltung, S. 100 ff.

48 Eine gewisse Systemähnlichkeit weist darüber hinaus auch die Schlichtungsstelle im Rahmen von Art. 25 Abs. 5 SSM-VO (VO (EU) Nr. 1024/2013 des Rates v. 15.10.2013 zur Übertragung besonderer Aufgaben im Zusammenhang mit der Aufsicht über Kreditinstitute auf die Europäische Zentralbank, ABl. EU 2013 Nr. L 287, 63) auf, deren Stellungnahmen allerdings für das Aufsichtsgremium und den EZB-Rat nicht bindend sind; hierzu *Groß*, Die Legitimation der polyzentralen EU-Verwaltung, S. 55.

20 Die REACH-Verordnung Nr. 1907/2006[49] richtet einen sog. Ausschuss der Mitgliedstaaten ein, der neben dem Verwaltungsrat, dem Direktor und weiteren Ausschüssen und Einrichtungen Teil der Europäischen Chemikalienagentur ECHA ist. Er wird aus je einem Vertreter jedes Mitgliedstaats gebildet. Ähnlich wie im Fall des Europäischen Datenschutzausschusses soll die Abstimmung im Ausschuss der Mitgliedstaaten vereinheitlichende Wirkung haben, indem die Agentur über den Ausschuss darauf hinarbeitet, „zwischen den Behörden der Mitgliedstaaten Einvernehmen in einzelnen Fragen zu erzielen, die einen harmonisierten Ansatz erfordern".[50]

Nach Art. 76 Abs. 1 e der REACH-VO ist der Ausschuss „für die Klärung von möglichen Meinungsverschiedenheiten zu Entscheidungsentwürfen, die von der Agentur oder von den Mitgliedstaaten nach Titel VI [der REACH-VO] vorgeschlagen werden, sowie zu Vorschlägen zur Ermittlung von besonders besorgniserregenden Stoffen, die dem Zulassungsverfahren nach Titel VII [der REACH-VO] zu unterwerfen sind, zuständig". Der Ausschuss wird in die Entscheidungsfindung der Agentur einbezogen und kann angerufen werden, wenn ein oder mehrere Mitgliedstaaten einem Entscheidungsentwurf der Agentur nicht zustimmen. Allerdings setzt eine Einigung und Beschlussfassung durch den Ausschuss Einstimmigkeit voraus. Andernfalls geht die Entscheidung auf die Kommission über.[51]

Hierin unterscheidet sich diese Form kollektiver Einigung über Entscheidungsentwürfe wesentlich von dem Modell des Kohärenzverfahrens nach der Datenschutzgrundverordnung. Weder sieht dieses die Einstimmigkeit des Europäischen Datenschutzausschusses vor, noch wird die Entscheidung im Falle eines Dissenses auf die Kommission verlagert. Darüber hinaus kommt auch dem Ausschuss als Teil der Agentur, in deren Entscheidungsprozesse er eingebunden wird, keine eigene Rechtspersönlichkeit zu. Die institutionelle Ausgestaltung ist vielmehr trotz einer gewissen Funktionsähnlichkeit grundlegend anders.

21 Auch der Musterentwurf für ein EU-Verwaltungsverfahrensrecht thematisiert Meinungsverschiedenheiten im Europäischen Verwaltungsverbund und sieht hierfür ein Streitschlichtungsverfahren zwischen den beteiligten Behörden vor.[52] Für den interadministrativen Informationsaustausch inner-

---

49 VO Nr. 1907/2006 des Europäischen Parlaments und des Rates v. 18.12.2006 zur Registrierung, Bewertung, Zulassung und Beschränkung chemischer Stoffe (REACH), zur Schaffung einer Europäischen Chemikalienagentur [...] (ABl. 2006 Nr. L 396, S. 1), zuletzt geändert durch VO (EU) 2016/16888 der Kommission v. 20.9.2016 (ABl. 2016 Nr. L 255, S. 14).

50 So Erwägungsgrund 103 der REACH-VO (Fn. 49); Erwägungsgrund 67 der VO bezeichnet diese Form der kollektiven Einigung als „Grundlage für ein effizientes System, das das Subsidiaritätsprinzip wahrt und gleichzeitig den Binnenmarkt erhält".

51 Vgl. Art. 45 Abs. 3 REACH-VO (zur Zuständigkeit für die Stoffbewertung); Art. 51 Abs. 5 – 7 REACH-VO (Entscheidung über Dossierbewertung); Art. 52 Abs. 2 iVm Art. 51 Abs. 5-7 (Entscheidung über Stoffbewertung); Art. 59 Abs. 8-9 REACH-VO (Ermittlung von Stoffen nach Art. 57).

52 Vgl. *Schneider/Hofmann/Ziller*, ReNEUAL – Musterentwurf für ein EU-Verwaltungsverfahrensrecht, S. 183: Kapitel 4: Abschnitt 1: Allgemeine Aufsicht und Streitbeilegung: VI-31 Streitschlichtungsverfahren zwischen beteiligten Behörden und VI-32 Bindende interadministrative Entscheidungen.

halb der Verbundverwaltung schlägt der Entwurf allerding ein klassisches hierarchisches System der Streitentscheidung durch eine zentrale Aufsichtsbehörde vor, die nach Versuchen der Streitschlichtung auch zum Erlass bindender interadministrativer Entscheidungen ermächtigt sein soll. Vorbild für diesen Aufsichtsmechanismus ist das Europäische Netzwerk für Lebensmittelsicherheit, in dem die Kommission für die Schlichtung von Streitfällen zwischen den beteiligten Behörden verantwortlich ist.[53]

Jenseits der Erläuterung bleibt offen, ob die Aufsichtsbehörde auch ein kollegial zusammengesetzter Ausschuss mit eigener Rechtspersönlichkeit sein könnte. Avisiert ist dies aber nach dem Gesamteindruck des Entwurfs eher nicht, der ein eher klassisches Bild einer hierarchischen Aufsichtsbeziehung vorauszusetzen scheint.

Im europäischen Bankenaufsichtsrecht findet sich ein ähnliches Instrument **22** der Verbundaufsicht: Die Europäische Bankenaufsichtsbehörde als eine von drei europäischen Finanzaufsichtsbehörden verfügt über einen dem Kohärenzverfahren vergleichbaren Streitschlichtungsmechanismus und geht mit einem Selbsteintrittsrecht der ausdrücklich als Agentur eingerichteten Behörde sogar noch über die verbindliche interadministrative Entscheidung von Kompetenzkonflikten hinaus.[54]

Artikel 64 Stellungnahme [des] Ausschusses

(1) [1]Der Ausschuss gibt eine Stellungnahme ab, wenn die zuständige Aufsichtsbehörde beabsichtigt, eine der nachstehenden Maßnahmen zu erlassen. [2]Zu diesem Zweck übermittelt die zuständige Aufsichtsbehörde dem Ausschuss den Entwurf des Beschlusses, wenn dieser

a) der Annahme einer Liste der Verarbeitungsvorgänge dient, die der Anforderung einer Datenschutz-Folgenabschätzung gemäß Artikel 35 Absatz 4 unterliegen,

b) eine Angelegenheit gemäß Artikel 40 Absatz 7 und damit die Frage betrifft, ob ein Entwurf von Verhaltensregeln oder eine Änderung oder Ergänzung von Verhaltensregeln mit dieser Verordnung in Einklang steht,

c) der Billigung der Kriterien für die Akkreditierung einer Stelle nach Artikel 41 Absatz 3 oder einer Zertifizierungsstelle nach Artikel 43 Absatz 3 dient,

d) der Festlegung von Standard-Datenschutzklauseln gemäß Artikel 46 Absatz 2 Buchstabe d und Artikel 28 Absatz 8 dient,

---

53 So Erläuterungen zu Buch VI in *Schneider/Hofmann/Ziller*, ReNEUAL – Musterentwurf für ein EU-Verwaltungsverfahrensrecht, S. 209 Rn. 92 mit Verweis auf Art. 60 Abs. 2 VO (EG) 178/2002 (Lebensmittel-VO).

54 Vgl. Art. 19 VO (EU) Nr. 1093/2010 des Europäischen Parlaments und des Rates v. 24.11.2010 zur Errichtung einer Europäischen Aufsichtsbehörde (Europäische Bankenaufsichtsbehörde), zur Änderung des Beschlusses Nr. 716/2009/EG und zur Aufhebung des Beschlusses 2009/78/EG der Kommission (ABl. 2010 L 331/12). Im Einzelnen dazu → Art. 68 Rn. 10 f. mwN.

e) der Genehmigung von Vertragsklauseln gemäß Artikel 46 Absatz 3 Buchstabe a dient, oder

f) der Annahme verbindlicher interner Vorschriften im Sinne von Artikel 47 dient.

(2) Jede Aufsichtsbehörde, der Vorsitz des Ausschuss[es] oder die Kommission können beantragen, dass eine Angelegenheit mit allgemeiner Geltung oder mit Auswirkungen in mehr als einem Mitgliedstaat vom Ausschuss geprüft wird, um eine Stellungnahme zu erhalten, insbesondere wenn eine zuständige Aufsichtsbehörde den Verpflichtungen zur Amtshilfe gemäß Artikel 61 oder zu gemeinsamen Maßnahmen gemäß Artikel 62 nicht nachkommt.

(3) [1]In den in den Absätzen 1 und 2 genannten Fällen gibt der Ausschuss eine Stellungnahme zu der Angelegenheit ab, die ihm vorgelegt wurde, sofern er nicht bereits eine Stellungnahme zu derselben Angelegenheit abgegeben hat. [2]Diese Stellungnahme wird binnen acht Wochen mit der einfachen Mehrheit der Mitglieder des Ausschusses angenommen. [3]Diese Frist kann unter Berücksichtigung der Komplexität der Angelegenheit um weitere sechs Wochen verlängert werden. [4]Was den in Absatz 1 genannten Beschlussentwurf angeht, der gemäß Absatz 5 den Mitgliedern des Ausschusses übermittelt wird, so wird angenommen, dass ein Mitglied, das innerhalb einer vom Vorsitz angegebenen angemessenen Frist keine Einwände erhoben hat, dem Beschlussentwurf zustimmt.

(4) Die Aufsichtsbehörden und die Kommission übermitteln unverzüglich dem Ausschuss auf elektronischem Wege unter Verwendung eines standardisierten Formats alle zweckdienlichen Informationen, einschließlich – je nach Fall – einer kurzen Darstellung des Sachverhalts, des Beschlussentwurfs, der Gründe, warum eine solche Maßnahme ergriffen werden muss, und der Standpunkte anderer betroffener Aufsichtsbehörden.

(5) Der Vorsitz des Ausschusses unterrichtet unverzüglich auf elektronischem Wege

a) unter Verwendung eines standardisierten Formats die Mitglieder des Ausschusses und die Kommission über alle zweckdienlichen Informationen, die ihm zugegangen sind. Soweit erforderlich stellt das Sekretariat des Ausschusses Übersetzungen der zweckdienlichen Informationen zur Verfügung und

b) je nach Fall die in den Absätzen 1 und 2 genannte Aufsichtsbehörde und die Kommission über die Stellungnahme und veröffentlicht sie.

(6) Die zuständige Aufsichtsbehörde nimmt den in Absatz 1 genannten Beschlussentwurf nicht vor Ablauf der in Absatz 3 genannten Frist an.

(7) Die in Absatz 1 genannte Aufsichtsbehörde trägt der Stellungnahme des Ausschusses weitestgehend Rechnung und teilt dessen Vorsitz binnen zwei Wochen nach Eingang der Stellungnahme auf elektronischem Wege unter Verwendung eines standardisierten Formats mit, ob sie den Beschlussentwurf beibehalten oder ändern wird; gegebenenfalls übermittelt sie den geänderten Beschlussentwurf.

(8) Teilt die betroffene Aufsichtsbehörde dem Vorsitz des Ausschusses innerhalb der Frist nach Absatz 7 des vorliegenden Artikels unter Angabe der

maßgeblichen Gründe mit, dass sie beabsichtigt, der Stellungnahme des Ausschusses insgesamt oder teilweise nicht zu folgen, so gilt Artikel 65 Absatz 1.

Verwandte Normen: –

Literatur:

von Bogdandy, Informationsbeziehungen innerhalb des Europäischen Verwaltungsverbundes, in: Hoffmann-Riem/Schmidt-Aßmann/Voßkuhle (Hrsg.), Grundlagen des Verwaltungsrechts, Band II, 2. Aufl. (GVwR II²), München, 2012, § 25; *Britz*, Elektronische Verwaltung, ebda., § 26; *Eifert*, Regulierungsstrategien, in: Hoffmann-Riem/Schmidt-Aßmann/Voßkuhle (Hrsg.), Grundlagen des Verwaltungsrechts, Band I, 2. Aufl. (GVwR I²), München, 2012, § 19; *Holznagel/Dietze*, Europäischer Datenschutz, in: Schulze/Zuleeg/Kadelbach (Hrsg.), Europarecht, 3. Aufl., Baden-Baden, 2015, § 37; *Hornung/Hartl*, Datenschutz durch Marktanreize – auch in Europa? Stand der Diskussion zu Datenschutzzertifizierung und Datenschutzaudit, ZD 2014, 219; *Kranig/Peintinger*, Selbstregulierung im Datenschutzrecht, ZD 2014, 3; *Martini*, Do it yourself im Datenschutzrecht, NVwZ – Extra 6/2016, 1; *Röhl*, Akkreditierung und Zertifizierung im Produktsicherheitsrecht: Zur Entwicklung einer neuen Verwaltungsstruktur, Heidelberg, 2000; *ders.*, Ausgewählte Verwaltungsverfahren, in: Hoffmann-Riem/Schmidt-Aßmann/Voßkuhle (Hrsg.), Grundlagen des Verwaltungsrechts, Band II, 2. Aufl. (GVwR II²), München, 2012, § 29; *Schmidt-Aßmann*, Der Verfahrensgedanke im deutschen und europäischen Verwaltungsrecht, ebda., § 27; *Spindler*, Die neue EU-Datenschutz-Grundverordnung, Der Betrieb 2016, 937; *ders.*, Selbstregulierung und Zertifizierung nach der DS-GVO, ZD 2016, 407; s. zudem die bei Art. 63 genannte Literatur.

A. Grundlagen

I. Gesamtverständnis und Zweck der Norm

1　Art. 64 DSGVO trifft Regelungen über die Stellungnahmen des Europäischen Datenschutzausschusses als wesentlichen Bestandteil des Kohärenzmechanismus, der sich unterschiedlicher Verfahrenselemente bedient. Die Stellungnahme des Ausschusses kann anlassbezogen einen eigenständigen oder einen Teil-Baustein des Kohärenzverfahrens darstellen. In bestimmten Fällen folgt auf die Stellungnahme des Ausschusses das Verfahren der Streitbeilegung nach Art. 65 DSGVO.

Die Stellungnahme des Ausschusses steuert vorrangig die einheitliche Anwendung der Datenschutzgrundverordnung durch die Mitgliedstaaten im Rahmen von aufsichtsbehördlichen Entscheidungen mit allgemeiner Bedeutung. Sie ist regelmäßig als externes Verfahren in ein nationales Verfahren in einem Mitgliedstaat eingebettet und stellt damit aus der Sicht der zuständigen Aufsichtsbehörde ein interadministratives Zwischenverfahren dar. Sie kann auch selbstständig auf der Ebene des Ausschusses bzw. durch andere Aufsichtsbehörden in Bezug auf nationale Maßnahmen initiiert werden, bezieht sich aber auch dann in der Regel auf eine Maßnahme einer Aufsichtsbehörde und steht damit im Bezug zu einem mitgliedstaatlichen Verwaltungsverfahren.

Stellungnahmen betreffen im Regelfall nach Art. 64 Abs. 1 DSGVO allgemeine Fragen, können aber im Ausnahmefall auch Maßnahmen der Kooperation in konkreten Einzelfällen zum Gegenstand haben. Allerdings findet außerhalb der obligatorischen Fälle nach Art. 64 Abs. 1 DSGVO vorrangig das Verfahren der Zusammenarbeit zwischen der federführenden und den betroffenen Aufsichtsbehörden nach Art. 60 ff. DSGVO mit der Verpflichtung zu gegenseitiger Amtshilfe und zu gemeinsamen Maßnahmen ohne Rückgriff auf das Kohärenzverfahren Anwendung.[1]

Art. 64 bestimmt den Anwendungsbereich obligatorischer und fakultativer Stellungnahmen durch den Ausschuss, normiert ihre allgemeinen, insbesondere formellen Voraussetzungen sowie ihre spezifischen Wirkungen im Falle der obligatorischen Einholung im Rahmen eines mitgliedstaatlichen Verwaltungsverfahrens.

Damit entspricht Art. 64 (weitgehend) den Erwägungsgründen 135 und 136, denen zufolge die Stellungnahme den wesentlichen Bestandteil des Kohärenzverfahrens bildet, das insbesondere dann angewendet werden solle, „wenn eine Aufsichtsbehörde beabsichtigt, eine Maßnahme zu erlassen, die rechtliche Wirkungen in Bezug auf Verarbeitungsvorgänge entfalten soll, die für eine bedeutende Zahl betroffener Personen in mehreren Mitgliedstaaten erhebliche Auswirkungen haben" sowie dann, „wenn eine betroffene Aufsichtsbehörde oder die Kommission beantragt, dass die Angelegenheit im Rahmen des Kohärenzverfahrens behandelt wird". Eine Stellungnahme innerhalb einer festgelegten Frist sol der Ausschuss nach mehrheitlichem Beschluss seiner Mitglieder bzw. auf Ersuchen einer betroffenen Aufsichtsbehörde oder der Kommission abgeben.

II. Bisherige Rechtslage

Zwar kannte die Datenschutz-Richtlinie bislang kein explizites Kohärenz-   2
verfahren. Wichtige Abstimmungsfunktionen wurden und werden aber von der Art. 29-Datenschutzgruppe erfüllt, an deren Vorbild sich auch die Einrichtung des Datenschutzausschusses orientiert. Insbesondere ist es die Aufgabe der Datenschutzgruppe, im Rahmen ihrer ausschließlich beraten-

---

1 So auch Erwägungsgrund 138 der Datenschutzgrundverordnung. Zugleich eröffnet Art. 64 Abs. 2 DSGVO ausdrücklich die Möglichkeit der Einholung einer Stellungnahme in strittigen Fällen der Zusammenarbeit der Aufsichtsbehörden.

den Funktion zu bestimmten Fragen Stellungnahmen oder Empfehlungen abzugeben.

Nach Art. 30 Abs. 1 DS-RL hat die Datenschutzgruppe ganz allgemein die Aufgabe,

„a) alle Fragen im Zusammenhang mit den zur Umsetzung dieser Richtlinie erlassenen einzelstaatlichen Vorschriften zu prüfen, um zu einer einheitlichen Anwendung beizutragen;

b) zum Schutzniveau in der Gemeinschaft und in Drittländern gegenüber der Kommission Stellung zu nehmen;

c) die Kommission bei jeder Vorlage zur Änderung dieser Richtlinie, zu allen Entwürfen zusätzlicher oder spezifischer Maßnahmen zur Wahrung der Rechte und Freiheiten natürlicher Personen bei der Verarbeitung personenbezogener Daten sowie zu allen anderen Entwürfen von Gemeinschaftsmaßnamen zu beraten, die sich auf diese Rechte und Freiheiten auswirken;

d) Stellungnahmen zu den auf Gemeinschaftsebene erarbeiteten Verhaltensregeln abzugeben."

3 Gemäß Art. 30 Abs. 2 DS-RL teilt die Datenschutzgruppe es der Kommission mit, wenn sie feststellt, „daß sich im Bereich des Schutzes von Personen bei der Verarbeitung personenbezogener Daten zwischen den Rechtsvorschriften oder der Praxis der Mitgliedstaaten Unterschiede ergeben, die die Gleichwertigkeit des Schutzes in der Gemeinschaft beeinträchtigen könnten". Sie kann nach Art. 30 Abs. 3 DS-RL „von sich aus Empfehlungen zu allen Fragen abgeben, die den Schutz von Personen bei der Verarbeitung personenbezogener Daten in der Gemeinschaft betreffen". Die Kommission ist verpflichtet, der Datenschutzgruppe mitzuteilen, „welche Konsequenzen sie aus den Stellungnahmen und Empfehlungen gezogen hat" (Art. 30 Abs. 5 S. 1 DS-RL). Eine Stellungnahme sieht die Datenschutz-Richtlinie damit in Art. 30 Abs. 1 d iVm Art. 27 Abs. 3 zu Entwürfen für gemeinschaftliche Verhaltensregeln nach Art. 27 der Richtlinie vor, hinsichtlich derer die Gruppe „insbesondere dazu Stellung [nimmt], ob die ihr unterbreiteten Entwürfe mit den zur Umsetzung dieser Richtlinie erlassenen einzelstaatlichen Vorschriften in Einklang stehen". Hauptadressat ist ausweislich der Richtlinie die EU-Kommission, die die Stellungnahme der Gruppe in bestimmten Fragen einholen muss und zwar nicht durch sie gebunden wird, aber der Gruppe gleichwohl dergestalt rechenschaftspflichtig ist, dass sie ihr die aus den Stellungnahmen gezogenen Konsequenzen mitzuteilen hat.[2]

4 Im Vergleich hierzu sind die Aufgaben des neu einzurichtenden Datenschutzausschusses im Kohärenzverfahren deutlich stärker auf die Anwen-

---

2 Veröffentlichungen der Datenschutzgruppe einschließlich Stellungnahmen und Empfehlungen finden sich auf ihrer bei der EU-Kommission angesiedelten Homepage (versteckt unter http://ec.europa.eu/newsroom/just/item-detail.cfm?item_id=50083 bzw. http://ec.europa.eu/justice/data-protection/article-29/documentation/opinion-recommendation/index_en.htm): s. etwa die Stellungnahme 01/2016, WP 238 v. 13.4.2016 zum U.S.Privacy Shield oder die Stellungnahme zum anwendbaren Recht nach der Google-Spain-Entscheidung des EuGH, WP 179 in der aktualisierten Fassung v. 16.12.2015.

dung der Datenschutzgrundverordnung durch die Mitgliedstaaten und die
beratende oder verbindliche Steuerung der zuständigen nationalen Aufsichtsbehörden ausgerichtet. Allerdings räumt Art. 64 Abs. 2 der Kommission das Recht ein, den Ausschuss in Angelegenheiten von allgemeiner Geltung oder mit Auswirkungen in mehr als einem Mitgliedstaat um eine Stellungnahme zu ersuchen. Darüber hinaus werden dem Ausschuss außerhalb
des Kohärenzverfahrens zahlreiche fakultative und obligatorische Stellung-
nahme- und Beratungsfunktionen gegenüber der Kommission übertragen
(s. Art. 70 DSGVO).

III. Entstehung der Norm

Auch der Vorschlag der Kommission sah in Anlehnung an die bestehende   5
Rechtslage nach der DS-RL die Stellungnahme des Europäischen Datenschutzausschusses als wesentliches Element des Kohärenzverfahrens vor:

Nach Art. 58 Abs. 1 und 2 des Kommissionsvorschlags[3] sollten die zuständigen Aufsichtsbehörden zur Einholung der Stellungnahme vor Erlass
rechtsverbindlicher Maßnahmen in Bezug auf Verarbeitungstätigkeiten im
Zusammenhang mit der Ausübung der Waren- oder Dienstleistungsfreiheit
verpflichtet sein, sowie in Fällen, in denen eine Maßnahme den freien Verkehr personenbezogener Daten in der Union wesentlich beeinträchtigen
könnte (Art. 58 Abs. 1 a und b des Kommissionsvorschlags). Während diese allgemeinen, insbesondere auf die Grundfreiheiten bezogenen Klauseln
nicht in Art. 64 DSGVO übernommen worden sind, finden die konkreter
umrissenen Tatbestände in Bezug auf bestimmte Entscheidungen der nationalen Aufsichtsbehörden mit genereller Wirkung in der Datenschutzgrundverordnung eine Entsprechung: so im Hinblick auf die Erstellung einer Liste mit potenziell riskanten datenschutzrelevanten Verarbeitungsvorgängen
durch die Aufsichtsbehörde, die der Verantwortliche nur nach einer Datenschutz-Folgenabschätzung und ggf. der Konsultation der Aufsichtsbehörde
vornehmen darf (s. Art. 35 f.),[4] die Festlegung von Standarddatenschutzklauseln durch die Aufsichtsbehörde (s. Art. 46 Abs. 2 d, Art. 28 Abs. 8),
die aufsichtsbehördliche Genehmigung von Vertragsklauseln mit geeigneten Garantien zum Schutz personenbezogener Daten im Rahmen ihrer
Übermittlung in ein Drittland oder an eine internationale Organisation in
Ermangelung eines Angemessenheitsbeschlusses der Kommission (s.
Art. 46 Abs. 3 a) oder die Genehmigung verbindlicher interner Datenschutzvorschriften durch die Aufsichtsbehörde (s. Art. 47). Über diese Tatbestände hinausgehend schreibt die Datenschutzgrundverordnung vor der
Genehmigung von selbstregulierenden Verhaltensregeln nach Art. 40

---

3 Vorschlag der Kommission für eine Verordnung des Europäischen Parlaments und
   des Rates zum Schutz natürlicher Personen bei der Verarbeitung personenbezogener
   Daten und zum freien Datenverkehr (Datenschutz-Grundverordnung) v. 25.1.2012,
   KOM(2012) 11 endg.
4 Art. 58 Abs. 1 c des Kommissionsvorschlags (Fn. 3) sah die obligatorische Einholung
   der Stellungnahme allerdings nicht generell, sondern nur in den Fällen mit Bezug auf
   Waren- oder Dienstleistungsangebote bzw. -anbieter in mehreren Mitgliedstaaten
   vor; vgl. Art. 34 Abs. 5 des Kommissionsvorschlags. Unklar ist, ob diese Einschränkung nur der kompetenzrechtlichen Klarstellung oder einer wirklichen Einschränkung des Anwendungsbereichs dient.

Abs. 7 nach dem Vorbild von Art. 27 Abs. 3 DS-RL[5] sowie vor Billigung allgemeiner Kriterien für die Akkreditierung von Stellen zur Überwachung der Einhaltung von Verhaltensregeln nach Art. 41 Abs. 3 oder von Zertifizierungsstellen nach Art. 43 Abs. 3 die Einholung einer Stellungnahme des Ausschusses vor, die der Kommissionsvorschlag so nicht vorgesehen hatte.[6]

6   Tatbestandlich unbegrenzt sollte der Ausschuss nach Art. 58 Abs. 3 des Kommissionsvorschlags auf Ersuchen der Aufsichtsbehörden und aus eigener Initiative tätig werden können. Hier regte das Parlament eine Beschränkung auf Angelegenheiten mit allgemeiner Geltung an,[7] die zusammen mit der für Einzelfallentscheidungen erforderlichen Erweiterung „oder mit Auswirkungen in mehr als einem Mitgliedstaat" in Art. 64 Abs. 2 ihren Niederschlag gefunden hat.[8] Abweichend von Kommissionsvorschlag und endgültiger Regelung sprach sich das Parlament in seiner Entschließung dafür aus, auch selbst den Ausschuss um eine Stellungnahme ersuchen zu dürfen.[9]

7   Der Kommissionsentwurf sah darüber hinaus die stärkere Einbindung der Kommission selbst in den Kohärenzmechanismus vor: So sollte die Aufsichtsbehörde den Entwurf einer Maßnahme nicht nur dem Ausschuss, sondern unmittelbar auch der Kommission zuleiten, der nach Art. 59 des Kommissionsvorschlags die Möglichkeit eröffnet wurde, ebenfalls eine Stellungnahme abzugeben, der die Behörde so weit wie möglich Rechnung zu tragen hatte.[10] Mit diesem Vorschlag konnte sich die Kommission jedoch nicht gegenüber Parlament und Rat durchsetzen.

8   Zum Schutz des Ausschusses vor einer übermäßigen und unberechenbaren Arbeitsbelastung sah das Parlament nur eine optionale Abgabe der Stellungnahmen durch den Ausschuss sowohl in Angelegenheiten mit allgemeiner Geltung als auch in Einzelfällen vor. Es wollte dem Ausschuss selbst die

---

5   Dort allerdings fakultativ.
6   Vgl. Art. 57 Abs. 2 Vorschlag des Rats in der Fassung vom 11.6.2015, RatsDok. Nr. 9565/15.
7   Vgl. Art. 58 Abs. 3 der legislativen Entschließung des Europäischen Parlaments v. 12.3.2014 (P7_TA(2014)0212).
8   Vgl. auch Art. 57 Abs. 4 Vorschlag des Rats in der Fassung vom 11.6.2015, Rats-Dok. Nr. 9565/15. Das Verfahren zur Herstellung von Kohärenz im Einzelfall sollte nach dem Vorschlag des Parlaments in einem eigenen Art. 58 a geregelt werden, der hierfür detaillierte Voraussetzungen vorsah und dem Ausschuss ein Ermessen hinsichtlich der Abgabe einer Stellungnahme einräumte; vgl. Art. 58 a der legislativen Entschließung des Europäischen Parlaments v. 12.3.2014 (P7_TA(2014)0212).
9   Vgl. Art. 66 Abs. 1 der legislativen Entschließung des Europäischen Parlaments v. 12.3.2014 (P7_TA(2014)0212).
10 Das Verhältnis zur Stellungnahme des Ausschusses wurde im Vorschlag nicht thematisiert, insbesondere wurde ein ausdrücklicher Vorrang der Stellungnahme der Kommission nicht normiert, wäre aber in einer systematischen Auslegung die logische Konsequenz gewesen.

Entscheidung überlassen, ob er in der Sache tätig werden wollte.[11] Der Kommissionsvorschlag enthielt demgegenüber bereits die Verpflichtung zur Stellungnahme auf Ersuchen einer Aufsichtsbehörde oder der Kommission.[12] Die endgültige Fassung der Datenschutzgrundverordnung hält an der Verpflichtung zur Abgabe einer Stellungnahme fest und schließt lediglich die erneute Befassung des Ausschusses mit einer Sache als Zulässigkeitsvoraussetzung zum Schutz vor wiederholter und unnötiger Befassung des Ausschusses aus.[13]

Das Europäische Parlament hatte in seinem Vorschlag gefordert, auch selbst das Recht zu erhalten, den Ausschuss um Stellungnahmen ersuchen zu dürfen. Dieser Vorschlag hat sich jedoch im Trilog und in der endgültigen Fassung nicht durchgesetzt. **9**

B. Kommentierung

I. Struktur der Norm

In den ersten beiden Absätzen der Regelung werden die Verfahren benannt, in denen das Kohärenzverfahren zur Anwendung kommen und eine Stellungnahme des Europäischen Datenschutzausschusses eingeholt werden kann. Dabei betrifft Absatz 1 mitgliedstaatliche Verfahren, in denen die jeweils zuständige Aufsichtsbehörde verpflichtet ist, den Ausschuss um eine Stellungnahme zu ersuchen, während Absatz 2 eine darüber hinausgehende optionale Befassung des Ausschusses auf Antrag normiert. **10**

Art. 64 DSGVO bezieht sich lediglich auf Stellungnahmen des Ausschusses im Kohärenzverfahren. Die Tätigkeit des Europäischen Datenschutzausschusses ist allerdings nicht hierauf beschränkt. Nach Art. 70 Abs. 1 q–s und x DSGVO ist der Ausschuss vor allem im Rahmen delegierter Rechtsetzungsverfahren der Kommission auch in Bezug auf bestimmte weitere datenschutzrechtliche Fragen zur Abgabe von Stellungnahmen gegenüber der Kommission verpflichtet (vgl. Art. 70 DSGVO). **11**

In Absatz 3 der Bestimmung sind die wesentlichen verfahrensrechtlichen Fragen zur Abgabe der Stellungnahme in den Fällen der Absätze 1 und 2 insbesondere zur Beschlussfassung und den Fristen geregelt. **12**

Die Absätze 4 und 5 normieren interne und externe Informationspflichten einerseits der Aufsichtsbehörden und der Kommission gegenüber dem Ausschuss und andererseits des Ausschusses selbst gegenüber seinen Mitglie-

---

11 Art. 58 Abs. 7 der legislativen Entschließung des Europäischen Parlaments v. 12.3.2014 (P7_TA(2014)0212): „Der Ausschuss kann mit einfacher Mehrheit entscheiden, ob er eine Stellungnahme zu einer gemäß Absätze 3 und 4 vorgelegten Angelegenheit abgibt, wobei zu berücksichtigen ist, a) ob eine Angelegenheit neue Elemente umfasst, wobei rechtliche oder sachliche Entwicklungen berücksichtigt werden […]; und b) ob der Europäische Datenschutzausschuss bereits eine Stellungnahme zu der gleichen Angelegenheit abgegeben hat.“; Art. 58 a Abs. 4: „Der Europäische Datenschutzausschuss prüft die Angelegenheit […] und entscheidet mit der einfachen Mehrheit seiner Mitglieder, ob eine Stellungnahme zu der Angelegenheit innerhalb von zwei Wochen nach Eingang der zweckdienlichen Informationen nach Absatz 3 abgegeben wird.“, Art. 58 a Abs. 5: „Entscheidet der Europäische Datenschutzausschuss, eine Stellungnahme abzugeben, […]“.
12 Vgl. Art. 58 Abs. 7 des Kommissionsvorschlags (Fn. 3).
13 Art. 64 Abs. 3 S. 1 aE DSGVO.

dern sowie gegenüber verfahrensbeteiligten Aufsichtsbehörden und der Kommission.

In den Fällen einer Stellungnahme nach Art. 64 Abs. 1 DSGVO sehen die Absätze 6–8 spezifische Regelungen für das mitgliedstaatliche Ausgangsverfahren, die mitgliedstaatliche Ausgangsbehörde und gegebenenfalls das einzuleitende Streitbeilegungsverfahren nach Art. 65 DSGVO vor.

II. Verpflichtende Einholung der Stellungnahme des Ausschusses (Abs. 1)

1. Anwendungsbereich

13   Art. 64 Abs. 1 DSGVO normiert die Verpflichtung der nationalen Aufsichtsbehörden, vor bestimmten, allgemeingültigen Entscheidungeninnerhalb eines nationalen datenschutzrechtlichen Verwaltungsverfahrens die Stellungnahme des Europäischen Datenschutzausschusses einzuholen. Die in Absatz 1 abschließend aufgelisteten Tatbestände betreffen grundsätzliche Fragen außerhalb konkreter datenschutzrechtlicher Aufsichtsverfahren.[14] Eine darüber hinausgehende fakultative Einholung der Stellungnahme nach Absatz 2 bleibt den Aufsichtsbehörden unbenommen.

a) Liste der Verarbeitungsvorgänge, die einer Datenschutzfolgenabschätzung unterliegen (Art. 35 DSGVO)

14   Datenverarbeitungsvorgänge, bei denen nach Art. 35 Abs. 1 S. 1 DSGVO „voraussichtlich ein hohes Risiko für die Rechte und Freiheiten natürlicher Personen" besteht, unterwirft die Datenschutzgrundverordnung einer präventiven Datenschutzfolgenabschätzung durch den Verantwortlichen und ggf. einem besonderen innerstaatlichen Konsultationsverfahren vor der Aufsichtsbehörde. Nach Art. 35 Abs. 4 ist die zuständige Aufsichtsbehörde verpflichtet, eine Liste derjenigen Verarbeitungsvorgänge zu erstellen, für die eine Datenschutzfolgenabschätzung vorgenommen werden muss, in der auch die in Art. 35 Abs. 3 enthaltenen Vorgänge aufzuführen sind, bei denen ein hohes Risiko vermutet wird. Nach Art. 35 Abs. 5 kann die Aufsichtsbehörde über diese obligatorische Positivliste hinaus auch eine Negativliste derjenigen Vorgänge erstellen, für die keine Datenschutzfolgenabschätzung erforderlich ist.

Beide Listen sind durch die Aufsichtsbehörde zu veröffentlichen und – insofern missverständlich formuliert – vor der Festlegung und Veröffentli-

---

14   In konkreten Einzelfällen besteht grundsätzlich keine Verpflichtung zur Einholung der Stellungnahme des Ausschusses; neben der Möglichkeit eines Antrags nach Absatz 2 führt allerdings das Einspruchsverfahren nach Art. 65 zu einer verpflichtenden Befassung des Ausschusses mit der Entscheidung von Einzelfällen. S. dazu unten → Art. 65 Rn. 10.

chung dem Ausschuss vorzulegen. Das weitere Verfahren im Ausschuss ist in der Datenschutzgrundverordnung nicht eindeutig geregelt:[15]

Art. 35 Abs. 6 bestimmt, dass die zuständige Aufsichtsbehörde das Kohärenzverfahren nach Art. 63 vor der Festlegung der Positiv- wie auch der Negativliste dann anwendet, „wenn solche Listen Verarbeitungstätigkeiten umfassen, die mit dem Angebot von Waren oder Dienstleistungen für betroffene Personen oder der Beobachtung des Verhaltens dieser Personen in mehreren Mitgliedstaaten im Zusammenhang stehen oder die den freien Verkehr personenbezogener Daten innerhalb der Union erheblich beeinträchtigen können." Das Kohärenzverfahren scheint damit verpflichtend nur in Bezug auf Datenverarbeitungsvorgänge mit unionsweiter oder jedenfalls grenzüberschreitender Wirkung zum Einsatz zu kommen, dann allerdings sowohl in den Fällen der Positivlisten risikobehafteter Verarbeitungsvorgänge wie auch in den Fällen der Negativlisten.[16]

Art. 64 enthält demgegenüber keinen Verweis auf Art. 35 Abs. 6. Vielmehr   **15**
unterwirft Art. 64 Abs. 1 a ausnahmslos alle Positivlisten nach Art. 35 Abs. 4 der obligatorischen Stellungnahme des Ausschusses, ohne hierbei eine sachliche Beschränkung vorzunehmen. Diesbezüglich stellt sich die Frage, ob Art. 35 Abs. 6 zu einer sachlichen Beschränkung führt, so dass der Verweis in Art. 64 Abs. 1 a zu lesen wäre: „[Entwurf eines Beschlusses, wenn dieser] der Annahme einer Liste der Verarbeitungsvorgänge dient, die der Anforderung einer Datenschutz-Folgenabschätzung gemäß Artikel 35 Absatz 4 **in Verbindung mit Absatz 6** unterliegen". Angesichts des insoweit klaren Wortlauts von Art. 64 Abs. 1 a scheint eine solche eingeschränkte Lesart jedoch ausgeschlossen, was aber zur Folge hat, dass Art. 35 Abs. 6 für Positivlisten bedeutungslos ist.

Für die fakultativen Negativlisten nach Art. 35 Abs. 5 sieht dieser zwar   **16**
eine obligatorische Übermittlung an den Ausschuss vor; in Art. 64 Abs. 1 a fehlt jedoch ein entsprechender Verweis auf Art. 35 Abs. 5. Entsprechend

---

15 Die Regelung geht weitgehend auf den Rat zurück, der die Übermittlung für beide Listen in Art. 33 Abs. 2 a und b vorgeschlagen, jedoch das Kohärenzverfahren in Art. 33 Abs. 2 c nur mit der entsprechenden sachlichen Beschränkung vorgesehen hatte und zugleich in Art. 57 Abs. 2 c die verbindliche Stellungnahme im Kohärenzverfahren ausdrücklich lediglich für die Positivlisten nach Art. 33 Abs. 2 a, dort allerdings wie in der endgültigen Fassung ohne einen Verweis auf eine mögliche sachliche Beschränkung vorgesehen hatte; Vorschlag des Rats in der Fassung vom 11.6.2015, RatsDok. Nr. 9565/15. Das Europäische Parlament hatte demgegenüber (unter der Überschrift „Lebenszyklusmanagement in Bezug auf den Datenschutz") vorgesehen, dass der Europäische Datenschutzausschuss die Liste in allen Fällen ohne sachliche Beschränkung selbst erstellen sollte; vgl. Art. 34 Abs. 4 der legislativen Entschließung des Europäischen Parlaments v. 12.3.2014 (P7_TA(2014)0212). Die Fassung der Verordnung vom 28.1.2016 (Rats-Dok. Nr. 5455/16) nach der politischen Einigung in den Trilogen (zuletzt 15.12.2015) folgte in Art. 33 Abs. 2 a bis 2 c und Art. 58 Abs. 1 ca dem Ratsvorschlag.
16 Art. 35 Abs. 6 DSGVO geht auf Art. 34 Abs. 5 des Kommissionsvorschlags (Fn. 3) zurück, der für die Positivlisten eine Befassung des Ausschusses nur unter diesen Bedingungen vorsah und entsprechend auch in Art. 58 Abs. 1 c ausdrücklich hierauf verwies. Auf eine Verallgemeinerung dieses Passus in Art. 64 DSGVO nach dem Vorschlag der Kommission war im Rechtsetzungsverfahren ausdrücklich verzichtet worden; vgl. Art. 58 Abs. 1 a und b des Kommissionsvorschlags (Fn. 3) (s. dazu bereits oben bei → Rn. 5).

müsste allerdings Art. 35 Abs. 6 eine Verpflichtung zur Durchführung des Kohärenzverfahrens und damit zur Einholung der Stellungnahme des Ausschusses in Fällen unionsweiter oder grenzüberschreitender Verarbeitungsvorgänge zur Folge haben, während es in den anderen Fällen bei der schlichten Vorlage an den Ausschuss ohne anschließende Stellungnahme bliebe.[17] In jedem Fall kann eine Stellungnahme des Ausschusses fakultativ auf expliziten Antrag nach Art. 64 Abs. 2 eingeholt werden. Art. 35 Abs. 6 verdichtet diese Option zu einer Befassungspflicht, so dass die Vorlage der Aufsichtsbehörde als Antrag zur Einholung einer Stellungnahme nach Art. 64 Abs. 2 verstanden werden muss.

b) Genehmigung von Verhaltensregeln (Art. 40 Abs. 7 DSGVO)

17 Vorgeschrieben ist die Einholung einer Stellungnahme des Europäischen Datenschutzausschusses weiter für Beschlüsse zur Genehmigung datenschutzrechtlicher Verhaltensregeln (Codes of Conduct) bzw. ihrer Änderung oder Ergänzung, die gemäß Art. 40 Abs. 1 DSGVO „nach Maßgabe der Besonderheiten der einzelnen Verarbeitungsbereiche und der besonderen Bedürfnisse von Kleinstunternehmen sowie kleinen und mittleren Unternehmen zur ordnungsgemäßen Anwendung dieser Verordnung beitragen sollen". Die Verhaltensregeln sollen nach Art. 40 Abs. 2 von Verbänden und anderen Vereinigungen, „die Kategorien von Verantwortlichen oder Auftragsverarbeitern vertreten", zur Konkretisierung der datenschutzrechtlichen Vorgaben der Datenschutzgrundverordnung ausgearbeitet werden. Die Konsultation des Ausschusses weist in diesem Fall die Besonderheit auf, dass nach positiver Stellungnahme zusätzlich noch die Kommission eingebunden wird, die im Wege eines Durchführungsrechtsakts im Komitologieverfahren die Allgemeingültigkeit von Verhaltensregeln beschließen kann.

aa) Verfahren zur einfachen Genehmigung und besonderen Allgemeingültigkeits-Erklärung von Verhaltensregeln

18 Den Grundfall bilden Verhaltensregeln, die sich lediglich auf Verarbeitungstätigkeiten in einem Mitgliedstaat beziehen: Die zuständige Aufsichtsbehörde kann den vom jeweiligen Verband vorgelegten Entwurf ohne weitere Zwischenschritte durch Stellungnahme genehmigen, nimmt die genehmigten Regeln in ein Verzeichnis auf und veröffentlicht sie (Art. 40 Abs. 5 und 6 DSGVO).

Erstrecken sich die betroffenen Verarbeitungstätigkeiten auf mehrere Mitgliedstaaten, bestimmt Art. 40 Abs. 7, dass die Aufsichtsbehörde den Entwurf vor ihrer eigenen Stellungnahme dem Europäischen Datenschutzausschuss vorlegt, der im Kohärenzverfahren zu der Frage Stellung nimmt, ob der Entwurf der Verhaltensregeln mit der Datenschutzgrundverordnung vereinbar ist bzw. ob sie im Falle von Art. 40 Abs. 3 geeignete Garantien für die Übermittlung personenbezogener Daten an Drittländer oder internationale Organisationen enthalten. Bestätigt der Ausschuss die Konformi-

---

17 Denkbar wäre es auch hier, die Vorlage als Antrag auf Abgabe einer Stellungnahme nach Art. 64 Abs. 2 DSGVO zu verstehen, was aber zur Konsequenz hätte, dass Art. 35 Abs. 6 DSGVO keinerlei Bedeutung hätte.

tät der Verhaltensregeln mit der Verordnung, geht die Entscheidung in Abweichung zum Grundmuster des Kohärenzverfahrens, welches die Stellungnahme des Ausschusses als Zwischenverfahren in das Beschlussverfahren der Aufsichtsbehörde einbindet, nicht unmittelbar an die nationalen Aufsichtsbehörden zurück: Der Ausschuss übermittelt seine positive Stellungnahme zunächst der Kommission, die im Prüfverfahren nach Art. 93 DSGVO mittels Durchführungsrechtsakt beschließen kann, „dass die ihr […] übermittelten Verhaltensregeln […] allgemeine Gültigkeit in der Union besitzen" (Art. 40 Abs. 9 DSGVO). Ob die Kommission den Verhaltensregeln allgemeine Gültigkeit verleiht, steht nach der Datenschutzgrundverordnung in ihrem freien Ermessen.[18]

Für die Veröffentlichung der allgemeingültigen Verhaltensregeln trägt nach Art. 40 Abs. 10 DSGVO die Kommission Rechnung. Der Ausschuss nimmt nach Art. 40 Abs. 11 DSGVO „alle genehmigten Verhaltensregeln bzw. deren genehmigte Änderungen oder Erweiterungen in ein Register auf und veröffentlicht sie in geeigneter Weise".   **19**

bb) Rechtliche Relevanz genehmigter bzw. allgemein gültiger Verhaltensregeln

Grundsätzlich kommt den von Privaten erstellten Verhaltensregeln keine normative Wirkung zu. Auch die Genehmigung durch die Aufsichtsbehörde, ggf. nach Stellungnahme durch den Europäischen Datenschutzausschuss verleiht ihnen keine rechtliche Verbindlichkeit.[19] Daher garantiert die Einhaltung der Verhaltensregeln nicht notwendig auch die Konformität mit dem Datenschutzrecht. Anderes gilt lediglich im Rahmen der gesetzlichen Anordnung durch die Verordnung sowie für die im Wege eines rechtsverbindlichen Durchführungsrechtsakts von der Kommission für allgemein gültig erklärten Verhaltensregeln.   **20**

Eine nur schwache rechtliche Konsequenz der Einhaltung genehmigter Verhaltensregeln ergibt sich für den für die Verarbeitung Verantwortlichen bzw. den Auftragsverarbeiter aus Art. 24 Abs. 3 bzw. Art. 28 Abs. 5 DSGVO: Sie können „als Gesichtspunkt" für die Erfüllung der datenschutzrechtlichen Verpflichtungen herangezogen werden. Damit schließt die Datenschutzgrundverordnung im Umkehrschluss allerdings ausdrücklich aus, die Einhaltung der Verhaltensregeln als rechtsverbindlichen Nachweis für die Erfüllung der datenschutzrechtlichen Verpflichtungen heranzuziehen. Ähnliches gilt für den Nachweis der Sicherheit der Verarbeitung nach Art. 32 Abs. 3 DSGVO.

Eine wenn auch ebenfalls relativ schwache Bedeutung erlangt die Einhaltung genehmigter Verhaltensregeln durch die zuständigen Verantwortlichen oder die Auftragsverarbeiter weiter hinsichtlich der Folgenabschätzung: Nach Art. 35 Abs. 8 DSGVO ist sie bei der Beurteilung der Auswir-

---

18 Vgl. zur Vorläuferregelung Art. 27 Abs. 3 S. 4 DS-RL, der jedoch noch keine Allgemeingültigkeitserklärung, sondern lediglich die Publikation positiv von der Datenschutz-Gruppe bewerteter Verhaltensregeln vorsah; dazu BeckOK DatenSR/*Meltzian* BDSG § 38 a Rn. 25 (Stand: 1.8.2016).
19 Für eine Vermutungsregel im Sinne einer grundsätzlichen Selbstbindung der Verwaltung durch die Genehmigung *Spindler* ZD 2016, 407 (412).

kungen der von ihnen durchgeführten Verarbeitungsvorgänge „gebührend zu berücksichtigen".

Stärkere Rechtswirkungen entfalten die von der Kommission für allgemeingültig erklärten Verhaltensregeln: Nach Art. 40 Abs. 3 DSGVO können sich Verantwortliche und Auftragsverarbeiter auch außerhalb des Anwendungsbereichs der Verordnung rechtlich verpflichten, bestehende genehmigte und durch die Kommission für allgemeingültig erklärte Verhaltensregeln einzuhalten, „um geeignete Garantien im Rahmen der Übermittlung personenbezogener Daten an Drittländer oder internationale Organisationen" gemäß Art. 46 Abs. 2 e DSGVO zu bieten.

cc) Verhaltensregeln als Instrument der regulierten Selbstregulierung

21 Datenschutzrechtliche Verhaltensregelungen sind ein klassisches Instrument der regulierten Selbstregulierung.[20] Ziel der Regelung ist die Einbeziehung der betroffenen Verbände in die bereichsspezifische Konkretisierung des Datenschutzrechts. Obgleich bereits in Art. 27 DS-RL verankert und in § 38 a BDSG umgesetzt haben sich Verhaltensregeln jedoch bislang weder in Deutschland noch auf der europäischen Ebene in der Praxis etablieren können.[21] Insbesondere scheinen hinreichende Anreize für die Wirtschaftsverbände zu fehlen, statt bzw. in Ergänzung staatlicher Regelungen eigene Normierungsprozesse zu initiieren. Es wird sich zeigen, ob die Möglichkeit der Allgemeingültigkeitserklärung durch die Kommission nach Art. 40 Abs. 9 DSGVO zusätzliche Anreize bietet oder ob vielmehr die drohende Unterstellung unter „fremdes" Verbandsrecht kollektive Vermeidestrategien begünstigt.[22]

c) Billigung der Kriterien für die Akkreditierung von Stellen zur Überwachung der Einhaltung von Verhaltensregeln (Art. 41 Abs. 3 DSGVO) oder von Zertifizierungsstellen (Art. 43 Abs. 3 DSGVO)

aa) Akkreditierung von Stellen zur Überwachung von Verhaltensregeln

22 Art. 41 DSGVO eröffnet die Möglichkeit, zur Kontrolle der Einhaltung von Verhaltensregeln nach Art. 40 DSGVO durch private Datenverantwortliche oder Auftragsverarbeiter fachkundige, zu diesem Zweck von der Aufsichtsbehörde akkreditierte private Stellen einzusetzen. Art. 41 Abs. 2 DSGVO normiert als Voraussetzungen für eine Akkreditierung neben der Unabhängigkeit, Unparteilichkeit und Fachkunde der Stelle insbesondere

---

20 Zum Konzept regulierter Selbstregulierung s. nur *Eifert* in: Hoffmann-Riem/Schmidt-Aßmann/Voßkuhle GVwR I² § 19 Rn. 52 ff. mwN; *Schmidt-Aßmann* in: Hoffmann-Riem/Schmidt-Aßmann/Voßkuhle GVwR II² § 27 Rn. 76.

21 Vgl. *Holznagel/Dietze* in: Schulze/Zuleeg/Kadelbach HdB-EuropaR § 37 Rn. 19 mwN; *Gola/Klug/Körffer* in: Gola/Schomerus BDSG § 38 a insbes. Rn. 9 mit Beispielen für Verhaltensregeln, die der Datenschutzgruppe nach Art. 29 DS-RL vorgelegt worden sind; für Deutschland BeckOK DatenSR/*Meltzian* BDSG § 38 a Rn. 3 f. (Stand: 1.8.2016); *Spindler* ZD 2016, 407. S. ferner die vom Düsseldorfer Kreis einstimmig beschlossene Orientierungshilfe der Datenaufsichtsbehörden für den Umgang mit Verhaltensregeln nach § 38 a BDSG (Stand November 2013; abrufbar unter https://www.lda.bayern.de/media/oh_selbstregulierung.pdf). Zum Vergleich der regulierten Selbstregulierung im Datenschutzrecht in den USA, Deutschland und Europa s. *Kranig/Peintinger* ZD 2014, 3 ff.

22 Teilweise skeptisch *Kranig/Peintinger* ZD 2014, 3 (7).

die von ihr zu treffenden prozeduralen Vorkehrungen für eine effektive Kontrolle und ein transparentes Beschwerdemanagement, die es der Stelle ermöglichen, geeignete Maßnahmen einschließlich dem Ausschluss des gegen Verhaltensregeln verstoßenden Verantwortlichen oder Auftragsverarbeiters zu treffen. Die auf Vorschlag des Rates eingefügte Überwachung durch eine unabhängige Stelle ergänzt und effektiviert den Mechanismus regulierter Selbstregulierung durch branchenspezifische Verhaltensregeln. Sie lässt die hoheitlichen Überwachungsbefugnisse der zuständigen Aufsichtsbehörde unberührt. In ihrer Wirksamkeit hängt sie jedoch von der bislang zurückhaltenden Annahme der Selbstregulierung durch Verhaltensregeln ab.

In Umsetzung der Vorgaben der Verordnung übermittelt die zuständige Aufsichtsbehörde den Entwurf der Kriterien für die Akkreditierung zur Stellungnahme im Kohärenzverfahren an den Europäischen Datenschutzausschuss und nimmt auf der Basis derselben die Akkreditierung vor.[23]

bb) Akkreditierung von Zertifizierungsstellen

Auch die Kriterien für die Akkreditierung einer Zertifizierungsstelle nach Art. 43 Abs. 3 DSGVO müssen dem Datenschutzausschuss im Kohärenzverfahren zur Stellungnahme unterbreitet werden.   **23**

Nach Art. 42 DSGVO sollen datenschutzspezifische Zertifizierungsverfahren sowie Datenschutzsiegel und -prüfzeichen eingeführt werden, die zum Nachweis der Einhaltung der datenschutzrechtlichen Vorschriften dienen, ohne allerdings die Verpflichtungen nach der Datenschutzverordnung oder die Befugnisse der Aufsichtsbehörden zu schmälern.[24] Anstelle der zuständigen Aufsichtsbehörde kann die Zertifizierung auch von einer akkreditierten Zertifizierungsstelle auf der Grundlage genehmigter Zertifizierungskriterien vorgenommen werden. Für die Genehmigung der Kriterien ist nach Art. 42 Abs. 5 DSGVO entweder die Aufsichtsbehörde nach Art. 58 Abs. 3 DSGVO oder der Ausschuss im Kohärenzverfahren nach Art. 63 DSGVO zuständig. Art. 42 Abs. 5 DSGVO sieht damit sowohl eine Genehmigung allein durch die Aufsichtsbehörde als auch die Billigung durch den Ausschuss vor. Allerdings kann nur letztere die Voraussetzung für eine gemeinsame Zertifizierung mit dem Europäischen Datenschutzsiegel sein (Art. 42 Abs. 5 S. 2 DSGVO).   **24**

Von diesen Kriterien für die Zertifizierung, deren Vorlage vor dem Ausschuss nicht verbindlich ist, sind die Kriterien für die Akkreditierung der Zertifizierungsstellen zu unterscheiden, die verpflichtend vorzulegen sind. Sie ergänzen die in Art. 43 Abs. 2 DSGVO normierten Voraussetzungen.   **25**

Die Akkreditierung wird nach Art. 43 Abs. 1 S. 2 DSGVO entweder durch die zuständige Aufsichtsbehörde oder durch die sog nationale Akkreditie-

---

23 Nach Art. 41 Abs. 5 DSGVO kann die Akkreditierung gegebenenfalls auch widerrufen werden.
24 Zu Zertifizierungen nach der DSGVO s. *Spindler* ZD 2016, 407 ff.; *Hornung/Hartl* ZD 2014, 219 ff.; ferner *Hofmann* ZD-Aktuell 2016, 05324.

rungsstelle[25] oder durch beide erteilt. Auch die zu akkreditierenden Stellen müssen neben ihrer Fachkunde, Unparteilichkeit und Unabhängigkeit die Gewähr für die prozedurale Beherrschung der Überwachung und das Beschwerdemanagement bieten. Außerdem müssen sie sich verpflichten, die Zertifizierungskriterien nach Art. 42 Abs. 5 DSGVO einzuhalten.

Die Akkreditierung erfolgt nach Art. 43 Abs. 3 DSGVO weiter anhand der von der Aufsichtsbehörde oder dem Europäischen Datenschutzausschuss genehmigten Akkreditierungskriterien. Im Unterschied zu Art. 64 Abs. 1 c DSGVO, der die Festlegung der Akkreditierungskriterien notwendig der Stellungnahme des Ausschusses unterwirft, sieht Art. 43 Abs. 3 S. 1 DSGVO hier eine alternative Genehmigung vor. Da Art. 43 Abs. 3 DSGVO selbst keine sachlichen Differenzierungskriterien enthält, die Vorlagepflicht in Art. 64 Abs. 1 S. 2 c DSGVO aber unbedingt formuliert ist, muss von einer verpflichtenden Einholung der Stellungnahme des Ausschusses vor der Entscheidung über die Akkreditierungskriterien für Zertifizierungsstellen ausgegangen werden.[26] Alternativität besteht damit nur hinsichtlich der Genehmigung der Zertifizierungskriterien.

Obligatorisch ist nach Art. 43 Abs. 6 S. 1 und 2 DSGVO weiter die Übermittlung der Kriterien an den Ausschuss und ihre Veröffentlichung durch die Aufsichtsbehörde. Der Ausschuss nimmt nach Art. 43 Abs. 6 S. 3 DSGVO „alle Zertifizierungsverfahren und Datenschutzsiegel in ein Register auf und veröffentlicht sie in geeigneter Weise".

d) Festlegung von Standard-Datenschutzklauseln (Art. 46 Abs. 2 d und Art. 28 Abs. 8 DSGVO)

26   Nach Art. 64 Abs. 1 S. 2 d DSGVO muss die zuständige Aufsichtsbehörde auch vor der Festlegung von Standard-Datenschutzklauseln und Standardvertragsklauseln die Stellungnahme des Datenschutzausschusses im Kohärenzverfahren einholen.

aa) Standardvertragsklauseln für Auftragsverarbeiter (Art. 28 Abs. 8 DSGVO)

27   Nach Art. 28 Abs. 8 DSGVO kann die Aufsichtsbehörde für Auftragsverarbeiter im Kohärenzverfahren Standardvertragsklauseln zu bestimmten, in Art. 28 Abs. 3 und 4 DSGVO aufgeführten Fragen festlegen, die sie vor der endgültigen Entscheidung dem Ausschuss zur Stellungnahme unterbreitet.

---

25 Vgl. VO (EG) Nr. 765/2008 des Europäischen Parlaments und des Rates v. 9.7.2008 über die Vorschriften für die Akkreditierung und Marktüberwachung im Zusammenhang mit der Vermarktung von Produkten [...], ABl. L 218/30. Eingehend zur Entwicklung einer neuen Europäischen Verwaltungsstruktur durch Akkreditierung und Zertifizierung bereits *Röhl*, Akkreditierung und Zertifizierung im Produktsicherheitsrecht, insbes. S. 23 ff., 28 ff.

26 Bereits der ursprüngliche Vorschlag des Rates, auf den die Regelungen zurückgehen, enthält diese redaktionelle Unklarheit; vgl. Art. 39 a Abs. 3, 57 Abs. 2 (cb) Vorschlag des Rats in der Fassung vom 11.6.2015, RatsDok. Nr. 9565/15.

bb) Standard-Datenschutzklauseln für die Übermittlung personenbezogener Daten an Drittländer oder an internationale Organisationen (Art. 46 Abs. 2 d DSGVO)

Die Datenübermittlung an einen Dritten außerhalb des Geltungsbereichs der Datenschutzgrundverordnung ist nur auf der Grundlage eines entsprechenden Angemessenheitsbeschlusses der Kommission[27] oder unter Vorsehung geeigneter Rechte, Garantien und Rechtsbehelfe zulässig (vgl. Art. 44 ff.). Als geeignete Garantien, die eine Datenübermittlung ohne die vorherige Genehmigung durch die Aufsichtsbehörde ermöglichen, erkennt die Verordnung in Art. 46 Abs. 2 d von einer Aufsichtsbehörde angenommene Standarddatenschutzklauseln an, sofern sie von der Kommission im Prüfverfahren nach Art. 93 Abs. 2 DSGVO genehmigt worden sind.[28] Die Annahme dieser Standarddatenschutzklauseln durch die Aufsichtsbehörde setzt nach Art. 64 Abs. 1 d DSGVO die Vorlage an den Datenschutzausschuss im Kohärenzverfahren voraus.

28

e) Genehmigung von Vertragsklauseln nach Art. 46 Abs. 3 a DSGVO

Nach Art. 46 Abs. 3 a, Abs. 4 und Art. 64 Abs. 1 S. 2 e DSGVO muss die Stellungnahme des Europäischen Datenschutzausschusses im Kohärenzverfahren auch vor der Genehmigung von Vertragsklauseln zwischen dem Verantwortlichen oder Auftragsverarbeiter im Geltungsbereich der Datenschutzgrundverordnung und einem Verarbeiter oder Empfänger personenbezogener Daten in einem Drittstaat oder einer internationalen Organisation durch die zuständige Aufsichtsbehörde eingeholt werden, um eine geeignete Garantie für die Übermittlung im Sinne von Art. 46 Abs. 1 DSGVO in Ermangelung eines entsprechenden Angemessenheitsbeschlusses der Kommission darzustellen.

29

Ohne entsprechende Bezugnahme in Art. 64 Abs. 1 S. 2 e DSGVO ist die Stellungnahme des Ausschusses nach Art. 46 Abs. 4 DSGVO darüber hinaus auch vor der Anerkennung von Verwaltungsvereinbarungen zwischen öffentlichen Stellen als geeignete Garantie nach Art. 46 Abs. 3 b DSGVO einzuholen.

30

f) Annahme verbindlicher interner Datenschutzvorschriften durch die Aufsichtsbehörde (Art. 47 DSGVO)

Nach Art. 47 DSGVO kann die Aufsichtsbehörde unter bestimmten, im Einzelnen normierten Voraussetzungen rechtsverbindliche unternehmensinterne Datenschutzvorschriften im Kohärenzverfahren genehmigen. Auch diese stellen nach Art. 46 Abs. 2 b DSGVO geeignete Garantien für die Übermittlung personenbezogener Daten an ein Drittland oder eine interna-

31

---

27 S. zB den Durchführungsbeschluss der Kommission vom 12.6.2016 gemäß der Richtlinie 96/46/EG des Europäischen Parlaments und des Rates über die Angemessenheit des vom EU-US-Datenschutzschild gebotenen Schutzes, ABl. 2016 L 207/1.

28 S. auch schon Art. 26 Abs. 4 DSRL; dazu *Holznagel/Dietze* in: Schulze/Zuleeg/Kadelbach HdB-EuropaR § 37 Rn. 23 mit Beispielen aus der bisherigen Praxis.

tionale Organisation ohne die vorherige Genehmigung durch die Aufsichts-behörde dar.[29]

2. Verfahrensanforderung: Übermittlung des Beschlussentwurfs

32 Als einzige Verfahrensvoraussetzung normiert Art. 64 Abs. 1 S. 2 DSGVO die Übermittlung des Beschlussentwurfs der Aufsichtsbehörde an den Datenschutzausschuss. Hiermit verbunden ist jedenfalls eine entsprechende Verpflichtung der Mitgliedstaaten zur entsprechenden Einrichtung und Ausgestaltung eines innerstaatlichen Verwaltungsverfahrens. Zum Teil enthalten die jeweiligen in Abs. 1 S. 2 in Bezug genommenen Tatbestände der Datenschutzgrundverordnung weitere spezifische verfahrensrechtliche Konkretisierungen, wie etwa Art. 35 DSGVO für Datenschutzfolgenab-schätzungen oder Art. 40 DSGVO für Verhaltensregeln.

Allgemeine Verfahrensanforderungen zur Übermittlung des Beschlussent-wurfs finden sich in den Absätzen 3, 4 und 5 (→ Rn. 41 ff.). Weitere Rege-lungen zur Einbindung in das mitgliedstaatliche Verwaltungsverfahren und zu den Wirkungen der Stellungnahme enthalten die Absätze 6, 7 und 8 (→ Rn. 49 ff.)

3. Kein Ermessen des Ausschusses

33 Die Abgabe der Stellungnahme durch den Ausschuss ist nicht in dessen Er-messen gestellt, sondern grundsätzlich im Sinne einer Verpflichtung vorge-geben: „Der Ausschuss gibt eine Stellungnahme ab, wenn [...]" heißt es hierzu in Art. 64 Abs. 1 S. 1 DSGVO.[30]

III. Stellungnahme auf Antrag (Abs. 2)

34 Jenseits der Fälle der obligatorischen Einholung der Stellungnahme des Europäischen Datenschutzausschusses kann diese auch auf Antrag be-stimmter Antragsberechtigter eingeholt werden. Generalklauselartig eröff-net Art. 64 Abs. 2 DSGVO die Befassung des Ausschusses auf Ersuchen.

1. Angelegenheit mit allgemeiner Geltung oder mit Auswirkungen in mehr als einem Mitgliedstaat

35 Sachliche Voraussetzung hierfür ist lediglich, dass es sich um eine Angele-genheit mit allgemeiner Geltung oder mit Auswirkungen in mehr als einem Mitgliedstaat handelt. Als Beispielsfall wird auf eine Verletzung der Ver-pflichtung zur Amtshilfe nach Art. 61 (→ s. Art. 61) oder zu gemeinsamen Maßnahmen nach Art. 62 (→ s. Art. 62) durch die zuständige Aufsichtsbe-hörde verwiesen. Ausgeschlossen wird durch diesen Passus lediglich die Be-

---

29 Zur bisherigen Rechtslage sowie zu Beispielen aus der Praxis und entsprechenden Arbeitsdokumenten der Art. 29-Datenschutzgruppe *Holznagel/Dietze* in: Schulze/ Zuleeg/Kadelbach HdB-EuropaR § 37 Rn. 24.

30 Dies entspricht auch dem Vorschlag des Europäischen Parlaments, das dem Ausschuss in sonstigen Fällen allerdings die Entscheidung darüber überlassen wollte, ob er eine Stellungnahme abgibt; vgl. Art. 58 Abs. 7 und Art. 58 a Abs. 4 der legislativen Entschließung des Europäischen Parlaments v. 12.3.2014 (P7_TA(2014)0212). Missverständlich ist insofern der 136. Erwägungsgrund.

fassung des Ausschusses mit rein innerstaatlichen Einzelfallentscheidungen, die nicht in seinen Aufgaben- und Zuständigkeitsbereich fallen.

2. Antragsberechtigte

Antragsberechtigt ist nach Art. 64 Abs. 2 DSGVO jede Aufsichtsbehörde, der Vorsitz des Ausschusses und die EU-Kommission. Erwägungsgrund 136 scheint demgegenüber wenig klar von einem Befassungsrecht durch mehrheitlichen Beschluss der Ausschussmitglieder[31] sowie auf Ersuchen allein betroffener Aufsichtsbehörden oder der Kommission auszugehen. Durch die Regelung in ihrer endgültigen Fassung wird die Stellung des Ausschussvorsitzes gestärkt, der das Kohärenzverfahren aus eigener Initiative einleiten kann. Allerdings dürfte dies in der Praxis angesichts der breiten Antragsberechtigung aller Aufsichtsbehörden keine Rolle spielen.   **36**

Ob ein Antragsberechtigter um eine Stellungnahme ersucht, ist grundsätzlich in sein Ermessen gestellt. Zum Teil sieht die Verordnung selbst Fälle vor, in denen das Kohärenzverfahren durchgeführt werden kann, aber die Einholung der Stellungnahme des Ausschusses nicht bereits nach Art. 64 Abs. 1 DSGVO verpflichtend ist. So kann die Aufsichtsbehörde zum Beispiel bei der Entscheidung über Zertifizierungskriterien nach Art. 42 Abs. 5 DSGVO selbst entscheiden, ob sie das Kohärenzverfahren anwendet, um damit die Option einer Zertifizierung mit dem Europäischen Datenschutzsiegel offenzuhalten.   **37**

3. Kein Ermessen des Ausschusses

Entgegen den Vorschlägen des Europäischen Parlaments ist die Abgabe der Stellungnahme durch den Ausschuss auch im Rahmen seiner Befassung auf Ersuchen nicht in sein Ermessen gestellt. Zwar ist der Wortlaut insofern nicht ganz eindeutig, als sich der Antrag nach Art. 64 Abs. 2 DSGVO darauf richtet, dass eine Angelegenheit vom Ausschuss geprüft wird, „um eine Stellungnahme zu erhalten". Die Prüfung bezieht sich jedoch nicht auf eine Vorprüfung des Ob einer Stellungnahme, sondern auf die Sachprüfung zur Abgabe derselben. Eine ausdrückliche anderweitige Regelung, die die Abgabe der Stellungnahme ins Ermessen des Ausschusses gestellt hätte, wurde trotz des entsprechenden Vorschlags des Europäischen Parlaments nicht in die endgültige Fassung der Verordnung übernommen. Vielmehr geht auch Abs. 3 der Regelung von einer grundsätzlichen Verpflichtung zur Stellungnahme aus, wenn es dort heißt: „In den in den Absätzen 1 und 2 genannten Fällen gibt der Ausschuss eine Stellungnahme zu der Angelegenheit ab [...]".   **38**

Das Parlament wollte demgegenüber, insbesondere um einer übermäßigen und unvorhersehbaren Belastung des Ausschusses vorzubeugen, dem Ausschuss selbst die Entscheidung darüber überlassen, ob er eine Stellungnahme abgibt, konnte sich im Ergebnis jedoch nicht durchsetzen. Der Ausschuss sollte mit einfacher Mehrheit über seine inhaltliche Befassung entscheiden und dabei insbesondere berücksichtigen, ob die Angelegenheit   **39**

---

31   Der Wortlaut würde auch eine Deutung als Ermessensausübung zulassen; vgl. zum entsprechenden Vorschlag des Europäischen Parlaments oben → Rn. 8.

neue Elemente umfasst.[32] In Bezug auf Einzelfallentscheidungen hätte der Ausschuss darüber hinaus die Grund- und Freiheitsrechtsrelevanz einer Maßnahme für die betroffenen Personen vor der Entscheidung über seine Befassung prüfen sollen.[33]

IV. Allgemeine Voraussetzungen und Verfahren der Stellungnahme (Abs. 3)

1. Ausschluss der Zweitbefassung

40 Den einzigen formellen Ausschlussgrund für die Abgabe einer Stellungnahme durch den Ausschuss stellt seine erneute Befassung mit einer Angelegenheit dar. Liegt bereits eine Stellungnahme zu einer bestimmten Angelegenheit vor, ist die Einholung einer zweiten Stellungnahme nach Art. 64 Abs. 3 S. 1 DSGVO ausgeschlossen.

2. Frist

41 Art. 64 Abs. 3 S. 2 und 3 DSGVO unterwirft die Arbeit des Ausschusses strikten Fristbindungen: So ist die Stellungnahme grundsätzlich innerhalb von acht Wochen abzugeben; unter Berücksichtigung der Komplexität einer Angelegenheit kann diese Frist um weitere sechs Wochen verlängert werden. Hierdurch soll verhindert werden, dass sich die Entscheidungen der nationalen Aufsichtsbehörden übermäßig verzögern, für die die Einholung der Stellungnahme verpflichtend vorausgesetzt wird.

Die Verordnung lässt offen, wer über die Fristverlängerung zu entscheiden hat. In Betracht kommen der Ausschuss selbst durch Beschluss mit einfacher Mehrheit seiner Mitglieder oder aber der Vorsitz des Ausschusses, dem es nach Art. 74 Abs. 1 c DSGVO obliegt, die rechtzeitige Ausführung der Ausübung der Aufgaben des Ausschusses im Hinblick auf das Kohärenzverfahren sicherzustellen. Hieraus ist zu schließen, dass auch der Vorsitz über die Notwendigkeit einer etwaigen Fristverlängerung entscheidet und die betroffene(n) Aufsichtsbehörden hiervon unverzüglich unterrichtet. Ebenso muss der Ausschussvorsitz auf eine rechtzeitige Beschlussfassung vor Ablauf der Frist hinwirken.

Lässt der Ausschuss die Frist verstreichen, ohne die Stellungnahme abzugeben, ist die Aufsichtsbehörde in den Fällen des Art. 64 Abs. 1 DSGVO nicht mehr gehindert, die Maßnahme zu erlassen, da ihr dies nach Art. 64 Abs. 6 DSGVO nur bis zum Ablauf der Frist verwehrt ist.

3. Beschlussfassung durch den Ausschuss

42 Der Ausschuss beschließt die Stellungnahme mit der einfachen Mehrheit der Ausschussmitglieder. Stellungnahmen zu aufsichtsbehördlichen Beschlussentwürfen nach Art. 64 Abs. 1 DSGVO können im Umlaufverfahren angenommen werden, sofern sie den Ausschussmitgliedern ordnungsgemäß nach Abs. 5 übermittelt worden sind. Der Ausschussvorsitz setzt den übri-

---

32 Art. 58 Abs. 7 der legislativen Entschließung des Europäischen Parlaments v. 12.3.2014 (P7_TA(2014)0212).
33 Art. 58a Abs. 4 der legislativen Entschließung des Europäischen Parlaments v. 12.3.2014 (P7_TA(2014)0212).

gen Mitgliedern eine – angemessene – Frist, nach deren Ablauf gemäß
Art. 64 Abs. 3 S. 4 DSGVO eine fehlende Äußerung als Zustimmung gewertet wird.

V. Informationspflichten (Abs. 4 und 5)

Art. 64 Abs. 4 und 5 DSGVO regeln die Informationsbeziehungen zwi-   43
schen den Aufsichtsbehörden, der Kommission und dem Ausschuss einschließlich seiner internen Informationspflichten gegenüber den Ausschussmitgliedern. Alle Informationsübermittlungen sollen unverzüglich und
elektronisch erfolgen.[34]

Die bestehenden horizontalen, vertikalen und diagonalen Informationsbeziehungen sind charakteristisch für den Europäischen Verwaltungsverbund
und notwendige Voraussetzung für den Aufbau gegenseitigen Vertrauens
wie auch die effektive Zusammenarbeit der unterschiedlichen Behörden.[35]

1. Unterrichtungspflichten gegenüber dem Ausschuss

Art. 64 Abs. 4 DSGVO normiert zunächst Informationspflichten der Auf-   44
sichtsbehörden und der Kommission und verpflichtet diese zur unverzüglichen Übermittlung aller zweckdienlichen Informationen, deren inhaltliche
Mindestanforderungen in Abhängigkeit vom konkreten Fall im Einzelnen
aufgelistet werden.[36] Als alleinigen Übermittlungsmodus sieht die Norm
die elektronische Übermittlung nach standardisiertem Format vor.[37]

2. Informationspflichten des Ausschussvorsitzes

Art. 64 Abs. 5 DSGVO bestimmt zunächst den Vorsitz des Ausschusses als   45
Informationspflichtigen seitens des Ausschusses. Diesen treffen interne und
externe Informationspflichten:

Nach Art. 64 Abs. 5 a DSGVO muss der Vorsitz intern die Mitglieder des   46
Ausschusses und – semi-intern – die Kommission über alle ihm zugegange-
nen zweckdienlichen Informationen unterrichten. Auch hierfür sind der
elektronische Weg sowie die Verwendung eines standardisierten Formats
vorgesehen. „Soweit erforderlich" hat das Sekretariat des Ausschusses
nach Art. 64 Abs. 5 a DSGVO Übersetzungen der zweckdienlichen Infor-

---

34 Zur Bedeutung der elektronischen Verwaltung auch und gerade in Verwaltungsver-
    bünden *Britz* in: Hoffmann-Riem/Schmidt-Aßmann/Voßkuhle, GVwR II[2], § 26
    Rn. 36 ff., 45.
35 Grundlegend zu den interadministrativen Informationsbeziehungen *von Bogdandy*
    in: Hoffmann-Riem/Schmidt-Aßmann/Voßkuhle, GVwR II[2], § 25.
36 Hierzu gehören nach Art. 64 Abs. 4 DSGVO eine kurze Sachverhaltsdarstellung,
    der Beschlussentwurf, die Gründe für eine aufsichtsbehördliche Maßnahme sowie
    die Standpunkte anderer betroffener Aufsichtsbehörden.
37 Nach Art. 67 DSGVO kann die Kommission im Prüfverfahren nach Art. 93 Abs. 2
    DSGVO „Durchführungsrechtsakte von allgemeiner Tragweite zur Festlegung der
    Ausgestaltung des elektronischen Informationsaustauschs" „insbesondere des stan-
    dardisierten Formats nach Art. 64" erlassen.

mationen zur Verfügung zu stellen, was voraussetzt, dass das Sekretariat über die entsprechenden Übersetzungskapazitäten verfügt.[38]

47 Art. 64 Abs. 5 b DSGVO verpflichtet den Vorsitz darüber hinaus, „die in den Absätzen 1 und 2 genannten Aufsichtsbehörden" und die Kommission über die Stellungnahme zu unterrichten und diese zu veröffentlichen. Bei den adressierten Aufsichtsbehörden handelt es sich zum einen um die zuständige Aufsichtsbehörde nach Art. 64 Abs. 1 DSGVO, auf deren Beschlussentwurf sich die Stellungnahme bezieht. Im Bezug auf Absatz 2 ist die Regelung unklar, da grundsätzlich jede Aufsichtsbehörde antragsberechtigt ist. Es ist davon auszugehen, dass die in Art. 64 Abs. 5 b normierten spezifischen Informationspflichten sich nur auf die betroffenen, nicht aber auf alle Aufsichtsbehörden beziehen, dh auf die jeweils ersuchende Behörde und ggf. diejenige(n) Behörde(n), der/denen ein Verstoß gegen Verpflichtungen der Datenschutzgrundverordnung vorgeworfen wird.

VI. Rechtliche Wirkungen der Stellungnahme in den Fällen des Abs. 1 (Art. 64 Abs. 6, 7 und 8 DSGVO)

48 Die Verordnung konzipiert die Einholung der Stellungnahme des Europäischen Datenschutzausschusses im Kohärenzverfahren in den in Art. 64 Abs. 1 genannten Fällen als zwingendes Verfahrenselement vor dem Erlass einer entsprechenden rechtsverbindlichen Maßnahme der zuständigen Aufsichtsbehörde. In der Konsequenz führt jedenfalls die Unterlassung der Einbindung des Ausschusses zu einem Verstoß gegen eine zwingende unionsrechtliche Verfahrensvorschrift und damit zur Rechtswidrigkeit der Maßnahme.[39]

Bis zum Ablauf der in Abs. 3 festgelegten Frist darf die Ausgangsbehörde einen Beschluss nach Abs. 1 daher auch nicht annehmen (Art. 64 Abs. 6 DSGVO). Hierbei handelt es sich um ein an die Aufsichtsbehörde gerichtetes Verbot, das die Wirksamkeit einer verbotswidrigen Maßnahme nicht aufschiebend hindert, sondern ihre Rechtswidrigkeit begründet. Ob der Verstoß als so offensichtlich und schwerwiegend zu beurteilen ist, dass er die Nichtigkeit der Maßnahme begründet, dürfte von der Konstellation des konkreten Falls abhängen, aber nicht automatisch anzunehmen sein. Ursprüngliche Erwägungen, der Kommission das Recht einzuräumen, den Erlass mitgliedstaatlicher Maßnahmen durch eine entsprechende Aussetzungsanordnung zu verhindern,[40] haben sich im Rechtsetzungsverfahren ebenso wenig durchgesetzt wie die unionsrechtliche Anordnung der Ungül-

---

38 Hierfür werden dem Europäischen Datenschutzbeauftragten, der das Sekretariat für den Europäischen Datenschutzausschuss gemäß Art. 75 bereitstellt, in erheblichem Umfang Mittel und Ressourcen zur Verfügung gestellt werden müssen. Es ist kaum vorstellbar, dass den Aufsichtsbehörden über Art. 64 Abs. 5 a DSGVO ein rechtlicher Anspruch auf Übersetzung aller zweckdienlichen Informationen in ihre jeweilige Amtssprache eingeräumt wird. „Erforderlich" dürfte jeweils nur eine Übersetzung in eine nachweislich verständliche Sprache sein. Allerdings geht die Norm aber jedenfalls davon aus, dass eine Übersetzung **aus** allen Amtssprachen vom Sekretariat sicherzustellen ist, da eine entsprechende Übersetzungspflicht der Aufsichtsbehörden nicht normiert wird.

39 So auch ErwGr 138 zur Datenschutzgrundverordnung.

40 Vgl. Art. 60 des Kommissionsvorschlags (Fn. 3).

tigkeit und fehlenden Durchsetzbarkeit einer unter Verstoß gegen die Regelungen des Kohärenzverfahrens angenommenen Maßnahme einer Aufsichtsbehörde.[41]

Gleichwohl kommt der Stellungnahme selbst keine Rechtsverbindlichkeit im eigentlichen Sinne zu. Im Unterschied zu einem rechtswirksamen Beschluss verpflichtet sie die zuständige Aufsichtsbehörde nicht zu unbedingter Befolgung, sondern nur zu einer qualifizierten Berücksichtigung. Allerdings kann die Nichtbefolgung das zu einer verbindlichen Entscheidung führende Verfahren der Streitbeilegung nach Art. 65 DSGVO nach sich ziehen, wodurch den Stellungnahmen eine erhebliche faktische, quasirechtsverbindliche Wirkung verliehen wird.

1. Rechtswirkungen der Stellungnahme

Bei der Stellungnahme des Ausschusses handelt es sich nicht um einen rechtsverbindlichen Rechtsakt. Die Stellungnahme ist als Handlungsform vielmehr rechtlich unverbindlich. Dies wird insbesondere im Vergleich mit Art. 65 DSGVO deutlich, der dem Ausschuss ausdrücklich die Befugnis einräumt, in bestimmten Fällen einen verbindlichen Beschluss zu fassen. Gleichwohl verleiht die Datenschutzgrundverordnung über Art. 64 und 65 auch der Stellungnahme des Ausschusses eine zumindest eingeschränkte rechtliche Verbindlichkeit. 49

Zum einen normiert Art. 64 Abs. 7 DSGVO die Verpflichtung der Aufsichtsbehörde, der Stellungnahme „weitestgehend Rechnung" zu tragen. Diese qualifizierte Berücksichtigungspflicht geht über eine Pflicht zur bloßen Beachtung im Sinne rationaler Wahrnehmung und begründeter Abweichung weit hinaus und scheint ein Abweichen grundsätzlich nur in besonders zu begründenden Fällen zuzulassen.

Zusätzlich muss die Behörde dem Ausschussvorsitz nach Art. 64 Abs. 7 DSGVO innerhalb von zwei Wochen nach Eingang der Stellungnahme mitteilen, ob sie den Beschlussentwurf beibehalten oder ändern wird und gegebenenfalls den geänderten Beschlussentwurf übermitteln. Hierdurch wird die Ausgangsbehörde verpflichtet, sich in kurzer Zeit ihrerseits zu der Stellungnahme zu verhalten und auf diese zu reagieren. Folgt sie der Stellungnahme nicht, muss sie dies begründen (Art. 64 Abs. 8 DSGVO). In jedem Fall ermöglicht die Antwort der Aufsichtsbehörde damit die Kontrolle der qualifizierten Berücksichtigungspflicht. Kommt es zu einem Verfahren gegen den Beschluss einer Aufsichtsbehörde, dem eine Stellungnahme des Ausschusses vorangegangen ist, ist die Aufsichtsbehörde nach Art. 78 Abs. 4 DSGVO verpflichtet, die Stellungnahme an das Gericht weiterzuleiten.

2. Überleitung zum verbindlichen Streitentscheidungsverfahren

Den entscheidenden Anteil an der vermutlich hohen faktischen Bindungswirkung der Stellungnahmen dürfte das verbindliche Streitentscheidungsverfahren nach Art. 65 DSGVO haben, das nach Art. 64 Abs. 8 DSGVO je- 50

---

41   Vgl. Art. 63 Abs. 2 des Kommissionsvorschlags (Fn. 3); Art. 63 Abs. 3 der legislativen Entschließung des Europäischen Parlaments v. 12.3.2014 (P7_TA(2014)0212).

denfalls dann zur Anwendung kommen kann, wenn die betroffene Aufsichtsbehörde dem Ausschuss mitteilt, der Stellungnahme ganz oder teilweise nicht zu folgen (s. Art. 65 DSGVO). Nach Art. 65 Abs. 1 c DSGVO kann jede betroffene Aufsichtsbehörde oder die Kommission dem Ausschuss die Angelegenheit zur Streitbeilegung vorlegen, wenn die Aufsichtsbehörde der Stellungnahme nicht folgt.

Je nach Mehrheitsverhältnissen bei Annahme der Stellungnahme ist die Beibehaltung der Rechtsauffassung des Ausschusses im Streitentscheidungsverfahren überwiegend wahrscheinlich, zumal er die Entscheidung nach Art. 65 DSGVO in strittigen Fällen gegebenenfalls auch mit einfacher Mitgliedermehrheit und damit nach denselben Mehrheitsregeln wie auch die Stellungnahme treffen kann.[42]

C. Verhältnis zu anderen Normen

I. Verhältnis von Art. 64 DSGVO zu anderen Bestimmungen der Datenschutzgrundverordnung

1. Verweisungskontexte

51   Art. 64 DSGVO steht in vielfältigen Verweisungskontexten der Datenschutzgrundverordnung. Weitgehend konsistent werden in Art. 64 Abs. 1 DSGVO diejenigen Fälle aufgelistet, in denen das Kohärenzverfahren mit der Einholung der Stellungnahme des Europäischen Datenschutzausschusses zur Anwendung kommt und in denen ihrerseits an der jeweiligen Stelle der Verordnung auf dieses verwiesen wird.[43]

Auch innerhalb der Bestimmungen zum Kohärenzverfahren wird auf Art. 64 DSGVO verwiesen: So stellt nach Art. 65 Abs. 1 c DSGVO das Verfahren der Stellungnahme unter bestimmten Voraussetzungen einen möglichen Auslöser des Streitentscheidungsverfahrens dar. Art. 66 Abs. 1 DSGVO ermöglicht den Aufsichtsbehörden unter außergewöhnlichen Umständen sofortige befristete einstweilige Maßnahmen in Abweichung von Art. 64 DSGVO und sieht zugleich ein Dringlichkeitsverfahren für die Annahme der Stellungnahme nach Art. 64 DSGVO wie auch für die verbindlichen Entscheidungen nach Art. 65 DSGVO vor. In Art. 67 DSGVO wird die Kommission weiter ausdrücklich zum Erlass von Durchführungsrechtsakten zum Informationsaustausch im Rahmen von Art. 64 DSGVO ermächtigt.

Hinsichtlich der Zuständigkeiten des Europäischen Datenschutzausschusses wird schließlich explizit Bezug genommen auf „die Überwachung und Sicherstellung der ordnungsgemäßen Anwendung dieser Verordnung in den in den Artikeln 64 und 65 genannten Fällen" (Art. 70 Abs. 1 S. 2 a DSGVO) sowie auf die „Abgabe von Stellungnahmen im Kohärenzverfahren gemäß Artikel 64 Absatz 1 zu Beschlussentwürfen von Aufsichtsbehör-

---

42   Vgl. Art. 65 Abs. 3 DSGVO. Die Stimme des/der Vorsitzenden gibt bei Stimmengleichheit in diesem Fall den Ausschlag.

43   Regelmäßig findet sich ein allgemeiner Verweis auf das Kohärenzverfahren nach Art. 63 DSGVO, dessen ersten Hauptbestandteil das Verfahren der Stellungnahme des Europäischen Datenschutzausschusses darstellt. Vgl. Art. 28 Abs. 8, 35 Abs. 6, 40 Abs. 7, 41 Abs. 3, 42 Abs. 5, 43 Abs. 2 b und 3, 46 Abs. 4 oder Art. 47 Abs. 1 DSGVO.

den, [und] zu Angelegenheiten, die nach Artikel 64 Absatz 2 vorgelegt wurden" (Art. 70 Abs. 1 S. 2 t DSGVO).

In den Schlussbestimmungen stellt Art. 94 Abs. 2 S. 2 DSGVO zuletzt fest, dass Verweise auf die Artikel 29-Datenschutzgruppe als Verweis auf den Europäischen Datenschutzausschuss gelten.

2. Verhältnis zur Zusammenarbeit nach Art. 60 ff. DSGVO

Grundsätzlich steht das Kohärenzverfahren in einem Alternativverhältnis zur Kooperation der Aufsichtsbehörden nach Art. 60 ff. DSGVO. Mit der Benennung einer federführenden Behörde (Art. 56 DSGVO) und der Verpflichtung der betroffenen Aufsichtsbehörden zur Zusammenarbeit (Art. 60 DSGVO) im Wege des Informationsaustauschs, der Amtshilfe (Art. 61 DSGVO) sowie im Rahmen gemeinsamer Maßnahmen (Art. 62 DSGVO) favorisiert die Verordnung in der konkreten Anwendung den Konsens zwischen den unmittelbar betroffenen Aufsichtsbehörden gegenüber der breiteren Abstimmung im Europäischen Datenschutzausschuss, die erst bei Scheitern der Zusammenarbeit durch Streitentscheid im Rahmen von Art. 65 DSGVO zum Einsatz kommt. **52**

II. Delegierte und Durchführungsrechtsakte der Kommission im Anwendungsbereich des Kohärenzverfahrens

1. Delegierte und Durchführungsrechtsakte zu spezifischen Datenschutzfragen

a) Verhaltensregeln

Durchführungsbefugnisse werden der Kommission zum einen in Bezug auf Verhaltensregeln übertragen, denen sie nach positiver Stellungnahme des Europäischen Datenschutzausschusses nach Art. 64 Abs. 1 S. 2 b DSGVO gemäß Art. 40 Abs. 9 DSGVO Allgemeingültigkeit verleihen kann (→ vgl. Rn. 19). Hierzu muss sie im Prüfverfahren nach Art. 93 Abs. 2 DSGOV nach Konsultation eines Komitologieausschusses nach der VO (EU) Nr. 182/2011 einen entsprechenden Durchführungsrechtsakt erlassen. In das Prüfverfahren selbst ist der Europäische Datenschutzausschuss nicht einbezogen (→ vgl. Art. 93 Rn. 22). **53**

b) Zertifizierung

Weiter kann die Kommission nach Art. 43 Abs. 8 iVm Art. 92 DSGVO einen delegierten Rechtsakt erlassen, um die Anforderungen für Zertifizierungsverfahren nach Art. 42 DSGVO festzulegen. In das Verfahren zum Erlass eines delegierten Rechtsakts ist der Europäische Datenschutzausschuss nicht eingebunden. Darüber hinaus kann die Kommission technische Standards für Zertifizierungsverfahren und Datenschutzsiegel und -prüfzeichen sowie Mechanismen zu ihrer Förderung und Anerkennung mittels Durchführungsrechtsakt nach Art. 43 Abs. 9 iVm Art. 93 Abs. 2 DSGVO im Prüfverfahren festlegen. **54**

Diese delegierten und Durchführungsrechtsakte binden den Europäischen Datenschutzausschuss bei der Genehmigung der Zertifizierungskriterien nach Art. 42 Abs. 5 sowie in Bezug auf die Akkreditierung von Zertifizierungsstellen nach Art. 43 Abs. 3 DSGVO und haben insofern auch Bedeutung für die Stellungnahmen nach Art. 64 Abs. 1 S. 2 c DSGVO.

c) Standardvertrags- und -datenschutzklauseln

55 Auch die Kommission ist nach Art. 28 Abs. 7 DSGVO zur Festlegung von Standardvertragsklauseln für Auftragsverarbeiter durch im Prüfverfahren zu erlassende Durchführungsrechtsakte ermächtigt. Etwaige von der Kommission beschlossene Klauseln sind daher vorrangig von der Aufsichtsbehörde und vom Ausschuss im Verfahren zur Entscheidung nach Art. 28 Abs. 8 iVm 64 Abs. 1 S. 2 d DSGVO zu beachten.

56 Im Hinblick auf geeignete Garantien für die Datenübermittlung an einen Dritten außerhalb des Geltungsbereichs der Datenschutzgrundverordnung kann die Kommission im Prüfverfahren nach Art. 93 Abs. 2 DSGVO im Kohärenzverfahren angenommene Standarddatenschutzklauseln der Aufsichtsbehörde genehmigen. Im Unterschied zu Art. 40 Abs. 8 und 9 DSGVO hängt der Erlass des entsprechenden Durchführungsrechtsakts der Kommission dem Wortlaut zufolge lediglich von der Einholung der Stellungnahme des Datenschutzausschusses, nicht aber auch von deren positivem Ergebnis ab.

d) Interne Datenschutzvorschriften

57 Nach Art. 47 Abs. 3 DSGVO kann die Kommission das Format und die Verfahren für den Informationsaustausch über verbindliche interne Datenschutzvorschriften festlegen, die in diesen Fällen von ihr im Prüfverfahren nach Art. 93 Abs. 2 DSGVO erlassen werden, ansonsten aber von den Aufsichtsbehörden nach Einholung einer Stellungnahme des Datenschutzausschusses genehmigt werden.

2. Durchführungsrechtsakte in Bezug auf den Informationsaustausch im Rahmen von Art. 64 DSGVO

58 In Art. 67 DSGVO wird die Kommission zum Erlass von „Durchführungsrechtsakten von allgemeiner Tragweite zur Festlegung der Ausgestaltung des elektronischen Informationsaustauschs" „insbesondere des standardisierten Formats nach Art. 64" ermächtigt. Nach Art. 67 UAbs. 2 gilt für den Erlass das Prüfverfahren nach Art. 93 Abs. 2 DSGVO.

Artikel 65 Streitbeilegung durch den Ausschuss

(1) Um die ordnungsgemäße und einheitliche Anwendung dieser Verordnung in Einzelfällen sicherzustellen, erlässt der Ausschuss in den folgenden Fällen einen verbindlichen Beschluss:

a) wenn eine betroffene Aufsichtsbehörde in einem Fall nach Artikel 60 Absatz 4 einen maßgeblichen und begründeten Einspruch gegen einen Beschlussentwurf der federführenden Behörde eingelegt hat oder die federführende Behörde einen solchen Einspruch als nicht maßgeblich oder nicht begründet abgelehnt hat. Der verbindliche Beschluss betrifft alle Angelegenheiten, die Gegenstand des maßgeblichen und begründeten Einspruchs sind, insbesondere die Frage, ob ein Verstoß gegen diese Verordnung vorliegt;

b) wenn es widersprüchliche Standpunkte dazu gibt, welche der betroffenen Aufsichtsbehörden für die Hauptniederlassung zuständig ist,

c) wenn eine zuständige Aufsichtsbehörde in den in Artikel 64 Absatz 1 genannten Fällen keine Stellungnahme des Ausschusses einholt oder der Stellungnahme des Ausschusses gemäß Artikel 64 nicht folgt. In diesem Fall kann jede betroffene Aufsichtsbehörde oder die Kommission die Angelegenheit dem Ausschuss vorlegen.

(2) [1]Der in Absatz 1 genannte Beschluss wird innerhalb eines Monats nach der Befassung mit der Angelegenheit mit einer Mehrheit von zwei Dritteln der Mitglieder des Ausschusses angenommen. [2]Diese Frist kann wegen der Komplexität der Angelegenheit um einen weiteren Monat verlängert werden. [3]Der in Absatz 1 genannte Beschluss wird begründet und an die federführende Aufsichtsbehörde und alle betroffenen Aufsichtsbehörden übermittelt und ist für diese verbindlich.

(3) [1]War der Ausschuss nicht in der Lage, innerhalb der in Absatz 2 genannten Fristen einen Beschluss anzunehmen, so nimmt er seinen Beschluss innerhalb von zwei Wochen nach Ablauf des in Absatz 2 genannten zweiten Monats mit einfacher Mehrheit der Mitglieder des Ausschusses an. [2]Bei Stimmengleichheit zwischen den Mitgliedern des Ausschusses gibt die Stimme des Vorsitzes den Ausschlag.

(4) Die betroffenen Aufsichtsbehörden nehmen vor Ablauf der in den Absätzen 2 und 3 genannten Fristen keinen Beschluss über die dem Ausschuss vorgelegte Angelegenheit an.

(5) [1]Der Vorsitz des Ausschusses unterrichtet die betroffenen Aufsichtsbehörden unverzüglich über den in Absatz 1 genannten Beschluss. [2]Er setzt die Kommission hiervon in Kenntnis. [3]Der Beschluss wird unverzüglich auf der Website des Ausschusses veröffentlicht, nachdem die Aufsichtsbehörde den in Absatz 6 genannten endgültigen Beschluss mitgeteilt hat.

(6) [1]Die federführende Aufsichtsbehörde oder gegebenenfalls die Aufsichtsbehörde, bei der die Beschwerde eingereicht wurde, trifft den endgültigen Beschluss auf der Grundlage des in Absatz 1 des vorliegenden Artikels genannten Beschlusses unverzüglich und spätestens einen Monat, nachdem der Europäische Datenschutzausschuss seinen Beschluss mitgeteilt hat. [2]Die federführende Aufsichtsbehörde oder gegebenenfalls die Aufsichtsbehörde, bei der die Beschwerde eingereicht wurde, setzt den Ausschuss von dem Zeitpunkt, zu dem ihr endgültiger Beschluss dem Verantwortlichen oder dem Auftragsverarbeiter bzw. der betroffenen Person mitgeteilt wird, in Kenntnis. [3]Der endgültige Beschluss der betroffenen Aufsichtsbehörden wird gemäß Artikel 60 Absätze 7, 8 und 9 angenommen. [4]Im endgültigen Beschluss wird auf den in Absatz 1 genannten Beschluss verwiesen und festgelegt, dass der in Absatz 1 des vorliegenden Artikels genannte Beschluss gemäß Absatz 5 auf der Website des Ausschusses veröffentlicht wird. [5]Dem endgültigen Beschluss wird der in Absatz 1 des vorliegenden Artikels genannte Beschluss beigefügt.

Verwandte Normen: ErwGr 136

Literatur:

Augsberg, Europäisches Verwaltungsorganisationsrecht und Vollzugsformen, in: Terhechte (Hrsg.), Verwaltungsrecht in der Europäischen Union, Baden-Baden, 2011, § 6;
Britz, Elektronische Verwaltung, in: Hoffmann-Riem/Schmidt-Aßmann/Voßkuhle
(Hrsg.), Grundlagen des Verwaltungsrechts, Band II, 2. Aufl. (GVwR II^2), München,
2012, § 26; *Holznagel/Dietze*, Europäischer Datenschutz, in: Schulze/Zuleeg/Kadelbach
(Hrsg.), Europarecht, 3. Aufl., Baden-Baden, 2015; *Kahl*, Begriff, Funktionen und Konzepte von Kontrolle, in: Hoffmann-Riem/Schmidt-Aßmann/Voßkuhle (Hrsg.), Grundlagen des Verwaltungsrechts, Band III, 2. Aufl. (GVwR III^2), München, 2013, § 47;
Schöndorf-Haubold, Europäisches Sicherheitsverwaltungsrecht, Baden-Baden, 2010; s.
auch die bei Art. 63 genannte Literatur.

A. Grundlagen

I. Gesamtverständnis und Zweck der Norm

Zur Sicherstellung der ordnungsgemäßen und einheitlichen Anwendung 1
der Datenschutzgrundverordnung in Einzelfällen erlaubt Art. 65 DSGVO
dem Europäischen Datenschutzausschuss in bestimmten Fällen, in denen
die Anwendung der Verordnung zwischen den Aufsichtsbehörden oder
zwischen einer Aufsichtsbehörde und dem Ausschuss strittig ist, eine Streitbeilegung durch Beschluss. Diese Befugnis des Ausschusses zur rechtsverbindlichen Entscheidung auf der Grundlage einer unionsrechtlichen Ermächtigungsnorm stellt auch insoweit ein verfahrens- und organisations-
rechtliches Novum des europäischen Datenschutzrechts dar, als sich die
Entscheidungen auf mitgliedstaatliche Aufsichtsbehörden beziehen und
von ihnen befolgt werden müssen.

Damit wird einem kollegialen Gremium der horizontalen Verwaltungskooperation mit eigener, supranationaler Rechtspersönlichkeit die Befugnis
verliehen, gegenüber einzelnen Behörden im Verwaltungsverbund rechtlich
verpflichtende Feststellungen zur Auslegung und Anwendung der Datenschutzgrundverordnung zu treffen (zum Begriff des Aufsichtsverbunds →
Art. 56 Rn. 7 ff.). In einem föderalen Organisationskontext stellen sich solche Steuerungsmechanismen als Mischung zwischen horizontaler Koordinierung und vertikalen Weisungsinstrumenten dar (zur Qualifikation als
Aufsichtsmechanismus → Art. 63 Rn. 16).

Während die Verordnung die Stellungnahme als Hauptinstrument zur Her- 2
stellung von Kohärenz in Angelegenheiten von allgemeiner Bedeutung etabliert, dient das Streitbeilegungsverfahren vorrangig zur Herstellung von
Kohärenz in Einzelfällen, in denen es im Rahmen der Kooperationsbezie-
hungen bereits hinsichtlich der Zuständigkeit oder in Bezug auf konkrete
Maßnahmen zu Konflikten kommt. Der Ausschuss ist aber – außerhalb ei-

nes reinen Zuständigkeitskonflikts – nicht lediglich dazu berufen, eine Kompetenzentscheidung zu treffen, sondern trifft grundsätzlich an Stelle der zuständigen Aufsichtsbehörde eine inhaltliche Entscheidung in Bezug auf einen konkreten Einzelfall, die von dieser gegenüber dem jeweiligen betroffenen Datenverarbeitern umzusetzen ist. Im Rahmen des Streitbeilegungsverfahrens verlagert sich die Sachkompetenz damit auf den Ausschuss.

Auch das Verfahren der Streitbeilegung ist wie das Verfahren der Stellungnahme des Europäischen Datenschutzausschusses im Kohärenzverfahren[1] als Zwischenverfahren zu einem mitgliedstaatlichen datenschutzrechtlichen Verwaltungsverfahren konzipiert oder einem solchen Verfahren in den Fällen strittiger Zuständigkeit vorgeschaltet. In keinem Fall wird der Ausschuss im Kohärenzverfahren selbst gegenüber dem betroffenen Verantwortlichen oder Auftragsverarbeiter bzw. Beschwerdeführer tätig. Das Verfahren der Streitbeilegung hat aber auch keinen Sanktions- oder justiz-ähnlichen Entscheidungscharakter gegenüber den nationalen Aufsichtsbehörden, sondern notwendig akzessorischen Charakter zu einem mitgliedstaatlichen Verwaltungsverfahren. Im Unterschied zur Stellungnahme kann der Ausschuss selbst allerdings die Streitbeilegung im Regelfall nicht initiieren; vielmehr bedarf es eines Einspruchs oder einer Vorlage einer Aufsichtsbehörde bzw. der Kommission.

II. Bisherige Rechtslage und Vorbilder im Datenschutzrecht

3   In seiner Reichweite ist das Streitbeilegungsverfahren im Datenschutzrecht soweit ersichtlich ohne Vorbild, da der Artikel-29-Datenschutzgruppe als Vorläuferin des Ausschusses in der Datenschutz-RL lediglich Beratungsfunktionen übertragen werden. Auch die rechtsverbindlichen Entscheidungsmöglichkeiten der Gemeinsamen Kontrollinstanz von Europol unterscheiden sich maßgeblich von denjenigen des Datenschutzausschusses im Kohärenzverfahren (dazu noch unten → Rn. 5; zu weiteren Vorbildern → Art. 68 Rn. 9 ff.).

1. Keine Befugnis der Art. 29-Datenschutzgruppe zu rechtsverbindlicher Entscheidung

4   Zwar hat auch die auf der Grundlage von Art. 29 DSRL eingesetzte sog Art. 29-Datenschutzgruppe die Aufgabe, zu einer einheitlichen Anwendung der Datenschutz-Richtlinie beizutragen und dazu insbesondere „alle Fragen im Zusammenhang mit den zur Umsetzung dieser Richtlinie erlassenen einzelstaatlichen Vorschriften zu prüfen". Sie übt nach Art. 29 Abs. 1 UAbs. 1 DSRL jedoch ausdrücklich lediglich eine beratende Funktion aus.[2]

Gleichwohl erlauben Austausch und Vernetzung im Rahmen der Art. 29-Datenschutzgruppe wie etwa auch innerhalb der Konferenz der unabhängi-

---

1   Zu Stellungnahmen des Datenschutzausschusses außerhalb des Kohärenzverfahrens s. → Art. 70 DSGVO.
2   S. nur *Holznagel/Dietze* in: Schulze/Zuleeg/Kadelbach, HdB-EuropaR, § 37 Rn. 29 mit Nachweisen zur Empfehlungspraxis der Gruppe insbesondere im Rahmen laufend nummerierter Working Papers.

gen Datenschutzbehörden des Bundes und der Länder[3] eine informelle Verständigung über die Umsetzung des Datenschutzrechts und tragen damit maßgeblich zur Kohärenz der Datenschutzaufsicht in föderalen Verwaltungsverbünden wie der Europäischen Union oder dem deutschen Bundesstaat bei.

Kennzeichnend für diese Einrichtungen zur horizontalen Vernetzung der zuständigen Datenschutzbehörden ist jedoch gerade ihre lediglich informelle und beratende Funktion unter Ausschluss rechtsverbindlicher Entscheidungsbefugnisse.[4]

2. Entscheidungsbefugnis der Gemeinsamen Kontrollinstanz im Rahmen des Europol-Beschlusses

Ein ähnlich kollegial aus nationalen Datenschutzbehörden zusammengesetztes Gremium stellt die Gemeinsame Kontrollinstanz (GKI) nach Art. 34 Europol-Beschluss[5] dar, die ebenfalls rechtsverbindliche (sogar der Rechtskraft fähige) Entscheidungen treffen kann, deren Kontrollfunktionen allerdings nach der neuen Europol-Verordnung Nr. 2016/794[6] voraussichtlich durch den Europäischen Datenschutzbeauftragten übernommen werden. Im Unterschied zum Europäischen Datenschutzausschuss zielt die Kontrolle durch die GKI in Anwendung des Trennungsgrundsatzes jedoch zum

5

---

3 Zu deren informeller Institutionalisierung s. die Geschäftsordnung der Konferenz der unabhängigen Datenschutzbehörden des Bundes und der Länder (zuvor: Konferenz der Datenschutzbeauftragten des Bundes und der Länder) sowie die Übersichten über die Arbeitsgremien der Datenschutzkonferenz und über die von ihr in europäische und sonstige Gremien Entsandte in Anlagen 1 und 2 zur Geschäftsordnung (veröffentlicht unter https://www.datenschutz.hessen.de/protokolledsk.htm).

4 S. die Berichte und Working Papers der Art. 29-Datenschutzgruppe (veröffentlicht unter http://ec.europa.eu/justice/data-protection/article-29/documentation/opinion-recommendation/index_en.htm); zur Datenschutzgruppe *Wybitul* ZD-Aktuell 2015, 04856; s. auch die nicht rechtsverbindlichen Entschließungen der Datenschutzkonferenz (abrufbar unter https://www.datenschutz.hessen.de/entschliessungen.htm).

5 Beschluss 2009/371/JI des Rates vom 6.4.2009 zur Errichtung des Europäischen Polizeiamts (Europol), ABl. 2009 L 121, S. 37 (Europol-Beschluss); hierzu sowie zu weiteren Gemeinsamen Kontrollinstanzen knapp *Brühann* in: von der Groeben AEUV Art. 16 Rn. 94; zur Gemeinsamen Kontrollinstanz ferner schon *Schöndorf-Haubold*, Europäisches Sicherheitsverwaltungsrecht, Rn. 182 ff.

6 ABl. 2016 L 135/53.

einen nicht vorrangig auf die Überwachung der nationalen Verwaltungen,[7] sondern auf die Tätigkeit von Europol als supranationaler, in ihrer Tätigkeit von den in der GKI vertretenen nationalen Kontrollinstanzen verschiedener Agentur. Zum anderen fungiert die GKI in erster Linie als Einrichtung zur Gewährung von Individualrechtsschutz sowohl mittelbar durch die Kontrolle von Europol als auch unmittelbar durch das Beschwerdeverfahren als Individualrechtsbehelf, während der Datenschutzausschuss keine unmittelbar und außengerichtete individualrechtsschützende Funktion hat und lediglich mittelbar über die zuständige nationale Aufsichtsbehörde auf ein individualrechtsschützendes Beschwerdeverfahren einwirkt, so dass die individualrechtsschützende Funktion der Verordnung zwar allgemein intendiert und damit auch für den Datenschutzausschuss verpflichtend ist, seine Aufgaben jedoch nicht vorrangig auf die Perspektive des Individualrechtsschutzes ausgerichtet sind. Vorrangiges Ziel des Datenschutzausschusses ist die kohärente Anwendung der Datenschutzgrundverordnung; der Individualrechtsschutz geht damit jedenfalls als Rechtsreflex einher.

6   Allerdings lassen sich gleichwohl auch Parallelen feststellen; so ist auch die gemeinsame Kontrollinstanz nach Art. 34 Abs. 3 Europol-Beschluss zuständig „für die Prüfung von Anwendungs- und Auslegungsfragen im Zusammenhang mit der Tätigkeit von Europol bei der Verarbeitung und Verwendung personenbezogener Daten, für die Prüfung von Fragen im Zusammenhang mit den von den nationalen Kontrollinstanzen der Mitgliedstaaten unabhängig vorgenommenen Kontrollen oder mit der Ausübung des Zugangsrechts sowie für die Erarbeitung harmonisierter Vorschläge im Hinblick auf gemeinsame Lösungen für die bestehenden Probleme." Der Kohärenzgedanke kommt weiter in Art. 34 Abs. 5 Europol-Beschluss zum Ausdruck, der die GKI zur Zusammenarbeit verpflichtet, „soweit dies zur Erfüllung ihrer Aufgaben notwendig ist und zu einer einheitlicheren Anwendung der Vorschriften und Verfahren für die Datenverarbeitung beiträgt". Rechtsverbindliche Entscheidungen kann sie in diesem Zusammenhang jedoch nicht treffen.

---

7   Aus kompetenzrechtlichen Gründen in Anwendung des Trennungsgrundsatzes gab und gibt es im Bereich der Sicherheitsgewährleistung keine supranationale Datenschutz-Kontrollinstanz zur Überwachung der mitgliedstaatlichen Sicherheitsbehörden; vgl. schon den Rahmenbeschluss 2008/977/JI des Rates vom 27. November 2008 über den Schutz personenbezogener Daten, die im Rahmen der polizeilichen und justiziellen Zusammenarbeit in Strafsachen verarbeitet werden (ABl. 2009 L 350/60), sowie die ihn ersetzende Richtlinie (EU) 2016/680 des Europäischen Parlaments und des Rates vom 27. April 2016 zum Schutz natürlicher Personen bei der Verarbeitung personenbezogener Daten durch die zuständigen Behörden zum Zwecke der Verhütung, Ermittlung, Aufdeckung oder Verfolgung von Straftaten oder der Strafvollstreckung sowie zum freien Datenverkehr und zur Aufhebung des Rahmenbeschlusses 2008/977/JI des Rates (ABl. 2016 119/89), die in Art. 51 Abs. 1 b zwar vorsieht, dass der Europäische Datenschutzausschuss „von sich aus, auf Antrag eines seiner Mitglieder oder auf Ersuchen der Kommission [...] die Anwendung dieser Richtlinie betreffenden Fragen und Ausarbeitung von Leitlinien, Empfehlungen und bewährten Verfahren zwecks Sicherstellung einer einheitlichen Anwendung dieser Richtlinie" prüft. Die Aufgabenzuweisung bleibt dabei aber weit hinter den Regelungen des Kohärenzverfahrens nach der Datenschutzgrundverordnung zurück.

III. Entstehung der Norm

Das Streitbeilegungsverfahren hat erst im Gesetzgebungsverfahren seine **7** endgültige Form gefunden. Die Kommission hatte ursprünglich keine rechtsverbindlichen Entscheidungsbefugnisse des Europäischen Datenschutzausschusses vorgesehen. Stattdessen enthielt der Vorschlag der Kommission eine Regelung, die ihr selbst ein verbindliches Entscheidungsrecht einräumte.

1. Vorschlag der Kommission: Letztentscheidungsbefugnis der Kommission

Nach dem Vorschlag der Kommission[8] sollte der Ausschuss obligatorisch **8** oder fakultativ Stellungnahmen in Bezug auf allgemeine oder Einzelfall-Entscheidungen der Aufsichtsbehörden abgeben (Art. 58 Abs. 7 des Kommissionsvorschlags), die gegebenenfalls um eine Stellungnahme der Kommission hätten ergänzt werden können (Art. 59 des Kommissionsvorschlags). Neben der Befugnis zur Verpflichtung der Aufsichtsbehörde zur Aussetzung der betreffenden Maßnahme (Art. 60 des Kommissionsvorschlags) sah der Vorschlag der Kommission zudem ihre Ermächtigung zum Erlass eines rechtsverbindlichen Beschlusses „über die ordnungsgemäße Anwendung" der Verordnung insbesondere in denjenigen Fällen vor, in denen eine Aufsichtsbehörde der Stellungnahme der Kommission nicht zu folgen beabsichtigte (Art. 62 Abs. 1 a des Kommissionsvorschlags). Dieser Beschluss sollte als Durchführungsrechtsakt im Komitologieverfahren (Prüfverfahren) getroffen werden.

Hauptkritikpunkt an dieser Lösung einer verbindlichen Entscheidung **9** durch die Kommission selbst war ihre konkrete Einbindung in datenschutzrechtliche Aufsichtsentscheidungen ohne hinreichende Gewähr ihrer datenschutzrechtlich geforderten Unabhängigkeit.[9]

2. Vorschlag des Europäischen Parlaments

Das Europäische Parlament betonte demgegenüber die Differenzierung **10** zwischen der Herstellung von Kohärenz in Angelegenheiten mit allgemeiner Geltung und Einzelfällen. Auf den Vorschlag des Europäischen Parlaments geht das Einspruchsverfahren zurück. Das Parlament sah in Fällen der verpflichtenden Zusammenarbeit mit einer federführenden Behörde bei „ernsthaften Einwänden" einer zuständigen Behörde zunächst eine Prüfung der Angelegenheit durch den Datenschutzausschuss und gegebenenfalls[10] dessen Stellungnahme vor. Nach entsprechender Mitteilung der Aufsichtsbehörde über ihre geplante Reaktion auf die Stellungnahme sollte der Ausschuss bei Fortbestehen seiner Einwände mit Zweidrittelmehrheit bin-

---

8 Vorschlag der Kommission für eine Verordnung des Europäischen Parlaments und des Rates zum Schutz natürlicher Personen bei der Verarbeitung personenbezogener Daten und zum freien Datenverkehr (Datenschutz-Grundverordnung) v. 25.1.2012, KOM(2012) 11 endg.

9 Dazu *Albrecht/ Jotzo*, S. 119 f.

10 Auch in diesem Fall sollte der Ausschuss nicht zur Abgabe einer Stellungnahme verpflichtet sein; vgl. Art. 58 a Abs. 2, 4 und 5 der legislativen Entschließung des Europäischen Parlaments v. 12.3.2014 (P7_TA(2014)0212) sowie → Art. 64 Rn. 13.

dende Maßnahmen beschließen dürfen.[11] Die Kommission sollte demgegenüber nicht über ein entsprechendes Entscheidungsrecht verfügen.

3. Ratsvorschlag und endgültige Lösung

11   Auch der Rat favorisierte in seinem Vorschlag ein Einspruchsverfahren mit verbindlicher Streitbeilegungsbefugnis des Europäischen Datenschutzausschusses in den schließlich in die Datenschutzgrundverordnung übernommenen Fällen, innerhalb der dort vorgesehen Fristen und mit den endgültig normierten Mehrheitsverhältnissen.[12]

B. Kommentierung

I. Struktur der Norm

12   Art. 65 DSGVO bezeichnet das Verfahren einer verbindlichen Entscheidung des Europäischen Datenschutzausschusses in Bezug auf kooperative Einzelfallentscheidungen als Verfahren der Streitbeilegung[13] und normiert in Absatz 1 die Anwendungsfälle. Absatz 2 enthält Form- und Verfahrensanforderungen für die Beschlussfassung einschließlich enger Fristbestimmungen, die allerdings wie auch das qualifizierte Mehrheitserfordernis nach Absatz 3 gelockert werden. In den Absätzen 4 bis 6 werden die Verpflichtungen der Aufsichtsbehörde während des Verfahrens und nach der Beschlussfassung geregelt.

II. Anwendungsfälle des Streitbeilegungsverfahrens (Abs. 1)

13   Das Streitbeilegungsverfahren kommt in drei Fällen zur Anwendung:
- in Konfliktfällen der Verwaltungskooperation nach Art. 60 DSGVO nach Vorschaltung eines Einspruchsverfahrens (Abs. 1 a),
- bei Zuständigkeitskonflikten bei der Bestimmung der federführenden Behörden (Abs. 1 b) und
- auf Vorlage in Bezug auf Konfliktfälle im Verfahren der Stellungnahme (Abs. 1 c).

1. Streitbeilegung nach Einspruch im Rahmen der Zusammenarbeit (Art. 65 Abs. 1 a DSGVO)

a) Maßgeblicher und begründeter Einspruch

14   Nach Art. 60 Abs. 4 DSGVO kann jede betroffene Behörde innerhalb von vier Wochen gegen den Beschlussentwurf einer federführenden Behörde im Verfahren der Zusammenarbeit nach Art. 60 DSGVO Einspruch einlegen. Ein „maßgeblicher und begründeter Einspruch" wird in Art. 4 Nr. 24 DSGVO legal definiert als „Einspruch gegen einen Beschlussentwurf im Hinblick darauf, ob ein Verstoß gegen diese Verordnung vorliegt oder ob beabsichtigte Maßnahmen gegen den Verantwortlichen oder den Auftrags-

---

11   Art. 58 a Abs. 7 der legislativen Entschließung des Europäischen Parlaments v. 12.3.2014 (P7_TA(2014)0212).
12   Art. 57 Abs. 3 und Art. 58 a Vorschlag des Rats in der Fassung vom 11.6.2015, RatsDok. Nr. 9565/15.
13   Engl. „dispute resolution"; frz. „règlement des litiges"; ital. „composizione delle controversie"; span. „resolución de conflictos".

verarbeiter im Einklang mit dieser Verordnung steht, wobei aus diesem Einspruch die Tragweite der Risiken klar hervorgeht, die von dem Beschlussentwurf in Bezug auf die Grundrechte und Grundfreiheiten der betroffenen Personen und gegebenenfalls den freien Verkehr personenbezogener Daten in der Union ausgehen".[14]

Entgegen der üblichen rechtswissenschaftlichen Terminologie bezeichnet die Maßgeblichkeit des Einspruchs seine sachliche Begründetheit, dh die Tatsache, dass der geltend gemachte Verstoß gegen die Datenschutzgrundverordnung tatsächlich auch vorliegt. Demgegenüber bezieht sich die „Begründetheit" des Einspruchs nach Art. 4 Abs. 24 DSGVO offensichtlich spezifisch auf die Frage der subjektiven datenschutzrechtlichen Relevanz der Maßnahme der federführenden Behörde für den betroffenen Adressaten.

Diese gezielte subjektivrechtliche Begründung des Einspruchs durch die Einspruchs-Behörde stellt damit – nach deutscher Terminologie – eine Voraussetzung für die Zulässigkeit eines Einspruchs dar. In der Sache hat der Einspruch dann Konsequenzen, wenn die geplante Maßnahme der federführenden Behörde nicht im Einklang mit der Datenschutzgrundverordnung steht.

Der Einspruch ist damit ein Instrument zur inhaltlichen Abstimmung von **15** Einzelmaßnahmen gegenüber den Verantwortlichen und Auftragsverarbeitern in Verfahren, in denen mehrere Aufsichtsbehörden betroffen sind und die federführende Behörde den Entscheidungsentwurf vorlegt (zu Berücksichtigungspflichten im Kooperationsverfahren → Art. 60 Rn. 10). Während das Kooperationsverfahren aber auch die Einflussnahme auf das Ermessen der federführenden Behörde zulässt und den Konsens der betroffenen Behörden anstrebt (→ Art. 60 Abs. 1 S. 1 DSGVO), scheinen die betroffenen Behörden einen Dissens bzgl. der Zweckmäßigkeit einer Maßnahme nicht im Wege eines Einspruchs geltend machen zu können. Ein Dissens in Bezug auf die Ermessensausübung ist daher auch nicht geeignet, um das Streitbeilegungsverfahren nach Art. 65 Abs. 1 a DSGVO in Gang zu setzen.

b) Weiteres Verfahren: erneuter Einspruch oder Initiierung des Streitbeilegungsverfahrens

Wenn sich die federführende Behörde dem Einspruch nicht anschließt, ob- **16** wohl er maßgeblich und begründet ist, bzw. wenn sie ihn nicht für maßgeblich und begründet hält und ihn aus diesem Grund ablehnt, ist sie – die federführende Aufsichtsbehörde – nach Art. 60 Abs. 4 DSGVO verpflichtet, das Kohärenzverfahren nach Art. 63 DSGVO einzuleiten, um eine Streitentscheidung des Datenschutzausschusses nach Art. 65 Abs. 1 a DSGVO herbeizuführen.

Initiativberechtigt ist nach dieser eindeutigen Regelung allein die federführende Aufsichtsbehörde. Da es insbesondere an einer Art. 65 Abs. 1 c DSGVO entsprechenden Bestimmung dafür fehlt, ob bzw. dass in den Fäl-

---

14 Dem 124. Erwägungsgrund zufolge soll der Ausschuss Leitlinien zu den Kriterien zur Feststellung eines maßgeblichen und begründeten Einspruchs erarbeiten.

len, in denen die Aufsichtsbehörde ihrer Verpflichtung zur Vorlage nicht nachkommt, jedenfalls alle betroffenen Aufsichtsbehörden dem Ausschuss die Angelegenheit zur Streitentscheidung vorlegen können, muss davon ausgegangen werden, dass die Nichtvorlage entgegen Art. 65 Abs. 1 a DSGVO zwar einen Verstoß gegen die Verordnung begründet, jedoch keine alternative Vorlageberechtigung aufruft. Fehlt es damit in Fällen einer verordnungswidrigen Nichtvorlage bereits in der Befassung des Ausschusses, greifen auch die Fristen nach Art. 65 Abs. 2 und 3 DSGVO und die Rechtsfolgen nach Art. 65 Abs. 4 DSGVO nicht. Hierbei dürfte es sich um ein vom europäischen Gesetzgeber so nicht erwünschtes und nicht bedachtes Ergebnis handeln.[15]

17 Beabsichtigt die federführende Behörde, sich dem Einspruch anzuschließen und legt einen überarbeiteten Beschlussentwurf vor, findet das Einspruchsverfahren nach Art. 60 Abs. 5 DSGVO innerhalb einer verkürzten Frist von zwei Wochen erneute Anwendung, dh kann eine betroffene Behörde erneut einen maßgeblichen und begründeten Einspruch einlegen, dem sich die federführende Behörde entweder ihrerseits anschließen kann oder der das Streitbeilegungsverfahren nach Art. 65 Abs. 1 a DSGVO auslöst.[16]

Es stellt sich die Frage, ob nach diesem zweiten Einspruch weitere Einsprüche gegen den erneut geänderten Beschlussentwurf der federführenden Behörde erhoben werden können.[17] Nach der Verweisung in Art. 60 Abs. 5 S. 2 DSGVO auf Art. 60 Abs. 4 DSGVO scheint die Fortführung des Einspruchsverfahrens grundsätzlich möglich. Da es die federführende Behörde durch Ablehnung des Einspruchs in der Hand hat, das Einspruchsverfahren zu beenden, kann dieses von den anderen betroffenen Behörden grundsätzlich auch nicht dazu missbraucht werden, eine Maßnahme ungebührlich zu verzögern. Solange die federführende Behörde daher bereit ist, sich einem Einspruch sachlich anzuschließen, besteht kein Bedürfnis, das Einspruchsverfahren entsprechend zu beschränken. Daher dürfte es in der Praxis auch nicht zu infiniten Einspruchsverfahren kommen.

18 Wird innerhalb der vorgeschriebenen Fristen kein Einspruch gegen einen Beschlussentwurf eingelegt, fingiert Art. 60 Abs. 6 DSGVO das Einverständnis aller betroffener Behörden mit der Konsequenz, dass die Behörden an den Beschlussentwurf gebunden sind und nachträglich keine berechtigen Einwände mehr geltend machen können. Insoweit wirkt Art. 60 Abs. 6 DSGVO in Bezug auf die Zuständigkeit und die damit verbundenen Befugnisausübung und Entscheidungshoheit bei der Anwendung der Datenschutzgrundverordnung präkludierend, so dass auch nachträglich das Streitbeilegungsverfahren nicht mehr initiiert werden kann. Die Rechtswidrigkeit einer Maßnahme der federführenden Behörde kann daher von einer

---

15 Aufgrund des EU-Rechtsverstoßes müsste in einem solchen Fall die Kommission im Rahmen ihrer generellen Aufsichtsbefugnisse tätig werden und ggf. ein Vertragsverletzungsverfahren gegen den betreffenden Mitgliedstaat anstrengen.
16 Zum Begriff des Einspruchs vgl. → Art. 4 Nr. 24. Zur eher theoretischen Frage einer scheinbar infiniten Einspruchsmöglichkeit *Laue/Nink/Kremer*, S. 291, die nach Ablauf der ersten kürzeren Nachfrist eine Verpflichtung der Aufsichtsbehörde zur Einleitung des Kohärenzverfahrens annehmen. Zu einer Forderung nach strengen Präklusionskriterien → Art. 60 Rn. 25.
17 Vgl. *Laue/Nink/Kremer*, S. 291.

anderen betroffenen Behörde nur im Rahmen des Einspruchsverfahrens geltend gemacht und ggf. einer Streitbeilegung durch den Europäischen Datenschutzausschuss zugeführt werden.

c) Verhältnis von Einspruch und Streitbeilegungsverfahren

Damit bildet das Einspruchsverfahren mit Blick auf das Streitbeilegungs-   **19** verfahren ein notwendiges interadministratives Vorverfahren der horizontalen Verwaltungskooperation. Mit der Vorlage durch die federführende Aufsichtsbehörde verlagert sich die Zuständigkeit in der Sache auf den Ausschuss, der nach Art. 65 Abs. 1 a DSGVO verbindlich über „alle Angelegenheiten" entscheidet, „die Gegenstand des maßgeblichen und begründeten Einspruchs sind, insbesondere die Frage, ob ein Verstoß gegen diese Verordnung vorliegt".

d) Prüfungsgegenstand im Streitbeilegungsverfahren

Im Streitbeilegungsverfahren muss der Ausschuss zwei unterschiedliche   **20** Fragen prüfen. Zunächst setzt seine Befassung voraus, dass der Einspruch maßgeblich und begründet ist oder die federführende Aufsichtsbehörde gerade dies bestreitet.

Der Ausschuss hat also zu prüfen, ob der Einspruch eine hinreichende Be-   **21** wertung der subjektiv-rechtlichen Relevanz der streitigen Maßnahme enthält. Die insoweit eindeutige Formulierung scheint auch hier eine Heilung in Fällen auszuschließen, in denen ein Verstoß gegen die Verordnung vorliegt, aber die Grundrechtsrelevanz im Einspruch nicht hinreichend substantiiert dargelegt worden ist.

Unklar ist weiter, ob auch Fälle denkbar sind, in denen ein möglicher Verstoß gegen die Verordnung lediglich Kompetenzen der betroffenen Aufsichtsbehörden, nicht aber subjektive Rechte der Betroffenen verletzt, und ob in diesen Fällen das Streitbeilegungsverfahren nach Art. 65 Abs. 1 a DSGVO daher nicht eröffnet ist. Für letzteres spricht neben dem Wortlaut der Bestimmung insbesondere auch die Tatsache, dass Art. 64 Abs. 2 DSGVO das Verfahren der Stellungnahme für Konflikte der Zusammenarbeit explizit eröffnet, das die Prüfung der Frage, ob eine Aufsichtsbehörde bei der Anwendung der Verordnung gegen die Bestimmungen zur Zusammenarbeit verstößt, ermöglicht und ggf. bei Nichtbefolgung der Stellungnahme durch die federführende Aufsichtsbehörde ebenfalls den Weg zur Streitbeilegung – allerdings erst nach Durchlaufen des Verfahrens der Stellungnahme – über Art. 65 Abs. 1 c DSGVO eröffnen würde.

Im Verfahren nach Art. 65 Abs. 1 a DSGVO muss der Ausschuss weiter   **22** prüfen, ob ein Verstoß gegen die Datenschutzgrundverordnung vorliegt, dh positiv gewendet ob die Maßnahme der federführenden Aufsichtsbehörde mit der Datenschutzgrundverordnung vereinbar ist. Da der Verstoß gegen die Verordnung nur als Beispiel („insbesondere die Frage, ob ein Verstoß gegen diese Verordnung vorliegt") für die Reichweite der Entscheidung und damit notwendig auch der Prüfung durch den Ausschuss genannt wird, sind darüber hinaus Verstöße gegen sonstiges Unionsrecht einschließlich der Grundrechte und Grundfreiheiten der betroffenen Bürger denkbar.

2. Streitbeilegung in Zuständigkeitskonflikten (Art. 65 Abs. 1 b DSGVO)

23   Nach Art. 65 Abs. 1 b DSGVO kommt das Streitbeilegungsverfahren dann zur Anwendung, „wenn es widersprüchliche Standpunkte dazu gibt, welche der betroffenen Aufsichtsbehörden für die Hauptniederlassung zuständig ist". Dem Ausschuss wird damit die Entscheidung über die Zuständigkeit nach dem neuen One-Stop-Shop-Modell übertragen.[18]

a) Zuständigkeit der federführenden Behörde

24   Eine wesentliche Neuerung der Datenschutzgrundverordnung ist die Einführung des sog One-Stop-Mechanismus, demzufolge nicht mehr jede Aufsichtsbehörde in ihrem Herrschaftsbereich für die dort angesiedelten Niederlassungen zuständig ist, sondern die Zuständigkeit jeweils bei der Behörde der Hauptniederlassung konzentriert wird (→ s. Art. 56 Abs. 1 DSGVO).[19]

Im Unterschied zu dem zuvor praktizierten dezentralen Aufsichtssystem verliert eine ursprünglich in ihrem territorialen Zuständigkeitsbereich kompetente Behörde ihre Zuständigkeit zugunsten der im Außenverhältnis grundsätzlich allein zuständigen federführenden Behörde, deren unionsweite Zuständigkeit für ein Unternehmen, dh einen datenschutzrechtlich Verantwortlichen oder Auftragsverarbeiter, durch die Datenschutzgrundverordnung in Abhängigkeit von der Hauptniederlassung angeordnet wird.[20] In § 4 Nr. 16 DSGVO wird das Merkmal der Hauptniederlassung legal definiert (→ s. § 4 Nr. 16 DSGVO).

Da der Übergang zum One-Stop-Shop-Mechanismus eine der kontroversesten Fragen des Gesetzgebungsprozesses war[21] und zudem nicht notwendig eindeutig beantwortet werden kann, welcher Unternehmenssitz derjenige der Hauptniederlassung ist, wird im Falle des Dissenses hinsichtlich der Bestimmung der zuständigen Behörde nach Art. 65 Abs. 1 b DSGVO der Ausschuss zu einer endgültigen Entscheidung berufen.

b) Offene Verfahrensfragen
aa) Kein Vorverfahren

25   Im Unterschied zu Art. 65 Abs. 1 a und c DSGVO lässt Abs. 1 b die Verfahrensfragen grundsätzlich offen. Auch in Art. 56 und 60 DSGVO findet sich keine Bezugnahme auf das Streitbeilegungsverfahren. Insbesondere setzt die Entscheidung des Ausschusses über die Zuständigkeit weder einen vorherigen Einspruch einer betroffenen Behörde nach Art. 60 DSGVO noch die Einholung einer Stellungnahme des Ausschusses nach Art. 64 DSGVO voraus. Das Streitbeilegungsverfahren kommt daher im Fall des Art. 65 Abs. 1 b DSGVO ohne Vorverfahren zur Anwendung.

Besteht ein Zuständigkeitskonflikt, greift das Verfahren der Zusammenarbeit nach Art. 60 DSGVO nicht. In diesem Fall stellt der Streitentscheid das

---

18   Zum One-Stop-Governance-Modell allgemein *Britz*, Elektronische Verwaltung, in: Hoffmann-Riem/Schmidt-Aßmann/Voßkuhle (Hrsg.), GVwR II², § 26 Rn. 42.
19   Dazu *Albrecht/Jotzo*, S. 63, 113.
20   S. Art. 56 Abs. 6 DSGVO.
21   So *Albrecht/Jotzo*, S. 116 f.

„Vorverfahren" vor dem nach Beantwortung der Zuständigkeitsfrage einsetzenden Kooperationsverfahren dar.

bb) Beschränkte Vorlageberechtigung

Unklar ist weiter, wer nach der Datenschutzgrundverordnung durch die Vorlage der strittigen Zuständigkeitsfrage das Streitbeilegungsverfahren initiieren kann. In Betracht kommen in jedem Fall die in den Zuständigkeitskonflikt involvierten und damit betroffenen Aufsichtsbehörden. Daneben könnten wie zB im Rahmen von Art. 64 Abs. 2 DSGVO auch alle anderen Aufsichtsbehörden, die Kommission und der Ausschuss selbst vorlageberechtigt sein. Im Vergleich zu den jeweils begrenzten Initiativrechten nach Art. 65 Abs. 1 a und c DSGVO wie auch zum Ziel des Verfahrens nach Art. 65 Abs. 1 b DSGVO, eine streitige Zuständigkeitsfrage zu klären, liegt es näher, nur diejenigen als antragsberechtigt anzuerkennen, die aufgrund ihrer Beteiligung im Konflikt ein kompetenzielles Interesse an der Entscheidung des Ausschusses haben, dh allein die betroffenen Aufsichtsbehörden.   **26**

cc) Gegenstand: widersprüchliche Standpunkte zur Zuständigkeit

Einzige sachliche Zulässigkeitsvoraussetzung bezogen auf den Gegenstand des Verfahrens ist nach Art. 65 Abs. 1 b das Vorliegen widersprüchlicher Standpunkte zur Zuständigkeit. Ein einfacher Dissens genügt hierfür, besondere subjektive Anforderungen etwa hinsichtlich einer bestehenden Überzeugung werden nicht gestellt.   **27**

c) Reichweite der Entscheidung

Weiter stellt sich die Frage nach Umfang und Reichweite der Entscheidung des Ausschusses. Während sich in Art. 65 Abs. 1 a DSGVO der ausdrückliche Hinweis darauf findet, dass der Beschluss des Ausschusses „alle Angelegenheiten" betrifft, auf die sich der Einspruch bezieht, enthält Art. 65 Abs. 1 b DSGVO außer der Bezugnahme auf den Zuständigkeitskonflikt als Gegenstand des Verfahrens keine Aussage zur Reichweite der Entscheidung. Hieraus ist zu schließen, dass der Ausschuss auch ausschließlich zur Zuständigkeitsfrage entscheidet und daran anschließende Fragen der gegenüber einem Verantwortlichen oder Auftragsverarbeiter zu treffenden Maßnahmen der als zuständig bestimmten federführenden Behörde überlassen bleiben.   **28**

Der Ausschuss fasst also in diesem Fall keinen Beschluss in der Sache, sondern nur eine Entscheidung über die Zuständigkeit, welche die Grundlage für die sich anschließende Kooperation bildet. Auch hierin kommt der Vorrang der Zusammenarbeit vor der sachlichen Streitentscheidung im Kohärenzverfahren zum Ausdruck.

3. Streitbeilegung im Anwendungsbereich des Kohärenzverfahrens nach Art. 64 DSGVO (Art. 65 Abs. 1 c DSGVO)

Der dritte Anwendungsfall des Streitbeilegungsverfahrens kombiniert dieses mit dem Verfahren der Stellungnahme nach Art. 64 DSGVO als zweitem Baustein des Kohärenzverfahrens: Nach Art. 65 Abs. 1 c DSGVO entscheidet der Europäische Datenschutzausschuss auch in denjenigen Fällen   **29** verbindlich, in denen eine Aufsichtsbehörde ihrer Pflicht zur Einholung einer Stellungnahme nach Art. 64 Abs. 1 DSGVO nicht nachkommt oder eine im Rahmen des Stellungnahmeverfahrens nach Art. 64 DSGVO vom Ausschuss abgegebene Stellungnahme nicht befolgt. Vorlageberechtigt sind alle betroffenen Aufsichtsbehörden und die Kommission.

a) Gegenstand des Verfahrens: Durchsetzung des Kohärenzverfahrens

30   Eine verbindliche Streitbeilegung ist schließlich in zwei Fällen als zweite Stufe des Kohärenzverfahrens vorgesehen:

31   Zum einen sanktioniert Art. 65 Abs. 1 c DSGVO die pflichtwidrige Nichteinholung der Stellungnahme trotz bestehender Verpflichtung nach Art. 64 Abs. 1 DSGVO. Die Verordnung sieht in einem solchen Fall nicht eine Erzwingung des Stellungnahmeverfahrens, sondern den unmittelbaren Übergang zum Streitbeilegungsverfahren vor.

32   Zum anderen kommt das Verfahren nach Art. 65 Abs. 1 c DSGVO dann zum Einsatz, wenn die zuständige Aufsichtsbehörde einer Stellungnahme des Ausschusses nicht folgt. Hierbei handelt es sich nicht notwendig um die Sanktionierung eines Pflichtverstoßes, da die Stellungnahmen des Ausschusses nach Art. 64 DSGVO grundsätzlich unverbindlich sind und lediglich einer gesteigerten Berücksichtigungspflicht unterliegen (→ Art. 64 Rn. 49). Hinreichender Auslöser des Streitbeilegungsverfahrens ist die nach der Verordnung zulässige begründete Nichtbefolgung der Stellungnahme nach Art. 64 Abs. 8 DSGVO. Kann aber der Ausschuss in diesen Fällen selbst die Entscheidung in der Sache treffen, verleiht dies bereits der Stellungnahme erhebliche quasi-rechtliche Vorwirkungen (→ Art. 64 Rn. 48).

b) Initiativberechtigte: betroffene Aufsichtsbehörden und die Kommission

33   Vorlageberechtigt sind nach Art. 64 Abs. 1 c DSGVO lediglich die betroffenen Aufsichtsbehörden sowie die Kommission. Weder der Ausschuss selbst kann aus eigener Initiative in die Streitbeilegung übergehen, noch können nicht betroffene Behörden eine Streitbeilegung bei Vorliegen der tatbestandlichen Voraussetzungen beantragen. Dies erstaunt angesichts der Tatsache, dass das Ziel des Kohärenzverfahrens in der Sicherung der einheitlichen Anwendung der Verordnung liegt und gerade nicht von der Betroffenheit einer Behörde in eigenen Kompetenzen abhängig ist.

Lediglich der Kommission wird unabhängig von einer eigenen Betroffenheit in Ermangelung eigener verbindlicher Entscheidungsbefugnisse das Recht eingeräumt, das Streitbelegungsverfahren nach Art. 65 Abs. 1 c DSGVO zu initiieren. Für die Kommission stellt das Streitbeilegungsverfahren damit ein Aufsichtsinstrument dar, das über die bloße Rechtsaufsicht hinausgeht und zur Verwirklichung einer kohärenten Anwendung der Verordnung beitragen soll, ohne der Kommission dabei selbst die sachliche Einflussnahme auf die Entscheidung zur eröffnen. Die Kommission kann auf diese Weise aber den Ausschuss zur – rechtsgebundenen – Entscheidung verpflichten.

c) Reichweite der Entscheidung

Art. 65 Abs. 1 c DSGVO trifft keine Aussage zur Reichweite der vom Aus-   **34**
schuss zu treffenden verbindlichen Entscheidung. Da das Verfahren aber in
beiden Fällen dazu dient, eine verbindliche „Stellungnahme" des Ausschusses in Gestalt eines Beschlusses herzustellen, erstreckt sich die Reichweite
dieses Beschlusses auf den Gegenstand der nicht eingeholten potenziellen
bzw. der erteilten, aber nicht befolgten Stellungnahme.

Im ersten Fall beschränkt sich der Beschluss daher auf den Tatbestand   **35**
nach Art. 64 Abs. 1 DSGVO, der die Verpflichtung zur Einholung einer
Stellungnahme ausgelöst hat (zu den einzelnen Tatbestandsvarianten →
Art. 64 Rn. 13 ff.). Statt einer ersten, eingeschränkt verbindlichen Stellungnahme fasst der Ausschuss unmittelbar den verbindlichen Beschluss.

Im zweiten Fall erschöpft sich die Streitbeilegung nicht lediglich in einer   **36**
Wiederholung der ersten Stellungnahme, durch die dieser Rechtsverbindlichkeit verliehen würde, sondern eröffnet dem Ausschuss die erneute Entscheidung in der jeweiligen Sache und bezogen auf den ursprünglichen Gegenstand, die der Ausschuss jedoch auch in Abweichung von der ursprünglichen Stellungnahme bescheiden kann, zumal sich die Beschlussfassung
nach Art. 64 und Art. 65 DSGVO unterscheidet.

III. Beschlussfassung im Ausschuss (Abs. 2 und 3)

In Bezug auf die Beschlussfassung regelt Art. 65 Abs. 2 DSGVO den   **37**
Grundfall hinsichtlich Frist und Abstimmungsregeln, von dem Abs. 3 jedoch Ausnahmen zulässt, ohne hierfür besondere Voraussetzungen zu normieren.

1. Grundfall: Monatsfrist, einmalige Verlängerung, Beschluss mit Zweidrittel-Mehrheit, Begründungspflicht

Grundsätzlich soll der Ausschuss innerhalb einer Monatsfrist nach Befas-   **38**
sung mit einer Angelegenheit entscheiden. Diese – kurze – Frist kann nach
Art. 65 Abs. 2 S. 2 DSGVO bei besonderer Komplexität um einen Monat
verlängert werden. Art. 65 Abs. 2 S. 2 DSGVO gibt keine Auskunft darüber, wer die Frist verlängern darf. Angesichts der bestehenden Unabhängigkeit des Ausschusses gegenüber der Kommission kommt nur eine Verlängerung der Frist durch den Ausschuss selbst in Betracht. Hierfür spricht
auch Art. 72 Abs. 2 DSGVO, demzufolge sich der Ausschuss eine Geschäftsordnung gibt und seine Arbeitsweise selbst bestimmt.

Die Entscheidung im Streitbeilegungsverfahren trifft der Ausschuss in Ab-   **39**
weichung von Art. 72 Abs. 1 DSGVO mit Zweidrittel-Mehrheit seiner Mitglieder. Das besondere Quorum von zwei Dritteln der Ausschussmitglieder
stärkt die Legitimation des Beschlusses, stellt aus der Verfahrensperspekti-
ve in strittigen Fällen aber eine mögliche Hürde für einen Konsens der Ausschussmitglieder dar, deren Überwindung allerdings Art. 65 Abs. 3 DSGVO
erlaubt.

Stimmberechtigt sind grundsätzlich alle Mitglieder des Datenschutzaus-   **40**
schusses, dh die jeweiligen Leiterinnen und Leiter der Aufsichtsbehörde jedes Mitgliedstaats, bzw. der gemeinsame Vertreter in Mitgliedstaaten, die

wie Deutschland über mehrere zuständige Aufsichtsbehörden verfügen. Der Europäische Datenschutzbeauftragte, der nach Art. 68 Abs. 3 DSGVO ebenfalls Mitglied des Ausschusses ist, ist im Streitbeilegungsverfahren nur dann stimmberechtigt, wenn der Beschluss Grundsätze und Vorschriften betrifft, „die für die Organe, Einrichtungen, Ämter und Agenturen der Union gelten und inhaltlich den Grundsätzen und Vorschriften dieser Verordnung entsprechen" (Art. 68 Abs. 6 DSGVO).

41 Der Ausschuss muss den Beschluss begründen (Art. 65 Abs. 2 S. 3 DSGVO). Bei der Abfassung und der Veröffentlichung kann er vom Sekretariat gemäß Art. 75 Abs. 6 g DSGVO insbesondere in technischer und redaktioneller Hinsicht unterstützt werden. Inhaltlich muss die Begründung auf den Beschluss des Ausschusses selbst zurückgehen.

2. Ausnahme- bzw. zweiter Regelfall: verlängerte Frist, Beschluss mit einfacher Mehrheit, ggf. Stichentscheid

42 Gelingt es dem Ausschuss nicht, innerhalb der Frist von zwei Monaten mit Zweidrittelmehrheit zu entscheiden, sieht Art. 65 Abs. 3 DSGVO ohne weitere Voraussetzungen eine erneute Verlängerung um zwei Wochen vor, innerhalb derer der Ausschuss den Beschluss mit einfacher Mehrheit fassen muss. Nach Art. 65 Abs. 3 S. 2 DSGVO gibt bei Stimmengleichheit zwischen den Mitgliedern die Stimme des Vorsitzes (gemeint ist wohl die Stimme des Vorsitzenden) des Ausschusses den Ausschlag.

43 Die Regelung stellt sicher, dass innerhalb einer maximalen Frist von zwei Monaten und zwei Wochen in jedem Fall eine Entscheidung durch den Ausschuss getroffen wird. Dies ist wichtig, da die nach außen zuständige Aufsichtsbehörde während des Streitbeilegungsverfahrens gemäß Art. 65 Abs. 4 DSGVO keinen Beschluss fassen und damit die betreffende Maßnahme selbst nicht gegenüber dem Datenverantwortlichen oder Auftragsverarbeiter vornehmen darf (zum Dringlichkeitsverfahren → s. aber Rn. 54 und Art. 66). Allerdings könnte der voraussetzungslose Übergang zur einfachen Mehrheit auch die Bereitschaft und Anstrengung mindern, die eigentlich erforderliche Zweidrittelmehrheit zu erreichen.

3. Aussetzung nationaler Maßnahmen der zuständigen Aufsichtsbehörde

44 Ab der Befassung des Ausschusses im Streitbeilegungsverfahren bis zu seiner Entscheidung gebietet Art. 65 Abs. 4 DSGVO den zuständigen Aufsichtsbehörden die Aussetzung der betreffenden Maßnahmen im Außenverhältnis. Diese Wirkung tritt allerdings nicht kraft Unionsrechts automatisch ein, sondern beruht auf dem entsprechenden gegenüber den nationalen Aufsichtsbehörden ausgesprochenen Verbot der Datenschutzgrundverordnung.

IV. Rechtswirkungen des Beschlusses des Ausschusses

1. Rechtsverbindlichkeit des Beschlusses

45 Die Verbindlichkeit des Beschlusses des Europäischen Datenschutzausschusses ist in Art. 65 Abs. 1 DSGVO normiert, richtet sich nach Abs. 2 an

die federführende Aufsichtsbehörde und gilt für diese und alle anderen betroffenen Aufsichtsbehörden. Nach Art. 65 Abs. 6 DSGVO trifft die federführende Behörde ihren endgültigen Beschluss auf der Grundlage des Beschlusses des Ausschusses.[22]

Die Entscheidung des Ausschusses ist eine supranationale unionsrechtliche **46** Entscheidung. Sie richtet sich nicht an die Mitgliedstaaten, sondern unmittelbar an die zuständigen bzw. betroffenen Aufsichtsbehörden. Dieser Durchgriff auf die konkrete Behörde ist ein typisches Charakteristikum des immer enger verwobenen Europäischen Verwaltungsverbundes. Die Aufsichtsbehörden sind ihrerseits als nationale Behörden und nicht als (mögliche) Mitglieder des Ausschusses adressiert.

Zwar sind sie (möglicherweise) durch ihre Leiter und Leiterinnen im Ausschuss vertreten. Mitglieder des Ausschusses sind jedoch die Leiter und Leiterinnen als Amtsinhaber in Person und nicht die Behörden. Diese sind im Rahmen der Ausschussmitgliedschaft aus dem nationalen Kontext herausgelöst und Teil eines supranationalen Gremiums. Daher bezieht sich die Entscheidung des Ausschusses nicht auf eine Behörde als Mitglied im Ausschuss, sondern als zuständige Verwaltung in einem Mitgliedstaat. Damit ist die Wirkung der Entscheidung auch nicht intern auf den Ausschuss beschränkt, sondern erstreckt sich extern auf die jeweilige zuständige nationale Ebene.

2. Umsetzung des Beschlusses durch die zuständigen und betroffenen Aufsichtsbehörden

Die zuständige federführende Aufsichtsbehörde (bzw. die für eine Beschwerde zuständige Aufsichtsbehörde)[23] ist verpflichtet, den Beschluss des **47** Ausschusses unverzüglich bzw. spätestens innerhalb eines Monats nach seiner Mitteilung durch einen endgültigen Beschluss umzusetzen, in dem sie sowohl auf den Beschluss des Ausschusses und dessen Publikation auf der Webseite des Ausschusses verweist, als auch diesen gemäß Art. 65 Abs. 6 S. 5 DSGVO ihrem endgültigen Beschluss beifügt.

3. Mittelbare Rechtswirkungen des Beschlusses

Auch das Streitbeilegungsverfahren ist ein interadministratives Verfahren. **48** Der Beschluss des Ausschusses richtet sich nicht unmittelbar an den Verantwortlichen, Auftragsverarbeiter oder Beschwerdeführer als möglichen Adressaten der streitigen Maßnahme der zuständigen Aufsichtsbehörde. Erst der endgültige Beschluss der zuständigen Aufsichtsbehörde gilt auch unmittelbar gegenüber den betroffenen Datenverarbeitern und Privatpersonen.

Es ist aber nicht ausgeschlossen, dass auch diese nur mittelbare Betroffenheit des Einzelnen im Einzelfall aufgrund der Bindungswirkung für die handelnde Behörde die nach Art. 263 Abs. 6 AEUV erforderliche „unmit-

---

22 Nach Art. 64 Abs. 6 DSGVO gilt ein ähnliches Aussetzungsgebot bzw. Entscheidungsverbot auch im Verfahren zur Abgabe einer Stellungnahme.
23 Für die Zuständigkeit in Beschwerdefällen gilt das Entscheidungsverfahren nach Art. 60 Abs. 7, 8 und 9 DSGVO (Art. 65 Abs. 6 S. 3 DSGVO).

telbare und individuelle Betroffenheit" auslöst und damit die Klagebefugnis für die Nichtigkeitsklage begründet.[24] Diese Möglichkeit hat auch der Gesetzgeber der Datenschutzgrundverordnung gesehen und im 143. Erwägungsgrund niedergelegt. Dem Anfechtungsrecht korrespondiert dann jedoch auch eine Anfechtungslast innerhalb der zweimonatigen Klagefrist des Art. 267 AEUV nach Veröffentlichung der Entscheidung auf der Webseite des Ausschusses mit dem entsprechenden Risiko der Bestandskraft der Entscheidung.[25]

V. Informationspflichten, Publizität und Transparenz

1. Informationspflichten des Ausschussvorsitzes

49   Nach Art. 65 Abs. 2 iVm Art. 74 Abs. 1 b DSGVO übermittelt der Vorsitz des Ausschusses den Beschluss samt Begründung an die federführende und alle weiteren betroffenen Aufsichtsbehörden. Mit der Übermittlung des Beschlusses wird für die betroffenen Aufsichtsbehörden sowohl die Umsetzungsfrist nach Art. 65 Abs. 6 S. 1 DSGVO als auch die Klagefrist nach Art. 263 Abs. 6 AEUV in Gang gesetzt.[26]

Unklar ist das Verhältnis von Art. 65 Abs. 2 zu Art. 65 Abs. 5 DSGVO, demzufolge der Vorsitz des Ausschusses im Anschluss an die Beschlussfassung unverzüglich die betroffenen Aufsichtsbehörden über den Beschluss unterrichtet und auch die Kommission hiervon in Kenntnis setzt (Art. 65 Abs. 5 S. 1 und 2 DSGVO). Art. 263 Abs. 6 AEUV lässt neben der Bekanntgabe einer Maßnahme auch die bloße Mitteilung ihres Erlasses genügen, um die Klagefrist laufen zu lassen.[27]

2. Informationspflichten der Aufsichtsbehörden

50   In Bezug auf die Umsetzung des Beschlusses durch die federführende Aufsichtsbehörde oder die für eine Beschwerde zuständige Aufsichtsbehörde setzt diese den Ausschuss „von dem Zeitpunkt, zu dem ihr endgültiger Beschluss dem Verantwortlichen oder dem Auftragsverarbeiter bzw. der betroffenen Person mitgeteilt wird, in Kenntnis" (Art. 65 Abs. 6 S. 2 DSGVO). Erst mit der Mitteilung des endgültigen Beschlusses wird auch der Beschluss des Ausschusses auf der Webseite des Ausschusses im Internet veröffentlicht (Art. 65 Abs. 5 S. 3 DSGVO).

3. Publizitätspflichten

51   Der Beschluss des Ausschusses nach Art. 65 Abs. 1 DSGVO wird nach der Mitteilung der endgültigen Umsetzungsmaßnahme durch die zuständige Aufsichtsbehörde auf der Internetseite des Ausschusses veröffentlicht. Gemäß Art. 65 Abs. 5 S. 3 iVm Art. 75 Abs. 6 g DSGVO ist dies die Aufgabe

---

24 Zur sog Plaumannformel s. nur *Cremer* in: Calliess/Ruffert AEUV Art. 263 Rn. 40 ff.
25 S. nur *Dörr* in: Grabitz/Hilf/Nettesheim AEUV Art. 263 Rn. 39 ff. (Stand: EL 49 November 2012).
26 S. auch den ErwGr 143 der Datenschutzgrundverordnung.
27 S. dazu nur *Dörr* in: Grabitz/Hilf/Nettesheim AEUV Art. 263 Rn. 122 ff. (Stand: EL 49 November 2012).

des beim Europäischen Datenschutzbeauftragten angesiedelten Sekretariats des Ausschusses.

VI. Rechtsschutz

Gegen den verbindlichen Beschluss des Ausschusses als Einrichtung der Europäischen Union kann jedenfalls der Mitgliedstaat einer betroffenen Aufsichtsbehörde innerhalb von zwei Monaten Nichtigkeitsklage nach Art. 263 Abs. 2 AEUV erheben.   52

Soweit sich der Beschluss auf konkrete Maßnahmen gegenüber Privaten, dh Verantwortlichen, Auftragsverarbeitern oder individuellen Beschwerdeführern im Sinne der Datenschutzgrundverordnung, bezieht, können auch diese Nichtigkeitsklage nach Art. 263 Abs. 4 AEUV erheben, soweit sie durch den Beschluss unmittelbar und individuell betroffen sind.[28] Ist eine Individualnichtigkeitsklage zulässig, begründet dies zugleich auch eine Anfechtungslast für den Betroffenen, der sich nach dem Eintritt der Bestandskraft auch gegenüber der endgültigen nationalen Maßnahme nicht mehr auf eine mögliche Rechtswidrigkeit des Beschlusses des Ausschusses berufen kann.[29]

C. Verhältnis zu anderen Normen

I. Verhältnis von Art. 65 DSGVO zu anderen Bestimmungen der Datenschutzgrundverordnung

Als wesentlicher Mechanismus des Kohärenzverfahrens steht das Streitbeilegungsverfahren nach Art. 65 DSGVO in einem engen Zusammenhang einerseits zum Verfahren der Zusammenarbeit nach Art. 60 DSGVO und andererseits zum Verfahren der Stellungnahme nach Art. 64 DSGVO als zweitem wesentlichen verfahrensrechtlichen Instrument zur Herstellung von Kohärenz. Tatbestandlich verweist Art. 65 DSGVO auf die entsprechenden Normen und wird auch von ihnen in Bezug genommen.   53

Während in Konfliktfällen der Kooperation zwischen federführender und betroffenen Aufsichtsbehörden das Streitbeilegungsverfahren dem Einspruchsverfahren obligatorisch nachgeschaltet ist, sofern es im Einspruchsverfahren nicht zu einer Einigung kommt, stellt die Verordnung die Befassung des Ausschusses im Anschluss an das Stellungnahmeverfahren bei Kontroversen zwischen der betroffenen Aufsichtsbehörde und dem Ausschuss in das Ermessen der vorlageberechtigten Behörden und der Kommission.

In dringenden Fällen kann sowohl eine betroffene Aufsichtsbehörde unter   54
bestimmten Voraussetzungen in Abweichung von Art. 65 Abs. 4 DSGVO einstweilige Maßnahmen erlassen, als auch der Ausschuss nach Art. 66 Abs. 4 DSGVO unter erleichterten Voraussetzungen verbindliche Beschlüsse fassen (→ s. Art. 66 DSGVO).

---

28 Vgl. ErwGr 143 der Datenschutzgrundverordnung; dazu *Schantz* NJW 2016, 1841 (1847).
29 Zur strukturell ähnlichen Problematik bei der Rückforderung von Beihilfen vgl. nur *Dörr* in: Grabitz/Hilf/Nettesheim AEUV Art. 263 Rn. 95 ff. (Stand: EL 49 November 2012).

II. Keine Ermächtigung der Kommission zum Erlass verbindlicher Einzelfallentscheidungen

55 Das Streitbeilegungsverfahren wurde in der Datenschutzgrundverordnung ausschließlich als Verfahren im Europäischen Datenschutzausschuss ausgestaltet. Ursprüngliche Vorschläge, der Kommission das Recht einzuräumen, die Entscheidung an sich zu ziehen und in bestimmten Konfliktfällen selbst zu entscheiden, konnten sich im Rechtsetzungsverfahren nicht durchsetzen (s. bereits oben bei → Rn. 8 f.).

D. Gesamteinschätzung

I. Kollektive Selbstkontrolle als Novum im Verwaltungsverbund

56 Der Streitbeilegungsmechanismus ist nach der Datenschutzverordnung als rein interadministrativer Koordinations- und Aufsichtsmechanismus konzipiert (→ Art. 63 Rn. 16, Art. 68 Rn. 2 ff.), mit dem der Ausschuss als kollegiales Gremium der horizontalen Behördenkooperation mit eigener supranationaler Rechtspersönlichkeit mittels verbindlicher Entscheidung einzelnen Aufsichtsbehörden jenseits klassischer Hierarchien „Weisungen" erteilen kann. Im Rahmen seiner Entscheidungsbefugnisse fällt dem Ausschuss grundsätzlich die umfassende Sachkompetenz zu, der die zuständigen Behörden bei Ausübung der ihnen verbleibenden Wahrnehmungskompetenz in Anwendung der Verordnung im Einzelfall Folge leisten müssen. Auch wenn sich die Beschlüsse des Ausschusses lediglich an die Aufsichtsbehörden richten, kann ihnen aufgrund der Bindungswirkung zumindest mittelbare Individualrechtswirkung zukommen.

Als Instrument der interadministrativen Steuerung zur Koordinierung der Aufsichtsbehörden ist die Rolle des Ausschusses ambivalent. Durch seine Einrichtung auf der Grundlage der Datenschutzgrundverordnung wird er als zentrale, supranationale Instanz auf unionsrechtlicher Ebene gebildet. Supranational sind auch das anwendbare Recht, die Entscheidungswirkungen, der Rechtsschutz und die Rechtspersönlichkeit. Zugleich existiert der Ausschuss nur in und aufgrund seiner dezentralen Besetzung mit den Leiterinnen und Leitern der nationalen Aufsichtsbehörden, ist damit personell zwingend mit der sachlich kompetenten Verwaltungsebene der Mitgliedstaaten verbunden. Es ist daher grundsätzlich möglich und sogar von der Verordnung intendiert, dass sich die Entscheidung der Streitbeilegung gegen Behörden von Ausschussmitgliedern richtet. Dies legt den Schluss nahe, dass die Aufsichtsbehörden über den Ausschuss zu ihrer Selbstkontrolle verpflichtet und ermächtigt werden.[30]

Den Entscheidungen gegenüber den Aufsichtsbehörden kommt trotz ihrer personellen Einbindung und Vernetzung im Ausschuss selbst Außenwirkung zu, da der Ausschuss als unionsrechtliche Rechtsperson nicht interne Entscheidungen gegenüber einem Mitglied, sondern außengerichtete Entscheidungen gegenüber je bestimmten Behörden auf der Ebene der Mit-

---

30 Das kann selbst im Falle mehrerer zuständiger Aufsichtsbehörden in Föderalstaaten wie der Bundesrepublik gelten, da jedenfalls auch dann der Vertreter der alle Behörden vertretenden gemeinsamen Behörde über die Kohärenzverpflichtung einer betroffenen vertretenen Behörden mitentscheiden kann.

gliedstaaten trifft. Die Entscheidungen wirken wie Weisungen gegenüber einer Verwaltung eines anderen Hoheitsträgers. Die eigentliche Verwaltungsentscheidung mit Außenwirkung gegenüber einem Verantwortlichen oder Auftragsverarbeiter ist dieser interadministrativen Aufsichtsentscheidung nachgeschaltet.

II. Offene Legitimationsfragen

Ein Mechanismus, der die Kontrolle und Weisungsbefugnis einem Kollektiv überträgt, das (wie ein Branchenverband) aufgabenbezogen Behörden vereint, wirft Fragen der Legitimation auf. Durch die Einbindung in ein seinerseits unabhängiges Gremium werden die einzelnen, ihrerseits unabhängigen Aufsichtsbehörden und ihre Leitungspersonen noch stärker aus ihren staatlichen Legitimations- und Kontrollzusammenhängen herauslöst. 57

Im Unterschied zu informellen Netzwerken, die ihre gleichgerichtete Aufgabenwahrnehmung vor allem über den Informationsaustausch etwa von best practises optimieren, aber jeweils dezentraler Kontrolle unterliegen, unterstellt die Datenschutzgrundverordnung einen großen Teil der Entscheidungspraxis der Aufsichtsbehörden der Steuerung und auch der Kontrolle des Netzwerks selbst, das als zentraler supranationaler Akteur neu erfunden wird.

Nicht beachtet wird dabei, dass nicht auszuschließen ist, dass auch zwischen unabhängigen Behörden Abhängigkeiten von Mehrheitsverhältnissen in einem seinerseits unabhängigen Ausschuss entstehen können. Nicht auszuschließen ist weiter, dass aufgrund der Gleichgerichtetheit der Aufgabenwahrnehmung die durch die Unabhängigkeit grundsätzlich hergestellte Distanz zu anderen staatlichen Instanzen ihre Bedeutung verliert, neue Abhängigkeiten begründet werden und damit eine wichtige Voraussetzung für eine effektive Kontrolle gefährdet ist. 58

Zudem fehlen selbst die einfachsten Ausschluss- und Befangenheitsregelungen, die einen Interessenkonflikt eines Ausschussmitglieds in eigener Sache und ggf. aufgrund eigener Vorbefassung als Leiterin oder Leiter der zuständigen nationalen Aufsichtsbehörde ausschließen könnten.

Fraglich ist weiter, ob ein solcher Mechanismus funktionaler kollegialer Selbstkontrolle mit verbindlicher Entscheidungsbefugnis und eigener Rechtspersönlichkeit primärrechtlich überhaupt vorgesehen ist bzw. auf der Grundlage der aktuellen Verträge eingerichtet werden kann. Diese Frage stellt sich weniger sachlich auf das Datenschutzrecht als institutionell auf die Art der Einrichtung bezogen. 59

So bleibt die genuin supranationale Legitimation des kollegialen Gremiums eher zweifelhaft, während durch die Unabhängigkeit gerade national-rechtliche Legitimationsstränge gekappt werden. Regelmäßig genügt eine Entscheidung der Mehrheit, bei der gegebenenfalls die Stimme des Vorsitzes den Ausschlag gibt, was der Wahl des Vorsitzes zusätzliche Bedeutung verleiht. Im Unterschied zu bloß informell agierenden Behördennetzwerken bedarf gerade die Verleihung verbindlicher wie auch quasiverbindlicher Entscheidungsbefugnisse einer deutlich stärkeren legitimatorischen Absicherung.

Artikel 66   Dringlichkeitsverfahren

(1) [1]Unter außergewöhnlichen Umständen kann eine betroffene Aufsichtsbehörde abweichend vom Kohärenzverfahren nach Artikel 63, 64 und 65 oder dem Verfahren nach Artikel 60 sofort einstweilige Maßnahmen mit festgelegter Geltungsdauer von höchstens drei Monaten treffen, die in ihrem Hoheitsgebiet rechtliche Wirkung entfalten sollen, wenn sie zu der Auffassung gelangt, dass dringender Handlungsbedarf besteht, um Rechte und Freiheiten von betroffenen Personen zu schützen. [2]Die Aufsichtsbehörde setzt die anderen betroffenen Aufsichtsbehörden, den Ausschuss und die Kommission unverzüglich von diesen Maßnahmen und den Gründen für deren Erlass in Kenntnis.

(2) Hat eine Aufsichtsbehörde eine Maßnahme nach Absatz 1 ergriffen und ist sie der Auffassung, dass dringend endgültige Maßnahmen erlassen werden müssen, kann sie unter Angabe von Gründen im Dringlichkeitsverfahren um eine Stellungnahme oder einen verbindlichen Beschluss des Ausschusses ersuchen.

(3) Jede Aufsichtsbehörde kann unter Angabe von Gründen, auch für den dringenden Handlungsbedarf, im Dringlichkeitsverfahren um eine Stellungnahme oder gegebenenfalls einen verbindlichen Beschluss des Ausschusses ersuchen, wenn eine zuständige Aufsichtsbehörde trotz dringenden Handlungsbedarfs keine geeignete Maßnahme getroffen hat, um die Rechte und Freiheiten von betroffenen Personen zu schützen.

(4) Abweichend von Artikel 64 Absatz 3 und Artikel 65 Absatz 2 wird eine Stellungnahme oder ein verbindlicher Beschluss im Dringlichkeitsverfahren nach den Absätzen 2 und 3 binnen zwei Wochen mit einfacher Mehrheit der Mitglieder des Ausschusses angenommen.

Verwandte Normen: ErwGr 137

Literatur:
S. die bei Art. 63 genannte Literatur.

A. Grundlagen

I. Gesamtverständnis und Zweck der Norm

Die Abstimmung im Kooperations- wie auch im Kohärenzverfahren nach 1
Art. 60, 64 und 65 DSGVO erfordert ausweislich der in Art. 60, 64 und 65
DSGVO festgelegten, wenn auch begrenzten Fristen Zeit. Um auch während des Verfahrens bei der Ausübung von Abhilfebefugnissen oder in Bezug auf Beschwerden effektiven Individualrechtsschutz leisten zu können,
der neben dem Verkehr der Daten das Hauptanliegen der Datenschutzgrundverordnung darstellt,[1] erlaubt Art. 66 DSGVO einstweilige Maßnahmen sowohl auf der Ebene der im Außenverhältnis handelnden Aufsichtsbehörden als auch im sog Dringlichkeitsverfahren vor dem Europäischen
Datenschutzausschuss als besonderer Ausprägung des interadministrativen
Kohärenzverfahrens.

Hierzu ermächtigt Art. 66 Abs. 1 DSGVO jede betroffene Aufsichtsbehörde in Ergänzung zu Art. 58 DSGVO unter bestimmten Voraussetzungen
zum Erlass vorläufiger Maßnahmen.

Art. 66 Abs. 2 bis 4 DSGVO regeln das Dringlichkeitsverfahren im
Europäischen Datenschutzausschuss, der in Eilfällen auf Ersuchen unter erleichterten Bedingungen und innerhalb kürzerer Fristen Stellungnahmen
abgibt oder verbindliche Beschlüsse fasst.

Nicht ganz klar ist die Reichweite der Bezeichnung „Dringlichkeitsverfah- 2
ren". Als amtliche Überschrift zu Art. 66 DSGVO scheint sich der Begriff
sowohl auf einstweilige Maßnahmen der betroffenen Aufsichtsbehörden
nach Absatz 1 als auch auf endgültige, aber im Eilverfahren getroffene
Maßnahmen des Europäischen Datenschutzausschusses nach Absatz 2, 3
und 4 zu beziehen.[2] Demgegenüber nimmt Art. 66 Abs. 4 DSGVO nur
Art. 66 Abs. 2 und 3 DSGVO als Dringlichkeitsverfahren in Bezug („im
Dringlichkeitsverfahren nach den Absätzen 2 und 3"). Als klarstellend
kann Art. 62 Abs. 7 DSGVO verstanden werden, der eindeutig zwischen
einstweiligen Maßnahmen einer Aufsichtsbehörde nach Art. 55 DSGO aufgrund eines dringenden Handlungsbedarfs gemäß Art. 66 Abs. 1 DSGVO
einerseits und einer im Dringlichkeitsverfahren angenommenen Stellungnahme oder einem im Dringlichkeitsverfahren angenommenen verbindlichen Beschluss gemäß Art. 66 Abs. 2 DSGVO andererseits unterscheidet.[3]
Daher sollte mit „Dringlichkeitsverfahren" nur das abgekürzte und erleichterte Kohärenzverfahren nach Art. 66 Abs. 2–4 DSGVO bezeichnet werden.

---

1 Vgl. Art. 1 DSGVO.
2 Ähnlich allgemein ist auch der Verweis in Art. 60 Abs. 11 DSGVO; dazu sogleich bei
→ Rn. 4 ff.
3 Ähnlich auch Art. 61 Abs. 8 DSGVO.

II. Entstehung der Norm

3   Im Unterschied zu den übrigen Komponenten des Kohärenzverfahrens wurde das Dringlichkeitsverfahren im Gesetzgebungsprozess weitgehend einvernehmlich angenommen. Es war bereits im Vorschlag der Kommission für die Datenschutzgrundverordnung vorgesehen und wurde im Gesetzgebungsprozess nur geringfügig geändert. Erforderlich war lediglich eine Anpassung an das geänderte Streitbeilegungsverfahren mit der verbindlichen Entscheidungskompetenz des Europäischen Datenschutzausschusses.[4]

Der Rat präzisierte auf der Grundlage des Kommissionsentwurfs den Anwendungsbereich und die Reichweite einstweiliger Maßnahmen der Aufsichtsbehörden und fügte das Erfordernis eines dringenden Handlungsbedarfs für den datenschutzrechtlichen Individualrechtsschutz ein.[5]

B. Kommentierung

I. Einstweilige Maßnahmen der betroffenen Aufsichtsbehörden nach Art. 66 Abs. 1 DSGVO

4   Vom Dringlichkeitsverfahren im eigentlichen Sinn müssen folglich die einstweiligen Maßnahmen nach Art. 66 Abs. 1 DSGVO unterschieden werden, die eine betroffene Aufsichtsbehörde in Ausnahmefällen entgegen den Vorschriften zum Kooperations- und Kohärenzverfahren treffen darf. Art. 66 Abs. 1 DSGVO dispensiert die betroffenen Aufsichtsbehörden bei Vorliegen der Voraussetzungen von dem ansonsten zwingenden unionsrechtlichen Gebot zur Kooperation bzw. dem entsprechenden Verbot, eigenständig Maßnahmen während des Kohärenzverfahrens zu erlassen.[6] Neben explizitem Verweisen in Art. 60 ff. DSGVO dient Art. 66 Abs. 1 DSGVO insbesondere auch als Generalklausel in denjenigen Fällen, in denen nach den Verfahren der Datenschutzgrundverordnung nicht schnell genug individualrechtsschützende Abhilfe geschaffen werden kann.

1. Anwendungsbereich

5   Die Ermächtigung der betroffenen Aufsichtsbehörden zu vorläufigen Maßnahmen erstreckt sich nur auf den Anwendungsbereich des Kooperations- bzw. Kohärenzverfahrens.[7] Missverständlich ist die Nennung von Art. 63 DSGVO, da dieser lediglich als Grund- und Verweisungsnorm fungiert und außerhalb der beiden Verfahrenstypen des Stellungnahmeverfahrens und des Streitbeilegungsverfahrens keine eigenständige Bedeutung hat.

---

4   Vgl. Art. 61 des Vorschlags der Kommission für eine Verordnung des Europäischen Parlaments und des Rates zum Schutz natürlicher Personen bei der Verarbeitung personenbezogener Daten und zum freien Datenverkehr (Datenschutz-Grundverordnung) v. 25.1.2012, KOM(2012) 11 endg.

5   Vgl. Art. 61 des Vorschlags des Rats in der Fassung vom 11.6.2015, RatsDok. Nr. 9565/15.

6   S. auch *Laue/Nink/Kremer* § 10 Rn. 47 f.

7   Handelt es sich um einen rein nationalen Fall, kann das Unionsrecht mangels Gesetzgebungskompetenz eine solche Ermächtigung nicht aussprechen, die sich allein aus dem nationalen Recht ergeben muss (vgl. Art. 2 Abs. 2 a DSGVO). In Fällen der Anwendung der Datenschutzgrundverordnung außerhalb des Kooperations- und Kohärenzverfahrens gebietet Art. 58 Abs. 2 f DSGVO die Ermächtigung der Aufsichtsbehörden zu vorläufigen und endgültigen Maßnahmen.

Art. 66 Abs. 1 DSGVO findet dabei nicht erst mit der Einleitung eines Ko-   6
härenzverfahrens oder einem entsprechenden Ersuchen um Kooperation
nach Art. 60 ff. DSGVO Anwendung. Aus Gründen eines effektiven Individualrechtsschutzes erfordert die Eröffnung des Anwendungsbereichs einstweiliger Maßnahmen lediglich die sachliche Charakterisierung einer Angelegenheit als Kooperations- bzw. Kohärenzfall, nicht auch ihre prozedurale
Einleitung.

Im Kooperationsverfahren nach Art. 60 DSGVO muss die federführende   7
Aufsichtsbehörde grundsätzlich zunächst einen Konsens zwischen allen betroffenen Aufsichtsbehörden[8] herstellen und hierzu gegebenenfalls das Ein-
spruchs- und Kohärenzverfahren durchlaufen (→ Art. 65 Rn. 15). Art. 60
Abs. 11 DSGVO zufolge kommt „das Dringlichkeitsverfahren nach Artikel
66 zur Anwendung", wenn eine betroffene Aufsichtsbehörde „in Ausnahmefällen" „Grund zu der Annahme" hat, „dass zum Schutz der Interessen
betroffener Personen dringender Handlungsbedarf besteht". Unklar ist, ob
hierdurch lediglich auf Art. 66 Abs. 2 – 4 DSGVO und damit auf das abgekürzte Kohärenzverfahren in Eilfällen verwiesen wird oder ob auch Absatz
1 in den Verweis mit einzubeziehen ist. Da sich allerdings alle betroffenen
Behörden einschließlich der federführenden Behörde, die nach der Legaldefinition der betroffenen Behörden in § 4 Nr. 22 DSGVO ebenfalls als betroffene Behörde anzusehen ist, unmittelbar auf § 66 Abs. 1 DSGVO berufen können, bedarf es zu ihrer Ermächtigung zu Eilmaßnahmen nicht des
Verweises durch Art. 60 Abs. 11 DSGVO.[9]

Die Befugnis zu Eilmaßnahmen wird für die Fälle nicht erfüllter Amtshilfe-   8
pflichten sowie Pflichtverletzungen bei gemeinsamen Maßnahmen weiter
konkretisiert: Kommt nach Art. 61 Abs. 8 DSGVO „eine ersuchte Aufsichtsbehörde nicht binnen eines Monats nach Eingang des Ersuchens einer
anderen Aufsichtsbehörde" dem Ersuchen durch Erteilung von Informationen nach Art. 61 Abs. 5 DSGVO nach, „so kann die ersuchende Aufsichtsbehörde eine einstweilige Maßnahme im Hoheitsgebiet ihres Mitgliedstaats
gemäß Artikel 5 Absatz 1 ergreifen". „In diesem Fall wird [ausdrücklich]
von einem dringenden Handlungsbedarf gemäß Artikel 66 Absatz 1 ausgegangen, der einen im Dringlichkeitsverfahren angenommenen verbindlichen Beschluss des Ausschusses gemäß Artikel 66 Absatz 2 erforderlich
macht." In Fällen gestörter Amtshilfebeziehungen wird damit ein Eilbe-
dürfnis vermutet, das einerseits einstweilige Maßnahmen der erfolglos ersuchenden Behörde rechtfertigt und andererseits die Erforderlichkeit des
Dringlichkeitsverfahrens gesetzlich angeordnet.

Eine ähnliche Regelung trifft Art. 62 Abs. 7 DSGVO in Bezug auf gemein-   9
same Maßnahmen: Kommt eine betroffene Aufsichtsbehörde der Einladung der federführenden Behörde zur Teilnahme an einer gemeinsamen
Maßnahme nach Art. 62 Abs. 2 S. 2 DSGVO nicht nach, können die anderen betroffenen Aufsichtsbehörden einstweilige Maßnahmen auf dem Gebiet ihres Mitgliedstaats ergreifen, für die von einem dringenden Handlungsbedarf nach Art. 66 Abs. 1 DSGVO sowie vom Erfordernis einer Stel-

---

8   Vgl. die Definition in Art. 4 Nr. 22 DSGVO.
9   Dies entspricht einem Verständnis des Dringlichkeitsverfahrens als abgekürztem Ko-
    härenzverfahren iSv Art. 66 Abs. 2 – 4 DSGVO; dazu bereits oben bei → Rn. 2.

lungnahme oder eines verbindlichen Beschlusses im Dringlichkeitsverfahren ausgegangen wird.

10   Auch jenseits dieser ausdrücklich in der Datenschutzgrundverordnung genannten Fälle erlaubt Art. 66 Abs. 1 DSGVO einer betroffenen Aufsichtsbehörde vor dem endgültigen Abschluss des Kooperations- oder Kohärenzverfahrens einstweilige Maßnahmen. Allerdings wird der dringende Handlungsbedarf nur in den in der Verordnung aufgeführten Fällen vermutet und muss ansonsten von der Aufsichtsbehörde begründet werden.

2. Voraussetzungen

11   Die Ermächtigung nach Art. 66 Abs. 1 DSGVO gilt für jede „betroffene" Aufsichtsbehörde, dh sowohl für die federführende als auch für jede andere betroffene Aufsichtsbehörde im Sinne von Art. 4 Nr. 22 DSGVO bei Vorliegen der weiteren Voraussetzungen. Die Vorschrift ermächtigt zu vorläufigen Maßnahmen gegenüber Datenverantwortlichen und Auftragsverarbeitern.

12   Art. 66 Abs. 1 DSGVO formuliert eine objektive und eine subjektive Voraussetzung für einstweilige Maßnahmen: Zum einen müssen außergewöhnliche Umstände bestehen und zum anderen muss die handelnde Aufsichtsbehörde zu der Auffassung gelangen, „dass dringender Handlungsbedarf besteht, um Rechte und Freiheiten von betroffenen Personen zu schützen", „insbesondere wenn eine erhebliche Behinderung der Durchsetzung des Rechts einer betroffenen Person droht".[10] In einer vom Normalfall des Vollzugs der Datenschutzgrundverordnung abweichenden Situation muss die Behörde bei ihrer rechtlichen Beurteilung von einem dringenden Handlungsbedarf ausgehen. Gesetzlich vermutet wird dieser in den Fällen des Art. 61 Abs. 8 S. 2 und Art. 62 Abs. 7 S. 2 DSGVO.

3. Zeitliche und räumliche Reichweite

13   Art. 66 Abs. 1 DSGVO erlaubt den betroffenen Aufsichtsbehörden ein sofortiges Handeln bei Vorliegen der Voraussetzungen. Die einstweiligen Maßnahmen einer mitgliedstaatlichen Aufsichtsbehörde sind jedoch zeitlich und räumlich beschränkt: Die Geltungsdauer muss explizit festgelegt werden und darf drei Monate nicht überschreiten. Im Unterschied zu endgültigen Maßnahmen der federführenden Behörde entfalten einstweilige Maßnahmen einer Aufsichtsbehörde im Rahmen von Art. 66 Abs. 1 DSGVO lediglich im Hoheitsgebiet der handelnden Behörde rechtliche Wirkungen (Art. 66 Abs. 1 S. 1 DSGVO).

4. Informationspflichten nach Art. 66 Abs. 1 S. 2 DSGVO

14   Art. 66 Abs. 1 S. 2 DSGVO erlegt der handelnden Aufsichtsbehörde Informationspflichten gegenüber den anderen betroffenen Aufsichtsbehörden, dem Ausschuss und der Kommission auf, die unverzüglich, dh ohne ungebührliche Verzögerung, von den Maßnahmen und ihrer Begründung zu unterrichten sind.

---

10 So der ErwGr 137.

II. Dringlichkeitsverfahren

Bezogen auf das in diesem Abschnitt geregelte Kohärenzverfahren normie-   15
ren die Regelungen in den Absätzen 2 bis 4 das eigentliche Dringlichkeitsverfahren. Dabei betreffen Absatz 2 und 3 mit den Initiierungsmöglichkei-
ten dessen Anwendungsbereich, während Absatz 4 die der Dringlichkeit
geschuldeten prozeduralen Abweichungen zum Stellungnahmeverfahren
nach Art. 64 DSGVO und zum Streitbeilegungsverfahren nach Art. 65
DSGVO als den beiden regulären Verfahrensbausteinen des Kohärenzverfahrens festlegt.

1. Initiierung des Dringlichkeitsverfahrens

Art. 66 DSGVO unterscheidet zwischen dem Dringlichkeitsverfahren in   16
den Fällen einstweiliger Maßnahmen nach Abs. 1 und Abs. 2 und Fällen
unterlassener Maßnahmen nach Abs. 3. Das Dringlichkeitsverfahren kann
lediglich von Aufsichtsbehörden, nicht aber von der Kommission oder vom
Ausschuss selbst eingeleitet werden und bedarf eines entsprechend zu begründenden Ersuchens.

a) Ersuchen der betroffenen Aufsichtsbehörde nach Erlass einstweiliger Maßnahmen (Art. 66 Abs. 2 iVm 1 DSGVO)

Das Dringlichkeitsverfahren kommt zum einen in den Fällen einstweiliger   17
Maßnahmen nach Art. 66 Abs. 1 DSGVO zum Einsatz, wenn die betreffende Aufsichtsbehörde „der Auffasung ist, dass dringend endgültige Maßnahmen erlassen werden müssen", dass also die vorläufigen und auf drei
Monate beschränkten Maßnahmen nicht ausreichen. Unter Angabe von
Gründen für die Dringlichkeit kann sie den Ausschuss um eine Stellungnahme oder einen verbindlichen Beschluss ersuchen.

aa) Voraussetzungen

Voraussetzung der Anwendung des Dringlichkeitsverfahrens ist objektiv   18
das Vorliegen einstweiliger Maßnahmen einer Aufsichtsbehörde und subjektiv die Überzeugung und Begründung der besonderen Dringlichkeit,
welche die prozeduralen Abweichungen vom regulären Kohärenzverfahren
rechtfertigen.

bb) Ermessen
(1) Ermessen bzgl. der Durchführung des Dringlichkeitsverfahrens (Ob)

Art. 66 Abs. 2 DSGVO gestaltet den Rückgriff auf das Dringlichkeitsver-   19
fahren grundsätzlich als Ermessensentscheidung der betreffenden Aufsichtsbehörde aus. Diese „kann" den Ausschuss ersuchen.

Eine Ausnahme hiervon macht die Datenschutzgrundverordnung in Art. 61
und 62 DSGVO:[11] Machen die Aufsichtsbehörden in den dort geregelten
Fällen von ihrer Ermächtigung zum Erlass einstweiliger Maßnahmen Gebrauch, muss das Dringlichkeitsverfahren nach Art. 66 Abs. 2 DSGVO
durchgeführt werden.

---

11 Vgl. auch den ErwGr 133.

(2) Ermessen bzgl. des konkreten Verfahrens (Wie)

20   Die ersuchende Aufsichtsbehörde kann weiter generell zwischen einem Er-
suchen um eine Stellungnahme, etwa in den Fällen des Art. 64 Abs. 2
DSGVO, und einem Ersuchen um eine verbindliche Entscheidung des Aus-
schusses wählen. Dies entspricht auch der Regelung in Art. 62 Abs. 7
DSGVO, derzufolge in Fällen einer Pflichtverletzung im Rahmen gemeinsa-
mer Maßnahmen unter Verweis auf Art. 66 Abs. 2 DSGVO sowohl eine
Stellungnahme als auch eine verbindliche Entscheidung des Ausschusses in
Betracht kommen.

21   Lediglich in den Fällen gestörter Amtshilfebeziehungen nach Art. 61 Abs. 8
DSGVO sieht die Verordnung ausschließlich einen verbindlichen Beschluss
des Datenschutzausschusses im Dringlichkeitsverfahren nach Art. 66
Abs. 2 DSGVO vor und lässt der Aufsichtsbehörde insoweit keinen Aus-
wahlspielraum.

**b) Ersuchen einer Aufsichtsbehörde in Fällen unterlassener Maßnahmen
(Art. 66 Abs. 3 DSGVO)**

aa) Anwendungsbereich

22   Trifft die zuständige Aufsichtsbehörde „trotz dringenden Handlungsbedarfs keine geeigneten Maßnahmen", um die Rechte und Freiheiten von
betroffenen Personen zu schützen, kann jede Aufsichtsbehörde das Dringlichkeitsverfahren einleiten. Art. 66 Abs. 3 DSGVO betrifft sowohl Fälle, in
denen eine Aufsichtsbehörde trotz Vorliegen der Voraussetzungen nach
Art. 66 Abs. 1 DSGVO keine einstweiligen Maßnahmen trifft, als auch
sonstige Fälle eines dringenden Handlungsbedarfs im Anwendungsbereich
der Datenschutzgrundverordnung.[12]

Explizit eröffnet Art. 60 Abs. 11 DSGVO das Dringlichkeitsverfahren im
Anwendungsbereich des Verfahrens der Zusammenarbeit dann, wenn eine
betroffene Aufsichtsbehörde „Grund zu der Annahme" hat, „dass zum
Schutz der Interessen betroffener Personen dringender Handlungsbedarf
besteht". Zugleich bestimmt Art. 60 Abs. 11 DSGVO, dass es sich hierbei
um einen Ausnahmefall und damit um einen konkreten Einzelfall handeln
muss, so dass ein generelles Misstrauen gegenüber der Ordnungsgemäßheit
des Verwaltungsvollzugs durch eine Aufsichtsbehörde die Annahme eines
dringenden Handlungsbedarfs für sich genommen noch nicht begründen
kann.

bb) Voraussetzungen und Ermessen

23   Voraussetzung für ein Ersuchen nach Art. 66 Abs. 3 DSGVO ist objektiv
das Vorliegen eines dringenden Handlungsbedarfs zum Schutz individueller
Rechte und das Fehlen einer entsprechenden Schutzmaßnahme der zuständigen Aufsichtsbehörde. Formal muss der dringende Handlungsbedarf von
der ersuchenden Aufsichtsbehörde begründet werden.

Auch Art. 66 Abs. 3 DSGVO räumt den Aufsichtsbehörden grundsätzlich
Ermessen hinsichtlich der Durchführung wie auch hinsichtlich der Verfah-
renswahl ein, gibt dabei aber im Unterschied zu Abs. 2 ein Regel-Ausnah-

---

12 *Laue/Nink/Kremer* § 10 Rn. 48.

me-Verhältnis zugunsten des Stellungnahmeverfahrens vor. Dabei bleibt unklar, in welchen Fällen „gegebenenfalls" ein verbindlicher Beschluss in Betracht kommen soll.[13]

2. Durchführung des Dringlichkeitsverfahrens

a) Prozedurale Erleichterungen

Das Dringlichkeitsverfahren im Europäischen Datenschutzausschuss ist **24** durch prozedurale Vereinfachungen gekennzeichnet: Nach Art. 66 Abs. 4 DSGVO gelten sowohl für die Abgabe einer Stellungnahme als auch die verbindliche Entscheidung des Ausschusses eine einheitliche Frist von lediglich zwei Wochen und ein Mehrheitserfordernis der einfachen Mitgliedermehrheit. Entsprechend der Regelungen in Art. 64 und 65 DSGVO steht die Befassung des Ausschusses mit der Sache selbst nicht in seinem Ermessen.

Die Frist zur Abgabe einer Stellungnahme nach Art. 64 Abs. 3 DSGVO von **25** regulär 8 Wochen und – bei entsprechender Komplexität – maximal 14 Wochen wird damit radikal reduziert. Ob sich dies insbesondere in Fällen besonderer Komplexität durchhalten lässt, wird sich erst in der Praxis zeigen müssen.

Auch in Bezug auf das Streitbeilegungsverfahren ist die Fristverkürzung **26** von grundsätzlich einem Monat und – bei entsprechender Komplexität – maximal zwei Monaten auf zwei Wochen erheblich. Hinzu kommt in diesen Fällen die Änderung der Beschlussfassungsregeln in Abweichung von der Zwei-Drittel-Mehrheit mit Stichentscheidungsrecht des Vorsitzenden (→ Art. 65 Rn. 42 f.) zur einfachen Mitgliedermehrheit, die allerdings auch nach Art. 65 Abs. 3 DSGVO genügen soll.

Der Ausschuss kann und muss somit zum einen bei dringendem Handlungsbedarf und zum anderen, wenn sich die Ausschussmitglieder nicht innerhalb der Zwei-Monatsfrist auf einen verbindlichen Beschluss einigen können, innerhalb von zwei Wochen mit einfacher Mitgliedermehrheit entscheiden. Angesichts der mit der Verbindlichkeit der Ausschussentscheidung verbundenen Tragweite der Beschlüsse scheint dies in Bezug auf die Legitimation des Ausschusses und seiner Funktionen nicht unproblematisch.

b) Prüfungsumfang

Der Ausschuss kann sowohl die Voraussetzungen seiner Befassung wie **27** auch die Angelegenheit in sachlicher Hinsicht prüfen. Im Einklang mit den Regelungen in Art. 64 und 65 DSGVO kommt ihm hinsichtlich einer Befassung mit der Sache selbst kein Ermessen zu (→ Art. 64 Rn. 38 und Art. 65 Rn. 20 ff.).

Entsprechend dem Ziel der Verordnung, die Rechte und Freiheiten von be- **28** troffenen Personen zu schützen, dürfte ein Verstoß gegen die Begründungspflicht nur in Ausnahmefällen zur Unzulässigkeit des Ersuchens führen. Ist der Ausschuss in der Lage, auch aufgrund einer nur unzureichenden Be-

---

13 Engl. „as the case may be"; frz. „selon le cas".

gründung den dringenden Handlungsbedarf festzustellen, darf er eine sachliche Befassung nicht unter Verweis auf einen Begründungsmangel unterlassen.

c) Sonderfall: Fristablauf

29 Angesichts der mit zwei Wochen äußerst knapp bemessenen Entscheidungsfrist des Ausschusses, die mit seiner Befassung durch Ersuchen zu laufen beginnt, ist fraglich, welche Konsequenzen ein etwaiges Verstreichen der Frist nach sich zieht.

Versteht man sie als Ausschlussfrist, dürfte der Ausschuss nach Ablauf jedenfalls nicht mehr unter den erleichterten Verfahrensmodalitäten entscheiden. Im Sinne eines effektiven Individualrechtsschutzes wäre jedoch bei Vorliegen eines dringenden Handlungsbedarfs auch nach Verstreichen der Frist ein Handeln noch immer geboten.

30 Als interadministratives Koordinierungs- und Streitbeilegungsverfahren dienen die Vorschriften allerdings nicht allein und auch nicht vorrangig dem Individualrechtsschutz, sondern zumindest gleichrangig der Abstimmung und gegenseitigen Aufsicht der Verwaltungszusammenarbeit im Europäischen Verwaltungsverbund. Damit betreffen die Regelungen Kompetenzen und treffen grundsätzlich abschließende Bestimmungen über Zuständigkeiten und Ermächtigungen. Diese können auch zugunsten eines effektiven Individualrechtsschutzes, der grundsätzlich ohnehin der nach außen handelnden zuständigen Aufsichtsbehörde obliegt, nicht ohne entsprechende gesetzliche Regelung überwunden werden; insbesondere auch in denjenigen Fällen nicht, in denen über eine verbindliche Entscheidung des Ausschusses im Dringlichkeitsverfahren ein Unterlassen der zuständigen Aufsichtsbehörde sanktioniert werden soll.

Dies spricht dafür, die Fristbestimmung und insbesondere auch die mit ihr verbundene erleichterte Beschlussfassung beim Wort zu nehmen und den Ausschuss nach Ablauf der Frist auf das reguläre Verfahren zu verweisen. Die Datenschutzgrundverordnung lässt offen, ob die ersuchende Aufsichtsbehörde in Falle eines Ersuchens nach Art. 66 Abs. 1 DSGVO nach Fristablauf auch ohne positive Entscheidung des Ausschusses zu endgültigen Maßnahmen ermächtigt wäre.

31 Möglich bleibt allerdings auch ein erneutes Ersuchen, das jedoch nicht missbräuchlich und automatisch wiederholt werden dürfte. In jedem Fall darf das Dringlichkeitsverfahren auch nicht dazu missbraucht werden, die Verfahrensanforderungen der beiden regulären Kohärenzverfahren zu umgehen.

Artikel 67 Informationsaustausch

Die Kommission kann Durchführungsrechtsakte von allgemeiner Tragweite zur Festlegung der Ausgestaltung des elektronischen Informationsaustauschs zwischen den Aufsichtsbehörden sowie zwischen den Aufsichtsbehörden und dem Ausschuss, insbesondere des standardisierten Formats nach Artikel 64, erlassen.

Diese Durchführungsrechtsakte werden gemäß dem Prüfverfahren nach Artikel 93 Absatz 2 erlassen.

Verwandte Normen: ErwGr 168

Literatur:

Bast, Is there a hierarchy of legislative, delegated, and implementing acts?, in: Bergström/Ritleng (Hrsg.), Rulemaking by the European Commission: the new system for delegation of powers, Oxford, 2016, S. 157; *ders.*, New categories of acts after the Lisbon reform: dynamics of parliamentarization in EU law, Common market law review 49 (2012), 885; *Britz*, Elektronische Verwaltung, in: Hoffmann-Riem/Schmidt-Aßmann/Voßkuhle (Hrsg.), Grundlagen des Verwaltungsrechts, Band II, 2. Aufl. (GVwR II^2), München, 2012, § 26; *Chamon*, Institutional balance and Community method in the implementation of EU legislation following the Lisbon Treaty, Common Market Law Review 53 (2016), 1501; *Hustedt/Wonka/Blauberger/Töller/Reiter*, Verwaltungsstrukturen in der Europäischen Union, Kommission, Komitologie, Agenturen und Verwaltungsnetzwerke, Wiesbaden, 2014; *Ruffert*, Rechtserzeugung und Rechtsdurchsetzung im Europäischen Rechtsraum, in: Schumann (Hrsg.), Hierarchie, Kooperation und Integration im Europäischen Rechtsraum, Berlin, 2015, S. 95; *Schmidt-Aßmann*, Verfassungsprinzipien für den Europäischen Verwaltungsverbund, in: Hoffmann-Riem/Schmidt-Aßmann/Voßkuhle (Hrsg.), Grundlagen des Verwaltungsrechts, Band I, 2. Aufl. (GVwR I^2), München, 2012, § 5; *U. Stelkens*, Art. 291 AEUV, das Unionsverwaltungsrecht und die Verwaltungsautonomie der Mitgliedstaaten – zugleich zur Abgrenzung der Anwendungsbereiche von Art. 290 AEUV und Art. 291 AEUV, EuR 2012, 511; *Sydow*, Europäische exekutive Rechtsetzung zwischen Kommission, Komitologieausschüssen, Parlament und Rat, JZ 2012, 157; s. auch die bei Art. 63 genannte Literatur.

A. Grundlagen

Im Abschnitt über das Kohärenzverfahren verleiht Art. 67 DSGVO der 1
Kommission die Befugnis, allgemeine Durchführungsrechtsakte in Bezug
auf den Informationsaustausch zwischen den Aufsichtsbehörden sowie
zwischen den Aufsichtsbehörden und dem Ausschuss zu erlassen und bestimmt hierfür das Prüfverfahren als anzuwendendes Komitologieverfahren. In diesem Ausschussverfahren ist der in Art. 93 Abs. 1 DSGVO bezeichnete und nach der Komitologie-Verordnung Nr. 182/2011[1] zu beset-
zende Komitologieausschuss zu beteiligen. Dieser Ausschuss wird nach
Art. 3 Abs. 2 Komitologie-Verordnung zur Unterstützung der Kommission

---

[1] Verordnung (EU) Nr. 182/2011 des Europäischen Parlaments und des Rates vom
16.2.2011 zur Festlegung der allgemeinen Regeln und Grundsätze, nach denen die
Mitgliedstaaten die Wahrnehmung der Durchführungsbefugnisse kontrollieren
(ABl. 2011 L 55/13).

aus Vertretern der Mitgliedstaaten gebildet und ist nach den Verfahrens- und Entscheidungsregeln der Komitologie-Verordnung in das Rechtsetzungsverfahren eingebunden. Vom Europäischen Datenschutzausschuss als spezifischem Kollegialorgan mit eigener Rechtspersönlichkeit unterscheidet er sich grundlegend.

I. Gesamtverständnis und Zweck der Norm

2 Die Datenschutzgrundverordnung verleiht der Kommission nur an einigen Stellen Rechtsetzungsbefugnisse in Gestalt von Durchführungsrechtsakten.[2] Ursprünglich sah der Kommissionsvorschlag noch weiter reichende Durchführungsbefugnisse vor[3] und gestaltete insbesondere das Streitbeilegungsverfahren als Instrument der Kommission zur Entscheidung mittels Durchführungsrechtsakt aus (→ Art. 65 Rn. 8).

In der Endfassung der Verordnung soll eine Angleichung der Verwaltungsstandards in Ausfüllung der Verordnung nun vorrangig durch den Europäischen Datenschutzausschuss selbst vorgenommen werden, dem weitreichende Befugnisse zum Erlass von Leitlinien übertragen werden.[4] Über rechtsverbindliche Rechtsetzungsbefugnisse verfügt der Europäische Datenschutzausschuss demgegenüber nicht.

3 In Übereinstimmung mit der primärrechtlichen Differenzierung zwischen delegierten Rechtsakten nach Art. 290 AEUV und Durchführungsrechtsakten nach Art. 291 AEUV trennt auch die Datenschutzgrundverordnung zwischen Delegation und Durchführung und den entsprechenden Rechtsetzungsverfahren – einerseits mit Widerrufsmöglichkeit von Rat und Parla-

---

2 Vgl. den 168. Erwägungsgrund sowie Art. 40 Abs. 9 DSGVO bzgl. vom Europäischen Datenschutzausschuss genehmigter Verhaltensregeln, Art. 43 Abs. 9 DSGVO in Bezug auf Zertifizierungsverfahren, Art. 45 Abs. 3 und 5 DSGVO zur Angemessenheit des Schutzniveaus außerhalb des Anwendungsbereichs der DSGVO, Art. 46 Abs. 2 c und d DSGVO zu Standarddatenschutzklauseln der Kommission oder deren Genehmigung durch die Kommission, Art. 47 Abs. 3 über das Format und die Verfahren für den Informationsaustausch über verbindliche interne Datenschutzvorschriften zwischen Verantwortlichen, Auftragsverarbeitern und Aufsichtsbehörden und Art. 61 Abs. 9 DSGVO zu Form und Verfahren der Amtshilfe und zur Ausgestaltung des elektronischen Informationsaustauschs zwischen den Aufsichtsbehörden sowie zwischen den Aufsichtsbehörden und dem Ausschuss, insbesondere auch zum standardisierten Format.
3 Vgl. Art. 62 des Kommissionsvorschlags (KOM (2012) 11 endg): über die in der Datenschutzgrundverordnung enthaltenen Fälle hinaus Beschlüsse im Kohärenzverfahren (Abs. 1 a) sowie die „Festlegung der Form und der Verfahren für die Anwendung des [...] Kohärenzverfahrens".
4 Vgl. Art. 70 Abs. 1 S. 2 d – m DSGVO → Art. 70 Rn. 12 ff.

ment und andererseits unter Beteiligung eines Komitologieausschusses im sog. Komitologieverfahren.[5]

Art. 67 UAbs. 2 DSGVO nimmt Bezug auf Art. 93 Abs. 2 DSGVO, der sei-   4
nerseits auf das in Art. 5 der Komitologie-Verordnung[6] geregelte Prüfverfahren verweist, und ermächtigt die Kommission dazu, den interadministrativen elektronischen Informationsaustausch im Wege der Durchführungsrechtsetzung auszugestalten.

II. Entstehung der Norm

Der Kommissionsvorschlag sah ursprünglich nicht nur weiter reichende   5
Durchführungsbefugnisse der Kommission vor,[7] sondern ermächtigte die
Kommission auch zu sofort geltenden Einzelfallbeschlüssen in „hinreichend begründeten Fällen äußerster Dringlichkeit im Zusammenhang mit
den Interessen betroffener Personen".[8] Dies entspricht Art. 8 der Komitologie-Verordnung, demzufolge sofort geltende Durchführungsrechtsakte im
Basisrechtsakt vorgesehen werden können. In die Datenschutzgrundverordnung wurde diese Möglichkeit jedoch nicht übernommen.

B. Kommentierung
I. Anwendungsbereich

Art. 67 UAbs. 1 DSGVO ermächtigt die Kommission zu Durchführungs-   6
rechtsakten, die das Kohärenzverfahren betreffen, räumt ihr jedoch keine
allgemeine Befugnis zur Konkretisierung des Verfahrens ein, wie es der
Kommissionsvorschlag ursprünglich vorgesehen hatte. Durchführungsmaßnahmen bleiben vielmehr auf die Ausgestaltung des interadministrativen elektronischen Informationsaustauschs horizontal zwischen den Aus-
sichtsbehörden und vertikal (bzw. zentral) zwischen diesen und dem
Europäischen Datenschutzausschuss begrenzt. Als einen vorrangigen Regelungsgegenstand benennt die Norm das in Art. 64 DSGVO mehrfach in Bezug genommene standardisierte Format.[9]

Die Kommission kann zu diesem Zweck einen oder auch mehrere Durchführungsrechtsakte im Komitologieverfahren erlassen.

---

5   S. auch Kapitel X der Verordnung, den 166. Erwägungsgrund sowie die Ermächti-
    gungen zu delegierter Rechtsetzung in Art. 12 Abs. 8 DSGVO über die Verwendung
    standardisierter Bildsymbole und die Verfahren ihrer Bereitstellung und in Art. 43
    Abs. 8 DSGVO bzgl. der Anforderungen für datenschutzspezifische Zertifizierungs-
    verfahren. Zur Bedeutung der Unterscheidung wie auch zum Ermessen des EU-Ge-
    setzgebers bei der Auswahl der Verfahren kritisch *Chamon* Common Market Law
    Review 53 (2016), 1501 ff.; zum kategorialen Charakter der Unterscheidung *Sydow*
    JZ 2012, 157 (160 ff.); zum Verhältnis der unterschiedlichen Akte administrativer
    Normsetzung *Bast* in: Bergström/Ritleng, S. 157 ff.; *ders.* Common Market Law Re-
    view 49 (2012), 885 ff.
6   Fn. 1.
7   S. oben bei Fn. 3.
8   Art. 62 Abs. 2 des Kommissionsvorschlags (KOM (2012) 11 endg.).
9   Vgl. Art. 64 Abs. 4, Abs. 5 a und Abs. 7 DSGVO (→ Art. 64 Rn. 43 ff.).

II. Komitologieverfahren nach der Komitologie-Verordnung

7 Art. 67 UAbs. 2 DSGVO unterwirft die Durchführungsrechtsakte dem Prüfverfahren nach Art. 93 Abs. 2 DSGVO iVm Art. 5 der Komitologie-Verordnung Nr. 182/2011,[10] in dem der nach Art. 93 Abs. 1 DSGVO zu bildende Komitologie-Ausschuss beteiligt wird.

1. Komitologieausschuss

8 Nach Art. 93 Abs. 1 DSGVO wird die Kommission – im Rahmen der Durchführungsrechtsetzung – von einem Ausschuss im Sinne der Komitologie-Verordnung Nr. 182/2011[11] unterstützt. Hierbei handelt es sich nach Art. 3 Abs. 2 der Komitologie-Verordnung um einen Ausschuss, der sich aus Vertretern der Mitgliedstaaten zusammensetzt und in dem ein Vertreter der Kommission ohne Stimmrecht den Vorsitz führt. Die Vertreter sind von den Mitgliedstaaten zu benennen. Regelmäßig werden die Komitologie-Ausschüsse mit Verwaltungsexperten der Mitgliedstaaten besetzt.[12]

2. Keine verpflichtende Anhörung des Europäischen Datenschutzausschusses

9 Gegen den entsprechenden Vorschlag des Europäischen Parlaments wurde in der Datenschutzgrundverordnung eine vorherige Vorlage von Durchführungsrechtsakten an den Europäischen Datenschutzausschuss bzw. eine entsprechende ausdrückliche Antragsmöglichkeit nicht vorgesehen.[13] Demgegenüber wird der Ausschuss im Rahmen der delegierten Rechtsetzung im Sinne von Art. 290 AEUV nach Art. 12 Abs. 8 und Art. 43 Abs. 8 DSGVO verpflichtend in das Verfahren eingebunden.[14] Es bleibt der Kommission aber unbenommen, den Ausschuss gleichwohl hinsichtlich aller Fragen, „die im Zusammenhang mit dem Schutz personenbezogener Daten in der Union stehen" um eine Stellungnahme zu ersuchen.[15]

3. Prüfverfahren

10 Im Verfahren administrativer Rechtsetzung durch die Kommission nach Art. 291 AEUV führt das als Komitologie bezeichnete Ausschussverfahren zu einer Abstimmung zwischen der Kommission und den im jeweiligen

---

10 Fn. 1.
11 Fn. 1.
12 Zu den Besonderheiten instruktiv *Hustedt/Wonka/Blauberger/Töller/Reiter*, S. 110 ff.
13 Vgl. Art. 66 Abs. 1 b und ga der legislativen Entschließung des Europäischen Parlaments v. 12.3.2014 (P7_TA(2014)0212).
14 Vgl. Art. 71 Abs. 1 S. 2 q und r, der fälschlich auf Art. 12 Abs. 7 DSGVO verweist.
15 Art. 71 Abs. 1 S. 2 b DSGVO. Eine entsprechende explizite Beratungszuständigkeit des Ausschusses formuliert Art. 70 Abs. 1 S. 2 c DSGVO lediglich für Verfahren und Format des außengerichteten Informationsaustauschs zwischen Datenverarbeitern und Aufsichtsbehörden.

Ausschuss vertretenen Mitgliedstaaten.[16] Die Grundlage bildet jeweils eine Anordnung des Verfahrens im sog Basisrechtsakt, dh dem die Durchführungsbefugnis verleihenden Sekundärrechtsakt, im konkreten Fall also der Datenschutzgrundverordnung.

Das Komitologieverfahren besteht maßgeblich in einer Stellungnahme des Ausschusses zum Entwurf eines Durchführungsrechtsakts der Kommission, der nach der Komitologie-Verordnung unterschiedliche rechtliche Wirkungen in Abhängigkeit von dem gewählten Verfahrenstyp zukommen. Während die Kommission im sog Beratungsverfahren nach Art. 4 Komitologie-Verordnung Nr. 182/2011[17] lediglich zur möglichst weitgehenden Berücksichtigung der Beratungen und der Stellungnahme verpflichtet ist, kann der Komitologieausschuss im Prüfverfahren den Erlass des betreffenden Durchführungsrechtsakts unter bestimmten Voraussetzungen verhindern.[18] Dem Ausschuss kommt damit nach den für die Beschlussfassung im Rat geltenden Regeln ein Vetorecht gegenüber der Kommission zu.[19]

Als einschlägiges Komitologieverfahren benennt Art. 67 UAbs. 2 iVm Art. 93 Abs. 2 DSGVO das Prüfverfahren nach Art. 2 Abs. 2 a und Art. 5 der Komitologie-Verordnung. Hierbei gibt der Komitologieausschuss seine Stellungnahme zum Entwurf des Durchführungsrechtsakts der Kommission mit der qualifizierten Mehrheit nach Art. 16 Abs. 4 und 5 EUV ab.[20] Im Falle der Befürwortung erlässt die Kommission den Durchführungsrechtsakt. Lehnt der Ausschuss den Entwurf ab, erlässt die Kommission den Rechtsakt nicht.[21] Wird der Durchführungsrechtsakt gleichwohl für erforderlich erachtet, kann der Vorsitz entweder innerhalb von zwei Monaten nach Abgabe der ablehnenden Stellungnahme dem Ausschuss eine geänderte Fassung des Entwurfs vorlegen oder den unveränderten Entwurf innerhalb eines Monats dem Berufungsausschuss zur weiteren Beratung unterbreiten.[22] Gibt der Ausschuss keine Stellungnahme ab, kann die Kommission den Rechtsakt gemäß Art. 5 Abs. 4 Komitologie-Verordnung erlassen, wenn die Mitglieder des Ausschusses den Entwurf nicht mit einfacher Mehrheit ablehnen (Art. 5 Abs. 4 UAbs. 2 c Komitologie-Verordnung).   **11**

In der Praxis sind Prüfverfahren mit über 90 % der Verfahren gegenüber Beratungsverfahren die weitaus häufigsten Komitologieverfahren, die aller-   **12**

---

16 Zur Entwicklung des Komitologieverfahrens und zur Rechtslage vor Inkrafttreten des Vertrags von Lissabon s. nur *Hustedt/Wonka/Blauberger/Töller/Reiter*, S. 106 ff.; *Groß*, Die Legitimation der polyzentralen EU-Verwaltung, S. 36 ff.; übergreifend zur Komitologie als typischem Rückkoppelungsmechanismus *Schmidt-Aßmann*, Verfassungsprinzipien für den Europäischen Verwaltungsverbund, in: Hoffmann-Riem/Schmidt-Aßmann/Voßkuhle, GVwR I², § 5 Rn. 24 a.

17 Fn. 1.

18 Zum Prüfverfahren *Hustedt/Wonka/Blauberger/Töller/Reiter*, S. 115; *Ruffert* in: Schumann: S. 95 (108).

19 *Ruffert* in: Schumann, S. 95 (108).

20 Die ursprüngliche unterschiedliche Gewichtung der Stimmen im Rat nach Art. 3 Abs. 3 des Protokolls über die Übergangsbestimmungen vom 13.12.2007 (ABl. C 306/159) kommt mit dem Inkrafttreten der Datenschutzgrundverordnung nach Art. 99 Abs. 2 DSGVO am 25.5.2018 nicht mehr zur Anwendung.

21 Art. 5 Abs. 3 Komitologie-Verordnung Nr. 182/2011 (Fn. 1).

22 Statt wie nach dem früheren Komitologie-Beschluss dem Rat.

dings nur in den seltensten Fällen zu einer Ablehnung und damit zum Nichterlass einer Maßnahme führen.[23]

4. Durchführungsrechtsakt

13   In Entsprechung zu Art. 291 Abs. 4 AEUV ist in den Titel des Durchführungsrechtsakts das Wort „Durchführungs-" zu ergänzen. Es ist davon auszugehen, dass die Kommission eine entsprechende Durchführungsverordnung erlassen wird.[24]

C. Verhältnis zu anderen Normen

I. Verweisungszusammenhänge innerhalb der Datenschutzgrundverordnung

14   Auch außerhalb des Kohärenzverfahrens ermächtigt die Datenschutzgrundverordnung die Kommission zum Erlass von Durchführungsrechtsakten in Bezug auf den Informationsaustausch: Das standardisierte Format für den interadministrativen elektronischen Informationsaustausch kommt auch im Rahmen der Amtshilfebeziehungen nach Art. 61 DSGVO zur Anwendung, der ebenfalls eine entsprechende Ermächtigung zum Erlass des diesbezüglichen Durchführungsrechtsakts enthält (Art. 61 Abs. 9 DSGVO iVm Art. 61 Abs. 6 DSGVO).

Darüber hinaus kann die Kommission im Wege eines Durchführungsrechtsakts auch das Format und die Verfahren für den Informationsaustausch über verbindliche interne Datenschutzvorschriften im Außenverhältnis, dh zwischen Verantwortlichen, Auftragsverarbeitern und Aufsichtsbehörden, festlegen (Art. 47 Abs. 3 DSGVO).[25]

II. Durchführungsrechtsetzung nach Art. 291 AEUV

15   Die Übertragung der Durchführungsrechtsetzung in Art. 67 DSGVO an die Kommission beruht auf Art. 291 AEUV, der ausdrücklich einen Bedarf nach einheitlichen Bedingungen für eine unionsrechtliche Durchführung der verbindlichen Rechtsakte der Union voraussetzt.[26]

„Durchführung" bezieht sich dabei insbesondere auf Rechtsetzungsakte im mitgliedstaatlichen Vollzug von Unionsrecht. Art. 291 AEUV geht von dem kompetenziellen Grundmodell des Vollzugs des Unionsrechts durch die Mitgliedstaaten aus. Eine Übertragung von Durchführungsbefugnissen an

---

23 Vgl. die Zahlen im Bericht der Kommission an das Europäische Parlament und den Rat über die Durchführung der Verordnung (EU) Nr. 182/2011 vom 26.2.2016 (COM(2016) 92 endg.).

24 Zur Wahl der Rechtsform für Durchführungsrechtsakte s. *Ruffert*, in: Calliess/ Ruffert AEUV Art. 291 Rn. 11; kritisch zur aktuellen Praxis und fehlenden deutlichen Differenzierung zwischen Delegation und Durchführungsrechtssetzung *Chamon* Common Market Law Review 53 (2016), 1501 ff.

25 Vgl. in Bezug auf alle Durchführungsrechtsakte und den Rückgriff auf das Prüfverfahren auch den 168. Erwägungsgrund.

26 Zu diesem Kriterium und der Parallele zum Subsidiaritätsprinzip, das in Art. 291 AEUV in Bezug auf administrative Durchführungsrechtsetzung der Kommission konkretisiert wird, *Ruffert* in: Calliess/Ruffert AEUV Art. 291 AEUV Rn. 6; deutlich enger *Nettesheim* in: Grabitz/Hilf/Nettesheim AEUV Art. 291 Rn. 20 ff. (Stand: EL 47 April 2012).

die Kommission ist daher bereits aufgrund des Prinzips der begrenzten Einzelermächtigung rechtfertigungsbedürftig und wird in Bezug auf die spezifische Vereinheitlichung der Durchführung in Art. 291 Abs. 2 AEUV von dem Erfordernis einheitlicher Bedingungen abhängig gemacht.[27]

Im Falle der Datenschutzgrundverordnung besteht hinsichtlich der technischen Voraussetzungen des Informationsaustauschs, der für die Zusammenarbeit zwischen den Aufsichtsbehörden von zentraler Bedeutung ist, ein offensichtliches Bedürfnis nach einheitlicher Regelung, zum Beispiel in Gestalt eines einheitlichen standardisierten Formats als Ausgangspunkt und Voraussetzung eines effektiven Informationsaustauschs.[28]   **16**

Für die ursprünglich vorgesehenen allgemeinen Verfahrensregeln für das Kohärenzverfahren kann von einem solchen Bedarf nicht gleichermaßen ausgegangen werden. Insbesondere vermag das politische Ziel der Herstellung von Kohärenz allein die Erforderlichkeit einer Regelung im Sinne von Art. 291 AEUV nicht zu begründen. Ein solcher Schluss wäre zirkulär.

Der Rückgriff auf die Komitologie-Verordnung Nr. 182/2011[29] beruht auf   **17**
Art. 291 Abs. 3 AEUV. In der Verordnung haben der Rat und das Europäische Parlament im ordentlichen Gesetzgebungsverfahren die allgemeinen Regeln und Grundsätze, „nach denen die Mitgliedstaaten die Wahrnehmung der Durchführungsbefugnisse durch die Kommission kontrollieren", bestimmt.

Abschnitt 3 Europäischer Datenschutzausschuss

Artikel 68 Europäischer Datenschutzausschuss

(1) Der Europäische Datenschutzausschuss (im Folgenden „Ausschuss") wird als Einrichtung der Union mit eigener Rechtspersönlichkeit eingerichtet.

---

27 Insofern ist es missverständlich, von einer Übertragung oder Verlagerung der Durchführungsbefugnisse auf die Mitgliedstaaten zu sprechen, da die Mitgliedstaaten in Ermangelung einer entgegenstehenden unionsrechtlichen Regelung auch für den Verwaltungsvollzug erstzuständig sind. Insoweit handelt es sich aber auch bei Art. 291 Abs. 1 AEUV lediglich um eine Beschreibung dieses Grundmodells ohne zusätzlichen normativen Gehalt der Festlegung auf ein Regel-Ausnahme-Modell; so schon *Stelkens* EuR 2012, 511 ff.; ähnlich *Nettesheim* in: Grabitz/Hilf/Nettesheim AEUV Art. 291 Rn. 3 ff., 18 (Stand: EL 47 April 2012); anders m. zahlr. weit. Nachweisen *Ruffert* in: Calliess/Ruffert AEUV Art. 291 Rn. 1 ff. Eine Aussage über die Zulässigkeit abweichender Verwaltungsmodelle oder prozeduraler Regelungen in Sekundärrechtsakten kann Art. 291 AEUV demgegenüber nicht entnommen werden.

28 Zur Bedeutung der Koordinierung der Kommunikationsprozesse im Rahmen von One-Stop-Government-Lösungen, wie sie auch von der Datenschutzgrundverordnung eingeführt werden, *Britz*, Elektronische Verwaltung, in: Hoffmann-Riem/Schmidt-Aßmann/Voßkuhle, GVwR II², § 26 Rn. 42.

29 Verordnung (EU) Nr. 182/2011 des Europäischen Parlaments und des Rates vom 16.2.2011 zur Festlegung der allgemeinen Regeln und Grundsätze, nach denen die Mitgliedstaaten die Wahrnehmung der Durchführungsbefugnisse kontrollieren (ABl. 2011 L 55/13).

(2) Der Ausschuss wird von seinem Vorsitz vertreten.

(3) Der Ausschuss besteht aus dem Leiter einer Aufsichtsbehörde jedes Mitgliedstaats und dem Europäischen Datenschutzbeauftragten oder ihren jeweiligen Vertretern.

(4) Ist in einem Mitgliedstaat mehr als eine Aufsichtsbehörde für die Überwachung der Anwendung der nach Maßgabe dieser Verordnung erlassenen Vorschriften zuständig, so wird im Einklang mit den Rechtsvorschriften dieses Mitgliedstaats ein gemeinsamer Vertreter benannt.

(5) [1]Die Kommission ist berechtigt, ohne Stimmrecht an den Tätigkeiten und Sitzungen des Ausschusses teilzunehmen. [2]Die Kommission benennt einen Vertreter. [3]Der Vorsitz des Ausschusses unterrichtet die Kommission über die Tätigkeiten des Ausschusses.

(6) In den in Artikel 65 genannten Fällen ist der Europäische Datenschutzbeauftragte nur bei Beschlüssen stimmberechtigt, die Grundsätze und Vorschriften betreffen, die für die Organe, Einrichtungen, Ämter und Agenturen der Union gelten und inhaltlich den Grundsätzen und Vorschriften dieser Verordnung entsprechen.

Verwandte Normen: ErwGr 139

Literatur:

Albrecht, Das neue EU-Datenschutzrecht – von der Richtlinie zur Verordnung, CR 2016, 88; *Albrecht/Jotzo,* Das neue Datenschutzrecht der EU, Baden-Baden, 2017; *S. Augsberg,* Agencification der Kommissionsverwaltung, in: Terhechte (Hrsg.), Internationale Dimensionen des europäischen Verwaltungsrechts, EuR Beiheft 1 2016, 119; *ders.,* Akteure im Verfahren, in: Leible/ Terhechte (Hrsg.), Europäisches Rechtsschutz- und Verfahrensrecht, Baden-Baden, 2014, § 2, S. 63 ff.; *ders.,* Europäisches Verwaltungsorganisationsrecht und Vollzugsformen, in: Terhechte (Hrsg.), Verwaltungsrecht der Europäischen Union, Baden-Baden, 2011, § 6; *Brühann,* in: Grabitz/Hilf/Nettesheim, Das Recht der Europäischen Union, A.29. Richtlinie 95/46/EG zum Schutz natürlicher Personen bei der Verarbeitung personenbezogener Daten und zum freien Datenverkehr, München, 1999 (EL 13 v. 13.5.1999); *Chamon, Agencification* in the United States and Germany and What the EU Might Learn From It, German Law Journal 17 (2016), 119; *ders.,* EU Agencies, Oxford, 2016; *Dieterich,* Rechtsdurchsetzungsmöglichkeiten der DS-GVO, ZD 2016, 260; *Dix,* Datenschutzaufsicht im Bundesstaat – ein Vorbild für Europa, DuD 2012, 318; *Eekhoff,* Die Verbundaufsicht, Tübingen, 2006; *Görisch,* Demokratische Verwaltung durch Unionsagenturen, Tübingen, 2009; *Groß,* Die Legitimation der polyzentralen EU-Verwaltung, Tübingen, 2015; *Härting,* Datenschutz-Grundverordnung, Köln, 2016; *Harlow/Rawlings,* Process and Procedure in EU Administration, Oxford, 2014; *Kühling,* Die Europäisierung des Datenschutzrechts, Baden-Baden, 2014; *Kaufhold,* Instrumente und gerichtliche Kontrolle der Finanzaufsicht, DV 49 (2016), 339 ff.; *Kühling/Martini,* Die Datenschutz-Grundverordnung: Revolution oder Evolution im europäischen und deutschen Datenschutzrecht?, EuZW 2016, 448; *Kühling/Martini et. al.,* Die DSGVO und das nationale Recht, Münster, 2016; *Ladenburger,* Evolution oder Kodifikation eines allgemeinen Verwaltungsrechts in der EU, in: Trute u.a. (Hrsg.), Allgemeines Verwaltungsrecht – zur Tragfähigkeit eines Konzepts, Tübingen, 2008, S. 107; *Laue/Nink/Kremer,* Das neue Datenschutzrecht in der betrieblichen Praxis, Baden-Baden, 2016; *Masing,* Herausforderungen des Datenschutzes, NJW 2012, 2305; *Nguyen,* Die zukünftige Datenschutzaufsicht in Europa, ZD 2015, 265; *Ohler,* Modelle des Verwaltungsverbunds in der Finanzmarktaufsicht, DV 49 (2016), 309 ff.; *Peuker,* Bürokratie und Demokratie in Europa, Tübingen, 2011; *Priebe,* Agenturen der Europäischen Union – Europäische Verwaltung durch eigenständige Behörden, EuZW 2015, 268; *Schantz,* Die Datenschutz-Grundverordnung – Beginn einer neuen Zeitrechnung im Datenschutzrecht, NJW 2016, 1841; *Schmidt-Aßmann,* Das allgemeine Verwaltungsrecht als Ordnungsidee, 2. Aufl., Berlin, 2004; *ders.,* Verfassungsprinzipien für den Europäischen Verwaltungsverbund, in: Hoffmann-Riem/ Schmidt-Aßmann/Voßkuhle (Hrsg.), Grundlagen des Verwaltungsrechts, Band I, 2. Aufl. (GVwR I²), München, 2012, § 5; *Spiecker gen. Döhmann,* Unabhängigkeit von Datenschutzbehörden als Voraussetzung von Effektivität, in: Kröger/Pilniok (Hrsg.), Unabhängiges Verwalten in der Europäischen Union, Tübingen, 2016, S. 97 ff.; *Sydow,* Externalisierung und institutionelle Ausdifferenzierung, VerwArch 97 (2006), 1 ff.; *Trute,* Die demokratische Legitimation der Verwaltung, in: Hoffmann-Riem/Schmidt-Aßmann/Voßkuhle (Hrsg.), Grundlagen des Verwaltungsrechts, Band I, 2. Aufl. (GVwR I²), München, 2012, § 6.

A. Grundlagen

I. Überblick

1   Art. 68 DSGVO bildet die Grundlage für die Konstituierung und Besetzung des Europäischen Datenschutzausschusses (in der Datenschutzgrundverordnung kurz als „Ausschuss" bezeichnet). Mit dem Inkrafttreten der Verordnung wird der Ausschuss qua Verordnung „als Einrichtung mit eigener Rechtspersönlichkeit" eingesetzt.

Der Ausschuss besteht aus den Leiterinnen und Leitern der mitgliedstaatlichen Aufsichtsbehörden bzw. den gemeinsamen Vertretern aus denjenigen Mitgliedstaaten mit mehreren Aufsichtsbehörden sowie dem Europäischen Datenschutzbeauftragten oder ihren jeweiligen Vertretern. Die Kommission ist lediglich teilnahmeberechtigt, ohne selbst Mitglied des Ausschusses zu sein.

Hauptaufgabe des Ausschusses ist nach Art. 63 und 70 Abs. 1 DSGVO die Sicherstellung der einheitlichen Anwendung der Datenschutzgrundverordnung. Hierzu werden dem Ausschuss neben seiner Einbindung in das Kohärenzverfahren nach Art. 63 ff. DSGVO in Art. 70 DSGVO eine Reihe weiterer Befugnisse zugeschrieben[1].

II. Europäisches Verwaltungsorganisationsrecht: dogmatische Einordnung des Datenschutzausschusses als Agentur im weiteren Sinn

2   Die organisationsrechtliche Einordnung des Datenschutzausschusses bereitet Schwierigkeiten. Kollegial besetzte Ausschüsse werden im Europäischen Unionsrecht vielfältig eingesetzt. Ein klassisches Instrument der Vernetzung bilden die Komitologieausschüsse, die sowohl im Bereich der abgeleiteten Rechtsetzung als auch in der Verwaltungskooperation wesentliche Verbundfunktionen erfüllen[2] – und gemäß Art. 93 DSGVO auch im Rahmen des Datenschutzrechts zum Einsatz kommen (→ Art. 67 Rn. 8; Art. 93 Rn. 17). Auch die Verwaltungsräte der Agenturen sind in der Sache kollegial besetzte Ausschüsse. Ausschüsse dienen vorrangig dazu, den Sachverstand der Mitgliedstaaten zu bündeln, Erfahrungsaustausch und direkte Kontakte zu ermöglichen und ein Forum für die intergouvernementale Verständigung bereit zu halten.[3] Gleichwohl gehen Ausgestaltung und Funktionen des Datenschutzausschusses über die Aufgaben herkömmlicher Ausschüsse hinaus.

---

1   Zu den Aufgaben des Europäischen Datenschutzausschusses im Rahmen der Richtlinie (EU) 2016/680 des Europäischen Parlaments und des Rates vom 27.4.2016 zum Schutz natürlicher Personen bei der Verarbeitung personenbezogener Daten durch die zuständigen Behörden zum Zwecke der Verhütung, Ermittlung, Aufdeckung oder Verfolgung von Straftaten oder der Strafvollstreckung sowie zum freien Datenverkehr und zur Aufhebung des Rahmenbeschlusses 2008/977/JI des Rates (ABl. EU 2016 L 119/89) → Art. 70 Rn. 23.

2   S. nur *Schmidt-Aßmann* in: Hoffmann-Riem/Schmidt-Aßmann/Voßkuhle, GVwR I², § 5 Rn. 24 a; *S. Augsberg* in: Terhechte EU-VerwR § 6 Rn. 68 ff. mwN.

3   S. *Schmidt-Aßmann* in: Hoffmann-Riem/Schmidt-Aßmann/Voßkuhle, GVwR I², § 5 Rn. 23; *S. Augsberg* in: Terhechte EU-VerwR § 6 Rn. 67.

1. Leerstellen des europäischen Verwaltungsorganisationsrechts

In Ermangelung allgemeiner organisationsrechtlicher Vorgaben des Primär- **3** rechts fehlt es jenseits der Komitologieverordnung,[4] der Verordnung über die Externalisierung der Agenturen zur Programmverwaltung[5] und den – rechtlich unverbindlichen – Verlautbarungen der Unionsorgane zu sonstigen Agenturen[6] an organisationsrechtlichen Systementscheidungen.[7] Der europäische Gesetzgeber ist vielmehr grundsätzlich frei, Organisationsmodelle für den Vollzug des Unionsrechts zu entwickeln. Insbesondere stellt auch im Lichte der Bestimmungen des Vertrags von Lissabon das primärrechtliche Grundmodell des mitgliedstaatlichen Vollzugs eher einen faktisch-deskriptiven, denn normativ-begrenzenden Ausgangspunkt für den Unionsrechtsgesetzgeber dar.[8] Infolgedessen scheinen die Rechtfertigungsmöglichkeiten einer Begründung neuer und Ergänzung bestehender Vollzugsstrukturen in Anwendung und Umsetzung des primärrechtlich verankerten Kooperationsprinzips weitgehend unbeschränkt. Rechtliche Grenzen setzen in der Konsequenz lediglich das primärrechtliche Kompetenzgefüge in seiner Konkretisierung durch die Rechtsprechung des Europäischen

---

4   VO (EU) Nr. 182/2011 des Europäischen Parlaments und des Rates v. 16.2.2011 zur Festlegung der allgemeinen Regeln und Grundsätze, nach denen die Mitgliedstaaten die Wahrnehmung der Durchführungsbefugnisse durch die Kommission kontrollieren (ABl. 2011 L 55/13); s. → Art. 67 Rn. 1 mwN.

5   VO (EG) Nr. 58/2003 des Rates v. 19.12.2002 zur Festlegung des Status der Exekutivagenturen, die mit bestimmten Aufgaben bei der Verwaltung von Gemeinschaftsprogrammen beauftragt werden (ABl. 2003 L 11/1); s. auch die VO (EG) Nr. 1653/2004 der Kommission v. 21.9.2004 betr. die Standardhaushaltsordnung für Exekutivagenturen, die mit bestimmten Aufgaben bei der Verwaltung von Gemeinschaftsprogrammen beauftragt werden (ABl. 2004 L 297/6).

6   S. bereits den Entwurf für eine Interinstitutionelle Vereinbarung zur Festlegung von Rahmenbedingungen für die europäischen Regulierungsagenturen KOM(2005) 59 v. 25.2.2005, förmlich zurückgenommen im ABl. 2009 C 71/17; dann die Mitteilung der Kommission an das Europäische Parlament und den Rat v. 11.3.2008 „Europäische Agenturen – Mögliche Perspektiven" (KOM(2008) 135 endg.); weiter das lediglich informelle und sogar ohne förmliche Bekanntgabe beschlossene gemeinsame Konzept für dezentrale Agenturen der EU von Europäischem Parlament, Rat und Kommission vom 12. Juli 2012 („Joint Statement of the European Parliament, the Council of the EU and the European Commission on decentralised agencies", abrufbar unter http://europa.eu/european-union/sites/europaeu/files/docs/body/joint_state-ment_and_common_approach_2012_en.pdf; s. die Pressemitteilung der Kommission v. 13.7.2012 IP/12/604); die Fortschrittsberichte zu diesem gemeinsamen Konzept „Commission progress report on the implementation of the Common Approach" v. 10.12.2013, in dem es in Bezug auf die informelle Übereinkunft heißt: „The Common Approach on EU decentralised agencies agreed in July 2012 by the European Parliament, the Council and the Commission is a very important step for defining a more coherent and efficient framework for the functioning of agencies" und KOM(2015) 179 endg. v. 24.4.2015 (beide abrufbar unter http://europa.eu/european-union/about-eu/agencies/overhaul_de); rechtsförmlich ist lediglich die auf der Grundlage von Art. 208 der EU-Haushaltsordnung erlassene Delegierte Verordnung (EU) Nr. 1271/2013 der Kommission v. 30.9.2013 über die Rahmenfinanzregelung für Einrichtungen gemäß Art. 208 der VO (EU, Euratom) Nr. 966/2012 des Europäischen Parlaments und des Rates (ABl. 2013 L 328/42).

7   So auch S. Augsberg in: Terhechte EU-VerwR § 6 Rn. 81.

8   Etwas enger, aber in der Konsequenz ähnlich Schmidt-Aßmann, Das allgemeine Verwaltungsrecht als Ordnungsidee, 7/8: „Grundlinie mit erheblichen Abweichungstoleranzen"; S. Augsberg in: Terhechte EU-VerwR § 6 Rn. 11.

Gerichtshofs seit der Meroni-Entscheidung[9] und deutlich weniger präzise die Anforderungen europäischer Rechtsstaatlichkeit und demokratischer Legitimation.[10]

4 Diese Grenzen organisationsrechtlicher Gestaltungsfreiheit sind im Bereich der Zusammenarbeit der Behörden im europäischen Verwaltungsverbund nicht klar umrissen. Bereits die Systematisierung der vorhandenen unübersehbaren Organisationsstrukturen bereitet erhebliche Schwierigkeiten. So lässt sich insbesondere die rechtsförmliche Organisation und Institutionalisierung der Zusammenarbeit der mitgliedstaatlichen Behörden in ihren unterschiedlichen Ausprägungen als Agentur, Netzwerk oder Ausschuss nicht allein und auch nicht vorrangig als Externalisierung ursprünglicher Eigenverwaltung aus dem Zuständigkeitsbereich der Kommission verstehen. Verbundaufgaben werden vielmehr vom europäischen Gesetzgeber als solche geschaffen und dabei aus der nationalen Vollzugszuständigkeit gelöst, bzw. wird der getrennte mitgliedstaatliche Vollzug um horizontal-kooperative Elemente ergänzt und durch sie überformt. Zur Sicherung eines unionsweiten kohärenten Verwaltungsvollzugs werden im Falle der Datenschutzaufsicht, aber etwa auch im Bereich der Bankenaufsicht kooperative Vollzugs- und Aufsichtsmechanismen etabliert, die sich qualitativ von der vertikal-linear gegenüber einzelnen Mitgliedstaaten ausgerichteten und auch fortbestehenden Aufsicht der Kommission grundlegend unterscheiden.

2. Organisationsrechtliche Qualifikation des Ausschusses als Agentur im weiteren Sinne

5 Die Datenschutzgrundverordnung setzt den Ausschuss ohne systematische Zuordnung zu einem organisationsrechtlichen Vollzugstypus ein. Es handelt sich eindeutig nicht um einen Komitologieausschuss, der lediglich im Rahmen der Durchführungsrechtsetzung eingebunden wird (→ Art. 67 Rn. 8; Art. 93 Rn. 17). Der Gesetzgeber greift aber auch nicht auf die unterschiedlichen, aber strukturähnlichen Modelle der explizit als solche bezeichneten Agenturen zurück, die trotz gegenteiliger politischer Verlautbarungen immer zahlreicher werden und nicht notwendig den größtenteils unverbindlichen Zielsetzungen einer stärkeren Vereinheitlichung folgen.[11]

6 Im Unterschied zu anderen Einrichtungen mit eigener Rechtspersönlichkeit verfügt der Ausschuss weder über weitere Organe noch über einen festen

9 EuGH – Rs. 9/56, Slg 1958, S. 9 (43 f., 47) – Meroni/Hohe Behörde; EuGH – Rs. 10/56, Slg 1958, S. 53 (80); EuGH –C-270/12, ECLI:EU:C:2014:18, Rn. 41 ff. – ESMA; EuGH – C-217/04, Slg 2006, I-3771, Rn. 44 f. – ENISA; EuG – T-411/06, Slg 2008, II-2771, Rn. 33 ff. – Sogelma/AER.

10 Prägnant *Schmidt-Aßmann* in: Hoffmann-Riem/Schmidt-Aßmann/Voßkuhle, GVwR I², § 5 Rn. 61; *Trute*, ebda, § 6 Rn. 107 ff.; zur primärrechtlichen Vorstrukturierung vgl. *S. Augsberg* in: Terhechte EU-VerwR § 6 Rn. 10 ff.; *Ohler* DV 49 (2016), 309 (320 ff.).

11 S. die Nachweise in Fn. 6 und insbes. das lediglich informelle gemeinsame Konzept der Organe für dezentrale Agenturen vom 12. Juli 2012. Allgemein zu Agenturen, ihrer Entwicklung und systematischen Erfassung *S. Augsberg* in: Terhechte EU-VerwR § 6 Rn. 38 ff. und 73 ff.; zum Reformprozess *Harlow/Rawlings*, Process and Procedure in EU Administration, Oxford 2014, S. 31 ff., insbes. S. 35 f.; *Chamon*, EU Agencies, Oxford 2016, S. 52 ff.

Sitz. Vielmehr scheint nach der Verordnung unmittelbar dem Kollegium selbst Rechtspersönlichkeit zuzukommen, das in seiner Zusammensetzung nicht auf einen fixierten Sitz angewiesen ist. Lediglich die Vertretung durch den Vorsitz und die Bereitstellung eines Sekretariats durch den Europäischen Datenschutzbeauftragten werden in der Verordnung angeordnet.[12] Im Vergleich zu herkömmlichen Agenturen fehlen auch Bestimmungen zum Haushalt, der Rechts- und Geschäftsfähigkeit oder spezifischen, über die periodische Berichtspflicht nach Art. 71 DSGVO hinausgehenden Rechenschaftspflichten.

In seiner Struktur unterscheidet sich der Ausschuss damit wesentlich von den (sonstigen) selbstständigen sog dezentralen oder Regulierungs-Agenturen der Europäischen Union, die regelmäßig ebenfalls mit eigener Rechtspersönlichkeit versehen sind und über eine eigene Verwaltungsstruktur, in der Regel einen Verwaltungsrat als mitgliedstaatlich plural zusammengesetztes kollegiales Leitungsorgan und weitere Organe, verfügen.[13]

Die Einsetzung des Ausschusses stellt im Vergleich zu anderen Agenturgründungen auch keine Dekonzentration und Verselbstständigung unmittelbarer unionaler Kommissionsverwaltung dar; insbesondere handelt es sich nicht um eine Externalisierung der Kommissionsverwaltung als Eigenverwaltung im herkömmlichen Sinn.[14] Durch die Einrichtung des Ausschusses wird vielmehr eine mittelbare Verbundaufsicht begründet und institutionalisiert, die es zuvor in dieser Form nicht gab.[15] Die Errichtung des Ausschusses schafft eine Zwischenebene, indem sie die mitgliedstaatlichen Behörden in horizontaler Hinsicht verknüpft und vernetzt. Zugleich wird diese Verbundaufsicht institutionell fixiert und damit zentralisiert, so dass über unverbindliche Stellungnahmen und verbindliche Entscheidungsmechanismen gegenüber den mitgliedstaatlichen Datenschutzbehörden eine vertikale Aufsichtsstruktur geschaffen wird.[16] **7**

Die dogmatische Einordnung der Organisationsform „Ausschuss mit Rechtspersönlichkeit" ist nicht eindeutig. Struktur und Ausgestaltung legen es nicht nahe, den Ausschuss als (Regulierungs-)Agentur zu verstehen. **8**

---

12 S. Art. 68 Abs. 2, Art. 73 f. und Art. Art. 75 DSGVO.
13 Zur Bezeichnung als dezentrale bzw. Regulierungs-Agenturen s. bereits die in Fn. 6 genannten unverbindlichen Dokumente; aus der Literatur S. *Augsberg* in: Terhechte EU-VerwR § 6 Rn. 38 ff.; *ders.*, EuR–Beiheft 1/2016, 119 (122 ff.); *Priebe* EuZW 2015, 268 ff.; *Chamon* GLJ 16 (2016), 119 (120 ff.); *Groß*, Die Legitimation der polyzentralen Verwaltung, S. 56 ff.; *Peuker*, Bürokratie und Demokratie in Europa, S. 30 ff.; *Görisch*, Demokratische Verwaltung durch Unionsagenturen, insbes. S. 187 ff.; kritisch zur Praxis der Externalisierung insbesondere in Bezug auf Legitimationszusammenhänge bereits *Sydow* VerwArch 97 (2006), 1 ff.
14 S. *Augsberg*, EuR–Beiheft 1/2016, 119 ff. (insbes. 125).
15 S. auch *J. P. Schneider,* in: BeckOK DatenschutzR, 18. Ed., Std. 1.11.2016, Grundlagen und bereichsspezifischer Datenschutz: J. Selbstkontrolle, unabhängige Aufsicht und europäischer Aufsichtsverbund, Rn. 152 zu Aufsichtsverbundstrukturen im Datenschutzrecht. Zu weiteren Erscheinungsformen der Verbundaufsicht s. eingehend *Eekhoff*, Die Verbundaufsicht, insbes. S. 111 ff.
16 Ob diese aus der Kompetenzperspektive "Subsidiaritäts-freundlicher" ist, ist zweifelhaft; so aber *Chamon* GLJ 16 (2016), 119 (122) generell zu Agenturen: „[...] through *agencification* the Member States have secured a more subsidiarity-friendly alternative, escaping the rigid dichotomy of indirect and direct administration laid down in the Treaties".

Rechtspersönlichkeit, Unabhängigkeit wie auch die Funktionen des Ausschusses erinnern jedoch an diejenigen Agenturen, die insbesondere im Bereich der Finanzmarktaufsicht ähnliche Aufgaben der horizontalen Streitbeilegung zwischen zuständigen mitgliedstaatlichen Aufsichtsbehörden und der vertikalen Aufsicht bis zum Selbsteintritt ausüben.

3. Vergleich mit ähnlichen Agenturen

9   Der Vergleich mit Einrichtungen im Bereich der Finanzmarktaufsicht legt eine Qualifikation des Europäischen Datenschutzausschusses als Agentur im weiteren Sinne nahe. Zum einen werden ähnliche Funktionen der Kohärenzsicherung und Streitschlichtung auch von der Europäischen Bankenaufsichtsbehörde erfüllt. Zum anderen wird der ganz ähnlich organisierte Ausschuss für die einheitliche Abwicklung nach der VO (EU) Nr. 806/2014 ausdrücklich als Agentur der Europäischen Union bezeichnet. Der Ausschuss der Mitgliedstaaten zur Anwendung der REACH-Verordnung verfügt demgegenüber nicht über eigene Rechtspersönlichkeit und stellt lediglich ein Organ der ECHA dar.

a) Europäische Bankenaufsichtsbehörde

10   Die Europäische Bankenaufsichtsbehörde ist eine von drei Finanzaufsichtsbehörden, die aus deutlich schwächer institutionalisierten behördlichen Kooperationsforen entwickelt worden sind.[17] Die nach Art. 1 VO (EU) Nr. 1093/2010[18] ausdrücklich als Behörde bezeichnete Europäische Bankenaufsichtsbehörde gleicht in Aufbau und Struktur den klassischen Agenturen.[19] Zu ihren Aufgaben gehört die kohärente, effiziente und wirksame Anwendung des unionalen Finanzmarktrechts einschließlich der Organisation vergleichender Analysen (peer reviews) der zuständigen mitgliedstaatlichen Behörden.

11   Ein zentrales Instrument der VO (EU) Nr. 1093/2010 ist aber ein Art. 65 DSGVO ähnlicher Streitbeilegungsmechanismus zur „Beilegung von Meinungsverschiedenheiten zwischen zuständigen Behörden in grenzübergreifenden Fällen",[20] der auf Ersuchen betroffener zuständiger Behörden oder von Amts wegen initiiert werden kann. Erzielen die Behörden in einem vorgeschalteten Schlichtungsverfahren keine Einigung, kann der Rat der Aufseher als Organ der Europäischen Bankenaufsichtsbehörde einen für die zuständigen Behörden verbindlichen Beschluss fassen.[21] Dieser Rat der Aufseher setzt sich ähnlich wie der Europäische Datenschutzausschuss maßgeblich aus den Leiterinnen und Leitern der zuständigen nationalen

---

17   Erläuternd zum System *Kaufhold* DV 49 (2016), 339 ff.; *Ohler* DV 49 (2016), 309 ff. (318 und 325 zu den sog Level-2-Ausschüssen als Vorläufern der Agenturen).

18   VO (EU) Nr. 1093/2010 des Europäischen Parlaments und des Rates v. 24.11.2010 zur Errichtung einer Europäischen Aufsichtsbehörde (Europäische Bankenaufsichtsbehörde), zur Änderung des Beschlusses Nr. 716/2009/EG und zur Aufhebung des Beschlusses 2009/78/EG der Kommission (ABl. 2010 L 331/12).

19   Vgl. Art. 5, 6 und 7 sowie Art. 40 ff. VO (EU) Nr. 1093/2010 (Fn. 18): eigene Rechtspersönlichkeit und Rechtsfähigkeit, Organe (Rat der Aufseher, Verwaltungsrat, Vorsitzender, Exekutivdirektor und Beschwerdeausschuss), Sitz in London.

20   Vgl. Art. 19 VO (EU) Nr. 1093/2010 (Fn. 18).

21   Art. 19 Abs. 3 iVm Art. 44 VO (EU) Nr. 1093/2010 (Fn. 18).

Aufsichtsbehörden zusammen[22] und beschließt grundsätzlich mit einfacher Mitgliedermehrheit. Auch hier wird somit ein Ausschuss mit verbindlichen Streitentscheidungsrechten zur Verbundaufsicht eingesetzt. Im Unterschied zum Datenschutzrecht verfügt die Europäische Bankenaufsichtsbehörde darüber hinaus auch noch über ein Selbsteintrittsrecht und kann unter bestimmten Voraussetzungen im Einzelfall auch unmittelbar einen Beschluss an das betreffende Finanzinstitut richten, durch den zugleich die zuständigen Behörden gebunden sind.[23]

Die Bedeutung des Streitbeilegungsmechanismus nach Art. 19 Abs. 3 VO (EU) Nr. 1093/2010 erschöpft sich nicht in der Anwendung dieser Verordnung. Vielmehr wird in zahlreichen weiteren Bestimmungen des Finanzmarktaufsichtsrechts auf Art. 19 Abs. 3 verwiesen.[24] Die strukturelle Ähnlichkeit des Instruments mit dem Streitbeilegungsmechanismus im Kohärenzverfahren legt es nahe, hierin einen soweit ersichtlich jüngeren Baustein einer kooperativen Verbundaufsicht zu identifizieren.

Auch im Bankenaufsichtsrecht stellt der Streitbeilegungsmechanismus als Instrument zur Vereinheitlichung der Aufsichtspraxis ein Novum dar, das die Finanzaufsichtsbehörden von anderen Agenturen unterscheidet. Eine weitere strukturelle Gemeinsamkeit der Behörden mit dem Europäischen Datenschutzausschuss bildet ihre strikte Unabhängigkeit sowohl von den Organen der Europäischen Union als auch von den Mitgliedstaaten.[25]

b) Ausschuss für die einheitliche Abwicklung nach der VO (EU) Nr. 806/2014

Explizit als Agentur bezeichnet wird auch der Ausschuss für die einheitliche Abwicklung im Rahmen des einheitlichen Abwicklungsmechanismus 12

---

22 Art. 40 Abs. 1 VO (EU) Nr. 1093/2010 (Fn. 18): Der Rat der Aufseher besteht aus dem nicht stimmberechtigten Vorsitzenden der Europäischen Bankenaufsichtsbehörde, dem Leiter der für die Beaufsichtigung von Kreditinstituten zuständigen nationalen Behörde jedes Mitgliedstaats, einem nicht stimmberechtigten Vertreter der Kommission, einem nicht stimmberechtigten Vertreter der EZB, einem nicht stimmberechtigten Vertreter des ESRB und je einem nicht stimmberechtigten Vertreter der beiden anderen Europäischen Finanzaufsichtsbehörden.
23 Art. 19 Abs. 4 und 5 VO (EU) Nr. 1093/2010 (Fn. 18).
24 Vgl. Art. 41 Abs. 2, 43 Abs. 2, 50 Abs. 4 und 5, 51 Abs. 2, 112 Abs. 2, 113 Abs. 32, 116 Abs. 9 und Art. 117 Abs. 2 RL 2013/36/EU des Europäischen Parlaments und des Rates v. 26.6.2013 über den Zugang zur Tätigkeit von Kreditinstituten und die Beaufsichtigung von Kreditinstituten und Wertpapierfirmen, zur Änderung der RL 2002/87/EG und zur Aufhebung der RL 2006/48/EG und 2006/49/EG (ABl. 2013 L 176/338); Art. 45 Abs. 9 und 10 RL 2014/59/EU des Europäischen Parlaments und des Rates v. 15.5.2014 zur Festlegung eines Rahmens für die Sanierung und Abwicklung von Kreditinstituten und Wertpapierfirmen und zur Änderung der RL 82/891/EWG des Rates, der RL 2001/24/EG, 2002/47/EG, 2004/25/EG, 2005/56/EG, 2007/36/EG, 2011/35/EU, 2012/30/EU und 2013/36/EU sowie der VO (EU) Nr. 1093/2010 und (EU) Nr. 648/2012 des Europäischen Parlaments und des Rates (ABl. 2014 L 173/190).
25 *Ohler* DV 49 (2016), 309 (325 f.): „Insgesamt bedeutet die Errichtung daher ein völlig neues Kapitel in der Beaufsichtigung der Finanzmärkte".

nach der VO (EU) Nr. 806/2014.[26] Ziel dieses Ausschusses ist die kohärente Anwendung hoher Abwicklungsstandards. Hierzu überwacht der Ausschuss gemäß Art. 28 iVm Art. 18 IV der VO (EU) Nr. 806/2014 sorgfältig die Umsetzung des von ihm an die zuständigen nationalen Abwicklungsbehörden gerichteten Abwicklungskonzepts, mit dem diese zum Ergreifen der erforderlichen Maßnahmen verbindlich angewiesen werden. Der Ausschuss verfügt darüber hinaus über umfassende Einzelweisungs- und Selbsteintrittsrechte.[27] Nach Art. 42 Abs. 1 der VO (EU) Nr. 806/2014 wird der Ausschuss mit der Verordnung geschaffen und besitzt eigene Rechtspersönlichkeit. Ausdrücklich heißt es weiter: „Der Ausschuss ist eine Agentur der Union mit einer seinen Aufgaben entsprechenden Struktur."

Wie auch der Datenschutzausschuss besteht der Ausschuss für die einheitliche Abwicklung im Rahmen der unionalen Bankenaufsicht lediglich aus dem Kollegialorgan, ohne über den Vorsitz hinaus über weitere Organe zu verfügen.[28] Allerdings trifft die Verordnung in Art. 43 Abs. 5 eine Regelung zur „Verwaltungs- und Managementstruktur des Ausschusses", die eine Plenarsitzung, eine Präsidiumssitzung, einen Vorsitzenden und ein Sekretariat für die administrative und technische Unterstützung umfasst.[29] Als Sitz des Ausschusses wird in Art. 48 VO (EU) Nr. 806/2014 ausdrücklich Brüssel bestimmt.[30]

c) Ausschuss der Mitgliedstaaten

13   Strukturelle Ähnlichkeiten ergeben sich auch zu dem Ausschuss der Mitgliedstaaten im Rahmen der REACH-Verordnung.[31] Auch dieser aus Vertretern der Mitgliedstaaten zusammengesetzte Ausschuss[32] wird in die Klä-

---

26   VO (EU) Nr. 806/2014 des Europäischen Parlaments und des Rates vom 15.7.2014 zur Festlegung einheitlicher Vorschriften und eines einheitlichen Verfahrens für die Abwicklung von Kreditinstituten und bestimmten Wertpapierfirmen im Rahmen eines einheitlichen Abwicklungsmechanismus und eines einheitlichen Abwicklungsfonds sowie zur Änderung der Verordnung (EU) Nr. 1093/2010 (ABl. 2014 L 225/1); auf den Ausschuss als Agentur wird explizit auch in dem Bericht der Kommission v. 24.4.2015 über die Fortschritte bei der Umsetzung des gemeinsamen Konzepts für dezentrale Agenturen der EU (KOM(2015) 129 endg., unter 1.a)) Bezug genommen.
27   Vgl. Art. 29 VO (EU) Nr. 806/2014 (Fn. 26).
28   Art. 43 VO (EU) Nr. 806/2014 (Fn. 26): Der Ausschuss setzt sich aus dem Vorsitzenden, vier weiteren Vollzeitmitgliedern und je einem von jedem teilnehmenden Mitgliedstaat benannten Mitglied zur Vertretung der nationalen Abwicklungsbehörden zusammen, die jeweils gleiches Stimmrecht haben. Kommission und EZB sind als ständige Beobachter im Ausschuss vertreten.
29   Zu diesen einzelnen Elementen der „Verwaltungs- und Managementstruktur" enthält die Verordnung weitere ausführliche Regelungen in Art. 50 ff. VO (EU) Nr. 806/2014 (Fn. 26).
30   Eher klassische Agenturstrukturen weist demgegenüber der Europäische Ausschuss für Systemrisiken nach der VO (EU) Nr. 1092/2010 des Europäischen Parlaments und des Rates v. 24.11.2010 über die Finanzaufsicht der Europäischen Union auf Makroebene und zur Errichtung eines Europäischen Ausschusses für Systemrisiken (ABl. 2010 L 331/1) auf.
31   VO (EU) Nr. 1907/2006 des Europäischen Parlaments und des Rates v. 18.12.2006 zur Registrierung, Bewertung, Zulassung und Beschränkung chemischer Stoffe (REACH), zur Schaffung einer Europäischen Chemikalienagentur [...] (ABl. 2006 L 396/1).
32   Art. 85 Abs. 3 REACH-VO (Fn. 31).

rung von Meinungsverschiedenheiten zu Entscheidungsentwürfen der Agentur oder der Mitgliedstaaten einbezogen.[33]

Allerdings handelt es sich bei diesem Ausschuss ausdrücklich um ein Organ der ECHA und nicht um eine eigenständige europäische Agentur.[34] Im Unterschied zum Europäischen Datenschutzausschuss kann der Ausschuss der Mitgliedstaaten im Rahmen von REACH verbindliche Entscheidungen in Zuständigkeitskonflikten oder zu Entscheidungsentwürfen im Rahmen der Dossierbewertung nur einstimmig treffen; andernfalls trifft die Kommission die Entscheidung über die zuständige nationale Behörde etwa für eine Stoffbewertung oder die Entscheidung zu Dossierbewertung im Komitologieverfahren.[35] Auch im Falle der Einstimmigkeit in Bezug auf den Entwurf einer Entscheidung zur Dossierbewertung wird die Entscheidung selbst nicht vom Ausschuss, sondern von der Agentur getroffen, so dass auch nur gegen diese ein Widerspruch bei der Widerspruchskammer eingelegt werden kann.[36]

4. Konsequenzen der Charakterisierung als Agentur im weiteren Sinne

Allerdings sind mit der Qualifikation des Europäischen Datenschutzausschusses als Agentur im weiteren Sinne keine unmittelbaren rechtlichen Konsequenzen verbunden, da auch die übrigen Agenturen jenseits ihrer rechtlichen Eigenständigkeit und Unabhängigkeit bislang keinem gemeinsamen übergreifenden organisationsrechtlichen Rechtsregime unterliegen.[37] Die Unterwerfung unter die Gerichtsbarkeit des EuGH wie auch die Anknüpfung primärrechtlicher Bindungen hängt wiederum nicht an der Qualifikation als Agentur, da auch die Verträge lediglich von „Einrichtungen und sonstigen Stellen der Union" sprechen.[38] Die gerichtliche Kontrolle durch den EuGH dürfte gleichwohl einer der maßgeblichen Gründe für die Wahl der Organisationsform und die Zuerkennung eigener Rechtspersönlichkeit sein. Insofern kann auch die Qualifikation als Agentur zu Klarstellung beitragen.

Aus der Perspektive der Rechtswissenschaft erscheint eine rechtsdogmatische organisationsrechtliche Einordnung des Ausschusses weiter hilfreich, da eine solche Systematisierung die vergleichende Analyse möglicher rechtlicher Anforderungen eröffnet und damit einen wesentlichen Beitrag zur Ausbildung eines europäischen Verwaltungsorganisationsrechts leisten kann.

Zudem spiegelt die Entwicklungsgeschichte des Ausschusses von der Gruppe zur Einrichtung mit Rechtspersönlichkeit eine typische Genese europäischer Institutionen der Verwaltungskooperation wider: lose Kopplungen

14

---

33 Art. 76 Abs. 1 e REACH-VO (Fn. 31).
34 Art. 76 Abs. 1 REACH-VO (Fn. 31): „Die Agentur besteht aus a) einem Verwaltungsrat […]; b) einem Direktor […]; e) einem Ausschuss der Mitgliedstaaten […]".
35 Art. 45 Abs. 3 und Art. 51 Abs. 4–7 REACH-VO (Fn. 31).
36 Art. 51 Abs. 6 REACH-VO (Fn. 31).
37 S. bereits die Nachweise zu lediglich unverbindlichen Vereinheitlichungsbemühungen in Fn. 6. Für eine allgemeine sekundärrechtliche Regelung *Chamon* GLJ 16 (2016), 119 (150 ff.).
38 Vgl. nur Art. 263 Abs. 5 und Art. 265 Abs. 1 S. 2 AEUV.

erfahren eine rechtliche Verfestigung im Wege der „Agencification" und bilden damit letztlich einen Mechanismus der Zentralisierung.[39] Nicht zuletzt verhilft die Institutionalisierung der Europäischen Union zu einem dauerhaften Kompetenzzuwachs im Verwaltungsverbund, da ein anderes Zurechnungssubjekt für die gebündelten Handlungen horizontal kooperierender Verwaltungen neben den Mitgliedstaaten einerseits und der Europäischen Union andererseits nicht existiert.

III. Bisherige Rechtslage

15 Der Ausschuss unterscheidet sich fundamental von seinem Vorläufer, der sog Art. 29-Datenschutzgruppe nach Art. 29 der Datenschutz-RL (hierzu bereits bei → Art. 63 Rn. 6). Zwar gleichen sich die Zusammensetzung und auch die Aufgaben der jeweils kollegial verfassten, sekundärrechtlich vorgesehenen Gremien. Der Ausschuss tritt nach Art. 94 Abs. 2 S. 2 DSGVO in die Rolle der Art. 29-Datenschutzgruppe ein.[40]

Den entscheidenden Unterschied bewirken aber die Ermächtigung des Ausschusses zu verbindlichen Entscheidungen gegenüber den nationalen Aufsichtsbehörden, die seine Rolle im Europäischen Verwaltungsverbund kategorial verändert, sowie seine rechtliche Verselbstständigung und Verstetigung als Einrichtung der Europäischen Union mit eigener Rechtspersönlichkeit. Von einem rein beratenden, nur teilweise formalisierten Netzwerk nationaler Behördenvertreter ohne Rechtspersönlichkeit avanciert der Ausschuss zu einer Agentur im weiteren Sinne mit eigener Rechtspersönlichkeit.

Auch das Besetzungsverfahren des Ausschusses hat eine jedenfalls für Deutschland wesentliche Änderung erfahren: Während nach Art. 29 Abs. 2 UAbs. 2 DSRL in Mitgliedstaaten mit mehreren Kontrollstellen diese einen gemeinsamen Vertreter ernennen mussten, ist dies nach Art. 68 Abs. 4 DSGVO zwar noch möglich, aber nicht mehr ausdrücklich vorgesehen.

B. Kommentierung

I. Einrichtung der Union mit eigener Rechtspersönlichkeit (Abs. 1)

1. Einsetzung

16 Agenturen mit eigener Rechtspersönlichkeit als dekonzentrierte Einrichtungen der Europäischen Union werden grundsätzlich durch Sekundärrechtsakt geschaffen. Regelmäßig wird ihr Sitz festgelegt und durch ein Sitzabkommen mit dem betreffenden Mitgliedstaat konkretisiert (allgemein zu Agenturen s. bereits bei → Rn. 2).

17 Im Falle des Europäischen Datenschutzausschusses scheint die rechtliche Beurteilung allerdings diffiziler: Zwar sieht Art. 68 Abs. 1 DSGVO seine Einrichtung mit eigener Rechtspersönlichkeit vor („wird eingerichtet") und

---

39 So auch S. *Augsberg* in: Terhechte EU-VerwR § 6 Rn. 77; *ders.* EuR–Beiheft 1/2016, 119 ff.; anders *Chamon* GLJ 16 (2016), S. 119 (122). Ein Beispiel für die Entwicklung von Ausschüssen zu Agenturen bilden auch die Europäischen Finanzmarktagenturen; dazu *Ohler* DV 49 (2016), 309 (318 und 325 zu den sog Level-2-Ausschüssen als Vorläufern der Agenturen) sowie oben bei → Rn. 10.
40 Verweise auf die Gruppe gelten als Verweise auf den Ausschuss.

bestimmt in Abs. 2 den nach Art. 73 DSGVO zu wählenden, ebenfalls kollegial besetzten Vorsitz zum Vertreter des Ausschusses. Die Verordnung enthält darüber hinaus jedoch keine agentur-typischen Bestimmungen hinsichtlich des Sitzes oder der Organe des Ausschusses.

Während andere Agenturen direkt durch den Sekundärrechtsakt errichtet werden, scheint auch dies im Fall des Europäischen Datenschutzausschusses weniger eindeutig, da der Ausschuss mit der Agentur gleichzusetzen ist, ihm selbst die Rechtspersönlichkeit zukommt und damit ohne seine Konstituierung als Kollegium kein Subjekt existiert, dem die Rechtspersönlichkeit unmittelbar auf der Grundlage der Datenschutzgrundverordnung zugewiesen werden könnte. Die Konstituierung des Ausschusses, der im Unterschied zu anderen Agenturen gerade nicht nur Organ der Einrichtung mit Rechtspersönlichkeit ist, sondern diese unmittelbar selbst verkörpert, ist damit eine notwendige Voraussetzung für die Existenz der Einrichtung mit eigener Rechtspersönlichkeit.[41]

Da die Mitglieder des Ausschusses jedenfalls in Mitgliedstaaten mit mehr als einer Aufsichtsbehörde wie Deutschland auch nicht bereits aufgrund der sekundärrechtlichen Regelung feststehen,[42] muss sich der Ausschuss nach der Benennung der Vertreter durch die Mitgliedstaaten mit mehr als einer Behörde in seiner ersten Sitzung selbst als Kollegium konstituieren, indem er sich gemäß Art. 72 Abs. 2 DSGVO mit 2/3 Mehrheit der Mitglieder eine Geschäftsordnung gibt und seine Arbeitsweise festlegt und nach Art. 73 Abs. 1 DSGVO mit einfacher Mehrheit den Vorsitz und seine Stellvertreter wählt. Da jeder Mitgliedstaat ebenso wie auch der Europäische Datenschutzbeauftragte zur Mitwirkung verpflichtet ist, kann ein Mitgliedstaat die Konstituierung auch nicht endgültig verhindern.

2. Grundregeln für die Besetzung

Der Ausschuss setzt sich im Grundsatz aus den Leiterinnen und Leitern der nationalen Aufsichtsbehörden und dem Europäischen Datenschutzbeauftragten zusammen. Ein Kommissionsvertreter ist lediglich ohne Stimmrecht teilnahme- und informationsberechtigt. Der Kommissionvertreter ist damit nicht Mitglied des Kollegiums und kann insbesondere auch nicht als Vorsitzender bestimmt werden.

In Bezug auf Bundesstaaten wie Deutschland, in denen die Zuständigkeiten föderal auf mehrere Aufsichtsbehörden verteilt sind, überlässt die Datenschutzgrundverordnung den Mitgliedstaaten die Benennung eines gemeinsamen Vertreters der Aufsichtsbehörden, verpflichtet sie aber dazu, diese Benennung auf der Grundlage des nationalen Rechts vorzunehmen.[43]

18

---

41 Allerdings dürfte es sich hierbei um ein bloß theoretisches Problem handeln, da in der Praxis der Ausschuss ohnehin erst mit seiner Konstituierung handlungsfähig und damit Subjekt und Objekt von Rechten und Pflichten sein kann, so dass es auf den konkreten Zeitpunkt seiner Errichtung kaum ankommen dürfte.

42 Vgl. Art. 68 Abs. 4 DSGVO. Daher scheidet auch ein nahtloser Übergang von der Art. 29-Datenschutzgruppe grundsätzlich aus.

43 S. auch Art. 51 Abs. 3 und 4 DSGVO: Verpflichtung zur Mitteilung der nationalen Umsetzungsvorschriften bzgl. der nationalen Aufsichtsbehörden bis zum 25.5.2018.

II. Vertretung durch den Vorsitz (Abs. 2)

19   Nach Art. 68 Abs. 2 DSGVO wird der Ausschuss durch seinen Vorsitz vertreten, der nach Art. 73 Abs. 1 DSGVO mit einfacher Mehrheit aus dem Kreis der Mitglieder des Ausschusses gewählt wird. Den Vorsitz bilden der Vorsitzende und seine beiden Stellvertreter, deren Amtszeit nach Art. 73 Abs. 2 DSGVO jeweils fünf Jahre beträgt; sie können einmalig wieder gewählt werden.

Die Aufgaben des Vorsitzes regelt Art. 74 Abs. 1 DSGVO. Der Ausschuss selbst muss die Verteilung der Aufgaben innerhalb des Vorsitzes in seiner Geschäftsordnung festlegen.

III. Zusammensetzung des Ausschusses (Abs. 3 und 4)

1. Leiterinnen und Leiter einer Aufsichtsbehörde jedes Mitgliedstaats

20   Nach Art. 68 Abs. 3 DSGVO besteht der Ausschuss aus dem Leiter einer Aufsichtsbehörde jedes Mitgliedstaats und dem Europäischen Datenschutzbeauftragten oder ihren jeweiligen Vertretern. Damit kommt den Mitgliedstaaten grundsätzlich kein Spielraum bei der Besetzung des Ausschusses zu. Vielmehr ist gewährleistet, dass die Aufsichtsbehörden selbst, soweit sie alleinzuständig sind, bzw. ein Vertreter mehrerer Aufsichtsbehörden im Ausschuss vertreten sind.[44]

21   Organisation, Aufgaben und Verfahren der Aufsichtsbehörden werden in Art. 51 ff. DSGVO näher ausgestaltet.[45] Entscheidend auch für die Besetzung des Ausschusses ist die in Art. 52 DSGVO angeordnete völlige Unabhängigkeit und Weisungsungebundenheit der nationalen Aufsichtsbehörden und ihrer Mitglieder.[46] Die „Mitglieder" der Aufsichtsbehörde unterscheiden sich vom (sonstigen) Personal der Aufsichtsbehörde, das der Leitung des Mitglieds oder der Mitglieder untersteht.[47] Für die Mitglieder der Aufsichtsbehörden ordnet Art. 53 DSGVO die Ernennung durch das Parlament, die Regierung, das Staatsoberhaupt oder eine unabhängige nationale Stelle in einem transparenten Verfahren an und setzt hierfür ihre besondere Qualifikation, Erfahrung und Sachkunde voraus.[48]

Bei den im Ausschuss vertretenen Leiterinnen und Leitern der nationalen Aufsichtsbehörden handelt es sich notwendig um „Mitglieder" dieser Aufsichtsbehörden, die in Übereinstimmung mit den Anforderungen von Art. 52 und 53 DSGVO zu ernennen sind. Der Europäische Datenschutz-

---

44   Auch das Prinzip der federführenden Aufsichtsbehörde beruht grundsätzlich auf der alleinigen Zuständigkeit einer nationalen Aufsichtsbehörde; vgl. Art. 4 Nr. 21 DSGVO („Aufsichtsbehörde" [bezeichnet] eine von einem Mitgliedstaat gemäß Artikel 51 eingerichtete unabhängige staatliche Stelle) und Art. 56 DSGVO (Zuständigkeit der federführenden Aufsichtsbehörde).

45   S. Art. 51 ff.

46   S. auch Art. 39 S. 2 EUV, Art. 16 Abs. 2 S. 2 AEUV und Art. 8 Abs. 3 GRC; noch in Bezug auf Art. 28 Abs. 1 UAbs. 2 DS-RL 95/46 EuGH – C-518/07, Slg 2010; I-1885 (Rn. 17 ff.) – Kommission/Deutschland; C-614/10, Slg 2012, ECLI:EU:C: 20112:631 (Rn. 36 ff.) – Kommission/Österreich; C-288/12, ECLI:EU:C:2014:237 (Rn. 47 ff.) – Kommission/Ungarn; → Art. 69 Rn. 4 ff.

47   Art. 52 Abs. 2 und 5 DSGVO.

48   Um die Unabhängigkeit der Mitglieder zu garantieren, normiert Art. 53 Abs. 3 und 4 DSGVO die Gründe für eine vorzeitige Amtsbeendigung.

beauftragte wurde mit Art. 41 der Verordnung (EG) Nr. 45/2001[49] als unabhängige Kontrollbehörde für die Verarbeitung personenbezogener Daten
durch die Organe und Einrichtungen der Gemeinschaft zum Schutz der
Grundrechte und Grundfreiheiten natürlicher Personen eingerichtet.

2. Europäischer Datenschutzbeauftragter

Neben den Leiterinnen und Leitern der nationalen Aufsichtsbehörden ist   22
der Europäische Datenschutzbeauftragte bzw. sein Vertreter Mitglied des
Europäischen Datenschutzausschusses. Auch der Europäische Datenschutzbeauftragte übt sein Amt gemäß Art. 44 VO (EG) Nr. 45/2001 in
völliger Unabhängigkeit aus. Er/Sie wird vom Europäischen Parlament und
vom Rat auf Vorschlag der Kommission im gegenseitigen Einvernehmen
für eine Amtszeit von fünf Jahren ernannt.[50]

3. Gemeinsamer Vertreter bei mehreren Aufsichtsbehörden eines Mitgliedstaats

a) Allgemeine Regelung

Die Bestimmung des gemeinsamen Vertreters der Aufsichtsbehörden in   23
Mitgliedstaaten mit mehr als einer Aufsichtsbehörde obliegt gemäß Art. 68
Abs. 4 DSGVO diesem Mitgliedstaat, der hierfür die entsprechenden recht-
lichen Regelungen zu erlassen hat.[51]

b) Benennung des deutschen gemeinsamen Vertreters
aa) Bisherige Rechtslage: Art. 29-Datenschutzgruppe

Bisher einigten sich die Datenschutzbeauftragten des Bundes und der Län-   24
der selbstständig im Rahmen der Konferenz der unabhängigen Datenschutzbehörden des Bundes und der Länder auf ihre Vertretung in der
Art. 29-Datenschutzgruppe[52] und bestimmten den bzw. die Bundesbeauftragte für den Datenschutz und die Informationsfreiheit als gemeinsame
Vertreterin und einen Landesvertreter als Stellvertreter. Auch die Abstimmung zwischen dem Bund und den Ländern erfolgte bislang innerhalb der
übergreifenden Datenschutzkonferenz bzw. dem sog Düsseldorfer Kreis.

---

49 VO (EG) Nr. 45/2001 des Europäischen Parlaments und des Rates v. 18.12.2000
    zum Schutz natürlicher Personen bei der Verarbeitung personenbezogener Daten
    durch die Organe und Einrichtungen der Gemeinschaft und zum freien Datenver-
    kehr (ABl. 2001 L 8/1).
50 Der Europäische Datenschutzbeauftragte und der stellvertretende Datenschutzbe-
    auftragte werden nach Art. 42 VO (EG) Nr. 45/2001 ernannt.
51 S. auch Art. 51 Abs. 3 DSGVO: „Gibt es in einem Mitgliedstaat mehr als eine Auf-
    sichtsbehörde, so bestimmt dieser Mitgliedstaat die Aufsichtsbehörde, die diese Be-
    hörden im Ausschuss vertritt, und führt ein Verfahren ein, mit dem sichergestellt
    wird, dass die anderen Behörden die Regeln für das Kohärenzverfahren nach Arti-
    kel 63 einhalten."
52 Zur Artikel 29-Datenschutzgruppe s. *Holznagel/Dietze* in: Schulze/Zuleeg/Kadel-
    bach HdB-EuropaR § 37 Rn. 29; *Brühann* in: Grabitz/Hilf, 40. Aufl. 2009, Art. 29
    RL 95/46/EG Rn. 6.

bb) Referentenentwurf des Bundesministeriums des Innern für ein Gesetz zur Anpassung des Datenschutzrechts an die Datenschutzgrundverordnung[53]

25   Wie bereits der erste Entwurf eines Gesetzes zur Anpassung des Datenschutzrechts an die Datenschutz-Grundverordnung[54] sieht auch der jüngste, vom Kabinett beschlossene Gesetzentwurf zur Umsetzung der DSGVO in das deutsche Recht vor, den oder die Bundesbeauftragte(n) für den Datenschutz und die Informationsfreiheit als gemeinsamen Vertreter der deutschen Aufsichtsbehörden im Europäischen Datenschutzausschuss zu bestimmen, um „der Stimme der deutschen Aufsichtsbehörden im Europäischen Datenschutzausschuss Gewicht zu verleihen" und „das bewährte Modell der deutschen Repräsentation in der Artikel 29-Gruppe" fortzuführen.[55]

26   Die im Frühjahr 2017 vorgeschlagene Bestimmung lautet wie folgt:

„*§ 17 BDSG: Vertretung im Europäischen Datenschutzausschuss, zentrale Anlaufstelle*

(1) Gemeinsamer Vertreter im Europäischen Datenschutzausschuss und zentrale Anlaufstelle ist die oder der Bundesbeauftragte (gemeinsamer Vertreter). Als Stellvertreterin oder Stellvertreter des gemeinsamen Vertreters wählt der Bundesrat eine Leiterin oder einen Leiter der Aufsichtsbehörde eines Landes (Stellvertreter). Die Wahl erfolgt für fünf Jahre. Mit dem Ausscheiden aus dem Amt als Leiterin oder Leiter der Aufsichtsbehörde eines Landes endet zugleich die Funktion als Stellvertreter. Wiederwahl ist zulässig.

(2) Der gemeinsame Vertreter überträgt in Angelegenheiten, die die Wahrnehmung einer Aufgabe betreffen, für welche die Länder alleine das Recht zur Gesetzgebung haben, oder welche die Einrichtung oder das Verfahren von Landesbehörden betreffen, dem Stellvertreter auf dessen Verlangen die Verhandlungsführung und das Stimmrecht im Europäischen Datenschutzausschuss."

Zugleich soll der Bundesbeauftrage für den Datenschutz auch die Aufgabe der zentralen Anlaufstelle im Sinne des 119. Erwägungsgrundes der DSGVO übernehmen.

27   Der Bund möchte mit dieser Regelung strukturelle Parität im Datenschutzausschuss zu den übrigen Mitgliedstaaten mit nur einer Aufsichtsbehörde herstellen und beruft sich hierfür auf seine Außenvertretungskompetenz nach Art. 23 GG und dem Gesetz über die Zusammenarbeit von Bund und Ländern in Angelegenheiten der EU (EUZ-BLG). Zusätzlich wird in der Begründung auf die Erfahrungen der oder des Bundesbeauftragten in der Artikel 29-Datenschutzgruppe verwiesen.[56]

---

53   Entwurf eines Gesetzes zur Anpassung des Datenschutzrechts an die Verordnung (EU) 2016/679 und zur Umsetzung der Richtlinie (EU) 2016/680 (Datenschutz-Anpassungs- und Umsetzungsgesetz EU – DSAnpUG-EU).
54   Referentenentwurf des Bundesministeriums des Innern aus dem August 2016.
55   § 17 Abs. 1 S. 1 des am 1.2.2017 vom Kabinett beschlossenen Entwurfs, S. 89 ff. der Begründung (Pressemitteilung v. 1.2.2017).
56   Vgl. S. 90 des Entwurfs.

Als Stellvertreter soll der Leiter oder die Leiterin einer Aufsichtsbehörde ei-   28
nes Landes fungieren, der vom Bundesrat gewählt wird.[57] Der Regierungsentwurf geht davon aus, dass auch der Ländervertreter nicht nur im Vertretungsfall, sondern generell teilnahmeberechtigt ist, um „Gewähr für die
Wahrung der Länderbelange und die Sicherstellung des Informationsflusses
zu den Aufsichtsbehörden der Länder" zu bieten. Auf sein oder ihr Verlangen soll der Bundesbeauftragte dem Ländervertreter im ausschließlichen
Kompetenzbereich der Länder auch die Verhandlungsführung und das
Stimmrecht übertragen.

Mit der Wahl durch den Bundesrat formalisiert der Gesetzentwurf das   29
Auswahlverfahren auf Kosten einer einvernehmlichen Lösung der Leiterinnen und Leiter der Aufsichtsbehörden der Länder, wie sie zur Bestimmung
eines Ländervertreters in der Artikel 29-Datenschutzgruppe bislang außerhalb gesetzlicher Regelungen in der Konferenz der unabhängigen Datenschutzbehörden des Bundes und der Länder praktiziert wurde.[58]

4. Vertreterinnen und Vertreter der Leiter bzw. des Europäischen Datenschutzbeauftragten

Seinem Wortlaut zufolge besteht der Europäische Datenschutzausschuss   30
aus den Leiterinnen und Leitern der Aufsichtsbehörden und dem Europäischen Datenschutzbeauftragten oder ihren jeweiligen Vertretern. Die Regelung ist so zu verstehen, dass der Ausschuss sich grundsätzlich aus den
Leitungspersönlichkeiten zusammensetzt, diese aber auch von ihren Vertreterinnen und Vertretern vertreten werden können. Die Vertreter sind nicht
generell ebenfalls Mitglieder des Datenschutzausschusses, sondern nur im
Vertretungsfall nach Art. 68 Abs. 3 DSGVO stimmberechtigt. Das Teilnahmerecht dürfte demgegenüber nicht auf den Vertretungsfall begrenzt sein,
da schon aus Effektivitätsgründen ggf. eine doppelte Vertretung im Ausschuss geboten sein kann.[59]

IV. Beteiligung der Kommission (Abs. 5)

Nach Art. 68 Abs. 5 DSGVO ist die Kommission berechtigt, ohne Stimm-   31
recht an den Tätigkeiten und Sitzungen des Ausschusses teilzunehmen. Sie
benennt hierzu einen Vertreter für den Europäischen Datenschutzausschuss
und wird durch den Vorsitz des Ausschusses über die Tätigkeiten des Ausschusses unterrichtet.

1. Teilnahme an Tätigkeiten und Sitzungen ohne Stimmrecht

Die lediglich beobachtende Stellung der Kommission im Ausschuss spiegelt   32
ihre Rolle im Rahmen der Datenschutzaufsicht nach der Datenschutz-
grundverordnung insgesamt wider. Die Kommission ist selbst nicht als

---

57 Ausführlich zu den unterschiedlichen Möglichkeiten einer Bestimmung der deut-
    schen Vertreter im Europäischen Datenschutzausschuss *Kühling/Martini et al.*, Die
    DSGVO und das nationale Recht, S. 136 ff., 265 ff.
58 Hierzu und zu weiteren Modellen einer institutionellen Vorstrukturierung *Kühling/
    Martini et al.*, Die DSGVO und das nationale Recht, S. 150 ff., 265 ff.
59 Dagegen *Kühling/Martini et al.*, Die DSGVO und das nationale Recht, S. 144 f.

Mitglied im Europäischen Datenschutzausschuss vertreten[60] und verfügt insbesondere nicht über das Stimmrecht. Allerdings kann sie durch einen Vertreter an den Tätigkeiten und Sitzungen des Ausschusses teilnehmen, wobei unklar ist, welche Konsequenzen die Kommission aus dieser Teilnahme überhaupt ziehen kann, da der Ausschuss insbesondere auch gegenüber der Kommission völlig unabhängig ist.

Die Kommission ist nach Art. 69 Abs. 2 iVm Art. 70 Abs. 1 b und Abs. 2 DSGVO lediglich berechtigt, den Ausschuss um Rat zu ersuchen „in allen Fragen, die im Zusammenhang mit dem Schutz personenbezogener Daten in der Union stehen, einschließlich etwaiger Vorschläge zur Änderung dieser Verordnung".

33 In jedem Fall sind damit Weisungen der Kommission gegenüber dem Ausschuss ausgeschlossen. Nach der Rechtsprechung des EuGH müsste aber auch jede Art einer beratenden Beteiligung der Kommission in den Sitzungen dem vom Gerichtshof geforderten, denkbar weiten Postulat „völliger Unabhängigkeit" zuwiderlaufen.[61] Gleichwohl ist nach der Zielrichtung der Verordnung, die auch eine Zusammenarbeit zwischen Ausschuss und Kommission nicht grundsätzlich ausschließt, davon auszugehen, dass der Kommissionsvertreter im Ausschuss nicht lediglich ein passives Anwesenheitsrecht innehat, sondern insbesondere auch zu konstruktiver beratender Mitarbeit berechtigt ist. Da die Kommission keine Aufsicht ausüben darf, wäre es unsinnig, ihren Vertreter auf eine Beobachterrolle zu verweisen und ihm oder ihr jede konstruktive Beteiligung mit Ausnahme des Stimmrechts zu versagen.

2. Benennung eines Vertreters

34 Für die Möglichkeit einer konstruktiven Zusammenarbeit der Kommission mit dem Ausschuss streitet weiter Art. 68 Abs. 5 S. 2 DSGVO, demzufolge die Kommission einen Vertreter für den Ausschuss benennen muss. Über diese Benennung werden gerade eine gewisse persönliche Kontinuität und damit die Möglichkeit einer effektiven Beteiligung gesichert.

3. Informationspflichten des Vorsitzes

35 Art. 68 Abs. 5 S. 3 DSGVO verpflichtet den Vorsitz des Ausschusses allgemein zur Unterrichtung der Kommission über die Tätigkeiten des Ausschusses. Diese generelle Informationspflicht ergänzt insbesondere die speziellen Informationspflichten im Kohärenzverfahren.[62] Die Kommunikation mit der Kommission erfolgt praktisch nach Art. 75 Abs. 6 b DSGVO über das Sekretariat des Ausschusses beim Europäischen Datenschutzbeauftragten.

---

60 Vgl. den insoweit eindeutigen Wortlaut von Art. 58 Abs. 3 DSGVO: „Der Ausschuss besteht aus ...".
61 Vgl. → Art. 69 Rn. 4 ff. mit Nachweisen aus der Rechtsprechung der Unionsgerichte.
62 Vgl. Art. 64 Abs. 5, Art. 65 Abs. 5 S. 2, Art. 70 Abs. 3 und Art. 71 Abs. 1 S. 2 DSGVO.

V. Stimmrecht des Europäischen Datenschutzbeauftragten (Abs. 6)

Um die Kompetenzen des Europäischen Datenschutzbeauftragten nicht zu   **36**
erweitern und diesen zu einem Organ der Datenschutzaufsicht über die
mitgliedstaatlichen Aufsichtsbehörden fortzuentwickeln ist das Stimmrecht
des Europäischen Datenschutzbeauftragten im Ausschuss nach Art. 68
Abs. 6 DSGVO auf diejenigen Beschlüsse begrenzt, „die Grundsätze und
Vorschriften betreffen, die für die Organe, Einrichtungen, Ämter und
Agenturen der Union gelten und inhaltlich den Grundsätzen und Vorschriften dieser Verordnung entsprechen."[63]

C. Kritische Bewertung

Mit der Einsetzung des Ausschusses als supranationaler Einrichtung mit   **37**
Rechtspersönlichkeit institutionalisiert die Europäische Union eine neue
Form der Verbundaufsicht. Durch die Ermächtigung des Ausschusses zu
rechtsverbindlichen und schwächeren quasi-rechtsverbindlichen Maßnahmen gegenüber den nationalen Aufsichtsbehörden werden diese einer supranationalen Rechts- und Fachaufsicht unterworfen. Diese Form der kooperativen Aufsicht kann die mit der „völligen Unabhängigkeit" der Datenschutzbehörden verbundenen Legitimationsdefizite zumindest teilweise
kompensieren. Zugleich wahrt sie ebendiese Unabhängigkeit insofern weitestgehend, als auch der Ausschuss als Aufsichtsbehörde seinerseits unabhängig ist und sich darüber hinaus aus den ebenfalls unabhängigen Amtswaltern der nationalen Aufsichtsbehörden und dem Europäischen Datenschutzbeauftragten zusammensetzt.

Die Legitimationsgewinne sind jedoch ambivalent. Die mit dem Ausschuss   **38**
begründete Form einer kooperativen supranationalen Aufsicht verlängert
und verstetigt auf der anderen Seite gerade die bestehenden Defizite an demokratischer Verantwortung, da die Datenschutzaufsicht auf diese Weise
sogar weitgehend aus den Bindungen intergouvernementaler und auch
klassischer unionaler Legitimation entlassen wird.

I. Organisationsrechtliche Bewertung

1. Zulässigkeit der Einrichtung des Ausschusses

Die Datenschutzgrundverordnung und mit ihr die Einrichtung des Aus-   **39**
schusses stützen sich auf die durch Art. 16 AEUV verliehene Gesetzgebungskompetenz der Europäischen Union, derzufolge Parlament und Rat
im ordentlichen Gesetzgebungsverfahren „Vorschriften über den Schutz
natürlicher Personen bei der Verarbeitung personenbezogener Daten durch
die Organe, Einrichtungen und sonstigen Stellen der Union sowie durch
die Mitgliedstaaten im Rahmen der Ausübung von Tätigkeiten, die in den
Anwendungsbereich des Unionsrechts fallen, und über den freien Datenverkehr" erlassen. Weiter bestimmt Art. 16 Abs. 2 S. 2, dass die Einhaltung
dieser Vorschriften von unabhängigen Behörden überwacht wird.

---

63 Zum Europäischen Datenschutzbeauftragten s. *Kingreen* in: Calliess/Ruffert AEUV
    Art. 16 Rn. 8; *Sobotta* in: Grabitz/Hilf/Nettesheim, Stand: 60. EL, AEUV Art. 16
    Rn. 52; *Hatje* in: Schwarze/Becker/Hatje/Schoo EU-Kommentar AEUV Art. 16
    Rn. 9.

Die Einrichtung spezifischer Vollzugs- bzw. Aufsichtsstrukturen lässt sich im Sinne der großzügigen Rechtsprechung des Europäischen Gerichtshofs auch unschwer dieser Kompetenzzuweisung zuschreiben.[64] Zum einen wird dem Ausschuss auch im Unterschied zur Bankenaufsicht gerade kein Selbsteintrittsrecht gegenüber Datenverarbeitern eingeräumt. Vielmehr kann aufsichtsrechtlich klassisch zwischen Entscheidungs- und Wahrnehmungskompetenz unterschieden werden. Hiermit hängt zusammen, dass dem Ausschuss in den Fällen der Aufsicht im Rahmen der verbindlichen Streitbeilegung nur eine sekundäre Zuständigkeit nach Befassung etwa durch eine Aufsichtsbehörde, nicht aber das Recht zur Selbstbefassung zukommt. Weiter geht es bei den zu beaufsichtigenden Vollzugsvorgängen selbst um Maßnahmen der Rechtsaufsicht, die durchaus Ermessenserwägungen umfassen können, aber primär der Sanktionierung von Rechtsverstößen und nicht einer politischen Gestaltung dienen.[65] Der Handlungsspielraum des Ausschusses ist damit verhältnismäßig eng umrissen[66] und unterliegt darüber hinaus der gerichtlichen Kontrolle des EuGH.

40 Da das Primärrecht die Überwachung der Vorschriften nicht einer Ebene vorrangig und ausschließlich zuweist, ist auch ein Modell gestufter Entscheidungszuständigkeit, wie sie die Datenschutzgrundverordnung mit dem Streitbeilegungsmechanismus letztlich vorsieht, von der Kompetenzzuweisung grundsätzlich erfasst. Ob es sich hierbei aufgrund der kollegialen Zusammensetzung des Ausschusses allerdings um ein subsidiaritätsfreundlicheres Instrument der Aufsicht handelt,[67] ist demgegenüber fraglich (dazu sogleich bei → Rn. 44 f.

2. Qualifikation des Ausschusses

41 Fragen wirft weiter die organisationsrechtliche Qualifikation des Ausschusses auf. Wegen der Verleihung der Rechtspersönlichkeit, der kollegialen Besetzung und der eingeräumten Befugnisse handelt es sich bei dem Europäischen Datenschutzausschuss um eine Agentur im weiteren Sinne.

42 Die Institutionalisierung eines zuvor deutlich schwächer rechtlich vorstrukturierten Behördennetzwerks bestätigt den Befund einer zunehmenden Supranationalisierung und damit notwendig Zentralisierung von Vollzugsstrukturen im Europäischen Verwaltungsverbund. Prozesse einer schrittweisen Verfestigung lassen sich auch in anderen Bereichen des Unionsrechts beobachten, in denen Agenturgründungen Ausschüssen und losen Behördennetzwerken folgen.[68]

---

64 Vgl. EuGH – Rs. 9/56, Slg 1958, S. 9 (43 f., 47) – Meroni/Hohe Behörde; Rs. 10/56, EuGH Slg 1958, S. 53 (80); EuGH – C-270/12, ECLI:EU:C:2014:18, Rn. 41 ff. – ESMA; EuGH – C-217/04, Slg 2006, I-3771, Rn. 44 f. – ENISA; EuG – T-411/06, Slg 2008, II-2771, Rn. 33 ff. – Sogelma/AER.

65 Die Voraussetzungen der Meroni-Entscheidungen waren hiervon grundverschieden; vgl. auch EuGH – C-270/12, ECLI:EU:C:2014:18, Rn. 41 ff. – ESMA.

66 Auf dieses Kriterium stellt auch EuGH – C-270/12, ECLI:EU:C:2014:18, Rn. 45 ff. – ESMA maßgeblich ab.

67 So *Chamon* GLJ 16 (2016), 119 (122); s. bereits oben bei Fn. 16.

68 So auch *S. Augsberg* in: Terhechte EU-VerwR § 6 Rn. 77; zu einer ähnlichen Entwicklung im Recht der Bankenaufsicht s. o. bei → Rn. 10 und 14 mwN.

Unabhängig von der Qualifikation als Agentur widerspricht die Schaffung 43
zusätzlicher Stellen mit eigener Rechtspersönlichkeit in Abweichung vom
Grundtypus der sog dezentralen oder Regulierungsagenturen allerdings
dem vielfach geäußerten organisationsrechtlichen Anliegen einer stärkeren
Vereinheitlichung, Kohärenz und Transparenz der europäischen Verwaltungsstrukturen. Insbesondere in der Zusammenschau mit anderen Einrichtungen und Bausteinen des europäischen Verwaltungsorganisationsrechts vermittelt die organisationsrechtliche Formenwahl des Sekundär-
rechtsgesetzgebers den Eindruck weitestgehender Kontingenz.

Selbst wenn das Primärrecht, wie auch das Sekundärrecht in Ermangelung
allgemeiner organisationsrechtlicher Regelungen die Wahl der Vollzugs-
und Organisationsformen im Rahmen der primärrechtlichen Kompetenz-
zuweisungen weitgehend freistellen, müssen alle je unterschiedlichen Organisationsformen gleichwohl den übergreifenden Prinzipien demokratischer
Legitimation und Rechtsstaatlichkeit genügen. Je vielfältiger und beliebiger
die Vollzugsformen ausgestaltet werden, desto größer ist aber die Gefahr
einer Verunklarung der Legitimationszusammenhänge.[69]

II. Legitimation der Verbundaufsicht

Strukturen wie der Europäische Datenschutzausschuss laufen Gefahr, die 44
tradierten Mechanismen der unionalen oder nationalen Zurechenbarkeit
und Verantwortlichkeit leer laufen zu lassen.[70] Die Ausstattung mit eigener
Rechtspersönlichkeit und die Bestimmung seiner Unabhängigkeit lösen ihn
jenseits der gesetzlichen Bindung aus allen bestehenden Verantwortungszu-
sammenhängen heraus.

Da die Mitglieder des Ausschusses in ihrer Funktion als Leiterinnen und
Leiter der nationalen Aufsichtsbehörden „völlige Unabhängigkeit" genießen, verhilft die nur scheinbar intergouvernementale Zusammensetzung
des Ausschusses nicht zu einer Zurechnung zu den mitgliedstaatlichen Regierungen.[71] Mangels Einfluss- und Weisungsmöglichkeiten jenseits der Ernennung verfügen die Mitgliedstaaten vielmehr nicht über Mechanismen,
die eine Verantwortung für eine Beteiligung begründen könnten. Hinzu
kommt, dass die Entscheidungen des Ausschusses nicht einstimmig und
notwendig im Konsens, sondern grundsätzlich als Mehrheitsentscheidungen getroffen werden, was die Zurechnung zu einzelnen Staaten zusätzlich

---

69 *Schmidt-Aßmann* in: Hoffmann-Riem/Schmidt-Aßmann/Voßkuhle GVwR I², § 5
    Rn. 61; *Trute*, ebda, § 6 Rn. 107 ff.
70 Allgemein hierzu *Trute* in: Hoffmann-Riem/Schmidt-Aßmann/Voßkuhle, GVwR I²,
    § 6 Rn. 107 ff.
71 Kritisch gegenüber einer Kompensation über die einzelstaatlichen Legitimations-
    stränge *Trute* in: Hoffmann-Riem/Schmidt-Aßmann/Voßkuhle, GVwR I², § 6
    Rn. 109: „Mag dies aus den Kooperationsaufgaben heraus auf den ersten Blick
    plausibel sein und unter Aspekten demokratischer Legitimation diesen Einrichtun-
    gen zusätzliche und angesichts ihrer erheblichen Unabhängigkeit durchaus wichtige
    kompensatorische Legitimation durch die mitgliedstaatlichen Vertreter zuführen,
    [...] so ist gleichwohl nicht zu übersehen, dass damit eine Störung im Legitimati-
    onsgefüge ins Werk gesetzt wird, die sich in ihrer Verantwortungsdiffusion nieder-
    schlagen kann. Es ist eben keineswegs so, dass mit einer Verstärkung der mitglied-
    staatlichen Legitimationszüge auch deren Transparenz und Verantwortlichkeit
    steigt".

erschwert. Es bleibt dann nur eine globale Zurechnung zur Europäischen Union, die bereits aus der Zuerkennung der Rechtspersönlichkeit erfolgt. Im Unterschied zu anderen Agenturen scheidet jedoch eine Legitimierung durch die organisatorische Anbindung an ein Unionsorgan, insbesondere an die Kommission als demokratisch legitimierte Exekutive aus.

45 Die vom EuGH anerkannten ergänzenden und kompensatorischen Instrumente und Mechanismen wie Evaluations-, Konsultations- und Berichtspflichten vermögen den praktisch vollständigen Ausfall einer demokratischen Rückbindung außerhalb der Rechtsbindung nicht aufzufangen. Es ist gleichwohl anzunehmen, dass der EuGH dieses Defizit ebenso hinzunehmen bereit ist, wie er dies in Bezug auf die nationalen Datenschutzbeauftragten unter Berufung auf ihre Funktion getan hat.[72] Eine demokratische, politische Verantwortung für die Entscheidungen des Ausschusses fällt aber somit weitgehend aus.[73]

Problematisch ist weiter, dass der Ausschuss Aufsichtsfunktionen in eigener Sache ausübt, da sich die Aufsicht letztlich insbesondere auf die Mitglieder und selbst in Staaten mit mehreren Aufsichtsbehörden auf diejenigen Behörden erstreckt, die das entsprechende nationale Mitglied im Ausschuss vertritt. Ob die Unabhängigkeit in der Entscheidungsfindung allein dadurch gewahrt werden kann, dass die Aufsicht einem seinerseits unabhängigen Kollegium der beteiligten unabhängigen Behörden übertragen wird, erscheint angesichts der Möglichkeit der einfachen Mehrheitsentscheidungen zumindest bedenklich.

Artikel 69 Unabhängigkeit

(1) Der Ausschuss handelt bei der Erfüllung seiner Aufgaben oder in Ausübung seiner Befugnisse gemäß den Artikeln 70 und 71 unabhängig.

(2) Unbeschadet der Ersuchen der Kommission gemäß Artikel 70 Absatz 1 Buchstabe b und Absatz 2 ersucht der Ausschuss bei der Erfüllung seiner Aufgaben oder in Ausübung seiner Befugnisse weder um Weisung noch nimmt er Weisungen entgegen.

---

72 Vgl. EuGH – C-518/07, Slg 2010; I-1885 (Rn. 17 ff.) – Kommission/Deutschland; C-614/10, ECLI:EU:C:20112:631 (Rn. 36 ff.) – Kommission/Österreich; C-288/12, ECLI:EU:C:2014:237 (Rn. 47 ff.) – Kommission/Ungarn. S. Art. 69. Zur Rechtfertigung von Unabhängigkeit und Legitimation der Agenturen als „organisatorischer Konsequenz des Verwaltungsverbundes" *Groß*, Die Legitimation der polyzentralen EU-Verwaltung, S. 132 ff.

73 Allgemein für institutionelle Lösungen zur Stärkung der Verantwortungsklarheit als Voraussetzung einer wirksamen demokratischen Legitimation *Trute* in: Hoffmann-Riem/Schmidt-Aßmann/Voßkuhle, GVwR I², § 6 Rn. 109. In diesem Sinne auch schon *Schmidt-Aßmann*, Das allgemeine Verwaltungsrecht als Ordnungsidee, 2. Aufl., 7/38 ff.

Verwandte Normen: ErwGr 139

Literatur:

Bull, Die „völlig unabhängige Aufsichtsbehörde", EuZW 2010, 488; *Holznagel/Dietze*, Europäischer Datenschutz, in: Schulze/Zuleeg/Kadelbach (Hrsg.), Europarecht, 3. Aufl., Baden-Baden, 2015, § 37; *Petri/Tinnefeld*, Völlige Unabhängigkeit der Datenschutzkontrolle, MMR 2010, 157; *Roßnagel*, Unabhängigkeit der Datenschutzaufsicht, ZD 2015, 106; *Skouris*, Leitlinien der Rechtsprechung des EuGH zum Datenschutz, NVwZ 2016, 1359; *Spiecker gen. Döhmann*, Anmerkung zu EuGH Rs. C-518/07 (KOM/Deutschland), JZ 2010, 787; *dies.*, Unabhängigkeit von Datenschutzbehörden als Voraussetzung von Effektivität, in: Kröger/Pilniok (Hrsg.), Unabhängiges Verwalten in der Europäischen Union, Tübingen, 2016, S. 97; s. weiter die Hinweise bei Art. 68 DSGVO.

A. Grundlagen

I. Gesamtverständnis und Zweck der Norm

Art. 69 DSGVO überträgt das Gebot der Unabhängigkeit der Datenaufsichtsbehörden in konsequenter Fortsetzung auch auf die Tätigkeit des Europäischen Datenschutzausschusses. Während Absatz 1 die funktionelle und institutionelle Unabhängigkeit des Ausschusses bestimmt, stellt Absatz 2 klar, dass auch jede Einflussnahme über Weisungen ausgeschlossen ist. Hierbei stellt die Norm ausdrücklich auf das Verhältnis des Ausschusses zur Kommission ab, die lediglich in den in Art. 70 vorgesehenen Fällen den Ausschuss um sein Tätigkeitwerden ersuchen kann, von jeder Art einer möglichen Weisung jedoch abzusehen hat. 1

II. Bisherige Rechtslage

Nach Art. 29 DS-RL[1] ist auch die Artikel 29-Datenschutzgruppe als Vorgängerin des Europäischen Datenschutzausschusses unabhängig, sie übt allerdings ausschließlich beratende Funktionen aus (Art. 29 Abs. 1 UAbs. 2 DS-RL). Im Rahmen ihrer Geschäftsordnungsautonomie nach Art. 29 2

---

[1] Richtlinie 95/46/EG des Europäischen Parlaments und des Rates vom 24.10.1995 zum Schutz natürlicher Personen bei der Verarbeitung personenbezogener Daten und zum freien Datenverkehr (ABl. 1995 L 281/31).

Abs. 6 DS-RL hat sie sich eine Geschäftsordnung gegeben.[2] Die Sekretariatsgeschäfte hat gemäß Art. 29 Abs. 5 DS-RL die Kommission übernommen.

B. Kommentierung

I. Unabhängigkeit des Ausschusses

3   Nach Art. 69 Abs. 1 DSGVO handelt der Ausschuss bei Erfüllung seiner Aufgaben oder in Ausübung seiner Befugnisse nach Art. 70 und 71 DSGVO unabhängig. Obwohl dem Ausschuss im Unterschied etwa zu den Bankenaufsichtsbehörden kein Selbsteintrittsrecht zur Durchsetzung der Datenschutzgrundverordnung unmittelbar gegenüber den Datenverarbeitern zukommt, wird ihm im Rahmen des Kohärenzverfahrens mit der Aufsicht über die Zusammenarbeit der zuständigen nationalen Aufsichtsbehörden zumindest partiell die Sachentscheidungsbefugnis übertragen. Entscheidet aber der Ausschuss in der Sache über die Notwendigkeit von Maßnahmen gegenüber Datenverarbeitern, dem dann die zuständigen Behörden Folge leisten müssen, muss insbesondere das vom Europäischen Gerichtshof konkretisierte Unabhängigkeitspostulat der Datenschutzkontrolle auch für den Ausschuss gelten. Gleichwohl stellt sich die Frage, ob und inwiefern die Verbundaufsicht durch den Ausschuss nicht ihrerseits geeignet ist, die Unabhängigkeit der Aufsichtsbehörde zu gefährden.

1. Unabhängigkeit der Mitglieder

a) Anforderungen der Rechtsprechung des EuGH an die Unabhängigkeit der Kontrollstellen[3]

4   Primärrechtlich ist das Unabhängigkeitspostulat in Art. 16 Abs. 2 UAbs. 1 S. 2 AEUV und Art. 8 Abs. 3 GRC verankert.[4] Der Europäische Gerichtshof hat die Anforderungen an die Unabhängigkeit der Datenaufsichtsbe-

---

2   S. die Geschäftsordnung der Gruppe für den Schutz von Personen bei der Verarbeitung personenbezogener Daten (Artikel 29-Datenschutzgruppe) v. 15.2.2010; zur Artikel 29-Datenschutzgruppe und dem auch für sie geltenden Unabhängigkeitspostulat *J. P. Schneider* in: Beck OK DatenschutzR, 18. Ed., Std. 1.11.2016, Grundlagen und bereichsspezifischer Datenschutz: J. Selbstkontrolle, unabhängige Aufsicht und europäischer Aufsichtsverbund, Rn. 153: „Angesichts der für die Aufsichtsbehörden in Art. 28 DSRL bzw. für den Europäischen Datenschutzbeauftragten in Art. 41 Abs. 1 DS-VO 46/2001 verankerten Unabhängigkeitsgarantieren kommt dieser Aussage [sc. in Bezug auf die Unabhängigkeit der Datenschutzgruppe] eine ergänzende Funktion zu, einerseits im Verhältnis der nationalen Vertreter zur Kommission sowie in eingeschränktem Maße auch für die Vertreter im Verhältnis zu ihren entsendenden Institutionen, damit die Gruppe leichter im gesamteuropäischen Datenschutzinteresse agieren kann. Da die Kontrollbehörden jedoch in der Praxis jeweils durch ihre Behördenspitzen in der Gruppe vertreten sind, wird dieses Unabhängigkeitspostulat primär durch informelle Kooperationszwänge bzw. -anreize innerhalb der Gruppe abgesichert."; ferner *Brühann* in: Grabitz/Hilf, 40. Aufl., 2009, Art. 29 RL 95/46/EG Rn. 5 ff.; *Holznagel/Dietze* in: Schulze/Zuleeg/Kadelbach HdBEuropaR § 37 Rn. 29.

3   S. dazu nur *Sobotta* in: Grabitz/Hilf/Nettesheim, EL 51 Sept. 2013, AEUV Art. 16 Rn. 51 ff.; *Kingreen* in: Calliess/Ruffert AEUV Art. 16 Rn. 8; *Jarass* GRCh Art. 8 Rn. 17 mwN: „Notwendig ist eine institutionelle, funktionelle und materielle Unabhängigkeit".

4   S. Art. Art. 51 Abs. 1 DSGVO und Art. 52 DSGVO.

hörden in einer Reihe von Entscheidungen zur Auslegung von Art. 28 DS-RL präzisiert, demzufolge die nationalen öffentlichen Kontrollstellen zur Überwachung der Umsetzung der Datenschutz-RL die ihnen zugewiesenen Aufgaben „in völliger Unabhängigkeit" wahrnehmen.[5] Die Datenschutzgrundverordnung kodifiziert die in den Entscheidungen niedergelegten Grundsätze und nimmt damit auch eine verbindliche Konkretisierung der primärrechtlichen Grundlagen vor, so dass sich die Aussagen zur Unabhängigkeit der Kontrollstellen auch auf die Auslegung der Unabhängigkeit des Ausschusses übertragen lassen.

Während das Bundesverfassungsgericht die Unabhängigkeit der Datenschutzkontrolle lediglich für die Überwachung der öffentlichen Datenverarbeitung für verfassungsgeboten gehalten hatte und damit die Unabhängigkeit auf die notwendige Distanz zwischen Kontrollierendem und Kontrolliertem bezog,[6] unterscheidet der Europäische Gerichtshof nicht zwischen der Verarbeitung durch private oder öffentliche Stellen und reklamiert die Unabhängigkeit für alle Aufsichtsbehörden im Bereich des Datenschutzes und damit insbesondere auch ihre Unabhängigkeit gegenüber jeder staatlichen Aufsicht.[7]

„Völlige Unabhängigkeit" impliziert dem EuGH zufolge nicht nur die absolute Weisungsfreiheit und damit den Ausschluss jeder Rechts-, Fach- und Dienstaufsicht,[8] sondern darüber hinaus auch das Verbot jeder mittelbaren Einflussnahme im Rahmen der Verwaltungshierarchie.[9] Bereits die Gefahr einer politischen Einflussnahme müsse vermieden werden.[10] Mit dieser Be-

---

5 Art. 28 Abs. 1 UAbs. 2 DS-RL (Fn. 1).
6 BVerfGE 65, 1 (44).
7 EuGH Rs. C-518/07, Slg 2010, I-1885, Rn. 17 ff. – Kommission/Deutschland: zur „völligen Unabhängigkeit der nationalen Kontrollstellen nach Art. 28 DSRL; EuGH Rs. C-614/10, ECLI:EU:C:20112:631, Rn. 36 ff. – Kommission/Österreich; EuGH Rs. C-288/12 ECLI:EU:C:2014:237, Rn. 47 ff. – Kommission/Ungarn; im Einzelnen dazu *Skouris* NVwZ 2016, 1359 (1363); *Brühann* in: von der Groeben AEUV Art. 16 AEUV Rn. 77 ff.; kritisch *Spiecker gen. Döhmann* in: Kröger/Pilniok, Unabhängiges Verwalten in der Europäischen Union, S. 97 ff. insbes. auch zum Zusammenhang zwischen Unabhängigkeit und Vollzugsdefizit (S. 104 ff.).
8 EuGH Rs. C-518/07, Slg 2010, I-1885, Rn. 18 ff. – Kommission/Deutschland: zur „völligen Unabhängigkeit der nationalen Kontrollstellen nach Art. 28 DSRL; EuGH Rs. C-614/10, ECLI:EU:C:20112:631, Rn. 42 ff. – Kommission/Österreich; EuGH Rs. C-288/12 ECLI:EU:C:2014:237, Rn. 52 ff. – Kommission/Ungarn.
9 EuGH Rs. C-614/10, ECLI:EU:C:20112:631, Rn. 43 – Kommission/Österreich; EuGH Rs. C-518/07, Slg 2010, I-1885, Rn. 19 – Kommission/Deutschland.
10 EuGH Rs. C-288/12 ECLI:EU:C:2014:237, Rn. 53 f. – Kommission/Ungarn: „in jedem Fall über jeden Verdacht der Parteilichkeit erhaben". *Brühann* in: von der Groeben AEUV Art. 16 Rn. 77 identifiziert mit dem Verweis auf die Erläuterungen des Zusatzprotokolls des Europarats zum Übereinkommen zum Schutz des Menschen bei der automatischen Verarbeitung personenbezogener Daten bezüglich Kontrollstellen und grenzüberschreitendem Datenverkehr, SEV 181, die Zusammensetzung der Kontrollstelle, die Art und Weise der Ernennung der Mitglieder, die Bedingungen zur Beendigung des Amtes und die Zuweisung ausreichender Mittel als weitere für die Unabhängigkeit konstitutive Elemente. Das Zusatzprotokoll selbst verweist auf die „völlige Unabhängigkeit" der Kontrollstellen. Die Bundesrepublik Deutschland hat hierzu am 26.3.2003 eine Erklärung abgegeben, derzufolge sie davon ausgeht, dass die Organisation der Datenschutzaufsicht in Deutschland auch zum damaligen Zeitpunkt mit Art. 1 Abs. 3 des Zusatzprotokolls vereinbar war.

gründung verbindet der Gerichtshof allerdings mit tradierten Mechanismen demokratischer Rückkopplung und politischer Verantwortung ganz generell eine dem effektiven Vollzug des Datenschutzrechts zuwiderlaufende Grundrichtung[11] und den Verdacht der Parteilichkeit.[12]

b) Anforderungen der DSGVO

5 Die Datenschutzgrundverordnung übernimmt diese Vorgaben aus der Rechtsprechung des EuGH, indem sie in Art. 51 Abs. 1 und 52 die Anforderungen und Voraussetzungen der Unabhängigkeit der Aufsichtsbehörden näher konkretisiert.[13] Neben der „völligen Unabhängigkeit" der Behörde fordert die Verordnung wie auch in Art. 69 Abs. 2 die Freiheit der Mitglieder von Weisungen und schließt ausdrücklich jede direkte und indirekte Beeinflussung von außen aus.[14] Unvereinbarkeitsbestimmungen und die Verpflichtung der Mitgliedstaaten zu einer die Unabhängigkeit institutionell absichernden Ausstattung vervollständigen die Regelungen.[15]

In Bezug auf den Europäischen Datenschutzausschuss enthält die Verordnung neben der Forderung von Unabhängigkeit und Weisungsfreiheit in Art. 69 DSGVO ebenfalls das Erfordernis einer entsprechenden institutionellen Sicherung seiner Unabhängigkeit durch die Bereitstellung des Sekretariats durch den seinerseits unabhängigen Europäischen Datenschutzbeauftragten. Bestimmungen zur finanziellen Ausstattung des Ausschusses fehlen demgegenüber.[16] Der Gesetzgeber scheint davon auszugehen, dass dem Ausschuss trotz der Fülle der ihm zugewiesenen Aufgaben jenseits des Sekretariats keinerlei Kosten entstehen. Maßgeblich stützt sich die Datenschutzgrundverordnung damit auf die Zusammensetzung des Ausschusses als ausnahmslos aus persönlichen Amtswaltern bestehendes Kollegium, die durch die Mitgliedstaaten bzw. im Fall des Europäischen Datenschutzbeauftragten durch die Europäische Union finanziert werden. Da der Ausschuss nicht über weitere Organe verfügt, geht die Verordnung offensichtlich davon aus, dass die Aufgabenerfüllung auch keine weiteren unionalen oder beitragsfinanzierten Mittel erfordert. Insbesondere den Vorsitz des Ausschusses treffen allerdings erhebliche Verpflichtungen.

c) Exemplarisch: Anforderungen des BDSG

6 Das geltende BDSG setzt die unionsrechtlichen Anforderungen an die völlige Unabhängigkeit der Datenschutzaufsicht in § 22 BSDG um, demzufolge der Bundesbeauftragte für den Datenschutz und die Informationsfreiheit als oberste Bundesbehörde vom Deutschen Bundestag gewählt wird und in

---

11 EuGH Rs. C-518/07, Slg 2010, I-1885, Rn. 18 ff. – Kommission/Deutschland: die Regierung des betroffenen Landes habe „möglicherweise ein Interesse an der Nichteinhaltung der Vorschriften".
12 Kritisch gegenüber dem EuGH *Bull* EuZW 2010, 488 ff.; *Spiecker gen. Döhmann* JZ 2010, 787 (789) zum Verlust der mit der Aufsicht verbundenen Rechtmäßigkeitskontrolle.
13 S. Art. 51 und 52 DSGVO.
14 Art. 52 Abs. 2 DSGVO.
15 Hierzu auch *Nguyen* ZD 2015, 265 (266).
16 Zum grundsätzlichen Erfordernis einer hinreichenden Ausstattung der Datenschutzbehörden mit Verweisen auf die Rechtsprechung des EuGH *Spiecker gen. Döhmann*, in: Kröger/Pilniok, Unabhängiges Verwalten in der EU, S. 97 (101 f.).

der Ausübung des Amtes unabhängig und nur dem Gesetz unterworfen ist.[17]

Im Referentenentwurf des Bundesministeriums des Innern für ein Gesetz zur Anpassung des Datenschutzrechts an die Datenschutzgrundverordnung vom Februar 2017[18] soll die Einsetzung des bzw. der Bundesbeauftragten für den Datenschutz und die Informationsfreiheit als unabhängiger oberster Bundesbehörde künftig in §§ 8 ff. geregelt werden. Die völlige Unabhängigkeit einschließlich der Freiheit von direkten oder indirekten Beeinflussungen von außen wie auch von Weisungen sind in § 10 der Neufassung des BDSG vorgesehen.

2. Unabhängigkeit des Ausschusses

Art. 69 Abs. 1 DSGVO garantiert die Unabhängigkeit des Europäischen   **7**
Datenschutzausschusses. Institutionell wird die Unabhängigkeit durch die Ausstattung des Ausschusses mit eigener Rechtspersönlichkeit abgesichert. Auch die Bereitstellung des Sekretariats beim seinerseits unabhängigen Europäischen Datenschutzbeauftragten trägt zur Unabhängigkeit bei.[19] Materielle Unabhängigkeit gewährleistet die in Art. 69 Abs. 2 DSGVO bestimmte aktive und passive Weisungsfreiheit.

Da der Ausschuss jedoch jenseits seiner Mitglieder und des von ihnen gewählten und auch gestellten Vorsitzes im Unterschied zu anderen Agenturen nicht über eigene Organe verfügt, ist er zur Wahrnehmung seiner Aufgaben maßgeblich auf den Einsatz seiner Mitglieder angewiesen. Auch diese sind kraft Amtes als Leitungsorgane der „völlig unabhängigen" nationalen Aufsichtsbehörden grundsätzlich unabhängig (→ Rn. 4), nehmen allerdings im Ausschuss eine von ihrer Grundzuständigkeit verschiedene Funktion wahr.

Zweifel an der völligen Unabhängigkeit des Ausschusses ergeben sich da-   **8**
her im Hinblick auf seine Funktion: Im Unterschied zur klassischen Aufsicht im Rahmen der Verwaltungshierarchie fehlt es an der institutionellen und personellen Distanz zwischen Aufsichtssubjekt und Aufsichtsobjekt im Rahmen des Kohärenzverfahrens als europäischer Verbundaufsicht.

Aus einer entscheidungsorientierten Perspektive ist der kooperative Modus geeignet, Konflikte zwischen den Beteiligten zu lösen, setzt aber aufgrund des schlichten Mehrheitserfordernisses und der gleichwohl bestehenden Verbindlichkeit der Entscheidungen nicht notwendig auch das Einvernehmen der betroffenen Behörden voraus. Gerade letzteres rechtfertigt die Qualifikation als Aufsichtsinstrument.

---

17 Dazu *Roßnagel* ZD 2015, 106 ff.; zur entsprechenden Unabhängigkeit auch der
    Landesbehörden s. nur *Klug/Gola/Körffer* in: Gola/Schomerus BDSG § 38
    Rn. 29 ff.
18 Entwurf eines Gesetzes zur Anpassung des Datenschutzrechts an die Verordnung
    (EU) 2016/679 und zur Umsetzung der Richtlinie (EU) 2016/680 (Datenschutz-An-
    passungs- und Umsetzungsgesetz EU – DSAnpUG-EU).
19 Die Ansiedelung der Artikel 29-Datenschutzgruppe bei der Kommission konnte de-
    ren Unabhängigkeit nicht gleichermaßen garantieren.

II. Weisungsunabhängigkeit

9   Art. 69 Abs. 2 DSGVO stellt in gewisser Weise eine Dopplung zu Abs. 1 dar. Explizit wird das Weisungsrecht als Aufsichtsinstrument, das die Unabhängigkeit in Frage stellen würde, ausgeschlossen.

Klargestellt wird hiermit zum einen, dass auch im Rahmen der institutionellen Unabhängigkeit die Beschlussfassung im Einzelfall unabhängig von äußerer Einflussnahme sein muss. Weder darf der Ausschuss passiv Weisungen anderer Instanzen ausgesetzt sein, noch darf er aktiv um Weisungen ersuchen.

Zum anderen stellt die Norm darüber hinaus klar, dass vor allem die Kommission – als demokratisch legitimiertes Organ der Europäischen Union – keinerlei Rechts- oder Fachaufsicht gegenüber dem Ausschuss innehat und ihr daher jenseits der ausdrücklichen Ermächtigung, den Ausschuss um eine Stellungnahme zu ersuchen, keinerlei Weisungsrecht ihm gegenüber zukommt. Die Frage, ob und inwiefern eine reine Rechtsaufsicht der Kommission die Unabhängigkeit des Ausschusses im Rahmen seiner gesetzmäßigen Aufgabenerfüllung beeinträchtigen könnte, wird dabei nicht gestellt.[20]

III. Ersuchen der Kommission

10   Ausdrücklich ausgenommen von der Weisungsfreiheit ist die Ermächtigung der Kommission, den Ausschuss nach Art. 70 Abs. 1 b und Art. 70 Abs. 2 DSGVO um Rat zu ersuchen. Die Beantwortung dieser Ersuchen wird nach Art. 70 Abs. 2 DSGVO mit der dort verankerten Möglichkeit einer Fristsetzung durch die Kommission[21] ersichtlich nicht ins freie Ermessen des Ausschusses gestellt und hat insoweit zumindest weisungsähnliche Züge zur Befassung des Ausschusses.

Der Verweis auf Art. 70 Abs. 1 b und Abs. 2 DSGVO bezieht sich nur auf eine von mehreren Ermächtigungen der Kommission, den Ausschuss um eine Stellungnahme zu ersuchen. Dies dürfte der redaktionell verfehlten Endfassung von Art. 70 DSGVO geschuldet sein und damit nicht der Intention des Gesetzgebers entsprechen (→ Art. 70 Rn. 8 f.). Weitere Ermächtigungen, die ihrem Sinn und Zweck nach gleichermaßen von Art. 69 Abs. 2 DSGVO mit umfasst sein müssen, finden sich in Art. 70 Abs. 1 c und e DSGVO, in denen die Kommission ausdrücklich zu Ersuchen an den Ausschuss ermächtigt wird sowie in Art. 70 Abs. 1 f – j und m DSGVO, die einen Verweis auf Art. 70 Abs. 1 e DSGVO enthalten. Auch Art. 70 Abs. 1 r iVm Art. 12 Abs. 8 DSGVO[22] bzw. iVm Art. 70 Abs. 1 d DSGVO erlauben es der Kommission jedenfalls über Art. 70 Abs. 1 b DSGVO, den Ausschuss um eine Stellungnahme zu ersuchen.

Unklar ist auch, weswegen die Einbindung der Kommission in das Kohärenzverfahren nicht explizit erwähnt wird, da auch Art. 64 Abs. 2 und

---

20 Zur fehlenden Differenzierung zwischen Rechts- und Fachaufsicht in der Rechtsprechung des EuGH *Bull* EuZW 2010, 488.
21 Die Formulierung ist allerdings weicher: Die Kommission kann „unter Berücksichtigung der Dringlichkeit des Sachverhalts eine Frist angeben".
22 Art. 70 Abs. 1 r DSGVO verweist fälschlich auf Art. 12 Abs. 7 DSGVO.

Art. 65 Abs. 1 c DSGVO der Kommission ein Antragsrecht gegenüber dem
Ausschuss einräumen (→ Art. 64 Rn. 34 und Art. 65 Rn. 33).

C. Bewertung

Scheint auch die Unabhängigkeit des Europäischen Datenschutzausschus- 11
ses zunächst die notwendige Konsequenz des vom EuGH geforderten Pos-
tulats völliger Unabhängigkeit der Datenschutzaufsicht, so wirft sie, wie
auch dieses Postulat selbst, in Bezug auf die demokratische Legitimation
der Ausübung von Herrschaftsgewalt im Europäischen Verwaltungsverbund ambivalente Fragen auf.[23]

Einerseits kann die Einrichtung des Ausschusses als Instrument einer ebe- 12
nenverknüpfenden Verbundaufsicht außerhalb der unionalen Organstruk-
turen Legitimationsdefizite, die sich gerade aus der Lösung der nationalen
Aufsichtsbehörden aus ihren innerstaatlichen Weisungszusammenhängen
ergeben, zumindest teilweise ausgleichen. Die scheinbar subsidiaritäts-
freundlichere Einbindung der Behörden in ihre eigene Aufsicht durch einen
Kooperationsmechanismus schwächt allerdings auch dessen Tauglichkeit
als Aufsichtsinstrument und behält dem Instrument offensichtlich bewusst
jede Schärfe vor. Der Ausschuss legitimiert sich über die Stellung seiner
Mitglieder und die Beschlussfassung durch Mehrheitsentscheidungen vielmehr selbst, ohne einer Gubernative bzw. einem Parlament gegenüber – sei
es auf Unions- oder Mitgliedstaatebene – verantwortlich zu sein.[24]

Der Ausschuss verfügt aufgrund der Unabhängigkeitsverkettung anderer- 13
seits auch nur noch über eine sehr schwache demokratische Rückbindung.
Insbesondere fehlen Mechanismen einer demokratischen Legitimation auf
der unionalen Ebene fast gänzlich, da dem Parlament lediglich schwache
Berichts- und Informationsrechte gegenüber dem Ausschuss eingeräumt
worden sind und auch der Kommission jede Aufsicht über den Ausschuss
verwehrt ist.[25]

In Bezug auf seine personelle Besetzung kann sich der Ausschuss nur auf
die ihrerseits defizitäre demokratische Legitimation der einzelnen Mitglieder stützen.

Lediglich kompensatorisch können periodische Berichts- und Überprü-
fungspflichten gegenüber dem Europäischen Parlament wie auch die Informationspflichten gegenüber der Kommission wirken.[26] Die scheinbar intergouvernementale Besetzung des Ausschusses scheidet als zusätzliche Legiti-
mationsquelle aus, da die Ausschussmitglieder nicht Vertreterinnen und
Vertreter der Mitgliedstaaten, sondern völlig unabhängige Amtswalter

---

23 Zur Rechtfertigung der Unabhängigkeit unionaler Agenturen im Allgemeinen
    Groß, Die Legitimation der polyzentralen EU-Verwaltung, S. 132 ff.; eher skeptisch
    Schmidt-Aßmann in: Hoffmann-Riem/Schmidt-Aßmann/Voßkuhle, GVwR I², § 5
    Rn. 61; *Trute*, ebda, § 6 Rn. 107 ff.; *S. Augsberg* in: Terhechte EU-VerwR § 6
    Rn. 80.
24 Zum Problem der politischen Verantwortlichkeit s. auch *Groß*, Die Legitimation
    der polyzentralen EU-Verwaltung, S. 137 f.
25 Insgesamt kritisch *Masing* NJW 2012, 2305 (2311) mit Vorschlägen für eine alter-
    native demokratische Rückkopplung im Datenschutzrecht.
26 Hierzu allgemein *Groß*, Die Legitimation der polyzentralen EU-Verwaltung,
    S. 139 ff.

sind, die zwar allen Mitgliedstaaten entstammen, deren Interessen aber gerade nicht wahrnehmen dürfen.[27]

14 Es bleiben dann aber nur die Behauptung notwendiger absoluter Unabhängigkeit durch den Europäischen Gerichtshof, die Bindung an das Gesetz in Gestalt von Primär- und Sekundärrecht, die Errichtung durch den Sekundärrechtsakt und die Zuständigkeit des Gerichtshofs für die Kontrolle des Handelns des Ausschusses, die sich jedenfalls auf dessen verbindliche Beschlüsse erstreckt.[28] Ob dies dem Bild einer demokratisch legitimierten europäischen Verwaltung entspricht, erscheint fraglich.

Artikel 70   Aufgaben des Ausschusses

(1) [1]Der Ausschuss stellt die einheitliche Anwendung dieser Verordnung sicher. [2]Hierzu nimmt der Ausschuss von sich aus oder gegebenenfalls auf Ersuchen der Kommission insbesondere folgende Tätigkeiten wahr:

a) Überwachung und Sicherstellung der ordnungsgemäßen Anwendung dieser Verordnung in den in den Artikeln 64 und 65 genannten Fällen unbeschadet der Aufgaben der nationalen Aufsichtsbehörden;

b) Beratung der Kommission in allen Fragen, die im Zusammenhang mit dem Schutz personenbezogener Daten in der Union stehen, einschließlich etwaiger Vorschläge zur Änderung dieser Verordnung;

c) Beratung der Kommission über das Format und die Verfahren für den Austausch von Informationen zwischen den Verantwortlichen, den Auftragsverarbeitern und den Aufsichtsbehörden in Bezug auf verbindliche interne Datenschutzvorschriften;

d) Bereitstellung von Leitlinien, Empfehlungen und bewährten Verfahren zu Verfahren für die Löschung gemäß Artikel 17 Absatz 2 von Links zu personenbezogenen Daten oder Kopien oder Replikationen dieser Daten aus öffentlich zugänglichen Kommunikationsdiensten;

e) Prüfung – von sich aus, auf Antrag eines seiner Mitglieder oder auf Ersuchen der Kommission – von die Anwendung dieser Verordnung betreffenden Fragen und Bereitstellung von Leitlinien, Empfehlungen und bewährten Verfahren zwecks Sicherstellung einer einheitlichen Anwendung dieser Verordnung;

f) Bereitstellung von Leitlinien, Empfehlungen und bewährten Verfahren gemäß Buchstabe e des vorliegenden Absatzes zur näheren Bestimmung der Kriterien und Bedingungen für die auf Profiling beruhenden Entscheidungen gemäß Artikel 22 Absatz 2;

g) Bereitstellung von Leitlinien, Empfehlungen und bewährten Verfahren gemäß Buchstabe e des vorliegenden Absatzes für die Feststellung von Verletzungen des Schutzes personenbezogener Daten und die Festlegung der Unverzüglichkeit im Sinne des Artikels 33 Absätze 1 und 2, und zu den spezifischen Umständen, unter denen der Verantwortliche

---

27 Kritisch gegenüber einer stärkeren Bezugnahme auf mitgliedstaatliche Legitimationszüge allgemein auch *Trute* in: Hoffmann-Riem/Schmidt-Aßmann/Voßkuhle, GVwR I², § 6 Rn. 109.

28 Zu den Klagemöglichkeiten s. *Nguyen* ZD 2015, 265 (268).

oder der Auftragsverarbeiter die Verletzung des Schutzes personenbezogener Daten zu melden hat;

h) Bereitstellung von Leitlinien, Empfehlungen und bewährten Verfahren gemäß Buchstabe e des vorliegenden Absatzes zu den Umständen, unter denen eine Verletzung des Schutzes personenbezogener Daten voraussichtlich ein hohes Risiko für die Rechte und Freiheiten natürlicher Personen im Sinne des Artikels 34 Absatz 1 zur Folge hat;

i) Bereitstellung von Leitlinien, Empfehlungen und bewährten Verfahren gemäß Buchstabe e des vorliegenden Absatzes zur näheren Bestimmung der in Artikel 47 aufgeführten Kriterien und Anforderungen für die Übermittlungen personenbezogener Daten, die auf verbindlichen internen Datenschutzvorschriften von Verantwortlichen oder Auftragsverarbeitern beruhen, und der dort aufgeführten weiteren erforderlichen Anforderungen zum Schutz personenbezogener Daten der betroffenen Personen;

j) Bereitstellung von Leitlinien, Empfehlungen und bewährten Verfahren gemäß Buchstabe e des vorliegenden Absatzes zur näheren Bestimmung der Kriterien und Bedingungen für die Übermittlungen personenbezogener Daten gemäß Artikel 49 Absatz 1;

k) Ausarbeitung von Leitlinien für die Aufsichtsbehörden in Bezug auf die Anwendung von Maßnahmen nach Artikel 58 Absätze 1, 2 und 3 und die Festsetzung von Geldbußen gemäß Artikel 83;

l) Überprüfung der praktischen Anwendung der unter den Buchstaben e und f genannten Leitlinien, Empfehlungen und bewährten Verfahren;

m) Bereitstellung von Leitlinien, Empfehlungen und bewährten Verfahren gemäß Buchstabe e des vorliegenden Absatzes zur Festlegung gemeinsamer Verfahren für die von natürlichen Personen vorgenommene Meldung von Verstößen gegen diese Verordnung gemäß Artikel 54 Absatz 2;

n) Förderung der Ausarbeitung von Verhaltensregeln und der Einrichtung von datenschutzspezifischen Zertifizierungsverfahren sowie Datenschutzsiegeln und -prüfzeichen gemäß den Artikeln 40 und 42;

o) Akkreditierung von Zertifizierungsstellen und deren regelmäßige Überprüfung gemäß Artikel 43 und Führung eines öffentlichen Registers der akkreditierten Einrichtungen gemäß Artikel 43 Absatz 6 und der in Drittländern niedergelassenen akkreditierten Verantwortlichen oder Auftragsverarbeiter gemäß Artikel 42 Absatz 7;

p) Präzisierung der in Artikel 43 Absatz 3 genannten Anforderungen im Hinblick auf die Akkreditierung von Zertifizierungsstellen gemäß Artikel 42;

q) Abgabe einer Stellungnahme für die Kommission zu den Zertifizierungsanforderungen gemäß Artikel 43 Absatz 8;

r) Abgabe einer Stellungnahme für die Kommission zu den Bildsymbolen gemäß Artikel 12 Absatz 7;

s) Abgabe einer Stellungnahme für die Kommission zur Beurteilung der Angemessenheit des in einem Drittland oder einer internationalen Organisation gebotenen Schutzniveaus einschließlich zur Beurteilung der Frage, ob das Drittland, das Gebiet, ein oder mehrere spezifische Sektoren in diesem Drittland oder eine internationale Organisation kein

Schöndorf-Haubold

angemessenes Schutzniveau mehr gewährleistet. Zu diesem Zweck gibt die Kommission dem Ausschuss alle erforderlichen Unterlagen, darunter den Schriftwechsel mit der Regierung des Drittlands, dem Gebiet oder spezifischen Sektor oder der internationalen Organisation;

t) Abgabe von Stellungnahmen im Kohärenzverfahren gemäß Artikel 64 Absatz 1 zu Beschlussentwürfen von Aufsichtsbehörden, zu Angelegenheiten, die nach Artikel 64 Absatz 2 vorgelegt wurden und um Erlass verbindlicher Beschlüsse gemäß Artikel 65, einschließlich der in Artikel 66 genannten Fälle;

u) Förderung der Zusammenarbeit und eines wirksamen bilateralen und multilateralen Austauschs von Informationen und bewährten Verfahren zwischen den Aufsichtsbehörden;

v) Förderung von Schulungsprogrammen und Erleichterung des Personalaustausches zwischen Aufsichtsbehörden sowie gegebenenfalls mit Aufsichtsbehörden von Drittländern oder mit internationalen Organisationen;

w) Förderung des Austausches von Fachwissen und von Dokumentationen über Datenschutzvorschriften und -praxis mit Datenschutzaufsichtsbehörden in aller Welt;

x) Abgabe von Stellungnahmen zu den auf Unionsebene erarbeiteten Verhaltensregeln gemäß Artikel 40 Absatz 9 und

y) Führung eines öffentlich zugänglichen elektronischen Registers der Beschlüsse der Aufsichtsbehörden und Gerichte in Bezug auf Fragen, die im Rahmen des Kohärenzverfahrens behandelt wurden.

(2) Die Kommission kann, wenn sie den Ausschuss um Rat ersucht, unter Berücksichtigung der Dringlichkeit des Sachverhalts eine Frist angeben.

(3) Der Ausschuss leitet seine Stellungnahmen, Leitlinien, Empfehlungen und bewährten Verfahren an die Kommission und an den in Artikel 93 genannten Ausschuss weiter und veröffentlicht sie.

(4) [1]Der Ausschuss konsultiert gegebenenfalls interessierte Kreise und gibt ihnen Gelegenheit, innerhalb einer angemessenen Frist Stellung zu nehmen. [2]Unbeschadet des Artikels 76 macht der Ausschuss die Ergebnisse der Konsultation der Öffentlichkeit zugänglich.

Literatur:
S. die Hinweise bei Art. 68 DSGVO.

A. Grundlagen

I. Gesamtverständnis und Zweck der Norm

Art. 70 Abs. 1 DSGVO bestimmt im Einklang mit Art. 63 DSGVO die ein- [1] heitliche Anwendung der Datenschutzgrundverordnung als Aufgabe und Zweck des Europäischen Datenschutzausschusses. In 25 von a- y untergliederten Unterpunkten konkretisiert der Artikel diese Zielsetzung beispielhaft und nicht abschließend („insbesondere"). Darüber hinaus enthält die Vorschrift einige weitere allgemeine Regelungen zur möglichen Fristsetzung durch die Kommission, zu Informations- und Publikationspflichten des Ausschusses sowie zur Möglichkeit der Konsultation interessierter Kreise.

Insbesondere die innere Gliederung der beispielhaft genannten Aufgaben des Ausschusses wurde im Gesetzgebungsverfahren mehrfach geändert. Das Endergebnis der Datenschutzgrundverordnung ist redaktionell verunglückt, gibt die inhaltliche Stufung der einzelnen Tätigkeiten nicht hinreichend wieder und entspricht auch den Verweisungen innerhalb der Datenschutzgrundverordnung nur zum Teil.

II. Bisherige Rechtslage

Auch Art. 30 Abs. 1 DS-RL enthält eine allerdings deutlich kürzere und all- [2] gemeinere Liste der Aufgaben der Art. 29-Datenschutzgruppe als Vorgängerin des Europäischen Datenschutzausschusses: „Die Gruppe hat die Aufgabe,

a) alle Fragen im Zusammenhang mit den zur Umsetzung dieser Richtlinie erlassenen einzelstaatlichen Vorschriften zu prüfen, um zu einer einheitlichen Anwendung beizutragen;

b) zum Schutzniveau in der Gemeinschaft und in Drittländern gegenüber der Kommission Stellung zu nehmen;

c) die Kommission bei jeder Vorlage zur Änderung dieser Richtlinie, zu allen Entwürfen zusätzlicher oder spezifischer Maßnahmen zur Wahrung der Rechte und Freiheiten natürlicher Personen bei der Verarbeitung personenbezogener Daten sowie zu allen anderen Entwürfen von Gemeinschaftsmaßnahmen zu beraten, die sich auf diese Rechte und Freiheiten auswirken;

d) Stellungnahmen zu den auf Gemeinschaftsebene erarbeiteten Verhaltensregeln abzugeben."

Nach Art. 30 Abs. 2 DS-RL teilt die Datenschutzgruppe es der Kommission darüber hinaus mit, wenn sie feststellt, dass „sich im Bereich des Schutzes von Personen bei der Verarbeitung personenbezogener Daten zwischen den Rechtsvorschriften oder der Praxis der Mitgliedstaaten Unterschiede ergeben, die die Gleichwertigkeit des Schutzes in der Gemeinschaft beeinträchtigen könnten".

III. Entstehung der Norm

3 Die aktuelle Fassung der Norm ist eine ungeordnete Mischung aus Regelungen des ursprünglichen Vorschlags der Kommission in Verbindung mit Änderungsvorschlägen des Europäischen Parlaments und des Rates sowie Ergänzungen im Rahmen der Trilog-Verhandlungen.

4 Der Kommissionsvorschlag für die Datenschutzgrundverordnung sah lediglich die eher generalisierenden Tätigkeitszuschreibungen des aktuellen Art. 70 Abs. 1 S. 2 b, e, l,[1] t, u, v und w DSGVO vor,[2] die bis auf geringfügige Änderungen auch Eingang in die Verordnung gefunden haben.

5 Das Europäische Parlament schlug als grundlegende Änderung zunächst vor, auch dem Rat und dem Parlament eine Befassung des Ausschusses durch Ersuchen zu ermöglichen, konnte sich hiermit jedoch nicht durchsetzen.[3] Ebenfalls erfolglos blieb der Vorschlag einer Unterstützung der nationalen Aufsichtsbehörden durch den Ausschuss auf ihren Antrag hin.[4] Demgegenüber benennt Art. 70 Abs. 1 S. 2 a als erste Aufgabe des Ausschusses – lediglich – die „Überwachung und Sicherstellung der ordnungsgemäßen Anwendung dieser Verordnung in den in den Artikeln 64 und 65 genannten Fällen unbeschadet der Aufgaben der nationalen Aufsichtsbehörden"

---

1 Ohne eine hierauf bezogene Verpflichtung zur regelmäßigen Berichterstattung an die Kommission.

2 Art. 66 Abs. 1 a–g des Kommissionsvorschlags (KOM (2012) 11 endg.).

3 Vgl. Art. 66 Abs. 1 der legislativen Entschließung des Europäischen Parlaments v. 12.3.2014 (P7_TA(2014)0212). Entsprechend passte das Parlament den Vorschlag der Kommission in Richtung einer Beratung und konkreter Antragsrechte von Kommission, Parlament und Rat in Datenschutzfragen an.

4 Art. 66 Abs. 1 ge) der legislativen Entschließung des Europäischen Parlaments v. 12.3.2014 (P7_TA(2014)0212).

und scheint das Aufgabenspektrum des Ausschusses damit auf grenzüberschreitende Fälle des Kohärenzverfahrens zu beschränken.

Das Parlament fügte weitere Bestimmungen in Bezug auf die von ihm vorgeschlagenen Änderungen des Kohärenzverfahrens ein, die in geänderter Form übernommen worden sind,[5] und favorisierte eine detaillierte Aufgabenbeschreibung, ohne sich mit einzelnen weiteren Aufgaben des Ausschusses durchsetzen zu können.[6]

Der Rat sah an der Stelle einer Gewährleistungsfunktion ("stellt sicher")   6
eine grundsätzlich schwächere Position des Ausschusses vor ("fördert")[7]
und fügte die in Art. 70 Abs. 1 S. 2 a DSGVO übernommene Fokussierung
auf das Kohärenzverfahren ein. Im Übrigen schloss sich der Rat in seinem
Vorschlag weitgehend dem Entwurf der Kommission an und ergänzte ihn
um die Regelungen im aktuellen Art. 70 Abs. 1 S. 2 f, n, o, p, s und y
DSGVO.[8] Auf den Rat geht auch die in Art. 70 Abs. 2 DSGVO übernommene schwächere Formulierung der "Angabe einer Frist" zurück.[9]

Erst im Trilog-Verfahren wurden die zahlreichen konkreten Tätigkeiten   7
aus den Sachregelungen der Datenschutzgrundverordnung mit in den Katalog der Aufgaben des Ausschusses übernommen. Während im Trilog allerdings eine inhaltlich geordnete Gliederung angestrebt worden war, wurde
in der Endfassung hierauf auf Kosten einer in der Sache gänzlich unübersichtlichen, einheitlichen Durchnummerierung von a–y verzichtet.[10]

B. Kommentierung

I. Aufgaben und Zuständigkeiten des Ausschusses nach Art. 70 Abs. 1

1. Generalklausel mit Konkretisierung

Die Aufgaben des Europäischen Datenschutzausschusses umreißt Art. 70   8
Abs. 1 S. 1 DSGVO zunächst generalklauselartig: "Der Ausschuss stellt die
einheitliche Anwendung dieser Verordnung sicher." Diese Sicherstellung
der einheitlichen Anwendung der Datenschutzgrundverordnung ist nicht
als generelle Aufsicht des Ausschusses über den Vollzug der Verordnung
durch die mitgliedstaatlichen Aufsichtsbehörden zu verstehen, sondern beschränkt sich auf die Einheitlichkeit der Anwendung. Dies wird durch die

---

5 Art. 66 Abs. 1 b), da) und e) der legislativen Entschließung des Europäischen Parlaments v. 12.3.2014 (P7_TA(2014)0212).
6 Vgl. Art. 66 Abs. 1 gf) und gg) der legislativen Entschließung des Europäischen Parlaments v. 12.3.2014 (P7_TA(2014)0212) zur Veröffentlichung einer Gesamt-Liste der Verarbeitungsvorgänge nach Art. 35 Abs. 4 DSGVO sowie zur Pflege eines Registers über die von den zuständigen Aufsichtsbehörden verhängten Sanktionen nach Art. 83 und 84 DSGVO.
7 Art. 66 Abs. 1 des Vorschlags des Rats in der Fassung vom 11.6.2015, RatsDok. Nr. 9565/15.
8 Vgl. Art. 66 Abs. 1 ba), ca), cb), cd), ce) und i) des Vorschlags des Rats in der Fassung vom 11.6.2015, RatsDok. Nr. 9565/15; lediglich Art. 70 Abs. 1 S. 2 s DSGVO wurde im Trilog noch weitergehend ergänzt.
9 Art. 66 Abs. 2 des Vorschlags des Rats in der Fassung vom 11.6.2015, RatsDok. Nr. 9565/15.
10 Vgl. Art. 66 Abs. 1 der politischen Einigung, RatsDok. Nr. 5455/16 vom 28.1.2016: auch die in Abs. 1 vorgenommene Untergliederung ist allerdings in sich nicht durchgängig konsistent.

regelungstechnisch beispielhafte Konkretisierung in Art. 70 Abs. 1 S. 2 DSGVO klargestellt und veranschaulicht.

Das Tätigwerden des Ausschusses setzt einen Sachverhalt voraus, der die Anwendung der Verordnung durch mehrere oder alle Aufsichtsbehörden betrifft und in seiner Wirkung nicht auf einen einzelnen Mitgliedstaat begrenzt ist. Hierzu rechnen Fälle einer grenzüberschreitenden Zusammenarbeit einzelner Aufsichtsbehörden im Kohärenzverfahren wie auch abstrakt-generelle Maßnahmen gegenüber allen Aufsichtsbehörden. Zwar ermächtigt die Verordnung den Ausschuss jenseits verbindlicher Beschlüsse im Kohärenzverfahren (s. Art. 65 DSGVO) nicht zum Erlass verbindlicher rechtlicher Regelungen. Ausdrücklich wird der Ausschuss aber zum Erlass von Leitlinien, Empfehlungen und bewährten Verfahren in einer Vielzahl von Fällen ermächtigt, mit denen der Vollzug der Verordnung durch die nationalen Aufsichtsbehörden in nahezu allen Anwendungsbereichen gesteuert werden soll. Darüber hinaus kommt dem Ausschuss beratende Funktion gegenüber der Kommission zu, die sich auf „alle Fragen, die im Zusammenhang mit dem Schutz personenbezogener Daten in der Union stehen" erstreckt und insbesondere auch das Initiativrecht der Kommission zur Änderung der Datenschutzgrundverordnung wie auch ihre Befugnis zum Erlass abgeleiteten Rechts betrifft.

9   Die Aufzählung der Aufgaben des Ausschusses in Art. 70 Abs. 1 S. 2 a–y DSGVO ist nicht abschließend („insbesondere"), aber angesichts des Umfangs nahezu erschöpfend. Es dürfte ein Anliegen des Trilogs gewesen sein, alle in einzelnen Sachregelungen der Verordnung enthaltenen Aufgaben des Ausschusses in Art. 70 DSGVO noch einmal zusammenfassend zu bündeln. Dass hierbei einzelne Aufgaben übersehen worden sind, dürfte eher einem redaktionellen Versehen, denn einer bewussten gesetzgeberischen Entscheidung geschuldet sein. Konstitutiv ist die Aufzählung daher auch lediglich für diejenigen Aufgaben, die in der Datenschutzgrundverordnung nicht bereits an anderer Stelle genannt werden. Erforderlich ist eine über die Generalklausel hinausgehende ausdrückliche Konkretisierung jedenfalls in den Fällen, in denen ein rechtlich relevantes Handeln des Ausschusses entweder individuelle Rechte Einzelner oder Kompetenzen der nationalen Aufsichtsbehörden betrifft.

2. Aufgabenkatalog

a) Beteiligung des Ausschusses im Kohärenzverfahren (Art. 70 Abs. 1 S. 2 a, t und y)

10 Drei Unterpunkte des Katalogs betreffen das Kohärenzverfahren:

- Der erst durch den Rat eingefügte Art. 70 Abs. 1 S. 2 a DSGVO überträgt es dem Ausschuss, die Anwendung des Kohärenzverfahrens im Allgemeinen sicherzustellen und zu überwachen und stellt zugleich klar, dass die Aufgaben der nationalen Aufsichtsbehörden hiervon nicht berührt werden.
- Die spezifische Beteiligung des Ausschusses im Kohärenzverfahren im Wege von Stellungnahmen nach Art. 64 DSGVO und verbindlichen Be-

schlüssen im Rahmen von Art. 65 und 66 DSGVO greift Art. 70 Abs. 1 S. 2 t DSGVO deklaratorisch auf.[11]

■ Konstitutiv ist demgegenüber der in Art. 70 Abs. 1 S. 2 y DSGVO enthaltene Auftrag an den Ausschuss, ein öffentlich zugängliches elektronisches Register der Beschlüsse der Aufsichtsbehörden und Gerichte in Bezug auf Fragen, die im Rahmen des Kohärenzverfahrens behandelt werden, zu führen. Während Art. 64 Abs. 7 DSGVO wie auch Art. 65 Abs. 6 iVm Art. 60 Abs. 7 DSGVO entsprechende Mitteilungspflichten der Aufsichtsbehörden vorsehen, existiert eine solche Mitteilungspflicht seitens der Gerichte soweit ersichtlich nicht.[12]

b) Beratung der Kommission (Art. 70 Abs. 1 S. 2 b und c)

Unübersichtlich sind die Beratungs- und Stellungnahmeobliegenheiten des Ausschusses gegenüber der Kommission. Während Art. 70 Abs. 1 S. 2 b und c eine allgemeine bzw. sachbezogen konkrete Beratung der Kommission durch den Ausschuss vorsehen, wird seine Einbindung in den Erlass von Durchführungs- und delegierten Rechtsakten an späterer Stelle geregelt (s. dazu bei → Rn. 16). **11**

Nach der generalklauselartigen Regelung in Art. 70 Abs. 1 S. 2 b DSGVO berät der Ausschuss die Kommission „in allen Fragen, die im Zusammenhang mit dem Schutz personenbezogener Daten in der Union stehen". Ausdrücklich werden als Beispiel Vorschläge zur Änderung der Datenschutzgrundverordnung genannt. Art. 70 Abs. 1 S. 2 c DSGVO bezieht sich demgegenüber spezifisch auf den Informationsaustausch zwischen Datenverarbeitern und Aufsichtsbehörden in Bezug auf verbindliche interne Datenschutzvorschriften.[13]

Nach Art. 70 Abs. 1 S. 2 und Abs. 2 DSGVO ersucht die Kommission den Ausschuss um seinen Rat und kann dabei ggf. auch eine Frist setzen (s. u. bei → Rn. 19).

c) Bereitstellung von Leitlinien, Empfehlungen und bewährten Verfahren (Art. 70 Abs. 1 S. 2 d – j, k und m) und Überprüfung ihrer praktischen Anwendung (Art. 70 Abs. 1 S. 2 l)

Die nicht rechtsverbindliche Steuerung durch die Bereitstellung von Leitlinien, Empfehlungen und bewährten Verfahren zu unterschiedlichen Fragestellungen bildet den größten thematisch zusammenhängenden Teil der Aufgaben des Ausschusses. Besondere Bedeutung erlangt sie auch aufgrund der in Art. 70 Abs. 3 DSGVO normierten Weiterleitungs- und Publikationspflicht (s. u. bei → Rn. 20). Auch an dieser Stelle stehen allgemeinere und speziellere Regelungen jedoch weitgehend ungeordnet nebeneinander. **12**

---

11 Ein redaktionelles Versehen dürfte das überflüssige „um" vor „Erlass verbindlicher Beschlüsse gemäß Artikel 65" sein.

12 Allerdings ist die Aufsichtsbehörde ggf. verpflichtet, dem Gericht die Stellungnahme oder den Beschluss des Ausschusses vorzulegen; vgl. Art. 78 Abs. 4 DSGVO.

13 Vgl. Art. 47 Abs. 3 DSGVO. Im Trilog-Ergebnis war die speziellere Regelung c der allgemeineren Regelung b untergeordnet, allerdings zusammen mit der ebenfalls neu eingefügten Bestimmung d, die ihrerseits jedoch nicht die Beratung der Kommission betrifft; vgl. Art. 66 Abs. 1 (a) (aa) und (ab) der politischen Einigung, Rats-Dok. Nr. 5455/16 vom 28.1.2016.

13   Die drei allgemeinen Grundregeln bilden Art. 70 Abs. 1 S. 2 e, k und l DSGVO:

- Die erste Grundregel betrifft die Auslegung der Verordnung für Datenverarbeiter. Der Ausschuss prüft „von sich aus, auf Antrag eines seiner Mitglieder oder auf Ersuchen der Kommission" die „die Anwendung dieser Verordnung betreffenden Fragen" und stellt zur Sicherstellung einer einheitlichen Anwendung der Verordnung „Leitlinien, Empfehlungen und bewährte Verfahren" bereit (S. 2 e).
- Die zweite Grundregel zielt auf die Steuerung des Vollzugs der Datenschutzgrundverordnung durch die zuständigen nationalen Aufsichtsbehörden: Der Ausschuss arbeitet Leitlinien für die Aufsichtsbehörden in Bezug auf die Ausübung ihrer Befugnisse nach Art. 58 Abs. 1, 2 und 3 DSGVO (Untersuchungsbefugnisse, Abhilfebefugnisse und Genehmigungs- und Beratungsbefugnisse) und die Sanktionsmöglichkeiten nach Art. 83 DSGVO aus (S. 2 k).
- Die dritte Grundregel gilt der Überprüfung und damit der Effektivität der unverbindlichen Steuerungsinstrumente: Nach Art. 70 Abs. 1 S. 2 l DSGVO überprüft der Ausschuss die praktische Anwendung dieser Leitlinien, Empfehlungen und bewährten Verfahren.

Versteht man Art. 70 Abs. 1 S. 2 f – j DSGVO dementsprechend als Konkretisierungen von Art. 70 Abs. 1 S. 2 e DSGVO, wie es auch die Genese der Norm und das Ergebnis des Trilogs nahelegen,[14] klärt sich der Sinn von Art. 70 Abs. 1 S. 2 l DSGVO, der sich hinsichtlich der Überprüfung der praktischen Anwendung ausdrücklich fälschlich nur auf „die unter den Buchstaben e und f genannten Leitlinien, Empfehlungen und bewährten Verfahren" bezieht, ersichtlich aber die generelle Norm unter Buchstabe e mit ihren Konkretisierungen der heutigen f – j zur Auslegung der Datenschutzgrundverordnung sowie die hiervon verschiedenen, gezielt den Vollzug durch die nationalen Aufsichtsbehörden betreffenden Leitlinien nach Buchstabe k in den Blick nimmt. Hätte die Endfassung der Verordnung an den noch in der politischen Einigung enthaltenen Untergliederungen festgehalten, müsste die aktuell unter k getroffene Regelung mit f bezeichnet sein, so dass der Verweis stimmen würde.

14   Als Konkretisierungen der allgemeinen Bestimmung des Art. 70 Abs. 1 S. 2 e DSGVO zur Auslegung und Anwendung der Datenschutzgrundverordnung wird dem Ausschuss die Ausarbeitung von unverbindlichen Steuerungsinstrumenten wie Leitlinien, Empfehlungen und bewährten Verfahren in einer Vielzahl von Sachfragen zur Aufgabe gemacht, die unter den Buchstaben f – j und m geregelt werden und allesamt auf Art. 70 Abs. 1 S. 2 e DSGVO als Grundregel Bezug nehmen:[15]

- zur näheren Bestimmung der Kriterien und Bedingungen für die auf Profiling beruhenden Entscheidungen nach Art. 22 Abs. 2 DSGVO (f);
- zur Feststellung von Verletzungen des Schutzes personenbezogener Daten und zur Festlegung der Unverzüglichkeit nach Art. 33 Abs. 1 und 2

---

14   Vgl. den allerdings in sich alles andere als stimmigen Art. 66 Abs. 1 b–c der politischen Einigung, RatsDok. Nr. 5455/16 vom 28.1.2016.
15   Eine entsprechende übersichtlichere Untergliederung würde das Verständnis der Norm deutlich erleichtern.

DSGVO, sowie zu den spezifischen Umständen, unter denen der Verantwortliche oder der Auftragsverarbeiter die Verletzung des Schutzes personenbezogener Daten zu melden hat (g);

■ zu den Umständen, unter denen eine Verletzung des Schutzes personenbezogener Daten voraussichtlich ein hohes Risiko für die Rechte und Freiheiten natürlicher Personen iSv Art. 34 Abs. 1 DSGVO zur Folge hat (h);

■ zur näheren Bestimmung der in Art. 47 DSGVO aufgeführten Kriterien und Anforderungen für die Übermittlung personenbezogener Daten, die auf verbindlichen internen Datenschutzvorschriften von Verantwortlichen oder Auftragsverarbeitern beruhen, und der dort aufgeführten weiteren erforderlichen Anforderungen zum Schutz personenbezogener Daten der betroffenen Personen (i);

■ zur näheren Bestimmung der Kriterien und Bedingungen der ausnahmsweisen Übermittlungen personenbezogener Daten an Drittländer oder internationale Organisationen gemäß Art. 49 Abs. 1 DSGVO (j);

■ zur Festlegung gemeinsamer Verfahren für die von natürlichen Personen vorgenommenen Meldungen von Verstößen gegen die Datenschutzgrundverordnung gemäß Art. 56 Abs. 2 DSGVO (m).[16]

d) Sicherstellung der ordnungsgemäßen Anwendung der Verordnung durch Förderung von Verhaltensregeln und Bereitstellung von Zertifizierungsverfahren (Art. 70 Abs. 1 S. 2 n–q)

Ein weiteres Aufgabenfeld des Ausschusses ist die Förderung von Verhaltensregeln und die Bereitstellung von Zertifizierungsverfahren:

15

■ In Art. 70 Abs. 1 S. 2 n DSGVO greift die Datenschutzgrundverordnung die in Art. 40 Abs. 1 und Art. 42 Abs. 1 DSGVO geregelten Aufträge an den Europäischen Datenschutzausschuss auf, durch die Förderung der Ausarbeitung von Verhaltensregeln zur ordnungsgemäßen Anwendung der Verordnung beizutragen und die Einführung von datenschutzspezifischen Zertifizierungsverfahren und Datenschutzsiegeln und -prüfzeichen zu fördern, die dazu dienen, nachzuweisen, dass die Datenschutzgrundverordnung bei Verarbeitungsvorgängen von Verantwortlichen oder Auftragsverarbeitern eingehalten wird (→ Art. 40 Rn. 14 ff.; → Art. 42 Rn. 8 f.).

■ Hiermit zusammenhängend überträgt Art. 70 Abs. 1 S. 2 o DSGVO dem Datenschutzausschuss entsprechend Art. 43 DSGVO die Akkreditierung von Zertifizierungsstellen und deren regelmäßige Überprüfung sowie die Führung eines öffentlichen Registers der akkreditierten Einrichtungen nach Art. 43 Abs. 6 DSGVO und der in Drittländern niedergelassenen akkreditierten Verantwortlichen oder Auftragsverarbeiter gemäß Art. 42 Abs. 7 DSGVO.

■ Darüber hinaus obliegt es dem Ausschuss nach Art. 70 Abs. 1 S. 2 p DSGVO, die in Art. 43 Abs. 3 DSGVO genannten Anforderungen im Hinblick auf die Akkreditierung von Zertifizierungsstellen nach Art. 42 DSGVO im Kohärenzverfahren zu präzisieren. Gemäß Art. 42 Abs. 5

---

16 Die Verordnung nennt ausdrücklich Art. 54 Abs. 2 DSGVO, bezieht sich jedoch ersichtlich auf das Beschwerderecht nach Art. 56 Abs. 2 DSGVO.

DSGVO kann der Ausschuss ferner im Kohärenzverfahren auch die Kriterien für die Zertifizierung genehmigen und damit eine gemeinsame Zertifizierung mit dem Europäischen Datenschutzsiegel ermöglichen (→ Art. 42 Rn. 34 ff.).

■ Alternativ kann die Kommission die Anforderungen für die datenschutzspezifischen Zertifizierungsverfahren nach Art. 42 Abs. 1 und Abs. 8 DSGVO in einem delegierten Rechtsakt gemäß Art. 92 DSGVO festlegen, vor dessen Erlass der Ausschuss nach Art. 70 Abs. 1 S. 2 q DSGVO seine Stellungnahme abgibt.

e) Stellungnahmen gegenüber der Kommission vor Erlass delegierter und Durchführungs-Rechtsakte (Art. 70 Abs. 1 S. 2 q, r, s und x)

16 Über die Festlegung der Anforderungen für die datenschutzspezifischen Zertifizierungsverfahren nach Art. 70 Abs. 1 S. 2 q DSGVO hinaus ist der Ausschuss auch beim Erlass delegierter Rechtsakte der Kommission nach Art. 12 Abs. 7 und 8 DSGVO zur Bereitstellung standardisierter Bildsymbole zur Abgabe einer Stellungnahme gegenüber der Kommission berufen (Art. 70 Abs. 1 S. 2 r DSGVO).

Nach Art. 70 Abs. 1 S. 2 s DSGVO gibt der Ausschuss zudem eine Stellungnahme für die Kommission zur Beurteilung der Angemessenheit des gebotenen Schutzniveaus eines Drittlands oder einer internationalen Organisation ab, über die die Kommission nach Art. 45 Abs. 3 DSGVO im Wege eines Durchführungsrechtsakts entscheidet. In Abweichung zu den übrigen Bestimmungen in Art. 70 Abs. 1 S. 2 DSGVO präzisiert die Verordnung an dieser Stelle, dass die Kommission dem Ausschuss zur Verfassung der Stellungnahme alle erforderlichen Unterlagen überlassen muss.

Ebenfalls im Wege eines Durchführungsrechtsakts nach Stellungnahme des Europäischen Datenschutzausschusses kann die Kommission gemäß Art. 40 Abs. 9 DSGVO die Allgemeingültigkeit genehmigter Verhaltensregeln beschließen, worauf Art. 70 Abs. 1 S. 2 x DSGVO verweist.

f) Unterstützung der Zusammenarbeit der Aufsichtsbehörden (Art. 70 Abs. 1 S. 2 u–w)

17 Art. 70 Abs. 1 S. 2 u – w DSGVO beziehen sich auf die europäische und globale Zusammenarbeit der Aufsichtsbehörden und überantworten dem Ausschuss die Förderung des Informations- und Erfahrungsaustauschs, des Personalaustauschs sowie „des Austausches von Fachwissen und von Dokumentationen über Datenschutzvorschriften und -praxis mit Datenschutzaufsichtsbehörden in aller Welt".

g) Führung öffentlich zugänglicher elektronischer Register (Art. 70 Abs. 1 S. 2 o und y und Art. 40 Abs. 11 DSGVO)

18 Art. 70 Abs. 1 S. 2 y DSGVO greift zuletzt die Verpflichtung des Ausschusses zur Führung eines öffentlich zugänglichen elektronischen Registers der Beschlüsse der Aufsichtsbehörden und Gerichte zu im Kohärenzverfahren behandelten Fragen auf. Weitere Registerführungspflichten ergeben sich

aus Art. 70 Abs. 1 S. 2 o iVm Art. 43 Abs. 6 und Art. 42 Abs. 8 DSGVO[17] sowie, nicht im Katalog des Art. 70 DSGVO enthalten, aus Art. 40 Abs. 11 DSGVO.

II. Möglichkeit der Frist"angabe" bei Kommissionsersuchen (Art. 70 Abs. 2)

Nach Art. 70 Abs. 2 DSGVO kann die Kommission bei ihren Ersuchen unter Berücksichtigung der Dringlichkeit des Sachverhalts eine Frist angeben.   **19**

Die Bestimmung hält entgegen der Änderungsvorschläge des Europäischen Parlaments an der Befassung des Ausschusses allein durch die EU-Kommission fest. Während die Kommission selbst eine im Wortlaut stringentere Fristsetzung vorsah, wurde in die Datenschutzgrundverordnung auf Vorschlag des Rates die schwächere Version der Angabe einer Frist übernommen. Diese Änderung scheint allerdings weitgehend kosmetisch, da auch an einer Fristsetzung durch die Kommission keine rechtlichen Konsequenzen geknüpft waren.

Bedeutung kommt der Bestimmung daher vorrangig aus der Handlungsperspektive zu, indem es der Kommission in von ihr als dringlich bewerteten Fällen gestattet wird, auf eine zeitnahe Stellungnahme und Entscheidung des Ausschusses hinzuwirken.

III. Transparenz- und Publizitätspflichten des Europäischen Datenschutzausschusses (Art. 70 Abs. 3)

Stellungnahmen, Leitlinien, Empfehlungen und bewährte Verfahren muss   **20** der Ausschuss nach Art. 70 Abs. 3 DSGVO an die Kommission und den Komitologieausschuss nach Art. 93 DSGVO weiterleiten und veröffentlichen (zum Komitologieausschuss bereits → Art. 67 Rn. 8 und Art. 93). Ein großer Teil der in Art. 70 Abs. 1 DSGVO aufgeführten Tätigkeiten des Ausschusses unterliegt damit Transparenz- und Publizitätspflichten, die die Steuerungsfunktion und -wirkung dieser Verlautbarungen ungeachtet ihrer mangels Rechtsaktqualität fehlenden förmlichen Rechtsverbindlichkeit verstärkt.[18]

Im Unterschied zu Art. 30 Abs. 5 DS-RL 95/46/EG fehlt demgegenüber   **21** eine Verpflichtung der Kommission, über die von ihr aus den Stellungnahmen und Empfehlungen des Ausschusses gezogenen Konsequenzen zu berichten. Eine solche Verpflichtung wurde lediglich in Art. 51 Abs. 4 der Datenschutz-Richtlinie für Polizei und Justiz RL 2016/680 (dazu unten bei → Rn. 23) übernommen.

---

17 Art. 66 Abs. 1 gd) der legislativen Entschließung des Europäischen Parlaments v. 12.3.2014 (P7_TA(2014)0212) hatte die Führung des Registers der Zertifikate mit einbezogen und wollte über die in Art. 42 Abs. 8 DSGVO gefundene Regelung hinaus auch alle ungültigen Zertifikate mit aufnehmen.

18 Das Europäische Parlament hätte auch hier eine Weiterleitung nicht allein an die Kommission, sondern auch an den Rat und sich selbst favorisiert, konnte sich damit jedoch nicht durchsetzen; vgl. Art. 66 Abs. 3 der legislativen Entschließung des Europäischen Parlaments v. 12.3.2014 (P7_TA(2014)0212).

IV. Konsultation interessierter Kreise (Art. 70 Abs. 4)

22 Art. 70 Abs. 4 DSGVO ermächtigt den Ausschuss schließlich zur Konsultation interessierter Kreise, denen der Ausschuss die Gelegenheit gibt, innerhalb einer angemessenen Frist Stellung zu nehmen.[19] Eine Verpflichtung zur Anhörung ist damit nicht verbunden („gegebenenfalls"). Ebenso wenig besteht eine Bindung oder Berücksichtigungspflicht, die die Unabhängigkeit des Ausschusses gefährden könnte.

Denkbar erscheint eine Konsultation insbesondere im Rahmen der Ausarbeitung allgemeiner Stellungnahmen und Bestimmungen wie Leitlinien, allgemeinen Empfehlungen und bewährten Verfahren. Im Rahmen einer Befassung des Ausschusses mit konkreten Einzelfällen im Kohärenzverfahren dürfte eine Einbindung interessierter Kreise demgegenüber ausgeschlossen sein, um bereits den bösen Schein einer Beeinflussung auszuschließen.

Findet eine Konsultation statt, ist der Ausschuss nach Art. 70 Abs. 4 S. 2 DSGVO verpflichtet, ihre Ergebnisse unter Wahrung der Vertraulichkeit nach Art. 76 DSGVO der Öffentlichkeit zugänglich zu machen. Auch diese Transparenzpflicht stärkt die Unabhängigkeit des Ausschusses, indem sie potentielle Beeinflussungen durch und Abhängigkeiten zu interessierten Kreisen öffentlich macht.

Zu den interessierten Kreisen zählen neben Datenverarbeitern, sonstigen betroffenen Unternehmen oder betroffenen Privatpersonen insbesondere auch Verbände und andere Lobbygruppen.

C. Verhältnis zur EU-Datenschutz-Richtlinie für Polizei und Justiz (RL (EU) 2016/680)

23 Der Europäische Datenschutzausschuss nimmt nicht nur im Rahmen der Datenschutzgrundverordnung Aufgaben wahr, sondern wird auch durch die EU-Datenschutz-Richtlinie für Polizei und Justiz (EU) 2016/680[20] mit Aufgaben betraut. Im Unterschied zur Datenschutzgrundverordnung kommen dem Ausschuss im Bereich der Polizei und Justiz allerdings keine Entscheidungsbefugnisse, sondern ausschließlich beratende und steuernde Befugnisse zu.

---

19 Die Bestimmung geht auf Art. 66 Abs. 4 a der legislativen Entschließung des Europäischen Parlaments v. 12.3.2014 (P7_TA(2014)0212) zurück.

20 Richtlinie (EU) 2016/680 des Europäischen Parlaments und des Rates vom 27. April 2016 zum Schutz natürlicher Personen bei der Verarbeitung personenbezogener Daten durch die zuständigen Behörden zum Zwecke der Verhütung, Ermittlung, Aufdeckung oder Verfolgung von Straftaten oder der Strafvollstreckung sowie zum freien Datenverkehr und zur Aufhebung des Rahmenbeschlusses 2008/977/JI des Rates (ABl. EU 2016 Nr. L 119/89); zum Datenschutz im europäischen Sicherheitsrecht s. nur *Albers* in: Wolff/Brink (Hrsg.), Beck'scher Online-Kommentar Datenschutzrecht, 18. Ed., Stand: 1.5.2016, Polizei und Nachrichtendienst, C Rn. 22 ff. und H Rn. 115 ff.; zur geplanten Umsetzung der Richtlinie s. § 85 BDSG in der Fassung des Referentenentwurfs des Bundesministeriums des Innern (Entwurf eines Gesetzes zur Anpassung des Datenschutzrechts an die VO (EU) 2016/679 und zur Umsetzung der RL (EU) 2016/680 (Datenschutz-Anpassungs- und Umsetzungsgesetz EU – DSAnpUG-EU) von Januar 2017).

Nach Art. 51 Abs. 1 RL (EU) 2016/680 nimmt der Ausschuss „in Bezug auf Verarbeitungsvorgänge im Anwendungsbereich der Richtlinie folgende Aufgaben wahr:

a) Beratung der Kommission in allen Fragen, die im Zusammenhang mit dem Schutz personenbezogener Daten in der Union stehen, einschließlich etwaiger Vorschläge zur Änderung dieser Richtlinie; [entspricht Art. 70 Abs. 1 S. 2 b DSGVO]

b) Prüfung — von sich aus, auf Antrag eines seiner Mitglieder oder auf Ersuchen der Kommission — von die Anwendung dieser Richtlinie betreffenden Fragen und Ausarbeitung von Leitlinien, Empfehlungen und bewährten Verfahren zwecks Sicherstellung einer einheitlichen Anwendung dieser Richtlinie; [entspricht Art. 70 Abs. 1 S. 2 e DSGVO]

c) Ausarbeitung von Leitlinien für die Aufsichtsbehörden in Bezug auf die Anwendung von Maßnahmen nach Artikel 47 Absätze 1 und 3; [entspricht Art. 70 Abs. 1 S. 2 k DSGVO]

d) Ausarbeitung von Leitlinien, Empfehlungen und bewährten Verfahren gemäß Buchstabe b dieses Unterabsatzes für die Feststellung von Verletzungen des Schutzes personenbezogener Daten und die Festlegung der Unverzüglichkeit im Sinne des Artikels 30 Absätze 1 und 2 und für die konkreten Umstände, unter denen der Verantwortliche und der Auftragsverarbeiter die Verletzung des Schutzes personenbezogener Daten zu melden haben; [entspricht Art. 70 Abs. 1 S. 2 g DSGVO]

e) Ausarbeitung von Leitlinien, Empfehlungen und bewährten Verfahren gemäß Buchstabe b dieses Absatzes in Bezug auf die Umstände, unter denen eine Verletzung des Schutzes personenbezogener Daten voraussichtlich ein hohes Risiko für die Rechte und Freiheiten der natürlichen Personen im Sinne des Artikels 31 Absatz 1 zur Folge hat; [entspricht Art. 70 Abs. 1 S. 2 h DSGVO]

f) Überprüfung der praktischen Anwendung der unter den Buchstaben b und c genannten Leitlinien, Empfehlungen und bewährten Verfahren; [entspricht Art. 70 Abs. 1 S. 2 l DSGVO]

g) Abgabe einer Stellungnahme gegenüber der Kommission zur Beurteilung der Angemessenheit des in einem Drittland, einem Gebiet oder einem oder mehrere spezifischen Sektoren in einem Drittland oder einer internationalen Organisation gebotenen Schutzniveaus sowie zur Beurteilung der Frage, ob ein solches Drittland, das Gebiet, der spezifische Sektor oder die internationale Organisation kein angemessenes Schutzniveau mehr gewährleistet; [entspricht Art. 70 Abs. 1 S. 2 s DSGVO]

h) Förderung der Zusammenarbeit und eines wirksamen bilateralen und multilateralen Austauschs von Informationen und bewährten Verfahren zwischen den Aufsichtsbehörden; [entspricht Art. 70 Abs. 1 S. 2 u DSGVO]

i) Förderung von Schulungsprogrammen und Erleichterung des Personalaustauschs zwischen Aufsichtsbehörden sowie gegebenenfalls mit Aufsichtsbehörden von Drittländern oder mit internationalen Organisationen; [entspricht Art. 70 Abs. 1 S. 2 v DSGVO]

j) Förderung des Austausches von Fachwissen und von Dokumentationen über Datenschutzrecht und -praxis mit Datenschutzaufsichtsbehörden in aller Welt. In Bezug auf Unterabsatz 1 Buchstabe g stellt die Kommission dem Ausschuss alle erforderlichen Unterlagen zur Verfügung, darunter den Schriftwechsel mit der Regierung des Drittlandes, mit dem Gebiet oder spezifischen Sektor in diesem Drittland oder mit der internationalen Organisation"; [entspricht Art. 70 Abs. 1 S. 2 w DSGVO]

24 Ebenso wie nach Art. 70 Abs. 2 DSGVO kann die Kommission auch nach Art. 51 Abs. 2 RL 2016/680 „wenn sie den Ausschuss um Rat ersucht, unter Berücksichtigung der Dringlichkeit des Sachverhalts eine Frist angeben". Auch Art. 51 Abs. 3 RL 2016/680 sieht eine Weiterleitung an die Kommission wie auch an den entsprechenden Komitologieausschuss sowie die Veröffentlichung von Stellungnahmen, Leitlinien, Empfehlungen und bewährten Verfahren des Ausschusses vor.

25 Im Unterschied zu Art. 70 DSGVO normiert Art. 51 Abs. 4 RL 2016/680 darüber hinaus eine Pflicht der Kommission, „den Ausschuss von allen Maßnahmen in Kenntnis [zu setzen], die sie im Anschluss an die von ihm herausgegebenen Stellungnahmen, Leitlinien, Empfehlungen und bewährten Verfahren ergriffen hat".

D. Bewertung

26 Unklar ist, ob und wie der Ausschuss allein mit Hilfe der Unterstützung eines Sekretariats durch seinen Vorsitz und das Kollegium ohne weitere eigene Organe die Fülle der Aufgaben wird bewältigen können. Während Art. 52 Abs. 4 DSGVO die Mitgliedstaaten verpflichtet sicherzustellen, dass jede Aufsichtsbehörde mit den personellen, technischen und finanziellen Ressourcen, Räumlichkeiten und Infrastrukturen ausgestattet wird, die sie benötigt, um ihre Aufgaben und Befugnisse auch im Rahmen der Amtshilfe, Zusammenarbeit und Mitwirkung im Ausschuss effektiv wahrnehmen zu können,[21] fehlt eine entsprechende Vorschrift in Bezug auf den Ausschuss. Ganz offensichtlich wird hier trotz der Einrichtung einer eigenständigen unionalen Agentur im weiteren Sinne die Vollzugslast maßgeblich auf die Leiterinnen und Leiter der mitgliedstaatlichen Aufsichtsbehörden abgewälzt, so dass es von deren eigener Ausstattung und Engagement abhängt, ob und wie die Arbeit des Ausschusses als europäischer Verbundaufsicht gelingen kann.

Artikel 71 Berichterstattung

(1) [1]Der Ausschuss erstellt einen Jahresbericht über den Schutz natürlicher Personen bei der Verarbeitung in der Union und gegebenenfalls in Drittlän-

---

21 S. Art. 52 Abs. 4 DSGVO; vgl. auch die Forderungen der deutschen Datenschutzkonferenz nach einer Verstärkung der Ausstattung der deutschen Datenschutzbehörden: Entschließung der Konferenz der unabhängigen Datenschutzbehörden des Bundes und der Länder vom 25.5.2016 mit der Überschrift: „EU-Datenschutz-Grundverordnung erfordert zusätzliche Ressourcen für Datenschutzbehörden" (abrufbar unter https://datenschutz-berlin.de/attachments/1231/Abgestimmte_Fassung _Umlaufentschl_25052016.pdf?1464252383; zuletzt abgerufen am 8.3.2017).

dern und internationalen Organisationen. [2]Der Bericht wird veröffentlicht und dem Europäischen Parlament, dem Rat und der Kommission übermittelt.

(2) Der Jahresbericht enthält eine Überprüfung der praktischen Anwendung der in Artikel 70 Absatz 1 Buchstabe 1 genannten Leitlinien, Empfehlungen und bewährten Verfahren sowie der in Artikel 65 genannten verbindlichen Beschlüsse.

Verwandte Normen: ErwGr 106

Literatur:
S. die Hinweise zu Art. 68.

A. Grundlagen

I. Zweck der Norm und bisherige Rechtslage

Art. 71 verpflichtet den Ausschuss zur jährlichen Berichterstattung „über den Schutz natürlicher Personen bei der Verarbeitung" personenbezogener Daten in der Union. Sprachlich und auch sachlich unglücklich verzichtet die Regelung (soweit ersichtlich auch in den anderen Sprachfassungen) auf die konkrete Bezugnahme auf den Datenschutz, wie sie in der Vorgängernorm des Art. 30 Abs. 6 DS-RL enthalten ist, wo es heißt: „Bericht über den Stand des Schutzes natürlicher Personen bei der Verarbeitung personenbezogener Daten in der Gemeinschaft und in Drittländern".

II. Entstehung der Norm

Sowohl der Kommissionsentwurf als auch der Vorschlag des Europäischen Parlaments in der ersten Lesung sahen neben der jährlichen Berichterstattung zusätzlich eine fortlaufende regelmäßige Verpflichtung des Ausschusses zur Information vor. Während die Kommission den Ausschuss lediglich dazu verpflichten wollte, sie selbst „regelmäßig und zeitnah über die Ergebnisse seiner Tätigkeit" zu unterrichten,[1] wollte das Parlament auch sich selbst und den Rat in die regelmäßige Unterrichtung einbeziehen und die periodische Berichtspflicht zum Ausgleich auf einen Zwei-Jahres-Turnus beschränken.[2] Beide Vorschläge konnten sich im Ergebnis nicht durchsetzen.

---

1 Art. 67 Abs. 1 des Kommissionsvorschlags (KOM (2012) 11 endg.).
2 Art. 67 Abs. 1 der legislativen Entschließung des Europäischen Parlaments v. 12.3.2014 (P7_TA(2014)0212).

B. Kommentierung

I. Berichtspflicht des Europäischen Datenschutzausschusses

3   Art. 71 Abs. 1 S. 1 normiert die grundsätzliche Verpflichtung des Ausschusses zur Erstellung eines Jahresberichts über den Schutz natürlicher Personen bei der Verarbeitung [scil. personenbezogener Daten] in der Union und gegebenenfalls in Drittländern und internationalen Organisationen. Der Verweis auf die extra-unionale Verarbeitung ist der Tatsache geschuldet, dass die Verordnung selbst auch Regelungen in Bezug auf die Übermittlung aus der Europäischen Union und die Verarbeitung außerhalb der Europäischen Union trifft.[3]

II. Veröffentlichung und Übermittlung des Jahresberichts des Europäischen Datenschutzausschusses

4   Nach Art. 71 Abs. 1 S. 2 ist der Bericht zu veröffentlichen und dem Europäischen Parlament, dem Rat und der Kommission zu übermitteln. Dies sieht auch bislang Art. 30 Abs. 6 DS-RL vor.

Die Art. 29-Datenschutzgruppe veröffentlicht ihren Bericht nach Art. 30 Abs. 6 DS-RL bisher auf den ihr von der Kommission zur Verfügung gestellten Internet-Seiten des Kommissionsportals.[4] Zukünftig werden die Sekretariatsfunktionen vom Europäischen Datenschutzbeauftragten bereitgestellt werden, zu denen nach Art. 75 Abs. 6 d auch der Rückgriff auf elektronische Mittel für die interne und die externe Kommunikation gehört.

III. Inhalt des Berichts

5   Der Bericht erstreckt sich umfassend auf die Verarbeitung personenbezogener Daten sowohl in der Europäischen Union als auch in Drittländern und internationalen Organisationen, sofern ein Bezug zur Europäischen Union besteht.

Neu aufgenommen wurde die Regelung in Art. 71 Abs. 2, der zufolge der Jahresbericht eine Überprüfung der praktischen Anwendung der in Art. 70 Abs. 1 genannten Leitlinien, Empfehlungen und bewährten Verfahren sowie der in Art. 65 genannten verbindlichen Beschlüsse enthält. Bei dem Verweis auf „Art. 70 Abs. 1 Buchstabe 1" handelt es sich offensichtlich um ein redaktionelles Versehen. Im Vergleich mit dem Ergebnis des Trilogs bezieht sich der Verweis allgemein auf die in Art. 70 Abs. 1 aufgeführten Leitlinien, Empfehlungen und bewährten Verfahren.

6   Die bisherigen umfassenden Berichte der Art. 29-Datenschutzgruppe werden als „einzigartige[...] Dokument[e]" über die weltweite Entwicklung des Datenschutzes" qualifiziert.[5] Der letzte verfügbare Bericht für 2012 aus

---

3   Vgl. Kapitel V, Art. 44 ff.
4   S. zB den 16. Jahresbericht für das Jahr 2012 vom 25.11.2014, publiziert 2015, abrufbar unter http://ec.europa.eu/justice/data-protection/article-29/documentation/annual-report/files/2014/16th_annual_report_en.pdf.
5   *Brühann* in: Grabitz/Hilf/Nettesheim, A.30. Richtlinie 95/46/EG zum Schutz natürlicher Personen bei der Verarbeitung personenbezogener Daten und zum freien Datenverkehr (EL 13 v. 13.5.1999), Art. 30 Rn. 12.

dem Jahr 2014[6] umfasst etwa 150 Seiten und behandelt neben einer eher kurzen, auf die Stellungnahmen der Gruppe im Berichtszeitraum verweisenden Darstellung über die von der Datenschutzgruppe behandelten Fragestellungen wie der Übermittlung in Drittstaaten oder der Reform des Datenschutzrechts insbesondere einzelne Länderberichte zur Entwicklung der mitgliedstaatlichen Datenschutzregime und einen Überblick über die Entwicklungen innerhalb der Europäischen Union und in weiteren EWR-Staaten (Island, Norwegen und Liechtenstein). Zur Schaffung von Transparenz in Bezug auf die Wahrnehmung der neuen Befugnisse zur verbindlichen Entscheidung muss der Ausschuss zukünftig in deutlich größerem Umfang auch über die Koordinierung und Streitschlichtung im Rahmen von Einzelfallentscheidungen berichten.

Artikel 72 Verfahrensweise

(1) Sofern in dieser Verordnung nichts anderes bestimmt ist, fasst der Ausschuss seine Beschlüsse mit einfacher Mehrheit seiner Mitglieder.

(2) Der Ausschuss gibt sich mit einer Mehrheit von zwei Dritteln seiner Mitglieder eine Geschäftsordnung und legt seine Arbeitsweise fest.

Verwandte Normen: –

Literatur:
Vgl. die Hinweise zu Art. 68.

A. Grundlagen: Zweck und Entstehung der Norm sowie bisherige Rechtslage

Neben den spezifischen Verfahrens- und Abstimmungsvorgaben in den Regelungen zum Kohärenzverfahren (s. Art. 64 und Art. 65 DSGVO) enthält die Datenschutzgrundverordnung nur wenige allgemeine Verfahrensvorgaben für den Datenschutzausschuss. Hierzu ist Art. 72 DSGVO zu rechnen, demzufolge der Ausschuss grundsätzlich mit einfacher Mitgliedermehrheit entscheidet, sich mit einer Mehrheit von zwei Dritteln seiner Mitglieder eine Geschäftsordnung gibt und darin seine Arbeitsweise festlegt. Dies entspricht weitgehend der bisherigen Rechtslage nach der Datenschutz-Richtlinie, die neben der Besetzung der Art. 29-Datenschutzgruppe und einigen Regelungen zur Organisation insbesondere deren Entscheidung mit einfa-

1

---

6 16. Jahresbericht für das Jahr 2012 vom 25.11.2014 (s. o. Fn. 4).

cher Mehrheit sowie das Recht, sich eine Geschäftsordnung zu geben, vorsieht.[1]

2 Insbesondere in Bezug auf die verbindliche Streitentscheidung durch den Ausschuss muss allerdings der Europäische Gesetzgeber selbst die entscheidenden Verfahrensregelungen treffen. Nicht zuletzt aufgrund der mittelbaren Grundrechtsrelevanz der Einzelfallentscheidungen des Ausschusses greift hier der Vorbehalt des Gesetzes.[2] Dem entsprechen die detaillierten Verfahrens- und abweichenden Abstimmungsregelungen in Art. 65 DSGVO und der entsprechende Vorbehalt in Art. 72 Abs. 1, der auf Vorschlag des Rates in die Verordnung übernommen worden ist.[3] Dem Gesetzesvorbehalt hätte es demgegenüber nicht genügt, die Entscheidung über eine abweichende Abstimmungsmehrheit dem Ausschuss selbst im Rahmen seiner Geschäftsordnungsautonomie zu überlassen.[4]

B. Kommentierung

I. Abstimmungsregeln

1. Einfache Mitgliedermehrheit als Grundregel

3 In der Regel entscheidet der Ausschuss mit der einfachen Mehrheit seiner Mitglieder, sofern die Verordnung nicht abweichend ein anderes Mehrheitsverhältnis vorschreibt. Die Mitglieder des Ausschusses sind nach Art. 68 Abs. 3 die Leiter der Aufsichtsbehörden jedes Mitgliedstaats und der Europäische Datenschutzbeauftragte bzw. ihre Vertreter. Grundsätzlich haben alle Mitglieder des Ausschusses das gleiche Stimmrecht; eine Ausnahme gilt nach Art. 68 Abs. 6 DSGVO lediglich für den Europäischen Datenschutzbeauftragten, dessen Stimmrecht auf Beschlüsse beschränkt ist, die Grundsätze und Vorschriften betreffen, die für die Organe, Einrichtungen, Ämter und Agenturen der Union gelten und den Grundsätzen und Vorschriften der Datenschutzgrundverordnung entsprechen. In Abhängigkeit vom Gegenstand der Beschlussfassung variiert damit auch die Anzahl derjenigen Stimmen, die für eine Mehrheit nach Mitgliedern erforderlich sind.

4 Die einfache Mitgliedermehrheit findet im Rahmen des Kohärenzverfahrens für Stellungnahmen des Ausschusses nach Art. 64 Abs. 1 und 2 DSGVO Anwendung, was in Art. 64 Abs. 3 S. 2 DSGVO ausdrücklich normiert ist, wobei in einer Art Umlaufverfahren auch das Schweigen als Zustimmung gewertet wird. Auch im Dringlichkeitsverfahren nach Art. 66 Abs. 4 DSGVO genügt die einfache Mehrheit der Mitglieder in Abweichung von Art. 65 DSGVO sowohl für Stellungnahmen als auch für verbindliche Beschlüsse des Ausschusses.

---

1 Art. 29 Abs. 3 und 6 DS-RL; dazu *Brühann* in: Grabitz/Hilf/Nettesheim, EL 13 v. 13.5.1999, A.30. Richtlinie 95/46/EG zum Schutz natürlicher Personen bei der Verarbeitung personenbezogener Daten und zum freien Datenverkehr Art. 29 Rn. 7.
2 Vgl. nur Art. 52 Abs. 1 S. 1 EU-GRCharta und Art. 16 Abs. 2 AEUV.
3 Vgl. Art. 68 Abs. 1 des geänderten Vorschlags des Rates v. 11.6.2015 (RatsDok. Nr. 9565/15).
4 So aber Art. 68 Abs. 1 in der Fassung der legislativen Entschließung des Europäischen Parlaments v. 12.3.2014 (P7_TA(2014)0212).

Während die Entscheidung über die Geschäftsordnung wie auch die ver-   5
bindliche Beschlussfassung zur Streitbeilegung jeweils eine Zwei-Drittel-
Mehrheit erfordern, lässt die Verordnung für die Wahl des Vorsitzenden in
Art. 73 Abs. 1 DSGVO sogar die einfache Abstimmungsmehrheit genügen.
Neben organisatorischen Aufgaben hat der Vorsitzende im Kohärenzverfahren die Möglichkeit eines Stichentscheids unter den Voraussetzungen
von Art. 65 Abs. 3. Das vom Rat vorgeschlagene und durchgesetzte Erfordernis der nur einfachen Mehrheit zur Wahl des oder der Vorsitzenden erstaunt angesichts seiner herausgehobener Bedeutung wie auch angesichts
der Tatsache, dass die Art. 29-Datenschutzgruppe in Ermangelung einer
Regelung in der Datenschutz-Richtlinie in ihrer Geschäftsordnung für die –
geheime – Wahl des Vorsitzenden die absolute Mehrheit voraussetzt.[5]

2. Zwei-Drittel-Mehrheit als Ausnahme

a) Verbindliche Beschlüsse im Kohärenzverfahren

Als Ausnahme vom Grundsatz der einfachen Mitgliedermehrheit nach   6
Art. 72 Abs. 1 setzt die Entscheidung zur Streitentscheidung im Kohärenzverfahren nach Art. 65 Abs. 2 S. 1 DSGVO eine Mehrheit von zwei Dritteln der Mitglieder des Ausschusses voraus. Die Bedeutung der verbindlichen Beschlüsse als Weisungsinstrumente im Europäischen Verwaltungsverbund rechtfertigt das qualifizierte Mehrheitserfordernis, das allerdings
bereits in Art. 65 Abs. 3 DSGVO relativiert wird: Sofern der Ausschuss innerhalb der (ggf. zu verlängernden) Monatsfrist nach Art. 65 Abs. 2
DSGVO „nicht in der Lage ist" einen Beschluss mit Zwei-Drittel-Mehrheit
anzunehmen, senkt die Verordnung die Anforderungen zugunsten einer effektiven Beschlussfassung und lässt auch eine Entscheidung mit einfacher
Mitgliedermehrheit innerhalb einer maximalen Gesamtfrist von zwei Monaten und zwei Wochen genügen. Bei Stimmengleichheit gibt die Stimme
des Vorsitzenden den Ausschlag.

Die zweite Relativierung erfährt das Erfordernis der Zwei-Drittel-Mehrheit   7
im Dringlichkeitsverfahren nach Art. 66 Abs. 4 DSGVO, das ebenfalls eine
verbindliche Beschlussfassung mit der einfachen Mehrheit der Mitglieder
erlaubt.

b) Beschlussfassung über die Geschäftsordnung

Art. 70 Abs. 2 DSGVO sieht weiter selbst eine Ausnahme für die Beschluss-   8
fassung über die Geschäftsordnung des Ausschusses vor, für die ebenfalls
eine Zwei-Drittel-Mehrheit der Mitglieder des Ausschusses erforderlich ist.

II. Geschäftsordnungsautonomie

Mit der Ermächtigung zum Erlass einer Geschäftsordnung verleiht die Da-   9
tenschutzgrundverordnung dem Ausschuss eine gewisse Organisations-
und Verfahrensautonomie, die auch seiner eigenwilligen Stellung zwischen
supranationaler Behörde und mitgliedstaatlichem Netzwerk mit eigener,

---

5 S. Art. 3 Abs. 2 der Geschäftsordnung der Gruppe für den Schutz von Personen bei
   der Verarbeitung personenbezogener Daten vom 15.2.2010 (GO Art. 29-Daten-
   schutzgruppe).

unabhängiger Rechtspersönlichkeit entspricht und seine Selbstständigkeit insbesondere gegenüber der Kommission wie auch dem Europäischen Datenschutzbeauftragten, der das Sekretariat des Ausschusses stellt, heraushebt (s. Art. 75 DSGVO).

10 Der Ausschuss ist aufgerufen, in der Geschäftsordnung auch seine Arbeitsweise zu regeln, soweit diese nicht bereits durch die Verordnung bestimmt wird. In der Geschäftsordnung kann der Ausschuss in Anlehnung an die aktuelle Geschäftsordnung der Art. 29-Datenschutzgruppe insbesondere

- die Aufteilung der Aufgaben zwischen dem Vorsitzenden und seinen Stellvertretern im Sinne von Art. 74 Abs. 2 DSGVO festlegen,
- die Einrichtung von Arbeitsgruppen, die sich aus mitgliedstaatlichen und Sekretariatsbediensteten zusammensetzen,[6]
- die Modalitäten der Einberufung des Ausschusses und den Sitzungsort,[7]
- die Festsetzung und Veröffentlichung der Tagesordnung der Sitzungen,[8]
- Unterrichtungspflichten der Mitglieder im Verhinderungsfall,[9]
- die Zulassung von Sachverständigen und Beobachtern zu den Sitzungen,[10]
- die Beschlussfähigkeit des Ausschusses,[11]
- den Ablauf der Beratungen und die Sitzungsleitung,[12]
- die Voraussetzungen und Entscheidung über die Vertraulichkeit der Beratungen nach Art. 76 Abs. 1 DSGVO,
- die Anwendung eines schriftlichen Umlaufverfahrens,[13]
- die Voraussetzungen der Erstellung und Annahme des Jahresberichts durch den Ausschuss,[14]
- die Anfertigung eines Sitzungsprotokolls[15] sowie

---

6 Hierfür plädiert die Art. 29-Datenschutzgruppe in einem Brief an Jan Philipp Albrecht als Berichterstatter des Parlaments v. 25.9.2015 mit einem Vorschlag zur internen Struktur des Europäischen Datenschutzausschusses (abrufbar unter http://ec.europa.eu/justice/data-protection/article-29/documentation/other-document/files/2015/20150925__letter_of_the_art_29_wp_on_edpb_structure_mralbrecht_libe.pdf und http://ec.europa.eu/justice/data-protection/article-29/documentation/other-document/files/2015/20150925_edpb_internal_structure.pdf); vgl. auch Art. 16 GO Art. 29-Datenschutzgruppe (Fn. 5).
7 Vgl. Art. 5 und 6 GO Art. 29-Datenschutzgruppe (Fn. 5).
8 Vgl. Art. 7 GO Art. 29-Datenschutzgruppe (Fn. 5).
9 Vgl. Art. 8 GO Art. 29-Datenschutzgruppe (Fn. 5).
10 Vgl. Art. 9 GO Art. 29-Datenschutzgruppe (Fn. 5).
11 Vgl. Art. 10 GO Art. 29-Datenschutzgruppe (Fn. 5): Beschlussfähigkeit bei Anwesenheit der Hälfte der stimmberechtigten Mitglieder.
12 Vgl. Art. 11 und 12 GO Art. 29-Datenschutzgruppe (Fn. 5).
13 Vgl. Art. 13 GO Art. 29-Datenschutzgruppe (Fn. 5): insbes. einstimmige Entscheidung für das schriftliche Verfahren erforderlich, Bewertung von Schweigen als Stimmenthaltung. S. aber in Bezug auf das Kohärenzverfahren die von den Regelungen der aktuellen Geschäftsordnung der Art. 29-Datenschutzgruppe abweichenden Bestimmungen in Art. 64 Abs. 3 DSGVO (→ Art. 64 Rn. 40 ff.).
14 Vgl. Art. 15 GO Art. 29-Datenschutzgruppe (Fn. 5).
15 Vgl. Art. 18 GO Art. 29-Datenschutzgruppe (Fn. 5): Anfertigung durch das Sekretariat, inhaltliche Anforderungen, Annahme- und Änderungsvoraussetzungen.

■ die Bedingungen einer Änderung der Geschäftsordnung, die allerdings nicht von den Vorgaben in Art. 72 Abs. 2 DSGVO abweichen dürfen[16]

regeln.

Seiner Entscheidung sind demgegenüber die spezifischen Verfahrens-, Ko- 11
operations- und Informationsbestimmungen des Kohärenzverfahrens[17] wie auch wesentliche Organisationsentscheidungen hinsichtlich der Zusammensetzung, der Wahl des und Vertretung durch den Vorsitz und der unterschiedlichen beschränkten Beteiligung von Kommission und Europäischen Datenschutzbeauftragten entzogen. Nicht disponibel sind weiter die Berichtspflichten nach Art. 71 DSGVO.

C. Bewertung

Die Abstimmungsregeln in Art. 72 und den vorrangigen Spezialregelungen 12
sollen ersichtlich einen Kompromiss herstellen zwischen der Erhaltung der Arbeitsfähigkeit, Funktionalität und Effektivität des Ausschusses angesichts einer Vielzahl beteiligter mitgliedstaatlicher unabhängiger Datenschutzbehörden und seiner Institutionalisierung gerade als expertokratischem Kollegialorgan.

Als Hybrid zwischen transnationalem Netzwerk und supranationaler Ver- 13
waltungsbehörde bezieht diese neue unionale Einrichtung mit Rechtspersönlichkeit ihre Legitimation im Unterschied zu anderen Verwaltungseinrichtungen mit eigener Rechtspersönlichkeit außerhalb des Agenturwesens[18] jedoch zunächst allein aus einem Sekundärrechtsakt und einer bestehenden datenschutzrechtlichen Tradition. Über den begründenden Sekundärrechtsakt hinaus vermögen ihm weder die Unionsorgane, insbesondere nicht die Kommission, und auch nicht der Datenschutzbeauftragte, noch die Leiterinnen und Leiter der unterschiedlichen mitgliedstaatlichen Datenschutzbehörden eine eigenständige (demokratische) Legitimation zu vermitteln, die er damit vorrangig über seine spezifische gebündelte Expertise verbunden mit der Repräsentanz aller mitgliedstaatlichen Datenschutzbehörden beziehen muss. Der Ausschuss legitimiert sich gleichermaßen über Expertise und Repräsentanz.

In knappen Entscheidungen mit einfacher Mehrheit der Mitglieder wird 14
gerade die repräsentative Legitimation allerdings stark abgeschwächt, zumal es sich nicht, wie bei einem Parlament, um gewählte Vertreter, sondern um nationale Verwaltungsbeamte handelt und auch das Stimmrecht nicht wie etwa früher im Rat unterschiedlich gewichtet wird. Auch die Unabhängigkeit sowohl der einzelnen Datenschutzbehörden als auch des Ausschusses selbst vermag die Legitimation insbesondere der Datenschutzaufsicht über Private nicht notwendig zu stärken.

Allerdings verfügt der Europäische Datenschutzausschuss im Unterschied 15
etwa zum Ausschuss der Mitgliedstaaten nach der REACH-Verordnung, dessen Entscheidungen nur einstimmig getroffen werden können, nicht über ein zentrales Entscheidungsorgan, auf das die Entscheidungsbefugnis

---

16 Vgl. Art. 19 GO Art. 29-Datenschutzgruppe (Fn. 5).
17 S. Art. 64 und Art. 65 DSGVO.
18 ZB EZB und EIB.

im Fall eines fehlenden Konsenses übergehen könnte. Dies hätte dem Vorschlag der Kommission entsprochen, die wie auch im Falle der REACH-Verordnung die verbindliche Streitentscheidung übernehmen wollte.[19] Rat und Parlament haben nicht zuletzt zur Erhaltung der Unabhängigkeit des Ausschusses dessen Eigenständigkeit auch in der letztverbindlichen Beschlussfassung durchgesetzt.

16   Es wird sich in der Praxis erweisen müssen, ob der Rückgriff auf die einfache Mehrheit im Konfliktfall, in dem die Mitglieder sich gerade nicht einmal mit der qualifizierten Mehrheit auf eine Maßnahme verständigen können, tatsächlich zur Streitbeilegung taugt und nicht eher neue Konflikte schafft. Der unionale Gesetzgeber hat jedenfalls der Ermöglichung verbindlicher Entscheidungen auch im Konfliktfall Vorrang vor der besonderen Legitimation des Kollegiums als Kollegium eingeräumt.

Artikel 73 Vorsitz

(1) Der Ausschuss wählt aus dem Kreis seiner Mitglieder mit einfacher Mehrheit einen Vorsitzenden und zwei stellvertretende Vorsitzende.

(2) Die Amtszeit des Vorsitzenden und seiner beiden Stellvertreter beträgt fünf Jahre; ihre einmalige Wiederwahl ist zulässig.

Verwandte Normen: ErwGr 139

Literatur:
Dammann, Ulrich/Simitis, Spiros, EG-Datenschutzrichtlinie Kommentar, Baden-Baden 1997; *Ehmann, Eugen/Helfrich,* Marcus, EG Datenschutzrichtlinie, Köln 1999; *Feiler, Lukas/Forgó, Nikolaus,* EU-DSGVO: EU-Datenschutz-Grundverordnung, Wien 2017; *Paal, Boris P./Pauly, Daniel A.,* Datenschutz-Grundverordnung, München 2016.

A. Grundlagen

I. Zweck der Norm und bisherige Rechtslage

1   Der Europäische Datenschutzausschuss wird durch seinen Vorsitz vertreten, der diesem in der Öffentlichkeit eine Stimme verleiht (→ Art. 68 Abs. 2 Rn. 19). Art. 73 DSGVO regelt daher, wie diese bedeutende Position zu besetzen ist und wie lange ein Mitglied des Europäischen Datenschutzausschusses den Vorsitz bekleiden darf. Bereits Art. 29 Abs. 4 DSRL hatte als Vorgängernorm komprimiert in einem Absatz die Wahl des Vorsitzes, die Dauer der Amtszeit und die Möglichkeit der Wiederwahl bestimmt. Ergänzt wurde diese Norm durch Art. 3 GO Art. 29-Datenschutzgruppe.[1]

---

19   S. dazu wie auch zum Vergleich mit REACH → Art. 63 Rn. 19 f.
1   Geschäftsordnung der Gruppe für den Schutz von Personen bei der Verarbeitung personenbezogener Daten vom 15.2.2010 (GO Art. 29-Datenschutzgruppe).

Neben einer teilweisen Wiederholung des Art. 29 Abs. 4 DSRL wurden dort weitere Bedingungen des Vorsitzes normiert.

II. Entstehung der Norm

Die Norm selbst ist im Gesetzgebungsverfahren nicht unumstritten gewesen. Unschlüssig waren sich die Europäische Kommission, das Europäisches Parlament und der Rat der Europäischen Union insbesondere über die **Stellung des Europäischen Datenschutzbeauftragten innerhalb des Vorsitzes.** So forderte der Kommissionsentwurf, dass der Europäische Datenschutzbeauftragte, sofern er nicht zum Vorsitzenden gewählt werden sollte, jedenfalls einen Stellvertreterposten bekleidet.[2] Durchsetzen konnte sich die Kommission mit diesem Vorschlag nicht. Darüber hinaus legt der Trilog insgesamt nahe, dass das Europäische Parlament und der Rat der Europäischen Union auf die Schwächung der Stellung des Europäischen Datenschutzbeauftragten hingewirkt haben.[3]

Sowohl der Entwurf des Europäischen Parlaments als auch der Vorschlag der Art. 29-Datenschutzgruppe zur internen Struktur des Europäischen Datenschutzausschusses forderten eine Ausgestaltung des **Vorsitzes als Vollzeitstelle.** Zur Begründung ist unter anderem angeführt worden, dass die Verantwortung und Unabhängigkeit implizierten, dass der Vorsitz nicht gleichzeitig zu einer Funktion auf nationaler Ebene mit Datenschutzbezug ausgeübt werden könne.[4] Auch wenn Art. 74 DSGVO augenscheinlich nur ein begrenztes Aufgabenfeld vorgibt, hat der Europäische Datenschutzausschuss jedenfalls durch die Kompetenzerweiterung des Art. 70 DSGVO und das Kohärenzverfahren zahlreiche Aufgaben hinzugewonnen. So hat schon die bisherige Ausübung des Vorsitzes der Art. 29-Datenschutzgruppe eine nicht zu unterschätzende koordinatorische Herausforderung dargestellt. In Anbetracht des sich ausdehnenden Arbeitsfeldes scheint eine tatsächliche zusätzliche Leitung einer nationalen Aufsichtsbehörde nur schwer mit der Tätigkeit des Vorsitzes vereinbar. Dem ist jedoch entgegenzuhalten, dass gerade unter den sich verändernden Bedingungen und der damit einhergehenden Kompetenzverschiebung zwischen den mitgliedstaatlichen Aufsichtsbehörden und dem Europäischen Datenschutzausschuss für den Vorsitz eine Binnenperspektive der nationalen Vorgänge hilfreich sein kann. Letztlich obliegt es dem Europäischen Datenschutzausschuss, die Aufgaben in seiner Geschäftsordnung angemessen auf den Vorsitz und seine Stellvertreter zu verteilen (→ Art. 74 Abs. 2 Rn. 7) und durch die unterstützende Rolle des Sekretariats eine effektive Aufgabenerfüllung sicherzustellen.

Bei der Bestimmung der Amtszeit und Wiederwahlmöglichkeit setzte sich der Vorschlag des Rates der Europäischen Union durch. Die fünfjährige

---

2 Entwurf der Europäischen Kommission, KOM (2012) 11 endgültig, Art. 69 Abs. 1 S. 2.
3 Vgl. *Körffer* in: Paal/Pauly DSGVO Art. 73 Rn. 1.
4 Art. 29-Datenschutzgruppe, Vorschlag zur internen Struktur des Europäischen Datenschutzausschusses (http://ec.europa.eu/justice/data-protection/article-29/documentation/other-document/files/2015/20150925_edpb_internal_structure.pdf).

Amtszeit übersteigt dabei die Forderung der Art. 29-Datenschutzgruppe.[5] Dies stellt wegen der lediglich einmaligen Wiederwahl aber auch eine Beschränkung gegenüber der von der Europäischen Kommission geforderten unbegrenzten Wiederwahlmöglichkeit dar.[6]

B. Kommentierung

I. Vorsitz aus dem Kreis der Mitglieder (Abs. 1)

5   Aus Art. 73 Abs. 1 DSGVO ergibt sich eindeutig, dass der Vorsitzende und seine zwei Stellvertreter **nur aus dem Kreis der Mitglieder** des Europäischen Datenschutzausschusses iSd Art. 68 Abs. 3 DSGVO gewählt werden dürfen. Auch die Art. 29-Datenschutzgruppe hat bisher ihren Vorsitz aus ihrer Mitte gewählt. Art. 29 Abs. 4 S. 1 DSRL hatte dies jedoch noch nicht so eindeutig wie Abs. 1 normiert. Die neue Regelung bestätigt daher letztlich nur die bisherige Praxis. Die Wahl des Vorsitzes aus dem Kreis der Mitglieder schränkt die Auswahl eines geeigneten Kandidaten jedoch ein. Gem. Art. 68 Abs. 3 DSGVO ist es nur Leitern einer mitgliedstaatlichen Aufsichtsbehörde bzw. deren Vertretern oder dem Europäischen Datenschutzbeauftragten bzw. dessen Vertretern möglich, die Position des Vorsitzes oder der Stellvertretung zu bekleiden.[7]

6   Der Vorsitzende bzw. seine Stellvertreter sind gewählt, wenn sie im Europäischen Datenschutzausschuss die **einfache Abstimmungsmehrheit** auf sich vereinen können. Dass sich dieser Vorschlag des Rates der Europäischen Union durchgesetzt hat, überrascht. Denn zum einen war zur Wahl des Vorsitzes der Art. 29-Datenschutzgruppe gem. Art. 3 Abs. 1 und 2 GO Art. 29-Datenschutzgruppe erforderlich, dass in einer geheimen Wahl eine absolute Mehrheit erreicht wurde. Zum anderen sieht die DSGVO neben administrativen Aufgaben (→ Art. 74 Rn. 4) einen erheblichen Bedeutungsgewinn der Position des Vorsitzes durch die Möglichkeit eines Stichentscheids unter den Voraussetzungen von Art. 65 Abs. 3 DSGVO im Kohärenzverfahren vor.[8]

7   Wegen der Nichtannahme des Vorschlags, die Stelle des Vorsitzes als Vollzeitstelle auszugestalten, findet sich auch keine Regelung zu etwaigen Nebentätigkeiten des Vorsitzenden im Text der DSGVO.

---

5   Art. 29-Datenschutzgruppe, Vorschlag zur internen Struktur des Europäischen Datenschutzausschusses (http://ec.europa.eu/justice/data-protection/article-29/documentation/other-document/files/2015/20150925_edpb_internal_structure.pdf).
6   Entwurf der Europäischen Kommission, KOM (2012) 11 endgültig, Art. 69 Abs. 2.
7   So auch *Feiler/Forgó* EU-DSGVO Art. 73 Rn. 1; Kritisch äußerten sich die unabhängigen Datenschutzbehörden der Länder in der Kühlungsborner Erklärung vom 10. November 2016 und merkten an, dass die Regelungen zum Europäischen Datenschutzausschuss der föderalen Struktur der Bundesrepublik nicht Rechnung tragen und somit die Unabhängigkeit aller Aufsichtsbehörden und die Zuständigkeitsverteilung zwischen Bund und Ländern gefährdet sei (https://www.datenschutz.de/kuehlungsborner-erklaerung-der-unabhaengigen-datenschutzbehoerden-der-laender-vom-10-november-2016/).
8   Allgemein zur Verfahrensweise des Ausschusses Art. 72 DSGVO.

II. Amtszeit (Abs. 2)

Art. 73 Abs. 2 DSGVO regelt die Amtszeit und Wiederwahl des Vorsitzes **8** und der Stellvertreter. Grundsätzlich beträgt die Amtszeit fünf Jahre, jedoch ist eine Wiederwahl einmalig möglich, sodass eine **Amtsausübung von maximal zehn Jahren** realisierbar ist. Dies kann als Harmonisierungsbestrebung im Verhältnis zum Europäischen Datenschutzbeauftragten verstanden werden, der für die Dauer von fünf Jahren vom Europäischen Parlament und vom Rat der Europäischen Union gewählt wird.[9] Im Vergleich zur zweijährigen Amtszeit im Rahmen des Vorsitzes der Art. 29-Datenschutzgruppe[10] stellt die Regelung des Art. 73 Abs. 2 DSGVO sicher, dass dem Vorsitz ausreichend Zeit zur effizienten Erfüllung seines Mandats zur Verfügung steht. Mit der fünfjährigen Amtszeit hat die Norm sogar noch die von der Art. 29-Datenschutzgruppe explizit geforderte Amtszeit von mindestens drei Jahren[11] übererfüllt. Die Beschränkung auf eine einmalige Wiederwahl entspricht der europäischen Praxis bei der Ämterbesetzung, um sicherzustellen, dass durch eine limitierte Amtszeit nicht nur der Vorsitz selbst rotiert, sondern auch die Repräsentanz der Mitgliedstaaten bei der Bekleidung von bedeutenden Ämtern regelmäßig wechselt.

Eine Regelung über die **Enthebung des Vorsitzes** von seinem Amt, so wie es **9** für den Europäischen Datenschutzbeauftragten normiert ist,[12] findet sich in der DSGVO nicht. Damit hat der Vorschlag, durch ein Misstrauensvotum die Verantwortlichkeit des Vorsitzes gegenüber dem Europäischen Datenschutzausschuss sicherzustellen,[13] keinen Eingang in den Normtext gefunden.

C. Bewertung

ErwGr 139 stellt unmissverständlich klar, dass „[z]ur Förderung der ein- **10** heitlichen Anwendung dieser Verordnung [...] der Ausschuss als unabhängige Einrichtung der Union eingesetzt werden [sollte]." Die daraus resultierende neue Rolle des Europäischen Datenschutzausschusses erfordert eine gewissenhafte Tätigkeitserfüllung bei völliger Unabhängigkeit. Dabei obliegt es zum größten Teil dem Vorsitz, die Aufgaben verantwortungsvoll wahrzunehmen. Daher zeugt es von Nachlässigkeit im Gesetzgebungsverfahren, keine konkreten Vorgaben über die Ausstattung des Europäischen Datenschutzausschusses mit hinreichenden Haushaltsmitteln getroffen zu haben. Dass ein entsprechendes Budget für die unabhängige Aufgabenerfüllung erforderlich ist, war dem Gesetzgeber jedenfalls hinsichtlich der mitgliedstaatlichen Aufsichtsbehörden bewusst, vgl. Art. 52 Abs. 4 DSGVO. Orientiert an dieser Norm wäre angesichts der Fülle der Aufgaben des Ausschussvorsitzes und der eingeschränkten Personalauswahl auch

---

9 Art. 42 Abs. 1 VO (EG) 45/2001.
10 Art. 29 Abs. 4 S. 2 DSRL.
11 Art. 29-Datenschutzgruppe, Vorschlag zur internen Struktur des Europäischen Datenschutzausschusses (http://ec.europa.eu/justice/data-protection/article-29/documentation/other-document/files/2015/20150925_edpb_internal_structure.pdf).
12 Art. 42 Abs. 5 VO (EG) 45/2001.
13 Art. 29-Datenschutzgruppe, Vorschlag zur internen Struktur des Europäischen Datenschutzausschusses (http://ec.europa.eu/justice/data-protection/article-29/documentation/other-document/files/2015/20150925_edpb_internal_structure.pdf).

ein entsprechendes Budget für den Europäischen Datenschutzausschuss angebracht gewesen.[14]

11 In Anbetracht des Bedeutungsgewinns der Funktion des Vorsitzes ist nicht erklärlich, warum es zu einer drastischen Absenkung der Stimmenmehrheit bei der Wahl der Vorsitzenden gekommen ist. Dies entspricht insgesamt dem Trend, von einer absoluten Mehrheit für Entscheidungen abzurücken, die von Europäischen Organen getroffen werden. Eine zu geringe Stimmenmehrheit kann zwar die Einrichtung des Vorsitzes sicherstellen. Wenn er jedoch keinen Rückhalt erfährt, wird es für ihn schwer sein, die ihm obliegenden Aufgaben zu erfüllen. Ähnlich wie bei der Verabschiedung der Geschäftsordnung gem. Art. 72 Abs. 2 DSGVO wäre auch für die Wahl des Vorsitzes eine Zweidrittelmehrheit angemessen gewesen.

Artikel 74 Aufgaben des Vorsitzes

(1) Der Vorsitz hat folgende Aufgaben:

a) Einberufung der Sitzungen des Ausschusses und Erstellung der Tagesordnungen,

b) Übermittlung der Beschlüsse des Ausschusses nach Artikel 65 an die federführende Aufsichtsbehörde und die betroffenen Aufsichtsbehörden,

c) Sicherstellung einer rechtzeitigen Ausführung der Aufgaben des Ausschusses, insbesondere der Aufgaben im Zusammenhang mit dem Kohärenzverfahren nach Artikel 63.

(2) Der Ausschuss legt die Aufteilung der Aufgaben zwischen dem Vorsitzenden und dessen Stellvertretern in seiner Geschäftsordnung fest.

Verwandte Normen: –

Literatur:

Dammann, Ulrich/Simitis, Spiros, EG-Datenschutzrichtlinie Kommentar, Baden-Baden 1997; *Ehmann, Eugen/Helfrich,* Marcus, EG Datenschutzrichtlinie, Köln 1999;; *Reding, Viviane,* Sieben Grundbausteine der europäischen Datenschutzreform, ZD 2012, 195.

---

14 So auch die Forderung der Art. 29-Datenschutzgruppe: Art. 29-Datenschutzgruppe, Vorschlag zur internen Struktur des Europäischen Datenschutzausschusses (http://ec.europa.eu/justice/data-protection/article-29/documentation/other-docume nt/files/2015/20150925_edpb_internal_structure.pdf).

A. Grundlagen

I. Zweck der Norm und bisherige Rechtslage

Die explizite Kodifizierung der Aufgaben des Vorsitzes stellt ein Novum im **1** Vergleich zur vorherigen Rechtslage dar. Weder in der DSRL noch in der Geschäftsordnung der Art. 29-Datenschutzgruppe[1] sind entsprechende Regelungen getroffen worden. Mit der Normierung wird sichergestellt, dass keine Zweifel über die Zuständigkeitsverteilung zwischen dem Europäischen Datenschutzausschuss, dessen Vorsitz und Sekretariat sowie dem Europäischen Datenschutzbeauftragten entstehen. Die Regelung trägt dazu bei, dass der Vorsitz seine ihm vom Europäischen Datenschutzausschuss übertragenen Aufgaben effizient erfüllen kann.

Ein gewisser Entscheidungsspielraum wird dem Europäischen Daten- **2** schutzausschuss in Hinsicht auf die Aufgabenverteilung zwischen dem Vorsitzenden und dessen Stellvertretern in Art. 74 Abs. 2 DSGVO eingeräumt.

II. Entstehung der Norm

Im Trilog ist in die endgültige Fassung Art. 74 Abs. 1 lit. b DSGVO zur **3** „Übermittlung der Beschlüsse des Ausschusses nach Artikel 65 an die federführende Aufsichtsbehörde und die betroffenen Aufsichtsbehörden" mit aufgenommen worden. Diese Regelung sah der Kommissionsentwurf ursprünglich nicht vor.[2]

B. Kommentierung

I. Aufgaben des Vorsitzes (Abs. 1)

Neben der neuen, bedeutenden Aufgabe des Vorsitzes, im Kohärenzverfah- **4** ren gem. Art. 65 Abs. 3 S. 2 DSGVO den Stichentscheid zu treffen (→ Art. 65 Rn. 42), werden in Art. 74 Abs. 1 DSGVO **überwiegend administrative Aufgaben** geregelt. Zu den klassischen administrativen Aufgaben (Sitzungseinberufung, Erstellung von Tagesordnungen, Art. 74 Abs. 1 lit. a DSGVO, Übermittlung der Beschlüsse nach Art. 65 DSGVO an die beteiligten Aufsichtsbehörden, Art. 74 Abs. 1 lit. b DSGVO) tritt zudem die Aufgabe hinzu, die "rechtzeitige" Ausführung der Aufgaben des Europäischen Datenschutzausschusses im Verantwortungsbereich des Vorsitzes sicherzustellen, Art. 74 Abs. 1 lit. c DSGVO.

Die **Einberufung** wurde zuvor in Art. 5 Abs. 1 GO Art. 29-Datenschutz- **5** gruppe geregelt. Neben dem in Art. 74 Abs. 1 lit. a DSGVO übernommenen Initiativrecht des Vorsitzes konnten ferner ein Drittel der Mitglieder der Art. 29-Datenschutzgruppe sowie die Europäische Kommission den Vorsitz auffordern, den Ausschuss einzuberufen. Dass die Aufforderungsmöglichkeit nicht in die DSGVO übernommen worden ist, ist in Anbetracht der allgemeinen Loslösung des Europäischen Datenschutzausschusses von der Europäischen Kommission und dem beabsichtigten Zweck der Förderung der Unabhängigkeit nur in Bezug auf das Einberufungsrecht der

---

1 Geschäftsordnung der Gruppe für den Schutz von Personen bei der Verarbeitung personenbezogener Daten vom 15.2.2010 (GO Art. 29-Datenschutzgruppe).
2 Entwurf der Europäischen Kommission, KOM (2012) 11 endgültig, Art. 70 Abs. 1.

Europäischen Kommission sinnvoll. Ein Recht der Mitglieder des Europäischen Datenschutzausschusses, auf eine Einberufung hinzuwirken, würde jedenfalls eine angemessene Kontrolle des Vorsitzes sicherstellen. Bereits der Vorsitz der Art. 29-Datenschutzgruppe verfügte über einen begrenzten Gestaltungsrahmen hinsichtlich der Häufigkeit der Einberufung der Plenarsitzungen[3] sowie der Erstellung der Tagesordnung und der damit einhergehenden Freiheit, über die Prioritäten bei der vom Europäischen Datenschutzausschuss zu beratenden Themen zu entscheiden. Dieser **Gestaltungsrahmen** steht auch unverändert dem Vorsitz des Europäischen Datenschutzausschusses zu.

6   Art. 74 Abs. 1 lit. a und b DSGVO tragen dafür Sorge, dass der Europäische Datenschutzausschuss seine neuen **Aufgaben innerhalb des Kohärenzverfahrens** gem. Art. 63 DSGVO und insbesondere seine Aufgabe bei der Streitbeteiligung gem. Art. 65 Abs. 3 S. 2 DSGVO sachgerecht erfüllen kann. Die gewissenhafte Aufgabenerfüllung der in Art. 74 Abs. 1 lit. a und b DSGVO normierten Tätigkeiten gewährleistet, dass die Aufsichtsbehörden der Mitgliedstaaten in den grundlegenden Fragen und Einzelentscheidungen des grenzüberschreitenden Datenverkehrs „eng, zuverlässig und schnell"[4] zusammenarbeiten. Der Vorsitz gewährleistet somit die einheitliche Anwendung der DSGVO als Voraussetzung für einen freien Datenverkehr in der Europäischen Union.

II. Aufgabenteilung zwischen Vorsitz und Vertretern (Abs. 2)

7   Gemäß Art. 74 Abs. 2 DSGVO wird der genaue **Zuschnitt der Verantwortlichkeiten** zwischen dem Vorsitz und den Stellvertretern **in der Geschäftsordnung** festgelegt, die mit einer Zweidrittelmehrheit des Europäischen Datenschutzausschusses beschlossen wird, vgl. Art. 72 Abs. 2 DSGVO. Dabei soll der Europäische Datenschutzausschuss bei der Aufgabenverteilung sicherstellen, dass der Vorsitz eng mit dem Europäischen Datenschutzausschuss sowie mit den Aufsichtsbehörden der einzelnen Mitgliedstaaten kooperiert.[5]

C. Bewertung

8   Die Praxis und speziell daraus erwachsende Streitfälle werden zeigen, ob eine eigenständige Normierung der administrativen Aufgaben des Vorsitzes unmittelbar in der DSGVO einen Mehrwert darstellt. Die Art. 29-Datenschutzgruppe ist in ihrer Geschäftsordnung bis jetzt ohne eine entsprechende Regelung ausgekommen. Zu vermuten ist, dass der Europäische Datenschutzausschuss eine angemessene und sachkundige Aufgabenzuweisung in seiner Geschäftsordnung bei Bedarf vorgenommen hätte. Ein entsprechendes Vorgehen hätte in letzter Konsequenz zu einer begrüßenswerten Ent-

---

3 Für die Art. 29-Datenschutzgruppe wurden jedes Jahr fünf Plenarsitzungen in Brüssel organisiert (https://secure.edps.europa.eu/EDPSWEB/edps/site/mySite/Art29).
4 *Reding* ZD 2012, 195 (197).
5 Art. 29-Datenschutzgruppe, Vorschlag zur internen Struktur des Europäischen Datenschutzausschusses (http://ec.europa.eu/justice/data-protection/article-29/documentation/other-document/files/2015/20150925_edpb_internal_structure.pdf).

schlackung der DSGVO und Fokussierung auf die wesentlichen Bestimmungen beigetragen.

Vielmehr wäre es wünschenswert gewesen, konkrete Vorgaben in die   9
DSGVO mit aufzunehmen, die eine hinreichende finanzielle Ausstattung
des Europäischen Datenschutzausschusses sicherstellen. Dazu und zur weiteren Bewertung des Vorsitzes insgesamt, siehe → Art. 73 Rn. 10.

Artikel 75 Sekretariat

(1) Der Ausschuss wird von einem Sekretariat unterstützt, das von dem Europäischen Datenschutzbeauftragten bereitgestellt wird.

(2) Das Sekretariat führt seine Aufgaben ausschließlich auf Anweisung des Vorsitzes des Ausschusses aus.

(3) Das Personal des Europäischen Datenschutzbeauftragten, das an der Wahrnehmung der dem Ausschuss gemäß dieser Verordnung übertragenen Aufgaben beteiligt ist, unterliegt anderen Berichtspflichten als das Personal, das an der Wahrnehmung der dem Europäischen Datenschutzbeauftragten übertragenen Aufgaben beteiligt ist.

(4) Soweit angebracht, erstellen und veröffentlichen der Ausschuss und der Europäische Datenschutzbeauftragte eine Vereinbarung zur Anwendung des vorliegenden Artikels, in der die Bedingungen ihrer Zusammenarbeit festgelegt sind und die für das Personal des Europäischen Datenschutzbeauftragten gilt, das an der Wahrnehmung der dem Ausschuss gemäß dieser Verordnung übertragenen Aufgaben beteiligt ist.

(5) Das Sekretariat leistet dem Ausschuss analytische, administrative und logistische Unterstützung.

(6) Das Sekretariat ist insbesondere verantwortlich für
a) das Tagesgeschäft des Ausschusses,
b) die Kommunikation zwischen den Mitgliedern des Ausschusses, seinem Vorsitz und der Kommission,
c) die Kommunikation mit anderen Organen und mit der Öffentlichkeit,
d) den Rückgriff auf elektronische Mittel für die interne und die externe Kommunikation,
e) die Übersetzung sachdienlicher Informationen,
f) die Vor- und Nachbereitung der Sitzungen des Ausschusses,
g) die Vorbereitung, Abfassung und Veröffentlichung von Stellungnahmen, von Beschlüssen über die Beilegung von Streitigkeiten zwischen Aufsichtsbehörden und von sonstigen vom Ausschuss angenommenen Dokumenten.

Verwandte Normen: ErwGr 140

Literatur:

Ehmann, Eugen/Helfrich, Marcus, EG Datenschutzrichtlinie, Köln 1999; *Feiler, Lukas/ Forgó, Nikolaus,* EU-DSGVO: EU-Datenschutz-Grundverordnung, Wien 2017; *Härting,* Niko, Starke Behörden, schwaches Recht – der neue EU-Datenschutzentwurf, Betriebs-Berater 2012, 459; *Kahler,* Thomas, Die Europarechtswidrigkeit der Kommissionsbefugnisse in der Grundverordnung, RDV 2013, 69; *Nguyen,* Alexander Die Verhandlungen um die EU-Datenschutzgrundverordnung unter litauischer Ratspräsidentschaft, RDV 2014, 26; *Nguyen,* Alexander Die zukünftige Datenschutzaufsicht in Europa, ZD 2015, 265; *Paal, Boris P./Pauly, Daniel A.,* Datenschutz-Grundverordnung, München 2016; *Thüsing, Gregor/Traut,* Johannes, The Reform of European Data Protection Law: Harmonisation at Last?, Intereconomics 2013, 271.

A. Grundlagen

I. Zweck der Norm und bisherige Rechtslage

1 Die Art. 29-Datenschutzgruppe wird durch die Umgestaltung des europäischen Datenschutzrechts zum unabhängigen Europäischen Datenschutzausschuss ausgebaut. Dies soll zu einer besseren, kohärenten Anwendung der Datenschutzvorschriften beitragen und bietet eine solide Grundlage für die Zusammenarbeit der Datenschutzbehörden sowie des Europäischen Datenschutzbeauftragten. Im Sinne der Synergie- und Effizienzförderung soll das Sekretariat des Europäischen Datenschutzausschusses vom Europäischen Datenschutzbeauftragten übernommen werden.[1] Gem. Art. 75 DSGVO soll durch die Einrichtung eines Sekretariats der Europäische Datenschutzausschuss gestärkt werden. Das Sekretariat, das für das Tagesgeschäft des Datenschutzausschusses zuständig ist (Art. 75 Abs. 6 lit. a DSGVO), wird zur **zentralen Europäischen Datenschutzbehörde** unter Regie des Europäischen Datenschutzbeauftragten.[2] Insbesondere in Bezug auf die engen Zeitvorgaben, die die Vorschriften über das Kohärenzverfahren für die Befassungen des Europäischen Datenschutzbeauftragten festlegen, ist ein funktionierendes Sekretariat zur vorbereitenden sowie unterstützenden Tätigkeit von nicht unwesentlichem Umfang von Bedeutung.[3]

II. Entstehung der Norm

2 Während im Entwurf der Europäischen Kommission die interne und externe Kommunikation noch zusammen unter dem Buchstaben Abs. 3 lit. b geführt worden ist,[4] findet man in der endgültigen Fassung die interne Kommunikation in Art. 75 Abs. 6 lit. b DSGVO und die externe Kommunikation in Art. 75 Abs. 6 lit. c DSGVO. Überdies waren Art. 75 Abs. 2, 3 und 4 DSGVO im Kommissionsentwurf nicht enthalten.

---

1 Europäische Kommission, Der Schutz der Privatsphäre in einer vernetzten Welt. Ein europäischer Datenschutzrahmen für das 21. Jahrhundert, 25.1.2012, KOM(2012) 9 endgültig, S. 8.
2 *Härting* BB 2012, 459 (461).
3 Art. 29-Datenschutzgruppe, Vorschlag zur internen Struktur des Europäischen Datenschutzausschusses (http://ec.europa.eu/justice/data-protection/article-29/documentation/other-document/files/2015/20150925_edpb_internal_structure.pdf).
4 Entwurf der Europäischen Kommission, KOM (2012) 11 endgültig, Art. 71 Abs. 3.

B. Kommentierung

I. Bereitstellung und Unabhängigkeit des Sekretariats (Abs. 1–4)

Der Europäische Datenschutzbeauftragte stellt das Sekretariat für den 3
Europäischen Datenschutzausschuss bereit (Art. 75 Abs. 1 DSGVO) und
stattet es personell aus (Art. 75 Abs. 3 DSGVO). Das Sekretariat arbeitet
jedoch ausschließlich auf Anweisung des Vorsitzes des Europäischen Datenschutzausschusses (Art. 75 Abs. 2 DSGVO). Soweit es angebracht ist,
werden die Bedingungen der Zusammenarbeit in einer gesonderten "Vereinbarung zur Anwendung" des Art. 75 DSGVO zwischen Europäischem
Datenschutzausschuss und Europäischem Datenschutzbeauftragten festgelegt (Art. 75 Abs. 4 DSGVO).

Nicht unumstritten war im Gesetzgebungsverfahren die enge Anbindung 4
des Europäischen Datenschutzausschuss an den Europäischen Datenschutzbeauftragten. Gegenstand des Streits war dabei insbesondere, dass
der Europäische Datenschutzbeauftragte dem Europäischen Datenschutzausschuss ein Sekretariat zur Verfügung stellt. Die Art. 29-Datenschutz-
gruppe forderte ursprünglich ein eigenständiges, **völlig unabhängiges Sekretariat** für den Europäischen Datenschutzausschuss.[5] Nachdem sich aber
abzeichnete, dass diesem Wunsch nicht entsprochen wird, hat sich die
Art. 29-Datenschutzgruppe für die erforderlichen praktischen Vorkehrungen und einzurichtenden Berichtswege sowie insbesondere für die Gewährleistung der Unabhängigkeit der Mitglieder des Sekretariats eingesetzt.[6]

Gegenüber der **vorherigen Ansiedlung der Art. 29-Datenschutzgruppe bei** 5
der Europäischen Kommission stellt die Regelung des Art. 75 Abs. 1
DSGVO jedoch einen bedeutenden Fortschritt zur Erlangung der Unabhängigkeit gegenüber der Einflussnahme durch andere Institutionen dar.
Die getroffene Regelung nimmt der Europäischen Kommission den „erheblichen Einfluss",[7] den sie nach Maßgabe der DSRL auf die Art. 29-Datne-
schutzgruppe ausüben konnte. Zudem ist diese Loslösung nur konsequent,
denn auch im Kohärenzverfahren spielt die Europäische Kommission keine
tragende Rolle mehr.[8] Folglich ist damit auch die Gefahr einer unmittelbaren Einflussnahme auf die Entscheidungen des Europäischen Datenschutzausschusses gebannt. Dennoch kann die Europäische Kommission weiterhin die Themen, mit denen sich der Europäische Datenschutzausschuss befasst, in weitem Maße gem. Art. 70 Abs. 1 und Abs. 2 DSGVO und nach
Art. 64 Abs. 2 DSGVO beeinflussen.

---

5 Art. 29-Datenschutzgruppe, Stellungnahme 01/2012 zu den Reformvorschlägen im
   Bereich des Datenschutzes, 23.3.2012, 00530/12/DE WP 191, S. 25.
6 Art. 29-Datenschutzgruppe, Vorschlag zur internen Struktur des Europäischen Datenschutzausschusses (http://ec.europa.eu/justice/data-protection/article-29/documen
   tation/other-document/files/2015/20150925_edpb_internal_structure.pdf).
7 *Ehmann/Helfrich* EG Datenschutzrichtlinie, Art. 29, Rn. 8.
8 So gefordert von der Art. 29-Datenschutzgruppe: Art. 29-Datenschutzgruppe, Stellungnahme 01/2012 zu den Reformvorschlägen im Bereich des Datenschutzes,
   23.3.2012, 00530/12/DE WP 191, S. 22 f.; zur Kritik an den Befugnissen der Kommission *Kahler* RDV 2013, 69 ff.; *Thüsing/Traut* Intereconomics 2013, 271 (272);
   Nguyen RDV 2014, 26 (28 f.).

6   Eine **Weisungsbefugnis** des Europäischen Datenschutzbeauftragten besteht
     gegenüber dem Sekretariat gem. Art. 75 Abs. 2 DSGVO **nicht**, soweit das
     Sekretariat Aufgaben für den Europäischen Datenschutzausschuss wahr-
     nimmt. So ist der missverständlich formulierte Art. 75 Abs. 2, speziell das
     Wort „ausschließlich", in diesem Kontext zu interpretieren. Bei allen ande-
     ren Aufgaben steht dem Europäischen Datenschutzbeauftragten unbenom-
     men sein Weisungsrecht gegenüber dem Sekretariat zu.

7   Auch die **Berichterstattungen der Beschäftigten erfolgt gem. Art. 75 Abs. 3
     DSGVO ausschließlich gegenüber dem Vorsitz.** Unklar ist, ob die Berichter-
     stattung bzw. Berichtspflicht in Art. 75 Abs. 3 DSGVO mit der Berichter-
     stattung des Art. 71 DSGVO gleichgesetzt werden kann. Art. 71 DSGVO
     normiert die grundsätzliche Verpflichtung zur Verfassung periodischer Ar-
     beitsberichte (→ Art. 71 Rn. 1 ff.); demgegenüber ist zu vermuten, dass die
     vorliegende Norm letztlich das Weisungsverhältnis zwischen dem Personal
     des Sekretariats und dem Vorsitz regeln möchte. Sowohl EG 139, nach
     welchem das Personal des Europäischen Datenschutzbeauftragten die
     „Aufgaben ausschließlich gemäß den Anweisungen des Vorsitzes des Aus-
     schusses durchführ[t] und diesem Bericht erstatte[t]" wie auch die Ent-
     wurfsfassungen zur DSGVO schweigen jedoch in Hinsicht auf das Begriffs-
     verständnis. Fest steht jedenfalls, dass das Personal nicht den im Geschäfts-
     bereich des Europäischen Datenschutzbeauftragten geltenden Berichts-
     pflichten unterliegt.[9]

8   Art. 75 Abs. 4 DSGVO eröffnet die Möglichkeit, die Zusammenarbeit zwi-
     schen dem Europäischen Datenschutzausschuss und Europäischen Daten-
     schutzbeauftragten in einer **Vereinbarung zur Anwendung des Art. 75
     DSGVO** festzulegen. Zu erwarten ist, dass eine entsprechende Vereinba-
     rung das Auswahlrecht des Europäischen Datenschutzausschusses für das
     ihm zur Verfügung gestellte Personal konkretisieren wird. Insbesondere bei
     der Bestellung eines Sekretariatsvorstehers, der die reibungslose Erfüllung
     des Tagesgeschäfts sicherstellt, sollte dem Vorsitz eine zentrale Rolle bei
     der entsprechenden Benennung zustehen.[10] Die ausgehandelte Vereinba-
     rung wird veröffentlicht.

II. Aufgaben des Sekretariats (Abs. 5, 6)

9   Das Sekretariat unterstützt den Europäischen Datenschutzausschuss in
     „analytischer, administrativer und logistischer Weise" (Art. 75 Abs. 5
     DSGVO), wobei der Großteil der **Unterstützungsleistungen administrativer
     Natur** ist. Die nicht abschließende Aufzählung in Art. 75 Abs. 6 lit. a bis f.
     DSGVO führt daher die Organisation des Tagesgeschäfts, die interne und
     externe Kommunikation, den Rückgriff auf elektronische Mittel für die
     entsprechende Kommunikation, Übersetzungsarbeiten sowie die Sitzungs-
     vorbereitung und Sitzungsnachbereitung auf.

---

 9 Vgl. ErwGr 140.
10 Art. 29-Datenschutzgruppe, Vorschlag zur internen Struktur des Europäischen Da-
     tenschutzausschusses (http://ec.europa.eu/justice/data-protection/article-29/docume
     ntation/other-document/files/2015/20150925_edpb_internal_structure.pdf).

Nach Art. 75 Abs. 5 und Abs. 6 lit. g DSGVO leistet das Sekretariat da- **10**
rüber hinaus auch **analytische Unterstützung** bei der „Vorbereitung, Abfassung und Veröffentlichung von Stellungnahmen, von Beschlüssen über die
Beilegung von Streitigkeiten zwischen Aufsichtsbehörden und von sonstigen vom Ausschuss angenommenen Dokumenten". Dies lässt jedoch nicht
den Schluss zu, dass dem Sekretariat neben der administrativen und logistischen Tätigkeit zudem eine inhaltliche Ausgestaltungsmöglichkeit eingeräumt wird.[11] Das Sekretariat hat folglich **keine Möglichkeit der inhaltlichen Mitgestaltung.** In der Praxis der Art. 29-Datenschutzgruppe ist die inhaltliche Erarbeitung der Entscheidungsvorschläge bisher durch die fachlichen Vertreter der Aufsichtsbehörden der Mitgliedstaaten in den Arbeitsgruppen der Art. 29-Datenschutzgruppe vorgenommen worden. Betrachtet
man gegenüber Art. 75 Abs. 5 und Abs. 6 lit. g DSGVO den Wortlaut des
Art. 4 Abs. 2 GO Art. 29-Datenschutzgruppe,[12] nach dem das Sekretariat
„die Arbeiten der Gruppe unter Mitwirkung ihres Vorsitzenden vor[berei-
tet]" und „die Gruppe bei der Anfertigung der Entwürfe von Stellungnahmen und Empfehlungen" unterstützt, so hätte man, bei entsprechender
Lesart, bereits dem Sekretariat der Art. 29-Datenschutzgruppe ein inhaltli-
ches Ausgestaltungsrecht zugestehen müssen. Dies erfolgte nicht. Zudem
kann der Vorsitz gem. Art. 74 DSGVO nur administrative Aufgaben für
den Europäischen Datenschutzausschuss wahrnehmen (→ Art. 74 Rn. 4).
Die angedachte organisatorische Binnenstruktur würde mit einem Sekretariat, welches den Vorsitz unterstützen soll und darüber hinaus inhaltliche
Aufgaben erfüllen kann, unterminiert.

C. Bewertung

Obwohl der europäische Gesetzgeber den Europäischen Datenschutzaus- **11**
schuss mit eigener Rechtspersönlichkeit gem. Art. 68 Abs. 1 DSGVO ein-
richtet, war die Zubilligung eines unabhängigen Sekretariats offenbar politisch nicht durchsetzbar. Es könnte sein, dass dafür nicht allein oder primär datenschutzspezifische Gründe maßgeblich waren, sondern allgemeine
Vorbehalte gegenüber der Gründung weiterer EU-Agenturen eine Rolle ge-
spielt haben. Das ist zu bedauern, da dies die konsequenteste Lösung dargestellt hätte,[13] um eine vollständig unabhängige Wahrnehmung der dem
Europäischen Datenschutzausschuss zugewiesenen Aufgaben sicherzustellen.

Zudem wurde versäumt, konkrete Vorgaben über die Ausstattung des **12**
Europäischen Datenschutzausschusses mit hinreichenden Haushaltsmitteln
zu treffen (→ Art. 73 Rn. 10). Dies schränkt den Europäischen Datenschutzausschuss hinsichtlich der Personalauswahl sogar in doppelter Weise
ein, denn das Sekretariat kann nur vom Europäischen Datenschutzbeauftragten zur Verfügung gestellt werden.

---

11 So aber *Körffer* in: Paal/Pauly DSGVO Art. 75 Rn. 3; Feiler und Forgó sprechen
   von „juristische(r) Unterstützung durch Recherche der Sach- und Rechtslage", lehnen die Möglichkeit der inhaltlichen Mitgestaltung also auch ab vgl. *Feiler/Forgó*
   EU-DSGVO Art. 75 Rn. 3.
12 Geschäftsordnung der Gruppe für den Schutz von Personen bei der Verarbeitung
   personenbezogener Daten vom 15.2.2010 (GO Art. 29-Datenschutzgruppe).
13 *Nguyen* ZD 2015, 265 (268 f.).

Artikel 76 Vertraulichkeit

(1) Die Beratungen des Ausschusses sind gemäß seiner Geschäftsordnung vertraulich, wenn der Ausschuss dies für erforderlich hält.

(2) Der Zugang zu Dokumenten, die Mitgliedern des Ausschusses, Sachverständigen und Vertretern von Dritten vorgelegt werden, wird durch die Verordnung (EG) Nr. 1049/2001 des Europäischen Parlaments und des Rates[1] geregelt.

Verwandte Normen: –

Literatur:

Brauneck, Jens, Kein Zugang zu Dokumenten: Politischer Handlungsspielraum der EU-Kommission in Gefahr?, NvWZ 2016, 489; *Grabitz, Eberhard/Hilf, Meinhard/Nettesheim, Martin,* Das Recht der Europäischen Union: EUV/AEUV, München 2016; *Härting, Niko,* Starke Behörden, schwaches Recht – der neue EU-Datenschutzentwurf, Betriebs-Berater 2012, 459; *v.d.Groeben, Hans/Schwarze, Jürgen/Hatje, Armin,* Europäisches Unionsrecht – Vertrag über die Europäische Union – Vertrag über die Arbeitsweise der Europäischen Union – Charta der Grundrechte der Europäischen Union, Satzung ESZB/EZB, Baden-Baden 2016.

A. Grundlagen

I. Zweck der Norm und bisherige Rechtslage

1 Bei der Vertraulichkeit der Ausschussberatungen nach Art. 76 Abs. 1 DSGVO geht es um den Schutz eines unbefangenen und freien Meinungsaustausches innerhalb des Europäischen Datenschutzausschusses, um eine effektive, funktionsfähige und neutrale Entscheidungsfindung zu gewährleisten. Sinn und Zweck der Regelung ist es, die Unabhängigkeit des Europäischen Datenschutzausschusses und seiner Mitglieder abzusichern. Vor allem in ihren Mitgliedstaaten könnten die Mitglieder des Europäischen Datenschutzausschusses unter Druck geraten, wenn ihre Positionen und ihr Abstimmungsverhalten bekannt gemacht würden.

2 Art. 76 Abs. 2 DSGVO verfolgt durch Verweis auf die VO (EG) Nr. 1049/2001 den Zweck, die Grundsätze und Bedingungen sowie die aufgrund öffentlicher oder privater Interessen geltenden Einschränkungen für die Ausübung des in Art. 15 AEUV niedergelegten Rechts auf Zugang zu Dokumenten festzulegen. Es soll ein größtmöglicher Zugang zu Dokumenten gewährleistet werden. Darüber hinaus soll eine möglichst einfache Ausübung dieses Rechts sichergestellt werden und damit eine gute Verwal-

---

1 Verordnung (EG) Nr. 1049/2001 des Europäischen Parlaments und des Rates vom 30. Mai 2001 über den Zugang der Öffentlichkeit zu Dokumenten des Europäischen Parlaments, des Rates und der Kommission (ABl. L 145 vom 31.5.2001, S. 43).

tungspraxis im Hinblick auf den Zugang zu Dokumenten gefördert werden.[2]

Bislang wurde die Vertraulichkeit der Art. 29-Datenschutzgruppe in   3
Art. 11 GO Art. 29-Datenschutzgruppe[3] geregelt. Danach galten die Gegenstände ihrer Beratungen als Berufsgeheimnis iSd Art. 399 AEUV. Über die Debatten in der Art. 29-Datenschutzgruppe war Stillschweigen zu bewahren. Darüber hinaus waren auch die Sitzungsprotokolle und Arbeitsunterlagen lediglich für den Dienstgebrauch bestimmt.

II. Entstehung der Norm

Der Kommissionsentwurf sah eine andere Regelungssystematik vor. So lau-   4
tete Abs. 1 lediglich „[d]ie Beratungen des Ausschusses sind vertraulich".[4]
Der Zusatz „wenn der Ausschuss dies für erforderlich hält" war also nicht vorgesehen. Als Regel war bei einem Begehren des Zugangs zu Dokumenten die Vertraulichkeit vorgesehen und als Ausnahme der Zugang. Dies wäre aber konträr gewesen zur Systematik der VO (EG) 1049/2001, die den Zugang zu Dokumenten grundsätzlich gestattet und nach der der Informationszugang nur ausnahmsweise verweigert wird, wenn die Voraussetzungen des Art. 4 VO (EG) 1049/2001 vorliegen. Es erfolgte also eine Angleichung an die Logik der VO (EG) 1049/2001 und die Gewährleistung des Grundsatzes der Offenheit.

Außerdem enthielt der Kommissionsentwurf Regelungen über die Ver-   5
pflichtung zur Wahrung der Vertraulichkeit für die Mitglieder des Europäischen Datenschutzausschusses, die Sachverständigen und die Vertreter von Dritten und forderte diese zur Beachtung der Vertraulichkeit auf.[5] Der Vorsitzende sollte sicherstellen, dass die Sachverständigen und die Vertreter von Dritten von der ihnen auferlegten Vertraulichkeitspflicht in Kenntnis gesetzt werden.[6] Es ist zu vermuten, dass der Europäische Datenschutzausschuss eine entsprechende Detailregelung in seine Geschäftsordnung aufnehmen wird.

B. Kommentierung

I. Vertraulichkeit der Beratung (Abs. 1)

Der Gesichtspunkt der Vertraulichkeit ist für den Europäischen Daten-   6
schutzausschuss von besonderer Bedeutung für die Abklärung der Interessenlage der Mitglieder des Gremiums und für die Offenheit der geführten Gespräche. Die DSGVO unterstützt den Europäischen Datenschutzausschuss dadurch, dass er seine Verhandlung nicht zwingend öffentlich machen muss. In der Geschäftsordnung des Europäischen Datenschutzaus-

---

2 Vgl. Art. 1 VO (EG) Nr. 1049/2001.
3 Geschäftsordnung der Gruppe für den Schutz von Personen bei der Verarbeitung personenbezogener Daten vom 15.2.2010 (GO Art. 29-Datenschutzgruppe).
4 Entwurf der Europäischen Kommission, KOM (2012) 11 endgültig, Art. 72 Abs. 1.
5 Vgl. Entwurf der Europäischen Kommission, KOM (2012) 11 endgültig, Art. 72 Abs. 3 S. 1.
6 Vgl. Entwurf der Europäischen Kommission, KOM (2012) 11 endgültig, Art. 72 Abs. 3 S. 2.

schusses **entscheidet** dieser **selbst** über die Voraussetzungen, die zu erfüllen sind, damit Vertraulichkeit angeordnet werden kann.

Im Kohärenzverfahren wird der Europäische Datenschutzausschuss mit bedeutenden Aufgaben betraut (siehe insbesondere → Art. 63 Rn. 1 ff., → Art. 65. Rn. 29 ff.). Eine Aufgabenerfüllung wird zu einer intensiven Auseinandersetzung mit den Datenverarbeitungsprozessen verschiedener Unternehmen führen. Daher wird es noch öfter als bei der Art. 29-Datenschutzgruppe dazu kommen, dass die vom Vorsitz oder den Mitgliedern zur Vorbereitung erstellten Unterlagen, die den anschließenden Beratungen dienen, sowie die Sitzungsprotokolle als vertraulich eingestuft werden.

7   Wegen der fehlenden Sichtbarkeit in der Öffentlichkeit wurden bis jetzt keine vergleichbaren Forderungen geäußert, auch die Protokolle der Beratungen zu veröffentlichen, um der Rechenschaftspflicht gegenüber der europäischen Bürgerschaft und dem Grundsatz der Transparenz Genüge zu tun.[7] Sollte sich der Europäische Datenschutzausschuss jedoch als „zentrale europäische Datenschutzbehörde"[8] etablieren, sind entsprechende Forderungen zu erwarten. Wenn der Europäische Datenschutzausschuss die Transparenz der Entscheidungen weiter erhöhen wollte, billigt Art. 76 Abs. 1 DSGVO einen erheblichen Spielraum darüber zu, wie detailliert die Ergebnisse von Beratungen erläutert werden müssen. Der Veröffentlichung einer Zusammenfassung der Aussprachen einschließlich der Mehrheitsverhältnisse dürfte jedenfalls nichts entgegenstehen. Eine Veröffentlichung von „Wortprotokollen" stände jedoch im Widerspruch zum Zweck der Vorschrift.[9]

II. Zugang zu Dokumenten (Abs. 2)

8   Legen Dritte dem Europäischen Datenschutzausschuss Dokumente vor, so ist die VO (EG) 1049/2001 über den Zugang der Öffentlichkeit zu Dokumenten des Europäischen Parlaments, des Rats der Europäischen Union und der Kommission anzuwenden. Die Verordnung ist auf Art. 15 Abs. 3 AEUV zurückzuführen, wonach jeder Unionsbürger sowie jede natürliche oder juristische Person mit Wohnsitz oder satzungsmäßigem Sitz in einem Mitgliedstaat das **Recht auf Zugang zu Dokumenten** der Organe, Einrichtungen oder sonstigen Stellen der Union hat. Art. 42 GrCh enthält eine fast wortgleiche Formulierung wie Art. 15 Abs. 3 AEUV. Jedoch ist der in Art. 15 Abs. 3 AEUV vorgesehene Gesetzesvorbehalt über Art. 52 GrCh in die Norm hineinzulesen. Insgesamt bedeutsam sind diese Normen und die daraus resultierende VO (EG) 1049/2001, weil sie das Recht der Öffentlichkeit gewährleistet, effektiven Zugang zu Dokumenten zu erlangen, die sich im Besitz von EU-Organen befinden. So ist es der EU möglich, die

---

7 Diese Kritik wird zB am EZB-Rat geübt. Wegen der eigenen Entscheidungsbefugnis und Rechtspersönlichkeit entspricht der Europäische Datenschutzausschuss anderen Gliedern der Union wie der Europäischen Zentralbank und der Europäischen Investitionsbank. Vgl. *Zilioli/Gruber* in: v. d. Groeben/Schwarze/Hatje, Europäisches Unionsrecht, Art. 10 Satzung ESZB/EZB Rn. 29; *Nettesheim* in: Grabitz/Hilf/Nettesheim, 2016, EUV/AEUV, Art. 13 EUV Rn. 7 ff.
8 *Härting* BB 2012, 459 (461).
9 Vgl. *Zilioli/Gruber* in: v. d. Groeben/Schwarze/Hatje, Europäisches Unionsrecht, Art. 10 Satzung ESZB/EZB. Rn. 29.

Transparenz nach außen und die Rechenschaftspflicht gegenüber den Bürgerinnen und Bürgern zu stärken.[10] Denn „[a]lls EU-Bürger/-in haben [s]ie ein Recht darauf zu erfahren, wie die EU-Organe ihre Entscheidungen vorbereiten, wer an der Vorbereitung beteiligt ist [...] und welche Dokumente bei der Vorbereitung [...] eine Rolle spielen. Außerdem sind sie berechtigt, diese Dokumente einzusehen und entweder selbst oder über Personen, die sie vertreten, Stellung zu nehmen."[11]

Die **zugriffsberechtigten Dokumente umfassen** dabei nicht nur solche, die vom Europäischen Datenschutzausschuss **selbst erstellt** wurden, sondern vielmehr auch solche, die bei ihm **eingegangen** sind und sich in seinem **Besitz befinden**, vgl. Art. 2 Abs. 3 VO (EG) 1049/2001. Für die vom Europäischen Datenschutzausschuss erstellten Jahresberichte, Stellungnahmen, Leitlinien, Empfehlungen und Beschlüsse, wird nach Maßgabe der Art. 64 Abs. 5 lit. b und Art. 65 Abs. 5, Art. 70 Abs. 3 und 4 sowie Art. 71 DSGVO bestimmt, dass diese zumeist auf der einzurichtenden Webseite zu veröffentlichen sind.[12] **9**

Der Zugang zu Dokumenten kann nach der Ausnahmeregelung des Art. 4 VO (EG) 1049/2001 verweigert werden. Dabei ist gem. Art. 4 Abs. 1 VO (EG) 1049/2001 eine **Verweigerung des Zugangs** zum Schutz der **öffentlichen Interessen** zulässig. Art. 4 Abs. 2 VO (EG) 1049/2001 stellt zudem sicher, dass der Zugang verweigert wird, wenn die **Privatsphäre des Einzelnen** oder der Schutz **geschäftlicher Interessen**, auch des **geistigen Eigentums**, dies gebieten und das öffentliche Interesse an dem Zugang nicht überwiegt. **10**

Für ein Dokument, das von einem Organ für den **internen Gebrauch** erstellt wurde oder bei ihm eingegangen ist und das sich auf eine Angelegenheit bezieht, in der das Organ noch keinen Beschluss gefasst hat, wird der Zugang gem. Art. 4 Abs. 3 (EG) 1049/2001 verweigert, wenn die Verbreitung des Dokuments den Entscheidungsprozess des Organs ernstlich beeinträchtigen würde. Gleichwohl wird der Zugang gestattet, wenn ein überwiegendes öffentliches Interesse an der Verbreitung besteht, vgl. Art. 4 Abs. 3 UAbs. 1 VO (EG) 1049/2001. Nach gefestigter Rechtsprechung des EuGH genügt es als Rechtfertigung für die Verweigerung des Zugangs zu einem Dokument grundsätzlich nicht, dass dieses Dokument in Zusammenhang mit einer in Art. 4 Abs. 2 und Abs. 3 VO Nr. 1049/2001 erwähnten Tätigkeit steht. Das betroffene Organ muss auch erläutern, inwiefern der Zugang zu diesem Dokument das Interesse, das durch eine Ausnahme nach diesem Artikel geschützt wird, konkret und tatsächlich beeinträchti- **11**

---

10 Bericht der Kommission über die Anwendung der VO (EG) Nr. 1049/2001 über den Zugang der Öffentlichkeit zu Dokumenten des EP, des Rates und der Kommission im Jahre 2014, vom 6.8.2014, S. 2 (http://ec.europa.eu/transparency/ access_documents/docs/rapport_2014/com_2015_391_de.pdf).
11 Europäische Kommission, Transparenzportal (http://ec.europa.eu/transparency/ index_de.htm).
12 Im Zuge der Loslösung des Europäischen Datenschutzausschusses von der Europäischen Kommission wird die Host-Funktion für die Webseite fortan vom Europäischen Datenschutzbeauftragten zu erfolgen haben.

gen könnte.[13] Folglich ist grundsätzlich eine **konkrete und individuelle Prüfung und Begründung** erforderlich, bevor der Zugang zu Dokumenten verweigert werden kann.

C. Bewertung

12   Der erhebliche Spielraum, dem der Europäische Datenschutzausschuss in Art. 76 Abs. 1 DSGVO zugebilligt wird (→ Rn. 7), könnte jedoch dem auch auf Unionsebene über das Rechtsstaatsprinzip herzuleitenden Bestimmtheitsgrundsatz entgegenstehen. Jedenfalls ist zu erwarten, dass sich der in die finale Fassung eingefügte Zusatz des für erforderlich Haltens durch den Europäischen Datenschutzausschuss, als Leerformel generieren wird. Denn nicht viel anders gestaltet sich die Praxis der Art. 29-Datenschutzgruppe nach dem gleichlautenden Art. 11 Abs. 1 GO Art. 29-Datenschutzgruppe.

13   Welche Bedeutung die über Art. 76 Abs. 2 DSGVO anzuwendenden Normen erlangt haben, legt die Kommission in ihrem Bericht über die Anwendung der VO (EG) Nr. 1049/2001 offen: im Jahr 2014 wurden 11,87 % (2013: 14,45 %) aller Erstanträge zurückgewiesen, davon erfolgten 15,95 % (2013: 20,60 %) der Zurückweisungen gem. Art. 4 Abs. 3 UAbs. 1.[14] Zu erwarten ist, dass der Europäische Datenschutzausschuss erheblich öfter von der Ausnahmeregelung des Art. 4 VO (EG) 1049/2001 Gebrauch machen wird. Andernfalls wäre anzunehmen, dass die Kooperation mit datenverarbeitenden Unternehmen sich erschweren würde.

---

13 EuGH 27.2.2014 – C-365/12 P, ECLI:EU:C:2014:112, Rn. 64; 1.7.2008 – C-39/05 P und C-52/05 P, Rn. 49; 20.1.2014 – C-553/10 P-DEP und C-554/10 P-DEP, ECLI:EU:C:2012:682, Rn. 116; 29.6.2010 – C-139/07 P, ECLI:EU:C:2010:376, Rn. 53; 28.6.2012 – C-477/10 P, ECLI:EU:C:2012:394, Rn. 57; 14.11.2013 – C-514/11 P und C-605/11 P, ECLI:EU:C:2013:738, Rn. 44.

14 Bericht der Kommission über die Anwendung der VO (EG) Nr. 1049/2001 über den Zugang der Öffentlichkeit zu Dokumenten des EP, des Rates und der Kommission im Jahre 2014, vom 6.8.2014, Anhang, S. 3, (http://ec.europa.eu/transparency/access_documents/docs/rapport_2014/com_2015_391_de.pdf).

Artikel 77 Recht auf Beschwerde bei einer Aufsichtsbehörde

(1) Jede betroffene Person hat unbeschadet eines anderweitigen verwaltungsrechtlichen oder gerichtlichen Rechtsbehelfs das Recht auf Beschwerde bei einer Aufsichtsbehörde, insbesondere in dem Mitgliedstaat ihres Aufenthaltsorts, ihres Arbeitsplatzes oder des Orts des mutmaßlichen Verstoßes, wenn die betroffene Person der Ansicht ist, dass die Verarbeitung der sie betreffenden personenbezogenen Daten gegen diese Verordnung verstößt.

(2) Die Aufsichtsbehörde, bei der die Beschwerde eingereicht wurde, unterrichtet den Beschwerdeführer über den Stand und die Ergebnisse der Beschwerde einschließlich der Möglichkeit eines gerichtlichen Rechtsbehelfs nach Artikel 78.

Verwandte Normen: ErwGr 141

Literatur:

Born, Tobias, Die Datenschutzaufsicht und ihre Verwaltungstätigkeit im nicht-öffentlichen Bereich, Frankfurt am Main 2014; *Caspar, Johannes*, Das aufsichtsbehördliche Verfahren nach der EU-Datenschutz-Grundverordnung, ZD 2012, 555; *Dieterich, Thomas*, Rechtsdurchsetzungsmöglichkeiten der DS-GVO, ZD 2016, 260; *Nguyen, Alexander M.*, Die zukünftige Datenschutzaufsicht in Europa, ZD 2015, 265; *Pieper, Stefan Ulrich*, Aufsicht: Verfassungs- und verwaltungsrechtliche Strukturanalyse, Köln 2006; *Raab, Johannes*, Die Harmonisierung des einfachgesetzlichen Datenschutzes. Von der umsetzungsdefizitären Datenschutzrichtlinie 95/46/EG zur Datenschutz-Grundverordnung, 2015; *Schwartmann, Rolf*, Ausgelagert und ausverkauft – Rechtsschutz nach der Datenschutz-Grundverordnung, RDV 2012, 55; *Siegel, Thorsten*, Europäisierung des Öffentlichen Rechts: Rahmenbedingungen und Schnittstellen zwischen dem Europarecht und dem nationalen (Verwaltungs-)Recht, Tübingen 2012; *Spindler, Gerald,* Verbandsklagen und Datenschutz – das neue Verbandsklagerecht, ZD 2016, 114.

A. Grundlagen

I. Bedeutung und Zweck der Norm

1   Art. 77 DSGVO gewährt der betroffenen Person ein Recht auf **Anrufung der Aufsichtsbehörde** gegen Datenschutzverstöße Dritter. Die DSGVO bezeichnet dieses Anrufungsrecht als Recht auf Beschwerde bei einer Aufsichtsbehörde. Dieses Recht aus Art. 77 DSGVO ist Ausfluss der Verbürgungen aus Art. 7, 8 und Art. 41 GRCh.[1]

2   Art. 77 DSGVO ist **unmittelbar anwendbar** und bedarf keiner Umsetzung in das nationale Recht.[2] Der erste Entwurf des **ABDSG** sah noch einen allgemeinen **Hinweis auf das Beschwerderecht** nach Art. 77 DSGVO vor,[3] der überflüssig war und durch eine missverständliche Zuständigkeitsregelung im Bereich der Zuständigkeitsabgrenzung zwischen Bundesbeauftragtem und den Aufsichtsbehörden der Länder mehr Verwirrung als Nutzen gestiftet hätte. Im mittlerweile vorliegenden Gesetzesentwurf für das überarbeitete BDSG ist kein solcher pauschaler Verweis auf Art. 77 DSGVO mehr enthalten. Die Regelungen über das Beschwerderecht sind teilweise in § 60 BDSG-E noch differenzierter ausgestaltet.[4]

II. Bisherige Rechtslage

3   Art. 77 DSGVO tritt an die Stelle derjenigen Normen, die Rechte auf Anrufung der Aufsichtsbehörde gewähren (Art. 28 Abs. 4 RL 95/46/EG, umgesetzt durch § 21 BDSG sowie entsprechende Normen in den Landesdatenschutzgesetzen, beispielsweise § 25 LDSG NRW). Der in Art. 77 DSGVO verwandte Begriff der Beschwerde kann vor diesem Hintergrund irreführend wirken, wenn man das übliche Begriffsverständnis deutscher Rechtstexte zu Grunde legt. Nach deutschem Begriffsverständnis werden Beschwerden als Fach- oder Dienstaufsichtsbeschwerden regelmäßig über das Verhalten einer Behörde erhoben und bei der Behörde selbst oder einer übergeordneten Stellen eingereicht.[5]

4   Art. 77 DSGVO betrifft demgegenüber Konstellationen, in denen der Beschwerdeführer ein Tätigwerden der Aufsichtsbehörden gegen behauptete Datenschutzverstöße Dritter initiieren möchte. Es handelt sich folglich um eine Anrufung der Aufsichtsbehörde mit dem Ziel, dass die Aufsichtsbe-

---

1   Noch zur alten Rechtslage EuGH 6.10.2015 – C-362/14, ECLI:EU:C:2015:650 Rn. 37 – Maximillian Schrems/Data Protection Commissioner.

2   Dementsprechend die Handlungsempfehlung von *Kühling/Martini* ua, S. 410, zu § 21 BDSG: „streichen".

3   § 26 ABDSG-E: „Jede betroffene Person hat das Recht auf Anrufung der oder des Bundesbeauftragten gemäß Artikel 77 der Verordnung (EU) 2016/679 und Artikel 52 der Richtlinie (EU) 2016/680", Stand: 1. Ressortabstimmung am 5.8.2016.

4   Entwurf eines Gesetzes zur Anpassung des Datenschutzrechts an die Verordnung (EU) 2016/679 und zur Umsetzung der Richtlinie (EU) 2016/680 (Datenschutz-Anpassungs- und -Umsetzungsgesetz EU – DSAnpUG-EU) in der Fassung vom 1.2.2017, BT-Drucks. 18/11325, S. 9 ff.

5   Zu dem Begriff der Fach- und Dienstaufsichtsbeschwerde im deutschen Recht *Hufen,* Verwaltungsprozessrecht, 10. Aufl. 2016, § 1 Rn. 47; vgl. a. *Nguyen* ZD 2015, 265 (266).

hörde auf Abhilfe hinwirkt und ggfs. dazu gegen den Dritten mit einer Aufsichtsverfügung einschreitet.[6] In der deutschen Rechtsordnung werden entsprechende Bestimmungen in der Regel als Anrufungsrechte bezeichnet.[7] Die **Begrifflichkeit** in Art. 77 DSGVO geht auf die englische Fassung zurück, nach der Art. 77 DSGVO ein Recht „to logde a complaint" gewährt. In der datenschutzrechtlichen Vorgängerrichtlinie von 1995 war in entsprechenden Zusammenhängen noch von „Eingabe" (bzw. englisch „claim") die Rede gewesen.[8]

B. Kommentierung

I. Zulässigkeitsvoraussetzungen der Beschwerde

1. Zuständige Aufsichtsbehörde für die Einreichung der Beschwerde

a) Grenzüberschreitende Erstzuständigkeit sämtlicher Mitgliedstaaten

Art. 77 Abs. 1 DSGVO schafft ausdrücklich die Möglichkeit, die Beschwerde bei der innerstaatlich zuständigen (dazu unten → Rn. 15 ff.) **Aufsichtsbehörde jedes beliebigen Mitgliedstaates** einzureichen. Die Aufzählung („insbesondere im Mitgliedstaat ihres Aufenthaltsorts, ihres Arbeitsplatzes oder des Orts des mutmaßlichen Verstoßes") hat lediglich beispielhaften Charakter. Der Beschwerdeführer soll sich frei von sprachlichen Schwierigkeiten und von Orientierungsproblemen im Umgang mit einer ausländischen Verwaltungsorganisation an die Aufsichtsbehörde in einem Mitgliedstaat seiner Wahl wenden können, um dort seine Beschwerde einzureichen.

Eine weiterreichende, über die **Erstzuständigkeit** zur Entgegennahme von Beschwerden hinausreichende Zuständigkeit zur Behandlung der Beschwerde begründet Art. 77 DSGVO nicht.[9] Die Behördenzuständigkeit für das weitere Verfahren richtet sich in grenzüberschreitenden Konstellationen unverändert nach Art. 55, 56 DSGVO.[10] Auch Art. 78 Abs. 2 DSGVO verdeutlicht, dass sich die Verfahrenszuständigkeit allein nach Art. 55, 56 DSGVO richtet, weil es für die Frist zur Erhebung einer Untätigkeitsklage allein auf die Untätigkeit der nach Art. 55, 56 DSGVO zuständigen Behörden ankommt.

Die Behörde, bei der die Beschwerde eingereicht wurde, hat die Beschwerde demzufolge zur **weiteren Sachbehandlung** an die zuständige Behörde weiterzuleiten, sofern sie nicht selbst unmittelbar die nach Art. 55, 56 DSGVO international zuständige Behörde ist. Die Ausgangsbehörde hat lediglich nach Abschluss des Beschwerdeverfahrens noch einmal die Pflicht, den Beschwerdeführer über das Ergebnis (bzw. bei Verzögerungen über den

5

6

7

---

6 Vgl. allgemein zu den Anrufungsmöglichkeiten der Behörden nach der bisherigen Rechtslage *Gola* in: Gola/Schomerus, BDSG, 12. Auflage 2015, § 21 Rn. 1 u. 6.

7 Bspw. §§ 21 BDSG, 25 LDSG NRW: Anrufungsrecht der betroffenen Person; s.a. *Worms* in: Wolff/Brink, Datenschutzrecht in Bund und Ländern, § 21 Rn. 1 ff.; *Stähler/Pohler*, Datenschutzgesetz Nordrhein-Westfalen, 3. Aufl. 2003, § 25 Rn. 1 ff.

8 Art. 28 Abs. 4 RL 95/46/EG; ausführlich zur Eingabe im Sinne von Art. 28 Abs. 4 DS-RL und diese auch als „Anrufungsrecht" bezeichnend *Dammann/Simitis*, EG-Datenschutzrichtlinie, 1. Auflage 1997, S. 311 f.

9 Zur Zuständigkeit der Aufsichtsbehörden im Allgemeinen *Nguyen* ZD 2015, 265 (266 f.); *Caspar* ZD 2012, 555 (556).

10 *Caspar* ZD 2012, 555 (556).

Stand) der Sachbehandlung durch die zuständige Behörde zu unterrichten, Art. 77 Abs. 2 DSGVO.[11]

b) Die Einreichungsbehörde als „betroffene Behörde" im Sinne von Art. 4 Abs. 22 lit. c DSGVO?

8   An die grenzüberschreitende Erstzuständigkeit sämtlicher Mitgliedstaaten nach Art. 77 Abs. 1 DSGVO knüpft die DSGVO eine **Legaldefinition** an: Nach Art. 4 Abs. 22 lit. c DSGVO wird eine Aufsichtsbehörde, bei der eine Beschwerde eingereicht wurde, als „betroffene Aufsichtsbehörde" bezeichnet, was offenbar als Abgrenzung zu der nach Art. 55, 56 DSGVO zuständigen Aufsichtsbehörde gedacht ist.

9   Diese Legaldefinition ist indes intuitiv nicht unmittelbar nachvollziehbar und jedenfalls unglücklich gewählt, weil die Zuständigkeitsregelung des Art. 77 Abs. 1 DSGVO eine grundsätzlich andere Form der Betroffenheit schafft als diejenige der betroffenen Person.[12] Das hat offenbar auch der europäische Gesetzgeber selbst so gesehen und spricht daher in etwas längerer, aber treffender und eindeutiger Formulierung von der „Aufsichtsbehörde, bei der die Beschwerde eingereicht wurde".[13] Die Legaldefinition aus Art. 4 DSGVO wird also im Zusammenhang des Art. 77 DSGVO von der Grundverordnung selbst nicht genutzt und ist in diesem Kontext schlicht überflüssig.

10   Das wirft als Folgeproblem die Frage auf, ob jeweils wirklich die Einreichungsbehörde im Sinne von Art. 77 Abs. 1 DSGVO mit gemeint ist, wenn an anderen Stellen der DSGVO von einer „betroffenen Aufsichtsbehörde" die Rede ist (insbesondere in Art. 60 Abs. 1, Art. 66 DSGVO). Nach der Legaldefinition in Art. 4 DSGVO, die neben der Einreichungsbehörde zwei weitere Konstellationen betroffener Behörden kennt, müsste das zwar der Fall sein. Die DSGVO bedient sich indes selbst **keiner konsistenten Begrifflichkeit.** Da die Einreichungsbehörde entgegen der Legaldefinition des Art. 4 DSGVO in Art. 77 Abs. 2 DSGVO nicht als „betroffene Behörde" bezeichnet wird, könnte es sein, dass sie auch dann nicht mit gemeint ist, wenn an anderen Stellen in der DSGVO von der betroffenen Aufsichtsbehörde die Rede ist.

11   Diese aus der inkonsistenten Begriffsverwendung abgeleitete Vermutung wird durch die Beobachtung verstärkt, dass die in Art. 60 Abs. 1, 66 DSGVO normierten Regelungen zweifellos auf diejenigen Aufsichtsbehörden angewandt werden können, die in Art. 4 sonst noch als „betroffene Aufsichtsbehörden" bezeichnet sind, während sie für die Konstellation des Art. 77 DSGVO nicht recht zu passen scheinen. So geht Art. 60 DSGVO von der Möglichkeit mehrerer betroffener Aufsichtsbehörden aus, eine Konstellation, die im Falle des Art. 77 Abs. 1 DSGVO nicht eintreten kann.

12   Die DSGVO lässt es deshalb offen, ob die in Art. 60 DSGVO normierten Pflichten zur Zusammenarbeit wirklich im Verhältnis zwischen Einrei-

---

11   Dazu auch Erwägungsgrund 141 S. 3 DSGVO.
12   S. dazu den Versuch einer klaren Abgrenzung bei *Härting*, Datenschutz-Grundverordnung, 2016, Rn. 758 ff.; auf die „Gesamtheit der nationalen Aufsichtsbehörden" abstellend *Kühling/Martini ua*, S. 268.
13   Art. 77 Abs. 2 DSGVO.

chungsbehörde und nach Art. 55, 56 DSGVO zuständiger Behörde uneingeschränkt greifen sollen, soweit sie in diesem Verhältnis überhaupt sinnvoll angewandt werden können, oder ob das Verhältnis zwischen Einreichungsbehörde und zuständiger Behörde nicht weitgehend durch die Abga-
bepflicht nach Art. 77 DSGVO bestimmt sein soll. Ebenso unklar ist, ob
der Einreichungsbehörde die Dringlichkeitsbefugnisse aus Art. 66 DSGVO
zustehen.[14]

Hinsichtlich der Anwendbarkeit von Art. 60 DSGVO findet sich in Art. 56   **13**
Abs. 3 DSGVO ein Verweis auf Art. 56 Abs. 2 DSGVO. Art. 56 Abs. 2 betrifft die Behörde, bei der die Beschwerde eingereicht wird, sodass Art. 60
DSGVO in diesem Verhältnis grundsätzlich anwendbar ist. Art. 56 Abs. 2
DSGVO erfasst aber nur die Fälle, in denen der Gegenstand der Beschwerde mit einer Niederlassung im Mitgliedstaat der Einreichungsbehörde zusammenhängt oder eine Person aus dem Mitgliedstaat betroffen ist. In Anbetracht der **effizienten Durchsetzung der Rechte** aus Art. 7, 8 GRCh dürfte jedoch über diese Situation hinaus von einer weiten Anwendung von
Art. 60 DSGVO auszugehen sein, zumal Art. 60 DSGVO auch Ausdruck
der Grundrechtsverbürgung des Rechts auf gute Verwaltung aus Art. 41
GRCh ist.[15] Andernfalls könnten einschlägige Informationen verloren gehen, die für die Durchsetzung dieser Rechte essentiell sind.

Angesichts der weit zu interpretierenden grundrechtlichen Verbürgungen   **14**
aus Art. 7, 8 GRCh ist im Ergebnis auch von einer entsprechenden weiten
Anwendung der **Dringlichkeitsbefugnisse aus Art. 66 DSGVO** – auch auf
die **Einreichungsbehörde** – auszugehen. Nur so kann die effektive Durchsetzung dieser individuellen Rechtspositionen nachhaltig gesichert und eine
Verschlechterung der Situation bis zum Zeitpunkt der Bestimmung der federführenden Behörde vermieden werden.

c) Zuständigkeit der deutschen Datenschutzbehörden untereinander

Wenn nach Art. 55, 56 DSGVO die deutschen Datenschutzbehörden zu-   **15**
ständig sind, der Beschwerdeführer sich aber innerhalb Deutschlands an
eine unzuständige Behörde gewandt hat (Bundesbeauftragter für Datenschutz und Informationsfreiheit statt Landesdatenschutzbehörde oder fehlerhafte Einschätzung der territorialen Zuständigkeiten der deutschen Landesbehörden), greift Art. 77 DSGVO nicht (zur Folge der Nichtgeltung des
Art. 77 Abs. 2 DSGVO in diesem Fall → unten Rn. 25 f.). Art. 77 Abs. 1
DSGVO regelt **ausschließlich Fragen der grenzüberschreitenden Zuständigkeit**, nicht die Zuständigkeitsabgrenzung der verschiedenen deutschen Datenschutzbehörden untereinander, deren Fortbestand und differenzierte
Zuständigkeiten durch Art. 51 Abs. 1 DSGVO gewährleistet sind.[16]

---

14 Bejahend, allerdings ohne nähere Begründung und Problematisierung der gegen
    diese Annahme sprechenden Anhaltspunkte *Raab*, Die Harmonisierung des ein-
    fachgesetzlichen Datenschutzes, S. 204.
15 Vgl. *Johlen* in: Stern/Sachs GRCh Art. 8 Rn. 29.
16 Dies wird verkannt, wenn schlicht behauptet wird, die Beschwerde könne bei „je-
    der" Aufsichtsbehörde eingereicht werden (so bspw. *Raab*, Die Harmonisierung
    des einfachgesetzlichen Datenschutzes, S. 204).

16 Diese Beschränkung des Regelungsinhalts des Art. 77 DSGVO folgt bereits aus der grundsätzlichen **Autonomie der Mitgliedstaaten** in Fragen der Verwaltungsorganisation.[17] Dass die DSGVO diese mitgliedstaatliche Organisationsautonomie respektiert und Art. 77 DSGVO nicht in die Verwaltungsstrukturen der Mitgliedstaaten durchgreift, was ausnahmsweise durchaus möglich wäre, lässt die Formulierung des Art. 77 Abs. 1 DSGVO erkennen: Danach kann sich die betroffene Person nicht allgemein an die Aufsichtsbehörde an ihrem Aufenthaltsort, ihrem Arbeitsplatz oder dem Ort des mutmaßlichen Verstoßes wenden, sondern jeweils nur „in dem Mitgliedstaat" ihres Aufenthaltsortes etc.

17 Die **Zuständigkeitsabgrenzung zwischen Bundes- und Landesbehörden** bestimmt sich demnach wie vor dem Inkrafttreten der DSGVO nach deutschem Recht. Nach der grundgesetzlichen Kompetenzverteilung werden weiterhin die Aufsichtsbehörden der Länder für die Überwachung des Datenschutzes im nicht-öffentlichen Bereich zuständig bleiben. Die Zuständigkeitsabgrenzung der Landesbehörden untereinander wird durch die jeweiligen Landesdatenschutzgesetze bestimmt und folgt im Verhältnis der Landesbehörden untereinander den Bundesländergrenzen.[18]

2. Beschwerdebefugnis

18 Beschwerde- bzw. anrufungsbefugt ist jede von einer **Datenverarbeitung betroffene Person, die der Ansicht ist, dass eine Verarbeitung der sie betreffenden Daten nicht mit** der DSGVO vereinbar ist.[19] Die Beschwerde nach Art. 77 DSGVO ist damit als **subjektives Recht des Betroffenen** ausgestaltet, nicht als Jedermannsrecht, das unabhängig von der Behauptung einer Verletzung in eigenen Rechten ausgeübt werden könnte. Das entspricht der bisherigen deutschen Rechtslage für das Recht auf Anrufung des Bundesbeauftragten für den Datenschutz und die Informationsfreiheit gegen Datenschutzverstöße öffentlicher Stellen des Bundes nach § 21 BDSG.[20]

19 Allgemeine Hinweise auf behauptete Datenschutzverstöße Dritter, die keine subjektive Betroffenheit des Beschwerdeführers erkennen lassen, sind demnach im Rahmen des Art. 77 DSGVO unzulässig.[21] Sie können von der Aufsichtsbehörde jedoch zum Anlass genommen werden, eine **Prüfung von Amts wegen** einzuleiten.[22] Ein Beschwerdeverfahren mit den Rechten des Beschwerdeführers aus Art. 77 Abs. 2, 78 Abs. 2 DSGVO wird hierdurch nicht eingeleitet.

20 Nach Art. 80 Abs. 1 DSGVO besteht die Möglichkeit einer **Verbandsbeschwerde** im Auftrag der betroffenen Person. Art. 80 Abs. 2 DSGVO stellt

---

17 Ausführlich zur verfahrensmäßigen Autonomie der Mitgliedstaaten die Kommentierung zu Art. 78 (→ Rn. 13 ff.).

18 Vgl. *Laue/Nink/Kremer*, § 10 Rn. 35.

19 Dies entspricht der grundsätzlich weiten Interpretation der Verbürgungen der Grundrechte-Charta; *Johlen* in: Stern/Sachs GRCh Art. 8 Rn. 29 mwN.

20 Weiter gefasste Anrufungsbefugnisse fanden sich zT bislang im Landesrecht, etwa § 25 LDSG NRW. Vertiefend *Stähler/Pohler*, DSG NRW, 3. Auflage 2003, § 25 Rn. 1 ff.

21 Zur bisherigen Rechtslage *Worms* in: Wolff/Brink, Datenschutzrecht in Bund und Ländern, § 21 Rn. 19 ff.

22 Vgl. *Gola* in: Gola/Schomerus BDSG § 38 Rn. 3 ff.

es der mitgliedstaatlichen Gesetzgebung zudem frei, Verbandsbeschwerden auch ohne Auftrag des Betroffenen, aber in seinem Interesse und zum Schutz seiner Rechte zu ermöglichen.[23]

II. Behandlung der Beschwerde durch die Aufsichtsbehörde
1. Zuständigkeitsprüfung für die weitere Sachbehandlung

Da die betroffene Person im Verhältnis der Mitgliedstaaten untereinander   21
bei grenzüberschreitenden Sachverhalten nach freier Wahl eine beliebige Aufsichtsbehörde anrufen kann (→ oben Rn. 5), ist die angerufene Aufsichtsbehörde in jedem Fall für die **Entgegennahme von Beschwerden** Betroffener zuständig. Bei Anhaltspunkten für eine abweichende Zuständigkeit für die inhaltliche Bearbeitung der Beschwerde bei grenzüberschreitenden Sachverhalten prüft die angerufene Behörde die Zuständigkeit nach Art. 55, 56 DSGVO. Sie gibt das Verfahren ggfs. an die zuständige ausländische Behörde ab und informiert den Beschwerdeführer über die **Abgabe.**[24]

Wenn nach Art. 55, 56 DSGVO zwar die deutschen Datenschutzbehörden   22
zuständig sind, nicht jedoch die konkret vom Beschwerdeführer angerufene Behörde, greift Art. 77 DSGVO nicht (→ oben Rn. 15 ff.). Es entspricht indes einer guten und üblichen Verwaltungspraxis, dass die deutschen Datenschutzbehörden untereinander von sich aus Verfahren an die zuständige Behörde abgeben und hierüber den Beschwerdeführer informieren.[25] Es geschieht also praktisch genau dasselbe wie bei grenzüberschreitenden Sachverhalten im Verhältnis zur zuständigen ausländischen Datenschutzbehörde – mit einer Ausnahme:

Bei einer Abgabe an eine ausländische Behörde bleibt die zunächst angerufene Behörde Ansprechpartner für den Beschwerdeführer und informiert   23
ihn über Fortgang und Ergebnisse der Prüfung und die Möglichkeiten einer Klage (Art. 57 Abs. 1 lit. f, Art. 77 Abs. 2 DSGVO). Bei einer Abgabe an eine andere deutsche Datenschutzbehörde **geht das Verfahren vollständig** auf die zuständige Behörde **über.** Die abgebende Behörde kann das bei ihr geführte Verfahren schon mit der Abgabenachricht endgültig schließen.

2. Pflicht zur Prüfung der Beschwerde

Die zuständige Behörde hat die Beschwerde **sachlich zu prüfen** und über sie   24
zu **entscheiden.** Diese **Befassungspflicht** ist in Art. 77 DSGVO impliziert und zudem an versteckter Stelle – in Art. 57 Abs. 1 lit. f DSGVO – ausdrücklich normiert: Danach muss die Aufsichtsbehörde sich mit der Beschwerde befassen und den Gegenstand der Beschwerde in angemessenem

---

23 Zur Entwicklung des Verbandsklagerechts im Datenschutzrecht *Spindler* ZD 2016, 114 ff.; zudem *Raab*, Die Harmonisierung des einfachgesetzlichen Datenschutzes, S. 207 f.; ein kurzer Überblick über die Verbandsklagemöglichkeiten findet sich in *Kühling/Martini ua*, S. 271; näher → Art. 80 Rn. 10 ff. u. 13 ff.
24 Art. 57 Abs. 1 lit. f DSGVO: Information über den Fortgang der Untersuchung, wenn eine Koordinierung mit einer anderen Aufsichtsbehörde notwendig ist.
25 Insoweit dürfte auch das prozedurale Recht auf eine gerechte Verwaltung aus Art. 41 Abs. 1 GRCh greifen; grundlegend *Galetta/Grzeszick* in: Stern/Sachs GRCh Art. 41 Rn. 54 ff.

Umfang untersuchen.[26] Auch das Klagerecht des Beschwerdeführers aus Art. 78 Abs. 2 DSGVO setzt eine Befassungspflicht der Aufsichtsbehörde voraus. Danach kann der Beschwerdeführer drei Monate nach Einreichung der Beschwerde Klage erheben, wenn die zuständige Aufsichtsbehörde sich nicht mit der Beschwerde befasst oder die betroffene Person nicht innerhalb von drei Monaten über den Stand oder das Ergebnis der Beschwerde in Kenntnis gesetzt hat.[27]

25   Einen weitergehenden Anspruch im Sinne eines **subjektiv-öffentlichen Rechts auf Einschreiten** der angerufenen Aufsichtsbehörde gegen den Dritten gewährt Art. 57 Abs. 1 lit. f DSGVO nicht (argumentum e contrario aus den dort geregelten Verfahrenspflichten der angerufenen Behörde), so dass man es auch nicht in Art. 77 DSGVO hineinlesen kann.[28] Diskutabel ist dies allenfalls in Ausnahmekonstellationen, in denen der Beschwerdeführer seine Rechtspositionen gegen den Dritten nicht wirksam selbst schützen kann und daher auf ein Einschreiten der Aufsichtsbehörde angewiesen ist, so dass sich deren **Entschließungsermessen** auf Null reduziert.[29]

3. Verfahren

26   Art. 77 DSGVO verbürgt ein Recht auf ein **transparentes Verfahren**. Dies bedingt eine angemessene Informationsgewährleistung, gegebenenfalls auch über Verfahrenszwischenstände.[30] Insgesamt haben die Aufsichtsbehörden in der Regel die Pflicht, für Verfahrenserleichterungen zu sorgen, um die Realisierung der individuellen Rechtspositionen zu ermöglichen.[31]

27   Zunächst gilt die in Art. 57 Abs. 1 lit. f DSGVO normierte **Untersuchungspflicht**. Diese wird in Art. 57 DSGVO selbst nicht weiter konkretisiert. Allerdings stellt Art. 58 DSGVO Untersuchungs-, Abhilfe- und Genehmigungsbefugnisse auf, die die Tätigkeit der Aufsichtsbehörden weiter ausgestalten.[32] Zumindest die Untersuchungsbefugnisse aus Art. 58 Abs. 1 DSGVO stehen in unmittelbarem Zusammenhang mit der Untersuchungspflicht aus Art. 57 Abs. 1 lit. f DSGVO, präzisieren diese und können zur näheren Bestimmung herangezogen werden.

28   Für das angestrengte Verfahren gelten aufgrund der **verfahrensmäßigen Autonomie der Mitgliedstaaten** und mangels Spezialregelungen in der

---

26 Die konkreten Anforderungen an Befassung und Umfang sind in Anbetracht der grundlegenden Verbürgung des Art. 41 Abs. 1 GRCh nach den „besonderen Umständen des Einzelfalls" zu ermitteln. Dazu zählen das Beteiligtenverhalten, Komplexität so wie individuelle Bedeutung der Sache. Dazu *Galetta/Grzeszick* in: Stern/Sachs GRCh Art. 41 Rn. 51.

27 *Schwartmann* RDV 2012, 55 (56).

28 *Nguyen* ZD 2015, 265 (269) spricht sich in diesem Zusammenhang generell für eine zurückhaltende Auslegung des Aufgabenumfangs der Aufsichtsbehörden aus.

29 Zu möglichen Fällen der Ermessensreduzierung auf Null *Brink* in: Wolff/Brink, Datenschutzrecht in Bund und Ländern, § 38 Rn. 26.

30 Vgl. Erwägungsgrund 141 Satz 3.

31 Hierzu gehört insbesondere die zusätzliche Bereitstellung eines elektronisch ausfüllbaren Beschwerdeformulars. Erwägungsgrund 141 Satz 4 enthält diesbezüglich eine Soll-Vorschrift. Abweichungen in atypischen Fällen bleiben demnach möglich.

32 Vertiefend zu den Untersuchungsbefugnissen *Laue/Nink/Kremer*, § 10 Rn. 18 ff.; sa den Überblick in *Härting*, Datenschutz-Grundverordnung, 2016, Rn. 743 ff.

DSGVO selbst die mitgliedstaatlichen Verfahrensregelungen.[33] Demnach sind grundsätzlich die Regelungen des **VwVfG** heranzuziehen. § 9 Hs. 1 VwVfG fasst unter den Begriff des Verwaltungsverfahrens unter anderem jede nach außen wirkende Behördentätigkeit, die auf die „Prüfung der Voraussetzungen, die Vorbereitung und den Erlass eines Verwaltungsaktes gerichtet ist".

Bezüglich der bisherigen Rechtslage wurde das VwVfG teilweise direkt[34] oder auch nur entsprechend angewendet.[35] Diese uneinheitliche Anwendung gründet in der Tatsache, dass im Rahmen des bisherigen Anwendungsbereiches von § 21 BDSG sowohl die Benachrichtigung des Betroffenen und Antragsstellers über die Entscheidung der Aufsichtsbehörde als auch die konkrete Maßnahme der Aufsichtsbehörde gegenüber dem Dritten mangels Regelungscharakter keinen Verwaltungsakt darstellten. Die Aufsichtsbehörde hatte gegenüber dem möglicherweise die Rechte des Betroffenen verletzenden Dritten lediglich die Möglichkeit der Beanstandung im Sinne von § 25 BDSG.[36]

29

Diese behördlichen Befugnisse werden durch die Neuregelungen der DSGVO erweitert. So sieht Art. 58 Abs. 2 lit. i DSGVO vor, dass „jede" Aufsichtsbehörde Geldbußen im Sinne von Art. 83 DSGVO verhängen darf.[37] Durch diese Neuregelung wurden die bestehenden **Kompetenzen erweitert** und jede Aufsichtsbehörde ist nun berechtigt, durch Verwaltungsakte Bußgelder festzusetzen. Da die zuständige Behörde bei Anrufung die mögliche Verhängung eines Bußgeldes prüfen wird, ist von einer **direkten Anwendbarkeit des VwVfG** auszugehen.

30

Auch die Regelung des § 13 VwVfG über die am Verfahren Beteiligten ist demnach grundsätzlich direkt anzuwenden. Nicht jede Eingabe ist indes geeignet, eine Beteiligtenstellung im Sinne von § 13 Abs. 1 Nr. 1 VwVfG zu begründen. Die auf dem Rechtsstaatsprinzip gründende **Beteiligtenstellung** soll die aktive Verfolgung subjektiver Rechte und Wahrnehmung geschützter rechtlicher Interessen ermöglichen.[38] Bloße Anregungen und Hinweise können daher grundsätzlich nicht zu einer Einordnung als Antragsteller gemäß § 13 Abs. 1 Nr. 1 VwVfG führen.[39] Kommt im Fall einer bloßen Anregung die Berührung eines rechtlichen Interesses der die Anregung aussprechenden Person in Betracht, so kann sie gemäß § 13 Abs. 1 Nr. 4, Abs. 2 VwVfG als Beteiligter hinzugezogen werden. Zwingende Voraussetzung für die Beteiligtenstellung ist demnach die Berührung des subjektiven Rechtskreises der jeweiligen Person.[40]

31

---

33 Vgl. *Siegel*, Europäisierung des Öffentlichen Rechts, 2012, S. 14.
34 So *Dammann* in: Simitis BDSG § 21 Rn. 25.
35 *Weyer*, DSG NRW, § 25 Rn. 6.
36 *Brink* in: Wolff/Brink, Datenschutzrecht in Bund und Ländern, § 21 Rn. 29 ff.
37 Dazu *Dietrich* ZD 2016, 260 (264 f.).
38 *Schmitz* in: Stelkens/Bonk/Sachs VwVfG, § 13 Rn. 1.
39 *Sennekamp* in: Mann/Sennekamp/Uechtritz VwVfG § 13 Rn. 12.
40 *Schmitz* in: Stelkens/Bonk/Sachs VwVfG § 13 Rn. 34.

4. Bearbeitungsfrist

32   Art. 57 Abs. 1 lit. f DSGVO enthält die konkretisierungsbedürftige Vorgabe, dass die Aufsichtsbehörde den Beschwerdeführer „innerhalb einer angemessenen Frist" über den Fortgang und das Ergebnis der Untersuchung der Beschwerde zu informieren hat.[41]

33   Zur **Konkretisierung** dieses Angemessenheitserfordernisses kann auf die Klagefrist nach Art. 78 Abs. 2 DSGVO zurückgegriffen werden. Danach ist die betroffene Person klagebefugt, wenn sie nicht **innerhalb von drei Monaten** über den Stand oder das Ergebnis der Beschwerde in Kenntnis gesetzt wird. Indes ist auch diese Formulierung („Stand oder Ergebnis") knapp ausgefallen und bedarf damit der näheren Entfaltung und Konkretisierung. Bei verständiger Würdigung der Norm kann sie der zuständigen Aufsichtsbehörde keine freie Wahl einräumen, ob sie nach drei Monaten bereits über das Ergebnis oder erst über den Stand der Beschwerde informiert.

34   Vielmehr lässt sich der Norm die Vermutung des Gesetzgebers entnehmen, dass Beschwerden von einfacher bis durchschnittlicher Komplexität regelmäßig jedenfalls innerhalb von drei Monaten bearbeitet werden können und deshalb innerhalb dieses Zeitraums auch abschließend zu bearbeiten sind.

35   Eine **längere Bearbeitungszeit** bedarf eines **Sachgrundes**, der nur in der besonderen Komplexität des Beschwerdegegenstandes liegen kann, nicht aber beispielsweise in allgemeiner Arbeitsüberlastung der zuständigen Aufsichtsbehörde.[42] Der Sachgrund für die verzögerte Bearbeitung und der Bearbeitungsstand sind dem Beschwerdeführer mitzuteilen. Ohne eine solche Präzisierung des Wortlauts der Art. 57 Abs. 1 lit. f, 78 Abs. 2 DSGVO hätte es die zuständige Aufsichtsbehörde in der Hand, sich der Bearbeitung einer Beschwerde und der abschließenden Entscheidung langfristig durch die schlichte Mitteilung zu entziehen, die Beschwerde werde noch geprüft. Das kann nicht die Intention der Drei-Monats-Frist sein.

36   Durch die Art. 78 Abs. 2 DSGVO zu entnehmende Vermutung, die grundsätzliche Bearbeitungsfrist betrage drei Monate, wird die **Position des Betroffenen** gegenüber der bisherigen Rechtslage mittelbar **gestärkt**. In den bisherigen Regelungen des BDSG waren keine vergleichbaren temporären Vorgaben enthalten.[43]

---

41 Vgl. hierzu auch den entsprechenden Wortlaut der Regelung des Art. 41 Abs. 1 GRCh.
42 Vgl. *Galetta/Grzeszick* in: Stern/Sachs GRCh Art. 41 Rn. 51.
43 Vgl. dazu §§ 21, 38 BDSG. Nach der bisherigen Rechtslage konnte der Betroffene lediglich gemäß § 75 VwGO bei einem Unterlassen der Aufsichtsbehörde im Sinne von § 38 BDSG ohne vorherige Durchführung eines Vorverfahrens Klage erheben. Dazu *Brink* in: Wolff/Brink, Datenschutzrecht in Bund und Ländern, § 38 Rn. 27.

III. Verfahrensabschluss

1. Sachentscheidung: Abhilfeprüfung oder Einstellung des Beschwerdeverfahrens

Hält die Aufsichtsbehörde die Beschwerde für begründet, verfügt sie für ihr   37
weiteres Vorgehen über **Ermessen.** Da sie aus Art. 57 Abs. 1 lit. a DSGVO
zur Durchsetzung der DSGVO verpflichtet ist, muss sie zumindest ermessensfehlerfrei darüber entscheiden, ob und welche Maßnahmen sie zur Beendigung des Datenschutzverstoßes ergreift. Insbesondere verfügt sie über
das Instrumentarium des Art. 58 Abs. 2 DSGVO, um den Datenschutzverstoß zu unterbinden und der Beschwerde abzuhelfen.[44] Sie informiert den
Beschwerdeführer über ihr weiteres Vorgehen, entweder direkt oder über
die Behörde, bei der die Beschwerde ursprünglich eingereicht worden war
(Art. 77 Abs. 2 DSGVO). Mangels Regelung gegenüber dem Beschwerdeführer handelt es sich bei dieser **Information** nicht um einen Verwaltungsakt.[45]

Kommt die Behörde stattdessen nach abschließender Prüfung zum Ergeb-   38
nis, dass kein Datenschutzverstoß vorliegt, stellt sie das Beschwerdeverfahren ein und informiert ebenfalls den Beschwerdeführer gemäß Art. 73
Abs. 2 DSGVO.

2. Rechtsbehelfsbelehrung

Die nähere Ausgestaltung der Informationspflicht aus Art. 77 Abs. 2   39
DSGVO ist in sich **widersprüchlich:** Die Behörde soll den Beschwerdeführer nämlich über Stand und Ergebnisse der Beschwerde „einschließlich der
Möglichkeit eines gerichtlichen Rechtsbehelfs nach Art. 78" informieren.
Nach Art. 78 Abs. 2 DSGVO soll die Klagemöglichkeit aber nur im Falle
einer Nichtinformation über Stand oder Ergebnisse der Prüfung binnen
drei Monaten greifen, die Klage also ausgeschlossen sein, wenn die Aufsichtsbehörde das Verfahren in angemessener Zeit – gleichgültig mit welchem Ergebnis in der Sache – abschließt und den Beschwerdeführer hierüber informiert. Im Falle der Information über Verfahrensstand oder -er-
gebnisse gibt es also nach dem Wortlaut des Art. 78 Abs. 2 DSGVO kein
Klagerecht, so dass nicht über Verfahrensergebnis und Klagerecht gemeinsam informiert werden kann (so aber die Formulierung „einschließlich").

Nimmt man den Wortlaut der DSGVO ernst, ist nur eine Information des   40
Betroffenen darüber denkbar, dass die Behörde der Beschwerde bislang
nicht nachgegangen sei und er deshalb die Möglichkeit einer Klage gegen
die Aufsichtsbehörde habe. Nun wird aber eine Behörde, die ihrer Pflicht
zur ordnungsgemäßen Prüfung einer Beschwerde nicht nachkommt, aller
Voraussicht nach den Betroffenen nicht gerade hierüber ordnungsgemäß
informieren.

Diese Widersprüchlichkeit lässt sich nur dadurch auflösen, dass man die   41
Pflicht zur Rechtsbehelfsbelehrung in Art. 77 Abs. 2 DSGVO bei ordnungsgemäßer Sachbehandlung der Beschwerde durch die Aufsichtsbehörde für

---

44 Vgl. zu dem Bereich der Geldbußen *Laue/Nink/Kremer,* § 11 Rn. 19 f.
45 So bereits im Rahmen der bisherigen Rechtslage *Schiedermair* in: Wolff/Brink, Da-
    tenschutzrecht in Bund und Ländern, § 21 Rn. 32.

gegenstandslos erachtet. Denn dann fehlt es gerade an einem weitergehenden Anspruch gegen die Aufsichtsbehörde, der aber Voraussetzung einer Klage aus Art. 78 DSGVO wäre.

C. Verhältnis zu anderen Normen

I. Verhältnis des Beschwerderechts zu anderen Rechtsbehelfen

42   Art. 77 DSGVO enthält keine Regelung zu Beschwerden *gegen* die Aufsichtsbehörde bzw. über das Vorgehen oder die Entscheidungen der Aufsichtsbehörde (→ oben Rn. 1). Die Norm betrifft lediglich Beschwerden „bei" einer Aufsichtsbehörde über das Verhalten eines Dritten, nämlich des für die Verarbeitung Verantwortlichen oder des Auftragsverarbeiters. Vom Regelungsgehalt des Art. 77 DSGVO sind demnach verschiedene etablierte außergerichtliche Rechtsbehelfe des deutschen Verwaltungsrechts nicht tangiert: die formlosen Rechtsbehelfe der **Gegenvorstellung**, der **Fachaufsichtsbeschwerde** und der **Dienstaufsichtsbeschwerde** und der förmliche Rechtsbehelf des **Widerspruchsverfahrens**, soweit dieses in Deutschland landesrechtlich eröffnet ist (→ Art. 78 Rn. 43 f.).

43   Auch Art. 78 DSGVO regelt keine außergerichtlichen Rechtsbehelfe gegen die Aufsichtsbehörde. Er betrifft ausschließlich gerichtliche Rechtsbehelfe gegen rechtsverbindliche Entscheidungen einer Aufsichtsbehörde (Art. 78 Abs. 1) bzw. für den Fall, dass eine Aufsichtsbehörde auf die Beschwerde eines Betroffenen hin untätig bleibt (Art. 78 Abs. 2). In beiden Fällen stellt Art. 78 DSGVO wie schon Art. 77 DSGVO ausdrücklich klar, dass die **gerichtlichen Klagemöglichkeiten** aus Art. 78 DSGVO anderweitige außergerichtliche Rechtsbehelfe nicht ausschließen („unbeschadet eines anderweitigen verwaltungsrechtlichen oder außergerichtlichen Rechtsbehelfs").[46]

44   Die außergerichtlichen formlosen Rechtsbehelfe gegen die Aufsichtsbehörde bzw. ihr Verwaltungshandeln (**Gegenvorstellung, Fachaufsichtsbeschwerde, Dienstaufsichtsbeschwerde**) bleiben deshalb im Bereich des Datenschutzrechts auch nach Inkrafttreten der DSGVO unverändert zulässig und richten sich ausschließlich nach **deutschem Recht** (Art. 17 GG, Allgemeines Verwaltungsrecht, Bundes bzw. Landesbeamtenrecht). Der Anwendungsvorrang der DSGVO kann dem schon deshalb nicht entgegenstehen, weil die DSGVO entsprechende Fragen nicht – auch nicht implizit im negativen Sinn – regelt.[47]

45   Die formlosen Rechtsbehelfe haben im deutschen Recht ihre verfassungsrechtliche Grundlage im Petitionsrecht des Art. 17 GG. Als Rechtsbehelfe gewähren sie einen Anspruch auf sachliche Prüfung und Bearbeitung der Beschwerde.[48] Die Gegenvorstellung und die Fachaufsichtsbeschwerde beziehen sich auf eine Maßnahme der Behörde, während mit der Dienstaufsichtsbeschwerde das persönliche Verhalten eines Angehörigen des öffentli-

---

46   In diesem Sinne auch *Laue/Nink/Kremer*, § 10 Rn. 14.
47   Allgemein zum Anwendungsvorrang *Siegel*, Europäisierung des Öffentlichen Rechts, 2012, S. 11 ff.
48   St. Rspr. seit BVerfGE 2, 225 (230); näher *St. U. Pieper*, Aufsicht, 2006, S. 446 ff.

chen Dienstes gerügt werden kann mit dem Ziel einer dienst- oder disziplinarrechtlichen Prüfung und ggfs. Ahndung.[49]

II. Verhältnis zum BDSG

Aufgrund der weitgreifenden Regelung des Art. 77 DSGVO, die teilweise   46
über den Regelungsgehalt der Vorgängervorschriften hinausgeht, werden
die bisherigen Vorschriften des BDSG und der Landesdatenschutzgesetze
über Rechte auf Anrufung einer Aufsichtsbehörde unanwendbar. Dies betrifft § 21 BDSG sowie entsprechende Normen in den Landesdatenschutzgesetzen, beispielsweise § 25 LDSG NRW.

D. Gesamteinschätzung

Durch das in Art. 77 DSGVO normierte Beschwerderecht wird die Stellung   47
des die Behörde anrufenden Einzelnen im Vergleich zur bisherigen Rechtslage teilweise gestärkt. Die Einrichtung der einheitlichen Anlaufstelle (One-
Stop-Shop) schafft, soweit sie in Art. 56 Abs. 6 DSGVO realisiert wurde,
Rechtssicherheit und eine Verfahrenserleichterung auf Seiten der datenverarbeitenden Unternehmen.[50] Auch die aus Art. 78 Abs. 2 DSGVO abzuleitende reguläre dreimonatige Bearbeitungsfrist ist grundsätzlich dazu geeignet, Verfahren zu beschleunigen und so für ein höheres Rechtsdurchsetzungsniveau zu sorgen (→ oben Rn. 39).

In welchem Maß sich dieses Mehr an Rechtssicherheit und -klarheit auch   48
in der praktischen Anwendung und Durchsetzung der DSGVO realisiert,
ist indes nicht allein von normativen, sondern ebenso von **tatsächlichen
Voraussetzungen** abhängig. Die Verwirklichung von Art. 77 DSGVO setzt
personelle und sachliche Ausstattungen der einzelnen Behörden voraus, die
dem tatsächlichen Beschwerdeaufkommen gerecht werden.[51]

Artikel 78   Recht auf wirksamen gerichtlichen Rechtsbehelf gegen eine Aufsichtsbehörde

(1) Jede natürliche oder juristische Person hat unbeschadet eines anderweitigen verwaltungsrechtlichen oder außergerichtlichen Rechtsbehelfs das
Recht auf einen wirksamen gerichtlichen Rechtsbehelf gegen einen sie betreffenden rechtsverbindlichen Beschluss einer Aufsichtsbehörde.

(2) Jede betroffene Person hat unbeschadet eines anderweitigen verwaltungsrechtlichen oder außergerichtlichen Rechtbehelfs das Recht auf einen
wirksamen gerichtlichen Rechtsbehelf, wenn die nach den Artikeln 55
und 56 zuständige Aufsichtsbehörde sich nicht mit einer Beschwerde befasst oder die betroffene Person nicht innerhalb von drei Monaten über
den Stand oder das Ergebnis der gemäß Artikel 77 erhobenen Beschwerde
in Kenntnis gesetzt hat.

---

49 *Hufen*, Verwaltungsprozessrecht, 10. Aufl. 2016, § 1 Rn. 47.
50 So auch *Caspar* ZD 2012, 555 (556); vgl. *Laue/Nink/Kremer*, § 10 Rn. 36; ferner
    Albrecht/Jotzo, Teil 7 Rn. 12, Teil 8 Rn. 4 f.
51 Vgl. zu dieser Problematik die Ausführungen bei *Caspar* ZD 2012, 555 (556).

(3) Für Verfahren gegen eine Aufsichtsbehörde sind die Gerichte des Mitgliedstaats zuständig, in dem die Aufsichtsbehörde ihren Sitz hat.

(4) Kommt es zu einem Verfahren gegen den Beschluss einer Aufsichtsbehörde, dem eine Stellungnahme oder ein Beschluss des Ausschusses im Rahmen des Kohärenzverfahrens vorangegangen ist, so leitet die Aufsichtsbehörde diese Stellungnahme oder diesen Beschluss dem Gericht zu.

Verwandte Normen: ErwGr 143

Literatur:

Alleweldt, Ralf, Verbandsklage und gerichtliche Kontrolle von Verfahrensfehlern: Neue Entwicklungen im Umweltrecht, DÖV 2006, 621 ff.; *Bast, Jürgen,* Grundbegriffe der Handlungsformen der EU, Berlin/Heidelberg 2006; *Bausback, Winfried,* Zur und für die Beibehaltung des Widerspruchsverfahrens, NVWBl 2008, 296 ff.; *Born, Tobias,* Die Datenschutzaufsicht und ihre Verwaltungstätigkeit im nicht-öffentlichen Bereich, Frankfurt am Main 2014; *Burgi, Martin,* Verwaltungsprozess und Europarecht: eine systematische Darstellung, Vahlen 1996; *Caspar, Johannes,* Zur Vergemeinschaftung von Verwaltungsverfahren am Beispiel von Gentechnik – und reformiertem Lebensmittelrecht, DVBl. 2002, 1437 ff.; *Classen, Claus Dieter,* Das nationale Verwaltungsverfahren im Kraftfeld des Europäischen Gemeinschaftsrechts, Die Verwaltung 31 (1998), 306 ff.; *Craig, Paul P.,* EU Administrative Law, 2. Aufl., Oxford 2012; *Dietlein, Johannes/Burgi, Martin/Hellermann, Johannes,* Öffentliches Recht in Nordrhein-Westfalen, München 2014; *Dünchheim, Thomas,* Verwaltungsprozeßrecht unter europäischem Einfluß, Berlin 2003; *Ehlers, Dirk,* Die Europäisierung des Verwaltungsprozeßrechts, Köln 1999; *ders.,* Die Europäisierung des Verwaltungsprozessrechts, DVBl. 2004, 1441 ff.; *Frenz, Walter,* Subjektive Rechte aus Unionsrecht vor den nationalen Verwaltungsgerichten, Verwaltungsarchiv 102 (2011), 134 ff.; *Galetta, Diana-Urania,* Procedural Autonomy of EU Member States: Paradise Lost?, Berlin Heidelberg 2010; *Glaser, Andreas,* Die Entwicklung des Europäischen Verwaltungsrechts aus der Perspektive der Handlungsformenlehre, Tübingen 2013; *Härting, Niko,* Starke Behörden, schwaches Recht – der neue EU-Datenschutzentwurf, BB 2012, 459 ff.; *Halfmeier, Axel,* Die neue Datenschutzverbandsklage, NJW 2016, 1126 ff.; *Huber, Peter M.,* Die Europäisierung des verwaltungsgerichtlichen Rechtsschutzes, BayVBl 2001, 577 ff.; *Jarass, Hans D./ Beljin, Saša,* Die Bedeutung von Vorrang und Durchführung des EG-Rechts für die nationale Rechtsetzung und Rechtsanwendung, NVwZ 2004, 1 ff.; *Kadelbach, Stefan,* Allgemeines Verwaltungsrecht unter europäischem Einfluß, Tübingen 1999; *Langenfeld, Christine,* Zur Direktwirkung von EG-Richtlinien, DÖV 1992, 955 ff.; *Nettesheim, Martin,* Normenhierarchien im EU-Recht, Europarecht 2006, 737 ff.; *Posser, Herbert/Wolff, Heinrich Amadeus/Berlit, Uwe* (Hrsg.), VwGO: Kommentar, 2. Aufl., München 2014; *Raab, Johannes,* Die Harmonisierung des einfachgesetzlichen Datenschutzes, von der umsetzungsdefizitären Datenschutzrichtlinie 95/46/EG zur Datenschutz-Grundverordnung, 2015; *Redeker, Konrad/von Oertzen, Hans-Joachim/Redeker, Martin/Kothe, Peter/von Nicolai, Helmuth* (Hrsg.), Verwaltungsgerichtsordnung: Kommentar, 16. Aufl., Stuttgart 2014; *Rogosch, Patricia*, Die Einwilligung im Datenschutzrecht, Baden-Baden 2013; *Schenke, Wolf-Rüdiger/Hug, Christian/Ruthig, Josef/Schenke, Ralf Peter/Kopp, Ferdinand O.* (Hrsg.), Verwaltungsgerichtsordnung: Kommentar, 22. Aufl., München 2016; *Schneider, Jens-Peter*, Informationssysteme als Bausteine des Europäischen Verwaltungsverbunds, NVwZ 2012, 65 ff.; *Schoch, Friedrich*, Die Europäisierung des verwaltungsgerichtlichen Rechtsschutzes, Berlin 2000; *ders.*, Europäisierung des Allgemeinen Verwaltungsrechts und des Verwaltungsprozessrechts, Zeitschrift für öffentliches Recht in Norddeutschland, 2002, 1 ff.; *Schoch, Friedrich/Bier, Wolfgang/Schneider, Jens-Peter* (Hrsg.), Verwaltungsgerichtsordnung, München 1996; *Schwartmann, Rolf*, Ausgelagert und ausverkauft – Rechtsschutz nach der Datenschutz-Grundverordnung, Recht der Datenverarbeitung 2012, 55 ff.; *Siegel, Thorsten*, Europäisierung des Öffentlichen Rechts: Rahmenbedingungen und Schnittstellen zwischen dem Europarecht und dem nationalen (Verwaltungs-)Recht, Tübingen 2012; *Sodan, Helge/Ziekow, Jan* (Hrsg.), Verwaltungsgerichtsordnung, 4. Aufl., Baden-Baden 2014; *Spindler, Gerald*, Verbandsklagen und Datenschutz – das neue Verbandsklagerecht, ZD 2016, 114 ff.; *Stähler, Franz-Gerd/Pohler, Vera*, Datenschutzgesetz Nordrhein-Westfalen: Kommentar, 3. Aufl., Stuttgart 2003; *Sydow, Gernot*, Die Richtlinie als Instrument zur Entlastung des europäischen Gesetzgebers, JZ 2009, 373 ff.; *ders.*, Verwaltungskooperation in der Europäischen Union: zur horizontalen und vertikalen Zusammenarbeit der europäischen Verwaltungen am Beispiel des Produktzulassungsrechts, Tübingen 2004; *ders./Neidhardt, Stephan*, Verwaltungsinterner Rechtsschutz: Möglichkeiten und Grenzen in rechtsvergleichender Perspektive, Baden-Baden 2007; *Wahlhäuser, Jens*, Das Ende des Behördenprinzips in Nordrhein-Westfalen (JustG NRW), NWVBl 2010, 466 f.; *Wienbracke, Mike*, Abschluss der Reform des Widerspruchsverfahrens in NRW, NWVBl 2015, 248 ff.; *Windoffer, Alexander*, Die Klärungsbedürftigkeit und -fähigkeit von Rechtsfragen in verwaltungsgerichtlichen Verfahren des einstweiligen Rechtsschutzes, Berlin 2005; *Ziekow, Jan*, Das Umwelt-Rechtsbehelfsgesetz im System des deutschen Rechtsschutzes, NVwZ 2007, 259 ff.; *ders.*, Von der Reanimation des Verfahrensrechts, NVwZ 2005, 263 ff.

A. Grundlagen

I. Gesamtverständnis und Zweck der Norm

1. Überblick

1 Art. 78 DSGVO statuiert normative **Anforderungen an den Individualrechtsschutz**, soweit der Rechtsschutz im Bereich des Datenschutzes durch die Gerichte der EU-Mitgliedstaaten gewährleistet wird. Die Bestimmung nimmt die Gewährleistung wirksamen Rechtsschutzes durch Art. 47 GRCh auf und konkretisiert sie für das Datenschutzrecht.[1] Das betrifft insbesondere den verwaltungsgerichtlichen Rechtsschutz gegen rechtsverbindliche Beschlüsse[2] einer Aufsichtsbehörde in Ausübung ihrer datenschutzrechtlichen Untersuchungs-, Abhilfe- und Genehmigungsbefugnisse.[3]

---

1 Vgl. *Born* Die Datenschutzaufsicht und ihre Verwaltungstätigkeit im nicht-öffentlichen Bereich, 2014, S. 377; zum Umfang der Verbürgung aus Art. 47 Abs. 1 GRCh: EuGH 6.10.2015 – C-362/14, ECLI:EU:C:2015:650 Rn. 95 – Maximillian Schrems/Data Protection Commissioner; allgemein *Streinz* in: Streinz, 2. Aufl. 2012, AEUV Art. 47 Rn. 7.

2 Zu Begriff und Dogmatik des Beschlusses nach Art. 288 Abs. 4 S. 1 AEUV (und den Unterschieden zur früheren Entscheidung nach Art. 249 EGV): *Geismann* in: von der Groeben AEUV Art. 288 Rn. 56 f.; *Nettesheim* in: Grabitz/Hilf/Nettesheim AEUV Art. 288 Rn. 172 ff.; *Glaser* Die Entwicklung des Europäischen Verwaltungsrechts aus der Perspektive der Handlungsformenlehre, 2013, S. 351 ff.

3 Erwägungsgrund 143 Satz 5 DSGVO; der weitere Satzteil von Satz 5 („Ablehnung oder Abweisung von Beschwerden") betrifft Art. 78 Abs. 2 DSGVO.

Für Klagen vor deutschen Verwaltungsgerichten bedeutet dies in der Ter-   2
minologie des deutschen Verwaltungsrechts: Art. 78 Abs. 1 DSGVO statuiert europarechtliche Vorgaben insbesondere für den Rechtsschutz gegen
belastende Verwaltungsakte (**Anfechtungsklage**) und gegen die Versagung
begünstigender Verwaltungsakte (**Verpflichtungsklage**) im Bereich des Datenschutzes. Ergänzend normiert Art. 78 Abs. 2 DSGVO Vorgaben für den
Individualrechtsschutz in bestimmten Fällen behördlicher Untätigkeit (erfolglose Anrufung einer Aufsichtsbehörde gegen Datenschutzverstöße Dritter nach Art. 77 DSGVO).

Der Durchführung des Art. 78 DSGVO im deutschen Recht soll § 20   3
BDSG-E[4] dienen, der für Streitigkeiten gemäß Art. 78 DSGVO den Verwaltungsrechtsweg für eröffnet erklärt und grundsätzlich die VwGO für anwendbar erklärt.

2. Art. 78 DSGVO als durchführungsbedürftige Verordnungsnorm

Der europäische Gesetzgeber hat sich bei Erlass der DSGVO entschieden,   4
neben den materiellen und institutionellen Regelungen zum Datenschutz
auch **einzelne verwaltungsprozessuale Regelungen** für den Individualrechtsschutz im Datenschutzrecht zu normieren, und zwar formal in der Rechtsform der Verordnung. Diese Rechtsformenwahl müsste an sich nach
Art. 288 Abs. 2 AEUV zur unmittelbaren Geltung dieser Bestimmungen
führen und zu ihrem Anwendungsvorrang vor nationalem Recht, konkret
in Deutschland zum Anwendungsvorrang vor der VwGO.[5]

Einen vollständigen, eindeutigen und klaren Regelungsinhalt als Vorausset-   5
zung der **unmittelbaren Wirkung**[6] haben im Rahmen des Art. 78 DSGVO
indes nur zwei reichlich fragmentarische Regelungen: nämlich die Bestimmungen zur internationalen Zuständigkeit der Gerichte (Art. 78 Abs. 3
DSGVO) und zur Einbringung einer eventuellen Stellungnahme oder eines
eventuellen Beschlusses des Europäischen Datenschutzausschusses in das
mitgliedstaatliche Gerichtsverfahren (Art. 78 Abs. 4 DSGVO).

Nach den Erwägungsgründen zur DSGVO sollen im Übrigen die „Verfah-   6
ren gegen eine Aufsichtsbehörde **im Einklang mit dem Verfahrensrecht dieses Mitgliedstaats** durchgeführt werden."[7] Die zentralen ersten beiden Absätze des Art. 78 DSGVO sind demzufolge nach den Erwägungsgründen
nicht als unmittelbar anwendbare, sondern als umsetzungs- oder durchfüh-

---

4 Entwurf eines Gesetzes zur Anpassung des Datenschutzrechts an die Verordnung
   (EU) 2016/679 und zur Umsetzung der Richtlinie (EU) 2016/680 (Datenschutz-An-
   passungs- und -Umsetzungsgesetz EU – DSAnpUG-EU) in der Fassung vom
   1.2.2017, BT-Drucks. 18/11325, S. 9 ff.
5 Allgemein zur unmittelbaren Wirkung der Verordnung *Ruffert* in: Calliess/Ruffert
   AEUV Art. 288 Rn. 20 ff.; vgl. auch *Jarass/Beljin* NVwZ 2004, 1 (2 ff.).
6 Zu den Voraussetzungen der unmittelbaren Wirkung: *Geismann* in: von der Groeben AEUV Art. 288 Rn. 11 f.; *Dünchheim* Verwaltungsprozeßrecht unter europäischem Einfluß, 2003, S. 24, 148 f.
7 Erwägungsgrund 143 Satz 7, 2. Halbsatz DSGVO (an versteckter Stelle im Rahmen
   dieses zwei Absätze und insgesamt 12 Sätze langen Erwägungsgrundes, der drei eigenständige Rechtsschutzkomplexe betrifft: Nichtigkeitsklagen vor dem EuGH, mitgliedstaatlicher Rechtsschutz, Vorabentscheidungsverfahren).

rungsbedürftige Normen zu verstehen, die Vorgaben für das nationale Verwaltungsprozessrecht normieren.[8]

7   Angesichts ihres Regelungsinhalts ist dies auch gar nicht anders möglich. Denn Art. 78 Abs. 1, Abs. 2 DSGVO sehen Rechte auf *wirksame* gerichtliche Rechtsbehelfe vor, ohne selbst die einzelnen normativen Voraussetzungen für die Wirksamkeit des Rechtsbehelfs zu schaffen. Man muss daher § 20 BDSG-E und die von ihm grundsätzlich für anwendbar erklärten Normen der **VwGO** über die Anfechtungs- und Verpflichtungsklage für den Bereich des Datenschutzes als nationale Umsetzungs- bzw. **Durchführungsnormen für Art. 78 Abs. 1, Abs. 2 DSGVO** verstehen, soweit sie dessen Vorgaben entsprechen.

3. Gründe für die Kreation einer zwitterhaften Normkategorie

8   Das europäische Primärrecht unterscheidet zwischen unmittelbar in den Mitgliedstaaten geltenden Verordnungen (Art. 288 Abs. 2 AEUV) und an die Mitgliedstaaten gerichteten, umsetzungsbedürftigen Richtlinien (Art. 288 Abs. 3 AEUV).[9] Zur Sanktionierung verspäteter Richtlinienumsetzung ist zudem das Institut der unmittelbaren Anwendbarkeit von Richtlinienbestimmungen in der Rechtsprechung des EuGH entwickelt und seit langem etabliert,[10] nicht aber der umgekehrte Fall umsetzungsbedürftiger Verordnungsbestimmungen. Art. 291 Abs. 1 AEUV normiert allerdings eine Verpflichtung der Mitgliedstaaten zur Durchführung der verbindlichen Rechtsakte der Union. Auch wenn die Unterschiede zwischen Richtlinienumsetzung und normativer Durchführung konkretisierungsbedürftiger Verordnungen verschwimmen, sollte zur Abgrenzung gegenüber Art. 288 Abs. 2 AEUV in Bezug auf Art. 78 DSGVO von seiner **normativen Durchführung im nationalen Recht** gesprochen werden.

9   Die Entscheidung des europäischen Gesetzgebers, mit Art. 78 DSGVO eine zwitterhafte Normkategorie zu kreieren, lässt sich als Folge des **Rechtsformenwechsels** von der früheren Datenschutz-Richtlinie auf die heutige Datenschutz-Grundverordnung erklären. Denn die Verordnung ist eine geeignete Rechtsform für Fälle, in denen ein Sachbereich auf europäischer Ebene eine Vollregelung erfahren soll.

10   Bei bloß punktuellen oder fragmentarischen Regelungen liegt es hingegen nahe, dem nationalen Gesetzgeber die Aufgabe zu übertragen, die europäischen Vorgaben umzusetzen. Der nationale Gesetzgeber hat dadurch die Möglichkeit und zugleich die Aufgabe, die punktuellen europarechtlichen Vorgaben systematisch stimmig in das jeweils **bestehende nationale Normengefüge** einzufügen, das bei bloß punktuellen Vorgaben ja weiterhin der

---

8   Zum Begriff der Durchführung des verbindlichen Unionsrechts durch die Mitgliedstaaten, was auch Gesetzgebungsakte zur normativen Durchführung umfassen kann: Art. 291 Abs. 1 AEUV.

9   Zu diesen Grundunterscheidungen im Unionsrecht etwa *Geismann* in: von der Groeben AEUV Art. 288 Rn. 32, 39; *Nettesheim* in: Grabitz/Hilf/Nettesheim AEUV Art. 288 Rn. 89 ff., 104 ff.; *Glaser* Die Entwicklung des Europäischen Verwaltungsrechts aus der Perspektive der Handlungsformenlehre, 2013, S. 340 ff.

10   EuGH 17.12.1970 – Rs. 33/70, Rn. 18; EuGH 1.6.1999 – C-319/97, ECLI:EU:C: 1999:272, Rn. 21 – Kortas; *Langenfeld* DÖV 1992, 955 (955 ff.).

primäre Bezugsrahmen bleiben wird. Hierfür drängt sich an sich die Rechtsform der Richtlinie nach Art. 288 Abs. 3 AEUV auf.[11]

Das materielle Datenschutzrecht hat durch die DSGVO grundsätzlich eine **Vollregelung** erfahren; der Wechsel der Rechtsform von der Richtlinie zur Verordnung ist vor diesem Hintergrund letztlich konsequent. Die punktuellen und fragmentarischen Regelungen zum Rechtsschutz im Bereich des Datenschutzrechts hätte der europäische Gesetzgeber in Übereinstimmung mit Art. 288 AEUV ohne weiteres aus der DSGVO ausgliedern und in einer eigenständigen Richtlinie normieren können – freilich um den Preis einer Aufteilung der als Gesamtpaket konzipierten Grundverordnung auf mehrere Rechtsakte. Da dies nicht gewollt war und im Gesetzgebungsprozess auch gar nicht erwogen worden ist,[12] sind nun vereinzelt Normen im Rahmen einer Verordnung normiert, die **materiell Richtliniencharakter** haben.   11

Art. 78 DSGVO enthält demnach in seinen ersten beiden Absätzen durchführungsbedürftige Normen. Das ermöglicht und erzwingt einen Rückgriff auf nationales Verwaltungsprozessrecht, dessen Normen indes stets einer Kontrolle anhand der DSGVO unterworfen sind: Die Normen des nationalen Verwaltungsprozessrechts sind am **Wirksamkeitsgebot des Art. 78 Abs. 1 bzw. Abs. 2 DSGVO** zu messen. Sie können daher die in Art. 78 DSGVO vorgesehenen Klagerechte näher ausgestalten, dürfen aber ihre Wirksamkeit nicht konterkarieren. Das begrenzt insbesondere die Möglichkeit zusätzlicher Klagevoraussetzungen (unten → Rn. 30 ff.).   12

4. Art. 78 DSGVO als zulässige Beschränkung der mitgliedstaatlichen Verfahrensautonomie

Wenn die mitgliedstaatlichen Verwaltungen und Gerichte nach dem dezentralen Vollzugs- und Rechtsschutzkonzept der EU europarechtliche Normen vollziehen und über Rechtsstreitigkeiten aus dem Vollzug von Europarecht urteilen, wenden sie regelmäßig das nationale Verfahrens- bzw. Prozessrecht an. Art. 78 DSGVO schränkt die Möglichkeiten zur Gestaltung des Verwaltungsprozessrechts im Bereich des Datenschutzes ein. Die Norm tritt damit in ein Spannungsverhältnis zur **mitgliedstaatlichen Verfahrensautonomie.**[13]   13

Die Mitgliedstaaten verfügen allerdings über keine absolute institutionelle, verfahrensrechtliche oder verwaltungsprozessuale Autonomie beim Vollzug des Europarechts. Die Autonomieformel bezeichnet nicht mehr als einen **Grundsatz,** der aus den Prinzipien der begrenzten Einzelermächtigung, der Verhältnismäßigkeit, des Subsidiaritätsgebots und des Effektivitätsgebots   14

---

11 Zu dieser Funktion des Richtlinienrechts *Sydow* JZ 2009, 373 ff.
12 Die Art. 78 Abs. 1 DSGVO findet sich bereits (bis auf den klarstellenden Zusatz der Unbeschadetheit anderer Rechtsbehelfe) im Kommissionsentwurf: KOM (2012) 11 endg., dort noch als Art. 74 Abs. 1.
13 Die Autonomieformel geht zurück auf EuGH 11.2.1971 – Rs. 39/70, Slg 1971, 49 (58) und EuGH 15.12.1971 – Rs. 51/71, Slg 1971, 1107, Rn. 3 f. – Fruit Co.; aus der jüngeren Rechtsprechung etwa EuGH 24.4.2008 – C-55/06, Slg 2008, I-2931, Rn. 166, 170 – Arcor.

abgeleitet werden kann.[14] Einen eigenständigen dogmatischen Wert oder gar absolute Geltung hat die Autonomieformel indes nicht.[15]

15   Vielmehr kann das nationale Recht nicht nur materiell-rechtlich, sondern auch in Bezug auf die Organisation und das Verfahren des Verwaltungsvollzugs und des Rechtsschutzes europarechtlichen Vorgaben unterworfen werden. Dabei ist es unerheblich, ob entsprechende Vorgaben durch den EuGH aus allgemeinen Rechtsgrundsätzen entwickelt werden oder – wie im Falle von Art. 78 DSGVO – auf europäischer Gesetzgebung beruhen.

II. Bisherige Rechtslage

16   In der Datenschutz-Richtlinie war keine ähnlich detaillierte Bestimmung über den Individualrechtsschutz wie nun in Art. 78 DSGVO enthalten. In **Art. 28 Abs. 3 DS-RL** fand sich lediglich der Hinweis, dass gegen beschwerende Entscheidungen der Kontrollstelle der Rechtsweg offen stehe. Diese Norm hatte in ihrer Allgemeinheit kaum Direktivwirkung für das nationale Recht, zumal auch der Anwendungsbereich begrenzt war, da Maßnahmen der Aufsichtsbehörde teilweise keinen Regelungscharakter hatten und es somit an der genannten beschwerenden Wirkung fehlte. So waren die Benachrichtigungen durch den Bundesbeauftragten im Sinne des Art. 21 BDSG nicht als Verwaltungsakte einzuordnen.[16]

III. Entstehung der Norm

17   Art. 78 DSGVO geht im Wesentlichen auf den **Kommissionsentwurf** zur DSGVO zurück. Im Laufe des Gesetzgebungsverfahrens ist allerdings auf Betreiben des Rates ein Absatz aus dem Artikel gestrichen worden, der innovative Regelungen zum Rechtsschutz gegen grenzüberschreitende Aufsichtsverfügungen (transnationale Verwaltungsakte) hätte schaffen sollen: Wenn die Erlassbehörde ihren Sitz in einem anderen Mitgliedstaat als dem Sitzstaat des Adressaten hat, hätte der Adressat nach dem Kommissionsentwurf für die DSGVO die Aufsichtsbehörde in seinem gewöhnlichen Aufenthaltsstaat ersuchen können, in seinem Namen Klage vor den Gerichten des Sitzstaates der Erlassbehörde zu erheben. Die ersuchte Behörde hätte das Verfahren in **Prozessstandschaft** für ihn führen sollen.[17]

---

14   Zu den entsprechenden Anforderungen an Sekundärrechtsakte EuGH 18.6.2015 – C-508/13, ECLI:EU:C:2015:403.

15   Aus der kritischen Diskussion der Autonomieformel etwa *Kadelbach* Allgemeines Verwaltungsrecht unter europäischem Einfluss, 1998, S. 113, *Classen* Die Verwaltung 31 (1998), 306 ff., *Galetta* Procedural Autonomy of EU Member States: Paradise Lost?, 2010, *Sydow* in: Hatje/Müller-Graff (Hrsg.) Europäisches Organisations- und Verfahrensrecht, EnzEuR Bd. 1, § 12 Rn. 43 mwN.

16   *Brink* in: Wolff/Brink Datenschutzrecht in Bund und Ländern, 2013, § 21 Rn. 29 ff.

17   Art. 74 Abs. 4 DSGVO-E in der Fassung KOM(2012) 11 endg., 102.; näher dazu noch unten Rn. 36 f.

B. Kommentierung

I. Anwendungsbereich der Norm

1. Überblick

Art. 78 DSGVO betrifft ausschließlich den Individualrechtsschutz gegen   18
Maßnahmen der nationalen Datenschutzbehörden durch Gerichte der Mitgliedstaaten, und zwar in drei Konstellationen – jeweils in der Terminologie und Systematik der deutschen VwGO, die auf vor deutschen Gerichten
erhobene Klagen grundsätzlich anwendbar bleibt:[18]

- **Anfechtungsklagen** gegen aufsichtsbehördliche Verfahrenshandlungen
  und Sachentscheidungen der nationalen Datenschutzbehörden (Art. 78
  Abs. 1 DSGVO, sogleich → Rn. 20 ff.);
- **Verpflichtungsklagen** auf Erteilung datenschutzrechtlicher Genehmi-
  gungen durch die nationalen Datenschutzbehörden (ebenfalls Art. 78
  Abs. 1 DSGVO, → Rn. 24 f.);
- **Untätigkeitsklagen** nach erfolgloser Anrufung der Datenschutzbehörde
  gegen Datenschutzverstöße Dritter nach Art. 77 DSGVO (→ Art. 78
  Abs. 2, Rn. 26 ff.).

Art. 78 DSGSVO trifft demgegenüber keine Regelungen über: 19

- **Klagen** des Betroffenen vor den mitgliedstaatlichen Gerichten gegen
  den für die Datenverarbeitung **Verantwortlichen oder den Auftragsverarbeiter** (Art. 79 DSGVO);
- Klagen vor dem **EuGH** (bzw. dem europäischen Gericht erster Instanz)
  gegen Beschlüsse des Europäischen Datenschutzausschusses, die dieser
  Ausschuss nach Art. 65 DSGVO im Rahmen des Kohärenzverfahrens
  trifft[19] (unten → Rn. 70 ff. zur Nichtigkeitsklage, → Rn. 73 ff. zum
  Vorabentscheidungsverfahren),
- Klagen vor dem **EuGH** auf Nichtigerklärung von delegiertem Datenschutzrecht oder von Durchführungsrecht zur DSGVO, das die Kommission nach Art. 92 bzw. 93 DSGVO erlässt (→ Art. 92 Rn. 38 ff., →
  Art. 93 Rn. 34).
- verwaltungsrechtliche oder **außergerichtliche Rechtsbehelfe** gegen aufsichtsbehördliche Maßnahmen, im deutschen Recht insbesondere Widerspruch (unten → Rn. 29, 43 ff.), zudem Gegenvorstellung, Fach-
  und Dienstaufsichtsbeschwerde.[20]

2. Anfechtungsklage gegen behördliche Untersuchungs- und Aufsichtsmaßnahmen (Art. 78 Abs. 1 DSGVO)

Art. 78 DSGVO statuiert primär Vorgaben für die Anfechtung behördli-   20
cher Aufsichtsmaßnahmen, die an einen individualisierten Adressaten gerichtet sind („gerichtlicher Rechtsbehelf gegen einen eine natürliche oder
juristische Person betreffenden rechtsverbindlichen Beschluss einer Aufsichtsbehörde"). Das bedeutet in der Systematik und Terminologie der

---

18 Dazu unten → Rn. 20 ff.; eine weitere an den verschiedenen Akteuren ausgerichtete
    Klassifizierung findet sich bei *Laue/Nink/Kremer* § 11 Rn. 31 ff.
19 Ausführlich dazu *Albrecht/Jotzo*, Teil 8 Rn. 18.
20 Vgl. die Vorbehaltsklauseln in Art. 78 Abs. 1, Abs. 2 DSGVO: „unbeschadet eines
    anderweitigen verwaltungsrechtlichen oder außergerichtlichen Rechtsbehelfs".

VwGO: § 78 Abs. 1 DSGVO betrifft Anfechtungsklagen gegen Verwaltungsakte.

21 Entsprechende **Anfechtungskonstellationen** können aus der Wahrnehmung der **Untersuchungsbefugnisse** der nationalen Aufsichtsbehörden nach Art. 58 Abs. 1 DSGVO oder aus ihren **Abhilfebefugnissen** nach Art. 58 Abs. 2 DSGVO erwachsen. Das betrifft beispielsweise Verbotsverfügungen in Bezug auf bestimmte Datenverarbeitungen nach Art. 58 Abs. 2 lit. f DSGVO sowie Berichtigungs- oder Löschungsverfügungen der Aufsichtsbehörde nach Art. 58 Abs. 2 lit. g DSGVO.

22 Die Erwägungsgründe stellen klar, dass gerichtlicher Rechtsschutz gegen sämtliche Untersuchungs- und Abhilfebefugnisse nach Art. 58 Abs. 1, Abs. 2 DSGVO zu gewähren ist.[21] Das muss vor allem bei datenschutzrechtlichen **Beanstandungen** (Warnungen und Verwarnungen nach Art. 58 Abs. 2 lit. a, lit. b DSGVO) zu einer Änderung der bisherigen deutschen Dogmatik führen. Denn die Rechtsschutzgarantie des Art. 78 Abs. 1 DSGVO greift insbesondere auch dann, wenn die Ausübung entsprechender Befugnisse nach bisherigem deutschem Verständnis unter dem BDSG mangels Regelung nicht in der Handlungsform des Verwaltungsakts erfolgt war, die Anfechtungsklage deshalb ausschied und mangels Rechtsschutzbedürfnisses teilweise überhaupt keine Notwendigkeit gerichtlichen Rechtsschutzes gesehen wurde.[22]

23 Art. 78 Abs. 1 DSGVO gebietet schließlich, dass auch Verfahrenshandlungen nach Art. 58 Abs. 1 DSGVO isoliert anfechtbar sind. Soweit dies nicht über § 44 a S. 2 VwGO gewährleistet ist, ist die entgegenstehende Norm des § 44 a S. 1 VwGO im Anwendungsbereich der DSGVO unanwendbar (näher unten → Rn. 47 ff.).[23]

3. Verpflichtungsklage auf Erteilung datenschutzrechtlicher Genehmigungen (Art. 78 Abs. 1 DSGVO)

24 Art. 78 Abs. 1 DSGVO statuiert zudem Vorgaben für Verpflichtungsklagen nach § 42 VwGO. In dieser Hinsicht ist der Anwendungsbereich der Norm wegen der materiell-rechtlichen Grundstruktur der DSGVO begrenzt: Die DSGVO enthält nur eine überschaubare Zahl an Normen, die in der Terminologie des deutschen Verwaltungsrechts ein präventives Verbot mit Erlaubnisvorbehalt statuieren.[24] Nur in diesen Ausnahmefällen bedarf deshalb eine Tätigkeit im Bereich des Datenschutzes der vorherigen aufsichts-

---

21 Erwägungsgrund 143 S. 5 DSGVO.

22 Zur bisherigen Position unter dem BDSG: *Schiedermair* in: Brink Datenschutzrecht in Bund und Ländern, 2013, § 25 Rn. 16; vgl. auch *Körffer* in: Gola/Schomerus § 21 Rn. 6; zustimmend *Worms* in: Brink Datenschutz in Bund und Ländern, 2013, § 21 Rn. 29 u. 32.

23 Vertiefend zu dem hier eingreifenden Anwendungsvorrang im engeren Sinne *Jarass/Beljin* NVwZ 2004, 1 (2 ff.).

24 Teilweise sprechen einige Autoren bereits aufgrund des durch die grundsätzliche Notwendigkeit der Einwilligung etablierten Opt-In-Ansatzes von einem auf der Figur des präventiven Verbots mit Erlaubnisvorbehalt basierenden System (siehe dazu stellvertretend *Rogosch* Die Einwilligung im Datenschutzrecht, 2012, S. 17). Im Rahmen von Art. 78 Abs. 1 DSGVO geht es indes um (ggfs. einklagbare) behördliche Genehmigungen, nicht um die stets auf Freiwilligkeit beruhenden Einwilligungen der betroffenen Personen.

behördlichen Genehmigung (oder eines anderen begünstigenden Verwaltungsaktes), gegen deren Versagung der Antragsteller mit der Verpflichtungsklage vorgehen könnte.

Entsprechende **Genehmigungsvorbehalte** sind in der DSGVO in folgenden   25
Normen enthalten:[25]

- Art. 36 Abs. 5 DSGVO, der mitgliedstaatliche Genehmigungsvoraussetzungen für bestimmte, risikoreiche Datenverarbeitungen ermöglicht;
- Art. 40 Abs. 5 DSGVO, nach dem Entwürfe von Datenschutzverbänden zu datenschutzrechtlichen Verhaltensregeln genehmigt werden;
- Art. 42 Abs. 5 DSGVO, nach dem datenschutzrechtliche Zertifizierungen auch in der Zuständigkeit einer Aufsichtsbehörde liegen können;
- Art. 43 Abs. 1 DSGVO, nach dem die Akkreditierung einer Zertifizierungsstelle auch in der Zuständigkeit einer Aufsichtsbehörde liegen kann;
- Art. 47 DSGVO, der die Genehmigung verbindlicher interner Datenschutzvorschriften durch die Aufsichtsbehörde betrifft.

4. Untätigkeitsklage bei Nichtbehandlung von Beschwerden (Art. 78 Abs. 2 DSGVO): Durchsetzung des Befassungsanspruchs aus Art. 77 Abs. 1 DSGVO

Art. 78 Abs. 2 DSGVO schreibt den Mitgliedstaaten die Schaffung eines   26
weiteren Klagerechts vor: Es dient der prozessualen Durchsetzung des verfahrensrechtlichen Anspruchs des Beschwerdeführers darauf, dass die Aufsichtsbehörde eine Beschwerde nach Art. 77 DSGVO sachlich prüft.[26]
Art. 78 Abs. 2 DSGVO knüpft an Art. 77 DSGVO an und setzt die **erfolglose Durchführung** des dort geregelten **Beschwerde- bzw. Anrufungsverfahrens** voraus, in dem es um vom Kläger behauptete Datenschutzverstöße Dritter geht. Da der Kläger mit dieser Klage nicht unmittelbar einen Anspruch auf Erlass eines Verwaltungsaktes geltend macht, sondern nur einen verfahrensrechtlichen Anspruch auf Befassung mit seiner Beschwerde, sind entsprechende Klage in der Systematik der VwGO als **allgemeine Leistungsklagen** zu führen.[27]

Die DSGVO regelt diese Konstellation innerhalb des Art. 78 DSGVO, weil   27
auch für Klagen nach Art. 78 Abs. 2 DSGVO ein aufsichtsbehördliches Verhalten Klagegegenstand ist, nämlich das Unterlassen, einer Beschwerde nach Art. 77 DSGVO nachzugehen.[28] Besonders glücklich ist diese erst im Laufe des Gesetzgebungsverfahrens vorgenommene Platzierung der Norm im Rahmen des Art. 78 DSGVO nicht. Denn die daraus resultierende **Gesetzessystematik** lässt nicht sogleich erkennen, dass die vorherige Durchführung des Beschwerdeverfahrens nach Art. 77 DSGVO nur Klagevoraus-

---

25 Vgl. den Katalog in Art. 58 Abs. 3 DSGVO, der indes ein Sammelsurium an Genehmigungs-, Festlegungs- und Beratungsbefugnissen der Aufsichtsbehörde enthält, aus denen nur teilweise Klagekonstellationen für eine Verpflichtungsklage nach § 42 VwGO erwachsen können.
26 S. auch *Schwartmann* RDV 2012, 55 (56).
27 Vgl. zur bisherigen Rechtslage *Stähler/Pohler* DSG NRW, 3. Aufl. 2003, § 25 Rn. 4.
28 Vgl. *Born* Die Datenschutzaufsicht und ihre Verwaltungstätigkeit im nicht-öffentlichen Bereich, 2014, 378.

setzung für Art. 78 Abs. 2 DSGVO ist. Eine Klage nach Art. 78 Abs. 1 DSGVO kann demgegenüber erhoben werden, ohne dass dafür Klagevoraussetzung ein vorheriges Verfahren nach Art. 77 DSGVO wäre, das die DSGVO ohnehin besser nicht als Beschwerderecht, sondern als Anrufungsrecht bezeichnet hätte (→ Art. 77 Rn. 3 f.).

28   Nach Art. 78 Abs. 2 DSGVO kann ein Beschwerdeführer klagen, wenn die nach Art. 77 DSGVO angerufene Datenschutzbehörde seiner Beschwerde über (behauptete) Datenschutzverstöße Dritter nicht nachgeht oder ihn nicht binnen 3 Monaten über das Ergebnis informiert. Im Gegenschluss gewährt Art. 78 Abs. 2 DSGVO kein Klagerecht, wenn die Aufsichtsbehörde die vom Beschwerdeführer begehrten Abhilfemaßnahmen nicht ergreifen möchte.[29] Denn aus Art. 77 DSGVO folgt kein subjektiv-öffentliches Recht auf Einschreiten der Aufsichtsbehörde gegen Datenschutzverstöße Dritter zum Schutz der Rechte des Betroffenen.[30] Der Betroffene ist in diesen Fällen darauf verwiesen, selbst zivilprozessual nach Art. 79 DSGVO gegen den Verantwortlichen vorzugehen.[31]

5. Von Art. 78 Abs. 2 DSGVO nicht erfasste Konstellationen behördlicher Untätigkeit

29   Andere Fälle gerichtlicher Klagen bei behördlicher Untätigkeit sind von Art. 78 Abs. 2 DSGVO nicht erfasst.[32] Das betrifft zwei Fälle:

1. Art. 78 Abs. 2 DSGVO greift nicht, wenn die Behörde über einen Antrag auf Erlass eines Verwaltungsakts in angemessener Frist nicht entscheidet.
2. Art. 78 Abs. 2 DSGVO greift zudem nicht, wenn der Adressat einer datenschutzrechtlichen Aufsichtsmaßnahme Anfechtungsklage erheben möchte, zuvor aber nach landesrechtlichen Bestimmungen Widerspruch erheben muss, über den die Widerspruchsbehörde nicht entscheidet.

Für beide Fälle enthält § 75 VwGO Spezialregelungen, nach denen das Widerspruchsverfahren und die Beachtung seiner Fristen bei Untätigkeit der Behörde entbehrlich sind. Art. 78 Abs. 2 DSGVO modifiziert dieses Klagesystem der VwGO nicht, so dass für die Klagevoraussetzungen dieser Untätigkeitsklagen uneingeschränkt die Normen der VwGO, insbesondere § 75 VwGO, gelten.[33]

---

29 Dies entspricht der bisherigen Rechtslage. Vgl. dazu *Gola/Klug/Körffer* in: Gola/Schomerus, 12. Aufl. 2015, § 21 Rn. 6.
30 Argumentum e contrario ex Art. 57 Abs. 1 lit. f DSGVO; vgl. auch → Art. 77 Rn. 28.
31 *Schwartmann* RDV 2012, 55 (56 f.).
32 *Härting* Datenschutz-Grundverordnung, 2016, Rn. 236.
33 Zum Zweck der Bestimmung des § 75 VwGO *Dolde/Porsch* in: Schoch/Schneider/Bier, 29. EL Oktober 2015, § 75 Rn. 2 mwN; aus datenschutzrechtlicher Perspektive auch *Born* Die Datenschutzaufsicht und ihre Verwaltungstätigkeit im nicht-öffentlichen Bereich, 2014, S. 378.

II. Vorgaben des Art. 78 DSGVO für den mitgliedstaatlichen Rechtsschutz gegen die Aufsichtsbehörde

1. Internationale Zuständigkeit der Gerichte: Art. 78 Abs. 3 DSGVO

a) Grundregel

Die internationale gerichtliche Zuständigkeit für den Rechtsschutz gegen   30
Maßnahmen von Datenschutzaufsichtsbehörden wird durch Art. 78 Abs. 3
DSGVO in eindeutiger Weise festgelegt: Für Verfahren gegen eine Aufsichtsbehörde (bzw. deren Rechtsträger, dazu unten → Rn. 57 ff.) sind die
Gerichte des Mitgliedstaates zuständig, in dem sich der Sitz der zu verkla-
genden Aufsichtsbehörde befindet. Das führt bei Aufsichtsmaßnahmen der
deutschen Datenschutzaufsichtsbehörden, die keine grenzüberschreitende
Bezüge haben, ohne weiteres zur Zuständigkeit der deutschen Gerichten
und sodann über die Eröffnung des Verwaltungsrechtswegs grundsätzlich
zur Anwendbarkeit der VwGO[34] (näher unten → Rn. 38 ff.).

Art. 78 Abs. 3 DSGVO ist als Verordnungsnorm unmittelbar anwendbar.[35]   31
Dies schließt einen Rückgriff auf Normen der mitgliedstaatlichen Rechtsordnungen über die internationale Zuständigkeit der Gerichte aus.

b) Gerichtliche Zuständigkeit bei grenzüberschreitendem Zusammenwirken von Aufsichtsbehörden

Die Regelung des Art. 78 Abs. 3 DSGVO knüpft an Art. 55 Abs. 1 DSGVO   32
an, nach dem jede Aufsichtsbehörde regelmäßig (nur) innerhalb des Hoheitsgebiets des eigenen Mitgliedstaats zuständig ist. Art. 78 Abs. 3
DSGVO greift aber auch, wenn mehrere Aufsichtsbehörden auf der
Grundlage von Art. 56, 60 ff. DSGVO grenzüberschreitend zusammenarbeiten, gemeinsame Maßnahmen ergreifen und transnationale Handlungs-
befugnisse ausüben. Die Gerichtszuständigkeit folgt auch in diesen Fällen
stets dem Sitz der Aufsichtsbehörde, gegen deren Entscheidung geklagt
werden soll.

c) Gerichtliche Zuständigkeit bei Untätigkeit nach Beschwerden

Nach der systematischen Stellung des Art. 78 Abs. 3 DSGVO muss diese   33
Norm auch für die Konstellation des Art. 78 Abs. 2 DSGVO gelten, der an
die erfolglose Anrufung einer Datenschutzbehörde gegen Datenschutzverstöße Dritter anknüpft. Der Beschwerdeführer hat zwar nach Art. 77
Abs. 1 DSGVO das Recht, seine Beschwerde bei jeder beliebigen Aufsichtsbehörde einzureichen, die das Verfahren dann ggfs. an die nach Art. 55, 56
DSGVO zuständigen Behörde abzugeben hat (→ Art. 77 Rn. 7). Die Klage
ist im Falle einer Untätigkeit der Behörde dann aber in dem Mitgliedstaat
zu erheben, in dem die zu verklagende Aufsichtsbehörde ihren Sitz hat.

Während diese verwaltungsprozessuale Frage nach der internationalen Zu-   34
ständigkeit der Gerichte durch Art. 78 Abs. 3 DSGVO geregelt ist, ist dem
Zusammenspiel von Art. 77 Abs. 2 und Art. 78 Abs. 2 DSGVO keine eindeutige Regelung über die logisch vorrangige Frage zu entnehmen, gegen

---

34 *Becker* in: Plath BDSG/DSGVO, 2. Aufl. 2016, Art. 78 DSGVO Rn. 4.
35 Vgl. *Burgi* Verwaltungsprozeßrecht und Europarecht, 1996, S. 12 ff.; vgl. ferner
    Ruffert in: Calliess/Ruffert AEUV Art. 288 Rn. 20 ff.

welche Behörde denn geklagt werden soll, wenn das **Zusammenspiel der Aufsichtsbehörden wegen Untätigkeit einer Behörde scheitert**.

35 Das Problem wurzelt in **widersprüchlichen behördlichen Zuständigkeitsregelungen** zwischen Art. 77 Abs. 2 und Art. 78 Abs. 2 DSGVO: Nach Art. 77 Abs. 2 DSGVO soll nämlich die Einreichungsbehörde den Beschwerdeführer über das Ergebnis der Beschwerde unterrichten, während Art. 78 Abs. 2 DSGVO die Untätigkeitsklage eröffnet, wenn „die nach Art. 55 und 56 zuständige Aufsichtsbehörde … die betroffene Person nicht innerhalb von drei Monaten über den Stand oder das Ergebnis der gemäß Artikel 77 erhobenen Beschwerde in Kenntnis gesetzt hat." Der Untätigkeitsvorwurf müsste demzufolge gegen beide beteiligten Behörden erhoben werden können. Da die DSGVO die materielle Zuständigkeit für die Behandlung von Beschwerden an die Zuständigkeitsordnung nach Art. 55, 56 DSGVO knüpft, dürfte viel dafür sprechen, dass nach diesen Normen auch der Klagegegner zu bestimmen ist.

d) Weitergehende ursprüngliche Planungen für transnationale Prozessstandschaften

36 Nach dem Kommissionsentwurf für die DSGVO hätte es in Art. 78 DSGVO weiterreichende Regelungen zum Rechtsschutz gegen grenzüberschreitende Aufsichtsverfügungen geben sollen: Wenn die Erlassbehörde ihren Sitz in einem anderen Mitgliedstaat als dem Sitzstaat des Adressaten hat, also einen transnationalen Verwaltungsakt erlassen hat, so hätte der Adressat nach dem Kommissionsentwurf für die DSGVO die Aufsichtsbehörde in seinem gewöhnlichen Aufenthaltsstaat ersuchen können, in seinem Namen Klage vor den Gerichten des Sitzstaates der Erlassbehörde zu erheben. Der ersuchten Behörde hätte ein Einschätzungsspielraum zustehen sollen, ob sie eine Klage für geboten erachtet. In diesem Fall hätte sie das Verfahren in **Prozessstandschaft** für den Adressaten geführt.[36] Damit hätten sich vor Gericht zwei Aufsichtsbehörden gegenübergestanden, die im Übrigen im Rahmen der Bestimmungen zur Zusammenarbeit und Kohärenz hätten kooperieren sollen.[37]

37 Diese Bestimmung ist wegen der Schwierigkeiten einer solchen Prozessstandschaft auf Betreiben des Rates aus dem Entwurf der DSGVO gestrichen worden, obwohl das Europarecht durchaus **eingeführte Vorbilder** für ein solches Rechtsinstitut kennt.[38] Am Verzicht auf diese Prozessstandschaft zeigt sich, dass die Grundidee der DSGVO an Grenzen stößt, den einzelnen Bürger bei grenzüberschreitenden Sachverhalten von den Sprach-

---

36 Art. 74 Abs. 4 DSGVO-E in der Fassung KOM(2012) 11 endg., 102.
37 Regelungsentwurf deshalb kritisiert durch *Härting* BB 2012, 459 (462); das ursprüngliche Konzept verteidigend *Raab* Die Harmonisierung des einfachgesetzlichen Datenschutzes, S. 205.
38 Art. 36 VO (EG) Nr. 515/97 (Zollinformationssystem), Art. 111 Abs. 1 Schengener Durchführungsabkommen (ABl. 2000, S. 19 ff., Schengener Informationssystem), Art. 18 VO (EG) Nr. 2725/2000 (Eurodac) belässt hingegen die Gerichtszuständigkeit (konzeptionell wie die DSGVO) beim speichernden Staat; zu diesen Konstellationen *J.-P. Schneider* NVwZ 2012, 65 (67 f.), und *Sydow* in: Hatje/Müller-Graff (Hrsg.), Europäisches Organisations- und Verfahrensrecht, EnzEuR Bd. 1, § 12 Rn. 77 ff.

und Orientierungsschwierigkeiten in ausländischen Rechtsordnungen freizustellen. Für die behördlichen Verfahren ist dieses Konzept zwar weitgehend durchgehalten (für die Anrufung einer Aufsichtsbehörde gegen Datenschutzverstöße Dritter → Rn. 26 ff.), für Klagen gegen Entscheidungen einer Aufsichtsbehörde ist die DSGVO im Laufe des Gesetzgebungsverfahrens aber wieder zum Normalfall einer gerichtlichen Zuständigkeit im Sitzstaat der Erlassbehörde zurückgekehrt. Das vereinfacht das gerichtliche Verfahren um den Preis einer ggfs. erhöhten **faktischen Schwelle für die Inanspruchnahme gerichtlichen Rechtsschutzes** bei grenzüberschreitenden Aufsichtsmaßnahmen.

2. Eröffnung des Verwaltungsrechtswegs und grundsätzliche Anwendbarkeit der VwGO

Art. 78 Abs. 1 DSGVO enthält sich jeder Vorgabe für den innerstaatlichen Rechtsweg, so dass **Rechtswegfragen nach nationalem Recht** zu entscheiden sind.[39] Wenn nach Art. 78 Abs. 3 DSGVO die deutschen Gerichte zuständig sind, ist für alle von Art. 78 DSGVO erfassten Konstellationen der **Verwaltungsrechtsweg** eröffnet. Dies soll durch eine Sonderzuweisung in § 20 Abs. 1 S. 1 BDSG-E explizit angeordnet werden. Es hätte sich auch aus der allgemeinen Rechtswegbestimmung des § 40 VwGO ergeben. Denn die von Art. 78 DSGVO erfassten Klagen betreffen durchgängig die Ausübung hoheitlicher Befugnisse der Datenschutzbehörden und sind damit öffentlich-rechtliche Klagen.[40]   **38**

Die verwaltungsgerichtlichen Klagen sind grundsätzlich nach Maßgabe der VwGO zu führen (§ 20 Abs. 2 BDSG-E), soweit Art. 78 DSGVO nicht einzelne Vorgaben für die Sachentscheidungsvoraussetzungen (unten → Rn. 41 ff.) oder das gerichtliche Verfahren (unten → Rn. 56 ff.) enthält oder § 20 Abs. 3–7 BDSG-E Abweichungen von der VwGO anordnet. Nach VwGO bestimmen sich deshalb beispielsweise die Klageart (Anfechtungsbzw. Verpflichtungsklage, § 42 Abs. 1 VwGO), die sachliche, instanzielle und örtliche Zuständigkeit des Verwaltungsgerichts (§§ 45 ff., 52 VwGO; siehe für die örtliche Zuständigkeit aber § 20 Abs. 3 BDSG-E) und der Begründetheitsmaßstab (§§ 113, 114 VwGO).[41]   **39**

Für die **Sachentscheidungsvoraussetzungen der §§ 40 ff. VwGO** und das gerichtliche Verfahren nach §§ 54 ff. VwGO ist jeweils zu prüfen, ob   **40**

- die DSGVO unmittelbar anwendbare Normen enthält, die dann Anwendungsvorrang vor der VwGO haben (punktuell in Art. 78 Abs. 3, Abs. 4, zudem Art. 80 Abs. 1 DSGVO),
- ob § 20 Abs. 3–7 BDSG-E Sonderregelungen gegenüber der VwGO vorsehen und

---

39 Eröffnung des Verwaltungsrechtswegs nach deutschem Recht grundlegend *Redeker/von Oertzen* Verwaltungsgerichtsordnung, 16. Aufl. 2014, § 40 Rn. 1 ff.; s. auch *Huber* BayVBl. 2001, 577 (578 f.).

40 Vgl. *Burgi* Verwaltungsprozeßrecht und Europarecht, 1996, S. 64; vgl. ferner *Sodan* in: Sodan/Ziekow VwGO § 40 Rn. 266, 299 ff.

41 Vertiefend *Ehlers* DVBl. 2004, 1441 (1443 ff.); zur grundsätzlichen „verfahrensmäßigen Autonomie der Mitgliedstaaten" *Frenz* VerwArch 2011, 134 (148).

■ ob die Normen der VwGO und des ergänzenden § 20 Abs. 3–7 BDSG-E eine wirksame[42] (effektive) Umsetzung der Vorgaben aus Art. 78 Abs. 1, Abs. 2 DSGVO darstellen.

3. Vorgaben des Art. 78 DSGVO für einzelne Sachentscheidungsvoraussetzungen der VwGO

a) Klagebefugnis

41 Klagebefugt soll nach Art. 78 Abs. 1 DSGVO jeder Adressat einer behördlichen Aufsichtsmaßnahme sein, ohne dass weitere Anforderungen an seine Klagebefugnis statuiert würden. Art. 78 Abs. 1 DSGVO sieht eine Klagebefugnis demnach ohne expliziten **Rekurs auf das Konzept subjektiv-öffentlicher Rechte** vor, das das deutsche Klagesystem prägt.[43] Auch § 42 Abs. 2 VwGO führt in der Konstellation der Adressatenklage allerdings zum Ergebnis der Klagezulässigkeit, weil der Adressat belastender Aufsichtsverfügungen nach deutscher Dogmatik stets in eigenen, subjektiv-öffentlichen Rechten verletzt sein kann.[44]

42 Die VwGO nimmt damit einen argumentativen Umweg über das Konzept des subjektiv-öffentlichen Rechts, bewirkt aber durchgängig das von Art. 78 Abs. 1 DSGVO geforderte Ergebnis. Es spricht daher nichts dagegen, § 42 VwGO als wirksame nationale Umsetzung von Art. 78 Abs. 1 DSGVO anzusehen und in konkreten Fallkonstellationen auch das Vorliegen der Klagebefugnis nach § 42 Abs. 2 VwGO festzustellen, obwohl man es aus Sicht der DSGVO im Rahmen der Klagezulässigkeit nicht bräuchte und fordern kann.

b) Widerspruchsverfahren als Klagevoraussetzung

43 § 20 Abs. 6 BDSG-E ordnet an, dass ein **Vorverfahren** bei Klagen gemäß Art. 78 DSGVO **nicht stattfindet**. Der Ententwurf des BDSG begründet diesen Verzicht auf ein Vorverfahren damit, dass mangels einer der Aufsichtsbehörde übergeordneten Behörde der mit dem Vorverfahren angestrebte **Devolutiveffekt** ohnehin nicht erreicht werden könne.[45] Diese Begründung ist alles andere als zwingend, weil die Möglichkeit einer Selbstkorrektur der Verwaltung im Widerspruchsverfahren nicht vom Devolutiveffekt abhängig ist.

44 Mit der Entscheidung gegen das Vorverfahren in § 20 Abs. 6 BDSG-E erübrigt sich die Frage, ob ein Vorverfahren überhaupt mit dem Gebot der

---

42 Vgl. zum Wirksamkeitserfordernis die Dogmatik zu Art. 47 GRCh, der im Hinblick auf die Anforderungen an wirksamen Rechtsschutz weitgehend parallel zu Art. 78 DSGVO konstruiert ist, so dass seine Dogmatik übertragbar sein dürfte; dazu *Alber* in: Stern/Sachs (Hrsg.) Grundrechte-Charta, 1. Aufl. 2016, Art. 47 Rn. 13 ff.

43 Dagegen *Ehlers* Die Europäisierung des Verwaltungsprozeßrechts, 1999, S. 47 f., der von der Schaffung neuer subjektiver Gemeinschaftsrechte ausgeht; zur Verordnung als Grundlage der Klagebefugnis *Huber* BayVBl. 2001, 577 (579); *Schoch* NordÖR 2002, 1 (7); zur generellen Ausgestaltung des Konzepts des subjektiv-öffentlichen Rechts in der EU-Rechtsordnung *Kahl* JA 2011, 41 (42 ff.).

44 *Körffer* in: Paal/Pauly Datenschutzgrundverordnung, 2017, Art. 78 Rn. 6 leitet die Klagebefugnis gemäß § 42 Abs. 2 VwGO unmittelbar aus Art. 78 Abs. 1 DSGVO ab.

45 BDSG-E, BT-Drucks. 18/11325, S. 93.

Wirksamkeit des gerichtlichen Rechtsschutzes aus Art. 78 Abs. 1 DSGVO[46] vereinbar wäre. Denn es führt zu einer merklichen, häufig mehrmonatigen Verzögerung des Verfahrens.[47] Letztlich wäre die Frage nach der europarechtlichen Zulässigkeit des Widerspruchsverfahrens indes zu bejahen, da es das System des einstweiligen Rechtsschutzes der VwGO gewährleistet, dass die Rechtsposition des Widerspruchsführers und späteren Klägers während der Dauer des Widerspruchsverfahrens nicht verschlechtert werden kann, ohne dass ihm hiergegen unmittelbar der Zugang zum Gericht offenstünde.[48] Aus diesem Grund hätte auch das Zusammenspiel von §§ 42, 68 und 80 VwGO noch dem Wirksamkeitsgebot des Art. 78 Abs. 1 DSGVO genügt. Die Entscheidung gegen das Vorverfahren in § 20 Abs. 6 BDSG-E beruht deshalb auf einer freien Entscheidung des deutschen Bundesgesetzgebers.

c) Klagefrist

Die Regelung zur **Klagefrist in § 74 VwGO** (parallel ebenso bereits für die 45 Widerspruchsfrist nach § 70 VwGO) führt bei Versäumnis der Frist zum Verlust des Klagerechts.[49] Bedenken im Hinblick auf das Wirksamkeitsgebot des Art. 78 Abs. 1 DSGVO sind hieraus aber nicht abzuleiten. Denn das Europarecht steht der **Formalisierung von Verfahrensrechten** nicht entgegen, zumal die Fristlänge von einem Monat (in Verbindung mit den Regelungen zur Rechtsbehelfsbelehrung als notwendiger Voraussetzung für den Fristbeginn in § 58 VwGO) ausreichende Möglichkeiten zur tatsächlichen Ausübung des Klagerechts gewährt.[50]

4. Eigenständige Anfechtbarkeit von Verfahrenshandlungen entgegen § 44 a VwGO

a) Diskrepanz zwischen Art. 78 Abs. 1 DSGVO und § 44 a VwGO

Art. 78 Abs. 1 DSGVO bezieht sich eindeutig auch auf die **Wahrnehmung** 46 **der Untersuchungsbefugnisse** der Aufsichtsbehörde nach Art. 58 Abs. 1 DSGVO – so explizit die Erwägungsgründe.[51] Die entsprechenden Untersuchungsbefugnisse aus Art. 58 Abs. 1 DSGVO dienen ganz überwiegend der Sachverhaltsaufklärung[52] und damit im Regelfall der **Vorbereitung von Sachentscheidungen** nach Art. 58 Abs. 2 DSGVO (Abhilfe bei Datenschutz-

---

46 *Blanke* in: Calliess/Ruffert EUV/AEUV GRCh Art. 47 Rn. 2 mwN; *Alber* in: Stern/Sachs (Hrsg.) Europäische Grundrechte-Charta Art. 47 Rn. 148.
47 Normative Anhaltspunkte für zumutbare Verzögerungen in § 75 VwGO (im Regelfall drei Monate bei Untätigkeit der Widerspruchsbehörde).
48 Zur Sicherungsfunktion des einstweiligen Rechtsschutzes *Windoffer* Die Klärungsbedürftigkeit und -fähigkeit von Rechtsfragen in verwaltungsgerichtlichen Verfahren des einstweiligen Rechtsschutzes, 2005, S. 35 ff.
49 *Burgi* Verwaltungsprozeßrecht und Europarecht, 1996, S. 65; *Meissner* in: Schoch/Schneider/Bier VwGO, 29. EL Oktober 2015, § 74 Rn. 1 ; *Albrecht/Jotzo*, Teil 8 Rn: 11.
50 *Siegel* Europäisierung des Öffentlichen Rechts, 2012, S. 149.
51 Erwägungsgrund 143 Satz 5 DSGVO.
52 Ausnahme: Art. 58 Abs. 1 lit. d DSGVO (Erteilung von Hinweisen auf vermeintliche Datenschutzverstöße, was systematisch überzeugender ohnehin im Zusammenhang mit den Abhilfebefugnissen des Art. 58 Abs. 2 DSGVO geregelt worden wäre, die Warnungs- und Verwarnungsbefugnisse umfasst); im einzelnen → Art. 58 Rn. 44 ff.

verstößen, etwa durch Untersagungsverfügung) oder Art. 58 Abs. 3 DSGVO (Erteilung datenschutzrechtlicher Genehmigungen).

47   Da Art. 78 Abs. 1 DSGVO somit einen wirksamen gerichtlichen Rechtsbehelf auch gegen behördliche Untersuchungsmaßnahmen fordert, wird die Zulässigkeit der deutschen Regelung des § 44 a VwGO fraglich. Vergleichbare Zweifel an der Europarechtskonformität des § 44 a VwGO waren bereits früher für das umweltrechtliche Rechtsschutzsystem erhoben worden, die sich indes mittlerweile jedenfalls teilweise durch die explizite Umsetzung europarechtlicher Rechtschutzkonzepte durch das UmwRG wieder erledigt haben.[53] § 44 a VwGO könnte nun im Bereich des Datenschutzes durch den **Anwendungsvorrang der DSGVO verdrängt** werden. Denn er lässt eine eigenständige Anfechtung von Verfahrenshandlungen nur ausnahmsweise zu, während sich die Rechtsschutzgarantie des Art. 78 Abs. 1 DSGVO uneingeschränkt auch auf die Verfahrenshandlungen nach Art. 58 Abs. 1 DSGVO erstreckt.

48   Das Problem resultiert letztlich daraus, dass das deutsche und das europäische Recht den **Verwaltungsakt** (§ 35 VwVfG) bzw. den **Beschluss** (Art. 288 Abs. 4 AEUV) **nicht deckungsgleich** konstruieren: Während nach dem Verständnis der DSGVO die Untersuchungsbefugnisse des Art. 58 Abs. 1 DSGVO eigenständig durch einen formalen Beschluss iSv Art. 288 Abs. 4 AEUV festgesetzt werden[54] und daher auch eigenständig anfechtbar sein müssen, sieht das deutsche Recht in ihnen mangels (materiell-rechtlicher) Regelung die Tatbestandsmerkmale des Verwaltungsakts nicht als gegeben an. Nach deutschem Verständnis handelt es sich regelmäßig um bloße Verfahrenshandlungen, die nur der Vorbereitung der Sachentscheidung dienen. § 44 a S. 1 VwGO verweigert daher grundsätzlich die isolierte Anfechtung.[55]

b) Nachträglicher Verfahrensrechtsschutz als unzulängliche Umsetzung von Art. 78 Abs. 1 DSGVO

49   Die Diskrepanz zwischen Art. 78 Abs. 1 DSGVO und § 44 a VwGO löst sich nicht dadurch auf, dass auch das deutsche Recht eine Kontrolle von Verfahrenshandlungen ermöglicht, zwar nicht während des laufenden Verfahrens, wohl aber nach dessen Abschluss im Rahmen der Anfechtung der Sachentscheidung. Aus deutscher Perspektive steht § 44 a S. 1 VwGO nicht

---

53   Vgl. § 4 Abs. 1 UmwRG; aus der Diskussion *Ziekow* NVwZ 2005, 263 (265 ff.), *ders.* NvwZ 2007, 259 (264 ff.); *Alleweldt* DÖV 2006, 621 (627 ff.).

54   Erwägungsgrund 143 S. 4 f. DSGVO: Anspruch auf „einen wirksamen gerichtlichen Rechtsbehelf ... gegen einen Beschluss der Aufsichtsbehörde ..., der gegenüber dieser Person Rechtswirkungen entfaltet. Ein derartiger Beschluss betrifft insbesondere die Ausübung von Untersuchungs-, Abhilfe- und Genehmigungsbefugnissen durch die Aufsichtsbehörde ...".

55   Zu den von § 44 a S. 1 VwGO erfassten Fallgruppen *Kopp/Schenke* VwGO, 21. Aufl. 2015, § 44 a Rn. 5, ebenso zu den tatbestandlich von § 44 a VwGO nicht erfassten eigenständigen Verfahrensrechten (bspw. eigenständiges Informationszugangsbegehren nach einem Informationsfreiheitsgesetz, Rn. 4 a) sowie zu den Ausnahmen nach § 44 a S. 2 (Rn. 8 ff.); *Redeker/von Oertzen* Verwaltungsgerichtsordnung, 16. Aufl. 2014, § 44 a Rn. 2, 3 a f., 5; *Renner/Geiger* in: Eyermann VwGO, 14. Aufl. 2014, § 44 a Rn. 3, 13 ff.; *Ziekow* in: Sodan/Ziekow VwGO § 44 a Rn. 2, 60 ff., jeweils mN des deutschen Streitstands.

der Möglichkeit gerichtlichen Rechtsschutzes entgegen, sondern verschiebt ihn nur zeitlich auf die Zeit nach Erlass der Sachentscheidung.[56]

Die DSGVO verfolgt in dieser Frage aber ausdrücklich ein anderes Rechtsschutzkonzept. Denn die Erwägungsgründe der DSGVO statuieren, dass auch über die Ausübung von Untersuchungsbefugnissen ein Beschluss gefasst wird und dieser **Beschluss wegen seiner Rechtswirkungen** für den Betroffenen nach Art. 78 Abs. 1 DSGVO **unmittelbar anfechtbar** sein muss.[57] Die zeitliche Verschiebung des Rechtsschutzes, die § 44 a VwGO im deutschen Recht bewirkt, beschränkt damit nach europarechtlichem Verständnis in unzulässiger Weise das Gebot wirksamen Rechtsschutzes aus Art. 78 Abs. 1 DSGVO gegen Verfahrenshandlungen.   50

Die Situation unterscheidet sich von der Diskussion über das Widerspruchsverfahren als Klagevoraussetzung (oben → Rn. 43 ff.), das zwar ebenfalls eine zeitliche Verzögerung der Klage bewirkt, aber noch als Ausgestaltung des Art. 78 DSGVO zulässig ist. Denn zum einen wird das Widerspruchsverfahren durch rechtsschutzstärkende Normen gestützt (aufschiebende Wirkung, einstweiliger Rechtsschutz, unten → Rn. 64 ff.); zum anderen führt es zu einer bloßen zeitlichen Verzögerung des gerichtlichen Rechtsschutzes, während § 44 a S. 1 VwGO den Rechtsschutz gegen Verfahrenshandlungen nicht bloß zeitlich verzögert, sondern in einem eigenständigen Verfahren unterbindet und im Ergebnis im Zusammenwirken mit § 46 VwVfG („unheilige Allianz")[58] häufig völlig ausschließt.   51

c) § 44 a S. 2 VwGO als Problemreduktion

Wenn demnach Art. 78 Abs. 1 DSGVO die eigenständige Anfechtbarkeit von Verfahrenshandlungen gebietet, so trägt § 44 a S. 2 VwGO diesem europarechtlichen Erfordernis jedenfalls teilweise Rechnung. Denn er ermöglicht die eigenständige Anfechtung von Verfahrenshandlungen, die vollstreckt werden können oder die gegen einen Nichtbeteiligten ergehen. § 44 a S. 2 VwGO erfasst damit zweifellos **zwei wesentliche Konstellationen**, für die Art. 78 Abs. 1 DSGVO einen unmittelbaren gerichtlichen Rechtsschutz für erforderlich erachtet. § 44 a S. 2 VwGO hat zudem bereits im deutschen Recht unter dem Einfluss von Art. 19 Abs. 4 GG eine weite Auslegung erfahren[59] und erfasst beispielsweise auch Verfahrenshandlungen, die nicht nur eine rein verfahrensrechtliche Bedeutung haben, sondern zugleich mit materiell-rechtlichen Folgen verbunden sind.[60]   52

d) Unanwendbarkeit von § 44 a VwGO im Anwendungsbereich von Art. 58 Abs. 1 iVm 78 Abs. 1 DSGVO

§ 44 a S. 2 VwGO reduziert damit den Widerspruch zu den europarechtlichen Vorgaben, beseitigt ihn aber nicht. Denn Art. 58 Abs. 1 DSGVO betrifft überwiegend Konstellationen, die § 44 a S. 2 VwGO nicht erfasst und   53

---

56 Vgl. *Stelkens* in: Schoch/Schneider/Bier VwGO, 29. EL Oktober 2015, § 44 a Rn. 3.
57 Erwägungsgrund 143 S. 4 iVm S. 5 DSGVO.
58 *Ziekow* NVwZ 2005, 263 (264).
59 *Ziekow* in: Sodan/Ziekow VwGO § 44 a Rn. 60.
60 Bsp.: Ladung zu einer Prüfung, die bei Nichterscheinen als nicht bestanden gilt, vgl. *Kopp/Schenke* VwGO, 21. Aufl. 2015, § 44 a Rn. 9 mwN.

für die daher ein europarechtskonformes Rechtsschutzsystem nicht über diese Ausnahmebestimmung des deutschen Verwaltungsprozessrechts hergestellt werden kann. Das betrifft beispielsweise behördliche Aufforderungen an Verfahrensbeteiligte, **Informationen bereitzustellen** (Art. 58 Abs. 1 lit. a DSGVO) oder **Zugang zu Geschäftsräumen** zu gewähren (Art. 58 Abs. 1 lit. f DSGVO).

54   Da Art. 78 Abs. 1 DSGVO die **isolierte Anfechtbarkeit** auch solcher Verfahrenshandlungen gebietet, bleibt nur ein Weg zur Herstellung von Europarechtskonformität: Soweit nicht die Ausnahmeklausel des § 44 a S. 2 VwGO greift, muss bereits § 44 a S. 1 VwGO in Bezug auf behördliche Verfahrenshandlungen nach Art. 58 Abs. 1 DSGVO unanwendbar sein. Entsprechende Verfahrenshandlungen sind demnach entgegen § 44 a S. 1 VwGO isoliert anfechtbar.[61]

55   Dem **Entwurf zum neuen BDSG** liegt offenbar eine andere Rechtsauffassung zu Grunde. Denn § 20 BDSG-E verzichtet auf jede Regelung in Bezug auf § 44 a VwGO, geht also implizit offenbar davon aus, dass er in unmodifizierter Weise auch für Klage gemäß Art. 78 DSGVO gelte.

5. Modifikationen des verwaltungsgerichtlichen Verfahrens durch Art. 78 DSGVO

56   Das **Gerichtsverfahren** wird für alle von Art. 78 DSGVO erfassten Konstellationen grundsätzlich nach Maßgabe der VwGO, insbesondere §§ 54 ff. VwGO geführt (§ 20 Abs. 2 BDSG-E). Dabei sind einige Modifikationen durch die Vorgaben des Art. 78 DSGVO und durch § 20 Abs. 3–7 BDSG-E zu diskutieren.

a) Rechtsträger- oder Behördenprinzip für Klagegegner

57   In Abweichung vom **Rechtsträgerprinzip** des § 78 Abs. 1 Nr. 1 VwGO ordnet § 20 Abs. 5 S. 1 Nr. 2 BDSG-E an, dass die **Aufsichtsbehörde** (und nicht ihr Rechtsträger) als Beklagte bzw. Antragsgegnerin Beteiligte des verwaltungsgerichtlichen Verfahrens ist.

58   Auch Art. 78 DSGVO spricht in der Artikelüberschrift und in Abs. 3 von gerichtlichen Rechtsbehelfen „gegen" die Aufsichtsbehörde. Die Formulierung könnte als Vorgaben für das nationale Prozessrecht verstanden werden, für den Klagegegner das Behördenprinzip vorzusehen. Dieser Sprachgebrauch wird indes in den übrigen Absätzen des Art. 78 DSGVO nicht aufgenommen: Abs. 1 und Abs. 4 sprechen von Rechtsbehelfen gegen Beschlüsse der Aufsichtsbehörde und enthalten sich damit einer Formulierung, die darauf hindeuten könnten, dass die Erlassbehörde zugleich selbst Klagegegner sein müsste. Angesichts dieses inkonsistenten Sprachgebrauchs innerhalb von Art. 78 DSGVO kann den Formulierungen in der Artikelüberschrift und in Abs. 3 nicht die Funktion zugeschrieben werden, für die Frage des Klagegegners eine Entscheidung zwischen Behörden- und Rechtsträgerprinzip zu treffen und entsprechende Vorgaben für die Ausgestaltung des jeweiligen nationalen Prozessrechts zu machen. Dies gilt umso

---

61 Vgl. *Dünchheim* Verwaltungsprozeßrecht unter europäischem Einfluß, 2003, S. 176 f.

mehr, als sich die Alternative zwischen Behörden- und Rechtsträgerprinzip ohnehin nicht notwendigerweise aus der Perspektive jeder nationalen Prozessordnung stellt. Art. 78 DSGVO belässt diese Frage daher in der Regelungsautonomie der Mitgliedstaaten.[62]

Es gibt also keinen europarechtlichen Grund dafür, dass § 20 Abs. 5   **59** BDSG-E in Abweichung von der Grundregel des VwGO nun bundesrechtlich das Behördenprinzip einführt, nachdem es, soweit es landesrechtlich im deutschen Recht teilweise angeordnet war, mittlerweile zu Recht weitgehend abgeschafft ist.[63] Vielleicht ist der Entenentwurf zum neuen BDSG der Auffassung, dass der Unabhängigkeit der Aufsichtsbehörden auch dadurch Ausdruck verliehen werden soll, dass sie selbst und nicht ihr jeweiliger Rechtsträger an gerichtlichen Verfahren beteiligt sind. Zwingend ist dieser Gedanke indes nicht, zumal die Fassung des § 17 ABDSG-E den Bundebeauftragten für den Datenschutz und die Informationsfreiheit noch als Behörde (oberste Bundesbehörde) konstruiert hat, also die Unabhängigkeit nach § 19 ABDSG-E offenbar nicht durch das Vorhandensein eines Rechtsträgers für gefährdet hielt.

b) Vertretungsmöglichkeit für den Kläger durch Datenschutzorganisationen (Art. 80 DSGVO)

Art. 80 DSGVO enthält eine unmittelbar anwendbare Norm über die Vertretung von betroffenen Personen durch Datenschutzverbände.[64] Die   **60** Norm erweitert die Möglichkeiten der Prozessvertretung nach § 67 Abs. 2 VwGO, der auf die Vertretung durch andere natürliche oder juristische Personen als Datenschutzverbände unverändert anwendbar bleibt.

c) Einführung von Stellungnahmen und Beschlüssen des Europäischen Datenschutzausschusses (Art. 78 Abs. 4 DSGVO)

Art. 78 Abs. 4 DSGVO trifft eine Regelung, die unmittelbar nur eine sehr   **61** randständige Frage betrifft: nämlich die Art und Weise, wie **Stellungnahmen oder Beschlüsse des Europäischen Datenschutzausschusses** in das nationale Gerichtsverfahren eingeführt werden. Das bezieht sich auf Konstellationen der Anfechtungsklage gegen eine Aufsichtsverfügung einer nationalen Datenschutzbehörde, der eine Stellungnahme oder ein Beschluss des Europäischen Datenschutzausschusses im Rahmen des Kohärenzverfahrens nach Art. 63 ff. DSGVO zu Grunde liegt.

Art. 78 Abs. 4 DSGVO ordnet für diesen Fall schlicht an, dass die Auf-   **62** sichtsbehörde diese Stellungnahme oder diesen Beschluss dem erkennenden Gericht zuleitet. Das kann man für eine Selbstverständlichkeit erachten,

---

62 A.A. *Körffer* in: Paal/Pauly Datenschutzgrundverordnung, 2017, Art. 78 Rn. 14.
63 Vgl. bspw. seit 2010 § 110 JustG NRW, dazu *Dietlein* in: Dietlein/Burgi/Hellermann (Hrsg.) Öffentliches Recht in Nordrhein-Westfalen, 6. Aufl. 2016, § 5 Rn. 26; und *Walhäuser* NWVBl. 2010, 466 f.
64 Dazu *Raab* Die Harmonisierung des einfachgesetzlichen Datenschutzes, 2015, S. 207 ff.; s. näher Art. 80; vgl. in diesem Zusammenhang auch das im Februar 2016 bundesrechtlich eingeführte datenschutzrechtliche Verbandsklagerecht, dazu *Spindler* ZD 2016, 114 ff., und *Halfmeier* NJW 2016, 1126 ff.; sa *Kühling/Martini* et al. Die DSGVO und das nationale Recht, 2016, S. 271; *Laue/Nink/Kremer* § 11 Rn. 38 ff.

und es hätte sich auch ohne weiteres aus der Pflicht zur Beifügung von Urkunden zu den Schriftsätzen der Beteiligten (§ 86 Abs. 5 S. 1 VwGO) ergeben.

63   Dass Art. 78 Abs. 4 DSGVO überhaupt in die DSGVO aufgenommen worden ist, dürfte sich kaum aus seinem wenig bedeutsamen unmittelbaren Regelungsinhalt erklären. Vielmehr wollte der europäische Gesetzgeber offenbar die Konstellation einer nationalen Aufsichtsmaßnahme, die auf einem Beschluss des Europäischen Datenschutzausschusses beruht, zumindest in irgendeiner Weise einmal in der DSGVO erwähnen. Denn aus dieser Konstellation kann eine Herausforderung für das Zusammenwirken von nationaler und europäischer Gerichtsbarkeit erwachsen: die Pflicht zu einem **Vorabentscheidungsersuchen an den EuGH** nach Art. 267 AEUV für den Fall, dass das nationale Gericht den dem angefochtenen Verwaltungsakt zu Grunde liegenden Beschluss des Europäischen Datenschutzausschusses für einen möglichen Verstoß gegen die DSGVO oder sonstiges Unionsrecht und daher für nichtig hält. Die Regeln zur Behandlung dieser Konstellation hat der europäische Gesetzgeber in den Erwägungsgründen der DSGVO aufgenommen (näher unten → Rn. 73).

6. Einstweiliger Rechtsschutz

a) Grundsätzliche Anwendbarkeit der VwGO

64   Im Laufe des Gesetzgebungsverfahrens sind in Art. 77, 78 und 79 DSGVO verschiedene Klauseln eingefügt worden, nach denen diese Artikel **anderweitige Rechtsbehelfe unberührt lassen.**[65] Diese Vorbehaltsklauseln stiften mehr Verwirrung als Nutzen und wären besser gemäß dem ursprünglichen Kommissionsentwurf[66] gar nicht erst in die DSGVO aufgenommen worden. Denn ihre Formulierungen unterscheiden sich darin, dass sich die Klausel in Art. 77 DSGVO auf anderweitige verwaltungsrechtliche oder gerichtliche Rechtsbehelfe bezieht, während sich die übrigen Klauseln nur auf anderweitige verwaltungsrechtliche oder außergerichtliche Rechtsbehelfe erstrecken.

65   Das könnte per argumentum e contrario zu der Annahme verleiten, dass Art. 78 DSGVO in Bezug auf gerichtliche Rechtbehelfe abschließenden Charakter hat, also ausschließlich den dort vorgesehenen wirksamen gerichtlichen Rechtsbehelf ermöglicht, der im deutschen Recht als Anfechtungs- bzw. Verpflichtungsklage realisiert ist (oben → Rn. 18 ff.). Daraus könnte man weiter folgern, dass Art. 78 DSGVO andere gerichtliche Rechtsbehelfe des nationalen Rechts sperrt, etwa die Anträge auf einstweiligen Rechtsschutz nach §§ 80 Abs. 5, 123 VwGO.

66   Das kann indes nicht die **Intention dieser Vorbehaltsklausel** sein, die gerade verhindern soll, dass Art. 78 DSGVO ein abschließender Charakter zugesprochen wird. Diese Intention würde bei wortlautgetreuer Anwendung in ihr Gegenteil verkehrt. Offenbar ist bei der nachträglichen Einfügung der Klausel in Art. 78 DSGVO ihr Wortlaut zu eng geraten. Auch Art. 47

---

65 Art. 77 Abs. 1, Art. 78 Abs. 1, Abs. 2, Art. 79 Abs. 1 DSGVO.
66 KOM(2012) 11, endg., 102 ff.

GRCh bestätigt diese Auslegung, da er einstweiligen Rechtsschutz durchaus als Bestandteil einer wirksamen Rechtsschutzgewährung versteht.[67]

Art. 78 DSGVO kann daher die Anwendung der VwGO-Normen über den   67
einstweiligen Rechtsschutz nicht sperren, weil sie im Gesamtgefüge des
deutschen Rechts (Selbsttitulationsrecht der Verwaltung, grundsätzlich aufschiebende Wirkung von Rechtsbehelfen, Möglichkeit von Sofortvollzugsanordnung, einstweiliger Rechtsschutz) gerade ein konstitutives Element dafür sind, dass die VwGO dem Gebot wirksamen Rechtsschutzes aus Art. 78 DSGVO gerecht wird.

b) Keine Sofortvollzugsanordnung gegenüber Behörden

Nach dem Entwurf des neuen BDSG ist die **Anordnung der sofortigen Vollziehung** nach § 80 Abs. 2 S. 1 Nr. 4 VwGO **gegenüber Behörden unzulässig**   68
(§ 20 Abs. 7 BDSG-E). Denn – so die Begründung des Referentenentwurfs zum BDSG-E – unbeschadet der Anordnungskompetenz der Aufsichtsbehörden stehen sich die beteiligten Verwaltungsträger nicht in einem Subordinationsverhältnis gegenüber. Im Falle eines Rechtsstreits kann daher eine verbindliche Entscheidung allein durch ein Verwaltungsgericht getroffen werden.[68] Die Aufsichtsbehörde hat allerdings die Möglichkeit, nach § 123 VwGO eine einstweilige Anordnung des Verwaltungsgerichts zu erwirken.

C. Verhältnis zu anderen Normen

Art. 78 DSGVO betrifft ausschließlich den datenschutzrechtlichen Rechtsschutz durch mitgliedstaatliche Gerichte über Aufsichtsmaßnahmen der   69
nationalen Behörden und keine Verfahren vor dem EuGH (oben → Rn. 19, 70 ff. und 73 ff.). Entscheidungen des Europäischen Datenschutzausschusses unterliegen keiner mitgliedstaatlichen Kontrolle, sondern können durch den EuGH bzw. das europäische Gericht erster Instanz für nichtig erklärt werden. Dies kann im Rahmen einer **Nichtigkeitsklage** nach Art. 263 AEUV geschehen (I.)[69] oder im Rahmen eines **Vorabentscheidungsverfahrens** (II.), das ggfs. unionsrechtlich im Rahmen von Gerichtsverfahren geboten sein kann, die nationale Gerichte unter Beachtung der unionsrechtlichen Vorgaben aus Art. 78 DSGVO führen. Dadurch entstehen Verknüpfungen nationaler und europäischer Gerichtsverfahren in Entsprechung und als Folge mehrstufiger Verwaltungsverfahren.

I. Nichtigkeitsklagen gegen Beschlüsse des Europäischen Datenschutzausschusses nach Art. 263 AEUV

Der Gesetzgeber der DSGVO hat die bestehenden unionsrechtlichen Rechtsschutzbestimmungen über die Nichtigkeitsklage nach Art. 263   70
AEUV[70] in den Erwägungsgründen der DSGVO rekapituliert und ihre Anwendung auf Beschlüsse des Europäischen Datenschutzausschusses verdeutlicht.

---

67 *Alber* in: Stern/Sachs (Hrsg.) Europäische Grundrechte-Charta, Art. 47 Rn. 82 ff.
68 BDSG-E, BT-Drucks. 18/11325 S. 93.
69 Dazu *Laue/Nink/Kremer* § 11 Rn. 45 f.
70 Etwa *Craig* EU Administrative Law, 2. Aufl. 2012, S. 674 ff.

1. Nichtigkeitsklagen auf Antrag natürlicher oder juristischer Personen

71 Jede natürliche oder juristische Person hat das Recht, unter den in Art. 263 AEUV genannten Voraussetzungen beim Gerichtshof eine **Klage auf Nichtigerklärung** eines Beschlusses des Europäischen Datenschutzausschusses zu erheben.[71] Sofern Beschlüsse des Ausschusses einen Verantwortlichen, einen Auftragsverarbeiter oder den Beschwerdeführer unmittelbar und individuell betreffen, können diese Personen **binnen zwei Monaten** nach Veröffentlichung der betreffenden Beschlüsse auf der Website des Ausschusses nach Art. 263 AEUV eine Klage auf Nichtigerklärung erheben.[72]

Die **Versäumung dieser Frist** für Klagen individueller Adressaten hat auch Folgen für ein eventuelles Vorabentscheidungsverfahren, das nicht der Umgehung der Fristbestimmung für die Nichtigkeitsklage dienen soll.[73] Daher darf ein einzelstaatliches Gericht den Gerichtshof nicht auf Anfrage einer natürlichen oder juristischen Person mit Fragen der Gültigkeit des Beschlusses des Ausschusses befassen, wenn diese Person Gelegenheit hatte, eine Klage auf Nichtigerklärung dieses Beschlusses zu erheben – insbesondere wenn sie unmittelbar und individuell von dem Beschluss betroffen war –, diese Gelegenheit jedoch nicht innerhalb der Frist gemäß Art. 263 AEUV genutzt hat.[74]

2. Nichtigkeitsklage auf Antrag mitgliedstaatlicher Aufsichtsbehörden

72 **Klageberechtigt** im Nichtigkeitsverfahren des Art. 263 AEUV sind zudem die mitgliedstaatlichen **Aufsichtsbehörden**, wenn ein Beschluss des Europäischen Datenschutzausschusses unmittelbar an sie gerichtet ist. Als Adressaten solcher Beschlüsse müssen die betroffenen Aufsichtsbehörden, die diese Beschlüsse anfechten möchten, binnen zwei Monaten nach deren Übermittlung gemäß Art. 263 AEUV Klage erheben.[75]

II. Vorabentscheidungsverfahren über Beschlüsse des Europäischen Datenschutzausschusses

73 Aus dem Unionsrecht folgt eine Pflicht zu einem Vorabentscheidungsersuchen an den EuGH nach Art. 267 AEUV für bestimmte Klagekonstellationen, die aus mehrstufigen Verwaltungsverfahren erwachsen.[76] Das betrifft Anfechtungsklagen gegen nationale Verwaltungsakte, die auf einem **Beschluss des Europäischen Datenschutzausschusses** beruhen, den die mitgliedstaatliche Behörde ohne eigenes Ermessen umsetzen hatte. Wenn das erkennende nationale Gericht den zu Grunde liegenden, nach Art. 78 Abs. 4 DSGVO in das Gerichtsverfahren eingeführten Beschluss des Europäischen Datenschutzausschusses für einen Verstoß gegen die DSGVO

---

71 Erwägungsgrund 143 S. 1 DSGVO.
72 Erwägungsgrund 143 S. 3 DSGVO.
73 So gebietet der EuGH der von einer Unzulässigkeit des Vorabentscheidungsverfahrens aus, wenn die Nichtigkeitsklage nicht erhoben wurde, obwohl sie offensichtlich zulässig war, EuGH 12.12.1996 – C-241/95, Slg1996, I-6699, Rn. 15 f.; EuGH 11.11.1997 – C-408/95, Slg 1997, I-6315, Rn. 29.
74 Erwägungsgrund 143 S. 12 DSGVO.
75 Erwägungsgrund 143 S. 2 DSGVO.
76 Vertiefend zur Vorlagepflicht *Gaitanides* in: von der Groeben Europäisches Unionsrecht, 7. Auflage 2015, AEUV Art. 267 Rn. 61.

oder sonstiges Unionsrecht und daher **für nichtig hält**, kann es diese Konsequenz auf Grund des Verwerfungsmonopols des EuGH für Unionsrechts nicht selbst ziehen, sondern muss eine Vorabentscheidung des EuGH einholen.

Die Fragen zum prozeduralen Vorgehen in dieser Konstellation waren   74
durch das Unionsrecht bereits vor Erlass der DSGVO vollständig geregelt, insbesondere durch Art. 267 AEUV. Sie sind zudem durch die Rechtsprechung des EuGH geklärt und auch für vergleichbare Konstellationen seit langem ausdiskutiert.[77] Der europäische Gesetzgeber hielt es aber offenbar für geboten, die Dogmatik des Vorabentscheidungsverfahrens über Beschlüsse nach Art. 288 Abs. 4 AEUV in den **Erwägungsgründen zu DSGVO** noch einmal in Erinnerung zu rufen. Art. 78 Abs. 4 DSGVO bietet damit den Anknüpfungspunkt für eine Passage der Erwägungsgründe, nämlich einen eigenen Absatz innerhalb von Erwägungsgrund 143, deren Länge die Bezugsnorm weit übersteigt und die ohne Art. 78 Abs. 4 DSGVO keinerlei plausiblen Ort in den Erwägungsgründen hätte finden können.

Die entsprechende Passage der Erwägungsgründe lautet: „Im Zusammen-   75
hang mit gerichtlichen Rechtsbehelfen in Bezug auf die Anwendung dieser Verordnung können einzelstaatliche Gerichte, die eine Entscheidung über diese Frage für erforderlich halten, um ihr Urteil erlassen zu können, bzw. müssen einzelstaatliche Gerichte in den Fällen nach Art. 267 AEUV den Gerichtshof um eine Vorabentscheidung zur Auslegung des Unionsrechts — das auch diese Verordnung einschließt — ersuchen. Wird darüber hinaus der Beschluss einer Aufsichtsbehörde zur Umsetzung eines Beschlusses des Ausschusses vor einem einzelstaatlichen Gericht angefochten und wird die Gültigkeit des Beschlusses des Ausschusses in Frage gestellt, so hat dieses **einzelstaatliche Gericht** nicht die Befugnis, den **Beschluss des Ausschusses für nichtig zu erklären**, sondern es muss im Einklang mit Art. 267 AEUV in der Auslegung des Gerichtshofs den Gerichtshof mit der Frage der Gültigkeit befassen, wenn es den Beschluss für nichtig hält."[78]

D. Gesamteinschätzung

Die Vorschrift des Art. 78 DSGVO steht im Spannungsfeld zwischen dem   76
Bedürfnis nach einer **Vollharmonisierung** und der grundsätzlich in der Kompetenz der Mitgliedstaaten liegenden **Verfahrensautonomie**. Diese Problematik wird durch die Verwendung von zwitterhaften Normkategorien in Art. 78 Abs. 1 und 2 DSGVO deutlich (→ Rn. 8 ff.). Art. 78 DSGVO schafft insgesamt die Grundlage für eine effektive individuelle Rechtsverfolgung, die den vom EuGH entwickelten Anforderungen genügt.[79]

---

77 St. Rspr. seit EuGH 22.10.1987 – 314/85, Slg 1987, 4199, Rn. 11, 15, zudem EuGH 21.3.2000 – C-6/99, Slg 2000, I-1651; dazu *Caspar* DVBl. 2002, 1437 ff. (1439), und *Sydow* Verwaltungskooperation in der EU, 2004, S. 292 ff. mN; in breiterer Perspektive zum Verhältnis der nationalen Gerichte zum EuGH *Craig* EU Administrative Law, 2. Aufl. 2012, S. 277 ff.
78 Erwägungsgrund 143 Satz 10 ff. DSGVO.
79 EuGH 6.10.2015 – C-362/14, ECLI:EU:C:2015:650 Rn. 95 – Maximillian Schrems/Data Protection Commissioner; dagegen eine nur langsame Entwicklung des einheitlichen Schutzniveaus annehmend *Nebel* in: Roßnagel (Hrsg.), Europäische Datenschutz-Grundverordnung, 2017, § 2 Rn. 1133.

77   Die praktische Handhabung von Anfechtungs- und Verpflichtungsklagen wird durch Art. 78 DSGVO erschwert: Während bislang auf der Grundlage der DS-RL schlicht die VwGO galt, entsteht nunmehr eine **Gemengelage** aus den unmittelbar anwendbaren Normen des **Art. 78 DSGVO** und dem zu seiner Durchführung erlassenen nationalen Recht, nämlich § 20 BDSG-E und subsidiär der **VwGO**. Das erleichtert die Rechtsanwendung nicht, zumal § 20 BDSG-E teilweise überflüssig (Eröffnung des Verwaltungsrechtswegs oben → Rn. 38 ff.), teilweise unvollständig (isolierte Anfechtbarkeit von Verfahrenshandlungen oben → Rn. 46 ff.) und teilweise sachlich wenig überzeugend (Behördenprinzip für den Klagegegner oben → Rn. 57 ff.) ist.

Artikel 79 Recht auf wirksamen gerichtlichen Rechtsbehelf gegen Verantwortliche oder Auftragsverarbeiter

(1) Jede betroffene Person hat unbeschadet eines verfügbaren verwaltungsrechtlichen oder außergerichtlichen Rechtsbehelfs einschließlich des Rechts auf Beschwerde bei einer Aufsichtsbehörde gemäß Artikel 77 das Recht auf einen wirksamen gerichtlichen Rechtsbehelf, wenn sie der Ansicht ist, dass die ihr aufgrund dieser Verordnung zustehenden Rechte infolge einer nicht im Einklang mit dieser Verordnung stehenden Verarbeitung ihrer personenbezogenen Daten verletzt wurden.

(2) [1]Für Klagen gegen einen Verantwortlichen oder gegen einen Auftragsverarbeiter sind die Gerichte des Mitgliedstaats zuständig, in dem der Verantwortliche oder der Auftragsverarbeiter eine Niederlassung hat. [2]Wahlweise können solche Klagen auch bei den Gerichten des Mitgliedstaats erhoben werden, in dem die betroffene Person ihren Aufenthaltsort hat, es sei denn, es handelt sich bei dem Verantwortlichen oder dem Auftragsverarbeiter um eine Behörde eines Mitgliedstaats, die in Ausübung ihrer hoheitlichen Befugnisse tätig geworden ist.

Verwandte Normen: ErwGr 145, 147

Literatur:

Mantz, Störerhaftung für Datenschutzverstöße Dritter – Sperre durch DS-RL und DS-GVO?, ZD 2014, 62; *Piltz,* Die Datenschutz-Grundverordnung: Teil 5: Internationale Zusammenarbeit, Rechtsbehelfe und Sanktionen, K&R 2017, 85; *Polenz,* Verbraucherdatenschutz durch Selbstregulierung? – US-amerikanische und europäische Ansätze, VuR 2012, 303; *Wybitul,* DS-GVO veröffentlicht – Was sind die neuen Anforderungen an die Unternehmen?, ZD 2016, 253.

A. Grundlagen

I. Gesamtverständnis und Zweck der Norm

Art. 79 regelt, ähnlich wie bereits Art. 22 der EG-Datenschutzrichtlinie,   1
den Grundsatz, dass jeder betroffenen Person das Recht auf einen wirksamen gerichtlichen **Rechtsbehelf** gegen für die Verarbeitung personenbezogener Daten Verantwortliche und Auftragsverarbeiter zustehen soll. Den **internationalen Gerichtsstand** regelt Abs. 2 der Vorschrift. Das Recht auf einen wirksamen Rechtsbehelf ist primärrechtlich in Art. 47 EuGrCh verankert.[1] Durch die Gewährleistung gerichtlichen Rechtsschutzes sollen die Verbraucherrechte, die in der DSGVO niedergelegt sind, gestärkt und flankiert werden.[2] Die Gewährleistung eines Gerichtsstandes im Mitgliedstaat des Aufenthaltes der betroffenen Person ist insbesondere dann von Bedeutung, wenn das jeweilige Unternehmen keine Niederlassung im Inland hat.[3]

II. Bisherige Rechtslage

Die Möglichkeit eines Rechtsbehelfs im Falle einer Rechtsverletzung war   2
bisher in Art. 22 der EG-**Datenschutzrichtlinie**[4] verankert. Eine eigenständige Umsetzungsvorschrift enthält das BDSG nicht; die im BDSG verankerten Rechte konnten nach den allgemeinen Verfahrensordnungen durchgesetzt werden.

III. Entstehung der Norm

Das Recht auf einen gerichtlichen Rechtsbehelf war bereits in Art. 75 des   3
Kommissionsvorschlags[5] zur DSGVO vorgesehen. Die Vorschrift erfuhr im Rechtssetzungsverfahren Änderungen durch den **Standpunkt des Europäischen Parlaments**[6] und entspricht nunmehr – bis auf redaktionelle Ände-

---

1   Erwägungsgrund 141 zur DSGVO.
2   *Polenz* VuR 2012, 303 (307).
3   *Polenz* VuR 2012, 303 (307).
4   Richtlinie 95/46/EG des Europäischen Parlaments und des Rates vom 24.10.1995 zum Schutz natürlicher Personen bei der Verarbeitung personenbezogener Daten und zum freien Datenverkehr, ABl. EG Nr. L 281 v. 23.11.1995, S. 31.
5   Vorschlag der Europäischen Kommission für eine Verordnung des Europäischen Parlaments und des Rates zum Schutz natürlicher Personen bei der Verarbeitung personenbezogener Daten und zum freien Datenverkehr (Datenschutz-Grundverordnung) vom 25.2.2012, KOM(2012) 11 endgültig.
6   Standpunkt des Europäischen Parlamentes zur Datenschutz-Grundverordnung vom 12.3.2014, Dok. 7427/14.

rungen – der **allgemeinen Ausrichtung,**[7] die der Rat der Europäischen Union festgelegt hat.

B. Kommentierung

I. Recht auf gerichtlichen Rechtsbehelf (Abs. 1)

4   Die Rechtsschutzgarantie besteht unbeschadet eines verfügbaren verwaltungsrechtlichen oder außergerichtlichen Rechtsbehelfs. Voraussetzung ist, dass die betroffene Person der Ansicht ist, in ihren aufgrund der DSGVO gewährten Rechten verletzt worden zu sein, und zwar infolge einer nicht im Einklang mit der DSGVO stehenden Verarbeitung ihrer personenbezogenen Daten.

1. Tatbestand

a) Betroffene Person

5   Das Recht auf einen effektiven gerichtlichen Rechtsbehelf steht jeder betroffenen Person, aber auch nur diesen, zu. Der Begriff der betroffenen Person ist in Art. 4 Nr. 1 definiert. Gemeint ist jede natürliche identifizierte oder identifizierbare Person, auf die sich Informationen beziehen. Dies entspricht der Zielrichtung des Art. 1, wonach die DSGVO nur **natürliche Personen** schützen soll. Juristische Personen sind nicht von Art. 79 erfasst. Auch natürliche Personen müssen allerdings identifiziert oder **identifizierbar sein.**[8] Es steht daher im Einklang mit der DSGVO, wenn ein Gericht den Rechtsbehelf einer natürlichen Person als unzulässig zurückweist, weil die Person nicht im Sinne des Art. 4 Nr. 1 identifiziert oder identifizierbar ist. Der Begriff der Identifizierbarkeit ist in Art. 4 Nr. 1 Hs. 2 bestimmt.

b) Rechtsverletzung infolge verordnungswidriger Datenverarbeitung

6   Die betroffene Person muss der Ansicht sein, infolge einer nicht im Einklang mit der DSGVO stehenden Verarbeitung ihrer personenbezogenen Daten in Rechten verletzt worden zu sein, die ihr aufgrund der DSGVO zustehen.

aa) Rechte aus der DSGVO

(1) Explizit normierte Rechte

7   Die Rechte betroffener Personen sind in **Kapitel III** der DSGVO niedergelegt, also in Art. 12–22.[9] Es handelt sich also zum einen um Auskunfts-, Berichtigungs- und Löschungsrechte[10] sowie um das Recht auf Einschränkung der Verarbeitung personenbezogener Daten. Erfasst ist auch das Recht, nicht einer ausschließlich auf einer automatisierten Verarbeitung beruhenden Entscheidung unterworfen zu werden. Das Widerspruchsrecht nach Art. 21 Abs. 1, 3 ist ebenfalls erfasst, weil die Weiterverarbeitung von

---

7   Allgemeine Ausrichtung des Rates der Europäischen Union zur Datenschutz-Grundverordnung vom 15.6.2015, Dok. 9565/15.
8   Vgl. *Laue/Nink/Kremer*, § 4 Rn. 7.
9   Für ein weiter gehendes Verständnis *Martini* in: Paal/Pauly DSGVO Art. 79 Rn. 22.
10   Vgl. *Albrecht/Jotzo*, Teil 8 Rn. 25; *Kühling/Martini ua*, Die DSGVO und das nationale Recht, 2016, S. 455 f.; *Laue/Nink/Kremer*, § 4 Rn. 22 ff.

Daten trotz Widerspruchs nach Art. 21 Abs. 1 S. 2, Abs. 3 eine Rechtsverletzung darstellen kann.

Fraglich ist, ob den **Informationspflichten** aus Art. 13 f., 19 angesichts der pflichten- und nicht anspruchsbezogenen Formulierung dieser Normen gerichtlich durchsetzbare Rechte entsprechen. Allerdings handelt es sich bei einer Pflicht regelmäßig um die Kehrseite eines Anspruchs.[11] Etwas anderes kann freilich gelten, soweit Pflichten nur im öffentlichen Interesse bestehen; dies ist indes bezüglich der dort genannten Pflichten nicht der Fall, weil die gesamte DSGVO nach ihrem Art. 1 Abs. 2 auf den Schutz der Grundrechte und Grundfreiheiten natürlicher Personen gerichtet ist. Die von der DSGVO getroffene Unterscheidung zwischen Rechten und Pflichten hat vielmehr vornehmlich die Bedeutung, dass die Rechte von den betroffenen Personen explizit geltend gemacht werden müssen, wohingegen den Informationspflichten ungefragt, also initiativ, nachgekommen werden muss.

8

Inhaltlich sind Art. 13 f., 19 also so zu lesen, dass den dort genannten Pflichten **individuelle subjektive Rechte** der betroffenen Person korrespondieren, die gemäß Art. 79 unter dessen weiteren Voraussetzungen gerichtlich durchgesetzt werden können. Entsprechendes gilt für die in Art. 12 formulierten Pflichten des für die Verarbeitung personenbezogener Daten Verantwortlichen. Dass einige Rechte betroffener Personen deshalb als doppelt normiert angesehen werden müssen (vgl. zB Art. 14 Abs. 1 lit. d einerseits und Art. 15 Abs. 1 lit. b andererseits), ist angesichts der grundrechtlichen Bedeutung des Rechts auf Schutz personenbezogener Daten (Art. 8 Abs. 1 EuGrCh, Art. 16 Abs. 1 AEUV)[12] hinzunehmen.

9

(2) Anspruch auf Unterlassung der rechtswidrigen Verarbeitung personenbezogener Daten

Es stellt sich ferner die Frage, ob die DSGVO darüber **jenseits der genannten Normen** Rechte gewährt, zu deren Durchsetzung ein wirksamer Rechtsbehelf nach Art. 79 zur Verfügung gestellt werden muss. Insbesondere kommt ein Anspruch auf **Unterlassung** einer verordnungswidrigen Verarbeitung personenbezogener Daten in Betracht: Gemäß Art. 8 Abs. 1 EuGrCh, Art. 16 Abs. 1 AEUV hat jede natürliche Person Recht auf Schutz der sie betreffenden personenbezogenen Daten;[13] Inhalt des Schutzes ist auch das Erfordernis der Rechtmäßigkeit der Verarbeitung.[14] Werden personenbezogene Daten einer natürlichen Person verordnungswidrig verarbeitet, muss daher die Möglichkeit bestehen, eine solche Verarbeitung für die Zukunft zu unterbinden.[15] Anderenfalls wären der Grundrechtsschutz

10

---

11 Vgl. differenzierend *Somló*, Juristische Grundlehre, 1917, S. 444 ff.; *Gröschner*, Dialogik des Rechts – Philosophische, dogmatische und methodologische Grundarbeiten 1982-2012, hrsg. v. Henkel ua, 2013, S. 224, 289, 302.

12 Vgl. Erwägungsgrund 1 zur DSGVO.

13 Vgl. *Kingreen* in: Calliess/Ruffert, EUV/AEUV, 5. Aufl. 2016, Art. 16 AEUV Rn. 3; *Sobotta* in: Grabitz/Hilf/Nettesheim, Das Recht der Europäischen Union, 2016, Art. 16 AEUV Rn. 5 ff.; *Brühann* in: von der Groeben/Schwarze, Europäisches Unionsrecht, 7. Aufl. 2015, Art. 16 AEUV Rn. 38 ff.

14 *Brühann* in: von der Groeben AEUV Art. 16 Rn. 53.

15 Vgl. *Laue/Nink/Kremer*, § 11 Rn. 16; *Simitis* in: Simitis BDSG § 7 Rn. 35.

und der EU-rechtliche Effektivitätsgrundsatz[16] nach Art. 4 Abs. 3 EUV[17] beeinträchtigt.[18] Allerdings ist das Recht auf Unterlassung rechtswidriger Datenverarbeitung nicht als solches in der DSGVO verankert. Diese konkretisiert zwar das primärrechtlich verbürgte Recht auf Schutz persönlicher Daten,[19] aber eben nur, soweit sie die Ausprägungen dieses Rechts normiert. Dies spricht gegen die Annahme eines **auf der DSGVO basierenden** Unterlassungsanspruchs bezüglich einer verordnungswidrigen Verarbeitung personenbezogener Daten. Das Löschungsrecht nach Art. 17 Abs. 1 lit. d hilft nur eingeschränkt weiter, weil sich Art. 6, auf den die Vorschrift inhaltlich verweist, nur mit dem Erfordernis eines zulässigen Grundes für die Datenverarbeitung befasst.

11 Gegen die Annahme eines generellen Anspruchs auf Unterlassung der verordnungswidrigen Verarbeitung personenbezogener Daten auf Grundlage der DSGVO sprechen ferner die **Rechtssetzungshistorie** und die Systematik. Art. 76 Abs. 5 des Kommissionsvorschlags zur DSGVO lautete: „Die Mitgliedstaaten stellen sicher, dass mit den nach innerstaatlichem Recht verfügbaren Klagemöglichkeiten rasch Maßnahmen einschließlich einstweilige Maßnahmen erwirkt werden können, um mutmaßliche Rechtsverletzungen abzustellen und zu verhindern, dass den Betroffenen weiterer Schaden entsteht."[20] Diese präventiv formulierte Bestimmung wurde in der allgemeinen Ausrichtung des Rates der Europäischen Union vom 15.6.2015[21] ersatzlos gestrichen. Nicht in bedeutungserheblicher Hinsicht geändert hat sich hingegen die Formulierung, die jetzt in Art. 77 Abs. 1 enthalten ist: Dort wird das Beschwerderecht der betroffenen Person bei einer Aufsichtsbehörde daran geknüpft, dass sie „der Ansicht ist, dass die Verarbeitung der sie betreffenden personenbezogenen Daten **gegen diese Verordnung** verstößt."

12 Auch die Diskrepanz der Formulierungen in Art. 79 Abs. 1 und in Art. 77 Abs. 1 zeigt somit, dass die bloße verordnungswidrige Datenverarbeitung gerade noch **keine Rechtsverletzung** darstellt, sondern zwischen rechtswidriger Datenverarbeitung und Rechtsverletzung unterschieden werden muss. Schutzlos ist die betroffene Person im Falle einer bloßen rechtswidrigen Datenvereinbarung ohne Rechtsverletzung freilich nicht, denn insoweit steht ihr das **Beschwerderecht** nach Art. 77 Abs. 1 zu und in der Folge das Recht auf gerichtlichen Rechtsbehelf gegen die Aufsichtsbehörde nach Art. 78 Abs. 1. Damit sind auch die primärrechtlichen Bedenken ausgeräumt.

---

16 Dazu zB EuGH 13.3.2007 – Rs. C-432/05, Slg 2007, I-2271 Rn. 43 – Unibet; EuGH 20.9.2001 – Rs. C-453/99, Slg 2001, I-6314 Rn. 26 – Courage; *Hatje* in: Schwarze/Becker/Hatje/Schoo, EU-Kommentar, 3. Aufl. 2012, Art. 4 EUV Rn. 36.

17 Vertrag über die Europäische Union (konsolidierte Fassung), ABl. EU Nr. C 326 v. 26.10.2012, S. 13.

18 Zum Erfordernis eines Unterlassungsanspruchs als Bestandteil des effet utile etwa im Kartellrecht vgl. *Eilmansberger* in: Streinz, EUV/AEUV, 2. Auflage 2012, Art. 101 AEUV Rn. 127 f.

19 Vgl. Erwägungsgrund 1 zur DSGVO.

20 Dazu *Mantz* ZD 2014, 62 (65).

21 Ratsdokument 9565/15 v. 11. 6. 2015.

Schließlich ist zu beachten, dass die Verordnungswidrigkeit der Datenver- 13
arbeitung neben der Rechtsverletzung in Art. 79 Abs. 1 als **eigenständiges
Merkmal** gesehen wird: Die Rechtsverletzung soll nach Ansicht der betroffenen Person erst infolge der verordnungswidrigen Verarbeitung eingetreten, also mit ihr gerade nicht identisch sein.

bb) Verletzung

Die Rechte der betroffenen Person sind verletzt, wenn die Person oder Ein- 14
richtung, gegenüber denen sie bestehen, den ihnen korrespondierenden
Pflichten nicht nachkommt. Um dies festzustellen, sind die **konkretisieren-
den Vorschriften** des Art. 12 Abs. 2, 3, 5–7 zusätzlich zu beachten: So liegt
beispielsweise in den in Art. 12 Abs. 3 genannten Fällen eine Rechtsverletzung vor Ablauf der in dieser Vorschrift bezeichneten Fristen nicht vor.
Auch in den Fällen des Art. 12 Abs. 5 S. 1 lit. b und des Art. 12 Abs. 6 liegt
keine Rechtsverletzung vor.

(1) Infolge einer Verarbeitung personenbezogener Daten

Die Rechtsverletzung muss nach Ansicht der betroffenen Person infolge 15
einer **Verarbeitung personenbezogener Daten** eingetreten sein. Die betroffene Person muss also davon ausgehen, dass eine Verarbeitung ihrer personenbezogenen Daten stattgefunden hat. Die Begriffe „personenbezogene
Daten" und „Verarbeitung" sind in Art. 4 Nr. 1 und 2 definiert. An einer
Datenverarbeitung kann es auch im Falle einer Rechtsverletzung fehlen. So
steht einer betroffenen Person das Auskunftsrecht aus Art. 15 Abs. 1 Hs. 1
auch dann zu, wenn eine Verarbeitung sie betreffender personenbezogener
Daten überhaupt nicht stattgefunden hat, denn das Auskunftsrecht soll ja
gerade zur Klärung dieser Frage dienen. Dennoch liegt eine Rechtsverletzung vor, wenn der Verantwortliche auf das Auskunftsverlangen schweigt.

Die Rechtsverletzung muss **Folge** einer Datenverarbeitung sein. Datenver- 16
arbeitung und Rechtsverletzung müssen also in einem **Kausalzusammenhang** stehen. Dieser ist gegeben, wenn entweder das Recht bereits ohne
eine Datenverarbeitung nicht entstehen kann, oder aber die Verletzung gerade mittels einer Datenverarbeitung erfolgt, diese also die Verletzungshandlung darstellt. Ersteres ist etwa der Fall bei den Rechten aus Art. 12
Abs. 1, 13 f. und 15 Abs. 1 Hs. 2, weil die Datenverarbeitung das die korrespondierenden Informationspflichten und -modalitäten auslösende Moment ist. In den Fällen des Art. 18 Abs. 2, 21 Abs. 3 hingegen stellt spezifisch die entgegen dem Einschränkungsverlangen oder Widerspruch erfolgende Datenverarbeitung die Rechtsverletzungshandlung dar, so dass der
Kausalzusammenhang zwischen Verarbeitung und Verletzung gleichfalls
gegeben ist. Entsprechendes gilt für die Fortsetzung der Speicherung von
Daten nach einem berechtigten Löschungs- bzw. der unveränderten Speicherung nach einem berechtigten Berichtigungsverlangen.

Kein Kausalzusammenhang zwischen Datenverarbeitung und Rechtsverlet- 17
zung ist hingegen in den Fällen des Art. 15 Abs. 1 Hs. 1 gegeben: Denn
durch die Ausübung des dort normierten Rechts soll das Ob einer Datenverarbeitung erst geklärt werden, so dass ein Schweigen auf das Informati-
onsverlangen der betroffenen Person zwar deren Auskunftsrecht verletzt,

die Rechtsverletzung aber unabhängig und nicht infolge von einer Datenverarbeitung vorliegt.

(2) Verordnungswidrigkeit der Datenverarbeitung

18   Die Datenverarbeitung selbst darf nicht im Einklang mit der DSGVO stehen. Eine bloße Verletzung der **Informationsrechte** der betroffenen Person aus Art. 12–15 führt nicht dazu, dass eine Datenverarbeitung, infolge derer das Informationsrecht entstanden ist, selbst verordnungswidrig ist. Ist sie es aber unabhängig von der Rechtsverletzung, so ist der Tatbestand des Art. 79 Abs. 1 erfüllt: Das Recht auf gerichtlichen Rechtsbehelf fordert lediglich, dass nach Ansicht der betroffenen Person eine Rechtsverletzung infolge einer verordnungswidrigen („nicht im Einklang mit dieser Verordnung stehenden") *Datenverarbeitung* eingetreten ist, nicht aber auch, dass sie gerade infolge der spezifischen *Verordnungswidrigkeit* der Datenverarbeitung eingetreten ist.

19   Nicht im Einklang mit der DSGVO steht die Datenverarbeitung nicht nur dann, wenn ihr die „Rechtmäßigkeit" im Sinne des Art. 6 fehlt, sondern auch, wenn bei der Verarbeitung anderweitig gegen Vorschriften der DSGVO verstoßen wurde. Ein solcher Verstoß kann insbesondere die **Dateninhalte**, die verarbeitet werden dürfen, oder die **Zwecke** oder **Modalitäten** der Datenverarbeitung betreffen. Die Grundsätze des Art. 5 für die Verarbeitung personenbezogener Daten sind ebenso zu beachten wie zB ein berechtigtes Löschungs-, Berichtigungs- oder Einschränkungsverlangen nach Art. 16, 17 und 18 Abs. 2 oder ein Widerspruch nach Art. 21 Abs. 3. Ebenfalls muss die Datenverarbeitung mit den in Kapitel V enthaltenen Vorschriften über die Datenübermittlung an Drittländer oder internationale Organisationen, sowie den Vorschriften für besondere Verarbeitungssituationen, die in Kapitel IX enthalten sind und durch mitgliedstaatliche Vorschriften konkretisiert werden, im Einklang stehen. Ganz allgemein steht nach Erwägungsgrund 146 S. 5 zur DSGVO auch eine Verarbeitung, die nicht mit den nach Maßgabe der DSGVO erlassenen delegierten Rechtsakten und Durchführungsrechtsakten und Rechtsvorschriften der Mitgliedstaaten zur Präzisierung von Bestimmungen der DSGVO im Einklang steht, mit dieser nicht im Einklang.

c) Ansicht der betroffenen Person

20   Für den Anspruch auf einen gerichtlichen Rechtsbehelf ist allerdings nicht erforderlich, dass die betroffene Person tatsächlich aufgrund einer verordnungswidrigen Verarbeitung in ihren Rechten verletzt ist. Sie muss aber „der Ansicht" sein, dass dies so sei.[22] Vor dem Hintergrund, dass Art. 79 das europäische Grundrecht auf einen wirksamen Rechtsbehelf nach Art. 47 EuGrCh konkretisiert, sind die hierfür entwickelten Grundsätze heranzuziehen. Grundsätzlich ist vom Grundrechtsträger im Rahmen des Art. 47 EuGrCh zu erwarten, dass er eine Verletzung von Rechten und

---

22   *Piltz* K&R 2017, 85 (89).

Freiheiten zumindest in vertretbarer Weise **behauptet.**[23] Auf Art. 79 Abs. 1 bezogen bedeutet dies, dass die betroffene Person zum einen das verletzte Recht bezeichnen und zum anderen die rechtsschutzrelevanten Tatsachen im Sinne dieser Vorschrift behaupten muss. Sie muss also eine konkrete Verletzungshandlung behaupten und mitteilen, welche persönlichen Daten oder Kategorien von Daten ihrer Ansicht nach auf welche Art verarbeitet worden sein sollen.

An den Umfang dieser Darlegungen sind allerdings **keine zu hohen Anfor-**   21
derungen zu stellen, da Art. 79 Abs. 1 einen „wirksamen" gerichtlichen Rechtsbehelf fordert. Wirksam ist der Rechtsbehelf aber nur dann, wenn der Zugang zum Gericht nicht übermäßig erschwert wird.[24] Die betroffene Person braucht daher nur diejenigen Tatsachen und Wertungen vorzutragen, die aus ihrer Sphäre stammen oder anderweitig für sie wahrnehmbar sind, was zB hinsichtlich der fehlenden „Notwendigkeit" im Sinne des Art. 17 Abs. 1 lit. a oder hinsichtlich der genauen Art der Datenverarbeitung im Sinne des Art. 4 Nr. 2 nicht der Fall ist. Diesbezüglich muss es daher mit einer pauschalen Behauptung sein Bewenden haben. Müsste die betroffene Person Tatsachen und Wertungen außerhalb ihrer Sphäre und Wahrnehmungsmöglichkeiten konkret vortragen, würde dies die Wirksamkeit des gerichtlichen Rechtsbehelfs faktisch vereiteln. Konkret vortragen muss die betroffene Person aber beispielsweise, wann sie welches Verlangen an die für die Verarbeitung verantwortliche Person gerichtet hat und welche Reaktion wann darauf erfolgte. Im Rahmen des Art. 17 Abs. 1 lit. b ist es zumutbar, um die Behauptung einer Rechtsverletzung zu einer vertretbaren zu machen, dass die betroffene Person mitteilt, wann und wie sie ihre Einwilligung widerrufen hat. Auch ihre „besondere Situation" im Sinne des Art. 21 Abs. 1 S. 1 hat sie gegebenenfalls zu so darzulegen, dass sie als solche nachvollzogen werden kann.

Keineswegs ist konkreter Vortrag der betroffenen Person bezüglich der **Ver-**   22
ordnungswidrigkeit der Datenverarbeitung erforderlich. Die Beachtung der DSGVO spielt sich allein in der Sphäre des für die Verarbeitung Verantwortlichen ab. Dies ergibt sich aus Art. 24 Abs. 1; nach dieser Vorschrift hat der Verantwortliche sicherzustellen, dass die Datenverarbeitung gemäß der DSGVO erfolgt. Hierfür hat er nach der genannten Vorschrift auch den Nachweis zu erbringen. Entsprechendes gilt nach Art. 5 Abs. 2 für die Einhaltung Grundsätze für die Datenverarbeitung. Aus dieser Risikoverteilung ergibt sich, dass die betroffene Person nur ihre subjektive Einschätzung zum Ausdruck zu bringen, dass sie die Datenverarbeitung für verordnungswidrig hält, ohne dass insoweit konkrete Tatsachen dargelegt oder Vorschriften zitiert werden müssten.

---

23 GA Trstenjak, Schlussanträge v. 22.10.2011 zu EuGH 21.12.2011 – Rs. C-411/10 u. C-493/10, Slg 2011, I-13909, Rn. 159 – N. S. unter Hinweis auf die gleichlautende Rechtsprechung des EGMR zu Art. 13 EMRK; *Lemke* in: von der Groeben GRC Art. 47 Rn. 9; *Jarass*, EuGrCh, 2. Aufl. 2013, Art. 47 Rn. 11.

24 EuGH, Urt. v. 9.11.1983 – Rs. 199/82, Slg 1983, 3595 Rn. 14 – San Giorgio; EuGH, Urt. v. 25.2.1988 – Rs. 331/85, Slg 1988, 1099 Rn. 12 – Bianco; *Lemke* in: von der Groeben GRC Art. 47 Rn. 13; *Jarass*, EuGrCh, 2. Aufl. 2013, Art. 47 Rn. 30.

d) Passivlegitimation

23 Passivlegitimiert für den Rechtsbehelf müssen **Verantwortliche** und **Auftragsverarbeiter** sein. Beide Begriffe sind in Art. 4 Nr. 7 und 8 definiert. Adressat der den Rechten der betroffenen Person korrespondierenden Pflichten ist freilich nach Art. 12–22, 34 stets der Verantwortliche und nicht der Auftragsverarbeiter.[25] Art. 79 Abs. 1 ermöglicht es der betroffenen Person dennoch, im Falle einer Rechtsverletzung durch den Verantwortlichen unmittelbar den Auftragsverarbeiter gerichtlich in Anspruch zu nehmen, soweit der Verantwortliche sich für die Datenverarbeitung eines solchen bedient hat.

2. Rechtsfolge

a) Wirksamer gerichtlicher Rechtsbehelf

24 Welche gerichtlichen Rechtsbehelfe der betroffenen Person zur Verfügung stehen, richtet sich nach nationalem Recht. **Gerichte** iSd Art. 47 EuGrCh und somit auch iSd Art. 79[26] sind alle ständigen Einrichtungen, die obligatorisch über Rechtsfragen in einem streitigen Verfahren zu entscheiden haben, durch Gesetz errichtet und unabhängig sind.[27] Die Mitgliedstaaten sind in der Ausgestaltung der Rechtsbehelfe frei,[28] müssen aber freilich den Effektivitätsgrundsatz[29] nach Art. 4 Abs. 3 EUV beachten. Dies kommt in Art. 79 Abs. 1 in der Formulierung zum Ausdruck, dass der Rechtsbehelf „wirksam" sein muss. Für einen effektiven Rechtsschutz kommen vor allem **Klageverfahren** in Betracht,[30] erforderlich sein können aber auch Verfahren des **einstweiligen Rechtsschutzes**.[31]

25 In Deutschland kann die betroffene Person vor den Zivil- oder den Verwaltungsgerichten klagen; welcher **Rechtsweg** eröffnet ist, hängt nach §§ 40 VwGO, 13 GVG davon ab, ob es sich um eine öffentlich-rechtliche oder zivilrechtliche Streitigkeit handelt. Dies richtet sich danach, ob die streitentscheidende Norm ausschließlich Träger öffentlicher Gewalt berechtigt oder verpflichtet.[32] Ist Streitgegenstand also eine Rechtsverletzung infolge einer Verarbeitung personenbezogener Daten durch eine Behörde in ihrer Eigenschaft als Trägerin öffentlicher Gewalt zB nach Art. 6 Abs. 1 lit. e, 9 Abs. 2 lit. b, f, g, h und i, ist der Verwaltungsrechtsweg eröffnet, anderenfalls der Zivilrechtsweg. **Beispiele** für Behörden finden sich in Erwägungsgrund 31 zur DSGVO. Eine Sonderzuweisung für die Fälle des Art. 79 DSGVO ist im Regierungsentwurf eines Datenschutz-Anpassungs- und

---

25 Vgl. *Albrecht/Jotzo*, Teil 8 Rn. 26.
26 Vgl. *Martini* in: Paal/Pauly DSGVO Art. 79 Rn. 16.
27 EuGH 29.11.2001 – Rs. C-17/00, Slg 2001, I-9445 Rn. 10 – Coster; *Jarass*, EuGrCh, 2. Aufl. 2013, Art. 47 Rn. 17 ff.
28 EuGH 13.3.2007 – Rs. C-432/05, Slg 2007, I-2271 Rn. 39 – Unibet.
29 Dazu zB EuGH 13.3.2007 – Rs. C-432/05, Slg 2007, I-2271 Rn. 43 – Unibet; EuGH 20.9.2001 – Rs. C-453/99, Slg 2001, I-6314 Rn. 26 – Courage; *Hatje* in: Schwarze/Becker/Hatje/Schoo, EU-Kommentar EUV Art. 4 Rn. 36.
30 *Albrecht/Jotzo*, Teil 8 Rn. 25.
31 EuGH 13.3.2007 – Rs. C-432/05, Slg 2007, I-2271 Rn. 67 – Unibet; *Martini* in: Paal/Pauly DSGVO Art. 79 Rn. 16; *Jarass*, EuGrCh, 2. Aufl. 2013, Art. 47 GRC Rn. 28.
32 Vgl. *Sodan* in: Sodan/Ziekow, VwGO, 4. Aufl. 2014, § 40 Rn. 302 ff.

-Umsetzungsgesetzes EU (RegE-DSAnpUG-EU)[33] – anders als es gemäß § 20 RegE-DSAnpUG-EU für Rechtsbehelfe nach Art. 78 DSGVO der Fall ist – nicht enthalten. Die statthafte Klageart richtet sich gleichfalls nach nationalem Recht. Einstweiliger Rechtsschutz im Rahmen des Rechtswegs ist geboten, wenn nur so die volle praktische Wirksamkeit der späteren Gerichtsentscheidung sichergestellt werden kann.[34] Dies kommt insbesondere in Betracht, wenn die betroffene Person gemäß Art. 18 Abs. 1 lit. a, c oder d die Einschränkung der Verarbeitung verlangt und der Verantwortliche dem Verlangen nicht nachkommt.

Die **Darlegungs- und Beweislast** richtet sich gleichfalls im Grundsatz nach nationalem Recht. Allerdings dürfen die nationalen Beweisregeln die Geltendmachung des unionsrechtlich gewährten Rechts **nicht übermäßig erschweren**.[35] Insoweit ist Erläuterungen des Merkmals der „Ansicht der betroffenen Person" (→ Rn. 20 ff.) Bezug zu nehmen. Für den deutschen Zivilprozess gilt daher, dass die primäre Darlegungslast der betroffenen Person nur die Tatsachen erfassen kann, die aus ihrer Sphäre stammen oder anderweitig für sie wahrnehmbar sind. Für Tatsachen, die ihrer Wahrnehmung entzogen sind und aus der Sphäre des Verantwortlichen oder Auftragsverarbeiters stammen, muss hingegen eine pauschale Behauptung der betroffenen Person ausreichen.   26

Dem Beklagten obliegt sodann die **sekundäre Darlegungslast**; er muss also etwa zu Art. 17 Abs. 1 lit. a substantiiert behaupten, weshalb die personenbezogenen Daten für die relevanten Zwecke noch notwendig sind. Eine Beweislastumkehr ist freilich damit nicht verbunden, da durch die sekundäre Darlegungslast ein effektiver Rechtsschutz der betroffenen Person in hinreichendem Maße gewährleistet ist und es somit bei der Anwendung der nationalen Beweislastregeln bleiben kann. Anders liegt es bezüglich der Frage der Verordnungskonformität der Datenverarbeitung; insoweit ist Art. 24 Abs. 1 S. 1 eine Beweislastumkehr zulasten des Beklagten zu entnehmen, denn diese Vorschrift weist das Risiko der Nachweisbarkeit der Verordnungskonformität dem für die Verarbeitung Verantwortlichen zu.   27

Im **Verwaltungsprozess** gilt nach § 86 VwGO der Amtsermittlungsgrundsatz. Die materielle Beweislast für das tatsächliche Vorliegen der Voraussetzungen des Art. 79 Abs. 1 bleibt wie auch im Zivilprozess beim Kläger, mit Ausnahme der Tatsachen betreffend die Verordnungskonformität der Datenverarbeitung.   28

b) Sperrwirkung

Fraglich ist allerdings, ob Art. 79 Abs. 1 eine Sperrwirkung für gerichtliche Rechtsbehelfe entfaltet, wenn die Voraussetzungen dieser Vorschrift nicht erfüllt sind. Relevant kann dies insbesondere in Bezug auf das Merkmal der Rechtsverletzung sein: Die vergangenheitsbezogene Formulierung der Vorschrift („verletzt wurden", entsprechend auch, soweit ersichtlich, in   29

---

33 BT-Drs. 18/11325 v. 24.2.2017.
34 EuGH 13.3.2007 – Rs. C-432/05, Slg 2007, I-2271 Rn. 67 – Unibet.
35 EuGH 9.11.1983 – Rs. 199/82, Slg 1983, 3595 Rn. 14 – San Giorgio; EuGH 25.2.1988 – Rs. 331/85, Slg 1988, 1099 Rn. 12 – Bianco; *Jarass*, EuGrCh, 2. Aufl. 2013, Art. 47 Rn. 30.

den anderen Sprachfassungen) zeigt, dass eine solche bereits stattgefunden haben muss. Ein effektiver Rechtsschutz kann jedoch erfordern, dass Rechtsverletzungen bereits von vorneherein verhindert werden können müssen, wenn Nachteile anderenfalls nicht mehr beseitigt werden können. Deshalb kann Art. 47 EuGrCh die Möglichkeit der Erlangung **vorbeugenden Rechtsschutzes** durch Erhebung einer vorbeugenden Unterlassungsklage oder die Einleitung eines auf vorbeugende Unterlassung gerichteten Eilverfahrens primärrechtlich gebieten, sofern ein späterer Schadensersatzanspruch zum Ausgleich nicht ausreichend ist.[36]

30   Jenseits primärrechtlicher Erfordernisse schließt Art. 79 jedoch weitere Rechtsbehelfe gegen Verantwortliche und Auftragsverarbeiter aus, so dass vorbeugende Unterlassungsklagen nach §§ 1004 Abs. 1, 823 Abs. 2 BGB im Bereich des Datenschutzes grundsätzlich **nicht mehr möglich** sind. Nach den Erwägungsgründen 9 und 10 zur DSGVO sollen der Datenschutz und seine Durchsetzung unionsweit gleichmäßig angewandt werden. Eine unterschiedliche Handhabung soll nach Erwägungsgrund 8 zur DSGVO lediglich in den Fällen möglich sein, in denen die Verordnung selbst Präzisierungen oder Einschränkungen ihrer Vorschriften zulässt. Die in Art. 76 Abs. 5 des Kommissionsvorschlags den Mitgliedstaaten noch aufgegebene Schaffung von Rechtsschutzmöglichkeiten zum Abstellen mutmaßlicher Rechtsverletzungen ist in den Verordnungstext gerade nicht übernommen worden (→ Rn. 11), so dass ein Kernargument gegen den abschließenden Charakter der von Abs. 1 geforderten Rechtsschutzmöglichkeiten[37] entfallen ist. Im Gegenteil bleiben nach dem Wortlaut dieser Vorschrift nur andere verwaltungsrechtliche oder außergerichtliche Rechtsbehelfe „unbeschadet", nicht aber gerichtliche Rechtsbehelfe.

c) Unbeschadet anderer verwaltungsrechtlicher oder außergerichtlicher Rechtsbehelfe

31   Art. 79 steht also anderen verwaltungsrechtlichen Rechtsbehelfen nicht entgegen. Gegen Entscheidungen von Behörden im Rahmen der Verarbeitung persönlicher Daten ist also zunächst gegebenenfalls **Widerspruch** nach §§ 68 ff. VwGO einzulegen. Das Erfordernis eines Vorverfahrens nach nationalem Recht widerspricht dem Gebot effektiven Rechtsschutzes nicht.[38] Soweit das nationale Recht als Alternative zu gerichtlichen Verfahren verwaltungsrechtliche oder außergerichtliche Rechtsbehelfe, beispielsweise **Mediationsmöglichkeiten**, anbietet, können diese alternativ oder kumulativ – sofern letzteres von der nationalen Rechtsordnung vorgesehen ist – in Anspruch genommen werden. Entsprechendes gilt für die Beschwerde nach Art. 77 bei der Aufsichtsbehörde. Über Abs. 1 hinausgehende gerichtliche Rechtsbehelfe sind indes im Umkehrschluss nicht statthaft, es sei denn sie wären ausnahmsweise gemäß Art. 47 EuGrCh geboten (→ Rn. 29).

---

36   Zurückhaltend EuGH 13.3.2007 – Rs. C-432/05, Slg 2007, I-2271 Rn. 73 – Unibet; EuGH 1.4.2004 – Rs. C-362/02 P, Slg 2004, I-3425 Rn. 31 ff. – Jégo-Quéré; vgl. *Eser* in: Meyer, EuGrCh, 4. Aufl. 2014, Art. 47 Rn. 13 Fn. 51.

37   Vgl. *Mantz* ZD 2014, 62 (65).

38   *Jarass*, EuGrCh, 2. Aufl. 2013, Art. 47 Rn. 17.

3. Begründetheit

Eine Klage, die auf Grundlage von Art. 79 erhoben worden ist, ist begrün- 32
det, wenn das Gericht nach seinen prozessualen Regeln zu dem Ergebnis
kommt, dass der Kläger durch den Verantwortlichen infolge einer verordnungswidrigen Verarbeitung seiner personenbezogenen Daten in dem von
ihm geltend gemachten Recht verletzt wurde. Die durch das Gericht festge-
stellte Rechtsverletzung muss also der vom Kläger geltend gemachten Verletzung entsprechen; im Übrigen genügt **jede verordnungswidrige Verarbeitung** personenbezogener Daten des Klägers als betroffener Person, infolge
derer die Rechtsverletzung eingetreten ist. Dafür, dass die Verarbeitung
nicht gegen die DSGVO verstößt, trägt der Verantwortliche oder Auftragsverarbeiter die Beweislast.[39] Ist die Klage begründet, wird das Gericht den
Verantwortlichen oder Auftragsverarbeiter je nach Streitgegenstand zur
Unterlassung der Rechtsverletzung oder zur Erfüllung des Anspruchs der
betroffenen Person (zB Löschung, Berichtigung). Wann ein Antrag auf Gewährung einstweiligen Rechtsschutzes begründet ist, richtet sich nach nationalem Verfahrensrecht, wobei der Effektivitätsgrundsatz und Art. 47
EuGrCh zu beachten sind.

II. Internationaler Gerichtsstand (Abs. 2)

Die Vorschrift verdrängt die allgemeinen Zuständigkeitsregeln der Brüssel 33
Ia-VO.[40] Internationale Gerichtsstände für Klagen gegen Verantwortliche
oder Auftragsverarbeiter befinden sich in jedem Mitgliedstaat, in dem der
jeweilige Beklagte eine **Niederlassung** hat.[41] Eine Definition des – weit gefassten – Begriffs der Niederlassung befindet sich in Erwägungsgrund 22
zur DSGVO. Danach setzt eine Niederlassung „die effektive und tatsächliche Ausübung einer Tätigkeit durch eine **feste Einrichtung** voraus,[42] wobei
es auf die rechtliche Selbständigkeit oder Rechtsform der Einrichtung nicht
ankommt. Erforderlich ist zuvörderst eine bauliche Einrichtung. Eine bloße
Briefkastenanschrift ist keine Niederlassung.[43]

Die betroffene Person kann alternativ auch bei einem Gericht des Mitglied- 34
staates, in dem sie ihren Aufenthaltsort hat, klagen. In Art. 75 Abs. 2 des
Kommissionsvorschlags war noch vom „**gewöhnlichen Aufenthalt**" die Rede. Dies ist freilich auch weiterhin gemeint[44]; es liegt insoweit ein Redaktionsversehen vor. Auch in der englischen Endfassung ist von „habitual resi-
dence" und in der französischen von „résidence habituelle" die Rede.[45]
Die Möglichkeit der Klage vor den Gerichten im Mitgliedstaat des gewöhnlichen Aufenthaltes der betroffenen Person besteht allerdings dann

---

39 Dazu *Wybitul* ZD 2016, 254 (254).
40 *Albrecht/Jotzo*, Teil 8 Rn. 29; *Feiler/Forgó* DSGVO, Art. 79 Rn. 8.
41 Vgl. *Albrecht/Jotzo*, Teil 8 Rn. 29.
42 Vgl. auch EuGH 25.7.1991 – Rs. C-221/89, Slg 1991, I-3905 Rn. 20 – Factortame
    II; ebenso *Martini* in: Paal/Pauly DSGVO Art. 79 Rn. 24..
43 *Kindler* NJW 1999, 1993, 2000.
44 AA wohl *Becker* in: Plath, BDSG/DSGVO, Art. 79 DSGVO Rn. 3.
45 Darauf weist auch *Martini* in: Paal/Pauly DSGVO Art. 79 Rn. 27, hin; zum Um-
    gang mit Diskrepanzen in den unterschiedlichen Sprachfassungen von EU-Rechts-
    akten vgl. *Kreße* ZRP 2014, 11 ff.; *Kreße* in: Burr/Gréciano, Sprache und Recht,
    2003, S. 157 ff.

nicht, wenn der Beklagte eine Behörde eines Mitgliedstaates ist, die in Ausübung ihrer hoheitlichen Befugnisse gehandelt hat. Eine Behörde ist eine staatliche Stelle (Beispiele in Erwägungsgrund 31 zur DSGVO). Hoheitliche Befugnisse sind Ausdruck eines **Subordinationsverhältnisses;**[46] es handelt sich um besondere behördliche Befugnisse, die von den allgemeinen, im Verhältnis zwischen Privatpersonen geltenden Regeln abweichen.[47] Art. 79 ist vertraglich nicht abdingbar.[48]

35   Die Gerichtsstandsregeln des Abs. 2 gelten auch für Verfahren des **einstweiligen Rechtsschutzes,** trotz der missverständlichen Formulierung: „Klagen", die insoweit allerdings zB mit der französischen („actions") und italienischen Fassung („azioni") übereinstimmt. Die englische Fassung der Vorschrift spricht hingegen allgemein von „proceedings", ähnlich wie die niederländische („procedure"). Da ein Grund für die unterschiedliche zuständigkeitsrechtliche Behandlung von Hauptsache- und Eilverfahren nicht ersichtlich ist, es vielmehr sinnvoll ist, gegebenenfalls beide Verfahren beim selben Gericht zu konzentrieren, hat sich die Auslegung insoweit an den Sprachfassungen zu orientieren, die dem gerecht werden.[49] Auch für Verfahren, die nach Art. 80 Abs. 1 oder Abs. 2 durch eine der dort bezeichneten Institutionen eingeleitet werden, sind die Gerichtsstände des Art. 79 Abs. 2 eröffnet, da Art. 80 Abs. 1 und Abs. 2 vorbehaltlos auf Art. 79 verweisen.[50]

Artikel 80 Vertretung von betroffenen Personen

(1) Die betroffene Person hat das Recht, eine Einrichtung, Organisationen oder Vereinigung ohne Gewinnerzielungsabsicht, die ordnungsgemäß nach dem Recht eines Mitgliedstaats gegründet ist, deren satzungsmäßige Ziele im öffentlichem Interesse liegen und die im Bereich des Schutzes der Rechte und Freiheiten von betroffenen Personen in Bezug auf den Schutz ihrer personenbezogenen Daten tätig ist, zu beauftragen, in ihrem Namen eine Beschwerde einzureichen, in ihrem Namen die in den Artikeln 77, 78 und 79 genannten Rechte wahrzunehmen und das Recht auf Schadensersatz gemäß Artikel 82 in Anspruch zu nehmen, sofern dieses im Recht der Mitgliedstaaten vorgesehen ist.

(2) Die Mitgliedstaaten können vorsehen, dass jede der in Absatz 1 des vorliegenden Artikels genannten Einrichtungen, Organisationen oder Vereinigungen unabhängig von einem Auftrag der betroffenen Person in diesem Mitgliedstaat das Recht hat, bei der gemäß Artikel 77 zuständigen Aufsichtsbehörde eine Beschwerde einzulegen und die in den Artikeln 78 und 79 aufgeführten Rechte in Anspruch zu nehmen, wenn ihres Erachtens

---

46 Vgl. EuGH 14.10.1976 – Rs. 29/76, Slg 1976, 1541 Rn. 4 – LTU/Eurocontrol.
47 EuGH 14.11.2002 – Rs. C-271/00, Slg 2002, I-10489 Rn. 34, 36 – Baten; EuGH 4.9.2014 – Rs. C-157/13, IPRax 2015, 417 Rn. 23 ff. – Nickel & Goeldner; vgl. *Martini* in: Paal/Pauly DSGVO Art. 79 Rn. 30.
48 *Laue/Nink/Kremer*, § 11 Rn. 36.
49 Vgl. *Kreße* ZRP 2014, 11 ff.; *Kreße* in: Burr/Gréciano, Sprache und Recht, 2003, S. 157 ff.
50 *Feiler/Forgó* DSGVO Art. 79 Rn. 6, Art. 80 Rn. 1.

die Rechte einer betroffenen Person gemäß dieser Verordnung infolge einer Verarbeitung verletzt worden sind.

Verwandte Normen: ErwGr 142

Literatur:
Dieterich, Rechtsdurchsetzungsmöglichkeiten der DS-GVO – Einheitlicher Rechtsrahmen führt nicht zwangsläufig zu einheitlicher Rechtsanwendung, ZD 2016, 216; *Dönch*, Verbandsklagen bei Verstößen gegen das Datenschutzrecht – neue Herausforderungen für die Datenschutz-Compliance, BB 2016, 962; *Gerhard*, Vereinbarkeit einer Verbandsklage im Datenschutzrecht mit Unionsrecht – Grundsätzliche Fragen zur Rechtmäßigkeit des UKlaG-E v. 4.2.2015 (BT-Drucks. 18/4631) aus Sicht des EU-Rechts, CR 2015, 338; *Gola/Wronka*, Datenschutzrecht im Fluss, RDV 2015, 3; *Halfmeier*, Die neue Datenschutzverbandsklage, NJW 2016, 1126; *Piltz*, Die Datenschutz-Grundverordnung: Teil 5: Internationale Zusammenarbeit, Rechtsbehelfe und Sanktionen, K&R 2017, 85.

A. Grundlagen

I. Gesamtverständnis und Zweck der Norm

Art. 80 soll betroffenen Personen die Möglichkeit geben, die ihnen zustehenden Rechte nicht selbst oder mittels eines Rechtsanwaltes durchzusetzen, sondern hiermit bestimmte Institutionen, die im öffentlichen Interesse tätig sind, zu beauftragen. Dies soll die **Durchsetzung der Rechte** betroffener Personen erleichtern, weil die Rechtsverfolgungskosten auf diese Weise niedriger gehalten werden als im Falle der Beauftragung eines Rechtsanwalts, bei gleichzeitiger kompetenter Vertretung. Überdies sollen die in Art. 80 Abs. 1 bezeichneten Institutionen im **öffentlichen Interesse** losgelöst von einem konkreten Auftrag bestimmte Rechte natürlicher Personen durchsetzen können, was die Effektivität der Datenschutzvorschriften insgesamt stärkt. **1**

II. Bisherige Rechtslage

Am 24.2.2016 trat das Gesetz zur Verbesserung der zivilrechtlichen Durchsetzung von verbraucherschützenden Vorschriften des Datenschutzrechts in Kraft.[1] Hierdurch wurden im Bereich des Datenschutzes unter anderem **Verbandsklagebefugnisse** eingeführt. Diese sind nun in § 2 Abs. 1, Abs. 2 S. 1 Nr. 11 UKlaG geregelt, Verbraucherschutzverbände waren daher auch **2**

---

1 G v. 17.2.2016, BGBl. 2016 I 233.

vor Inkrafttreten der DSGVO berechtigt, Unternehmer sowie deren Mitarbeiter und Beauftragte, die gegen Vorschriften über die Zulässigkeit der Erhebung, Verarbeitung oder Nutzung personenbezogener Daten über Verbraucher verstoßen, auf Unterlassung und Beseitigung in Anspruch zu nehmen, wobei sich der Beseitigungsanspruch nach den entsprechenden datenschutzrechtlichen Vorschriften richtet. Zur Vermeidung übertriebener Abmahnaktivität zum Zwecke der Generierung ersatzfähiger Aufwendungen und Kosten sieht § 2a UKlaG vor, dass die missbräuchliche Geltendmachung von Ansprüchen durch Verbände unzulässig ist.[2] Auch sind von vorneherein nur qualifizierte Stellen iSd § 3 Abs. 1 UKlaG aktivlegitimiert.

III. Entstehung der Norm

3   Das Recht natürlicher Personen, sich von bestimmten Institutionen bei der Rechtsdurchsetzung vertreten zu lassen, war bereits in Art. 76 Nr. 1 des Kommissionsvorschlags[3] zur DSGVO vorgesehen. Die Vorschrift erfuhr im Rechtssetzungsverfahren Änderungen durch den **Standpunkt des Europäischen Parlaments**[4] und entspricht nunmehr – bis auf redaktionelle Änderungen – der **allgemeinen Ausrichtung**,[5] die der Rat der Europäischen Union festgelegt hat. Dort wurde auch die Möglichkeit der Rechtsdurchsetzung durch Institutionen ohne den Auftrag einer betroffenen Person verankert, während in Art. 76 Nr. 2 des Kommissionvorschlags lediglich Klagemöglichkeiten der Aufsichtsbehörden zur Durchsetzung der Bestimmungen der DSGVO und zur Sicherstellung eines einheitlichen Schutzes personenbezogener Daten vorgesehen war.

B. Kommentierung

I. Rechtswahrnehmungsbefugte Institutionen

1. Arten von Institutionen

4   Beide Absätze des Art. 80 beziehen sich auf Einrichtungen, Organisationen und Vereinigungen,[6] die im Bereich des Schutzes personenbezogener Daten tätig sind. Das Abstellen auf drei unterschiedliche Begriffe durch den Verordnungsgeber zeigt, dass der Kreis der Stellen, die grundsätzlich für die Rechtswahrnehmung in Betracht kommen, weit gefasst sein soll. Erfasst ist jede **Institution**, die die in Art. 80 niedergelegten Voraussetzungen erfüllt, ganz gleich, wie sich ihre interne Organisation im Einzelnen darstellt. Im deutschen Recht kann es sich beispielsweise um Gesellschaften bürgerli-

---

2 *Dönch* BB 2016, 962 (965); krit. dazu *Halfmeier* NJW 2016, 1126 (1128).
3 Vorschlag der Europäischen Kommission für eine Verordnung des Europäischen Parlaments und des Rates zum Schutz natürlicher Personen bei der Verarbeitung personenbezogener Daten und zum freien Datenverkehr (Datenschutz-Grundverordnung) vom 25.2.2012, KOM(2012) 11 endgültig.
4 Standpunkt des Europäischen Parlamentes zur Datenschutz-Grundverordnung vom 12.3.2014, Dok. 7427/14.
5 Allgemeine Ausrichtung des Rates der Europäischen Union zur Datenschutz-Grundverordnung vom 15.6.2015, Dok. 9565/15.
6 In Erwägungsgrund 142 zur DSGVO ist freilich von „Verbänden" die Rede, was aber keinen inhaltlichen Unterschied bedeutet, vgl. zB die französische und die englische Version, in denen in Art. 80 und in Erwägungsgrund 142 gleichermaßen von „association" die Rede ist.

chen Rechts iSd §§ 705 ff. BGB handeln oder auch um Vereine nach §§ 21 ff. BGB. Nicht notwendig ist, dass es sich um eine rechtsfähige Institution handelt: Auch ein nicht rechtsfähiger Verein iSd § 54 BGB kann also, wenn er die Voraussetzungen des Art. 80 erfüllt, die Rechtswahrnehmungsbefugnisse nach dieser Vorschrift ausüben.

Eine Einschränkung ist allerdings geboten: Da Art. 80 explizit auf die ordnungsgemäße Gründung nach dem Recht eines Mitgliedstaates sowie die „satzungsmäßigen Ziele" abstellt, kann es sich bei den in der Vorschrift genannten Institutionen nicht um eine **natürliche Person** handeln. Eine Vereinigung im Sinne einer Personenmehrheit ist allerdings nicht erforderlich; der Begriff der Einrichtung oder Organisation passt beispielsweise auch auf eine Ein-Mann-GmbH. 5

2. Ordnungsgemäße Gründung und fehlende Gewinnerzielungsabsicht

Die Institution muss ordnungsgemäß nach dem Recht eines Mitgliedstaates gegründet worden sein. Die Voraussetzungen wirksamer Gründung richten sich daher nach der beabsichtigten Rechtsform der zu gründenden Institution. Die Institution darf keine **Gewinnerzielungsabsicht** haben. Somit scheiden offene Handelsgesellschaften und Kommanditgesellschaften aus dem Kreis der möglichen Institutionen aus, weil diese nach § 105 Abs. 1, 2 HGB stets auf den Betrieb eines Gewerbes gerichtet sein muss und der Gewerbebegriff nach jedenfalls derzeit noch überwiegender Rechtsprechung[7] Gewinnerzielungsabsicht voraussetzt. Nicht ausgeschlossen ist, dass die Institution ihre Tätigkeit nur gegen Auslagenerstattung ausübt, wobei auch das Verlangen zB einer Fall- oder Stundenpauschale in Betracht kommt und nicht grundsätzlich ein Indiz für eine Gewinnerzielungsabsicht darstellt. Die **Pauschale** muss aber so bemessen sein, dass hierdurch im Zusammenspiel mit den Einnahmen aus der Bearbeitung der anderen Fälle und aus den sonstigen Tätigkeiten der Institution ein Jahresgewinn voraussichtlich nicht erzielt wird. Hierbei ist der Institution im Hinblick auf die Prognoseschwierigkeiten in Bezug auf die sonstigen Einnahmen und den tatsächlich anfallenden Aufwand für die konkrete Tätigkeit ein weiter Beurteilungsspielraum zuzubilligen. Gewinnerzielungsabsicht ist eine innere Tatsache,[8] auf die nur geschlossen werden kann, wenn das Verhalten der Institution in seiner Gesamtheit **offensichtlich** nur Zugrundelegung einer solchen Absicht plausibel ist. 6

3. Öffentliches Interesse an den satzungsmäßigen Zielen

Die satzungsmäßigen Ziele der Institution müssen im öffentlichen Interesse liegen. Das öffentliche Interesse ist **unionsrechtlich** zu bestimmen.[9] Ein öffentliches Interesse liegt insbesondere bei Institutionen, deren satzungsmäßiges Ziel der Schutz natürlicher Personen bei der Verarbeitung personenbezogener Daten ist, ohne weiteres vor. Aber auch der Schutz anderer unionsrechtlicher Grundrechte und Grundfreiheiten wie überhaupt die Förde- 7

---

7 Etwa BGHZ 33, 321, 324; BGHZ 66, 48, 49; BGHZ 83, 382, 386; weitere Nachweise bei *Oetker/Körber*, HGB, 4. Aufl. 2015, § 1 Rn. 28.
8 *Oetker/Körber*, HGB, 4. Aufl. 2015, § 1 Rn. 29.
9 Vgl. *Becker* in: Plath, BDSG/DSGVO, Art. 80 DSGVO Rn. 2.

rung sämtlicher Werte und Ziele der Europäischen Union, die im EUV oder AEUV genannt werden, liegt im öffentlichen Interesse. Von praktischer Bedeutung ist insbesondere das in Art. 169 AEUV anerkannte Ziel des **Verbraucherschutzes**; in Deutschland etwa nehmen häufig Verbraucherschutzverbände das Verbandsklagerecht nach dem UKlaG wahr.[10]

8　Auf ein öffentliches Interesse im Sinne lediglich des **Gründungsmitgliedstaates** kann es hingegen nicht ankommen, weil es anderenfalls Zufall wäre, ob einer Institution Rechtswahrnehmungsbefugnisse, die sie dann ja nicht nur im Gründungs-, sondern in jedem Mitgliedstaat ausüben kann, zustehen oder nicht. Bei identischer satzungsmäßiger Zielsetzung könnte eine Institution je nach Gründungsmitgliedstaat die datenschutzbezogenen Rechte betroffener Personen wahrnehmen oder eben nicht. Anders als im Anwendungsbereich der Richtlinie über Unterlassungsklagen zum Schutz der Verbraucherinteressen[11] existiert gerade kein EU-weit verbindliches Verzeichnis der klagebefugten Einrichtungen, in das diese gemäß Art. 4 Abs. 2 der Richtlinie aufgrund einer bloßen Mitteilung eines Mitgliedstaates an die Kommission aufgenommen werden und das von allen Mitgliedstaaten zu beachten ist. Bei der Anwendung des Art. 80 kann es also durchaus sein, dass die Zulässigkeit der Rechtswahrnehmung durch eine in dem Verzeichnis eingetragene Institution mit der Begründung abgelehnt wird, ihr satzungsmäßiger Zweck liege nicht im öffentlichen Interesse.

4. Tätigkeit im Bereich des Datenschutzes

9　Institutionen steht nur dann eine Rechtswahrnehmungsbefugnis nach Art. 80 zu, wenn sie – gegebenenfalls neben anderen Tätigkeiten[12] – jedenfalls auch im Bereich des Schutzes personenbezogener Daten tätig sind. Hierdurch werden **Sachnähe** sowie ein **eigenes Interesse** der Institution an der Rechtewahrnehmung gewährleistet. Die bloße Wahrnehmung der Rechte betroffener Personen nach Art. 80 reicht für die Annahme einer Tätigkeit im Bereich des Datenschutzes nicht aus, weil dieser Voraussetzung anderenfalls keine Relevanz zukäme.

II. Rechtswahrnehmung im Auftrag einer betroffenen Person (Abs. 1)

10　Betroffene Personen haben das Recht, die in Art. 80 Abs. 1 bezeichneten Institutionen mit der Wahrnehmung ihrer in den Art. 77, 78 und 79 genannten Rechte zu beauftragen. Soweit die Beauftragung reicht, kann die Institution sodann im Namen des Auftraggebers Beschwerde bei einer Aufsichtsbehörde einlegen oder gerichtlich gegen eine Entscheidung einer Aufsichtsbehörde oder gegen eine Rechtsverletzung durch Verantwortliche oder Auftragsverarbeiter vorgehen. Die Rechte der jeweiligen Institution gehen dabei nicht über die Rechte der betroffenen Person selbst hinaus. Da es sich bei Abs. 1 um einen Fall der **Stellvertretung** im Verwaltungsverfah-

---

10　Vgl. zB *Dönch* BB 2016, 962; *Halfmeier* NJW 2016, 1126 (1127).

11　Richtlinie 2002/20/EG des Europäischen Parlaments und des Rates vom 23. April 2009 über Unterlassungsklagen zum Schutz der Verbraucherinteressen, ABl. EU Nr. L 110 v. 1.5.2009, S. 30.

12　*Piltz* K&R 2017, 85 (90); *Becker* in: Plath, BDSG/DSGVO, Art. 80 DSGVO Rn. 2.

ren oder im Prozess handelt,[13] ist Verfahrensbeteiligter oder Prozesspartei die betroffene Person, in deren Namen die Institution tätig wird, und nicht die Institution selbst. Die betroffene Person hat etwa im Unterliegensfalle auch die Verfahrenskosten zu tragen, soweit die jeweilige Verfahrens- oder Prozessordnung dies vorsieht.

Das Möglichkeit, Institutionen mit der Wahrnehmung der Rechte aus **11**
Art. 77–79 zu beauftragen, kann durch die Mitgliedstaaten nicht eingeschränkt werden. Der in Art. 80 Abs. 1, letzter Halbsatz, vorgesehene Vorbehalt nationalen Rechts bezieht sich ausweislich des Demonstrativpronomens „dieses" nur auf die vertretungsweise Geltendmachung von **Schadensersatz** nach Art. 82. Für die gerichtliche und außergerichtliche Geltendmachung von Schadensersatzansprüchen im Namen betroffener Personen durch die in Art. 80 genannten Institutionen bedarf es also einer Regelung in den nationalen Rechten. Fraglich ist aber, welche nationalen Rechte insoweit regelungsbefugt sind. Für die **gerichtliche Geltendmachung** ist zu fordern, dass die **lex fori**, also das Recht des Mitgliedstaates, vor dessen Gericht die Klage nach Art. 82 Abs. 6, 79 Abs. 2 konkret erhoben wird, die gerichtliche Vertretung durch Institutionen im Sinne des Art. 80 vorsieht. Auf das Recht des Gründungsstaates der Institution oder auf andere mitgliedstaatliche Rechtsordnungen kann es hingegen nicht ankommen, weil Abs. 1 den Mitgliedstaaten keine Befugnis gewährt, zu bestimmen, inwieweit das der lex fori unterfallende Prozessrecht[14] anderer Mitgliedstaaten die gerichtliche Vertretung durch Institutionen zu akzeptieren hat.

Ob die Frage der Vertretungsmacht für die **außergerichtliche** Geltendma- **12**
chung von Schadensersatzansprüchen betroffener Personen gleichfalls anhand des Rechts des potentiellen Forumstaates zu beantworten ist, erscheint fraglich: Denn Art. 82 Abs. 6, 79 Abs. 2 eröffnen eine Vielzahl von Gerichtsständen; auch muss es nicht zu einem Schadensersatzprozess kommen. Andererseits erscheint es widersinnig, dass eine Institution im Sinne des Art. 80 die betroffene Person vor dem Gericht eines bestimmten Mitgliedstaats vertreten darf, andererseits aber etwa die wirksame Vertretung bei der außergerichtlichen Inverzugsetzung verneint werden muss, weil insoweit eine andere Rechtsordnung in Betracht kommt, die die außergerichtliche Vertretung durch Institutionen nicht vorsieht. Aus diesem Grund muss es für die Bejahung außergerichtlicher Vertretungsmacht ausreichen, wenn die Rechtsordnung auch nur eines potentiellen Forumstaates im Sinne der Art. 82, Abs. 6, 79 Abs. 2 eine außergerichtliche Rechtswahrnehmungsbefugnis von Institutionen im Bereich des Schadensersatzes vorsieht.

III. Rechtswahrnehmung ohne Auftrag (Abs. 2)

Abs. 2 dient der Stärkung kollektiven Rechtsschutzes.[15] Nach dieser Vor- **13**
schrift können die Mitgliedstaaten vorsehen, dass Institutionen im Sinne des Abs. 1 die Rechte betroffener Personen aus Art. 77–79 auch ohne einen diesbezüglichen Auftrag der Person wahrnehmen können. Dies gilt nicht

---

13   *Feiler/Forgó* DSGVO Art. 80 Rn. 2; aA *Laue/Nink/Kremer*, § 11 Rn. 40 (gewillkürte Prozessstandschaft).
14   ZB BeckOGK/*Gebauer*, Stand 12/2016, Art. 11 Rom I-VO Rn. 51.
15   *Albrecht/Jotzo*, Teil 8 Rn. 31.

für die Geltendmachung von **Schadensersatzansprüchen** aus Art. 82.[16] Hierfür ist stets ein Auftrag der betroffenen Person gemäß Abs. 1 erforderlich, anderenfalls kann ein Schadensersatzverlangen nicht gestattet werden.[17] Anders als die Pflicht zur Gewährleistung der Möglichkeit für betroffene Personen, sich von einer Institution vertreten zu lassen, ist die Einräumung der Möglichkeit einer auftragsunabhängigen Rechtewahrnehmung durch Institutionen für die Mitgliedstaaten nicht zwingend.[18] In Deutschland sind datenschutzrechtliche Vorschriften allerdings durch das Gesetz zur Verbesserung der zivilrechtlichen Durchsetzung von verbraucherschützenden Vorschriften des Datenschutzrechts Anfang 2016 in § 2 Abs. 2 UKlaG aufgenommen worden.[19] Der in der Überschrift des Art. 80 verwendete Terminus „Vertretung" passt hier freilich nicht, weil die Institution im Rahmen des Abs. 2 nicht in fremdem, sondern in eigenem Namen handelt.[20] Dementsprechend treffen sie auch alle Folgen eines Prozessverlusts. Eine gesetzliche Prozessstandschaft nach Abs. 2 setzt voraus, dass der eingelegte Rechtsbehelf Rechtsverletzungen betrifft, die „infolge einer Verarbeitung" eingetreten sind.[21]

14   Da es um Fragen der Rechtsverletzung zu Lasten einer betroffenen Person geht, können aufsichtsbehördliche oder gerichtliche Entscheidungen diesbezüglich nur einheitlich ergehen. Aus diesem Grund muss die Aufsichtsbehörde im Falle des Art. 77 prüfen, ob die betroffene Person nach § 13 Abs. 1 Nr. 4, Abs. 2 VwVfG am Verwaltungsverfahren zu beteiligen ist. In Verwaltungsgerichtsverfahren nach Art. 78 oder Art. 79 ist die betroffene Person nach § 65 Abs. 2 VwGO notwendig beizuladen. Im Falle eines durch eine Institution geführten Zivilprozesses gemäß Art. 79 kommen je nach Sachlage eine notwendige **Streitgenossenschaft** nach § 62 ZPO oder eine Nebenintervention der betroffenen Person (§ 66 ZPO) in Betracht. Eine Befugnis für Institutionen, auch ohne Auftrag der betroffenen Person deren Schadensersatzansprüche durchzusetzen, besteht nicht.

15   Obwohl es sich bei Abs. 2 um einen Fall gesetzlicher **Prozessstandschaft** handelt, findet eine Rechtskrafterstreckung zivilgerichtlicher Entscheidungen auf die betroffene Person nicht statt. Denn die Prozessstandschaft findet nicht primär im Interesse der betroffenen Person statt, sondern hat ihren Grund vornehmlich darin, dass der Institution die Geltendmachung ihrer eigenen satzungsmäßigen Interessen ermöglicht werden soll. In Fällen eigennütziger Prozessstandschaft besteht kein Anlass, den Rechteinhaber an eine gegenüber der Institution ergangene Entscheidung zu binden.[22]

---

16 Vgl. *Dieterich* ZD 2016, 260 (265).
17 So ausdrücklich Erwägungsgrund 142 S. 3 zur DSGVO; vgl. auch *Albrecht/Jotzo*, Teil 8 Rn. 35.
18 *Kühling/Martini ua*, Die DSGVO und das nationale Recht, 2016, S. 271.
19 Vgl. *Piltz* K&R 2017, 85 (90).
20 So auch *Becker* in: Plath, BDSG/DSGVO, Art. 80 DSGVO Rn. 6.
21 Darauf weisen *Laue/Nink/Kremer*, § 11 Rn. 43, mit Recht hin.
22 BeckOK-ZPO/*Gruber*, Stand 12/2016, § 325 Rn. 40; MüKo-ZPO/*Gottwald*, 5. Aufl. 2016, § 325 Rn. 48 f.

C. Verhältnis zu anderen Normen

Da Art. 80 es den Mitgliedstaaten ausdrücklich erlaubt, bestimmten Ver- 16
bänden unter den in der Vorschrift dargestellten Voraussetzungen eigenständige Rechtsbehelfsbefugnisse unabhängig von einer Beauftragung zu
verleihen, wird die **Unionsrechtskonformität** der Datenschutzverbandskla-
gevorschriften des UKlaG (→ Rn. 2) mittlerweile nicht mehr angezwei-
felt.[23] Zutreffend ist dies freilich nicht, weil die Aktivlegitimation der Verbände nicht weiter gehen darf, als dies in Art. 80 vorgesehen ist. Soweit
sich also die Unterlassungs- und Beseitigungsansprüche, die in § 2 Abs. 1,
Abs. 2 S. 1 Nr. 11 UKlaG geregelt sind, mit Art. 79 Abs. 1 decken, bestehen
keine EU-rechtlichen Bedenken. Soweit § 2 UKlaG die Verbände jedoch
beispielsweise berechtigt, Unterlassungsansprüche auch jenseits der in
Art. 79 in Bezug genommenen Rechte durchzusetzen, ist dies von Art. 80
nicht mehr gedeckt (→ Art. 79 Rn. 29 f.), weil die Rechtswahrnehmungsbefugnisse der Verbände nach Art. 80 nicht weiter reichen als die Rechte der
betroffenen Personen.

Generell entfaltet Art. 80 eine **Sperrwirkung** in dem Sinne, dass andere als 17
die dort bezeichneten Institutionen nicht das Recht zur Wahrnehmung der
datenschutzbezogenen Rechte betroffener Personen haben. Ein Öffnungs-
vorbehalt für die Mitgliedstaaten ist diesbezüglich nicht vorgesehen, so
dass im Interesse eines kohärenten Rechtsrahmens mitgliedstaatliche Abweichungen nicht möglich sind.[24] Freilich können Personen, die generell
zur Rechtewahrnehmung auch außerhalb des Datenschutzes berufen sind,
insbesondere also Rechtsanwälte, nach Maßgabe der mitgliedstaatlichen
Rechtsordnungen ihre auch im Bereich des Datenschutzes ausüben.

Artikel 81 Aussetzung des Verfahrens

(1) Erhält ein zuständiges Gericht in einem Mitgliedstaat Kenntnis von
einem Verfahren zu demselben Gegenstand in Bezug auf die Verarbeitung
durch denselben Verantwortlichen oder Auftragsverarbeiter, das vor einem
Gericht in einem anderen Mitgliedstaat anhängig ist, so nimmt es mit diesem Gericht Kontakt auf, um sich zu vergewissern, dass ein solches Verfahren existiert.

(2) Ist ein Verfahren zu demselben Gegenstand in Bezug auf die Verarbeitung durch denselben Verantwortlichen oder Auftragsverarbeiter vor einem
Gericht in einem anderen Mitgliedstaat anhängig, so kann jedes später angerufene zuständige Gericht das bei ihm anhängige Verfahren aussetzen.

---

23 So ausdrücklich *Halfmeier* NJW 2016, 1126 (1129); *Dönch* BB 2016, 962 (966);
    aA allerdings noch *Gerhard* CR 2015, 338 (344), der sich freilich auf den
    DSGVO-Entwurf idF des Standpunktes des Europäischen Parlaments v. 12.3.2014
    (Dok. 7427/14) bezieht, nach dessen Art. 76 Verbände nur dann zur Rechtewahr-
    nehmung befugt sein sollten, wenn sie von einer oder mehreren betroffenen Perso-
    nen beauftragt worden waren; vgl. *Kühling/Martini ua*, Die DSGVO und das na-
    tionale Recht, 2016, 272 f.; *Gola/Wronka* RDV 2015, 3 (9).
24 Vgl. Erwägungsgründe 7 ff. der DSGVO.

(3) Sind diese Verfahren in erster Instanz anhängig, so kann sich jedes später angerufene Gericht auf Antrag einer Partei auch für unzuständig erklären, wenn das zuerst angerufene Gericht für die betreffenden Klagen zuständig ist und die Verbindung der Klagen nach seinem Recht zulässig ist.

Verwandte Normen: ErwGr 144

Literatur:
Piltz, Die Datenschutz-Grundverordnung: Teil 5: Internationale Zusammenarbeit, Rechtsbehelfe und Sanktionen, K&R 2017, 85

A. Grundlagen

I. Gesamtverständnis und Zweck der Norm

1 Die Vorschrift betrifft das Verhältnis verschiedener gerichtlicher Verfahren zueinander, die **denselben Gegenstand** in Bezug auf die Verarbeitung durch denselben Verantwortlichen oder Auftragsverarbeiter betreffen. Ein Gericht kann ein bei ihm anhängiges Verfahren aussetzen, wenn bereits ein vorher anhängig gemachtes **Parallelverfahren** in einem anderen Mitgliedstaat existiert; unter bestimmten Voraussetzungen kann es sich auch für unzuständig erklären. Gemäß Erwägungsgrund 144 S. 3 der DSGVO dient die Vorschrift der Vermeidung einander widersprechender Entscheidungen in verschiedenen Verfahren. Obwohl Erwägungsgrund 144 S. 1 der DSGVO sich im Zusammenhang mit der Aussetzung des Verfahrens ausschließlich auf „Verfahren gegen die Entscheidung einer Aufsichtsbehörde" bezieht, ist Art. 81 auch in Zivilverfahren anzuwenden,[1] weil der genannte Erwägungsgrund in keiner Weise im Normtext der DSGVO Niederschlag findet. Da Erwägungsgründen keine unmittelbare normative Bedeutung zukommt[2] und kein sachlicher Grund für eine Einschränkung des Anwendungsbereichs des Art. 81 besteht, vermag die Formulierung des Erwä-

---

1 AA *Feiler/Forgó* DSGVO Art. 82 Rn. 1.
2 EuGH 28.6.2012 – Rs. C-7/11, Rn. 40; EuGH 25.11.1998 – Rs. C-308/97, Slg. 1998, I-7685 Rn. 30 – Manfredi; vgl. *v. Hein* in: MüKo-BGB, Art. 3 EGBGB Rn. 164.

gungsgrundes 144 S. 1 für den Anwendungsbereich der Vorschrift nicht
entscheidend zu sein.

II. Bisherige Rechtslage

Die EG-Datenschutzrichtlinie,[3] insbesondere deren Art. 22, sowie das   2
BDSG enthalten eine vergleichbare Vorschrift nicht. Art. 81 stellt somit
eine verfahrensrechtliche Neuerung dar.

III. Entstehung der Norm

Die Pflicht zur Kontaktaufnahme seitens eines Gerichts, wenn Grund zu   3
der Annahme besteht, dass in einem anderen Mitgliedstaat ein Parallelverfahren existiert, sowie die Möglichkeit der Verfahrensaussetzung, waren
bereits in Art. 76 Nr. 3, 4 des Kommissionsvorschlags[4] zur DSGVO vorgesehen. Die Vorschrift erfuhr im Rechtssetzungsverfahren Änderungen
durch die **allgemeine Ausrichtung**,[5] die der Rat der Europäischen Union
festgelegt hat; dieser entspricht der nun gültige Art. 81.

B. Kommentierung

I. Mehrere Verfahren zu demselben Gegenstand

1. Auslegungsproblem

Sämtliche Absätze des Art. 81 setzen eine – tatsächliche oder immerhin zu   4
verifizierende – Mehrheit von Verfahren zu „**demselben Gegenstand**" voraus. Der Begriff bereitet Interpretationsschwierigkeiten dahingehend, ob
eine Identität des Streitgegenstandes gemeint ist, oder ob die Identität des
„Gegenstandes" sich lediglich auf die konkrete Verarbeitungsmaßnahme
iSd Art. 4 Nr. 2 bezieht, worauf die textliche Konkretisierung in Abs. 1
(„demselben Gegenstand *in Bezug auf die Verarbeitung durch denselben
Verantwortlichen oder Auftraggeber*") hindeutet.[6] Sicher ist zunächst, dass
nicht ohne weiteres das deutsche Verständnis des Streitgegenstandes im
Sinne einer Identität der begehrten Rechtsfolge und des Lebenssachver-
halts[7] zugrundegelegt werden kann, weil die Begriffe europäischer Rechtsakte im Interesse einheitlicher Rechtsanwendung **autonom** auszulegen
sind.[8]

---

3 Richtlinie 95/46/EG des Europäischen Parlaments und des Rates vom 24.10.1995
   zum Schutz natürlicher Personen bei der Verarbeitung personenbezogener Daten
   und zum freien Datenverkehr, ABl. EG Nr. L 281 v. 23.11.1995, S. 31.
4 Vorschlag der Europäischen Kommission für eine Verordnung des Europäischen Parlaments und des Rates zum Schutz natürlicher Personen bei der Verarbeitung personenbezogener Daten und zum freien Datenverkehr (Datenschutz-Grundverordnung)
   vom 25.2.2012, KOM(2012) 11 endgültig.
5 Allgemeine Ausrichtung des Rates der Europäischen Union zur Datenschutz-Grundverordnung vom 15.6.2015, Dok. 9565/15.
6 Vgl. *Becker* in: Plath, BDSG/DSGVO, Art. 81 DSGVO Rn. 3; *Piltz* K&R 2017, 85
   (90).
7 So hinsichtlich des Zivilprozesses BeckOK-ZPO/*Bacher*, Stand 12/2016, § 253
   Rn. 51; hinsichtlich des Verwaltungsprozesses ebenso Sodan/Ziekow/*Kilian*, VwGO,
   4. Aufl. 2014, § 121 Rn. 45.
8 EuGH 24.10.1976 – Rs. 29/76, Slg 1976, 1541, Absatz-Nr. 3 – LTU/Eurocontrol;
   vgl. *Rauscher/Staudinger*, EuZPR/EuIPR, Bd. I, 4. Aufl. 2016, Einl. Brüssel Ia-VO
   Rn. 36.

2. Erwägungsgründe

5 Bei der Auslegung unionsrechtlicher Vorschriften wie Art. 81 sind zunächst die Erwägungsgründe zu berücksichtigen.[9] Dabei besteht bei Art. 81 freilich das Problem, dass die Erwägungsgründe nicht auf die Vorschrift abgestimmt sind: Der Text des Art. 81 bezieht sich auf jedwedes Gerichtsverfahren, also sowohl auf solche, die nach Art. 78 eingeleitet worden sind, als auch auf Verfahren nach Art. 79 sowie auf Schadensersatzklagen nach 82 Abs. 6. Im Übrigen verlangt der Text des Art. 81 seinem Wortlaut nach zwingend, dass die Kenntnis des Gerichts sich auf ein anderes Verfahren *„zu demselben Gegenstand in Bezug auf die Verarbeitung durch denselben Verantwortlichen oder Auftragsverarbeiter"* bezieht.

6 Demgegenüber ist Erwägungsgrund 144 zur DSGVO einerseits enger und andererseits weiter gefasst: Enger gefasst ist er, weil er seinem Wortlaut nach ein Verfahren gegen die Entscheidung einer Aufsichtsbehörde voraussetzt, also nur Verfahren nach Art. 78 in den Blick nimmt. Weiter gefasst – und darum geht es hier – ist er aber, weil die mögliche Existenz eines anderen Verfahrens *„zu demselben Gegenstand in Bezug auf die Verarbeitung durch denselben Verantwortlichen oder Auftragsverarbeiter"* nur als eines von mehreren **Beispielen** genannt wird, bei deren Vorliegen das Gericht zur Kontaktaufnahme zum anderen Gericht verpflichtet ist. Eine Kontaktaufnahmepflicht soll nach dem Wortlaut des Erwägungsgrundes 144 bereits dann bestehen, wenn sich die Vermutung der anderweitigen Anhängigkeit ganz allgemein auf *„ein dieselbe Verarbeitung betreffendes Verfahren"* bezieht.

7 Ergibt die Kontaktaufnahme, dass ein *„solches verwandtes Verfahren"* existiert, so sollen die auch in Abs. 2 und 3 bezeichneten Rechtsfolgen (Aussetzungsrecht und bei Vorliegen weiterer Voraussetzungen Recht zur Unzuständigerklärung) eintreten.[10] Erwägungsgrund 144 S. 3 definiert den Begriff des **„verwandten Verfahrens"**; Verfahren sollen als miteinander verwandt gelten, wenn zwischen ihnen eine so enge Beziehung gegeben ist, dass eine gemeinsame Verhandlung und Entscheidung geboten erscheint, um zu vermeiden, dass in getrennten Verfahren einander widersprechende Entscheidungen ergehen.

8 Während sich der Text des Art. 81 für alle Rechtsfolgen einheitlich auf ein *„Verfahren zu demselben Gegenstand in Bezug auf die Verarbeitung durch denselben Verantwortlichen oder Auftragsverarbeiter"* bezieht, differenziert Erwägungsgrund 144 je nachdem, ob die Kontaktaufnahmepflicht oder das weitere Schicksal des Verfahrens in Rede steht, zwischen einem *„dieselbe Verarbeitung betreffendes Verfahren"*, worunter beispielhaft, aber eben nicht nur, auch ein *„Verfahren zu demselben Gegenstand in Bezug auf die Verarbeitung durch denselben Verantwortlichen oder Auftragsverarbeiter"* fällt, und einem *„verwandten Verfahren"*, wie es in Erwägungsgrund 144 S. 3 näher umschrieben wird. Angesichts der erheblichen Diskrepanz zwischen Erwägungsgrund 144 und dem Text des Art. 81 ist zunächst daran zu erinnern, dass erstere gemäß Art. 296 S. 2 AEUV nicht Bestandteil des

---

9 *Hess*, Europäisches Zivilprozessrecht, 2010, § 4 Rn. 56.
10 Vgl. *Laue/Nink/Kremer*, § 11 Rn. 44.

eigentlichen Rechtsaktes sind und ihnen bei der Auslegung daher nur die Funktion eines **Hilfsmittels ohne eigenen normativen Gehalt** zukommt, das den Inhalt des Rechtstextes zwar konkretisieren, nicht aber verändern kann.[11] Daher kann Erwägungsgrund 144 für sich genommen nur eine geringe Bedeutung für die Auslegung des Art. 81 zukommen.

3. Vergleich mit der Brüssel Ia-VO

Zielführend ist möglicherweise allerdings ein Vergleich mit anderen **9** europäischen Rechtsnormen mit ähnlicher Zielrichtung, insbesondere mit Art. 29 f. Brüssel Ia-VO.[12] Diese Vorschriften unterscheiden zwischen Klagen „wegen desselben Anspruchs zwischen denselben Parteien" (Art. 29 Brüssel Ia-VO) und „Verfahren, die im Zusammenhang stehen" (Art. 30 Brüssel Ia-VO). Beide Vorschriften dienen nach Erwägungsgrund 21 zur Brüssel Ia-VO ebenso wie Art. 81 der **Vermeidung einander widersprechender Entscheidungen.** Daher ist Art. 81 im Lichte der Art. 29 f. Brüssel Ia-VO auszulegen.

Ein Vergleich der jeweiligen Tatbestände und Rechtsfolgen ergibt, dass die **10** Aussetzung des Verfahrens durch das später angerufene Gericht im Falle von Anspruchs- und Parteienidentität gemäß Art. 29 Abs. 1 Brüssel Ia-VO *verpflichtend* ist. Dieses Gericht hat sich gemäß Art. 29 Abs. 3 Brüssel Ia-VO ferner für unzuständig zu erklären, sobald die Zuständigkeit des zuerst angerufenen Gerichts feststeht. Liegt hingegen keine Anspruchs- und Parteienidentität vor, so ist das später angerufene Gericht nach Art. 30 Abs. 1 Brüssel Ia-VO – ebenso wie nach Art. 81 Abs. 2 und 3 DSGVO – lediglich zur Aussetzung des Verfahrens und gegebenenfalls zur Unzuständigerklärung *berechtigt.* Die Identität der vorgesehenen Rechtsfolgen in Art. 30 Abs. 1 Brüssel Ia-VO einerseits und in Abs. 2 und 3 andererseits spricht angesichts des gemeinsamen Regelungszwecks dafür, Art. 81 im **Gleichlauf** mit Art. 30 Abs. 1 Brüssel Ia-VO und somit in Abgrenzung zu Art. 29 Brüssel Ia-VO auszulegen. Dafür streitet ferner, dass auch der Tatbestand des Abs. 3 in seiner Formulierung Art. 30 Abs. 2 Brüssel Ia-VO entspricht.

4. Bewertung

Somit ist mit „demselben Gegenstand" im Sinne des Art. 81 nicht derselbe **11** Streitgegenstand im Sinne einer Identität der begehrten Rechtsfolgen und des Lebenssachverhaltes oder – wie in Art. 29 Abs. 1 Brüssel Ia-VO formuliert ist – des Anspruchs und der Parteien – gemeint; vielmehr muss nur die **Verarbeitung** iSd Art. 4 Nr. 2 denselben Gegenstand betreffen. Es muss sich also um dieselben Daten derselben betroffenen Person handeln, und der Verantwortliche (Art. 4 Nr. 7) oder der Auftragsverarbeiter (Art. 4 Nr. 8) muss jeweils derselbe sein. Die Parteien jedoch brauchen keineswegs identisch zu sein: So kann auf der einen Seite des Prozesses entweder die betrof-

---

11 *Mundi* in: BeckOK-DatenSR, Stand: 11/2016, Art. 81 DSGVO Rn. 8; allgemein *Hess*, Europäisches Zivilprozessrecht, 2010, § 4 Rn. 57.

12 Verordnung (EU) Nr. 1215/2012 des Europäischen Parlaments und des Rates vom 12.12.2012 über die gerichtliche Zuständigkeit und die Anerkennung und Vollstreckung von Entscheidungen in Zivil- und Handelssachen, ABl. EU Nr. L 351 v. 20.12.2012, S. 1; vgl. *Becker* in: Plath, BDSG/DSGVO, Art. 81 Rn. 3.

fene Person oder aber gemäß Art. 80 Abs. 2 eine Einrichtung, Organisation oder Vereinigung iSd Art. 80 Abs. 1 beteiligt sein. Auf der anderen Seite des Prozesses kann hingegen beispielsweise der Verantwortliche oder der Auftragsverarbeiter stehen, wenn nach Art. 79 oder Art. 82 vorgegangen wird, aber auch eine Aufsichtsbehörde, wenn es sich um ein gerichtliches Verfahren nach Art. 78 handelt. All dies schließt nämlich nicht aus, dass die Verfahren sich jeweils auf dieselbe Verarbeitung durch denselben Verantwortlichen oder Auftragsverarbeiter beziehen. Ebenso brauchen die geltend gemachten Ansprüche nicht identisch zu sein: So kann in einem der Verfahren gemäß Art. 79 Unterlassung einer Rechtsverletzung oder Erfüllung eines Anspruchs der betroffenen Person (→ Art. 79 Rn. 32) begehrt werden. In dem anderen Verfahren wird möglicherweise aufgrund derselben Verarbeitung nach Art. 82 Schadensersatz oder nach Art. 78 Einschreiten der Aufsichtsbehörde begehrt werden. Der Gegenstand in Bezug auf die Verarbeitung durch denselben Verantwortlichen oder Auftragsverarbeiter ist dann derselbe.

12 Dies entspricht im Ergebnis auch der Formulierung in Erwägungsgrund 144 zur DSGVO, obschon sie, wie erwähnt, dem Text des Art. 81 kaum entspricht: Geht es in verschiedenen Verfahren um dieselbe Verarbeitung durch denselben Verantwortlichen oder denselben Auftragsverarbeiter, so sind beide Verfahren iSd Erwägungsgrundes miteinander verwandt und der Eintritt der dort und in Art. 81 gleichermaßen genannten Rechtsfolgen gerechtfertigt: Denn dann ist eine so **enge Beziehung** zwischen den Verfahren gegeben, dass eine gemeinsame Verhandlung und Entscheidung geboten erscheint, um zu verhindern, dass in getrennten Verfahren einander **widersprechende Entscheidungen** ergehen, vgl. S. 3 des Erwägungsgrundes.[13] Für dieses Verständnis spricht auch, dass der Wortlaut des Art. 30 Abs. 3 Brüssel I-VO dem des Erwägungsgrundes 144 S. 3 zur DSGVO entspricht. Gegen eine zu enge Handhabung des Art. 81 spricht im Ergebnis auch die Formulierung des Art. 76 Nr. 3, 4 des Kommissionsvorschlags[14] zur DSGVO, in dem von „dieselbe Maßnahme, Entscheidung oder Vorgehensweise" betreffenden „Parallelverfahren" die Rede ist.

II. Pflicht zur Kontaktaufnahme (Abs. 1)
1. Zuständiges Gericht in einem Mitgliedstaat

13 Abs. 1 statuiert eine Pflicht des zuständigen Gerichts in einem Mitgliedstaat, unter den dort genannten Voraussetzungen mit einem anderen Gericht Kontakt aufzunehmen. Zur Kontaktaufnahme verpflichtet sind also nur gemäß Art. 78 Abs. 3, Art. 79 Abs. 2 oder Art. 82 Abs. 6, 79 Abs. 3 – je nach Verfahrensgegenstand – **zuständige Gerichte**. Das Gericht hat in Bezug auf die Kontaktaufnahme kein Ermessen (zum Begriff des Gerichts iSd Art. 47 EuGrCh und der DSGVO → Art. 79 Rn. 24).

---

13 Vgl. auch *Albrecht/Jotzo*, Teil 8 Rn. 30.
14 Vorschlag der Europäischen Kommission für eine Verordnung des Europäischen Parlaments und des Rates zum Schutz natürlicher Personen bei der Verarbeitung personenbezogener Daten und zum freien Datenverkehr (Datenschutz-Grundverordnung) vom 25.2.2012, KOM(2012) 11 endgültig.

2. Kenntnis von einem Verfahren zu demselben Gegenstand

Das Gericht muss von einem Verfahren zu demselben Gegenstand in Bezug   14
auf die Verarbeitung durch denselben Verantwortlichen oder Auftragsverarbeiter „Kenntnis" erhalten. Gemeint ist ein **gerichtliches** Verfahren. Irrelevant ist, ob das andere Gericht zuständig ist. Zum Begriff „desselben Gegenstandes" → Rn. 4 ff. „Kenntnis" heißt nicht sichere Kenntnis. Anderenfalls wäre die Auskunftspflicht sinnlos. Die zutreffende Konkretisierung
des Begriffs der Kenntnis iSd Abs. 1 ergibt sich aus Erwägungsgrund 144
zur DSGVO; danach löst bereits ein **Anlass zur Vermutung,** dass ein solches Verfahren bei einem anderen Gericht anhängig ist, die Pflicht zur
Kontaktaufnahme zu dem anderen Gericht aus. Regelmäßig wird das Gericht aufgrund einer Information durch die am Verfahren beteiligten Parteien Kenntnis im Sinne eines Anlasses zur Vermutung der Anhängigkeit eines Parallelverfahrens erhalten.[15]

3. Anhängigkeit vor einem Gericht eines anderen Mitgliedstaates

Maßgebend für den Begriff der Anhängigkeit ist im Hinblick auf das Ge-   15
bot autonomer Auslegung unionsrechtlicher Rechtsbegriffe[16] nicht ein nationales Recht. Vielmehr ist auf die bereits im Rahmen der Art. 29 f. Brüssel Ia-VO entwickelte Begriffsbestimmung zu rekurrieren.[17] Anhängig ist
ein Verfahren im Zeitpunkt der Anrufung des Gerichts, wie sich aus dem
Zusammenhang der Verwendung beider Begriffe sowohl in Art. 29 f. Brüssel Ia-VO als auch in Art. 81 ergibt. Die Anrufung des Gerichts wiederum
ist in Art. 32 Brüssel Ia-VO definiert;[18] gemeint ist in der Regel nach Abs. 1
lit. a der Vorschrift der Zeitpunkt, zu dem das verfahrenseinleitende
Schriftstück **bei Gericht eingereicht** worden ist, vorausgesetzt, dass der
Kläger es in der Folge nicht versäumt hat, die ihm obliegenden Maßnahmen zu treffen, um die Zustellung des Schriftstück an den Beklagten zu bewirken. Dies entspricht im deutschen Zivilprozess § 167 ZPO und im Verwaltungsprozess § 90 VwGO: Im Verwaltungsprozess obliegen dem Kläger
ja überhaupt keine Maßnahmen zur Bewirkung der Zustellung,[19] so dass
unabhängig von Zustellungsfragen die Anrufung des Gerichts durch Einreichung des verfahrenseinleitenden Schriftstücks geschieht.

Das Parallelverfahren muss in einem **anderen Mitgliedstaat** anhängig sein.   16
Eine unionsrechtliche Kontaktaufnahmepflicht existiert also nicht, soweit
das Gericht Kenntnis von einem Parallelverfahren im selben Mitgliedstaat
erhält.

---

15   Vgl. *Mundi* in: BeckOK-DatenSR, Stand: 11/2016, Art. 81 DSGVO Rn. 5; *Piltz*,
     K&R 2017, 85 (90).
16   EuGH 24.10.1976 – Rs. 29/76, Slg 1976, 1541, Absatz-Nr. 3 – LTU/Eurocontrol,;
     vgl. *Rauscher/v. Hein*, EuZPR/EuIPR, Bd. III, 4. Aufl. 2016, Art. 1 Rom I-VO
     Rn. 15.
17   Vgl. *Rauscher/Leible*, EuZPR/EuIPR, Bd. I, 4. Aufl. 2016, Art. 29 Brüssel Ia-VO
     Rn. 25.
18   Vgl. dazu zB *Rauscher/Leible*, EuZPR/EuIPR, Bd. I, 4. Aufl. 2016, Art. 32 Brüssel
     Ia-VO Rn. 1 ff.; *Saenger/Dörner*, ZPO, 6. Aufl. 2015, Art. 32 EuGVVO Rn. 1 ff.
19   Sodan/Ziekow/*Schmid* VwGO § 90 Rn. 3.

4. Kontaktaufnahme zur Vergewisserung

17   Das Gericht muss Kontakt zu dem anderen Gericht aufnehmen, um sich zu vergewissern, dass ein Parallelverfahren existiert. Die Kontaktaufnahme bedarf unionsrechtlich keiner bestimmten **Form**. Sie kann schriftlich, per Telefax, elektronisch oder auch fernmündlich geschehen. Auch die **Sprache**, in der das Gericht Kontakt aufnimmt, ist unionsrechtlich nicht vorgeschrieben. Das kontaktierte Gericht ist zur unverzüglichen, gleichfalls keiner Form unterliegenden, Auskunftserteilung verpflichtet, sofern die Anfrage des kontaktaufnehmenden Gerichts in einer der Gerichtssprachen des kontaktierten Gerichts erfolgt.

18   Damit das kontaktierte Gericht prüfen kann, ob es tatsächlich zur Auskunft verpflichtet ist, muss das kontaktaufnehmende Gericht nachvollziehbar darlegen, worin der Anlass für die Vermutung, ein Parallelverfahren sei dort anhängig besteht. Da die Anfrage den Sinn hat, das kontaktaufnehmende Gericht in die Lage zu versetzen, zu beurteilen, ob die tatbestandlichen Voraussetzungen für eine Aussetzung des Verfahrens nach Abs. 2 oder eine Unzuständigerklärung nach Abs. 3 vorliegen, erstreckt sich die **Pflicht zur Auskunftserteilung** nicht nur auf das Ob eines Parallelverfahrens einschließlich der Mitteilung des Gegenstandes in Bezug auf die Verarbeitung durch denselben Verantwortlichen oder Auftragsverarbeiter (→ Rn. 11 f.), sondern auch auf die tatsächlichen Grundlagen seiner angenommenen Zuständigkeit und den Zeitpunkt der Anrufung des Gerichts. Ferner ist das Gericht verpflichtet, Auskunft über die beteiligten Parteien, die Art des Verfahrens (Hauptsache oder einstweiliger Rechtsschutz) sowie die begehrte Rechtsfolge zu erteilen, weil diese Informationen für die Ermessensausübung nach Abs. 2 und 3 (→ Rn. 19, 21) von Bedeutung sein können und vom Gericht unschwer zu erteilen sind. Weitere Aspekte braucht das kontaktierte Gericht hingegen nicht mitzuteilen, weil dies von der Frage, ob ein Parallelverfahren „existiert", unter keinem rechtlichen Gesichtspunkt mehr erfasst ist, so dass Abs. 1 hierfür keine Rechtsgrundlage bietet.

III. Aussetzung des Verfahrens (Abs. 2)

19   Steht aufgrund der Auskunft des kontaktierten Gerichts, gegebenenfalls in Zusammenschau mit anderen Informationen, fest, dass ein Parallelverfahren zu demselben Gegenstand existiert, kann das im Sinne des Art. 32 Brüssel Ia-VO später angerufene Gericht sein Verfahren von Amts wegen[20] aussetzen, sofern es nach Art. 78 Abs. 3, 79 Abs. 2 oder Art. 82 Abs. 6, 79 Abs. 2 **zuständig** ist. Gleichgültig ist, ob es sich hierbei um das nach Abs. 1 kontaktaufnehmende Gericht handelt. Da das kontaktierte Gericht aufgrund der Kontaktaufnahme gleichfalls Kenntnis von einem Parallelverfahren erhalten hat, ist es ebenso wie das kontaktaufnehmende Gericht in der Lage, eine Entscheidung über die Aussetzung zu treffen. Das Aussetzungsverfahren selbst erfolgt nach nationalem Prozessrecht; in Betracht kommt etwa für ein Zivilgericht eine analoge Anwendung des § 148 ZPO.[21] Für

---

20   *Rauscher/Leible*, EuZPR/EuIPR, Bd. I, 4. Aufl. 2016, Art. 30 Brüssel Ia-VO Rn. 12 f.; *Saenger/Dörner*, ZPO, 6. Aufl. 2015, Art. 30 EuGVVO Rn. 3.
21   Vgl. *Rauscher/Leible*, EuZPR/EuIPR, Bd. I, 4. Aufl. 2016, Art. 30 Brüssel Ia-VO Rn. 13; *Saenger/Dörner*, ZPO, 6. Aufl. 2015, Art. 30 EuGVVO Rn. 3.

die **Ermessensausübung** maßgebende Gesichtspunkte sind beispielsweise der Stand und die bisherige und voraussichtliche Dauer beider Verfahren, die Förderung der Prozessökonomie, die Interessen der Parteien und die Zuständigkeit des zuerst angerufenen Gerichts.[22] Ein Verfahren des einstweiligen **Rechtsschutzes** wird freilich kaum jemals ermessensfehlerfrei ausgesetzt werden können. Auch wird ein Hauptsacheverfahren nicht im Hinblick auf ein anderswo anhängiges Verfahren des einstweiligen Rechtsschutzes ausgesetzt werden können.

Vor dem Hintergrund, dass Art. 81 und somit auch die Möglichkeit der   20
Aussetzung nach Erwägungsgrund 144 S. 3 zur DSGVO der Vermeidung einander widersprechender Entscheidungen dient, hat das Gericht das Verfahrens spätestens dann **wiederaufzunehmen**, wenn das Erstverfahren formell rechtskräftig beendet ist.[23]

IV. Unzuständigerklärung (Abs. 3)

Abs. 3 entspricht im Wesentlichen Art. 30 Abs. 3 Brüssel Ia-VO jedoch mit   21
dem Unterschied, dass Abs. 3 die Anhängigkeit *beider* Verfahren in erster Instanz fordert, wohingegen Art. 30 Abs. 3 Brüssel Ia-VO die erstinstanzliche Anhängigkeit beim zuerst angerufenen Gericht ausreichen lässt. Ebenso wie in Bezug auf die Aussetzung kann sich nur das iSd Art. 32 Brüssel Ia-VO später angerufene Gericht für unzuständig erklären; gleichgültig ist, ob es sich hierbei um das nach Abs. 1 kontaktaufnehmende oder kontaktierte Gericht handelt. Die Unzuständigerklärung kann allerdings nur erfolgen, wenn das zuerst angerufene Gericht für beide Klagen zuständig ist und die **Verbindung** der beiden Verfahren nach seinem Recht zulässig ist.[24] Damit scheidet zum Beispiel eine Unzuständigerklärung wegen eines in Deutschland stattfindenden Parallelverfahrens aus, weil §§ 147 ZPO, 93 VwGO nur die Verbindung verschiedener beim selben Gericht anhängiger Prozesse gestatten. Abs. 3 enthält **keine Verweisungsmöglichkeit** an das Erstgericht. [25]

Die Unzuständigerklärung erfolgt nur auf **Antrag** einer Partei,[26] sie kann   22
nicht von Amts wegen erfolgen. Zur **Ermessensausübung** bei Verfahren des einstweiligen Rechtsschutzes gilt das zur Aussetzung Gesagte (→ Rn. 19); ferner ist maßgeblich zu berücksichtigen, ob mit einer Verbindung beider Verfahren durch das zuerst angerufene Gericht zu rechnen ist. Hierüber hat sich das später angerufene Gericht vor der Unzuständigerklärung Klarheit zu verschaffen. Da dies kaum jemals möglich sein wird, es sei denn, eine Prozessordnung schreibt vor, dass in den Fällen des Abs. 3 eine Übernahme und Verbindung zwingend zu erfolgen hat, ist die voraussichtliche Relevanz des Abs. 3 gering.

---

22 Vgl. des Weiteren *Frenzel* in: Paal/Pauly DSGVO Art. 81 Rn. 11.
23 *Rauscher/Leible*, EuZPR/EuIPR, Bd. I, 4. Aufl. 2016, Art. 30 Brüssel Ia-VO Rn. 14.
24 Vgl. *Laue/Nink/Kremer*, § 11 Rn. 44.
25 Vgl. *Saenger/Dörner*, ZPO, 6. Aufl. 2015, Art. 30 EuGVVO Rn. 4.
26 Vgl. *Saenger/Dörner*, ZPO, 6. Aufl. 2015, Art. 30 EuGVVO Rn. 4.

Artikel 82 Haftung und Recht auf Schadenersatz

(1) Jede Person, der wegen eines Verstoßes gegen diese Verordnung ein materieller oder immaterieller Schaden entstanden ist, hat Anspruch auf Schadenersatz gegen den Verantwortlichen oder gegen den Auftragsverarbeiter.

(2) [1]Jeder an einer Verarbeitung beteiligte Verantwortliche haftet für den Schaden, der durch eine nicht dieser Verordnung entsprechende Verarbeitung verursacht wurde. [2]Ein Auftragsverarbeiter haftet für den durch eine Verarbeitung verursachten Schaden nur dann, wenn er seinen speziell den Auftragsverarbeitern auferlegten Pflichten aus dieser Verordnung nicht nachgekommen ist oder unter Nichtbeachtung der rechtmäßig erteilten Anweisungen des für die Datenverarbeitung Verantwortlichen oder gegen diese Anweisungen gehandelt hat.

(3) Der Verantwortliche oder der Auftragsverarbeiter wird von der Haftung gemäß Absatz 2 befreit, wenn er nachweist, dass er in keinerlei Hinsicht für den Umstand, durch den der Schaden eingetreten ist, verantwortlich ist.

(4) Ist mehr als ein Verantwortlicher oder mehr als ein Auftragsverarbeiter bzw. sowohl ein Verantwortlicher als auch ein Auftragsverarbeiter an derselben Verarbeitung beteiligt und sind sie gemäß den Absätzen 2 und 3 für einen durch die Verarbeitung verursachten Schaden verantwortlich, so haftet jeder Verantwortliche oder jeder Auftragsverarbeiter für den gesamten Schaden, damit ein wirksamer Schadensersatz für die betroffene Person sichergestellt ist.

(5) Hat ein Verantwortlicher oder Auftragsverarbeiter gemäß Absatz 4 vollständigen Schadenersatz für den erlittenen Schaden gezahlt, so ist dieser Verantwortliche oder Auftragsverarbeiter berechtigt, von den übrigen an derselben Verarbeitung beteiligten für die Datenverarbeitung Verantwortlichen oder Auftragsverarbeitern den Teil des Schadenersatzes zurückzufordern, der unter den in Absatz 2 festgelegten Bedingungen ihrem Anteil an der Verantwortung für den Schaden entspricht.

(6) Mit Gerichtsverfahren zur Inanspruchnahme des Rechts auf Schadenersatz sind die Gerichte zu befassen, die nach den in Artikel 79 Absatz 2 genannten Rechtsvorschriften des Mitgliedstaats zuständig sind.

Verwandte Normen: ErwGr 146; §§ 7, 8 BDSG 2003

Literatur:

Dieterich, Rechtsdurchsetzungsmöglichkeiten der DS-GVO – Einheitlicher Rechtsrahmen führt nicht zwangsläufig zu einheitlicher Rechtsanwendung, ZD 2016, 216; *Forst*, Die Rechte des Arbeitnehmers infolge einer rechtswidrigen Datenverarbeitung durch den Arbeitgeber, AuR 2010, 106; *Heyers/Heyers*, Arzthaftung – Schutz digitaler Patientendaten, MDR 2001, 1209; *Meier/Wehlau*, Die zivilrechtliche Haftung für Datenlöschung, Datenverlust und Datenzerstörung, NJW 1998, 1585; *Piltz*, Die Datenschutz-Grundverordnung: Teil 5: Internationale Zusammenarbeit, Rechtsbehelfe und Sanktionen, K&R 2017, 85; *Wybitul*, EU-Datenschutz-Grundverordnung in der Praxis – Was ändert sich durch das neue Datenschutzrecht?, BB 2016, 177.

A. Grundlagen

I. Gesamtverständnis und Zweck der Norm

Art. 82 normiert eine **Schadensersatzpflicht** der Verantwortlichen und Auftragsverarbeiter für Verstöße gegen die DSGVO bezüglich materieller und immaterieller Schäden. Wie im Kartellrecht ist die Möglichkeit betroffener Personen, Schadenersatz zu verlangen, ein zentrales Element bei der Durchsetzung der unionsrechtlichen Vorschriften und somit durch den in Art. 4 Abs. 3 EUV verankerten Effektivitätsgrundsatz geboten.[1] Abs. 3 normiert die Möglichkeit eines Entlastungsbeweises der Verantwortlichen und Auftragsverarbeiter. Abs. 4 ordnet gesamtschuldnerische Haftung an, mit einer Ausgleichspflicht im Innenverhältnis nach Abs. 5. | 1

II. Bisherige Rechtslage

Auch nach Art. 23 der EG-Datenschutzrichtlinie[2] waren die Mitgliedstaaten verpflichtet, einen Schadensersatzanspruch für betroffene Personen vorzusehen, ebenfalls gab es die Möglichkeit eines Entlastungsbeweises. Der Anspruch richtete[3] sich allerdings nur gegen den Verantwortlichen. Umgesetzt wurde die Vorschrift in § 7 BDSG. Nach § 8 BDSG bestand darüber hinaus eine verschärfte Haftung für öffentliche Stellen, die personenbezogene Daten automatisiert verarbeiten; diese Haftung war verschuldensunabhängig und erfasste anders als § 7 BDSG auch immaterielle Schäden. | 2

III. Entstehung der Norm

Der Anspruch auf Schadensersatz gegen Verantwortliche und Auftragsverarbeiter war bereits in Art. 77 des Kommissionsvorschlags[4] zur DSGVO vorgesehen. Die Vorschrift erfuhr im Rechtssetzungsverfahren Änderungen | 3

---

1 Vgl. zum Kartellrecht in diesem Sinne etwa EuGH 20.9.2001 – Rs. C-453/99, Slg 2001, I-6314 Rn. 26 – Courage; EuGH 13.7.2006 – verb. Rs. C-295/04 bis C-298/04, Slg 2006, I-6619 Rn. 60 ff. – Manfredi; *Kreße* WRP 2016, 567.

2 Richtlinie 95/46/EG des Europäischen Parlaments und des Rates vom 24.10.1995 zum Schutz natürlicher Personen bei der Verarbeitung personenbezogener Daten und zum freien Datenverkehr, ABl. EG Nr. L 281 v. 23.11.1995, S. 31.

3 Die EG-Datenschutzrichtlinie wird gem. Art. 94 freilich erst mit Wirkung zum 25.5.2018 aufgehoben; die DSGVO gilt gem. deren Art. 99 Abs. 2 auch erst ab diesem Datum.

4 Vorschlag der Europäischen Kommission für eine Verordnung des Europäischen Parlaments und des Rates zum Schutz natürlicher Personen bei der Verarbeitung personenbezogener Daten und zum freien Datenverkehr (Datenschutz-Grundverordnung) vom 25.2.2012, KOM(2012) 11 endgültig.

durch den **Standpunkt des Europäischen Parlaments**[5] und entspricht nunmehr – bis auf redaktionelle Änderungen – der **allgemeinen Ausrichtung,**[6] die der Rat der Europäischen Union festgelegt hat.

B. Kommentierung

I. Schadensersatzanspruch (Abs. 1)

1. Schaden

a) Materielle Schäden

4   Ersatzfähig ist jeder Schaden. Es werden also zum einen sämtliche **Vermögensschäden,** die auf einem Verstoß gegen die DSGVO beruhen, erfasst. Da eine Definition des Schadensbegriffs in der DSGVO nicht enthalten ist, ist insoweit das nach den einschlägigen Kollisionsnormen anwendbare nationale Recht heranzuziehen.[7] Bei den Ansprüchen aus Art. 82 handelt es sich zwar grundsätzlich um solche aus unerlaubter Handlung[8] im Sinne des Art. 4 Rom II-VO.[9] Im Falle einer Datenschutzverletzung durch hoheitliches Handeln greift allerdings die Bereichsausnahme des Art. 1 Abs. 1 S. 2 Rom II-VO ein, so dass das Recht des Amtsstaates anzuwenden ist,[10] und auch jenseits hoheitlichen Handelns können die Kollisionsregeln der Rom II-VO aufgrund der in Art. 1 Abs. 2 lit. g Rom II-VO enthaltenen Bereichsausnahme nicht angewandt werden: Nach dieser Vorschrift sind außervertragliche Schuldverhältnisse aus der Verletzung der Privatsphäre vom Anwendungsbereich der Rom II-VO ausgenommen. Obwohl das Grundrecht auf Schutz personenbezogener Daten gesondert in Art. 8 EuGrCh gewährleistet ist, handelt es sich um eine Ausprägung des in Art. 7 EuGrCh niedergelegten Grundrechts auf Achtung des Privatlebens.[11] Die Anknüpfung erfolgt insoweit daher nach den autonomen nationalen Kollisionsvorschriften, in Deutschland sind **Art. 40 ff. EGBGB** anzuwenden.[12]

5   Bei der Anwendung des nationalen Rechts ist allerdings zu beachten, dass hierdurch die **Effektivität** des Schadensersatzanspruchs nicht beeinträchtigt

---

5 Standpunkt des Europäischen Parlamentes zur Datenschutz-Grundverordnung vom 12.3.2014, Dok. 7427/14.
6 Allgemeine Ausrichtung des Rates der Europäischen Union zur Datenschutz-Grundverordnung vom 15.6.2015, Dok. 9565/15.
7 In diesem Sinne, allerdings in Bezug auf Produktschäden, EuGH 10.5.2001 – Rs. C-203/99, Slg 2001, I-3569, Rn. 25 ff. – Veedfald; GA Bot, Schlußantr. v. 21. 10. 2014 zu EuGH – verb. Rs. C-503/13 u. C-504/13, BeckRS 2014, 82222 Rn. 64 – Boston Scientific Medizintechnik; zweifelnd und für eine unionsrechtlich-autonome Bestimmung des Schadensbegriffs indes *Magnus* JZ 1990, 1100 (1103); *Tonner* ZEuP 2003, 619 (627 ff.); *Feiler/Forgó* DSGVO Art. 82 Rn. 3.
8 Vgl. zu § 7 BDSG *Boecken/Düwell/Diller/Hanau/Gola/Brink*, Gesamtes Arbeitsrecht, 2016, BDSG § 7 Rn. 1.
9 Verordnung (EG) Nr. 864/2007 des Europäischen Parlaments und des Rates vom 11.7.2007 über das auf außervertragliche Schuldverhältnisse anzuwendende Recht („Rom II"), ABl. EU Nr. L 199 v. 31.7.2007, S. 40.
10 MüKoBGB/*Junker*, 6. Aufl. 2015, Art. 4 Rom II-VO Rn. 74, 65.
11 Kommissionsvorschlag, Punkt 3.3; *Breitenmoser/Weyeneth* in: von der Groeben , Europäisches Unionsrecht, AEUV Art. 67 Rn. 47.
12 MüKoBGB/*Junker*, 6. Aufl. 2015, Art. 4 Rom II-VO Rn. 63, Art. 40 EGBGB Rn. 72; zur in den Einzelheiten umstrittenen Subsumtion datenschutzrechtlicher Sachverhalte unter Art. 40 EGBGB s. ebenfalls MüKoBGB/*Junker*, 6. Aufl. 2015, Art. 40 EGBGB Rn. 88 mwN.

werden darf: Grundsätzlich ist jeder Schaden, der mit dem verbotenen Verhalten, das den Tatbestand der unionsrechtlichen Anspruchsgrundlage verwirklicht, zu ersetzen;[13] es ist also eine vollständige Entschädigung des Geschädigten vorgeschrieben.[14] Dies kommt auch in Erwägungsgrund 146 S. 6 der DSGVO zum Ausdruck, nach der zu leistende Schadensersatz vollständig und wirksam zu sein hat. Der Begriff des Schadens ist nach Erwägungsgrund 146 S. 3 weit zu verstehen.[15] In diesem Sinne liegt beispielsweise ein Schaden vor, wenn ein Stellenbewerber aufgrund der Verarbeitung unrichtiger Daten die Stelle nicht bekommt, die er anderenfalls bekommen hätte.[16] Kein Schaden ist gegeben, wenn etwa durch die SCHUFA falsche Daten übermittelt werden, solange dies folgenlos bleibt.[17]

b) Immaterielle Schäden

In Bezug auf immaterielle Schäden führt die Formel vom vollständigen und wirksamen Schadensersatz freilich nicht weiter, weil die Vollständigkeit mangels Objektivierbarkeit der Schadenshöhe nicht wirksam ermittelt werden kann. Daher steht den Mitgliedstaaten in diesem Bereich ein weiter **Ermessensspielraum** zu[18] mit der Maßgabe, dass das Gewicht der Rechtsverletzung[19] sowie der objektive Umfang der Beeinträchtigung der betroffenen Person[20] angemessen zu berücksichtigen sind, damit vor dem Hintergrund des Effektivitätsgebots (→ Rn. 1, 5)[21] ein wirksamer, insbesondere auch abschreckender,[22] Schadensersatz gewährleistet ist.   6

2. Verstoß gegen die DSGVO

Es muss ein Verstoß gegen die DSGVO vorliegen. Gegen welche Vorschrift der DSGVO verstoßen wurde, erscheint, betrachtet man Abs. 1 isoliert, irrelevant. Abs. 2 stellt indes klar, dass gerade die **Verarbeitung** selbst verordnungswidrig sein muss, da nur für Schäden gehaftet werden soll, die durch eine nicht der DSGVO entsprechende Verarbeitung verursacht wurden.[23] Dies entspricht dem Begriff der „nicht im Einklang mit der DSGVO stehenden Verarbeitung personenbezogener Daten" iSd Art. 79 Abs. 1 (→ Art. 79 Rn. 18 f.). Was eine Verarbeitung ist, ergibt sich aus Art. 4 Nr. 2. Verstöße gegen Rechtsakte der Mitgliedstaaten, die der Durchführung und   7

---

13 EuGH 5.6.2014 – Rs. C-557/12, NZBau 2014, 650 Rn. 22 – Kone; EuGH 13.7.2006 – verb. Rs. C-295/04 bis C-298/04, Slg 2006, I-6619 Rn. 43 – Manfredi.
14 EuGH 10.5.2001 – Rs. C-203/99, Slg 2001, I-3569, Rn. 27 f. – Veedfald; GA Bot, Schlußantr. v. 21.10.2014 zu EuGH – verb. Rs. C-503/13 u. C-504/13, BeckRS 2014, 82222 Rn. 64, 66 – Boston Scientific Medizintechnik.
15 Vgl. *Frenzel* in: Paal/Pauly DSGVO Art. 82 Rn. 10; *Quaas* in: BeckOK-DatenSR, Stand 11/2016, Art. 82 DSGVO Rn. 24.
16 *Simitis* in: Simitis BDSG § 7 Rn. 31.
17 *Simitis* in:Simitis BDSG § 7 Rn. 30.
18 AA *Kühling/Martini ua*, Die DSGVO und das nationale Recht, 2016, S. 353; *Feiler/Forgó* DSGVO Art. 82 Rn. 3.
19 AA *Simitis* in: Simitis BDSG § 7 Rn. 34;.
20 Vgl. *Simitis* in: Simitis BDSG § 8 Rn. 18.
21 *Albrecht/Jotzo*, Teil 8 Rn. 24.
22 *Becker* in: Plath, BDSG/DSGVO, Art. 82 DSGVO Rn. 4; Vgl. EuGH 20.9.2001 – Rs. C-453/99, Slg 2001, I-6314 Rn. 27 – Courage; *Kreße* WRP 2016, 567.
23 Vgl. *Piltz* K&R 2017, 85 (90 f.).

Präzisierung der DSGVO dienen, sind ebenfalls als Verstöße gegen die DSGVO iSd Art. 82 zu verstehen.[24]

3. Kausalität

8   Der Verordnungsverstoß im Sinne der verordnungswidrigen Verarbeitung muss für den Schaden ursächlich gewesen sein.[25] Was unter Ursächlichkeit zu verstehen ist, richtet sich nach nationalem Recht[26] (→ Rn. 4), wobei die Anforderungen an die Kausalität wegen des **Effektivitätsgrundsatzes** nicht überspannt werden dürfen (→ Rn. 5).[27]

4. Anspruchsberechtigte und Anspruchsgegner

a) Anspruchsberechtigter Personenkreis

9   Gemäß Abs. 1 ist „jede Person" anspruchsberechtigt. Anders als beispielsweise Art. 77, 79 beschränkt der Wortlaut der Vorschrift die Anspruchsberechtigung nicht auf „**betroffene**" Personen. Die Frage stellt sich also, ob auch natürliche Personen, die nicht im Sinne des Art. 4 Abs. 1 „betroffen" sind (→ Art. 79 Rn. 5), oder juristische Personen wegen eines Verstoßes gegen die DSGVO Schadensersatz verlangen können. Gegen eine Ausweitung des schadensersatzberechtigten Personenkreises im Verhältnis zu Art. 77, 79 spricht die Schutzrichtung der DSGVO, wonach diese gerade den Schutz natürlicher Personen bei der Verarbeitung *ihrer* personenbezogenen Daten gewährleisten soll; diesbezüglich wäre es systemfremd, *anderen* Personen, deren personenbezogene gerade nicht in Rede stehen, den Ersatz – ggf. mittelbarer – Schäden zuzusprechen.

10 Andererseits erhöht es die Effektivität des Datenschutzes und entspricht somit dem Gebot des **effet utile** nach Art. 4 Abs. 3 EUV (→ Rn. 1), wenn jede geschädigte Person, gleich ob „betroffene Person" im Sinne des Art. 4 Abs. 1 oder nicht, die ihr wegen eines – gemäß Art. 1 Abs. 1 die Daten einer natürlichen Person betreffenden – Verstoßes gegen die DSGVO entstandenen Schäden ersetzt verlangen könnte. Aufgrund der Abschreckungswirkung, die Schadensersatzansprüchen generell innewohnt,[28] werden jedenfalls auch durch Schadensersatzansprüche nicht betroffener Personen die potentiell betroffenen Personen mittelbar vor Datenschutzverstößen geschützt.

11 Allerdings ergibt sich aus Abs. 4 sowie Erwägungsgrund 146 S. 6 zur DSGVO, dass nur **betroffene Personen** anspruchsberechtigt sein sollen; hier wie dort wird auf das Erfordernis wirksamen Schadensersatzes spezifisch für die betroffene Person abgestellt. Deutlich ist insoweit auch Erwägungs-

---

24 *Frenzel* in: Paal/Pauly DSGVO Art. 82 Rn. 9; *Quaas* in: BeckOK-DatenSR, Stand 11/2016, Art. 82 DSGVO Rn. 15.

25 Für Beweislastumkehr zu Lasten des Schädigers *Albrecht/Jotzo* Teil 8 Rn. 23.

26 *Frenzel* in: Paal/Pauly DSGVO Art. 82 Rn. 11; im Bereich des Kartellschadensersatzes ebenso EuGH Urt. v. 5.6.2014 – C-557/12, EuZW 2014, 586 Rn. 32 – Kone.

27 *Frenzel* in: Paal/Pauly DSGVO, Art. 82 Rn. 11; im Bereich des Kartellschadensersatzes ebenso EuGH Urt. v. 5.6.2014 – C-557/12, EuZW 2014, 586 Rn. 32 – Kone; vgl. *Albrecht/Jotzo*, Teil 8 Rn. 23.

28 EuGH 20.9.2001 – Rs. C-453/99, Slg 2001, I-6314 Rn. 27 – Courage; *Kreße* WRP 2016, 567.

grund 55 der EG-Datenschutzrichtlinie, der auf die „betroffenen Personen" abstellt, obwohl sich Art. 23 der Richtlinie ebenso wie Abs. 1 auf „jede Person" bezieht. Schließlich spricht ein Vergleich mit der Formulierung des Art. 78 Abs. 1 für eine Beschränkung der Anspruchsberechtigung auf betroffene Personen: Wenn dort nämlich davon die Rede ist, dass jede „natürliche oder juristische Person" die dort normierten Rechte haben soll, ist nicht ersichtlich, weshalb dieselbe Formulierung nicht auch im Rahmen des Abs. 1 gewählt worden wäre, wenn ein weiter Kreis anspruchsberechtigter Personen gewollt gewesen wäre. Der **effet utile** steht nicht entgegen, solange der durch die DSGVO geschützte Personenkreis – jede natürliche Person in Bezug auf ihre Daten, Art. 4 Abs. 1 – im Sinne des 46. Erwägungsgrundes vollständigen und wirksamen Schadensersatz erhält.[29]

b) Anspruchsschuldner

Anspruchsschuldner sind nach Abs. 1 **Verantwortliche** und **Auftragsverarbeiter**. Diese sind in Art. 4 Nr. 7 und 8 definiert.   12

II. Präzisierung der Haftungsvoraussetzungen (Abs. 2)

Abs. 2 regelt, welche schadensursächlichen Verarbeitungen welchen Verantwortlichen und Auftragsverarbeitern zuzurechnen sind: Jeder Verantwortliche haftet für diejenigen Schäden, die durch eine verordnungswidrige Verarbeitung iSd Art. 4 Nr. 2 verursacht worden sind (→ Rn. 7), über deren Zwecke oder Mittel er – dies ergibt sich aus der Definition des **Verantwortlichen** nach Art. 4 Nr. 7 – allein oder gemeinsam mit anderen entschieden hat. Dies entspricht der Gesamtverantwortung, die der Verantwortliche nach Art. 24 für derartige Verarbeitungen trägt. Die **Verarbeitung** selbst darf nicht der DSGVO entsprochen haben. Die bloße Verletzung von Informationspflichten nach Art. 12–15 ist beispielsweise nicht Bestandteil der Verarbeitung (→ Art. 79 Rn. 18), sodass wegen einer diesbezüglichen Pflichtverletzung kein Schadensersatz verlangt werden kann.   13

Die **Auftragsverarbeiter** hingegen haften nicht schlechthin für sämtliche Schäden, die aufgrund einer Verarbeitung entstanden sind, an der sie beteiligt waren.[30] Erforderlich ist vielmehr, dass der Auftragsverarbeiter *entweder* seinen Pflichten nicht nachgekommen ist, die die DSGVO speziell den Auftragsverarbeitern auferlegt, *oder* er die rechtmäßig erteilten Anweisungen des Verantwortlichen nicht beachtet bzw. gegen diese gehandelt hat. Der Auftragsverarbeiter haftet somit nicht für bloße Rechtsverletzungen des Verantwortlichen, solange er nicht **eigene Pflichten** verletzt hat. **Beispiele** für speziell den Auftragsverarbeitern in der DSGVO auferlegte Pflichten finden sich etwa in Art. 32 oder in Art. 33 Abs. 2; hingegen treffen die in Art. 12–22 genannten Pflichten nur den Verantwortlichen. Auch für Verstöße gegen Art. 5–11 haftet nicht per se der Auftragsverarbeiter, weil diese Vorschriften nicht speziell den Auftragsverarbeitern Pflichten auferlegen. Erforderlich für eine Haftung nach Abs. 2 ist, dass der Auf-   14

---

29 Vgl. *Simitis* in: Simitis BDSG § 7 Rn. 9; Gola/Schomerus/*Gola/Klug/Körffer* BDSG § 7 Rn. 6, die den Anspruch aus § 7 BDSG jeweils ebenfalls nur der betroffenen Person zugestehen wollen.

30 Vgl. *Frenzel* in: Paal/Pauly DSGVO Art. 82 Rn. 14.

tragsverarbeiter in der Vorschrift, deren Verletzung in Rede steht, explizit bezeichnet wird.

15   Der zweite Haftungsgrund von Auftragsverarbeitern ist die Nichtbeachtung rechtmäßiger **Anweisungen** des Verantwortlichen oder das Zuwiderhandeln gegen solche Anweisungen. Nichtbeachtung von Anweisungen liegt vor, wenn die Anweisungen ein aktives Tun des Auftragsverarbeiters fordern, dieser das geforderte Tun jedoch unterlässt. Zuwiderhandeln liegt vor, wenn die Anweisungen ein Unterlassen des Auftragsverarbeiters fordern, dieser aber die zu unterlassende Handlung aktiv vornimmt. Der Begriff der Anweisungen ist weit zu verstehen und erfasst sowohl generelle Anweisungen als auch Anweisungen in Bezug auf einen konkreten Fall.

16   Auch **Vereinbarungen** zwischen dem Auftragsverarbeiter und dem Verantwortlichen können unter den Begriff der Anweisung fallen: Gemäß 28 Abs. 3 ist Grundlage der Verarbeitung durch einen Auftragsverarbeiter ein Vertrag, den dieser mit dem Verantwortlichen schließt. Hierin werden verschiedene Kautelen festgelegt, die sicherstellen sollen, dass der Auftragsverarbeiter personenbezogene Daten nur im Einklang mit der DSGVO und den Zielen dieser Verordnung verarbeitet. Vor dem Hintergrund, dass Abs. 2 der untergeordneten Rolle des Auftragsverarbeiters im Verhältnis zum Verantwortlichen Rechnung tragen und ihn demgemäß nur für Rechtsverletzungen haften lassen will, die mit einer Verletzung der ihm in spezifisch in dieser Rolle auferlegten Pflichten einhergehen, ist nicht ersichtlich, weshalb es einen Unterschied machen soll, ob das in Rede stehende Verhalten dem Verantwortlichen aufgrund einer vertraglichen Abrede oder aufgrund einer einseitigen Weisung geschuldet ist.

17   Der Auftragsverarbeiter haftet wegen Nichtbeachtung oder Verletzung einer Anweisung nur, wenn diese **rechtmäßig** war. Steht die verletzte Anweisung nicht im Einklang mit der DSGVO oder einer anderen unionsrechtlichen oder nationalen Rechtsnorm, so haftet der Auftragsverarbeiter jedenfalls nicht wegen der Nichtbeachtung dieser Anweisung.

III. Entlastungsbeweis (Abs. 3)

18   Eine Haftungsbefreiung findet nach Abs. 3 statt, wenn der Verantwortliche oder Auftragsverarbeiter in keinerlei Hinsicht für den Umstand, durch den der Schaden eingetreten ist, **verantwortlich** ist. Was mit „verantwortlich" in diesem Sinne gemeint ist, wird freilich nicht näher ausgeführt. Einerseits ist es denkbar, Verantwortlichkeit mit Verschulden gleichzusetzen.[31] Da in der Vorschrift andererseits nicht von „Verschulden" die Rede ist, ist Art. 82 möglicherweise als Gefährdungshaftungstatbestand zu begreifen und dem Verantwortlichen oder Auftragsverarbeiter somit unabhängig von jedwedem Verschulden lediglich ganz ungewöhnliche Kausalverläufe, die jeder Lebenserfahrung widersprechen, sowie Fälle höherer Gewalt und weit überwiegenden eigenen Fehlverhaltens der betroffenen Person nicht anzulasten. Kausalitätsfragen sind freilich bereits von Abs. 1 erfasst.[32]

---

31   In diesem Sinne wohl *Feiler/Forgó* DSGVO Art. 82 Rn. 5.
32   AA wohl *Albrecht/Jotzo*, Teil 8 Rn. 23, die auch diesbezüglich eine Beweislastumkehr zu Lasten des Schädigers annehmen.

Die Entstehungsgeschichte des Abs. 3 sowie ein Vergleich mit Art. 23   **19**
Abs. 2 der EG-Datenschutzrichtlinie zeigen, dass der Nachweis fehlenden
Verschuldens für die Entlastung nicht ausreichen soll:[33] Nach Art. 23
Abs. 2 der Richtlinie setzte die Entlastung des Verantwortlichen den Nachweis voraus, „dass der Umstand, durch den der Schaden eingetreten ist,
ihm nicht zur Last gelegt werden kann."[34] Auch Art. 77 Abs. 3 des Kommissionsentwurfs verwendete noch diese Formulierung. Nach Erwägungsgrund 55 zur EG-Datenschutzrichtlinie und Erwägungsgrund 118 zum
Kommissionsvorschlag sollte eine Entlastung insbesondere bei eigenem
Fehlverhalten der betroffenen Person sowie in Fällen höherer Gewalt möglich sein. Dies wurde in Erwägungsgrund 146 zur DSGVO freilich nicht
wiederholt. Doch sollte die Entlastung durch die vom Rat in seiner allgemeinen Ausrichtung vom 15.6.2015 veranlassten Änderung des Textes
nicht erleichtert werden, wie die Einfügung der Worte „in keiner Weise"
zeigt.

Somit kann eine Entlastung zum einen durch den Nachweis **höherer Ge-**   **20**
walt erfolgen. Auch ein nachgewiesenes Fehlverhalten der betroffenen Person kann einen Entlastungsgrund darstellen. Allerdings reicht nicht jedes
Fehlverhalten aus: Anders als nach Art. 23 Abs. 2 der EG-Datenschutzrichtlinie ist nämlich nach Abs. 3 eine teilweise Befreiung von der Haftung
gerade nicht möglich. Vielmehr kann der Verantwortliche oder Auftragsverarbeiter nur vollständig von seiner Haftung befreit werden, und zwar
dann, wenn er „in keiner Weise" für den schadensverursachenden Umstand verantwortlich ist. Daraus folgt, dass es sich um ein Fehlverhalten
der betroffenen Person dergestalt handeln muss, dass diese die Verantwortung für die Schadensentstehung selbst trägt; es muss ein Mitverschulden
in Höhe von 100 % vorliegen.

IV. Gesamtschuldnerische Haftung (Abs. 4 und 5)

1. Außenverhältnis

Abs. 4 ordnet die gesamtschuldnerische Haftung der nach Abs. 2 und 3   **21**
Haftenden an.[35] Personen, die ausschließlich aus **anderem Rechtsgrund**
haften, sind von dem gesamtschuldnerischen Verbund nicht erfasst; es
kann jedoch nach nationalem Recht auch insoweit eine Gesamtschuld bestehen. Es verwundert, dass die DSGVO diesen Terminus nicht verwendet,
ist er doch auch im Unionsrecht durchaus geläufig, vgl. Art. 11 der EU-
Kartellschadensersatzrichtlinie.[36] Der Sache nach entspricht die in Art. 82
Abs. 4 angeordnete Rechtsfolge der in § 421 S. 1 BGB enthaltenen Rege-

---

33 Wohl auch *Albrecht/Jotzo* Teil 8 Rn. 23.
34 Vgl. Gola/Schomerus/*Gola/Klug/Körffer* BDSG § 7 Rn. 9.
35 Vgl. BeckOGK/*Kreße*, Stand 01/2017, BGB § 421 Rn. 55.13; *Piltz*, K&R 2017, 85,
    91.
36 Richtlinie 2014/104/EU des Europäischen Parlaments und des Rates vom 26. No-
    vember 2014 über bestimmte Vorschriften für Schadensersatzklagen nach nationa-
    lem Recht wegen Zuwiderhandlungen gegen wettbewerbsrechtliche Bestimmungen
    der Mitgliedstaaten und der Europäischen Union, ABl. EG Nr. L 349 v. 5.12.2015,
    S. 1; zur gesamtschuldnerischen Haftung aufgrund dieser Richtlinie s. BeckOGK/
    Kreße, Stand 01/2017, BGB § 421 Rn. 55.10 ff.

lung;[37] Jeder nach Art. 82 Abs. 2, 3 haftende Verantwortliche oder Auftragsverarbeiter haftet dem Geschädigten **in voller Höhe** des entstandenen Schadens; dies ist, wie Abs. 4 aE klarstellt, Ausdruck des effet utile (→ Rn. 1 und → Rn. 10). Demgemäß bleibt jeder Schuldner dem Geschädigten bis zur Bewirkung der vollständigen Schadensersatzsumme verpflichtet. Das Rechtsfolgenregime im Außenverhältnis richtet sich im Übrigen nach dem anwendbaren nationalen Recht (→ Rn. 4), bei Anwendung deutschen Rechts also nach §§ 422–425, weil die DSGVO keine über die Anordnung der vollen Haftung hinausgehenden Regeln trifft.[38]

22 Die gesamtschuldnerische Haftung trifft nur die an **derselben Verarbeitung** beteiligten Verantwortlichen und Auftragsverarbeiter; diese müssen also iSd Art. 4 Nr. 2 an demselben Vorgang oder derselben Vorgangsreihe im Zusammenhang mit personenbezogenen Daten beteiligt gewesen sein. Dass jeweils lediglich dieselben personenbezogenen Daten derselben natürlichen Person betroffen sind, ist also für sich genommen nicht ausreichend.

2. Innenverhältnis

23 Abs. 5 enthält ähnlich wie § 426 Abs. 1 BGB eine Regelung für den Innenausgleich der Schadensersatzschuldner.[39] Da derjenige, der im Außenverhältnis geleistet hat, nicht unbedingt derjenige ist, der die Belastung im Innenverhältnis der Gesamtschuldner letztlich zu tragen haben soll, eröffnet Abs. 5 eine Regressmöglichkeit.[40] Es handelt sich um eine eigenständige **Anspruchsgrundlage**.[41] Anspruchsberechtigt ist grundsätzlich derjenige Gesamtschuldner, der den Schadensersatz vollständig gezahlt hat (→ Rn. 25). Für die Regressforderung besteht keine gesamtschuldnerische Haftung, vielmehr schuldet jeder Regressschuldner dem Regressgläubiger lediglich Ausgleich in Höhe seines **Innenanteils**.[42] Dieser entspricht dem Anteil an der Verantwortung für den Schaden. Dabei sind die in Abs. 2 festgelegten Bedingungen zu beachten.

24 Ein **Auftragsverarbeiter** haftet bereits im Außenverhältnis nur dann, wenn er seinen speziell den Auftragsverarbeitern auferlegten Pflichten aus der DSGVO nicht nachgekommen ist oder unter Nichtbeachtung der rechtmäßig erteilten Anweisungen des für die Datenverarbeitung Verantwortlichen oder gegen diese Anweisungen gehandelt hat (→ Rn. 14 ff.). Nur unter diesen Bedingungen haftet er daher auch im Innenverhältnis. In dem Fall, das der Auftragsverarbeiter gegen die rechtmäßigen Anweisungen des Verantwortlichen gehandelt hat, wird oftmals ein Innenanteil des Auftragsverarbeiters in Höhe von 100 % in Betracht kommen. Anders kann es liegen, wenn der Schaden auch sonst eingetreten wäre, weil beispielsweise andere Anweisungen des Verantwortlichen rechtswidrig waren, oder wenn der Schaden aus einem Zusammenspiel verschiedener Faktoren mit unter-

---

37 *Albrecht/Jotzo*, Teil 8 Rn. 21; BeckOGK/*Kreße*, Stand 01/2017, BGB § 421 Rn. 55.13.
38 BeckOGK/*Kreße*, Stand 01/2017, BGB § 421 Rn. 55.13.
39 BeckOGK/*Kreße*, Stand 01/2017, BGB § 426 Rn. 72.4.
40 Vgl. BeckOGK/*Kreße*, Stand 01/2017, § 426 Rn. 1.
41 Vgl. BeckOGK/*Kreße*, Stand 01/2017, § 426 Rn. 2.
42 *Albrecht/Jotzo*, Teil 8 Rn. 21.

schiedlicher Verantwortlichkeit verschiedener Beteiligter entstanden ist, von denen die Missachtung der Anweisung durch den Auftragsverarbeiter nur ein Element ist.

Eine anteilige Zahlung berechtigt grundsätzlich nicht zum Regress. Abs. 5 gewährt seinem Wortlaut nach nur demjenigen Verantwortlichen oder Auftragsverarbeiter einen Regressanspruch, der dem Geschädigten **vollständigen Schadensersatz geleistet** hat. Doch besteht ein Regressanspruch auch in dem Fall, dass die Forderung des Gläubigers durch Teilleistungen verschiedener Gesamtschuldner getilgt worden ist. Der Gläubiger muss aber vollständig befriedigt worden sein. Ist dies jedoch der Fall, besteht kein Grund, im Innenverhältnis nur die zahlenden Gesamtschuldner zu belasten. Ein Mitwirkungs- und Befreiungsanspruch besteht anders, als es im deutschen Recht im Rahmen des § 426 Abs. 1 BGB vertreten wird,[43] nicht. Eine § 426 Abs. 2 BGB entsprechende Vorschrift fehlt, so dass eine Legalzession des Gläubigeranspruchs an den leistenden Gesamtschuldner nicht erfolgt.

25

V. Internationaler Gerichtsstand (Abs. 6)

Der internationale Gerichtsstand für Schadensersatzklagen richtet sich gemäß Art. 82 Abs. 6 nach **Art. 79 Abs. 2** (→ Art. 79 Rn. 33 ff.).

26

VI. Sperrwirkung

Grundsätzlich haben die von der DSGVO zur Verfügung gestellten Rechtsbehelfe der DSGVO **abschließenden** Charakter, wie sich insbesondere aus den Erwägungsgründen 9 und 10 der Verordnung ergibt (→ Art. 79 Rn. 30). Dies gilt auch für Art. 82. Dementsprechend scheiden konkurrierende Ansprüche aus §§ 823 ff. BGB[44] aus.[45] Hingegen spricht nichts gegen die von deliktischen Ansprüchen unabhängige Berücksichtigung von **Sonderverbindungen**, da diese als solche von der DSGVO nicht erfasst werden. Vorvertragliche[46] und vertragliche[47] Schadensersatzansprüche (§ 280 Abs. 1 BGB) können also neben Ansprüchen aus Art. 82 bestehen.

27

Artikel 83 Allgemeine Bedingungen für die Verhängung von Geldbußen

(1) Jede Aufsichtsbehörde stellt sicher, dass die Verhängung von Geldbußen gemäß diesem Artikel für Verstöße gegen diese Verordnung gemäß den Ab-

---

43 Vgl. nur *Staudinger/Looschelders*, BGB, 2012, § 426 Rn. 8, 92 ff.; MüKo-BGB/ *Bydlinski*, 7. Aufl. 2016, § 426 Rn. 12, 70 ff.; *Erman/Böttcher*, 14. Aufl. 2014, § 426 Rn. 7; aA BeckOGK/*Kreße*, Stand 01/2017, Rn. 6 ff.

44 Vgl. *Simitis* in: Simitis BDSG § 7 Rn. 59; Gola/Schomerus/*Gola/Klug/Körffer* BDSG § 7 Rn. 18 a ff.

45 Wohl auch *Kühling/Martini ua*, Die DSGVO und das nationale Recht, 2016, S. 351 ff.; aA *Laue/Nink/Kremer*, § 11 Rn. 15.

46 Ebenso *Laue/Nink/Kremer*, § 11 Rn. 15; vgl. *Simitis* in: Simitis BDSG § 7 Rn. 55; Gola/Schomerus/*Gola/Klug/Körffer* BDSG § 7 Rn. 18.

47 Ebenso *Laue/Nink/Kremer*, § 11 Rn. 15; vgl. *Simitis* in: Simitis BDSG § 7 Rn. 56; Gola/Schomerus/*Gola/Klug/Körffer* BDSG § 7 Rn. 16.

sätzen 5 und 6 in jedem Einzelfall wirksam, verhältnismäßig und abschreckend ist.

(2) [1]Geldbußen werden je nach den Umständen des Einzelfalls zusätzlich zu oder anstelle von Maßnahmen nach Artikel 58 Absatz 2 Buchstaben a bis h und i verhängt. [2]Bei der Entscheidung über die Verhängung einer Geldbuße und über deren Betrag wird in jedem Einzelfall Folgendes gebührend berücksichtigt:

a) Art, Schwere und Dauer des Verstoßes unter Berücksichtigung der Art, des Umfangs oder des Zwecks der betreffenden Verarbeitung sowie der Zahl der von der Verarbeitung betroffenen Personen und des Ausmaßes des von ihnen erlittenen Schadens;

b) Vorsätzlichkeit oder Fahrlässigkeit des Verstoßes;

c) jegliche von dem Verantwortlichen oder dem Auftragsverarbeiter getroffenen Maßnahmen zur Minderung des den betroffenen Personen entstandenen Schadens;

d) Grad der Verantwortung des Verantwortlichen oder des Auftragsverarbeiters unter Berücksichtigung der von ihnen gemäß den Artikeln 25 und 32 getroffenen technischen und organisatorischen Maßnahmen;

e) etwaige einschlägige frühere Verstöße des Verantwortlichen oder des Auftragsverarbeiters;

f) Umfang der Zusammenarbeit mit der Aufsichtsbehörde, um dem Verstoß abzuhelfen und seine möglichen nachteiligen Auswirkungen zu mindern;

g) Kategorien personenbezogener Daten, die von dem Verstoß betroffen sind;

h) Art und Weise, wie der Verstoß der Aufsichtsbehörde bekannt wurde, insbesondere ob und gegebenenfalls in welchem Umfang der Verantwortliche oder der Auftragsverarbeiter den Verstoß mitgeteilt hat;

i) Einhaltung der nach Artikel 58 Absatz 2 früher gegen den für den betreffenden Verantwortlichen oder Auftragsverarbeiter in Bezug auf denselben Gegenstand angeordneten Maßnahmen, wenn solche Maßnahmen angeordnet wurden;

j) Einhaltung von genehmigten Verhaltensregeln nach Artikel 40 oder genehmigten Zertifizierungsverfahren nach Artikel 42 und

k) jegliche anderen erschwerenden oder mildernden Umstände im jeweiligen Fall, wie unmittelbar oder mittelbar durch den Verstoß erlangte finanzielle Vorteile oder vermiedene Verluste.

(3) Verstößt ein Verantwortlicher oder ein Auftragsverarbeiter bei gleichen oder miteinander verbundenen Verarbeitungsvorgängen vorsätzlich oder fahrlässig gegen mehrere Bestimmungen dieser Verordnung, so übersteigt der Gesamtbetrag der Geldbuße nicht den Betrag für den schwerwiegendsten Verstoß.

(4) Bei Verstößen gegen die folgenden Bestimmungen werden im Einklang mit Absatz 2 Geldbußen von bis zu 10 000 000 EUR oder im Fall eines Unternehmens von bis zu 2 % seines gesamten weltweit erzielten Jahresumsatzes des vorangegangenen Geschäftsjahrs verhängt, je nachdem, welcher der Beträge höher ist:

a) die Pflichten der Verantwortlichen und der Auftragsverarbeiter gemäß den Artikeln 8, 11, 25 bis 39, 42 und 43;

b) die Pflichten der Zertifizierungsstelle gemäß den Artikeln 42 und 43;

c) die Pflichten der Überwachungsstelle gemäß Artikel 41 Absatz 4.

(5) Bei Verstößen gegen die folgenden Bestimmungen werden im Einklang mit Absatz 2 Geldbußen von bis zu 20 000 000 EUR oder im Fall eines Unternehmens von bis zu 4 % seines gesamten weltweit erzielten Jahresumsatzes des vorangegangenen Geschäftsjahrs verhängt, je nachdem, welcher der Beträge höher ist:

a) die Grundsätze für die Verarbeitung, einschließlich der Bedingungen für die Einwilligung, gemäß den Artikeln 5, 6, 7 und 9;

b) die Rechte der betroffenen Person gemäß den Artikeln 12 bis 22;

c) die Übermittlung personenbezogener Daten an einen Empfänger in einem Drittland oder an eine internationale Organisation gemäß den Artikeln 44 bis 49;

d) alle Pflichten gemäß den Rechtsvorschriften der Mitgliedstaaten, die im Rahmen des Kapitels IX erlassen wurden;

e) Nichtbefolgung einer Anweisung oder einer vorübergehenden oder endgültigen Beschränkung oder Aussetzung der Datenübermittlung durch die Aufsichtsbehörde gemäß Artikel 58 Absatz 2 oder Nichtgewährung des Zugangs unter Verstoß gegen Artikel 58 Absatz 1.

(6) Bei Nichtbefolgung einer Anweisung der Aufsichtsbehörde gemäß Artikel 58 Absatz 2 werden im Einklang mit Absatz 2 des vorliegenden Artikels Geldbußen von bis zu 20 000 000 EUR oder im Fall eines Unternehmens von bis zu 4 % seines gesamten weltweit erzielten Jahresumsatzes des vorangegangenen Geschäftsjahrs verhängt, je nachdem, welcher der Beträge höher ist.

(7) Unbeschadet der Abhilfebefugnisse der Aufsichtsbehörden gemäß Artikel 58 Absatz 2 kann jeder Mitgliedstaat Vorschriften dafür festlegen, ob und in welchem Umfang gegen Behörden und öffentliche Stellen, die in dem betreffenden Mitgliedstaat niedergelassen sind, Geldbußen verhängt werden können.

(8) Die Ausübung der eigenen Befugnisse durch eine Aufsichtsbehörde gemäß diesem Artikel muss angemessenen Verfahrensgarantien gemäß dem Unionsrecht und dem Recht der Mitgliedstaaten, einschließlich wirksamer gerichtlicher Rechtsbehelfe und ordnungsgemäßer Verfahren, unterliegen.

(9) [1]Sieht die Rechtsordnung eines Mitgliedstaats keine Geldbußen vor, kann dieser Artikel so angewandt werden, dass die Geldbuße von der zuständigen Aufsichtsbehörde in die Wege geleitet und von den zuständigen nationalen Gerichten verhängt wird, wobei sicherzustellen ist, dass diese Rechtsbehelfe wirksam sind und die gleiche Wirkung wie die von Aufsichtsbehörden verhängten Geldbußen haben. [2]In jeden Fall müssen die verhängten Geldbußen wirksam, verhältnismäßig und abschreckend sein. [3]Die betreffenden Mitgliedstaaten teilen der Kommission bis zum 25. Mai 2018 die Rechtsvorschriften mit, die sie aufgrund dieses Absatzes erlassen, sowie unverzüglich alle späteren Änderungsgesetze oder Änderungen dieser Vorschriften.

Verwandte Normen: ErwGr 148, 149, 150, 151; § 43 BDSG 2003

Literatur:

Ashkar, Durchsetzung und Sanktionierung des Datenschutzrechts nach den Entwürfen der Datenschutz-Grundverordnung, DuD 2015, 796; *Cornelius*, Die „datenschutzrechtliche Einheit" als Grundlage des bußgeldrechtlichen Unternehmensbegriffs nach der EU-DSGVO, NZWiSt 2016, 421; *Dieterich*, Rechtsdurchsetzungsmöglichkeiten der DS-GVO, ZD 2016, 260; *Faust/Spittka/Wybitul*, Milliardenbußgelder nach der DS-GVO?, ZD 2016, 12; *Piltz*, Die Datenschutz-Grundverordnung – Teil 5: Internationale Zusammenarbeit, Rechtsbehelfe und Sanktionen, K&R 2017, 85; *Rost*, Bußgeld im digitalen Zeitalter – was bringt die DS-GVO?, RDV 2017, 13; *Thode*, Die neuen Compliance-Pflichten nach der Datenschutz-Grundverordnung, CR 2016, 714; *Wybitul*, Die DS-GVO – ein Compliance-Thema?, ZD 2016, 105.

A. Bedeutung der Vorschrift

1   Die in Art. 58 Abs. 2 geregelten „Abhilfebefugnisse" der Aufsichtsbehörde schließen die Möglichkeit ein, zusätzlich zu oder anstelle von den dort genannten Maßnahmen eine **Geldbuße** zu verhängen (Art. 58 Abs. 2 lit. i).[1] Hatte es Art. 24 der Datenschutz-RL 95/46/EG noch den Mitgliedstaaten überlassen, „geeignete Maßnahmen" zu ergreifen, um die volle Anwendung der in der Richtlinie vorgesehenen Vorschriften sicherzustellen, beansprucht das Unionsrecht nun selbst, die behördliche Festsetzung von Geldbußen in Tatbestand und Rechtsfolge supranational und damit zugleich einheitlich zu regeln.[2] Jenseits dessen bleibt die Festlegung von Sanktionen für datenschutzrechtliche Verstöße aber, wie der nachfolgende Art. 84 zeigt, nach wie vor der Gesetzgebung der Mitgliedstaaten überlassen; das gilt insbesondere auch für das Strafrecht (→ Art. 84 Rn. 4).

---

1   Fehlerhaft formuliert ist daher Art. 83 Abs. 2 S. 1 (gemeint sein können dort richtigerweise nur Maßnahmen nach den Buchstaben a bis h „und j").

2   Zur bisherigen Rechtslage in Deutschland vgl. v.a. § 43 BDSG und die entsprechenden Tatbestände der Landesdatenschutzgesetze; zu Unterschieden in den von den Mitgliedstaaten bislang verfolgten Regelungskonzepten zuletzt *de Hert* International Data Privacy Law 2014, 262.

B. Erläuterung

I. Rechtsnatur der Geldbuße nach Art. 83

Die gemäß Art. 83 durch die Aufsichtsbehörde verhängte Geldbuße stellt **2** demnach ihrerseits gerade **keine kriminalstrafrechtliche Sanktion** im eigentlichen Sinne dar. Einer ausdrücklichen Klarstellung (wie etwa in Art. 23 Abs. 5 der VO [EG] 1/2003 für die von der Kommission festzusetzenden Geldbußen nach europäischem Kartellrecht) bedurfte es dafür nicht. Eine Kompetenzgrundlage zur Setzung originär „europäischen" Strafrechts durch Organe der EU ist den Verträgen im Übrigen (auch nach „Lissabon") nicht zweifelsfrei zu entnehmen,[3] wäre aber jedenfalls auf einige wenige Bereiche jenseits des Datenschutzrechts beschränkt.[4] Bei der in Art. 83 DSGVO geregelten Geldbuße handelt es sich vielmehr um ein *administratives Interventionsinstrument* mit allerdings eindeutig repressiver Ausrichtung und erklärtermaßen abschreckender Funktion (s. die Erwägungsgründe Nr. 148, 152 sowie Art. 83 Abs. 1 u. 9).

Damit ist sie aber immerhin **als punitive Sanktion** dem „Strafrecht im wei- **3** teren Sinne" zuzurechnen.[5] Bedeutung hat diese Einordnung nicht zuletzt auch für die Garantien, die sich jenseits des Unionsrechts aus der EMRK ergeben (die, gerade auch was den Begriff des „Strafrechts" anbelangt, der autonomen Interpretation durch den EGMR unterliegt).[6] Zu verlangen sind danach insbesondere ein faires Verfahren (Art. 6 Abs. 1 EMRK) unter Beachtung der Unschuldsvermutung (Art. 6 Abs. 2 EMRK) und ein Mindestmaß an Bestimmtheit und Vorhersehbarkeit der betreffenden Sanktion (Art. 7 Abs. 1 EMRK). Nach Maßgabe des Art. 51 Abs. 1 GrCh gelten aber insbesondere auch die Art. 48-50 GrCh.

II. Die einzelnen Tatbestände

1. Geldbußen-Tatbestände nach Abs. 4

Tatbestandlich erfasst ist zunächst die Verletzung von Pflichten, die den **4** **Verantwortlichen** (Art. 4 Nr. 7) bzw. den **Auftragsverarbeiter** (Art. 4 Nr. 8) treffen (im Einzelnen enumerativ genannt unter lit. a). Dazu gehören insbesondere auch die Pflicht, ein Verzeichnis von Verarbeitungstätigkeiten zu führen (Art. 30), und die Pflicht, für geeignete technische und organisatorische Sicherungen zu sorgen (Art. 32). Hinzu treten (lit. b) Verletzungen von Pflichten der **Zertifizierungsstellen** nach Art. 42 und 43 (die freilich nur ein recht vages Pflichtenprogramm erkennen lassen) sowie die Verletzung der den **Überwachungsstellen** durch Art. 41 Abs. 4 auferlegten Pflichten (lit. c). Nicht als Pflichtenadressaten in den Täterkreis aufgenommen

---

3 Zutr. *Böse* in: Hatje/Müller-Graff, EnzEuR Bd. 9, § 24 Rn. 24; *Schröder* FS Achenbach, 2011, 491 (496 f.); *Zöller* FS Schenke, 2011, 579 (584 f.); *Sturies* HRRS 2012, 273 (276 ff.).

4 Genannt werden Art. 325 Abs. 4 AEUV: „Betrügereien" gegen die finanziellen Interessen der EU; Art. 79 Abs. 1, Abs. 2 lit. d: Menschenhandel; Art. 33: Zusammenarbeit im Zollwesen; zur hA vgl. die Darstellung bei *Hecker*, EurStrR, Kap. 4 Rn. 68 ff. mwN.

5 Zur Terminologie *Hecker*, EurStrR, Kap. 4 Rn. 61 ff.; *Deutscher*, Die Kompetenzen der Europäischen Gemeinschaften zur originären Strafgesetzgebung, 2000, 165 ff.; *Satzger*, Die Europäisierung des Strafrechts, 2001, 72 ff., 80 ff.

6 Vgl. bereits EGMR, 21.2.1984, Serie A Bd. 73 Rn. 50 ff. – Öztürk.

worden sind dagegen der Datenschutzbeauftragte, dessen Aufgaben (Art. 39) hier (versehentlich?) nur unter lit. a bei den „Pflichten der Verantwortlichen und der Auftragsverarbeiter" mitaufgeführt werden, und der ggf. nach Art. 27 benannte Vertreter.[7]

5 Da als **Adressaten** jener Pflichten nicht nur natürliche Personen in Betracht kommen (vgl. nur die Definitionen des Verantwortlichen und des Auftragsverarbeiters in Art. 4 Nr. 7 und 8), stellen sich Zurechnungsprobleme zunächst dann, wenn die Pflichtverletzung auf das Verhalten bestimmter einzelner Menschen zurückzuführen ist, ferner aber auch insoweit, als das Subjekt der Pflichtverletzung und das Sanktionssubjekt nicht denknotwendig identisch sein müssen. Keines dieser Probleme wird von der DSGVO auch nur ansatzweise geregelt.[8] Man wird sich daher wohl damit behelfen müssen, anderswo nach Orientierung zu suchen (etwa in der Rechtsprechung des EuGH zu den Geldbußen nach der Kartell-VO). Keiner Geldbuße unterworfen bleiben nach der DSGVO indessen **Behörden** und andere **öffentliche Stellen**, sofern nicht der jeweilige Mitgliedstaat nach Art. 7 etwas anderes bestimmt (→ Rn. 27).

6 Besondere Schwierigkeiten bereiten dürfte in diesem Zusammenhang auf der **Rechtsfolgenseite** die Bestimmung der Geldbußenobergrenze „im Fall eines Unternehmens". Während diese Grenze sonst bei immerhin 10 Mio. EUR (!) liegen soll, kann sie hier auch höher liegen und bis zu 2 % des gesamten weltweit erzielten Jahresumsatzes aus dem vorangegangenen Geschäftsjahr erreichen. Es liegt auf der Hand, dass der auf diese Weise berechnete Betrag um ein Vielfaches höher ausfallen kann, wenn gegebenenfalls nicht der Umsatz eines unmittelbar betroffenen Tochterunternehmens (als rechtliche Einheit) zugrunde gelegt würde, sondern der des gesamten Konzerns.[9]

7 Als **Unternehmen** gelten indes nach der in Art. 4 Nr. 18 vorgegebenen Legaldefinition natürliche oder juristische Personen, die eine wirtschaftliche Tätigkeit ausüben. Auf die Rechtsform kommt es dabei nicht an (erfasst sind auch Personengesellschaften oder Vereinigungen, die regelmäßig einer wirtschaftlichen Tätigkeit nachgehen). Diese scheinbar eindeutige Festlegung im Verordnungstext selbst (jedenfalls in seiner deutschen Fassung) müsste es eigentlich ausschließen, dem Ausdruck „Unternehmen" im Kontext von Abs. 4–6 eine abweichende Bedeutung beizulegen, wie es der (erst im Trilog-Verfahren noch eingefügte) Erwägungsgrund Nr. 150 offenbar im Sinne hat, wenn er insoweit den Unternehmensbegriff „im Sinne der Artikel 101 und 102 AEUV" für maßgeblich erklären will[10] (→ Art. 4 Rn. 209 ff.). Dies zielt offenbar gerade darauf ab, ähnlich wie im europäischen Wettbewerbsrecht an eine ggf. auch nur *wirtschaftliche Einheit* an-

---

7 Vgl. a. *Laue/Nink/Kremer*, § 1 Rn. 95 f., die von einem „Redaktionsversehen" ausgehen.

8 Zur geplanten Ergänzung dieses Adressatenkreises auf der Ebene des nationalen Ordnungswidrigkeitenrechts → Art. 84 Rn. 3.

9 Vgl. *Faust/Spittka/Wybitul* ZD 2016, 120; *Dieterich* ZD 2016, 260 (264 f.).

10 Wie hier auch *Faust/Spittka/Wybitul* ZD 2016, 120 (124); *Laue/Nink/Kremer*, § 11 Rn. 25 ff.; vgl. a. *Thode* CR 2016, 714 (716); *Piltz* K&R 2017, 85 (92); aA *Albrecht/Jotzo*, Teil 8 Rn. 34 ff.; *Rost* RDV 2017, 13 (15 ohne weitere Begründung).

knüpfen zu können, die – als Unternehmensgruppe bzw. Konzern –mehrere einzelne Unternehmen umfassen kann;[11] im Raum stehen damit zugleich einige intrikate Fragen der internen Zurechnung,[12] im Ergebnis aber vor allem eine erhebliche Ausweitung und Steigerung der möglichen Höchstbeträge, wenn etwa für die Berechnung des „gesamten weltweit erzielten Jahresumsatzes des vorangegangenen Geschäftsjahrs" nicht lediglich der Umsatz des unmittelbar beteiligten Unternehmens, sondern der des gesamten Konzerns maßgeblich sein sollte.[13] Aus methodischer Sicht besitzen Erwägungsgründe aber generell nicht die Kraft, eine im „Verfügungsteil" des betreffenden Rechtsakts enthaltene Regelung in ihr genaues Gegenteil zu verkehren, handelt es sich doch bei ihnen anerkanntermaßen nur um erläuternde Begründungen ohne eigenen normativen Gehalt (vgl. nicht zuletzt den „Gemeinsamen Leitfaden des Europäischen Parlaments, des Rates und der Kommission für Personen, die an der Abfassung von Rechtstexten der Europäischen Union mitwirken" 2014). Nimmt man nun allerdings die (nicht mehr, aber auch nicht weniger verbindliche) englische Textfassung zum Ausgangspunkt, lässt sich das, was in Art. 83 DSGVO (und dem darauf bezogenen Erwägungsgrund Nr. 150) mit „undertaking" bezeichnet wird, gar nicht mehr mit Hilfe von Art. 4 Nr. 18 DSGVO erschließen, weil dort lediglich der Begriff „enterprise" definiert wird[14] (und auch Nr. 19 hilft nicht weiter, sondern führt mit der „group of undertakings" einen dritten Begriff ein, zu dem der des „undertaking" iSd Art. 83 erst einmal ins Verhältnis zu setzen wäre).[15] Alles das legt die Vermutung nahe, dass man es hier wohl mit einem (weiteren) Beispiel für die handwerklichen Unzulänglichkeiten der DSGVO (und die Brüsseler Nonchalance im Umgang mit dem Bestimmtheitsgebot[16]) zu tun hat.[17] In der Literatur wird gleichwohl vermutet, die Praxis der Aufsichtsbehörden werde sich aus rechtspolitisch naheliegenden Gründen gleichwohl an der im Erwägungsgrund vorgezeichneten „schärferen" Version orientieren.[18] „Eins zu eins" werden sich die im Kartellrecht entwickelten Grundsätze auf die DSGVO aber jedenfalls kaum übertragen lassen.[19]

---

11 Vgl. zu dieser „funktionalen" Betrachtungsweise hier nur *Emmerich* in: Immenga/Mestmäcker, EU-Wettbewerbsrecht, 5. Aufl. 2012, AEUV Art. 101 Rn. 6 ff., 9 ff.

12 Zu ihnen etwa *Emmerich* aaO Rn. 43 ff.; *Cornelius* NZWiSt 2016, 421 (423).

13 *Faust/Spittka/Wybitul* ZD 2016, 120 (123 f.).

14 Vgl. *Faust/Spittka/Wybitul* ZD 2016, 120 (123); *Cornelius* NZWiSt 2016, 421 (423 f.).

15 Demgegenüber ist beispielsweise in der französischen Fassung wiederum einheitlich von „entreprise" die Rede; vgl. zum Ganzen a. Paal/Pauly/*Frenzel*, Rn. 20.

16 Dazu im vorliegenden Zusammenhang a. Paal/Pauly/*Frenzel*, Rn. 19 mwN.

17 Krit. a. *Cornelius* NZWiSt 2016, 421 (424): „unzweifelhaft missglückte Gestaltung".

18 S. bereits *Wybitul* ZD 2016, 105; *Dieterich* ZD 2016, 260 (264). Das Bayerische Landesamt für Datenschutzaufsicht hat sich denn auch schon in diesem Sinne geäußert (https://www.lda.bayern.de/media/baylda_ds-gvo_7_sanctions.pdf, zuletzt abgerufen 16.3.2017).

19 Vgl. a. Paal/Pauly/*Frenzel*, Rn. 20 sowie – mit einem eigenen Vorschlag – *Cornelius* NZWiSt 2016, 421 (425 f.).

2. Geldbußen-Tatbestände nach Abs. 5

8 Für die in Abs. 5 genannten Verstöße wird die Obergrenze des Sanktionsrahmens doppelt so hoch wie in den Fällen des Abs. 4 und erreicht damit
das schlechterdings exorbitante (Un-)Maß von bis zu 4 % des weltweit erzielten Jahresumsatzes des betreffenden Unternehmens (→ Rn. 7; wiederum gemessen am vorangegangenen Geschäftsjahr), jedenfalls aber
10 Mio. EUR (also etwa das Dreiunddreißigfache jener 300.000 EUR, die
derzeit die Regelgrenze der Geldbuße für Ordnungswidrigkeiten nach § 43
Abs. 2 BDSG darstellen). Tatbestandlich erfasst sind hier im Einzelnen:

- **lit. a:** die Verletzung der in den Art. 5, 6, 7 und 9 aufgestellten (mitunter freilich nur generalklauselartig skizzierten[20]) Grundsätze für die
Verarbeitung (einschließlich der Bedingungen für die Einwilligung);
- **lit. b:** die Verletzung der in den Art. 12–22 geregelten Betroffenenrechte;
- **lit. c:** Verstöße gegen die besonderen Regelungen über die Übermittlung
personenbezogener Daten (Art. 4 Nr. 1) an Empfänger in einem Drittland oder an eine internationale Organisation (Art. 4 Nr. 26);
- **lit. d:** die Verletzung von Pflichten, die sich aus dem *Recht des jeweiligen Mitgliedstaats* (!) ergeben, soweit es sich um Vorschriften für besondere Verarbeitungssituationen (Kap. IX) handelt (ein bemerkenswert unbefangener Umgang mit den in Mehr-Ebenen-Systemen jedenfalls technisch möglichen Verweisungen – hier einmal umgekehrt also
die unionsrechtliche Sanktionierung *nationaler* Verhaltensnormen);
- **lit. e:** bestimmte Fälle des Ungehorsams gegenüber der Aufsichtsbehörde; gemeint sind wohl (was die deutsche Textfassung – anders als die
englische Fassung des Trilog-Ergebnisses zu Art. 79 Abs. 3 a lit. c – freilich nur unzureichend erkennen lässt) nur solche Anweisungen nach
Art. 58 Abs. 2, die sich unmittelbar auf die Verarbeitung und Übermittlung von Daten beziehen (lit. f), sowie die Nichtgewährung des in
Art. 58 Abs. 1 lit. e u. f geregelten Zugangs.

3. Ungehorsamstatbestand (Abs. 6)

9 Eine Anweisung der Aufsichtsbehörde nach Art. 58 Abs. 2 nicht zu befolgen, soll nach Abs. 6 (auch über die bereits durch Abs. 5 lit. e erfassten Fälle hinaus) gleichfalls mit Geldbußen in den bei Abs. 5 vorgesehenen Dimensionen geahndet werden können. Das erscheint für schlichten Verwal-
tungsungehorsam, um den es hier in erster Linie geht, weit überzogen. Voraussetzung ist hier selbstverständlich, dass die Anweisung für ihren Adressaten gegenüber nach allgemeinen verwaltungsrechtlichen Grundsätzen
verbindlich ist.[21]

---

20 Zu Recht krit. daher Paal/Pauly/*Frenzel*, Rn. 24 („weitgehend weder bestimmt
noch vorhersehbar, welches Verhalten mit Geldbuße sanktioniert werden kann").
21 *Rost* RDV 2017, 13 (16).

III. Rechtsfolgenerhebliche Gesichtspunkte
1. Allgemeine Zielsetzung (Abs. 1)

Nach Art eines einleitenden Programmsatzes verlangt Abs. 1 zunächst allgemein eine **wirksame, verhältnismäßige** und **abschreckende** Handhabung der Geldbuße in jedem Einzelfall (eine Standardformel, die sich mindestens bis zur Entscheidung des EuGH anlässlich des „Griechischen Mais-Skandals" zurückverfolgen lässt; vgl. EuGH v. 21.9.1989, Rs. 68/88, Slg 1989, 2965). Der Satz bezieht sich seinem Wortlaut nach freilich nur auf die in den Absätzen 5 und 6 enthaltenen Tatbestände, nicht aber auch auf die durch Abs. 4 erfassten Fälle. Dabei mag es sich (mit Blick auf den insoweit noch vollständigen Art. 79 Abs. 1 a des Trilog-Ergebnisses) schlicht um ein Redaktionsversehen handeln; in anderen Fassungen (etwa der in englischer Sprache) wird tatsächlich auch auf Abs. 4 verwiesen. Die Konsequenzen dürften jedoch insgesamt überschaubar bleiben, weil es sich letztlich nur um eine allgemein gehaltene traditionelle Floskel europäischer Rechtsakte handelt und die Begrenzung auf eine auch im Einzelfall „verhältnismäßige" Sanktionierung sich bereits aus allgemeinen Grundsätzen des Unionsrechts (Art. 6 Abs. 3 EUV) ergibt (vgl. Art. 49 Abs. 3 GRCh) und auch in der DSGVO selbst durchgehend anerkannt wird. Zudem dürfte eine „abschreckende" Wirkung mit dem Institut der Geldbuße wohl schon begrifflich verbunden sein.

2. Einzelfallbezogene Kriterien (Abs. 2)

Die Entscheidung, ob[22] – neben den sonst von Art. 58 Abs. 2 vorgesehenen Maßnahmen oder auch an deren Stelle (Art. 83 Abs. 2 S. 1) – eine Geldbuße verhängt wird und falls ja, in welcher Höhe, ist von der Aufsichtsbehörde nach den Umständen des Einzelfalls zu treffen. Abs. 2 S. 2 listet eine Reihe von Gesichtspunkten (als Festsetzungs- und Zumessungskriterien) auf, die dabei jeweils „gebührend" zu berücksichtigen sind. Dieser (im Vergleich etwa zu § 17 Abs. 3 des deutschen OWiG oder auch zu § 46 Abs. 2 StGB recht detaillierte) Kriterienkatalog ist insofern nicht abschließend, als nach der Auffangklausel unter lit. k gegebenenfalls auch noch „jegliche anderen erschwerenden oder mildernden Umstände" einzubeziehen sind. Davon abgesehen ist es im Ergebnis offensichtlich nicht gelungen, die einzelnen Punkte des (im Verlauf der Entstehungsgeschichte mehrfach veränderten) Katalogs in sinnvoller Weise systematisch zu ordnen.

Maßgeblich ist zunächst die sachliche und zeitliche Dimension des in Rede stehenden Verstoßes (**lit. a**) mit Blick auf den Umfang und den Zweck der davon betroffenen Datenverarbeitung. Das Gewicht des Verstoßes wird dabei auch von seinen Folgen bestimmt (wie viele Personen sind davon in welchem Ausmaß betroffen? – zur Bedeutung besonderer Datenkategorien sa lit. g). Bei „geringfügigeren" Verstößen kann eine bloße Verwarnung ausreichen (vgl. Erwägungsgrund Nr. 148).

---

22 Auch insoweit hat die Aufsichtsbehörde ein gewisses Ermessen (das wird bei *Albrecht* CR 2016, 88 [96] nicht recht deutlich; zutreffend dagegen Paal/Pauly/*Frenzel*, Rn. 10 ff.).

13 Vorsätzliche Verstöße sind, so wird man die Formulierung in **lit. b** verstehen dürfen, grundsätzlich schwerer zu gewichten als lediglich fahrlässiges Handeln bzw. Unterlassen (eine schematische Halbierung des Höchstbetrages wie in § 17 Abs. 2 des deutschen OWiG sieht die DSGVO freilich nicht vor). Daraus ergibt sich zugleich, dass Fahrlässigkeit regelmäßig genügt. Weder Wortlaut noch Entstehungsgeschichte geben aber hinreichenden Anlass, ein in diesem Sinne schuldhaftes Verhalten überhaupt nur als *Erschwerungsgrund* zu deuten.[23] Fahrlässigkeit ist vielmehr eine Mindestvoraussetzung bußgeldrechtlicher Verantwortlichkeit nach Art. 83 DSGVO.[24]

14 Bemühungen des Verantwortlichen bzw. Auftragsverarbeiters, einen bei dritten Personen etwa entstandenen (materiellen) Schaden möglichst gering zu halten (bzw. auszugleichen), sind nach **lit. d** mildernd zu berücksichtigen (vgl. auch noch lit. f).

15 Entsprechendes gilt für die Implementierung präventiver Maßnahmen zum Datenschutz durch Technikgestaltung (*privacy by design*) und datenschutzfreundliche Voreinstellungen (Art. 25) sowie zur Sicherheit der Verarbeitung (Art. 32), die den Verantwortlichen bzw. Auftragsverarbeiter ggf. entlasten können (**lit. e**). Umgekehrt werden vorwerfbare technische und organisatorische Defizite in diesem Bereich belastend wirken.

16 Ebenfalls erschwerend zu berücksichtigen sind nach **lit. e** ggf. einschlägige frühere Verstöße (zur Einhaltung diesbezüglicher aufsichtsbehördlicher Maßnahmen iSd Art. 58 Abs. 2 sa noch lit. i).

17 Entlastend wirken kann demgegenüber eine frühzeitige und intensive Kooperation mit der Aufsichtsbehörde mit dem Ziel, den von der DSGVO geforderten Standard (wieder) zu erreichen und nachteilige Auswirkungen des betreffenden Verstoßes in möglichst engen Grenzen zu halten (**lit. f**); zur Kontaktierung der Aufsichtsbehörde sa noch lit. h. Eine gewisse Orientierungsfunktion mag hier die bisher im Kartellrecht geübte Praxis übernehmen.[25]

18 Art und Schwere eines Verstoßes (lit. a) werden auch durch die Eigenart der davon betroffenen personenbezogenen Daten mitbestimmt. Die Relevanz der jeweiligen Datenkategorien wird in **lit. g** noch einmal ausdrücklich hervorgehoben. Danach wird insbesondere erschwerend ins Gewicht fallen können, dass sich der in Rede stehende Verstoß auf Daten der in Art. 9 bezeichneten Art bezogen hat.

19 In **lit. h** wird erneut (vgl. schon lit. f) die Zusammenarbeit mit der Aufsichtsbehörde als entlastender Faktor angesprochen, soweit es darum geht, die Behörde von sich aus (mehr oder weniger freiwillig) über den betreffenden Verstoß in Kenntnis zu setzen.

20 Hat die Aufsichtsbehörde in der fraglichen Angelegenheit bereits zuvor Maßnahmen nach Art. 58 Abs. 2 gegen den Verantwortlichen bzw. den Auftragsverarbeiter getroffen, soll es für die Verhängung und Bemessung einer Geldbuße nach **lit. i** auch darauf ankommen, inwieweit die damit ver-

---

23 So aber *Härting*, Datenschutz-Grundverordnung, 2016, Rn. 253.
24 Wie hier a. Plath/*Becker*, Rn. 11; Paal/Pauly/*Frenzel*, Rn. 8; *Piltz* K&R 2017, 85 (92).
25 In diesem Sinne *Rost* RDV 2017, 13 (18).

bundenen Vorgaben eingehalten worden sind. Der sachliche Gehalt dieser Passage ist unklar: Angesprochen sind offenbar Fälle, in denen die genannten aufsichtsbehördlichen Maßnahmen den in Rede stehenden Verstoß nicht verhindern konnten (was im Einzelfall schon dem Vorwurf *fahrlässigen* Handelns entgegenstehen mag). Die Nichtbefolgung einzelner Anweisungen ist freilich in Abs. 6 ihrerseits schon vertatbestandlicht worden.

Von Bedeutung soll nach **lit. j** ferner sein, ob genehmigte Verhaltensregeln 21 (Art. 40) oder genehmigte Zertifizierungsverfahren (Art. 42) eingehalten worden sind.

Eine Art **Auffangklausel** liefert schließlich **lit. k** für alle nur denkbaren 22 sonstigen Erschwerungs- und Milderungsgründe. Damit verbunden wird freilich zugleich noch ein weiterer Hinweis auf einen konkreten weiteren Gesichtspunkt: die möglicherweise wirtschaftlich günstigen (unmittelbaren oder auch nur mittelbaren) Auswirkungen der mit dem Verstoß verbundenen Praxis.

Nicht mehr in Abs. 2 selbst, sondern lediglich in den Erwägungsgründen 23 angesprochen werden schließlich die **wirtschaftlichen Verhältnisse** einer ggf. mit einer Geldbuße zu belegenden natürlichen Person. Hier soll eine unverhältnismäßige Belastung in jedem Falle ausgeschlossen bleiben. Das kann dem Erwägungsgrund Nr. 148 zufolge im Einzelfall dazu führen, sogar ganz auf die Verhängung einer Geldbuße zu verzichten und es stattdessen mit einer Verwarnung (Art. 58 Abs. 2 lit. b) bewenden zu lassen. Im Übrigen sind selbstverständlich die individuellen Vermögensverhältnisse des Betroffenen zu berücksichtigen, ferner auch die allgemeinen Einkommensverhältnisse in seinem Heimatstaat (vgl. Erwägungsgrund Nr. 150 S. 4).

Alles das vermag grundsätzliche Bedenken hinsichtlich der **Bestimmtheit** 24 **auf der Rechtsfolgenseite** nicht völlig auszuräumen:[26] Das Spektrum dessen, was einer natürlichen Person aus Anlass eines tatbestandlich erfassten Datenschutzverstoßes droht, reicht jedenfalls nominell von null bis zehn (bzw. 20) Millionen EUR, ohne dass sich darin weitere greifbare Abstufungen erkennen ließen. Etwas abgemildert werden könnte dieser – aus liberal-rechtsstaatlicher Perspektive durchaus unbefriedigende – Befund möglicherweise durch die in Art. 70 Abs. 1 lit. k angesprochenen **Leitlinien des Europäischen Datenschutzausschusses** (→ Art. 68 ff.) für die Aufsichtsbehörden, die freilich erst noch auszuarbeiten wären.[27] Erwägungsgrund Nr. 150 verweist zudem auf das Kohärenzverfahren (Art. 63 ff. DSGVO).

3. Tateinheit (Abs. 3)

Treffen bei demselben Verarbeitungsvorgang (die deutsche Textfassung 25 spricht – wohl irrig – von „gleichen" Vorgängen) oder bei miteinander verbundenen Verarbeitungsvorgängen mehrere nach Art. 83 ahndbare Verstöße gewissermaßen tateinheitlich zusammen, soll die Geldbuße nach Abs. 3 insgesamt dem Betrag entsprechen, der für den am schwersten wiegenden

---

26 Zur vergleichbaren Problematik bei Kartellgeldbußen s. bereits *Sóltesz/Steinle/Bielesz* EuZW 2003, 202.
27 Zum Sachstand zuletzt *Rost* RDV 2017, 13 (19).

Verstoß verwirkt ist.[28] Für „tatmehrheitliche" Verstöße fehlt hingegen eine Regelung.[29]

IV. Verfahrensrecht und gerichtlicher Rechtsschutz (Abs. 8)

26 Nicht in der DSGVO selbst geregelt worden sind das Verfahren, in dem die Aufsichtsbehörde die Geldbußen verhängen soll, und der (selbstverständlich erforderliche) effektive gerichtliche Rechtsschutz hiergegen. Abs. 8 ist insoweit der an die Mitgliedstaaten gerichtete Auftrag zu entnehmen, für „angemessene Verfahrensgarantien" Sorge zu tragen. Für das deutsche Recht bietet sich insoweit das im Ordnungswidrigkeitenrecht bereits vorhandene Regelungsmodell an (→Art. 84 Rn. 7 f.).[30] In diese Richtung weist nunmehr auch der Regierungsentwurf eines DSAnpUG-EU (BR-Drs. 110/17), nach dem § 41 Abs. 1 S. 1 BDSG-neu den sachlichen Anwendungsbereich des OWiG (§ 2 OWiG) grundsätzlich „sinngemäß" auf Verstöße nach Art. 83 Abs. 4-6 DSGVO ausdehnt. Entsprechend soll sich dann auch das Verfahren gestalten (§ 41 Abs. 2 S. 1 BDSG-neu; ausgenommen werden im folgenden Satz allerdings die §§ 56-58 OWiG, die die Verwarnung betreffen, sowie die §§ 87, 88, 99, 100 OWiG). Abweichend von § 69 Abs. 4 S. 2 OWiG soll die Staatsanwaltschaft das Verfahren jedoch nicht aus eigenem Recht, sondern nur mit Zustimmung der Aufsichtsbehörde einstellen können (§ 41 Abs. 2 S. 3 BDSG-neu). Inwieweit den Mitgliedstaaten durch Abs. 8 auch die Möglichkeit eröffnet wird, jeweils eigene Verjährungsregelungen zu treffen, ist unklar.[31]

C. Öffnungsklausel (Abs. 7)

27 Ob – und ggf. in welchem Umfang – auch **Behörden** mit einer Geldbuße nach Art. 83 belegt werden können, bleibt nach der Öffnungsklausel in Abs. 7 der Gesetzgebung der Mitgliedstaaten überlassen (befürwortend geäußert hat sich inzwischen die Entschließung der 91. Konferenz der unabhängigen Datenschutzbehörden des Bundes und der Länder vom 6./7.4.2016). Entsprechendes gilt für andere **öffentliche Stellen**, die in dem betreffenden Staat niedergelassen sind. Der Regierungsentwurf eines DS-AnpG-EU (BR-Drs. 110/17) will nunmehr mit § 43 Abs. 3 i.V.m. § 2 Abs. 1, 5 BDSG-neu die Verhängung einer Geldbuße gegen Behörden – zu Recht – ganz und gegenüber sonstigen Stellen nur dann nicht ausschließen, wenn diese als öffentlich-rechtliche Unternehmen am Wettbewerb teilnehmen. Nicht mehr durch die Öffnungsklausel gedeckt wäre in jedem Falle die Sanktionierung einzelner Mitarbeiter; sie wäre ggf. auf Art. 84 DSGVO zu stützen.[32]

---

28 Vgl. aber Paal/Pauly/*Frenzel*, Rn. 17 (abstrakte Orientierung an der für den schwerstwiegenden Verstoß geltenden gesetzlichen Obergrenze); wieder anders Plath/*Becker*, Rn. 21.

29 Zu denkbaren Problemen bei unbeschränkter „Kumulierung" *Wybitul* ZD 2016, 106; *Dieterich* ZD 2016, 260 (264 f.).

30 Zum Problem möglicherweise mehrfacher Ahndung desselben Sachverhalts *Dieterich* ZD 2016, 260 (264).

31 Vgl. *Kühling/Martini*, S. 284; Plath/*Becker*, Rn. 3.

32 *Kühling/Martini*, S. 274 f.

D. Sonderregelung für Dänemark und Estland (Abs. 9)

Wie aus dem Erwägungsgrund Nr. 151 hervorgeht, ist die Verhängung von **28** Geldbußen durch eine Behörde mit den Rechtssystemen Dänemarks und Estlands nicht kompatibel. Für diese Staaten lässt Abs. 9 eine abweichende Ausgestaltung zu (gerichtliche Verhängung der Geldbuße in einem von der Aufsichtsbehörde betriebenen Verfahren), für die Bundesrepublik Deutschland ist die Vorschrift hingegen ohne Bedeutung.

Artikel 84 Sanktionen

(1) [1]Die Mitgliedstaaten legen die Vorschriften über andere Sanktionen für Verstöße gegen diese Verordnung – insbesondere für Verstöße, die keiner Geldbuße gemäß Artikel 83 unterliegen – fest und treffen alle zu deren Anwendung erforderlichen Maßnahmen. [2]Diese Sanktionen müssen wirksam, verhältnismäßig und abschreckend sein.

(2) Jeder Mitgliedstaat teilt der Kommission bis zum 25. Mai 2018 die Rechtsvorschriften, die er aufgrund von Absatz 1 erlässt, sowie unverzüglich alle späteren Änderungen dieser Vorschriften mit.

Verwandte Normen: ErwGr 152; § 44 BDSG 2003

Literatur:

Ashkar, Durchsetzung und Sanktionierung des Datenschutzrechts nach den Entwürfen der Datenschutz-Grundverordnung, DuD 2015, 796; *Dieterich*, Rechtsdurchsetzungsmöglichkeiten der DS-GVO, ZD 2016, 260; *de Hert*, The EU data protection reform and the (forgotten) use of criminal sanctions, International Data Privacy Law 2014, 262.

A. Bedeutung der Vorschrift

Jenseits der in Art. 83 geregelten Geldbußen für die dort bezeichneten Verstöße gegen die DSGVO bleibt Raum für weitere Sanktionsvorschriften, **1** die nach Art. 84 allerdings – wie bisher – der Gesetzgebung der einzelnen Mitgliedstaaten überlassen bleiben (auch in diesem Punkt präsentiert sich die DSGVO also in gewisser Weise als „atypischer Hybrid aus Verordnung und Richtlinie").[1] Obschon im Erwägungsgrund 11 noch ausdrücklich festgestellt wird, dass ein unionsweiter wirksamer Schutz personenbezogener Daten nicht nur einheitliche Schutzvorschriften erfordere, sondern auch „gleiche Sanktionen im Falle ihrer Verletzung", wird den Mitgliedstaaten damit letztlich nach wie vor ein gewisser rechts- (und insbesondere auch kriminal-)politischer Spielraum zugestanden. In ähnlicher Weise hatte bereits Art. 24 der DS-RiL „geeignete Maßnahmen" von ihnen verlangt, um „die volle Anwendung" der Richtlinien-Bestimmungen sicherzustellen,

---

1 *Kühling/Martini* EuZW 2016, 448 (449).

und dabei insbesondere die Festlegung von „Sanktionen" genannt, die „bei Verstößen gegen die zur Umsetzung dieser Richtlinie erlassenen Vorschriften anzuwenden sind". Die Auswahl der zu sanktionierenden Vorschriften und die Art der Sanktion war dabei den Mitgliedstaaten anheimgestellt.[2] Namentlich §§ 43, 44 BDSG enthalten schon heute zahlreiche datenschutzrechtliche Ordnungswidrigkeiten- und sogar Straftatbestände. Die DSGVO verfolgt demgegenüber einen gewissermaßen doppelspurigen Ansatz, indem sie zwar in Art. 83 ein eigenes, unionsweites Sanktionsregime für die dort genannten Verstöße etabliert (und damit zugleich rein präventiv- bzw. zivilrechtliche Regelungsmodelle einzelner Mitgliedstaaten durchbricht),[3] im Übrigen aber auf eine vollständige Harmonisierung gerade verzichtet (sieht man einmal von der eher formelhaften Vorgabe ab, die gewählten Sanktionen müssten jedenfalls „wirksam, verhältnismäßig und abschreckend" sein, → Rn. 5). Eine nähere sachliche Eingrenzung der nach mitgliedstaatlichem Recht zu sanktionierenden Verstöße lässt sich Abs. 1 hingegen nicht entnehmen, und wie sich die insoweit möglichen Rechtsfolgen zu denen verhalten, die die DSGVO in Art. 83 selbst regelt, macht die „uneinheitliche bzw. verwirrende Terminologie" der DSGVO in diesem Punkt[4] nicht deutlich. Damit bleiben die an die Gesetzgeber der Mitgliedstaaten gerichteten Erwartungen insgesamt durchaus unklar. Sie gehen in der Sache wohl kaum über das hinaus, was nach dem Grundsatz der loyalen Zusammenarbeit von Union und Mitgliedstaaten (Art. 4 Abs. 3 EUV) von letzteren ohnehin zu erwarten wäre.[5]

B. Erläuterungen

I. Regelungsoptionen für die Mitgliedstaaten

2   Im Entwurf der Kommission war die Vorschrift noch als Art. 78 *vor* den Regelungen über die „verwaltungsrechtliche" Sanktionierung durch die Aufsichtsbehörde (nunmehr Art. 83) platziert. Inhaltlich ist sie jedoch unverändert geblieben, sieht man vom Wegfall des Hinweises auf die Benennung eines Vertreters und der (gleichfalls überflüssigen) Klarstellung ab, dass die Sanktionierung des für die Verarbeitung Verantwortlichen die Sanktionierung eines von ihm etwa benannten Vertreters nicht hindert.

3   Art. 84 ist ersichtlich angelehnt an den allgemeinen Formulierungsvorschlag in den „Musterbestimmungen" zu „nicht zwangsläufig strafrechtlichen Verstößen und Sanktionen" in Anhang II zum Ratsdokument 16542/09. Der jeweiligen nationalen Gesetzgebung überantwortet wird damit die Festlegung „anderer" Sanktionen als diejenigen, die zuvor in Art. 83 und damit durch die DSGVO selbst geregelt worden sind. Diese Ausdrucksweise und die nunmehr gewählte Reihung der beiden Artikel legen es nahe, Art. 83 als abschließend zu verstehen, was die Geldbuße als aufsichtsbehördliches Sanktionsinstrument anbelangt.[6] Gleichwohl sollen

---

2 Vgl. nur *Ehmann/Helfrich*, Art. 24 Rn. 4.
3 Vgl. *de Hert* International Data Privacy Law 2014, 262 ff.
4 *Kühling/Martini*, S. 278 ff. mit eingehender Analyse.
5 Dazu allg. *Satzger* in: Hatje/Müller-Graff, EnzEuR Bd. 9, § 2 Rn. 78. Anders wohl *Kühling/Martini*, S. 285 (die DSGVO verlange eine „lückenlose Sanktionskette").
6 In diesem Sinne denn auch *Kühling/Martini* EuZW 2016, 448 (452).

sich die Mitgliedstaaten im Rahmen des Art. 84 gerade auch für Sanktionen „verwaltungsrechtlicher Art" entscheiden können, soweit sie durch die DSGVO selbst nicht harmonisiert werden.[7] Die Öffnung für mitgliedstaatliche Sanktionsvorschriften scheint zudem gar nicht ausschließlich, sondern nur „insbesondere" solche DSGVO-Verstöße zu betreffen, die nicht schon durch Art. 83 erfasst werden. Denkbar sind dann – etwa bei „schweren Verstößen" (so der Erwägungsgrund Nr. 152) – auch weitere Sanktionen *neben* einer nach Art. 83 verhängten Geldbuße[8] (zu den damit verbundenen Problemen a. → Rn. 7). Vor diesem Hintergrund sah der BMI-Referentenentwurf zunächst mit § 42 Abs. 1 ABDSG-E eine Ergänzung der Art. 83 Abs. 4–6 DSGVO dahingehend vor, dass auch (natürliche) Personen, die für die dort genannten Sanktionssubjekte (den Verantwortlichen bzw. Auftragsverarbeiter) tätig werden, nach den Regeln des deutschen Ordnungswidrigkeitenrechts sanktioniert werden können, falls sie in Ausübung ihrer Tätigkeit eine von jenen Absätzen in Bezug genommenen Pflichten verletzen[9] (womit freilich stillschweigend unterstellt wurde, dass eben auch diese Personen – jedenfalls auf der Ebene des Ordnungswidrigkeitenrechts – stets zum Adressatenkreis all dieser Pflichten zählen!). Die mögliche Bußgeldhöhe sollte dabei (ohne die in Art. 83 DSGVO angelegten Differenzierungen aufzugreifen) auf 300.000 Euro beschränkt bleiben. Der jüngste Regierungsentwurf (BR-Drs. 110/17) hat davon offenbar wieder Abstand genommen (schließt allerdings in § 41 Abs. 1 BDSG-neu von der generellen Verweisung auf das OWiG immerhin dessen §§ 30, 130 nicht aus[10]).

Gemeint sind insbesondere auch Sanktionen des **Kriminalstrafrechts** einschließlich der „Einziehung der durch die Verstöße gegen diese Verordnung erzielten Gewinne" (vgl. nur Erwägungsgrund Nr. 149). Eine Verpflichtung zur Kriminalisierung von Verstößen gegen datenschutzrechtliche Regelungen ergibt sich aus der DSGVO jedoch gerade nicht.[11] Den Gesetzgebern in Bund und Ländern steht es also durchaus frei, künftig ganz auf kriminalstrafrechtliche Sanktionen (entsprechend § 44 BDSG) zu verzichten.[12] Auf der anderen Seite steht die DSGVO einer (auch) strafrechtlichen Flankierung ihrer Regelungen nicht entgegen; Entsprechendes gilt für etwaige „auf der Grundlage und in den Grenzen dieser Verordnung erlassene" nationale Vorschriften (so der Erwägungsgrund Nr. 149). Der beachtliche Gestaltungsspielraum, der dem deutschen Gesetzgeber hiernach verbleibt, wird allerdings durch den verfassungsrechtlichen Rahmen staatlichen Strafens

4

---

7 So ausdrücklich Erwägungsgrund Nr. 152; vgl. a. *Dieterich* ZD 2016, 260 (265).
8 Eine Hochstufung von bereits durch Art. 83 DSGVO erfasstem Fehlverhalten zu einer Straftat (unter besonderen qualifizierenden Umständen) hält jedenfalls Paal/Pauly/*Frenzel* Rn. 4 für möglich.
9 Die in § 42 Abs. 1 S. 1 ABDSG-E gewählte Formulierung, „wer [...] vorsätzlich oder fahrlässig gegen Artikel 83 Absatz 4, 5 oder 6 der Verordnung (EU) 2016/679 verstößt", ist ersichtlich missglückt.
10 Zu ursprünglichen Bedenken hiergegen (abschließende Regelung von Zurechnungsfragen durch Art. 83 DSGVO?) noch *Rost*, RDV 2017, 13 (19).
11 Und nebenbei auch schon bislang nicht etwa aus deutschem Verfassungsrecht, so mit Recht *Ehmann* in: Simitis BDSG § 43 Rn. 9.
12 Zumal die schon bisher bestehenden Strafvorschriften praktisch nahezu bedeutungslos geblieben sind; vgl. nur *Ehmann* in: SimitisBDSG § 44 Rn. 5; *Dieterich* ZD 2016, 260 (264).

und Ahndens weiter konturiert; schon die Belegung mit einer Geldbuße enthält ja „eine nachdrückliche Pflichtenmahnung und eine förmliche Missbilligung des Betroffenen als der Rechtsgemeinschaft verantwortlicher Person" und unterliegt eben deshalb auch von Verfassungs wegen Grenzen;[13] für die Verhängung einer Strafe – gar einer Freiheitsstrafe – gilt das erst recht. Gleichwohl hält der Regierungsentwurf eines DSAnpUG-EU (BR-Drs.110/17) am Einsatz auch des Strafrechts fest und baut ihn sogar noch aus: Während § 42 Abs. 2 BDSG-neu den bisherigen Straftatbestand in § 44 Abs. 1 BDSG gleichsam fortschreibt, sieht § 42 Abs. 1 BDSG-neu nunmehr Freiheitsstrafe bis zu drei Jahren vor, wenn „nicht allgemein zugängliche personenbezogene Daten einer großen Zahl von Personen" unberechtigt einem Dritten übermittelt oder auf andere Weise zugänglich gemacht werden und der Täter hierbei gewerbsmäßig handelt. Sinngemäß beibehalten werden soll freilich das Strafantragserfordernis (§ 44 Abs. 2 BDSG bzw. § 42 Abs. 3 BDSG-neu). Dem nemo-tenetur-Prinzip soll mit einer Verwendungsbeschränkung für die Fälle der Art. 33, 34 Abs. 1 DSGVO Rechnung getragen werden (§ 42 Abs. 4 BDSG-neu). Lediglich fortgeführt wird dagegen der Ordnungswidrigkeitentatbestand in § 43 BDSG (vgl. § 43 BDSG-neu).

II. Allgemeine Vorgaben für Sanktionsvorschriften des nationalen Rechts

5   Die von den Mitgliedstaaten gewählten (verwaltungs- oder strafrechtlichen) Sanktionen sollen in jedem Falle **wirksam, verhältnismäßig und abschreckend** sein – eine europarechtliche Standardformel, die sich bis zur grundlegenden „Griechischer-Mais"-Entscheidung des EuGH zurückverfolgen lässt[14] und auch in Art. 83 Abs. 1 DSGVO begegnet. Den Grundsatz der Verhältnismäßigkeit hat der EuGH schon im Kontext des Art. 24 DS-RiL betont.[15] Selbstverständlich sind bei der näheren Ausgestaltung auch sonstige allgemeine Grundsätze des Unionsrechts zu beachten.[16]

6   Zu erinnern ist insoweit zunächst an das fundamentale rechtsstaatliche Prinzip der **hinreichenden Bestimmtheit**, das für derartige Sanktionsregelungen schon generell gilt und für den Bereich strafrechtlich ausgestalteter Rechtsfolgen durch Art. 103 Abs. 2 GG zugleich besondere verfassungsrechtliche Dignität erhält (s. ferner Art. 7 Abs. 1 EMRK). Als besonders problematisch hat sich insoweit schon bisher die – auch im vorliegenden Zusammenhang vorstellbare – Regelungstechnik erwiesen, den jeweiligen Sanktionstatbestand im nationalen Recht als blankettartige Verweisung auf Verhaltensnormen aus dem Unionsrecht auszugestalten.[17] Der Vorherseh-

---

13   BVerfG NVwZ 2009, 441 (444).
14   EuGH 21.9.1989 – Rs. 68/88, Slg 1989, 2965; zuvor bereits – mit Blick auf zivilrechtliche Sanktionen – in der Rechtssache von Colson und Kamann, EuGHE 1984, 1891 – R. 14/83.
15   EuGH 6.11.2003 – C-101/01 – Lindqvist, Tz. 88, mit Verweis auf den Umstand, dass „die den Personen, die personenbezogene Daten verarbeiten; s. ferner EuGH 30.5.2013 – C-342/12.
16   Zum Ganzen sa schon *Satzger*, Die Europäisierung des Strafrechts, 2001, 354 ff.
17   „Außenverweisung"; zu den hier bisher zu findenden Regelungsmodellen näher *Hecker*, Europäisches Strafrecht, 5. Aufl. 2015, Kap. 7 Rn. 82 ff.

barkeit repressiver Sanktionen abträglich sind derartige Zwei-Ebenen-Modelle oft schon ihrer Struktur nach;[18] jedenfalls bei Verweisungen, die nicht „statisch" auf die zu einem bestimmten Zeitpunkt gegebene Textfassung der unionsrechtlichen Vorschrift Bezug nehmen, sondern „dynamisch" auf deren jeweilige aktuelle Fassung, dürften aber regelmäßig nicht nur die rechtsstaatlichen Bestimmtheitserfordernisse verfehlt werden, sondern auch und gerade der Anspruch des parlamentarischen Gesetzgebers, eine in materieller Hinsicht „eigene" (und insofern demokratisch legitimierte) Entscheidung über das „ob" und „wie" der Strafbarkeit bzw. Ahndbarkeit zu treffen.[19] Erst recht gilt das für pauschale Verweisungen auf nur grob durch einen sachlichen Zusammenhang bezeichnete „Rechtsakte der Europäischen Union", deren nähere Auswahl dann einer ministeriellen Verordnung bleibt.[20] Davon abgesehen kann das Bestimmtheitserfordernis auch dann berührt sein, wenn die durch die Verweisung in Bezug genommene unionsrechtliche Regelung sich ihrerseits erst durch mehrfache weitere Binnenverweisungen erschließen lassen sollte.

Jedenfalls bei kriminalstrafrechtlichen Sanktionen kann zudem der fundamentale rechtsstaatliche Grundsatz **ne bis in idem** berührt sein.[21] Deutschen Gerichten ist bereits durch **Art. 103 Abs. 3 GG** die mehrfache Bestrafung ein und derselben Tat untersagt.[22] Das schließt jedoch weder die Verhängung einer Strafe im Anschluss an die Ahndung unter dem Gesichtspunkt einer Ordnungswidrigkeit aus (vgl. § 84 Abs. 1 OWiG; BVerfGE 21, 378, 388) noch die erstmalige Ausübung deutscher Jurisdiktion im Anschluss an Entscheidungen ausländischer Gerichte oder Behörden.[23] Ein **transnationales Doppelverfolgungsverbot** besteht mit Art. 54 des Schengener Durchführungsübereinkommens vom 19.6.1990 (SDÜ) aber jedenfalls im Verhältnis zu anderen EU-Mitgliedstaaten (sowie zu den assoziierten Staaten Island, Norwegen, Schweiz und Liechtenstein), wenn auch mit der bedeutsamen Einschränkung, dass „im Fall einer Verurteilung die Sanktion bereits vollstreckt worden ist, gerade vollstreckt wird oder nach dem Recht des Urteilsstaats nicht mehr vollstreckt werden kann" (sog Vollstreckungselement); hieran soll dem EuGH zufolge auch **Art. 50 der EU-Grundrechte-Charta** nichts ändern, der eine derartige Einschränkung gerade nicht enthält.[24] Soweit sich jedenfalls die Anwendung eines Sanktionstatbestandes als Durchführung von Unionsrecht (hier: der DSGVO) verstehen lässt, dürfte Art. 50 GrCh nach den Grundsätzen der „Åkerberg-Fransson"-Ent-

7

---

18 *Satzger*, Internationales und Europäisches Strafrecht, 7. Aufl. 2016, § 9 Rn. 69 ff.
19 Exakte statische Verweisungen fordernd etwa OLG Stuttgart, NJW 1990, 657.
20 Die Realität derartiger Regelungskonstrukte belegt etwa § 10 Abs. 1 des Rindfleischetikettierungsgesetzes v. 26.2.1998, (durch BVerfG, NJW 2016, 3648 inzwischen für nichtig erklärt); zum Problem der „Rückverweisung" über Rechtsverordnungen allg. *Satzger*, aaO Rn. 72 ff.; sa BVerfGE 32, 346, 343; 75, 329, 342; 78, 374, 382.
21 Zu dessen Geltung auch im Ordnungswidrigkeitenrecht vgl. nur KK-OWiG-*Mitsch*, Einl. Rn. 141 ff.
22 Entsprechendes gilt – wenn auch „nur" mit Blick auf das Rechtsstaatsprinzip – für die mehrfache Ahndung als Ordnungswidrigkeit; BVerfGE 21, 378, 388; OLG Zweibrücken NJW 1999, 962.
23 BVerfGE 12, 62; eine entgegengesetzte allgemeine Regel des Völkerrechts existiert bislang nicht; BVerfGE 75, 1, 18 ff.; BVerfG NJW 2012, 1202 f.
24 NJW 2014, 3007 – Spasic; zu Recht krit. *Meyer* HRRS 2014, 269.

scheidung des EuGH[25] einer mehrfachen Ahndung auch durch den selben Staat und auch dann entgegenstehen, wenn die erste Sanktion lediglich verwaltungsrechtlicher Art (aber eben doch „strafrechtlich" i.S.v. Art. 50 GrCh) war.[26]

8   Im Erwägungsgrund Nr. 149 ist das Problem immerhin gesehen worden. Eine Sanktionierung von Verstößen gegen datenschutzrechtliche Vorschriften „sollte" danach nicht zu einer Verletzung des *ne-bis-in-idem*-Grundsatzes führen, „wie er vom Gerichtshof ausgelegt worden ist" (womit jedenfalls bei wörtlichem Verständnis dieses Erwägungsgrundes nur die Fälle transnationaler Doppelverfolgung und die dazu inzwischen ergangene einschränkende Rechtsprechung des EuGH angesprochen wird, → Rn. 7). Sachlich einbezogen werden dabei nicht nur strafrechtliche, sondern auch verwaltungsrechtliche Sanktionen. Nicht leicht einzusehen ist freilich, weshalb an dieser Stelle strafrechtliche Sanktionen nur insoweit genannt sind, als sie Verstöße gegen nationale Vorschriften betreffen.

9   Zu klären wäre gegebenenfalls auch das Problem der **Reichweite des deutschen Strafrechts** in Sachverhalten mit Auslandsbezug (insbesondere mit Bezug zu Nicht-EU-Staaten). Dem auch räumlich gesehen weiten Regelungsanspruch der DSGVO (Art. 3) könnten jedenfalls entsprechende *Strafvorschriften* ohne völkerrechtliche Friktionen möglicherweise nicht vollständig folgen.[27]

C. Mitteilungspflichten (Abs. 2)

10 Abs. 2 legt den Mitgliedstaaten die Pflicht auf, die Kommission über die jeweils im nationalen Recht geschaffenen Regelungen im Sinne des Abs. 1 zu unterrichten. Eingeräumt ist ihnen dafür eine Frist bis zum 25.5.2018. Auch alle späteren Änderungen dieses Regelungsbestands sind der Kommission unverzüglich mitzuteilen.

---

25 EuGH NJW 2013, 1415 (1417).
26 Ebenso Paal/Pauly/*Frenzel* DSGVO Rn. 6.
27 Vgl. in diesem Zusammenhang a. *de Hert/Czerniawski*, International Data Privacy Law 2016, 230.

Kapitel IX Vorschriften für besondere Verarbeitungssituationen

Artikel 85 Verarbeitung und Freiheit der Meinungsäußerung und Informationsfreiheit

(1) Die Mitgliedstaaten bringen durch Rechtsvorschriften das Recht auf den Schutz personenbezogener Daten gemäß dieser Verordnung mit dem Recht auf freie Meinungsäußerung und Informationsfreiheit, einschließlich der Verarbeitung zu journalistischen Zwecken und zu wissenschaftlichen, künstlerischen oder literarischen Zwecken, in Einklang.

(2) Für die Verarbeitung, die zu journalistischen Zwecken oder zu wissenschaftlichen, künstlerischen oder literarischen Zwecken erfolgt, sehen die Mitgliedstaaten Abweichungen oder Ausnahmen von Kapitel II (Grundsätze), Kapitel III (Rechte der betroffenen Person), Kapitel IV (Verantwortlicher und Auftragsverarbeiter), Kapitel V (Übermittlung personenbezogener Daten an Drittländer oder an internationale Organisationen), Kapitel VI (Unabhängige Aufsichtsbehörden), Kapitel VII (Zusammenarbeit und Kohärenz) und Kapitel IX (Vorschriften für besondere Verarbeitungssituationen) vor, wenn dies erforderlich ist, um das Recht auf Schutz der personenbezogenen Daten mit der Freiheit der Meinungsäußerung und der Informationsfreiheit in Einklang zu bringen.

(3) Jeder Mitgliedstaat teilt der Kommission die Rechtsvorschriften, die er aufgrund von Absatz 2 erlassen hat, sowie unverzüglich alle späteren Änderungsgesetze oder Änderungen dieser Vorschriften mit.

Verwandte Normen: ErwGr 153; § 41 BDSG 2003

Literatur:

Albrecht, Jan Philipp, Das neue EU-Datenschutzrecht – von der Richtlinie zur Verordnung, CR 2016, 88; *Albrecht, Jan Phillip/Janson, Nils,* Datenschutz und Meinungsfreiheit nach der Datenschutzgrundverordnung, CR 2016, 500; *Albrecht, Jan Philipp/Jotzo, Florian,* Das neue Datenschutzrecht der EU, Baden-Baden 2017; *Ashkar, Daniel/Zieger, Christoph,* Datenschutzrechtliche Aspekte bei Forderungsveräußerungen – Inwieweit sind damit einhergehende Übermittlungen von personenbezogenen Daten zulässig?, ZD 2016, 58; *Benecke, Alexander/Wagner, Julian,* Öffnungsklauseln in der Datenschutzgrundverordnung und das deutsche BDSG – Grenzen und Gestaltungsspielräume mit dem nationalen Datenschutzrecht, DVBl 2016, 600; *Caspar, Johannes,* Datenschutz im Verlagswesen: Zwischen Kommunikationsfreiheit und informationeller Selbstbestimmung, NVwZ 2010, 1451; *Dreier, Thomas/Schulze, Gernot* (Hrsg.), Urheberrechtsgesetz, 5. Aufl. ,München 2015; *Engels, Stefan/Haisch, Verena,* EGMR stärkt

Pressefreiheit mit öffentlichem Interesse, GRUR-Prax 2012, 81; *Faust, Sebastian/Spittka, Jan/Wybitul, Tim*, Milliardenbußgelder nach der DS-GVO? – Ein Überblick über die neuen Sanktionen bei Verstößen gegen den Datenschutz, ZD 2016, 120; *Freialdenhofen, Jan/Heinzke, Philippe*, Vergiss mich: Das Recht auf Löschung von Suchergebnissen GRUR-Prax. 2015, 119; *Frenz, Walter*, Konkretisierte Abwägung zwischen Pressefreiheit und Persönlichkeitsschutz, NJW 2012, 1039; *Gierschmann, Sybille*, Was „bringt" deutschen Unternehmen die DS-GVO? – Mehr Pflichten, aber die Rechtsunsicherheit bleibt, ZD 2016, 51; *Gola, Peter*, DS-GVO Kommentar, München 2017; *Gola, Peter/Schomerus, Rudolf* (Hrsg.), Bundesdatenschutzgesetz, 12. Aufl., München 2015; *Hanske, Philipp/Lauber-Rönsberg, Anne*, Gerichtsberichterstattung zwischen Kommunikationsfreiheit und Persönlichkeitsrechten, ZUM 2013, 264; *Jarass, Hans* (Hrsg.), Charta der Grundrechte der Europäischen Union, 2. Aufl., München 2013; *Klass, Nadine*, Der Schutz der Privatsphäre durch den EGMR im Rahmen von Medienberichterstattungen, ZUM 2014, 261; *Kraska, Sebastian*, Datenschutz-Zertifizierungen in der EU-Datenschutzgrundverordnung, ZD 2016, 153; *Kühling, Jürgen/ Buchner, Benedikt*, DSGVO Kommentar, München 2017; *Kühling, Jürgen/Martini, Mario/Herberlein, Johanna/Kühl, Benjamin/Nink, David/Weinzierl, Quirin/Wenzel, Michael*, Die Datenschutzgrundverordnung und das nationale Recht, Münster 2016; *Lauber-Rönsberg, Anne/Hartlaub, Anneliese*, Personenbildnisse im Spannungsfeld zwischen Äußerungs- und Datenschutzrecht, NJW 2017, im Erscheinen; *Lotz, Julia/Wendler, Julia*, Datensicherheit als datenschutzrechtliche Anforderung: Zur Frage der Abdingbarkeit des § 9 BDSG, CR 2016, 31; *Milstein, Alexander*, Weder Verantwortlichkeit noch „Pflicht zu Vergessen" von Suchmaschinenbetreibern nach EU-Datenschutzrecht; *Paal, Boris*, Online-Suchmaschinen, Persönlichkeits- und Datenschutz, ZEuP 2016, 591; *Paal, Boris/Pauly, Daniel*, Datenschutzgrundverordnung, Kommentar, München 2017; *Simitis, Spiros* (Hrsg.), Bundesdatenschutzgesetz, 8. Aufl., Baden-Baden 2014; *Skouris, Vassilios*, Medienrechtliche Fragen in der Rechtsprechung des EuGH – Grundrechtliche Aspekte des Medienrechts und Charta der Grundrechte der EU, MMR 2011, 423; *Spindler, Gerald*, Datenschutz- und Persönlichkeitsrechte im Internet, GRUR-Beilage 2014, 101; *Spindler, Gerald/Schuster, Fabian*, Recht der elektronischen Medien, 3. Aufl., München 2015; *Spindler, Gerald*, Die neue EU-Datenschutz-Grundverordnung, DB 2016, 937;*Taeger, Jürgen/Gabel, Detlev* (Hrsg.), Bundesdatenschutzgesetz, 2. Aufl., Heidelberg 2013; *Thomale, Philipp-Christian*, Buchbesprechung zu: Lazarakos, Grigorios, Das datenschutzrechtliche Medienprivileg – Presseprivileg bei Multimediaanwendungen in Griechenland und Großbritannien unter dem Einfluss des Europarechts, MMR 2003, XXI; *ders.*, Privilegierung der Medien im deutschen Datenschutzrecht, Wiesbaden, 2006; *Wolff, Amadeus/Brink, Stefan* (Hrsg.), Beck´scher Online-Kommentar, Datenschutzrecht, 16. Edition, München 2016; *Wybitul, Tim*, Die DS-GVO – ein Compliance-Thema?, ZD 2016, 105.

Agentur der Europäischen Union für Grundrechte, Gutachten v. 1.10.2012 zum Reformpaket für den Datenschutz, abrufbar unter: http://fra.europa.eu/sites/default/files/fra_opinion_2-2012_data_protection_de.pdf

Bericht des Ausschusses für bürgerliche Freiheiten, Inneres und Justiz über den Vorschlag für eine Verordnung des Europäischen Parlaments und des Rates zum Schutz natürlicher Personen bei der Verarbeitung personenbezogener Daten und zum freien Datenverkehr v. 16.1.2013, abrufbar unter: http://www.computerundrecht.de/2.pdf

Position der Mitgliedstaaten zur Datenschutzgrundverordnung v. 11.6.2015, abrufbar unter: http://www.computerundrecht.de/Position_der_Mitgliedsstaaten_zur_Datenschutz-GVO_v._11.6.2015.pdf

A. Grundlagen

I. Gesamtverständnis und Zweck der Norm

1   Art. 85 DSGVO bezweckt die Herstellung **praktischer Konkordanz**.[1] Das Recht auf Schutz personenbezogener Daten ist nicht uneingeschränkt gewährleistet, sondern muss im Hinblick auf seine **gesellschaftliche Funktion**

---

1   Simitis/*Dix* BDSG § 41 Rn. 1.

gesehen und unter Wahrung des **Verhältnismäßigkeitsprinzips** gegen andere Grundrechte und Grundfreiheiten abgewogen werden.[2] Diese zunächst in Erwägungsgrund 139[3] explizit enthaltene Klarstellung wurde auf Vorschlag der Mitgliedstaaten in Erwägungsgrund 4 vorgezogen, um die Bedeutung des **Abwägungserfordernisses** zu verdeutlichen.[4] Art. 85 DSGVO dient dabei dem **Ausgleich** zwischen dem Recht auf Schutz personenbezogener Daten gem. Art. 8 der Europäischen Grundrechtecharta und den **Kommunikationsfreiheiten** des Art. 10 der Europäischen Grundrechtecharta bzw. der Freiheit von Kunst und Wissenschaft gem. Art. 13 der Europäischen Grundrechtecharta.[5] Art. 19 der Allgemeinen Erklärung der Menschenrechte bildet dabei einen wichtigen Auslegungsmaßstab der Meinungs- und Informationsfreiheit aus Art. 10 EMRK.[6] Keines der Grundrechte kann dabei **prinzipiellen Vorrang** vor dem anderen beanspruchen. Eine Tätigkeit der Presse, insbes. die Recherche, wäre jedoch nahezu unmöglich, wenn datenschutzrechtliche Vorgaben, wie etwa die Direkterhebung beim Betroffenen, stets beachtet werden müssten.[7] Gerade die Ausübung der Pressefreiheit als für eine Demokratie schlechthin konstituierend gilt es aber, zu gewährleisten. Art. 85 DSGVO sowie das im nationalen Recht als solches bezeichnete „**Medienprivileg**"[8] ist insofern nicht Ausprägung der grundrechtlich gewährleisteten Abwehrfunktion gegen staatliche Eingriffe, ihm geht es vielmehr um eine **Auflösung des Spannungsverhältnisses** vor allem der Kommunikationsfreiheiten zum informationellen Selbstbestimmungsrecht.[9]

Die Privilegierung, va der Presse, ist dabei nicht unumstritten. Die häufig **tief in die Privatsphäre** der Betroffenen eingreifende Berichterstattung und die mit dem **technischen Fortschritt**, va des Internets, verbundene verbreiterte Publikumsansprache hat immer wieder zu Forderungen nach einer **Einschränkung des Medienprivilegs** geführt.[10] Dennoch enthält Art. 85 DSGVO gerade nicht nur eine Privilegierung zugunsten von Printmedien, sondern ist **technologieneutral** formuliert. 2

---

2 Vorschlag einer Verordnung des Europäischen Parlaments und des Rates zum Schutz natürlicher Personen bei der Verarbeitung personenbezogener Daten und zum freien Datenverkehr, KOM(2012) 11 endg., Begründung 3.3, Erwägungsgrund 139; Gutachten der EU-FRA v. 1.10.2012 zum Reformpaket für den Datenschutz, S. 15 Rn. 27 f.

3 Vorschlag einer Verordnung des Europäischen Parlaments und des Rates zum Schutz natürlicher Personen bei der Verarbeitung personenbezogener Daten und zum freien Datenverkehr, KOM(2012) 11 endg., Erwägungsgrund 139.

4 Position der Mitgliedstaaten zur Datenschutzgrundverordnung v. 11.6.2015, Fn. 108.

5 Vgl. zum Schutzzweck auch: Paal/Pauly-*Pauly* DSGVO Art. 85 Rn. 1; zur Inbezugnahme va der Grundrechte der Grundrechtecharta vgl. *Kühling/Martini* et al., Die DSGVO und das nationale Recht, 2016, S. 289.

6 Kühling/Buchner-*Buchner/Tinnefeld*, Art. 85 Rn. 10.

7 Simitis/*Dix* BDSG § 41 Rn. 1; BeckOK DatenschutzR/*Buchner* BDSG § 41 Rn. 1.

8 Zur Kritik an dem Begriff des Medienprivilegs vgl. Taeger/Gabel/*Westphal* BDSG § 41 Rn. 15; BeckOK DatenschutzR/*Buchner* BDSG § 41 Rn. 9 f.

9 Simitis/*Dix* BDSG § 41 Rn. 1; BeckOK DatenschutzR/*Buchner* BDSG § 41 Rn. 10.

10 Vgl. hierzu eingehend: Simitis/*Dix* BDSG § 41 Rn. 3.

II. Bisherige Rechtslage

3   Die Abwägung zwischen dem Recht auf Schutz personenbezogener Daten
und den Kommunikationsfreiheiten erfolgte bislang auf Grundlage des
Art. 9 DSRL, der durch § 41 BDSG in nationales Recht umgesetzt wurde.
Nach Art. 9 DSRL sollten die Mitgliedstaaten für die Verarbeitung personenbezogener Daten, die **ausschließlich zu journalistischen, künstlerischen
oder literarischen Zwecken** erfolgt, Abweichungen und Ausnahmen von
Kapitel III (Besondere Kategorien der Verarbeitung), IV (Information der
betroffenen Person) und VI (Ausnahmen und Einschränkungen) insofern
vorsehen, als sich dies als notwendig erweist, um das Recht auf Privatsphäre mit den für die Freiheit der Meinungsäußerung geltenden Vorschriften
in Einklang zu bringen. Art. 85 DSGVO ist insofern **um die wissenschaftlichen Zwecke ergänzt.** Abweichungen und Ausnahmen sind gestattet von
den Kapiteln II (Grundsätze), III (Rechte der betroffenen Person), IV (Für
die Verarbeitung Verantwortlicher und Auftragsdatenverarbeiter), V (Übermittlung personenbezogener Daten in Drittländer oder an internationale
Organisationen), VI (Unabhängige Aufsichtsbehörden), VII (Zusammenarbeit und Kohärenz) sowie IX (Besondere Datenverarbeitungssituation).

4   § 41 BDSG kodifiziert bislang die datenschutzrechtlichen Privilegierungen
nicht selbst, sondern enthält eine in der Gesetzgebungskompetenz des Bundes liegende **Rahmenvorschrift gem. Art. 75 GG** für die Gesetzgebung der
Länder, die ihnen einen Mindeststandard an Regelungen vorgibt.[11] Danach
haben die Länder in ihrer Gesetzgebung für die personenbezogene Datenverarbeitung zu **ausschließlich eigenen journalistischen Zwecken** von Unternehmen oder Hilfsunternehmen der Presse das Datengeheimnis des § 5
BDSG, die Datensicherungsvorschrift des § 9 BDSG mit den ihr zugehörigen Anlagen, die in § 38 BDSG vorgesehene Vorlage an und die Überprüfung durch die zuständige Aufsichtsbehörde sowie die Haftungsregelung
des § 7 BDSG entsprechend vorzusehen.[12] Im Übrigen können sie **abweichende Vorschriften** vorsehen. Es gilt statt der materiellen Vorschriften des
ersten und dritten Abschnitts des BDSG das **Presse- und Medienrecht,** insbesondere die **Landespresse- und Landesmediengesetze.** [13] Abs. 2-4 enthalten Sonderregelungen für die Deutsche Welle mit Sitz in Köln als einziger
Rundfunkanstalt des Bundes. § 41 BDSG wird jedoch zT für **nicht richtli-
nienkonform** gehalten.[14]

---

11 Gola/Schomerus/*Gola/Klug/Körffer* BDSG § 41 Rn. 2; Simitis/*Dix* BDSG § 41
    Rn. 2, 4; BeckOK DatenschutzR/*Buchner* BDSG § 41 Rn. 11; Spindler/Schuster/
    Spindler/Nink BDSG § 41 Rn. 2; *Thomale,* Die Privilegierung der Medien im deut-
    schen Datenschutzrecht, 2006, S. 116.
12 BeckOK DatenschutzR/*Buchner* BDSG § 41 Rn. 11; Gola/Schomerus/*Gola/Klug/
    Körffer* BDSG § 41 Rn. 2; ähnlich: Simitis/*Dix* BDSG Vor § 41 Rn. 2, § 41 Rn. 20,
    ausführlich zu den einzelnen Normen ab Rn. 24 ff.; *Caspar* NVwZ 2010, 1451
    (1452).
13 Zu den Einzelheiten vgl. Simitis/*Dix* BDSG § 41 Rn. 29.
14 Vgl. hierzu im Einzelnen: Simitis/*Dix* BDSG § 41 Rn. 5, 29 mwN; Taeger/Gabel/
    Westphal BDSG § 41 Rn. 7 ff.; *Thomale* MMR 2003, XXI (XXII); *Thomale,* Die
    Privilegierung der Medien im deutschen Datenschutzrecht, 2006, S. 121.

III. Entstehung der Norm

Art. 85 DSGVO geht in seiner letztendlichen Fassung weit überwiegend auf   5
einen Vorschlag des Rates zurück und ist vor allem im Zusammenhang mit
Erwägungsgrund 153 zu lesen. Seine Bedeutung hat sich im Laufe des Gesetzgebungsverfahrens nicht grundlegend geändert. Der Kommissionsvorschlag sah zunächst in Abs. 1 vor, dass die Mitgliedstaaten **Ausnahmevorschriften erlassen**, „um das Recht auf Schutz der Privatsphäre mit den für
die Freiheit der Meinungsäußerung geltenden Vorschriften in Einklang zu
bringen." Abs. 2 enthielt die **Verpflichtung der Mitgliedstaaten**, die Rechtsvorschriften, die sie nach Abs. 1 erlassen haben, der Kommission mitzuteilen und sie unverzüglich auch von allen weiteren Änderungsgesetzen oder
diese Rechtsvorschriften betreffenden Änderungen in Kenntnis zu setzen.
Durch Abs. 1 sollten Ausnahmen auch von den Vorschriften über **besondere Datenverarbeitungssituationen** in Kapitel IX zugelassen werden. Dieser
Vorschlag hat sich entgegen der Ratsposition auch in den Trilogverhandlungen durchgesetzt. Vorgesehen sind nunmehr Ausnahmen zu den Vorschriften in Kapitel II-VII sowie Kapitel IX DSGVO.

Die endgültige Fassung des Art. 85 DSGVO ist letztlich **einer Umstruktu-**   6
rierung geschuldet, Abs. 1 des Kommissions- und Parlamentsvorschlags
wurde „entzerrt". Er enthält nun die Vorgabe, dass die Mitgliedstaaten
durch Gesetz das Recht auf den Schutz personenbezogener Daten mit dem
Recht auf freie Meinungsäußerung und Informationsfreiheit, einschließlich
der Verarbeitung personenbezogener Daten zu journalistischen Zwecken
und zu wissenschaftlichen, künstlerischen oder literarischen Zwecken, **in
Einklang zu bringen haben**. In Abs. 2 wird festgelegt, zu welchen Vorschriften der DSGVO zu diesem Zweck Ausnahmevorschriften erlassen
werden dürfen. Die Pflicht zur Mitteilung der nach Abs. 2 erlassenen
Rechtsvorschriften sowie späterer Änderungsgesetze und Änderungen wurde in Abs. 3 verschoben. Der **Vorschlag von Parlament und Rat**, auf sie
gänzlich zu **verzichten**, hat sich **nicht durchgesetzt**.

B. Kommentierung

I. Abs. 1

Abs. 1 wiederholt das in Erwägungsgrund 4 explizit klarstellend erwähnte   7
Erfordernis, durch Abwägung der betroffenen Grundrechte und Grundfreiheiten **praktische Konkordanz** herzustellen. Dies obliegt den Mitgliedstaaten. Nach Erwägungsgrund 153 sollen die Vorschriften über die **freie Meinungsäußerung und Informationsfreiheit**, auch von **Journalisten, Wissenschaftlern, Künstlern und/oder Schriftstellern**, mit dem Recht auf Schutz
der personenbezogenen Daten in Einklang gebracht werden. Der Verordnungstext nimmt dabei bei Formulierung dieser Vorgabe in Erwägungsgrund 153 Bezug auf Art. 11 Grundrechtecharta, der das **Äußern und
Empfangen von Meinungen**, Informationen und Ideen sowie das bloße **Bilden oder Haben einer Meinung** schützt.[15] Erfasst wird der Kommunikati-
onsweg bis zum Empfänger sowie die Art und Weise der Kommunikations-

---

15 *Jarass* GRCh Art. 11 Rn. 7 ff.

übermittlung unerheblich vom Kommunikationsmedium. [16] Ob er auf einem klassischen Trägermedium, wie Papier oder aber über Radiowellen oder das Internet erfolgt, ist für die Anwendbarkeit des Art. 85 DSGVO nicht ausschlaggebend. [17] Geht es um journalistische Zwecke, muss der Abwägung zugrunde gelegt werden, ob ein **Informationsinteresse der Öffentlichkeit** vorliegt, das durch die journalistische Berichterstattung durch Text, Fotografien, Videos, etc befriedigt wird und, dass das Schutzinteresse des Betroffenen überwiegt. Je größer das Informationsinteresse der Öffentlichkeit ist, desto eher muss das Schutzinteresse des Betroffenen zurückstehen. [18] Als **Abwägungskriterien** hat der EGMR festgelegt: Beitrag zu einer Debatte von allgemeinem Interesse, Bekanntheitsgrad der betroffenen Person und Gegenstand der Berichterstattung, vorangegangenes Verhalten der betroffenen Person, Inhalt, Form und Auswirkungen der Veröffentlichung. [19] Auch Aspekte des **Privatlebens** einer Person sind dabei vom Allgemeininteresse nicht per se ausgeschlossen. [20] Entscheidend ist die Abwägung im Einzelfall. [21]

8   Insbesondere das **inhaltliche Tätigwerden** der Presse soll von Art. 85 DSGVO erfasst sein. Dabei müssen Begriffe wie „**Journalismus**" weit ausgelegt werden, um der Bedeutung des Rechts auf freie Meinungsäußerung in einer demokratischen Gesellschaft Rechnung zu tragen. [22] Erwägungsgrund 153 hebt hervor, dass insbes. die Verarbeitung personenbezogener Daten im audiovisuellen Bereich sowie in **Nachrichten- und Pressearchiven** erfasst sein soll, wobei es sich hierbei um eine beispielhafte, **nicht abschließende Aufzählung** handelt. Ob er aber tatsächlich so weit ausgelegt werden kann und sollte, dass sich selbst Bewertungsportale und Meinungsforen auf die gem. Art. 85 DSGVO zu erlassenden Vorschriften berufen können, ist nicht unumstritten. [23] Buchner/Tinnefeld fordern hier ein Mindestmaß an Bearbeitung der Beiträge. [24] Jedenfalls darf die meinungsbildende Wirkung für die Allgemeinheit nicht nur „schmückendes Beiwerk" des Online-Angebotes sein. [25] Für Suchmaschinenbetreiber wird eine Anwendbar-

---

16   *Jarass* GRCh Art. 11 Rn. 7 ff.
17   So bereits für Art. 9 DSRL: EuGH 16.12.2008 – C-73/07, EuZW 2009, 108 (110) Tz. 60 – Satamedia.
18   Vgl. EGMR 24.6.2004 – 59320/00, NJW 2004, 2647 (2649) – von Hannover; EGMR 7.2.2012 – 40660/08 und 60641/08, NJW 2012, 1053 (Ls. 2, 3, 4 und 5) – von Hannover (Nr. 2); EGMR 10.5.2011 – 48009/09, NJW 2012, 747 (751) – Mosley; EGMR 12.2.2012 – 39954/08, NJW 2012, 1058 (1061 f.).
19   EGMR 19.9.2013 – 8772/10, ZUM 2014, 284 (288) Tz. 46 – von Hannover Nr. 3; für Beispiele und Erläuterungen vgl. Dreier/Schulze/*Specht* KUG § 23 Rn. 11 ff.
20   Vgl. EGMR 24.6.2004 – 59320/00, NJW 2004, 2647 (2650) – von Hannover.
21   Für weiterführende Literatur vgl. ua Dreier/Schulze/*Specht* KUG § 23 Rn. 11 ff.; *Frenz* NJW 2012, 1039; *Klass* ZUM 2014, 261; *Hanske/Lauber-Rönsberg* ZUM 2013, 264; *Engels/Haisch* GRUR-Prax 2012, 81; *Spindler* GRUR-Beilage 2014, 101.
22   Erwägungsgrund 153 DSGVO aE.
23   Ähnlich: *Spindler* DB 2016, 937 (939); vgl. zu diesem Aspekt auch: *Lauber-Rönsberg/Hartlaub* NJW 2017, im Erscheinen.
24   Kühling/Buchner-*Buchner/Tinnefeld*, Art. 85 Rn. 25.
25   BGH Urt. V. 23.6.2009 – VI ZR 196/08, DuD 2009, 565, 566 – *Spickmich*; Kühling/Buchner-*Buchner/Tinnefeld*, Art. 85 Rn. 25.

keit des Medienprivilegs nach § 41 BDSG bzw. § 57 RStV und Art. 85 DSGVO eingehend diskutiert, in der Rechtsprechung aber abgelehnt.[26]

II. Abs. 2

1. Abweichungen und Ausnahmen zu journalistischen, wissenschaftlichen, künstlerischen oder literarischen Zwecken

Abs. 2 sieht vor, dass die Mitgliedstaaten **Abweichungen** oder **Ausnahmen** von bestimmten Kapiteln der DSGVO für die Verarbeitung personenbezogener Daten zu journalistischen, wissenschaftlichen, künstlerischen oder literarischen Zwecken vorsehen. Es handelt sich um einen obligatorischen Handlungsauftrag an die Mitgliedstaaten.[27]   **9**

Der Begriff der Abweichung dürfte dabei weniger weitreichend als der der Ausnahme zu verstehen sein. Abweichungen sehen eine Unanwendbarkeit einer Vorschrift nur **partiell**, Ausnahmen **gänzlich** vor. Im Gegensatz zu Art. 9 DSRL und auch noch zum Kommissionsentwurf ist es nach dem Gesetzestext zwar nicht mehr erforderlich, dass die Abweichung oder Ausnahme *ausschließlich* journalistischen, künstlerischen oder literarischen Zwecken dient, Erwägungsgrund 153 setzt dies aber weiterhin voraus. Bereits im **Geltungsbereich der DSRL** hatte der EuGH allerdings entschieden, **dass die gleichzeitige Verfolgung kommerzieller Interessen** einer Anwendbarkeit der Regelung nicht entgegensteht.[28] Ergänzt sind im Gegensatz zu Art. 9 DSRL auch wissenschaftliche Zwecke.   **10**

Als abweichende Regelungen dürften insofern weiterhin insbes. die **Landespresse- und Landesmediengesetze** gelten, aber auch das **Kunsturhebergesetz** ließe sich als abweichende Vorschrift insbesondere zu Kapitel III verstehen.   **11**

Journalistische Zwecke liegen dabei in **jeder Tätigkeit**, die es zum Ziel hat, Informationen, Meinungen oder Ideen, mit welchem Übertragungsmittel auch immer, in der Öffentlichkeit zu verbreiten. Journalistische Tätigkeiten sind nicht allein **Medienunternehmen** vorbehalten und können mit der Absicht verbunden sein, Gewinn zu erzielen.[29] Der Begriff des **Journalismus** ist, ebenso wie die anderen mit der Meinungsfreiheit verbundenen Zwecke, **weit auszulegen**.[30]   **12**

Wissenschaftliche, literarische oder künstlerische Zwecke sollten insofern immer dann erfasst sein, wenn ein **Bezug zur Wissenschaft**, zur **Literatur** oder zur **Kunst** gegeben ist. Wissenschaftliche Zwecke sind dabei gegeben,   **13**

---

26 Ablehnend: EuGH 13.5.2014 – C-131/12, ECLI:EU:C:2014:317 = NJW 2014 2257 Tz.85; *Freialdenhofen/Heinzke* GRUR-Prax. 2015, 119; Kühling/Buchner-*Buchner/Tinnefeld*, Art. 85 Rn. 12; 26; krit: *Paal* ZEuP 2016, 591 (610); für eine Anwendbarkeit: *Milstein*, K&R 2013, 446 (447); *Arning/Moos/Schefzig*, CR 2014, 447 (451).
27 *Albrecht/Janson* CR 2016, 500 (502); *Albrecht/Jotzo*, S. 134; Paal/Pauly-*Pauly* DSGVO Art. 85 Rn. 2; Gola-*Pötters*, Art. 85 Rn. 14.
28 EuGH 16.12.2008 – C-73/07, EuZW 2009, 108 (110) Tz. 58 – Satamedia.
29 EuGH 16.12.2008 – C-73/07, EuZW 2009, 108 (110) Tz. 61 – Satamedia; anders aber wohl für §§ 41 BDSG, 57 RStV: BVerwG Beschl. v. 29.10.2015 – BVerwG 1 B 32.15, ZUM-RD 2016, 206 (206 ff.).
30 Erwägungsgrund 153; Gutachten der EU-FRA v. 1.10.2012 zum Reformpaket für den Datenschutz, S. 18 Rn. 38.

wenn die Forschungsfreiheit nach Art. 13 GR Ch berührt ist, die Privilegierung zu künstlerischen und literarischen Zwecken bezieht sich vor allem auf die Erstellung belletristischer, kultur- und geistesgeschichtlicher Literatur.[31] Die Kunstfreiheit umfasst den Werk- und Wirkbereich.[32] Es kann hier durchaus zu Zwecküberschneidungen kommen.

2. Anwendbarkeit auf Medienunternehmen und natürliche Personen

14   Wie der EuGH in der Rechtssache *Satamedia* entschieden hat, sind die Abweichungen und Ausnahmen zu Art. 9 DSRL nicht nur auf Medienunternehmen anwendbar, sondern auf **jeden, der journalistisch tätig ist**.[33] Dies muss auch für die Nachfolgeregelung des Art. 85 DSGVO gelten. Man könnte hieran zunächst zweifeln, weil die auf den Bericht des Ausschusses für bürgerliche Freiheiten, Inneres und Justiz zurückzuführende Formulierung im ehemaligen Erwägungsgrund 121 (jetzt Erwägungsgrund 153), es sei die Meinungsfreiheit aller, nicht lediglich der Medienunternehmen von der Regelung des Art. 85 DSGVO erfasst, **nicht in die endgültige Fassung** des Verordnungstextes und der Erwägungsgründe aufgenommen wurde.[34] Ebenso wenig wie Erwägungsgrund 153 jedoch diese Klarstellung enthält, formuliert er eine **Einschränkung auf Medienunternehmen**. Der EuGH hat wiederholt hervorgehoben, dass es die Aufgabe der Mitgliedstaaten ist, praktische Konkordanz herzustellen und dabei **keine Beschränkung** auf die Wahrung der Grundrechte von Medienunternehmen vorgenommen.[35] In diesem Sinne ist auch Art. 85 DSGVO auszulegen.

3. Erfasste Kapitel

15   Art. 85 Abs. 2 DSGVO lässt Abweichungen und Ausnahmen von folgenden Kapiteln zu: Kapitel II (**Grundsätze**), III (**Rechte der betroffenen Person**), IV (**Für die Verarbeitung Verantwortlicher und Auftragsverarbeiter**), V (**Übermittlung personenbezogener Daten in Drittländer oder an internationale Organisationen**), VI (**Unabhängige Aufsichtsbehörden**), VII (**Zusammenarbeit und Kohärenz**) sowie IX (**Besondere Datenverarbeitungssituation**). Art. 9 DSRL sah Abweichungs- und Ausnahmemöglichkeiten bislang für Kapitel III DSRL (Besondere Kategorien der Verarbeitung), IV DSRL (Information der betroffenen Person) und VI DSRL (Ausnahmen und Einschränkungen) vor. Dabei ordnete Art. 9 DSRL bislang keine Vollharmonisierung an.[36] Auch im Anwendungsbereich von Art. 85 DSGVO, nach dem die Mitgliedstaaten gehalten sind, konkrete Regelungen zum Ausgleich der kollidierenden Grundrechte und Grundfreiheiten zu erlassen,

---

31 Kühling/Buchner-*Buchner/Tinnefeld*, Art. 85 Rn. 23; Gola-*Pötters*, Art. 85 Rn. 10.
32 Siehe auch: Gola-*Pötters*, Art. 85 Rn. 11.
33 EuGH 16.12.2008 – C-73/07, EuZW 2009, 108 (110) Tz. 58 – Satamedia.
34 Vgl. Bericht des Ausschusses für bürgerliche Freiheiten, Inneres und Justiz über den Vorschlag für eine Verordnung des Europäischen Parlaments und des Rates zum Schutz natürlicher Personen bei der Verarbeitung personenbezogener Daten und zum freien Datenverkehr v. 16.1.2013, S. 57.
35 EuGH 6.11.2003 – C-101/01, MMR 2004, 95 (98) Tz. 90 – Lindquist; EuGH 16.12.2008 – C-73/07, EuZW 2009, 108 (110) Tz. 54, 58 – Satamedia.
36 Simitis/*Dix* BDSG § 41 Rn. 5.

sind sie jedoch in der Wahl der Mittel frei, weshalb auch Art. 85 DSGVO keine Vollharmonisierung bezweckt.[37]

4. Erforderlichkeit

Art. 85 Abs. 2 DSGVO gestattet Abweichungen und Ausnahmen nur dann, wenn dies **erforderlich** ist, um das Recht auf Schutz personenbezogener Daten vor allem mit der Freiheit der **Meinungsäußerung und der Informationsfreiheit** in Einklang zu bringen. Gemeint ist das Erfordernis der Abwägung zwischen den betroffenen Grundrechten und Grundfreiheiten,[38] um nach dem Grundsatz der Verhältnismäßigkeit praktische Konkordanz herzustellen. Erforderlichkeit bedeutet dabei nicht, dass die Fälle, in denen Ausnahmevorschriften erlassen werden, zahlenmäßig eng umgrenzt sein müssen. Ausnahmevorschriften sind vielmehr in jedem Fall erforderlich, in dem das kollidierende Grundrecht überwiegt.[39] Zu einer derartigen Betrachtungsweise zwingt auch das Untermaßverbot.[40] Notwendig ist aber freilich, dass die spezifischen Zwecke (journalistische, wissenschaftliche, künstlerische oder literarische Zwecke) verfolgt werden. Art. 85 Abs. 1 lässt eine darüber hinausgehende, umfassende Regelung der Mitgliedstaaten im Bereich der Abwägung zwischen den betroffenen Rechten damit nicht zu.[41] **16**

5. Anwendbares Recht

Art. 85 Abs. 2 DSGVO ermächtigt die Mitgliedstaaten zum **Erlass nationaler Vorschriften**. Diese werden zwangsläufig **unterschiedlich ausgestaltet** sein. Erwägungsgrund 153 sieht für diesen Fall vor, dass das nationale Recht des Mitgliedstaates angewendet werden sollte, dem der für die Verarbeitung Verantwortliche unterliegt. **17**

III. Abs. 3

Nach Art. 85 Abs. 3 DSGVO hat jeder Mitgliedstaat der Kommission die Rechtsvorschriften **mitzuteilen**, die er nach Abs. 2 erlassen hat, sowie unverzüglich alle späteren **Änderungsgesetze und Änderungen** dieser Vorschriften. Die Kommission kann diese in ihre Bewertung nach Art. 97 DSGVO einfließen lassen. Auch ermöglicht Art. 85 Abs. 3 DSGVO der Kommission die Wahrnehmung ihrer Aufgaben gem. Art. 17 EUV. Sinn und Zweck dieser Regelung ist es, der Kommission eine Übersicht über die entsprechenden mitgliedstaatlichen Vorschriften zu verschaffen. Es spricht daher viel dafür, auch die bereits vor Erlass der DSGVO auf Grundlage **18**

---

37 *Benecke/Wagner* DVBl 2016, 600 (602).
38 Vgl. Erwägungsgrund 153; Gutachten der EU-FRA v. 1.10.2012 zum Reformpaket für den Datenschutz, S. 17 Rn. 34, S. 18 Rn. 39.
39 A.A. wohl Paal/Pauly-*Pauly* DSGVO Art. 85 Rn. 10.
40 *Kühling/Martini* et al., Die Datenschutzgrundverordnung und das nationale Recht, 2016, S. 293.
41 So auch: *Kühling/Martini* et al., Die Datenschutzgrundverordnung und das nationale Recht, 2016, S. 287; *Lauber-Rönsberg/Hartlaub*, NJW 2017, im Erscheinen; Kühling/Buchner-*Buchner/Tinnefeld*, Art. 85 Rn. 12.

von Art. 9 DSRL erlassenen Vorschriften als von der Mitteilungspflicht erfasst zu erachten.[42]

C. Fortgeltendes BDSG/LDSG

19 Art. 85 DSGVO tritt an die Stelle von Art. 9 DSRL, der gem. Art. 94 DSGVO mit Wirkung zum 25.5.2018 aufgehoben wird. Das in Umsetzung des Art. 9 DSRL erlassene **Bundes- und Landesrecht** (insbes. § 41 BDSG, § 57 RStV, Landespresse- und Landesmediengesetze) it bedarf dringend eingehender Prüfung auf seine Vereinbarkeit mit Art. 85 DSGVO. Dabei scheint eine pauschale Freistellung von datenschutzrechtlichen Vorgaben nicht mit Art. 85 DSGVO vereinbar.[43] Nationale Abweichungen und Ausnahmen können um die wissenschaftlichen Zwecke ergänzt werden.

D. Gesamteinschätzung

20 Art. 85 DSGVO ist insgesamt eine angemessene Regelung, um den Kommunikationsgrundrechten ausreichend Rechnung zu tragen.

Artikel 86 Verarbeitung und Zugang der Öffentlichkeit zu amtlichen Dokumenten

Personenbezogene Daten in amtlichen Dokumenten, die sich im Besitz einer Behörde oder einer öffentlichen Einrichtung oder einer privaten Einrichtung zur Erfüllung einer im öffentlichen Interesse liegenden Aufgabe befinden, können von der Behörde oder der Einrichtung gemäß dem Unionsrecht oder dem Recht des Mitgliedstaats, dem die Behörde oder Einrichtung unterliegt, offengelegt werden, um den Zugang der Öffentlichkeit zu amtlichen Dokumenten mit dem Recht auf Schutz personenbezogener Daten gemäß dieser Verordnung in Einklang zu bringen.

Verwandte Normen: ErwGr 154

Literatur:
Albrecht, Jan Philipp, Das neue EU-Datenschutzrecht – von der Richtlinie zur Verordnung, CR 2016, 88; *Ashkar, Daniel/Zieger, Christoph*, Datenschutzrechtliche Aspekte

---

42 So auch: Paal/Pauly-*Pauly* DSGVO Art. 85 Rn. 11.
43 Vgl. hierzu eingehend: *Kühling/Martini* et al., Die Datenschutzgrundverordnung und das nationale Recht, 2016, S. 194; Kühling/Buchner-*Buchner-Tinnefeld*, Art. 85 Rn. 31 ff.

bei Forderungsveräußerungen – Inwieweit sind damit einhergehende Übermittlungen von personenbezogenen Daten zulässig?, ZD 2016, 58; *Faust, Sebastian/Spittka, Jan/ Wybitul, Tim*, Milliardenbußgelder nach der DS-GVO? – Ein Überblick über die neuen Sanktionen bei Verstößen gegen den Datenschutz, ZD 2016, 120; *Gasper, Ulrich*, EU-Datenschutzreform: Einigung im Trilog, CR-aktuell 2016, R3; *Gierschmann, Sybille*, Was „bringt" deutschen Unternehmen die DS-GVO? – Mehr Pflichten, aber die Rechtsunsicherheit bleibt, ZD 2016, 51; *Gola, Peter*, DS-GVO Kommentar, München 2017; *Grabitz, Eberhard/Hilf, Meinhard/Nettesheim, Martin* (Hrsg.), Das Recht der Europäischen Union, 57. EL (München) 2015; *Kraska, Sebastian*, Datenschutz-Zertifizierungen in der EU-Datenschutzgrundverordnung, ZD 2016, 153; *Kühling, Jürgen/Buchner, Benedikt*, DS-GVO Kommentar, München 2017; *Kühling, Jürgen/Martini, Mario/ Herberlein, Johanna/Kühl, Benjamin/Nink, David/Weinzierl, Quirin/Wenzel, Michael*, Die Datenschutzgrundverordnung und das nationale Recht, Münster 2016; *Paal, Boris/ Pauly, Daniel*, Datenschutzgrundverordnung, Kommentar, München 2017; *Schoch, Friedrich*, Informationsrecht in einem grenzüberschreitenden und europäischen Kontext, EuZW 2011, 388; *Wybitul, Tim*, Die DS-GVO – ein Compliance-Thema?, ZD 2016, 105.

Agentur der Europäischen Union für Grundrechte, Gutachten v. 1.10.2012 zum Reformpaket für den Datenschutz, abrufbar unter: http://fra.europa.eu/sites/default/files/fr a_opinion_2-2012_data_protection_de.pdf

Bayerisches Landesamt für Datenschutzaufsicht, Trilog-Synopse der DS-GVO, abrufbar unter: https://www.lda.bayern.de/media/baylda_synopse.pdf

Bericht des Ausschusses für bürgerliche Freiheiten, Justiz und Inneres v. 21.11.2013, A7-0402/2013

Bericht des Europäischen Datenschutzbeauftragten v. 7.3.2012, abrufbar unter: https://s ecure.edps.europa.eu/EDPSWEB/webdav/site/mySite/shared/Documents/Consultation/O pinions/2012/12-03-07_EDPS_Reform_package_DE.pdf

European Data Protection Supervisor, Public access to documents containing personal data after the Bavarian Lager ruling, Brussels, 24.3.2011, abrufbar unter: https://secure .edps.europa.eu/EDPSWEB/webdav/shared/Documents/EDPS/Publications/Papers/Back groundP/11-03-24_Bavarian_Lager_EN.pdf

Stellungnahmen des Ausschusses der Regionen v. 10.12.2012, 2012/C 391/13, abrufbar unter: http://eur-lex.europa.eu/legal-content/DE/TXT/PDF/?uri=CELEX:52012AR0625 &from=DE

A. Grundlagen

I. Gesamtverständnis und Zweck der Norm

Art. 86 DSGVO soll dafür Sorge tragen, dass „die öffentliche Kontrolle über öffentliche Angelegenheiten nicht durch Datenschutzbestimmungen unangemessen behindert wird."[1] Es soll der **Zugang der Öffentlichkeit zu amtlichen Dokumenten** gewährleistet werden. Damit intendiert Art. 86 DSGVO, das **Spannungsverhältnis** zwischen Informationszugangsansprüchen und Datenschutzrecht aufzulösen.[2] Es handelt sich um eine fakultative Öffnungsklausel, die den Gesetzgeber nicht zum Tätigwerden zwingt.[3]

1

---

1 Bericht des Ausschusses für bürgerliche Freiheiten, Justiz und Inneres v. 21.11.2013, A7-0402/2013, S. 210, 303, 711.
2 Bericht des Ausschusses für bürgerliche Freiheiten, Justiz und Inneres v. 21.11.2013, A7-0402/2013, S. 303; Bericht des Europäischen Datenschutzbeauftragten v. 7.3.2012, abrufbar unter: https://secure.edps.europa.eu/EDPSWEB/webdav/site/ mySite/shared/Documents/Consultation/Opinions/2012/12-03-07_EDPS_Reform_package_DE.pdf, S. 85; vgl. auch: Paal/Pauly-*Pauly* DSGVO Art. 86 Rn. 1.
3 *Kühling/Martini* et al., Die DSGVO und das nationale Recht, 2016, S. 296.

Art. 86 DSGVO erlaubt dabei keinen Dispens von der DSGVO, sondern allein eine Konkretisierung ihrer Vorgaben i.S.d. Art. 6 Abs. 2 DSGVO.[4]

2 Art. 86 DSGVO ist im Zusammenhang mit den **nationalen und unionsrechtlichen Garantien** auf Zugang zu Dokumenten zu lesen. Gem. Art. 42 der Grundrechtecharta hat jeder Unionsbürger und jede natürliche oder juristische Person mit Wohnsitz oder satzungsmäßigem Sitz in einem Mitgliedstaat das Recht auf **Zugang zu den Dokumenten** des Europäischen Parlaments, des Rates und der Kommission. Eine entsprechende Regelung enthält auch **Art. 15 Abs. 3 AEUV** sowie **VO (EG) Nr. 1049/2001**.[5] Die **Konvention zur Anerkennung eines allgemeinen Rechts auf Zugang zu amtlichen Dokumenten** der öffentlichen Verwaltung als **erstes völkerrechtliches Instrument** zur Anerkennung eines allgemeinen Rechts auf Zugang zu amtlichen Dokumenten ist zwar noch nicht in Kraft getreten, ist aber in der Reihe der **zugangsgewährenden Rechtsakte** ebenfalls zu nennen.[6] Nationale Vorschriften betreffend den Zugang zu amtlichen Dokumenten enthalten insbes. die **Informationsfreiheitsgesetze** von Bund und Ländern sowie das **Umweltinformationsgesetz und das Verbraucherinformationsgesetz**.[7]

3 Die VO (EG) Nr. 1049/2001 enthält dabei ebenso wie die nationalen Informationsfreiheitsgesetze Ausnahmen zum Schutz personenbezogener Daten, deren Anwendung sich in der Praxis jedoch häufig als schwierig erweist.[8] Ebendies gilt auch für die Konvention zur Anerkennung eines allgemeinen Rechts auf Zugang zu amtlichen Dokumenten der öffentlichen Verwaltung.[9] So hatte der EuGH etwa im Fall *Kommission gegen The Bavarian Lager Co. Ltd.* zu entscheiden, ob die Kommission unter Berufung auf europäische Vorschriften, die den Zugang der Öffentlichkeit zu amtlichen Dokumenten gewährleisten sollen (im konkreten Fall VO (EG) Nr. 1049/2001), Namen von Regierungsvertretern, die mit Vertretern der

---

4 Kühling/Buchner-*Herbst*, Art. 86 Rn. 23.

5 Vgl. hierzu eingehend: Gutachten der EU-FRA v. 1.10.2012 zum Reformpaket für den Datenschutz, S. 22, 23; siehe auch: Kühling/Buchner-*Herbst*, Art. 86 Rn. 4.

6 Council of Europe, Convention on Access to Official Documents, CETS No. 205, 18.6.2009.

7 Eine Liste der nationalen Zugangsansprüche zu Dokumenten in anderen Mitgliedstaaten findet sich unter: www.freedominfo.org/regions/europe; vgl. auch: *Schoch* EuZW 2011, 388 (390); vgl. auch: Kühling/Buchner-*Herbst*, Art. 86 Rn. 22.

8 EuGH 29.6.2010 – C-28/08, Slg 2010, I-6055 – Kommission gegen The Bavarian Lager Co. Ltd.; European Data Protection Supervisor (2011), Public access to documents containing personal data after the Bavarian Lager ruling, Brussels, 24.3.2011; abrufbar unter: https://secure.edps.europa.eu/EDPSWEB/webdav/shared/Documents/EDPS/Publications/Papers/BackgroundP/11-03-24_Bavarian_Lager_EN.pdf; European Commission (2012), Report from the Commission on the application in 2011 of Regulation (EC) No 1049/2001 regarding public access to European Parliament, Council and Commission documents, KOM(2012) 429 endg., Brussels, 2.8.2012, p. 5, abrufbar unter: http://ec.europa.eu/transparency/access_documents/docs/com_2012_429_de.pdf; Council of the European Union (2012), Tenth annual report on the implementation of Regulation 1049/2001 of the European Parliament and of the Council of 30.5.2001 regarding access to European Parliament, Council and Commission documents, No. 8260/12, Brussels, 30.5.2012, abrufbar unter: http://register.consilium.europa.eu/doc/srv?l=EN&f.=ST%208260%202012%20INIT.

9 Council of Europe, Convention on Access to Official Documents, CETS No. 205, 18.6.2009.

Kommission und Lobbyisten getroffen und ausgetauscht hatten, veröffentlichen musste oder ob die europäischen Datenschutzvorschriften dies untersagen. Ein Teil der Personen hatte die Einwilligung in die Weitergabe ihrer personenbezogenen Daten verweigert. Aufgezeigt ist insofern das Spannungsverhältnis zwischen dem Recht auf Schutz personenbezogener Daten und dem Recht auf Zugang zu öffentlichen Dokumenten, die es in einen **gerechten Ausgleich** zu bringen gilt.[10]

II. Bisherige Rechtslage

Eine dem Art. 86 DSGVO entsprechende Regelung war bisher weder im nationalen Recht, noch in der DSRL vorgesehen. Regelungen zum Verhältnis Datenschutz – Informationszugang finden sich jedoch in den **Informationsfreiheitsgesetzen**. Die Informationsfreiheitsgesetze von Bund und Ländern gewähren den Zugang zu Informationen bislang aber nur unter hohen Voraussetzungen, wenn dabei personenbezogene Daten offenbart werden, vgl. etwa: § 5 IFG, § 12 IFG Schleswig Holstein.

III. Entstehung der Norm

Art. 86 DSGVO geht auf einen **Vorschlag des Ausschusses für bürgerliche Freiheiten, Justiz und Inneres** zurück, der seine Grundlage ua in der Stellungnahme der Europäischen Datenschutzbeauftragten findet. Dieser empfahl mit Datum vom 7.3.2012 die „Aufnahme einer Bestimmung über den Zugang der Öffentlichkeit zu Dokumenten, der zufolge personenbezogene Daten in Dokumenten, die im Besitz von Behörden und öffentlichen Einrichtungen sind, öffentlich zugänglich gemacht werden dürfen, wenn dies 1) im Unionsrecht oder im mitgliedstaatlichen Recht vorgesehen ist, 2) notwendig ist, um das Recht auf **Datenschutz** mit dem Recht der Öffentlichkeit auf **Zugang zu amtlichen Dokumenten in Einklang** zu bringen, und 3) den unterschiedlichen Interessen, die hier beteiligt sind, in ausgewogener Weise Rechnung trägt." [11] Der Ausschuss der Regionen hatte zuvor die **unzureichende Bewältigung von Konflikten** zwischen Datenschutzinteressen und dem Grundsatz des öffentlichen Zugangs zu amtlichen Dokumenten bemängelt.[12]

Der Kommissionsentwurf enthielt eine entsprechende Regelung noch nicht. Eine solche sah erst der Vorschlag des Parlaments vor.[13] Die hier enthaltene Vorgabe in Artikel 80a Abs. 2 aF, wonach jeder Mitgliedstaat der Kommission **bis spätestens** zu dem in Art. 99 Abs. 2 (Art. 91 Abs. 2 aF) DSGVO genannten Zeitpunkt die Rechtsvorschriften mitteilt, die er nach Abs. 1 erlässt, und die Kommission unverzüglich von allen weiteren Änderungen dieser Vorschriften in Kenntnis setzt, ist in den **Trilogverhandlungen** entfal-

4

5

6

---

10 Vgl. hierzu eingehend: Gutachten der EU-FRA v. 1.10.2012 zum Reformpaket für den Datenschutz, S. 22, 23.

11 Bericht des Europäischen Datenschutzbeauftragten v. 7.3.2012, abrufbar unter: https://secure.edps.europa.eu/EDPSWEB/webdav/site/mySite/shared/Documents/Consultation/Opinions/2012/12-03-07_EDPS_Reform_package_DE.pdf, S. 85.

12 Stellungnahme des Ausschusses der Regionen v. 10.12.2012, 2012/C 391/13, abrufbar unter: http://www.cr-online.de/Stellungnahme_des_Ausschusses_der_Regionen_Datenschutzpaket.pdf.

13 Stellungnahme des Parlaments in 1. Lesung v. 12.3.2014, TA/2014/212/P7.

len.[14] Der Vorschlag des Parlaments wurde vom Rat mit Ausnahme des Abs. 2 und mit einigen sprachlichen Anpassungen übernommen und hat letztlich in dieser modifizierten Form Eingang in den Verordnungstext gefunden.

B. Kommentierung

I. Personenbezogene Daten in amtlichen Dokumenten

7 Die Definition personenbezogener Daten richtet sich nach Art. 4 Abs. 1 DSGVO. Für den Begriff des Dokuments findet sich auf europäischer Ebene eine **Legaldefinition** in Art. 3 lit. a VO (EG) Nr. 1049/2001, der auch für die Auslegung von Art. 86 DSGVO zur Orientierung herangezogen werden kann.[15] Danach sind Dokumente „Inhalte, die einen Sachverhalt im Zusammenhang mit den **Politiken, Maßnahmen** oder **Entscheidungen** aus dem Zuständigkeitsbereich des Organs betreffen". In diesem Sinne wird auch das amtliche Dokument iSd Art. 86 DSGVO zu verstehen sein, da Sinn und Zweck gerade auf den Erlass einer der Regelung in VO (EG) Nr. 1049/2001 entsprechenden Norm gerichtet war.[16] Die VO (EG) Nr. 1049/2001 definiert den Begriff des Dokuments dabei allein über dessen **Inhalt, ohne Bedeutung** ist daher die **Form des Datenträgers**.[17]

II. Im Besitz einer Behörde oder einer öffentlichen Einrichtung oder einer privaten Einrichtung zur Erfüllung einer im öffentlichen Interesse liegenden Aufgabe

8 Die Bezugnahme auf öffentliche Behörden und Einrichtungen soll **sämtliche Behörden oder sonstigen Stellen** erfassen, die vom Recht des jeweiligen Mitgliedstaates über den Zugang der Öffentlichkeit zu Dokumenten erfasst werden.[18]

9 Es muss sich um amtliche Dokumente handeln, d.h. um solche Dokumente, die von einer Behörde, einer öffentlichen Einrichtung oder einer privaten Einrichtung zur Erfüllung einer im öffentlichen Interesse liegenden Aufgabe erstellt wurden.[19] Durch das Erfordernis des Besitzes der Behörde wird klargestellt, dass sich der **Zugangsanspruch** nicht nur auf Dokumente erstreckt, die von den Organen selbst erstellt wurden, sondern ebenso auf Dokumente Dritter. Eine entsprechende Regelung findet sich auch in der VO (EG) Nr. 1049/2001. Dort wurde sie eingeführt, um die zuvor geltende „Urheberregel" aufzuheben, nach der die Entscheidung über den Zugang zu Dokumenten Dritter im Besitz der Gemeinschaftsorgane allein ihrem

---

14 Vgl. BayLDA, Trilog-Synopse der DS-GVO, S. 614.
15 Kühling/Buchner-*Herbst*, Art. 86 Rn. 11.
16 Bericht des Ausschusses für bürgerliche Freiheiten, Justiz und Inneres v. 21.11.2013, A7-0402/2013, S. 210, 303, 711 unter Verweis auf: Opinion of the European Union Agency for Fundamental Rights on the proposed data protection reform package v. 1.10.2012, S. 19, 20.
17 Vgl. *Krajewski/Rösslein* in: Grabitz/Hilf/Nettesheim AEUV Art. 15 Rn. 46.
18 Erwägungsgrund 154 DSGVO.
19 Kühling/Buchner-*Herbst*, Art. 86 Rn. 12.

Urheber überlassen war. Der Zugangsanspruch richtete sich damit ggf. nach jeweils unterschiedlichem Recht.[20]

Die Urheberregel ging zurück auf die Umsetzung des **Verhaltenskodex** für den Zugang der Öffentlichkeit zu Rats- und Kommissionsdokumenten vom 6.12.1992,[21] umgesetzt durch Beschluss des Rates 93/731/EG vom 20.12.1993 über den Zugang der Öffentlichkeit zu Ratsdokumenten,[22] sowie durch Beschluss der Kommission 94/90/EGKS, EG, Euratom vom 8.2.1994 über den Zugang der Öffentlichkeit zu den der Kommission vorliegenden Dokumenten.[23] Das Europäische Parlament war an der Vereinbarung des Verhaltenskodex selbst nicht beteiligt, fasste aber dennoch mit Datum vom 10.7.1997 einen entsprechenden Beschluss 97/632/EG, EGKS, Euratom über den Zugang der Öffentlichkeit zu Dokumenten des Europäischen Parlaments.[24]

10

Die Aufnahme, auch der **privaten Einrichtung** zur Erfüllung öffentlicher Aufgaben, erfolgte auf Vorschlag des Rates.[25] Auch sie macht deutlich, dass das **öffentliche Interesse** an amtlichen Dokumenten unabhängig davon besteht, wer diese erstellt. Allein **relevant** ist die Erfüllung öffentlicher Aufgaben.[26]

11

III. Freigabe gem. dem Unionsrecht oder dem Recht des Mitgliedstaates

Personenbezogene Daten in Dokumenten können von der Behörde oder Einrichtung **freigegeben werden**, sofern dies in den Rechtsvorschriften der Union oder des Mitgliedstaates, denen sie unterliegt, vorgesehen ist. Eine Auflistung der wichtigsten mitgliedstaatlichen und nationalen Zugangsansprüche findet sich unter A.

12

Erwägungsgrund 154 statuiert dabei, dass für Zwecke einer solchen Freigabe ggf. **notwendige Abweichungen** von den Bestimmungen dieser Verordnung vorgesehen werden können. Gleichzeitig stellt Erwägungsgrund 154 aber klar, dass die **PSI-Richtlinie** 2003/98/EG des Europäischen Parlaments und des Rates vom 17.11.2003 über die **Weiterverwendung von Informationen des öffentlichen Sektors** den Schutz natürlicher Personen in Bezug auf die Verarbeitung personenbezogener Daten gem. den Bestimmungen des Unionsrechts und des **einzelstaatlichen Rechts** gerade unberührt lasse.[27] Insbesondere bewirke sie keine Änderung der in der DSGVO dargelegten Rechte und Pflichten und soll nicht für Dokumente gelten, die nach den Zugangsregelungen der Mitgliedstaaten aus Gründen des Schutzes personenbezogener Daten nicht oder nur eingeschränkt zugänglich sind, oder für Teile von Dokumenten, die nach diesen Regelungen zugänglich sind, wenn sie personenbezogene Daten enthalten, deren Wei-

13

---

20 Vgl. hierzu im Einzelnen: *Krajewski/Rösslein* in: Grabitz/Hilf/Nettesheim AEUV Art. 15 Rn. 50 ff.
21 ABl. 1993 L 340, 41.
22 ABl. 1993 L 340, 43.
23 ABl. 1994 L 46, 58.
24 ABl. 1997 L 263, 27; vgl. zur Historie eingehend: *Krajewski/Rösslein* in: Grabitz/Hilf/Nettesheim AEUV Art. 15 Rn. 27 ff. mwN.
25 Vgl. BayLDA, Trilog-Synopse der DS-GVO, S. 613, 614.
26 Vgl. hierzu auch: Paal/Pauly-*Pauly* DSGVO Art. 86 Rn. 6.
27 Siehe hierzu auch: Gola-*Piltz*, Art. 86 Rn. 18 ff.

terverwendung gesetzlich nicht mit dem Recht über den Schutz natürlicher Personen in Bezug auf die Verarbeitung personenbezogener Daten vereinbar ist.

Welchen Anforderungen die nationalen Regelungen gerecht werden müssen, gibt Art. 86 DSGVO nicht explizit vor. Die Mitgliedstaaten sollen selbst entscheiden können, wie sie den Konflikt zwischen dem Informationsinteresse der Öffentlichkeit und dem Schutz personenbezogener Daten lösen und in welchem Umfang sie einer der beiden Positionen den Vorrang einräumen. Die Datenschutzgrundverordnung dispensiert insofern von ihrem Schutzniveau und von ihren datenschutzrechtlichen Vorgaben.[28]

C. Verhältnis zu anderen Normen

14 Art. 86 DSGVO ist im Kontext mit anderen **Öffnungsklauseln** zu sehen, die zum Zweck eines **Ausgleichs** zwischen dem Recht auf informationelle Selbstbestimmung und anderen Grundrechten und Grundfreiheiten in die Datenschutzgrundverordnung aufgenommen wurden, etwa Art. 85 DSGVO.

15 Die Informationsfreiheitsansprüche des europäischen oder nationalen Rechts bleiben bestehen. Sie stellen die gewissermaßen vorgezogene Ausübung der Befugnisse des Art. 86 DSGVO dar.[29]

D. Kritik/Gesamteinschätzung/Perspektiven

16 Die Abschaffung des vormals herrschenden Prinzips der **beschränkten Aktenöffentlichkeit** und mit ihm die Einführung diverser Informationsfreiheitsansprüche hat zu einem Paradigmenwechsel geführt, der auch und gerade von der Ablösung des primär datenschutzrechtlichen Denkens im Informationsrecht geprägt ist.[30] Bestehen Auskunftsansprüche gegen die öffentliche Verwaltung, treten diese zwangsläufig in **Konflikt** mit dem Datenschutzrecht, gerade wenn man zugrunde legt, dass ein **Personenbezug** nach dem Urteil des EuGH in der **Rechtssache** *Breyer*[31] nicht nach der objektiven Theorie zu bestimmen ist. Art. 86 DSGVO ist daher logische aber auch zwingende Folge der Einführung von Informationszugangsansprüchen. Er überlässt es dabei den Mitgliedstaaten, einen angemessenen Ausgleich zwischen der Informationsfreiheit und dem Recht auf informationelle Selbstbestimmung zu treffen. Insoweit wird es im nationalen Kontext bei der Ausgestaltung des Art. 86 DSGVO auch darauf ankommen, welchen **Stellenwert** die Mitgliedstaaten dem informationellen Selbstbestimmungsrecht auf der einen und den Informationszugangsansprüchen auf der anderen Seite beimessen.

---

28 *Kühling/Martini* et al., Die DSGVO und das nationale Recht, 2016, S. 296, a.A. Paal/Pauly-*Pauly* DSGVO Art. 86 Rn. 8.
29 *Kühling/Martini* et al., Die DSGVO und das nationale Recht, 2016, S. 297.
30 Vgl. hierzu eingehend: *Schoch* EuZW 2011, 388 (390) mwN.
31 EuGH 19.10.2016 – C-582/14, GRUR Int. 2016, 1169 – Patrick Breyer / Bundesrepublik Deutschland; vgl. auch die Schlussanträge des Generalanwalts am EuGH Manuel Campos Sánchez-Bordona, 12.5.2016 – C-582/14, BeckRS 2016, 81027.

Artikel 87 Verarbeitung der nationalen Kennziffer

[1]Die Mitgliedstaaten können näher bestimmen, unter welchen spezifischen Bedingungen eine nationale Kennziffer oder andere Kennzeichen von allgemeiner Bedeutung Gegenstand einer Verarbeitung sein dürfen. [2]In diesem Fall darf die nationale Kennziffer oder das andere Kennzeichen von allgemeiner Bedeutung nur unter Wahrung geeigneter Garantien für die Rechte und Freiheiten der betroffenen Person gemäß dieser Verordnung verwendet werden.

Verwandte Normen: –

Literatur:

Möllers, Martin H.W., Artikel ‚Personenkennzeichen', in: ders. (Hrsg.), Wörterbuch der Polizei, 2010, Sp. 1430; *Weichert, Thilo*, Die Wiederbelebung des Personenkennzeichens – insbesondere am Beispiel der Einführung einer einheitlichen Wirtschaftsnummer, RDV 2002, 170-177.

Die mitgliedstaatliche Option, nationale Identifikationsnummern oder andere Kennzeichnen von allgemeiner Bedeutung zu nutzen, die als Regelung bereits in Art. 8 Abs. 7 Richtlinie 95/46/EG vom 24. Oktober 1995 zum Schutz natürlicher Personen bei der Verarbeitung personenbezogener Daten und zum freien Warenverkehr vorkam, wird durch Art. 87 DSGVO übernommen. Es handelt sich bei dieser Bestimmung um eine europarechtliche Rechtsgrundlage, die die Generierung nationaler Kennziffern erlaubt.[1] Anders als die Richtlinie von 1995 fordert Art. 87 DSGVO aber angemessene Garantien, um die Rechte und Freiheiten der betroffenen Person zu gewährleisten.

  1

Art. 87 DSGVO ist von unspezifischer Weite.[2] Eine Definition dessen, was als nationale Kennziffer oder als anderes Kennzeichen von allgemeiner Bedeutung zu verstehen ist, lässt sich aus dem Regelungskontext der DSGVO allenfalls rudimentär erschließen.[3] Nicht jedes Personen-Nummerierungssystem lässt sich als Kennziffer qualifizieren.[4] Einen Fingerzeig gibt Erwägungsgrund 35, der von Kennzeichen spricht, die einer natürlichen Person zugeteilt werden, um diese natürliche Person für gesundheitliche Zwecke zu identifizieren. Daraus wird vorsichtig – „im Zweifel" – geschlossen, dass die Krankenversicherungsnummer ein solches „Kennzeichen" im Sinn der DSGVO sein könne.[5] Die Steueridentifikationsnummer wurde zwar bisher nicht als ein „allgemeines Personenkennzeichen" qualifiziert, gleichwohl äußern Datenschützer die Befürchtung, dass ihr aufgrund einer schrittweisen Erweiterung der Verwendungszusammenhänge eine ver-

  2

---

1 *Weichert* in: Kühling/Buchner DSGVO Art. 87 Rn. 4; *Gola* in: ders. DSGVO Art. 87 Rn. 1.
2 *Grages* in: Plath BDSG/DSGVO, 2. Aufl. 2016, Art. 87 Rn. 2.
3 *Pauly* in: Paal/Pauly DSGVO Art. 87 Rn. 2. Zur Bedeutungsvarianz siehe *Möllers*, Art. ‚Personenkennzeichen'.
4 *Pauly* in: Paal/Pauly DSGVO Art. 87 Rn. 2.
5 *Grages* in: Plath BDSG/DSGVO, 2. Aufl. 2016, Art. 87 Rn. 2.

gleichbare Funktion zuwachsen könne.[6] Grundsätzlich hat die Rspr. die Steuer-ID datenschutzrechtlich nicht beanstandet.[7] Als nationale Kennziffern im Sinn der Norm gelten solche Kennziffern, die ein EU-Mitgliedstaat[8] gesetzlich vorsieht, seitens des Staates vergeben werden und aufgrund dessen, Vorgänge, Merkmale und Berechtigungen einer individuellen Person zweifelsfrei, dh eindeutig zugeordnet werden können, ohne dass durch Änderungen des Namens, des Geschlechts oder anderer Merkmale die Identifikation verfälscht wird.[9] Eine Kennziffer im Normsinne kann darüber hinaus auch ein anderes Kennzeichen von „allgemeiner Bedeutung" sein, was regelmäßig dann gegeben ist, wenn sich ihre Verwendung nicht auf eine eng begrenzte Zahl von Anwendungen beschränkt bzw. keinen engen Zweckzusammenhängen unterfällt.[10]

3   Grundsätzlich ermöglicht Art. 87 DSGVO den Mitgliedstaaten weite Spielräume zur Schaffung von solchen Kennzeichen, die eine einzelne Person eindeutig und uU ein Leben lang identifizierbar machen. Während nicht wenige EU-Mitgliedstaaten derartige nationale Personenkennziffern bereits eingeführt haben, wird dies in Deutschland nicht zuletzt wegen verfassungsrechtlicher Bedenken immer wieder kontrovers diskutiert.[11] Es besteht nämlich die Gefahr, dass Personenkennzeichen in unterschiedlichen Kontexten wechselseitig Verwendung finden könnten, so dass Datenverknüpfungen sektorenübergreifend – zB sowohl im Sozial- als auch Steuersektor – möglich werden könnten. Die noch nicht realisierte elektronische Gesundheitskarte[12] gilt aufgrund der strengen Zweckbindungsvorgaben des § 291a SGB V als datenschutzrechtlich grundsätzlich nicht zu beanstanden, da sie nur im Kommunikationszusammenhang mit den Krankenkassen und eben nicht im gesamten Sozialversicherungsbereich eingesetzt werden soll.[13] Entsprechendes gilt für andere Ordnungsnummern, die in Deutschland Verwendung finden, da ihre Verwendungszusammenhänge jeweils streng zweckbezogen sind und sich von anderen Verwendungskontexten strikt unterscheiden müssen.[14]

4   Das Phänomen Personenkennzeichen ist in Deutschland durch die zum 1. Januar 1970 in der DDR eingeführten „PKZ" (= Personenkennzahl) zu DDR-Zeiten historisch belastet. War aber auch immer Gegenstand bundes-

---

6 Vgl. 23. Tätigkeitsbericht des Bundesdatenschutzbeauftragten, BT-Drs. 17/5200, S. 106 f.
7 Siehe etwa BFHE 235, 151.
8 Kennziffern anderer Staaten oder supranationaler Herkunft fallen nicht unter den Regelungsbereich, siehe näher *Weichert* in: Kühling/Buchner DSGVO Art. 87 Rn. 7.
9 *Weichert* in: Kühling/Buchner DSGVO Art. 87 Rn. 4 und 8.
10 *Weichert* in: Kühling/Buchner DSGVO Art 87 Rn. 11.
11 Vgl. dazu und auch rechtspolitisch dezidiert *Weichert* in: Kühling/Buchner DSGVO Art. 87 Rn. 13 f.
12 *Arno Elmer*, Elektronische Gesundheitskarte: Potenziale eines vernetzten Gesundheitswesens, NDV 2014, 456 ff.
13 Bundesbeauftragter für den Datenschutz und die Informationsfreiheit, 25. Tätigkeitsbericht für die Jahre 2013 und 2014, S. 183 [abrufbar: www.bfdi.bund.de, 6. Oktober 2016].
14 *Weichert* in: Kühling/Buchner DSGVO Art. 87 Rn. 22.

republikanischer Bestrebungen;[15] die Diskussion über ein zentrales Personenkennzeichnen scheint in Deutschland weitgehend erledigt zu haben.[16] In anderen europäischen Ländern wie etwa Österreich kommt sie zwar vor, wird aber durch gesetzliche Regelungen hinsichtlich der Verwendungszusammenhänge umhegt.

Prinzipiell sind die Mitgliedstaaten bei der Schaffung nationaler Identifikationsnummern oder anderer Kennzeichnen von allgemeiner Bedeutung relativ frei, aber nur im Rahmen der allgemeinen Maximen der DSGVO (Art. 87 Satz 2 DSGVO), so dass zB der Aspekt Zweckbindung und Datenminimierung dirigierende und determinierende Wirkung entfaltet.[17] Das Novum des Art. 87 DSGVO ist demnach, dass an nationale Regelungen materielle Anforderungen geknüpft werden.[18] Es wird darüber hinaus für nicht ausgeschlossen gehalten, dass man sich in absehbarer Zeit auch in diesem Bereich auf europaweit einheitliche Standards einigt.[19] Prinzipiell wird neben einer gesetzlichen Regelung für erforderlich gehalten, dass die rechtliche Grundlagen geeigneten Garantien Bestimmungen über die Verwendungstransparenz, sowie Zweck- und Verwendungsbegrenzungen enthalten.[20]

Artikel 88 Datenverarbeitung im Beschäftigungskontext

(1) Die Mitgliedstaaten können durch Rechtsvorschriften oder durch Kollektivvereinbarungen spezifischere Vorschriften zur Gewährleistung des Schutzes der Rechte und Freiheiten hinsichtlich der Verarbeitung personenbezogener Beschäftigtendaten im Beschäftigungskontext, insbesondere für Zwecke der Einstellung, der Erfüllung des Arbeitsvertrags einschließlich der Erfüllung von durch Rechtsvorschriften oder durch Kollektivvereinbarungen festgelegten Pflichten, des Managements, der Planung und der Organisation der Arbeit, der Gleichheit und Diversität am Arbeitsplatz, der Gesundheit und Sicherheit am Arbeitsplatz, des Schutzes des Eigentums der Arbeitgeber oder der Kunden sowie für Zwecke der Inanspruchnahme der mit der Beschäftigung zusammenhängenden individuellen oder kollektiven Rechte und Leistungen und für Zwecke der Beendigung des Beschäftigungsverhältnisses vorsehen.

(2) Diese Vorschriften umfassen angemessene und besondere Maßnahmen zur Wahrung der menschlichen Würde, der berechtigten Interessen und der Grundrechte der betroffenen Person, insbesondere im Hinblick auf die Transparenz der Verarbeitung, die Übermittlung personenbezogener Daten innerhalb einer Unternehmensgruppe oder einer Gruppe von Unternehmen, die eine gemeinsame Wirtschaftstätigkeit ausüben, und die Überwachungssysteme am Arbeitsplatz.

15 Vgl. *Weichert* RDV 2002, 170 ff.; *ders.* in: Kühling/Weichert DSGVO Art. 87 Rn. 21.
16 *Weichert* in Kühling/Buchner DSGVO Art. 87 Rn. 22.
17 *Grages* in: Plath BDSG/DSGVO, 2. Aufl. 2016, Art. 87 Rn. 2.
18 Eingehend dazu *Weichert* in: Kühling/Buchner DSGVO Art. 87 Rn. 15 ff.
19 *Albrecht/Jotzo*, Teil 9 Rn. 2.
20 Näher *Weichert* in: Kühling/Buchner DSGVO Art. 87 Rn. 15-19.

(3) Jeder Mitgliedstaat teilt der Kommission bis zum 25. Mai 2018 die Rechtsvorschriften, die er aufgrund von Absatz 1 erlässt, sowie unverzüglich alle späteren Änderungen dieser Vorschriften mit.

Verwandte Normen: ErwGr 155; § 32 BDSG 2003

Literatur:

Albrecht, Das neue EU-Datenschutzrecht – von der Richtlinie zur Verordnung, CR 2016, 88 ff.; *Becker,* EU-Datenschutz-Grundverordnung – Anforderungen an Unternehmen und Datenschutzbeauftragte, ITRB 2016, 107 f.; *Benecke/Wagner,* Öffnungsklauseln in der Datenschutz-Grundverordnung und das deutsche BDSG – Grenzen und Gestaltungsspielräume für ein nationales Datenschutzrecht, DVBl. 2016, 600 ff.; *Däubler,* Datenschutz wird europäisch, AiB 2016, Heft 4, 26 ff.; *Düwell/Brink,* Die EU-Datenschutz-Grundverordnung und der Beschäftigtendatenschutz, NZA 2016, 665 ff.; *Forst,* Beschäftigtendatenschutz im Kommissionsvorschlag einer EU-Datenschutzverordnung, NZA 2012, 364 ff.; *Franzen,* Der Vorschlag für eine EU-Datenschutz-Grundverordnung und der Arbeitnehmerdatenschutz, DuD 2012, 322 ff.; *Franzen,* Beschäftigtendatenschutz: Was wäre besser als der Status quo?, RDV 2014, 200 ff.; *Gola,* EU-Datenschutz-Grundverordnung und Beschäftigtendatenschutz, RDV 2012, 60 ff.; *Gola,* Beschäftigtendatenschutz und EU-Datenschutz-Grundverordnung, EuZW 2012, 332 ff.; *Gola,* Erhebung von Beschäftigtendaten aus Sicht von Arbeitgeber/Dienstherr und Betriebsrat/Personalrat – mit einem Ausblick auf Auswirkungen der EU-DS GVO auf den Beschäftigtendatenschutz, ZBVR online 1/2016, 31 ff.; *Gola/Pötters/Thüsing,* Art. 82 DSGVO: Öffnungsklausel für nationale Regelungen zum Beschäftigtendatenschutz – Warum der deutsche Gesetzgeber jetzt handeln muss, RDV 2016, 57 ff.; *Hornung,* Eine Datenschutz-Grundverordnung für Europa?, ZD 2012, 99 ff.; *Jerchel/Schubert,* Neustart im Datenschutz für Beschäftigte – Möglichkeit von Kollektivvereinbarungen zur Regelung des Datenschutz nach der DS-GVO, DuD 2016, 782 ff.; *Körner,* Die Reform des EU-Datenschutzes: Der Entwurf einer EU-Datenschutz-Grundverordnung (DS-GVO) – Teil II, ZESAR 2013, 153 ff.; *Körner,* Beschäftigtendatenschutz – ein unvollendetes Projekt, AuR 2015, 392 ff.; *Körner,* Die Datenschutz-Grundverordnung und nationale Regelungsmöglichkeiten für Beschäftigtendatenschutz, NZA 2016, 1383 ff.; *Kort,* Arbeitnehmerdatenschutz gemäß der EU-Datenschutz-Grundverordnung, DB 2016, 711 ff.; *Kort,* Die Zukunft des deutschen Beschäftigtendatenschutzes – Erfüllung der Vorgaben der DS-GVO, ZD 2016, 555 ff.; *Kutzki,* Die EU-Datenschutzgrundverordnung (DSGVO) und Auswirkungen auf den öffentlichen Dienst, öAT 2016, 115 ff.; *Kühling/Martini,* Die Datenschutz-Grundverordnung: Revolution oder Evolution im europäischen und deutschen Datenschutzrecht?, EuZW 2016, 448 ff.; *Maier,* Der Beschäftigtendatenschutz nach der Datenschutz-Grundverordnung – Getrennte Regelungen für den öffentlichen und nicht öffentlichen Bereich?, DuD 2017, 169 ff.; *Maschmann,* Datenschutzgrundverordnung: Quo vadis Beschäftigtendatenschutz?, DB 2016, 2480 ff.; *Pötters,* Primärrechtliche Vorgaben für eine Reform des Datenschutzrechts, RDV 2015, 10 ff.; *Schuler/Weichert,* Die EU-DSGVO und die Zukunft des Beschäftigtendatenschutzes – Gutachten, Stand: 8.4.2016, www.netzwerk-datenschutzexpertise.de; *Schüßler/Zöll,* EU-Datenschutz-Grundverordnung und Beschäftigtendatenschutz,

DuD 2013, 639 ff.; *Sörup/Marquardt*, Auswirkungen der EU-Datenschutzgrundverordnung auf die Datenverarbeitung im Beschäftigungskontext, ArbR-Aktuell 2016, 103 ff.; *Spindler*, Die neue EU-Datenschutz-Grundverordnung, DB 2016, 937 ff.; *Spelge*, Der Beschäftigtendatenschutz nach Wirksamwerden der Datenschutz-Grundverordnung (DS-GVO), DuD 2016, 775 ff.; *Stelljes*, Stärkung des Beschäftigtendatenschutzes durch die Datenschutz-Grundverordnung?, DuD 2016, 787 ff.; *Taeger/Rose*, Zum Stand des deutschen und europäischen Beschäftigtendatenschutzes, BB 2016, 819 ff.; *Tiedemann*, Auswirkungen von Art. 88 DSGVO auf den Beschäftigtendatenschutz, ArbRB 2016, 334 ff.; *Traut*, Maßgeschneiderte Lösungen durch Kollektivvereinbarungen? Möglichkeiten und Risiken des Art. 88 Abs. 1 DS-GVO, RDV 2016, 312 ff.; *von dem Bussche/Zeitler/Brombach*, Die Umsetzung der Vorgaben der EU-Datenschutz-Grundverordnung durch Unternehmen, DB 2016, 1359 ff.; *Wächter*, Datenschutz-Grundverordnung und Personalarbeit, JurPC Web-Dok. 75/2016; *Wuermeling*, Beschäftigtendatenschutz auf der europäischen Achterbahn, NZA 2012, 368 ff.; *Wybitul*, EU-Datenschutz-Grundverordnung in der Praxis – Was ändert sich durch das neue Datenschutzrecht?, BB 2016, 1077 ff.; *Wybitul*, Was ändert sich mit dem neuen EU-Datenschutzrecht für Arbeitgeber und Betriebsräte? – Anpassungsbedarf bei Beschäftigtendatenschutz und Betriebsvereinbarungen, ZD 2016, 203 ff.; *Wybitul/Fladung*, EU-Datenschutz-Grundverordnung – Überblick und arbeitsrechtliche Betrachtung des Entwurfs, BB 2012, 509 ff.; *Wybitul/Rauer*, EU-Datenschutz-Grundverordnung und Beschäftigtendatenschutz, ZD 2012, 160 ff.; *Wybitul/Pötters*, Der neue Datenschutz am Arbeitsplatz, RDV 2016, 10 ff.; *Wybitul/Sörup/Pötters*, Betriebsvereinbarungen und § 32 BDSG: Wie geht es nach der DSGVO weiter?, ZD 2015, 559 ff.

A. Grundlagen

I. Bedeutung und Zweck der Norm

Art. 88 DSGVO[1] befasst sich gemäß der amtlichen Überschrift mit der Datenverarbeitung im Beschäftigungskontext, dh es werden spezifischere („... *more specific rules*") und damit konkretisierende mitgliedstaatliche Regelungen zum Beschäftigtendatenschutz ermöglicht,[2] ohne dass für diese Bereichsausnahme inhaltliche Vorgaben bestünden. Entsprechend der amtlichen Überschrift zum Kapitel IX handelt es sich nach Auffassung des europäischen Gesetzgebers bei der Verarbeitung personenbezogener Daten im Beschäftigungskontext um eine besondere Verarbeitungssituationen („... *specific processing situation*"), ohne dass allerdings durch Art. 88 DSGVO dieser spezielle Bereich – dezidiert – geregelt würde. In der betrieblichen Praxis ist der Beschäftigtendatenschutz quantitativ sehr wichtig, denn die diesbezüglichen Datenverarbeitungsvorgänge sollen rund die Hälfte aller Datenverarbeitungsvorgänge in der Privatwirtschaft ausmachen.[3]

1

Die nach Art. 88 DSGVO thematisch begrenzte Möglichkeit der Mitgliedstaaten zur näheren Ausgestaltung des Beschäftigtendatenschutzes ist im Kontext mit Erwägungsgrund Nr. 155[4] zu sehen, wonach „im Recht der Mitgliedstaaten oder in Kollektivvereinbarungen (einschließlich Betriebsvereinbarungen) spezifische Vorschriften für die Verarbeitung personenbezogener Beschäftigtendaten im Beschäftigungskontext" vorgesehen werden können. Dies gilt „insbesondere für Vorschriften über die Bedingungen, unter denen personenbezogene Daten im Beschäftigungskontext auf der

2

---

1 Ex. Art. 82 DSGVO [Trilog].
2 Vgl. *Pötters* RDV 2015, 10 (12), dort allerdings noch zu Art. 82 DSGVO-E.
3 *Körner* ZESAR 2013, 153 unter Bezugnahme auf *Wuermeling* NZA 2012, 368 (370), der diese Behauptung allerdings selbst nicht belegt.
4 Ex. Erwägungsgrund Nr. 124 [Trilog].

Grundlage der Einwilligung des Beschäftigten verarbeitet werden dürfen, über die Verarbeitung dieser Daten für Zwecke der Einstellung, der Erfüllung des Arbeitsvertrags einschließlich der Erfüllung von durch Rechtsvorschriften oder durch Kollektivvereinbarungen festgelegten Pflichten, des Managements, der Planung und der Organisation der Arbeit, der Gleichheit und Diversität am Arbeitsplatz, der Gesundheit und Sicherheit am Arbeitsplatz sowie für Zwecke der Inanspruchnahme der mit der Beschäftigung zusammenhängenden individuellen oder kollektiven Rechte und Leistungen und für Zwecke der Beendigung des Beschäftigungsverhältnisses". Beim Vergleich des Wortlauts von Erwägungsgrund Nr. 155 mit Art. 88 DSGVO fällt auf, dass der Kerngehalt des Erwägungsgrunds identisch mit Art. 88 Abs. 1 DSGVO ist, da die Regelungszwecke (Einstellung bis Beendigung des Beschäftigungsverhältnisses) identisch bezeichnet sind. Über Art. 88 DSGVO hinaus wesentlich lässt sich allerdings dem Erwägungsgrund Nr. 155 entnehmen, dass die Einwilligung der Beschäftigten als zentraler Erlaubnistatbestand der Datenverarbeitung im Beschäftigungskontext näher ausgestaltet werden kann. Da Beschäftigungsverhältnisse weiterhin ein Abhängigkeitselement enthalten, dürfen insbesondere die Bedingungen, unter denen personenbezogene Daten im Beschäftigungskontext auf der Grundlage einer Einwilligung verarbeitet werden dürfen (vgl. auch Art. 7 DSGVO), näher geregelt werden.[5]

II. Entstehung der Norm und keine Vollharmonisierung des Beschäftigtendatenschutzes

3   Es handelt sich bei Art. 88 DSGVO um eine (echte) Öffnungsklausel für mitgliedstaatliche Regelungen,[6] deren Inhalt und Wortlaut, wie das Gesetzgebungsverfahren nach Veröffentlichung des ursprünglichen Kommissionsentwurfes am 25.1.2012[7] gezeigt hat, sehr umstritten waren.[8] So hatte das Europäische Parlament im gemeinsamen Standpunkt einen ausführlichen Katalog mit konkreten Mindeststandards gefordert. Jedoch liegen die Vorstellungen der Mitgliedstaaten zum Beschäftigtendatenschutz offenbar noch sehr weit auseinander, weil bspw. die nationalen Abwägungsprozesse im Arbeitsrecht sehr verschieden sind.[9] Angesichts einer solchen Gemenge-

---

5 Dies gilt bspw. für die Möglichkeit einer Einwilligung zur Datenverarbeitung in bestimmten Situationen, in denen – auch angesichts der Entscheidung des BAG zur grdsl. Freiwilligkeit einer Einwilligung (BAG 19.2.2015 – 8 AZR 1011/13, ZD 2015, 380 ff. mit Anm. *Tiedemann*) – kaum von einer Freiwilligkeit ausgegangen werden kann, zB im Bewerbungsverfahren, vgl. *Wybitul/Pötters* RDV 2016, 10 (13); *Kort* ZD 2016, 555 (557). Hierbei ist auch Erwägungsgrund Nr. 43 zu beachten, wonach die Freiwilligkeit einer Einwilligung bei einem klaren Ungleichgewicht nicht bestehen soll, wobei als Beispiel eine Behörde als verantwortliche Stelle bezeichnet ist, so dass insbesondere bei der Speicherung von Bewerberdaten im öffentlichen Dienst besonderes Augenmerk auf das Erfordernis einer ordnungsgemäßen Einwilligung gelegt werden sollte.

6 Eine Öffnungsklausel wird teilweise bereits aus Gründen der Effektivität bereichsspezifischer Regelungen befürwortet, *Benecke/Wagner* DVBl. 2016, 600 (603); *Wybitul/Fladung* BB 2012, 509 (514).

7 KOM(2012) 11 end. = 2012/0011 (COD).

8 Die DSRL 95/46/EG als Vorgängerrichtlinie enthielt keine Öffnungsklausel für den Beschäftigtendatenschutz.

9 *Albrecht/Jotzo*, Teil 9, Kapitel C Rn. 6.

lage widerstreitender Interessen und Rechtsprinzipien konnte eine Regelung mit gemeinsamen Mindest- oder Rahmenstandards beim Beschäftigtendatenschutz im Trilog-Verfahren nicht wirklich gelingen, so dass sich die jetzige Fassung von Art. 88 DSGVO als typische Kompromissregelung erweist. Eine europaweite Vollharmonisierung, wie sie typischerweise durch eine Verordnung erfolgt, wird durch Art. 88 DSGVO im Beschäftigungskontext gerade nicht erzielt. Ein europaweit gleich laufendes (erhöhtes) Schutzniveau für Beschäftigtendaten gilt derzeit politisch als nicht durchsetzbar.[10] Allerdings ist dies nicht zwingend negativ zu bewerten, denn so können die verschiedenen nationalen Rechtsordnungen ihr bisheriges Datenschutzniveau in diesem Bereich beibehalten oder im Hinblick auf die zunehmende Digitalisierung der Arbeitswelt weiter fortentwickeln, was zumindest aus deutscher Sicht zu begrüßen ist. Dementsprechend ist die im ursprünglichen Entwurf der Kommission vorgesehene Regelung, dass mitgliedstaatliche Regelungen zum Beschäftigtendatenschutz nur „in den Grenzen der Verordnung" („... *limits of this regulation*") erlassen werden dürften,[11] im Laufe des Gesetzgebungsverfahrens entfallen. Dies bedeutet, dass die DSGVO durch ihre Regelungen lediglich ein Mindestdatenschutzniveau im Beschäftigungskontext vorschreibt, das durch mitgliedstaatliche Regelungen verbessert bzw. erhöht werden kann. Für die Arbeitnehmer günstigere nationale Regelungen, indem das Datenschutzniveau gehoben bzw. „nach oben angepasst wird", dürfen also ohne Weiteres erlassen werden.[12] Eine Verschlechterung bzw. Absenkung des materiellen Datenschutzniveaus im Beschäftigungskontext durch mitgliedstaatliche Regelungen ist angesichts der Rechtsnatur der DSGVO als Verordnung demgegenüber ausgeschlossen.[13] Ebenfalls ist im Gesetzgebungsverfahren die im ursprünglichen Kommissionsentwurf vorgesehene Möglichkeit entfallen, dass die Kommission durch delegierte Rechtsakte nähere Vorgaben zum Be-

---

10 *Franzen* RDV 2014, 200 (201) weist zutreffend darauf hin, dass nach Art. 114 Abs. 2 AEUV iVm Art. 153 Abs. 2 AEUV im Bereich des Beschäftigtendatenschutzes ohnehin nur Mindestharmonisierungsregelungen kompetenzrechtlich zulässig sind, da die Kompetenz zur Regelung von Arbeitsrecht bzw. den Arbeitnehmerrechten weiterhin bei den Mitgliedstaaten liegt, auch wenn allgemeine Datenschutzregelungen kompetenzrechtlich auf Art. 16 AEUV gestützt werden. Insofern wäre eine Höchstgrenze für Arbeitnehmerdatenschutz, bei dem es sich zumal um eine Querschnittsmaterie handelt, bereits kompetenzrechtlich unzulässig.

11 Art. 82 Abs. 1 DSGVO-E und der korrespondierende Erwägungsgrund Nr. 124; siehe hierzu *Wybitul/Fladung* BB 2012, 509 (514); *Thüsing*, § 1 Rn. 13; kritisch *Franzen* DuD 2012, 322 (324).

12 *Wybitul/Sörup/Pötters* ZD 2015, 559 (561), wobei dies trotz der Rechtsnatur der DSGVO als Verordnung gilt, denn rechtspolitisch soll beim Beschäftigtendatenschutz eine Mindestharmonisierung ausreichen, um ein hinreichendes Schutzniveau zu garantieren. aA *Spelge* DuD 2016, 775 (778), die ein Verbot eines höheren nationalen Datenschutzniveaus annimmt.

13 *Gola/Thüsing/Pötters* RDV 2016,57 (59); *Kort* DB 2016, 711 (714), der allerdings unter Bezugnahme auf die bisherige Rechtspraxis zu § 4 Abs. 1 BDSG zumindest geringfügige Abweichungen „nach unten" für zulässig erachtet.

schäftigtendatenschutz machen kann,[14] was gleichsam bedeutet hätte, dass die Kommission in die nationale Gesetzgebung hätte „hineinregieren" können. Gegenüber dem ursprünglichen Entwurf wurde für Art. 88 DSGVO klargestellt, dass nicht nur nationale Rechtsvorschriften sondern auch Kollektivvereinbarungen Regelungen zum Beschäftigtendatenschutz enthalten dürfen.[15]

B. Kommentierung

I. Sachlicher und personeller Anwendungsbereich

4   Art. 88 DSGVO gilt nur für personenbezogene Daten.[16] Ergänzend muss es sich um solche Daten von Beschäftigten handeln („… *employees personal data*"). Der zentrale Begriff der Beschäftigten wird in der DSGVO nicht definiert und, soweit ersichtlich, an anderen Stellen im Gemeinschaftsrecht ebenfalls nicht verwendet.[17] Der Begriff wird vielmehr vorausgesetzt. Üblicherweise wird im Gemeinschaftsrecht entsprechend der englischen Formulierung *„workers"* (siehe bspw. Art. 45, 153 AEUV) in den deutschen Übersetzungen der Begriff des „Arbeitnehmers" verwendet, wobei sich noch kein allgemeiner europäischer Arbeitnehmerbegriff herausgebildet hat, der zudem je nach Sachzusammenhang auch Rechtsverhältnisse bei öffentlichen Arbeitgebern, Beamte und/oder (Fremd-)Geschäftsführer erfassen kann.[18] Insofern unterscheidet das Unionsrecht auch nicht zwischen privatrechtlichen Arbeitsverhältnissen und öffentlich-rechtlich geprägten Dienst- und Arbeitsverhältnissen. Da zudem in Art. 88 Abs. 1 DSGVO auch Einstellungszwecke genannt sind, müssen auch Bewerber um einen Arbeitsplatz vom Anwendungsbereich des Art. 88 DSGVO erfasst sein. Insofern kann der Beschäftigtenbegriff in Art. 88 DSGVO nicht einengend, sondern muss weit ausgelegt werden.[19] Ferner muss die Auslegung autonom nach Maßgabe des Unionsrechts erfolgen.[20] Es spricht im Ergebnis Einiges dafür, dass zumindest aus Praktikabilitätsgründen eine Parallele zum thematisch einschlägigen Beschäftigtenbegriff des § 3 Abs. 11 BDSG gezogen werden kann,[21] wonach Beschäftigte jedenfalls sind:

---

14   Art. 82 Abs. 3 DSGVO-E iVm Art. 86 DSGVO-E und der korrespondierende Erwägungsgrund Nr. 129; siehe hierzu *Wybitul/Fladung* BB 2012, 509 (515); kritisch *Hornung* ZD 2012, 99 (105); *Franzen* DuD 2012, 322 (326); *Gola* EuZW 2012, 332 (336); *Gola* RDV 2012, 60 (63); *Pötters* RDV 2015, 10 (15); *Körner* ZESAR 2013, 153 (155); dieses „level playing field" befürwortet hingegen *Forst* NZA 2012, 363 (366).

15   Siehe insofern zu Art. 82 DSGVO-E: *Schüßler/Zöll* DuD 2013, 639 (641); *Forst* NZA 2012, 364 (366); *Körner* ZESAR 2013, 153 (155).

16   Siehe hierzu die Legaldefinition in Art. 4 Nr. 1 DSGVO.

17   *Körner* NZA 2016, 1383 (1384) nimmt eine Gleichsetzung des Begriffs des Arbeitnehmers mit dem des Beschäftigten vor.

18   *Sagan*, in: Preis/Sagan, Europäisches Arbeitsrecht, § 1 Rn. 107 ff. mwN; siehe bzgl. des Fremdgeschäftsführer einer GmbH: EuGH 11.11.2010 – C-232/09 – Danosa.

19   *Gola/Thüsing/Pötters* RDV 2016, 57 (58); aA *Maschmann* DB 2016, 2480 (2481).

20   *Maschmann* DB 2016, 2480 (2480).

21   Im deutschen Recht wird der Begriff des „Beschäftigten" bspw. in § 7 SGB IV oder – im Zusammenhang mit dem öffentlichen Dienst – in § 4 BPersVG verwendet.

- Arbeitnehmerinnen und Arbeitnehmer,[22]
- zu ihrer Berufsbildung Beschäftigte,
- Bewerberinnen und Bewerber für ein Beschäftigungsverhältnis sowie Personen, deren Beschäftigungsverhältnis beendet ist,
- Beamtinnen, Beamte, Richterinnen und Richter, Soldatinnen und Soldaten.[23]

Ob allerdings auch bspw. arbeitnehmerähnliche Personen (vgl. § 3 Abs. 11 Nr. 6 BDSG) als Beschäftigte im Sinne von Art. 88 DSGVO anzusehen sind, ist unklar.[24] Ebenso nicht eindeutig geklärt ist, wie im Falle von Arbeitnehmerüberlassung Datenverarbeitungsvorgänge des Entleiherbetriebes unionsrechtlich einzuordnen sind. Im Ergebnis ist es zweifelhaft, ob es zu einem (vollständigen) Gleichlauf beim personellen Anwendungsbereich von Art. 88 DSGVO und § 32 BDSG iVm § 3 Abs. 11 BDSG kommt.[25]

Diese personenbezogenen Daten müssen verarbeitet werden, wobei nach Art. 2 Abs. 1 DSGVO vorausgesetzt wird, dass es sich um eine ganz oder teilweise automatisierte Verarbeitung personenbezogener Daten oder um eine nichtautomatisierte Verarbeitung personenbezogener Daten handelt, bei der die Daten in einem Dateisystem gespeichert sind oder gespeichert werden sollen. Nach Art. 4 Nr. 2 DSGVO erfasst „Verarbeitung" jeden mit oder ohne Hilfe automatisierter Verfahren ausgeführten Vorgang oder jede solche Vorgangsreihe im Zusammenhang mit personenbezogenen Daten wie das Erheben, das Erfassen, die Organisation, das Ordnen, die Speicherung, die Anpassung oder Veränderung, das Auslesen, das Abfragen, die Verwendung, die Offenlegung durch Übermittlung, Verbreitung oder eine andere Form der Bereitstellung, den Abgleich oder die Verknüpfung, die Einschränkung, das Löschen oder die Vernichtung. Die Verarbeitung ist also der Oberbegriff, ohne dass im Einzelnen – wie bislang noch im BDSG – zwischen den einzelnen Arten und Phasen der Datenverarbeitung zu unterscheiden ist. **5**

Schließlich müssen diese personenbezogenen Daten eines Beschäftigten im Beschäftigungskontext verarbeitet werden. Das ebenfalls zentrale Tatbestandsmerkmal des Beschäftigungskontexts („... *context of employment*") ist weder in Art. 88 Abs. 1 DSGVO noch an anderer Stelle in der DSGVO geregelt. Der Beschäftigungskontext wird dahingehend auszulegen sein, dass es sich um eine Datenverarbeitung im Zusammenhang mit einem beabsichtigten, bestehenden oder früheren Beschäftigungsverhältnis handeln muss, wie sich den Verarbeitungszwecken in Art. 88 Abs. 1 DSGVO ent- **6**

---

22 Organmitglieder juristischer Personen, zB (Fremd-)Geschäftsführer, fallen, selbst wenn das Anstellungsverhältnis materiell-rechtlich als Arbeitsverhältnis zu qualifizieren ist, nicht unter § 3 Abs. 11 BDSG.

23 AA *Maier* DuD 2017, 169 (170 ff.), die angesichts der Öffnungsklausel in Art. 6 Abs. 2 DSGVO der Auffassung, alle Angestellte im öffentlichen Dienst sowie sämtliche Beamten und Richterdienstverhältnisse in Deutschland vom Anwendungsbereich von Art. 88 Abs. 1 DSGVO ausgenommen seien. Hiermit wird jedoch mE der Regelungsgehalt von Art. 6 Abs. 2 DSGVO verkannt.

24 *Däubler* AiB 2016, Heft 4, 26 (31).

25 So aber *Sörup/Marquardt* ArbR-Aktuell 2016, 103; *Taeger/Rose* DB 2016, 819 (823); *Gola/Pötters/Wybitul* RDV 2016, 57 (58); *Seifert* in: Simitis BDSG § 32 Rn. 3 b; wohl auch *Körner* NZA 2016, 1383 (1384).

nehmen lässt. Eine Datenverarbeitung, die nicht mit dem Beschäftigungsverhältnis im Zusammenhang steht, und bspw. das Privatleben des Arbeitnehmers betrifft (zB Aufzeichnung und Abrechnung privater Telefongespräche) fällt nicht unter Art. 88 DSGVO. Wenn also der Arbeitgeber dem Arbeitnehmer wie ein beliebiger Dritte gegenüber auftritt (zB als Vermieter einer Wohnung), ist der Beschäftigungskontext nicht mehr gegeben.

II. Spezifischere Regelungen durch die Mitgliedstaaten

7   Art. 88 Abs. 1 DSGVO als Öffnungsklausel gibt den Mitgliedstaaten die Möglichkeit, spezifischere[26] Regelungen („... *more specific rules*")[27] im Beschäftigungskontext vorzusehen.[28] Es muss sich also um Regelungen handeln, die den Beschäftigungskontext kennzeichnen, prägen oder konkretisieren,[29] dh es darf sich nicht um Regelungen handeln, die auch für andere Regelungsbereiche als das Beschäftigungsverhältnis gelten oder gar allgemein gültige datenschutzspezifische Grundsätze postulieren.[30] Die Regelungen müssen bereichs- bzw. sektorspezifisch sein und damit einen eingeschränkten bzw. engen Anwendungsbereich haben.[31] Insofern ist zwischen allgemeinen Datenschutzregelungen und speziellen Beschäftigtendatenschutzregelungen zu unterscheiden. Der Datenschutz im Beschäftigungskontext kann hiernach durch die Mitgliedstaaten soweit selbst geregelt werden, wie er nicht bereits durch allgemeingültige Regelungen der DSGVO – insbesondere durch das Verbot mit Erlaubnisvorbehalt des Art. 6 DSGVO – determiniert ist, die insofern nicht abschließend sind. Daher bilden die Regelungen des DSGVO für Arbeitgeber als für den Datenschutz Verantwortliche[32] die für die Personalarbeit zentrale und angesichts der Regelung des Art. 288 Abs. 2 AEUV verbindliche erste Säule für die Beurteilung der Rechtmäßigkeit der Datenverarbeitung im Beschäftigungskontext. Die einzelnen nationalen Regelungen, die eine Verschärfung der datenschutzrechtlichen Anforderungen im Beschäftigungskontext vorsehen können, bilden insofern die zweite Säule des Beschäftigtendatenschutzes.

1. Nationale Rechtsvorschriften

8   Die mitgliedstaatliche Rechtssetzungsbefugnis nach Art. 88 Abs. 1 DSGVO erfasst Gesetze (im materiellen) Sinne, dh förmliche Parlamentsgesetze so-

---

26   *Düwell/Brink* NZA 2016, 665 (666) weisen zurecht darauf hin, dass das Adjektiv „spezifisch" nicht steigerungsfähig ist und der Komparativ in Art. 88 Abs. 1 DSGVO keinen Sinn ergibt. Im Erwägungsgrund Nr. 155, der zu Art. 88 DSGVO gehört, wird nur das Wort „spezifische" verwendet. Demgegenüber wird in Art. 6 Abs. 2 DSGVO das Wort „spezifischere" wieder verwendet.

27   Im Gesetzgebungsverfahren wollte Deutschland die Formulierung „stricter rules" durchsetzen, siehe Interinstitutional File, 2012/0011 (COD), 9788/15 vom 11. Juni 2015, S. 258 sowie *Körner* AuR 2015, 392 (395). Die französische Sprachfassung ist sehr ähnlich: „... des règles plus specifiques".

28   *Albrecht* CR 2016, 88 (97) geht insofern von einem Raum für mitgliedstaatliche Sonderwege bei diesem Spezialdatenschutz aus.

29   *Wybitul/Pötters* RDV 2016, 10 (13 f.); *Spelge* DuD 2016, 775 (776). Nach *Düwell/ Brink* NZA 2016, 665 (666) und *Maschmann* DB 2016, 2480 (2482 f.) geht es um den für den Beschäftigungskontext eigentümlichen Regelungsbedarf.

30   Vgl. *Körner* NZA 2016, 1383.

31   *Traut* RDV 2016, 312 (314).

32   Siehe Art. 4 Nr. 7 DSGVO iVm Art. 24 ff. DSGVO.

wie Rechtsverordnungen.[33] In der Bundesrepublik Deutschland kommen als Normadressaten sowohl der Bund als auch die Bundesländer entsprechend der Verteilung der Gesetzgebungskompetenzen nach dem Grundgesetz in Betracht, was insbesondere im Bereich des öffentlichen Dienstes zu beachten ist.

2. Kollektivvereinbarungen

Die mitgliedstaatliche Rechtsetzungsbefugnis erfasst nach Art. 88 Abs. 1 DSGVO aber nicht nur nationale Rechtsvorschriften sondern gilt daneben auch für Kollektivvereinbarungen (*„collective agreements"*),[34] die somit ebenfalls einen Erlaubnistatbestand für die Datenverarbeitung iSv Art. 6 DSGVO darstellen, wenn und soweit das nationale Kollektivvereinbarungen selbst zulässt. Neben Tarifverträgen[35] zählen zu den Kollektivvereinbarungen, wie dem Erwägungsgrund Nr. 155 (*„einschließlich Betriebsvereinbarungen"; „including work agreements"*) zu entnehmen ist, auch Betriebs- und Sprecherausschussvereinbarungen nach deutschem Recht, die auf Grundlage des BetrVG bzw. des SprAuG vereinbart wurden.[36] Dies gilt sowohl für bereits bestehende als auch für zukünftige Kollektivvereinbarungen.[37] Regelungsabreden mit dem Betriebsrat oder nicht normativ wirkende Richtlinien zwischen Arbeitgeber und dem Sprecherausschuss (§ 28 Abs. 1 SprAuG) scheiden hingegen aus, da sie den Arbeitnehmern keine Rechte einräumen.[38] Dem Sinn und Zweck von Art. 88 DSGVO und der DSGVO selbst entsprechend können die Betriebsvereinbarungen nur ein höheres Datenschutzniveau für die personenbezogenen Daten der Arbeitnehmer vorsehen. Eine Absenkung des Datenschutzniveaus, wie es im Rahmen von § 4 Abs. 1 BDSG durch Betriebsvereinbarungen durchaus für zulässig erklärt wurde,[39] ist nach Art. 88 DSGVO nicht möglich[40] (siehe auch → Rn. 3).

Betriebsvereinbarungen haben – im Vergleich zu Tarifverträgen – den praktischen Vorteil, dass die Betriebsparteien anlassbezogen sehr viel konkretere bzw. präzisere und damit maßgeschneiderte Datenschutzregelungen – auch innerhalb eines Konzernverbundes – treffen können als dies bei einem

---

33 Siehe auch Erwägungsgrund Nr. 41; *Maschmann* DB 2016, 2480 (2481).
34 Dieser Begriff wird in der DSGVO lediglich noch in Art. 9 Abs. 2 Buchst. b DSGVO im Zusammenhang mit besonderen Kategorien von personenbezogenen Daten erwähnt.
35 *Kort* DB 2016, 711 (714) weist zutreffend darauf hin, dass Tarifverträge in Deutschland bislang nur sehr selten Regelungen zum Arbeitnehmerdatenschutz enthalten. Siehe auch *Seifert* in: Simitis BDSG § 32 Rn. 187 ff.; *Jerchel/Schubert* DuD 2016, 782 (785 f.).
36 Dies entspricht der bisherigen Rechtslage nach § 4 Abs. 1 BDSG, denn die hM und insbesondere die Rechtsprechung hat als „andere Rechtsvorschriften" in diesem Sinne stets den normativen Teil von Tarifverträgen sowie von Betriebs- und Dienstvereinbarungen wegen seiner unmittelbaren Außenwirkung angesehen, vgl. *Scholz/Sokol* in: Simitis BDSG § 4 Rn. 11 mwN; *Grimm* in: Tschöpe ArbeitsrechtsHandbuch, Teil 6F Rn. 52 ff.
37 *Kort* DB 2016, 711 (714).
38 *Maschmann* DB 2016, 2480 (2482).
39 Siehe BAG 25.9.2013 – 10 AZR 270/12, NZA 2014, 41 (Verpflichtung zur Nutzung einer elektronischen Signaturkarte); siehe auch *Kort* ZD 2016, 3 (6).
40 *Kort* DB 2016, 711 (714); *Kort* ZD 2016, 555 (557).

Rückgriff auf gesetzliche Erlaubnistatbestände der Fall wäre. Es kann im Ergebnis auch zu einem Nebeneinander von Betriebsvereinbarungen und gesetzlichen Regelungen beim Beschäftigtendatenschutz kommen.[41] Hervorzuheben ist hierbei noch, dass Betriebsvereinbarungen für die Betriebsparteien keinen datenschutzrechtlichen Sonderstatus vorsehen dürfen, da sich beide an die Vorgaben der DSGVO halten müssen.[42]

11 In Anbetracht des begrenzten Zeitrahmens bis zum Inkrafttreten des DSGVO (25. Mai 2018) sollten vorhandene Betriebsvereinbarungen bereits jetzt an die DSGVO angepasst bzw. aktualisiert werden.[43] Dies gilt insbesondere wegen des gemäß Art. 79 DSGVO deutlich erhöhten Bußgeldrahmens im Falle der Verletzung von Vorschriften der DSGVO. Hierbei ist ua gründlich zu prüfen, ob die in Betriebsvereinbarungen verwendeten Definitionen und Begrifflichkeiten denen der DSGVO entsprechen bzw. genügen und welche Kategorien von personenbezogenen Daten betroffen sind. Insbesondere ist zu prüfen, ob die Vorgaben von Art. 9 DSGVO zum Umgang mit sensitiven Daten (zB bzgl. der Gewerkschaftszugehörigkeit) eingehalten werden. Des Weiteren ist zu prüfen, ob die arbeitgeberseitigen Verpflichtungen nach der DSGVO auch in den Betriebsvereinbarungen implementiert sind, so dass bspw. auch zu prüfen ist, ob die Betroffenenrechte (Art. 15 ff. DSGVO) vollständig abgebildet sind. Soweit es konkret die Datenverarbeitung im Beschäftigungskontext betrifft, muss der nach Art. 88 Abs. 2 DSGVO geforderten Transparenz der Verarbeitung Genüge getan werden[44] (siehe auch → Rn. 20). In den Betriebsvereinbarungen hat eine möglichst genaue und verständliche Darstellung der Datenverarbeitungsvorgänge zu erfolgen,[45] die bspw. in aussagekräftigen Anlagen zu der Betriebsvereinbarung sowie in Mitarbeiterinformationen, die im Intranet abrufbar sind,[46] vorgenommen werden kann.[47] Dem Transparenzgebot kann auch Genüge getan werden, indem ein Verweis auf die Regelungen der DSGVO an geeigneter Stelle in einer Betriebsvereinbarung aufgenommen wird.[48] Ergänzend sollte in der Präambel erwähnt werden, dass die jeweilige Betriebsvereinbarung als Erlaubnistatbestand im Sinne von Art. 6 DSGVO gelten soll.[49] Auch sollte der Betriebsvereinbarung zu entnehmen sein, welcher datenschutzrechtliche Einzeltatbestand konkret geregelt wird (zB Videoüberwachung im Ersatzteillager) und ob und inwieweit daneben

---

41 *Körner* NZA 2016, 1383 (1385) weist zutreffend darauf hin, dass in nicht-mitbestimmten Betrieben die allgemeinen Datenschutzregelungen gelten, so dass Art. 88 DSGVO Arbeitnehmer und Beschäftigte in mitbestimmten Betrieben besser schützt als in anderen Betrieben.

42 Vgl. *Kort* ZD 2016, 555 (557).

43 Siehe zu einer exemplarischen Checkliste: *Wybitul/Sörup/Pötters* ZD 2015, 559 (564); *Jerchel/Schubert* DuD 2016, 782 (785).

44 Siehe *Wächter*, JurPC Web-Dok. 75/2016, Abs. 60.

45 *von dem Bussche/Zeitler/Brombach* DB 2016, 1359 (1363); *Kutzki* öAT 2016, 115 (117).

46 Hier kommen sog FAQs (Freqently Asked Questions) oder Q&As (Questions and Answers) in Betracht, siehe *Wybitul/Sörup/Pötters* ZD 2015, 559 (561).

47 *Becker* ITRB 2016, 107 (108).

48 *Kort* DB 2016, 711 (714).

49 *Sörup/Marquardt* ArbR-Aktuell 2016, 103 (105); *Wybitul/Sörup/Pötters* ZD 2015, 559 (562) mit einem Formulierungsvorschlag.

noch gesetzliche Regelungen zur Anwendung kommen sollen.[50] Insgesamt kommt auf die Unternehmen bzw. Arbeitgeber sowie die zuständigen betriebsverfassungsrechtlichen Gremien (Betriebsrat, Gesamtbetriebsrat oder Konzernbetriebsrat) ein nicht unerheblicher Aufwand zu. Um eine „Torschlusspanik" zu verhindern, sollte möglichst zeitnah die Überprüfung der Konformität bestehender Betriebsvereinbarungen mit der DSGVO in Angriff genommen werden. Dies gilt bspw. für den Fall, dass die Personaldaten der Arbeitnehmer zentral bei einer konzernangehörigen (Service-)Gesellschaft oder bei der Konzernmuttergesellschaft verwaltet werden.

Neue Betriebsvereinbarungen, die ab jetzt abgeschlossen werden und in Kraft treten, sollten ebenfalls die Vorgaben der DSGVO beachten, um einen Anpassungsbedarf bis zum oder nach dem 25. Mai 2018 zu vermeiden. Unabhängig von einer (rechtzeitigen) Anpassung an die DSGVO bleiben Kollektivvereinbarungen jedoch über den 25. Mai 2018 hinaus wirksam. **12**

Arbeitgeber müssen, wenn sie datenschutzrelevante Regelungen innerbetrieblich regeln möchten, – neben Art. 88 Abs. 2 DSVO – mitgliedstaatliche gesetzliche Regelungen beachten und insbesondere bei Kollektivvereinbarungen die Mitbestimmungstatbestände einhalten. Im vorliegenden Kontext werden regelmäßig § 87 Abs. 1 Nr. 1 BetrVG (Regelung von Ordnung und Verhalten), § 87 Abs. 1 Nr. 6 BetrVG (Einführung und Anwendung von technischen Überwachungseinrichtungen), § 87 Abs. 1 Nr. 7 BetrVG (Betriebliche Maßnahmen zum Gesundheitsschutz) sowie § 94 Abs. 2 BetrVG (Personalfragebogen, Beurteilungsgrundsätze) in Betracht kommen. Daneben sind auch freiwillige Betriebsvereinbarungen zulässig, denn Art. 88 DSGVO erfordert nicht, dass es eine gesetzliche Grundlage für die Betriebsvereinbarung gibt.[51] Betriebsvereinbarungen müssen darüber hinaus insbesondere das Persönlichkeitsrecht des Arbeitnehmers schützen (§ 75 Abs. 2 Satz 1 BetrVG).[52] **13**

Die vorstehenden Ausführungen gelten im Bereich des öffentlichen Dienstes auch für Dienstvereinbarungen,[53] die auf Grundlage des BPersVG bzw. des jeweiligen Landespersonalvertretungsrechts abgeschlossen wurden. Hier sind dann die personalvertretungsrechtlichen Mitbestimmungstatbestände zu beachten (zB § 75 Abs. 3 Nr. 8, Nr. 9, Nr. 11, Nr. 15 und Nr. 17 BPersVG). **14**

III. Im Beschäftigungskontext zulässige Regelungszwecke

Art. 88 Abs. 1 DSGVO listet in einer nicht abschließenden („insbesondere"), exemplarischen und plakativen Auflistung die den Beschäftigungskontext kennzeichnenden Regelungsbereiche auf, die einer mitgliedstaatlichen Regelung zugänglich sind. Die Verarbeitung personenbezogener Da- **15**

---

50 *Traut* RDV 2016, 312 (317).
51 *Spindler* DB 2016, 937 (938).
52 BAG 26.8.2008 – 1 ABR 16/07, Rn. 14, NZA 2008, 1187 ff. = RDV 2008, 238 ff. = DuD 2009, 115 ff.
53 *Gola* ZBVR-online 1/2016, 31 (33); aA *Maier* DuD 2017, 169 (173), die Dienstvereinbarungen von Art. 6 Abs. 2 DSGVO als erfasst ansieht.

ten im Beschäftigungskontext ist hiernach typischerweise für folgende Zwecke[54] zulässig:

- Einstellung;[55]
- Erfüllung des Arbeitsvertrags[56] einschließlich der Erfüllung von durch Rechtsvorschriften[57] oder durch Kollektivvereinbarungen festgelegten Pflichten;
- Management;
- Planung und der Organisation der Arbeit;
- Gleichheit und Diversität am Arbeitsplatz;
- Gesundheit und Sicherheit am Arbeitsplatz;[58]
- Schutzes des Eigentums der Arbeitgeber oder der Kunden;[59]
- Inanspruchnahme der mit der Beschäftigung zusammenhängenden individuellen oder kollektiven Rechte und Leistungen;
- Beendigung des Beschäftigungsverhältnisses.

16   Mit diesen beispielhaften Zwecken dürfte bereits ein sehr großer Bereich des Beschäftigtendatenschutzes abgedeckt sein, ohne dass damit ausgeschlossen werden soll, dass noch weitere relevante oder relevant werdende Bereiche hinzukommen können. So fehlt bspw. der Bereich der Arbeitnehmererfindungen. Auch sind die Beteiligungsrechte der Interessenvertretungen der Beschäftigten nicht erwähnt.

17   Soweit die mitgliedstaatlichen Regelungen sich jeweils einem oder mehreren dieser Regelungsbereiche zuordnen lassen, handelt es sich ohne Weiteres um „spezifischere Regelungen" iSv Art. 88 Abs. 1 DSGVO. Im Hinblick auf in Art. 88 Abs. 1 DSGVO nicht genannte Zwecke müsste im Rahmen

---

54 *Düwell/Brink* NZA 2016, 665 (667) sehen dies als „Minimalprogramm" für den nationalen Gesetzgeber.

55 Damit dürften vor allem Bewerber und Bewerbungen angesprochen sein. Ganz generell geht es aber bei diesem Zweck um die Begründung des Beschäftigtenverhältnisses (vgl. § 32 Abs. 1 Satz 1 BDSG). Hier könnten bspw. nähere Vorgaben gemacht werden, ob und, wenn ja, unter welchen Voraussetzungen ärztliche Einstellungsuntersuchungen und psychologische Tests zulässig sind oder welche Fragen in Einstellungsfragebögen bzw. bei Bewerbungsgesprächen unter Beachtung des Grundsatzes der Datenvermeidung gem. Art. 5 Abs. 1 lit. c DSGVO zulässig bzw. unzulässig sind, und inwieweit eine Datenerhebung bei Dritten, bspw. dem früheren Arbeitgeber, zulässig ist.

56 Gemeint sein dürfte damit insbesondere die Durchführung des Beschäftigungsverhältnisses (vgl. § 32 Abs. 1 Satz 1 BDSG); *Däubler* AiB 2016, Heft 4, 26 (31) weist zutreffend darauf hin, dass diese wortreiche Umschreibung der Vertragsdurchführung eher überflüssig ist.

57 Hierbei handelt es sich bspw. um Regelungen zur Abführung von Sozialversicherungsabgaben oder Steuern oder um Regelungen betreffend der Erteilung von Auskünften und Informationen gegenüber Sozialversicherungsträgern oder Finanzämtern.

58 Hierzu zählen bspw. die Festlegung von Vorgaben für Gesundheitsuntersuchungen und zur Gefahrenabwehr.

59 Hierunter dürften vor allem Videoüberwachungsmaßnahmen fallen, deren Sinn und Zweck im Schutz des Eigentums und/oder des Vermögens des Arbeitgebers liegt. Auch können die Mitgliedstaaten in diesem Zusammenhang festlegen, ob eine Datenverarbeitung lediglich zur Aufdeckung von Straftaten zulässig ist, oder ob auch andere schwere Verfehlungen (vgl. BAG 22.9.2016 – 2 AZR 848/15, Rn. 28, NZA 2017, 112 ff. zu § 32 Abs. 1 Satz 2 BDSG) ausreichend ist, sowie ob in inwieweit der Verdacht derselben ausreichen soll.

einer vergleichenden Darstellung erläutert und argumentiert werden, dass es sich bei dem konkreten Regelungszweck um einen mit Art. 88 Abs. 1 DSGVO vergleichbaren Zweck handelt. Letztlich wird hier der EuGH im Rahmen eines Vorabentscheidungsverfahren nach Art. 267 AEUV das letzte Wort haben, welche Verarbeitungszwecke jenseits der geregelten Zwecke im Sinne der DSGVO noch zulässig sind.

IV. Inhaltliche Grenzen der mitgliedstaatlichen Regelungsmacht (Abs. 2)

Die nach Art. 88 Abs. 1 DSGVO zulässigen spezifischen nationalen Regelungen im Beschäftigungskontext müssen angemessene und besondere Maßnahmen zur Wahrung der menschlichen Würde, der berechtigten Interessen und der Grundrechte der betroffenen Person umfassen, insbesondere im Hinblick auf die Transparenz der Verarbeitung, die Übermittlung personenbezogener Daten innerhalb einer Unternehmensgruppe oder einer Gruppe von Unternehmen, die eine gemeinsame Wirtschaftstätigkeit ausüben, und die Überwachungssysteme am Arbeitsplatz.[60] Mit dieser Regelung in Art. 88 Abs. 2 DSGVO werden materielle Vorgaben statuiert, anhand derer zu prüfen ist, ob das Mindestdatenschutzniveau der DSGVO nicht unterschritten wird.[61]

18

Soweit es die angemessenen und besonderen Maßnahmen zur Wahrung der menschlichen Würde, der berechtigten Interessen und der Grundrechte der betroffenen Person betrifft, ergibt sich diese Verpflichtung bereits aus Art. 8 Abs. 2 GRC sowie aus dem allgemeinen Persönlichkeitsrecht des Arbeitnehmers (vgl. Art. 2 Abs. 1 iVm Art. 1 Abs. 1 GG). Beschäftigtendatenschutz trägt grdsl. dem Recht der Arbeitnehmer auf Schutz ihrer personenbezogenen Daten nach Art. 8 GRC Rechnung und schränkt damit zugleich die unternehmerische Freiheit (Art. 16 GRC) ein,[62] so dass hier eine praktische Konkordanz der involvierten grundrechtlichen Positionen herzustellen ist.[63] Die Verpflichtung zur Wahrung der Grundrechte der Betroffenen gilt beidseitig gleichermaßen. Dies wird vor allem dadurch hergestellt, indem die entsprechenden Informations- und Betroffenenrechte der Beschäftigten gem. Art. 13-15 DSGVO gewahrt werden. Welche Vorgaben hier aber im Einzelfall einzuhalten sind, wird angesichts der vielen auslegungsbedürftigen Tatbestandsmerkmale letztlich der EuGH im Rahmen von Vorabentscheidungsersuchen nach Art. 267 AEUV zu klären haben. Bei der Abwägung bzgl. der Verhältnismäßigkeit einer Datenverarbeitung sind ua. der Umfang und Intensität des Eingriffs in das Persönlichkeitsrecht bzw. dessen Kernbereich, die Anlassbezogenheit, die Dauer einer Überwachungsmaßnahme sowie eine etwaige Heimlichkeit zu berücksichtigen.

19

---

60 *Wybitul* ZD 2016, 203 (207) ist der Auffassung, dass sich dem Wortlaut entnehmen ließe, dass die genannten inhaltlichen bzw. materiellen Vorgaben vor allem auf einzelstaatliche Gesetze abzielen würden.

61 Kollektivvereinbarungen müssen darüber hinaus auch einer Rechtskontrolle nach nationalem Recht standhalten, während gesetzliche Regelungen sich am nationalen Verfassungsrecht messen lassen müssen.

62 Vgl. EuGH 24.11.2001 – C-468/10 und C-469/10, NZA 2011, 1409 ff. = ZD 2012, 33 ff. = CR 2012, 29 ff. = RDV 2012, 22 ff.

63 AA *Körner* NZA 2016, 1383 (1384).

20 Regelungen zum Beschäftigtendatenschutz müssen nach Art. 88 Abs. 2 DSGVO dem Transparenzgrundsatz genügen.[64] Der Transparenzgrundsatz zählt nach Art. 5 Abs. 1 lit. a DSGVO zu den wesentlichen Prinzipien der Datenverarbeitung nach der DSGVO, dem insofern im Vergleich zum früheren Recht eine wesentlich stärkere Rolle zukommt. Konkretisiert wird er durch Art. 12 DSGVO. Insofern wird auf die dortigen Kommentierungen verwiesen. Durch die Hervorhebung dieses Grundsatzes werden zukünftig Regelungen zur Datenverarbeitung im Beschäftigungskontext wohl detaillierter und verständlicher formuliert ausfallen müssen. Der Transparenzgrundsatz besagt, dass die einschlägigen Informationen und Mitteilungen zur Verarbeitung dieser personenbezogenen Datenpräzise, leicht zugänglich und verständlich sowie in klarer und einfacher Sprache abgefasst sind.[65] Dieser Grundsatz betrifft insbesondere die Informationen über die Identität des Verantwortlichen und die Zwecke der Verarbeitung und sonstige Informationen, die eine faire und transparente Verarbeitung im Hinblick auf die betroffenen natürlichen Personen gewährleisten, sowie deren Recht, eine Bestätigung und Auskunft darüber zu erhalten, welche sie betreffende personenbezogene Daten verarbeitet werden.[66] Der Transparenzgrundsatz erfordert es, dass der Beschäftigte über die Existenz des Datenverarbeitungsvorgangs und seine Zwecke informiert wird, was grdsl. zum Zeitpunkt der Datenerhebung zu erfolgen hat.[67] Insofern sind nicht-offene Datenverarbeitungsvorgänge und insbesondere heimliche Datenaufzeichnungen (zB versteckte Videoüberwachung, heimliche Observation durch einen Detektiv oder eine Schrankkontrolle in Abwesenheit des Arbeitnehmers) sehr kritisch zu sehen und dürften prinzipiell unzulässig sein, soweit nicht die Einschränkungen nach Art. 23 DSGVO eingreifen.

21 Die DSGVO kennt ebensowenig wie das BDSG ein sog allgemeines „Konzernprivileg",[68] das einen freien Austausch von (Beschäftigten-)Daten zwischen verbundenen Unternehmen per se zulassen würde, dh auch insofern bedarf es für eine Datenverarbeitung einer gesetzlichen Rechtfertigung. Nach Art. 88 Abs. 2 DSGVO müssen die mitgliedstaatlichen Regelungen, die auf Grundlage der Öffnungsklausel in Art. 88 Abs. 1 DSGVO erlassen werden, angemessene und besondere Maßnahmen zur Wahrung der Rechte der betroffenen Person insbesondere auch im Hinblick auf die „Übermittlung personenbezogener Daten innerhalb einer Unternehmensgruppe[69] oder einer Gruppe von Unternehmen, die eine gemeinsame Wirtschaftstätigkeit ausüben" umfassen. Dem Erwägungsgrund Nr. 48, Satz 1 kann jedoch entnommen werden, dass Unternehmen einer Unternehmensgruppe, sofern sie eine verantwortliche Stelle sind, ein **berechtigtes Interesse** (Art. 6 Abs. 1 Satz 1 lit. f DSGVO) haben können, zB Daten ihrer Kunden oder

---

64 Vgl. *Maschmann* DB 2016, 2480 (2484).
65 Siehe Erwägungsgrund Nr. 58.
66 Siehe Erwägungsgrund Nr. 39.
67 Siehe Erwägungsgründe Nr. 60 und Nr. 61.
68 *Spindler* DB 2016, 937 (941); *Kort* DB 2016, 711 (715).
69 Eine Unternehmensgruppe besteht aus einem herrschenden Unternehmen und anderen abhängigen Unternehmen (Art. 4 Nr. 19 DSGVO), was sie von einem gleichrangigen Zusammenschluss unabhängiger Unternehmen unterscheidet (siehe Erwägungsgrund Nr. 37).

Beschäftigten in der Gruppe intern zu verwalten und dafür zu übermitteln.[70] Im Falle besonderer Kategorien personenbezogener Daten iSv Art. 9 DSGVO sind die erhöhten Anforderungen hiernach zu beachten. Ob allerdings die internen Verwaltungszwecke ein solches berechtigtes Interesse darstellen, oder ob dem nicht die Interessen oder Grundrechte und Grundfreiheiten der betroffenen Person entgegenstehen, ist stets mittels einer Abwägung im Einzelfall zu prüfen.[71] Hierbei ist insbesondere der Transparenzgrundsatz des Art. 5 Abs. 1 lit. a DSGVO zu beachten, dh je gründlicher und sorgfältiger Konzernunternehmen ihre Mitarbeiter informieren, aus welchen Gründen personenbezogene Daten an andere Konzernunternehmen weitergegeben werden, desto eher dürfte die notwendige Interessenabwägung zu ihren Gunsten ausfallen.[72]

Nach Art. 88 Abs. 2 DSGVO stellen Überwachungssysteme am Arbeitsplatz eine prominente Gefahr für Beschäftigtendaten dar, so dass hier für entsprechende Schutzmaßnahmen zu sorgen ist. Zu den Überwachungssystemen am Arbeitsplatz zählen bspw. Videokameras, Spionagesoftware, elektronische Ausweise und Zugangskarten sowie Ortungs- und Trackingsysteme (zB GPS-Ortungssysteme in Firmenfahrzeugen).   **22**

Mitgliedstaatliche Vorschriften zum Beschäftigtendatenschutz, die diesen Schutzmaßnahmen nach Art. 88 Abs. 2 DSGVO nicht gerecht werden, sind zwar weiterhin gültig, aber unanwendbar, da insofern der Anwendungsvorrang der DSGVO greift.[73] Zur Vermeidung von Widersprüchen sollten solche gesetzlichen Vorschriften – teilweise – aufgehoben werden. Bestehende Betriebsvereinbarungen sind auf die Einhaltung der Vorgaben von Art. 88 Abs. 2 DSGVO zu überprüfen und ggfls. zu ändern.   **23**

V. Entscheidungsspielraum der Mitgliedstaaten

Die Mitgliedstaaten haben nach Art. 88 Abs. 1 DSGVO ein sog Entschließungsermessen, dh ob sie überhaupt werden (*„may ... provide for"*), dh die Öffnungsklausel ist fakultativ, sie müssen also nicht tätig werden. Sie haben ferner einen Entscheidungs- bzw. Gestaltungsspielraum, in welchem Umfang und mit welcher (Detail-)Tiefe, Regelungen zum Beschäftigtendatenschutz erlassen werden, soweit die Vorgaben von Art. 88 Abs. 1-2 DSGVO gewahrt werden. Auch können sie entscheiden, inwieweit sie gesetzliche Vorgaben treffen oder die Regelungen den Tarifvertrags- oder Be-   **24**

---

70 *Härting* ist insofern der Auffassung, dass der konzerninterne Datenaustausch durch die DSGVO „erheblich vereinfacht und erleichtert" wird, was zweifelhaft erscheint. Die dem Erwägungsgrund Nr. 48 zugrunde liegende Wertentscheidung des europäischen Gesetzgebers wird vereinzelt auch als „kleines Konzernprivileg" bezeichnet, siehe *Traut* RDV 2016, 312 (313).

71 Im Falle einer Datenverarbeitung durch ein konzernangehöriges Unternehmen außerhalb der EU und damit in seinem sog. Drittstaat sind die Anforderungen der Art. 44 ff. DSGVO zu beachten, siehe auch Erwägungsgrund Nr. 48, Satz 2.

72 *Wybitul* BB 2016, 1077 (1081).

73 *Taeger/Rose* DB 2016, 819 (830) gehen insofern von einer Unwirksamkeit aus.

triebsparteien überlassen[74]. So kann bspw. festgelegt werden, dass – insofern strenger als es Art. 7 DSGVO vorsieht – eine Einwilligung im Arbeitsverhältnis stets schriftlich zu erfolgen hat.[75] Insofern obliegt den Mitgliedstaaten eine Einschätzungsprärogative, wie und mit welchem Gewicht die involvierten gegenläufigen Grundrechte gegeneinander und mit welchem Ergebnis abzuwägen sind und die praktische Konkordanz herzustellen ist. Dies gilt insbesondere für abstrakt-generelle mitgliedstaatliche Regelungen. Hierbei dürfen allerdings die Rechte der Arbeitnehmer gemäß Art. 12 ff. DSGVO nicht beeinträchtigt werden. So kann das nationale Recht bspw. das Recht auf Einsicht in die Personalakte nicht ausschließen. Allerdings können bspw. Löschungsfristen festgelegt werden, die in den einzelnen Mitgliedstaaten variieren.

VI. Mitteilungspflicht (Abs. 3)

25 Nach Art. 88 Abs. 3 DSGVO sind die Mitgliedstaaten in zweifacher Hinsicht verpflichtet. Gleichlautende bzw. vergleichbare Notifizierungsregelungen bestehen in Art. 51 Abs. 4, Art. 83 Abs. 9 Satz 3, Art. 85 Abs. 3 und Art. 90 Abs. 2 DSGVO. Die Regelung dient der Transparenz der mitgliedschaftlichen Regelungen.

26 Zum einen müssen die Mitgliedstaaten der Kommission bis zum 25. Mai 2018 (vgl. Art. 99 DSGVO) die Vorschriften mitteilen, die sie aufgrund von Art. 88 Abs. 1 DSGVO erlassen. Die Mitgliedstaaten müssen bis zu diesem Stichtag, dh bis zum Inkrafttreten der DSGVO, nach nationalen Recht prüfen, ob und, wenn ja, welche nationalen Rechtsvorschriften sie in Ausfüllung des Normsetzungsspielraums nach Abs. 1 erlassen bzw. ändern wollen.[76] Insofern gilt es, den Zeitraum von nunmehr weniger als zwei Jahren bis zum Inkrafttreten der DSGVO sinnvoll zu nutzen, wobei Zeiten von Wahlkämpfen und Parlamentswahlen miteinzukalkulieren sind. Die Notifizierungspflicht[77] nach Art. 88 Abs. 3 DSGVO erfasst lediglich nationale Rechtsvorschriften und Adressat der Verpflichtung sind die Mitgliedstaaten, so dass hiervon nur Gesetze (im materiellen Sinne), dh formelle Parlamentsgesetzt und Rechtsverordnungen, nicht aber Kollektivvereinbarungen, dh bspw. Tarifverträge und Betriebsvereinbarungen nach deut-

---

74 Mangels anderer Anhaltspunkte spricht Einiges dafür, dass die Tarifvertrags- und Betriebsparteien im Rahmen ihrer verfassungsmäßigen und gesetzlichen Befugnisse ebenfalls eine Einschätzungsprärogative haben, wie sie den Beschäftigtendatenschutz im Rahmen von Art. 88 Abs. 2 DSGVO regeln, vgl. *Traut* RDV 2016, 312 (318).

75 Dies hat das BAG im Wege der Auslegung aus dem Grundrecht auf informationelle Selbstbestimmung im Zusammenhang mit der Nutzung von Videoaufnahmen des Arbeitnehmers postuliert, siehe BAG 11.12.2014 – 8 AZR 1010/13, Rn. 26, NZA 2015, 604 ff. = ZD 2015, 330 ff.

76 In Deutschland gilt dies insbesondere für § 32 BDSG. Siehe allgemein zum Reformbedarf beim deutschen Beschäftigtendatenschutz nach der DSGVO: *Taeger/Rose* BB 2016, 819 (830 f.). *Körner* NZA 2016, 1383 (1384) ist sogar der Ansicht, dass die bisherigen Regelungen im BDSG ab dem 25. Mai 2018 nicht mehr angewendet werden dürften, wenn der deutsche Gesetzgeber untätig bliebe.

77 *Maschmann* DB 2016, 2480 (2481) bezeichnet diese Verpflichtung als „Anmeldepflicht".

schem Recht, erfasst sind.[78] Letzteres wäre auch vollkommen unpraktikabel und würde zu einer Mitteilungsflut führen.

Von der Notifizierungspflicht nach Art. 88 Abs. 3 DSGVO sind aber nicht nur neu erlassene Rechtsvorschriften erfasst, sondern sie gilt auch für bereits geltende bzw. bestehende nationale Vorschriften, die nach Inkrafttreten der DSGVO weiter gelten sollen.[79] Nach Art. 6 Abs. 2 DSGVO sind die Mitgliedstaaten nämlich berechtigt, bei besonderen Verarbeitungssituationen (siehe Kapitel IX, zu dem Art. 88 DSGVO gehört) spezifischere Bestimmungen beizubehalten. Sofern die Mitgliedstaaten geltende Regelungen fortbestehen lassen wollen, müssen sie diese ebenfalls bei der Kommission notifizieren, vorausgesetzt eine rechtliche Prüfung ergibt, dass die bestehenden Vorschriften den Anforderungen nach Art. 88 DSGVO genügen.[80] Eine erneute Verabschiedung oder Bestätigung nationaler Beschäftigtendatenschutzregelungen bedarf es hingegen nicht.[81] Insofern ist jedenfalls die Regelung des § 32 BDSG in der Auslegung, die sie durch die bisherige Rechtsprechung des Bundesarbeitsgerichts erfahren hat,[82] bei der Kommission zu notifizieren, da sie den Nukleus des deutschen Beschäftigtendatenschutzes bildet.[83]

27

Die Mitteilung an die Kommission nach Art. 88 Abs. 3, 1. Hs. DSGVO kann jederzeit erfolgen, muss jedoch spätestens bis zum 25. Mai 2018 erfolgen.

28

Sofern und soweit die Notifizierungsfrist für bestehende nationale Rechtsvorschriften verpasst werden sollte, sind die Mitgliedstaaten jedoch nicht gehindert, geltendes Recht zum Beschäftigtendatenschutz auch noch nach dem 25. Mai 2018 zu ändern oder diesbezüglich neue Regelungen zu erlassen, da die Öffnungsklausel im Unterschied zur Notifizierungspflicht zeitlich unbefristet ist.[84] Es tritt insofern kein Verlust der nationalen Rechtssetzungskompetenz ein,[85] zumal eine solche auch mit dem Grundgesetz bzw. dem nationalen Verfassungsrecht und dem Anwendungsvorrang des Gemeinschaftsrechts unvereinbar wäre. Auch sonst ist Art. 88 Abs. 3 DSGVO keine Sanktion für die Verletzung der fristbewehrten Notifizierungspflicht

29

---

78 *Gola/Pötters/Thüsing* RDV 2016, 57 (58).
79 *Wybitul/Pötters* RDV 2016, 10 (14); *Kort* DB 2016, 711 (714); *Taeger/Rose* DB 2016, 819 (830).
80 *Gola/Thüsing/Pötters* RDV 2016, 57 (59).
81 *Gola* ZBVR-online 1/2016, 31 (34). Dies wäre eine unnötige Förmelei: *Gola/Thüsing/Pötters* RDV 2016, 57 (59); *Wybitul/Sörup/Pötters* ZD 2015, 559 (561).
82 *Wybitul/Pötters* RDV 2016, 10 (15.).
83 *Kort* DB 2016, 711 (714); *Gola/Pötters/Thüsing* RDV 2016, 57 (59 f.); *Wybitul/Pötters* RDV 2016, 10 (14).
84 Siehe insofern *Gola/Pötters/Thüsing* RDV 2016, 57 (59 f.).
85 AA *Spelge* DuD 2016, 775 (781), die zumindest die Möglichkeit des Verlusts der nationalen Rechtssetzungskompetenz sieht.

zu entnehmen.[86] Art. 88 Abs. 3 DSGVO wirkt nicht wie eine Ausschlussfrist.[87]

30   Nach Art. 88 Abs. 3 DSGVO müssen nur spezifische Regelungen im Beschäftigungskontext notifiziert werden, dh es muss sich um Regelungen
handeln, die im Kern Datenschutzfragen und vorrangig den Beschäftigungskontext betreffen.[88] Insofern dürften – neben § 32 BDSG (siehe nachfolgend), der für die Privatwirtschaft gilt – die Regelungen des § 83 Abs. 1
BetrVG (Einsicht in Personalakten) sowie für den öffentlichen Dienst die
Vorschriften im Beamtenrecht des Bundes und der Länder und in den Landesdatenschutzgesetzen zur Verarbeitung von personenbezogenen Daten
im Dienst- bzw. Arbeitsverhältnis[89] einschließlich der personalaktenrechtli-
chen Regelungen[90] zu notifizieren sein.[91] Da sich die Notifizierungspflicht
an die Mitgliedstaaten richtet, muss die Bundesrepublik Deutschland diese
vornehmen, so dass die Bundesländer der Bundesregierung, vertreten durch
das zuständige Bundesministerium, die nach Art. 88 Abs. 3 DSGVO zu no-
tifizierenden jeweiligen landesrechtlichen Regelungen mitteilen müssen.
Nicht mitzuteilen sind hingegen allgemeine datenschutzrechtliche Regelungen, wie bspw. §§ 823, 1004 BGB oder § 203 StGB, selbst wenn sie auch
im Beschäftigungskontext herangezogen werden, da sie nicht speziell hierauf zugeschnitten sind. Dasselbe wird auch für das BetrVG gelten, dh soweit hierbei bspw. im Zusammenhang mit personellen Einzelmaßnahmen
(§§ 99, 102 BetrVG) personenbezogene Daten zu übermitteln sind, wird
sich die Zulässigkeit der Datenweitergabe zukünftig nach den Vorgaben
der DSGVO zu richten haben,[92] dh es ist nicht ausgeschlossen, dass zukünftig in diesem Bereich die Grundsätze der Datenvermeidung und Datenminimierung verstärkt zur Anwendung gelangen. Dasselbe gilt im Hinblick auf das Überwachungsrecht des Betriebsrates nach § 80 Abs. 2
BetrVG, so dass in diesen Bereich ggfls. durch Betriebsvereinbarung festzulegen ist, welche personenbezogenen aus welchen Gründen an den Betriebsrat weitergegeben werden.

31   Zum anderen müssen die Mitgliedstaaten nach Art. 88 Abs. 3, 2. Hs.
DSGVO jede weitere Änderung an den genannten Vorschriften der Kom-

---

86   AA *Gola/Thüsing/Pötters* RDV 2016, 57 (59), die der Auffassung sind, dass die
     Regelung gerade keine bloße höfliche Bitte sei, so dass der nationale Gesetzgeber
     zum Handeln aufgefordert sei und eher mehr als weniger Vorschriften notifizieren
     sollte, um das nationale Heft im Beschäftigtendatenschutz in der Hand zu behal-
     ten.
87   *Körner* NZA 2016, 1383 (1385); vermittelnd *Kort* ZD 2016, 555 (555), der an-
     nimmt, dass eine Anmeldung schon existierender Normen nach dem 25. Mai 2018
     ausscheidet, so dass danach ein „Systemwechsel" beim Beschäftigtendatenschutz
     ausscheiden dürfte; aA wohl *Kühling/Martini* EuZW 2016, 448 (449 f.), die sich
     allgemein zu den Öffnungsklauseln in der DSGVO äußern.
88   *Gola/Thüsing/Pötters* RDV 2016,57 (59); *Körner* NZA 2016, 1383 (1386). Der
     EuGH hat im Zusammenhang mit Art. 4 Abs. 5 der Richtlinie 2008/104/EG des
     Europäischen Parlaments und des Rates vom 19.11.2008 über Leiharbeit (ABl. L
     327, S. 9) eine vergleichbare Mitteilungspflicht im Ergebnis als unbeachtlich abge-
     sehen: EuGH 17.3.2015 – C-533/13, NZA 2015, 423 (424).
89   Siehe bspw. § 29 DSG NRW.
90   Siehe bspw. §§ 106 ff. BBG, § 50 BeamtStG, §§ 86 ff. LBG NRW.
91   *Gola/Thüsing/Pötters* RDV 2016, 57 (60).
92   *Wybitul* ZD 2016, 203 (206).

mission unverzüglich mitteilen. Diese Verpflichtung gilt zeitlich unbefristet. Sinn und Zweck der Notifizierungspflicht nach Art. 88 Abs. 3 DSGVO ist es, der Kommission die Kenntnis zu vermitteln, welche nationalen Regelungen zum Datenschutz im Beschäftigungskontext bestehen, um es damit gleichzeitig zu ermöglichen, eine vergleichende Betrachtung vorzunehmen und zu prüfen, in welchen Mitgliedstaaten welchen Datenschutzniveau herrscht, das über oder ggfls. unter das Mindestmaß der DSGVO hinaus geht. Vom Begriff der Änderung sind nach Sinn und Zweck der Vorschrift nicht nur Änderungen am Wortlaut der mitgliedstaatlichen Regelungen erfasst sondern auch Änderungen in der Auslegung und Anwendung der mitgliedstaatlichen Vorschriften, die durch die nationale Rechtsprechung bedingt sind. Die Notifizierungspflicht gilt unverzüglich nach dem Erlass der geänderten Regelung, dh die Mitteilung an die Kommission darf nicht schuldhaft verzögert werden.

C. Verhältnis zum bisherigen § 32 BDSG

Die DSGVO gilt als Verordnung gem. Art. 288 Abs. 2 AEUV allgemein und unmittelbar in den Mitgliedstaaten, dh ab dem 25. Mai 2018 geht sie, soweit sie Regelungen für Arbeitgeber und Beschäftigte getroffen hat,[93] entgegenstehenden nationalem Recht vor bzw. verdrängt es (sog. Anwendungsvorrang), ohne dass dies Auswirkung auf die Geltung des nationalen Rechts hätte (siehe auch → Einleitung Rn. 36 ff.). Eines nationalen Umsetzungsaktes bedarf es nicht.[94] Insofern kommt es zu einem Nebeneinander von DSGVO und BDSG und anderen datenschutzrechtlich relevanten Normen, was allerdings in Teilbereichen zu Rechtsunsicherheit führen kann.[95] Im Beschäftigungskontext sind im Zweifel die Gerichte für Arbeitssachen dazu berufen sind zu entscheiden, ob und inwieweit die Regelungen der DSGVO anstelle der nationalen Regelungen anzuwenden sind. **32**

Die Bundesrepublik Deutschland ist durch Art. 88 DSGVO weder gezwungen die rudimentäre Regelung des § 32 BDSG zum Beschäftigtendatenschutz zu ändern noch ein völlig ausdifferenziertes und eigenständiges Beschäftigtendatenschutzgesetz, wie es in der vergangenen Legislaturperiode einmal versucht wurde,[96] zu schaffen.[97] Insofern ist davon auszugehen, **33**

---

93 Die Videoüberwachung im Arbeitsverhältnis oder der Einsatz von Chipkarten, die beides virulente Datenschutzprobleme sind, sind bspw. durch die DSGVO nicht geregelt, *Körner* ZESAR 2013, 153 (154).
94 *Nettesheim*, in: Grabitz/Hilf AEUV Art. 288 Rn. 101.
95 Vgl. *Taeger/Rose* DB 2016, 819 (830).
96 Entwurf der Bundesregierung vom 15.12.2010 zur Regelung des Beschäftigtendatenschutzes, BT-Drs. 17/4230; siehe zum Scheitern des Gesetzgebungsvorhabens: *Gola/Schomerus*, BDSG § 32 Rn. 1.
97 *Wybitul/Rauer* ZD 2012, 160 (161) und *Hornung* ZD 2012, 99 ff. weisen zutreffend darauf hin, dass durch Art. 88 DSGVO der Weg hierfür allerdings frei ist. *Stelljes* DuD 2016, 787 (790) fordert ebenso wie Konferenz der Datenschutzbeauftragten des Bundes und der Länder (DSK) den Bundesgesetzgeber auf, ein Beschäftigtendatenschutzgesetz zu erlassen.

dass § 32 BDSG erstmal unverändert fortgelten wird[98], wobei allerdings die Bundesregierung mittlerweile aktiv geworden ist.[99] § 32 BDSG bildet bislang den Kern des deutschen Beschäftigtendatenschutzes, weil hierin nach dem Willen des Gesetzgebers die austarierte Rechtsprechung des BAG zu diesem Themenkomplex kodifiziert wurde.[100] Die Regelung kann daher ohne Weiteres als spezifischere Regelung iSv Art. 88 Abs. 1 DSGVO angesehen werden.[101] Ebenfalls ist nicht zu erkennen, dass § 32 BDSG den Vorgaben von Art. 88 Abs. 2 DSGVO nicht genügen würde,[102] denn gerade durch die Rechtsprechung des BAG wurde § 32 BDSG restriktiv zu Gunsten der Arbeitnehmer ausgelegt, bspw. im Bereich der Zulässigkeit einer (verdeckten) Videoüberwachung. § 32 BDSG enthält nach der arbeitsgerichtlichen Rechtsprechung implizit den Grundsatz der Verhältnismäßigkeit, der eine Interessenabwägung erfordert,[103] was nach Art. 6 Abs. 1 lit. f DSGVO ebenfalls erforderlich ist.[104] Zuzugeben ist jedoch, dass § 32 BDSG nicht ausdrücklich Transparenzregelungen enthält,[105] dass das Ergebnis der Güterabwägung nicht zwingend vorhersehbar ist und dass die zu berücksichtigenden bzw. betroffenen Grundrechte nicht ausdrücklich genannt sind. Insofern besteht kein akuter Handlungsbedarf,[106] gleichwohl sollte der Gesetzgeber den Bereich des Beschäftigtendatenschutzes zumindest zeitnah einer umfassenden gesetzlichen Regelung unterziehen, um die Grundzüge, die sich auf § 32 BDSG und der hierzu ergangenen Rechtsprechung ergeben, kontextbezogen näher ausdifferenzieren.

34   Der sachliche Anwendungsbereich von § 32 BDSG ist zudem umfassender als derjenige von Art. 88 DSGVO, da die DSGVO nur für die ganz oder

---

98 Vgl. *von dem Bussche/Zeitler/Brombach* DB 2016, 1359 (1363); *Sörup/Marquardt* ArbR-Aktuell 2016, 103 (105). Allerdings ist zu beachten, dass das BDSG grds. in mehrfacher Hinsicht an die DSGVO anzupassen ist, so dass ggfls. ein Anpassungs- oder Aufhebungsgesetz zum BDSG die jetzige Regelung in § 32 BDSG außen vor lassen sollte. Insofern wäre eine klarstellende Bestätigung von § 32 BDSG zweckmäßig, siehe *Wybitul/Pötters* RDV 2016, 10 (14).

99 Die Bundesregierung hat den Entwurf zum Gesetz zur Anpassung des Datenschutzrechts an die Verordnung (EU) 2016/679 und zur Umsetzung der Richtlinie (EU) 2016/680 (Datenschutz-Anpassungs- und -Umsetzungsgesetz EU – DSAnpUG-EU) vorgelegt, der derzeit parlamentarisch beraten wird (BR-Drs. 110/17 = BT-Drs. 18/11325). Der Beschäftigtendatenschutz ist in § 26 DSAnpUG-EU-E geregelt, der den bisherigen § 32 BDSG ersetzen soll.

100 BT-Drs. 16/13657, S. 20 und S. 35.

101 *Wybitul/Pötters* RDV 2016, 10 (14); *Becker* ITRB 2016, 107 (108); *Kort* DB 2016, 711 (714); *Wybitul/Sörup/Pötters* ZD 2015, 559 (561); aA *Maschmann* DB 2016, 2480 (2486); *Körner* NZA 2016, 1383 (1384) und *Schuler/Weichert*, Gutachten, S. 9, die § 32 BDSG als äußerst vage und umstritten ansehen, der deswegen keine spezifische Regelung zu Art. 88 DSGVO sein könne und insofern grundsätzlich obsolet sei; Bedenken äußern insofern *Taeger/Rose* DB 2016, 819 (831), nach deren Ansicht § 32 BDSG schwerlich die Anforderungen von Art. 88 Abs. 2 DSGVO erfüllt.

102 *Gola/Thüsing/Pötters* RDV 2016, 57 (60); aA wohl *Kort* ZD 2016, 555 (556), der einen Anpassungsbedarf von § 32 BDSG im Hinblick auf Art. 88 Abs. 2 DSGVO sieht.

103 Vgl. zu § 32 Abs. 1 BDSG: BAG 20.6.2013 – 2 AZR 546/12, Rn. 28, BAGE 145, 278 ff. = NZA 2014, 143 ff. = ZD 2014, 260 ff.

104 *Kort* DB 2016, 711 (714).

105 Nach *Kort* ZD 2016, 555 (556) soll gerade das Fehlen von Transparenzregelungen einer unbesehenen Übernahme von § 32 BDSG entgegenstehen.

106 AA *Spelge* DuD 2016, 775 (779).

teilweise automatisierte Verarbeitung personenbezogener Daten sowie für die nichtautomatisierte Verarbeitung personenbezogener Daten gilt, die in einem Dateisystem gespeichert sind oder gespeichert werden sollen (Art. 2 Abs. 1 DSGVO). § 32 BDSG gilt aber nicht nur für die automatisierte sondern auch für die nicht-automatisierte bzw. manuelle Datenverarbeitung (§ 32 Abs. 2 BDSG) und erfasst damit auch nicht-elektronische Personalakten, Aktensammlungen und handschriftliche Aufzeichnungen des Arbeitgebers, auch wenn deren Inhalt telefonisch an Dritte mitgeteilt werden soll,[107] sowie Datenerhebungen durch rein tatsächliches Handeln (zB Taschen- und Torkontrollen, Befragung des Arbeitnehmers).[108] Für die Anwendung von § 32 BDSG ist es anders als nach der DSGVO unbeachtlich, ob personenbezogene Daten von Arbeitnehmern in einer Datei gespeichert werden (sollen). Das BDSG gilt darüber gem. § 3 Abs. 11 BDSG auch für Beschäftigte, zu denen gem. § 3 Abs. 11 Nr. 6 BDSG bspw. auch arbeitnehmerähnliche Personen gehören, was bei der DSGVO nicht zwingend der Fall ist (siehe auch → Rn. 4). Hieraus ergibt sich, dass § 32 BDSG den Beschäftigtendatenschutz über Art. 88 DSGVO hinaus ausweitet, so dass auch unter diesem Gesichtspunkt die nationale Regelung beibehalten werden sollte.[109] Die DSGVO kann insofern § 32 BDSG auch nicht verdrängen, so dass die Vorschrift weiterhin im Bereich des Beschäftigtendatenschutzes anwendbar bleibt.[110] § 32 BDSG ist insofern eine erlaubte „spezifischere" Vorschrift und keine unionsrechtswidrige Vorschrift.

Artikel 89 Garantien und Ausnahmen in Bezug auf die Verarbeitung zu im öffentlichen Interesse liegenden Archivzwecken, zu wissenschaftlichen oder historischen Forschungszwecken und zu statistischen Zwecken

(1) [1]Die Verarbeitung zu im öffentlichen Interesse liegenden Archivzwecken, zu wissenschaftlichen oder historischen Forschungszwecken oder zu statistischen Zwecken unterliegt geeigneten Garantien für die Rechte und Freiheiten der betroffenen Person gemäß dieser Verordnung. [2]Mit diesen Garantien wird sichergestellt, dass technische und organisatorische Maßnahmen bestehen, mit denen insbesondere die Achtung des Grundsatzes der Datenminimierung gewährleistet wird. [3]Zu diesen Maßnahmen kann die Pseudonymisierung gehören, sofern es möglich ist, diese Zwecke auf diese Weise zu erfüllen. [4]In allen Fällen, in denen diese Zwecke durch die Weiterverarbeitung, bei der die Identifizierung von betroffenen Personen nicht oder nicht mehr möglich ist, erfüllt werden können, werden diese Zwecke auf diese Weise erfüllt.

---

107 NK-GA/*Brink*, 1. Aufl. 2016, BDSG § 32 Rn. 28 mwN; *Seifert*, in: Simitis BDSG § 32 Rn. 3 a und Rn. 14 f. mwN.
108 *Franzen* DuD 2012, 322 (323).
109 *Gola/Thüsing/Pötters* RDV 2016, 57 (60); *Kort* ZD 2016, 555 (556).
110 *Wybitul* ZD 2016, 203 (206); aA *Spelge* DuD 2016, 775 (779), die von einer Teilunwirksamkeit von § 32 Abs. 2 BDSG ausgeht, weil die Regelungen über die DSGVO hinausgingen.

(2) Werden personenbezogene Daten zu wissenschaftlichen oder historischen Forschungszwecken oder zu statistischen Zwecken verarbeitet, können vorbehaltlich der Bedingungen und Garantien gemäß Absatz 1 des vorliegenden Artikels im Unionsrecht oder im Recht der Mitgliedstaaten insoweit Ausnahmen von den Rechten gemäß der Artikel 15, 16, 18 und 21 vorgesehen werden, als diese Rechte voraussichtlich die Verwirklichung der spezifischen Zwecke unmöglich machen oder ernsthaft beeinträchtigen und solche Ausnahmen für die Erfüllung dieser Zwecke notwendig sind.

(3) Werden personenbezogene Daten für im öffentlichen Interesse liegende Archivzwecke verarbeitet, können vorbehaltlich der Bedingungen und Garantien gemäß Absatz 1 des vorliegenden Artikels im Unionsrecht oder im Recht der Mitgliedstaaten insoweit Ausnahmen von den Rechten gemäß der Artikel 15, 16, 18, 19, 20 und 21 vorgesehen werden, als diese Rechte voraussichtlich die Verwirklichung der spezifischen Zwecke unmöglich machen oder ernsthaft beeinträchtigen und solche Ausnahmen für die Erfüllung dieser Zwecke notwendig sind.

(4) Dient die in den Absätzen 2 und 3 genannte Verarbeitung gleichzeitig einem anderen Zweck, gelten die Ausnahmen nur für die Verarbeitung zu den in diesen Absätzen genannten Zwecken.

Verwandte Normen: ErwGr 156, 157, 158, 159, 160, 161, 162, 163; § 13 Abs. 2 Nr. 8, § 40 BDSG 2003

Literatur:

Günther, Herbert, Archive und Verwaltung oder: Über die Grenzen des Archivrechts, in: Becker u.a. (Hrsg.), Archiv-Recht-Geschichte, 2014, S. 195-242; *Hatt, Janina,* Konfliktfeld Datenschutz und Forschung, 2012; *Pöttgen, Nicole,* Medizinische Forschung und Datenschutz, 2009; *Schaar, Katrin,* DS-GVO: Geänderte Vorgaben für die Wissenschaft. Was sind die neuen Rahmenbedingungen und welche Fragen bleiben offen?, ZD 2016, 224-226; *dies.,* Was hat die Wissenschaft beim Datenschutz künftig zu beachten? Allgemeine und spezifische Änderungen beim Datenschutz im Wissenschaftsbereich durch die neue Europäische Datenschutzgrundverordnung, RatSWD Working Papers Series, No. 257, (aktualisierte Fassung) Juni 2016; *Taupitz, Jochen,* Der Entwurf einer europäischen Datenschutz-Grundverordnung – Gefahren für die medizinische Forschung, MedR 2012, 423-428; *Taylor, Isabel,* Archive und die Entwicklung der Europäischen Datenschutz-Grundverordnung, in: Archivar 67 (2014), 32-38; *Wydu-*

ckel, Dieter, Archivgesetzgebung im Spannungsfeld von informationeller Selbstbestimmung und Forschungsfreiheit, DVBl. 1989, 327-337.

A. Grundlagen

I. Bedeutung und Zweck der Norm

Art. 89 DSGVO anerkennt einerseits die Bedeutung der Datenverarbeitung 1 zu Archiv-, Forschungs- und Statistikzwecken, anderseits sucht die Bestimmung diesen besonderen Datensektor durch Rahmenvorgaben vereinheitlichend zu strukturieren, indem Art. 89 Abs. 1 DSGVO dieses Anerkenntnis unter den Vorbehalt der Datenminimierung stellt. Zur Umsetzung dieses Zieles sind bei der Datenauswertung geeignete technische und organisatorische Datenschutz-Maßnahmen zu ergreifen. Hierzu gehört insbesondere die hervorgehobene Pseudonymisierung (Art. 89 Abs. 1 S. 3 DSGVO). Darüber hinaus werden den einzelnen Mitgliedstaaten im Sinne einer Öffnungsklausel Konkretisierungsspielräume zugestanden, die durch Art. 89 Abs. 2 und 3 DSGVO spezifiziert werden. Die Anforderungen an die optionalen Ausnahmen gelten als sehr hoch.[1] Da die DSGVO schon an verschiedenen anderen Stellen die Auswertung personenbezogener Daten behandelt und deren Auswertung durchaus gemäß den Zwecken nach Art. 89 DSGVO zu erleichtern sucht (etwa Art. 9 Abs. 2 lit. j DSGVO), ergeben sich bis jetzt nicht hinreichend geklärte systematische Abgrenzungsprobleme dieser mehrfachen Absicherung datenschutzrechtlicher Privilegierungen, die auch das Verhältnis der Art. 89 Abs. 2 und 3 DSGVO zu Art. 85 Abs. 2 DSGVO betreffen.[2] Unstreitig ist, dass Art. 89 keinen gesonderten Erlaubnistatbestand normiert, sondern zu der Ermächtigungsnorm Art. 9 Abs. 2 lit. j DSGVO hinzutritt.[3]

Die Norm unternimmt letztlich den Versuch einer Quadratur des Kreises, 2 da der Schutz personenbezogener Daten bsp. mit den medizinischen und sozialwissenschaftlichen Forschungsinteressen konfligieren kann.[4] Um etwa gesellschaftspolitische Ordnungs- und Entwicklungsprozesse anzustoßen oder kreativ-beratend zu begleiten, bedarf es für empirisch fundierte Forschungen valider Daten und hinreichender Optionen, Informationen zu verknüpfen. Dem Wesen von Archiven dürfte der Grundsatz der Datenminimierung geradezu diametral entgegengesetzt sein,[5] sind sie doch genuin darauf angelegt einmaliges und einzigartiges Datenmaterial zu sammeln und zu speichern, das notwendigerweise auch personenbezogen ist. Art. 89 DSGVO sucht die aktuellen Dilemmata des Datenschutzes, einerseits Schutz zu gewähren und anderseits Fortschritts- und Entwicklungsmöglichkeiten nicht übermäßig zu behindern, ausgleichend gerecht zu werden.[6] Dieses Ziel wird folgendermaßen erreicht: Einerseits werden die durch

---

1 *Kühling/Martini* ua, S. 298.
2 Vgl. *Pötters* in: Gola DSGVO Art. 89 Rn. 4, 12.
3 *Buchner/Tinnefeld* in: Kühling/Buchner DSGVO Art. 89 Rn. 1; *Pötters* in: Gola DSGVO Art. 89 Rn. 4. Ferner *Pauly* in: Paal/Pauly DSGVO, Art. 89 Rn. 1.
4 Zu diesem Problem siehe etwa *Hatt*, Konfliktfeld, 2012; *Pöttgen*, Forschung; ferner *Taupitz* MedR 2012, 423 ff.
5 Facettenreich die einzelnen Beiträge in: *Marcel Lepper/Ulrich Raulff*, Handbuch Archiv. Geschichte, Aufgaben, Perspektiven, 2016.
6 Hierzu *Grages* in: Plath BDSG/DSGVO, 2. Aufl. 2016, Art. 89 Rn. 2.

Art. 89 DSGVO hervorgehobenen Zwecke horizontal normintern durch die Erwägungsgründe und DSGVO-Einzelregelungen nochmals privilegiert,[7] anderseits sehen Art. 89 Abs. 2 und 3 DSGVO Öffnungsklauseln vor, durch die die Mitgliedstaaten Einzelrechte näher – auch beschränkend – ausgestalten können. In dem gesamten Normengefüge, das die Zwecktrias des Art. 89 DSGVO betrifft, kommt dieser Norm so etwas wie eine ergänzend dirigierende Funktion zu, die insbesondere die Mindeststandards hinsichtlich der Öffnungsklauseln vorgibt.[8]

II. Bisherige Rechtslage

3   Wenn die Datenschutzrichtlinie von 1995 auch keine Grundnorm wie Art. 89 DSGVO vorsah, so war die besondere Berücksichtigung der Verarbeitung personenbezogener Daten zu historischen oder wissenschaftlichen Forschungszwecken und für Statistikzwecke bereits durch Art. 11 Abs. 2 und Art. 13 Abs. 2 RL 95/46/EG grundsätzlich privilegiert worden, indem die Einschränkungsbefugnis weitgehend in das Umsetzungsermessen der Mitgliedstaaten gelegt war. Demzufolge sah das BDSG allgemeine Regelungen zu Forschungsaspekten vor (vgl. § 13 Abs. 2 Ziff. 8, § 14 Abs. 2 Ziff. 9, § 28 Abs. 2 Ziff. 3 und Abs. 6 Ziff. 4, § 40 BDSG).[9]

III. Entstehung der Norm

4   Die Regelungen der DSGVO zu Forschung, Statistik und Archiven waren lange umstritten, zumal die Verarbeitung personenbezogener Daten zu diesen Zwecken im Vergleich zu anderen Gütern wie öffentliche Gesundheit oder soziale Sicherheit für nicht so dringend oder zwingend angesehen wurden.[10] Die jetzige Wortwahl beabsichtigt eine Fokussierung auf Forschungszwecke in einem engeren Sinn und intendiert eine stärkere normative Profilierung und Konturierung. In Zeiten von Big Data, Data Mining ua wurde der etwa in der RL 95/46/EG verwendete Topos zu „wissenschaftlichen und historischen Zwecken" für zu unscharf und weitgehend erachtet.[11]

B. Kommentierung

I. Allgemeine Vorgaben

1. Zweckprivilegierung und Datensparsamkeit nicht anonymisierter personenbezogener Daten zu Archiv-, Forschungs- und Statistikzwecken

5   Bei der Verarbeitung personenbezogener Daten enthält Art. 89 Abs. 1 DSGVO für die Zwecktrias Archiv, Forschung (allgemein wissenschaftlicher einschließlich historischer) und Statistik eine Sonderregelung. Dies be-

---

7   *Laue/Nink/Kremer*, § 1 Rn. 120 ff. Siehe auch *Grages* in: Plath BDSG/DSGVO, 2. Aufl. 2016, Art. 89 Rn. 3.
8   Ähnlich *Pauly* in: Paal/Pauly DSGVO Art. 89 Rn. 2 f.
9   *Buchner/Tinnefeld* in: Kühling/Buchner DSGVO Art. 89 Rn. 4.
10   *Albrecht/Jotzo*, Teil 3 Rn. 72. Siehe auch die Würdigung des Reding- und des Albrecht-Entwurfs bei *Taylor* Archivar 67 (2014), 32 (33 ff.). Ferner *Buchner/Tinnefeld* in: Kühling/Buchner DSGVO Art. 89 Rn. 4 ff.
11   *Albrecht/Jotzo*, Teil 3 Rn. 71.

trifft aber nur nicht anonymisierte Daten. Anonyme oder anonymisierte Daten unterfallen nicht der DSGVO.[12] Ebenso sind prinzipiell die Daten verstorbener Personen nicht vom Regelungsbereich der DSGVO erfasst.[13] Der postmortale Persönlichkeitsschutz ist demnach kein Thema des europäischen Datenschutzrechts; es bleibt dann im Einzelnen bei den allgemeinen Regelungen zu diesem Punkt bzw. spezieller Gesetze (zB Archivgesetzen und deren Nutzungsbeschränkungen).[14]

Während die Archivzwecksetzung dem Wortlaut des Art. 89 Abs. 1 DSGVO nach im öffentlichen Interesse liegen muss, wird auf dieses Tatbestandsmerkmal sowohl für die wissenschaftlichen und historischen Forschungszwecke als auch die statistischen Zwecke verzichtet; diese Zwecksetzungen sind nicht an das einschränkende Tatbestandsmerkmal eines öffentlichen Interesses gekoppelt.[15]   6

In Erwägungsgrund Nr. 158 anerkennt die DSGVO die dem Unionsrecht bzw. dem Recht der Mitgliedstaaten nach bestehende Verpflichtung zur Errichtung und Einrichtung von Archiven zum Zwecke der Sicherstellung kultureller Überlieferungszusammenhänge.[16] Der Begriff des Archives wird dabei in der DSGVO nicht näher umschrieben.[17] In den Focus des Art. 89 Abs. 1 DSGVO geraten aber nicht nur die Archive, die als „Gedächtnis des Staates" fungieren, sondern auch die Archive gesellschaftlicher Akteure.[18] Der Kreis der Archivzwecke soll durch das Tatbestandsmerkmal öffentliches Interesse wohl eingegrenzt werden, was angesichts der Unwägbarkeiten dieses Topos kein leichtes Unterfangen ist.[19] Elektronische Formen der Aktenführung bergen Chancen und Risiken, da neue Dimensionen jenseits eines „Electronic Government" erreichbar sind, die eine Fülle neuer Verknüpfungsmuster zwischen Daten ermöglichen.[20]   7

Die Datenverarbeitung zu wissenschaftlichen Forschungszwecken ist Resultat des EU-Zieles, einen europäischen Forschungsraum zu konstituieren und zu gewährleisten (Art. 179 Abs. 1 AEUV); als Ausdruck der Verbürgung von Forschungsfreiheit (Art. 13 GrCh) ist diese Zwecksetzung weit   8

---

12 Zu deren Herausnahme aus dem Regelungsbereich der DSGVO siehe Erwägungsgrund Nr. 26.
13 Vgl. Erwägungsgrund 158, 160.
14 Siehe auch Erwägungsgrund Nr. 27. Ferner *Pötters* in: Gola DSGVO Art. 89 Rn. 14, 18; *Pauly* in: Paal/Pauli DSGVO Art. 89 Rn. 9. Zur Anstoßfunktion des Datenschutzes für eine spezielle Archivgesetzgebung grundlegend *Wyduckel* DVBl. 1989, 327 ff. Allgemein *Günther*, Archive und Verwaltung.
15 *Buchner/Tinnefeld* in: Kühling/Buchner DSGVO Art. 89 Rn. 9.
16 Näher *Buchner/Tinnefeld* in: Kühling/Buchner DSGVO Art. 89 Rn. 10 f.
17 *Pötters* in: Gola DSGVO Art. 89 Rn. 16.
18 Vgl. Erwägungsgrund Nr. 158 Satz 2. *Pötters* in: Gola DSGVO Art. 89 Rn. 17.
19 Zu solchen Schwierigkeiten siehe etwa *Robert Uerpmann*, Das öffentliche Interesse, 1999, insbes. S. 5 ff. und passim.
20 *Karl-Heinz Ladeur*, Die Kommunikationsinfrastruktur der Verwaltung, in: Hoffmann-Riem/Schmidt-Aßmann/Voßkuhle (Hrsg.), GVwR II (2012), § 21 Rn. 41 ff.

auszulegen.[21] Bemerkenswert ist die ausdrückliche Nennung des historischen Forschungszwecks.[22]

9   Unter „statistischen Zwecken" versteht Erwägungsgrund 162 den „Vorgang der Erhebung und Verarbeitung personenbezogener Daten, die für statistische Untersuchungen und Ergebnisfeststellungen erforderlich" sind.[23] Die durch statistische Methode gewonnenen Datenergebnisse sind aggregierte Daten und damit – in der Regel – keine personenbezogenen Daten mehr.[24]

10   Der Schutz der personenbezogenen Daten soll zum einen durch die in der DSGVO an anderer Stelle normierten Garantien in geeigneter Weise technisch und organisatorisch sichergestellt werden und wird zum anderen durch den Grundsatz der Datenminimierung gewährleistet.[25] Erst wenn derartige technische und organisatorische Maßnahmen implementiert sind, die dem Grundsatz der Datensparsamkeit dienen und die Rechte und Freiheiten der betroffenen Person gewährleisten, ist ein Verarbeitungsvorgang zulässig. Die recht vage Regelung des Art. 89 Abs. 1 DSGVO normiert, dass auch privilegierte Zwecksetzungen keineswegs eine datenschutzrechtliche carte blanche sind.[26]

11   Art. 89 Abs. 1 S. 3 und 4 DSGVO will dies ua dadurch regulieren, dass das Prinzip vorgegeben wird, personenbezogene Daten nach Möglichkeit zu anonymisieren oder wenigstens zu pseudonymisieren.[27] Während im ersten Fall die Daten aus dem Anwendungsbereich der DSGVO herausfallen, sollen pseudonymisierte Daten wegen ihres „Re-Identifizierungsrisikos"[28] personenbezogene Daten iS der DSGVO sein,[29] was aber strittig ist.[30] Die Pseudonymisierung (Art. 4 Ziff. 5 DSGVO) ist als Alternative zur in der DSGVO nicht ausdrücklich definierten[31] Anonymisierung konzipiert. Zwischen beiden Datenphänomenen bedarf es genauer Unterscheidung, die je nach Kontext Schwierigkeiten bereitet, zumal faktisch anonymisierte Daten (vgl. § 3 Abs. 6 BDSG) infolge neuer technischer Möglichkeiten unter Umständen in naher oder fernerer Zukunft „de-anonymisiert" werden

---

21   *Buchner/Tinnefeld* in: Kühling/Buchner DSGVO Art. 89 Rn. 12 ff.
22   Soweit der Erwägungsgrund 160 historische Forschungszwecksetzung mit „historischer Forschung und Forschung im Bereich der Genealogie" umschreibt, wirkt dies hinsichtlich des Erstgenannten tautologisch; die besondere Akzentuierung der Ahnenforschung erscheint fragwürdig, zumal Personendaten von Verstorbenen gerade nicht zum Schutz- und Regelungsbereich der DSGVO gehören. Näher zu dem Topos „historische Forschungszwecke" Buchner/Tinnefeld in: Kühling/Buchner DSGVO, Art, 89 Rn. 14.
23   Buchner/Tinnefeld in: Kühling/Buchner DSGVO, Art. 89 Rn. 15.
24   Siehe auch die Zweckumschreibung in § 1 BStatG, zu europarechtlichen Statistiken Art. 338 AEUV sowie VO 223/2009, siehe ferner Erwägungsgrund 163.
25   Damit wird hier nur der bereits in Art, 5 Abs. 1 lit. c) normierte Grundsatz der Datenminimierung wiederholt. Vgl. Pötters in: Gola DSGVO, Art. 89 Rn. 6.
26   Pötters in Gola DSGVO, Art. 89 Rn. 5.
27   Näher *Buchner/Tinnefeld* in: Kühling/Buchner DSGVO Art. 89 Rn. 17 ff.
28   *Laue/Nink/Kremer*, § 1 Rn. 29.
29   Erwägungsgrund 26.
30   Zu diesem schon beim BDSG bestehenden Streit siehe nur *Schreiber* in: Plath BDSG/DSGVO, 2. Aufl. 2016, Art. 4 Rn. 20.
31   Siehe aber Erwägungsgrund 26.

könnten.[32] Es gibt aber auch personenbezogenen Daten, die nicht anonymisierbar sind, wozu paradigmatisch die genetischen Daten (Art. 4 Ziff. 13 DSGVO) gehören, die auch dann einzigartig bleiben, wenn alle anderen direkt identifizierbaren Merkmale entfernt werden.[33] Gerade in dem Bereich der sog personalisierten Medizin/Genforschung und den Möglichkeiten moderner Informationstechniken lauern erhebliche datenschutzrechtliche Herausforderungen, die etwa die Integration des Datenschutzaspekts in Ethikkommissionen ua angezeigt sein lassen.[34] Prinzipiell ist dem Art. 89 Abs. 1 DSGVO ein abgestufter Schutzansatz zu entnehmen, der die Option Anonymisierung präferiert, den Weg der Pseudonymisierung nicht ausschließt, wenn die Zwecksetzungen sich nicht anonymisiert verfolgen lassen.[35]

2. DSGVO-interne Privilegierungen

Bereits die DSGVO – Normtext und Erwägungsgründe – sieht im internen Regelungszusammenhang spezielle Privilegierungen der Forschungs-, Statistik- und Archivzwecke vor. Es handelt sich insbesondere um Einschränkungen von Betroffenenrechten, die teilweise mit den bestehenden Regelungen identisch sind. Im Wesentlichen betrifft dies folgende Aspekte:[36]   **12**

- Eine Weiterverarbeitung von personenbezogenen Daten zu wissenschaftlichen Forschungszwecken oder für statistische Zwecke ist eine zulässige Zweckänderung iS von Art. 5 Abs. 1 lit. b DSGVO.[37]
- Für wissenschaftliche Forschungszwecke und Statistikzwecke ist eine Verarbeitung besonderer personenbezogener Daten auch ohne Einwilligung[38] zulässig, sofern dies Unionsrecht oder mitgliedstaatliches Recht vorsehen (Art. 9 Abs. 2 lit. j DSGVO). Bei dieser Norm handelt es sich um eine Datenauswertungsvorgänge betreffende Ermächtigungsnorm, die den Regelungen des Art. 89 DSGVO gleichsam vorausliegt.
- Die Offenheit des Forschungsprozesses bedingt es möglicherweise, dass zum Zeitpunkt der Erhebung der personenbezogenen Daten der Forschungszweck nicht vollständig angegeben werden kann. Für eine solche Konstellation trifft Erwägungsgrund 33 die Regelungsanordnung, dass gleichwohl die betroffene Person wirksam ihre Einwilligung erklären kann, wenn dies unter Einhaltung ethischer Standards der wissenschaftlichen Forschung geschieht. Erwägungsgrund 161 ordnet an, dass hinsichtlich der Einwilligungserklärung von Teilnehmern an Klinischen Studien die Spezialregelungen in der EU-VO 536/2014 den allgemein datenschutzrechtlichen Regelungen vorgehen.
- Das Recht auf Löschung/auf Vergessenwerden muss uU zurücktreten, wenn sich eine längere Speicherung zur Sicherung des Forschungs- bzw.

---

32 *Schaar* ZD 2016, 224 (225).
33 Vgl. *Schaar*, Was hat die Wissenschaft beim Datenschutz künftig zu beachten?, S. 9.
34 *Schaar*, Was hat die Wissenschaft beim Datenschutz künftig zu beachten?, S. 11 f.
35 *Buchner/Tinnefeld* in: Kühling/Buchner DSGVO Art. 89 Rn. 17; *Pauly* in: Paal/Pauly DSGVO Art. 89 Rn. 12.
36 Dazu und zum Folgenden: *Laue/Nink/Kremer*, § 1 Rn. 122.
37 Siehe auch Erwägungsgrund 50.
38 Zur Einwilligung Art. 9 Abs. 2 lit. a DSGVO.

Statistikzwecks als erforderlich erweist (Art. 5 Abs. 1 lit. e, Art. 17 Abs. 3 lit. d DSGVO).

■ Auch bei dem Sonderfall der Übermittlung an Drittstaaten können sich die Forschungs- und Statistikzwecke als besonders zu berücksichtigender Wertungsfaktor erweisen (Art. 49 Abs. 1 Satz 2 DSGVO iVm Erwägungsgrund 113).

Diesen norminternen Spezialregelungen tritt mit Art. 89 Abs. 2 und 3 DSGVO darüber hinausgehende spezielle Öffnungsklauseln an die Seite.

II. Öffnungsklausel zugunsten von Forschungs- und Statistikzwecken (Abs. 2)

13 Die Öffnungsoption für Union oder Mitgliedstaaten nach Art. 89 Abs. 2 DSGVO dispensiert nicht von dem Datenminimierungsgrundsatz nach Abs. 1. Sie ermöglicht aber den Erlass von Ausnahmeregelungen, um die funktionalen Zwecksetzungen im vorgespurten Rahmen der DSGVO zu fördern. Union und Mitgliedstaaten sind insofern berechtigt, Rechte auf Auskunft (Art. 15 DSGVO), Berichtigung oder Einschränkung (Art. 16 und Art. 18 DSGVO) sowie zum Widerspruch (Art. 21 DSGVO) auszuschließen oder einzuschränken. Diese Option ist an die durchaus hohe Hürde gebunden, dass ansonsten die Wahrung der Betroffenenrechte die Realisierung der Forschungs- oder Statistikzwecke unmöglich machen oder zumindest ernsthaft beeinträchtigen würden. Einerseits bietet Art. 89 Abs. 2 DSGVO eine Rechtsgrundlage für mitgliedstaatliche Prognosebeurteilungen, anderseits ist der Beurteilungsspielraum nicht grenzenlos, da Art. 83 Abs. 5 lit. d DSGVO nationale Regelungen ggf. mit einem hohen Bußgeld sanktioniert.[39] Funktion und Reichweite der Öffnungsklausel des Art. 89 Abs. 2 DSGVO werden angesichts der bereits durch Art. 85 Abs. 2 DSGVO ermöglichten Regelung, wissenschaftliche Zwecke zu privilegieren, stark in Zweifel gezogen.[40]

14 Zudem ist die Zulässigkeit der Ausnahmeregelungen daran geknüpft, dass sie „notwendig" für die Zweckverwirklichung sind.[41] Damit ist keine Tendenzaussage getroffen, dass Art. 89 Abs. 2 eng auszulegen ist. Ausnahmenbestimmungen sind nicht per se eng zu interpretieren,[42] sondern ihrer Funktion nach. Dies bedeutet, dass es letztlich auf eine – im Konkreten sicherlich nicht immer einfache – Abwägung und verhältnismäßige Zuordnung der widerstreitenden Rechtsgüter ankommt.[43]

---

39 *Grages* in: Plath BDSG/DSGVO, 2. Aufl. 2016, Art. 89 Rn. 5.

40 Dezidiert *Pötters* in: Gola DSGVO Art. 89 Rn. 12, mit der Auffassung, dass Art. 89 Abs. 2 DSGVO neben der Regelung des Art. 85 Abs. 2 DSGVO überflüssig sei, während Art 89 Abs. 1 DSGVO eine Spezialregelung normiere.

41 Eine erhebliche Abschwächung des Öffnungsklausel-Effekts sieht hierin *Pötters* in: Gola DSGVO Art. 89 Rn. 20.

42 Zur Problematik *Philipp Heck*, Gesetzesauslegung und Interessensjurisprudenz, abgedruckt in: Das Problem der Rechtsgewinnung – Gesetzesauslegung und Interessenjurisprudenz – Begriffsbildung und Interessensjurisprudenz, redigiert von R. Dubischar, 1968, S. 46 (113 f.).

43 *Grages* in: Plath BDSG/DSGVO, 2. Aufl. 2016, Art. 89 Rn. 6; *Pauly* in: Paal/Pauly DSGVO, Art. 89 Rn. 14.

Vor dem Hintergrund, dass Erwägungsgrund 159 die Forschungszwecke   15
weit auffasst und demnach in einem weitem Umfang als gesellschaftlich
nützlich gewertet wissen will, wird die in den Beratungen gerade mit dem
Topos „Forschung" verbundene Restriktionserwartung, die lediglich Forschungszwecke in einem engeren Sinne privilegieren wollte,[44] vielleicht
nicht ganz erfüllt.

Die Privilegierung für Statistikzwecke setzt eine Verarbeitung voraus, deren   16
Ergebnisse keine personenbezogenen Daten mehr enthalten, sondern nur
sog aggregierte Daten sind, die nicht für Maßnahmen oder Entscheidungen
gegenüber individuellen Betroffenen verwendet werden.[45] Zweck der Statistik ist es gerade nicht persönliche Verhältnisse und Daten zu erfassen. Im
aggregierenden Zustand statischer Verarbeitung gehen die Daten des Einzelnen letztlich unter. Gleichwohl basiert Statistik auf personenbezogenen
Daten, so dass sie bis zur Löschung iS § 12 BStatG sensibel sind.

III. Öffnungsklausel zugunsten von Archivzwecken (Abs. 3)

Die Privilegierung der Verarbeitungen personenbezogener Daten erstreckt   17
sich nicht auf sämtliche Archive, sondern nur die im öffentlichen Interesse.
Die Ausnahmeoption von Art. 89 Abs. 3 DSGVO geht über die des Art. 89
Abs. 2 DSGVO hinaus, weil sie den dort genannten Katalog überschreiten
darf.[46] Archive von Behörden oder anderen öffentlich-rechtlich verfassten
Rechtspersonen (öffentliche Stellen) werden grundsätzlich im Normsinn als
im öffentlichen Interesse liegend zu qualifizieren sein. Bei privaten Archiven (Archive von nicht-öffentlichen Stellen) wird es auf die Einfallumstän-
de ankommen; private Unternehmensarchive werden im Zweifel vielleicht
eher nicht umfasst sein.[47] Aus dem Focus der DSGVO a priori ausgeklam-
mert sind die Daten verstorbener Personen, so dass historische Archive öffentlicher Institutionen aber auch Privater weitgehend nicht betroffen
sind.[48] Hier bleibt es bei den mitgliedstaatlichen Regelungspfaden durch
die Archivgesetzgebung und andere Regelungen.

Eine besondere Hochschätzung und Wertung erfahren durch Erwägungs-   18
grund 158 die Archive, die Informationen über das politische Verhalten
Einzelner unter (ehemaligen) totalitären Regimen, Völkermord, Verbrechen
gegen die Menschlichkeit, insbesondere dem Holocaust und Kriegsverbrechen bereitstellen. Deren Verwendung personenbezogener Daten wird auch
ohne weitreichende Gegenrechte der Betroffenen datenschutzrechtlich
weitgehend als zulässig bewertet.[49]

IV. Nebenzweck-Aspekt

Die Zweckprivilegierung nach DSGVO für Forschungs-, Statistikzwecke   19
und Archivzwecke werden durch Art. 89 Abs. 4 DSGVO daran gekoppelt,

---

44 Vgl. *Albrecht/Jotzo*, Teil 3 Rn. 71.
45 *Grages* in: Plath BDSG/DSGVO, 2. Aufl. 2016, Art. 89 Rn. 7; *Laue/Nink/Kremer*,
    § 1 Rn. 119.
46 Näher *Pauly* in: Paal/Pauly DSGVO Art. 89 Rn. 16.
47 So *Grages* in: Plath BDSG/DSGVO, 2. Aufl. 2016, Art. 89 Rn. 11.
48 *Grages* in: Plath BDSG/DSGVO, 2. Aufl. 2016, Art. 89 Rn. 10.
49 *Grages* in: Plath BDSG/DSGVO, 2. Aufl. 2016, Art. 89 Rn. 10.

dass diese Zwecke keine Nebenzwecke einer Organisation darstellen dürfen. Damit soll einem Missbrauch der privilegierenden Zwecksetzungen ein Riegel vorgeschoben werden.[50] Zweckmischungen – zB die Verbindung von Forschungszwecken mit kommerziellen Interessen „infizieren" den Privilegierungszweck; einer „Flucht in die Privilegierung" wird damit der Weg abgeschnitten.[51]

C. Verhältnis zu anderen Normen

I. Innerhalb der DS-GVO

20   Der Art. 89 DSGVO Abs. 1 ist die rechtliche Bestimmung, die normintern mit den genannten Privilegierungen in Wechselwirkung steht und in normativer Zusammenschau das Regelungsfeld abrundet, wenngleich sich wegen der thematischen Überschneidungen Abgrenzungsprobleme ergeben (s. oben → Rn. 1 f., 13). Hinsichtlich der Öffnungsklauseln dirigiert Abs. 1 deren Anwendungen europarechtlich-harmonisierend.

II. Verhältnis zum BDSG/LDSG und spezialgesetzlichen Regelungen

21   Schon bisher sahen das BDSG bzw. die entsprechenden landesrechtlichen Regelungen „Forschungsklauseln" vor, die flankiert werden von speziellen, bereichsspezifischen Datenschutzregeln im Sozial- bzw. Medizinrecht.

22   Der Referenten-Entwurf des DSAnpUG-EU (Stand Februar 2017) übernimmt nach den Vorgaben der Art. 9 Abs. 2 lit. j iVm Art. 89 Abs. 1 DSGVO in modifizierter, dh auf die DSGVO bezogener Weise grundsätzlich diese Forschungsklauseln in § 27 Abs. 1 DSAnpUG-EU-Entwurf, während die übrigen bereichsspezifischen Forschungs-Regelungen (zB in Landeskrankenhausgesetzen) in ihrem Normzusammenhang verbleiben.[52] Der künftige § 27 Abs. 2 DSAnpUG-EU-Entwurf macht Gebrauch von der Ausnahmeregelung des Art. 89 Abs. 2 DSGVO. Um dem Bedürfnis nach Ausnahmeregelungen für den Archivsektor Rechnung zu tragen, soll der § 28 DSAnpUG-EU-Entwurf die Rechtsgrundlage für die erforderlichen Ausnahmen schaffen.

D. Gesamteinschätzung

23   Der Art. 89 DSGVO will subsidiaritätsgemäß die Heterogenität der widerstreitenden rechtlichen Interessen aufheben, indem gewisse einheitliche europäischer Strukturvorgaben gemacht werden, deren uniformierende Wirkung zusätzlich durch mitgliedstaatliche Öffnungsoptionen im Lichte der europäischen Vorgaben kompensiert werden soll. Diese müssen dann aber auch auf nationaler Ebene präzisiert werden, ohne dabei den Geist der durch die DSGVO intendierten Standards preisgeben zu dürfen. Der hohe Standard des deutschen Datenschutzrechts dürfte diesem Petitum ohne große Komplikationen gerecht werden können. Grundsätzlich beachtet die DSGVO die Eigenart der Datenverarbeitung zu Archiv-, Forschungs- und Statistikzwecken. Ob sich die praktische Relevanz des Art. 89 DSGVO zu-

---

50 *Pötters* in: Gola DSGVO Art. 89 Rn. 22.
51 *Pauly* in: Paal/Pauly DSGVO Art. 89 Rn. 18.
52 Näher *Buchner/Tinnefeld* in: Kühling/Buchner DSGVO Art. 89 Rn. 30.

künftig eher als gering ausnehmen wird,[53] bleibt abzuwarten. Die nicht zu leugnenden Abschichtungsprobleme gegenüber anderen Normen der DSGVO werden durch die Rechtsprechung und Rechtsanwendung sicherlich noch „abgeschliffen" werden.

Artikel 90 Geheimhaltungspflichten

(1) [1]Die Mitgliedstaaten können die Befugnisse der Aufsichtsbehörden im Sinne des Artikels 58 Absatz 1 Buchstaben e und f gegenüber den Verantwortlichen oder den Auftragsverarbeitern, die nach Unionsrecht oder dem Recht der Mitgliedstaaten oder nach einer von den zuständigen nationalen Stellen erlassenen Verpflichtung dem Berufsgeheimnis oder einer gleichwertigen Geheimhaltungspflicht unterliegen, regeln, soweit dies notwendig und verhältnismäßig ist, um das Recht auf Schutz der personenbezogenen Daten mit der Pflicht zur Geheimhaltung in Einklang zu bringen. [2]Diese Vorschriften gelten nur in Bezug auf personenbezogene Daten, die der Verantwortliche oder der Auftragsverarbeiter bei einer Tätigkeit erlangt oder erhoben hat, die einer solchen Geheimhaltungspflicht unterliegt.

(2) Jeder Mitgliedstaat teilt der Kommission bis zum 25. Mai 2018 die Vorschriften mit, die er aufgrund von Absatz 1 erlässt, und setzt sie unverzüglich von allen weiteren Änderungen dieser Vorschriften in Kenntnis.

Verwandte Normen: ErwGr 164; § 1 Abs. 3 S. 2 BDSG 2003

Literatur:
Conrad/Fechtner, IT-Outsourcing durch Anwaltskanzleien nach der Inkasso-Entscheidung des EuGH und dem BGH, Urteil vom 7.2.2013, Datenschutzrechtliche Anforderungen, CR 2013, 137 ff.; *Habermalz*, Datenschutzrecht und anwaltliche Datenverarbeitung – Neuordnung des Verhältnisses im Schatten der DS-GVO?, JurPC Web-Dok. 188/2013; *Härting*, Datenschutz und Anwaltsgeheimnis, ITRB 2009, 138 f.; *Leowsky*, Befugnisse der Aufsichtsbehörden gegenüber Rechtsanwälten, DuD 2011, 412 ff.; *Redeker*, Datenschutz auch bei Anwälten – aber gegenüber Datenschutzkontrollinstanzen gilt das Berufsgeheimnis, NJW 2009, 554 ff.; *Rüpke*, Datenschutz, Mandatsgeheimnis und anwaltliche Kommunikationsfreiheit, NJW 2008, 1121 ff.; *Weichert*, Datenschutz auch bei Anwälten?, NJW 2009, 550 ff.; *Vander*, Möglichkeiten und Grenzen weisungsgebundener Datenweitergabe – Beauftragung von IT-Leistungen in geheimnisschutzrelevanten Geschäftsfeldern nach der EuGH-Rechtsprechung, ZD 2013, 492 ff.; *Zikesch/Kramer*, Datenschutz bei freien Berufen, ZD 2015, 461 ff.; *Zikesch/Kramer*, Die DS-GVO und das Berufsrecht der Rechtsanwälte, Steuerberater und Wirtschaftsprüfer – Datenschutz bei freien Berufen, ZD 2015, 565 ff.

---

[53] *Buchner/Tinnefeld* in: Kühling/Buchner DSGVO Art. 89 Rn. 3.

A. Grundlagen

I. Bedeutung und Zweck der Norm

1   Art. 90 DSGVO[1] befasst sich mit – abweichenden – nationalen Regelungen bei Geheimhaltungspflichten im Zusammenhang mit personenbezogenen Daten.[2] Entsprechend der **amtlichen Überschrift zum Kapitel IX handelt es sich bei der Verarbeitung personenbezogener Daten durch Geheimnisverpflichtete um eine besondere Verarbeitungssituation** („*... specific processing situation*"). Anders als es die amtliche Überschrift erwarten lässt, handelt es sich hierbei jedoch nicht um eine materielle Regelung zur Datenverarbeitung[3] bei Berufsgeheimnissen bzw. vergleichbaren Geheimhaltungspflichten,[4] sondern um eine Öffnungsklausel für die Mitgliedstaaten, die abweichende, dh eingeschränkte Untersuchungsbefugnisse iSv Art. 58 Abs. 1 DSGVO für den Zugriff und den Zugang der Aufsichtsbehörden (Art. 51 ff. DSGVO) zum Schutz von Geheimnisverpflichteten ermöglicht. Die Vorschrift, die an das Sitzlandprinzip anknüpft, trägt damit dem Konflikt zwischen dem Schutz personenbezogener Daten und der (beruflichen) Geheimhaltungspflicht Rechnung. Werden durch ein Berufsgeheimnis geschützte personenbezogene Daten, die vom Verantwortlichen oder Auftragsverarbeitern verarbeitet werden, gegenüber Aufsichtsbehörden und damit gegenüber Dritten bzw. Stellen offengelegt, die nicht zu dem verpflichteten Personenkreis gehören, verlieren die Daten ihren gesteigerten Schutz, weswegen insofern ein erhöhtes Risiko für die Betroffenen besteht. Dieser Effekt soll vermieden werden, indem bspw. derartige Berufsgeheimnisse der behördlichen Aufsicht durch fakultative mitgliedstaatliche Regelungen entzogen werden können.

2   Diese thematisch begrenzte Möglichkeit der Mitgliedstaaten zur Regelung der Kompetenzen der Datenschutzaufsichtsbehörden ist im Kontext mit Erwägungsgrund Nr. 164 zu sehen, wonach die Mitgliedstaaten hinsichtlich der Befugnisse der Aufsichtsbehörden, von dem Verantwortlichen oder vom Auftragsverarbeiter Zugang zu personenbezogenen Daten oder zu seinen Räumlichkeiten zu erlangen, in den Grenzen der DSGVO den Schutz des Berufsgeheimnisses oder anderer gleichwertiger Geheimhaltungspflichten durch Rechtsvorschriften regeln können, soweit dies notwendig ist, um das Recht auf Schutz der personenbezogenen Daten mit einer Pflicht zur Wahrung des Berufsgeheimnisses in Einklang zu bringen. Dies berührt nicht die bestehenden Verpflichtungen der Mitgliedstaaten zum Erlass von Vorschriften über das Berufsgeheimnis, wenn dies aufgrund des Unionsrechts erforderlich ist. Beim Vergleich des Wortlauts von Erwägungsgrund

---

1   Ex. Art. 84 [Trilog].
2   Nach *Spindler* BB 2016, 937 (939) handelt es sich um eine Ausnahmebestimmung.
3   Siehe insofern die strenge Zweckbindungsregelung in § 39 BDSG bei personenbezogenen Daten, die einem Berufs- oder besonderen Amtsgeheimnis unterliegen.
4   Während des Gesetzgebungsverfahrens hatten vor allem Rechtsanwälte, der Deutsche Anwaltverein (DAV) und die Bundesrechtsanwaltskammer (BRAK) vergeblich auf berufsspezifische oder sektorale Sonderregelungen zur Datenverarbeitung anstelle einer behördlichen Aufsicht gedrängt, vgl. *Zikesch/Kramer* ZD 2015, 565 (569 f.), damit es bspw. nicht zu einer staatlichen Kontrolle der anwaltlichen Berufsausübung kommt. Siehe hierzu vertiefend *König*, Sektorale Datenschutzkontrolle bei Rechtsanwälten, 2016, S. 1 ff.

Nr. 164 mit Art. 90 DSGVO fällt auf, dass der Kerngehalt des Erwägungsgrunds identisch mit Art. 90 DSGVO ist, so dass der Erwägungsgrund
nicht sinnvoll zu dessen Auslegung herangezogen werden kann.

Art. 90 DSGVO ist eine (echte) Öffnungsklausel für mitgliedstaatliche Re-   3
gelung, auch wenn es das Ziel des europäischen Gesetzgebers war, das Datenschutzrecht einheitlich zu regeln. Die DSGVO lässt aber nicht nur in
Art. 90 DSGVO in zulässigerweise Weise Raum für abweichende mitgliedstaatliche Regeln, ohne dass damit ausgeschlossen werden soll, dass sich
die Mitgliedstaaten nicht doch irgendwann auf gemeinsame europäische
Mindest- oder Rahmenstandards einigen. Derzeit werden bei Geheimhaltungspflichten mitgliedstaatliche Regelungen, so auch bei Art. 90 DSGVO,
nicht nur als erlaubt sondern ggfls. als notwendig eingestuft. Art. 90
DSGVO weist strukturelle Ähnlichkeiten mit Art. 85 DSGVO auf, der den
Konflikt zwischen Informationsfreiheit und dem Persönlichkeitsschutz zum
Gegenstand hat.

II. Bisherige Rechtslage und Neuansatz durch DSGVO

Art. 90 DSGVO geht, wie selbstverständlich, davon aus, dass die DSGVO   4
auch für Berufsgeheimnisträger gilt, dh insofern besteht kein Sonderrecht.
Die bisherige Rechtslage in Deutschland ist insofern abweichend. Nach § 1
Abs. 3 Satz 2 BDSG bleibt durch das BDSG die Verpflichtung zur Wahrung
gesetzlicher Geheimhaltungspflichten oder von Berufs- oder besonderen
Amtsgeheimnissen, die nicht auf gesetzlichen Vorschriften beruhen, unberührt. Dementsprechend war es bislang in Deutschland umstritten, ob und
inwieweit das BDSG auch für eine Datenverarbeitung gilt, die zugleich unter nach dem Berufsrecht zwingende Geheimhaltungs- oder Verschwiegen-
heitspflichten fällt, dh ob das BDSG zugleich oder nur subsidiär gilt.[5] Die
DSGVO gilt jedenfalls unstreitig parallel zu den (berufsrechtlichen) Geheimhaltungsverpflichtungen.[6]

Im Zusammenhang mit Berufsgeheimnissen sind schließlich noch Art. 14   5
Abs. 5 lit. c und d DSGVO zu beachten, wonach keine Informationspflicht
bei der Erhebung personenbezogener Daten besteht, wenn diese nicht bei
der betroffenen Person erhoben wurden, sofern und soweit die Erlangung
und die Weitergabe dieser Daten gemäß dem Unionsrecht oder dem Recht
der Mitgliedstaaten dem Berufsgeheimnis, einschließlich einer satzungsmäßigen Geheimhaltungspflicht, unterliegen und daher vertraulich behandelt
werden müssen.[7]

---

5 Siehe ausführlich zum Streitstand: *Dix* in: Simitis BDSG § 1 Rn. 155 ff., vor allem
  Rn. 175 ff.; *Zikesch/Kramer* ZD 2015, 461 (461 f.); *Weichert* NJW 2009, 550 ff.;
  Redeker NJW 2009, 554 ff.
6 *Zikesch/Kramer* ZD 2015, 565 (566), „die Verordnung sticht"; *Laue/Nink/Kramer*,
  § 10 Rn. 23 mwN.
7 Hiernach sind bspw. Rechtsanwälte als Berufsgeheimnisträger nicht verpflichtet, den
  (Prozess-)Gegner ihres Mandanten über die Speicherung seiner personenbezogenen
  Daten zu unterrichten, was auch standes- bzw. berufsrechtlich absurd wäre.

B. Kommentierung

I. Geheimhaltungspflichten und personenbezogene Daten (Abs. 1)

6 Art. 90 Abs. 1 DSGVO gilt nur für personenbezogene Daten.[8] Allerdings muss es sich hier einschränkend um solche Daten handeln, die der Verantwortliche oder der Auftragsverarbeiter bei einer Tätigkeit erlangt oder erhoben hat, die einer Geheimhaltungspflicht unterliegt (Art. 90 Abs. 1 Satz 2 DSGVO). „Bei einer Tätigkeit" werden die geschützten Daten erlangt, wenn dies in Ausübung des jeweiligen Berufes oder Tätigkeit erfolgt. Dies bedeutet zum anderen, dass rein zufällige oder private Kenntnis von personenbezogenen Daten nicht erfasst wird. Zum anderen muss die Kenntniserlangung mit dem jeweiligen Berufsrecht vereinbar, dh zulässig sein.[9]

7 Bei der Geheimhaltungspflicht iSv Art. 90 Abs. 1 DSGVO kann es sich um entweder um eine Verpflichtung zum Berufsrecht („... *obligation of professional secrecy*") oder um eine gleichwertige Geheimhaltungspflicht („... *other equivalent obligations of secrecy*") handeln. Hierbei handelt es sich um rechtliche Regelungen zur Geheimhaltung, die einem Verpflichteten im Hinblick auf die Ausübung eines bestimmten Berufs oder Amtes obliegen. Die Geheimhaltungspflichten richten sich entweder nach Unionsrecht, dem nationalen Recht oder nach den von den hiervor zuständigen nationalen Stellen erlassenen Verpflichtungen. Art. 90 DSGVO setzt insofern einen rechtlich gewährleisteten gesteigerten Geheimnisschutz voraus. Das allgemeine behördliche Amtsgeheimnis oder die allgemeinen Verschwiegenheitsverpflichten im Dienst- und Arbeitsrecht[10] reichen insofern nicht aus, dh auch insbesondere vertraglich begründete Geheimhaltungspflichten reichen nicht aus. Die Geheimhaltungsverpflichtungen können aber auch von zuständigen nationalen Stellen auferlegt werden, wozu insbesondere berufsständische (Selbstverwaltungs-)Kammern gehören, wie sie bspw. bei Rechtsanwälten, Ärzten, Apothekern etc. in Deutschland üblich sind.[11] Allen Berufsgeheimnisträgern ist gemeinsam, dass sie personenbezogenen Daten von Dritten erheben, speichern und verarbeiten, ohne die – wie bspw. im Falle von Rechtsanwälten – eine sachgerechte gerichtliche oder außergerichtliche Vertretung von Mandanten nicht möglich wäre. Das Berufsgeheimnis ist hierbei elementares Strukturmerkmal der Beziehung Rechtsanwalt-Mandant und verwirklicht damit effektiven Rechtsschutz. Dasselbe gilt für Steuerberater und Wirtschaftsprüfer. Dementsprechend unterliegen diese Berufsgruppen berufsrechtlichen Verschwiegenheitsverpflichtungen (§§ 43 a Abs. 2 BRAO, 57 Abs. 1 StBG, 4, Abs. 1 WPO), welche nach

---

8 Siehe hierzu die Legaldefinition in Art. 4 Nr. 1 DSGVO.

9 Vgl. *Dammann* in: Simitis BDSG § 39 Rn. 17.

10 Wie Art. 2 DSGVO zu entnehmen ist, findet die DSGVO sachlich Anwendung, wenn die Verarbeitung personenbezogener Daten betroffen ist, unabhängig davon, ob es sich um öffentliche oder nicht-öffentliche Stellen handelt.

11 Eine eigene Datenschutzaufsicht durch solche berufsständische (Selbstverwaltungs-)Kammern ist durch die DSGVO ausdrücklich ausgeschlossen, kritisch insofern *Zikesch/Kramer* ZD 2015, 565 (567). Die Sonderregelung in Art. 91 Abs. 2 DSGVO bzgl. der Datenschutzregelungen bei Kirchen und religiösen Vereinigungen oder Gemeinschaften zeigt aber, dass eine selbstregulierte Datenschutzaufsicht durchaus in Betracht gekommen wäre.

§ 203 Abs. 1 StGB, sowie über § 203 Abs. 2 a und Abs. 3 StGB für angestelltes Hilfspersonal, strafbewehrt ist.

Als Berufsgeheimnisträger, die Privatgeheimnisse zu schützen haben, können in Deutschland insbesondere folgende Personen, die teils üblicherweise freiberuflich tätig sind, angesehen werden:[12]   **8**

- Arzt, Zahnarzt, Tierarzt, Apotheker oder Angehörige sonstiger anerkannter Heilberufe, Psychologen;
- Rechtsanwalt, Patentanwalt, Notar, Verteidiger in einem gesetzlich geordneten Verfahren, Wirtschaftsprüfer, vereidigtem Buchprüfer, Steuerberater, Steuerbevollmächtigten oder Organ oder Mitglied eines Organs einer Rechtsanwalts-, Patentanwalts-, Wirtschaftsprüfungs-, Buchprüfungs- oder Steuerberatungsgesellschaft,
- Berater und Angehörige öffentlicher anerkannter Beratungsstellen in Ehe-, Familien-, Erziehungs- oder Jugendangelegenheiten, bei Sucht- oder Schwangerenkonfliktberatung sowie staatlich anerkannte Sozialarbeiter oder Sozialpädagogen;
- Angehörigen eines Unternehmens der privaten Kranken-, Unfall- oder Lebensversicherung oder einer privatärztlichen, steuerberaterlichen oder anwaltlichen Verrechnungsstelle.
- Im Unionsrecht sind Berufsgeheimnisträger bspw. diejenigen Personen, die in Art. 339 AEUV genannt sind.

Berufsgeheimnisse sind insofern von Amtsgeheimnissen sowie von (allgemeinen) Geschäfts- und Betriebsgeheimnissen abzugrenzen, die nicht von   **9** Art. 90 DSGVO erfasst werden. Personen, die in Deutschland besondere Amtsgeheimnisse zu schützen haben (vgl. § 203 Abs. 2 StGB), zB das Steuergeheimnis (§ 30 AO), das Personalaktengeheimnis (§§ 106 ff. BBG bzw. §§ 50 ff. BeamtStG), das Statistikgeheimnis (§ 17 BstatG bzw. § 14 LStatG NRW), das Meldegeheimnis (§ 7 Abs. 2 BMG) oder das Sozialgeheimnis (§ 35 SGB I), Mitglieder von Personalvertretungen oder öffentlich bestellte Sachverständige sind zwar keine Berufsgeheimnisträger, wie sie in § 203 Abs. 1 StGB bezeichnet sind. Da sie aber gleichwohl mit geheimhaltungsbedürftigen personenbezogenen Daten zu tun haben, und die Schutzbedürftigkeit ohne Weiteres vergleichbar ist, unterliegen die genannten Personen einer dem Berufsgeheimnis gleichwertigen Geheimhaltungspflicht (siehe nachfolgend).

Neben den Berufsgeheimnissen können auch gleichwertige Geheimhaltungspflichten eine Beschränkung der Untersuchungsbefugnisse der Aufsichtsbehörden rechtfertigen. Ob derartige Pflichten insofern „gleichwertig" sind, obliegt der Einschätzungsprärogative der Mitgliedstaaten. Eine Gleichwertigkeit dürfte anzusehen sein, wenn die Verletzung der Geheimhaltungspflicht gleich oder ähnlich strafbewehrt ist, wie die Verletzung eines Berufsgeheimnisses.[13] Als Personen, die einer mit dem Berufsgeheimnis gleichwertigen Geheimhaltungsverpflichtung unterliegen, dürften in Deutschland in der Privatwirtschaft ua. die Mitglieder der kollektiven Vertretungsorgane anzusehen sein (siehe § 79 BetrVG für den Betriebsrat).   **10**

---

12 Siehe insofern die vollständige Auflistung in § 203 Abs. 1 StGB.
13 Vgl. *Grages* in: Plath, 2. Aufl. 2016, DSGVO Art. 90 Rn. 5.

11 Berufsbedingte Zeugnisverweigerungsrechte in Prozessen (§§ 383 ff. ZPO; §§ 53 ff. StPO) stellen hingegen nur ein Schweigerecht dar, begründen aber keine Geheimhaltungsverpflichtungen.[14] Gleichwohl unterliegen die genannten Personen häufig einem Berufsgeheimnis.

12 Der Verantwortliche[15] oder der Auftragsverarbeiter,[16] der gem. Art. 28 und 29 DSGVO vom Auftraggeber mit der Verarbeitung der personenbezogenen Daten nach sorgfältiger Auswahl beauftragt wird, unterliegt bei der Verarbeitung der personenbezogenen Daten, die einer beruflichen oder gleichwertigen Geheimhaltungsverpflichtung unterfällt, sodann der datenschutzrechtlichen Aufsicht durch die Aufsichtsbehörden iSv Art. 51 ff. DSGVO. Auftragsverarbeiter müssen in diesem Zusammenhang besonders darauf aufpassen, dass sie etwaigen Weisungsrechten des Berufsgeheimnisträgers nachkommen und dürfen insofern gegenüber den Aufsichtsbehörden nicht vertragsbrüchig im Verhältnis zu ihrem Auftraggeber werden.

13 Bei einer Datenverarbeitung durch einen Auftragsverarbeiter ist zu beachten, dass es unter der Geltung des BDSG einer ausdrücklichen oder – zumindest unter engen Voraussetzungen – einer mutmaßlichen Einwilligung des Betroffenen bedarf,[17] damit es sich bei von einem Berufsgeheimnis geschützten personenbezogenen Daten um eine erlaubte Form der Datenverarbeitung durch den Auftragsverarbeiter handelt. Daneben muss die Weitergabe dieser geschützten personenbezogenen Daten auch berufsrechtlich zulässig sein, was ggfls. sicherzustellen zu ist.

14 Im Falle einer Geheimhaltungspflicht ergänzt zudem der Art. 9 Abs. 3 DSGVO – abweichend von dem Verbot in Art. 9 Abs. 1 DSGVO – die Ausnahmevorschrift des Art. 9 Abs. 2 lit. h DSGVO bei der zweckgebundenen Verarbeitung besonderer Kategorien personenbezogener Daten und lässt die Verarbeitung auch in den Fällen zu, in denen die besonderen Datenkategorien von Fachpersonal oder unter dessen Verantwortung verarbeitet werden und die Verarbeitung durch Personen erfolgt, die nach dem Recht eines Mitgliedstaats, nach Unionsrecht oder aufgrund von Vorschriften nationaler zuständiger Stellen einem Berufsgeheimnis oder einer Geheimhaltungspflicht unterliegen.

II. Mitgliedstaatliche Regelungen der Befugnisse der Aufsichtsbehörden

15 Im Anwendungsbereich von Art. 90 DSGVO können die Mitgliedstaaten die Befugnisse der Aufsichtsbehörden im Sinne des Art. 58 Abs. 1 lit. e und f DSGVO – und damit in einem eingeschränkten Bereich – gegenüber den Verantwortlichen oder den Auftragsverarbeitern, die nach Unionsrecht oder dem Recht der Mitgliedstaaten oder nach einer von den zuständigen nationalen Stellen erlassenen Verpflichtung dem Berufsgeheimnis oder einer gleichwertigen Geheimhaltungspflicht unterliegen, regeln, soweit dies notwendig und verhältnismäßig ist, um das Recht auf Schutz der personenbezogenen Daten mit der Pflicht zur Geheimhaltung in Einklang zu brin-

---

14 Vgl. *Dammann* in: Simitis BDSG § 39 Rn. 11.
15 Siehe die Legaldefinition in Art. 4 Nr. 7 DSGVO sowie Art. 24 ff. DSGVO.
16 Siehe die Legaldefinition in Art. 4 Nr. 8 DSGVO sowie Art. 28 ff. DSGVO.
17 *Petri*, in: Simitis BDSG § 11 Rn. 45 mwN.

gen.[18] Erst durch eine Einschränkung, nicht jedoch durch eine Erweiterung der behördlichen Untersuchungsbefugnisse kann den Rechten der Berufsgeheimnisträger Genüge getan werden.

Die Aufsichtsbehörden nach Art. 51 ff. DSGVO üben ihre Behörden grund- **16** sätzlich nach dem Verfahrensrecht der Mitgliedstaaten aus, soweit das Unionsrechts keine besonderen Vorgaben macht (Art. 58 Abs. 4 DSGVO). Art. 58 DSGVO geht jedoch von einem Kanon bestimmter benötigter Befugnisse aus, wozu ua. nach Abs. 1 Untersuchungsbefugnisse zählen, die die Aufsichtsbehörden ua zum Erlass evtl. erforderlicher Verwaltungsakte iSv § 35 VwVfG berechtigen. Die Untersuchungsbefugnisse, bei denen Art. 90 Abs. 1 DSGVO abweichende nationalstaatliche Regelungen erlaubt, sind

- von dem Verantwortlichen und dem Auftragsverarbeiter Zugang zu allen personenbezogenen Daten und Informationen, die zur Erfüllung ihrer Aufgaben notwendig sind, zu erhalten (Art. 58 Abs. 1 lit. e DSGVO) und
- gemäß dem Verfahrensrecht der Union oder dem Verfahrensrecht des Mitgliedstaats Zugang zu den Geschäftsräumen, einschließlich aller Datenverarbeitungsanlagen und -geräte, des Verantwortlichen und des Auftragsverarbeiters zu erhalten (Art. 58 Abs. 1 lit. f DSGVO).

Die Mitgliedstaaten haben nach Art. 90 Abs. 1 DSGVO ein sog Ent- **17** schließungsermessen, dh ob sich überhaupt werden (*„may ... adopt"*), dh die Öffnungsklausel ist fakultativ, sie müssen also nicht tätig werden. Wenn sie sich *aber* entschieden haben, eigene Regelungen für die Untersuchungsbefugnisse ihrer Aufsichtsbehörden zu treffen, müssen diese nationalstaatlichen Vorschriften notwendig und verhältnismäßig sein, um das Recht auf Schutz der personenbezogenen Daten mit der Pflicht zur Geheimhaltung in Einklang zu bringen (*„... to reconcile"*). Insofern findet die Öffnungsklausel ihre inhaltliche Grenze im Grundsatz der Verhältnismäßigkeit. Die Untersuchungsbefugnisse der Aufsichtsbehörden dürfen nur soweit eingeschränkt werden, wie es geeignet, erforderlich und angemessen ist, um den Schutz personenbezogener Daten und die kollidierenden (berufsrechtlichen) Geheimhaltungspflichten[19] miteinander in Einklang zu bringen.[20] Hierbei geht es um die Herstellung praktischer Konkordanz. Die mitgliedstaatliche Wahrnehmung der Öffnungsklausel darf jedoch nicht dazu führen, dass Datenschutzverstöße durch Berufsgeheimnisträger vollständig kontroll- und damit im Ergebnis sanktionsfrei gestellt werden. Die Kommission soll insofern über die Notifizierungspflicht nach Art. 90

---

18 Nach *Härting*, Rn. 745 handelt es sich insofern um Sonderbestimmungen. *Albrecht* CR 2016, 88 (97) sieht insofern einen Raum für mitgliedstaatliche Sonderwege.
19 *Habermalz,* JurPC Web-Dok. 188/2013, Abs. 19 ff. zeigt unter Bezugnahme auf KG 20.8.2010 – 1 Ws (B) 51/07 – 2 Ss 23/07, NJW 2011, 324 ff. gut begründet die Konfliktpunkte zwischen den Zugriffs- und Zugangsbefugnissen der Datenschutzaufsichtsbehörden und dem anwaltlichem Berufsgeheimnis bei der Umsetzung der DSGVO auf, weswegen er insofern eine nationale Regelung iSv Art. 90 DSGVO fordert, die einen vollständigen Ausschluss aufsichtsbehördlicher Befugnisse bei Rechtsanwälten beinhaltet.
20 Die gesetzliche Formulierung „in Einklang zu bringen" findet sich bspw. auch in Art. 85 Abs. 1 DSGVO.

Abs. 2 DSGVO Kenntnis von den verschiedenen mitgliedstaatlichen Regelung erhalten, um diese vergleichen und überprüfen zu können, auf welche Weise die kollidierenden Rechtspositionen am besten in Einklang gebracht werden können.

18   Aufgrund der Öffnungsklausel in Art. 90 DSGVO ist es also möglich und zulässig, einer Aufsichtsbehörde entgegen Art. 58 Abs. 1 lit. e und f DSGVO dann keinen Zugang zu Daten und Informationen sowohl beim Verantwortlichen als auch beim Auftragsverarbeiter zu geben, wenn und soweit dadurch die (berufliche) Geheimhaltungspflicht verletzt würde.[21] Mit einer solchen Zugangs- und Zutrittsbeschränkung, ohne dass die behördlichen Untersuchungsrechte vollständig ausgeschlossen werden, könnte eine Pflichtenkollision zum einen vermieden und zum anderen die Datenschutzaufsicht verhältnismäßig eingeschränkt werden. Gerade bei den freien Berufen (zB Rechtsanwalt, Steuerberater und Wirtschaftsprüfer) schützt die berufsrechtliche Schweigepflicht das Vertrauen des Mandanten und der Öffentlichkeit in den Berufsstand, auch wenn die betroffenen personenbezogenen Daten – unter Beachtung berufsrechtlicher Vorgaben – an Dritte und damit an Auftragsverarbeiter weitergegeben wurden. Nach der Rechtsprechung des BVerfG darf das Mandatsverhältnis (zB gegenüber einem Strafverteidiger) nicht mit Unsicherheiten hinsichtlich seiner Vertraulichkeit belastet werden.[22] Ob die eingeschränkten aufsichtsbehördlichen Kompetenzen ggfls. zu kompensieren sind, zB durch eine berufsständische Datenschutzaufsicht, dürfte eher eine rechtspolitische Frage sein. In jedem Fall ist in den mitgliedstaatlichen Regelungen zu klären, wie zu verfahren sein soll, wenn sich bspw. ein Mandant eines Rechtsanwalts oder der Patient eines Arztes bei der zuständigen Datenschutzaufsicht beschwert, dh ob eine aufsichtsbehördliche Kontrolle der Datenverarbeitung die beruflichen Geheimhaltungspflichten gefährdet oder ob in diesem Fall mangels Interessenkonflikts eine uneingeschränkte Kontrolle erlaubt sein soll.

19   Fraglich ist schließlich, wie zu verfahren ist, wenn die Untersuchungsbefugnisse der Aufsichtsbehörden entweder nicht eingeschränkt wurden oder wenn diese bei ihren Untersuchungen – per Zufall – von Berufsgeheimnissen iSv Art. 90 DSGVO erfahren. Letzteres kann bspw. der Fall sein, wenn bei einem Auftragsverarbeiter eine behördliche Untersuchung vorgenommen, denn bspw. Rechtsanwälte und Ärzte bedienen sich vermehrt externer IT-Dienstleistungsunternehmen. Um die Berufsgeheimnisse in diesen Fällen weiter zu wahren, verbleibt im Grunde nur die Möglichkeit, die Aufsichtsbehörde – und deren (öffentliche) Beschäftigten – nunmehr ebenfalls zur Wahrung des Berufsgeheimnisses kraft Gesetzes zu verpflichten. Eine solche Regelung ist zwar nicht mehr von der Öffnungsklausel in Art. 90 DSGVO gedeckt, aber es dürfte unzweifelhaft in die Gesetzge-

---

21   Insofern ist die Regelung in § 29 Abs. 3 Satz 1 des Entwurfs der Bundesregierung (BR-Dr. 110/17 = BT-Drs. 18/11325, S. 25 und S. 101) zum Gesetz zur Anpassung des Datenschutzrechts an die Verordnung (EU) 2016/679 und zur Umsetzung der Richtlinie (EU) 2016/680 (Datenschutz-Anpassungs- und -Umsetzungsgesetz EU – DSAnpUG-EU) zu begrüßen.
22   BVerfG 12.4.2005 – 2 BvR 1027/02, Rn. 94, NJW 2005, 1917 ff.

bungskompetenz eines jeden EU-Mitgliedstaates fallen, seine Behörden zum Schutz bestimmter und berufsrechtlich relevanter Daten zu verpflichten.[23]

III. Mitteilungspflicht (Abs. 2)

Nach Art. 90 Abs. 2 DSGVO sind die Mitgliedstaaten in zweifacher Hinsicht verpflichtet. Gleichlautende bzw. vergleichbare Notifizierungsregelungen bestehen in Art. 51 Abs. 4, Art. 83 Abs. 9 Satz 3, Art. 85 Abs. 3 und Art. 88 Abs. 3 DSGVO.   20

Zum einen müssen sie der Kommission bis zum 25. Mai 2018 die Vorschriften mitteilen, die sie aufgrund von Art. 90 Abs. 1 DSGVO erlassen, so dass die Mitgliedstaaten bis zu diesem Stichtag, dh bis zum Inkrafttreten der DSGVO, nach nationalem Recht prüfen müssen, ob und, wenn ja, welche nationalen Regelungen sie in Ausfüllung des Normsetzungsspielraums nach Abs. 1 erlassen wollen. Insofern gilt es, den Zeitraum von nunmehr weniger als zwei Jahren bis zum Inkrafttreten der DSGVO sinnvoll zu nutzen, wobei Zeiten von Wahlkämpfen und Parlamentswahlen miteinzukalkulieren sind. Von der Informationspflicht nach Art. 90 Abs. 2 DSGVO sind aber nicht nur neu erlassene Vorschriften erfasst, sondern sie gilt auch für bereits geltende nationale Vorschriften gilt, die auch unter der DSGVO weiter gelten sollen. Sofern die Mitgliedstaaten geltende Regelungen fortbestehen lassen wollen, müssen sie diese ebenfalls bei der Kommission notifizieren. Die Mittelung nach Art. 90 Abs. 2, 1. Hs. DSGVO kann jederzeit erfolgen, muss jedoch spätestens bis zum 25. Mai 2018 erfolgen.   21

Zum anderen müssen die Mitgliedstaaten nach Art. 90 Abs. 2, 2. Hs. DSGVO jede weitere Änderung an den genannten Vorschriften der Kommission unverzüglich mitteilen. Diese Verpflichtung gilt zeitlich unbefristet. Sinn und Zweck der Notifizierungspflicht nach Art. 90 Abs. 2 DSGVO ist es, der Kommission die Kenntnis zu vermitteln, welche nationalen Regelungen zu Geheimhaltungspflichten bestehen, um es damit gleichzeitig zu ermöglichen, eine vergleichende Betrachtung vorzunehmen und zu prüfen, in welchen Mitgliedstaaten welchen Datenschutzniveau herrscht, das über oder ggfls. unter das Mindestmaß der DSGVO hinaus geht. Vom Begriff der Änderung sind nach Sinn und Zweck der Vorschrift nicht nur Änderungen am Wortlaut der mitgliedstaatlichen Regelungen erfasst sondern auch Änderungen in der Auslegung und Anwendung der mitgliedstaatlichen Vorschriften, die durch die nationale Rechtsprechung bedingt sind.   22

---

23 Insofern dürfte die Regelung in § 29 Abs. 3 Satz 2 des Entwurfs der Bundesregierung (BR-Drs. 110/17 = BT-Drs. 18/11325, S. 25 und S. 101) zum Gesetz zur Anpassung des Datenschutzrechts an die Verordnung (EU) 2016/679 und zur Umsetzung der Richtlinie (EU) 2016/680 (Datenschutz-Anpassungs- und -Umsetzungsgesetz EU – DSAnpUG-EU) unbedenklich sein.

Artikel 91 Bestehende Datenschutzvorschriften von Kirchen und religiösen Vereinigungen oder Gemeinschaften

(1) Wendet eine Kirche oder eine religiöse Vereinigung oder Gemeinschaft in einem Mitgliedstaat zum Zeitpunkt des Inkrafttretens dieser Verordnung umfassende Regeln zum Schutz natürlicher Personen bei der Verarbeitung an, so dürfen diese Regeln weiter angewandt werden, sofern sie mit dieser Verordnung in Einklang gebracht werden.

(2) Kirchen und religiöse Vereinigungen oder Gemeinschaften, die gemäß Absatz 1 umfassende Datenschutzregeln anwenden, unterliegen der Aufsicht durch eine unabhängige Aufsichtsbehörde, die spezifischer Art sein kann, sofern sie die in Kapitel VI niedergelegten Bedingungen erfüllt.

Verwandte Normen: ErwGr 165

Literatur:

Arlt, Ute, Datenschutz in den Kirchen, in: A. Roßnagel (Hrsg.), Handbuch Datenschutzrecht, 2003, Kap. 8.15, Rn. 1-51; *Campenhausen, Axel Fhr. von/Thiele, Christoph,* Zur Geltung kirchlichen Datenschutzrechtes in den privatrechtlich organisierten Einrichtungen der Diakonie, in: Dies., Göttinger Gutachten II, 2002, S. 122-135; *Claessen, Herbert,* Datenschutz in der evangelischen Kirche – Praxiskommentar zum Kirchengesetz über den Datenschutz der EKD, 3. Aufl. 2004; *Classen, Claus Dieter,* Die Bedeutung von Art. 17 AEUV – zwanzig Jahre nach der Erklärung von Amsterdam, ZevKR 61 (2016), 333-355; *Fachet, Siegfried,* Datenschutz in der katholischen Kirche – Praxiskommentar zur Anordnung über den kirchlichen Datenschutz (KDO), 1998; *Germann, Michael,* Das kirchliche Datenschutzrecht als Ausdruck kirchlicher Selbstbestimmung, ZevKR 48 (2003), 446-491; *ders.,* Entwicklungstendenzen im Verhältnis von Staat und Kirche unter dem Grundgesetz der Bundesrepublik Deutschland, ÖARR 2014, 41-88; *Heinig, Hans Michael,* Öffentlich-rechtliche Religionsgesellschaften, 2003; *Hoeren, Thomas,* Kirchen und Datenschutz. Kanonistische und staatskirchenrechtliche Probleme der automatisierten Datenverarbeitung, 1986; *ders.,* Die Kirchen und das neue Bundesdatenschutzgesetz, NVwZ 1993, 650-653; *Joachimski, Jupp,* Das Datenschutzrecht der Ordensgemeinschaften, Ordenskorrespondenz 57 (2016),

351-365; *Lorenz, Dieter,* Die Novellierung des Bundesdatenschutzgesetzes in ihren Auswirkungen auf die Kirchenm, DVBl. 2001, 428-436; *Losem, Uta,* Arbeitnehmerdatenschutz in der Kirche im Spannungsfeld zwischen europäischem und nationalem Recht, KuR 2013, 231-247; *Preuß, Tamina,* Das Datenschutzrecht der Religionsgesellschaften, ZD 2015, 217-225; *Schatzschneider, Wolfgang,* Kirchenautonomie und Datenschutzrecht. Zur Sonderstellung von öffentlich-rechtlichen Religionsgemeinschaften auf dem Gebiet des Datenschutzes, 1984; *ders.,* Staatliche Aufsicht und kirchliches Datenschutzrecht, BayVBl. 1980, 362-366; *Sekretariat der deutschen Bischofskonferenz* (Hrsg.), Datenschutz und Melderecht der katholischen Kirche (Arbeitshilfe 206), 2. Aufl. 2014; *Stolleis, Michael,* Staatliche und kirchliche Zuständigkeiten im Datenschutzrecht, ZevKR 23 (1978), 230-253; *Ziegenhorn, Gero/Aswege, Hanka von,* Kirchlicher Datenschutz nach staatlichen Gesetzen?, KuR 2015, 198-210; *Ziegenhorn, Gero/Drossel, Jan-Marcel,* Die Anwendung kirchlicher Regeln zum Datenschutz unter der EU-Datenschutz-Grundverordnung am Beispiel des § 2 Absatz 8 KDO, KuR 2016, 230-243; *Ziekow, Arne,* Datenschutzrecht und evangelisches Kirchen, 2002.

A. Grundlagen

I. Gesamtverständnis und Zweck der Norm

Die Norm ist ein Exempel dafür, dass die durch Art. 16 AEUV indizierte   1
europarechtliche und europaweite Harmonisierung des Datenschutzrechts kein Entdifferenzierungsferment für unterschiedliche religionsrechtliche Ordnungskonfigurationen in den Mitgliedstaaten ist. Die Absage an eine möglichst weitgehende Vergemeinschaftung unterschiedlicher Ordnungskonfigurationen von Staat und Kirche ist aber kein Verzicht auf die Sicherstellung von Datenschutzstandards. Einerseits liegt Art. 91 DSGVO in der Logik des Art. 17 Abs. 1 AEUV,[1] der die institutionelle Anerkennung dessen ist, dass es in den Mitgliedstaaten der EU Sektoren grundrechtlich geschützter und gebotener „staatsferner Autonomie" gibt.[2] Anderseits manifestiert sich in dieser Norm auch – durchaus entsprechend der EuGH-Rechtsprechung -, dass gerade in mehrpoligen Rechtsverhältnissen „so etwas wie eine grundsätzliche Vermutung für die Richtigkeit und Angemessenheit mitgliedstaatlicher Problemlösungen" besteht.[3] Art. 17 Abs. 1 AEUV fordert keine Bereichsausnahmen, sondern eine hinreichende Berücksichtigung von Statusregelungen in den mitgliedstaatlichen Ordnungen von Staat und Religion. Art. 91 DSGVO ist ein Exempel dafür, ob und wie in einem komplexen Mehrebenenrechtssystem „Einheit in der Unterschiedenheit" normativ realisiert werden kann. Art. 91 DSGVO enthält demnach zwar eine Öffnungsklausel zugunsten des mitgliedstaatlichen Staatskirchenrechts, konditioniert diese aber auch. Es handelt sich demzufolge um keine schlichte Bereichsausnahme zugunsten von Kirchen und Religionsgesellschaften, die eine Totalexemtion dieser Akteure aus dem Datenschutzrecht ermöglichen will. Vielmehr soll dem Recht des Einzelnen auf den Schutz personenbezogener Daten ebenso zum Zuge verholfen werden wie gleichermaßen der korporative Religionsfreiheit ermöglichende Grundstatus der Religionsgesellschaften nach Art. 140 GG iVm Art. 137 Abs. 3

---

1 Allgemein zu der primärrechtlichen Regelung *Waldhoff* in: Calliess/Ruffert AEUV Art. 17 Rn. 1 ff.; *Classen* in: Grabitz/Hilf/Nettesheim AEUV Art. 17 Rn. 1 ff.
2 *Trute,* Verfassungsrechtliche Grundlagen, in: A. Roßnagel (Hrsg.), Handbuch Datenschutzrecht, 2003, Kap. 2.5, Rn. 55.
3 Zu einem solchen Ansatz siehe etwa *Uwe Volkmann,* Doppelt genäht hält besser? Zur Rolle der Grundrechte im europäischen Verfassungsverbund, in: FS Friedhelm Hufen (2015), S. 127 (135).

WRV,[4] ihre Angelegenheiten selbst zu regeln und zu verwalten, wozu auch die Selbstorganisation zählt, beachtet werden soll. Statusrechtliche Relevanz besitzen in diesem Kontext zusätzlich neben der Rechtsform nach Art. 140 GG iVm Art. 137 Abs. 5 WRV europarechtlich auch noch vertragliche Abmachungen zwischen Staat und Kirche.[5]

II. Bisherige Rechtslage

2   Die Regelung des Art. 91 Abs. 1 weist mit dem normativen Anknüpfungspunkt „zum Zeitpunkt des Inkrafttretens" eine Temporalstruktur und -tendenz auf, die der bisherigen Rechtslage ggf. besondere Bedeutung zukommen lässt.

1. EG-Datenschutzrichtlinie 1995

3   Die Richtlinie 95/46/EG vom 24. Oktober 1995 zum Schutz natürlicher Personen bei der Verarbeitung personenbezogener Daten und zum freien Warenverkehr machte – wohl erstmals – richtig bewusst, dass das europäisches Recht für das nationale Staatskirchenrecht nicht unerhebliche Auswirkungen haben kann.[6] Im Gewande einzelner europarechtlicher „Nadelstiche" zeigten sich Systemfragen. Es bestand die Gefahr für das in Deutschland geltende System des staatlichen Kirchensteuereinzugs. Wenn auch die DS-RL weder eine Grundlage für eine pauschale Bereichsausnahme der Kirchen und Religionsgesellschaften und keine Ermächtigung zum Erlass bereichsspezifischer Sonderregelungen (wie etwa für den journalistischen Bereich, Art. 9 DS-RL) enthielt, so erfolgte doch die Korrektur durch den Erwägungsgrund Nr. 35 und Art. 8 Abs. 2 lit. d DS-RL, so dass sowohl die Überlassung der staatlichen Meldedaten als auch deren kircheninterne Verarbeitung nicht europarechtswidrig wurden.[7] Damit war aber letztlich nur ein – wenn auch wichtiges – Teilsegment kirchlichen Datenschutzes europarechtlich geregelt.[8] Die Frage, ob die DS-RL es den Mitgliedstaaten gestattet, Kirchen und andere Religionsgesellschaften und ggf. zu welchen Konditionen zu befreien sind, wurde zwar nicht ausdrücklich, aber doch implizit beantwortet.[9] Der EuGH hatte zwar in einem schwedischen Fall die Anwendbarkeit der DS-RL auch auf religionsgemeinschaftliche Tätig-

---

4   Zur Qualifikation als Statusrecht und der europarechtlichen Relevanz (Art. 17 Abs. 1 AEUV) dieses Aspekts siehe BVerfGE 123, 267 (363); 137, 273 (304, 314, 316 f.). Nicht immer hinreichend beachtet wird in der Literatur, dass der Aspekt „Status" iS von Art. 17 Abs. 1 AEUV nicht allein kurzgeschlossen werden kann etwa mit der öffentlich-rechtlichen Rechtsform.

5   Die Relevanz der (Staatskirchen-) Verträge zu Recht bemerkt bei *Classen* in: Grabitz/Hilf/Nettesheim AEUV Art. 17 Rn. 29 aE.

6   *Heinig*, Religionsgesellschaften, S. 303, 457 f. Rechtsvergleichende und europarechtliche Pionierarbeit *Gerhard Robbers* (Hrsg.), Europäisches Datenschutzrecht und die Kirchen, 1994.

7   Näher *Stefan Mückl*, Europäisierung des Staatskirchenrechts, 2005, S. 466 f., 534 f.; *Preuß* ZD 2015, 217 (218).

8   Siehe auch *Christian Walter*, Religionsverfassungsrecht, 2006, S. 425-427.

9   Vgl. *Germann* ZevKR 48 (2003), 446 (469-472); *Heinig*, Religionsgesellschaften, S. 303. Gegen eine pauschale Befreiung dezidiert *Dammann* in: Simitis BDSG § 2 Rn. 106. Kritisch auch *Classen*, Religionsrecht, 2015, Rn. 357. Siehe schließlich eingehend *Ziekow*, Datenschutz, S. 237 ff.

keiten durchaus festgestellt,[10] eine europäische Systementscheidung, die mitgliedstaatliche Differenzierungen im Sektor religionsgesellschaftlicher Datenschutz ausschlösse, lässt sich aber aus dieser Entscheidung dann doch nicht entnehmen. Wenn immer wieder auch Zweifel aufkamen, ob das europäischen Datenschutzrecht eine systemische Grundentscheidung über In- oder Exklusion der Kirchen und Religionsgesellschaften getroffen hat[11] und wie sich diese im Lichte mitgliedstaatlicher Richtlinienumsetzung auswirkt,[12] so werden die religionsgesellschaftlichen Freiheitsräume doch nunmehr durch Art. 91 DSGVO prinzipiell und rechtssicher, dh unzweifelhaft anerkannt, hinsichtlich ihrer Reichweite aber auch gleichzeitig konturiert.

2. Kirchen und Religionsgesellschaften im Datenschutzrecht der Bundesrepublik Deutschland

Grund und Grenzen des kircheneigenen Datenschutzes gehören zu den Diskussionsklassikern datenschutz- und staatskirchenrechtlicher Publikationen.[13] Gerichtliche Entscheidungen sind demgegenüber kaum zu verzeichnen.[14] Ausdrücklich gesetzlich geregelt wird lediglich die melderechtliche Datenübermittlung in § 15 Abs. 4 BDSG und den entsprechenden Regelungen in den Landesgesetzen, wobei diese Datenübermittlung daran geknüpft ist, dass es sich um eine öffentlich-rechtlich verfasste Religionsgesellschaft handelt und diese einen ausreichenden Datenschutz gewährleisten kann. Der bereichsspezifische melderechtliche Datenschutz wird zudem durch § 42 BMG näher umschrieben, der zum einen an eine staatliche Feststellung ausreichend sichergestellten Datenschutzniveaus gebunden ist (§ 42 Abs. 5 BMG) und die Verwendung von Daten zu arbeitsrechtlichen Zwecken normativ ausschließt (§ 42 Abs. 1 BMG).[15]   4

Eine durch Art. 8 Abs. 2 lit. d DS-RL geschaffene Privilegierung zur Erhebung besonderer Arten von Daten für Organisationen, die religiös ausgerichtet sind und keinen Erwerbszweck verfolgen, normiert § 28 Abs. 9 BDSG, wobei dies nur für die Mitglieder der Organisation gilt bzw. Personen, die im Zusammenhang mit deren religiösem Tätigkeitszweck regelmäßig Kontakt mit ihr halten (§ 29 Abs. 9 S. 2 BDSG).[16]   5

---

10 EuGH – C-101/01 – Lindqvist, Tz. 37 ff.; *Dammann*, RDV 2004, 19.
11 Eine unmittelbare Anwendbarkeit ablehnend aber *Arlt*, in: Handbuch des Datenschutzrechts, Kap. 8.15, Rn. 6.
12 Dazu etwa *Ziekow*, Datenschutz, insbes. S. 241; *Arlt*, in: Handbuch des Datenschutzrechts, Kap. 8.15, Rn. 4.
13 Aus der Fülle des Schrifttums neben den Monographien von *Ziekow*, Datenschutz, 2002, vor allem der grundlegende Aufsatz von *Germann* ZevKR 48 (2003), 446 ff. oder der Handbuchbeitrag von *Arlt*, in: Handbuch des Datenschutzrechts, Kap. 8.15, Rn. 1 ff. Siehe auch *Pauly* in: Paal/Pauly DSGVO Art. 91 Rn. 7 ff.
14 Vgl. die Darstellung bei *Preuß* ZD 2015, 217 (219 f.).
15 Die melderechtliche Regelung wird flankiert von der kirchlichen Selbstverpflichtung, übermittelte Daten nicht „für arbeitsrechtliche Zwecke, insbesondere die Anbahnung, Durchführung oder Beendigung von Beschäftigungsverhältnisse" zu nutzen (vgl. KirchlABl für die Diözese Rottenburg-Stuttgart 2014, 386).
16 Vgl. *Gola* in: Gola DSGVO Art. 91 Rn. 5.

6   Die stark rechtsformabhängige institutionelle Seite des deutschen Staatskir-
     chenrechts manifestiert sich datenschutzrechtlich in Folgendem:[17] Während
     die privatrechtlich organisierten Religionsgesellschaften unbestritten voll-
     umfänglich dem staatlichen Datenschutzrecht und damit auch staatlicher
     Datenschutzaufsicht unterfallen, soll dies für die öffentlich-rechtlichen Re-
     ligionsgesellschaften nicht gelten.[18] Die Kirchen und andere Religionsge-
     sellschaften, die Körperschaft des öffentlichen Rechts sind, können nicht
     als öffentliche Stelle des Bundes oder der Länder iS des § 2 BDSG qualifi-
     ziert werden. Ihr Rechtsstatus inkorporiert sie nicht dem staatlichen Ver-
     waltungssystem, abgesehen für den Fall, dass sie hoheitliche Befugnisse
     durch ausdrücklichen staatlichen Betrauungsakt wahrnehmen. Da darüber
     hinaus § 15 Abs. 4 BDSG als normative Klarstellung gelesen wird, dass öf-
     fentlich-rechtliche Religionsgesellschaften gerade keine öffentlichen Stellen
     im Sinn des weltlichen Datenschutzrechts sind, findet sich im BDSG (bzw.
     den LDSGen) keine explizite Regelung zu den Kirchen und anderen korpo-
     rierten Religionsgesellschaften. Zum einen unterfallen sie nicht ausdrück-
     lich dem gesetzlichen Anwendungsbereich, zum anderen wird aber auch
     keine explizite Bereichsausnahme vorgesehen, wie sie in anderen Rechtsbe-
     reichen durchaus vorkommt. Demnach ist vielfach aus dem sog beredten
     Schweigen[19] des Datenschutzgesetzgebers gefolgert worden, dass die öf-
     fentlich-rechtlichen Religionsgesellschaften aus dem Anwendungsbereich
     der staatlichen Datenschutzgesetze generell herausfallen.[20] Dieser sog Ex-
     emtionslösung[21] tritt die Auffassung an die Seite, die die eine allgemeine
     Geltung staatlicher Datenschutzgesetze nur mit Ausnahme bestimmter
     Kernbereiche kirchlicher oder religionsgesellschaftlicher Aktivitäten an-
     nimmt (sog Subsumtionslösung).[22] Eine dritte Auffassung will staatliche
     Datenschutzgesetze und staatliche Datenschutzaufsicht nur als Ausfallbür-
     gen sehen.[23] Der Staat und staatliches Datenschutzrecht sowie -aufsicht
     kommt nur dann zum Zuge, wenn es an ausreichenden Datenschutzrege-
     lungen der Religionsgesellschaften und entsprechend selbstorganisierter
     Datenschutzaufsicht mangelt. Dem staatlichen Datenschutzrecht kommt
     demnach eine Auffang- und Vergleichsfunktion, die aber weder einfach das
     religionsgesellschaftliche Selbstbestimmungsrecht überspielen soll noch
     bloß als Verfassungskonformitätskorrektiv des staatlichen Datenschutz-
     rechts fungiert.[24]

---

17 Statt vieler: *Ziegenhorn/von Aswege* Kirche und Recht 2015, 198 (201 ff.).
18 Vgl. *Unruh*, Religionsverfassungsrecht, 2015, Rn. 231; *Preuß* ZD 2015, 217 (222).
    Vgl. auch *Pauly* in: Paal/Pauly DSGVO Art. 91 Rn. 7.
19 Grundlegend *Stolleis* ZevKR 23 (1978), 230 (233). Siehe weiter *Ziekow*, Daten-
    schutz, 2002, S. 72 und passim.
20 Zur Frage, ob das „beredte Schweigen" durch die Richtlinienumsetzung ggf. zwei-
    felhaft wurde bzw. ins Wanken geriet siehe etwa *Dammann* in: Simitis BDSG § 2
    Rn. 86 ff., insbes. Rn. 89. Ferner *Ziekow*, Datenschutz, S. 241; *Arlt*, in: Handbuch
    des Datenschutzrechts, Kap. 8.15, Rn. 4.
21 Begriffsbildend *Germann* ZevKR 48 (2003), 446 (458).
22 Topos auch bei *Germann* ZevKR 48 (2003), 446 (458). In diesem Sinn vor allem
    Dammann in: Simitis BDSG § 2 Rn. 108 f.
23 *Hoeren* NVwZ 1993, 650 (651 f.); *ders.*, Kirchen und Datenschutz, S. 65 f. Ähnlich
    Ziegenhorn/von Aswege Kirche und Recht 2015, 198 (201, 205 ff.).
24 *Ziegenhorn/von Aswege* Kirche und Recht 2015, 198 (205).

Praktisch durchgesetzt hat sich letztlich eine vermittelnde Auffassung, die   7
die religionsgesellschaftliche Autonomie daran koppelt, dass ein dem staatlichen Recht vergleichbares Datenschutzniveau gewährleistet ist.[25] Unter
dieser Bedingung ist es den öffentlich-rechtlich verfassten Religionsgesellschaften gestattet, ein eigenes Datenschutzrecht und eine eigene Datenschutzaufsicht auszubilden.[26] Die theoretische Frage, ob die Auffangfunktion des staatlichen Datenschutzrechtes zur Verhinderung datenschutzfreier
Räume in der Kirche automatisch ausgelöst wird oder nicht,[27] bedurfte
keines Praxistestes, da es zu keinen Streitigkeiten über die Einhaltung des
datenschutzrechtlichen Mindestmaßes kam.

Es ist in diesem Kontext deshalb bemerkenswert, dass gerade in neueren   8
Staatskirchenverträgen datenschutzrechtliche Regelungen getroffen werden. Die staatskirchenvertragsrechtliche Arrondierung des Regelungsthemas Datenschutz betrifft in der Regel vor allem die melderechtliche Datenübermittlung, die an ausreichende Datenschutzmaßnahmen gekoppelt ist,
womit die bestehenden Datenschutzregelungen vertraglich rezipiert werden. Sie geht aber auch darüber hinaus und normiert allgemeine Verpflichtungsregelungen, für die etwa exemplarisch Art. 19 Abs. 2 S. 2 HmbKathKV herangezogen werden kann, in dem es dann zusätzlich heißt, dass die
Kirche „ein die Grundrechte beachtendes eigenes kirchliches Datenschutzrecht [erläßt], das dem staatlichen gleichwertig ist".[28]

Meinungsdivergenzen zum kircheneigenen Datenschutzsrecht und der damit korrespondierenden kirchlichen Datenschutzaufsicht werden an verschiedenen Punkten wissenschaftlich diskutiert. So wurde die Konzeption   9
des „beredten Schweigens" mit der Datenschutznovelle von 2001 vereinzelt deshalb in Frage gestellt, weil die ursprünglich vorgesehene Ausnahmeregelung nicht umgesetzt wurde.[29] Der verfassungsrechtliche Grund für
kircheneigenes Datenschutzrecht und Datenschutzaufsicht wurde vor allem
in der Gewährleistung des Art. 140 GG iVm Art. 137 Abs. 3 WRV erblickt
und überwiegend die Auffassung getreten, dass das BDSG kein allgemeines
Gesetz im Sinn dieser Verfassungsvorschrift sei.[30] Die Befreiung der Kirchen (bzw. der Religionsgesellschaften) ist aber statusrechtlich nicht allein
an das religionsgesellschaftliche Selbstbestimmungsrecht geknüpft, sondern
wird darüber hinaus mit dem Rechtsstatus nach Art. 140 GG iVm Art. 137
Abs. 5 WRV gekoppelt. Würde nur der Selbstbestimmungsaspekt relevant,
wäre es nicht zu erklären, weshalb privatrechtlich organisierte Religionsgesellschaften dem BDSG unterfallen. Teilweise wurde deshalb, um den Ein-

---

25 Vgl. *Arlt*, in: Handbuch Datenchutzrecht, Kap. 8.15, Rn. 14.
26 Zur Verkopplung Bindung an das BDSG und das innerkirchliche Schutzniveau
    siehe nur *Ziegenhorn/von Aswege* Kirche und Recht 2015, 198 (200 und passim).
27 Dazu *Ziegenhorn/von Aswege* Kirche und Recht 2015, 198 (205 mit Fn. 32).
28 Vgl. auch – mit etwas anderer Regelungstechnik, aber letztlich gleicher Schutzten-
    denz – Art. 15 Abs. 3 HmbEvglKV: „Die nordelbische Evangelisch-Lutherische Kir-
    che garantiert den Datenschutz auf der Grundlage des Datenschutzgesetzes der
    Evangelischen Kirche in Deutschland in der jeweils geltenden Fassung".
29 So *Dammann* in: Simitis BDSG§ 2 Rn. 86 ff. Kritisch dazu *Ziekow*, Datenschutz,
    2002, S. 247 ff.; *Lorenz* DVBl. 2001, 428 (430 ff.).
30 Dezidiert *von Campenhausen/de Wall*, Staatskirchenrecht, 4. Aufl. 2006, S. 294.
    AA Wolff/Brink BeckOK DatenschutzR/*Hanloser* BDSG § 2 Rn. 22, siehe auch
    Dammann in: Simitis BDSG § 2 Rn. 90 ff.

wand der Paritätswidrigkeit zu entkräften,[31] theoretisch ein Antragsrecht auf Befreiung diskutiert, sofern der verfassungsrechtlich unverzichtbare Datenschutzstandard eingehalten werde.[32] Rechtstatsächlich relevant wurde dies anscheinend nicht. Prinzipiell ist die förmliche Anknüpfung an den Rechtsstatus der deutschen staatskirchenrechtlichen Ordnung bekannt und vertraut.[33] Material manifestiert sich in ihr auch eine besondere Rechtstreue-Vermutung und Verpflichtung, die sich gerade auch in der Nichtgefährdung der Grundrechte Dritter zeigt.[34] Es erfolgt keineswegs immer eine alleinige Anknüpfung an den Körperschaftsstatus, sondern nicht selten ist die Begünstigung von weiteren Voraussetzungen abhängig.[35] Statusrechtliche Organisationsform der religiösen Kerninstitution Religionsgesellschaft und die Einhaltung der Datenschutzstandards sind zwei zu unterscheidende Voraussetzungen dafür, dass Religionsgesellschaften eigenen Datenschutz rechtlich und organisatorisch realisieren dürfen.[36] Beides zusammengenommen ist Voraussetzung für die gesetzessystematisch im BDSG angelegte „intelligente Regulierung".[37]

10 Theoretisch sehr unterschiedlich wird auch die Reichweite des kircheneigenen Datenschutzweges gezogen. Religionen wie Kirchen sind organisatorisch komplexe Phänomene. Der öffentlich-rechtlichen Kerninsitution sind vielfach „Umfeldorganisationen" (Martin Morlok) angelagert, die in einem lebendigen Konnex mit dem Muttergemeinwesen stehen und am religiösen Sendungsauftrag partizipieren bzw. diesem zu dienen bestimmt sind. Diese „kirchlichen Satelliten" sind häufig nicht in öffentlich-rechtlicher Form (Körperschaft, Stiftung oder Anstalt) verfasst, sondern privatrechtlich organisiert. Bis zur Datenschutznovelle 2001 wurden auch die privatrechtlich organisierten kirchlichen Einrichtungen aus dem Anwendungsbereich des BDSG ausgenommen, seitdem galt diese Exemtion als zweifelhaft.[38] Die jahrzehntelange Praxis des Datenschutzes ist gleichwohl in dieser Hinsicht nicht weiter irritiert worden, so dass auch die privatrechtlich organisierten

---

31 Vgl. *Stefan Korioth*, in: Maunz/Dürig, Grundgesetz-Kommentar, Art. 140 GG/136 WRV Rn. 107.
32 *von Campenhausen/de Wall*, Staatskirchenrecht, S. 295. Näher *Schatzschneider*, Kirchenautonomie, S. 58 ff.
33 Siehe nur BVerfGE 102, 370 (371 f.).
34 Vgl. zu beiden Dimensionen BVerfGE 102, 370 (390 ff., 392 ff.).
35 Differenzierte Darstellung allgemein bei *Jost-Benjamin Schrooten*, Gleichheitssatz und Religionsgemeinschaften, 2015, S. 178 ff.
36 AA *Achim Janssen*, Aspekte des Status von Religionsgemeisnchaften als Körperschaften des öffentlichen Rechts, Diss. iur. Passau, 2005, S. 88 f., der einzig und allein das Datenschutzniveau als maßgeblich ansieht und dem Körperschaftsstatus lediglich eine widerlegbare Vermutungsfunktion zumessen will.
37 *Heinig*, Religionsgesellschaften, S. 303.
38 *Heinig*, Religionsgesellschaften, S. 305 f.; *Germann* ZevKR 48 (2003), 446 (461). Instruktiv von *Campenhausen/Thiele*, Geltung, S. 122 ff.

Satelliten weiterhin der (originären) kirchlichen Datenschutzaufsicht unterfallen können.[39]

Dies alles zusammengenommen[40] belegt folgendes: Die Wahrnehmung statusrechtlich garantierter staatsferner Kirchenautonomie im Bereich des Datenschutzes hat einen Preis, den die Kirchen auch zu zahlen bereit sind.[41] Der Preis der Kirchenfreiheit war (und ist), dass die Kirchen bzw. Religionsgesellschaften sich Selbstbindungen unterwerfen, die dem individuellen Recht des Schutzes personbezogener Daten formell und materiell hinreichend Rechnung tragen. In diesen Regelungskontext sind auch die (katholischen) Ordensgemeinschaften, deren staatskirchenrechtliche Verortung neben den Diözesen als Hauptzurechnungspunkt mitunter Schwierigkeiten bereitet, nicht zuletzt angesichts des weiten Wortlauts des Art. 91 Abs. 1 DSGVO[42] durchaus systemisch stimmig miteinzubeziehen.[43] In der Selbstbindung liegt ein Grund für das Gewinnen von Freiheitsräumen. Dass dies nicht nur freiheitstheoretisch durchaus plausibel ist, sondern normativ gilt, lässt sich für den kirchlichen Datenschutzrecht bereits unter Geltung des BDSG rechtsdogmatisch ermitteln. Die Verkopplung mit der öffentlich-rechtlichen Organisationsform ist dabei nicht per se paritätswidrig, sondern liegt prinzipiell in der Logik des deutschen Staatskirchenrechts, das keine schematische Parität kennt. Die Option eines kircheneigenen Datenschutzes lässt sich durch Art. 91 DSGVO europarechtlich nunmehr deutlicher und sichtbarer an einem Normtext ablesen. Kirchen waren und sind keine datenschutzfreien Sektoren.[44] Schließlich lassen sich selbst im genuinen Kirchenrecht deutliche Ansätze eines eigenen Datenschutzverständnis-

11

---

39 Vgl. *Losem* Kirche und Recht 2013, 231 (232); *Ziegenhorn/von Aswege* Kirche und Recht 2015, 198 (206 f.). Ferner *Lorenz* DVBl. 2001, 428 (431). Siehe auch *Germann* ZevKR 48 (2003), 446 (467), der verfassungskonform das Entschließungsermessen staatlicher Datenschutzaufsicht auf Null reduzieren will, wenn eine ausreichende kirchliche Datenschutzaufsicht auch über die Umfeldorganisationen sichergestellt ist. Zur Position und Praxis der Datenschutzbeauftragten *Preuß* ZD 2015, 217 (221) sowie *Ziegenhorn/von Aswege*. Soweit die Datenschutzbeauftragten eine Befugnis zur Aufsicht über gewerbliche „Kircheneinrichtungen" wahrnehmen, also bei Einrichtungen die nicht mehr primär eine religiöse Zielsetzung verfolgen, sondern wirtschaftlich, gewinnorientiert handeln, stimmt dies mit der neuer Rechtsprechung überein. Grundlegend BVerfGE 137, 273 (307), so dass die sog Goch-Kriterien und die verfassungsrechtliche Reichweite des Selbstbestimmungsrechts nicht unerheblich klargestellt worden sind. Da die Beispiele und der Grundansatz bei *Preuß* ZD 2015, 217 (222 f.), sich vor allem gegen Grenzenlosigkeiten in ökonomischen Dingen wendet, dürfte in diesem Punkt durch das BVerfG – auch wegen der Plausibilitätsanforderungen an das Selbstverständnis der betreffenden Religionsgesellschaft/Kirche – Wildwuchs Einhalt geboten worden sein.

40 Flankierend wäre auch daran zu denken, die jahrzehntelage Praxis als gewohnheitsrechtlich verfestigt zu qualifizieren, wodurch das Fehlen ausdrücklicher Regelungen auch kompensiert werden könnte. Art. 91 DSGVO will dies grundsätzlich auch nicht derogieren.

41 Ähnlich in der Grundanlage der Argumentation hierzu und zum Folgenden *Heinig*, Religionsgesellschaften, S. 303 ff.

42 Dazu näher *Herbst* in: Kühling/Buchner DSGVO Art. 91 Rn. 8 f. Weltanschauliche Gemeinschaften partizipieren nicht an Art. 91 DSGVO.

43 Zum Ordensdatenschutzrecht eingehend *Joachimski*, Ordenskorrespondenz 57 (2016), 351-365.

44 *von Campenhausen/de Wall*, Staatskirchenrecht, S. 294.

ses finden, so dass Datenschutz und kirchliches Selbstverständnis keine unvereinbaren Größen sind.[45]

B. Hinweise zur Entstehung der Norm

12   Die Genese der datenschutzrechtlichen Kirchenregelung hat eine nicht unbewegte Entwicklung durchlaufen. Von Anbeginn war aber durchaus eine solche Regelung (Art. 85 DSGVO-E) vorgesehen.[46] Nachdem im Laufe der Beratungen durchaus die Gefahr bestand, dass die Regelung ersatzlos gestrichen werden sollte, wollte das EU-Parlament den Topos „umfassende Regeln" durch „angemessene" ersetzen; darüber hinaus sollte die Angemessenheit durch eine Vereinbarkeitsbescheinigung attestiert werden (Art. 85 Nr. 2 iVm Art. 38 DSGVO-E).[47] 2014 kehrte dann der Rat der EU zu der ursprünglichen Fassung zurück, die dem Art. 91 Abs. 2 DSGVO entspricht. Art. 91 DSGVO gilt als eine Bestimmung, die die verordnungsrechtlichen Anforderungen an die Religionsgesellschaften und Kirchen für einen eigenen Datenschutz und eine eigene Datenschutzaufsicht auf das „absolute Minimum" reduziert hat.[48] Insgesamt ist durch die DSGVO das Datenschutzrecht „selbstbestimmungsfreundlicher" geworden,[49] ohne dass dies zu Abstrichen am datenschutzrechtlichen Schutzniveau führen soll.

C. Kommentierung

I. Nur Weitergeltung bestehender bisheriger Datenschutzregeln nach Art. 91 Abs. 1 DSGVO?

13   Die nach Art. 91 Abs. 1 DSGVO zugelassene Weitergeltung berührt einen nicht unheiklen Temporalaspekt. Die zum Zeitpunkt des Inkrafttretens der DSGVO bestehenden Regelungen dürfen unter bestimmten Voraussetzungen weiter angewandt werden. Verbürgt diese Vorschrift nur einen Bestandsschutz und wie weit geht dieser? Werden dadurch nur die bestehenden Datenschutzrechts-Konstellationen geschützt und die kircheneigenen Datenschutzregime „in die Zukunft gerichtet wieder relativiert"?[50]

14   Die verbreitete Annahme, dass es sich bei Art. 91 Abs. 1 DSGVO lediglich um eine Bestandschutzregelung handelt, ist durchaus fragwürdig.[51] Zwischen Inkrafttreten und Geltung der DSGVO ist nach Art. 99 DSGVO zu unterscheiden. Die Verordnung ist nach Art. 99 Abs. 1 DSGVO am

---

45   Zum katholischen Rechtskreis siehe *Sekretariat DBK*, Arbeitshilfe 206, S. 61 ff.; knapp *Franz Kalde*, § 115: Kirchlicher Datenschutz, Haering ua (Hrsg.), Handbuch des katholischen Kirchenrechts, 3. Aufl. 2015, S. 1760 ff.; ferner *Hoeren* Kirchen und Datenschutz, S. 129 ff. und passim.; zum evangelischen Rechtskreis *Ziekow*, Datenschutz, S. 150 ff., 206 ff.

46   Vorschlag der Kommission vom 25. Januar 2012, KOM (2012) 11 endg. Siehe auch *Herbst* in: Kühling/Buchner DSGVO Art. 91 Rn. 5 f.

47   *Losem* Kirche und Recht 2013, 231 (242); *Preuß* ZD 2015, 217 (224).

48   *Albrecht/Jotzo*, Teil 9, Rn. 10.

49   *Ziegenhorn/von Aswege* Kirche und Recht 2015, 198 (210).

50   Dies scheint zu befürchten *Grages* in: Plath, BDSG/DSGVO, 2. Aufl. 2016, Art. 91 Rn. 3.

51   IdS aber *Herbst* in: Kühling/Buchner DSGVO Art. 91 Rn. 13; *Gola* in: ders. DSGVO, Art. 91 Rn. 1, 17.

24. Mai 2016 in Kraft getreten, sie gilt aber erst ab dem 25. Mai 2018.[52] Damit würde der mögliche Ausnahmebereich der von Art. 91 Abs. 1 DSGVO ziemlich zusammen schmelzen. Es wäre kaum möglich, dass auch andere EU-Mitgliedstaaten neue Regelungskonfigurationen schaffen könnten, selbst wenn diese nach dem mitgliedstaatlichen religionsverfassungsrechtlichem Freiheitsverständnis möglich und angezeigt wären. Eine derart religionsfreiheitsunfreundliche Auslegung wäre auch hinsichtlich Art. 17 Abs. 1 AEUV und Art. 10 GrCh/Art. 9 EMRK sehr zweifelhaft.[53] Für die Bundesrepublik Deutschland ist dieser Aspekt aber nicht problematisch.[54] Soweit die Auffassung vertreten wird, dass damit auch Religionsgesellschaften in Deutschland, die bis jetzt untätig geblieben sind, der Weg zur Schaffung eines eigenen Datenschutzrechts verschlossen bleibt,[55] so ist dies religionsverfassungsrechtlich und europarechtlich – etwa hinsichtlich des Art. 17 Abs. 1 AEUV – durchaus mehr als fragwürdig.[56]

Hiervon zu unterscheiden ist der Aspekt, ob bestehende kirchen- bzw. religionsgesellschaftseigene Datenschutzregelungen verändert bzw angepasst werden dürfen oder müssen. Die Regelung würde sich als dysfunktional erweisen, wenn sie bloß einen rückwärtsgewandten Bestandsschutz für die im Zeitpunkt des Inkrafttretens der Verordnung geltenden Regelungen bedeuten würde, die weiter angewandt werden dürften (oder letztlich sogar müssten).[57] Die Bundesdatenschutzbeauftragte hat aber schon klargestellt, dass Änderungen des bestehenden (auch religionseigenen) Rechts möglich sind und sogar notwendig werden.[58] Eine andere Auslegung, die religionsgesellschaftliche Datenschutzregelungen gegenüber anpassenden Änderungen hinsichtlich der DSGVO „versteinerte", würde Sinn und Funktion des Art. 91 DSGVO aushebeln. Vielmehr sind die Kirchen (und ggf. andere Religionsgesellschaften) geradezu aufgefordert, ihre bestehenden Datenschutzregelungen zu evaluieren und den europäischen Anforderungen entsprechend anzupassen.[59] **15**

Art. 91 Abs. 1 DSGVO wird zudem bei freiheitskonformer Auslegung ermöglichen wollen, dass zukünftig auch neue Religionsgesellschaften in Deutschland, denen der Rechtsstatus Körperschaft des öffentlichen Rechts verliehen wird (zur Systemrelevanz des Körperschaftsstatus oben → Rn. 9 ff.), an dieser Regelung partizipieren können.[60] **16**

---

52 Näher die Kommentierung zu → Art. 99 – Rn. 1 ff.: siehe auch *Jenny* in: Plath BDSG/DSGVO, 2. Aufl. 2016, Art. 91 Rn. 1 f.
53 Zum Problem *Germann* öarr 2014, 41 (82 ff.).
54 Die Bundesbauftragte für den Datenschutz und die Informationsfreiheit (Hrsg.), Datenschutz-Grundverordnung (BfDI-Info 6), 2. Aufl. 2016, S. 30 f.
55 *Gola* in: ders DSGVO Art. 91 Rn. 17. Ebenso wohl iE *Herbst* in: Kühling/Buchner DSGVO Art. 91 Rn. 13.
56 IE wohl auch *Grages* in: Plath BDSG/DSGVO, 2. Aufl. 2016, Art. 91 Rn. 3; *Pauly* in: Paal/Pauly DSGVO Art. 91 Rn. 28.
57 Zu Recht deutlich *Germann* öarr 2014, 41 (84); vgl. auch *Preuß* ZD 2015, 217 (224).
58 Die Bundesbeauftragte für den Datenschutz und die Informationsfreiheit (Hrsg.), Datenschutz-Grundverordnung (BfDI-Info 6), 2. Aufl. 2016, S. 30.
59 Vgl. *Pauly* in: Paal/Pauly DSGVO Art. 91 Rn. 27 f.; *Herbst* in: Kühling/Buchner DSGVO Art. 91 Rn. 14.
60 *Preuß* ZD 2015, 217 (224).

II. Konvergenz der religionseigenen Regelungen mit der DSGVO

17   Die DSGVO knüpft an die (Weiter-) Geltung des kirchen-, religionseigenen Datenschutzrechts Bedingungen, so dass es sich nicht um eine bloß einfache Bereichsausnahme, sondern eine spezifizierte Sonderregelung handelt: Es muss sich zum einen um „umfassende Regeln" handeln und zum anderen müssen diese Regeln mit der DSGVO „in Einklang stehen". Die Regelungen des Art. 91 DSGVO stehen aber auch im Kontext primärrechtskonformer Auslegung, wie sie durch den Erwägungsgrund 165 hinsichtlich des Art. 17 AEUV eingeschärft wird. In der Polarität von Datenschutz und korporativer Religionsfreiheit wird dies letztlich aber immer nur in dem Modus verhältnismäßiger, konfliktschlichternder Zuordnung erfolgen können, die die Kehrseitigkeit und Wechselbezüglichkeit der konfligierenden Rechtspositionen ernstnimmt und auszugleichen sucht.

1. Voraussetzung „umfassende Regeln"

18   Es wird naheliegen, dass religions- und kircheneigenen Regeln gleichsam als Regelungswerke mit kodifikatorischem Charakter konzipiert werden, die einen möglichst sämtliche relevanten Aspekte abdeckenden, systematischen Gesamtzusammenhang normieren. Das Kriterium „umfassende Regeln" darf dabei keinen überspannten Vollständigkeitsansprüchen ausgesetzt werden, da dies funktionale, religionsverfassungsrechtliche Regelungsspielräume unterminieren würde.[61] Während der mitgliedstaatliche Datenschutzgesetzgeber nunmehr nur noch die durch die DSGVO normierten Regelungsaufträge wahrzunehmen hat, wird es hinsichtlich des kirchlichen, religionsgesellschaftlichen Datenschutzrechts bei dem prinzipiellen Regelungsdualismus[62] bleiben, bei dem das BDSG durch die DSGVO als „Leitwährung" abgelöst wird. Gefordert wird eine systemisch kohärente Gesamtregelung.[63] Regelungen bloßer Teilmaterien sind demzufolge auszuschließen. Grundsätzlich muss das kirchliche bzw. religionsgesellschaftliche Datenschutzrecht dem Anspruch auf Vollständigkeit genügen, so dass etwa eine Kompensation durch staatliche Bestimmungen zur Deckung von Regelungslücken oä erfolgen müsste.[64] Prinzipiell zu vermeiden sind dabei insbesondere (erhebliche) Schutzlücken. Regelungstechnisch ist in diesem Zusammenhang etwa relevant, dass es bereichsspezifisches Datenschutzrecht gibt und sich durch die Öffnungsklauseln der DSGVO die Frage ergeben wird, ob und inwieweit das kircheneigene Datenschutzrecht darauf zu reagieren hat.[65]

---

61   So auch *Pauly* in: Paal/Pauly DSGVO Art. 91 Rn. 24. Siehe ferner *Gola* in: ders. DSGVO Art. 91 Rn. 16 vertritt die Auffassung, dass es sich nicht zwingend um „eine in sich geschlossene abschließende Regelung" handeln müsse.
62   Topos bei *Lorenz* DVBl. 2001, 428 (433).
63   *Grages* in: Plath, BDSG/DSGVO, 2. Aufl. 2016, Art. 91 Rn. 2.
64   Vgl. *Herbst* in: Kühling/Buchner DSGVO Art. 91 Rn. 10.
65   Speziell zu Arbeitnehmerdatenschutz siehe vor allem *Losem* Kirche und Recht 2013, 231 ff.

Die bestehenden Regelwerke DSG-EKD[66] oder die KDO (der deutschen   19
Diözesen),[67] die jeweils den Gesamtbereich kirchlichen Wirkens regelnd in
den Blick nehmen, sind durchaus solche Gesamtkodifikationen, die dem
Grunde nach der Voraussetzung umfassender Regelungen genügen. Gleich-
wohl wird teilweise moniert, dass zB keine vollständigen Regelungen zu
Sanktionsmöglichkeiten bei Verstößen gegen den Datenschutz vorgesehen
sind und Regelungen zur Unabhängigkeit der Datenschutzaufsicht fehlen.[68]
Diese und andere mögliche Regelungslücken werden in der notwendigen
Phase des In-Einklang-bringens bis zum 25. Mai 2018 zu kompensieren
sein, wenn es entsprechenden Nachjustierungsbedarf gibt.

2. Korrespondenz zum Datenschutzstandard der DSGVO und das „in Einklang bringen"

Die religionsgesellschaftliche Selbstbestimmung ist daran gebunden, dass   20
die umfassenden Datenschutzregeln mit den Standards der DSGVO in Einklang stehen. Diese auch mit Art. 85 Abs. 1 DSGVO korrespondierende
Anforderung gilt normativ als noch nicht hinreichend konturiert.[69] In Einklang bringen muss etwas anderes bedeuten, als völliges Übereinstimmen/
Deckungsgleichheit, Entsprechen, Vereinbarkeit, die bloße Konkretisierun-
go.ä.[70] Vielmehr muss es einen Gestaltungsspielraum des Rechtsetzers geben,[71] was sich gesetzessystematisch auch aus dem Vergleich zur strikteren
Vorgabe des Art. 91 Abs. 2 DSGVO schließen lässt.[72]

Das gesetzgeberisches Ermessen des religionsgesellschaftlichen Rechtsetzers   21
ist dabei aber nicht völlig ungebunden oder schrankenlos. Der Korridor
möglicher kircheneigener Normsetzung wird durch die strukturellen Leit-
ideen und Grundsätze der DSGVO vorgespurt. Bei Einhaltung der wertungsmäßig zu ermittelnden Schutzstandards wird den Kirchen und Religionsgesellschaften ein Konkretisierungsspielraum zuzugestehen sein.
Schließlich würde es denn Sinn und die Funktion des Art. 91 Abs. DSGVO
konterkarieren, diese Norm dahingehend zu verstehen, dass die berechtigten Religionsakteure lediglich 1:1 die Verordnungsregelungen übernehmen
und damit gleichsam abschreiben dürfen.[73] Es wird demgegenüber nur um
gerichtete, vorgespurte Transformation in kircheneigenes Recht gehen können, die den DSGVO-Korridor dem Sinn nach beachtet. Die DSGVO-

---

66 Kirchengesetz über den Datenschutz der Evangelischen Kirche in Deutschland,
    ABl. EKD 2013, 2 u. 34. Siehe auch die Kommentierung von *Claessen*. Aufschluß-
    reich zum Kirchengesetz von 2013 die im Internet abrufbare nichtamtliche Begrün-
    dung und Erläuterungen [www.ekd.de].
67 *Sekretariat DBK*, Arbeitshilfe 206; siehe auch die Monographie von *Fachet*.
68 So die Monita bei *Preuß* ZD 2015, 217 (224). AA *Pauly* in: Paal/Pauly DSGVO
    Art. 91 Rn. 24.
69 Siehe Kommentierung von → Art. 85 – Rn. 1 ff.; ferner *Grages* in: Plath, BDSG/
    DSGVO, 2. Aufl. 2016, Art. 85 Rn. 2.
70 *Ziegenhorn/Drossel* Kirche und Recht 2016, 230 (231 f., 240 f.); siehe auch *Zie-
    genhorn/von Aswege* Kirche und Recht 2015, 198 (209). Zur mittelbaren Einwir-
    kung des staatlichen Rechts auf das kirchliche Recht siehe *Lorenz* DVBl. 2001,
    428 (435); vgl. auch *Dammann* in: Simitis BDSG § 15 Rn. 61 ff.
71 Vgl. *Herbst* in: Kühling/Buchner DSGVO Art. 91 Rn. 14 f.; *Pauly* in: Paal/Pauly
    DSGVO Art. 91 Rn. 15.
72 *Ziegenhorn/Drossel* Kirche und Recht 2016, 230 (241).
73 *Losem* Kirche und Recht 2013, 231 (242).

Schutzstandards sind demzufolge auf den Regelungszusammenhang Kirche/Religionsgesellschaft umzuschreiben. Wie schon bei dem BDSG wird die DSGVO weitreichende normative Leitwährung sein. Art. 91 Abs. 1 DSGVO anerkennt aber, dass solche Regelungszusammenhänge im Feld von Staat und Religion immer auf den Ausgleich zweier Normensysteme – des staatlichen und des religiösen – bezogen sind, bei dem es weder einen datenschutzrechtlichen noch einen religionsverfassungsrechtlichen „Supermaßstab" gibt, der alles – in die eine oder andere Richtung – abschichtet und präformiert.

22 Grundsätzlich wird das In-Einklang-Bringen sich thematisch differenziert gestalten müssen und graduell unterschiedlich ausfallen. Prinzipiell wird es bei den definitorischen Festlegungen zwischen der DSGVO und dem kircheneigenen Datenschutz zu weitgehender Kongruenz kommen müssen. Mittels der Begriffsbestimmungen werden die beiden Rechtskreise normativ und strukturell gekoppelt.

23 Soweit der religionsgesellschaftliche Datenschutzrechtsetzer mit Schutzstandards nach oben hin abweicht, wird dies verordnungsrechtlich unproblematisch sein.[74] Bei Schutzabweichungen nach unten wird dies voraussichtlich Kontroversen auslösen. Es wird dabei immer auf die speziellen Regelungen im Einzelnen ankommen. Das durch Art. 17 Abs. 1 DSGVO normierte Löschungsrecht („Recht auf Vergessen"), könnte ggf. als Vehikel zur Streichung von Taufbucheinträgen genutzt werden. Dem stehen dann aber beachtliche Rechte der Kirche entgegen, die gegenüber dem negativen Freiheitsrecht oder dem datenschutzrechtlichen Löschungsanspruch nicht zurücktreten müssen.[75] Prinzipiell sind die kircheneigenen Regelungen auf die Einhaltung des DSGVO-Schutzstandards hin zu evaluieren und wo erforderlich anzupassen. Dies schließt zB auch die Frage ein, ob Kap. VIII der DSGVO die Generierung eines kircheneigenen Rechtsschutzkonzeption gegen Maßnahmen der Datenschutzaufsichtsbehörde erforderlich macht (unten → Rn. 25 ff.).

24 Grundsätzlich zu unterscheiden ist zwischen der Existenz von Rechtsnormen zum Datenschutz und deren Anwendung. Die Anwendung geht über das bloße Bestehen von Rechtsbestimmungen hinaus. Sie impliziert auch das Schaffung und praktische Wirksamkeit der erforderlichen Organisationstrukturen.

III. Spezialanforderung: unabhängige Aufsichtsbehörde

25 Das datenschutzrechtliche Desiderat einer unabhängigen Aufsicht und die Erfüllung der in Kapitel VI der DSGVO niedergelegten Bedingungen gilt

---

74 AA *Herbst* in: Kühling/Buchner DSGVO Art. 91 Rn. 15 vor dem Hintergrund eines eher uniformisierenden Harmonisierungsverständnisses, das fragdwürdig ist.
75 Vgl. VGH München, NVwZ 2015, 1625. Zur Problematik siehe auch *Bettina Nickel/Markus Schulten*, Die Taufe als innerkirchlicher Rechtsakt vor staatlichen Gerichten?, BayVBl. 2017, 116-120. Europäische Freizügigkeit und Migration macht es erforderlich, ggf. die Kirchengliedschaft im Heimatland zu erkunden und bei den dortigen kirchlichen Stellen nachzufragen, was nach Art. 9 Abs. lit. d oder g DSGVO zulässig ist; dies könnte bsp. die Zulässigkeit zur Heranziehung zur Kirchensteuer ua betreffen.

als eines der Hauptprobleme kircheneigenen Datenschutzrechts und Daten-schutzorganisation. Anders als Art. 91 Abs. 1 DSGVO sieht Abs. 2 keine Gestaltungsspielräume der Umsetzung vor, sondern normiert zum einen, dass die Aufsicht durch eine unabhängige Aufsichtsbehörde zu erfolgen hat, und zum anderen, dass deren Zuständigkeiten und Befugnisse dem normativen Leitbild des Kapitels VI zu entsprechen haben.[76] Art. 91 Abs. 2 DSGVO soll sicherstellen, dass die Gestaltungsspielräume bei der Generie-rung der umfassenden Datenschutzregeln in diesem Punkt nicht von der DSGVO abweichen.[77] Hier werden möglicherweise stärker DSGVO diri-gierte Neuerungen des kircheneigenen Datenschutzrechts und der Organi-sation der Aufsicht erforderlich werden.

Unabhängigkeit der Datenschutzaufsicht

Art. 51 ff. DSGVO normieren die wesentlichen Eckpunkte für die völlige **26** Unabhängigkeit der Aufsichtsbehörde. Bei der Erfüllung der Aufgaben un-terliegt die Datenschutzaufsicht weder direkter oder indirekter Beeinflus-sung von außen noch ersucht sie um Weisungen bzw. nimmt diese entgegen (vgl. Art. 52 Art. 2 DSGVO). Eine derartige Unabhängigkeit innerhalb ei-nes kirchlichen oder religionsgesellschaftlichen Ordnungsgefüges kann aus religiösen Gründen uU eine „Anomalie" sein. Eher monokratische Religi-ons- bzw. Kirchenstrukturen werden reserviert auf das Erfordernis einer unabhängigen Kontrollinstanz reagieren. Ungeachtet solcher theologischen Implikationen muss die Unabhängigkeit einer kircheneigenen Datenschutz-aufsicht nicht gleich das ekklesiologische Gefüge unverhältnismäßig tangie-ren, da letztlich mit dieser Aufsicht keine lehrmäßigen Kompetenzen oder andere ausschließlich den religiös-professionellen Funktions- oder Amtsträ-gern vorbehaltene Zuständigkeiten und Befugnisse verbunden sind bzw. in solche eingegriffen würde. Determiniert und dirigiert wird die interne Auf-sicht durch die kircheneigenen umfassenden Datenschutzregeln, so dass die förmlich-organisatorische Anforderung an die Aufsicht durch die im Wege freier Selbstbindung und im Rahmen der DSGVO konkretisierten kirchen-eigenen Regelungen strukturiert wird. Völlige Unabhängigkeit innerhalb einer Religion mag angesichts deren finaler Grundstrukturierung des Reli-gionsrechts ungewohnt sein, aber keine rechtliche Unmöglichkeit, da kir-cheneigenes Recht immer wieder auch in Kollision zu staatlichen Vorgaben gerät und zum Ausgleich gebracht werden muss. Eine besondere Pointe liegt darin, dass das, was beschränkend erscheint, letztlich freiheitsermögli-chend wirkt (oben → Rn. 6 ff., insbes. 11). Die unabhängige Aufsicht ist organisatorisch in die Kirche oder Religionsgesellschaft „eingebaut" und eben keine von außen kommende weltliche Aufsicht.

2. Nur staatliche Datenschutzaufsichtorganisation oder kirchliche Selbstorganisation?

Art. 91 Abs. 2 DSGVO spricht einerseits von einer Aufsichtsbehörde und **27** billigt andererseits zu, dass diese „spezifischer Art" sein dürfe. Es wird mit-

---

76 Vgl. *Herbst* in: Kühling/Buchner DSGVO Art. 91 Rn. 19 ff.
77 Dazu und zum Folgenden nur *Grages* in: Plath, BDSG/DSGVO, 2. Aufl. 2016, Art. 91 Rn. 5.

unter das Problem aufgeworfen, ob es neben dem kirchengesetzlichen Datenschutz noch eine kircheninterne Überwachung desselben geben dürfe. Die Zulässigkeit einer derartigen Aufsichtskonfiguration wurde und wird vereinzelt ebenso dezidiert wie vehement bestritten.[78] Dem steht aber etwa die praktische Einsicht gegenüber, die die Bundesdatenschutzbeauftragte zu dieser Norm publiziert hat[79] und weitere rechtswissenschaftliche Positionierungen.[80] Kircheneigene Aufsichtsorganisation, die den Anforderungen des Kapitel VI DSGVO entspricht, ist nicht minderer Qualität als eine staatliche Behörde, sondern kann ein ebenso probater Steuerungs- und Sicherungsansatz sein. Art. 91 Abs. 2 DSGVO fordert die Sicherstellung der Unabhängigkeit, gewährleistet aber auch deren flexible Umsetzung – wörtlich gleichsam als „Übersetzung" – in religionseigene Organisationsstrukturen.[81]

3. Anforderungen an die kircheneigene Aufsichtsorganisation

28   Die kircheneigene Aufsichtsorganisation hängt demzufolge nicht an dem staatlichen Behördenbegriff. Insofern ist der Wortlaut des Art. 91 Abs. 2 DSGVO primärrechtskonform und unter Beachtung des Erwägungsgrundes 165 zu realisieren. Landeskirchliche oder diözesane Datenschutzbeauftragte können den Anforderungen der DSGVO genügen. Im Einzelnen werden nicht wenige Aspekte des Kapitels VI auf die kirchen- bzw. religionsgesellschaftsspezifischen Zusammenhänge durch zu deklinieren sein. Dass es bemerkenswerte Ansätze zur kirchenspezifischer Organisation gibt, lässt sich exemplarisch an der Errichtung eines überdiözeanen Datenschutzzentrums als Körperschaft des öffentlichen Rechts in Nordrhein-Westfalen ablesen, das der Gewährleistung eines dem staatlichen Bereich vergleichbaren Datenschutzstandards zu dienen bestimmt ist.[82] Andere, ebenfalls probate Organisationsmodelle werden sich zudem entwickeln lassen.[83] Sie alle deu-

---

78 Bereits hinsichtlich der RiLi 95/46 so *Classen* Religionsrecht, Rn. 357, sowie sehr deutlich *ders.*, ZevKR 61 (2016), 333 (339 ff., 354 f.).

79 Die Bundesbeauftragte für den Datenschutz und die Informationsfreiheit (Hrsg.), Datenschutz-Grundverordnung (BfDI-Info 6), 2. Aufl. 2016, S. 31: „Diese Vorschrift erlaubt es den Kirchen, eine spezifische Art der Datenschutzaufsicht vorzusehen. Damit können die Kirchen in Deutschland mit ihren eigenen Datenschutzbeauftragten insoweit ihre verfassungsrechtlich und europarechtlich geschützte Autonomie weiterhin ausüben. Die kirchlichen Datenschutzbeauftragten müssen allerdings die Bedingungen des Kapitels VI der Datenschutz-Grundverordnung erfüllen. Auch sie müssen daher unabhängig sein, ihnen müssen eine angemessene Ausstattung zur Verfügung gestellt sowie bestimmte Aufgaben und Befugnisse eingeräumt werden".

80 *Grages* in: Plath, BDSG/DSGVO, 2. Aufl. 2016, Art. 91 Rn. 6; siehe auch *Albrecht/Jotzo*, Teil 9, Rn. 10.

81 IE so auch *Herbst* in: Kühling/Buchner DSGVO Art. 91 Rn. 18.

82 MBl. NRW 2015, S. 822. Errichtungsurkunde und Satzung sowie weitere landesrechtliche Statusverleihungen siehe etwa KirchlABl für die Erzdiözese Paderborn 2016, 145 ff. (Nr. 116-118), 151 f. (Nr. 128).

83 Exemplarisch etwa die öffentlich-rechtliche Vereinbarung über die Errichtung der Datenschutzstelle des gemeinsamen Diözesandatenschutzbeauftragten für die (Erz-)Diözesene Freiburg, Fulda, Limburg, Mainz, Rottenburg-Stuttgart, Speyer und Trier vom Oktober/November 2016, abgedruckt etwa in KirchlABl für die Diözese Fulda 2017, 8 f. (Nr. 4).

ten aber in die Richtung, dass etwa die Unabhängigkeit der kircheneigenen Datenschutzaufsicht garantiert wird.

Die häufig geäußerten Monita, dass es dem kirchlichen Datenschutzrecht an hinreichenden Aufsichtsinstrumenten mangele, wird vor der Folie der DSGVO sicherlich in verschiedenen Facetten zu bedenken sein. Hierbei wird, ohne voreilige Staatsanalogien schließen zu wollen, immer auch die Organisationsstruktur der Kirchen (oder anderer korporierter Religionsgesellschaften) zu beachten sein. Die mangelnde Sanktionsmöglichkeit mit Bußgeldern darf ggf. nicht apriori als Manko gewertet werden, sondern findet für sog „verfasstkirchliche" Strukturen wohl ihr Pendant in Art. 83 Abs. 7 DSGVO und konvergiert insofern mit DSGVO-Leitlinien. Grundsätzlich ist es erforderlich, dass der kircheneigenen Datenschutzaufsicht hinreichend präzide definierte, taugliche und grundsätzlich durchsetzbare Instrumente an die Hand gegeben werden, den Datenschutz auch wirklich durchsetzen zu können.[84]   29

4. Durch die DSGVO aufgegebenes Desiderat: innerkirchlicher Rechtsschutz?

Nach Art. 77 ff. DSGVO sind gegen Maßnahmen der Aufsichtsbehörde Rechtsbehelfe vorzusehen. Dies betrifft zum einen ein Beschwerderecht und zum anderen den gerichtlichen Rechtsschutz. Aus dem Gebot des In-Einklang-Bringens des Art. 91 Abs. 1 DSGVO ergibt sich nun die Frage, wie dieser Regelungszusammenhang sich auf das kirchliche Datenschutzrecht auswirken wird. Gerade mit dem Aspekt des gerichtlichen Rechtsschutzes ist ein staatskirchenrechtliche Themen-Dauerbrenner nach dem Verhältnis von kirchlicher und staatlicher Gerichtsbarkeit berührt,[85] der durch neuere Rechtssprechungsentwicklungen zusätzliche Impulse erhalten hat.[86] Während der evangelische Rechtskreis mit einer kircheneigenen Verwaltungsgerichtsbarkeit keine prinzipiellen Schwierigkeiten hat,[87] muss dies für den katholischen Rechtskreis differenziert betrachtet werden.[88] Ein kircheneigener Rechtsschutz kann zwar die staatliche Justizgewährleistungspflicht in kircheneigenen Angelegenheiten – auch innerkirchlichen Angelegenheiten – nicht völlig ausschließen, aber zumindest eine Vorrangigkeit konstituieren, die den staatlichen Rechtsschutz subsidiär werden lässt. Gebunden ist dies aber daran, dass der innerkirchliche Rechtsschutz wirklich gerichtsförmig (Unabhängigkeit des Spruchkörper uäm.) ist.   30

---

84   *Herbst* in: Kühling/Buchner DSGVO Art. 91 Rn. 21.
85   Als „Klassiker" *Konrad Hesse*, Der Rechtsschutz durch staatliche Gericht im kirchlichen Bereich, 1956. Ferner *Karl-Hermann Kästner*, Staatliche Justizhoheit und religiöse Freiheit, 1991.
86   BVerwGE 149, 139; BVerwG, NVwZ 2016, 453 (Anm. *Stefan Muckel*, ebda., 457 f.). Eingehend zu *Yury Safoklov*, Rechtsschutzgarantie und Autonomie der Religionsgemeinschaften, DÖV 2017, 99-110.
87   Dazu die leider unveröffentlichte Erlanger Habilitationsschrift von *Michael Germann*, Die Gerichtsbarkeit der evangelischen Kirche, 2001.
88   Grundlegend *Dominicus M. Meier*, Verwaltungsgerichte für die Kirche in Deutschland? Von der Gemeinsamen Synode 1975 zum Codex Iuris Canonici 1983, 2001; siehe auch *Matthias Pulte*, Die Schaffung einer kirchlichen Verwaltungsgerichtsbarkeit für die deutschen Diözesen, in: FS Alfred E. Hierold (2007), S. 771-788.

31 Grundsätzlich sind verschiedene Wege denkbar. Eine kirchliche Rechtsordnung (wie zB der evangelische Rechtskreis), die bereits eine eigene Verwaltungsgerichtsbarkeit kennt, wird die Datenschutzrechtstreitigkeiten ohne systemische Brüche normativ und organisatorisch integrieren können. In anderen Fällen sind die religions- bzw. kirchenrechtlichen Grundlagen und Rahmenbedingungen eigener Rechtschutzstrukturen zu analysieren.[89] Bemerkenswert ist in diesem Zusammenhang, dass im Rahmen der durch Art. 140 GG/137 Abs. 5 WRV ermöglichten Generierung kircheneigener Beamtenverhältnisse katholische Bistümer für Disziplinarstreitigkeiten entsprechende unabhängige Disziplinargerichte errichtet haben.[90] Die statusrechtliche Fundierung eines kircheneigenen Datenschutzrechtes ist ein nicht unerhebliches Indiz dafür, kirchen- bzw. religionsgesellschaftseigene Spruchkörper mit qualifizierten, unabhängigen Richtern für Datenschutzrechtsstreitigkeiten iS des Kap. VIII DSGVO zu schaffen. Eine solche interne Rechtsschutzoption, die den (späteren) staatlichen Rechtsschutz nicht ausschließen kann, liegt in der Logik und Konsequenz der DSGVO, selbst wenn Art. 91 DSGVO sie nicht zwingend anordnet.[91]

D. Gesamteinschätzung

32 Art. 91 DSGVO war und ist eine Bewährungsprobe für den Art. 17 Abs. 1 AEUV. Die Regelung nimmt die deutsche Rechtslage und Rechtspraxis kircheneigenen Datenschutzrechts und Datenschutzorganisation in den Blick und bestätigt sie dem Grunde nach. Sie stößt aber auch noch einmal Modifikationen in diesem Sektor an und dient damit einem reflexiven Umgang mit dem religionsgesellschaftlichen Selbstbestimmungsrecht und den erforderlichen Datenschutzstandards, sowohl hinsichtlich des religiösen Eigenrechts als auch der je eigenen Datenschutzorganisation, wobei dies nicht nur die Aufsichtsebene betrifft, die durch Art. 91 Abs. 2 DSGVO aber besonders hervorgehoben wird. Im Übrigen klärt und entscheidet Art. 91 DSGVO nicht wenige Problempunkte, indem erstmals der Aspekt des kircheneigenen Datenschutzrechts zum expliziten Gegenstand einer Datenschutzregelung gemacht wird. Das Europarecht löst etwas, zu dem das BDSG nicht imstande war.

---

89 Zur Gerichtsverfassungsproblematik nach katholischem Kirchenrecht in concreto siehe *Michael Werneke*, Zur Stellung der kirchlichen Arbeitsgerichtsbarkeit in der kanonischen Gerichtsverfassung, in: Kirche und Recht 2011, 209-224. Speziell zum Verwaltungsrechtsschutz siehe *Andreas Weiß*, § 108: Grundfragen kirchlicher Gerichtsbarkeit, in: Haering ua (Hrsg.), Handbuch des katholischen Kirchenrechts, 3. Aufl. 2015, S. 1647 (1658-1660); sowie *Klaus Lüdicke*, § 114: Verwaltungsbeschwerde und Verwaltungsgerichtsbarkeit, ebda., S. 1749-1759.
90 Vgl. *Ulrich Rhode*, Kirchenrecht, 2015, § 27 D. (= S. 141).
91 Gleichwohl besteht zwischen der zwingenden Vorgabe des Art. 91 Abs. 2 DSGVO hinsichtlich der Datenschutzaufsicht ein enger Konnex zu dem Rechtsschutz gegenüber diesen Datenschutzaufsichtsmaßnahmen nach Kap. VIII DSGVO. Selbst wenn ein Verweis auf den staatlichen Rechtsschutz nicht undenkbar ist, so liegt doch ein eigener Rechtsschutz wesentlicher näher an Sinn und Funktion der durch Art. 91 DSGVO ermöglichten und anerkannten Datenschutz-Selbstorganisation.

Artikel 92 Ausübung der Befugnisübertragung

(1) Die Befugnis zum Erlass delegierter Rechtsakte wird der Kommission unter den in diesem Artikel festgelegten Bedingungen übertragen.

(2) Die Befugnis zum Erlass delegierter Rechtsakte gemäß Artikel 12 Absatz 8 und Artikel 43 Absatz 8 wird der Kommission auf unbestimmte Zeit ab dem 24. Mai 2016 übertragen.

(3) [1]Die Befugnisübertragung gemäß Artikel 12 Absatz 8 und Artikel 43 Absatz 8 kann vom Europäischen Parlament oder vom Rat jederzeit widerrufen werden. [2]Der Beschluss über den Widerruf beendet die Übertragung der in diesem Beschluss angegebenen Befugnis. [3]Er wird am Tag nach seiner Veröffentlichung im Amtsblatt der Europäischen Union oder zu einem im Beschluss über den Widerruf angegebenen späteren Zeitpunkt wirksam. [4]Die Gültigkeit von delegierten Rechtsakten, die bereits in Kraft sind, wird von dem Beschluss über den Widerruf nicht berührt.

(4) Sobald die Kommission einen delegierten Rechtsakt erlässt, übermittelt sie ihn gleichzeitig dem Europäischen Parlament und dem Rat.

(5) [1]Ein delegierter Rechtsakt, der gemäß Artikel 12 Absatz 8 und Artikel 43 Absatz 8 erlassen wurde, tritt nur in Kraft, wenn weder das Europäische Parlament noch der Rat innerhalb einer Frist von drei Monaten nach Übermittlung dieses Rechtsakts an das Europäische Parlament und den Rat Einwände erhoben haben oder wenn vor Ablauf dieser Frist das Europäische Parlament und der Rat beide der Kommission mitgeteilt haben, dass sie keine Einwände erheben werden. [2]Auf Veranlassung des Europäischen Parlaments oder des Rates wird diese Frist um drei Monate verlängert.

Verwandte Normen: ErwGr 166, 167, 169, 170

Literatur:

Bast, Jürgen, New Categories of Acts after the Lisbon Reform: Dynamics of Parliamentarization in EU Law, Common Market Law Review 2012, 885; *Bergström, Carl Fredrik/Ritleng*, Dominique, Rulemaking by the European Commission – The New System for Delegation of Powers, 2016; *Christiansen, Thomas/Dobbels, Mathias*, Non-Legislative Rule Making after the Lisbon Treaty: Implementing the New System of Comitology and Delegated Acts, European Law Journal 2013, 42; *Craig, Paul P*, Delegated Acts, Implementing Acts and the New Comitology Regulation, SSRN Scholarly Paper. Rochester, NY: Social Science Research Network, 1. Oktober 2011. http://papers.ssrn.com/abstract=1959987; *Gaitzsch, Paul*, Tertiärnormsetzung in der Europäischen Union: eine Untersuchung der Normsetzungsbefugnisse der Europäischen Kommission nach Art. 290 und Art. 291 Abs. 2 – 4 AEUV. Hamburg, 2015; *Gola, Peter*, Beschäftigtendatenschutz und EU-Datenschutz-Grundverordnung, EuZW 2012, 332; *Gross, Thomas*, Exekutive Vollzugsprogrammierung durch tertiäres Gemeinschaftsrecht?" DÖV 2004, 20; *Ilgner, Theresa*. Die Durchführung der Rechtsakte des europäischen Gesetzgebers durch die Europäische Kommission. Berlin, 2014; *Möllers, Christoph/ von Achenbach, Jelena*, Die Mitwirkung des Europäischen Parlaments an der abgeleiteten Rechtsetzung der Europäischen Kommission nach dem Lissabonner Vertrag, Europarecht 2011, 39; *Möstl, Markus*, Rechtsetzungen der europäischen und nationalen Verwaltungen, Deutsches Verwaltungsblatt 2011, 1076; *Piltz, Carlo/Krohm, Niclas*, Was bleibt vom Datenschutz übrig? Nebenwirkungen der Datenschutz-Grundverordnung, Privacy in Germany 2013, 56; *Roßnagel, Alexander/Richter, Philipp/Nebel, Maxi*, Besserer Internetdatenschutz für Europa – Vorschläge zur Spezifizierung der DS-GVO, ZD 2013, 103; *Sydow, Gernot*, Europäische exekutive Rechtsetzung zwischen Kommission, Komitologieausschüssen, Parlament und Rat, JZ 2012, 157; *Sydow, Gernot/Kring, Markus*, Die Datenschutzgrundverordnung zwischen Technikneutralität und Technikbezug – Konkurrierende Leitbilder für den europäischen Rechtsrahmen, ZD 2014, 271; *Weiß, Wolfgang*. Der Europäische Verwaltungsverbund: Grundfragen, Kennzeichen, Herausforderungen. Berlin, 2010.

A. Grundlagen

I. Gesamtverständnis und Zweck der Norm

1   Art. 92 DSGVO trifft Regelungen über den Erlass von delegiertem Datenschutzrecht durch die Kommission. Die Norm knüpft an die **Übertragung von Befugnissen zur delegierten Rechtsetzung** in anderen Bestimmungen der DSGVO an (Art. 12 Abs. 8, Art. 43 Abs. 8). Art. 92 DSGVO regelt in Konkretisierung der primärrechtlichen Bestimmung zur delegierten Rechtsetzung (Art. 290 AEUV) im Einzelnen, unter welchen Bedingungen die Kommission von diesen Delegationsermächtigungen der DSGVO Gebrauch machen darf.

2   Die Befugnis zum Erlass von delegierten Rechtsakten und von Durchführungsrechtsakten muss der Kommission explizit übertragen werden. Der europäische Gesetzgeber normiert diese Befugnisübertragungen jeweils im unmittelbaren Zusammenhang mit der Sachregelung, die durch delegiertes Recht konkretisiert (Art. 92 DSGVO) oder deren Durchführung durch delegiertes Recht näher bestimmt werden soll (Art. 93 DSGVO). Der **Anwendungsbereich** von Art. 92 DSGVO ergibt sich also ebenso wie Art. 93 DSGVO nicht aus der Norm selbst, sondern aus den **verschiedenen Befugnisübertragungen**, die über den Text der DSGVO verstreut sind und jeweils auf Art. 92 DSGVO oder Art. 93 DSGVO verweisen.

Art. 92 DSGVO setzt demnach die an anderen Stellen in der DSGVO nor-   3
mierte Übertragung von Befugnissen zur delegierten Rechtssetzung voraus.
Er regelt im Einzelnen, unter welchen Bedingungen die Kommission von
den Delegationsermächtigungen der DSGVO Gebrauch machen darf. Dazu
trifft Art. 92 DSGVO Auswahlentscheidungen unter den von Art. 290
Abs. 2 AEUV bereitgestellten allgemeinen Möglichkeiten einer Befugnisübertragung.

Der Erlass delegierter Rechtsakte im Datenschutzrecht folgt einem **drei-**   4
schrittigen Schema. Dieses liegt sämtlichen europäischen Rechtsakten zu
Grunde, die den Erlass delegierten Rechts vorsehen:

1. Übertragung der Befugnis zur delegierten Rechtsetzung an die Kommission (normiert im unmittelbaren Zusammenhang mit der Sachregelung, die durch delegiertes Recht konkretisiert werden soll);
2. Festlegung der Bedingungen, unter denen die Kommission diese Befugnis ausüben kann (für die einzelnen Delegationsermächtigungen eines
   Sekundärrechtsakts zusammenfassend am Ende des Rechtsakts normiert; in der DSGVO geregelt durch Art. 92 DSGVO iVm Art. 290
   AEUV);
3. Erlass des delegierten Rechtsakts durch die Kommission, ggfs. unter
   Parlaments- und Ratsbeteiligung nach den durch Art. 92 DSGVO festgelegten Bedingungen (Vetorechte, → Rn. 19).

II. Primärrechtlicher Hintergrund: Unterscheidung von delegiertem Recht und Durchführungsrecht

Den beiden Normen des Kapitels X der DSGVO, Art. 92 und 93 DSGVO,   5
liegt die **primärrechtliche Unterscheidung** zwischen **delegierten Rechtsak-**
ten gemäß Art. 290 AEUV und **Durchführungsrechtsakten** gemäß Art. 291
Abs. 2–4 AEUV zu Grunde.[1] Art. 92 DSGVO betrifft delegierte Rechtsakte, Art. 93 DSGVO Durchführungsrechtsakte zum europäischen Datenschutzrecht.

Der **Vertrag von Lissabon** aus dem Jahr 2010 hat mit dieser kategorialen   6
Unterscheidung zwischen delegiertem Recht und Durchführungsrecht eine
grundlegende Neuregelung für diejenigen Rechtsnormen vorgenommen, zu
deren Erlass ein Basisrechtsakt des Sekundärrechts die Kommission ermächtigt[2] („Tertiärrecht",[3] im Anschluss an die französische Terminologie

---

1 zur Abgrenzung der beiden Rechtsakte *Ponzano* in: Bergström/Ritleng, Rulemaking
  by the European Commission, 2016, 37 (47, 51 ff)
2 Insgesamt zu dieser Neuregelung *Craig* European Law Review 2011, 671 ff.; *Sydow*
  JZ 2012, 157 ff.; *Bast* Common Market Law Review 2012, 885 ff.; *Christiansen/*
  Dobbels European Law Journal 2013, 42 ff.; *Ilgner*, Die Durchführung der Rechtsakte des europäischen Gesetzgebers durch die Europäische Kommission, 2014.
3 Grundlegend *Gaitzsch*, Tertiärnormsetzung in der Europäischen Union, 2015; Begriff auch bei *Weiß*, Der Europäische Verwaltungsverbund, 2010, 77 mit Fn. 118
  und passim; *Möstl*, Vertrag von Lissabon, 2010, 98, *ders.* DVBl. 2011, 1076 ff.
  (1077); *Schmidt-Aßmann/Schöndorf-Haubold*, Der Europäische Verwaltungsverbund, 2005, 293 ff.; *Groß* DÖV 2004, 20 ff.

auch „habilitiertes Recht",[4] in der Komitologie-VO[5] „abgeleitetes Recht").[6]

7   Nach der Rechtsprechung des EuGH verfügt der Unionsgesetzgeber über ein Ermessen, wenn er entscheidet, der Kommission eine delegierte Rechtsetzungsbefugnis nach Art. 290 Abs. 1 AEUV oder eine Durchführungsbefugnis nach Art. 291 Abs. 2 AEUV zu übertragen.[7] Dieses Ermessen muss jedoch unter Beachtung der in diesen Normen niedergelegten Voraussetzungen ausgeübt werden.[8]

8   Delegierte Rechtssetzungsbefugnisse ermöglichen der Kommission gem. Art. 290 Abs. 1 AEUV Rechtsakte ohne Gesetzescharakter mit allgemeiner Geltung zur Ergänzung oder Änderung bestimmter, nicht wesentlicher Vorschriften des betreffenden Gesetzgebungsaktes zu erlassen („delegated acts" / „actes délégués"). Ziele, Inhalt, Geltungsbereich und Dauer müssen in dem Gesetzgebungsakt, mit dem die Delegation vorgenommen wird, ausdrücklich festgelegt sein. Dieses Erfordernis impliziert, dass die Übertragung einer delegierten Befugnis dem Erlass von Vorschriften dient, die sich in einen rechtlichen Rahmen einfügen, wie er durch den Basisgesetzgebungsakt definiert ist.[9]

9   Ohne dass die Auslegung des Art. 290 Abs. 1 AEUV in jeder Hinsicht Art. 80 GG entsprechen müsste,[10] sind delegierte Rechtsakte damit in ihrer Funktion den **Rechtsverordnungen des deutschen Rechts** vergleichbar.

10 Werden hingegen Durchführungsbefugnisse („implementing acts" / „actes d'exécution") nach Art. 291 Abs. 2 AEUV an die Kommission übertragen, so darf diese in den Grenzen des Basisgesetzgebungsaktes alle für dessen Durchführung erforderlichen oder zweckmäßigen Maßnahmen ergreifen, soweit diese nicht gegen den Gesetzgebungsakt verstoßen. Sie kann den Gesetzgebungsakt weder ändern noch ergänzen, auch nicht in seinen nicht wesentlichen Teilen.[11] Ziel ist es, einheitliche Bedingungen für die Durchführung dieser Rechtsakte zu schaffen.

11 Delegierte Rechtsakte und Durchführungsrechteakte unterscheiden sich daher in Bezug auf die DSGVO grundlegend in ihren Funktionen:

■   **Delegierte Rechtsakte** nach Art. 92 dienen der **inhaltlichen Konkretisierung** der DSGVO. Die wesentlichen Aspekte sind dabei einer Regelung

---

4   *Auby/Dutheil de la Rochère/Jacqué*, Droit Administratif Européen, 2007, 25 (43 ff.).
5   VO (EU) Nr. 182/2011.
6   ErwGr 1, Art. 1 Komitologie-VO; ebenso *Kahl* Der Staat 2011, 353 (354).
7   EuGH 18.3.2014 – C-427/12, ECLI:EU:C:2014:170 Rn. 40 – Kommission / EP u.a.
8   EuGH 16.7.2015 – C-88/14, ECLI:EU:C:2015:499 Rn. 28 – Kommission / EP.
9   EuGH 18.3.2014 – C-427/12, ECLI:EU:C:2014:170 Rn. 38 – Kommission / EP u.a.
10 Vergleich mit Art. 80 GG; *Möstl* DVBl. 2011, 1076 (1080 f.).
11 EuGH 15.10.2014 – C-65/13, ECLI:EU:C:2014:2289 Rn. 44 f. – Parlament / Kommission.

durch die DSGVO als Basisrechtsakt vorbehalten, eine Befugnisübertragung für sie ist ausgeschlossen.[12]

■ **Durchführungsrechtsakte,** die im Ausschussverfahren nach Art. 93
DSGVO erlassen werden können, regeln demgegenüber den **mitgliedstaatlichen Vollzug** der DSGVO, soweit er einheitlicher Bedingungen
bedarf.[13]

III. Bisherige Rechtlage

Die europäische Datenschutzrichtlinie (RL 95/46/EG) war an die Mitglied-   12
staaten gerichtet und bereits durch ihre Handlungsform auf Umsetzung
und ggfs. Konkretisierung durch mitgliedstaatliche Rechtsetzung angelegt.
Sie verzichtete daher auf ein Konzept delegierter Rechtsetzung im Datenschutzrecht. Art. 92 DSGVO hat demzufolge **keine Vorgängernorm.**

IV. Entstehung der Norm: Streichung zahlreicher
Delegationsermächtigungen

Die **Anzahl der Delegationsermächtigungen** gehörte zu den **umstrittensten**   13
Fragen im Gesetzgebungsverfahren für die DSGVO.[14] Der ursprüngliche
Verordnungsentwurf der Kommission sah noch 26 Delegationsermächtigungen[15] vor, eine Rekordzahl im Verhältnis zu allen anderen EU-Rechtsakten. Der Kommissionentwurf schrieb der delegierten Rechtsetzung damit
eine zentrale Rolle für die Neuregelung des europäischen Datenschutzrechts zu. Auch die Bezeichnung der DSGVO als Grundverordnung statt –
wie üblich – als Verordnung geht hierauf zurück, weil für die DSGVO ein
vergleichsweise abstrakter Regelungsansatz vorgesehen war, der alle Details in delegierte Rechtsakte verlagert hätte.[16] Nach dem **Kommissionsentwurf** hätte die Entscheidung über einen Großteil der **praktisch relevanten
Detailfragen** in der Hand der Kommission liegen sollen.

Hieran entzündete sich vehemente Kritik. Es wurde vorgetragen, die beab-   14
sichtigte Regelungstechnik sei grundsätzlich verfehlt, der Entwurf „viel zu
unterkomplex".[17] Die DSGVO in der Fassung des Kommissionsentwurfs
sei nicht mehr als eine bloße „Ankündigungsgesetzgebung".[18] Dieser Kritik
dürfte nicht in erster Linie eine prinzipielle Ablehnung des Instruments der

---

12 Art. 290 Abs. 1 AEUV, der die ältere EuGH-Rechtsprechung zu dieser Frage nun-
    mehr primärrechtlich verankert hat, vgl. EuGH 27.9.1979 – C-230/78,
    ECLI:EU:C:1979:216 – Spa Eridania und EUGH 13.7.1995 – C-156/93,
    ECLI:EU:C:1995:238 – Parlament / Kommission; zur Auslegung dieser Norm:
    Härtel in: Hatje/Müller-Graff, Europäisches Organisations- und Verfassungsrecht,
    2014, § 11 Rn. 62 ff., *Gaitzsch*, Tertiärnormsetzung in der EU, 2015, 56 ff.
13 Zur Abgrenzung zwischen beiden Formen: EuGH 18.3.2014 – C-427/12,
    ECLI:EU:C:2014:170 Rn. 35 ff. – Kommission / EP u.a.; näher zum Begriff des
    Durchführungsrechts → Art. 93 Rn. 35 f.
14 Siehe auch *Pauly* in: Paal/Pauly DSGVO Art. 92 Rn. 4 f.
15 Enumeration in der Entwurfsfassung zum (damaligen) Art. 86 Abs. 2 DSGVO in
    KOM (2012) 11 endg.
16 *Piltz/Krohm* PinG 2013, 56 (57); ähnlich *Gola* EuZW 2012, 332 (333).
17 *Roßnagel/Richter/Nebel* ZD 2013, 103 (104); kritisch zum ursprünglichen Ent-
    wurf auch *Pauly* in: Paal/Pauly DSGVO Art. 92 Rn. 5.
18 So *Roßnagel/Richter/Nebel* ZD 2013, 103 (106); dagegen *Sydow/Kring* ZD 2014,
    271 (273 f.).

delegierten Rechtsetzung zu Grunde gelegen haben. Sie war vielmehr durch ein Misstrauen gegenüber der Kommission und durch Zweifel an ihrer Entschlossenheit zu einem hohen Datenschutzniveau in Europa motiviert.

15 Schon während der parlamentarischen Beratungen war der überwiegende Teil dieser **Delegationsermächtigungen gestrichen** worden. Der Rat verwahrte sich praktisch gegen alle Delegationsermächtigungen. Die zahlreichen Delegationsermächtigungen, die sich noch im Entwurf der Kommission[19] fanden, wurden in der Fassung des Rates[20] auf eine einzige Ermächtigung zusammengestrichen, die der Kommission die Regelung von Kriterien und Anforderungen für das Zertifizierungsverfahren ermöglichen sollte.[21] Im Rahmen des Trilogs wurde schließlich die Ermächtigung zur delegierten Rechtsetzung bezüglich der Bestimmung der Informationen, die durch Bildsymbole darzustellen sind, und der Verfahren für die Bereitstellung standardisierter Bildsymbole, aufgenommen.[22]

16 Alle weiteren Delegationsermächtigungen fielen ersatzlos weg, allerdings wurden die betreffenden Artikel in der DSGVO gegenüber dem ursprünglichen Entwurf der Kommission erkennbar präzisiert durch detaillierte Verarbeitungsregelungen. So wurden die betreffenden Normen teilweise durch Interessenabwägungen oder generalklauselartigen Formulierungen mit Regelbeispielen ergänzt,[23] teilweise wurden die Anforderungen an Verarbeitungs-, Informations-, Auskunfts-, Dokumentations- oder Löschungspflichten konkretisiert.[24]

B. Kommentierung

I. Anwendungsbereich: Delegationsermächtigungen in der DSGVO

17 Der Anwendungsbereich des Art. 92 DSGVO ist durch die **geringe Anzahl an Delegationsermächtigungen** in der DSGVO sehr begrenzt. Während zehn Einzelnormen der DSGVO zum Erlass von Durchführungsrecht nach Art. 93 DSGVO ermächtigen (→ Art. 93 Rn. 13 f.), wird der Kommission nur für zwei Einzelfragen die Befugnis zum Erlass delegierten Rechts nach Art. 92 DSGVO übertragen, nämlich durch Art. 12 Abs. 8 DSGVO sowie durch Art. 43 Abs. 8 DSGVO:

- Art. 12 Abs. 8 DSGVO betrifft Einzelheiten zur Realisierung der **Informationspflichten gegenüber der betroffenen Person**: in diesem Rahmen soll die Kommission durch delegiertes Recht diejenigen Informationen bestimmen, die bei der Information des Betroffenen durch Bildsymbole

---

19 Art. 86 Abs. 2 DSGVO in KOM (2012) 11 vom 25.1.2012.
20 Art. 86 Abs. 2 DSGVO in 2012/0011 (COD) vom 11.6.2015.
21 Art. 39 a Abs. 7 DSGVO in 2012/0011 (COD) vom 11.6.2015; jetzt Art. 43 Abs. 8 DSGVO in 2012/0011 (COD) vom 6.4.2016.
22 Art. 12 Abs. 4 c DSGVO in 2012/0011 (COD) vom 15.12.2015; jetzt Art. 12 Abs. 8 DSGVO in 2012/0011 (COD) vom 6.4.2016.
23 Bspw. Art. 20 Abs. 1 a,b, Art. 23 Abs. 1, 2, 2 a, Art. 30 Abs. 1–2 b; Art. 31 Abs. 1 a, 2, 3, 3 a; Art. 32 Abs. 1, Art. 33 Abs. 1, 1 a, 2, Art. 44 Abs. 1 lit. h in 2012/0011 (COD) vom 11.6.2015.
24 Bspw. Art. 14 Abs. 1 a, b, Art. 15 Abs. 1 lit. g, Art. 17 Abs. 1, 1 a, 2 a; Art. 17 a; Art. 22 Abs. 1, 2 a, 2, Art. 26 Abs. 1 a – 2 c, Art. 28, Abs. 1, 2 a, 3 in 2012/0011 (COD) vom 11.6.2015.

darzustellen sind, und das Verfahren für die Bereitstellung standardisierter Bildsymbole normieren.

- Art. 43 Abs. 8 DSGVO betrifft die Festlegung von Anforderungen für datenschutzspezifische Zertifizierungsverfahren.

II. Verfahren zum Erlass delegierten Rechts nach Art. 92 DSGVO

1. Herauslösung der delegierten Rechtsetzung aus dem Komitologieregime

Die delegierte Rechtsetzung, zu der Art. 92 DSGVO für den Bereich des Datenschutzrechts ermächtigt, hat ihren Ursprung im Komitologieregime. Sie ist aus diesem Ursprungskontext 2010/2011 durch den Vertrag von Lissabon und die nachfolgende Komitologie-VO herausgelöst worden. 18

Konzeptionell ist das heutige Rechtsregime zum Erlass delegierten Rechts eine Fortsetzung des früheren „Regelungsverfahrens mit Kontrolle",[25] das bis zum Vertrag von Lissabon im Rahmen des Komitologieregimes bestand.[26] Es war 2006 in den damaligen Komitologiebeschluss[27] eingefügt worden, um ein Verfahren der abgeleiteten Rechtsetzung mit Vetorecht des Europäischen Parlaments zu schaffen. Gerade auf Grund dieses Vetorechts des Parlaments ist das Regelungsverfahren letztlich im Komitologieregime ein Fremdkörper geblieben. Denn in der Tat sollte es nicht wie die übrigen Komitologieverfahren (→ Art. 93 Rn. 20 ff.) der Verzahnung von mitgliedstaatlicher Ebene und Kommission dienen, sondern der besseren Beteiligung des Europäischen Parlaments an der exekutiven Rechtsetzung auf europäischer Ebene.[28] 19

Art. 290 AEUV schafft heute eine überzeugende kategoriale Unterscheidung zum Komitologieregime. Die gebotene Parlamentsbeteiligung in den Verfahren der delegierten Rechtsetzung muss deshalb nicht mehr systemfremd und etwas versteckt im Rahmen eines Komitologieverfahrens verwirklicht werden, sondern hat jetzt für die delegierte Rechtsetzung eine transparente primärrechtliche Grundlage in Art. 290 Abs. 2 AEUV gefunden. Art. 92 Abs. 3–5 DSGVO setzt diesen primärrechtlichen Rechtsrahmen für die delegierte Rechtsetzung zum Datenschutzrecht um. 20

2. Parlaments- und Ratsbeteiligung an der delegierten Rechtsetzung nach Art. 92 DSGVO

Für den Bereich der delegierten Rechtsetzung hat der Vertrag von Lissabon die Kontrollzuständigkeit von den Komitologieausschüssen auf den Rat und insbesondere auf das Europäische Parlament verlagert. Angesichts der dualen Struktur, mit der demokratische Legitimation in der Europäischen 21

---

25 Abgekürzt unsystematisch entweder nach der französischen „procedure régulatoire avec contrôle (PRAC)" oder der englischen Bezeichnung „regulatory procedure with scrutiny (RPS)".

26 Näher zum Rechtsregime der exekutiven EU-Rechtsetzung und seiner Entwicklung *Sydow* JZ 2012, 157 ff.; zu den aus dieser Rechtsentwicklung ableitbaren Argumenten EuGH 18.3.2014 – C-427/12, ECLI:EU:C:2014:170 Rn. 36 – Kommission / EP u.a.

27 ABl. 1999 L 184/23.

28 Zur legitimatorischen Funktion dieser Parlamentsbeteiligung *Möllers/von Achenbach* EuR 2011, 39 (50 ff.).

Union zu konstruieren ist,[29] ist diese Verortung der Kontrollzuständigkeit ein erheblicher demokratischer Fortschritt: Der Rat mit den ihrerseits parlamentarisch rückgebundenen Regierungsvertretern und das Europäische Parlament als eigene parlamentarische Vertretung der Unionsbürger sind die beiden zentralen Institutionen, die der europäischen Rechtsetzung demokratische Legitimation vermitteln können.

22   So sinnvoll die Zuordnung von Mitwirkungsbefugnissen für die delegierte Rechtsetzung an das Europäische Parlament im Grundsatz ist, so sehr stellt sich die Frage, wie das Zusammenwirken zwischen Kommission und Parlament im Einzelnen ausgestaltet sein muss, damit die Kontrollfunktion des Parlaments auch tatsächlich im Hinblick auf **Arbeitskapazität** und **spezialisierten Sachverstand** geleistet werden kann.

23   Ein Vetorecht des Parlaments ohne politische Gestaltungsmacht erscheint dabei als adäquate Form der Parlamentsbeteiligung, da sie ein zuverlässiges Mindestmaß an demokratischer Rückkopplung und Kontrolle gewährleistet. Für den Rat gilt angesichts der dualen Legitimationsstruktur der Union mutatis mutandis entsprechendes. Art. 290 Abs. 2 lit. b AEUV sieht die Möglichkeit eines Vetorechts ausdrücklich vor, von der Art. 92 Abs. 5 DSGVO in überzeugender Weise Gebrauch macht (→ Rn. 19).

III. Bedingungen der Ausübung der Delegationsermächtigungen: Art. 92 Abs. 2–5 DSGVO

24   Art. 92 Abs. 2–5 DSGVO haben die Funktion, die Befugnisübertragung an die Kommission gem. Art. 92 Abs. 1 DSGVO näher auszugestalten. Sie füllen für die delegierte Rechtsetzung auf der Grundlage der DSGVO den Rahmen aus, den Art. 290 AEUV für die Rats- und Parlamentsbeteiligung bei der delegierten Rechtsetzung normiert.[30] Es handelt sich dabei nicht um Bedingungen, unter denen die Befugnisübertragung erfolgt, sondern um **fortwirkende Gestaltungsbefugnisse von Parlament und Rat** als den Gesetzgebern des Basisrechtsakts im Sinne einer nachlaufenden Verfahrenskontrolle über die Tertiärnormsetzung.[31]

25   Art. 92 Abs. 2–5 DSGVO macht damit von den in Art. 290 AEUV zur Verfügung gestellten Möglichkeiten zur Ausgestaltung der Rats- und Parlamentsbeteiligung überwiegend und in Kombination Gebrauch.

1. Übertragung der delegierten Rechtsetzungsbefugnis auf unbestimmte Zeit, Art. 92 Abs. 2 DSGVO

26   Durch Art. 92 Abs. 2 DSGVO wird die delegierte Rechtsetzungsbefugnis nach Art. 12 Abs. 8 und Art. 42 Abs. 8 der Kommission auf **unbestimmte Zeit** übertragen, allerdings mit der **Möglichkeit des Befugniswiderrufs** nach Art. 92 Abs. 3 DSGVO. Von der Möglichkeit einer zeitlichen Befristung, die Art. 290 Abs. 1 AEUV ebenfalls eröffnet hätte, macht die DSGVO zu recht keinen Gebrauch.

---

29 Aus dem umfangreichen Schrifttum etwa *Lord/Beetham*, Legitimacy and the European Union, 1998; *Craig* in: Craig/de Burga, The Evolution of EU Law, 1999, 1 ff., *Oeter* in: Bogdandy/Bast, Europäisches Verfassungsrecht, 2. Aufl. 2009, 73 (97 ff.).
30 Dazu im Einzelnen *Sydow* JZ 2012, 157 (163 f.).
31 *Gaitzsch*, Tertiärnormsetzung in der EU, 2015, 79.

2. Widerrufsmöglichkeit für die Befugnisübertragung, Art. 92 Abs. 3 DSGVO

Art. 92 Abs. 3 S. 1 DSGVO nimmt die von Art. 290 Abs. 2 lit. a AEUV er-   27
öffnete Möglichkeit in Anspruch, im Basisrechtsakt vorzusehen, dass Rat
und Parlament die Übertragung der Rechtsetzungsbefugnis an die Kommission jederzeit widerrufen können.

Die Übertragung der Rechtsetzungsbefugnis an die Kommission ist dem-   28
nach **frei widerruflich**, der dazu erforderliche Beschluss von Parlament und
Rat bedarf allerdings der Veröffentlichung im Amtsblatt, Art. 92 Abs. 3
S. 3 DSGVO. Weitere formelle Voraussetzungen bestehen nicht nach
Art. 92 Abs. 3 DSGVO.

Im Vergleich zum Erlassverfahren der DSGVO kann diese damit in Bezug   29
auf die in ihr enthaltenen Delegationsermächtigungen auf andere, vereinfachte Weise geändert werden, nämlich durch einseitige Änderung des delegierenden Rechtsakts außerhalb des ordentlichen Gesetzgebungsverfahrens.[32]

Der Widerrufsbeschluss beendet die Befugnis der Kommission zur delegier-   30
ten Rechtsetzung, tangiert aber nicht die Gültigkeit von delegierten Rechtsakten, die bereits in Kraft sind.[33]

Der Sinn der Befugnis zum Widerruf von Kompetenzübertragungen ist we-   31
nig diskutiert. Sie stellt keine Selbstverständlichkeit dar, die Parlament und
Rat schon dadurch erreichen könnten, dass sie den Basisrechtsakt mit seiner Befugnisübertragung durch einen actus contrarius aufheben. Denn dazu bedürften sie aufgrund des **Initiativmonopols der Kommission**[34] eines
entsprechenden Vorschlags und wären gerade dann an die Mitwirkung der
Kommission gebunden, wenn ein Kompetenzkonflikt mit selbiger ausgetra-
gen werden soll. Die Widerrufsmöglichkeit nach Art. 92 Abs. 3 DSGVO ist
demnach eine einfache Möglichkeit für das Europäische Parlament und
den Rat, als den primär für die EU-Rechtsetzung berufenen Organen, die
Kompetenzen für die abgeleitete Rechtsetzung wieder an sich zu ziehen.

3. Einspruchsrecht für Parlament und Rat, Art. 92 Abs. 5 DSGVO

Art. 92 Abs. 5 DSGVO nutzt das Instrument des **Einspruchsrechts** für das   32
delegierte Datenschutzrecht, dass durch Art. 290 Abs. 2 lit. b AEUV ermöglicht wird und die Option vorsieht, dass ein delegierter Rechtssatz erst
dann in Kraft tritt, wenn Rat oder Parlament keine Einwände erhoben haben. Dabei handelt es sich um eine „Bedingung" nach deutschem Rechtsverständnis, also um ein ungewisses künftiges Ereignis, dessen Eintritt bestimmte Rechtsfolgen auslöst.[35]

Die Mitwirkungsbefugnisse von Rat und Parlament sind auf ein „schlich-   33
tes" Einspruchsrecht begrenzt, dass keinen eigenen Gestaltungsspielraum

---

32 *Gaitzsch*, Tertiärnormsetzung in der EU, 2015, 79.
33 Ex-nunc-Wirkung gem. Art. 92 Abs. 3 S. 4 DSGVO.
34 Art. 17 Abs. 2 EUV.
35 So auch *Nettesheim* in: Grabitz/Hilf/Nettesheim, 58. EL 2016, AEUV Art. 290
    Rn. 58.

bietet. Der Einspruch bedarf **keiner Begründung**.[36] Das Europäische Parlament muss die Erhebung von Einwänden durch die Mehrheit seiner Mitglieder beschließen, der Rat bedarf zu einem solchen Beschluss einer qualifizierten Mehrheit, vgl. Art. 290 Abs. 2 UAbs. 2 AEUV.

34   Die **Frist** für die Erhebung von Einwänden beträgt gemäß Art. 92 Abs. 5 S. 1 DSGVO **drei Monate ab Erlass des delegierten Rechtsaktes** durch die Kommission. Damit korrespondiert die Pflicht der Kommission gem. Art. 92 Abs. 4 DSGVO, den delegierten Rechtsakt gleichzeitig mit seinem Erlass dem Europäischen Parlament und dem Rat zu übermitteln. Die beiden Organe müssen gleichzeitig informiert werden, damit Verschiebungen bei den Einspruchs- und Widerrufsrechten der Organe vermieden werden.[37] Rat oder Parlament können das Inkrafttreten des delegierten Rechtsakts in diesem Zeitraum unabhängig voneinander durch die Erhebung von Einwänden verhindern. Das delegierte Datenschutzrecht tritt in der Regel erst nach Ablauf der drei Monate in Kraft, um dem Rat und dem Parlament in diesem Zeitraum ausreichende Gelegenheit zur Ausübung des Einspruchsrechts zu geben.

35   Die Frist kann jedoch vorzeitig enden, wenn Parlament und Rat vor Fristablauf übereinstimmend erklären, keine Einwände zu erheben, Art. 92 Abs. 5 S. 1 DSGVO. Hintergrund der Regelung ist, dass sich nach Erfahrung der Kommission in den meisten Fällen gezeigt hat, dass die Dreimonatsfrist für die Ausübung des Einspruchsrechts das Inkrafttreten des Rechtsakts nur unnötig verzögert.[38] Zudem kann dadurch auch in **eilbedürftigen Fällen** ein frühzeitiges Inkrafttreten des Rechtsakts durch ein abgestimmtes Verfahren von Kommission, Rat und Parlament ermöglicht werden.

36   Die Dreimonatsfrist entspricht der Frist im Rahmen des früheren Regelungsverfahrens mit Kontrolle (→ Rn. 19). Sie dürfte angemessen sein,[39] zumal die Frist auf Verlangen des Parlaments oder des Rates **um weitere drei Monate verlängert** wird (Art. 92 Abs. 5 S. 2 DSGVO).

37   Nach Fristablauf oder bei der vorzeitigen Anzeige von Parlament und Rat, keine Einwände zu erheben, wird der delegierte Rechtsakt im Amtsblatt L der Europäischen Union veröffentlicht.[40]

IV. Rechtsschutz gegen delegiertes Recht

38   Bei den Rechtsschutzmöglichkeiten gegen delegiertes Recht muss grundsätzlich zwischen Basisrechtsakt und delegiertem Rechtsakt unterschieden werden. Fragen des Rechtsschutzes gegen delegiertes Recht stellen sich zum einen bei Überschreitung der Rechtsetzungsbefugnisse der Kommission, zum anderen bezüglich eines Vorgehen gegen den jeweiligen Rechtsakt.

---

36   *Nettesheim* in: Grabitz/Hilf/Nettesheim, 58. EL 2016, AEUV Art. 290 Rn. 65.
37   Vgl. Ratsdokument 8753/1/11 REV 1, 5; *Pauly* in: Paal/Pauly DSGVO Art. 92 Rn. 21.
38   KOM(2009) 673 endg., 9 f.
39   Zur Diskussion über die Länge dieser Frist *Möllers/von Achenbach* EuR 2011, 39 (58).
40   Ratsdokument 8753/1/11 REV 1, 5.

Die Befugnisübertragung durch Art. 92 DSGVO begrenzt die Möglichkei- **39**
ten der Kommission zur Rechtssetzung. Bewegt sich ein delegierter Rechtsakt außerhalb der Befugnis der Kommission, ist dieser nichtig, ohne dass es
hierfür einer Entscheidung des EuGH bedarf. Der **EuGH** besitzt gleichwohl
ein **Verwerfungsmonopol**, da ihm die ausschließliche Befugnis zur Feststellung dieser Rechtsfolge zusteht.[41]

Statthafte Klageart ist die **Nichtigkeitsklage** gemäß Art. 263 Abs. 1, AEUV. **40**
Klageberechtigt können dabei neben den nach Art. 263 Abs. 2 AEUV privilegierten Mitgliedstaaten und EU-Organen grundsätzlich auch natürliche
und juristische Personen sein, gemäß Art. 264 Abs. 4 AEUV. Denn nach
der Rechtsprechung des EuGH sind delegierte Rechtsakte und Durchführungsrechtsakte unter den Begriff des „Rechtsakts mit Verordnungscharak-
ter" zu subsumieren.[42] In der Praxis dürfte eine **Individualklage** gegen delegierte Rechtsakte nach Maßgabe der DSGVO jedoch regelmäßig **ausscheiden**, da die Befugnisse die Kommission lediglich zur Regelung allgemeiner
Verfahrensabläufe ermächtigen, die keine subjektiven Rechtspositionen
vermitteln. Es dürfte insofern regelmäßig die unmittelbare und individuelle
Betroffenheit des Klägers fehlen.

C. Verhältnis zu anderen Normen: Art. 93 DSGVO

Im Unterschied zur Rechtslage vor dem Lissabonner Vertrag ist der An- **41**
wendungsbereich des Ausschussverfahrens (Komitologie) heute auf den Erlass von Durchführungsrecht beschränkt. Der in Art. 93 DSGVO erwähnte
Komitologieausschuss und die dort in Bezug genommenen **Komitologieverfahren** spielen demnach im Rahmen des Erlasses von delegiertem Recht
nach Art. 92 DSGVO **keine Rolle.** Der Erlass delegierten Rechts richtet
sich ausschließlich nach Art. 92 DSGVO, nicht auch ergänzend nach
Art. 93 DSGVO.

Diese Trennung wird aufgrund der Systematik der DSGVO, die beide Re- **42**
gelungen in einem Kapitel zusammenfasst, nicht recht deutlich. Auch der
Wortlaut des Art. 93 Abs. 1 DSGVO könnte missverstanden werden, wenn
man irrigerweise annähme, dass die dort geregelte Unterstützung der Kommission durch einen Ausschuss eine ergänzende Regelung zu dem in
Art. 92 DSGVO geregelten Verfahren sei.

Dass Art. 92 und 93 DSGVO strikt zu trennen sind und Art. 93 DSGVO **43**
für den Erlass delegierter Rechtsakte nach Art. 92 DSGVO keinerlei Bedeutung hat, folgt bereits aus der kategorialen Unterscheidung zwischen delegiertem Recht und Durchführungsrecht im AEUV. Die Überschrift von Kapitel X nimmt diese Unterscheidung auf und verdeutlicht damit, dass sich
Art. 93 DSGVO nur auf den Erlass von Durchführungsrechtsakten bezieht
(→ Art. 93 Rn. 9 ff.).

---

41 *Nettesheim* in: Grabitz/Hilf/Nettesheim, 58. EL 2016, AEUV Art. 290 Rn. 57.
42 EuGH 6.9.2011 – T-18/10, ECLI:EU:T:2011:419 Rn. 48 – Inuit Tapiriit Kanata-
    mi / EP.

D. Gesamteinschätzung der Norm

44   Primärrechtlich ist der weitgehende Verzicht auf die Möglichkeit, im Datenschutzbereich delegiertes Recht vorzusehen, ohne weiteres zulässig: Art. 290 Abs. 1 AEUV ist kein Hinweis zu entnehmen, dass der Gesetzgeber delegierbare Sachverhalte auch tatsächlich delegieren müsste.[43] Ungeachtet dieser primärrechtlichen Entscheidungsfreiheit ist die fast durchgängige Streichung der Delegationsermächtigungen aus der DSGVO in Aufnahme der Kritik am Ursprungsentwurf aber **weit über das Ziel hinausgeschossen.**

45   In der DSGVO wird fast durchgängig auf das Instrument der delegierten Rechtsetzung verzichtet, so dass es im Bereich des Datenschutzrechts keine ausgewogene Zuordnung der Rechtsetzungsbefugnisse zwischen Parlament, Rat und Kommission gibt. Die **Leistungsfähigkeit,** die dieses Rechtsetzungsinstrument durch eine hohe Reaktionsgeschwindigkeit in Bezug auf neue datenschutzrechtliche Herausforderungen haben könnte, wird unter Geltung der DSGVO **praktisch nicht genutzt.**

Artikel 93 Ausschussverfahren

(1) [1]Die Kommission wird von einem Ausschuss unterstützt. [2]Dieser Ausschuss ist ein Ausschuss im Sinne der Verordnung (EU) Nr. 182/2011.

(2) Wird auf diesen Absatz Bezug genommen, so gilt Artikel 5 der Verordnung (EU) Nr. 182/2011.

(3) Wird auf diesen Absatz Bezug genommen, so gilt Artikel 8 der Verordnung (EU) Nr. 182/2011 in Verbindung mit deren Artikel 5.

---

[43] *Gaitzsch,* Tertiärnormsetzung in der EU, 2015, 52.

Verwandte Normen: ErwGr 168

Literatur:

Bergström, Carl Fredrik/ Ritleng, Dominique, Rulemaking by the European Commission – The New System for Delegation of Powers, 2016; *Brandsma, Gijs Jan/Curtin, Deirdre/Meijer, Albert*, How Transparent Are EU 'Comitology' Committees in Practice?" European Law Journal 2008, 819; *Danwitz, Thomas von*, Die Eigenverantwortung der Mitgliedstaaten für die Durchführung von Gemeinschaftsrecht, DVBl. 1998, 421; *Dehousse, Renaud*, Comitology: who watches the watchmen?" Journal of European Public Policy 2003, 798; *Gaitzsch, Paul*, Tertiärnormsetzung in der Europäischen Union: eine Untersuchung der Normsetzungsbefugnisse der Europäischen Kommission nach Art. 290 und Art. 291 Abs. 2-4 AEUV. Hamburg, 2015; *Gross, Thomas*, Das Kollegialprinzip in der Verwaltungsorganisation. Tübingen, 1999; *Joerges, Christian/ Falke, Josef*, (Hrsg.) Das Ausschußwesen der Europäischen Union: Praxis der Risikoregulierung im Binnenmarkt und ihre rechtliche Verfassung. Baden-Baden, 2000; *Kahl, Wolfgang*, Der europäische Verwaltungsverbund, Der Staat 2011, 353; *Kahl, Wolfgang*, Europäisches und nationales Verwaltungsorganisationsrecht. Von der Konfrontation zur Kooperation, Die Verwaltung 29 (1996), 341; *Möstl, Markus*, Rechtsetzungen der europäischen und nationalen Verwaltungen, DVBl. 2011, 1076; *Sydow, Gernot*, Die Richtlinie als Instrument zur Entlastung des europäischen Gesetzgebers, JZ 2009, 373; *Sydow, Gernot*, Europäische exekutive Rechtsetzung zwischen Kommission, Komitologieausschüssen, Parlament und Rat, JZ 2012, 157; *Sydow, Gernot*, Verwaltungskooperation in der Europäischen Union: zur horizontalen und vertikalen Zusammenarbeit der europäischen Verwaltungen am Beispiel des Produktzulassungsrechts. Tübingen, 2004; *Sydow, Gernot*, Vollzug des europäischen Unionsrechts im Wege der Kooperation nationaler und europäischer Behörden, DÖV 2006, 66.

A. Grundlagen

I. Gesamtverständnis und Zweck der Norm

Art. 93 DSGVO trifft Regelungen für den **Erlass von Durchführungsrechtsakten** zur DSGVO. Die Norm knüpft an die verschiedenen Ermächtigungsgrundlagen der DSGVO (→ unten Rn. 13 f.) für den Erlass von datenschutzrechtlichem Durchführungsrecht an, das von der Kommission in **Komitologieverfahren** erlassen wird und einheitliche Bedingungen für den mitgliedstaatlichen Vollzug der DSGVO normieren soll. Durch Weiterverweis auf die verschiedenen Verfahrensarten der Komitologie-VO[1] wird über Art. 93 DSGVO bestimmt, in welchem Komitologieverfahren der jeweilige Durchführungsrechtsakt erlassen wird.

Der Vollzug des Unionsrechts und damit auch der DSGVO obliegt nach dem Konzept des „**Vollzugsföderalismus**"[2] überwiegend den Mitgliedstaaten der EU. Sie vollziehen das Unionsrechts grundsätzlich in ihren eigenen

1   VO (EU) Nr. 182/2011.
2   Zum Begriff *Sydow* DÖV 2006, 66 (67); *Kahl* Der Staat 2011, 353 (353).

Verwaltungsstrukturen und nach ihrem eigenen Verfahrensrecht.[3] Art. 291 Abs. 1 AEUV erkennt die grundsätzliche institutionelle und verfahrensrechtliche **Autonomie der Mitgliedstaaten** beim Vollzug des Unionsrechts implizit an.

3   Zugleich verpflichtet er die Mitgliedstaaten explizit dazu, alle zur Durchführung des Unionsrechts erforderlichen Maßnahmen nach innerstaatlichem Recht auch tatsächlich zu ergreifen. Art. 291 Abs. 1 AEUV erweist sich insoweit für den Bereich des Gesetzesvollzugs als Spezialausprägung des **Grundsatzes der loyalen Zusammenarbeit** aus Art. 4 Abs. 3 EUV.[4]

4   Zu diesem Zweck legt Art. 291 Abs. 2 AEUV fest, dass die grundsätzliche institutionelle und verfahrensrechtliche Vollzugsautonomie der Mitgliedstaaten durch Durchführungsbestimmungen der Kommission beschränkt werden kann. Gerade weil der Erlass von Durchführungsrecht den Grundsatz der mitgliedstaatlichen Autonomie beschränkt, sind die **Mitgliedstaaten** durch das Europäische Parlament und den Rat nach Art. 291 Abs. 3, 289 Abs. 1 AEUV am Erlass des Durchführungsrechts zu beteiligen.

5   Art. 291 Abs. 2, Abs. 3 AEUV schafft so ein System der Kompensation: Einschränkung der mitgliedstaatlichen Autonomie gegen Beteiligung beim Erlass der autonomiebeschränkenden Durchführungsbestimmungen. Durchführungsmaßnahmen der Kommission unter Beteiligung der Komitologieausschüsse sind **föderal-typische Formen der Vollzugsharmonisierung**.[5] Als Nebenzweck ermöglichen die Komitologieausschüsse auch einen Rückgriff auf den Sachverstand der mitgliedstaatlichen Bürokratien.

6   Die Komitologie hat **2011** eine **Neuregelung** erfahren: Die Komitologie-VO[6] ist an die Stelle des Komitologiebeschlusses von 1987[7] getreten, nachdem die Komitologie in der Vergangenheit vielfach kritisch beäugt worden war.[8]

---

3   Grundlegend Art. 4 Abs. 1 EUV; zur Diskussion über die institutionelle und verfahrensrechtliche Autonomie EuGH 11.2.1971 – 39/70, ECLI:EU:C:1971:16, S. 58 – Norddeutsches Vieh- und Fleischkontor; EuGH 15.12.1971 – 51-54/71, ECLI:EU:C:1971:128, S. 1116 – International Fruit Company u.a.; EuGH 21.1.1999 – C-120/97, ECLI:EU:C:1999:14 Rn. 32 – Upjohn Ltd.; *von Danwitz* DVBl. 1998, 421 (429 ff.), *Kahl* Die Verwaltung 1996, 341 ff.; *Sydow*, Verwaltungskooperation in der Europäischen Union, 2004, 72 ff.
4   *Kahl* Der Staat 2011, 353 (354).
5   *Möstl* DVBl. 2011, 1076 (1078).
6   VO (EU) Nr. 182/2011.
7   Erster Komitologiebeschluss vom 13.7.1987 (ABl. 1987 L 197/33), modifiziert durch den sog modus vivendi vom 20.12.1994 (ABl. 1995 C 293/1), abgelöst durch den zweiten Komitologiebeschluss vom 28.6.1999 (ABl. 1999 L 184/23), dieser geändert durch Ratsbeschluss vom 17.7.2006 (ABl. 2006 L 200). Ausführlich zu den jeweiligen Neuerungen *Craig*, EU Administrative Law, 2006, 104 ff., und *Jacqué* in: Auby/Dutheil de la Rochère, Droit Administratif Européen 2007, 25 (46 ff.).
8   Etwa *Brandsma/Curtin/Meijer* European Law Journal 2008, 819 ff.; *Dehousse* Journal of European Public Policy 2003, 798 ff.; *Joerges* in: Joerges/Falke, Das Ausschusswesen der Europäischen Union, 2000, 17, 349; *Groß*, Das Kollegialprinzip in der Verwaltungsorganisation, 1999, 350.

II. Bisherige Rechtslage

Die europäische Datenschutzrichtlinie (RL 95/46/EG) verzichtete auf nähe- **7**
re Bestimmungen zu ihrer Durchführung in den Mitgliedstaaten, sondern
setzte allein auf ein Konzept der materiellen Rechtsangleichung. Art. 93
DSGVO hat demzufolge **keine Vorgängernorm.**

III. Entstehung der Norm

Art. 93 DSGVO findet sich bereits wortgleich im **Kommissionsentwurf** für **8**
die DSGVO.[9] Der Normtext hat im Laufe des Gesetzgebungsverfahrens
keine Änderung erfahren. Auch der **Anwendungsbereich** der Norm, der
nicht durch Art. 93 DSGVO selbst, sondern durch Verweise in anderen Bestimmungen der DSGVO bestimmt wird, ist im Laufe des Gesetzgebungsverfahrens keinen wesentlichen Veränderungen unterzogen worden – ganz
im Gegensatz zur delegierten Rechtsetzung nach Art. 92 DSGVO. Während
fast alle Befugnisse der Kommission zum Erlass delegierten Rechts nach
Art. 92 DSGVO im Laufe des Gesetzgebungsverfahrens gestrichen worden
sind, hat das darin zum Ausdruck kommende Misstrauen gegenüber der
Kommission deren Befugnisse zum Erlass von Durchführungsrecht nach
Art. 93 DSGVO nicht erfasst.

B. Kommentierung

I. Anwendungsbereich des Art. 93 DSGVO

Die Kernfunktion und damit der Hauptanwendungsbereich des Art. 93 **9**
DSGVO ist der **Erlass von Durchführungsrecht zur DSGVO.** Darüber hinaus wird Art. 93 DSGVO auch durch weitere Normen der DSGVO in Bezug genommen.

1. Erlass von Durchführungsrecht für die DSGVO

a) Begriff des Durchführungsrechts

Durchführungsrechtsakte ("implementing acts" / "actes d'exécution") re- **10**
geln die mitgliedstaatliche Durchführung der DSGVO, soweit sie einheitlicher Bedingungen bedarf. Der europarechtliche Begriff der Durchführung
wird in Art. 291 AEUV nicht definiert. Sein Begriffsinhalt lässt sich aus
dem Zusammenspiel von Art. 291 Abs. 1 und Abs. 2 AEUV erschließen.
Danach ist die Durchführung verbindlichen Unionsrechts eine Verpflichtung der Mitgliedstaaten; sie haben dazu alle erforderlichen "Maßnahmen" nach innerstaatlichem Recht zu ergreifen (Art. 291 Abs. 1 AEUV).

Voraussetzung für den Erlass von Durchführungsrecht ist das Bedürfnis **11**
nach einheitlichen Bedingungen für die Durchführung in allen Mitgliedstaaten (Art. 291 Abs. 2 AEUV). In der Formulierung des EuGH dient
Durchführungsrecht dazu, den normativen **Inhalt eines Sekundärrechtsakts
zu präzisieren,** um seine Umsetzung unter einheitlichen Bedingungen in allen Mitgliedstaaten sicherzustellen.[10]

---

9 Art. 87 DSGVO in KOM (2012) 11 endg.
10 EuGH 18.3.2014 – C-427/12, ECLI:EU:C:2014:170 Rn. 39 – Kommission / EP
  u.a.; dazu auch *Bast* in: Bergström/Ritleng, Rulemaking by the European Commission, 2016, 157 (161)

12 Der Begriff der Durchführung hat somit keine unmittelbare Entsprechung in der deutschen verwaltungsrechtlichen Dogmatik. Sein Bedeutungsgehalt ist weit und umfasst den **administrativen Vollzug** ebenso wie Fragen des verwaltungsgerichtlichen Rechtsschutzes durch Durchsetzung subjektiv-öffentlicher Rechte aus einer Rechtsnorm.[11] Durchführungsrechtsakte können demnach Vorgaben für die mitgliedstaatliche Verwaltungsorganisation, das Verwaltungsverfahren oder den Verwaltungsrechtsschutz enthalten, immer unter der Voraussetzung, dass sie erforderlich sind, um eine einheitliche Umsetzung eines Sekundärrechtsakts der EU in allen Mitgliedstaaten zu gewährleisten.

b) Einzelermächtigungen für den Erlass von Durchführungsrecht in der DSGVO

13 Die DSGVO enthält für den Erlass von Durchführungsrecht in folgenden Einzelnormen **Ermächtigungsgrundlagen**, die jeweils auf Art. 93 DSGVO verweisen:

- Art. 43 Abs. 9 (Zertifizierungsstellen)
- Art. 45 Abs. 3 (Datenübermittlung auf der Grundlage eines Angemessenheitsbeschluss),
- Art. 45 Abs. 5 (Datenübermittlung auf der Grundlage eines Angemessenheitsbeschluss),
- Art. 47 Abs. 3 (Verbindliche interne Datenschutzvorschriften),
- Art. 61 Abs. 9 (Gegenseitige Amtshilfe),
- Art. 67 (Informationsaustausch).

c) Annahme datenschutzrechtlicher Standardvertragsklauseln

14 Neben dem Durchführungsrecht im engeren Sinn werden im Rahmen der Komitologie auch **Standardvertragsklauseln** und **Standarddatenschutzklauseln** durch die Kommission festgelegt, erlassen oder genehmigt. Entsprechende Verweise auf Art. 93 DSGVO finden sich in:

- Art. 28 Abs. 7 (Auftragsverarbeiter): Die Kommission kann Standardvertragsklauseln im Verfahren des 93 Abs. 2 DSGVO festlegen.
- Art. 40 Abs. 9 (Allgemeinverbindlichkeitserklärung für Verhaltensregeln): Die Kommission kann Verhaltensregeln bzw. ihre Änderung oder Erweiterung, die im Wege der Selbstregulierung erarbeitet wurden, für allgemeinverbindlich erklären.
- Art. 46 Abs. 2 lit. c (Datenübermittlung vorbehaltlich geeigneter Garantien): Die Kommission kann Standarddatenschutzklauseln im Prüfverfahren nach Art. 93 Abs. 2 DSGVO erlassen.
- Art. 46 Abs. 2 lit. d: Die Kommission kann Standarddatenschutzklauseln von Aufsichtsbehörden im Prüfverfahren nach Art. 93 Abs. 2 DSGVO genehmigen.

15 In einem weiten Verständnis lassen sich auch diese **Klauselwerke** als eine Form der Durchführung der DSGVO durch die Mitgliedstaaten verstehen,

---

11 Zu Begriff und Konzeption der Durchführung des Unionsrechts: *Sydow* in: Hatje/Müller-Graff, Europäisches Organisations- und Verfassungsrecht, 2014, § 12 Rn. 13 ff., 32 ff.

so dass ihre Erarbeitung im Rahmen der Komitologie mit den primärrechtlichen Vorgaben aus Art. 291 Abs. 2 AEUV vereinbar ist.

Anders als das Durchführungsrecht im engeren Sinn richten sich diese   16
Klauseln aber nicht an die Mitgliedstaaten selbst, sondern an Datenverarbeiter in den Mitgliedstaaten. Mit Ausnahme der Verhaltensregeln, die allgemeine Gültigkeit in der Union besitzen, stellen die Standardvertragsklauseln zudem kein bindendes Recht dar, sondern lediglich ein **Angebot an
den Datenverarbeiter**, dessen Nutzung rechtliche Vorteile und Erleichterungen nach sich zieht.

2. Kontrollfunktionen des Komitologieausschusses

Schließlich wird auch in Art. 70 Abs. 3 auf Art. 93 DSGVO Bezug genom-   17
men: Der **Europäische Datenschutzausschuss** leitet seine **Stellungnahmen**
an den Komitologieausschuss nach Art. 93 DSGVO weiter. An dieser
Norm zeigt sich, dass die Komitologie nicht allein dem Erlass von Durchführungsrecht dient und dabei die Rechtsetzungsbefugnisse der Kommission an eine mitgliedstaatliche Beteiligung rückbindet, sondern dass der Komitologieausschuss auch jenseits des Rechtsetzungsverfahrens Kontrollfunktionen wahrnimmt.

II. Verfahren für den Erlass von datenschutzrechtlichem Durchführungsrecht

1. Dreischrittige Normierung von Durchführungsrecht

Die Befugnis zum Erlass von Durchführungsrechtsakten muss der Kommis-   18
sion explizit übertragen werden. Der europäische Gesetzgeber normiert
diese **Befugnisübertragungen** jeweils im unmittelbaren Zusammenhang mit
der Sachregelung, deren Durchführung durch Tertiärrecht näher bestimmt
werden soll. Art. 93 DSGVO setzt demnach die an anderen Stellen in der
DSGVO normierte Befugnis zum Erlass von Durchführungsrecht voraus.
Er knüpft hieran an und regelt durch Verweis auf die Komitologie-VO, in
welchem Verfahren im Einzelnen die Durchführungsbestimmungen zur
DSGVO erlassen werden.

Der Erlass von Durchführungsrecht im Datenschutzrecht folgt einem **drei-**   19
schrittigen Schema:

1. Übertragung der Befugnis zum Erlass von Durchführungsrecht an die
   Kommission, jeweils geregelt im unmittelbaren Zusammenhang mit der
   Sachregelung, für deren Vollzug Durchführungsbestimmungen erlassen
   werden sollen (in der DSGVO an zahlreichen Stellen → Rn. 13 f.);
2. Festlegung des Komitologieverfahrens, in dem der Durchführungsrechtsakt erlassen wird (durch Verweise auf die Komitologie-VO in
   Art. 93 Abs. 2, 3 DSGVO);
3. Erlass des Durchführungsrechts durch die Kommission im Verfahren
   nach Art. 93 DSGVO iVm der Komitologie-VO, dh unter Beteiligung
   eines Komitologieausschusses (→ Rn. 5 ff.).

2. Verfahrensarten der Komitologie-VO

20 Die Komitologie-VO hat die Zahl der Verfahrensarten gegenüber der Rechtslage unter dem früheren Komitologiebeschluss halbiert. Es stehen nur noch zwei (statt früher vier) Verfahrensarten zur Auswahl: das **Beratungsverfahren** und das **Prüfverfahren**.[12] Die beiden Verfahrensarten unterscheiden sich in der Intensität der Beteiligungsrechte der Komitologieausschüsse:

a) Beratungsverfahren

21 Im Rahmen des Beratungsverfahrens gibt der Komitologieausschuss lediglich ein konsultatives Votum ab. Im Falle einer Abstimmung wird die Stellungnahme des Ausschusses **mit einfacher Mehrheit** beschlossen. Die Kommission beschließt den Durchführungsrechtsakt und berücksichtigt dabei soweit wie möglich das Ergebnis der Beratungen im Ausschuss und dessen Stellungnahme.[13]

b) Prüfverfahren

22 Im Rahmen des Prüfverfahrens hat der Komitologieausschuss ein **Vetorecht** gegen den Kommissionsvorschlag. Für Abstimmungen gelten die Regelungen zur **qualifizierten Mehrheit, Sperrminorität und zur Stimmengewichtung**, die das Primärrecht für Ratsentscheidungen vorsieht.[14] Sofern die Stellungnahme des Ausschusses nicht mit dem Kommissionsentwurf übereinstimmt, kann die Kommission den vorgeschlagenen Durchführungsrechtsakt grundsätzlich nicht erlassen.[15]

c) Dringlichkeitsbefugnisse der Kommission

23 Für **Dringlichkeitsfälle** stellt die Komitologie-VO unter engen Kautelen eine weitere Möglichkeit zu Verfügung: Sofern ein Basisrechtsakt nicht etwas anderes bestimmt, kann die Kommission Durchführungsrecht in dringlichen Fällen für höchstens sechs Monate zunächst ohne Ausschussbeteiligung erlassen.[16]

3. Dominanz des Prüfverfahrens in der DSGVO

24 Die Auswahl zwischen den Verfahrensarten, die die Komitologie-VO zur Verfügung stellt (Beratungsverfahren, Prüfverfahren), trifft der jeweilige Basisrechtsakt, konkret Art. 93 DSGVO iVm den einzelnen Delegationsermächtigungen der DSGVO. Die Komitologie-VO statuiert für diese Entscheidung den Grundsatz, dass die Komitologieausschüsse **regelmäßig im**

---

12 Näher *Sydow* JZ 2012, 157 (160 ff.); zum Stand der Überleitung der früheren Verfahrensarten in diese beiden aktuellen Verfahrensarten: KOM (2015) 418, 2.
13 Art. 4 Komitologie-VO.
14 Art. 5 Abs. 1 Komitologie-VO iVm Art. 16 Abs. 4, 5 EUV und 238 AEUV, näher *Gaitzsch*, Tertiärnormsetzung in der EU, 2015, 174 ff.; *Jenny* in: Plath DSGVO Art. 93, Rn. 7
15 Art. 5 Abs. 3 Komitologie-VO.
16 Art. 8 Abs. 2 Komitologie-VO.

Rahmen des Beratungsverfahrens tätig werden sollen und Entscheidungen für die Wahl des Prüfverfahrens begründungsbedürftige Ausnahmen sind.[17]

a) Festlegung auf das Prüfverfahren für datenschutzrechtliches Durchführungsrecht

Beim Erlass der DSGVO hat der europäische Gesetzgeber dieses **Regel-Ausnahme-Verhältnis** indes außer Acht gelassen: Das reguläre Beratungsverfahren hat im Rahmen der DSGVO keinerlei Anwendungsbereich; Art. 93 DSGVO verzichtet vollständig auf einen Verweis auf Art. 4 Komitologie-VO (Beratungsverfahren).   25

Stattdessen verweisen sämtliche Delegationsermächtigungen der DSGVO auf Art. 93 Abs. 2 DSGVO, der weiterverweist auf Art. 5 der Komitologie-VO (Prüfverfahren). Das heißt: **Alle Durchführungsrechtsakte** im Datenschutzrecht werden im Rahmen des **Prüfverfahrens** nach der Komitologie-VO erlassen, so dass der Komitologieausschuss grundsätzlich ein **Vetorecht** gegen die Kommissionsvorschläge hat (→ Rn. 22).   26

b) Dringlichkeitsverfahren für Ausnahmefälle

Art. 45 Abs. 5 S. 3 DSGVO sieht (für Beschlüsse über die Angemessenheit des Datenschutzniveaus in Drittländern) in äußerst dringlichen Fällen ergänzend die Möglichkeit des **Dringlichkeitsverfahrens** – zunächst ohne Ausschussbeteiligung – vor (Art. 93 Abs. 3 DSGVO iVm Art. 8 Komitologie-VO).   27

4. Arbeitsweise der Komitologie im Prüfverfahren

Die Ausschussstruktur ist bei der Neuregelung der Komitologie 2010/2011 im Grundsatz beibehalten worden; die seit langem etablierte Praxis der Ausschusstätigkeit ist durch die **Komitologie-VO** normativ festgeschrieben:[18] Die Komitologieausschüsse setzen sich aus Vertretern der Mitgliedstaaten unter Vorsitz eines Vertreters der Kommission zusammen.[19] Der Vorsitz nimmt nicht an den Abstimmungen teil, unterbreitet aber dem Ausschuss den Entwurf des von der Kommission zu erlassenden Durchführungsrechtsakts.   28

Die Arbeitsweise der Ausschüsse ist weitgehend **konsensual**, was die Komitologie-VO folgendermaßen formuliert: „Der Vorsitz bemüht sich um Lösungen, die im Ausschuss eine möglichst breite Unterstützung finden. Der Vorsitz unterrichtet den Ausschuss darüber, in welcher Form die Beratungen und die vorgeschlagenen Änderungen berücksichtigt wurden, insbesondere was diejenigen Vorschläge angeht, die im Ausschuss breite Unterstützung gefunden haben."[20]   29

Zur Verfahrensvereinfachung ermöglicht die Komitologie-VO ein **schriftliches Verfahren**.[21] Dabei gilt es als stillschweigende Zustimmung zum Ent-   30

---

17 Art. 2 Abs. 2, 3 Komitologie-VO; dazu *Gaitzsch*, Tertiärnormsetzung in der EU, 2015, 103 ff.
18 Art. 3 Abs. 2–7 Komitologie-VO.
19 Art. 3 Abs. 2 Komitologie-VO.
20 Art. 3 Abs. 4 UAbs. 2 Komitologie-VO.
21 Art. 3 Abs. 5 S. 1 Komitologie-VO.

wurf des Durchführungsrechtsakts, wenn sich Ausschussmitglieder innerhalb der vom Vorsitz gesetzten Frist nicht äußern.[22] Auf Verlangen eines Ausschussmitglieds ist das schriftliche Verfahren in eine **Ausschussberatung** überzuleiten,[23] so dass diese Regelungen in der Tat als Verfahrenserleichterung in unstrittigen Fällen und nicht als Verkürzung der Ausschussrechte gewertet werden muss.

III. Formenwahlfreiheit zwischen Durchführungsverordnung und Durchführungsrichtlinie zur DSGVO

31　Als Durchführungsrechtsakte kommen grundsätzlich alle in Art. 288 AEUV genannten verbindlichen Handlungsformen des Unionsrechts in Betracht.[24] Art. 291 Abs. 2 AEUV kennt keinen zwingenden Gleichlauf zwischen der Form des delegierenden Basisrechtsakts und der Form des delegierten Rechtsakts und – anders als Art. I-37 Abs. 4 Verfassungsvertrag – auch keine Beschränkung auf **Durchführungsverordnungen** und **Durchführungsbeschlüsse.**

32　Es ist deshalb ohne weiteres zulässig, Durchführungsrecht zur DSGVO nicht nur in der Form einer Durchführungsverordnung, sondern auch in einer **Durchführungsrichtlinie** zu erlassen. Der Gesetzgeber – in diesem Fall die Europäische Kommission – muss die Wahl der Handlungsform für jeden Tertiärrechtsakt eigenständig neu begründen. Es steht zu fürchten, dass diese Begründung weitgehend ausfallen wird und der Wechsel von der Richtlinien- zur Verordnungsform, den die DSGVO im Sekundärrecht bewirkt hat, mehr oder minder automatisch auf das Tertiärrecht übertragen wird.

33　Dabei sprechen durchaus sachliche Gründe dafür, diese Frage für die einzelnen Ermächtigungen zum Erlass von Durchführungsrecht in der DSGVO differenziert zu beantworten. So dürfte es sich anbieten, beim Erlass von Durchführungsbestimmungen für Amtshilfe auf der Grundlage von Art. 61 Abs. 9 DSGVO die Handlungsform der Durchführungsrichtlinie zu wählen. Denn dadurch würde ein Gleichklang mit der Form der Normierung von Amtshilferegelungen im Dienstleistungsbereich erreicht, die ebenfalls nicht in Verordnungs-, sondern in Richtlinienform erlassen worden sind (Art. 28 ff. DL-RL).[25] Die nationalen Gesetzgeber hätten dadurch die Chance, die Amtshilferegelungen im Datenschutzbereich systematisch stimmig in das jeweilige nationale Verfahrensrecht der Amtshilfe einzufügen.[26]

IV. Rechtsschutz gegen Durchführungsrecht

34　Die Rechtsschutzmöglichkeiten gegen Durchführungsrecht sind identisch mit denen gegen delegierte Rechtsakte (→ Art. 92 Rn. 38 ff.). Durchführungsrecht ist ebenfalls durch eine **Nichtigkeitsklage** nach Art. 263 Abs. 1 AEUV angreifbar.

22　Art. 3 Abs. 5 S. 2 Komitologie-VO.
23　Art. 3 Abs. 5 UAbs. 2 Komitologie-VO.
24　*Gaitzsch,* Tertiärnormsetzung in der EU, 2015, 171.
25　RL 2006/123/EG.
26　Zu dieser Funktion des Richtlinienrechts der EU *Sydow* JZ 2009, 373 (376).

C. Verhältnis zu anderen Normen: Art. 92 DSGVO

Dem Verhältnis des Art. 93 zu Art. 92 DSGVO liegt die primärrechtliche 35
Unterscheidung zwischen delegierten Rechtsakten gemäß Art. 290 Abs. 1
AEUV und Durchführungsrechtsakten gemäß Art. 291 Abs. 2 – Abs. 4
AEUV zu Grunde. Art. 92 DSGVO betrifft delegierte Rechtsakte, Art. 93
DSGVO Durchführungsrechtsakte (→ Art. 92 Rn. 5 f.). Der Unionsgesetz-
geber verfügt über ein Ermessen, wenn er entscheidet, der Kommission
eine delegierte Befugnis nach Art. 290 Abs. 1 AEUV oder eine Durchfüh-
rungsbefugnis nach Art. 291 Abs. 2 AEUV zu übertragen.[27]

Wortlaut und Überschrift des Art. 93 DSGVO verdeutlichen die **Unabhän-** 36
gigkeit von Art. 92 DSGVO nicht auf den ersten Blick. Sie folgt aber eindeutig aus der Kapitelüberschrift vor Art. 92 DSGVO und auch aus den
Einzelnormen in der DSGVO, die jeweils allein auf Art. 93 DSGVO verweisen (→ Rn. 13 f.).

D. Gesamteinschätzung

Das verbreitete Misstrauen gegenüber delegierter Datenschutzgesetzgebung 37
durch die Europäische Kommission hat deren Befugnisse zum Erlass von
Durchführungsrecht nach Art. 93 DSGVO nicht erfasst. Auch wenn diese
grundlegend unterschiedliche Haltung gegenüber delegiertem Recht und
Durchführungsrecht im Gesetzgebungsverfahren nur bedingt nachvollziehbar ist, weil auch der Erlass von Durchführungsrecht **Gestaltungsspielräu-**
me der Kommission beinhaltet, ist im Ergebnis zu begrüßen, dass die
DSGVO das Instrument des Durchführungsrechts zur Angleichung des
mitgliedstaatlichen Vollzugs der DSGVO nutzt.

Zu kritisieren ist allein, dass die DSGVO **das Regel-Ausnahme-Verhältnis** 38
der Komitologie-VO umkehrt und innerhalb der Komitologie eine Domi-
nanz des Prüfverfahrens vorsieht (oben → Rn. 24 ff.). Denn nur für die in
Art. 2 Abs. 2 Komitologie-VO genannten Bereiche ist ausnahmsweise das
Prüfverfahren vorgesehen. Allerdings normiert Art. 2 Komitologie-VO keine strikten Auswahlkriterien, sondern sieht „in hinreichend begründeten
Fällen" (Art. 2 Abs, 3 S. 2 Komitologie-VO) die Möglichkeit vor, anstelle
des vorgesehenen Prüfverfahrens zugunsten des Beratungsverfahrens abzuweichen.[28] Des Weiteren stehen Komitologie-VO und DSGVO normenhier-
archisch auf derselben Ebene einer Verordnung des europäischen Sekundärrechts nach Art. 288 Abs. 2 AEUV. In ihrem Verhältnis untereinander
gilt folglich der *lex-posterior*-Grundsatz, so dass der europäische Gesetzgeber bei Erlass der DSGVO ohnehin keiner Rechtsbindung durch die Komitologie-VO unterlag.

Gleichwohl stellt das Regel-Ausnahme-Verhältnis nach der Komitologie- 39
VO einen **ausgewogenen politischen Kompromiss** zwischen eigenständigen

---

27 EuGH 18.3.2014 – C-427/12, ECLI:EU:C:2014:170 Rn. 40 – Kommission / EP
u.a.
28 Zur Diskussion dieser Frage *Gaitzsch*, Tertiärnormsetzung in der EU, 2015,
105 ff., im Anschluss an die schon ältere, aber nach wie vor aussagekräftige Rechtsprechung des EuGH 21.1.2003 – C-378/00, ECLI:EU:C:2003:42 Rn. 43, 53 f. –
Kommission/Parlament u. Rat.

Handlungsbefugnissen der Kommission und einer engen Rückbindung an die Mitgliedstaaten über die Komitologieausschüsse dar. Er ist das Ergebnis eines jahrzehntelangen politischen Streits über die Komitologie, der mit der Neufassung von Art. 291 Abs. 3 AEUV und seiner Umsetzung durch die Komitologie-VO eine gelungene Neuregelung gefunden hat. Dass die DSGVO von diesem Grundsatz nun abweicht, ohne dass hierfür neue oder spezifisch datenschutzrechtliche Gründe ersichtlich sind, kann daher nicht überzeugen.[29]

---

29 Unkritisch zur Anwendung des Prüfverfahrens *Pauly* in: Paal/Pauly DSGVO Art. 93 Rn. 9.

Kapitel XI Schlussbestimmungen

Artikel 94 Aufhebung der Richtlinie 95/46/EG

(1) Die Richtlinie 95/46/EG wird mit Wirkung vom 25. Mai 2018 aufgehoben.

(2) [1]Verweise auf die aufgehobene Richtlinie gelten als Verweise auf die vorliegende Verordnung. [2]Verweise auf die durch Artikel 29 der Richtlinie 95/46/EG eingesetzte Gruppe für den Schutz von Personen bei der Verarbeitung personenbezogener Daten gelten als Verweise auf den kraft dieser Verordnung errichteten Europäischen Datenschutzausschuss.

Verwandte Normen: ErwGr 171

A. Grundlagen: Gesamtverständnis der Norm

Art. 94 Abs. 1 DSGVO hebt mit Wirkung zum 25.5.2018 die Richtlinie 1 95/46/EG auf, die seit 1995 die zentrale Grundlage für das europäische Datenschutzrecht war. Damit entfällt die Verpflichtung der Mitgliedstaaten aus Art. 288 Abs. 3 AEUV, ihre nationalen Datenschutzbestimmungen an die Vorgaben der Richtlinie anzugleichen. Die bisherigen Richtlinienbestimmungen werden durch die unmittelbar geltenden Bestimmungen der DSGVO ersetzt, die indes ebenfalls an die Mitgliedstaaten gerichtete Pflichten zur normativen Durchführung enthält.

B. Kommentierung

I. Rechtsfolgen der Richtlinienaufhebung

1. Folgen für Geltung und Anwendbarkeit der Umsetzungsgesetze (insbes. BDSG)

Die Aufhebung der Richtlinie 95/46/EG als solche hat keine unmittelbaren 2 Rechtsfolgen für die bestehenden nationalen Umsetzungsnormen, die auf der Richtlinie beruhen. Das BDSG und die Landesdatenschutzgesetze gelten ungeachtet der Richtlinienaufhebung nach Art. 94 Abs. 1 DSGVO über den 25.5.2018 hinaus fort, soweit sie nicht von den jeweiligen deutschen Gesetzgebern aufgehoben werden. Denn ihre Geltung beruht auf dem jeweiligen Gesetzesbeschluss der deutschen Parlamente und nicht auf der

Frage, ob eine europarechtliche Verpflichtung zu entsprechenden Gesetzesbeschlüssen bestand.[1]

3   Die deutschen Datenschutznormen werden aber unanwendbar, soweit ihre Anwendung zu einem Konflikt mit den unmittelbar geltenden Bestimmungen der DSGVO führt. Das folgt indes nicht aus Art. 94 Abs. 1 DSGVO, sondern allgemein aus dem Anwendungsvorrang des Europarechts vor nationalem Recht.[2]

4   Der **Anwendungsvorrang des Europarechts** und die daraus folgende Unanwendbarkeit des nationalen Rechts beziehen sich nicht pauschal auf einen Gesetzgebungsakt als ganzen, sondern auf die einzelnen in ihm enthaltenen Rechtsnormen. Das erfordert im Einzelnen einen Abgleich sämtlicher Bestimmungen des BDSG und der Landesdatenschutzgesetze mit der jeweiligen Einzelnorm der DSGVO.

5   Es ist daher sehr zu begrüßen, dass der Bundesgesetzgeber das BDSG vollständig aufheben und durch ein **neues BDSG (BDSG-Entwurf)** ersetzen will.[3] Er hätte sicherlich gut daran getan, wie anfänglich geplant, nur die notwendigen Neuregelungen in einem neuen Gesetz (ABDSG) vorzunehmen.[4]. Hingegen soll die Neufassung des BDSG im aktuellen Gesetzesentwurf über den Umfang des bisherige BDSG weit hinausgehen.[5] Auch die **Landesgesetzgeber** sollten im Interesse der Rechtssicherheit diejenigen Normen der Landesdatenschutzgesetze formal aufheben, die durch die DSGVO unanwendbar werden, und sie nicht als unanwendbare Normen in den Gesetzblättern stehen lassen.

2. Folgen für auf Grund der RL 95/46/EG ergangene Verwaltungsentscheidungen

6   **Verwaltungsentscheidungen**, die auf der Grundlage der aufgehobenen Richtlinie 95/46/EG oder ihrer nationalen Umsetzungsgesetze ergangen sind, bleiben **in Kraft**, bis sie geändert, ersetzt oder aufgehoben werden.[6] Diese Bestandskraft gilt sowohl für Entscheidungen bzw. Beschlüsse (Art. 288 Abs. 4 AEUV) der Europäischen Kommission als auch für Genehmigungen oder andere Entscheidungen der nationalen Aufsichtsbehörden.

---

1   Bei der Aufhebung von Richtlinien im regulären Rechtssetzungsverfahren unstrittig. Vgl. *Schneider*, Gesetzgebung, Rn. 226; *Funke*, Umsetzungsrecht, 2010, S. 160.

2   Aufgenommen im Schlusssatz der DSGVO nach Art. 99 DSGVO: „Diese Verordnung ist in allen ihren Teilen verbindlich und gilt unmittelbar in jedem Mitgliedstaat."; vgl. allgemein zum Anwendungsvorrang: *Ruffert* in: Calliess/Ruffert, EUV/AEUV, 4. Aufl. 2011, AEUV Art. 1 Rn. 16 ff.

3   Entwurf eines Gesetzes zur Anpassung des Datenschutzrechts an die Verordnung (EU) 2016/679 und zur Umsetzung der Richtlinie (EU) 2016/680 (Datenschutz-Anpassungs- und -Umsetzungsgesetz EU – DSAnpUG-EU) in der Fassung vom 24.2.2017 (Gesetzesentwurf der Bundesregierung BT-Drs. 18/11325).

4   Entwurf eines Gesetzes zur Anpassung des Datenschutzrechts an die Verordnung (EU) 2016/679 und zur Umsetzung der Richtlinie (EU) 2016/680 (Datenschutz-Anpassungs- und -Umsetzungsgesetz EU – DSAnpUG-EU) in der Fassung vom 5.8.2016 (1. Ressortabstimmung).

5   In diesem Entwurf umfasst das neue BDSG 85 Paragraphen. Kritisch hierzu *Schaar* NJW-Aktuell 10/2017, 14.

6   Erwägungsgrund 171 S. 4 DSGVO.

Für Genehmigungen von Datenübermittlungen in Drittstaaten auf Grund   7
ausreichender Garantien aus Vertragsklauseln oder verbindlichen Unter-
nehmensregeln[7] enthält Art. 46 Abs. 5 DSGVO eine spezielle Regelung, die
dem allgemeinen Grundsatz der **Bestandskraft von Verwaltungsentscheidungen** entspricht (und daher überflüssig ist): Auch diese Genehmigungen
bleiben so lange gültig, bis sie geändert, ersetzt oder aufgehoben werden.[8]

3. Folgen für laufende Datenverarbeitungen

Soweit laufende Datenverarbeitungsvorgänge nicht durch die Bestandkraft   8
einer Verwaltungsentscheidung abgesichert sind, beurteilt sich ihre Zulässigkeit nach dem **jeweils aktuell geltenden materiellen Recht,** also
bis 24.5.2018 nach nationalem Datenschutzrecht in Umsetzung der Richtlinie 95/46/EG, ab 25.5.2018 nach der DSGVO. Laufende Datenverarbeitungen, die über dieses Datum des Beginns der Anwendung[9] der DSGVO
hinaus fortgesetzt werden sollen, müssen bis dahin mit den Vorgaben der
DSGVO in Übereinstimmung gebracht werden.[10]

Das ändert allerdings nicht daran, dass bis 24.5.2018 die noch anwendba-   9
ren nationalen Bestimmungen beachtet werden müssen. Datenverarbeiter,
die unter Compliance-Gesichtspunkten eine sichere Basis für ihr Handeln
benötigen, kommen daher in der **Übergangszeit** nicht umhin, die Zulässigkeit von Datenverarbeitungen doppelt anhand des aktuell noch geltenden
nationalen Rechts und anhand der künftig geltenden DSGVO zu beurteilen. Im Zweifel lässt sich durch Beachtung des strengeren Maßstabs vermeiden, dass die eigenen Datenverarbeitungsvorgänge in tatsächlicher Hinsicht am Stichtag umgestellt werden müssen.

4. Folgen für datenschutzrechtliche Einwilligungen

Datenschutzrechtliche **Einwilligungen** bleiben grundsätzlich über den   10
24.5.2018 hinaus **wirksam.** Denn ihre Wirksamkeit beruht auf dem Willen
der einwilligenden natürlichen Person, nicht unmittelbar auf der Rechtsnorm, die diese Willenserklärung Dritter zur Rechtmäßigkeitsvoraussetzung von Datenverarbeitungen erklärt.

Teilweise statuiert das Datenschutzrecht aus Verbraucherschutzgründen al-   11
lerdings **normative Anforderungen an die Wirksamkeit von Einwilligungserklärungen.**[11] In dieser Hinsicht besteht kein Bestandsschutz wie bei Verwaltungsentscheidungen in der Weise, dass eine einmal wirksam erteilte
Einwilligung unabhängig von der Veränderung der gesetzlichen Rahmenbedingungen wirksam bliebe. Vielmehr ist die Wirksamkeit einer Einwilligung stets am aktuell gültigen Recht zu messen. Bereits erteilte Einwilligungserklärungen bleiben also dann, aber auch nur dann über den

---

7 § 4c Abs. 2 S. 1 BDSG.
8 *Jenny* in: Plath DSGVO Art. 94 Rn. 3.
9 Zum Sprachgebrauch der DSGVO in Bezug auf Inkrafttreten, Anwendbarkeit und
   Gültigkeit → Art. 99 DSGVO Rn. 2 f.
10 Erwägungsgrund 171 S. 2 DSGVO; dass dort nur „sollten … in Einklang gebracht
   werden" steht statt „müssen", ist dem üblichen konjunktivischen Sprachgebrauch
   der Erwägungsgründe europarechtlicher Normen geschuldet und nimmt die
   Rechtsverbindlichkeit der Verpflichtung nicht zurück.
11 Ab 25.5.2018: Art. 7 DSGVO.

24.5.2018 hinaus wirksam, wenn sie den Bedingungen der Art. 7 bzw. 8 DSGVO entsprechen.[12]

II. Umstellung von Verweisen auf die DSGVO (Art. 94 Abs. 2 DSGVO)

12   Art. 94 Abs. 2 S. 1 DSGVO stellt sämtliche **Verweise auf die aufgehobene Richtlinie 95/46/EG** auf die DSGVO um. Dementsprechend gelten Verweise auf die Art. 29-Datenschutzgruppe (Gruppe für den Schutz von Personen bei der Verarbeitung personenbezogener Daten nach Art. 29 RL 95/46/EG) als Verweise auf den Europäischen Datenschutzausschuss nach Art. 68 DSGVO (Art. 94 Abs. 2 S. 2 DSGVO).

13   Nach dem Wortlaut der DSGVO sollen alle Verweise auf die aufgehobene Richtlinie als Verweise auf die DSGVO „gelten". Ob man die Norm sinnvollerweise als gesetzliche **Fiktion** interpretieren kann, ist indes zweifelhaft. Es dürfte näherliegen, Art. 94 Abs. 2 als **implizite gesetzliche Änderung** aller Bestimmungen zu verstehen, die bislang auf die RL 95/46/EG verwiesen hatten.

C. Kritik

14   Die **Gesamtumstellung aller Verweise** auf die DSGVO wird durch Art. 94 Abs. 2 DSGVO auf einfache gesetzestechnische Weise bewirkt. Sie enthebt den europäischen Gesetzgeber der Aufgabe, im Einzelnen zu ergründen, welche (von ihm selbst erlassenen) Normen auf die aufgehobene Richtlinie verwiesen haben könnten. Die Gesamtumstellung von Verweisen entspricht der üblichen Gesetzgebungspraxis der EU.[13]

15   Diese Gesetzgebungspraxis hat allerdings den Nachteil, dass die verweisenden Normen nur implizit unter Anwendung des lex-posterior-Grundsatzes durch denjenigen Gesetzgebungsakt geändert werden, der durch Aufhebung einer anderen Norm die ursprünglichen Verweise leerlaufen lässt. Die verweisenden Normen werden in ihrem Wortlaut nicht verändert und scheinen daher bei isolierter Lektüre ohne Hinzunahme von Art. 94 Abs. 2 DSGVO weiterhin auf die aufgehobene RL 95/46/EG zu verweisen.

Artikel 95 Verhältnis zur Richtlinie 2002/58/EG

Diese Verordnung erlegt natürlichen oder juristischen Personen in Bezug auf die Verarbeitung in Verbindung mit der Bereitstellung öffentlich zugänglicher elektronischer Kommunikationsdienste in öffentlichen Kommunikationsnetzen in der Union keine zusätzlichen Pflichten auf, soweit sie besonderen in der Richtlinie 2002/58/EG festgelegten Pflichten unterliegen, die dasselbe Ziel verfolgen.

---

12 Erwägungsgrund 171 S. 3 DSGVO.
13 So zB auch bei Art. 139 UAbs. 5 Reach-Verordnung Nr. 1907/2006 und Art. 34 Abs. 2 RL 2006/54/EG.

Verwandte Normen: ErwGr 173; § 1 Abs. 3 BDSG 2003

A. Grundlagen: Gesamtverständnis der Norm

Art. 95 DSGVO regelt das Verhältnis der DSGVO zur **Datenschutz-Richtli-**   1
nie für elektronische Kommunikation[1] im Sinne gesetzlicher **Spezialität**, soweit es um den Schutz personenbezogener Daten bei elektronischer Kommunikation geht.

B. Kommentierung

I. Verhältnis der DSGVO zur RL 2002/58/EG im Einzelnen

Dass die RL 2002/58/EG für Fragen des Datenschutzes bei elektronischer   2
Kommunikation die speziellere Regelung ist, formuliert Art. 95 DSGVO in
umständlicher Weise und mit wortreichen Formulierungen. Diese Formulierungen sind aber nicht als einschränkende Modifikationen des Spezialitätsverhältnisses misszuverstehen, sondern als Hinweis auf einen in Teilbereichen **breiteren Anwendungsbereich der RL 2002/58/EG:** Diese Richtlinie regelt nämlich auch den Schutz der berechtigten Interessen von Teilnehmern, bei denen es sich um juristische Personen handelt,[2] und greift damit
in dieser Frage über den Schutz personenbezogener Daten hinaus. In dieser
Hinsicht kann daher kein Spezialitätsverhältnis bestehen, weil die DSGVO
ausschließlich dem Schutz personenbezogener Daten bzw. dem Schutz natürlicher Personen bei der Verarbeitung ihrer Daten dient.[3]

Soweit aber Daten natürlicher Personen betroffen sind und durch die je-   3
weiligen Normen der DSGVO bzw. der RL 2002/58/EG geschützt werden
sollen, verfolgen beide europäischen Gesetze identische Zwecke, so dass in
dieser Hinsicht der Annahme eines eindeutigen **Spezialitätsverhältnisses**
nichts entgegensteht. Die Erwägungsgründe der DSGVO[4] bestätigen dies,
und dasselbe Ergebnis ergibt sich auch aus dem Verhältnis der jeweiligen
Vorgängernormen zueinander: 1997 wurden nämlich durch die erste Datenschutz-Richtlinie für elektronische Kommunikation (RL 97/66/EG) die
„Grundsätze der Richtlinie 95/46/EG in spezielle Vorschriften für den Tele-
kommunikationssektor umgesetzt."[5] An diesem Verhältnis hat sich weder
2002 etwas durch die Novellierung der Datenschutz-Richtlinie für elektronische Kommunikation geändert noch 2016 durch die Ablösung der
RL 95/46/EG durch die DSGVO.

---

1 Richtlinie 2002/58/EG, ABl. 2002 L 201 37.
2 Art. 1 Abs. 2 S. 2 RL 2002/58/EG.
3 Art. 1 Abs. 1, Abs. 2 DGSVO.
4 Erwägungsgrund 173 S. 1 DSGVO.
5 Erwägungsgrund 4 RL 2002/58/EG.

4 Der europäische Gesetzgeber hält allerdings gesetzliche Klarstellungen im Verhältnis der DSGVO zur Richtlinie 2002/58/EG und damit mittelbar auch im Verhältnis zu den nationalen Umsetzungsgesetzen für wünschenswert und beabsichtigt daher eine **Überarbeitung der Richtlinie 2002/58/EG**.[6] Ein entsprechender Gesetzesvorschlag der Kommission liegt bislang nicht vor.

II. Folgerungen für die Anwendbarkeit der Datenschutzbestimmungen des TKG

5 Das Spezialitätsverhältnis der RL 2002/58/EG im Verhältnis zur DSGVO muss sich für die nationalen Umsetzungsgesetze zur RL 2002/58/EG fortsetzen, und zwar für die **Datenschutzbestimmungen des (deutschen bzw. österreichischen) Telekommunikationsgesetzes**. Da die RL 2002/58/EG gegenüber der DSGVO das speziellere Gesetz ist, sind die Normen der DSGVO auf die durch die Richtlinie geregelten Sachbereiche nicht anwendbar und können daher keinen Anwendungsvorrang vor nationalen Umsetzungsnormen haben. Die Datenschutznormen der §§ 91 ff. des deutschen TKG[7] gelten demnach unverändert fort und werden durch das Inkrafttreten der DSGVO nicht berührt, solange wie der europäische Gesetzgeber die grundsätzlich beabsichtigte Folgeänderung und Anpassung der RL 2002/58/EG an die DSGVO nicht vorgenommen hat.

Artikel 96   Verhältnis zu bereits geschlossenen Übereinkünften

Internationale Übereinkünfte, die die Übermittlung personenbezogener Daten an Drittländer oder internationale Organisationen mit sich bringen, die von den Mitgliedstaaten vor dem 24. Mai 2016 abgeschlossen wurden und die im Einklang mit dem vor diesem Tag geltenden Unionsrecht stehen, bleiben in Kraft, bis sie geändert, ersetzt oder gekündigt werden.

---

6 Erwägungsgrund 173 S. 2 DSGVO; vgl. auch Art. 98 DSGVO, dessen zweiter, enumerativer und nicht abschließender Satz diese Passage der Erwägungsgründe indes nicht explizit aufnimmt.

7 Dazu Spindler/Schuster/*Eckhardt* TKG § 91 Rn. 9.

Verwandte Normen: § 45 BDSG 2003

Literatur:

Bodenschatz, Der europäische Datenschutzstandard, 2010; *Burkert*, Die Konvention des Europarates zum Datenschutz, CR 1988, S. 751 ff.; *Ellger*, Konvergenz oder Konflikt bei der Harmonisierung des Datenschutzes in Europa?, CR 1994, S. 558 ff.; *Meyer-Ladewig/Nettesheim/von Raumer*, Europäische Menschenrechtskonvention, 4. Auflage 2017; *Roßnagel* (Hrsg.), Handbuch Datenschutzrecht, 2003; *Simitis* (Hrsg.), Nomos-Kommentar zum BDSG, 8. neu bearbeitete Auflage, 2014; *Tinnefeld/Buchner/Petri*, Einführung in das Datenschutzrecht: Datenschutz und Informationsfreiheit in europäischer Sicht, 5. völlig überarbeitete Auflage 2012; *Voskamp*, Transnationaler Datenschutz, 2015; *Wandtke*, Ökonomischer Wert von persönlichen Daten, MMR 2017, 6 ff.

A. Grundlagen

I. Gesamtverständnis und Zweck der Norm

Art. 96 DSGVO betrifft die Fortgeltung internationaler Übereinkünfte, welche die Übermittlung personenbezogener Daten an Drittländer und internationale Organisationen regeln und von den Mitgliedstaaten aufgrund des bis dahin geltenden Rechts abgeschlossen wurden. Damit wird erreicht, dass bereits geltende Übereinkommen zum Schutz personenbezogener Daten durch die DSGVO nicht nichtig werden, womit eine Übermittlung personenbezogener Daten unzulässig würde. Dies würde zu einer erheblichen Beeinträchtigung des internationalen Datenverkehrs und somit der wirtschaftlichen Betätigung international agierender Unternehmen führen.[1]   1

II. Bisherige Rechtslage

Auch bisher war es den Mitgliedstaaten freigestellt an internationalen Abkommen zu partizipieren.   2

III. Entstehung der Norm

Art. 96 DSGVO wurde als Art. 89 b im Trilog-Verfahren hinzugefügt. Im ursprünglichen Kommissionsentwurf war die Norm nicht enthalten.[2]   3

B. Kommentierung

I. Internationale Datenschutzübereinkünfte und -abkommen

Es gibt eine Reihe von internationalen Abkommen zum Datenschutz, denen die Mitgliedstaaten der Europäischen Union beigetreten sind. Insbes. der Europarat nahm bei der Entwicklung des internationalen Datenschutzes eine Vorreiterrolle ein.[3]   4

1. Europäische Datenschutzkonvention des Europarats

Auf Grundlage von Art. 8 Abs. 1 EMRK[4] hat der Europarat bereits im Mai 1979 das „Übereinkommen zum Schutz des Menschen bei der automati-   5

---

1 Zum Datenschutzrecht als nicht-tarifäres Handelshemmnis statt vieler *Bodenschatz*, Der europäische Datenschutzstandard, S. 120 f. mwN.; zum ökonomischen Wert von personenbezogenen Daten siehe *Wandtke* MMR 2017, 6 ff.
2 Vgl. KOM (2012) 11 endg.
3 Vgl. auch Simitis/*Simitis*, Einleitung Rn. 151.
4 Zum Recht auf Datenschutz nach Art. 8 EMRK siehe statt vieler Meyer-Ladewig/Nettesheim/von Raumer/*Meyer-Ladewig/Nettesheim* EMRK Art. 8 Rn. 32 ff.

sierten Verarbeitung personenbezogener Daten"[5] (Europäische Daten-schutzkonvention),[6] geschaffen. Bei der am 1.1.1985 in Kraft getretenen Europäischen Datenschutzkonvention handelt es sich um die erste völker-rechtlich bindende internationale Datenschutzregelung.[7] Die Konvention verpflichtet die Unterzeichner, die in der Konvention niedergelegten Grundsätze als „gemeinsames datenschutzrechtliches Minimum" zu ver-wirklichen und in innerstaatliches Recht umzusetzen.[8] Dabei prägte die Europäische Datenschutzkonvention maßgeblich[9] die Grundprinzipien des europäischen Datenschutzrechtes, wozu ua die Zweckbindung der Daten-erhebung, der Grundsatz der Datensicherheit oder die Bestimmungen zur grenzüberschreitenden Übermittlung personenbezogener Daten zwischen Vertragsstaaten gehören. Die Konvention richtet sich an öffentliche wie nichtöffentliche Stellen gleichermaßen, ist in ihrem Anwendungsbereich gem. Art. 1 Europäische Datenschutzkonvention aber auf die automatisier-te Verarbeitung personenbezogener Daten begrenzt.[10]

2. OECD-Leitlinien

6 Die Organisation für Wirtschaftliche Zusammenarbeit und Entwicklung (OECD) hat am 23.9.1980 die „Leitlinien für den Schutz des Persönlich-keitsbereichs und den grenzüberschreitenden Verkehr personenbezogener Daten" (OECD-Leitlinien) verabschiedet.[11] Die Leitlinien verfolgen dabei das Ziel, den Konflikt zwischen dem Schutz personenbezogener Daten ei-nerseits und dem freien Informationsfluss andererseits aufzulösen und eine internationale Regelung zu schaffen, die Handelshemmnisse abbaut und gleichzeitig Datenschutz gewährleistet.[12] Gleichwohl sind die Vorgaben der Leitlinien kein bindendes Völkerrecht, anders als die Datenschutzkonventi-

---

5 Europarat, SEV Nr. 108, abrufbar unter: http://www.coe.int/de/web/conventions/fu ll-list/-/conventions/treaty/108; beachte auch die Änderungen v. 15.6.1999, abruf-bar unter: https://rm.coe.int/CoERMPublicCommonSearchServices/DisplayDCTM Content?documentId=090000168008c2b8; und das Zusatzprotokoll zum Überein-kommen zum Schutz des Menschen bei der automatischen Verarbeitung personen-bezogener Daten bezüglich Kontrollstellen und grenzüberschreitendem Datenver-kehr, SEV Nr. 181, vom 1.7.2004, abrufbar unter: http://www.coe.int/de/web/conv entions/full-list/-/conventions/treaty/181.

6 Die Europäische Datenschutzkonvention wird teilweise auch „Straßburger Verträ-ge" genannt.

7 Die Europäische Datenschutzkonvention ist mittlerweile in allen 47 Mitgliedstaa-ten des Europarates in Kraft getreten, zuletzt im November 2016 in der Türkei. Darüber hinaus können auch nichteuropäische Staaten der Konvention beitreten, Art. 23. Von dieser Möglichkeit haben bisher Mauritius, Senegal und Uruguay Ge-brauch gemacht (Tunesien und Marokko haben die Europäische Datenschutzkon-vention unterzeichnet, aber nicht ratifiziert). Zur beabsichtigten „breiten Wir-kung" siehe Simitis/*Simitis*, Einleitung Rn. 152.

8 So *Tinnefeld/Buchner/Petri*, Einführung in das Datenschutzrecht, S. 74.

9 Vgl. *Voskamp*, S. 27.

10 Grundlegend zur Europäischen Datenschutzkonvention *Burkert* CR 1988, 751 ff.; zu den Unterschieden zwischen der DS-RL und der Europäischen Datenschutzkon-vention vgl. *Ellger* CR 1994, 558 ff.

11 OECD, *Guidelines on the Protection of Privacy and Transborder Flows of Personal Data* (1980).

12 Vgl. Simitis/*Simitis*, Einleitung Rn. 184.

on des Europarates.[13] Die Leitlinien enthalten eine Reihe materieller und verfahrensrechtlicher Vorgaben und betonen dabei das Prinzip der Selbstregulierung. Den OECD-Leitlinien folgten weitere Erklärungen und Leitlinien von Relevanz für den Datenschutz,[14] zuletzt die „Empfehlungen für eine grenzüberschreitende Zusammenarbeit in der Durchsetzung des Rechts zum Schutz der Privatsphäre" aus dem Jahr 2007.[15] Im Jahr 2013 wurden die OECD-Leitlinien erstmals seit 1980 grundlegend überarbeitet und an die technische Entwicklung angepasst,[16] wobei die allgemeinen Grundsätze zur Datenverarbeitung nicht verändert wurden.

3. Richtlinie der Vereinte Nationen

Die „Richtlinie zur Verarbeitung personenbezogener Daten in automatisierten Dateien"[17] wurde im Dezember 1990 von der Generalversammlung der Vereinten Nationen verabschiedet. Sie richtet sich an öffentliche wie private Akteure sowie erstmals auch an internationale Organisationen[18] und orientiert sich inhaltlich an der Datenschutzkonvention des Europarates und den OECD-Leitlinien, wobei sie sich auf allgemein gehaltene Grundsätze beschränkt.[19] Hervorzuheben ist, dass die Richtlinien erstmals auf internationaler Ebene die Einrichtung kompetenter und unabhängiger Datenschutzbehörden für die Mitgliedstaaten vorsehen.[20] Bei der Richtlinie handelt es sich allerdings wiederum nicht um bindendes Völkerrecht. Zudem enthält sie einige Ausnahmen von den Datenverarbeitungsgrundsätzen, wenn Daten betroffen sind, die dem Schutz von Menschenrechten und Grundfreiheiten oder humanitärer Hilfe dienen.[21] Diese Ausnahmen finden sich in der DSGVO nicht wieder. Eine Abweichung von der UN-Richtlinie ist dem europäischen Gesetzgeber möglich, da es sich bei der UN-Richtlinie um nicht bindendes Völkerrecht handelt. Eine Fortgeltung der Ausnahmen kommt dabei rechtstechnisch nicht mehr in Betracht, denn die Ausnahmen würden das Schutzniveau der DSGVO unterlaufen. Rechtsethisch aber ist dies nicht zu vertreten, denn wo Menschenrechte und Grundfreiheiten betroffen sind, sollten diese auch Vorrang genießen.

7

---

13 Zu einigen weiteren Unterschieden zwischen Europäischer Datenschutzkonvention und OECD Leitlinien, siehe Roßnagel/*Burkert*, Kap. 2.3 Rn. 27 ff.
14 Vgl. OECD, *Guidelines for Cryptography Policy* (1997), *Declaration on Privacy in Global Networks* (1998) und *Privacy Policy Statement Generator* (2000).
15 OECD, *Recommendation on Cross-border Co-operation in the Enforcement of Laws Protecting Privacy*, abrufbar unter: http://www.oecd.org/sti/ieconomy/38770 483.pdf.
16 Die überarbeitete Version der Leitlinien ist abrufbar unter: http://www.oecd.org/int ernet/ieconomy/privacy-guidelines.htm.
17 Vereinte Nationen, *Guidelines for the Regulation of Computerized Personal Data Files* (UN-Richtlinie), angenommen durch die Generalversammlung als Resolution 45/95 am 14.12.1990, abrufbar unter: http://www.refworld.org/pdfid/3ddcafaac.p df.
18 Vgl. Simitis/*Simitis*, Einleitung Rn. 195.
19 Vgl. *Voskamp*, S. 31.
20 Art. 8 UN-Richtlinie.
21 Hierzu ausführlicher *Tinnefeld/Buchner/Petri*, Einführung in das Datenschutzrecht, S. 71.

II. Fortgeltung

8   Die internationalen Übereinkünfte sollen nach Art. 96 DSGVO fortgelten, bis sie geändert, ersetzt oder gekündigt werden. Im Falle einer Änderung ist eine Ratifizierung seitens der Mitgliedstaaten konsequenterweise nur möglich, wenn die Inhalte der Übereinkommen dem Schutzniveau der DSGVO entsprechen. Sollten die in Kraft gebliebenen Abkommen geändert werden, müssen sie inhaltlich dem Schutzniveau der DSGVO genügen, um auch nach einer möglichen Änderung ihre Geltung nicht zu verlieren. Art. 96 DSGVO ermöglicht es nicht, die Abkommen im Falle einer Änderung nach dem alten unionsrechtlichen Standard der DS-RL zu beurteilen. Da die Art. 44 ff. DSGVO sich grundsätzlich an den Art. 25 und 26 DS-RL orientieren und deren Vorgaben zumeist lediglich präzisieren, werden sich hieraus freilich keine weitreichenden Konsequenzen für die Änderung entsprechender Abkommen ergeben.

C. Verhältnis zu anderen Normen

9   Einige Normen innerhalb der DSGVO, insbes. innerhalb des 5. Kapitels,[22] ordnen an, dass internationale Übereinkommen oder Regelungen von internationaler Relevanz fortbestehen. Dies trägt zur Rechtssicherheit bei und schafft einen einheitlichen Umgang mit internationalen Bestimmungen innerhalb der DSGVO.

D. Perspektiven

10 Mit Art. 96 DSGVO wird den Mitgliedstaaten ermöglicht, auch weiterhin über die europäischen Grenzen hinweg an der Weiterentwicklung des globalen Datenschutzes mitzuwirken. Vor dem Hintergrund, dass Datenschutz als globale Problematik immer zentraler wird, ist diese Möglichkeit zu begrüßen, denn Europa alleine wird die Fragen des Datenschutzes nicht abschließend entscheiden können.

Artikel 97 Berichte der Kommission

(1) [1]Bis zum 25. Mai 2020 und danach alle vier Jahre legt die Kommission dem Europäischen Parlament und dem Rat einen Bericht über die Bewertung und Überprüfung dieser Verordnung vor. [2]Die Berichte werden öffentlich gemacht.

(2) Im Rahmen der Bewertungen und Überprüfungen nach Absatz 1 prüft die Kommission insbesondere die Anwendung und die Wirkungsweise

a) des Kapitels V über die Übermittlung personenbezogener Daten an Drittländer oder an internationale Organisationen insbesondere im Hinblick auf die gemäß Artikel 45 Absatz 3 der vorliegenden Verordnung erlassenen Beschlüsse sowie die gemäß Artikel 25 Absatz 6 der Richtlinie 95/46/EG erlassenen Feststellungen,

b) des Kapitels VII über Zusammenarbeit und Kohärenz.

---

22 Vgl. Art. 45 Abs. 9 und Art. 46 Abs. 5 DSGVO.

(3) Für den in Absatz 1 genannten Zweck kann die Kommission Informationen von den Mitgliedstaaten und den Aufsichtsbehörden anfordern.

(4) Bei den in den Absätzen 1 und 2 genannten Bewertungen und Überprüfungen berücksichtigt die Kommission die Standpunkte und Feststellungen des Europäischen Parlaments, des Rates und anderer einschlägiger Stellen oder Quellen.

(5) Die Kommission legt erforderlichenfalls geeignete Vorschläge zur Änderung dieser Verordnung vor und berücksichtigt dabei insbesondere die Entwicklungen in der Informationstechnologie und die Fortschritte in der Informationsgesellschaft.

Verwandte Normen: ErwGr 172, § 48 BDSG 2003

A. Grundlagen: Gesamtverständnis der Norm

Art. 97 DSGVO trifft Regelungen über die **Überprüfung und Bewertung**   1
der DSGVO in einem **Vier-Jahres-Turnus** und über eventuelle Änderung
der Verordnung, die als Ergebnis dieser Überprüfung und Bewertung angezeigt erscheinen. Ziel der Norm soll es sein, mit der Entwicklung der Informationstechnologie und der Informationsgesellschaft Schritt zu halten und
die gesetzlichen Bestimmungen regelmäßig an reale Veränderungen anzupassen.[1]

B. Kommentierung

Die Norm ist weitgehend aus sich selbst heraus verständlich. **Regelungs-**   2
adressat ist die **Kommission**, der nach Art. 294 Abs. 2 AEUV das Initiativmonopol im ordentlichen Gesetzgebungsverfahren zukommt und die deshalb über eine Schlüsselstellung für spätere Änderungen der DSGVO verfügt.

Für den Rechtsanwender ist Art. 97 DSGVO nicht von unmittelbarer Be-   3
deutung. Die Norm soll rechtspolitisch **interessierten Kreisen** eine transparente Möglichkeit zur Mitverfolgung von Revisionsüberlegungen in Bezug
auf die DSGVO schaffen. Deshalb sind bereits die Bewertungsberichte der
Kommission nach Art. 97 Abs. 1 DSGVO öffentlich zu machen und nicht
erst eventuelle Änderungsvorschläge für die DSGVO, die ohnehin publiziert werden.

C. Kritik

Der durch Art. 97 DSGVO vorgegebene **Überprüfungsrhythmus** für die   4
DSGVO entspricht den Üblichkeiten europäischer Rechtsakte. Für den Bereich des Datenschutzes ist der Rhythmus gleichwohl als **ambitioniert** und
letztlich als **unrealistisch** zu qualifizieren.

Das beginnt damit, dass eine relevante Anwendungspraxis für die DSGVO,   5
die in den ersten Bewertungsbericht einfließen könnte, angesichts der Rege-

---

1 Zum grundsätzlichen Spannungsverhältnis von technischem Fortschritt und datenschutzrechtlicher Gesetzgebung am Beispiel der DSGVO: *Sydow/Kring* ZD 2014, 271-276.

lung des Art. 99 Abs. 2 DGSVO zur Geltung der DSGVO erst ab Ende Mai 2018 entstehen kann. Art. 97 Abs. 1 DSGVO lässt den ersten Überprüfungsturnus indes nicht mit der Geltung, sondern bereits mit dem Inkrafttreten der Norm beginnen. Da der erste Bericht vor seiner Veröffentlichung in einem aufwändigen Dialogprozess mit den Mitgliedstaaten, deren Aufsichtsbehörden und weiteren Instanzen erstellt werden muss (Art. 97 Abs. 3, Abs. 4 DSGVO), werden kaum mehr als eineinhalb Jahre der **Anwendungspraxis** in ihn einfließen können – wenn überhaupt. Die **Beurteilungsgrundlage für den ersten Bericht** dürfte damit **dünn** sein, ganz besonders mit Blick auf Gerichtsurteile zur DSGVO.

6   Auch im Hinblick auf weitere Berichte und daraus ggfs. abzuleitende Änderungsvorschläge für die DSGVO wird sich zeigen, dass der durch Art. 97 DSGVO abgesteckte Vier-Jahres-Rhythmus in seiner Ambitioniertheit letztlich **kontraproduktiv** ist. Denn der gesamte Gesetzgebungsprozess für die DSGVO ab Beginn der Vorarbeiten in der Kommission hat über fünf Jahre in Anspruch genommen und über lange Zeit die Aufmerksamkeit der beteiligten Institutionen gebunden. Nach der Logik des politischen Prozesses auf EU-Ebene dürfte es wenige Jahre nach Abschluss eines solchen gesetzgeberischen Großprojekts kaum sogleich wieder gelingen, den Fokus auf das Datenschutzrecht zu lenken.

7   Außer Randkorrekturen an der DSGVO wird daher in den ersten zwei, drei Überprüfungsrhythmen nicht viel zu erwarten sein, gleichgültig wie sehr sich die Informationstechnologie und die Informationsgesellschaft in dieser Zeit entwickelt haben. Die **unterschiedlichen zeitlichen Logiken** des EU-Gesetzgebungsprozesses und der informationstechnischen Entwicklung lassen sich durch eng getaktete Überprüfungsrhythmen nicht einfach überbrücken.

Artikel 98 Überprüfung anderer Rechtsakte der Union zum Datenschutz

[1]Die Kommission legt gegebenenfalls Gesetzgebungsvorschläge zur Änderung anderer Rechtsakte der Union zum Schutz personenbezogener Daten vor, damit ein einheitlicher und kohärenter Schutz natürlicher Personen bei der Verarbeitung sichergestellt wird. [2]Dies betrifft insbesondere die Vorschriften zum Schutz natürlicher Personen bei der Verarbeitung solcher Daten durch die Organe, Einrichtungen, Ämter und Agenturen der Union und zum freien Verkehr solcher Daten.

Verwandte Normen: –

A. Grundlagen: Gesamtverständnis und Zweck der Norm

1   Art. 98 DSGVO beinhaltet eine **politische Absichtserklärung**: Die Kommission soll „gegebenenfalls" Gesetzgebungsvorschläge zur Änderung anderer Rechtsakte der Union zum Schutz personenbezogener Daten vorlegen, um einen einheitlichen und kohärenten Schutz natürlicher Personen bei der Verarbeitung personenbezogener Daten sicherzustellen.

B. Kommentierung

Ein **normativer Gehalt** der Vorschrift ist **nicht erkennbar**. Denn es fällt oh- 2
nehin in die Kompetenz der Kommission, Gesetzgebungsvorschläge zum
Erlass oder zur Änderung von Rechtsakten der Union vorzulegen.[1] Dabei
handelt sie stets in Abschätzung der Opportunität oder Erforderlichkeit eines Rechtsakts, was Art. 98 S. 1 DSGVO offenbar durch die Wortwahl
„gegebenenfalls" (englische Fassung: „if appropriate") ausdrücken möchte.

Art. 98 S. 2 DSGVO lässt durch die Benennung (bzw. Nichtbenennung) 3
möglicherweise zu ändernder Datenschutzvorschriften erkennen, welchen
politischen Erwartungshaltungen die Norm entsprechen soll. Denn dieser
Satz nimmt gerade nicht die erkennbare und in den Erwägungsgründen
nachvollziehbar dargelegte Notwendigkeit auf, das Verhältnis der Datenschutz-Richtlinie für elektronische Kommunikation (RL 2002/58/EG) zur
DSGVO in den Einzelheiten normativ verbindlich zu klären.[2]

Statt dessen formuliert Art. 98 S. 2 DSGVO die Annahme, die Änderungs- 4
vorschläge der Kommission würden insbesondere die Vorschriften zum
Schutz natürlicher Personen bei der **Verarbeitung personenbezogener Daten durch die Organe, Einrichtungen, Ämter und Agenturen der Union** betreffen. Obwohl der gesamte Art. 98 DSGVO nur eine ohnehin bestehende
primärrechtliche Möglichkeit zur Änderung europäischer Gesetzgebungsakte beschreibt, ist Art. 98 S. 2 DSGVO im Indikativ Präsens formuliert
(„dies betrifft", englische Fassung stattdessen „shall concern"), offenbar
um der politischen Erwartungshaltung einen gewissen Nachdruck zu verleihen bzw. um unter Beweis zu stellen, dass dieser Erwartungshaltung
Rechnung getragen werde.

Art. 98 S. 2 DSGVO nimmt die Regelung des Art. 2 Abs. 3 DSGVO zum 5
sachlichen Anwendungsbereich der DSGVO in Bezug. Danach gilt für die
Verarbeitung personenbezogener Daten durch die Organe, Einrichtungen,
Ämter und Agenturen der Union nicht die DSGVO, sondern weiterhin die
VO (EG) Nr. 45/2001. Bereits in Art. 2 Abs. 3 S. 2 DSGVO wird die Ziel-
vorstellung zum Ausdruck gebracht, dass diese ältere Verordnung an die
Grundsätze und Vorschriften der DSGVO angepasst wird.

C. Gesamteinschätzung

So sehr das Ziel der Anpassung der VO (EG) Nr. 45/2001 DSGVO an die 6
Grundsätze der DSGVO sachlich gerechtfertigt ist, so wenig hätte es dazu
gleich zweier identischer Bestimmungen mit politischen Absichtserklärungen ohne normativen Gehalt in der DSGVO bedurft. Es gibt indes auch im
deutschen Recht entsprechende Normen, die sich in politischen Absichtser-

---

1 Art. 294 Abs. 2 AEUV für das ordentliche Gesetzgebungsverfahren.
2 Erwägungsgrund 173 S. 2 DSGVO: „Um das Verhältnis zwischen der vorliegenden
   Verordnung und der Richtlinie 2002/58/EG klarzustellen, sollte die Richtlinie entsprechend geändert werden. Sobald diese Verordnung angenommen ist, sollte die
   Richtlinie 2002/58/EG einer Überprüfung unterzogen werden, um insbesondere die
   Kohärenz mit dieser Verordnung zu gewährleisten"; zum Spezialitätsverhältnis dieser beiden Datenschutzinstrumente → Art. 95 Rn. 2 f.

klärungen erschöpfen.[3] So sehr man die **Kategorienverwechselung zwischen rechtspolitischer Absicht und normativ verbindlichem Gesetz** kritisieren muss, kann man doch die zu Grunde liegende Logik im Rahmen eines Gesetzgebungsverfahrens beschreiben, die zur Verabschiedung derartiger Bestimmungen führt: Es geht um die **Absicherung rechtspolitischer Zielvorstellungen**, die sich im konkreten Gesetzgebungsverfahren nicht haben realisieren lassen, die aber doch nicht in Vergessenheit geraten sollen, sei es, dass maßgebliche Akteure sie tatsächlich weiterverfolgen wollen, sei es, dass ein aktives Hinwirken auf diese Ziele aus Gründe der **Akzeptanz** eines Gesetzeskompromisses oder der Außendarstellung einzelner Akteure als opportun erscheint.

Artikel 99   Inkrafttreten und Anwendung

(1) Diese Verordnung tritt am zwanzigsten Tag nach ihrer Veröffentlichung im Amtsblatt der Europäischen Union in Kraft.

(2) Sie gilt ab dem 25. Mai 2018.

Verwandte Normen: –

A. Grundlagen: Gesamtverständnis der Norm

1   Die Norm regelt das Inkrafttreten (am 25. Mai 2016) und die innere Geltung bzw. **Anwendung** der Datenschutz-Grundverordnung (ab 25. Mai 2018). Zum gleichen Zeitpunkt (25. Mai 2018) tritt die Vorgängerbestimmung, die europäischen DS-RL 95/46/EG, außer Kraft.[1]

B. Kommentierung

I. Terminologie: Inkrafttreten, Anwendung und Geltung

2   Die Norm ist weitgehend aus sich selbst heraus verständlich. Nur der Sprachgebrauch des Art. 99 DSGVO folgt der üblichen **europarechtlichen Terminologie** und weicht damit vom Sprachgebrauch deutscher Gesetzgebung ab. Aus unerfindlichen Gründen ist die europarechtliche Terminologie allerdings nicht einmal innerhalb von Art. 99 DSGVO konsistent, jedenfalls nicht in der deutschen Sprachfassung: Anwendung und Geltung werden synonym verwendet und bezeichnen den Zeitpunkt, der in deutschen Gesetzen der Zeitpunkt des Inkrafttretens ist.

---

3 § 16 Abs. 4 SGB VIII in einer mittlerweile wieder aufgehobenen Fassung von 2008, die die politische Absicht beschrieb, ab 2013 Betreuungsgeld einzuführen; zu dieser Norm *Sydow*, NJW Editorial, Heft 21/2008.

1 Art. 94 Abs. 1 DSGVO.

Die DSGVO bezeichnet: 3

- die äußere Wirksamkeit der Verordnung ab 25. Mai 2016 als **Inkrafttreten** (englisch: entry into force),
- die innere Wirksamkeit der Verordnung ab 25. Mai 2018 als **Anwendung** bzw. synonym als **Geltung**[2] (englisch einheitlich application / apply).

II. Funktion des Zwei-Jahres-Zeitraums

Der Zwei-Jahres-Zeitraum zwischen Inkrafttreten und Anwendung ermöglicht **gesetzgeberische Folge- und Anpassungsmaßnahmen an die DSGVO** auf mehreren Normierungsebenen: 4

- Der Kommission ermöglicht er den Erlass von delegiertem Recht und von Durchführungsrecht, deren Anwendungsbereich zwar im Laufe des Gesetzgebungsverfahrens zur DSGVO deutlich beschnitten worden ist, die aber in Teilbereichen weiterhin unverzichtbare Instrumente zur Konkretisierung der Bestimmungen der DSGVO sind.[3]
- Den Mitgliedstaaten dient diese Übergangzeit zur normativen Umsetzung derjenigen Bestimmungen der DSGVO, die ungeachtet ihres Verordnungscharakters einer Durchführung im nationalen Recht bedürfen[4] oder jedenfalls eine abweichende oder ergänzende nationale Gesetzgebung zulassen.[5] Dem soll auf Bundesebene das **ABDSG** dienen.
- Gleiches gilt für die Anpassung bestehender Datenschutzvorschriften von Kirchen und religiösen Vereinigungen an die DSGVO.[6]

Zudem muss der Zwei-Jahres-Zeitraum durch die Datenverarbeiter genutzt werden, um laufende Verarbeitungsvorgänge zu überprüfen und an die ab 2018 geltenden Bestimmungen anzupassen. Das kann beispielsweise beinhalten, bereits erteilte Einwilligungen erneut einzuholen, wenn die bisherigen Einwilligungen den Bestimmungen des Art. 7 DSGVO nicht mehr entsprechen.[7]   5

C. Verhältnis zu anderen Normen

Das geplante deutsche Bundesgesetz zur Anpassung des Datenschutzrechts an die Datenschutz-Grundverordnung und zur Umsetzung der Richtlinie (EU) 2016/680 soll in überzeugender Weise das Inkrafttreten der DSGVO (Beginn der „Anwendung" bzw. „Geltung" am 25. Mai 2018) mit dem **Inkrafttreten des neuen BDSG** und dem **Außerkrafttreten des bisherigen BDSG parallelisieren.**[8]   6

---

2 In der Überschrift („Anwendung") bzw. in verbaler Fassung („gilt") in Art. 99 Abs. 2 DSGVO.
3 Art. 92, 93 DSGVO.
4 Bspw. Art. 78 Abs. 1, Abs. 2, Art. 85 DSGVO.
5 Bspw. Art. 87, 88, 89 Abs. 2, 90 DSGVO.
6 Art. 91 Abs. 1 DSGVO.
7 Vgl. Erwägungsgrund 171 DSGVO.
8 vgl. Art. 8 S. 1 bzw. S. 2 Gesetz zur Anpassung des Datenschutzrechts an die Datenschutz-Grundverordnung (idF des Gesetzesentwurfs der Bundesregierung vom 24.2.2017 BT-Drs. 18/11325).